Islande: le glacier du Vatnajökull
L'impressionnante langue glaciaire s'avance jusque dans la plaine côtière de l'Islande du Sud. Les crevasses et moraines de roches et de cendres volcaniques apparaissent sous forme de fines rayures d'un noir violacé. L'écoulement des eaux glaciaires, qui changent sans cesse de cours, dessine un réseau de filaments.

GRAND ATLAS DU MONDE

NOUVELLE CARTOGRAPHIE DE LA TERRE

•

NOUVELLE ÉDITION MISE À JOUR

SOLAR

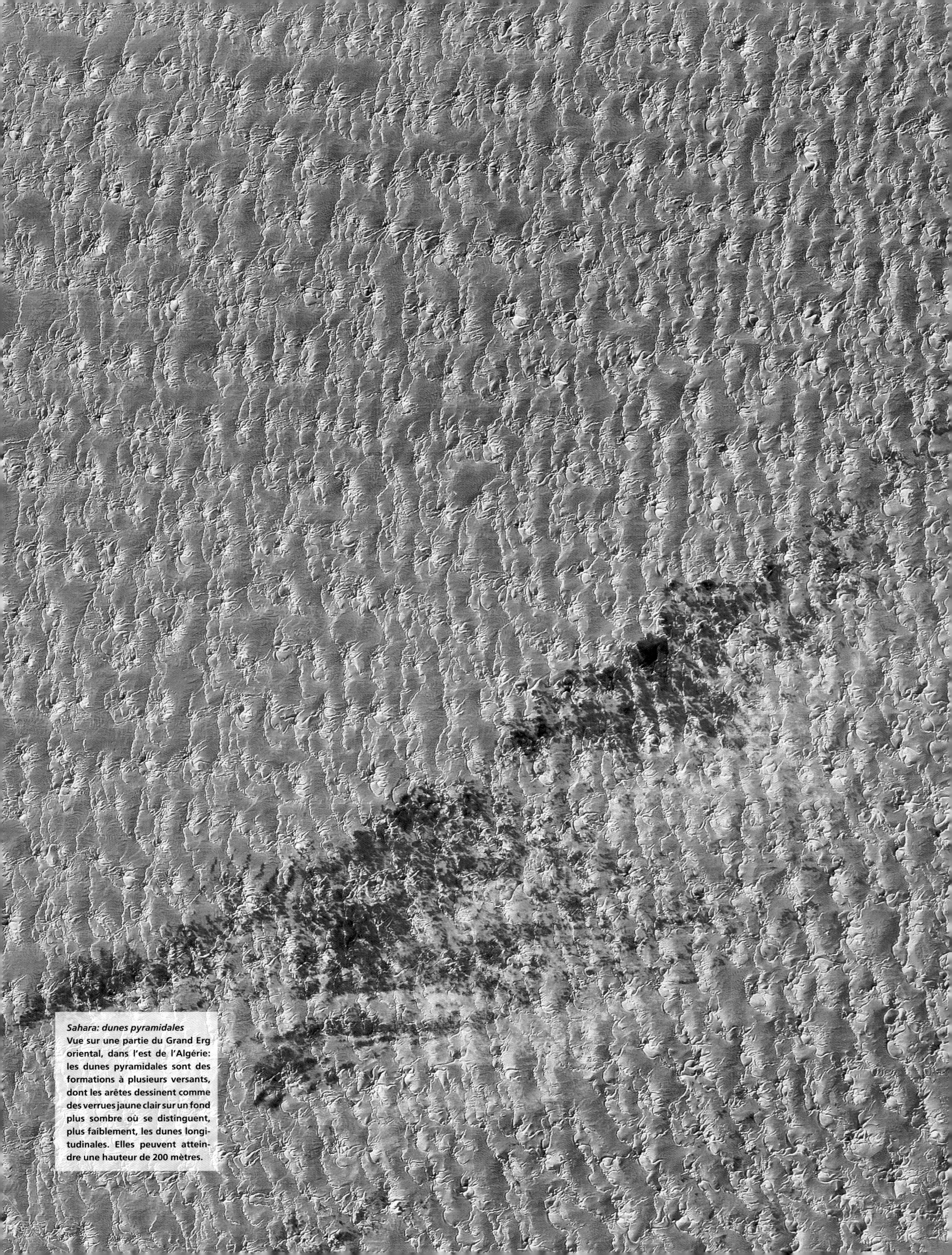

Sahara: dunes pyramidales
Vue sur une partie du Grand Erg oriental, dans l'est de l'Algérie: les dunes pyramidales sont des formations à plusieurs versants, dont les arêtes dessinent comme des verrues jaune clair sur un fond plus sombre où se distinguent, plus faiblement, les dunes longitudinales. Elles peuvent atteindre une hauteur de 200 mètres.

«Le monde est un livre merveilleux, mais de peu d'utilité pour qui ne sait le lire.»

Carlo Goldoni

«Nous vivrons dans ce monde aussi longtemps que nous l'aimerons.»

Rabindranath Tagore

La planète Terre, c'est la patrie de tous les hommes, et chacun en est le citoyen. Pour la destination de nos vacances, nous hésitons entre l'Antarctique ou Bali; nous avons des amis à Brisbane et à Yokohama; nous téléphonons à Johannesburg ou bien – pourquoi pas – à Ushuaia, Terre de Feu. Notre whisky vient d'Ecosse ou du Kentucky et notre enceinte stéréo – depuis une date plus récente – de Corée. Ce n'est plus une planète, c'est un village.

Depuis qu'Adam et Eve avaient été chassés du Paradis, l'homme errait sur la Terre. Depuis Christophe Colomb, il fait le tour du monde.

Les grands navigateurs et les explorateurs ont découvert toutes les terres inconnues. Ils ont été les grands pionniers de la conquête du monde qui trouve son prolongement actuel dans la culture universelle du voyage.

De plus en plus de personnes investissent de plus en plus de temps et d'argent dans les voyages. Dans les statistiques, le nombre des voyages d'affaires ou de vacances à l'étranger se compte par centaines de millions et l'argent dépensé par centaines de milliards de dollars. Aujourd'hui, nous sommes un demi-milliard à voyager à l'étranger. Il y a trente ans, on dénombrait dans le monde seulement soixante-dix millions de passages aux frontières. Là où, autrefois, il en passait un, il en passe sept aujourd'hui. Nous vivons à l'époque de la mobilité.

Les techniques de communication modernes ont fait le reste. L'image du frêle manifestant chinois défiant un tank, qui deviendra le symbole du Printemps de Pékin, est diffusée à la seconde même sur les écrans du monde entier. Il n'est pas d'événement d'une certaine importance qui ne suscite aussitôt l'intérêt de la communauté mondiale. La notion de distance a perdu son sens, les continents se sont rapprochés.

Et pourtant, une foule de territoires nous restent encore inconnus et étrangers: les immensités de Sibérie et d'Australie, les archipels d'Océanie, les paysages d'Afrique centrale, le Grand Nord et l'extrême sud du continent des deux Amériques. Se trouverait-il quelqu'un pour affirmer pouvoir donner une image précise et détaillée de ces régions si fascinantes? Ou pour répondre à cette question: «Où se trouve le Tadjikistan?»

Pour réaliser cet Atlas mondial, l'Institut de cartographie a élaboré un atlas nouveau, révolutionnaire même, bien que s'inscrivant dans la grande tradition de Mercator et autres cartographes illustres. Sa conception repose sur deux objectifs essentiels.

Il apporte, d'abord, des réponses précises et détaillées au besoin d'information de l'homme moderne, du voyageur pour raisons professionnelles ou privées, de l'homme politique ou de l'entrepreneur, des scientifiques, des collégiens, lycéens et étudiants. Son premier objectif est de montrer le monde tel qu'il est vraiment aujourd'hui.

Il a, par ailleurs, pour mission de communiquer un rêve, une fascination: celle de notre merveilleuse planète bleue, où la vie prend des formes si passionnantes mais qui exige l'union de tous pour la sauvegarder.

Atteindre ces deux objectifs, c'est le but, depuis des années, de l'équipe éditoriale et de ses conseillers scientifiques – soit 80 à 100 personnes – qui ont réalisé cet Atlas mondial et qui continuent de travailler à son actualisation permanente. Et ce travail exige une intense coopération internationale. Ainsi, des géographes et cartographes chinois ont réalisé la cartographie de la Chine, alors que d'anciens collaborateurs de Soyouz Karta (Moscou) apportaient leur contribution pour dresser les cartes des États de l'ex-Union soviétique. Cette coopération éditoriale internationale est d'autant plus remarquable que les ouvrages cartographiques ont toujours été soumis à une sévère réglementation.

Cette perestroïka cartographique n'est pas la seule dimension révolutionnaire de cet Atlas, dont la réalisation s'est accompagnée, en outre, d'une utilisation systématique de toutes les connaissances et possibilités techniques nouvelles dans le domaine de la cartographie. L'informatisation et la cartographie assistée par ordinateur – avec saisie numérique de toutes les cartes et mise en mémoire de tous les éléments dans une banque de données – permettent d'opérer rapidement les rectifications rendues nécessaires par les changements de toutes sortes. Cette procédure pose un jalon dans l'histoire de la cartographie.

Abandonnant les conventions anachroniques, l'équipe éditoriale s'est attachée à élaborer de nouvelles techniques de représentation et à structurer l'information autour de centres d'intérêt. Ainsi, la nouveauté et le réalisme des couleurs font ressortir, de manière différenciée, les zones écologiques du monde, déterminées par les influences climatiques et les formations végétales. Dans cet Atlas, les déserts ne sont pas en vert, ni les montagnes en marron, contrairement aux atlas classiques où les couleurs traduisaient presque exclusivement les courbes de niveau.

Le touriste aussi bien que l'homme d'affaires apprécieront cette autre information nouvelle et importante: la représentation du réseau de voies de communication. En effet, pour la première fois dans un atlas, cet Atlas mondial figure l'ensemble du réseau routier et ferroviaire mondial, avec la plus grande précision dans les tracés, la classification et la numérotation. On y trouve également l'indication des sites naturels et culturels les plus intéressants à visiter.

Mais il nous reste encore à mentionner l'innovation sans doute la plus importante. Jusqu'à ce jour, les atlas exigeaient de leur utilisateur qu'il s'adapte, péniblement, à la variation d'échelles quand il passait d'une carte à l'autre. Par sa conception, cet ouvrage rompt avec cet usage, proposant des cartes de toutes les terres émergées de notre planète à l'échelle uniforme et adéquate du 1:4 500 000, de l'Alaska à la Terre de Feu, du Spitzberg au Cap, sans faire aucune exception ni pour la Sibérie, ni pour les immensités australiennes, ni pour l'Océanie. Afin de satisfaire aux exigences d'une information aussi détaillée et précise que possible sur notre environnement le plus immédiat, cet Atlas mondial offre en complément une série de cartes à plus grande échelle (1:900 000) pour la France.

Ainsi que vous pourrez bientôt vous en convaincre à l'usage, ce traitement cartographique uniforme des continents et des pays comporte des avantages incontestables sur le plan pratique. La plupart d'entre nous ne connaissent depuis leur enfance que des atlas où la carte de France occupe autant de place que celle de la Chine et où les continents extra-européens sont traités plus rapidement que l'Europe. C'était faire œuvre de désinformation, et des générations entières formées à cette cartographie se font une fausse idée de l'étendue réelle et relative des pays et des zones climatiques et culturelles.

Aussi difficile qu'il soit de nous défaire de cet eurocentrisme qui a imprégné la génération de nos grands-parents, il était urgent de s'en débarrasser. Ce n'était d'ailleurs pas un défaut spécifique aux Européens. La Chine ne s'est-elle pas donné le nom d'«Empire du Milieu»? Il faut bien se convaincre que le nombril du monde n'est ni à Pékin, ni à Bruxelles, ni à Washington, ni à Tokyo. Les Européens ne sont pas les maîtres du monde. Pas plus que les Américains ou les Japonais. Le monde appartient à tous les peuples, et donc à chacun de nous.

Pour donner accès à une connaissance plus profonde de notre planète et de ses parties, cet Atlas mondial propose également une sélection de photographies par satellite placées en introduction à cet ouvrage, qui donnent de fascinantes vues sur des régions naturelles et culturelles caractéristiques. Et le lecteur découvrira vite que ce sont ces photographies qui ont servi de modèle pour le choix des couleurs réalistes utilisées dans la partie cartographique.

Cet Atlas mondial a été conçu pour être un instrument s'adressant à des personnes exigeantes, désireuses de poser sur toute chose un regard aussi large que possible, dans leur travail comme dans leur vie privée. Par sa conception graphique, sa densité d'information et son utilité pratique, il contribue à fonder un nouveau regard sur le monde, reposant sur une vision humaniste de la responsabilité de l'homme pour la création. Cette responsabilité implique aussi bien l'avènement de la raison dans le domaine écologique que le respect des droits de l'homme dans le monde entier. Il faudra que ce qui apparaît aujourd'hui encore comme une utopie se réalise peu à peu. Nous souhaitons que cet Atlas porte ce message dans le monde entier.

L'éditeur

Sommaire

Sommaire

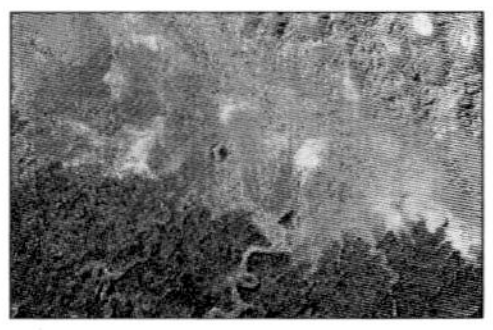

Monde

1 : 40 000 000

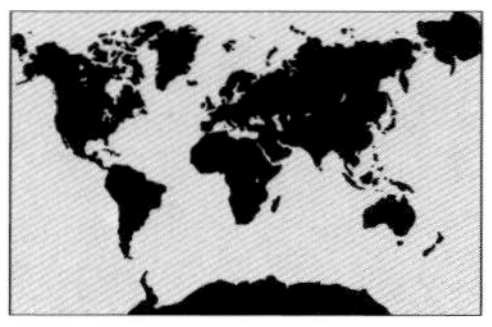

Europe

1 : 4 500 000

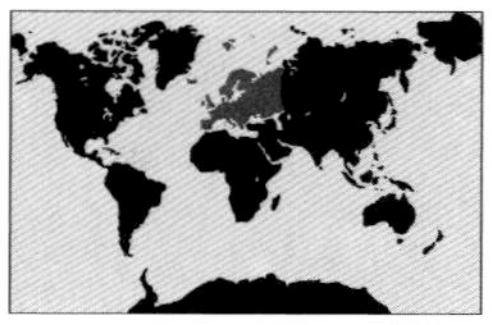

Asie

1 : 4 500 000

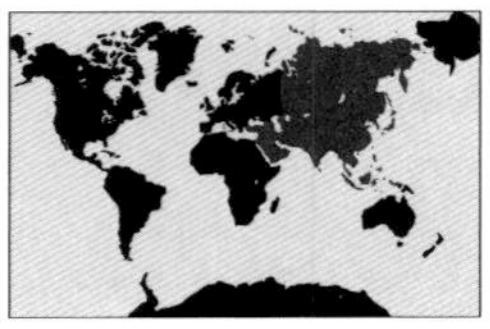

Australie et Océanie

1 : 4 500 000

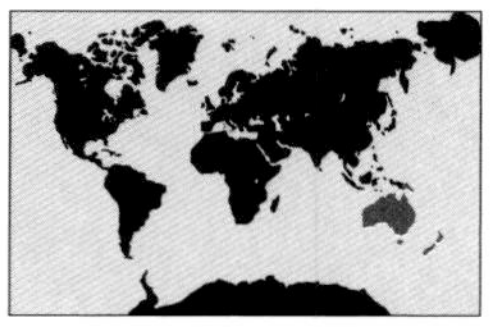

Afrique

1 : 4 500 000

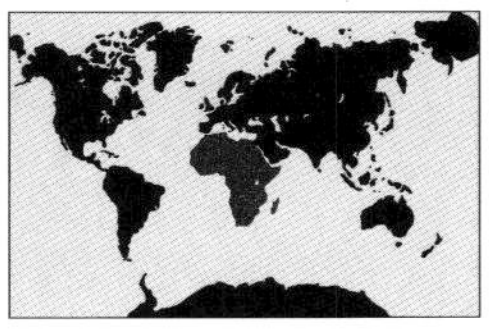

Amérique du Nord et Amérique centrale

1 : 4 500 000

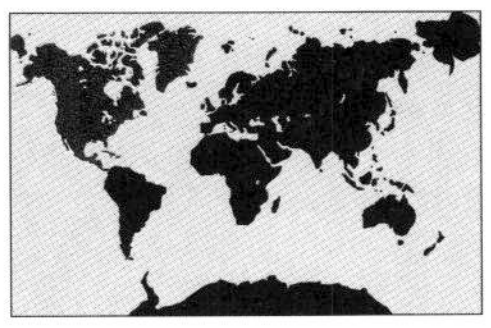

Amérique du Sud

1 : 4 500 000

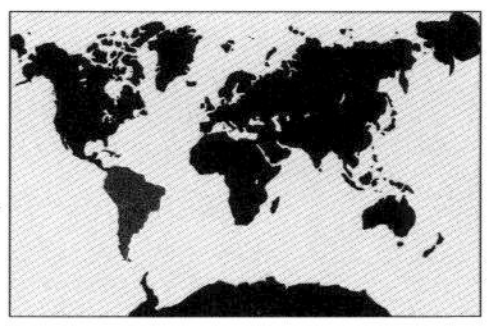

France

1 : 900 000

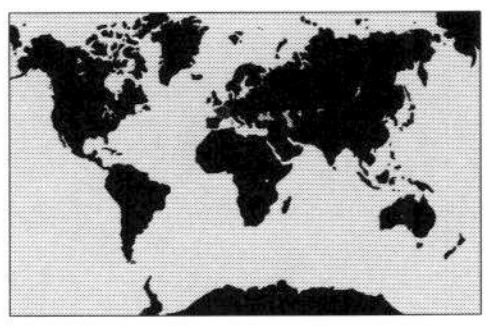

Index/Glossaire

Couverture cartographique des continents

Europe · 1: 4 500 000

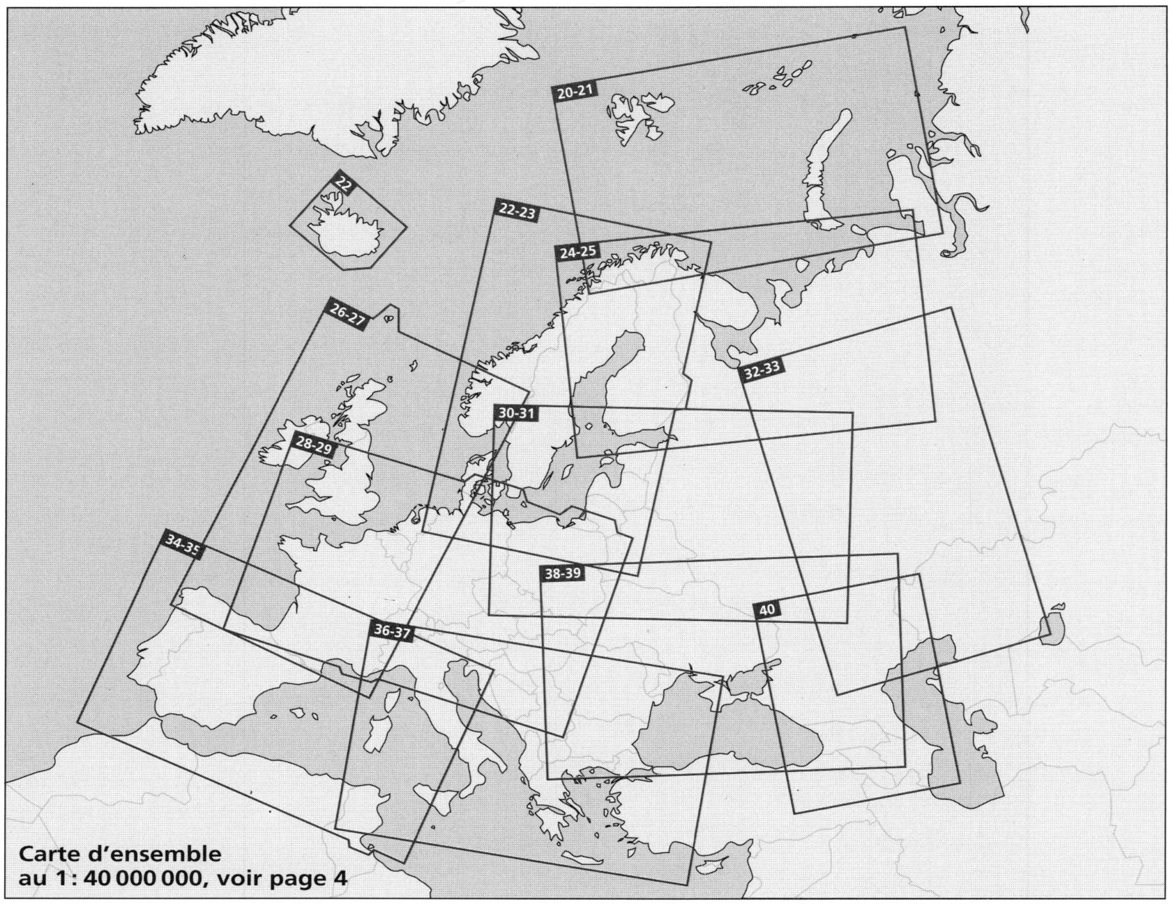

Carte d'ensemble
au 1: 40 000 000, voir page 4

Asie · 1: 4 500 000

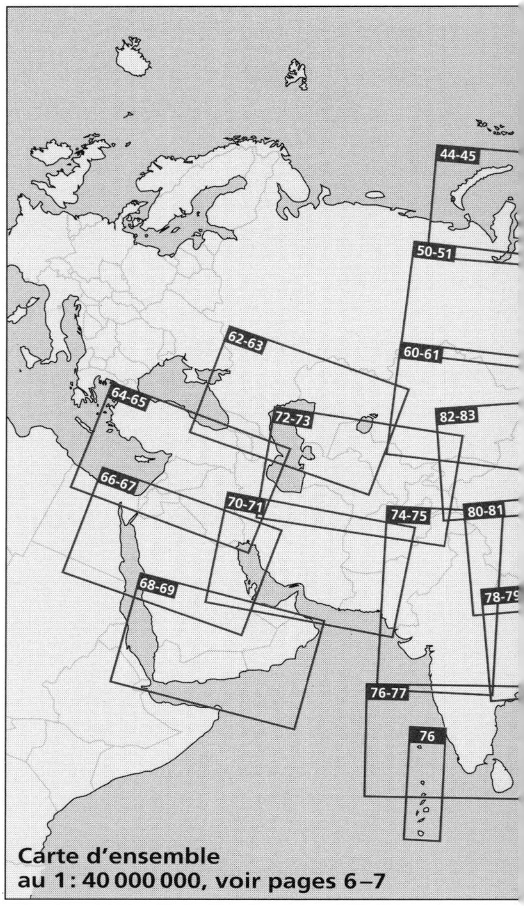

Carte d'ensemble
au 1: 40 000 000, voir pages 6–7

Afrique · 1: 4 500 000

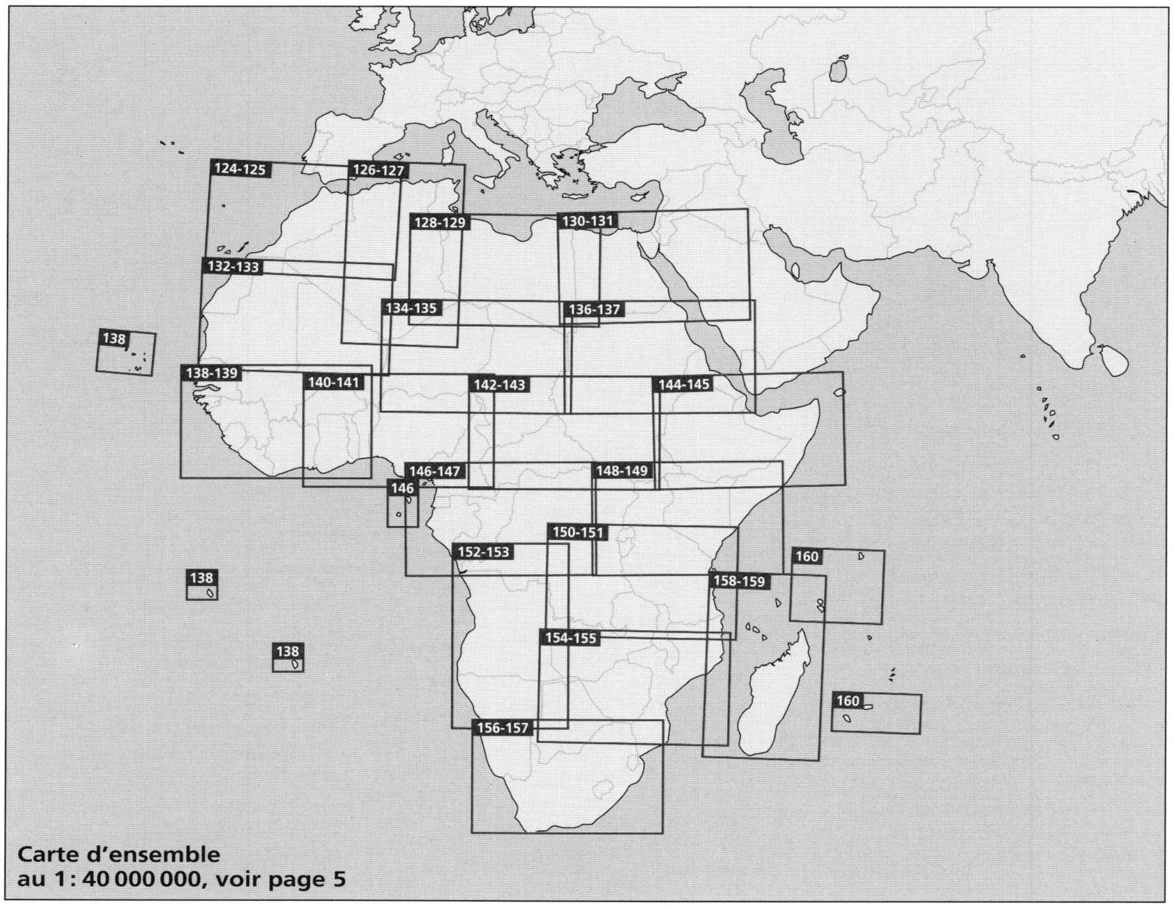

Carte d'ensemble
au 1: 40 000 000, voir page 5

Amérique du Nord et Amérique c

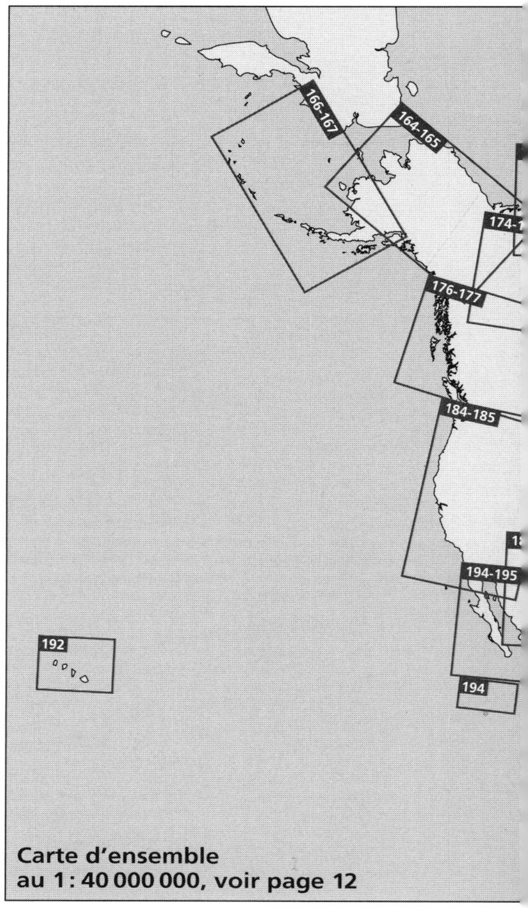

Carte d'ensemble
au 1: 40 000 000, voir page 12

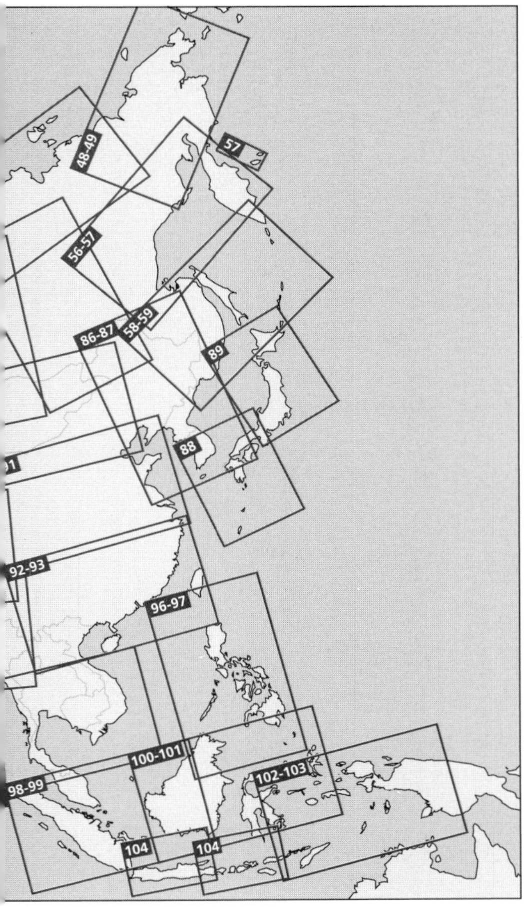

Australie et Océanie · 1: 4 500 000

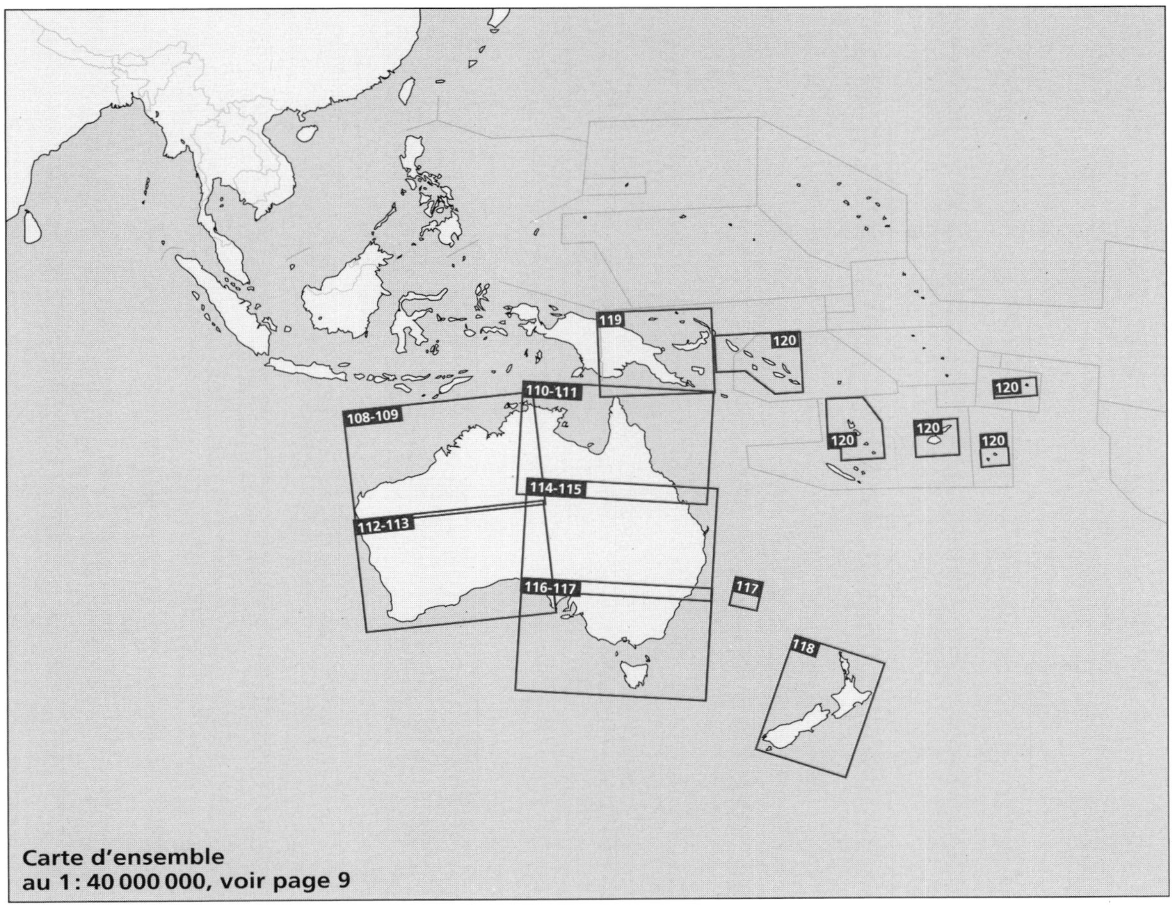

· 1: 4 500 000

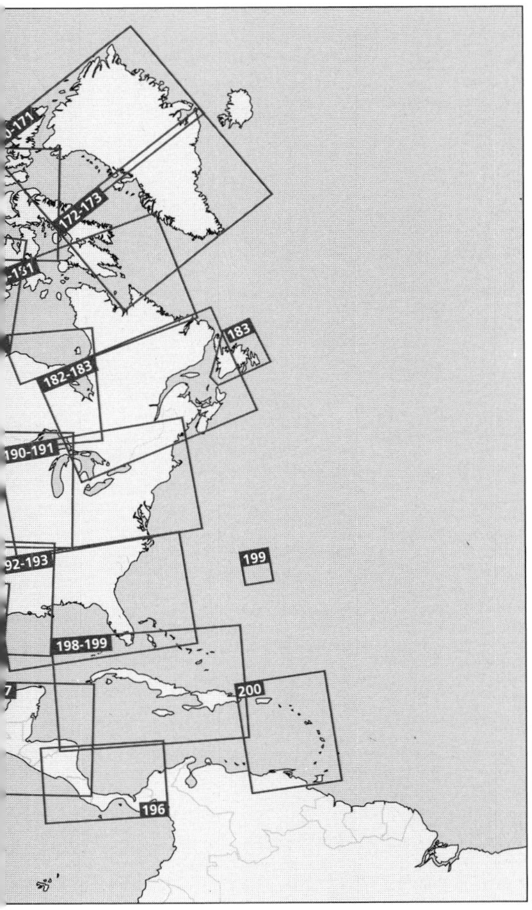

Amérique du Sud · 1: 4 500 000

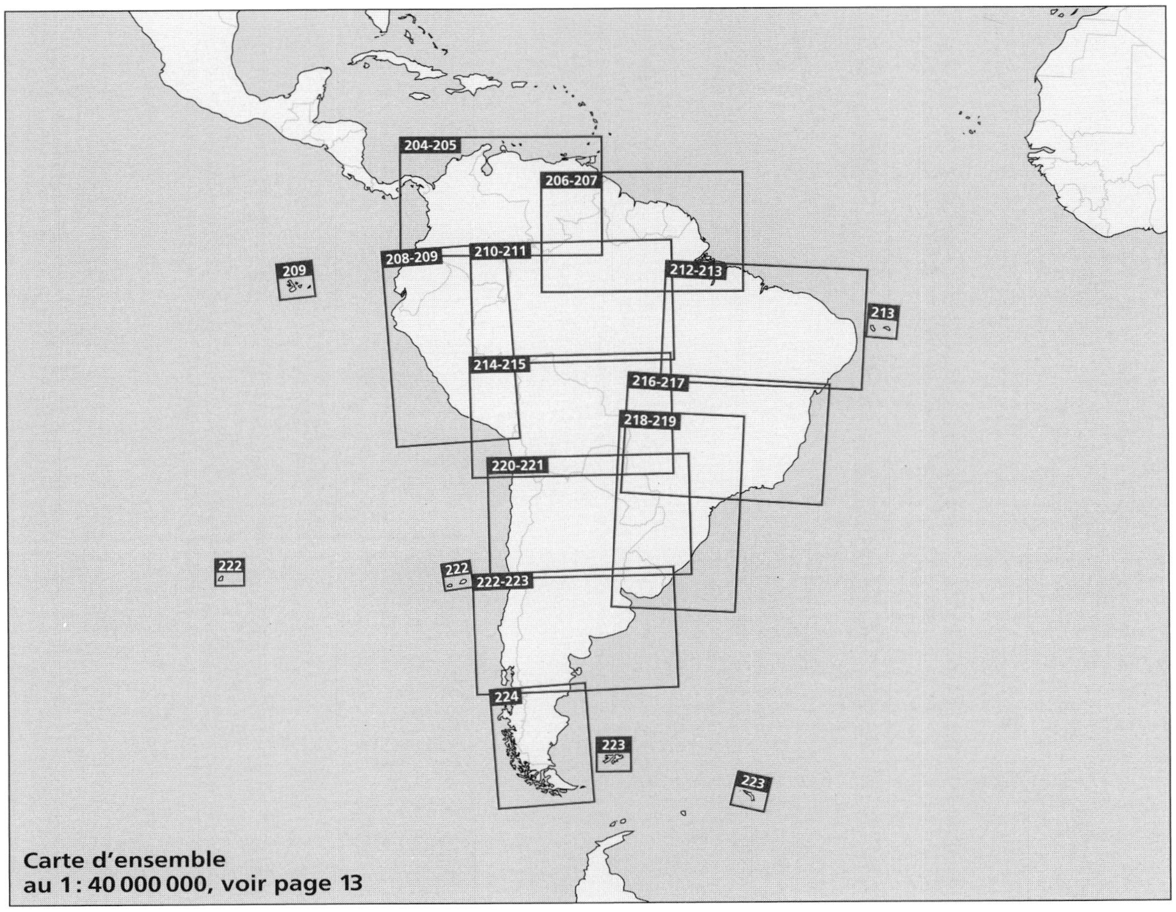

Couverture cartographique de la France

Cartes au 1 : 900 000

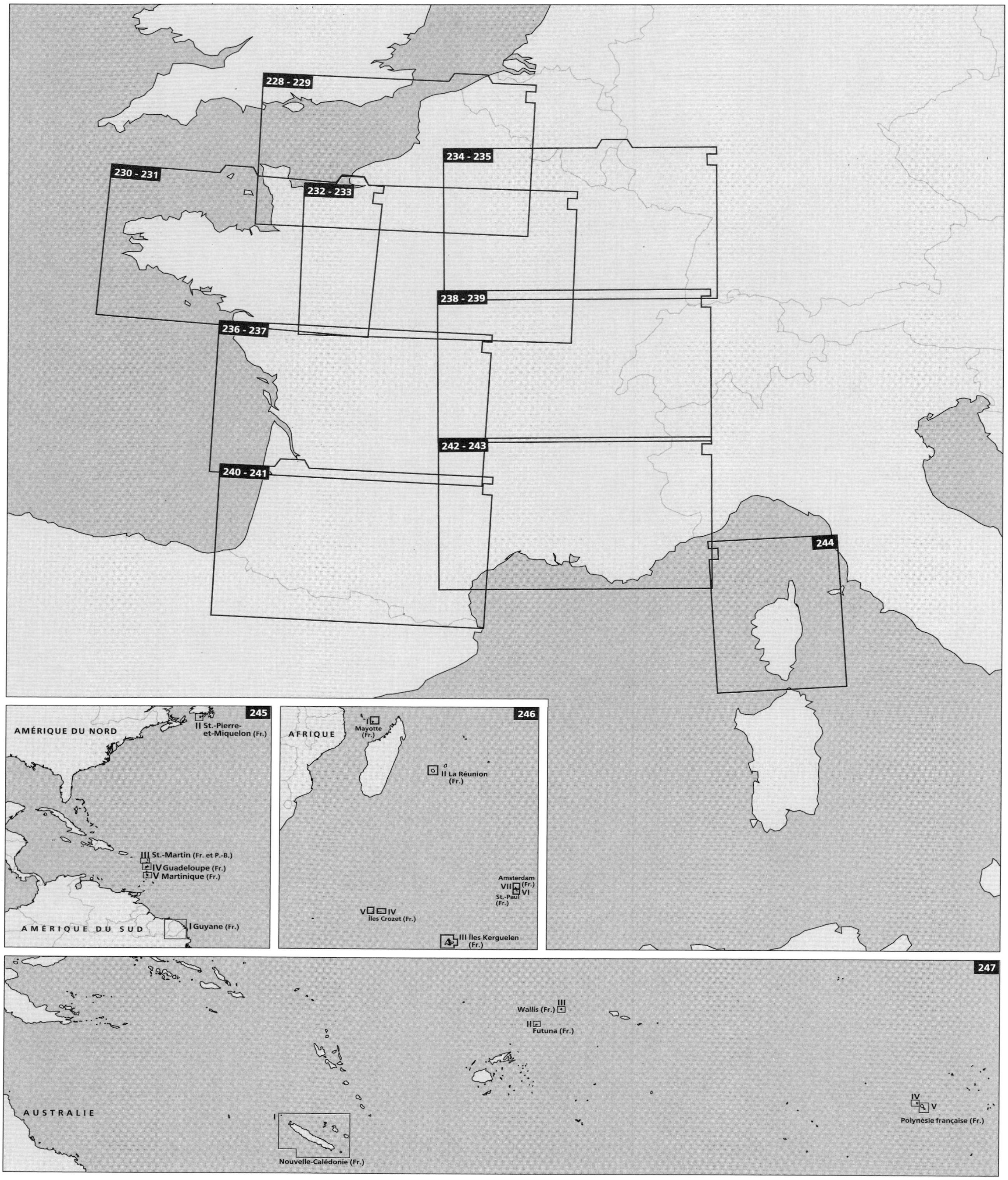

Exemples de cartes

Photographies par satellite

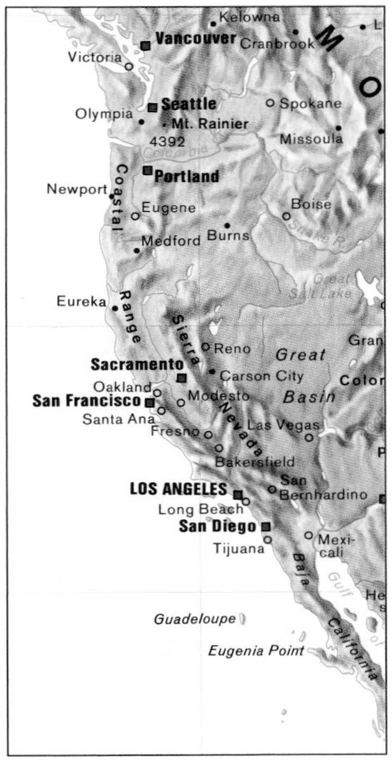

Echelle au 1 : 40 000 000

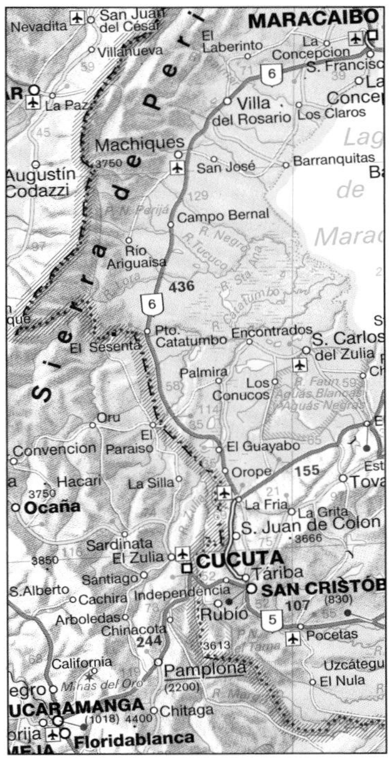

Echelle au 1 : 4 500 000

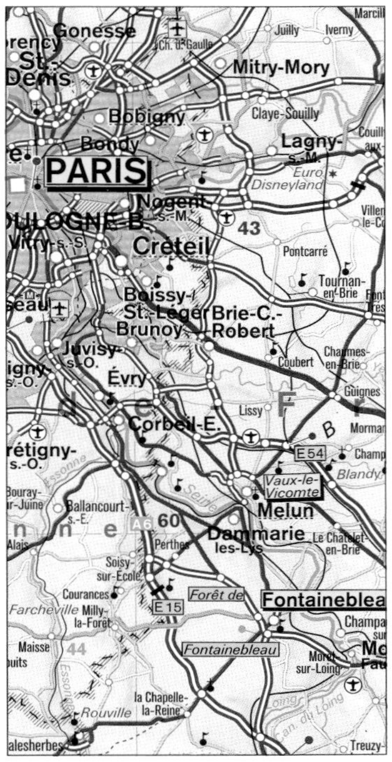

Echelle au 1 : 900 000

Nous devons à la navigation spatiale une nouvelle image de la Terre. Les satellites d'observation de la surface terrestre, tels que les Landsat, gravitent autour de la Terre à une distance d'environ 700 kilomètres. Des capteurs installés à bord de ces satellites enregistrent le rayonnement électromagnétique réfléchi par la Terre et le renvoient à un réseau mondial de stations au sol, sous forme de données permettant de restituer des images. Pour obtenir des images d'une définition et d'une qualité aussi grandes que celles figurant dans cet ouvrage, ces données doivent subir des traitements numériques très complexes.

Les prises de vue par satellite sont analysées par des programmes élaborés pour rendre des couleurs quasi naturelles. Ce résultat s'obtient par combinaison assistée par ordinateur des diverses bandes spectrales enregistrées. Les données ainsi traitées sont optimisées par des systèmes de filtration et de réglage des contrastes, tout cela étant soumis à des conditions de prise de vue favorables telles qu'un ensoleillement optimal, de bonnes conditions phénologiques (feuillaison, floraison) et l'absence de nuages.

Les clichés par satellite ne remplacent pas les cartes mais ajoutent à l'information cartographique une dimension nouvelle et forte. Ces prises de vue fascinent par leur luminosité et montrent la Terre sous une perspective nouvelle et fantastique.

Les sondes spatiales offrent des vues d'ensemble de la Terre, astre en mouvement dans l'espace. Les satellites en gravitation sur des orbites plus proches de la Terre balayent des superficies de l'ordre du continent ou du sous-continent. L'avion permet de photographier des superficies de l'ordre de la région. De même, l'échelle d'une carte exprime le degré de rapprochement par rapport à la Terre.

L'échelle au 1:40 000 000 convient à la représentation d'ensemble de la Terre. Le planisphère montre les grandes structures de la Terre, la répartition entre océans et terres émergées ainsi que leurs situations respectives. Les différentes couleurs des aires continentales correspondent aux grandes zones de végétation du globe: en bleu-violet, les zones arides froides et chaudes; en vert aux nombreuses nuances, les divers types de zones de végétation (la flore étant fortement influencée par le climat, le vert bleuté n'indique pas seulement la présence d'une zone de forêts de conifères mais aussi les climats froids sous les latitudes plus élevées, et le vert franc représente la forêt pluviale tropicale des zones climatiques humides et chaudes de part et d'autre de l'équateur). L'ombrage associant nuances claires et foncées, enfin, marque les grands reliefs de la surface de l'écorce terrestre: chaînes de montagnes de plissement, massifs montagneux et bassins, plaines et collines.

Les cartes au 1:4 500 000 forment la partie principale de cet Atlas. À l'exception de l'Antarctique et de quelques très petites îles, les continents y sont tous entièrement représentés à cette échelle. Chaque carte couvre l'une des différentes parties des continents. Les agglomérations, voies de communication et frontières de toutes sortes se distinguent très nettement sur le fond du relief et des couleurs représentant les zones climatiques et végétales.

La densité du peuplement se traduit par la dispersion dans l'espace ou par l'extension des agglomérations. Les zones à faible densité de population, aux agglomérations très éloignées les unes des autres, contrastent avec les régions à forte densité de peuplement et grandes agglomérations urbaines. La densité des réseaux de circulation, l'équipement en voies de communication et leur accessibilité s'expriment dans la représentation différenciée des réseaux routiers, avec indication des distances entre les grands carrefours, des lignes ferroviaires et des aéroports. La représentation des frontières rend compte de l'existence des États jouissant de la reconnaissance internationale.

L'indication de sites et monuments intéressants à visiter ne relève pas seulement d'un souci touristique. Ces sites sont souvent le berceau de traditions ethniques et culturelles, des lieux de vénération religieuse ou d'identification nationale.

En complément des cartes du monde et des continents, cet Atlas présente également une série de cartes de la France au 1:900 000, échelle permettant une cartographie plus détaillée.

Le nombre d'informations pouvant figurer sur des cartes à cette échelle est considérable. La différenciation du réseau routier est beaucoup plus accentuée et complétée par l'indication, par exemple, de routes touristiques, des numéros d'autoroutes et des échangeurs, des bacs assurant la traversée de fleuves. Des symboles spéciaux représentant télésièges, téléphériques et trains à crémaillère ainsi que refuges et hôtels isolés renseignent sur l'aménagement des régions de montagne. Le nombre des agglomérations et, plus généralement, de tous les sites géographiques indiqués sur ce type de cartes augmente considérablement, avec introduction d'un certain nombre de symboles signalant châteaux, monastères, églises, grottes et phares.

Les cartes de ce type sont donc bien appropriées à la préparation détaillée de voyages. Outre leur utilité de cartes routières et touristiques, elles présentent aussi un grand intérêt sur le plan de l'information géographique générale pour la préparation d'un voyage dans ses grandes lignes.

Signification des symboles Eléments physiques naturels

Les mers

① côte, rivage
② île(s), archipel
③ lagune (frange littorale)
④ mangroves
⑤ récif corallien

Echelle bathymétrique (ou des profondeurs)

⑥	0	– 200 mètres
⑦	200	– 2000 mètres
⑧	2000	– 4000 mètres
⑨	4000	– 6000 mètres
⑩	6000	– 8000 mètres
⑪	8000	– 10000 mètres
⑫	Plus de	10000 mètres
⑬	profondeur (en chiffres)	

Echelle bathymétrique (ou des profondeurs) uniquement pour les cartes au 1:900 000

0 – 20 mètres
20 – 40 mètres
40 – 100 mètres
100 – 200 mètres
autres profondeurs ⑦ à ⑫

Cet Atlas donne un tracé précis des côtes. La frange littorale est souvent couverte et découverte au rythme des marées. Lorsque ces franges sont très larges et donnent naissance à des formations particulières telles que les lagunes du nord de l'Europe ou les mangroves des régions intertropicales, elles sont représentées sur les cartes.

Les récifs coralliens sont des formations particulières aux mers tropicales. Leur grande sensibilité à la température de l'eau, à sa teneur en sel et à sa pureté en fait des indicateurs privilégiés de l'état des écosystèmes marins.

La profondeur des mers est représentée par des courbes bathymétriques (ou des profondeurs). Parmi les zones représentées en raison de leur importance politique et économique figurent les mers épicontinentales (ou shelf en anglais), qui ont jusqu'à 200 m de profondeur. Parfois non couvertes par les océans à des époques géologiques antérieures et revêtant la forme de plateau ou socle continental, ces zones recèlent des gisements importants. Les points les plus profonds des océans, appelés fosses marines, sont proches des marges continentales.

Hydrographie des terres émergées

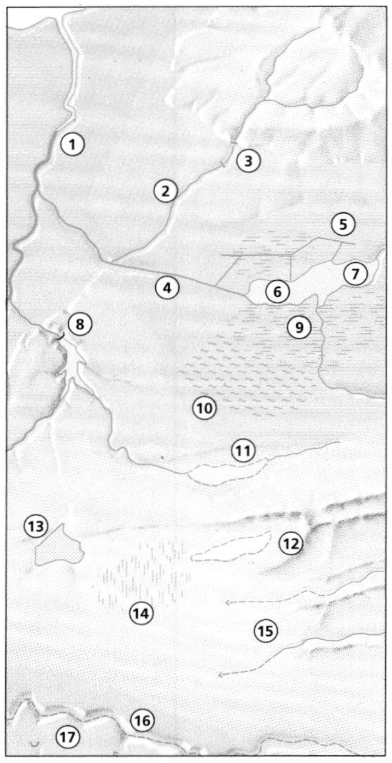

① écoulement pérenne (fleuve, rivière)
② affluents et sources
③ chute d'eau, rapides
④ canal navigable
⑤ canal non navigable
⑥ lac d'eau douce
⑦ hauteur de la surface de l'eau au-dessus du niveau de la mer et profondeur du lac
⑧ lac de retenue et barrage de retenue
⑨ marais, marécages
⑩ zones de submersion
⑪ lac à rives mouvantes

essentiellement dans les zones arides

⑫ lac saisonnier
⑬ lac salé
⑭ marais salé
⑮ cours d'eau en cours de tarissement
⑯ cours d'eau temporaire
⑰ fontaine, source

Le réseau de cours d'eau forme le cadre de prédilection du milieu créé par l'homme. La rive des fleuves et leur embouchure, les baies et les rives des lacs sont des lieux d'implantation privilégiés pour les établissements humains. Les cours d'eau offrent des voies de communication, permettent de produire de l'énergie, d'irriguer les cultures et, surtout, fournissent l'élément le plus indispensable à la vie, l'eau.

Les cartes permettent de reconnaître le bassin hydrologique des grands fleuves avec leurs ramifications si semblables à celles des arbres et, par la différenciation des largeurs de trait, la hiérarchie entre le fleuve principal et les affluents plus ou moins importants jusqu'à la source. Le cours d'eau est tracé avec ses caractéristiques principales, méandres, ramifications, élargissements en forme de lac, bras morts, permettant ainsi de reconnaître une voie d'eau artificielle (canal) à son cours rectiligne, tandis que la figuration des barrages et lacs de retenue révèle son degré d'exploitation économique. La représentation des cours d'eau met en évidence les zones privilégiées et les zones défavorisées du globe.

Formations glaciaires

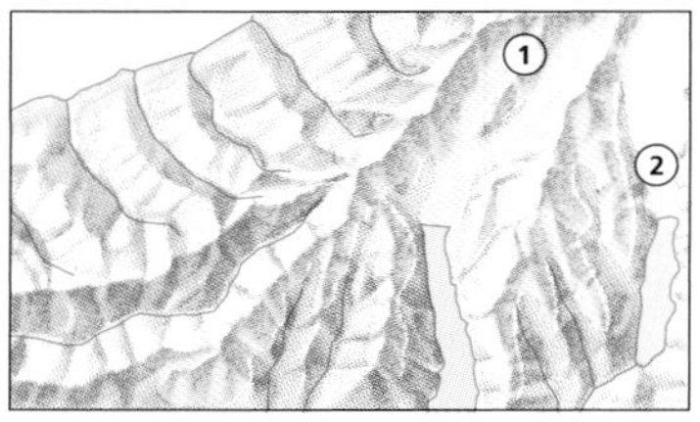

① glacier de haute montagne
② langue glaciaire

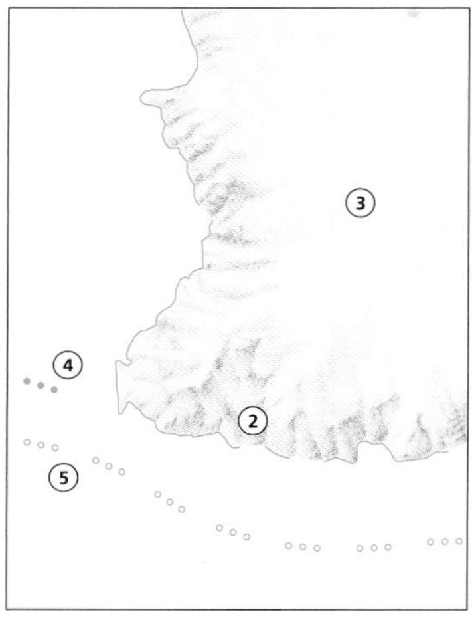

③ inlandsis, calotte glaciaire
④ limite moyenne du pack en été
⑤ limite moyenne du pack en hiver

La dernière ère glaciaire a pris fin il y a environ 10 000 ans. Elle a laissé des traces indélébiles sur près d'un tiers des terres émergées, dont onze pour cent environ sont encore recouvertes de glace. La représentation des glaciers et formations glaciaires donne une idée de la répartition et des formes particulières revêtues par ces déserts de glace dans le monde. Le plus étendu de tous, et de loin, est l'inlandsis qui recouvre tout l'Antarctique et le Groenland d'une calotte de glace pouvant atteindre plus de 3000 mètres d'épaisseur en certains endroits. De vastes aires océaniques, autour du pôle Nord surtout, sont recouvertes d'une banquise flottante donnant naissance, à sa périphérie, aux formations du pack.

Les glaciers sont presque toujours en mouvement, très lent pour la plupart. Ce sont les langues glaciaires qui atteignent les vitesses d'écoulement les plus élevées. Les langues glaciaires nées de l'inlandsis s'étirent en longs fleuves atteignant parfois 200 kilomètres de longueur, jusqu'à la mer, où elles «vêlent», donnant naissance aux icebergs. La langue glaciaire née des glaciers de montagnes est une formation très impressionnante.

Le relief des terres émergées

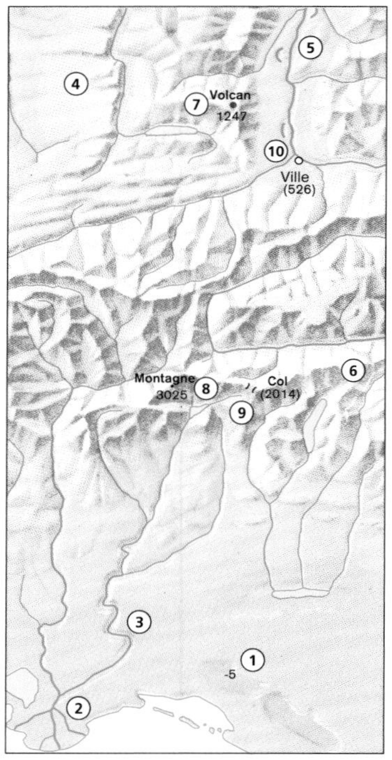

① dépression (terres en creux situées au-dessous du niveau de la mer, avec indication de la différence entre le fond et le niveau de la mer)
② delta
③ terres basses, avec dépression creusée par une vallée
④ région de collines ou de montagnes
⑤ fosse d'effondrement
⑥ chaîne de montagnes
⑦ volcan actif
⑧ sommet avec indication de l'altitude
⑨ col avec indication de l'altitude
⑩ altitude approximative d'une ville (par rapport au niveau de la mer)

La figuration de la troisième dimension, c'est-à-dire du relief des terres émergées, est considérée comme une mission particulièrement délicate pour les cartographes. Les cartes de cet Atlas atteignent un niveau de qualité plastique exceptionnel grâce aux techniques d'ombrage. Sur la carte, la représentation en deux dimensions des grandes formations de la surface terrestre prend un relief saisissant grâce au jeu de lumière et d'ombre, qui trouve son complément dans l'indication des altitudes par rapport au niveau de la mer pour les montagnes, les cols et les villes importantes.

Le réseau des cours d'eau vient compléter cette figuration, avec les vallées qui structurent les reliefs. Il faut réaliser la synthèse de ces deux éléments pour que naisse l'image impressionnante des grands espaces naturels et des grandes structures tectoniques. On en trouvera les plus beaux exemples dans le fossé d'effondrement du Moyen-Orient qui se prolonge jusque dans le sud de l'Afrique orientale, dans les immenses bassins et hauts-plateaux d'Asie centrale encadrés des plus hautes montagnes de la Terre, dans les grandes plaines et bassins du continent américain.

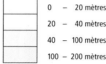

La biosphère: les écozones des aires continentales

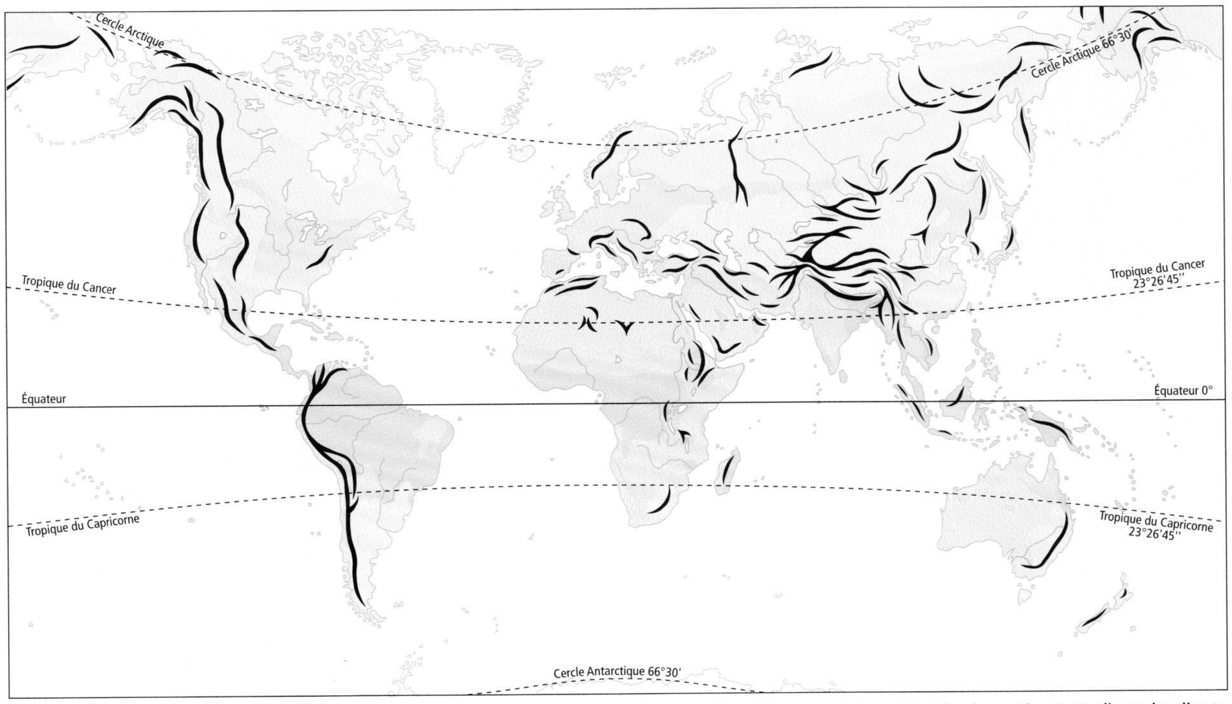

Zones tropicales

I climats toujours humides, forêt pluviale tropicale (ombrophile), savane humide

II climats à saison des pluies d'été savane humide à aride forêt à feuilles caduques (décidue)

Zones subtropicales

III climats arides à semi-arides subtropicaux à tropicaux brousse épineuse, désert

IV climats à saison des pluies d'été ou toujours humides, forêt de mousson, brousse arborée

V climats méditerranéens humides en été, secs en hiver forêt sempervirente, brousse arborée

Latitudes moyennes (tempérées)

VI steppes froides en hiver, climats semi-arides et arides; étendues herbacées (steppe, prairie), désert

VII climats humides océaniques à continentaux forêt à feuilles caduques (décidue), forêt mixte

Zone boréale

VIII taïga (forêt de conifères)

Zone polaire et subpolaire

IX a: inlandsis, calotte glaciaire
b: toundra (lichens, mousses, arbustes nains)

Haute montagne

succession verticale de formations végétales

Parmi tous les facteurs déterminants pour les manifestations de la vie sur la Terre, le macroclimat occupe une place particulière. Il exerce une influence sur la formation des sols et le modelage des reliefs, marque de son empreinte la végétation et le monde animal et définit ainsi l'habitabilité d'une région pour l'homme. Tous ces éléments biotiques et abiotiques forment un système complexe, chacun agissant sur l'autre de manières très diverses.

Selon les conditions climatiques et les formations végétales dominantes qui en résultent, il est possible de distinguer, sur les terres émergées, des espaces vitaux ou écozones qui ne sont cependant pas nettement délimitées. Dotées d'un noyau aux caractères typiques, elles se fondent dans l'écozone voisine après une zone de transition plus ou moins abrupte.

La succession des écozones sur les aires continentales est, pour l'essentiel, parallèle en latitude, mais elle est marquée par deux grands éléments de dissymétrie.

Les climats à pluies d'hiver (climats méditerranéens) apparaissent uniquement sur les façades occidentales des continents, tandis que les climats subtropicaux à pluies d'été ou toujours humides concernent exclusivement les côtes orientales («climat de Shanghai» de 25° à 35° de latitude).

Dans l'hémisphère Nord, la forêt s'étend au-delà du 70e parallèle, en Eurasie et en Amérique, tandis que, dans l'hémisphère Sud, elle disparaît à partir du 57e parallèle en Amérique du Sud et du 48e parallèle en Nouvelle-Zélande et en Océanie, la ceinture de conifères boréale ou septentrionale n'ayant pas son symétrique dans l'hémisphère austral.

La répartition des écozones en altitude

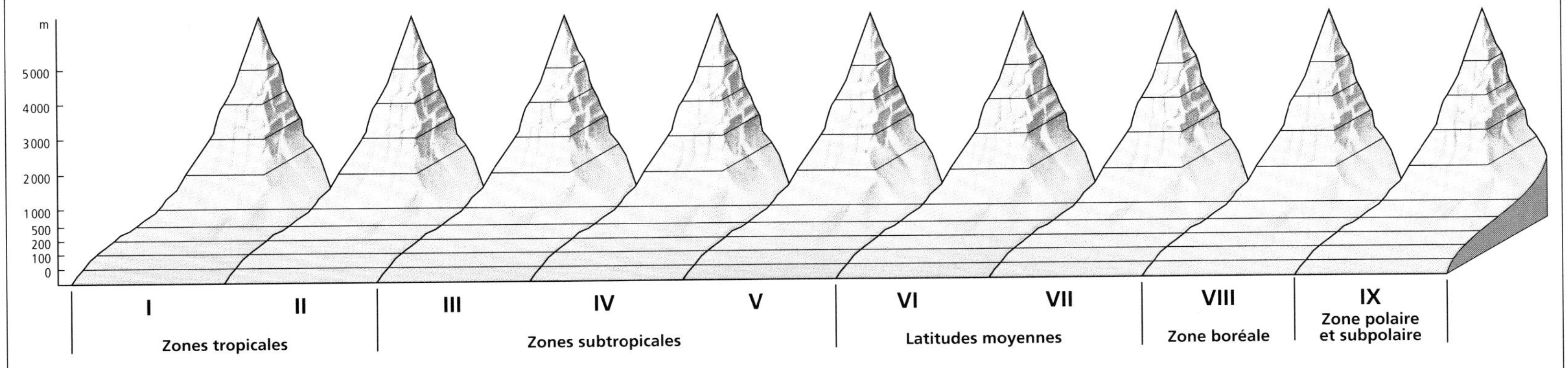

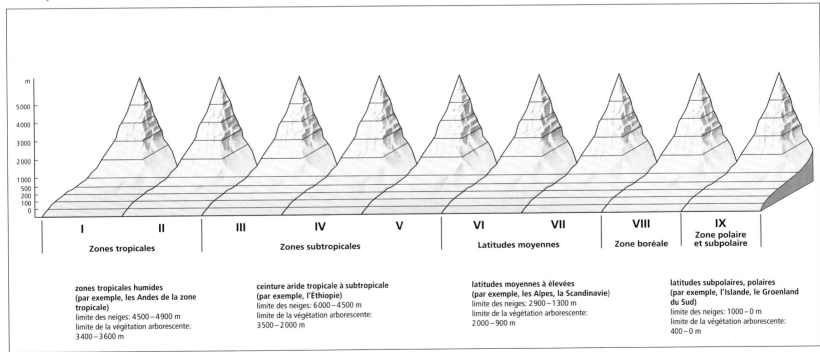

zones tropicales humides (par exemple, les Andes de la zone tropicale)
limite des neiges: 4500–4900 m
limite de la végétation arborescente: 3400–3600 m

ceinture aride tropicale à subtropicale (par exemple, l'Éthiopie)
limite des neiges: 6000–4500 m
limite de la végétation arborescente: 3500–2000 m

latitudes moyennes à élevées (par exemple, les Alpes, la Scandinavie)
limite des neiges: 2900–1300 m
limite de la végétation arborescente: 2000–900 m

latitudes subpolaires, polaires (par exemple, l'Islande, le Groenland du Sud)
limite des neiges: 1000–0 m
limite de la végétation arborescente: 400–0 m

Le relief est l'une des caractéristiques essentielles des régions géographiques. Aussi, cet ouvrage s'est-il tout particulièrement attaché à représenter sur les cartes, de manière concrète, l'ensemble des dénivellations (altitudes et profondeurs) marquant l'écorce terrestre. Les écozones se succèdent en latitude selon une ordonnance parallèle. À ce schéma de zones parallèles se superposent les écosystèmes particuliers aux régions de haute montagne. L'expression la plus visible du changement des conditions climatiques selon l'altitude réside dans la succession de formations végétales caractéristiques. Le passage de la forêt (avec strates herbacées) à la pelouse, de la roche et des éboulis aux neiges persistantes et aux glaciers est marqué par des limites écologiques définies en altitude: limite supérieure de la végétation arborescente et limite inférieure des neiges, limite inférieure aussi de la végétation arborescente dans les régions arides.

Les différents étages présentent des caractéristiques climatiques typiques qui dépendent aussi de leur situation dans les grandes ceintures climatiques. Ainsi, les hautes montagnes des zones tropicales n'échappent pas à l'influence exercée par les conditions climatiques qui règnent sur les plaines de la même zone.

La limite supérieure de la végétation arborescente en montagne est conditionnée par le manque de chaleur, tandis que, dans les régions au climat sec, la limite inférieure est due au manque d'humidité, les formations arborescentes naturelles se limitant, dans les régions arides, à des franges plus ou moins larges.

L'existence d'une limite inférieure de la forêt dans les hautes montagnes des zones humides ou la réduction de la ceinture arborescente à des parties discontinues sont les signes alarmants d'une exploitation abusive de la forêt par l'homme.

L'activité agricole est également soumise à une limite en altitude conditionnée par le climat. Ainsi, pour les céréales, cette limite se situe vers 1 500 mètres dans les Alpes, alors que l'orge est cultivée dans les Andes tropicales jusqu'à une altitude de 4 400 mètres, altitudes marquant à peu près la limite supérieure des zones d'habitat humain permanent, à l'exception des bergeries et centres miniers dans certaines montagnes.

Signification des symboles Structures créées par l'homme

Informations en marge de la carte

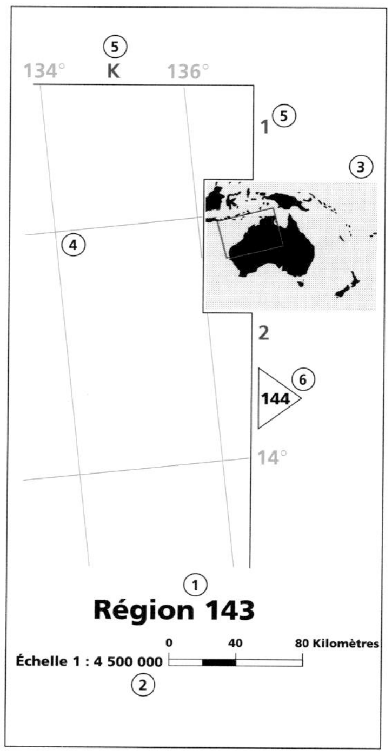
134°
K
136°
1
2
144
14°
Région 143
0 40 80 Kilomètres
Échelle 1 : 4 500 000

① numéro de page et nom de la région

② représentation graphique et numérique de l'échelle (en kilomètres)

③ carte de situation indiquant la localisation et l'étendue de la région sur le continent correspondant

④ grille des parallèles et méridiens et leur numérotation

0° de longitude méridien de Greenwich = Gr.

180° à 1° de longitude ouest par rapport à Gr. | 1° à 180° de longitude est par rapport à Gr.

1° à 90° de latitude nord par rapport à l'équateur | 1° à 90° de latitude nord par rapport à l'équateur

équateur 0° | **équateur 0°**

1° à 90° de latitude sud par rapport à l'équateur | 1° à 90° de latitude sud par rapport à l'équateur

180° à 1° de longitude ouest par rapport à Gr. | 1° à 180° de longitude est par rapport à Gr.

0° de longitude méridien de Greenwich = Gr.

⑤ désignation de la case de recherche suivant le toponyme dans l'index
en haut/en bas: lettres de l'alphabet
à gauche/à droite: chiffres
la grille des méridiens et parallèles fait office de grille de recherche

⑥ numéro de page renvoyant à la carte de la région voisine

Outre les titres et les numéros de page, le schéma de la couverture cartographique des continents et de la France, pages VIII, IX et X, ainsi que les cartes de situation, au début de chaque série de cartes consacrée à chacun des continents, sont un instrument précieux pour consulter cet Atlas

En haut à droite de chaque double page, une petite carte de situation permet de replacer la région représentée dans l'ensemble continental correspondant. L'indication de l'échelle, en bas, en marge de la carte, est indispensable au calcul des distances représentées sur la carte. L'échelle exprime le rapport entre la distance figurée sur la carte et la distance réelle lui correspondant sur le terrain.

La grille des méridiens et parallèles permet d'exprimer la situation géographique d'un point en degrés de longitude est ou ouest (par rapport au méridien de Greenwich) et de latitude nord ou sud (par rapport à l'équateur). Figurée en bleu dans cet ouvrage, elle sert également de grille de recherche, les indications données dans l'index renvoyant aux lettres en rouge, en haut et en bas, et aux chiffres également en rouge, à gauche et à droite, dans la marge de la carte.

Agglomérations et voies de communication

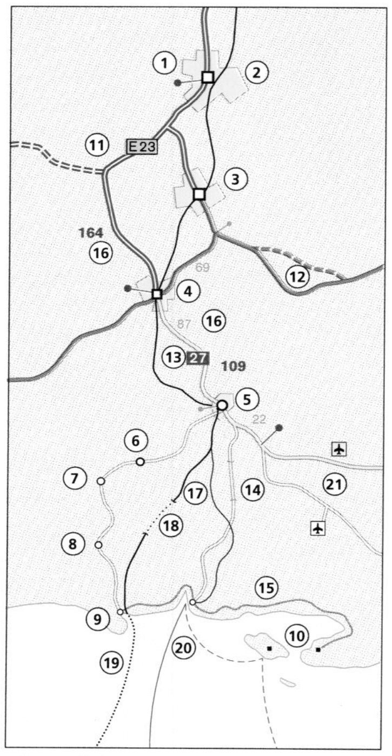
E23
164
69
87
27
109
22

Les symboles représentant les agglomérations

① zone de concentration urbaine (en règle générale, autour de villes de plus de 100 000 habitants)

② plus de 5 000 000 d'habitants

③ de 1 000 000 à 5 000 000 d'habitants

④ de 500 000 à 1 000 000 d'habitants

⑤ de 100 000 à 500 000 habitants

⑥ de 50 000 à 100 000 habitants

⑦ de 10 000 à 50 000 habitants

⑧ de 5 000 à 10 000 habitants

⑨ moins de 5 000 habitants

⑩ hameau, habitat isolé, base expérimentale (à occupation temporaire)

Les voies de communication

⑪ autoroute (ou route à quatre voies ou plus) avec numérotation – en construction

⑫ voie prioritaire de trafic à grande distance – en construction

⑬ route à grande circulation – avec numéro

⑭ route secondaire – tunnel routier

⑮ chemin carrossable, piste

⑯ distances en kilomètres

⑰ lignes ferroviaires: principale – secondaire

⑱ tunnel ferroviaire

⑲ train-ferry

⑳ ferry – route maritime

㉑ aéroport d'importance internationale
aéroport d'importance nationale

Les symboles représentant les agglomérations donnent une indication sur leur nombre d'habitants. La multiplication, sur une carte, de ces symboles également indicateurs de l'ordre de grandeur du nombre d'habitants renseigne sur la densité de la population et le type de peuplement des régions. La représentation des zones de concentration urbaine illustre la densité humaine croissante dans les grandes villes. L'UNESCO prévoit que, en l'an 2000, près de la moitié de l'humanité vivra dans des régions urbaines qui représenteront environ quatre pour cent des terres émergées.

En ce qui concerne la figuration du réseau de voies de communication, cet ouvrage privilégie particulièrement le réseau routier continental, en raison de son importance, au seuil du XXIe siècle, pour les transports nécessaires à une économie reposant sur une division du travail toujours plus poussée, l'approvisionnement sur longues distances en produits alimentaires, le tourisme et les migrations des hommes. La représentation des routes, avec numéro, est différenciée selon leur importance. L'indication des kilométrages permet d'apprécier les distances avec plus de réalisme.

Frontières politiques et autres frontières

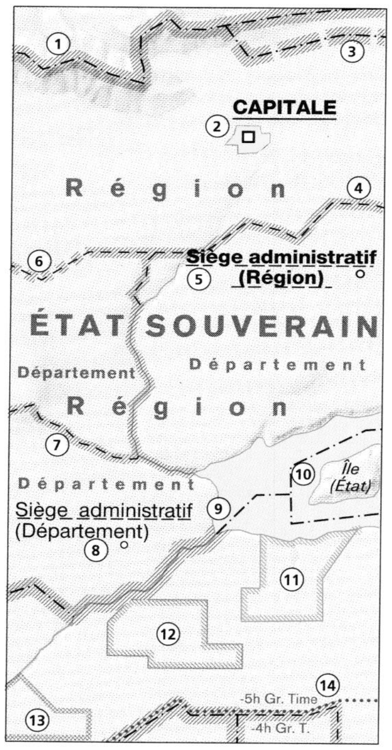
CAPITALE
Région
Siège administratif
(Région)
ÉTAT SOUVERAIN
Département
Département
Région
Département
Île
(État)
Siège administratif
(Département)
-5h Gr. Time
-4h Gr. T.

① frontière internationale (entre États)

② capitale d'un État souverain

③ frontière contestée d'un État

④ frontière administrative de première catégorie (par exemple, région, land en Allemagne, territoire autonome, province)

⑤ capitale de division administrative de première catégorie (siège administratif)

⑥ frontière contestée d'une division administrative de première catégorie

⑦ frontière administrative de deuxième catégorie* (par exemple, arrondissement, canton, province, comté)

⑧ siège administratif de seconde catégorie*

⑨ tracé des frontières le long des cours d'eau, des rivages des mers et des lacs

⑩ territoire dépendant d'un État (avec indication de l'État souverain)

⑪ parc national, monument national

⑫ réserve

⑬ zone interdite

⑭ limite d'un fuseau horaire avec indication du décalage horaire par rapport à l'heure de Greenwich (GMT)

* uniquement sur les cartes au 1 : 900 000

L'établissement de documents faisant état des possessions terriorales fut l'une des raisons qui conduisit à l'«invention» des cartes géographiques. Les cartes sont considérées comme des pièces justificatives de premier plan par les hommes politiques en cas de différends ou de querelles de frontières. Elles sont également un instrument indispensable à l'interprétation ou à la représentation de données statistiques avec référence territoriale. La majeure partie des relevés de données statistiques a pour cadre des entités régionales d'un pays ou le pays lui-même.

Du fait de leur importance, les frontières nationales sont représentées, dans cet Atlas mondial, avec une netteté particulière. Viennent ensuite les principales délimitations régionales, dites «de première catégorie». Les limites dites «de seconde catégorie» n'apparaissent que lorsque leur importance politique ou géographique l'exige. La représentation des frontières nationales et administratives trouve son complément naturel dans l'indication de la capitale ou du siège administratif correspondant.

Sites particulièrement intéressants

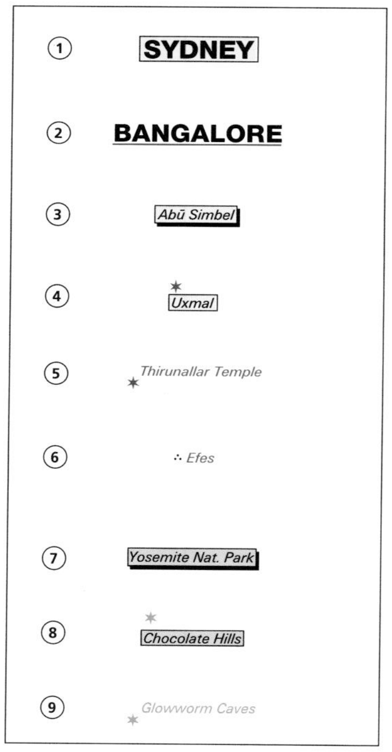
①
SYDNEY
②
BANGALORE
③
Abū Simbel
④
Uxmal
⑤
Thirunallar Temple
⑥
Efes
⑦
Yosemite Nat. Park
⑧
Chocolate Hills
⑨
Glowworm Caves

① agglomération particulièrement intéressante

② agglomération intéressante

③ patrimoine culturel mondial de l'UNESCO

④ monument culturel particulièrement intéressant

⑤ monument culturel intéressant

⑥ site ou fouilles archéologiques

⑦ patrimoine naturel mondial de l'UNESCO

⑧ site naturel particulièrement intéressant

⑨ site naturel intéressant

Cet ouvrage s'attache à donner un aperçu des sites les plus remarquables de notre planète bleue. Ces sites peuvent être aussi bien naturels que culturels ou historiques, fondateurs de l'identité d'une nation, d'un peuple ou du berceau d'une religion. Cet Atlas mondial permet de les replacer dans leur contexte géographique. La représentation graphique fait la distinction entre sites naturels et sites culturels, et marque une graduation selon l'intérêt touristique du site. Institution fondée dans le cadre des Nations unies, l'UNESCO a dressé un inventaire des sites naturels et culturels, des monuments ayant valeur de «patrimoine de l'humanité» et, à ce titre, en recommande la protection particulière. Ils sont indiqués dans les cartes, faisant de cet Atlas non seulement un guide de voyages riche en informations mais aussi un ouvrage sur l'histoire de l'art et des civilisations.

Les noms des agglomérations

①	TEHRĀN MONTEVIDEO
②	MIAMI LE HAVRE
③	MANHATTAN VAIHINGEN *
④	Darwin Thimphu
⑤	Gallipolis Grindelwald Laugarvatn Weiler *
⑥	*Safari Club*
⑦	Hörnli-H. *
⑧	BOLZANO BOZEN
⑨	HALAB (ALEP)
⑩	FRANKFURT am Main

Chaque toponyme (nom de lieu) est indiqué sur la carte dans une typographie relative à son importance et à sa taille.

① ville de un ou plusieurs millions d'habitants
② grande ville
③ quartier de grande ville ou de très grande ville
④ ville moyenne
⑤ petite ville, agglomération rurale
⑥ établissement touristique, village de vacances, hôtel isolé, club, etc. *
⑦ refuge *
⑧ variante du nom de l'agglomération dans les régions à bilinguisme officiel
⑨ autre variante du nom (par exemple, ancien nom de l'agglomération)
⑩ extension officielle du nom de l'agglomération

* uniquement sur les cartes au 1 : 900 000

Les noms d'agglomération figurant sur les cartes sont indiqués selon une graduation typographique précise, correspondant à une échelle de population. La typographie des noms traduit également l'importance particulière de telle ou telle agglomération, les majuscules renvoyant aux villes de plus de 100 000 habitants.

Bien que certains noms de villes, régions, cours d'eau, lacs et mers figurent sur les cartes sous leur forme en usage en France, la plupart des toponymes conservent en principe leur orthographe officielle en vigueur dans leur pays. Dans les régions de bilinguisme officiel, les deux variantes du nom figurent sur la carte.

Les toponymes n'utilisant pas l'alphabet latin sont transposés au moyen des lettres correspondantes (translitération) ou par transcription phonétique, en application des directives officielles lorsqu'il existe de tels règlements.

Les toponymes donnent souvent de précieux renseignements sur les événements historiques ayant affecté tel ou tel lieu et sur leurs conséquences.

Autres caractères utilisés sur les cartes

①	CHILI Réunion (France)
②	*GOBI Cappadoce Kimberley*
③	ANDES Nan Ling Tibesti
④	Mt. McKinley 6194 Simplonpass (2005) Cabo de Hornos
⑤	*JAVA Îles Galápagos York Peninsula*
⑥	*OCÉAN PACIFIQUE* *Finskij zaliv The Channel*
⑦	*Niger Panama Canal Taj Hu Niagara Falls*
⑧	*Bassin du Yucatán Fosse des Cayman*
⑨	Dorsale de Nazca Aves Ridge
⑩	*Aboriginal Land Military Training Area*
⑪	8848 10540 398

① État, division administrative, État dont dépend le territoire
② région géographique, région historique
③ montagne, chaîne de montagnes, massif montagneux, pays de montagne
④ sommet avec indication de l'altitude, col avec indication de l'altitude, cap
⑤ île, archipel, presqu'île ou péninsule
⑥ océan, mer, golfe, baie, détroit
⑦ fleuve, canal, lac, chute d'eau
⑧ régions sous-marines, fosses sous-marines
⑨ reliefs sous-marins
⑩ réserve, zone interdite
⑪ indication de l'altitude en mètres au-dessus du niveau de la mer, indication de la profondeur des mers et des lacs, niveau des lacs par rapport au niveau de la mer

Le typographie apporte une information supplémentaire. C'est un moyen de structurer les données géographiques selon leur importance et d'établir une hiérarchie entre elles, en utilisant des majuscules ou des minuscules et en les associant à différents types et tailles de caractères. La couleur offre également un instrument de différenciation. Ainsi, les fleuves sont en bleu, les entités politiques en gris et les sites naturels en vert. L'impression sur fond de couleur et le soulignement font référence à l'intérêt touristique.

L'homme s'est approprié la Terre en attribuant des noms aux entités géographiques. Il a donné un nom aux îles les plus lointaines, aux plus petites baies des régions les plus inhospitalières de l'Antarctique, au moindre cap un peu marquant. Sur les cartes de cet Atlas, comme dans tous les atlas, ne sont retenues que les dénominations géographiques les plus importantes, qui figurent toutes également à l'index, classées par ordre alphabétique.

Voies de communication au 1 : 900 000

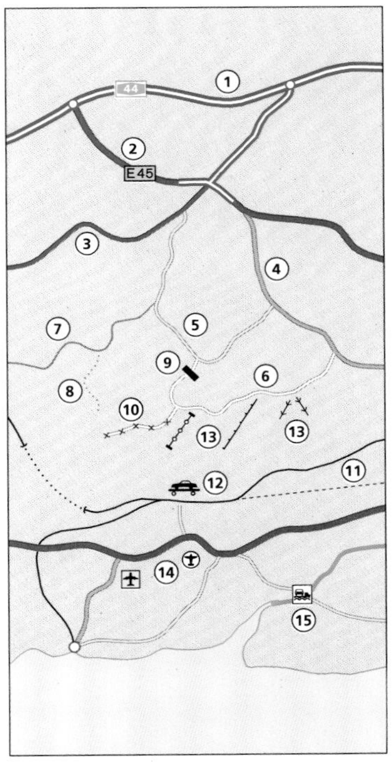

① autoroute ou route à quatre voies et plus, avec échangeurs et numérotation
② voie prioritaire de trafic à grande distance, avec numérotation européenne
③ route importante à grande circulation
④ route à grande circulation
⑤ route secondaire
⑥ autre route
⑦ chemin carrossable
⑧ chemin praticable à pied
⑨ péage (route à péage)
⑩ route interdite à la circulation automobile
⑪ ligne ferroviaire – trafic de marchandises uniquement
⑫ chargement de voitures
⑬ téléphérique – train à crémaillère – télésiège
⑭ aéroport – aérodrome
⑮ bac (véhicules automobiles) pour la traversée de cours d'eau

Les cartes de France sont réalisées à une échelle plus grande, ce qui permet d'intégrer un nombre d'informations bien plus élevé, d'en structurer le contenu avec plus de force et d'augmenter le nombre des symboles utilisés. Outre l'indication utile d'ouvrages tels que les échangeurs d'autoroute, par exemple, il est possible d'augmenter le nombre des catégories de routes représentées en différenciant encore plus les divers types de tracés.

Les régions de grande densité de population, autour des noyaux d'urbanisation que sont les grandes villes, apparaissent avec netteté, au centre d'un réseau serré d'autoroutes et de voies rapides, et contrastent avec les zones moins peuplées, structurées autour de villes moyennes ou petites, dotées d'un équipement routier et ferroviaire moins dense. Dans les régions montagneuses et dans les Alpes notamment, c'est le relief naturel qui décide de l'implantation de cordons de peuplement et de couloirs de circulation dans les vallées. En altitude, les équipements se réduisent à des téléphériques, trains à crémaillère et télésièges ayant surtout un intérêt touristique.

Symboles topographiques au 1 : 900 000

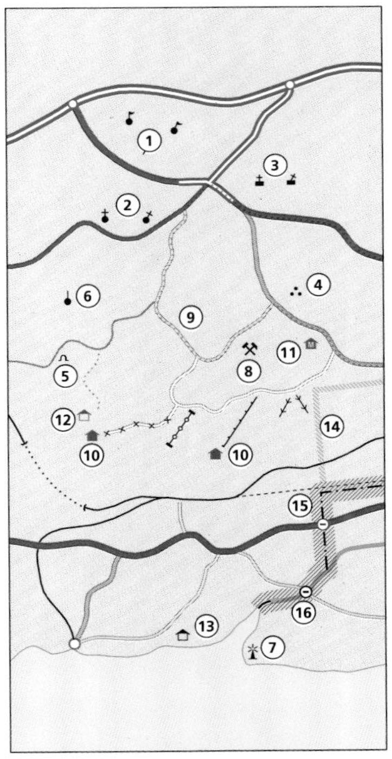

① château fort, château – ruine
② église – ruine
③ monastère – ruine
④ édifice romain, fouilles
⑤ grotte
⑥ tour
⑦ phare
⑧ exploitation minière, mine à ciel ouvert
⑨ route touristique
⑩ hôtel isolé, auberge
⑪ motel
⑫ refuge
⑬ village de vacances
⑭ limite de réserve naturelle
⑮ frontière nationale, avec point de passage de la frontière
⑯ point de passage de la frontière

Le nombre des symboles topographiques augmente considérablement lorsque l'échelle de la carte est plus élevée. Balises surmontées d'un petit drapeau pour les châteaux, d'une croix pour les églises ou les monastères, masse et marteau croisés pour les mines, dessin évocateur pour les phares ou plus symbolique pour les grottes, tous ces signes donnent à la carte une grande valeur d'information sur les régions, sur les types de paysages, sur l'histoire et l'économie du pays. Ces renseignements offrent également de précieux repères d'orientation.

L'indication de détails topographiques soigneusement sélectionnés, l'utilisation de symboles différenciés selon le type de site et la représentation des parcs nationaux et réserves naturelles constituent une somme d'informations instructives sur les lieux de séjour ou même de simple passage. Ces cartes indiquent également les «routes touristiques» qui existent dans de nombreuses régions et dont l'itinéraire est tout spécialement étudié pour permettre le passage par le plus grand nombre possible de sites naturels et culturels caractéristiques.

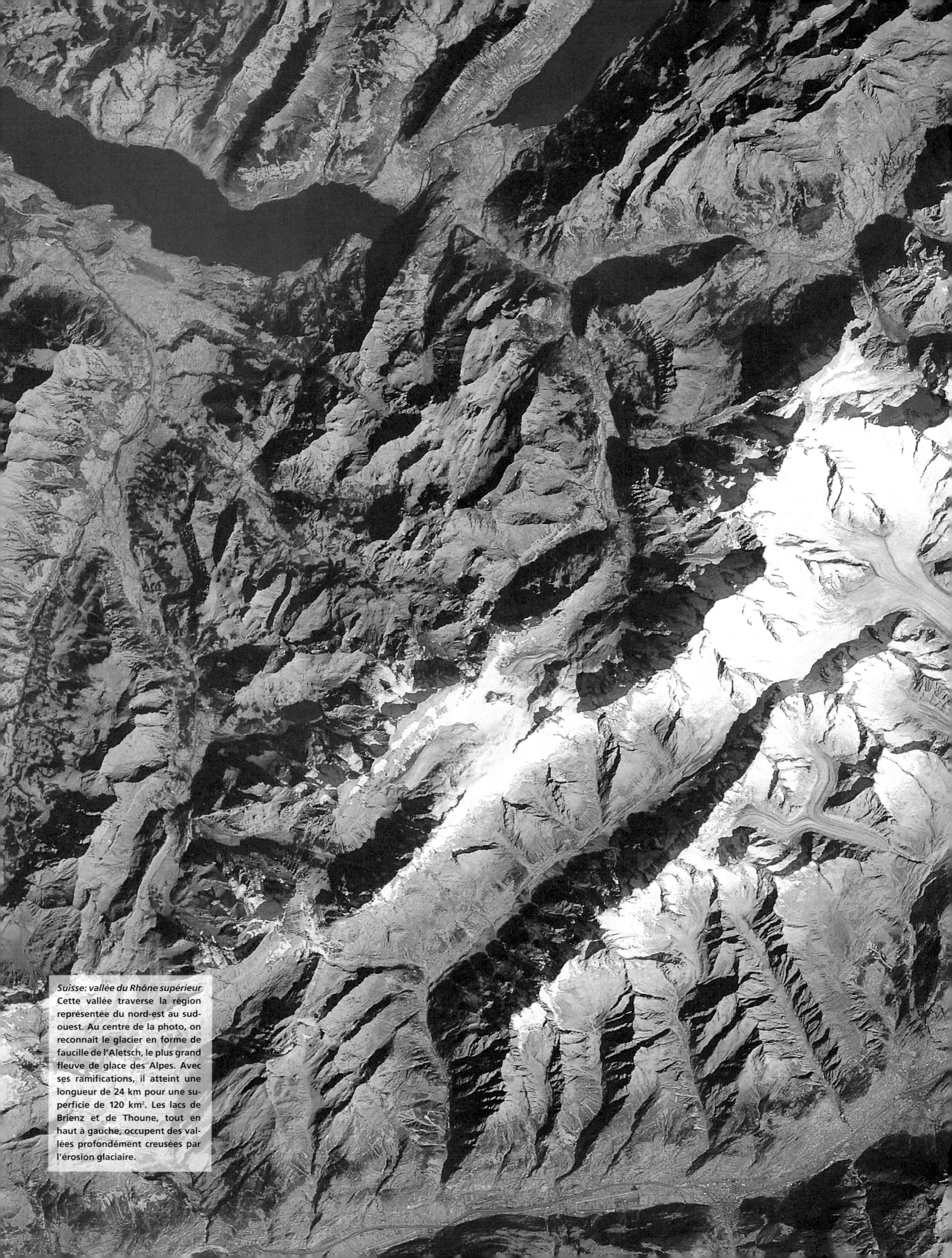

Suisse: vallée du Rhône supérieur
Cette vallée traverse la région représentée du nord-est au sud-ouest. Au centre de la photo, on reconnaît le glacier en forme de faucille de l'Aletsch, le plus grand fleuve de glace des Alpes. Avec ses ramifications, il atteint une longueur de 24 km pour une superficie de 120 km². Les lacs de Brienz et de Thoune, tout en haut à gauche, occupent des vallées profondément creusées par l'érosion glaciaire.

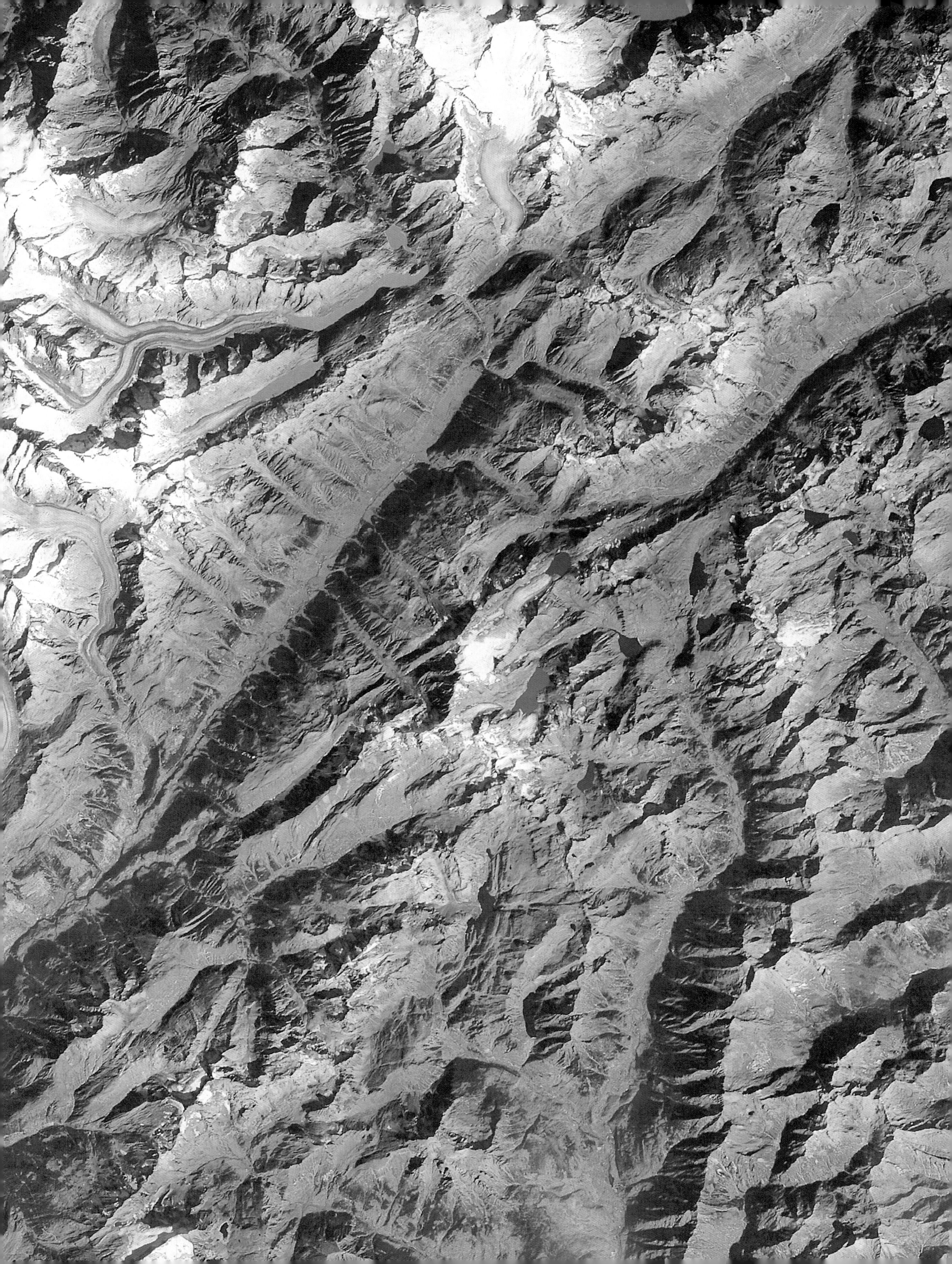

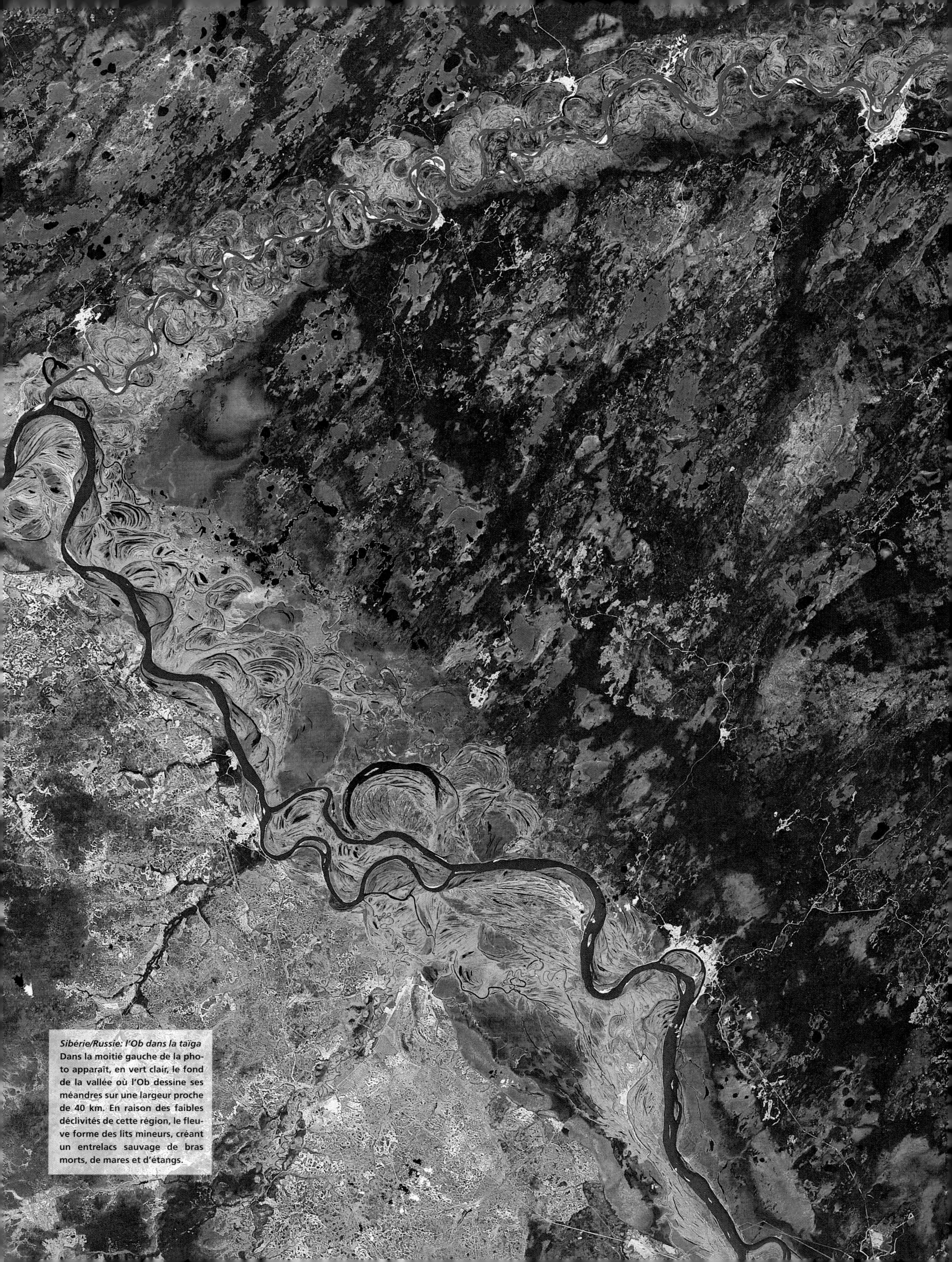

Sibérie/Russie: l'Ob dans la taïga
Dans la moitié gauche de la photo apparaît, en vert clair, le fond de la vallée où l'Ob dessine ses méandres sur une largeur proche de 40 km. En raison des faibles déclivités de cette région, le fleuve forme des lits mineurs, créant un entrelacs sauvage de bras morts, de mares et d'étangs.

Brésil: Amazonie
A l'est de la ville de Manaus, les flots sombres du Rio Negro se jettent dans l'Amazone aux eaux couleur de café au lait. En haut à droite de la photo, on observe la confluence des deux fleuves. La principale caractéristique de cette région est la forêt pluviale tropicale (ombrophile), dont l'existence est menacée.

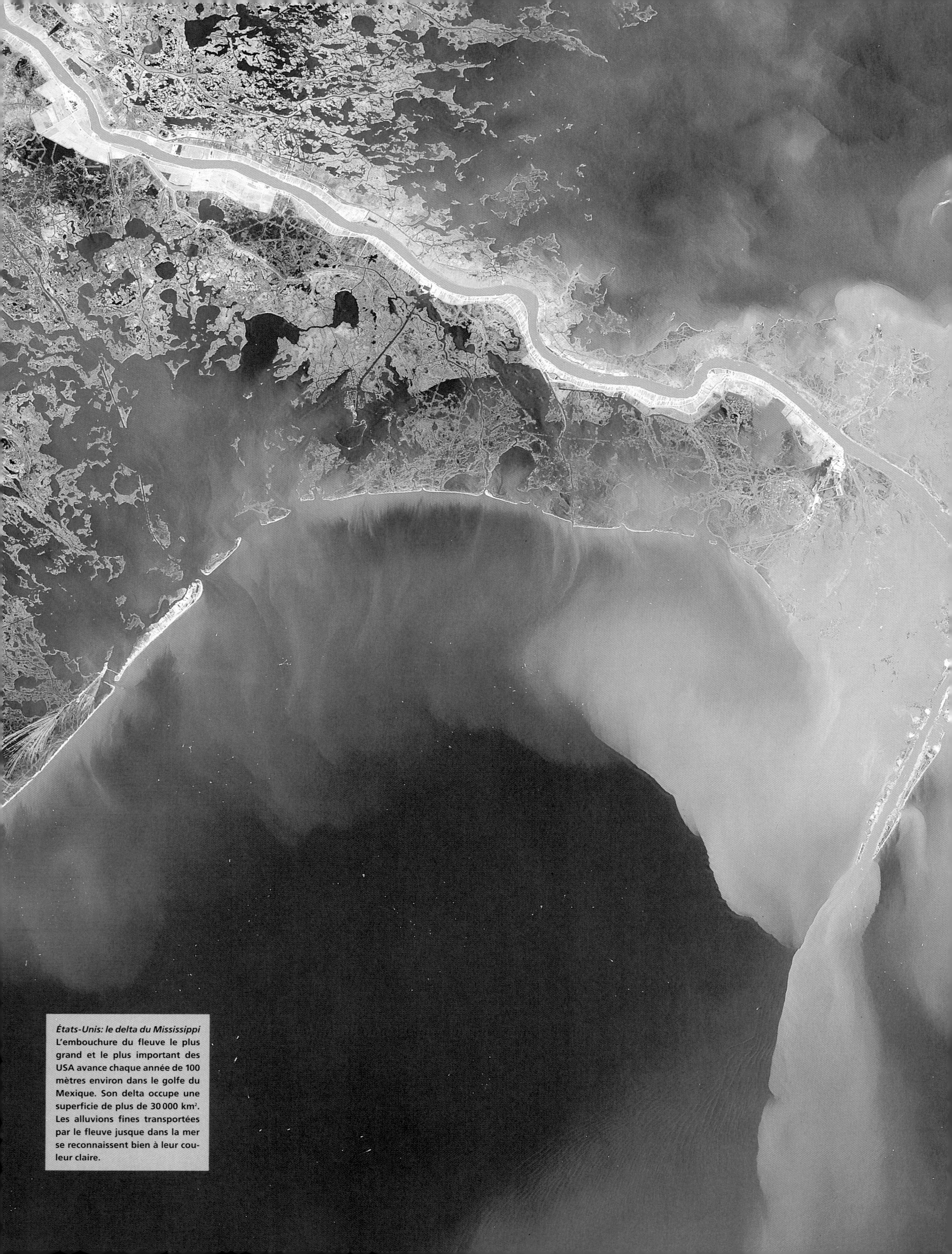

États-Unis: le delta du Mississippi
L'embouchure du fleuve le plus grand et le plus important des USA avance chaque année de 100 mètres environ dans le golfe du Mexique. Son delta occupe une superficie de plus de 30 000 km². Les alluvions fines transportées par le fleuve jusque dans la mer se reconnaissent bien à leur couleur claire.

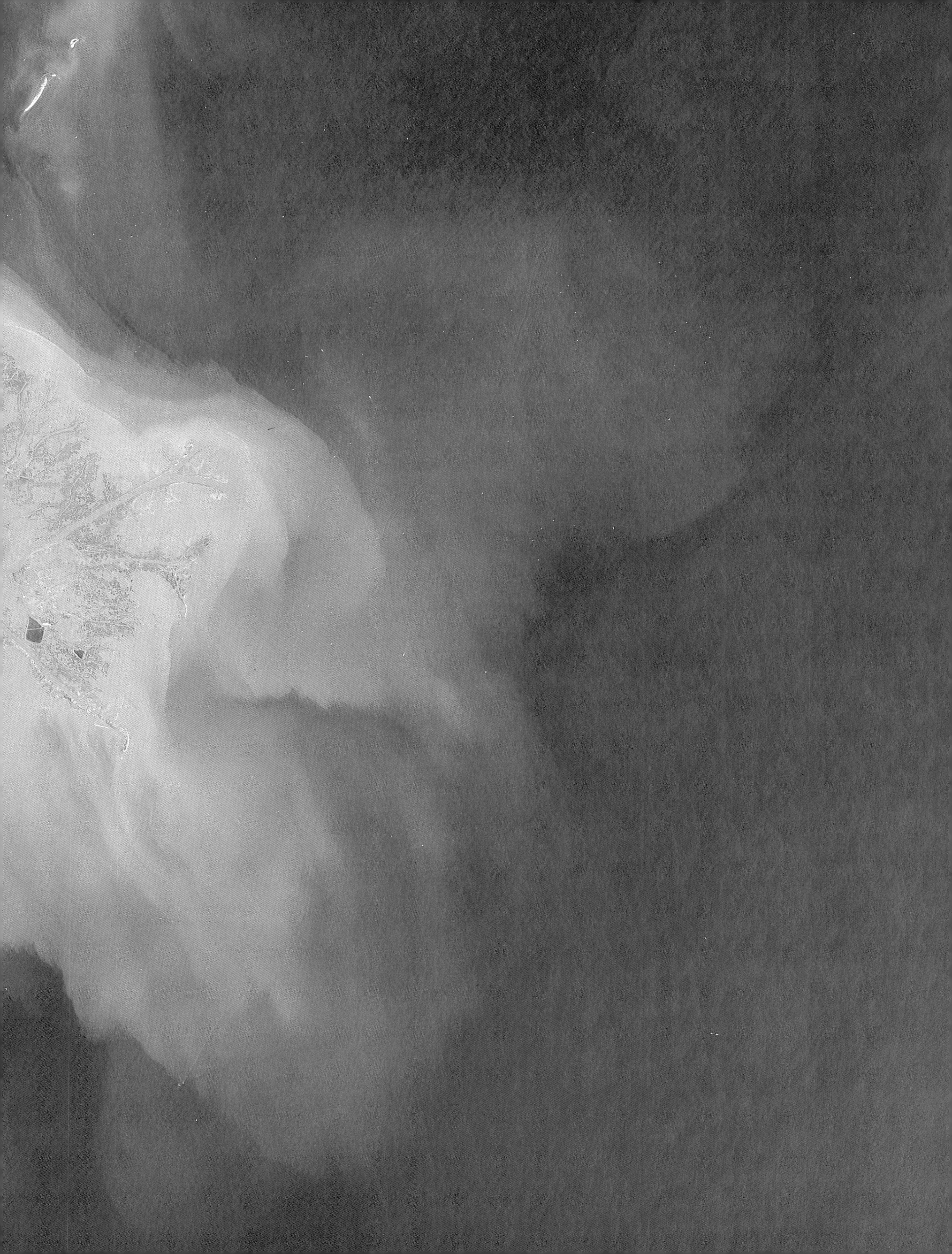

États-Unis: New York
Avec près de 20 millions d'habitants, le grand New York est l'une des plus grandes zones de concentration urbaine du monde. Le quartier de Manhattan, avec le rectangle vert du célèbre Central Park, est bordé par l'East River et l'Hudson. Le quartier à la densité de population la plus élevée, Brooklyn, s'étend sur la pointe ouest de Long Island.

Le monde

La Terre se distingue des autres planètes du système solaire non seulement par son atmosphère mais aussi et surtout par son «visage» dont les traits essentiels résident dans ses trois océans, qui couvrent plus des deux tiers de ses 510 millions de kilomètres carrés de superficie totale, et dans ses sept continents. A lui seul, l'océan Pacifique couvre une surface plus grande que toutes les terres émergées du globe, dont un bon tiers est occupé par l'Eurasie, le plus vaste des ensembles continentaux. C'est dans l'Himalaya que les reliefs atteignent les altitudes les plus fortes. Mais ce sont les cordillères formant l'épine dorsale des Amériques du Nord et du Sud qui constituent le système montagneux le plus long. Le point le plus profond de l'écorce terrestre se trouve à 11 022 mètres au-dessous du niveau de la mer, dans la fosse des Mariannes. La dépression la plus importante, de 400 mètres au-dessous du niveau de la mer, fait partie d'un système de fosses dont dépendent également les fosses d'Afrique orientale et la mer Rouge. Mais le visage de la Terre est également modelé par les massifs volcaniques, tels que les îles Hawaii par exemple, ainsi que par les masses de glace de l'Antarctique et du Groenland.

Cette gravure sur bois datant de 1530 (auteur inconnu) représente uniquement les continents de l'Ancien Monde, peuplés d'animaux fabuleux évoquant les bêtes du Livre de Daniel.

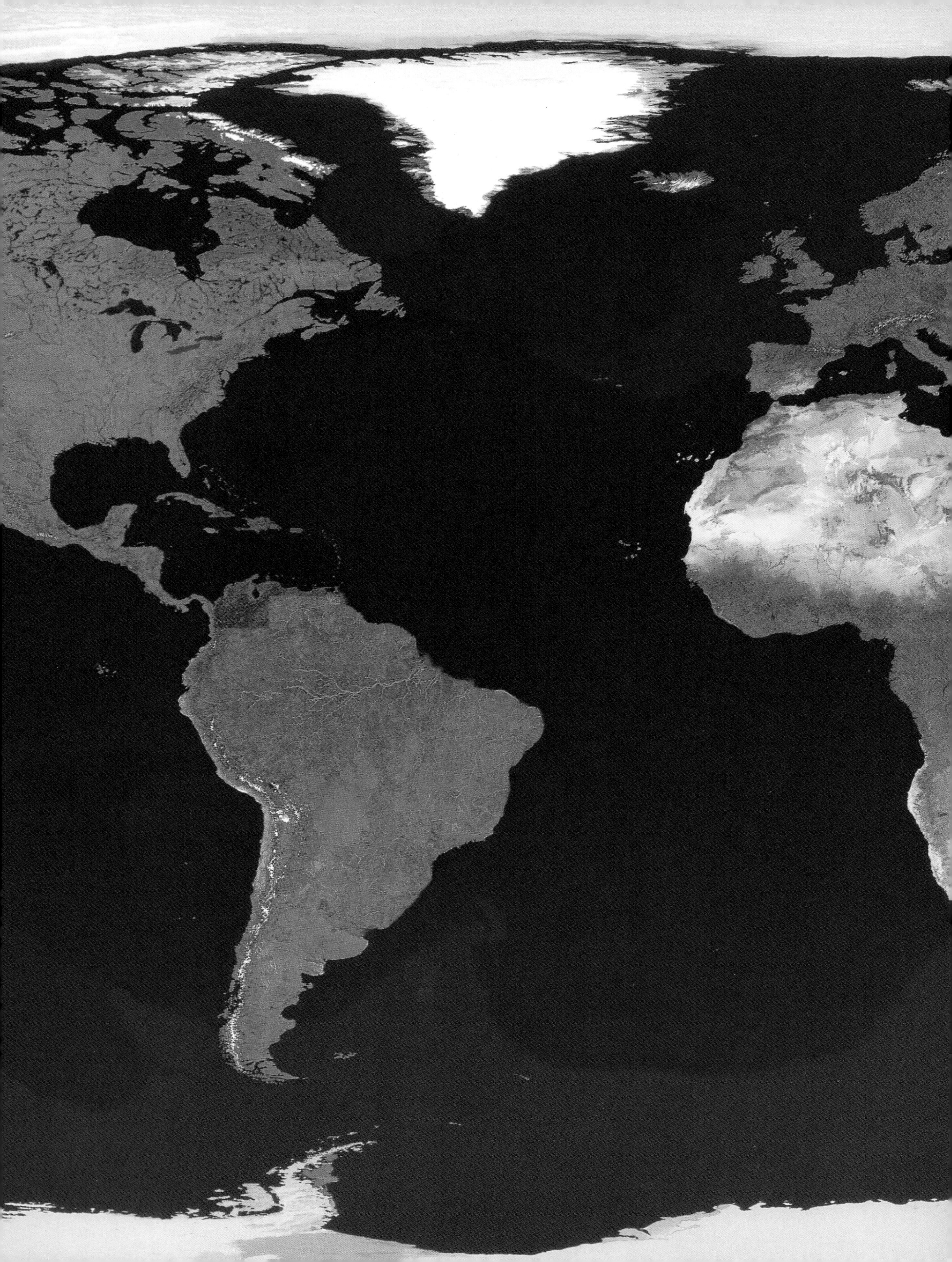

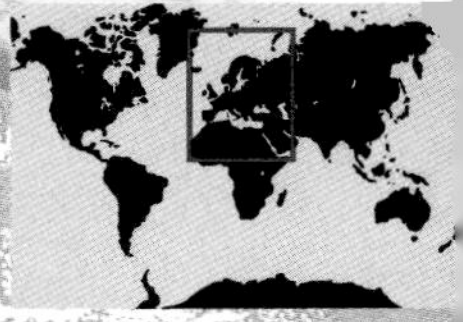

Europe
4

Afrique
5

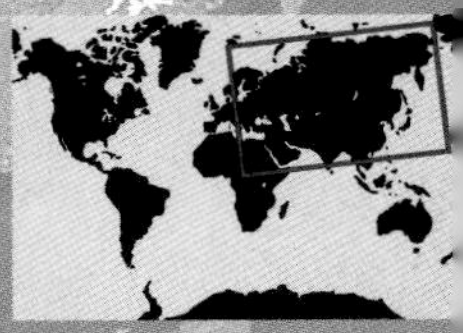

Asie
6–7

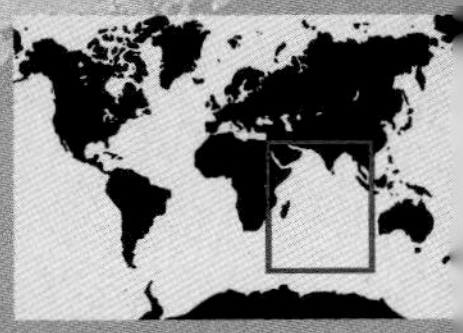

Océan Indien
8

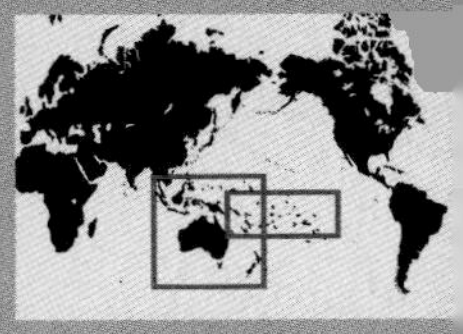

Australie, Océanie
9

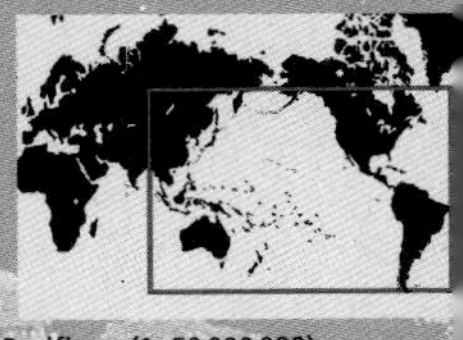

Océan Pacifique (1 : 50 000 000)
10–11

Amérique du Nord et Amérique centrale
12

Amérique du Sud
13

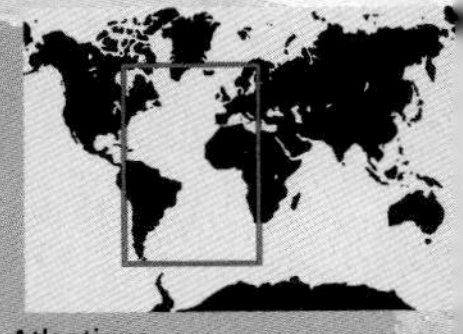

Océan Atlantique
14–15

Pôle Nord et pôle Sud (1 : 27 000 000)
16

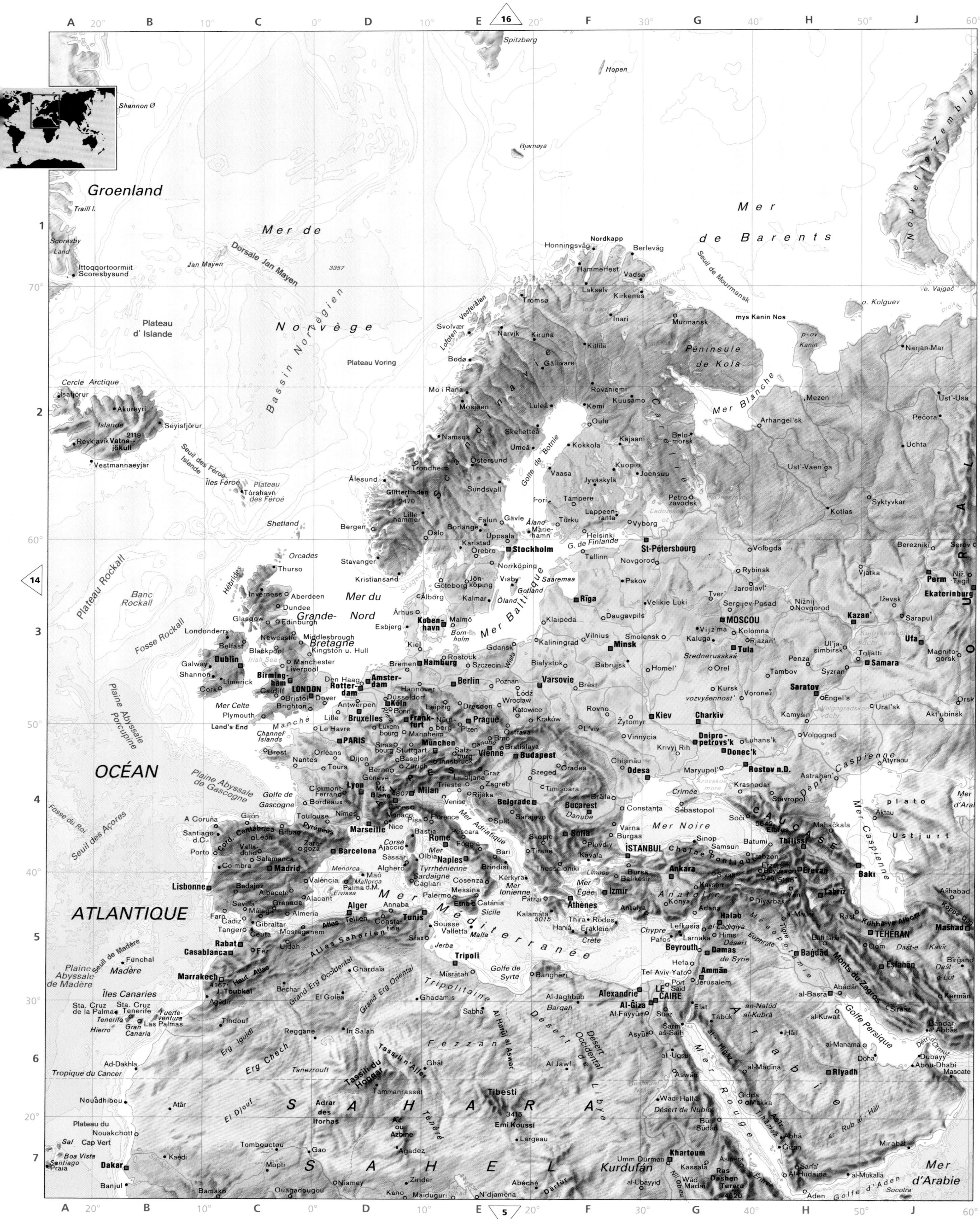

Échelle à l'équateur 1:40 000 000

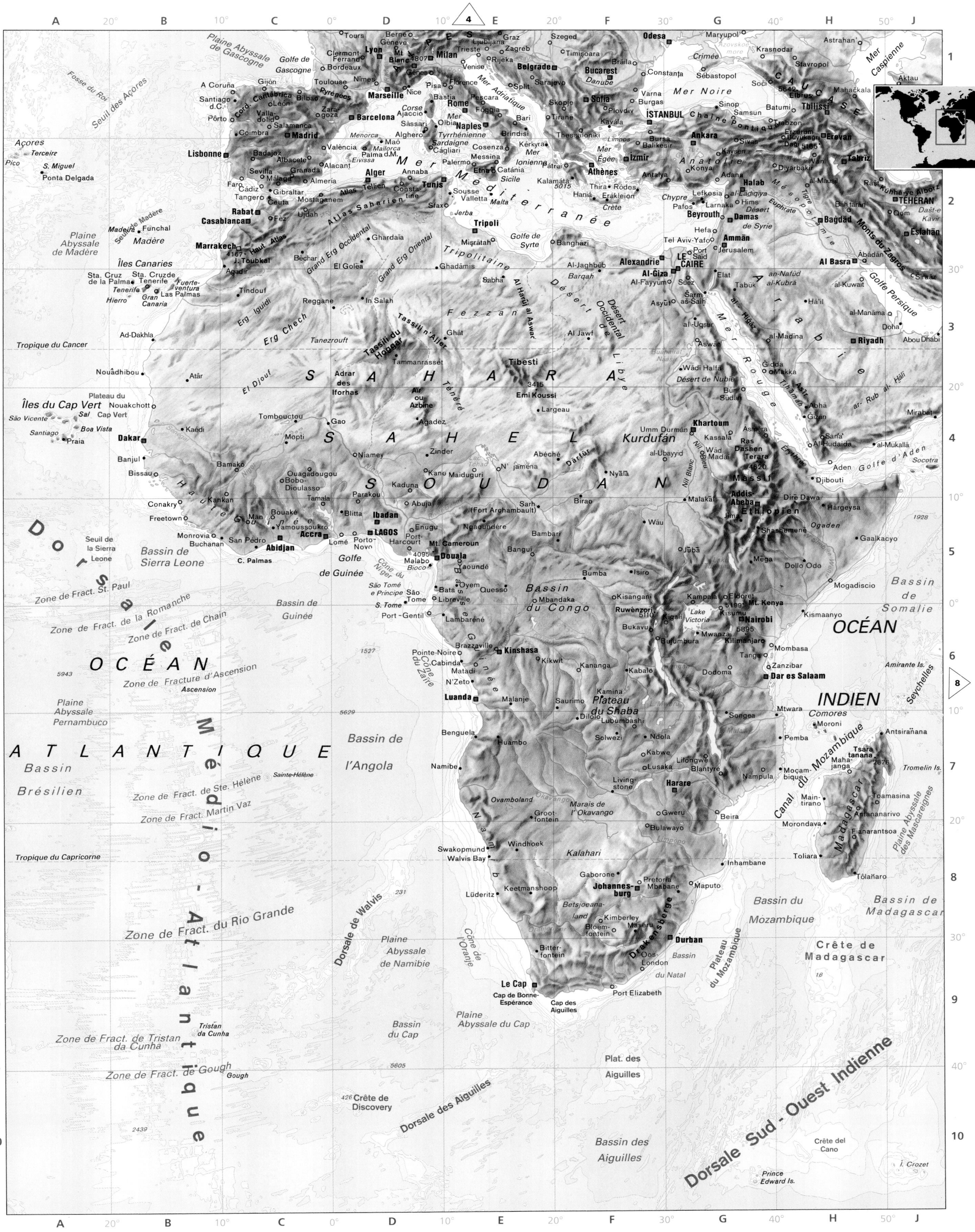

Échelle à l'équateur 1:40 000 000

Échelle à l'équateur 1:40 000 000

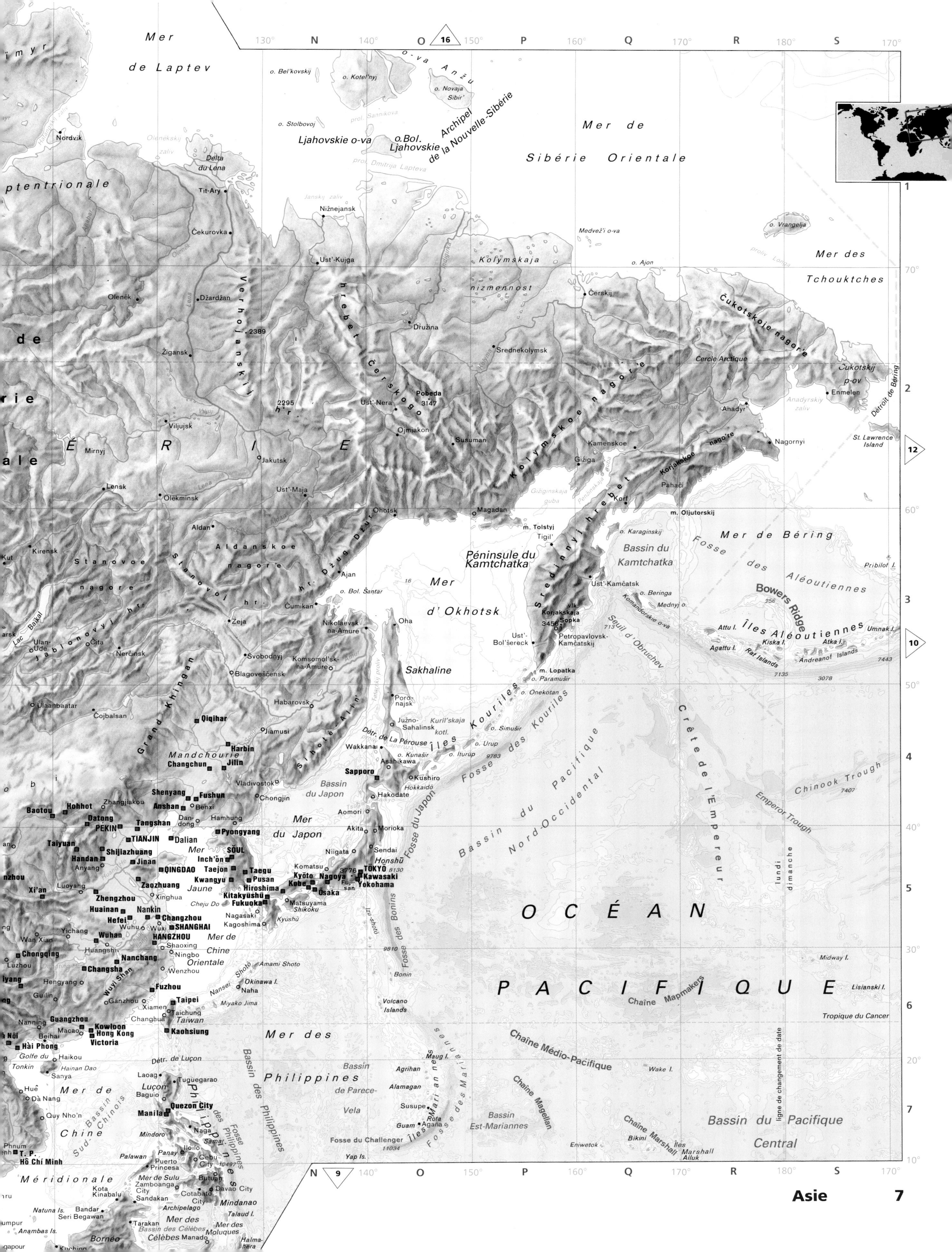

Mer de Laptev
130° N 140° O 16 150° P 160° Q 170° R 180° S 170°
o. Bel'kovskij
o. Kotel'nyj
o-va Anžu
o. Novaja Sibir'
o. Stolbovoj
Ljahovskie o-va
o.Bol. Ljahovskie
Archipel de la Nouvelle-Sibérie
Mer de Sibérie Orientale
Nordvik
Delta du Lena
Tit-Ary
Čekurovka
Nižnejansk
Medvež'i o-va
o. Vrangelja
Mer des Tchouktches
Ust'-Kujga
Kolymskaja nizmennost
o. Ajon
Čerskij
Olenek
Džardžan
Verhojanskij
2389
hrebet Čerskogo
Družina
Srednekolymsk
Čukotskoje nagor'e
Cercle Arctique
Čukotskij p-ov
Enmelen
Žigansk
Pobeda 3147
2295
Ust'-Nera
Anadyr'
Détroit de Béring
Viljujsk
Ojmjakon
Susuman
Kolymskoe nagor'e
Kamenskoe
Nagornyi
St. Lawrence Island
Mirnyj
R I E
Jakutsk
Gižiga
Korjakskoe nagor'e
12
Lensk
Ust'-Maja
Pahači
Olëkminsk
Korf
Ohotsk
Magadan
m. Oljutorskij
60°
m. Tolstyj
Tigil'
Aldan
o. Karaginskij
Mer de Béring
Aldanskoe nagor'e
Péninsule du Kamtchatka
Sredinnyj hrebet
Bassin du Kamtchatka
Fosse des Aléoutiennes
Kirensk
Stanovoe nagore
hr. Džug Džur
Ajan
Mer d'Okhotsk
Ust'-Kamčatsk
Pribilof I.
Bowers Ridge
o. Beringa
Komandorskie o-va
Mednyj o.
256
Stanovoj hr.
o. Bol. Šantar
Čumikan
vlk. Korjakskaja Sopka 3456
Petropavlovsk-Kamčatskij
Ust'-Bol'šereck
Îles Aléoutiennes
Attu I.
Kiska I.
Atka I.
Umnak I.
Agattu I.
Rat Islands
Andreanof Islands
7443
7135
3078
10
Lac Baïkal
Jablonovyj hr.
Ulan-Ude
Čita
Zeja
Nikolaevsk-na-Amure
Oha
Seuil d'Obruchev
Nerčinsk
Svobodnyj
Komsomol'sk-na-Amure
Sakhaline
m. Lopatka
o. Paramušir
Blagoveščensk
50°
o. Onekotan
Ulaanbaatar
Čojbalsan
Grand Khingan
Habarovsk
Poronajsk
Crête de l'Empereur
Qiqihar
Jiamusi
Sihote-Alin'
Južno-Sahalinsk
Kuril'skaja kotl.
Îles Kouriles
o. Simušir
Fosse des Kouriles
Harbin
Détr. de La Pérouse
o. Urup
Mandchourie
Changchun
Jilin
Wakkanai
o. Kunašir
o. Iturup
9783
Asahikawa
Sapporo
Kushiro
Hokkaidō
Chinook Trough
7407
Bassin du Japon
Vladivostok
Hakodate
Fosse du Japon
Bassin du Pacifique Nord-Occidental
Emperor Trough
Baotou
Hohhot
Zhangjiakou
Shenyang
Fushun
Anshan
Benxi
Chongjin
Datong
PEKIN
Tangshan
Dandong
Hamhung
Aomori
Mer du Japon
Akita
Morioka
40°
Taiyuan
TIANJIN
Dalian
Pyongyang
Shijiazhuang
Mer
SÖUL
Niigata
Sendai
Handan
Anyang
Jinan
Inch'ŏn
Honshū
QINGDAO
Taejon
Taegu
Komatsu
3776
TOKYO
8130
Xi'an
Luoyang
Zaozhuang
Kwangyu
Jaune
Pusan
Kyōto
Nagoya
Kawasaki
Kobe
Hiroshima
Fuji-san
Yokohama
lundi
dimanche
Xinghua
Kitakyūshū
Ōsaka
Zhengzhou
Cheju Do
Fukuoka
Matsuyama
Shikoku
Huainan
Nankin
Changzhou
Nagasaki
OCÉAN
Hefei
Wuhu
Wuxi
SHANGHAI
Kagoshima
Kyūshū
Izu-shotō
Yichang
Wuhan
Wan Xian
HANGZHOU
Mer de Chine Orientale
Fosse des Bonins
Chongqing
Huangshi
Shaoxing
Ningbo
30°
9810
Luzhou
Nanchang
Amami Shotō
Midway I.
Changsha
Wenzhou
Nansei Shotō
Okinawa I.
Hengyang
Wuyi Shan
Naha
Bonin
PACIFIQUE
Lisianski I.
Guilin
Fuzhou
Ganzhou
Taipei
Xiamen
Taichung
Miyako Jima
Volcano Islands
Chaîne Mapmakers
Tropique du Cancer
Nanning
Guangzhou
Macao
Kowloon
Hong Kong
Victoria
Changhua
Taiwan
Kaohsiung
Mer des Philippines
Beihai
Hài Phong
Fosse des Mariannes
Chaîne Médio-Pacifique
Golfe du Tonkin
Haikou
Hainan Dao
Détr. de Luçon
Maug I.
20°
Sanya
Laoag
Tuguegarao
Bassin des Philippines
Bassin de Parece-Vela
Agrihan
Wake I.
Huế
Dà Nang
Mer de Chine Méridionale
Bassin Sud-Chinois
Luçon
Baguio
Alamagan
Chaîne Magellan
ligne de changement de date
Quy Nho'n
Quezon City
Manila
Philippines
Susupe
Rota
Guam
Îles Mariannes
Bassin Est-Mariannes
Chaîne Marshall
Bassin du Pacifique Central
Mindoro
Naga
Samar
Fosse des Philippines
10497
Fosse du Challenger
11034
Bikini
Eniwetok
Îles Marshall
Ailuk
Phnum Penh
T.P. Hô Chí Minh
Palawan
Panay
Iloilo
Cebu City
Yap Is.
10°
Puerto Princesa
Butuan
Mer de Sulu
Zamboanga City
Cotabato City
Davao City
N 9 140° O 150° P 160° Q 170° R 180° S 170°
Kota Kinabalu
Sandakan
Mindanao
Archipelago
Talaud I.
Natuna Is.
Bandar Seri Begawan
Anambas Is.
Tarakan
Mer des Célèbes
Bassin des Célèbes
Mer des Moluques
Halmahera
Bornéo
Manado
Kuching

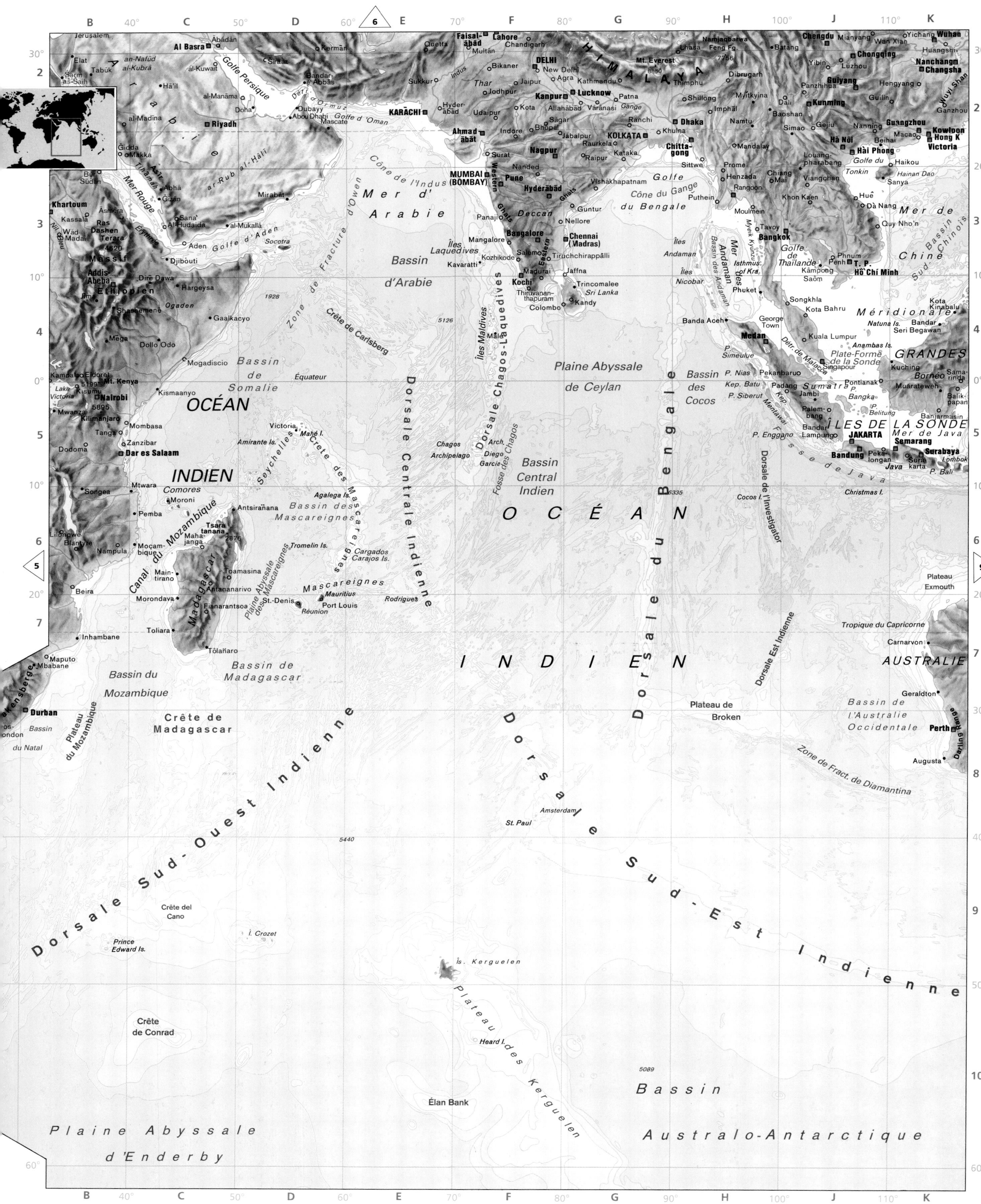

Échelle à l'équateur 1:40 000 000

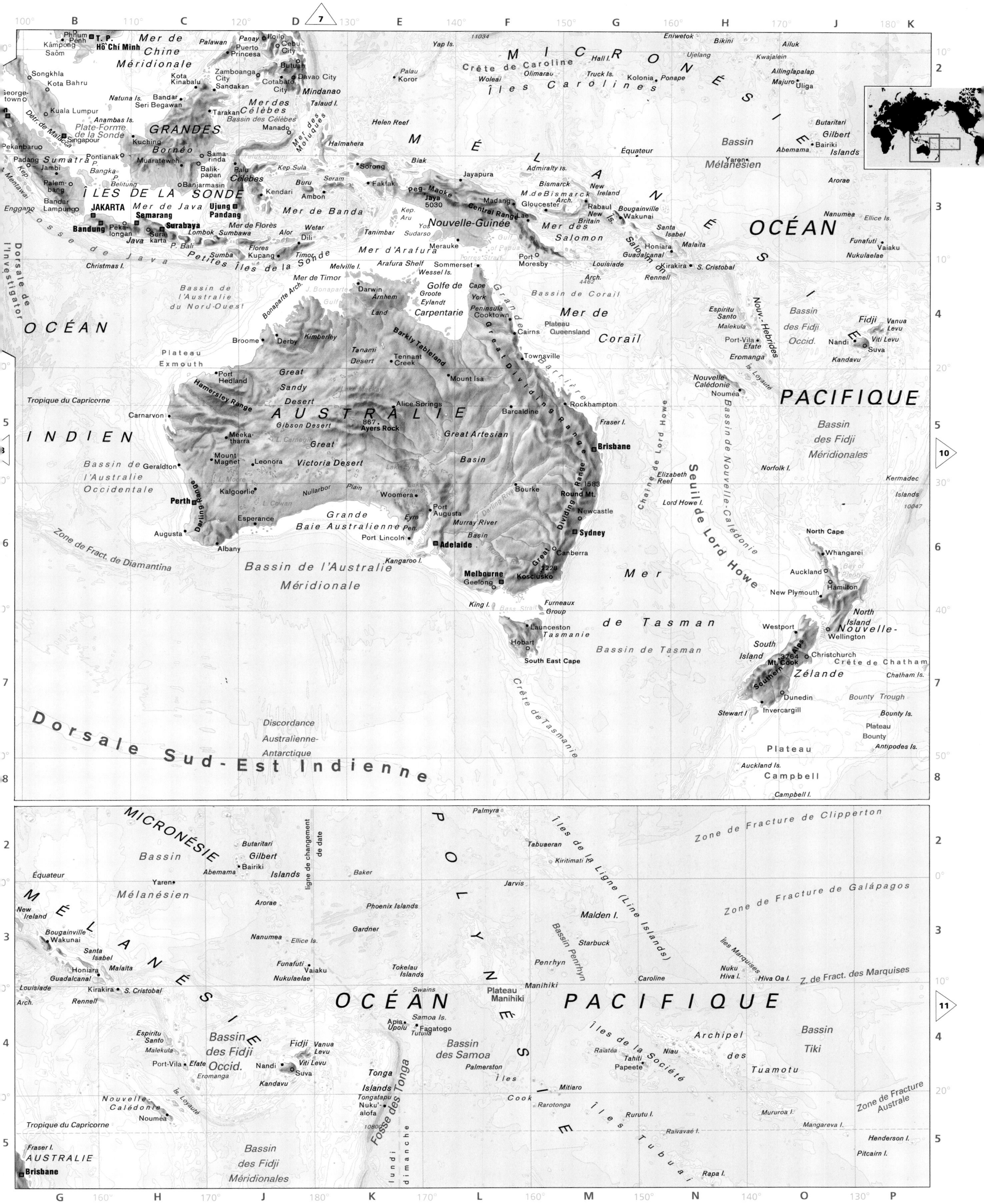

Échelle à l'équateur 1:40 000 000

Échelle à l'équateur 1:50 000 000

Golfe de l'Alaska
ROCKY MOUNTAINS
Coast Mountains
Great Plains
Labrador
Laurentian Plateau
OCÉAN ATLANTIQUE
New England Seamounts
Plaine Abyssale d'Hatteras
Mer des Sargasses
Plaine Abyssale de Nares
Golfe du Mexique
Antilles Occidentales
Grandes Antilles
Petites Antilles
Mer des Antilles
Bassin de Colombie
Zone de Fracture de Mendocino
Z. de Fract. de Pioneer
Zone de Fracture de Murray
Zone de Fracture de Molokai
Tropique du Cancer
Zone de Fracture de Clarion
Zone de Fracture de Clipperton
Fosse d'Amérique Centrale
Bassin du Guatemala
Dorsale des Cocos
Dorsale des Colon
Îs. Galápagos
Équateur
Zone de Fracture de Galápagos
Z. de Fract. de Gofar
Z. de Fract. de Wilkes
Z. de Fract. des Marquises
Z. de Fract. de Garret
Z. de Fract. de Mendana
Bassin Bauer
Seuil des Galápagos
Bassin du Pérou
Fosse du Pérou
Dorsale de Nazca
Massif des Guyanes
Selvas
Gran Chaco
Pampas
Archipel des Tuamotu
Bassin Tiki
Zone de Fracture Australe
Tropique du Capricorne
Dorsale de Sála-y-Gomez
Île de Pâques
Bassin du Chili
Bassin Roggenveen
Dorsale du Pacifique Oriental
Bassin du Pacifique Méridional
Z. de Fract. d'Agassiz
Zone de Fracture de Valdivia
Dorsale du Chili
Patagonie
Mar Argentino
Plaine Abyssale Argentine
Plaine Abyssale de Mornington
Zone de Fracture de Menard
Zone de Fracture d'Eltanian
Zone de Fracture de Tharp
Zone de Fracture d'Udintsev
Zone de Fracture d'Heezen
Terre de Feu
Cap Horn
Seattle
San Francisco
LOS ANGELES
Denver
Dallas
HOUSTON
CHICAGO
DETROIT
Toronto
Montréal
NEW YORK
Boston
Washington D.C.
Miami
La Habana
MÉXICO
Guatemala
Caracas
BOGOTÁ
Quito
LIMA
La Paz
Santiago
Buenos Aires
Montevideo
Porto Alegre
N 150° O 140° P 130° Q 120° R 110° S 100° T 90° U 80° V 70° W 60° X 50°
12 13 14 15

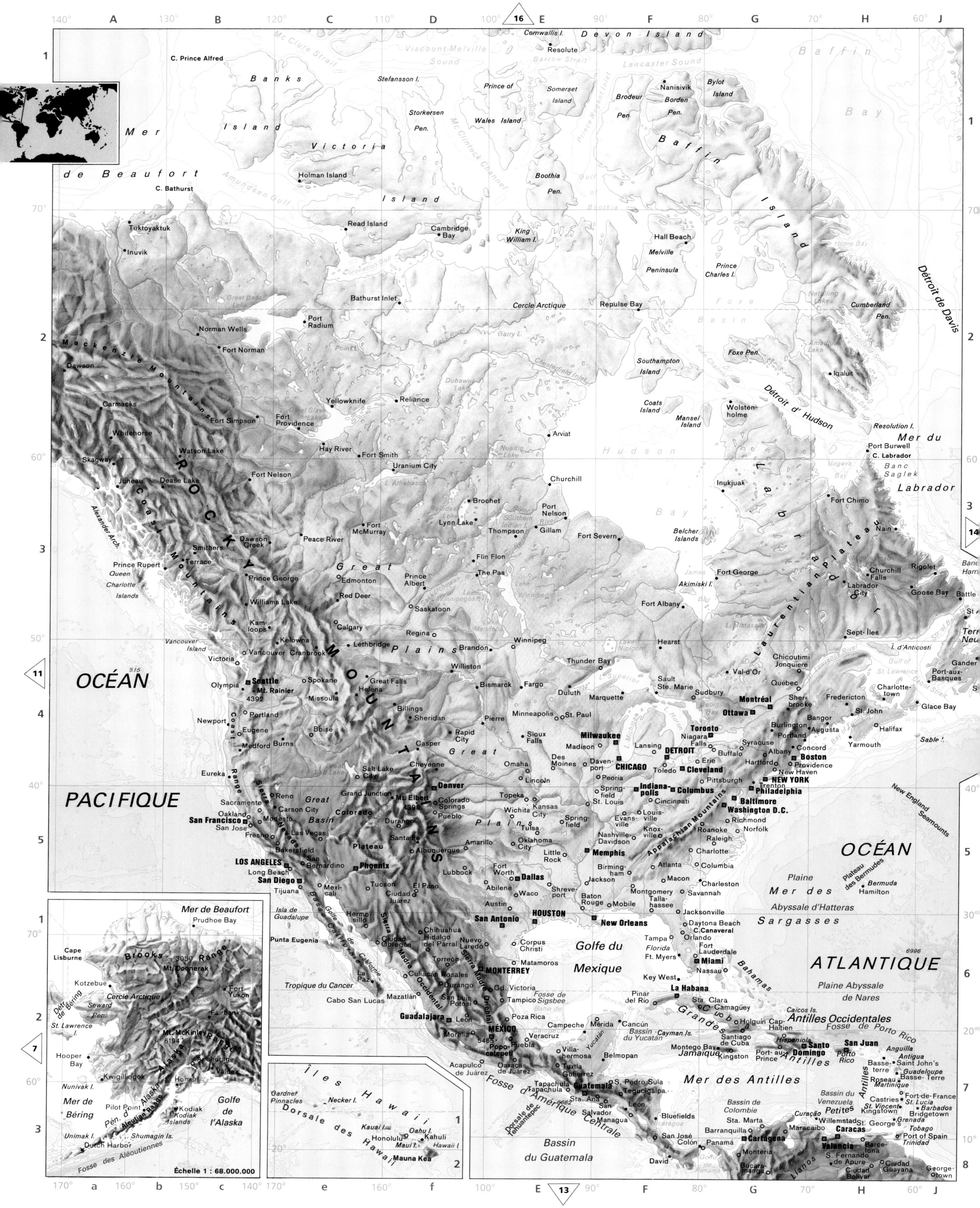

Échelle à l'équateur 1:40.000.000

Golfe du Mexique
Mer des Sargasses
Plaine Abyssale d'Hatteras
Plaine Abyssale de Nares
Zone de Fracture Kane
Tropique du Cancer
Mer des Antilles
Grandes Antilles
Antilles Occidentales
Fosse de Porto Rico
Petites Antilles
Bassin du Yucatán
Bassin de Colombie
Bassin du Venezuela
Fosse d'Amérique Centrale
Bassin du Guatemala
Dorsale de Tehuantepec
Dorsale des Cocos
Dorsale des Colon
Îs. Galápagos
OCÉAN
Zone de Fract. Velma
Plaine Abyssale de la Demerara
Trou de la Romanche
Zone de Fract. 4I Nord
Plaine Abyssale de Ceara
Cône de l'Amazone
Z. de Fract. de Gofar
Seuil des Galápagos
Bassin du Pérou
Z. de Fract. de Mendana
Dorsale de Nazca
Fosse du Pérou Chili
Tropique du Capricorne
Dorsale de Sála-y-Gomez
Bassin du Chili
Bassin Roggenveen
PACIFIQUE
ATLANTIQUE
Plateau de Santos
Plateau du Rio Grande
Zone de Fracture de Valdivia
Dorsale du Chili
Plaine Abyssale de Mornington
Bassin Argentin
Mar Argentino
Plaine Abyssale Argentine
Escarpement des Falkland
Plateau des Falkland
Banc Maurice-Ewing
Bassin de Géorgie du Sud
Dorsale Nord-Scotia
Mer de la Scotia
Bassin Yaghan
Passage de Drake
Bassin Ona
Terre de Feu
Cap Horn
CORDILLÈRE DES ANDES
Llanos
Massif des Guyanes
Selvas
Plateau Brésilien
Chapada dos Parecis
Gran Chaco
Pantanal
Pampas
Patagonie
Pen. Valdés
Îles Falkland
Géorgie du Sud
South Sandwich Islands
South Orkneys
Elephant I.
HOUSTON
San Antonio
New Orleans
Miami
MONTERREY
MÉXICO
Guadalajara
La Habana
Santo Domingo
San Juan
Guatemala
Caracas
Valencia
Cartagena
Medellín
BOGOTÁ
Cali
Quito
Guayaquil
Trujillo
LIMA
La Paz
Belém
Fortaleza
Recife
Salvador
Brasília
Belo Horizonte
SÃO PAULO
RIO DE JANEIRO
Curitiba
Porto Alegre
Córdoba
Santiago
Buenos Aires
Montevideo
Manaus
Santarém
Iquitos
Cusco
Arequipa
Asunción
Mendoza
Bahía Blanca
Mar del Plata
Comodoro Rivadavia
Rio Gallegos
Punta Arenas
Ushuaia
Stanley

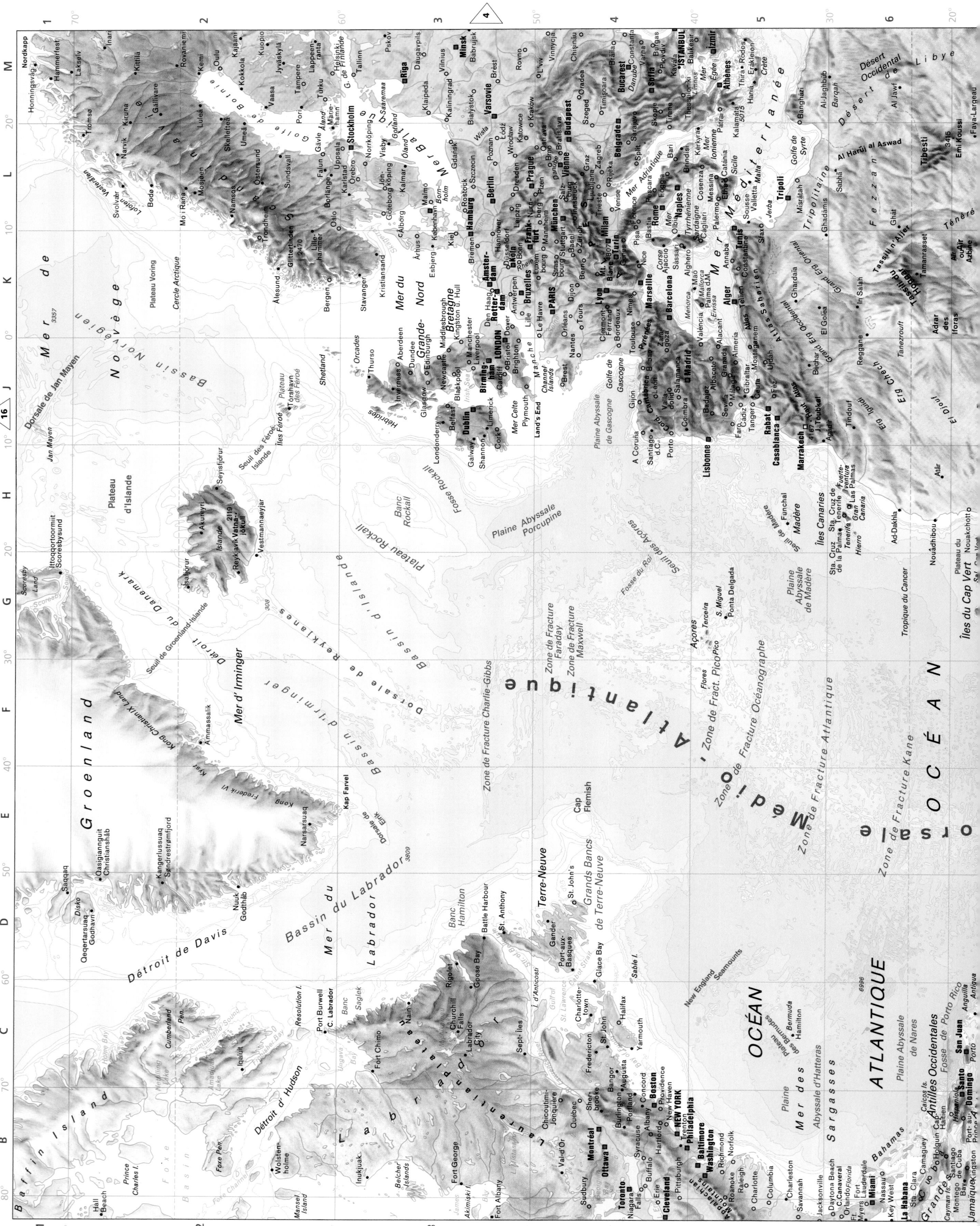

Échelle à l'équateur 1:40.000.000

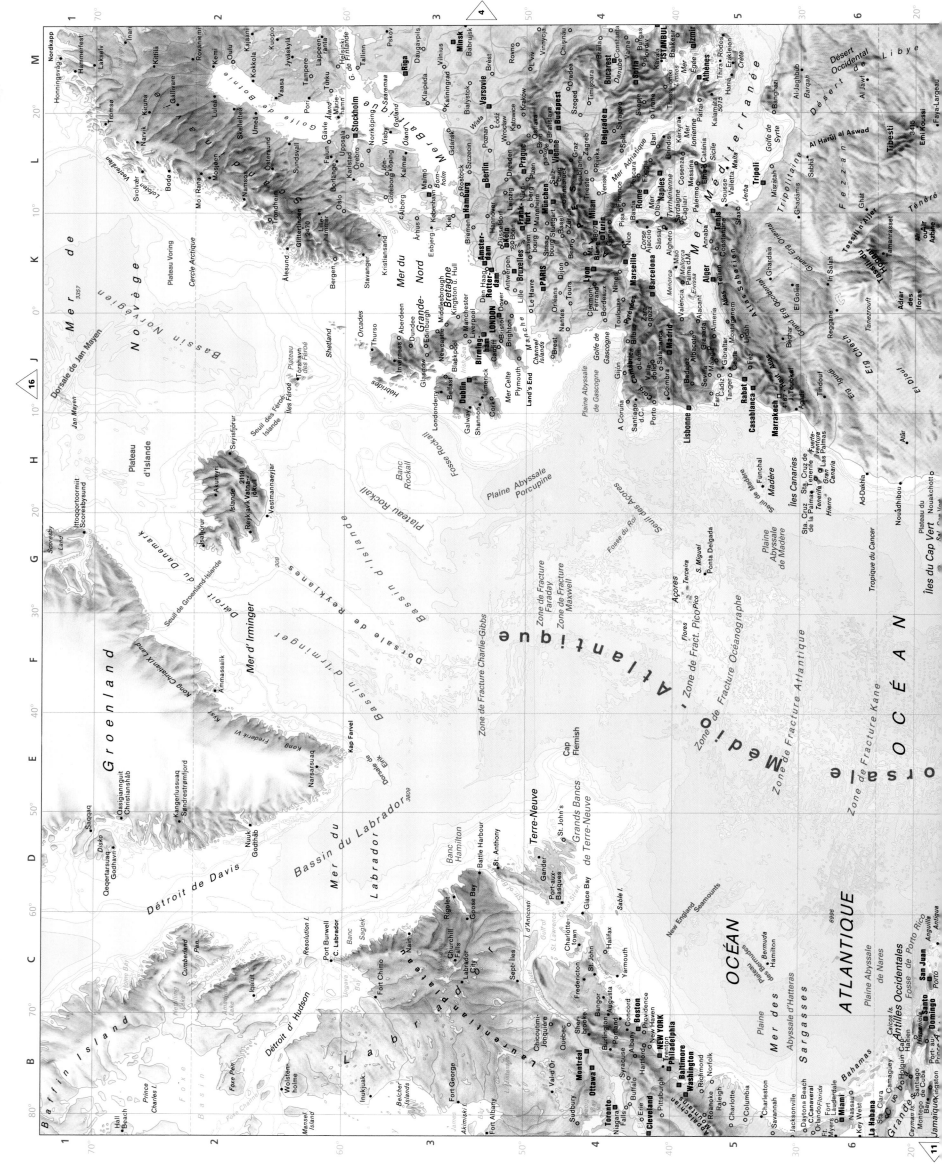

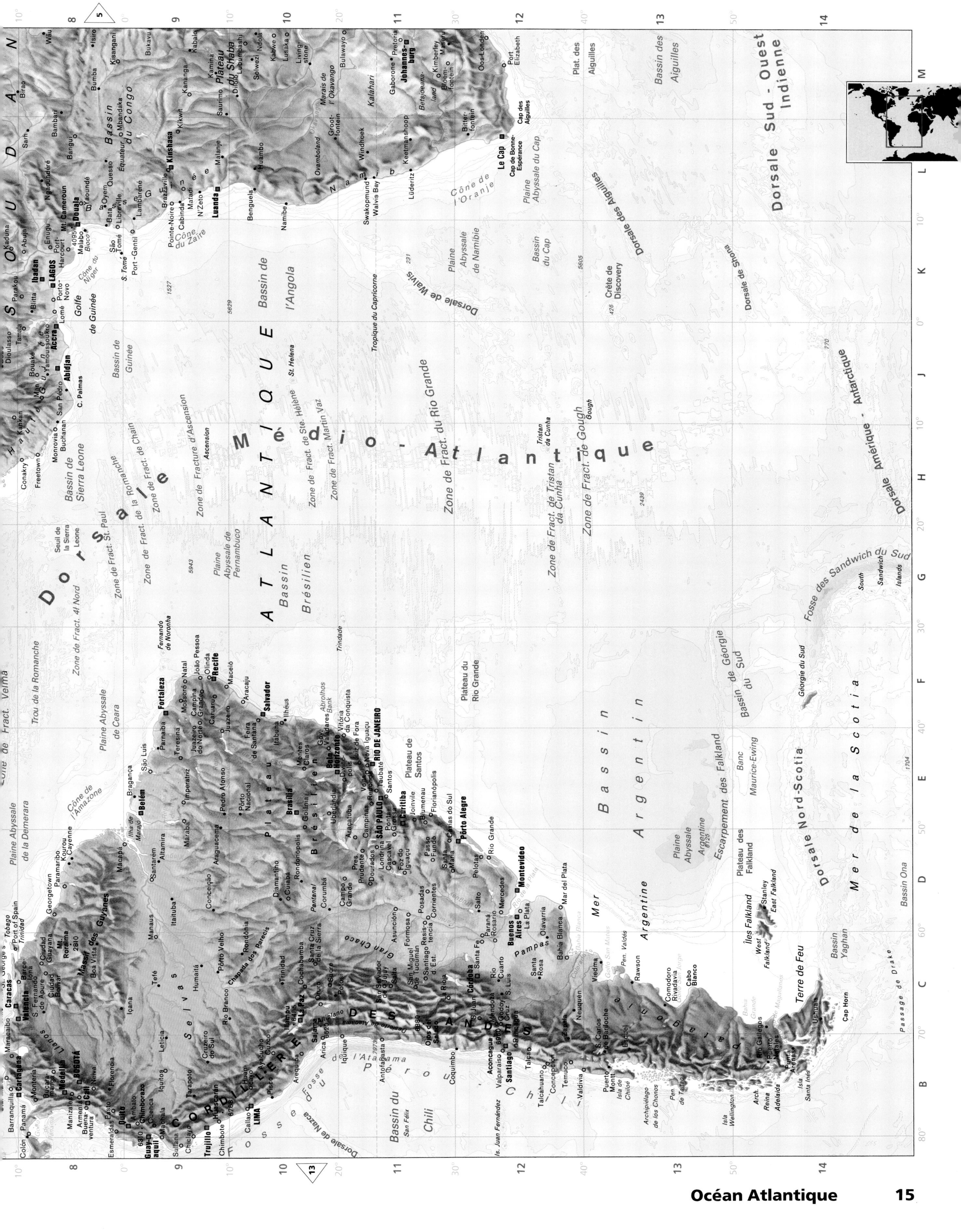
Dorsale Médio-Atlantique
ATLANTIQUE
Bassin Brésilien
Bassin de l'Angola
Bassin de Guinée
Golfe de Guinée
Bassin du Congo
Bassin de Sierra Leone
Plaine Abyssale de Ceara
Plaine Abyssale de la Demerara
Plaine Abyssale de Pernambuco
Plaine Abyssale de Namibie
Plaine Abyssale du Cap
Plaine Abyssale Argentine
Bassin du Cap
Bassin des Aiguilles
Dorsale des Aiguilles
Dorsale Sud-Ouest Indienne
Dorsale de Walvis
Dorsale de Shona
Dorsale Amérique - Antarctique
Crête de Discovery
Zone de Fract. du Rio Grande
Zone de Fract. de Tristan da Cunha
Zone de Fract. de Gough
Zone de Fract. de Ste. Hélène
Zone de Fract. Martin Vaz
Zone de Fracture d'Ascension
Zone de Fract. de la Romanche
Zone de Fract. de Chain
Zone de Fract. St. Paul
Zone de Fract. 4l Nord
Trou de la Romanche
Tropique du Capricorne
Plateau du Rio Grande
Plateau de Santos
Bassin Argentin
Bassin de Géorgie du Sud
Escarpement des Falkland
Banc Maurice-Ewing
Plateau des Falkland
Dorsale Nord-Scotia
Mer de la Scotia
Fosse des Sandwich du Sud
South Sandwich Islands
Géorgie du Sud
Îles Falkland
Terre de Feu
Mer Argentine
Passage de Drake
Cap Horn
Bassin du Chili
Dorsale de Nazca
Fosse du Pérou-Chili
CORDILLÈRE DES ANDES
Plateau Brésilien
Massif des Guyanes
Selvas
Pampas
Gran Chaco
Kalahari
Le Cap
Cap de Bonne-Espérance
Cap des Aiguilles
Ascension
St. Helena
Tristan da Cunha
Gough
Trindade
Fernando de Noronha
BOGOTÁ
Caracas
Quito
LIMA
La Paz
Santiago
Buenos Aires
Montevideo
Brasília
RIO DE JANEIRO
SÃO PAULO
Belém
Fortaleza
Recife
Salvador
Pôrto Alegre
Luanda
Kinshasa
Brazzaville
Windhoek
Johannesburg
Pretoria
Accra
Lagos
Abidjan
Douala
Yaoundé
Libreville
Monrovia
Freetown
Conakry

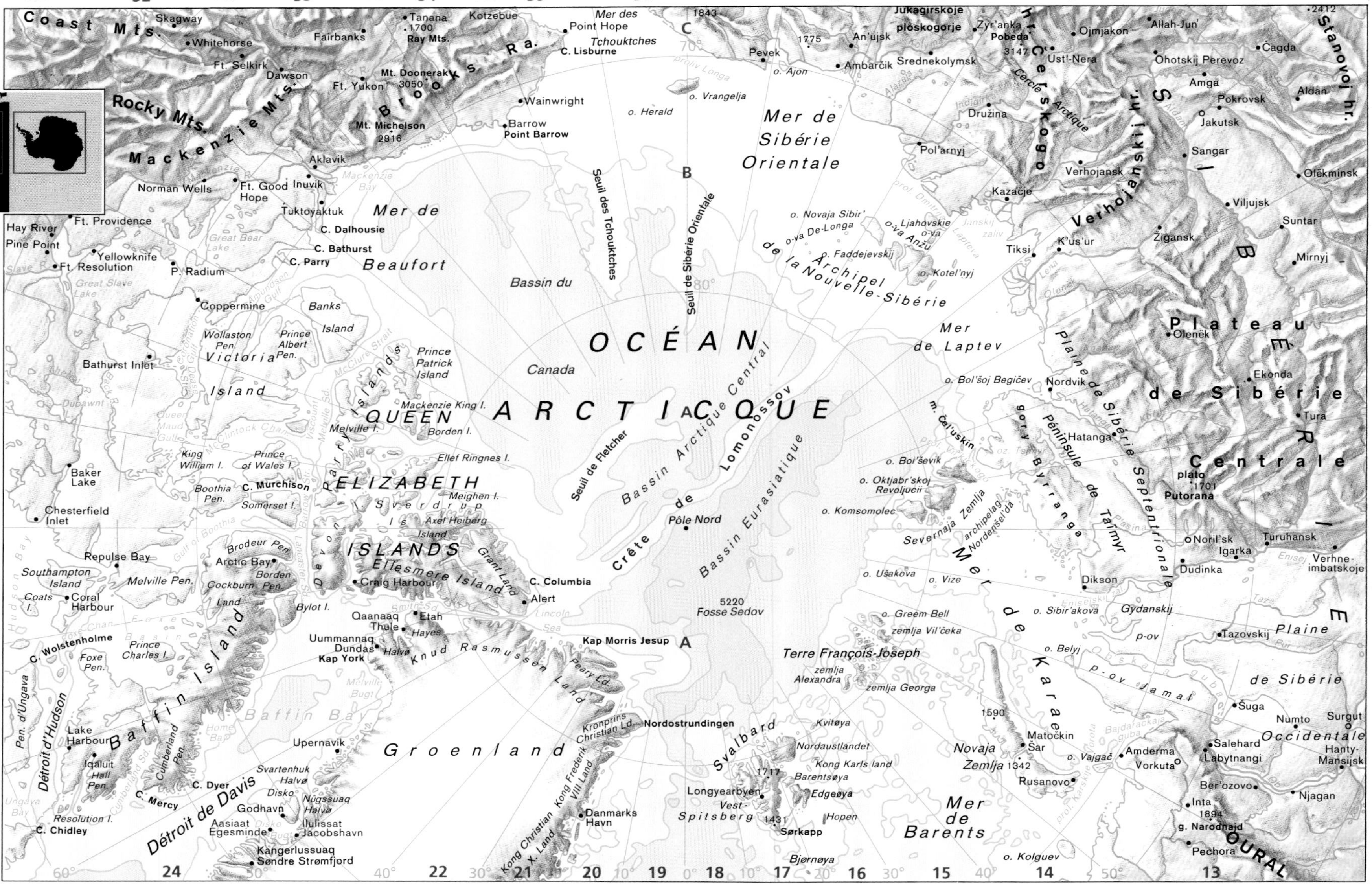

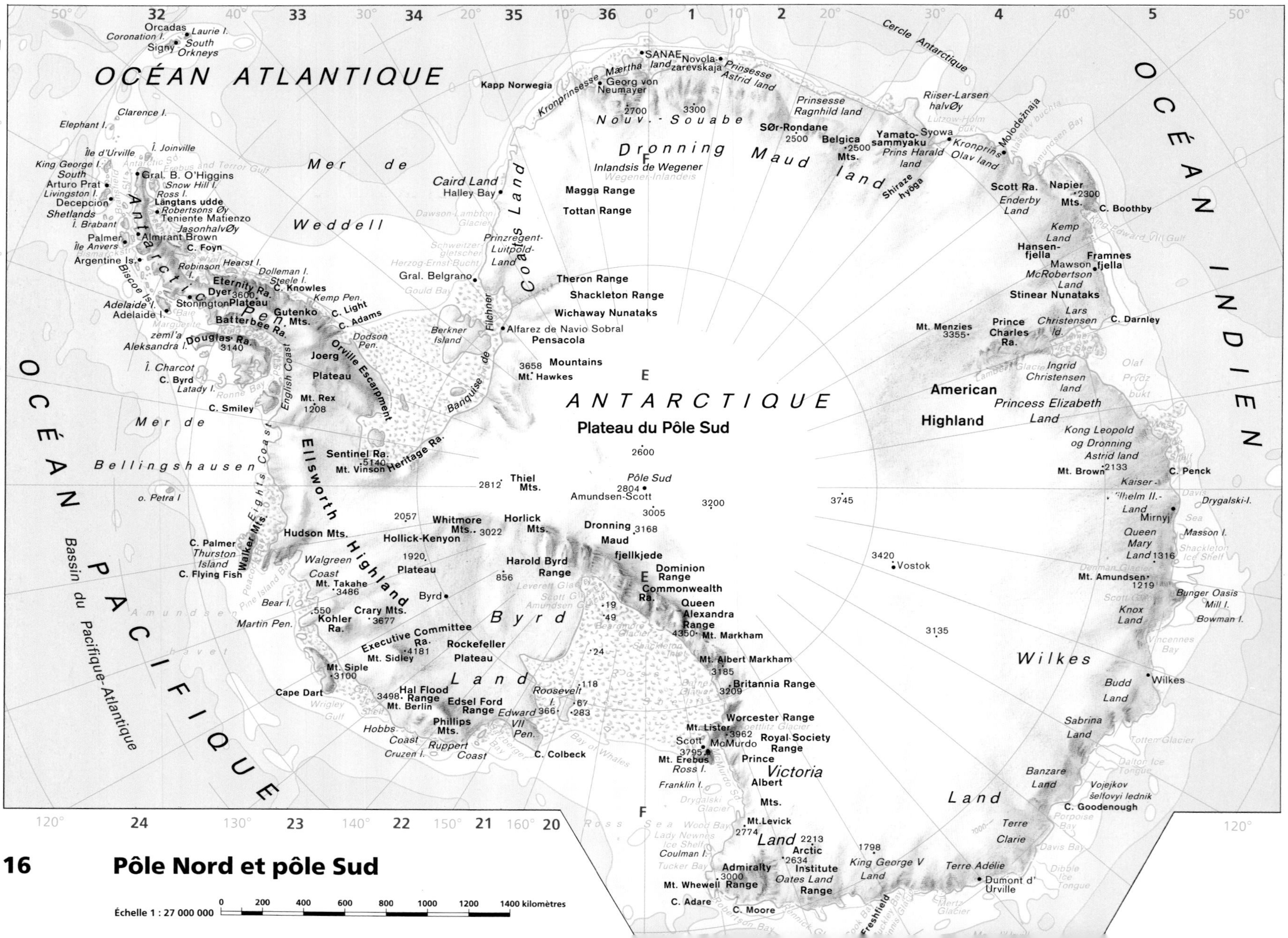

16 Pôle Nord et pôle Sud

Échelle 1 : 27 000 000

0 200 400 600 800 1000 1200 1400 kilomètres

L’Europe: un continent difficile à délimiter

Du point de vue de sa géographie physique, l’Europe est une simple péninsule de l’Asie pointée vers l’ouest. De tous les continents, l’Europe et l’Asie sont ceux qui sont le moins nettement délimités. La ligne de séparation traditionnellement admise passe le long du massif de l’Oural, du fleuve Oural, par la mer Caspienne, la bordure nord du Caucase, la mer Noire, le Bosphore et la mer Égée, cette ligne de démarcation n’ayant aucune signification en Russie, qui participe à la fois de l’Europe et de l’Asie. Le sud de l’Europe est marqué par une ceinture de hautes montagnes, dont les Alpes forment le massif culminant, bordée au nord par les régions européennes de montagnes moyennes, puis par la grande plaine nord-européenne qui s’élargit vers l’est tandis que, géologiquement, les îles Britanniques se rattachent à la chaîne de montagnes septentrionales. Jusqu’au cœur du vingtième siècle, l’Europe a exercé une influence décisive sur la destinée du monde. C’est là que prirent leur source l’exploration scientifique de la planète, la révolution industrielle, les grandes inventions et les grandes découvertes, mais aussi la colonisation qui entraîna l’européanisation d’autres régions du globe.

Pour servir le commerce international, la «nouvelle carte d’Europe qui [indique] les produits les plus remarquables et les places de commerce les plus considérables…». Cette gravure sur cuivre de 1787 est l’œuvre de Jakob Adam.

Spitzberg · Nouvelle-Zemble
20–21

Scandinavie (encadré: Islande)
22–23

Finlande, Oural septentrional
24–25

Europe de l’Ouest
26–27

Europe centrale
28–29

Europe de l’Est
30–31

Oural
32–33

Europe du Sud-Ouest
34–35

Europe du Sud
36–37

Europe du Sud-Est
38–39

Caucase
40

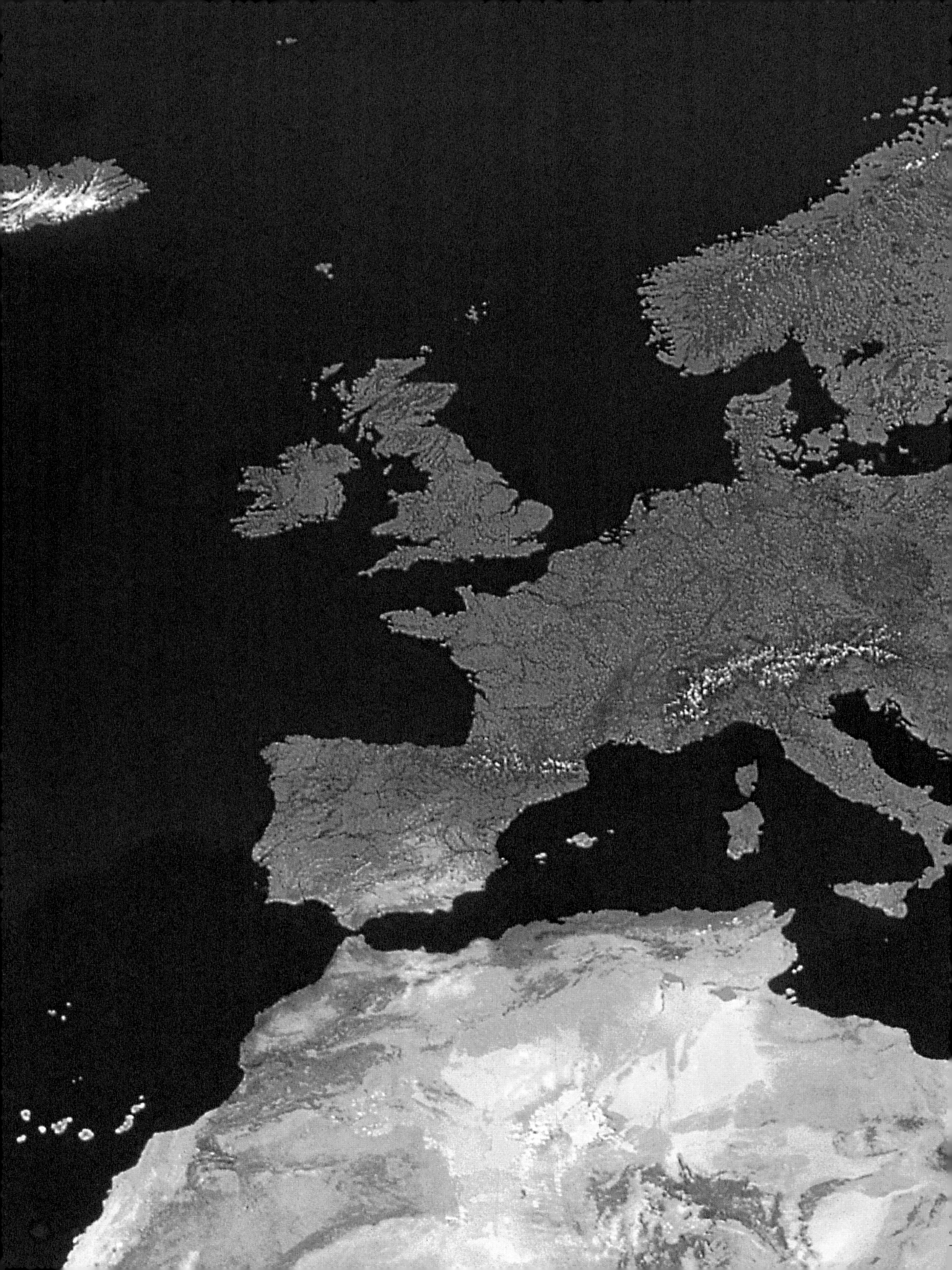

Spitzberg · Nouvelle-Zemble
20 – 21

Scandinavie (encadré: Islande)
22 – 23

Finlande, Oural septentrional
24 – 25

Europe de l'Ouest
26 – 27

Europe centrale
28 – 29

Europe de l'Est
30 – 31

Oural
32 – 33

Europe du Sud-Ouest
34 – 35

Europe du Sud
36 – 37

Europe du Sud-Est
38 – 39

Caucase
40

OCÉAN A
Mer de Bar
Mer de Norvège
Greenwich Time
-1h Greenwich Time
+1h Greenwich Time
+3h Gr. Time
+4h Greenwich Time
Spitsbergen
Nordaustlandet
Svalbard (Norvège)
Kong Karls land
Kvitøya (Norv.)
o. Viktorija (Russie)
Edgeøya
Barentsøya
Hinlopenstretet
Storfjorden
Olgastretet
Erik Eriksenstretet
Norskebanken
Sjubrebanken
Isfjordrenna
Isfjordbanken
Storfjordrenna
Storfjordbanken
Hopenbanken
Hopen
Hopen Radio
Bjørnøya Bank
Bjørnøya (Norv.)
Bjørnøy Radio
Tunheim
Perleporten
Danskeøya
Albert I land
Andrée land
Prins Karls Forland
Ny-Ålesund
Fuglehuken
Grampianfjella
Daudmannsodden
Isfjord Radio
Lågneset
Bellsund
Longyearbyen
Barentsburg
Sveagruva
Newtontoppen
Pyramiden
Verlegenhuken
Nordkapp
Kapp Platen
Kapp Laura
Storøya
Foynøya
Phippsøya
Sjuøyane
Martensøya
Parryøya
Lågøya
Storsteinhalvøya
Snøtoppen
Gustav V land
Gustav Adolf land
Wahlbergøya
Wilhelmøya
Haastberget
Svenskøya
Kongsøya
Abeløya
Boltodden
Stonepynten
Tusenøyane
Halvmåneøya
Hornsundtind
Sørkapp land
Øyrlandsodden
Sørkappøya
Wedel Jarlsberg land
Torell land
Nathorst land
Fugløy Bank
London
Knivskjelodden
Nordkapp
Magerøya
Havøysund
Honningsvåg
Hammerfest
Sørøya
Porsangerhalvøya
Kjøllefjord
Nordkinnhalvøya
Mehamn
Gamvik
Berlevåg
Båtsfjord
Varangerhalvøya
Vardø
Vadsø
Alta
Tromsø
Harstad
Narvik
Andenes
Andøya
Senja
Finnsnes
Karasjok
Kautokeino
Finnmarksvidda
Kirkenes
Hurtigrute
NORVÈGE
SUÈDE
FINLANDE
RUSSIE
Kebnekaise
Abisko
Karesuando
Enontekiö
Inari
Ivalo
Nikel'
Zapoljarnyj
Pečenga
Poljarnyj
Murmansk
p-ov. Rybačij
Seuil de Mourmansk
North K... Bank
E6
E8
E10
E69
E75
+1h Gr. Time
+2h Gr. Time
+3h Gr. Time
+5h
22

Échelle 1 : 4 500 000 — 0 40 80 120 160 200 kilomètres

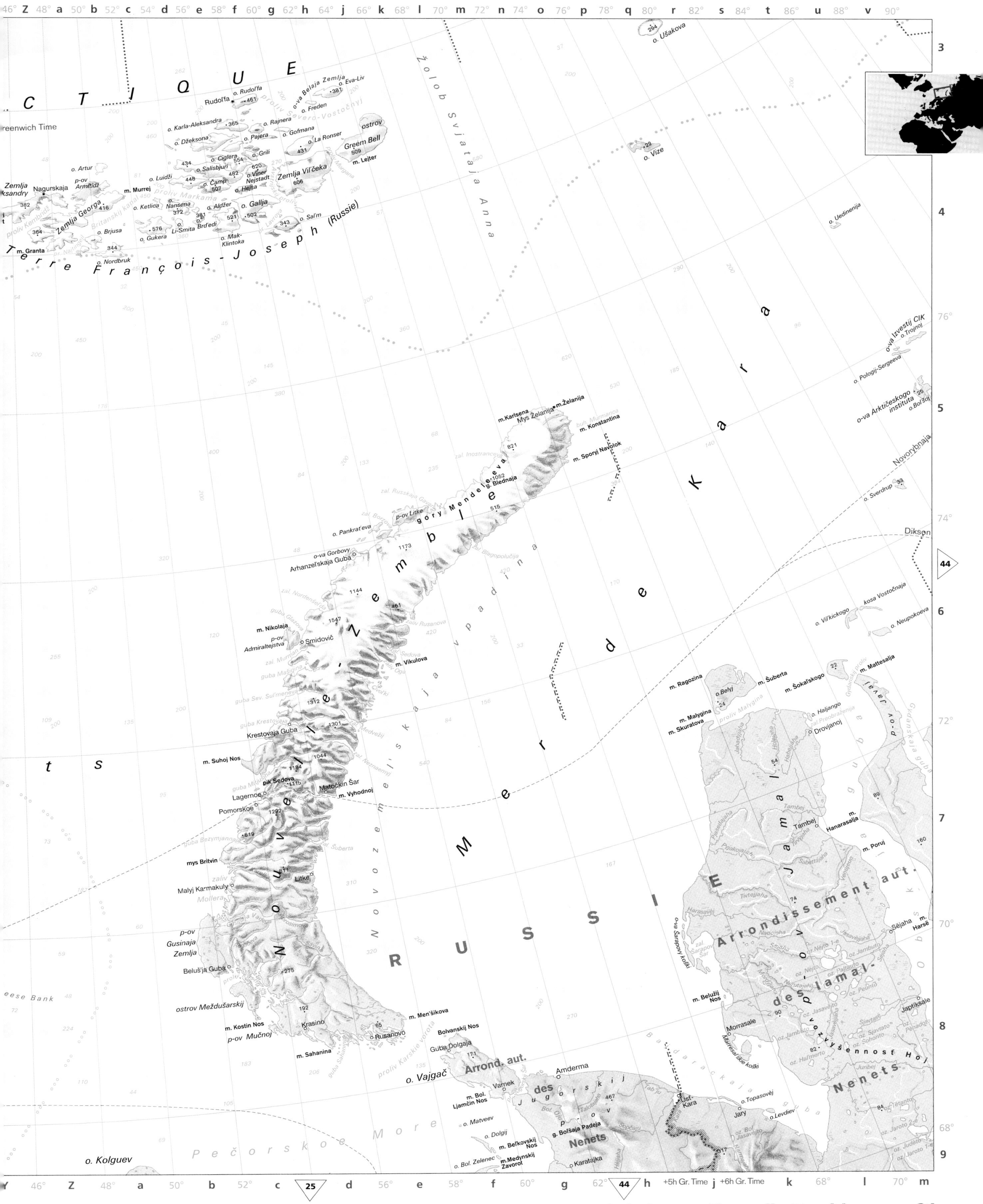
C T I Q U E
Terre François-Joseph (Russie)
reenwich Time
Rudol'fa
o. Rudol'fa
o-va Belaja Zemlja
o. Eva-Liv
o. Freden
proliv Severo-Vostočnyj
o. Karla-Aleksandra
o. Rajnera
o. Gofmana
o. Džeksona
o. Pajera
o. La Ronser
ostrov Greem Bell
m. Lejter
o. Ciglera
o. Salisbjuri
o. Grili
o. Viner Nejstadt
Zemlja Vil'čeka
o. Artur
p-ov Armitidž
o. Luidži
Zemlja Aleksandry
Nagurskaja
m. Murrej
o. Čamp
o. Hejsa
proliv Markama
o. Ketlica
Nansena
o. Aldžer
o. Gallja
Britanskij kanal
Zemlja Georga
o. Brjusa
o. Gukera
Li-Smita
Brjedi
o. Sal'm
o. Mak-Klintoka
m. Granta
o. Nordbruk
proliv Kembridž
o. Ušakova
o. Vize
o. Uedinenija
Žolob Svjataja Anna
m. Karlsena
Mys Želanija
m. Želanija
m. Konstantina
m. Sporyj Navolok
g. Blednaja
gory Mendeleeva
p-ov Litke
o. Pankrat'eva
o-va Gorbovy
Arhanzel'skaja Guba
m. Nikolaja
p-ov Admiraltejstva
Smidovič
m. Vikulova
Krestovaja Guba
m. Suhoj Nos
pik Sedova
Matočkin Šar
m. Vyhodnoj
Lagernoe
Pomorskoe
mys Britvin
Litke
Malyj Karmakuly
p-ov Gusinaja Zemlja
Beluš'ja Guba
ostrov Meždušarskij
m. Kostin Nos
p-ov Mučnoj
Krasino
m. Men'šikova
Rusanovo
m. Sahanina
Bolvanskij Nos
Guba Dolgaja
Nouvelle-Zemble
Novozemel'skaja vpadina
Mer de Kara
o-va Izvestij CIK
o. Trojnoj
o. Pologij-Sergeeva
o-va Arktičeskogo instituta
o. Bol'šoj
Novorybnaja
o. Sverdrup
Dikson
o. Vil'kickogo
kosa Vostočnaja
o. Neupokoeva
m. Ragozina
o. Belyj
m. Šuberta
m. Šokal'skogo
m. Mattesalja
m. Malygina
m. Skuratova
proliv Malygina
Drovjanoj
p-ov Javaj
Tambej
m. Hanarasalja
m. Poruj
p-ov Jamal
Arrondissement aut. des Jamal-Nenets
o-va Šarapovy koški
m. Beluži Nos
Morrasale
Marresal'skie koški
Japtiksale
Séjaha
m. Harsé
vozvyšennost' Hoj
Baidaratskaja guba
o. Topasovéj
o. Levdiev
Jary
Ust-Kara
RUSSIE
Arrond. aut. des Nenets
Amderma
Varnek
o. Vajgač
proliv Karskie vorota
m. Bol. Ljamčin Nos
Jugorskij p-ov
o. Matveev
o. Dolgij
g. Bol'šaja Padeja
m. Bel'kovskij Nos
o. Bol. Zelenec
m. Medynskij Zavorot
Karatajka
Pečorskoe More
o. Kolguev
Goose Bank
+5h Gr. Time
+6h Gr. Time
25
44

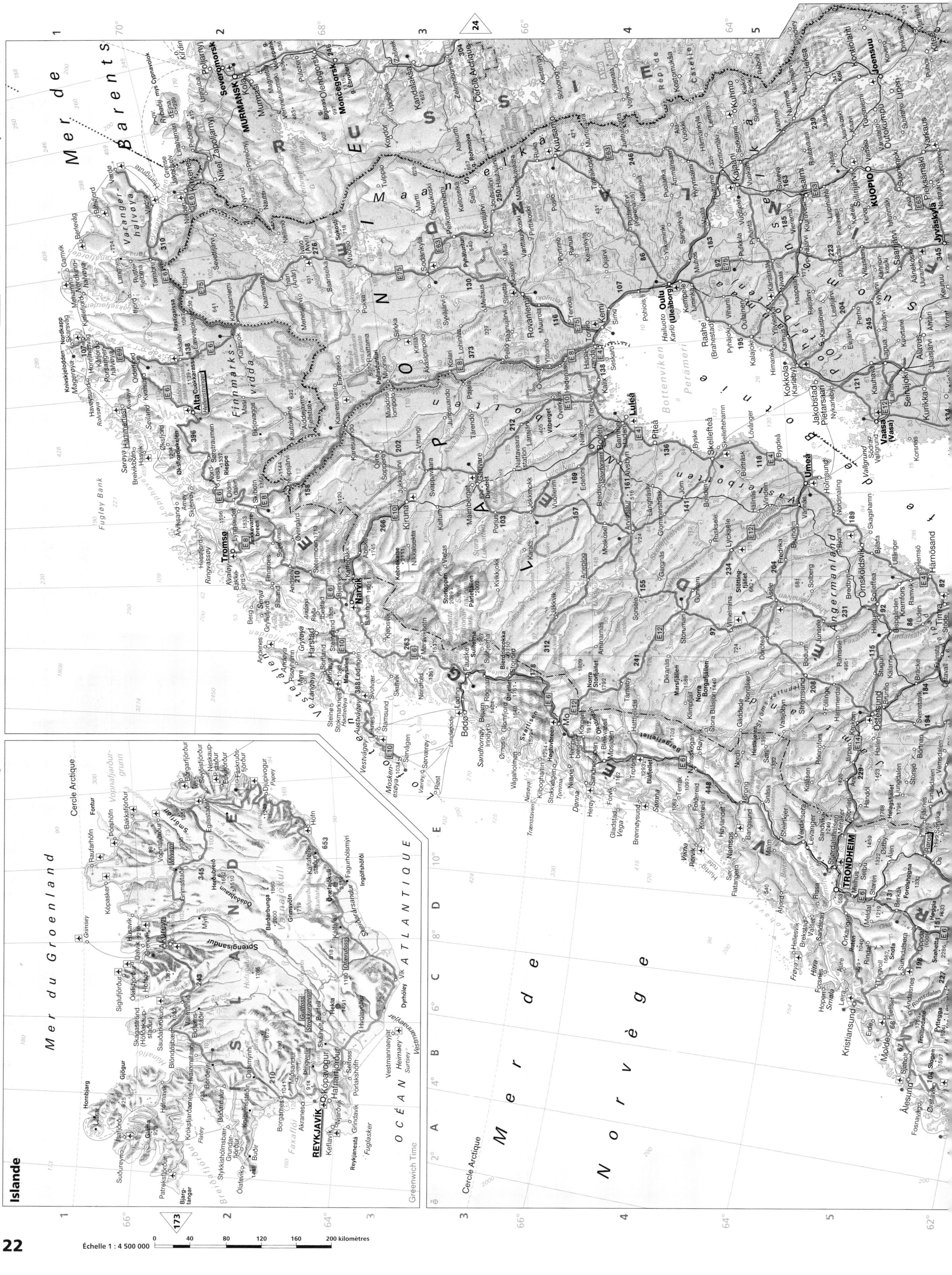

Échelle 1 : 4 500 000 0 40 80 120 160 200 kilomètres

Mer du Nord
Mer Baltique
Golfe de Finlande
Skagerrak
Kattegat
DANEMARK
RUSSIE
OSLO
STOCKHOLM
KØBENHAVN
HELSINKI HELSINGFORS
TALLINN
RIGA
VILNIUS
MINSK
BERLIN
HAMBURG
GÖTEBORG
MALMÖ
GDAŃSK
KALININGRAD
KAUNAS
Gotland
Öland
Bornholm
Saaremaa
Hiiumaa
Åland
Gotska Sandön
Rügen
Sjælland
Fyn
+1h Gr.Time
+2h Gr.Time

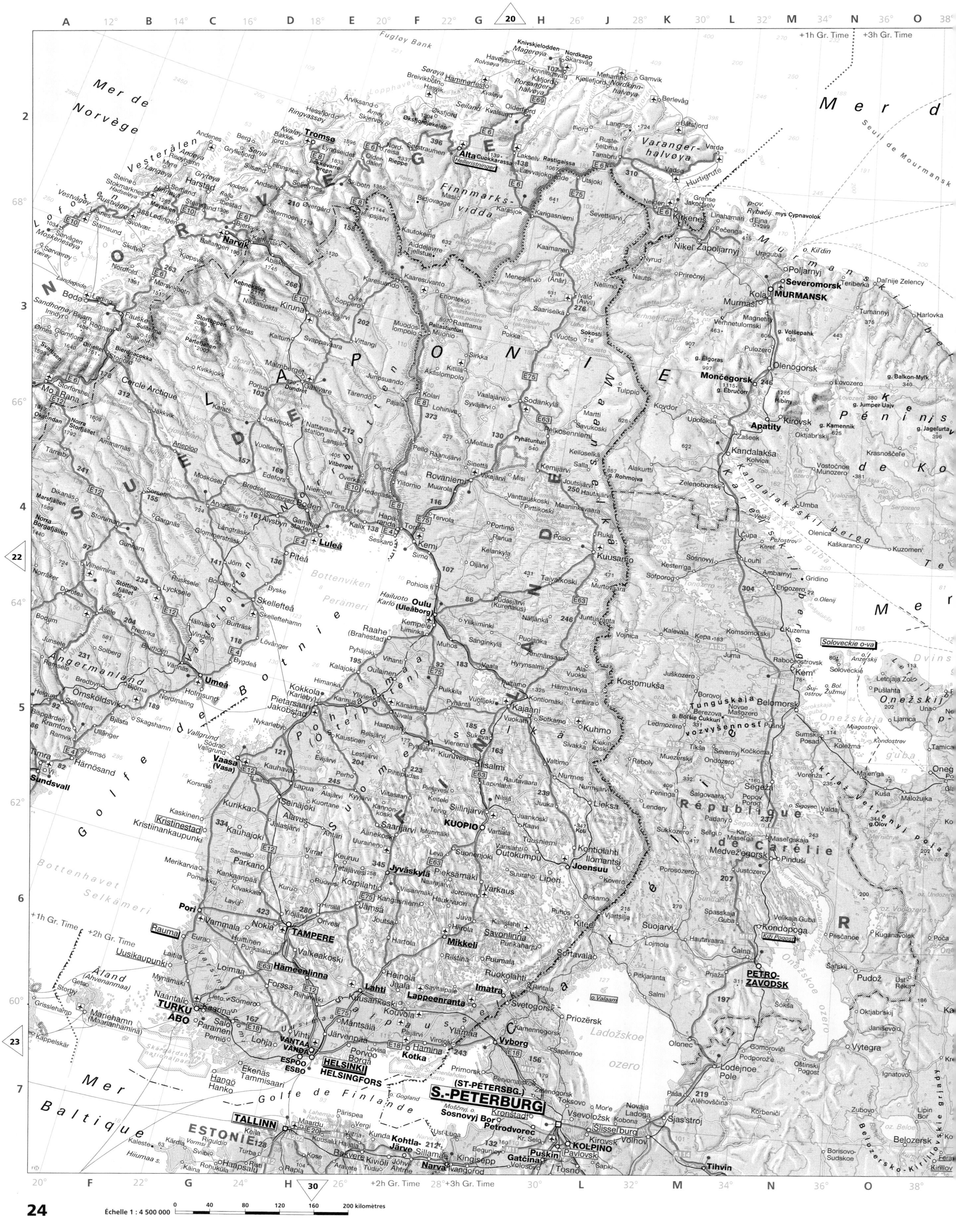
Mer de Norvège
Mer Baltique
Golfe de Botnie
Golfe de Finlande
Mer de Mourmansk
Mer Blanche
NORVÈGE
SUÈDE
LAPONIE
FINLANDE
ESTONIE
RUSSIE
République de Carélie
Péninsule de Kola
Lofoten
Vesterålen
Finnmarksvidda
Varangerhalvøya
Bottenviken
Perämeri
Bottenhavet
Selkämeri
Ladožskoe ozero
Onežskoe ozero
Onežskaja guba
Kandalakšskij bereg
Seuil de Mourmansk
Fugløy Bank
Åland (Ahvenanmaa)
Nordkapp
Hammerfest
Alta
Tromsø
Narvik
Kiruna
Gällivare
Luleå
Umeå
Kirkenes
MURMANSK
Severomorsk
Apatity
Kandalakša
Oulu (Uleåborg)
Rovaniemi
Kemi
Tornio
Vaasa (Vasa)
KUOPIO
Jyväskylä
Joensuu
Pori
TAMPERE
Rauma
Hämeenlinna
Lahti
Mikkeli
Lappeenranta
Imatra
Kotka
TURKU ÅBO
Mariehamn (Maarianhamina)
VANTAA VANDA
ESPOO ESBO
HELSINKI HELSINGFORS
Vyborg
S.-PETERBURG (ST-PÉTERSBG.)
Kronštadt
Petrodvorec
KOLPINO
Puškin
Pavlovsk
Gatčina
Narva
Kohtla-Järve
TALLINN
Haapsalu
Kostomukša
Kem
Belomorsk
Medvežegorsk
Kondopoga
PETROZAVODSK
Sortavala
Lodejnoe Pole
Tihvin
Vytegra
Belozersk
Solovečkie o-va
Kiži Pogost
+1h Gr. Time
+2h Gr. Time
+3h Gr. Time
E4
E6
E8
E10
E12
E18
E20
E63
E75
M10
M11
M18
A
B
C
D
E
F
G
H
J
K
L
M
N
O
2
3
4
5
6
7
12°
14°
16°
18°
20°
22°
24°
26°
28°
30°
32°
34°
36°
38°
60°
62°
64°
66°
68°
20
22
23
30

Échelle 1 : 4 500 000 — 0 40 80 120 160 200 kilomètres

Nouvelle-Zemble
Barents
Pečorskoe more
Češskaja guba
Geese Bank
North Kanin Bank
Dikson
ostrov Meždušarskij
m. Kostin Nos
p-ov Mučnoj
m. Sahanina
Krasino
Rusanovo
m. Men'šikova
Bolvanskij Nos
Guba Dolgaja
o. Vajgač
Amderma
Varnek
m. Bol. Ljamčin Nos
o. Matveev
o. Dolgij
m. Beľkovskij Nos
m. Medynskij Zavorot
o. Bol. Zelenec
g. Boľšaja Padeja
Karatajka
Jugorskij
Pesjakov
Varandej
o-va Guljaevskie Koški
p-ov Russkij Zavorot
o. Dolgij
Čornaja
o. Kolguev
Bugrino
Tobseda
o. Sengejskij
pomorskij proliv
mys Kanin Nos
Kanin Nos
Kaninskij Kameň
g. Mohovaja
o-va Kambaľnickie Koški
m. Sv. Nos
m. Mikulkin
Šojna
Indiga
g. Tenja Seda
Jušino
Narjan-Mar
Oksino
Horej-Ver
Bolšezemeľskaja tundra
Nenets
Arrond. aut. des Nenets
Malozemeľskaja tundra
Timanskij bereg
Čajcynskij Kameň
Velikaja
g. Kovriga
Tošviska
Gercle Arctique
Intа
m. Orlovskij
m. Konušin
Čiža
Beluš'e
Nižnjaja Peša
Oma
Volokovaja
Nes
Kaninskaja tundra
m. Voronov
o. Moržovec
Mezenskaja guba
Sosnovec
Majda
Kojda
Tarasovo
Semža
Ruči
Kamenka
Mezeň
Sojana
Verh. Zolotica
Belomorsko-Kulojskoje plato
Patrakeevka
Kepino
Sovpoľe
Pogorelec
Paluga
Boľšaja Nisogora
Pylema
Palošč'eľe
Žerd
Loban
Jazevec
Safonovo
Tobyšskaja vozvyšennosť
Novyj Bor
Krestovka
Jakšino
Usť-Ciľma
Šceljajur
Dijur
Ižma
Myla
Kipievo
Mutnyj Materik
Pečorskaja grjada
Ščeľjabož
Novikbož
Usinsk
Usť-Lyža
Synja
Kožva
Pečora
Konecbor
Kožym
hr. Obeiz
hr. Zap. Saledy
g. Narodnaja
g. Nerojka
Černyševa grjada
Vorgašor
Severnyj
VORKUTA
Komsomoľskij
Elecki
Čym
Sivomaskinskij
Abez
Polar Ural
Arrond. aut. des Jamal-Nenets
Arrond. aut. de Khantys-Mansis
Saranpauľ
g. Telpoziz
Podčere
Vuktyl
Lemtybož
Savinobor
Usť-Voja
Kadžerom
Iraeľ
Lem"junskaja vozv.
Kartaeľ
Levkinskaja
Verhnevym skala grjada
Timanskij krjaž
Četlasskij Kameň
Šegmas
Vožgora
Zasuľe
Čulas
Čulasa
Čublas
Pinega
Trufanova
Arhangeľsk
Novodvinsk
Emeľjanovskaja
Holmogory
Usť-Pinega
Kuzomen
Pirinem
Karpogory
Šardonem
Verkola
Čuprovo
Važgort
Bol. Čurki
Lafjuga
Politovo
République des Komis
Uhta
Sosnogorsk
Nižn. Odes
Vodnyj
Jarega
boloto Dž'ernjur
Vojvož
Troicko-Pečorsk
Sylvogda
Brin-Navolok
Gorodeck
Njuhča
Ertom
Razgort
Koslan
Blagoevo
Čemut'evo
Selib
Borovo
Pagyš
Emeck
Pogost
Kaľi
Hetovo
Usť-Vaen'ga
Usť-Vyjskaja
Osinovo
Bereznik
Usť-Vaga
Pošegda
Pleseck
Sogra
Kondratovskaja
Rakovskaja
Šenkursk
Šelaša
Makarov Dvor
Rovdino
Berežnaja
Krasnoborsk
Šipicyno
Kotlas
Korjažma
Kizema
Oktjabr'skij
Veľsk
Velikij Ustjug
Luza
Tarnogskij Gorodok
Moiseevskaja
Igumnovskaja
Dem'janovo
Egošinskaja
Pinjug
Esinskaja
Sjamža
Toťma
Kičmengskij Gorodok
Oparino
Murasi
Letka
Nagorsk
Knjaževo
Harovskaja grjada
Verhnevažskaja vozv.
Severnye Uvaly
Vesljana
Popča
Sindor
Turja
Trakt
Emva
Mikuľ
Jarenga
Ajkino
Vogvazdino
Jarensk
Žešart
Časovo
Storoževsk
Kortkeros
SYKTYVKAR
Usť-Kulom
Usť-Nem
Vizinga
Šičuga
Litvinovo
Zanuľe
Kojgorodok
Černorečenskij
Arrond. aut. des Komis-Permiaks
Gajny
Kosa
Jukseevo
Kočevo
Jurla
Kudymkar
Jusva
Kirs
Lojno
Verhnekamskaja vozv.
Pečoro-Ilyčskij zapovednik
Komsomoľsk-na-Pečore
Podora
Voľdino
Požeg
Kurja
g. Potčurk
Vysokaja Parma
Ural Septentrional
Burmantovo
Ivdeľ
Korepino
Nyrob
Krasnovišersk
Čerdyn
SOLIKAMSK
BEREZNIKI
Usoľe
Jajva
Aleksandrovsk
Kizel
Gubaha
Ugleuraľskij
Usva
Gremjačinsk
Požva
Denežkin Kamen
Čeremuhovo
Severouraľsk
Volčansk
Karpinsk
g. Konžakovskij Kamen
Morrasale
Usť-Kara
Nerohi
+3h Gr. Time
+5h Gr. Time
+4h Gr. Time
+4h Gr. T.
21
44
50
31
32

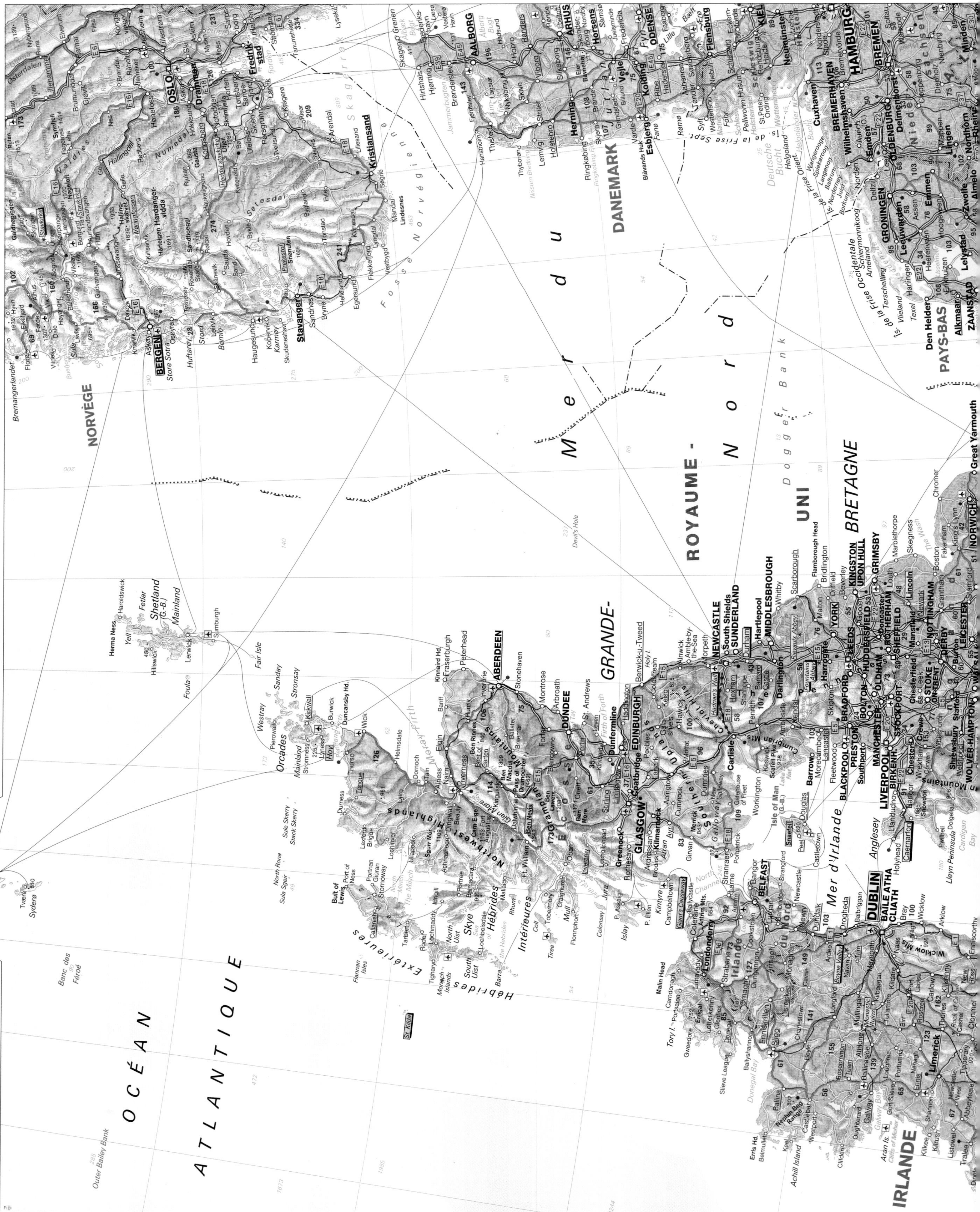

Échelle 1 : 4 500 000 — 0 40 80 120 160 200 kilomètres

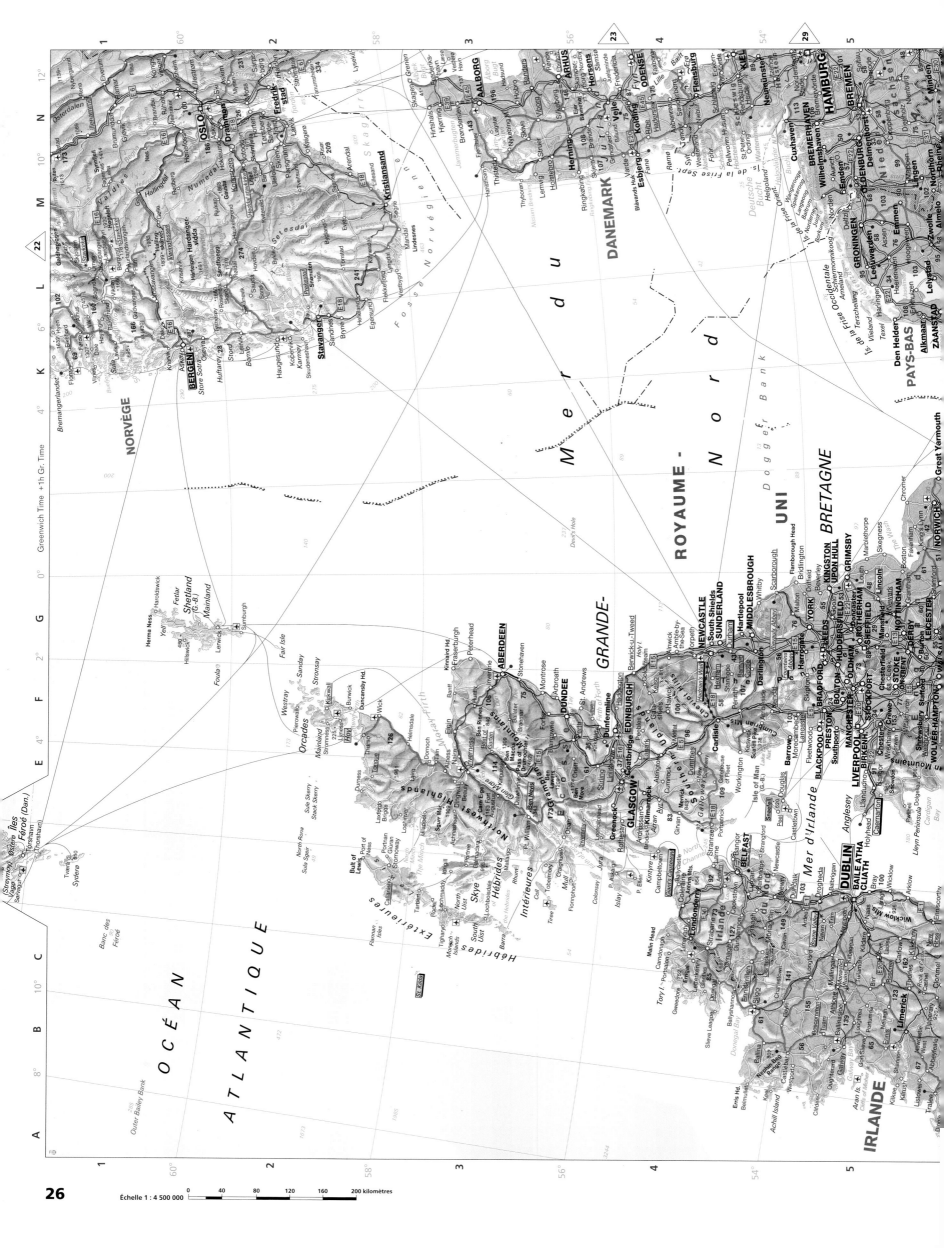

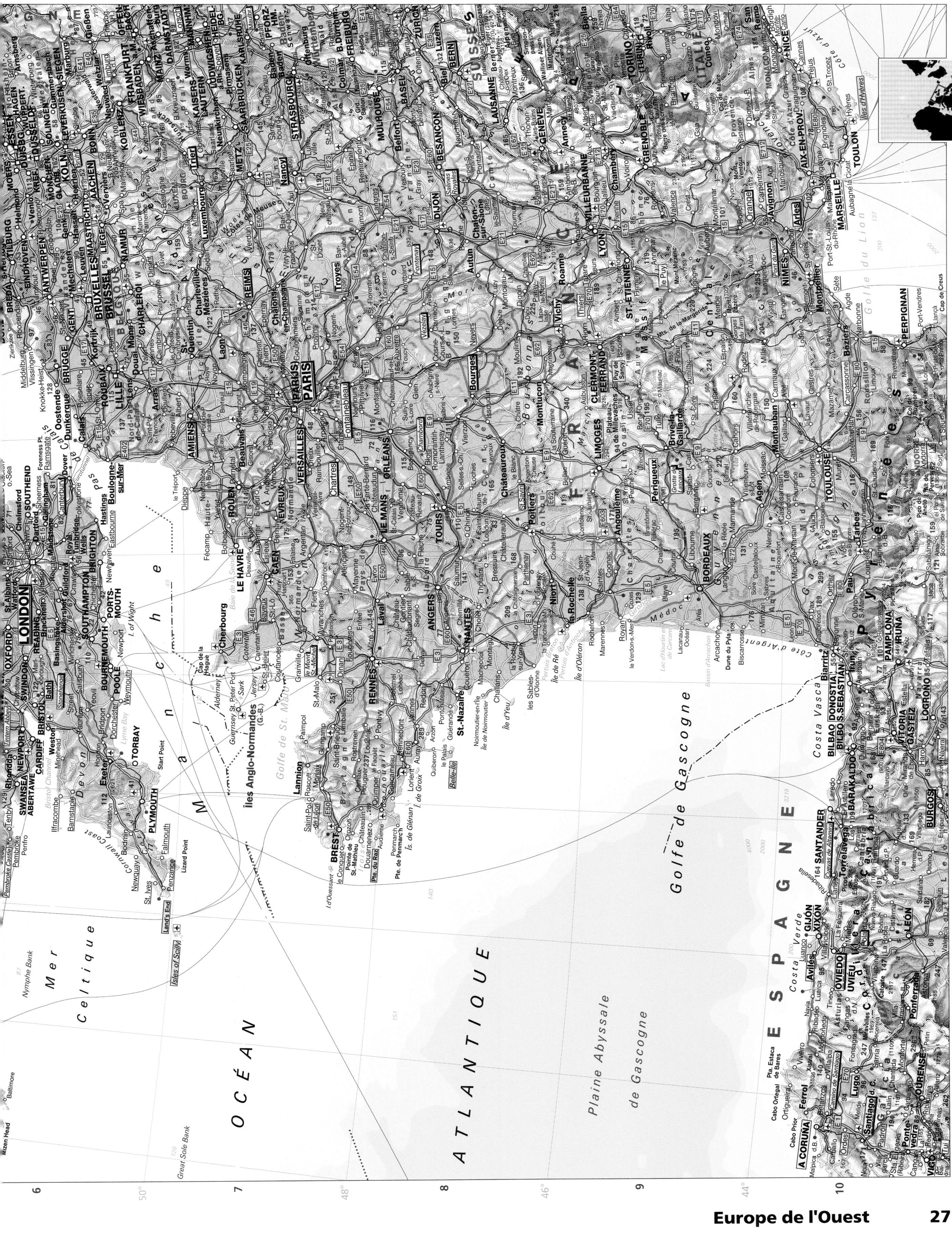
OCÉAN
ATLANTIQUE
Mer Celtique
Golfe de Gascogne
Plaine Abyssale de Gascogne
E S P A G N E
F R A N C E
Manche
Îles Anglo-Normandes (G.-B.)
LONDON
PARIS
BORDEAUX
NANTES
TOULOUSE
LYON
MARSEILLE
BRUXELLES
STRASBOURG
GENÈVE
BILBAO
SANTANDER
OVIEDO
Pyrénées
Massif Central
Costa Verde
Costa Vasca

Échelle 1 : 4 500 000 — 0 40 80 120 160 200 kilomètres

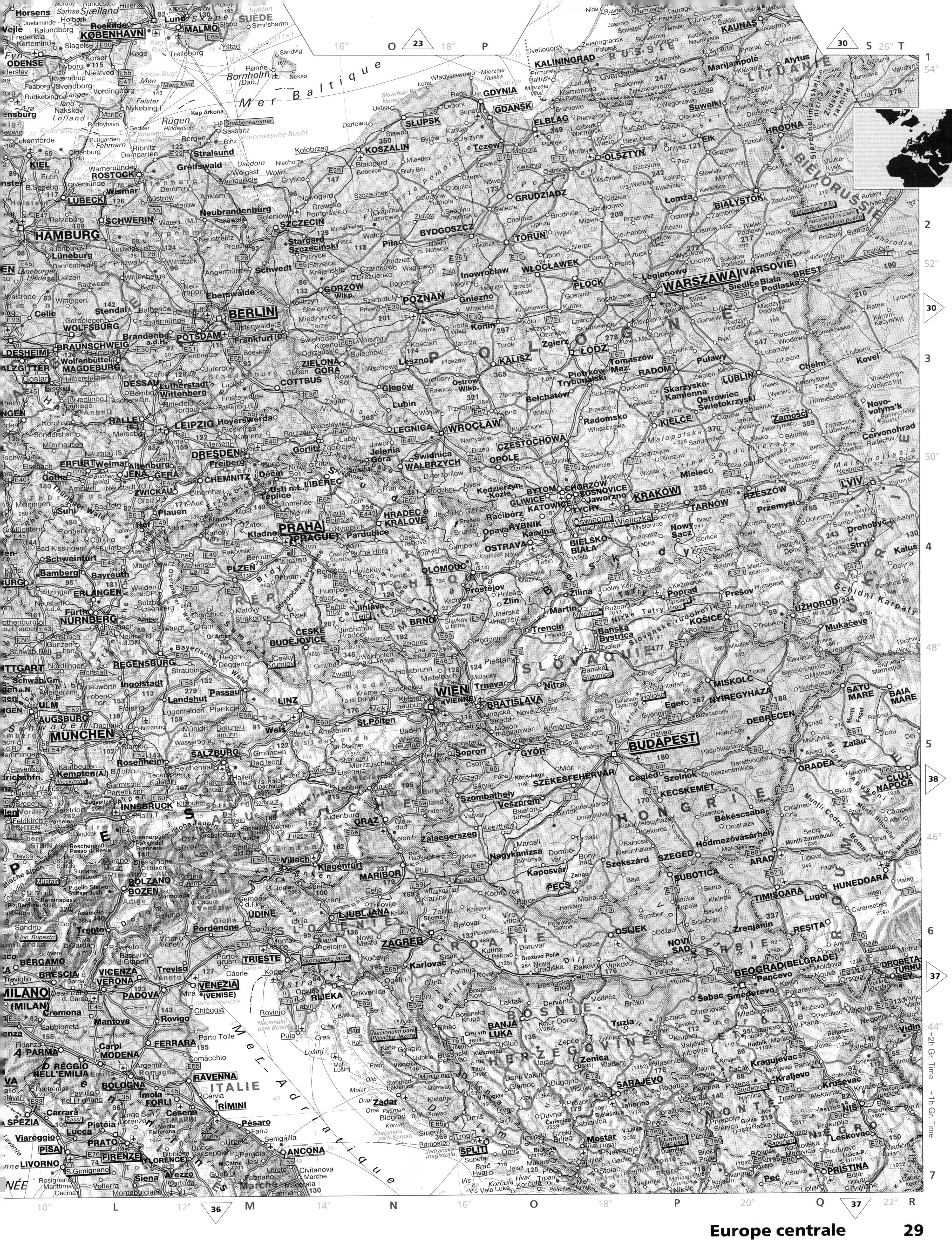
Mer Baltique
SUÈDE
RUSSIE
LITUANIE
BIÉLORUSSIE
POLOGNE
RÉP. TCHÈQUE
SLOVAQUIE
HONGRIE
ROUMANIE
AUTRICHE
SLOVÉNIE
CROATIE
BOSNIE-HERZÉGOVINE
SERBIE
MONTÉNÉGRO
ITALIE
UKRAINE
Mer Adriatique
KØBENHAVN
MALMÖ
KALININGRAD
KAUNAS
GDAŃSK
GDYNIA
BERLIN
HAMBURG
WARSZAWA (VARSOVIE)
PRAHA (PRAGUE)
WIEN (VIENNE)
BRATISLAVA
BUDAPEST
LJUBLJANA
ZAGREB
SARAJEVO
BEOGRAD (BELGRADE)
MÜNCHEN
MILANO (MILAN)
VENEZIA (VENISE)
KRAKÓW
WROCŁAW
ŁÓDŹ
POZNAŃ
DRESDEN
LEIPZIG
LVIV
BREST
HRODNA
23
30
36
37
38

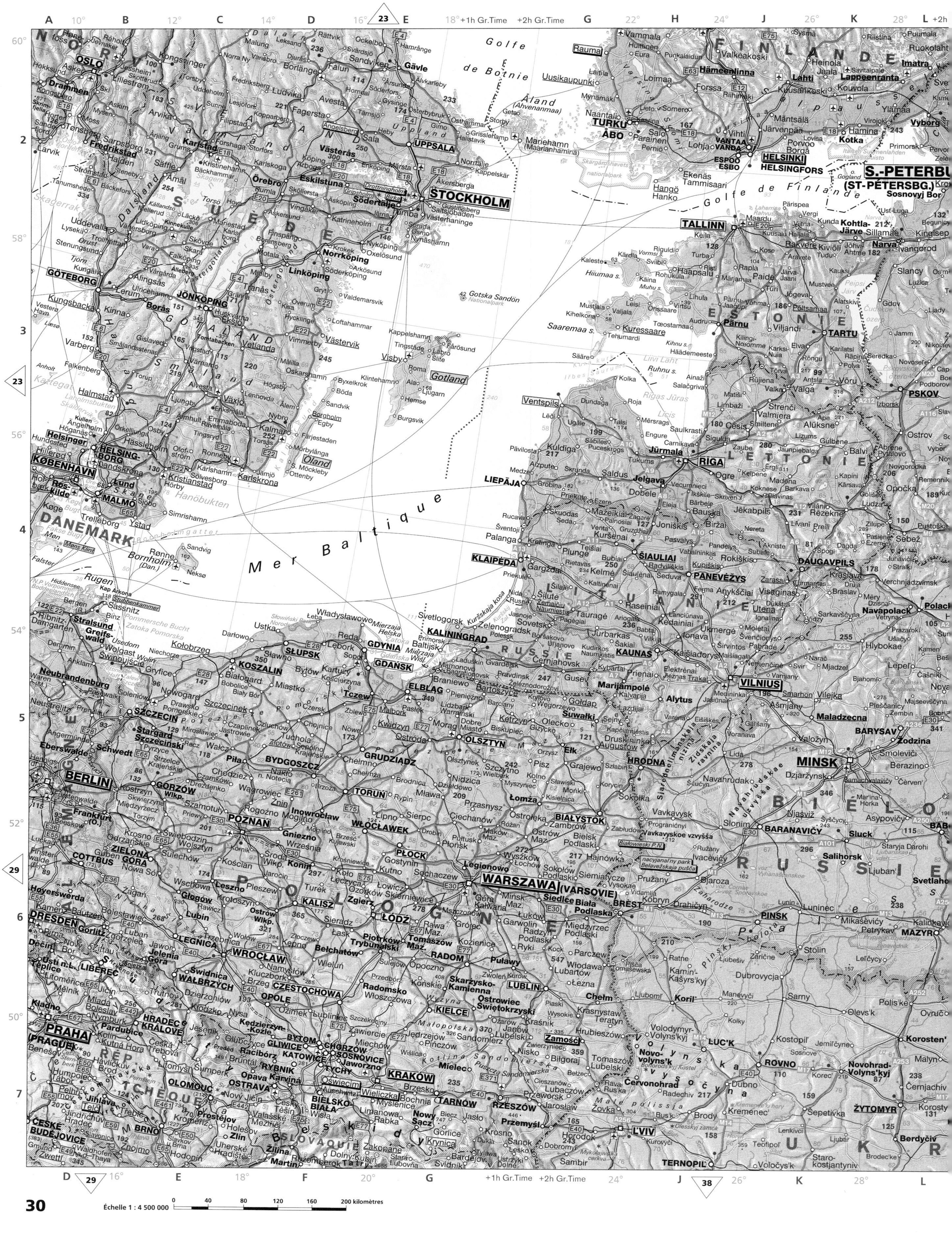

Échelle 1 : 4 500 000 — 0 40 80 120 160 200 kilomètres

MOSKVA
(MOSCOU)
Rép. de Carélie
Rép. des Komis
Rép. des Maris
Rép. de Tchouvachie
Mordovie
Onežskoe ozero
Ladožskoe ozero
Rybinskoe vodohranilišče
Severnye uvaly
Valdajskaja vozvyšennosť
Smolenskaja vozvyšennosť
Srednerusskaja vozvyšennosť
Privolžskaja vozvyšennosť
Okskodonskaja ravnina
Meščerskaja nizmenosť
VOLOGDA
ČEREPOVEC
RYBINSK
JAROSLAVL'
KOSTROMA
IVANOVO
VLADIMIR
NIŽNIJ NOVGOROD
DZERŽINSK
ARZAMAS
ČEBOKSARY
NOVO-ČEBOKSARSK
JOŠKAR-OLA
KIROV
TVER'
SERGIEV-POSAD
KOLOMNA
RJAZAN'
TULA
NOVO-MOSKOVSK
KALUGA
OBNINSK
SERPUHOV
SMOLENSK
BRJANSK
OREL
KURSK
BELGOROD
CHARKIV
SUMY
POLTAVA
LIPECK
VORONEŽ
TAMBOV
MIČURINSK
PENZA
SARANSK
SARATOV
ENGELS
VOLGOGRAD
VOLŽSKIJ
KAMYŠIN
HOMEL'
ČERNIHIV
STARYJ OSKOL
GEORGIU-DEZ
Europe de l'Est

Échelle 1 : 4 500 000 — 0 40 80 120 160 200 kilomètres

ORENBURG
ORSK
NOVOTROICK
AKTÖBE
SAMARA
NOVOKUJBYŠEVSK
TOL'JATTI
SIMBIRSK
DIMITROVGRAD
SARANSK
PENZA
SYZRAN'
SARATOV
ENGEL'S
BALAKOVO
KAMYŠIN
VOLGOGRAD
VOLŽSKIJ
ASTRAHAN'
ATYRAU
ORAL
STERLITAMAK
SALAVAT
MAGNITOGORSK
Troick
Elista
Mer Caspienne
Mer d'Aral
OUZBEKISTAN
Bejneu
+4h Gr. Time

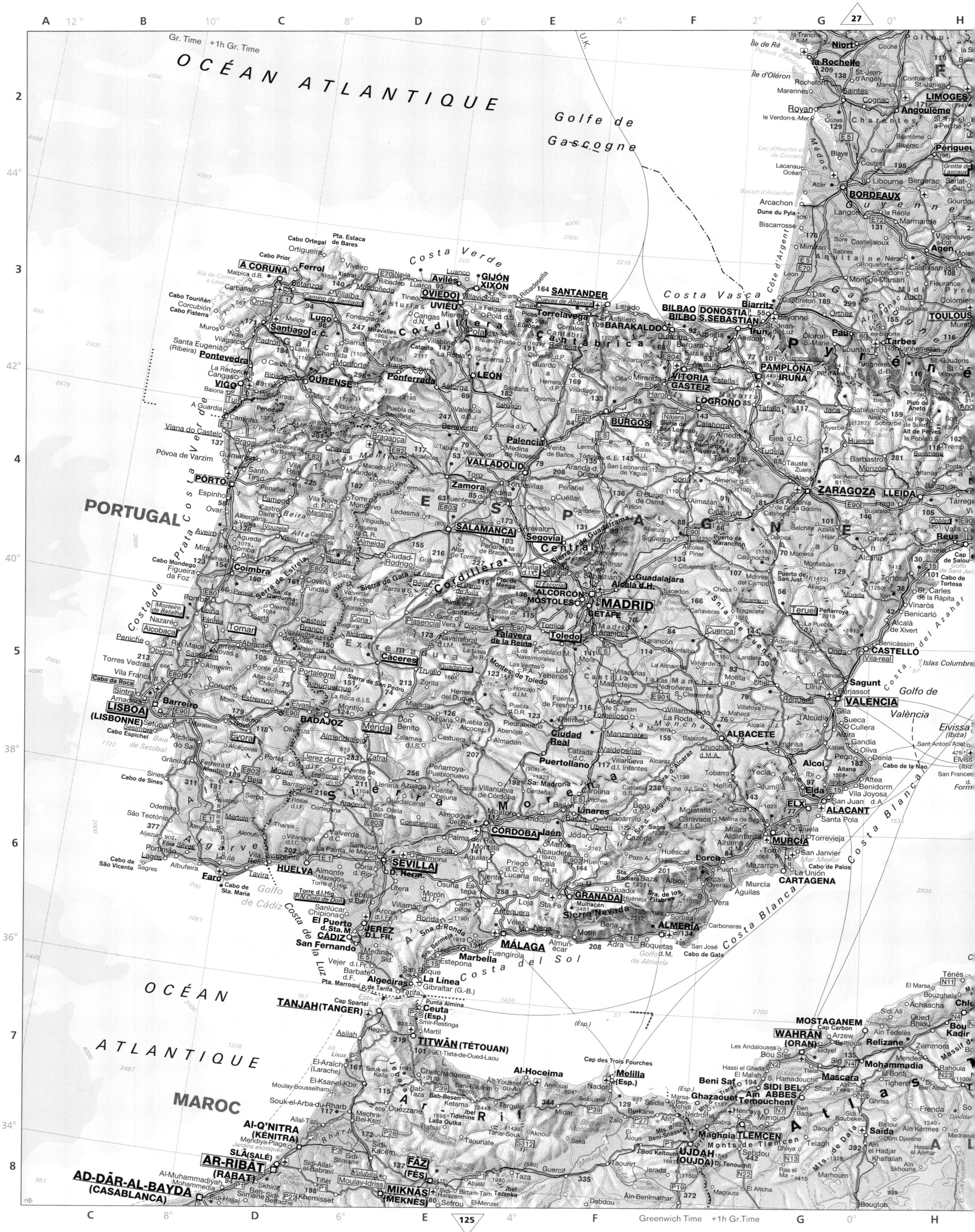

Échelle 1 : 4 500 000 — 0 40 80 120 160 200 kilomètres

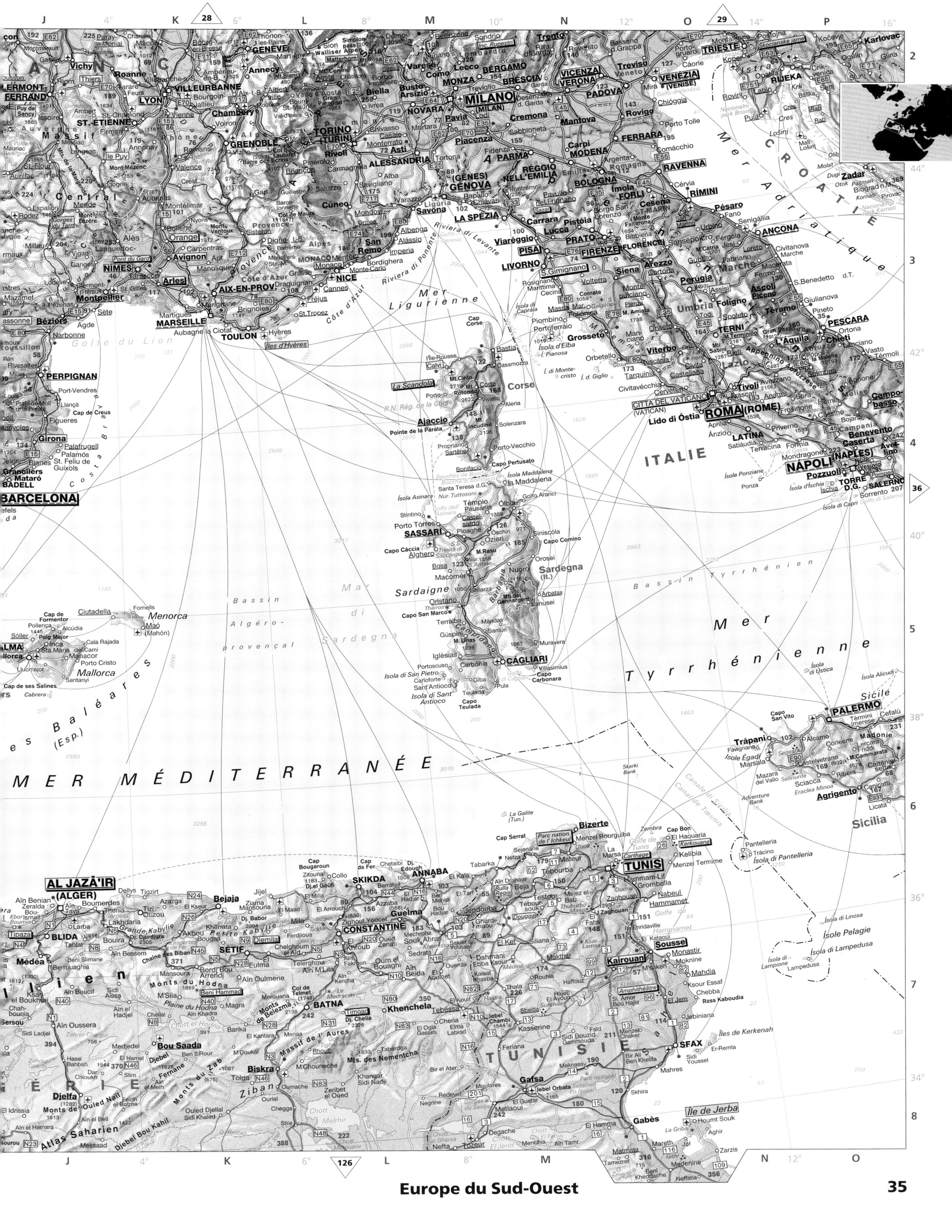

MER MÉDITERRANÉE
Mer Ligurienne
Mer Tyrrhénienne
Mer Adriatique
Bassin Algéro-provençal
Bassin Tyrrhénien
Mar di Sardegna
Golfe du Lion
Baléares (Esp.)
Menorca
Mallorca
Corse
Sardaigne
Sardegna (It.)
Sicile
Sicilia
ITALIE
CROATIE
TUNISIE
Massif Central
Atlas Saharien
MARSEILLE
TOULON
NICE
MONACO
AIX-EN-PROV.
Avignon
Arles
NÎMES
Montpellier
PERPIGNAN
BARCELONA
Girona
LYON
VILLEURBANNE
GRENOBLE
GENÈVE
ST.-ÉTIENNE
TORINO (TURIN)
MILANO (MILAN)
GENOVA (GÊNES)
BOLOGNA
FIRENZE (FLORENCE)
PISA
LIVORNO
VENÈZIA (VENISE)
TRIESTE
VERONA
PADOVA
RAVENNA
RÌMINI
ANCONA
PESCARA
ROMA (ROME)
CITTÀ DEL VATICANO (VATICAN)
NÀPOLI (NAPLES)
SALERNO
PALERMO
Trápani
Agrigento
Ajaccio
Bastia
SASSARI
CAGLIARI
Olbia
AL JAZÂ'IR (ALGER)
BLIDA
Bejaja
SÉTIF
CONSTANTINE
SKIKDA
ANNABA
BATNA
Biskra
Djelfa
Bou Saada
TUNIS
Bizerte
Sousse
Kairouan
SFAX
Gafsa
Gabès
Île de Jerba
Isola di Pantelleria
Isole Pelagie

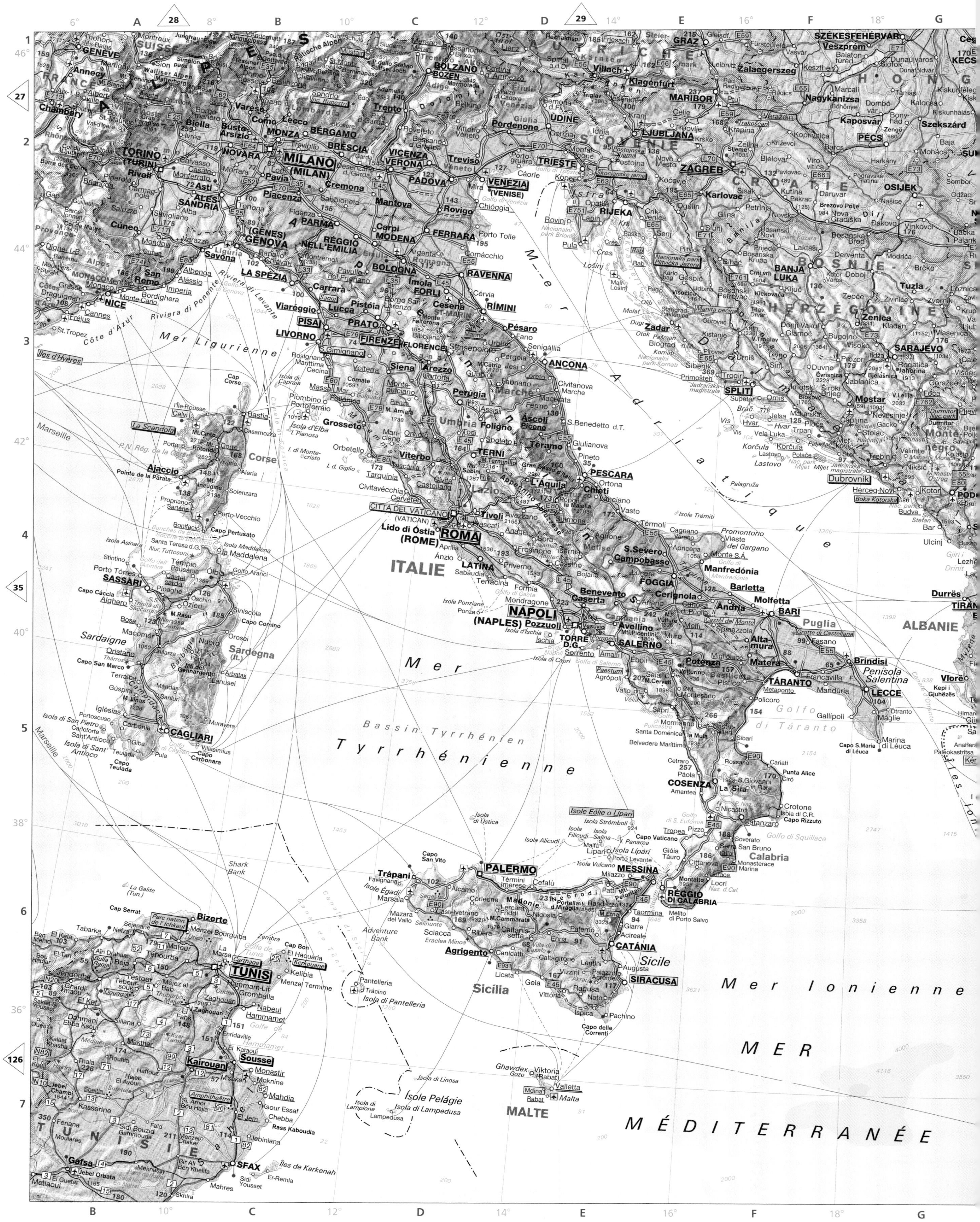

Échelle 1 : 4 500 000 — 0 40 80 120 160 200 kilomètres

H +1h Gr. Time +2h Gr. Time
J
K
L
38
M
N
O
P
ODESA (ODESSA)
UKRAINE
Crimée
JEVPATORIJA
SEVASTOPOL'
Jalta
MOLDAVIE
TIRASPOL
TIGHINA
ORADEA
CLUJ-NAPOCA
TÂRGU MUREȘ
Transylvanie
C A R P A T E S
R O U M A N I E
Alpes de Transylvanie
TIMIȘOARA
ARAD
SIBIU
BRAȘOV
IAȘI
GALAȚI
BRĂILA
BUZĂU
PLOIEȘTI
PITEȘTI
CRAIOVA
BUCUREȘTI (BUCAREST)
CONSTANȚA
Delta Dunării
Mer Noire
VARNA
BURGAS
DOBRIČ
RUSE
PLEVEN
SOFIJA
PLOVDIV
STARA ZAGORA
B U L G A R I E
Balkan
Mts. Rhodope
SKOPJE
MACÉDOINE
MONTÉNÉGRO
PRIŠTINA
NIŠ
EDIRNE
ISTANBUL
Bosporus
Marmara Denizi
BURSA
ANKARA
ESKİŞEHİR
KÜTAHYA
AFYON
T U R Q U I E
Anatolie
IZMIR
MANISA
DENIZLI
KONYA
ANTALYA
Alanya
THESSALONIKI
LÁRISSA
VÓLOS
G R È C E
PÁTRA
ATHÍNA (ATHÈNES)
PIREÁS
Mer Égée
Cyclades
Dodekanissa
Ródos
Kritiko Pelagos
Crète (Gr.)
IRÁKLIO
Lesvos (Gr.)
Hios
Sámos (Gr.)
Limnos (Gr.)
Thássos
Al-Iskandarīa
Lemesos
39
64
Chaîne du Taurus

Échelle 1 : 4 500 000 — 0 40 80 120 160 200 kilomètres

+3h Gr. Time
+4h Gr. Time
+2h Gr. Time
LIPECK
ELEC
VORONEŽ
KURSK
Belgorod
CHARKIV
SARATOV
ENGEĽS
BALAKOVO
Balašov
Borisoglebsk
KAMYŠIN
Mihajlovka
VOLGOGRAD
VOLŽSKIJ
Ahtubinsk
ASTRAHAN'
KAZAKHSTAN
Ryn-kum
Dépression Caspienne
Donskaja grjada
Privolžskaja
République des Kalmouks
Elista
LUHANS'K
DONEC'K
ZAPORIŽŽ'A
MARYUPOĽ
BERDJANS'K
TAGANROG
ROSTOV-na-DONU
NOVOČERKASSK
ŠAHTY
VOLGODONSK
Azovskoe More
KERČ
Feodosija
KRASNODAR
NOVOROSSIJSK
Tuapse
SOČI
ARMAVIR
STAVROPOĽ
NEVINNOMYSSK
ČERKESSK
MAJKOP
PJATIGORSK
KISLOVODSK
NAĽČIK
VLADIKAVKAZ
GROZNYJ
Tchétchénie
MAHAČKALA
Kaspijsk
Daguestan
CAUCASE
Mer Caspienne
SUCHUMI
Abkhazie
GÉORGIE
KUTAISI
TBILISI
RUSTAVI
BATUMI
Ossétie du Sud
AZERBAÏDJAN
ARMÉNIE
EREVAN
GJUMRI
VANADZOR
GANŽA
Mingečevir
Kars
TRABZON
Rize
ORDU
SAMSUN
Bafra
Sinop
Amasya
Giresun
Mer Noire
TURQUIE

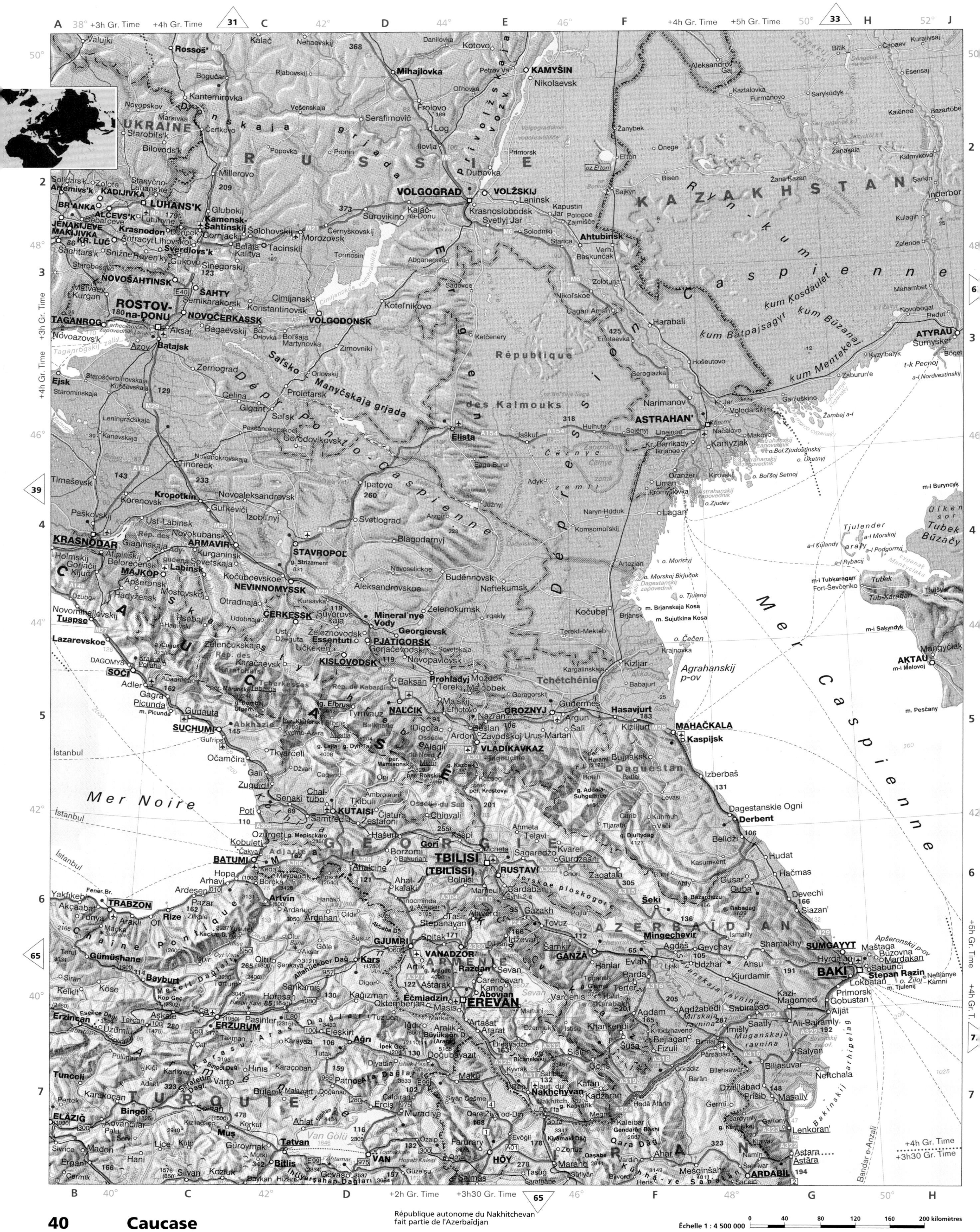

A
B
C
D
E
F
G
H
J
+3h Gr. Time
+4h Gr. Time
+5h Gr. Time
+2h Gr. Time
+3h30 Gr. Time
31
33
39
65
6
7
UKRAINE
RUSSIE
KAZAKHSTAN
GÉORGIE
ARMÉNIE
AZERBAÏDJAN
TURQUIE
IRAN
République des Kalmouks
Tchétchénie
Daguestan
Dép. Ponto-Caspienne
Dépression Caspienne
Mer Noire
Mer Caspienne
Rynkum
Stavropol
Doneckaja grjada
Privolžskaja vozvyšennost'
Sal'sko Manyčskaja grjada
Ergeni
Černye zemli
Agrahanskij p-ov
Apšeronskij p-ov
Bakinskij arhipelag
Caucase
Chaîne Pontique
kum Kosdäulet
kum Batpajsagyr
kum Būzanaj
kum Mentekenei
Valujki
Rossoš'
Kalač
Mihajlovka
KAMYŠIN
Nikolaevsk
Frolovo
Serafimovič
Log
Millerovo
LUHANS'K
Kamensk-Šahtinskij
Krasnodon
Sverdlovs'k
Dubovka
VOLGOGRAD
VOLŽSKIJ
Leninsk
Kalač-na-Donu
Surovikino
Krasnoslobodsk
Svetlyj Jar
Ahtubinsk
Kapustin Jar
Cimljansk
Konstantinovsk
Kotel'nikovo
VOLGODONSK
NOVOŠAHTINSK
ŠAHTY
ROSTOV-na-DONU
NOVOČERKASSK
TAGANROG
Azov
Bataisk
Zernograd
Sal'sk
Proletarsk
Gigant
Elista
ASTRAHAN'
Narimanov
Harabali
Kamyzjak
Lagan'
Ejsk
Tihoreck
Kropotkin
Ipatovo
Svetlograd
Blagodarnyj
Armavir
KRASNODAR
STAVROPOL
NEVINNOMYSSK
MAJKOP
ČERKESSK
Budënnovsk
Neftekumsk
Mineral'nye Vody
Georgievsk
PJATIGORSK
Essentuki
KISLOVODSK
Novorossijsk
Tuapse
Lazarevskoe
SOČI
Adler
Gagra
Picunda
Gudauta
SUCHUMI
NAL'ČIK
VLADIKAVKAZ
GROZNYJ
Gudermes
Hasavjurt
Kizljar
MAHAČKALA
Kaspijsk
Izberbaš
Dagestanskie Ogni
Derbent
g. Elbrus
g. Kazbek
Kutaisi
Poti
Batumi
Ozurgeti
Zestafoni
Gori
TBILISI
(TBILISSI)
Rustavi
Telavi
Samtredia
Čiatura
Borjomi
Achalcihe
Zugdidi
Očamčira
Gali
GJUMRI
VANADZOR
Spitak
Razdan
Ečmiadzin
EREVAN
Sevan
Artašat
Ararat
Gjandža
Mingečevir
Šeki
Šamahy
SUMGAYYT
BAKI
Stepan Razin
Lenkoran'
Astara
Ali-Bajramly
Salyan
Neftčala
Imišly
Sabirabad
Nakhchyvan
Šuša
Hankendi
TRABZON
Rize
Artvin
Hopa
Kars
Ardahan
ERZURUM
Ağrı
Doğubayazıt
Erzincan
Bayburt
Gümüşhane
Tunceli
Bingöl
Muş
Tatvan
Bitlis
VAN
Van Gölü
Sevan
Erciş
Iğdır
Maku
Hoy
Marand
Tabriz
ARDABIL
Ahar
AKTAU
Mangyšlak
ATYRAU
Inderbor
Tjulender
Tubek
Bozačy
İstanbul
République autonome du Nakhitchevan fait partie de l'Azerbaïdjan
Échelle 1 : 4 500 000
0
40
80
120
160
200 kilomètres

L'Asie: le continent des contrastes

Sur ce continent, le plus vaste avec ses 44,4 millions de kilomètres carrés, toutes les zones de climat et de végétation sont représentées, depuis la zone polaire jusqu'aux zones tropicales. La géographie physique de l'Asie est marquée par des contrastes saisissants: les dépressions les plus profondes dans l'écorce terrestre (lac Baïkal, mer Morte), les sommets les plus élevés (Himalaya, Karakoram), les zones de permafrost les plus étendues (Sibérie) et les déserts les plus vastes. L'apport de l'Asie aux civilisations du monde est incommensurable. Presque tous les grands fondateurs de religions, tels que Moïse, Zarathoustra, Bouddha, Jésus ou Mahomet, ainsi que de grands philosophes tels que Lao-tseu et Confucius, y ont développé leur action.

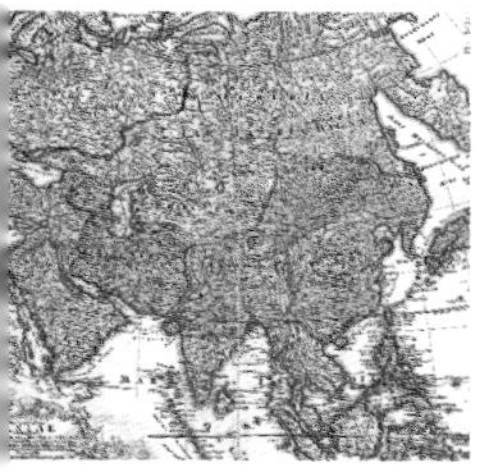

Asie: reproduction très détaillée
ec tracé des frontières et diffé-
nciation des territoires par la
uleur (gravure sur cuivre de
hann Baptist Homann, Nurem-
rg, cartographe de l'Empereur,
rs 1700).

Plaine de la Sibérie occidentale (nord)
44–45

Plateau de la Sibérie centrale (nord)
46–47

Sibérie du Nord-Est
48–49

Plaine de la Sibérie occidentale (sud)
50–51

Monts du Sayan · Lac Baïkal
52–53

Transbaïkalie
54–55

Extrême-Orient (nord) · Kamtchatka
56–57

Extrême-Orient (sud) · Sakhaline
58–59

Steppes kazakhes
60–61

Dépression caspienne · Mer d'Aral
62–63

Moyen-Orient
64–65

Péninsule Arabique (nord)
66–67

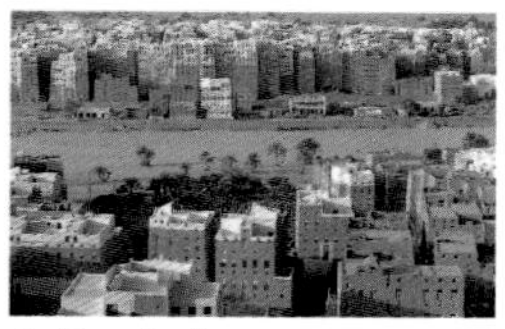
Péninsule Arabique (sud)
68–69

Golfe Persique · Haut plateau de l'Iran
70–71

Asie centrale
72–73

Vallée de l'Indus · Inde du Nord-Ouest
74–75

Inde méridionale · Maldives · Sri Lanka
76–77

Inde du Nord-Est · Bangladesh
78–79

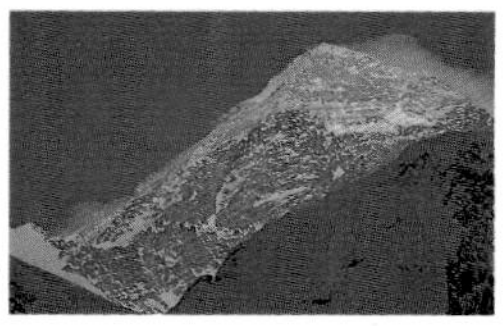
Tibet
80–81

Xinjiang
82–83

Mongolie
84–85

Mandchourie · Corée
86–87

Japon
88–89

Chine septentrionale
90–91

Chine méridionale
92–93

Thaïlande · Cambodge
94–95

Philippines
96–97

Malaysia · Sumatra
98–99

Bornéo · Sulawesi (Célèbes)
100–101

Moluques · Irian Jaya
102–103

Java, petites iles de la Sonde
104

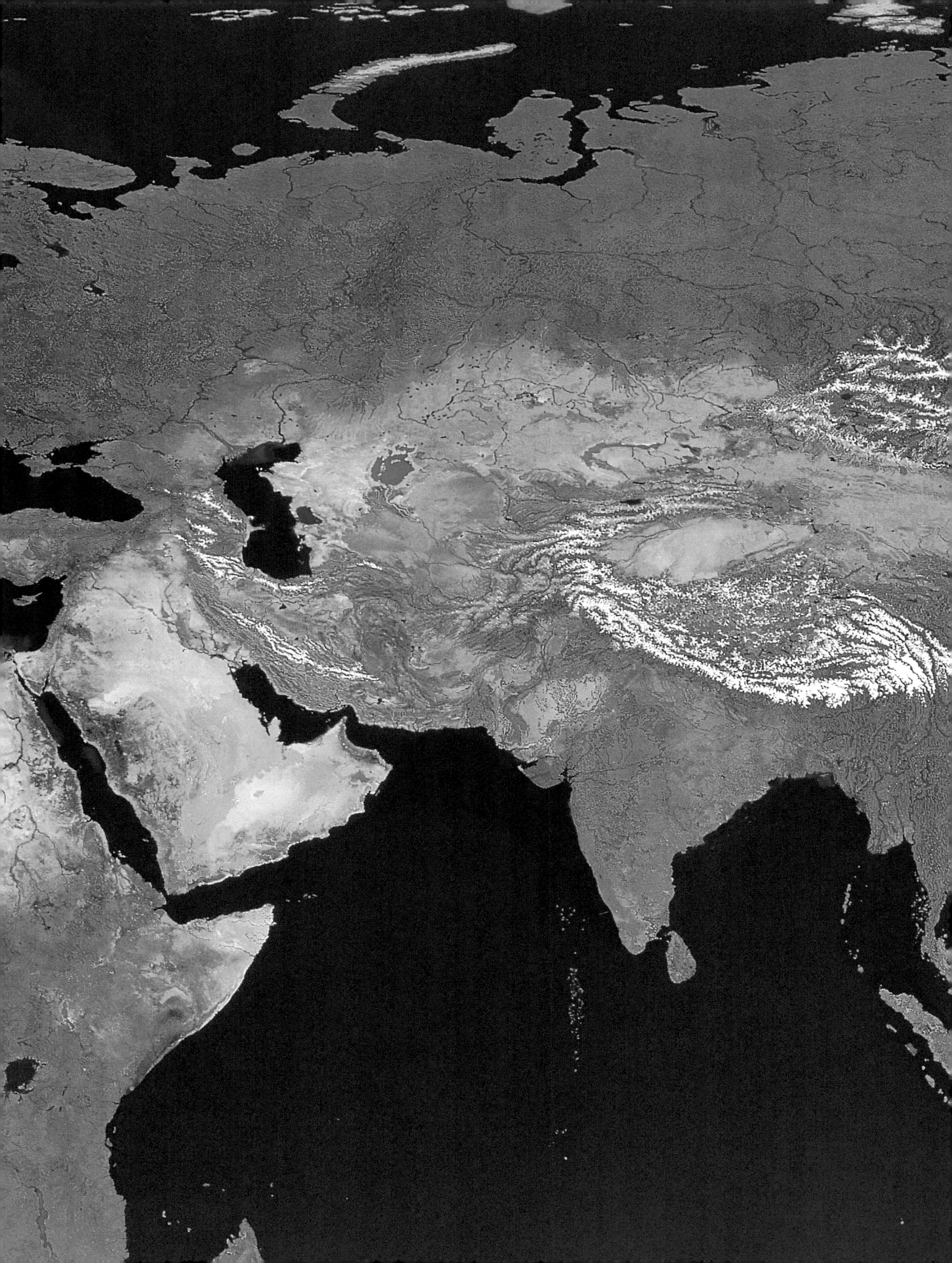

Plaine de la Sibérie occidentale (nord)
44 – 45

Plateau de la Sibérie centrale (nord)
46 – 47

Sibérie du Nord-Est
48 – 49

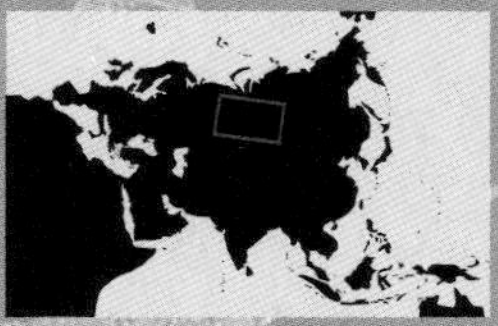
Plaine de la Sibérie occidentale (sud)
50 – 51

Monts du Sayan · Lac Baïkal
52 – 53

Transbaïkalie
54 – 55

Extrême-Orient (nord) · Kamtchatka
56 – 57

Extrême-Orient (sud) · Sakhaline
58 – 59

Steppes kazakhes
60 – 61

Dépression caspienne · Mer d'Aral
62 – 63

Moyen-Orient
64 – 65

Péninsule Arabique (nord)
66 – 67

Péninsule Arabique (sud)
68 – 69

Golfe Persique · Haut plateau de l'Iran
70 – 71

Asie centrale
72 – 73

Vallée de l'Indus · Inde du Nord-Ouest
74 – 75

Inde méridionale · Maldives · Sri Lanka
76 – 77

Inde du Nord-Est · Bangladesh
78 – 79

Tibet
80 – 81

Xinjiang
82 – 83

Mongolie
84 – 85

Mandchourie · Corée
86 – 87

Japon
88 – 89

Chine septentrionale
90 – 91

Chine méridionale
92 – 93

Thaïlande · Cambodge
94 – 95

Philippines
96 – 97

Malaysia · Sumatra
98 – 99

Bornéo · Sulawesi (Célèbes)
100 – 101

Moluques · Irian Jaya
102 – 103

Java, petites îles de la Sonde
104

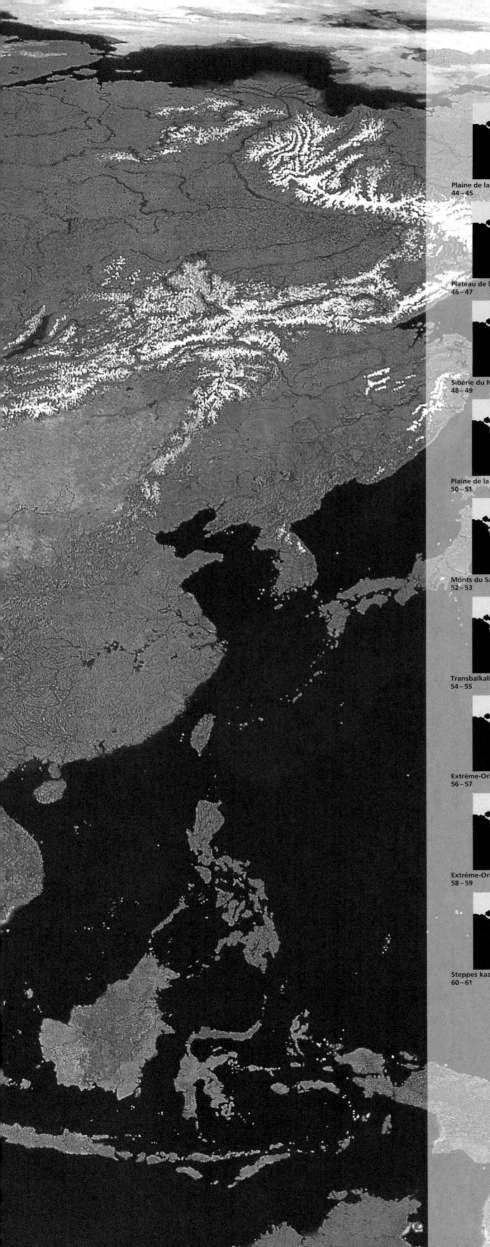

Severnaja Zemlja
Mer des Laptev
o. Komsomolec
lednik Akademii Nauk
o. Pioner
o. Oktjabr'skoj Revoljucii
Arhipelag Sedov
lednik Universitetskij
o. Bol'ševik
Mer de Kara
+8h Gr. Time
+5h Gr. Time
+6h Gr. Time
Mer de Barents
Murmansk
Arhangel'sk
Nouvelle-Zemble
Novozemel'skaja vpadina
Mer de Kara
Matočkin Šar
Smidovič
Krestovaja Guba
Beluš'ja Guba
Rusanovo
o. Vajgač
proliv Karskie vorota
Pečorskoe More
Amderma
Varandej
Nar'jan-Mar
Arrondissement des Nenets
Bol'šezemel'skaja tundra
Cercle Arctique
VORKUTA
Inta
Usinsk
Pečora
Labytnangi
Salehard
o. Belyj
p-ov Jamal
Tambej
Mys-Kamennyj
Novyj Port
Jar-Sale
Gydanskij p-ov
Tazovskij p-ov
Arrond. aut. des Jamals-Nenets
Plaine de Sibérie Occidentale
R U S
République des Komis
Polarnyj Oural
g. Narodnaja
Bajdarackaja guba
Jugorskij p-ov
Ust'-Kara

21
25
50

Échelle 1 : 4 500 000 — 0 40 80 120 160 200 kilomètres

Arrondissement du Taïmyr
Arrondissement des Evenks
Plaine de Sibérie septentrionale
Plateau de Sibérie centrale
Monts Byrranga
Poluostrov Taïmyr
plato Putorana
Mer des Laptev
arhipelag Nordenšel'da
ostrova Sergeja Kirova
bereg Haritona Lapteva
bereg Prončiščevoj
Čeljuskin
p-ov Čeljuskin
plato Lodočnikova
Severnaja grjada
grjada Kirjaka-Tas
krjaž Hara-Tas
krjaž Hapčaganahtah
Anabarskoe plato
gora Njamakit
Ljamskie gory
gory Keta
gory Ajaktal
Putoranskij zapovednik
Kamennaja tundra
plato Jang
plato Jaktali
Brus-Kamen'
Severnyj Kamen'
vozv. Tal'daktokon
hr. Hugdjungda
Dikson
Dudinka
Kajerkan
NORIL'SK
Talnah
Igarka
Hatanga
Kresty
Novaja
Heta
Voločanka
Voroncovo
Bajkalovsk
Karaul
Snežnogorsk
Svetlogorsk
Essej
Čirinda
Syndassko
Novorybnaja
Popigaj
Ždaniha
Kurejka
Cercle Arctique
+6h Gr.Time
+7h Gr.Time
+8h Gr.Time
+9h Gr.Time

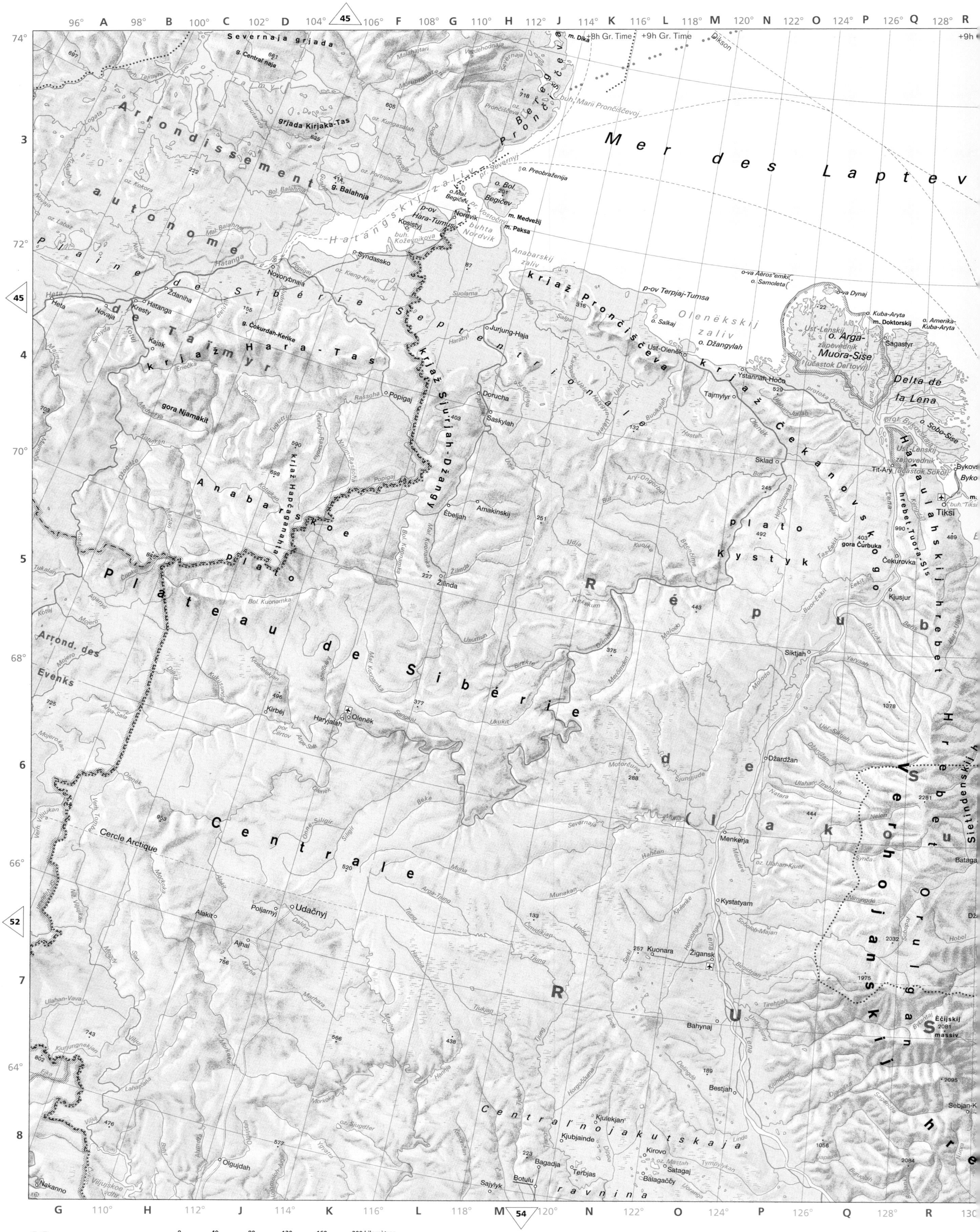
Mer des Laptev
Arrondissement autonome de Taïmyr
Plaine de Sibérie Septentrionale
Plateau de Sibérie Centrale
Anabarskoe plato
Arrond. des Evenks
Cercle Arctique
République de Iakoutie
Central'nojakutskaja ravnina
plato Kystyk
krjaž Prončiščeva
krjaž Čekanovskogo
krjaž Sjurjah-Džangy
krjaž Hapčaganahta
krjaž Hara-Tas
Hrebet Verhojanskij
Orulgan
Haraulahskij hrebet
Delta de la Lena
Oleněkskij zaliv
Anabarskij zaliv
Hatangskij zaliv
Severnaja grjada
grjada Kirjaka-Tas
gora Njamakit
g. Balahnja
g. Čokurdah-Kerike
o. Bol. Begičev
o. Preobraženija
o. Arga-Muora-Sise
Hatanga
Novorybnaja
Syndassko
Jurjung-Haja
Ust'-Oleněk
Saskylah
Popigaj
Žilinda
Oleněk
Udačnyj
Ajhal
Olgujdah
Nakanno
Tiksi
Kjusjur
Siktjah
Menkerja
Kystatyam
Žigansk
Bahynaj
Bestjah
Kjubjainde
Bagadja
Terbjas
Batagaj
Dikson
+8h Gr. Time
+9h Gr. Time
45
52
54

Échelle 1 : 4 500 000 — 0 40 80 120 160 200 kilomètres

T 134° U 136° V 138° W 140° X 142° Y 144° Z 146°
e 156° f 158° g 160° h 162° j 164° k 166°
+10h Gr. Time
+11h Gr. Time
o. Bennetta
426
m. Èmmy
ostrova de - Longa
m. Galečnyj
o. Žohova
Ostrova Anžu
m. Anisij
m. Berežnyh
m. Nerpičij
m. Severnyj
grjada Šmidta
Zemlja Bunge
o. Faddeevskij
m. Vysokij
m. Ploskij
m. Kamennyj
o. Novaja Sibir'
o. Bel'kovskij
o. Kotel'nyj
m. Nadežnyj
m. Tolstova
m. Koževina
Blagoveščenskij proliv
g. Malakatyn-Tas
374
Sannikova
m. Anžu
m. Medvežij
pr. Sannikova
Ljahovskie ostrova
m. Skalistyj
o. Stolbovoj
o. Mal. Ljahovskij
m. Malyj Van'kin
g. Gavriša-Tas
o. Bol. Ljahovskij
m. Povorotnyj
p-ov Kigiljah
m. Kigiljah
Kigiljah
Šalaurova
m. Šalaurova
Archipel de la Nouvelle-Sibérie
Mer de Sibérie Orientale
proliv Dmitrija Lapteva
m. Svjatoj Nos
Bereg Djogos Jar
p-ov Merkušina Strelka
Èbeljanskaja guba
m. Čurkin
p-ov Širokostan
p-ov Lopatka
o. Krestovyj
Medvež'i o-va
o. Puškareva
o. Leont'eva
o. Krestovskij
Providenija
m. Krestovskij
m. Buor-Haja
Janskij zaliv
m. Turuktah
g. Muksunuoha-Tas
o. Makar
o. Jarok
Šelonskie o-va
Kolymskaja guba
Logaškino
Poljarnoe
Nižnejansk
Jano-Indigirskaja nizmennost'
Ojotung
Čokurdah
Kotenko
g. Ulah-Tas
hr. Suot-Ujala
Kondakovskaja Vozvyšennost'
Èntuziastov
Hajyr
Vlasovo
Ust'-Jansk
Tumat
Čkalov
Kular
Kazač'e
Severnyj
g. Madyl-Tasa
g. Hel-Amkanni
hrebet Ulahan-Sis
Olenegorsk
Nyčalah
Kolymskoe
Kolymskaja nizmennost'
Tenkeli
Krainij
Polousnyj krjaž
Ust'-Kujga
Kujginskij krjaž
hrebet Kular
hrebet Kun-Tas
Nemkučenskij hrebet
Selennjahskij hrebet
Irgičanskij hrebet
Omčikandja
g. Agra-Emneke
Deputatskij
g. Semejka
Aleko-Kjuël'
Argahtah
Djusardah
Èbjah
Svatai
g. Magan-Tas
Sylgy-Ytar
Namy
hr. Esteriktjah-Tas
Suturugha
Belaja Gora
g. Kyjam
Abyj
Sajdy
Sajlyk
Momo-Selennjahskaja vpadina
hrebet Hadaranja
Tommotskij massiv
Syagannah
Družina
Alazejskoe ploskogor'e
Nalimsk
Kurdino
Lobuja
Hatyngnah
Srednekolymsk
Jukagirskoe ploskogor'e
Cercle Arctique
Kuberganja
hrebet Kurundja
Hajysardah
Čolbon
Batagaj
Betenkës
Boronuk
Mačah
Verhojansk
Stolby
Èsè-Hajja
Ulahan-Kjuël'
g. Čubukulah
Momskij hrebet
Bala
Tokuma
Janskoe ploskogor'e
Kulun-Elbjut
Honuu
Zyrjanka
g. Čingandža
Ossalinskij krjaž
Lazo
Čibagalahskij hrebet
Soboloh
g. Čubuka-Tala
Ugol'noe
Nelemnoe
Gluharinyj
Oroek
Junkjur
Nendeginskij hrebet
Momo-Selennjahskaja vpadina
Ulahan Taryn
Čerskogo hrebet
Borong
Sasyr
g. Pobeda
3147
Barylas
Čumpu-Kytyl
Ulahan-Kjuël'
Predporožnyj
Zaharenko
Derbekinskaja vpadina
Ërginskoe ploskogor'e
Orčan
Ust'-Nera
Nerskoe ploskogor'e
Poljarnyj hrebet
Balygyčan
Èrginskij
g. Veršina-Tuojdah
hrebet Tas-Kystabyt
Artyk
Sarylah
Nel'kan
Ozernoe
Moloděžnyj
g. Èzop
Sejmčan
32° T 134° U 136° V 138° W 140° X 142° Y 144° Z 146° a 148° b 150° c 152° d
56
57
48
74° 3 72° 4 70° 5 68° 6 66° 7 64° 8

Échelle 1 : 4 500 000

0 40 80 120 160 200 kilomètres

Mer des Tchouktches
Mer de Béring
o. Vrangelja
zapovednik o.Vrangelja
m. Florens
m. Zapadnyj
m. Blossom
m. Litke
o. Gerald
Ušakovskoe
g. Sovetskaja
proliv Longa
Billings
m. Billingsa
m. Aačim
Leningradskij
Poljarnyj
m. Šmidta
Mys Šmidta
Ėkiatapskij hrebet
Pegtymel'skij hrebet
Paljavaamskij hrebet
Čantal'skij hrebet
Ekitykskij hrebet
Vankaremskaja nizmennost'
Vankarem
o. Koljučin
Iul'tin
Vostočnyj
Geologičeskij
Tranzitnyj
g. Konus
g. Obryvistaja
Amguèma
Amguèmskaja vpadina
hrebet Iskaten'
Čukotskij p-ov
Ozernyj
Ègvekinot
Konergino
Uèlen
m. Dežneva
Inčoun
Lorino
Lavrentija
m. Krigugjun
Nunjamo
m. Serdce-Kamen'
Enurmino
Neškan
hrebet Tenkanyj
Mečigmenskij zaliv
m. Nygčigèn
Janrakynnot
o. Arakamčečen
o. Yttygran
Nov. Čaplino
Čaplino
Providenija
Ureliki
m. Čukotskij
Sireniki
Nunligran
Ènmelen
m. Beringa
Vèl' Kal'
m. Povorotnyj
Uškanij kriaž
Kančalan
Snežnoe
Ust'-Belaja
Otrožnyj
Anadyrskaja nizmennost'
Šahtërskij
Zolotoj hrebet
Ugol'nye Kopi
Anadyr'
m. Nizkij
m. Vasilija
m. Geka
Krasneno
Anadyrskij zaliv
Alganskij kriaž
g. Ostrjak
Majnskoe ploskogor'e
Mejngypil'gynskij hrebet
Kojverelanskij kriaž
Nagornyj
m. Barukova
m. Basova
g. Orlinaja
Mejnypil'gyno
m. Navarin
g. Vologkynejtkon
Rasčenënnyj hr.
Hatyrka
hrebet Pikas
m. Rubikon
g. Ledjanaja
hr. Ukèlajat
hr. Vatyna
m. Nizkij
m. Orangutang
m. Vysokij
m. Vitgenštejna
m. Šljupočnyj
m. Tënmyj
Petropavlovsk-Kamčatskij
Gyrgyčan
Krasnoarmejskij
Južnyj
Komsomol'skij
Majskij
Promežutočnyj
+12h Gr. Time
-9h Gr. Time
International Date Line
Détroit de Béring
Cercle Arctique
o. Ratmanova
Little Diomede I.
Inalik
C. Prince of Wales
Wales
Brooks Mt.
Teller
Pt. Spencer
Seward Peninsula
Shishmaref
Devil Mt.
King I.
Sinuk
Sledge I.
C. Lisburne
Wevok
Mt. Hamlet
Corwin
Mt. Kelly
Timmerkpuk Mt.
De Long Mts.
Alaska
Pt. Hope
Pt. Lay
Kivalina
Noatak
Mulgrave Hills
(ÉTATS-UNIS)
C. Krusenstern
Northwest C.
Gambell
Savoonga
Kookooligit Mts.
Iveetok Camp
Lietnik
Northeast C.
Ningeehak
Powoollak Camp
Kinipaghulghat Mts.
Saint Lawrence I.
Southeast C.
Hall I.
Saint Matthew I.
C. Upright
164
166

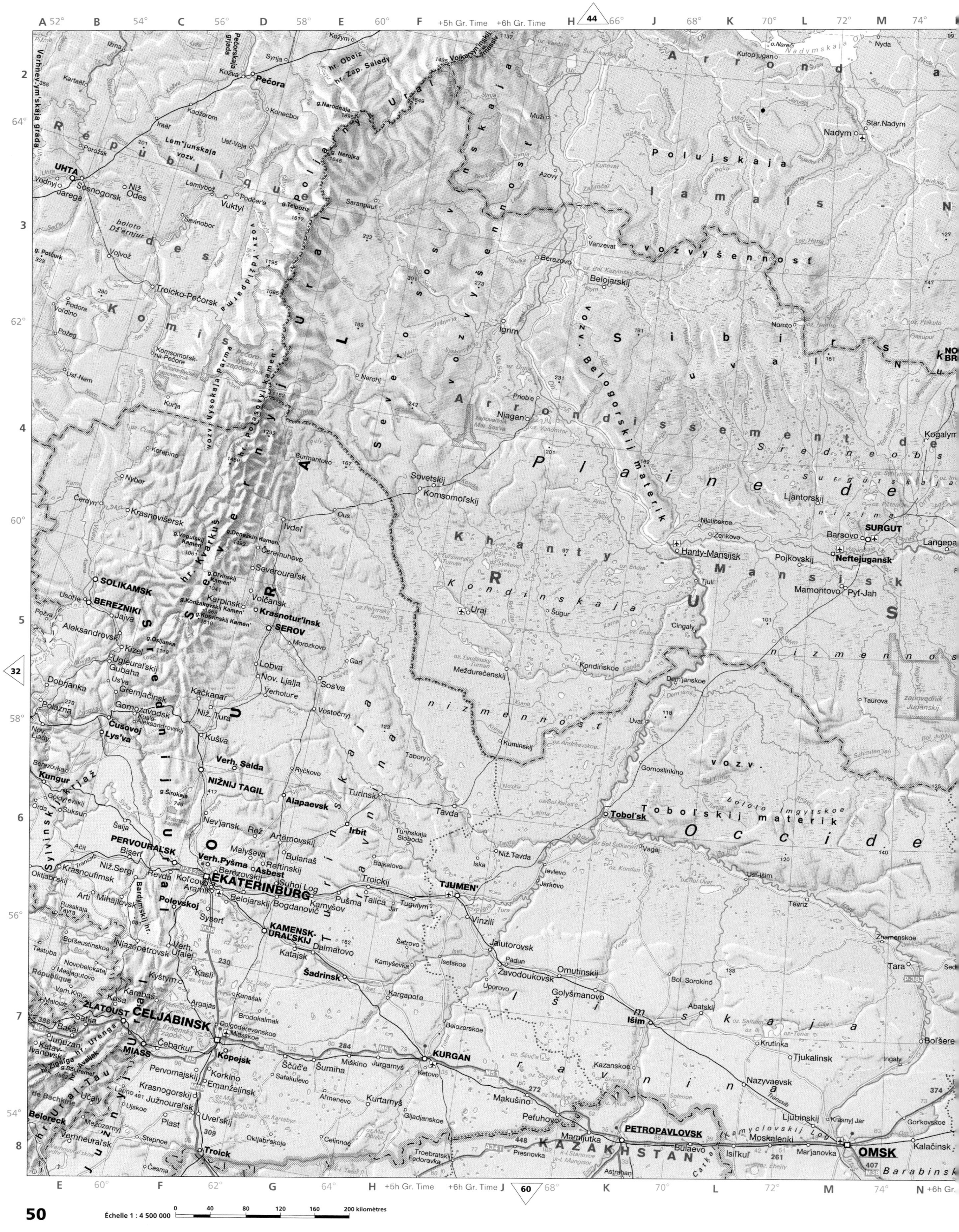
+5h Gr. Time
+6h Gr. Time
44
32
60
Pečora
Pečorskaja grjada
Kožva
Synja
hr. Obeiz
hr. Zap. Saledy
g.Narodnaja 1895
Vojkar-Syn'inskij massiv
Kožym
Verhnev'ym'skaja grjada
Kartaël'
Ižma
Konecbor
Iraèr
Kadžerom
Ust'-Voja
Lem"junskaja vozv.
Poroźsk
UHTA
Vodnyj
Sosnogorsk
Jarega
Niž. Odes
Lemtybož
Vuktyl
Podčer'e
g. Telpoziz 1617
g. Neroika 1646
Saranpaul'
Muži
Azovy
Kutopjugan
Nadym
Star.Nadym
Nyda
Nadymskaja Ob'
Kalačinsk
Polujskaja
Savinobor
boloto Dž'ernjur
Vojvož
g. Potčurk 323
Troicko-Pečorsk
Podoru
Vol'dino
Požeg
Komsomol'sk-na-Pečore
Pečoro-Ilyčskij zapovednik
Ust'-Nem
Kurja
Vanzevat
Berezovo
Belojarskij
Igrim
vozvyšennost'
vozv. Belogorskij materik
Numto
Kogalym
Priob'e
Njagan
Mal. Sos'va zapovednik
Nerohi
Burmantovo
Korepino
Nyrob
Čerdyn'
Krasnovišersk
Sovetskij
Komsomol'skij
Ivdel'
Ous
g. Denežkin Kamen' 1492
g. Vogul'skij Kamen' 1061
Čeremuhovo
Severoural'sk
Karpinsk
Volčansk
Krasnotur'insk
SEROV
g. Konžakovskij Kamen' 1569
g. Kosvinskij Kamen' 1519
SOLIKAMSK
BEREZNIKI
Usol'e
Jajva
Aleksandrovsk
g. Osljanka 1119
Kizel
Ugleural'skij
Gubaha
Gremjačinsk
Dobrjanka
Polazna
Čusovoj
Lys'va
Gornozavodsk
Kačkanar
Niž. Tura
Kušva
Verh. Salda
NIŽNIJ TAGIL
Lobva
Nov. Ljalja
Verhotur'e
Sos'va
Vostočnyj
Morozkovo
Gari
Kungur
Suksun
Orda
g. Širokaja 746
Alapaevsk
Turinsk
Rjačkovo
Tabory
Tavda
Nev'jansk
Rež
Artëmovskij
Irbit
Turinskaja Sloboda
PERVOURAL'SK
Biserť
Verh.Pyšma
Asbest
Revda
Krasnoufimsk
Niž.Sergi
Oktjabr'skij
EKATERINBURG
Berëzovskij
Aramil'
Polevskoj
Sysert'
Belojarskij
Bogdanovič
Kamyšov
Suhoj Log
Bulanaš
Reftinskij
Bajkalovo
Troickij
Pušma
Talica
Tugulym
TJUMEN'
Niž. Tavda
Iska
Ievlevo
Jarkovo
Vinzili
Jalutorovsk
KAMENSK-URAL'SKIJ
Dalmatovo
Katajsk
Šadrinsk
Kamyševka
Šatrovo
Isetskoe
Zavodoukovsk
Padun
Uporovo
Omutinskij
Golyšmanovo
Išim
Abatskij
Kargapol'e
Belozerskoe
Verh. Ufalej
Njazepetrovsk
Kyštym
Kasli
Argajas
Kunašak
Brodokalmak
Dolgoderevenskoe
Miasskoe
CELJABINSK
ZLATOUST
MIASS
Satka
Bakal
Čebarkul'
Kopejsk
Ščuč'e
Šumiha
Miškino
Jurgamyš
KURGAN
Ketovo
Korkino
Emanželinsk
Pervomajskij
Krasnogorskij
Južnoural'sk
Uvel'skij
Plast
Troick
Beloreck
Verhneural'sk
Stepnoe
Česma
Oktjabr'skoe
Kurtamyš
Al'menevo
Celinnoe
Gljadjanskoe
Makušino
Petuhovo
Mamljutka
PETROPAVLOVSK
Bulaevo
Isil'kul'
Moskalenki
Mar'janovka
OMSK
Ljubinskij
Kazanskoe
Nazyvaevsk
Tjukalinsk
Krutinka
Bol'šeretje
Tara
Znamenskoe
Tevriz
Ust'-Išim
Vagaj
Tobol'sk
Tobol'skij materik
boloto Imgytskoe
Gornoslinkino
Uvat
Dem'janskoe
Kuminskij
Meždurečenskij
Kondinskoe
Cingaly
Uraj
Šugur
Kondinskaja
Tjuli
Hanty-Mansijsk
Njalinskoe
Zenkovo
Surgut
Barsovo
Neftejugansk
Pojkovskij
Mamontovo
Pyť-Jah
Ljantorskij
Langepas
Taurova
zapovednik Juganskij
Sibirskie Uvaly
Plaine de Sibérie occidentale
Khanty-Mansisk
Arrondissement de Iamalo-Nénets
République des Komis
Oural
Oblast de Sverdlovsk
KAZAKHSTAN
Transsib
Barabinsk
Išimskaja ravnina
Kamyslovskij Log
Troebratskij
Fedorovka
Presnovka
Astrahan
Ingaly
Krasnyj Jar
Gor'kovskoe
Sed'
Fond. Pečory Ilyčskoj
Kvarkus
Severnyj Ural
Srednij Ural
Južnyj Ural
hr. Ural-Tau
hr. Uraltau
hr. Zigalga
g. Bol'šoj Iremel' 1582
Sylvinskij krjaž
Bardymskij hr.
Ufalej
Kataj-Ivanovsk
Jurjuzan'
Malojaz
Kusa
Karabaš
Novobelokataj
Mesjagutovo
Tastuba
Bol'šeustinskoe
Arti
Mihajlovsk
Ačit
Šalja
Russkaja Tavra
Goldyrevskij
Berëzovka
Nov. Ljady
Požva
Kurgan
Učaly
Mežozernyj
Ujskoe
Bol. Sorokino
Échelle 1 : 4 500 000
0 40 80 120 160 200 kilomètres

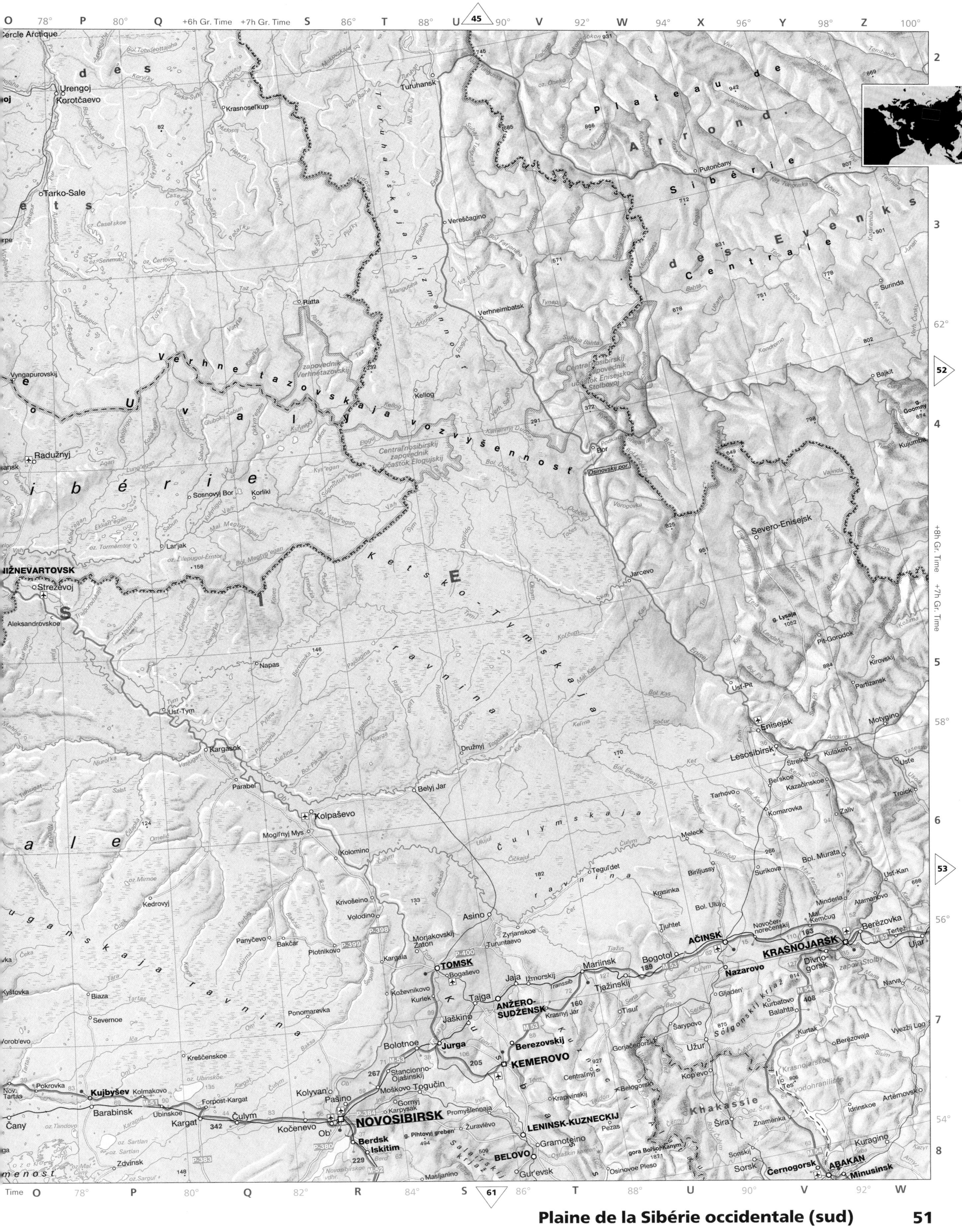

45
52
53
61
Cercle Arctique
+6h Gr. Time
+7h Gr. Time
+8h Gr. Time
Urengoj
Korotčaevo
Turuhansk
Krasnosel'kup
Tarko-Sale
Vereščagino
Verhneimbatsk
Ratta
Putončany
Plateau de Sibérie Centrale
des Evenks
Surinda
Bajkit
Vyngapurovskij
Verhne tazovskaja vozvyšennosť
Turuhanskaja nizmennosť
zapovednik Verhnetazovskij
Central'nosibirskij zapovednik
Central'nosibirskij zapovednik učastok Enisejsko-Stolbovoj
Central'nosibirskij zapovednik učastok Elogujskij
Kellog
Bor
Osinovskij por.
Radužnyj
Sibérie
Sosnovyj Bor
Korliki
Larjak
NIŽNEVARTOVSK
Streževoj
Aleksandrovskoe
Ketsko-Tymskaja ravnina
Jarcevo
Severo-Enisejsk
g. Lysaja
Pit-Gorodok
Kirovskij
Partizansk
Napas
Ust'-Tym
Ust'-Pit
Enisejsk
Lesosibirsk
Motygino
Kargasok
Družnyj
Parabel'
Belyj Jar
Strelka
Kulakovo
Usťe
Kazačinskoe
Tarhovo
Komarovka
Troick
Zaliv
Kolpaševo
Mogil'nyj Mys
Kolomino
Čulymskaja ravnina
Meleck
Bol. Murata
Teguľdet
Biriljussy
Surikova
Ust'-Kan
Kedrovyj
Krivošeino
Volodino
Asino
Krasinka
Bol. Uluj
Minderla
Atamanovo
Vasjuganskaja ravnina
Panyčevo
Bakčar
Plotnikovo
Morjakovskij Zaton
Zyrjanskoe
Turuntaevo
Tjuhtet
AČINSK
Novočernorečenskij
Mal. Kemčug
Berëzovka
Tertež
Ujar
KRASNOJARSK
Divnogorsk
Kargala
TOMSK
Bogaševo
Mariinsk
Bogotol
Nazarovo
Jaja
Ižmorskij
Tjažinskij
Kyštovka
Biaza
Koževnikovo
Kurlek
Tajga
ANŽERO-SUDŽENSK
Krasnyj Jar
Gljaden'
Kurbatovo
Balahta
Narva
Severnoe
Ponomarevka
Jaškino
Tisul'
Šarypovo
Sölgonskij krjaž
Kuzneckij Alatau
Vorob'evo
Bolotnoe
Jurga
Berezovskij
Užur
Kurtak
Berëzovaja
Vyezžij Log
Krešćenskoe
Stancionno-Ojašinskij
KEMEROVO
Gorjačegorsk
Kop'evo
Nov. Tartas
Pokrovka
Kujbyšev
Kolmakovo
Moškovo
Togučin
Central'nyj
Belogorsk
Krasnojarskoe vodohranilišče
Tes'
Barabinsk
Ubinskoe
Forpost-Kargat
Kolyvan'
Pašino
Gornyj
Karpysak
Krapivinskij
Khakassie
Idrinskoe
Artëmovsk
Čany
Kargat
Čulym
Kočenevo
NOVOSIBIRSK
Promyšlennaja
Žuravlëvo
Šira
Znamenka
Ob'
Berdsk
Iskitim
g. Pihtovyj greben'
LENINSK-KUZNECKIJ
Gramoteino
Pezas
Kuragino
Zdvinsk
BELOVO
Salairskij krjaž
Gur'evsk
Maslianino
Osinovoe Pleso
gora Boršo Kanym
Sonskij
Sorsk
Černogorsk
ABAKAN
Minusinsk
Transsib
M 53
M 51
M 52
M 54
P-398
P-399
P-400
P-384
P-380
P-383
O P Q R S T U V W X Y Z
78° 80° 82° 84° 86° 88° 90° 92° 94° 96° 98° 100°
62° 58° 56° 54°
2 3 4 5 6 7 8

Échelle 1 : 4 500 000 — 0 40 80 120 160 200 kilomètres

+9h Gr. Time
+8h Gr. Time
UST'-ILIMSK
BRATSK
KRASNOJARSK
KANSK
AČINSK
ABAKAN
Minusinsk
IRKUTSK
ANGARSK
ULAN-UDE
Kyzyl
Tulun
Severobajkal'sk
Nižneangarsk
Sühbaatar
Darhan
Bulgan
Ulaangom

Échelle 1 : 4 500 000 — 0 40 80 120 160 200 kilomètres

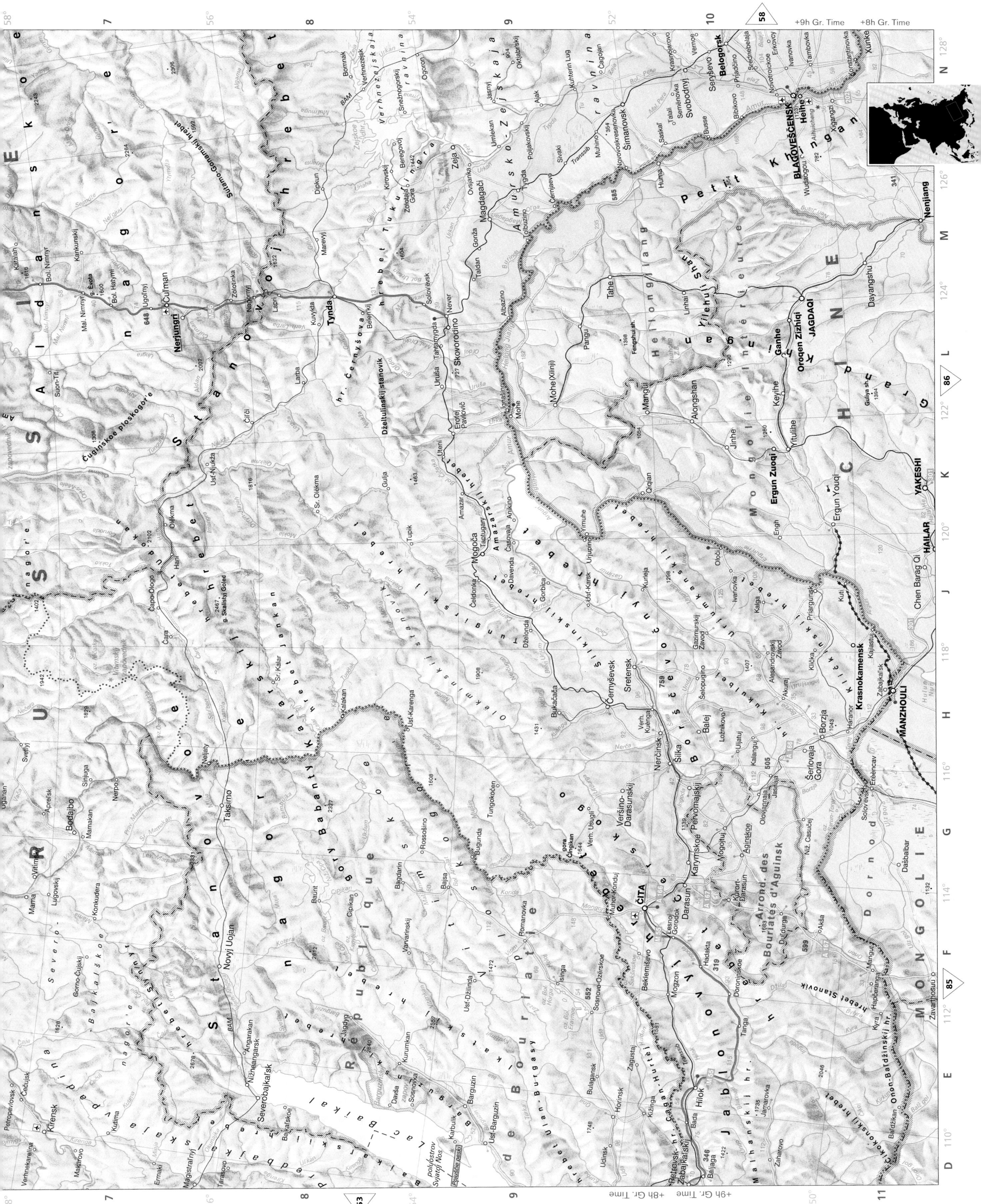

+9h Gr. Time
+8h Gr. Time
ČITA
Tynda
Nerjungri
Skovorodino
BLAGOVEŠČENSK
Heihe
MANZHOULI
HAILAR
YAKESHI
JAGDAQI
Nenjiang
Krasnokamensk
Sretensk
Nerčinsk
Mogoča
Severobajkal'sk
Kirensk
Ulan-Burgasy
MONGOLIE
CHINE
Lac Baïkal
Amur
Transbaïkalie

République de Saha (Iakoutie)
R U S S
JAKUTSK
Ohotsk
Usť-Nera
Usť-Maja
Nikolaevsk-na-Amure
Oha
Sakhaline
Šantarskie o-va
hrebet Džugdžur
Pribrežnyj hrebet
hrebet Sette-Daban
hrebet Suntar-Hajata
Judomskij hrebet
Kuhtujskij hrebet
Ul'inskij hrebet
Jugorënok
hrebet Ulahan-Bom
Prilenskoe plato
Aldanskoe nagor'e
Urakskoe plato
Majskij hrebet
Selemdžinskij hrebet
Tajkanskij hrebet
Ojmjakonskoe nagor'e
hrebet Tas-Kystabyt
Halkanskij hrebet
Skalistyj hrebet
Ërginskoe ploskogor'e
Džugdžurskij zapovednik
Ajan
Antykan
Udskoe
Čumikan
Tugur
Torom
Batomga
Aldoma
Kemkara
Nel'kan
Džigda
Ul'ja
Arka
Ketanda
Handyga
Teplyj Ključ
Amga
Ohotskij Perevoz
Kutana
Lappa
Čagda
Aim
Cipanda
Kurun-Urjah
Nežadaninskoe
Ojmjakon
Kujdusun
Jučjugej
Sarylah
Topolinoe
Tompo
Batamaj
Sangar
Pokrovsk
Magan
Asyma
Ulu
Verh. Amga
Isa
Fevral'sk
Stojba
Zlatoustovsk
Ogodža
Ekimčan
Burukan
Udinsk
Mago
Puir
Rybnovsk
Moskal'vo
Kolendo
Nogliki
Neftegorsk
Tungor
Ohinskij perešeek
p-ov Šmidta
Sahalinskij zaliv
d' O
+9h Gr. Time
+10h Gr. Time
+11h Gr. Time

Échelle 1 : 4 500 000 — 0 40 80 120 160 200 kilomètres

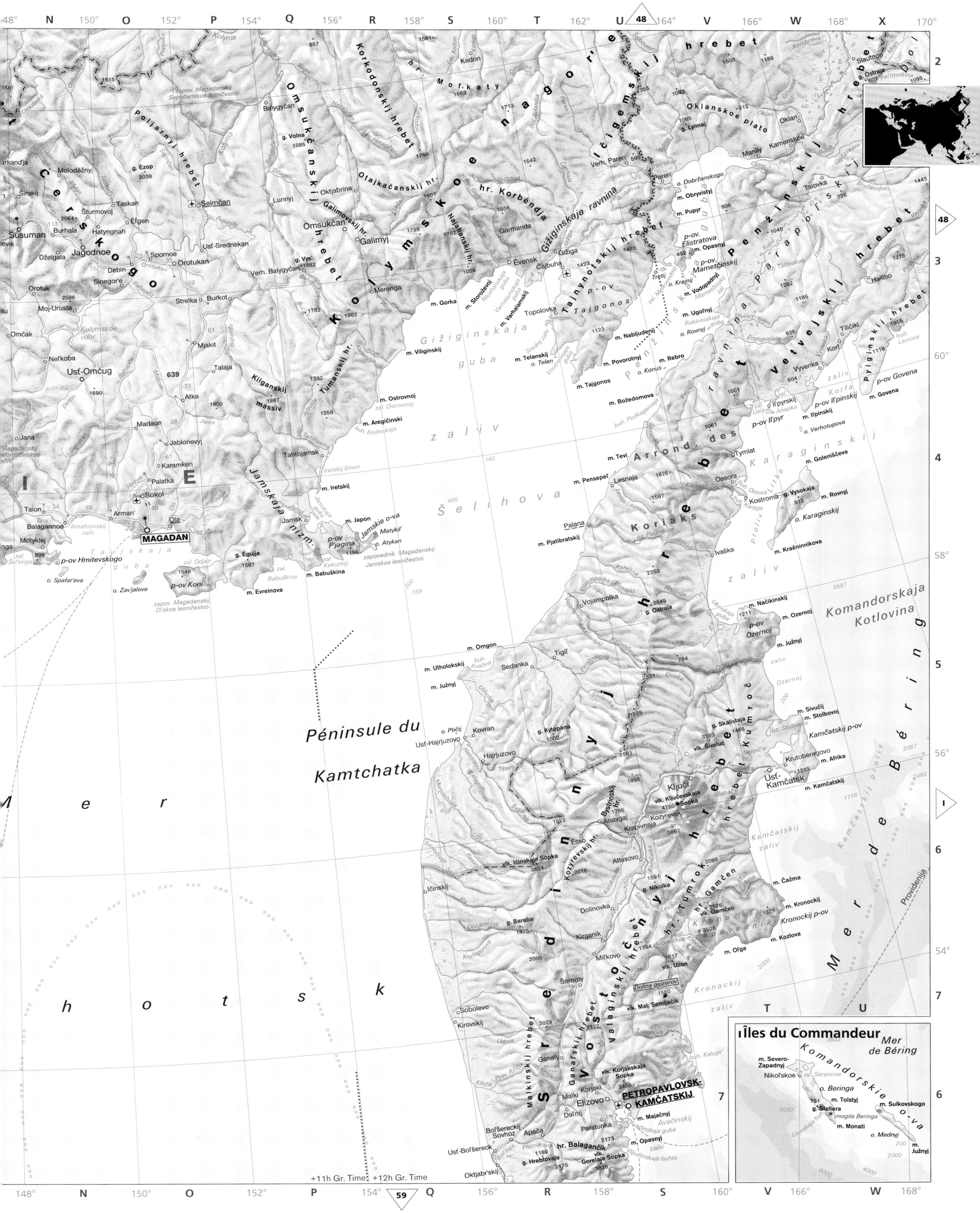

Péninsule du Kamtchatka
Mer d'Okhotsk
Mer de Béring
Šelihova zaliv
Gižiginskaja guba
Penžinskaja guba
Tauijskaja guba
Karaginskij zaliv
Kamčatskij zaliv
Kronockij zaliv
Avačinskaja guba
Komandorskaja Kotlovina
Kolymskoe nagor'e
Koriakskoe nagor'e
Čerskogo hrebet
Omsukčanskij hrebet
Korkodonskij hrebet
Ičigemskij hrebet
Penžinskij hrebet
Parapolskij dol
Vetveiskij hrebet
Pylginskij hrebet
Sredinnyj hrebet
Vostočnyj hrebet
Kumroč hrebet
Ganalskij hrebet
Valaginskij hrebet
Malkinskij hrebet
Jamskaja nizm.
Kilganskij massiv
Tajgonos p-ov
Koni p-ov
P'jagina p-ov
Kamčatskij p-ov
Kronockij p-ov
Elistratova p-ov
MAGADAN
PETROPAVLOVSK-KAMČATSKIJ
Susuman
Jagodnoe
Sejmčan
Omsukčan
Evensk
Gižiga
Palana
Ossora
Tymlat
Ust'-Kamčatsk
Ključi
Esso
Mil'kovo
Elizovo
Ust'-Bol'šereck
Oktjabr'skij
Sobolevo
Tigil'
Kovran
Ust'-Hajrjuzovo
Manily
Kamenskoe
Slautnoe
Talovka
Hailino
Tiličiki
Korf
Ivaška
Vyvenka
Ust'-Omčug
Ola
Arman'
Sokol
Palatka
Orotukan
Debin
Sinegor'e
Omčak
Mjakit
Talaja
Atka
Madaun
Balygyčan
Galimyj
Verh. Paren'
Topolovka
vlk. Ključevskaja Sopka 4750
vlk. Ičinskaja Sopka 3621
vlk. Kronockij 3528
vlk. Koriakskaja Sopka 3456
vlk. Šiveluč 3283
Dolina gejzerov
Îles du Commandeur
o. Beringa
o. Mednyj
Nikol'skoe
Komandorskie o-va
+11h Gr. Time
+12h Gr. Time
148° 150° 152° 154° 156° 158° 160° 162° 164° 166° 168° 170°
54° 56° 58° 60°
48
59

+9h Gr. T. +10h Gr. T.
+10h Gr. Time
+8h Gr. Time
+9h Gr. Time +10h Gr. Time
+10h Gr. Time +9h Gr. Time
R U S S I E
C H I N E
Heilongjiang
Région autonome des Juifs
Amursko-Zejskaja ravnina
Zejsko-Bureinskaja ravnina
Selemdžinskij hrebet
Turana hrebet
Bureinskij hrebet
Badžal'skij hrebet
hrebet Homi
Omel'dinskij hrebet
Sihote-Alin'
Wanda Shan
Zhangguangcai Ling
Laoye Ling
hrebet Bogoladza
hrebet Vostočnyj Sinij
Gory Prževal'skogo
Hokkaidō
JAPON
Mer du Japon
COREE DU NORD
Magdagači
Zeja
Tynda
Svobodnyj
Belogorsk
Šimanovsk
Heihe
BLAGOVEŠČENSK
Zavitinsk
Arhara
Obluč'e
Birobidžan
HABAROVSK
Fuyuan
Vjazemskij
Bikin
Dal'nerečensk
Lesozavodsk
Spassk-Dal'nij
Arsen'ev
USSURIJSK
Artem
VLADIVOSTOK
Nahodka
Partizansk
Dal'negorsk
Kavalerovo
Ol'ga
Plastun
Ternej
Amgu
Samarga
Sovetskaja Gavan'
De-Kastri
Nikolaevsk-na-Amure
KOMSOMOL'SK-NA-AMURE
Amursk
Čegdomyn
Urgal
Tugur
YICHUN
HEGANG
JIAMUSI
SHUANYASHAN
Suibin
Fujin
Tongjiang
QITAIHE
JIXI
Mishan
Hulin
MUDANJIANG
Suifenhe
Pograničnyj
Dongning
Tumen
YANJI
Hunchun
Rajin
Sonbong
Musan
Wakkanai
Rumoi
Takikawa
OTARU
SAPPORO

Échelle 1 : 4 500 000 — 0 40 80 120 160 200 kilomètres

Mer d'Okhotsk
Sakhaline
Péninsule du Kamtchatka
RUSSIE
Îles Kouriles
Kuril'skaja ostrovnaja
Fosse des Kouriles
OCÉAN PACIFIQUE
Petropavlovsk-Kamčatskij
Elizovo
Paratunka
Korjaki
Dal'nij
Malki
Ganaly
Apača
Bol'šereckij Sovhoz
Ust'-Bol'šereck
Oktjabr'skij
Bol'šereck
Ozernovskij
m. Lopatka
vlk. Korjakskaja Sopka 3456
vlk. Goreljaja Sopka 1828
g. Hodutka 2090
vlk. Il'inskaja Sopka 1578
vlk. Kambal'naja Sopka
m. Kambal'nyj
m. Sivučij
m. Krestovyj
o. Atlasova
vlk. Alaid 2339
Severo-Kuril'sk
Bajkovo
o. Šumšu
o. Paramušir
vlk. Fussa 1772
vlk. Karpinskogo 1345
o. Anciferova
o. Makanruši
o. Onekotan
vlk. Nemo 1019
vlk. Krenicyna 1324
o. Harimkotan
Severgino
o. Ekarma 1170
o. Šiaškotan
Makarovka
o-va Lovuški
o. Rajkoke
o. Matua 1446
Saryčevo
ostrov Rasšua
o-va Ušišir
vlk. Pallasa 1172
o. Ketoj
o. Simušir
Kitobojnyj
vlk. Gorjaščaia
o. Broytona
ostrova Černye Brat'ja
vlk. Kolokol
Aleutko
o. Urup
g. Vysokaja 1426
mys Van-der-Linda
g. Kamuj 1322
Slavnoe
vlk. Čirin 1589
Kuril'sk
Rejdovo
vlk. Teben'kova
o. Iturup
Pioner
gora Stokan 1634
Burevestnik
Lesozavodskij
m. Rikorda
mys Lovcova
vlk. Tjatja 1819
Tjatino
o. Kunašir
Južno-Kuril'sk
Malaja Kuril'skaja grjada
Malokuril'skoe
o. Šikotan
o. Zelenyj
Golovnino
Nosappu-mi.
Nemuro
Nemuro-hanto
Shiretoko-misaki
Shiretoko-hanto
Shibetsu
Naka-Shibetsu
Bekkai
Abashiri
Shari
Kitami
Bihoro
Kushiro
Kushiro-chō
Akkeshi
Obihiro
Ikeda
Tokoro
Mombetsu
Okoppe
Yūbetsu
Shibecha
Kiritappu
Rausu
Vitiaz Depth
mys Terpenija
p-ov Terpenija
zaliv Terpenija
Poronajsk
Vladimirovo
Nerpič'e
g. Lopatina 1609
mys Aniva
Magadan
+11h Gr. Time
+12h Gr. Time
+9h Gr. Time

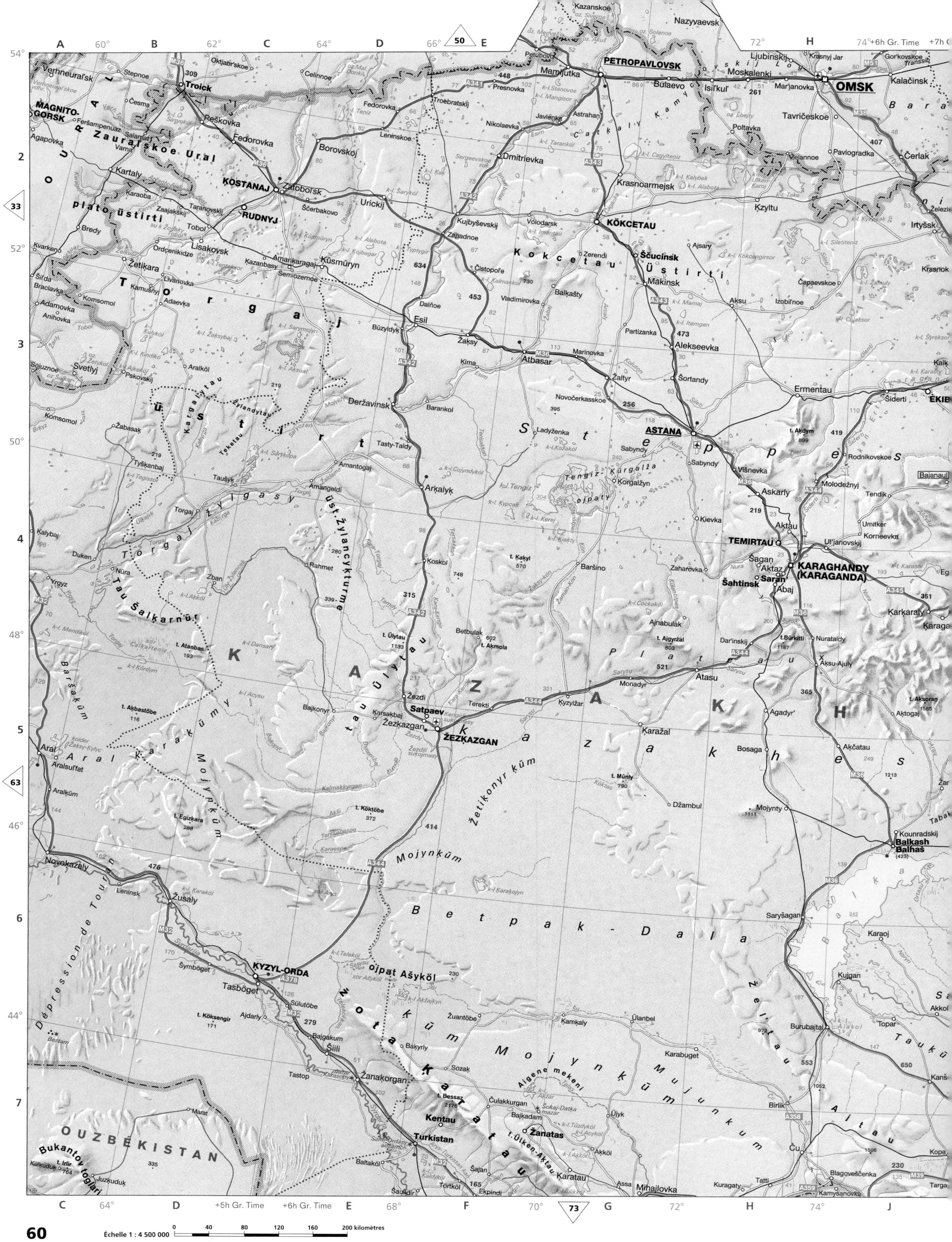

Échelle 1 : 4 500 000 — 0 40 80 120 160 200 kilomètres

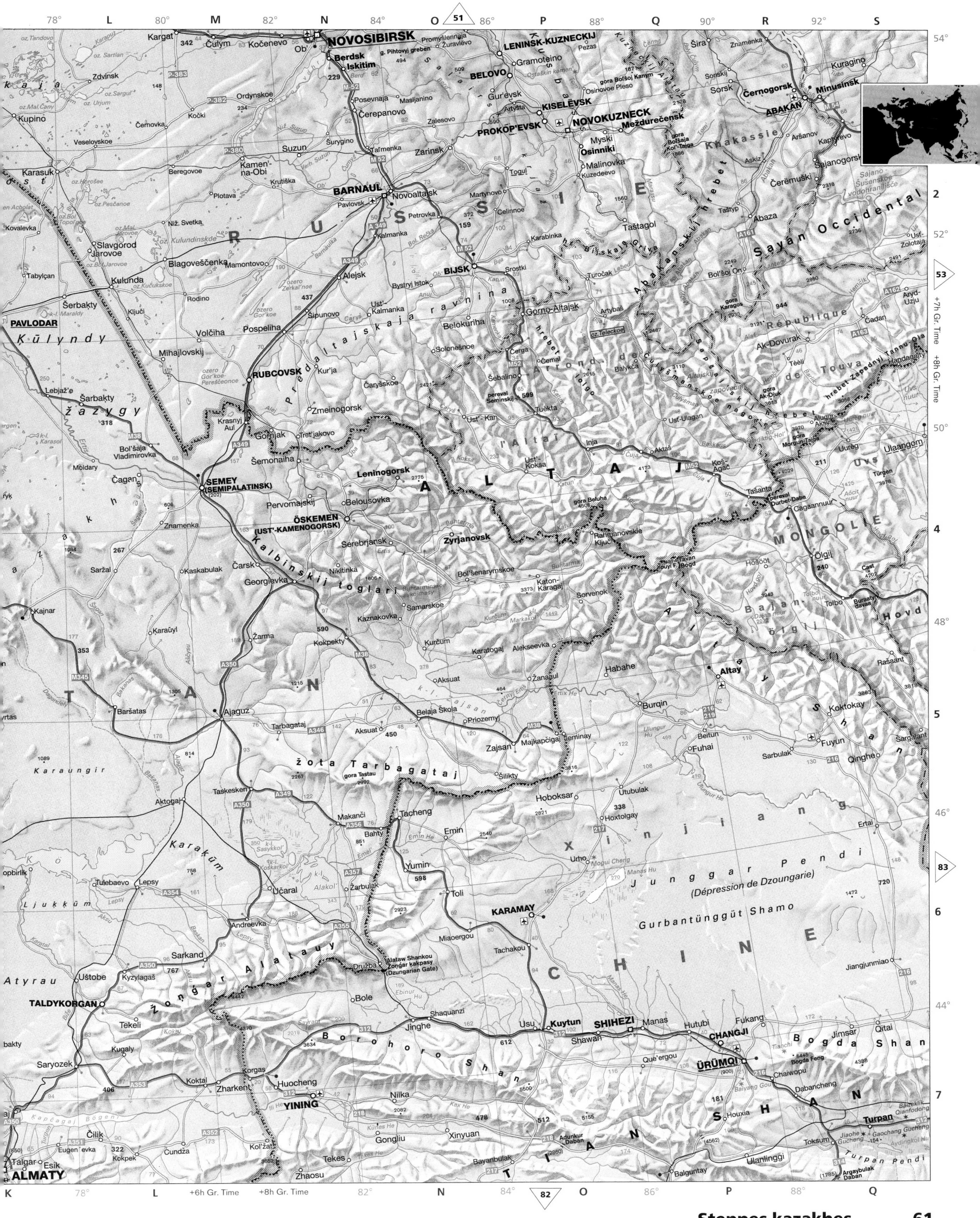

NOVOSIBIRSK
LENINSK-KUZNECKIJ
Berdsk
Iskitim
Kargat
Čulym
Kočenevo
Ob'
BELOVO
KISELËVSK
NOVOKUZNECK
PROKOP'EVSK
Meždurečensk
Osinniki
Gur'evsk
Gramoteino
Kupino
Zdvinsk
Karasuk
Ordynskoe
Kočki
Čerepanovo
Posevnaja
Masljanino
Zalesovo
Suzun
Kamen'-na-Obi
Zarinsk
Tal'menka
BARNAUL
Novoaltajsk
Pavlovsk
Kalmanka
Petrovka
Slavgorod
Jarovoe
Kovalevka
Blagoveščenka
Mamontovo
Tabylçan
Kulunda
Šerbakty
PAVLODAR
Ķūlyndy
Rodino
Ključi
Volčiha
Mihajlovskij
Pospeliha
Šipunovo
Alejsk
BIJSK
Srostki
Bystryj Istok
Belokuriha
Gorno-Altajsk
Soloneśnoe
RUBCOVSK
Kur'ja
Čaryšskoe
Zmeinogorsk
Lebjaž'e
Šarbakty
Krasnyj Aul
Gornjak
Tret'jakovo
Šemonaiha
Bol'šaja Vladimirovka
Moldary
Čagan
SEMEY (SEMIPALATINSK)
Leninogorsk
Pervomajskij
Belousovka
ÖSKEMEN (UST'-KAMENOGORSK)
Serebrjansk
Zyrjanovsk
Znamenka
Kalbinskij toglari
Čarsk
Georgievka
Kaskabulak
Saržal
Nikitinka
Bol'šenarymskoe
Katon-Karagaj
Samarskoe
Kaznakovka
Kajnar
Karaūyl
Žarma
Kokpekty
Kurčum
Karatogaj
Alekseevka
Aksuat
Baršatas
Ajaguz
Tarbagataj
Belaja Škola
Priozernyj
Zajsan
Majkapčigaj
Jeminay
žota Tarbagataj
Karaungir
Taskesken
Aktogaj
Makanči
Tacheng
Bahty
Emin
Yumin
Toli
Karakūm
Učaral
Žarbulak
Tulebaevo
Lepsy
Ljukkūm
Andreevka
Sarkand
Atyrau
Uštobe
Kyzylagaš
TALDYKORGAN
Tekeli
Žoṅgar Alatauy
Družba
Alatau Shankou Zoṅgar kakpasy (Dzungarian Gate)
Bole
Jinghe
Shaqunzi
Usu
Kuytun
SHIHEZI
Manas
Shawan
Hutubi
CHANGJI
ÜRÜMQI
Fukang
Jimsar
Qitai
Bogda Shan
Bogda Feng
Chaiwopu
Dabancheng
Turpan
Toksun
Turpan Pendi
Houxia
Ulanlinggi
Balguntay
Saryozek
Kugaly
Koktal
Zharkent
Korgas
Huocheng
YINING
Nilka
Xinyuan
Gongliu
Tekes
Zhaosu
Čilik
Eugen'evka
Kokpek
Čundža
Kol'žat
Talgar
Esik
ALMATY
Borohoro Shan
TIAN SHAN
KARAMAY
Miaoergou
Tachakou
Jiangjunmiao
Junggar Pendi
(Dépression de Dzoungarie)
Gurbantünggüt Shamo
Xinjiang
CHINE
Hoboksar
Hoxtolgay
Utubulak
Urho
Fuhai
Burqin
Habahe
Altay
Beitun
Koktokay
Fuyun
Sarbulak
Qinghe
Ertai
Žanaaul
Rahmanovskie Ključi
gora Beluha
ALTAJ
ALTAI
Kos-Agač
Tašanta
Aktaš
Inja
Ust'-Koksa
Ust'-Kan
Tuėkta
Šebalino
Čemal
Čerga
Balykča
Ust'-Ulagan
Turočak
Artybaš
oz. Teleckoe
Kyzyl-Ozek
Taštagol
Mrassu
Kuzedeevo
Malinovka
Myski
Abakanskij hrebet
Abaza
Taštyp
Askiz
Sajanogorsk
Čërëmuški
Abakan
Černogorsk
Minusinsk
Sorsk
Šira
Znamenka
Kuragino
Kaptyrevo
Aršanov
Khakassie
Sayan Occidental
Bol'šoj On
Ak-Dovurak
Čadan
Tèèli
République de Touva
hrebet Zapadnyj Tannu-Ola
Handagajty
Mugur-Aksy
Uureg
Ulaangom
Uvs
Türgen
Cagaannuur
MONGOLIE
Ölgii
Tolbo
Bajan-Ölgij
Hovd
Rašaant
Sagsaj
Uust
Aryd-Uzju
Zolotaja
Tašanta
RUSSIE
KAZAKHSTAN
+7h Gr. Time
+8h Gr. Time
+6h Gr. Time

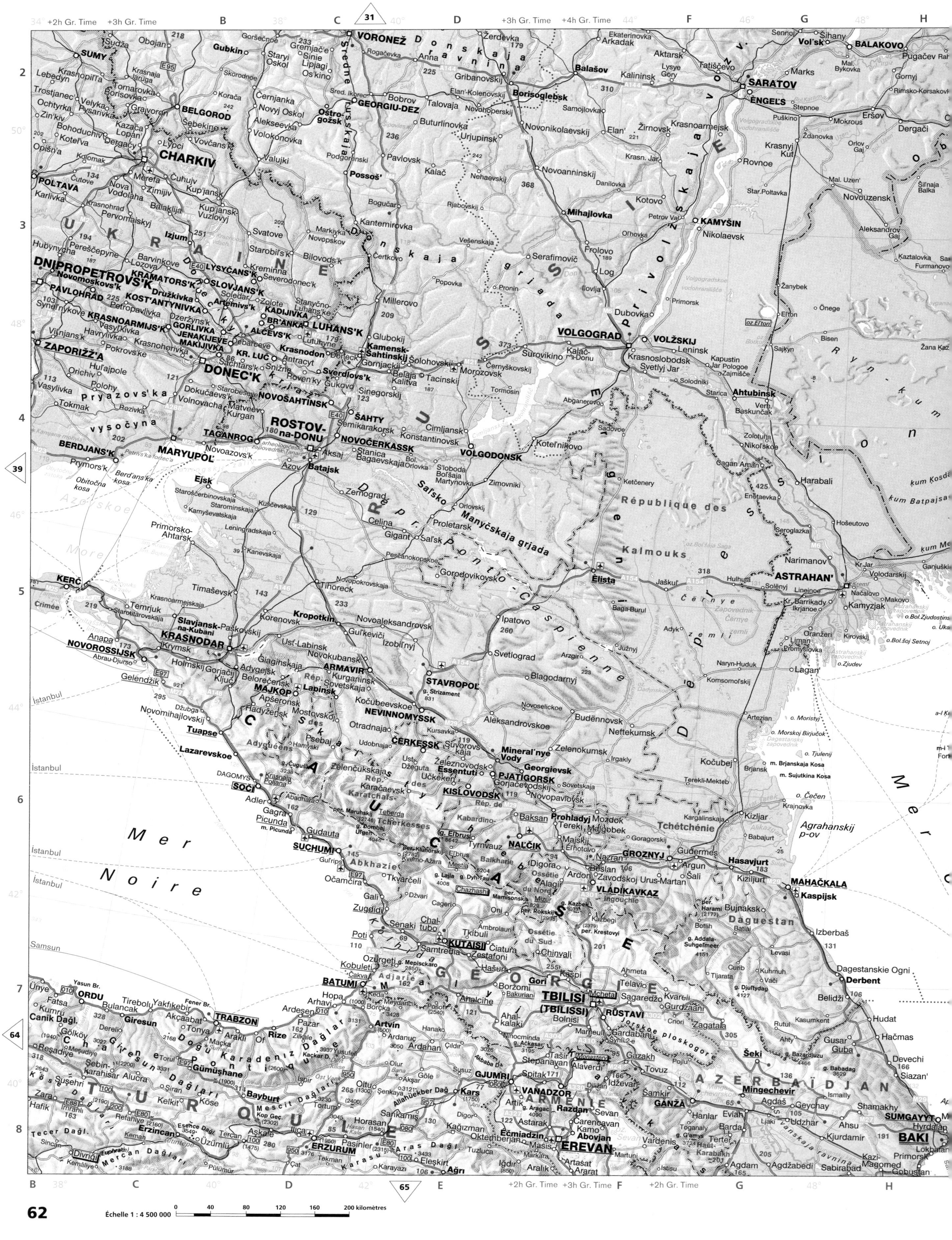

Échelle 1 : 4 500 000 — 0 40 80 120 160 200 kilomètres

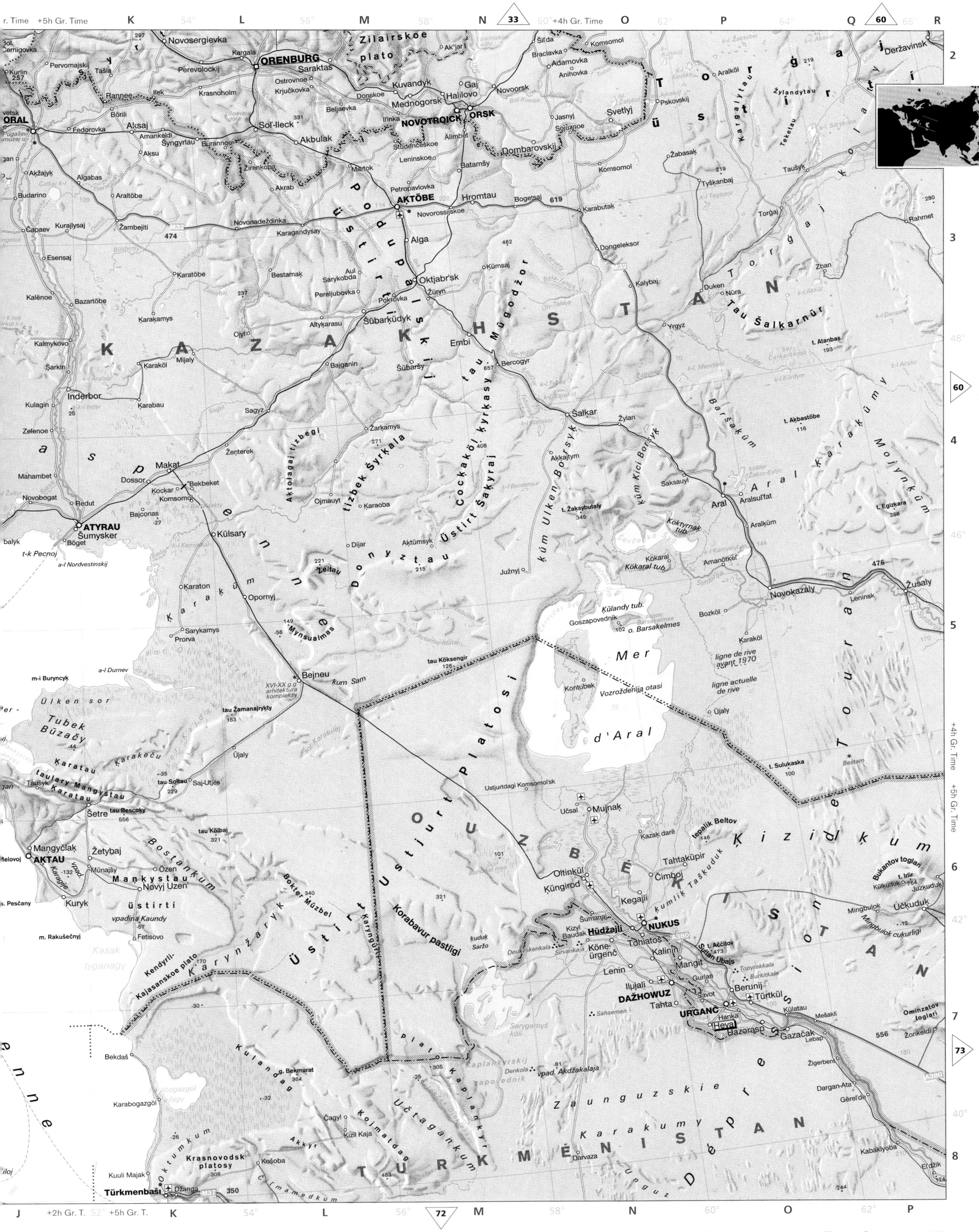
+5h Gr. Time
+4h Gr. Time
+2h Gr. T.
+5h Gr. T.
K
L
M
N
O
P
Q
R
J
33
60
72
73
2
3
4
5
6
7
8
Novosergievka
Zilairskoe plato
ORENBURG
Saraktaš
Kuvandyk
Mednogorsk
Halilovo
NOVOTROICK
ORSK
Novoorsk
Svetlyj
Dombarovskij
Jasnyj
ORAL
Aksaj
Sol'-Ileck
Akbulak
Martok
AKTÖBE
Hromtau
Bogetsaj
Karabutak
Komsomol
Aralköl
Kargalytau
Teketau
Tausyk
Deržavinsk
Torgaj
Rahmet
Zban
Duken
Nūra
Tau Šalkarnūr
Yrgyz
t. Atanbas
Mugodžor
Embi
Bercogyr
Šalkar
Žylan
Oktjabr'sk
Alga
Kumsaj
Dongeleksor
Kalybaj
Podural'skij ūstirt
K A Z A K H S T A N
Šubarkūdyk
Bajganin
Šubaršy
Sagyz
Inderbor
Kulagin
Zelenoe
Mahambet
Dossor
Makat
Bekbeket
Kočkar
Komsomol
Novobogat
Redut
ATYRAU
Šumysker
Böget
Bajčonas
Külsary
Karaton
Opornyj
Sarykamys
Prorva
Mynsualmas
Bejneu
kum Sam
tau Köksengir
Žarkamys
Ženterek
Aktolagaj
Ojmauyt
Karaoba
Dijar
Aktūmsyk
Donyztau
Želtau
Ūstirt Šakyraj
Cockaköl kyrkasy
Mugodžor tau
Barsakūm
Aral
Aral'sul'fat
Saksaul
Aralkūm
Akkajtym
Kūm Ulken Borsyk
kūm Kici Borsyk
t. Žaksybutaly
Koktyrnak tub.
Kökaral
Kökaral tub.
Južnyj
Amanötkel
Novokazaly
Žusaly
Leninsk
Bozköl
Karaköl
Kūlandy tub.
Goszapovednik
o. Barsakelmes
Mer d'Aral
Kontubek
Vozroždenija otasi
ligne de rive avant 1970
ligne actuelle de rive
Üjaly
t. Akbastöbe
Kizilkum
t. Egizkara
Mojynkūm
t. Sulukaska
Bestam
Ūstirt platosi
Ustjurtdagi Komsomol'sk
Mujnak
Učsal
Kazak darë
tepalik Beltov
Tahtaküpir
Čimboj
Oltinkŭl
Kŭngirod
Kegajli
NUKUS
Hūdžajli
Tahiatoš
Kalinin
Mangit
Köne-ürgenč
Lenin
Gurlan
Ilyjaly
DAŽHOWUZ
Tahta
Berunij
Türtkül
URGANČ
Heva
Hazorasp
Gazačak
Kūlatau
Mešakli
Lebap
Ominzatov toglari
Žonkeldi
Žigerbent
Dargan-Ata
Gëreľde
Kabaklyoba
Erdžik
Bukantov toglari
t. Irlir
Küllkuduk
Juzkuduk
Mingbulok
Učkuduk
Mingbulok cukurligi
Kizil Kum
UZBÉKISTAN
OUZBÉKISTAN
Ülken sor
Tubek Būzačy
tau Žamanajrykty
Karatau
taulary Mangystau
Tausyk
tau Soltau
Saj-Utjes
tau Bescoky
Šetre
tau Köibaj
Mangyčlak
AKTAU
Žetybaj
Mūnajšy
Özen
Mankystau
Novyj Uzen'
Kuryk
Bostankum
Bokter Mūzbel
Ūstirt
vpadina Kaundy
Fetisovo
m. Rakušečnyj
Kazak tyganagy
Kendyrli-Kajasanskoe plato
Karynžaryk
Korabavur pastligi
Karyngūrty
Sarygamyš köli
Sahsemen
kuduk Saržo
Bekdaš
Kulandag
g. Bekmurat
Karabogazgöl
Kaplankyrskij zapovednik
Denkola
vpad. Akdžakalaja
Zaunguzskie Karakumy
Karakum
Čagyl
Kizil Kaja
Kojmatdag
Učtagankum
Akkyr
Oktumkum
Krasnovodsk platosy
Kuuli Majak
Türkmenbaši
Džanga
Košoba
Čilmamedkum
Darvaza
TURKMÉNISTAN
Dépression de Touran
M32
M37
A380

Échelle 1 : 4 500 000 — 0 40 80 120 160 200 kilomètres

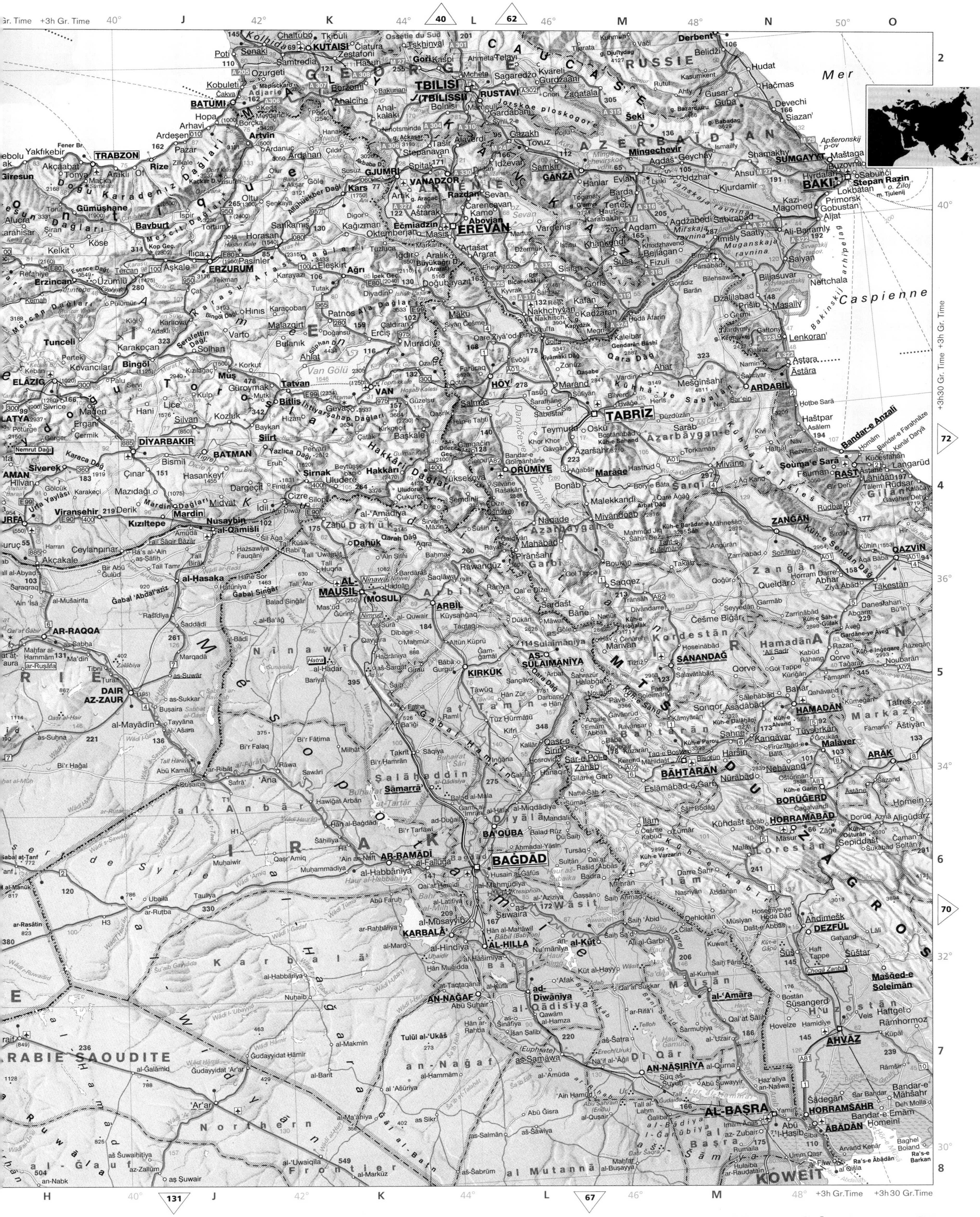
RUSSIE
CAUCASE
GÉORGIE
ARMÉNIE
AZERBAÏDJAN
TURQUIE
IRAK
IRAN
SYRIE
ARABIE SAOUDITE
KOWEÏT
Mer Caspienne
TBILISI (TBILISSI)
EREVAN
BAKI
TABRĪZ
BAĠDĀD
AL-MAUSIL (MOSUL)
ERZURUM
DIYARBAKIR
TRABZON
BATUMI
KUTAISI
GÜMJURI
VANADZOR
GĀNZĀ
SUMGAYYT
ARDABĪL
ORŪMĪYE
KIRKŪK
ARBĪL
AS-SULAIMĀNIYA
SANANDAĠ
HAMADĀN
BĀHTARĀN
AR-RAMĀDĪ
KARBALĀ'
AL-HILLA
AN-NAĠAF
AL-BASRA
AN-NĀSIRIYA
AHVĀZ
DEZFŪL
HORRAMŠAHR
ĀBĀDĀN
QAZVĪN
ARĀK
HORRAMĀBĀD
BORŪGERD
ZANĠĀN
RAŠT
Van Gölü
Dicle N.
Firat
Euphrate
Tigre
Zagros
Toros Dağları
Mésopotamie
Kordestān
Lorestān
Hūzestān
+3h Gr. Time
+3h30 Gr. Time
40° 42° 44° 46° 48° 50°
30° 32° 34° 36° 40°
H J K L M N O
2 4 5 6 7 8
40 62 72 70 131 67

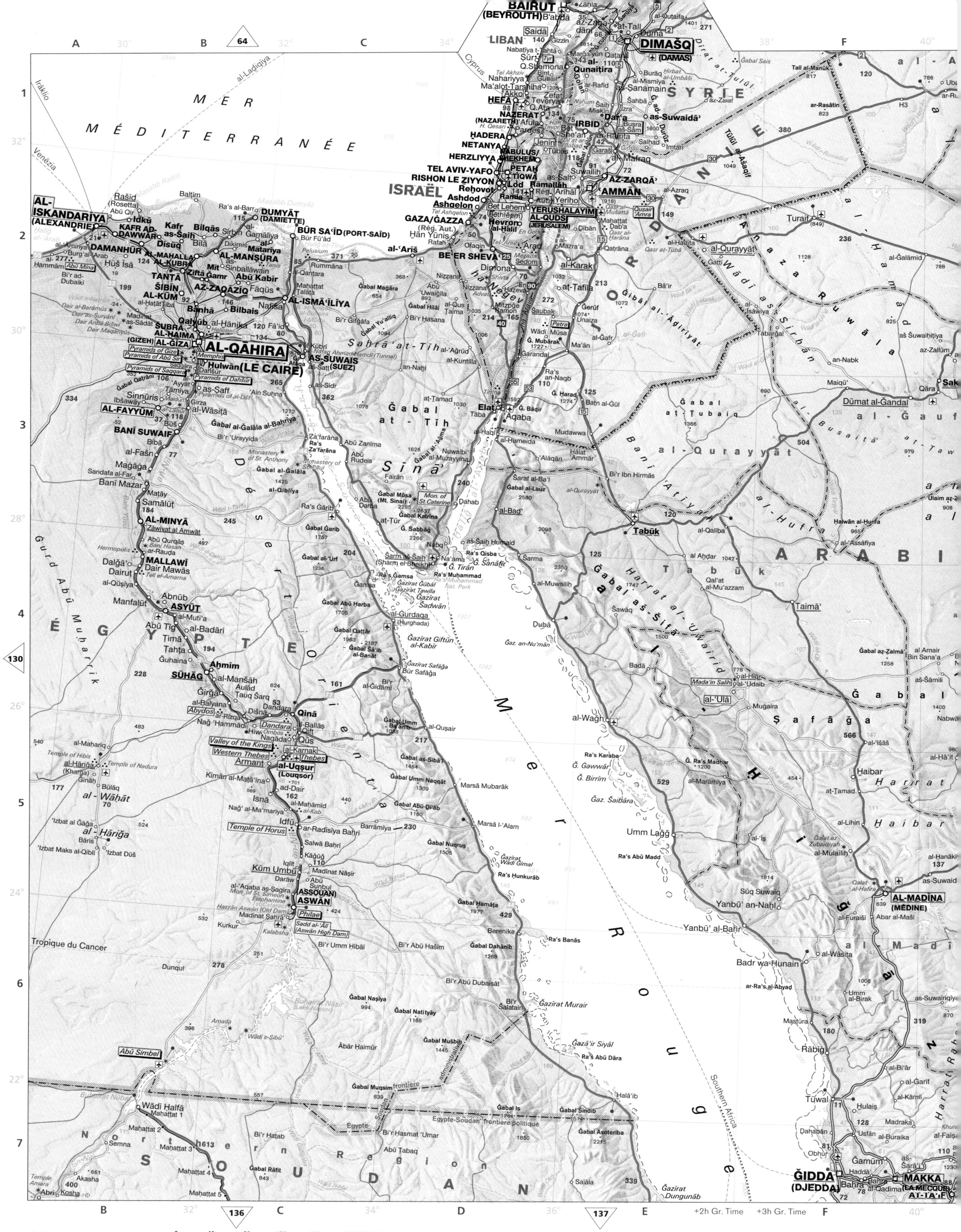

Échelle 1 : 4 500 000 — 0 40 80 120 160 200 kilomètres

H
J
K
L
M
N
65
70
68
69
+3h Gr. Time
+3h30 Gr. Time
BAĠDĀD
AR-RAMĀDĪ
al-Fallūğa
Habbāniya
KARBALĀ'
AL-HILLA
al-Kūt
Wāsit
Mesopotamie
ad-Dīwāniya
al-Qādisīya
AN-NAĞAF
an-Nağaf
al-'Amāra
Maisān
AN-NĀṢIRĪYA
Dī Qār
as-Samāwa
AL-BAṢRA
Baṣra
al Mutannā
Lorestān
Ḫūzestān
AHVAZ
DEZFŪL
Šūštar
HORRAMŠAHR
ĀBĀDĀN
Esfahān
EṢFAHĀN
NAĞAFĀBĀD
Zāgros
Behbahān
Kāzerūn
BANDAR-E BŪŠEHR
Būšehr
Bandar-e Ganāve
Ğazire-ye Hārk
KOWEIT
AL-KUWAIT
AL-ĞAHRA
al-Ahmadī
Ra's al-Hafğī
Golfe Persique
Ğazirat Failaka
Ğazirat Būbiyān
IRAK
ARABIE SAOUDITE
Northern Frontier
al-Ḥağara
Rafḥā'
Ḥafar al-Bāṭin
ad-Dibdiba
aṣ-Ṣummān
ad-Dahnā
Ḥā'il
BURAIDA
'Unaiza
al-Qaṣīm
AR-RIYĀḌ (RIYADH)
ar-Riyāḍ
al-Ḫarğ
Ğabal Ṭuwaiq
Nafūd ad-Daḥī
al-Ḥasā
AL-HUFŪF
Mubarraz
AD-DAMMĀM
AL-HUBAR
AZ-ZAHRAN (DHAHRAN)
al-Qaṭīf
Ra's Tannūra
al-Ğubail
Abqaiq
BAHREIN
AL-MANĀMA
al-Muharraq
QATAR
AD-DAUHA (DOHA)
Eastern Province
Tropique du Cancer
Makka
'Urūq Subai'
'Urūq al-Hibāka
Ramlat as-Sanām
al-Ğāfūra
Ḫurais
Ḥaraḍ
Yabrīn
Laila
Ḥautat Banī Tamīm
ad-Dawādimī
'Afīf
al-Muwaih
Ranya (ar-Rawdah)
Turaba
al-Ḥurma
Zalim
Qalamat Nadqān
al-'Ubaila
Salwa

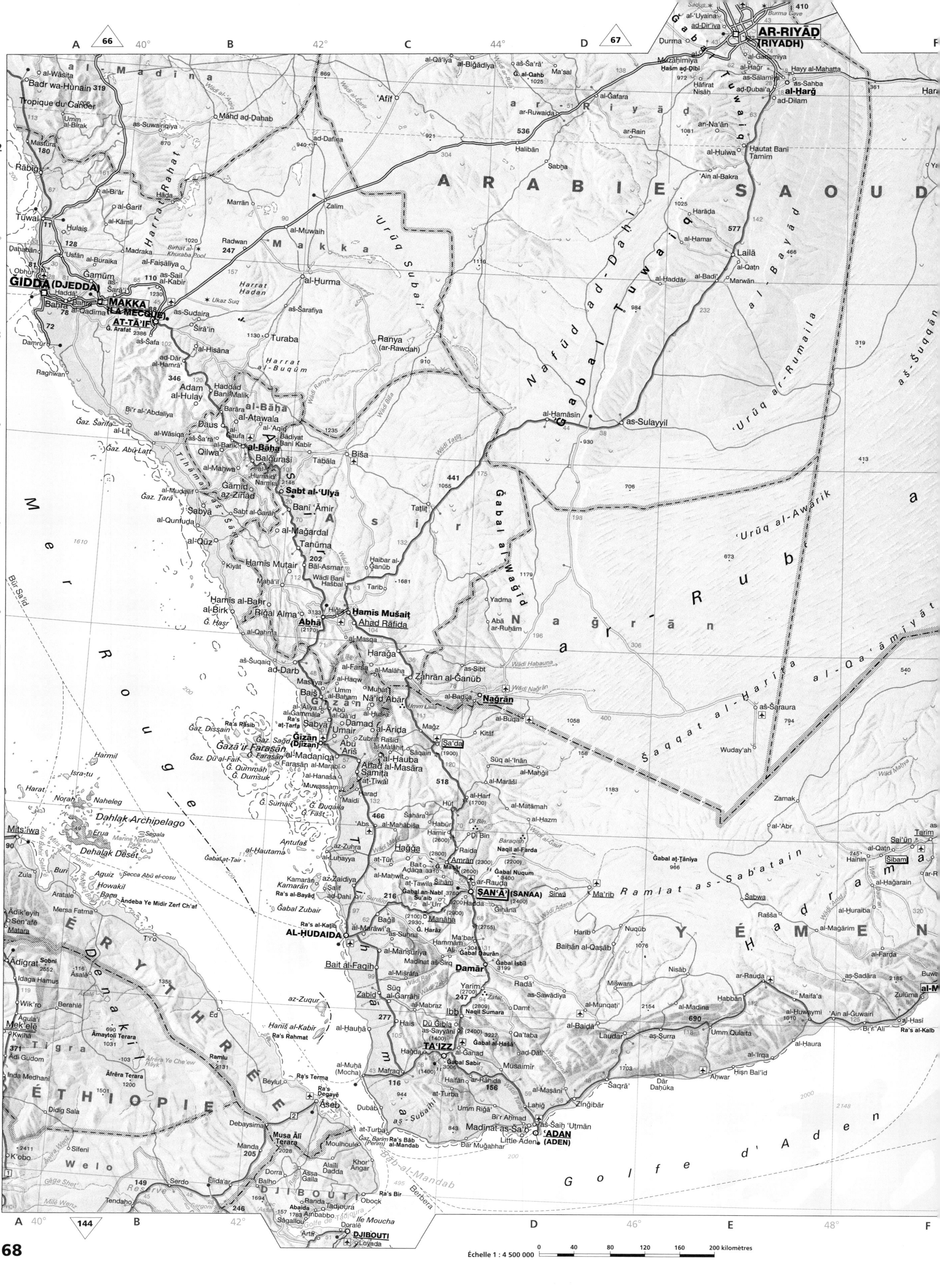

A
B
C
D
E
F
66
67
137
144
40°
42°
44°
46°
48°
22°
20°
18°
16°
14°
12°
2
3
4
5
6
7
8
AR-RIYĀḌ
(RIYADH)
Ḍurma
al-Ḫarǧ
al-Madīna
Badr wa-Ḥunain
Tropique du Cancer
Mahd ad-Dahab
Rābiġ
Ṭuwal
ĞIDDA (DJEDDA)
MAKKA (LA MECQUE)
AṬ-ṬĀ'IF
Turaba
Ranya (ar-Rawḍah)
'Afīf
Ḥalibān
ARABIE SAOUDITE
Laila
as-Sulayyil
Nafūd ad-Dahi
Ǧabal Ṭuwaiq
al-Bāḥa
Bīša
Sabt al-'Ulyā
Tatlīt
Ḫamīs Mušaiṭ
Abhā
Aḥad Rāfida
Naǧrān
Ǧīzān (Djizān)
Ṣa'da
Mer Rouge
Ǧazā'ir Farasān
Dahlak Archipelago
Mits'iwa
Ma'rib
ṢAN'Ā' (SANAA)
AL-ḤUDAIDA
Ḏamār
Yarīm
Ibb
TA'IZZ
al-Muḫā (Mocha)
Lahiǧ
'ADAN (ADEN)
Little Aden
Zinǧibār
Ramlat as-Sab'atain
YÉMEN
Ḥaḍramaut
Ar-Rub' al-Ḫālī
Golfe d'Aden
Bāb al-Mandab
ÉRYTHRÉE
ÉTHIOPIE
Denakil
Aseb
DJIBOUTI
Obock
Tadjoura
Berbera
Échelle 1 : 4 500 000
0 40 80 120 160 200 kilomètres

ABŪ ẒABĪ (ABOU DHABI)
AL-'AIN
Ṣuḥār
Maṭraḥ
Masqaṭ (Mascate)
Ruwi
Nazwā
Bahla
Ṣūr
ÉMIRATS ARABES UNIS
Eastern Province
ar-Rabbāḍ
al-Kidan
Umm as-Samīm
Ramlat al-Ġāfa
Ramlat al-Wahiba
al-Ḥibāk
ad-Dikāka
as-Sanām
al-Mahākik
al-Miḥrāḍ
Sabḥat al-'Urūq al-Mu'tariḍa
Ǧiddat al-Ḥarāsīs
al-Ḥuqf
Ḥaǧar aš-Šarqī
Ǧazīrat Maṣīra
Gulf of Maṣīra
Duqm
Ra's Madraka
Sauqira Bay
Mer d'Arabie
Ẓufār
Ǧabal al-Qarā'
Ṣalāla
Mirbāṭ
Ra's Šarbiṯāt
al-Ḥallāniyāt
Ǧazā'ir Ḥuriyā Muriyā (al-Ḥallāniyāt)
Ǧabal Marat
al-Mahra
Ra's Fartak
Ra's Šarwain
Ra's Sāǧir
Ṣuquṭrā (Socotra) (Yémen)
'Abd al-Kūrī
The Brothers
Samḥa
Darza
OCÉAN INDIEN
+3h Gr. Time
+4h Gr. Time
Karachi
Bombay
Goa
Masqaṭ
Muqdisho

Échelle 1 : 4 500 000 — 0 40 80 120 160 200 kilomètres

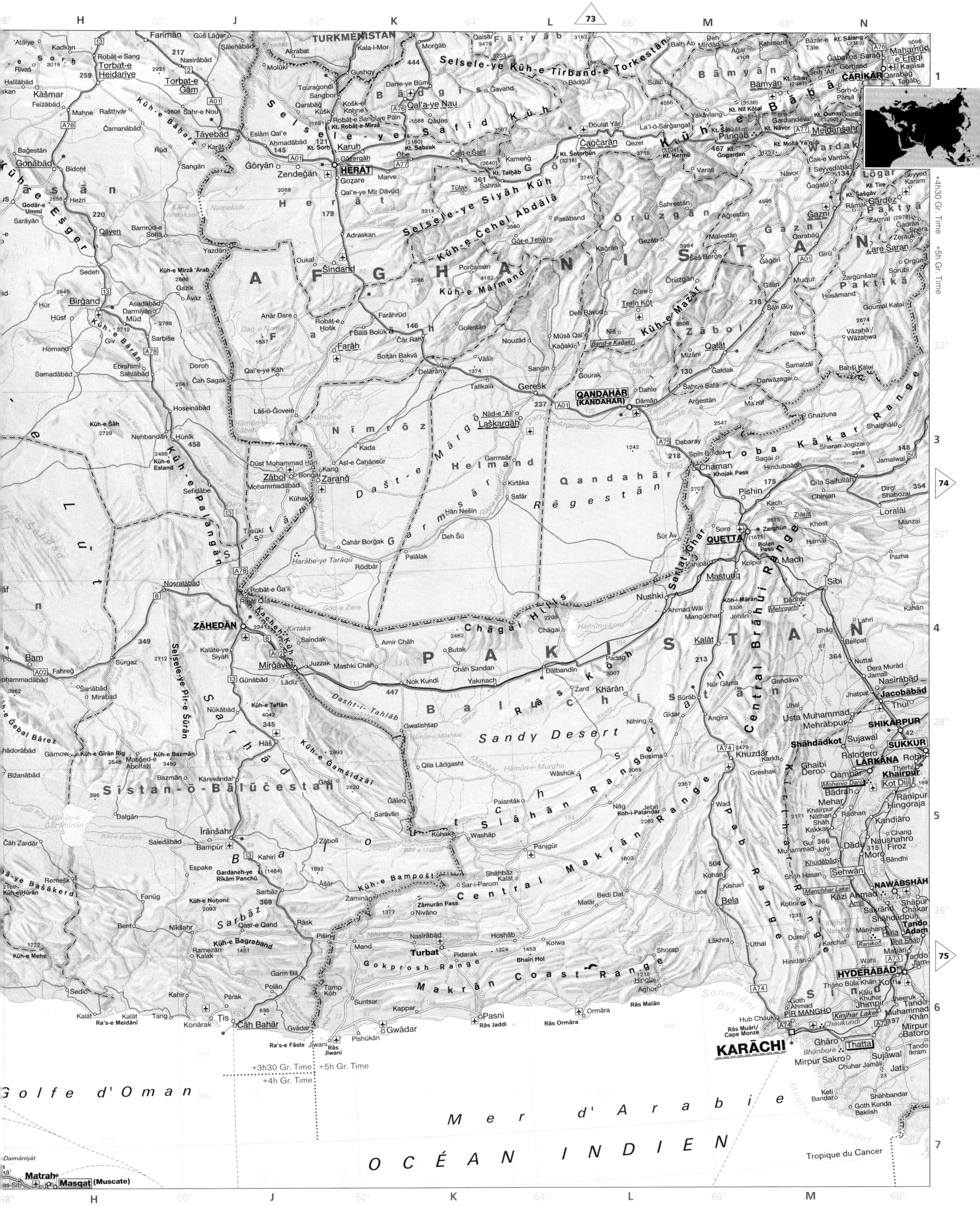

TURKMENISTAN
AFGHANISTAN
PAKISTAN
HERĀT
QANDAHĀR (KANDAHĀR)
QUETTA
ZĀHEDĀN
KARĀCHI
HYDERĀBĀD
SUKKUR
SHIKĀRPUR
LĀRKĀNA
NAWĀBSHĀH
Jacobābād
Farāh
Zarang
Zābol
Laškargāh
Gerešk
Qalāt
Gaznī
Bāmyān
Čārīkār
Čaġčarān
Qal'a-ye Nau
Šindand
Delārām
Chaman
Pishin
Sibi
Mastung
Nushki
Kalāt
Khuzdār
Bela
Turbat
Pasni
Gwādar
Čāh Bahār
Īrānšahr
Mirǧāve
Bam
Torbat-e Heidarīye
Torbat-e Ǧām
Tāyebād
Bīrǧand
Qāyen
Gonābād
Kāšmar
Thatta
Masqat (Muscate)
Matrah
Selsele-ye Kūh-e Tirband-e Torkestān
Safīd Kūh
Selsele-ye Siyāh Kūh
Kūh-e Čehel Abdālā
Kūh-e Bābā
Kūh-e Māīmand
Kūh-e Mazār
Kūh-e Bāqarz
Kūh-e Bārān
Kūh-e Esger
Kūh-e Taftān
Kūh-e Bampošt
Selsele-ye Pīr-e Šūrān
Dašt-e Mārgō
Garmsār
Rēgestān
Helmand
Nīmrōz
Sīstān
Sīstān-ō-Balūčestān
Sarhad
Baločistān
Dašt-e Lūt
Bādgīs
Herāt
Fārāb
Ōrūzgān
Zābol
Paktīkā
Paktyā
Wardak
Lōgar
Qandahār
Chāgai Hills
Sandy Desert
Siāhān Range
Central Makrān Range
Makrān Coast Range
Gokprosh Range
Central Brāhui Range
Kīrthar Range
Pab Range
Toba Kākar Range
Sarlat Ghar
Dasht-i-Tahlāb
Hāmūn-e Mashkel
Golfe d'Oman
Mer d'Arabie
OCÉAN INDIEN
Sonmiāni Bay
Mouths of the Indus
Tropique du Cancer
+4h30 Gr. Time
+5h Gr. Time
+3h30 Gr. Time
+4h Gr. Time
H
J
K
L
M
N
1
2
3
4
5
6
7
73
74
75

Échelle 1 : 4 500 000 — 0 40 80 120 160 200 kilomètres

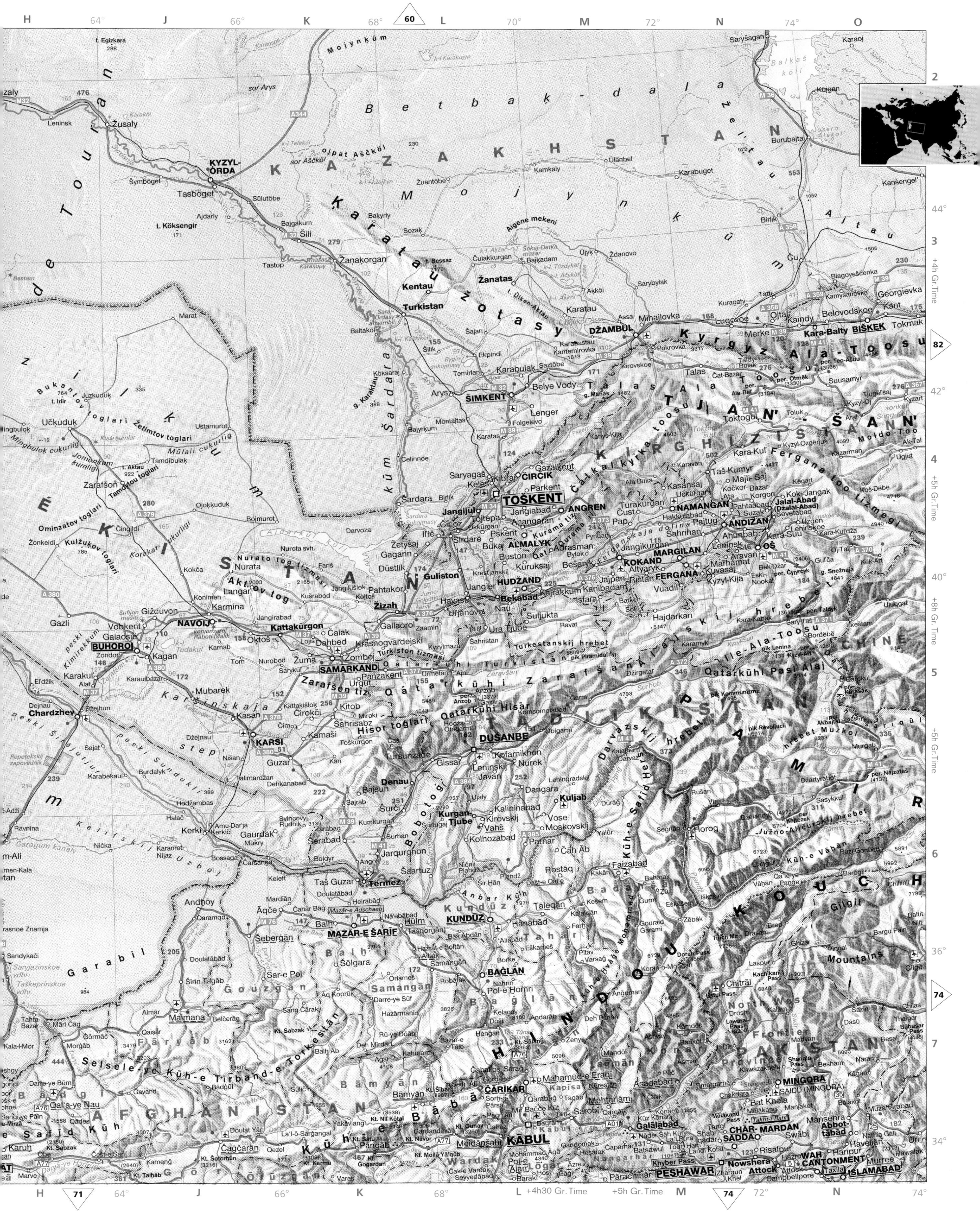
KAZAKHSTAN
OUZBÉKISTAN
KIRGHIZSTAN
TADJIKISTAN
AFGHANISTAN
PAKISTAN
CHINE
Betbak-dala
Mojynkūm
Kyzylkoum
Karatau žotasy
Kyrgyz Ala-Toosu
Tjan'-Šan'
PAMIR
HINDOU KOUCH
KYZYL-ORDA
DŽAMBUL
BIŠKEK
ŠIMKENT
TOŠKENT
NAMANGAN
ANDIŽAN
KOKAND
FERGANA
HUDŽAND
SAMARKAND
BUHORO
NAVOIJ
KARŠI
DUŠANBE
MAZĀR-E ŠARĪF
KUNDUZ
KĀBUL
PESHAWAR
ISLAMABAD
Termez
Chardzhev
+4h Gr. Time
+5h Gr. Time
+4h30 Gr. Time

Échelle 1 : 4 500 000 — 0 40 80 120 160 200 kilomètres

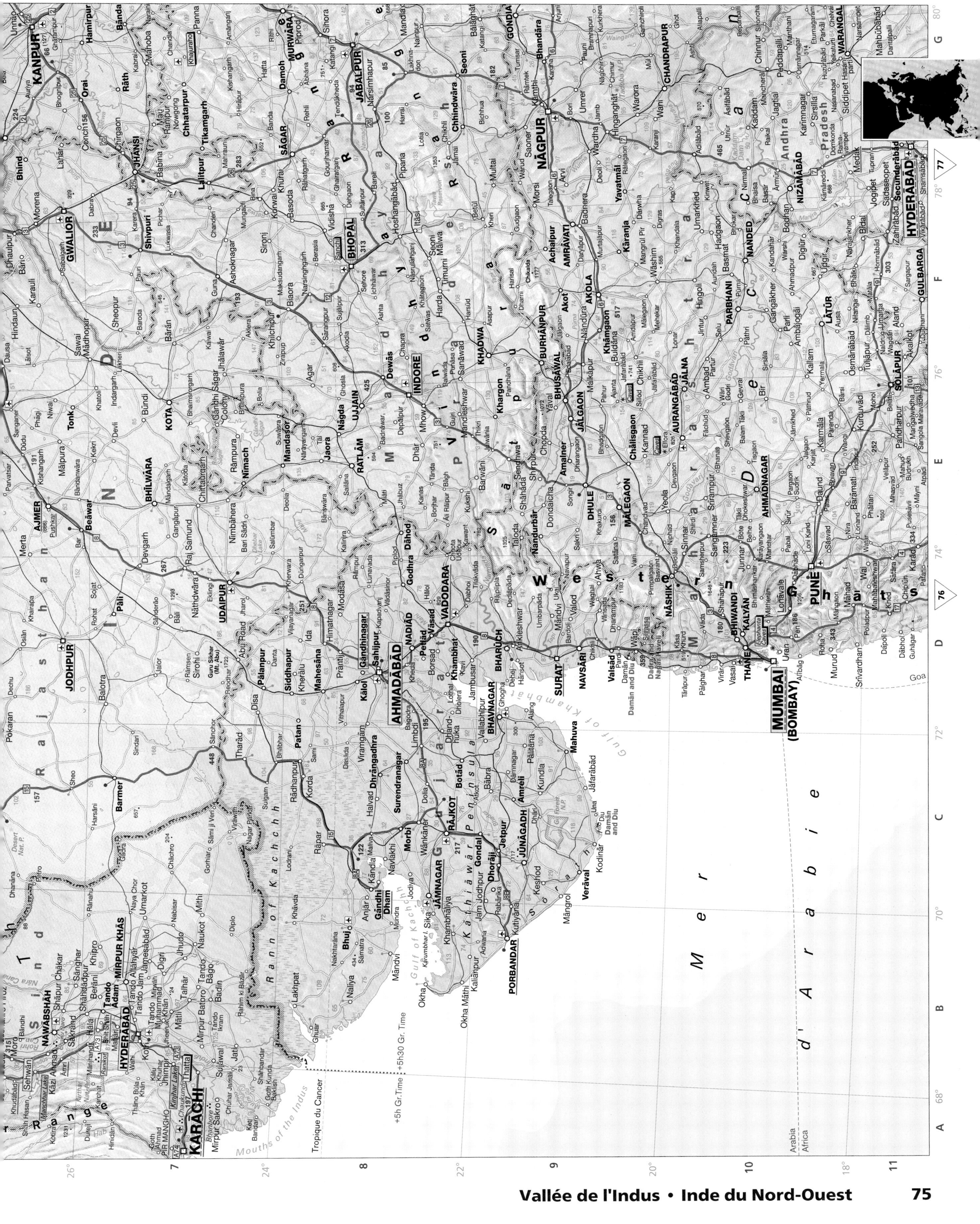
KARĀCHI
HYDERĀBĀD
MIRPUR KHĀS
NAWĀBSHĀH
Rann of Kachchh
Gulf of Kachchh
Gulf of Khambhāt
Kāthiāwār Peninsula
PORBANDAR
JĀMNAGAR
RĀJKOT
JŪNĀGADH
BHĀVNAGAR
AHMADĀBĀD
Gāndhīnagar
VADODARA
BHARŪCH
SURAT
MUMBAI (BOMBAY)
THANE
KALYĀN
BHIWANDI
PUNE
NĀSHIK
AURANGĀBĀD
AHMADNAGAR
SOLĀPUR
GULBARGA
HYDERĀBĀD
Secunderābād
NIZĀMĀBĀD
NANDED
PARBHANI
LĀTUR
JĀLNA
AKOLA
AMRĀVATI
NĀGPUR
CHANDRAPUR
BHUSĀWAL
JĀLGAON
DHULE
MĀLEGAON
BURHĀNPUR
KHĀNDWA
INDORE
DEWĀS
UJJAIN
RATLĀM
BHOPĀL
JABALPUR
SĀGAR
GWALIOR
JHĀNSI
KANPUR
KOTA
AJMER
JODHPUR
UDAIPUR
BHĪLWĀRA
Barmer
Pāli
Mount Abu
Pālanpur
Mehsāna
Godhra
Dāhod
Nāgda
Mandasor
Chittaurgarh
Vidishā
Hoshangābād
Chhindwāra
Seoni
Gondia
Bhandāra
Wardha
Yavatmāl
Rājasthān
Sind
Gujarāt
Madhya Pradesh
Mahārāshtra
Andhra Pradesh
Mer d'Arabie
Tropique du Cancer
Mouths of the Indus
Dadra and Nagar Haveli
Damān and Diu
Goa
+5h Gr. Time
+5h30 Gr. Time
Arabia
Africa
76
77
78

A 72° Suite de la carte principale B 74° C

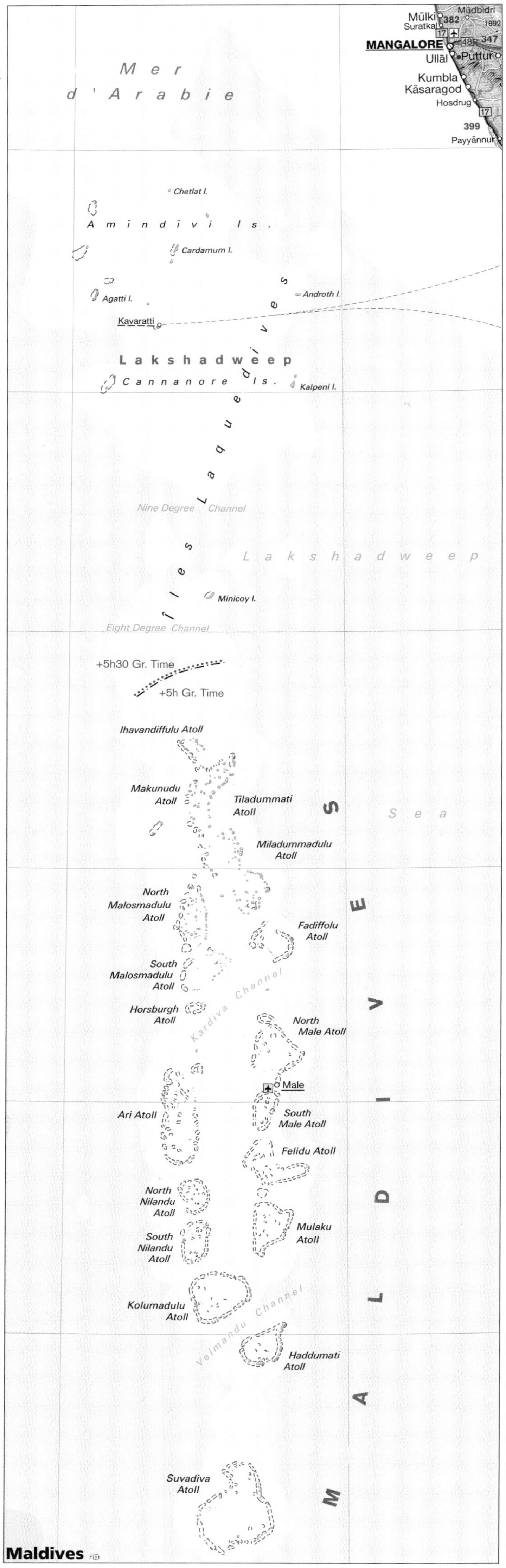

D 72° E 74° 75 F 76°

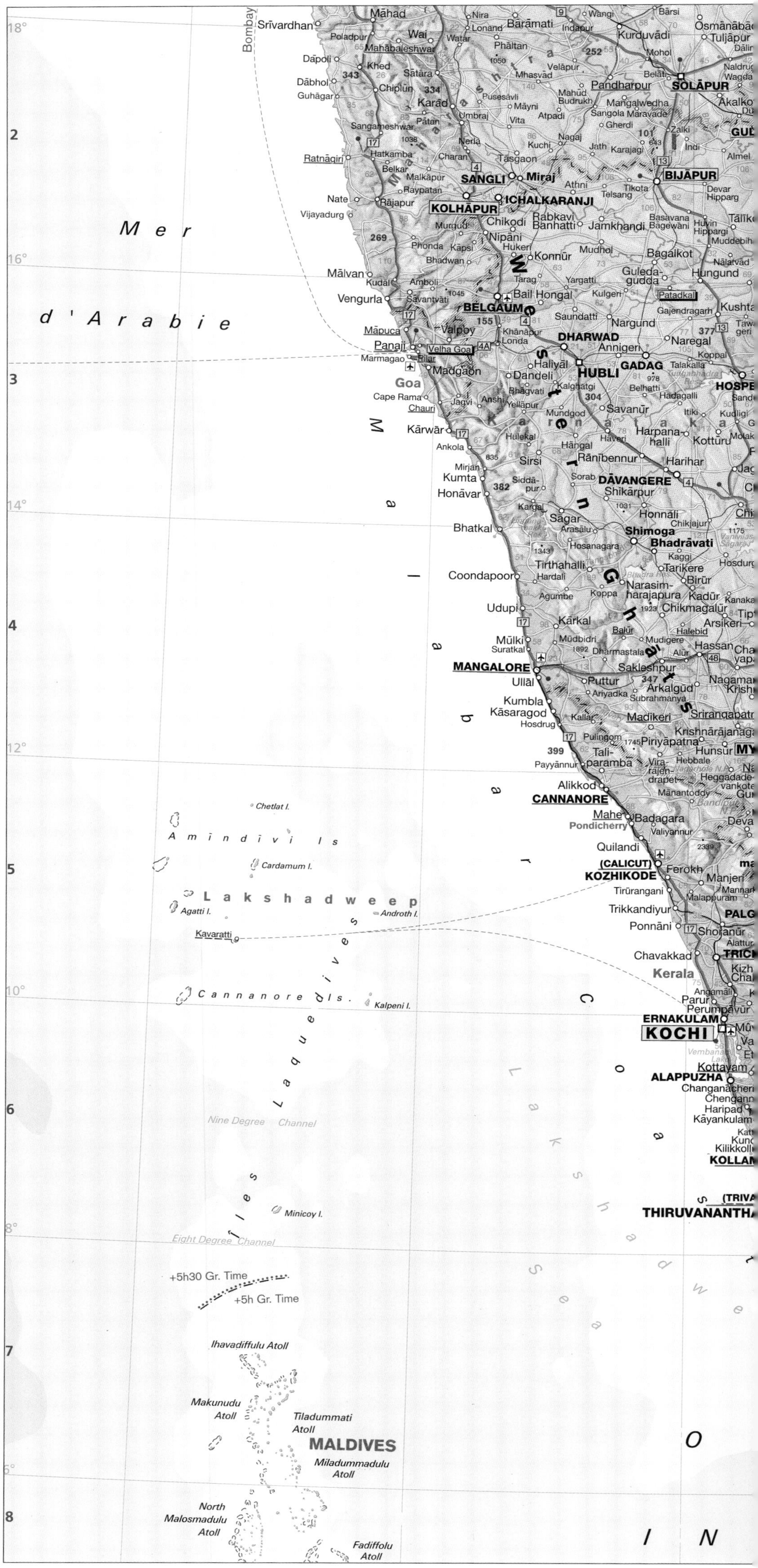

A 72° B 74° C

D 72° Suite: voir la carte à gauche E 74° F 76°

Échelle 1 : 4 500 000 — 0 40 80 120 160 200 kilomètres

78°
H
80°
J
82°
78
K
Golfe du Bengale
Coromandel Coast
Palk Strait
Gulf of Mannar
SRI LANKA
HYDERĀBĀD
Secunderābād
WARANGAL
Madhya Pradesh
Orissa
RĀJAHMUNDRY
KAKINĀDA
VIJAYAWADA
ELŪRU
BHĪMAVARAM
MACHILĪPATNAM
GUNTUR
TENĀLI
KURNOOL
Ongole
NELLORE
CUDDAPAH
PRODDATŪR
TIRUPATI
CHITTOOR
CHENNAI (MADRAS)
Tāmbaram
KĀNCHIPURAM
VELLORE
PONDICHERRY
CUDDALORE
SALEM
ERODE
TIRUPPUR
TIRUCHCHIRAPPALLI
THANJAVUR
KUMBAKONAM
Nagappattinam
DINDIGUL
Pudukkottai
MADURAI
Rāmanāthapuram
Rāmeswaram
TUTICORIN
PALAYANKOTTAI
NĀGERCOIL
Kanniyākumari
Cape Comorin
Point Pedro
JAFFNA
Trincomalee
Anuradhapura
Polonnaruwa
Batticaloa
Puttalam
Dambulla
Kurunegala
KANDY
Negombo
COLOMBO
Sri Jayawardenepura Kotte
MORATUWA
Nuwara Eliya
Badulla
Ratnapura
Galle
Matara
Hambantota
Andaman and Nicobar Islands
Calcutta
78°
H
80°
J
82°
8

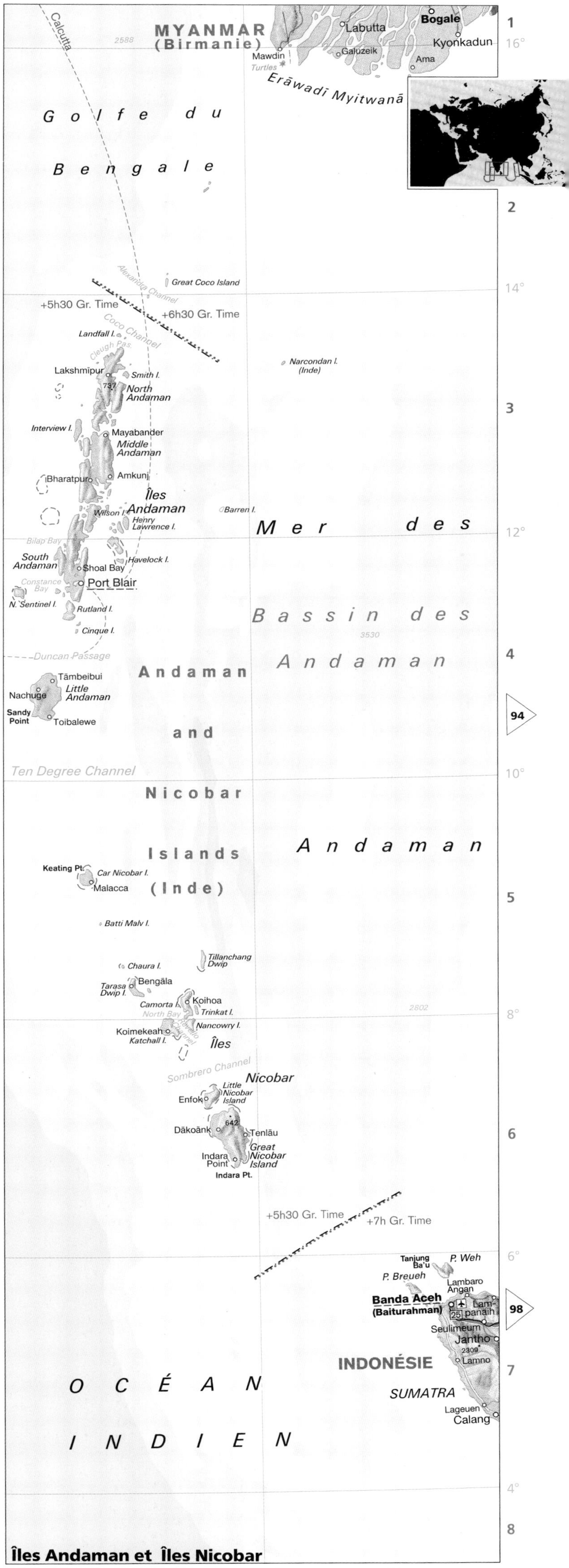
L
94°
94
M
MYANMAR (Birmanie)
Golfe du Bengale
Erāwadī Myitwanā
Bogale
Labutta
Kyonkadun
Great Coco Island
+5h30 Gr. Time
+6h30 Gr. Time
Coco Channel
Landfall I.
Narcondan I. (Inde)
North Andaman
Middle Andaman
Îles Andaman
Mayabander
Interview I.
Barren I.
Mer des Andaman
Bassin des Andaman
South Andaman
Havelock I.
Port Blair
Rutland I.
Duncan Passage
Little Andaman
Ten Degree Channel
Andaman and Nicobar Islands (Inde)
Car Nicobar I.
Batti Malv I.
Chaura I.
Tillanchang Dwip
Camorta
Katchall I.
Îles Nicobar
Sombrero Channel
Little Nicobar Island
Great Nicobar Island
Indara Pt.
+5h30 Gr. Time
+7h Gr. Time
P. Weh
Banda Aceh (Baiturahman)
INDONÉSIE
SUMATRA
Calang
OCÉAN INDIEN
Îles Andaman et Îles Nicobar
98
L
94°
M

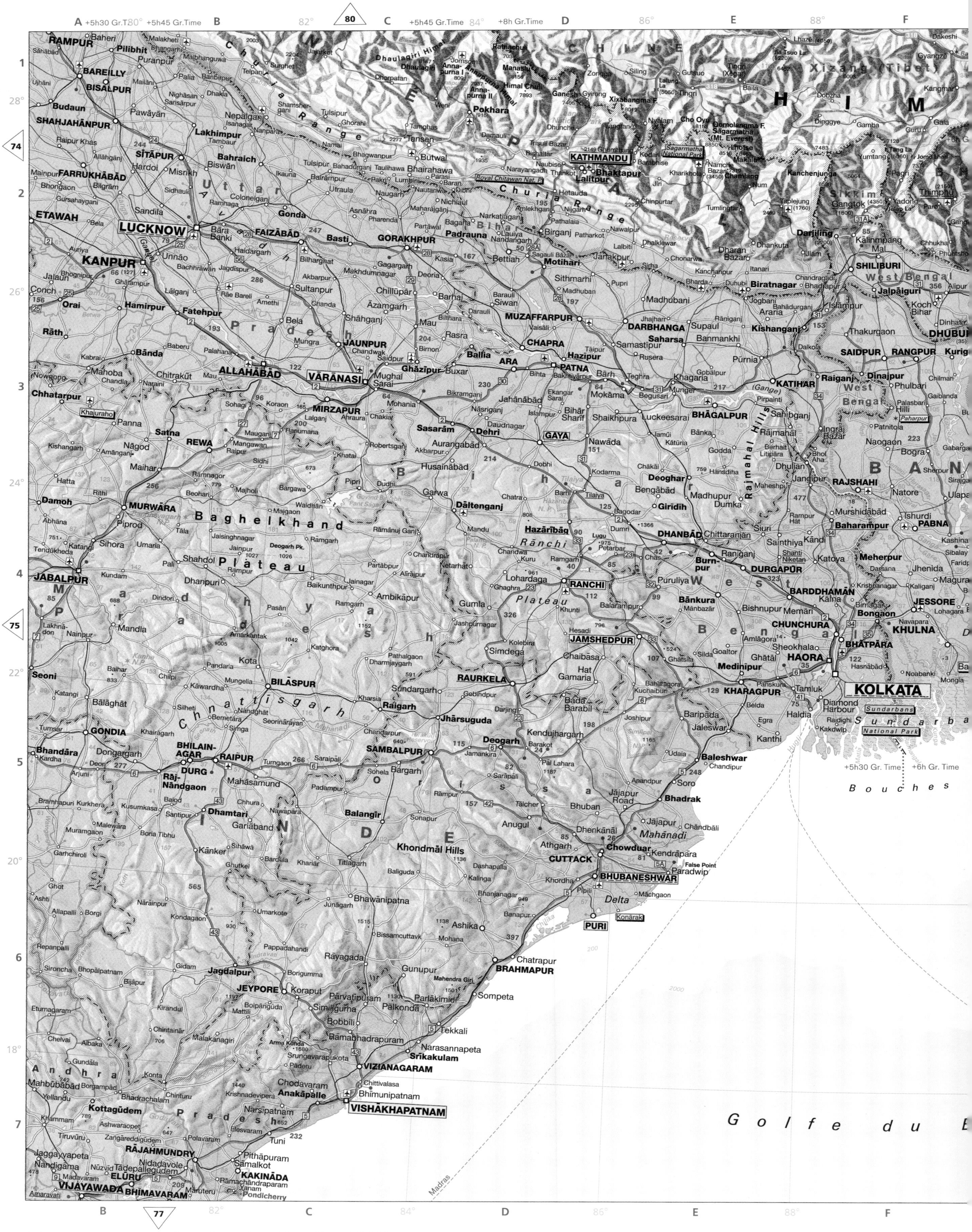

Échelle 1 : 4 500 000 — 0 40 80 120 160 200 kilomètres

LHASA
Nyingchi
Gyaca
Qusum
Nang Xian
Mainling
Arunachal Pradesh
Itanagar
DIBRUGARH
Digboi
Dum Duma
North Lakhimpur
Sibsagar
Jorhāt
Golaghāt
Kaziranga Nat. Park
Manas Wildl. Sanc.
GUWAHATI
BARPETA
GOĀLPĀRA
Dispur
Nagaon
Dimāpur
Kohima
Nāgāland
SHILLONG
Khāsi-Jaintia Hills
SYLHET
Silchar
IMPHĀL
Manipur
Karimganj
Bhairab Bazar
AGARTALA
Tripura
COMILLA
Āīzawl
Mizoram
CHITTAGONG
Cox's Bazar
Kutubdia
Maheshkhali
Lunglei
Bandarban
Rangamati
Kaptai
Paletwa
Buthidaung
Sinchaingbyin
Teknaf
SITTWE (AKYAB)
Kyaukpyu
Rambre (Ramree I.)
Man'aung Kyun (Cheduba Island)
SANDOWAY
Ngapali
Taungup
PUTHEIN (BASSEIN)
HENZADA
PROME
Thayetmyo
MINBU
Magwe
Yenangyaung
Chauk
PAKOKKU
Pagan
MYINGYAN
MEIKTILA
Monywa
MANDALAY
SUGAING
AMARAPURA
Maymyo
Shwebo
MYANMAR (BIRMANIE)
Kalemyo
Kalewa
Mawlaik
Tamu
Katha
Bhamo
Myitkyina
Mogok
Hsipaw
Kyaukme
Lashio
Taunggyi
Inle L.
Loi-kaw
Pyinmana
Toungoo
Pegu
YANGON (RANGOON)
Syriam
THATON
Bilin
Pa-an
Kawkareik
Myawadi
Arakan Yoma
Pegu Yoma
Patkai Bum
Kumon Taungdan
Shanngaw Taungdan
Hengduan Shan
Gaoligong Shan
Nu Shan
Yun Ling
Yunnan
Sichuan
CHINE
Zhongdian
Lijiang
Jianchuan
DALI
Baoshan
Tengchong
Longling
Changning
Lincang
Jinghong
Xishuangbanna
Simao
LAOS
Chiang Rai
Mae Sai
CHIANG MAI
Mae Hong Son
Lampang
Phayao
Nan
Uttaradit
Sukhothai
PHITSANULOK
Tak
Kamphaeng Phet
Phichit
THAÏLANDE
Port Blair
+6h30 Gr. Time
+7h Gr. Time
G
H
J
K
L
M
92°
94°
96°
98°
100°
22°
24°
26°
1
2
3
4
5
81
92
94

Échelle 1 : 4 500 000 — 0 40 80 120 160 200 kilomètres

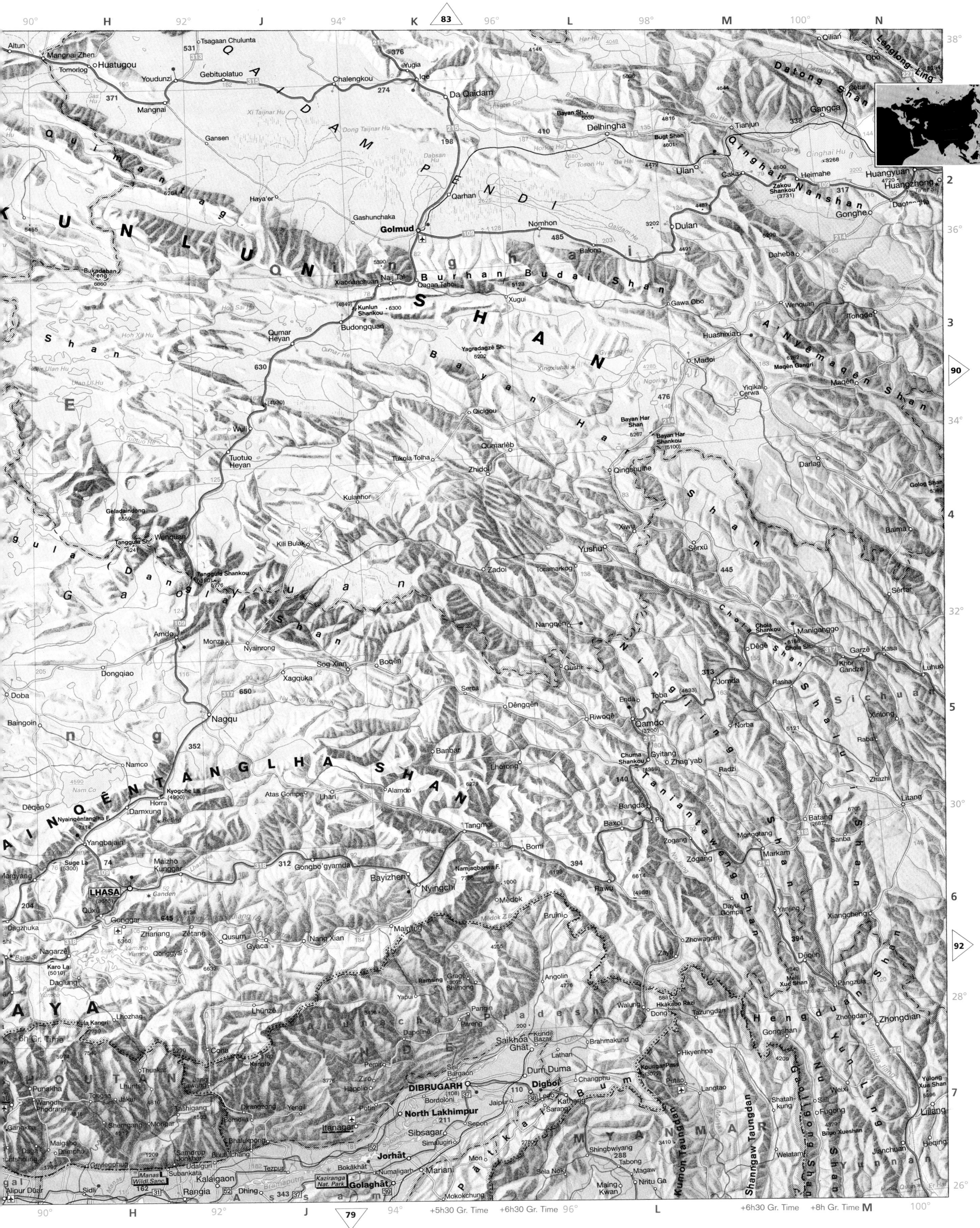

Tibet
QAIDAM PENDI
KUNLUN SHAN
Burhan Budai Shan
Bayan Har Shan
TANGGULA SHAN
NYAINQÊNTANGLHA SHAN
Datong Shan
Qinghai Nanshan
A'nyêmaqên Shan
Chola Shan
Ningjing Shan
Taniantaweng Shan
Shaluli Shan
Hengduan Shan
Gaoligong Shan
Yun Ling
Kumon Taungdan
Shangaw Taungdan
Golmud
Delhingha
Da Qaidam
Ulan
Dulan
Gonghe
Huangyuan
Huangzhong
Yushu
Qamdo
Nagqu
Amdo
LHASA
Nyingchi
Bayizhen
Zhongdian
Litang
Batang
Garzê
DIBRUGARH
North Lakhimpur
Jorhât
Golaghât
Digboi
Itanagar
Sibsagar
+5h30 Gr. Time
+6h30 Gr. Time
+8h Gr. Time

KAZAKHSTAN
Kazakhes
Step' Kazakhes
Tabakkentatyr
Karaungir
Balkash
Balhaš
Balkaš köl
Karakum
Ljukkum
Saryesik-Atyrau
Taukum
Mujunkum
Ajtau
Žel'tau
Zajsan
Žota Tarbagat
Kalbinskij toglari
Zyrjanovsk
Ajaguz
Aktogaj
Taskesken
Makanči
Tacheng
Emin
Yumin
Toli
Karamay
Ucaral
Alakol'
Sarkand
Žota Džungarskij Alatau
Alataw Shankou
Džungarskije vorota
(Dzungarian Gate)
TALDYKORGAN
Tekeli
Ustobe
Saryozek
Qapshaghay
Han Höhijn Nuruu
ALMATY
Talgar
Esik
Čilik
Qaskeleng
Kegen
Korgas
Zharkent
Huocheng
YINING
Borohoro Shan
Kuytun
Usu
Shawan
Jinghe
Bole
Nilka
Gongliu
Xinyuan
Zhaosu
Tekes
Bayanbulak
Kirgizskij hrebet
BIŠKEK
Kara-Balty
Tokmak
Georgievka
Merke
Ysyk-Köl
ozero Ysyk-Köl
Prževal'sk
hrebet Terskej Ala-Too
Hantengri Feng
pik Pobedy
Halke Shan
TIAN SHAN
TJAN'-ŠAN'
KIRGHIZISTAN
hrebet Moldotau
Naryn
hrebet Naryntau
hrebet Kakšaal-Too
hrebet At-Baši
Torugart
Turugart Shankou
Ferganskij hrebet
Uzgen
Baicheng
Kuqa
Xinhe
Luntai
Xayar
AKSU
Wushi
Akqi
Awat
Silk Road - North Road
Seidenstraße
Xinjiang
Shangyou
Yichang
TARIM PENDI
(BASSIN DU TARIM)
Taklimakan Shamo
Désert du Takla-Makan
Artux
KASHI
(KASHGAR)
Shufu
Shule
Jiashi
Yopurga
Yengisar
Markit
Bachu
Mazar Tag
Kongur Shan
Muztagata
Shache (Yarkant)
Zepu
Yecheng (Kargilik)
Pishan (Guma)
Sagan
Moyu
(Karakax)
Hotan
Lop
Mazartag
Tongguzbasti
Mishaleyi
Tungaztarim
Andirlangar
Shudanzhuang
Yawatongguzlangar
(Silk Road-South Road)
Qiemo
(Qarqan)
TADJIKISTAN
AFGHANISTAN
PAKISTAN
Murgab
Taxkorgan
Khunjerab Pass
Karakorum Highway
Kunjirab
+6h Gr. T.
+7h Gr. T.
+5h30 Gr. Time
+8h Gr. Time
+4h30 Gr. Time
61
60
73
80

Échelle 1 : 4 500 000 — 0 40 80 120 160 200 kilomètres

RUSSIE
Ölgij
Hovd
Altay
Burqin
Beitun
Fuhai
Koktokay
Fuyun
Sarbulak
Qinghe
Ertai
Bajan-Ölgij
Altay Shan
Mongol Altajn Nuruu
MONGOLIE
Hovd
Bulgan
Altaj
Uliastaj
Zavhan
Hangajn Nuruu
Bajan-Hongor
Gov'-Altay
Mongol Els
Han Höhijn nuruu
Bulnajn nuruu
Hövsgöl
Tarvagatajn Nuruu
Tosoncengel
Bajanbulag
Buucagaan
Zadgaj
Tajgan
Èevijn buudal
Šarga
Bajan
Buga
Hungij
Cavdan
Tögrög
Sargalant
Burènhajrhan
Bor-Uzuur
Tahilt
Talšand
Zalaa
Bajan-Ovoo
Az Bogd
Altan ovoo
Baytik Shan
Jiangjunmiao
Junggar Pendi
Dzoungarie
Gurbantünggüt Shamo
Altajn Caadah Gov'
Hutubi
CHANGJI
ÜRÜMQI
Fukang
Jimsar
Qitai
Mori
Bogda Feng 5445
Bogda Shan
Chaiwopu
Dabancheng
Houxia
Qijiaojing
Liaodun
Barkol
Karlik
Yiwu
Nom
HAMI
Turpan
Toksum
Shanshan
Turpan Pendi
Ulanlinggi
Hoxud
Qoltag
Hami Pendi
Luotuoquanzi
Yandun
Hongshishan
Nei Mongol Zizhiqu
Xingxingxia
Weiya
Gongpoquan
Mazong Sh.
Bei Shan
Kuruktag
Aqitag
Hongliuyuan
Bai Shan
Qiaowan
Anxi
Yumen Zhen
Yumenguan
Minghoshan (Dunhuang)
Mogao Ku
Gansu
Jinta
YUMEN
Jiayuguan
Jiuquan
Qilian Shan
Subei
Aksay
Dangjin Shankou
Yema Manshan
Tikanlik
Lop Nur
Argan
Ikanbujimal
Luobuzhuang
Miran
Donglük
Ruoqiang (Qarkilik)
Yandaxkak
Baxkorgan
Aktaz
Waxxari
Altun
Altun Shan
Mangnai Zhen
Huatugou
Tomorlog
Mangnai
Youdunzi
Gebituolatuo
Dingzikou
Lenghu
Huahaizi
Tsagaan Chulunta
Chalengkou
Yugia
Ige
Da Qaidam
Delhingha
Ulan
Qaidam Pendi
Qinghai
Yusupalik Tag
Qimantag
Kunlun Shan
Gansen
Bugt Shan
Kangz'gyai

53
83
90

Échelle 1 : 4 500 000 — 0 40 80 120 160 200 kilomètres

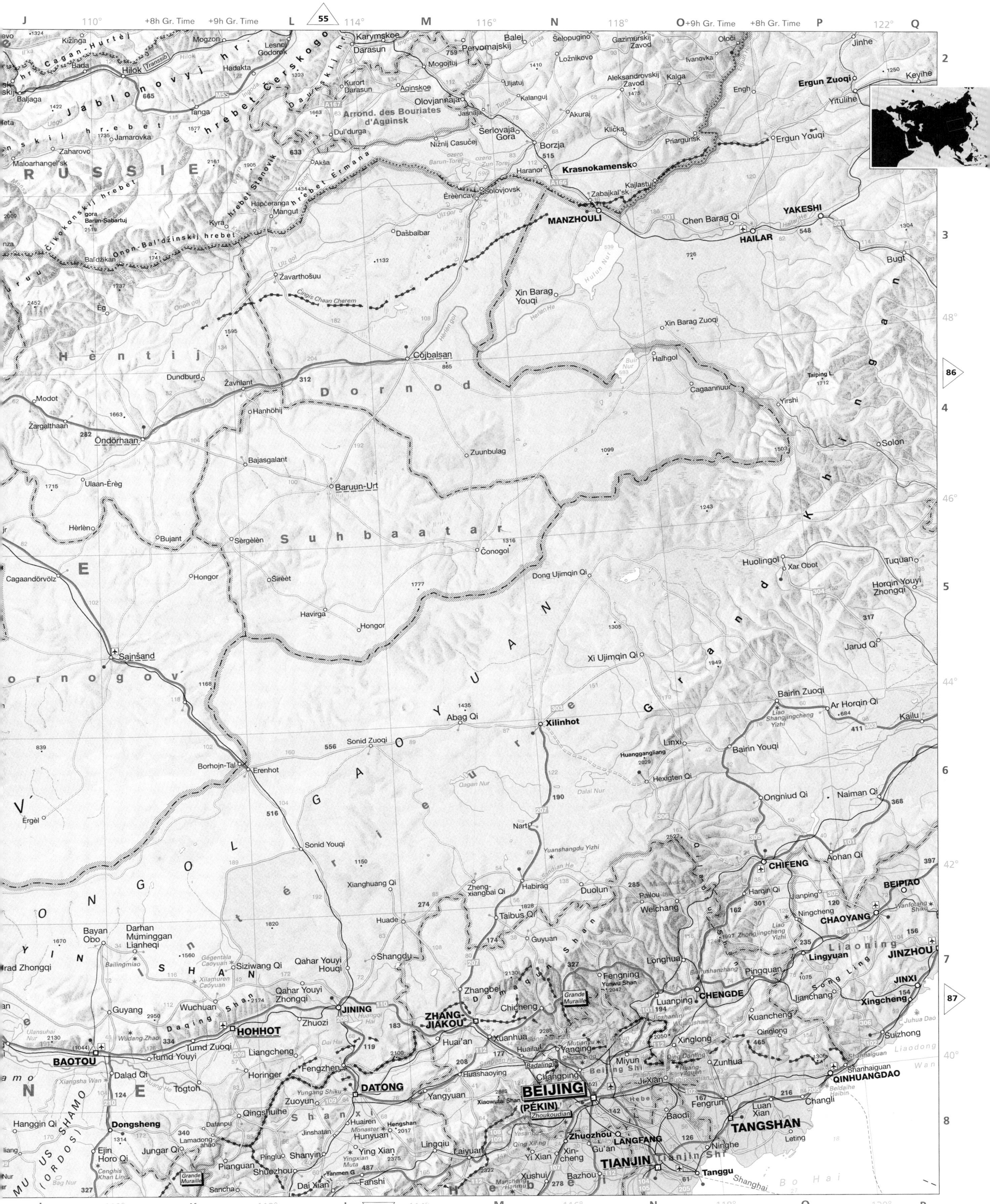

J
110°
+8h Gr. Time
+9h Gr. Time
L
55
114°
M
116°
N
118°
O+9h Gr. Time
+8h Gr. Time
P
122°
Q
Kižinga
Mogzon
Lesnoj Godorok
Karymskoe
Darasun
Balej
Pervomajskij
Šelopugino
Gazimurskij Zavod
Oloči
Jinhe
Hilok
Bada
Hadakta
Mogojtuj
Kurort Darasun
Aginskoe
Ložnikovo
Ivanovka
Aleksandrovskij Zavod
Kalga
Ergun Zuoqi
Keyihe
Baljaga
Jablonovyj hrebet
Čerskogo
Tanga
Olovjannaja
Ujlatuj
Kalanguj
Engh
Yitulihe
Arrond. des Bouriates d'Aguinsk
Jasnaja
Šerlovaja Gora
Akuraj
Klička
Priargunsk
Ergun Youqi
Jamarovka
Zaharovo
Dul'durga
Nižnij Casučej
Borzja
Maloarhangel'sk
RUSSIE
Akša
Haranor
Krasnokamensk
hrebet Ėrmana
hrebet Šilovik
Èrèèncav
Solovjovsk
Zabajkal'sk
Kajlastuj
Hapčeranga
Mangut
MANZHOULI
Chen Barag Qi
YAKESHI
HAILAR
Kyra
Dašbalbar
Bugt
Ononskij hrebet
Onon-Bal'džinskij hrebet
Bal'džikan
Žavarthošuu
Cingis Chaan Cherem
Hulun Nur
Xin Barag Youqi
Ėg
Herlen He
Xin Barag Zuoqi
Hėntij
Čojbalsan
Buir Nur
Halhgol
Dundburd
Žavhlant
Dornod
Cagaannuur
Taiping L.
86
Modot
Hanhöhij
Yirshi
Žargalthaan
Öndörhaan
Zuunbulag
Solon
Bajasgalant
Ulaan-Ėrėg
Baruun-Urt
Hėrlėn
Bujant
Sėrgėlėn
Suhbaatar
Čonogol
Huolingol
Xar Obot
Tuquan
Cagaandörvölz
Hongor
Širėėt
Dong Ujimqin Qi
Horqin Youyi Zhongqi
Havirga
Hongor
Jarud Qi
Sajnšand
Xi Ujimqin Qi
Dornogov'
Bairin Zuoqi
Ar Horqin Qi
Abag Qi
Xilinhot
Kailu
Sonid Zuoqi
Linxi
Bairin Youqi
Borhojn-Tal
Erenhot
Huanggangliang
Hexigten Qi
Qagan Nur
Dalai Nur
GAOYUAN
NEI MONGOL
Grand Khingan
Ongniud Qi
Naiman Qi
Ėrgėl
Sonid Youqi
Nart
Yuanshangdu Yizhi
Aohan Qi
CHIFENG
Xianghuang Qi
Zheng-xiangbai Qi
Habirag
Duolun
Harqin Qi
BEIPIAO
Weichang
Jianping
Huade
Taibus Qi
Ningcheng
CHAOYANG
Bayan Obo
Darhan Muminggan Lianheqi
Guyuan
Lingyuan
Liaoning
JINZHOU
Siziwang Qi
Shangdu
Longhua
Qahar Youyi Houqi
Fengning
Pingquan
rad Zhongqi
YIN SHAN
Qahar Youyi Zhongqi
Zhangbei
CHENGDE
JINXI
Guyang
Wuchuan
Daqing Shan
Chicheng
Grande Muraille
Luanping
Jianchang
Xingcheng
87
JINING
HOHHOT
Zhuozi
ZHANG-JIAKOU
Kuancheng
Xuanhua
Huai'an
Yanqing
Xinglong
Suizhong
BAOTOU
Tumd Youyi
Tumd Zuoqi
Liangcheng
Huailai
Miyun
Qinglong
Shanhaiguan
Dalad Qi
Horinger
Fengzhen
Huashaoying
Changping
Zunhua
QINHUANGDAO
Togtoh
DATONG
BEIJING (PÉKIN)
Ji Xian
Changli
Yangyuan
Fengrun
Luan Xian
Hanggin Qi
Qingshuihe
Zuoyun
Zhoukoudian
Baodi
TANGSHAN
Dongsheng
Huairen
Hunyuan
Hengshan
Zhuozhou
LANGFANG
Leting
Ejin Horo Qi
Jungar Qi
Shanxi
Lingqiu
Laiyuan
Yi Xian
Xincheng
Ninghe
MU US SHAMO (ORDOS)
Pianguan
Pinglu
Shanyin
Ying Xian
TIANJIN
Tianjin Shi
Shuozhou
Fanshi
Xushui
Bazhou
Tanggu
Sancha
Dai Xian
Hebei
Bo Hai
Liaodong Wan
J
110°
K
112°
L
91
114°
M
116°
N
118°
O
120°
P
2
3
48°
4
46°
5
44°
6
42°
7
40°
8

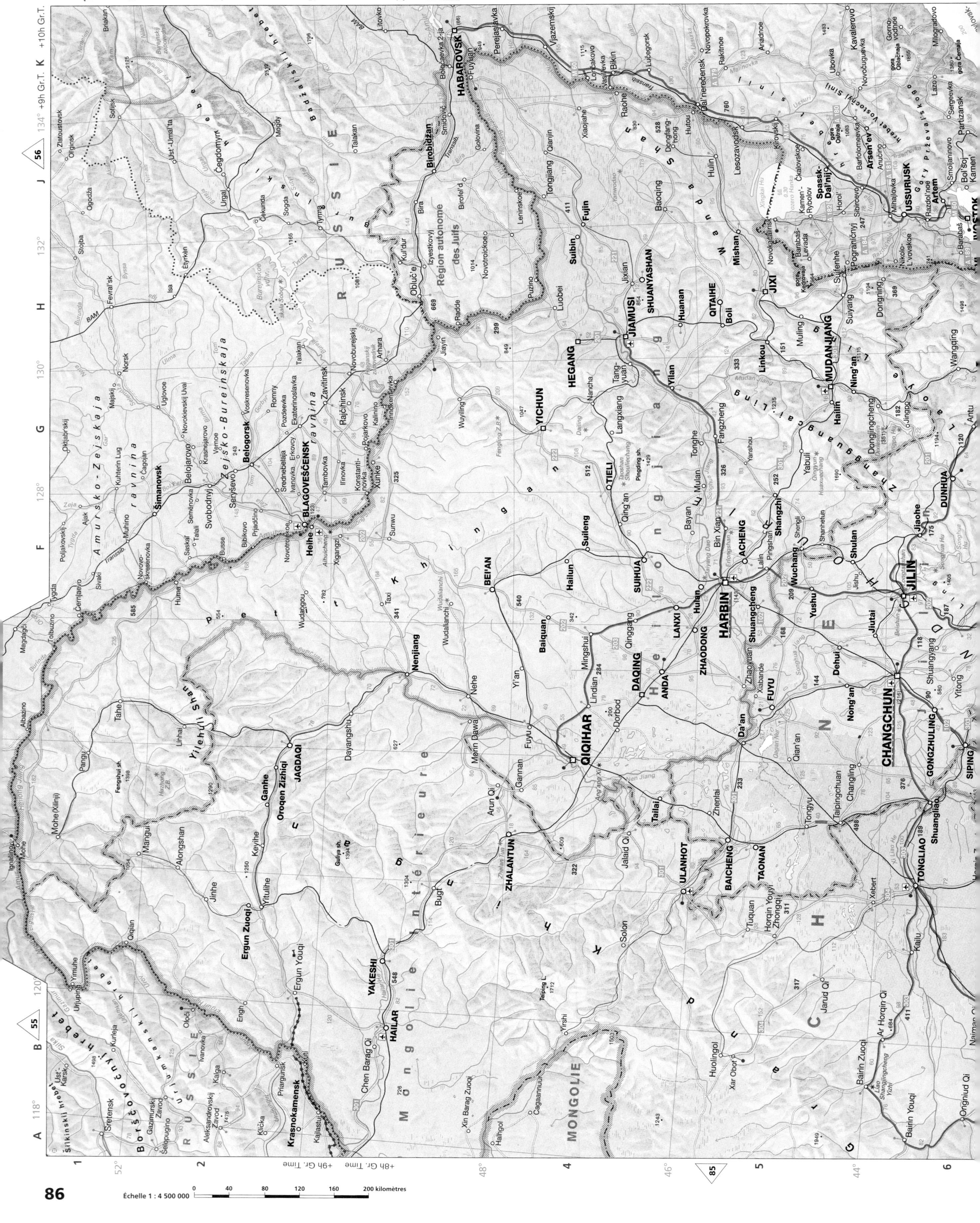

Échelle 1 : 4 500 000 — 0 40 80 120 160 200 kilomètres

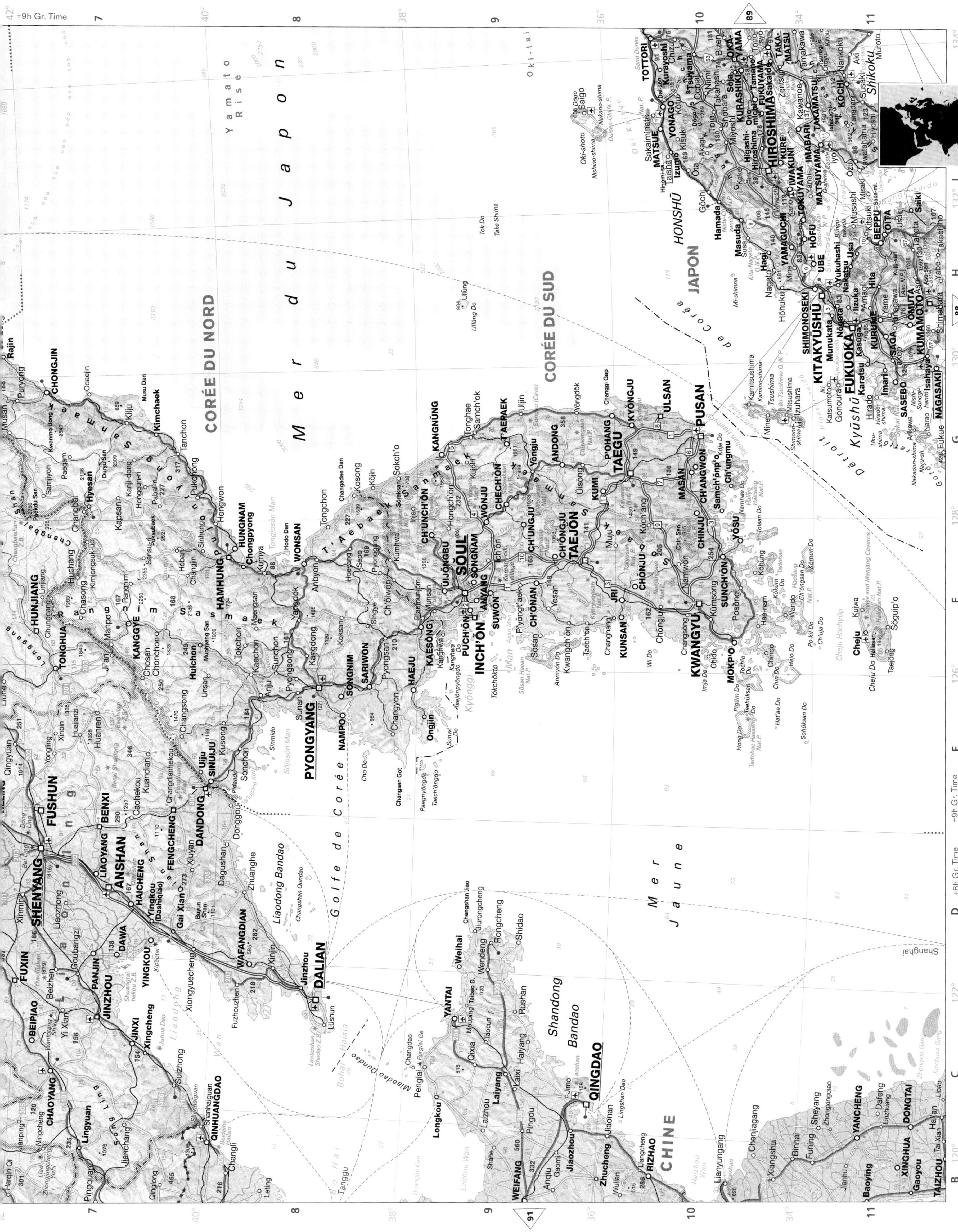

CORÉE DU NORD
CORÉE DU SUD
Mer du Japon
Mer Jaune
Golfe de Corée
JAPON
CHINE
HONSHŪ
Kyūshū
Shikoku
Liaodong Bandao
Shandong Bandao
PYONGYANG
SŎUL
PUSAN
TAEGU
INCH'ŎN
KWANGJU
TAEJŎN
WONSAN
HAMHUNG
CHONGJIN
SHENYANG
DALIAN
ANSHAN
FUSHUN
DANDONG
QINGDAO
YANTAI
FUKUOKA
HIROSHIMA
KITAKYUSHU
NAGASAKI
KUMAMOTO

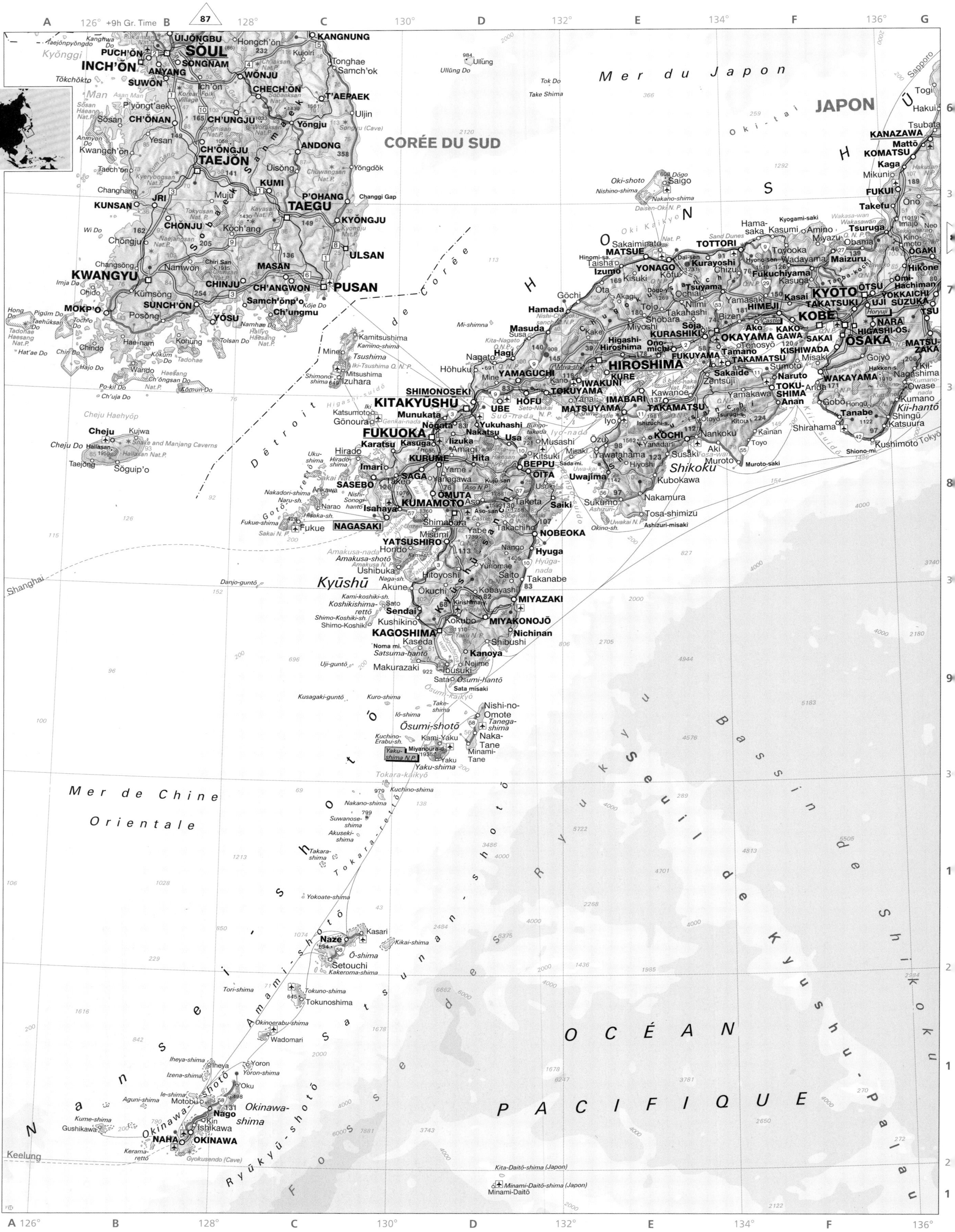

Échelle 1 : 4 500 000 — 0 40 80 120 160 200 kilomètres

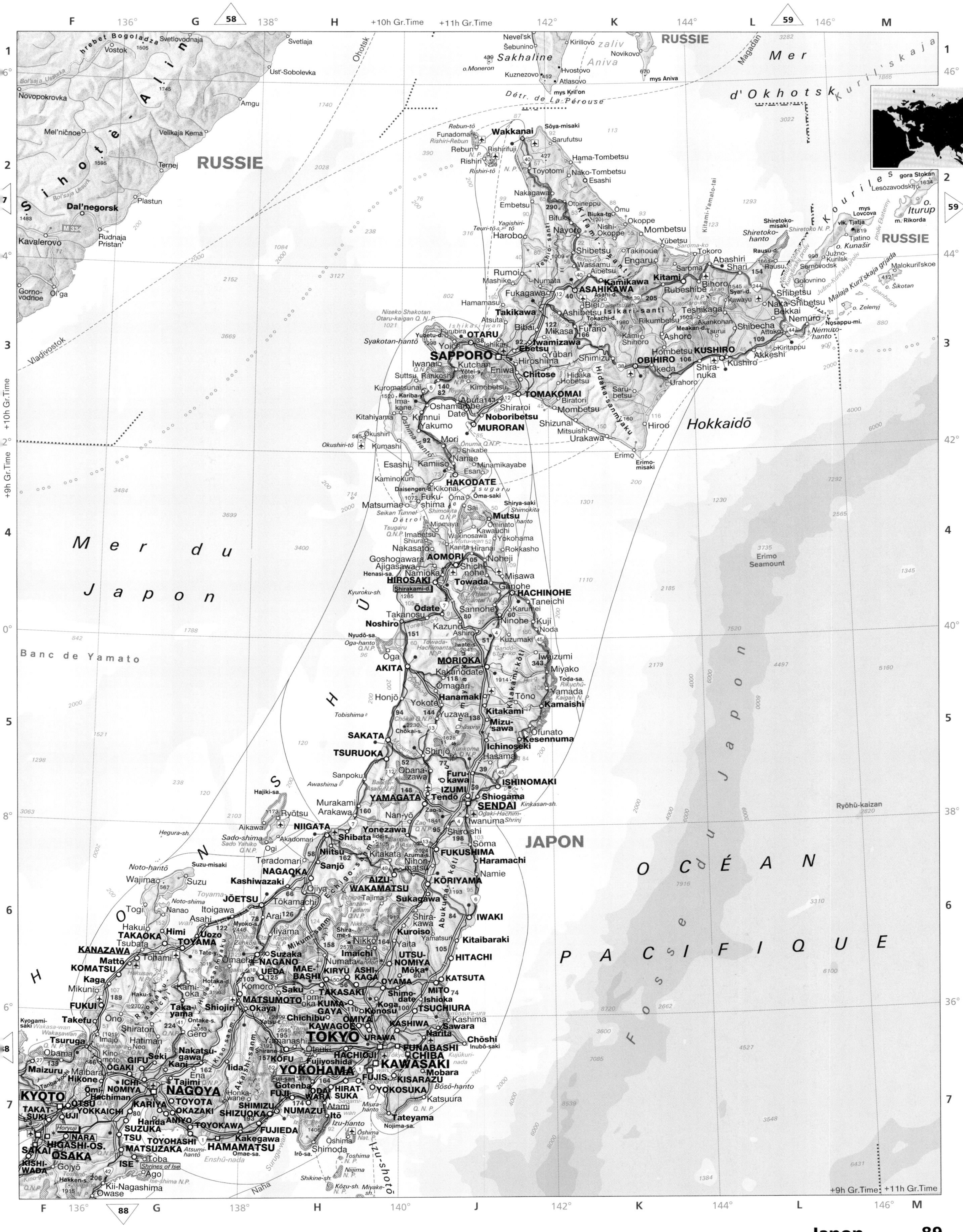

RUSSIE
Mer d'Okhotsk
Sakhaline
Détr. de La Pérouse
Hokkaidō
Mer du Japon
Banc de Yamato
H O N S H Ū
JAPON
O C É A N P A C I F I Q U E
Fosse du Japon
Erimo Seamount
Ryōhū-kaizan
Kouriles
Iturup
Sikhote-Alin
Vladivostok
Wakkanai
Rishiri
Asahikawa
Sapporo
Otaru
Obihiro
Kushiro
Nemuro
Abashiri
Kitami
Tomakomai
Muroran
Hakodate
Aomori
Hirosaki
Hachinohe
Morioka
Akita
Sakata
Yamagata
Sendai
Fukushima
Niigata
Sado-shima
Kōriyama
Iwaki
Hitachi
Mito
Nagano
Matsumoto
Toyama
Kanazawa
Fukui
Gifu
Nagoya
Kyoto
Osaka
Sakai
Nara
Shizuoka
Hamamatsu
Yokohama
Kawasaki
Tokyo
Chiba
Funabashi
Yokosuka
Izu-shotō
+9h Gr.Time
+10h Gr.Time
+11h Gr.Time

Échelle 1 : 4 500 000 — 0 40 80 120 160 200 kilomètres

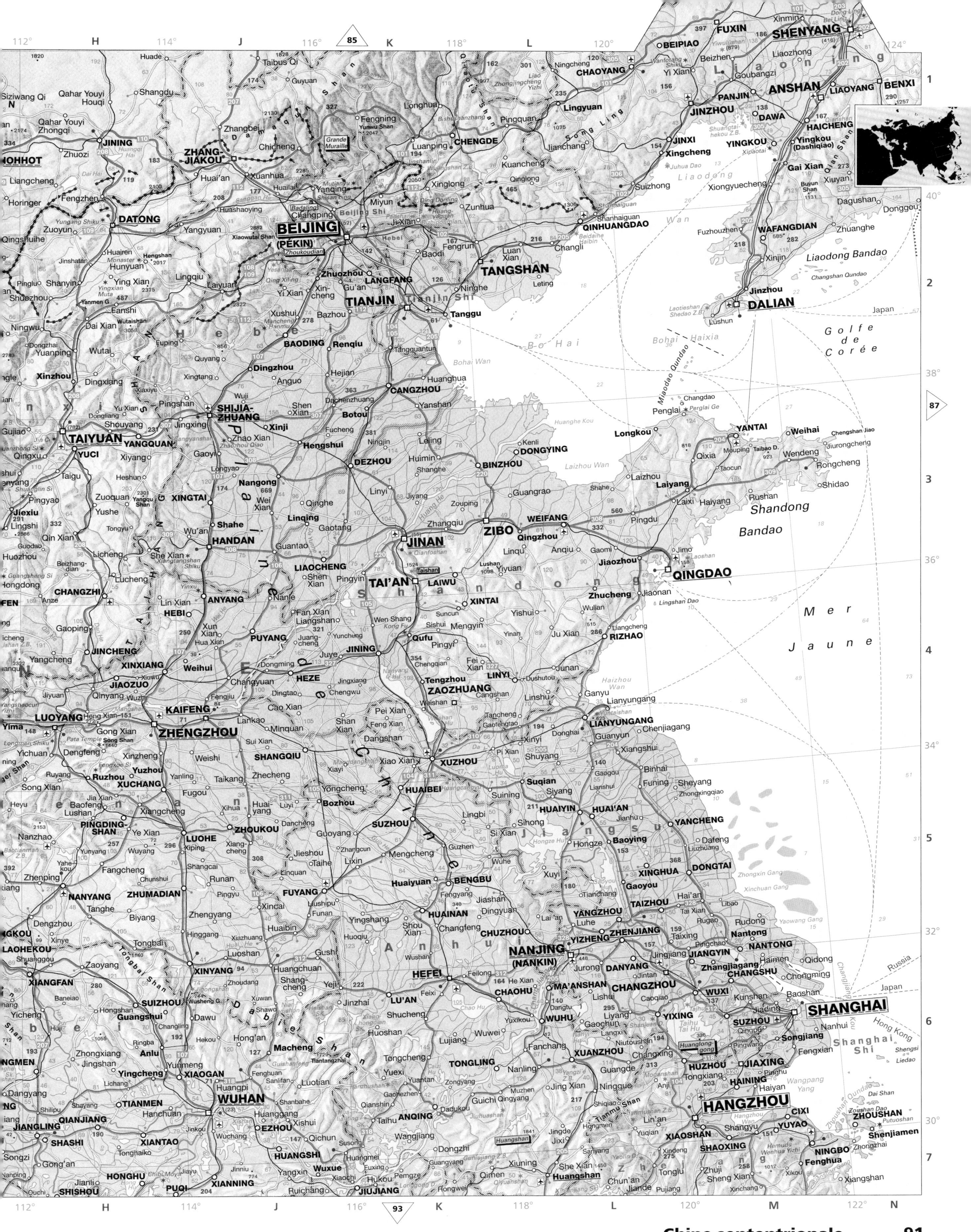

BEIJING (PÉKIN)
TIANJIN
SHENYANG
ANSHAN
BENXI
LIAOYANG
HAICHENG
FUXIN
BEIPIAO
CHAOYANG
JINZHOU
PANJIN
YINGKOU
DAWA
JINXI
Xingcheng
Suizhong
QINHUANGDAO
CHENGDE
ZHANGJIAKOU
JINING
HOHHOT
DATONG
TANGSHAN
LANGFANG
Tanggu
BAODING
SHIJIAZHUANG
TAIYUAN
YANGQUAN
YUCI
XINGTAI
HANDAN
ANYANG
CHANGZHI
JINCHENG
HEBI
XINXIANG
JIAOZUO
LUOYANG
KAIFENG
ZHENGZHOU
CANGZHOU
DEZHOU
JINAN
ZIBO
WEIFANG
QINGDAO
YANTAI
Weihai
DONGYING
BINZHOU
LIAOCHENG
TAI'AN
LAIWU
XINTAI
PUYANG
JINING
HEZE
LINYI
RIZHAO
ZAOZHUANG
LIANYUNGANG
XUZHOU
SHANGQIU
HUAIBEI
SUZHOU
BENGBU
HUAINAN
HEFEI
CHUZHOU
NANJING (NANKIN)
YANGZHOU
ZHENJIANG
TAIZHOU
YANCHENG
DONGTAI
NANTONG
WUXI
CHANGZHOU
SUZHOU
SHANGHAI
JIAXING
HUZHOU
HANGZHOU
SHAOXING
NINGBO
ZHOUSHAN
WUHAN
XIAOGAN
XIANGFAN
NANYANG
PINGDINGSHAN
XUCHANG
LUOHE
ZHOUKOU
ZHUMADIAN
XINYANG
FUYANG
LU'AN
ANQING
TONGLING
WUHU
MA'ANSHAN
HUANGSHI
JIUJIANG
XIANNING
HONGHU
SHASHI
JIANGLING
DALIAN
WAFANGDIAN
Liaodong Bandao
Shandong Bandao
Golfe de Corée
Mer Jaune
Bo Hai
Bohai Wan
Laizhou Wan
Liaodong Wan
Bohai Haixia
Hebei
Shandong
Jiangsu
Anhui
Henan
Shanxi
Liaoning
Shanghai Shi
Tianjin Shi
Beijing Shi
Grande Muraille
Japan
Russia
Hong Kong
112°
114°
116°
118°
120°
122°
124°
40°
38°
36°
34°
32°
30°
H
J
K
L
M
N
1
2
3
4
5
6
7
85
87
93

Échelle 1 : 4 500 000 — 0 40 80 120 160 200 kilomètres

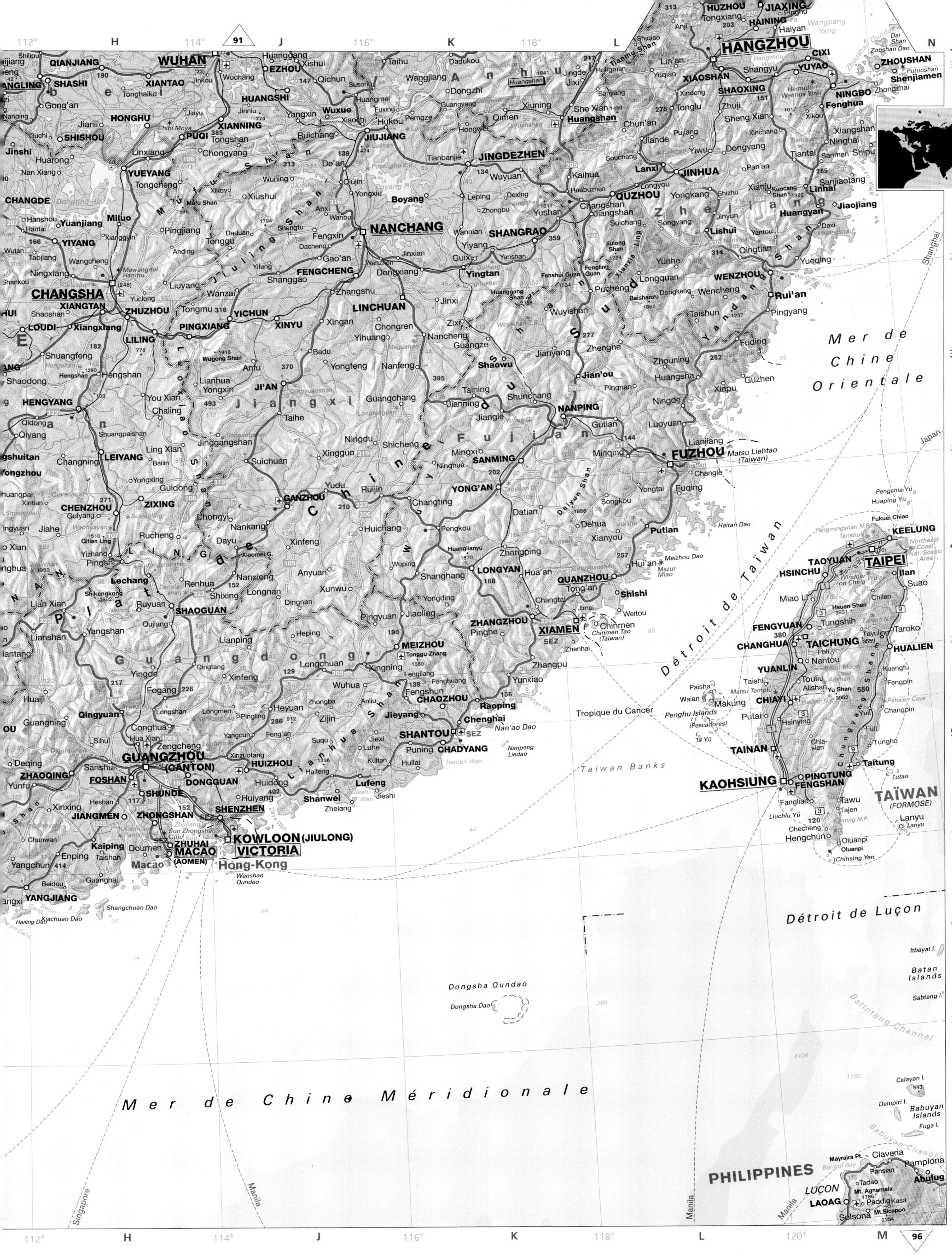

112° H 114° 91 J 116° K 118° L N
1 2 3 4 5 6 7
30° 28° 26° 24° 22° 20° 18°
HUZHOU JIAXING Tongxiang HAINING Haiyan
HANGZHOU CIXI ZHOUSHAN Shenjiamen
WUHAN QIANJIANG SHASHI XIANTAO EZHOU Xishui Taihu Huanggang
HUANGSHI Qichun Wangjiang Dadukou Dongzhi Jixi Lin'an XIAOSHAN YUYAO
SHAOXING NINGBO Fenghua Zhongzhai Shangyu
HONGHU XIANNING Jiayu Wuxue Yangxin Hukou JIUJIANG Qimen Xiuning She Xian Huangshan Chun'an
PUQI Tongshan SHISHOU Jinshi Chongyang Ruichang De'an JINGDEZHEN Tonglu Zhuji Sheng Xian Xiangshan Ninghai
Huarong YUEYANG Tongcheng Linxiang Wuning Jiande Pujiang Yiwu Dongyang Tiantai Sanmen
Nan Xiang CHANGDE Xiushui Boyang Wuyuan Lanxi JINHUA Pan'an Linhai
Miluo Yuanjiang YIYANG Pingjiang NANCHANG Leping Dexing Kaihua QUZHOU Yongkang Huangyan Jiaojiang
Tonggu Fengxin SHANGRAO Changshan Jiangshan Lishui
Gao'an Jinxian Yiyang Guixi Yujiang Qingtian Yueqing
Ningxiang CHANGSHA Liuyang Shanggao FENGCHENG Dongxiang Yingtan Longquan WENZHOU Rui'an
XIANGTAN ZHUZHOU Wanzai Zhangshu LINCHUAN Jinxi Pucheng Wenzheng Pingyang
LOUDI Xiangxiang PINGXIANG YICHUN XINYU Chongren Zixi Wuyishan Taishun
LILING Xingan Yihuang Nancheng Guangze Zhenghe Fuding
Shuangfeng Hengshan Anfu Badu Yongfeng Nanfeng Shaowu Jianyang Zhouning
Shaodong Lianhua Yongxin JI'AN Jian'ou Huangsha Xiapu Guzhen
HENGYANG You Xian Chaling Guangchang Taining Jianning Shunchang NANPING Ningde
Qiyang Taihe Ningdu Jiangle Gutian Luoyuan
Jinggangshan Ling Xian Suichuan Shicheng Xingguo Mingxi SANMING Minqing FUZHOU Lianjiang
Changning LEIYANG Changle Matsu Liehtao (Taiwan)
Yongxing Yudu Ruijin YONG'AN Yongtai Fuqing
CHENZHOU ZIXING GANZHOU Changting Datian Songkou
Chongyi Nankang Huichang Pengkou Dehua Putian
Dayu Xinfeng Zhangping Xianyou Haitan Dao
Lechang Nanxiong Anyuan Shanghang LONGYAN Hua'an Hui'an
Renhua Shixing Longnan Xunwu QUANZHOU Tong'an Shishi
SHAOGUAN Pingyuan Jiaoling ZHANGZHOU XIAMEN Chinmen Chinmen Tao (Taiwan) Zhenhai
Lian Xian Yangshan Lianping Heping MEIZHOU Zhangpu
Yingde Xinfeng Longchuan Xingning Yunxiao
Fogang Wuhua Fengshun CHAOZHOU Raoping
Qingyuan Heyuan Zijin Jieyang Chenghai SHANTOU Nan'ao Dao
Conghua Zengcheng HUIZHOU Puning CHAOYANG Huilai Nanpeng Liedao
GUANGZHOU (CANTON) Sanshui FOSHAN DONGGUAN Huidong Haifeng Lufeng
ZHAOQING Yunfu SHUNDE Huiyang Shanwei
JIANGMEN ZHONGSHAN SHENZHEN
KOWLOON (JIULONG) VICTORIA Hong-Kong
ZHUHAI MACAO (AOMEN) Doumen Taishan Kaiping Enping
Yangchun YANGJIANG Shangchuan Dao Hailing Dao Xiachuan Dao
Mer de Chine Orientale
Détroit de Taïwan
Tropique du Cancer
Taiwan Banks
Penghu Islands (Pescadores) Makung Paisha Waian
KEELUNG TAIPEI TAOYUAN HSINCHU Ilan Suao Miao Li
FENGYUAN CHANGHUA TAICHUNG Tungshih HUALIEN Nantou YUANLIN
CHIAYI Putai Hsinying TAINAN KAOHSIUNG PINGTUNG FENGSHAN Taitung
Yu Shan 3952
Hengchun Oluanpi
TAÏWAN (FORMOSE) Lanyu
Détroit de Luçon
Batan Islands Itbayat I. Sabtang I.
Balintang Channel
Babuyan Islands Calayan I. Dalupiri I. Fuga I.
Babuyan Channel
Dongsha Qundao Dongsha Dao
Mer de Chine Méridionale
PHILIPPINES LUÇON LAOAG Claveria Pamplona Abulug Solsona
Singapore Manila
112° H 114° J 116° K 118° L 120° M 96

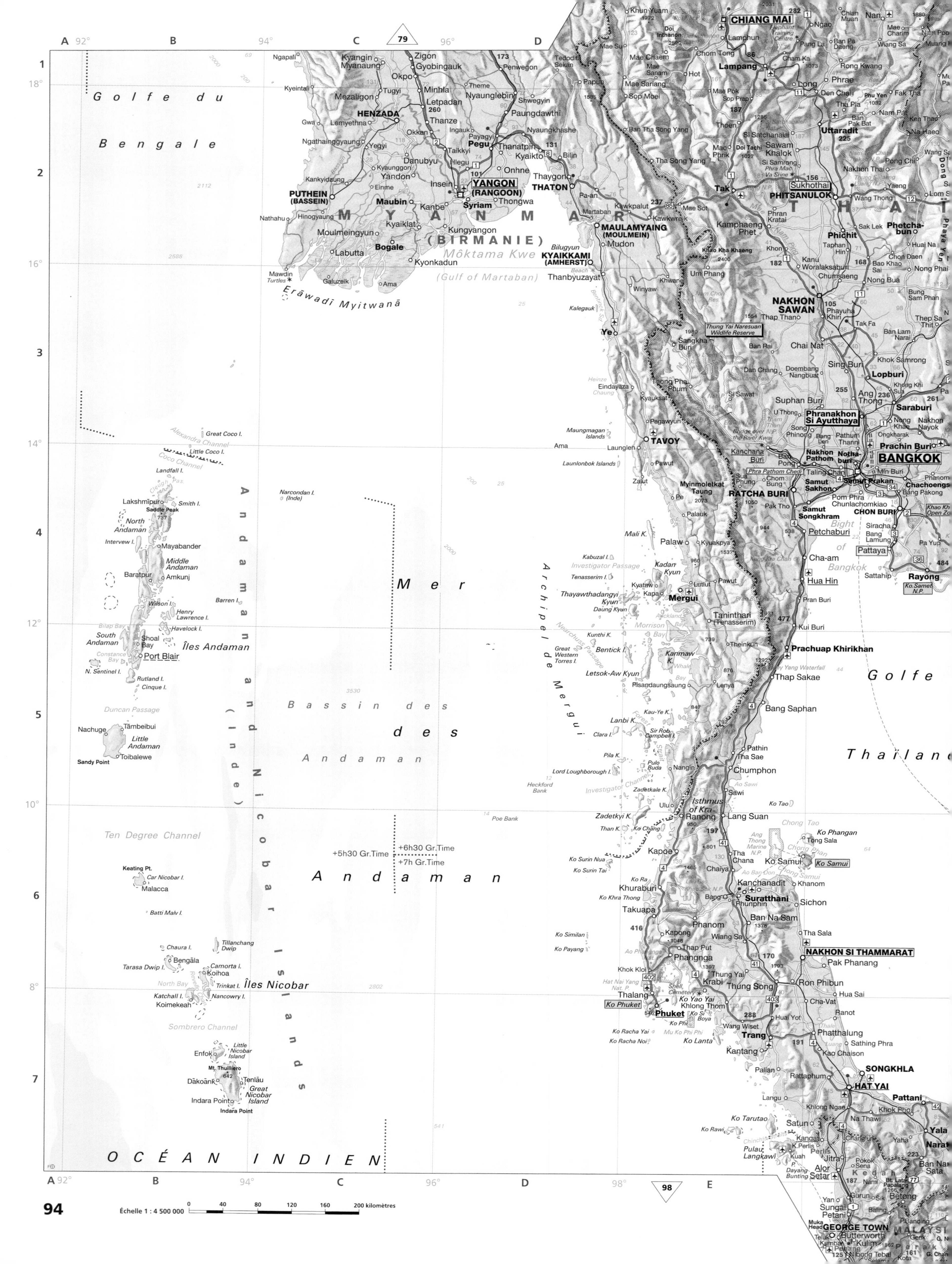

79
98
A
B
C
D
E
92°
94°
96°
98°
18°
16°
14°
12°
10°
8°
1
2
3
4
5
6
7
Golfe du Bengale
MYANMAR (BIRMANIE)
THAÏLANDE
Mer des Andaman
Bassin des Andaman
Andaman and Nicobar Islands (Inde)
Îles Andaman
Îles Nicobar
Archipel de Mergui
OCÉAN INDIEN
Golfe de Thaïlande
Môktama Kwe (Gulf of Martaban)
Erāwadī Myitwanā
Bight of Bangkok
CHIANG MAI
Doi Inthanon
Lamphun
Lampang
Khun Yuam
Mae Sariang
Mae Chaem
Chom Tong
Hot
Nan
Phrae
Long
Den Chai
Uttaradit
Thoen
Si Satchanalai
Sawankhalok
Sukhothai
Tak
PHITSANULOK
Kamphaeng Phet
Phichit
Phetchabun
Mae Sot
Um Phang
Khlong Khlung
Thung Yai Naresuan Wildlife Reserve
NAKHON SAWAN
Chumsaeng
Uthai Thani
Chai Nat
Sing Buri
Lopburi
Saraburi
Suphan Buri
Phranakhon Si Ayutthaya
Kanchanaburi
Ban Pong
Nakhon Pathom
Nonthaburi
BANGKOK
Samut Prakan
Samut Sakhon
Samut Songkhram
RATCHA BURI
Petchaburi
Cha-am
Hua Hin
CHON BURI
Pattaya
Sattahip
Rayong
Pran Buri
Kui Buri
Prachuap Khirikhan
Thap Sakae
Bang Saphan
Pathiu
Tha Sae
Chumphon
Sawi
Lang Suan
Ranong
Isthmus of Kra
Kapoe
Chaiya
Ko Samui
Ko Phangan
Ko Tao
Kanchanadit
Suratthani
Phunphin
Khanom
Sichon
Ban Na Sam
Phanom
Takuapa
Khuraburi
Phangnga
NAKHON SI THAMMARAT
Pak Phanang
Krabi
Thung Song
Ron Phibun
Thalang
Ko Phuket
Phuket
Ko Lanta
Trang
Kantang
Phatthalung
SONGKHLA
HAT YAI
Pattani
Yala
Satun
Ko Tarutao
Pulau Langkawi
Kangar
Perlis
Alor Setar
Kedah
GEORGE TOWN
Butterworth
MALAYSIA
Zigon
Gyobingauk
Okpo
Minhla
Letpadan
Nyaunglebin
Shwegyin
Paungdawthi
Henzada
Thanze
Pegu
Kyaikto
Bilin
Taikkyi
Hlegu
Yandon
Danubyu
Insein
YANGON (RANGOON)
Syriam
Thongwa
Maubin
Kanbe
Kyaiklat
Kungyangon
Bogale
Kyonkadun
Labutta
Moulmeingyun
PUTHEIN (BASSEIN)
Nathahu
Hinogyaung
Ngapali
Kyeintali
Gwa
Ngathainggyaung
Mawdin
Galuzeik
Ama
Thaton
Thaygon
Pa-an
Kawkpalut
Kawkareik
MAULAMYAING (MOULMEIN)
Mudon
KYAIKKAMI (AMHERST)
Thanbyuzayat
Ye
Kalegauk
Eindayaza
Kyaukse
Pagawyun
TAVOY
Launglen
Ama
Pawut
Zalut
Myinmoletkat Taung
Palaw
Kyaukpya
Mergui
Kadan Kyun
Taninthari (Tenasserim)
Theinkun
Lenya
Pisandaungsaung
Kawthaung
Great Coco I.
Little Coco I.
Coco Channel
Landfall I.
North Andaman
Middle Andaman
Mayabander
Baratpur
Amkunj
South Andaman
Port Blair
Havelock I.
N. Sentinel I.
Rutland I.
Cinque I.
Duncan Passage
Little Andaman
Nachuge
Tambeibui
Toibalewe
Sandy Point
Ten Degree Channel
Car Nicobar I.
Malacca
Keating Pt.
Batti Malv I.
Chaura I.
Tillanchang Dwip
Bengāla
Tarasa Dwip I.
Camorta I.
Koihoa
Trinkat I.
Nancowry I.
Katchall I.
Koimekeah
North Bay
Sombrero Channel
Little Nicobar Island
Enfok
Mt. Thuilliero
Great Nicobar Island
Dākoānk
Tenlāu
Indara Pointo
Indara Point
Narcondam I. (Inde)
+5h30 Gr.Time
+6h30 Gr.Time
+7h Gr.Time
Mali K.
Ko Surin Nua
Ko Surin Tai
Ko Similan
Ko Payang
Ko Racha Yai
Ko Racha Noi

Échelle 1 : 4 500 000 — 0, 40, 80, 120, 160, 200 kilomètres

G
H
J
K
L
104°
106°
108°
110°
112°
92
99
+7h Gr. Time
+8h Gr. Time
Hai Phong
Vinh
Singapore
1
2
3
4
5
6
7
18°
16°
14°
12°
10°
8°
Hainan Dao
(Chine)
Sanya
Yacheng
VIÊT - NAM
LAOS
CAMBODGE
THAÏLANDE
MER DE CHINE MÉRIDIONALE
VIANGCHAN
(VIENTIANE)
Nong Khai
Ban Chiang
KHON KAEN
Kalasin
Maha Sarakham
Roi Et
Yasothon
Mukdahan
Savannakhét
Sakhonnakhon
Nakhonphanom
Thakhek
Muang Khammouan
Paksan
Hà Tĩnh
Kỳ Anh
Đồng Hới
Đông Hà
HUẾ
DÀ NẴNG
Hội An
Tam Kỳ
Quảng Ngãi
Crescent Group
Xishaqundao
(Paracel Is.)
UBON RATCHATHANI
Warin Chamrap
Si Sa Ket
Surin
Buri Ram
Pakxé
Champasak
Saravan
Attapu
Plateau des Bolovens
Kon Tum
Plây Ku
QUY NHƠN
Tuy Hòa
NHA TRANG
Buôn Ma Thuột
Đà Lạt
Phan Rang-Tháp Chàm
Phan Thiết
Aranyaprathet
Sisŏphŏn
Siĕmréap
Angkor Vat
Bătdâmbâng
Poŭthĭsăt
Kâmpóng Thum
Kâmpóng Chhnăng
Kâmpóng Cham
Krâchéh
Stœng Trêng
PHNUM PÉNH
Kâmpôt
Kaôh Kŏng
T. P. HỒ CHÍ MINH
(SAIGON)
THỦ DẦU MỘT
BIÊN HÒA
VŨNG TÀU
MỸ THO
Bến Tre
LONG XUYÊN
Châu Đốc
Hà Tiên
Rạch Giá
CẦN THƠ
Vĩnh Long
Trà Vinh
Sóc Trăng
Cà Mau
Minh Hải
Đảo Phú Quốc
Côn Đảo
Cửa Sông Cửu Long
(Mouths of the Mekong)
Phú Quý
(Cù Lao Thu)
Yusun Shoal
Roualist Bank
Alexander Bank
Riffleman Bank
Scawfell Bank
Vanguard Bank
Charlotte Bank
KOTA BHARU

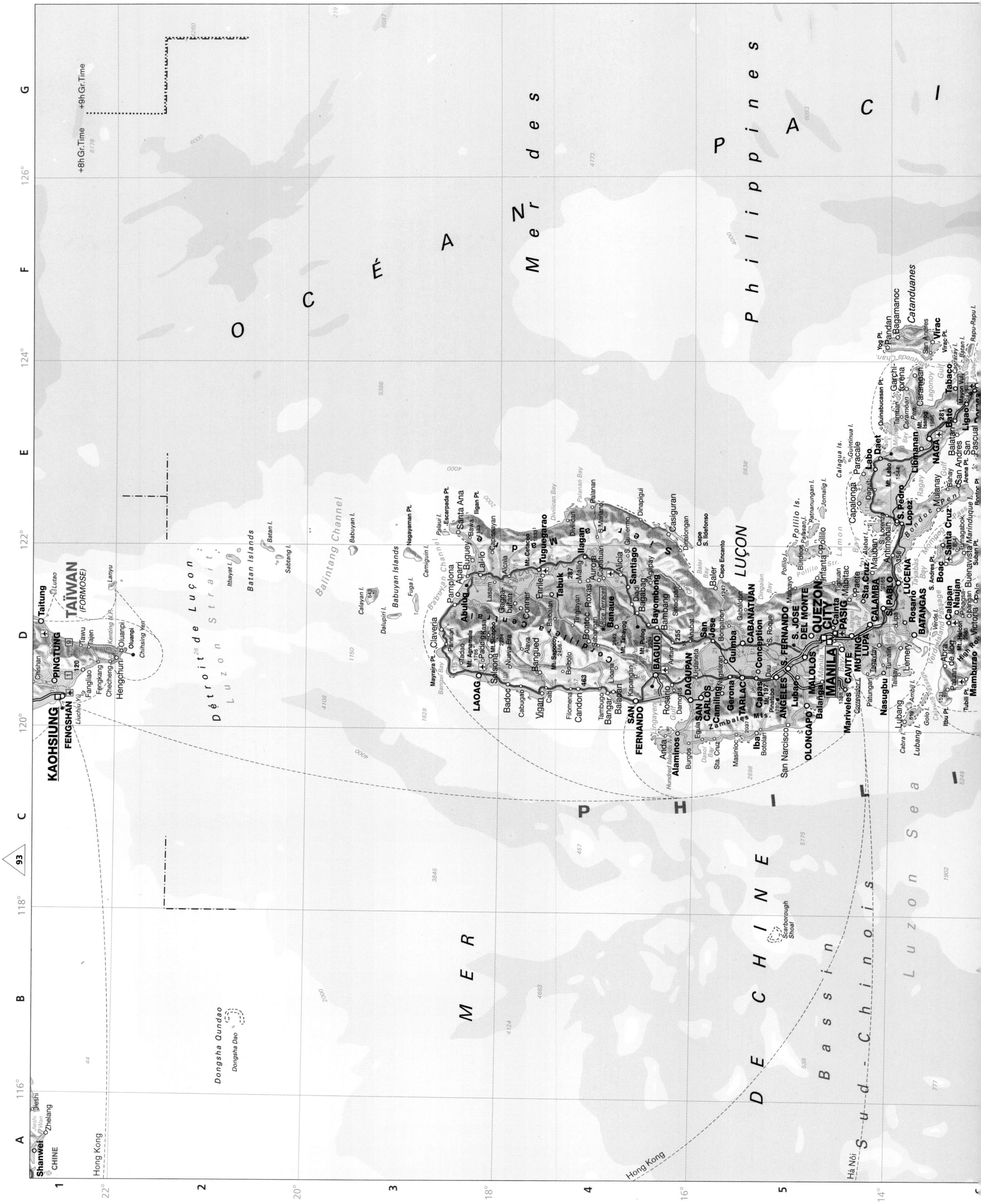
OCÉAN PACIFIQUE
Mer des Philippines
MER DE CHINE MÉRIDIONALE
Bassin Sud-Chinois
Luzon Sea
Détroit de Luçon
Luzon Strait
Balintang Channel
Babuyan Channel
TAÏWAN (FORMOSE)
KAOHSIUNG
PINGTUNG
FENGSHAN
Taitung
Hengchun
Batan Islands
Babuyan Islands
Dongsha Qundao
Scarborough Shoal
LUÇON
LAOAG
Vigan
Tuguegarao
Ilagan
Santiago
BAGUIO
SAN FERNANDO
DAGUPAN
TARLAC
ANGELES
CABANATUAN
OLONGAPO
MALOLOS
QUEZON CITY
MANILA
PASIG
CAVITE
MUTINLUPA
CALAMBA
S. PABLO
LUCENA
BATANGAS
Calapan
NAGA
Legazpi
Catanduanes
Virac
Hong Kong
Hà Nội
CHINE
+8h Gr.Time
+9h Gr.Time

Échelle 1 : 4 500 000 — 0 — 40 — 80 — 120 — 160 — 200 kilomètres

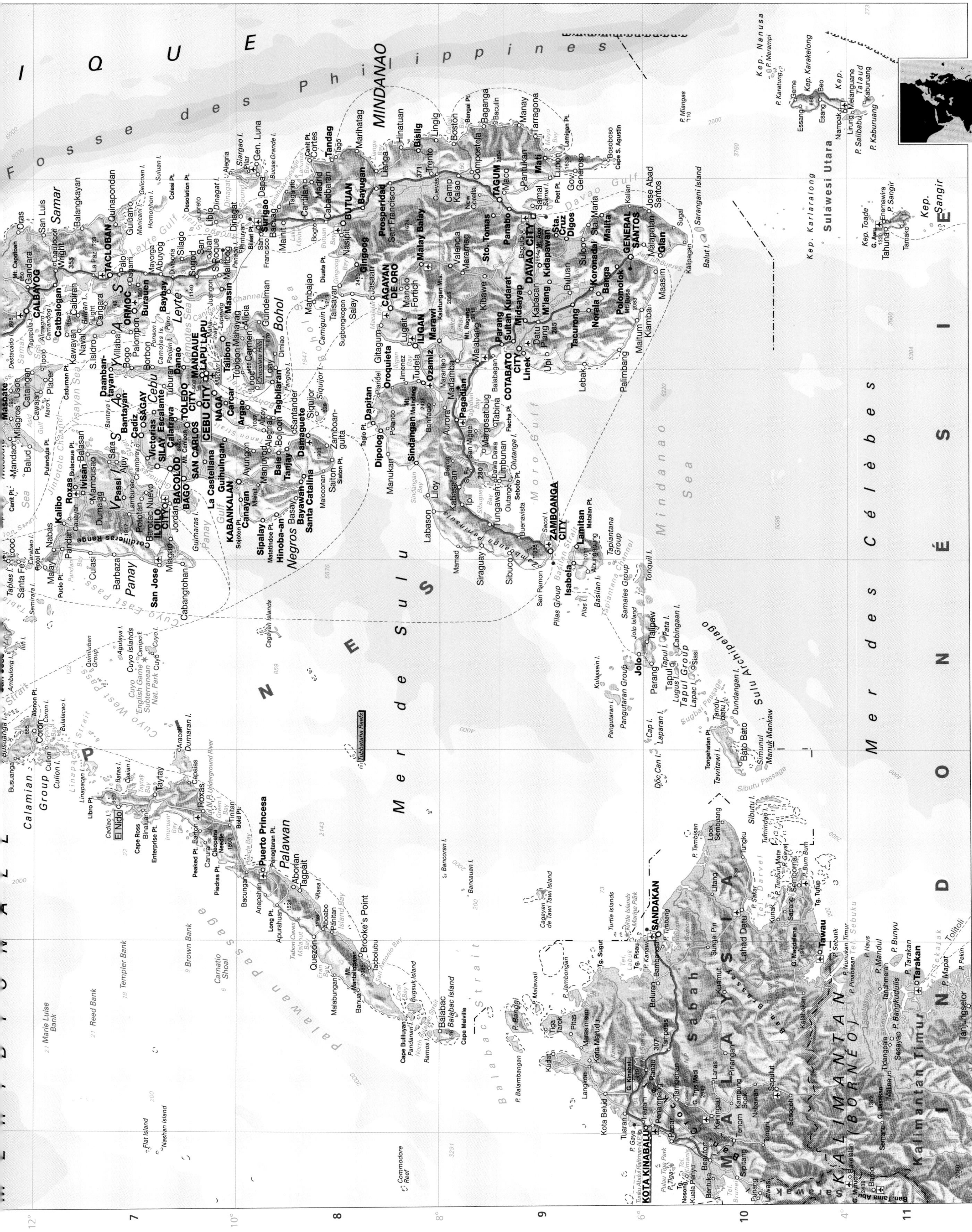
Fosse des Philippines
Mer de Sulu
Mer des Célèbes
Mindanao Sea
Moro Gulf
Davao Gulf
MINDANAO
Samar
Leyte
Bohol
Cebu
Negros
Panay
Palawan
Sabah
MALAYSIA
KALIMANTAN (BORNEO)
INDONÉSIE
Sulu Archipelago
Calamian Group
Cuyo Islands
Balabac Strait
ZAMBOANGA CITY
DAVAO CITY
CEBU CITY
ILOILO CITY
BACOLOD
TACLOBAN
CAGAYAN DE ORO
GENERAL SANTOS
COTABATO CITY
BUTUAN
Puerto Princesa
KOTA KINABALU
SANDAKAN
Tawau
Jolo
Kep. Sangir
Kep. Talaud
Sulawesi Utara
100
101

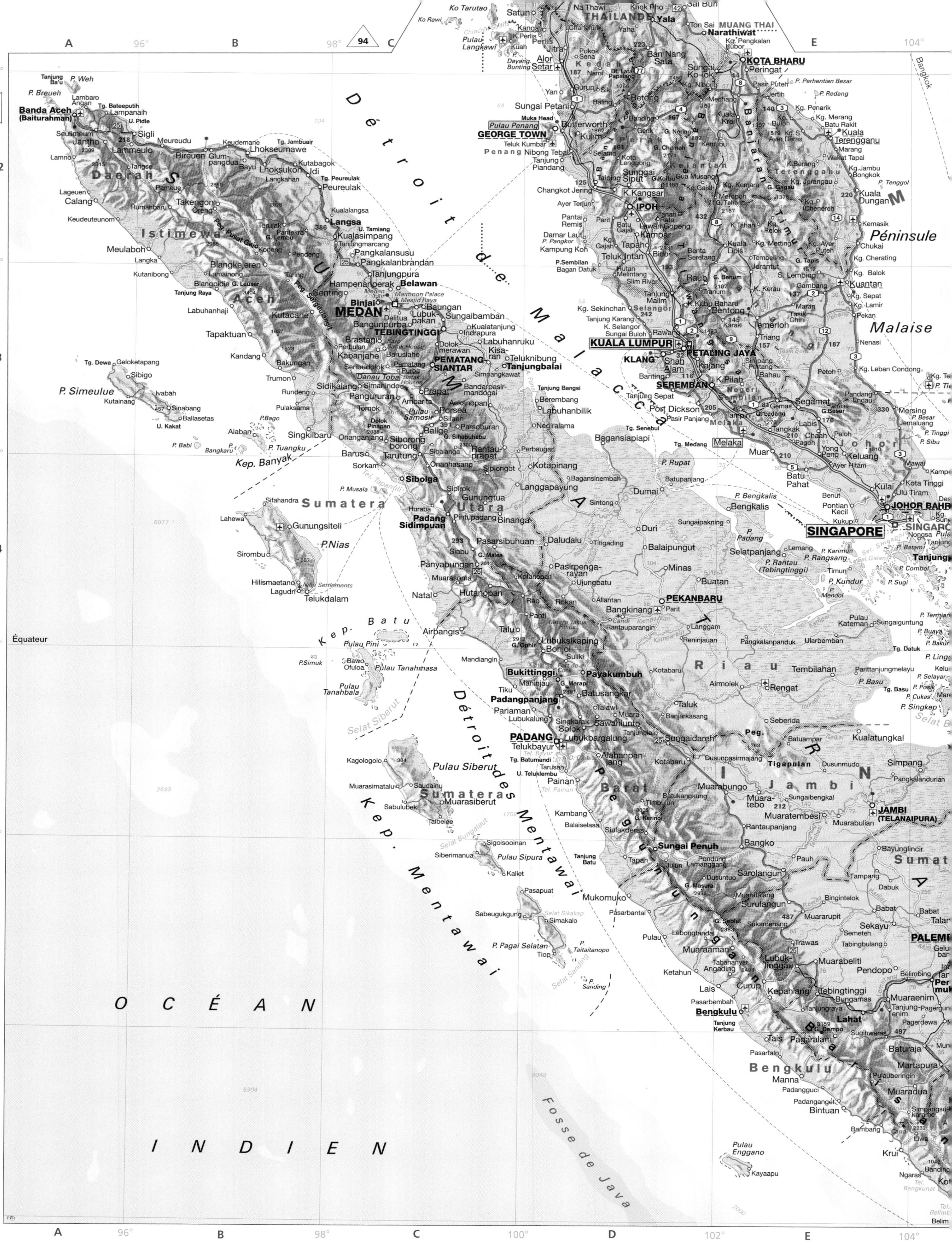

Échelle 1 : 4 500 000 — 0 40 80 120 160 200 kilomètres

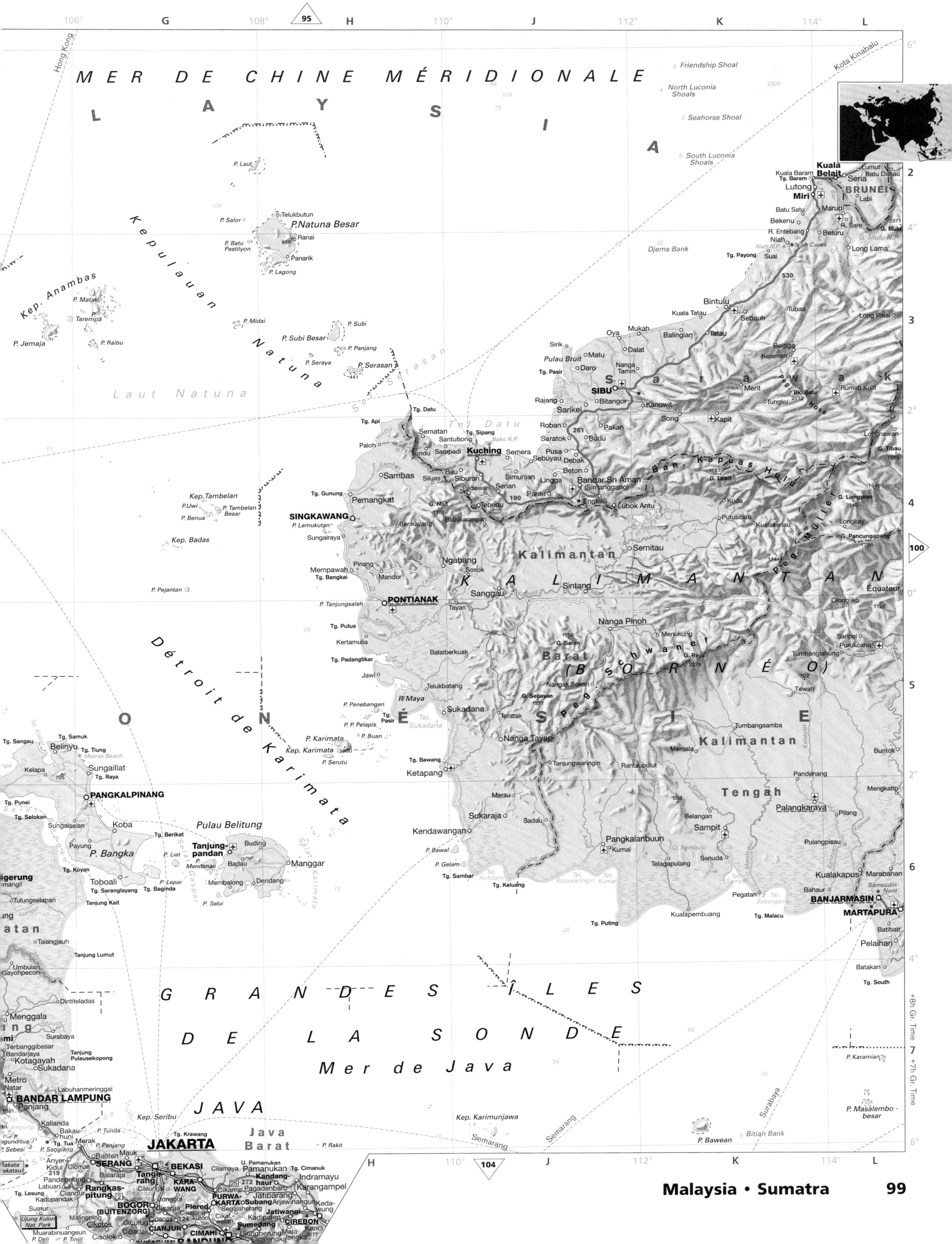

95
106°
G
108°
H
110°
J
112°
K
114°
L
Hong Kong
Kota Kinabalu
MER DE CHINE MÉRIDIONALE
L A Y S I A
Friendship Shoal
North Luconia Shoals
Seahorse Shoal
South Luconia Shoals
Djems Bank
P. Laut
P. Salor
Telukbutun
P.Natuna Besar
Ranai
P. Batu Pestilyon
Panarik
P. Lagong
Kepulauan Natuna
Kep. Anambas
P. Matak
P. Tarempa
P. Jemaja
P. Raibu
P. Midai
P. Subi
P. Subi Besar
P. Panjang
P. Seraya
P. Serasan
Sel. Serasan
Laut Natuna
Kep.Tambelan
P.Uwi
P. Tambelan Besar
P. Benua
Kep. Badas
P. Pejantan
Kuala Belait
Kuala Baram
Tg. Baram
Seria
Lutong
Miri
BRUNEI
Labi
Batu Satu
Marudi
Bekenu
R. Entebang
Beluru
Niah
Niah Caves
Long Lama
Tg. Payong
Suai
Bintulu
Kuala Tatau
Sebauh
Tatau
Tubau
Long Palai
Mukah
Oya
Balingian
Dalat
Sirik
Pulau Bruit
Matu
Daro
Nanga Tamin
Tg. Pasir
SIBU
Bitangor
Kanowit
Rajang
Sarikei
Sarawak
Belaga
Kejaman
Merit
Tungku
Bk. Batu
Rumah Kulit
Peg. Hose
Song
Kapit
Long Linawan
G. Tibau
Tg. Datu
Tg. Api
Tel. Datu
Sematan
Tg. Sipang
Santubong
Bako N.P.
Roban
Pakan
Saratok
Budu
Paloh
Lundu
Sampadi
Kuching
Semera
Pusa
Sebuyau
Debak
Beton
Bau
Siluas
Siburan
Simunjan
Sambas
Lingga
Bandar Sri Aman (Simanggang)
Padawan
Serian
Pantu
Engkilili
Lubok Antu
Tg. Gunung
Pemangkat
G. Niut
Tebedu
Ban. Kapuas Hulu
G. Lawit
Kuda
G. Liangpran
SINGKAWANG
P. Lemukutan
Sungairaya
Benkayang
Balaikarangan
Putusibau
Kualakerjau
Longkay
G. Pancungapang
Peg. Müller
Kalimantan
Semitau
Mempawah
Tg. Bangkai
Pinang
Mandor
Ngabang
Sosok
KALIMANTAN
Sintang
Équateur
Sanggau
PONTIANAK
Tayan
P. Tanjungsaleh
Olongliko
Nanga Pinoh
Menukung
Tg. Putus
Kertamulia
G. Saran
Sanpai
Purukcahu
Balaiberkuak
Tg. Padangtikar
Barat (BORNÉO)
Peg. Schwaner
G. Raya
Tumbanglahung
Jawi
Nangak Sokan
Tewah
Telukbatang
G. Sebayan
P. Maya
P. Penebangan
Sukadana
Tg. Pasir
Tel. Sukadana
Teratak
P. P. Pelapis
P. Buan
Nanga Tayap
Jumbangsamba
P. Karimata
Kep. Karimata
P. Serutu
Memala
Kalimantan Tengah
Buntok
Tg. Bawang
Ketapang
Tanjungwaringin
Rantaupulut
Pandehang
Mengkatip
Marau
Sukaraja
Sadau
Belangan
Palangkaraya
Pilang
Kendawangan
Sampit
Pangkalanbuun
Kumai
Pulangpisau
P. Bawal
P. Gelam
Tg. Sambar
Telagapulang
Senuda
Kualakapus
Marabahan
Tg. Keluang
Tel. Kotawaringin
Tel. Kumai
Bahaur
Pegatan
Tel. Sebangan
BANJARMASIN
MARTAPURA
Tg. Puting
Kualapembuang
Tg. Malacu
Batibati
Pelaihari
Batakan
Tg. South
Tg. Sangau
Tg. Samuk
Belinyu
Tg. Tiung
Matras Beach
Sungailiat
Kelapa
Tg. Raya
PANGKALPINANG
Détroit de Karimata
Tg. Punei
Tg. Selokan
Sungaiselan
Koba
Pulau Belitung
Tg. Berikat
Tanjung-pandan
Buding
Payung
P. Bangka
P. Liat
P. Mendanau
Badau
Manggar
Tg. Koyan
Membalong
Dendang
Toboali
P. Lepar
Tg. Saranglayang
Tg. Baginda
Selat Gaspar
Selat Karimata
P. Selui
Tulungselapan
Tanjung Kait
Talangjauh
Tanjung Lumut
Umbulan
Gayohpecoh
Dinititeladas
Menggala
Surabaya
Terbanggibesar
Bandarjaya
Kotagayah
Sukadana
Tanjung Pulausekopong
Metro
Natar
Labuhanmeringgai
BANDAR LAMPUNG
Panjang
GRANDES ÎLES DE LA SONDE
Mer de Java
JAVA
Kep. Seribu
Kalianda
Bakau
Tg. Krawang
Java Barat
Kep. Karimunjawa
P. Karamian
P. Masalembo-besar
Bitian Bank
P. Bawean
Semarang
Surabaya
P. Tunda
Merak
P. Panjang
JAKARTA
P. Rakit
U. Pamanukan
Tg. Cimanuk
Banten
SERANG
Tangerang
BEKASI
Cilamaya
Pamanukan
Indramayu
Kandanghaur
Karangampel
Anyer
Kidul
Cilegon
Pandeglang
Balaraja
Rangkasbitung
KARAWANG
Pagadenbaru
Jatibarang
Labuan
Cikampek
PURWAKARTA
Subang
Arjawinangun
Kedawung
Jatiwangi
Tg. Lesung
Kadupandak
BOGOR (BUITENZORG)
Plered
Sumur
Ujung Kulon Nat. Park
Cikotok
Sumedang
CIREBON
Kadipaten
CIANJUR
Cicurug
Cibadak
CIMAHI
Cisolok
P. Deli
P. Tinjil
Muarabinuangeun
104
100
+8h Gr. Time
+7h Gr. Time

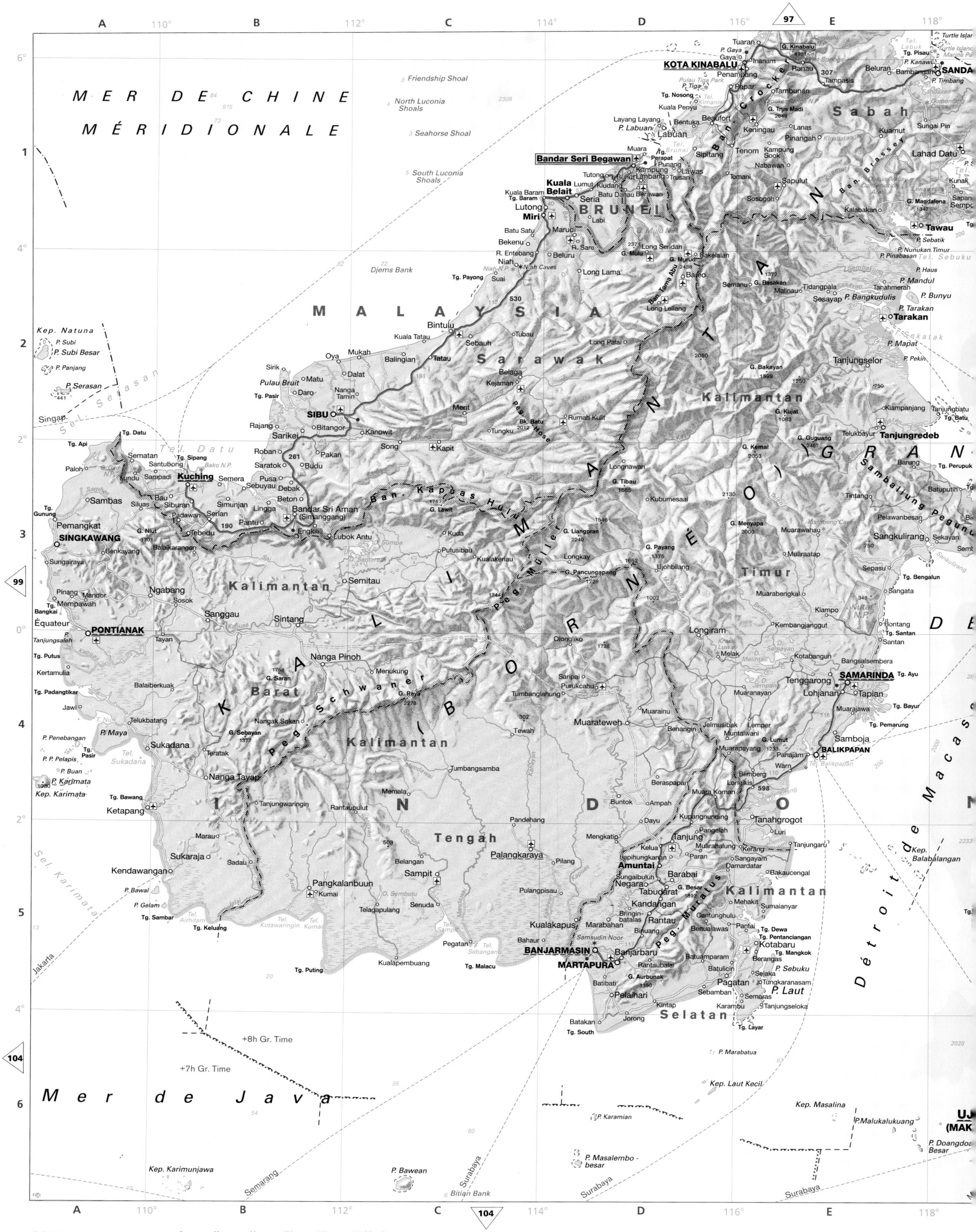
MER DE CHINE MÉRIDIONALE
Friendship Shoal
North Luconia Shoals
Seahorse Shoal
South Luconia Shoals
Djems Bank
KOTA KINABALU
G. Kinabalu
Sabah
SANDAKAN
Lahad Datu
Tawau
Bandar Seri Begawan
BRUNEI
Kuala Belait
Seria
Miri
Labuan
M A L A Y S I A
Sarawak
Bintulu
Sibu
Kuching
Sarikei
Kapit
Kep. Natuna
P. Subi
P. Subi Besar
P. Serasan
Tg. Datu
SINGKAWANG
PONTIANAK
Équateur
Kalimantan Barat
Kalimantan Tengah
Kalimantan Timur
Kalimantan Selatan
Kalimantan
K A L I M A N T A N
(B O R N É O)
I N D O N É S I E
Peg. Schwaner
Peg. Müller
Ban. Kapuas Hulu
Peg. Meratus
Sintang
Nanga Pinoh
Sanggau
Ketapang
Kep. Karimata
Pangkalanbuun
Sampit
Palangkaraya
BANJARMASIN
MARTAPURA
Amuntai
Barabai
Kotabaru
P. Laut
Tanjungselor
Tarakan
Tanjungredeb
SAMARINDA
Tenggarong
BALIKPAPAN
Détroit de Macassar
Kep. Balabalangan
Kep. Laut Kecil
Kep. Masalina
P. Masalembo-besar
P. Bawean
Kep. Karimunjawa
Mer de Java
+8h Gr. Time
+7h Gr. Time
Jakarta
Semarang
Surabaya
Bitian Bank
97
99
104
A
B
C
D
E
110°
112°
114°
116°
118°
6°
4°
2°
0°
1
2
3
4
5
6

Échelle 1 : 4 500 000

0 40 80 120 160 200 kilomètres

PHILIPPINES
Mindanao Sea
MINDANAO
GENERAL SANTOS
Jolo
Sulu Archipelago
Tapul Group
Tawitawi I.
Sarangani Island
Kep. Nanusa
Kep. Karakelong
Kep. Talaud
Kep. Karlaralong
Fosse des Philippines
Mer des Célèbes
Bassin des Célèbes
P. Sangir
Kep. Sangir
P. Tahulandang
P. Biaro
P. Morotai
P. Halmahera
Ternate
P. Tidore
P. Makian
P. Bacan
Bacan
Kep. Widi
P. Obi
P. Mangole
Kep. Sula
P. Taliabu
P. Sanana
ÎLES DE LA SONDE
Sulawesi Utara
MANADO
Minahasa
Semenanjung
GORONTALO
Limboto
Kotamobagu
Kep. Togian
Tel. Tomini
Mer des Moluques
MOLUQUES
P. Peleng
Kep. Banggai
Kep. Bowokan
Tel. Tolo
Sulawesi Tengah
PALU
Donggala
Poso
Sulawesi
Sulawesi Selatan
Makale
Palopo
Masamba
Malili
Kolonedale
Kendari
Sulawesi Tenggara
P. Wowoni
P. Buton
P. Muna
Kep. Tukangbesi
Teluk Bone
Watampone (Bone)
REPARE
Pinrang
Takalar
Jeneponto
Bulukumba
Sinjai
P. Selayar
P. Kabaena
Bau-Bau
Raha
Maluku
Bassin de Banda Septentrional
Mer de Banda
Mer de Céram
P. Buru
Namlea
P. Seram (Ceram)
P. Ambon
AMBON
P. Manipa
Kep. Lucipara
Kep. Penyu
+ 8h Gr.Time
+ 9h30 Gr.Time
120°
122°
124°
126°
128°
97
102
104

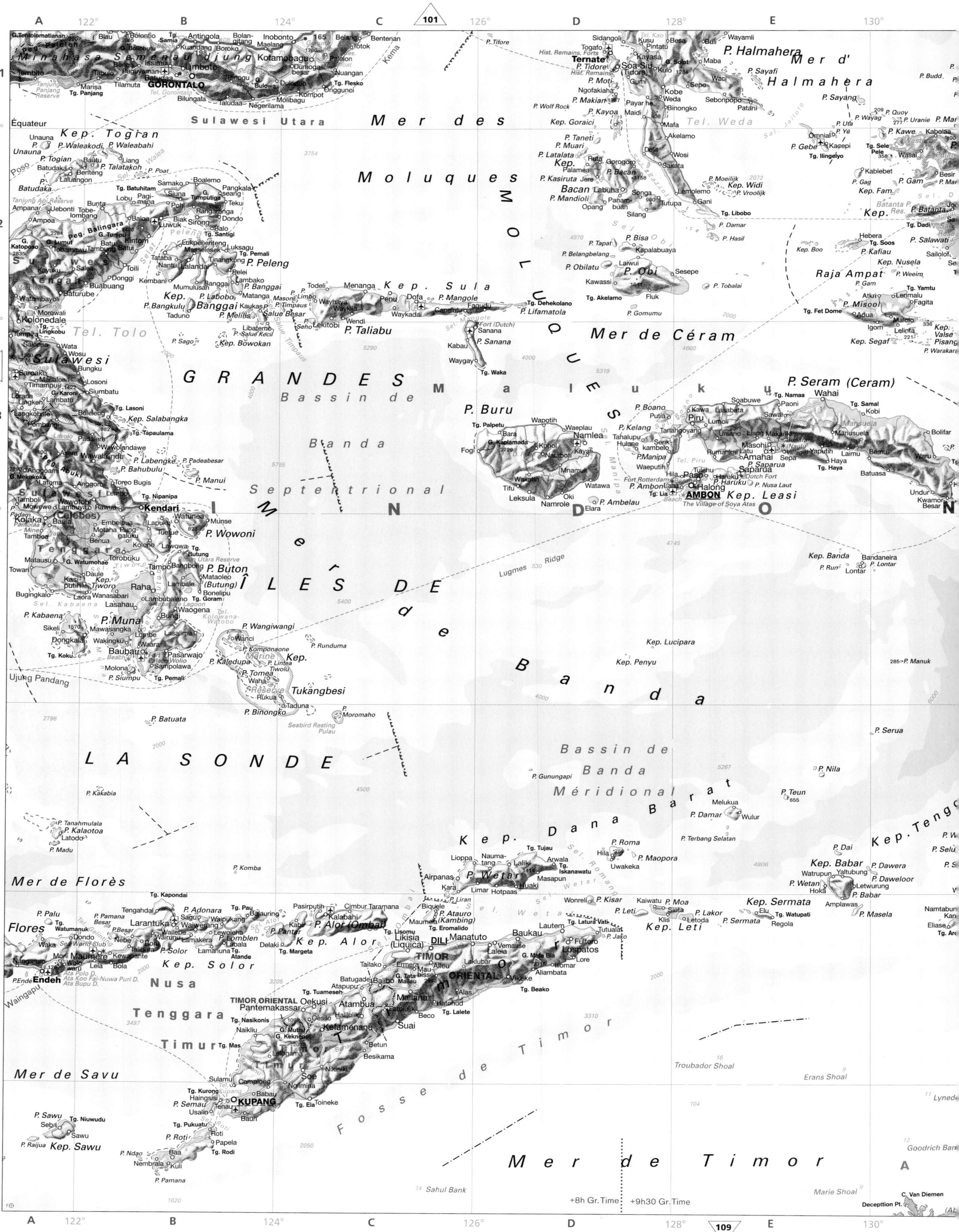

Échelle 1 : 4 500 000 — 0 40 80 120 160 200 kilomètres

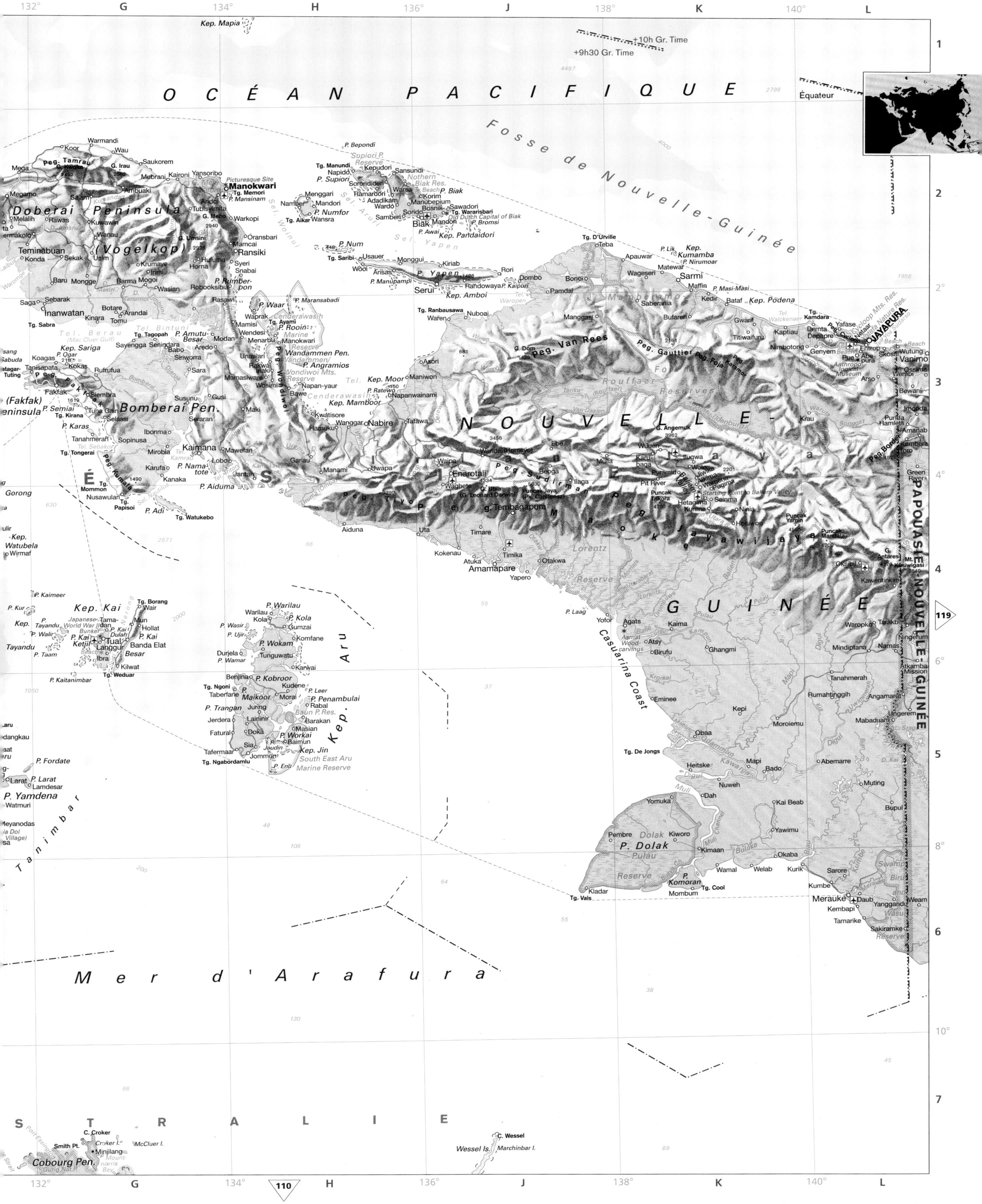

OCÉAN PACIFIQUE
Fosse de Nouvelle-Guinée
Équateur
+10h Gr. Time
+9h30 Gr. Time
Doberai Peninsula
(Vogelkop)
Manokwari
Sorong
Biak
Tg. D'Urville
Sarmi
Serui
Kep. Amboi
Jayapura
Vanimo
Bomberai Pen.
Fakfak
Kaimana
Nabire
Enarotali
Peg. Van Rees
Peg. Gauttier
Peg. Sudirman
Puncak Jaya
Peg. Jayawijaya
Tembagapura
Timika
Amamapare
Agats
Casuarina Coast
Kep. Kai
Tual
Kep. Aru
Dobo
South East Aru Marine Reserve
P. Yamdena
Tanimbar
P. Dolak
Merauke
Tg. Vals
PAPOUASIE-NOUVELLE-GUINÉE
NOUVELLE-GUINÉE
Mer d'Arafura
AUSTRALIE
Cobourg Pen.
Wessel Is.
C. Wessel
132°
134°
136°
138°
140°
G
H
J
K
L
119
110

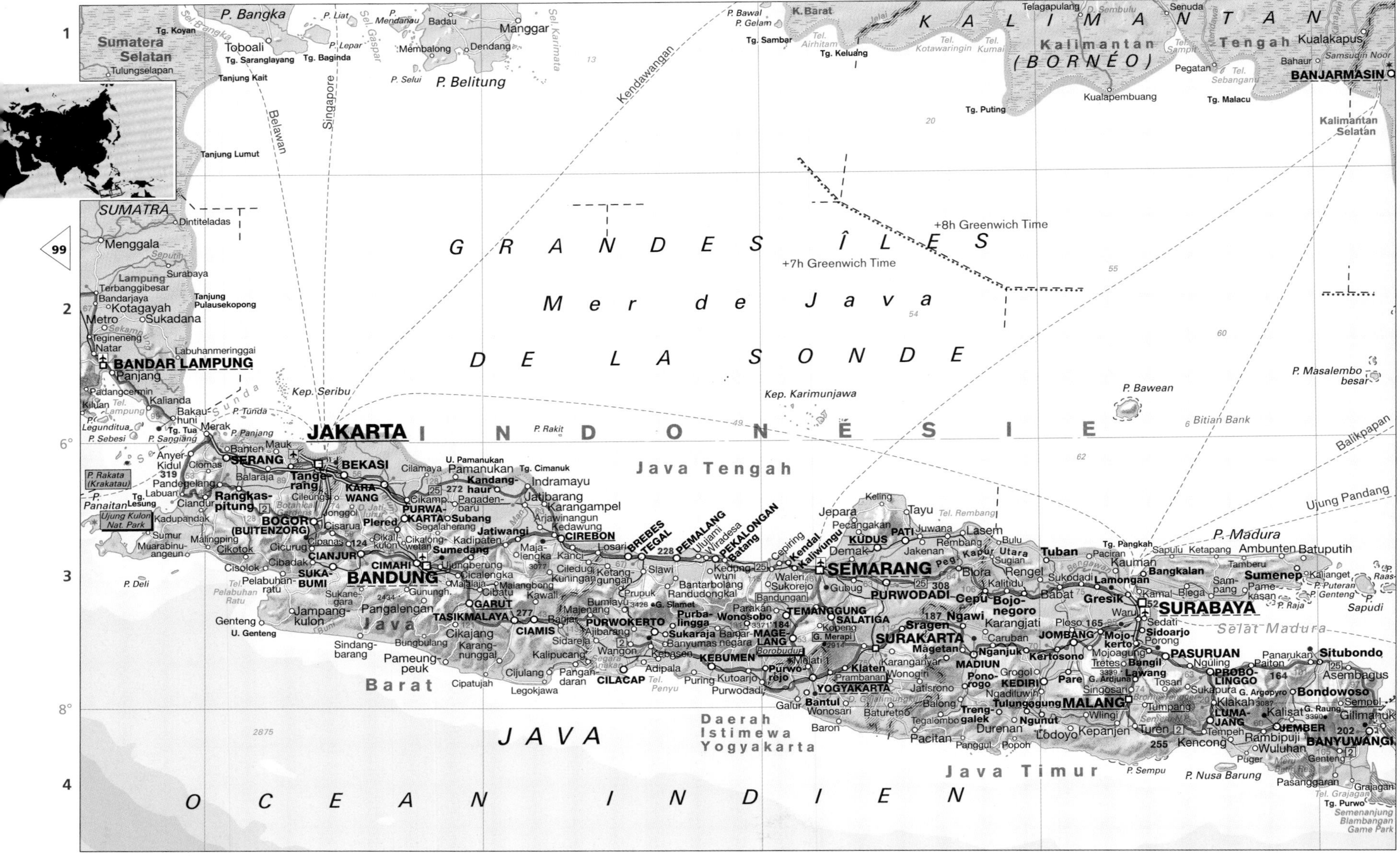

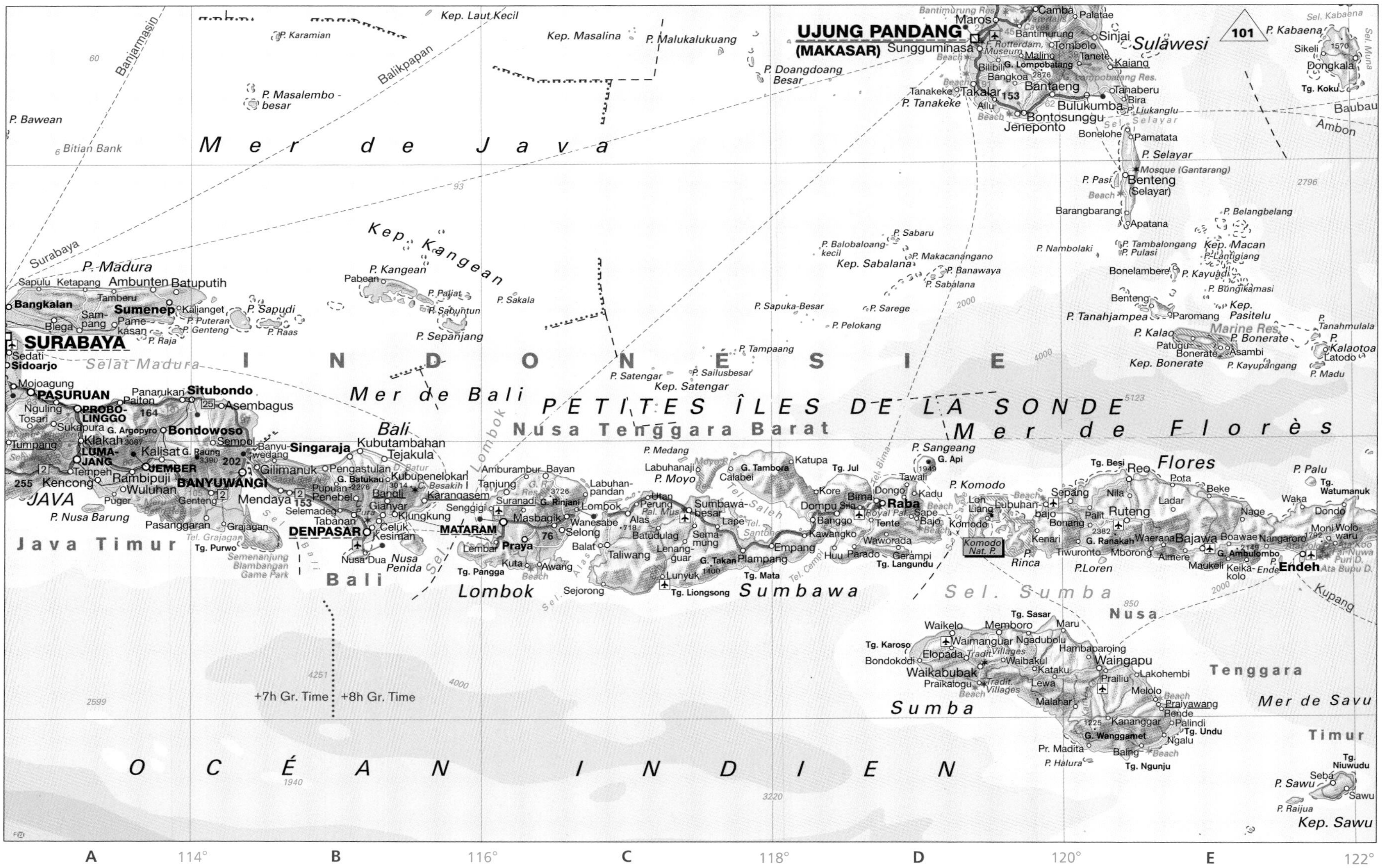

Échelle 1 : 4 500 000 — 0 40 80 120 160 200 kilomètres

L'Australie et l'Océanie: le Nouveau Monde du Pacifique

Ce continent, le plus petit par sa superficie (7,7 millions de kilomètres carrés), est aussi le plus isolé de tous. Son éloignement de l'Europe et le caractère inaccessible de ses côtes – entre autres en raison du cordon de récifs coralliens au nord et à l'est – expliquent la découverte et l'exploration tardives de ce continent par les Européens. L'Australie comprend un plateau occidental aux altitudes moyennes comprises entre 200 et 500 mètres, une zone centrale de plaines avec la cuvette du lac Eyre privée de toute possibilité d'écoulement vers l'océan et un massif montagneux oriental dont fait partie l'île de Tasmanie. L'Océanie comprend les îles et archipels situés au nord et à l'est de l'Australie, avec la Nouvelle-Guinée, deuxième île du monde par sa taille, et les deux îles constituant la Nouvelle-Zélande, soit 7 500 îles environ représentant une superficie de 1,3 million de kilomètres carrés, îles dispersées sur un territoire océanique de 70 millions de kilomètres carrés, la Mélanésie et la Nouvelle-Zélande formant une première ceinture d'îles et d'archipels tandis que la Micronésie et la Polynésie constituent un large chapelet extérieur.

Représentation schématique de la côte occidentale de l'Australie par le navigateur hollandais Abel Tasman (1644). Il faudra attendre 1770 pour que la côte orientale soit explorée par James Cook.

Australie (nord-ouest) 108–109

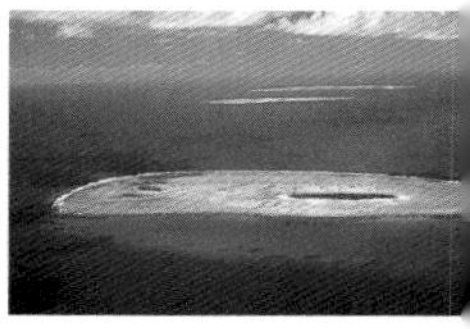
Australie (nord-est) 110–111

Australie (sud-ouest) 112–113

Australie (est) 114–115

Australie (sud-est) · Tasmanie 116–117

Nouvelle-Zélande 118

Papouasie-Nouvelle-Guinée 119

Îles Salomon · Vanuatu · Fidji · Samoa · Tonga 120

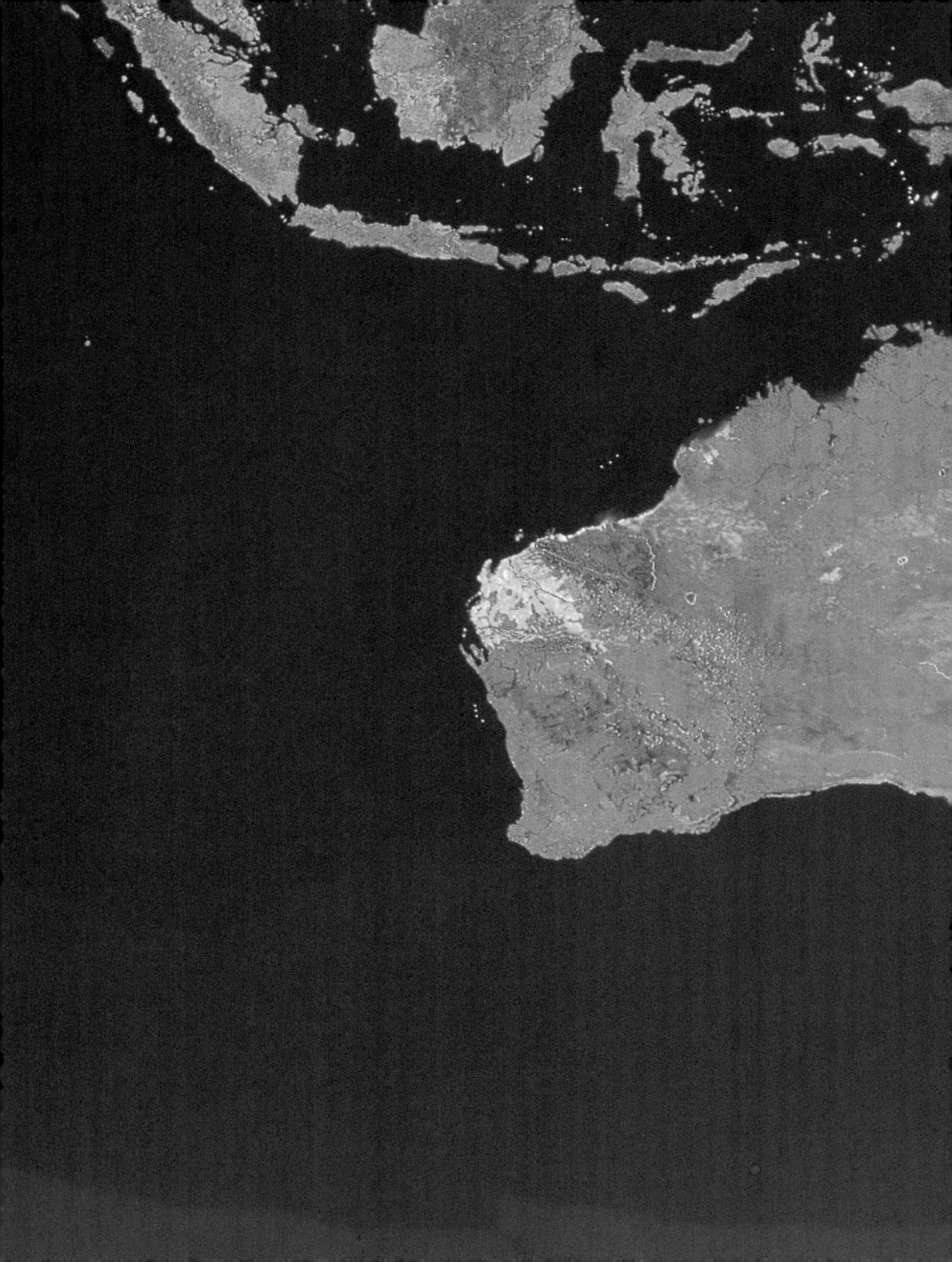

Australie (nord-ouest)
108 – 109

Australie (nord-est)
110 – 111

Australie (sud-ouest)
112 – 113

Australie (est)
114 – 115

Australie (sud-est) · Tasmanie
116 – 117

Nouvelle-Zélande
118

Papouasie-Nouvelle-Guinée
119

Îles Salomon · Vanuatu · Fidji · Samoa · Tonga 120

104
112
Fosse de Java
OCÉAN
INDIEN
Bassin de l'Australie du Nord-Ouest
Seringapatam Reef
Scott Reef
Ashmore Reef
Lynher Reef
Adele I.
Rowley Shoals
Mermaid Reef
Clerke Reef
Imperieuse Reef
Rowley Shelf
Exmouth Plateau
C. Leveque
Lombadina
Beagle Bay
Dampier Land
Broome
Gantheaume Pt.
Roebuck Roadhouse
Thangoo
Cable Beach
C. Latouche Treville
La Grange
C. Bossut
Nita Downs
Anna Plains
Eighty Mile Beach
Wallal Downs
Mandora
Sandfire Flat Roadhouse
Great Sandy
Western Australia
Port Hedland
C. Keraudren
Pardoo Roadhouse
Great Northern Hwy
Goldsworthy
Shay Gap
Dampier Archipelago
Dampier
Karratha
Roebourne
Wickham
Pt. Samson
Montebello Is.
Barrow I.
Onslow
Exmouth
North West C.
Learmonth
Coral Bay
Ningaloo
Pilbara
Hamersley Ra.
Chichester Ra.
Tom Price
Paraburdoo
Wittenoom
Marble Bar
Nullagine
Newman
Telfer
Rudall River National Park
Ophthalmia Ra.
Mt. Bruce
Mt. Meharry
Fortescue Riv.
Ashburton Riv.
Mt. Augustus
Tambrey
Pannawonica
Whim Creek
Woodi Woodi Mining Centre
Isabella Ra.
Gregory Ra.
Throssell Ra.
Paterson Ra.
Hanging Rock
Robertson Ra.
Jiggalong
Walgun
Talawana
Ethel Creek
Balfour Downs
Roy Hill
Mt. McKay
Mount Divide

Échelle 1 : 4 500 000 — 0 40 80 120 160 200 kilomètres

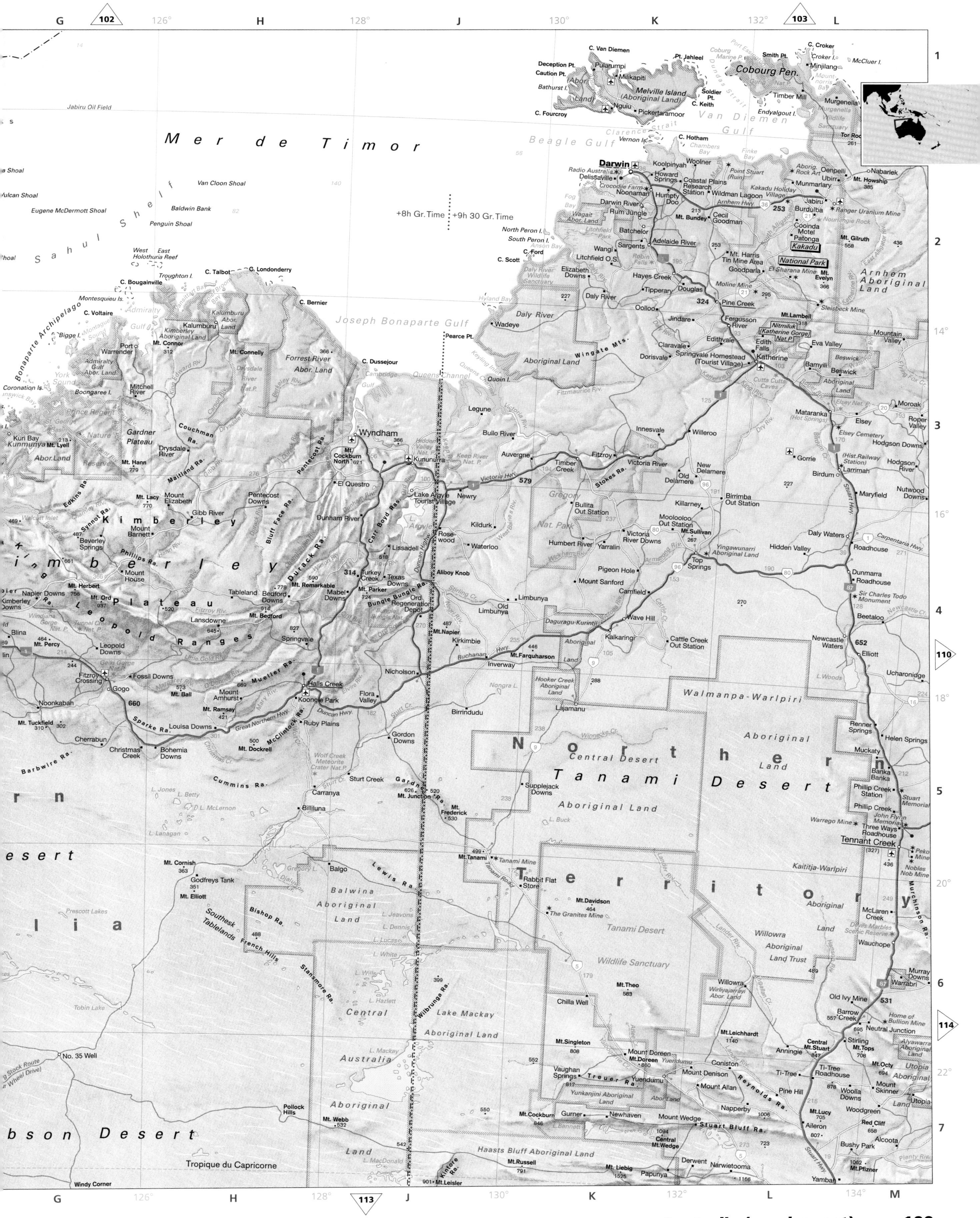

Mer de Timor
Sahul Shelf
Joseph Bonaparte Gulf
Beagle Gulf
Van Diemen Gulf
Clarence Strait
Melville Island (Aboriginal Land)
Cobourg Pen.
Darwin
Kakadu National Park
Arnhem Aboriginal Land
Katherine
Wyndham
Kununurra
Halls Creek
Fitzroy Crossing
Kimberley Plateau
King Leopold Ranges
Durack Ra.
Bungle Bungle Nat. P.
Victoria River
Timber Creek
Gregory Nat. Park
Daly Waters
Elliott
Renner Springs
Tennant Creek
Northern Territory
Tanami Desert
Central Desert Aboriginal Land
Walmanpa-Warlpiri Aboriginal Land
Tanami Desert Wildlife Sanctuary
Lake Mackay
Central Australia Aboriginal Land
Haasts Bluff Aboriginal Land
Gibson Desert
Great Sandy Desert
Tropique du Capricorne
Windy Corner
Stuart Hwy.
Victoria Hwy.
Great Northern Hwy.
Tanami Road
+8h Gr. Time
+9h 30 Gr. Time
126°
128°
130°
132°
134°
14°
16°
18°
20°
22°
G
H
J
K
L
M
1
2
3
4
5
6
7
102
103
110
113
114

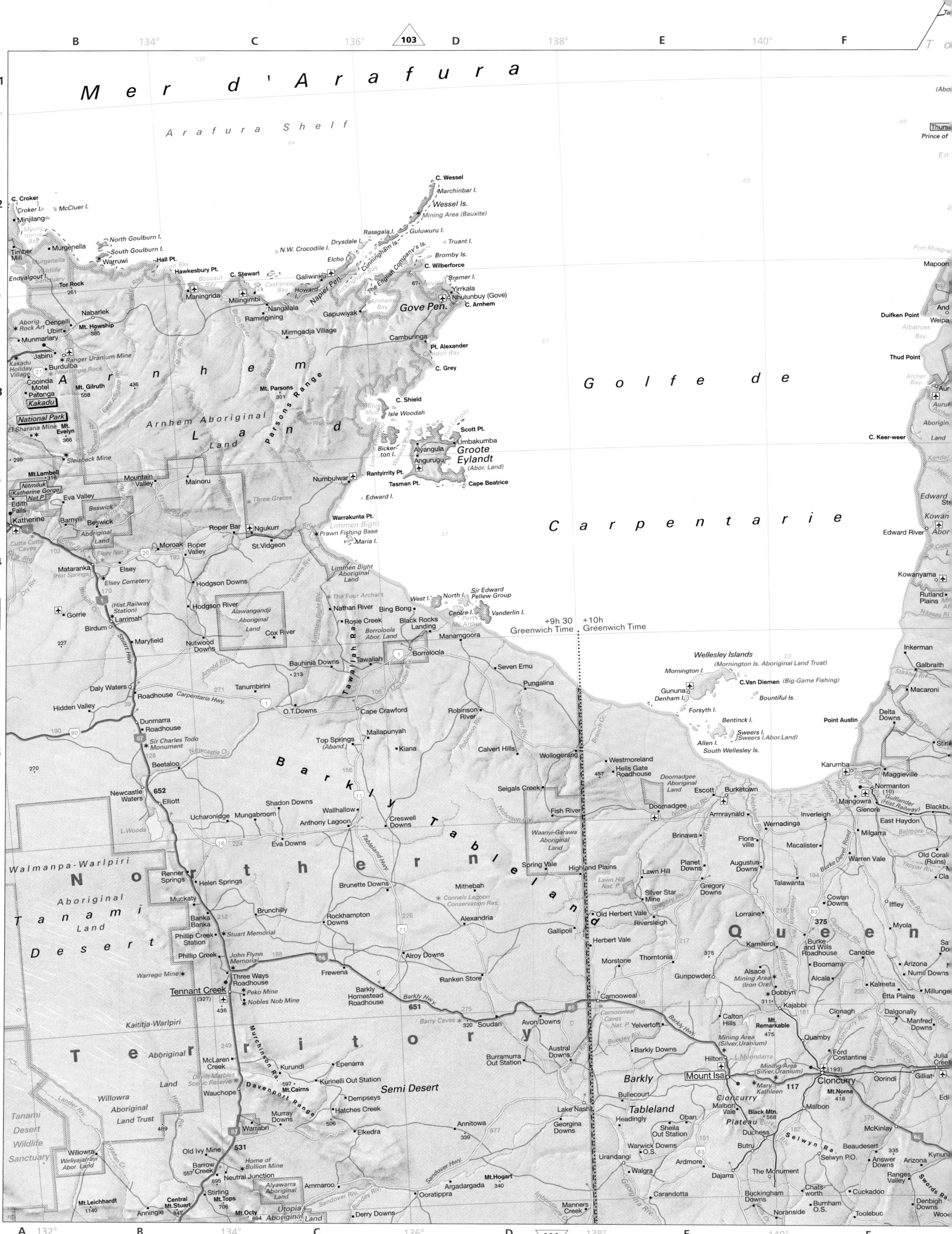

Échelle 1 : 4 500 000 0 40 80 120 160 200 kilomètres

PORT MORESBY
NOUVELLE-GUINÉE
PAPOUASIE-NOUVELLE-GUINÉE
Owen Stanley Range
Mt. Victory
Mt. Suckling
Mt. Simpson
Collingwood Bay
Goodenough Bay
Milne Bay
Alotau
Fergusson Island
Normanby Island
Goodenough I.
d'Entrecasteaux Islands
Ward Hunt Strait
Goschen Strait
Egum Atoll
Sideia I.
Basilaki I.
Long Reefs
Great Barrier Reef
Section
Marine Park
Far Northern
Bassin de Corail
Osprey Reef
Mer de Corail
Coral Sea
Island Territory
Bougainville Reef
OCÉAN
Cairns Section
Holmes Reef
Willis Group
Queensland
Plateau
South West I.
Chilcott I.
Lihou Reefs and Cays
Flinders Reef
Great Barrier Reef
PACIFIQUE
Central Section
Marion Reef
Great Barrier Reef
Marine Park
Swain Reefs
Great Dividing Range
Cooktown
Lizard I.
C. Melville
Princess Charlotte Bay
Lakefield
Laura
Wet Tropics
of Queensland
Port Douglas
Mossman
Daintree
Kuranda
Cairns
Mareeba
Atherton
Atherton Tableland
Herberton
Innisfail
Tully
Mission Beach
Dunk I.
Hinchinbrook I.
Cardwell
Ingham
Palm Is.
Magnetic Island
TOWNSVILLE
Ayr
Home Hill
Bowen
Whitsunday I.
Airlie Beach
Proserpine
Lindeman Group
Mackay
Sarina
Cumberland Is.
Northumberland Isles
Percy Isles
Charters Towers
Hughenden
Richmond
Prairie
Torrens Creek
Pentland
Georgetown
Forsayth
Chillagoe
Mt. Garnet
Gregory Range
Lolworth Ra.
Clarke Ra.
Connors Ra.
Denham Range
Moranbah
Collinsville
Clermont
Mount Douglas
Mount Coolon
Dalrymple Nat. Park
Cape Melville Nat. P.
Coen
Lockhart River
Mcllwraith Ra.
C. Grenville
C. Weymouth
C. Direction
C. Sidmouth
Flinders Group
Howick Group
C. Bowen
C. Flattery
C. Bedford
C. Tribulation
C. Upstart
C. Palmerston
Muttaburra
Woolfield
Stamford
Marathon
Kennedy Developmental Road
Flinders Hwy
144°
146°
148°
150°
152°
12°
14°
16°
18°
20°
G
H
J
K
L
M
1
2
3
4
5
6
7
119
115

Échelle 1 : 4 500 000 — 0 — 40 — 80 — 120 — 160 — 200 kilomètres

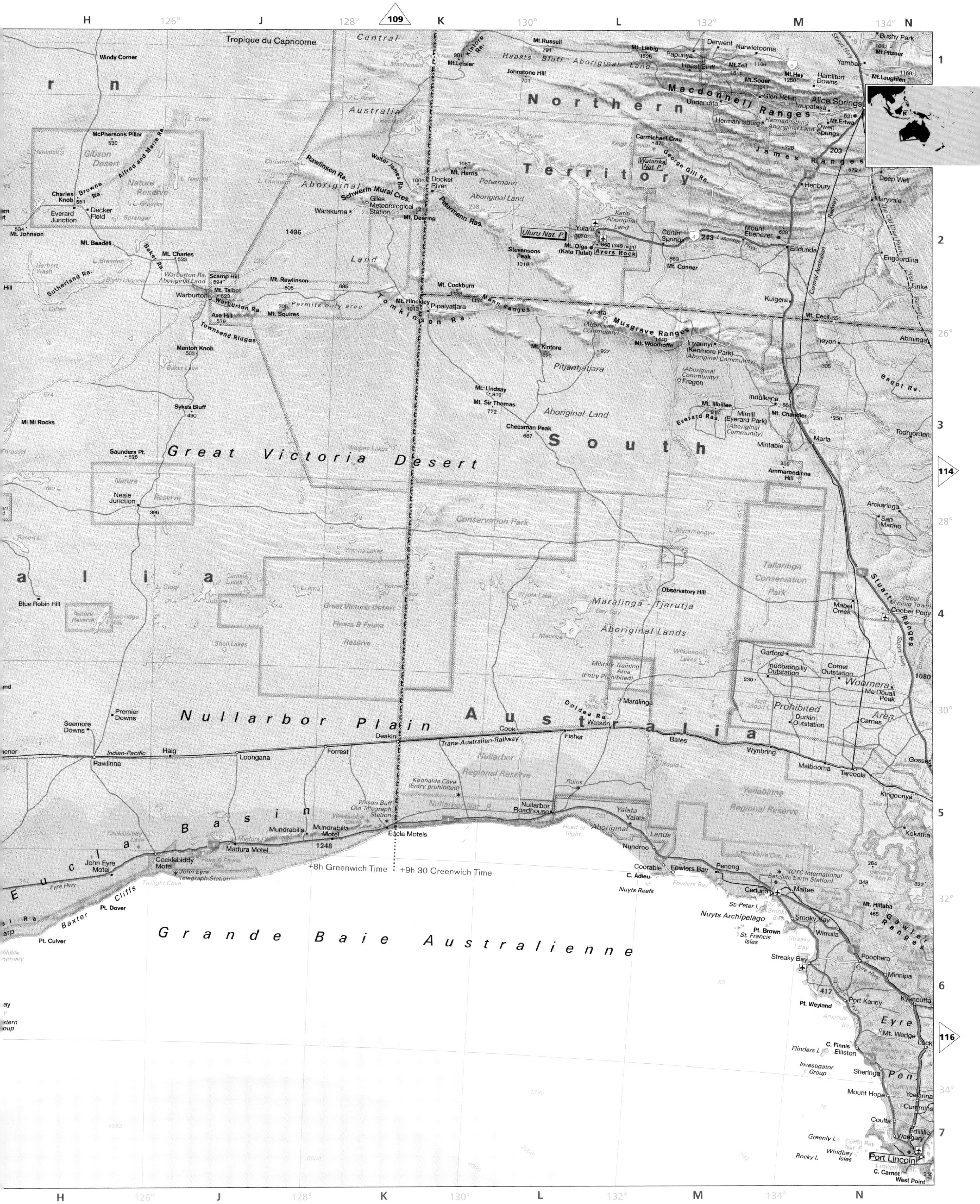

109
114
116
Tropique du Capricorne
Windy Corner
McPhersons Pillar
Gibson Desert
Nature Reserve
Alfred and Marie Ra.
Charles Knob
Browne Ra.
Everard Junction
Decker Field
Mt. Johnson
Mt. Beadell
Baker Ra.
Mt. Charles
Sutherland Ra.
Warburton Ra. Aboriginal Land
Scamp Hill
Mt. Talbot
Warburton
Warburton Ra.
Axe Hill
Townsend Ridges
Mt. Rawlinson
Mt. Squires
Permits only area
Manton Knob
Sykes Bluff
Mi Mi Rocks
Saunders Pt.
Neale Junction
Blue Robin Hill
Premier Downs
Seemore Downs
Rawlinson Ra.
Walter James Ra.
Schwerin Mural Cres.
Giles Meteorological Station
Warakurna
Docker River
Mt. Harris
Petermann
Petermann Ras.
Mt. Deering
Aboriginal Land
Mt. Cockburn
Mt. Hinckley
Pipalyatjara
Tomkinson Ra.
Mann Ranges
Central
Australia
Northern
Territory
Mt. Russell
Mt. Leisler
Kintore Ra.
Haasts Bluff Aboriginal Land
Johnstone Hill
Mt. Liebig
Papunya
Haasts Bluff
Derwent
Narwietooma
Mt. Zeil
Mt. Hay
Mt. Soder
Hamilton Downs
Macdonnell Ranges
Glen Helen
Undandita
Iwupataka
Alice Springs
Hermannsburg
Mt. Ertwa
Owen Springs
Carmichael Crag
George Gill Ra.
Watarrka Nat. P.
James Ranges
Henbury
Deep Well
Maryvale
Uluru Nat. P.
Yulara
Mt. Olga
(Kata Tjuta)
Ayers Rock
Katiti Aboriginal Land
Stevensons Peak
Curtin Springs
Mount Ebenezer
Lasseter Hwy.
Erldunda
Mt. Conner
Kulgera
Engoordina
Finke
Mt. Cecil
Amata
Musgrave Ranges
Mt. Woodroffe
Inyarinyi (Kenmore Park)
(Aboriginal Community)
Fregon
Mt. Kintore
Pitjantjatjara
Mt. Lindsay
Mt. Sir Thomas
Cheesman Peak
Aboriginal Land
South
Tieyon
Abminga
Bagot Ra.
Indulkana
Mt. Illbillee
Mimili (Everard Park)
Everard Ras.
Mt. Chandler
Marla
Mintabie
Todmorden
Ammaroodinna Hill
Great Victoria Desert
Conservation Park
Arckaringa
San Marino
Tallaringa Conservation Park
Observatory Hill
Great Victoria Desert Floara & Fauna Reserve
Maralinga - Tjarutja Aboriginal Lands
Mabel Creek
Coober Pedy
Stuart Ranges
Military Training Area (Entry Prohibited)
Maralinga
Garford
Indooroopilly Outstation
Comet Outstation
Woomera
Mc Douall Peak
Prohibited Area
Durkin Outstation
Carnes
Nullarbor Plain
Australia
Ooldea Ra.
Watson
Cook
Deakin
Fisher
Bates
Wynbring
Trans-Australian-Railway
Indian-Pacific
Haig
Rawlinna
Loongana
Forrest
Nullarbor Regional Reserve
Koonalda Cave (Entry prohibited)
Malbooma
Tarcoola
Kingoonya
Yellabinna Regional Reserve
Wilson Buff Old Telegraph Station
Nullarbor Nat. P.
Nullarbor Roadhouse
Yalata
Yalata Aboriginal Lands
Kokatha
Eucla Basin
Mundrabilla
Mundrabilla Motel
Eucla Motels
Madura Motel
Cocklebiddy Motel
John Eyre Motel
John Eyre Telegraph Station
Eyre Hwy.
Baxter Cliffs
Pt. Dover
Pt. Culver
Nundroo
Coorabie
C. Adieu
Fowlers Bay
Penong
Nuyts Reefs
Ceduna
Maltee
Nuyts Archipelago
Smoky Bay
Wirrulla
Pt. Brown
St. Francis Isles
Streaky Bay
Poochera
Minnipa
Mt. Hiltaba
Gawler Ranges
Pt. Weyland
Port Kenny
Kyancutta
Eyre Pen.
Mt. Wedge
Lock
Flinders I.
C. Finnis
Elliston
Investigator Group
Sheringa
Mount Hope
Yeelanna
Cummins
Coulta
Edillilie
Wangary
Greenly I.
Whidbey Isles
Rocky I.
Port Lincoln
C. Carnot
West Point
+8h Greenwich Time
+9h 30 Greenwich Time
Grande Baie Australienne
H
J
K
L
M
N
126°
128°
130°
132°
134°
26°
28°
30°
32°
34°
1
2
3
4
5
6
7

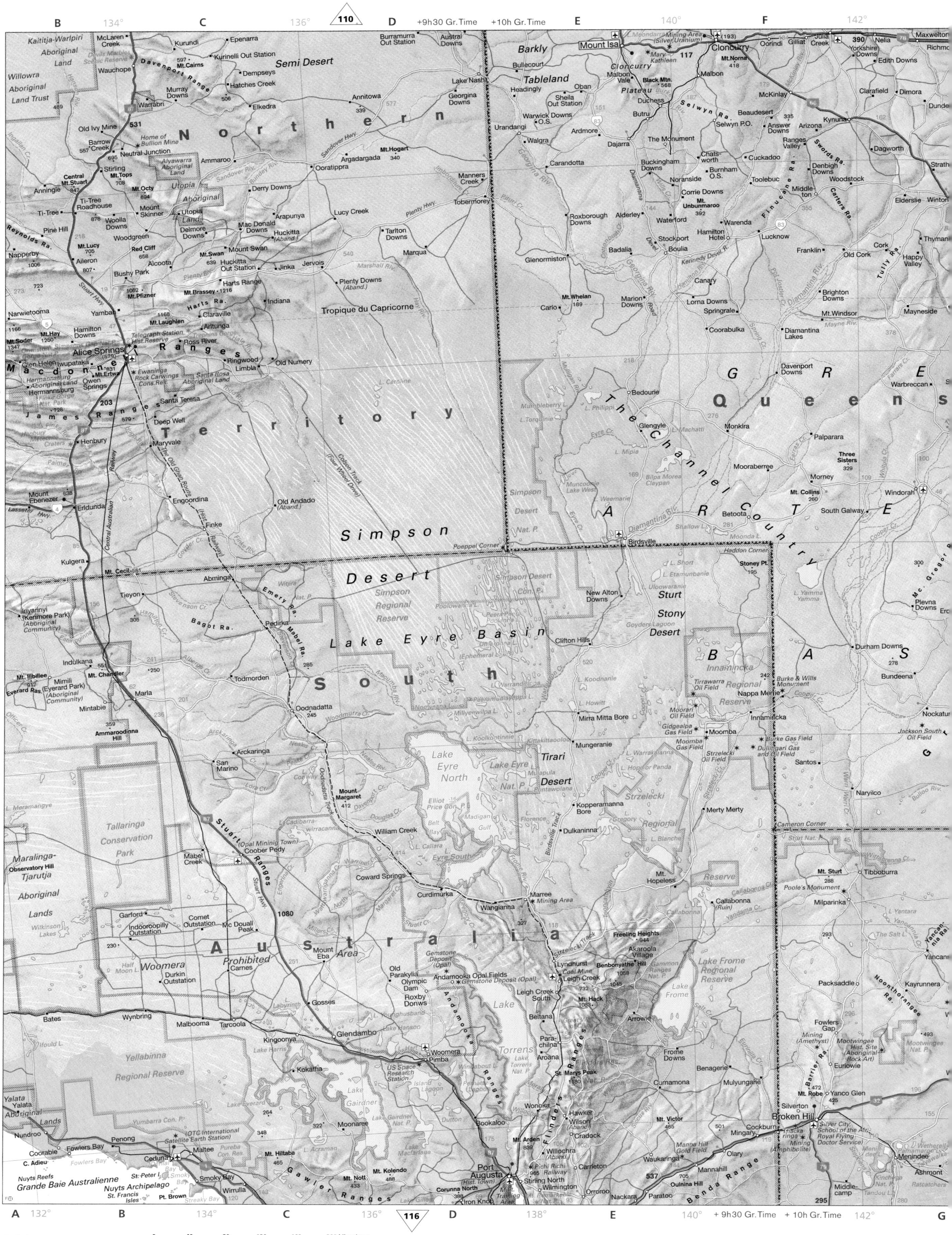

Échelle 1 : 4 500 000 — 0 40 80 120 160 200 kilomètres

111
117
Mer de Corail
OCÉAN
PACIFIQUE
Tropique du Capricorne
Great Barrier Reef
Marine Park
Capricorn Section
Australian East Coast
Temperate and Subtropical
Rainforest Parks
Great Dividing Range
Great Dividing Range
Darling Downs
New South Wales
Lindeman Group
Cumberland Is.
Northumberland Isles
Percy Isles
Swain Reefs
Saumarez Reef
Capricorn Group
Bunker Group
Lady Elliot I.
Fraser I.
Moreton I.
North Stradbroke I.
South Stradbroke I.
North Solitary I.
South Solitary I.
Mackay
Rockhampton
Gladstone
Bundaberg
Hervey Bay
Maryborough
Gympie
Noosa Heads
Sunshine Coast
Maroochydore-Mooloolaba
Caloundra
BRISBANE
Toowoomba
Ipswich
Beenleigh
Southport
Surfers Paradise
GOLD COAST
Coolangatta
Tweed Heads
Murwillumbah
Lismore
Ballina
Casino
Grafton
Yamba
Coffs Harbour
Armidale
Tamworth
Kempsey
Port Macquarie
Taree
Gloucester
Muswellbrook
Singleton
Mudgee
Dubbo
Wellington
Narrabri
Moree
Goondiwindi
St. George
Roma
Miles
Dalby
Warwick
Stanthorpe
Tenterfield
Inverell
Glen Innes
Gunnedah
Coonabarabran
Gilgandra
Nyngan
Cobar
Bourke
Brewarrina
Walgett
Lightning Ridge
Cunnamulla
Charleville
Augathella
Tambo
Blackall
Barcaldine
Longreach
Emerald
Clermont
Moranbah
Springsure
Taroom
Theodore
Biloela
Mitchell
Quilpie
Hungerford
Enngonia
Australie

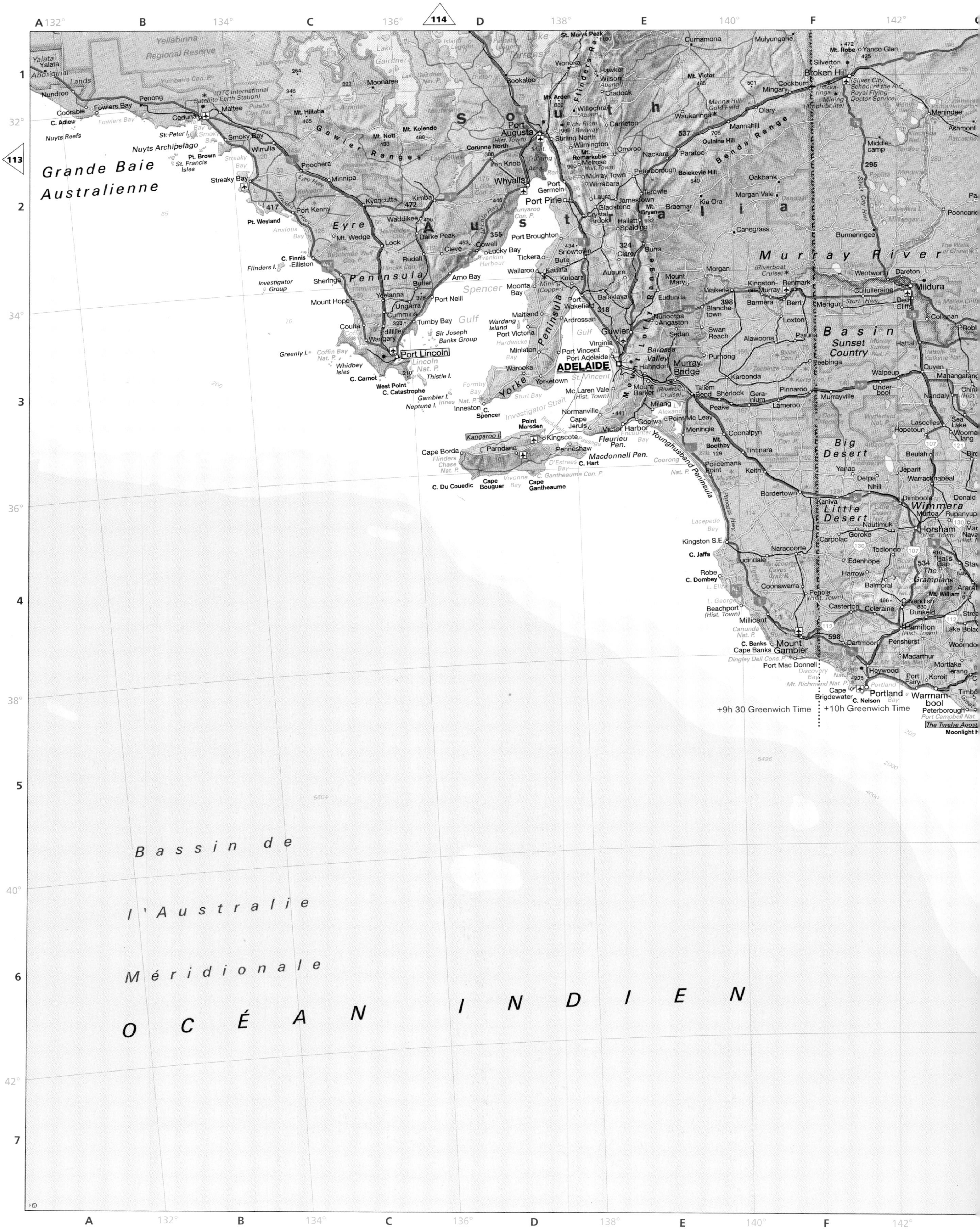

Échelle 1 : 4 500 000 — 0 40 80 120 160 200 kilomètres

115

H
J
K
L
M
N
146°
148°
150°
152°
154°
1
2
3
4
5
6
7
34°
36°
38°
40°
32°
New South Wales
Victoria
Great Dividing Range
OCÉAN PACIFIQUE
Mer de Tasman
Bassin de Tasman
Bass Strait
A.C.T. = Australian Capital Territory
SYDNEY
MELBOURNE
CANBERRA
HOBART
NEWCASTLE
WOLLONGONG
GEELONG
Launceston
Port Macquarie
Taree
Maitland
Cessnock
Singleton
Muswellbrook
Dubbo
Orange
Bathurst
Lithgow
Katoomba
Wentworth Falls
Wellington
Mudgee
Parkes
Forbes
Cowra
Young
Goulburn
Bowral
Kiama
Nowra-Bomaderry
Ulladulla
Batemans Bay
Moruya
Narooma
Bega
Eden
Queanbeyan
Cooma
Jindabyne
Mt. Kosciusko
Wagga Wagga
Albury
Wodonga
Wangaratta
Shepparton-Mooroopna
Bendigo
Ballarat
Echuca
Deniliquin
Griffith
Leeton
Hay
Narrandera
Cootamundra
Tumut
Bairnsdale
Sale
Traralgon
Moe-Yallourn
Morwell
Warragul
Lakes Entrance
Wilsons Promontory Nat. P.
Riverina
Flinders I.
Furneaux Group
King I.
Devonport
Burnie-Somerset
Ulverstone
Deloraine
St. Helens
St. Marys
Swansea
Freycinet Pen.
Queenstown
Strahan
New Norfolk
Kingston
Port Arthur
Tasman Pen.
South East Cape
South West Cape
Western Tasmania Nat. Parks
Lord Howe I.
Ball's Pyramid
OCÉAN PACIFIQUE
Tasmanie

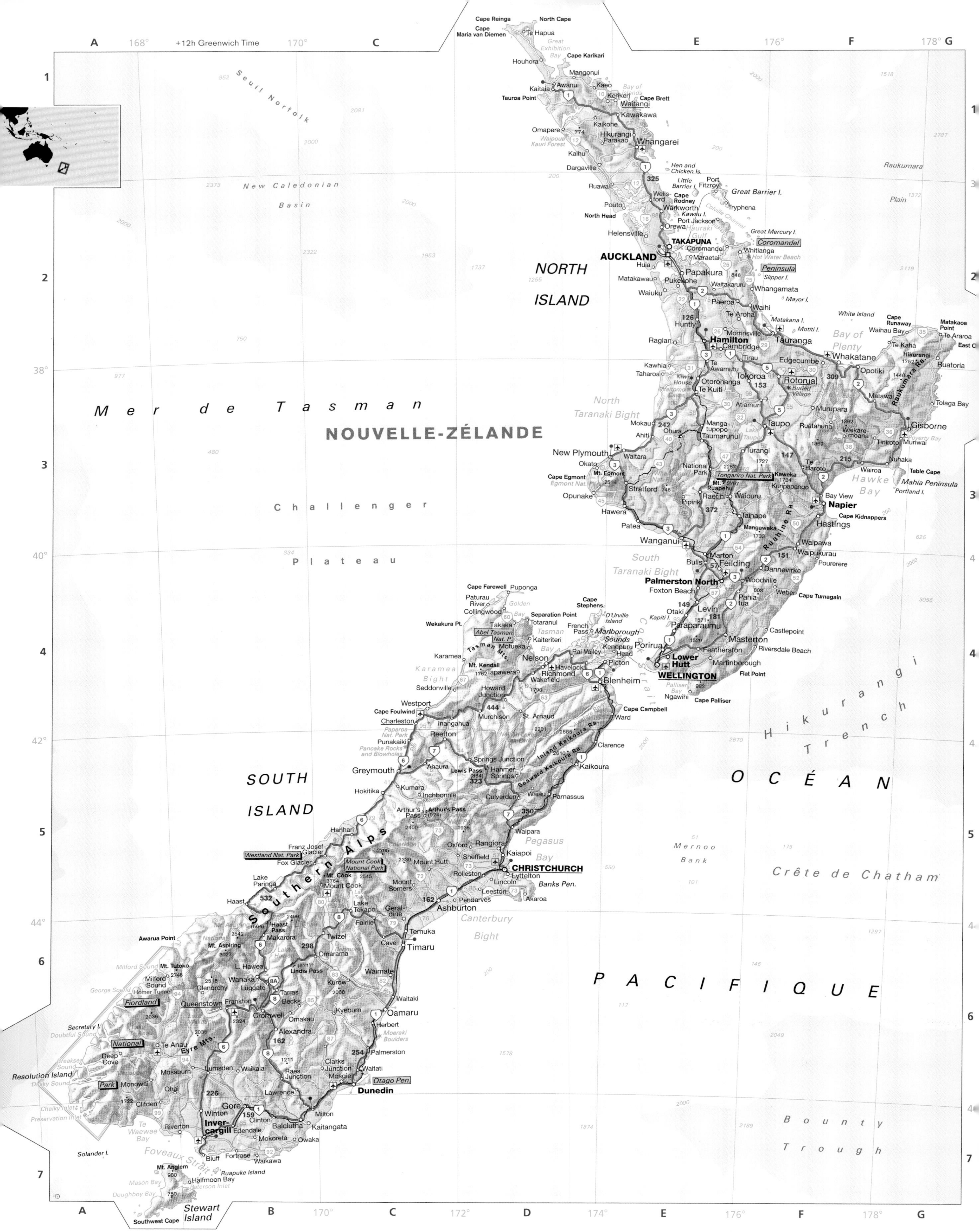

Échelle 1 : 4 500 000 — 0 40 80 120 160 200 kilomètres

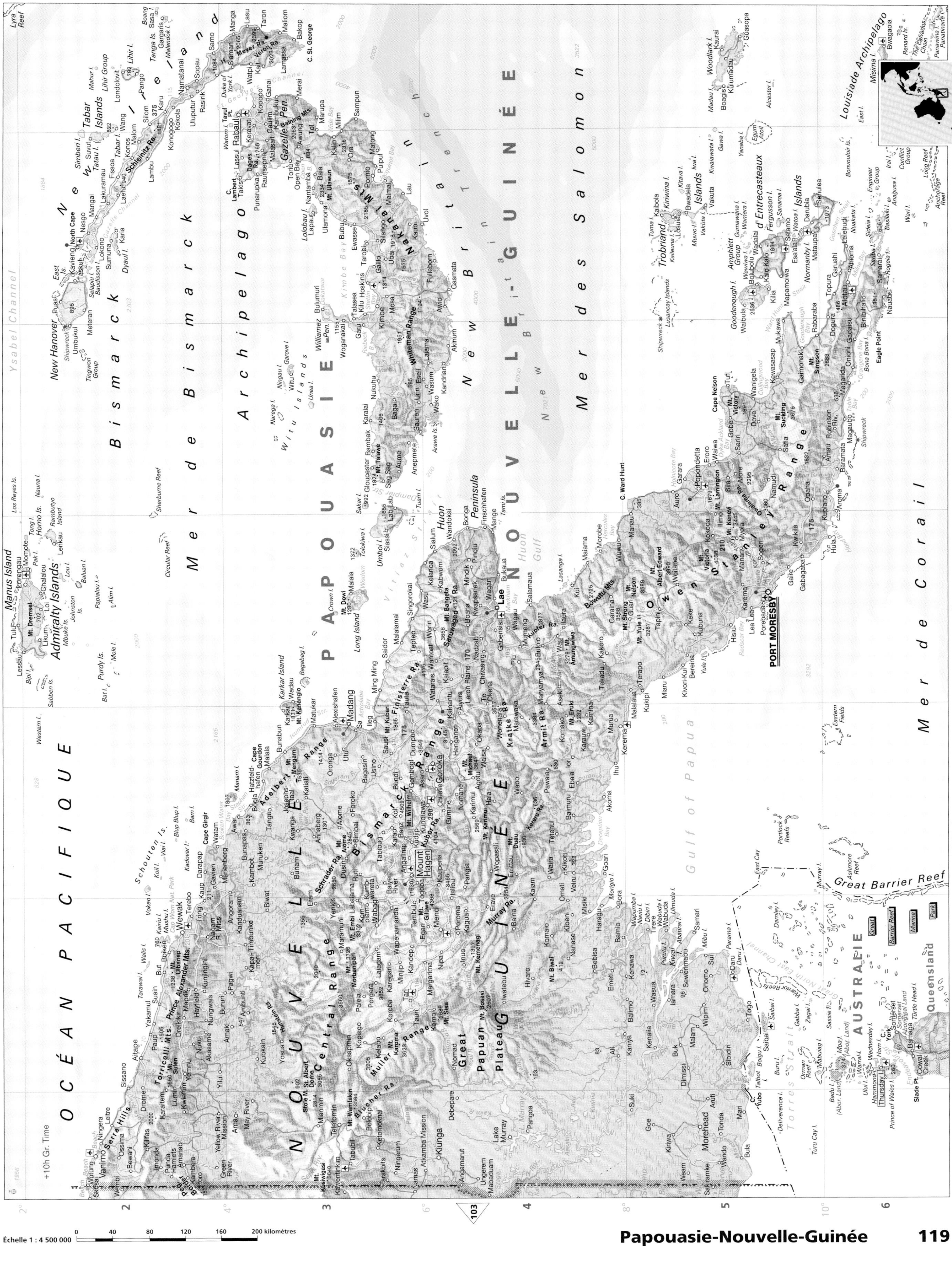

Échelle 1 : 4 500 000 — 0, 40, 80, 120, 160, 200 kilomètres

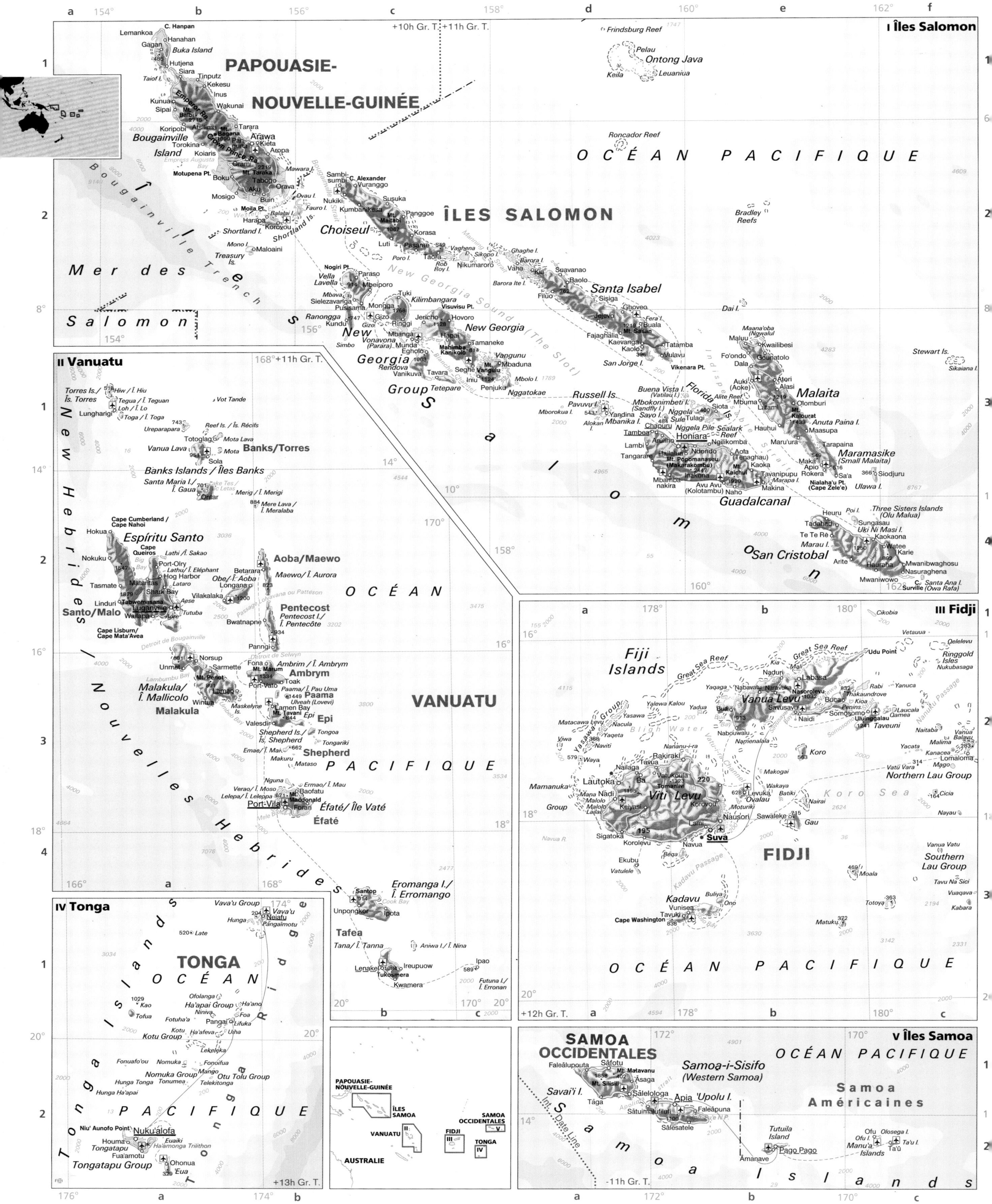

Échelle 1 : 4 500 000 — 0 40 80 120 160 200 kilomètres

L'Afrique: un continent aux multiples visages

Deuxième continent du monde par sa superficie, l'Afrique occupe un cinquième des terres émergées. Elle se distingue par sa forme massive, avec un littoral peu découpé, où les baies et les péninsules sont rares, avec une partie nord en forme de trapèze posée sur une partie sud triangulaire, et par le contraste entre une haute Afrique au sud-est et une basse Afrique au nord-ouest. Son relief est marqué par des plateaux aux bords relevés autour de vastes cuvettes ainsi que par un important système de fossés tectoniques. Tous les types de zones climatiques et végétales tropicales existant sur la planète sont représentés en Afrique, se succédant avec un parallélisme approximatif de part et d'autre de l'équateur. Le Sahara, le plus grand désert du monde, occupe un tiers de l'Afrique et sépare une «Afrique blanche» essentiellement peuplée d'Arabo-Berbères d'une «Afrique noire» habitée par des peuples négroïdes, Noirs soudanais et Noirs bantous selon une distinction linguistique. Contrairement à certaines conceptions eurocentriques sur le «continent noir», l'Afrique possède une histoire et des civilisations aussi riches que diverses.

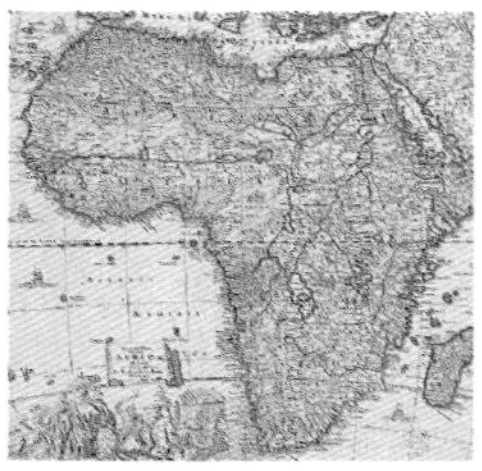

Cette gravure sur cuivre représentant l'Afrique a été réalisée par Johann Baptist Homann vers 1690, soit près de 150 ans avant que les Européens entreprennent l'exploration de l'intérieur du continent.

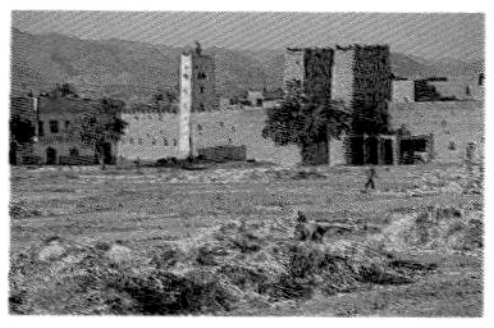

Maroc · Îles Canaries
124–125

Algérie · Tunisie
126–127

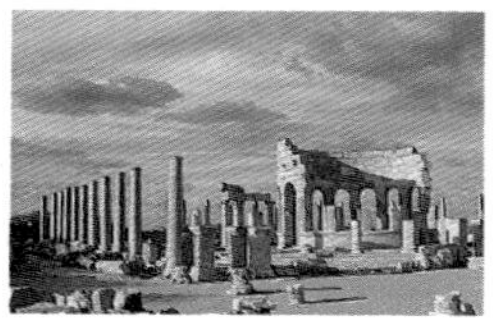

Libye
128–129

Égypte
130–131

Mauritanie · Nord du Mali
132–133

Niger · Tchad
134–135

Nord du Soudan · Érythrée
136–137

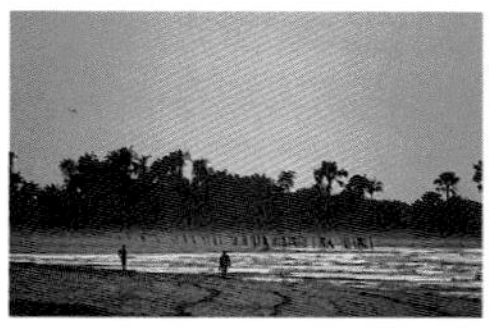

Haute Guinée
138–139

Ghana · Togo · Bénin · Nigéria · Cameroun 140–141

République Centrafricaine · Sud du Soudan 142–143

Éthiopie · Somalie
144–145

Guinée-Équatoriale
146–147

Afrique orientale (nord)
148–149

Afrique orientale (sud)
150–151

Angola · Nord de la Namibie
152–153

Zambie · Zimbabwe · Mozambique
154–155

Afrique du Sud
156–157

Madagascar · Comores
158–159

Seychelles · Île Maurice · Île de la Réunion 160

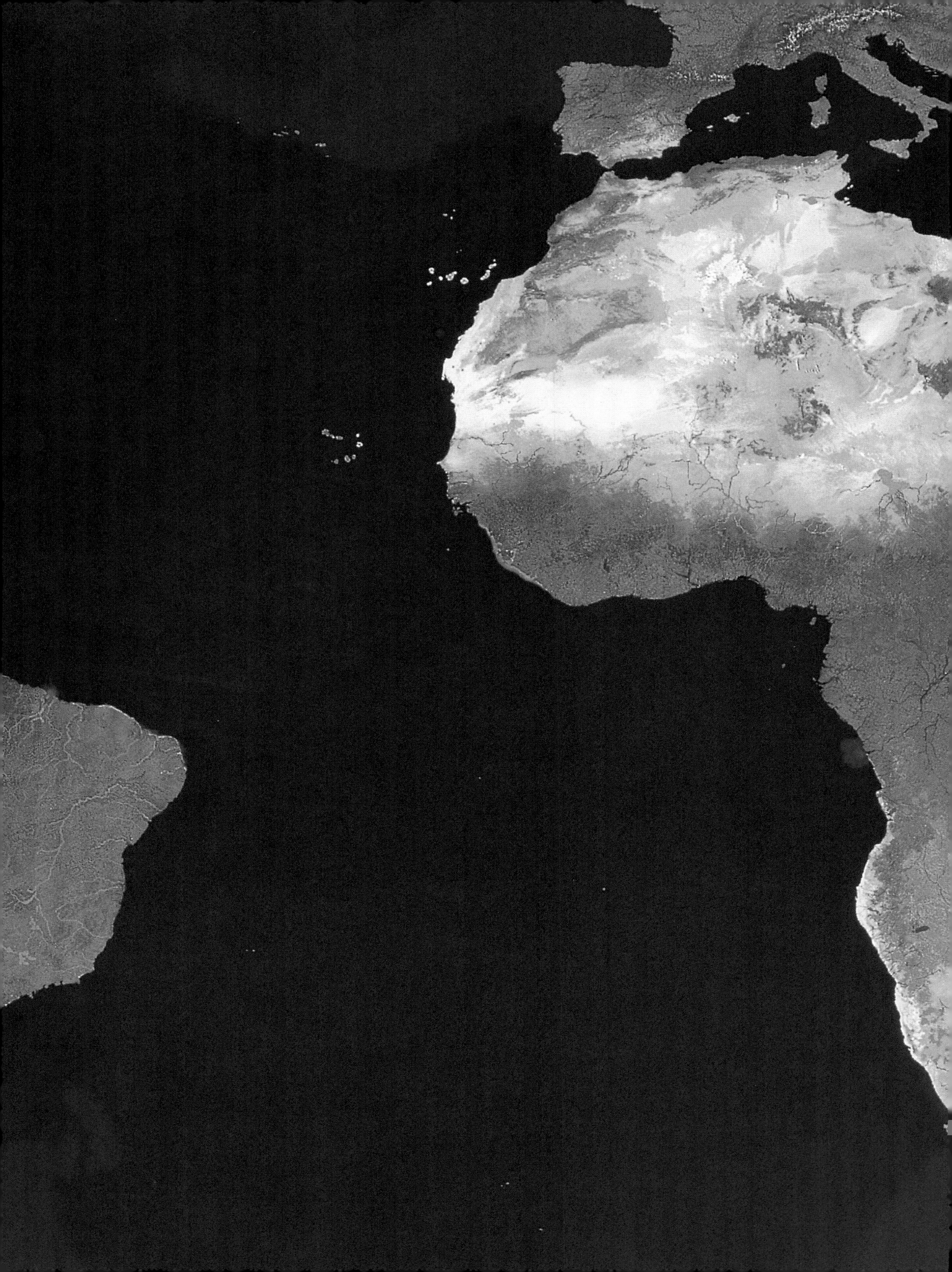

Maroc · Îles Canaries
124–125

Algérie · Tunisie
126–127

Libye
128–129

Égypte
130–131

Mauritanie · Nord du Mali
132–133

Niger · Tchad
134–135

Nord du Soudan · Érythrée
136–137

Haute Guinée
138–139

Ghana · Togo · Bénin · Nigéria ·
Cameroun 140–141

République Centrafricaine ·
Sud du Soudan 142–143

Éthiopie · Somalie
144–145

Guinée-Équatoriale
146–147

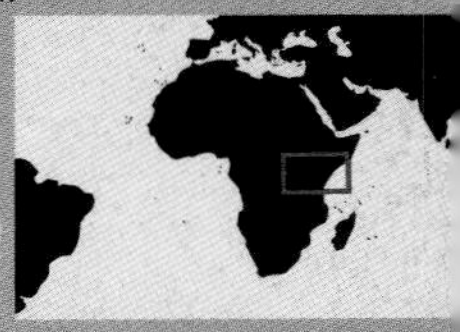
Afrique orientale (nord)
148–149

Afrique orientale (sud)
150–151

Angola · Nord de la Namibie
152–153

Zambie · Zimbabwe · Mozambique
154–155

Afrique du Sud
156–157

Madagascar · Comores
158–159

Seychelles · Île Maurice ·
Île de la Réunion 160

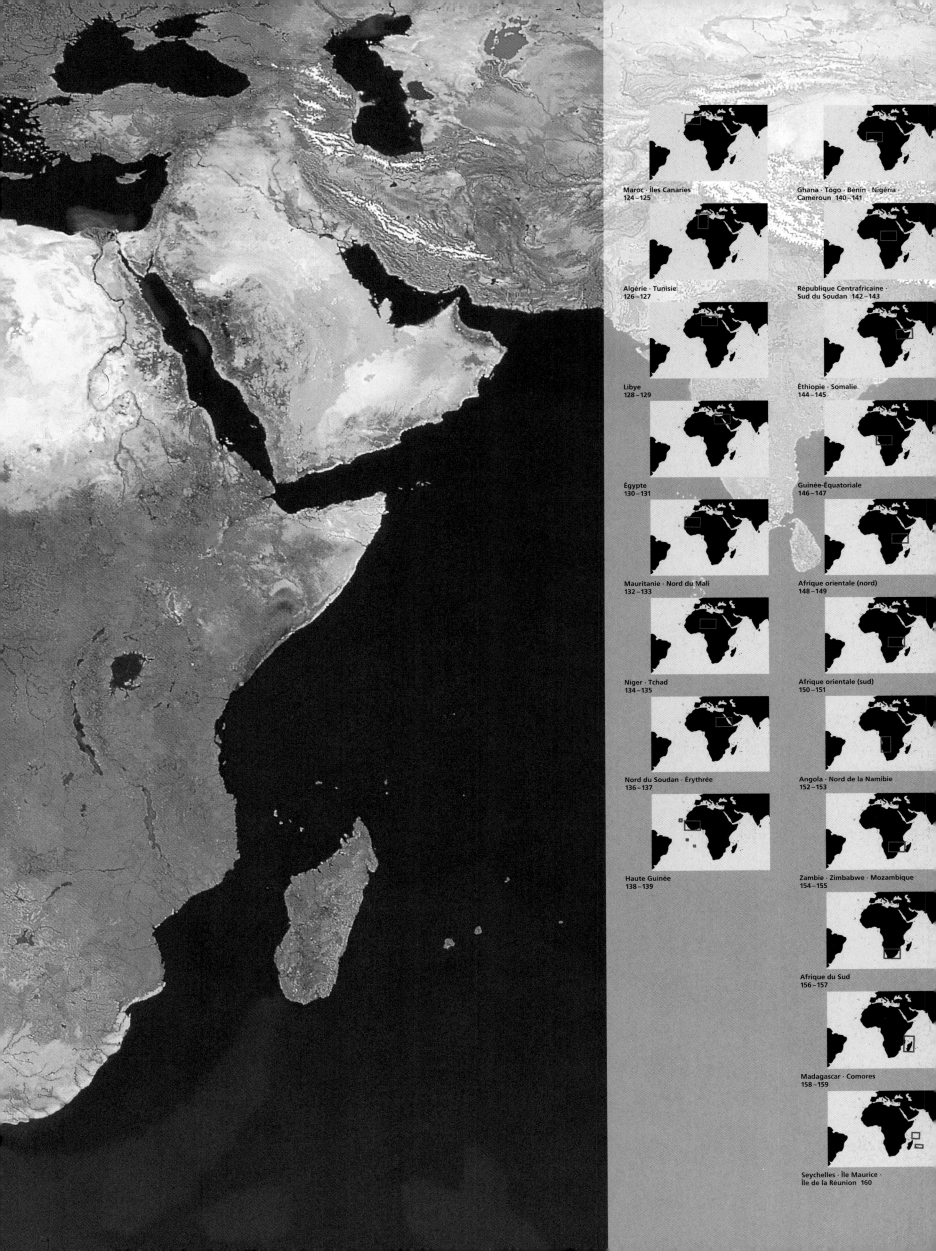

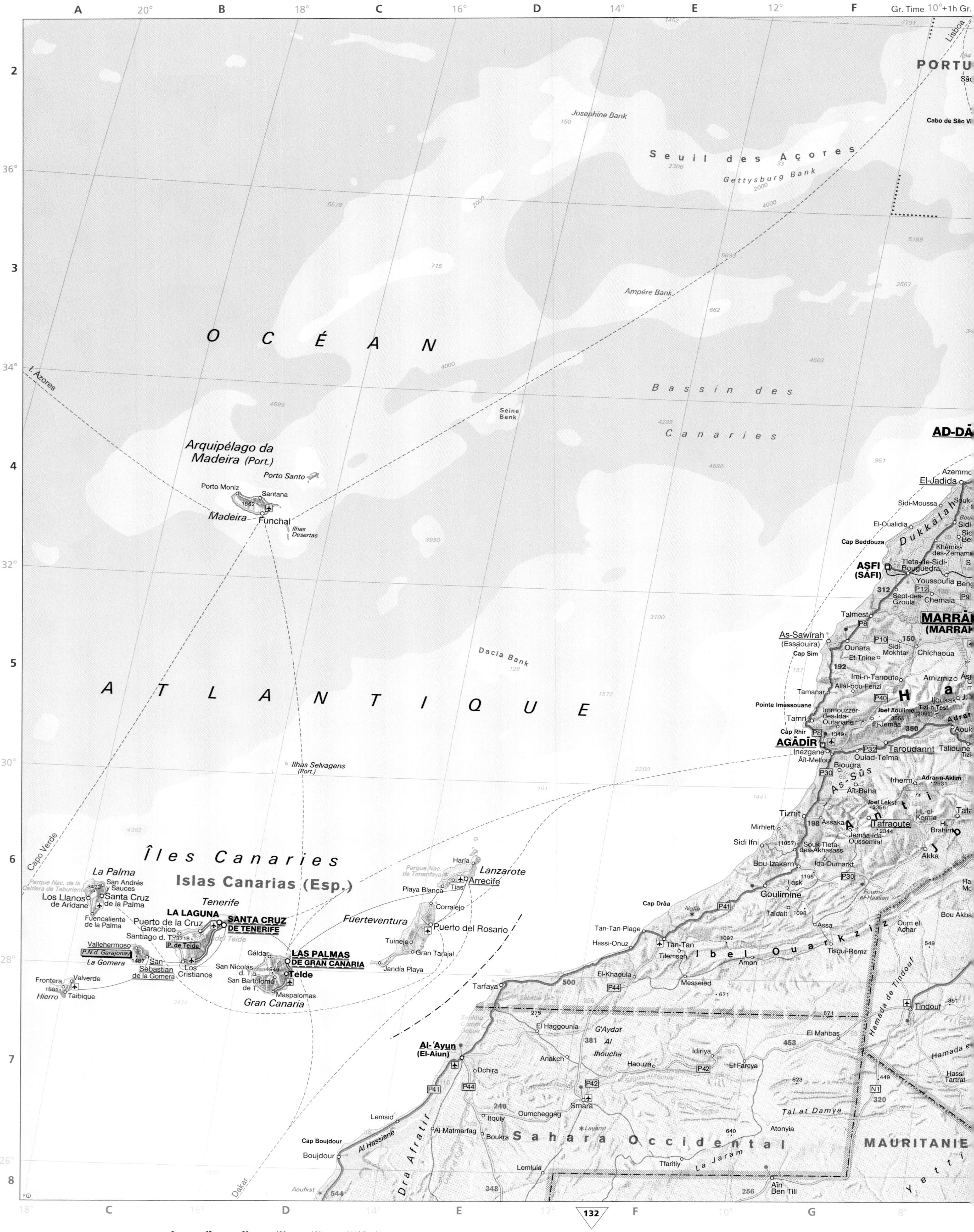

A B C D E F
Gr. Time 10°+1h Gr.
20° 18° 16° 14° 12°
36° 34° 32° 30° 28° 26°
PORTU
Lisboa
Cabo de São Vi
Josephine Bank
Seuil des Açores
Gettysburg Bank
Ampère Bank
OCÉAN
ATLANTIQUE
I. Azores
Seine Bank
Bassin des Canaries
Arquipélago da Madeira (Port.)
Porto Santo
Porto Moniz
Santana
Madeira
Funchal
Ilhas Desertas
Dacia Bank
Ilhas Selvagens (Port.)
Capo Verde
Îles Canaries
Islas Canarias (Esp.)
La Palma
San Andrés y Sauces
Los Llanos de Aridane
Santa Cruz de la Palma
Fuencaliente de la Palma
Tenerife
LA LAGUNA
SANTA CRUZ DE TENERIFE
Puerto de la Cruz
Garachico
Santiago d. T.
P. de Teide
Vallehermoso
P.N.d. Garajonay
La Gomera
San Sebastián de la Gomera
Los Cristianos
Frontera
Valverde
Hierro
Taibique
Lanzarote
Haría
Arrecife
Tías
Playa Blanca
Corralejo
Fuerteventura
Puerto del Rosario
Tuineje
Gran Tarajal
Jandía Playa
Gáldar
LAS PALMAS DE GRAN CANARIA
Telde
San Nicolás d. T.
San Bartolomé de T.
Maspalomas
Gran Canaria
Dakar
AD-DĀ
Azemmo
El-Jadida
Sidi-Moussa
El-Oualidia
Cap Beddouza
Dukkālah
Khemis-des-Zemamra
AṢFI (SAFI)
Tleta-de-Sidi-Bouguedra
Youssoufia
Sept-des-Gzoula
Chemaia
Talmest
MARRĀ (MARRAK
As-Sawīrah (Essaouira)
Cap Sim
Ounara
Et-Tnine
Sidi-Mokhtar
Chichaoua
Imi-n-Tanoute
Allal-bou-Fenzi
Amizmiz
Tamanar
Pointe Imessouane
Tamri
Immouzzer-des-Ida-Outanane
Jbel Aoulime 3555
Tizi-n-Test (2092)
Ijoukak
Ej-Jemâa
Cap Rhir
AGĀDIR
Inezgane
Aït-Melloul
Oulad-Teima
Taroudannt
Taliouine
Biougra
As-Sūs
Irherm
Adrar-n-Aklim 2531
Aït-Baha
Jbel Lekst 2359
Tiznit
Mirhleft
Sidi Ifni
Assaka
Tafraoute
Jemâa-Ida-Oussemlal
Souk-Tleta-des-Akhasass
Ida-Oumarkt
Akka
Bou-Izakarn
Fask
Goulimine
Cap Drâa
Taidalt
Assa
Oum el Achar
Bou Akba
Tan-Tan-Plage
Hassi-Onuz
Tan-Tan
Tilemsen
Jbel Ouarkziz
Tisgui-Remz
Amon
El-Khaoula
Messeied
Tarfaya
Tindouf
Hamada de Tindouf
El Haggounia
G'Aydat Al Ihoucha
El Mahbas
Al-'Ayun (El-Aiun)
Anakch
Idiriya
Haouza
El Farcya
Dchira
Hassi Tartrat
Smara
Lemsid
Al Hassiane
Dra Afratir
Itquiy
Oumcheggag
Al-Matmarfag
Boukra
Sahara Occidental
Atonyia
MAURITANIE
Cap Boujdour
Boujdour
Lemluia
Tfaritiy
La Jaram
Aïn Ben Tili
Aoufirst
Yetti
132

Échelle 1 : 4 500 000 — 0 40 80 120 160 200 kilomètres

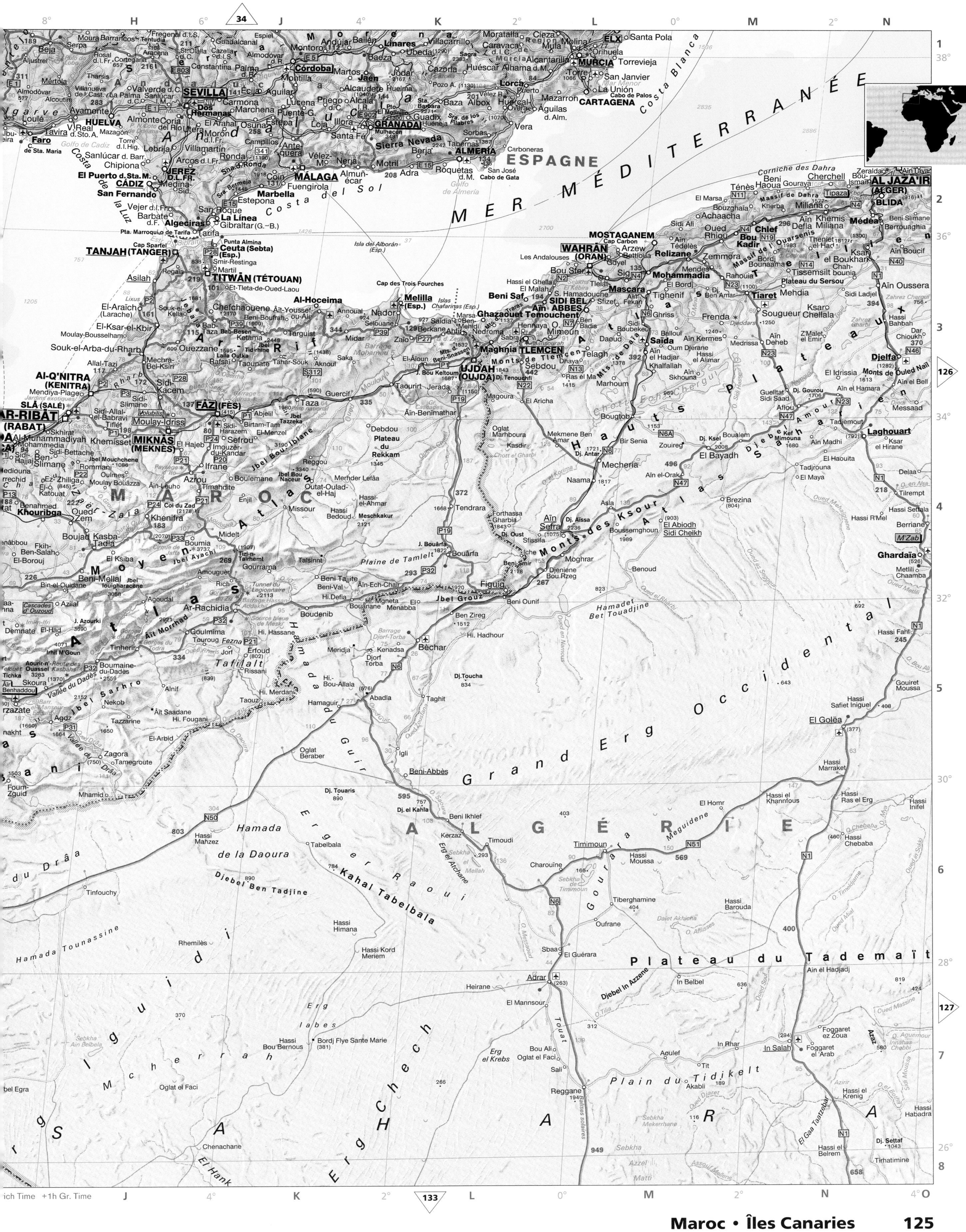

MER MÉDITERRANÉE
ESPAGNE
MAROC
ALGÉRIE
Andalucía
Sierra Nevada
Costa del Sol
Costa Blanca
Costa de la Luz
Rif
Moyen Atlas
Haut Atlas
Jbel Sarhro
Anti-Atlas
Hauts Plateaux
Atlas Saharien
Monts des Ksour
Grand Erg Occidental
Erg er Raoui
Hamada du Guir
Hamada de la Daoura
Kahal Tabelbala
Erg Iguidi
Erg Chech
Plateau du Tademaït
Plain du Tidikelt
Tafilalt
SEVILLA
Córdoba
GRANADA
MÁLAGA
ALMERÍA
MURCIA
CARTAGENA
HUELVA
CÁDIZ
Gibraltar
Algeciras
TANJAH (TANGER)
Ceuta (Sebta) (Esp.)
TITWĀN (TÉTOUAN)
Al-Hoceima
Melilla (Esp.)
Nador
AR-RIBĀT (RABAT)
AL-Q'NITRA (KENITRA)
SLĀ (SALÉ)
FĀS (FÈS)
MIKNĀS (MEKNÈS)
Taza
UJDAH (OUJDA)
Ar-Rachidia
Khouribga
Beni-Mellal
Ouarzazate
Erfoud
Rissani
Zagora
WAHRĀN (ORAN)
MOSTAGANEM
TLEMCEN
SIDI BEL ABBES
Mascara
Relizane
Chlef
Tiaret
AL JAZĀ'IR (ALGER)
BLIDA
Médéa
Djelfa
Laghouat
El Bayadh
Mecheria
Aïn Sefra
Béchar
Beni-Abbès
Timimoun
Adrar
Reggane
In Salah
El Goléa
Ghardaïa
34
126
127
133

Échelle 1 : 4 500 000 — 0 40 80 120 160 200 kilomètres

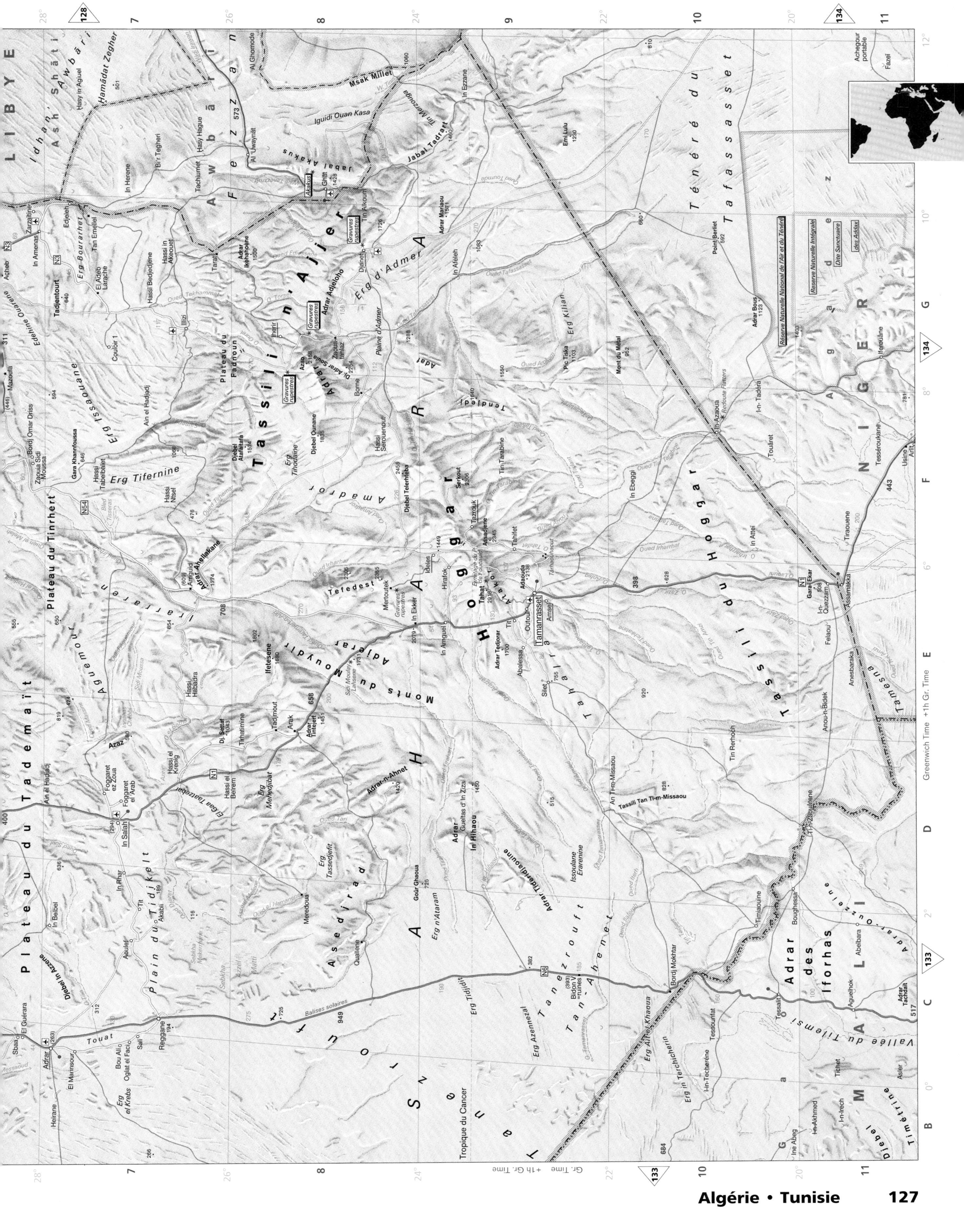

LIBYE
Hamâdat Zegher
Idhan Awbārī
Fezzan
Msak Millet
Iguidi Ouan Kasa
Jabal Akakus
Jabal Tadrart
Ghāt
Al 'Uwaynāt
Tassili n'Ajjer
Erg d'Admer
Plaine d'Admer
Plateau du Fadnoun
Illizi
In Amenas
Erg Bourarhet
Tadjentourt
Erg Issaouane
Erg Tifernine
Plateau du Tinrhert
Plateau du Tademaït
Adrar Ahellakane
Amadror
Tefedest
Ahaggar
Hoggar
Assekrem
Tahat
Tamanrasset
Mouydir
Monts du Mouydir
Arak
In Salah
Tidikelt
Plaine du Tidikelt
Reggane
Adrar
Touat
Tanezrouft
Erg Chech
Asedjrad
Ahnet
Adrar-n-Ahnet
Bordj Mokhtar
Tassili du Hoggar
Ténéré du Tafassasset
Erg Kilian
In Guezzam
Tin Zaouatene
Timiaouine
Adrar des Iforhas
Vallée du Tilemsi
MALI
NIGER
Tropique du Cancer
Greenwich Time +1h Gr. Time

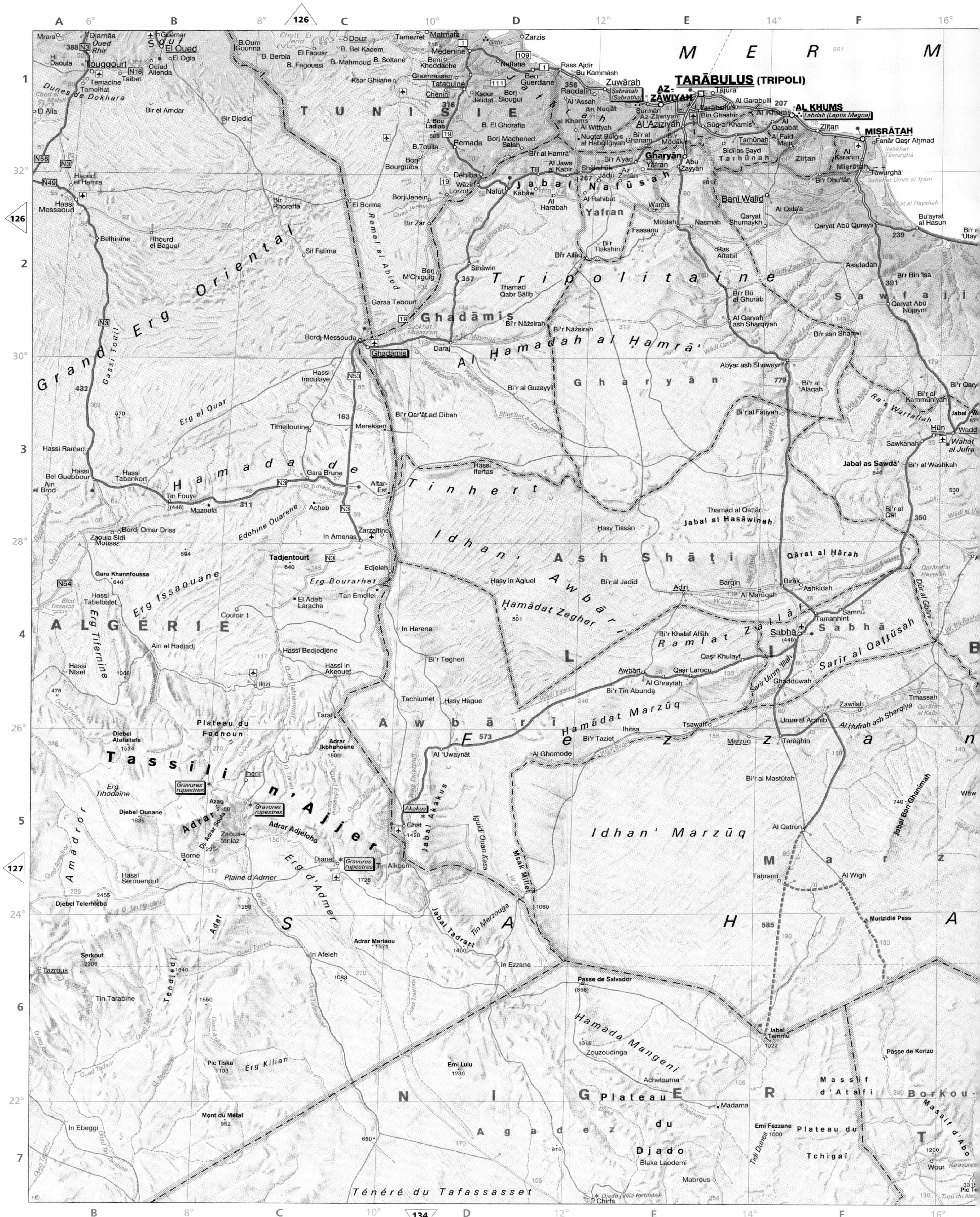

Échelle 1 : 4 500 000 — 0 40 80 120 160 200 kilomètres

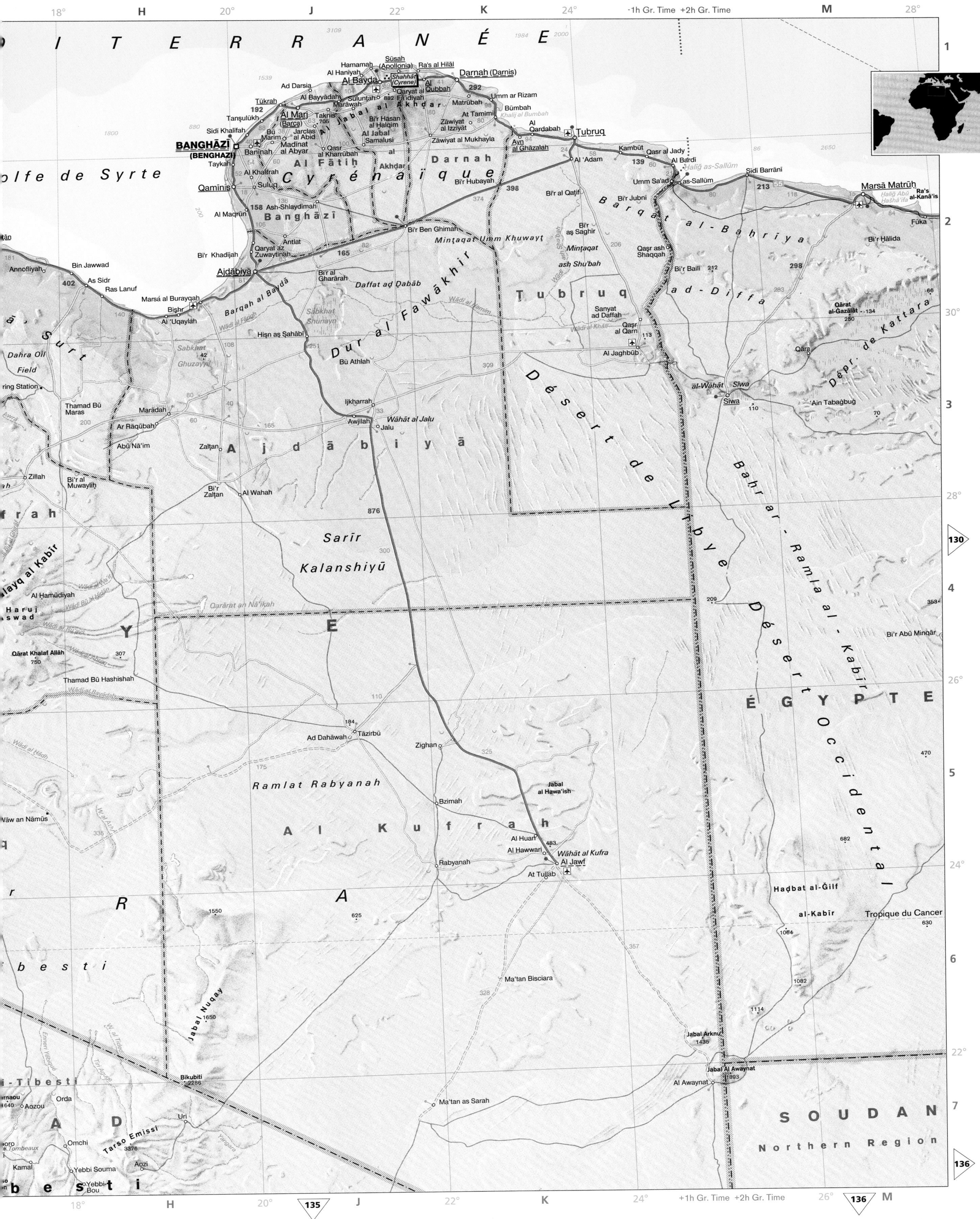

M É D I T E R R A N É E
Golfe de Syrte
-1h Gr. Time +2h Gr. Time
+1h Gr. Time +2h Gr. Time
BANGHĀZĪ
(BENGHAZI)
Al Bayḍā
Shahhāt (Cyrene)
Sūsah (Apollonia)
Ra's al Hilāl
Darnah (Darnis)
Al Marj (Barça)
Ṭūkrah
Tanṣulūkh
Sīdī Khalīfah
Qamīnis
Al Maqrūn
Ajdābiyā
Cyrénaïque
Al Jabal al Akhḍar
Al Fātiḥ
Banghāzī
Darnah
Ṭubruq
Umm ar Rizam
Būmbah
Al Qardabah
'Ayn al Ghazālah
Kambūt
Qasr al Jady
Al Bardī
Umm Sa'ad
as-Sallūm
Sīdī Barrānī
Marsā Maṭrūḥ
Fūka
Barqat al-Baḥriya
ad-Diffa
Dépr. de Kattara
Qārat al-Gazālāt
Qāra
al-Wāḥāt Sīwa
Sīwa
Ain Tabagbug
Bir Ḥālida
Al Jaghbūb
Mintaqat Umm Khuwayt
Dur al Fawākhir
Daffat aḍ Ḍabāb
Bi'r Ben Ghimah
Bi'r Hubayah
Barqah al Bayḍā
Sabkhat Shunayn
Ḥiṣn aş Şaḥābī
Bū Athlah
Ijkharrah
Awjilah
Wāḥāt al Jalu
Jalu
Ajdābiyā
Zalṭan
Bi'r Zalṭan
Al Wahah
Marādah
Ar Rāqūbah
Abū Nā'im
Zillah
Bi'r al Muwayliḥ
Thamad Bū Maras
Bin Jawwad
As Sidr
Ras Lanuf
Marsá al Burayqah
Bishr
Al 'Uqaylah
Annofliyah
Surt
Dahra Oil Field
Sabkhat Ghuzayyil
Désert de Libye
Bahr ar-Ramla al-Kabīr
Désert Occidental
Sarīr Kalanshiyū
Qārārat an Nā'ikah
Al Hamūdiyah
Haruj Aswad
Qārat Khalaf Allāh
Thamad Bū Hashīshah
Bi'r Abū Minqār
ÉGYPTE
Y E
Tāzirbū
Ad Dahāwah
Zighan
Ramlat Rabyanah
Jabal al Hawa'ish
Bzīmah
Al Kufrah
Al Huarī
Al Hawwari
Wāḥāt al Kufra
Al Jawf
At Tullab
Rabyanah
Wāw an Nāmūs
R A
Hadbat al-Ğilf al-Kabīr
Tropique du Cancer
Ma'tan Bisciara
Jabal Nuqay
Jabal Arknū
Jabal Al Awaynat
Al Awaynat
Bikubiti
Ma'tan as Sarah
Tibesti
Uri
Tarso Emissi
Omchi
Aozou
Orda
Yebbi Souma
Aozi
Yebbi Bou
SOUDAN
Northern Region
130
135
136

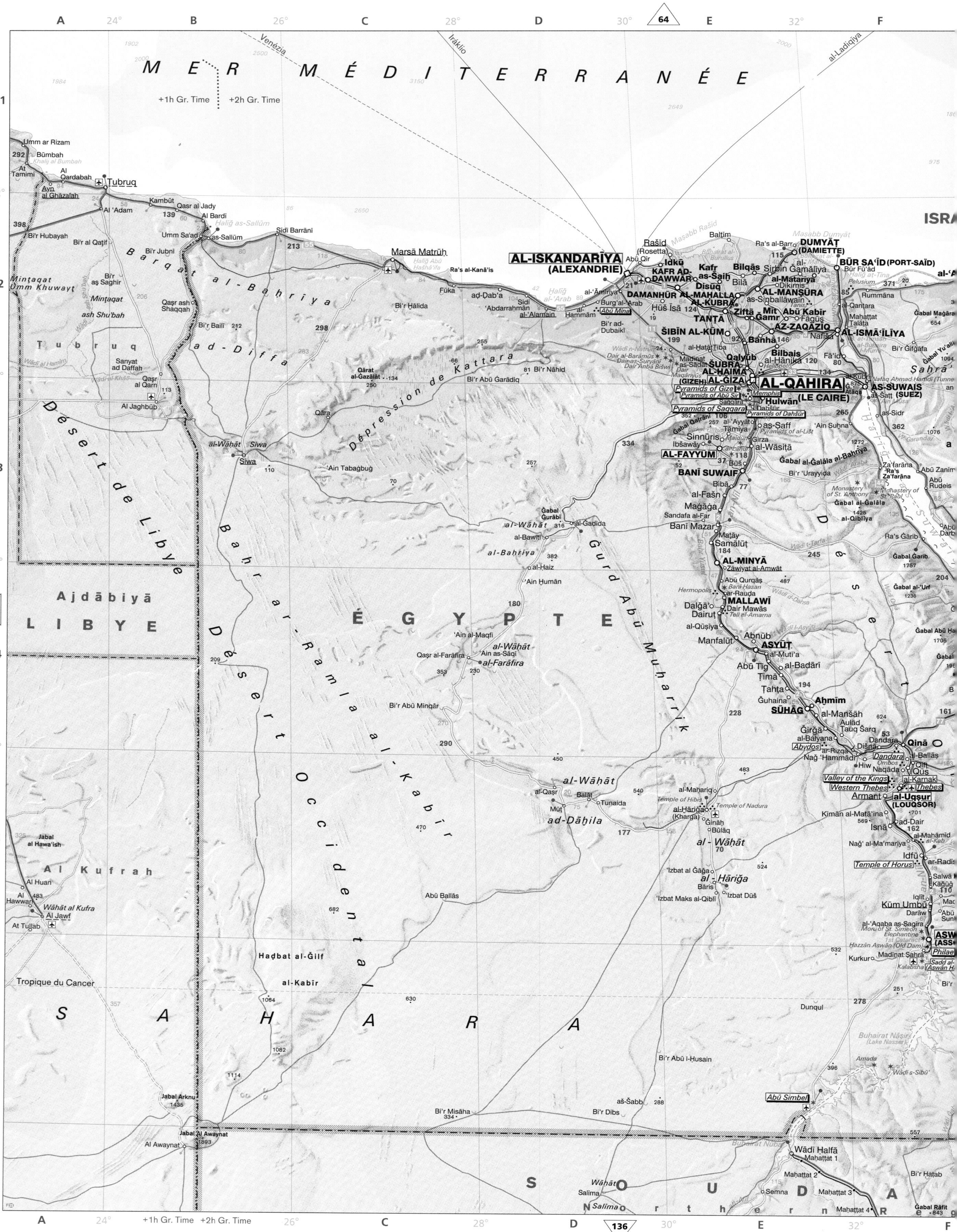
MER MÉDITERRANÉE
+1h Gr. Time
+2h Gr. Time
Venezia
Iráklio
al-Ladiqiya
64
ISR
Umm ar Rizam
Būmbah
At Tamimi
Al Qardabah
Tubruq
Ayn al Ghazalah
Al 'Adam
Kambūt
Qasr al Jady
Al Bardī
Halīğ as-Sallūm
Umm Sa'ad
as-Sallūm
Sīdī Barrānī
Bi'r Hubayah
Bi'r al Qatīf
Bi'r Jubnī
Barqat al-Bahrīya
Mintaqat Umm Khuwayt
Bi'r as Saghir
Mintaqat ash Shu'bah
Qasr ash Shaqqah
Bi'r Bailī
ad-Diffa
Tubruq
Sanyat ad Daffah
Qasr al Qarn
Al Jaghbūb
Marsā Matrūh
Ra's al-Kanā'is
Fūka
ad-Dab'a
'Abdarrahmān
Sīdī al-'Alamain
Bi'r Hālida
Qārat al-Ġazālāt
Dépression de Kattara
Bi'r Abū Ġarādiq
Bi'r Nāhid
Qāra
al-Wāhāt Siwa
Siwa
'Ain Tabaġbuġ
AL-ISKANDARĪYA (ALEXANDRIE)
Abū Qīr
Rašīd (Rosetta)
Idkū
Baltīm
Masabb Rašīd
Masabb Dumyāt
Ra's al-Barr
DUMYĀT (DAMIETTE)
BŪR SA'ĪD (PORT-SAÏD)
Būr Fū'ad
KAFR AD-DAWWĀR
Kafr as-Saiḫ
Bilqās
Širbīn
Ġamāliya
al-Matarīya
Bilā
Disūq
al-'Āmirīya
Burg al-'Arab
Abū Mīnā
al-Hammām
DAMANHŪR
AL-MAHALLA AL-KUBRĀ
AL-MANSŪRA
as-Sinbellāwain
Hūš 'Īsā
TANTĀ
Ziftā
Mīt Ġamr
Abū Kabīr
Fāqūs
AZ-ZAQĀZIQ
AL-ISMĀ'ĪLIYA
Nafīša
al-Qantara
Rummāna
Mahattat Talāta
Bi'r ad-Dubaikī
ŠIBĪN AL-KŪM
Banhā
Wādī n-Natrūn
Madīnat as-Sādāt
Qalyūb
al-Hānika
Bilbais
ŠUBRA AL-HAIMA
AL-ĠĪZA (GIZEH)
AL-QĀHIRA (LE CAIRE)
Pyramids of Gize
Pyramids of Abū Sīr
Memphis
Saqqāra
Hulwān
Pyramids of Saqqara
Dahšūr
Pyramids of Dahšūr
Fā'id
AS-SUWAIS (SUEZ)
as-Satt
'Atāqa
as-Sidr
Sahrā'
'Ain Suhna
Ġabal Qatrānī
al-'Ayyāt
Tamīya
as-Saff
Sinnūris
Ibšawāy
AL-FAYYŪM
al-Wāsitā
Būš
BANĪ SUWAIF
Ġabal al-Ġalāla al-Bahrīya
Za'farāna
Ra's Za'farāna
Bi'r 'Urayyida
Monastery of St. Anthony
Monastery of St. Paul
Ġabal al-Ġalāla al-Qiblīya
Abū Zanīma
Abū Rudeis
Bibā
al-Fašn
Maġāġa
Sandafa al-Far
Banī Mazār
Matāy
Samālūt
AL-MINYĀ
Zāwiyat al-Amwāt
Abū Qurqās
Bani Hasan
Hermopolis
ar-Rauda
MALLAWĪ
Dair Mawās
Tell el-Amarna
Dalġā
Dairūt
al-Qūsīya
Manfalūt
Abnūb
ASYŪT
al-Mutī'a
Abū Tīġ
al-Badārī
Tima
Tahtā
Ġuhaina
Ahmīm
SŪHĀĠ
al-Manšāh
Aulād Tauq Šarq
Ġirġā
al-Balyana
Abydos
ar-Rizqa
Naġ' Hammādī
Dandara
Dišnā
Qinā
al-Ballās
Hiw
Naqāda
Qift
Qūs
Valley of the Kings
al-Karnak
Western Thebes
Thebes
Armant
al-Uqsur (LOUQSOR)
Kīmān al-Mata'ina
ad-Dair
Isnā
al-Mahāmid
Naġ' al-Ma'mariya
al-Kab
Idfū
Temple of Horus
ar-Radīsīya
Salwā
Kāġūġ
Kūm Umbū
Darāw
al-'Aqaba as-Saġīra
Mon. of St. Simeon
Elephantine
1st Cataract
Hazzān Aswān (Old Dam)
ASWĀN
Philae
Sadd al-Āli Aswān
Madīnat Sahrā'
Kurkur
Kalabsha
Dunqul
Buhairat Nāsir (Lake Nasser)
Amada
Wādī s-Sibū'
Abū Simbel
Bi'r Abū l-Husain
aš-Šabb
Bi'r Dibs
Bi'r Misāha
Buhairat Nuba
Wādī Halfā
Mahattat 1
Mahattat 2
Mahattat 3
Mahattat 4
Semna
Bi'r Hatab
Ġabal Rāfit
Ġabal Mağāra
Bi'r Ġifġāfa
Ġabal Yu'allig
Nafaq Ahmad Hamdī (Tunnel)
Ras Ġārib
Ġabal Ġarib
Ġabal al-'Urf
Ġabal Abū Hadd
Wādī Tarfa
Wādī al-Asyūtī
Wādī Qena
Ġabal Ġurābī
al-Wāhāt al-Bahrīya
al-Bawītī
al-Gadida
al-Haiz
'Ain Human
Ġurd Abū Muharrik
'Ain al-Maqfī
al-Wāhāt al-Farāfira
Qasr al-Farāfira
'Ain as-Sāqī
Bi'r Abū Minqār
al-Wāhāt ad-Dāḫila
al-Qasr
Balāt
Tunaida
Mūt
al-Mahāriq
Temple of Hibis
Temple of Nadura
al-Hāriġa (Kharga)
Ġināḥ
Būlāq
al-Wāhāt al-Hāriġa
'Izbat al Ġāġa
Bārīs
'Izbat Dūš
'Izbat Maks al-Qiblī
Abū Ballās
Hadbat al-Ġilf al-Kabīr
Bahr ar-Ramla al-Kabīr
Désert Occidental
Désert de Libye
Ajdābiyā
LIBYE
ÉGYPTE
Jabal al Hawa'ish
Al Kufrah
Al Huan
Al Hawwari
Wāhāt al Kufra
Al Jawf
At Tullab
Tropique du Cancer
SAHARA
Jabal Arknu
Jabal Al Awaynat
Al Awaynat
Wāhāt Salīma
Salīma
SOUDAN
Northern
129
136
A B C D E F
24° 26° 28° 30° 32°
22° 24° 26° 28° 30° 32°
1 2 3 4 5 6 7

Échelle 1 : 4 500 000 — 0 40 80 120 160 200 kilomètres

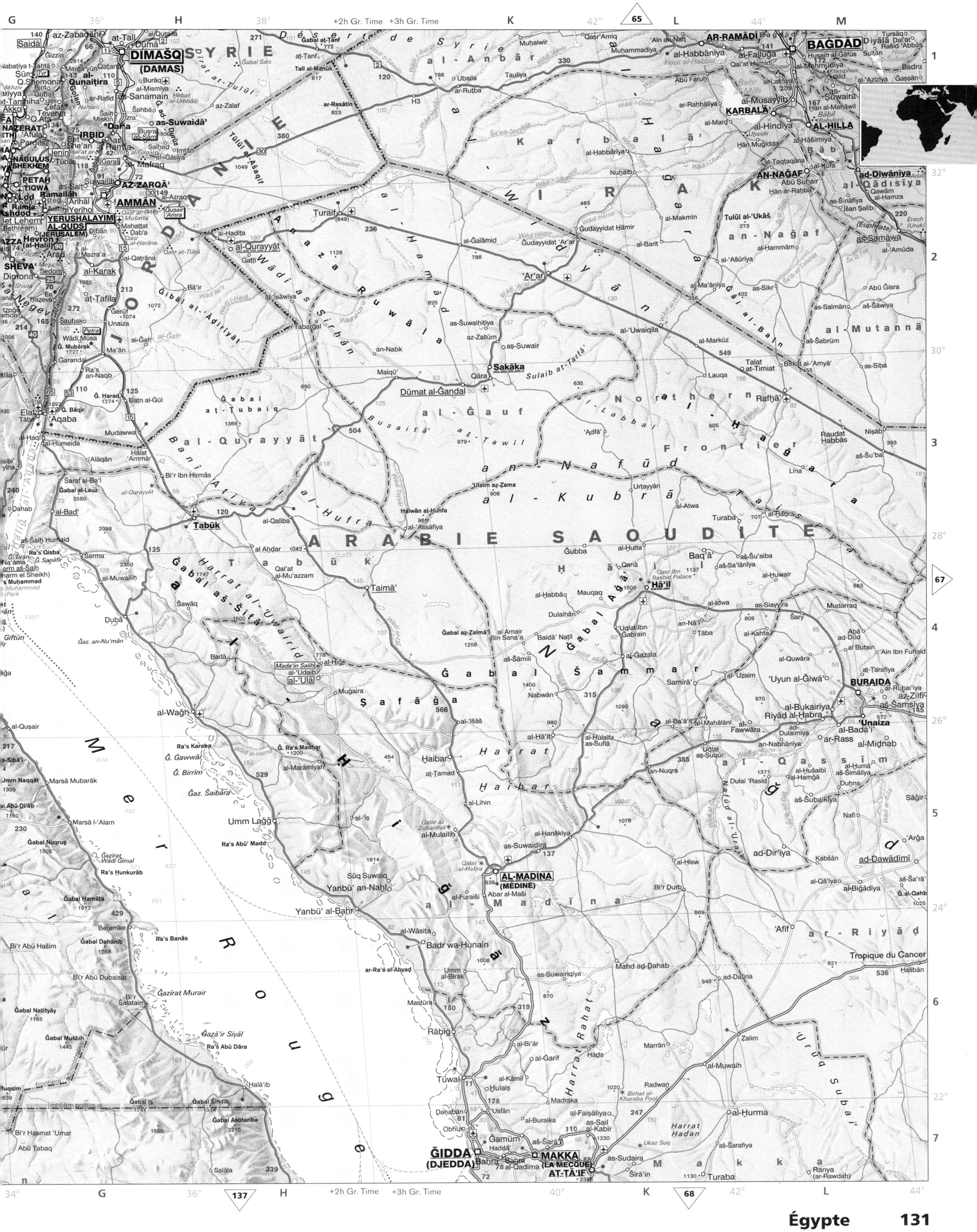

G
H
K
L
M
+2h Gr. Time
+3h Gr. Time
65
67
68
137
DIMAŠQ
(DAMAS)
SYRIE
JORDANIE
IRAK
ARABIE SAOUDITE
BAĠDĀD
AR-RAMĀDĪ
KARBALĀ'
AL-ḤILLA
AN-NAĠAF
AZ-ZARQĀ'
'AMMĀN
IRBID
YERUSHALAYIM
AL-QUDS
(JERUSALEM)
Tabūk
Taimā'
Sakāka
Dūmat al-Ǧandal
'Ar'ar
Rafḥā'
Ḥā'il
BURAIDA
'Unaiza
AL-MADĪNA
(MÉDINE)
ĞIDDA
(DJEDDA)
MAKKA
(LA MECQUE)
AT-TĀ'IF
Yanbū' al-Baḥr
Yanbū' an-Naḥl
Rābiġ
al-Waǧh
Ḍubā
'Aqaba
Ḥaibar
al-'Ulā
Mada'in Salih
an-Nafūd
al-Ǧauf
Northern Frontier
al-Qaṣīm
Tropique du Cancer
Mer Rouge

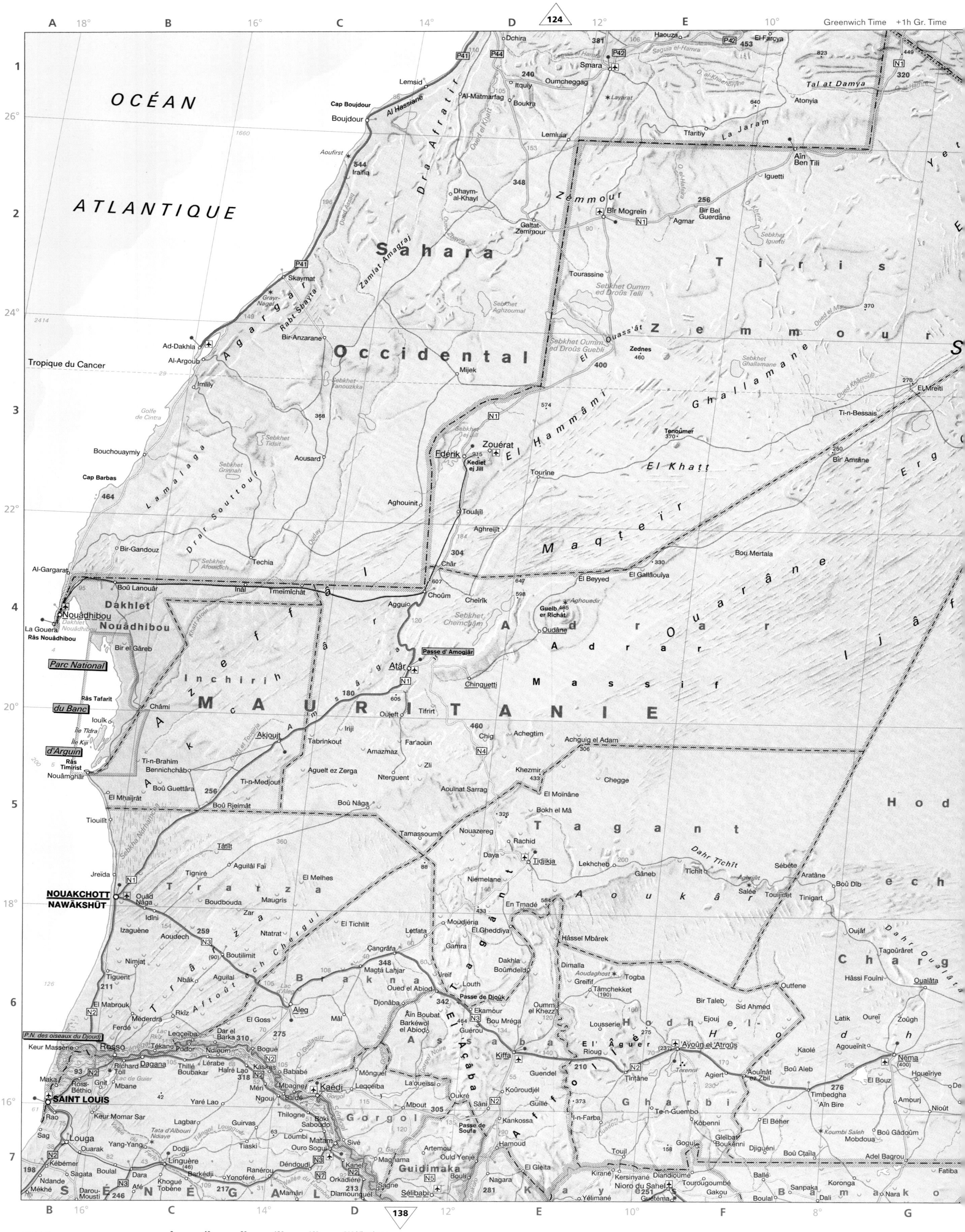

Échelle 1 : 4 500 000 0 40 80 120 160 200 kilomètres

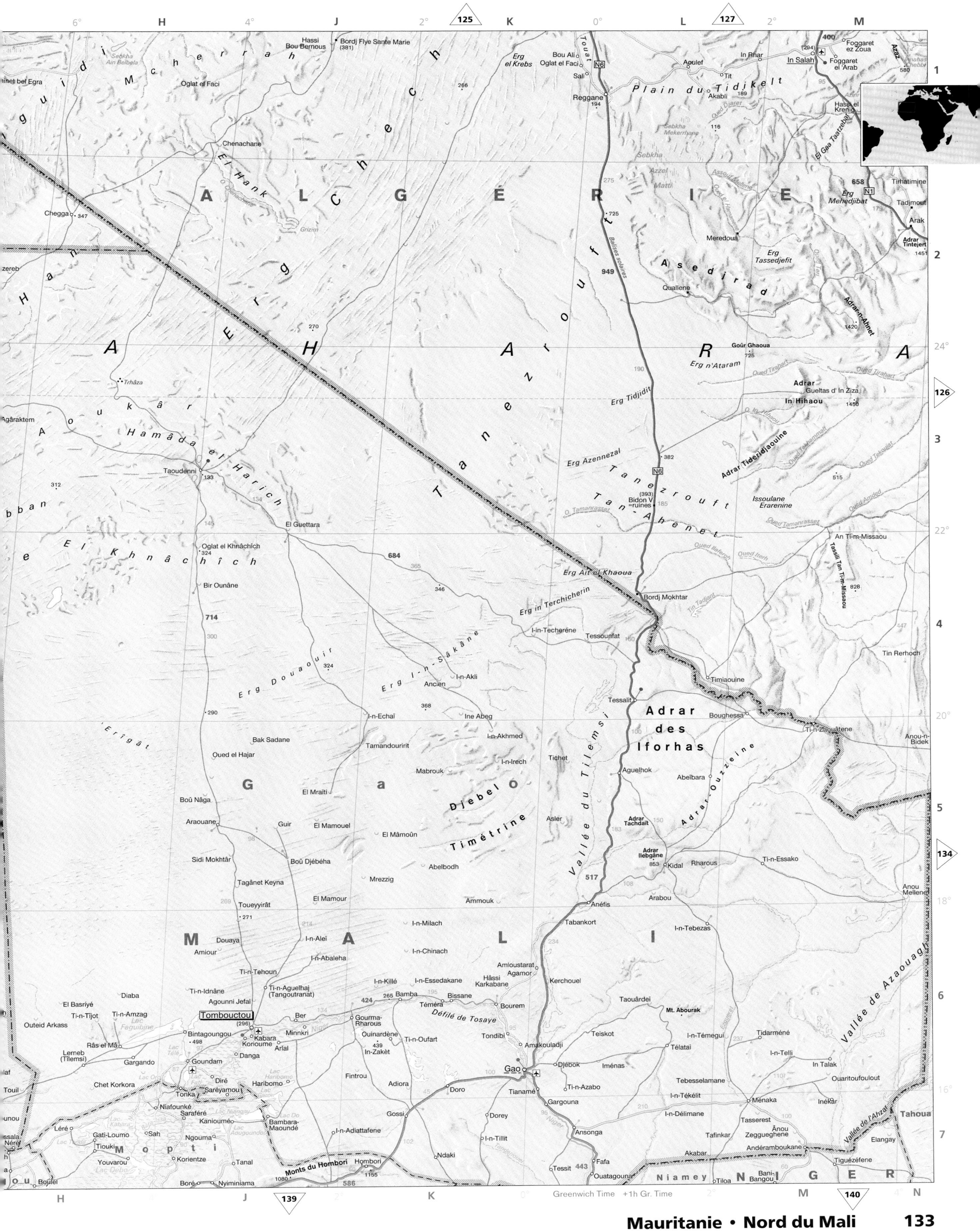
ALGÉRIE
MALI
Tanezrouft
Erg Chech
Plain du Tidikelt
Reggane
Bordj Flye Sante Marie
Hassi Bou Bernous
Oglat el Faci
Chenachane
El Hank
Chegga
Aoukâr
Hamâda el Harich
Taoudenni
El Guettara
Oglat el Khnâchîch
El Khnâchîch
Bir Ounâne
Erg Douaouir
Erg I-n-Sâkâne
Ergât
Bak Sadane
Oued el Hajar
Boû Nâga
Araouane
Sidi Mokhtâr
Tagânet Keyna
Toueyyirât
Douaya
Amiour
Ti-n-Tehoun
Ti-n-Idnâne
Agounni Jefal
Tombouctou
Bintagoungou
Kabara
Korioume
Goundam
Diré
Tonka
Niafounké
Saraféré
Mopti
Gourma-Rharous
Bamba
Témèra
Bissane
Bourem
Défilé de Tosaye
Gao
Tianamé
Ansonga
Fafa
Ouatagouna
Tessit
Hombori
Monts du Hombori
Gossi
Doro
Dorey
Djebel Timétrine
Adrar des Iforhas
Vallée du Tilemsi
Tessalit
Aguelhok
Kidal
Anéfis
Tabankort
Timiaouine
Bordj Mokhtar
Tessounfat
Boughessa
Ti-n-Zaouatene
Adrar Ouzzeine
Abeïbara
Ménaka
Andéramboukane
Vallée de Azaouagh
Tidarméné
Inékâr
Tahoua
Niamey
NIGER
In Salah
Aoulef
Akabli
Asedjirad
Quallene
Meredoua
Erg Tassedjefit
Adrar-n-Ahnet
Erg Mehedjibat
Arak
Gour Ghaoua
Erg n'Ataram
Erg Tidjidit
Erg Azennezal
Tanezrouft Tan-Ahenet
Bidon V
Issoulane Erarenine
Adrar Tiderdjaouine
In Hihaou
An Ti-m-Missaou
Tassili Tan Ti-m-Missaou
Erg in Terchicherin
Erg Ait el Khaoua
Tin Rerhoch
Greenwich Time
+1h Gr. Time

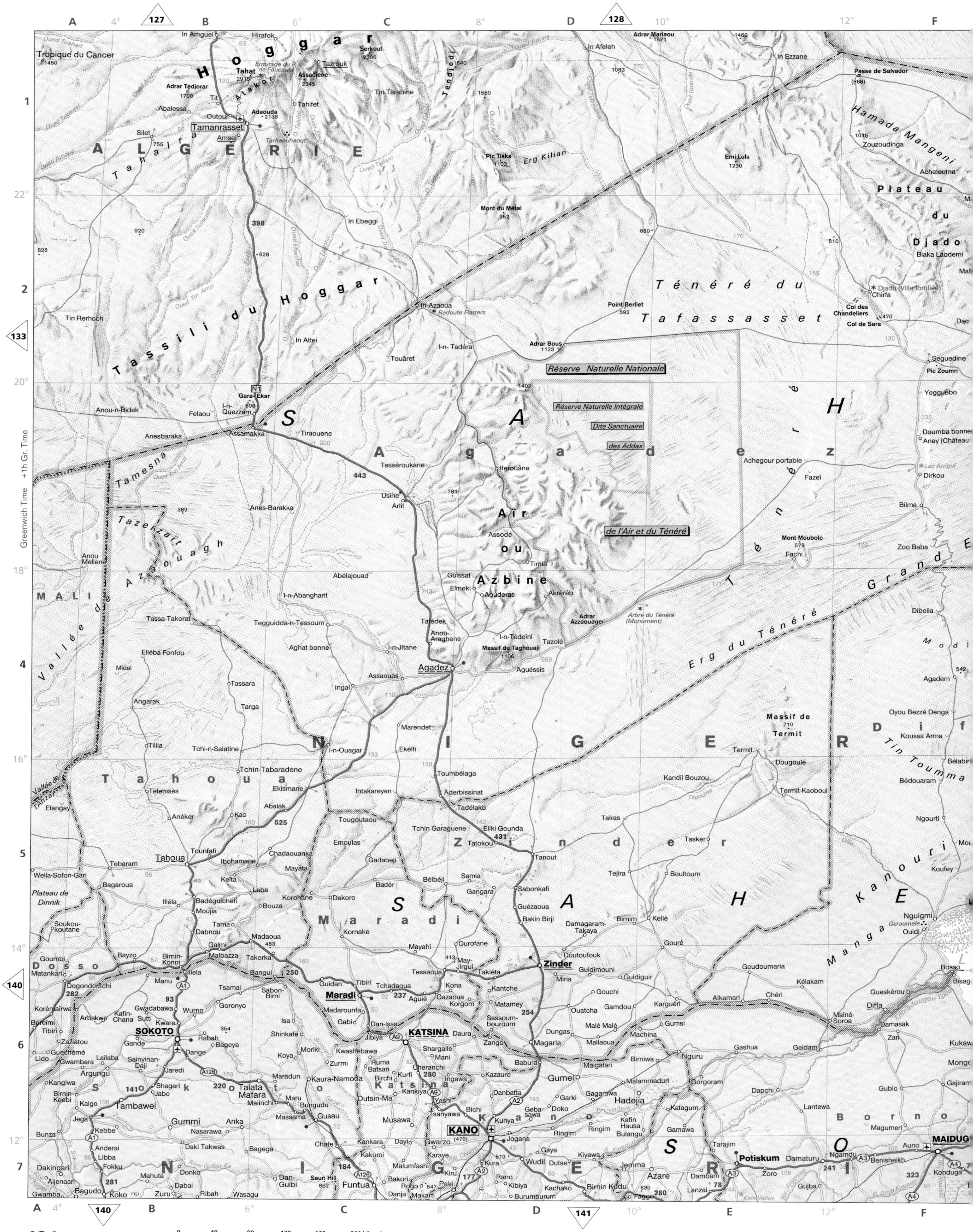
A
B
C
D
E
F
127
128
133
140
141
Tropique du Cancer
H o g g a r
Tahat
Atakor
Tamanrasset
Assadjene
Serkout
Tazrouk
Adaouda
Abalessa
Silet
Amsel
Hirafok
In Amguel
A L G É R I E
Tahalra
Tin Tarabine
Tendjedi
Erg Kilian
Pic Tiska
Mont du Métal
In Ebeggi
In Afeleh
In Ezzane
Adrar Mariaou
Passe de Salvador
Hamada Mangeni
Zouzoudinga
Emi Lulu
Achelouma
Plateau du Djado
Blaka Laodemi
Djado (Ville fortifiée)
Chirfa
Col des Chandeliers
Col de Sara
Dao
Ténéré du Tafassasset
Point Berliet
Tassili du Hoggar
Tin Rerhoch
In-Azaoua
Redoute Flatters
In Atteï
Touâret
I-n- Tadéra
Adrar Bous
Réserve Naturelle Nationale
Réserve Naturelle Intégrale
Dite Sanctuaire
des Addax
de l'Aïr et du Ténéré
Seguedine
Pic Zoumri
Yeggueba
Doumba bonne
Aney (Château)
Lac Arrigui
Dirkou
Bilma
Mont Moubolo
Fachi
Zoo Baba
Gara-Ekar
I-n-Quezzam
Felaou
Anou-n-Bidek
Anesbaraka
Assamakka
Tiraouene
Tamesna
Tesséroukane
Usine
Arlit
Iferouâne
Aïr ou Azbine
Assodé
Timia
Achegour portable
Fazeï
Greenwich Time +1h Gr. Time
Tazerzaït
Anes-Barakka
Anou Mellene
Vallée de l'Azaouagh
MALI
Abélajouad
Guissat
Elmeki
Aouderas
Akréréb
Adrar Azzaouager
Arbre du Ténéré (Monument)
I-n-Abangharit
Tassa-Takorat
Tegguidda-n-Tessoum
Tafédek
Anou-Araghene
Massif de Taghouaji
I-n-Tédeïni
Tazolé
Aguéssis
Erg du Ténéré
Grand Erg
Dibella
Agadem
Elléba Fonfou
Midal
Aghat bonne
I-n-Jitane
Agadez
Assaouas
Ingal
Tassara
Angarak
Targa
Marendet
Massif de Termit
Termit
Dougoulé
Oyou Bezzé Denga
Koussa Arma
Tin Toumma
Bélabirim
Bédouaram
Tillia
Tchi-n-Salatine
I-n-Ouagar
Ekélfi
N I G E R
Tchin-Tabaradene
Toumbélaga
Kandil Bouzou
Termit-Kaoboul
Vallée de l'Ahzar
Tahoua
Tébemsès
Elangay
Ekismane
Intakareyen
Aderbissinat
Tadélako
Abalak
Anéker
Kao
Tougoutaou
Tchin Garaguene
Eliki Gounda
Tatokou
Talras
Tasker
Zinder
Ngourti
Tebaram
Tounfafi
Ibohamane
Chadaouanka
Emoulas
Gadabeji
Tanout
Tejira
Boultoum
Wella-Sofon-Gari
Bagaroua
Keïta
Mayata
Bélbéji
Samia
Gangara
Sabonkafi
Koufey
Plateau de Dinnik
Laba
Badéguicheri
Illéla
Moujia
Bouza
Korohane
Dakoro
Badér
S A H E L
Guézaoua
Bakin Birji
Damagaram-Takaya
Birnim
Kellé
Soukou-koutane
Tama
Dabnou
Maradi
Kornake
Ourofane
Mayahi
Goure
Nguigmi
Geraumele
Ouidi
Manga
Kanouri
Goumbi
Dosso
Matankari
Bayzo
Galmi
Malbazza
Madaoua
Takorka
Birnin-Konni
Illela
Bangui
May-Jirgui
Tessaoua
Takiéta
Doutoufouk
Guidimouni
Guidiguir
Goudoumaria
Kélakam
Bosso
Dogondoutchi
Manu
Tsamai
Sabon-Birni
Guidan
Tibiri
Tchadaoua
Kona
Kantche
Miria
Gouchi
Gueskérou
Korémaïrwa
Gwadabawa
Goronyo
Madarounfa
Aguié
Gazaoua
Korgom
Matamey
Ouatcha
Gamdou
Karguéri
Alkamari
Chéri
Diffa
Maïné-Soroa
Bureimi
Arbakwe
Kafin-Chana
Sutti
Wurno
Kware
Gabi
Dan-Issa
Sassoum-bouroum
Malé Malé
Gumsi
Damasak
Tibiri
Isa
Jibiya
KATSINA
Daura
Zango
Dungas
Mallaoua
Machina
Zaziatou
SOKOTO
Rabah
Shinkafe
Magaria
Gueché
Guechémé
Lido
Gwambara
Lailaba
Sainyinan-Daji
Dange
Bageya
Koya
Moriki
Kwashebawa
Zurmi
Shargalle
Mani
Ruma
Batsari
Kurfi
Charanchi
Ingawa
Kazaure
Babura
Gumel
Maigatari
Birniwa
Nguru
Gashua
Geidam
Mongo
Argungu
Jaredi
Maradun
Kaura-Namoda
Malammaduri
Gajiram
Kangiwa
Birnin-Keebi
Shagari
Jabo
Talata Mafara
Katsina
Kankiya
Danbatta
Garki
Gagarawa
Hadejia
Gorgoram
Dapchi
Gubio
Kalgo
Tambawel
Maiinchi
Maru
Bungudu
Dutsin-Ma
Yashi
Bichi
Kunya
Geba-sawa
Doko
Katagum
Lantewa
Jega
Gummi
Anka
Massama
Gusau
Musawa
Tsanyawa
Kano
Ringim
Kafin Hausa
Bulangu
Gamawa
Borno
Magumeri
Kebbe
Bunza
Anderai
Libba
Fokku
Nasarawa
Daki Takwas
Bagega
Chafe
Kankara
Dayi
Gwarzo
KANO
Jogana
Gaya
Kiyawa
Tarajim
Potiskum
Damaturu
Ngamdu
Benisheikh
Auno
MAIDUGURI
Konduga
Dakingari
Aljenaari
Mahuta
Donko
Dabai
Gwamba
Bagudo
Koko
Zuru
Ribah
Wasagu
Dan-Gulbi
Sauri Hill
Funtua
Kakumi
Malumfashi
Karaye
Kiru
Kura
Wudil
Dutse
Jemma
Azare
Dambam
Zoro
Bakori
Rogo
Danja
Makarfi
Paki
Rano
Kibiya
Kachako
Birnin Kudu
Faggo
Lanzai
Gujba
Burumburum
Kale Valley
S O K O T O
K A N O
S E R
O I
4°
6°
8°
10°
12°
22°
20°
18°
16°
14°
1
2
4
5
6
7

Échelle 1 : 4 500 000 — 0 40 80 120 160 200 kilomètres

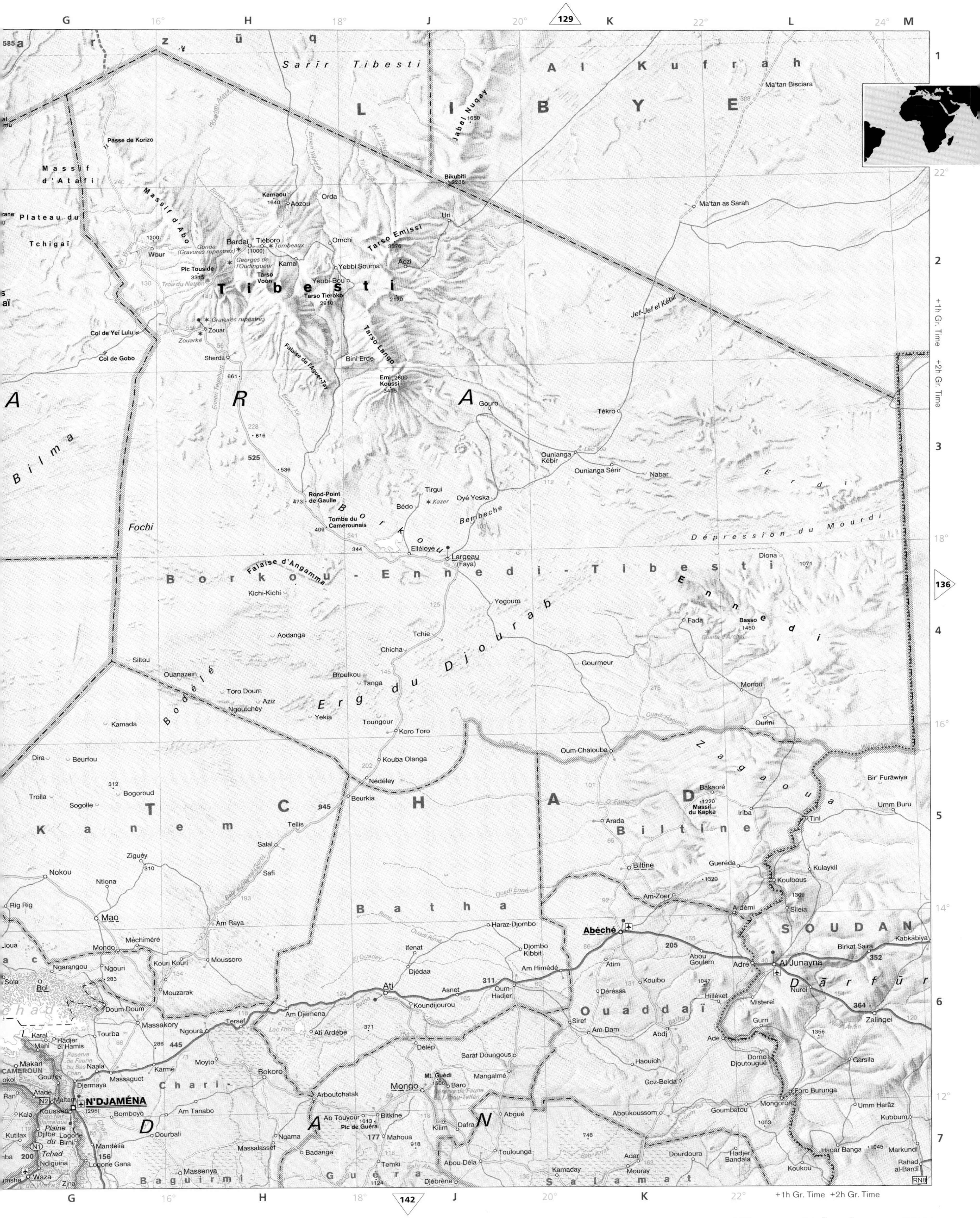

129
136
142
G
H
J
K
L
M
16°
18°
20°
22°
24°
1
2
3
4
5
6
7
+1h Gr. Time
+2h Gr. Time
Sarir Tibesti
Al Kufrah
LIBYE
Jabal Nuqay
1650
Ma'tan Bisciara
Bikubiti
2286
Ma'tan as Sarah
Passe de Korizo
Massif d'Atafi
Massif d'Abo
Plateau du Tchigaï
Karnaou
1640
Aozou
Orda
Uri
Tarso Emissi
3376
Bardaï
(1000)
Tiéboro
Tombeaux
Omchi
Gonoa
(Gravures rupestres)
Georges de l'Oudingueur
Wour
1200
Pic Touside
3315
Tarso Voon
Kamal
Yebbi Souma
Aozi
Yebbi-Bou
Tibesti
Tarso Tiéroko
2910
2170
Trou du Natron
Gravures rupestres
Zouar
Zouarké
Col de Yei Lulu
Col de Gobo
Sherda
661
Falaise de l'Aguer-Tay
Tarso Lango
Bini Erde
Emi Koussi
2600
3415
Jef-Jef el Kébir
Gouro
Tékro
ARA
Bilma
616
525
536
Ounianga Kébir
Ounianga Sérir
Lac Yoa
Nabar
Erdi
Rond-Point de Gaulle
473
Tirgui
Kazer
Oyé Yeska
Bédo
Bembeche
Borkou
Tombe du Camerounais
409
344
Elléloyé
Largeau
(Faya)
Fochi
Dépression du Mourdi
Diona
1071
Falaise d'Angamma
Borkou-Ennedi-Tibesti
Ennedi
Kichi-Kichi
Yogoum
Fada
Basso
1450
Guelta d'Archei
Aodanga
Tchie
Chicha
Siltou
Gourmeur
Ouanazein
Bodélé
Broulkou
Tanga
Toro Doum
Aziz
Ngoutchey
Monou
Erg du Djourab
Yekia
Kamada
Toungour
Koro Toro
Ourini
Oum-Chalouba
Zagaoua
Dira
Beurfou
Kouba Olanga
Nédéley
Beurkia
312
Bogoroud
Trolla
Sogolle
945
Bakaoré
Massif du Kapka
1220
Iriba
Bir' Furāwiya
Umm Buru
Tini
TCHAD
Kanem
Tellis
Arada
Biltine
Salal
Ziguéy
310
Safi
Nokou
Ntiona
Biltine
Guéréda
Kulaykil
1320
Koulbous
Am-Zoer
Rig Rig
Mao
Batha
Ardémi
1309
Sileia
SOUDAN
Am Raya
Haraz-Djombo
Abéché
Méchiméré
Mondo
Ifenat
Djombo Kibbit
205
Abou Goulem
Birkat Saira
Kabkābiya
Ngarangou
Ngouri
283
Kouri Kouri
Moussoro
Am Himédé
Atim
Adré
Al Junayna
352
Dārfūr
Sola
Bol
Mouzarak
Djédaa
Ati
311
Asnet
Oum-Hadjer
Koulbo
Dérèssa
Hilléket
Nurei
Doum Doum
Am Djemena
Koundjourou
Ouaddaï
Misterei
364
Zalingei
Massakory
Tersef
Ngoura
445
Ati Ardébé
371
Siref
Am-Dam
Abdj
Gurri
Karal
Mani
Hadjer el Hamis
Tourba
Délép
Adé
1356
Makari
Moyto
Naala
Saraf Doungous
Haouich
Dorno Djoutougué
Garsila
CAMEROUN
Goulfey
Karmé
Massaguet
Bokoro
Mt. Guédi
1500
Baro
Mangalmé
Goz-Beida
Chari-Baguirmi
Mongo
Foro Burunga
N'DJAMÉNA
(295)
Kousseri
Bomboyo
Am Tanabo
Arboutchatak
Abgué
Aboukoussom
Goumbatou
Mongororo
Umm Ḥarāz
Kala
Plaine du Tchad
Kutilax
Dourbali
Ab Touyour
Bitkine
Pic de Guéra
1613
Kilim
Dafra
1053
Kubbum
Mandélia
Ngama
Mahoua
177
918
748
Guéra
Salamat
Hagar Banga
1045
Markundi
156
Logone Gana
Massalassef
Badanga
Toulounga
Adar
Dourdoura
Hadjer Bandala
Rahad al-Bardi
200
Massenya
Temki
Abou-Déia
Kamaday
Mouray
Koukou
Waza
Zina
Baguirmi
1124
Djébrène
Bahr Azoum
RNB
+1h Gr. Time +2h Gr. Time

Échelle 1 : 4 500 000 — 0 40 80 120 160 200 kilomètres

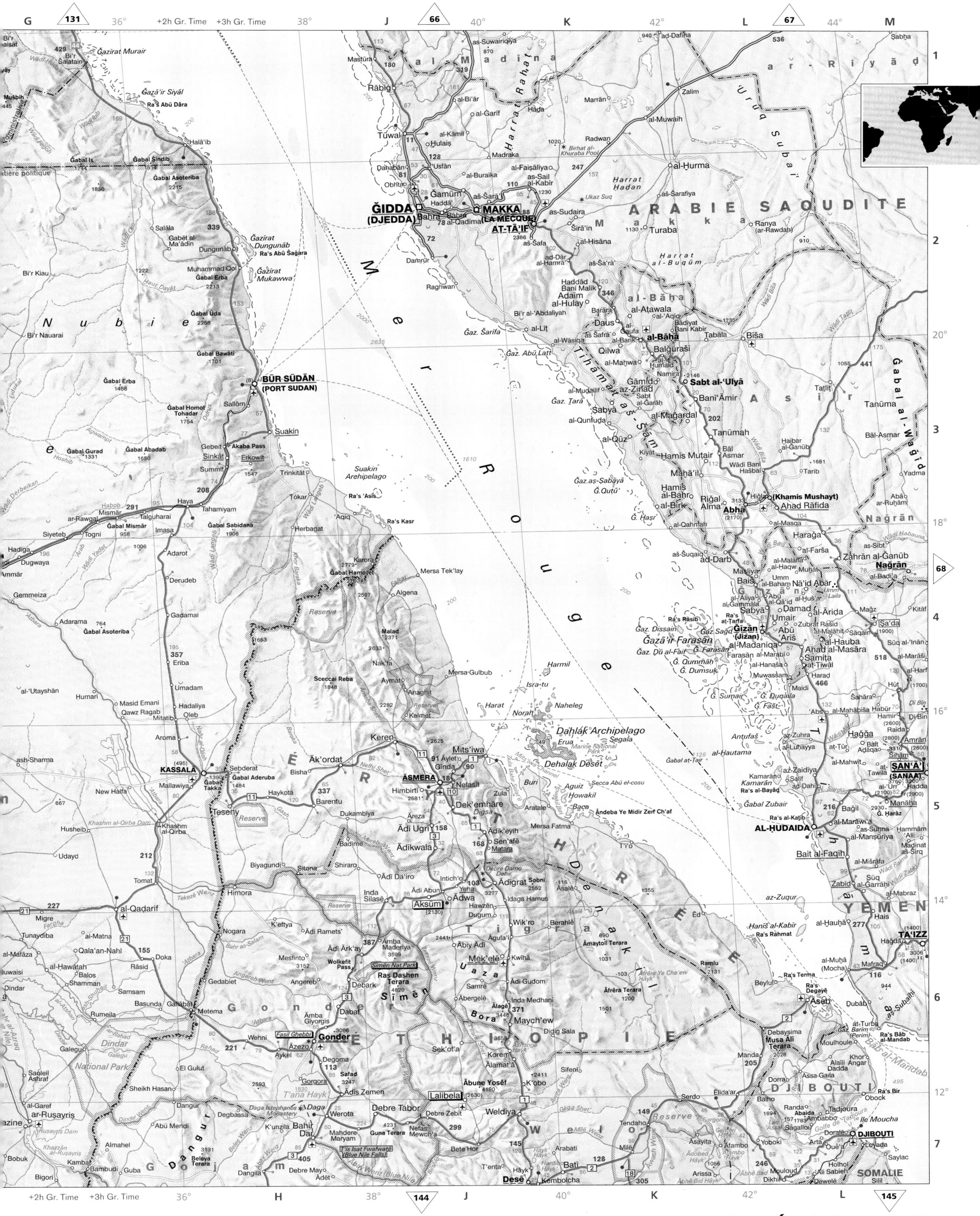

+2h Gr. Time
+3h Gr. Time
Mer Rouge
ARABIE SAOUDITE
Nubie
ÉRYTHRÉE
ÉTHIOPIE
YEMEN
DJIBOUTI
SOMALIE
al-Madina
Makka
ar-Riyāḍ
'Urūq Subai'
Ḥarrat Rahaṭ
al-Bāḥa
'Asīr
Tihāma
Ġīzān
Naǧrān
Ġabal al-Waǧīd
Tigrai
Danakil
Gonder
Simēn
Wello
Gojam
Dangur
ĞIDDA (DJEDDA)
MAKKA (LA MECQUE)
AṬ-ṬĀ'IF
Rābiġ
Ṭūwal
Bahra
al-Qadīma
Turaba
Ranya (ar-Rawdah)
Bīša
al-Bāḥa
Balǧurašī
Sabt al-'Ulyā
Tanūmah
Hamīs Mušaiṭ
Abhā
Ḥiğla (Khamis Mushayt)
Aḥad Rāfida
Saudat
Naǧrān
Ṣa'da
Ġīzān (Jizan)
Ġazā'ir Farasān
Dahlak Archipelago
Dahlak Desēt
BŪR SŪDĀN (PORT SUDAN)
Suakin
Suakin Archipelago
Ṭōkar
Hālā'ib
Haya
KASSALA
al-Qaḍārif
Ḫašm al-Qirba
Metema
Gonder
Āzezo
Bahir Dar
T'ana Hayk'
Debre Tabor
Lalibela
Weldiya
Desē
Kembolcha
Bati
ĀSMERA
Keren
Āk'ordat
Mits'iwa
Dek'emhare
Ādi Ugri
Ādīgrat
Aksum
Ādwa
Mek'elē
Maych'ew
Ras Dashen Terara
Simēn Nat Park
Teseny
Barentu
Assab
Musa Ali Terara
DJIBOUTI
Tadjoura
Obock
Bāb al-Mandab
AL-ḤUDAIDA
Bait al-Faqīh
Zabīd
al-Mukha (Mocha)
TA'IZZ
ṢAN'Ā' (SANAA)
Ḥaǧǧa
Sūq 'Inān
Kitāf
20°
18°
16°
14°
12°
36°
38°
40°
42°
44°
G
H
J
K
L
M
1
2
3
4
5
6
7
131
66
67
68
144
145

132

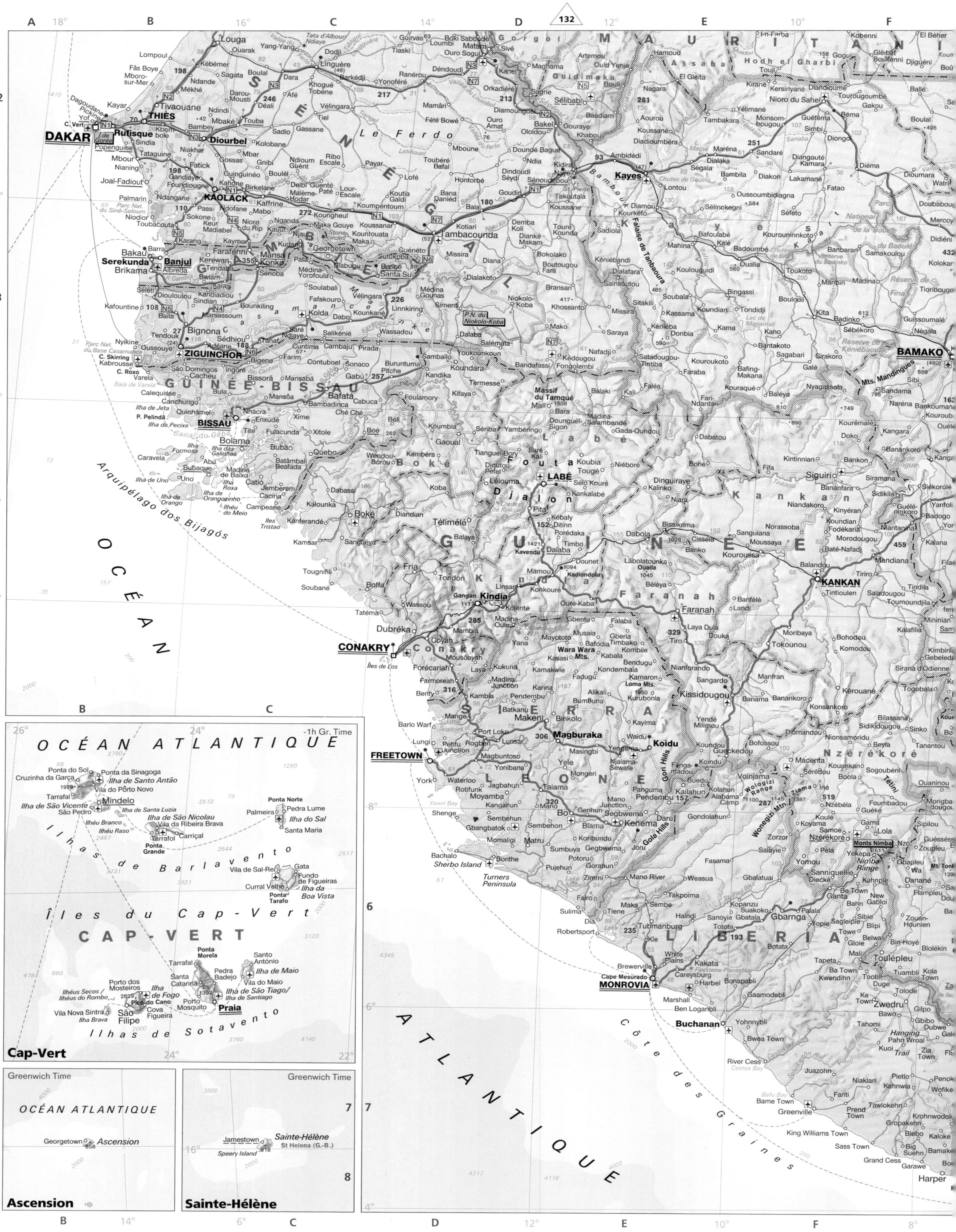

Échelle 1 : 4 500 000 — 0 40 80 120 160 200 kilomètres

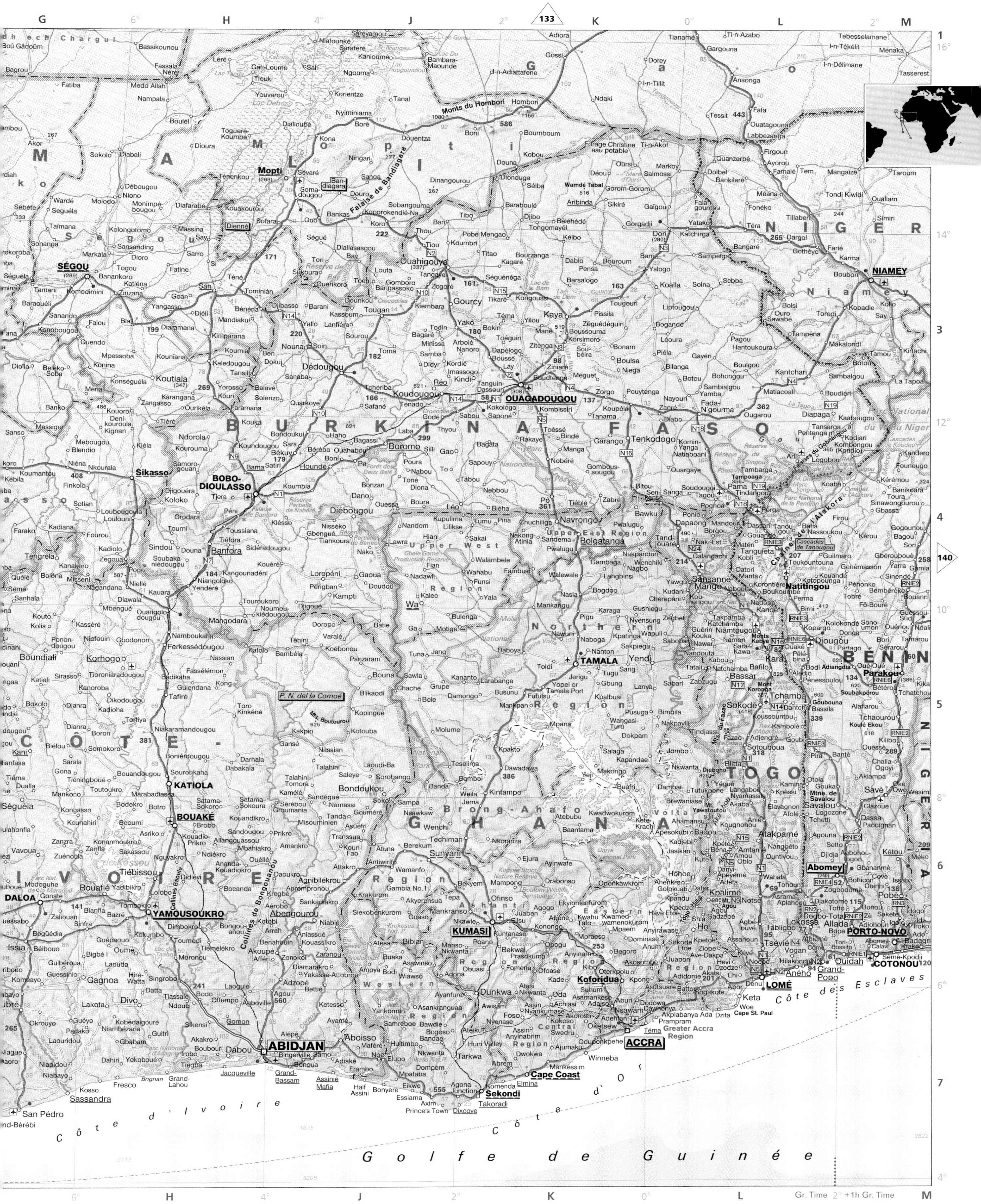

133
140
G
H
J
K
L
M
MALI
Mopti
SÉGOU
Sikasso
BOBO-DIOULASSO
BURKINA FASO
OUAGADOUGOU
NIGER
NIAMEY
CÔTE-D'IVOIRE
YAMOUSSOUKRO
ABIDJAN
BOUAKÉ
KATIOLA
DALOA
San Pédro
GHANA
KUMASI
ACCRA
TAMALA
Koforidua
Cape Coast
Sekondi
Takoradi
TOGO
LOMÉ
BÉNIN
PORTO-NOVO
COTONOU
Parakou
Abomey
Natitingou
Djougou
Golfe de Guinée
Côte d'Ivoire
Côte d'Or
Côte des Esclaves
Gr. Time
+1h Gr. Time

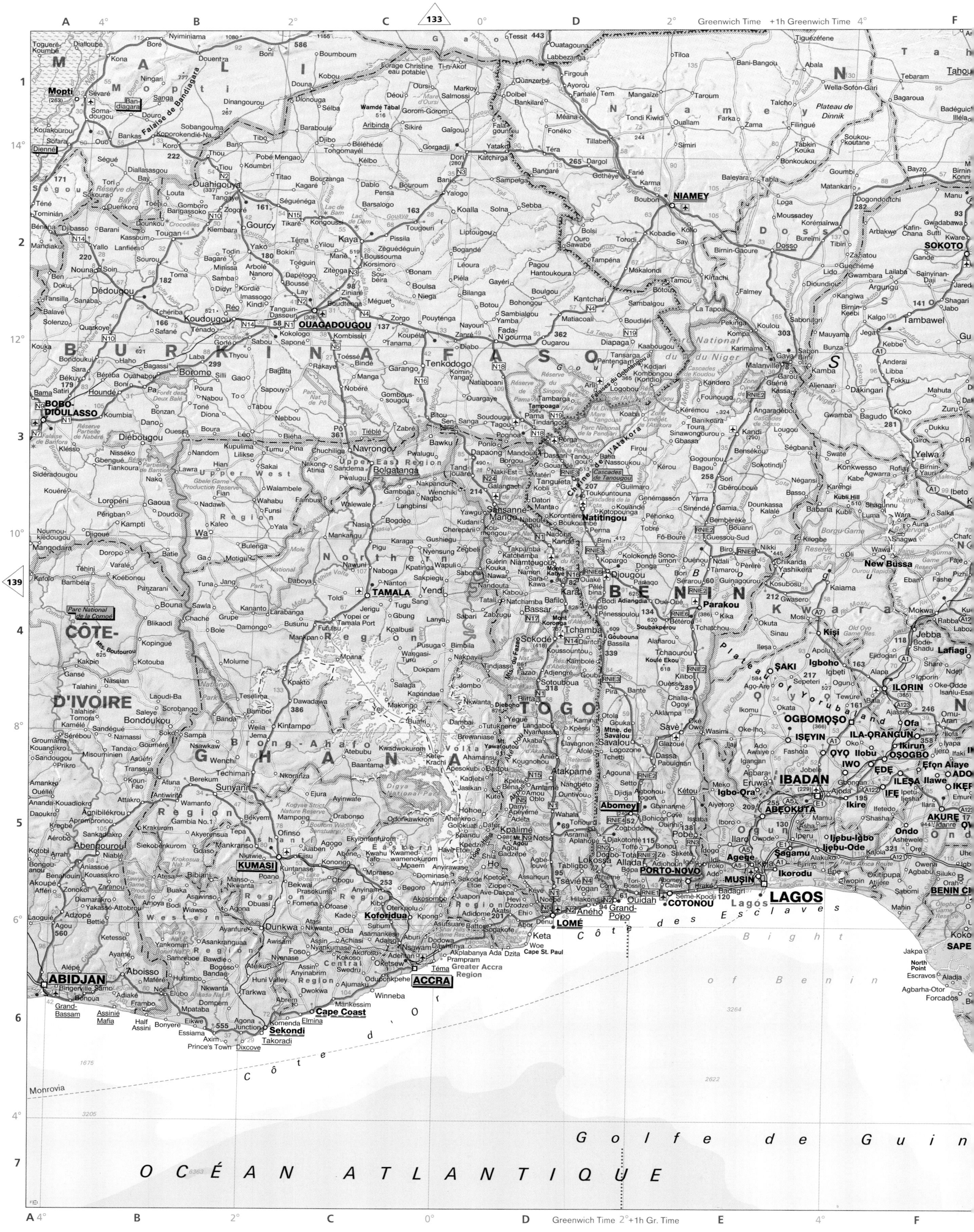

Échelle 1 : 4 500 000 — 0, 40, 80, 120, 160, 200 kilomètres

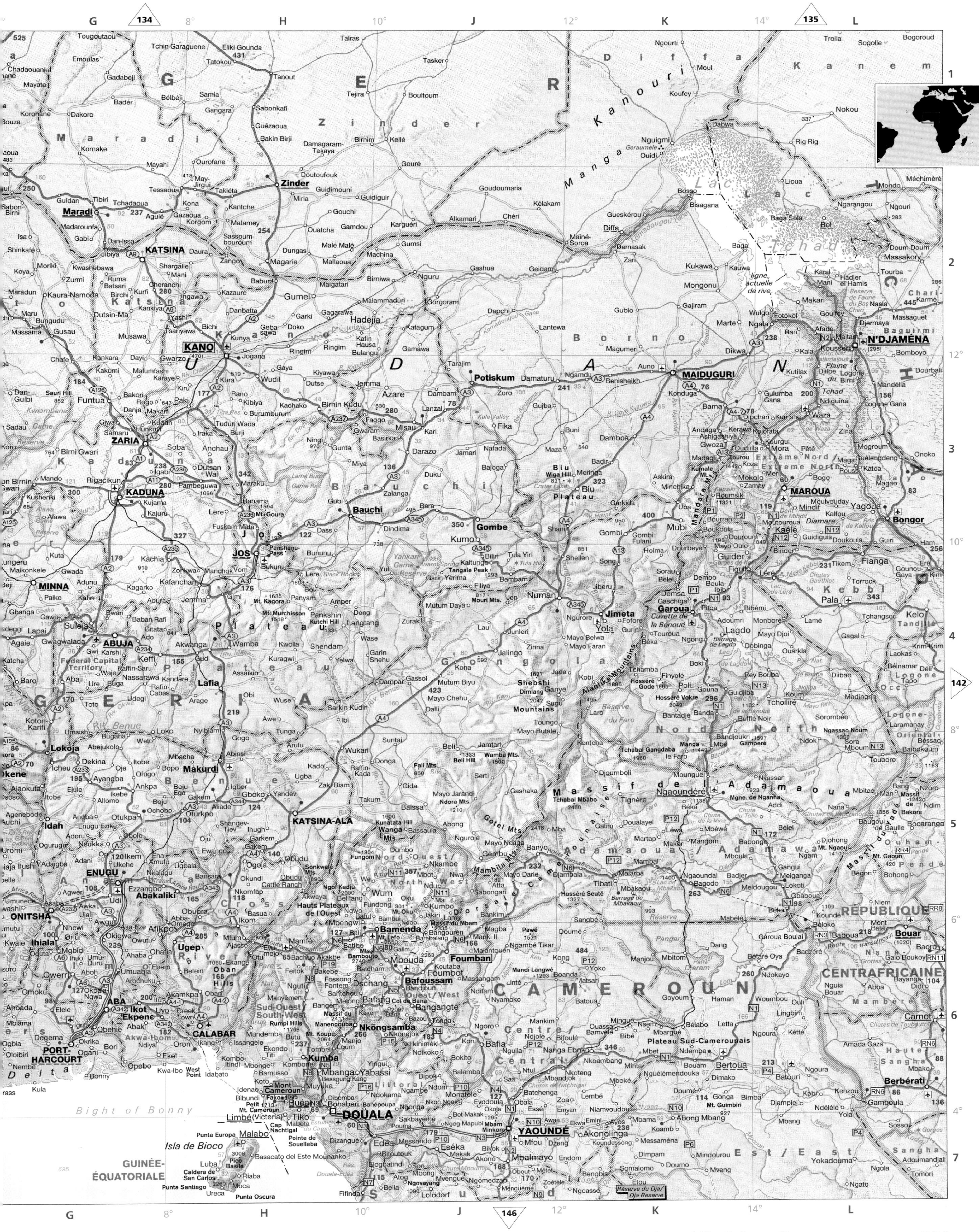

134
135
146
142
G
H
J
K
L
8°
10°
12°
14°
1
2
3
4
5
6
7
Zinder
Maradi
KATSINA
KANO
ZARIA
KADUNA
JOS
Bauchi
Gombe
Potiskum
MAIDUGURI
MAROUA
N'DJAMÉNA
Bongor
MINNA
ABUJA
Lafia
Makurdi
Lokoja
Idah
ENUGU
ONITSHA
Abakaliki
ABA
PORT-HARCOURT
CALABAR
KATSINA-ALA
Jimeta
Yola
Garoua
Ngaoundéré
Bamenda
Bafoussam
Foumban
Nkongsamba
Kumba
DOUALA
YAOUNDÉ
Bertoua
Berbérati
Bouar
Malabo
Isla de Bioco
GUINÉE-ÉQUATORIALE
Bight of Bonny
Lac Tchad
CAMEROUN
RÉPUBLIQUE CENTRAFRICAINE
Massif de l'Adamaoua
Plateau Sud-Camerounais
Mandara Mts.
Alantika Mountains
Mambila Mts.
Shebshi Mountains
Mt. Cameroun
Riv. Benue
Zinder
Borno
Bauchi
Plateau
Gongola
Kanem
Manga
Kanouri
Diffa

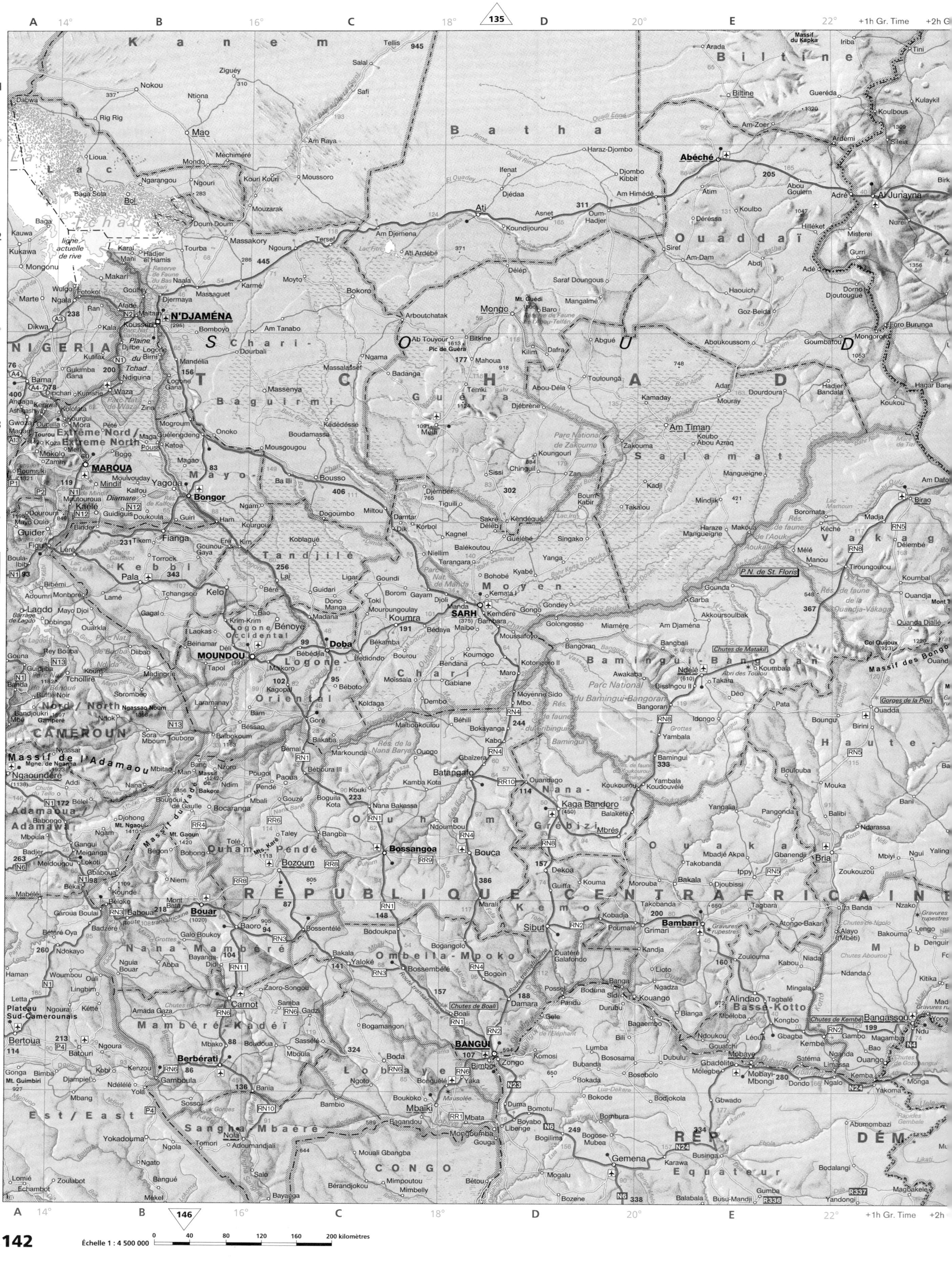

Échelle 1 : 4 500 000 — 0 40 80 120 160 200 kilomètres

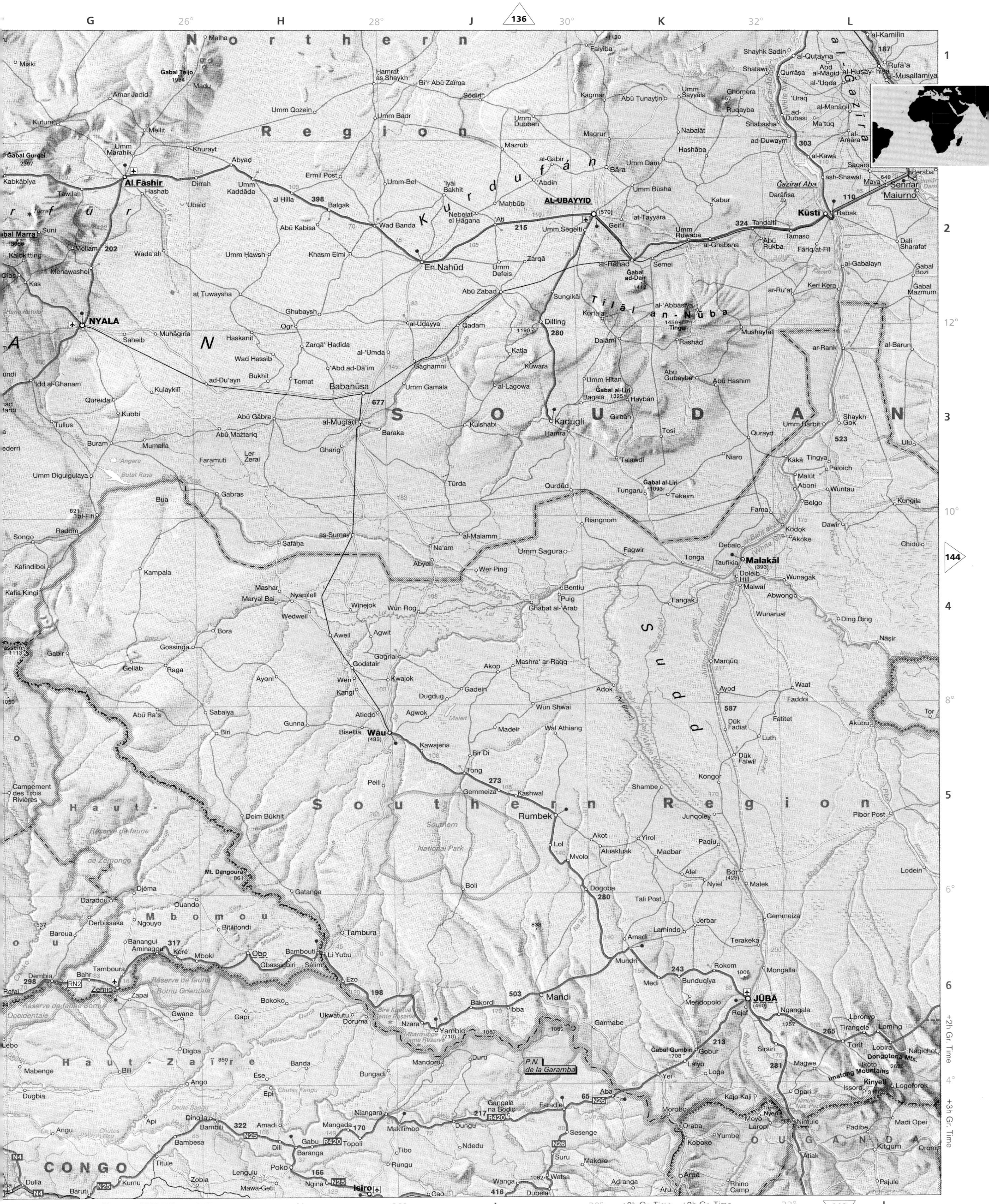

G
H
J
K
L
136
144
147
148
Northern Region
Kurdufān
Tilāl an-Nūba
SOUDAN
Sudd
Southern Region
Haut-Mbomou
Mbomou
Haut-Zaïre
CONGO
OUGANDA
Al Fāshir
NYALA
AL-UBAYYID
En Nahūd
Babanūsa
al-Muglad
Dilling
Kadugli
Kūsti
Sennār
Malakāl
Wāu
Rumbek
JŪBĀ
Zemio
Obo
Isiro
Yambio
Maridi
Torit
Kinyeti
Nimule
Arua
Southern National Park
P.N. de la Garamba
Réserve de faune de Zémongo
Réserve de faune Bomu Orientale
Réserve de faune Bomu Occidentale
Mt. Dangoura
Imatong Mountains
Dongotona Mts.
Gabal Marra
+2h Gr. Time
+3h Gr. Time

A 34° B 36° C 38° D 40° E 42°

Échelle 1 : 4 500 000 — 0 40 80 120 160 200 kilomètres

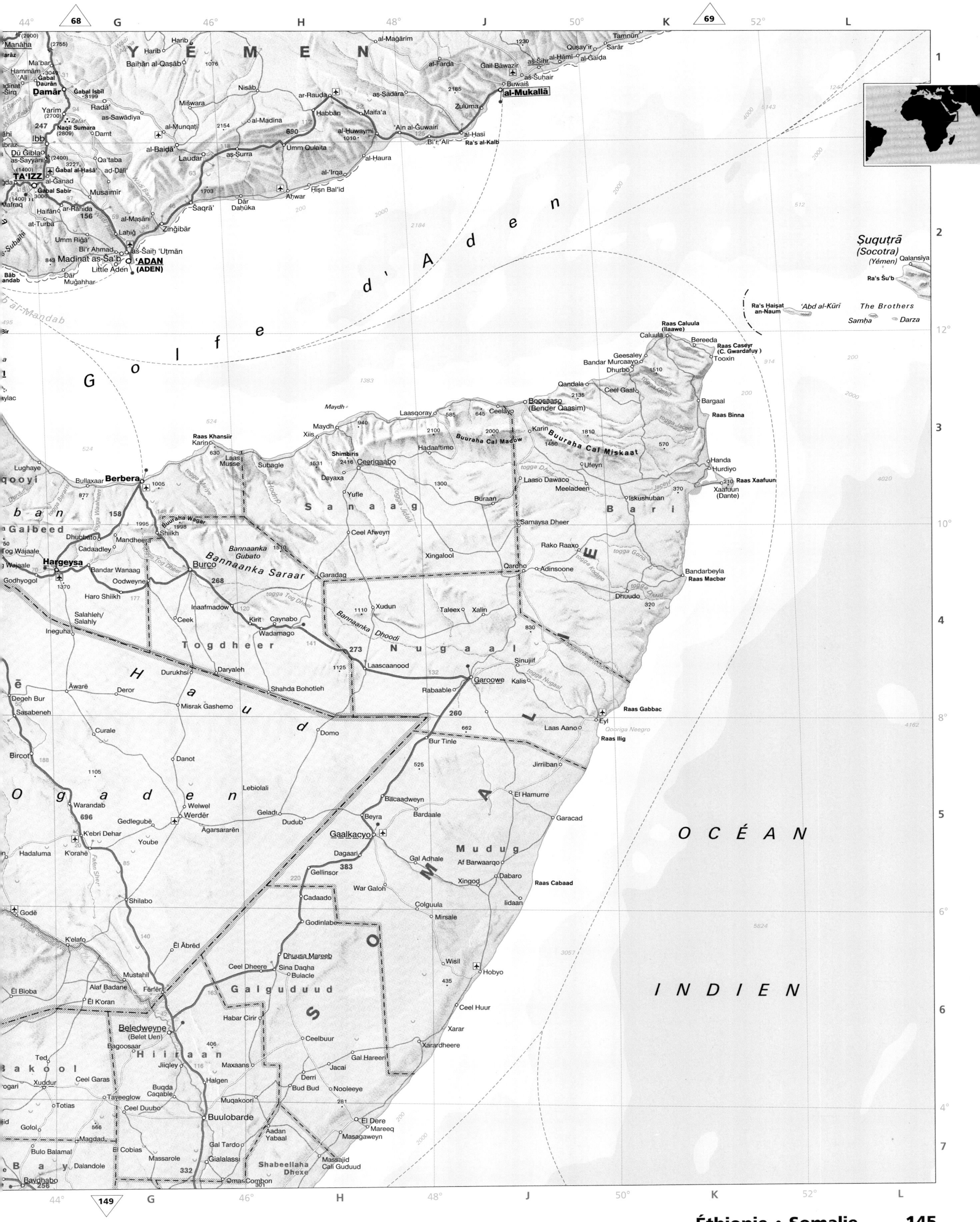

68
69
149
Y É M E N
Golfe d'Aden
OCÉAN INDIEN
Ṣuquṭrā
(Socotra)
(Yémen)
Qalansiya
Ra's Šu'b
'Abd al-Kūrī
The Brothers
Samḥa
Darza
Ra's Haiṣat an-Naum
'ADAN
(ADEN)
Little Aden
Madīnat as-Ša'b
Laḥiǧ
Zinǧibār
Šaqrā'
al-Mukallā
aš-Šiḥr
al-Ḥāmī
al-Ġaiḍa
Ġail Bāwazīr
Buwaiš
aš-Šuḥair
Quṣay'ir
Sarār
Tamnūn
al-Maǧārim
al-Farda
Ḥarib
Baiḥān al-Qaṣāb
Niṣāb
Miṣwara
ar-Rauḍa
aṣ-Ṣadara
Ḥabbān
Maifa'a
'Ain al-Ġuwairi
al-Ḥuwaymi
Bi'r 'Ali
Ra's al-Kalb
al-Hasi
al-Ḥaura
Umm Qulaita
aṣ-Ṣurra
Lauḍar
al-Baiḍā
al-Munqaṭi'
al-Madīna
Raḍā'
as-Sawādiya
Damār
Ǧabal Isbīl
Yarīm
Naqīl Sumara
Damt
Ibb
Dū Ǧibla
Qa'ṭaba
ad-Dāli'
TA'IZZ
al-Ǧanad
Musaimīr
Ǧabal Ṣabir
ar-Rāhida
Ḥalfān
al-Masāni'
at-Turba
Umm Rigā'
Bi'r Aḥmad
aš-Šaiḫ 'Uṯmān
Dār Muǧahhar
Dār Daḥūka
Ḥiṣn Bal'īd
Aḥwar
al-'Irqa
Zulūma
Berbera
Bullaxaar
Lughaye
Hargeysa
Burco
Shiikh
Mandheera
Dhubbato
Cadaadley
Bandar Wanaag
Oodweyne
Haro Shiikh
Godhyogol
Salahleh/ Salahly
Ineguha
Inaafmadow
Ceek
Kirit
Caynabo
Wadamago
Togdheer
Buuraha Wagar
Bannaanka Gubato
Bannaanka Saraar
Bannaanka Dhoodi
Raas Khansiir
Karin
Laas Musse
Subagle
Maydh
Xiis
Shimbiris
Ceerigaabo
Dayaxa
Yufle
Hadaaftimo
Buuraha Cal Madow
Buuraha Cal Miskaat
Laasqoray
Ceelayo
Boosaaso
(Bender Qaasim)
Qandala
Ceel Gaal
Bandar Murcaayo
Geesaley
Dhurbo
Caluula
Raas Caluula
(Ilaawe)
Bereeda
Raas Caseyr
(C. Gwardafuy)
Tooxin
Bargaal
Raas Binna
Handa
Hurdiyo
Raas Xaafuun
Xaafuun
(Dante)
Iskushuban
Ufeyn
Laaso Dawaco
Meeladeen
Buraan
Samaysa Dheer
Bari
Sanaag
Ceel Afweyn
Xingalool
Garadag
Qardho
Adinsoone
Rako Raaxo
Bandarbeyla
Raas Macbar
Dhuudo
Xudun
Taleex
Xalin
Nugaal
Laascaanood
Garoowe
Rabaable
Sinujiif
Kalis
Eyl
Raas Gabbac
Raas Ilig
Laas Aano
Jirriiban
Bur Tinle
Domo
Haud
Durukhsi
Daryaleh
Shahda Bohotleh
Āwarē
Deror
Misrak Gashemo
Degeh Bur
Sasabeneh
Curale
Bircot
Danot
Ogaden
Warandab
Welwel
Werdēr
Lebiolali
Gedlegubē
K'ebri Dehar
Āgarsararēn
Yoube
Hadaluma
K'orahē
Geladī
Dudub
Bacaadweyn
Beyra
Bardaale
Gaalkacyo
El Hamurre
Garacad
Mudug
Dagaari
Gal Adhale
Af Barwaarqo
Gellinsor
Xingod
Dabaro
Raas Cabaad
War Galoh
Iidaan
Colguula
Mirsale
Cadaado
Godinlabe
Shilabo
Godē
K'elafo
Ēl Ābrēd
Dhuusa Mareeb
Ceel Dheere
Sina Dagha
Bulacle
Wisil
Hobyo
Mustahīl
Galguduud
Ēl Bioba
Alaf Badane
Ferfer
Ēl K'oran
Ceel Huur
Beledweyne
(Belet Uen)
Habar Cirir
Xarar
Bagoosaar
Hiiraan
Ceelbuur
Xarardheere
Ted
Bakool
Jiiqley
Maxaans
Gal Hareeri
Jacai
Ceel Garas
Xuddur
Buqda Caqable
Halgen
Derri
Bud Bud
Nooleeye
Tayeeglow
Totias
Ceel Duubo
Muqakoori
Buulobarde
El Dere
Mareeg
Masagaweyn
Gololi
Aadan Yabaal
Magdad
Bulo Balamal
El Cobias
Gal Tardo
Bay
Dalandole
Massarole
Gialalassi
Massajid Cali Guduud
Baydhabo
Omar Combon
Shabeellaha Dhexe
SOMALIE

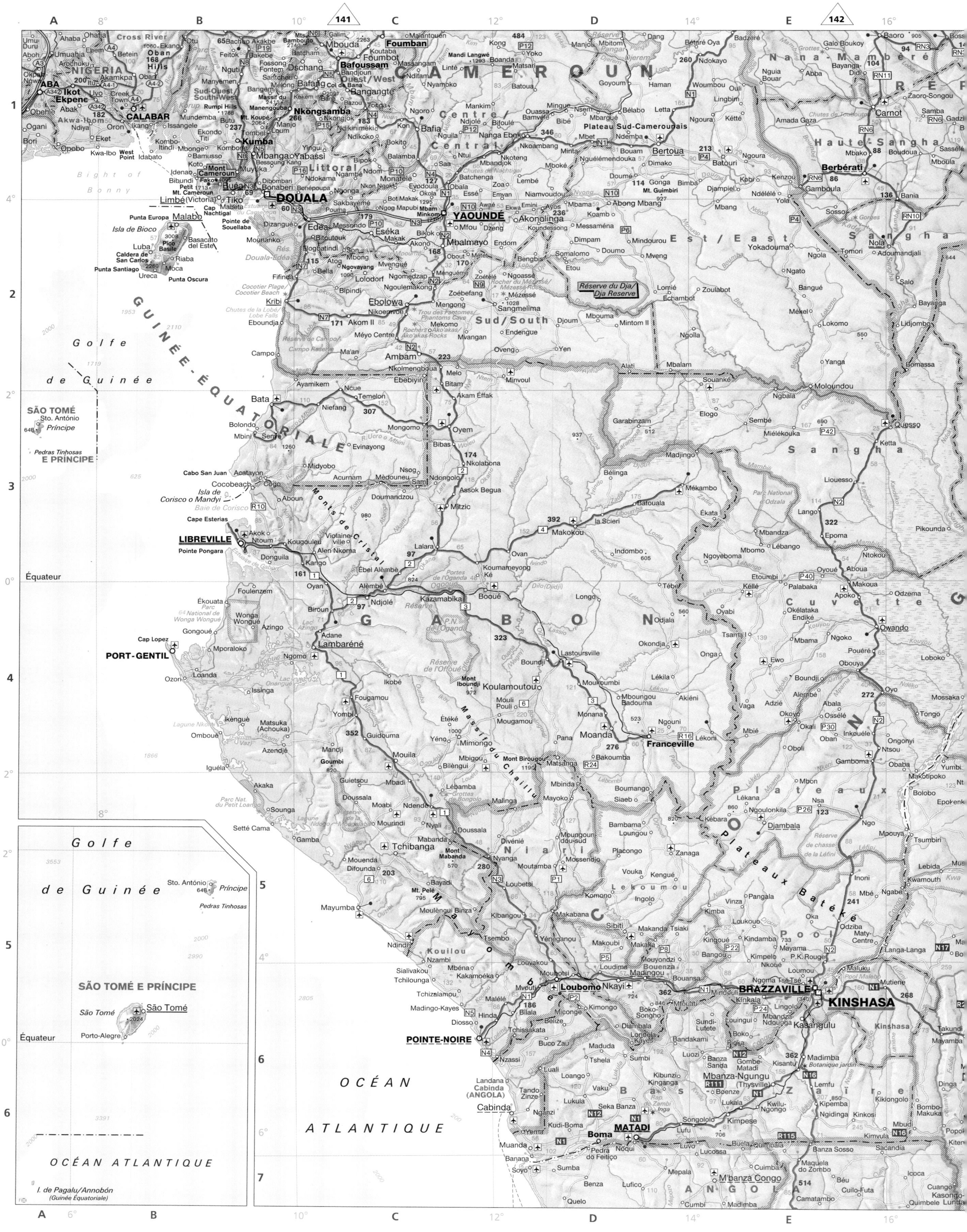

Échelle 1 : 4 500 000 — 0 40 80 120 160 200 kilomètres

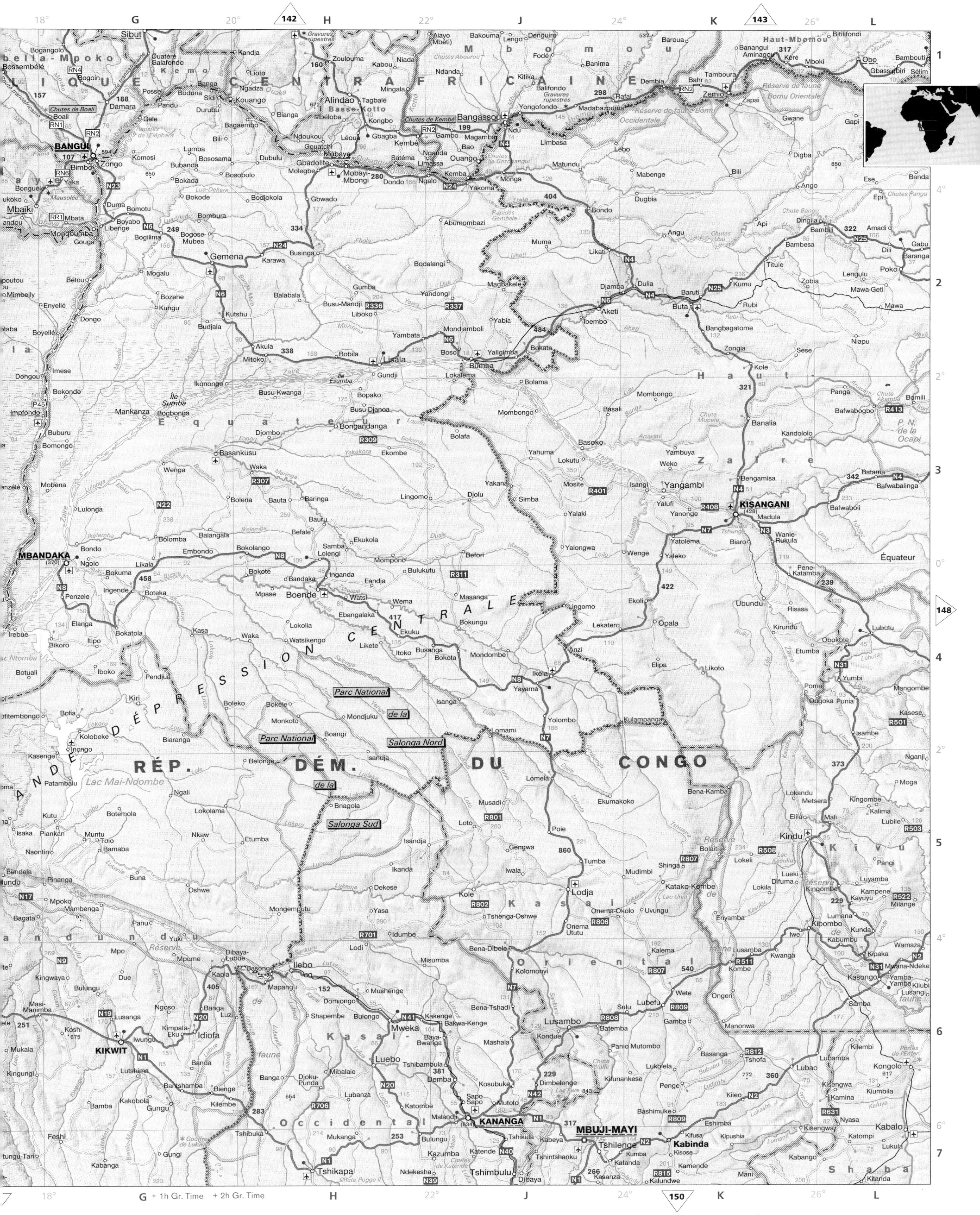

142
143
148
150
G
H
J
K
L
1
2
3
4
5
6
7
18°
20°
22°
24°
26°
RÉP. DÉM. DU CONGO
RÉPUBLIQUE CENTRAFRICAINE
DÉPRESSION CENTRALE
BANGUI
Zongo
Bimbo
Mbaiki
Bossembélé
Sibut
Kandja
Lioto
Possel
Boduna
Sidi
Kouango
Bangassou
Alindao
Mobaye
Gbadolite
Kemba
Yakoma
Bondo
Zemio
Obo
Bambouti
Gemena
Businga
Lisala
Bumba
Basoko
Yangambi
KISANGANI
Banalia
Isangi
Opala
Ubundu
Kindu
Kasongo
Kongolo
Kabalo
Kabinda
MBUJI-MAYI
KANANGA
Tshikapa
Ilebo
Mweka
Luebo
Lodja
Lusambo
Tshilenge
Kamina
KIKWIT
Idiofa
MBANDAKA
Boende
Ikela
Basankusu
Bikoro
Bolomba
Lac Mai-Ndombe
Inongo
Parc National de la Salonga Nord
Parc National de la Salonga Sud
Équateur
Haut-Zaïre
Kasaï Oriental
Kasaï Occidental
Bandundu
Kivu
Shaba
Zaïre
N4
N6
N7
N8
N20
N31
N41
N42
G + 1h Gr. Time
+ 2h Gr. Time

143

A 28° B 30° C 32° D 34° +2h Gr. Time +3h Gr. Time 36°

A 28° B +2h Gr. Time +3h Gr. Time C 32° D 34° E 36°

150 151 147

Échelle 1 : 4 500 000 0 40 80 120 160 200 kilomètres

ÉTHIOPIE
SOMALIE
KENYA
Sidamo
Bale
Gedo
Bakool
Hiiraan
Bay
Jubbada Dhexe
Jubbada Hoose
Shabeellaha Hoose
Shabeellaha Dhexe
Galguduud
North Eastern
Eastern
Coast
Tanga
Pwani
MUGDIISHO
(MOGADISCIO)
Kismaayo
Marka
Baraawe
Beledweyne
(Belet Uen)
Jowhar
Baydhabo
Buur Hakkaba
Luuq
Dollo Odo
Moyale
Marsabit
Wajir
Garissa
Isiolo
Meru
Mt. Kenya
Embu
Thika
Machakos
Kitui
Lamu
Malindi
MOMBASA
TANGA
Moshi
Kibo
Kilimanjaro
Kilimanjaro N.P.
ZANZIBAR
Zanzibar Island
Pemba Island
Pemba Channel
Zanzibar and Pemba
Morogoro
Bagamoyo
Dida Galgalu Desert
Chalbi Desert
Tsavo East National Park
OCÉAN
INDIEN
Équateur
144
145
158
38°
40°
42°
44°
46°
F
G
H
J
K
L

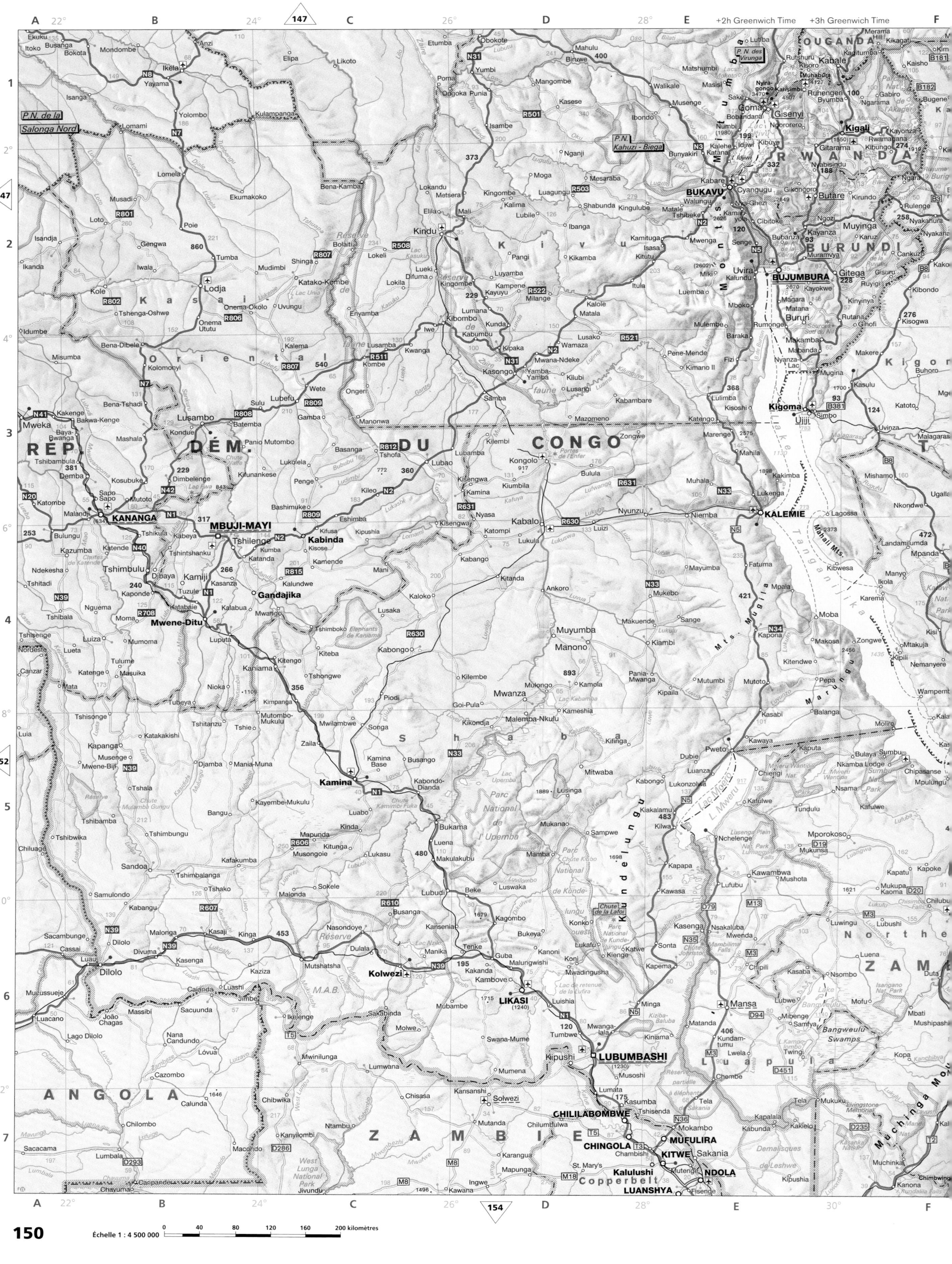

Échelle 1 : 4 500 000 — 0 40 80 120 160 200 kilomètres

148
149
155
158
Lake Victoria
MUSOMA
MWANZA
Shinyanga
Tabora
Singida
Serengeti N.P.
Serengeti Plain
Ngorongoro Crater
Kilimanjaro
Kibo
Arusha
Moshi
NAIROBI
Thika
Machakos
Kitui
Malindi
MOMBASA
TANGA
Pemba Island
Zanzibar
ZANZIBAR
Bagamoyo
DAR ES SALAAM
DODOMA
Morogoro
Iringa
Mbeya
Songea
Lindi
Mtwara
Mafia Island
Selous
Kilwa Kivinje
Kilwa Masoko
Tunduru
Newala
Mzuzu
Nkhotakota
Pemba
Cabo Delgado
Steppe Masaï
Rift Valley
Usambara Mts.
Uluguru Mts.
Kipengere Range
Mara
Arusha
Morogoro
Lindi
Pwani
Mbeya
Ruvuma
Niassa
Coast
MOZAMBIQUE
MALAWI
KENYA
OCÉAN INDIEN
+3h Greenwich Time
+2h Greenwich Time

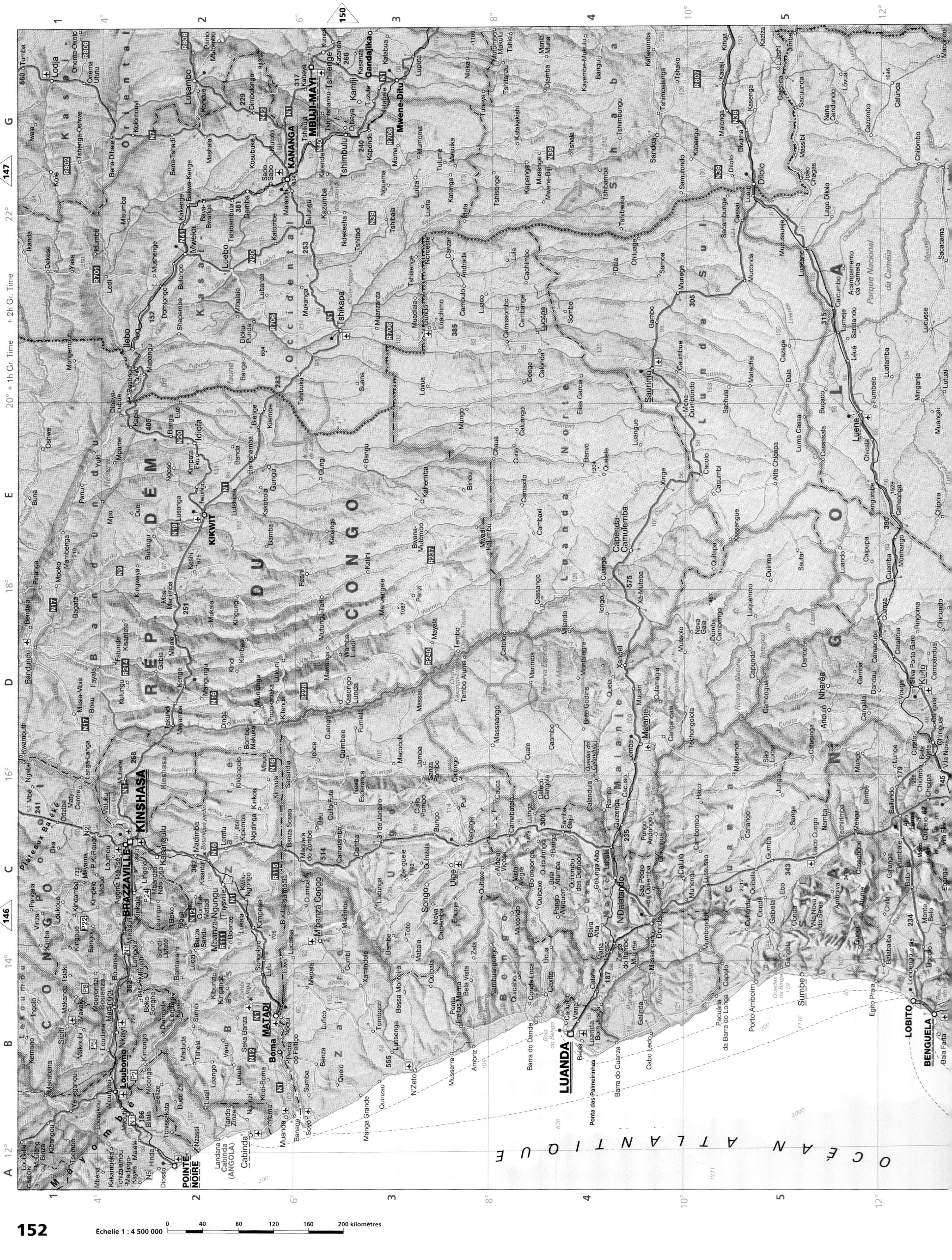

Échelle 1 : 4 500 000 — 0 40 80 120 160 200 kilomètres

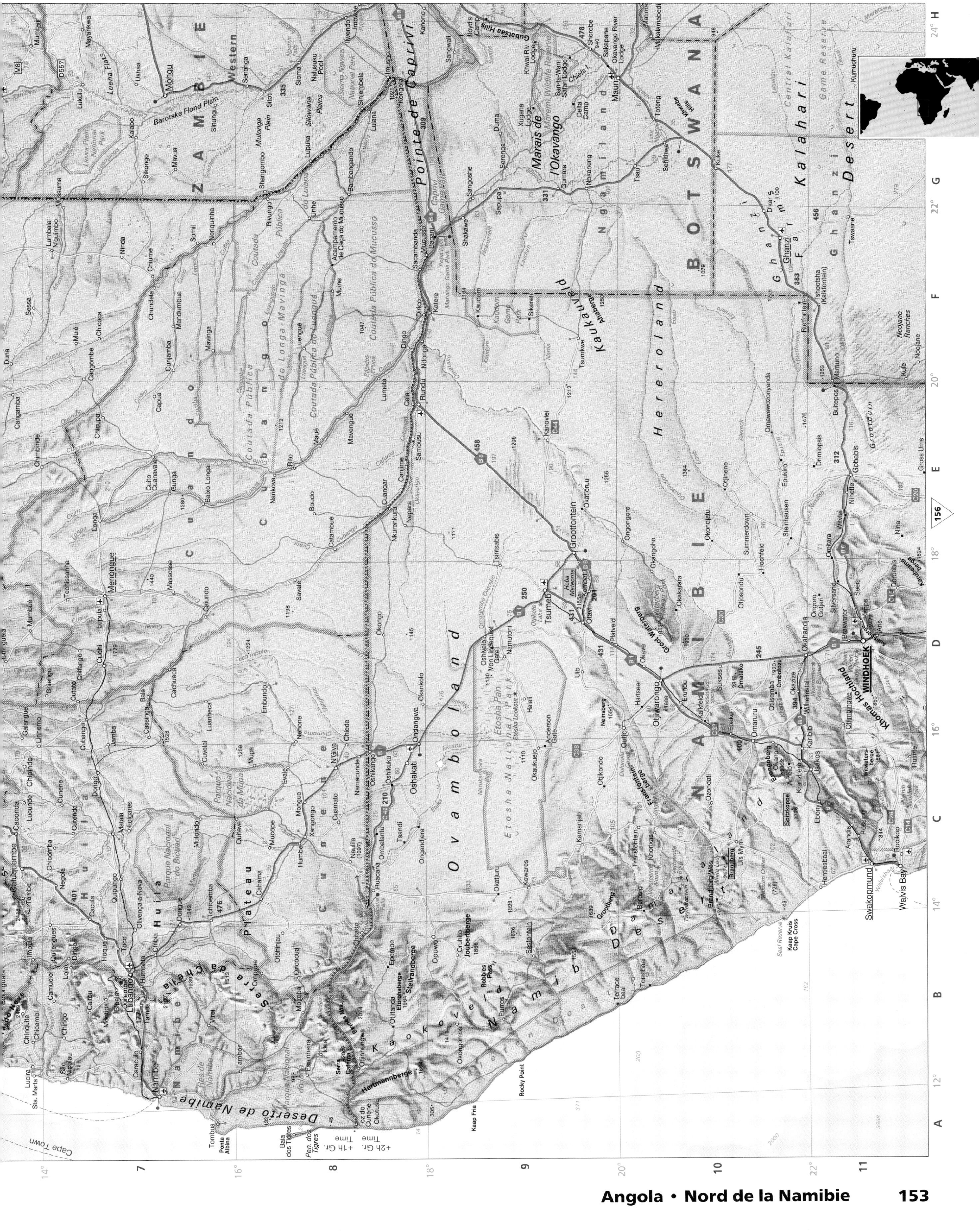

Z A M B I E
B O T S W A N A
N A M I B I E
Ovamboland
Kaokoveld
Hereroland
Damaraland
Ngamiland
Kaukauveld
Kalahari Desert
Ghanzi Farms
Etosha National Park
Deserto de Namibe
Pointe de Caprivi
Marais de l'Okavango
Khomas Hochland
Huíla Plateau
WINDHOEK
Walvis Bay
Swakopmund
Grootfontein
Tsumeb
Otjiwarongo
Rundu
Maun
Ghanzi
Namibe
Lubango
Menongue
Ondangwa
Oshakati
Okahandja
Gobabis
Mongu
Cape Town
154
156

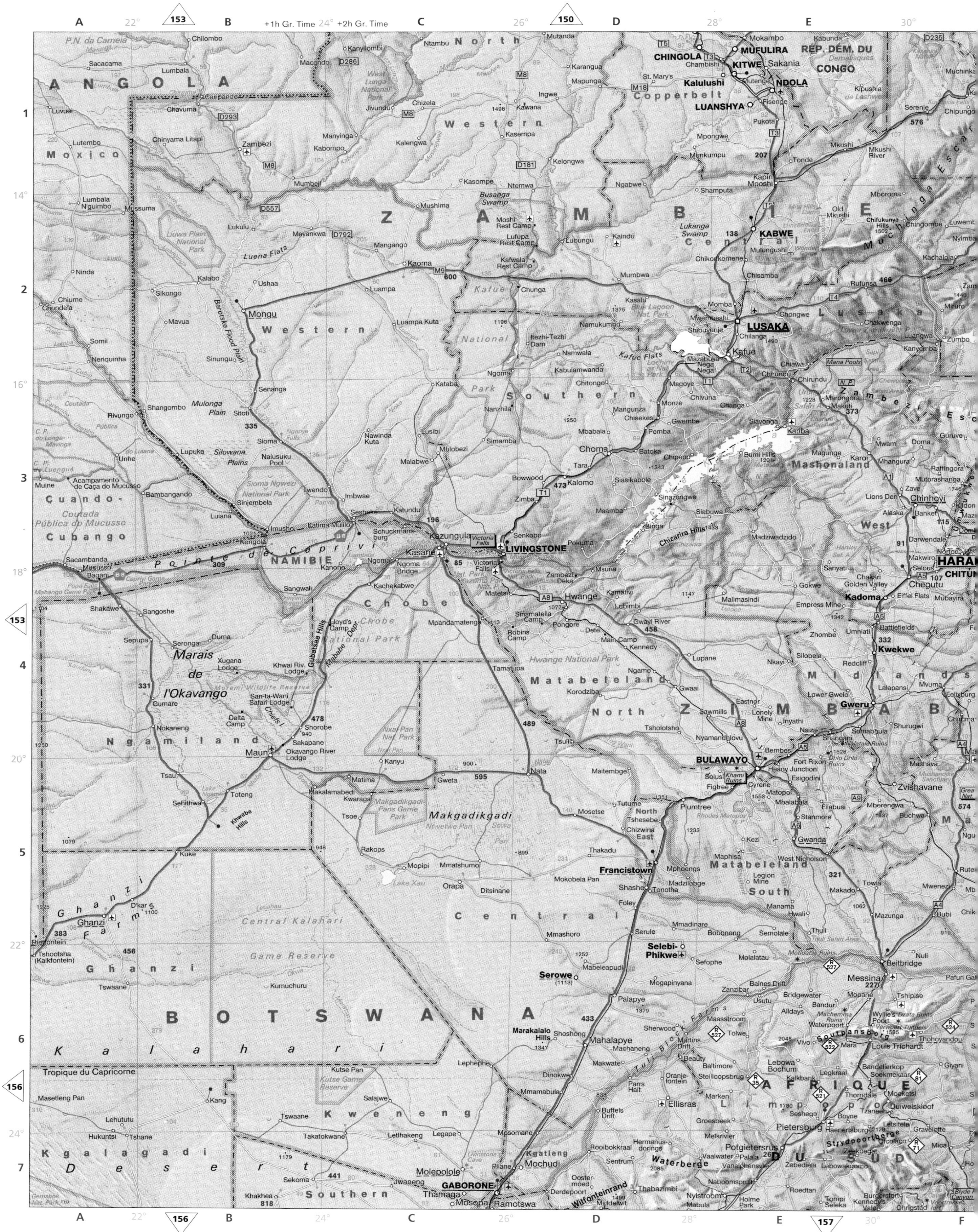

Échelle 1 : 4 500 000 — 0 40 80 120 160 200 kilomètres

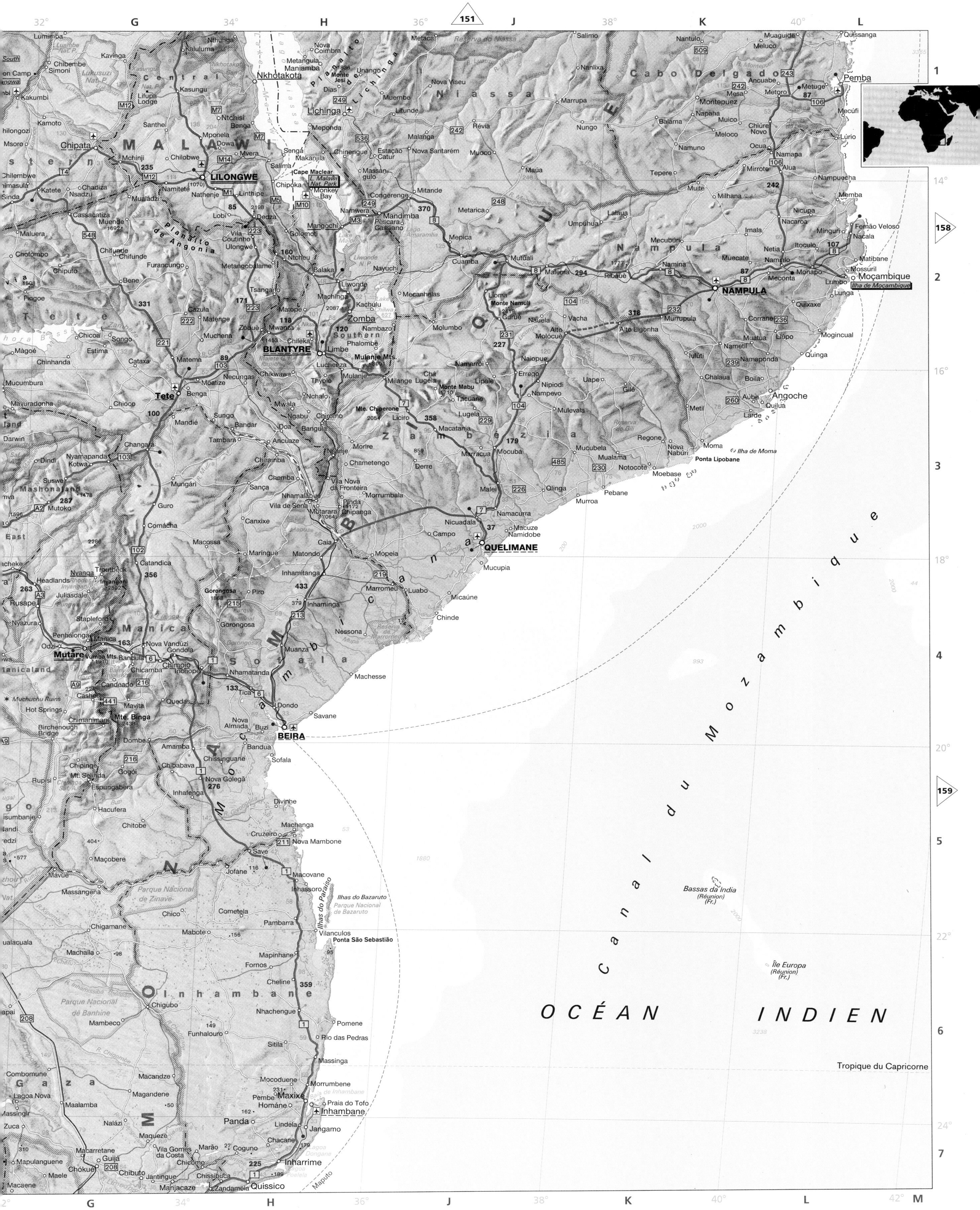
151
158
159
M A L A W I
LILONGWE
BLANTYRE
Zomba
Nkhotakota
Lichinga
Tete
Chipata
Mutare
Nampula
NAMPULA
QUELIMANE
BEIRA
Pemba
Moçambique
Ilha de Moçambique
Angoche
Chinde
Inhambane
Quissico
Vilanculos
Maxixe
Cabo Delgado
Niassa
Nampula
Zambézia
Manica
Sofala
Inhambane
Gaza
Tete
Mashonaland
Manicaland
Canal du Mozambique
OCÉAN INDIEN
Bassas da India (Réunion) (Fr.)
Île Europa (Réunion) (Fr.)
Tropique du Capricorne
Ilhas do Bazaruto
Parque Nacional de Bazaruto
Parque Nacional de Zinave
Parque Nacional de Banhine
Gorongosa
Monte Namuli
Mulanje Mts.
Ponta São Sebastião
Ponta Lipobane
Ilha de Moma

Échelle 1 : 4 500 000 0 40 80 120 160 200 kilomètres

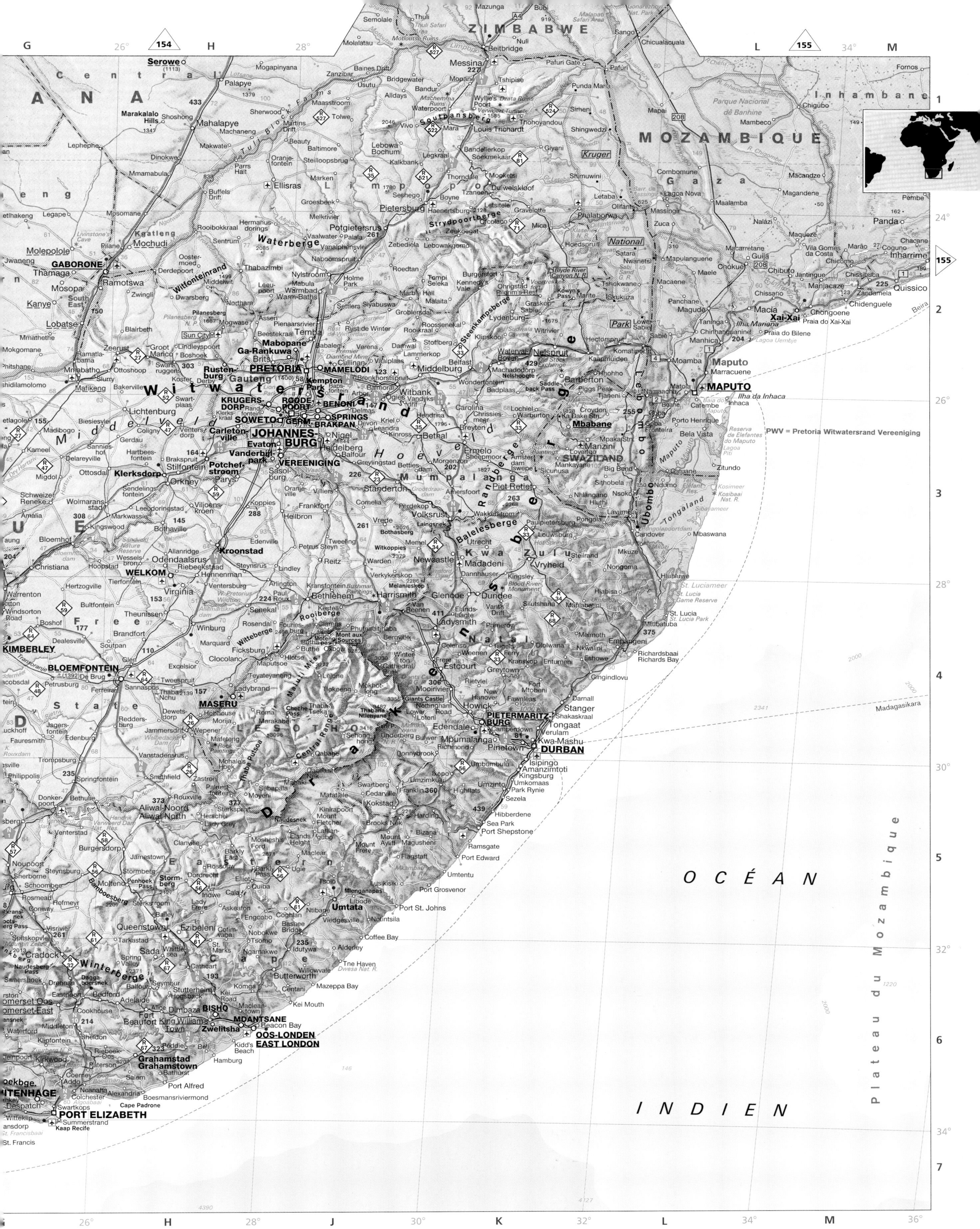
ZIMBABWE
MOZAMBIQUE
SWAZILAND
LESOTHO
OCÉAN INDIEN
Plateau du Mozambique
PWV = Pretoria Witwatersrand Vereeniging
PRETORIA
JOHANNES-BURG
SOWETO
MAPUTO
Mbabane
MASERU
DURBAN
PIETERMARITZ-BURG
BLOEMFONTEIN
KIMBERLEY
GABORONE
OOS-LONDEN
EAST LONDON
PORT ELIZABETH
BISHO
WELKOM
Witwatersrand
Drakensberg
Limpopo
Waterberge
Winterberge
Hoëveld
Gauteng
Mpumalanga
KwaZulu
Natal
Free State
Eastern Cape
Gaza
Inhambane
Pietersburg
Nelspruit
Messina
Vereeniging
Kroonstad
Ladysmith
Newcastle
Umtata
Queenstown
Grahamstad
Grahamstown
Port Alfred
Port St. Johns
Port Shepstone
Richardsbaai
Richards Bay
Xai-Xai
Inhambane
Serowe
Mahalapye
Molepolole
Kanye
Lobatse
Mafikeng
Klerksdorp
Potchefstroom
Rustenburg
Middelburg
Witbank
Ermelo
Standerton
Harrismith
Bethlehem
Dundee
Vryheid
Stanger
Kwa-Mashu
Pinetown
Umtentu
Aliwal-Noord
Aliwal North
Cradock
King William's Town
Mdantsane
Zwelitsha
Uitenhage
Kaap Recife
Cape Padrone
Madagasikara

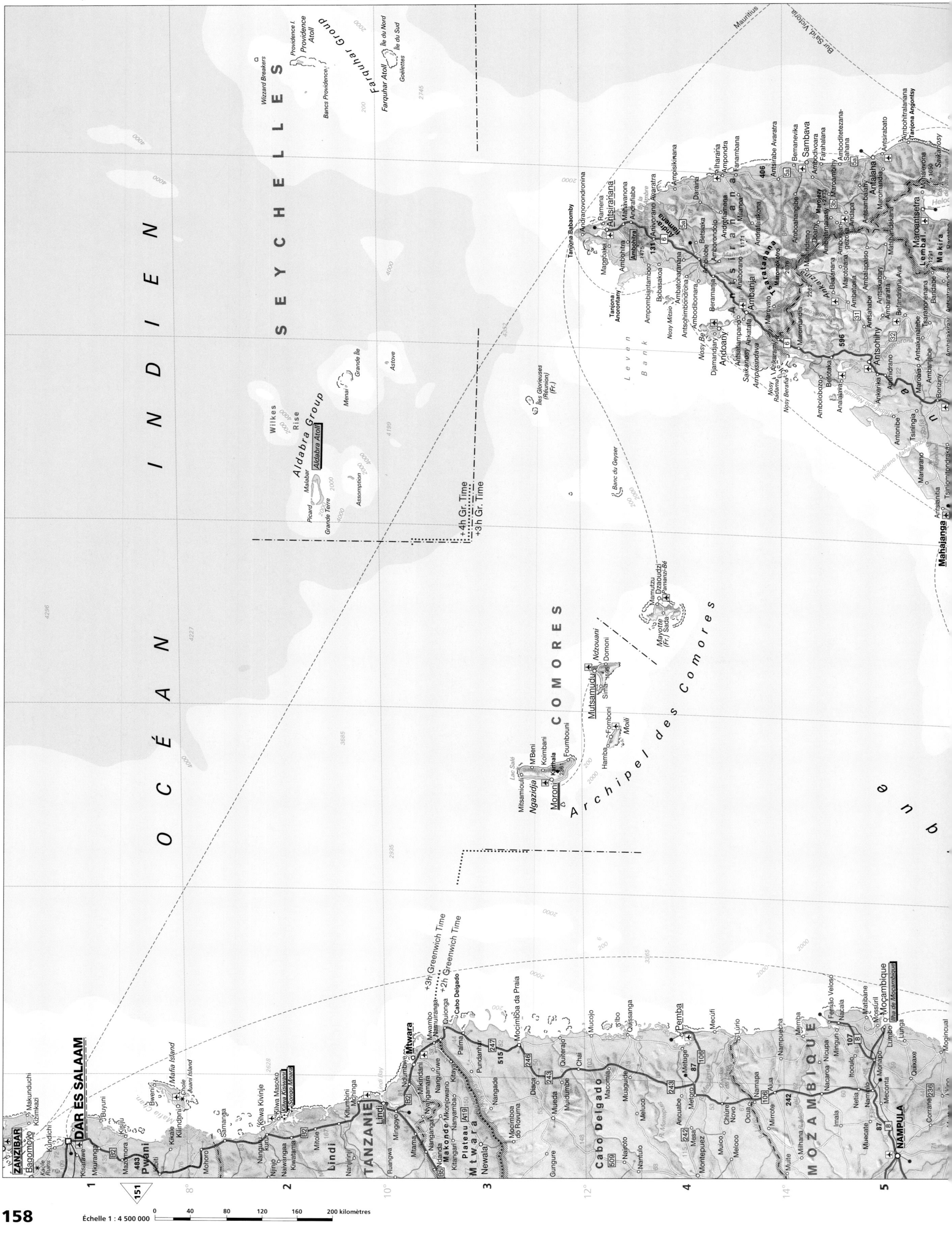

Échelle 1 : 4 500 000 — 0 40 80 120 160 200 kilomètres

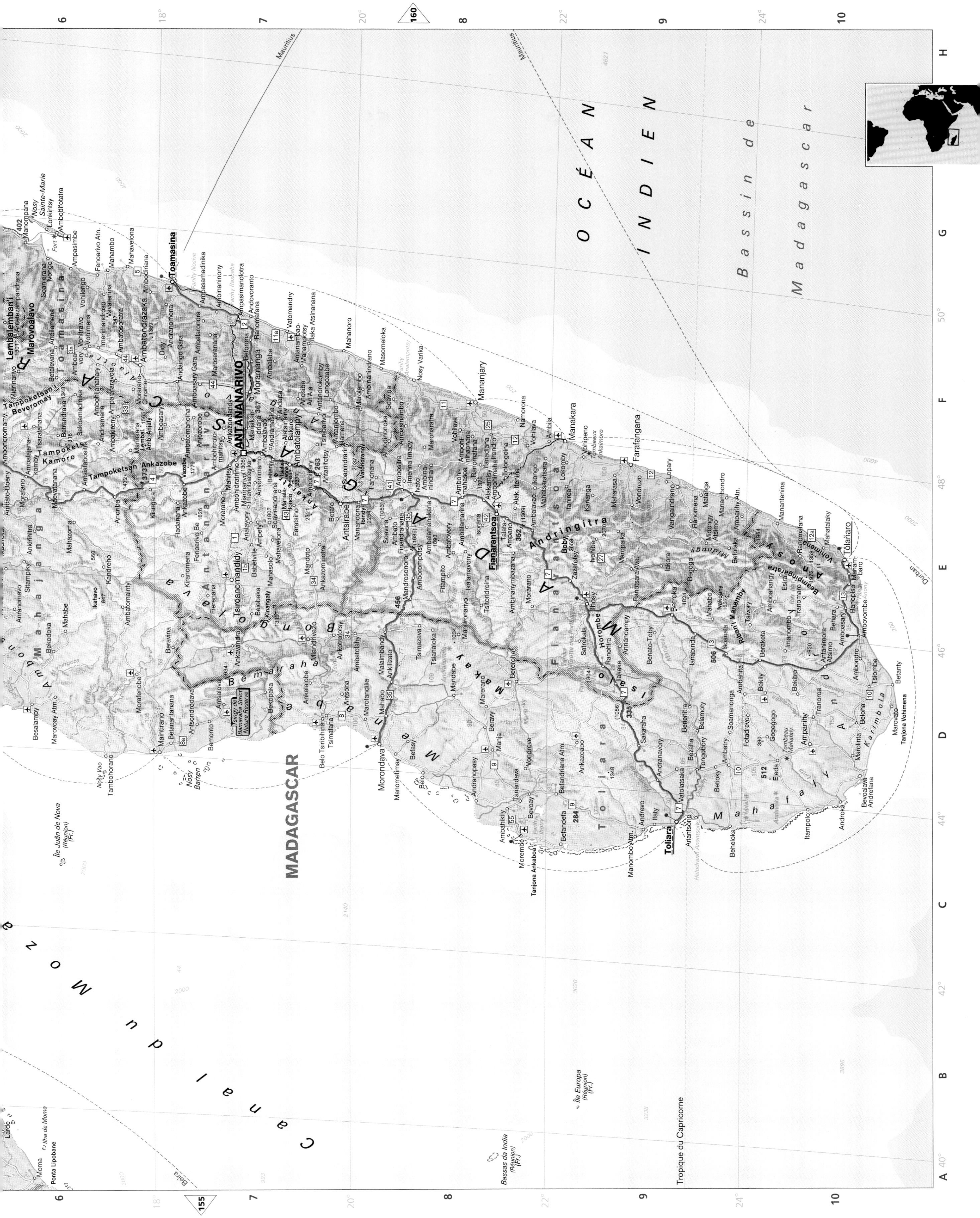
MADAGASCAR
OCÉAN INDIEN
Canal de Mozambique
Bassin de Madagascar
ANTANANARIVO
Toamasina
Fianarantsoa
Toliara
Morondava
Mananjary
Manakara
Farafangana
Tôlañaro
Tropique du Capricorne
Île Europa (Réunion) (Fr.)
Bassas da India (Réunion) (Fr.)
Île Juan de Nova (Réunion) (Fr.)
Tsingy de Bemaraha Strict Nature Reserve
155
160

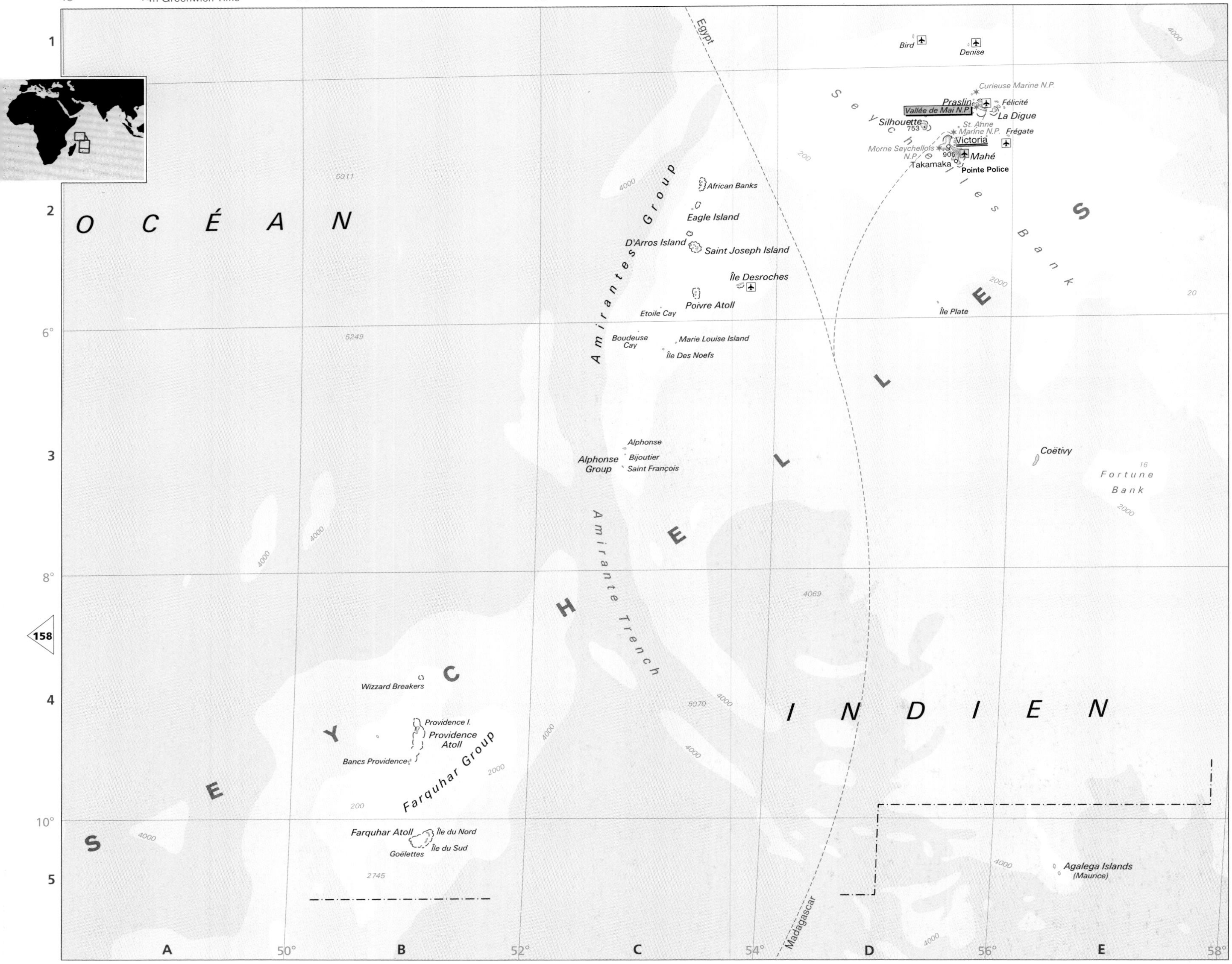
+4h Greenwich Time
OCÉAN INDIEN
SEYCHELLES
Bird
Denise
Curieuse Marine N.P.
Praslin
Félicité
Vallée de Mai N.P.
La Digue
Silhouette
753
St. Anne Marine N.P.
Frégate
Morne Seychellois N.P.
Victoria
906
Mahé
Takamaka
Pointe Police
Seychelles Bank
African Banks
Eagle Island
D'Arros Island
Saint Joseph Island
Île Desroches
Poivre Atoll
Etoile Cay
Amirantes Group
Boudeuse Cay
Marie Louise Island
Île Des Noefs
Île Plate
Alphonse
Alphonse Group
Bijoutier
Saint François
Coëtivy
Fortune Bank
Amirante Trench
Wizzard Breakers
Providence I.
Providence Atoll
Bancs Providence
Farquhar Group
Farquhar Atoll
Île du Nord
Île du Sud
Goëlettes
Agalega Islands (Maurice)
Egypt
Madagascar
158

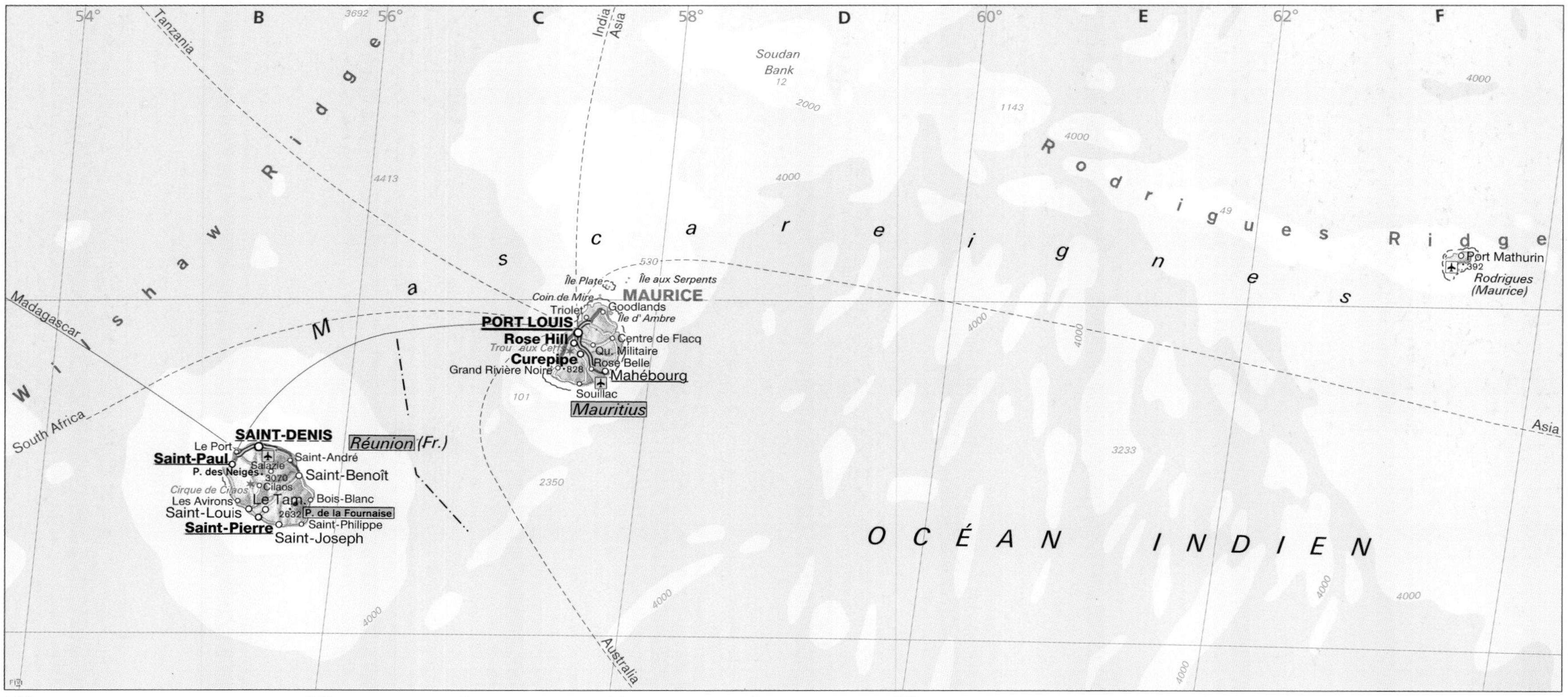
Soudan Bank
Wishaw Ridge
Mascareignes
Rodrigues Ridge
Tanzania
India
Asia
Madagascar
South Africa
Australia
Île Plate
Île aux Serpents
Coin de Mire
MAURICE
Triolet
Goodlands
Île d'Ambre
PORT LOUIS
Rose Hill
Centre de Flacq
Trou aux Cerfs
Curepipe
Qu. Militaire
Rose Belle
Grand Rivière Noire
828
Mahébourg
Souillac
Mauritius
Port Mathurin
392
Rodrigues (Maurice)
SAINT-DENIS
Le Port
Saint-Paul
Saint-André
P. des Neiges
3070
Salazie
Cilaos
Saint-Benoît
Réunion (Fr.)
Cirque de Cilaos
Les Avirons
Le Tampon
Bois-Blanc
Saint-Louis
2632
P. de la Fournaise
Saint-Pierre
Saint-Philippe
Saint-Joseph
OCÉAN INDIEN
+4h Greenwich Time
159

Échelle 1 : 4 500 000 — 0 40 80 120 160 200 kilomètres

Amérique du Nord et Amérique centrale – un continent, deux mondes

Le continent nord-américain, auquel se rattachent l'Amérique centrale – jusqu'à l'isthme de Panama – et l'archipel des Antilles, a une superficie de 24 millions de kilomètres carrés. Aussi cette partie du monde connaît-elle tous les climats, depuis les glaces de la zone polaire jusqu'à la chaleur humide des régions tropicales. Un quart de sa superficie est occupé par des îles et presqu' îles, avec, au nord, le groupe des îles canadiennes et le Groenland, la plus grande île du monde, et l'archipel des Antilles au sud. Cet espace est constitué de cinq éléments: le bouclier canadien, les montagnes moyennes des Appalaches, les plaines intérieures, les reliefs élevés des montagnes rocheuses qui encadrent de hauts plateaux et l'arc des Antilles. En raison de l'orientation nord-sud des reliefs, le continent ne dispose pas de barrière montagneuse susceptible de s'opposer aux influences climatiques extrêmes. Originaire d'Asie, la population autochtone de l'Amérique a été presque entièrement refoulée par les immigrés européens et leurs descendants, donnant lieu à deux espaces culturels très différents: l'anglo-américain et le latino-américain.

«Les îles nouvelles, situées vers l'Orient de l'Espagne au large des terres des Indes»: cette représentation de l'Amérique est tirée de la *Cosmographia Universalis* de Sebastian Münster, 1550.

Alaska
164 – 165

Îles Aléoutiennes
166 – 167

Canada, îles Arctiques
168 – 169

Groenland (nord)
170 – 171

Groenland (sud)
172 – 173

Canada (Grand Nord)
174 – 175

Canada (Colombie-Britannique, Alberta, Saskatchewan) 176 – 177

Canada (Manitoba, Ontario)
178 – 179

Canada (Labrador)
180 – 181

Canada (provinces atlantiques)
182 – 183

États-Unis (États du Pacifique)
184 – 185

États-Unis (États du Centre-Nord)
186 – 187

États-Unis (États du Centre-Sud)
188 – 189

États-Unis (Grands Lacs, États du Nord-Est) 190 – 191

États-Unis (États du Sud-Est, encadré: Hawaii) 192 – 193

Mexique (nord)
194 – 195

Mexique (sud) · Amérique centrale
196 – 197

Grandes Antilles
198 – 199

Petites Antilles
200

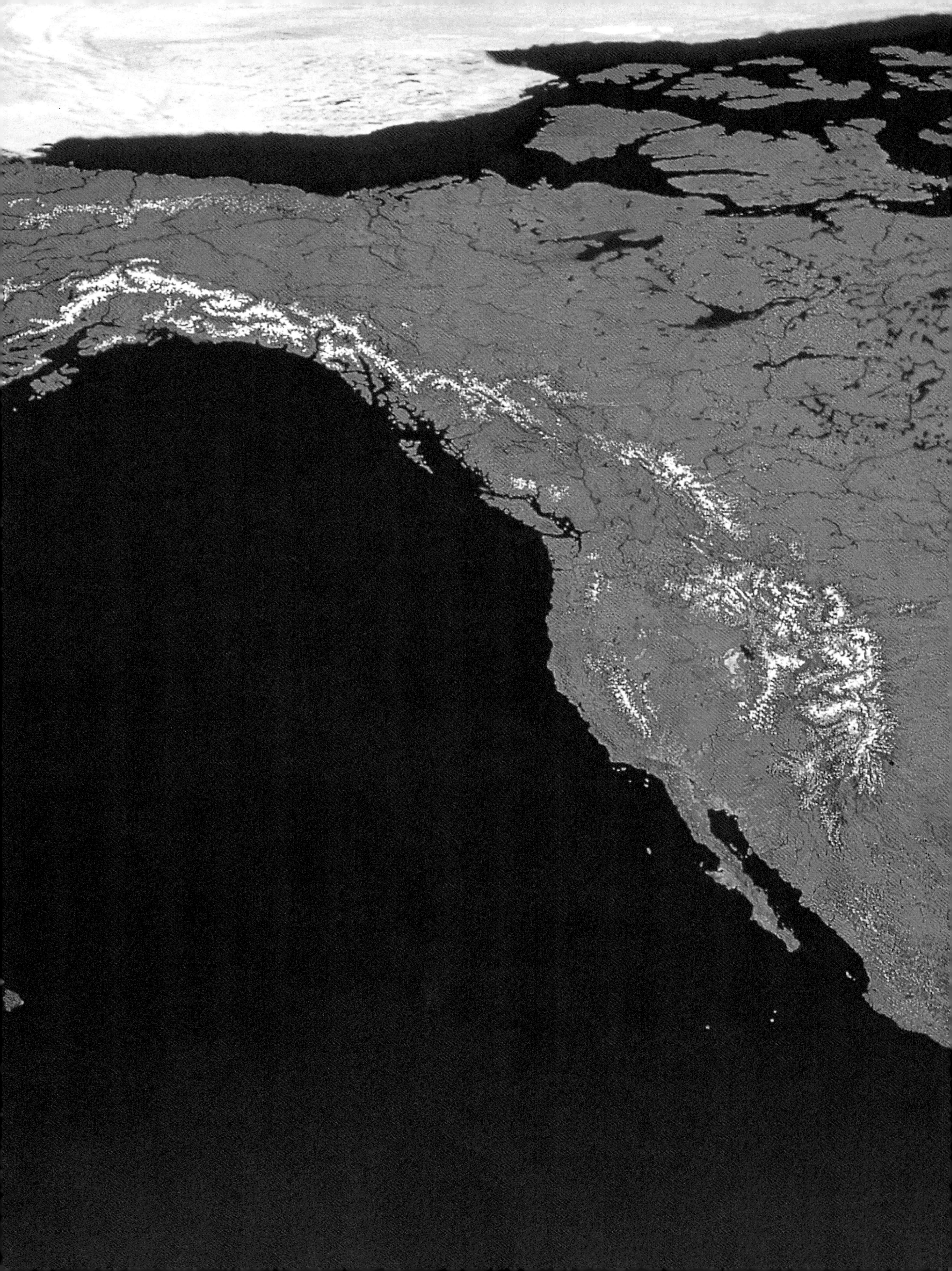

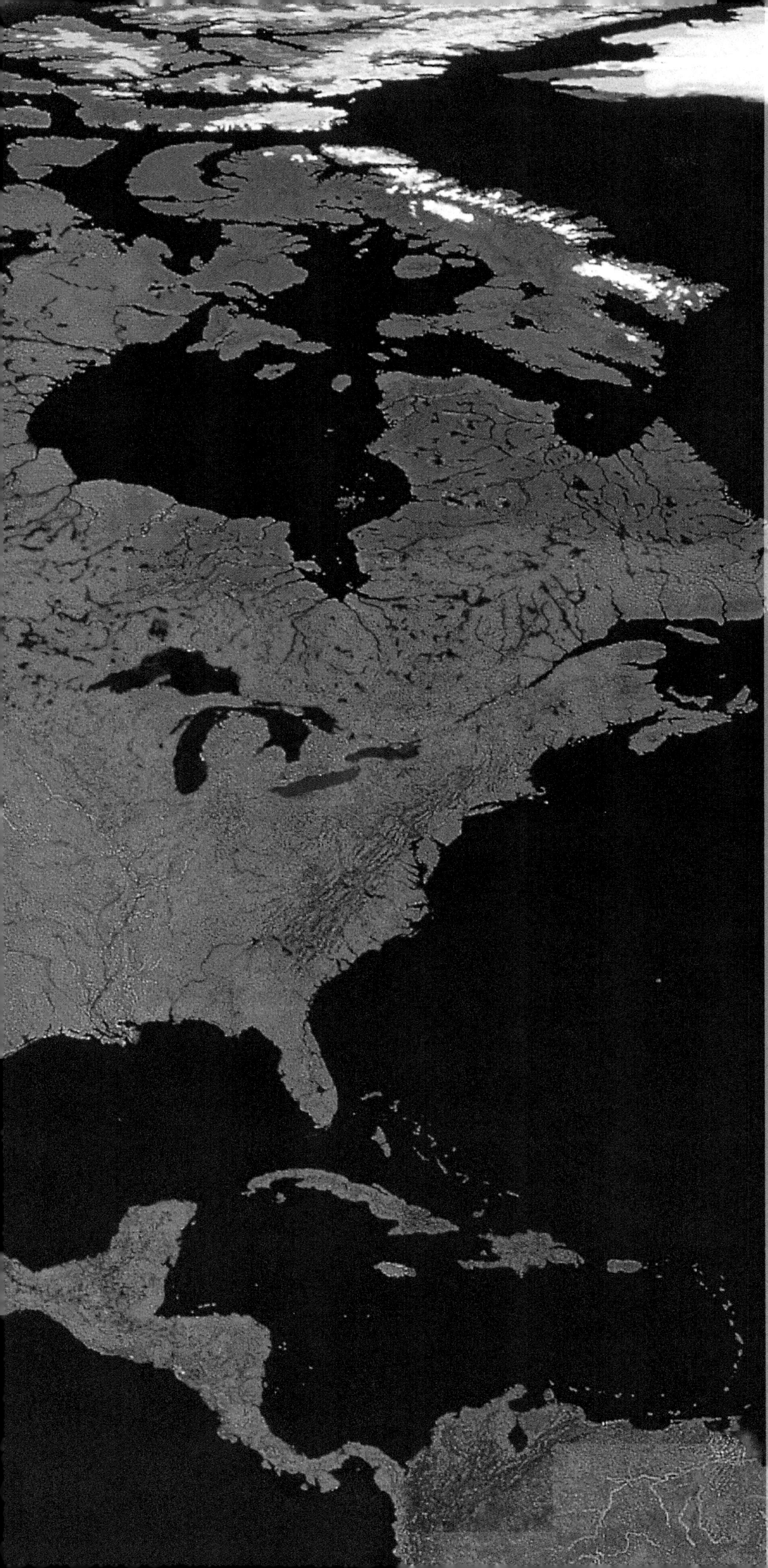

Alaska
164–165

Îles Aléoutiennes
166–167

Canada, îles Arctiques
168–169

Groenland (nord)
170–171

Groenland (sud)
172–173

Canada (Grand Nord)
174–175

Canada (Colombie-Britannique, Alberta, Saskatchewan) 176–177

Canada (Manitoba, Ontario)
178–179

Canada (Labrador)
180–181

Canada (provinces atlantiques)
182–183

États-Unis (États du Pacifique)
184–185

États-Unis (États du Centre-Nord)
186–187

États-Unis (États du Centre-Sud)
188–189

États-Unis (Grands Lacs, États du Nord-Est) 190–191

États-Unis (États du Sud-Est, encadré: Hawaii) 192–193

Mexique (nord)
194–195

Mexique (sud) · Amérique centrale
196–197

Grandes Antilles
198–199

Petites Antilles
200

Échelle 1 : 4 500 000 — 0 40 80 120 160 200 kilomètres

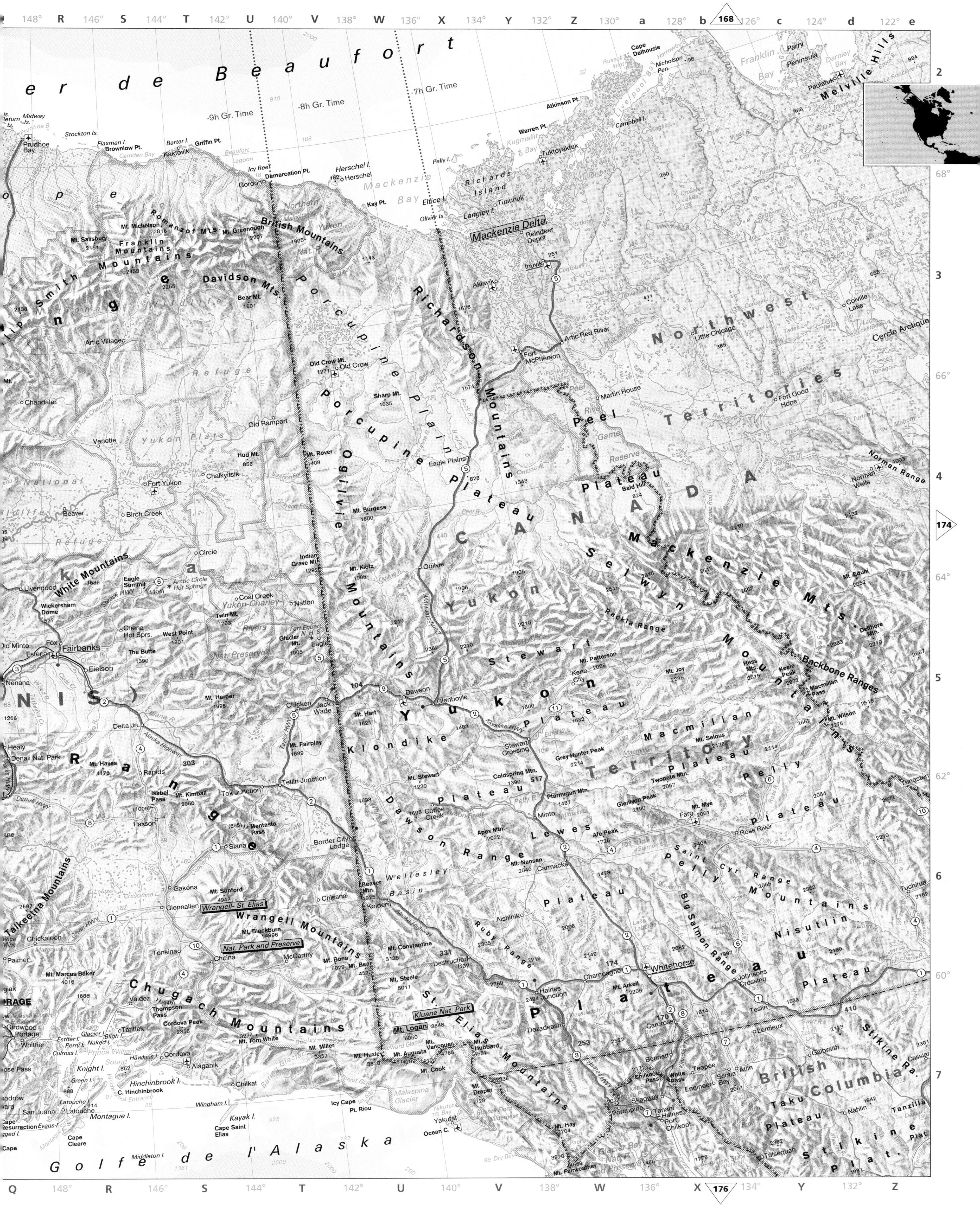

Mer de Beaufort
-9h Gr. Time
-8h Gr. Time
-7h Gr. Time
Prudhoe Bay
Stockton Is.
Flaxman I.
Brownlow Pt.
Barter I.
Kaktovik
Griffin Pt.
Beaufort Lagoon
Icy Reef
Gordon
Demarcation Pt.
Herschel I.
Herschel
Mackenzie Bay
Pelly I.
Kay Pt.
Eltice I.
Olivier Is.
Langley I.
Richards Island
Tununuk
Mackenzie Delta
Reindeer Depot
Inuvik
Aklavik
Cape Dalhousie
Nicholson Pen.
Franklin Bay
Parry Peninsula
Darnley Bay
Paulatuk
Melville Hills
Atkinson Pt.
Warren Pt.
Kugmallit Bay
Tuktoyaktuk
Campbell I.
Liverpool Bay
Mt. Michelson 2816
Romanzof Mts.
Mt. Greenough 2207
British Mountains
Mt. Salisbury 2151
Franklin Mountains
Davidson Mts.
Bear Mt. 1601
Porcupine Plain
Richardson Mountains
Arctic Village
Old Crow Mt. 1271
Old Crow
Sharp Mt. 1035
Fort McPherson
Artic Red River
Little Chicago
Northwest Territories
Colville Lake
Cercle Arctique
Martin House
Fort Good Hope
Peel River Game Reserve
Chandalar
Old Rampart
Venetie
Yukon Flats
National Wildlife Refuge
Hud Mt. 856
Mt. Rover 1408
Chalkyitsik
Fort Yukon
Beaver
Birch Creek
Porcupine Plateau
Ogilvie Mountains
Eagle Plains
Mt. Burgess 1600
Bald Hill 824
Plateau
CANADA
Norman Range
Norman Wells
Mackenzie Mts.
Selwyn Mountains
Circle
Indian Grave Mt. 1292
Mt. Klotz 1905
Ogilvie
Yukon
White Mountains
Eagle Summit
Arctic Circle Hot Springs
Livengood
Coal Creek
Nation
Yukon-Charley Rivers Nat. Preserve
Wickersham Dome
Twin Mt. 1763
Chena Hot Sprs.
West Point 1801
Fort Egbert N.H.S.
Eagle
Glacier Mt.
Mt. Eduni
Rackla Range
Dempster HWY
Stewart
Mt. Patterson 2088
Keno City
Fairbanks
Ester
Old Minto
Fox
Eielson
The Butte 1390
Nenana
Mt. Harper 1995
Chicken
Jack Wade
Dawson
Glenboyle
Yukon Plateau
Mt. Joy 2235
Hess Mts.
Keele Peak 2972
Macmillan Pass
Backbone Ranges
Delta Jn.
Mt. Hart 1621
Klondike Plateau
Klondike HWY
Stewart Crossing
Mt. Fairplay 1689
Macmillan Plateau
Mt. Selous
Yukon Territory
Grey Hunter Peak 2214
Healy
Denali Nat. Park
Mt. Hayes 4176
Alaska Range
Alaska Highway
Rapids
Tetlin Junction
Mt. Stewart 1239
Coldspring Mtn. 1390
Twopete Mtn. 2057
Pelly Plateau
Tungsten
Isabel Pass
Mt. Kimball 2950
Tok Junction
Ptarmigan Mtn. 1487
Glenlyon Peak 2190
Mt. Mye 2061
Faro
Paxson
Mentasta Pass
Coffee Creek
Minto
Ross River
Slana
Border City Lodge
Apex Mtn. 2022
Dawson Range
Lewes Plateau
Afe Peak 1726
Mt. Nansen 2040
Carmacks
Saint Cyr Range
Pelly Mountains
Wellesley Basin
Beaver Creek
Gakona
Mt. Sanford 4947
Glennallen
Wrangell-St. Elias
Wrangell Mountains
Chisana
Koidern
Aishihik
Big Salmon Range
Nisutlin Plateau
Tuchitua
Talkeetna Mountains
Chickaloon
Mt. Blackburn 4996
Nat. Park and Preserve
Tonsina
Chitina
McCarthy
Mt. Constantine 3139
Destruction Bay
Ruby Range
Mt. Bona 5029
Mt. Bear 4520
Palmer
Mt. Marcus Baker 4016
Chugach Mountains
Mt. Steele 5011
Haines Junction
Champagne
Whitehorse
Mt. Arkell 2208
Johnsons Crossing
Teslin
Valdez
Thompson Pass
Cordova Peak 2356
St. Elias Mountains
Kluane Nat. Park
Mt. Logan 6050
Mt. Vancouver 4785
Mt. Hubbard 4557
Dezadeash
Carcross
Lemieux
Stikine Ra.
Girdwood
Portage
Whittier
Tatitlek
Mt. Tom White 3274
Mt. Miller 3352
Mt. Huxley 3828
Mt. Augusta 4289
Mt. Cook
Bennett
Chilkoot Pass
White Pass
Teepee
Scotia Bay
Atlin
Galbraith
Cassiar
Knight I.
Green I.
Hawkins I.
Cordova
Alaganik
Chilkat
Bering Glacier
Malaspina Glacier
Mt. Draper 3728
Skagway
Engineer
British Columbia
Hinchinbrook I.
C. Hinchinbrook
Latouche
San Juan
Montague I.
Wingham I.
Icy Cape
Pt. Riou
Yakutat Bay
Yakutat
Porcupine
Tanani
Haines
Port Chilkoot
Taku Plateau
Nahlin
Tanzilla
Kayak I.
Cape Saint Elias
Ocean C.
Mt. Hay 2704
Glacier Bay Nat. Preserve
Tulsequah
Stikine Plat.
Cape Cleare
Cape Resurrection
Golfe de l'Alaska
Middleton I.
Dry Bay
Mt. Fairweather

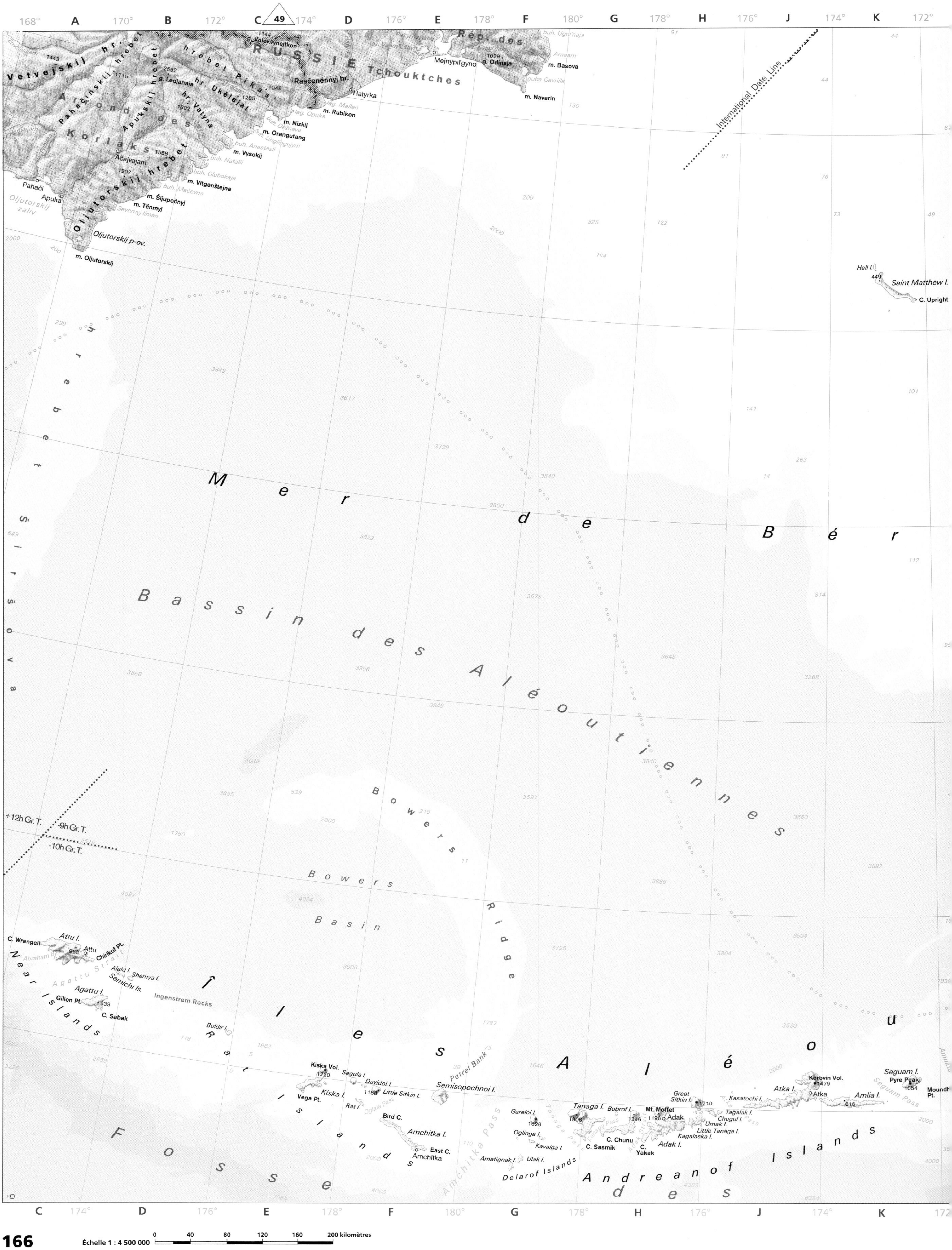

Échelle 1 : 4 500 000 0 40 80 120 160 200 kilomètres

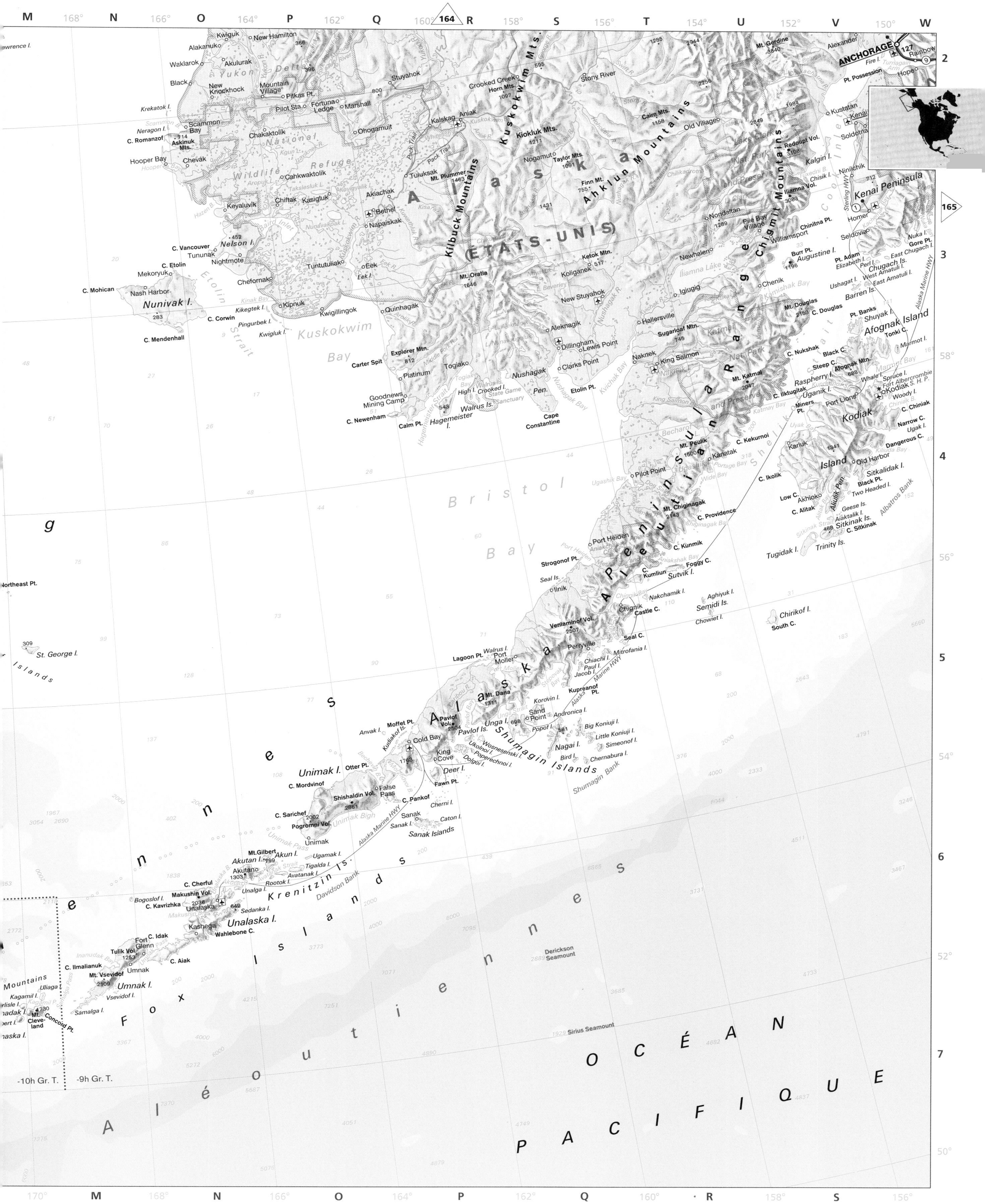

Alaska
(ÉTATS-UNIS)
ANCHORAGE
Kenai Peninsula
Kodiak Island
Afognak Island
Alaska Peninsula
Aleutian Range
Ahklun Mountains
Kilbuck Mountains
Kuskokwim Mts.
Chigmit Mountains
Yukon Delta
Yukon Delta National Wildlife Refuge
Nunivak I.
Etolin Strait
Kuskokwim Bay
Bristol Bay
Nushagak Bay
Iliamna Lake
Shelikof Strait
Shumagin Islands
Semidi Is.
Chirikof I.
Trinity Is.
Sanak Islands
Unimak I.
Unalaska I.
Umnak I.
Krenitzin Is.
Fox Islands
St. George I.
Îles Aléoutiennes
OCÉAN PACIFIQUE
Bethel
Dillingham
King Salmon
Homer
Kodiak
Cold Bay
Unalaska
Dutch Harbor
Derickson Seamount
Sirius Seamount
-10h Gr. T.
-9h Gr. T.
164
165

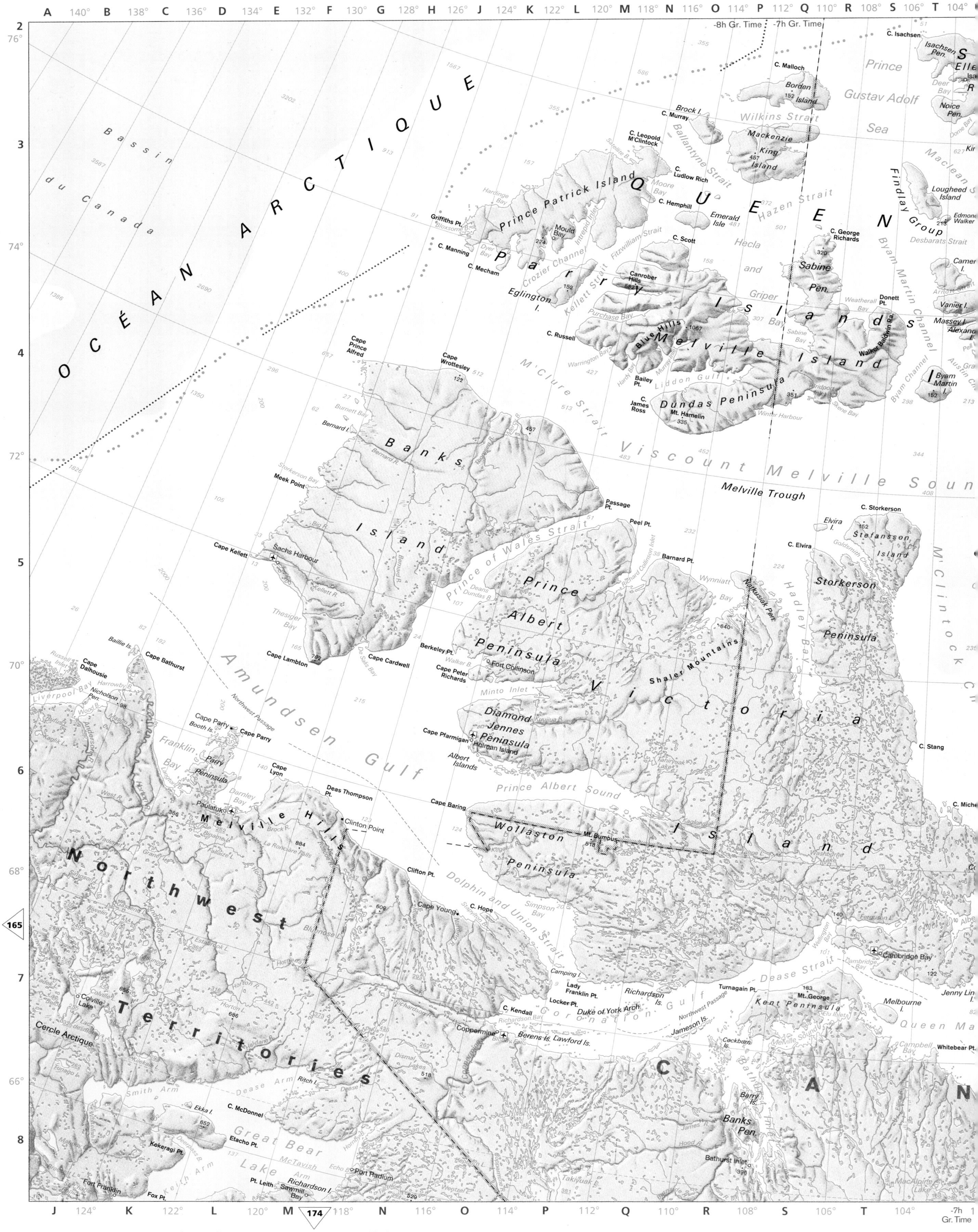

OCÉAN ARCTIQUE
Bassin du Canada
QUEEN
Parry Islands
Prince Patrick Island
Melville Island
Dundas Peninsula
Sabine Pen.
Hecla and Griper Bay
Banks Island
Prince Albert Peninsula
Diamond Jenness Peninsula
Wollaston Peninsula
Victoria Island
Storkerson Peninsula
Stefansson Island
Prince Gustav Adolf Sea
Borden Island
Mackenzie King Island
Brock I.
Emerald Isle
Eglinton I.
Lougheed Island
Findlay Group
Byam Martin Channel
Byam Martin I.
Viscount Melville Sound
Melville Trough
M'Clure Strait
Prince of Wales Strait
Amundsen Gulf
Prince Albert Sound
Minto Inlet
Shaler Mountains
Dolphin and Union Strait
Coronation Gulf
Dease Strait
Queen Maud
Kent Peninsula
Cambridge Bay
Sachs Harbour
Cape Kellett
Cape Lambton
Fort Collinson
Holman Island
Paulatuk
Melville Hills
Coppermine
Franklin Bay
Parry Peninsula
Liverpool Bay
Cape Bathurst
Cape Parry
Cape Dalhousie
Northwest Territories
Cercle Arctique
Great Bear Lake
Port Radium
Fort Franklin
Bathurst Inlet
Banks Pen.
Dismal Lakes
Cape Young
Clifton Pt.
Cape Baring
Wynniatt Bay
Hadley Bay
M'Clintock Channel
Melbourne I.
Whitebear Pt.
C. Isachsen
Winter Harbour
Mt. Hamelin
C. Kendall
Richardson Is.
Lady Franklin Pt.
Duke of York Arch.
Jameson Is.
-8h Gr. Time
-7h Gr. Time
A B C D E F G H J K L M N O P Q R S T
140° 138° 136° 134° 132° 130° 128° 126° 124° 122° 120° 118° 116° 114° 112° 110° 108° 106° 104°
J K L M N O P Q R S T
124° 122° 120° 118° 116° 114° 112° 110° 108° 106° 104°
76° 74° 72° 70° 68° 66°
2 3 4 5 6 7 8
165
174

Échelle 1 : 4 500 000 — 0 40 80 120 160 200 kilomètres

Axel Heiberg Island
Ellesmere Island
Raanes Peninsula
Svendsen Peninsula
Bjorne Peninsula
Amund Ringnes Island
Cornwall Island
Graham I.
Norwegian Bay
Belcher Channel
Buckingham I.
C. Torrens
ELIZABETH
North Lincoln Land
Inglefield Mts.
C. Mouat
C. Combermere
C. Norton Shaw
Phillips Pt.
Coburg Island
Cambridge Pt.
Grise Fiord
Smith I.
South C.
Lady Ann Strait
Glacier Strait
Jones Sound
Grinnel Peninsula
Mt. Britannia
Colin Archer Pen.
Cape Vera
C. Sparbo
Belcher Pt.
C. Fitz Roy
C. Becher
Baillie Hamilton I.
Queens Channel
Wellington Channel
Skruis Pt.
Philpots I.
Devon Island
Little Cornwallis I.
Cornwallis Island
McDougall Sound
Dundas Harbour
C. Sherard
C. Capel
Resolute
C. Hotham
C. Ricketts
Fellfoot Pt.
C. Bullen
Magnetic Pole Area
Lowther I.
Griffith I.
Barrow Strait
Northwest Passage
Lancaster Sound
Prince Leopold I.
C. Clarence
Palmerston Pt.
Russell I.
C. Crauford
C. Charles Yorke
C. Hay
C. Liverpool
Bylot Island
C. Graham Moore
Hartz Mts.
Borden Peninsula
Pond Inlet
Eclipse Sound
C. Macculloch
Nova Zembla I.
C. Jameson
Dexterity I.
Somerset Island
C. Briggs
Prince of Wales Island
Peel Sound
Prescott I.
Browne Bay
Prince Regent Inlet
Fury Pt.
Creswell Bay
C. Garry
Mt. Walker
Brentford Bay
C. Farrand
St. Joseph Plateau
Mt. Sherer
Brodeur Peninsula
Admiralty Inlet
Uluksan Pen.
Artic Bay
Mt. Emma
Magda Plateau
Steensby Peninsula
Baffin Island
Barnes Ice Cap
Bernier Bay
Van Koenig Pt.
Easter C.
Charles Dickens Pt.
C. Hobson
C. Swinburne
Franklin Strait
Boothia Peninsula
C. Allington
C. St. Catherine
C. Margaret
C. North Hendon
Astronomical Society Islands
Thom Bay
Lord Mayor Bay
Gulf of Boothia
Crown Prince Frederik I.
Pt. Kendall
C. Hallowell
C. Englefield
Fury and Hecla Strait
Amherst I.
Ormonde I.
Sevigny Pt.
Murray Maxwell Bay
Sierarsuk Pen.
C. Thalbitzer
Jensen I.
Jens Munk I.
C. Konig
Koch I.
Bray I.
Ikpik Bay
Igloolik
Rowley I.
Baird Pen.
C. Burpee
Foley I.
North Tweedsmuir I.
South Tweedsmuir I.
Pinger Pt.
Hall Beach
North Spicer I.
South Spicer I.
Prince Charles Island
Air Force I.
Gravell Pt.
C. Felix
Tennent Is.
Franklin Pt.
James Ross Strait
Spence Bay
Boothia Isthmus
Matty I.
Harrison Is.
C. Chapman
C. Miles
C. Richardson
King William Island
C. Norton
St. Roch Basin
Matheson Pt.
Gjoa Haven
Rasmussen Basin
Simpson Peninsula
Pelly Bay
Committee Bay
Melville Peninsula
Parry Bay
Amitikoe Pen.
Foxe Basin
Wales I.
C. Penrhyn
Grant Pt.
Ogle Pt.
Adelaide Peninsula
Cercle Arctique
Cowie Pt.
Pt. Elizabeth
Winter I.
NUNAVUT
Rae Isthmus
Repulse Bay
C. Martineau
Sturges Is.
Beach Pt.
C. Clarke
White I.
Vansittart I.
Opposite I.
C. Dorchester
K. Robertson
Qaanaaq/Thule
Herbert Ø
Northumberland Ø
K. Powlett
K. Parry
Steensby Land
Hayes Halvø
Uummannaq/Dundas
Saunders Ø
Wolstenholme Ø
K. Atholl
Carey Øer
Crimson Cliffs
Kap York
Nordgrønland
Arktisk Hoyland
Haffner Bjerg
Kap Melville
Groenland (Danemark)
Baffin Bay
-4h Gr. Time
-5h Gr. Time
-6h Gr. Time
170
172
175
180

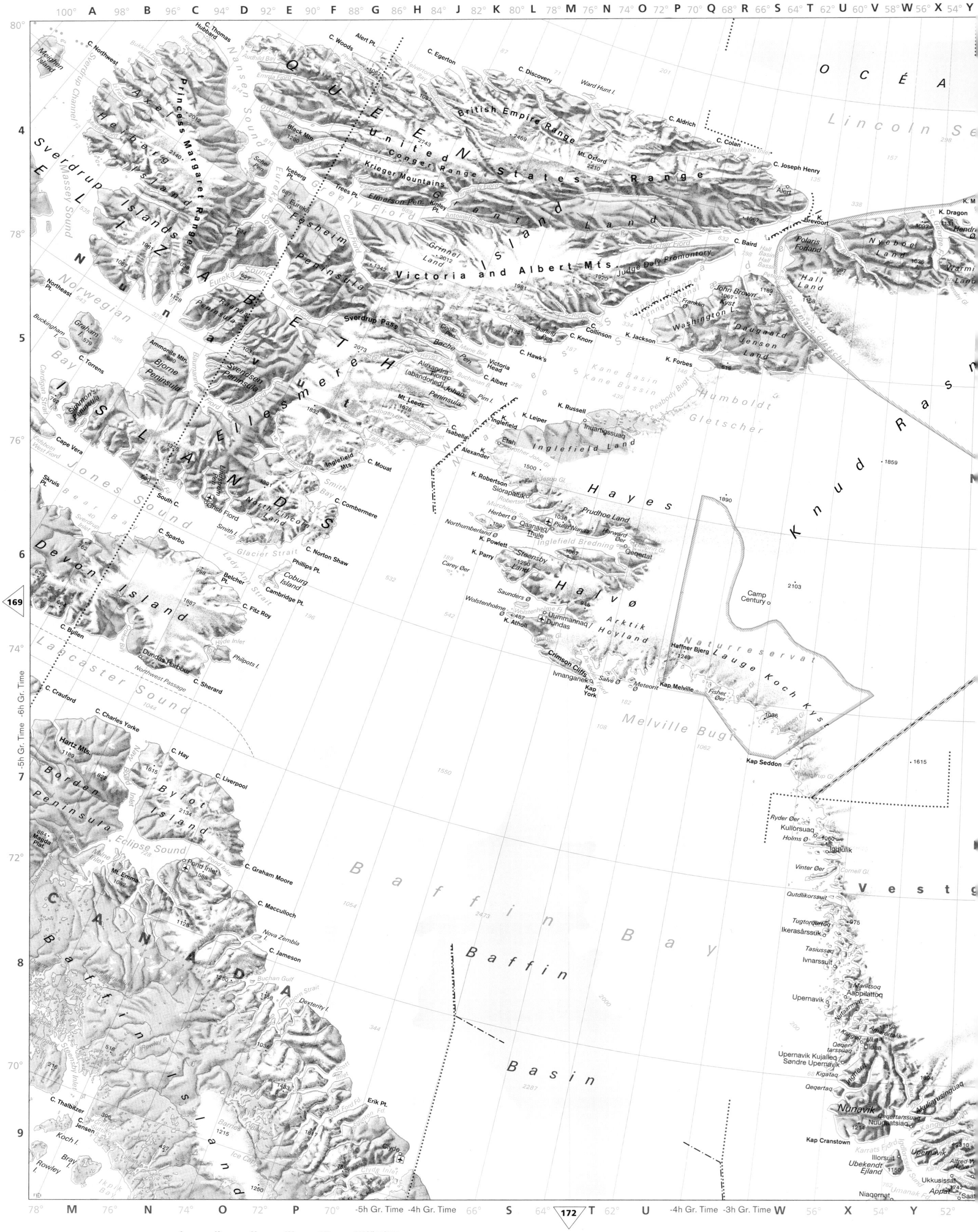

OCÉAN
Lincoln Sea
QUEEN ELIZABETH ISLANDS
Ellesmere Island
United States Range
British Empire Range
Conger Range
Krieger Mountains
Grant Land
Victoria and Albert Mts.
Grinnell Land
Fosheim Peninsula
Sverdrup Islands
Axel Heiberg Island
Princess Margaret Range
Nansen Sound
Eureka Sound
Greely Fiord
Hare Fiord
Sverdrup Pass
Raanes Peninsula
Svendsen Peninsula
Bjorne Peninsula
Norwegian Bay
Graham I.
Buckingham I.
Meighen Island
Sverdrup Channel
Massey Sound
C. Northwest
C. Thomas Hubbard
C. Woods
Alert Pt.
C. Egerton
C. Discovery
Ward Hunt I.
C. Aldrich
C. Colan
Mt. Oxford 2210
C. Joseph Henry
Alert
Black Mtn. 1280
Iceberg Pt.
Trees Pt.
Emerson Pen.
Kinley Pt.
Eureka
Judge Daly Promontory
Archer Fiord
Kennedy Channel
Kennedy Kanal
C. Baird
C. Collinson
C. Knorr
K. Jackson
Kane Basin
Kane Bassin
Bache Pen.
Cook Pen.
Darling Pen.
Victoria Head
C. Hawk's
Alexandra Fiord (abandoned)
Johan Peninsula
C. Albert
Pim I.
Mt. Leeds
Inglefield Mts.
C. Mouat
C. Isabella
Ammonite Mtn.
C. Torrens
Simmons Peninsula
Cardigan Strait
Cape Vera
Jones Sound
Skruis Pt.
South C.
Grise Fiord
North Lincoln Land
C. Combermere
Smith Bay
Smith I.
C. Sparbo
Glacier Strait
Lady Ann Strait
C. Norton Shaw
Phillips Pt.
Coburg Island
Cambridge Pt.
Belcher Pt.
Devon Island
C. Fitz Roy
C. Bullen
Philpots I.
Dundas Harbour
C. Sherard
Lancaster Sound
Northwest Passage
C. Crauford
C. Charles Yorke
Hartz Mts. 1189
C. Hay
C. Liverpool
Borden Peninsula
Bylot Island 2134
Navy Board Inlet
Eclipse Sound
Milne Inlet
Pond Inlet
Mt. Emma
Magda Plat
C. Graham Moore
C. Macculloch
Nova Zembla I.
C. Jameson
CANADA
Baffin Island
Buchan Gulf
Dexterity I.
Scott Inlet
Erik Pt.
Sam Ford Fd
Clyde
Clyde Inlet
Barnes Ice Cap
C. Thalbitzer
C. Jensen
Koch I.
Bray I.
Rowley I.
Rowley R.
Baffin Bay
Baffin Basin
K. Dragon
K. Brevoort
Polaris Forland
Hall Land
Nyeboe Land
Washington L.
Franklin Ø
John Brown Kyst
Daugaard Jensen Land
Petermann Gletscher
K. Forbes
Humboldt Gletscher
Peabody Bugt
Knud Rasmussen Land
K. Russell
K. Leiper
Inuarfigssuaq
Inglefield Land
K. Inglefield
Etah
K. Alexander
K. Robertson
Siorapaluk
Herbert Ø
Northumberland Ø
Qaanaaq/Thule
Prudhoe Land
Harward Øer
Inglefield Bredning
Qeqertat
K. Powlett
K. Parry
Steensby Land
Carey Øer
Hayes Halvø
Saunders Ø
Wolstenholme Ø
Wolstenholme Fj.
K. Atholl
Uummannaq/Dundas
Arktik Hoyland
Crimson Cliffs
Ivnanganek
Kap York
Salve Ø
Meteorit Ø
Kap Melville
Haffner Bjerg
Lauge Koch Kyst
Naturreservat
Fisher Øer
Melville Bugt
Camp Century
Kap Seddon
Ryder Øer
Kullorsuaq
Holms Ø
Igdlulik
Vinter Øer
Cornell Gl.
Qutdlikorssuit
Tugtorqortoq
Ikerasârssuk
Tasiussaq
Ivnarssuit
Manitsoq
Aappilattoq
Upernavik
Nutaarmiut
Kangersuatsiaq
Qeqertarssuaq
Upernavik Kujalleq
Søndre Upernavik
Kigataq
Qeqertaq
Nunavik
Nuugaatsiaq
Kap Cranstown
Illorsuit
Ubekendt Ejland
Ukkusissat
Niaqornat
Vestgrønland
-5h Gr. Time
-6h Gr. Time
-4h Gr. Time
-3h Gr. Time
169
172

Échelle 1 : 4 500 000 — 0 40 80 120 160 200 kilomètres

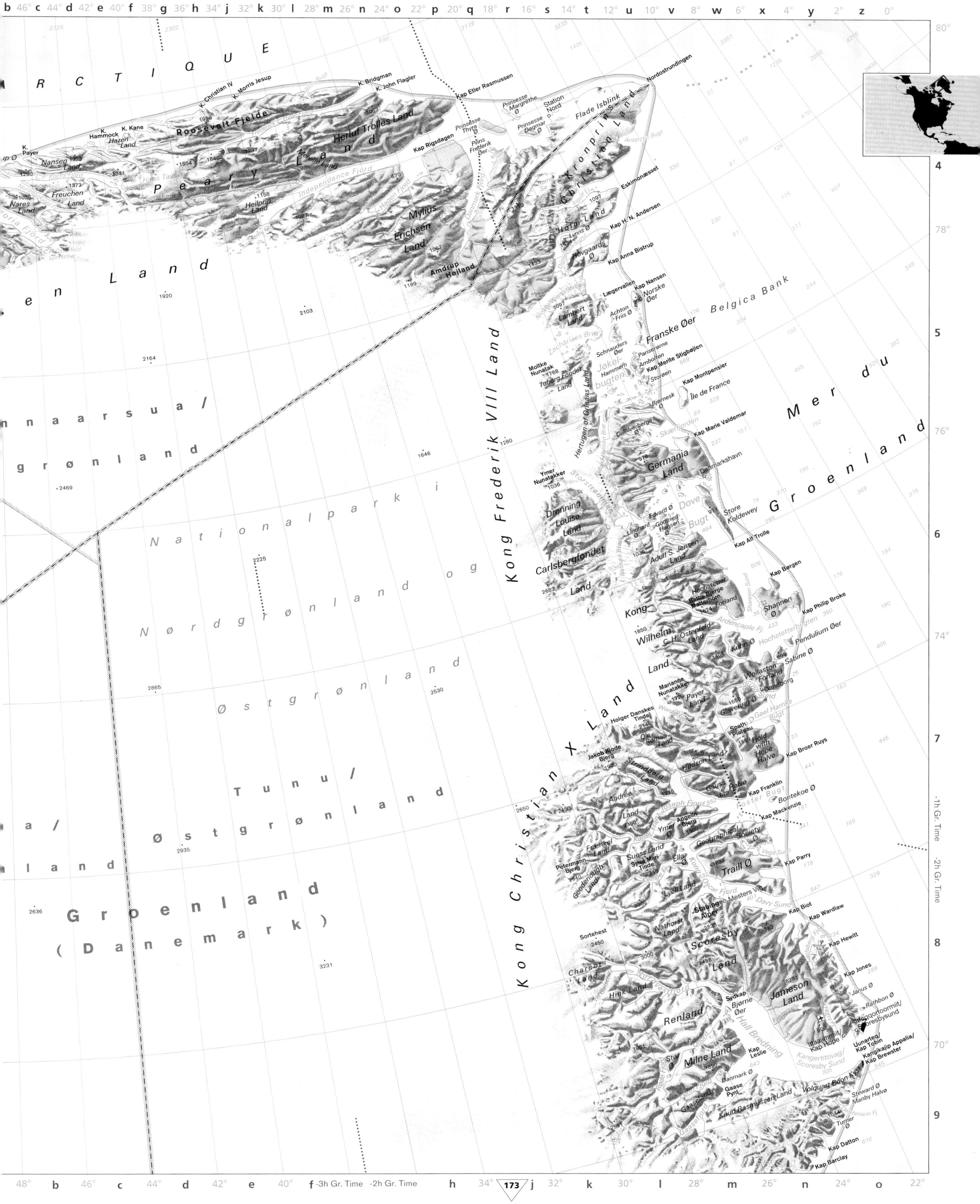

A R C T I Q U E
Nordostrundingen
Kap Bridgman
K. Morris Jesup
K. Christian IV
K. John Flagler
Kap Eiler Rasmussen
Prinsesse Margrethe Ø
Station Nord
Prinsesse Dagmar Ø
Prinsesse Thyra Ø
Prins Frederik Øer
Flade Isblink
Kronprins Christian Land
Kap Rigsdagen
Roosevelt Fjelde
Herluf Trolles Land
K. Hammock
K. Kane
Hazen Land
K. Payer
Nansen Land
Peary Land
Independence Fjord
Freuchen Land
Nares Land
Heilprin Land
Mylius Erichsen Land
Amdrup Højland
Eskimonæsset
Holm Land
Kap H. N. Andersen
Hovgaards Ø
Kap Anna Bistrup
Lægervallen
Kap Nansen
Norske Øer
Achton Friis Ø
Lambert Land
Belgica Bank
Franske Øer
Moltke Nunatak
Schnauders Øer
Pariserøerne
Kap Mérite Stigbøjlen
Jøkelbugten
Kap Montpensier
Île de France
Bjørnesk
Kap Marie Valdemar
Mer du Groenland
Kong Frederik VIII Land
Hertugen af Orléans Land
C. Silverberg
Germania Land
Danmarkshavn
Ymer Nunatakker
Dronning Louise Land
Dove Bugt
Store Koldewey
Kap Alf Trolle
Carlsbergfondet Land
Adolf S. Jensen Land
Kap Bergen
Kong Wilhelm Land
Shannon Ø
Kap Philip Broke
Ardencaple Fj.
C. H. Ostenfeld Land
Hochstetterbugten
Pendulum Øer
Kuhn Ø
Sabine Ø
Wollaston Forland
Dødeborg
Marianne Nunatakker
Payer Land
Clavering Ø
Gael Hamke Bugt
Holger Danskes Tinder
Spath Plateau
Hold with Hope Halvø
Kap Broer Ruys
Ole Rømer Land
Jakob Snode Bjerg
Hudson Land
Gauss Halvø
Kap Franklin
Bontekoe Ø
Kap Mackenzie
Andrée Land
Kejser Franz Joseph Fjord
Ymer Ø
Geographical Society Ø
Fraenkel Land
Petermann Bjerg
Suess Land
Ella Ø
Traill Ø
Kap Parry
Goodenough Land
Lyell Land
Kong Oscar Fjord
Davy Sund
Kong Christian X Land
Stauning Alper
Kap Biot
Kap Wardlaw
Sortehest
Nathorst Land
Scoresby Land
Kap Hewitt
Charcot Land
Kap Jones
Jameson Land
Hinks Land
Nordvestfjord
Sydkap
Bjørne Øer
Renland
Hall Bredning
Rathbon Ø
Ittoqqortoormiit/Scoresbysund
Uunarteq/Kap Tobin
Kangikajiip Appalia/Kap Brewster
Itaajimmiit/Kap Hope
Kap Leslie
Kangertittivaq/Scoresby Sund
Milne Land
Danmark Ø
Gaase Pynt
Gåseland
Knud Rasmussen Land
Volquart Boon Kyst
Steward Ø
Manby Halvø
Turner Ø
Kap Dalton
Kap Barclay
Ø s t g r ø n l a n d
Nationalpark i Nordgrønland og Østgrønland
Tunu/Østgrønland
Groenland (Danemark)
-1h Gr. Time
-2h Gr. Time
-3h Gr. Time
80°
78°
76°
74°
72°
70°

173

Baffin Island
CANADA
Nunavut
Rowley I.
Bray I.
Baird Pen.
C. Burpee
Foley I.
North Tweedsmuir I.
South Tweedsmuir I.
Prince Charles Island
Air Force I.
Barnes Ice Cap
Clyde
Clyde Inlet
C. Raper
Aulitivik I.
Henry Kater Pen.
C. Henry Kater
Mid Baffin
Arguyartu Pt.
Home Bay
C. Hooper
Kerkertaluk I.
Kangeeak Pt.
Cercle Arctique
C. Dominion
Great Plain of the Koukdjuak
Nettilling Lake
Magnetic Pt.
Pingua Hills
Penny Highlands
Broughton I.
Kekertuk
Cumberland Peninsula
Padloping I.
Durban I.
Usualuk
Pangnirtung
Tesseralik
C. Dyer
Exeter Sound
C. Walsingham
Amadjuak Lake
Cumberland Sound
Jubilee
Hobart
Kipisa
Queen C.
Nuvuk Pt.
Hoare Bay
Ilikok I.
Leopold I.
C. Mercy
Lemieux Islands
Mac-Donald I.
Fair Ness
Iqaluit
Leybourne Is.
Hozier Is.
Hill I.
Augustus I.
Hall Peninsula
Meta Incognita Peninsula
Big I.
North Bluff
Lake Harbour
Everett Mts.
Brevoort I.
C. Murchison
Williams Pen.
C. Haven
C. True
Frobisher Bay
Terra Nivea
Potter I.
East Bluff
Lower Savage Is.
Edgell I.
Gabriel Strait
Resolution Island
Détroit d'Hudson
Baie Joy
Baie Burgoyne
Québec
Quaqtaq
Eider Is.
Akpatok I.
Kangirsuk
Bassin Payne
Ungava Bay
Pte. Takiyok
Îles Gyrfalcon
Pte. Stony
Pointe Qirnixaajuaq
Pte. Hubbard
C. Kernertut
Île Qikirtajuaq
Kuujjuaq (Fort-Chimo)
Kangiqsualujjuaq (Fort-Nouveau-Québec)
Button Is.
Knight Is.
Cape Chidley Is.
C. Labrador
Black Rock Pt.
North Aulatsivik I.
Eclipse Channel
Torngat Mts.
Murphy Head
C. White Handkerchief
Newfoundland
Reichel Hd.
Détroit de Davis
Baffin-Greenland Rise
Mer du Labrador
Upernavik
Illorsuit
Ubekendt Ejland
Ukkusissat
Niaqornat
Qaarsut
Uummannaq/Umanak
Hare Ø
Nuussuaq Halvø
Sullorsuaq/Vaigat
Qutdligssat
Saqqaq
Disko Ø
Kangerluk/Diskofjord
Qeqertarsuaq/Godhavn
Ilulissat/Jakobshavn
Ilimanaq/Claushavn
Disko Bugt
Disko Banke
Egedesminde
Aasiaat/Egedesminde
Kangaatsiaq
Ikamiut
Qeersorfik
Innalik
Niaqornaarsuk
Attu
Aqisserniaq
Store Hellefiske-banke
Isortoq
Sisimiut/Holsteinsborg
Sarfanguaq
Itilleq
Sukkertoppen
Simiutaq
Kangaamiut/Gammel Sukkertoppen
Hamborgerland
Maniitsoq
Maniitsoq/Sukkertoppen
Kangerlussuaq
Lille Hellefiske-banke
Atammik
Saarloq
Nuuk/Godthåb
Fyllas Banke
Narssaq
Kangerluarsoruseq/Færingehavn
Fiskenæs Banke
Qeqertarsuatsiaat/Fiskenæsset
Danas Banke
Frederiks Bank
-5h Gr. Time
-4h Gr. Time
-3h Gr.

Échelle 1 : 4 500 000 — 0 40 80 120 160 200 kilomètres

Groenland
(Danemark)
Nationalpark i
Nordgrønland og
Østgrønland
Tunu/
Østgrønland
Kong Christian IX Land
Kong Frederik VI Kyst
Kitaa/
Blosseville Kyst
Gunnbjørn Fjeld
Watkin Bjerge
Schweizerland
Kap Dalton
Kap Barclay
Kap Beaupré
Kap Tupinier
Kap Grivel
Kap Vedel
Kap Ravn
Kap Nansen
Søkongen Ø
Kap J. C. Jacobsen
Kap Hammer
Kap Eduard Holm
Flad Ø
Aggas Ø
Milait
Kap S. M. Jørgensen
Kap Gustav Holm
Kap Wandel
Storø
Kuummiit
Leifs Ø
Erik den Rødes Ø
Tiniteqilaaq
Qianarteq
Ikkatteq
Ammassalik
Kulusuk
Kap Dan
Isortoq
Kap Tycho Brahe
Suunaajik Ø
Dannebrogs Ø
Ortit
Gråhs Øer
Aflandshage
Pikiutdleq/ Køge Bugt
Jens Munk Ø
Kap Løvenørn
Upernagssivik
Umiivik Bugt
Gyldenløves Fjord
Tyrs Bjerge
Kap Møstling Tvillingøen
Thors Land
Kap Harald Moltke
Skjoldungen
Kong Dans Halvø
Qutsigsormiut
Uivaq
Oumaanaq I.
Griffenfels Ø
Nunarsuaq
Tingmiarmiut
Uvdlorsivtit
Timmiarmiut
Ikermiut
Rud Ø
Kap Tordenskjøld
Kap Herulf Trolle
Kap Fischer
Kap Dtscord
Illuileq
Kap Walløe
Kap Walløe Banke
Kap Hvitfeldt
Prins Christian Sund
Uummannarsuaq/ Kap Farvel
Kangilinnguit/ Grønnedal
Arsuk
Ivittuut
Qassiarsuk
Narsarsuaq
Igaliku
Qaqortoq/ Julianehåb
Qaqortoq
Ammassivik
Saarloq
Nanortalik
Aappilattoq
Narsaq Kujalleq
Frederiksdal
Angisoq Loranstation
Nanorta-lik Banke
Détroit du Danemark
Greenland Iceland Rise
Cercle Arctique
ISLANDE
Patreksfjörður
Bjargtangar
OCÉAN ATLANTIQUE
3147
2835
1554
2774
2743
2804
2591
2042
2225
2499
2242
1297
1372
3700
3360
3243
2658
2264
2200
745
1560
2750
2050
2195
Gr. Time
-2h Gr. Time
-3h Gr. Time
171
22
48° 46° 44° 42° 40° 38° 36° 34° 32° 30° 28° 26° 24° 22°
62° 60° 58°

Échelle 1 : 4 500 000 — 0 40 80 120 160 200 kilomètres

King William Island
Gjoa Haven
Rasmussen Basin
Pelly Bay
Simpson Pen.
Melville Pen.
Wales I.
Committee Bay
Cambridge Bay
Dease Strait
Kent Peninsula
Mt. George
Jenny Lind I.
Admiralty I.
M'Clintock Pt.
C. Norton
Matheson Pt.
Royal Geographical Society Is.
Nordenskiöld Islands
Grant Pt.
Adelaide Peninsula
Northwest Passage
Melbourne I.
Queen Maud Gulf
Whitebear Pt.
Ogle Pt.
Cowie Pt.
Rae Isthmus
Repulse Bay
Beach Pt.
C. Clarke
C. Munn
Barry Is.
Banks Pen.
Cercle Arctique
Savage Is.
Wager Bay
C. Dobbs
Roes Welcome Sound
Whale Pt.
C. Kendall
Nunavut
Half Way Hills
Baker Lake
Bowell Is.
Marjorie Hills
Cap Silumiut
Hanbury
Rockhouse I.
Chesterfield Inlet
Rankin Inlet
Marble I.
Pangertot Pen.
Cape Jones
Whale Cove
Term Pt.
Bibby I.
Angusko Pt.
Austin I.
Maguse Pt.
Maguse River
Arviat
Padlei (abandoned)
Barren Grounds
Dubawnt Lake
Ennadai
Reliance
Hudson Bay
Nunalla (abandoned)
Caribou
Eskimo Pt.
Churchill
Cap Churchill
Fort Churchill
Digges
North River
Lamprey
M'Clintock
Herchmer
Weir River
Port Nelson (abandoned)
York Factory (abandoned)
Marsh Pt.
C. Tatnam
Manitoba
Saskatchewan
Uranium City
Fond-du-Lac
Stony Rapids
Fort Hall
Wollaston Lake
Ind. Res. Brochet
Southern Indian Lake
-7h Gr. Time
-6h Gr. Time
-5h Gr. Time

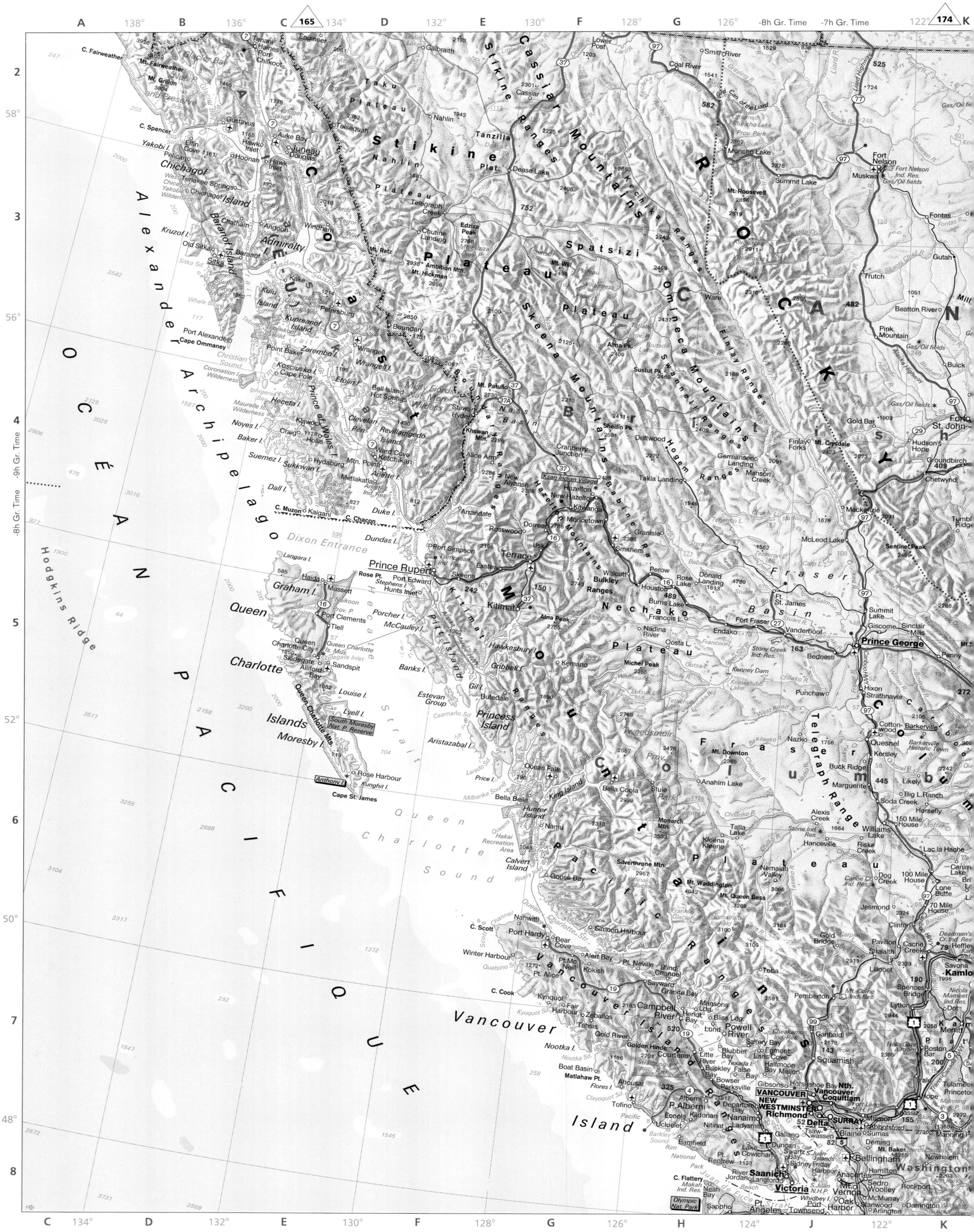

Échelle 1 : 4 500 000 — 0 40 80 120 160 200 kilomètres

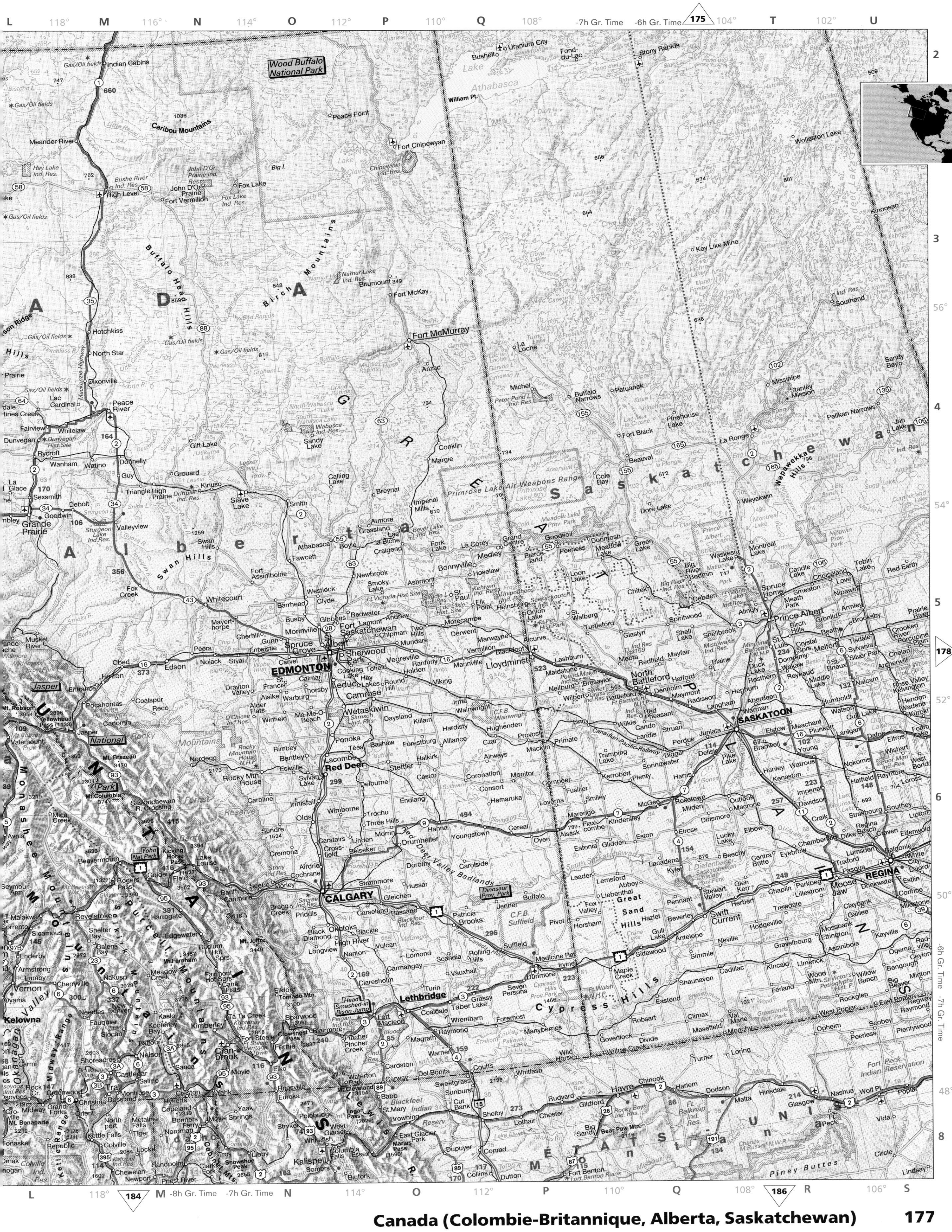

Wood Buffalo National Park
Uranium City
Fond-du-Lac
Stony Rapids
Athabasca
Peace Point
Fort Chipewyan
Caribou Mountains
Meander River
High Level
Fort Vermilion
Fox Lake
Wollaston Lake
Buffalo Head Hills
Birch Mountains
Key Lake Mine
Fort McKay
Fort McMurray
La Loche
Southend
Peace River
Grande Prairie
Slave Lake
Athabasca
Primrose Lake Air Weapons Range
Buffalo Narrows
La Ronge
Pelikan Narrows
Whitecourt
Edson
Hinton
Jasper
EDMONTON
Lloydminster
North Battleford
Prince Albert
SASKATOON
Red Deer
Drumheller
CALGARY
Banff
Medicine Hat
Swift Current
Moose Jaw
REGINA
Lethbridge
Cypress Hills
Great Sand Hills
Kelowna
Vernon
Revelstoke
Cranbrook
Nelson
Trail
Kalispell
Havre
Shelby
Fort Benton
Great Falls
A l b e r t a
S a s k a t c h e w a n
Monashee Mountains
Selkirk Mountains
Purcell Mountains
Dinosaur Prov. Park
Head Smashed-in Bison Jump

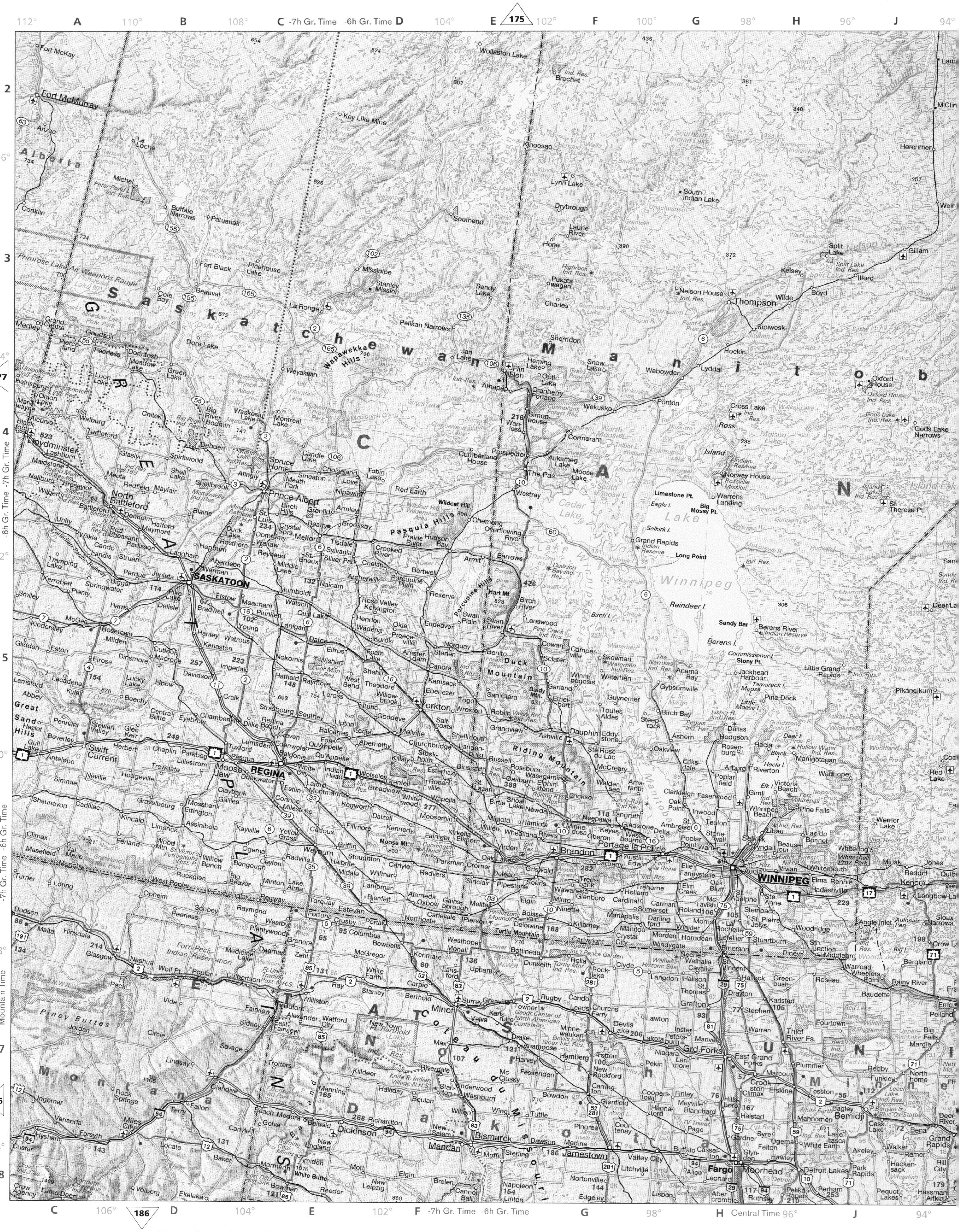

Échelle 1 : 4 500 000 0 40 80 120 160 200 kilomètres

Hudson Bay
James Bay
Nunavut
Belcher Islands
Sleeper Is. (Îles Dormeuses)
King George Islands (Îles du Roi-George)
Nastapoka Islands
Flaherty Island
Kuujjuarapik Whapmagoostui (Poste-de-la-Baleine)
Fort Severn
C. Tatnam
York Factory (abandoned)
Polar Bear Provincial Park
Peawanuck
Winisk
C. Henrietta Maria
Akimiski Island
Attawapiskat
Kashechewan
Albany I.
Ft. Albany
Charlton Island
Moosonee
Moose River
Clay Belt
Québec
Fort George
Chisasibi
Radisson
Wemindji
Eastmain
Waskaganish (Fort-Rupert)
Matagami
Val-Paradis
Joutel
Ontario
Sachigo
Big Trout Lake
Kasabonika
Wunnummin Lake
Webequie
Weagamow Lake
Lansdowne House
Fort Hope
Ogoki
Central Patricia
Cat Lake
Pickle Lake
Armstrong
Nakina
Longlac
Geraldton
Hearst
Kapuskasing
Smooth Rock Fs.
Cochrane
Timmins
Iroquois Falls
Kirkland Lake
Rouyn-Noranda
Val-d'Or
Amos
New Liskeard
Témiscaming
North Bay
Sudbury
Elliot Lake
Chapleau
Wawa
Marathon
Nipigon
Thunder Bay
Isle Royale
Lake Superior
Duluth
Superior
Marquette
Sault Ste. Marie
Michigan
Wisconsin
Keweenaw Pen.
Algoma Upland

-6h Gr. Time
-5h Gr. Time
175
169
175
179
179
182
Half Way Hills
Baker Lake
Bowell Is.
N
u
n
a
v
Savage Is.
C. Dobbs
Whale Pt.
Roes Welcome Sound
Hanbury I.
Cap Silumiut
Rockhouse I.
Chesterfield Inlet
Rankin Inlet
Pangertot Pen.
Cape Jones
Marble I.
Whale Cove
Term Pt.
Bibby I.
Angusko Pt.
Austin I.
Maguse Pt.
Maguse River
Arviat
White I.
Vansittart I.
Opposite I.
C. Welsford
C. Comfort
Porsild Mts.
Southampton Island
Coral Harbour
C. Kendall
Bay of Gods Mercy
Manico Pt.
Ruin Pt.
Native Pt.
Bear Cove Pt.
Bell Peninsula
Seahorse Pt.
Leyson Pt.
C. Low
Fisher Strait
Evans Strait
Coats Island
C. Pembroke
Santianna Pt.
C. Southampton
Foxe Channel
Caribou I.
C. Dominion
C. Dorchester
C. Ketoria
Foxe Peninsula
Kingnait Range
Cape Dorset
Dorset I.
Alareak I.
Diamond
Chamberlain
King Charles C.
Okolli I.
Mill I.
Salisbury I.
Nottingham I.
Détroit
Digges Is.
C. Wolstenholme
Charles I.
C. de Nouvelle-France
Ivujivik
Salluit
Déception
Mansel Island
C. Acadia
Monts de Povungnituk
Smith I.
Akulivik
C. Smith
Pte Demers
Pte Cusson
Pte Dufrost
Povungnituk
Pte aux Écueils
Gilmour I.
Perley I.
Ottawa Islands
Pte Bonissant
Elsie I.
Two Brothers
Cox I.
Farmer I.
Hopewell Islands
Inukjuak (Port Harrison)
Hudson Bay
C
A
N
L
Q
Péninsule d'Ungava
Sleeper Is.
Kidney I.
King George Islands
Nastapoka Islands
Broughton I.
Daviau I.
Gillies I.
Anderson I.
Belanger I.
Split I.
North Belcher Is.
Johnson I.
Bakers Dozen Is.
Lillico Pt.
Belcher Islands
Kugong I.
Gushie Pt.
C. Bartlett
Tukarak I.
Belcher Islands
McLeary Pt.
Flaherty Island
Innetalling I.
Freakly Pt.
Snape I.
Sainsbury Pt.
Castle I.
Merry I.
Poste-de-la-Baleine
Long I.
C. Jones
James Bay
Bear I.
Pte. Kakachischuan
C. Tatnam
Manitoba
Fort Severn
Partridge I.
Winisk
Wabuk Pt.
C. Lookout
Peawanuck
Polar Bear Provincial Park
C. Henrietta Maria
Hook Pt.
Ontario
Big Trout Lake
Kasabonika
Indian Reserve

Échelle 1 : 4 500 000 — 0 40 80 120 160 200 kilomètres

-5h Gr. Time
-4h Gr. Time
-3h Gr. Time
Cumberland Peninsula
Cumberland Sound
Lemieux Islands
Hoare Bay
Tesseralik
Angijak I.
Ilikok I.
Queen C.
Nuvuk Pt.
Leopold I.
C. Mercy
Kipisa
Amadjuak Lake
Baffin Island
Leybourne Is.
Hozier Is.
Hall Peninsula
Iqaluit
Augustus I.
Hill I.
Pike I.
Fletcher I.
Brevoort I.
C. Murchison
Williams Pen.
C. Haven
Meta Incognita Peninsula
Lake Harbour
Big I.
North Bluff
Frobisher Bay
Everett Mts.
C. True
Loks Land
Terra Nivea
Potter I.
East Bluff
Lower Savage Is.
Edgell I.
Resolution Island
Gabriel Strait
Kangiqsujuaq
Joy Bay
Burgoyne Bay
Détroit d'Hudson
Quaqtaq
Eider Is.
Akpatok I.
Kangirsuk
Button Is.
Knight Is.
Cape Chidley Is.
C. Labrador
Black Rock Pt.
North Aulatsivik I.
Eclipse Channel
Murphy Head
Seven Islands B.
C. White Handkerchief
Torngat Mts.
Mt. Eliot
Cirque Mtn.
Reichel Head
Saglek B.
Big I.
C. Uivak
Hebron
Finger Hill I.
Grimmington I.
Cod I.
Coopers I.
Nutak
Okak Is.
Iglusuaktalialuk I.
Snyde B.
South Aulatsivik I.
Dog I.
Nain
Paul I.
Kikkertavak I.
Kamarsuk
Tunungayualok I.
C. Harrigan
Okaliktok Is.
Ailik
C. Strawberry
Makkovik
Adlavik Is.
Ragged I.
C. Harrison
Mt. Benedict
Holton
George I.
Fish Cove Pt.
Rigolet
C. Porcupine
Grady I.
Grady Harbour
North Head
Spotted I.
Batteau
Separation Point
North West River
Melville L.
Comfort Bight
Ungava Bay
Pte. Takiyok
Îles Gyrfalcon
Pointe Stony
Pte. Hubbard
Pointe Qirniraujaq
C. Kernertut
Kangiqsualujjuaq (Port-Nouveau-Québec)
Kuujjuaq (Fort-Chimo)
Labrador
Québec
Newfoundland
Schefferville
Burnt Creek
Astray
Faden
Smallwood Reservoir
Rés. de Caniapiscau
Lac Châteauguay
Mer du Labrador
Lille Hellefiske-banke
Atammik
Vestgrønland
Groenland (Danemark)
Nuuk/Godthåb
Fyllas Banke
Narssaq
Kangerluarsoruseq/Færingehavn
Fiskenæs Banke
Grædefjorden
Qeqertarsuatsiaat/Fiskenæsset
Danas Banke
Frederikshåbs Banke
Maniitsoq
Kapisillit
Kinaussaq
Nunataarsuk
Saarloq
172
173
183

Échelle 1 : 4 500 000 — 0 40 80 120 160 200 kilomètres

181
Gulf of
Saint Lawrence
Coast of Labrador
Mer du Labrador
Island of Newfoundland
Long Range Mountains
Île d'Anticosti
Détroit de Jacques-Cartier
Détroit d'Honguedo
Péninsule de la Gaspésie
Monts Chic-Chocs
New Brunswick
Prince Edward Island
Cape Breton Island
Cabot Strait (Détroit de Cabot)
Îles de la Madeleine
Saint-Pierre Bank
St-Pierre-et-Miquelon (Fr.)
Bay of Fundy
Gulf of Maine
OCÉAN ATLANTIQUE
Nova Scotia
Sept-Îles
Baie-Comeau
Rimouski
Gaspé
Edmundston
Fredericton
Saint John
Moncton
Charlottetown
Halifax
Dartmouth
Sydney
Glace Bay
Yarmouth
Bangor
Corner Brook
Gander
Grand Falls
St. John's
Happy Valley-Goose Bay
Churchill Falls
Labrador City
Blanc-Sablon
St. Anthony
Port aux Basques
Avalon Pen.
Bonavista Pen.
Burin Peninsula
Eastern Time | Atlantic Time
-5h Gr. Time -4h Gr. Time
-3h30 Gr. Time
-3h Gr. Time
Island of Newfoundland
(Terre-Neuve)

Échelle 1 : 4 500 000 — 0 40 80 120 160 200 kilomètres

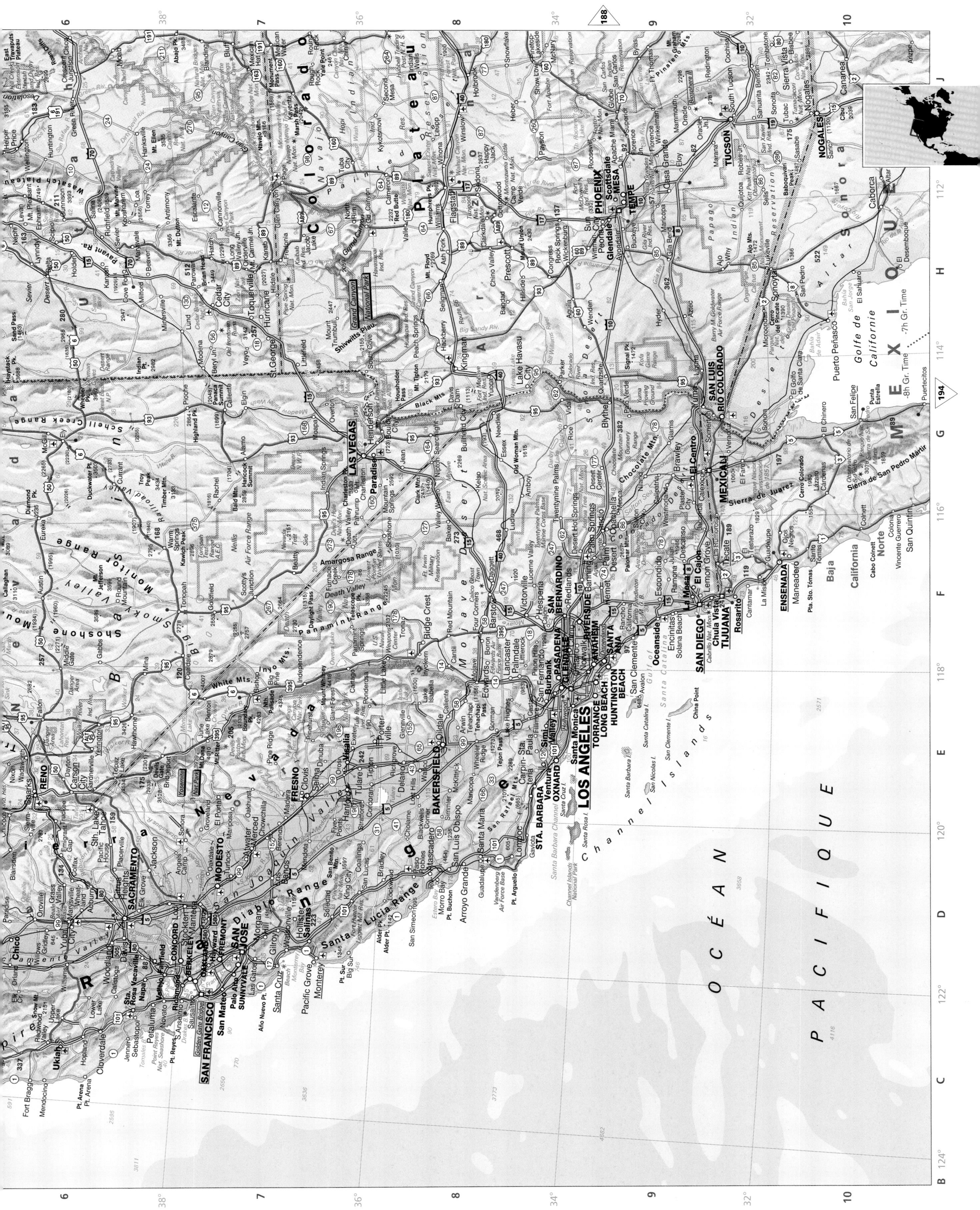
188
194
OCÉAN PACIFIQUE
MEXIQUE
Golfe de Californie
Baja California Norte
Sonora
LOS ANGELES
SAN FRANCISCO
SAN DIEGO
LAS VEGAS
PHOENIX
TUCSON
SACRAMENTO
FRESNO
BAKERSFIELD
RENO
MEXICALI
TIJUANA
ENSENADA
NOGALES
SAN LUIS RÍO COLORADO
OAKLAND
SAN JOSE
STA. BARBARA
PASADENA
SAN BERNARDINO
RIVERSIDE
LONG BEACH
MODESTO
Channel Islands
Sierra Nevada
Death Valley
Mojave Desert
Grand Canyon National Park
-8h Gr. Time
-7h Gr. Time

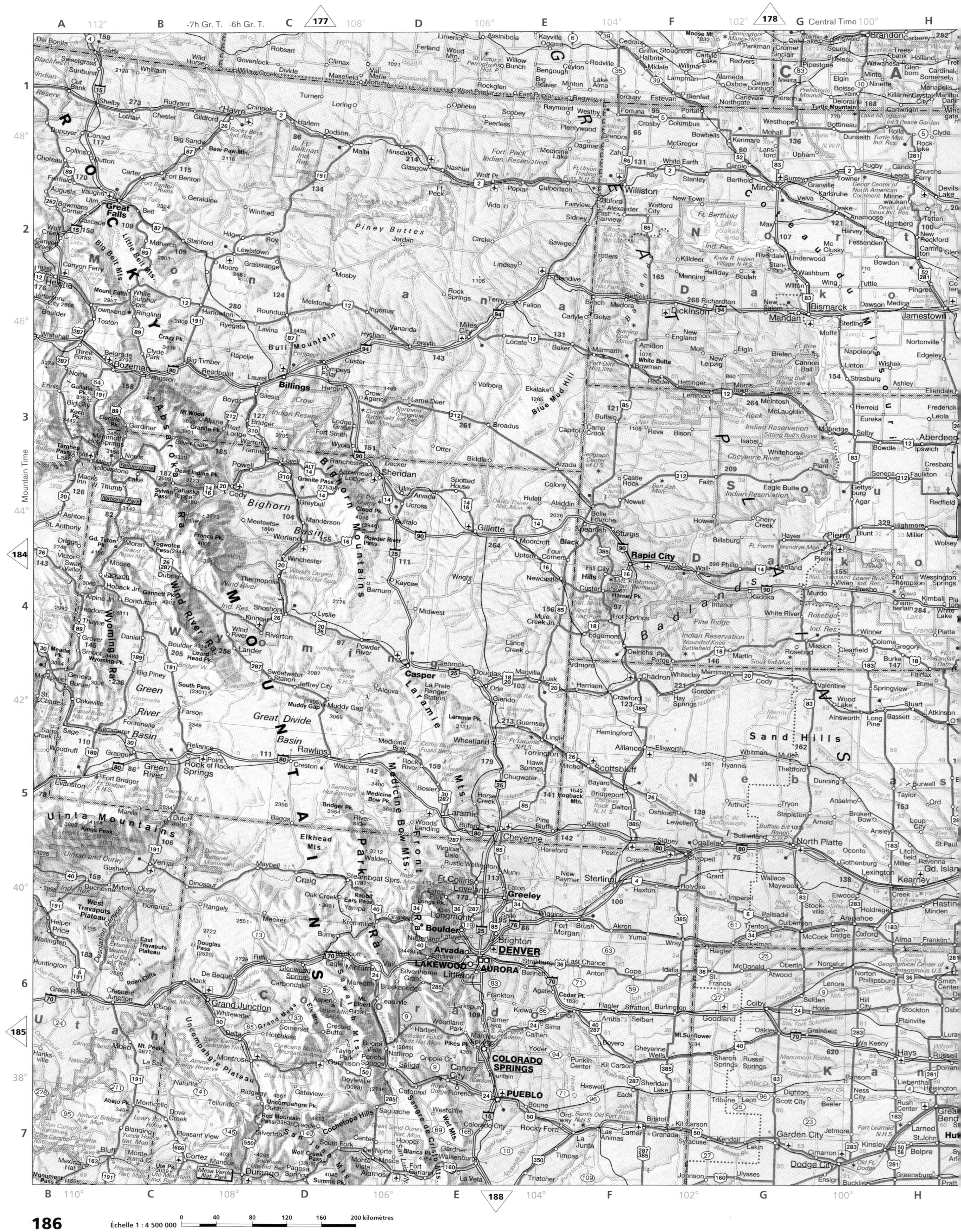

Échelle 1 : 4 500 000 0 40 80 120 160 200 kilomètres

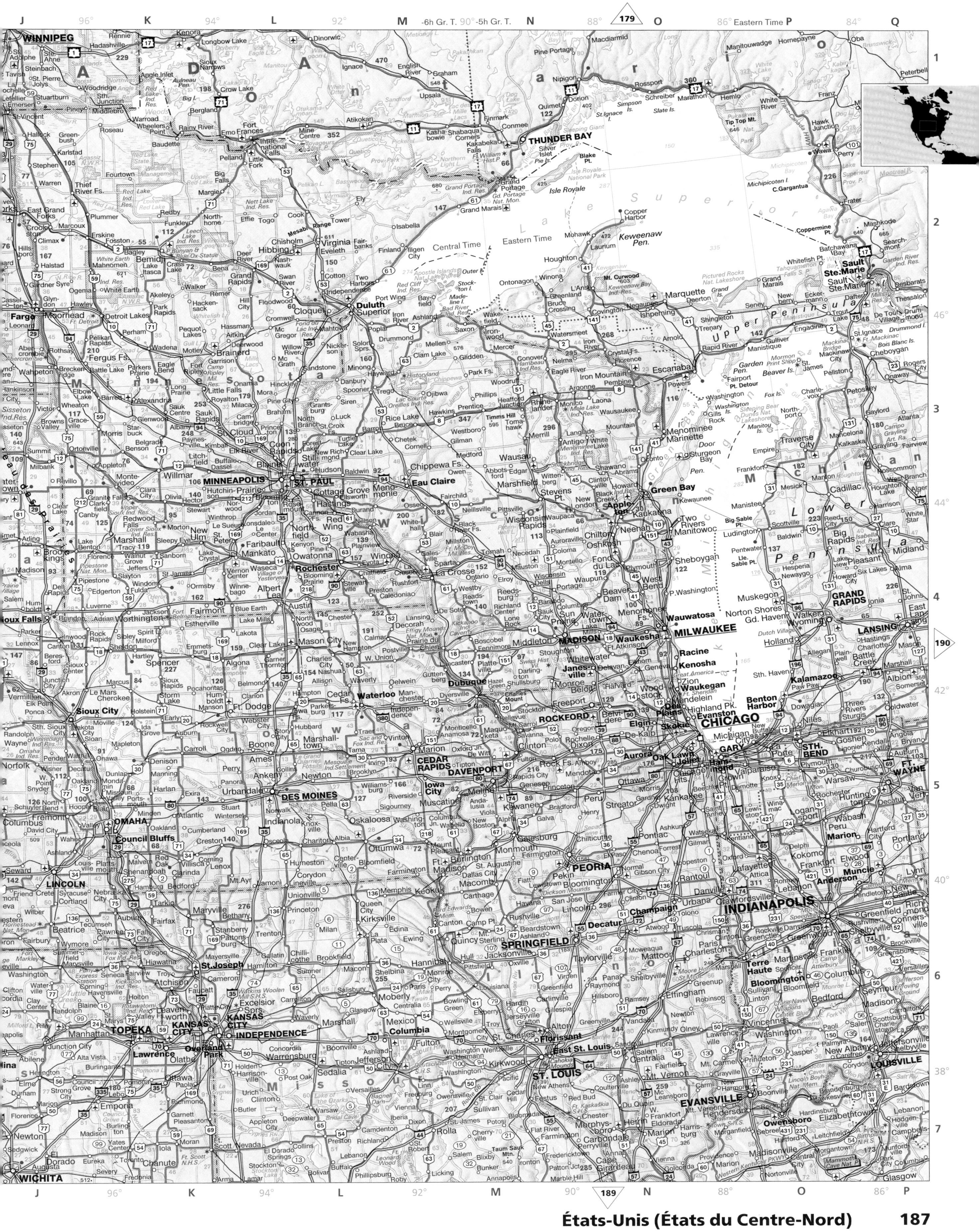

WINNIPEG
THUNDER BAY
Lake Superior
Duluth
Superior
MINNEAPOLIS
ST. PAUL
Rochester
Eau Claire
Green Bay
MADISON
MILWAUKEE
ROCKFORD
CHICAGO
GARY
Lake Michigan
GRAND RAPIDS
LANSING
STH. BEND
FT. WAYNE
INDIANAPOLIS
PEORIA
SPRINGFIELD
DES MOINES
CEDAR RAPIDS
DAVENPORT
Sioux City
Sioux Falls
OMAHA
LINCOLN
TOPEKA
KANSAS CITY
INDEPENDENCE
ST. LOUIS
EVANSVILLE
LOUISVILLE
WICHITA
Upper Peninsula
Lower Peninsula
Central Time
Eastern Time

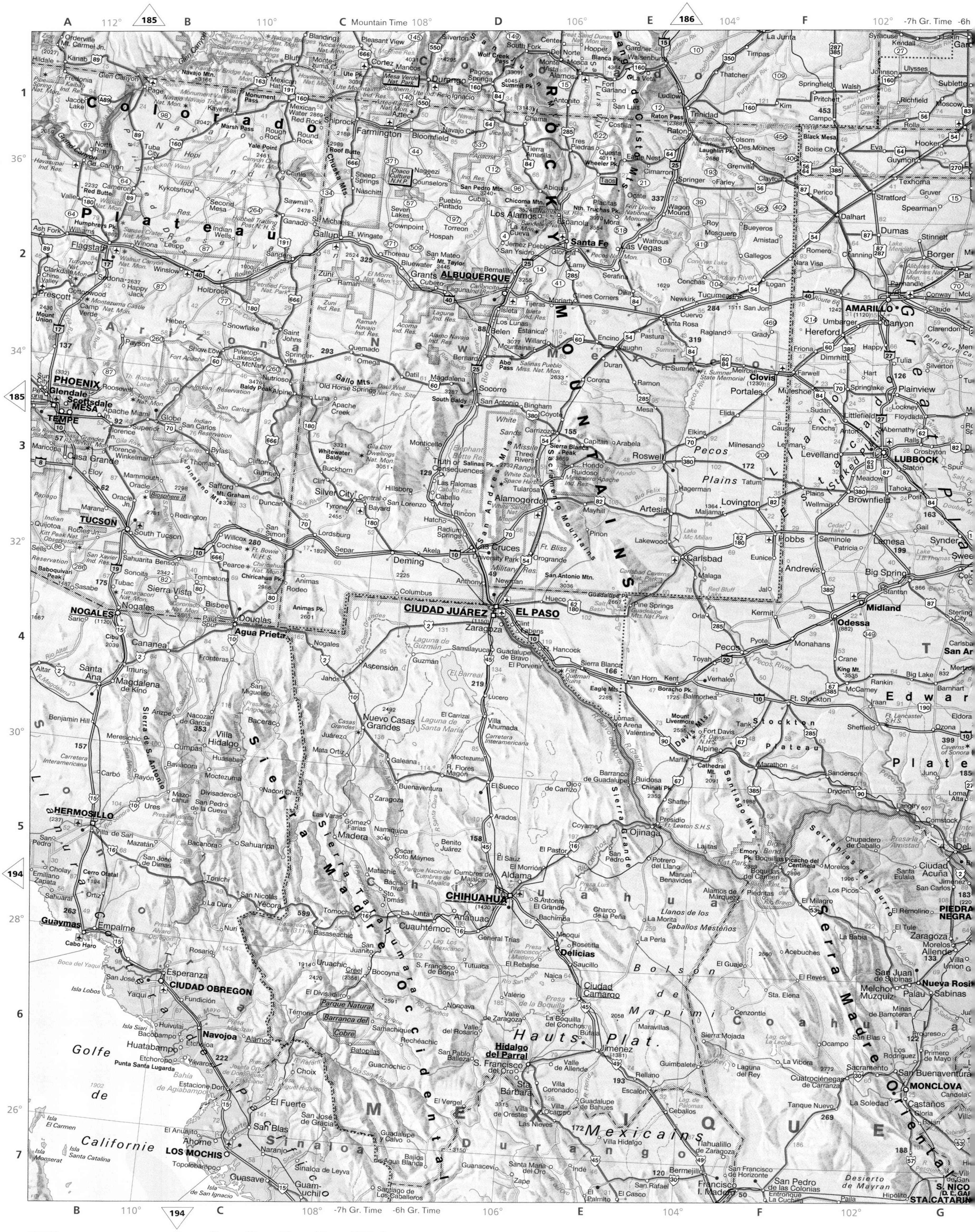

Échelle 1 : 4 500 000 — 0 40 80 120 160 200 kilomètres

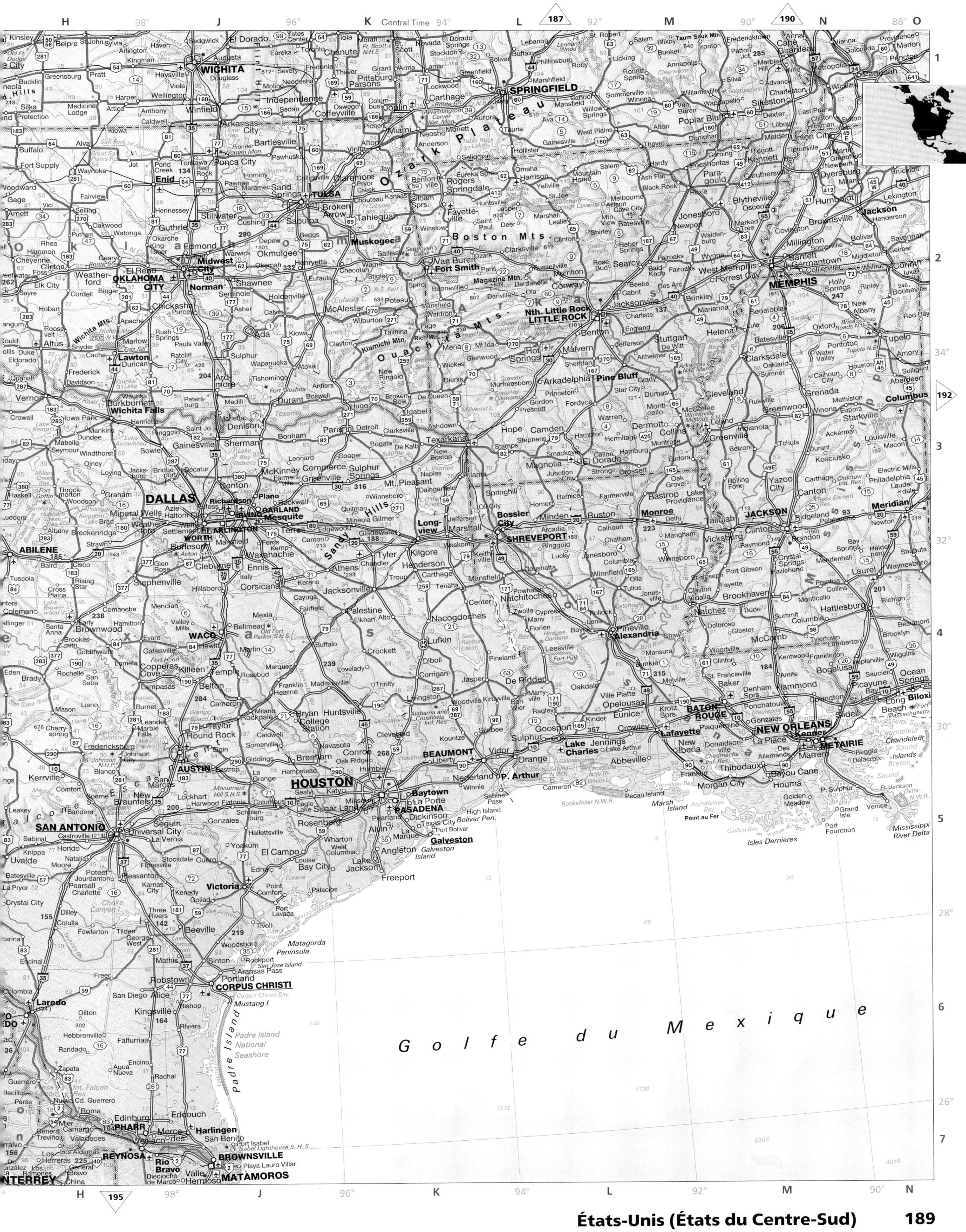
Central Time
187
190
192
195
Ozark Plateau
Boston Mts.
Ouachita Mts.
Wichita Mts.
Sandy Hills
WICHITA
SPRINGFIELD
TULSA
OKLAHOMA CITY
Midwest City
Norman
Fort Smith
Nth. Little Rock
LITTLE ROCK
MEMPHIS
JACKSON
DALLAS
FT. WORTH
ARLINGTON
GARLAND
Mesquite
IRVING
SHREVEPORT
Wichita Falls
ABILENE
WACO
AUSTIN
SAN ANTONIO
HOUSTON
PASADENA
Galveston
BEAUMONT
P. Arthur
Lake Charles
Lafayette
BATON ROUGE
NEW ORLEANS
METAIRIE
Kenner
Biloxi
Monroe
Alexandria
Victoria
CORPUS CHRISTI
Laredo
REYNOSA
BROWNSVILLE
MATAMOROS
PHARR
Harlingen
Padre Island National Seashore
Matagorda Peninsula
Mississippi River Delta
Isles Dernieres
Golfe du Mexique

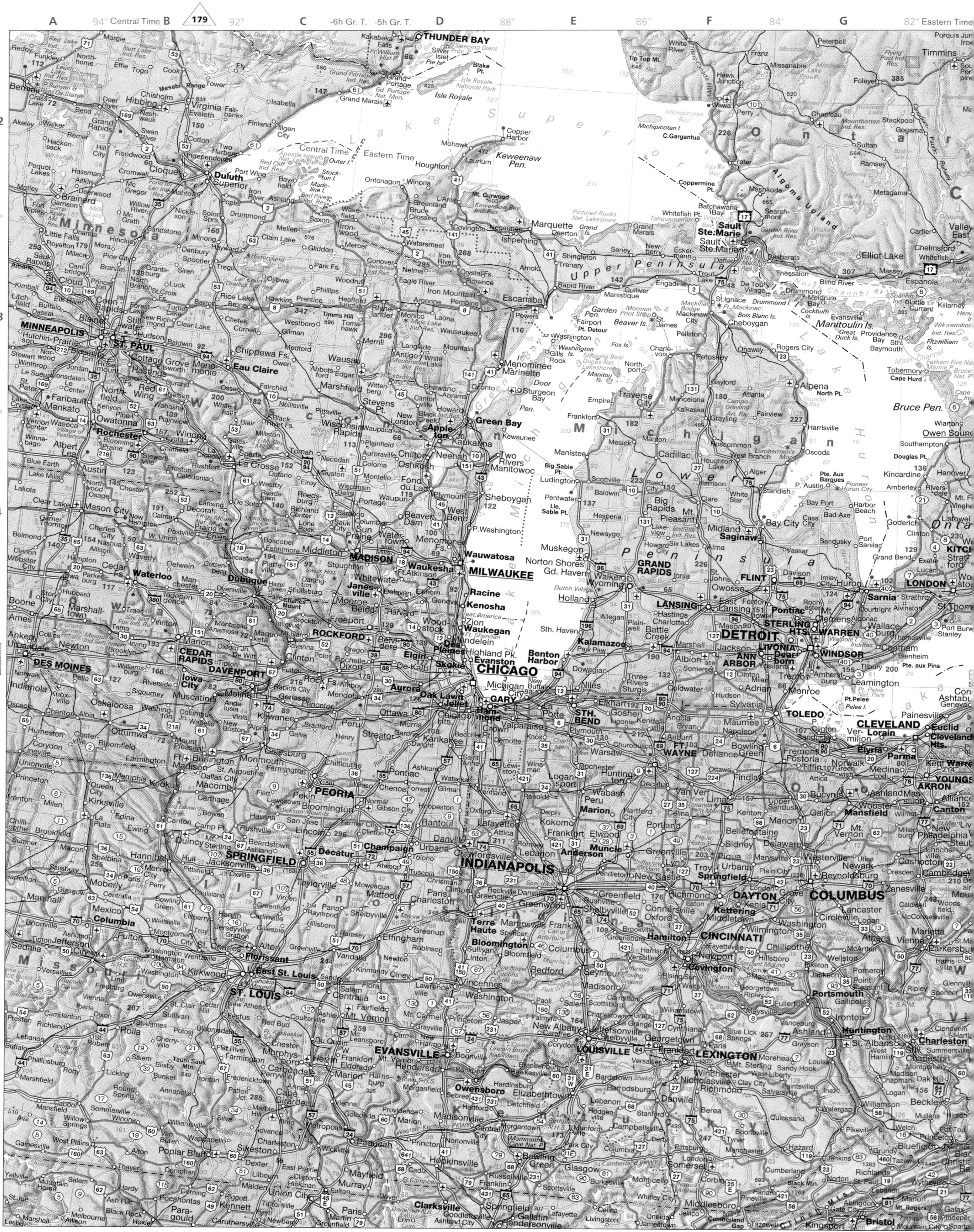

Échelle 1 : 4 500 000 — 0, 40, 80, 120, 160, 200 kilomètres

OCÉAN ATLANTIQUE
Gulf of Maine
Lake Ontario
Adirondack Mountains
Catskill Mountains
Georges Bank
Hudson Canyon
Hydrographer Canyon
CT = Connecticut
RI = Rhode Island
-5h Gr. Time Eastern Time
-4h Gr. Time Atlantic Time
MONTREAL
OTTAWA
QUÉBEC
TORONTO
MISSISSAUGA
BUFFALO
ROCHESTER
SYRACUSE
ALBANY
BOSTON
PROVIDENCE
HARTFORD
NEW YORK
Statue of Liberty
PHILADELPHIA
Independence Hall
BALTIMORE
WASHINGTON D.C.
RICHMOND
NORFOLK
VIRGINIA BEACH
Portland
Atlantic City
Long Island
Cape Cod
Nantucket I.
Martha's Vineyard
182
183
193

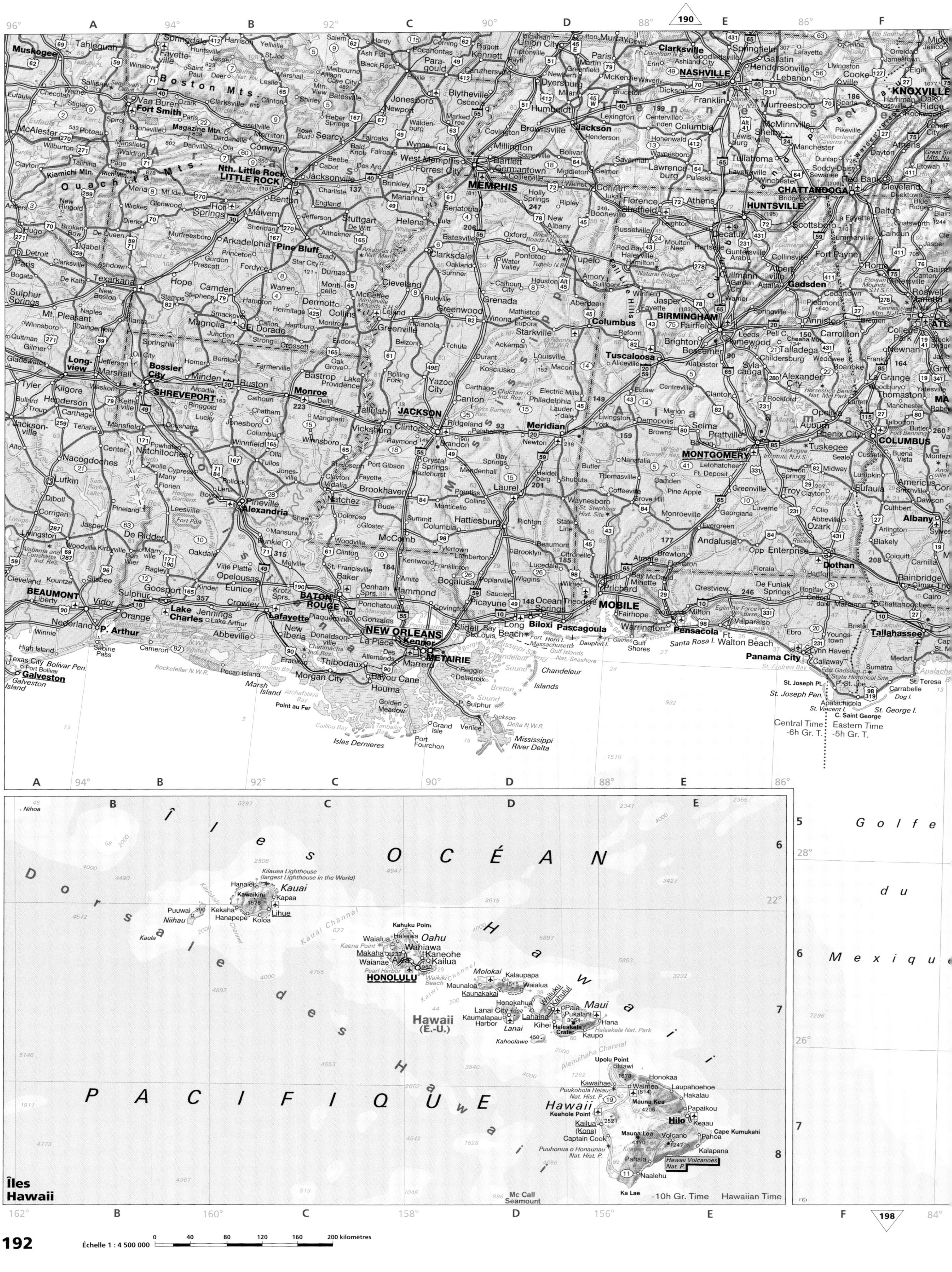

Échelle 1 : 4 500 000
0 40 80 120 160 200 kilomètres

OCÉAN ATLANTIQUE
Plateau Blake
BAHAMAS
Florida
Sea Islands
Long Bay
Onslow Bay
Raleigh Bay
Pamlico Sound
Albemarle Sd.
Cape Hatteras National Seashore
Cape Lookout Nat. Seash.
Northwest Providence Channel
Northeast Providence Channel
Exuma Sound
Florida Keys
Détroit de Floride
Bimini Islands
Grand Bahama Island
Abaco I.
Andros Island
Eleuthera I.
Cat Island
NASSAU
GREENSBORO
WINSTON-SALEM
DURHAM
RALEIGH
CHARLOTTE
COLUMBIA
SAVANNAH
JACKSONVILLE
DAYTONA BEACH
ORLANDO
TAMPA
ST. PETERSBURG
West Palm Beach
FT. LAUDERDALE
HOLLYWOOD
HIALEAH
MIAMI
Miami Beach
Charleston
North Charleston
Wilmington
Myrtle Beach
Augusta
Asheville
Greenville
Fayetteville
St. Augustine
Key West
191
199

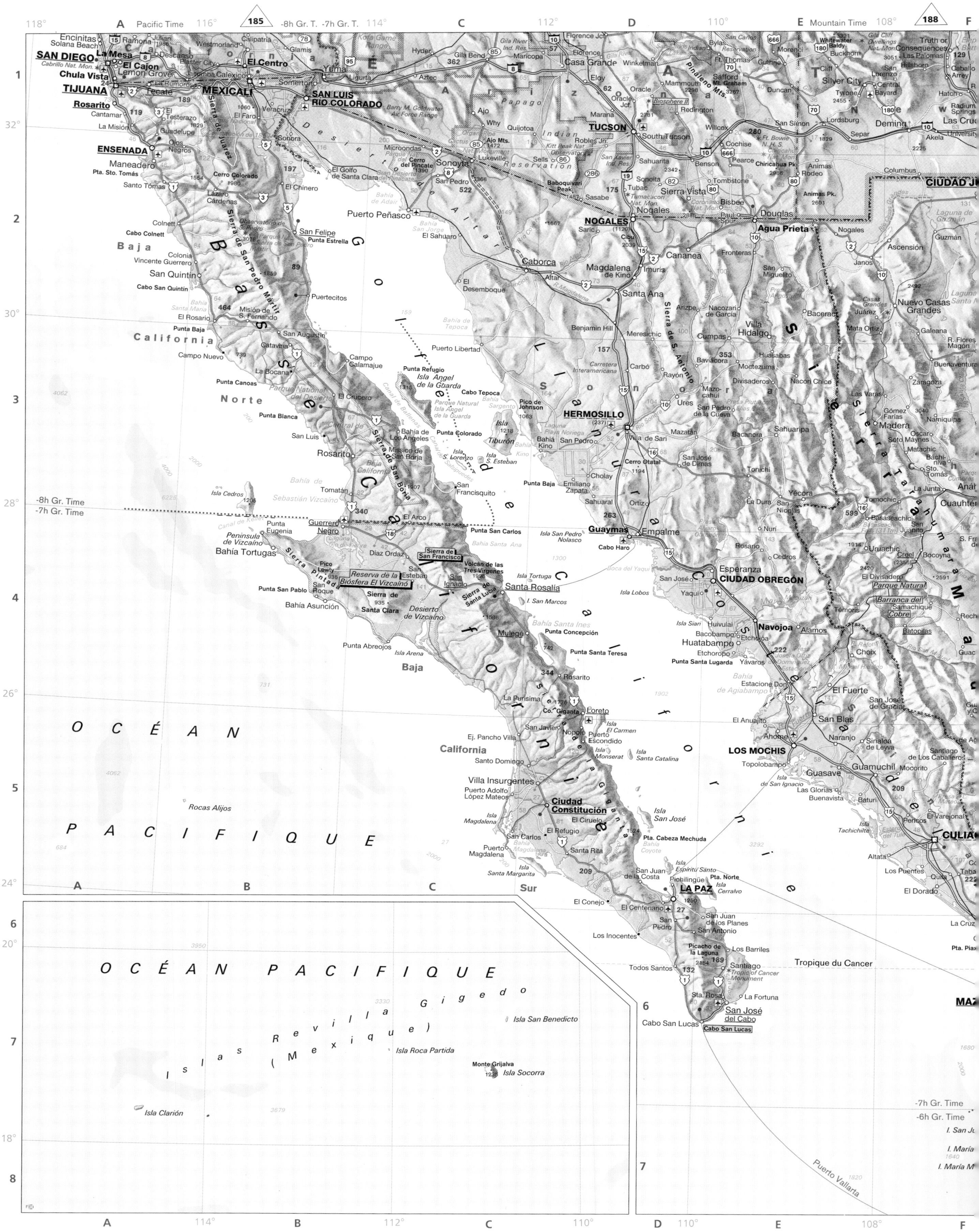

Échelle 1 : 4 500 000 — 0 40 80 120 160 200 kilomètres

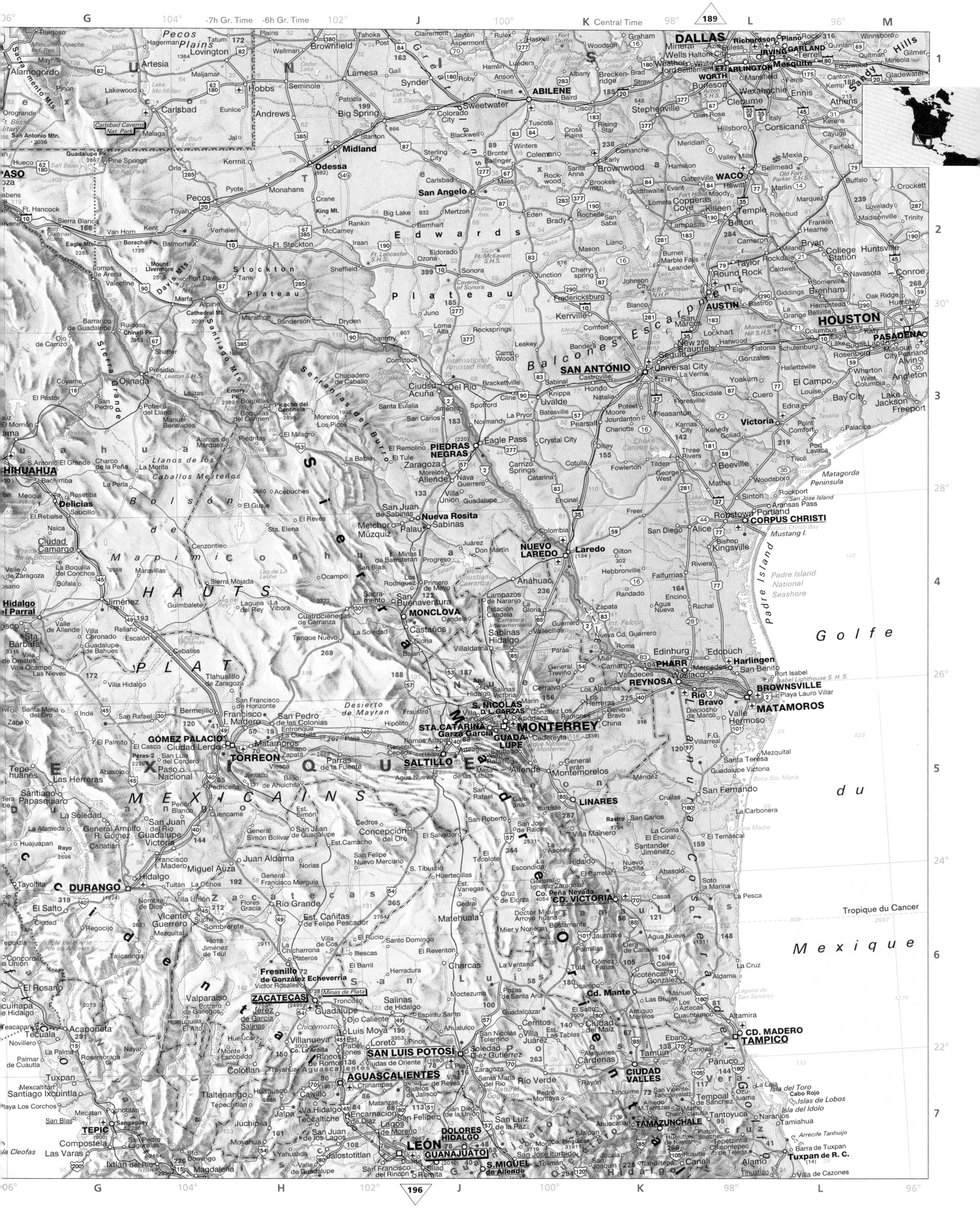

189
196
Central Time
-7h Gr. Time
-6h Gr. Time
DALLAS
ARLINGTON
FORT WORTH
ABILENE
Midland
Odessa
San Angelo
WACO
AUSTIN
HOUSTON
PASADENA
SAN ANTONIO
Victoria
CORPUS CHRISTI
Laredo
NUEVO LAREDO
PIEDRAS NEGRAS
Eagle Pass
Del Rio
Ciudad Acuña
Nueva Rosita
MONCLOVA
MONTERREY
SALTILLO
TORREON
GÓMEZ PALACIO
REYNOSA
PHARR
BROWNSVILLE
MATAMOROS
Harlingen
LINARES
CD. VICTORIA
Cd. Mante
CD. MADERO
TAMPICO
CIUDAD VALLES
TAMAZUNCHALE
SAN LUIS POTOSI
ZACATECAS
AGUASCALIENTES
LEÓN
GUANAJUATO
DOLORES HIDALGO
S.MIGUEL de Allende
DURANGO
TEPIC
Hidalgo del Parral
CHIHUAHUA
Delicias
Ojinaga
Carlsbad
Hobbs
Alamogordo
Artesia
Lubbock
Big Spring
Sweetwater
Brownwood
Temple
Killeen
Bryan
College Station
Kerrville
New Braunfels
San Marcos
Tuxpan de R. C.
Edwards Plateau
Balcones Escarpment
Stockton Plateau
Pecos Plains
Great Plains
Sierra Madre Oriental
Sierra Madre Occidental
HAUTS PLATEAUX MEXICAINS
Bolsón de Mapimí
Coahuila
Chihuahua
Nuevo León
Tamaulipas
Zacatecas
San Luis
Padre Island National Seashore
Golfe du Mexique
Tropique du Cancer
Matagorda Peninsula
Mustang I.
Isla del Toro
Cabo Rojo
Islas de Lobos
Isla del Idolo
Laguna Madre
Desierto de Mayran
Serranías del Burro
Sierra Grande
Carlsbad Caverns Nat. Park
Big Bend
International Amistad Res.
104°
102°
100°
98°
96°
106°
30°
28°
26°
24°
22°
G
H
J
K
L
M
1
2
3
4
5
6
7

Échelle 1 : 4 500 000 — 0 40 80 120 160 200 kilomètres

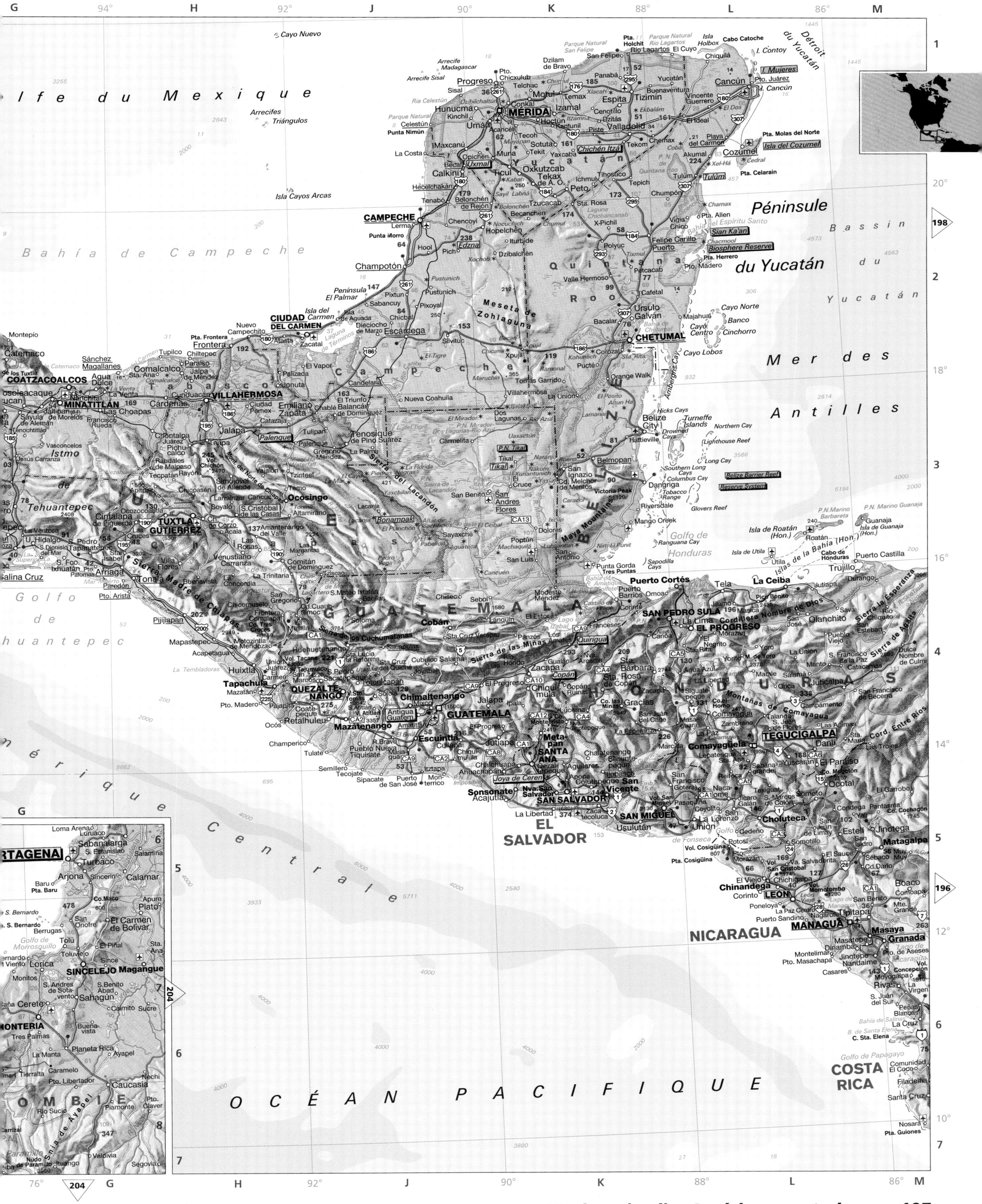
Golfe du Mexique
Bahía de Campeche
Péninsule du Yucatán
Bassin du Yucatán
Mer des Antilles
Golfo de Tehuantepec
Amérique Centrale
OCÉAN PACIFIQUE
Golfo de Honduras
Détroit du Yucatán
Golfo de Fonseca
Golfo de Papagayo
Bahía de Santa Elena
Isla Cayos Arcas
Arrecifes Triángulos
Cayo Nuevo
Arrecife Alacranes
Cayo Norte
Banco Cinchorro
Cayo Lobos
Isla de Roatán (Hon.)
Isla de Utila
Islas de la Bahía (Hon.)
Isla de Guanaja (Hon.)
Turneffe Islands
Glovers Reef
Lighthouse Reef
Isla Cozumel
I. Mujeres
I. Contoy
Isla del Carmen
Laguna de Términos
Yucatán
Campeche
Quintana Roo
Tabasco
Chiapas
Meseta de Zohlaguna
Sierra del Lacandón
Sierra Madre de Chiapas
Sierra de los Cuchumatanes
Sierra de las Minas
Maya Mountains
Cordillera Nombre de Dios
Montañas de Comayagua
Sierra de Agalta
Sierra la Esperanza
Istmo de Tehuantepec
GUATEMALA
BELIZE
HONDURAS
EL SALVADOR
NICARAGUA
COSTA RICA
COLOMBIE
MÉRIDA
CAMPECHE
CHETUMAL
CIUDAD DEL CARMEN
VILLAHERMOSA
COATZACOALCOS
MINATITLÁN
TUXTLA GUTIÉRREZ
GUATEMALA
QUEZALTENANGO
SAN PEDRO SULA
EL PROGRESO
TEGUCIGALPA
SAN SALVADOR
SANTA ANA
SAN MIGUEL
MANAGUA
LEÓN
CARTAGENA
SINCELEJO
MONTERÍA
Progreso
Cancún
Cozumel
Valladolid
Tizimín
Izamal
Motul
Uxmal
Chichén Itzá
Tulum
Champotón
Escárcega
Palenque
Tapachula
Salina Cruz
Tonalá
Arriaga
Comitán de Domínguez
San Cristóbal de las Casas
Ocosingo
Cobán
Flores
Tikal
Belize City
Belmopan
Dangriga
Puerto Cortés
Tela
La Ceiba
Trujillo
Comayagua
Choluteca
Juticalpa
Danlí
Chinandega
Granada
Masaya
Matagalpa
Jinotega
Estelí
Rivas
Escuintla
Mazatenango
Chimaltenango
Zacapa
Jutiapa
Sonsonate
Acajutla
La Libertad
Usulután
La Unión
Magangué
Caucasia
Turbaco
Arjona
Lorica
Sahagún
Planeta Rica
1 2 3 4 5 6 7
G H J K L M
94° 92° 90° 88° 86° 76°
20° 18° 16° 14° 12° 10°
198
196
204

Échelle 1 : 4 500 000 — 0 40 80 120 160 200 kilomètres

193
200
Bermuda
OCÉAN ATLANTIQUE
Îles Bermudes
Bermuda (G.-B.)
Hamilton
Bermuda Island
Plateau des Bermudes
Mer des Sargasses
-4h Gr. Time
BAHAMAS
NASSAU
New Providence I.
Eleuthera I.
Abaco I.
Marsh Harbour
Cat Island
Exuma Cays
Great Exuma Island
George Town
Long Island
San Salvador
Rum Cay
Crooked Island
Acklins I.
Mayaguana I.
Great Inagua I.
Matthew Town
Turks and Caicos Islands (G.-B.)
Caicos Islands
Turks Island
Cockburn Town
Providenciales Island
Tropique du Cancer
OCÉAN ATLANTIQUE
Silver Bank
Navidad Bank
Caicos Passage
Silver Bank Passage
Mouchoir Passage
CAMAGÜEY
HOLGUÍN
BAYAMO
SANTIAGO DE CUBA
GUANTÁNAMO
Guantánamo Bay (Base É.-U.)
Baracoa
Las Tunas
Manzanillo
Nuevitas
Sierra Maestra
Paso de los Vientos
Passe du Vent
-5h Gr. Time
-4h Gr. Time
Ile de la Tortue
Port-de-Paix
Cap-Haïtien
Gonaïves
Golfe de la Gonâve
HAÏTI
PORT-AU-PRINCE
Jérémie
Les Cayes
Jacmel
Massif de la Selle
Massif du Sud ou de la Hotte
Montagnes Noires
Navassa (É.-U.)
Monte Cristi
Puerto Plata
SANTIAGO
La Vega
SAN FRANCISCO DE MACORIS
Cordillera Central
Cordillera Septentrional
Cordillera Oriental
Samaná
San Juan
Barahona
STO. DOMINGO
San Pedro de Macoris
LA ROMANA
Higüey
Isla Saona
Pedernales
Isla Beata
RÉPUBLIQUE DOMINICAINE
Hispaniola
JAMAÏQUE
KINGSTON
Montego Bay
Spanish Town
Port Antonio
Mandeville
Blue Mts.
Jamaica Channel
Morant Cays
Pedro Cays
Grandes Antilles
Mer des Antilles
78° 76° 74° 72° 70° 66° 64°
24° 22° 20° 18° 16°

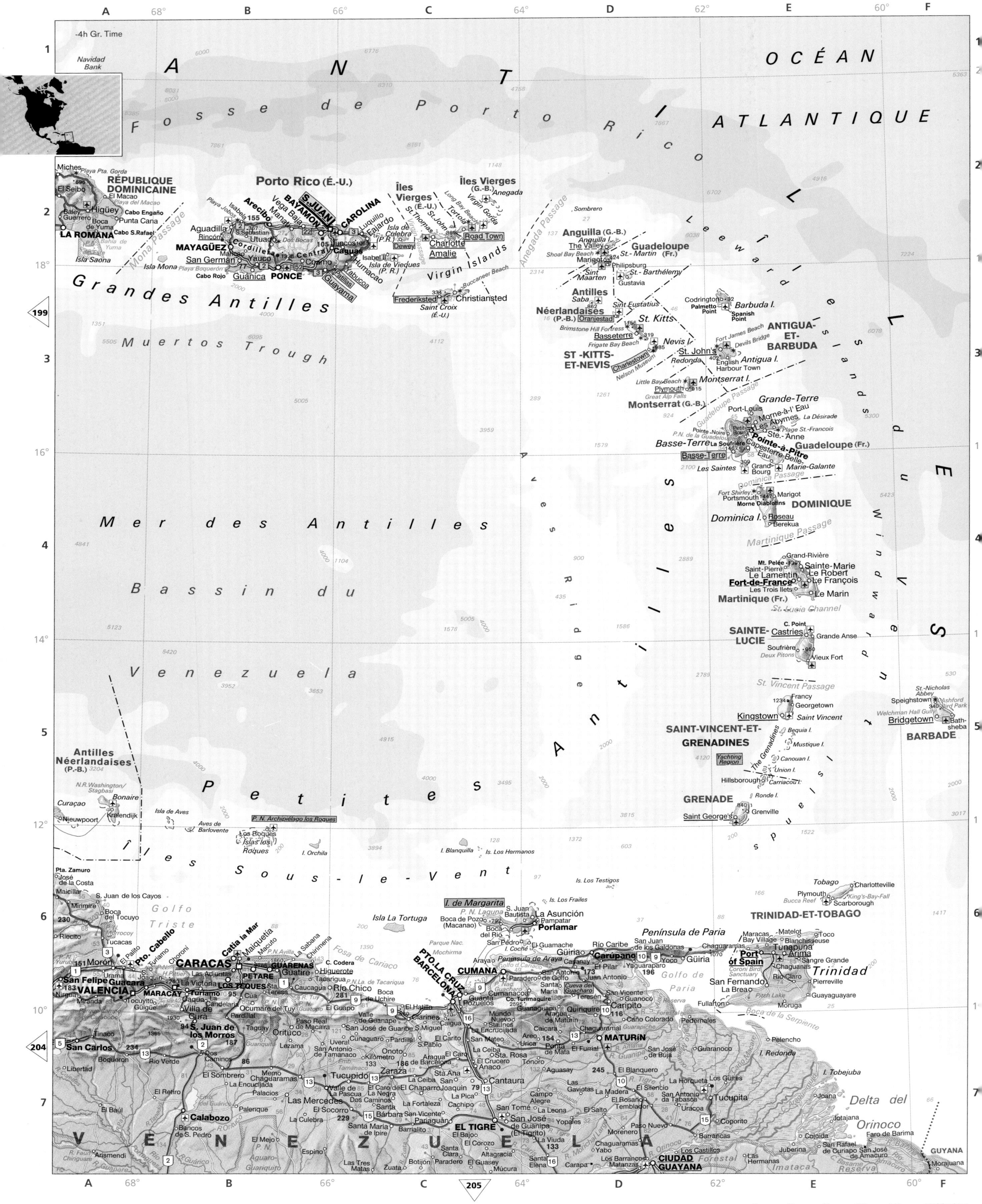

Échelle 1 : 4 500 000 — 0 40 80 120 160 200 kilomètres

L'Amérique du Sud: continent des records naturels

De même que l'Afrique, l'Amérique du Sud est un continent dont la majeure partie des terres se trouve dans l'hémisphère austral. Ce continent est relié à l'Antarctique par les Antilles du Sud et des seuils sous-marins. Si le climat tropical y est dominant, toutes les zones climatiques, à l'exception des zones polaires, y sont pourtant représentées. L'ouest du continent est marqué par les reliefs de haute montagne des cordillères, bordées parallèlement d'une fosse marine dans le Pacifique. Les immenses bassins de l'Orénoque, de l'Amazone et du Paraná occupent plus de la moitié de la superficie du continent. Au Brésil et en Guyane, ce sont les montagnes moyennes qui représentent l'élément dominant du relief. Dans le Sud-Est, le plateau continental forme une large bordure sous-marine sur laquelle sont situées les îles Falkland (Malouines). La faune et la flore y sont plus riches que partout ailleurs. Sur les 300 familles de plantes à fleurs connues, plus de 200 ont leur habitat en Amérique du Sud. Il en est de même pour un tiers des espèces d'oiseaux et il est impossible de recenser toutes les espèces d'insectes, pas même d'une manière approximative. Le bassin de l'Amazonie possède la forêt tropicale la plus étendue.

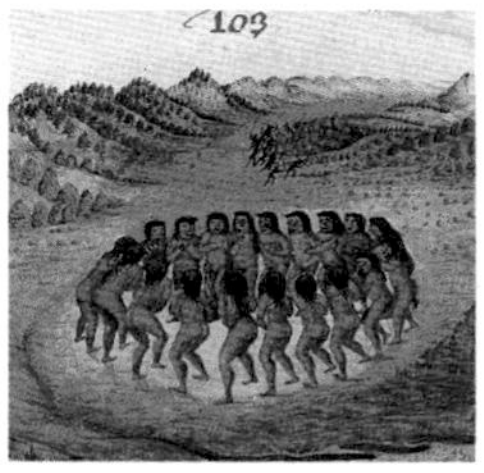

Document ancien illustrant une rencontre interculturelle, cette représentation d'une danse indienne est l'oeuvre de Zacharias Wagner, créée lors de l'un de ses séjours au Brésil (1634–1637) et publiée dans son *Livre des animaux*.

Colombie · Venezuela
204–205

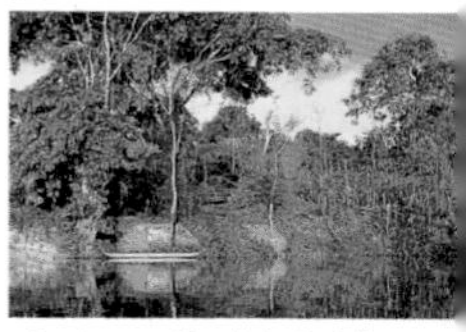

Guyane · Surinam · Nord du Brésil
206–207

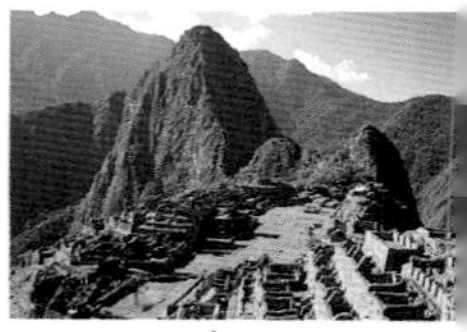

Équateur · Pérou (encadré: îles Galápagos) 208–209

Bassin de l'Amazone
210–211

Brésil (nord-est)
212–213

Bolivie · Pantanal
214–215

Brésil (sud-est)
216–217

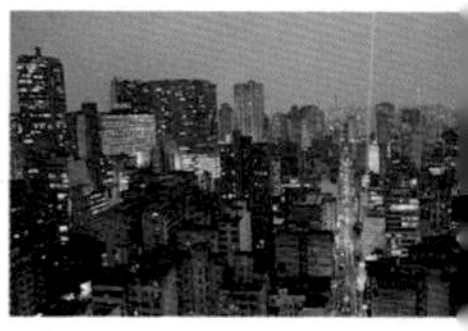

Brésil (sud) · Uruguay
218–219

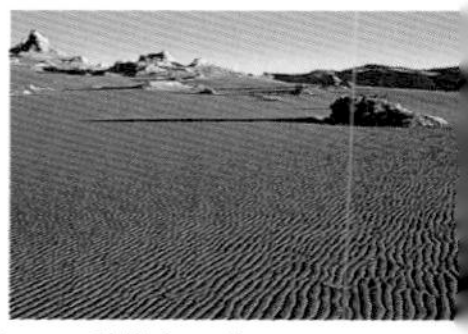

Argentine et Chili (nord)
220–221

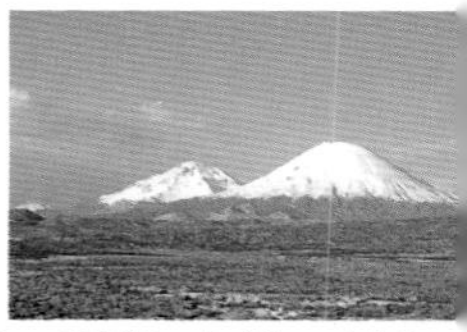

Argentine et Chili (centre) (encadré: îles Malouines et Géorgie du Sud) 222–223

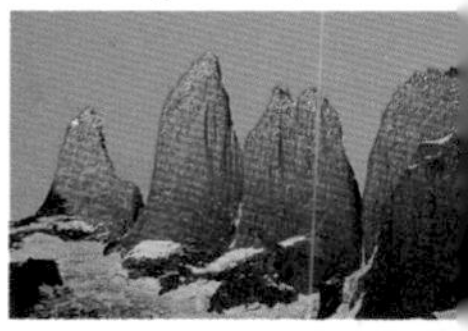

Argentine et Chili (sud)
224

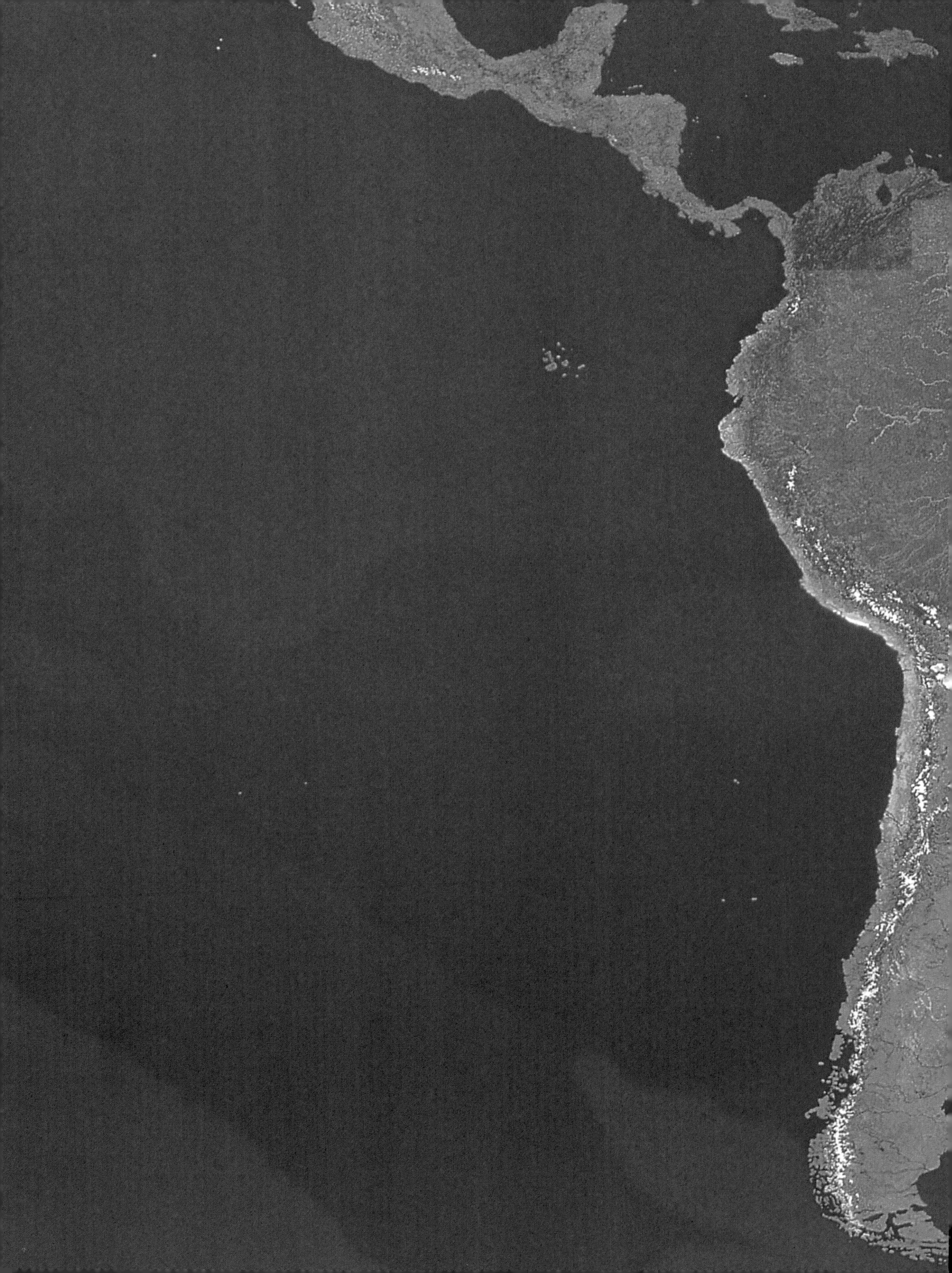

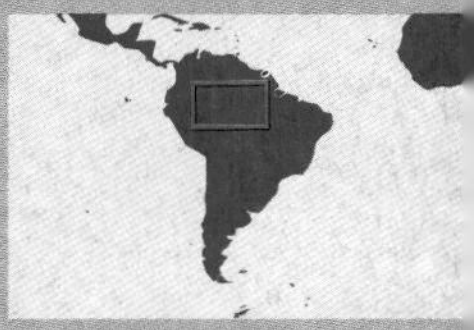

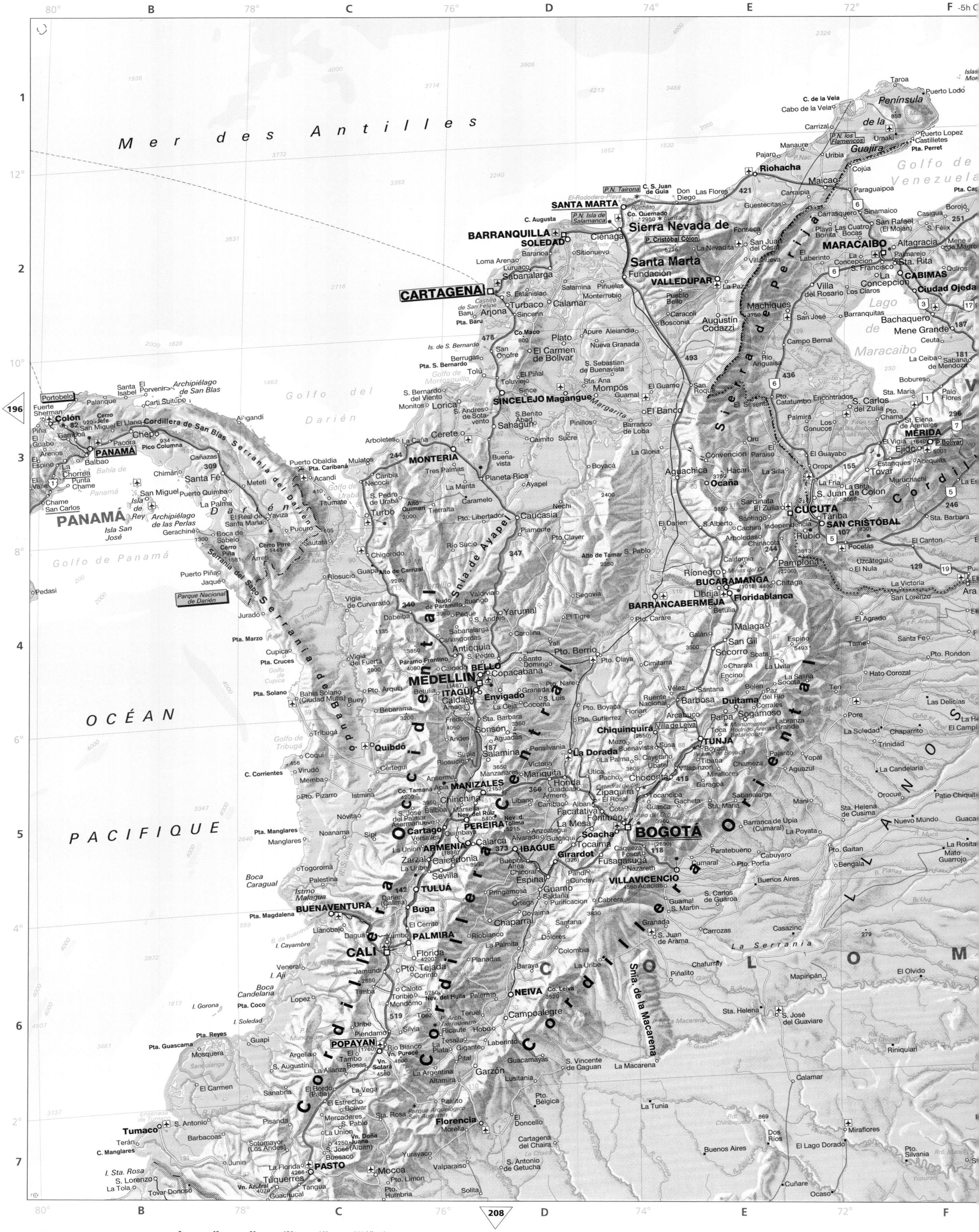

Échelle 1 : 4 500 000 0 40 80 120 160 200 kilomètres

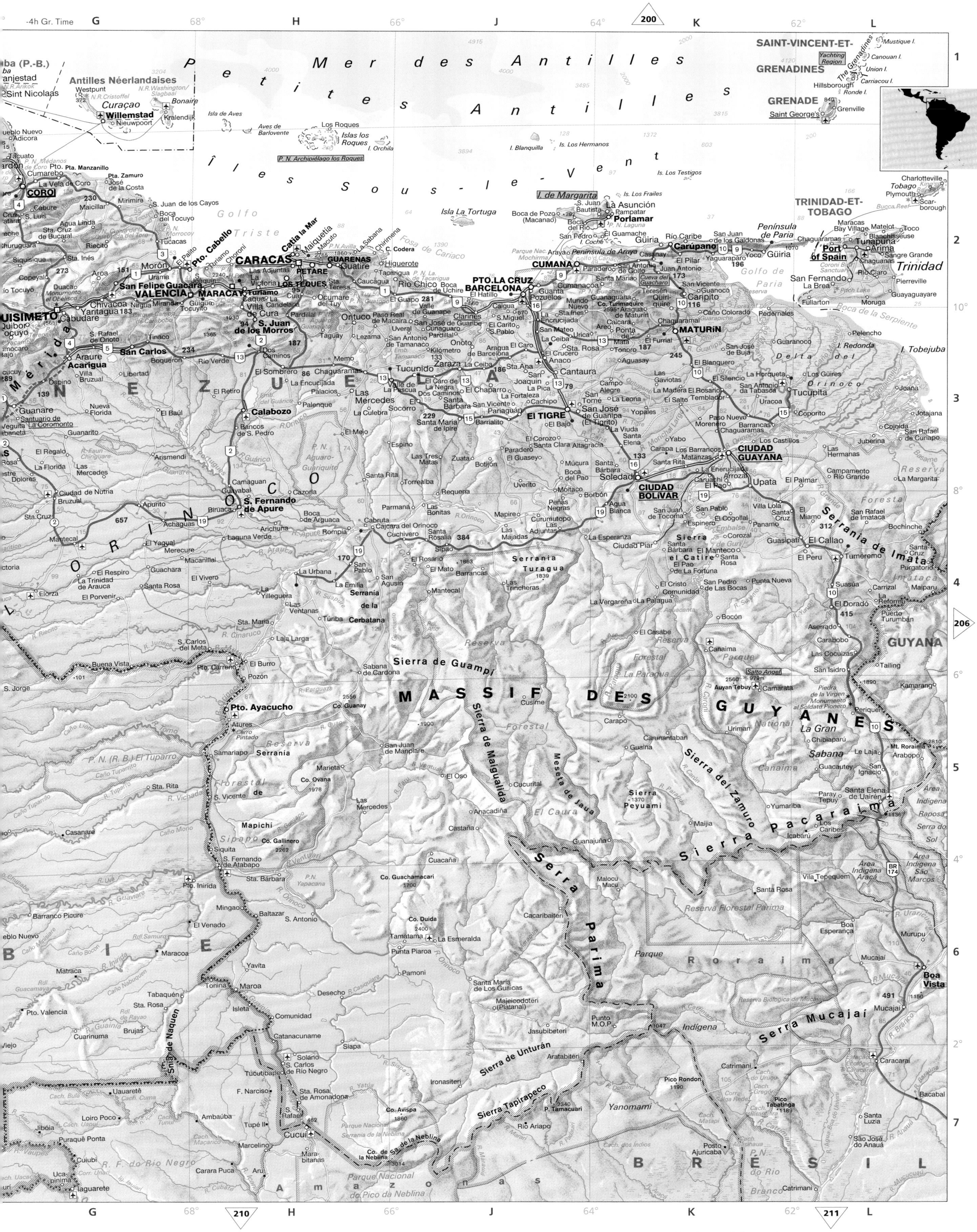
-4h Gr. Time
G
H
J
K
L
200
206
210
211
68°
66°
64°
62°
10°
8°
6°
4°
2°
1
2
3
4
5
6
7
Mer des Antilles
Petites Antilles
Îles Sous-le-Vent
Antilles Néerlandaises
Curaçao
Willemstad
Bonaire
Kralendijk
Sint Nicolaas
Westpunt
Nieuwpoort
Isla de Aves
Aves de Barlovente
Los Roques
Islas los Roques
I. Orchila
P. N. Archipiélago los Roques
I. Blanquilla
Is. Los Hermanos
Is. Los Testigos
I. de Margarita
Is. Los Frailes
La Asunción
Porlamar
Isla La Tortuga
SAINT-VINCENT-ET-GRENADINES
Yachting Region
The Grenadines
Mustique I.
Canouan I.
Union I.
Carriacou I.
Ronde I.
Hillsborough
GRENADE
Grenville
Saint George's
TRINIDAD-ET-TOBAGO
Charlotteville
Tobago
Plymouth
Scarborough
Trinidad
Port of Spain
Arima
Tunapuna
Chaguanas
San Fernando
Golfe de Paria
Península de Paria
Boca de la Serpiente
CORO
Pto. Cumarebo
Golfo Triste
Pto. Cabello
Catia la Mar
Maiquetía
CARACAS
PETARE
GUARENAS
Guatire
LOS TEQUES
MARACAY
VALENCIA
San Felipe
Guacara
Higuerote
C. Codera
Río Chico
PTO.LA CRUZ
BARCELONA
CUMANA
Carúpano
Güiria
Golfo de Cariaco
Golfo de Paria
UISIMETO
Quibor
Cabudare
Yaritagua
Acarigua
Araure
San Carlos
Guanare
S. Juan de los Morros
Villa de Cura
Calabozo
Zaraza
Tucupido
Valle de la Pascua
Las Mercedes
El Sombrero
El Tigre
Anaco
Cantaura
MATURÍN
Caripito
Tucupita
Delta del Orinoco
I. Tobejuba
I. Redonda
CIUDAD GUAYANA
CIUDAD BOLÍVAR
Soledad
Upata
El Callao
Tumeremo
Guasipati
El Dorado
VENEZUELA
ORINOCO
S. Fernando de Apure
Apure
Cabruta
Caicara del Orinoco
Serranía Turagua
Serranía de la Cerbatana
Serranía de Imataca
Sierra de Guampí
MASSIF DES GUYANES
Sierra de Maigualida
Meseta de Jaua
Sierra del Zamuro
Sierra Pacaraima
Salto Angel
Auyan Tebuy
Canaima
La Gran Sabana
Mt. Roraima
Santa Elena de Uairén
GUYANA
Pto. Carreño
Pto. Ayacucho
Samariapo
S. Fernando de Atabapo
Pto. Inírida
Maroa
S. Carlos de Río Negro
Serra Parima
Parque Roraima
Boa Vista
Serra Mucajaí
Sierra de Unturán
Sierra Tapirapeco
Serra da Neblina
Parque Nacional do Pico da Neblina
Amazonas
BRESIL
Cucuí
Co. Duida
La Esmeralda
Pico Rondon
Pico Tabatinga
Yanomami
Indígena
Caracaraí
Mucajaí
Bacabal
COLOMBIE
Sta. Rita
Casanare
Maracoa
Pto. Valencia
Mitú
Serra de Naquen
Tumeremo

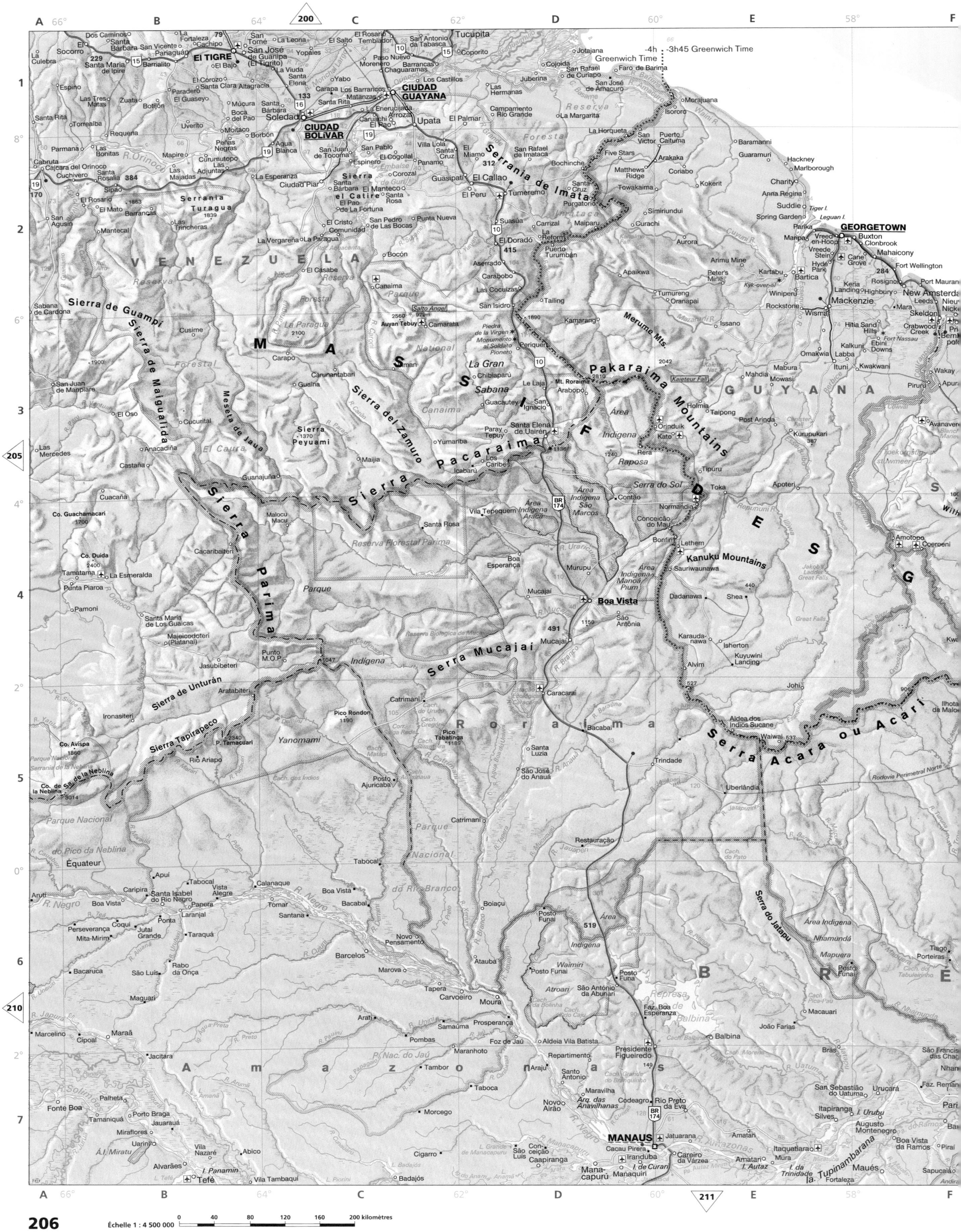

Échelle 1 : 4 500 000 — 0 40 80 120 160 200 kilomètres

Plateau des Guyanes
OCÉAN ATLANTIQUE
Cône de l'Amazone
Canyons de l'Amazone
Plateau Continental de l'Amazone
-3h45 Greenwich Time
-4h Greenwich Time
-3h Greenwich Time
PARAMARIBO
Nieuw Amsterdam
Johan en Margeretha
Tamanredjo
Meerzorg
Wriedijk
Lelydorp
Bethlehem
Hamburg
Onverwacht
Paranam
Zanderij
Joden-savanna
Sabana
Berg en Dal
Victoria
Brokopondo
Afobaka
Witagron
Loksiati
Brownsweg
Pakapaka
Pokigron
Boslanti
Botopasi
Asindonhopo
Puleowine (Apetina)
Roseveltpiek
Palumeu
Pelulutepu
De Goejegeb.
Oranje Geb.
Galibi
Aouara
Mana
Albina
St.Laurent-du Maroni
Mungo
Apatou
Organabo
Iracoubo
Sinnamary
Îles du Salut
Centre Spatial Guyanais
Kourou
Tonate (Macouria)
Cayenne
Remire
Matoury
Roura
Cacao
Gare Tigre
Adieu-Vat
Saint-Élie
Dépôt Lézard Rnes
Santonia
Mgnes. Françaises
Grand-Santi
Roche Cabrit
Guyane Française
Régina
Bélizon
Ouanary
Baugé
Pte. Béhague
C. Orange
Pierrette
Saint-Georges
Oiapoque
Ponta dos Índios
Posto Uaçá
Pta. do Costa
C.Caciporé
Posto Funai
São José do Caciporé
Vila Velha
Pta. Cambu
Irène
Dégrad Saint-Léon
Maripasoula
Dorlin
Mt. Bellevue de l'Inini
Saül
Mt. Cottica
Antécume Pata
Bilcade
Dégrad Vitalo
Emerillon
Pierre Hoho
Camopi
Massif Tabulaire
Siminiout
Dégrad Claude (Dégrad des Emerillon)
Oscar
Ilakana
Patatpe
Enéné Patatpe
Dégrad Haut Camopi
Trois Sauts
Maloca Velha
Trios
Parque Indígena
Talimã
Serra do Tumucumaque
Serra Lombarda
Lourenço
Cunani
Euca
Calçoene
Nazaré
Bela Vista
Pta. da Pescada
Amapá
Maracá
I. de Maracá
Cabo do Norte
Sucuriju
Tartarugalzinho
Canea
Caneapo
Molocopote
do Tumucumaque
Aldaia Bona
Iaripo
Aldeia
Maloca
Área Indígena
Paru de Leste
Nauari
Azauri
Amapá
São Felício
Área Indígena Waiãpi
Serra do Navio
Ferreira Gomes
Porto Grande
Aporema
São Miguel
Farol Guará
Uruguinha
Capoeira do Rei
Bailique
S. Luzia do Pacuí
Limão do Curuá
Pta. de Santarém
I. Janauçu
Rio Amazonas
Terceiro Acampamento
Cupixi
Gaivota
S. Antônio
I. Caviana de Dentro
I. Caviana de Fora
Pta. Rebordelo
Acampamento Grande
Planalto
Erale
Taperaba
Camaipi
Maruanum
Santana
Macapá
Pto. Arari
Mazagão
Mazagão Velho
Pancudo
Santa Clara
São Tomé
Chaves
I. Mexiana
S. Júlia do Jurupari
I. da Serraria
Afua
Piri Grande
Équateur
Maracanaquará
Barraca da Boca
Cach. de S. Antônio
Beiradão
Santana
Monte Dourado
Pagas Divisas
Boca do Jari
Sa. do Almeirim
Itatupã
I. Mututi
Ipixuna
Bom Jardim
S. Cosme
Maria
Ilha de Marajó
Santa Cruz do Arari
Cabo Maguari
Cajuuna
San Marcos
Jenipapo
Salvaterra
Ponta Alegre
São Vicente
Punto da Barca
San Joaquim
Condeixas
Soure
I. Grande
Coruma
I. Urutaí
de Gurupa
Gurupa
Ramos
Serra Paranaquara
Almeirim
I. dos Macacos
São Miguel dos Macacos
Anajás
Boa Vista
Santo André
Cachoeira do Arari
São Caetano de Odivelas
Vigia
Colares
Mosqueiro
Pta. Curuçá
Marapinim
Curuça
Magalhães Barata
Maracanã
Salinópolis
Pta. de Atalaia
Santarém Novo
Japerica
Primavera
Bragança
Peixeboi
Capanema
Nova Timboteua
Castanhal
Benevides
Sta. Isabel do Pará
Ponta de Pedras
BELÉM
Barcarena
Abaetetuba
Muaná
Viana
Santa Maria
Breves
São Sebastião da Boa Vista
Curralinho
Bagre
Limoeiro do Ajurú
Oeiras do Pará
Joana Coeli
Igarapé Mirim
Acará
Concórdia do Pará
Maiauatá
Sta Maria do Pará
Bonito
Ourém
S. Domingos do Capim
S. Miguel do Guamá
Capitão Poço
Irituia
Boa Nova
Santa Isabel
Bujaru
Cumbuão
Oriximiná
Curuá
Flexal
Óbidos
I. Paru
I. de Santa Rita
Alenquer
Monte Alegre
Prainha
Is. do Aquiqui
Esperança
I. Urucuri
Vilarinho do Monte
Porto de Moz
I. da Laguna
Melgago
São João da Pracajuba
Portel
Juruti
Curuaí
Arapixuna
Alter do Chão
SANTARÉM
Pacoval
I. do Huqui
Belterra
Mojuí dos Campos
Hidrelétrica Curua-Una
Santa Cruz
Lago das Pedras
Nova Olinda
Camará
Pinhêlo
Aricaria
Senador José Porfírio
Vitoria
Altamira
Belo Monte do Pontal
Paquiçama
Pará
Boa Vista
Marcelo
São Pedro
Parada
Acangatá
Prainha
Bertinho
Aru
Cametá
Carapajó
São José
Cairari
Mocajuba
Baião
I. do Bacuri
Bailique
Trinidade
Tomé-Açu
S. Francisco
Curupaiti
Vila Aurora
Vicente Franco
Vila Ipixuna
S. Bento
Paragominas
Serraria
Baía de Marajó
R. Amazonas
R. Tocantins
R. Xingu
R. Jari
R. Tapajós
Cuminá
Alto Rio Guamá
BR 156
BR 210
BR 163
BR 230
BR 316
BR 010
PA 150
N1
N2
212
1
2
3
4
5
6
7
G
H
J
K
L
56°
54°
52°
50°
48°
6°
4°
2°
0°

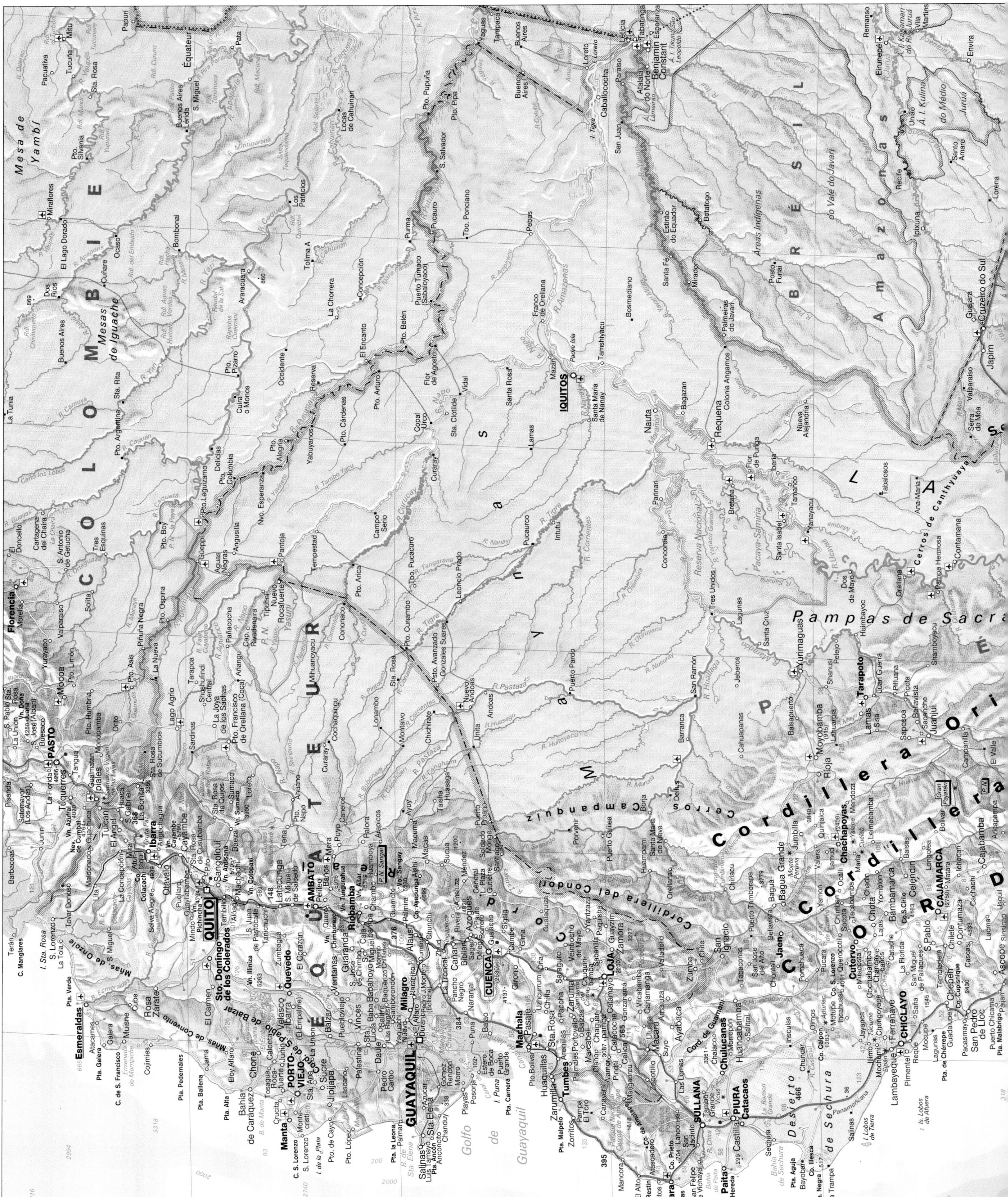

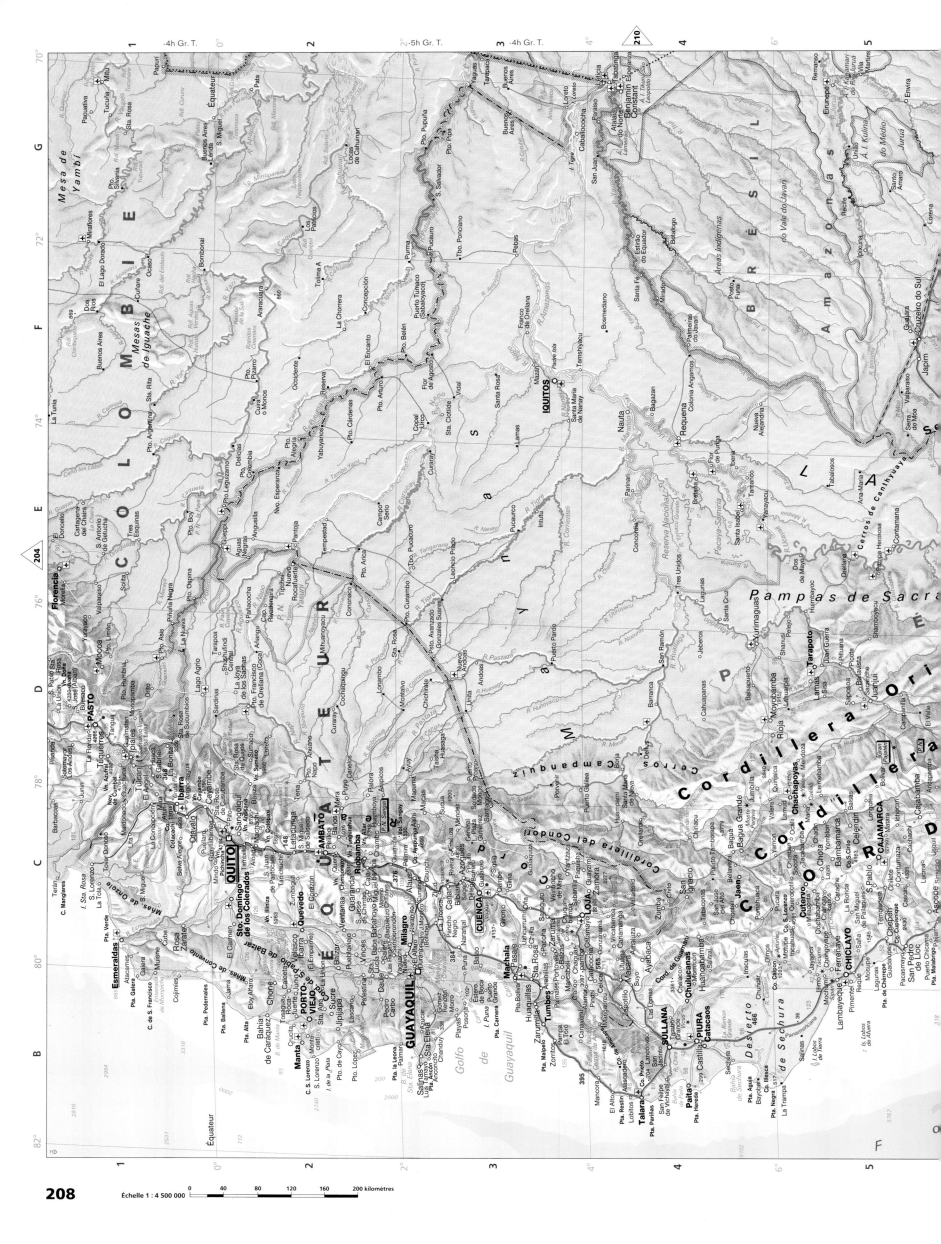

Échelle 1 : 4 500 000 — 0, 40, 80, 120, 160, 200 kilomètres

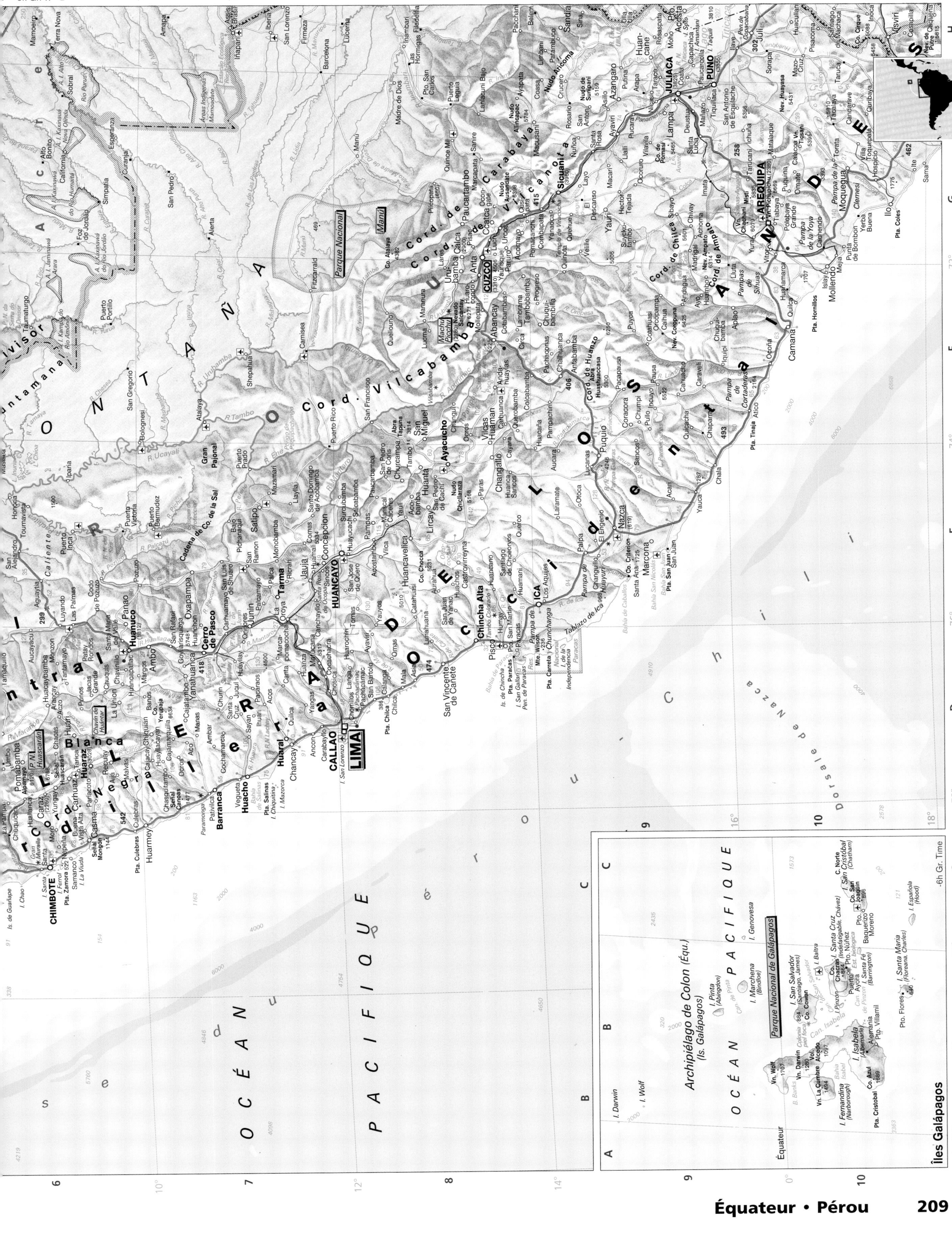
OCÉAN PACIFIQUE
LIMA
CALLAO
HUANCAYO
CUZCO
AREQUIPA
PUNO
JULIACA
Cord. Vilcabamba
Cord. de Carabaya
Cord. de Chila
Parque Nacional Manú
Îles Galápagos
Archipiélago de Colon (Équ.)
(Is. Galápagos)
Parque Nacional de Galápagos
-5h Gr. T.
-4h Gr. T.
-6h Gr. Time
214

Échelle 1 : 4 500 000 — 0 40 80 120 160 200 kilomètres

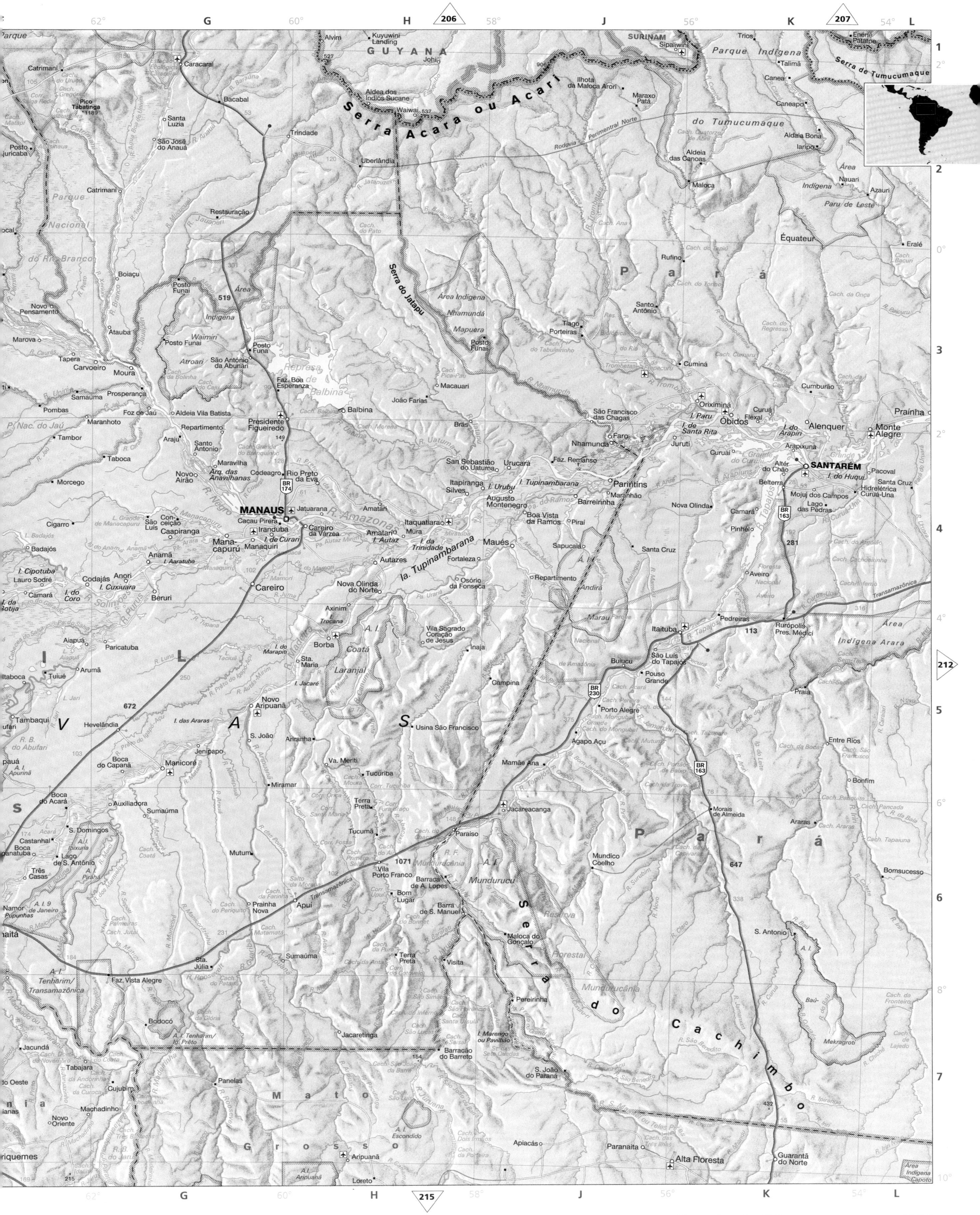

G
H
J
K
L
62°
60°
58°
56°
54°
206
207
212
215
1
2
3
4
5
6
7
8°
10°
GUYANA
SURINAM
Serra Acara ou Acari
Serra de Tumucumaque
do Tumucumaque
Parque Indígena
Serra do Jatapu
Área Indígena Nhamundá Mapuera
Waimiri Atroari
Área Indígena
Parque Nacional do Rio Branco
Represa de Balbina
MANAUS
Caracaraí
Bacabal
Trindade
Uberlândia
Restauração
Catrimani
Boiaçu
Posto Funai
Novo Pensamento
Marova
Atauba
Tapera
Carvoeiro
Moura
Samauma
Prosperança
Pombas
Maranhoto
Foz de Jaú
Aldeia Vila Batista
Presidente Figueiredo
Balbina
Macauari
João Farias
Tambor
Repartimento
Araju
Santo Antonio
Taboca
Maravilha
Arq. das Anavilhanas
Codeagro
Novo Airão
Rio Preto da Eva
Morcego
Cigarro
São Luís
Con-ceição
Caapiranga
Manacapuru
Manaquiri
Cacau Pirera
Iranduba
I. de Curari
Careiro da Várzea
Jatuarana
Amatari
Itaquatiara
Mura
Amatan
Badajós
Anamã
I. Cipotuba
Lauro Sodré
Codajás
Anori
I. Cuxiuara
Camará
I. do Coro
Beruri
Careiro
Autazes
Nova Olinda do Norte
Ia. Tupinambarana
Maués
Fortaleza
Osório da Fonseca
Axinim
Borba
Sta. Maria
Laranjal
Vila Sagrado Coração de Jesus
Inajá
Campina
Aiapuá
Paricatuba
Arumã
Tuiuê
Tambaqui
Hevelândia
Novo Aripuanã
S. João
Jenipapo
Boca do Capanã
Manicoré
Miramar
Auxiliadora
Sumaúma
Boca do Acará
S. Domingos
Castanhal
Lago de S. Antônio
Três Casas
Mutum
Prainha Nova
Apuí
Vila Porto Franco
Barraca de A. Lopes
Bom Lugar
Barra de S. Manuel
Maloca do Gonçalo
Terra Preta
Visita
Sta. Júlia
Faz. Vista Alegre
Tenharim/Transamazônica
Bodocó
Jacaretinga
Barracão do Barreto
Jacundá
Tabajara
Cujubim
Panelas
Machadinho
Novo Oriente
Ariquemes
Aripuanã
Loreto
Apiacás
Paranaita
Alta Floresta
Guarantã do Norte
S. João do Paraná
Pereirinha
Mato Grosso
Serra do Cachimbo
Munduruçu
Mundurucânia
Floresta
Reserva
Usina São Francisco
Va. Meriti
Tucuriba
Terra Preta
Tucumã
Paraíso
Jacareacanga
Mamãe Ana
Mundico Coelho
Agapo Açu
Porto Alegre
Buiuçu
São Luís do Tapajós
Pouso Grande
Itaituba
Pedreiras
Rurópolis Pres. Médici
Transamazônica
Área Indígena Arara
Praia
Entre Rios
Bonfim
Morais de Almeida
Araras
Bomsucesso
S. Antonio
Mekragroti
Pará
Andirá
Marau
Repartimento
Sapucaia
Santa Cruz
Pirai
Boa Vista da Ramos
Augusto Montenegro
Barreirinha
Maranhão
Parintins
Itapiranga
Silves
I. Urubu
I. Tupinambarana
São Sebastião do Uatumã
Urucara
Faz. Remanso
Nhamundá
Faro
São Francisco das Chagas
Juruti
Óbidos
Oriximiná
I. Paru
I. de Santa Rita
Curuá
Flexal
Alenquer
Cumburão
Prainha
Monte Alegre
Arapixuna
Alter do Chão
SANTARÉM
Belterra
Mojuí dos Campos
Lago das Pedras
Pacoval
Santa Cruz
Hidrelétrica Curuá-Una
Nova Olinda
Camará
Pinhelo
Aveiro
Cuminá
Tiago Porteiras
Santo Antônio
Rufino
Équateur
Eralé
Maloca
Aldeia das Canoas
Aldeia Bona
Iaripo
Nauari
Azauri
Paru de Leste
Caneapo
Canea
Talimã
Trios
Sipaliwini
Ilhota da Maloca Arori
Maraxo Patá
Aldeia dos Indios Sucane
Waiwai
Alvim
Kuyuwini Landing
Johi
Pico Tabatinga
Santa Luzia
São José do Anauá
Posto Jurucaba
Catrimani
BR 174
BR 230
BR 163
Rodovia Perimentral Norte

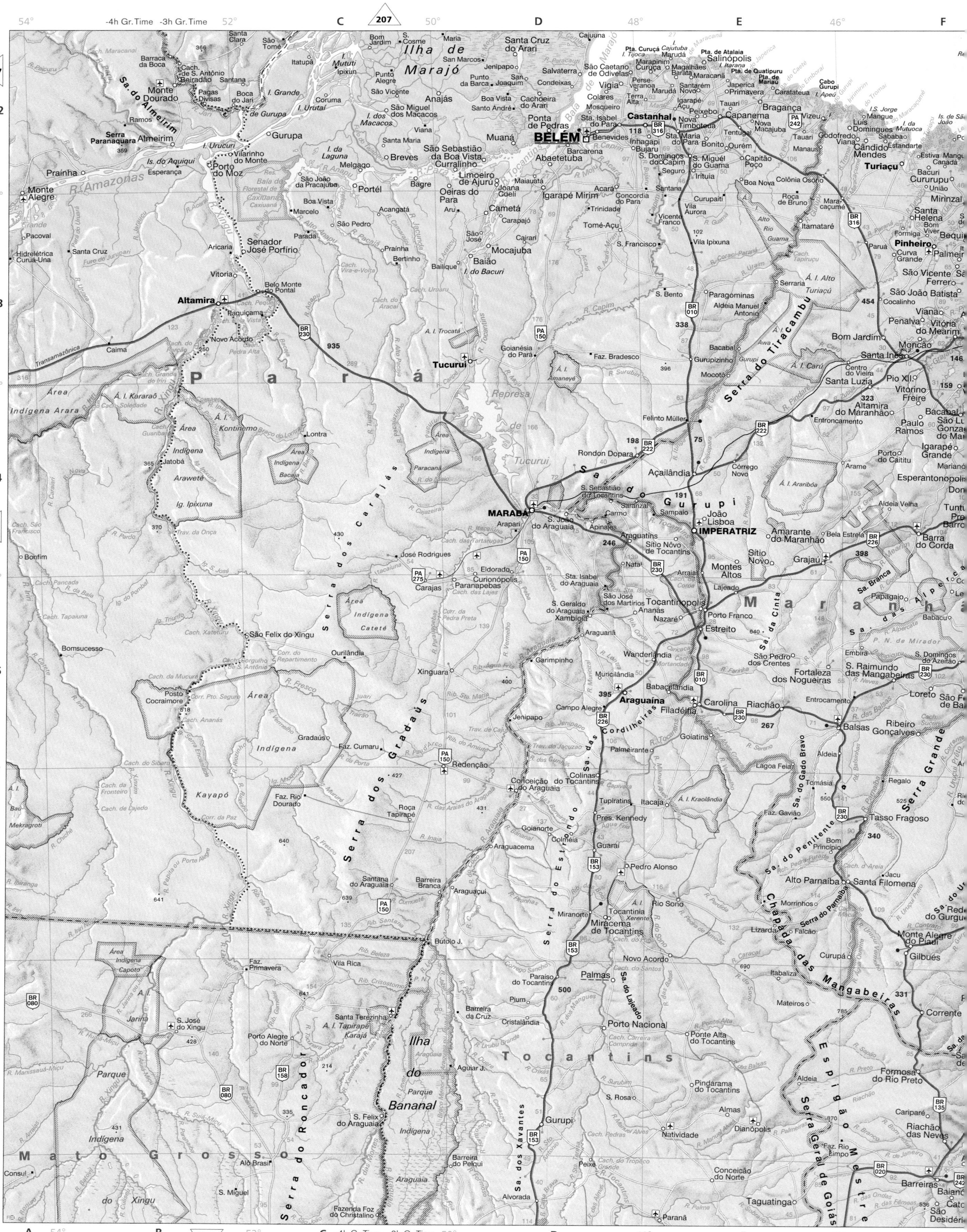

Échelle 1 : 4 500 000

0 40 80 120 160 200 kilomètres

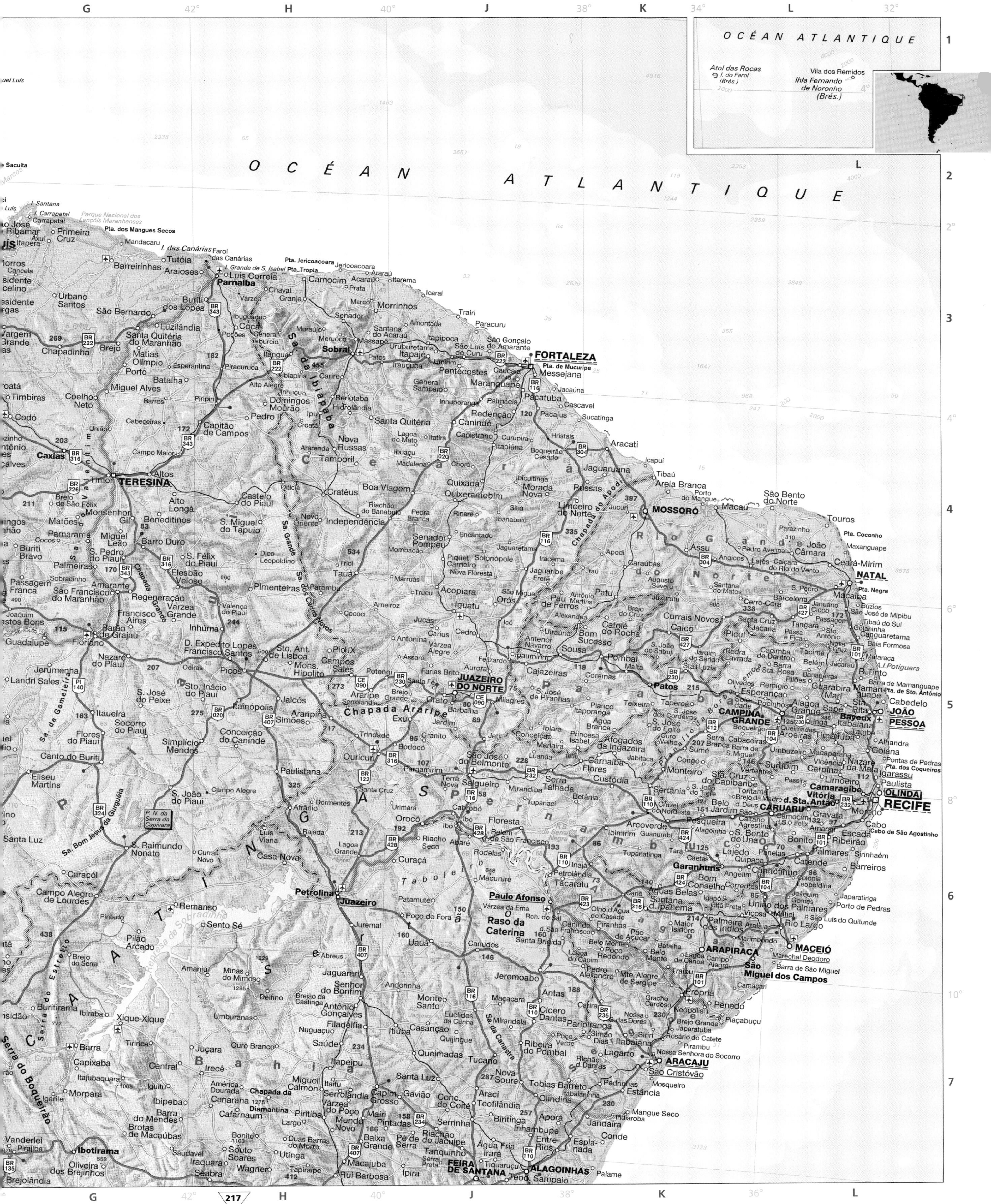
OCÉAN ATLANTIQUE
Atol das Rocas
I. do Farol (Brés.)
Vila dos Remédios
Ilha Fernando de Noronha (Brés.)
OCÉAN ATLANTIQUE
FORTALEZA
Pta. de Mucuripe
Messejana
TERESINA
Timon
Parnaíba
Sobral
Camocim
Luís Correia
Tutóia
Chapadinha
Caxias
Codó
Crateús
Quixadá
Quixeramobim
Canindé
Aracati
MOSSORÓ
NATAL
Pta. Negra
Ceará-Mirim
Touros
Macau
JOÃO PESSOA
Cabedelo
CAMPINA GRANDE
Patos
Caicó
Currais Novos
OLINDA
RECIFE
Cabo de São Agostinho
Caruaru
Garanhuns
MACEIÓ
ARAPIRACA
ARACAJU
São Cristóvão
Propriá
Paulo Afonso
Petrolina
Juazeiro
JUAZEIRO DO NORTE
Crato
Iguatu
Picos
Floriano
Oeiras
Chapada do Araripe
Sa. da Ibiapaba
Chapada do Apodi
Raso da Caterina
Jeremoabo
Ribeira do Pombal
ALAGOINHAS
FEIRA DE SANTANA
Serrinha
Jacobina
Senhor do Bonfim
Xique-Xique
Barra
Ibotirama
Irecê
Chapada da Diamantina
Sa. do Boqueirão
Sa. da Canastra
P. N. da Serra da Capivara
S. Raimundo Nonato
Remanso
Sento Sé
Represa de Sobradinho
Ceará
Rio Grande do Norte
Paraíba
Pernambuco
Alagoas
Sergipe
Bahia
Piauí
CAATINGA
Taboleiro
G
H
J
K
L
42°
40°
38°
36°
34°
32°
1
2
3
4
5
6
7

217

Échelle 1 : 4 500 000 — 0 40 80 120 160 200 kilomètres

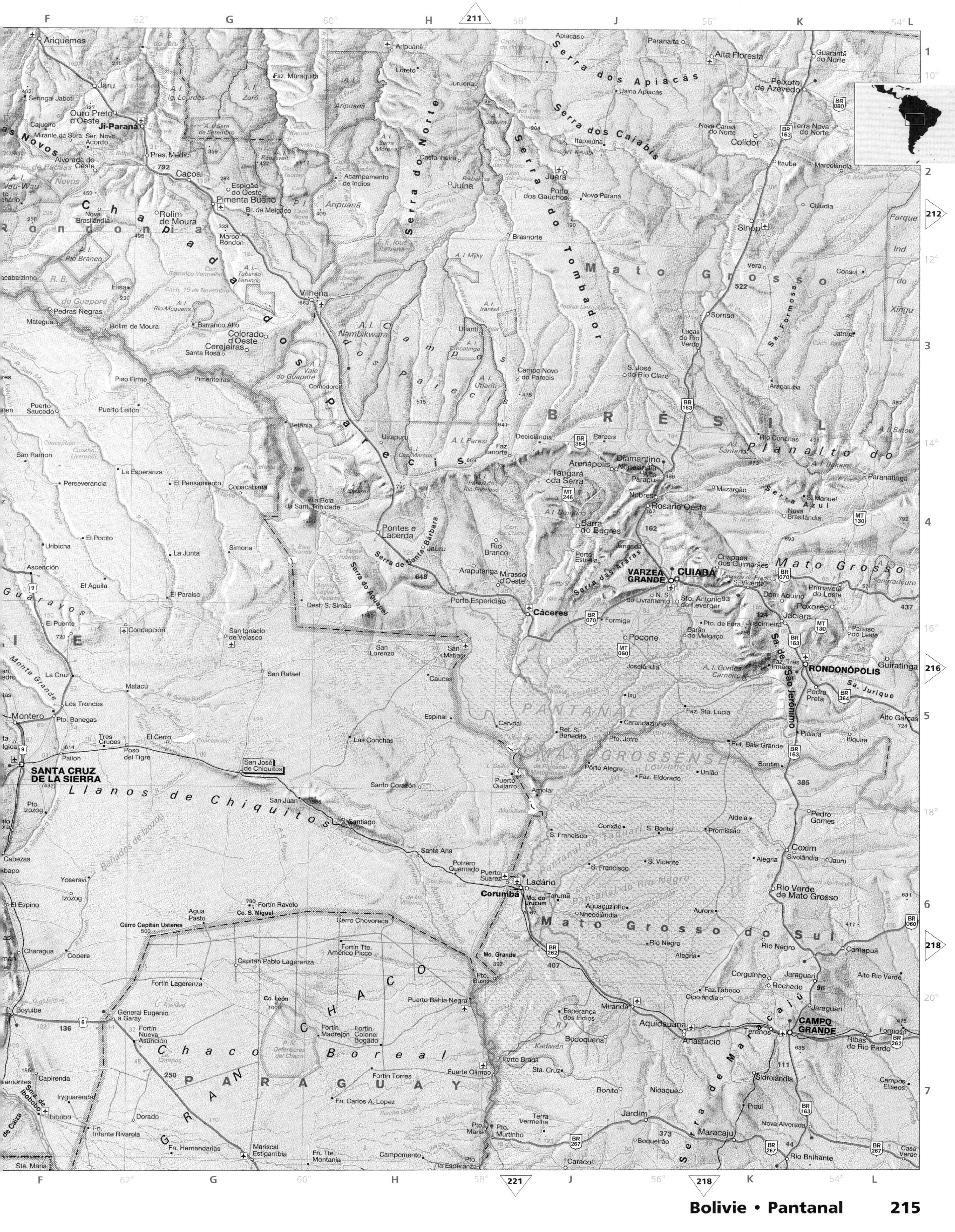

F
G
H
J
K
L
211
221
218
212
216
Ariquemes
Jaru
Ji-Paraná
Ouro Preto d'Oeste
Alvorada do Oeste
Pres. Médici
Cacoal
Espigão do Oeste
Pimenta Bueno
Rolim de Moura
Nova Brasilândia
Marco Rondon
Vilhena
Pedras Negras
Colorado d'Oeste
Cerejeiras
Santa Rosa
Piso Firme
Pimenteiras
Puerto Saucedo
Puerto Leitón
Betânia
San Ramon
La Esperanza
El Pensamiento
Copacabana
Perseverancia
Vila Bela da Sant. Trinidade
Pontes e Lacerda
Uribicha
El Pocito
La Junta
Simona
Ascención
El Aguila
El Paraiso
Dest. S. Simão
Porto Esperidião
El Puente
Concepción
San Ignacio de Velasco
San Lorenzo
San Matias
La Cruz
San Rafael
Matacú
Los Troncos
Montero
Pto. Banegas
Tres Cruces
Pailon
Poso del Tigre
El Cerro
SANTA CRUZ DE LA SIERRA
San José de Chiquitos
Llanos de Chiquitos
San Juan
Santiago
Santo Corazón
Las Conchas
Espinal
Santa Ana
Potrero Quemado
Puerto Suárez
Ladário
Corumbá
Fortín Ravelo
Agua Pasto
Co. S. Miguel
Cerro Capitán Ustares
Cerro Chovoreca
Fortín Tte. Américo Picco
Capitán Pablo Lagerenza
Fortín Lagerenza
Puerto Bahía Negra
Boyuibe
General Eugenio a Garay
Fortín Nueva Asunción
Fortín Madrejon
Fortín Colonel Bogado
Chaco Boreal
CHACO
PARAGUAY
Fortín Torres
Fuerte Olimpo
Fn. Carlos A. Lopez
Capirenda
Iryguarenda
Ibibobo
Dorado
Fn. Infante Rivarola
Fn. Hernandarias
Mariscal Estigarribia
Fn. Tte. Montania
Campomento
Sta. Maria
Chapada dos Parecis
Serra do Norte
Serra dos Apiacás
Serra dos Caiabis
Serra do Tombador
Mato Grosso
BRÉSIL
Planalto do Mato Grosso
Aripuanã
Juruena
Juína
Brasnorte
Juara
Porto dos Gaúchos
Novo Paraná
Alta Floresta
Paranaíta
Apiacás
Peixoto de Azevedo
Guarantã do Norte
Terra Nova do Norte
Colídor
Itaúba
Marcelândia
Cláudia
Sinop
Vera
Sorriso
Lucas do Rio Verde
Nova Mutum
S. José do Rio Claro
Campo Novo do Parecis
Diamantino
Arenápolis
Tangará da Serra
Nobres
Rosário Oeste
Barra do Bugres
Jangada
VARZEA GRANDE
CUIABÁ
Chapada dos Guimarães
Cáceres
Mirassol d'Oeste
Araputanga
Rio Branco
Jauru
Poconé
Barão do Melgaço
Sto. Antonio de Leverger
Jaciara
Juscimeira
Poxoréo
Primavera do Leste
Dom Aquino
Paranatinga
RONDONÓPOLIS
Guiratinga
Pedra Preta
Alto Garças
Itiquira
PANTANAL MATOGROSSENSE
Porto Alegre
Faz. Eldorado
Coxim
Pedro Gomes
Rio Verde de Mato Grosso
Mato Grosso do Sul
Rio Negro
Camapuã
Corguinho
Rochedo
Jaraguari
CAMPO GRANDE
Terenos
Aquidauana
Anastácio
Miranda
Bodoquena
Bonito
Nioaquê
Sidrolândia
Jardim
Maracaju
Rio Brilhante
Nova Alvorada
Ribas do Rio Pardo
Porto Murtinho
Caracol
Serra de Maracaju

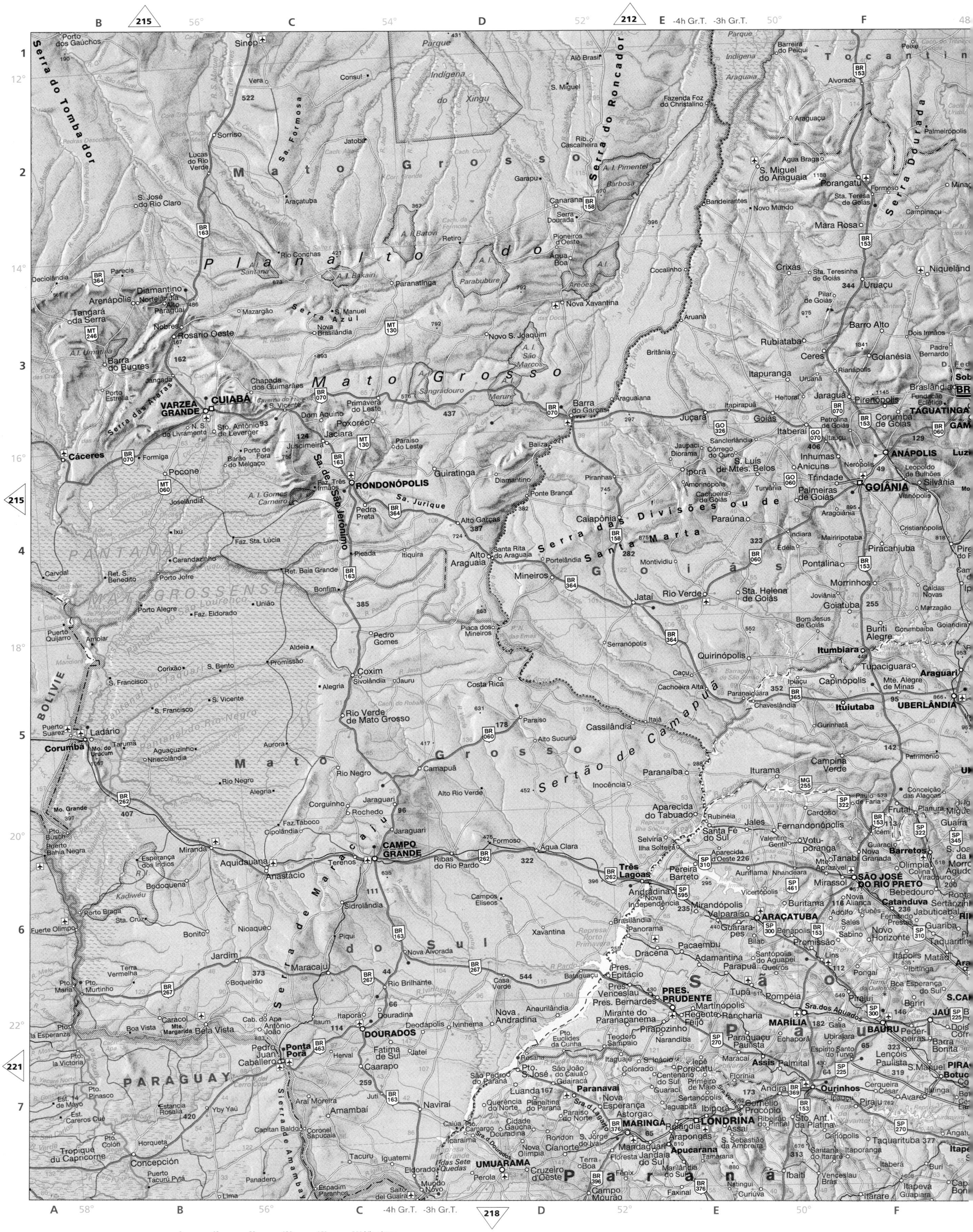

Échelle 1 : 4 500 000 — 0 40 80 120 160 200 kilomètres

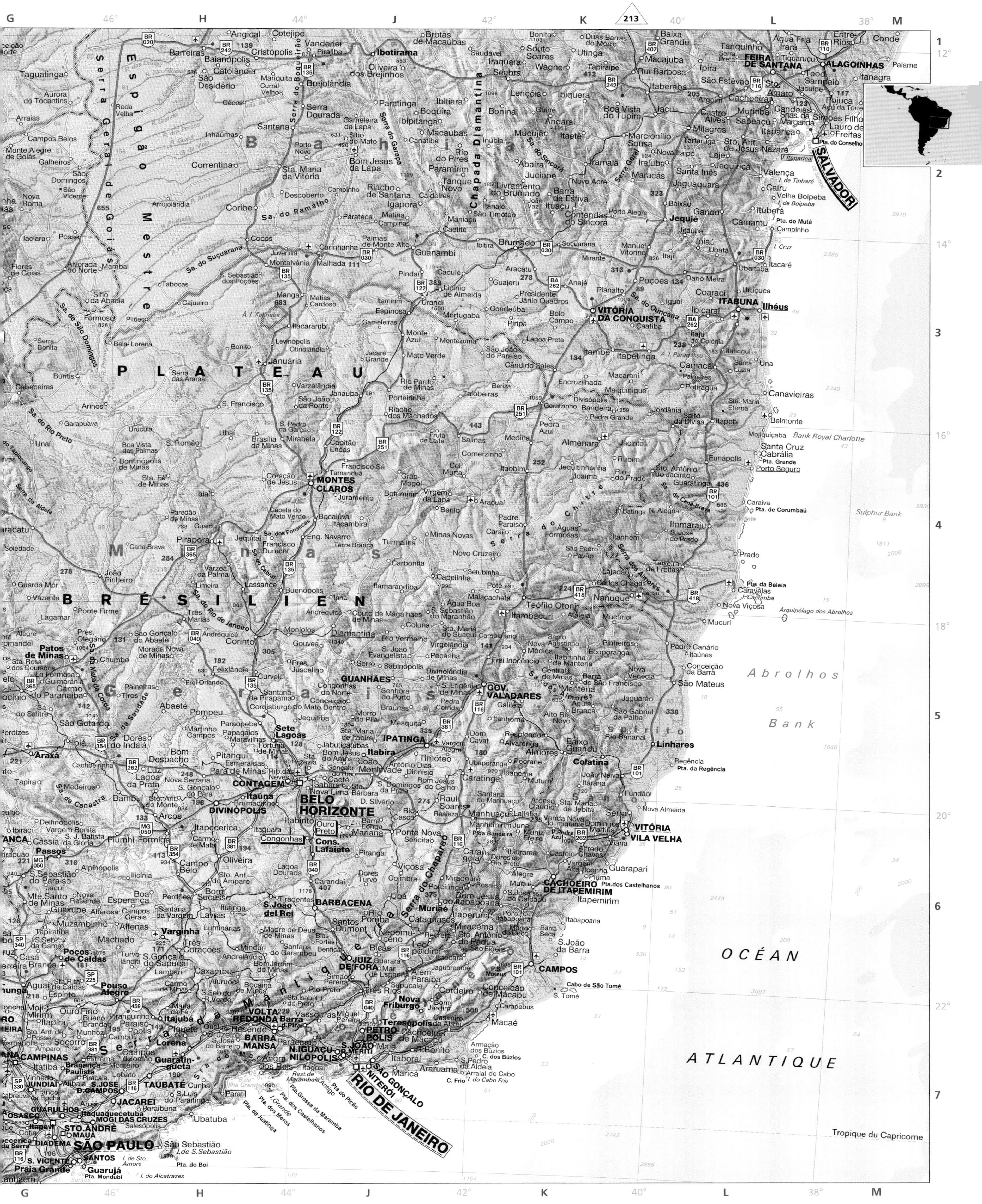

213
G
H
J
K
L
M
46°
44°
42°
40°
38°
12°
14°
16°
18°
20°
22°
1
2
3
4
5
6
7
B a h i a
PLATEAU
BRÉSILIEN
Minas
Gerais
Espirito
Santo
Serra Geral de Goiás
Espigão Mestre
Chapada Diamantina
Serra do Espinhaço
Serra da Mantiqueira
Serra do Mar
Serra da Canastra
Serra do Chifre
Sa. dos Aimorés
Serra do Cabral
Sa. do Ramalho
Sa. do Suçuarana
Serra do Boqueirão
Serra do Garapa
Sa. da Saudade
Sa. da Mata da Corda
Sa. do Rio de Janeiro
Sa. do Rio Preto
Sa. de São Domingos
Sa. do Sincorá
Abrolhos
Bank
Bank Royal Charlotte
Sulphur Bank
Arquipélago dos Abrolhos
OCÉAN
ATLANTIQUE
Tropique du Capricorne
SALVADOR
FEIRA DE SANTANA
ALAGOINHAS
Jequié
ITABUNA
Ilhéus
VITÓRIA DA CONQUISTA
Canavieiras
Porto Seguro
Santa Cruz Cabrália
Barreiras
Ibotirama
Bom Jesus da Lapa
Guanambi
Brumado
Caetité
Januária
MONTES CLAROS
Pirapora
Teófilo Otoni
GOV. VALADARES
IPATINGA
Itabira
Sete Lagoas
CONTAGEM
BELO HORIZONTE
DIVINÓPOLIS
Itaúna
Ouro Preto
Congonhas
Cons. Lafaiete
BARBACENA
S.João del Rei
JUIZ DE FORA
Viçosa
Muriaé
Colatina
Linhares
São Mateus
VITÓRIA
VILA VELHA
Guarapari
CACHOEIRO DE ITAPEMIRIM
CAMPOS
Macaé
Cabo de São Tomé
Nova Friburgo
Teresópolis
PETRÓPOLIS
VOLTA REDONDA
BARRA MANSA
N.IGUAÇU
NILÓPOLIS
S.JOÃO DE MERITI
NITERÓI
SÃO GONÇALO
RIO DE JANEIRO
Cabo Frio
Angra dos Reis
Parati
Ubatuba
TAUBATÉ
S.JOSÉ D.CAMPOS
JACAREÍ
MOGI DAS CRUZES
SÃO PAULO
SANTOS
Guarujá
Praia Grande
S. VICENTE
DIADEMA
OSASCO
GUARULHOS
STO. ANDRÉ
MAUÁ
CAMPINAS
JUNDIAÍ
Bragança Paulista
Pouso Alegre
Poços de Caldas
Varginha
Lavras
Passos
Araxá
Patos de Minas
Uberaba
Paracatu
Unaí
Formosa
Posse
Itajubá
Lorena
Guaratinguetá
I. Grande
São Sebastião
I.de S.Sebastião
Pta. da Juatinga
Pta. Grossa da Marambaia
Pta. do Picão
Ilha Grande

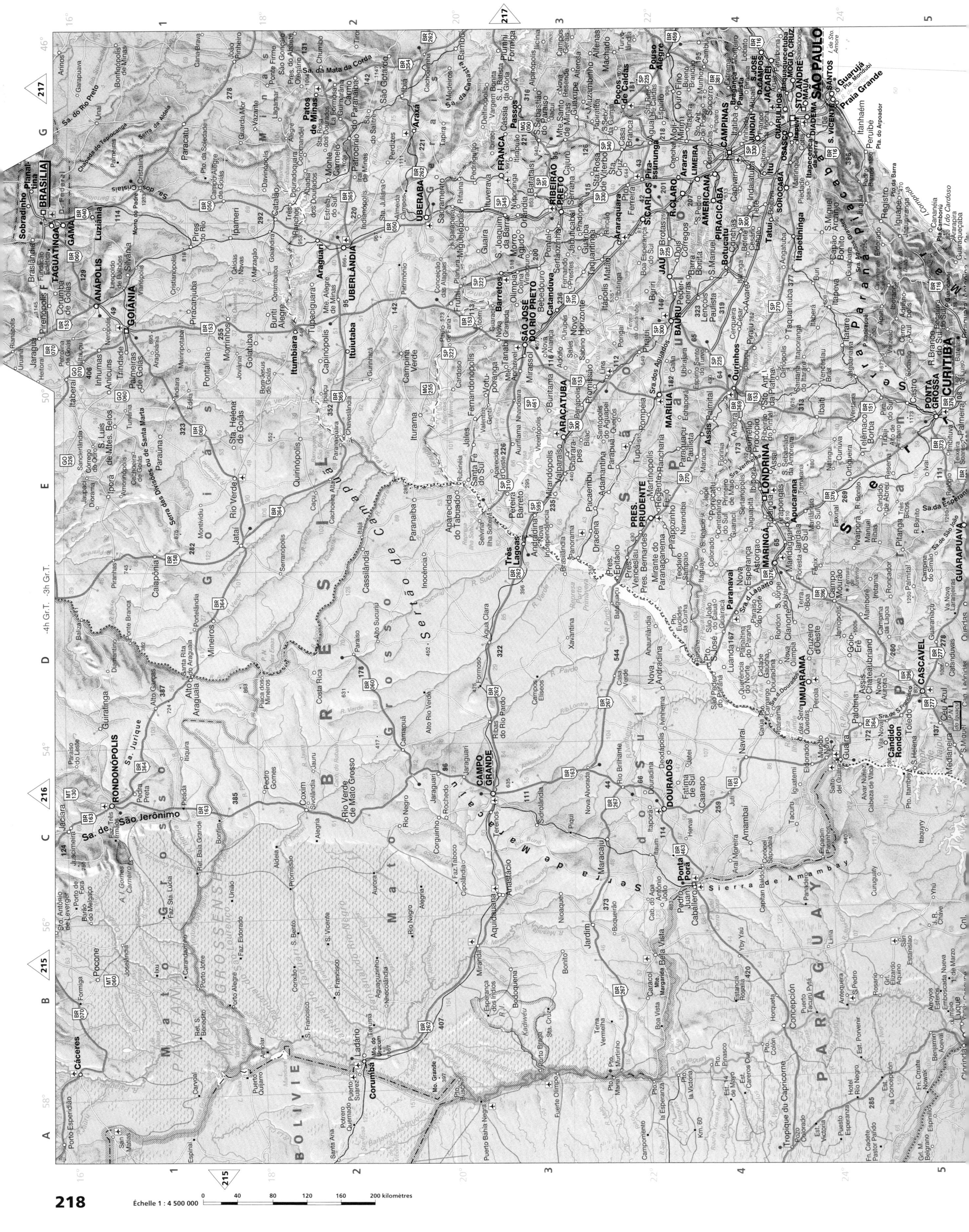

Échelle 1 : 4 500 000 — 0 40 80 120 160 200 kilomètres

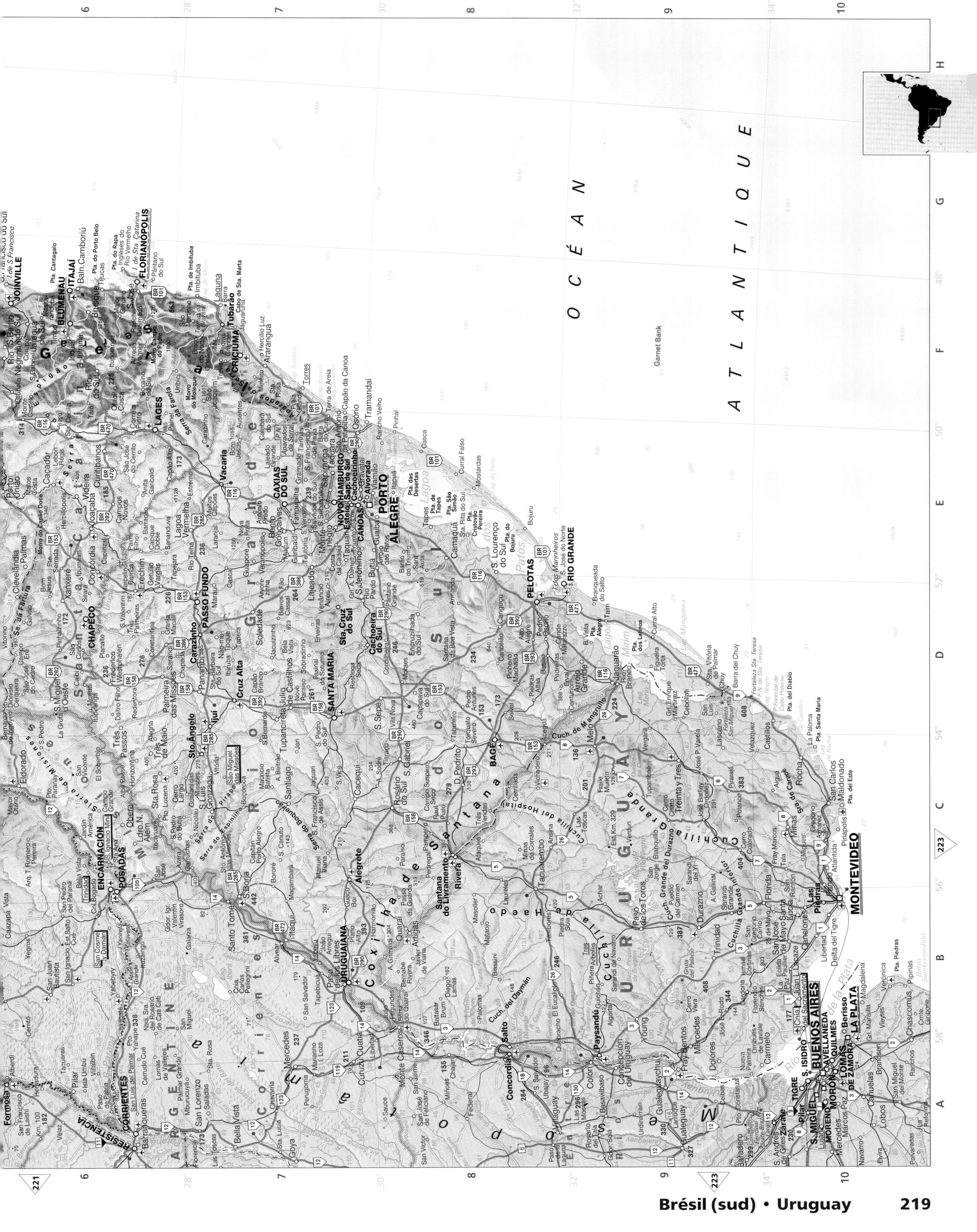

OCÉAN ATLANTIQUE
URUGUAY
Rio Grande do Sul
Santa Catarina
ARGENTINE
Corrientes
Entre Rios
MONTEVIDEO
BUENOS AIRES
LA PLATA
PORTO ALEGRE
FLORIANÓPOLIS
JOINVILLE
BLUMENAU
ITAJAÍ
LAGES
CRICIÚMA
CAXIAS DO SUL
NOVO HAMBURGO
CANOAS
PASSO FUNDO
SANTA MARIA
PELOTAS
RIO GRANDE
URUGUAIANA
POSADAS
ENCARNACIÓN
CORRIENTES
RESISTENCIA
Formosa
Salto
Paysandú
Concordia
Rivera
Lagoa dos Patos
Lagoa Mirim
Garnet Bank
Cuchilla Grande
Cuchilla de Haedo
Coxilha de Santana
221
223

Échelle 1 : 4 500 000 — 0 40 80 120 160 200 kilomètres

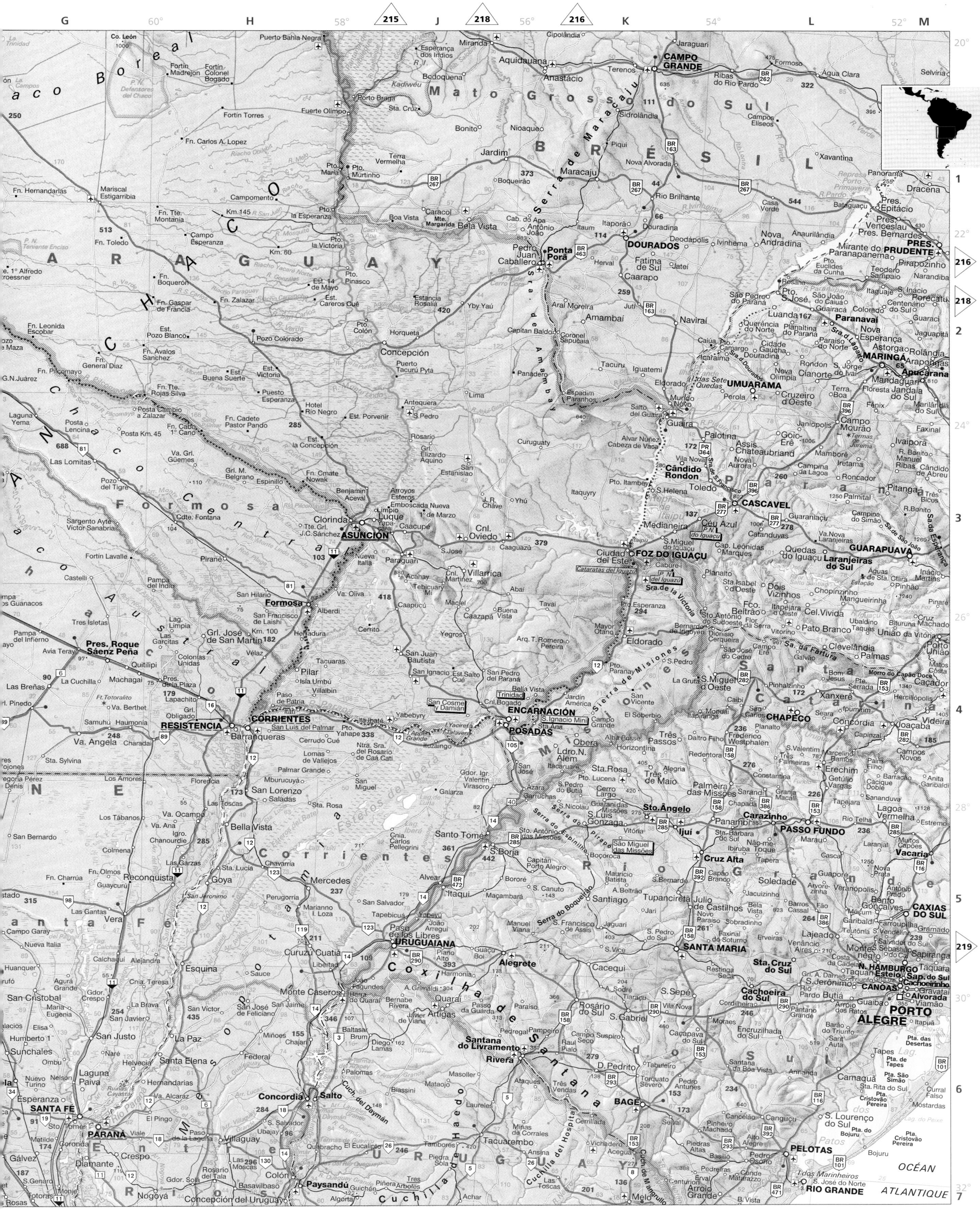

G
H
J
K
L
M
215
218
216
223
219
Mato Grosso do Sul
BRÉSIL
PARAGUAY
Chaco Boreal
Chaco Central
Chaco Austral
Formosa
Corrientes
Misiones
Santa Fé
Entre Rios
Santa Catarina
Paraná
Rio Grande do Sul
URUGUAY
Cuchilla de Haedo
Coxilha de Santana
Serra de Maracaju
Serra de Amambaí
Esteros del Iberá
CAMPO GRANDE
Aquidauana
Miranda
Bonito
Jardim
Maracaju
Sidrolândia
Ponta Porã
Pedro Juan Caballero
DOURADOS
Concepción
ASUNCIÓN
Luque
Villarrica
Ciudad del Este
FOZ DO IGUAÇU
Cataratas del Iguazú
ENCARNACIÓN
POSADAS
Formosa
RESISTENCIA
CORRIENTES
Pres. Roque Sáenz Peña
Reconquista
Goya
Esquina
Paso de los Libres
URUGUAIANA
Alegrete
Santana do Livramento
Rivera
Concordia
Salto
Paysandú
Tacuarembo
SANTA FÉ
PARANÁ
Concepción del Uruguay
UMUARAMA
MARINGÁ
Apucarana
PRES. PRUDENTE
CASCAVEL
GUARAPUAVA
CHAPECO
PASSO FUNDO
CAXIAS DO SUL
PORTO ALEGRE
SANTA MARIA
Cruz Alta
Ijuí
Sto.Ângelo
BAGÉ
PELOTAS
RIO GRANDE
OCÉAN ATLANTIQUE

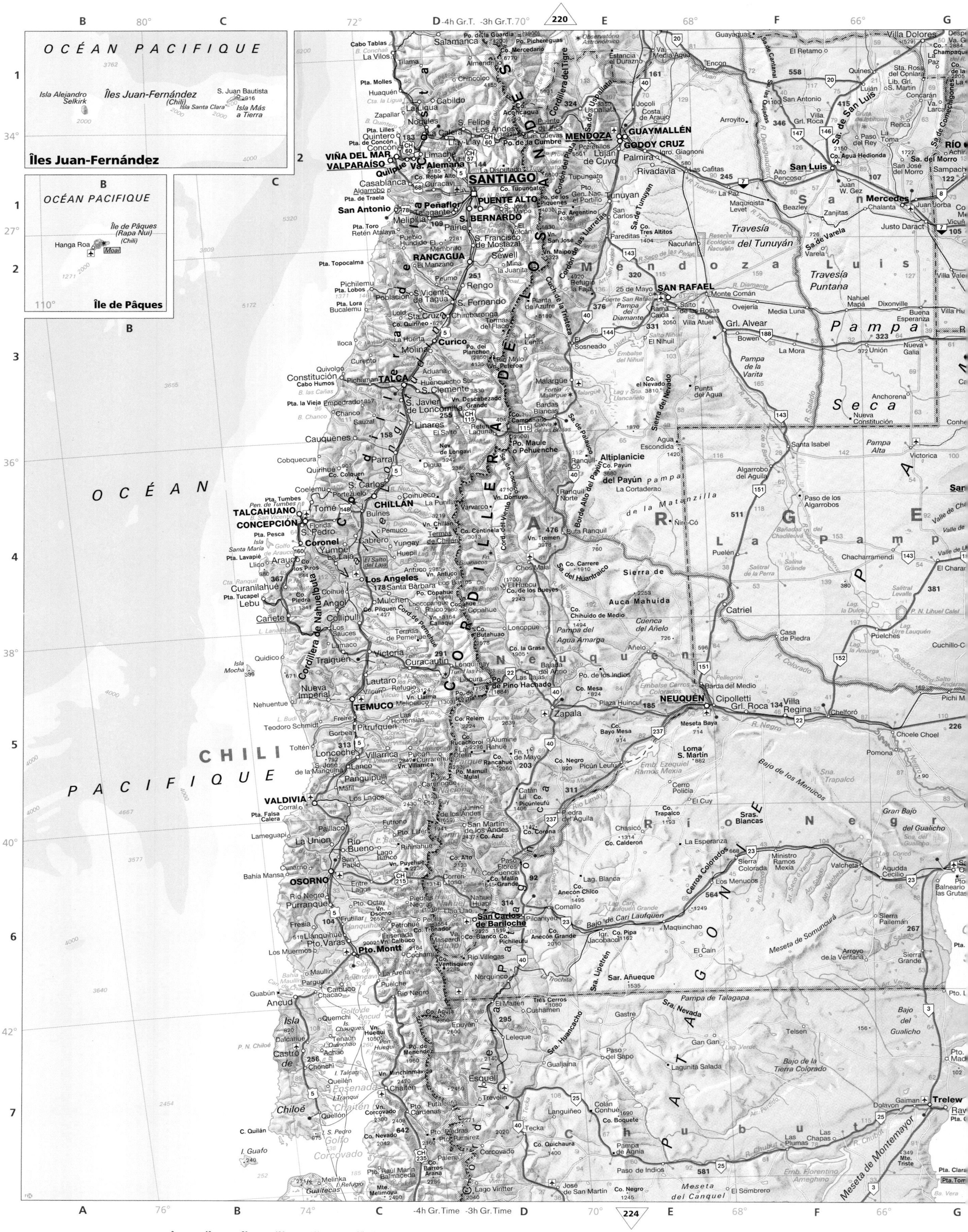

Échelle 1 : 4 500 000 — 0 40 80 120 160 200 kilomètres

OCÉAN ATLANTIQUE
BUENOS AIRES
MONTEVIDEO
ROSARIO
LA PLATA
MAR DEL PLATA
BAHÍA BLANCA
URUGUAY
BRÉSIL
Paysandú
Santa Fe
Entre Ríos
Buenos Aires
Pampa Húmeda
Río de la Plata
Bahía Samborombón
Río de la Plata Canyon
Mar del Plata Canyon
Carmen de Patagones
Viedma
Cuchilla Grande
Cuchilla Grande Inferior
Cuchilla de Haedo
Îles Falkland (Îles Malouines) (G.-B.)
Stanley
Darwin
Îles Malouines
Géorgie du Sud (G.-B.)
Grytviken
Leith Harbour
Annenkov Island
Cape Disappointment
Clerke Rocks
Bird Island
Cape Alexandra
Mount Paget
Géorgie du Sud

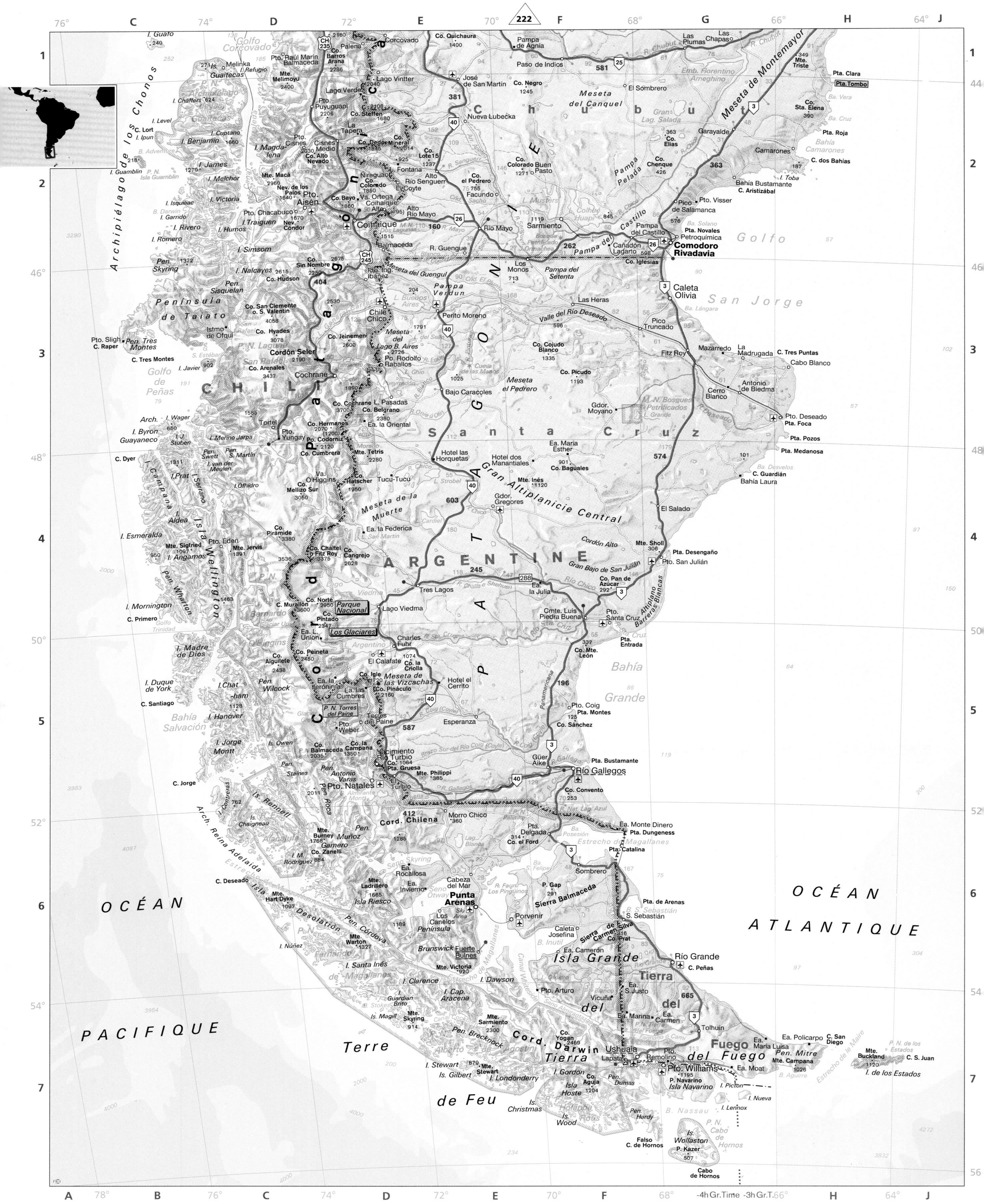
222
Golfo Corcovado
I. Guafo
Is. Guaitecas
Melinka
Pto. Raúl Marín Balmaceda
Palena
Corcovado
Co. Quichaura
Pampa de Agnia
Paso de Indios
Las Plumas
Las Chapas
R. Chubut
Meseta de Montemayor
Mte. Triste
Pta. Clara
Pta. Tombo
Co. Sta. Elena
Archipiélago de los Chonos
José de San Martín
Co. Negro
El Sombrero
Meseta del Canquel
Chubut
Lago Verde
Lago Vinter
Pto. Puyuguapi
Co. Steffen
La Tapera
Nueva Lubecka
Gran Lag. Salada
Garayalde
Pta. Roja
Bahía Camarones
Camarones
C. dos Bahías
I. Benjamín
I. Magdalena
Pto. Cisnes
Cisnes Medio
Co. Dedos Mineral
Co. Lote 15
Fontana
Alto Río Senguerr
Co. Colorado
Buen Pasto
Pampa Pelada
Co. Chenque
I. James
I. Melchor
Mte. Macá
Nev. de los Palos
Pto. Aisén
Nireguao
El Coyte
Co. el Pedrero
Facundo
Bahía Bustamante
C. Aristizábal
I. Victoria
Pto. Chacabuco
I. Traiguen
Coihaique
Alto Río Mayo
Río Mayo
Sarmiento
Pico de Salamanca
Pto. Visser
Pta. Novales
Petroquímica
Comodoro Rivadavia
Golfo San Jorge
I. Rivero
I. Humos
Balmaceda
R. Guengue
Cañadón Lagarto
Pampa del Castillo
Co. Iglesias
I. Simsom
Pen. Skyring
I. Nalcayes
Co. Sin Nombre
Co. Hudson
Pto. Ing. Ibañez
Meseta del Guengul
Los Monos
Pampa del Setenta
Caleta Olivia
Península de Taiato
Pampa Verdun
Co. San Clemente o. S. Valentín
Chile Chico
Perito Moreno
Las Heras
Valle del Río Deseado
Pico Truncado
Istmo de Ofqui
Co. Hyades
Co. Jeinemeni
Meseta del Lago B. Aires
Pto. Sligh
Pen. Tres Montes
C. Raper
Cordón Seler
Pto. Rodolfo Raballos
Co. Cojudo Blanco
Fitz Roy
Mazarredo
La Madrugada
C. Tres Puntas
C. Tres Montes
Co. Arenales
Cabo Blanco
Golfo de Peñas
Cochrane
Co. Picudo
Meseta el Pedrero
Antonio de Biedma
CHILI
Bajo Caracoles
Cerro Blanco
Co. Cochrane
L. Pasadas
Co. Belgrano
Gdor. Moyano
M.N. Bosques Petrificados
Pto. Deseado
Pta. Foca
Arch. Guayaneco
I. Wager
I. Byron
Tortel
Pto. Yungay
Co. Hermanos
Pto. Codorniz
Ea. la Oriental
Santa Cruz
Pta. Pozos
Pta. Medanosa
C. Dyer
Co. Cumbrera
Mte. Tetris
Hotel las Horquetas
Hotel dos Manantiales
Ea. María Esther
Co. Baguales
C. Guardián
Bahía Laura
Va. O'Higgins
Co. Mellizo Sur
Co. Hatscher
Tucu-Tucu
Mte. Inés
Gran Altiplanicie Central
Meseta de la Muerte
Gdor. Gregores
El Salado
I. Esmeralda
Ea. la Federica
Co. Pirámide
Pto. Edén
Mte. Sigfried
Mte. Jervis
I. Angamos
Co. Chaltel o Fitz Roy
Co. Cangrejo
ARGENTINE
Cordón Alto
Mte. Sholl
Pta. Desengaño
Pto. San Julián
Gran Bajo de San Julián
Isla Wellington
Pen. Wharton
Tres Lagos
Ea. la Julia
Co. Pan de Azúcar
Altiplano Barreras Blancas
I. Mornington
C. Primero
Co. Norte
Co. Murallón
Parque Nacional
Lago Viedma
Co. Pintado
Cmte. Luis Piedra Buena
Pto. Santa Cruz
Ea. L. Unión
Los Glaciares
Charles Fuhr
Pta. Entrada
I. Madre de Dios
Co. Peineta
Co. Aiguilete
El Calafate
Co. la Cholla
Co. Mte. León
Bahía Grande
I. Duque de York
I. Chatham
Pen. Wilcock
Ea. la Jerónima
Ea. las Cumbres
Meseta de las Vizcachas
Co. Pináculo
Hotel el Cerrito
C. Santiago
Bahía Salvación
I. Hanover
P.N. Torres del Paine
Torres del Paine
Pto. Weber
Esperanza
Pto. Coig
Pta. Montes
Co. Sánchez
I. Jorge Montt
Is. Owen
Co. Balmaceda
Co. la Campana
Yacimiento Río Turbio
Co. Pta. Gruesa
Mte. Philippi
Güer Aike
Pta. Bustamante
Río Gallegos
C. Jorge
Pen. Antonio Varas
Pto. Natales
Pen. Roca
Co. Convento
Is. Rennell
Morro Chico
Cord. Chilena
Ea. Monte Dinero
Pta. Dungeness
Pta. Delgada
Co. el Ford
Pta. Catalina
Estrecho de Magallanes
Arch. Reina Adelaida
Mte. Burney
Pen. Muñoz Gamero
Co. Zanelli
Sombrero
Ea. Rocallosa
Cabeza del Mar
P. Gap
Sierra Balmaceda
C. Deseado
Isla Desolación
Mte. Hart Dyke
Mte. Ladrillero
Isla Riesco
Ea. Invierno
Punta Arenas
Porvenir
Pta. de Arenas
S. Sebastián
OCÉAN PACIFIQUE
OCÉAN ATLANTIQUE
Los Canelos
Peninsula
Caleta Josefina
Sierra Carmen Silva
Pen. Córdova
I. Núñez
Mte. Warton
Brunswick
Fuerte Bulnes
Ea. Cameron
Isla Grande de Tierra del Fuego
Río Grande
C. Peñas
I. Santa Inés
Mte. Victoria
I. Clarence
I. Dawson
Canal Whiteside
Pto. Arturo
Vicuña
Ea. S. Justo
I. Cap. Aracena
Is. Magill
Mte. Skyring
Mte. Sarmiento
Ea. Marina
Ea. Carmen
Tolhuin
Pen. Brecknock
Cord. Darwin
Co. Yogan
Ushuaia
Lapataia
Remolino
Pto. Williams
Ea. Moat
Ea. Policarpo
C. San Diego
Ea. María Luisa
Pen. Mitre
Mte. Campana
Estrecho de le Maire
Mte. Buckland
C. S. Juan
I. de los Estados
Terre de Feu
I. Stewart
Mte. Stewart
Is. Gilbert
I. Londonderry
I. Gordon
Co. Aguja
Isla Hoste
Pen. Dumas
P. Navarino
Isla Navarino
I. Picton
I. Nueva
I. Lennox
Is. Christmas
Is. Wood
Pen. Hardy
B. Nassau
Falso C. de Hornos
Is. Wollaston
P. Kazer
P.N. Cabo de Hornos
Cabo de Hornos
-4h Gr.Time -3h Gr.T.
Échelle 1 : 4 500 000
0 40 80 120 160 200 kilomètres

La France

Pays le plus vaste d'Europe occidentale, la France s'étend entre l'océan Atlantique et la mer Méditerranée. Dans sa diversité, la France est le reflet de l'ensemble du continent. Sa façade atlantique constituée de terres basses s'ouvre largement sur le Bassin parisien et le Bassin aquitain, éléments dominants de l'ouest et du centre du pays, avec leurs vastes étendues de terres de labours drainées par de puissants fleuves. Avec la Garonne, la Loire et la Seine, la France dispose d'un riche système fluvial raccordé, à l'est, aux ramifications d'un réseau de canaux et au cours sauvage du Rhône. Les barrières montagneuses des Alpes et des Pyrénées sont précédées d'une ceinture de montagnes moyennes s'étirant des Ardennes au climat rude, au nord, jusqu'au Massif central avec ses épaisses forêts et ses formations volcaniques, au sud. La France est soumise à la fois à plusieurs influences climatiques, mais c'est l'influence maritime tempérée qui prédomine, les températures augmentant du nord au sud tandis que les précipitations vont en diminuant. Cette diversité du milieu naturel contraste fortement avec les marques du centralisme longtemps exercé à partir de la métropole parisienne.

Les trois révolutions françaises (1789, 1830, 1848) ont été déterminantes pour le développement de l'Europe moderne. C'est la révolution de 1830 qui a inspiré à Eugène Delacroix son allégorie de la *Liberté guidant le peuple* (Paris, musée du Louvre).

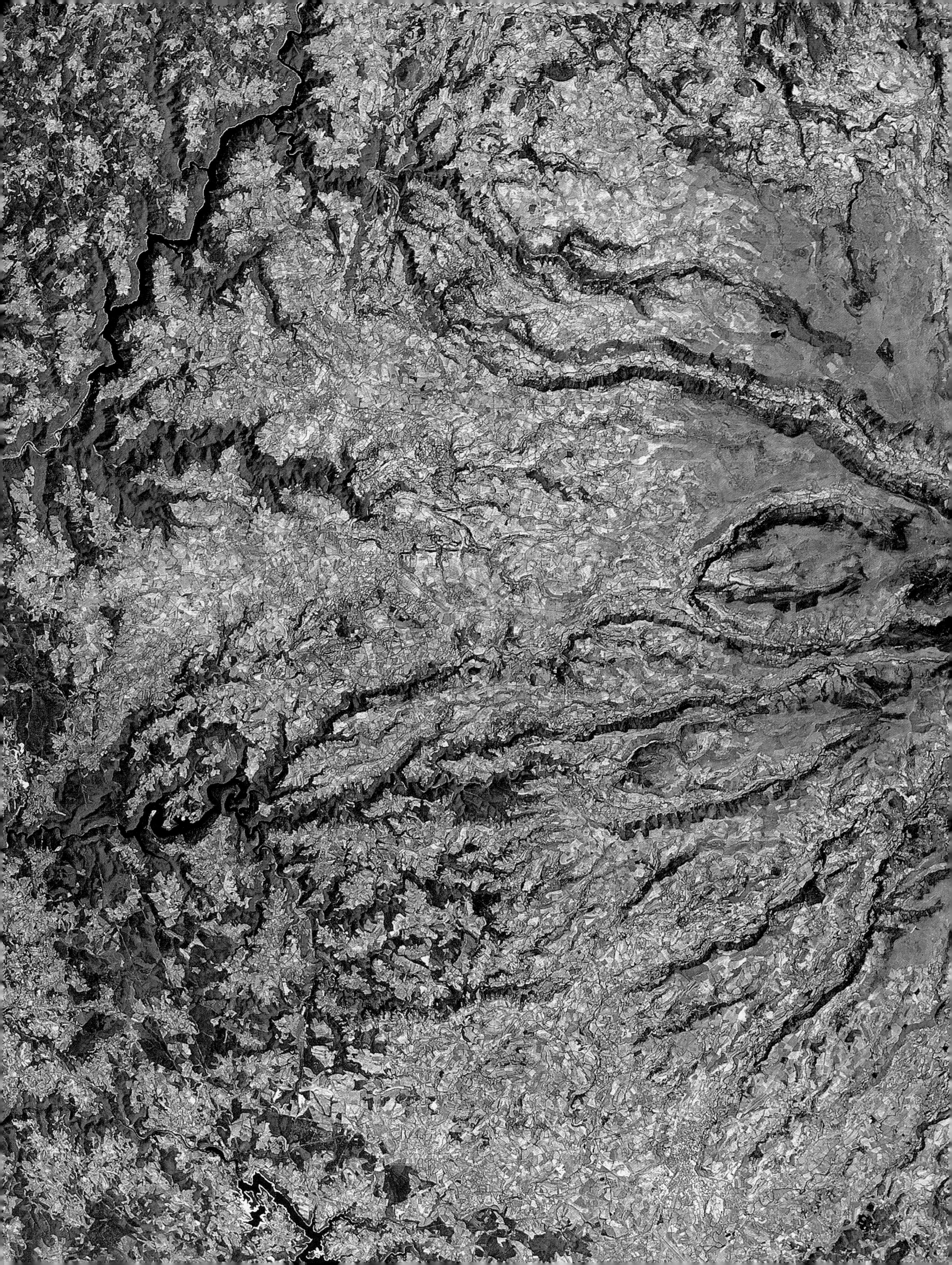

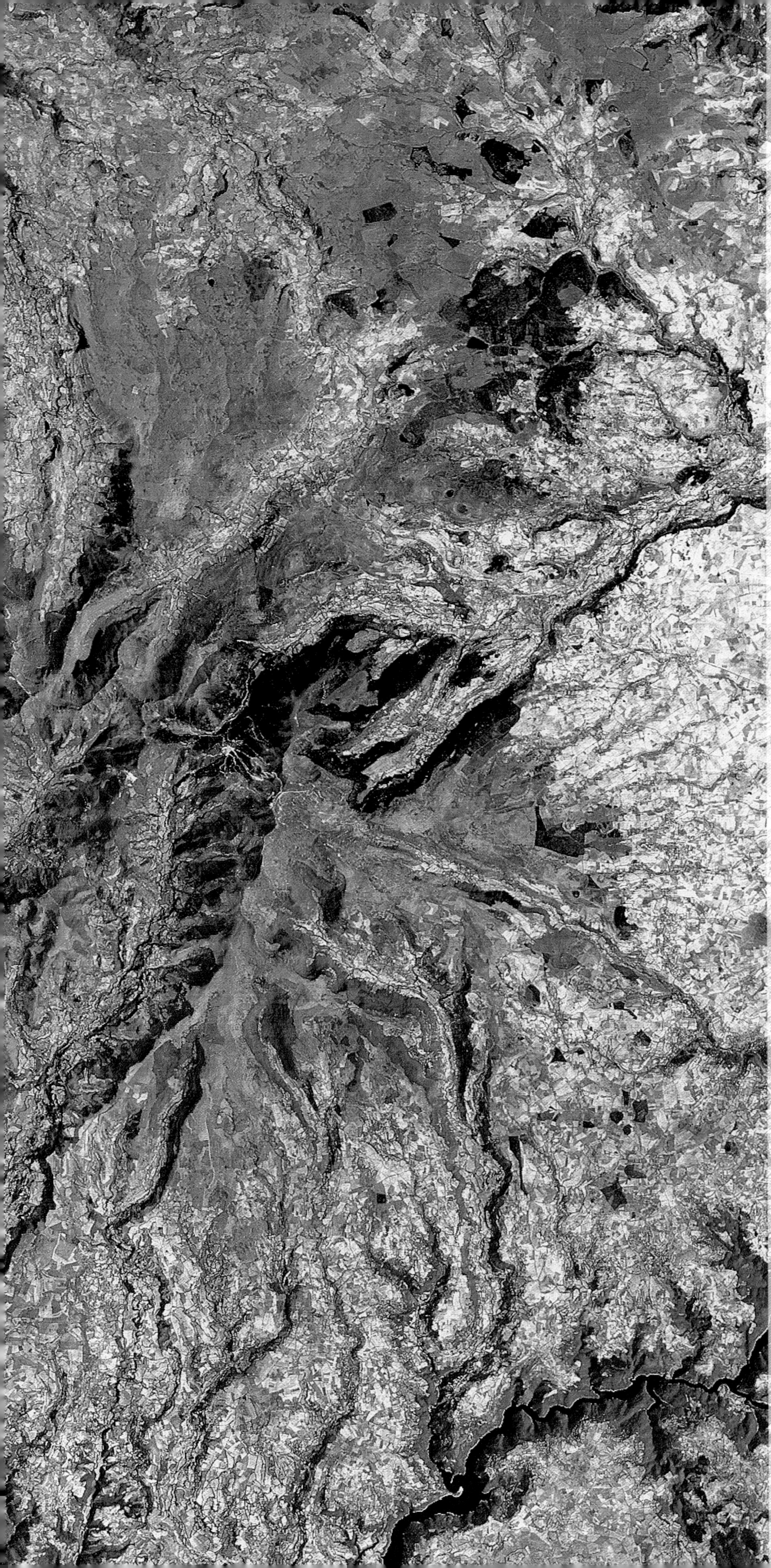

Nord · Picardie · Normandie
228 – 227

Île-de-France
232 – 233

Bretagne · Pays de la Loire
230 – 231

Champagne-Ardenne · Alsace · Lorraine 234 – 235

Poitou-Charentes · Limousin
236 – 237

Bourgogne · Franche-Comté
238 – 239

Aquitaine · Midi-Pyrénées · Roussillon
240 – 241

Rhône-Alpes · Languedoc · Provence
242 – 243

Corse
244

Guyane · Guadeloupe · Martinique · St-Martin · St-Pierre-et-Miquelon 245

Mayotte · La Réunion · Îles Crozet · Îles Kerguelen 246

Nouvelle-Calédonie · Polynésie française 247

France administrative
248

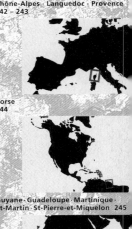

28

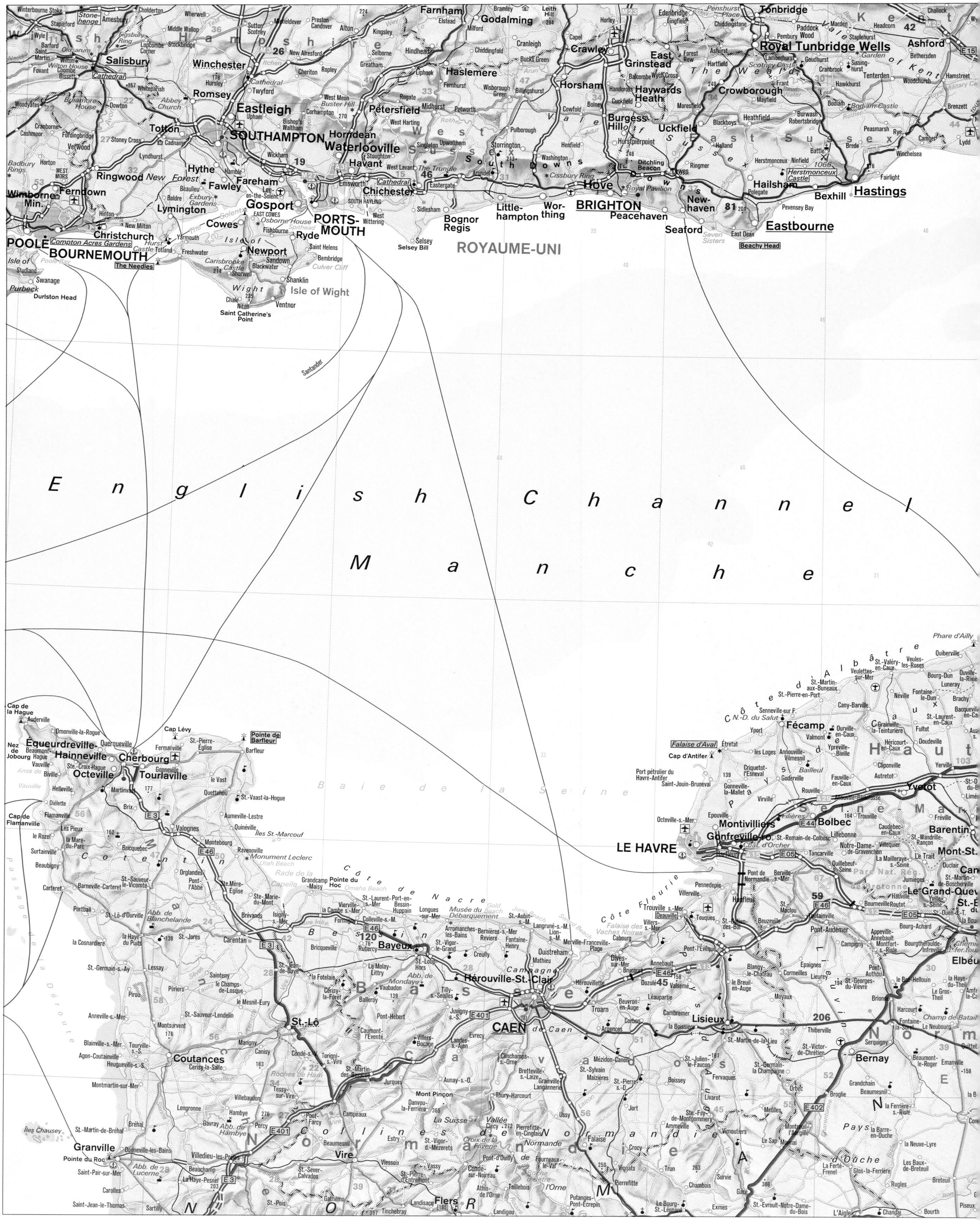

231 232

Échelle 1 : 900 000 — 0 8 16 24 32 40 kilomètres

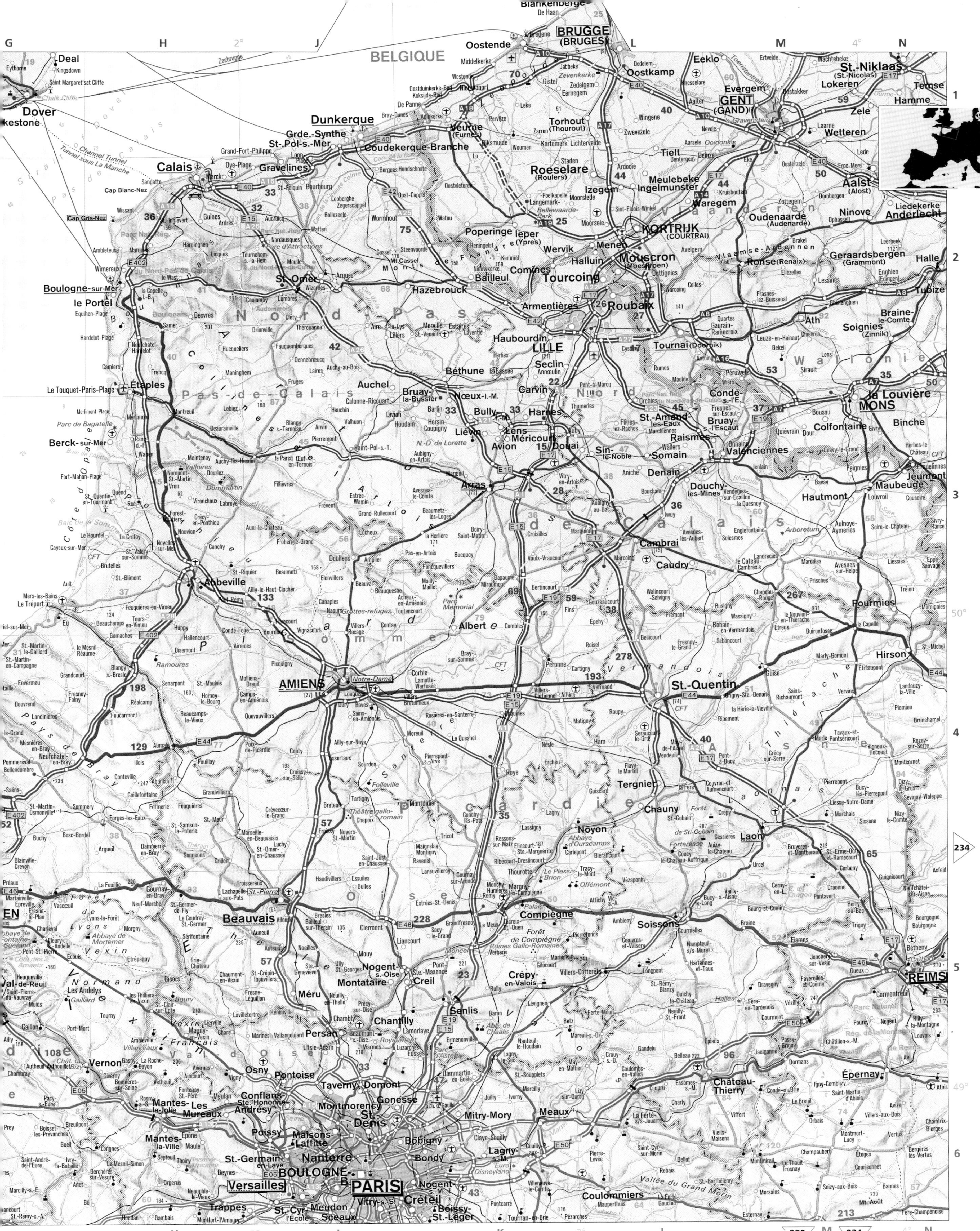
BELGIQUE
Oostende
BRUGGE (BRUGES)
Eeklo
Oostkamp
St.-Niklaas (St.-Nicolas)
Lokeren
Temse
Hamme
GENT (GAND)
Evergem
Zele
Wetteren
Aalst (Alost)
Deal
Dover
Dunkerque
Grde.-Synthe
St.-Pol-s.-Mer
Coudekerque-Branche
Calais
Gravelines
Channel Tunnel
Tunnel sous La Manche
Roeselare (Roulers)
Torhout (Thourout)
Tielt
Meulebeke
Ingelmunster
Izegem
Waregem
Oudenaarde (Audenarde)
Ninove
Anderlecht
KORTRIJK (COURTRAI)
Poperinge
Ieper (Ypres)
Wervik
Menen
Halluin
Mouscron (Moeskroen)
Ronse (Renaix)
Geraardsbergen (Grammont)
Halle
Cap Blanc-Nez
Cap Gris-Nez
Boulogne-sur-Mer
le Portel
St.-Omer
Hazebrouck
Bailleul
Comines
Tourcoing
Armentières
Roubaix
Tubize
Braine-le-Comte
Ath
Soignies (Zinnik)
Hauboudin
LILLE
Seclin
Tournai (Doornik)
Étaples
Le Touquet-Paris-Plage
Béthune
Auchel
Bruay-la-Bussière
Nœux-l.-M.
Bully-l.-M.
Liévin
Lens
Méricourt
Avion
Carvin
Harnes
Douai
Condé-s.-l'E.
St.-Amand-les-Eaux
Raismes
Bruay-s.-l'Escaut
Valenciennes
la Louvière
MONS
Colfontaine
Binche
Berck-sur-Mer
Sin-le-Noble
Somain
Denain
Douchy-les-Mines
Maubeuge
Jeumont
Hautmont
Arras
Cambrai
Caudry
Abbeville
Albert
Fourmies
Hirson
AMIENS
St.-Quentin
Tergnier
Chauny
Noyon
Laon
Beauvais
Compiègne
Soissons
Reims
Nogent-s.-Oise
Creil
Montataire
Crépy-en-Valois
Méru
Chantilly
Senlis
Persan
Vernon
Osny
Pontoise
Taverny
Domont
Château-Thierry
Épernay
Mantes-la-Jolie
Les Mureaux
Conflans-St.-Honorine
Andrésy
Montmorency
Gonesse
St.-Denis
Mitry-Mory
Meaux
Poissy
Maisons-Laffitte
Mantes-la-Ville
Bobigny
Nanterre
St.-Germain-en-Laye
Bondy
Lagny-s.-M.
BOULOGNE-B.
PARIS
Versailles
Nogent-s.-M.
Créteil
Vitry-s.-S.
Trappes
St.-Cyr-l'École
Meudon
Sceaux
Boissy-St.-Léger
Coulommiers
Nord
Pas-de-Calais
Somme
Picardie
Oise
Aisne
Vexin Français
G
H
J
K
L
M
N
1
2
3
4
5
6
2°
3°
4°
49°
50°
233
234

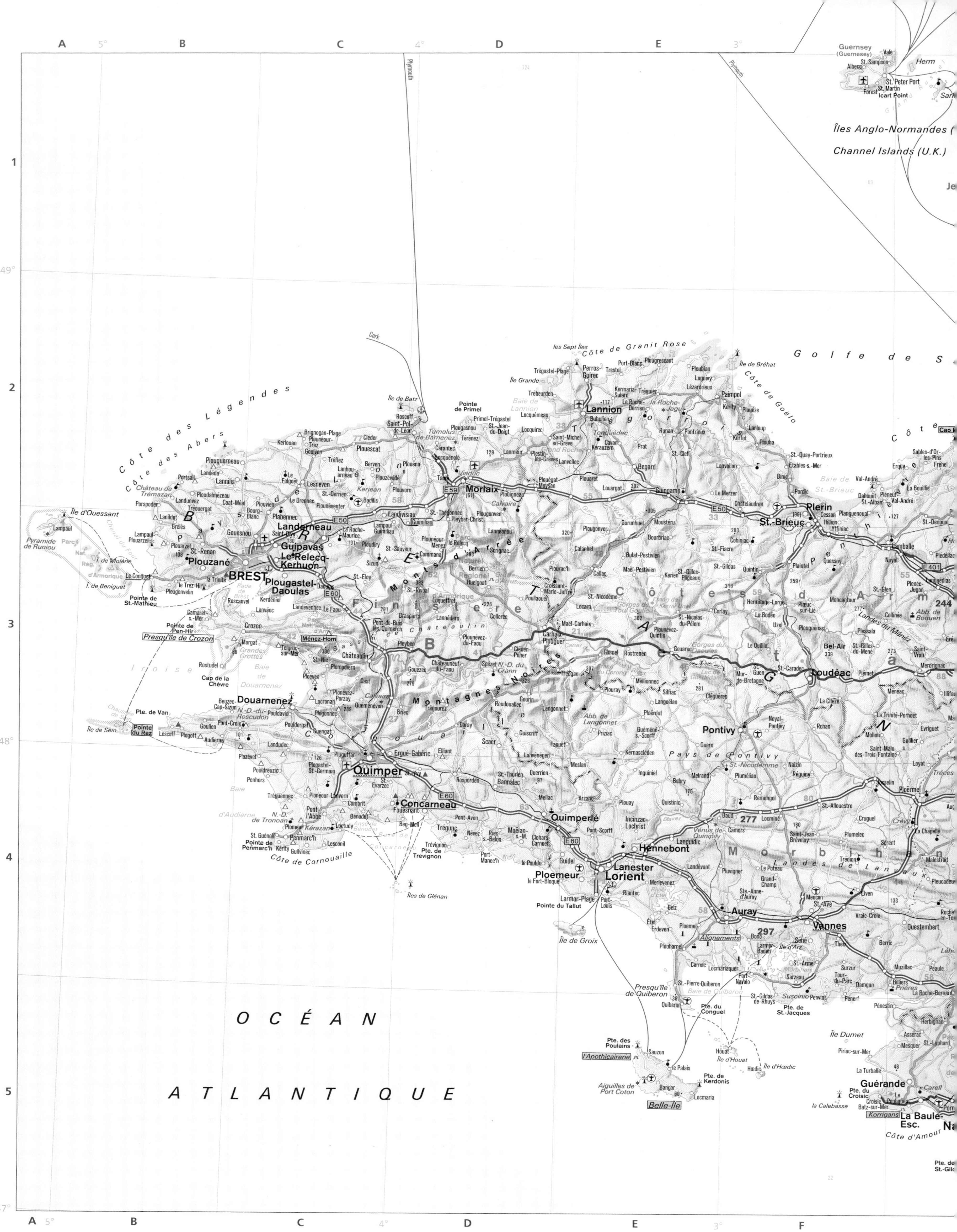

Échelle 1 : 900 000 0 8 16 24 32 40 kilomètres

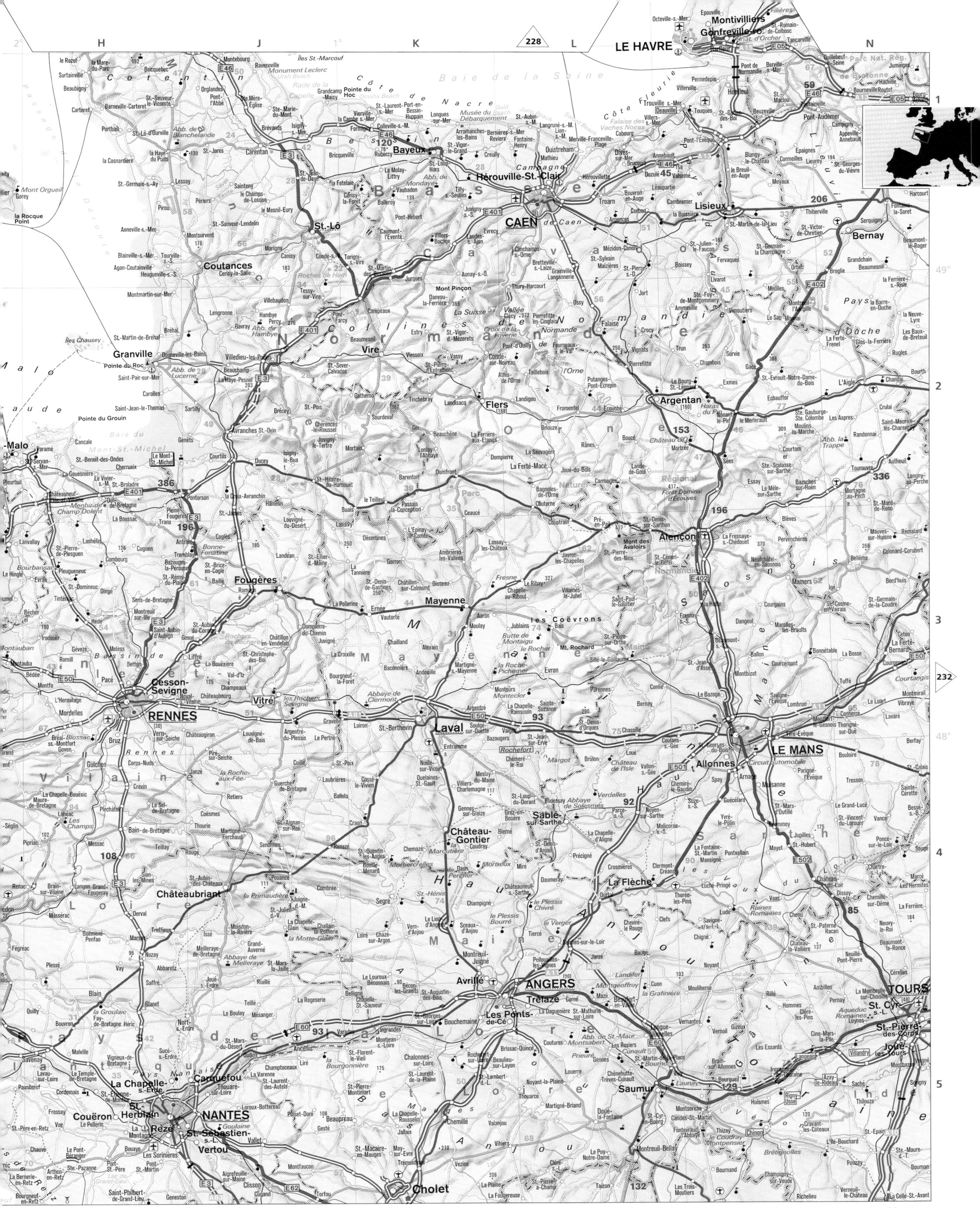

228
LE HAVRE
Montivilliers
Honfleur
Lisieux
Bernay
Bayeux
CAEN
Hérouville-St.-Clair
St.-Lô
Coutances
Granville
Vire
Flers
Argentan
Alençon
Avranches
Fougères
Mayenne
RENNES
Cesson-Sevigne
Vitré
Laval
LE MANS
Château-Gontier
Sablé-sur-Sarthe
La Flèche
Châteaubriant
ANGERS
Les Ponts-de-Cé
Saumur
TOURS
NANTES
St.-Herblain
Rezé
Cholet
232
236

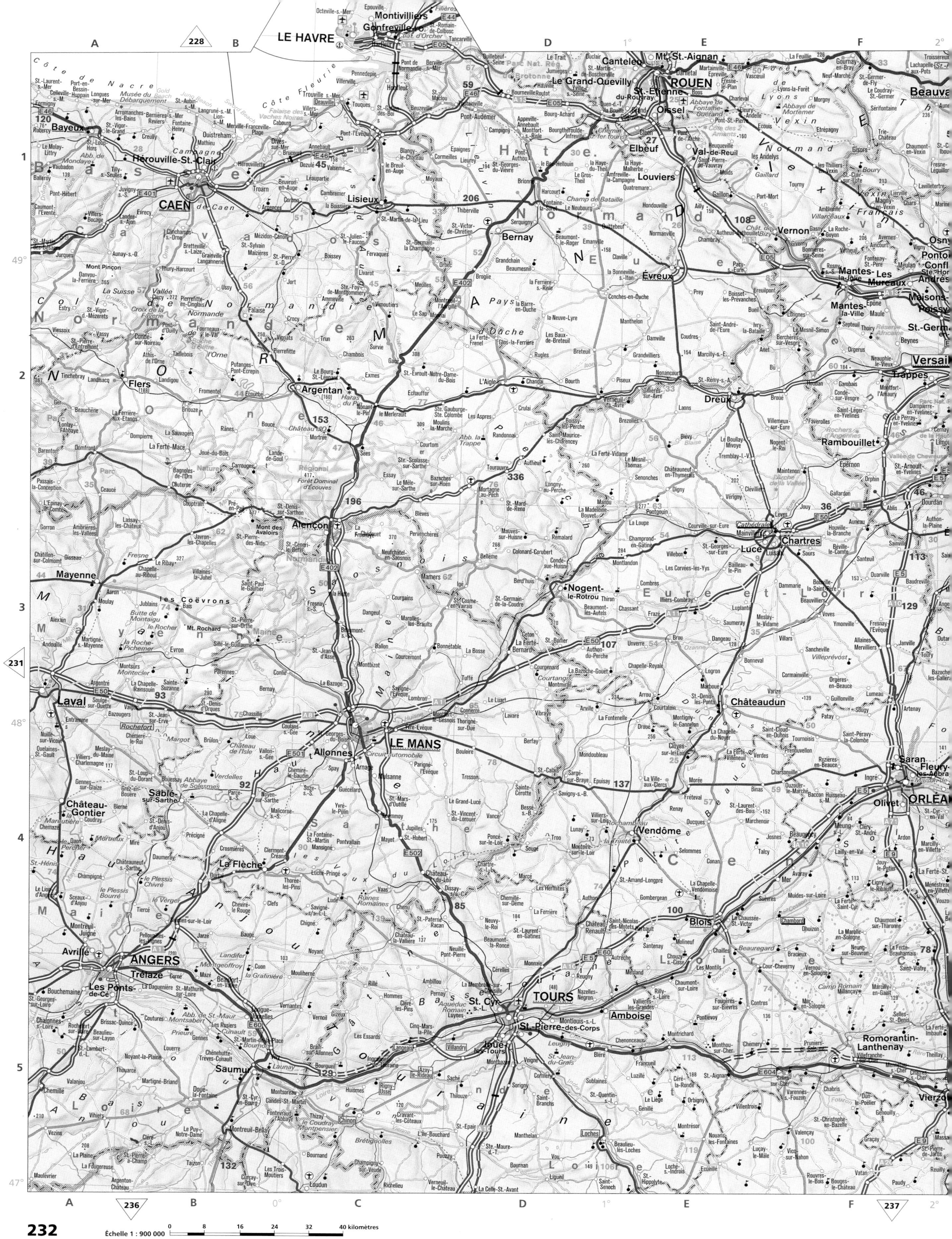

Échelle 1 : 900 000 — 0 8 16 24 32 40 kilomètres

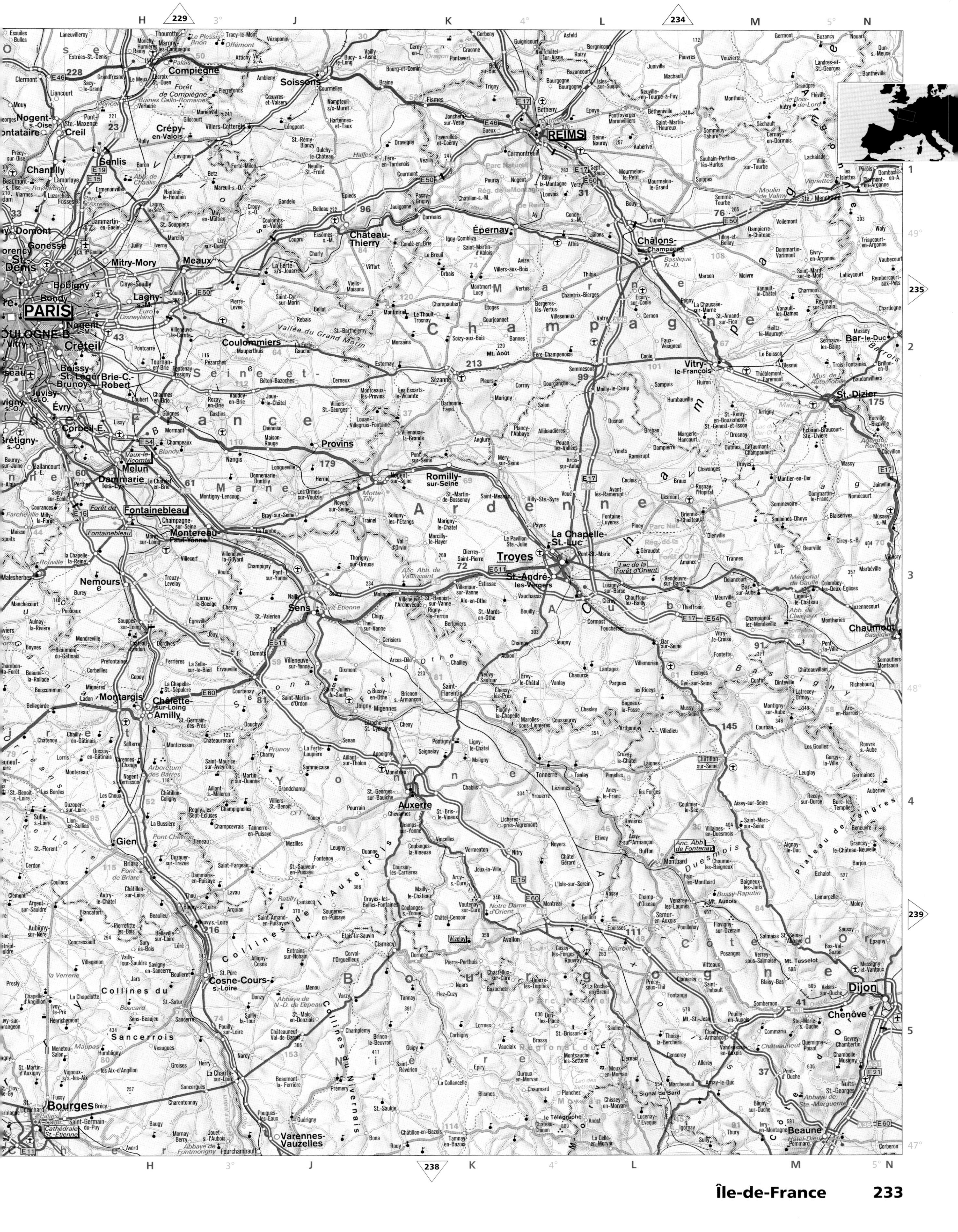

Compiègne
Soissons
Reims
Épernay
Châlons-en-Champagne
Château-Thierry
Meaux
PARIS
St.-Denis
Créteil
Évry
Melun
Fontainebleau
Provins
Coulommiers
Nemours
Montargis
Sens
Troyes
La Chapelle-St.-Luc
St.-André-les-Vergers
Romilly-sur-Seine
Vitry-le-François
St.-Dizier
Bar-le-Duc
Chaumont
Auxerre
Gien
Cosne-Cours-s.-Loire
Bourges
Varennes-Vauzelles
Dijon
Chenôve
Beaune
Champagne
Ardenne
Seine-et-Marne
France
Collines du Sancerrois
Collines du Nivernais
Bourgogne
Côte d'Or
Plateau de Langres

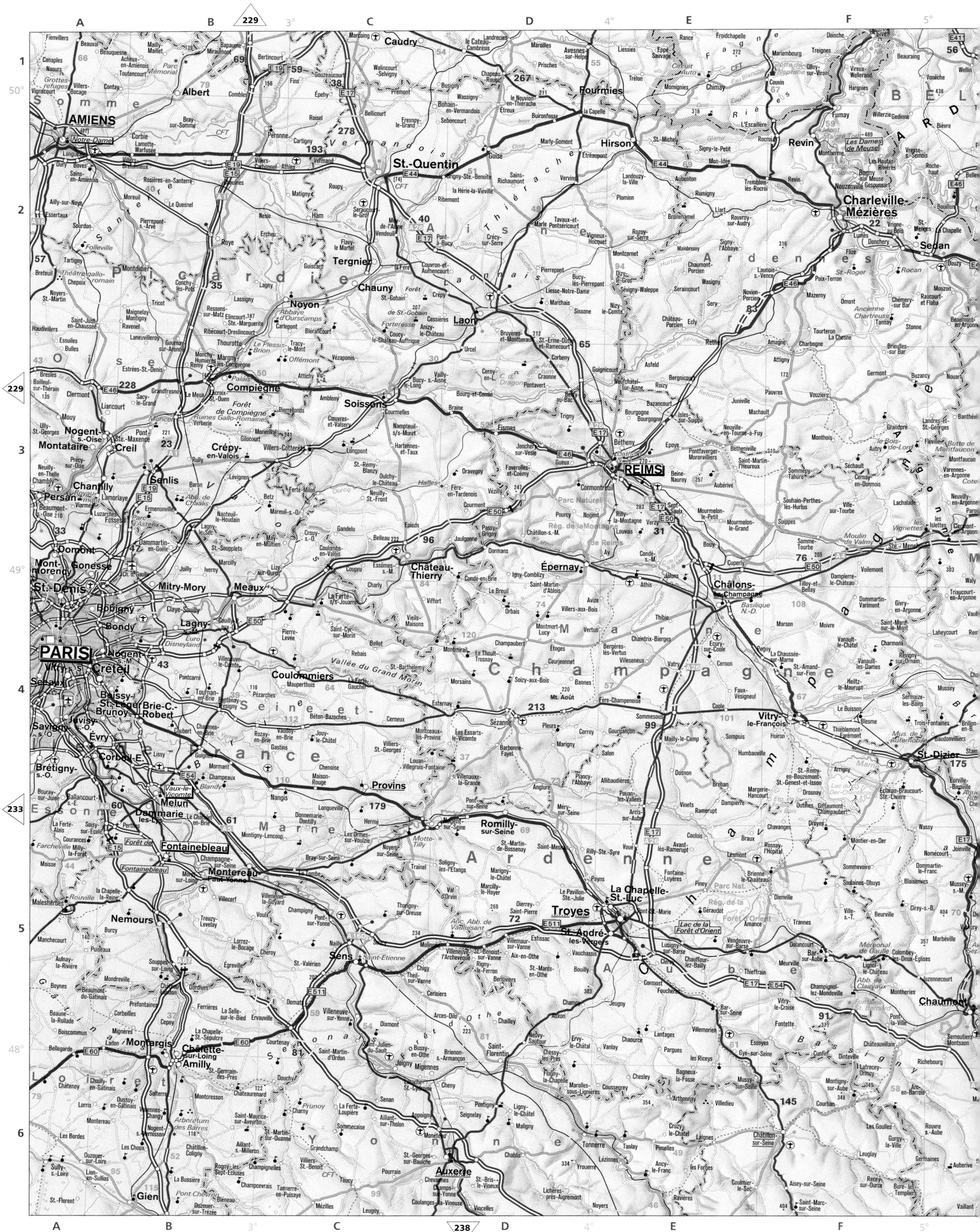

Échelle 1 : 900 000 — 0 8 16 24 32 40 kilomètres

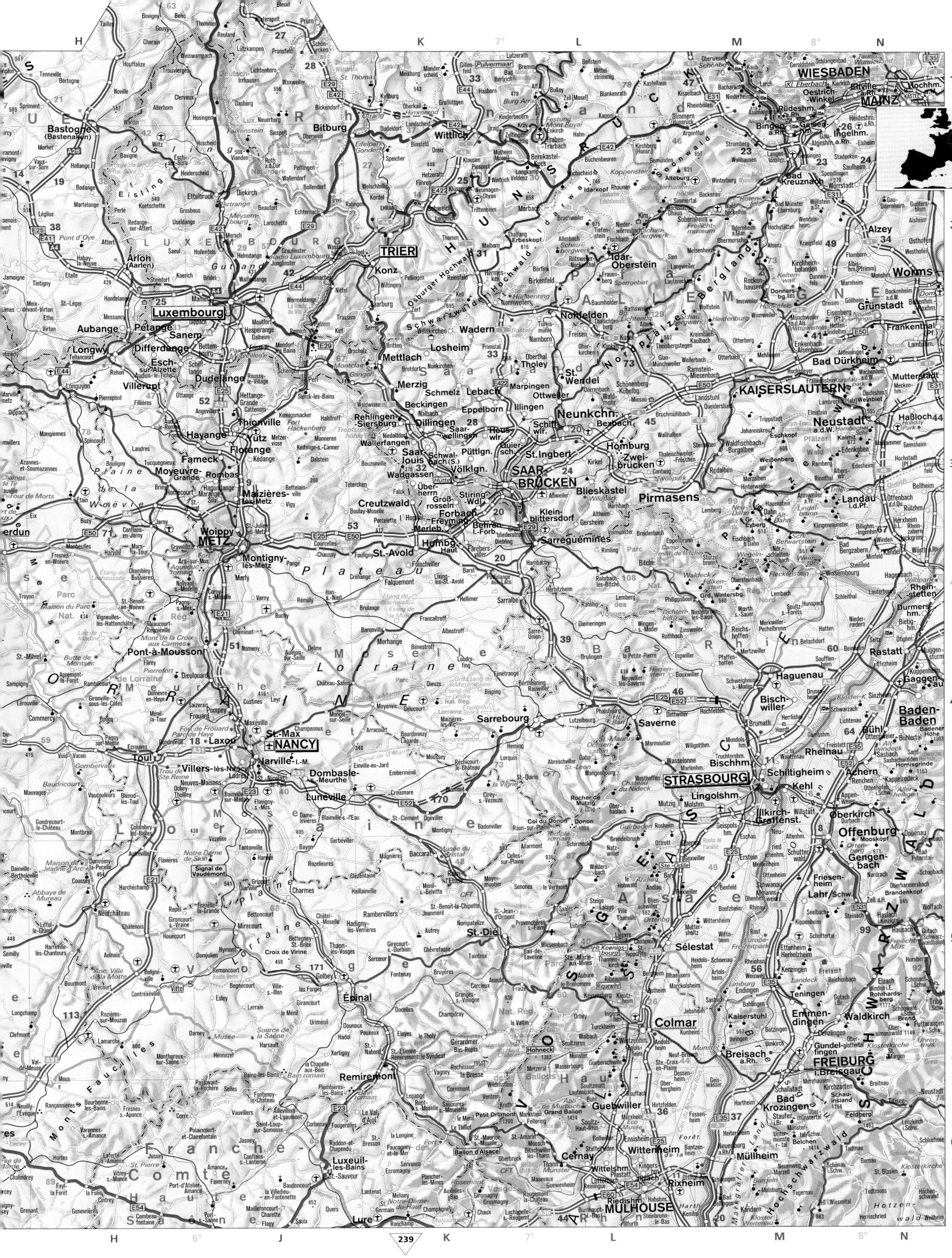

WIESBADEN
MAINZ
Bastogne (Bastenaken)
Arlon (Aarlen)
Luxembourg
TRIER
Wittlich
Bitburg
Idar-Oberstein
KAISERSLAUTERN
Worms
Neustadt a.d.W.
Landau i.d.Pf.
Pirmasens
SAARBRÜCKEN
Longwy
Thionville
METZ
Forbach
Sarreguemines
Haguenau
Baden-Baden
Rastatt
Saverne
STRASBOURG
Kehl
Offenburg
Sarrebourg
NANCY
Toul
Lunéville
Pont-à-Mousson
Épinal
St.-Dié
Colmar
Sélestat
FREIBURG i.Breisgau
MULHOUSE
Remiremont
Lure
Luxeuil-les-Bains
Vittel
Neufchâteau
Franche-Comté
Plateau Lorrain
Vosges
Alsace
Schwarzwald
Hunsrück
Pfälzer Wald
239

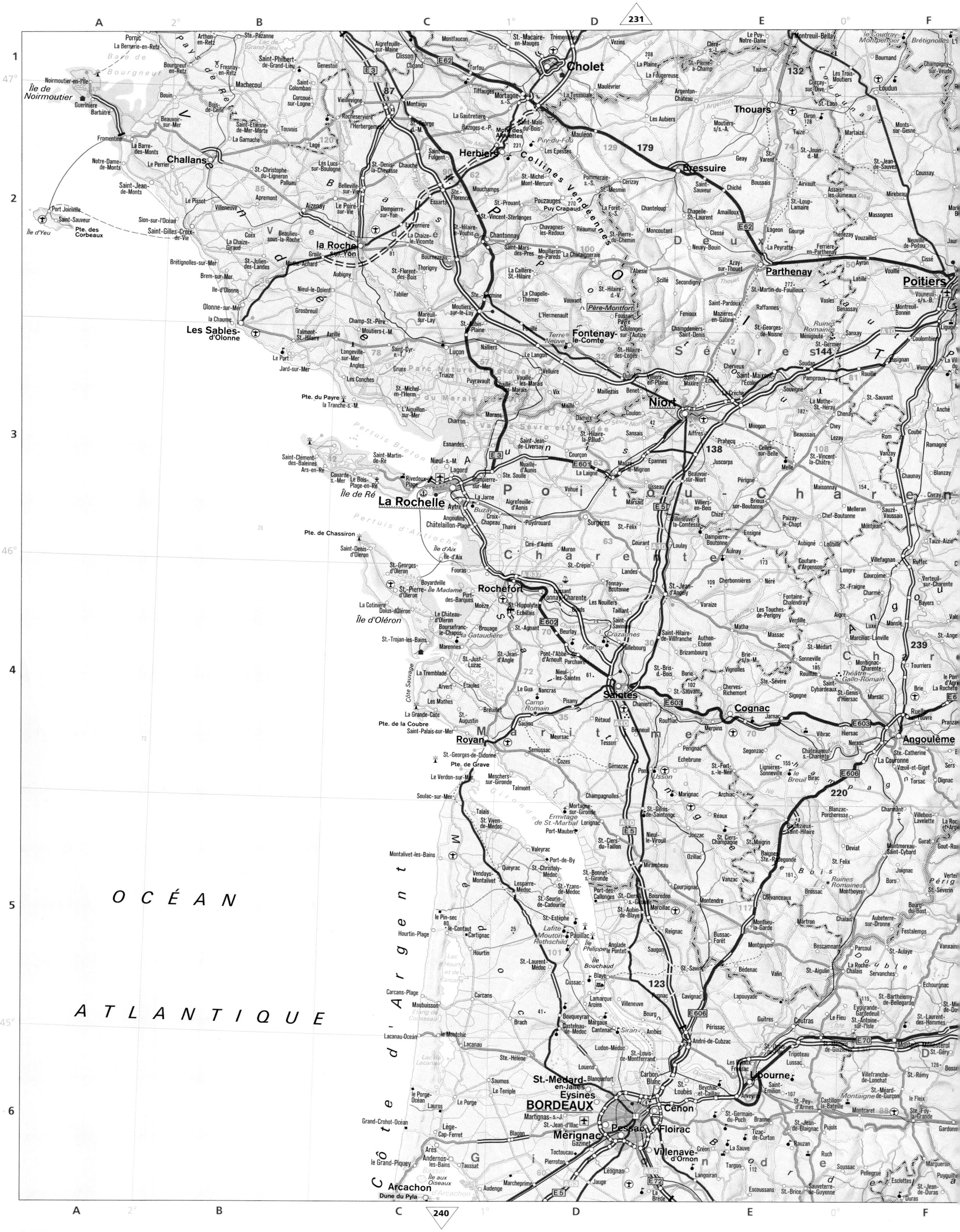

Échelle 1 : 900 000 — 0 8 16 24 32 40 kilomètres

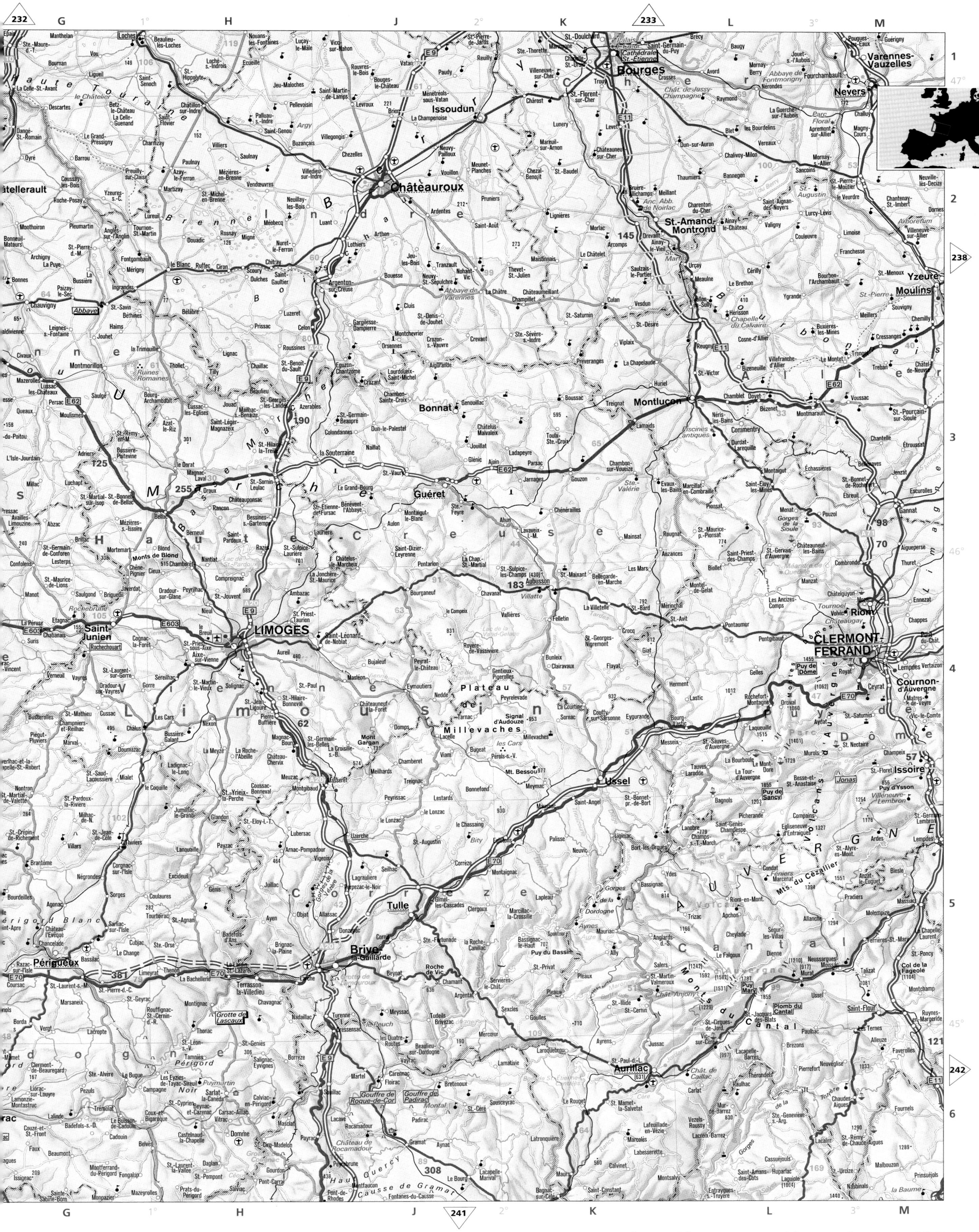
232
233
238
241
242
G
H
J
K
L
M
1
2
3
4
5
6
1°
2°
3°
47°
46°
45°
Bourges
Nevers
Issoudun
Châteauroux
St.-Amand-Montrond
Moulins
Montluçon
Guéret
Bonnat
Aubusson
LIMOGES
Saint-Junien
CLERMONT-FERRAND
Riom
Issoire
Ussel
Tulle
Brive-la-Gaillarde
Périgueux
Aurillac
Saint-Flour
Plateau de Millevaches
Puy de Dôme
Puy de Sancy
Puy Mary
Plomb du Cantal
Monts du Cantal
Mts. du Cézallier
Gouffre de Padirac
Grotte de Lascaux
Haut Quercy
Causse de Gramat
Périgord Blanc
Périgord Noir
Châtellerault
Montmorillon
Le Blanc
Argenton-sur-Creuse
La Souterraine
Bellac
Vierzon
Yzeure
Vichy

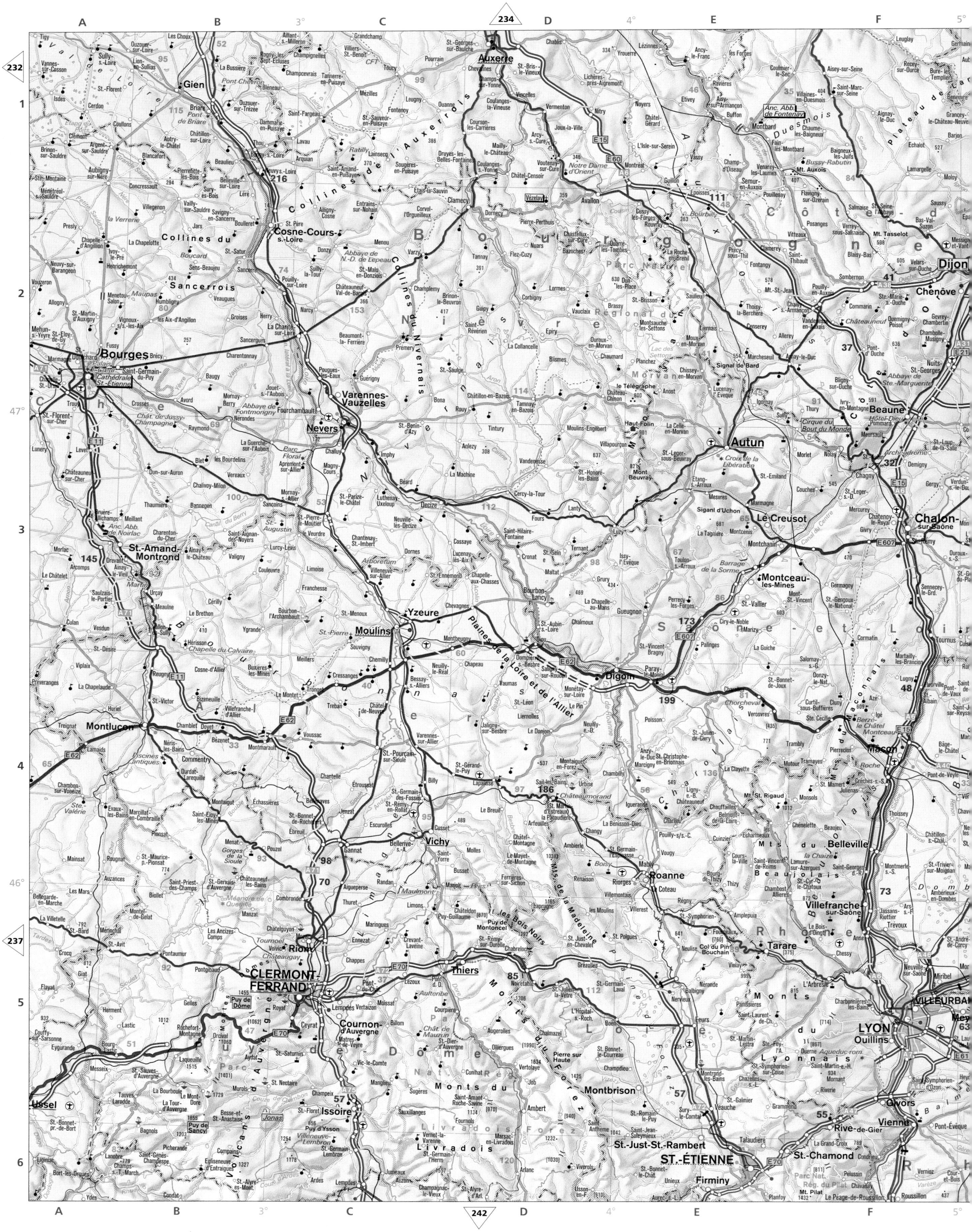

Échelle 1 : 900 000 — 0 8 16 24 32 40 kilomètres

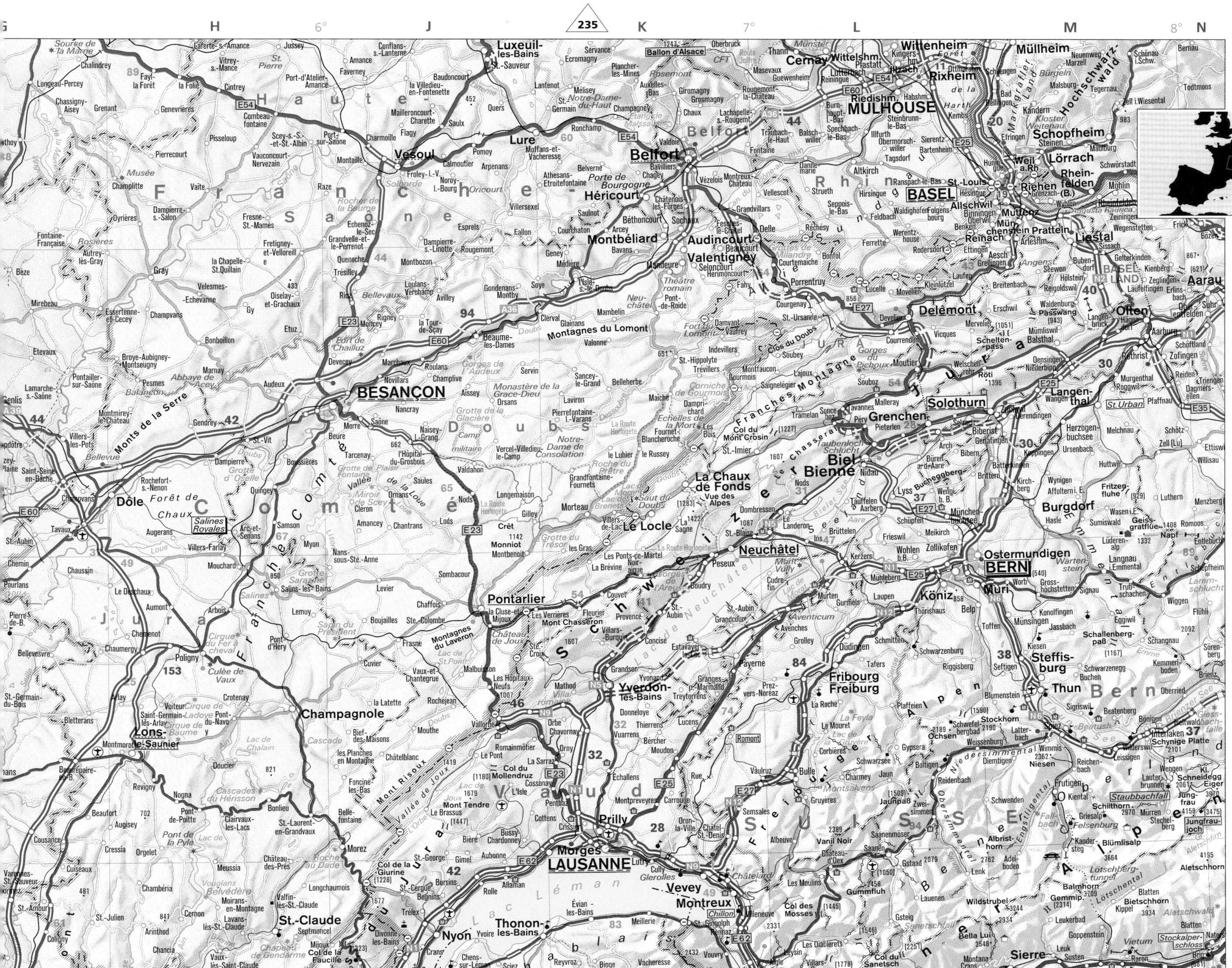

235
243
29
Luxeuil-les-Bains
Vesoul
Lure
Belfort
Héricourt
Montbéliard
Audincourt
Valentigney
Mulhouse
Basel
St-Louis
Lörrach
Schopfheim
Müllheim
Liestal
Aarau
Olten
Delémont
Solothurn
Grenchen
Biel Bienne
La Chaux de Fonds
Le Locle
Neuchâtel
Bern
Burgdorf
Thun
Fribourg Freiburg
Yverdon-les-Bains
Pontarlier
Besançon
Dôle
Gray
Lons-le-Saunier
Champagnole
St.-Claude
Oyonnax
Genève
Nyon
Morges
Lausanne
Prilly
Vevey
Montreux
Thonon-les-Bains
Annemasse
Annecy
Cluses
Sion
Sierre
Monthey
Martigny
Aosta
Ivrea
Chambéry
Aix-les-Bains
Albertville
Ambérieu-en-Bugey
Bellegarde-s.-Valserine
Rumilly
Chamonix-Mt-Blanc
Courmayeur
Cuorgnè
Rivarolo Canav.
Haute-Saône
Doubs
Jura
Franche-Comté
Vaud
Valais/Wallis
Haute-Savoie
Savoie
Valle d'Aosta
Vallée d'Aoste
ITALIE
SUISSE
Alpes
Lac Léman

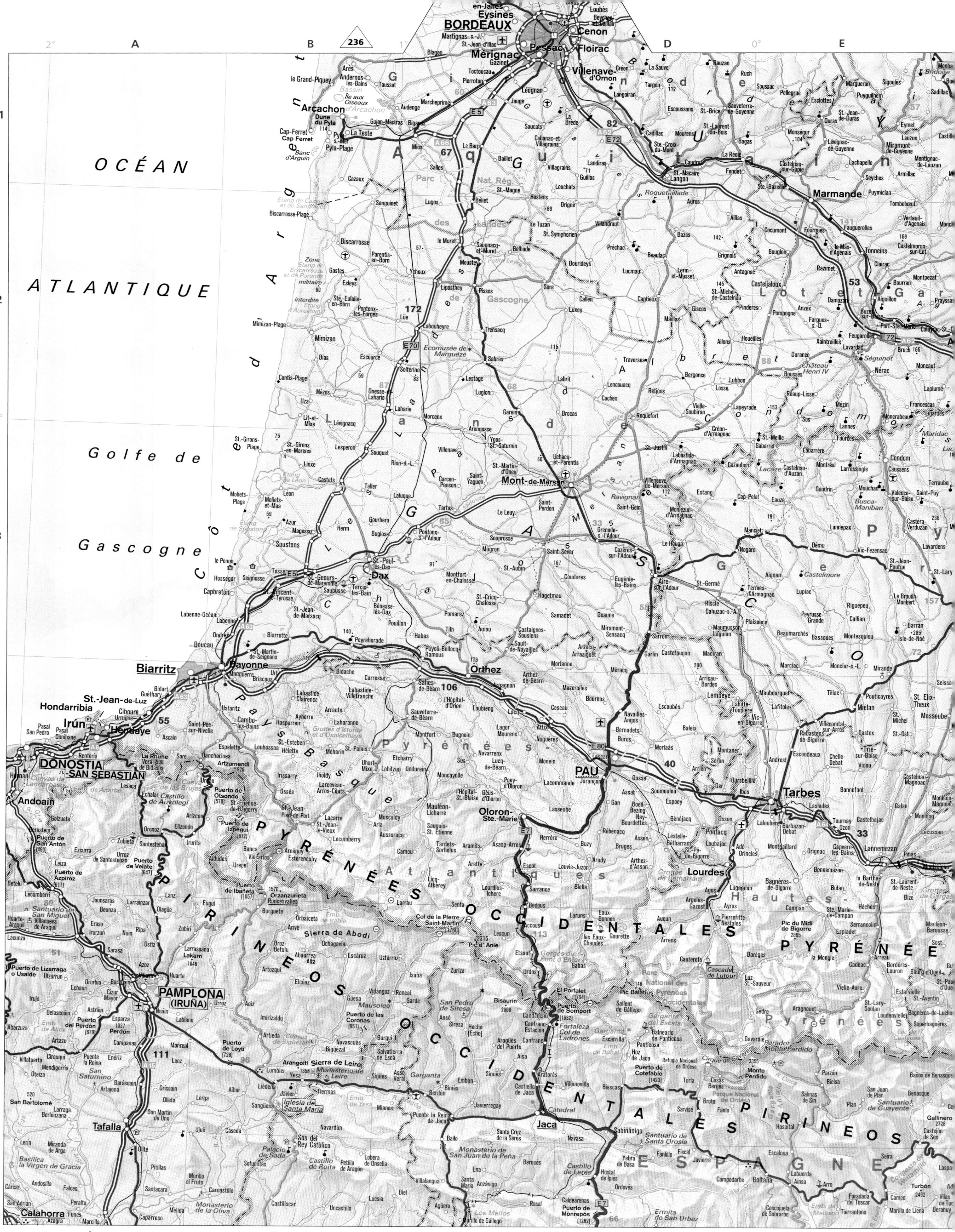

Échelle 1 : 900 000 — 0 8 16 24 32 40 kilomètres

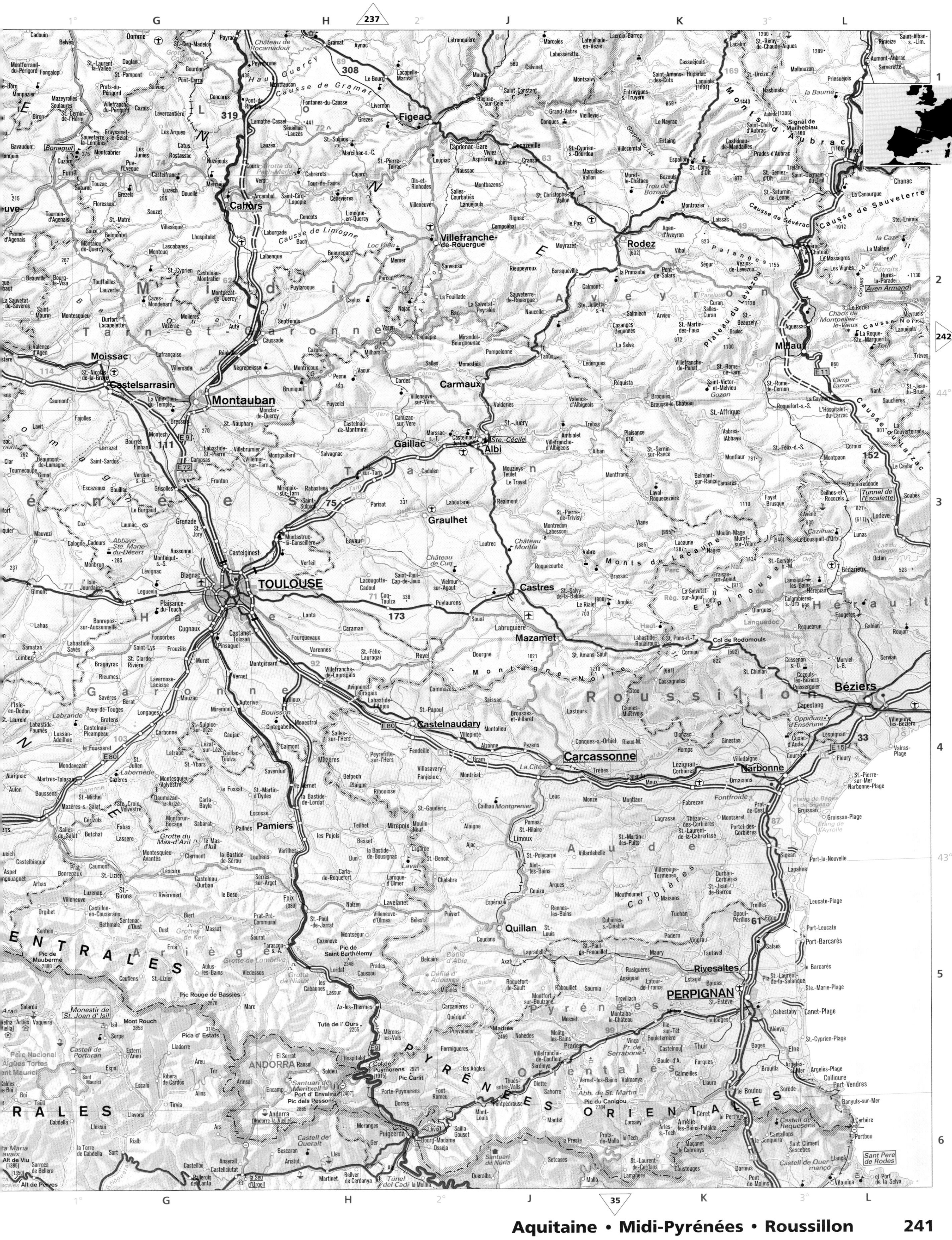

237
242
35
TOULOUSE
Montauban
Cahors
Figeac
Rodez
Villefranche-de-Rouergue
Albi
Carmaux
Gaillac
Castres
Mazamet
Millau
Béziers
Narbonne
Carcassonne
Castelnaudary
Pamiers
Foix
Quillan
Limoux
Rivesaltes
PERPIGNAN
Moissac
Castelsarrasin
Graulhet
Lavaur
ANDORRA
Tarn-et-Garonne
Aveyron
Tarn
Haute-Garonne
Ariège
Aude
Hérault
Roussillon
Pyrénées-Orientales
Corbières
Causse de Gramat
Causse de Limogne
Causse de Sauveterre
Causse du Larzac
Monts d'Aubrac
Plateau du Lévézou
Monts de Lacaune
Montagne Noire
Espinouse
Pyrénées
Midi

238

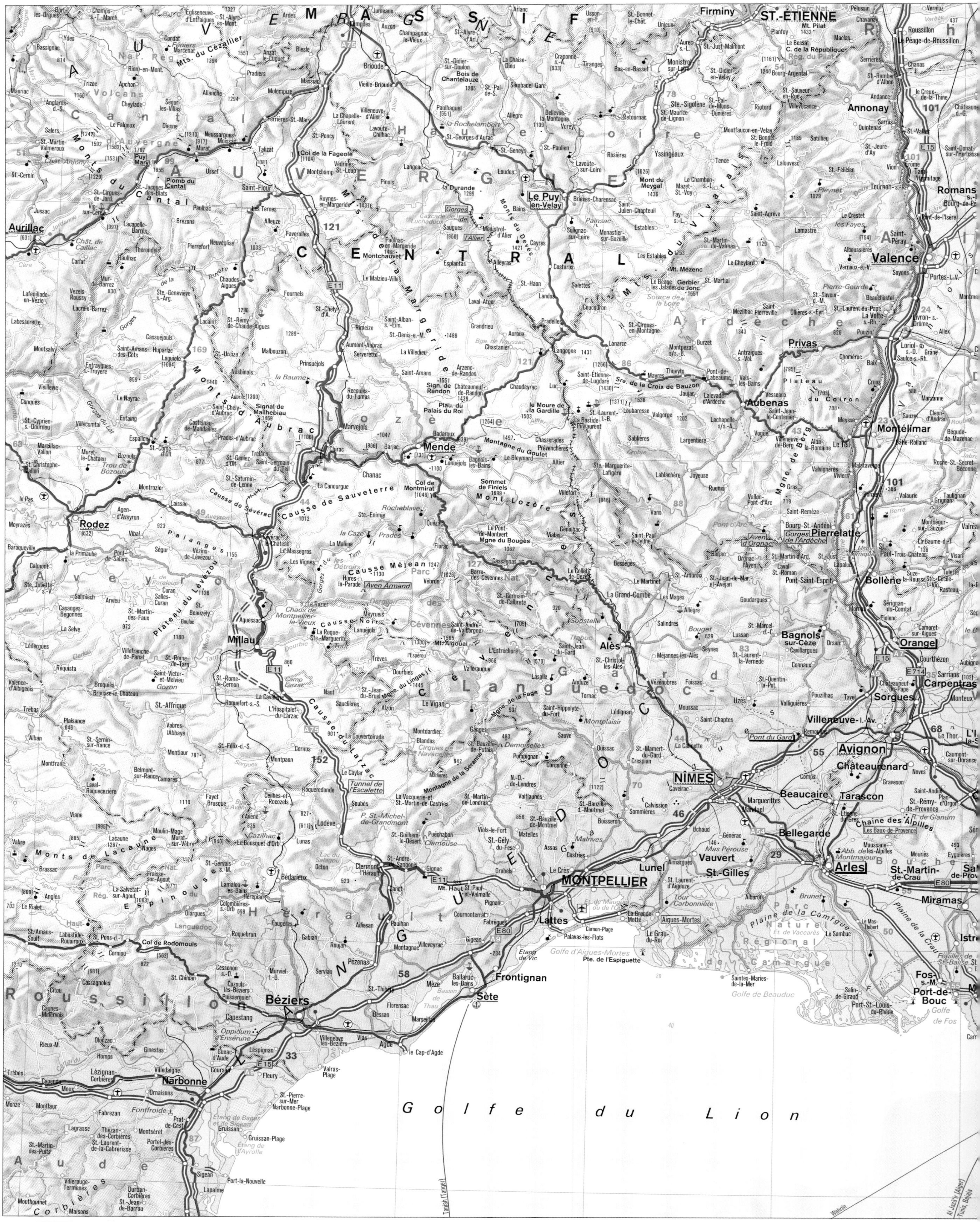

241

Échelle 1 : 900 000 — 0 8 16 24 32 40 kilomètres

GRENOBLE
Voiron
Voreppe
TORINO
Moncalieri
Rivoli
Pinerolo
Briançon
Gap
Digne-l.-B.
Manosque
Pertuis
Aix-en-Provence
Aubagne
La Ciotat
TOULON
La Seyne-s.-M.
Hyères
Fréjus
St.-Raphaël
Cannes
Antibes
Grasse
NICE
Monte-Carlo
Menton
Ventimiglia
Sanremo
Bordighera
CÚNEO
Saluzzo
Savigliano
Fossano
Mondovì
Borgo S. Dalmazzo
Massif de la Vanoise
Massif du Pelvoux
MER MEDITERRANÉE
Îles d'Hyères

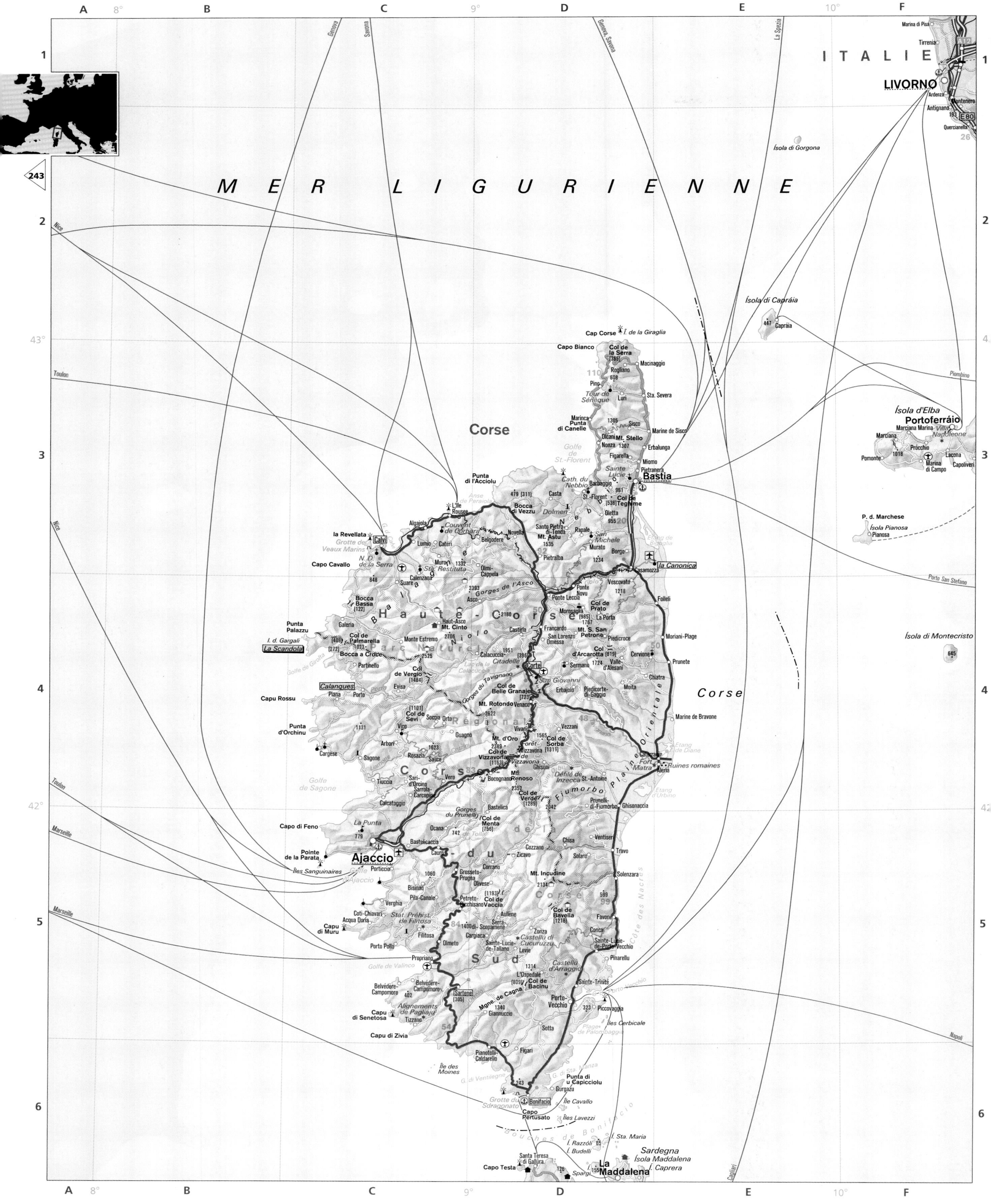

A
B
C
D
E
F
8°
9°
10°
43°
42°
243
ITALIE
LIVORNO
Marina di Pisa
Tirrenia
Ardenza
Montenero
Antignano
Quercianella
E80
Ísola di Gorgona
MER LIGURIENNE
Genova
Savona
Genova, Savona
La Spezia
Nice
Toulon
Marseille
Ísola di Capráia
Capráia
Piombino
Ísola d'Elba
Portoferráio
Marciana Marina
Villa Napoleone
Marciana
Prócchio
Pomonte
Lacona
Marina di Campo
Capoliveri
P. d. Marchese
Ísola Pianosa
Pianosa
Porto San Stefano
Ísola di Montecristo
Corse
Cap Corse
Î. de la Giraglia
Capo Bianco
Col de la Serra
Macinaggio
Rogliano
Pino
Tour de Sénèque
Luri
Sta. Severa
Marinca Punta di Canelle
Sisco
Marine de Sisco
Olcani
Mt. Stello
Nonza
Erbalunga
Golfe de St.-Florent
Figarella
Miomo
Pietranera
Sainte Lucie
Bastia
Punta di l'Acciolu
Cath. du Nebbio
Barbaggio
St.-Florent
Col de Teghime
Casta
Anse de Peraiola
L'Île Rousse
Bocca di Vezzu
Dolmen
Oletta
Algajola
Couvent de Corbara
Novella
Santo Pietro-di-Tenda
Rapale
San Michele
Murato
Mt. Astu
la Revellata
Calvi
Lumio
Cateri
Belgodere
Grotte des Veaux Marins
N.D. de la Serra
Muro
Sta. Restituta
Pietralba
Borgo
La Canonica
Casamozza
Capo Cavallo
Olmi-Cappella
Calenzana
Suare
Vescovato
Gorges de l'Asco
Ponte Novu
Folleli
Bocca Bassa
Asco
Ponte Leccia
Col de Prato
Morosaglia
La Porta
Haute-Corse
Punta Palazzu
Galeria
Haut-Asco
Mt. Cinto
Castirla
Francardo
Mt. S. Petrone
I. d. Gargali
La Scandola
Col de Palmarella
Monte Estremo
Niolo
San Lorenzo
Omessa
Piedicroce
Moriani-Plage
Bocca a Croce
Parc Naturel
Calacuccia
Col d'Arcarotta
Cervione
Partinello
Lac de Calacuccia
Citadelle
Corte
Sermano
Valle-d'Alesani
Prunete
Golfe de Girolata
Col de Vergio
Gorges du Tavignano
San Giovanni
Chiatra
Calanques
Piana
Porto
Evisa
Col de Belle Granaje
Erbajolo
Piedicorte-di-Gaggio
Moïta
Plaine Orientale
Capu Rossu
Mt. Rotondo
Venaco
Col de Sevi
Soccia
Orto
Régional
Marine de Bravone
Punta d'Orchinu
Vico
Vivario
Vezzani
Guagno
Mt. d'Oro
Forêt de Vizzavona
Col de Sorba
Arbori
Cargèse
Rosazia
Salice
Col de Vizzavona
Etang de Diane
Sagone
Ghisoni
Catarragio
Fort Matra
Aléria
Ruines romaines
Défilé de Inzecca
St.-Antoine
Corse
Sari-d'Orcino
Vero
Bocognano
Mt. Renoso
Fiumorbo
Golfe de Sagone
Tiuccia
Sarrola-Carcopino
Col de Verde
Etang d'Urbino
Calcatoggio
Gorges du Prunelli
Bastelica
Prunelli-di-Fiumorbo
Ghisonaccia
Capo di Feno
La Punta
Col de Menta
Ocana
Ventiseri
Bastelicaccia
Chisa
Travo
Pointe de la Parata
Ajaccio
Cauro
Zicavo
Cozzano
Solaro
Îles Sanguinaires
Golfe d'Ajaccio
Porticcio
Grosseto-Prugna
Corrano
Mt. Incudine
Solenzara
Olivese
Bisinao
Pila-Canale
Col de Vaccia
Verghia
Petreto-Bicchisano
Col de Bavella
Coti-Chiavari
Acqua Doria
Stat. Préhist. de Filitosa
Di-Scopamène
Serra-di-Scopamène
Aullène
Favone
Capu di Muru
Filitosa
Cargiaca
Zonza
Conca
Castellu di Cucuruzzu
Porto Pollo
Olmeto
Sainte-Lucie-de-Tallano
Levie
Sainte-Lucie-de-Porto-Vecchio
Sud
Côte des Nacres
Propriano
Pinarellu
Golfe de Valinco
Castellu d'Araggio
L'Ospedale
Col de Bacinu
Belvédère-Campomoro
Sainte-Trinité
Sartène
Porto-Vecchio
Mgne. de Cagna
Piccovaggia
Capu di Senetosa
Alignements de Pagliaju
Giannuccio
Tizzano
Îles Cerbicale
Sotta
Plage de Palombaggia
Capu di Zivia
Napoli
Pianottoli-Caldarello
Figari
Île des Moines
G. di Ventilegne
G. di Sta Manza
Punta di u Capicciolu
Gurgazu
Grotte du Sdragonato
Bonifacio
Île Cavallo
Capo Pertusato
Îles Lavezzi
Bouches de Bonifacio
Î. Sta. Maria
Sardegna
Î. Razzoli
Î. Budelli
Ísola Maddalena
Santa Teresa di Gallura
Capo Testa
Spargi
La Maddalena
Î. Caprera
Cagliari

Échelle 1 : 900 000 — 0 8 16 24 32 40 kilomètres

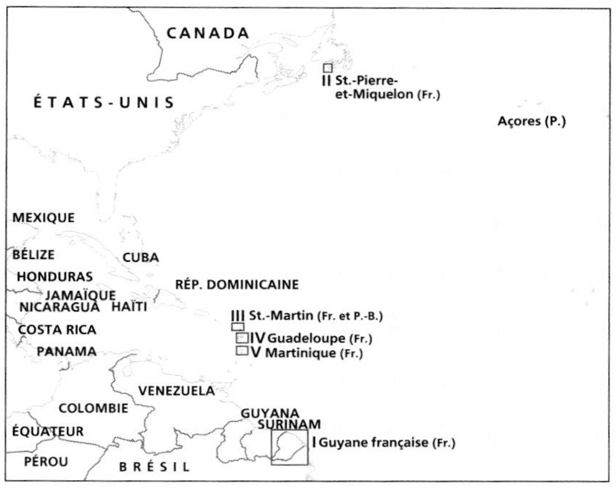

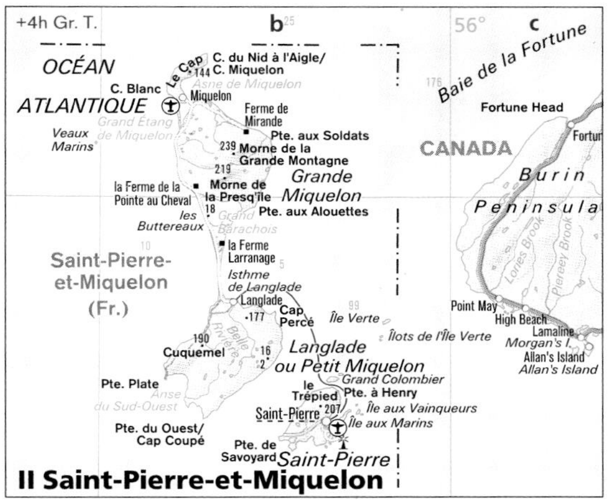

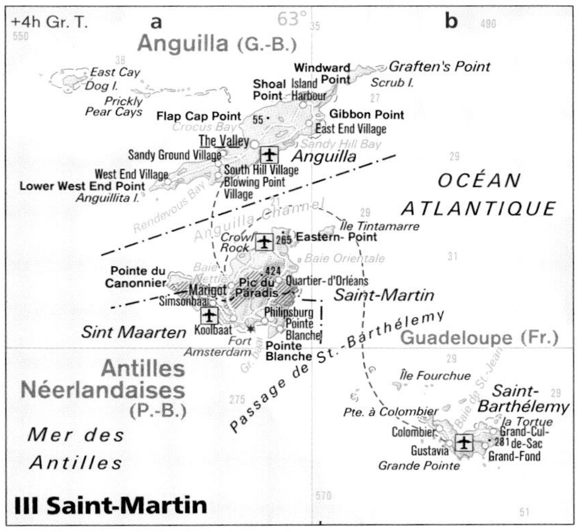

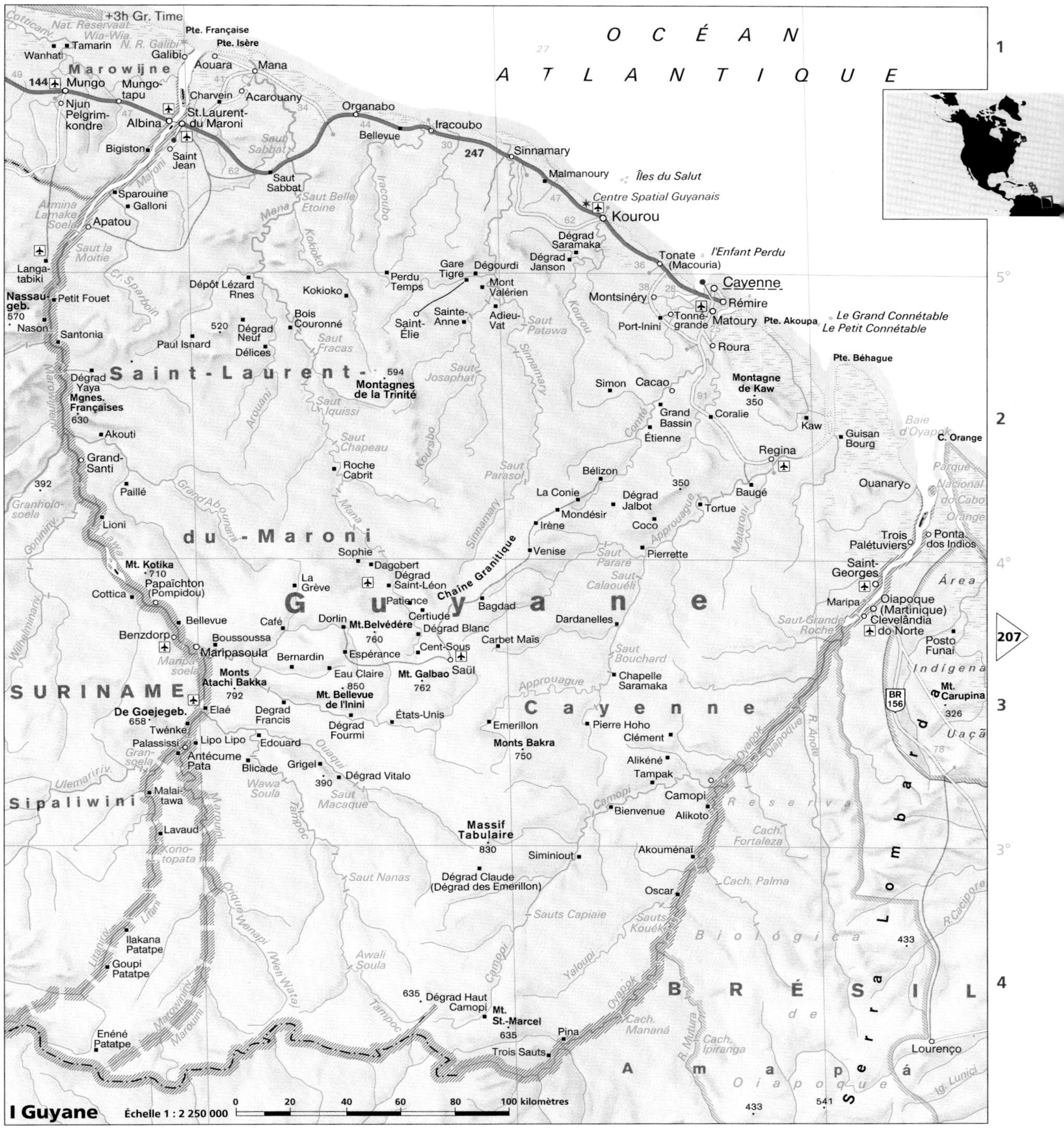

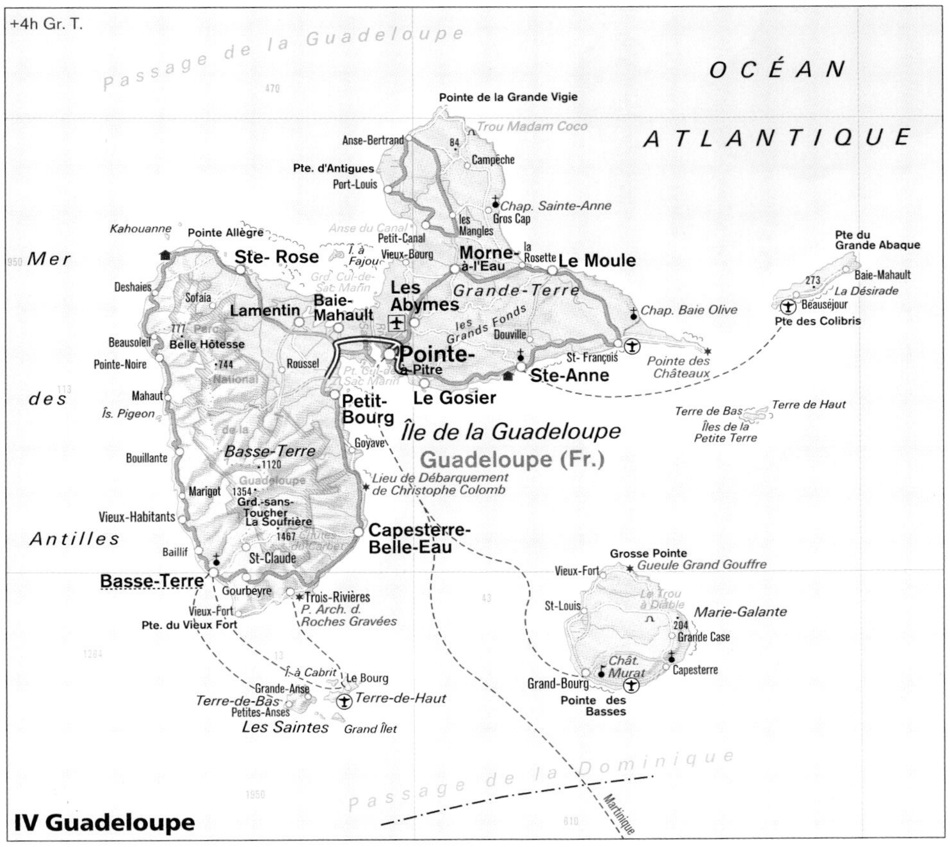

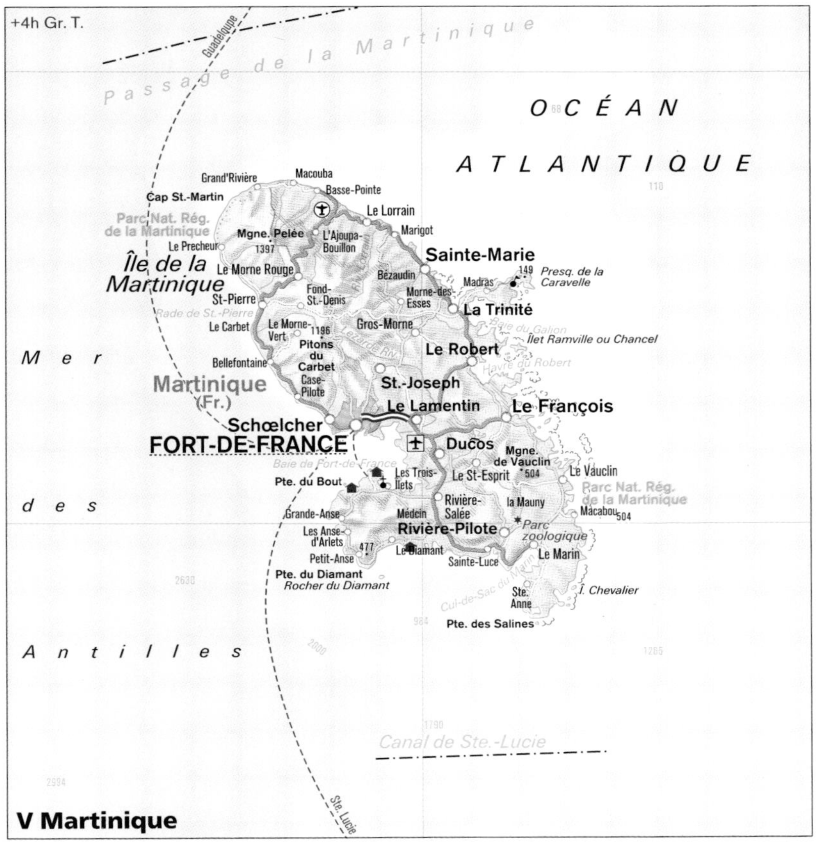

Échelle 1 : 900 000 — 0 8 16 24 32 40 kilomètres

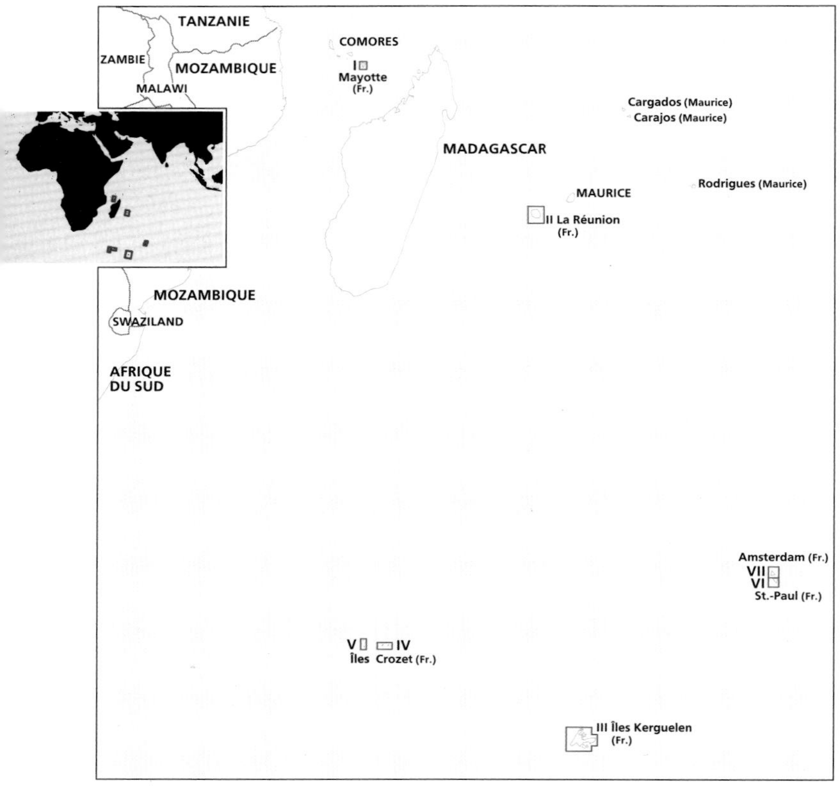

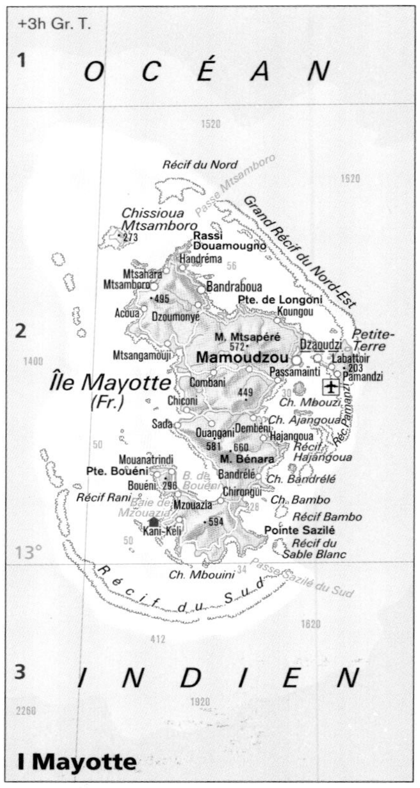

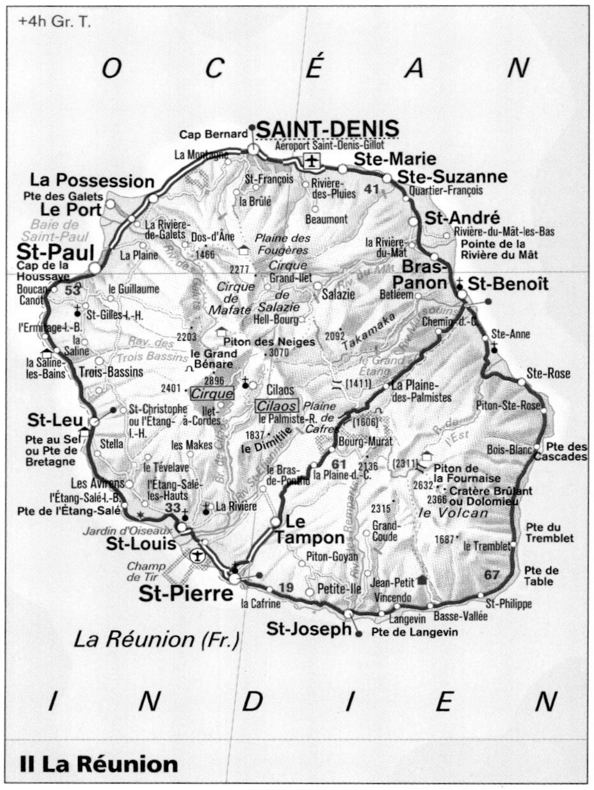

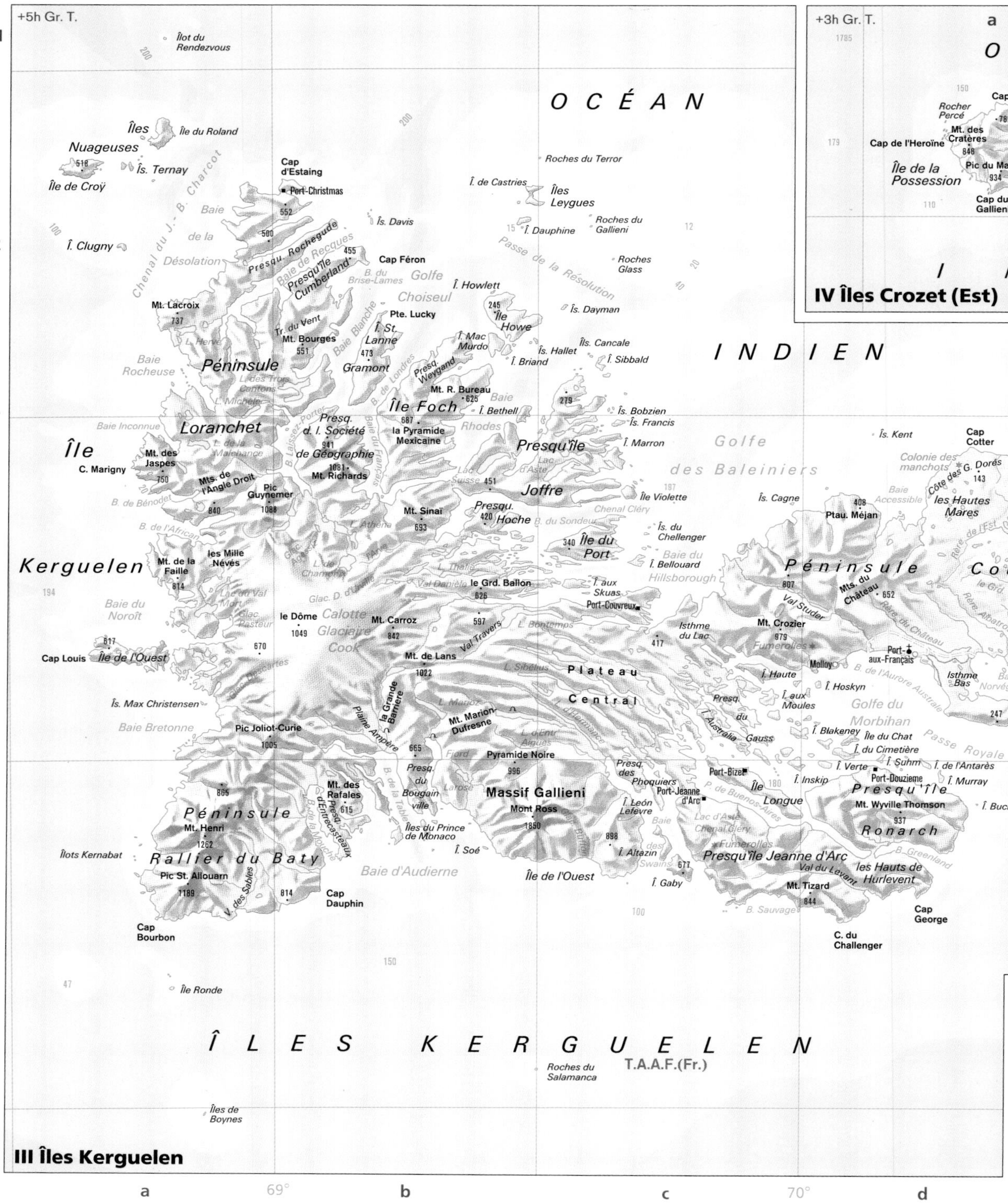

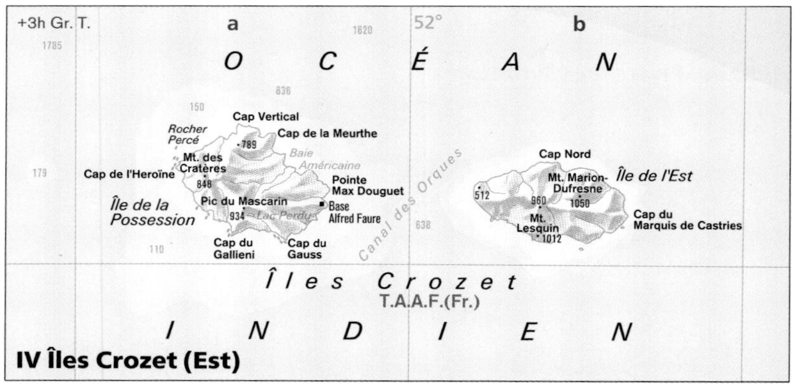

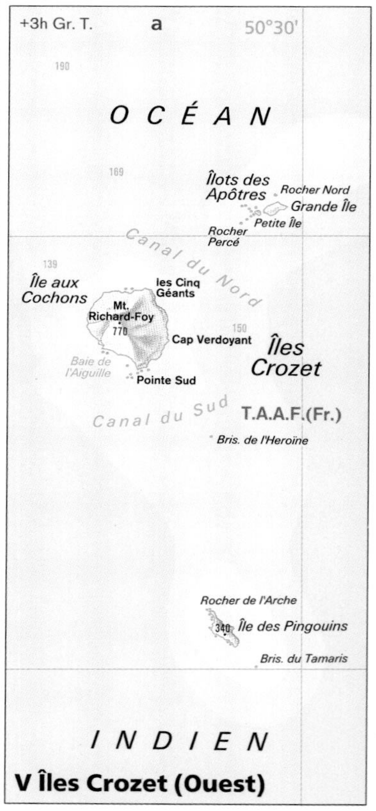

Échelle 1 : 900 000 — 0, 8, 16, 24, 32, 40 kilomètres

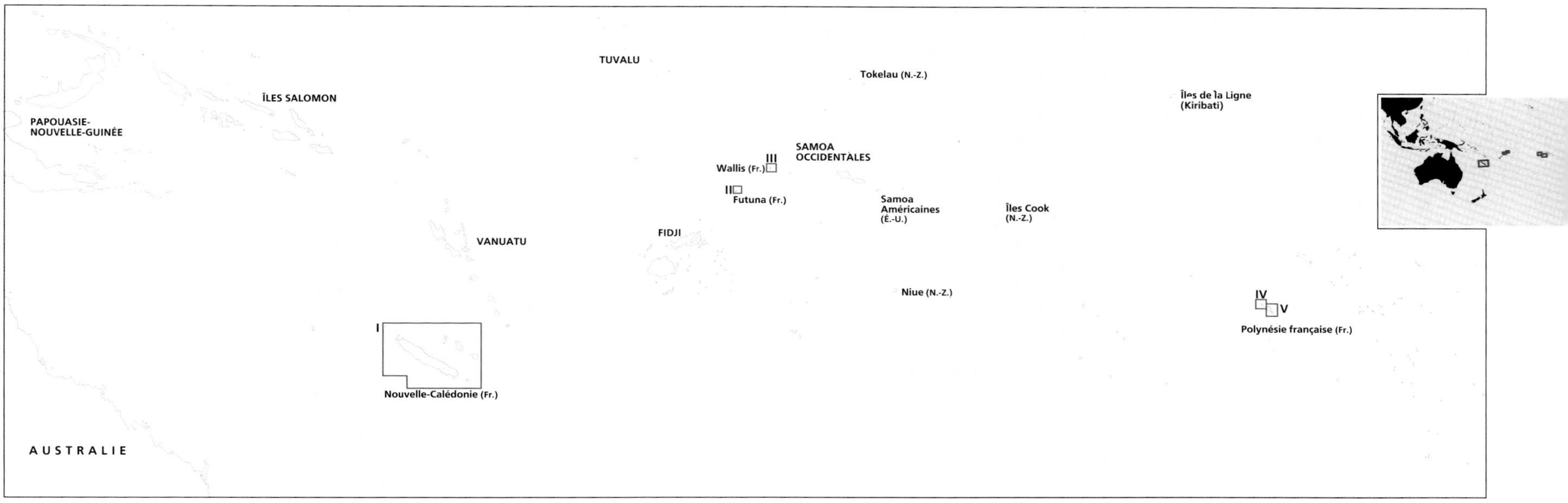
TUVALU
Tokelau (N.-Z.)
ÎLES SALOMON
Îles de la Ligne (Kiribati)
PAPOUASIE-NOUVELLE-GUINÉE
SAMOA OCCIDENTALES
III
Wallis (Fr.)
II
Futuna (Fr.)
Samoa Américaines (É.-U.)
Îles Cook (N.-Z.)
VANUATU
FIDJI
Niue (N.-Z.)
IV
V
Polynésie française (Fr.)
I
Nouvelle-Calédonie (Fr.)
AUSTRALIE

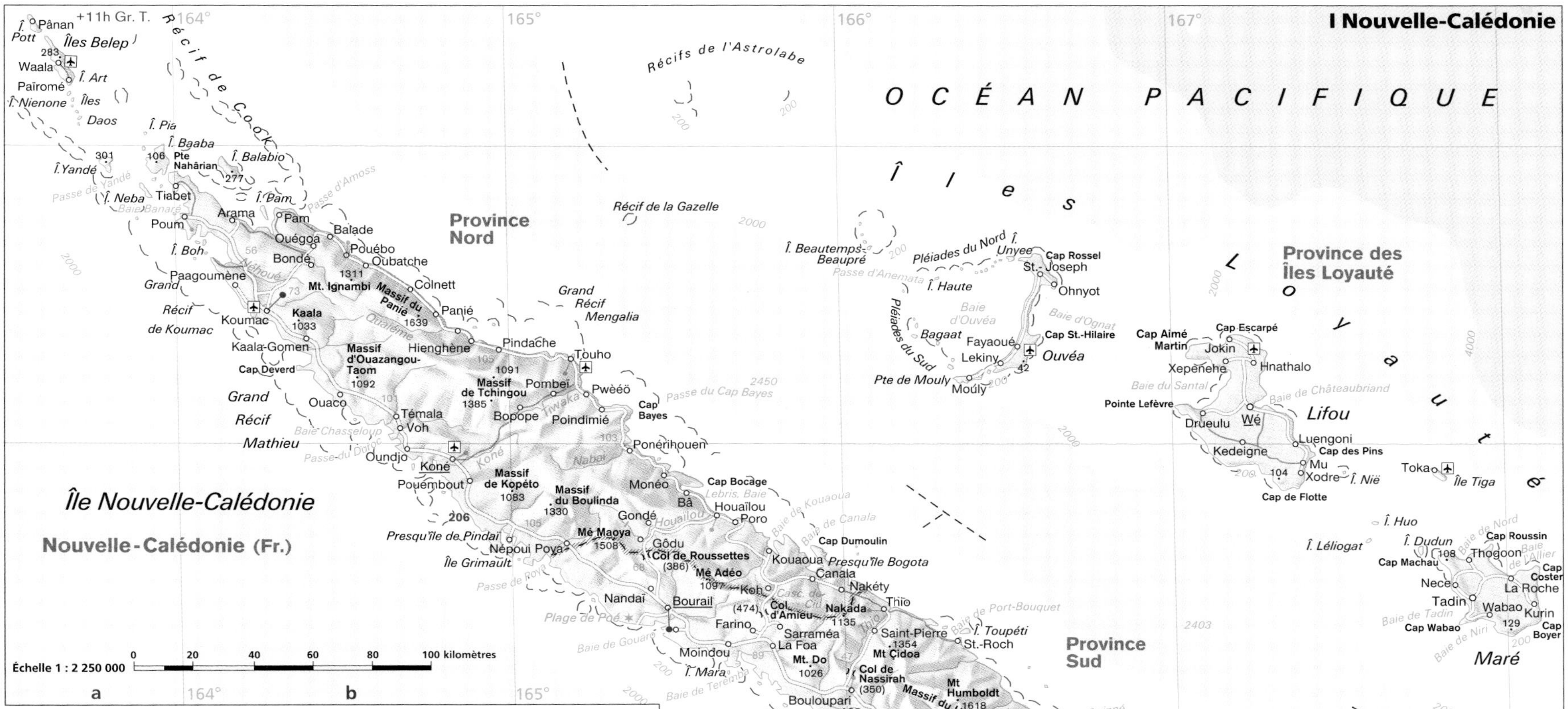
I Nouvelle-Calédonie
+11h Gr. T.
OCÉAN PACIFIQUE
Îles Loyauté
Province Nord
Province des Îles Loyauté
Province Sud
Île Nouvelle-Calédonie
Nouvelle-Calédonie (Fr.)
Îles Belep
Récif de Cook
Récifs de l'Astrolabe
Récif de la Gazelle
Ouvéa
Lifou
Maré
Île des Pins (Kunye)
Koumac
Mt. Ignambi 1311
Massif du Panié 1639
Hienghène
Touho
Poindimié
Ponérihouen
Koné
Pouembout
Massif de Kopéto 1083
Massif du Boulinda 1330
Houaïlou
Poya
Bourail
Canala
Thio
La Foa
Boulouparis
Mt. Humboldt 1618
La Tontouta
Païta
Dumbéa
Nouméa
Mont-Dore
Yaté
Goro
Wé
Tadin
Échelle 1 : 2 250 000
0 20 40 60 80 100 kilomètres

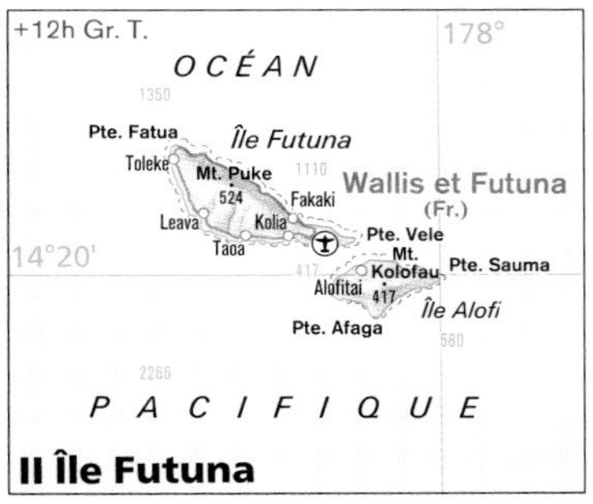
+12h Gr. T.
OCÉAN
Île Futuna
Wallis et Futuna (Fr.)
Mt. Puke 524
Île Alofi
PACIFIQUE
II Île Futuna

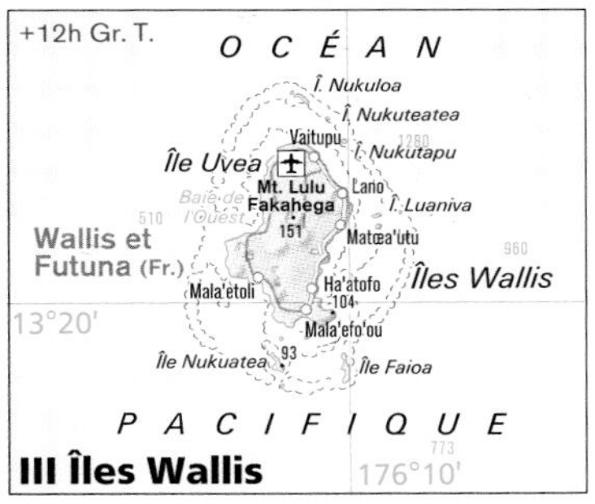
+12h Gr. T.
OCÉAN
Île Uvea
Mt. Lulu Fakahega 151
Mata'utu
Wallis et Futuna (Fr.)
Îles Wallis
PACIFIQUE
III Îles Wallis

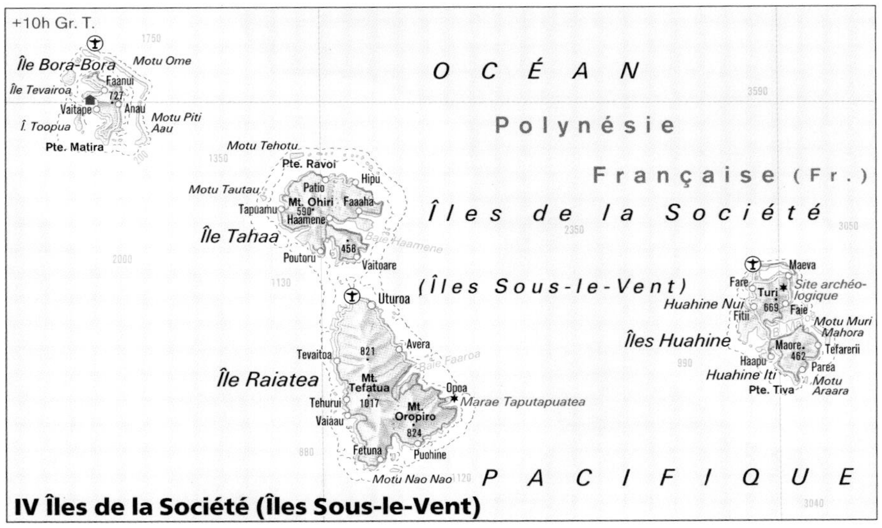
+10h Gr. T.
OCÉAN
Polynésie Française (Fr.)
Îles de la Société (Îles Sous-le-Vent)
Île Bora-Bora
Île Tahaa
Île Raiatea
Uturoa
Îles Huahine
Huahine Nui
Huahine Iti
Marae Taputapuatea
PACIFIQUE
IV Îles de la Société (Îles Sous-le-Vent)

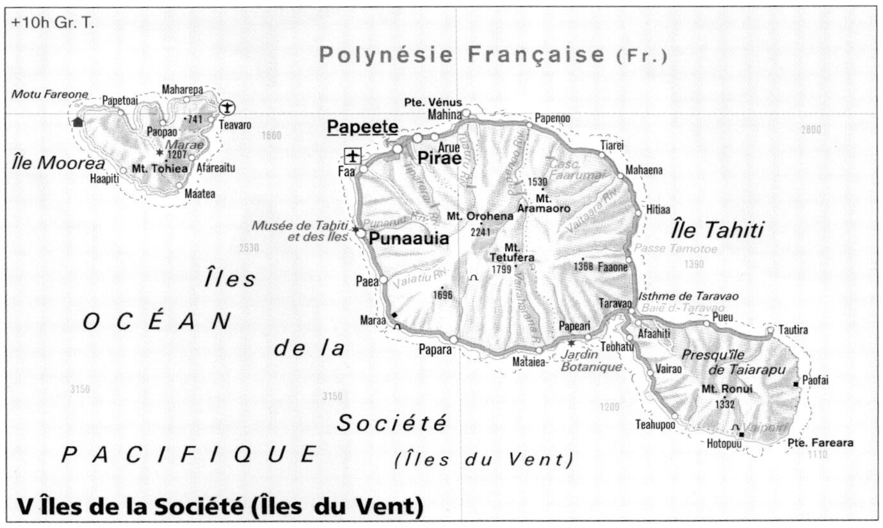
+10h Gr. T.
Polynésie Française (Fr.)
Île Moorea
Papeete
Pirae
Punaauia
Île Tahiti
Mt. Orohena 2241
Presqu'île de Taiarapu
Îles de la Société (Îles du Vent)
OCÉAN PACIFIQUE
V Îles de la Société (Îles du Vent)

Échelle 1 : 900 000 — 0 8 16 24 32 40 kilomètres

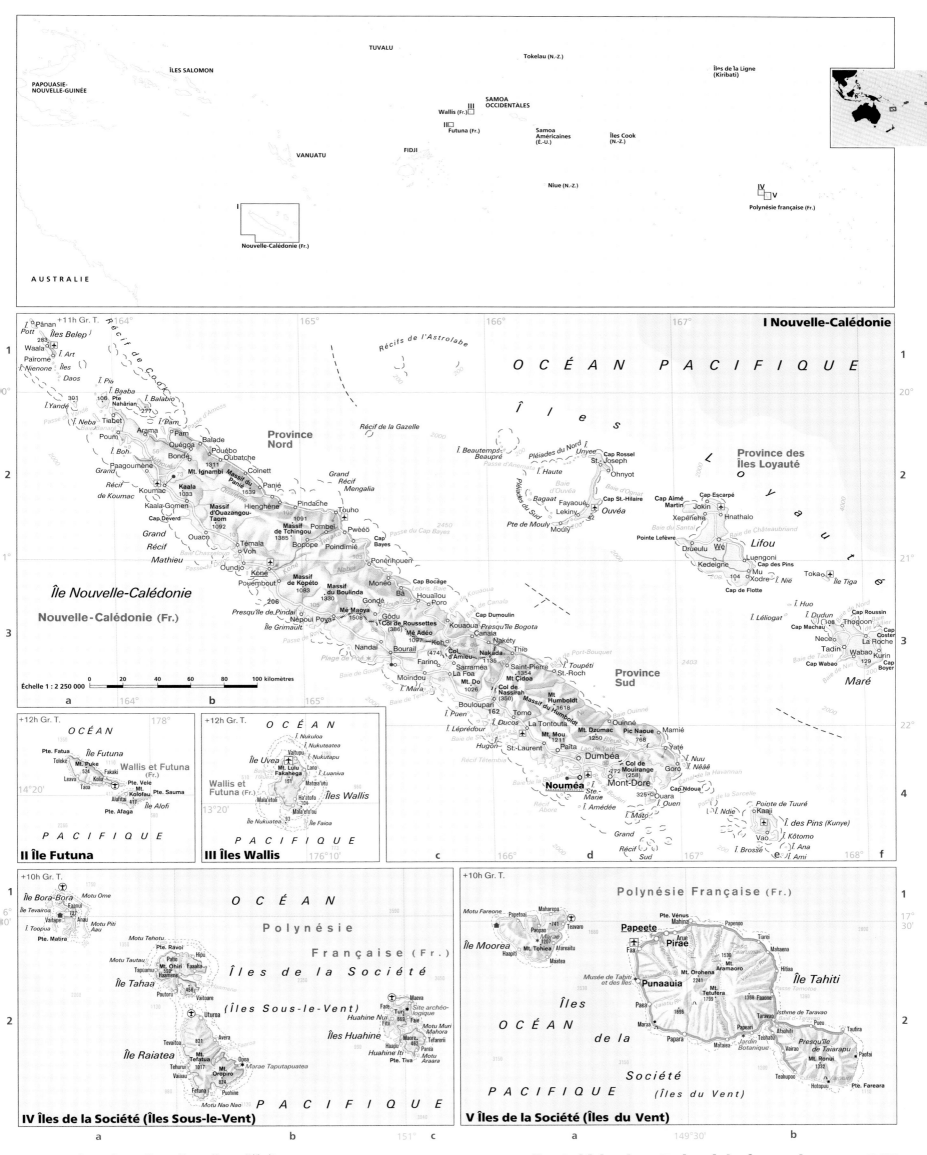

1. Départements de la France métropolitaine

01 Ain
02 Aisne
03 Allier
04 Alpes-de-Haute-Provence
05 Hautes-Alpes
06 Alpes-Maritimes
07 Ardèche
08 Ardennes
09 Ariège
10 Aube
11 Aude
12 Aveyron
13 Bouches-du-Rhône
14 Calvados
15 Cantal
16 Charente
17 Charente-Maritime
18 Cher
19 Corrèze
2A Corse-du-Sud
2B Haute-Corse
21 Côte-d'Or
22 Côtes-d'Armor
23 Creuse
24 Dordogne
25 Doubs
26 Drôme
27 Eure
28 Eure-et-Loir
29 Finistère
30 Gard
31 Haute-Garonne
32 Gers
33 Gironde
34 Hérault
35 Ille-et-Vilaine
36 Indre
37 Indre-et-Loire
38 Isère
39 Jura
40 Landes
41 Loir-et-Cher
42 Loire
43 Haute-Loire
44 Loire-Atlantique
45 Loiret
46 Lot
47 Lot-et-Garonne
48 Lozère
49 Maine-et-Loire
50 Manche
51 Marne
52 Haute-Marne
53 Mayenne
54 Meurthe-et-Moselle
55 Meuse
56 Morbihan
57 Moselle
58 Nièvre
59 Nord
60 Oise
61 Orne
62 Pas-de-Calais
63 Puy-de-Dôme
64 Pyrénées-Atlantiques
65 Hautes-Pyrénées
66 Pyrénées-Orientales
67 Bas-Rhin
68 Haut-Rhin
69 Rhône
70 Haute-Saône
71 Saône-et-Loire
72 Sarthe
73 Savoie
74 Haute-Savoie
75 Paris
76 Seine-Maritime
77 Seine-et-Marne
78 Yvelines
79 Deux-Sèvres
80 Somme
81 Tarn
82 Tarn-et-Garonne
83 Var
84 Vaucluse
85 Vendée
86 Vienne
87 Haute-Vienne
88 Vosges
89 Yonne
90 Territoire-de-Belfort
91 Essonne
92 Hauts-de-Seine
93 Seine-Saint-Denis
94 Val-de-Marne
95 Val-d'Oise

2. Départements d'outre-mer

971 Guadeloupe
972 Martinique
973 Guyane
974 Réunion

3. Collectivités territoriales

975 Saint-Pierre-et-Miquelon
985 Mayotte

4. Territoires d'outre-mer

984 Îles éparses de l'océan Indien, Terres australes et antarctiques françaises
986 Wallis et Futuna

Échelle 1 : 4 500 000 — 0 40 80 120 160 200 kilomètres

Liste des abréviations

A

A.	Alm (all.) = alpage
Abb.	Abbaye
Abor.	Aboriginal (angl.)
Aç.	Açude (port.) = petit réservoir
Ad.	Adası (turc) = île
A.F.B.	Air Force Base (angl.) = base aérienne militaire
Ag.	Agios (grec) = saint
A. I.	Área Indígena (port.) = réserve indienne
Ald.	Aldeia (port.) = village, hameau
Arch.	Archipiélago (esp.) = archipel
Arh.	Arhipelag (rus.) = archipel
Arq.	Arquipélago (port.) = archipel
Arr.	Arroyo (esp.) = ruisseau
Arrond.	Arrondissement
Art. Ra.	Artillery Range (angl.) = champ de tir
Aut.	autonome

B

B.	Baie
B.	Biológicala, -o (esp., port.) = biologique
Ba.	Bahía (esp.) = baie
Bal.	Balka (rus.) = gorge
Ban.	Banjaran (mal.) = montagne
Bel.	Belo, -yi, -aja, -oe (rus.) = blanc
Bk.	Bukit (mal.) = montagne, colline
Bol.	Bolšoj, -aja, -oe (rus.) = grand(e)
Bol.	Boloto (rus.) = marais
Bot.	Botanical (angl.) = botanique
B. P.	Battlefield Park (angl.) = parc de la bataille
Brj.	Baraj (turc) = barrage
Buch.	Buchta (ukr.) = baie
Buh.	Buhta (rus.) = baie

C

C.	Cabo (esp.) = Cap
C.	Cap (fr.,port.)
Cab.	Cabeça (port.) = éminence, sommet
Cach.	Cachoeira (port.) = rapides
Cal.	Caleta (esp.) = baie
Can.	Canalul (roum.) = canal
Can.	Canal (esp.) = canal
Cast.	Castello (ital.) = château fort, château
Cd.	Ciudad (esp.) = ville
CFT	Chemin de fer touristique
Cga.	Ciénaga (esp.) = marais, marécage
Ch.	Chenal
Ch.	Chusiouna (à Mayotte) = île
Chr.	Chrebet (ukr.) = montagne
Co.	Cerro (esp.) = montagne, colline
Col.	Colonia (esp.) = colonie
Conv.	Convento (esp.) = monastère
Cord.	Cordillera (esp.) = montagne, cordillère
Corr.	Corredeira (port.) = rapides
Cpo.	Campo (ital.) = champ
Cr.	Creek (angl.) = ruisseau
Cs.	Cerros (esp.) = montagnes, collines

D

D.	Dake (jap.) = montagne
Dağl.	Dağlar (turc) = montagnes
Dist.	District (angl.) = district
Df.	Dorf (all.) = village
Dl.	Deal (roum.) = hauteur, colline

E

Ea.	Estancia (esp.) = domaine agricole
Ej.	Ejido (esp.) = pâturage de la commune
Emb.	Embalse (esp.) = réservoir
Ens.	Enseada (port.) = petite baie
Erm.	Ermita (esp.) = ermitage
Ero.	Estero (esp.) = lagune
Esp.	España (esp.) = Espagne
Est.	Estación (esp.) = gare
Estr.	Estrecho (esp.) = détroit
É.-U.	États-Unis
Ez.	Ezero (bulg.) = lac

F

Faz.	Fazenda (port.) = domaine agricole
Fk.	Fork (angl.) = bras d'eau
Fn.	Fortín (esp.) = fortin, redoute
Fr.	France
Fs.	Falls (angl.) = chute(s) d'eau, cascade(s)
Ft.	Fort (angl.) = fort

G

Ğ	Ğabal (arab.) = montagne
G.	Gawa (jap.) = lagune
G.	Gîtul (roum.) = col
G.	Gora (rus.) = montagne
G.	Golfo (esp.) = golfe, baie
G.- B.	Grande-Bretagne
Gde.	Grande (esp.) = grand(e)
Gds.	Grandes (esp.) = grand(e)s
Glac.	Glacier
Gos.	Gosudarstvennyj,-aja (rus.) = d'État
Grd	Grand
Gr.	Grèce
Gr.	General (esp.)
Grl.	General (esp.)

H

H.	Hora (ukr.) = montagne
H.	Hütte (all.) = refuge
Harb.	Harbour (angl.) = port
Hist.	Historic (angl.) = historique
Heim	(all.) = domicile
Hr.	Hrebet (rus.) = montagne
Hte	Haute
Hwy.	Highway (angl.) = autoroute

I

Î.	Île, Îlot
I.	Ilha (port.) = île
I.	Island (angl.) = île
I.	Iglesia (esp.) = église
I.	Isla (esp.) = île
Ind.	Indian (angl.) = indien(ne)
Ind. Res.	Indian Reservation (angl.) = réserve indienne
In.	Insulă (roum.) = île
Int.	International(e)
Îs.	Îles
Is.	Islas (esp.) = îles
Is.	Islands (angl.) = îles
It.	Italie

J

Jaz.	Jazovir (bulg.) = réservoir
Jct.	Junction (angl.) = carrefour
Jez.	Jezero (slov.) = lac
Juž.	Južnyj, -aja (rus.) = du sud, sud

K

Kan.	Kanal (all.) = canal
Kep.	Kepulauan (indon.) = archipel
Kg.	Kampong (indon.) = village
K-l.	Kölli (kazakh) = lac
K-l.	Küli (ouzbék) = lac
Kör.	Körfez (turc) = golfe, baie
Kp.	Kólpos (grec) = golfe, baie
Kr.	Krasno, -yj, -aja, -oe (rus.) = rouge

L

L.	Lac
L.	Lago (esp., ital., port.) = lac
L.	Lacul (roum.) = lac
L.	Lake (angl.) = lac
Lag.	Laguna (esp., rus.) = lagune
Lev.	Levyj, -aja (rus.) = gauche
Lim.	Liman (rus.) = lagune
Lim.	Limni (grec) = lac
Lte.	Little (angl.) = petit(e)

M

M.	Mima (à Mayotte) = Mont
M.	Mys (rus.) = cap
M.	Munte (roum.) = mont
Mal.	Malo, -yj, -aja, -oe (rus.) = petit
Man.	Manastir (bulg.) = monastère
Man.	Manastur (turc) = monastère
Mă.	Măanăstire (roum.) = monastère
Mem.	Memorial (angl.) = monument, mémorial
Mgne	Montagne
Mi.	Misaki (jap.) = cap
Mil. Res.	Military Reservation (angl.) = zone militaire interdite
Milli P.	Milli Park (turc) = parc national
Min.	Minéral
Mñas.	Montañas (esp.) = montagnes
Moh.	Mohyla (ukr.) = mausolée, tombeau
Mon.	Monasteiro (esp.) = monastère
M. P.	Military Park (angl.) = zone militaire interdite
Mt	Mont
Mte	Monte (ital.) = mont
Mte.	Monte (esp.) = mont
Mti	Monti (ital.) = monts
Mtn.	Mountain (angl.) = mont, montagne(s)
Mtn. S. P.	Mountain State Park (angl.) = parc régional de montagne
Mtns.	Mountains (angl.) = montagnes
Mt.	Mount (angl.) = mont
Mts.	Montes (esp.) = montagnes
Mts	Monts
Munț.	Munții (roum.) = montagnes
Mus.	Museum (all., angl.) = musée

N

N.	Nudo (esp.) = pointe
N.	Nehir/ Nehri (turc) = rivière, fleuve
Nac.	Nacional (esp.) = national
Nac.	Nacional'nyj, -aja, -oe (rus.) = national
Nat.	National
Nat. Mon.	National Monument (angl.) = monument national
Nat. P.	National Park = parc national
Nat. Seas.	National Seashore (angl.) = parc national du littoral
Naz.	Nazionale = national
N. B. P.	National Battlefield Park (angl.) = parc national de bataille
N. B. S.	National Battlefield Site (angl.) = site national de bataille
Ned.	Nederlande (néerl.) = Pays-Bas
Nev.	Nevado (esp.) = enneigé
N. H. P.	National Historic Park (angl.) = parc national historique
N. H. S.	National Historic Site (angl.) = site national historique
Nižz.	Niže, -nij, -naja, -neje (rus.) = bas, basse
Nizm.	Nizmennost' (rus.) = plaine
N. M. P.	National Military Park (angl.) = parc national militaire
Nördl.	Nördlich (all.) = nord, du nord
Norv.	Norvège
Nov.	Novo., -yj, -aja, -oe (rus.) = nouveau, nouvelle
N. P.	National Park = parc national
N. R. A.	National Recreation Area (angl.) = aire nationale de loisirs
Nsa. Sra.	Nossa Senhora (port.) = Notre-Dame
Nth.	North (angl.) = nord
Ntra. Sra.	Nuestra Señora (esp.) = Notre-Dame
Nva.	Nueva (esp.) = nouvelle
Nvo.	Nuevo (esp.) = nouveau
N.W.R.	National Wild Fund (angl.) = réserve nationale animale

O

O.	Ostrov (rus.) = île
Obl.	Oblast (rus.) = district
Ö	Östra (suéd.) = est, de l'est
Öv.	Övre (suéd.) = haut(e), supérieur(e)
Of.	Oficina (esp.) = office
Ostr.	Ostrov (roum.) = île
O-va.	Ostrova (rus.) = îles
Oz.	Ozero (rus.) = lac

P

P.	Passe
P.	Pico (esp.) = pic
P.	Pulau (indon.) = île
P.	Port
P.-B.	Pays-Bas
Peg.	Pegunungan (ind.) = montagne
Pen.	Peninsula (esp.) = péninsule, presqu'île
Per.	Pereval (rus.) = col
Picc.	Piccolo (ital.) = petit
P-iv.	Pivostriv (ukr.) = péninsule, presqu'île
Pk.	Peak (angl.) = sommet, pic
Pkwy.	Parkway (angl.) = route touristique
Pl.	Planina (bulg.) = mont, montagne
Plat.	Plateau
P. N.	Parque Nacional (esp.) = parc national
Po.	Paso (esp.) = col
Por.	Porog (rus.) = rapides
P-ov.	Polustrov (rus.) = péninsule, presqu'île
Pr.	Proliv (rus.) = détroit
Pr.	Prohod (rus.) = col
Presq.	Presqu'île
Pro.	Provincial (angl.)
Prov. P.	Provincial Park (angl.) = parc provincial
Pso.	Passo (ital.) = col
Psto.	Puesto (esp.) = poste
Pt.	Point (angl.) = cap, pointe
Pta.	Punta (esp.) = cap, pointe
Pta.	Ponta (port.) = cap, pointe
Pte.	Pointe
Pto.	Puerto (esp.) = port, col
Pto.	Pôrto (port.) = port
Pzo.	Pizzo (ital.) = pointe

Q

Q. N. P.	Quasi National Park (jap.) = parc national

R

R.	Reka (bulg.) = rivière
R.	Rio (esp., port.) = rivière
Ra.	Range (angl.) = chaîne de montagnes
Rch.	Riachão (port.) = petite rivière
Rch.	Riacho (esp.) = petite rivière
Rdl.	Raudal (esp.) = fleuve
Rég. Aut.	Région autonome
Rep.	Republik (all.) = république
Rép.	République
Repr.	Represa (port.) = barrage
Res.	Reservoir (angl.) = réservoir
Res.	Reserva (esp., port.) = réserve
Resp.	Respublika (rus.) = république
Rib.	Ribeiro (port.) = petite rivière
Rib.	Ribeira (port.) = rive, rivage
Rif.	Rifugio (ital.) = refuge
Riv.	River (angl.) = rivière
Riv.	Rivière
Rom.	Romano, -a (esp.) = romain(e)
R. U.	Royaume- Uni
Rus.	Russie

S

S.	San, Santo (ital.) = saint
S.	San (jap.) = mont, montagne
S.	San (esp.) = saint
S.	São (port.) = saint
Sa.	Saki (jap.) = cap
Sa.	Serra (port.) = montagne
Sal.	Salar (esp.) = désert de sel, lagune de sel
Sanm.	Sanmyaku (jap.) = montagne
Sd.	Sound (angl.) = détroit
Sel.	Selat (indon.) = route
Sev.	Sever, -nyj, -naja, -noe (rus.) = nord, du nord
Sf.	Sfintu (roum.) = saint
Sh.	Shima (rus.) = île
S.H.P.	State Historic Park (angl.) = parc régional historique
S.H.S	State Historic Site (angl.) = site régional historique
S. M.	State Monument (angl.) = monument régional
Sna.	Salina (esp.) = saline
Snas.	Salinas (esp.) = salines
Snia.	Serrania (esp.) = pays de montagnes
S. P.	State Park (angl.) = parc régional
Sr.	Sredne, -ij, -aja, -ee (rus.) = moyen, central
Sra.	Sierra (esp.) = montagnes
St.	Sankt (all.) = saint
St	Saint
Sta	Santa (ital.) = sainte
Sta.	Santa (esp.) = sainte
Sta.	Staro, -yj, -aja, -oe (rus.) = vieux, ancien
Ste	Sainte (angl., fr.) = sainte
Sth.	South (angl.) = sud, du sud
St. Mem.	State Memorial (angl.) = lieu commémoratif régional
Sto	Santo (ital.) = saint
Sto.	Santo (esp., port.) = saint
Str.	Strait (angl.) = détroit
Suh.	Suho,-aja (rus.) = sec
Sv.	Sveti (croat.) = saint
Sv.	Svet,-a,-o (bulg.) = saint(e)

T

T.	Take (jap.) = sommet, hauteur
T.	Tau (kazakh) = mont
T.A.A.F.	Terres australes et antarctiques françaises
Tel.	Teluk (indon.) = baie
Terr. Aut.	Territoire autonome
Tg.	Tanjung (indon.) = cap
Tg.	Tōge (jap.) = col
Tun.	Tunisie
Tur.	Turquie

U

Ülk.	Ülken (kazakh) = grand

V

V.	Vallée
Va.	Villa (esp.) = bourg
Vda.	Vereda (port.) = sentier
Vdhr.	Vodohranilišče (rus.) = réservoir
Vdp.	Vodospad (ukr.) = cascade, chute d'eau
Vel.	Veliko, -ij, -aja, -oe (rus.) = grand(e)
Verh.	Verhnie, -yj, -aja, ee (rus.) = haut(e), supérieur(e)
Vf.	Virf (roum.) = sommet, hauteur
Vill.	Village (angl.) = village
Vis.	Visočina (bulg.) = éminence
Vjal.	Vjalikie (biélorus.) = grand(e)
Vlk.	Vulkan (all.) = volcan
Vn.	Volcán (esp.) = volcan
Vod.	Vodopad (rus.) = cascade, chute d'eau
Vol.	Volcán (esp.) = volcan
Vul.	Vulcano (philip.) = volcan

W

W. A.	Wilderness Area (angl.) = réserve naturelle

Y

Y.	Yama (jap.) = mont, montagne

Z

Zal.	Zaliv (rus.) = golfe, baie
Zap.	Zapadne, -ji, -aja, -noe (rus.) = ouest, de l'ouest
Zapov.	Zapovednik (rus.) = zone protégée

Mots clés

Index

L'index contient, dans un ordre alphabétique strict, tous les toponymes (noms de lieu) figurant sur les différentes cartes de cet Atlas.

D'une manière générale, les toponymes inscrits sur les cartes et portés dans l'index correspondent, à chaque fois, à leur dénomination dans la langue même du pays où ils se situent.

Dans le cas des langues utilisant l'alphabet latin, la totalité des signes diacritiques en usage (et, le cas échéant, des lettres supplémentaires) apparaîtront donc : ainsi Tiranë, capitale de l'Albanie ; Sauðarkrökur, ville d'Islande ; Ereğli, port de Turquie.

Dans le cas des langues n'utilisant pas l'alphabet latin, ou des langues n'ayant pas de forme écrite officielle, les toponymes relevés ont été translittérés au moyen de systèmes reconnus internationalement, ou transcrits selon des normes phonétiques précises : ainsi Eşfahān, ville iranienne ; Beijing, capitale de la Chine ; Moruroa, atoll du Pacifique.

Pour un certain nombre de toponymes (un millier environ, et notamment pour les capitales d'États indépendants), il est fait mention de leur dénomination française traditionnelle (exonyme), le lien entre la forme française et la forme telle qu'elle apparaît dans la langue du pays (endonyme) étant introduit par un signe d'égalité : Vienne = Wien ; Azov, mer d' = Azovskoe more; Tripoli = Tarābulus.

Enfin, dans les cas de bilinguisme officiel, les deux noms en usage entrent dans l'index, séparés par un trait oblique (Helsinki/Helsingfors).

Les toponymes ayant dû, faute de place, être inscrits sur les cartes de manière abrégée, apparaissent en toutes lettres dans l'index, à moins qu'il ne s'agisse, comme dans la toponymie nord-américaine, d'une abréviation officielle (Washington D.C.).

Dans le cas des dénominations de formes géographiques, le terme générique suit le nom propre : ainsi Mexique (golfe du), ou Ventoux (mont).

Paris	★ •••	F	(75)	232-233	G 2
① toponyme	② symbole	③ pays	④ circonscription administrative	⑤ page	⑥ coordonnées

② Symboles:

- ■ ... État souverain
- □ ... circonscription administrative
- ★ ... capitale (État)
- ☆ ... capitale (région)
- o ... localité
- ∸ ... région pittoresque
- ∩ ... île
- ᴗ ... plaine basse
- ▲▲ ... montagnes
- ▲ ... sommet
- ▲ ... volcan actif
- ≈ ... océan, mer
- o ... lac, lac salé
- ~ ... fleuve, cascade
- ⊂ ... glacier
- < ... construction du génie hydraulique
- ≃ ... relief sous-marin
- ⊥ ... parc national
- ⅄ ... réserve
- xx ... installations militaires
- II ... construction du génie civil
- ✈ ... aéroport
- ∴ ... ruines, vestiges d'établissement urbain
- ••• ... patrimoine culturel et naturel mondial
- •• ... visite très recommandée
- • ... visite recommandée

③ États et régions (abréviation en italique: abréviation non officielle)

A	Autriche
AFG	Afghanistan
AG	Antigua-et-Barbuda
AL	Albanie
AND	Andorre
ANG	Angola
AR	Arménie
ARK	Antarctique
ARU	Aruba
AUS	Australie
AUT	Région autonome
AZ	Azerbaïdjan
B	Belgique
BD	Bangladesh
BDS	Barbade
BF	Burkina Faso
BG	Bulgarie
BH	Bélize
BHT	Bhoutan
BIH	Bosnie-Herzégovine
BOL	Bolivie
BR	Brésil
BRN	Bahreïn
BRU	Brunei
BS	Bahamas
BU	Burundi
BY	Biélorussie
C	Cuba
CAM	Cameroun
CDN	Canada
CH	Suisse
CI	Côte-d'Ivoire
CL	Sri Lanka
CO	Colombie
COM	Comores
CR	Costa Rica
CV	Cap-Vert
CY	Chypre
CZ	Tchèque (République)
D	Allemagne
DJI	Djibouti
DK	Danemark
DOM	Dominicaine (République)
DVR	Corée du Nord
DY	Bénin
DZ	Algérie
E	Espagne
EAK	Kenya
EAT	Tanzanie
EAU	Ouganda
EC	Équateur
ER	Érythrée
ES	El Salvador
EST	Estonie
ET	Égypte
ETH	Éthiopie
F	France
FIN	Finlande
FJI	Fidji
FL	Liechtenstein
FR	Îles Féroé
FSM	Micronésie
G	Gabon
GB	Grande-Bretagne
GBA	Aurigny
GBG	Guernesey
GBJ	Jersey
GBM	Île de Man
GBZ	Gibraltar
GCA	Guatemala
GE	Géorgie
GH	Ghana
GNB	Guinée-Bissau
GQ	Guinée-Équatoriale
GR	Grèce
GRØ	Groenland
GUY	Guyana
H	Hongrie
HN	Honduras
HR	Croatie
I	Italie
IL	Israël
IND	Inde
IR	Iran
IRL	Irlande
IRQ	Irak
IS	Islande
J	Japon
JA	Jamaïque
JOR	Jordanie
K	Cambodge
KA	Kazakhstan
KAN	Saint-Kitts-et-Nevis
KIB	Kiribati
KS	Kirghizistan
KSA	Arabie Saoudite
KWT	Koweït
L	Luxembourg
LAO	Laos
LAR	Libye
LB	Liberia
LS	Lesotho
LT	Lituanie
LV	Lettonie
M	Malte
MA	Maroc
MAI	Marshall (Îles)
MAL	Malaysia
MAU	Mongolie
MC	Monaco
MD	Moldavie
MEX	Mexique
MK	Macédoine
MOC	Mozambique
MS	Maurice (Île)
MV	Maldives
MW	Malawi
MYA	Myanmar
N	Norvège
NA	Antilles néerlandaises
NAM	Namibie
NAU	Nauru
NEP	Népal
NIC	Nicaragua
NL	Pays-Bas
NZ	Nouvelle-Zélande
OM	Oman
P	Portugal
PA	Panamá
PAL	Palau
PE	Pérou
PK	Pakistan
PL	Pologne
PNG	Papouasie-Nouvelle-Guinée
PY	Paraguay
Q	Qatar
RA	Argentine
RB	Botswana
RC	Taïwan
RCA	République centrafricaine
RCB	Congo
RCH	Chili
RG	Guinée
RH	Haïti
RI	Indonésie
RIM	Mauritanie
RL	Liban
RM	Madagascar
RMM	Mali
RN	Niger
RO	Roumanie
ROK	Corée du Sud
ROU	Uruguay
RP	Philippines
RSM	Saint-Marin
RT	Togo
RUS	Russie
RWA	Rwanda
S	Suède
SCV	Vatican
SD	Swaziland
SGP	Singapour
SK	Slovaquie
SLO	Slovénie (République de)
SME	Surinam
SN	Sénégal
SOL	Îles Salomon
SP	Somalie
STP	São Tomé e Príncipe
SUD	Soudan
SY	Seychelles
SYR	Syrie
TCH	Tchad
THA	Thaïlande
TJ	Tadjikistan
TLS	Timor Oriental
TM	Turkménistan
TN	Tunisie
TON	Tonga
TR	Turquie
TT	Trinidad-et-Tobago
TUV	Tuvalu
UA	Ukraine
UAE	Émirats arabes unis
UK	Royaume-Uni
US	Ouzbékistan
USA	États-Unis d'Amérique
VAN	Vanuatu
VN	Viêtnam
VRC	Chine
WAG	Gambie
WAL	Sierra Leone
WAN	Nigeria
WB	Cisjordanie
WD	Dominique
WG	Grenade
WL	Sainte-Lucie
WS	Samoa Occidentales
WSA	Sahara occidental
WV	Saint-Vincent-et-Grenadines
Y	Yémen
YU	Serbie et Monténégro
YV	Venezuela
Z	Zambie
ZA	Afrique du Sud
ZRE (RDC)	Congo (République démocratique du)
ZW	Zimbabwe

④ **Départements et autres circonscriptions administratives**

1. Départements de la France métropolitaine

01 Ain
02 Aisne
03 Allier
04 Alpes-de-Haute-Provence
05 Hautes-Alpes
06 Alpes-Maritimes
07 Ardèche
08 Ardennes
09 Ariège
10 Aube
11 Aude
12 Aveyron
13 Bouches-du-Rhône
14 Calvados
15 Cantal
16 Charente
17 Charente-Maritime
18 Cher
19 Corrèze
2A Corse-du-Sud
2B Haute-Corse
21 Côte-d'Or
22 Côtes-d'Armor
23 Creuse
24 Dordogne
25 Doubs
26 Drôme
27 Eure
28 Eure-et-Loir
29 Finistère
30 Gard
31 Haute-Garonne
32 Gers
33 Gironde
34 Hérault
35 Ille-et-Vilaine
36 Indre
37 Indre-et-Loire
38 Isère
39 Jura
40 Landes
41 Loir-et-Cher
42 Loire
43 Haute-Loire
44 Loire-Atlantique
45 Loiret
46 Lot
47 Lot-et-Garonne
48 Lozère
49 Maine-et-Loire
50 Manche
51 Marne
52 Haute-Marne
53 Mayenne
54 Meurthe-et-Moselle
55 Meuse
56 Morbihan
57 Moselle
58 Nièvre
59 Nord
60 Oise
61 Orne
62 Pas-de-Calais
63 Puy-de-Dôme
64 Pyrénées-Atlantiques
65 Hautes-Pyrénées
66 Pyrénées-Orientales
67 Bas-Rhin
68 Haut-Rhin
69 Rhône
70 Haute-Saône
71 Saône-et-Loire
72 Sarthe
73 Savoie
74 Haute-Savoie
75 Paris
76 Seine-Maritime
77 Seine-et-Marne
78 Yvelines
79 Deux-Sèvres
80 Somme
81 Tarn
82 Tarn-et-Garonne
83 Var
84 Vaucluse
85 Vendée
86 Vienne
87 Haute-Vienne
88 Vosges
89 Yonne
90 Territoire-de-Belfort
91 Essonne
92 Hauts-de-Seine
93 Seine-Saint-Denis
94 Val-de-Marne
95 Val-d'Oise

2. Départements d'outre-mer

971 Guadeloupe
972 Martinique
973 Guyane
974 Réunion

3. Collectivités territoriales

975 Saint-Pierre-et-Miquelon
985 Mayotte

4. Territoires d'outre-mer

984 Polynésie française, Nouvelle-Calédonie, Terres australes et antarctiques françaises
986 Wallis et Futuna

A

Aa ∼ **F** (59) 228-229 J 2
Aachen o·· **D** 28-29 J 3
Aačim, mys ▲ **RUS** 48-49 R 2
Aadan Yabaal o **SP** 148-149 L 2
Äänekoski o **FIN** 24-25 H 5
Aansluit o **ZA** 156-157 F 3
Aappilattoq o **GRØ** (VGR) 170-171 X 7
Aappilattoq o **GRØ** (VGR) 172-173 S 6
Aar, De o **ZA** 156-157 G 5
Aaratuba, Ilha ⌒ **BR** 210-211 G 4
Aarau ☆ **CH** 28-29 K 5
Aare ∼ **CH** 28-29 J 5
Aaron o **F** (53) 230-231 K 3
Aasiaat = Egedesminde o **GRØ** 172-173 O 2
Aba o **VRC** 90-91 B 5
Aba o **WAN** 140-141 G 6
Aba o **ZRE** 148-149 C 2
Aba, Ğazīrat ⌒ **SUD** 136-137 F 6
Abā ad-Dūd o **KSA** 66-67 J 4
Abā ar-Ruḫām o **KSA** 68-69 D 4
Abacaxis, Rio ∼ **BR** 210-211 H 5
Abaco Island ⌒ **BS** 198-199 G 1
Abadab, Ğabal ▲ **SUD** 136-137 G 3
Ābādān o· **IR** 70-71 C 3
Ābādān, Ra's-e ▲ **IR** 70-71 C 4
Ābāde o· **IR** 70-71 E 3
Ābādeh-ye Ṭašk o **IR** 70-71 E 4
Abadhara o **GE** 62-63 D 6
Abadia dos Dourados o **BR** 216-217 G 5
Abadla o **DZ** 124-125 K 5
Abaeté o **BR** 216-217 H 5
Abaeté, Rio ∼ **BR** 216-217 H 5
Abaetetuba o **BR** 206-207 K 6
Abag Qi o **VRC** 84-85 M 5
Abaí o **PY** 220-221 K 4
Abaida ▲ **DJI** 144-145 F 3
Abaíra o **BR** 216-217 K 2
Abaj o **KA** 60-61 H 4
Abaji o **WAN** 140-141 G 4
Abajo Peak ▲ **USA** 186-187 C 7
Abaj Takalik ∴· **GCA** 196-197 J 4
Abak o **WAN** 140-141 G 6
Abakaliki o **WAN** 140-141 H 5
Abakan ☆ **RUS** 52-53 E 9
Abakan ∼ **RUS** 52-53 E 9
Abakan ∼ **RUS** 60-61 Q 2
Abakanskij hrebet ▲ **RUS** 60-61 Q 2
Abala o **RCB** 146-147 E 4
Abala o **RN** 140-141 E 1
Abalak o **RN** 134-135 C 5
Abaleha, I-n- < **RMM** 132-133 J 6
Abalessa o **DZ** 126-127 E 9
Abali, Bahr ∼ **TCH** 142-143 D 3
Aban ☆ **RUS** 52-53 H 7
Aban ∼ **RUS** 52-53 H 7
Abancay ☆ **PE** 208-209 F 8
Abancourt o **F** (60) 228-229 H 4
Abanga ∼ **G** 146-147 C 4
Abangharit, I-n- < **RN** 134-135 C 4
Abapo o **BOL** 214-215 F 6
Abar al-Maši o **KSA** 66-67 F 5
Abaré o **BR** 212-213 J 6
Ābār Ḥaimūr < **ET** 130-131 F 6
Abarqū o **IR** 70-71 E 3
Abarqū, Kavīr-e o **IR** 70-71 E 3
Abashiri o **J** 88-89 L 2
Abasolo o **MEX** (DGO) 194-195 G 5
Abasolo o **MEX** (TAM) 194-195 K 5
Abasula < **EAK** 148-149 G 4
Abatskij ☆ **RUS** 50-51 L 6
Abaucán, Río ∼ **RA** 220-221 D 5
Abaurai Island ⌒ **PNG** 119 B 5
Ābaya Hāyk' o **ETH** 144-145 C 5
Abay Wenz = Nil bleu ∼ **ETH** 144-145 C 3
Abaza o **RUS** 52-53 E 9
Abba o **RCA** 142-143 B 6
Abba-Omege o **WAN** 140-141 H 5
Abbaretz o **F** (44) 230-231 H 4
'Abbās, Bandar-e ☆· **IR** 70-71 G 5
'Abbāsābād o **IR** (KER) 70-71 F 3
'Abbāsābād o **IR** (MAZ) 72-73 B 6
'Abbāsābād o **IR** (SEM) 72-73 E 6
Abbaye · **F** (86) 236-237 G 2
Abbazia della Monte Oliveto Maggiore · **I** 36-37 C 3
Abbazia di Casamari · **I** 36-37 D 4
Abbazia di Montecassino · **I** 36-37 D 4
Abbeville o **F** (80) 228-229 H 3
Abbeville o **USA** (AL) 192-193 F 4
Abbeville o **USA** (GA) 192-193 G 4
Abbeville o **USA** (LA) 188-189 L 5
Abbeville o **USA** (SC) 192-193 G 2
Abbey o **CDN** 176-177 Q 6
Abbeyfeale = Mainistir na Féile o **IRL** 26-27 C 5
Abbieglassie o **AUS** 114-115 J 4
Abbot, Mount ▲ **AUS** 110-111 J 7
Abbotsford o **CDN** 176-177 J 7
Abbotsford o **USA** 190-191 C 3
Abbottābād o **PK** 74-75 D 2
Abchazskaja Avtonomnaja Respublika = Abkhazie ▫ **GE** 62-63 D 6
'Abd ad-Dā'im o **SUD** 142-143 H 3
'Abdal'azīz, Ğabal ▲ **SYR** 64-65 J 4
'Abdalīyah, Bi'r al- o **KSA** 68-69 B 3
'Abd al-Kūrī ⌒ **Y** 68-69 H 7
'Abdallāh, Mīnā' o **KWT** 66-67 L 3
Abd al-Māgid o **SUD** 136-137 F 5
Ābdān o **IR** 70-71 D 4
Ābdānān o **IR** 70-71 B 1
'Abdin o **SUD** 136-137 D 6
Abdj o **TCH** 134-135 K 6
Abdon, Pulau ⌒ **RI** 102-103 F 1
Abdoulaye, Réserve d' ⊥ **RT** 138-139 L 5
Abdul Hakīm o **PK** 74-75 D 4
Abdulino ☆ **RUS** 32-33 H 7
Ābdy Wenz ∼ **ETH** 144-145 C 3
Āb-e Bāzoft ∼ **IR** 70-71 C 2
Abéché ☆ **TCH** 134-135 K 6
Āb-e Estāde o **AFG** 70-71 M 2
Abeïbara o **RMM** 132-133 L 5
Abejukolo o **WAN** 140-141 G 5
Āb-e Kūhrang ∼ **IR** 70-71 D 2
Abélajouad < **RN** 134-135 C 4
Abelbodh < **RMM** 132-133 K 5
Abelhas, Cachoeira das ∼ **BR** 214-215 G 2
Abeløya ⌒ **N** 20-21 R 3
Abel Tasman National Park ⊥ **NZ** 118 D 4
Ābeltī o **ETH** 144-145 C 4
Abemama Atoll ⌒ **KIB** 9 J 3
Abemarre o **RI** 102-103 L 5
Abene o **GH** 138-139 K 6
Abengourou ☆· **CI** 138-139 J 6
Abenójar o **E** 34-35 E 5
Åbenrå o· **DK** 22-23 D 9
Abeokuta ☆ **WAN** 140-141 E 5
Abepura o **RI** 102-103 L 3
Ābera o **ETH** 144-145 B 5
Aberaeron o **GB** 26-27 E 5
Abercrombie o **USA** 186-187 J 2
Abercrombie, Fort ∴ **USA** (ND) 186-187 J 2
Abercrombie, Fort · **USA** (ND) 186-187 J 2
Abercrombie Caves · **AUS** 116-117 K 2
Abercrombie River ∼ **AUS** 116-117 K 3
Aberdare National Park ⊥ **EAK** 148-149 F 4
Aberdeen o **CDN** 178-179 C 4
Aberdeen o· **GB** 26-27 F 3
Aberdeen o **USA** (MD) 190-191 K 6
Aberdeen o **USA** (MS) 192-193 D 3
Aberdeen o **USA** (SD) 186-187 H 3
Aberdeen o **USA** (WA) 184-185 C 2
Aberdeen o **ZA** 156-157 G 6
Aberdeen Lake o **CDN** 174-175 U 3
Aberdeen Road o **ZA** 156-157 G 6
Abergavenny-y-Fenni o **GB** 26-27 F 6
Ābergelē o **ETH** 136-137 J 6
Abergement-Sainte-Colombe, L' o **F** (71) 238-239 G 3
Abergowrie o **AUS** 110-111 H 6
Abernathy o **USA** 188-189 G 3
Abernethy o **CDN** 178-179 E 5
Abers, Côte des ⌣ **F** (29) 230-231 B 2
Abertawe = Swansea o **GB** 26-27 F 6
Aberystwyth o **GB** 26-27 E 5
Āb-e Seimarre ∼ **IR** 70-71 B 2
Āb-e Šūr ∼ **IR** 70-71 F 4
Āb-e Šūr ∼ **IR** 70-71 C 3
Abez' o **RUS** 44-45 J 8
Āb-e Zīmkān ∼ **IR** 70-71 B 1
Abganerovo o **RUS** 32-33 D 9
Abgarm o **IR** 64-65 N 5
Abgué o **TCH** 142-143 D 3
Abhā ☆ **KSA** 68-69 C 4
Abhāna o **IND** 74-75 G 8
Abhar o **IR** 64-65 N 4
Abhar Rūd ∼ **IR** 64-65 N 4
Ābhē Bad o **DJI** 144-145 E 3
Ābhē Bid Hāyk' o **ETH** 144-145 E 3
Abico o **BR** 210-211 E 4
'Abīdīyah o **SUD** 136-137 F 3
Abidjan ☆·· **CI** 138-139 J 7
Abiekwasputs o **ZA** 156-157 E 3
Abi Hill ▲ **WAN** 140-141 F 4
Abilene o **USA** (KS) 186-187 J 6
Abilene o **USA** (TX) 188-189 H 3
Abingdon o **USA** 190-191 H 7
Abingdon Downs o **AUS** 110-111 G 5
Abington o **GB** 26-27 F 4
Abinsi o **WAN** 140-141 H 5
Abirāmam o **IND** 76-77 H 6
Abisko o **S** 22-23 J 2
Abisko nationalpark ⊥·· **S** 22-23 J 2
Abitangka o **VRC** 80-81 G 5
Abitau River ∼ **CDN** 174-175 P 5
Abitibi, Lake o **CDN** 182-183 E 4
Abitibi River ∼ **CDN** 178-179 Q 5
Ābīy Ādī o **ETH** 136-137 J 6
Abīyata Hāyk' o **ETH** 144-145 D 5
Abjelil o **MA** 124-125 J 3
Abkhazie = Abchazskaja Avtonomnaja Respublika ▫ **GE** 62-63 D 6
Able, Défilé d' · **F** (11) 240-241 J 5
Ablis o **F** (78) 232-233 F 2
Abminga o **AUS** 114-115 C 4
Abnūb o **ET** 130-131 E 4
Abo, Massif d' ▲ **TCH** 134-135 G 2
Åbo = Turku ☆· **FIN** 24-25 G 6
Aboabo o **RP** 96-97 C 8
Aboh o **WAN** 140-141 G 6
Abohar o **IND** 74-75 E 4
Aboine, River ∼ **WAN** 140-141 G 5
Aboisso ☆ **CI** 138-139 J 7
Aboki o **EAU** 148-149 D 2
Abomey ☆··· **DY** 138-139 L 6
Abomey-Calavi o **DY** 140-141 E 5
Ābomsa o **ETH** 144-145 E 4
Abondance o **F** (74) 238-239 K 4
Abong o **WAN** 140-141 J 5
Abong Mbang o **CAM** 146-147 D 2
Aboni o **SUD** 142-143 L 3
Abo Pass ▲ **USA** 188-189 D 2
Abor o **GH** 138-139 L 6
Abore, Récif ⌒ **F** (988) 247 I d 4
Aboriginal Bora Ring X **AUS** 114-115 M 5
Aboriginal Rock Art · **AUS** (NT) 108-109 L 2
Aboriginal Rock Art · **AUS** (QLD) 110-111 H 4
Aborlan o **RP** 96-97 C 8
Aboua o **G** 146-147 E 3
Abou-Deïa o **TCH** 142-143 D 3
Abou Dhabi = Abū Ẓabī ★· **UAE** 70-71 F 6
Abou Goulem o **TCH** 134-135 K 6
Aboukoussom o **TCH** 142-143 E 3
Aboun o **G** 146-147 B 3
Abourak, Mont ▲ **RMM** 132-133 L 6
Abourou, Chutes ∼ **RCA** 142-143 F 6
Abou-Telfán, Réserve de Faune de l' ⊥ **TCH** 134-135 J 6
Abovjan o **AR** 64-65 L 2
Abqaiq o **KSA** 66-67 L 5
'Abr, al- o **Y** 68-69 E 5
Abra, Lago del o **RA** 222-223 H 6
Abra de Ilog o **RP** 96-97 D 6
Abra de Lizoite ▲ **RA** 220-221 E 2
Abraham Bay ≈ 166-167 C 6
Abraham Bay ≈ 180-181 R 2
Abraham Lake o **CDN** 176-177 M 5
Abraham's Bay o **BS** 198-199 J 3
Abra Huashuaccasa ▲ **PE** 208-209 F 9
Abraka o **WAN** 140-141 G 6
Abra la Cruz Chica ▲ **BOL** 220-221 E 1
Abrams o **USA** 190-191 D 3
Abrantes o **P** 34-35 C 5
Abra Pampa o· **RA** 220-221 E 2
Abraq, Wādī al ∼ **LAR** 128-129 H 4
Abra Tapuna ▲ **PE** 208-209 F 8
Abrem o **GH** 138-139 K 7
Abrene = Pytalovo ☆ **LV** 30-31 K 3
Abreojos, Punta ▲ **MEX** 194-195 C 4
Abreschviller o **F** (57) 234-235 L 4
Abrets, les o **F** (38) 238-239 H 5
Abreus o **BR** 212-213 H 7
Abri o **SUD** 136-137 E 2
Abriès o **F** (05) 242-243 K 2
Abril, 7 de o **RA** 220-221 E 4
Abrolhos, Arquipélago dos ⌒ **BR** 216-217 L 4
Abrolhos Bank ≃ 13 H 6
Abrosimova ∼ **RUS** 44-45 F 5
Abrud o **RO** 38-39 C 4
Abruzzo ▫ **I** 36-37 D 3
Abruzzo, Parco Nazionale d' ⊥ **I** 36-37 D 4
'Abs o **Y** 68-69 C 5
Absaroka-Beartooth Wilderness ⊥ **USA** 184-185 J 3
Absaroka Range ▲ **USA** 184-185 J 3
Absie, L' o **F** (79) 236-237 D 2
Ab Touyour o **TCH** 142-143 D 3
Abu o **GNB** 138-139 C 4
Abū 'Alī, Ğazīrat ⌒ **KSA** 66-67 L 4
Abū 'Ammār o **SUD** 136-137 G 4
Abū 'Arīš o **KSA** 68-69 C 5
Abū Ballās < **ET** 130-131 C 5
Abū Dāra, Ra's ▲ **ET** 130-131 H 6
Abū Darba o **ET** 130-131 F 3
Abū Darīḫa o **SYR** 64-65 G 5
Abū Dā'ūd, Ra's ▲ **OM** 68-69 L 2
Abū Dawn o **SUD** 136-137 F 4
Abū Dawn, Wādī ∼ **SUD** 136-137 F 3
Abū ḍ-Ḍuhūr o **SYR** 64-65 G 5
Abū Ḏi'āb, Ğabal ▲ **ET** 130-131 G 5
Abū Dīs o **SUD** 136-137 F 3
Abū Dom o **SUD** 136-137 E 4
Abū Dubaisāt, Bi'r < **ET** 130-131 G 6
Abū Dulayq o **SUD** 136-137 F 5
Abufari o **BR** 210-211 F 5
Abufari, Reserva Biológica do ⊥ **BR** 210-211 F 5
Abū Faruḫ o **IRQ** 64-65 K 6
Abū Gābra o **SUD** 142-143 H 3
Abū Ġarādiq, Bi'r < **ET** 130-131 D 2
Abugi o **WAN** 140-141 G 4
Abū Ğisra o **IRQ** 66-67 J 2
Abū Gubaybah o **SUD** 142-143 K 3
Abū Ğulūd, Bi'r o **SYR** 64-65 H 4
Abū Ḥamad o **SUD** 136-137 F 3
Abū Ḥarāz o **SUD** 136-137 F 3
Abū Ḥarba, Ğabal ▲ **ET** 130-131 F 4
Abū Ḫašhā'ifa, Ḫalīğ ≈ 130-131 C 2
Abū Hashim o **SUD** 142-143 K 3
Abū Hašīm, Bi'r < **ET** 130-131 G 6
Abū Hugar o **SUD** 136-137 F 6
Abuja ★ **WAN** 140-141 G 4
Abū Kabīr o **ET** 130-131 E 2
Abū Kabisa o **SUD** 136-137 C 6
Abū Kamāl ☆ **SYR** 64-65 J 5
Abū Khinzīr, Wādī ∼ **SUD** 136-137 E 5
Abuki, Pegunungan ▲ **RI** 100-101 G 5
Abū Kulaywat o **SUD** 136-137 E 4
Abukuma-gawa ∼ **J** 88-89 J 6
Abukuma-kōti ▲ **J** 88-89 J 6
Abu l-Abyaḍ ⌒ **UAE** 70-71 E 6
Abū Latt, Ğazīrat ⌒ **KSA** 68-69 B 4
Abū l-Ḫaṣīb ☆ **IRQ** 66-67 K 2
Abū l-Ḥusain, Bi'r < **ET** 130-131 D 6
Abulug o **RP** 96-97 D 3
Abulung ∼ **RP** 96-97 D 3
Abū Madd, Ra's ▲ **KSA** 66-67 E 5
Abū Maṭariq o **SUD** 142-143 H 3
Abū Mendi o **ETH** 144-145 B 3
Abū Mīna ∴··· **ET** 130-131 D 2
Abū Minqār, Bi'r < **ET** 130-131 C 4
Abumombazi o **ZRE** 146-147 J 2
Abū Muḥarrik, Ġurd ∸ **ET** 130-131 D 3
Abū Mūsā, Ğazīre-ye ⌒ **IR** 70-71 F 6
Abunã o **BR** 210-211 E 7
Abuña, Río ∼ **BOL** 210-211 D 7
Abunã, Rio ∼ **BR** 214-215 D 2
Abū Nā'im < **LAR** 128-129 H 3
Ābune Yosēf ▲ **ETH** 136-137 J 6
Abū Qīr o **ET** 130-131 E 2
Abū Qurqāṣ o **ET** 130-131 E 4
Abū Qurun o **SUD** 136-137 F 3
Abū Ra's o **SUD** 142-143 G 5
Abū Raṣāṣ, Ra's ▲ **OM** 68-69 L 3
Aburassein, Mont ▲ **RCA** 142-143 G 4
Abu Road o **IND** 74-75 D 7
Abū Rudeis o **ET** 130-131 F 3
Abū Rukbah o **SUD** 136-137 E 6
Abū Ṣaffār o **SUD** 136-137 F 4
Abū Šağara, Ra's ▲ **SUD** 136-137 H 2
Abū Šahrain ∴· **IRQ** 66-67 J 2
Abū Ṣārī o **SUD** 136-137 E 2
Abū Simbel ∴··· **ET** 130-131 E 6
Abū Sir, Pyramids of ∴··· **ET** 130-131 E 3
Abū Ṣuḫair ☆ **IRQ** 64-65 L 7
Abū Sunbul o **ET** 130-131 F 5
Abū Sunṭ, Khor ∼ **SUD** 136-137 E 2
Abuta o **J** 88-89 J 3
Abū Ṭabaq < **SUD** 136-137 G 2
Abū Tīg o **ET** 130-131 E 4
Abū Ṭunayṭin o **SUD** 136-137 E 5
Abū 'Urūq < **SUD** 136-137 E 5
Abū 'Uwaiğila o **ET** 130-131 G 2
Abū Ūwaiğila o **ET** 130-131 G 2
Ābuyē Meda ▲ **ETH** 144-145 D 3
Abuyog o **RP** 96-97 F 7
Abū Zabad o **SUD** 136-137 D 6
Abū Ẓabī ★· **UAE** 70-71 F 6
Abū Zaīma, Bi'r < **SUD** 136-137 D 5
Abū Zanīma o **ET** 130-131 F 3
Abu Zayyān o **LAR** 128-129 E 1
Abwong o **SUD** 142-143 L 4
Aby, Lagune ≈ 138-139 J 7
Abyaḍ o **SUD** 136-137 C 6
Abyaḍ, ar-Ra's al- ▲ **KSA** 66-67 F 6
Abyaḍ, Tall al- ☆ **SYR** 64-65 H 4
Abyar ash Shuwayrif o **LAR** 128-129 F 3
Abydos o **AUS** 108-109 D 6
Abydos ∴·· **ET** 130-131 E 4
Abyei o **SUD** 142-143 J 4
Ābyek o **IR** 72-73 B 6
Abyj o **RUS** 46-47 Z 5
Abymes, Les o **F** (971) 245 IV b 2
Abyrabyt ∼ **RUS** 46-47 U 5
Abzac o **F** (16) 236-237 G 3
Acacias o **CO** 204-205 E 6
Academy Gletscher ⊂ **GRØ** 170-171 h 3
Acadia, Cape ▲ **CDN** 180-181 K 4
Acadia National Park ⊥ **USA** 190-191 O 3
Acadian Historic Village · **CDN** 182-183 M 5
Acadie ∸ **CDN** 182-183 L 4
Acahay o **PY** 220-221 J 3
Açailândia o **BR** 212-213 E 4
Açai Paraná o **BR** 210-211 C 2
Acajutla o **ES** 196-197 K 5
Ačajvajam o **RUS** 48-49 Q 6
Ačajvajam ∼ **RUS** 48-49 Q 6
Acala o **MEX** 196-197 H 3
Acala o **USA** 188-189 E 4
Acámbaro o **MEX** 196-197 D 1
Acambuco, Arroyo ∼ **RA** 220-221 E 2
Acampamento da Cameia o **ANG** 152-153 F 5
Acampamento de Indios o **BR** 214-215 H 2
Acampamento Grande o **BR** 206-207 H 5
Acancéh o **MEX** 196-197 K 1
Acandi o **CO** 204-205 C 3
Acangatá o **BR** 212-213 C 3
Acapetagua o **MEX** 196-197 H 4
Acaponeta o **MEX** 194-195 G 6
Acaponeta, Río ∼ **MEX** 194-195 G 6
Acapu, Rio ∼ **BR** 206-207 F 6
Acapulco de Juárez o·· **MEX** 196-197 E 3
Acará o **BR** 206-207 K 6
Acará, Cachoeira ∼ **BR** 210-211 J 5
Acará, Lago o **BR** 210-211 F 6
Acará, Rio ∼ **BR** 206-207 K 6
Acará, Rio ∼ **BR** 210-211 F 6
Acarai, Rio ∼ **BR** 212-213 B 3
Acará-Mirim, Rio ∼ **BR** 212-213 D 3
Acara ou Acarí, Serra ▲ **BR** 206-207 E 5
Acaraú o **BR** 212-213 H 3
Acaraú, Rio ∼ **BR** 212-213 H 3
Acari o **PE** 208-209 E 9
Acari, Rio ∼ **BR** 206-207 E 6
Acari, Rio ∼ **BR** 210-211 H 6
Acari, Rio ∼ **BR** 216-217 H 3
Acarigua o **YV** 204-205 G 3
Acarouany o **F** (973) 245 I b 1
Acasio o **BOL** 214-215 D 5
Acasta River ∼ **CDN** 174-175 L 3
Acatayon o **GQ** 146-147 B 3
Acatic o **MEX** 196-197 C 1
Acatlán o **MEX** 196-197 F 2
Acatlán de Osorio o **MEX** 196-197 E 2
Acayucan o **MEX** 196-197 G 3
Accarias, Col ▲ **F** (38) 242-243 H 2
Aččen, ozero o **RUS** 48-49 X 4
Accessible, Baie ≈ 246 III d 3
Acciolu, Punta di l' ▲ **F** (2B) 244 D 3
Aččitov, togi ▲ **US** 72-73 G 3
Accomac o **USA** 190-191 L 7
Accra ★··· **GH** 138-139 K 7
Aččygyj-Taryn-Jurjah ∼ **RUS** 46-47 Y 7
Acebuches o **MEX** 194-195 H 3
Aceguá o **BR** 220-221 K 6
Acequias o **YV** 204-205 F 3
Acequias, Las o **RA** 222-223 H 2
Acey, Abbaye de · **F** 238-239 H 2
Achaacha o **DZ** 126-127 C 2
Achacachi o **BOL** 214-215 C 5
Achaguas o **YV** 204-205 G 4
Achalpur o **IND** 74-75 F 9
Achao o **RCH** 222-223 C 7
Achar o **ROU** 222-223 L 2
Acheb o **DZ** 126-127 G 6
Achegtim < **RIM** 132-133 E 5
Achelouma ∼ **RN** 134-135 F 2
Achelouma < **RN** (AGA) 128-129 E 6
Acheng o **VRC** 86-87 F 5
Acheron River ∼ **AUS** 116-117 H 4
Acheux-en-Amiénois o **F** (80) 228-229 K 3
Achguig el Adam < **RIM** 132-133 E 5
Achiasi o **GH** 138-139 K 7
Achibueno, Río ∼ **RCH** 222-223 D 4
Achiet-le-Grand o **F** (62) 228-229 K 3
Achill Island ⌒ **IRL** 26-27 B 5
Achim, Oudi ∼ **TCH** 134-135 J 5
Achiras o **RA** 222-223 G 2
Achiri o **BOL** 214-215 C 5
Achkhabad = Ašgabat ★· **TM** 6-7 E 5
Achnasheen o **GB** 26-27 E 3
Achoma o **PE** 214-215 B 4
Achton Friis Ø ⌒ **GRØ** 170-171 q 4
Acigné o **F** (35) 230-231 H 3
Acıgöl o **TR** 64-65 C 4
Acimã, Igarapé ∼ **BR** 210-211 D 6
Āčin o **AFG** 74-75 C 2
Ačinsk ☆ **RUS** 52-53 E 7
Acıpayam ☆ **TR** 64-65 C 4
Acireale o **I** 36-37 E 6
Ačit ☆ **RUS** 32-33 K 5
Ačit nuur o **MAU** 52-53 E 11
Ačkasar, gora ▲ **AR** 64-65 L 2
Ackerman o **USA** 192-193 D 3
Acklins, Bight of ≈ 198-199 H 3
Acklins Island ⌒ **BS** 198-199 J 3
Aco o **PE** 208-209 D 7
Acobamba o **PE** 208-209 E 8
Acolin ∼ **F** (58) 238-239 D 3
Acoma Indian Reservation X **USA** 188-189 D 2
Acomayo o **PE** 214-215 B 3
Aconcagua, Cerro ▲ **RA** 222-223 D 2
Aconcagua, Parque Nacional ⊥ **RA** 222-223 D 2
Aconquija, Sierra del ▲ **RA** 220-221 D 4
Acopiara o **BR** 212-213 J 5
Açores = Açores, Archipélago dos ⌒ **P** 14-15 E 6

Açores, Seuil des = Azores-Biscaya Rise ≃ 14-15 G 4
Açores, Seuil des = Azores-Cape Saint Vincent Ridge ≃ 124-125 D 2
Acos o PE 208-209 D 7
Acostambo o PE 208-209 E 8
Acoua o F (985) 246 I b 2
Acqua Doria o F (2A) 244 C 5
Acraman, Lake ⊖ AUS 114-115 C 6
Acre ◘ BR 210-211 B 7
Acre, Rio ~ BR 210-211 D 7
Acre, Rio ~ BR 214-215 B 2
Actinolite o CDN 182-183 F 6
Acton State Historic Site ∴• USA 188-189 J 3
Actopan o MEX 196-197 E 1
Acuã, Rio ~ BR 210-211 F 6
Açu da Torre o BR 216-217 L 2
Acufre, Paso de ▲ RA 220-221 B 6
Acula o MEX 196-197 G 2
Acul du Nord o RH 198-199 J 5
Acultzingo o MEX 196-197 F 2
Acurnam o GQ 146-147 C 3
Acyköl ⊖ KA 72-73 M 3
Acyojyl ~ KA 62-63 L 3
Acysu ~ KA 60-61 J 3
Acysu, köl ⊖ KA 60-61 D 5
Aczo o PE 208-209 D 6
Ada o GH 138-139 L 7
Ada o USA 188-189 J 2
Adab ∴• IRQ 64-65 L 7
Ādaba o ETH 144-145 D 5
Adad Cus, Uar < SP 148-149 J 2
Adadikam o RI 102-103 H 2
Adaevka o RUS 60-61 C 3
Adaf ▲ DZ 126-127 G 9
Adaigba o WAN 140-141 G 5
Adair, Bahía de ≈ 194-195 C 2
Adairsville o USA 192-193 F 2
Adaiso o GH 138-139 K 7
Adaja, Río ~ E 34-35 E 4
Adak o USA 166-167 H 7
Adak Island ⌒ USA 166-167 H 7
Adaklı ☆ TR 64-65 J 3
Adak Strait ≈ 166-167 H 7
Adalei o SP 148-149 K 2
Adam o OM 68-69 K 2
Adam, Mount ▲ GB 222-223 L 6
Adam, Point ▲ USA 166-167 U 3
Adam al-Hulay o KSA 68-69 B 3
Adamantina o BR 216-217 E 6
Adamaoua = Adamawa ◘ CAM 140-141 K 5
Adamaoua, Massif de l' ▲ CAM 140-141 K 5
Adamawa = Adamaoua ◘ CAM 140-141 K 5
Adamello ▲ I 36-37 C 1
Adaminaby o AUS 116-117 K 3
Ādami Tulu o ETH 144-145 D 5
Adams, Cape ▲ ARK 16 F 30
Adams, Mount ▲ USA 184-185 D 2
Adams Lake o CDN (BC) 176-177 L 6
Adams Lake ⊖ CDN (BC) 176-177 L 6
Adam's Peak ▲•• CL 76-77 J 7
Adams River ~ CDN 176-177 L 6
'Adan o• Y 68-69 D 7
Adana ☆• TR 64-65 F 4
Adana, Wādī ~ Y 68-69 D 6
Adane o G 146-147 C 4
Adang, Teluk ≈ 100-101 E 4
Adani o WAN 140-141 G 5
Adaouda ▲ DZ 126-127 E 9
Adapazarı = Sakarya o TR 64-65 D 2
Adar o TCH 142-143 E 3
Adar, Khor ~ SUD 142-143 L 4
Adarama o SUD 136-137 G 4
Adarot o SUD 136-137 H 4
Adaut o RI 102-103 F 6
Adavale o AUS 114-115 H 3
Adda ~ I 36-37 B 1
Adda ~ SUD 142-143 G 4
ad-Dab'a o ET 130-131 D 2
ad-Dabbah o SUD 136-137 E 3
Ad Dahāwah < LAR 128-129 J 5
ad-Dāhila, al-Wāhāt ⊥• ET 130-131 D 5
ad-Dakhla o MA 132-133 C 3
Addala-Šuhgel'meer, gora ▲ RUS 62-63 G 6
ad-Dāmir o SUD 136-137 F 4
ad-Dammām ☆ KSA 70-71 D 5
Addanki o IND 76-77 H 3
ad-Dār al-Bayda ☆ MA 124-125 H 4
Ad Darsia o LAR 128-129 J 1
ad-Dauha ★ Q 70-71 D 6
ad-Dawwār, Kafr o ET 130-131 E 2
Addi o CAM 142-143 B 5
ad-Diffa ⊥ ET 128-129 L 2
Addis-Abeba = Ādīs Ābeba ★•• ETH 144-145 D 4
Addo o ZA 156-157 G 6
Addoi, Uar < SP 148-149 H 2
Addo-Olifant National Park ⊥ ZA 156-157 G 6
ad-Du'ayn o SUD 142-143 H 3
ad-Dubaiki, Bi'r < ET 130-131 D 2
ad-Dubasi o SUD 136-137 F 5
ad-Duwaym o SUD 136-137 F 5
Adé o F (65) 240-241 D 4
Adé o TCH 134-135 K 6
Adéane o SN 138-139 B 3
Adel o USA 192-193 G 4
Adelaide ☆• AUS 116-117 E 3
Adelaide o ZA 156-157 H 6
Adelaide Island o ARK 16 G 30
Adelaide Island ⌒ ARK 16 G 30
Adelaide Peninsula ⌣ CDN 168-169 X 6
Adelaide River o• AUS 108-109 K 2
Adel Bagrou o RIM 132-133 G 7
Adelbert Range ▲ PNG 119 C 3
Adélé o ETH 144-145 D 5
Adele Island ⌒ AUS 108-109 F 3
Adelia María o RA 222-223 G 2
Adélie, Terre ⊥ ARK 16 G 15
Adelong o AUS 114-115 H 2
Ademuz o E 34-35 G 4
Aden = 'Adan o• Y 68-69 D 7
Aden, Golfe d' = Aden, Gulf of ≈ 144-145 G 3
Aden, Gulf of = Aden, Golfe d' ≈ 144-145 G 3
Adendorp o ZA 156-157 G 6
Adentan o GH 138-139 K 7
Adéo, Mé ▲ F (988) 247 I c 3
Aderbissinat o RN 134-135 C 5
Aderpaëta ~ RUS 44-45 Q 7
Aderuba, Ĝabal ▲ ER 136-137 H 5
Adéta o RT 138-139 L 6
'Adfā' o KSA 66-67 G 3
Adi, Pulau ⌒ RI 102-103 G 4
Ādī Abun o ETH 136-137 J 5
Adiaké o CI 138-139 J 7
Adiangdia ▲ DY 138-139 L 5
Ādī Ārk'ay o ETH 136-137 H 6
Adicora o YV 204-205 G 2
Ādī Da'iro o ETH 136-137 J 5
Adidome o GH 138-139 L 6
Adieu, Cape ▲ AUS 112-113 M 6
Adieu-Vat o F (973) 245 I b 2
Ādīgala o ETH 144-145 F 3
Adige ~ I 36-37 D 2
Adige = Etsch ~ I 36-37 C 1
Ādīgrat o ETH 136-137 J 5
Ādī Gudom o ETH 136-137 J 6
Ādīk'eyih o ER 136-137 J 5
Ādīkwala o ER 136-137 J 5
Adilābād o IND 74-75 G 10
Adin o USA 184-185 D 5
Adiora < RMM 132-133 K 6
Adipala o RI 104 C 3
Adir ☆ LAR 128-129 E 4
Ādī Ramets' o ETH 136-137 H 6
'Ādiriyāt, Ĝibāl al- ▲ JOR 66-67 E 2
Adirondack Mountains ▲ USA 190-191 L 3
Ādīs Ābeba ★•• ETH 144-145 D 4
Ādīs Ābeba = Addis-Abeba ★•• ETH 144-145 D 4
Ādīs 'Alem o• ETH 144-145 D 4
Adissan o F (34) 242-243 C 4
Ādīs Zemen o ETH 136-137 H 6
Ādī Ugri o ER 136-137 J 5
Adıyaman ☆ TR 64-65 H 4
Adjarie = Adžarskaja Avtonomnaja Respublika ◘ GE 62-63 D 7
Adjeloho, Adrar ▲ DZ 126-127 G 8
Adjengré o RT 138-139 L 5
Adjerar ▲ DZ 126-127 E 8
Adjiro ~ DY 138-139 L 5
Adjohoun o DY 140-141 E 5
Adjud o RO 38-39 E 4
Adjuntar, Presa de las < MEX 194-195 K 6
Adjuntas, Las o YV (BOL) 204-205 J 4
Adjuntas, Las o YV (FED) 204-205 F 3
Adlavik Islands ⌒ CDN 180-181 U 7
Adler o RUS 62-63 C 6
Admer, Erg d' ⊥ DZ 126-127 G 8
Admer, Plaine d' ⌣ DZ 126-127 G 8
Admiral Collinson, Cape ▲ CDN 168-169 V 5
Admiraltejstva, poluostrov ⌣ RUS 44-45 G 4
Admiralty Gulf ≈ 108-109 G 3
Admiralty Gulf Aboriginal Land ✗ AUS 108-109 G 3
Admiralty Inlet ≈ 168-169 c 4
Admiralty Inlet ≈ 184-185 C 1
Admiralty Island ⌒ CDN 168-169 V 6
Admiralty Island ⌒ USA 176-177 C 3
Admiralty Island National Monument Kootznoowoo Wilderness ⊥• USA 176-177 C 3
Admiralty Islands ⌒ PNG 119 D 2
Admiralty Range ▲ ARK 16 F 17
Admont o•• A 28-29 N 5
Ado o WAN (OGU) 140-141 E 5
Ado o WAN (PLA) 140-141 G 4
Ado Awaiye o WAN 140-141 E 5
Ado-Ekiti o WAN 140-141 F 5
Adok o SUD 142-143 K 4
Adolfo o BR 216-217 F 6
Adolfo Gonzáles Chaves o RA 222-223 J 5
Adolfo López Mateos, Presa < MEX 194-195 F 5
Adolf S. Jensen Land ⊥ GRØ 170-171 p 5
Adonara, Pulau ⌒ RI 102-103 B 6
Ādoni o IND 76-77 G 3
Adorf o D 28-29 M 3
Adoru o WAN 140-141 G 5
Ado-Tymovo o RUS 58-59 K 3
Adoumandjali o RCA 146-147 E 2
Adoumri o CAM 140-141 K 4
Adour ~ F (40) 240-241 B 3
Adouxes, Défilé d' • F (09) 240-241 H 5
Adranga o ZRE 148-149 C 2
Adrar ☆• DZ (ADR) 124-125 L 7
Adrar ▲ DZ 126-127 F 8
Adrar Massif ▲ RIM 132-133 E 4
Adraskan o AFG 70-71 K 2
Adrasman o TJ 72-73 M 4
Adré o TCH 134-135 L 6
Adrian o USA (MI) 190-191 F 5
Adrian o USA (MN) 186-187 K 4
Adrianópolis o BR 218-219 F 5
Adriatic Sea = Adriatique, Mer ≈ 36-37 D 2
Adriatique, Mer = Adriatic Sea ≈ 36-37 D 2
Adriers o F (86) 236-237 G 3
Adua o RI 102-103 E 2
Aduana o RCH 222-223 D 3
Aduana y Reten de Cuya o RCH 214-215 B 6
Aduku o EAU 148-149 D 2
Adunkur Daban ▲ VRC 82-83 G 4
Adunu o WAN 140-141 G 4
Adür o IND 76-77 G 6
Adura o WAN 140-141 G 4
Adusa o ZRE 148-149 B 3
Advance o USA 190-191 D 7
Advat ∴• IL 66-67 D 2
Adventure, Bahía ≈ 224 C 2
Adventure Bank ≃ 36-37 C 6
Ādwa o ETH 136-137 J 5
Adwana o IND 74-75 B 9
Adyča ~ RUS 46-47 V 6
Adygalah o RUS 56-57 M 2
Adygè Respublikèm = Adyguéens, République des ◘ RUS 62-63 D 5
Adyguéens, République des = Adygè Respublikèm ◘ RUS 62-63 D 5
Adyk o RUS 62-63 F 5
Adžarskaja Avtonomnaja Respublika = Adjarie ◘ GE 62-63 D 7
Adzié o RCB 146-147 E 4
Adzopé ☆ CI 138-139 J 6
Adz'va ~ RUS 44-45 J 8
Aegviidu o EST 30-31 J 2
Aekanopan o RI 98-99 C 3
Ærø ⌒ DK 22-23 E 9
Aérobo o CI 138-139 J 6
Aéroport Saint-Denis-Gillot II F (974) 246 II b 1
Aèros"emki, ostrova ⌒ RUS 46-47 N 3
Aesake, Lake ⊖ PNG 119 A 4
Aese ⌒ VAN 120 II a 2
Aetós o GR 36-37 H 4
Afaahiti o F (987) 247 V b 2
Afadé o CAM 134-135 G 6
Afaga, Pointe ▲ F (986) 247 II
'Afak ☆ IRQ 64-65 L 6
Āfambo o ETH 144-145 E 3
Afanas'evo ☆ RUS 32-33 H 4
Afanas'evsk, Agnie- o RUS 58-59 H 3
'Afar, Tall o IRQ 64-65 K 4
Afareaitu o F (987) 247 V a 2
Af Barwaarqo o SP 144-145 J 5
Āfdem o ETH 144-145 E 4
Afé o SN 138-139 C 2
Afeleh, In < DZ 126-127 G 9
Afe Peak ▲ CDN 164-165 X 5
Afféri o CI 138-139 J 6
Afflisses, Oued ~ DZ 126-127 C 6
Affollé ⊥ RIM 132-133 E 6
Affon = Ouémé ~ DY 138-139 L 5
Afghanistan = Afghānistān ■ AFG 70-71 J 2
Afghānistān = Afghanistan ■ AFG 70-71 J 2
Afgooye o SP 148-149 K 2
'Afif o KSA 66-67 H 6
Afikpo o WAN 140-141 G 6
Afin, Rūd-e ~ IR 70-71 H 2
Afipinskij o RUS 62-63 C 5
Åfjord o N 22-23 E 5
Aflandshage ⌒ GRØ 172-173 V 4
Aflou o DZ 126-127 D 3
Afmadow o SP 148-149 J 3
Afobaka o SME 206-207 G 3
Afogados da Ingazeira o BR 212-213 K 5
Afognak Island ⌒ USA 166-167 U 3
Afognak Mountain ▲ USA 166-167 U 3
Afolé o RT 138-139 L 6
Afonso Cláudio o BR 216-217 K 6
Afore o PNG 119 E 5
Afouidich, Sebkhet ⊖ MA 132-133 C 4
Afrânio o BR 212-213 H 6
Āfrēra Terara ▲ ETH 136-137 K 6
Āfrēra Ye Che'ew Hāyk' ⊖ ETH 136-137 K 6
African, Baie de l' ≈ 246 III a 3
African Banks ⌒ SY 160 C 2
Afridi Lake ⊖ CDN 174-175 P 3
Afrika, mys ▲ RUS 56-57 U 5
'Afrin ☆ SYR 64-65 G 4
Afrique du Sud = South Africa ■ ZA 156-157 E 3
Afşin ☆ TR 64-65 G 3
Afton o USA 188-189 K 1
Afua o BR 206-207 K 6
Afua, Rio ~ BR 206-207 K 6
Afuein < SP 148-149 K 3
'Afula ☆ IL 66-67 D 1
Afwein ~ EAK 148-149 G 3
Afyon ☆• TR 64-65 D 3
Aga ~ RUS 54-55 G 10
Ağā', Ĝabal ▲ KSA 66-67 G 4
Agabama ~ C 198-199 F 4
'Aġabšir o IR 64-65 L 4
Agač, Koš ☆ RUS 60-61 Q 4
Agadem o RN 134-135 F 4
Agadez ◘ RN 134-135 C 3
Agadez ☆• RN (AGA) 134-135 C 4
Agâdîr ☆• MA 124-125 G 5
Agadyr' o KA 60-61 H 4
Āġā Ĝāri o IR 70-71 C 3
Agaho-gawa ~ J 88-89 H 6
Agaie o WAN 140-141 G 4
'Aġā'iz, al- o OM 68-69 K 4
Agajakan ~ RUS 56-57 J 2
Agalega Islands ⌒ MS 160 E 5
Agalega Islands ⊥ MS 8 D 6
Agamor < RMM 132-133 L 6
Agan ~ RUS 50-51 N 4
Agan ~ RUS 50-51 P 3
Aganyli ~ RUS 44-45 f 7
Agapa ~ RUS 44-45 W 6
Agapo Açu o BR 210-211 J 5
Agapovka ☆ RUS 32-33 L 7
Ağar o AFG 72-73 K 7
Agar o USA 186-187 G 3
Agāraktem < RIM 132-133 G 3
Āgarfa o ETH 144-145 D 5
Agargar ⊥ MA 132-133 C 3
Āgaro o ETH 144-145 C 5
Āgarsararēn < ETH 144-145 G 5
Agartala ☆ IND 78-79 G 4
Agaru o SUD 144-145 B 3
Agaskagou Lake ⊖ CDN 178-179 Q 5
Agassiz o CDN 176-177 K 7
Agassiz, Glacier ⊂ F (984) 246 III b 3
Agassiz, Zone de Fracture d' = Agassiz Fracture Zone ≃ 10-11 P 11
Agassiz Forest Reserve ⊥ CDN 178-179 H 6
Agassiz Fracture Zone = Agassiz, Zone de Fracture d' ≃ 10-11 P 11
Agassiz National Wildlife Refuge ⊥ USA 186-187 K 1
Agastya Malai ▲ IND 76-77 G 6
Agata (Nižnee), ozero ⊖ RUS 52-53 F 2
Agata (Verhnee), ozero ⊖ RUS 52-53 F 2
Agate o USA 186-187 F 6
Agate Fossil Beds National Monument ∴ USA 186-187 F 4
Agats o RI 102-103 K 4
Agatti Island ⌒ IND 76-77 B 3
Agattu Island ⌒ USA 166-167 C 6
Agattu Strait ≈ 166-167 C 6
Agawa Bay ⊖ CDN 178-179 O 7
Agay o F (83) 242-243 K 5
Agbabu o WAN 140-141 F 5
Agbado ~ DY 140-141 E 4
Agbara o WAN 140-141 E 5
Agbarha-Otor o WAN 140-141 F 6
Agbélouvé o RT 138-139 L 6
Agbohoutogon o DY 140-141 E 5
Agbor-Bojiboji o WAN 140-141 G 5
Agboville ☆ CI 138-139 H 7
Agdam o AZ 64-65 M 2
Agdaš = Ağdaş o AZ 64-65 M 2
Agde o F (34) 242-243 C 5
Agdz o MA 124-125 H 5
Agdžabedi = Ağcabadi o AZ 64-65 M 2
Agege o WAN 140-141 E 5
Agen o F (47) 240-241 F 2
Agenais ⊥ F (47) 240-241 E 2
Agen-d'Aveyron o F (12) 240-241 K 2
Agenebode o WAN 140-141 G 5
Āgere Maryam o ETH 144-145 D 6
Aggas Ø ⌒ GRØ 172-173 Y 3
Aggeneys o ZA 156-157 D 4
Aggui o RIM 132-133 D 4
Aghat bonne < RN 134-135 C 4
Aghir o TN 126-127 H 4
Aghiyuk Island ⌒ USA 166-167 S 4
Aghor o PK 70-71 L 6
Aghouedir • RIM 132-133 E 4
Aghouinit o MA 132-133 D 3
Aghreijit < RIM 132-133 D 4
Aghrijit ∴• RIM 132-133 F 5
Aghzoumal, Sebkhet ⊖ MA 132-133 D 2
Agiabampo, Bahía de ≈ 194-195 E 4
Agia Galíni o GR 36-37 K 7
Agia Napa o• CY 64-65 E 5
Agiapuk River ~ USA 164-165 G 4
Agía Triáda o GR 36-37 H 6
Aği Čay ~ IR 64-65 M 4
Agiert o RIM 132-133 F 6
Aginskij Burjatskij avt. okrug = Bouriates d'Aguinsk, Arrond ◘ RUS 54-55 F 10
Aginskoe ☆ RUS (AGN) 54-55 G 10
Aginskoe ☆ RUS (KRN) 52-53 G 8
Ágio Orous ◘ GR 36-37 K 4
Ágios Efstrátios ⌒ GR 36-37 K 5
Ágios Kirikos o GR 36-37 L 6
Ágios Konstantinos o GR 36-37 J 5
Ágios Nikólaos o• GR 36-37 K 7
Ágiou Órous, Kólpos ≈ 36-37 J 4
Agita ~ RUS 54-55 H 9
Aguiel, Hasy in < LAR 128-129 D 4
Ağlı ☆ TR 64-65 E 2
Aglipay o RP 96-97 D 4
'Aġlūn, Ĝabal ▲ JOR 66-67 D 1
'Aġmān o UAE 70-71 F 6
Agmar < RIM 132-133 E 2
Agnamala, Mount ▲ RP 96-97 D 3
Agnel, Col ▲ F (05) 242-243 K 2
Agnes Lake ⊖ USA 190-191 C 1
Agnes Waters o AUS 114-115 L 3
Agnew o AUS 112-113 F 4
Agnibilékrou o CI 138-139 J 6
Agnie-Afanas'evsk o RUS 58-59 H 3
Agnières-en-Dévoluy o F (05) 242-243 H 2
Agnita o RO 38-39 D 5
Agno ~ RP 96-97 D 5
Agnone o I 36-37 E 4
Ago o J 88-89 G 7
Ago-Are o WAN 140-141 E 4
Agogo o GH 138-139 K 6
Agona o GH 138-139 J 6
Agonac o F (24) 236-237 G 5
Agona Junction o GH 138-139 K 7
Agon-Coutainville o F (50) 228-229 A 5
Agos-Vidalos o F (65) 240-241 D 4
Agotu o PNG 119 C 4
Agou o CI 138-139 J 7
Agou, Mont ▲ RT 138-139 L 6
Agoudal o MA 124-125 J 4
Agoueinit o RIM 132-133 G 6
Agou Gadzépé o RT 138-139 L 6
Agouna o DY 138-139 L 6
Agounni Jefal < RMM 132-133 J 6
Agout ~ F (81) 240-241 J 3
Agpamiut o GRØ 172-173 O 4
Agra o•• IND 74-75 G 6
Agrado, El o CO 204-205 F 4
Agra-Emneke, gora ▲ RUS 46-47 X 5
Agrahanskij poluostrov ⌣ RUS 62-63 G 6
Ágreda o E 34-35 G 4
Āġrestān o AFG 70-71 M 2
Ağrı ☆ TR 64-65 K 3
Agrigento o I 36-37 D 6
Agrínio o GR 36-37 H 5
Agrio, Río ~ RA 222-223 E 5
Agrópoli o I 36-37 E 4
Agryz ☆ RUS 32-33 H 5
Agua Amarga, Pampa del ⊥ RA 222-223 E 5
Agua Azúl o HN 196-197 L 4
Agua Azúl Cascades ~• MEX 196-197 H 3
Agua Azul Falls ~ BH 196-197 K 3
Agua Blanca o YV 204-205 K 4
Agua Boa o BR 216-217 D 3
Agua Boa o BR 216-217 J 4
Agua Boa do Univini, Rio ~ BR 206-207 D 5
Agua Braga o BR 216-217 F 2
Agua Branca o BR 212-213 K 5
Agua Branca, Igarapé ~ BR 210-211 H 7
Agua Caliente ⊥ PE 208-209 E 6
Agua Caliente o RA 208-209 E 6
Agua Caliente ✗ USA 184-185 F 9
Agua Caliente, Río ~ BOL 214-215 F 4
Aguacatán o GCA 196-197 J 4
Aguachica o CO 204-205 E 3
Água Clara o BR 216-217 D 6
Aguaçuzinho o BR 214-215 J 6
Aguada de Pasajeros o C 198-199 E 3
Aguadas o CO 204-205 D 5
Aguadilla ☆ USA 200 B 2
Aguados, Serra dos ▲ BR 216-217 E 7
Agua Duke, Caleta ≈ 220-221 B 3
Agua Dulce o MEX 196-197 G 2
Aguadulce o PA 196-197 D 7
Agua Escondida o RA 222-223 E 4
Água Fria o BR 212-213 J 7
Água Fria, Ribeiro ~ BR 212-213 D 5
Agua Fria, Rio ~ BR 216-217 E 2
Agua Fria River ~ USA 184-185 H 8
Agua Hedionda, Cerro ▲ RA 222-223 F 2
Aguaí o BR 216-217 G 7
Agua Linda o YV 204-205 G 2
Aguán, Río ~ HN 196-197 L 4
Aguanaval, Río ~ MEX 194-195 H 5
Agua Negra, Paso del ▲ RA 220-221 C 6
Agua Negra, Río ~ RA 220-221 C 6
Agua Nueva o MEX (COA) 194-195 J 5
Agua Nueva o MEX (TAM) 194-195 K 6
Agua Nueva o USA 188-189 H 6
Aguanus, Rivière ~ CDN 182-183 N 3
Aguapaí, Rio ~ BR 214-215 H 4
Agua Pasto o BOL 214-215 G 6
Aguapeí, Serra do ▲ BR 214-215 H 4
Aguapey, Río ~ RA 220-221 J 5
Água Preta, Igarapé ~ BR 210-211 E 3
Agua Prieta o MEX 194-195 E 2
Aguara, Río ~ PY 220-221 J 3
Aguaray o RA 220-221 F 2
Aguarico, Río ~ EC 208-209 D 1
Aguaro-Guariquito, Parque Nacional ⊥ YV 204-205 H 3
Aguasay o YV 204-205 K 3
Águas Belas o BR 212-213 K 6
Aguas Blancas o BOL 220-221 E 2
Aguas Blancas o RCH 220-221 C 3
Aguas Blancas, Cerro ▲ RA 220-221 C 3
Aguas Blancas, Quebrada de ~ RCH 220-221 D 2
Aguás Blancas y Aguás Negras, Reserva Faunística ⊥ YV 204-205 F 3
Aguascalientes ◘ MEX 194-195 H 6
Aguascalientes ☆• MEX (AGS) 194-195 H 7
Aguas Calientes, Paso de ▲ RA 220-221 C 3
Aguas Calientes, Salar ⊖ RCH 220-221 D 2
Aguas Calientes, Sierra de ▲ RA 220-221 D 3
Aguas Claras o C 198-199 D 3
Aguas Claraso o C 198-199 G 4
Águas de São Clara o BR 218-219 F 5
Águas Formosas o BR 216-217 K 4
Aguas Negras o PE 208-209 E 2
Aguateca ∴• GCA 196-197 J 4
Agua Verde ou Anhanazá, Rio ~ BR 214-215 J 4
Agua Viva o YV 204-205 F 3
Aguaytía o PE 208-209 E 6
Aguaytía, Río ~ PE 208-209 E 6
Aguazul o CO 204-205 E 5
Agu Bay ≈ 168-169 c 5
Agudda Cecilio o RA 222-223 G 6
Agudos do Sul o BR 218-219 F 5
Agudos Grandes, Serra ▲ BR 218-219 F 5
Águeda o P 34-35 C 4
Aguelhok o RMM 132-133 L 5
Aguelt ez Zerga < RIM 132-133 C 5
Aguemour ⊥ DZ 126-127 E 7
Aguemour, Oued ~ DZ 126-127 E 7
Aguer-Tay, Falaise de l' ▲ TCH 134-135 H 2
Aguessac o F (12) 240-241 L 2
Aguéssis < RN 134-135 D 4
Agues Verdes, Raudal ~ CO 208-209 F 1
Aguga ~ EAU 148-149 D 2
Águia Branca o BR 216-217 K 5
Aguiar Javaés o BR 212-213 D 7
Aguié o RN 134-135 C 6
Aguieira, Barragem da < P 34-35 C 4
Aguila o USA 184-185 H 9
Aguila, El o BOL 214-215 F 4
Aguila, Gruta C. del • ROU 222-223 L 2
Aguilal < RIM 132-133 C 6
Aguilâl Faï o RIM 132-133 C 5
Aguilar o E 34-35 E 6
Aguilar, Cerro ▲ RA 220-221 E 2
Aguilar, El o RA 220-221 E 2
Aguilar, Salar de ⊖ RCH 220-221 C 3
Aguilar de Campoo o E 34-35 E 3
Aguilares o ES 196-197 K 5
Águilas o E 34-35 G 6
Aguililla o MEX 196-197 C 2
Aguirre, Bahía ≈ 224 H 7
Aguiz ⌒ ER 136-137 K 5
Aguja, Cerro ▲ RA 222-223 D 7
Aguja, Cerro ▲ RCH 224 F 7
Aguja, Punta ▲ PE 208-209 B 4
Agul ~ RUS 52-53 H 8
Āgula'i o ETH 136-137 J 6
Agulhas, Cape = Kaap Agulhas ▲ ZA 156-157 D 7
Agulhas, L' o ZA 156-157 D 7
Agulhas Basin = Aiguilles, Bassin des ≃ 14-15 M 13
Agulhas Plateau = Aiguilles, Plateau des ≃ 14-15 M 12
Agulhas Ridge = Aiguilles, Dorsale des ≃ 14-15 K 13
Agumbe o IND 76-77 F 4
Aguni-shima ⌒ J 88-89 B 11
Agur o EAU 148-149 D 2
Agurá Grande o RA 220-221 G 6
Agusan ~ RP 96-97 F 8
Agutaya Island ⌒ RP 96-97 D 7
Agwampt ~ SUD 136-137 G 3
Agwarra o WAN 140-141 F 4
Agweri o WAN 140-141 G 5
Agwit o SUD 142-143 H 4
Agwok o SUD 142-143 J 5
Ahaba o WAN 140-141 G 6
Ahaberge ▲ NAM 152-153 F 9
Ahad al-Masāra o KSA 68-69 C 5
Ahad Rāfida o• KSA 68-69 C 4
Ahalcihe o• GE 62-63 E 7
Ahalkalaki o GE 62-63 E 7
Ahamansu o GH 138-139 L 6
Ahanduizinho, Rio ~ BR 214-215 K 7
Ahangaran o US 72-73 L 4
Ahar o• IR 64-65 M 3
Ahaura o NZ 118 C 5
Ahča-Kujma o TM 72-73 D 5
Aḥḍar, al-Ĝabal al- ▲ OM 68-69 L 2
Ahellakane, Adrar ▲ DZ 126-127 E 7
Ahémé, Lac ⊖ DY 138-139 L 6
Ahenkro o GH 138-139 L 6
Ahero o EAK 148-149 E 4
Ahetze o F (64) 240-241 A 4
Ahfir o MA 124-125 K 3
Ahillio o GR 36-37 J 5
Ahioma o PNG 119 F 6
Ahiti o NZ 118 E 3
Ahklun Mountains ▲ USA 164-165 M 6
Ahlat ☆• TR 64-65 K 3
Ahmad, Bi'r o Y 68-69 D 7
Ahmadābād o AFG 70-71 J 1
Ahmadābād o•• IND 74-75 D 8
Ahmadal-Yāsin o IRQ 64-65 L 6
Ahmadī, al- ◘ KWT 66-67 K 3
Ahmadī, al- ☆ KWT 66-67 L 3
Ahmadnagar o• IND 74-75 E 10
Ahmadpur o IND 74-75 F 10
Ahmadpur East o PK 74-75 C 5
Ahmadpur Lamma o PK 74-75 C 5
Ahmadpur Siāl o PK 74-75 C 4
Ahmad Wāl o PK 70-71 L 4
Ahmar Mountains ▲ ETH 144-145 E 4
Ahmatova, zaliv ⊖ RUS 44-45 e 2
Ahmeta o GE 62-63 F 7
Ahmic Harbour o CDN 182-183 E 6
Ahmim o• ET 130-131 E 4
Ahnet, Adrar n' ▲ DZ 126-127 D 8
Ahoada o WAN 140-141 G 6
Ahome o MEX 194-195 E 5
Ahoskie o USA 192-193 K 1
Ahousat o CDN 176-177 G 7
Ahram o IR 70-71 D 4
Ahraura o IND 78-79 C 3
Ahrweiler, Bad Neuenahr- o D 28-29 J 3
Ahsu = Ağsu o AZ 64-65 N 2
Ahtamar • TR 64-65 K 3
Ahtaranda ~ RUS 54-55 F 4
Āhtäri o FIN 24-25 H 5
Ahtubinsk ☆ RUS 32-33 E 9
Ahty o RUS 62-63 G 7
Ahuacatlán o MEX 194-195 K 7
Ahuacatlán o MEX 196-197 F 1
Ahuachapán ☆ ES 196-197 K 5
Ahualulco o MEX 194-195 J 6
Ahualulco de Mercata o MEX 196-197 C 1
Ahuano o EC 208-209 D 2
Ahun o F (23) 236-237 K 3
Ahunba o US 72-73 N 4
Ahurjan ~ AR 64-65 K 2
Ahus, Pulau ⌒ RI 100-101 E 2
Ahvāz ☆• IR 70-71 C 3
Ahvenanmaa = Åland ⌒ FIN 24-25 F 6
Ahwa o IND 74-75 D 9
Ahwar o Y 68-69 E 7
Ahwar, Wādī ~ Y 68-69 E 7
Ahzar, Vallée de l' ⊥ RMM 132-133 M 7
Ai-Ais o• NAM 156-157 C 3
Aiak, Cape ▲ USA 166-167 N 6
Aiaktalik Island ⌒ USA 166-167 U 4
Aialik Cape ▲ USA 164-165 Q 7
Aiani o GR 36-37 H 4
Aiapuá o BR 210-211 F 5
Aiapuá, Lago ⊖ BR 210-211 F 5
Aiari, Rio ~ BR 210-211 C 2
Aibak ☆• AFG 72-73 K 6
Aibetsu o J 88-89 K 3
Aichilik River ~ USA 164-165 T 2
Aidarhan su koimaśy suķ < KA 32-33 F 9
Aiddejavrre Fjellstue o N 22-23 L 2
Aiduma, Pulau ⌒ RI 102-103 H 3
Aiduna o RI 102-103 H 4
Aiea o USA 192-193 D 7
Aiema River ~ PNG 119 B 4
Aiere o WAN 140-141 G 5
Aiffres o F (79) 236-237 E 3
Aigene mekeni ⊥ KA 60-61 F 6
Aigle, L' o F (61) 232-233 D 2
Aigles, Lac-des- o CDN 182-183 K 5
Aignan o F (32) 240-241 E 3
Aignay-le-Duc o F (21) 238-239 F 1
Aigne o F (34) 240-241 K 4
Aigneau, Lac ⊖ CDN 180-181 O 6
Aigoual, Mont ▲ F (48) 242-243 D 3
Aigre o F (16) 236-237 F 4
Aigrefeuille-d'Aunis o F (17) 236-237 D 3
Aigrefeuille-sur-Maine o F (44) 230-231 J 5
Aiguá o ROU 222-223 M 3
Aiguá, Arroyo del ~ ROU 222-223 M 3
Aiguebelette-le-Lac o F (73) 238-239 H 5
Aiguebelle o F (73) 238-239 J 5
Aigueperse o F (63) 238-239 C 4
Aigues ~ F (84) 242-243 F 3
Aigues-Mortes o• F (30) 242-243 E 4
Aigues-Mortes, Golfe d' ≈ F 242-243 D 5
Aiguilete, Cerro ▲ RCH 224 D 5
Aiguilles o F (05) 242-243 K 2
Aiguilles, Baie de l' ≈ 246 VI a 2
Aiguilles, Bassin des = Agulhas Basin ≃ 14-15 M 13
Aiguilles, Cap des = Agulhas, Kaap ▲ ZA 156-157 D 7
Aiguilles, Dorsale des = Agulhas Ridge ≃ 14-15 K 13
Aiguilles, Plateau des = Agulhas Plateau ≃ 14-15 M 12
Aiguillon o F (47) 240-241 E 2
Aiguillon-sur-Mer, L' o F (85) 236-237 C 3
Aiguines o F (83) 242-243 J 4
Aigurande o F (36) 236-237 J 3
Aihuicheng • VRC 86-87 F 3
Aija o PE 208-209 D 6
Aikar, Tanjung ▲ RI 102-103 H 2
Aikawa o J 88-89 H 5
Aiken o USA 192-193 H 3
Aikima o RI 102-103 K 4
Ailaoshan Z.B. ⊥• VRC 92-93 B 4
Ailefroide o F (05) 242-243 J 2
Aileron o AUS 114-115 B 2
Ailette ~ F (02) 228-229 L 4
Aileu o RI 102-103 C 6
Ailigandi o PA 196-197 E 7
Ailinglapalp ⌒ MAI 9 J 2
Aillant-sur-Milleron o F (45) 232-233 H 4
Aillant-sur-Tholon o F (89) 232-233 J 4
Aillas o F (33) 240-241 D 2
Aillevillers-et-Lyaumont o F (70) 234-235 J 6
Aillik o CDN 180-181 U 7
Ailly o F (27) 228-229 G 5
Ailly, Phare d' • F (76) 228-229 F 4
Ailly-le-Haut-Clocher o F (80) 228-229 H 3
Ailly-sur-Noye o F (80) 228-229 J 4
Ailly-sur-Somme o F (80) 228-229 J 4
Aim o RUS 56-57 F 4
Aim ~ RUS 56-57 E 4
Aimargues o F (30) 242-243 E 4
Aime o F (73) 238-239 K 5
Aimé Martin, Cap ▲ F (988) 247 I e 2
Aimere o RI 104 E 7
Aimogasta o RA 220-221 D 5
Aimorés o BR 216-217 K 5
Aimorés, Serra dos ▲ BR 216-217 K 4
Aimorés, Serra dos ▲ BR 216-217 K 5
Ain ◘ F (01) 238-239 G 4
Ain ~ F (01) 238-239 G 5
'Ain, al- o UAE 70-71 F 6
Ain, Gorges de l' ⌣ F (01) 238-239 G 4
'Ain, Ra's al- ☆ SYR 64-65 J 4
'Ain, Wādī l- ~ OM 68-69 J 2
'Ain al-'Arab o SYR 64-65 H 4
'Ain al-Bakra o KSA 66-67 K 6
'Ain al-Ĝuwairī o Y 68-69 F 6
Āin al-Maqfi < ET 130-131 D 4
'Ain al-Maqfi < ET 130-131 D 4
'Ain an-Naft o IRQ 64-65 K 6
'Ain as-Sāqī < ET 130-131 D 4
Āin as-Sāqī < ET 130-131 D 4
Ainay-le-Château o F (03) 236-237 L 2
Ainay-le-Vieil o F (18) 236-237 L 2
Ainaži o LV 30-31 J 3
Aïn Beida o DZ 126-127 F 3
Aïn Benian o DZ 126-127 D 2
Āïn-Benimathar o MA 124-125 K 3
Aïn Ben Tili o RIM 132-133 F 2
Aïn Bessem o DZ 126-127 D 2
'Aïn Bīre < RIM 132-133 F 6
Aïn Boubat < RIM 132-133 D 6
Aïn Boucif o DZ 126-127 D 3
Aincourt o F (95) 228-229 H 5
'Ain Dār o KSA 66-67 L 5
Aïn Defla ☆ DZ 126-127 C 2
Aïn Deheb o DZ 126-127 C 3
'Ain Diwār o SYR 64-65 K 4
Aïn Draham o TN 126-127 G 2
Āïn-Ech-Chair o MA 124-125 K 4
Aïn El Bell o DZ 126-127 D 3
Aïn el Brod < DZ 126-127 E 6
Aïn el Hadjadj < DZ 126-127 F 7
Aïn el Hadjadj < DZ 126-127 D 6
Aïn El Hadjar o DZ 126-127 C 3
Aïn El Hadjel o DZ 126-127 D 3
Aïn El Hamara o DZ 126-127 D 3
Aïn el Melh o DZ 126-127 E 3
Aïn el-Orak o DZ 126-127 C 4
Aïn Fakroun o DZ 126-127 F 3
Aïn Fekan o DZ 126-127 C 3
Ainggyi o MYA 78-79 J 5
'Ain Hamūd o IRQ 66-67 J 2
'Ain Ḥumān < ET 130-131 D 4
'Ain Ibn Fuhaid o KSA 66-67 J 4
'Ain 'Īsā o SYR 64-65 H 4
Aïn Kercha o DZ 126-127 F 3
Aïn Kermes o DZ 126-127 C 3
Aïn Khadra o DZ 126-127 E 3
Āïn-Leuh o MA 124-125 J 4
Aïn Madhi o DZ 126-127 D 4
Ain Mansūr < SUD 136-137 C 5
Aïn M'Lila o DZ 126-127 F 2
Aïn Oulmene o DZ 126-127 E 3
Aïn Oussera o DZ 126-127 D 3
Aïn Qaiqab < ET 128-129 L 3
Ainsa-Sobrarbe o E 34-35 H 3
'Ain Sifni o IRQ 64-65 K 4
Aïn Skhouna o DZ 126-127 C 3
'Ain Suhna o ET 130-131 F 3
Ainsworth o USA 186-187 H 4
Aïn Tamr < TN 126-127 G 4
Aïn Taya o DZ 126-127 D 2
Aïn Tédelès o DZ 126-127 C 3
Aïn Temouchent ☆ DZ 124-125 L 3
Aiome o PNG 119 C 3
Aiome, Mount ▲ PNG 119 C 3
Aiquebelle Provincial Park ⊥ CDN 182-183 E 4
Aiquile o BOL 214-215 E 6
Aiquiri, Rio ~ BR 210-211 D 7
Airabu, Pulau ⌒ RI 98-99 G 3
Airain ~ F (18) 236-237 L 2
Airaines o F (80) 228-229 H 4
Airbangis o RI 98-99 C 4
Airdrie o CDN 176-177 N 6
Aire ~ F 234-235 F 3
Aire, Canal d' < F (62) 228-229 K 2
Aire-sur-l'Adour o• F (40) 240-241 D 3
Aire-sur-la-Lys o F (62) 228-229 J 2
Air et du Ténéré, Réserve Naturelle Nationale de l' ⊥•• RN 134-135 D 3
Air Force Island ⌒ CDN 172-173 C 3
Airhitam, Teluk ≈ 98-99 J 6
Airi, Cachoeira do ~ BR 210-211 H 6
Airlie Beach o AUS 110-111 K 7
Airmadidi o• RI 100-101 J 3
Airmolek o RI 98-99 E 5
Airpanas o RI 102-103 C 5
Air Papan o MAL 98-99 E 3
Air Terjung Kaves • RI 100-101 F 6
Airvault o F (79) 236-237 F 2
Airways o CDN 176-177 P 5
Aisén, Seno ≈ 224 D 2
Aisey-sur-Seine o F (21) 238-239 F 1
Aishihik o CDN 164-165 W 6
Aishihik Lake ⊖ CDN 164-165 W 6
Aisne ◘ F (02) 228-229 L 5

Amazon Fan = Amazone, Cône de ' ≃ 14-15 E 8
Amazônia, Parque Nacional de ⊥ BR 210-211 J 5
Amazonie = Amazonas □ BR 210-211 C 6
Amazon Shelf = Amazone, Plateau Continental de l' ≃ 206-207 J 4
Ambabbo o DJI 144-145 F 3
Ambad o IND 74-75 E 10
Amba Farit ▲ ETH 144-145 D 3
Amba Giyorgis o ETH 136-137 H 6
Ambahikily o RM 158-159 C 8
Ambahita o RM 158-159 D 10
Ambājogāi o IND 74-75 F 10
Ambakireny o RM 158-159 E 6
Ambala o IND 74-75 F 4
Ambalabe o RM 158-159 F 7
Ambalajanakomby o RM 158-159 E 6
Ambalakiraiy o RM 158-159 F 5
Ambalamanakana o RM 158-159 E 8
Ambalamanasy o RM 158-159 F 5
Ambalamarina o RM 158-159 E 8
Ambalapaiso o RM 158-159 F 5
Ambalarondra o RM 158-159 F 7
Ambalavao o RM 158-159 E 8
Ambam o CAM 146-147 C 2
Amba Maderiya o ETH 136-137 J 6
Ambang Reserve, Gunung ⊥ • RI 100-101 J 3
Ambanja o RM 158-159 F 4
Ambanjabe o RM 158-159 E 5
Ambar o PE 208-209 D 7
Ambararata o RM 158-159 F 5
Ambarčik o RUS (KRN) 52-53 G 8
Ambarčik o RUS (SAH) 48-49 M 2
Ambardah ~ RUS 44-45 d 6
Ambargasta o RA 220-221 F 5
Ambargasta, Salinas de ⊖ RA 220-221 E 5
Ambargasta, Sierra ▲ RA 220-221 F 5
Ambarimaninga o RM 158-159 E 6
Ambarita • RI 98-99 C 3
Ambarnyj o RUS 24-25 M 4
Ambato ☆ EC 208-209 C 2
Ambato, Sierra de ▲ RA 220-221 D 5
Ambatoboeny o RM 158-159 E 6
Ambato Finandrahana o RM 158-159 E 8
Ambatoharanana o RM 158-159 F 4
Ambatolahy o RM 158-159 D 8
Ambatolampy o RM 158-159 E 7
Ambatomainty o RM 158-159 D 6
Ambatomanoina o RM 158-159 E 7
Ambatondrazaka o RM 158-159 F 6
Ambatosia o RM 158-159 F 5
Ambatosoratra o RM 158-159 F 6
Ambatovory o RM 158-159 E 8
Ambatry o RM 158-159 D 9
Ambaúba o BR 210-211 D 2
Ambazac o F (87) 236-237 H 4
Ambe ~ ZRE 146-147 K 5
Ambelau, Pulau ⌒ RI 102-103 D 3
Amberg o D 28-29 L 4
Ambergris Cay ⌒ BH 196-197 L 3
Ambérieu-en-Bugey o F (01) 238-239 G 5
Ambérieux-en-Dombes o F (01) 238-239 F 5
Amberley o CDN 182-183 D 6
Ambernac o F (16) 236-237 G 4
Ambert o F (63) 238-239 D 5
Ambès o F (33) 236-237 D 5
Ambialet o F (81) 240-241 J 3
Ambidédi o RMM 138-139 E 2
Ambierle o F (42) 238-239 D 4
Ambikāpur o IND 78-79 C 4
Ambila o RM 158-159 E 8
Ambil Island ⌒ RP 96-97 D 6
Ambillou o F (37) 230-231 M 5
Ambilobe o RM 158-159 F 4
Ambinanindrano o RM 158-159 F 8
Ambinaninony o RM 158-159 F 7
Ambinanymbazaha o RM 158-159 E 8
Ambition Mountain ▲ CDN 176-177 E 3
Amble Island ⌒ PNG 119 G 3
Amble-by-the-Sea o GB 26-27 G 4
Ambleny o F (02) 228-229 L 5
Ambler o USA 164-165 M 3
Ambler River ~ USA 164-165 M 3
Ambleside o • GB 26-27 F 4
Ambleteuse o F (62) 228-229 H 2
Ambleville o F (95) 228-229 H 5
Ambo o PE 208-209 D 7
Amboahangibe o RM 158-159 F 5
Amboahangy o RM 158-159 E 10
Amboasary o RM 158-159 E 10
Amboasary Gara o RM 158-159 F 7
Amboavory o RM 158-159 F 6
Ambodiangezoka o RM 158-159 F 5
Ambodibonara o RM 158-159 F 4
Ambodifotatra o RM 158-159 F 6
Ambodiriana o RM 158-159 F 6
Ambodisetezana-Sahana o RM 158-159 G 5
Ambodivoara o RM 158-159 G 5
Ambohibada o RM 158-159 F 4
Ambohibary o RM 158-159 E 7
Ambohidratrimo o RM 158-159 E 7
Ambohijanahary o RM 158-159 F 6
Ambohimahasoa o RM 158-159 E 8
Ambohimanga o RM 158-159 E 7
Ambohinihaonana o RM 158-159 E 9
Ambohipaky o RM 158-159 D 6
Ambohitra o RM (ASA) 158-159 F 4
Ambohitra ▲ •• RM (ASA) 158-159 F 4
Ambohitralanana o RM 158-159 G 5
Ambohitrolomahitsy o RM 158-159 E 7
Amboi, Kepulauan ⌒ RI 102-103 J 2
Amboine = Ambon ☆ RI 102-103 E 3
Amboise o F (37) 232-233 D 5
Amboiva o ANG 152-153 C 5
Amboli o IND 76-77 E 3
Ambolobozo o RM 158-159 E 5
Ambolomoty o RM 158-159 E 6
Ambolten ⌒ GRØ 170-171 q 4
Ambon ☆ RI 102-103 E 3
Ambon, Pulau ⌒ RI 102-103 D 3
Ambondro o RM 158-159 D 10
Ambondromamy o RM 158-159 E 6
Ambongo ⩦ RM 158-159 D 6
Amboni o EAT 148-149 G 6
Amboriala o RM 158-159 F 4
Amborompotsy o RM 158-159 E 8
Amborondolo o RM 158-159 F 4
Amboseli, Lake ⊖ EAK 148-149 F 5
Amboseli National Park ⊥ EAK 148-149 F 5
Ambositra o RM 158-159 E 8
Ambovombe o RM 158-159 E 10
Amboy o USA (CA) 184-185 G 8
Amboy o USA (IL) 190-191 D 5
Ambre, Cap d' = Tanjona Babaomby ▲ RM 158-159 F 3
Ambre, Île d' ⌒ MS 160 C 7
Ambricourt o F (62) 228-229 J 3
Ambrières-les-Vallées o F (53) 230-231 K 3
Ambrim = Île Ambrym ⌒ VAN 120 II b 3
Ambriz o ANG 152-153 B 3
Ambriz, Coutada do ⊥ ANG 152-153 B 3
Ambrolauri o GE 62-63 E 6
Ambrósio o BR 212-213 F 5
Ambrym □ VAN 120 II b 3
Ambrym, Île = Ambrim ⌒ VAN 120 II b 3
Ambuaki o RI 102-103 G 2
Ambulombo, Gunung ▲ RI 104 E 7
Ambulong Island ⌒ RP 96-97 D 6
Ambunten o RI 104 E 3
Ambunti o PNG 119 B 3
Ambur o IND 76-77 H 4
Amburambur o RI 104 C 7
Ambuve, Lake o PNG 119 A 4
Amchitka Island ⌒ USA 166-167 F 7
Amchitka Pass ≈ 166-167 G 7
'Amd, Wādī ~ Y 68-69 F 6
Am Dafok o RCA 142-143 F 3
am-Dam o TCH 134-135 K 6
Amdāpur o IND 74-75 F 9
Amdassa o RI 102-103 F 5
Amded, Oued ~ DZ 126-127 D 9
Amderma o RUS 44-45 J 7
Am Djaména o RCA 142-143 E 4
Am Djemena o TCH 134-135 H 6
Amdo o VRC 80-81 H 4
Amdrup Højland ▲ GRØ 170-171 m 3
Amealco o MEX 196-197 D 1
Ameca o MEX 196-197 B 1
Ameca, Río ~ MEX 196-197 B 1
Amédée, Île ⌒ F (988) 247 I d 4
Amediči ~ RUS 54-55 L 7
Ameib o NAM 152-153 C 10
Ameland ⌒ NL 28-29 H 2
Amélie-les-Bains-Palalda o F (66) 240-241 K 6
Amellougui o MA 124-125 H 5
Amenia o USA 190-191 M 5
Amentego o SUD 136-137 E 3
Ameralik ≈ 172-173 P 4
'Ameri o IR 70-71 D 3
América o BR 210-211 E 6
America-Antarctic Ridge = Amérique-Antarctique, Dorsale ≃ 14-15 H 14
América Dourada o BR 212-213 H 7
Américaine, Baie ≈ 246 IV a 1
Americana o BR 216-217 G 7
American Falls o USA 184-185 H 4
American Falls Reservoir < USA 184-185 H 4
American Fork o USA 184-185 J 5
American Highland ▲ ARK 16 F 8
American Samoa = Samoa Américaines □ USA 120 b 1
Americus o USA 192-193 F 3
Amerika-Kuba-Aryta, ostrov ⌒ RUS 46-47 R 3
Amérique-Antarctique, Dorsale = America-Antarctic Ridge ≃ 14-15 H 14
Amérique Centrale, Fosse d' = Middle America Trench ≃ 196-197 F 4
Amersfoort o • NL 28-29 H 2
Amersfoort o ZA 156-157 J 3
Amersham o GB 26-27 G 6
Amery Ice Shelf ⊂ ARK 16 F 8
Ames o USA 186-187 L 4
Amesbury o USA 190-191 N 4
Amesdale o CDN 178-179 K 5
Amethi o IND 78-79 B 2
Ameya o ETH 144-145 C 5
Amfilohia o GR 36-37 H 5
Amfreville-la-Campagne o F (27) 228-229 F 5
Amga ~ RUS 54-55 L 6
Amga ~ RUS 56-57 D 3
Amginskij hrebet ▲ RUS 54-55 L 6
Amgotro o RI 102-103 L 3
Amgu o RUS 58-59 G 6
Amguèma ~ RUS 48-49 V 3
Amguèma, laguna ≈ 48-49 W 2
Amguèmskaja vpadina ⩦ RUS 48-49 U 3
Amguid o DZ 126-127 E 7
Amgun ~ RUS 58-59 E 3
Amgun' ~ RUS 58-59 F 3
Amherst o CDN 182-183 M 6
Amherst o USA (MA) 190-191 M 4
Amherst o USA (VA) 190-191 J 7
Amherstburg o CDN 182-183 C 7
Amherst Island ⌒ CDN (NWT) 168-169 e 6
Amherst Island ⌒ CDN (ONT) 182-183 F 6
Am Himédé o TCH 134-135 K 6
Ami ~ IND 78-79 C 2
Ami, Île ⌒ F (988) 247 I e 4
Amiata, Monte ▲ I 36-37 C 3
Amiens ☆ •• F (80) 228-229 J 4
Amieu, Col d' ▲ F (988) 247 I c 3
Amilly o F (45) 232-233 H 4
Aminagou o RCA 142-143 G 6
Amindivi Islands ⌒ IND 76-77 E 5
Aminga o RA 220-221 D 5
Aminuis ☆ NAM 156-157 D 1
Amino o J 88-89 F 7
Amiour < RMM 132-133 J 6
'Amiq, Qaṣr o IRQ 64-65 J 6
'Amiq, Wādī ~ IRQ 64-65 J 6
Amīrābād o IR 72-73 D 6
Amirantes Group ⌒ SY 160 C 3
Amirante Trench ≃ 160 C 3
Amirauté, Îles de l' = Admiralty Islands ⌒ PNG 119 D 2
Amir Chāh o PK 70-71 K 4
Amisk Lake ⊖ CDN 178-179 E 3
Amistad o USA 188-189 F 2
Amistad, Parque Internacional La ⊥ ••• CR 196-197 C 7
Amistad, Presa la < MEX 194-195 J 3
Amite o USA 188-189 M 4
Amitikoe Peninsula ⌣ CDN 168-169 f 6
Amiuté, Ribeiro do ~ BR 212-213 D 5
Amizmiz o MA 124-125 G 5
Amka ~ RUS 56-57 J 4
Amkunj o IND 76-77 L 3
Amla o IND 74-75 G 9
Amlāgora o IND 78-79 E 4
Amlamé o RT 138-139 L 6
Amlapura = Karangasem o • RI 104 B 7
Amlekhganj o NEP 80-81 E 7
Amlia Island ⌒ USA 166-167 K 6
Amloustarat o RMM 132-133 L 6
'Ammān ☆ • JOR 66-67 D 2
Amman = 'Ammān ☆ • JOR 66-67 D 2
Ämmänsaari o FIN 24-25 K 4
Ammāpettai o IND 76-77 H 5
Ammapettai o IND 76-77 G 5
Ammarnäs o S 22-23 H 4
Ammaroo o AUS 114-115 C 1
Ammaroodinna Hill ▲ AUS 112-113 M 3
Ammassalik ☆ GRØ 172-173 W 4
Ammassivik = Sletten o GRØ 172-173 S 6
Ammer ~ D 28-29 L 4
Ammer, Lac = Ammersee ⊖ D 28-29 L 5
Ammersee ⊖ D 28-29 L 5
Ammeville o F (14) 230-231 M 2
Ammochostos o • TR 64-65 E 5
Ammouk < RMM 132-133 K 5
Amnat Charoen o THA 94-95 H 3
Amnja ~ RUS 50-51 J 3
Amnok Gang ~ DVR 86-87 E 7
Amnundakta ~ RUS 52-53 K 2
Amnura o BD 78-79 F 3
Amodinonoka o RM 158-159 E 8
Amogjār, Passe d' ▲ RIM 132-133 D 4
Āmol o • IR 72-73 C 6
Amolar o BR 214-215 J 6
Amoltepec o MEX 196-197 F 3
Amon o MA 124-125 F 6
Amontada o BR 212-213 J 3
Amores, Arroyo ~ RA 220-221 H 5
Amores, Los o RA 220-221 H 5
Amorgós o GR 36-37 K 6
Amorgós ⌒ GR 36-37 K 6
Amorinópolis o BR 216-217 E 4
Amory o USA 192-193 D 3
Amos o CDN 182-183 E 4
Amoss, Passe d' ≈ 247 I b 2
Amotape, Cerros de ▲ PE 208-209 B 4
Amotopo o SME 206-207 F 4
Amou o F (40) 240-241 C 3
Amou ~ RT 138-139 L 6
Amouguèr o MA 124-125 J 4
Amou Oblo o RT 138-139 L 6
Amour = Amur ~ RUS 54-55 K 9
Amour, Djebel ▲ DZ 126-127 C 4
Amourj o RIM 132-133 G 6
Amoursk = Amursk o RUS 58-59 G 3
Amoya o GH 138-139 J 6
Amozoc o MEX 196-197 E 2
Ampah o RI 100-101 D 4
Ampana o RI 100-101 G 4
Ampang o RI 104 C 7
Ampangalana, Lakandrano < RM 158-159 F 8
Ampanihy o RM 158-159 D 10
Amparafaravola o RM 158-159 F 6
Amparai o CL 76-77 J 7
Amparihy Atsinanana o RM 158-159 E 9
Amparo o BR 216-217 G 7
Amparo, El o YV 204-205 F 4
Ampasamadinika o RM 158-159 F 7
Ampasimanolotra o RM 158-159 F 7
Ampasimbe o RM 158-159 F 6
Ampasinambo o RM 158-159 E 8
Ampatakamaroreny o RM 158-159 F 6
Ampato, Cordillera de ▲ PE 208-209 F 9
Ampefy o RM 158-159 E 7
Amper o WAN 140-141 H 4
Ampère, Plaine ⌣ F (984) 246 III b 3
Ampère Seamount ≃ 124-125 E 3
Amphlett Group ⌒ PNG 119 F 5
Ampibako o RI 100-101 G 4
Ampisikinana o RM 158-159 F 4
Amplawas o RI 102-103 E 6
Amplepuis o F (69) 238-239 E 5
Amplier o F (62) 228-229 J 3
Ampoa o RI 100-101 G 4
Ampombiantambo o RM 158-159 F 4
Ampondra o RM 158-159 G 4
Ampus o F (83) 242-243 J 4
Amputa ~ RUS 50-51 O 3
Amqui o CDN 182-183 L 4
'Amrān o • Y 68-69 C 6
Amrâne, Bîr' < RIM 132-133 F 3
Amrāvati o IND 74-75 F 9
Am Raya < TCH 134-135 H 5
Amreli o IND 74-75 C 9
Āmri o • PK 74-75 B 6
'Amrit o •• SYR 64-65 F 5
Amritsar o • IND 74-75 E 4
Amroha o IND 74-75 G 5
Amrum ⌒ D 28-29 K 1
Amsaga ⩦ RIM 132-133 C 4
Amsel o • DZ 126-127 E 9
Amstelveen o NL 28-29 H 2
Amsterdam o CDN 178-179 E 5
Amsterdam ☆ •• NL 28-29 H 2
Amsterdam o USA 190-191 L 4
Amsterdam o ZA 156-157 K 3
Amsterdam, Fort ∴ • NA 200 D 2
Amsterdam, Île ⌒ F (984) 246 VII
Amstetten o A 28-29 M 4
Am Tanabo o TCH 134-135 H 6
Am Timan ☆ TCH 142-143 E 3
Amu-Buharskij kanal < US 72-73 H 5
'Āmūdā o SYR 64-65 J 4
'Amūda, al- o IRQ 64-65 L 7
Amu-Dar'ja o TM 72-73 J 6
Amudar'ja ~ US 72-73 H 4
Amudarjo ~ US 72-73 F 3
Amudat o EAU 148-149 E 3
Amukta Island ⌒ USA 166-167 L 6
Amukta Pass ≈ 166-167 L 6
Amund Ringnes Island ⌒ CDN 168-169 X 1
Amundsen, Mount ▲ ARK 16 G 11
Amundsen Bay ≈ 16 G 5
Amundsen Glacier ⊂ ARK 16 E 0
Amundsen Gulf ≈ 168-169 J 5
Amundsen havet ≈ 16 G 26
Amundsen-Scott o ARK 16 E 0
Amungwiwa, Mount ▲ PNG 119 D 4
Amuntai o RI 100-101 D 5
Amur ~ RUS 54-55 K 9
Amur ~ RUS 58-59 J 2
Amur ~ RUS 58-59 E 4
'Amūr, Wādī ~ SUD 136-137 G 3
Amurang o RI 100-101 J 3
Amursk o RUS 58-59 G 3
Amurskie stolby • RUS 58-59 H 3
Amurskij liman ≈ 58-59 J 2
Amursko-Zejskaja ravnina ⌣ RUS 54-55 M 9
Amutu-Besar, Pulau ⌒ RI 102-103 G 3
Amyderya ~ TM 72-73 H 5
Amyl ~ RUS 52-53 F 9
Amzi, Oued Tin ~ DZ 134-135 B 2
Amzi, Oued Ti-n ~ RN 134-135 B 3
Am-Zoer o TCH 134-135 K 5
'Āna ☆ IRQ 64-65 J 5
Ana, Cachoeira ~ BR 206-207 F 5
Ana, Île ⌒ F (988) 247 I e 4
Anabanua o RI 100-101 G 5
Anabar ~ RUS 46-47 J 4
Anabarskij zaliv ≈ 46-47 J 3
Anabarskoe plato ▲ RUS 46-47 F 4
Anabat o RP 96-97 D 4
Anaborano o RM 158-159 F 4
Anacadiña o YV 204-205 J 5
Anaco o YV 204-205 J 3
Anaconda o USA 184-185 H 2
Anaconda-Pintler Wilderness ⊥ USA 184-185 H 2
Anacortes o USA 184-185 C 1
Anadarko o USA 188-189 H 2
Anadolu = Anatolie ⩦ TR 64-65 D 3
Anadyr' ☆ • RUS 48-49 T 4
Anadyr' ~ RUS 48-49 P 4
Anadyr ~ RUS 48-49 Q 3
Anadyr ≈ RUS 48-49 S 4
Anadyr, Golfe d' = Anadyrskiy zaliv ≈ 48-49 U 4
Anadyr, Monts de l' = Anadyrskoe ploskogor'e ▲ RUS 48-49 P 3
Anadyrskaja nizmennost' ⌣ RUS 48-49 S 4
Anadyrskij liman ≈ 48-49 T 4
Anadyrskoe ploskogor'e ⩦ RUS 48-49 P 3
Anáfi ⌒ GR 36-37 K 6
Anaghit o • ER 136-137 J 4
Anagni o • I 36-37 D 4
Anagusa Island ⌒ PNG 119 F 6
Anaharávi o GR 36-37 G 5
Anaheim o USA 184-185 F 9
Anahidrano o RM 158-159 E 5
Anahim Lake o CDN 176-177 H 5
Anáhuac o MEX (CHA) 194-195 F 3
Anáhuac o MEX (NL) 194-195 J 4
Anaimālai o IND 76-77 G 5
Anai Mudi ▲ IND 76-77 G 5
Anaj ~ RUS 52-53 N 9
Anajás o BR 206-207 K 6
Anajatuba o BR 212-213 F 3
Anajé o BR 216-217 K 3
Anaka o EAU 148-149 C 2
Anakalang o • RI 104 D 7
Anakāpalle o IND 78-79 C 7
Anakch o MA 124-125 E 7
Anakdara o RI 100-101 G 5
Anakie o AUS 114-115 J 2
Anaktuk o USA 164-165 L 1
Anaktuvuk Pass o USA 164-165 P 2
Anaktuvuk River ~ USA 164-165 P 2
Analalava o RM 158-159 E 5
Analamaitso ▲ RM 158-159 F 6
Analamposty, Farihy ⊖ RM 158-159 F 8
Analasarotra o RM 158-159 E 5
Analavory o RM 158-159 E 7
Anamã o BR 210-211 G 4
Anamã, Igarapé do ~ BR 210-211 G 4
Anamã, Lago ⊖ BR 210-211 G 4
Anama, ozero ⊖ RUS 52-53 G 2
Anama Bay o CDN 178-179 G 5
Anamaria o PE 208-209 E 3
Ana María, Golfo de ≈ 198-199 F 4
Anambas, Kepulauan ⌒ RI 98-99 F 3
Anambra □ WAN 140-141 G 5
Anambra, River ~ WAN 140-141 G 5
Anamoose o USA 186-187 G 2
Anamosa o USA 190-191 C 4
Anamu, Rio ~ BR 206-207 F 5
Anamur ☆ TR 64-65 E 4
Anamur Burnu ▲ TR 64-65 E 4
Anan o J 88-89 F 8
Ananás o BR 212-213 D 5
Ananás, Cachoeira ~ BR 212-213 B 5
Ananda-Kouadiokro o CI 138-139 H 6
Anandpur o IND 78-79 E 5
Anan'evo o KS 82-83 C 4
Anangu o EC 208-209 D 2
Ananta, Lago ⊖ PE 214-215 B 4
Anantapur o IND 76-77 G 3
Anantnag o IND 74-75 E 3
Anantsono o RM 158-159 C 9
Anantsono, Helodrano ≈ 158-159 C 9
Anapka, zaliv ⊖ RUS 56-57 V 3
Anápolis o BR 216-217 F 4
Anapu, Rio ~ BR 212-213 C 3
Anār o IR 70-71 F 3
Anārak o IR 70-71 E 2
Anārbār, Rūd-e ~ IR 70-71 D 2
Anār Dare o AFG 70-71 J 2
Ānarjävri = Inarijärvi ⊖ •• FIN 24-25 J 2
Ånarjohka ~ FIN 24-25 H 2
Anarnitsoq ⌒ GRØ 172-173 Q 6
Anastácio o BR 214-215 K 7
Anastácio, Rio ~ BR 216-217 E 7
Anastasii, buhta ⊖ RUS 48-49 R 6
Anatolie = Anadolu ⩦ TR 64-65 D 3
Anatolikí Macedonía Kai Thráki □ GR 36-37 K 4
Añatuya o RA 220-221 F 5
Anau o F (987) 247 IV a 2
Anauá, Rio ~ BR 206-207 D 5
Anaunethat Lake ⊖ CDN 174-175 R 5
Anaurilândia o BR 216-217 D 7
Anavgaj o RUS 56-57 S 5
Anavilhanas, Arquipélago das ⌒ BR 210-211 G 4
'Anaza Ruwāla ▲ KSA 66-67 E 2
Anbā Bišwī, Dair ∴ ET 130-131 E 2
Anbār, al- □ IRQ 64-65 J 6
Anbar Kūh ▲ AFG 72-73 L 6
Anbyon o DVR 86-87 F 8
Anča ~ RUS 56-57 H 3
An Cabhán = Cavan ☆ IRL 26-27 D 5
An Caisleán Nua = Newcastle West o IRL 26-27 C 5
An Caol = Keel o IRL 26-27 B 5
Ancasti o del Alto, Sierra de ▲ RA 220-221 E 5
Ance ~ F (63) 242-243 D 1
Ancenis o F (44) 230-231 J 5
An Chathair = Caher o IRL 26-27 D 5
Anchau o WAN 140-141 H 3
Anché o F (86) 236-237 F 3
Ancho, Canal ≈ 224 C 5
Anchorage o • USA 164-165 Q 6
Anchorena o RA 222-223 G 3
Ancien < RMM 132-133 K 4
Ancienne Chartreuse • F (08) 234-235 F 2
Anciferova, ostrov ⌒ RUS 58-59 Q 3
Ancizes-Comps, Les o F (63) 236-237 L 4
Anclitas, Cayos ⌒ C 198-199 F 4
An Clochán = Clifden o • IRL 26-27 B 5
An Cóbh = Cobh o IRL 26-27 C 6
An Coireán = Waterville o IRL 26-27 B 6
Ancon o PE 208-209 D 7
Ancón, Punta ▲ EC 208-209 B 3
Ancona ☆ • I 36-37 D 3
Anconcito o EC 208-209 B 3
Ancón de Sardinas, Bahía de ≈ 208-209 C 1
Ancre ~ F (80) 228-229 K 4
Ancuabe o MOC 150-151 K 7
Ancuaze o MOC 154-155 H 3
Ancud o RCH 222-223 C 6
Ancud, Golfo de ≈ 222-223 C 6
Ancy-le-Franc o F (89) 238-239 E 1
Anda o RP 96-97 C 4
Anda o VRC 86-87 E 4
Andacollo o RCH 220-221 B 6
Andaga o WAN 140-141 K 3
Andagua o PE 208-209 F 9
Andahuaylas o PE 208-209 F 8
Andaiá, Rio ~ BR 216-217 H 5
An Daingean = Dingle o IRL 26-27 B 5
Andaingo Gara o RM 158-159 F 6
Andakalaka o RM 158-159 E 5
Andalgala o RA 220-221 D 4
Åndalsnes ☆ N 22-23 C 5
Andalucía □ E 34-35 D 6
Andalusia o USA (AL) 192-193 E 4
Andalusia o USA (IL) 190-191 C 5
Andām, Wādī ~ OM 68-69 L 3
Andaman, Bassin des = Andaman Basin ≃ 94-95 C 5
Andaman, Îles = Andaman Islands ⌒ IND 76-77 L 3
Andaman, Mer des = Andaman Sea ≈ 94-95 C 4
Andaman and Nicobar Islands □ IND 76-77 L 4
Andaman Basin = Andaman, Bassin des ≃ 94-95 C 5
Andaman Islands = Andaman, Îles ⌒ IND 76-77 L 3
Andaman Sea = Andaman, Mer des ≈ 94-95 C 4
Andamarca o BOL 214-215 D 6
Andamooka Opal Fields o AUS 114-115 D 6
Andamooka Ranges ▲ AUS 114-115 D 6
Andance o F (07) 242-243 E 1
Andapa o RM 158-159 E 7
Andarāb o AFG 72-73 L 7
Andaraí o BR 216-217 K 2
Andarma ~ RUS 50-51 Q 6
Andavaka • RM 158-159 D 10
Andeba Ye Midir Zerf Ch'af ▲ ER 136-137 K 5
Andelle ~ F (27) 228-229 G 5
Andelot ~ F (63) 238-239 C 4
Andelot-Blancheville o F (52) 234-235 G 5
Andelys, Les o F (27) 228-229 G 5
Andenes o • N 22-23 H 2
Anderai o WAN 140-141 F 3
Andéramboukane o RMM 132-133 M 7
Ånderdalen nasjonalpark ⊥ N 22-23 H 2
Andermatt o CH 28-29 K 5
Andernos-les-Bains o F (33) 236-237 C 6
Andersen, Salto ~ RA 222-223 G 5
Anderson o USA (IN) 190-191 F 5
Anderson o USA (MO) 188-189 K 1
Anderson o USA (SC) 192-193 G 2
Anderson Channel ≈ 180-181 R 3
Anderson Gate < NAM 152-153 C 9
Anderson Island ⌒ CDN 180-181 L 6
Anderson River ~ CDN 164-165 a 2
Andersonville National Historic Site ∴ • USA 192-193 F 3
Andes o CO 204-205 D 5
Andes, Cordillera de los = Andes, Cordillère des ▲ 13 D 8
Andes, Cordillère des = Andes, Cordillera de los ▲ 13 D 8
Andes, Los o RCH 222-223 D 2
Andes, Los = Sotomayor o CO 208-209 D 1
Andfjorden ≈ 22-23 H 2
Andhōy o AFG 72-73 J 6
Andhra Pradesh □ IND 76-77 H 2
Andijskoe Kojsu ~ RUS 62-63 G 6
Andikíthira ⌒ GR 36-37 J 7
Andilamena o RM 158-159 F 6
Andilly o F (17) 236-237 C 3
Andimešk o • IR 70-71 C 2
Anding o VRC 92-93 H 2
Andino, Parque Nacional ⊥ RCH 222-223 C 6
Andíparos ⌒ GR 36-37 K 6
Andira o BR 216-217 E 7
Andirá, Rio ~ BR 210-211 J 4
Andirá, Rio ~ BR 210-211 D 5
Andirá-Marau, Área Indígena ⨯ BR 210-211 J 4
Andırın ☆ TR 64-65 G 4
Andírio o GR 36-37 H 5
Andirlangar o VRC 80-81 D 2
Andižan ☆ US 72-73 N 4
Andižanskaja oblast' □ US 72-73 M 4
Andižanskoe vodohranilišče < KS 72-73 N 4
Andlau o F (67) 234-235 L 5
Andlau • F 234-235 L 5
Andoain o E 34-35 F 3
Andoany o RM 158-159 F 4
Andoas o PE 208-209 D 3
Andohajango o RM 158-159 F 5
Andoi o RI 102-103 G 2
Andolsheim o F (68) 234-235 L 5
Andon o F (06) 242-243 K 4
Andong o ROK 86-87 G 9
Andoom o AUS 110-111 F 3
Andorinha o BR 212-213 J 7
Andorinha, Cachoeira da ~ BR 210-211 G 7
Andørja ⌒ N 22-23 H 2
Andorra = Andorre ■ AND 34-35 H 3
Andorra La Vella ☆ • AND 240-241 H 5
Andorre = Andorra ■ AND 34-35 H 3
Andorskaja grjada ▲ RUS 30-31 P 2
Andouillé o F (53) 230-231 K 3
Andover o USA (OH) 190-191 H 5
Andover o USA (SD) 186-187 J 3
Andovoranto o RM 158-159 F 7
Andøya ⌒ N 22-23 G 2
Andrable ~ F (43) 242-243 E 1
Andrada o ANG 152-153 F 3
Andradina o BR 216-217 E 6
Andrafainkona o RM 158-159 F 4
Andrafiabe o RM 158-159 F 4
Andrafiamena ▲ RM 158-159 F 4
Andramasina o RM 158-159 E 7
Andranavory o RM 158-159 D 9
Andranomena o RM 158-159 F 7
Andranomita • RM 158-159 D 8
Andranopasy o RM 158-159 C 8
Andranovondronina o RM 158-159 F 4
Andreafsky River ~ USA 164-165 J 5
Andreanof Islands ⌒ USA 166-167 H 7
Andrecyk Lake ⊖ CDN 174-175 R 5
Andrée Land ⩦ GRØ 170-171 m 7
Andrée land ⌣ N 20-21 J 3
Andreevka o KA 60-61 M 6
Andreevka o RUS 32-33 G 7
Andreevskoe, ozero ⊖ RUS 50-51 J 5
André Felix, Parc National ⊥ RCA 142-143 F 4
Andre Lake ⊖ CDN 180-181 R 7
Andrelândia o BR 216-217 H 6
Andrequicé o BR 216-217 H 5
Andres o F (62) 228-229 H 2
Andrest o F (65) 240-241 E 4
Andrésy o F (78) 232-233 G 2
Andréville o CDN 182-183 K 5
Andrevo o RM 158-159 C 9
Andrew o CDN 176-177 O 5
Andrew Gordon Bay ≈ 180-181 M 2
Andrew Lake ⊖ CDN 174-175 P 6
Andrew River ~ CDN 164-165 a 2
Andrews o USA 188-189 F 3
Ándria o I 36-37 F 4
Andriamena o RM 158-159 E 6
Andriamena, Lavarie d' • RM 158-159 E 6
Andriba o RM 158-159 E 6
Andrieskraal o ZA 156-157 G 6
Andriesvale o ZA 156-157 E 3
Andrijevica o • YU 36-37 G 3
Andringitra ▲ RM 158-159 E 8
Andrjuškino o RUS 48-49 H 2
Androfiamena o RM 158-159 F 4
Androhiba o RM 158-159 E 5
Androka o RM 158-159 D 10
Androna ⩦ RM 158-159 E 5
Andronica Island ⌒ USA 166-167 R 5
Andropov = Rybinsk ☆ RUS 30-31 Q 2
Androranga ~ RM 158-159 F 5
Ándros ⌒ GR 36-37 K 6
Androscoggin River ~ USA 190-191 N 3
Andros Island ⌒ BS 198-199 F 2
Andros Town o • BS 198-199 G 2
Androth Island ⌒ IND 76-77 E 5
Androy ⩦ RM 158-159 D 10
Anduri River ~ PNG 119 E 4
Andselv o N 22-23 J 2
Andudu o ZRE 148-149 B 2
Andújar o E 34-35 E 5
Andulo o ANG 152-153 D 5
Anduze o F (30) 242-243 D 3
Andylivan ~ RUS 48-49 M 4
Anec, Lake ⊖ AUS 112-113 K 1
Anecón Chico, Cerro ▲ RA 222-223 E 6
Anecón Grande, Cerro ▲ RA 222-223 D 6
Anéfis o RMM 132-133 L 5
Anegada ⌒ GB 200 C 2
Anegada, Bahía ≈ 222-223 H 6
Anegada, Punta ▲ PA 196-197 D 8
Anegada Passage ≈ 200 D 2
Aného o • RT 138-139 L 6
Anekal o IND 76-77 G 4
Anéker o RN 134-135 B 5
Añelo o RA 222-223 E 5
Anemata, Passe d' ≈ 247 I d 2
Anemounon ∴ •• TR 64-65 E 4
Anepahan o RP 96-97 C 8
Anepmete o PNG 119 E 3
Anesbaraka < DZ 134-135 B 3
Anes-Barakka < RN 134-135 C 3
Anet o F (28) 232-233 E 2
Aneto, Pico de ▲ E 34-35 H 3
Anette Island ⌒ USA 176-177 E 4
Anette Island Indian Reservation ⨯ USA 176-177 E 4
Aney o RN 134-135 F 3
Anfeg, Oued ~ DZ 126-127 E 9
Anfu o VRC 92-93 J 3
Anga, Bol'šaja ~ RUS 52-53 N 8
Angading o RI 98-99 E 6
Angajurjualuk Lake ⊖ CDN 168-169 g 5
Angalimp o PNG 119 C 3
Angamāli o IND 76-77 G 5
Angamarut o PNG 119 A 4
Angamma, Falaise d' ▲ TCH 134-135 H 4
Angamos, Isla ⌒ RCH 224 C 4
Angamos, Punta ▲ RCH 220-221 B 2
Anganguéo o MEX 196-197 D 2
Ang'ang Xi ∴ • VRC 86-87 D 4
Angara ~ RUS 52-53 K 6
Angara ~ RUS 52-53 L 9
Angara ~ RUS 52-53 F 6
'Angara o SUD 142-143 G 3
Angaradébou o DY 140-141 E 3
Angarakan o RUS 54-55 E 8
Angarka o RUS 48-49 N 3
Angarka ~ RUS 48-49 N 3
Angarsk o RUS 52-53 L 9
Angarskij krjaž ⩦ RUS 52-53 K 8
Angastaco o RA 220-221 D 3
Angaston o AUS 116-117 E 3
Angatuba o BR 216-217 F 7
Angavo ⩦ RM 158-159 E 7
Angba o WAN 140-141 G 5
Angel, El o EC 208-209 D 1
Angel, Salto ~ •• YV 204-205 K 5
Ángel de la Guarda, Isla ⌒ MEX 194-195 C 3
Angèle, Montagne d' ▲ F 242-243 G 2
Angeles o RP 96-97 D 5
Angeles, Los o RCH 222-223 C 4
Ängelholm o S 22-23 F 8
Angélica o RA 220-221 G 6
Angelim o BR 212-213 K 6
Angelina River ~ USA 188-189 K 4
Angelin Bjerg ▲ GRØ 170-171 n 7
Angellala Creek ~ AUS 114-115 J 4
Angelo River ~ AUS 112-113 D 1
Ängelsberg o •• S 22-23 H 7
Angels Camp o USA 184-185 D 6
Angemuk, Gunung ▲ RI 102-103 K 3
Angerburg = Węgorzewo o • PL 28-29 Q 1
Angereb o ETH 136-137 H 6
Angereb Wenz ~ ETH 136-137 H 6
Ångermanälven ~ S 22-23 H 5
Ångermanland ⩦ S 22-23 H 5
Angermünde o • D 28-29 N 2
Angers o F (49) 230-231 K 5
Angerville o F (91) 232-233 F 3
Ångesån ~ S 22-23 L 3
Angetu o ETH 144-145 D 5
Angevillers o F (57) 234-235 J 3
Anggoami o RI 100-101 G 5
Anggoro o RI 100-101 G 5
Angical o BR 212-213 F 7
Angicos o BR 212-213 K 4
Angijak Island ⌒ CDN 180-181 T 2
Angikuni Lake ⊖ CDN 174-175 U 4
Angira o PK 70-71 M 4
Angîre o IR 70-71 F 2
Angisoq = Loransation o GRØ 172-173 S 7
Angkor Vat = Angkor Wat ••• K 94-95 H 4
Angkor Wat = Angkor Vat ••• K 94-95 H 4
Ângk Tasaôm o K 94-95 H 5
Anglards-de-Salers o F (15) 236-237 K 5
Angle o USA 184-185 J 6
Angle Droit, Monts de l' ▲ F (984) 246 III a 3
Anglefort o F (01) 238-239 H 5
Angle Inlet o CDN 178-179 J 6
Anglem, Mount ▲ NZ 118 A 7
Anglès o F (81) 240-241 K 3
Angles o F (85) 236-237 C 3
Angles, les o F (66) 240-241 J 5
Anglesea o AUS 116-117 H 5
Anglesey ⌒ GB 26-27 E 5
Angles-sur-l'Anglin o F (86) 236-237 G 2
Angleterre = England □ GB 26-27 F 5
Angleton o USA 188-189 K 5
Anglin ~ F (36) 236-237 H 3
Anglure o F (51) 232-233 K 2
Angmagssalik Fjord ≈ 172-173 W 4
Ango o ZRE 142-143 G 6
Angochagua o EC 208-209 C 1
Angoche o MOC 154-155 K 3
Angohrān o IR 70-71 G 5
Angol o RCH 222-223 C 4
Angola o USA 190-191 F 5
Angola = Angola ■ ANG 152-153 C 5
Angola, Bassin de l' = Angola Basin ≃ 14-15 K 10
Angola Basin = Angola, Bassin de l' ≃ 14-15 K 10
Angolin o IND 78-79 J 1
Angonia, Planalto de ▲ MOC 154-155 G 2
Angontsy, Tanjona ▲ RM 158-159 G 5
Angoon o USA 176-177 C 3
Angor o US 72-73 K 6
Angoram o PNG 119 C 3
An Gort = Gort o IRL 26-27 C 5
Angostura, Presa de la < MEX (CHI) 196-197 H 3
Angostura, Presa de la < MEX (SON) 194-195 E 2
Angostura Reservoir < USA 186-187 F 4
Angoulême ☆ • F (16) 236-237 F 4
Angoulins o F (17) 236-237 C 3
Angoumois ⩦ F (16) 236-237 F 4
Angpawing Bum ▲ MYA 78-79 J 3

Angra dos Reis ○• **BR** 216-217 H 7
Angramios, Pulau ⌒ **RI** 102-103 H 3
Angren ○ **US** 72-73 M 4
Ang Thong Marine National Park ⊥ **THA** 94-95 E 6
Angu ○ **ZRE** 146-147 K 2
Anguilla □ **GB** 200 D 2
Anguilla = Anguilla □ **GB** 200 D 2
Anguilla Cays ⌒ **BS** 198-199 F 3
Anguilla Channel ≈ 245 III a 1
Anguilla Island ⌒ **GB** 200 D 2
Anguille, Cape ▲ **CDN** 182-183 P 5
Anguille Mountains ▲▲ **CDN** 182-183 P 5
Anğuman ○ **AFG** 72-73 M 7
Anguo ○ **VRC** 90-91 J 2
Angūrān ○ **IR** 64-65 M 4
Anguran ○ **IR** 70-71 F 5
Angurugu X **AUS** 110-111 D 3
Angusilla ○ **PE** 208-209 E 2
Angusko Point ▲ **CDN** 174-175 X 5
Angwa ~ **ZW** 154-155 F 3
An Hải ☆ **VN** 92-93 E 6
Anhanduí-Guaçu, Rio ~ **BR** 220-221 K 1
Anholt ⌒ **DK** 22-23 E 8
Anhua ○ **VRC** 92-93 G 2
Anhui □ **VRC** 90-91 K 5
Ani • **TR** 64-65 K 2
Aniak ○ **USA** 164-165 L 6
Aniakchak Crater • **USA** 166-167 R 4
Aniakchak National Monument and Preserve ⊥ **USA** 166-167 S 4
Aniak River ~ **USA** 164-165 L 6
Aniakshak Bay ≈ 166-167 S 4
Aniassue ○ **CI** 138-139 J 6
Aníbal Pinto, Lago ⊖ **RCH** 224 D 5
Aniche ○ **F** (59) 228-229 L 3
Anicuns ○ **BR** 216-217 F 4
Anié ○ **RT** (DPL) 138-139 L 6
Anié ~ **RT** 138-139 L 5
Anie, Pic d' ▲ **F** 240-241 C 5
Anihovka ☆ **RUS** 60-61 B 3
Anikino ○ **RUS** 54-55 K 9
Anil ○ **BR** 212-213 F 3
Anil, Igarapé do ~ **BR** 210-211 J 7
Animas ○ **USA** 188-189 C 4
Animas, Las ○ **HN** 196-197 L 4
Animas, Punta ▲ **RCH** 220-221 B 4
Animas, Quebrada de las ~ **RCH** 220-221 B 4
Animas Peak ▲ **USA** 188-189 C 4
Animas River ~ **USA** 186-187 D 7
Anina ○ **RO** 38-39 B 5
Aninaus Pass ▲ **ZA** 156-157 C 4
Anisij, mys ▲ **RUS** 46-47 W 1
Anita Garibaldi ○ **BR** 218-219 E 6
Aniuk River ~ **USA** 164-165 M 2
Aniva ○ **RUS** 58-59 K 5
Aniva, Baie d' = Aniva, zaliv ≈ 58-59 K 5
Aniva, mys ▲ **RUS** 58-59 K 5
Aniva, zaliv ≈ 58-59 K 5
Anivorano Avaratra ○ **RM** 158-159 F 4
Aniwa Island = Île Nina ⌒ **VAN** 120 II b 4
Aniyo ○ **J** 88-89 G 7
Anizy-le-Château ○ **F** (02) 228-229 L 4
Anjafy, Lembalemba Ambonin ▲▲ **RM** 158-159 E 6
Anjār ○ **IND** 74-75 C 8
Anji ○ **VRC** 90-91 L 6
Anjohibe • **RM** 158-159 E 5
Anjombony ~ **RM** 158-159 F 5
Anjony, Château d' • **F** (15) 236-237 K 5
Anjou ∸ **F** (49) 230-231 K 4
Anjozorobe ○ **RM** 158-159 E 7
Anju ○ **DVR** 86-87 E 8
Anjuj ~ **RUS** 58-59 G 4
Anjuj, Bol'šoj ~ **RUS** 48-49 M 3
Anjuj, Malyj ~ **RUS** 48-49 O 3
Anjujsk ○ **RUS** 48-49 L 2
Anjujskij hrebet ▲▲ **RUS** 48-49 M 3
Anka ○ **WAN** 134-135 B 6
Ankaboa, Tanjona ▲ **RM** 158-159 C 8
Ankaimoro, Tombeaux • **RM** 158-159 E 9
Ankaizina ∸ **RM** 158-159 F 5
Ankalalobe ○ **RM** 158-159 D 7
Ankang ○ **VRC** 90-91 F 5
Ankara ★• **TR** 64-65 E 3
Ankaramy ○ **RM** 158-159 F 4
Ankaratra ▲▲ **RM** 158-159 E 7
Ankasa National Park ⊥ **GH** 138-139 J 7
Ankatafa ○ **RM** 158-159 F 4
Ankavanana ~ **RM** 158-159 F 5
Ankavandra ○ **RM** 158-159 D 7
Ankazoabo ○ **RM** 158-159 D 9
Ankazobe ○ **RM** 158-159 E 7
Ankazobe, Tampoketsan' ▲▲ **RM** 158-159 E 6
Ankazomboronza ○ **RM** 158-159 E 6
Ankazomiriotra ○ **RM** 158-159 E 7
Ankazondandy ○ **RM** 158-159 E 7
Ankeny ○ **USA** 186-187 L 5
Ankerika ○ **RM** 158-159 E 5
An Khê ○ **VN** 94-95 K 4
Ankihalli ○ **IND** 76-77 F 4
Ankilizato ○ **RM** 158-159 D 8
Ankirihitra ○ **RM** 158-159 E 6
Anklam ○ **D** 28-29 M 2
Ankleshwar ○ **IND** 74-75 D 9
Ankli ○ **IND** 76-77 F 2
Ankober ○• **ETH** 144-145 D 4
Ankobra ~ **GH** 138-139 J 7
Ankola ○ **IND** 76-77 F 3
Ankoro ○ **ZRE** 150-151 D 4
Ankotrofotsy ○ **RM** 158-159 D 7
Ankpa ○ **WAN** 140-141 G 5
An Láithreach = Laragh ○• **IRL** 26-27 D 5
Anlauf ○ **USA** 184-185 C 4
Anlezy ○ **F** (58) 238-239 D 3
Anliu ○ **VRC** 92-93 J 5
Anllóns, Río ~ **E** 34-35 C 3
Anlong ○ **VRC** 92-93 D 4
An Longfort = Longford ☆ **IRL** 26-27 D 5
Ânlóng Vêng ○ **K** 94-95 H 3
Anlu ○ **VRC** 90-91 H 6
An Muileann-gCearr = Mullingar ○ **IRL** 26-27 D 5
Anmyŏn Do ⌒ **ROK** 86-87 F 9
Ann, Cape ▲ **USA** 190-191 N 4
Anna ○ **RUS** 38-39 M 2
Anna ○ **USA** 190-191 D 7
Anna, Lake ⊖ **USA** 190-191 K 6
Annaba ☆• **DZ** 126-127 F 2
Annaberg ○ **PNG** 119 C 3
Anna Bistrup, Kap ▲ **GRØ** 170-171 q 4
an-Nabk ☆ **SYR** 64-65 G 5
an-Naḫl ○ **ET** 130-131 F 3
An Nā'ikah, Qarārat ⊖ **LAR** 128-129 H 4
An Nāmūs, Wāw ○ **LAR** 128-129 G 5
Anna Plains ○ **AUS** 108-109 E 5
Annapolis ○ **USA** (MO) 190-191 C 7
Annapolis ☆ **USA** (MD) 190-191 K 6
Annapolis Royal ○ **CDN** 182-183 M 6
Annapurna Himal ▲▲ **NEP** 80-81 D 6
Annapurna I ▲ **NEP** 80-81 D 6
Annapurna II ▲ **NEP** 80-81 E 6
Annapurna Sanctuary ⊥• **NEP** 80-81 D 6
Ann Arbor ○ **USA** 190-191 G 4
Anna Regina ○ **GUY** 206-207 E 2
An Nás = Naas ☆ **IRL** 26-27 D 5
Annaville ○ **CDN** 182-183 H 5
Anne, Mount ▲ **AUS** 116-117 J 7
Annean, Lake ⊖ **AUS** 112-113 E 3
Annebault ○ **F** (14) 228-229 E 5
Annecy ○ **F** (74) 238-239 J 5
Annecy, Lac d' ⊖ **F** 238-239 J 5
Annemasse ○ **F** (74) 238-239 J 4
Annenkov Island ⌒ **GB** 222-223 O 7
Anneville-sur-Mer ○ **F** (50) 228-229 A 5
Annezin ○ **F** (62) 228-229 K 2
Annigeri ○ **IND** 76-77 F 3
an-Nīl ~ **ET** 130-131 E 3
Anning ○ **VRC** 92-93 C 4
Anningie ○ **AUS** 114-115 B 1
Anniston ○ **USA** 192-193 F 3
Annitowa ○ **AUS** 114-115 D 1
Annœulin ○ **F** (59) 228-229 K 2
Annofliyah ○ **LAR** 128-129 G 2
Annot ○ **F** (04) 242-243 K 4
Annotto Bay ○ **JA** 198-199 G 5
Annoual ○ **MA** 124-125 K 3
Annouville-Vilmesnil ○ **F** (76) 228-229 E 4
an-Nugaym, Bi'r < **SUD** 136-137 G 3
An Nuqāt al Khams □ **LAR** 128-129 D 1
Anola ○ **CDN** 178-179 H 6
An Ómaigh = Omagh ☆• **GB** 26-27 D 4
Año Nuevo, Seno ≈ 224 F 7
Año Nuevo Point ▲ **USA** 184-185 C 7
Anony, Farihy ⊖ **RM** 158-159 E 10
Anori ○ **BR** 210-211 G 4
Anoritooq ≈ 172-173 T 6
Anorontany, Tanjona ▲ **RM** 158-159 F 4
Anosibe An'ala ○ **RM** 158-159 F 7
Anost ○ **F** (71) 238-239 E 2
Anosy ▲▲ **RM** 158-159 E 10
Anould ○ **F** (88) 234-235 K 5
Anpo Gang ~ **VRC** 92-93 F 6
Anqing ○ **VRC** 90-91 K 6
Anqiu ○ **VRC** 90-91 L 3
Anquincila ○ **RA** 220-221 E 5
Anranofasika ○ **RM** 158-159 E 6
Anranomavo ○ **RM** 158-159 D 6
Anriandampy ○ **RM** 158-159 D 9
Ansai ○ **VRC** 90-91 F 3
Ansas ○ **RI** 102-103 H 2
Ansbach ○• **D** 28-29 L 4
Anse ○ **F** (69) 238-239 F 5
Anse, L' ○ **USA** 190-191 D 2
Anse-à-Galets ○ **RH** 198-199 J 5
Anse-à-Veau ○ **RH** 198-199 J 5
Ānseba Shet' ~ **ER** 136-137 J 4
Anse-Bertrand ○ **F** (971) 245 IV a 2
Anse-d'Arlets, Les ○ **F** (972) 245 V a 3
Anselmo ○ **USA** 186-187 H 5
Anse-Pleureuse ○ **CDN** 182-183 M 4
Anserma ○ **CO** 204-205 D 5
Anse Rouge ○ **RH** 198-199 J 5
Anshan ○ **VRC** 86-87 D 7
Anshi ○ **IND** 76-77 F 3
Anshun ○ **VRC** 92-93 D 3
Ansignan ○ **F** (66) 240-241 K 5
Ansilta, Cerro de ▲ **RA** 220-221 C 6
Ansilta, Cordillera de ▲▲ **RA** 220-221 C 6
Ansina ○ **ROU** 220-221 K 6
Ansley ○ **USA** 186-187 H 5
Anson ○ **USA** 188-189 H 3
Anson Bay ≈ 108-109 J 2
Ansonga ○ **RMM** 138-139 L 2
Answer Downs ○ **AUS** 114-115 F 4
Anta ○ **PE** 208-209 F 8
Anta, Cachoeira da ~ **BR** 210-211 H 6
Antabamba ○ **PE** 208-209 F 9
Antagnac ○ **F** (47) 240-241 E 2
Antakya = Hatay ☆ **TR** 64-65 G 4
Antalaha ○ **RM** 158-159 G 5
Antalya ☆ **TR** 64-65 D 4
Antalya Körfezi ≈ 64-65 D 4
Antanambao Manampotsy ○ **RM** 158-159 F 7
Antananarivo □ **RM** 158-159 D 7
Antananarivo ★• **RM** (ATN) 158-159 E 7
Antandrokomby ○ **RM** 158-159 F 7
Antanifotsy ○ **RM** 158-159 E 7
Antanimora Atsimo ○ **RM** 158-159 D 10
Antanjombolamena ○ **RM** 158-159 E 7
An tAonach = Nenagh ○ **IRL** 26-27 C 5
Antar, Djebel ▲ **DZ** 124-125 L 4
Antarctica = Antarctique ⌒ **ARK** 16 F 28
Antarctic Bugt ≈ 170-171 s 3
Antarctic Peninsula ⌣ **ARK** 16 G 30
Antarctic Sound ≈ 16 G 31
Antarctique = Antarctica ⌒ **ARK** 16 F 28
Antares, Gunung ▲ **RI** 102-103 L 4
Antarès, Île de l' ⌒ **F** (984) 246 III d 4
Antas ○ **BR** 212-213 J 7
Antécume Pata ○ **F** (973) 245 I a 3
Antelope ○ **CDN** 176-177 Q 6
Antelope Island ⌒ **USA** 184-185 H 5
Antelope Mine ○ **ZW** 154-155 E 5
Antenne ~ **F** 236-237 E 4
Antenor Navarro ○ **BR** 212-213 J 5
Antequera ○ **E** 34-35 E 6
Antequera ○ **PY** 220-221 J 3
Antetezampandrana ○ **RM** 158-159 F 6
Anthéor ○ **F** (83) 242-243 K 5
An Thới, Quần Đảo ⌒ **VN** 94-95 H 6
Anthony ○ **USA** (KS) 188-189 H 1
Anthony ○ **USA** (NM) 188-189 D 3
Anthony Island ⌒••• **CDN** 176-177 E 5
Anthony Lagoon ○ **AUS** 110-111 C 5
Anthropological Museum •• **RI** 102-103 L 3
Anti Atlas ▲▲ **MA** 124-125 G 6
Antibes ○ **F** (06) 242-243 L 4
Antibes, Cap d' ▲ **F** (06) 242-243 L 4
Antichan-de-Frontignes ○ **F** (31) 240-241 F 5
Anticosti, Île d' ⌒ **CDN** 182-183 M 4
Antifer, Cap ▲ **F** (76) 228-229 E 4
Antiga Lagoa da Rabeca ⊖ **BR** 214-215 H 4
Antigo ○ **BR** 216-217 J 7
Antigo ○ **USA** 190-191 D 3
Antigonish ○ **CDN** 182-183 N 6
Antigua ○• **MEX** 196-197 F 2
Antigua, Salina la ⊖ **RA** 220-221 E 5
Antigua and Barbuda = Antigua-et-Barbuda ■ **AG** 200 E 3
Antigua-et-Barbuda = Antigua and Barbuda ■ **AG** 200 E 3
Antigua Guatemala ☆••• **GCA** 196-197 J 4
Antigua Island ⌒ **AG** 200 E 3
Antiguo Cauce del Río Bermejo ~ **RA** 220-221 F 2
Antiguo Morelos ○ **MEX** 194-195 K 6
Antilla ○ **C** 198-199 H 4
Antilles, Grandes = Greater Antilles ⌒ 198-199 F 5
Antilles, Mer des = Caribbean Sea ≈ 13 D 3
Antilles, Petites = Lesser Antilles ∸ 200 B 5
Antilles = West Indies ∸ 198-199 F 2
Antilles Néerlandaises = Nederlandse Antillen □ **NL** 204-205 G 1
Antimari, Rio ~ **BR** 210-211 C 7
An Ti-m-Missaou < **DZ** 132-133 M 4
Antimonan ○ **RP** 96-97 D 6
Antimony ○ **USA** 184-185 J 6
Antinaëtajaha ~ **RUS** 44-45 R 7
An tInbhear Mór = Arklow ○ **IRL** 26-27 D 5
Antingola ○ **RI** 100-101 H 3
Antioche = Hatay (Antakya) ☆ **TR** 64-65 G 4
Antioquia ○ **CO** 204-205 D 4
Antipajuta ○ **RUS** 44-45 R 7
Antipodes Islands ⌒ **NZ** 9 J 7
Antisana, Volcán ▲ **EC** 208-209 C 2
Ántissa ○ **GR** 36-37 K 5
An tIúr = Newry ○ **GB** 26-27 D 4
Antiwirifo ○ **GH** 138-139 J 6
Antlat ○ **LAR** 128-129 J 2
Antlers ○ **USA** 188-189 K 2
Antofagasta ☆ **RCH** 220-221 B 2
Antofagasta de la Sierra ○ **RA** 220-221 D 4
Antofalla, Salar de ⊖ **RA** 220-221 D 4
Antofalla, Volcán ▲ **RA** 220-221 D 3
Antoinette Bay ≈ 170-171 L 3
Anton ○ **USA** (CO) 186-187 F 6
Anton ○ **USA** (TX) 188-189 F 3
Antongil, Helodrano ≈ 158-159 F 5
Antongomena-Bevary ○ **RM** 158-159 D 5
Antonibe ○ **RM** 158-159 E 5
Antonina ○ **BR** (CEA) 212-213 J 5
Antonina ○ **BR** (PAR) 218-219 F 5
Antonio de Biedma ○ **RA** 224 G 3
Antônio Dias ○ **BR** 216-217 J 5
Antônio Gonçalves ○ **BR** 212-213 H 7
Antônio João ○ **BR** 220-221 K 2
Antônio Martins ○ **BR** 212-213 K 5
Antônio Prado ○ **BR** 218-219 E 7
Antonio Varas, Península ⌣ **RCH** 224 D 5
Antonito ○ **USA** 188-189 D 1
Antón Lizardo ○ **MEX** 196-197 F 2
Antracyt ○ **UA** 38-39 L 3
Antraigues-sur-Volane ○ **F** (07) 242-243 E 2
Antrain ○ **F** (35) 230-231 J 3
Antrim ○• **GB** 26-27 D 4
Antrim Mountains ▲▲ **GB** 26-27 D 4
Antsahabe ○ **RM** 158-159 F 5
Antsahampano ○ **RM** 158-159 F 4
Antsakabary ○ **RM** 158-159 F 5
Antsakanalabe ○ **RM** 158-159 F 5
Antsalova ○ **RM** 158-159 D 7
Antsambalahy ○ **RM** 158-159 F 5
Antsaravibe ○ **RM** 158-159 F 4
Antsatramidola ○ **RM** 158-159 F 5
Antsiafabositra ○ **RM** 158-159 E 6
Antsianitia ○ **RM** 158-159 E 5
Antsirabato ○ **RM** 158-159 G 5
Antsirabe ○ **RM** 158-159 E 7
Antsirabe Afovoany ○ **RM** 158-159 F 5
Antsirabe Avaratra ○ **RM** 158-159 F 4
Antsiranana □ **RM** 158-159 F 4
Antsiranana ☆ **RM** 158-159 F 4
Antsla ○ **EST** 30-31 K 3
Antsoha ○ **RM** 158-159 D 7
Antsohihy ○ **RM** 158-159 E 5
Antsohimbondrona ○ **RM** 158-159 F 4
Antsondrodava ○ **RM** 158-159 D 7
Antu ○ **VRC** 86-87 G 6
Antuco ○ **RCH** 222-223 D 4
Antuco, Volcán ▲ **RCH** 222-223 D 4
Antufaš ⌒ **Y** 68-69 C 6
Antwerpen ☆•• **B** 28-29 H 3
Antykan ○ **RUS** 56-57 F 6
An Uaimh = Navan ○ **IRL** 26-27 D 5
Anuajito, El ○ **MEX** 194-195 E 5
Anučino ○ **RUS** 58-59 E 7
Añueque, Sierra ▲▲ **RA** 222-223 E 6
Anugul ○ **IND** 78-79 D 5
Anuj ~ **RUS** 60-61 O 2
Anum ○ **GH** 138-139 L 6
Anumma, River ~ **WAN** 140-141 J 3
Anūpgarh ○ **IND** 74-75 D 5
Anūpshahr ○ **IND** 74-75 G 5
Anuradhapura ○••• **CL** 76-77 J 6
Anvak Island ⌒ **USA** 166-167 P 5
Anvers = Antwerpen ☆•• **B** 28-29 H 3
Anvers, Île ⌒ **ARK** 16 G 30
Anvik ○ **USA** 164-165 K 5
Anvik River ~ **USA** 164-165 K 5
Anvin ○ **F** (62) 228-229 J 3
Anxi ○ **VRC** (GAN) 82-83 M 5
Anxi ○ **VRC** (JXI) 92-93 J 2
An Xian ○ **VRC** 90-91 D 6
Anxious Bay ≈ 116-117 C 2
Anyang ○ **ROK** 86-87 F 9
Anyang ○ **VRC** 90-91 J 3
A'nyêmaqên Shan ▲▲ **VRC** 80-81 M 3
Anyer-Kidul ○ **RI** 104 A 3
Anyinam ○ **GH** 138-139 K 6
Anyirawase ○ **GH** 138-139 L 6
Anykščiai ☆•• **LT** 30-31 J 4
Anyuan ○ **VRC** 92-93 J 4
Anyue ○ **VRC** 90-91 D 6
Anza-Borrego Desert State Park ⊥ **USA** 184-185 F 9
Anzac ○ **CDN** 176-177 P 3
Anzalī, Bandar-e ○• **IR** 64-65 N 4
Anzat-le-Luguet ○ **F** (63) 236-237 M 5
Anze ○ **VRC** 90-91 H 3
Anžero-Sudžensk ○ **RUS** 50-51 T 6
Anzerskij, ostrov ⌒ **RUS** 24-25 O 4
Anzex ○ **F** (47) 240-241 E 2
Anzi ○ **ZRE** 146-147 J 4
Ánzio ○ **I** 36-37 D 4
Anzoategui ○ **CO** 204-205 D 5
Anzob ○ **TJ** 72-73 L 5
Anzob, pereval ▲ **TJ** 72-73 L 5
Anzon ~ **F** (42) 238-239 D 5
Anžu, mys ▲ **RUS** 46-47 V 2
Anžu, ostrova ⌒ **RUS** 46-47 U 1
Anzy-le-Duc ○ **F** (71) 238-239 E 4
Aoba, Île = Obe ⌒ **VAN** 120 II a 2
Aoba/ Maewo □ **VAN** 120 II b 2
Ao Ban Don ≈ 94-95 E 6
Aodanga < **TCH** 134-135 H 4
Aohan Qi ○ **VRC** 84-85 O 6
'Aoînât ez Zbil ○ **RIM** 132-133 F 6
Aoiz ○ **E** 34-35 G 3
Aoke = Auki ☆ **SOL** 120 I e 3
Aola = Tenaghau ○ **SOL** 120 I e 3
Aomen = Macao ○ **P** 92-93 H 5
Aomori ○ **J** 88-89 J 4
Ao Phangnga National Park ⊥ **THA** 94-95 E 6
Aore ⌒ **VAN** 120 II a 2
Ao Sawi ≈ 94-95 E 5
Aosta ○ **I** 36-37 A 2
Aosta, Valle d' = Vallé d'Aoste □ **I** 36-37 A 2
Aoste ○ **F** (38) 238-239 H 5
Aoste, Vallée d' = Valle d'Aosta □ **I** 36-37 A 2
Ao Trat ≈ 94-95 G 4
Aouara ○ **F** (973) 245 I b 1
Aoudaghost ∴• **RIM** 132-133 E 6
Aoudech < **RIM** 132-133 C 6
Aouderas ○ **RN** 134-135 D 4
Aoufirst • **MA** 132-133 C 2
Aougoundou, Lac ⊖ **RMM** 138-139 J 2
Aouhinet bel Egra < **DZ** 124-125 H 7
Aouïnat Sarrag < **RIM** 132-133 D 5
Aouk, Bahr ~ **TCH** 142-143 D 4
Aoukalé ~ **TCH** 142-143 E 3
Aouk-Aoukale, Réserve de faune de l' ⊥ **RCA** 142-143 E 4
Aoukâr ∸ **RIM** 132-133 E 5
Aoukâr ∸ **RMM** 132-133 H 3
Aoulef ○ **DZ** 126-127 C 7
Aoulime, Ibel ▲ **MA** 124-125 G 5
Aoulouz ○ **MA** 124-125 G 5
Aourir n' Ouassel ▲ **MA** 124-125 H 5
Aourou ○ **RMM** 138-139 E 2
Aousard ○ **MA** 132-133 C 3
Aouste-sur-Sye ○ **F** (26) 242-243 G 2
Août, Nont ▲ **F** (51) 232-233 K 2
Aozi ○ **TCH** 134-135 J 2
Aozou ○• **TCH** 134-135 H 2
Apača ○ **RUS** 58-59 R 2
Apache ○ **USA** 188-189 H 2
Apache Creek ○ **USA** 188-189 C 3
Apache Junction ○ **USA** 184-185 J 9
Apacheta Cruz Grande ▲ **BOL** 220-221 E 1
Apaikwa ○ **GUY** 206-207 D 2
Apakapur ~ **RUS** 50-51 O 3
Apalachee Bay ≈ 192-193 F 5
Apalachicola ○ **USA** 192-193 F 5
Apalachicola River ~ **USA** 192-193 F 4
Apan ○ **MEX** 196-197 E 2
Apapel'gino ○ **RUS** 48-49 Q 2
Apaporis, Río ~ **CO** 210-211 B 3
Aparados da Serra ▲▲ **BR** 218-219 E 7
Aparados da Serra, Parque Nacional ⊥•• **BR** 218-219 E 7
Aparecida d'Oeste ○ **BR** 216-217 E 6
Aparecida do Tabuado ○ **BR** 216-217 E 6
Aparri ○ **RP** 96-97 D 3
Apastovo ☆ **RUS** 32-33 F 6
Apatana ○ **RI** 104 E 6
Apatity ○ **RUS** 24-25 M 3
Apatou ○ **F** (973) 245 I a 1
Apatzingán de la Constitución ○ **MEX** 196-197 C 2
Apauwar ○ **RI** 102-103 K 2
Apauwar ~ **RI** 102-103 K 3
Apawanza ○ **ZRE** 148-149 B 3
Apaxtla de Castrejón ○ **MEX** 196-197 E 2
Apchon ○ **F** (15) 236-237 L 5
Ape ○ **LV** 30-31 K 3
Apediá, Rio ~ **BR** 214-215 G 3
Apeldoorn ○• **NL** 28-29 H 2
Apeleg, Arroyo ~ **RA** 224 E 2
Apennins = Appennini ▲▲ **I** 36-37 B 2
Apere, Río ~ **BOL** 214-215 E 4
Apesokubi ○ **GH** 138-139 L 6
Apetina = Puleowine ○ **SME** 206-207 G 4
Apeú, Ilha ⌒ **BR** 212-213 E 2
Apex Mountain ▲ **CDN** 164-165 V 5
Aphrodisias •• **TR** 64-65 C 4
Api ▲ **NEP** 80-81 C 5
Api ○ **ZRE** 146-147 K 2
Api, Gunung ▲ **RI** 104 D 7
Apia ○ **CO** 204-205 D 5
Āpia ★ **WS** 120 V b 1
Apiacás ○ **BR** 210-211 J 7
Apiaí ○ **BR** 218-219 F 5
Apinaco, Cachoeira ~ **BR** 214-215 K 2
Apiñacoccha, Lago ⊖ **PE** 208-209 F 9
Apinajes ○ **BR** 212-213 D 4
Apio ○ **SOL** 120 I e 3
Apishapa River ~ **USA** 186-187 E 7
Apitpac ○ **MEX** 196-197 H 3
Aplahoué ○ **DY** 138-139 L 6
Aplao ○ **PE** 214-215 A 5
Apo, Mount ▲ **RP** 96-97 F 9
Apódaca ○ **MEX** 194-195 J 5
Apodi ○ **BR** 212-213 K 4
Apodi, Chapada do ▲▲ **BR** 212-213 J 4
Apodi, Rio ~ **BR** 212-213 J 4
Apo East Pass ≈ 96-97 D 6
Apoko ○ **RCB** 146-147 E 4
Apolima Strait ≈ 120 V a 1
Apolinario Saravia ○ **RA** 220-221 F 3
Apollo Bay ○ **AUS** 116-117 G 5
Apollonia = Sūsah ○•• **LAR** 128-129 J 1
Apolo ○ **BOL** 214-215 C 4
Apolu ○ **WAN** 140-141 F 4
Apopa ○ **ES** 196-197 K 5
Apopka ○ **USA** 192-193 H 5
Apoquitaua, Rio ~ **BR** 210-211 J 5
Aporá ○ **BR** 212-213 J 7
Aporé, Rio ~ **BR** 216-217 E 5
Apo Reef National Park ⊥ **RP** 96-97 D 6
Aporema ○ **BR** 206-207 J 5
Apostle Islands ⌒ **USA** 190-191 C 2
Apostle Islands National Lakeshore ⊥ **USA** 190-191 C 2
Apostoles Andreas, Cape ▲ **TR** 64-65 F 5
Apostolove ○ **UA** 38-39 H 4
Apoteri ○ **GUY** 206-207 E 3
Apothicairerie, Grotte de l' • **F** (56) 230-231 E 5
Apôtres, Îlots des ⌒ **F** (984) 246 VI a 1
Appalaches, Monts = Appalachian Mountains ▲▲ **USA** 190-191 J 7
Appalachian Mountains ▲▲ **USA** 190-191 J 7
Appat ⌒ **GRØ** 170-171 Z 8
Appé Grande, Ilha ⌒ **RA** 220-221 J 4
Appennini = Apennins ▲▲ **I** 36-37 B 2
Appennino Abruzzese ▲▲ **I** 36-37 D 3
Appeville-Annebault ○ **F** (27) 228-229 F 5
Appleton ○• **JA** 198-199 G 5
Appleton ○ **USA** (MN) 186-187 J 3
Appleton ○ **USA** (WI) 190-191 D 3
Appleton City ○ **USA** 186-187 L 6
Appoigny ○ **F** (89) 232-233 K 4
Appomattox ○ **USA** 190-191 J 7
Appomattox Court House National Historic Park • **USA** 190-191 J 7
Apprieu ○ **F** (38) 242-243 H 1
Approuague ~ **F** (973) 245 I c 2
Apraksin Bor ○ **RUS** 30-31 M 2
Aprel'sk ○ **RUS** 54-55 G 6
Apremont ○ **F** (85) 236-237 B 2
Apremont-la-Forêt ○ **F** (55) 234-235 H 4
Apremont-sur-Allier ○ **F** (18) 236-237 M 2
Apricena ○ **I** 36-37 E 4
Aprília ○ **I** 36-37 D 4
April River ~ **PNG** 119 B 3
Aprompronou ○ **CI** 138-139 J 6
Apšeronsk ○ **RUS** 62-63 C 5
Apšeronskij poluostrov ⌒ **AZ** 64-65 N 2
Apsley ○ **CDN** 182-183 E 6
Apsley River ~ **AUS** 114-115 L 6
Apt ○ **F** (84) 242-243 G 4
Apu ~ **RI** 102-103 D 3
Apucarana ○ **BR** 216-217 E 7
Apuí ○ **BR** (AMA) 210-211 H 6
Apuí ○ **BR** (AMA) 210-211 E 3
Apuka ○ **RUS** 48-49 P 6
Apuka ~ **RUS** 48-49 Q 6
Apukskij hrebet ▲▲ **RUS** 48-49 Q 6
Apura ○ **SME** 206-207 F 3
Apurahuan ○ **RP** 96-97 C 8
Apure ○ **CO** 204-205 D 3
Apure, Río ~ **YV** 204-205 F 4
Apurimac, Río ~ **PE** 208-209 F 8
Apurinã, Área Indígena X **BR** 210-211 F 6
Apurinã Peneri, Área Indígena X **BR** 210-211 D 7
Apurito ○ **YV** 204-205 G 4
Apurlec • **PE** 208-209 C 5
Apuseni, Munţii ▲▲ **RO** 38-39 C 4
'Aqaba ☆ **JOR** 66-67 D 3
Aqaba, Golf von = 'Aqaba, Ḫaliğ al- ≈ 66-67 D 3
Āqā Bābā ○ **IR** 64-65 N 4
Āqče ○ **AFG** 72-73 K 6
'Aqdā ○ **IR** 70-71 E 2
'Aqīq, al- ○ **KSA** 68-69 B 3
'Aqīq, Wādī al- ~ **KSA** 66-67 G 5
Aqisserniaq ○ **GRØ** 172-173 O 3
Aqitag ▲ **VRC** 82-83 K 5
Āq Kand ○ **IR** 64-65 N 4
Āq Koprūk ○ **AFG** 72-73 K 6
Āq Qal'e ○ **IR** 72-73 D 6
Aqqan ○ **VRC** 80-81 E 2
Aqqikkol Hu ⊖ **VRC** 80-81 G 2
'Aqra ☆ **IRQ** 64-65 K 4
Āq Ṣū ~ **IRQ** 64-65 L 5
Aquacanta, Raudal ~ **YV** 204-205 K 4
Água Fria, Ribeiro ~ **BR** 212-213 D 6
Água Quente, Rio ~ **BR** 212-213 F 6
Aquatuk River ~ **CDN** 178-179 O 3
Aquidabán, Río ~ **PY** 220-221 J 2
Aquidauana ○ **BR** 214-215 K 7
Aquidauana, Rio ~ **BR** 214-215 J 6
Aquijes, Los ○ **PE** 208-209 E 9
Aquila ○ **MEX** 196-197 C 2
Aquin ○ **RH** 198-199 J 5
Aquiqui, Ilhas do ⌒ **BR** 206-207 H 6
Aquitaine □ **F** 240-241 C 4
Aquitaine □ **F** 240-241 B 1
Ara ○ **IND** 78-79 D 3
Araara, Motu ⌒ **F** (987) 247 IV c 2
'Arab ~ **SUD** 136-137 G 4
Arab ○ **USA** 192-193 E 2
'Arab, 'Ain al- ○ **SYR** 64-65 H 4
'Araba, Wādī ~ **ET** 130-131 F 3
'Araba, Wādī l- ~ **JOR** 66-67 D 2
'Arabābād ○ **IR** 70-71 G 2
Araban ☆ **TR** 64-65 G 4
Arabati ○ **ETH** 144-145 D 3
Arabats, Baie d' = Arabats'ka zatoka ≈ 38-39 J 5
Arabatsk, Flèche d' = Arabats'ka Strilka, kosa ⌣ **UA** 38-39 J 4
Arabats'ka zatoka ≈ 38-39 J 5
Arabela ○ **USA** 188-189 E 3
Arabian Basin = Arabie, Bassin d' ≃ 8 E 3
Arabian Peninsula = Arabie ⌣ **KSA** 6-7 C 6
Arabian Sea = Arabie, Mer d' ≈ 8 E 3
Arabie = Arabian Peninsula ⌣ **KSA** 6-7 C 6
Arabie, Bassin d' = Arabian Basin ≃ 8 E 3
Arabie, Mer d' = Arabian Sea ≈ 8 E 3
Arabie Saoudite = al-Mamlaka al-'Arabīya as-Sa'ūdīya ■ **KSA** 66-67 F 3
Arabīya, al- ⌒ **KSA** 70-71 D 5
Arabopó ○ **YV** 206-207 D 3
Arabos, Los ○ **C** 198-199 E 3
Arabou < **RMM** 132-133 L 5
Araç ☆ **TR** 64-65 E 2
Araca ○ **BOL** 214-215 D 5
Aracá, Área Indígena X **BR** 206-207 D 4
Araçá, Rio ~ **BR** 210-211 F 2
Aracai, Cachoeira do ~ **BR** 212-213 C 3
Aracaju ☆• **BR** 212-213 K 7
Aracati ○ **BR** 212-213 K 4
Aracatu ○ **BR** 216-217 K 3
Araçatuba ○ **BR** (MAT) 214-215 K 3
Araçatuba ○ **BR** (PAU) 216-217 E 6
Araceli ○ **RP** 96-97 C 7
Aracena ○ **E** 34-35 D 6
Arâches ○ **F** (74) 238-239 K 4
Araci ○ **BR** 212-213 J 7
Araçu, Rio ~ **BR** 210-211 H 5
Araçuaí ○ **BR** 216-217 J 4
Araçuaí, Rio ~ **BR** 216-217 J 4
'Arad ○ **IL** 66-67 D 2
Arad ☆• **RO** 38-39 B 4
Arad, Tel ∴• **IL** 66-67 D 2
Arada ○ **TCH** 134-135 K 5
'Arāḍa ○ **UAE** 68-69 H 2
Ārādān ○ **IR** 72-73 C 7
Aradan ○ **RUS** 52-53 F 9
Arados ○ **MEX** 194-195 F 3
Arafura, Mer d' = Arafura Sea ≈ 102-103 G 6
Arafura Platforme d' = Arafura Shelf ≃ 9 E 4
Arafura Shelf = Arafura Platforme d' ≃ 9 E 4
Aragac ○ **AR** 64-65 K 2
Aragac, gora ▲ **AR** 64-65 L 2
Arage ○ **WAN** 140-141 H 4
Araghene, Anou- ○ **RN** 134-135 C 4
Aragnouet ○ **F** (65) 240-241 E 5
Aragoiânia ○ **BR** 216-217 F 4
Aragón □ **E** 34-35 G 4
Aragón, Río ~ **E** 34-35 G 3
Araguacema ○ **BR** 212-213 D 6
Araguaçu ○ **BR** 216-217 F 2
Araguaçui ○ **BR** 212-213 D 6
Aragua de Barcelona ○ **YV** 204-205 J 3
Aragua de Maturín ○ **YV** 204-205 K 3
Araguaia, Parque Indígena X **BR** 212-213 C 7
Araguaia, Parque Nacional do ⊥ **BR** 212-213 C 7
Araguaia, Rio ~ **BR** 212-213 D 5
Araguaiana ○ **BR** 216-217 E 3
Araguaimujo, Caño ~ **YV** 204-205 L 3
Araguaína ○ **BR** 212-213 D 5
Araguanã ○ **BR** 212-213 D 5
Araguari ○ **BR** 216-217 F 5
Araguari, Rio ~ **BR** 206-207 J 5
Araguari, Rio ~ **BR** 216-217 F 5
Araguatins ○ **BR** 212-213 D 4
Arahal ○ **E** 34-35 E 6
Arai ○ **BR** 216-217 G 2
Arai ○ **J** 88-89 H 6
Araias do Araguaia, Rio das ~ **BR** 212-213 C 6
Arail Khan ~ **BD** 78-79 G 4
Araioses ○ **BR** 212-213 H 3
Araju ○ **BR** 210-211 G 4
Arak ○ **DZ** 126-127 D 8
Arāk ☆• **IR** 70-71 C 1
Arakaka ○ **GUY** 206-207 D 2
Arakamčečen, ostrov ⌒ **RUS** 48-49 Y 4
Arakan Yoma = Ragaing Yōma ▲▲ **MYA** 78-79 J 6
Arakawa ○ **J** 88-89 H 5
Arakawa-gawa ~ **J** 88-89 H 5
Araklı ☆ **TR** 64-65 J 2
Arak's ~ **AR** 64-65 L 2
Aral ☆ **KA** 62-63 O 4
Aral ○ **KS** 82-83 B 5
Aral, Mer d' = Aral Sea ⊖ 62-63 N 5
Ara Lake ⊖ **CDN** 178-179 N 5
Aralık ☆ **TR** 64-65 L 3
Aral karakūmy ⌣ **KA** 62-63 P 4
Aralköl ○ **KA** 60-61 C 3
Aralkūm ○ **KA** 62-63 P 4
Aral Moreira ○ **BR** 220-221 K 2
Aral Sea = Aral, Mer d' ⊖ 62-63 N 5
Aral'sk ☆ **KA** 62-63 O 4
Aralsor, köl ⊖ **KA** (ZPK) 32-33 H 9
Aralsor, köl ⊖ **KA** (ZPK) 32-33 F 9
Aralsul'fat ○ **KA** 62-63 O 4
Araltöbe ○ **KA** 32-33 H 8
Arama ○ **F** (988) 247 I b 2
Aramac ○ **AUS** 114-115 H 2
Aramaca, Ilha ⌒ **BR** 210-211 C 5
Aramaoro, Mont ▲ **F** (987) 247 V b 2
Arame ○ **BR** 212-213 E 4
Aramia River ~ **PNG** 119 B 4
Aramil' ○ **RUS** 32-33 M 5
Aramits ○ **F** (64) 240-241 C 4
Aramon ○ **F** (30) 242-243 F 4
Ārān ○ **IR** 70-71 D 1
Arancay ○ **PE** 208-209 D 6
Aranda de Duero ○ **E** 34-35 F 4
Arandai ○ **RI** 102-103 G 3
Arandas ○ **MEX** 196-197 C 1
Arandis ○ **NAM** 152-153 C 11
Arani ○ **BOL** 214-215 E 5
Ārani ○ **IND** 76-77 H 4
Aran Islands ⌒• **IRL** 26-27 C 5
Aranjuez ○ **E** 34-35 F 4
Aranos ○ **NAM** 156-157 D 2
Arantangi ○ **IND** 76-77 H 5
Arantes, Ribeiro ~ **BR** 216-217 E 5
Aranyaprathet ○ **THA** 94-95 G 4
Araouane ○ **RMM** 132-133 J 5
Aráoz ○ **RA** 220-221 E 4
Arapa ○ **PE** 214-215 B 4
Arapa, Lago de ⊖ **PE** 214-215 B 4
Arapahoe ○ **USA** 186-187 H 5
Arapari ○ **BR** (AMA) 210-211 D 4
Arapari ○ **BR** (P) 212-213 D 4
Arapey Grande, Río ~ **ROU** 220-221 J 6
Arapicos ○ **EC** 208-209 D 2
Arapiraca ○ **BR** 212-213 K 6
Arapiri, Ilha do ⌒ **BR** 210-211 K 4
Arapiuns, Rio ~ **BR** 210-211 K 4
Arapixi ○ **BR** 210-211 C 7
Arapixuna ○ **BR** 210-211 K 4
Arapkir ☆ **TR** 64-65 H 3
Arapongas ○ **BR** 216-217 E 7
Arapunya ○ **AUS** 114-115 C 2
Araputanga ○ **BR** 214-215 H 4
Araquaia, Rio ~ **BR** 212-213 D 6
'Ar'ar ☆ **KSA** 66-67 G 2
'Ar'ar, Wādī ~ **KSA** 66-67 G 2
Arara, Área Indígena X **BR** 210-211 K 5
Arara, Paraná ~ **BR** 210-211 G 4
Araracuara ○ **CO** 208-209 F 2
Arara Igarapé Humaitá, Área Indígena X **BR** 208-209 F 6
Araranguá ○ **BR** 218-219 F 7
Ararapira ○ **BR** 218-219 F 5
Araraquara ○ **BR** 216-217 F 6
Araras ○ **BR** (P) 210-211 K 6
Araras ○ **BR** (PAU) 216-217 G 7
Araras, Cachoeira ~ **BR** 210-211 K 6
Araras, Ilha das ⌒ **BR** 210-211 G 5
Araras, Serra das ▲▲ **BR** 214-215 J 4
Ararat ○ **AR** 64-65 L 3
Ararat ○ **AUS** 116-117 G 4
Araraú ○ **BR** 212-213 H 3
Ararenda ○ **BR** 212-213 H 4
Arari ○ **BR** 212-213 F 3
Araria ○ **IND** 78-79 E 2
Araribóa, Área Indígena X **BR** 212-213 E 4
Araripe ○ **BR** 212-213 H 5
Araripina ○ **BR** 212-213 H 5
Araruama ○ **BR** 216-217 J 7
Araruama, Lagoa ⊖ **BR** 216-217 J 7
Aras, Rūd-e ~ **IR** 64-65 M 3
Arasālu ○ **IND** 76-77 F 4
Aras Nehri ~ **TR** 64-65 J 3
Aras Nehri ~ **TR** 64-65 K 2
Aratabiteri ○ **YV** 210-211 E 2
Aratale ○ **ER** 136-137 K 5
Araṭâne < **RIM** 132-133 F 5
Ara Terra ○ **ETH** 144-145 E 5
Arati ○ **BR** 210-211 F 3
Araticu, Rio ~ **BR** 212-213 D 3
Araua, Rio ~ **BR** 210-211 E 7
Arauá, Rio ~ **BR** 210-211 E 5
Arauá, Rio ~ **BR** 210-211 G 6
Arauca ☆ **CO** 204-205 F 4
Arauca, Río ~ **YV** 204-205 H 4
Araucária ○ **BR** 218-219 F 5
Arauco ○ **RCH** 222-223 C 4
Arauco, Golfo de ≈ 222-223 C 4
Araules ○ **F** (43) 242-243 E 1
Araure ○ **YV** 204-205 G 3
'Arava, ha ∸ **IL** 66-67 D 2
Arāvalli Range ▲▲ **IND** 74-75 D 7
Aravan ○ **KS** 72-73 N 4
Aravete ○ **EST** 30-31 J 2
Aravis, Chaîne des ▲▲ **F** 238-239 J 5
Aravis, Col des ▲ **F** (74) 238-239 J 5
Arawa ☆ **PNG** 120 I b 2
Arawale National Reserve ⊥ **EAK** 148-149 H 4
Arawe Islands ⌒ **PNG** 119 E 4
Araweté Igarapé Ipixuna, Área Indígena X **BR** 212-213 B 4
Araxá ○ **BR** 216-217 G 5
Araya ○ **YV** 204-205 J 2
Araya, Península de ⌣ **YV** 204-205 J 2
Arayé, Wādī ~ **TCH** 128-129 G 6
Araz ~ **AZ** 64-65 N 3
Arazraz, Oued ~ **DZ** 126-127 E 9
Arbadin < **SP** 148-149 J 3
Arbakwe ○ **WAN** 134-135 B 6
Arba Minch ☆ **ETH** 144-145 C 6
Arbas ○ **F** (31) 240-241 F 5
'Arbat ○ **IRQ** 64-65 L 5
Árbatax ○• **I** 36-37 B 5
Arbaṭ Dāğ ▲ **IR** 64-65 M 4
Arbau ○ **RI** 102-103 F 4
Arbi ~ **RUS** 54-55 N 9
Arbil □ **IRQ** 64-65 K 4
Arbil ☆ **IRQ** (ARB) 64-65 L 4
Arboga ☆• **S** 22-23 G 7
Arbois ○• **F** (39) 238-239 H 3
Arbolé ○ **BF** 138-139 J 3
Arboledas ○ **CO** 204-205 E 4
Arboledas ○ **RA** 222-223 J 4
Arboletes ○ **CO** 204-205 C 3
Arbor ○ **ZA** 156-157 J 3
Arborg ○ **CDN** 178-179 H 5
Arbori ○ **F** (2A) 244 C 4
Arboutchatak ○ **TCH** 134-135 H 6
Arbre du Ténéré • **RN** 134-135 D 4
Arbresle, L' ○ **F** (69) 238-239 F 5
Arbroath ○ **GB** 26-27 F 3
Arbutla ~ **RUS** 56-57 Q 3
Arc ~ **F** (73) 242-243 J 1
Arcabuco ○ **CO** 204-205 E 5
Arcachon ○• **F** (33) 240-241 B 1
Arcachon, Bassin d' ⊖ **F** (33) 236-237 C 6
Arcadia ○ **USA** (FL) 192-193 H 6
Arcadia ○ **USA** (LA) 188-189 L 3
Arčagly-Ajat ~ **RUS** 60-61 B 2
Arcahaie ○ **RH** 198-199 J 5
Arcaly ~ **KA** 60-61 F 2
Arcambal ○ **F** (46) 240-241 H 2

Arcángelo, Monte ▲ I 36-37 E 4
Arcarotta, Col d' ▲ F (2B) 244 D 4
Arcas, Quebradas de ~ RCH 220-221 C 1
Arcata ○ USA 184-185 B 5
Arceau ○ F (21) 238-239 G 2
Arcelia ○ MEX 196-197 D 2
Arc-en-Barrois ○ F (52) 234-235 G 6
Arces-Dilo ○ F (89) 232-233 K 3
Arcey ○ F (25) 238-239 K 1
Arche, Rocher de l' ∪ F (984) 246 VI a 2
Arche de la Vallée • F (28) 232-233 E 2
Archeï, Guelta d' • TCH 134-135 K 4
Archeodrome • F (21) 238-239 F 3
Archer Bay ≈ 110-111 F 3
Archer Bend National Park ⊥ AUS 110-111 G 3
Archer Fiord ≈ 170-171 Q 3
Archer's Post ○ EAK 148-149 F 3
Archerwill ○ CDN 178-179 E 4
Arches National Park ⊥ USA 186-187 C 6
Archiac ○ F (17) 236-237 E 4
Archiane, Cirque d' ∪ • F (26) 242-243 H 2
Archigny ○ F (86) 236-237 G 2
Archipelago of the Recherche ⌒ AUS 112-113 G 7
Archipiélago de Colón = Galápagos, Îles ⌒ EC 208-209 B 9
Archipiélago de las Guaitecas, Parque Nacional ⊥ RCH 224 C 2
Archipiélago los Roques, Parque Nacional ⊥•• YV 204-205 H 2
Arcins ○ F (33) 236-237 D 5
Arcis-sur-Aube ○ F (10) 234-235 E 4
Arckaringa ○ AUS 114-115 C 4
Arckaringa Creek ~ AUS 114-115 C 4
Arčman ○ TM 72-73 E 5
Arco ○ USA 184-185 H 4
Arco, El ○ MEX 194-195 C 3
Arco, Paso del ▲ RA 222-223 D 5
Arcomps ○ F (18) 236-237 K 2
Arcone ~ F (42) 238-239 E 4
Arcos ○ BR 216-217 H 6
Arcos de la Frontera ○ E 34-35 E 6
Arcoverde ○ BR 212-213 K 6
Arcs, les ○ F (73) 238-239 K 5
Arcs, Les ○ F (83) 242-243 J 5
Arc-sur-Tille ○ F (21) 238-239 G 2
Arctic Bay ○ CDN 168-169 d 4
Arctic Circle Hot Springs • USA 164-165 S 4
Arctic Harbour ≈ 172-173 G 2
Arctic Institute Range ▲ ARK 16 F 16
Arctic Ocean = Océan Arctique ≈ 16 B 33
Arctic Red River ~ CDN 164-165 Z 4
Arctique Central, Bassin = Makarov Basin ≃ 16 A 35
Arcturus ○ ZW 154-155 F 3
Arcy-sur-Cure ○ F (89) 232-233 K 4
Arcyz ☆ UA 38-39 F 5
Ardabil ○• IR 64-65 N 3
Ardahan ○• TR 64-65 K 2
Ardakan ○ IR 70-71 D 3
Ardakān ○ IR 70-71 E 2
Ardal ○ IR 70-71 D 3
Ardanuç ○ TR 64-65 K 2
Ardatov ○ RUS 30-31 S 4
Ardavidu ○ IND 76-77 H 3
Ardébé, Ati ○ TCH 134-135 H 6
Ardèche ◘ F (07) 242-243 E 2
Ardèche ~ F (07) 242-243 E 2
Ardèche, Gorges de l' ∪ • F (07) 242-243 E 3
Ardee = Baile Átha Fhirdhia ○ IRL 26-27 D 5
Ardémi ○ TCH 134-135 L 5
Arden, Mount ▲ AUS 116-117 D 2
Ardencaple Fjord ≈ 170-171 p 6
Ardennes ▲ B 28-29 H 4
Ardennes ◘ F (08) 234-235 E 2
Ardennes, Canal des < F (02) 234-235 E 3
Ardentes ○ F (36) 236-237 J 2
Ardes ○ F (63) 236-237 M 5
Ardeşen ☆ TR 64-65 J 2
Ardestān ○• IR 70-71 E 2
Ardila, Ribeira de ~ P 34-35 D 5
Ardila, Río ~ E 34-35 D 5
Ardiles ○ RA 220-221 E 4
Ardilla, Cerro La ▲ MEX 194-195 H 6
Ardit ○ OM 68-69 H 5
Ardlethan ○ AUS 116-117 J 3
Ard Mhacha = Armagh ☆• GB 26-27 D 4
Ardmore ○ AUS 114-115 E 1
Ardmore ○ USA (OK) 188-189 J 2
Ardmore ○ USA (SD) 186-187 F 4
Ardon ○ F (45) 232-233 F 4
Ardon ~ F (02) 228-229 M 4
Ardon ○ RUS 62-63 F 6
Ardon ~ RUS 62-63 F 6
Ardres ○ F (62) 228-229 H 2
Ardrossan ○ AUS 116-117 D 3
Ardrossan ○ GB 26-27 E 4
Åre ○• S 22-23 F 5
Arebi ○ ZRE 148-149 B 2
Arèches ○ F (73) 238-239 K 5
Arecibo ○ USA 200 B 2
Arecibo, Observatorio de • USA 200 B 2
Areco, Río ~ RA 222-223 K 3
Aredo ○ RI 102-103 G 3
Aregičinski, mys ▲ RUS 56-57 Q 3
Areia, Cachoeira d' ~ BR 212-213 F 6
Areia, Ribeira da ~ BR 216-217 H 3
Areia Branca ○ BR 212-213 K 4
Areias, Rio ~ BR 212-213 D 7
Areka ○ ETH 144-145 C 5
Arena, Isla ⌒ MEX 194-195 C 4
Arena, La ○ RCH 222-223 C 6
Arena, Point ▲ USA 184-185 C 6
Arenal, Volcán ▲ CR 196-197 B 6
Arenales ○ RCH 220-221 D 2
Arenales, Cerro ▲ RCH 224 D 3
Arena Point ▲ RP 96-97 E 6
Arenápolis ○ BR 214-215 J 4
Arenas ○ PA 196-197 D 8
Arenas, Punta ▲ RCH 220-221 B 1
Arenas, Punta de ▲ RA 224 F 6
Arendal ☆ N 22-23 D 7
Arênes • F (83) 242-243 K 5
Arengosse ○ F (40) 240-241 C 2
Arenillas ○ EC 208-209 B 3
Arenosa ○ PA 196-197 E 7
Areo ○ YV 204-205 K 3
Areópoli ○ GR 36-37 J 6
Areõs, Área Indígena ✗ BR 216-217 D 3
Arequipa ☆• PE 214-215 B 5
Ārēro ○ ETH 144-145 D 6
Arerunguá, Arroyo ~ ROU 220-221 J 6
Arès ○ F (33) 236-237 C 6
Arestruz, Pampa del ⊥ RCH 220-221 C 1
Arette ○ F (64) 240-241 C 4
Arévalo ○ E 34-35 E 4
Āreza ○ ER 136-137 J 5
Arezzo ○ I 36-37 C 3
Arfersiorfik ≈ 172-173 O 2
Arfeuilles ○ F (03) 238-239 D 4
'Arğa ○ KSA 66-67 J 5
Argada ~ RUS 54-55 E 8
Argadargada ○ AUS 114-115 D 1
Argagnon ○ F (64) 240-241 C 4
Argahtah ○ RUS 46-47 d 5
Argajaş ☆ RUS 32-33 M 6
Arga-Jurjah ~ RUS 46-47 S 5
Arga-Jurjah ~ RUS 46-47 c 5
Argalant ○ MAU 84-85 G 4
Argalastí ○ GR 36-37 J 5
Arga-Muora-Sise, ostrov ⌒ RUS 46-47 P 3
Argan ○ VRC 82-83 G 5
Arganda ○ E 34-35 F 4
Argandāb, Daryā-ye ~ AFG 70-71 M 2
Argao ○ RP 96-97 E 8
Argas ○ RUS 54-55 N 4
Arga Sala ~ RUS 46-47 H 5
Arga-Sala ~ RUS 52-53 M 2
Arga-Tjung ~ RUS 46-47 K 6
Argaybulak Daban ▲ VRC 82-83 J 4
Argazinskoe vodohranilišče < RUS 32-33 M 6
Argedeb ○ ETH 144-145 E 5
Argelès-Gazost ○ F (65) 240-241 D 4
Argelès-Plage ○ F (66) 240-241 L 5
Argelia ○ CO 204-205 C 6
Argences ○ F (14) 228-229 D 5
Argens ~ F (83) 242-243 K 5
Argenta ○ I 36-37 C 2
Argentan ○ F (61) 230-231 L 2
Argentat ○ F (19) 236-237 J 5
Argentia ○ CDN 182-183 S 5
Argentière ○ F (74) 238-239 K 5
Argentin, Bassin = Argentine Basin ≃ 14-15 D 13
Argentina ○ RA 220-221 F 5
Argentina = Argentine ■ RA 222-223 E 4
Argentina, La ○ CO 204-205 C 6
Argentina, Laguna la ○ RA 222-223 L 4
Argentina, Puna de ⊥ RA 220-221 C 4
Argentina Rise ≃ 14-15 D 13
Argentine = Argentina ■ RA 222-223 E 4
Argentine, Mer = Argentino, Mar ≈ 13 E 10
Argentine, Plaine Abyssale = Argentine Abyssal Plain ≃ 14-15 D 13
Argentine Abyssal Plain = Argentine, Plaine Abyssale ≃ 14-15 D 13
Argentine Basin = Argentin, Bassin ≃ 14-15 D 13
Argentine Islands ○ ARK 16 G 30
Argentino, Lago ○ RA 224 D 5
Argentino, Mar = Argentine, Mer ≈ 13 E 10
Argentino, Paso ▲ RA 222-223 E 2
Argenton ~ F (79) 236-237 E 2
Argenton-Château ○ F (79) 236-237 E 2
Argenton-sur-Creuse ○ F (36) 236-237 J 2
Argentré ○ F (53) 230-231 K 3
Argentré-du-Plessis ○ F (35) 230-231 J 3
Argent-sur-Sauldre ○ F (18) 232-233 G 4
Argeş ~ RO 38-39 E 5
Argestān ○ AFG 70-71 M 3
Argestān Rūd ~ AFG 70-71 M 3
Argi ~ RUS 56-57 C 6
Argoim ○ BR 216-217 L 2
Argolão, Cachoeira do ~ BR 210-211 K 4
Argolikos Kólpos ≈ 36-37 J 6
Argonne ○ USA 190-191 D 3
Argonne, Forêt d' ⊥ F 234-235 F 3
Argopyro, Gunung ▲ RI 104 E 3
Árgos ○• GR 36-37 J 6
Árgos Orestikó ○ GR 36-37 H 4
Argostóli ○ GR 36-37 H 5
Argoun = Argun' ~ RUS 54-55 K 9
Argoun = Ergun He ~ VRC 54-55 K 9
Argueil ○ F (76) 228-229 H 4
Arguello, Point ▲ USA 184-185 D 8
Arguenos ○ F (31) 240-241 F 5
Arguin, Banc d' ⌒ F (33) 240-241 B 1
Argun ○ RUS (CEC) 62-63 F 6
Argun' ~ RUS 54-55 J 11
Argun' ~ RUS 54-55 K 9
Argun ~ RUS 62-63 F 6
Argungu ○ WAN 134-135 B 6
Argut ○ MAU 84-85 F 5
Arguvan ☆ TR 64-65 H 3
Arguyartu Point ▲ CDN 172-173 G 2
Argy, Château de • F (36) 236-237 H 2
Argyle, Lake ○ AUS 108-109 J 4
Arhangaj ◘ MAU 84-85 D 4
Arhangel'sk ☆ RUS 24-25 Q 4
Arhangel'skoe ☆ RUS 32-33 K 6
Arhanzel'skaja Guba ○ RUS 44-45 H 4
Arhara ○ RUS 58-59 D 4
Arhara ~ RUS 58-59 D 4
Arhavi ○ TR 64-65 J 2
arheologičeskij zapovednik Tanais • RUS 38-39 L 4
Arhipelag Sedova ⌒ RUS 44-45 Y 2
Arhipovka ○ RUS 30-31 M 4
Ar Horqin Qi ○ VRC 86-87 C 6
Århus ○ DK 22-23 E 8
Ariadnoe ○ RUS 58-59 F 6
Ariake-kai ≈ 88-89 D 8
Ariamsvlei ○ NAM 156-157 D 4
Ariano Irpino ○ I 36-37 E 4
Ariari, Río ~ CO 204-205 E 6
Aria River ~ PNG 119 E 3
Arias ○ RA 222-223 H 2
Ari Atoll ⌒ MV 76-77 B 6
Aribinda ○• BF 138-139 K 2
Arica ○ RCH 214-215 B 6
Aricapampa ○ PE 208-209 D 5
Aricaria ○ BR 212-213 B 3
Arichat ○ CDN 182-183 O 6
Arichuna ○ YV 204-205 H 4
Aricota, Lago ○ PE 214-215 B 5
Arid, Cape ▲ AUS 112-113 G 7
Arida ○ J 88-89 F 7
'Ariḍa ○ OM 68-69 H 5
Āriḍa, al- ○ KSA 68-69 C 5
Aridéa ○ GR 36-37 J 4
Ariège ◘ F (09) 240-241 G 5
Ariège ~ F (09) 240-241 H 5
Ariel ○ RA 222-223 K 4
Ārifwāla ○ PK 74-75 D 4
Arig gol ~ MAU 84-85 E 2
Arihāl ☆•• AUT 66-67 D 2
Arihanha, Rio ~ BR 216-217 D 4
Arikaree River ~ USA 186-187 F 6
Arikawa ○ J 88-89 C 8
Arikok, National Reservaat ⊥ ARU 204-205 G 1
Arima ○• TT 204-205 L 2
Arimao ~ C 198-199 E 3
Arimu Mine ○ GUY 206-207 E 2
Arinos ○ BR 216-217 G 3
Arinos, Rio ~ BR 214-215 J 3
Arinsal ○ AND 240-241 G 5
Arinthod ○ F (39) 238-239 H 4
Ariogala ○ LT 30-31 H 4
Ariporo, Río ~ CO 204-205 F 4
Aripuanã ○ BR 210-211 H 7
Aripuanã, Área Indígena ✗ BR 214-215 H 2
Aripuanã, Parque Indígena ✗ BR 214-215 G 2
Aripuanã, Rio ~ BR 210-211 G 6
Ariquemes ○ BR 210-211 F 7
Ariranha ○ BR 210-211 H 5
Aris ○ NAM 152-153 D 11
Arish, El ○ AUS 110-111 J 5
Arismendi ○ YV 204-205 G 3
Arissa ○ ETH 144-145 E 3
Aristazabal Island ⌒ CDN 176-177 F 5
Aristizábal, Cabo ▲ RA 224 G 2
Aristoménis ○ GR 36-37 H 6
Aritao ○ RP 96-97 D 4
Arite ○ SOL 120 I e 4
Arivonimamo ○ RM 158-159 E 7
Ariyadka ○ IND 76-77 F 4
Ariyalur ○ IND 76-77 H 5
Ariza ○ E 34-35 F 4
Arizaro, Salar de ○ RA 220-221 D 3
Arizona ○ AUS (QLD) 110-111 F 6
Arizona ○ AUS (QLD) 114-115 F 1
Arizona ◘ USA 184-185 H 8
Arizpe ○ MEX 194-195 D 2
Årjäng ☆ S 22-23 F 7
Arjawinangun ○ RI 104 C 3
Arjeplog ○ S 22-23 H 3
Ārjo ○ ETH 144-145 C 4
Arjona ○ CO 204-205 D 2
Arjuna, Gunung ▲ RI 104 E 3
Arjuni ○ IND 78-79 B 5
Arka ○ RUS 56-57 K 3
Arka ~ RUS 56-57 J 3
Arkadak ○ RUS 38-39 N 2
Arkadelphia ○ USA 188-189 L 2
Arkalgūd ○ IND 76-77 G 4
Arkalyk ☆ KA 60-61 E 3
Arkansas ◘ USA 188-189 L 2
Arkansas City ○ USA 188-189 J 1
Arkansas Post National Memorial ∴•• USA 188-189 M 2
Arkansas River ~ USA 188-189 M 2
Arka-Pojlovajaha ~ RUS 44-45 Q 8
Arkaroola Village ○ AUS 114-115 E 6
Arka-Tab"jaha ~ RUS 44-45 Q 8
Arkatag ▲ VRC 80-81 F 2
Arkell, Mount ▲ CDN 164-165 X 6
Arklow = An tInbhear Mór ○ IRL 26-27 D 5
Arknu, Jabal ▲ LAR 128-129 L 6
Arkona, Kap ▲• D 28-29 M 1
Arkonam ○ IND 76-77 H 4
Arktičeskij, mys ▲ RUS 44-45 b 1
Arktičeskogo instituta, ostrova ⌒ RUS 44-45 T 4
Arktik Hoyland ⊥ GRØ 170-171 R 5
Arla ○ F (64) 240-241 B 4
Arlal ○ RMM 132-133 J 6
Arlan, gora ▲ TM 72-73 D 5
Arlanc ○ F (63) 242-243 D 1
Arlanza, Río ~ E 34-35 F 3
Arlanzón ○ E 34-35 F 3
Arlanzón, Río ~ E 34-35 E 3
Arlay ○ F (39) 238-239 H 3
Arlebosc ○ F (07) 242-243 F 1
Arlee ○ USA 184-185 G 2
Arles ○•• F (13) 242-243 F 4
Arleux ○ F (59) 228-229 L 3
Arli ○ BF 138-139 L 4
Arli, Parc National de l' ⊥ BF 138-139 L 4
Arli, Réserve de l' ⊥ BF 138-139 L 4
Arlington ○ USA (GA) 192-193 F 4
Arlington ○ USA (KS) 186-187 H 7
Arlington ○ USA (OR) 184-185 D 3
Arlington ○ USA (SD) 186-187 J 3
Arlington ○ USA (TN) 192-193 D 2
Arlington ○ USA (TX) 188-189 J 3
Arlington ○ USA (VA) 190-191 K 6
Arlington ○ USA (WA) 184-185 C 1
Arlington ○ ZA 156-157 H 4
Arlit ○ RN 134-135 C 3
Arlon ☆• B 28-29 H 4
Arltunga ○• AUS 114-115 C 2
Arly, l' ~ F (73) 238-239 J 5
'Armā' ▲ KSA 66-67 K 5
Arma ○ USA 188-189 K 1
Armacão dos Búzios ○ BR 216-217 K 7
Armagh ☆• GB 26-27 D 4
Arma Konda ▲ IND 78-79 C 6
Arman' ○ RUS 56-57 O 4
Arman' ~ RUS 56-57 O 3
Armançon ~ F (89) 232-233 K 4
Armand, Aven • F (48) 242-243 C 3
Armanda ○ BR 218-219 D 8
Armando Bermúdes, Parque Nacional ⊥ DOM 198-199 K 5
Armant ○• ET 130-131 F 5
Armark Lake ○ CDN 174-175 T 2
Armark River ~ CDN 174-175 T 2
Armas, Las ○ RA 222-223 L 4
Armavir ○ RUS 62-63 E 5
Armavir ○ RUS (STV) 38-39 M 5
Armenia ☆ CO 204-205 D 5
Arménie = Armenija ⊥ 64-65 J 3
Arménie = Armenija ■ AR 64-65 L 2
Armenija ⊥ 64-65 J 3
Armenija = Arménie ⊥ 64-65 J 3
Armenija = Arménie ■ AR 64-65 L 2
Armentières ○ F (59) 228-229 K 2
Armeria ○ MEX 196-197 C 2
Armero ○ CO 204-205 D 5
Armidale ○ AUS 114-115 L 6
Armillac ○ F (47) 240-241 E 1
Armil Lake ○ CDN 174-175 Y 3
Arminavallen ~ SME 206-207 G 3
Armit ○ CDN 178-179 F 4
Armitidž, poluostrov ∪ RUS 20-21 a 2
Armit Range ▲ PNG 119 C 4
Armjans'k ○ UA 38-39 H 4
Armley ○ CDN 178-179 D 4
Armorique, Parc Naturel Régional d' ⊥ F (29) 230-231 C 3
Armour ○ USA 186-187 H 4
Armraynald ○ AUS 110-111 E 5
Arm River ~ CDN 178-179 D 5
Armstrong ○ CDN (BC) 176-177 L 6
Armstrong ○ CDN (ONT) 178-179 M 5
Armstrong ○ USA 188-189 J 6
Armstrong River ~ AUS 108-109 K 4
Armūr ○ IND 74-75 G 10
Arnac-la-Poste ○ F (87) 236-237 H 3
Arnac-Pompadour ○ F (19) 236-237 H 5
Arnage ○ F (72) 230-231 M 4
Arnaud (Payne), Rivière ~ CDN 180-181 O 4
Arnay-le-Duc ○ F (21) 238-239 E 2
Arnedo ○ E 34-35 F 3
Arnéguy ○ F (64) 240-241 B 4
Arneiroz ○ BR 212-213 H 5
Arnett ○ USA 188-189 H 1
Arnhem ☆• NL 28-29 H 2
Arnhem, Cape ▲ AUS 110-111 D 3
Arnhem Aboriginal Land ⊥ AUS 110-111 B 3
Arnhem Bay ≈ 110-111 D 3
Arnhem Highway II AUS 108-109 K 2
Arnhem Land ⊥ AUS 110-111 B 3
Arnhem Terre d' = Arnhem Land ⊥ AUS 110-111 B 3
Arno ~ I 36-37 C 3
Arno Bay ○ AUS 116-117 D 2
Arnold ○ USA (MI) 190-191 E 2
Arnold ○ USA (NE) 186-187 G 5
Arnold River ~ AUS 110-111 C 5
Arnon ~ F 232-233 G 5
Arnon ~ F (18) 236-237 K 2
Arnott Strait ≈ 168-169 U 2
Arnøy ⌒ N 22-23 K 1
Arnprior ○ CDN 182-183 F 6
Arnsberg ○• D 28-29 K 3
Arnstadt ○• D 28-29 L 3
Arntfield ○ CDN 182-183 E 4
Aro, Río ~ YV 204-205 J 4
Aroa ○ YV 204-205 G 2
Aroab ○ NAM 156-157 D 3
Arochuku ○ WAN 140-141 G 6
Aroeiras ○ BR 212-213 L 5
Arokam, Oued ~ DZ 126-127 G 9
Aroland ○ CDN 178-179 N 5
Arolik River ~ USA 166-167 Q 3
Aroma ○ PNG 119 E 6
Aroma ○ RCH 214-215 C 6
Aroma ○ SUD 136-137 H 5
Aroma, Quebrada de ~ RCH 214-215 C 6
Aroona ○ AUS 114-115 E 6
Aroostock River ~ USA 190-191 O 2
Aropa ○ PNG 120 I b 2
Aropuk Lake ○ USA 164-165 H 6
Arorae ⌒ KIB 9 J 3
Aroroy ○ RP 96-97 E 6
Arouani ~ F (973) 245 I b 2
Aro Usu, Tanjung ▲ RI 102-103 F 6
Arpa Çayı ~ TR 64-65 K 2
Arpajon ○ F (91) 232-233 G 2
Arpajon-sur-Cère ○ F (15) 236-237 K 6
Arpangasia ~ BD 78-79 F 4
Arpenans ○ F (70) 238-239 J 1
Arpoador, Ponta do ▲ BR 218-219 G 5
Arq. T. Romero Pereira ○ PY 220-221 K 4
Arqū ○ SUD 136-137 E 3
Arque, Río ~ BOL 214-215 D 5
Arques ○ F (11) 240-241 J 5
Arques ○ F (62) 228-229 J 2
Arques, les ○ F (46) 240-241 G 1
Arques-la-Bataille ○ F (76) 228-229 G 4
Arquian ○ F (58) 232-233 H 4
Arra ~ PK 70-71 L 5
ar-Rābi', ash-Shallāl = 4th Cataract ~ SUD 136-137 F 3
Ar-Rachidia ☆ MA 124-125 J 5
Arracourt ○ F (54) 234-235 K 4
ar-Radd, Wādī ~ SYR 64-65 J 4
ar-Radisiya Bahri ○ ET 130-131 F 5
ar-Rafid ○ SYR 64-65 F 6
Arraga ○ RA 220-221 E 5
Arraggio, Castellu d' • F (2A) 244 D 5
Arrah ○ CI 138-139 J 6
ar-Rahad ○ SUD 136-137 E 6
ar-Rahad ~ SUD 136-137 G 6
Arraial do Cabo ○ BR 216-217 J 7
Arraias ○ BR (MAR) 212-213 E 4
Arraias ○ BR (TOC) 216-217 G 2
Arraias, Rio ~ BR 212-213 A 7
Arraida ○ OM 68-69 J 5
Arran ⌒ GB 26-27 E 4
Arrandale ○ CDN 176-177 F 4
ar-Rank ○ SUD 142-143 L 3
Ar Rāqūbah ○ LAR 128-129 H 3
Arras ○ CDN 176-177 K 4
Arras ☆• F (62) 228-229 K 3
Ar Rashidīyah = Ar Rachidia ☆ MA 124-125 J 5
Arrats ~ F (32) 240-241 F 3
ar-Rauḍa ○ ET 130-131 E 4
Arraute-Charritte ○ F (64) 240-241 B 4
ar-Rawdah = Ranya ○ KSA 68-69 C 3
ar-Rawdah, Sabhat ○ SYR 64-65 J 5
ar-Rawgal ○ SUD 136-137 G 3
Arreau ○ F (65) 240-241 E 5
Arrecife ○ E 124-125 E 6
Arrecifes ○ RA 222-223 J 3
Arrecifes, Río ~ RA 222-223 K 3
Arrecifes de la Media Luna ⌒ NIC 198-199 D 7
Arrée, Monts d' ▲ F (29) 230-231 C 3
Arrens-Marsous ○ F (65) 240-241 D 5
Arreti ○ PA 196-197 F 8
Arrey ○ USA 188-189 D 3
Arriaga ○• MEX 196-197 H 3
Arrias, Las ○ RA 220-221 F 6
Arriba ○ USA 186-187 F 6
ar-Ribāt ★ MA 124-125 H 4
Arricau-Bordes ○ F (64) 240-241 D 4
Arrien ○ F (64) 240-241 D 4
Arrieros, Quebrada de los ~ RCH 220-221 C 2
ar-Rif ▲ MA 124-125 J 3
Arrigetch Peaks ▲ USA 164-165 N 3
Arrigny ○ F (51) 234-235 F 4
Arrigui, Lac ○• RN 134-135 F 3
ar-Rizqa ○ ET 130-131 F 4
Arroio dos Ratos ○ BR 218-219 E 8
Arroio Grande ○ BR 218-219 D 9
Arrojado, Rio ~ BR 216-217 H 2
Arrojolândia ○ BR 216-217 H 2
Arromanches-les-Bains ○ F (14) 228-229 C 5
Arros Island, D' ⌒ SY 160 C 2
Arrou ○ F (28) 232-233 E 3
Arroux ~ F (71) 238-239 E 3
Arrowhead Lodge ○ USA 186-187 E 3
Arrowhead River ~ CDN 174-175 H 5
Arrowie ○ AUS 114-115 E 6
Arrowrock Reservoir < USA 184-185 G 4
Arrow Rock State Historic Site ∴ USA 186-187 L 6
Arrowsmith River ~ CDN 174-175 Y 2
Arrowwood Lake ○ USA 186-187 H 2
Arroyito ○ RA (COD) 220-221 F 6
Arroyito ○ RA (MEN) 222-223 F 2
Arroyo Bueno ○ C 198-199 H 4
Arroyo de la Ventana ○ RA 222-223 F 6
Arroyo de los Huesos ○ RA 222-223 K 4
Arroyo Grande ○ USA 184-185 D 8
Arroyos de Mantua ○ C 198-199 C 3
Arroyos Esteros ○ PY 220-221 J 3
Arrozal ○ YV 204-205 K 3
ar-Ru'at ○ SUD 136-137 F 6
Ar Ru'ays, Wādī ~ LAR 128-129 G 4
Arrufó ○ RA 220-221 G 6
ar-Ruṣayriṣ ○ SUD 144-145 B 3
Arsameia • TR 64-65 H 4
Aršan ○ RUS 52-53 J 9
Arsenault Lake ○ CDN 176-177 Q 4
Arsen'ev ○ RUS 58-59 E 6
Arsen'evka ~ RUS 58-59 E 7
Arsenğān ○ IR 70-71 E 4
Ars-en-Ré ○ F (17) 236-237 B 3
Arsent'evka ○ RUS 58-59 K 5
Ārsi ◘ ETH 144-145 D 5
Arsikeri ○ IND 76-77 G 4
Arsk ☆ RUS 32-33 F 5
Arso ○ RI 102-103 L 3
Ars-sur-Formans ○ F (01) 238-239 F 5
Ars-sur-Moselle ○ F (57) 234-235 J 3
Arsuk ○ GRØ 172-173 Q 6
Art, Île ⌒ F (988) 247 I a 1
Arta ○ DJI 144-145 F 3
Árta ○ GR 36-37 H 5
Artašat ○ AR 64-65 L 3
Artawi, al- ○ KSA 66-67 J 5
Artāwiya, al- ○ KSA 66-67 J 4
Arteaga ○ MEX (COA) 194-195 J 5
Arteaga ○ MEX (MIC) 196-197 C 2
Arteaga ○ RA 222-223 J 2
Artem ○ RUS 58-59 E 7
Artemare ○ F (01) 238-239 H 5
Artemisa ○ C 198-199 D 3
Artemivs'k ○ UA 38-39 L 3
Artem-Ostrov ○ AZ 64-65 O 2
Artemou ○ RIM 132-133 D 7
Artëmovsk ~ Artemivs'k ○ UA 38-39 L 3
Artëmovsk ○ RUS 52-53 F 8
Artëmovskij ☆ RUS 32-33 M 5
Artenay ○ F (45) 232-233 F 3
Artesia ○ USA 188-189 E 3
Artesian ○ USA (IA) 186-187 L 4
Artesian ○ USA (SD) 186-187 J 3
Artesian Bore Baths • AUS 114-115 K 5
Artezian ○ RUS 62-63 G 5
Arthez-d'Asson ○ F (64) 240-241 D 4
Arthez-de-Béarn ○ F (64) 240-241 C 4
Arthon ○ F (36) 236-237 J 2
Arthon-en-Retz ○ F (44) 230-231 H 5
Arthonnay ○ F (89) 234-235 E 6
Arthur ○ CDN 182-183 D 7
Arthur ○ USA 186-187 G 5
Arthur, Lake ○ USA 190-191 J 5
Arthur, Port ○ AUS 116-117 J 7
Arthur, Port ○ USA 188-189 L 5
Arthur Point ▲ AUS 114-115 L 2
Arthur River ○ AUS 112-113 D 6
Arthur's Pass ○ NZ 118 C 5
Arthur's Pass ○ NZ 118 C 5
Arthur's Pass National Park ⊥ NZ 118 C 5
Arthur's Town ○ BS 198-199 H 2
Arti ☆ RUS 32-33 L 5
Artic National Wildlife Refuge ⊥ USA 164-165 R 2
Artic Red River ○ CDN (NWT) 164-165 Y 3
Artic Red River ~ CDN 164-165 Y 3
Artic Village ○ USA 164-165 S 2
Artigas ☆ ROU 220-221 J 6
Artiguillon ○ F (33) 236-237 D 5
Artik ○ AR 64-65 K 2
Artillery Lake ○ CDN 174-175 Q 4
Artix ○ F (64) 240-241 C 4
Artjugina ~ RUS 50-51 T 3
Artois ⊥ F (62) 228-229 J 3
Artois, Collines de l' ▲ F (62) 228-229 H 2
Artolsheim ○ F (67) 234-235 M 5
Artuby ~ F (83) 242-243 K 4
Artur, ostrov ⌒ RUS 20-21 b 2
Arturo Prat ○ ARK 16 G 30
Artus, Grotte d' • F (29) 230-231 D 3
Artux ○ VRC 82-83 C 6
Artvin ☆ TR 64-65 J 2
Artybaš ○ RUS 60-61 P 3
Artyk ○ RUS 46-47 Z 7
Artyk ~ RUS 46-47 a 7
Artyk ○ TM 72-73 F 6
Artyšta ○ RUS 60-61 P 1
Aru ○ BR (AMA) 210-211 D 2
Aru ○ BR (P) 212-213 D 3
Aru ○ IND 74-75 E 2
Aru ○ ZRE 148-149 C 2
Aru, Kepulauan ⌒ RI 102-103 H 5
Aru, Tanjung ▲ RI 100-101 E 5
Arua ☆ EAU 148-149 C 2
Aruã, Rio ~ BR 210-211 J 4
Aruanã ○ BR 216-217 E 3
Aruba ◘ ARU 204-205 G 1
Aruba Lodge ○ EAK 148-149 G 5
Arudy ○ F (64) 240-241 D 4
Arue ○ F (987) 247 V a 2
Arufi ○ PNG 119 A 5
Arufu ○ WAN 140-141 H 5
Aruja ○ BR 216-217 G 7
Aruliho ○ SOL 120 I d 3
Arumã ○ BR 210-211 F 5
Arumã, Rio ~ BR 210-211 E 4
Arumbi ○ ZRE 148-149 C 2
Arumuganeri ○ IND 76-77 H 6
Arun ~ NEP 80-81 F 7
Arunāchal Pradesh ◘ IND 78-79 H 1
Arundel = Kohinggo ⌒ SOL 120 I c 3
Arun Qi ○ VRC 86-87 D 3
Arupukkottai ○ IND 76-77 H 6
Aruri, Rio ~ BR 210-211 K 5
Aruri, Selat ≈ 102-103 H 2
Arus, Tanjung ▲ RI 100-101 G 3
Arusha ◘ EAT 148-149 E 5
Arusha ☆ EAT (ARU) 148-149 F 5
Arusha Chini ○ EAT 148-149 F 5
Arusha National Park ⊥ EAT 148-149 F 5
Aruti ○ BR 210-211 D 3
Aruwimi ~ ZRE 146-147 L 3
Arvada ○ USA (CO) 186-187 E 6
Arvada ○ USA (WY) 186-187 D 3
Arvajhèèr ☆ MAU 84-85 F 4
Arvand Kenār ○ IR 70-71 C 4
Arve, l' ~ F (74) 238-239 K 5
Arve, l' ~ F (984) 246 III b 3
Arvert ○ F (17) 236-237 C 4
Arves, Aiguilles d' ▲ F 242-243 J 1
Arvette ~ F 242-243 J 1
Arveyres ○ F (33) 236-237 E 6
Arvi ○ IND 74-75 G 9
Arvidsjaur ○• S 22-23 J 4
Arvieu ○ F (12) 240-241 K 2
Arvieux ○ F (05) 242-243 K 2
Arvika ☆• S 22-23 F 7
Årviksand ○ N 22-23 K 1
Arville ○ F (41) 232-233 D 3
Arvon, Mount ▲ USA 190-191 E 2
Arvorezinha ○ BR 218-219 D 7
Arwala ○ RI 102-103 D 5
Arwin ○ USA 184-185 E 8
Ary, Tit- ○ RUS (SAH) 46-47 Q 3
Ary, Tit- ○ RUS (SAH) 54-55 N 5
Aryktah ○ RUS 54-55 M 4
Ary-Ongorbut ~ RUS 46-47 M 4
Arys ○ KA 72-73 L 3
Arys' ○ KA 72-73 L 3
Arys ~ KA 72-73 L 3
Arys, sor ○ KA 60-61 E 6
Arys-Turkistan kanal < KA 72-73 L 3
Arz ~ F (56) 230-231 G 4
Arz, Île d' ⌒ F (56) 230-231 F 4
Arzacq-Arraziguet ○ F (64) 240-241 D 3
Arzamas ○ RUS 30-31 S 4
Arzana ⌒ UAE 70-71 E 6
Arzano ○ F (29) 230-231 F 4
Arzenc-de-Randon ○ F (48) 242-243 D 2
Arzgir ○ RUS 62-63 F 5
Arzon ~ F (43) 242-243 D 1
As ○ B 28-29 H 3
Aša ☆ RUS 32-33 K 6
Asa ~ ZRE 142-143 G 6
Asab ○ NAM 156-157 C 2
Asaba ○ WAN 140-141 G 5
Asadābād ☆• AFG 74-75 C 2
Asadābād ○ IR (HAM) 70-71 C 1
Asadābād ○ IR (KHO) 72-73 F 7
Asad Buhairat al- < SYR 64-65 H 4
Āsaga ○ WS 120 V a 1
Aşağı Pınarbaşı ○ TR 64-65 E 3
Asagny, Parc National d' ⊥ CI 138-139 H 7
Asahaha < EAK 148-149 H 2
Asahi ○ J 88-89 G 6
Asahi-dake ▲ J 88-89 K 3
Asahi-gawa ~ J 88-89 E 7
Asahikawa ○ J 88-89 K 3
Asalē ○ ETH 136-137 K 6
Asālem ○ IR 64-65 N 4
Asamankese ○ GH 138-139 K 7
Asambi ○ RI 104 E 6
Asamkrom ○ GH 138-139 J 7
Asan Man ≈ 86-87 F 9
Asansol ○ IND 78-79 E 4
Āsār ○ IR 70-71 J 5
'Aşara, al- ○ SYR 64-65 J 5
Asaro ○ PNG 119 C 4
Asaro River ~ PNG 119 C 4
Asasp-Arros ○ F (64) 240-241 C 4
Asawinso ○ GH 138-139 J 6
Āsayita ○ ETH 144-145 E 3
Asbesberge ▲ ZA 156-157 F 4
Asbest ○ RUS 32-33 M 5
Asbestos ○ CDN 182-183 J 6
Asbe Teferi ○ ETH 144-145 E 4
Asbury Park ○ USA 190-191 L 5
Ascain ○ F (64) 240-241 A 4
Ascención ○ BOL 214-215 F 4
Ascensión, Bahía de la ≈ 196-197 L 2
Ascension ⌒ GB 138-139 B 7
Ascensión ○ MEX 194-195 F 2
Ascension, Zone de Fracture d' = Ascension Fracture Zone ≃ 14-15 H 9
Ascension Fracture Zone = Ascension, Zone de Fracture d' ≃ 14-15 H 9
Aschaffenburg ○ D 28-29 K 4
Aschersleben ○• D 28-29 L 3
Asco ○ F (2B) 244 D 4
Asco ~ F (2B) 244 D 4
Asco, Gorges de l' ∪ • F (2B) 244 D 4
Ascochinga ○ RA 220-221 E 6
Áscoli Piceno ☆• I 36-37 D 3
Ascope ○ PE 208-209 C 5
Ascotán ○ RCH 220-221 C 1
Ascotán, Salar de ○ RCH 220-221 C 1
Ascunción ○ BOL 214-215 D 2
Aščybul', ozero ○ KA 72-73 M 3
Aščysu ~ KA 60-61 L 4
Aščysu ~ KA 60-61 J 3
Aščysu ~ KA 60-61 J 3
Aše ○ RUS 62-63 C 6
Āseb ○ ER 136-137 L 6
Asebot Terara ▲ ETH 144-145 E 4
Asedjrad ▲ DZ 126-127 C 8
Asekeevo ☆ RUS 32-33 H 7
Aseki ○ PNG 119 D 4
As Ela ○ DJI 144-145 F 3
Āsela ☆ ETH 144-145 D 5
Åsele ○• S 22-23 H 4
Asembagus ○ RI 104 B 6
Asembo ○ EAK 148-149 E 4
Āsendabo ○ ETH 144-145 C 5
Asenovgrad ○ BG 38-39 D 6
Asera ○ RI 100-101 G 5
Asermanuevo ○ CO 204-205 D 5
Aserrado ○ YV 206-207 D 2
Asfeld ○ F (08) 234-235 E 3
Asfi ☆ MA 124-125 G 4
Ašgabat ★• TM 72-73 F 6
Åsgårdfonna ⊂ N 20-21 K 3
Asha ○ WAN 140-141 E 5
Ašhabad = Ašgabat ★ TM 72-73 F 6
Āšhāne ○ IR 72-73 E 6
Āshangē Hayk' ○ ETH 136-137 J 6
Ashanti Region ◘ GH 138-139 J 6
Ashara, al- ○ OM 68-69 L 3
Ashburn ○ USA 192-193 G 4
Ashburton ○ NZ 118 C 5
Ashburton Downs ○ AUS 112-113 D 1
Ashburton River ~ AUS 108-109 B 7
Ashdod ☆ IL 66-67 D 2
Ashdown ○ USA 188-189 K 3
Asheboro ○ USA 192-193 J 2
Ashern ○ CDN 178-179 G 5
Asheville ○• USA 192-193 G 2
Asheweig River ~ CDN 178-179 N 3
Ashewele ○ WAN 140-141 F 5
Ash Flat ○ USA 188-189 M 1
Ashford ○ AUS 114-115 L 5
Ashford Bird Park ⊥• BDS 200 F 5
Ash Fork ○ USA 184-185 H 8
Ashibetsu ○ J 88-89 K 3
Ashigashiya ○ WAN 140-141 K 3
Ashika ○ IND 78-79 D 6
Ashikaga ○ J 88-89 H 6
Ashiro ○ J 88-89 J 4
Ashizuri-misaki ▲ J 88-89 E 8
Ashizuri-Uwakai National Park ⊥ J 88-89 E 8
Ashkidah ○ LAR 128-129 F 4
Ashkum ○ USA 190-191 E 5
Ashland ○ USA (IL) 190-191 C 6
Ashland ○ USA (KS) 188-189 H 1
Ashland ○ USA (KY) 190-191 G 6
Ashland ○ USA (ME) 190-191 O 2
Ashland ○ USA (MO) 186-187 L 6
Ashland ○ USA (NE) 186-187 J 5
Ashland ○ USA (OH) 190-191 G 5
Ashland ○ USA (OR) 184-185 C 4
Ashland ○ USA (WI) 190-191 C 2
Ashland City ○ USA 192-193 E 1
Ashley ○ USA (IL) 190-191 D 6
Ashley ○ USA (ND) 186-187 H 2
Ashmont ○ AUS 116-117 G 2
Ashmont ○ CDN 176-177 P 4
Ashmore Reef ⌒ AUS 108-109 F 2
Ashmore Reef ⌒ PNG 119 C 6
Ashoknagar ○ IND 74-75 F 7
Ashoro ○ J 88-89 K 3
Ashqelon ☆ IL 66-67 D 2
Ashqelon, Tel ∴• IL 66-67 D 2
Ash Shahwi, Bi'r < LAR 128-129 F 2
ash-Shallāl ath-Thālith = 3rd Cataract ~ SUD 136-137 E 3
ash-Sharmah ○ SUD 136-137 G 5
Ash Shāṭi ◘ LAR 128-129 D 3
ash-Shawal ○ SUD 136-137 F 6
ash-Shlaydimah ○ LAR 128-129 J 2
Ash Shu'ban, Wādī ~ LAR 128-129 K 2
Ash Shubayrimah, Wādī ~ LAR 128-129 G 4
ash-Shuheit ~ SUD 136-137 G 6
ash-Shurayk ○ SUD 136-137 F 3
Ashta ○ IND 74-75 F 8
Ashtabula ○ USA 190-191 H 5
Ashtabula, Lake ○ USA 186-187 H 2
Ashton ○ USA 184-185 J 3
Ashton ○ ZA 156-157 E 6
Ashuanipi Lake ○ CDN 182-183 L 2
Ashville ○ CDN 178-179 F 5
Ashwaraopet ○ IND 78-79 B 7
Asia ○ PE 208-209 D 8
Asia, Estrecho ≈ 224 C 5
Asiak River ~ CDN 174-175 N 2
Asid Gulf ≈ 96-97 E 6
Asientos, Los ○ PA 196-197 D 8
Asif Melloul ~ MA 124-125 H 4
Asilah ○• MA 124-125 H 3
Asile, L' ○ RH 198-199 J 5
Asillo ○ PE 214-215 B 4
Asinara, Golfo dell' ≈ 36-37 B 4
Asinara, Ìsola ⌒ I 36-37 B 4

Asindonhopo o SME 206-207 G 4
Asi Nehri ~ TR 64-65 G 4
Asino ☆ RUS 50-51 T 6
Asir □ KSA 68-69 C 4
'Asīs, Ra's ▲ SUD 136-137 J 3
Aşkale ☆ TR 64-65 J 3
'Askarān o IR 70-71 D 2
Askarly ☆ KA 60-61 H 3
Askarovo ☆ RUS 32-33 L 7
Aškazar o IR 70-71 F 3
Askeaton o ZA 156-157 H 5
Asker ☆ N 22-23 E 7
Askersund ☆ • S 22-23 G 7
Askim ☆ N 22-23 E 7
Askino ☆ RUS 32-33 K 5
Askinuk Mountains ▲ USA 164-165 H 6
Askira o WAN 140-141 K 3
Askiz ☆ RUS 52-53 E 9
Äsköping o S 22-23 H 7
Askot o IND 80-81 C 6
Askøy o N 22-23 B 6
Asla o DZ 124-125 L 4
Aşl-e Čahānsūr o AFG 70-71 K 3
Asler < RMM 132-133 L 5
Asmār o AFG 72-73 M 7
Äsmara ★ ER 136-137 J 5
Asmara, Wādī ~ KSA 66-67 G 4
Asmat Woodcarvings o • RI 102-103 K 4
Äsmera = Äsmara ★ ER 136-137 J 5
Ašmjany ☆ BY 30-31 K 4
Asnāhra o IND 78-79 C 2
Asnet o TCH 134-135 J 6
Ásni o MA 124-125 H 5
Aso o J 88-89 D 8
Aso National Park ⊥ •• J 88-89 D 8
Asori o RI 102-103 J 3
Ásosa o ETH 144-145 B 3
Aso-san ▲ J 88-89 D 8
Asoteriba, Ğabal ▲ SUD 136-137 H 2
Aspāla o IND 78-79 B 7
Aspen o USA 186-187 D 6
Aspen Cove o CDN 176-177 K 7
Aspendos •• TR 64-65 D 4
Aspen Mountain Ski Area • USA 186-187 D 6
Aspermont o USA 188-189 G 3
Aspet o F (31) 240-241 F 4
Aspiring, Mount ▲ NZ 118 B 6
Aspres, Les o F (61) 232-233 D 2
Aspres-sur-Buëch o F (05) 242-243 H 2
Asprières o F (12) 240-241 J 1
Aspy Bay ≈ 182-183 O 5
Asques o F (33) 236-237 E 6
Asrama o RT 138-139 L 6
Asriko o CI 138-139 H 6
Assa o KA 72-73 M 3
Assa ~ KA 72-73 M 3
Assa o MA 124-125 G 6
Assaba □ RIM 132-133 D 6
As Sab'ah, Qārat ▲ LAR 128-129 G 4
aš-Šabb < ET 130-131 D 6
as-Sablūkah, Shallāl = 6th Cataract ~ SUD 136-137 F 4
Assadjene ▲ DZ 126-127 F 9
aş-Şaff o ET 130-131 E 3
'Assāfiya, al- o KSA 66-67 F 3
As Saghir, Bi'r < LAR 128-129 L 2
as-Sāhiliya, Ğabal ▲ SYR 64-65 G 5
Assahoun o RT 138-139 L 6
as-Sahrā' al-Lībīyā = Libye, Désert de ∸ LAR 128-129 K 3
Assaí o BR 216-217 E 7
Assaikio o WAN 140-141 H 4
Assais-les-Jumeaux o F (79) 236-237 E 2
Assaka o MA 124-125 G 6
Assal, Lac o DJI 144-145 F 3
as-Salam, Bahr ~ SUD 136-137 H 6
as-Sallūm o ET 128-129 L 2
as-Sallūm, Halīğ ≈ 128-129 L 2
Assam □ IND 78-79 H 2
aš-Šām, Ğabal ▲ OM 68-69 K 2
Assamakka o RN 134-135 B 3
Assaouas o RN 134-135 C 4
Assaq, Oued ~ MA 132-133 C 2
Assaré o BR 212-213 J 5
Assas o F (34) 242-243 D 4
Assas o F (45) 232-233 F 3
Assat o F (64) 240-241 D 4
Assateague Island ⌒ USA 190-191 L 6
Assateague Islands National Seashore ⊥ USA 190-191 L 6
aš-Šatt o ET 130-131 F 3
As Sawdā', Jabal ▲ LAR 128-129 F 3
As Sawdāyah ∸ LAR 128-129 G 3
as-Sawīrah ☆ • MA 124-125 G 5
Assdadah o LAR 128-129 F 2
Asse ~ F (04) 242-243 J 4
Asse, River ~ WAN 140-141 G 6
Assegai ~ SD 156-157 K 3
Assegaon o IND 74-75 F 9
Assen ☆ NL 28-29 J 2
Assen o ZA 156-157 H 2
Assérac o F (44) 230-231 G 5
as-Sibā'ī, Ğabal ▲ ET 130-131 G 5
As Siba'n o KSA 66-67 G 4
as-Sidr o ET 130-131 F 3
As Sidr o LAR 128-129 H 2
Assier o • F (46) 236-237 J 6
Assin Anyinabrim o GH 138-139 K 7
Assina River ~ PNG 119 B 2
as-Sinballāwain o ET 130-131 E 2
Assiniboia o CDN 178-179 D 6
Assiniboine, Fort o CDN 176-177 N 4
Assiniboine River ~ CDN 178-179 E 4
Assinica, Lac o CDN 182-183 G 3
Assinié Mafia o • CI 138-139 J 7
Assin Nyankumase o GH 138-139 K 7
Assis o BR 216-217 E 7
Assis Brasil o BR 214-215 C 2
Assis Chateaubriand o BR 218-219 D 5
Assisi o •• I 36-37 D 3
Assodé < RN 134-135 D 3
Assok Begua o G 146-147 C 3
Assomption Island ⌒ SY 158-159 E 2
Asson o F (64) 240-241 D 4
Assos •• TR 64-65 B 3
Assouan = Aswān ☆ •• ET 130-131 F 5
Assouan, Haut Barrage d' = Sadd al-'Āli < •• ET 130-131 F 6
Assout = Asyūt ☆ • ET 130-131 E 4
Assu o BR 212-213 K 4
Assu, Rio ~ BR 212-213 K 4
As-Sūdān = Soudan ■ SUD 136-137 D 4
as-Sūki o SUD 136-137 F 6
as-Sulayyil o KSA 68-69 D 3
As Sulṭān o LAR 128-129 G 2
as-Sumay o SUD 142-143 H 4
Assunção o BR 210-211 E 7
Assur ∴ •• IRQ 64-65 K 5
as-Suryānī, Dair ∴ ET 130-131 E 2
as-Sūs ∸ MA 124-125 G 5
as-Suwais ☆ ET 130-131 F 3
as-Suwais, Halīğ ≈ 130-131 F 3
as-Suwais, Qanāt < ET 130-131 F 2
Assyni ~ RUS 58-59 F 2
Astaffort o F (47) 240-241 F 2
Astakós o GR 36-37 H 5
Aštān, Umm al- o UAE 68-69 H 2
Āstane o IR 64-65 N 4
Āstāne o IR 70-71 C 2
Astantaj-Mataj, sor ∸ KA 62-63 M 5
Astara o AZ 64-65 N 3
Āstārā o • IR 64-65 N 3
Astarak o AR 64-65 L 2
Aste, Lac d' o F (984) 246 III c 3
Asti ☆ • I 36-37 B 2
Astillero,El o E 34-35 F 3
Astipálea o GR 36-37 L 6
Astipálea ⌒ GR 36-37 L 6
Aštivay o AFG 72-73 M 7
Āštiyān o IR 70-71 C 1
Astorga o BR 216-217 E 7
Astorga o • E 34-35 D 3
Astoria o • USA 184-185 C 2
Astove Island ⌒ SY 158-159 E 3
Astrahan, o KA 60-61 F 1
Astrahan' ☆ RUS 32-33 E 10
Astrahanskij zapovednik ⊥ RUS 62-63 G 5
Astrahanskij zapovednik ⊥ RUS (AST) 32-33 F 10
Astrakhan = Astrahan' ☆ RUS 62-63 H 4
Astray o CDN 180-181 Q 7
Astrolabe, Récifs de l' ⌒ F (988) 247 I c 1
Astrolabe Bay ≈ 119 C 3
Astronomical Society Islands ⌒ CDN 168-169 a 6
Ástros o GR 36-37 J 6
Astrovna o BY 30-31 L 4
Astu, Monte ▲ F (2B) 244 D 3
Astura, gora ▲ RUS 44-45 e 3
Asturias □ E 34-35 D 3
Asuéfri o CI 138-139 J 6
Asunción o CR 196-197 C 7
Asunción ★ • PY 220-221 J 3
Asunción, La ☆ YV 204-205 K 2
Asunción, Río de la ~ MEX 194-195 C 2
Asunción Nochixtlán o MEX 196-197 F 3
Asundi o IND 76-77 F 3
'Ašūriya, al- o IRQ 64-65 K 7
Asustado, Arroyo el ~ RA 220-221 G 4
Asutsuare o GH 138-139 L 6
Aswa ~ EAU 148-149 D 2
Aswān ☆ •• ET 130-131 F 5
Ašykköl, sor o KA 60-61 E 6
Ašykköl ojpat ∸ KA 60-61 E 6
Asyma o RUS 54-55 N 4
Asyūt ☆ • ET 130-131 E 4
Asyūṭī, Wādī ⊢ ~ ET 130-131 E 4
Ata, Qiryat o IL 66-67 D 1
Ataa o GRØ 172-173 P 2
Ata Bupu Danau • RI 104 E 7
Atacama, Desierto de ∸ RCH 220-221 B 4
Atacama, Fosse de l' = Atacama Trench ≃ 214-215 A 5
Atacama, Puna de ∸ RA 220-221 C 4
Atacama, Salar de o •• RCH 220-221 C 2
Atacama Trench = Atacama, Fosse de l' ≃ 214-215 A 5
Atacames o EC 208-209 C 1
Atachi Bakka, Monts ▲ F (973) 245 I b 3
Atafaitafa, Djebel ▲ DZ 126-127 F 8
Atafi, Massif d' ▲ RN 128-129 F 6
'Atāiye o IR 72-73 F 7
Atajaña, Cerro ▲ RCH 214-215 B 6
Ata Koo Fai-Nuwa Puri Danau • RI 104 E 7
Atakor ▲ DZ 126-127 E 9
Atakora, Chaîne de l' ▲ DY 138-139 L 4
Atakora, Zone Cynégétique de l' ⊥ DY 138-139 L 4
Atakpamé ☆ RT 138-139 L 6
Atalaia o BR 212-213 K 6
Atalaia, Ponta de ▲ BR 212-213 E 2
Atalaia do Norte o BR 210-211 B 5
Atalaya o PE 208-209 F 7
Atalaya, Cerro ▲ PE 214-215 B 3
Ataléia o BR 216-217 K 5
Atamanovo o RUS 52-53 F 7
Atambua o RI 102-103 C 6
Atami o • J 88-89 H 7
Atammik o GRØ 172-173 O 4
Atanbas, tau ▲ KA 62-63 P 3
Atande, Tanjung ▲ RI 102-103 B 6
Atanik o USA 164-165 L 1
Atapange o RI 100-101 G 6
Ata Polo Danau • RI 104 E 7
Atapupu o RI 102-103 C 6
'Atāqa, Ğabal ▲ ET 130-131 F 3
Ataques o ROU 220-221 K 6
Atār ☆ RIM 132-133 D 4
Atar, Khor ~ SUD 142-143 K 4
Ataram, Erg n' ∸ DZ 126-127 C 9
Atas Bogd ▲ MAU 84-85 C 6
Atascadero o PE 208-209 B 4
Atascadero o USA 184-185 D 8
Atasi Nkwanta o GH 138-139 K 7
Atasta o MEX 196-197 H 2
Atasu o KA 60-61 G 4
Atatürk Barajı < TR 64-65 H 4
Atauba o BR 206-207 D 6
Atauro, Pulau (Kambing) ⌒ RI 102-103 C 6
Atawala, al- o KSA 68-69 B 3
Ātaya o ETH 144-145 D 3
'Atbara ~ ETH 136-137 H 6
'Atbara ☆ SUD 136-137 G 4
'Atbara ~ SUD 136-137 G 5
Atbasar ☆ KA 60-61 F 3
At-Baši o KS 82-83 B 5
At-Baši, hrebet ▲ KS 82-83 B 5
Atchafalaya Bay ≈ 188-189 M 5
Atchane, Erg el ∸ DZ 124-125 L 6
Atchane, Hamadet el ∸ DZ 126-127 E 6
Atchison o USA 186-187 K 6
Atchuelinguk River ~ USA 164-165 K 5
Atebubu o GH 138-139 K 6
Ateiku o GH 138-139 K 7
Aten, Río ~ BOL 214-215 C 4
Atenango del Río o MEX 196-197 E 2
Atenas o BR 210-211 B 7
Atencingo o MEX 196-197 E 2
Atequiza o MEX 196-197 C 1
Atesa o GH 138-139 J 6
Athabasca o CDN 176-177 O 4
Athabasca, Lake o CDN 174-175 P 6
Athabasca River ~ CDN 176-177 O 4
Athamar • TR 64-65 K 3
Athapap o CDN 178-179 F 3
Athapapuskow Lake o CDN 178-179 F 3
Athārān Hazāri o PK 74-75 D 4
Athéna, Lac o F (984) 246 III b 3
Athènes = Athina ★ ••• GR 36-37 J 6
Athenia Lake o CDN 174-175 O 4
Athens o USA (AL) 192-193 E 2
Athens o USA (GA) 192-193 G 3
Athens o USA (OH) 190-191 G 6
Athens o USA (TN) 192-193 F 2
Athens o USA (TX) 188-189 K 3
Atherton o AUS 110-111 H 5
Atherton Tableland ∸ AUS 110-111 H 5
Athesans-Étroitefontaine o F (70) 238-239 K 1
Athgarh o IND 78-79 D 5
Athi ~ EAK 148-149 F 4
Athiémè o DY 138-139 L 6
Athienou o CY 64-65 E 5
Athies o F (80) 228-229 K 4
Athies-sous-Laon o F (02) 228-229 M 4
Athina ★ ••• GR 36-37 J 5
Athi River o EAK 148-149 F 4
Athis o F (51) 234-235 E 3
Athis-de-l'Orne o F (61) 230-231 L 2
Athl, Wādī al ~ LAR 128-129 H 5
Athlone = Baile Átha Luain o IRL 26-27 D 5
Athni o IND 76-77 F 2
Athol o USA 184-185 F 2
Atholl, Kap ▲ GRØ 170-171 P 5
Áthos ▲ ••• GR 36-37 K 4
'Ati o SUD 136-137 D 6
Ati ☆ TCH 134-135 J 6
Atiak o EAU 148-149 D 2
Atiamuri o NZ 118 F 3
Atibaia o BR 216-217 G 7
Atico o PE 214-215 A 5
Atiedo o SUD 142-143 H 5
Atienza o E 34-35 F 4
Atijere o WAN 140-141 F 5
Atikaki Provincial Wilderness Park ⊥ CDN 178-179 J 5
Atikameg Lake o CDN 178-179 F 3
Atikameg River ~ CDN 178-179 P 4
Atikī □ GR 36-37 J 5
Atikokan o CDN 178-179 L 6
Atikonak Lake o CDN 182-183 M 2
Atim o TCH 134-135 K 6
Atinia, Nakong- o GH 138-139 K 4
Atitlán, Lago de o • GCA 196-197 J 4
Atitlán, Volcán ▲ GCA 196-197 J 4
Atka o RUS 56-57 O 3
Atka o USA 166-167 J 6
Atka Island ⌒ USA 166-167 J 6
Atkamba Mission o PNG 119 A 3
Atka Pass ≈ 166-167 J 6
Atkinson o USA 186-187 H 4
Atkinson Lake o CDN 174-175 R 5
Atkinson Point ▲ CDN 164-165 Z 2
Atkot o IND 74-75 C 8
Atkri o RI 102-103 F 2
Atlacomulco o MEX 196-197 E 2
Atlanta o USA (MI) 190-191 F 3
Atlanta o USA (TX) 188-189 K 3
Atlanta ☆ USA (GA) 192-193 F 3
Atlantic o USA (IA) 186-187 K 5
Atlantic o USA (NC) 192-193 K 2
Atlantic City o USA 190-191 L 6
Atlantic Ocean = Océan Atlantique ≈ 14-15 D 6
Atlantida o ROU 222-223 M 3
Atlantique, Zone de Fracture = Atlantis Fracture Zone ≃ 14-15 E 5
Atlantis Fracture Zone = Atlantique, Zone de Fracture ≃ 14-15 E 5
Atlasova, ostrov ⌒ RUS 58-59 Q 3
Atlasovo o RUS (KMC) 56-57 S 6
Atlasovo o RUS (SHL) 58-59 K 5
Atlee Creek ~ AUS 108-109 K 6
Atlin o CDN 164-165 Y 7
Atlin Lake o CDN 164-165 Y 7
Atlin Provincial Park ⊥ CDN 176-177 D 2
Atlixco o MEX 196-197 E 2
Ātmakūr o IND 76-77 H 3
Atmakur o IND (ANP) 76-77 G 2
Atmakur o IND (ANP) 76-77 H 3
Atmis ~ RUS 30-31 S 5
Atmore o CDN 176-177 O 4
Atmore o USA 192-193 E 4
Atna Peak ▲ CDN 176-177 F 5
Atna Range ▲ CDN 176-177 G 4
Atnbrua o N 22-23 E 6
Atocha o BOL 214-215 D 7
Atog o CAM 146-147 C 2
Atoka o USA 188-189 J 2
Atome o ANG 152-153 C 5
Atomic City o USA 184-185 H 4
Atongo-Bakari o RCA 142-143 E 6
Atonyia < MA 124-125 G 7
Atori o SOL 120 I e 3
Atotonilco o MEX 196-197 E 2
Atotonilco el Alto o MEX 196-197 C 1
Atotonilco El Grande o MEX 196-197 E 1
Atouat, Mount ▲ LAO 94-95 J 3
Atoyac, Río ~ MEX 196-197 F 3
Atoyac, Río ~ MEX 196-197 E 2
Atoyac de Alvarez o MEX 196-197 D 3
Atoyatempan o MEX 196-197 F 2
Atpadi o IND 76-77 F 2
Atqasuk o USA 164-165 M 1
Atrai ~ BD 78-79 F 3
Atrak, Rūd-e ~ IR 72-73 E 6
Ätran ~ S 22-23 F 8
Atrato, Río ~ CO 204-205 C 4
Atrek ~ TM 72-73 D 6
Atsumi-hantō ⌣ J 88-89 G 7
Atsuta o J 88-89 J 3
Atsy o RI 102-103 K 4
Atta o CAM 140-141 J 5
Attakro o CI 138-139 J 6
Attalla o USA 192-193 E 2
at-Tamad o ET 130-131 G 3
At Tamimi o LAR 128-129 K 1
at-Tanf, Ğabal ▲ SYR 64-65 H 6
Attāni o IND 76-77 G 5
Attapu o LAO 94-95 J 3
Attar, Oued el ~ DZ 126-127 E 4
Attawapiskat o CDN 178-179 P 4
Attawapiskat Lake o CDN 178-179 N 4
Attawapiskat River ~ CDN 178-179 O 4
Attayampatti o IND 76-77 G 5
at-Tayyārah o SUD 136-137 E 6
Atteï, In < DZ 134-135 C 2
Atterbury, Camp ✕✕ USA 190-191 E 6
Attica o USA (IN) 190-191 E 5
Attica o USA (KS) 188-189 H 1
Attica o USA (NY) 190-191 J 4
Attica o USA (OH) 190-191 G 5
Attichy o F (60) 228-229 L 5
Attignat o F (01) 238-239 G 4
Attigny o F (08) 234-235 F 3
at-Tih, Ğabal ▲ ET 130-131 F 3
at-Tih, Şahrā' ∸ ET 130-131 F 2
Attikamagen Lake o CDN 180-181 Q 7
at-Tina, Halīğ ≈ 130-131 F 2
Attingal o IND 76-77 G 6
Attipāra o IND 76-77 G 6
Attobrou, Yakass- o CI 138-139 J 6
Attock o • PK 74-75 D 3
Attock-Campbellpore o PK 74-75 D 3
Attoko o J 88-89 L 3
Attu o GRØ 172-173 O 3
Attu o USA 166-167 C 6
Attu Island ⌒ USA 166-167 C 6
At Tullab o LAR 128-129 K 5
at-Tūr ☆ ET 130-131 F 3
Attur o IND 76-77 H 5
at-Tuwayshah o SUD 136-137 C 6
Attykeveem ~ RUS 48-49 N 3
Atucatiquini, Rio ~ BR 210-211 C 6
Atuel, Río ~ RA 222-223 E 3
Atuka o RI 102-103 J 4
Atuna o GH 138-139 J 4
Atuntaqui o EC 208-209 C 1
Atura o EAU 148-149 D 2
Atures o YV 204-205 H 5
Atutia, Río ~ RA 220-221 B 6
Åtvidaberg ☆ S 22-23 H 7
Atwa, al- o KSA 66-67 H 3
Atwater o USA 184-185 D 7
Atwood o USA (IL) 190-191 D 6
Atwood o USA (KS) 186-187 G 6
Atwood Cay = Samana Cays ⌒ BS 198-199 J 3
Atykan, ostrov ⌒ RUS 56-57 Q 4
Atyraou = Aterau ☆ KA 62-63 K 4
Atyrau ☆ KA 32-33 H 10
Atžaksy ~ KA 62-63 M 3
Atzinging Lake o CDN 174-175 S 5
Aû, Chutes de l' ~ • ZRE 148-149 C 3
Aua River ~ CDN 168-169 e 7
Auasberge ▲ NAM 152-153 D 11
Auasbila o HN 196-197 B 4
Auasinaua, Cachoeira ~ BR 210-211 F 2
Auatu ▲ ETH 144-145 E 5
Aubagne o F (13) 242-243 H 5
Aubazines o F (19) 236-237 J 5
Aube □ F (10) 234-235 E 5
Aube ~ F (52) 234-235 F 6
Aübe o MOC 154-155 K 3
Aubenas o F (07) 242-243 E 2
Aubenton o F (02) 234-235 E 2
Aubérive o F (51) 234-235 E 3
Auberive o F (52) 238-239 G 1
Aubert, Havre- o CDN 182-183 O 5
Aubeterre-sur-Dronne o F (16) 236-237 F 5
Aubetin ~ F (77) 232-233 J 2
Aubiac o F (33) 240-241 D 2
Aubiers, Les o F (79) 236-237 D 2
Aubiet o F (32) 240-241 F 3
Aubignan o F (84) 242-243 G 3
Aubigné o F (79) 236-237 E 3
Aubigné-Racan o F (72) 230-231 M 4
Aubigny-au-Bac o F (59) 228-229 L 3
Aubigny-en-Artois o F (62) 228-229 K 3
Aubigny-sur-Nère o F (18) 232-233 G 5
Aubin o F (12) 240-241 J 1
Aubois ~ F (18) 236-237 L 2
Aubrac o F (12) 240-241 K 1
Aubrac, Monts d' ▲ F (12) 240-241 K 1
Aubry Lake o CDN 174-175 G 2
Aubure o F (68) 234-235 L 5
Auburn o AUS (QLD) 114-115 L 1
Auburn o AUS (SA) 116-117 E 3
Auburn o USA (AL) 192-193 F 3
Auburn o USA (CA) 184-185 D 6
Auburn o USA (IA) 186-187 K 4
Auburn o USA (IN) 190-191 F 5
Auburn o USA (ME) 190-191 N 3
Auburn o USA (NE) 186-187 K 5
Auburn o USA (NY) 190-191 K 4
Auburn o USA (WA) 184-185 C 2
Auburn Range ▲ AUS 114-115 L 3
Auburn River ~ AUS 114-115 L 3
Aubusson o • F (23) 236-237 K 4
Auby o F (59) 228-229 L 3
Auca Mahuida, Sierra de ▲ RA 222-223 E 4
Auçan, Cerro ▲ RCH 220-221 C 1
Aucara o PE 208-209 E 9
Aucayacu o PE 208-209 D 6
Auch ☆ • F (32) 240-241 F 3
Auchel o F (62) 228-229 J 2
Auchi o WAN 140-141 G 5
Auchy-au-Bois o F (62) 228-229 J 2
Auchy-lès-Hesdin o F (62) 228-229 J 3
Auckland o NZ 118 E 2
Auckland Bay ≈ 94-95 E 4
Auckland Island ⌒ NZ 9 H 8
Aucun o F (65) 240-241 D 5
Aude □ F (11) 240-241 J 4
Aude ~ F 240-241 J 5
Auden o CDN 178-179 N 5
Audenge o F (33) 236-237 C 6
Auderville o F (50) 228-229 A 4
Audeux o F (25) 238-239 H 2
Audeux, Gorges de l' • F 238-239 J 2
Audhild Bay ≈ 170-171 E 3
Audierne o F (29) 230-231 B 3
Audierne, Baie d' ≈ 246 III b 4
Audierne, Baie d' ≈ F (29) 230-231 C 4
Audincourt o F (25) 238-239 K 2
Audin-le-Tiche o F (57) 234-235 H 3
Audo Range ▲ ETH 144-145 E 5
Audouze, Signal d' ▲ F (19) 236-237 K 4
Audru o • EST 30-31 J 2
Audruicq o F (62) 228-229 J 2
Audry ~ F (08) 234-235 F 2
Audun-le-Roman o F (54) 234-235 H 3
Aue o D 28-29 M 3
Auffay o F (76) 228-229 G 4
Augan o F (56) 230-231 G 4
Augathella o AUS 114-115 J 3
Auge, Pays d' ∸ F (14) 228-229 E 5
Augerans o F (39) 238-239 H 2
Augerolles o F (63) 238-239 D 5
Augisey o F (39) 238-239 H 3
Augrabies o ZA 156-157 E 4
Augrabies Falls ~ •• ZA 156-157 E 4
Augrabies Falls National Park ⊥ ZA 156-157 E 4
Augsburg o •• D 28-29 L 4
Aug Thong o THA 94-95 F 3
Augusta o • AUS 112-113 C 7
Augusta o I 36-37 E 6
Augusta o USA (AR) 188-189 M 2
Augusta o USA (GA) 192-193 H 3
Augusta o USA (KS) 186-187 J 7
Augusta o USA (MT) 184-185 H 2
Augusta ☆ USA (ME) 190-191 O 3
Augusta, Cabo ▲ CO 204-205 D 2
Augusta, Mount ▲ CDN 164-165 U 6
Augustina Libarona o RA 220-221 F 4
Augustin Codazzi o CO 204-205 E 2
Augustine Island ⌒ USA 166-167 U 3
Augusto Montenegro o BR 210-211 J 4
Augusto Severo o BR 212-213 K 4
Augustów o PL 28-29 R 2
Augustus, Mount ▲ AUS 112-113 D 2
Augustus Downs o AUS 110-111 E 6
Augustus Island ⌒ AUS 108-109 G 3
Augustus Island ⌒ CDN 180-181 Q 3
Auiíta, Rio ~ BR 216-217 D 2
Aujon ~ F (52) 234-235 G 6
Aujour, Montagne d' ▲ F (05) 242-243 H 3
Auke Bay o USA 176-177 C 2
Auki ~ Aoke ☆ SOL 120 I e 3
Aukpar River ~ CDN 180-181 N 2
Aulād Ṭauq Šarq o ET 130-131 F 4
Auld, Lake o AUS 108-109 F 7
Aulirāipāra o IND 78-79 G 4
Aulitivik Island ⌒ CDN 172-173 G 2
Auliyā Dam < SUD 136-137 F 5
Aullène o F (2A) 244 D 5
Aulnay o F (17) 236-237 E 3
Aulnay-la-Rivière o F (45) 232-233 G 3
Aulne ~ F 230-231 D 3
Aulneau Peninsula ⌒ CDN 178-179 J 6
Aulnois o F (88) 234-235 H 5
Aulnois-sous-Laon o F (02) 228-229 M 4
Aulnois-sur-Seille o F (57) 234-235 J 4
Aulnoye-Aymeries o F (59) 228-229 M 3
Aulon o F (23) 236-237 J 3
Aul Sarykobda o KA 62-63 M 3
Ault o F (80) 228-229 G 3
Aulteribe • F (63) 238-239 D 5
Aulus-les-Bains o F (09) 240-241 G 5
Aumale o F (76) 228-229 H 4
Aumance ~ F (03) 236-237 L 3
Aumeville-Lestre o F (50) 228-229 B 4
Aumo o PNG 119 E 3
Aumont o F (39) 238-239 H 3
Aumont-Aubrac o F (48) 242-243 C 2
Auna o WAN 140-141 E 3
Aunay-sur-Odon o F (14) 228-229 C 5
Aundah o IND 74-75 F 10
Auneau o F (28) 232-233 F 3
Aunelle ~ F (59) 228-229 M 3
Auneuil o F (60) 228-229 H 5
Aunis ∸ F (17) 236-237 C 3
Auno o WAN 140-141 K 3
Auob ~ NAM 156-157 D 2
Aups o F (83) 242-243 J 4
Aupwel o PNG 119 D 3
Aur, Pulau ⌒ MAL 98-99 F 3
Aurahua o PE 208-209 E 8
Auram ~ NAM 156-157 C 3
Aurangābād o IND 78-79 D 3
Aurangābād o • IND 74-75 E 10
Auras o C 198-199 G 4
Auray o F (56) 230-231 F 4
Aurbunak, Gunung ▲ RI 100-101 D 5
Aure ~ F (50) 228-229 C 5
Aure ☆ N 22-23 D 5
Aurec-sur-Loire o F (43) 242-243 E 1
Aureil o F (87) 236-237 H 4
Aureilhan, Etang d' o F (40) 240-241 B 2
Aure Infrieure ~ F (14) 228-229 C 5
Aure River ~ PNG 119 C 4
Aures, Massif de l' ▲ DZ 126-127 F 3
Aure Scarp ▲ PNG 119 C 4
Auri, utes • RUS 58-59 J 2
Aurich (Ostfriesland) o D 28-29 J 2
Aurifiama o BR 216-217 E 6
Aurignac o F (31) 240-241 F 4
Aurillac ☆ F (15) 236-237 K 6
Auriol o F (13) 242-243 H 5
Auriya o IND 74-75 G 6
Aurlandsvangen o N 22-23 C 6
Auro o PNG 119 E 5
Auron o F (06) 242-243 K 3
Auron ~ F (18) 236-237 L 2
Aurora o BR (CEA) 212-213 J 5
Aurora o BR (GSU) 214-215 K 6
Aurora o CDN (ONT) 182-183 E 7
Aurora o CDN (ONT) 182-183 E 6
Aurora o GUY 206-207 E 2
Aurora o RP (ISA) 96-97 D 4
Aurora o RP (ZAS) 96-97 E 9
Aurora o USA (AK) 164-165 H 4
Aurora o USA (CO) 186-187 E 6
Aurora o USA (IL) 190-191 D 5
Aurora o USA (MO) 188-189 L 1
Aurora o USA (NE) 186-187 H 5
Aurora, Île = Maewo ⌒ VAN 120 II b 2
Aurora, La o RA 220-221 E 4
Aurora do Tocantins o BR 216-217 G 2
Auroraville o USA 190-191 D 3
Aurore Australe, Baie de l' ≈ 246 III d 3
Auros o F (33) 240-241 D 2
Auroux o F (48) 242-243 D 2
Aurukun X AUS 110-111 F 3
Aurukun Aboriginal Land X AUS 110-111 F 3
Aus o NAM 156-157 C 3
Ausa o IND 74-75 F 10
Au Sable River ~ USA 190-191 G 3
Auschwitz = Oświęcim o •• PL 28-29 P 3
Ausentes o BR 218-219 E 7
Ausis < NAM 152-153 B 9
Aussig = Ústí nad Labem o CZ 28-29 N 3
Aussois o F (73) 242-243 K 1
Aussonne o F (31) 240-241 G 3
Aussurucq o F (64) 240-241 C 4
Austerlitz = Slavkov u Brna o CZ 28-29 O 4
Austfonna ⊂ N 20-21 N 3
Austin o CDN 178-179 G 6
Austin o USA (MN) 186-187 L 4
Austin o USA (NV) 184-185 F 6
Austin ☆ USA (TX) 188-189 J 4
Austin, Lake o AUS 112-113 E 3
Austin, Point ▲ AUS 110-111 F 5
Austin, Port o USA 190-191 G 3
Austin Channel ≈ 168-169 U 3
Austin Island ⌒ CDN 174-175 X 5
Austral Downs o AUS 110-111 D 7
Australe, Zone de Fracture = Austral Fracture Zone ≃ 10-11 Q 9
Austral Fracture Zone = Australe, Zone de Fracture ≃ 10-11 Q 9
Australia = Australie ■ AUS 116-117 K 3
Australia = Australie ∸ AUS 9 D 5
Australia, Île ⌒ F (984) 246 III c 3
Australian-Antarctic Basin = Australo-Antarctique, Bassin ≃ 8 G 10
Australian Capital Territory □ AUS 116-117 K 3
Australian East Coast Temp. & Sub-Tropical Rainforest Park ⊥ ••• AUS 114-115 M 5
Australie = Australia ■ AUS 116-117 K 3
Australie = Australia ∸ AUS 9 D 5
Australie du Nord-Ouest,Bassin de l' = North Australia Basin ≃ 9 C 4
Australie Méridionale,Bassin de l' = South Australia Basin ≃ 9 D 6
Australie méridionale = South Australia □ AUS 114-115 C 4
Australien-Antarctic Discordance = Australienne-Antarctique, ≃ 9 D 7
Australienne, Grande Baie = Great Australian Bight ≈ 112-113 J 6
Australienne-Antarctique,Discordance=Aus.-Antarctic Disc. ≃ 9 D 7
Australie Occidentale, Bassin de l' = Perth Basin ≃ 9 B 5
Australie occidentale = Western Australia □ AUS 112-113 F 1
Australind o AUS 112-113 C 6
Australo-Antarctique, Bassin = Australian-Antarctic Basin ≃ 8 G 10
Austvågøy ⌒ N 22-23 G 2
Autás-Mirim, Rio ~ BR 210-211 G 5
Autaz, Ilha ⌒ BR 210-211 H 4
Autazes o BR 210-211 H 4
Autaz Mirim, Paraná ~ BR 210-211 H 4
Autec ∴ • BS 198-199 G 3
Auterive o F (31) 240-241 G 4
Auteuil o F (60) 228-229 J 5
Autheuil o F (61) 232-233 D 2
Autheuil-Authouillet o F (27) 228-229 G 5
Authie ~ F (62) 228-229 H 3
Authie, Baie de l' ≈ F (62) 228-229 H 3
Authon o F (04) 242-243 J 3
Authon o F (41) 232-233 D 4
Authon-du-Perche o F (28) 232-233 D 3
Authon-Ebéon o F (17) 236-237 E 4
Authon-la-Plaine o F (91) 232-233 F 3
Autize ~ F (79) 236-237 D 3
Autlán de Navarro o MEX 196-197 B 2
Automobile, Musée de l' • F (52) 234-235 F 4
Autrans o F (38) 242-243 H 1
Autrèche o F (37) 232-233 E 4
Autretot o F (76) 228-229 F 4
Autreville o F (88) 234-235 H 5
Autrey o F (88) 234-235 K 5
Autrey-lès-Gray o F (70) 238-239 G 2
Autriche = Österreich ■ A 28-29 M 5
Autricourt o F (21) 234-235 F 5
Autridge Bay ≈ 168-169 d 5
Autry o F (08) 234-235 F 3
Autry-le-Châtel o F (45) 232-233 H 4
Autun o • F (71) 238-239 E 3
Auty o F (82) 240-241 G 2
Auvergne o AUS 108-109 J 3
Auvergne □ F 236-237 L 5
Auvergne ▲ F 236-237 L 5
Auvers o F (50) 228-229 B 5
Auverse o F (49) 230-231 M 4
Auvézère ~ F (24) 236-237 H 5
Auvignon ~ F (32) 240-241 E 3
Auvillar o • F (82) 240-241 F 2
Aux Barques, Pointe ▲ USA 190-191 G 3
Auxelles-Bas o F (90) 238-239 K 1
Auxerre ☆ • F (89) 232-233 K 4
Auxerrois, Collines de l' ▲ F 232-233 H 5
Auxi-le-Château o F (62) 228-229 J 3
Auxiliadora o BR 210-211 G 6
Auxois ∸ F (89) 238-239 E 1
Auxois, Mont ▲ F (21) 238-239 E 1
Auxon o F (10) 232-233 K 3
Auxonne o F (21) 238-239 G 2
Auyan Tebuy ▲ YV 204-205 K 5
Auyuittug National Park ⊥ CDN 172-173 G 3
Auzances o F (23) 236-237 L 3
Auze ~ F (19) 236-237 K 5
Auzon o F (43) 242-243 C 1
Auzouville-sur-Saâne o F (76) 228-229 F 4
Ava o MYA 78-79 J 5
Ava o USA 188-189 L 1
Avača ~ RUS 56-57 S 7
Avá-Canoeiro, Área Indígena X BR 216-217 F 2
Avačinskaja, guba o RUS 56-57 S 7
Avačinskij zaliv ≈ 56-57 S 7
Avadh ∸ IND 78-79 B 2
Avadi o IND 76-77 J 4
Availles-Limouzine o F (86) 236-237 G 3
Avakubi o ZRE 146-147 L 3
Aval, Falaise ⌣ • F (76) 228-229 E 4
Avalik River ~ USA 164-165 L 1
Avaljak hrebet ▲ RUS 32-33 L 6
Avallon o F (89) 232-233 K 5
Avaloirs, Mont des ▲ F (53) 230-231 L 3
Avalon o USA 184-185 E 9
Avalon Peninsula ⌣ CDN 182-183 S 5
Avalos, Arroyo ~ RA 220-221 H 5
Avanavero o SME 206-207 F 3
Avance ~ F (47) 240-241 E 2
Avannaarsua = Nordgrønland □ GRØ 170-171 V 4
Avant-lès-Ramerupt o F (10) 234-235 E 5
Avaray o F (41) 232-233 F 4
Avare o BR 216-217 F 7
Avarskoe Kojsu ~ RUS 62-63 G 6
Avatanak Island ⌒ USA 166-167 O 5
Avatanak Strait ≈ 166-167 O 5
Āvāz o IR 70-71 J 2
Ave, Rio ~ P 34-35 C 4
Ave-Dakpa o GH 138-139 L 6
Āveğ o IR 64-65 N 5
Āveğ, Gardāne-ye ▲ IR 64-65 N 5
Aveiro o BR 210-211 K 4
Aveiro ☆ • P 34-35 C 4
Avekova ~ RUS 48-49 L 5
Avelino Lopes o BR 212-213 G 7
Avellaneda o RA 222-223 K 3
Avellino ☆ I 36-37 E 4
Aven ~ F (29) 230-231 D 4
Avène o F (34) 240-241 L 3
Avène, Barrage d' < F (34) 240-241 L 3
Avenne of the Giants • USA 184-185 C 5
Avera o F (987) 247 IV b 2
Avernes o F (95) 228-229 H 5
Avérole o F (73) 242-243 L 1
Avery o USA 184-185 G 2
Aves, Islas de ⌒ YV 204-205 H 1
Aves de Barlovente ⌒ YV 204-205 H 2
Avesnes-le-Comte o F (62) 228-229 K 3
Avesnes-lès-Aubert o F (59) 228-229 L 3
Avesnes-sur-Helpe o F (59) 228-229 M 3
Aves Ridge ≃ 200 D 5
Aveyron ~ F (12) 240-241 K 2
Aveyron ~ F (12) 240-241 J 2
Aveyron, Gorges de l' • F (81) 240-241 H 2
Avezzano o I 36-37 D 3
Avia Teray o RA 220-221 G 4
Avignon ☆ •• F (84) 242-243 F 4
Avignonet-Lauragais o F (31) 240-241 H 4
Ávila de los Caballeros o •• E 34-35 E 4
Avilés o •• E 34-35 E 3
Avilla, Parque Nacional ⊥ YV 204-205 H 2
Avilley o F (25) 238-239 J 2
Avinurme o EST 30-31 K 2
Avion o F (62) 228-229 K 3
Avirons, Les o F (974) 246 II a 2
Avis o P 34-35 D 5
Avispa, Cerro ▲ YV 210-211 E 2
Avissawella o CL 76-77 J 7
Avize o F (51) 234-235 E 4
Avlandja, Boľšaja ~ RUS 48-49 L 5
Avoca o AUS (TAS) 116-117 J 6
Avoca o AUS (VIC) 116-117 G 4
Avoca River ~ AUS 116-117 G 4
Avola o CDN 176-177 L 6
Avon o USA 184-185 H 2
Avon, Lake < AUS 116-117 L 3
Avon Downs o AUS (NT) 110-111 D 7
Avon Downs o AUS (QLD) 114-115 J 1
Avon Park o USA 192-193 H 6
Avon Park Air Force Range ✕✕ USA 192-193 H 6
Avon River ~ AUS 112-113 D 6
Avontuur o ZA 156-157 F 6
Avord o F (18) 232-233 H 5
Avoriaz o F (74) 238-239 K 4
Avranches o F (50) 230-231 J 2
Avre ~ F (61) 232-233 D 2
Avre ~ F (80) 228-229 K 4
Avrillé o F (49) 230-231 K 5
Avrillé o F (85) 236-237 B 3
Avstrijskij proliv ≈ 20-21 f 2
Avu Avu = Kolotambu o SOL 120 I e 3
'Awābī o OM 68-69 K 2
Awaé o CAM 146-147 C 2
Awagakama River ~ CDN 178-179 P 5
Awa Gurupi, Área Indígena X BR 212-213 E 3
Awai, Pulau ⌒ RI 102-103 J 2
Awaji-shima ⌒ J 88-89 F 7
Awakaba o RCA 142-143 E 6
'Awālī o BRN 70-71 D 5

Awali Soula ~ F (973) 245 I b 4
Awang o RI 104 C 7
Awanui o NZ 118 D 1
Awar o PNG 119 C 3
Awara Plain ± EAK 148-149 H 2
Awasa soela ~ SME 206-207 G 4
Āwarē o ETH 144-145 G 4
Awarua Point ▲ NZ 118 B 6
Āwasa ✫ ETH 144-145 D 5
Āwasa Hāyk' ⊖ ETH 144-145 D 5
Awashima ⌒ J 88-89 H 5
Āwash National Park ⊥ ETH 144-145 D 4
Āwash Reserve ⊥ ETH 144-145 D 4
Āwash Wenz ~ ETH 144-145 E 3
Awat o VRC 82-83 E 5
Āwat'a Shet' ~ ETH 144-145 D 6
Awatere River ~ NZ 118 D 4
Awbārī □ LAR 126-127 H 7
Awbārī ✫ LAR 128-129 E 4
Awdheegle o SP 148-149 K 3
Awdiinle o SP 148-149 J 2
Awe o WAN 140-141 H 4
Aweil o SUD 142-143 H 4
Awgu o WAN 140-141 G 5
Awio o PNG 119 F 4
Awio River ~ PNG 119 F 4
Āwira Wenz ~ ETH 136-137 K 6
Awisam o GH 138-139 K 7
Awisang o RI 100-101 F 4
Awjilah o LAR 128-129 J 3
Awka o WAN 140-141 G 5
Awrā, Wādī al ~ LAR 128-129 G 3
Awu, Gunung ▲ RI 100-101 J 2
Awun, River ~ WAN 140-141 F 4
Awuna River ~ USA 164-165 M 2
Awungi o PNG 119 F 3
Awura, Tanjung ▲ RI 102-103 H 4
Awwal, Wādī ~ LAR 126-127 H 6
Axat o F (11) 240-241 J 5
Axe Hill ▲ AUS 112-113 J 3
Axel Heiberg Island ⌒ CDN 170-171 C 3
Axim o GH 138-139 J 7
Axinim o BR 210-211 H 5
Ax-les-Thermes o F (09) 240-241 H 5
Axui o BR 212-213 G 3
Ay o F (51) 234-235 E 3
Ay ~ F (50) 228-229 B 5
Ayabaca o PE 208-209 C 4
Ayachi, Ibel ▲ MA 124-125 J 4
Ayacucho ✫ PE 208-209 E 8
Ayacucho o RA 222-223 K 4
Ayakkum Hu ⊖ VRC 80-81 G 2
Ayamé o CI 138-139 J 7
Ayami, Tanjung ▲ RI 102-103 H 3
Ayamikem o GQ 146-147 C 2
Ayamonte o• E 34-35 D 6
Ayancık ✫ TR 64-65 F 2
Ayanfuro o GH 138-139 K 7
Ayangba o WAN 140-141 G 5
Ayapata o PE 214-215 B 3
Ayapel o CO 204-205 D 3
Ayapel, Serranía de ▲ CO 204-205 D 4
Ayapunga, Cerro ▲ EC 208-209 C 3
Ayarde, Laguna ⊖ RA 220-221 G 3
Ayas o TR 64-65 E 2
Ayaviri o PE (LIM) 208-209 D 8
Ayaviri o PE (PUN) 214-215 B 4
Aydat o F (63) 236-237 L 4
Ayden o USA 192-193 K 5
Aydın ✫ TR 64-65 B 4
Aydın Dağları ▲ TR 64-65 B 4
Aydingkol Hu ⊖ VRC 82-83 J 4
Ayen o F (19) 236-237 H 5
Ayerbe o E 34-35 G 3
Ayer Deras, Kampung Sungai o MAL 98-99 E 2
Ayer Hitam o• MAL 98-99 E 4
Ayer Puteh, Kampung o MAL 98-99 E 2
Ayers Rock ▲•• AUS 112-113 L 2
Ayherre o F (64) 240-241 B 4
Ayilūr o IND 76-77 H 5
Ayina ~ G 146-147 D 2
Ayinwafe o GH 138-139 K 6
Ayiyak River ~ USA 164-165 O 2
Aykel o ETH 136-137 H 6
Aylesbury o GB 26-27 G 6
Āylet o ER 136-137 J 5
Ayllón o E 34-35 F 4
Aylmer Lake ⊖ CDN 174-175 P 3
Aymat o• ER 136-137 J 4
Aynac o F (46) 236-237 G 6
Ayn al Ghazalah o LAR 128-129 K 1
Aynes • F (15) 236-237 K 5
Ayo o PE 208-209 F 9
Ayod o SUD 142-143 K 4
Ayoni o SUD 142-143 H 4
Ayopaya, Río ~ BOL 214-215 D 5
Ayorou o RN 138-139 L 2
Ayos o CAM 146-147 D 2
'Ayoûn el 'Atroûs ✫ RIM 132-133 F 6
Ayr o AUS 110-111 J 6
Ayr o GB 26-27 E 4
Ayr, Mount o USA 186-187 K 5
Ayrens o F (15) 236-237 K 6
Ayr Lake ⊖ CDN 170-171 Q 8
Ayron o F (86) 236-237 F 2
Āysha o ETH 144-145 F 3
Aytré o F (17) 236-237 C 3
Ayu, Kepulanan ⌒ RI 102-103 F 1
Ayu, Pulau ⌒ RI 102-103 F 1
Ayu, Tanjung ▲ RI 100-101 E 4
Ayungon o RP 96-97 E 8
Ayutla o MEX 196-197 B 1
Ayutla de los Libres o MEX 196-197 E 3
Ayuy o EC 208-209 D 3
Ayvacık ✫ TR 64-65 G 2
Ayvacık ✫ TR 64-65 B 3
Ayvalık ✫ TR 64-65 B 3
Ayyampettai o IND 76-77 H 5
Ažabač'e, ozero ⊖ RUS 56-57 T 5
Azad Kashmir ⊥ IND 74-75 D 3
Āzād Šar o IR 72-73 D 6
Azahar, Costa del ⊥ E 34-35 H 5
Azaila o E 34-35 G 4
Āzamgarh o IND 78-79 C 2
Azanaques, Cerro ▲ BOL 214-215 D 6
Azanaques, Cordillera de ▲ BOL 214-215 D 6
Azangaro o PE 214-215 B 4
Azannes-et-Soumazannes o F (55) 234-235 G 3
Azao ▲ DZ 126-127 G 8
Azaouak, Vallée de l' ⊥ RMM 132-133 M 6
Azara o RA 220-221 K 5
Āzarbāyǧān-e Ǧarbī □ IR 64-65 L 3
Āzarbāyǧān-e Šarqī □ IR 64-65 M 4
Azare o WAN 140-141 J 3
Āzaršahr o IR 64-65 L 4
Azas ~ RUS 52-53 H 9
Azas, ozero = Todža, ozero ⊖ RUS 52-53 H 9
Azat-le-Riz o F (87) 236-237 H 3
Azauri o BR 206-207 G 5
Azay-le-Ferron o F (36) 236-237 H 2
Azay-le-Rideau o F (37) 230-231 M 5
Azay-sur-Thouet o F (79) 236-237 E 2
Azaz ▲ DZ 126-127 D 7
A'zāz ✫ SYR 64-65 G 4
Azazga o DZ 126-127 E 2
Azbine, Aïr ou ⊥• RN 134-135 D 3
Až Bogd ▲ MAU 82-83 M 3
Azé o F (71) 238-239 F 4
Azeffâl ⊥ RIM 132-133 C 5
Azemmour o MA 124-125 G 4
Azendjé o G 146-147 B 4
Azennezal, Erg ⊥ DZ 126-127 C 9
Azerables o F (23) 236-237 H 3
Azerat o F (24) 236-237 H 5
Azerbaïdjan = Azerbajdžan ■ AZ 64-65 M 2
Azerbajdžan = Azerbaïdjan ■ AZ 64-65 M 2
Azergues ~ F (69) 238-239 E 5
Azero, Río ~ BOL 214-215 F 6
Azevedo Sodré o BR 220-221 K 6
Āzezo o ETH 136-137 H 6
Azgale o IR 70-71 A 1
Azilal ✫ MA 124-125 H 5
Azingo, Lac ⊖ G 146-147 B 4
Azingo o G 146-147 B 4
Azirir ⊖ DZ 126-127 D 7
Aziz < TCH 134-135 H 4
'Azīzīya, al- o IRQ 64-65 L 6
'Azīzīyah, Al □ LAR 128-129 E 1
'Azīzīyah, Al ✫ LAR 128-129 E 1
Azlam, Wādī ~ KSA 66-67 E 4
Azná o IR 70-71 C 2
Aznakaevo ✫ RUS 32-33 H 6
Azogues ✫ EC 208-209 C 3
Azoren ⊥ P 14-15 E 6
Azores-Biscaya Rise = Açores, Seuil des ≃ 14-15 G 4
Azores-Cape Saint Vincent Ridge = Açores, Seuil des ≃ 124-125 D 2
Azoum, Bahr ~ TCH 142-143 E 3
Azourki, Ibel ▲ MA 124-125 H 5
Azov o• RUS 38-39 L 4
Azov, Mer d' = Azovskoe more ≈ 38-39 J 4
Azovskoe More ≈ 38-39 J 4
Azovy o RUS 50-51 H 2
Azpeitia o E 34-35 F 3
Azrak, Bahr ~ TCH 142-143 E 3
Azraq, al- o JOR 66-67 E 2
Azre o AFG 74-75 B 2
Azrou o MA 124-125 J 4
Azrou, Oued ~ DZ 126-127 F 9
Aztec o USA (AZ) 184-185 H 9
Aztec o USA (NM) 188-189 D 1
Aztecas, Los o MEX 194-195 K 6
Aztec Ruins National Monument ∴•• USA 188-189 D 1
Azua ✫ DOM 198-199 K 5
Azuaga o• E 34-35 E 5
Azúcar o EC 208-209 B 3
Azúcar, Río ~ E 34-35 F 5
Azuero, Peninsula de ⌣ PA 196-197 D 8
Azufral, Volcán ▲ CO 208-209 D 1
Azufre, Paso del ▲ RA 220-221 C 3
Azufre ó Copiapo, Cerro ▲ RCH 220-221 C 4
Azul ▲ MEX 194-195 J 4
Azul o RA 222-223 K 4
Azul, Arroyo del ~ RA 222-223 K 4
Azul, Cerro ▲ CR 196-197 B 7
Azul, Cerro ▲ EC 208-209 B 10
Azul, Cerro ▲ RA 222-223 D 6
Azul, Rio ~ BR 208-209 F 5
Azul, Rio ~ MEX 196-197 K 3
Azul, Rio ~ MEX 196-197 K 3
Azul, Serra ▲ BR 214-215 K 4
Azul Meambar, Parque Nacional ⊥ HN 196-197 L 4
Azum, Wādī ~ SUD 134-135 L 6
Azuma-san ▲ J 88-89 J 6
Azur o F (40) 240-241 B 3
Azurduy o BOL 214-215 E 6
Azzaba o DZ 126-127 F 2
az-Zāb al-Kabīr, Nahr ~ IRQ 64-65 K 5
az-Zāb aṣ-Ṣaġīr, Nahr ~ IRQ 64-65 L 5
az-Zahrān o KSA 70-71 D 5
Azzaouager, Adrar ▲ RN 134-135 D 4
az-Zaqāzīq ✫ ET 130-131 E 2
az-Zaraf, Baḥr ~ SUD 142-143 K 4
az-Zarqā' ⌒ UAE 70-71 E 6
az-Zāwiyah □ LAR 128-129 E 1
az-Zāwiyah ✫ LAR 128-129 E 1
Azzel Matti, Sebkha ⊖ DZ 126-127 C 7
Az Zimām, Wādī ~ LAR 128-129 F 3
Az Zintān o LAR 128-129 E 2
az-Zūmah o SUD 136-137 E 3

B

Bâ o F (988) 247 I c 3
Ba o FJI 120 III a 2
Baa o• RI 102-103 B 7
Baaba, Île ⌒ F (988) 247 I a 2
Ba'āǧ, al- o IRQ 64-65 J 4
Ba'ā'it, al- o KSA 66-67 G 4
Baantama o GH 138-139 K 6
Baardheere o SP 148-149 J 2
Bāb, al- ✫ SYR 64-65 G 4
Baba o EC 208-209 C 2
Baba ~ RCA 142-143 C 6
Bābā, Kūh-e ▲ AFG 70-71 M 1
Bababé o RIM 132-133 D 6
Baba Burnu ▲ TR 64-65 B 3
Babacu o BR 212-213 F 5
Babaçulândia o BR 212-213 E 5
Babadag o• RO 38-39 F 5
Babadag, gora ▲ AZ 64-65 N 2
Babadayhan o TM 72-73 G 6
Babaera o ANG 152-153 C 6
Babaeski ✫ TR 64-65 B 2
Babaevo o RUS 30-31 O 2
Bābā Gurgur o IRQ 64-65 L 5
Babahoyo ✫ EC 208-209 C 2
Babai ~ NEP 80-81 C 6
Babajurt o RUS 62-63 G 6
Babalegi o ZA 156-157 J 2
Bāb al-Mandab ≈ 68-69 C 7
Bāb al-Mandab, Ra's ▲ Y 68-69 C 7
Bābā Monīr o IR 70-71 D 3
Babana o RI 100-101 F 5
Babana o WAN 140-141 E 3
Babanī Rafi o WAN 140-141 G 4
Babanty, gory ▲ RUS 54-55 F 8
Babanūsa o SUD 142-143 H 3
Babao o VRC 92-93 D 5
Babaomby, Tanjona ▲ RM 158-159 F 3
Babaou, Col de ▲ F (83) 242-243 J 5
Babar, Kepulauan ⌒ RI 102-103 E 5
Babar, Pulau ⌒ RI 102-103 E 5
Babasa Island ⌒ PNG 119 G 3
Babat o RI (JTI) 104 E 3
Babat o RI (SUS) 98-99 F 6
Babat o RI (SUS) 98-99 E 6
Babatag, hrebet ▲ US 72-73 K 6
Babati o EAT 148-149 E 6
Babau o RI 102-103 B 7
Bābā Yādegār o IR 64-65 L 4
Babb o USA 184-185 H 1
Babbage River ~ CDN 164-165 V 2
Bab-Besen ▲ MA 124-125 J 3
B'abdā ✫ RL 64-65 F 6
Bab'e, ozero ⊖ RUS 24-25 P 3
Bāb-e Anār o IR 70-71 E 4
Babel, Mont de ▲ CDN 182-183 K 3
Băbeni o RO 38-39 D 5
Baberu o IND 78-79 B 3
Babetville o RM 158-159 E 7
Babi, Pulau ⌒ RI 98-99 B 3
Babia, La o MEX 194-195 H 3
Bābil □ IRQ 64-65 L 6
Bābil (Babylon) ∴•• IRQ 64-65 L 6
Babilê o ETH 144-145 F 4
Babina o IND 74-75 G 7
Babinda o AUS 110-111 H 5
Babine Lake ⊖ CDN 176-177 H 4
Babine Range ▲ CDN 176-177 G 4
Babine River ~ CDN 176-177 G 4
Babo o RI 102-103 G 3
Bābol o• IR 72-73 C 6
Bābolsar o• IR 72-73 C 6
Babonde o ZRE 148-149 A 2
Babongo o CAM 142-143 B 5
Baboquivari Peak ▲ USA 184-185 J 10
Babor, Djebel ▲ DZ 126-127 E 2
Baboua o RCA 142-143 B 6
Babouillat ⊥ F (988) 247 I b 2
Băbra o IND 74-75 C 9
Babrongan Tower ▲ AUS 108-109 F 5
Babrujsk ✫ BY 30-31 L 5
Babtala o LT 30-31 H 4
Bab-Taza o MA 124-125 J 3
Babura o WAN 134-135 D 6
Babusar Pass ▲ PK 74-75 E 2
Babuškin o RUS 52-53 N 10
Babuškina, mys ▲ RUS 56-57 Q 4
Babuškina, zaliv ⊖ RUS 56-57 P 4
Babuyan Channel ≈ 96-97 D 3
Babuyan Island ⌒ RP 96-97 D 3
Babuyan Islands ⌒ RP 96-97 D 3
Baca ⌒ ER 136-137 K 5
Bacaadweyn o SP 144-145 H 5
Bacabal o BR (AMA) 210-211 F 3
Bacabal o BR (MAR) 212-213 E 3
Bacabal o BR (MAR) 212-213 F 4
Bacabal o BR (ROR) 206-207 D 5
Bacabalzinho o BR 214-215 F 3
Bacada o BR 210-211 E 6
Bacaja, Área Indígena ✕ BR 212-213 C 4
Bacajá, Rio ~ BR 212-213 C 3
Bacajagua o C 198-199 H 5
Bacalar o MEX 196-197 K 2
Bacan, Kepulauan ⌒ RI 100-101 K 4
Bacan, Pulau ⌒ RI 100-101 K 4
Bacanora o MEX 194-195 E 3
Bacaruca o BR 210-211 E 3
Bacateiro o BR 212-213 F 3
Bacău ✫• RO 38-39 E 4
Bắc Bình o VN 94-95 K 5
Baccarat o F (54) 234-235 K 5
Bacchus Marsh o AUS 116-117 H 4
Baccon o F (45) 232-233 F 4
Baceracc o MEX 194-195 E 2
Bắc Giang ✫ VN 92-93 E 6
Bach o F (46) 240-241 H 2
Bắc Hà ✫ VN 92-93 D 5
Bachalo o WAL 138-139 D 6
Bachaquero o YV 204-205 F 3
Bachbone, Mount ▲ USA 190-191 J 6
Bachčysaraj ✫•• UA 38-39 H 5
Bachellerie, La o F (24) 236-237 H 5
Bache Peninsula ⌣ CDN 170-171 M 4
Bachhrāwān o IND 78-79 B 2
Bachimba o MEX 194-195 G 3
Báchiniva o MEX 194-195 F 3
Bachkirie, République de = Baškortostan, Respublika □ RUS 32-33 H 6
Bachkirie, République de = Respublika Baškortostan □ RUS 32-33 J 6
Bachmač o UA 38-39 H 2
Bach Thông o VN 92-93 D 5
Bạch Thông o VN 92-93 D 5
Bachu o VRC 82-83 D 6
Bachuo Akakbe o CAM 140-141 H 6
Bacinu, Col de ▲ F (2A) 244 D 5
Bačka Palanka o YU 36-37 G 2
Bačka Topola o YU 36-37 G 2
Backbone Ranges ▲ CDN 174-175 E 4
Bäckefors o S 22-23 F 7
Bäckhammar o S 22-23 G 7
Back River ~ CDN 174-175 S 3
Backstairs Passage ≈ 116-117 D 3
Bắc Lac o VN 92-93 D 5
Bắc Mê ✫ VN 92-93 D 5
Bắc Ngu'ò'n o VN 92-93 D 5
Bắc Ninh ✫ VN 92-93 E 6
Baco, Mount ▲ RP 96-97 D 6
Bacobampo o MEX 194-195 E 4
Bacolod ✫ RP 96-97 E 7
Baconnière o F (53) 230-231 K 3
Bacon o USA 192-193 F 4
Bắc Quang o VN 92-93 D 5
Bacqueville, Lac ⊖ CDN 180-181 M 5
Bacqueville-en-Caux o F (76) 228-229 G 4
Bactili o SP 148-149 H 3
Bacuag o RP 96-97 F 8
Bacungan o RP 96-97 C 8
Bacuri o BR 212-213 F 2
Bacuri, Cachoeira ~ BR 206-207 H 6
Bacuri, Ilha do ⌒ BR 212-213 D 3
Bacuri, Lago de ⊖ BR 212-213 G 3
Bād o IR 70-71 D 2
Bad', al- o• KSA 66-67 D 3
Bada ▲ ETH 144-145 D 5
Badā o KSA 66-67 E 4
Bada o RUS 54-55 D 10
Bada Barabil o IND 78-79 D 4
Badagangshan Z.B. ⊥• VRC 92-93 F 2
Badagara o IND 76-77 F 5
Badago o RMM 138-139 F 4
Badagri o WAN 140-141 E 5
Badahšān □ AFG 72-73 M 6
Badā'i', al- o KSA 66-67 H 4
Badain Jaran, Désert de = Badain Jaran Shamo ⊥ VRC 84-85 E 7
Badain Jaran Shamo ⊥ VRC 84-85 E 7
Badajós o BR 210-211 F 4
Badajós, Lago ⊖ BR 210-211 F 4
Badajoz o•• E 34-35 D 5
Badalia o AUS 114-115 E 2
Badaling • VRC 90-91 J 2
Badam ~ KA 72-73 L 3
Badanga o TCH 142-143 C 3
Badaroux o F (48) 242-243 D 2
Badas, Kepulauan ⌒ RI 98-99 G 4
Badau o RI 98-99 G 6
Bada Valley ∴• RI 100-101 G 4
Bad Axe o USA 190-191 G 4
Badda Rogghie ▲ ETH 144-145 C 4
Baddeck o CDN 182-183 O 5
Baddo ~ PK 70-71 L 4
Bad Dürrheim o D 28-29 K 4
Badefols-d'Ans o F (24) 236-237 H 5
Badefols-sur-Dordogne o F (24) 236-237 G 6
Badeggi o WAN 140-141 G 4
Badéguicheri o RN 134-135 B 5
Baden o A 28-29 O 5
Baden o CH 28-29 K 5
Baden o F (56) 230-231 F 4
Badena ~ SP 148-149 H 4
Baden-Baden o• D 28-29 K 4
Baden-Württemberg □ D 28-29 K 4
Bādepalli o IND 76-77 H 2
Badér o RN 134-135 C 5
Badgastein o• A 28-29 M 5
Badger o CDN 182-183 Q 4
Badgingarra o AUS 112-113 C 5
Badgingarra National Park ⊥ AUS 112-113 C 5
Bādgīs □ AFG 72-73 H 7
Bādgūl o AFG 72-73 J 7
Bad Hersfeld o D 28-29 K 3
Badhyzskij zapovednik ⊥ TM 72-73 G 7
Bādī, al- o IRQ 64-65 J 5
Badī', al- o KSA 66-67 K 6
Badī'a, al- o KSA 68-69 D 5
Badiara ~ SN 138-139 D 2
Badikaha o CI 138-139 H 5
Badime o ETH 136-137 H 5
Badin o PK 74-75 B 7
Badinko o RMM 138-139 F 3
Badinko, Reserve du ⊥ RMM 138-139 F 3
Badinn-Ko ~ RMM 138-139 F 3
Badir o WAN 140-141 K 3
Bad Ischl o• A 28-29 M 5
Bādiyat aš-Šām = Syrie, Désert de ⊥ SYR 64-65 H 6
Bādiyat Bani Kabir o KSA 68-69 B 3
Badjariha ~ RUS 46-47 Z 6
Badjer o CAM 140-141 K 5
Bad Kissingen o D 28-29 L 3
Bad Kreuznach o D 28-29 J 4
Badlands ⊥ USA 186-187 F 2
Badlands ⊥ USA 186-187 F 4
Badlands National Park ⊥ USA 186-187 F 4
Badnāwar o IND 74-75 E 8
Badnera o IND 74-75 F 9
Bad Neuenahr-Ahrweiler o• D 28-29 J 3
Bado o RI 102-103 K 5
Badoc o RP 96-97 D 4
Ba Dông o VN 94-95 J 6
Badong o VRC 90-91 G 6
Badonviller o F (54) 234-235 K 4
Badou o RT 138-139 L 6
Badoumbé o RMM 138-139 E 3
Badplaas o ZA 156-157 K 2
Badrāh ✫ IRQ 64-65 L 6
Bādra ~ PK 70-71 M 4
Bad Radkersburg o A 28-29 N 5
Bādrah o PK 74-75 B 6
Badrānlū o IR 72-73 E 6
Bad Rapids ~ CDN 176-177 N 3
Bad Reichenhall o D 28-29 M 5
Badrinath o IND 74-75 G 4
Bad River ~ USA 186-187 G 3
Bad River Indian Reservation ✕ USA 190-191 C 2
Badr wa-Hunain o KSA 66-67 F 6
Bad Segeberg o• D 28-29 L 2
Bad Tölz o D 28-29 L 5
Badu o VRC 92-93 K 3
Badu Island ⌒ AUS 110-111 G 2
Badulla o CL 76-77 J 7
Badvel o IND 76-77 H 3
Badwater River ~ CDN 174-175 R 6
Badžal ~ RUS 58-59 F 3
Badžal'skij hrebet ▲ RUS 58-59 E 3
Badzéré o CAM 142-143 B 6
Baedam o RIM 138-139 E 2
Baer o VRC 80-81 B 4
Baerskin Lake o CDN 178-179 L 4
Baeza o E 34-35 F 6
Baeza o EC 208-209 D 2
Baezaeko River ~ CDN 176-177 H 5
Bafang o CAM 140-141 J 6
Bafata ✫ GNB 138-139 C 3
Baffin Basin ≃ 170-171 R 7
Baffin Bay ≈ 170-171 P 7
Baffin Bay ≈ 188-189 J 6
Baffin-Greenland Rise ≃ 172-173 L 3
Baffin Island ⌒ CDN 168-169 e 5
Bafia o CAM 140-141 J 6
Bafilo o RT 138-139 L 5
Bafing ~ RMM 138-139 E 3
Bafing-Makana o RMM 138-139 E 3
Bafodia o WAL 138-139 E 5
Bafoulabé o RMM 138-139 E 3
Bafoussam ✫ CAM 140-141 J 6
Bāfq o IR 70-71 F 3
Bafra ✫ TR 64-65 F 2
Bafra Burnu ▲ TR 64-65 F 2
Bāft o IR 70-71 G 4
Bafu Bay ≈ 138-139 F 7
Bafut o• CAM 140-141 J 5
Bafwabalinga o ZRE 148-149 A 3
Bafwabogbo o ZRE 146-147 L 3
Bafwaboli o ZRE 146-147 L 3
Bafwasende o ZRE 148-149 A 3
Baga o WAN 134-135 F 6
Bagaat ⌒ F (988) 247 I d 2
Bagabag o RP 96-97 D 4
Bagabag Island ⌒ PNG 119 D 3
Baga-Burul o RUS 62-63 F 5
Bagaces o CR 196-197 B 6
Bagadja o RUS 54-55 J 3
Bagaembo o ZRE 142-143 E 6
Bagaevskij = stanica Bagaevskaja o RUS 38-39 M 4
Bagagem, Rio ~ BR 212-213 D 7
Bagai o PNG 119 E 3
Bagalkot o IND 76-77 F 2
Bāgalūr o IND 76-77 G 4
Bagamanoc o RP 96-97 F 6
Bagan Datuk o MAL 98-99 D 2
Bagandou o RCA 146-147 F 2
Bagani o NAM 152-153 F 9
Bagansiapiapi o RI 98-99 D 3
Bagansinembah o RI 98-99 D 4
Baganuur = Nuurst o MAU 84-85 J 4
Bagaré o BF 138-139 J 3
Bagaroua o RN 134-135 B 5
Bagas o F (33) 240-241 D 1
Bagasin o PNG 119 C 3
Baga Sola o TCH 134-135 G 6
Bagassi o BF 138-139 J 4
Bagata o BF 138-139 K 4
Bagata o ZRE 146-147 F 5
Bagazan o PE 208-209 F 4
Bagbe ~ WAL 138-139 E 5
Bagdad o F (973) 245 I b 3
Bagdād □ IRQ 64-65 L 6
Bagdād ✫•• IRQ 64-65 L 6
Bagdad o USA 184-185 H 8
Bagdad = Bagdād ✫•• IRQ 64-65 L 6
Bagdarin ✫ RUS 54-55 F 8
Bagé o BR 220-221 K 6
Bagega o WAN 140-141 F 3
Bāgein o IR 70-71 G 3
Bâgé-le-Châtel o F (01) 238-239 F 4
Bāg-e Malek o IR 70-71 C 3
Bāgepalli o IND 76-77 G 4
Bages o F (66) 240-241 K 5
Bagestān o IR 70-71 H 1
Bageya o WAN 134-135 B 6
Bāggirān o IR 72-73 F 6
Baggs o USA 186-187 D 5
Baghel Boland o IR 70-71 C 3
Baghelkhand Plateau ▲ IND 78-79 B 4
Bagherhat o••• BD 78-79 F 4
Baghmara o IND 78-79 G 3
Baghpat o IND 74-75 F 5
Bağıl o Y 68-69 C 6
Baginda, Tanjung ▲ RI 98-99 G 6
Baġlān □ AFG 72-73 L 7
Baġlān ✫ AFG 72-73 L 7
Bagley o USA 186-187 K 2
Bagley Icefield ⊂ USA 164-165 T 6
Bagnac-sur-Célé o F (46) 236-237 K 6
Bagnell Dam ∴ USA 186-187 L 6
Bagnères-de-Bigorre o F (65) 240-241 E 4
Bagnères-de-Luchon o F (31) 240-241 F 5
Bagneux-la-Fosse o F (10) 234-235 E 6
Bagnoles o F (11) 240-241 J 4
Bagnoles-de-l'Orne o F (61) 230-231 L 2
Bagnols o F (63) 236-237 J 5
Bagnols-en-Forêt o F (83) 242-243 K 4
Bagnols-les-Bains o F (48) 242-243 D 2
Bagnols-sur-Cèze o F (30) 242-243 F 3
Bago o RP 96-97 E 7
Bago, Pulau ⌒ RI 98-99 B 3
Bagodar o IND 78-79 D 3
Bagodo o CAM 140-141 K 5
Bagodra o IND 74-75 D 8
Bagoé ~ RMM 138-139 G 3
Bagomoyo o• EAT 150-151 K 4
Bagoosaar o SP 144-145 G 6
Bagot Range ▲ AUS 114-115 C 4
Bagou o DY 140-141 E 3
Bagraband, Kūh-e ▲ IR 70-71 J 5
Bagrāmī o AFG 74-75 B 2
Bagrationovsk ✫•• RUS 30-31 G 4
Bagre o BR 206-207 J 6
Bag Tug ~ VRC 90-91 F 2
Bagua o PE 208-209 C 4
Bagua Grande o PE 208-209 C 4
Baguales, Cerro ▲ RA 224 F 4
Baguanos o C 198-199 G 4
Bagudo o WAN 140-141 F 3
Baguinéda o RMM 138-139 G 3
Baguio o RP (DAO) 96-97 F 9
Baguio o• RP (BEN) 96-97 D 4
Bagyrlaj ~ KA 32-33 G 9
Bāha, al- □ KSA 68-69 B 3
Bāha, al- ✫ KSA 68-69 B 3
Bahādorābād o IR 70-71 G 4
Bahadurabad Ghat o BD 78-79 F 3
Bahādurganj o IND 78-79 E 2
Baham, Umm al- o KSA 68-69 C 5
Bahamas = Bahamas, The ■ BS 198-199 J 4
Bahamas, The = Bahamas ■ BS 198-199 J 4
Bahamas National Trust Park ⊥ BS 198-199 J 4
Bahapča ~ RUS 56-57 O 3
Bahār o IR 70-71 C 1
Bahārāgora o IND 78-79 E 4
Bahārak o AFG 72-73 M 6
Baharampur o IND 78-79 F 3
Baharden o TM 72-73 E 5
Bahardok o TM 72-73 F 5
Bahariya, Oasis de = Bahriya, al-Wāhāt al- ⊥• ET 130-131 D 3
Bāharz, Kūh-e ▲ IR 72-73 F 7
Bahau o MAL 98-99 E 3
Bahaur o RI 100-101 D 5
Bahāwalnagar o PK 74-75 D 5
Bahāwalpur o• PK 74-75 C 5
Bahay o RP 96-97 E 6
Bahçe ✫ TR 64-65 G 4
Baheri o IND 74-75 G 5
Bahi o EAT 148-149 E 6
Bahia □ BR 216-217 H 2
Bahía, Islas de la ⌒ HN 196-197 L 3
Bahia, Tanjung ▲ RI 102-103 H 4
Bahía Asunción o MEX 194-195 B 4
Bahía Blanca o RA 222-223 H 5
Bahía Bustamante o RA 224 G 2
Bahía Creek o RA 222-223 H 6
Bahía de Caráquez o EC 208-209 B 2
Bahía de Los Angeles o MEX 194-195 C 3
Bahía Honda o C 198-199 D 3
Bahía Kino o MEX 194-195 D 3
Bahía Laura o RA 224 G 4
Bahía Mansa o RCH 222-223 C 6
Bahías, Cabo dos ▲ RA 224 H 2
Bahía Solano o CO 204-205 C 4
Bahía Tortugas o MEX 194-195 B 4
Bahir, Che'w ⊖ ETH 144-145 C 6
Bahir Dar o ETH 144-145 C 3
Bāhla o IND 74-75 C 6
Bahla o••• OM 68-69 K 2
Bahma o IRQ 64-65 L 4
Bahn o LB 138-139 F 6
Bahr o RCA 142-143 G 6
Bahra o KSA 68-69 A 3
Bahra, al- o KWT 66-67 K 3
Bahra al-Qadima o KSA 68-69 A 3
Bahraich o IND 78-79 B 2
Bahrain, al- = Bahreïn ■ BRN 70-71 D 6
Bahr al-Milh < IRQ 64-65 K 6
Bahr ar Ramla al Kabir = Bahr ar Ramla al Kabir ⊥ ET 130-131 B 3
Bahreïn = Bahrain, al- ■ BRN 70-71 D 6
Bahret Lut = Yam Hamelah ⊖ JOR 66-67 D 2
Bahši Kalai o AFG 74-75 B 4
Bahta ~ RUS 50-51 U 3
Bahta ~ RUS 52-53 F 4
Bāhtarān □ IR 70-71 B 1
Bāhtarān ✫ IR (BAH) 70-71 B 1
Bahtegān, Daryāče-ye ⊖ IR 70-71 E 4
Bahtemir ~ RUS 62-63 G 5
Bahty o KA 60-61 N 5
Bahubulu, Pulau ⌒ RI 100-101 H 5
Bāhū Kālāt, Rūdhāne-ye ~ IR 70-71 J 6
Bahusuai o RI 100-101 G 5
Bahynaj o RUS 46-47 O 6
Baia o PNG 119 F 3
Baía, Rio da ~ BR 212-213 B 5
Baía dos Tigres o ANG 152-153 A 8
Baía Farta o ANG 152-153 B 6
Baía Formosa o BR 212-213 L 5
Baía Grande, Lago ⊖ BR 214-215 G 4
Baia Mare ✫• RO 38-39 C 4
Baianópolis o BR 216-217 H 2
Baião o BR 212-213 D 3
Baia River ~ PNG 119 B 4
Baïbokoum o TCH 142-143 B 5
Baicheng o VRC (JIL) 86-87 D 5
Baicheng o VRC (XUZ) 82-83 E 5
Băicoi o RO 38-39 D 5
Baidā', al- o Y 68-69 D 7
Baidā' Natīl o KSA 66-67 G 4
Baidi Cheng • VRC 90-91 F 6
Baïdou ~ RCA 142-143 E 6
Baie, La ≈ 245 II b 2
Baie, La o CDN 182-183 J 4
Baie Blanche ≈ 246 III b 2
Baie Blanche = Bahía Blanca ≈ 222-223 J 5
Baie-Comeau o CDN 182-183 K 4
Baie-des-Sables o CDN 182-183 L 4
Baie-du-Poste o CDN 182-183 H 3
Baie Johan Beetz o CDN 182-183 N 3
Baie-Mahault o F (971) 245 IV c 2
Baie Olive, Chapelle • F (971) 245 IV b 2
Baie Orientale ≈ 245 III a 1
Baie-Sainte-Claire o CDN 182-183 M 4
Ba'iğı o IRQ 64-65 K 5
Baignes-Sainte-Radegonde o F (16) 236-237 E 5
Baigneux-les-Juifs o F (21) 238-239 F 1
Baihān al-Qaşāb o Y 68-69 D 6
Baihe o VRC (JIL) 86-87 G 6
Baihe o VRC (SXI) 90-91 G 5
Baikal, Lac = Bajkal, ozero ⊖ RUS 52-53 N 9
Baikal-Amur-Magistrale = BAM II RUS 54-55 E 7
Baikonour = Bajkonyr o KA 60-61 E 5
Baïkoré, Bahr ~ TCH 142-143 E 3
Baikunthpur o IND 78-79 C 4
Baila o SN 138-139 B 3
Baila o VRC 80-81 F 6
Bailang o VRC 92-93 E 4
Baile Átha Cliath = Dublin ✫•• IRL 26-27 D 5
Baile Átha Fhirdhia = Ardee o IRL 26-27 D 5
Baile Átha Luain = Athlone o IRL 26-27 D 5
Baile Átha Troim = Trim ✫• IRL 26-27 D 5
Baile Brigín = Balbriggan o IRL 26-27 D 5
Baile Chaisleáin Bhéarra = Castletown Bearhaven o IRL 26-27 C 6
Baile Chathail = Charlestown o IRL 26-27 C 5
Băile Herculane o RO 38-39 C 5
Baile Locha Riach = Loughrea o IRL 26-27 C 5
Baile Mhistéala = Mitchelstown o IRL 26-27 C 5
Bailén o E 34-35 F 5
Băileşti o RO 38-39 C 5
Bailey o ZA 156-157 H 5
Bailey Point ▲ CDN 168-169 O 3
Bailey Range ▲ AUS 112-113 G 4
Bail Hongal o IND 76-77 F 3
Baili, Bi'r < ET 128-129 L 2
Bailidujuan • VRC 92-93 E 3
Bailin o VRC 92-93 H 3
Bailingmiao • VRC 84-85 K 7
Bailique o BR (APA) 206-207 J 5
Bailique o BR (P) 212-213 D 3
Bailique, Ilha ⌒ BR 206-207 K 5
Baillé o F (35) 230-231 J 3
Bailleau-le-Pin o F (28) 232-233 E 3
Baillet o F (33) 240-241 C 1
Bailleul o F (59) 228-229 K 2
Bailleul • F (76) 228-229 E 4
Bailleul-sur-Thérain o F (60) 228-229 J 5
Ba Illi o TCH 142-143 C 3
Ba Illi ~ TCH 142-143 C 3
Baillie Hamilton Island ⌒ CDN 168-169 Z 3
Baillie Islands ⌒ CDN 168-169 G 5
Baillie River ~ CDN 174-175 R 3
Bailong Jiang ~ VRC 90-91 D 5
Bailundo o ANG 152-153 C 6
Baima o VRC 90-91 B 5
Baimaxue Shan Z.B. ⊥• VRC 80-81 M 6
Baimka o RUS 48-49 N 3
Baimun o RI 102-103 H 5
Baimuru o PNG 119 C 4
Baina o PNG 119 B 4
Bainbridge o USA 192-193 F 4
Bain-de-Bretagne o F (35) 230-231 H 4
Baines Drift o RB 154-155 E 6
Bainet o RH 198-199 J 5
Baing o RI 104 E 8
Baingoin o VRC 80-81 H 5
Baining Mountains ▲ PNG 119 G 3
Bains o F (43) 242-243 D 1
Bains-de-Molitg, les o F (66) 240-241 J 5
Bains-les-Bains o F (88) 234-235 J 5
Bainville-sur-Madon o F (54) 234-235 J 4
Baiona o E 34-35 C 3
Baiquan o VRC 86-87 F 4
Bā'ir, Wādī ~ JOR 66-67 E 2
Bā'ir o JOR 66-67 E 2
Baird o USA 188-189 H 3
Baird, Cape ▲ CDN 170-171 S 3
Baird Inlet ≈ 164-165 H 6
Baird Mountains ▲ USA 164-165 K 3
Baird Peninsula ⌣ CDN 168-169 h 6
Bairds Table Mountain ▲ AUS 110-111 G 6
Baire o C 198-199 G 4
Bairiki ★ KIB 9 J 2
Bairin Youqi o VRC 84-85 O 6
Bairin Zuoqi o VRC 84-85 O 5
Bairnsdale o• AUS 116-117 J 4
Bairût ★ RL 64-65 F 6
Bais o F (53) 230-231 L 3
Baiš o KSA 68-69 C 5
Bais o RP 96-97 E 8
Baiš, Wādī ~ KSA 68-69 C 5
Baïse ~ F (32) 240-241 E 3
Baïse ~ F (47) 240-241 E 2
Baisha o VRC (HAI) 92-93 F 7
Baisha o VRC (SIC) 92-93 E 2
Baishan o VRC 86-87 F 6
Bai Shan ▲ VRC 82-83 L 5
Baishanzu ▲ VRC 92-93 L 3
Baishilazi Z.B. ⊥• VRC 86-87 E 7
Baishiling • VRC 92-93 G 7
Baishui o VRC 90-91 F 4
Baishuijiang Z.B. ⊥• VRC 90-91 D 5
Baisogala o•• LT 30-31 H 4
Baissa o WAN 140-141 J 5
Bait Adāqa o Y 68-69 C 6
Baitadi o NEP 80-81 C 6
Bait al-Faqīh o• Y 68-69 C 6
Bait Lahm = Bet Leḥem ✫•• WB 66-67 D 2
Bait Range ▲ CDN 176-177 G 4
Baix o F (07) 242-243 F 2
Baixa do Tubarã, Rio ~ BR 212-213 J 7
Baixa Grande o BR 212-213 H 7
Baixão o BR 216-217 K 2
Baixas o F (66) 240-241 K 5
Baixo Guandu o BR 216-217 K 5
Baixo Longa o ANG 152-153 E 7
Baiyang Gou • VRC 82-83 H 4
Baiyan Temple o VRC 90-91 G 3
Baiyer River o PNG 119 C 3
Baiyer River National Park ⊥ PNG 119 C 3
Baiyi o VRC 90-91 E 6
Baiyin o VRC 90-91 D 3
Baizeklik Qianfodong • VRC 82-83 J 4
Baja o H 28-29 P 5
Baja, Punta ▲ MEX (BCN) 194-195 B 3
Baja, Punta ▲ MEX (SON) 194-195 D 3
Baja California = Basse Californie ⌣ MEX 194-195 B 2
Baja California Norte □ MEX 194-195 B 2
Baja California Sur □ MEX 194-195 C 4
Bajada, La o C 198-199 C 4
Bajada del Agrio o RA 222-223 D 5
Bajaga ~ RUS 56-57 E 2
Bajan o MAU 82-83 M 2
Baján o MEX 194-195 J 4
Bajanaul ✫• KA 60-61 J 3

Bajanbulag ○ MAU 84-85 D 4
Bajančandman = Ih suuž ○ MAU 84-85 H 3
Bajandaj ☆ RUS 52-53 M 9
Bajandèlgèr =Širèèt ○ MAU 84-85 L 5
Bajangol=Baruunharaa ○ MAU 84-85 H 3
Bajan-Hongor □ MAU 84-85 D 4
Bajanhongor ☆ MAU 84-85 E 4
Bajanhošuu ○ MAU 82-83 K 1
Bajanlig = Hatansuudal ○ MAU 84-85 E 5
Bajanmönh = Ulaan-Èrèg ○ MAU 84-85 J 4
Bajan-Ölgijo □ MAU 82-83 J 1
Bajan-Öndör = Bumbat ○ MAU 84-85 G 4
Bajan-Önzuul = Ihhairhan ○ MAU 84-85 H 4
Bajan-Ovoo ○ MAU 82-83 M 3
Bajan-Ovoo = Žavhlant ○ MAU 84-85 L 4
Bajantèèg ○ MAU 84-85 E 5
Bajan Uul = Bajan ○ MAU 82-83 M 2
Bajan-Uul = Žavarthošuu ○ MAU 84-85 L 3
Bajasgalant ○ MAU 84-85 L 4
Bajawa ○ RI 104 E 7
Bajdarackaja guba ≈ 44-45 L 7
Bajdarata ~ RUS 44-45 M 8
Bajdrag gol ~ MAU 84-85 D 4
Bajganin ☆ KA 62-63 M 3
Bajie ○ VRC 92-93 D 4
Bajimba, Mount ▲ AUS 114-115 M 5
Bajina Bašta ○• YU 36-37 G 3
Bajio de Ahuichila ○ MEX 194-195 H 5
Bajíos de Agua Blanca ○ MEX 194-195 F 5
Bajkadam ○ KA 72-73 L 3
Bajkadam ☆ KA 72-73 L 3
Bajkal ○ RUS 52-53 M 10
Bajkal, ozero = Baikal, Lac ⊖ RUS 52-53 N 9
Bajkal, zaliv ⊖ RUS 58-59 K 2
Bajkalovo ○ RUS 50-51 J 6
Bajkalovsk ○ RUS 44-45 U 6
Bajkal'sk ○ RUS 52-53 L 10
Bajkal'skij hrebet ▲ RUS 52-53 O 8
Bajkal'skij zapovednij ⊥ RUS 52-53 M 10
Bajkal'skoe ○ RUS 54-55 D 8
Bajki ○ RUS 32-33 K 6
Bajkit ○ RUS 52-53 H 5
Bajkonyr ○ KA 60-61 E 5
Bajkonyr ~ KA 60-61 D 5
Bajkovo ○ RUS 58-59 R 3
Bajmak ☆ RUS 32-33 L 7
Bajo ○ RI 104 D 7
Bajo, El ○ YV 204-205 J 3
Bajo Caracoles ○ RA 224 E 3
Bajoga ○ WAN 140-141 J 3
Bajo Hondo ○ RA 220-221 D 6
Bajo Nuevo ⌒ CO 198-199 F 7
Bajool ○ AUS 114-115 L 2
Bajo Pichanaqui ○ PE 208-209 E 7
Bajos de Haina ○ DOM 198-199 K 5
Bajram-Ali ○ TM 72-73 H 6
Bajsa ○ RUS 54-55 F 8
Bajsun ○ US 72-73 K 5
Bajugan ○ RI 100-101 G 3
Bajyrkùm ○ KA 72-73 L 3
Baká ○ NIC 196-197 B 5
Bakaba ○ TCH 142-143 C 5
Bakairi, Área Indígena ⚔ BR 214-215 K 4
Bakal ○ RUS 32-33 L 6
Bakala ○ RCA (OMB) 142-143 C 6
Bakala ○ RCA (Oua) 142-143 E 5
Bakali ~ ZRE 146-147 F 6
Bakaly ☆ RUS 32-33 H 6
Bakanas ~ KA 60-61 L 5
Bakaoré ○ TCH 134-135 K 5
Bakau ○• WAG 138-139 B 3
Bakaucengal ○ RI 100-101 E 5
Bakauhuni ○ RI 98-99 F 7
Bakayan, Gunung ▲ RI 100-101 E 2
Bakbakty ○ KA 60-61 K 6
Bakčar ○ RUS 50-51 R 6
Bakčar ~ RUS 50-51 R 6
Bakebe ○ CAM 140-141 H 6
Bakel ○• SN 138-139 D 2
Bakelalan ○ MAL 100-101 D 2
Baker ○ USA (CA) 184-185 F 8
Baker ○ USA (MT) 186-187 E 2
Baker ○ USA (OR) 184-185 F 3
Baker ○ USA (WV) 190-191 J 6
Baker, Canal ≈ 224 C 3
Baker, Mount ▲ USA 184-185 D 1
Baker Creek ~ CDN 176-177 J 5
Baker Island ⌒ USA 9 K 2
Baker Island ⌒ USA 176-177 D 4
Baker Lake ⊖ AUS 112-113 J 3
Baker Lake ○ CDN (NWT) 174-175 V 3
Baker Lake ⊖ CDN (NWT) 174-175 W 3
Baker Range ▲ AUS 112-113 H 2
Bakers Dozen Islands ⌒ CDN 180-181 K 6
Bakersfield ○ USA 184-185 E 8
Bakerville ○ ZA 156-157 H 2
Ba Khe ○ VN 92-93 D 6
Bakhtiyārpur ○ IND 78-79 D 3
Baki ★• AZ 64-65 N 2
Bakin Birji ○ RN 134-135 D 5
Bakinskij arhipelago ⌒ AZ 64-65 N 3
Bakırçay ~ TR 64-65 B 3
Bakkafjörður ○ IS 22-23 f 1
Bakkejord ○ N 22-23 J 2
Baknars Tāl ○ IND 78-79 C 2
Bako ○ CI 138-139 G 5
Bako ○ ETH 144-145 C 4
Bako National Park ⊥ MAL 98-99 J 4
Bakong, Pulau ⌒ RI 98-99 F 4
Bakongan ○ RI 98-99 B 3
Bakool □ SP 144-145 F 6
Bakop ○ PNG 119 G 3
Bakordi ○ SUD 142-143 J 6
Bakore, Massif de ▲ RCA 142-143 B 5
Bakori ○ WAN 140-141 G 3
Bakou = Baki ★• AZ 64-65 N 2
Bakouma ○ RCA 142-143 F 6
Bakoumba ○ G 146-147 D 4
Bakoye ~ RMM 138-139 F 3
Bakra, Monts ▲ F (973) 245 I b 3
Baksa ~ RUS 50-51 R 7
Bak Sadane < RMM 132-133 J 5
Baksaj ~ KA 32-33 G 10
Baksan ○ RUS 62-63 E 6
Baksan ~ RUS 62-63 E 6
Baktalórántháza ○ H 28-29 R 5
Baku = Bakı ★• AZ 64-65 N 2
Bakulu ○ RI 100-101 K 3
Bakung, Pulau ⌒ RI 98-99 F 4
Bakuriani ○ GE 62-63 E 7
Bakwa-Kenge ○ ZRE 146-147 J 6
Baky ~ RUS 46-47 X 5
Bakyrly ○ KA 60-61 E 6
Bakyrly ○ KA 60-61 E 6
Bala ○ CDN 182-183 E 6
Bala ○ RUS 46-47 T 6
Bala ○ SN 138-139 D 2
Balā ☆ TR 64-65 E 3
Bala ○ WAN 140-141 F 4
Bala, Cerros de ▲ BOL 214-215 C 3
Balabac ○ RP 96-97 B 9
Balabac Island ⌒ RP 96-97 B 9
Balabac Strait ≈ 96-97 B 9
Balabagan ○ RP 96-97 F 9
Balabaiba ○ ANG 152-153 B 6
Ba'labakk ☆•• RL 64-65 G 5
Balabala ○ ZRE 146-147 H 2
Balabalangan, Kepulauan ⌒ RI 100-101 E 5
Balabio, Île ⌒ F (988) 247 I b 2
Bālā Bolūk ○ AFG 70-71 K 2
Balad al-Mala ○ IRQ 64-65 L 5
Balade ○ F (988) 247 I b 2
Balade ○ IR 72-73 B 6
Baladjie Lake ⊖ AUS 112-113 E 5
Balad Rūz ○ IRQ 64-65 L 6
Balad Sinğār ○ IRQ 64-65 J 4
Balagaččy ○ RUS 54-55 L 3
Balaganah ○ RUS 54-55 H 6
Balagančik, hrebet ▲ RUS 58-59 R 2
Balagannoe ○ RUS 56-57 N 4
Balagansk ○ RUS 52-53 L 9
Balagan-Taas • RUS 46-47 Z 6
Balagne ⌒ F (2B) 244 C 4
Balaguer ○ E 34-35 H 4
Balahna ○ RUS 30-31 S 3
Balahnja, Bol'šaja ~ RUS 44-45 f 5
Balahnja, gora ▲ RUS 46-47 F 3
Balahta ☆ RUS 52-53 E 8
Ba Lai, Sông ~ VN 94-95 J 5
Balai Berkuak ○ RI 98-99 J 5
Balaikarangan ○ RI 98-99 J 4
Balaipungut ○ RI 98-99 D 4
Balaiselasa ○ RI 98-99 D 5
Balaka ○ MW 154-155 H 2
Balakbal ∴• MEX 196-197 K 3
Balakéte ○ RCA 142-143 D 5
Balaki ○ RG 138-139 E 3
Balaklava ○ AUS 116-117 E 3
Balaklija ○ UA 38-39 K 3
Bālākot ○ PK 74-75 D 2
Balakovo ☆ RUS 32-33 E 7
Balala ○ ETH 144-145 B 6
Balalai Island ⌒ SOL 120 I b 2
Balama ○ MOC 154-155 K 1
Balamba ○ CAM 140-141 J 6
Balambangan, Pulau ⌒ MAL 96-97 B 9
Balam Tākli ○ IND 74-75 E 10
Balancán de Domínguez ○ MEX 196-197 J 3
Balanced Rock ∴ USA 184-185 G 4
Balançon • F (39) 238-239 H 2
Balandou ○ RG 138-139 F 4
Balañga ☆ RP 96-97 D 5
Balanga ○ ZRE 150-151 E 5
Balangala ○ ZRE 146-147 G 3
Ba Làng An, Mũi ▲ VN 94-95 K 3
Balāngīr ○ IND 78-79 C 5
Balangkayan ○ RP 96-97 F 7
Balangoda ○ CL 76-77 J 7
Balanos ○ F (33) 240-241 C 1
Balao ○ EC 208-209 C 3
Balaoan ○ RP 96-97 D 4
Balapitiya ○ CL 76-77 J 7
Balaraja ○ RI 104 B 3
Balarāmpur ○ IND 78-79 E 4
Balaruc-les-Bains ○ F (34) 242-243 D 5
Balasan ○ RP 96-97 E 7
Balašiha ☆ RUS 30-31 P 4
Bāl-Asmar ○ KSA 68-69 C 4
Balašov ○ RUS 38-39 N 2
Balassagyarmat ○ H 28-29 P 4
Balāt ○ ET 130-131 D 5
Balat (Labuhanbalat) ○ RI 104 C 7
Balta-Taldyk ~ KA 62-63 N 3
Balatan ○ RP 96-97 E 6
Balaton ⊖ H 28-29 O 5
Balatonfüred ○ H 28-29 O 5
Balauring ○ RI 102-103 B 6
Balavé ○ BF 138-139 H 3
Balaya ○ RG 138-139 D 4
Balazé ○ F (35) 230-231 J 3
Balazote ○ E 34-35 F 5
Balbalan ○ RP 96-97 D 4
Balbalasang ○ RP 96-97 D 4
Balbao ○• PA 196-197 E 7
Balbi, Mount ▲ PNG 120 I b 1
Balbigny ○ F (42) 238-239 E 5
Balbina ○ BR 206-207 E 6
Balbina, Cachoeira ~ BR 206-207 E 6
Balbina, Represa de < BR 206-207 E 6
Balboa ○ CO 204-205 D 5
Balbriggan = Baile Brigín ○ IRL 26-27 D 5
Balcad ○ SP 148-149 K 2
Balcarce ○ RA 222-223 K 4
Balcarres ○ CDN 178-179 E 5
Balčesti ○ RO 38-39 C 5
Balchaš, ozero = Balqash Köl ⊖ KA 60-61 H 6
Balčik ○ BG 38-39 F 6
Balclutha ○ NZ 118 B 7
Balcones Escarpment ⌣ USA 188-189 H 5
Balde de la Mora ○ RA 220-221 E 6
Baldenburg = Biały Bór ○• PL 28-29 O 2
Bald Head ▲ AUS 112-113 E 7
Bald Hill ▲ CDN 164-165 Z 4
Bald Hill No. 2 ▲ AUS 114-115 L 4
Bald Knob ○ USA 188-189 M 2
Bald Mountain ▲ USA 184-185 G 7
Baldock Lake ⊖ CDN 178-179 H 2
Baldwin ○ USA 186-187 L 3
Baldwin Bank ⌒ AUS 108-109 H 2
Baldwin Peninsula ⌣ USA 164-165 J 3
Baldwinsville ○ USA 190-191 K 4
Baldy, Mount ▲ USA 184-185 J 2
Baldyaw Mountain ▲ USA 186-187 C 1
Baldy Mountain ▲ CDN 178-179 F 5
Baldy Peak ▲ USA 188-189 C 3
Bal'dživan ○ RUS 54-55 E 11
Bale ○ ANG 152-153 D 7
Balē □ ETH 144-145 E 6
Balé ~ RG 138-139 E 4
Bale ~ RMM 138-139 F 4
Bâle = Basel ☆• CH 28-29 J 5
Baleares, Islas □ E 34-35 H 5
Balears, Illes = Îles Baléares ⌒ E 34-35 H 5
Balease ~ RI 100-101 G 5
Balease, Gunung ▲ RI 100-101 G 5
Baleh ~ MAL 98-99 K 4
Baleia, Ponta da ▲ BR 216-217 L 4
Baleine, Baie de la = Walvis Bay ☆• NAM 156-157 B 1
Baleine, Rivière à la ~ CDN 180-181 Q 5
Baleiniers, Golfe des ≈ 246 III c 3
Baleix ○ F (64) 240-241 D 4
Balej ☆ RUS 54-55 H 10
Balékoutou ○ TCH 142-143 D 4
Balelesberge ▲ ZA 156-157 K 3
Bale Mount National Park ⊥ ETH 144-145 D 5
Baleno ○ RP 96-97 E 6
Baler ○ RP 96-97 D 5
Baler Bay ≈ 96-97 D 5
Baleshwar ○ IND 78-79 E 5
Balestrand ☆• N 22-23 C 6
Baléya ○ RMM 138-139 F 3
Baleyara ○ RN 140-141 E 2
Baley Guerrero ○ DOM 198-199 L 5
Balezino ☆ RUS 32-33 H 5
Balfour ○ AUS 116-117 H 6
Balfour ○ CDN 176-177 M 7
Balfour ○ ZA (CAP) 156-157 H 6
Balfour ○ ZA (TRA) 156-157 J 3
Balfour Downs ○ AUS 108-109 E 7
Balgak ○ SUD 136-137 C 6
Bălgarija = Bulgarie ■ BG 38-39 C 6
Balgazyn ○ RUS 52-53 G 10
Balgo ⚔ AUS 108-109 J 6
Balgonie ○ CDN 178-179 D 5
Balguntay ○ VRC 82-83 H 4
Balğuraši ○ KSA 68-69 B 4
Balh ○ AFG 72-73 K 6
Balh ○ AFG 72-73 K 6
Balh, Daryā-ye ~ AFG 72-73 K 6
Balh Ab ~ AFG 72-73 K 7
Balh Āb, Rūd-e ~ AFG 72-73 K 7
Balhaš = Balkash ○ KA 60-61 J 5
Balhaš, ozero = Balkash köl ⊖ KA 60-61 J 5
Balho ○ DJI 136-137 L 6
Bali ○ CAM 140-141 J 6
Bali ○ IND 78-79 F 4
Bali □ RI 104 B 6
Bali, Laut = Bali, Mer de ≈ 104 B 6
Bali, Mer de = Bali, Laut ≈ 104 B 6
Bali, Pulau ⌒ RI 104 B 7
Bali, Selat ≈ 104 B 7
Balibi ○ RCA 142-143 E 5
Balibo ○ RI 102-103 C 6
Baliem ~ RI 102-103 K 4
Baliem Valley ⌣ RI 102-103 K 3
Balifondo ○ RCA 142-143 F 6
Balige ○ RI 98-99 C 3
Balıkesir ☆ TR 64-65 B 3
Balikpapan ○ RI 100-101 E 4
Balikpapan, Teluk ≈ 100-101 E 4
Balimela Reservoir < IND 78-79 C 6
Balimo ○ PNG 119 B 5
Baling ○ MAL 98-99 D 2
Balingara, Pegunungan ▲ RI 100-101 G 4
Balingian ○ MAL 98-99 K 3
Balinn ~ RMM 138-139 E 3
Balintang Channel ≈ 96-97 D 3
Baliza ○ BR 216-217 D 4
Baljaga ○ RUS 52-53 O 10
Balkans = Stara Planina ▲ BG 38-39 C 6
Balkaš ○ KA 60-61 J 5
Balkash köl ⊖ KA 60-61 H 6
Balkašty ☆ KA 60-61 F 2
Balkhach = Balkaš ○ KA 60-61 J 5
Balkhach, Lac = Balkaš köli ⊖ KA 60-61 J 6
Balkon-Myjk, gora ▲ RUS 24-25 O 2
Ball, Mount ▲ AUS 108-109 H 5
Balladonia Motel ○ AUS 112-113 G 6
Ballancourt-sur-Essonne ○ F (91) 232-233 G 2
Ballangen ○ N 22-23 H 2
Ballantyne, Lac ⊖ CDN 180-181 P 5
Ballantyne Strait ≈ 168-169 O 2
Ballarat ○ AUS 116-117 G 4
Ballard, Lake ⊖ AUS 112-113 F 4
Ballaroo ○ AUS 114-115 K 4
Ballasetas ○ RI 98-99 B 3
Ballater ○ GB 26-27 F 3
Ballé ○ RMM 138-139 F 2
Ballena, Punta ▲ EC 208-209 B 2
Ballenas, Canal de ≈ 194-195 C 3
Ballenero, Canal ≈ 224 E 7
Balleroy ○• F (14) 228-229 C 5
Ballia ○ IND 78-79 D 3
Ballidu ○ AUS 112-113 D 5
Ballif ○ F (971) 245 IV a 2
Ballina ○ AUS 114-115 M 5
Ballina = Béal an Átha ○ IRL 26-27 C 4
Ballinasloe = Béal Átha na Sluaighe ○ IRL 26-27 C 5
Ballinger ○ USA 188-189 H 4
Ball Lake ⊖ CDN 178-179 K 5
Ballon ○ F (72) 230-231 M 3
Ballone Highway II AUS 114-115 J 4
Ballons des Vosges, Parc Régionl Naturel des ⊥ F (88) 234-235 L 5
Ballots ○ F (53) 230-231 J 4
Balloul ○ DZ 126-127 C 3
Ball's Pyramid ⌒ AUS 116-117 N 7
Ballycastle ○ GB 26-27 D 4
Ballyshannon ○ IRL 26-27 C 4
Balmacara ○ GB 26-27 E 3
Balmaceda ○ RCH 224 E 2
Balmaceda, Cerro ▲ RCH 224 D 5
Balmaceda, Parque Nacional ⊥ RCH 224 D 5
Balmaceda, Sierra ▲ RCH 224 F 6
Balme, Grottes de la • F (38) 238-239 G 5
Balme, La ○ F (73) 238-239 H 5
Balme-de-Sillingy, la ○ F (74) 238-239 J 5
Balmes ⊥ F (38) 238-239 F 5
Balmoral ○ AUS 116-117 F 4
Balmoral ○ ZA 156-157 J 2
Balmorhea ○ USA 188-189 F 4
Balnearia ○ RA 220-221 F 6
Balneário Camboriú ○ BR 218-219 F 6
Balneario del Sol ○•• C 198-199 H 5
Balneario Humacao • USA 200 C 2
Balneario las Grutas ○ RA 222-223 G 6
Balneario Massini ○ RA 222-223 H 6
Balo ○ RI 100-101 H 4
Baloa ○ RI 100-101 H 4
Balobaloang-Kecil, Pulau ⌒ RI 104 D 6
Balod ○ IND 78-79 B 5
Balohan, Teluk ≈ 98-99 A 2
Balok, Kampung ○ MAL 98-99 E 3
Balombo ○ ANG 152-153 C 6
Balombo ~ ANG 152-153 C 6
Balong ○ RI 104 D 3
Balong ○ VRC 80-81 L 2
Balonne River ~ AUS 114-115 K 5
Balotra ○ IND 74-75 D 7
Baloutchistan = Baluchistān ⊥ 70-71 J 5
Balrāmpur ○ IND 78-79 C 2
Balranald ○ AUS 116-117 G 3
Balş ○ RO 38-39 D 5
Balsa Nova ○ BR 218-219 F 5
Balsapuerto ○ PE 208-209 D 4
Balsas ○ BR 212-213 E 5
Balsas ○ MEX 196-197 E 2
Balsas ○ PE 208-209 D 5
Balsas, Río ~ MEX 196-197 E 3
Balsas, Rio das ~ BR 212-213 F 5
Balsas, Rio das ~ BR 212-213 E 7
Balschwiller ○ F (68) 238-239 L 1
Balsinhas, Ribeiro ~ BR 212-213 F 5
Balta ☆ UA 38-39 F 4
Balta Brăilei ⊥ RO 38-39 E 5
Baltakol' ○ KA 72-73 K 3
Baltaköl ○ KA 72-73 K 3
Baltal ○ IND 74-75 E 2
Baltasar Brum ○ ROU 220-221 J 6
Baltasi ☆ RUS 32-33 G 5
Baltazar ○ YV 204-205 H 6
Bāltī ☆ MD 38-39 E 4
Baltic Sea = Baltique, Mer ≈ 22-23 H 9
Baltijsk ○ RUS 30-31 F 4
Baltīm ○ ET 130-131 E 2
Baltimore ○ USA 190-191 K 6
Baltimore ○ ZA 154-155 E 6
Baltimore = Dún na Séad ○ IRL 26-27 C 6
Baltique, Mer = Baltic Sea ≈ 22-23 H 9
Baltit ○ PK 74-75 E 1
Baltra, Isla ⌒ EC 208-209 B 10
Baltrum ⌒ D 28-29 J 2
Ba Lụa, Quần Đảo ⌒ VN 94-95 H 5
Baluan Island ⌒ PNG 119 D 2
Bālūčestān, Sīstān -ō- □ IR 70-71 H 5
Baluchistān = Baloutchistan ⊥ 70-71 J 5
Balud ○ RP 96-97 E 6
Balui ~ MAL 100-101 D 2
Balūr ○ IND 76-77 F 4
Baluran Game Park ⊥ RI 104 B 6
Balut Island ⌒ RP 96-97 F 10
Balvard ○ IR 70-71 G 4
Balvi ☆•• LV 30-31 K 3
Balwāda ○ IND 74-75 E 8
Balwina Aboriginal Land ⚔ AUS 108-109 J 6
Balygyčan ○ RUS 48-49 H 5
Balygyčan ~ RUS 48-49 H 5
Balygyčan, Verhnij ○ RUS 48-49 H 5
Balyhta ○ RUS 52-53 M 8
Balykča ○ RUS 60-61 O 3
Balyktah ~ RUS 46-47 W 2
Balyktyg-Hem ~ RUS 52-53 H 10
Balzar ○ EC 208-209 C 2
Balzas ○ EC 208-209 C 3
Balž gol ~ MAU 84-85 K 3
Bam ○ IR 70-71 H 4
Bam ○ TCH 142-143 C 4
BAM = Baikal-Amur-Magistrale II RUS 54-55 E 7
Bam, Lac de ⊖ BF 138-139 K 3
Bama ○• BF 138-139 H 4
Bama ○ VRC 92-93 E 4
Bama ○ WAN 140-141 K 3
Bamaba ○ ZRE 146-147 G 5
Bamaga ⚔ AUS 110-111 G 2
Bamaji Lake ⊖ CDN 178-179 L 5
Bamake ○ LB 138-139 G 7
Bamako □ RMM 138-139 F 2
Bamako ★ RMM (BAM) 138-139 F 3
Bamba ○ EAK 148-149 G 5
Bamba ~ RCA 142-143 D 6
Bamba ○ RMM 132-133 K 6
Bamba ○ ZRE 146-147 G 6
Bambadinca ○ GNB 138-139 C 3
Bambak ○ PNG 119 E 3
Bambalang ○ CAM 140-141 J 6
Bambam ○ WAN 140-141 J 4
Bambama ○ RCB 146-147 D 5
Bambamarca ○ PE 208-209 C 5
Bambana, Río ~ NIC 196-197 B 5
Bambang ○ RI 98-99 E 7
Bambang ○ RP 96-97 D 4
Bambangan ○ MAL 96-97 B 10
Bambangando ○ ANG 154-155 B 3
Bambara ○ TCH 142-143 D 4
Bambara-Maoundé ○ RMM 138-139 J 2
Bambari ☆ RCA 142-143 E 6
Bambaroo ○ AUS 110-111 J 6
Bambéla ○ CI 138-139 J 5
Bamberg ○•• D 28-29 L 4
Bamberg ○ USA 192-193 H 3
Bambesa ○ ZRE 146-147 K 2
Bambesi ○ ETH 144-145 B 4
Bambey ○• SN 138-139 B 2
Bambila ○ RMM 138-139 E 2
Bambili ○ ZRE 146-147 L 2
Bambio ○ RCA 146-147 F 2
Bambo, Chissioua ⌒ F (985) 246 I b 2
Bambo, Récif ⌒ F (985) 246 I b 2
Bamboesberg ▲ ZA 156-157 G 5
Bamboi ○ GH 138-139 J 5
Bamboo Creek ○ AUS 108-109 E 6
Bambouk ⊥ RMM 138-139 E 2
Bambouti ○ RCA 142-143 H 6
Bambouto, Monts ▲ CAM 140-141 J 6
Bambudi ○ ETH 144-145 B 3
Bambuí ○ BR 216-217 H 6
Bambui ○ CAM 140-141 J 5
Bambujka ~ RUS 54-55 G 8
Bamenda ☆ CAM 140-141 J 6
Bamendjing, Lac de < CAM 140-141 J 6
Bame Town ○ LB 138-139 F 7
Bamfield ○ CDN 176-177 H 7
Bami ○ TM 72-73 E 5
Bamingui ○ RCA 142-143 E 5
Bamingui ~ RCA 142-143 E 5
Bamingui-Bangoran □ RCA 142-143 D 4
Bamingui-Bangoran, Parc National du ⊥ RCA 142-143 D 4
Bamio ○ PNG 119 B 4
Bam Island ⌒ PNG 119 C 2
Bamkeri ○ RI 102-103 F 2
Bampošt, Kūh-e ▲ IR 70-71 K 5
Bampūr ○ IR 70-71 J 5
Bampūr, Rūd-e ~ IR 70-71 H 5
Bamra Hills ▲ IND 78-79 D 5
Bamrūd-e Soflā ○ IR 70-71 J 2
Bamu River ~ PNG 119 B 4
Bamusso ○ CAM 140-141 H 6
Bāmyān □ AFG 70-71 M 1
Bāmyān ☆• AFG (BM) 70-71 M 1
Bāmyān ~ AFG 72-73 K 7
Bamyili ⚔ AUS 108-109 L 3
Ban ○ BF 138-139 J 3
Bana ○ CAM 140-141 J 6
Bana ∴• TR 64-65 K 2
Bana, Col de ▲ CAM 140-141 J 6
Banā, Wādī ~ Y 68-69 D 7
Banaadir □ SP 148-149 K 2
Banabuiú, Açude < BR 212-213 J 4
Banabuiú, Rio ~ BR 212-213 J 4
Bana Daniéd ○ SN 138-139 D 2
Banagi ○ EAT 148-149 E 5
Banaigarh ○ IND 78-79 D 5
Banalia ○ ZRE 146-147 K 3
Banama ○ RG 138-139 F 5
Banamba ○ RMM 138-139 G 3
Banana ○ AUS 114-115 L 3
Banana ○ ZRE 152-153 B 3
Bananal, Ilha do ⌒ BR 212-213 C 7
Bananal, Rio ~ BR 212-213 D 6
Banana Range ▲ AUS 114-115 L 3
Banandjé ○ CI 138-139 G 5
Bananeiras ○ BR 212-213 L 5
Banankoro ○ RG 138-139 F 4
Banangui ○ RCA 142-143 G 6
Banankoro ○ RG 138-139 F 5
Banankoro ○ RMM (SÉ) 138-139 G 3
Banankoro ○ RMM (SIK) 138-139 F 4
Banao ○ C (CG) 198-199 G 4
Banao ○ C (SS) 198-199 F 4
Banapur ○ IND 78-79 D 6
Banaré, Baie ≈ 247 I a 2
Banas ~ IND 74-75 D 7
Banās ~ IND 74-75 E 7
Banas ~ IND 74-75 F 6
Banās, Ra's ▲ ET 130-131 G 6
Banaue ☆ RP 96-97 D 4
Banaz ☆ TR 64-65 C 3
Banaz Çayı ~ TR 64-65 C 3
Banba ○ RMM 138-139 G 4
Ban Bakha ○ LAO 92-93 D 7
Ban Ban ○ AUS 114-115 G 3
Ban Ban ○ LAO 92-93 C 7
Ban Ban ○ VN 92-93 D 7
Banbar ○ VRC 80-81 K 5
Banbaran ○ RMM 138-139 F 3
Banbirpur ○ IND 80-81 C 6
Ban Boun Tai ○ LAO 92-93 B 6
Banbridge ○ GB 26-27 D 4
Banbury ○ GB 26-27 G 5
Banca ○ F (64) 240-241 B 4
Bancauan Island ⌒ RP 96-97 C 9
Banc d'Arguin, Parc National du ⊥•• RIM 132-133 B 4
Ban Chamrung ○ THA 94-95 G 4
Ban Chiang ○••• THA 94-95 G 2
Banco, El ○ CO 204-205 E 3
Bancoran Island ⌒ RP 96-97 C 9
Bancos de San Pedro ○ YV 204-205 H 3
Bancroft ○ CDN 182-183 F 6
Bancroft ○ USA 184-185 J 4
Bancs Providence ⌒ SY 160 B 4
Banda ○ CAM 140-141 K 4
Banda ○ GH 138-139 J 5
Banda ○ IND 74-75 G 7
Bānda ○ IND 78-79 B 3
Banda ○ ZRE (BAN) 146-147 G 6
Banda ○ ZRE (Hau) 142-143 H 6
Banda, Kepulauan (Nutmeg Kepulauan) ⌒•• RI 102-103 E 4
Banda, La ○ RA 220-221 E 4
Banda, Laut = Banda, Mer de ≈ 102-103 C 3
Banda, Mer de = Banda, Laut ≈ 102-103 C 3
Banda Aceh ☆ RI 98-99 A 2
Banda Aceh = Baiturahman ☆ RI 98-99 A 2
Banda Banda, Mount ▲ AUS 114-115 M 6
Bandabe ○ RM 158-159 F 5
Banda del Río Sali ○ RA 220-221 E 4
Bandae ○ GH 138-139 J 7
Banda Elat ○ RI 102-103 G 4
Bandafassi ○ SN 138-139 D 3
Bandai-Asahi National Park ⊥ J (NII) 88-89 H 6
Bandai-Asahi National Park ⊥ J (YAM) 88-89 H 5
Bandak ⊖ N 22-23 D 7
Bandaka ○ ZRE 146-147 H 4
Bandakami ○ ZRE 146-147 D 6
Ban Dakchoun ○ LAO 94-95 J 3
Bandama ~ CI 138-139 H 6
Bandama Blanc ~ CI 138-139 H 5
Bandama Rouge ~ CI 138-139 G 5
Banda Méridional, Bassin de = South Banda Basin ≃ 102-103 D 5
Bandaneira ○•• RI 102-103 E 4
Bāndanwāra ○ IND 74-75 E 6
Bandar ○ MOC 154-155 H 3
Bandar ○ RI 104 C 3
Bandaragama ○ CL 76-77 H 7
Bandarban ○ BD 78-79 H 4
Bandarbeyla ○ SP 144-145 K 4
Bandar-e 'Abbās ☆• IR 70-71 G 5
Bandar-e Anzalī ○• IR 64-65 N 4
Bandar-e Būšehr ☆• IR 70-71 D 4
Bandar-e Čarak ○ IR 70-71 F 5
Bandar-e Deilam ○ IR 70-71 D 3
Bandar-e Emām Ḫomeinī ○ IR 70-71 C 3
Bandar-e Ganāve ○ IR 70-71 D 4
Bandar-e Gaz ○ IR 72-73 C 6
Bandar-e Golmānḫāne ○ IR 64-65 L 4
Bandar-e Ḫamīr ○ IR 70-71 F 5
Bandar-e Kong ○ IR 70-71 F 5
Bandar-e Lenge ○• IR 70-71 F 5
Bandar-e Māhšahr ○ IR 70-71 C 3
Bandar-e Moğūye ○ IR 70-71 F 5
Bandar-e Moqām ○ IR 70-71 E 5
Bandar-e Rīg ○ IR 70-71 D 4
Bandarian Balagra ○ IND 74-75 D 3
Bandarjaya ○ RI 98-99 F 7
Bandar Lampung ☆ RI 98-99 F 7
Bandar Murcaayo ○ SP 144-145 K 3
Bandarpasirmandogai ○ RI 98-99 C 3
Bandar Seri Begawan ★•• BRU 100-101 D 1
Bandar Sri Aman (Simanggang) ○ MAL 98-99 J 4
Bandar Wanaag ○ SP 144-145 G 4
Banda Septentrional, Bassin de = North Banda Basin ≃ 102-103 B 3
Band-e Amīr, Rūd-e ~ AFG 72-73 K 7
Bandeira ○ BR 216-217 K 3
Bandeira, Pico da ▲ BR 216-217 K 6
Bandeirante, Rio ~ BR 216-217 E 7
Bandeirantes ○ BR (GOI) 216-217 E 3
Bandeirantes ○ BR (MAT) 214-215 J 2
Ban-De-Laveline ○ F (88) 234-235 L 5
Bandelierkop ○ ZA 154-155 E 6
Bandelier National Monument ∴•• USA 188-189 D 2
Bandera ○ RA 220-221 F 5
Bandera Bajada ○ RA 220-221 F 4
Banderantes, Ilha dos ⌒ BR 216-217 D 7
Banderas, Bahía de ≈ 196-197 B 1
Banderilla ○ MEX 196-197 F 2
Bandhavagarh National Park ⊥ IND 78-79 B 4
Bāndhi ○ PK 74-75 B 6
Bandia ~ IND 78-79 B 6
Bandiagara ○••• RMM 138-139 J 2
Bandiagara, Falaise de ▲ RMM 138-139 J 2
Bandiat ~ F (16) 236-237 F 4
Banding ○ RI 98-99 F 7
Bandipur National Park ⊥• IND 76-77 G 5
Bandırma ☆ TR 64-65 B 2
Bandjoukri ○ CAM 140-141 K 4
Bandjoun ○ CAM 140-141 J 6
Bandol ○ F (83) 242-243 H 5
Bandon ○ USA 184-185 B 4
Ba'n Đôn ○ VN 94-95 J 4
Bandon = Droichead na Bandan ○ IRL 26-27 C 6
Bandraboua ○ F (985) 246 I b 2
Bandrélé ○ F (985) 246 I b 2
Bandrélé, Chissioua ⌒ F (985) 246 I b 2
Bandua ○ MOC 154-155 H 4
Bandula ○ MOC 154-155 G 4
Bandundu □ ZRE 146-147 F 5
Bandundu ☆ ZRE (Ban) 146-147 F 5
Bandung ☆ RI 104 B 3
Ban Dung ○ THA 94-95 G 2
Bandungan ○•• RI 104 D 3
Bandur ○ ZA 154-155 E 6
Banedurrias, Caleta ≈ 220-221 B 3
Bandya ○ AUS 112-113 G 3
Bāne ○ IR 64-65 L 4
Băneasa ○ RO 38-39 E 5
Ba'n E. Klôp ○ VN 94-95 K 4
Banes ○ C 198-199 H 4
Banes, Bahía de ≈ 198-199 H 4
Banfèlè ○ RG 138-139 E 4
Banff ○ CDN 176-177 N 6
Banff ○• GB 26-27 F 3
Banff National Park ⊥ CDN 176-177 M 6
Banfora ○• BF 138-139 H 4
Banfora, Falaise de ▲ BF 138-139 H 4
Bang ○ RCA 142-143 B 5
Banga ○ ANG 152-153 C 4
Banga ○ BD 78-79 F 4
Banga ○ RCA (Kem) 142-143 D 6
Banga ~ RCA 142-143 F 5
Banga ○ RP 96-97 F 9
Banga ○ ZRE (BAN) 146-147 G 6
Banga ○ ZRE (KOC) 146-147 H 6
Bangabong ○ RP 96-97 D 6
Bangala, Lake ⊖ ZW 154-155 F 5
Bangalore ☆• IND 76-77 G 4
Banga Melo ~ ZRE 146-147 H 4
Bangana ○ RCA 142-143 F 5
Banganapalle ○ IND 76-77 H 3
Bangangté ○ CAM 140-141 J 6
Bangaon ○ IND 78-79 G 4
Bangar ○ RP 96-97 D 4
Bangaré ○ RN 138-139 L 3
Bangarpet ○ IND 76-77 H 4
Bangassokro ○ BF 138-139 J 3
Bangassou ☆ RCA 142-143 F 6
Bangba ○ RCA 142-143 C 5
Bangbagatome ○ ZRE 146-147 K 2
Bangbali ○ RCA 142-143 E 4
Bangbong ○ RI 100-101 H 6
Bangda ○ VRC 80-81 L 5
Bangem ○ CAM 140-141 H 6
Banggai ○ RI 100-101 H 4
Banggai, Kepulauan ⌒ RI 100-101 H 4
Banggai, Pulau ⌒ RI 100-101 H 4
Banggi, Pulau ⌒ MAL 96-97 B 9
Banggo ○ RI 104 D 7
Ban Ghanimah, Jabal ▲ LAR 128-129 F 5
Banghāzī □ LAR 128-129 J 2
Banghāzī = Benghazi ☆ LAR 128-129 J 1
Banghiang ~ LAO 94-95 J 2
Bangil ○ RI 104 E 3
Bangka, Pulau ⌒ RI (SLU) 100-101 J 3
Bangka, Pulau ⌒ RI (SUS) 98-99 G 6
Bangka, Selat ≈ 98-99 F 6
Bangkai, Tanjung ▲ RI 98-99 H 4
Bangkalan ○ RI 104 E 3
Bangkaru, Pulau ⌒ RI 98-99 B 3
Bangkudulis, Pulau ⌒ RI 100-101 E 2
Bangkinang ○ RI 98-99 D 4
Bangkir ○ RI 100-101 G 3
Bangko ○ RI 98-99 E 6
Bangkoa ○ RI 100-101 F 6
Bangkok ☆ THA 94-95 F 4
Bangkok, Baie de = Bangkok, Bight of ≈ 94-95 F 4
Bangkok, Bight of ≈ 94-95 F 4
Bangkulu, Pulau ⌒ RI 100-101 H 4
Bangladesh = Bangladesh ■ BD 78-79 F 3
Bang Lamung ○ THA 94-95 F 4
Bang Len ○ THA 94-95 F 3
Bangli ○• RI 104 B 7
Bang O ○ THA 94-95 E 6
Bangolo ○ CI 138-139 G 6
Bangong Co ⊖ IND 74-75 G 3
Bangong Co ⊖ VRC (XIZ) 80-81 B 4
Bangong Co • VRC (XIZ) 80-81 B 4
Bangor ○ F (56) 230-231 E 5
Bangor ○• GB (NIR) 26-27 E 4
Bangor ○• GB (WAL) 26-27 E 5
Bangor ○ USA 190-191 O 3
Bangoran ○ RCA 142-143 D 4
Bangoran ~ RCA (Bam) 142-143 E 4
Bangoran ~ RCA 142-143 D 4
Bangou ○ RCB 146-147 E 5
Bangourèn ○ CAM 140-141 J 6
Bang Pakong ○ THA 94-95 F 4
Bangsalsembera ○ RI 100-101 E 4
Bang Saphan ○ THA 94-95 E 5
Bangsi, Tanjung ▲ RI 98-99 D 3
Bangsund ○ N 22-23 E 4
Bangu ○ ZRE (BAN) 152-153 E 3
Bangu ○ ZRE (SHA) 150-151 B 5
Bangu, Chute ~ ZRE 146-147 L 2
Bangué ○ CAM 146-147 E 2
Bangued ☆ RP 96-97 D 4
Banguey Barat Parit ≈ 96-97 B 9
Bangui ★• RCA 142-143 D 6
Bangui ○ RN 134-135 C 6
Bangui Bay ≈ 96-97 D 3
Bangui Kété ~ RCA 142-143 E 6
Bangui-Motaba ○ RCB 146-147 F 2
Bangula ○ MW 154-155 H 3
Bangun ○ VRC 92-93 E 5
Bangunpurba ○ RI 98-99 C 3
Bangweulu, Lake ⊖ Z 150-151 E 6
Bangweulu Swamps ⊥ Z 150-151 E 6
Banhā ☆ ET 130-131 E 2
Ban Haew Ta Bua ○ THA 94-95 F 3
Ban Hat Lek ○ THA 94-95 G 5
Banhine, Parque Nacional de ⊥ MOC 154-155 G 6
Ban Hinkhan ○ LAO 94-95 H 2
Ban Houayxay ☆ LAO 78-79 M 5
Bani ○ BF 138-139 K 3
Bani ○ CI 138-139 G 5
Baní ☆ DOM 198-199 K 5
Bani ○ RCA 142-143 F 4
Bani ~ RMM 138-139 H 3
Bani, Ibel ▲ MA 124-125 G 6
Baní, Playa ⊥• DOM 198-199 K 5
Bania ○ RCA 142-143 C 6
Bani 'Āmir ○ KSA 68-69 C 4
Bani 'Atiya ⊥ KSA 66-67 E 3
Bani-Bangou ○ RN 140-141 E 1
Bánica ○ DOM 198-199 K 5
Banifing ~ RMM 138-139 G 4
Banifing ~ RMM 138-139 H 3
Bani Hasan ∴• ET 130-131 E 4
Bani Hašbal, Wādī ○ KSA 68-69 C 4
Bani Island ⌒ RP 96-97 F 6
Banija ▲ BIH 36-37 E 2
Banikoara ○ DY 140-141 E 3
Banima ○ RCA 142-143 F 6
Bani-Mallāl = Beni-Mellal ☆ MA 124-125 H 4
Bani Mazar ○ ET 130-131 E 3
Baninah ○ LAR 128-129 J 1
Bani Rikāb ⊥ IRQ 64-65 L 7
Banir River ~ PNG 119 D 4
Bani Sa'id ⊥ IRQ 64-65 M 7
Banissa ○ EAK 148-149 H 2
Bani Suwaif ☆ ET 130-131 E 3
Baní Walid ☆ LAR 128-129 E 2
Bāniyās ○• IRQ 64-65 F 5
Banja Luka ○• BIH 36-37 F 2
Banjar ○ RI 104 C 3
Banjaran Bintang ▲ MAL 98-99 D 2
Banjaran Brassey ▲ MAL 96-97 B 10
Banjaran Timur ▲ MAL 98-99 E 2
Banjaran Titiwangsa ▲ MAL 98-99 D 3
Banjarbaru ○ RI 100-101 D 5
Banjarkasang ○ RI 98-99 D 5
Banjarmasin ☆ RI 100-101 D 5
Banjarnegara ○ RI 104 C 3
Banjia ○ VRC 78-79 L 4
Banjul ★• WAG 138-139 B 3
Bank ○ AZ 64-65 N 3
Bānka ○ IND 78-79 E 3
Banka Banka ○ AUS 110-111 C 6
Bankapur ○ IND 76-77 F 3
Bankas ○ RMM 138-139 J 2
Bankberg ▲ ZA 156-157 G 6
Banket ○ ZW 154-155 F 3
Ban Khamphô ○ LAO 94-95 J 3
Bankilaré ○ RN 138-139 L 2

Bankim ○ CAM 140-141 J 5
Banko ○ RG 138-139 E 4
Banko ○ RMM 138-139 G 3
Bankon ○ RG 138-139 F 4
Bankoumana ○ RMM 138-139 F 3
Banks, Cape ▲ AUS 116-117 F 4
Banks, Îles = Banks Island ⌒ VAN 120 II a 2
Banks, Point ▲ USA 166-167 U 3
Banks/ Torres ◘ VAN 120 II b 1
Banks Island ⌒ CDN (BC) 176-177 E 5
Banks Island ⌒ CDN (NWT) 168-169 L 4
Banks Islands = Îles Banks ⌒ VAN 120 II a 2
Banks Lake ⊖ CDN 174-175 W 4
Banks Lake ⊖ USA 184-185 E 2
Banks Peninsula ⌣ CDN 174-175 P 2
Banks Peninsula ⌣ NZ 118 D 5
Banks Strait ≈ 116-117 J 6
Bānkura ○ IND 78-79 E 4
Ban Lam Narai ○ THA 94-95 F 3
Ban La Pha ○ LAO 94-95 H 2
Banli ○ VRC 92-93 E 5
Banmankhi ○ IND 78-79 E 3
Banmauk ○ MYA 78-79 J 3
Ban Mouang ○ LAO 92-93 B 7
Ban Na Inh Noi ○ LAO 92-93 D 7
Bannaja ~ RUS 48-49 L 3
Ban Nakala ○ LAO 94-95 H 2
Bannalec ○ F (29) 230-231 D 4
Ban Na Mang ○ LAO 92-93 D 6
Ban Nambak ○ LAO 92-93 C 6
Ban Nang Sata ○ THA 94-95 F 7
Ban Napè ○ LAO 92-93 D 7
Ban Na Phao ○ LAO 94-95 H 2
Ban Na Sam ○ THA 94-95 E 6
Bannegon ○ F (18) 236-237 L 2
Bannerman Town ○ BS 198-199 G 2
Banner Reef ⌒ JA 198-199 F 6
Bannes ○ F (51) 232-233 K 2
Bannikoppa ○ IND 76-77 F 3
Banning ○ USA 184-185 F 9
Bannockburn ○ CDN 182-183 F 6
Bannock Range ▲ USA 184-185 H 4
Ban Nong Chaeng ○ THA 94-95 F 3
Ban Nong Phu ○ THA 94-95 H 3
Ban Nongsim ○ LAO 94-95 H 3
Bannu ○• PK 74-75 C 3
Bannur ○ IND 76-77 G 4
Banon ○ F (04) 242-243 H 3
Baños ○ EC 208-209 C 2
Banos ○ PE 208-209 D 7
Baños, Los ○ PE 214-215 B 6
Banos, Los ○ USA 184-185 D 7
Ban Pa Daeng ○ THA 78-79 M 6
Ban Pak Bat ○ THA 94-95 F 2
Ban Pakbông ○ LAO 94-95 J 3
Ban Phai ○ THA 94-95 G 2
Ban Phon ○ LAO 94-95 J 3
Ban Phu ○ THA 94-95 G 2
Ban Pong ○ THA 94-95 E 4
Banqiao ○ VRC 90-91 H 6
Ban Rai ○ THA 94-95 E 3
Ban San Chao Po ○ THA 94-95 F 3
Bansara ○ WAN 140-141 H 5
Ban Sênkhan ○ LAO 92-93 C 6
Banská Bystrica ○ SK 28-29 P 4
Banská Štiavnica ○••• SK 28-29 P 4
Bānswāra ○ IND 74-75 E 8
Banta ○ SP 148-149 J 3
Banta, Pulau ⌒ RI 104 D 7
Ban Tabôk ○ LAO 92-93 C 7
Bantadjé ○ CAM 140-141 K 4
Bantaeng ○ RI 100-101 F 6
Bantakoto ○ RMM 138-139 E 3
Bantala ~ RG 138-139 D 4
Bantarbolang ○ RI 104 C 3
Bantarkawung ○ RI 104 C 3
Bantaya Island ⌒ RP 96-97 E 7
Bantayan ○ RP 96-97 E 7
Bantè ○ DY 138-139 L 5
Banten ○• RI 104 B 3
Ban Tha Rae ○ THA 94-95 H 2
Ban Tha Song Yang ○ THA 94-95 D 2
Banthéville ○ F (55) 234-235 G 3
Ban Thieng ○ LAO 92-93 C 7
Bantimurung ○ RI 100-101 F 6
Bantimurung Reserve ⊥• RI 100-101 F 6
Bantioli, Réserve Partielle de ⊥ BF 138-139 J 4
Bantola ○ RI 100-101 F 3
Banton Island ⌒ RP 96-97 E 6
Bantry = Beanntraí ○ IRL 26-27 C 6
Bantshamba ○ ZRE 146-147 G 6
Bantul ○ RI 104 D 3
Ban Tung ○ LAO 94-95 H 2
Bantzenheim ○ F (68) 238-239 M 1
Banua ○ RP 96-97 B 8
Banvo ○ ANG 152-153 E 4
Ban Xang ○ VN 92-93 D 7
Ban Xésavang ○ LAO 94-95 H 2
Banyak, Kepulauan ⌒ RI 98-99 B 4
Banyasin ~ RI 98-99 F 6
Banyo ○ CAM 140-141 J 5
Banyoles ○• E 34-35 J 3
Banyuls-sur-Mer ○ F (66) 240-241 L 6
Banyumas ○ RI 104 C 3
Banyuwangi ○ RI 104 B 7
Banyuwedang ○ RI 104 B 7
Banz ○ PNG 119 C 3
Banzana ○ RMM 138-139 G 4
Banzare Land ⊥ ARK 16 G 13
Banza Sanda ○ ZRE 146-147 E 6
Banza Sosso ○ ANG 152-153 C 2
Banzi ○ CI 138-139 G 5
Bao ○ RCA 142-143 F 6
Bao ○ TCH 142-143 C 4
Bao, Río ~ DOM 198-199 K 5
Baode ○ VRC 90-91 G 2
Baodi ○ VRC 90-91 K 2
Baoding ○ VRC 90-91 J 2
Baodingchan Temple ○ VRC 92-93 D 2
Baofatu ○ VAN 120 II b 3
Baofeng ○ VRC 90-91 H 5
Baoji ○ VRC 90-91 E 4
Baojing ○ VRC 92-93 F 2
Baojiqu ○ VRC 90-91 G 5
Baokang ○ VRC 90-91 G 6
Bao Khao Sai ○ THA 94-95 F 2
Baolo ○ SOL 120 I d 2
Bảo Lộc ○ VN 94-95 J 5
Baoqing ○ VRC 86-87 J 4
Baoro ○ RCA 142-143 B 6
Baoruco, Parque Nacional Sierra de ⊥ DOM 198-199 K 5
Baoruco, Sierra de ▲ DOM 198-199 K 5
Baoshan ○ VRC (SGH) 90-91 M 6
Baoshan ○ VRC (YUN) 78-79 L 3
Baota Shan ○ VRC 90-91 F 3
Baotianman Z.B. ⊥• VRC 90-91 G 5
Baoting ○ VRC 92-93 F 7
Baotou ○ VRC 90-91 F 1
Baoulé ~ RMM 138-139 G 4
Baoulé ~ RMM 138-139 F 3
Baoule, Collines ▲ CI 138-139 H 6
Baoxu ○ VRC 92-93 G 5
Bảo Yên ○ VN 92-93 D 5
Bảo Yen ○ VN 92-93 D 5
Baoying ○ VRC 90-91 L 5
Bāp ○ IND 74-75 D 6
Bāpatla ○ IND 76-77 J 3
Bapaume ○ F (62) 228-229 K 3
Bappagaj ~ RUS 54-55 M 4
Bapsfontein ○ ZA 156-157 J 2
Baptist ○ JA 198-199 G 5
Baq'a' ○ KSA 66-67 H 4
Baqên ○ VRC 80-81 K 5
Bāqerābād ○ IR 70-71 D 1
Bāqir, Ǧabal ▲ JOR 66-67 D 3
Ba'qūba ☆ IRQ 64-65 L 6
Baquedano ○ RCH 220-221 C 2
Baquerizo ○ EC 208-209 C 2
Bar ○ F (12) 240-241 J 2
Bar ○ YU 36-37 G 3
Bara ○ RG 138-139 D 3
Bara ○ RI 102-103 D 3
Bara ○ WAN 140-141 J 3
Baraawe ○ SP 148-149 K 3
Baraba, gora ▲ RUS 56-57 R 6
Baraba, Steppes de la = Barabinskaja nizmenost' ⌣ RUS 60-61 J 1
Barabai ○ RI 100-101 D 5
Barabaš ○ RUS 58-59 D 7
Barabaš-Levada ○ RUS 58-59 D 6
Barabinsk ○ RUS 50-51 P 7
Barabinskaja nizmenost' ⌣ RUS 60-61 J 1
Bar Abir < ETH 144-145 F 6
Baraboo ○ USA 190-191 D 4
Baraboulé ○ BF 138-139 K 2
Baracaju ou Maracaja, Rio ~ BR 216-217 E 2
Barachois ○ CDN 182-183 M 4
Barachois Pond Provincial Park ⊥ CDN 182-183 P 4
Baracoa ○ C 198-199 H 4
Barādar-e Šāh, Kūh-e ▲ IR 64-65 M 4
Baradères ○ RH 198-199 J 5
Baradero ○ RA 222-223 K 2
Baradine ○ AUS 114-115 K 6
Baradine Creek ~ AUS 114-115 K 6
Baragoi ○ EAK 148-149 F 3
Bārah ○ SUD 136-137 E 6
Barahan ○ RP 96-97 D 6
Barāhanagar ○ IND 78-79 F 4
Barahona ☆ DOM 198-199 K 5
Barahona, Paso de ▲ RA 220-221 B 6
Barail Range ▲ IND 78-79 H 3
Bara-Issa ~ RMM 138-139 H 2
Barajy ~ RUS 56-57 E 2
Baraka ~ ER 136-137 H 5
Baraka ~ ZRE 148-149 B 6
Baraka, Khor ~ SUD 136-137 H 4
Barakaldo ○ E 34-35 F 3
Barakan ○ RI 102-103 H 5
Barakāt Sharīf Ya'qūb ○ SUD 136-137 F 5
Baraki ○ AFG 74-75 B 3
Baral ~ BD 78-79 F 3
Baralzon Lake ⊖ CDN 174-175 V 5
Baram ~ MAL 100-101 D 1
Baram, Tanjung ▲ MAL 98-99 K 2
Baramani ○ GUY 206-207 E 2
Baramata ○ PNG 119 E 6
Bārāmati ○ IND 74-75 E 10
Barambah Creek ~ AUS 114-115 L 4
Baramula ○ IND 74-75 E 2
Bārān ○ IND 74-75 F 7
Bārān ○ IR 64-65 M 3
Bārān, Kūh-e ▲ IR 70-71 H 2
Baranavičy ☆ BY 30-31 K 5
Baranga ○ ZRE 146-147 L 2
Barangbarang ○ RI 104 E 6
Barani ○ BF 138-139 J 3
Baraniha ○ RUS 48-49 P 2
Barankol ○ KA 60-61 E 3
Baranoa ○ CO 204-205 D 2
Baranof ○ USA 176-177 C 3
Baranof Island ⌒ USA 176-177 C 3
Baranoviči = Baranavičy ☆ BY 30-31 K 5
Barão de Grajau ○ BR 212-213 G 5
Barão de Melgaço ○ BR 214-215 G 2
Barão do Melgaço ○ BR 214-215 K 5
Barão do Triunfo ○ BR 218-219 E 8
Baraouéli ○ RMM 138-139 G 3
Baraqish ∴• Y 68-69 D 6
Baraqueville ○ F (12) 240-241 J 2
Barāra ○ KSA 68-69 B 3
Bararati, Rio ~ BR 210-211 H 6
Bararis, togga ~ SP 144-145 G 3
Barataria Bay ≈ 192-193 D 5
Barat Bali National Park ⊥ RI 104 B 7
Barauli ○ IND 78-79 D 2
Baraúna, Rio ~ BR 206-207 D 5
Baraya ○ CO 204-205 D 6
Barbacena ○ BR 216-217 J 6
Barbacoas ○ CO 208-209 C 1
Barbadan ○ SP 148-149 J 2
Barbade = Barbados ■ BDS 200 F 5
Barbado ○ BR 210-211 D 7
Barbado, Rio ~ BR 214-215 H 4
Barbados = Barbade ■ BDS 200 F 5
Barbaggio ○ F (2B) 244 D 3
Barbágia Belvì ⊥ I 36-37 B 5
Barbalha ○ BR 212-213 J 5
Barbar ○ SUD 136-137 G 3
Barbastro ○ E 34-35 H 3
Barbate de Franco ○ E 34-35 E 6
Barbâtre ○ F (85) 236-237 A 2
Barbaza ○ RP 96-97 E 7
Barbazan-Debat ○ F (65) 240-241 E 4
Bärbele ○ LV 30-31 J 3
Barberton ○ ZA 156-157 K 2
Barberville ○ USA 192-193 H 5
Barbes, Cap ▲ MA 132-133 B 3
Barbezieux-Saint-Hilaire ○ F (16) 236-237 E 5
Barbières ○ F (26) 242-243 G 2
Barbitaj ~ RUS 52-53 J 9
Barbonne-Fayel ○ F (51) 232-233 K 2
Barbosa ○ CO 204-205 E 5
Barbour Bay ≈ 174-175 X 4
Barbuda Island ⌒ AG 200 E 3
Barbwire Range ▲ AUS 108-109 G 5
Barca = Al Marj ☆•• LAR 128-129 J 1
Barca, La ○ MEX 196-197 C 1
Barcaldine ○ AUS 114-115 H 2
Barcarena ○ BR 206-207 K 6
Barcarrota ○ E 34-35 D 5
Barcelona ○ BR 212-213 L 4
Barcelona ☆••• E 34-35 J 4
Barcelona ○ PE 214-215 C 2
Barcelona ☆ YV 204-205 J 2
Barcelone = Barcelona ☆••• E 34-35 J 4
Barcelonette ○• F (04) 242-243 K 3
Barcelos ○ BR 210-211 F 3
Barcianу ○ PL 28-29 Q 1
Barcillonnette ○ F (05) 242-243 H 3
Barclay, Kap ▲ GRØ 172-173 c 2
Barclay Bugt ≈ 172-173 c 2
Barcoo River ~ AUS 114-115 G 3
Barcs ○ H 28-29 O 6
Barcyn ☆ KA 60-61 F 4
Bard, Signal de ▲ F (21) 238-239 E 2
Barda ☆ RUS 32-33 J 5
Barda, Arroyo de la ~ RA 222-223 F 4
Barda = Bərdə ○ AZ 64-65 M 2
Bardale ○ SP 144-145 H 5
Barda del Medio ○ RA 222-223 E 5
Bardagué ~ TCH 134-135 H 2
Bardaï ○ TCH 134-135 H 2
Bardāraš ○ IRQ 64-65 K 4
Bárðarbunga ▲ IS 22-23 e 2
Bardas Blancas ○ RA 222-223 E 3
Barddhamān ○ IND 78-79 E 4
Bardejov ○ SK 28-29 Q 4
Bardeskan ○ IR 72-73 E 7
Bardoli ○ IND 74-75 D 9
Bardsir ○ IR 70-71 G 4
Bardstown ○ USA 190-191 F 7
Barduelva ~ N 22-23 J 2
Bardula ○ IND 78-79 C 5
Bardymskij hrebet ▲ RUS 32-33 L 5
Barē ○ ETH 144-145 F 6
Bāre ○ IND 76-77 F 3
Barèges ○ F (65) 240-241 E 5
Bareilly ○ IND 74-75 G 5
Bareli ○ IND 74-75 G 8
Barentin ○ F (76) 228-229 F 4
Barenton ○ F (50) 230-231 K 2
Barents, Mer de = Barents Sea ≈ 6-7 C 1
Barents, Mer de = Barents Sea ≈ 20-21 O 6
Barentsburg ○ N 20-21 J 3
Barentsøya ⌒ N 20-21 N 3
Barents Sea = Barents, Mer de ≈ 6-7 C 1
Barents Sea = Barents, Mer de ≈ 20-21 O 6
Barentu ○ ER 136-137 H 5
Bareo ○ MAL 100-101 D 2
Bare Rock ▲ AUS 114-115 M 4
Barfleur ○ F (50) 228-229 B 4
Barfleur, Pointe de ▲• F (50) 228-229 B 4
Barfolomeevsk ○ RUS 58-59 E 6
Bārgā ○ IR 70-71 G 5
Barga ○• VRC 80-81 C 5
Bargaal ○ SP 144-145 K 3
Bargarh ○ IND 78-79 C 5
Bargemon ○ F (83) 242-243 K 4
Barğovein, Kūh-e ▲ IR 72-73 E 6
Barguelonne ~ F (82) 240-241 F 2
Barguzin ☆ RUS 54-55 D 9
Barguzin ~ RUS 54-55 E 9
Barguzin, Ust'- ○ RUS 52-53 O 9
Barguzinskij, zapovednik ⊥ RUS 54-55 D 8
Barguzinskij hrebet ▲ RUS 54-55 D 9
Barh ○ IND 78-79 D 3
Bar Harbor ○ USA 190-191 O 3
Barhi ○ IND 78-79 D 3
Bari ☆• I 36-37 F 4
Bāri ○ IND 74-75 F 6
Bari ◘ SP 144-145 K 3
Bari ○ WAN 140-141 F 3
Bari, Kūh-e ▲ IR 70-71 F 4
Bariadi ○ EAT 148-149 D 5
Baricho ○ EAK 148-149 G 5
Barik, al- ○ KSA 68-69 B 3
Barika ○ DZ 126-127 E 3
Barika ~ DZ 126-127 E 3
Barikōt ○ AFG 72-73 M 7
Barillas ○ GCA 196-197 J 4
Barinas ☆ YV 204-205 F 3
Baring, Cape ▲ CDN 168-169 N 5
Baringa ○ ZRE 146-147 H 3
Baring Channel ≈ 168-169 W 4
Baringo, Lake ⊖ EAK 148-149 F 3
Baripāda ○ IND 78-79 E 5
Bariri ○ BR 216-217 F 7
Bariri, Represa < BR 216-217 F 7
Bāris ○ ET 130-131 E 5
Bari Sādri ○ IND 74-75 E 7
Barisal ○ BD 78-79 G 4
Barisan, Monts = Pegunungan Barisan ▲ RI 98-99 D 5
Barisan, Pegunungan ▲ RI 98-99 D 5
Barit, al- ○ IRQ 64-65 K 7
Barito ~ RI 100-101 D 4
Baritu, Parque Nacional ⊥ RA 220-221 E 2
Bariya < IRQ 64-65 K 5
Barjac ○ F (30) 242-243 E 3
Barjac ○ F (48) 242-243 C 2
Barjols ○ F (83) 242-243 J 4
Barjon ○ F (21) 238-239 F 1
Barjūj, Wādī ~ LAR 128-129 E 5
Barkā' ○ OM 68-69 K 2
Barkal, Ǧabal • SUD 136-137 E 3
Barkam ○ VRC 90-91 C 6
Barkan, Ra's-e ▲ IR 70-71 C 4
Barkava ○ LV 30-31 K 3
Barkédji ○ SN 138-139 C 2
Barkerville ○• CDN 176-177 K 5
Barkerville Historic Town ∴ CDN 176-177 K 5
Barkéwol Abiod ○ RIM 132-133 D 6
Barkhān ○ PK 74-75 B 5
Barkley, Lake ⊖ USA 190-191 E 7
Barkley Sound ≈ 176-177 H 7
Barkly, Plateau de = Barkly Tableland ▲ AUS 110-111 C 5
Barkly Downs ○ AUS 110-111 E 7
Barkly East ○ ZA 156-157 H 5
Barkly Highway II AUS 110-111 D 6
Barkly Homestead Roadhouse ○ AUS 110-111 C 6
Barkly Pass ○ ZA 156-157 H 5
Barkly Tableland ▲ AUS 110-111 C 5
Barkly West ○ ZA 156-157 G 4
Barkol ○ VRC 82-83 L 4
Barkol, Wādī ~ SUD 136-137 E 4
Barkol Hu ⊖ VRC 82-83 L 4
Barlavento, Ilhas de ⌒ CV 138-139 B 5
Bar-le-Duc ☆• F (55) 234-235 G 4
Barlee, Lake ⊖ AUS 112-113 E 4
Barlee Range ▲ AUS 112-113 D 1
Barles ○ F (04) 242-243 J 3
Barletta ○• I 36-37 F 4
Barlin ○ F (62) 228-229 K 3
Barlovento, Islas de = Vent, Îles du ⊥ 200 E 2
Barlo Warf ○ WAL 138-139 D 5
Barlowerie, Mount ▲ AUS 112-113 D 3
Barlyk ~ RUS 52-53 E 10
Barma ○ RI 102-103 G 2
Barmedman ○ AUS 116-117 J 3
Barmer ○ IND 74-75 C 7
Barmera ○ AUS 116-117 F 3
Barm Firuz, Kūh-e ▲ IR 70-71 D 3
Barmāla ○ IND 74-75 E 4
Barnard Castle ○• GB 26-27 G 4
Barnard Point ▲ CDN 168-169 P 4
Barnard River ~ AUS 114-115 L 6
Barnato ○ AUS 114-115 H 6
Barnaul ☆ RUS 60-61 N 2
Barnaulka ~ RUS 60-61 M 2
Barne Glacier ⊂ ARK 16 E 0
Barnenez, Tumulus de • F (29) 230-231 D 2
Barnes Ice Cap ⊂ CDN 170-171 O 8
Barnesville ○ USA 192-193 F 3
Barneville-Carteret ○ F (50) 228-229 A 5
Barneys Brook ~ CDN 182-183 Q 4
Barneys Lake ⊖ AUS 116-117 H 2
Barnhart ○ USA 188-189 G 4
Barnstable ○ USA 190-191 N 5
Barnstaple ○• GB 26-27 E 6
Barnum ○ USA 186-187 D 4
Barnwell ○ USA 192-193 H 3
Baro ○ TCH 134-135 J 6
Baro ○ WAN 140-141 G 4
Baroe ○ ZA 156-157 G 6
Barōgil ○ AFG 72-73 N 6
Baron ○ F (60) 228-229 K 5
Baron ○ RI (JTI) 104 E 3
Baron ○ RI (YOG) 104 D 4
Baronnies ▲ F (26) 242-243 G 3
Baronville ○ F (57) 234-235 K 4
Barora Island ⌒ SOL 120 I d 2
Barora Ite Island ⌒ SOL 120 I d 2
Barossa Valley ⌣ AUS 116-117 E 3
Barotac Nuevo ○ RP 96-97 E 7
Barotske Floot Plain ⊥ Z 154-155 B 2
Baroua ○ RCA 142-143 G 6
Barouda, Hassi < DZ 126-127 C 6
Baro Wenz ~ ETH 144-145 B 4
Barp, Le ○ F (33) 240-241 C 1
Barpeta ○ IND 78-79 G 2
Barqah = Cyrénaïque ⊥ LAR 128-129 J 2
Barquisimeto ☆ YV 204-205 G 2
Barr ○• F (67) 234-235 L 5
Barra ○ BR (BAH) 212-213 G 7
Barra ○ BR (CAT) 218-219 F 7
Barra ⌒ GB 26-27 D 3
Barra ○ WAG 138-139 B 3
Barra, Ponta da ▲ BR 218-219 G 5
Barraba ○ AUS 114-115 L 6
Barra Bonita ○ BR 216-217 F 7
Barra Bonita, Represa de < BR 216-217 F 7
Barraca da Boca ○ BR 206-207 H 6
Barraca de A. Lopes ○ BR 210-211 H 6
Barracão ○ BR 218-219 E 6
Barracão do Barreto ○ BR 210-211 H 7
Barracas ○ E 34-35 G 4
Barracouta Shoal ⌒ AUS 108-109 G 2
Barra da Estiva ○ BR 216-217 K 2
Barradale Roadhouse ○ AUS 108-109 B 7
Barra del Chuy ○ ROU 218-219 D 9
Barra de Mamanguape ○ BR 212-213 L 5
Barra de Santa Rosa ○ BR 212-213 K 5
Barra de São Francisco ○ BR 216-217 K 5
Barra de São Manuel ○ BR 210-211 H 6
Barra de São Miguel ○ BR (ALA) 212-213 L 6
Barra de São Miguel ○ BR (PA) 212-213 K 5
Barra de Tuxpan ○ MEX 196-197 F 1
Barra do Bugres ○ BR 214-215 J 4
Barra do Corda ○ BR 212-213 F 4
Barra do Cuanza ○ ANG 152-153 B 4
Barra do Dande ○ ANG 152-153 B 4
Barra do Garças ○ BR 216-217 D 3
Barra do Mendes ○ BR 212-213 G 7
Barra do Ouro ○ BR 218-219 E 7
Barra do Piraí ○ BR 216-217 J 7
Barra do Quaraí ○ BR 220-221 J 6
Barrage Mercier ∴ CDN 182-183 G 5
Barra Longa ○ BR 216-217 J 6
Barra Mansa ○ BR 216-217 H 7
Barrāmiya ○ ET 130-131 F 5
Barran ○ F (32) 240-241 E 3
Barranca ○ PE (LIM) 208-209 D 7
Barranca ○ PE (LOR) 208-209 D 4
Barrancabermeja ○ CO 204-205 E 4
Barranca del Cobre, Parque Natural ⊥ MEX 194-195 F 4
Barranca de Upía = Cumaral ○ CO 204-205 E 5
Barrancas ○ YV (BOL) 204-205 J 4
Barrancas ○ YV (MON) 204-205 K 3
Barrancas, Arroyo ~ RA 220-221 H 5
Barrancas, Río ~ RA 222-223 D 4
Barranco Alto ○ BR 214-215 G 3
Barranco de Guadalupe ○ MEX 194-195 G 2
Barranco de Loba ○ CO 204-205 D 3
Barranco Picure ○ CO 204-205 G 6
Barrancos ○ P 34-35 D 5
Barrancos, Los ○ YV 204-205 K 3
Barrancoso, Arroyo ~ RA 222-223 J 2
Barranco Vermelho, Corredeira ~ BR 214-215 G 3
Barranqueras ○ RA 220-221 H 4
Barranquilla ☆ CO 204-205 D 2
Barranquilla ○ RCH 220-221 B 4
Barranquitas ○ YV 204-205 E 2
Barras ○ BR 210-211 E 7
Barra Seca ○ BR 216-217 K 6
Barraute ○ CDN 182-183 F 4
Barre ○ USA 190-191 M 3
Barreal ○ RA 220-221 C 6
Barreal, El ○ MEX 194-195 F 2
Barreal, El ○ RA 220-221 D 5
Barre-de-Monts, La ○ F (85) 236-237 A 2
Barre-des-Cévennes ○ F (48) 242-243 D 3
Barre-en-Ouche, la ○ F (27) 232-233 D 2
Barreira Branca ○ BR 212-213 C 6
Barreira da Cruz ○ BR 212-213 D 7
Barreira do Peiqui ○ BR 216-217 F 2
Barreiras ○ BR 216-217 H 2
Barreiras, Rio das ~ BR 212-213 D 6
Barreirinha ○ BR 210-211 J 4
Barreirinhas ○ BR 212-213 G 3
Barreiro ○ P 34-35 C 5
Barreiros ○ BR 212-213 L 6
Barrême ○ F (04) 242-243 J 4
Barren, Nosy ⌒ RM 158-159 C 7
Barren Grounds ⊥ CDN 174-175 O 2
Barren Island ⌒ IND 76-77 L 3
Barren Island, Cape ▲ AUS 116-117 K 6
Barren Islands ⌒ USA 166-167 U 3
Barren River Lake ⊖ USA 190-191 E 7
Barreras Blancas, Antiplano ⊥ RA 224 F 5
Barres ~ F 234-235 E 2
Barres, Arboretum des • F (45) 232-233 H 4
Barretal, El ○ MEX 194-195 K 5
Barret-le-Bas ○ F (05) 242-243 H 3
Barretos ○ BR 216-217 F 6
Barrett ○ USA 186-187 K 3
Barrhead ○ CDN 176-177 N 4
Barrialito ○ YV 204-205 J 3
Barrie ○ CDN 182-183 E 6
Barrie Island ⌒ CDN 182-183 C 6
Barrière ○ CDN 176-177 K 6
Barrier Highway II AUS 114-115 G 6
Barrier Inlet ≈ 180-181 P 3
Barrier Range ▲ AUS 114-115 F 6
Barrier River ~ CDN 178-179 D 4
Barril, El ○ MEX 194-195 H 6
Barriles, Los ○ MEX 194-195 E 6
Barrington ○ CDN 182-183 M 7
Barrington, Mount ▲ AUS 116-117 L 2
Barrington Lake ⊖ CDN 178-179 F 2
Barrington Tops National Park ⊥ AUS 114-115 L 6
Barriyat al-Bayyūda ⊥ SUD 136-137 F 4
Barro Alto ○ BR 216-217 F 3
Barro Duro ○ BR 212-213 G 4
Barrois ⊥ F 234-235 G 4
Barron ○ USA 190-191 C 3
Barros ○ BR 212-213 G 4
Barros, Lagoa dos ○ BR 218-219 E 7
Barros, Los ○ RCH 222-223 D 4
Barros Arana, Cerro ▲ RCH 222-223 C 7
Barros Cassal ○ BR 218-219 D 7
Barrou ○ F (37) 236-237 G 2
Barroux, le • F (84) 242-243 G 3
Barrow ~ IRL 26-27 D 5
Barrow ○ USA 164-165 M 1
Barrow, Point ▲ USA 164-165 M 1
Barrow Creek ○ AUS 114-115 B 1
Barrow-in-Furness ○ GB 26-27 F 4
Barrow Island ⌒ AUS 108-109 B 6
Barrow Island Oil Field • AUS 108-109 B 6
Barrow Island Shoals ⌒ AUS 108-109 B 6
Barrow Peninsula ⌣ CDN 180-181 Q 3
Barrow River ~ CDN 168-169 e 7
Barrows ○ CDN 178-179 F 4
Barrow Strait ≈ 168-169 Y 3
Barru ○ RI 100-101 F 6
Barry Caves • AUS 110-111 D 7
Barrydale ○ ZA 156-157 E 6
Barry Islands ⌒ CDN 174-175 P 2
Barry's Bay ○ CDN 182-183 F 6
Barsa ⊥ SYR 64-65 H 4
Barsakelmes, ostrov ⌒ KA 62-63 O 5
Barsakelmes, sor ⊖ US 72-73 E 3
Barsakel mes, Sor ⊖ US 72-73 E 3
Barsakelmes zapovednik ⊥ KA 62-63 N 5
Baršaküm ⊥ KA 62-63 O 4
Barsalogo ○ BF 138-139 K 3
Barsaloi ○ EAK 148-149 F 3
Barsanges ○ F (19) 236-237 K 4
Baršatas ○ KA 60-61 L 4
Bārsi ○ IND 74-75 E 10
Baršino ○ KA 60-61 F 4
Barskoon ○ KS 82-83 C 4
Barsovo ○ RUS 50-51 M 4
Barst ○ F (57) 234-235 K 3
Barstow ○ USA (CA) 184-185 F 8
Barstow ○ USA (TX) 188-189 F 4
Bar-sur-Aube ○ F (10) 234-235 F 5
Bar-sur-Loup, Le ○ F (06) 242-243 K 4
Bar-sur-Seine ○ F (10) 234-235 E 5
Bartang ~ TJ 72-73 M 5
Barten = Barciany ○ PL 28-29 Q 1
Bartenheim ○ F (68) 238-239 L 1
Barter Island ⌒ USA 164-165 T 1
Barthe-de-Neste ○ F (65) 240-241 E 4
Bartica ☆ GUY 206-207 E 2
Bartın ☆ TR 64-65 E 2
Bartle Frere ▲ AUS 110-111 H 5
Bartlesville ○ USA 188-189 K 1
Bartlett ○ USA 186-187 H 5
Bartlett, Cape ▲ CDN 180-181 K 6
Bartlett Lake ⊖ CDN 174-175 K 4
Bartok Lake, De ⊖ CDN 174-175 U 5
Bartolomé Masó ○ C 198-199 G 4
Barton ○ RP 96-97 C 7
Bartoszyce ○ PL 28-29 Q 1
Bartow ○ USA 192-193 H 6
Bartylaakty, köl ⊖ KA 32-33 H 10
Baru ○ CO 204-205 D 2
Baru ○ RI (IRJ) 102-103 G 2
Baru ○ RI (MAL) 100-101 J 3
Bārū, Nahr ~ SUD 144-145 A 4
Baru, Punta ▲ CO 204-205 D 2
Barukova, mys ▲ RUS 48-49 U 5
Barumun ~ RI 98-99 D 3
Barun-Torej, ozero ⊖ RUS 54-55 G 10
Barus ○ RI 98-99 C 3
Barusiahe ○ RI 98-99 C 3
Baruti ○ ZRE 146-147 K 2
Baruunharaa ○ MAU 84-85 H 3
Baruunturuun ○ MAU 52-53 G 11
Baruun Urt ☆ MAU 84-85 L 4
Barva, Volcán ▲ CR 196-197 B 6
Barvinkove ○ UA 38-39 K 3
Barwāni ○ IND 74-75 E 8
Barwidgi ○ AUS 110-111 H 5
Barwon River ~ AUS 114-115 J 5
Barycz ~ PL 28-29 O 3
Barylas ○ RUS 46-47 T 7
Baryš ○ RUS 32-33 E 7
Barysav ☆ BY 30-31 L 4
Bāš Ābdān ○ AFG 72-73 L 6
Basacato del Este ○ GQ 146-147 B 2
Basaguke ○ VRC 80-81 E 6
Bāsa'idū ○ IR 70-71 F 5
Basāk ~ K 94-95 H 5
Basakan, Gunung ▲ RI 100-101 E 2
Bašākerd, Kūhhā-ye ▲ IR 70-71 G 5
Basal ○ PK 74-75 D 3
Baš-Alatau hrebet ▲ RUS 32-33 K 7
Basali ○ ZRE 146-147 J 3
Basame, Caño ~ YV 204-205 L 3
Basanga ○ ZRE 146-147 K 6
Bas Anjou ⊥ F (49) 230-231 K 5
Basankusu ○ ZRE 146-147 G 3
Basarabi ○ RO 38-39 F 5
Basaseachic ○ MEX 194-195 E 3
Basaseachi Falls ~ MEX 194-195 E 3
Basavana Bāgevādi ○ IND 76-77 F 2
Basavilbaso ○ RA 222-223 K 2
Basay ○ RP 96-97 E 8
Bascán, Río ~ MEX 196-197 J 3
Bašcelakskij hrebet ▲ RUS 60-61 N 3
Bas Chari, Reserve de faune du ⊥ TCH 134-135 G 6
Bascombe Well Conservation Park ⊥ AUS 116-117 C 2
Bas-Courtils ○ F (50) 230-231 J 2
Base Alfred Faure ○ F (984) 246 IV a 1
Base Casamance, Parc National du ⊥ SN 138-139 B 3
Basel ☆• CH 28-29 J 5
Bas-en-Basset ○ F (43) 242-243 E 1
Basettihalli ○ IND 76-77 G 4
Bashaw ○ CDN 176-177 O 5
Bashee Bridge ○ ZA 156-157 J 5
Basheerivier ~ ZA 156-157 H 5
Bashi Haixia ≈ 92-93 M 6
Bashimuke ○ ZRE 146-147 K 6
Basi ○ IND 74-75 F 4
Basiano ○ RI 100-101 H 4
Basilaki Island ⌒ PNG 119 F 6
Basilan Island ⌒ RP 96-97 D 9
Basilan Strait ≈ 96-97 D 9
Basile, Pico ▲ GQ 146-147 B 2
Basilicata ◘ I 36-37 E 4
Basilio ○ BR 218-219 D 8
Basilique (Sainte-Madelaine) •• F (89) 242-243 H 5
Basilique Notre-Dame • F (51) 234-235 E 4
Basingstoke ○ GB 26-27 G 6
Basin Lake ⊖ CDN 178-179 D 4
Basīrī, al- ○ SYR 64-65 G 5
Basirka ○ WAN 140-141 J 3
Baška ○ HR 36-37 E 2
Başkale ☆ TR 64-65 L 3
Baskan ~ KA 60-61 L 6
Baskatong, Réservoir < CDN 182-183 G 5
Baškaus ~ RUS 60-61 Q 3
Baškaus ~ RUS 60-61 O 3
Baskerville, Cape ▲ AUS 108-109 F 4
Baskineig Falls ~ CDN 178-179 N 4
Baškirskij zapovednik ⊥ RUS 32-33 K 7
Baškortostan, Respublika = Bachkirie, République de ◘ RUS 32-33 H 6
Baskunčak, ozero ⊖ RUS 32-33 E 9
Basler Lake ⊖ CDN 174-175 M 4
Basmat ○ IND 74-75 F 10
Bašnja Šamilja • RUS 38-39 J 2
Bāsoda ○ IND 74-75 F 8
Basoko ○ ZRE 146-147 J 3
Basongo ○ ZRE 146-147 H 6
Basotu ○ EAT 148-149 E 6
Basova, mys ▲ RUS 48-49 U 5
Bas Poitou ⊥ F (85) 236-237 B 2
Bas Quercy ⊥ F (82) 240-241 G 2
Başra, al- ☆ IRQ 66-67 K 2
Başra, al- ☆ IRQ 66-67 K 2
Bas-Rhin ◘ F (67) 234-235 L 4
Bas-Rupts ○ F (88) 234-235 K 5
Bass, Détroit de = Bass Strait ≈ 116-117 H 5
Bassano ○ CDN 176-177 O 6
Bassano del Grappa ○ I 36-37 C 2
Bassar ○ RT 138-139 L 5
Bassaula ○ WAN 140-141 J 5
Basse Colme, Canal de la < F (59) 228-229 J 1
Bassée, la ○ F (59) 228-229 K 2
Basse Guinée = Lower Guinea ⊥ 5 E 5
Bassein ~ MYA 94-95 C 2
Basse-Kotto ◘ RCA 142-143 E 6
Basse Marche ⊥ F (87) 236-237 H 3
Basse-Normandie ◘ F 228-229 C 5
Basse-Pointe ○ F (972) 245 V a 2
Basses, Pointe de ▲ F (971) 245 IV b 3
Basse Santa Su ☆• WAG 138-139 C 3
Basse-Terre ☆•• F (971) 245 IV a 2
Basse-Terre ⌒ F (971) 245 IV a 2
Basseterre ★ KAN 200 D 3
Basse Touraine ⊥ F (37) 230-231 M 5
Bassett ○ USA 186-187 H 4
Basse-Vallée ○ F (974) 246 II b 2
Bass Highway II AUS 116-117 H 6
Bassignac ○ F (15) 236-237 K 5
Bassignac-le-Haut ○ F (19) 236-237 K 5
Bassigny ⊥ F (10) 234-235 F 5
Bassikounou ○ RIM 132-133 H 7
Bassila ○ DY 138-139 L 5
Bassilac ○ F (24) 236-237 G 5
Bassin, Puy du ▲ F (19) 236-237 K 5
Bassin Rouge = Sichuan Pendi ⊥ VRC 92-93 D 2
Basso ○ DY 140-141 E 3
Basso ▲ TCH 134-135 L 4
Bassorah = Başra, al- ☆ IRQ 66-67 K 2
Bassoues ○ F (32) 240-241 E 3
Bass River ○ CDN 182-183 N 6
Bass Strait ≈ 116-117 H 5
Basswood Lake ⊖ USA 190-191 C 1
Båšt ○ IR 70-71 D 3
Bastak ○ IR 70-71 F 5
Baštanka ○ UA 38-39 H 4
Bastar ⊥ IND 78-79 B 6
Baštau hrebet ▲ RUS 32-33 K 7
Bastelica ○ F (2A) 244 D 4
Bastelicaccia ○ F (2A) 244 C 5
Bastenaken = Bastogne ○ B 28-29 H 3
Bastia ☆• F (2B) 244 D 3
Bastide, La ○ F (83) 242-243 K 4
Bastide-de-Bousignac ○ F (09) 240-241 H 4
Bastide-de-Lordat ○ F (09) 240-241 H 4
Bastide-de-Sérou ○ F (09) 240-241 G 4
Bastide-des-Jourdans ○ F (84) 242-243 H 4
Bastide-Puylaurent, La ○ F (48) 242-243 D 2
Basti Maluk ○ PK 74-75 C 5
Bastogne ○ B 28-29 H 3
Bastrop ○ USA (LA) 188-189 M 3
Bastrop ○ USA (TX) 188-189 J 4
Basu, Pulau ⌒ RI 98-99 E 5
Basu, Tanjung ▲ RI 98-99 E 5
Basua ○ WAN 140-141 H 5
Basunda ○ SUD 136-137 G 6
Bas-Val-Suzon ○ F (21) 238-239 F 2
Başyurt Tepe ▲ TR 64-65 D 3
Bas-Zaïre ◘ ZRE 146-147 D 6
Bat ••• OM 68-69 K 2
Bata ☆ GQ 146-147 B 3
Batabanó ○ C 198-199 D 3
Batabanó, Golfo de ≈ 198-199 D 3
Batabi ○ WAN 140-141 F 4
Bataf ○ RI 102-103 K 3
Batagaj ○ RUS 46-47 U 6
Batagaj-Alyta ○ RUS 46-47 S 6
Batag Island ⌒ RP 96-97 F 6
Bataguaçu ○ BR 216-217 D 6
Bataille, Col de la ▲ F (26) 242-243 G 2
Batajka ~ RUS 44-45 Z 6
Batajsk ○ RUS 38-39 L 4
Batakan ○ RI 100-101 D 6
Bataker Palace • RI 98-99 C 3
Batak Houses • RI 98-99 C 3
Batala ○ IND 74-75 E 4
Batalha ○ BR (ALA) 212-213 K 6
Batalha ○ BR (PIA) 212-213 G 4
Batalha, Mosteiro de ••• P 34-35 C 5
Batam, Pulau ⌒ RI 98-99 E 4
Batama ○ ZRE 146-147 L 3
Batamaj ○ RUS 54-55 O 4
Batâmbali Beafada ○ GNB 138-139 C 4
Batamšy ☆ KA 62-63 N 2
Batan ○ VRC 90-91 B 4
Batang ○ RI 104 C 3
Batang ○ VRC 80-81 M 6
Batangafo ○ RCA 142-143 D 5
Batangas ☆ RP 96-97 D 6
Batan Island ⌒ RP (ALB) 96-97 F 6
Batan Island ⌒ RP (BTN) 96-97 E 2
Batan Islands ⌒ RP 96-97 D 2
Batanta, Pulau ⌒ RI 102-103 F 2
Batanta Pulau Reserve ⊥• RI 102-103 F 2
Batas Island ⌒ RP 96-97 C 7
Batatais ○ BR 216-217 G 6
Batavia ○ USA 190-191 J 4
Batavia = Jakarta ★ RI 104 B 3
Batavia Downs ○ AUS 110-111 G 3
Batcham ○ CAM 140-141 J 6
Batchawana Bay ○ CDN 178-179 O 7
Batchelor ○ AUS 108-109 K 2
Batchenga ○ CAM 140-141 J 6
Bătdâmbâng ○ K 94-95 G 4
Bateckij ○ RUS 30-31 M 2
Bateeputih, Tanjung ▲ RI 98-99 A 2
Bateias ○ BR 218-219 F 5
Batéké, Plateaux ▲ RCB 146-147 E 5
Batel, Esteros del ○ RA 220-221 H 5
Batelito, Arroyo ~ RA 220-221 H 5
Batemans Bay ○ AUS 116-117 L 3
Batemba ○ ZRE 146-147 J 6
Baté-Nafadji ○ RG 138-139 F 4
Batería, Cerro de la • RA 222-223 D 4
Bates ○ AUS 112-113 M 5
Batesburg ○ USA 192-193 H 3
Batesville ○ USA (AR) 188-189 M 2
Batesville ○ USA (MS) 192-193 D 2
Batesville ○ USA (TX) 188-189 H 5
Bath ○••• GB 26-27 F 6
Bath ○ JA 198-199 G 6
Bath ○ USA 190-191 O 4
Batha ◘ TCH 134-135 J 5
Batha ~ TCH 134-135 J 6

Bathā, Wādīl- ~ **OM** 68-69 L 2
Batha de Laïri ~ **TCH** 142-143 C 3
Batheaston o **AUS** 114-115 K 2
Bathinda o **IND** 74-75 E 4
Baths, The ∸ **GB** 200 C 2
Baths Bjerge Matterhorn ▲ **GRØ** 170-171 p 6
Bathsheba o **BDS** 200 F 5
Bá Thu'ó'c ☆ **VN** 92-93 D 6
Bathurst o **AUS** 116-117 K 2
Bathurst o **CDN** 182-183 M 5
Bathurst o **ZA** 156-157 H 6
Bathurst = Banjul ★· **WAG** 138-139 B 3
Bathurst, Cape ▲ **CDN** 168-169 H 5
Bathurst Inlet ≈ 174-175 P 2
Bathurst Inlet o **CDN** 174-175 P 2
Bathurst Island ⌒ **AUS** 108-109 K 1
Bathurst Island ⌒ **CDN** 168-169 V 3
Batī o **ETH** 144-145 E 3
Batia o **DY** 138-139 L 4
Batibati o **RI** 100-101 D 5
Batibo o **CAM** 140-141 H 6
Batié o **BF** 138-139 J 5
Bâtie-Rolland o **F** (26) 242-243 F 2
Batiki ⌒ **FJI** 120 III b 2
Bāṭin, Wādī al- ~ **KSA** 66-67 J 3
Bāṭina ∸ **OM** 68-69 K 1
Batinga o **BR** 216-217 K 4
Batiscan, Rivière ~ **CDN** 182-183 H 5
Bat Island ⌒ **PNG** 119 D 2
Batkanu o **WAL** 138-139 D 5
Batken o **KS** 72-73 M 4
Batkes o **RI** 102-103 F 5
Bat Khela o **PK** 74-75 C 2
Batlai o **RUS** 62-63 G 6
Bāṭlāq-e Gāvḫūni ○ **IR** 70-71 E 2
Batlow o **AUS** 116-117 K 3
Batman ☆ **TR** 64-65 J 4
Baṭn, Ğāl al- ⛰ **IRQ** 66-67 H 2
Batna ☆ **DZ** 126-127 F 3
Baṭn al-Ġūl o **JOR** 66-67 D 3
Batnorov = Dundburd o **MAU** 84-85 K 4
Bato o **RP** 96-97 E 6
Ba To' o **VN** 94-95 K 3
Bato Bato ☆ **RP** 96-97 C 10
Batoka o **Z** 154-155 D 3
Bat-Ölzijt o **MAU** 84-85 G 3
Batomga o **RUS** 56-57 G 5
Batomga ~ **RUS** 56-57 F 5
Baton Rouge ☆ **USA** 188-189 M 4
Batopilas o· **MEX** 194-195 F 4
Batoua o **CAM** 140-141 K 6
Batouala o **G** 146-147 D 3
Batoumi = Batumi ☆· **GE** 40 C 6
Batouri o **CAM** 142-143 B 6
Batovi, Área Indígena X **BR** 216-217 D 2
Batovil, Rio ~ **BR** 216-217 D 2
Ba Town o **LB** 138-139 F 6
Batpajsagyr, kum ∸ **KA** 32-33 F 10
Ba Tri o **VN** 94-95 J 5
Batsari o **WAN** 134-135 C 6
Batsawul o **AFG** 74-75 C 2
Båtsfjord o **N** 22-23 O 1
Batteau o **CDN** 182-183 R 2
Batterbee Range ⛰ **ARK** 16 F 30
Batticaloa o· **CL** 76-77 J 7
Batti Malv Island ⌒ **IND** 76-77 L 5
Battle Camp o **AUS** 110-111 H 4
Battle Creek ~ **CDN** 176-177 Q 7
Battle Creek o **USA** 190-191 F 4
Battlefields o **ZW** 154-155 E 4
Battleford o **CDN** 176-177 Q 5
Battle Ground o **USA** 184-185 C 3
Battle Harbour o **CDN** 182-183 R 2
Battle Lake o **USA** 186-187 K 2
Battle Mountain o **USA** 184-185 F 5
Battle River ~ **CDN** 176-177 P 5
Battor o **GH** 138-139 L 6
Batu ▲ **ETH** 144-145 D 5
Batu, Bukit ▲ **MAL** 98-99 K 3
Batu, Kepulauau ⌒ **RI** 98-99 C 4
Batu, Tanjung ▲ **RI** (KTI) 100-101 F 2
Batu, Tanjung ▲ **RI** (SUB) 98-99 D 6
Batuaga o **RI** 100-101 H 6
Batuampar o **RI** 98-99 E 5
Batuamparan o **RI** 100-101 D 5
Batuasa o **RI** 102-103 F 3
Batuata, Pulau ⌒ **RI** 102-103 B 5
Batubatu o **RI** 100-101 F 6
Batuberagam, Tanjung ▲ **RI** 98-99 F 7
Batu Buteh, Gunung ▲ **MAL** 98-99 D 2
Batudaa o **RI** 100-101 H 3
Batudaka o **RI** 100-101 G 4
Batudaka, Pulau ⌒ **RI** 100-101 G 4
Batu Danau o **MAL** 100-101 D 1
Batudulag o **RI** 104 C 7
Batugade o **RI** 102-103 C 6
Batu Gajah o **MAL** 98-99 D 2
Batuhitam, Tanjung ▲ **RI** 100-101 H 4
Batui o **RI** 100-101 H 4
Batukangkung o **RI** 98-99 D 5
Batukau, Gunung ▲ **RI** 104 B 7
Batulicin o **RI** 100-101 D 5
Batumandi, Tanjung ▲ **RI** 98-99 D 5
Batumi ☆· **GE** 62-63 D 7
Batu Pahat o· **MAL** 98-99 E 4
Batupanjang o **RI** 98-99 D 4
Batu Puteh, Gunung ▲ **MAL** 98-99 D 2
Batuputih o **RI** (JTI) 104 E 3
Batuputih o **RI** (KTI) 100-101 F 3
Batur, Danau ○ **RI** 104 B 7
Baturaja o **RI** 98-99 F 7
Batu Rakit o **MAL** 98-99 E 2
Baturetno o **RI** 104 D 3
Baturi o **MEX** 194-195 E 5
Baturube o **RI** 100-101 G 4
Batusangkar o· **RI** 98-99 D 5
Batu Satu o **MAL** 98-99 K 2
Batusitanduk o **RI** 100-101 G 5
Batu Tambung o **RI** 100-101 H 4
Batutua o **RI** 102-103 B 7
Baty-Jurjah ~ **RUS** 44-45 c 6
Batyr ~ **RUS** 54-55 E 4
Batyrevo o **RUS** 32-33 E 6
Batz, Île de ⌒ **F** (29) 230-231 C 2
Bau o **MAL** 98-99 J 4
Bau o **RI** 100-101 F 5
Baú, Rio ~ **BR** 210-211 K 6
Baú, Rio do ~ **BR** 210-211 K 7
Ba'u, Tanjung ▲ **RI** 98-99 A 2
Bauana, Rio ~ **BR** 210-211 E 4
Baubau o **RI** 100-101 H 6
Bauchi □ **WAN** 140-141 H 3
Bauchi ☆ **WAN** (BAU) 140-141 H 3
Baud o **F** (56) 230-231 E 4
Baudette o **USA** 186-187 K 1
Baudinard-sur-Verdon o **F** (83) 242-243 J 4
Baudisson Island ⌒ **PNG** 119 F 2
Baudó, Serranía de ⛰ **CO** 204-205 C 4
Baudon, Pic de ▲ **F** (06) 242-243 L 4
Baudoncourt o **F** (70) 238-239 J 1
Baudonvilliers o **F** (55) 234-235 G 4
Baudreville o **F** (28) 232-233 F 3
Baudricourt · **F** 234-235 H 4
Bauduen o **F** (83) 242-243 J 4
Bauer, Bassin = Bauer Basin ≃ 10-11 S 9
Bauer Basin = Bauer, Bassin ≃ 10-11 S 9
Baugé o **F** (49) 230-231 L 4
Baugé o **F** (973) 245 I c 2
Bauges ∸ **F** (73) 238-239 H 5
Baugy o **F** (18) 232-233 H 5
Bauhinia Downs o **AUS** (NT) 110-111 C 5
Bauhinia Downs o **AUS** (QLD) 114-115 K 3
Bauia o **RI** 100-101 G 6
Baukau o **RI** 102-103 D 6
Baúl, El ∴· **GCA** 196-197 J 4
Baúl, El o **YV** 204-205 G 3
Bauld, Cape ▲ **CDN** 182-183 R 3
Baule-Escoublac, La o· **F** (44) 230-231 G 5
Baumann Fiord ≈ 168-169 d 2
Baume, Cirque de · **F** 238-239 H 3
Baume, la · **F** (48) 240-241 L 1
Baume, Rocher de la · **F** 238-239 J 1
Baume-de-Transit, La o **F** (26) 242-243 F 3
Baú-Mekragroti, Área Indígena X **BR** 210-211 K 6
Baume-les-Dames o· **F** (25) 238-239 J 2
Baun o **RI** 102-103 B 7
Baungan o **RI** 98-99 C 3
Baun Pulau Reserve ⊥· **RI** 102-103 H 5
Baunra o **IND** 78-79 E 4
Baunt o **RUS** 54-55 F 8
Baunt, ozero ○ **RUS** 54-55 F 8
Baures o **BOL** 214-215 F 3
Bauru o **BR** 216-217 F 7
Bauru o **ZRE** 146-147 H 3
Bauska ☆·· **LV** 30-31 J 3
Bauta o **C** 198-199 D 3
Bauta o **ZRE** 146-147 H 3
Bautu o **RI** 100-101 H 4
Bautzen o·· **D** 28-29 N 3
Baux-de-Breteuil, Les o **F** (27) 232-233 D 2
Baux-de-Provence, Les o **F** (13) 242-243 F 4
Bavans o **F** (25) 238-239 K 2
Bavay o **F** (59) 228-229 M 3
Bavella, Col de ▲ **F** (2A) 244 D 5
Baviácora o **MEX** 194-195 D 3
Bavière, Forêt de = Bayerischer Wald ∸ **D** 28-29 M 4
Bavilliers o **F** (90) 238-239 K 1
Bavispe, Rio ~ **MEX** 194-195 E 2
Bavly ☆ **RUS** 32-33 H 6
Bavon o **USA** 190-191 K 7
Bawa o **RP** 96-97 E 3
Bāwal o **IND** 74-75 F 5
Bawal, Pulau ⌒ **RI** 98-99 J 6
Bawanbir o **IND** 74-75 F 9
Bawang, Tanjung ▲ **RI** 98-99 H 5
Bawangling Z.B. ⊥· **VRC** 92-93 F 7
Bawātī, Ğabal ▲ **SUD** 136-137 H 3
Baw Baw National Park ⊥ **AUS** 116-117 J 4
Bawdie o **GH** 138-139 J 7
Bawe o **RI** (IRJ) 102-103 H 3
Bawe o **RI** (IRJ) 102-103 F 2
Bawean, Pulau ⌒ **RI** 104 E 2
Bawen o **RI** 104 D 3
Bawku o **GH** 138-139 K 4
Bawlake o **MYA** 78-79 K 6
Bawo o **LB** 138-139 F 7
Bawo Ofuloa o **RI** 98-99 C 5
Ba Xay o **LAO** 92-93 C 6
Baxkorgan o **VRC** 82-83 K 6
Baxley o **USA** 192-193 G 4
Baxoi o **VRC** 80-81 L 5
Baxter Cliffs ∸ **AUS** 112-113 H 6
Bay o **RMM** 138-139 J 3
Bay □ **SP** 148-149 J 2
Bay, Reserve de ⊥ **RMM** 138-139 J 3
Baya-Bwanga o **ZRE** 146-147 J 6
Bayāḍ, al- ∸ **KSA** 68-69 E 3
Bayāḍ, Ra's al- ▲ **Y** 68-69 C 6
Bayadi o **G** 146-147 C 5
Bayaguana o **DOM** 198-199 L 5
Bayamo ☆ **C** 198-199 G 4
Bayamon o **USA** 200 B 2
Bayan o **VRC** 86-87 F 4
Bayanbulak o **VRC** 82-83 G 4
Bayanbulak Z.B. II **VRC** 82-83 G 4
Bayanga o **RCA** 146-147 F 2
Bayanga-Didi o **RCA** 142-143 B 6
Bayan Har Shan ⛰ **VRC** 80-81 K 3
Bayan Har Shankou ▲ **VRC** 80-81 L 3
Bayan Obo o **VRC** 84-85 J 7
Bayan Olji o **VRC** 90-91 D 1
Bayan Shan ▲ **VRC** 80-81 L 2
Bayard o **USA** (NE) 186-187 F 5
Bayard o **USA** (NM) 188-189 C 3
Bayard, Col ▲ **F** (05) 242-243 J 2
Bayat ☆ **TR** 64-65 F 2
Bayawan o **RP** 96-97 E 8
Bayāż o **IR** 70-71 F 3
Bayāżīye o **IR** 70-71 F 2
Baybay o **RP** 96-97 F 7
Bay Bulls o **CDN** 182-183 S 5
Bayburt ☆· **TR** 64-65 J 2
Bay City o **USA** (MI) 190-191 G 4
Bay City o **USA** (TX) 188-189 K 5
Baydhabo ☆ **SP** 148-149 J 2
Bayerischer Wald ∸ **D** 28-29 M 4
Bayern □ **D** 28-29 L 4
Bayers o **F** (16) 236-237 F 4
Bayes, Cap ▲ **F** (988) 247 I c 2
Bayeux o **BR** 212-213 L 5
Bayeux o· **F** (14) 228-229 C 5
Bayfield o **USA** 190-191 C 2
Bay Fiord ≈ 170-171 J 4
Bãy Háp, Cử'a Sông ≈ 94-95 H 6
Bayındır ☆ **TR** 64-65 B 3
Bāyir Čovein, Kūh-e ⛰ **IR** 72-73 E 6
Bayizhen o **VRC** 80-81 K 6
Baykan ☆ **TR** 64-65 J 3
Bay Mills Indian Reservation X **USA** 190-191 F 2
Bay Minette o **USA** 192-193 E 4
Baynes Mountains ⛰ **NAM** 152-153 B 8
Baynūna ∸ **UAE** 68-69 H 2
Bayo, Cerro ▲ **RCH** 224 D 2
Bayobar o **PE** 208-209 B 4
Bay of Whales ≈ 16 F 20
Bayog o **RP** 96-97 E 9
Bayombong ☆ **RP** 96-97 D 4
Bayo Mesa, Cerro ▲ **RA** 222-223 E 5
Bayon o **F** (54) 234-235 J 5
Bayonet Point o **USA** 192-193 G 5
Bayon Macon ○ **USA** 188-189 M 3
Bayonne o· **F** (64) 240-241 B 4
Bayons o **F** (04) 242-243 J 3
Bayou Bartholomew River ~ **USA** 188-189 M 3
Bayou Cane o **USA** 188-189 M 5
Bay Port o **USA** 190-191 G 4
Bayramiç ☆ **TR** 64-65 B 3
Bayreuth o **D** 28-29 L 4
Bays, Lake of ○ **CDN** 182-183 E 6
Bay Saint Louis o **USA** 192-193 D 4
Bay Shore o **USA** 190-191 M 5
Bay Springs o **USA** 192-193 D 4
Baytik Shan ⛰ **VRC** 82-83 K 3
Baytown o **USA** 188-189 K 5
Bay Tree o **CDN** 176-177 L 4
Bayu o **RI** (ACE) 98-99 B 2
Bayu o **RI** (STG) 100-101 H 5
Bayugan o **RP** 96-97 F 8
Bayunglincir o **RI** 98-99 E 6
Bayun Gol He ~ **VRC** 80-81 L 2
Bayur, Tanjung ▲ **RI** 100-101 E 4
Bayur, Teluk ≈ 98-99 D 5
Bay View o **NZ** 118 F 3
Bayy al Kabīr, Wādī ~ **LAR** 128-129 F 2
Bayy al Kabīr, Wādī ~ **LAR** 128-129 F 2
Bayzo o **RN** 134-135 B 6
Bazancourt o **F** (51) 234-235 E 3
Bazardjuzu, gora ▲ **RUS** 62-63 G 7
Bāzār-e Tāle o **AFG** 72-73 L 7
Bāzargān o **IR** 64-65 L 3
Bazar-Korgon o **KS** 72-73 N 4
Bazarnye Mataki ☆ **RUS** 32-33 F 6
Bazartöbe o **KA** 32-33 H 9
Bazaruto, Ilhas do ⌒ **MOC** 154-155 H 5
Bazaruto, Parque Nacional de ⊥ **MOC** 154-155 H 5
Bazas o **F** (33) 240-241 D 2
Bazavluk ~ **UA** 38-39 J 4
Baženovo o **RUS** 32-33 J 6
Bazhong o **VRC** 90-91 E 6
Bazhou o **VRC** 90-91 K 2
Bazmān o **IR** 70-71 J 5
Bazmān, Kūh-e ▲ **IR** 70-71 H 4
Bazoche-Gouët, La o **F** (28) 232-233 D 3
Bazoches o **F** (58) 232-233 K 5
Bazoches-les-Gallérandes o **F** (45) 232-233 G 3
Bazoches-sur-Hoëne o **F** (61) 230-231 M 2
Bazoge, La o **F** (72) 230-231 M 3
Bazoges-en-Paillers o **F** (85) 236-237 C 2
Bazou o **CAM** 140-141 J 6
Bazougers o **F** (53) 230-231 K 3
Bazouges-la-Pérouse o **F** (35) 230-231 H 3
Bazouges-sur-le-Loir o **F** (72) 230-231 L 4
Bazré o **CI** 138-139 H 6
Be, Nosy ⌒ **RM** 158-159 F 4
Beach o **USA** 186-187 F 2
Beachêne, Lac ○ **CDN** 182-183 E 5
Beach Point ▲ **CDN** 168-169 d 7
Beachport o· **AUS** 116-117 E 4
Beacon o **AUS** 112-113 D 5
Beacon o **USA** 190-191 M 5
Beacon Bay o **ZA** 156-157 H 6
Beadell, Mount ▲ **AUS** 112-113 H 2
Beadon Point ▲ **AUS** 108-109 B 6
Beafada, Batâmbali o **GNB** 138-139 C 4
Béage, Le o **F** (07) 242-243 E 2
Beagle, Canal ≈ 224 F 7
Beagle Bay ≈ 108-109 F 4
Beagle Bay X **AUS** 108-109 F 4
Beagle Bay Aboriginal Land X **AUS** 108-109 F 4
Beagle Gulf ≈ 108-109 J 2
Beagle Island ⌒ **AUS** 112-113 C 4
Beagle Reef ⌒ **AUS** 108-109 F 3
Beako, Tanjung ▲ **RI** 102-103 D 6
Bealanana o **RM** 158-159 F 5
Béal an Atha = Ballina o **IRL** 26-27 C 4
Béal an Mhuirthead = Belmullet o **IRL** 26-27 C 4
Béal Átha na Sluaighe = Ballinasloe o **IRL** 26-27 C 5
Beale Air Force Base xx **USA** 184-185 D 6
Beals Creek ~ **USA** 188-189 G 3
Beampingaratra ⛰ **RM** 158-159 E 10
Beanntraí = Bantry o **IRL** 26-27 C 6
Bear, Mount ▲ **USA** 164-165 U 6
Bear Bay ≈ 168-169 c 3
Bear Cove o **CDN** (BC) 176-177 G 6
Bear Cove ○ **CDN** (NWT) 180-181 G 3
Bear Cove Point ▲ **CDN** 180-181 H 3
Béard o **F** (58) 238-239 C 3
Beardmore o **CDN** 178-179 N 6
Beardmore Glacier ⊂ **ARK** 16 E 0
Beardmore Reservoir < **AUS** 114-115 K 4
Beardy River ~ **AUS** 114-115 L 5
Bearhead Creek ~ **CDN** 176-177 M 4
Bear Island ⌒ **ARK** 16 F 26
Bear Island ⌒ **CDN** 178-179 Q 3
Bear Lake ○ **CDN** 178-179 H 3
Bear Lake ○ **USA** 184-185 J 5
Bear Mount ▲ **USA** 164-165 T 2
Bearpaw Mount ▲ **USA** 164-165 P 4
Bear Paw Mountain ▲ **USA** 186-187 C 1
Bear River ~ **CDN** 178-179 D 3
Bear River ~ **USA** 184-185 J 5
Bearskin Lake o **CDN** 178-179 L 4
Beas ~ **IND** 74-75 E 4
Beas de Segura o **E** 34-35 F 5
Beata, Cabo ▲ **DOM** 198-199 K 6
Beata, Isla ⌒ **DOM** 198-199 K 6
Beatrice o **USA** 186-187 J 5
Beatrice o **ZW** 154-155 F 4
Beatrice, Cape ▲ **AUS** 110-111 D 4
Beatton River o **CDN** 176-177 K 3
Beatton River ~ **CDN** 176-177 K 3
Beatty o **CDN** 178-179 D 4
Beatty o **USA** 184-185 F 7
Beattyville o **CDN** 182-183 F 4
Beaubigny o **F** (50) 228-229 A 5
Beaucaire o **F** (30) 242-243 F 4
Beaucamps-le-Vieux o **F** (80) 228-229 H 4
Beauce ∸ **F** (45) 232-233 G 3
Beauceville o **CDN** 182-183 J 5
Beauchamps o **F** (50) 230-231 J 2
Beauchamps o **F** (80) 228-229 H 3
Beauchastel o **F** (07) 242-243 F 2
Beauchêne o **F** (61) 230-231 K 2
Beauchêne Island ⌒ **GB** 222-223 L 7
Beaucourt o **F** (90) 238-239 K 2
Beaudesert o **AUS** (QLD) 114-115 F 1
Beaudesert o **AUS** (QLD) 114-115 M 5
Beauduc, Golfe de ≈ **F** (13) 242-243 E 5
Beaufort o **AUS** 116-117 G 4
Beaufort o **F** (39) 238-239 G 3
Beaufort o **F** (73) 238-239 K 5
Beaufort o **MAL** 96-97 A 10
Beaufort o **USA** (SC) 192-193 H 3
Beaufort o· **USA** (NC) 192-193 K 2
Beaufort, Mer de = Beaufort Sea ≈ 164-165 Q 1
Beaufort-en-Vallée o **F** (49) 230-231 L 5
Beaufort Lagoon ○ **USA** 164-165 U 2
Beaufort Sea = Beaufort, Mer de ≈ 164-165 Q 1
Beaufort-sur-Gervanne o **F** (26) 242-243 G 2
Beaufort-Wes = Beaufort West o **ZA** 156-157 F 6
Beaufort West = Beaufort-Wes o **ZA** 156-157 F 6
Beaugency o **F** (45) 232-233 F 4
Beaujeu o **F** (69) 238-239 F 4
Beaujolais ∸ **F** (69) 238-239 F 5
Beaujolais, Monts du ⛰ **F** (69) 238-239 E 4
Beaulac o **F** (33) 240-241 D 2
Beaulieu o **F** (14) 230-231 K 2
Beaulieu o **F** (45) 232-233 H 4
Beaulieu-lès-Loches o **F** (37) 232-233 E 5
Beaulieu River ~ **CDN** 174-175 N 4
Beaulieu-sous-la-Roche o **F** (85) 236-237 B 2
Beaulieu-sur-Dordogne o· **F** (19) 236-237 J 6
Beaulieu-sur-Layon o **F** (49) 230-231 K 5
Beaulieu-sur-Mer o **F** (06) 242-243 L 4
Beauly o· **GB** 26-27 E 3
Beaumarchés o **F** (32) 240-241 E 3
Beaumesnil o **F** (14) 230-231 K 2
Beaumesnil o **F** (27) 228-229 F 5
Beaumetz o **F** (80) 228-229 J 3
Beaumetz-lès-Loges o **F** (62) 228-229 K 3
Beaumont o **F** (24) 236-237 G 6
Beaumont o **F** (974) 246 II b 1
Beaumont o **USA** (MS) 192-193 D 4
Beaumont o **USA** (TX) 188-189 K 4
Beaumont-de-Lomagne o· **F** (82) 240-241 F 3
Beaumont-du-Gâtinais o **F** (77) 232-233 G 3
Beaumont-en-Argonne o **F** (08) 234-235 G 2
Beaumont-en-Auge o **F** (14) 228-229 E 5
Beaumont-Hague o **F** (50) 228-229 A 4
Beaumont-la-Ferrière o **F** (58) 232-233 J 5
Beaumont-la-Ronce o **F** (37) 232-233 D 4
Beaumont-le-Roger o **F** (27) 228-229 F 5
Beaumont-les-Autels o **F** (28) 232-233 D 3
Beaumont-sur-Oise o **F** (95) 228-229 J 5
Beaumont-sur-Sarthe o **F** (72) 230-231 M 3
Beaune o **F** (21) 238-239 F 2
Beaune-la-Rolande o **F** (45) 232-233 G 3
Beaupré, Kap ▲ **GRØ** 172-173 c 2
Beaupréau o **F** (49) 230-231 K 5
Beauquesne o **F** (80) 228-229 J 3
Beaurains o **F** (62) 228-229 K 3
Beaurainville o **F** (62) 228-229 H 3
Beauregard o **F** (46) 240-241 H 2
Beauregard · **F** (41) 232-233 E 4
Beaurepaire o **F** (38) 242-243 G 1
Beaurepaire o **F** (85) 236-237 C 2
Beaurepaire-en-Bresse o **F** (71) 238-239 G 3
Beaurières o **F** (26) 242-243 H 2
Beauronne o **F** (24) 236-237 F 5
Beauséjour o **CDN** 178-179 H 5
Beauséjour o **F** (971) 245 IV b 2
Beauséjour National Historical Park, Fort ∴ **CDN** 182-183 M 6
Beausoleil o **F** (971) 245 IV a 2
Beaussais o **F** (79) 236-237 E 3
Beausset, Le o **F** (83) 242-243 H 5
Beautemps-Beaupré, Île ⌒ **F** (988) 247 I d 2
Beautiran o **F** (33) 236-237 E 6
Beauty o **ZA** 154-155 D 6
Beauvais ☆· **F** (60) 228-229 J 5
Beauvais Lake ○ **CDN** 174-175 R 5
Beauval o **CDN** 178-179 C 3
Beauval o **F** (80) 228-229 J 3
Beauvallon o **F** (83) 242-243 K 5
Beauveau, Lac ○ **CDN** 182-183 G 2
Beauvezer o **F** (04) 242-243 K 3
Beauville o **F** (47) 240-241 F 2
Beauvilliers o **F** (28) 232-233 F 3
Beauvoir-sur-Mer o **F** (85) 236-237 A 2
Beauvoir-sur-Niort o **F** (79) 236-237 E 3
Beaver o **USA** (AK) 164-165 R 3
Beaver o **USA** (UT) 184-185 H 6
Beaver Creek ~ **USA** 164-165 R 4
Beaver Creek ~ **USA** 186-187 G 6
Beaver Creek ~ **USA** 186-187 C 2
Beaver Dam o **USA** 190-191 D 4
Beaver Falls o **USA** 190-191 H 5
Beaverhead Range ⛰ **USA** 184-185 H 3
Beaverhead River ~ **USA** 184-185 H 3
Beaverhill Lake ○ **CDN** (MAN) 178-179 J 3
Beaverhill Lake ○ **CDN** (NWT) 174-175 R 4
Beaver Island ⌒ **USA** 190-191 F 3
Beaver Lake ○ **CDN** 174-175 L 5
Beaver Lake ○ **USA** 188-189 K 1
Beaverlodge Lake ○ **CDN** (NWT) 174-175 K 3
Beaverlodge Lake ○ **CDN** (SAS) 174-175 P 6
Beaver Mountain ▲ **CDN** 164-165 U 5
Beavermouth o **CDN** 176-177 M 6
Beaver River ~ **CDN** 174-175 G 5
Beaver River ~ **CDN** 176-177 P 4
Beaver River ~ **CDN** 178-179 M 3
Beaver River ~ **CDN** 178-179 C 3
Beaver River ~ **CDN** 182-183 E 2
Beaver River ~ **USA** 188-189 F 1
Beaverstone River ~ **CDN** 178-179 L 3
Beaverton o **CDN** 182-183 E 6
Beāwar o **IND** 74-75 E 6
Beazley o **RA** 222-223 F 2
Bebarama o **CO** 204-205 C 4
Bébédjia o **TCH** 142-143 C 4
Bebedouro o **BR** 216-217 F 6
Bebeka o **ETH** 144-145 B 5
Bebenaro o **RI** 102-103 C 6
Bebisa o **PNG** 119 B 4
Béboto o **TCH** 142-143 C 4
Béboura III o **RCA** 142-143 C 5
Bebra o **D** 28-29 K 3
Becal o· **MEX** 196-197 J 1
Becan ∴· **MEX** 196-197 K 2
Becanchén o **MEX** 196-197 K 2
Bécard, Lac ○ **CDN** 180-181 N 4
Bečenča o **RUS** 54-55 G 5
Becerreá o **E** 34-35 D 3
Becerro, Cayos ⌒ **HN** 198-199 D 7
Béchar ☆ **DZ** 124-125 K 5
Becharof Lake ○ **USA** 166-167 S 4
Bec-Hellouin, le o **F** (27) 228-229 F 5
Becher, Cape ▲ **CDN** 168-169 Y 2
Bécherel o **F** (35) 230-231 H 3
Bécherel, Rochers de · **F** (35) 230-231 J 3
Becher Peninsula ◡ **CDN** 180-181 P 3
Bechevin Bay ≈ 166-167 P 5
Becilla de Valderaduey o **E** 34-35 E 3
Beckley o **USA** 190-191 H 7
Becks o **NZ** 118 B 6
Beco o **RI** 102-103 C 6
Bécon-les-Granits o **F** (49) 230-231 K 5
Bédarieux o **F** (34) 240-241 L 3
Bedarra Island ⌒ **AUS** 110-111 J 6
Bédaya o **TCH** 142-143 C 4
Beddouza, Cap ▲ **MA** 124-125 G 4
Bédée o **F** (35) 230-231 H 3
Bedelē o **ETH** 144-145 C 4
Bédenac o **F** (17) 236-237 E 5
Bedēsa o **ETH** 144-145 E 4
Bedford o **CDN** 182-183 H 6
Bedford o **GB** 26-27 G 5
Bedford o **USA** (IA) 186-187 K 5
Bedford o **USA** (IN) 190-191 E 6
Bedford o **USA** (PA) 190-191 J 5
Bedford o **USA** (VA) 190-191 J 7
Bedford o **ZA** 156-157 H 6
Bedford, Cape ▲ **AUS** 110-111 H 4
Bedford, Lake ○ **AUS** 112-113 G 3
Bedford, Mount ▲ **AUS** 108-109 H 4
Bedford Downs o **AUS** 108-109 H 4
Bediako o **GH** 138-139 J 6
Bediani o **GE** 62-63 F 7
Bedi Dat o **PK** 70-71 L 5
Bediondo o **TCH** 142-143 C 4
Bedjedjene, Hassi < **DZ** 126-127 G 7
Bednesti o **CDN** 176-177 J 5
Bednodem'janovsk o **RUS** 30-31 S 5
Bédo < **TCH** 134-135 J 3
Bedoba o **RUS** 52-53 H 6
Bédoin o **F** (84) 242-243 G 3
Bédouaram < **RN** 134-135 F 5
Bedoud, Hassi < **MA** 124-125 K 4
Bedous o **F** (64) 240-241 C 5
Beechal River ~ **AUS** 114-115 H 4
Beecher o **USA** 190-191 E 5
Beechey Lake ○ **CDN** 174-175 Q 3
Beechey Point o **USA** 164-165 Q 1
Beechworth o· **AUS** 116-117 J 4
Beechy o **CDN** 178-179 C 5
Beekman Peninsula ◡ **CDN** 180-181 R 3
Beeler o **USA** 186-187 G 6
Beenčime ~ **RUS** 46-47 N 4
Beenleigh o **AUS** 114-115 M 4
Be'ér Sheva' ☆ **IL** 66-67 D 2
Beerwah o **AUS** 114-115 M 4
Beeskow o· **D** 28-29 N 2
Beestekraal o **ZA** 156-157 H 2
Beetaloo o **AUS** 110-111 B 5
Beeville o **USA** 188-189 J 5
Befale o **ZRE** 146-147 H 3
Befandefa o **RM** 158-159 C 9
Befandriana Atsimo o **RM** 158-159 C 9
Befandriana Avaratra o **RM** 158-159 F 5
Befasy o **RM** 158-159 D 8
Beffa ~ **DY** 140-141 E 4
Befori o **ZRE** 146-147 J 3
Beforona o **RM** 158-159 F 7
Befotaka o **RM** 158-159 E 9
Bega o **AUS** 116-117 K 4
Béganne o **F** (56) 230-231 G 4
Bégard o **F** (22) 230-231 E 2
Beggs o **USA** 188-189 J 2
Begičeva, grjada ⛰ **RUS** 44-45 X 5
Begidzjan ~ **RUS** 46-47 P 6
Beg-Meil o **F** (29) 230-231 D 4
Begna ~ **N** 22-23 D 6
Begnécourt o **F** (88) 234-235 J 5
Begogo o **RM** 158-159 E 9
Bégon o **RCA** 142-143 B 5
Begoro o **GH** 138-139 K 6
Bégude-de-Mazenac, le o **F** (26) 242-243 F 2
Begunicy o **RUS** 30-31 L 2
Begusarai o **IND** 78-79 E 3
Beh ~ **RI** 104 C 7
Behābād o **IR** 70-71 G 3
Behara o **RM** 158-159 E 10
Behbahān o· **IR** 70-71 D 3
Beheloka o **RM** 158-159 C 9
Behenjy o **RM** 158-159 E 7
Béhili o **RCA** 142-143 D 5
Behm Canal ≈ 176-177 E 4
Behren-lès-Forbach o **F** (57) 234-235 K 3
Behring Point o **BS** 198-199 G 2
Behšahr o· **IR** 72-73 C 6
Bei'an o **VRC** 86-87 F 3
Béibouo o **CI** 138-139 G 6
Beibu Wan ≈ 92-93 E 6
Beichuan o **VRC** 90-91 D 6
Beida = Goz o **TCH** 134-135 K 6
Beidaihe Haibin · **VRC** 90-91 L 2
Beidaneikechuke o **VRC** 80-81 F 5
Beidou o **VRC** 92-93 H 6
Beigi o **ETH** 144-145 B 4
Beihai o **VRC** 92-93 F 6
Bei Jiang ~ **VRC** 92-93 H 4
Bei Jiao ⌒ **VRC** 94-95 L 2
Beijing ★··· **VRC** 90-91 K 2
Beijin Gang ~ **VRC** 92-93 H 6
Beijing Shi □ **VRC** 90-91 K 2
Bei Ling · **VRC** 86-87 D 7
Beiliu o **VRC** 92-93 G 5
Béinamar o **TCH** 142-143 B 4
Beine-Nauroy o **F** (51) 234-235 E 3
Beinheim o **F** (67) 234-235 N 4
Beipan Jiang ~ **VRC** 92-93 D 4
Beipiao o **VRC** 86-87 C 7
Beira ☆ **MOC** 154-155 H 4
Beira Alta o **ANG** 152-153 C 4
Beiradão o **BR** 206-207 H 6
Beiseker o **CDN** 176-177 O 6
Bei Shan ⛰ **VRC** 82-83 M 5
Beishan · **VRC** (JIL) 86-87 E 6
Beishan · **VRC** (ZHE) 92-93 L 2
Beitan o **VRC** 92-93 F 6
Beitau o **VRC** 92-93 F 6
Beitbridge o **ZW** 154-155 F 6
Beitstadfjorden ≈ 22-23 E 5
Beitun o **VRC** 82-83 H 2
Beizhangdian o **VRC** 90-91 H 3
Beizhen o **VRC** 86-87 C 7
Beja o·· **P** 34-35 D 5
Beja ☆ **TN** 126-127 G 2
Bejaja ☆· **DZ** 126-127 E 2
Béjar o· **E** 34-35 E 4
Bejarn o **N** 22-23 G 3
Beji ~ **PK** 74-75 B 5
Beji o **WAN** 140-141 G 4
Bejlagan = Beylagan o **AZ** 64-65 M 3
Bejneu ☆ **KA** 62-63 L 5
B. E. Jordan Lake ○ **USA** 192-193 J 2
Bejsug ~ **RUS** 38-39 L 5
Bejsugskij liman ≈ 38-39 L 4
Bejucal o **C** 198-199 D 3
Bek ~ **CAM** 146-147 E 2
Béka o **CAM** (ADA) 140-141 K 5
Béka o **CAM** (ADA) 142-143 B 5
Béka o **CAM** (NOR) 140-141 K 4
Bekabad o **US** 72-73 L 4
Békamba o **TCH** 142-143 C 4
Bekasi o **RI** 104 B 3
Bekati o **US** 72-73 K 4
Bekbeket o **KA** 32-33 H 10
Bekdaš o **TM** 72-73 C 4
Bek-Džar o **KS** 72-73 N 4
Beke o **RI** 104 E 7
Bèkè ~ **RUS** 46-47 K 6
Beke o **ZRE** 150-151 D 5
Bekenu o **MAL** 98-99 K 2
Békés o **H** 28-29 Q 5
Békéscsaba o **H** 28-29 Q 5
Bekily o **RM** 158-159 D 10
Bekipay o **RM** 158-159 E 6
Bekitro o **RM** 158-159 D 10
Bekkai o **J** 88-89 L 3
Bekmurat, gora ▲ **TM** 72-73 D 4
Bekodoka o **RM** 158-159 D 6
Bek'oji o **ETH** 144-145 D 5
Bekopaka o **RM** 158-159 D 7
Békuy o **BF** 138-139 J 4
Bekwai o **GH** 138-139 K 6
Bekyem o **GH** 138-139 J 6
Bela ~ **BR** 214-215 H 3
Bela o **IND** 78-79 C 3
Bela o **PK** 70-71 M 5
Bélabirim < **RN** 134-135 F 5
Bélabo o **CAM** 140-141 K 6
Bélâbre o **F** (36) 236-237 H 2
Bela Estrela o **BR** 212-213 E 4
Belaga o **MAL** 98-99 K 3
Bel-Air o **F** (22) 230-231 F 3
Bel Air o **USA** 190-191 K 6
Belaja ~ **RUS** 32-33 L 6
Belaja ~ **RUS** 48-49 R 4
Belaja ~ **RUS** 48-49 O 5
Belaja ~ **RUS** 52-53 L 9
Belaja ~ **RUS** 58-59 C 3
Belaja ~ **RUS** 62-63 D 5
Belaja, gora ▲ **RUS** 48-49 S 4
Belaja, Ust'- o **RUS** 48-49 R 4
Belaja Berëzka o **RUS** 30-31 N 5
Belaja Cerkov' = Bila Cerkva ☆ **UA** 38-39 G 3
Belaja Gora o **RUS** 46-47 a 5
Belaja Holunica ☆ **RUS** 32-33 G 4
Belaja Kalitva o **RUS** 38-39 M 3
Belaja Škola o **KA** 60-61 N 5
Belajau, Danau ○ **RI** 98-99 K 6
Belaja Zemlja, ostrova ⌒ **RUS** 20-21 g 2
Belalcázar o **E** 34-35 E 5
Bela Lorena o **BR** 216-217 G 3
Belamoty o **RM** 158-159 D 9
Belang o **RI** 100-101 J 3
Belangan o **RI** 98-99 K 6
Belangbelang, Pulau ⌒ **RI** (MAL) 100-101 K 4
Belangbelang, Pulau ⌒ **RI** (SSE) 104 E 6
Belanger Island ⌒ **CDN** 180-181 L 6
Belanger River ~ **CDN** 178-179 H 4
Bela Palanka o· **YU** 36-37 J 3
Belarus' = Biélorussie ■ **BY** 30-31 K 5
Belas o **ANG** 152-153 B 4
Belāti o **IND** 76-77 F 2
Bela Vista o **ANG** (BGO) 152-153 B 3
Bela Vista o **ANG** (HBO) 152-153 D 6
Bela Vista o **BR** (APA) 206-207 J 4
Bela Vista o **BR** (GSU) 220-221 J 2
Bela Vista o **BR** (RSU) 218-219 D 7
Bela Vista o **MOC** 156-157 L 3
Bela Vista, Cachoeira ~ **BR** 212-213 C 3
Belawan o **RI** 98-99 C 3
Belayan ~ **RI** 100-101 E 3
Bélbéji o **RN** 134-135 C 5
Belbela, Sebkha Aïn ○ **DZ** 124-125 J 7
Bèl'c' = Bălți ☆ **MD** 38-39 E 4
Belcaire o **F** (11) 240-241 H 5
Belčerāg o **AFG** 72-73 J 7
Bełchatów o **PL** 28-29 P 3
Belcher Channel ≈ 168-169 X 2
Belcher Islands o **CDN** (NWT) 180-181 K 6
Belcher Islands ⌒ **CDN** (NWT) 180-181 J 6
Belcher Point ▲ **CDN** 168-169 g 3
Belchite o **E** 34-35 G 4
Bel'cy = Bălți ☆ **MD** 38-39 E 4
Belda o **IND** 78-79 E 4
Belden o **USA** 184-185 D 5
Bel'dir, Uš o **RUS** 52-53 J 10
Bel'dunčana, ozero ○ **RUS** 52-53 G 2
Bele, ozero ○ **RUS** 52-53 E 8
Belebej ☆ **RUS** 32-33 J 6
Belebelka o **RUS** 30-31 M 3
Beledweyne ☆ **SP** 144-145 G 6
Béléhédé o **BF** 138-139 K 2
Beléko-Soba o **RMM** 138-139 G 3
Bélel o **CAM** 142-143 B 5
Belel o **WAN** 140-141 K 4
Belele o **AUS** 112-113 D 3
Belém o **BR** (AMA) 210-211 C 5
Belém o **BR** (PA) 212-213 L 5
Belém ☆· **BR** (P) 206-207 K 6
Belem o **PE** 214-215 C 4
Belem de São Francisco o **BR** 212-213 J 6
Belen o **CO** 204-205 E 4
Belen ~ **PA** 196-197 D 7
Belén o **RA** 220-221 D 4
Belén o **RCH** 214-215 C 6
Belen o **USA** 188-189 D 2
Belén, Río ~ **RA** 220-221 D 4
Belen'kij o **RUS** 54-55 M 8
Belep, Îles ⌒ **F** (988) 247 I a 1
Belesc Cogani o **SP** 148-149 H 3
Bélesta o **F** (09) 240-241 H 5
Beles Wenz ~ **ETH** 144-145 C 3
Belet Uen = Beledweyne ☆ **SP** 144-145 G 6
Beleuli ∴· **US** 72-73 E 2
Belev ☆ **RUS** 30-31 P 5
Bèlèya o **RG** 138-139 E 4
Beleya Terara ▲ **ETH** 144-145 C 3
Beleza, Ribeiro ~ **BR** 212-213 C 6
Belezma, Monts de ⛰ **DZ** 126-127 E 3
Belfast ☆· **GB** 26-27 E 4
Belfast o **USA** 190-191 O 3
Belfast o **ZA** 156-157 K 2
Belfield o **USA** 186-187 F 2
Bēlfodiyo o **ETH** 144-145 B 3
Belfort ☆· **F** (90) 238-239 K 1
Belgaum o· **IND** 76-77 F 3
Belgentier o **F** (83) 242-243 J 5
Belgica, La o **BOL** 214-215 F 5
Belgica Bank ≃ 170-171 s 4
Belgica Mountains ⛰ **ARK** 16 F 3
België = Belgique ■ **B** 28-29 G 3
Belgique = België = Belgique ■ **B** 28-29 G 3
Bel'go o **RUS** 58-59 G 3
Belgo o **SUD** 142-143 L 3
Belgodere o **F** (2B) 244 D 3
Belgorod o **RUS** 38-39 K 2
Belgorod-Dnestrovskij ☆ **UA** 38-39 G 4
Belgrade o **USA** (MN) 186-187 K 3
Belgrade o **USA** (MT) 184-185 J 3
Belgrade = Beograd ★·· **YU** 36-37 H 2
Belgrano o **RA** 220-221 F 3
Belgrano, Cerro ▲ **RA** 224 E 3
Bel Guerdâne, Bir < **RIM** 132-133 E 2
Belhade o **F** (40) 240-241 C 2
Belhatti o **IND** 76-77 F 3
Belhaven o **USA** 192-193 K 2
Belhe o **IND** 74-75 E 10
Belhirane o **DZ** 126-127 F 5
Béli ~ **BF** 138-139 K 2
Béli o **GNB** 138-139 D 4
Beli o **WAN** 140-141 J 5
Belic o **C** 198-199 G 5
Bélice ~ **I** 36-37 D 6
Beličij, ostrov ⌒ **RUS** 56-57 G 6
Belidži o **RUS** 62-63 H 7
Béliet o **F** (33) 240-241 C 2
Belifang o **CAM** 140-141 J 5
Beli Hill ▲ **WAN** 140-141 J 5
Belimbing o **RI** (LAM) 98-99 F 7
Belimbing o **RI** (SUS) 98-99 F 6
Belimbing, Tanjung ▲ **RI** 98-99 F 7
Belimbing, Teluk ≈ 98-99 F 7
Bélinga o **G** 146-147 D 3
Belinskij o **RUS** 30-31 R 5
Belinskoe o **RUS** 58-59 K 4
Belinyu o **RI** 98-99 F 5
Belitung, Pulau ⌒ **RI** 98-99 H 6
Belize o **ANG** 146-147 D 6
Belize = Bélize ■ **BH** 196-197 K 3
Bélize = Belize ■ **BH** 196-197 K 3

Belize City ○ BH 196-197 K 3
Belize River ~ BH 196-197 K 3
Bélizon ○ F (973) 245 I c 2
Beljaevka ☆ RUS 32-33 K 8
Beljaka, kosa ◡ RUS 48-49 X 3
Beljanica ▲ YU 36-37 H 2
Beljanka ~ RUS 54-55 O 4
Bel Kacem, Bir < TN 126-127 G 4
Beľkači ○ RUS 56-57 D 4
Beľkači ~ RUS 56-57 D 4
Belkar ○ IND 76-77 E 2
Beľkovskij, ostrov ⌒ RUS 46-47 U 2
Beľkovskij Nos, mys ▲ RUS 44-45 J 7
Bell ○ ZA 156-157 H 6
Bell, Rivière ~ CDN 182-183 F 4
Bella ○ CAM 146-147 C 2
Bella, Laguna la ○ RA 220-221 G 3
Bella Bella ○ CDN 176-177 F 5
Bellac ○ F (87) 236-237 H 3
Bella Coola ○ CDN 176-177 G 5
Bella Coola River ~ CDN 176-177 G 5
Belladère ○ RH 198-199 J 5
Bella Flor ○ BOL 214-215 D 2
Bellaire ○ USA 190-191 H 6
Bellary ○ IND 76-77 G 3
Bellata ○ AUS 114-115 K 5
Bellavista ○ EC 208-209 B 10
Bellavista ○ PE (CAJ) 208-209 C 4
Bellavista ○ PE (MAR) 208-209 D 5
Bella Vista ○ PY 220-221 K 4
Bella Vista ○ RA 220-221 H 5
Bella Vista, Salar de ○ RCH 214-215 C 7
Bell Bay ≈ 168-169 e 5
Bellburns ○ CDN 182-183 Q 3
Belle, La ○ USA 192-193 H 6
Belle Anse ○ RH 198-199 J 5
Belleau ○ F (02) 228-229 L 5
Belle Bay ≈ 182-183 R 5
Belledonne, Chaîne de ▲ F (38) 242-243 H 1
Belledonne, Grand Pic de ▲ F 242-243 H 1
Bellefontaine ○ F (39) 238-239 J 3
Bellefontaine ○ F (972) 245 V a 2
Bellefontaine ○ USA 190-191 G 5
Bellefontaine, Abbaye de ~ F (02) 234-235 E 2
Bellefonte ○ USA 190-191 K 5
Belle Fourche ○ USA 186-187 F 3
Belle Fourche Reservoir < USA 186-187 F 3
Belle Fourche River ~ USA 186-187 E 4
Bellegarde ○ F (30) 242-243 F 4
Bellegarde ○ F (45) 232-233 G 4
Bellegarde-en-Marche ○ F (23) 236-237 K 4
Bellegarde-sur-Valserine ○ F (01) 238-239 H 4
Belle Glade ○ USA 192-193 H 6
Belle Granaje, Col de ▲ F (2B) 244 D 4
Belleherbe ○ F (25) 238-239 K 2
Belle Hôtesse ▲ F (971) 245 IV a 2
Belle-Île ⌒ F (56) 230-231 E 5
Belle Isle ⌒ CDN 182-183 R 3
Belle Isle, Strait of ≈ 182-183 Q 3
Belle-Isle-en-Terre ○ F (22) 230-231 E 2
Bellême ○ F (61) 232-233 D 3
Bellenaves ○ F (03) 236-237 M 3
Bellencombre ○ F (76) 228-229 G 4
Bellenden Ker ○ AUS 110-111 H 5
Bellenden Ker National Park ⊥ AUS 110-111 H 5
Belleoram ○ CDN 182-183 R 5
Bellerive-sur-Allier ○ F (03) 238-239 C 4
Belle Rivière ~ F (975) 245 II b 2
Belleterre ○ CDN 182-183 E 5
Bellevaux ○ F (74) 238-239 K 4
Bellevaux • F 238-239 J 2
Bellevesvre ○ F (71) 238-239 G 3
Belleville ○ CDN 182-183 F 6
Belleville ○ F (69) 238-239 F 4
Belleville ○ USA 186-187 J 6
Belleville-sur-Loire ○ F (18) 232-233 H 4
Belleville-sur-Vie ○ F (85) 236-237 C 2
Bellevue ○ AUS 110-111 H 5
Bellevue ○ F (973) 245 I b 1
Bellevue ○ F (973) 245 I a 3
Bellevue • F 238-239 H 2
Bellevue ○ USA (IA) 190-191 C 4
Bellevue ○ USA (WA) 184-185 C 2
Bellevue de l'Inini, Mont ▲ F (973) 245 I b 3
Bellevue-la-Montagne ○ F (43) 242-243 D 1
Belley ○ F (01) 238-239 H 5
Belleydoux ○ F (01) 238-239 H 4
Bellicourt ○ F (02) 228-229 L 4
Belligné ○ F (44) 230-231 J 5
Bellingen ○ AUS 114-115 M 6
Bellinger, Lac ○ CDN 182-183 G 3
Bellingham ○ USA 184-185 C 1
Bellingshausen, Mer de = Bellingshausen Sea ≈ 16 G 28
Bellingshausen Abyssal Plain=Pacifique-Atlantique, Bassin du ≈ 16 G 27
Bellingshausen Sea = Bellingshausen, Mer de ≈ 16 G 28
Bellinzona ☆• CH 28-29 K 5
Bell-Irving River ~ CDN 176-177 F 3
Bell Irving River ~ CDN 176-177 F 3
Bell Island ⌒ CDN (NFL) 182-183 S 5
Bell Island ⌒ CDN (NFL) 182-183 R 3
Bell Island Hot Springs ○ USA 176-177 E 4
Bellmead ○ USA 188-189 J 4
Bell National Historic Park, Alexander Graham ∴ CDN 182-183 O 5
Bello ○ CO 204-205 D 4
Bellocq ○ RA 222-223 J 3
Bellona Island ⌒ SOL 120 I d 4
Bellot ○ F (77) 232-233 J 2
Belloutard, Île ⌒ F (984) 246 III c 3
Bellou-en-Houlme ○ F (61) 230-231 L 2
Bellows Falls ○ USA 190-191 M 4
Bellpat ○ PK 74-75 B 5
Bell Peninsula ◡ CDN 180-181 H 3
Bell River ~ AUS 116-117 K 2
Bell River ~ CDN 164-165 W 3
Bellsund ≈ 20-21 H 4
Belluno ☆ I 36-37 D 1
Bell Ville ○ RA 222-223 H 2
Bellville ○ ZA 156-157 D 6
Belly River ~ CDN 176-177 O 7
Belmesnil ○ F (76) 228-229 G 4
Belmond ○ USA 186-187 L 4
Belmont ○ AUS 116-117 L 2
Belmont ○ ZA 156-157 G 4
Belmont, Fort ∴ USA (MN) 190-191 C 4
Belmont, Fort • USA (MN) 186-187 K 4
Belmont-de-la-Loire ○ F (69) 238-239 E 4
Belmonte ○ BR 216-217 L 3
Belmontet ○ F (46) 240-241 G 2
Belmont-sur-Rance ○ F (12) 240-241 K 3
Belmopan ★ BH 196-197 K 3
Belmore Creek ~ AUS 110-111 F 6
Belmullet = Béal an Mhuirthead ○ IRL 26-27 C 4
Belo ○ RM 158-159 D 8
Belobaka ○ RM 158-159 D 7
Belobrova, proliv ≈ 44-45 Z 1
Belo Campo ○ BR 216-217 K 3
Beloe, ozero ○ RUS 30-31 P 1
Beloe, ozero ○ RUS 50-51 U 7
Beloe more = Mer Blanche ≈ 24-25 O 4
Belogolovaja ~ RUS 56-57 R 5
Belogorsk ○ RUS (AMR) 58-59 C 3
Belogorsk ○ RUS (KMR) 50-51 U 7
Belogorskij materik ⊥ RUS 50-51 J 3
Belogorskij materik, vozvšennosť ▲ RUS 50-51 J 3
Beloha ○ RM 158-159 D 10
Belo Horizonte ☆ BR 216-217 J 5
Beloit ○ USA (KS) 186-187 H 6
Beloit ○ USA (WI) 190-191 D 4
Belo Jardim ○ BR 212-213 K 6
Belojarovo ○ RUS 58-59 C 3
Belojarskij ○ RUS 50-51 J 3
Belojarskij ☆ RUS (SVR) 32-33 M 5
Béloko ○ RCA 142-143 B 6
Belokuriha ○ RUS 60-61 O 3
Belo Monte ○ BR (ALA) 212-213 K 6
Belo Monte ○ BR (AMA) 210-211 E 6
Belo Monte do Pontal ○ BR 212-213 C 3
Belomorsk ○ RUS 24-25 N 4
Belomorsko-Baltijskij kanal < RUS 24-25 N 4
Belomorsko-Kulojskoje-plato ▲ RUS 24-25 Q 4
Belonge ○ ZRE 146-147 H 5
Belopa ○ RI 100-101 G 5
Beloreçensk ○ RUS 62-63 C 5
Beloreck ☆ RUS 32-33 L 7
Belot, Lac ○ CDN 174-175 G 2
Belo Tsiribihina ○ RM 158-159 D 7
Belousovka ○ KA 60-61 N 3
Belovo ☆ RUS 50-51 T 7
Belovodskoe ○ KS 82-83 B 4
Belozersk ○ RUS 30-31 P 1
Belozerskoe ☆ RUS 50-51 H 7
Belozersko-Kirillovskie grjady ▲ RUS 30-31 P 1
Belpech ○ F (11) 240-241 H 4
Belpre ○ USA 186-187 H 7
Belrem, Hassi el < DZ 126-127 D 7
Belskaja vozvyšennosť ▲ RUS 30-31 N 4
Belskie, Usť-gory ▲ RUS 48-49 R 4
Belskoe ○ RUS 52-53 F 7
Belt ○ USA 184-185 J 2
Belt Bay ○ AUS 114-115 D 5
Belterra ○ BR 210-211 K 4
Belton ○ USA (SC) 192-193 G 2
Belton ○ USA (TX) 188-189 J 4
Belton Lake ○ USA 188-189 J 4
Beltov tepalik ⊥ US 72-73 G 3
Belubula River ~ AUS 116-117 K 2
Beluga Lake ○ USA 164-165 P 6
Beluha, gora ▲ KA 60-61 P 4
Beluran ○ MAL 96-97 B 10
Beluru ○ MAL 100-101 D 2
Beluše ○ RUS 24-25 T 3
Belušja Guba ○ RUS 44-45 E 6
Belužij Nos, mys ▲ RUS 44-45 M 6
Belvédère • F (39) 238-239 H 4
Belvédère, Mont ▲ F (973) 245 I b 3
Belvédère-Campomoro ○ F (2A) 244 C 5
Belvedere Marittimo ○ I 36-37 E 5
Belvenne ○ F (70) 238-239 K 1
Belvès ○ F (24) 236-237 H 6
Belvidere ○ USA 190-191 D 4
Belwa, River ~ WAN 140-141 J 4
Belwali ○ LB 138-139 F 6
Belyando River ~ AUS 114-115 J 2
Belye Vody ☆ KA 72-73 L 3
Belyj ☆ RUS 30-31 N 4
Belyj, Île = Belyj, ostrov ⌒ RUS 44-45 O 5
Belyj, ostrov ⌒ RUS 44-45 O 5
Belyj Čulym ~ RUS 50-51 U 7
Belyj Jar ☆ RUS 50-51 S 5
Belyj Urjum ~ RUS 54-55 H 9
Belz ○ F (56) 230-231 E 4
Bełżec ○ PL 28-29 R 3
Belzoni ○ USA 188-189 M 3
Bema ○ RMM 138-139 F 2
Bémal ○ RCA 142-143 C 5
Bemanevika ○ RM 158-159 G 5
Bemaraha ⊥ RM 158-159 D 7
Bemarivo ~ RM 158-159 E 6
Bembe ○ ANG 152-153 C 3
Bembeche ⊥ TCH 134-135 J 3
Bembèrèkè ○ DY 140-141 E 3
Bembesi ○ ZW 154-155 E 4
Bemetára ○ IND 78-79 B 5
Bemidji ○ USA 186-187 K 2
Bemonto ○ RM 158-159 D 7
Bemu ○ RI 102-103 E 3
Ben ○ BF 138-139 H 3
Bena ○ USA 186-187 K 2
Bena ○ WAN 140-141 F 3
Benabarre ○• E 34-35 H 3
Benada ○ IND 74-75 G 9
Bena-Dibele ○ ZRE 146-147 J 6
Benagerie ○ AUS 114-115 F 6
Benahmed ○ MA 124-125 H 4
Benahouin ○ CI 138-139 J 6
Benain ~ RI 102-103 C 6
Benaize ~ F (87) 236-237 H 3
Bena-Kamba ○ ZRE 146-147 K 5
Benalla ○ AUS 116-117 H 4
Bénara, Mima ▲ F (985) 246 I b 2
Ben Ash Monument ∴ USA 186-187 F 3
Benassay ○ F (86) 236-237 F 2
Benato-Toby ○ RM 158-159 D 9
Bena-Tshadi ○ ZRE 146-147 J 6
Benaule ○ PNG 119 F 3
Benavente ○ E 34-35 E 3
Benbonyathe Hill ▲ AUS 114-115 E 6
Ben Boyd National Park ⊥ AUS 116-117 K 4
Bencubbin ○ AUS 112-113 D 5
Bend ○ USA 184-185 D 3
Bèndana ○ TCH 142-143 D 4
Benda Range ▲ AUS 116-117 E 2
Bendel ■ WAN 140-141 F 5
Bendela ○ ZRE 146-147 F 5
Bendeleben Mountains ▲ USA 164-165 H 4
Bendemeer ○ AUS 114-115 L 6
Bender = Tighina ○ MD 38-39 F 4
Bender Qaasim = Boosaaso ☆ SP 144-145 J 3
Bendery = Tighina ○ MD 38-39 F 4
Bendieuta Creek ~ AUS 114-115 E 6
Bendigo ○• AUS 116-117 H 4
Bend of the Boyne ••• IRL 26-27 D 5
Bendugu ○ WAL 138-139 E 5
Bene ○ MOC 154-155 G 2
Benedict, Mount ▲ CDN 180-181 U 7
Benedict Fjord ≈ 170-171 f 2
Benedictine Monastery • AUS 112-113 D 5
Benedito Leite ○ BR 212-213 F 5
Bénéjacq ○ F (64) 240-241 D 4
Bénéna ○ RMM 138-139 H 3
Benenitra ○ RM 158-159 D 9
Benešov ○ CZ 28-29 N 4
Bénesse-lès-Dax ○ F (40) 240-241 B 3
Bénestroff ○ F (57) 234-235 K 4
Benet ○ F (85) 236-237 D 3
Beneuvre ○ F (21) 238-239 F 1
Bénévent-l'Abbaye ○ F (23) 236-237 J 3
Benevento ☆• I 36-37 E 4
Benevides ○ BR 206-207 K 6
Benfeld ○ F (67) 234-235 M 5
Benfica ○ BR 216-217 J 6
Benga ○ MOC 154-155 G 3
Benga ○ MW 154-155 H 1
Bengābād ○ IND 78-79 E 3
Bengal, Bay of = Bengale, Golfe du ≈ 6-7 H 7
Bengala ○ CO 204-205 E 5
Bengāla ○ IND 76-77 L 5
Bengale, Dorsale du = Ninetyeast Ridge ≃ 8 G 7
Bengale, Golfe du = Bengal, Bay of ≈ 6-7 H 7
Bengal Fan = Gange, Cône du ≃ 6-7 H 7
Bengalun, Tanjung ▲ RI 100-101 E 3
Bengamisa ○ ZRE 146-147 K 3
Bengawan ~ RI 104 E 3
Bengbis ○ CAM 146-147 D 2
Bengbu ○ VRC 90-91 K 5
Benge ○ USA 184-185 E 2
Benghazi = Banghāzi ☆ LAR 128-129 J 1
Bengkalis ○ RI 98-99 E 4
Bengkalis, Pulau ⌒ RI 98-99 E 4
Bengkayang ○ RI 98-99 H 4
Bengkulu ■ RI 98-99 E 7
Bengkulu ☆ RI 98-99 E 6
Bengkunat, Teluk ≈ 98-99 F 7
Bengo ■ ANG 152-153 B 4
Bengo ~ ANG 152-153 B 4
Bengo, Baía do ≈ 152-153 B 4
Bengough ○ CDN 178-179 D 6
Benguela ■ ANG 152-153 B 6
Benguela ☆ ANG 152-153 B 6
Ben Guerdane ○ TN 126-127 H 4
Benguerir ○ MA 124-125 H 4
Beni ○ ZRE 148-149 B 3
Beni, Río ~ BOL 214-215 D 3
Beni-Abbès ○• DZ 124-125 K 5
Beniah Lake ○ CDN 174-175 N 4
Beni-Boufrah ○ MA 124-125 J 3
Benicarló ○ E 34-35 H 4
Benicasim = Benicàssim ○ E 34-35 H 4
Benicàssim ○ E 34-35 H 4
Benicito, Río ~ BOL 214-215 E 2
Benidorm ○ E 34-35 G 5
Beniguet, Île de ⌒ F (29) 230-231 B 3
Beni Hammad ••• DZ 126-127 E 3
Beni Haoua ○ DZ 126-127 C 2
Beni Isguen ○ DZ 124-125 L 6
Beni Kheddache ○ TN 126-127 H 4
Beni Khedir ☆ MA 124-125 H 4
Benin = Bénin ■ DY 140-141 D 4
Bénin = Benin ■ DY 140-141 D 4
Benin, Bight of ≈ 140-141 E 6
Benin, River ~ WAN 140-141 F 6
Benin City ☆• WAN 140-141 F 5
Beni Ounif ○ DZ 124-125 L 4
Beni Saf ○ DZ 124-125 L 3
Benisheikh ○ WAN 140-141 K 3
Beni Slimane ○ DZ 126-127 D 2
Beni-Smir ▲ DZ 124-125 L 4
Beni-Snassen, Monts des ▲ MA 124-125 K 3
Bénisson-Dieu, La ○ F (42) 238-239 E 4
Beni Tajjite ○ MA 124-125 K 4
Benito ○ CDN 178-179 F 5
Benito Juárez ○ MEX 194-195 F 3
Benito Juárez ○ RA 222-223 K 4
Benito Juárez, Parque Nacional ⊥ MEX 196-197 F 3
Benito Juárez, Presa < MEX 196-197 G 3
Beni-Val < MA 124-125 K 4
Benjamin ○ USA 188-189 H 3
Benjamin, Isla ⌒ RCH 224 C 2
Benjamin Aceval ○ PY 220-221 J 3
Benjamin Constant ○ BR 210-211 B 5
Benjamin Hill ○ MEX 194-195 D 2
Benjina ○ RI 102-103 H 5
Benkelman ○ USA 186-187 G 5
Ben Lawers ▲ GB 26-27 E 3
Ben Loganbli ○ LB 138-139 E 6
Ben Lomond ▲ AUS 116-117 J 6
Ben Macdui ▲ GB 26-27 F 3
Ben Mehidi ○ DZ 126-127 F 2
Ben More ▲ GB 26-27 E 3
Benmore, Lake ○ NZ 118 C 6
Bennett ○ USA 186-187 E 6
Bennett, Lake ○ AUS 108-109 K 7
Bennett, Mount ▲ AUS 108-109 C 7
Bennetta, ostrov ⌒ RUS 46-47 b 1
Bennett Lake ○ CDN 164-165 X 6
Bennettsville ○ USA 192-193 J 2
Ben Nevis ▲•• GB 26-27 E 3
Bennichâb ○ RIM 132-133 C 5
Bennington ○ USA 190-191 M 4
Bénodet ○• F (29) 230-231 C 4
Bénodet, Anse de ≈ F (29) 230-231 C 4
Bénodet, Baie de ≈ 246 III a 3
Benoni ○ ZA 156-157 J 3
Benoud < DZ 126-127 C 4
Bénoué ~ CAM 140-141 K 5
Bénoué, Cuvette de la ⊥ CAM 140-141 K 4
Bénoué, Parc National de la ⊥ CAM 140-141 K 4
Bénoye ○ TCH 142-143 C 4
Bến Quang ○ VN 94-95 J 2
Ben Quang ○ VN 94-95 J 2
Ben Rinnes ▲ GB 26-27 F 3
Bensbach River ~ PNG 119 A 5
Bensékou ○ DY 140-141 E 3
Ben-Slimane ☆ MA 124-125 H 4
Benson ○ USA (AZ) 188-189 B 4
Benson ○ USA (MN) 186-187 K 3
Ben S'Rour ○ DZ 126-127 E 3
Bent ○ IR 70-71 H 5
Bent, Rūdhāne-ye ~ IR 70-71 H 5
Ben Tadjine, Djebel ▲ DZ 124-125 K 6
Benta Seberang ○ MAL 98-99 D 2
Bentenan ○ RI 100-101 J 3
Benteng ○ RI (SLT) 100-101 G 4
Benteng ○ RI (SSE) 104 E 6
Benteng Tanahjampea ○ RI 104 E 6
Bentiaba ~ ANG 152-153 B 7
Bentick Island ⌒ MYA 94-95 E 5
Bentinck Island ⌒ AUS 110-111 E 5
Bentinck Sound ≈ 94-95 D 5
Bentiu ○ SUD 142-143 J 4
Bentley ○ CDN 176-177 N 5
Bento Gomes, Rio ~ BR 214-215 J 5
Bento Gonçalves ○ BR 218-219 E 7
Benton ○ USA (AL) 192-193 E 3
Benton ○ USA (AR) 188-189 L 2
Benton, Lake ○ USA 186-187 J 3
Benton City ○ USA 184-185 E 2
Bentong ○ MAL 98-99 D 3
Benton Harbor ○ USA 190-191 E 4
Bentonia ○ USA 188-189 M 3
Bentonville ○ USA 188-189 K 1
Bentota ○ CL 76-77 H 7
Bến Tre ☆ VN 94-95 J 5
Bent's Old Fort National Historic Site ∴ USA 186-187 F 6
Bentuka ○ MAL 96-97 A 10
Benty ○ RG 138-139 D 5
Benua ○ RI 100-101 H 6
Benua, Pulau ⌒ RI 98-99 G 4
Benualawas ○ RI 100-101 D 5
Benue ■ WAN 140-141 G 5
Benue, River ~ WAN 140-141 G 4
Benum, Gunung ▲ MAL 98-99 E 3
Benum,Gunung ▲ MAL 98-99 E 3
Benut ○ MAL 98-99 E 4
Benxi ○ VRC 86-87 D 7
Benxi Shuidong • VRC 86-87 E 7
Benye ○ ZRE 146-147 F 4
Ben Zireg ○ DZ 124-125 L 5
Beo ○ RI 100-101 K 1
Beoga ○ RI 102-103 J 3
Beograd ★•• YU 36-37 H 2
Beoumi ○ CI 138-139 H 6
Bepondi, Pulau ⌒ RI 102-103 H 2
Beppu ○• J 88-89 D 8
Beqa ⌒ FJI 120 III b 3
Beque, De ○ USA 186-187 C 6
Bequia Island ⌒ WV 200 E 5
Bequimão ○ BR 212-213 F 3
Ber ○ RMM 132-133 J 6
Berabevú ○ RA 222-223 J 2
Berafia, Nosy ⌒ RM 158-159 E 4
Berahlé ○ ETH 136-137 K 6
Beraketa ○ RM 158-159 D 10
Beramanja ○ RM 158-159 F 4
Bérandjokou ○ RCB 146-147 F 2
Berangas ○ RI 100-101 E 5
Berani ○ PK 74-75 B 7
Bérarde, la ○ F (38) 242-243 J 2
Berat ☆•• AL 36-37 G 4
Bérat ○ F (31) 240-241 G 4
Berau ~ RI 100-101 E 2
Berau, Teluk ≈ 102-103 G 3
Beraun = Beroun ○ CZ 28-29 N 4
Beravina ○ RM 158-159 D 7
Beravy ○ RM 158-159 D 8
Berazino ☆ BY 30-31 L 5
Berbera ○ SP 144-145 G 3
Berbérati ☆ RCA 142-143 B 6
Berbia, Bir < TN 126-127 G 4
Berbice ~ GUY 206-207 E 4
Berchères-sur-Vesgre ○ F (28) 232-233 F 2
Berchtesgaden ○ D 28-29 M 5
Berck-sur-Mer ○ F (62) 228-229 H 3
Bercogyi ○ KA 62-63 N 3
Berd' ~ RUS 50-51 S 7
Berd' ~ RUS 60-61 N 1
Berdaale ○ SP 148-149 J 2
Berd'ans'ka kosa ◡ UA 38-39 K 4
Berdensar, köl ○ KA 62-63 N 4
Berd'huis ○ F (61) 232-233 D 3
Berdičev = Berdyčiv ☆ UA 38-39 F 3
Berdigestjah ☆ RUS 54-55 N 4
Berdjans'k ○ UA 38-39 K 4
Berdjansk = Berdjans'k ○ UA 38-39 K 4
Berdsk ○ RUS 60-61 N 1
Berdyčiv ☆ UA 38-39 F 3
Béré ○ TCH 142-143 C 4
Berea ○ USA 190-191 F 7
Beréba ○ BF 138-139 J 4
Berebere ○ RI 100-101 L 2
Bereeda ○ SP 144-145 K 3
Bereg Djogos Jar ◡ RUS 46-47 X 3
Bereg Haritona Lapteva ◡ RUS 44-45 W 4
Beregovoe ○ RUS 60-61 M 2
Beregovoj ○ RUS 54-55 N 8
Bereg Prončiščeva ◡ RUS 44-45 h 3
Berehove ☆ UA 38-39 C 3
Bereina ○ PNG 119 D 5
Bereja ~ RUS 58-59 B 3
Bereku ○ EAT 148-149 E 6
Berekua ○ WD 200 E 4
Berekum ○ GH 138-139 J 6
Bērēlēh ~ RUS 46-47 b 4
Bērēlēh ~ RUS 56-57 M 2
Berembang ○ RI 98-99 D 3
Berenda ○ USA 184-185 D 7
Berendi ○ TR 64-65 F 4
Berenike ○ ET 130-131 G 6
Berens Island ⌒ CDN 178-179 H 4
Berens Islands ⌒ CDN 174-175 N 2
Berens River ○ CDN 178-179 H 4
Berens River ~ CDN 178-179 K 5
Bereš ~ RUS 50-51 U 7
Beresford ○ USA 186-187 J 4
Berettyóújfalu ○ H 28-29 Q 5
Berezivka ○ UA 38-39 G 4
Berežnaja ○ RUS 24-25 R 6
Berezneħuvate ○ UA 38-39 H 4
Bereznik ○ RUS 24-25 R 5
Berezniki ○ RUS 50-51 D 5
Berežnyh, mys ▲ RUS 46-47 X 1
Berezova ○ RUS 24-25 M 4
Berëzovaja ○ RUS 52-53 F 8
Berezovaja ~ RUS 48-49 R 5
Berëzovka ☆ RUS (KRN) 52-53 F 7
Berëzovka ☆ RUS (PRM) 32-33 K 5
Berezovka ~ RUS 48-49 J 3
Berëzovka ~ RUS 48-49 M 3
Berezovka ~ RUS 50-51 D 4
Berëzovka ~ RUS 50-51 R 5
Berezovo ☆ RUS 50-51 H 3
Berezovskij ○ RUS 50-51 T 7
Berëzovskij ☆ RUS 32-33 M 5
Berfay ○ F (72) 232-233 D 4
Berg ○ N 22-23 H 2
Berg, Montagne de ▲ F (07) 242-243 F 3
Berga ○ E 34-35 H 3
Berga, mys ▲ RUS 44-45 c 1
Bergama ☆• TR 64-65 B 3
Bergame = Bergamo ☆• I 36-37 B 2
Bérgamo ☆• I 36-37 B 2
Bergara ○ E 34-35 F 3
Bergen ☆••• N 22-23 B 6
Bergen ○• NL 28-29 H 2
Bergen (Rügen) ○ D 28-29 M 1
Bergen en Dal ○ SME 206-207 G 3
Bergerac ○ F (24) 236-237 F 6
Bergères-lès-Vertus ○ F (51) 234-235 E 4
Bergheim ○ F (68) 234-235 L 5
Bergland ○ CDN 178-179 J 6
Bergnicourt ○ F (08) 234-235 E 3
Bergonce ○ F (40) 240-241 D 2
Bergsig ○ NAM 152-153 C 10
Bergue, la ○ F (74) 238-239 J 4
Bergues ○ F (59) 228-229 J 2
Bergville ○ ZA 156-157 J 4
Berhait ○ IND 78-79 E 3
Berhala, Selat ≈ 98-99 F 5
Berhampur = Brahmapur ○ IND 78-79 D 6
Berikat, Tanjung ▲ RI 98-99 G 6
Berilo ○ BR 216-217 J 4
Béring, Détroit de = Bering Strait ≈ 164-165 F 4
Béring, Île = Beringa, ostrov ⌒ RUS 56-57 W 6
Béring, Mer de = Bering Sea ≈ 166-167 D 3
Beringa, mogila • RUS 56-57 V 6
Beringa, mys ▲ RUS 48-49 X 4
Beringa, ostrov ⌒ RUS 56-57 W 6
Beringarra ○ AUS 112-113 D 3
Bering Glacier ⊂ USA 164-165 T 6
Bering Land Bridge Nature Reserve ⊥ USA 164-165 G 4
Beringov proliv ≈ 48-49 a 4
Bering Sea ≈ 48-49 S 7
Bering Sea = Béring, Mer de ≈ 166-167 D 3
Bering Strait = Béring, Détroit de ≈ 164-165 F 4
Beripeta ○ IND 76-77 J 4
Beris ~ RUS 46-47 Q 4
Berisso ○ RA 222-223 L 3
Beriza ○ BR 216-217 K 3
Berkåk ☆ N 22-23 E 5
Berkane ○ MA 124-125 K 3
Berkeley ○ USA 184-185 C 7
Berkeley, Cape ▲ CDN 168-169 V 4
Berkeley Point ▲ CDN 168-169 M 5
Berkeley River ~ AUS 108-109 H 3
Berkeley Sound ≈ 222-223 M 6
Berkeley Group ⌒ CDN 168-169 V 2
Berkner Island ⌒ ARK 16 F 30
Berkovica ○ BG 38-39 C 6
Berland River ~ CDN 176-177 M 5
Berlengas, Río ~ BR 212-213 G 5
Berlevåg ○ N 22-23 O 1
Berliet, Point ▲ RN 134-135 D 2
Berlin ★••• D 28-29 M 2
Berlin ○ USA (MD) 190-191 L 6
Berlin ○ USA (NH) 190-191 N 3
Berlin, Mount ▲ ARK 16 F 23
Berlinguet Inlet ≈ 168-169 d 5
Berluvier ○ F (89) 232-233 K 3
Bermagui ○ AUS 116-117 L 4
Bermego, Río ~ RA 220-221 C 5
Bermeja, Sierra ▲ E 34-35 E 6
Bermejillo ○ MEX 194-195 H 5
Bermejo, Isla ⌒ RA 222-223 J 5
Bermejo, Río ~ RA 220-221 F 2
Bermejo, Río ~ RA 220-221 H 3
Bermejo, Río ~ RA 220-221 D 6
Bermuda = Bermuda ■ GB 198-199 L 1
Bermuda Island ⌒ GB 198-199 L 1
Bermuda Islands = Bermudes, Îles ⌒ GB 198-199 L 2
Bermuda Rise ≃ 14-15 C 5
Bermuda Rise = Bermudes, Plateau des ≃ 14-15 C 5
Bermudes, Îles = Bermuda Islands ⌒ GB 198-199 L 2
Bermudes, Plateau des = Bermuda Rise ≃ 14-15 C 5
Bern ★••• CH 28-29 J 5
Bernabe Rivera ○ ROU 220-221 J 6
Bernadets ○ F (64) 240-241 D 4
Bernalillo ○ USA 188-189 D 2
Bernam ~ MAL 98-99 D 3
Bernardin ○ F (973) 245 I b 3
Bernard Island ⌒ CDN 168-169 J 4
Bernardo ○ USA 188-189 D 2
Bernardo de Irigoyen ○ RA 218-219 D 6
Bernardo O'Higgins, Parque Nacional ⊥ RCH 224 C 5
Bernardo Sacuita, Ponta do ▲ BR 212-213 F 2
Bernard River ~ CDN 168-169 K 4
Bernaude, Roche ▲ F 242-243 K 1
Bernaville ○ F (80) 228-229 J 3
Bernay ○ F (27) 228-229 F 5
Bernay ○ F (72) 230-231 L 3
Bernburg (Saale) ○• D 28-29 L 3
Berné ○ F (56) 230-231 E 4
Berne = Bern ★••• CH 28-29 J 5
Berner Alpen ▲ CH 28-29 J 5
Bernerie-en-Retz, La ○ F (44) 230-231 G 5
Berneuil ○ F (17) 236-237 D 4
Berneuil ○ F (87) 236-237 H 3
Berneval-le-Grand ○ F (76) 228-229 G 4
Bernice ○ USA 188-189 L 3
Bernier, Cape ▲ AUS 108-109 H 3
Bernier Bay ≈ 168-169 b 5
Bernières-sur-Mer ○ F (14) 228-229 D 5
Bernier Island ⌒ AUS 112-113 B 2
Bernina, Piz ▲ CH 28-29 K 5
Berninapass ▲ CH 28-29 L 5
Bernstorffs Isfjord ≈ 172-173 U 5
Bero ~ ANG 152-153 B 7
Beroroha ○ RM 158-159 D 8
Beroun ○ CZ 28-29 N 4
Berounka ~ CZ 28-29 M 4
Berrahal ○ DZ 126-127 F 2
Berre ~ F (26) 242-243 F 3
Berre, Étang de ○ F (13) 242-243 G 5
Berrechid ○ MA 124-125 H 4
Berrekhem, Hassi < DZ 126-127 E 4
Berre-l'Étang ○ F (13) 242-243 G 5
Berri ○ AUS 116-117 F 3
Berriane ○ DZ 126-127 D 4
Berric ○ F (56) 230-231 F 4
Berridale ○ AUS 116-117 K 4
Berrien ○ F (29) 230-231 D 3
Berrigan ○ AUS 116-117 H 3
Berriwillock ○ AUS 116-117 G 3
Berrouaghia ○ DZ 126-127 D 2
Berrugas ○ CO 204-205 D 3
Berry ⊥ F (36) 236-237 J 2
Berry, Canal du < F (18) 236-237 L 2
Berry-au-Bac ○ F (02) 228-229 M 5
Berryessa, Lake ○ USA 184-185 C 6
Berry Islands ⌒ BS 198-199 F 2
Berseba ○ NAM 156-157 C 3
Berté, Lac ○ CDN 182-183 K 3
Berthelming ○ F (57) 234-235 L 4
Berthierville ○ CDN 182-183 H 5
Berthold ○ USA 186-187 G 1
Berthold Indian Reservation, Fort ⅄ USA 186-187 F 2
Bertiehaugh ○ AUS 110-111 G 3
Bertincourt ○ F (62) 228-229 K 3
Bertinho ○ BR 212-213 C 3
Bertolínia ○ BR 212-213 G 5
Bertoua ☆ CAM 140-141 K 6
Bertram ○ CDN 178-179 O 6
Bertrand ○ CDN 182-183 M 5
Bertrande ~ F (15) 236-237 K 5
Bertwell ○ CDN 178-179 E 4
Beruni ☆ US 72-73 G 4
Beruri ○ BR 210-211 G 4
Beruwala ○ CL 76-77 H 7
Berven ○ F (29) 230-231 C 2
Berville-sur-Mer ○ F (27) 228-229 E 5
Berwick ○ CDN 182-183 M 6
Berwick-upon-Tweed ○• GB 26-27 F 4
Beryl Junction ○ USA 184-185 H 7
Beryslav ○ UA 38-39 H 4
Berzé-la-Ville ○ F (71) 238-239 F 4
Berzé-le-Châtel ○• F (71) 238-239 F 4
Bès ~ F (48) 236-237 M 6
Besa ○ RI 100-101 K 3
Besace ○ F (08) 234-235 F 2
Besal ○ PK 74-75 D 2
Besalampy ○ RM 158-159 D 6
Besançon ☆• F (25) 238-239 J 2
Bešankovičy ☆ BY 30-31 L 4
Besar, Gunung ▲ MAL 98-99 E 3
Besar, Gunung ▲ RI 100-101 D 5
Besar, Pulau ⌒ RI 102-103 B 6
Besarabca ○ MD 38-39 F 4
Besarabjaska = Besarabca ○ MD 38-39 F 4
Besar Hantu, Gunung ▲ MAL 98-99 D 3
Besa River ~ CDN 176-177 J 3
Bešaryk ○ US 72-73 M 4
Besbes, Oued ~ DZ 126-127 E 3
Besboro Island ⌒ USA 164-165 K 4
Besbre ~ F (03) 238-239 D 4
Bescoky, tau ▲ KA 62-63 K 5
Besedz' ~ BY 30-31 M 5
Besham ○ PK 74-75 D 2
Beshlo ~ ETH 144-145 D 3
Besi, Tanjung ▲ RI 104 E 7
Besikama ○ RI 102-103 C 6
Besima ○ PK 70-71 L 5
Besir ○ RI 102-103 F 2
Besjuke ~ RUS 46-47 Q 4
Beskides = Beskidy ▲ PL 28-29 P 4
Beskidy Zachodnie ▲ PL 28-29 P 4
Beslan ○ RUS 62-63 F 6
Besnard Lake ○ CDN 178-179 D 3
Besne ○ IR 70-71 F 4
Besni ☆ TR 64-65 G 4
Bessa Monteiro ○ ANG 152-153 B 3
Bessan ○ F (34) 242-243 C 5
Bessans ○ F (73) 242-243 K 1
Bêssao ○ TCH 142-143 B 5
Bessarabie = Bessarabija ⊥ MD 38-39 E 3
Bessarabija = Bessarabie ⊥ MD 38-39 E 3
Bessarabka = Aul Sarykobda ○ KA 62-63 M 3
Bessarabka = Besarabca ○ MD 38-39 F 4
Bessas ○ F (07) 242-243 E 3
Bessat, Le ○ F (42) 242-243 F 1
Bessay-sur-Allier ○ F (03) 238-239 C 4
Bessaz, gora ▲ KA 72-73 L 3
Bessaz, togi ▲ KA 72-73 L 3
Besse-et-Saint-Anastaise ○ F (63) 236-237 L 4
Bessèges ○ F (30) 242-243 E 3
Besselfjord ≈ 170-171 p 6
Bessemer ○ USA 192-193 E 3
Bessé-sur-Braye ○ F (72) 232-233 D 4
Besse-sur-Issole ○ F (83) 242-243 J 5
Besset ○ F (09) 240-241 H 4
Bessin ⊥ F 228-229 B 5
Bessines-sur-Gartempe ○ F (87) 236-237 H 3
Bessmay ○ USA 188-189 L 4
Bessou, Mont ▲ F (19) 236-237 K 4
Bessoum Kang ○ CAM 140-141 H 6
Bestām ○• IR 72-73 D 6
Bestam ∴• KA 72-73 H 3
Bestamaķ ○ KA 62-63 L 3
Bestjah ○ RUS (SAH) 46-47 P 7
Bestjah ○ RUS (SAH) 54-55 O 5
Beswick ○ AUS 110-111 B 4
Beswick Aboriginal Land ⅄ AUS 108-109 L 3
Betafo ○ RM 158-159 E 7
Betalevana ○ RM 158-159 F 6
Betanantanana ○ RM 158-159 D 7
Betânia ○ BR (MAT) 214-215 G 4
Betânia ○ BR (PER) 212-213 J 6
Betânia, Área Indígena ⅄ BR 210-211 C 4
Betanty ○ RM 158-159 D 10
Betanzos ○ BOL 214-215 E 6
Betanzos ○ E 34-35 C 3
Betarara ○ VAN 120 II b 2
Bétaré Oya ○ CAM 142-143 B 6
Betbulak ○ KA 60-61 F 4
Betchat ○ F (09) 240-241 G 4
Bete Hor ○ ETH 144-145 D 3
Betein ○ WAN 140-141 H 6
Betenkës ○ RUS 46-47 U 6
Bétérou ○ DY 140-141 E 4
Bethal ○ ZA 156-157 J 3
Bethanie ☆ NAM 156-157 C 3
Bethany ○ USA 186-187 K 5
Betharram • F (64) 240-241 D 4
Bethel ○ USA (AK) 164-165 K 6
Bethel ○ USA (ME) 190-191 N 3
Bethel ○ USA (NC) 192-193 K 2
Bethel ○ USA (OK) 188-189 K 2
Bethel ○ USA (VT) 190-191 M 4
Bethell, Île ⌒ F (984) 246 III b 2
Bethel Park ○ USA 190-191 H 5
Bétheniville ○ F (51) 234-235 E 3
Betheny ○ F (51) 234-235 E 3
Bethesdaweg ○ ZA 156-157 G 5
Béthines ○ F (86) 236-237 G 2
Bethléem = Bet Lehem ☆•• IL 66-67 D 2
Bethlehem ○ SME 206-207 G 3
Bethlehem ○ USA 190-191 L 5
Bethlehem ○ ZA 156-157 J 4
Bethmale ○ F (09) 240-241 G 5
Béthoncourt ○ F (25) 238-239 K 1
Bethulie ○ ZA 156-157 G 5
Béthune ○ F (62) 228-229 K 2
Béthune ~ F (76) 228-229 G 4
Betinče ~ RUS 54-55 G 5
Betioky ○ RM 158-159 D 9
Betléem ○ F (974) 246 II b 2
Bet Lehem ☆•• WB 66-67 D 2
Beton ○ MAL 98-99 J 4
Béton-Bazoches ○ F (77) 232-233 J 2
Betong ○ THA 94-95 F 8
Betongwe ○ ZRE 148-149 B 2
Betoota ○ AUS 114-115 F 3
Bétou ○ RCB 146-147 G 2
Be Town ○ LB 138-139 F 6
Betpak-Dala ⊥ KA 60-61 E 6
Betrandraka ○ RM 158-159 E 6
Betroka ○ RM 158-159 E 9
Betschdorf ○ F (67) 234-235 M 4
Bet She'an ○ IL 66-67 D 1
Betsiaka ○ RM 158-159 F 4
Betsiamites, Rivière ~ CDN 182-183 J 3
Betsiamites Indian Réserve ⅄ CDN 182-183 K 4
Betsiboka ~ RM 158-159 E 6
Betsjoeanaland ⊥ ZA 156-157 E 3
Betsy Bay ○ BS 198-199 J 3
Betteghey-Saint-Brice ○ F (88) 234-235 J 5
Bettelainville ○ F (57) 234-235 J 3
Bettiah ○ IND 78-79 D 2
Bettié ○ CI 138-139 J 6
Bettiesdam ○ ZA 156-157 J 3
Bettioua ○ DZ 124-125 L 3
Bettles ○ USA 164-165 P 3
Betton ○ F (35) 230-231 H 3
Bettoncourt ○ F (88) 234-235 J 5
Bet Touadjine, Hamadet ⊥ DZ 126-127 C 5
Betty, Lake ○ AUS 108-109 H 5
Betül ○ IND 74-75 F 9
Betulia ○ CO (ANT) 204-205 D 4
Betulia ○ CO (SAN) 204-205 E 4
Betun ○ RI 102-103 C 6
Betuwe ~ RI 100-101 F 5
Betwa ~ IND 74-75 G 7
Betwa ~ IND 78-79 B 3
Betz ○ F (60) 228-229 K 5
Betz-le-Château ○ F (37) 236-237 G 2
Béu, Serranía del ▲ BOL 214-215 C 4
Beuil ○ F (06) 242-243 K 3
Beulah ○ AUS 116-117 G 3
Beulah ○ USA 186-187 G 2
Beure ○ F (25) 238-239 J 2

Black River ~ USA 188-189 M 2
Black River ~ USA 190-191 G 4
Black River ~ USA 190-191 L 4
Black River ~ USA 190-191 C 3
Black River Falls o USA 190-191 C 3
Black Rock o USA 188-189 M 1
Black Rock Desert ⊥ USA 184-185 E 5
Black Rock Point ▲ CDN 180-181 R 4
Black Rocks ▲ • WAN 140-141 H 4
Blacks Rocks Landing o AUS 110-111 D 4
Blacksburg o USA 190-191 H 7
Black Sea = Mer Noire ≈ 38-39 G 6
Blacks Fork ~ USA 184-185 J 5
Blacks Harbour o CDN 182-183 L 6
Blackshear o USA 192-193 G 4
Blackstone o USA 190-191 J 7
Blackstone River ~ CDN 164-165 V 4
Blackstone River ~ CDN 174-175 H 5
Blackstone River ~ CDN 176-177 M 5
Blackville o AUS 114-115 L 6
Black Volta ~ GH 138-139 J 5
Blackwater o AUS 114-115 K 2
Blackwater Creek ~ AUS 114-115 H 3
Blackwater Creek ~ AUS 116-117 L 2
Blackwater Lake o CDN 174-175 H 3
Blackwater River ~ CDN 174-175 H 4
Blackwell o USA 188-189 G 3
Blackwells Corner o USA 184-185 E 8
Blackwood River ~ AUS 112-113 D 6
Bladensburg National Park ⊥ AUS 114-115 G 2
Bladgrond o ZA 156-157 D 4
Bläfjellet ▲ N 22-23 F 4
Blagnac o F (31) 240-241 G 3
Blagodarnyj o RUS 38-39 N 5
Blagoevgrad o BG 38-39 C 6
Blagoevo o RUS 24-25 T 5
Blagon o F (33) 236-237 D 6
Blagopolučija, zaliv o RUS 44-45 K 4
Blagoveščenka o KA 82-83 B 4
Blagoveščenka ☆ RUS 60-61 L 2
Blagoveščensk o • RUS 58-59 B 3
Blagoveščensk ☆ RUS (BAS) 32-33 J 6
Blagoveščenskij proliv ≈ 46-47 Z 2
Blagovetchensk = Blagoveščensk o RUS 58-59 C 3
Blain o F (44) 230-231 H 5
Blaine o USA (KS) 186-187 J 6
Blaine o USA (MN) 186-187 L 3
Blaine o USA (WA) 184-185 C 1
Blaine Lake o CDN 178-179 C 4
Blainville-Crevon o F (76) 228-229 G 4
Blainville-sur-l'Eau o F (54) 234-235 J 4
Blainville-sur-Mer o F (50) 228-229 A 5
Blair o USA (NE) 186-187 J 5
Blair o USA (WI) 190-191 C 3
Blair Athol o AUS 114-115 J 2
Blairbeth o ZA 156-157 H 2
Blairgowrie o GB 26-27 F 3
Blairmore o CDN 176-177 N 7
Blairsden o USA 184-185 D 6
Blairsville o USA (GA) 192-193 G 2
Blairsville o USA (PA) 190-191 J 5
Blaise ~ F (28) 232-233 E 2
Blaise ~ F (51) 234-235 F 4
Blaise ~ F (52) 234-235 F 5
Blaiserives o F (52) 234-235 F 5
Blaisy-Bas o F (21) 238-239 F 2
Blaka ~ RN 134-135 F 2
Blaka Laodemi < RN 134-135 F 2
Blake Bay ≈ 168-169 e 7
Blakely o USA 192-193 F 4
Blakeney, Île ⌒ F (984) 246 III c 3
Blake Plateau ≃ 192-193 J 4
Blake Point ▲ USA 190-191 D 1
Blama o WAL 138-139 E 6
Blâmont o F (54) 234-235 K 4
Blanc, Cap ▲ F (975) 245 II b 1
Blanc, Le o F (36) 236-237 H 2
Blanca, Bahía ≈ 222-223 H 5
Blanca, Cordillera ▲ PE 208-209 D 6
Blanca, Lago o RCH 214-215 C 5
Blanca, Laguna o RCH 224 E 6
Blanca, Punta ▲ MEX 194-195 B 3
Blanca, Río ~ BOL 214-215 D 7
Blancafort o F (18) 232-233 H 4
Blanca Grande, Laguna la o RA 222-223 H 5
Blanca Peak ▲ USA 186-187 E 7
Blancas, Sierras ▲ RA 222-223 F 6
Blanchard o USA 186-187 J 2
Blanchard Springs Caverns ∴ USA 188-189 L 2
Blanche, Lake o AUS (SA) 114-115 E 5
Blanche, Lake o AUS (WA) 108-109 F 7
Blanche, Montagne de la ▲ F (04) 242-243 J 3
Blanche Channel ≈ 120 I c 3
Blanchelande, Abbaye de • F (50) 228-229 A 5
Blanche-Marievallen ∴ SME 206-207 F 3
Blanchet Island ⌒ CDN 174-175 N 4
Blanchetown o AUS 116-117 E 3
Blanchisseuse o TT 204-205 L 2
Blanc-Nez, Cap ▲ • F (62) 228-229 H 2
Blanco o USA 188-189 H 4
Blanco, Cabo ▲ CR 196-197 B 7
Blanco, Cape ▲ USA 184-185 B 4
Blanco, Cerro ▲ RA 222-223 D 6
Blanco, Lago o RA 224 E 2
Blanco, Lago o RCH 224 F 7
Blanco, Río ~ BOL 214-215 E 3
Blanco, Río ~ PE 208-209 F 4
Blanco, Río ~ RA 220-221 C 5
Blanco, Río ~ RA 220-221 C 6
Blanco, Río ~ RA 220-221 B 6
Blanco, Río ~ RA 222-223 D 2
Blanco, Río ~ RA 224 E 3
Blanco, Río ~ RCH 224 D 2
Blancos, Los o RA 220-221 F 2
Blancos del Sur, Cayos ⌒ C 198-199 E 3
Blanc Sablon o CDN 182-183 Q 3
Blandá ~ IS 22-23 d 2
Blandas o F (30) 242-243 D 4
Bland Creek ~ AUS 116-117 J 2
Blanding o USA 186-187 C 7
Blandy • F (77) 232-233 H 2
Blanes o E 34-35 J 4
Blanfla o CI 138-139 H 6
Blangkejeren o RI 98-99 B 2
Blangpidie o RI 98-99 B 3
Blangy-le-Château o F (14) 228-229 E 5
Blangy-sur-Bresle o F (76) 228-229 H 4
Blangy-sur-Ternoise o F (62) 228-229 J 3
Blanquefort o F (33) 236-237 D 6
Blanquero, El o YV 204-205 K 3
Blanquilla, Isla ⌒ YV 204-205 J 2
Blanquillo o ROU 222-223 M 2
Blantyre ☆ • MW 154-155 H 2
Blanzac-Porcheresse o F (16) 236-237 F 5
Blanzat o F (63) 236-237 M 4
Blanzay o F (86) 236-237 F 3
Blanzy o F (71) 238-239 E 3
Blåsjøen o N 22-23 C 7
Blau o RI 100-101 H 3
Blåvands Huk ⌒ DK 22-23 D 9
Blaye o F (33) 236-237 D 5
Blaye-les-Mines o F (81) 240-241 J 2
Blayney o AUS 116-117 K 2
Bleaker Island ⌒ GB 222-223 L 7
Blebo o LB 138-139 G 7
Blednaja, gory ▲ RUS 44-45 L 3
Bled Tisseras o DZ 126-127 E 7
Blega o RI 104 E 3
Bleikvassli o N 22-23 F 4
Bleine, Col de ▲ F (83) 242-243 K 4
Blendio o RMM 138-139 G 4
Bléneau o F (89) 232-233 H 4
Blenheim o CDN 182-183 D 7
Blenheim o NZ 118 D 4
Blenheim Palace ••• GB 26-27 G 6
Blénod-lès-Toul o F (54) 234-235 H 4
Bléone ~ F (26) 242-243 J 3
Blérancourt o F (02) 228-229 L 4
Bléré o F (37) 232-233 D 5
Blesle o F (43) 242-243 C 1
Blesmanspos o ZA 156-157 G 3
Blesme o F (51) 234-235 F 4
Blet o F (18) 236-237 L 2
Bletterans o F (39) 238-239 G 3
Bleue ~ F (988) 247 I d 4
Bleus, Monts ▲ ZRE 148-149 C 3
Blèves o F (72) 230-231 M 3
Blévy o F (28) 232-233 E 2
Bleymard, Le o F (48) 242-243 D 3
Blicade o F (973) 245 I b 3
Blida ☆ DZ 126-127 D 2
Blienschwiller o F (67) 234-235 L 5
Bligh Island ⌒ USA 164-165 R 6
Bligh Water ≈ 120 III a 2
Bligny-sur-Ouche o F (21) 238-239 F 2
Blikaodi o CI 138-139 J 5
Blina o AUS 108-109 G 4
Blina Oil Field • AUS 108-109 G 4
Blind Channel o CDN 176-177 H 6
Blind River o CDN 182-183 C 5
Blinisht o AL 36-37 G 4
Blipi o LB 138-139 F 6
Blismes o F (58) 232-233 K 5
Bliss Bugt ≈ 170-171 I 2
Bliss Landing o CDN 176-177 H 6
Blitchton o USA 192-193 H 3
Blitta o RT 138-139 L 5
Block Island o USA 190-191 N 5
Bloemfontein ☆ ZA 156-157 H 4
Bloemhof o ZA 156-157 G 3
Bloemhof Dam < ZA 156-157 G 3
Blois o • F (41) 232-233 E 4
Blolékin o CI 138-139 G 6
Blommesteinmeer, W.J. van o SME 206-207 G 3
Blond o F (87) 236-237 H 3
Blond, Monts de ▲ F (87) 236-237 G 3
Blöndósbær ☆ IS 22-23 c 2
Blood Indian Reserve ∡ CDN 176-177 O 7
Blood River Monument • ZA 156-157 K 4
Bloodvein River ~ CDN 178-179 H 5
Bloody Falls ~ CDN 174-175 M 2
Bloomfield o USA (IA) 186-187 L 5
Bloomfield o USA (IN) 190-191 E 6
Bloomfield o USA (NM) 188-189 D 1
Bloomfield River ∡ AUS 110-111 H 4
Blooming Prairie o USA 186-187 L 4
Bloomington o USA (IL) 190-191 D 5
Bloomington o USA (IN) 190-191 E 6
Bloomington o USA (MN) 186-187 L 3
Bloomsburg o USA 190-191 K 5
Bloomsbury o AUS 110-111 K 7
Bloomsdale o USA 190-191 C 6
Blora o RI 104 D 3
Blosseville Kyst ⊥ GRØ 172-173 a 2
Blossac • F (35) 230-231 H 3
Blossom, mys ▲ RUS 48-49 U 1
Bloukranspas ▲ ZA 156-157 D 5
Blowering Reservoir < AUS 116-117 K 3
Blower Rock ⌒ JA 198-199 G 6
Blow River ~ CDN 164-165 W 2
Bloxsome Bay ≈ 168-169 K 2
Blubber Bay o CDN 176-177 H 7
Blucher Range ▲ PNG 119 A 3
Bludnaja ~ RUS 46-47 F 3
Bludnaja ~ RUS 54-55 E 10
Blueberry River ~ CDN 176-177 K 3
Blue Earth o USA 186-187 K 4
Bluefield o USA 190-191 H 7
Bluefields ☆ NIC 196-197 C 5
Bluefields, Bahía de ≈ 196-197 C 6
Bluefish River ~ CDN 174-175 F 2
Bluegoose Prairie ⊥ CDN 180-181 N 2
Bluegoose River ~ CDN 180-181 N 2
Blue Hill o USA 186-187 H 5
Blue Hills ▲ CDN 168-169 O 3
Blue Hills of Couteau ▲ CDN 182-183 Q 5
Blue Hole National Park ⊥ BH 196-197 K 3
Blue Knob ▲ AUS 114-115 M 6
Blue Lagoon National Park ⊥ Z 154-155 D 2
Blue Lick Springs o USA 190-191 F 6
Blue Mesa Reservoir < USA 186-187 D 6
Blue Mountain ▲ IND 78-79 H 4
Blue Mountain ▲ USA 190-191 N 3
Blue Mountain Lake o USA 190-191 L 4
Blue Mountains ▲ JA 198-199 G 5
Blue Mountains ▲ USA 184-185 E 3
Blue Mountains ▲ USA 190-191 K 5
Blue Mountains ▲ USA (TX) 188-189 H 4
Blue Mountains National Park ⊥ •• AUS 116-117 L 2
Blue Mount Pass ▲ USA 184-185 F 4
Blue Mud Bay ≈ 110-111 C 3
Blue Mud Hills ▲ USA 186-187 E 3
Blue Nile = Abay Wenz ~ ETH 144-145 C 3
Blue Nile Falls = T'is Isat Fwafwatē ~ •• ETH 144-145 C 3
Bluenose Lake o CDN 168-169 M 6
Blue Ridge o USA 192-193 F 2
Blue Ridge ▲ USA 192-193 G 2
Blue River o CDN 176-177 L 5
Blue Robin Hill ▲ AUS 112-113 H 4
Blue Springs ∴ USA 192-193 F 4
Bluewater o AUS 110-111 J 6
Bluewater o USA 188-189 D 2
Bluff o AUS 114-115 K 2
Bluff o NZ 118 B 7
Bluff o USA (AK) 164-165 J 4
Bluff o USA (UT) 186-187 C 7
Bluff, Cape ▲ CDN 182-183 R 2
Bluff, The o BS 198-199 G 2
Bluff Face Range ▲ AUS 108-109 H 4
Bluff Point ▲ AUS 112-113 C 3
Blukwa o ZRE 148-149 C 3
Blumenau o • BR 218-219 F 6
Blunt o USA 186-187 H 3
Blunt Peninsula ⌣ CDN 180-181 R 3
Blup Blup Island ⌒ PNG 119 C 2
Bly o USA 184-185 D 4
Blyde River Canyon Nature Reserve ⊥ ZA 156-157 K 2
Blythe o USA 184-185 G 9
Blytheville o USA 192-193 D 2
Blyth Lagoon o AUS 112-113 H 2
Blyth River ~ AUS 110-111 C 3
Bnagola o ZRE 146-147 H 5
B'Nom So'Ro'Long ▲ VN 94-95 J 5
Bø ☆ N 22-23 D 7
Bo ☆ WAL 138-139 E 6
Boa ~ CI 138-139 G 5
Boac ☆ RP 96-97 D 6
Boaco ☆ NIC 196-197 B 5
Boa Esperança o BR (AMA) 210-211 E 6
Boa Esperança o BR (MIN) 216-217 H 6
Boa Esperança o BR (ROR) 206-207 D 4
Boa Esperança o BR 216-217 F 6
Boa Fé o BR 210-211 F 4
Boagis o PNG 119 G 5
Boalemo o RI 100-101 H 4
Boali o RCA 142-143 D 6
Boali, Chutes de ~ RCA 142-143 D 6
Boanamary o RM 158-159 E 5
Boanda o CAM 140-141 K 6
Boane o MOC 156-157 L 3
Boangi o ZRE 146-147 H 4
Boang Island ⌒ PNG 119 G 2
Boano, Pulau ⌒ RI 102-103 D 3
Boano, Selat ≈ 102-103 D 3
Boa Nova o BR (P) 212-213 E 2
Boa Nova o BR (RON) 210-211 F 7
Boardman o USA 184-185 E 3
Boas River ~ CDN 180-181 G 3
Boat Basin o CDN 176-177 G 7
Boatman o AUS 114-115 J 4
Boat of Garten o • GB 26-27 F 3
Boatswain, Baie ≈ 182-183 E 3
Boa Viagem o BR 212-213 J 4
Boa Vista o BR (AMA) 210-211 C 6
Boa Vista o BR (AMA) 210-211 F 3
Boa Vista o BR (AMA) 210-211 E 3
Boa Vista o BR (AMA) 210-211 E 5
Boa Vista o BR (GSU) 220-221 J 2
Boa Vista o BR (P) 206-207 K 6
Boa Vista o BR (P) 212-213 C 3
Boa Vista o BR (RSU) 218-219 D 9
Boa Vista ☆ BR (ROR) 206-207 D 4
Boa Vista, Ilha de ⌒ CV 138-139 C 5
Boa Vista da Ramos o BR 210-211 J 4
Boa Vista das Palmas o BR 216-217 H 4
Boa Vista do Tupim o BR 216-217 K 2
Boawae o RI 104 E 7
Bobadah o AUS 116-117 J 2
Bobai o VRC 92-93 F 5
Bobandana o ZRE 148-149 B 4
Bobasakoa o RM 158-159 F 4
Bobbie Burns Creek ~ CDN 176-177 M 6
Bobbili o IND 78-79 C 6
Bobigny o F (93) 232-233 G 2
Bobila o ZRE 146-147 H 2
Bobo ~ RCA 142-143 C 5
Bobo-Dioulasso ☆ BF 138-139 H 4
Bobolice o PL 28-29 O 2
Bobonaza, Río ~ EC 208-209 D 2
Bobonong o RB 154-155 E 5
Bobopayo o RI 100-101 K 3
Bobr o BY 30-31 L 4
Bóbr ~ PL 28-29 N 3
Bobrof Island ⌒ USA 166-167 H 7
Bobrov o RUS 38-39 L 2
Bobrujsk = Babrujsk ☆ BY 30-31 L 5
Bobrynec' o UA 38-39 H 3
Bobuk o SUD 144-145 B 3
Bobures o YV 204-205 F 3
Boby ▲ RM 158-159 E 9
Bobzien, Îlots ⌒ F (984) 246 III c 2
Boca, Cachoeira da ~ BR 210-211 K 5
Boca, La o BOL 214-215 E 4
Boca Arenal o CR 196-197 B 6
Boca Candelaria o CO 204-205 C 6
Boca Caragual ⌒ CO 204-205 C 5
Boca Chica o • DOM 198-199 L 5
Boca de Anaro o YV 204-205 F 4
Boca de Arguaca o YV 204-205 H 4
Boca de la Serpiente ≈ 204-205 L 3
Boca del Pao o YV 204-205 J 3
Boca del Rio o MEX 196-197 F 2
Boca del Rio o YV 204-205 J 2
Boca del Rio Indio o PA 196-197 D 7
Boca del Tocuyo o YV 204-205 G 2
Boca de Pozo o YV 204-205 J 2
Boca de Sábelo o PA 196-197 E 7
Boca de Uchire o YV 204-205 J 2
Boca de Yuma o DOM 198-199 L 5
Boca do Acará o BR 210-211 F 6
Boca do Acre o BR 210-211 D 7
Boca do Capanã o BR 210-211 G 5
Boca do Carapanatuba o BR 210-211 F 6
Boca do Iaco o BR 210-211 C 7
Boca do Jari o BR 206-207 J 6
Bocage, Cap ▲ F (988) 247 I c 3
Bocaina de Minas o BR 216-217 H 7
Bocaino do Sul o BR 218-219 F 6
Bocaiúva o BR 216-217 J 4
Bocaiúva do Sul o BR 218-219 F 5
Bocana, La o MEX 194-195 B 3
Bocanda o CI 138-139 H 6
Bocaranga o RCA 142-143 B 5
Boca Raton o USA 192-193 H 6
Bocas del Toro ☆ PA 196-197 C 7
Bocas del Toro, Archipiélago de ⌒ PA 196-197 C 7
Bocay, Río ~ NIC 196-197 B 5
Bocca Bassa ▲ F (2B) 244 C 4
Bochart o CDN 182-183 H 4
Bochinche o YV 206-207 D 2
Bocholt o D 28-29 J 3
Bocognano o F (2A) 244 D 4
Bocoio o ANG 152-153 C 6
Bocón o YV 204-205 K 4
Bocon, Caño ~ CO 204-205 G 6
Bocono o YV 204-205 F 3
Boçoroca o BR 220-221 K 5
Bocoyna o MEX 194-195 F 4
Boda o RCA 142-143 C 6
Böda o S 22-23 H 8
Bodajbo ☆ RUS 54-55 G 7
Bodalangi o ZRE 146-147 J 2
Bodalla o AUS 116-117 L 4
Bodallin o AUS 112-113 E 5
Bodangora, Mount ▲ AUS 116-117 K 2
Boddington o AUS 112-113 D 6
Bodélé ⊥ TCH 134-135 H 4
Bodélino, Cloître de • F (56) 230-231 G 4
Boden o • S 22-23 K 4
Bodensee o CH 28-29 K 5
Bodéo, La o F (22) 230-231 F 3
Bode-Shadu o WAN 140-141 F 4
Bodhan o IND (ANP) 74-75 F 10
Bodhan o IND (KAR) 76-77 G 2
Bodhei o EAK 148-149 H 4
Bodh Gayav o IND 78-79 D 3
Bodi o DY 138-139 L 5
Bodi o GH 138-139 J 6
Bodilis o F (29) 230-231 C 2
Bodingué ~ RCA 146-147 F 2
Boditi o ETH 144-145 C 5
Bod'ja, Jaškur- ☆ RUS 32-33 H 5
Bodjokola o ZRE 146-147 H 2
Bodmin o CDN 178-179 C 4
Bodmin o GB 26-27 E 6
Bodo o CI 138-139 H 7
Bodø ☆ N 22-23 G 3
Bodoco o BR 210-211 G 7
Bodocó o BR 212-213 J 5
Bodokro o CI 138-139 H 6
Bodoquena o BR 214-215 J 7
Bodoukpa o RCA 142-143 C 6
Bodrum ☆ • TR 64-65 B 4
Bodum o S 22-23 H 5
Boduna o RCA 142-143 D 6
Boé o • GNB 138-139 C 4
Boëge o F (74) 238-239 J 4
Boeil-Bezing o F (64) 240-241 D 4
Boëkovo ~ RUS 48-49 L 2
Boën o F (42) 238-239 E 5
Boende o ZRE 146-147 H 4
Boenze o ZRE 146-147 E 6
Boesmansrivier ~ ZA 156-157 H 6
Boesmansriviermond o ZA 156-157 H 6
Boevaja gora • RUS 32-33 J 8
Bofete o BR 216-217 F 7
Boffa o RG 138-139 C 4
Bofossou o RG 138-139 F 5
Boga o ZRE 148-149 B 3
Bogal, Lagh ~ EAK 148-149 H 3
Bogale o MYA 94-95 C 2
Bogalusa o USA 192-193 D 4
Bogamangon o RCA 142-143 C 6
Bogandé o BF 138-139 K 3
Bogan Gate o AUS 116-117 J 2
Bogangolo o RCA 142-143 D 6
Boganida ~ RUS 44-45 c 5
Bogan River ~ AUS 114-115 J 6
Bogantungan o AUS 114-115 J 2
Bogaševo o RUS 50-51 S 6
Bogatoe ☆ RUS 32-33 G 7
Bogatye Saby ☆ RUS 32-33 G 6
Bogazkale ☆ • TR 64-65 F 2
Boğazlıyan ☆ TR 64-65 F 3
Bogbonga o ZRE 146-147 G 3
Bogcang Zangpo ~ VRC 80-81 F 5
Bogd = Hovd o MAU 84-85 F 5
Bogda Feng ▲ VRC 82-83 J 4
Bogdanović ☆ RUS 50-51 G 6
Bogdanovka o RUS 32-33 G 7
Bogda Shan ▲ VRC 82-83 J 4
Bogdoo o GH 138-139 K 4
Böget o KA 32-33 G 10
Bogetsaj o KA 62-63 N 2
Boggabilla o AUS 114-115 L 5
Boggabri o AUS 114-115 L 6
Boggola, Mount ▲ AUS 112-113 D 1
Bogia o PNG 119 C 3
Bogilima o ZRE 146-147 G 2
Boğnürd o • IR 72-73 E 6
Bogny-sur-Meuse o F (08) 234-235 F 2
Bogo o CAM 142-143 B 3
Bogo o RP 96-97 F 7
Bogoin o RCA 142-143 D 6
Bogoladza, hrebet ▲ RUS 58-59 F 5
Bogol Manyo o ETH 144-145 E 6
Bogong, Mount ▲ AUS 116-117 J 4
Bogong National Park ⊥ AUS 116-117 J 4
Bogor (Buitenzorg) o RI 104 B 3
Bogoria, Lake o • EAK 148-149 F 3
Bogorodick ☆ •• RUS 30-31 Q 5
Bogorodsk o RUS 30-31 S 3
Bogorodsk o RUS (PRM) 32-33 K 5
Bogorodskoe ☆ RUS (KIR) 32-33 G 5
Bogorodskoe ☆ • RUS 58-59 J 2
Bogoroud < TCH 134-135 G 5
Bogose-Mubea o ZRE 146-147 G 2
Bogoslof Island ⌒ USA 166-167 N 6
Bogoso o GH 138-139 J 7
Bogotá ★ • CO 204-205 D 5
Bogota, Presqu'île ⌣ F (988) 247 I c 3
Bogotol ☆ RUS 50-51 U 6
Bogra o BD 78-79 F 3
Bogučany ☆ RUS 52-53 H 6
Bogučar o RUS 38-39 M 3
Bogué o RIM 132-133 C 6
Bogue Chitto River ~ USA 188-189 M 4
Boguédia o CI 138-139 G 6
Boguila Kota o RCA 142-143 C 5
Bogunda o AUS 114-115 H 1
Boh, Île ⌒ F (988) 247 I b 2
Bo Hai ≈ 90-91 L 2
Bohai, Détroit du = Bohai Haixia ≈ 90-91 K 2
Bohai Haixia ≈ 86-87 C 8
Bohain-en-Vermandois o F (02) 228-229 L 4
Bohai Wan ≈ 90-91 K 2
Bohas o F (01) 238-239 G 4
Bohemia Downs o AUS 108-109 H 5
Bohena Creek ~ AUS 114-115 K 6
Bohicon o DY 140-141 E 5
Böhmisch-Trübau = Česká Třebová o • CZ 28-29 O 4
Bohobé o TCH 142-143 D 4
Bohodou o RG 138-139 F 5
Bohoduchiv o UA 38-39 J 2
Bohol ⌒ RP 96-97 F 8
Bohol Sea ≈ 96-97 F 8
Bohol Strait ≈ 96-97 E 8
Bohong o RCA 142-143 B 5
Bohongou o BF 138-139 L 3
Böhönye o H 28-29 O 5
Bohorods'kyj Kostel • UA 38-39 D 2
Böhöt o MAU 84-85 J 5
Boi o WAN 140-141 H 4
Boi, Ponta do ▲ BR 216-217 H 7
Bóia, Rio ~ BR 210-211 C 5
Boiaçu o BR 206-207 D 6
Boiekevie Hill ▲ AUS 116-117 E 2
Boigu Island ⌒ AUS 110-111 B 5
Boiken o PNG 119 B 2
Boila o MOC 154-155 K 3
Boina ⊥ RM 158-159 E 6
Boipárigüda o IND 78-79 C 6
Boipeba, Ilha de ⌒ BR 216-217 L 2
Boiry-Saint-Martin o F (62) 228-229 K 3
Bois, Du o USA 190-191 J 5
Bois, Lac des o CDN 174-175 G 2
Bois, le ⊥ F (16) 236-237 E 5
Bois, Ribeiro dos ~ BR 212-213 D 6
Bois, Rio dos ~ BR 216-217 F 2
Bois, Rio dos ~ BR 216-217 F 4
Bois-Blanc o F (974) 246 II b 2
Bois Blanc Island ⌒ USA 190-191 F 3
Boischaut ⊥ F (36) 236-237 H 2
Boiscommun o F (45) 232-233 G 3
Bois Couronné o F (973) 245 I b 2
Bois-de-Céné o F (85) 236-237 B 2
Bois-de-Lord, le • F 234-235 F 3
Bois-d'Oingt, Le o F (69) 238-239 F 5
Boise ☆ • USA 184-185 F 4
Boise City o USA 188-189 F 1
Boisle, Le o F (80) 228-229 H 3
Bois Noirs, les ⊥ F (63) 238-239 D 5
Bois-Plage-en-Ré, Le o F (17) 236-237 C 3
Boisredon o F (17) 236-237 D 5
Bois-Sainte-Marie o F (71) 238-239 E 4
Boisseron o F (34) 242-243 E 4
Boisses, les o F (73) 242-243 K 1
Boisset-les-Prévanches o F (27) 232-233 E 2
Boissevain o CDN 178-179 F 6
Boissey o F (14) 228-229 E 5
Boissière, la o F (14) 228-229 E 5
Boissy-lès-Perche o F (28) 232-233 D 2
Boissy-Saint-Léger o F (94) 232-233 H 2
Boisville-la-Saint-Père o F (28) 232-233 F 3
Boisy • F (42) 238-239 D 4
Boituva o BR 216-217 G 7
Boja o RI 104 D 3
Bojano o I 36-37 E 4
Bojarka ~ RUS 44-45 b 6
Bojarsk o RUS 52-53 N 7
Bojčinovci o BG 38-39 C 6
Bojkov, liman ≈ 38-39 K 5
Bojmurot o US 72-73 K 4
Bojonegoro o RI 104 D 3
Boju o WAN 140-141 G 5
Boju-Ega o WAN 140-141 H 5
Bojuru o BR 218-219 E 8
Bojuru, Ponta do ▲ BR 218-219 E 8
Bokada o ZRE 142-143 D 6
Bokākhāt o IND 78-79 H 2
Boka Kotorska ≈ ••• 36-37 G 3
Bokala o ZRE 146-147 F 5
Bokata o ZRE 146-147 J 2
Bokatola o ZRE 146-147 G 4
Bokayanga o RCA 142-143 D 5
Boké ☆ RG 138-139 C 4
Boké ☆ RG 138-139 C 4
Bokele o ZRE 146-147 H 4
Bokhara River ~ AUS 114-115 J 5
Bokh el Mā ☆ RIM 132-133 E 5
Bokhol Plain ⊥ EAK 148-149 G 2
Boki o CAM 140-141 K 5
Bokin o BF 138-139 K 3
Boki Saboudo o RIM 132-133 D 7
Bokito o CAM 140-141 J 6
Bokkeveldberge ▲ ZA 156-157 D 5
Boknafjorden ≈ 22-23 B 7
Boko o RCB 146-147 E 6
Bokode o ZRE 146-147 G 2
Bokoko o ZRE 142-143 H 6
Bokolako o SN 138-139 D 3
Bokolango o ZRE 146-147 H 3
Bokolo o CI 138-139 G 5
Bokonbaevckoe o KS 82-83 C 4
Bokondo o ZRE 146-147 G 3
Bokoro o TCH 134-135 H 6
Boko-Songho o RCB 146-147 D 6
Bokota o ZRE 146-147 J 4
Bokote o ZRE 146-147 H 4
Boksburg o ZA 156-157 J 3
Boksitogorsk ☆ RUS 30-31 N 2
Bokter Müzbel ▲ KA 62-63 L 6
Boktor ~ RUS 58-59 G 3
Boku o PNG 120 I b 2
Boku o ZRE 146-147 F 5
Bokuma o ZRE 146-147 G 4
Bokungu o ZRE 146-147 J 4
Bol ☆ TCH 134-135 G 6
Bola o RI 102-103 B 6
Bola, Bahr ~ TCH 142-143 D 3
Bolafa o ZRE 146-147 J 3
Bolaiti o ZRE 146-147 K 5
Bolama ☆ • GNB 138-139 C 4
Bolama o ZRE 146-147 J 3
Bolān ~ PK 70-71 M 4
Boland Lake o CDN 174-175 U 5
Bolangitang o RI 100-101 H 3
Bolaños, Río ~ MEX 194-195 H 7
Bolan Pass ▲ PK 70-71 M 4
Bolbec o F (76) 228-229 E 4
Bolbolo o RP 96-97 D 4
Bolčiha o RUS 60-61 M 2
Bold Point ▲ RP 96-97 C 7
Boldyr o US 72-73 K 6
Bole o ETH 144-145 C 5
Bole o GH 138-139 J 5
Bole o VRC 82-83 F 3
Boleko o ZRE 146-147 G 4
Bolena o ZRE 146-147 G 3
Bolesławiec o • PL 28-29 N 3
Bolgart o AUS 112-113 D 5
Bolgatanga ☆ • GH 138-139 K 4
Bolger o CDN 182-183 F 4
Bolhov ☆ • RUS 30-31 O 5
Bolhrad ☆ UA 38-39 F 5
Boli o SUD 142-143 J 5
Boli o VRC 86-87 H 5
Boli o ZRE 146-147 L 4
Bolia o IND 74-75 E 7
Bolia o ZRE 146-147 G 4
Boliche = Pedro J. Montero o EC 208-209 C 3
Boliden o S 22-23 K 4
Bolifar o RI 102-103 F 3
Bolinha, Cachoeira da ~ BR 206-207 D 6
Bolintin-Vale o RO 38-39 D 5
Boliohutu, Gunung ▲ RI 100-101 H 3
Bolívar o BOL (COC) 214-215 D 5
Bolivar o BOL (PAN) 214-215 D 3
Bolívar o CO 204-205 C 7
Bolívar o PE 208-209 D 5
Bolivar o USA (MO) 188-189 L 1
Bolivar o USA (TN) 192-193 D 2
Bolívar, Pico ▲ •• YV 204-205 F 3
Bolivar Peninsula ⌣ USA 188-189 K 5
Bolivia o C 198-199 F 3
Bolivia = Bolivie ■ BOL 214-215 D 5
Bolivie = Bolivia ■ BOL 214-215 D 5
Boljevac o YU 36-37 H 3
Boljoon o RP 96-97 E 8
Bolkar Dağları ▲ TR 64-65 F 4
Bollène o F (84) 242-243 F 3
Bollène-Vesubie, la o F (06) 242-243 L 3
Bollezeele o F (59) 228-229 J 2
Bollnäs o S 22-23 H 6
Bollock, Mount ▲ CDN 168-169 W 3
Bollon o AUS 114-115 J 5
Bollwiller o F (68) 234-235 L 6
Bolmen o S 22-23 F 8
Bolnisi o GE 62-63 F 7
Bolobo o ZRE 146-147 F 5
Boločaevka 2-ja o RUS 58-59 F 4
Bolodek o RUS 58-59 E 2
Bologna ☆ •• I 36-37 C 2
Bologne o F (52) 234-235 G 5
Bolognesi o PE 208-209 E 7
Bologoe ☆ RUS 30-31 O 3
Bololedi ~ EAT 148-149 E 5
Bolomba o ZRE 146-147 G 3
Bolombo ~ ZRE 146-147 H 3
Bolon' o RUS 58-59 G 4
Bolon', ozero o RUS 58-59 G 4
Bolona o BF 138-139 G 4
Bolonchén ∴ • MEX 196-197 K 2
Bolonchén de Rejón o • MEX 196-197 K 1
Bolondo o GQ 146-147 B 3
Bolongongo o ANG 152-153 C 4
Bolonguera o ANG 152-153 B 6
Bolontio o RI 100-101 H 3
Bolotnoe ☆ RUS 50-51 S 7
Bolovens, Plateau des ▲ LAO 94-95 J 3
Boľšaja ~ RUS 46-47 a 2
Boľšaja ~ RUS 58-59 R 2
Boľšaja ~ RUS 58-59 R 2
Boľšaja, guba ≈ 46-47 X 2
Boľšaja Belaja ~ RUS 52-53 K 9
Boľšaja Bi'ca ~ RUS 50-51 L 7
Boľšaja Birjusa ~ RUS 52-53 H 8
Boľšaja Bootankaga ~ RUS 44-45 b 4
Boľšaja Černaja ~ RUS 52-53 F 5
Boľšaja Černigovka ☆ RUS 32-33 G 7
Boľšaja Erëma ~ RUS 52-53 N 5
Boľšaja Glušica ☆ RUS 32-33 G 7
Boľšaja Horga, ozero o RUS 54-55 E 9
Boľšaja Ket' ~ RUS 52-53 E 7
Boľšaja Kol'-Tajga, gora ▲ RUS 60-61 Q 2
Boľšaja Kuropatoč'ja ~ RUS 48-49 J 1
Boľšaja Lebjaž'ja ~ RUS 52-53 E 5
Boľšaja Martynovka = S'loboda Boľšaja Martynovka o RUS 38-39 M 4
Boľšaja Murata ☆ RUS 52-53 F 7
Boľšaja Mutnaja ~ RUS 24-25 X 3
Boľšaja Nisogora o RUS 24-25 S 4
Boľšaja Orlovka o RUS 38-39 M 4
Boľšaja Padeja, gora ▲ RUS 44-45 J 7
Boľšaja Pera ~ RUS 58-59 C 3
Boľšaja Pula ~ RUS 24-25 V 3
Boľšaja Rečka o RUS 32-33 E 4
Boľšaja Saga, ozero o RUS 32-33 D 10
Boľšaja Sosnovka ☆ RUS 32-33 J 5
Boľšaja Tira ~ RUS 52-53 M 7
Boľšaja Usa o RUS 32-33 J 5
Boľšaja Ussurka ~ RUS 58-59 F 6
Boľšaja Uzen' ~ RUS 32-33 F 8
Boľšaja Vladimirovka o KA 60-61 L 3
Boľšakovo o RUS 30-31 G 4
Bolsena, Lago di o I 36-37 C 3
Boľšenarymskoe o KA 60-61 O 4
Boľšereč'e ☆ RUS 50-51 N 6
Boľšereck o RUS 58-59 R 2
Boľšereck, Ust'- ☆ RUS 58-59 R 2
Boľšereckij Sovhoz o RUS 58-59 R 2
Boľšeustinskoe ☆ RUS 32-33 L 6
Boľševik o RUS 56-57 M 2
Boľševik, ostrov ⌒ RUS 44-45 d 2
Boľšezemeľskaja tundra ⊥ RUS 24-25 W 3
Bolsi o RN 138-139 L 3
Bolsico o RCH 220-221 B 2
Boľšie Čukkuri, gora ▲ RUS 24-25 M 4
Boľšie Hatymi o RUS 54-55 M 7
Boľšoe Eravnoe, ozero o RUS 54-55 E 9
Boľšoe Jarovoe ozero o RUS 60-61 L 2
Boľšoe Jasavèjto, ozero o RUS 44-45 M 7
Boľšoe Kizi, ozero o RUS 58-59 J 3
Boľšoe Morskoe, ozero o RUS 48-49 K 1
Boľšoe Nagatkino ☆ RUS 32-33 F 6
Boľšoe Sorokino ☆ RUS 50-51 K 6
Boľšoe Toko, ozero o RUS 56-57 D 6
Boľšoe Topoľnoe ozero o RUS 60-61 K 2
Boľšoe Zaborov'e o RUS 30-31 N 2
Boľšoj, ostrov ⌒ RUS 44-45 U 4
Boľšoj Abakan ~ RUS 60-61 Q 2
Boľšoj Abakan ~ RUS 60-61 Q 3
Boľšoj Aim ~ RUS 56-57 E 5
Boľšoj Akzar o KA 60-61 L 3
Boľšoj Amalat ~ RUS 54-55 F 9
Boľšoj Anjuj ~ RUS 48-49 L 2
Boľšoj Atlym ~ RUS 50-51 J 3
Boľšoj Avam ~ RUS 44-45 Z 6
Boľšoj Balhan, hrebet ▲ TM 72-73 D 5
Boľšoj Baranov, mys ▲ RUS 48-49 M 2
Boľšoj Begičev, ostrov ⌒ RUS 46-47 J 2
Boľšoj Čeremšan ~ RUS 32-33 G 6
Boľšoj Čurki o RUS 24-25 T 5
Boľšoj Dubčes ~ RUS 50-51 T 4
Boľšoj Enisej ~ RUS 52-53 G 10
Boľšoj Homus Jurjah ~ RUS 46-47 d 4
Boľšoj Ik ~ RUS 32-33 L 6
Boľšoj Ik ~ RUS 32-33 K 7
Boľšoj Irakan ~ RUS 56-57 C 6
Boľšoj Iremeľ, gora ▲ RUS 32-33 L 6
Boľšoj Irgiz ~ RUS 32-33 F 8
Boľšoj Jarhodon ~ RUS 48-49 H 4
Boľšoj Jarudej ~ RUS 44-45 P 8
Boľšoj Jugan ~ RUS 50-51 M 4
Boľšoj Kamen' o RUS 58-59 E 7
Boľšoj Karaman ~ RUS 32-33 E 8
Boľšoj Kas ~ RUS 52-53 E 6
Boľšoj Kavkaz = Caucase ▲ 62-63 C 5
Boľšoj Kazymskij Sor, ozero o RUS 50-51 J 3
Boľšoj Kemčug ~ RUS 52-53 F 7
Boľšoj Kèpèrveem ~ RUS 48-49 O 2
Boľšoj Kineľ ~ RUS 32-33 H 7
Boľšoj Kujbiveem ~ RUS 48-49 P 5
Boľšoj Kumak ~ RUS 32-33 L 8
Boľšoj Kun"jak ~ RUS 50-51 L 5
Boľšoj Ljahovskij, ostrov ⌒ RUS 46-47 X 3
Boľšoj Ljamčin Nos, mys ▲ RUS 44-45 H 7
Boľšoj Loptjuga ~ RUS 24-25 U 5
Boľšoj Megtyg"egan ~ RUS 50-51 R 4
Boľšoj Nimnyr ☆ RUS 54-55 M 6
Boľšoj Nimnyr ~ RUS 54-55 M 6
Boľšoj Oju ~ RUS 44-45 J 7
Boľšoj Oľdoj ~ RUS 54-55 L 8
Boľšoj On o RUS 60-61 Q 2
Boľšoj On o RUS 60-61 Q 2
Boľšoj Ous ~ RUS 50-51 F 4
Boľšoj Patom ~ RUS 54-55 G 5
Boľšoj Peledon ~ RUS 48-49 O 3
Boľšoj Pit ~ RUS 52-53 F 6
Boľšoj Pykarvaam ~ RUS 48-49 S 3
Boľšoj Rautan, ostrov ⌒ RUS 48-49 Q 2
Boľšoj Sajan ▲ RUS 52-53 J 9
Boľšoj Salym ~ RUS 50-51 L 4
Boľšoj Šantar o RUS 56-57 G 6
Boľšoj Šantar, ostrov ⌒ RUS 56-57 G 6
Boľšoj Selerikan ~ RUS 46-47 X 7
Boľšoj Setnoj, ostrov ⌒ RUS 62-63 H 5
Boľšoj Šiskarym ozero o RUS 50-51 K 6
Boľšoj Šor o KA 62-63 J 5
Boľšoj Tap ~ RUS 50-51 H 4
Boľšoj Turtas ~ RUS 50-51 L 5
Boľšoj Tyrkan ~ RUS 56-57 E 5
Boľšoj Uluj ☆ RUS 52-53 E 7
Boľšoj Urkan ~ RUS 54-55 M 8
Boľšoj Uvat ozero o RUS 50-51 L 6
Boľšoj Uzen' ~ RUS 32-33 F 8
Boľšoj Yllymah ~ RUS 54-55 N 6
Boľšoj Zelenec, ostrov ⌒ RUS 44-45 H 7
Boľšoj Zelenzuk ~ RUS 62-63 D 5
Boľšoj Zjudostinskij, ostrov ⌒ RUS 62-63 H 5
Boľšoj Žužmuj, ostrov ⌒ RUS 24-25 N 4
Bolsón de Mapimí ⊥ MEX 194-195 G 3
Boltodden ▲ N 20-21 L 4
Bolton o GB 26-27 F 5
Bolton o USA 192-193 J 2
Bolu ☆ TR 64-65 D 2
Bolubolu o PNG 119 F 5
Bolvaninka ~ RUS 52-53 N 6
Bolvanskij Nos ▲ RUS 44-45 H 6
Bolzano = Bozen ☆ I 36-37 C 1
Boma o ZRE 146-147 D 6
Bomaderry, Nowra- o AUS 116-117 L 3
Bomadi o WAN 140-141 F 6
Bomassa o RCB 146-147 F 2
Bombabasua o RI 100-101 F 4
Bombala o AUS 116-117 K 4
Bombay ☆ •• IND 74-75 D 10
Bomberai o RI 102-103 G 3
Bomberai Peninsula ⌣ RI 102-103 G 3
Bombo ☆ EAU 148-149 D 3
Bombo ~ ZRE 146-147 E 6
Bömbögör = Zadgaj o MAU 84-85 D 4
Bombo-Makuka o ZRE 146-147 F 6
Bombonal o CO 208-209 F 1
Bomboyo o TCH 134-135 G 6

Bombura ○ ZRE 146-147 G 2
Bom Comercio ○ BR 210-211 E 7
Bom Conselho ○ BR 212-213 K 6
Bom Despacho ○ BR 216-217 H 5
Bomdila ○• IND 78-79 H 2
Bomet ○ EAK 148-149 E 4
Bomi ○ AUS 114-115 K 5
Bomi ○ VRC 80-81 K 6
Bomili ○ ZRE 148-149 A 3
Bom Intento ○ BR 210-211 F 5
Bom Jardim ○ BR (MAR) 212-213 F 3
Bom Jardim ○ BR (P) 206-207 J 6
Bom Jardim ○ BR (RIO) 216-217 J 7
Bom Jardim de Minas ○ BR 216-217 H 6
Bom Jardim ou Bacabal, Igarapé ~ BR 210-211 J 5
Bom Jesus ○ ANG 152-153 B 4
Bom Jesus ○ BR (CAT) 218-219 D 6
Bom Jesus ○ BR (PIA) 212-213 F 6
Bom Jesus ○ BR (RSU) 218-219 E 7
Bom Jesus, Rio ~ BR 212-213 F 7
Bom Jesus da Gurguéira, Serra ▲ BR 212-213 G 6
Bom Jesus da Lapa ○ BR 216-217 J 2
Bom Jesus da Penha ○ BR 216-217 G 6
Bom Jesus de Goiás ○ BR 216-217 F 5
Bom Jesus do Amparo ○ BR 216-217 J 5
Bom Jesus do Galho ○ BR 216-217 J 5
Bom Jesus do Itabapoana ○ BR 216-217 K 6
Bømlo ⌒ N 22-23 B 7
Bom Lugar ○ BR 210-211 H 6
Bomnak ○ RUS 54-55 O 8
Bomokandi ~ ZRE 146-147 L 2
Bomongo ○ ZRE 146-147 G 3
Bomotu ○ ZRE 146-147 G 2
Bom Princípio ○ BR 212-213 E 6
Bomsucesso ○ BR 212-213 B 5
Bom Sucesso ○ BR (MIN) 216-217 H 6
Bom Sucesso ○ BR (PA) 212-213 K 5
Bomu ~ ZRE 142-143 F 6
Bomu Occidentale, Réserve de faune ⊥ ZRE 142-143 G 6
Bomu Orientale, Réserve de faune ⊥ ZRE 142-143 G 6
Bom Viver ○ BR 212-213 F 3
Bon, Cap ▲ TN 126-127 H 2
Bona ○ F (58) 232-233 J 5
Bona, Mount ▲ USA 164-165 U 6
Bonāb ○ IR 64-65 M 4
Bonaberi ○ CAM 140-141 H 6
Bona Bona Island ⌒ PNG 119 E 6
Bonaguil, Château de •• F (47) 240-241 G 1
Bonaire ⌒ NL 204-205 G 1
Bonam ○ BF 138-139 K 3
Bonampak ∴• MEX 196-197 J 3
Bonang ○ AUS 116-117 K 4
Bonang ○ RI 104 E 7
Bonanza ○ NIC 196-197 B 4
Bonanza ○ USA (ID) 184-185 G 3
Bonanza ○ USA (UT) 186-187 C 5
Bonao ☆ DOM 198-199 K 5
Bonapabli ○ LB 138-139 F 6
Bonaparte, Mount ▲ USA 184-185 E 1
Bonaparte Archipelago ⌒ AUS 108-109 G 3
Bonaparte River ~ CDN 176-177 K 6
Boñar ○ E 34-35 E 3
Bonara (Naulu Village) ⊥•• RI 102-103 E 3
Bonaventure ○ CDN 182-183 M 4
Bonavista ○ CDN 182-183 S 4
Bonavista, Cape ▲•• CDN 182-183 S 4
Bonavista Bay ≈ 182-183 S 4
Bonavista Peninsula ⌣•• CDN 182-183 S 4
Bonboillon ○ F (70) 238-239 H 2
Boncuk Dağı ▲ TR 64-65 C 4
Bondari ○ RUS 30-31 S 5
Bondé ○ F (988) 247 I b 2
Bondo ○ ZRE (EQU) 146-147 G 3
Bondo ○ ZRE (Hau) 146-147 J 2
Bondoc Peninsula ⌣ RP 96-97 E 6
Bondokodi ○ RI 104 D 7
Bondoukou ☆• CI 138-139 J 5
Bondoukui ○ BF 138-139 J 4
Bondowoso ○ RI 104 E 3
Bonds Cay ⌒ BS 198-199 G 2
Bondurant ○ USA 184-185 J 4
Bondy ○ F (93) 232-233 G 2
Boné ○ RG 138-139 E 4
Bone ~ RI 100-101 H 3
Bone, Golfe de = Bone Teluk ≈ 100-101 G 5
Bone = Watampone ○ RI 100-101 G 6
Bonebone ○• RI 100-101 G 5
Bone-Dumoga National Park ⊥•• RI 100-101 H 3
Bonelambere ○ RI 104 E 6
Bonelipu ○ RI 100-101 H 6
Bonelohe ○ RI 100-101 G 6
Bonépoupa ○ CAM 140-141 J 6
Bonerate ○ RI 104 E 6
Bonerate, Kepulauan ⌒ RI 104 E 6
Bonerate, Pulau ⌒ RI 104 E 6
Bonete, Cerro ▲ RA 220-221 C 4
Bonete, Río ~ RA 220-221 C 5
Bone Teluk ≈ 100-101 G 5
Bonfim ○ BR (AMA) 210-211 D 6
Bonfim ○ BR (MAT) 214-215 K 5
Bonfim ○ BR (P) 210-211 K 5
Bonfim ○ BR (ROR) 206-207 E 4
Bonfinópolis de Minas ○ BR 216-217 H 4
Bonga ○ ETH 144-145 C 5
Bonga ○ PNG 119 D 4
Bongabon ○ RP 96-97 D 5
Bongandanga ○ ZRE 146-147 H 3
Bongaon ○ IND 78-79 F 4
Bongār ○ IR 70-71 J 3
Bông Hu'ng ☆ VN 92-93 E 6
Bongka ~ RI 100-101 G 4
Bongo ○ RI 100-101 H 3
Bongo, Massif des ▲ RCA 142-143 F 4
Bongolava ⊥ RM 158-159 D 7
Bongolo, Grottes de • G 146-147 C 5
Bongor ☆ TCH 142-143 B 3
Bongouanou ☆ CI 138-139 H 6
Bongouanou, Collines de ▲ CI 138-139 H 6
Bonguélé ○ RCA 142-143 D 6
Bonham ○ USA 188-189 J 3
Bonhomme, le ○ F (68) 234-235 L 5
Boni ○ BF 138-139 J 4
Boni ○ RMM 138-139 J 2
Boniérdougou ○ CI 138-139 H 5
Bonifacio ○• F (2A) 244 D 6
Bonifacio ○ RP 96-97 E 8
Bonifacio, Bocche di ≈ 36-37 B 4
Bonifacio, Bouches de ≈ 34-35 M 4
Bonifacio, Bouches de ≈ F (2A) 244 D 6
Bonifay ○ USA 192-193 F 4
Boninal ○ BR 216-217 K 2
Boni National Reserve ⊥ EAK 148-149 H 4
Bonin National Park ⊥ GH 138-139 J 7
Bonins, Fosse des = Bonin Trench ≃ 10-11 G 4
Bonin Trench = Bonins, Fosse des ≃ 10-11 G 4
Bonita ○ USA 188-189 C 3
Bonita, La ○ EC 208-209 D 1
Bonitas, Las ○ YV 204-205 J 4
Bonito ○ BR (BAH) 212-213 H 7
Bonito ○ BR (GSU) 220-221 J 1
Bonito ○ BR (MIN) 216-217 H 3
Bonito ○ BR (P) 212-213 E 2
Bonito ○ BR (PER) 212-213 L 6
Bonito, Pico ▲ HN 196-197 L 4
Bonito, Rio ~ BR 216-217 E 4
Bonito Pico, Parque Nacional ⊥ HN 196-197 L 4
Bonjol ○ RI 98-99 D 4
Bonkahar, Kūh-e ▲ IR 70-71 E 3
Bonkoukou ○ RN 140-141 E 1
Bonlieu ○ F (39) 238-239 H 3
Bonn ○• D 28-29 J 3
Bonn = Bonn ○• D 28-29 J 3
Bonnat ○ F (23) 236-237 J 3
Bonne ○ F (74) 238-239 J 4
Bonne Bay ≈ 182-183 P 4
Bonnechere Caves ∴ CDN 182-183 F 6
Bonnefond ○ F (19) 236-237 J 4
Bonnefont ○ F (65) 240-241 E 4
Bonne-Fontaine, Château de • F (35) 230-231 J 3
Bonnemazon ○ F (65) 240-241 E 4
Bonners Ferry ○ USA 184-185 F 1
Bonnes ○ F (16) 236-237 F 5
Bonnes ○ F (86) 236-237 G 2
Bonnet, Cachoeira do ~ BR 210-211 H 6
Bonnétable ○ F (72) 230-231 M 3
Bonnet Plume River ~ CDN 164-165 Y 4
Bonneuil-Matours ○ F (86) 236-237 G 2
Bonneval ○ F (28) 232-233 E 3
Bonneval-sur-Arc ○ F (73) 242-243 L 1
Bonneville ○ F (74) 238-239 J 4
Bonneville ○ USA 184-185 D 3
Bonneville Salt Flats ⊥ USA 184-185 H 5
Bonneville-sur-Iton, la ○ F (27) 232-233 E 2
Bonney, Lake ○ AUS 116-117 F 4
Bonney Downs ○ AUS 108-109 D 7
Bonnières-sur-Seine ○ F (78) 228-229 H 5
Bonnie Rock ○ AUS 112-113 E 5
Bonnieux ○ F (84) 242-243 G 4
Bonnissant, Pointe ▲ CDN 180-181 K 5
Bonny ○ WAN 140-141 G 6
Bonny, Bight of ≈ 140-141 G 6
Bonny-sur-Loire ○ F (45) 232-233 H 4
Bonnyville ○ CDN 176-177 P 4
Bonoi ○ RI 102-103 J 2
Bonou ○ DY 140-141 E 5
Bonoua ○ CI 138-139 J 7
Bonrepos-sur-Aussonnelle ○ F (31) 240-241 G 3
Bons-en-Chablais ○ F (74) 238-239 J 4
Bonshaw ○ AUS 114-115 L 5
Bonsoaga ~ BF 138-139 L 3
Bontang ○ RI 100-101 E 3
Bontekoe Ø ⌒ GRØ 170-171 p 7
Bontemps, Lac ○ F (984) 246 III b 3
Bonthe ○ WAL 138-139 D 6
Bontoc ☆ RP 96-97 D 4
Bontoc Point ▲ RP 96-97 E 6
Bontosunggu ○ RI 100-101 F 6
Bontosunggu-Jeneponto ○ RI 100-101 F 6
Bonvouloir Islands ⌒ PNG 119 F 6
Bon Wier ○ USA 188-189 L 4
Bonyere ○ GH 138-139 J 7
Bonyhád ○ H 28-29 P 5
Bonzan ○ BF 138-139 J 4
Boo, Kepulauan ⌒ RI 102-103 E 2
Boobare ○ AUS 114-115 H 4
Boodi Boodi Range ▲ AUS 112-113 G 2
Boofzheim ○ F (67) 234-235 M 5
Bookaloo ○ AUS 114-115 D 6
Booko ○ CI 138-139 G 5
Boola ○ RG 138-139 F 5
Boolardy ○ AUS 112-113 D 3
Boolba ○ AUS 114-115 K 5
Booligal ○ AUS 116-117 H 2
Booltharda Hill ▲ AUS 112-113 D 3
Boomarra ○ AUS 110-111 F 6
Boomi River ~ AUS 114-115 K 5
Boonah ○ AUS 114-115 M 5
Bööncagaan nuur ○ MAU 84-85 D 5
Boondooma Reservoir ○ AUS 114-115 L 4
Boone ○ USA (CO) 186-187 E 6
Boone ○ USA (IA) 186-187 L 4
Boone ○ USA (NC) 192-193 H 1
Booneville ○ USA (AR) 188-189 L 2
Booneville ○ USA (KY) 190-191 G 7
Booneville ○ USA (MS) 192-193 D 2
Boongaree Island ⌒ AUS 108-109 G 3
Boonville ○ USA (IN) 190-191 E 6
Boonville ○ USA (MO) 186-187 L 6
Boopi, Río ~ BOL 214-215 D 4
Boorabbin ○ AUS 112-113 F 5
Boorabbin National Park ⊥ AUS 112-113 F 5
Boorama ○ SP 144-145 F 4
Böörög Dėlijn Ėls ⊥ MAU 52-53 F 10
Booroondara, Mount ▲ AUS 114-115 H 6
Boorowa ○ AUS 116-117 K 3
Boort ○ AUS 116-117 G 4
Boos ○ F (76) 228-229 G 5
Boosaaso = Bender Qaasim ☆ SP 144-145 J 3
Boothbay Harbor ○ USA 190-191 O 4
Boothby, Cape ▲ ARK 16 G 6
Boothby, Mount ▲ AUS 116-117 E 3
Boothia, Gulf of ≈ 168-169 a 5
Boothia Isthmus ⌣ CDN 168-169 Z 6
Boothia Peninsula ⌣ CDN 168-169 Y 5
Booth Islands ⌒ CDN 168-169 J 5
Booth's River ~ BH 196-197 K 3
Boothulla ○ AUS 114-115 H 4
Booti Booti National Park ⊥ AUS 116-117 M 2
Booué ○ G 146-147 C 4
Booylgoo Spring ○ AUS 112-113 E 3
Bopa ○ DY 138-139 L 6
Bopako ○ ZRE 146-147 H 3
Bophuthatswana (former Homel., now part of North-West) ◘ ZA 156-157 F 3
Bopo ○ WAN 140-141 G 5
Bopope ○ F (988) 247 I c 2
Boqên ○ VRC 80-81 K 5
Boqueirão ○ BR (ACR) 208-209 F 5
Boqueirão ○ BR (BAH) 212-213 G 7
Boqueirão ○ BR (GSU) 220-221 J 1
Boqueirão ○ BR (PA) 212-213 K 5
Boqueirão, Serra do ▲ BR 212-213 G 7
Boqueirão, Serra do ▲ BR 216-217 H 2
Boqueirão, Serra do ▲ BR 220-221 K 5
Boqueirão Cesário ○ BR 212-213 J 4
Boquen, Abbaye de • F (22) 230-231 G 3
Boquerón ○ C 198-199 H 5
Boquerón ○ PY 220-221 G 2
Boqueron ○ YV 204-205 G 3
Boquete, Cerro ▲ RA 222-223 E 7
Boquilla, Presa de la < MEX 194-195 G 4
Boquilla del Conchos, La ○ MEX 194-195 G 4
Boquillas del Carmen ○ MEX 194-195 H 3
Boquira ○ BR 216-217 J 2
Bor ○ RUS 52-53 E 5
Bor ○ RUS (GOR) 32-33 D 5
Bor ○ SUD 142-143 K 5
Bor ☆• TR 64-65 F 4
Bor, Lagh ~ EAK 148-149 G 2
Bora ▲ ETH 136-137 J 6
Bora ○ PNG 119 B 4
Bora ○ SUD 142-143 H 4
Bora-Bora, Île ⌒ F (987) 247 IV a 1
Borabu ○ THA 94-95 G 2
Borabu Park ⊥ THA 94-95 G 2
Boracho Peak ▲ USA 188-189 E 4
Borah Peak ▲ USA 184-185 H 3
Boraldaj ~ KA 72-73 L 3
Boraldaj, žota ▲ KA 72-73 L 3
Boralde de Saint-Chély ~ F (12) 240-241 K 1
Borang, Tanjung ▲ RI 102-103 G 4
Borås ☆ S 22-23 F 8
Borāzǰān ☆ IR 70-71 D 4
Borba ○ BR 210-211 H 5
Borbon ○ RP 96-97 F 7
Borbón ○ YV 204-205 J 4
Borborema, Planalto da ⊥ BR 212-213 K 5
Borçka ☆ TR 64-65 J 2
Bordas ○ F (24) 236-237 G 5
Borde Alto del Payún ▲ RA 222-223 E 4
Bordeaux ☆• F (33) 236-237 D 6
Bordēbē ○ KS 72-73 N 5
Bordelais ⊥ F (33) 236-237 E 6
Borden ○ AUS 112-113 E 7
Borden ○ CDN 182-183 N 5
Borden Island ⌒ CDN 168-169 Q 1
Borden Peninsula ⌣ CDN 168-169 e 4
Borden River ~ CDN 174-175 Z 3
Border ○ USA 184-185 J 4
Border, Pegunungan ▲ RI 102-103 L 3
Border City Lodge ○ USA 164-165 U 5
Bordertown ○ AUS 116-117 F 4
Bordes, Les ○ F (45) 232-233 G 4
Borđeyri ○ IS 22-23 c 2
Bord Hûn-e Nou ○ IR 70-71 D 4
Bordighera ○ I 36-37 A 3
Bordj Bou Arreridj ☆ DZ 126-127 E 2
Bordj Bounaama ○ DZ 126-127 C 3
Bordj Flye Sainte Marie ○ DZ 124-125 K 7
Bordj Messouda ○ DZ 126-127 G 5
Bordj Mokhtar ○ DZ 132-133 L 4
Bordj Omar Driss ○ DZ 126-127 F 6
Bordo, El = Patia ○ CO 204-205 C 6
Bordoloni ○ IND 78-79 J 2
Bords ○ F (17) 236-237 D 4
Borē ○ ETH 144-145 D 5
Boré ○ RMM 138-139 J 2
Boreda ○ ETH 144-145 C 5
Borensberg ○ S 22-23 G 7
Boren Xuanguan ∴• VRC 92-93 D 2
Boréon, le ○ F (06) 242-243 L 3
Borgå = Porvoo ○ FIN 24-25 H 6
Borgampād ○ IND 78-79 B 7
Borgarfjörður ○ IS 22-23 g 2
Borgarnes ☆ IS 22-23 c 2
Børgefjellet ▲ N 22-23 F 4
Børgefjell nasjonalpark ⊥ N 22-23 F 4
Børgen, Kap ▲ GRØ 170-171 q 6
Borger ○ USA 188-189 G 2
Borgholm ☆• S 22-23 H 8
Borgi ○ IND 78-79 B 6
Borgia, De ○ USA 184-185 G 2
Borg Jøkel Bræ ⊂ GRØ 170-171 n 5
Borgne, Lake ○ USA 192-193 D 4
Borgne, Le ○ RH 198-199 J 5
Borgo ○ F (2B) 244 E 3
Borgomanero ○ I 36-37 B 2
Borgo San Lorenzo ○ I 36-37 C 3
Borgou ○ RT 138-139 L 4
Borgu ⊥ DY 140-141 E 4
Borgu Game Reserve ⊥ WAN 140-141 E 3
Borgund ○ N 22-23 C 6
Borgund stavkirke •• N 22-23 C 6
Borhojn-Tal ○ MAU 84-85 K 6
Bori ○ DY 140-141 E 4
Bori ○ IND 74-75 G 9
Bori ○ WAN 140-141 G 6
Boria Tibhu ○ IND 78-79 B 5
Borigumma ○ IND 78-79 C 6
Börili ○ KA 32-33 H 8
Borisoglebsk ○ RUS 38-39 N 2
Borisov = Barysav ☆ BY 30-31 L 4
Borisova, mys ▲ RUS 56-57 G 6
Borisovka ○ RUS 38-39 K 2
Borisovo-Sudskoe ○ RUS 30-31 P 2
Boriziny ○ RM 158-159 E 5
Borja ○ PE 208-209 D 4
Borj Bourguiba ○ TN 126-127 G 4
Borjhar ○ IND 74-75 E 8
Borj Jeneïn ○ TN 126-127 H 5
Borj Machened Salah ○ TN 126-127 H 4
Borj M'Chiguig ○ TN 126-127 H 5
Borj Slougui < TN 126-127 H 4
Borke ○ AFG 72-73 L 6
Borkou ⊥ TCH 134-135 H 3
Borkou-Ennedi-Tibesti ◘ TCH 134-135 H 4
Borkum ⌒ D 28-29 J 2
Borlänge ☆ S 22-23 G 6
Bormes-les-Mimosas ○ F (83) 242-243 J 5
Borne ○ DZ 126-127 F 8
Borne ○ F (43) 242-243 D 1
Borne ~ F (63) 242-243 D 1
Bornéo = Kalimantan ⌒ 100-101 C 4
Bornholm ⌒• DK 22-23 G 9
Bornholmsgattet ≈ 22-23 G 9
Borno ◘ WAN 134-135 E 6
Boro ~ RB 154-155 B 4
Boro ~ SUD 142-143 G 4
Borobudur ••• RI 104 D 3
Borodale Creek ~ AUS 112-113 G 4
Borodino ○ RUS 52-53 G 8
Borogoncy ☆• RUS 54-55 P 4
Borohoro Shan ▲ VRC 82-83 E 3
Borojó ○ YV 204-205 F 2
Boroko ○ RI 100-101 H 3
Borol ~ TCH 142-143 C 3
Borom ○ TCH 142-143 E 4
Boromata ○ RCA 142-143 E 3
Boromo ○• BF 138-139 J 4
Boron ○ CI 138-139 H 5
Boron ○ RMM 138-139 G 2
Boron ○ USA 184-185 F 8
Bor-Öndör = Hėrlėn ○ MAU 84-85 J 4
Borong, hrebet ▲ RUS 46-47 V 6
Boronono ○ RM 158-159 E 5
Boronuk ○ RUS 46-47 T 6
Boroŕé ○ BR 220-221 K 5
Borovići ○ RUS (PSK) 30-31 L 3
Boroviči ☆ RUS (NVG) 30-31 N 2
Borovo ○ RUS 24-25 U 5
Borovoj ○ RUS 24-25 M 4
Borovsk ○• RUS 30-31 P 4
Borovskoj ☆ KA 60-61 D 2
Borrero ○ EC 208-209 C 3
Borrèze ○ F (24) 236-237 H 6
Borroloola ⊥ AUS 110-111 D 5
Borroloola Aboriginal Land ⊥ AUS 110-111 C 4
Borşa ○ RO 38-39 D 4
Borsad ○ IND 74-75 D 8
Borsa-kelmas šuri ○ US 72-73 E 3
Borščevočnyj, hrebet ▲ RUS 54-55 H 10
Bors-de-Montmoreau ○ F (16) 236-237 F 5
Borskoe ☆ RUS 32-33 G 7
Bort-les-Orgues ○• F (19) 236-237 K 5
Börtnan ○ S 22-23 F 5
Boru ○ RI 102-103 B 6
Boruambe ~ ZRE 146-147 F 5
Borūǧen ○• IR 70-71 D 3
Borūǧerd ○• IR 70-71 C 2
Borulah ~ RUS 46-47 U 6
Borulah ~ RUS 54-55 O 5
Bor-Uzuur ○ MAU 82-83 L 3
Bory, Tianguel- ○ RG 138-139 D 4
Boryspil' ○ UA 38-39 G 2
Borzja ☆ RUS 54-55 H 10
Borzja ~ RUS 54-55 G 10
Borzna ○ UA 38-39 H 2
Boržomi ○• GE 62-63 E 7
Borzongijn Gov' ⊥ MAU 84-85 G 6
Borzova, zaliv ○ RUS 44-45 J 3
Bosa ○• I 36-37 B 4
Bosaga ○ KA 60-61 H 5
Bosanska Brod ○ BIH 36-37 G 2
Bosanska Krupa ○ BIH 36-37 F 2
Bosanski Novi ○ BIH 36-37 F 2
Bosanski Petrovac ○ BIH 36-37 F 2
Bosanski Šamac ○ BIH 36-37 G 2
Bosavi, Mount ▲ PNG 119 B 4
Boscamnant ○ F (17) 236-237 E 5
Bosc-Bordel ○ F (76) 228-229 G 4
Bosc-le-Hard ○ F (76) 228-229 G 4
Boscobel ○ USA 190-191 C 4
Bosconia ○ CO 204-205 E 2
Bose ○ VRC 92-93 E 5
Bosencheve, Parque Nacional ⊥ MEX 196-197 D 2
Boset Terara ▲ ETH 144-145 D 4
Boshoek ○ ZA 156-157 H 2
Boshof ○ ZA 156-157 G 4
Bô Sinh ○ VN 92-93 C 6
Boskamp ○ SME 206-207 G 3
Boslanti ○ SME 206-207 G 3
Bosler ○ USA 186-187 E 5
Bosmediano ○ PE 208-209 F 4
Bosna ~ BIH 36-37 G 2
Bosna i Hercegovina = Bosnie-Herzégovine ■ BIH 36-37 F 2
Bosnie-Herzégovine = Bosna i Hercegovina ■ BIH 36-37 F 2
Bosnik ○ RI 102-103 J 2
Bošnjakovo ○ RUS 58-59 K 4
Boso ○ ZRE 146-147 J 2
Bosobolo ○ ZRE 142-143 D 6
Bōsō-hantō ⌣ J 88-89 H 7
Bososama ○ ZRE 142-143 E 6
Bosporus = İstanbul Boğazi ≈ 64-65 C 2
Bosporus = Karadeniz Boğazi ≈ 64-65 C 2
Bošrūye ○ IR 70-71 G 2
Bossaga ○ TM 72-73 J 6
Bossangoa ☆ RCA 142-143 C 5
Bosse, La ○ F (72) 232-233 D 3
Bossembélé ○ RCA 142-143 C 6
Bossentélé ○ RCA 142-143 C 6
Bosset ○ F (24) 236-237 F 6
Bossiekom ○ ZA 156-157 E 4
Bossier City ○ USA 188-189 L 3
Bossiesvlei ○ NAM 156-157 C 2
Bosso ○ RN 134-135 F 6
Bosso ~ RN 140-141 E 1
Bosso, Dallol ~ BF 140-141 E 2
Bossut, Cape ▲ AUS 108-109 E 5
Bostān ○ IR 70-71 B 3
Bostan ○ VRC 80-81 E 2
Bostānābād ○ IR 64-65 M 4
Bostankum ⊥ KA 62-63 K 6
Bosten Hu • VRC 82-83 H 5
Boston ○ GB 26-27 G 5
Boston ☆ USA 190-191 N 4
Boston Bar ○ CDN 176-177 K 7
Boston Mountains ▲ USA 188-189 L 2
Bosumba ~ ZRE 146-147 G 3
Bosumtwi, Lake ○ GH 138-139 K 6
Boswell ○ USA 188-189 K 2
Botād ○ IND 74-75 C 8
Botafogo ○ BR 210-211 B 5
Botalón, El ○ YV 204-205 F 2
Botan Çayı ~ TR 64-65 K 4
Botany Bay ≈ 116-117 L 2
Botare ○ RI 102-103 G 3
Botata ○ LB 138-139 F 6
Bote ○ IND 74-75 E 10
Boteka ○ ZRE 146-147 G 4
Botemola ○ ZRE 146-147 G 5
Boteti ~ RB 154-155 B 5
Botev ▲ BG 38-39 D 6
Bothasberg ▲ ZA 156-157 J 3
Bothaville ○ ZA 156-157 H 3
Bothwell ○ AUS 116-117 J 7
Botija, Ilha da ⌒ BR 210-211 F 4
Botijón ○ YV 204-205 J 3
Botín, El ○ YV 204-205 F 4
Botitembongo ○ ZRE 146-147 G 4
Botkul', ozero ○ RUS 32-33 E 9
Botlih ○ RUS 62-63 G 6
Bot Makak ○ CAM 146-147 C 2
Botnie, Golfe de = Bothnia, Gulf of ≈ 22-23 J 6
Botolan ○ RP 96-97 D 5
Botomoju ~ RUS 54-55 J 4
Botopasi ○ SME 206-207 G 3
Botoşani ☆• RO 38-39 E 4
Botou ○ BF (EST) 138-139 L 3
Botou ○ BF (EST) 140-141 E 2
Botou ○ VRC 90-91 K 2
Botro ○ CI 138-139 H 6
Botswana = Botswana ■ RB 154-155 B 6
Bottenhavet ≈ 22-23 J 6
Bottenviken ≈ 22-23 L 4
Botterkloof ▲ ZA 156-157 D 5
Bottineau ○ USA 186-187 G 1
Bottle Creek ○ GB 198-199 K 4
Botuali ○ ZRE 146-147 F 4
Botucatu ○ BR 216-217 F 7
Botulu ○• RUS 54-55 J 3
Botumirim ○ BR 216-217 J 4
Botuobuja, Ulahan ~ RUS 54-55 E 5
Botwood ○ CDN 182-183 R 4
Bou ~ CI 138-139 H 5
Bou ○ RI 100-101 G 3
Bouaflé ☆ CI 138-139 H 6
Bou Akba < DZ 124-125 H 6
Bouaké ☆• CI 138-139 H 6
Boû Aleb < RIM 132-133 F 6
Boualem ○ DZ 126-127 C 4
Bou Ali ○ DZ 124-125 L 7
Bou Ali, Oued ~ DZ 126-127 D 5
Bou-Allala, Hassi < DZ 124-125 K 5
Bouam ○ CAM 140-141 K 6
Bouânane ○ MA 124-125 K 4
Bouandougou ○ CI 138-139 H 5
Bouanri ○ DY 140-141 E 3
Bouansa ○ RCB 146-147 D 6
Bouar ☆• RCA 142-143 B 6
Bouârfa ○ MA 124-125 L 4
Bouârfa, Jbel ▲ MA 124-125 L 4
Bouaye ○ F (44) 230-231 H 5
Bouba Ndjida, Parc National de ⊥ CAM 142-143 B 4
Boubela ○ CI 138-139 G 7
Bou Bernous, Hassi < DZ 124-125 K 7
Bouble ~ F 236-237 L 3
Boubon ○ RN 138-139 L 3
Boubouri ○ CI 138-139 H 7
Bouca ○ RCA 142-143 D 5
Boucan-Canot ○ F (974) 246 II a 2
Boucard, Château de • F (18) 232-233 H 5
Boucau ○ F (64) 240-241 B 3
Boucaut Bay ≈ 110-111 C 2
Bouc-Bel-Air ○ F (13) 242-243 G 5
Boucé ○ F (61) 230-231 L 2
Bouchain ○ F (59) 228-229 L 3
Bouchard ○ RA 222-223 H 3
Bouchaud, Île ⌒ F (33) 236-237 D 5
Bouche-du-Rhône ◘ F (13) 242-243 F 4
Bouchemaine ○ F (49) 230-231 K 5
Bouches-du-Rhône ◘ F (13) 242-243 F 4
Bouchette, Lac- ○ CDN 182-183 H 4
Bouchouaymiy ○ MA (93) 132-133 B 2
Bouchoux, les ○ F (39) 238-239 H 4
Boucle du Baoulé, Parc National de la ⊥ RMM 138-139 F 2
Boû Ctaïla ○ RIM 132-133 F 7
Boudamassa ○ TCH 142-143 C 3
Boudbouda < RIM 132-133 C 5
Boudenib ○ MA 124-125 K 5
Boudeuse Cay ⌒ SY 160 C 3
Boû Dib ○ RIM 132-133 F 5
Boudiéri ○ BF 138-139 L 3
Boû Djébéha < RMM 132-133 J 5
Boudo ○ ANG 152-153 E 8
Boudoua ○ RCA 142-143 C 6
Boudtenga ○ BF 138-139 K 3
Bouénguidi ~ G 146-147 D 4
Bouéni, Baie de ≈ 246 I b 2
Bouéni, Pointe ▲ F (985) 246 I b 2
Bouenza ◘ RCB 146-147 D 6
Bouenza ~ RCB 146-147 D 5
Bouessay ○ F (53) 230-231 L 4
Bouesse ○ F (36) 236-237 J 2
Bouëx ○ F (16) 236-237 F 4
Bouëxière, La ○ F (35) 230-231 J 3
Bougaa ○ DZ 126-127 E 2
Boû Gâdoûm ○ RIM (HCH) 132-133 G 7
Boû Gâdoûm ○ RIM (HCH) 138-139 G 2
Bougainville, Cape ▲ AUS 108-109 H 2
Bougainville, Cape ▲ GB 222-223 L 6
Bougainville, Presq'île du ⌣ F (984) 246 III b 4
Bougainville Island ⌒ PNG 120 I b 2
Bougainville Reef ⌒ AUS 110-111 J 4
Bougainville Strait ≈ 120 I c 2
Bougainville Trench ≃ 119 G 3
Bougaroun, Cap ▲ DZ 126-127 F 2
Bougès, Montagne du ▲ F (48) 242-243 D 3
Bouges-le-Château ○ F (36) 232-233 F 5
Bouget • F (30) 242-243 E 3
Boughessa ○ RMM 132-133 M 4
Bouglon ○ F (47) 240-241 E 2
Bougoui ○ RCA 142-143 B 5
Bougouni ○ RMM 138-139 G 4
Bougouriba ~ BF 138-139 J 4
Bougouso ○ CI 138-139 G 5
Bougtob ○ DZ 126-127 C 3
Bouguenais ○ F (44) 230-231 H 5
Bouguer, Cape ▲ AUS 116-117 D 4
Boû Guettâra < RIM 132-133 C 5
Bou Hadjar ○ DZ 126-127 G 2
Bou Iblane, Jbel ▲ MA 124-125 J 4
Bouillac ○ F (82) 240-241 G 3
Bouilladise, La ○ F (13) 242-243 H 5
Bouillante ○ F (971) 245 IV a 2
Bouille, La ○ F (76) 228-229 F 5
Bouillé-Ménard ○ F (49) 230-231 K 4
Bouillie, La ○ F (22) 230-231 G 2
Bouilly ○ F (10) 232-233 K 3
Bouin ○ F (85) 236-237 A 2
Bouisson • F (31) 240-241 H 4
Bou-Izakarn ○ MA 124-125 G 6
Boujad ○ MA 124-125 H 4
Boujailles ○ F (25) 238-239 J 3
Boujdour ○ MA 124-125 D 7
Boujdour, Cap ▲ MA 124-125 D 7
Bou Kadir ○ DZ 126-127 C 2
Bou Kahil, Djebel ▲ DZ 126-127 D 3
Boukān ○ IR 64-65 M 4
Bou Keltoum, Jbel ▲ MA 124-125 K 3
Boukhara = Buhoro ☆•• US 72-73 J 5
Boukoko ○ RCA 146-147 F 2
Boukoula ○ CAM 140-141 K 3
Boukoumbé ○ DY 138-139 L 4
Boukra ○ MA 124-125 E 7
Bou Ladiab, Jebel ▲ TN 126-127 H 4
Boula-Ibib ○ CAM 140-141 K 4
Boulal ○ RMM 138-139 F 2
Boulal ○ SN 138-139 C 2
Boû Lanouâr ○ RIM 132-133 B 4
Boulâouane • MA 124-125 G 4
Boulari, Baie de ≈ 247 I d 4
Boulay, le ○ F (44) 230-231 J 5
Boulay-Moselle ○ F (57) 234-235 J 3
Boulder ○ USA (CO) 186-187 E 5
Boulder ○ USA (MT) 184-185 H 2
Boulder ○ USA (WY) 186-187 C 4
Boulder, Kalgoorli- ○ AUS 112-113 F 5
Boulder City ○ USA 184-185 G 8
Boule-d'Amont ○ F (66) 240-241 K 5
Boulel ○ RMM 138-139 H 2
Boulel ○ SN 138-139 C 2
Boulemane ☆ MA 124-125 J 4
Bouleternère ○ F (66) 240-241 K 5
Bouli ○ BF 138-139 L 3
Bouli ~ DY 140-141 E 3
Bouli ○ RIM 132-133 E 7
Boulia ○ AUS 114-115 E 2
Bouligny ○ F (55) 234-235 H 3
Boulinda, Massif du ▲ F (988) 247 I c 3
Boullay-Mivoye, Le ○ F (28) 232-233 E 2
Boulleret ○ F (18) 232-233 H 5
Bouloc ○ F (12) 240-241 K 2
Bouloc ○ F (82) 240-241 G 2
Boulogne ~ F (85) 236-237 C 2
Boulogne-Billancourt ○ F (92) 232-233 G 2
Boulogne-sur-Gesse ○ F (31) 240-241 F 4
Boulogne-sur-Mer ○• F (62) 228-229 H 2
Bouloire ○ F (72) 232-233 D 4
Boulonnais ⊥ F 228-229 H 2
Boulou, le ○ F (66) 240-241 K 5
Bouloula ○ RCA 142-143 E 5
Boulouli ○ RMM 138-139 F 3
Bouloupari ○ F (988) 247 I d 3
Boulsa ○ BF 138-139 K 3
Boulsmaïl ○ DZ 126-127 D 2
Boultoum ○ RN 134-135 D 6
Boumaine-du-Dades ○ MA 124-125 J 5
Boumango ○ G 146-147 D 5
Boumba ~ CAM 146-147 E 2
Boumbé I ~ RCA 142-143 B 6
Boumbé II ~ CAM 142-143 B 6
Boumbia ○ CI 138-139 G 7
Boumboum ○ RMM 138-139 K 2
Boumba National Park ⊥ AUS 116-117 K 4
Boûmdeïd ○ RIM 132-133 E 6
Boumerdes ☆ DZ 126-127 D 2
Bou Mertala < RIM 132-133 F 4
Boumia ○ MA 124-125 J 4
Boum Kabir ○ TCH 142-143 D 3
Boumois • F (49) 230-231 L 5
Bou Mréga < RIM 132-133 E 6
Bouna ☆ CI 138-139 J 5
Bou Naceur, Ibel ▲ MA 124-125 K 4
Boû Nâga ○ RIM 132-133 D 5
Boû Nâga < RMM 132-133 J 6
Boundary ○ CDN 176-177 E 3
Boundary Mountains ▲ USA 190-191 N 3
Boundary Peak ▲ USA 184-185 E 7
Boundary Ranges ▲ CDN 176-177 E 3
Boundiali ☆ CI 138-139 G 5
Boundji ○ G 146-147 D 4
Boundji ○ RCB 146-147 E 4
Boungo ~ RCA 142-143 F 4
Boungou ~ RCA 142-143 E 5
Boungu ○ RCA 142-143 F 5
Bouniagues ○ F (24) 236-237 G 6
Bouniandjé ~ G 146-147 D 3
Bounkiling ○ SN 138-139 C 3
Bounoum ~ SN 138-139 C 2
Bountiful ○ USA 184-185 J 5
Bountiful Islands ⌒ AUS 110-111 E 5
Bounty, Plateau = Bounty Plateau ≃ 9 J 7
Bounty Islands ⌒ NZ 9 J 7
Bounty Plateau = Bounty, Plateau ≃ 9 J 7
Bounty Trough ≃ 9 J 7
Bounty Trough = Bounty Trough ≃ 10-11 K 12
Bourorkhayia, Baie de la = Buor-Haja, guba ≈ 46-47 S 4
Bouq ○ F (54) 234-235 H 4
Bouquet ○ RA 222-223 J 2
Bouqueyran ○ F (33) 236-237 D 5
Boura ○ BF 138-139 J 4
Bourail ○ F (988) 247 I c 3
Bourarhet, Erg ⊥ DZ 126-127 G 7
Bouray-sur-Juine ○ F (91) 232-233 G 2
Bourbansais, Château de • F (35) 230-231 H 3
Bourbilly • F (21) 238-239 E 2
Bourbon, Cap ▲ F (984) 246 III a 4
Bourbon-Lancy ○ F (71) 238-239 D 3
Bourbon-l'Archambault ○ F (03) 236-237 M 2
Bourbonnais ⊥ F (03) 236-237 L 2
Bourbonne-les-Bains ○ F (52) 234-235 H 6
Bourboule, La ○ F (63) 236-237 L 4
Bourbourg ○ F (59) 228-229 J 2
Bourboux ○ F (24) 236-237 G 5
Bourbriac ○ F (22) 230-231 E 3
Bourdeaux ○ F (26) 242-243 G 2
Bourdeilles ○• F (24) 236-237 G 5
Bourdel, Lac ○ CDN 180-181 M 6
Bourdelins, les ○ F (18) 236-237 L 2
Bourdon ○ F (80) 228-229 J 4
Bourdonnay ○ F (57) 234-235 K 4
Bourdons-sur-Rognon ○ F (52) 234-235 G 5
Bourea, Monts de = Bureinskij hrebet ▲ RUS 58-59 E 4
Bourem ○ RMM 132-133 K 6
Bouresse ○ F (86) 236-237 G 3
Bourg ○ F (33) 236-237 D 5
Bourg, Lac ○ CDN 180-181 N 6
Bourg, Le ○ F (46) 236-237 J 6
Bourg-Achard ○ F (27) 228-229 F 5
Bourganeuf ○ F (23) 236-237 J 4
Bourg-Archambault ○ F (86) 236-237 H 3
Bourg-Argental ○ F (42) 242-243 F 1
Bourg-Blanc ○ F (29) 230-231 C 2
Bourg-de-Péage ○ F (26) 242-243 G 1
Bourg-de-Thizy ○ F (69) 238-239 E 4
Bourg-de-Visa ○ F (82) 240-241 F 2
Bourg-d'Oisans, Le ○ F (38) 242-243 J 1
Bourg-d'Oueil ○ F (31) 240-241 E 5
Bourg-du-Bost ○ F (24) 236-237 F 5
Bourg-Dun ○ F (76) 228-229 F 4
Bourg-en-Bresse ☆• F (01) 238-239 G 4
Bourges ☆••• F (18) 232-233 G 5
Bourget, Mont ▲ F (984) 246 III b 2
Bourget, Lac du ○ F (73) 238-239 H 5
Bourg-et-Comin ○ F (02) 228-229 L 5
Bourget-du-Lac, Le ○ F (73) 238-239 H 5
Bourg-Lastic ○ F (63) 236-237 L 4
Bourg-lès-Valence ○ F (26) 242-243 F 2
Bourg-Madame ○ F (66) 240-241 H 6
Bourg-Murat ○ F (974) 246 II b 2
Bourgneuf, Baie de ≈ F (44) 230-231 G 5
Bourgneuf-en-Retz ○ F (44) 230-231 H 5
Bourgneuf-la-Forêt, Le ○ F (53) 230-231 K 3
Bourgogne ○ F (51) 234-235 E 3
Bourgogne ◘ F 232-233 J 5
Bourgogne, Canal de < F (89) 238-239 E 1
Bourgogne, Porte de ⊥ F 238-239 K 1
Bourgoin-Jallieu ○ F (38) 238-239 G 5
Bourgonnière, la • F (49) 230-231 J 5
Bourg-Saint-Andéol ○ F (07) 242-243 F 3
Bourg-Saint-Léonard, Le ○ F (61) 230-231 M 2
Bourg-Saint-Maurice ○ F (73) 238-239 K 5
Bourgthéroulde-Infreville ○ F (27) 228-229 F 5
Bourgueil ○ F (37) 230-231 M 5
Bouria ☆ DZ 126-127 D 2
Bouriates d'Aguinsk,Arrond.des Aginskij Burjatskij avt.okrug ◘ RUS 54-55 F 10
Bouriates d'Oust-Ordyn,Arrond.d.=Ust'-Ordynskij Bur.avt.okr. ◘ RUS 52-53 L 9
Bouriatie, République de = Burjatija, Respublika ◘ RUS 52-53 K 9
Bourideys ○ F (33) 240-241 D 2
Boû Rjeïmât < RIM 132-133 C 5
Bourke ○ AUS 114-115 H 6
Bourmont ○ F (52) 234-235 H 5
Bournan ○ F (37) 232-233 D 5
Bourne, Gorges de la ⌣• F (38) 242-243 G 1
Bournemouth ○ GB 26-27 G 6
Bourneville ○ F (27) 228-229 F 5
Bournezeau ○ F (85) 236-237 C 2
Bournillon, Grotte du • F (38) 242-243 G 1
Bournos ○ F (64) 240-241 D 4
Bourou ○ TCH 142-143 C 4
Bouroum ○ BF 138-139 K 3
Bourrah ○ CAM 140-141 K 3
Bourran ○ F (47) 240-241 E 2
Bourret ○ F (82) 240-241 G 3
Boursefranc-le-Chapus ○ F (17) 236-237 C 4
Bourth ○ F (27) 232-233 D 2
Bourthes ○ F (62) 228-229 H 2
Boury, Château de Bury • F (60) 228-229 H 5
Bourzanga ○ BF 138-139 K 3
Bous, Adrar ▲ RN 134-135 D 2
Bou Saada ○• DZ 126-127 E 3

Bou Sellam ∼ DZ 126-127 E 2
Bou Sfer o DZ 124-125 L 3
Bousquet-d'Orb, Le o F (34) 240-241 L 3
Boussac o F (23) 236-237 K 3
Boussac, La o F (35) 230-231 H 2
Boussais o F (79) 236-237 E 2
Boussé o BF 138-139 K 3
Boussemghoun o DZ 126-127 C 4
Boussens o F (31) 240-241 F 4
Boussès o F (47) 240-241 E 2
Boussières o F (25) 238-239 H 2
Bousso o TCH 142-143 C 3
Bousso River ∼ CDN 174-175 M 4
Boussouma o BF 138-139 K 3
Boussoussa o F (973) 245 I b 3
Bout du Monde Cirque du •• F (21) 238-239 F 3
Boutilimit o RIM 132-133 C 6
Boutonne ∼ F (79) 236-237 E 3
Boutougou Fara o SN 138-139 D 3
Boutourou, Monts ▲ CI 138-139 J 5
Bouvante(-le-Bas) o F (26) 242-243 G 2
Bouvières o F (26) 242-243 G 2
Bouvron o F (44) 230-231 H 5
Bouxwiller o F (67) 234-235 L 4
Bouy o F (51) 234-235 E 3
Bouza o RN 134-135 C 5
Bouzanne ∼ F (36) 236-237 J 2
Bouzghaïa ☆ DZ 126-127 C 2
Bouzonville o F (57) 234-235 K 3
Boves o F (80) 228-229 J 4
Bovill o USA 184-185 F 2
Bowbells o USA 186-187 F 1
Bowdle o USA 186-187 H 3
Bowdon o USA 186-187 H 2
Bowell Islands ⌒ CDN 174-175 W 3
Bowen o AUS 110-111 K 7
Bowen o RA 222-223 F 3
Bowen o USA 190-191 C 5
Bowen, Cape ▲ AUS 110-111 H 4
Bowenville o AUS 114-115 L 4
Bowers Basin ≃ 166-167 E 5
Bowers Ridge = Bowers Ridge ≃ 166-167 E 5
Bowie o USA 188-189 J 3
Bowie National Historic Site, Fort ∴ USA 188-189 C 3
Bowling Green o USA (KY) 190-191 E 7
Bowling Green o USA (MO) 190-191 C 6
Bowling Green o USA (OH) 190-191 G 5
Bowling Green o USA (VA) 190-191 K 6
Bowling Green Bay ≈ 110-111 J 6
Bowling Green Bay National Park ⊥ AUS 110-111 J 6
Bowman o USA 186-187 F 2
Bowman Bay ≈ 180-181 N 2
Bowman Island ⌒ ARK 16 G 11
Bowmans Corner o USA 184-185 H 2
Bowokan, Kepulauan ⌒ RI 100-101 H 5
Bowral o AUS 116-117 L 3
Bow River ∼ AUS 108-109 J 4
Bow River ∼ CDN 176-177 O 6
Bowron Lake Provincial Park ⊥ CDN 176-177 K 5
Bowron River ∼ CDN 176-177 K 5
Bowser o CDN 176-177 H 7
Bowutu Mountains ▲ PNG 119 D 4
Bowwood o Z 154-155 D 3
Box Elder Creek ∼ USA 186-187 E 3
Box Elder Creek ∼ USA 186-187 C 2
Box Lake o CDN 174-175 Q 6
Boxwood Hill o AUS 112-113 E 7
Boyabat o TR 64-65 F 2
Boyabo o ZRE 146-147 G 2
Boyacá o CO (BOL) 204-205 D 3
Boyacá o CO (BOY) 204-205 E 5
Boyang o VRC 92-93 K 2
Boyard, Fort • F (17) 236-237 C 3
Boyardville o F (17) 236-237 C 4
Boyce o USA 188-189 L 4
Boyd o CDN 178-179 H 3
Boyd o USA 186-187 C 3
Boyd, Lac o CDN 182-183 F 2
Boyd Lake o CDN 174-175 S 5
Boyd River ∼ AUS 114-115 M 5
Boyellé o RCB 146-147 G 2
Boyer, Cap ▲ F (988) 247 I f 3
Boyero o USA 186-187 F 6
Boyer River ∼ CDN 174-175 L 6
Boyer River ∼ USA 186-187 K 5
Boyle o CDN 176-177 O 4
Boyle = Mainistir na Búille o IRL 26-27 C 5
Boylston o CDN 182-183 O 6
Boyne o ZA 154-155 E 6
Boynes o F (45) 232-233 G 3
Boynes, Îles de ⌒ F (984) 246 III a 5
Boyne Valley ••• IRL 26-27 D 5
Boyolali o RI 104 D 3
Boysen Reservoir < USA 186-187 C 4
Boyte o CDN 176-177 O 4
Boyuibe o BOL 214-215 F 7
Boyup Brook o AUS 112-113 D 6
Bozburun o TR 64-65 C 4
Bozcaada ⌒ TR 64-65 B 3
Bozdağlar ▲ TR 64-65 B 3
Božedomova, mys ▲ RUS 56-57 T 3
Bozel o F (73) 242-243 K 1
Bozeman o USA 184-185 J 3
Bozen = Bolzano ☆ I 36-37 C 1
Bozene o ZRE 146-147 G 2
Božgān o IR 72-73 F 6
Bozhou o VRC 90-91 J 5
Bozkır ☆ TR 64-65 E 4
Bozköl o KA 62-63 O 5
Bozok Yaylâsı ▲ TR 64-65 F 3
Bozouls o F (12) 240-241 K 2
Bozoum ☆• RCA 142-143 C 5
Bozova ☆ TR 64-65 H 4
Bozüyük ☆ TR 64-65 D 3
Bozyazı ☆ TR 64-65 E 4
Brabant, Île ⌒ ARK 16 G 30
Brač ⌒ HR 36-37 F 3
Bracciano, Lago di o I 36-37 D 3
Brach o F (33) 236-237 D 5
Brachy o F (76) 228-229 F 4
Bracieux o F (41) 232-233 F 4
Bräcke o S 22-23 G 5
Brackett Lake o CDN 174-175 G 3
Brackettville o USA 188-189 G 5
Bracknell o GB 26-27 G 6
Braclavka o RUS 60-61 B 3
Braço do Lontra ∼ BR 212-213 C 4
Braço do Norte o BR 218-219 F 7
Braço Menor do Araguaia ou Jauaés ∼ BR 212-213 D 7
Brad o RO 38-39 C 4
Brad o USA 188-189 H 3
Brádano ∼ I 36-37 E 4
Bradenton o USA 192-193 G 6
Bradford o GB 26-27 G 5
Bradford o USA (IL) 190-191 D 5
Bradford o USA (PA) 190-191 J 5
Bradley o USA 184-185 D 8
Bradore, Baie ≈ 182-183 Q 3
Bradwell o CDN 178-179 C 5
Brady o USA 188-189 H 4
Brady Glacier ⊂ USA 176-177 B 2
Braemar o AUS 116-117 E 2
Braemar o GB 26-27 F 3
Braga o•• P 34-35 C 4
Bragado o RA 222-223 J 3
Bragança o BR 212-213 E 2
Bragança o P 34-35 D 4
Bragança Paulista o BR 216-217 G 7
Bragayrac o F (31) 240-241 G 4
Bragg, Fort o USA 184-185 C 6
Bragg Creek o CDN 176-177 N 6
Bragousse, Cirque de • F (05) 242-243 J 3
Braham o USA 186-187 L 3
Brahestad o FIN 24-25 H 4
Brahim, Hassi < MA 124-125 G 6
Brahmani ∼ IND 78-79 D 5
Brahmapur o IND 78-79 D 6
Brahmaputra ∼ 78-79 H 2
Braidwood o AUS 116-117 K 3
Brăila ☆• RO 38-39 E 5
Brainard o CDN 176-177 L 4
Braine o F (02) 228-229 M 5
Brainerd o USA 186-187 K 2
Brain-sur-Allonnes o F (49) 230-231 M 5
Brain-sur-Vilaine o F (35) 230-231 H 4
Braintree o GB 26-27 H 6
Brajarājnagar o IND 78-79 C 5
Brakna ◘ RIM 132-133 D 6
Brakpan o NAM 156-157 D 2
Brakpan o ZA 156-157 J 3
Brakspruit o ZA 156-157 H 3
Brakwater o NAM 152-153 D 11
Brálos o GR 36-37 J 5
Bramans o F (73) 242-243 K 1
Brame ∼ F (87) 236-237 H 3
Bramhapuri o IND 74-75 G 9
Brampton o CDN 182-183 E 7
Brampton Islands ⌒ AUS 110-111 K 7
Bramwell o AUS 110-111 G 3
Bran o F (17) 236-237 E 5
Branca, Serra ▲ BR 212-213 F 5
Branch o CDN 182-183 S 5
Branch Creek ∼ AUS 110-111 E 5
Branchville o USA 192-193 H 3
Branco, Ilhéu ⌒ CV 138-139 B 5
Branco, Rio ∼ BR 206-207 D 4
Branco, Rio ∼ BR 210-211 D 5
Branco, Rio ∼ BR 210-211 B 5
Branco, Rio ∼ BR 210-211 E 7
Branco, Rio ∼ BR 210-211 G 7
Branco, Rio ∼ BR 212-213 F 7
Branco, Rio ∼ BR 214-215 H 2
Branco, Rio ∼ BR 214-215 G 2
Branco, Rio ∼ BR 214-215 F 3
Branco ou Cabixi, Rio ∼ BR 214-215 G 3
Brandberg •• NAM 152-153 C 10
Brandberg Wes o NAM 152-153 C 10
Brandbu ☆ N 22-23 E 6
Brande o DK 22-23 D 9
Brandebourg-sur-l'Havel = Brandenburg an der Havel o• D 28-29 M 2
Brandenburg ◘ D 28-29 M 3
Brandenburg o USA 190-191 E 7
Brandenburg an der Havel o• D 28-29 M 2
Brandfort o ZA 156-157 H 4
Brandon o CDN 178-179 G 6
Brandon o USA (FL) 192-193 G 6
Brandon o USA (MS) 192-193 D 3
Brandon o USA (SD) 186-187 J 4
Brandsen o RA 222-223 K 3
Brandvlei o ZA 156-157 E 5
Brandýs nad Labem-Stará Boleslav o CZ 28-29 N 3
Branford o USA 192-193 G 5
Brang, Kuala o MAL 98-99 E 2
Braniewo o• PL 28-29 P 1
Br'anka o UA 38-39 L 3
Branne o F (33) 236-237 E 6
Branqueada do Salto o BR 218-219 D 9
Bransan o SN 138-139 D 3
Bransfield Strait ≈ 16 G 30
Brantford o CDN 182-183 D 7
Brantley o USA 192-193 E 4
Brantôme o F (24) 236-237 G 5
Brás o BR 210-211 H 4
Bras o F (83) 242-243 H 5
Brasc o F (12) 240-241 K 3
Bras-d'Asse o F (04) 242-243 J 4
Bras de Cilaos ∼ F (974) 246 II a 2
Bras-de-Pontho, le o F (974) 246 II b 2
Bras d'Or Lake o CDN 182-183 O 6
Brasil o C 198-199 G 4
Brasil = Brésil ■ BR 218-219 C 2
Brasilândia o BR 216-217 D 6
Brasiléia o BR 214-215 C 2
Brasileiro, Planalto = Brésilien, Plateau ⊥ BR 216-217 G 3
Brasília ★•• BR 216-217 G 3
Brasília, Lago de o BR 216-217 G 3
Brasília de Minas o BR 216-217 H 4
Braslândia o BR 216-217 F 3
Braslav o BY 30-31 K 4
Brasnorte o BR 214-215 H 2
Brașov ☆• RO 38-39 D 5
Bras-Panon o F (974) 246 II b 2
Brasparts o F (29) 230-231 D 3
Brass o WAN 140-141 G 6
Brassac o F (81) 240-241 K 3
Brasschaat o B 28-29 H 3
Brassey, Banjaran ▲ MAL 96-97 B 10
Brassey, Mount ▲ AUS 114-115 C 2
Brassey Range ▲ AUS 112-113 G 2
Brasstown Bald ▲ USA 192-193 G 2
Brassy o F (58) 232-233 K 5
Brastagi o• RI 98-99 C 3
Bratislava ★•• SK 28-29 O 4
Bratovoeşti o RO 38-39 C 5
Bratsk ☆ RUS 52-53 K 7
Bratsk, Réservoir de = Bratskoe vodohranilišče < RUS 52-53 L 8
Bratskoe vodohranilišče < RUS 52-53 K 8
Brattleboro o USA 190-191 M 4
Braulio Carrillo, Parque Nacional ⊥ CR 196-197 C 6
Braúnas o BR 216-217 J 5
Braunau am Inn o A 28-29 M 4
Braunlage o D 28-29 L 3
Braunschweig o•• D 28-29 L 2
Braus, Col de ▲ F (06) 242-243 L 4
Braux o F (10) 234-235 E 5
Brava, Ilha ⌒ CV 138-139 B 6
Brava, La o RA 220-221 G 6
Brava, Laguna la o RA 222-223 H 2
Bravo, Cerro ▲ BOL (COC) 214-215 E 5
Bravo, Cerro ▲ BOL (POT) 220-221 D 2
Bravo, Cerro ▲ RCH 220-221 C 4
Bravo, El o RA 220-221 F 4
Bravo del Norte, Río ∼ MEX 194-195 J 3
Bravo del Norte, Río ∼ USA 188-189 E 4
Bravone ∼ F (2B) 244 D 4
Bravo River ∼ BH 196-197 K 3
Brawley o USA 184-185 G 9
Bray o ZA 156-157 F 2
Bray = Bré o IRL 26-27 D 5
Bray, Pays de ⊥ F (76) 228-229 G 4
Bray-Dunes o F (59) 228-229 K 1
Braye ∼ F (41) 232-233 D 4
Bray Island ⌒ CDN 168-169 h 6
Bray-sur-Seine o F (77) 232-233 J 3
Bray-sur-Somme o F (80) 228-229 K 4
Brazeau, Mount ▲ CDN 176-177 M 5
Brazeau River ∼ CDN 176-177 M 5
Brazey-en-Plaine o F (21) 238-239 G 2
Brazil Basin = Brésilien, Bassin ≃ 14-15 G 10
Brazo Aná Cuá ∼ PY 220-221 J 4
Brazo de Loba ∼ CO 204-205 D 3
Brazos River ∼ USA 188-189 H 3
Brazo Sur del Río Coig ∼ RA 224 E 5
Brazzaville ★• RCB 146-147 E 6
Brčko o BIH 36-37 G 2
Brdy ▲ CZ 28-29 M 4
Bré = Bray o IRL 26-27 D 5
Brea, Cordillera de la ▲ RA 220-221 C 5
Brea, La o TT 204-205 L 2
Breaden, Lake o AUS 112-113 H 2
Breaksea Sound ≈ 118 A 6
Bréal-sous-Montfort o F (35) 230-231 H 3
Brea Pozo o RA 220-221 F 5
Breas, Las o RCH 220-221 B 5
Bréban o F (51) 234-235 E 4
Brebes o RI 104 C 3
Brécey o F (50) 230-231 J 2
Brêche, la ∼ F (60) 228-229 J 5
Breckenridge o USA (CO) 186-187 D 6
Breckenridge o USA (MN) 186-187 J 2
Breckenridge o USA (TX) 188-189 H 3
Brecknock, Península ⌣ RCH 224 E 7
Brecon o• GB 26-27 F 6
Brecon Beacons National Park ⊥ GB 26-27 F 6
Brécy o F (18) 232-233 H 5
Breda o• NL 28-29 H 3
Bredasdorp o ZA 156-157 E 7
Bredbo o AUS 116-117 K 3
Bredbyn o S 22-23 J 5
Brède, La o F (33) 236-237 D 6
Brėdi, ostrov ⌒ RUS 20-21 d 2
Bredsel o S 22-23 K 4
Bredy ☆ RUS 60-61 B 2
Breede ∼ ZA 156-157 E 7
Breeza Plains Out Station o AUS 110-111 H 4
Bregalnica ∼ MK 36-37 J 4
Bregenz ☆ A 28-29 K 5
Bregovo o BG 38-39 C 5
Bréhal o F (50) 230-231 H 2
Bréhat, Île de ⌒ F (22) 230-231 F 2
Brehovskie ostrova ⌒ RUS 44-45 U 6
Breiðafjörður ≈ 22-23 b 2
Breidenbach o F (57) 234-235 L 3
Breil-sur-Roya o F (06) 242-243 M 4
Breivikbotn o N 22-23 L 1
Brejão da Caatinga o BR 212-213 H 7
Brejo o BR 212-213 G 3
Brejo, Riachão do ∼ BR 212-213 G 6
Brejo da Madre de Deus o BR 212-213 K 6
Brejo de São Félix o BR 212-213 G 4
Brejo do Cruz o BR 212-213 K 5
Brejo do Serra o BR 212-213 G 7
Brejo Grande o BR (CEA) 212-213 J 5
Brejo Grande o BR (SER) 212-213 K 7
Brejolândia o BR 216-217 J 2
Brejo Velho, Riachão ∼ BR 216-217 J 2
Brekken o N 22-23 E 5
Brekstad o N 22-23 D 5
Brelen o USA 186-187 G 2
Brélès o F (29) 230-231 B 3
Bremangerlandet ⌒ N 22-23 B 6
Brême = Bremen ☆•• D 28-29 K 2
Bremen ☆•• D 28-29 K 2
Bremen o USA 192-193 F 3
Bremer Bay ≈ 112-113 E 7
Bremer Bay o AUS 112-113 E 7
Bremerhaven o D 28-29 K 2
Bremer Island ⌒ AUS 110-111 D 3
Bremer Range ▲ AUS 112-113 F 6
Bremerton o USA 184-185 C 2
Bremervörde o D 28-29 K 2
Brem-sur-Mer o F (85) 236-237 B 2
Brenãs, Las o RA 220-221 G 4
Brenets, Lac des o F 238-239 K 2
Brenham o USA 188-189 J 4
Brenne ⊥• F (36) 236-237 H 2
Brenne ∼ F (21) 238-239 F 2
Brennerpaß = Passo del Brennero ▲ A 28-29 L 5
Brennevinsfjorden ≈ 20-21 L 2
Brénod o F (01) 238-239 H 4
Brenta ∼ I 36-37 C 2
Brentford Bay ≈ 168-169 Z 5
Brenzia o DZ 126-127 C 4
Brep o PK 74-75 D 1
Bresaylor o CDN 176-177 Q 5
Bréscia o• I 36-37 C 2
Brésil = Brasil ■ BR 218-219 C 2
Brésilien, Bassin = Brazil Basin ≃ 14-15 G 10
Brésilien, Plateau = Brasileiro, Planalto ⊥ BR 216-217 G 3
Bresle ∼ F (80) 228-229 H 4
Bresles o F (60) 228-229 J 5
Bresnahan, Mount ▲ AUS 112-113 D 1
Bressanone = Brixen o I 36-37 C 1
Bresse ⊥ F (01) 238-239 G 3
Bresse, la o F (88) 234-235 K 5
Bressols o F (82) 240-241 G 3
Bressuire o F (79) 236-237 E 2
Brèst o BY 30-31 H 5
Brest o F (29) 230-231 C 3
Brest = Brèst o BY 30-31 H 5
Brest, Rade de ≈ F (29) 230-231 C 3
Bretagne ◘ F 234-235 E 5
Bretagne ⊥ F 230-231 F 3
Bretagne ⊥ F (29) 230-231 C 3
Bretagne, Pointe de = Pointe au Sel ▲ F (974) 246 II a 2
Bretaña o PE 208-209 E 4
Bretenière o F (21) 238-239 G 2
Bretenoux o F (46) 236-237 J 6
Breteuil o F (27) 232-233 D 2
Breteuil o F (60) 228-229 J 4
Brethon, le o F (03) 236-237 L 2
Brétignolles • F (37) 230-231 M 5
Brétignolles-sur-Mer o F (85) 236-237 B 2
Brétigny-sur-Orge o F (91) 232-233 G 2
Breton, Cape ▲ CDN 182-183 P 6
Breton, Playa El ⊥• DOM 198-199 L 5
Bretonne, Baie ≈ 246 III a 3
Breton Sound ≈ 192-193 D 5
Brett, Cape ▲ NZ 118 E 1
Bretteville-sur-Laize o F (14) 228-229 D 5
Breueh, Pulau ⌒ RI 98-99 A 2
Breuil, Le o F (03) 238-239 D 4
Breuil, Le o F (51) 232-233 K 2
Breuil, le o F (87) 236-237 H 4
Breuil, le • F (16) 236-237 E 4
Breuil-en-Auge, le o F (14) 228-229 E 5
Breuillet o F (17) 236-237 C 4
Breuillet o F (91) 232-233 G 2
Breuil-Magné o F (17) 236-237 D 4
Breuilpont o F (27) 232-233 E 2
Brévands o F (50) 228-229 B 5
Brevard o USA 192-193 G 2
Brévent, le ▲ F (74) 238-239 K 5
Breverville o LB 138-139 E 6
Breves o BR 206-207 J 6
Brevoort, Kap ▲ GRØ 170-171 U 3
Brevoort Island ⌒ CDN 180-181 R 3
Brewaniase o GH 138-139 L 5
Brewarrina o AUS 114-115 J 5
Brewer o USA 190-191 O 3
Brewster, Lake o AUS 116-117 J 2
Brewton o USA 192-193 E 4
Breynat o CDN 176-177 O 4
Breyten o ZA 156-157 J 3
Brezina o DZ 126-127 C 4
Brézins o F (38) 242-243 G 1
Brežnev = Naberežnye Čelny ☆ RUS 32-33 H 6
Brezolles o F (28) 232-233 E 2
Brezons o F (15) 236-237 L 6
Brezovo Polje ▲ HR 36-37 F 2
Bria ☆ RCA 142-143 E 5
Briakan o RUS 58-59 F 2
Briançon o• F (05) 242-243 K 2
Briand, Île ⌒ F (984) 246 III b 2
Brian Head ▲ USA 184-185 H 7
Briare o F (45) 232-233 H 4
Briaucourt o F (52) 234-235 G 5
Bribie Island ⌒ AUS 114-115 M 4
Bribri o CR 196-197 C 7
Bričany = Briceni ☆ MD 38-39 E 3
Bričen' = Briceni ☆ MD 38-39 E 3
Briceni ☆ MD 38-39 E 3
Brices Cross Roads National Battlefield Site ∴ USA 192-193 D 2
Bric Froid ▲ F (05) 242-243 K 2
Briconnet, Lac o CDN 182-183 O 3
Bricquebec o F (50) 228-229 A 5
Bricqueville o F (14) 228-229 C 5
Bridal Cave ∴ USA 186-187 L 6
Brides-les-Bains o F (73) 242-243 K 1
Bridge Lake o CDN 176-177 K 6
Bridge over the River Kwai • THA 94-95 E 3
Bridge Point ▲ BS 198-199 G 2
Bridgeport o USA (AL) 192-193 F 2
Bridgeport o USA (CA) 184-185 E 6
Bridgeport o USA (CT) 190-191 M 5
Bridgeport o USA (NE) 186-187 F 5
Bridgeport o USA (TX) 188-189 J 3
Bridger o USA 186-187 C 3
Bridge River ∼ CDN 176-177 J 6
Bridger Peak ▲ USA 186-187 D 5
Bridger State Historic Site, Fort ∴ USA 184-185 J 5
Bridger Wilderness Area ⊥ USA 186-187 C 4
Bridgeton o USA 190-191 L 6
Bridgetown o AUS 112-113 D 6
Bridgetown o CDN 182-183 M 6
Bridgetown ★ BDS 200 F 5
Bridgetown o USA 192-193 H 3
Bridgewater o AUS (TAS) 116-117 J 7
Bridgewater o AUS (VIC) 116-117 G 4
Bridgewater o CDN 182-183 M 6
Bridgewater o USA 190-191 L 5
Bridgewater, Cape ▲ AUS 116-117 F 5
Bridgman, Kap ▲ GRØ 170-171 m 2
Bridgton o USA 190-191 N 3
Bridlington o GB 26-27 G 4
Bridoire •• F (24) 236-237 F 6
Bridport o AUS 116-117 J 6
Bridport o GB 26-27 F 6
Bridport Inlet ≈ 168-169 R 3
Brie o F (16) 236-237 F 4
Brie ⊥• F (77) 232-233 H 2
Briec o F (29) 230-231 C 3
Brie-Comte-Robert o F (77) 232-233 H 2
Brieg = Brzeg o• PL 28-29 O 3
Brienne o F (71) 238-239 G 3
Brienne-le-Château o F (10) 234-235 F 5
Brienon-sur-Armançon o F (89) 232-233 K 4
Brière, Parc Naturel Régional de ⊥ F (44) 230-231 G 5
Brie-sous-Matha o F (17) 236-237 E 4
Brieulles-sur-Bar o F (08) 234-235 F 3
Brieves-Charensac o F (43) 242-243 D 1
Briey o F (54) 234-235 H 3
Brig o• CH 28-29 J 5
Brig Bay o CDN 182-183 Q 3
Briggs, Cape ▲ CDN 168-169 Y 4
Brigham City o USA 184-185 H 5
Bright o• AUS 116-117 J 4
Brighton o GB 26-27 G 6
Brighton o USA (AL) 192-193 E 3
Brighton o USA (CO) 186-187 E 6
Brighton Downs o AUS 114-115 F 2
Brighton Seminole Indian Reservation ☓ USA 192-193 H 6
Brigida, Riachão ou ∼ BR 212-213 J 6
Brignac-la-Plaine o F (19) 236-237 H 5
Brignan ⌣ CI 138-139 H 7
Brignogan-Plage o F (29) 230-231 C 2
Brignoles o F (83) 242-243 J 5
Brignoud o F (38) 242-243 F 1
Brigue, La o F (06) 242-243 M 3
Brigueuil o F (16) 236-237 G 4
Briis-sous-Forges o F (91) 232-233 G 2
Brikama o WAG 138-139 B 3
Brilhante, Rio ∼ BR 220-221 K 1
Brillac o F (16) 236-237 G 3
Brillac o F (85) 236-237 D 3
Brillanne, La o F (04) 242-243 H 4
Brillon-en-Barrois o F (55) 234-235 G 4
Brilon o D 28-29 K 3
Brimstone Hill Fortress ∴ KAN 200 D 3
Brinawa o AUS 110-111 E 6
Brinckheuvel, National Reservaat ⊥ SME 206-207 G 3
Brindakit o RUS 56-57 G 3
Bríndisi ☆• I 36-37 F 4
Brinkley o USA 188-189 M 2
Brin-Navolok o RUS 24-25 Q 5
Brinon-sur-Beuvron o F (58) 232-233 J 5
Brinon-sur-Sauldre o F (18) 232-233 G 4
Brion o F (36) 236-237 J 2
Brion, Île ⌒ CDN 182-183 O 5
Brionne o F (27) 228-229 F 5
Brioude o F (43) 242-243 C 1
Brioux-sur-Boutonne o F (79) 236-237 E 3
Briouze o F (61) 230-231 L 2
Brisbane ☆• AUS 114-115 M 4
Brisbane o CDN 182-183 D 7
Brisbane River ∼ AUS 114-115 M 4
Briscous o F (64) 240-241 B 4
Brise-Lames, Baie du ≈ F (984) 246 III b 2
Brissac-Quincé o F (49) 230-231 L 5
Brisson, Lac o CDN 180-181 R 6
Bristol o CDN 182-183 L 5
Bristol o• GB 26-27 F 6
Bristol o USA (CO) 186-187 F 6
Bristol o USA (FL) 192-193 F 4
Bristol o USA (WV) 190-191 G 7
Bristol Bay ≈ 166-167 Q 4
Bristol Channel ≈ 26-27 E 6
Britânia o BR 216-217 E 3
Britannia o CDN 182-183 S 4
Britannia, Mount ▲ CDN 168-169 Y 2
Britannia Range ▲ ARK 16 E 0
Britanskij kanal ≈ 20-21 b 2
British Columbia ◘ CDN 176-177 F 3
British Empire Range ▲ CDN 170-171 K 2
British Mountains ▲ USA 164-165 U 2
British Virgin Islands ◘ GB 200 C 2
Brito Godins o ANG 152-153 D 4
Brits o ZA 156-157 H 2
Britstown o ZA 156-157 F 5
Britton o USA 186-187 J 3
Britvin, mys ▲ RUS 44-45 L 5
Brive-la-Gaillarde o F (19) 236-237 J 5
Brivezac o F (19) 236-237 J 5
Brix o F (50) 228-229 A 4
Brixen = Bressanone o I 36-37 C 1
Brizambourg o F (17) 236-237 E 4
Brjanka = Br'anka o UA 38-39 L 3
Brjansk o RUS 30-31 O 5
Brjansk o RUS 62-63 G 5
Brjanskaja Kosa, mys ▲ RUS 62-63 G 5
Brjanskoe o RUS 58-59 K 5
Brjanta ∼ RUS 54-55 N 8
Brjungjade ∼ RUS 56-57 J 2
Brjusa, ostrov ⌒ RUS 20-21 b 2
Brno o CZ 28-29 O 4
Broa, Ensenada de la ≈ 198-199 D 3
Broad Arrow ∴ AUS 112-113 F 5
Broadback Rivière ∼ CDN 182-183 F 3
Broadford o AUS 116-117 H 4
Broad Peak ▲ IND 74-75 F 2
Broad River ∼ USA 192-193 H 2
Broad Sound ≈ 114-115 K 2
Broadsound Range ▲ AUS 114-115 K 2
Broadus o USA 186-187 E 3
Broadview o CDN 178-179 E 5
Broadview Acton o USA 186-187 C 2
Brobo o CI 138-139 H 6
Brocas o F (40) 240-241 C 2
Brochant, Rivière ∼ CDN 180-181 O 5
Brochet o CDN 178-179 F 2
Brochet, Lac o CDN 174-175 T 6
Brochet, Lac du o CDN 182-183 K 4
Brocken ▲ D 28-29 L 3
Brock Island ⌒ CDN 168-169 O 2
Brockman, Mount ▲ AUS 108-109 C 7
Brockport o USA 190-191 K 4
Brock River ∼ CDN 168-169 L 6
Brockton o USA 190-191 N 4
Brockville o CDN 182-183 G 6
Brodec'ke o UA 38-39 F 3
Brodeur Peninsula ⌣ CDN 168-169 b 4
Brodeur River ∼ CDN 168-169 b 4
Brodick o GB 26-27 E 4
Brodie Bay ≈ 172-173 G 2
Brodnica o• PL 28-29 P 2
Brodokalmak o RUS 50-51 G 7
Brody o UA 38-39 D 2
Broer Ruys, Kap ▲ GRØ 170-171 p 7
Brogan o USA 184-185 F 3
Broglie o F (27) 228-229 F 5
Broke Inlet ≈ 112-113 D 7
Broken, Plateau de = Broken Ridge ≃ 8 H 8
Broken Arrow o USA 188-189 K 1
Broken Bay ≈ 116-117 L 2
Broken Bow o USA (NE) 186-187 H 5
Broken Bow o USA (OK) 188-189 K 2
Broken Bow Lake o USA 188-189 K 2
Broken Hill o• AUS 114-115 F 6
Broken Ridge = Broken, Plateau de ≃ 8 H 8
Broken River ∼ AUS 116-117 H 4
Broken Skull River ∼ CDN 174-175 E 4
Broken Water Bay ≈ 119 C 2
Brokopondo ☆ SME 206-207 G 3
Bromby Islands ⌒ AUS 110-111 D 2
Bromley o ZW 154-155 F 3
Bromme ∼ F (12) 236-237 L 6
Bromo, Gunung ▲ RI 104 E 3
Bromo-Tengger-Semeru National Park ⊥ RI 104 E 3
Bromsi, Pulau ⌒ RI 102-103 J 2
Brønderslev o DK 22-23 D 8
Brong-Ahafo Region ◘ GH 138-139 J 6
Bronkhorstspruit o ZA 156-157 J 2
Bronnicy o• RUS 30-31 Q 4
Brønnøysund o N 22-23 F 4
Bronte o USA 188-189 G 4
Brook, Lake ∼ CDN 180-181 J 3
Brooke's Point o RP 96-97 B 8
Brookfield o USA 186-187 L 6
Brookgreen Gardens • USA 192-193 J 3
Brookhaven o USA 188-189 M 4
Brookings o USA (OR) 184-185 B 4
Brookings o USA (SD) 186-187 J 3
Brookline o USA 190-191 N 4
Brooklyn o USA 186-187 L 5
Brooklyn (River cruises) • AUS 116-117 L 2
Brookneal o USA 190-191 J 7
Brooks o CDN 176-177 P 6
Brooksby o CDN 178-179 D 4
Brooks Mount ▲ USA 164-165 G 4
Brooks Nek o ZA 156-157 J 5
Brooks Range ▲ USA 164-165 K 2
Brooksville o USA 192-193 G 5
Brookton o AUS 112-113 D 6
Brookville o AUS 110-111 J 7
Brookville o USA (IN) 190-191 F 6
Brookville o USA (PA) 190-191 J 5
Broome o• AUS 108-109 F 4
Brooms Head o AUS 114-115 M 5
Broons o F (22) 230-231 G 3
Broquiès o F (12) 240-241 K 2
Brossac o F (16) 236-237 E 5
Brosse, Île ⌒ F (988) 247 I e 4
Brotas o BR 216-217 F 7
Brotas de Macaúbas o BR 212-213 G 7
Brother John Gletscher ⊂ GRØ 170-171 O 4
Brothers, The ⌒ Y 68-69 H 7
Brotonne, Parc Naturel Régional de ⊥ F 228-229 F 5
Brou o F (01) 238-239 G 4
Brou o F (28) 232-233 E 3
Brouage, Hiers- o F (17) 236-237 C 4
Broué o F (28) 232-233 F 2
Broughton Island ⌒ CDN (NWT) 172-173 J 3
Broughton Island ⌒ CDN (NWT) 180-181 L 6
Brouilh-Monbert, Le o F (32) 240-241 E 3
Brouilla o F (66) 240-241 K 5
Broulkou < TCH 134-135 J 4
Brousse-le-Château o F (12) 240-241 K 3
Brousses-et-Villaret o F (11) 240-241 J 4
Brovary o UA 38-39 G 2
Brovinia o AUS 114-115 L 3
Brown, Mount ▲ ARK 16 F 9
Brown, Point ▲ AUS 112-113 M 6
Brown Bank ≃ 96-97 B 7
Browne o USA 164-165 Q 4
Browne Bay ≈ 168-169 X 4
Browne Range ▲ AUS 112-113 H 2
Brownfield o USA 188-189 F 3
Browning o USA 184-185 H 1
Brown Lake o CDN 174-175 Y 3
Brownlow Point ▲ USA 164-165 S 1
Brown River ∼ AUS 114-115 K 3
Brown River ∼ CDN 174-175 X 3
Brown River ∼ PNG 119 D 5
Browns o USA 190-191 D 6
Brownsberg, National Reservaat ⊥ SME 206-207 G 3
Brown's Cay ⌒ BS 198-199 F 2
Browns Town o JA 198-199 G 5
Browns Valley o USA 186-187 J 3
Brownsville o USA (TN) 192-193 D 2
Brownsville o USA (TX) 188-189 J 7
Brownsweg o SME 206-207 G 3
Brownwood o USA 188-189 H 4
Brownwood, Lake o USA 188-189 H 4
Browse Island ⌒ AUS 108-109 F 3
Broxton o USA 192-193 G 4
Broye-Aubigney-Montseugny o F (70) 238-239 H 2
Broytona, ostrov ⌒ RUS 58-59 O 5
Bruay-la-Bussière o F (62) 228-229 K 3
Bruay-sur-l'Escaut o F (59) 228-229 M 3
Bruce o USA 190-191 C 3
Bruce, Mount ▲ AUS 108-109 D 7
Bruce Crossing o USA 190-191 D 2
Bruce Highway II AUS 114-115 K 2
Bruce Peninsula ⌣ CDN 182-183 D 6
Bruce Peninsula National Park ⊥ CDN 182-183 D 6
Bruce Rock o AUS 112-113 E 5
Bruceton o USA 192-193 D 1
Bruch o F (47) 240-241 E 2
Bruck an der Leitha o A 28-29 O 5
Bruck an der Mur o A 28-29 N 5
Brucourt o F (14) 228-229 D 5
Brue-Auriac o F (83) 242-243 H 4
Bruère-Allichamps o F (18) 236-237 K 2
Brug, De o ZA 156-157 G 4
Bruges = Brugge ☆•• B 28-29 G 3
Bruges-Capbis-Mifaget o F (64) 240-241 D 4
Brugge ☆•• B 28-29 G 3
Brugnens o F (32) 240-241 F 3
Brühl o••• D 28-29 J 3
Bruini o IND 80-81 L 6
Bruit, Pulau ⌒ MAL 98-99 J 3
Brujas o CO 204-205 G 6
Brujas, Cueva de las • RA 222-223 E 3
Brujas, Las o MEX 194-195 K 6
Brukkaros ▲ NAM 156-157 C 2
Brulange o F (57) 234-235 K 4
Brûlant, Cratère = Cratère Dolomieu ▲ F (974) 246 II b 2
Brûlé, la o F (974) 246 II a 1
Brûle, Lac = Burnt Lake o CDN 182-183 N 2
Brûlon o F (72) 230-231 L 4
Brumadinho o BR 216-217 H 6
Brumado o BR 216-217 K 3
Brumath o F (67) 234-235 M 4
Brumunddal ☆ N 22-23 E 6
Brunchilly o AUS 110-111 C 6
Brune ∼ F 228-229 M 4
Bruneau o USA 184-185 G 4
Bruneau River ∼ USA 184-185 G 4
Brunehamel o F (02) 234-235 E 2
Brunei = Bandar Seri Begawan ★• BRU 100-101 D 1
Brunei = Brunei ■ BRU 100-101 D 1
Brunei, Teluk ≈ 96-97 A 10
Brunet • F (13) 242-243 F 4
Brunette Downs o AUS 110-111 C 6
Brunette Island ⌒ CDN 182-183 Q 5
Brunflo o S 22-23 G 5
Bruniquel o F (82) 240-241 H 2
Brünn = Brno o CZ 28-29 O 4
Brunoy o F (91) 232-233 G 2
Brunswick o USA (GA) 192-193 H 4
Brunswick o USA (MD) 190-191 K 6
Brunswick o USA (ME) 190-191 O 4
Brunswick = Braunschweig o•• D 28-29 L 2
Brunswick, Península ⌣ RCH 224 E 6
Brunswick Bay ≈ 108-109 G 3
Brunswick Heads o AUS 114-115 M 5
Brunswick Lake o CDN 178-179 P 6
Bruntál o CZ 28-29 O 4
Bruny Island ⌒ AUS 116-117 J 7
Brus o YU 36-37 H 3
Brush o USA 186-187 F 5
Brus-Kamen' ▲ RUS 44-45 X 8
Brusque o BR 218-219 F 6
Brusque o F (12) 240-241 K 3
Brussel = Bruxelles ★•• B 28-29 H 3
Brutelles o F (80) 228-229 H 3
Brüx = Most o CZ 28-29 M 3
Bruxelles = Brussel ★•• B 28-29 H 3
Bruyères o F (88) 234-235 K 5
Bruyères-et-Montbérault o F (02) 228-229 M 4
Bruz o F (35) 230-231 H 3
Bruzual o YV 204-205 G 3
Bryan o USA (OH) 190-191 F 5
Bryan o USA (TX) 188-189 J 4
Bryan, Mount ▲ AUS 116-117 E 2
Bryant o USA 186-187 J 3
Bryce Canyon National Park ⊥ USA 184-185 H 7
Bryden, Mount ▲ AUS 114-115 K 1
Brylivka o UA 38-39 H 4
Bryne ☆ N 22-23 B 7
Bryson City o USA 192-193 G 2
Brzeg o• PL 28-29 O 3
Brześć Kujawski o PL 28-29 P 2
Brzesko o PL 28-29 Q 4
Bsailique • F (52) 234-235 G 5
Bširri ☆ RL 64-65 G 5
Bû o F (28) 232-233 E 2
Bua o FJI 120 III b 2
Bua ∼ MW 154-155 G 1
Bua < SUD 142-143 G 3
Bua Bay ≈ 120 III b 2
Buabuang o RI 100-101 H 4
Buafri o GH 138-139 K 5
Buais o F (50) 230-231 K 2
Buaka o GH 138-139 J 6
Buala o SOL 120 I d 3
Bū al Ghurāb, Bi'r < LAR 128-129 E 2
Bū al Hidān, Wādī ∼ LAR 128-129 H 4
Buan, Pulau ⌒ RI 98-99 H 5
Buatan o RI 98-99 D 4
Bū Athlah < LAR 128-129 J 3
Buaya, Pulau ⌒ RI 98-99 F 4
Buaya Channel ≈ 102-103 K 6
Bu'ayrat al Hasun o LAR 128-129 F 2
Buba o GNB 138-139 C 4
Buba, Rio Grande de ∼ GNB 138-139 C 4
Bubanda o ZRE 142-143 D 6
Bubanza o BU 148-149 C 5
Bubaque o• GNB 138-139 C 4
Bubi o ZW (Mvi) 154-155 F 5
Bubi ∼ ZW 154-155 F 5
Bubi ∼ ZW 154-155 E 4
Bubiai o•• LT 30-31 H 4
Bubiki o EAT 148-149 D 5
Būbiyān, Ğazīrat ⌒ KWT 66-67 L 3
Bublitz = Bobolice o PL 28-29 O 2
Bublos ∴•• RL 64-65 F 5
Bubry o F (56) 230-231 E 4
Bubu ∼ EAT 150-151 H 4
Bubu o PNG 119 F 3
Bubudu ∼ ZRE 146-147 K 6
Buburu o ZRE 146-147 G 3
Buca o FJI 120 III b 2
Buçaco o AGL 152-153 F 5
Bucak ☆ TR 64-65 D 4
Bucalemu o RCH 222-223 C 3

Bucaramanga ☆ CO 204-205 E 4
Bucareli Bay ≈ 176-177 D 4
Bucarest = Bucureşti ★ • RO 38-39 C 5
Bucas Grande Island ⌒ RP 96-97 F 8
Buccaneer Archipelago ⌒ AUS 108-109 F 3
Buccaneer Beach ⊥ • USA 200 C 3
Buchan ○ AUS 116-117 K 4
Buchanan ☆ LB 138-139 E 7
Buchanan, Île ⌒ F (984) 246 III d 4
Buchanan, Lake ⊖ AUS 114-115 H 1
Buchanan, Lake ⊖ USA 188-189 H 4
Buchanan Bay ≈ 170-171 N 4
Buchanan Highway II AUS 108-109 J 4
Buchan Caves • AUS 116-117 K 4
Buchan Gulf ≈ 170-171 O 8
Buchans ○ CDN 182-183 Q 4
Bucheke ○ PK 74-75 D 4
Buchenwald ○ • D 28-29 L 3
Buch'isi ○ ETH 144-145 C 5
Buchon, Point ▲ USA 184-185 D 8
Buchwa ○ ZW 154-155 F 5
Buchy ○ F (57) 234-235 J 4
Buchy ○ F (76) 228-229 G 4
Buck, Lake ⊖ AUS 108-109 K 5
Buckambool Mountain ▲ AUS 114-115 H 6
Buckeye ○ USA 184-185 H 9
Buckhannon ○ USA 190-191 H 6
Buckhorn ○ USA 188-189 C 3
Buckingham ○ CDN 182-183 G 6
Buckingham Bay ≈ 110-111 C 3
Buckingham Downs ○ AUS 114-115 E 2
Buckingham Island ⌒ CDN 168-169 a 2
Buck Island Reef National Monument ⊥ • USA 200 C 3
Buckland ○ USA 164-165 K 4
Buckland, Monte ▲ RA 224 H 7
Buckland River ~ USA 164-165 K 4
Buckley Bay ≈ 16 G 15
Buckley Bay ○ CDN 176-177 H 7
Buckley River ~ AUS 110-111 E 7
Bucklin ○ USA 188-189 H 1
Buckmuische = Ezernieki ○ LV 30-31 K 3
Buck Ridge ○ CDN 176-177 J 5
Bucksport ○ USA 190-191 O 3
Buco Zau ○ ANG 146-147 D 6
Bucquoy ○ F (62) 228-229 K 3
Buctouche ○ CDN 182-183 M 5
Bucureşti ★ • RO 38-39 E 5
Bucy-le-Long ○ F (02) 228-229 L 5
Bucy-lès-Pierrepont ○ F (02) 228-229 M 4
Bucyrus ○ USA 190-191 G 5
Budaka ○ EAU 148-149 D 3
Budalin ○ MYA 78-79 J 4
Bù Ðăngo ○ VN 94-95 J 5
Budapest ★ ••• H 28-29 P 5
Búðardalur ☆ IS 22-23 c 2
Budarino ○ KA 32-33 G 8
Budaun ○ IND 74-75 G 5
Budawang Range ▲ AUS 116-117 L 3
Bud Bud ○ SP 144-145 H 6
Budd, Pulau ⌒ RI 102-103 F 1
Buddabadah ○ AUS 114-115 J 6
Buddha Park • THA 94-95 H 3
Budd Land ⊥ ARK 16 G 12
Bude ○ USA 188-189 M 4
Budënnovsk ○ RUS 62-63 F 5
Budennovsk ○ RUS 62-63 F 5
Budhi Gandaki ~ NEP 80-81 E 6
Budi, Lago ⊖ RCH 222-223 C 5
Budibudi Islands ⌒ PNG 119 G 5
Buding ○ RI 98-99 G 6
Búðir ○ IS 22-23 b 2
Budjala ○ ZRE 146-147 G 2
Budogošč' ○ RUS 30-31 N 2
Budongquan ○ VRC 80-81 J 3
Budu ○ MAL 98-99 J 4
Budu, Tanjung ▲ MAL 98-99 J 3
Budungbudung ~ RI 100-101 F 5
Budva ○ • YU 36-37 G 3
Budweis = České Budějovice ○ CZ 28-29 N 4
Buéa ☆ • CAM 140-141 H 6
Buëch ~ F (26) 242-243 H 3
Buedu ○ WAL 138-139 E 5
Buefjorden ≈ 22-23 B 6
Bueil ○ F (27) 232-233 E 2
Buela ○ ANG 152-153 C 2
Buena ○ USA 184-185 D 2
Buena Esperanza ○ RA 222-223 G 3
Buena Hora ○ BOL 214-215 D 3
Buenaventura ○ C 198-199 G 4
Buenaventura ○ CO 204-205 C 6
Buenaventura ○ MEX (CHA) 194-195 F 3
Buenaventura ○ MEX (YUC) 196-197 L 1
Buenaventura, Bahía de ≈ 204-205 C 6
Buena Vista ∴ • BH 196-197 K 3
Buena Vista ○ BOL (PAN) 214-215 D 2
Buena Vista ○ BOL (SAC) 214-215 F 5
Buenavista ○ CO 204-205 E 5
Buena-vista ○ CO 204-205 D 3
Buenavista ○ MEX (CHI) 196-197 H 3
Buenavista ○ MEX (SIN) 194-195 E 5
Buena Vista ○ PY 220-221 J 4
Buena Vista ○ RA 220-221 D 4
Buenavista ○ RP (MAR) 96-97 D 6
Buenavista ○ RP (ZAS) 96-97 E 9
Buena Vista ○ USA (CO) 186-187 D 6
Buena Vista ○ USA (GA) 192-193 F 3
Buena Vista ○ USA (VA) 190-191 J 7
Buena Vista ○ YV 204-205 G 4
Buena Vista, Bahía ≈ 198-199 F 3
Buena Vista Alta ○ PE 208-209 C 6
Buena Vista Island = Vatilau Island ⌒ SOL 120 I d 3
Buenavista Tomatlán ○ MEX 196-197 C 2
Buendia, Embalse de < E 34-35 F 4
Buenga ~ ANG 152-153 C 3
Bueno, Río ~ RCH 222-223 C 6
Bueno Brandão ○ BR 216-217 G 7
Buenópolis ○ BR 216-217 H 4
Buenos Aires ○ CO (AMA) 210-211 B 4
Buenos Aires ○ CO (MET) 204-205 E 6
Buenos Aires ○ CO (TOL) 204-205 D 5
Buenos Aires ○ CO (VAU) 208-209 F 1
Buenos Aires ○ CR 196-197 C 7
Buenos Aires ▫ RA 222-223 H 3
Buenos Aires ★ •• RA 222-223 H 3
Buenos Aires, Lago ⊖ RA 224 E 3
Buenos-Aires, Passe de ≈ 246 III c 4
Buenos Aires Lérida ○ CO 210-211 B 2
Buen Pasto ○ RA 224 F 2
Buesaco ○ CO 208-209 D 1
Buet, Mont ▲ F (74) 238-239 K 4
Buet, Rivière ~ CDN 180-181 O 4
Buey ○ CO 204-205 C 4
Buey Arriba ○ C 198-199 G 4
Bueyeros ○ USA 188-189 F 2
Bueyes, Cerro de los ▲ RA 222-223 D 4
Búfala ○ MEX 194-195 G 4
Bufalo, Reserva Parcial do ⊥ ANG 152-153 B 6
Bufareh ○ RI 102-103 K 3
Buffalo ○ CDN 176-177 P 6
Buffalo ○ USA (MN) 186-187 L 3
Buffalo ○ USA (MO) 188-189 L 1
Buffalo ○ USA (ND) 186-187 J 2
Buffalo ○ USA (NY) 190-191 J 4
Buffalo ○ USA (OK) 188-189 H 1
Buffalo ○ USA (SD) 186-187 F 3
Buffalo ○ USA (TX) 188-189 J 4
Buffalo ○ USA (WY) 186-187 D 3
Buffalo Bill Ranch State Historic Park ∴ USA 186-187 G 5
Buffalo Bill Reservoir < USA 186-187 C 3
Buffalo Creek ~ CDN 176-177 O 3
Buffalo Gap National Grassland ⊥ USA 186-187 F 4
Buffalo Head Hills ▲ CDN 176-177 M 3
Buffalo Hump ▲ USA 184-185 G 3
Buffalo Lake ⊖ CDN (ALB) 176-177 O 5
Buffalo Lake ⊖ CDN (NWT) 174-175 M 5
Buffalo Narrows ○ CDN 176-177 Q 4
Buffalo National River ⊥ USA 188-189 L 1
Buffalo River ~ CDN 174-175 M 6
Buffalo River ~ CDN 176-177 M 3
Buffalo Springs National Reserve ⊥ EAK 148-149 F 3
Buff Bay ○ JA 198-199 G 5
Buffels Drift ○ ZA 154-155 D 6
Buffelsrivier ~ ZA 156-157 K 4
Buffelsrivier ~ ZA 156-157 C 4
Bufflé Noir ○ CAM 140-141 K 4
Buffon ○ F (21) 238-239 E 1
Buffon, Glacier ⊂ F (984) 246 III c 4
Buford ○ USA (GA) 192-193 F 2
Buford ○ USA (ND) 186-187 F 2
Buford ○ USA (WY) 186-187 E 5
Buftea ○ RO 38-39 D 5
Bug ~ PL 28-29 R 2
Buga ○ CO 204-205 C 6
Buga ○ MAU 82-83 M 2
Buga ○ WAN 140-141 G 4
Bugadi ○ EAU 148-149 D 3
Bugala Island ⌒ EAU 148-149 D 4
Bugana ○ WAN 140-141 G 5
Bugant ○ MAU 84-85 H 3
Bugdajly ○ TM 72-73 D 5
Buge ○ VRC 80-81 M 5
Bugeat ○ F (19) 236-237 J 4
Bugembe ○ EAU 148-149 D 3
Bugene ○ EAT 148-149 C 4
Bugi ○ • RI 102-103 K 3
Bugingkalo ○ RI 100-101 G 6
Bugiri ○ EAU 148-149 D 3
Buglose ○ F (40) 240-241 C 3
Bugnein ○ F (64) 240-241 C 4
Bugojno ○ BIH 36-37 F 2
Bugrino ○ RUS 24-25 U 2
Bugsuk Island ⌒ RP 96-97 B 8
Bugt ○ VRC 86-87 C 3
Bugue, Le ○ F (24) 236-237 G 6
Buguey ○ RP 96-97 D 3
Bugui Point ▲ RP 96-97 E 6
Bugul'ma ☆ RUS 32-33 H 6
Bugul'minsko-Belebeevskaja vozvyšennost' ▲ RUS 32-33 H 6
Bugunda ○ RUS 54-55 G 9
Buguruslan ☆ RUS 32-33 H 7
Buhara = Buhoro ☆ •• US 72-73 J 5
Buharskaja oblast' ▫ US 72-73 H 4
Bu He ~ VRC 80-81 M 2
Buhera ○ ZW 154-155 F 4
Buhl ○ F (68) 234-235 L 6
Buhlandshahr ○ IND 74-75 F 5
Buhoro ☆ •• US 72-73 J 5
Buhtarma ~ KA 60-61 O 4
Buhtarminskoe sukojmasy < KA 60-61 N 4
Buhta Sytygan-Tala ≈ 46-47 S 4
Buhu ~ EAT 148-149 E 6
Buhulien ○ F (22) 230-231 E 2
Buick ○ CDN 176-177 K 3
Buiko ○ EAT 148-149 G 6
Builth Wells ○ GB 26-27 F 5
Bù'in ○ IR 70-71 B 7
Buin ○ PNG 120 I b 2
Bui National Park ⊥ GH 138-139 J 5
Buinsk ☆ RUS 32-33 F 6
Buir Nur ⊖ VRC 84-85 N 4
Buironfosse ○ F (02) 228-229 M 4
Buis-les-Baronnies ○ F (26) 242-243 G 3
Buisse, La ○ F (38) 242-243 H 1
Buisson, Le ○ F (51) 234-235 F 4
Buisson-de-Cadouin, le ○ F (24) 236-237 G 6
Buitenzorg = Bogor ○ RI 104 B 3
Buitepos ○ NAM 152-153 E 11
Buiucu ○ BR 210-211 J 5
Buj ○ RUS 30-31 R 2
Buj ~ RUS 32-33 J 5
Bujaleuf ○ F (87) 236-237 J 4
Bujanovac ○ YU 36-37 H 3
Bujant ○ MAU 84-85 K 4
Bujant gol ~ MAU 82-83 C 4
Bujaraloz ○ E 34-35 G 4
Bujaru ○ BR 206-207 K 6
Bujaru, Rio ~ BR 212-213 E 2
Bujnaksk ○ RUS 62-63 G 6
Bujukly ○ RUS 58-59 K 4
Bujumbura ★ BU 148-149 B 5
Bujunda ~ RUS 56-57 P 3
Buk ○ PNG 119 B 5
Buka ○ US 72-73 L 4
Bukaan ○ RI 100-101 G 3
Bukačača ○ RUS 54-55 H 9
Bukadaban Feng ▲ VRC 80-81 H 2
Bukairiya, al- ○ KSA 66-67 H 4
Buka Island ⌒ PNG 120 I b 1
Bukama ○ ZRE 150-151 C 5
Bu Kammāsh ○ LAR 128-129 D 1
Bukantov toglari ▲ US 72-73 H 3
Bukasa Island ⌒ EAU 148-149 D 4
Bukat, Pulau ⌒ RI 100-101 E 2
Bukaua ○ PNG 119 D 4
Bukavu ☆ ZRE 148-149 B 5
Bukedea ○ EAU 148-149 E 3
Bukene ○ EAT 148-149 D 6
Bukeya ○ ZRE 150-151 D 6
Bukhit ○ SUD 142-143 H 3
Bukima ○ EAT 148-149 D 4
Bukitkemuning ○ RI 98-99 F 7
Bukit Lata Papalang ▲ MAL 98-99 D 2
Bukittinggi •• RI 98-99 D 5
Bükk ▲ H 28-29 Q 4
Bukkāpatna ○ IND 76-77 G 4
Bukken Fiord ≈ 170-171 C 3
Bükki Nemzeti Park ⊥ H 28-29 Q 4
Bukoba ☆ EAT 148-149 C 4
Bukoloto ○ EAU 148-149 D 3
Bukombe ○ EAT 148-149 D 5
Bukrane ○ RI 102-103 F 5
Bukuru ○ WAN 140-141 H 4
Būl, Kūh-e ▲ IR 70-71 E 3
Bula ○ GNB 138-139 C 3
Bula ○ PNG 119 A 5
Bula ○ ZRE 148-149 B 3
Bula, Cachoeira ~ BR 210-211 C 2
Bula Atumba ○ ANG 152-153 C 4
Bulacaue Point ▲ RP 96-97 E 7
Bulacle ○ SP 144-145 H 6
Bulaevo ☆ KA 60-61 G 2
Bulag ○ MAU 84-85 J 3
Bulagansk ○ RUS 54-55 E 9
Bulagi ○ RI 100-101 H 4
Bulahdelah ○ AUS 116-117 M 2
Bulaka ~ RI 102-103 K 5
Bulalacao Island ⌒ RP 96-97 D 7
Bulalakao ○ RP 96-97 D 6
Bulan ○ F (65) 240-241 E 4
Bulan ○ RP 96-97 E 6
Bulanaš ○ RUS 32-33 M 5
Bulancak ☆ TR 64-65 H 2
Bulanghe ○ VRC 90-91 F 2
Bulangu ○ WAN 134-135 E 6
Bulanık ☆ TR 64-65 K 3
Būlāq ○ ET 130-131 E 5
Bulat-Pestivien ○ F (22) 230-231 E 3
Bulava ○ RUS 58-59 J 3
Bulawa, Gunung ▲ RI 100-101 H 3
Bulawayo ☆ ZW 154-155 E 5
Bulaya ○ Z 150-151 F 5
Bulbodney Creek ~ AUS 116-117 J 2
Bul'buhta ○ RUS 54-55 H 6
Bulbuta ○ ETH 144-145 D 5
Buldan ☆ TR 64-65 C 3
Buldāna ○ IND 74-75 F 9
Buldibuyo ○ PE 208-209 D 6
Buldir Island ⌒ USA 166-167 D 6
Būldyrtty ~ KA 32-33 H 9
Buleleng ○ RI 100-101 H 5
Bulenga ○ GH 138-139 J 5
Bulga Downs ○ AUS 112-113 E 4
Bulgan ○ MAU 82-83 L 2
Bulgan ○ MAU (ÖMN) 84-85 F 5
Bulgan ▫ MAU 84-85 F 3
Bulgan ☆ MAU (BUL) 84-85 F 3
Bulgan = Burènhajrhan ○ MAU 82-83 K 2
Bulgan = Šargalant ○ MAU 82-83 K 2
Bulgan gol ~ MAU 82-83 K 2
Bulgar ☆ RUS 32-33 F 6
Bulgarie = Bălgarija ■ BG 38-39 C 6
Bulgnéville ○ F (88) 234-235 H 5
Buli ○ RI 100-101 L 3
Bū Lifiyat ○ UAE 70-71 E 6
Bulliluyan, Cape ▲ RP 96-97 B 8
Bulimba ○ AUS 110-111 G 5
Bulisa ○ EAU 148-149 C 2
Buliya ⌒ FJI 120 III b 3
Bulkley Ranges ▲ CDN 176-177 G 4
Bulkley River ~ CDN 176-177 G 4
Bullabulling ○ AUS 112-113 F 5
Bullara ○ AUS 108-109 B 7
Bulla Regia ∴ •• TN 126-127 G 2
Bullaxaar ○ SP 144-145 G 3
Bull Bay ○ JA 198-199 G 6
Bullecourt ○ AUS 110-111 E 7
Bullen, Cape ▲ CDN 168-169 d 3
Bullen River ~ CDN 174-175 S 3
Buller, Mount ▲ AUS 116-117 J 4
Bulles ○ F (60) 228-229 J 5
Bullfinch ○ AUS 112-113 E 5
Bullhead City ○ USA 184-185 G 8
Bulli ○ AUS 116-117 L 3
Bullita Out Station ○ AUS 108-109 K 4
Bull Lake ⊖ CDN 174-175 R 5
Bullmoose Creek ~ CDN 176-177 K 4
Bull Mountains ▲ USA 186-187 C 2
Bullock's Harbour ○ BS 198-199 G 2
Bulloo Downs ○ AUS 112-113 E 2
Bulloo River ~ AUS 114-115 H 4
Bullo River ○ AUS 108-109 J 3
Bull River ~ CDN 176-177 N 7
Bulls ○ NZ 118 E 4
Bulls Bay ≈ 192-193 J 3
Bull Shoals Lake ⊖ USA 188-189 L 1
Bullsport ○ NAM 156-157 C 2
Bully-les-Mines ○ F (62) 228-229 K 3
Bulmer Lake ⊖ CDN 174-175 J 4
Bulnajn Nuruu ▲ MAU 84-85 C 3
Bulnes ○ RCH 222-223 C 4
Bulo Balamal ○ SP 148-149 J 2
Buloke, Lake ⊖ AUS 116-117 G 4
Bulolo ○ PNG 119 D 4
Bulolo River ~ PNG 119 D 4
Bulongo ○ ZRE 146-147 H 6
Buloo River ~ AUS 114-115 H 3
Bulqizë ○ • AL 36-37 H 4
Bultfontein ○ ZA 156-157 H 4
Bulu ○ RI 104 D 3
Buluan ○ RP 96-97 F 9
Buluan ~ RP 96-97 F 9
Buluan Lake ⊖ RP 96-97 F 9
Bulukumba ○ RI 100-101 G 6
Bulukutu ○ ZRE 146-147 H 4
Bulula ○ ZRE 148-149 A 6
Bulumuri ○ PNG 119 F 3
Bulun ○ RUS (SAH) 56-57 E 2
Bulun ~ RUS 48-49 H 4
Bulungu ○ ZRE (Ban) 146-147 G 6
Bulungu ○ ZRE (KOC) 152-153 F 3
Bulupulu, Tanjung ▲ RI 100-101 G 5
Bulus ○ RUS 54-55 O 4
Bulusan ○ RP 96-97 F 6
Bulusan Vulcano ▲ RP 96-97 F 6
Bulwer ○ ZA 156-157 J 4
Buma ~ ZRE 146-147 F 5
Bū Maras, Thamad < LAR 128-129 H 3
Bū Marim ○ LAR 128-129 J 1
Bumba ○ ZRE 146-147 J 2
Būmbah ○ LAR 128-129 K 1
Bumbat ○ MAU 84-85 G 4
Bumbire Island ⌒ EAT 148-149 C 4
Bum Bum, Pulau ⌒ MAL 96-97 C 10
Bumbuna ○ WAL 138-139 E 5
Bumi Hills ○ ZW 154-155 E 3
Bumijawa ○ RI 104 C 3
Bumpus, Mount ▲ CDN 168-169 P 6
Buna ○ EAK 148-149 G 2
Buna ○ USA 188-189 L 4
Buna ○ ZRE 146-147 G 5
Bunabun ○ PNG 119 C 3
Bunam ○ PNG 119 C 3
Bunapas ○ PNG 119 C 3
Bunbury ○ AUS 112-113 C 6
Bunda ○ EAT 148-149 D 5
Bundaberg ○ AUS 114-115 M 3
Bunda Bunda ○ AUS 110-111 G 7
Bundarra ○ AUS 114-115 L 6
Bundeena ○ AUS 114-115 G 4
Bundey, Mount ▲ AUS 108-109 K 2
Bundey River ~ AUS 114-115 C 1
Bündi ○ IND 74-75 E 7
Bundi ○ PNG 119 C 3
Bundibugyo ○ EAU 148-149 C 3
Bundjalung National Park ⊥ AUS 114-115 M 5
Bunduqiya ○ SUD 142-143 K 6
Bunga ~ ZRE 146-147 G 6
Bunga, River ~ WAN 140-141 H 3
Bungadi ○ ZRE 142-143 H 6
Bungalaut, Selat ≈ 98-99 C 6
Bungamas ○ RI 98-99 E 6
Bungbulang ○ RI 104 B 3
Bunger Oasis ⌒ ARK 16 G 11
Bungi ○ RI 100-101 H 6
Bungikamasi, Pulau ⌒ RI 104 E 6
Bungil Creek ~ AUS 114-115 K 4
Bungku ○ RI 100-101 G 5
Bungle Bungle National Park ⊥ AUS 108-109 J 4
Bungle Bungle Range ▲ AUS 108-109 J 4
Bungo ○ ANG 152-153 C 3
Bungo, Détroit de = Bungo-suido ≈ 88-89 D 8
Bungoma ○ EAK 148-149 E 3
Bungo-suido ≈ 88-89 E 8
Bungo-takada ○ J 88-89 D 8
Bung Sam Phan ○ THA 94-95 F 3
Bungtlang ○ IND 78-79 H 4
Bungudu ○ WAN 134-135 C 6
Bungunya ○ AUS 114-115 K 5
Bunguran, Pulau ⌒ RI 98-99 G 2
Buni ○ WAN 140-141 K 3
Bunia ○ ZRE 148-149 C 3
Bunie ○ ZRE 148-149 A 2
Buninyong ○ AUS 116-117 G 4
Bunji ○ IND 74-75 E 2
Bunker ○ USA 190-191 C 7
Bunker Group ⌒ AUS 114-115 M 2
Bunker Hill ○ USA 164-165 H 4
Bunkie ○ USA 188-189 L 4
Bunleix ○ F (23) 236-237 K 4
Bunneringee ○ AUS 116-117 F 2
Bunsuru ~ WAN 134-135 C 6
Bunta ○ RI 100-101 H 4
Buntharig ○ THA 94-95 H 3
Buntu ○ RI 104 C 3
Bununu ○ WAN 140-141 H 4
Bunut ○ BRU 100-101 D 1
Bunyakiri ○ ZRE 148-149 B 5
Bünyan ☆ TR 64-65 F 3
Bunyan, Paul & Blue Ox Statue ∴ USA 186-187 K 2
Bunyanyi, Lake ⊖ EAU 148-149 B 4
Bunyu, Pulau ⌒ RI 100-101 E 2
Bunza ○ WAN 140-141 E 3
Buolkalah ~ RUS 46-47 M 3
Buôn Ma Thuôt ☆ • VN 94-95 K 4
Buor-Eekit ○ RUS 46-47 P 4
Buor-Haja, guba ≈ 46-47 R 4
Buor-Haja, mys ▲ RUS 46-47 T 4
Buor-Jurjah ~ RUS 46-47 Z 6
Buotama ~ RUS 54-55 N 5
Buptgang Zangpo ~ VRC 80-81 E 5
Bupul ○ RI 102-103 L 5
Buqa', al- ○ KSA 68-69 D 5
Buqda Caqable ○ SP 144-145 G 6
Bur ○ RUS (IRK) 52-53 N 6
Bur ~ RUS 46-47 O 4
Bura ○ EAK 148-149 G 4
Buraan ○ SP 144-145 J 3
Buraatyn davaa ▲ MAU 82-83 K 1
Buraevo ☆ RUS 32-33 J 6
Buraida ☆ KSA 66-67 J 4
Buraika, al- ○ KSA 68-69 A 3
Buraimi, al- ○ OM 70-71 F 6
Burakin ○ AUS 112-113 D 5
Būrālān ○ IR 64-65 L 3
Buram ○ SUD 142-143 G 3
Burang ○ VRC 80-81 C 5
Buranhem, Rio ~ BR 216-217 L 4
Burannoe ○ RUS 32-33 J 8
Bū Rashādah, Wādī < LAR 128-129 G 4
Burauen ○ RP 96-97 F 7
Burayqah < SUD 136-137 E 4
Burbanche ○ F (01) 238-239 H 5
Burbank ○ USA (CA) 184-185 E 8
Burbank ○ USA (WA) 184-185 E 2
Burcher ○ AUS 116-117 J 2
Burco ☆ SP 144-145 G 4
Burcy ○ F (77) 232-233 H 3
Burdalyk ○ TM 72-73 J 5
Burdekin Dam < AUS 110-111 J 7
Burdulba ○ AUS 108-109 L 2
Burdur ☆ • TR 64-65 D 4
Burdur Gölü ⊖ TR 64-65 D 4
Burē ○ ETH (Ilu) 144-145 B 4
Burē ○ ETH (Wel) 144-145 C 3
Bureimi ○ RN 140-141 E 2
Bureinskij hrebet ▲ RUS 58-59 E 4
Bureiqa < SUD 136-137 E 4
Bureja ~ RUS 58-59 C 4
Burejinskij zapovednik ⊥ RUS 58-59 F 3
Burejnskoe vodohranilišče < RUS 58-59 D 3
Bure-les-Templiers ○ F (21) 238-239 F 1
Buren, Van ○ USA (ME) 190-191 P 2
Buren, Van ○ USA (MO) 188-189 M 1
Burengapara ○ IND 78-79 G 3
Burènhajrhan ○ MAU 82-83 K 2
Bureo, Río ~ RCH 222-223 C 4
Burera, Lac ⊖ RWA 148-149 B 4
Burevestnik ○ RUS 58-59 M 6
Bürfell ○ IS 22-23 d 2
Būr Fu'ād ○ ET 130-131 F 2
Burğ ○ OM 68-69 H 5
Burgagylkan ~ RUS 56-57 M 3
Burgal-'Arab ○ ET 130-131 D 2
Burgas ○ BG 38-39 E 6
Burgaud, Le ○ F (31) 240-241 G 3
Bur Gavo ○ SP 148-149 H 4
Burgaw ○ USA 192-193 K 2
Burgdorf Hot Springs ∴ USA 184-185 G 3
Burgenland ▫ A 28-29 O 5
Burgeo ○ CDN 182-183 Q 5
Burgeo Bank ≈ 182-183 P 5
Burgersdorp ○ ZA 156-157 H 5
Burgersfort ○ ZA 156-157 K 2
Burgers Pass ▲ ZA 156-157 D 6
Burges, Mount ▲ AUS 112-113 F 5
Burgess, Mount ▲ CDN 164-165 V 3
Burgo de Osma, El ○ E 34-35 F 4
Burgos ○ •• E 34-35 F 3
Burgos ○ RP 96-97 C 4
Burgoyne Bay ≈ 180-181 O 4
Burgsvik ○ S 22-23 J 8
Burhala ○ RUS 56-57 N 2
Burhan Budai Shan ▲ VRC 80-81 K 3
Burhan buudaj ▲ MAU 84-85 C 5
Burhaniye ○ TR 64-65 B 3
Burhānpur ○ IND 74-75 F 9
Burhi Rapti ~ IND 78-79 C 2
Burī ○ BR 216-217 F 7
Buri ⌒ ER 136-137 J 5
Burias Island ⌒ RP 96-97 E 6
Burias Pass ≈ 96-97 E 6
Burica, Punta ▲ PA 196-197 C 7
Burie ○ F (17) 236-237 E 4
Buried Village • NZ 118 F 3
Burigi, Lake ⊖ EAT 148-149 C 5
Burigi Game Reservat ⊥ EAT 148-149 C 5
Burin ○ CDN 182-183 R 5
Burin Peninsula ⌒ CDN 182-183 R 5
Buri Ram ○ THA 94-95 G 3
Buritaca • CO 204-205 E 2
Buritama ○ BR 216-217 E 6
Buriti, Ribeiro ~ BR 214-215 K 7
Buriti, Rio ~ BR 212-213 G 3
Buriti, Rio ~ BR 214-215 H 3
Buriti Alegre ○ BR 216-217 F 5
Buriti Bravo ○ BR 212-213 G 4
Buriticupu, Rio ~ BR 212-213 E 4
Buriti dos Lopes ○ BR 212-213 H 3
Buritirama ○ BR 212-213 G 7
Buritis ○ BR 216-217 G 3
Burjassot ○ E 34-35 G 5
Burjatija, Respublika = Bouriatie, République de ▫ RUS 52-53 K 9
Burji ○ WAN 140-141 K 3
Burkand'ja ○ RUS 56-57 M 2
Burkanoko, Lake ⊖ AUS 114-115 H 5
Burkburnett ○ USA 188-189 H 2
Burke ○ USA 186-187 H 4
Burke and Wills Roadhouse ○ AUS 110-111 F 6
Burke Channel ≈ 176-177 G 6
Burke Development Road II AUS 110-111 F 6
Burke River ~ AUS 114-115 E 1
Burke's Pass ▲ ZA 156-157 C 4
Burkesville ○ USA 190-191 F 7
Burketown ○ AUS 110-111 E 5
Burkeville ○ USA 190-191 J 7
Burke & Wills Monument • AUS 114-115 F 4
Burkina Faso = Burkina Faso ■ BF 138-139 H 4
Burkitkala ∴ • US 72-73 G 4
Būrkitti, tau ▲ KA 60-61 H 4
Burkot ○ RUS 56-57 P 3
Burk's Falls ○ CDN 182-183 E 6
Burla ~ RUS 60-61 M 2
Burleigh ○ AUS 110-111 G 7
Burley ○ USA 184-185 H 4
Burlingame ○ USA 186-187 K 6
Burlington ○ CDN (NFL) 182-183 Q 4
Burlington ○ CDN (ONT) 182-183 E 7
Burlington ○ USA (CO) 186-187 F 6
Burlington ○ USA (IA) 190-191 C 5
Burlington ○ USA (KS) 186-187 K 6
Burlington ○ USA (NC) 192-193 J 1
Burlington ○ USA (VT) 190-191 M 3
Burma = Myanmar ■ MYA 78-79 J 4
Burma Cave • KSA 66-67 K 5
Burmantovo ○ RUS 50-51 F 4
Burndoo ○ AUS 116-117 G 2
Burnett Bay ≈ 168-169 J 4
Burnett Highway II AUS 114-115 L 3
Burnett Lake ⊖ CDN 174-175 S 6
Burnett Range ▲ AUS 114-115 L 3
Burnett River ~ AUS 114-115 L 3
Burney ○ USA 184-185 D 5
Burney, Monte ▲ RCH 224 D 6
Burnham Out Station ○ AUS 114-115 F 2
Burnhaupt-le-Bas ○ F (68) 238-239 L 1
Burnie-Somerset ○ AUS 116-117 H 6
Burni Gandak ~ IND 78-79 D 2
Burning Coal Mines ∴ USA 186-187 F 2
Burnley ○ GB 26-27 F 5
Burnpur ○ IND 78-79 E 4
Burns ○ USA (CO) 186-187 D 6
Burns ○ USA (OR) 184-185 E 4
Burnside ○ CDN 182-183 S 4
Burnside, Lake ⊖ AUS 112-113 G 2
Burnside River ~ CDN 174-175 P 2
Burns Indian Reservation ⚔ USA 184-185 E 4
Burns Junction ○ USA 184-185 F 4
Burns Lake ○ CDN 176-177 H 4
Burntbush River ~ CDN 182-183 E 4
Burnt Creek ○ CDN 180-181 Q 7
Burnt Ground ○ BS 198-199 H 3
Burnt Lake ⊖ CDN 182-183 N 2
Burnt Lake = Lac Brulé ⊖ CDN 182-183 N 2
Burnt Ranch ○ USA 184-185 C 5
Burntwood Lake ⊖ CDN 178-179 F 3
Burntwood River ~ CDN 178-179 G 3
Buro ~ RUS 44-45 W 6
Buros ○ F (64) 240-241 D 4
Burpee, Cape ▲ CDN 168-169 j 6
Burqin ○ VRC 82-83 H 2
Burra ○ AUS 116-117 E 2
Burracoppin ○ AUS 112-113 E 5
Burramurra Out Station ○ AUS 110-111 D 7
Burras, Rio de las ~ RA 220-221 D 2
Burrel ☆ •• AL 36-37 H 4
Burrendong Reservoir < AUS 116-117 K 2
Burren Junction ○ AUS 114-115 K 6
Burr Ferry ○ USA 188-189 L 4
Burrgum Hill ▲ AUS 114-115 M 3
Burrinjuck Reservoir < AUS 116-117 K 3
Burro, El ○ YV 204-205 H 4
Burro, Serranías del ▲ MEX 194-195 H 3
Burr Point ▲ USA 166-167 U 3
Burrton ○ USA 186-187 J 6
Burrumbeet, Lake ⊖ AUS 116-117 G 4
Burrum Heads ○ AUS 114-115 M 3
Bursa ☆ •• TR 64-65 C 2
Būr Safāğa ○ ET 130-131 F 4
Būr Sa'īd ☆ ET 130-131 F 2
Bursting Brook ~ CDN 180-181 G 3
Būr Sūdān ☆ • SUD 136-137 H 3
Būr Taufīq ○ ET 130-131 F 3
Bur Tinle ○ SP 144-145 H 5
Burton, Baie de ⊖ ZRE 148-149 B 6
Burton, Lac ⊖ CDN 180-181 K 7
Burton upon Trent ○ GB 26-27 G 5
Burträsk ○ S 22-23 K 4
Buru, Pulau ⌒ RI 102-103 D 3
Burubajtal ○ KA 60-61 J 6
Buru Island ⌒ AUS 119 B 5
Burukan ○ RUS 58-59 G 2
Burumburum ○ WAN 140-141 H 3
Burunda ~ RUS 58-59 D 2
Burundi = Burundi ■ BU 148-149 B 5
Buruntuma ○ GNB 138-139 D 3
Burunolah ~ RUS 54-55 N 3
Bururi ○ BU 148-149 B 5
Bururi ○ PNG 119 B 2
Burutu ○ WAN 140-141 F 6
Burwash Bay ≈ 180-181 O 2
Burwell ○ USA 186-187 H 5
Burwell, Port ○ CDN 182-183 D 7
Burwick ○ GB 26-27 F 2
Buryn' ○ UA 38-39 H 2
Burynčyk mujisi ▲ KA 62-63 J 5
Burynšik, mys ▲ KA 62-63 J 5
Bury Saint Edmunds ○ • GB 26-27 H 5
Burzet ○ F (07) 242-243 E 2
Būš ○ ET 130-131 E 3
Buşaira ○ SYR 64-65 J 5
Busaiṭā', al- ☆ KSA 66-67 F 3
Busanga ○ ZRE (EQU) 146-147 J 4
Busanga ○ ZRE (SHA) 150-151 C 6
Busanga Swamp ⊖ Z 154-155 C 2
Busango ○ ZRE 150-151 C 5
Buşayya, Maḥfar al- ○ IRQ 66-67 K 2
Busby ○ CDN 176-177 O 5
Busca-Maniban, Château du • F (32) 240-241 E 3
Būšehr ▫ IR 70-71 D 4
Būšehr, Bandar-e ☆ • IR 70-71 D 4
Busembatia ○ EAU 148-149 D 3
Bushat ○ AL 36-37 G 4
Bushell ○ CDN 174-175 P 6
Bushenyi ○ EAU 148-149 C 4
Bushe River Indian Reserve ⚔ CDN 174-175 L 6
Bushman Drawings • ZA 156-157 F 5
Bushman Paintings • SD 156-157 K 3
Bushman Paintings • ZA 156-157 J 4
Bushy Park ○ AUS 114-115 B 2
Busia ○ EAU 148-149 E 3
Busigny ○ F (59) 228-229 L 3
Businga ○ ZRE 146-147 H 2
Busira ~ ZRE 146-147 G 4
Busisi ○ EAT 148-149 D 5
Bus'k ☆ UA 38-39 D 3
Busoga ▫ EAU 148-149 D 3
Busoga ○ EAK 148-149 G 6
Buṣrā aš-šām ○ ••• SYR 64-65 G 6
Bussac ○ F (24) 236-237 G 5
Bussac-Forêt ○ F (17) 236-237 E 5
Busse ○ RUS 58-59 B 3
Busselton ○ AUS 112-113 C 6
Busseri ~ SUD 142-143 H 5
Busserolles ○ F (24) 236-237 G 4
Busset ○ F (03) 238-239 D 4
Bussière, La ○ F (45) 232-233 H 4
Bussière, La ○ F (86) 236-237 G 2
Bussière-Galant ○ F (87) 236-237 H 4
Bussière-Poitevine ○ F (87) 236-237 G 3
Bussol', proliv ○ RUS 58-59 O 5
Busson ○ F (52) 234-235 G 5
Bussy-en-Othe ○ F (89) 232-233 K 3
Bussy-Rabutin, Château • F (21) 238-239 F 1
Bustah, ozero ⊖ RUS 46-47 Y 3
Bustamante ○ MEX 194-195 K 6
Bustamante, Punta ▲ RA 224 F 5
Busto Arsizio ○ I 36-37 B 2
Buston ○ TJ 72-73 L 4
Busu ○ RI 100-101 L 4
Busuanga ○ RP 96-97 C 6
Busuanga Island ⌒ RP 96-97 D 6
Busu-Djanoa ○ ZRE 146-147 H 3
Busu-Kwanga ○ ZRE 146-147 H 3
Busu-Mandji ○ ZRE 146-147 H 2
Busungwe ○ EAU 148-149 C 4
Busunju ○ EAU 148-149 D 3
Busunu ○ GH 138-139 K 5
But ○ PNG 119 B 2
Buta ○ ZRE 146-147 K 2
Butahuao, Cerro ▲ RA 222-223 D 5
Butain, al ○ KSA 66-67 H 4
Butajira ○ ETH 144-145 D 4
Butak ○ PK 70-71 K 4
Buta Mallín, Paso de ▲ RA 222-223 D 4
Buta Ranquil ○ RA 222-223 E 4
Butare ○ • RWA 148-149 B 5
Butaritari Island ⌒ KIB 9 J 2
Butaš, ozero ⊖ RUS 50-51 G 7
Butat Raya ⊖ SUD 142-143 G 3
Bute ○ AUS 116-117 D 2
Butedale ○ CDN 176-177 F 5
Bute Giarti ○ ETH 144-145 C 6
Bute Inlet ≈ 176-177 H 6
Butemba ○ EAU 148-149 C 3
Butembo ○ ZRE 148-149 B 3
Butha-Buthe ○ LS 156-157 J 4
Buthidaung ○ MYA 78-79 H 5
Buthurst Inlet ≈ 174-175 Q 2
Butiá ○ BR 218-219 E 8
Butiaba ○ EAU 148-149 C 3
Butler ○ USA (AL) 192-193 D 3
Butler ○ USA (GA) 192-193 F 3
Butler ○ USA (MO) 186-187 K 6
Butler ○ USA (PA) 190-191 J 5
Butler Creek ~ CDN 178-179 Q 5
Butolo J. ○ BR 212-213 C 6
Buton, Pulau ⌒ RI 100-101 H 6
Buton, Selat ≈ 100-101 H 6
Buton Utara Reserve ⊥ RI 100-101 H 6
Buto River ~ LB 138-139 F 7
Butrint ∴ ••• AL 36-37 H 5
Butru ○ AUS 114-115 E 1
Butte ○ USA (MT) 184-185 H 3
Butte ○ USA (NE) 186-187 H 4
Butte, The ▲ USA 164-165 Q 4
Buttereaux, les ○ F (975) 245 II b 2
Butterpot Provincial Park ⊥ CDN 182-183 S 5
Butterworth ○ MAL 98-99 D 2
Butterworth ○ ZA 156-157 J 6
Butt of Lewis ▲ GB 26-27 D 2
Button Islands ⌒ CDN 180-181 R 4
Butu ○ CAM 140-141 H 6
Butu ○ RI 100-101 F 5
Butuan ☆ RP 96-97 F 8
Butuan Bay ≈ 96-97 F 8
Butuí, Rio ~ BR 220-221 J 5
Butung = Pulau Buton ⌒ RI 100-101 H 6
Butung, Tanjung ▲ RI 100-101 H 6
Butuo ○ VRC 92-93 C 3
Buturlinovka ○ RUS 38-39 M 2
Butwal ○ NEP 80-81 D 7
Buucagaan ○ MAU 84-85 D 4
Buulobarde ○ SP 148-149 K 2
Buur Hakkaba ○ SP 148-149 K 2
Buvuma Island ⌒ EAU 148-149 D 3
Buwaiš ○ Y 68-69 F 6
Buwenge ○ EAU 148-149 D 3
Buxar ○ IND 78-79 D 3
Buxières-les-Mines ○ F (03) 236-237 L 3
Buxton ○ GUY 206-207 E 2
Buxy ○ F (71) 238-239 F 3
Büyer Ahmad-o-Kūhgīlūye ▫ IR 70-71 D 3
Buyo ○ CI 138-139 G 6
Buyo, Lac du ⊖ CI 138-139 G 6
Buysport ▲ ZA 156-157 F 6
Büyük Ada ○ TR 64-65 C 2
Büyükağrı Dağı (Ararat) ▲ •• TR 64-65 L 3
Büyük-menderes N. ~ TR 64-65 B 4
Büyük Menderes Nehri ~ TR 64-65 C 3
Buyuni ○ EAT 150-151 K 4
Buyun Shan ▲ VRC 86-87 D 7
Buzači, poluostrov ⌒ KA 62-63 J 5
Buzan ~ RUS 32-33 F 10
Buzanaj, kum ⊥ KA 32-33 F 10
Buzançais ○ F (36) 236-237 H 2
Buzancy ○ F (08) 234-235 F 3
Buzău ☆ • RO 38-39 E 5
Buzay • F (17) 236-237 C 3
Buzdjak ☆ RUS 32-33 J 6
Buzet-sur-Baïse ○ F (47) 240-241 E 2
Buzi ○ MOC 154-155 H 4
Buzi, Rio ~ MOC 154-155 H 4
Buzi Gonbad ○ AFG 82-83 B 7
Búzios ○ BR 212-213 L 5
Búzios, Cabo dos ▲ BR 216-217 K 7
Buzluk Mağarası • TR 64-65 H 3
Buzovna ○ AZ 64-65 O 2
Buzuluk ☆ RUS 32-33 H 7
Buzuluk ~ RUS 38-39 N 2
Buzūn, al- ○ Y 68-69 G 6
Buzy ○ F (55) 234-235 H 3
Buzy ○ F (64) 240-241 D 4
Būzyldyk ○ KA 60-61 E 3
Bwadela ○ PNG 119 F 5
Bwana-Mutombo ○ ZRE 152-153 E 3
Bwanga ○ EAT 148-149 C 5
Bwari ○ WAN 140-141 G 4
Bwatnapne ○ VAN 120 II b 2
Bwea Town ○ LB 138-139 F 7
Bwele-Milonda ~ ZRE 152-153 E 3
Bweni ○ EAT 150-151 K 4
Bwiam ○ WAG 138-139 B 3
Byadgi ○ IND 76-77 F 3
Byam Channel ≈ 168-169 T 3
Byam Martin Channel ≈ 168-169 S 2
Byam Martin Island ⌒ CDN 168-169 T 3
Bydgoszcz ☆ • PL 28-29 P 2
Byfield ○ AUS 114-115 L 2
Byfield National Park ⊥ AUS 114-115 L 2
Byford ○ AUS 112-113 D 6
Bygdeå ○ • S 22-23 K 4
Bygin ~ KA 72-73 L 3

Bygin suķojmasy < KA 72-73 L 3
Bygland ☆ N 22-23 C 7
Bykle ○ N 22-23 C 7
Bykovskaja, protoka ∼ RUS 46-47 Q 3
Bykovskij ○ RUS 46-47 R 3
Bykovskij poluostrov ⌣ RUS 46-47 R 4
Bylas ○ USA 188-189 B 3
Bylok ○ TJ 72-73 M 4
Bylong ○ AUS 116-117 L 2
Bylot Island ⌒ CDN 168-169 g 4
Bylyra ∼ RUS 54-55 E 11
Bynoe River ∼ AUS 110-111 F 5
Byohori ○ IND 78-79 B 3
Byrakan ∼ RUS 54-55 K 4
Byrd ○ ARK 16 F 25
Byrd Land ∸ ARK 16 E 0
Byro ○ AUS 112-113 D 3
Byrock ○ AUS 114-115 J 6
Byron, Cape ▲ AUS 114-115 M 5
Byron, Isla ⌒ RCH 224 C 3
Byron Bay ≈ 114-115 M 5
Byron Bay ≈ 180-181 V 7
Byron Sound ≈ 222-223 K 6
Byrranga, Chalne = Byrranga, Gory ▲ RUS 44-45 U 5
Byrranga, Gory ▲ RUS 44-45 U 5
Byske ○ S 22-23 K 4
Byskeälven ∼ S 22-23 K 4
Byssa ∼ RUS 58-59 D 2
Bystraja ∼ RUS 44-45 V 5
Bystraja ∼ RUS 56-57 S 6
Bystrinskij hrebet ▲ RUS 56-57 S 5
Bystrjanka ○ RUS 60-61 O 2
Bystryj Istok ☆ RUS 60-61 O 2
Bystryj Tanyp ∼ RUS 32-33 J 6
Bystrzyca ∼ PL 28-29 O 3
Bysyttah ○ RUS 54-55 H 4
Bytantaj ∼ RUS 46-47 T 5
Bytom ○ PL 28-29 P 3
Bytów ○• PL 28-29 O 1
Byumba ○ RWA 148-149 C 4
Byxelkrok ○ S 22-23 H 8
Byzanz = İstanbul ☆••• TR 64-65 C 2
Bzimah ○ LAR 128-129 K 5
Bzyb' ∼ GE 62-63 D 6

C

Caaća ○ TM 72-73 G 6
Caacupé ☆ PY 220-221 J 3
Caaguazú ○ PY 220-221 J 3
Caala ○ ANG 152-153 C 6
Caamaño Sound ≈ 176-177 F 5
Caapiranga ○ BR 210-211 G 4
Caapucu ○ PY 220-221 J 4
Caarapo ○ BR 220-221 K 2
Caatiba ○ BR 216-217 K 3
Caatingas ∸ BR 212-213 G 7
Caazapá ☆ PY 220-221 J 4
Cab ○ RP 96-97 D 4
Cabaad, Raas ▲ SP 144-145 J 5
Cabacal, Rio ∼ BR 214-215 H 4
Cabaceiras ○ BR 212-213 K 5
Cabadbaran ○ RP 96-97 F 8
Cabaiguán ○ C 198-199 F 3
Caballo ○ USA 188-189 D 3
Caballococha ○ PE 210-211 B 4
Caballones, Cayo ⌒ C 198-199 F 4
Caballo Reservoir < USA 188-189 D 3
Caballos, Bahía de ≈ 208-209 E 9
Caballos Mesteños, Llanos de los ∸ MEX 194-195 G 3
Cabanac-et-Villagrains ○ F (33) 240-241 C 1
Cabañas ○ C 198-199 D 3
Cabanatuan ○ RP 96-97 D 5
Cabangtohan ○ RP 96-97 D 7
Cabannes, les ○ F (09) 240-241 H 5
Cabano ○ CDN 182-183 K 5
Cabarete ○ DOM 198-199 K 5
Cabarete, Punta ▲• DOM 198-199 K 5
Cabasse ○ F (83) 242-243 J 5
Cabatuan ○ RP 96-97 D 4
Čabda ∼ RUS 56-57 F 4
Cabecea do Sola, Igarapé ∼ BR 210-211 F 5
Cabeceiras ○ BR (GO) 216-217 G 3
Cabeceiras ○ BR (PIA) 212-213 G 4
Cabeceiras de Basto ○ P 34-35 D 4
Cabeço do Apa ○ BR 220-221 K 2
Cabedelo ○ BR 212-213 L 5
Cabelelo da Velha, Baía ≈ 212-213 F 2
Cabestany ○ F (66) 240-241 K 5
Cabeza del Este, Cayo ⌒ C 198-199 F 4
Cabeza del Mar ○ RCH 224 E 6
Cabeza Mechuda, Punta ▲ MEX 194-195 D 5
Cabezas ○ BOL 214-215 F 6
Cabildo ○ RCH 222-223 D 2
Cabimas ○ YV 204-205 F 2
Cabinda ☆ ANG 146-147 D 6
Cabinda □ ANG 146-147 C 6
Cabinet Mountains ▲ USA 184-185 F 1
Cabingaan Island ⌒ RP 96-97 D 10
Cabitutu, Rio ∼ BR 210-211 J 6
Cable Beach ⊥ AUS 108-109 F 5
Cabo ○ BR 212-213 L 6
Cabo Blanco ○ RA 224 H 3
Cabo de Hornos, Parque Nacional ⊥ RCH 224 G 7
Cabo Delgado □ MOC 150-151 K 7
Cabo Frio, Ilha do ⌒ BR 216-217 K 7
Čâbokšar ○ IR 72-73 B 6
Cabo Ledo ○ ANG 152-153 B 4
Cabonga, Réservoir < CDN 182-183 F 5
Cabool ○ USA 188-189 L 1
Caboolture ○ AUS 114-115 M 4
Cabo Orange, Parque Nacional do ⊥ BR 206-207 J 3
Cabo Polonio, Parque Forestal de ⊥ ROU 218-219 D 10
Cabora Bassa, Lago de < MOC 154-155 F 2
Caborca ○• MEX 194-195 C 2
Cabo San Lucas ○ MEX 194-195 E 6
Cabot ○ USA 188-189 L 2
Cabot Strait ≈ 182-183 O 5
Cabo Verde, Arquipélago de = Cap-Vert, Îles du ⌒ CV 138-139 B 6
Cabo Verde = Cap-Vert ■ CV 138-139 B 6
Cabra Corral, Embalse < RA 220-221 E 3
Cabra Island ⌒ RP 96-97 D 6
Cabral ○ DOM 198-199 K 5
Cabral, Serra do ▲ BR 216-217 H 4
Cabramurra ○ AUS 116-117 K 3
Cabrera ○ CO 204-205 D 6
Cabrera ○• DOM 198-199 L 5
Cabreras, Las ∼ C 198-199 G 4
Cabrerets ○ F (46) 240-241 H 1
Cabrero ○ RCH 222-223 C 4
Cabreúva ○ BR 216-217 G 7
Cabriès ○ F (13) 242-243 G 5
Cabrillo National Monument ∴ USA 184-185 F 9
Cabrit, Îlet à ⌒ F (971) 245 IV a 3
Cabrobó ○ BR 212-213 J 6
Cabruta ○ YV 204-205 H 4
Cabuca ○ GNB 138-139 C 3
Cabudare ○ YV 204-205 G 2
Cabugao ○ RP 96-97 D 4
Cabure ○ YV 204-205 G 2
Cabure, El ○ RA 220-221 F 4
Cabure-i ○ RA 220-221 K 3
Caburgua, Lago ⊖ RCH 222-223 D 5
Cabuyaro ○ CO 204-205 E 5
Čača ∼ RUS 54-55 J 9
Caça do Mucusso, Acampamento de ○ ANG 152-153 F 8
Caçador ○ BR 218-219 E 6
Čačak ○• YU 36-37 H 3
Cacao ○ F (973) 245 I c 2
Caçapava do Sul ○ BR 218-219 D 8
Cacaribaiteri ○ YV 204-205 J 6
Cacau Pirera ○ BR 210-211 G 4
Cáccia, Capo ▲ I 36-37 B 4
Cacequi ○ BR 220-221 K 5
Cáceres ○ BR 214-215 J 5
Cáceres ○••• E 34-35 D 5
Čačèvičy ○ BY 30-31 L 5
Cachachi ○ PE 208-209 C 5
Cachapoal, Río ∼ RCH 222-223 D 3
Cachari ○ RA 222-223 K 4
Cache Creek ○ CDN 176-177 K 6
Cachen ○ F (40) 240-241 D 2
Cachendo ○ PE 214-215 B 5
Cache Peak ▲ USA 184-185 H 4
Cacheu ☆ GNB 138-139 B 3
Cacheu, Rio ∼ GNB 138-139 C 3
Cachi ○• RA 220-221 D 3
Cà Chiên, Sông ∼ VN 94-95 J 6
Cachimbo ○ ANG 152-153 F 4
Cachimbo, Serra do ▲ BR 210-211 J 6
Cachina, Quebrada ∼ RCH 220-221 B 3
Cachingues ○ ANG 152-153 D 6
Cachipo ○ YV 204-205 J 3
Cachira ○ CO 204-205 E 4
Cachoeira ○ BR (AMA) 210-211 C 2
Cachoeira ○• BR (BAH) 216-217 L 2
Cachoeira Alta ○ BR 216-217 E 5
Cachoeira de Goiás ○ BR 216-217 E 4
Cachoeira do Arari ○ BR 206-207 K 6
Cachoeira do Sul ○ BR 218-219 D 8
Cachoeiras de Macacu ○ BR 216-217 J 7
Cachoeirinha ○ BR 216-217 G 5
Cachoeirinha, Cachoeira ∼ BR 210-211 K 4
Cachoeirinha, Corredeira ∼ BR 210-211 G 7
Cachoeirinho ○ BR 218-219 E 7
Cachoeiro de Itapemirim ○ BR 216-217 K 6
Cachos, Punta ▲ RCH 220-221 B 4
Cachueca ○ ANG 152-153 D 7
Cachuela Esperanza ○ BOL 214-215 E 2
Cacimba de Dentro ○ BR 212-213 L 5
Cacina ○ GNB 138-139 C 4
Caciporé, Cabo ▲ BR 206-207 J 4
Caciporé, Rio ∼ BR 206-207 J 4
Cacique Doble ○ BR 218-219 E 6
Cacoal ○ BR 214-215 G 2
Cacocum ○ C 198-199 G 4
Cacolo ○ ANG 152-153 E 5
Caconda ○ ANG 152-153 C 6
Caçu ○ BR 216-217 E 5
Cacuaco ○ ANG 152-153 B 4
Cacuchi ∼ ANG 152-153 D 6
Caculo ∼ ANG 152-153 E 4
Cacula ○ ANG 152-153 C 7
Caculé ○ BR 216-217 J 3
Cacumba, Ilha ⌒ BR 216-217 L 4
Cacumbi ○ ANG 152-153 E 5
Cacuria ○ BR 210-211 E 6
Cacuso ○ ANG 152-153 C 4
Cada, Rio ∼ CO 204-205 F 6
Cadadley ○ SP 144-145 G 4
Cadaado ○ SP 144-145 H 5
Cadale ○ SP 148-149 L 2
Cadalen ○ F (81) 240-241 H 3
Čadan ☆ RUS 52-53 E 10
Cadariri, Rio ∼ BR 210-211 J 6
Caddo ○ USA 188-189 J 2
Caddo Lake ⊖ USA 188-189 K 3
Cadéac ○ F (65) 240-241 E 5
Čâdegân ○ IR 70-71 D 2
Caden ○ F (56) 230-231 G 4
Cadena, Arroyo de la ∼ MEX 194-195 G 5
Cadenet ○ F (84) 242-243 G 4
Cadereyta ○ MEX 194-195 J 5
Cadibarrawirracanna, Lake ⊖ AUS 114-115 C 5
Cadillac ○ CDN 178-179 C 6
Cadillac ○ F (33) 240-241 D 1
Cadillac ○ USA 190-191 F 3
Cadillac-en-Fronsadais ○ F (33) 236-237 E 6
Cadillal, Embalse el < RA 220-221 E 4
Cadix = Cádiz ○ E 34-35 D 6
Cadix, Golf de = Cádiz, Golfo de ≈ 34-35 D 6
Cádiz ○ E 34-35 D 6
Cadiz ○ RP 96-97 E 7
Cadiz ○ USA (KY) 190-191 E 7
Cadiz ○ USA (OH) 190-191 H 5
Cádiz, Golfo de ≈ 34-35 D 6
Cadlao Island ⌒ RP 96-97 C 7
Čadman = Urd gol ○ MAU 82-83 L 2
Čadobec ∼ RUS 52-53 J 6
Cadogan Glacier ⊂ CDN 170-171 L 4
Cadogan Inlet ≈ 170-171 M 4
Cadomin ○ CDN 176-177 M 5
Cadotte Lake ○ CDN 176-177 M 3
Cadotte River ∼ CDN 176-177 M 3
Cadouin ○ F (24) 236-237 G 6
Cadours ○ F (31) 240-241 G 3
Cadoux ○ AUS 112-113 D 5
Caduman Point ▲ RP 96-97 F 7
Caek ○ KS 82-83 B 5
Caen ☆• F (14) 228-229 D 5
Caen, Campagne de ∸ F (14) 228-229 D 5
Caerdydd = Cardiff ○ GB 26-27 F 6
Caerfyrddin = Carmarthen ○ GB 26-27 E 6
Caernarfon ○••• GB 26-27 E 5
Caerphilly Castle •• GB 26-27 F 6
Caesaera Scugog, Lake ⊖ CDN 182-183 E 6
Caëstre ○ F (59) 228-229 K 2
Čaetas ○ BR 212-213 K 6
Caeté ○ BR 216-217 J 5
Caeté, Baía do ≈ 212-213 E 2
Caeté, Rio ∼ BR 210-211 C 7
Caetité ○ BR 216-217 J 3
Čaevo ○ RUS 30-31 P 2
Cafamaum ○ BR 212-213 H 7
Cafayate ○• RA 220-221 E 4
Café ○ F (973) 245 I b 3
Cafema, Serra ▲ ANG 152-153 B 8
Cafetal ○ MEX 196-197 K 2
Cafres, Plaine de ∸ F (974) 246 II b 2
Cafrine, la ○ F (974) 246 II b 2
Cafuma ∼ ANG 152-153 E 8
Cagaan Bogd ▲ MAU 84-85 D 6
Cagaandörvölž ○ MAU 84-85 J 5
Cagaannuur ○ MAU 82-83 J 1
Čagaan-Ovoo ○ MAU 84-85 E 5
Cagaan-Uul = Šarga ○ MAU 84-85 D 3
Čagalvandi ○ IR 70-71 C 2
Cagan ○ KA 60-61 L 3
Čagan ∼ RUS 32-33 G 8
Cagan Aman ☆ RUS 32-33 E 10
Cagayan ∼ RP 96-97 D 3
Cagayan de Oro ☆ RP 96-97 F 8
Cagayan de Tawi Tawi Island ⌒ RP 96-97 C 9
Cagayan Islands ⌒ RP 96-97 D 8
Čagčarān ○• AFG 70-71 L 1
Čagda ○ RUS (SAH) 54-55 M 4
Čagda ○ RUS (SAH) 56-57 D 4
Cageri ○ GE 62-63 E 6
Cágliari ○ I 36-37 B 5
Cágliari, Golfo di ≈ 36-37 B 5
Čaglinka ∼ KA 60-61 F 2
Cagna, Motagne de ▲ F (2A) 244 D 5
Cagnano Varano ○ I 36-37 E 4
Cagne, Îlots ⌒ F (984) 246 III c 3
Cagnes-sur-Mer ○ F (06) 242-243 L 4
Čagoda ○ RUS 58-59 C 2
Čagra ∼ RUS 32-33 F 7
Cagraray Island ⌒ RP 96-97 E 6
Caguán, Río ∼ CO 208-209 E 1
Caguas ○ USA 200 B 2
Čagyl ○ TM 72-73 D 4
Cagylteniz, köli ⊖ KA 60-61 F 1
Čah Āb ○ AFG 72-73 L 6
Cahabón, Río ∼ GCA 196-197 K 4
Cahama ○ ANG 152-153 C 8
Čahār Bāğ ○ AFG 72-73 K 6
Čahār Borğak ○ AFG 70-71 K 3
Čahār Mahāll-o-Bahtiyāri □ IR 70-71 D 3
Čāh Bahār ○ IR 70-71 J 6
Čāh Bahār, Bandar-e ≈ 70-71 J 6
Čāh Bahār, Ra's-e ▲ IR 70-71 J 6
Čāh Čeibi, Hāmūn-e ⊖ IR 70-71 J 4
Caher = An Chathair ○ IRL 26-27 D 5
Čāh Gām ○ IR 72-73 D 7
Cahkwaktolik ○ USA 164-165 J 6
Cahobas, Las ○ RH 198-199 K 5
Cahokia Mounds ••• USA 190-191 C 6
Cahors ☆• F (46) 240-241 G 2
Cahotal ○ C 198-199 G 4
Čah Sagak ○ IR 70-71 J 2
Cahuacho ○ PE 208-209 F 9
Cahuapanas ○ PE 208-209 D 4
Cahuilla Indian Reservation ✕ USA 184-185 F 9
Cahuinari, Río ∼ CO 210-211 B 3
Cahul ☆ MD 38-39 F 5
Cahuzac-sur-Adour ○ F (32) 240-241 D 3
Cahuzac-sur-Vère ○ F (81) 240-241 H 3
Čāh Zardār ○ IR 70-71 H 5
Caí, Cachoeira do ∼ BR 210-211 J 5
Caia ○ MOC 154-155 H 3
Caiabi, Cachoeira ∼ BR 214-215 K 2
Caiabis, Serra dos ▲ BR 214-215 J 2
Caiambé ○ BR 210-211 E 4
Caianda ○ ANG 150-151 B 6
Caiapó, Rio ∼ BR 212-213 D 6
Caiapó, Rio ∼ BR 216-217 E 4
Caiapônia ○ BR 216-217 E 4
Caibarién ○ C 198-199 F 3
Caibi ○ BR 218-219 D 6
Caibiran ○ RP 96-97 F 7
Caicara ○ YV 204-205 K 3
Caiçara do Rio do Vento ○ BR 212-213 K 4
Caicedo ○ CO 204-205 D 4
Caicedonia ○ CO 204-205 D 5
Caico ○ BR 212-213 K 5
Caicos Islands ⌒ GB 198-199 J 4
Caicos Passage ≈ 198-199 J 3
Caicumbo ○ ANG 152-153 F 5
Cái Đầu ○ VN 94-95 H 5
Caigua ○ YV 204-205 J 3
Cai Hu ∼ VRC 90-91 K 6
Cái Lấy ○ VN 94-95 J 5
Caiilhau ○ F (11) 240-241 J 4
Caillac, Château de • F (15) 240-241 K 1
Caillère-Saint-Hilaire, La ○ F (85) 236-237 D 2
Caillou Bay ≈ 188-189 M 5
Caima ○ BR 212-213 B 3
Caimanero ○ MEX 194-195 F 6
Caimanero, Laguna del ⊖ MEX 194-195 F 6
Caimbambo ○ ANG (BGU) 152-153 C 6
Caimbambo ∼ ANG 152-153 B 6
Caimito ○ CO 204-205 D 3
Cain, El ○ RA 222-223 E 6
Caine, Río ∼ BOL 214-215 E 6
Cainta ○ RP 96-97 D 5
Caiongo ○ ANG 152-153 C 3
Caipe ○ RA 220-221 C 3
Caipupa ○ ANG 152-153 E 5
Cairari ○ BR 212-213 D 3
Caire, Le = al-Qāhira ★••• ET 130-131 E 2
Cairn, Île ⌒ CDN 180-181 L 6
Cairn Mountain ▲ USA 164-165 N 6
Cairns ○•• AUS 110-111 H 5
Cairns, Mount ▲ AUS 110-111 C 7
Cairns Lake ⊖ CDN 178-179 J 5
Cairns Section ⊥ AUS 110-111 J 4
Cairo ○ USA 192-193 F 4
Cairo, Cape ▲ CDN 168-169 V 1
Cairu ○ BR 216-217 L 2
Caiseal = Cashel ○• IRL 26-27 D 5
Caisleán an Bharraigh = Castlebar ☆ IRL 26-27 C 5
Caititu, Área Indígena ✕ BR 210-211 E 6
Caitou ○ ANG 152-153 B 7
Caiúa ○ BR 216-217 D 7
Caiundo ○ ANG 152-153 D 7
Caixa, Rio de ∼ BR 216-217 J 2
Caiyuan ○ VRC 92-93 C 3
Caiza, Serranía de ▲ BOL 220-221 F 1
Čaja ∼ RUS 50-51 R 5
Čaja ∼ RUS 54-55 D 6
Čaja-Ajan, gory ▲ RUS 44-45 Z 7
Cajabamba ○ EC 208-209 C 2
Cajabamba ○ PE 208-209 C 5
Cajacay ○ PE 208-209 D 7
Cajamarca ☆• PE 208-209 C 5
Cajamarquilla ○ PE 208-209 D 7
Čajan ○ KA 72-73 L 3
Čajanda ∼ RUS 54-55 F 5
Cajarc ○ F (46) 240-241 H 2
Cajatambo ○ PE 208-209 D 7
Cajazeiras ○ BR 212-213 J 5
Cajazeiras, Rio ∼ BR 212-213 C 4
Čajbuha ○ RUS 56-57 T 3
Cajcara del Orinoco ○ YV 204-205 H 4
Čajcyns'kij Kamen' ▲ RUS 24-25 U 3
Čajetina ○ YU 36-37 G 3
Cajidiocan ○ RP 96-97 E 6
Čajkovskij ☆ RUS 32-33 J 5
Cajobabo ○ C 198-199 H 4
Cajon ○ USA 184-185 F 8
Cajon, El ○ USA 184-185 F 9
Cajon, Embalse el < HN 196-197 L 4
Cajón del Maipo • RCH 222-223 D 2
Cajones, Río ∼ MEX 196-197 F 3
Cajon Troncoso ∼ RCH 222-223 D 4
Caju, Cachoeira do ∼ BR 206-207 D 6
Cajuapara, Rio ∼ BR 212-213 E 4
Cajuata ○ BOL 214-215 D 5
Cajueiro ○ BR (MIN) 216-217 H 3
Cajueiro ○ BR (RON) 214-215 F 2
Cajuru ○ BR 216-217 G 6
Cajuti, Cachoeira ∼ BR 206-207 G 6
Cajutuba, Ilha ⌒ BR 212-213 E 2
Cajuuna ○ BR 206-207 K 6
Čajvo, zaliv ⊖ RUS 58-59 K 2
Caka ○ VRC 80-81 M 2
Caka Yanhu ⊖ VRC 80-81 M 2
Čak-e Vardak ○ AFG 74-75 B 2
Čakne-ye Pāin ○ IR 72-73 F 6
Cakranegara ○• RI 104 C 7
Čakva ○• GE 62-63 D 7
Čakyja ∼ RUS 54-55 O 4
Čal ○ AFG 72-73 L 6
Çal ☆ TR 64-65 C 3
Cal, Rio La ∼ BOL 214-215 H 6
Cala ○ ZA 156-157 H 5
Calabar ☆ WAN 140-141 H 6
Calabazar de Sagua ○ C 198-199 F 3
Calabei ○ RI 104 C 7
Calabozo ○ YV 204-205 H 3
Calabria □ I 36-37 F 5
Calabria, Parco Nazionale della ⊥ I 36-37 F 5
Calacoa ○ PE 214-215 B 5
Calacoto ○ BOL 214-215 C 5
Calacuccia ○ F (2B) 244 D 4
Calacuccia, Lac de ⊖ F (2B) 244 D 4
Calafate, El ○ RA 224 D 5
Calafquen, Lago ⊖ RCH 222-223 C 5
Calagua Islands ⌒ RP 96-97 E 5
Calahorra ○• E 34-35 G 3
Calai ○ ANG 152-153 E 8
Calais ○• F (62) 228-229 H 2
Calais ○ USA 190-191 P 3
Calais, Canal de < F (62) 228-229 H 2
Calais, Pas de = Dover, Strait of ≈ 26-27 H 6
Čalak ○ US 72-73 K 5
Calalaste, Sierra de ▲ RA 220-221 D 4
Calalzo di Cadore ○ I 36-37 D 1
Calama ○ BR 210-211 F 7
Calama ○ RCH 220-221 C 2
Calamar ○ CO (ATL) 204-205 D 2
Calamar ○ CO (VAU) 204-205 E 7
Calamarca ○ BOL 214-215 C 5
Calamar ○• RP 96-97 D 5
Calamian Group ⌒ RP 96-97 C 6
Calamocha ○ E 34-35 G 4
Calamus Reservoir < USA 186-187 H 5
Calamuya ∴• HN 196-197 L 4
Calanaque ○ BR 210-211 E 3
Calandula ○ ANG 152-153 C 4
Calandula, Quedas do ∼• ANG 152-153 D 4
Calang ○ RI 98-99 A 2
Calango ○ PE 208-209 D 8
Calanhel ○ F (22) 230-231 E 3
Calanques ∸•• F (2A) 244 C 4
Calanus Bay ≈ 180-181 H 3
Calapan ☆ RP 96-97 D 6
Cala Rajada ○ E 34-35 J 5
Călărași ☆ MD 38-39 F 4
Călărași ☆ RO 38-39 E 5
Calarca ○ CO 204-205 D 5
Calatambo ○ RCH 214-215 C 6
Calatayud ○ E 34-35 G 4
Calatrava ○ RP 96-97 E 7
Calavite Passage ≈ 96-97 D 6
Calavon ∼ F (04) 242-243 H 4
Calayan Island ⌒ RP 96-97 D 3
Calbayog ○ RP 96-97 F 6
Calbore ○ PA 196-197 D 7
Calbuco ○ RCH 222-223 C 6
Calbuco, Volcán ▲ RCH 222-223 C 6
Calca ○ PE 214-215 B 3
Calcasieu Lake ⊖ USA 188-189 L 5
Calcasieu River ∼ USA 188-189 L 4
Calcatoggio ○ F (2A) 244 C 4
Calceta ○ EC 208-209 B 2
Calchaquí ○ RA 220-221 G 5
Calchaquí, Rio ∼ RA 220-221 G 6
Calchaquí, Rio ∼ RA 220-221 D 3
Calchaqui ias Aves, Laguna ⊖ RA 220-221 G 5
Calçoene ○ BR 206-207 J 4
Calçoene, Rio ∼ BR 206-207 J 4
Calcutta ☆•• IND 78-79 F 4
Caldas ○ CO 204-205 D 4
Caldas Novas ○ BR 216-217 F 4
Caldeiras ○ BR 216-217 J 2
Caldera ○ CR 196-197 B 7
Caldera ○ RCH 220-221 B 4
Caldera de Taburiente, Parque Nacional de la ⊥ E 124-125 C 6
Calderon, Cerro ▲ RA 222-223 E 6
Calder River ∼ CDN 174-175 M 3
Çaldıran ☆ TR 64-65 K 3
Caldwell ○ USA (ID) 184-185 F 4
Caldwell ○ USA (KS) 188-189 J 1
Caldwell ○ USA (OH) 190-191 H 6
Caldwell ○ USA (TX) 188-189 J 4
Calebasse, la ⌒ F (44) 230-231 F 5
Caledon ○ ZA 156-157 D 7
Caledon Bay ≈ 110-111 D 3
Caledonia ○ CDN 182-183 E 7
Caledonia ○ USA 190-191 C 4
Caledonia Hills ▲ CDN 182-183 M 6
Caledonrivier ∼ ZA 156-157 H 4
Calen ○ AUS 110-111 K 7
Calenzana ○ F (2B) 244 C 3
Calequisse ○ GNB 138-139 B 3
Calera, La ○ RCH 222-223 D 2
Caleta Josefina ○ RCH 224 F 6
Caleta Olivia ○ RA 224 G 3
Caleta Vitor ○ RCH 214-215 B 6
Caleufú ○ RA 222-223 G 3
Caleufú, Río ∼ RA 222-223 D 6
Calexico ○ USA 184-185 G 9
Calgary ○ CDN 176-177 N 6
Calhan ○ USA 186-187 E 6
Calhoun ○ USA (GA) 192-193 F 2
Calhoun ○ USA (LA) 188-189 L 3
Calhoun City ○ USA 192-193 D 3
Calhoun Falls ○ USA 192-193 G 2
Calhua ○ PE 208-209 F 9
Cali ☆ CO 204-205 C 6
Calicoan Island ⌒ RP 96-97 F 7
Calico Ghost Town ∴ USA 184-185 F 8
Calicut ○• IND 76-77 F 5
Caliente ○ USA (CA) 184-185 E 8
Caliente ○ USA (NV) 184-185 G 7
California ○ BR 210-211 B 7
California ○ CO 204-205 E 4
California □ USA 184-185 D 5
California, Golfo de = Californie, Golfe de ≈ 194-195 B 2
California Aqueduct < USA 184-185 D 7
Californie, Basse = Baja California ⌣ MEX 194-195 B 2
Californie = California □ USA 184-185 D 5
Californie, Golfe de = California, Golfo de ≈ 194-195 B 2
Calik ∼ RI 98-99 F 6
Calilegua, Parque Nacional ⊥ RA 220-221 E 2
Calima = Darien ○ CO 204-205 C 6
Călimani, Munții ▲ RO 38-39 D 4
Calingasta ○ RA 220-221 C 6
Calingasta, Valle de ⌣ RA 220-221 C 6
Calingiri ○ AUS 112-113 D 5
Calintaan ○ RP 96-97 D 6
Calion ○ USA 188-189 L 3
Calipuy, Reserva Nacional ⊥ PE 208-209 C 6
Calistoga ○ USA 184-185 C 6
Calitzdorp ○ ZA 156-157 E 6
Calkar köl ○ KA 32-33 G 8
Calkarteniz, sor ⊖ KA 62-63 P 3
Calkini ○ MEX 196-197 J 1
Callabonna ○ AUS 114-115 F 5
Callabonna, Lake ⊖ AUS 114-115 F 5
Callabonna Creek ∼ AUS 114-115 F 5
Callac ○ F (22) 230-231 E 3
Callagiddy ○ AUS 112-113 C 2
Callahan ○ USA (CA) 184-185 C 5
Callahan ○ USA (FL) 192-193 H 4
Callahan, Mount ▲ USA 184-185 F 6
Callainn ó Quirce, Río ∼ BOL 214-215 D 7
Callana, Río ∼ PE 208-209 E 6
Callander ○ CDN 182-183 E 5
Callanish ○ GB 26-27 D 2
Callao ○ PE 208-209 D 8
Callao ○ USA 190-191 K 7
Callao, El ○ YV 206-207 D 2
Callaqui, Volcán ▲ RCH 222-223 D 4
Callara, Lake ⊖ AUS 114-115 D 5
Callas ○ F (83) 242-243 K 4
Callatharra Springs ○ AUS 112-113 C 2
Callawa ○ AUS 108-109 E 6
Callaway ○ USA 192-193 F 4
Calle Calle, Río ∼ RCH 222-223 C 5
Callen ○ F (40) 240-241 D 2
Calles ○ MEX 194-195 K 6
Callian ○ F (32) 240-241 E 3
Calling Lake ○ CDN 176-177 O 4
Calling River ∼ CDN 176-177 O 4
Calliope ○ AUS 114-115 L 3
Cal Madow, Buuraha ▲ SP 144-145 J 3
Calmar ○ CDN 176-177 O 5
Calmar ○ USA 190-191 C 4
Calmeilles ○ F (66) 240-241 K 5
Calmette, La ○ F (30) 242-243 E 4
Cal Miskaat, Buuraha ▲ SP 144-145 J 3
Calmont ○ F (31) 240-241 H 4
Calmont □ F (12) 240-241 K 2
Calmoutier ○ F (70) 238-239 J 1
Calm Point ▲ USA 166-167 Q 3
Čalna ○ RUS 24-25 N 6
Calombo ○ ANG 152-153 C 6
Calonda ○ ANG 152-153 F 4
Calonga ∼ ANG 152-153 C 7
Calonne-Ricouart ○ F (62) 228-229 K 3
Caloosahatchee River ∼ USA 192-193 H 6
Caloto ○ CO 204-205 C 6
Calotte Glaciaire Cook ⊂ F (984) 246 III b 3
Caloundra ○ AUS 114-115 M 4
Calpon, Cerro ▲ PE 208-209 C 5
Calpulalpan ○ MEX 196-197 E 1
Caltagirone ○ I 36-37 E 6
Caltama, Cerro ▲ BOL 214-215 C 7
Caltanissetta ○ I 36-37 E 6
Calton Hills ○ AUS 110-111 E 7
Ca Lu ○ VN 94-95 J 2
Caluango ○ ANG 152-153 E 4
Calucinga ○ ANG 152-153 D 5
Calulo ○ ANG 152-153 C 4
Calunda ○ ANG 150-151 B 7
Caluquembe ○ ANG 152-153 C 6
Čalūs ○• IR 72-73 B 6
Caluula ○ SP 144-145 K 3
Calvados □ F (14) 228-229 C 5
Calvaire, Chapelle du • F (03) 236-237 L 2
Calvert Hills ○ AUS 110-111 D 5
Calvert Island ⌒ CDN 176-177 F 6
Calvi ○•• F (2B) 244 C 3
Calvi, Golfe de ≈ F (2B) 244 C 3
Calviac-en-Périgord ○ F (24) 236-237 H 6
Calvillo ○ MEX 194-195 H 7
Calvin ○ USA 188-189 J 2
Calvinet ○ F (15) 236-237 K 6
Calvinia ○ ZA 156-157 D 5
Calvisson ○ F (30) 242-243 E 4
Calzada de Calatrava ○ E 34-35 F 5
Camabatela ○ ANG 152-153 C 4
Camacã ○ BR 216-217 L 3
Camaça, Rio ∼ BR 210-211 D 6
Camaçari ○ BR 212-213 K 7
Camacupa ○ ANG 152-153 D 6
Camaguan ○ YV 204-205 H 3
Camagüey ☆• C 198-199 G 4
Camagüey, Archipiélago de ⌒ C 198-199 F 3
Camaipi ○ BR 206-207 J 5
Camaiú, Rio ∼ BR 210-211 H 5
Camalote ○ C 198-199 G 4
Camamu ○ BR 216-217 L 2
Camana ○ PE 214-215 A 5
Čamanābād ○ IR 70-71 H 1
Camanaú, Rio ∼ BR 206-207 D 6
Čaman Bid ○ IR 72-73 E 6
Camandog Island ⌒ RP 96-97 F 7
Čaman Soltān ○ IR 70-71 C 2
Campuã ○ BR 214-215 K 6
Camaquã ○ BR 218-219 E 8
Camará ○ BR (AMA) 210-211 F 4
Camará ○ BR (P) 210-211 K 4
Camaragibe ○ BR 212-213 L 6
Camaraipi, Rio ∼ BR 212-213 C 3
Camararé, Rio ∼ BR 214-215 H 3
Camarat, Cap ▲ F (83) 242-243 K 5
Camarata ○ YV 204-205 K 5
Camarès ○ F (12) 240-241 K 3
Camaret-sur-Aigues ○ F (84) 242-243 F 3
Camaret-sur-Mer ○ F (29) 230-231 B 3
Camargo ○ MEX 194-195 K 4
Camargue, la ⌣ F (984) 246 III d 3
Camargue, Parc Naturel Régional de ⊥• F (30) 242-243 E 4
Camargue, Plaine de la ⌣ F (13) 242-243 E 4
Camaron ○ BOL 220-221 E 1
Camarón, Cabo ▲ HN 198-199 C 7
Camarones ○ RA 224 H 2
Camarones, Bahía ≈ 224 H 2
Camarones, Río ∼ RCH 214-215 C 6
Camaruã ○ BR 210-211 E 4
Camarvik Creek ∼ CDN 174-175 Z 3
Camata, Río ∼ BOL 214-215 C 4
Camatambo ○ ANG 152-153 C 3
Cà Mau ○ VN 94-95 H 6
Camaxilo ○ ANG 152-153 E 4
Camba ○ RI 100-101 F 6
Čamba ∼ RUS 52-53 L 5
Cambaju ○ GNB 138-139 C 3
Camballin ○ AUS 108-109 G 4
Cambândua ○ ANG 152-153 D 6
Cambange ○ ANG 152-153 F 4
Cambao ○ CO 204-205 D 5
Cambará do Sul ○ BR 218-219 E 7
Cambaxi ○ ANG 152-153 E 4
Cambay, Golfe de = Khambhāt, Gulf of ≈ 74-75 C 9
Cambe, la ○ F (14) 228-229 B 5
Cambellford ○ CDN 182-183 F 6
Cambo ∼ ANG 152-153 D 4
Cambodge = Kâmpŭchéa ■ K 94-95 G 4
Camboeiro, Riachão do ∼ BR 212-213 F 7
Cambo-les-Bains ○ F (64) 240-241 B 4
Cambombo ○ ANG 152-153 C 5
Camboon P.O. ○ AUS 114-115 L 3
Camboriú, Ponta ▲ BR 218-219 G 5
Cambrai ○• F (59) 228-229 L 3
Cambremer ○ F (14) 228-229 E 5
Cambrian Mountains ▲ GB 26-27 F 5
Cambridge ○ CDN 182-183 D 7
Cambridge ○•• GB 26-27 H 5
Cambridge ○ JA 198-199 G 5
Cambridge ○ NZ 118 E 2
Cambridge ○ USA (ID) 184-185 F 3
Cambridge ○ USA (MA) 190-191 N 4
Cambridge ○ USA (MD) 190-191 K 6
Cambridge ○ USA (MN) 186-187 L 3
Cambridge ○ USA (NE) 186-187 G 5
Cambridge ○ USA (OH) 190-191 H 5
Cambridge Bay ≈ 168-169 T 6
Cambridge Bay ○ CDN 168-169 U 6
Cambridge Gulf ≈ 108-109 J 3
Cambridge Point ▲ CDN 168-169 g 3
Cambrils ○ E 34-35 H 4
Cambu, Rio ∼ BR 206-207 K 6
Cambuí ○ BR 216-217 G 7
Cambulo ○ ANG 152-153 F 3
Camburinga ✕ AUS 110-111 D 3
Cambutal ○ PA 196-197 D 8
Camden ○ USA (AL) 192-193 E 4
Camden ○ USA (AR) 188-189 L 3
Camden ○ USA (NJ) 190-191 L 6
Camden ○ USA (NY) 190-191 L 4
Camden ○• USA (SC) 192-193 H 2
Camden Bay ≈ 164-165 S 1
Camdenton ○ USA 186-187 L 6
Cameia, Parque Nacional da ⊥ ANG 152-153 F 5
Camel Creek ○ AUS 110-111 H 6
Çameli ○ TR 64-65 C 4
Camel Race Course • KSA 66-67 K 5
Cameron ○ USA (AZ) 184-185 J 8
Cameron ○ USA (LA) 188-189 L 5
Cameron ○ USA (MO) 186-187 K 6
Cameron ○ USA (TX) 188-189 J 4
Cameron Corner • AUS 114-115 F 5
Cameron Island ⌒ CDN 168-169 U 2
Cameron River ∼ CDN 174-175 N 4
Cameroon, Mount = Mont Cameroun ▲•• CAM 140-141 H 6
Cameroun = Cameroon = Cameroon ■ CAM 140-141 J 6
Cameroun, Estuaire du ≈ 146-147 B 2
Cameroun, Mont = Mount Cameroon ▲•• CAM 140-141 H 6
Cametá ○ BR 212-213 D 3
Camfield ○ AUS 108-109 K 4
Camiaco ○ BOL 214-215 E 4
Camiers ○ F (62) 228-229 H 2
Camiguin Island ⌒ RP (CAG) 96-97 D 3
Camiguin Island ⌒ RP (MSO) 96-97 F 8
Camiling ○ RP 96-97 D 5
Camilla ○ USA 192-193 F 4
Camiña ○ RCH 214-215 C 6
Caming ○ RI 100-101 G 6
Caminha ○ P 34-35 C 4
Camino de Santiago ••• E 34-35 D 3
Caminos, Dos ○ YV 204-205 J 3
Camisea ○ PE 208-209 F 7
Camissombo ○ ANG 152-153 F 4
Čamkani ○ AFG 74-75 B 3
Çamlıdere ☆ TR 64-65 E 2
Cammarata, Monte ▲ I 36-37 D 6
Cammazes, Les ○ F (81) 240-241 J 4
Cammoo Caves • AUS 114-115 L 2
Camocim ○ BR 212-213 H 3
Camocim de São Felix ○ BR 212-213 L 6
Camogton ○ RP 96-97 E 6
Camongua ○ ANG 152-153 D 5
Camooweal ○ AUS 110-111 E 6
Camooweal Caves National Park ⊥ AUS 110-111 E 6
Camopi ○ F (973) 245 I c 3
Camopi ∼ F (973) 245 I b 4
Camors ○ F (56) 230-231 F 4
Camorta Island ⌒ IND 76-77 L 5
Camotes Islands ⌒ RP 96-97 F 7
Camotes Sea ≈ 96-97 F 7
Camou-Cihigue ○ F (64) 240-241 C 4
Čamp, ostrov ⌒ RUS 20-21 e 2
Campagne ○ F (24) 236-237 G 6
Campamento ○ HN 196-197 L 4
Campamento Río Grande ○ YV 204-205 L 3
Campan ○ F (65) 240-241 E 4
Campana, Cerro la ▲ RCH 224 D 5
Campana, Isla ⌒ RCH 224 C 4
Campana, Monte ▲ RA 224 H 7
Campana, Parque Nacional la ⊥ RCH 222-223 D 2
Campanario ○ BR 216-217 K 5
Campanario, Cerro ▲ RA 222-223 D 3
Campanas ○ RA 220-221 D 5
Campania □ I 36-37 E 4
Campanilla ○ PE 208-209 D 5
Campanquiz, Cerros ▲ PE 208-209 D 4
Campaspe ○ AUS 110-111 J 7
Campbell ○ ZA 156-157 F 4
Campbell, Cape ▲ NZ 118 E 4
Campbell, Plateau = Campbell Plateau ≃ 9 J 7
Campbell Bay ≈ 168-169 U 6
Campbell Island ⌒ CDN 168-169 G 6
Campbell Lake ⊖ CDN (NWT) 164-165 Y 2
Campbell Lake ⊖ CDN (NWT) 174-175 Q 4
Campbell Military Reservation, Fort ✕✕ USA 190-191 E 7
Campbell Plateau = Campbell, Plateau ≃ 9 J 7
Campbell River ○ CDN 176-177 H 6
Campbell's Bay ○ CDN 182-183 F 6
Campbellsville ○ USA 190-191 F 7
Campbellton ○ CDN 182-183 L 5
Campbell Town ○ AUS 116-117 J 6
Campbeltown ○ GB 26-27 E 4
Camp Century ○ GRØ 170-171 U 5
Camp Crook ○ USA 186-187 F 3
Camp-du-Castellet, le ○ F (83) 242-243 H 5
Campeana ○ GNB 138-139 C 4
Campeaux ○ F (14) 230-231 K 2
Campêche ○ F (971) 245 IV b 2
Campeche □ MEX 196-197 J 2
Campeche ☆• MEX 196-197 J 2
Campeche, Bahía de ≈ 196-197 G 2
Campechuela ○ C 198-199 G 4
Campénéac ○ F (56) 230-231 G 4
Camperdown ○ AUS 116-117 G 5
Camperdown ○ ZA 156-157 K 4
Campermville ○ CDN 178-179 F 5
Câm Phá ☆ VN 92-93 E 6
Campidano ⌣ I 36-37 B 5
Campigny ○ F (27) 228-229 F 5
Campillos ○ E 34-35 E 6

Caripande o **ANG** 150-151 B 7
Cariparé o **BR** 212-213 F 7
Caripé, Rio ~ **BR** 212-213 D 3
Caripira o **BR** 210-211 E 3
Caripito o **YV** 204-205 K 2
Cariquima o **RCH** 214-215 C 6
Carira o **BR** 212-213 K 7
Cariré o **BR** 212-213 H 3
Cariris Novos, Serra dos ▲ **BR** 212-213 H 5
Caritaya, Embalse de < **RCH** 214-215 C 6
Caritianas o **BR** 210-211 F 7
Carito, El o **YV** 204-205 J 3
Carius o **BR** 212-213 J 5
Čarky (Muolakan) ~ **RUS** 46-47 V 6
Carla-Bayle o **F** (09) 240-241 G 4
Carla-de-Roquefort o **F** (09) 240-241 H 5
Carlat o **F** (15) 236-237 L 6
Carlepont o **F** (60) 228-229 L 4
Carleton o **CDN** 182-183 M 6
Carleton, Mount ▲ **CDN** 182-183 L 5
Carleton Place o **CDN** 182-183 F 6
Carletonville o **ZA** 156-157 H 3
Carlin o **USA** 184-185 F 5
Carlindi o **AUS** 108-109 D 6
Carlinville o **USA** 190-191 D 6
Carlisle o **GB** 26-27 F 4
Carlisle o **USA** (PA) 190-191 K 5
Carlisle o **USA** (SC) 192-193 H 2
Carlisle Island ⌒ **USA** 166-167 L 6
Carlisle Lakes ⬭ **AUS** 112-113 J 4
Carlit ▲ **F** 240-241 H 5
Carlo o **AUS** 114-115 E 2
Carloforte o **I** 36-37 B 5
Carlópolis o **BR** 216-217 F 7
Carlos Casares o **RA** 222-223 J 3
Carlos Chagas o **BR** 216-217 K 4
Carlos Tejedor o **RA** 222-223 H 3
Carlota, La o **RA** 222-223 H 2
Carlow = Ceatharlach o **IRL** 26-27 D 5
Carl Sandburg Home National Historic Site ∴ **USA** 192-193 G 2
Carlsbad o **USA** (CA) 184-185 F 9
Carlsbad o **USA** (NM) 188-189 E 3
Carlsbad Caverns National Park ⊥ **USA** 188-189 E 3
Carlsberg, Crête de = Carlsberg Ridge ≃ 8 D 4
Carlsberg Fjord ≈ 170-171 o 8
Carlsbergfondet Land ∸ **GRØ** 170-171 n 5
Carlsberg Ridge = Carlsberg, Crête de ≃ 8 D 4
Carlyle o **CDN** 178-179 E 6
Carlyle o **USA** 186-187 E 2
Carlyle Lake ⬭ **USA** 190-191 D 6
Carmacks o **CDN** 164-165 W 5
Carmagnola o **I** 36-37 A 2
Carman o **CDN** 178-179 G 6
Carmangay o **CDN** 176-177 O 6
Carmanville o **CDN** 182-183 R 4
Carmarthen o **GB** 26-27 E 6
Carmaux o **F** (81) 240-241 J 2
Carmel, Mount o **USA** 190-191 E 6
Carmelita o **GCA** 196-197 J 3
Carmelo o **ROU** 222-223 K 3
Carmen o **RP** 96-97 F 8
Carmen, El o **BOL** 214-215 F 3
Carmen, El o **CO** 204-205 B 6
Carmen, El o **EC** 208-209 C 2
Carmen, El o **GCA** 196-197 H 4
Carmen, El o **RA** 220-221 E 3
Carmen, Isla del ⌒ **MEX** 196-197 J 2
Carmen, Isla El ⌒ **MEX** 194-195 D 5
Carmen, Laguna del ≈ 196-197 H 2
Carmen, Río ~ **USA** 188-189 D 4
Carmen, Río del ~ **RCH** 220-221 B 5
Carmen de Areco o **RA** 222-223 K 3
Carmen de Bolivar, El o **CO** 204-205 D 3
Carmen de Patagones o **RA** 222-223 H 6
Carmen Silva, Sierra de ▲ **RCH** 224 F 6
Carmi o **CDN** 176-177 L 7
Carmi o **USA** 190-191 D 6
Carmichael o **AUS** 114-115 J 1
Carmichael Craq ▲ **AUS** 112-113 L 2
Carmichael River ~ **AUS** 114-115 J 2
Carmila o **AUS** 114-115 K 1
Carmo o **BR** 212-213 D 4
Carmo de Mata o **BR** 216-217 H 6
Carmo de Minas o **BR** 216-217 H 7
Carmo do Paranaíba o **BR** 216-217 G 5
Carmody, Lake ⬭ **AUS** 112-113 E 6
Carmona o **CR** 196-197 B 7
Carmona o‥ **E** 34-35 E 6
Carnac o• **F** (56) 230-231 E 4
Carnage, Mount ▲ **AUS** 112-113 F 5
Carnaíba o **BR** 212-213 K 5
Carnamah o **AUS** 112-113 C 4
Carnarvon o **AUS** (QLD) 114-115 J 3
Carnarvon o **AUS** (WA) 112-113 B 2
Carnarvon o **CDN** 182-183 E 6
Carnarvon o **ZA** 156-157 F 5
Carnarvon National Park ⊥ **AUS** 114-115 J 3
Carnarvon Range ▲ **AUS** 112-113 F 2
Carnarvon Range ▲ **AUS** 114-115 K 3
Carnatic Shoal ≃ 96-97 B 7
Carndonagh o **IRL** 26-27 D 4
Carnegie o **AUS** 112-113 G 2
Carnegie o **USA** (PA) 190-191 J 5
Carnegie o **USA** (PA) 190-191 H 5
Carnegie, Lake ⬭ **AUS** 112-113 G 3
Carn Eige ▲ **GB** 26-27 E 3
Carnera, Punta ▲ **EC** 208-209 B 3
Carnes o **AUS** 114-115 C 6
Car Nicobar Island ⌒ **IND** 76-77 L 5
Carnikava o **LV** 30-31 J 3
Carnon-Plage o **F** (34) 242-243 D 4
Carnot o• **RCA** 142-143 B 6
Carnot, Cape ▲ **AUS** 116-117 C 3
Carnot Bay ≈ 108-109 F 4
Carnoules o **F** (83) 242-243 J 5
Carnoux-en-Provence o **F** (13) 242-243 H 5
Carnsore Point ▲ **IRL** 26-27 D 5
Carnwath River ~ **CDN** 174-175 F 2
Caro, El o **YV** 204-205 J 3
Caro de La Negra, El o **YV** 204-205 J 3
Carol City o **USA** 192-193 H 7
Carolina o **BR** 212-213 E 5
Carolina o **CO** 204-205 D 4
Carolina o **E** 34-35 F 5
Carolina o **RCH** 220-221 B 2
Carolina o **USA** 200 C 2
Carolina o **ZA** 156-157 K 3
Caroline o **CDN** 176-177 N 5
Caroline, Crête de = Caroline Seamounts ≃ 9 F 2
Caroline, Lake ⬭ **AUS** 114-115 D 3
Caroline Islands = Carolines, Îles ⌒ **FSM** 9 F 2
Caroline National Memorial, Fort ∴• **USA** 192-193 H 4
Carolines, Îles = Caroline Islands ⌒ **FSM** 9 F 2
Caroline Seamounts = Caroline, Crête de ≃ 9 F 2
Carolles o **F** (50) 230-231 H 2
Carolside o **CDN** 176-177 P 6
Caron o **AUS** 112-113 D 4
Caron Brook o **CDN** 182-183 K 5
Caroni, Río ~ **YV** 204-205 K 5
Carora o **YV** 204-205 F 2
Carpates = Karpaty ▲ 38-39 B 3
Carpates Orientales = Carpaţii Orientali ▲ **RO** 38-39 D 4
Carpaţii Meridionali = Transylvanie, Alpes de ▲ **RO** 38-39 C 5
Carpaţii Orientali ▲ **RO** 38-39 D 4
Carpentaria, Gulf of = Carpentarie, Golfe de ≈ 110-111 E 3
Carpentaria Highway II **AUS** 110-111 B 5
Carpentarie, Golfe de = Carpentaria, Gulf of ≈ 110-111 E 3
Carpenter Lake ⬭ **CDN** 176-177 J 6
Carpentras o• **F** (84) 242-243 G 3
Carpi o **I** 36-37 C 2
Carpina o **BR** 212-213 L 5
Carpincho, Riacho ~ **PY** 220-221 H 2
Carpinteria o **USA** 184-185 E 8
Carpio o **USA** 186-187 G 1
Carp Lake ⬭ **CDN** 176-177 J 4
Carpolac o **AUS** 116-117 F 4
Carquefou o **F** (44) 230-231 J 5
Carqueiranne o **F** (83) 242-243 J 5
Carrabelle o **USA** 192-193 F 5
Carracollo o **BOL** 214-215 D 5
Čār Rāh o **AFG** 70-71 K 2
Carraipia o **CO** 204-205 E 2
Carranya o **AUS** 108-109 H 5
Carrapatal o **BR** 212-213 G 3
Carrapatal, Ilha ⌒ **BR** 212-213 G 3
Carrara o **I** 36-37 C 2
Carrasquero o **YV** 204-205 E 2
Carr Boyd Ranges ▲ **AUS** 108-109 J 4
Carreira Comprida, Cachoeira ~ **BR** 212-213 D 7
Carrere, Cerro ▲ **RA** 222-223 E 4
Carres d'Ocre • **F** (84) 242-243 G 4
Carresse-Cassaber o **F** (64) 240-241 C 4
Carreta, Punta ▲ **PE** 208-209 D 9
Carretera Interamericana II **MEX** 194-195 F 2
Carretero, Puerto de ▲ **E** 34-35 F 6
Carriacou Island ⌒ **WG** 200 E 5
Carrical o **CV** 138-139 B 5
Carrick o **IRL** 26-27 C 4
Carrieton o **AUS** 116-117 E 2
Carril, El o **RA** 220-221 E 3
Carrington o **USA** 186-187 H 2
Carrington Island ⌒ **USA** 184-185 H 5
Carrión, Río ~ **E** 34-35 E 3
Carriringue o **RCH** 222-223 D 5
Carrizal o **CO** 204-205 E 1
Carrizal o **RA** 220-221 D 5
Carrizal o **YV** 206-207 D 2
Carrizal, El o **MEX** 194-195 F 2
Carrizal, Punta ▲ **RCH** 220-221 B 5
Carrizal, Quebrada ~ **RCH** 220-221 B 5
Carrizal Bajo o **RCH** 220-221 B 5
Carrizo, Quebrada del ~ **RCH** 220-221 C 3
Carrizo Creek ~ **USA** 188-189 F 1
Carrizo Springs o **USA** 188-189 H 5
Carrizozo o **USA** 188-189 E 3
Carro o **F** (13) 242-243 G 5
Carroll o **USA** 186-187 K 4
Carrollton o **USA** (GA) 192-193 F 3
Carrollton o **USA** (KY) 190-191 F 6
Carrollton o **USA** (MO) 186-187 L 6
Carrot River ~ **CDN** 178-179 E 4
Carrouges o **F** (61) 230-231 L 2
Carroz, Mont ▲ **F** (984) 246 III b 3
Carrozas o **CO** 204-205 E 6
Čarrūd o **IR** 70-71 G 3
Carry-le-Rouet o **F** (13) 242-243 G 5
Cars, Les o **F** (87) 236-237 H 4
Cars, les (ruines romaines) • **F** (19) 236-237 K 4
Carsac-Aillac o **F** (24) 236-237 H 6
Çarşamba ☆ **TR** 64-65 G 2
Čaršanga o **TM** 72-73 K 6
Carseland o **CDN** 176-177 O 6
Carsk o **KA** 60-61 M 4
Carson, Fort xx **USA** (CO) 186-187 E 6
Carson, Fort • **USA** (CO) 186-187 E 6
Carson City ☆ **USA** 184-185 E 6
Carson River ~ **AUS** 108-109 H 3
Carson Sink ⬭ **USA** 184-185 E 6
Carstairs o **CDN** 176-177 N 6
Cartagena ☆ ··· **CO** 204-205 D 2
Cartagena o **E** 34-35 G 6
Cartagena del Chaira o **CO** 208-209 E 1
Cartago o **CO** 204-205 D 5
Cartago ☆ **CR** 196-197 C 7
Cartago o **USA** 184-185 E 7
Carter o **USA** 184-185 J 2
Carter, Mount ▲ **AUS** 110-111 G 3
Carteret o **F** (50) 228-229 A 5
Carter Spit ▲ **USA** 166-167 P 3
Carters Range ▲ **AUS** 114-115 F 2
Cartersville o **USA** 192-193 F 2
Carthage ∴··· **TN** 126-127 H 2
Carthage o **USA** (IL) 190-191 C 5
Carthage o **USA** (MO) 188-189 K 1
Carthage o **USA** (MS) 192-193 D 3
Carthage o **USA** (TX) 188-189 K 3
Carthagène = Cartagena o **E** 34-35 G 6
Cartier o **CDN** 182-183 D 5
Cartier, Port- o **CDN** 182-183 L 3
Cartier Islet ⌒ **AUS** 108-109 F 2
Cartignac o **F** (33) 236-237 C 5
Cartigny o **F** (80) 228-229 L 4
Carti Suitupo o **PA** 196-197 E 7
Cartridge Mount ▲ **CDN** 174-175 K 4
Cartwright o **CDN** 178-179 G 6
Carú, Área Indígena X **BR** 212-213 F 3
Caru, Rio ~ **BR** 212-213 E 3
Caruachi o **YV** 204-205 K 3
Caruaru o **BR** 212-213 L 6
Caruban o **RI** 104 D 3
Carún, Río ~ **YV** 204-205 K 5
Carunantabari o **YV** 204-205 K 5
Carúpano o **YV** 204-205 K 2
Carurai o **RP** 96-97 C 7
Caruthersville o **USA** 190-191 D 7
Čarvakskoe vodohranilišče < **US** 72-73 M 4
Carvel o **CDN** 176-177 N 5
Carvin o **F** (62) 228-229 K 3
Carvinas o **BOL** 214-215 D 3
Carvoal o **BR** 214-215 J 5
Carvoeiro o **BR** 206-207 D 6
Carway o **CDN** 176-177 O 7
Cary o **USA** 192-193 J 2
Caryčanka o **UA** 38-39 J 3
Čaryš ~ **RUS** 60-61 N 2
Caryš ~ **RUS** 60-61 O 3
Carysfort, Cape ▲ **GB** 222-223 M 6
Caryšskoe o **RUS** 60-61 N 3
Čaš o **US** 72-73 K 5
Casabe, El o **YV** 204-205 K 4
Casabindo o **RA** 220-221 D 2
Casablanca o **RCH** 222-223 D 2
Casablanca = Ad-Dār-al-Bayda ☆ **MA** 124-125 H 4
Casa Branca o **BR** 216-217 G 6
Casa da Pedra • **BR** 214-215 K 4
Casadepaga o **USA** 164-165 H 4
Casa de Piedra o **RA** 222-223 F 5
Casa Grande o **USA** 184-185 J 9
Casa Grandes Ruins National Monument ∴ **USA** 184-185 J 9
Casale Monferrato o• **I** 36-37 B 2
Casalins o **RA** 222-223 K 4
Casamance ∸ **SN** 138-139 B 3
Casamance ~ **SN** 138-139 C 3
Casamento, Lagoa do ⬭ **BR** 218-219 E 8
Casamozza o **F** (2B) 244 D 3
Casanare o **CO** 204-205 G 5
Casanare, Río ~ **CO** 204-205 F 4
Casanay o **YV** 204-205 K 2
Casa Nova o **BR** 212-213 H 6
Casarabi o **BOL** 214-215 E 4
Casares o **NIC** 196-197 L 6
Casas o **MEX** 194-195 K 6
Casas Grandes ∴ **MEX** 194-195 F 2
Casas Grandes, Río ~ **MEX** 194-195 F 2
Casa Verde o **BR** 216-217 D 6
Casavieja o• **E** 34-35 E 4
Casazinc o **CO** 204-205 E 6
Casca o **BR** (RSU) 218-219 E 7
Casca o **BR** (RSU) 218-219 E 8
Cascade ~‥ **F** (38) 242-243 J 1
Cascade o **USA** 184-185 J 2
Cascade Caverns ∴ **USA** 188-189 H 5
Cascade Range ▲ **USA** 184-185 C 5
Cascade Reservoir < **USA** 184-185 F 3
Cascades o **AUS** 112-113 F 6
Cascades, Pointe des ▲ **F** (974) 246 II b 2
Cascais o **P** 34-35 C 5
Cascajal o **C** 198-199 E 3
Cascajal, Río ~ **PE** 208-209 B 4
Cascapédia, Rivière ~ **CDN** 182-183 L 4
Cascas o **PE** 208-209 C 5
Cascavel o **BR** (CEA) 212-213 J 4
Cascavel o **BR** (PAR) 218-219 D 5
Casco, El o **MEX** 194-195 G 5
Cascorro o **C** 198-199 G 4
Cascumpeque Bay ≈ 182-183 N 5
Časeľka ~ **RUS** 50-51 Q 2
Časeľskoe, ozero ⬭ **RUS** 50-51 P 2
Case-Pilote o **F** (972) 245 V a 2
Caserta ☆ **I** 36-37 E 4
Caseyr, Raas = Gwardafuy ▲ **SP** 144-145 K 3
Cashel o **ZW** 154-155 G 4
Cashel = Caiseal o• **IRL** 26-27 D 5
Cashmere Downs o **AUS** 112-113 E 4
Casian Island ⌒ **RP** 96-97 C 7
Casigua o **YV** 204-205 F 2
Casiguran o **RP** 96-97 E 4
Casilda o **RA** 222-223 J 2
Casimiro de Abreu o **BR** 216-217 J 7
Casino o **AUS** 114-115 M 5
Casinos o **E** 34-35 G 5
Casiquiare, Río ~ **YV** 204-205 H 6
Casma o **PE** 208-209 C 6
Čašniki ☆ **BY** 30-31 L 4
Časovaja o **RUS** 54-55 J 9
Časovo o **RUS** 24-25 V 5
Caspana o **RCH** 220-221 C 2
Caspe o **E** 34-35 G 4
Casper o **USA** 186-187 D 4
Caspian Sea = Caspienne, Mer ≈ 62-63 H 5
Caspienne, Dépression = Prikaspijskaja nizmennost' ∪ 62-63 F 5
Caspienne, Mer = Caspian Sea ≈ 62-63 H 5
Cass o **RCH** 220-221 D 2
Cassacatiza o **MOC** 154-155 G 2
Cassagnas o **F** (48) 242-243 D 3
Cassagnes-Bégonhès o **F** (12) 240-241 K 2
Cassagnoles o **F** (34) 240-241 K 4
Cassai o **ANG** 152-153 F 5
Cassai ~ **ANG** 152-153 F 5
Cassamba o **ANG** 152-153 F 6
Cassange, Rio ~ **BR** 214-215 J 5
Cassango o **ANG** 152-153 D 4
Cassasala o **ANG** 152-153 E 5
Cass City o **USA** 190-191 G 4
Cassel o **F** (59) 228-229 J 2
Cassel, Mont ▲ **F** (59) 228-229 J 2
Casselman o **CDN** 182-183 G 6
Casselton o **USA** 186-187 J 2
Cass Fjord ≈ 170-171 S 3
Cássia o **BR** 216-217 G 6
Cassiar o **CDN** 174-175 E 6
Cassiar Mountains ▲ **CDN** 174-175 D 5
Cassiar-Stewart Highway II **CDN** 176-177 E 3
Cassilândia o **BR** 216-217 E 5
Cassilis o **AUS** 116-117 K 2
Cassinga o **ANG** 152-153 D 7
Cassino o **I** 36-37 D 4
Cassis o **F** (13) 242-243 H 5
Cass Lake o **USA** 186-187 K 2
Cassongue o **ANG** 152-153 C 5
Cass River ~ **USA** 190-191 G 4
Cassuéjouls o **F** (12) 236-237 L 6
Cast o **F** (29) 230-231 C 3
Cast ▲ **MAU** 82-83 K 1
Casta o **F** (2B) 244 D 3
Castagniccia ∸ **F** (2B) 244 E 3
Castaic o **USA** 184-185 E 8
Castaignos-Souslens o **F** (40) 240-241 C 3
Castaña o **YV** 204-205 J 5
Castanet-Tolosan o **F** (31) 240-241 H 3
Castanhal o **BR** (AMA) 210-211 F 6
Castanhal o **BR** (P) 212-213 E 2
Castanheira o **BR** 214-215 H 2
Castaños o **MEX** 194-195 J 4
Castaño Viejo o **RA** 220-221 C 6
Castelbajac o **F** (65) 240-241 E 4
Castelbiague o **F** (31) 240-241 F 4
Castèl del Monte ‥ **I** 36-37 F 4
Castelfranc o **F** (46) 240-241 G 1
Castelginest o **F** (31) 240-241 G 3
Castelhanos, Ponta dos ▲ **BR** (ESP) 216-217 K 6
Castelhanos, Ponta dos ▲ **BR** (RIO) 216-217 H 7
Casteljaloux o **F** (47) 240-241 E 2
Castella o **USA** 184-185 C 5
Castellana, Grotte di ‥ **I** 36-37 F 4
Castellana, La o **RP** 96-97 E 7
Castellane o• **F** (04) 242-243 K 4
Castellar de Santisteban o **E** 34-35 F 5
Castellas, le • **F** (83) 242-243 K 4
Castelldefels o **E** 34-35 H 4
Castelli o **RA** (BUA) 222-223 L 4
Castelli o **RA** (CHA) 220-221 G 3
Castelló de la Plana o **E** 34-35 G 5
Castellón de la Plana = Castelló de la Plana o **E** 34-35 G 5
Castelmore • **F** (32) 240-241 E 3
Castelmoron-sur-Lot o **F** (47) 240-241 E 2
Castelnau-Barbarens o **F** (32) 240-241 F 3
Castelnaudary o• **F** (11) 240-241 H 4
Castelnau-d'Auzan o **F** (32) 240-241 E 3
Castelnaud-de-Gratecambe o **F** (47) 240-241 F 2
Castelnau-de-Guers o **F** (34) 242-243 C 5
Castelnau-de-Lévis o **F** (81) 240-241 J 3
Castelnau-de-Mandailles o **F** (12) 240-241 K 1
Castelnau-de-Médoc o **F** (33) 236-237 D 5
Castelnau-de-Montmiral o **F** (81) 240-241 H 3
Castelnau-d'Estrétefonds o **F** (31) 240-241 G 3
Castelnaud-la-Chapelle o **F** (24) 236-237 H 6
Castelnau-le-Lez o **F** (34) 242-243 D 4
Castelnau-Magnoac o **F** (65) 240-241 F 4
Castelnau-Montratier o **F** (46) 240-241 G 2
Castelnau-sur-Gupie o **F** (47) 240-241 E 1
Castelnou o **F** (66) 240-241 K 5
Castelo o **BR** 216-217 K 6
Castelo Branco ☆• **P** 34-35 D 5
Castelo do Piauí o **BR** 212-213 H 4
Castelsardo o• **I** 36-37 B 4
Castelsarrasin o **F** (82) 240-241 G 2
Castelvetrano o **I** 36-37 D 6
Castéra-Verduzan o• **F** (32) 240-241 E 3
Casterton o **AUS** 116-117 F 4
Castetpugon o **F** (64) 240-241 D 3
Castets o **F** (40) 240-241 B 3
Castex o **F** (32) 240-241 E 4
Castilla o **PE** 208-209 B 4
Castilla o **RA** 222-223 K 3
Castilla la Mancha ◘ **E** 34-35 F 5
Castilla y León ◘ **E** 34-35 D 3
Castilletes o **CO** 204-205 F 2
Castillo, El ∴• **NIC** 196-197 B 6
Castillo, Pampa del ∸ **RA** 224 F 2
Castillo de Bayuela o **E** 34-35 E 4
Castillo de San Marcos National Monument ∴• **USA** 192-193 H 5
Castillon o **F** (06) 242-243 L 4
Castillon, Barrage de < **F** 242-243 K 4
Castillon-en-Couserans o **F** (09) 240-241 G 5
Castillon-la-Bataille o **F** (33) 236-237 E 6
Castillonnès o **F** (47) 240-241 F 1
Castillos o **ROU** 218-219 D 10
Castillos, Laguna de ⬭ **ROU** 218-219 D 10
Castirla o **F** (2B) 244 D 4
Castlebar = Caisleán an Bharraigh o **IRL** 26-27 C 5
Castle Cape ▲ **USA** 166-167 R 4
Castlegar o **CDN** 176-177 M 7
Castle Island ⌒ **BS** 198-199 H 3
Castle Island o **CDN** (NFL) 182-183 R 3
Castle Island ⌒ **CDN** (NWT) 180-181 L 7
Castlemaine o• **AUS** 116-117 H 4
Castle Peak ▲ **USA** 184-185 G 3
Castlepoint o **NZ** 118 F 4
Castlereagh Bay ≈ 110-111 C 3
Castlereagh River ~ **AUS** 114-115 K 6
Castle Rock o **USA** 186-187 F 3
Castleton o• **JA** 198-199 G 5
Castletown o **GBM** 26-27 E 4
Castletown Bearhaven = Baile Chaisleáin Bhéarra o **IRL** 26-27 C 6
Castle Windsor ‥ **GB** 26-27 G 6
Castor o **CDN** 176-177 P 5
Castres o• **F** (81) 240-241 J 3
Castres-Gironde o **F** (33) 236-237 E 6
Castries o **F** (34) 242-243 D 4
Castries ★ **WL** 200 E 4
Castries, Île de ⌒ **F** (984) 246 III b 2
Castro o **BR** (BAH) 216-217 L 2
Castro o **BR** (PAR) 218-219 E 5
Castro o **RCH** 222-223 C 7
Castro, Canal ≈ 224 C 5
Castro, Punta ▲ **RA** 222-223 G 7
Castro Barras o **RA** 220-221 E 6
Castro Daire o **P** 34-35 D 4
Castrovillari o **I** 36-37 F 5
Castroville o **USA** 188-189 H 5
Castrovirreyna o **PE** 208-209 E 8
Castuera o **E** 34-35 E 5
Častye ☆ **RUS** 32-33 J 5
Častyh o **RUS** 54-55 E 6
Casuarina Coast ∪ **RI** 102-103 J 4
Caswell o **USA** 164-165 Q 6
Çat ☆ **TR** 64-65 J 3
Catabola o **ANG** (BIE) 152-153 D 6
Catabola o **ANG** (HBO) 152-153 C 6
Cataby Roadhouse o **AUS** 112-113 C 5
Catacamas o **HN** 196-197 B 4
Catacaos o **PE** 208-209 B 4
Catache o **PE** 208-209 C 5
Catacocha o **EC** 208-209 C 4
Cataguases o **BR** 216-217 J 6
Catahoula Lake ⬭ **USA** 188-189 L 4
Catahuasi o **PE** 208-209 E 8
Cataingan o **RP** 96-97 E 6
Çatak ☆ **TR** 64-65 K 3
Çatak Çayı ~ **TR** 64-65 K 3
Catalão o **BR** 216-217 G 5
Çatalhöyük ∴• **TR** 64-65 E 4
Catalina o **CDN** 182-183 S 4
Catalina o **RCH** 220-221 C 3
Catalina, Punta ▲ **RCH** 224 F 6
Catalogne = Catalunya ◘ **E** 34-35 H 4
Catalunya ◘ **E** 34-35 J 4
Catama o **SP** 148-149 H 2
Catamarca ◘ **RA** 220-221 D 4
Catamarca = San Fernando del Valle de Catamarca ☆• **RA** 220-221 E 5
Catamayo o **EC** 208-209 C 3
Catambué o **ANG** 152-153 E 8
Catanacuname o **CO** 204-205 H 6
Catandica o **MOC** 154-155 G 4
Catanduanes ⌒ **RP** 96-97 F 6
Catanduva o **BR** 216-217 F 6
Catanduvas o **BR** 218-219 D 5
Catánia o **I** 36-37 E 6
Catán Lil o **RA** 222-223 D 5
Catanzaro o **I** 36-37 F 5
Cataract, 1st ~ **ET** 130-131 F 5
Cataract, 3rd = ash-Shallāl ath-Thālith ~ **SUD** 136-137 E 3
Cataract, 4th = ash Shallāl ar-Rābi' ~ **SUD** 136-137 F 3
Cataract, 5th = ash-Shallāl al-Khāmis ~ **SUD** 136-137 F 3
Cataract, 6th = Shallal as-Sablūkah ~ **SUD** 136-137 F 4
Cataractes • **RM** 158-159 F 7
Catarina o **USA** 188-189 H 5
Catarman ☆ **RP** 96-97 F 6
Cat Arm River ~ **CDN** 182-183 Q 3
Catastrophe, Cape ▲ **AUS** 116-117 D 3
Catata-a-Nova o **ANG** 152-153 C 6
Catatumbo, Río ~ **YV** 204-205 E 3
Cataviña o **MEX** 194-195 B 3
Cataxa o **MOC** 154-155 G 2
Catazaja o **MEX** 196-197 H 3
Catbalogan ☆ **RP** 96-97 F 7
Čat-Bazar o **KS** 72-73 N 3
Cat Cays ⌒ **BS** 198-199 F 2
Cateau-Cambrésis, le o **F** (59) 228-229 M 3
Cateco Cangola o **ANG** 152-153 C 4
Catemaco o **MEX** 196-197 G 2
Catemaco, Laguna de ⬭• **MEX** 196-197 G 2
Catembe o **MOC** 156-157 L 3
Catende o **BR** 212-213 L 6
Catengue o **ANG** 152-153 B 6
Cateri o **F** (2B) 244 C 3
Caterragio o **F** (2B) 244 E 4
Catete o **ANG** 152-153 B 4
Cateté, Área Indígena X **BR** 212-213 C 5
Catete, Rio ~ **BR** 210-211 K 6
Cathair na Mart = Westport o• **IRL** 26-27 C 5
Cathcart o **ZA** 156-157 H 6
Cathédral • **F** (11) 240-241 K 4
Cathédrale Notre-Dame • **F** (51) 234-235 E 3
Cathedral Mountain ▲ **USA** 188-189 F 4
Cathedral Peak o **ZA** 156-157 J 4
Cathedral Provincial Park ⊥ **CDN** 176-177 K 7
Cathedral Valley ∴ **USA** 184-185 J 6
Catherine, Mount ▲ **AUS** 114-115 K 3
Cathlamet o **USA** 184-185 C 2
Catia la Mar o **YV** 204-205 H 2
Catillon-sur-Sambre o **F** (59) 228-229 M 3
Catió ☆ **GNB** 138-139 C 4
Catire, Sierra el ▲ **YV** 204-205 K 4
Cat Island ⌒ **BS** 198-199 H 2
Catitas, Las o **RA** 222-223 E 2
Čatkal'skij hrebet ▲ **US** 72-73 M 4
Catkaly Kamyclovskij Log ∸ **KA** 60-61 F 1
Cat Lake o **CDN** (ONT) 178-179 L 5
Cat Lake ⬭ **CDN** (ONT) 178-179 L 5
Catoche, Cabo ▲ **MEX** 196-197 L 1
Catolândia o **BR** 216-217 H 2
Catolé do Rocha o **BR** 212-213 K 5
Catolo o **ANG** 152-153 D 4
Caton Island ⌒ **USA** 166-167 P 5
Catoute ▲ **E** 34-35 D 3
Cátria, Monte ▲ **I** 36-37 D 3
Catriel o **RA** 222-223 F 4
Catrilo o **RA** 222-223 H 4
Catrimani o **BR** (ROR) 206-207 D 5
Catrimani o **BR** (ROR) 210-211 F 2
Catrimani, Rio ~ **BR** 204-205 K 6
Catskill o **USA** 190-191 M 4
Catskill Mountains ▲ **USA** 190-191 L 4
Cattaraugus Indian Reservation X **USA** 190-191 J 4
Cattenom o **F** (57) 234-235 J 3
Cattle Creek ~ **AUS** 108-109 K 4
Cattle Creek Out Station o **AUS** 108-109 K 4
Catuane o **MOC** 156-157 L 3
Catumbela ~ **ANG** 152-153 C 6
Caturiá, Ilha ⌒ **BR** 210-211 C 4
Catus o **F** (46) 240-241 G 1
Catyr-Kël, ozero ⬭ **KS** 82-83 B 5
Čatyrtaš o **KS** 82-83 C 5
Cauaburi, Rio ~ **BR** 210-211 D 2
Cauale ~ **ANG** 152-153 D 3
Cauayan o **RP** 96-97 E 7
Cauca o **ANG** 152-153 C 4
Cauca, Río ~ **CO** 204-205 D 3
Caucagua o **YV** 204-205 H 2
Caucaia o **BR** 212-213 J 3
Caucas o **BOL** 214-215 H 5
Caucase = Bol'šoj Kavkaz ▲ 62-63 C 5
Caucasia o **CO** 204-205 D 3
Cauce Seco del Río Pilcomayo ~ **RA** 220-221 G 2
Caucete o **RA** 220-221 C 6
Cauchari o **RA** 220-221 D 3
Cauchari, Salar de ⬭ **RA** 220-221 D 2
Caudebec-en-Caux o **F** (76) 228-229 F 4
Caudos o **F** (33) 240-241 C 1
Caudrot o **F** (33) 240-241 D 1
Caudry o **F** (59) 228-229 L 3
Caujac o **F** (31) 240-241 G 4
Caulnes o **F** (22) 230-231 G 3
Caumbue o **ANG** 152-153 F 4
Caumont o **F** (09) 240-241 G 4
Caumont o **F** (82) 240-241 G 2
Caumont-l'Eventé o **F** (14) 228-229 C 5
Caumont-sur-Durance o **F** (84) 242-243 F 4
Čaun ~ **RUS** 48-49 Q 2
Caunes-Minervois o **F** (11) 240-241 K 4
Čauns kaja guba ≈ 48-49 P 2
Caupolican ∸ **BOL** 214-215 C 4
Cauquenes o **RCH** 222-223 C 3
Caurés, Rio ~ **BR** 210-211 F 3
Cauro o **F** (2A) 244 C 5
Cauron ~ **F** (83) 242-243 H 5
Causabiscau, Lac ⬭ **CDN** 182-183 F 2
Causapscal o **CDN** 182-183 L 4
Căuşeni ☆ **MD** 38-39 F 4
Caussade o **F** (82) 240-241 H 2
Causse Noir ▲ **F** (12) 242-243 C 3
Caussens o **F** (32) 240-241 E 3
Caussou o **F** (09) 240-241 H 5
Cautário, Rio ~ **BR** 214-215 E 3
Cauterets o **F** (65) 240-241 D 5
Cautin, Río ~ **RCH** 222-223 C 5
Caution Point ▲ **AUS** 108-109 K 1
Cauto ~ **C** 198-199 G 4
Cauto Cristo o **C** 198-199 G 4
Cauto Embarcadero o **C** 198-199 G 4
Cauvery ~ **IND** 76-77 G 5
Cauvery ~ **IND** 76-77 F 4
Caux, Pays de ∸ **F** (76) 228-229 E 4
Cavaillon o **F** (84) 242-243 G 4
Cavalaire-sur-Mer o **F** (83) 242-243 K 5
Cavalerie, La o **F** (12) 240-241 L 2
Cavalier o **USA** 186-187 J 1
Cavalla River ~ **LB** 138-139 G 7
Cavallo, Capo ▲ **F** (2B) 244 C 3
Cavallo, Île ⌒ **F** (2A) 244 D 6
Cavalonga, Sierra ▲ **RA** 220-221 D 2
Cavan o **F** (22) 230-231 E 2
Cavan = An Cabhán ☆ **IRL** 26-27 D 5
Čavaš respubliki = Tchouvachie, République de ◘ **RUS** 32-33 E 6
Cavdan o **MAU** 84-85 C 3
Çavdarhisar ☆ **TR** 64-65 C 3
Cave o **NZ** 118 C 6
Cave City o **USA** 188-189 M 2
Caveirac o **F** (30) 242-243 E 4
Cavendish o **AUS** 116-117 G 4
Caves, The o **AUS** 114-115 L 2
Caviana de Dentro, Ilha ⌒ **BR** 206-207 J 5
Caviana de Fora, Ilha ⌒ **BR** 206-207 J 5
Cavignac o **F** (33) 236-237 E 5
Cavillargues o **F** (30) 242-243 F 3
Cavite o **RP** 96-97 D 5
Čavki o **AFG** 74-75 C 2
Cavlière o **F** (83) 242-243 J 5
Cawayan o **RP** 96-97 E 7
Cawinpore = Kanpur o **IND** 78-79 B 2
Caxambu o **BR** 216-217 H 6
Caxias o **BR** 212-213 G 4
Caxias do Sul o **BR** 218-219 E 7
Caxito ☆ **ANG** 152-153 B 4
Caxiuaná, Baía de ⬭ **BR** 206-207 J 6
Caxiuaná, Reserva Florestal de ⊥ **BR** 206-207 J 6
Caxuxa o **BR** 212-213 F 4
Çay ☆• **TR** 64-65 D 3
Cayajabos o **C** 198-199 D 3
Cayambe o **EC** 208-209 C 1
Cayambe, Volcán ▲ **EC** 208-209 D 1
Cayambre, Isla ⌒ **CO** 204-205 C 6
Cayara o **PE** 208-209 F 8
Cayastá, Ruinas • **RA** 220-221 G 6
Cayce o **USA** 192-193 H 3
Cây Du'o'ng, Vũng ≈ 94-95 H 5
Cayenne ◘ **F** (973) 245 I c 3
Cayenne ☆ **F** (973) 245 I c 2
Cayes, Les ☆• **RH** 198-199 J 5
Cayeux-sur-Mer o **F** (80) 228-229 G 3
Cayey o **USA** 200 B 2
Caylar, Le o **F** (34) 242-243 C 4
Caylus o• **F** (82) 240-241 H 2
Cayman, Dorsale des = Cayman Ridge ≃ 198-199 D 5
Cayman, Fosse des = Cayman Trench ≃ 198-199 D 5
Cayman, Îles = Cayman Islands ◘ **GB** 198-199 E 5
Cayman Brac ⌒ **GB** 198-199 F 5
Cayman Ridge = Cayman, Dorsale des ≃ 198-199 D 5
Cayman Trench = Cayman, Fosse des ≃ 198-199 D 5
Caynabo o **SP** 144-145 H 4
Cayo, El ∴• **MEX** 196-197 J 3
Cayo Guillerme o‥ **C** 198-199 F 3
Cayo Güin o **C** 198-199 H 4
Cayo Largo o‥ **C** 198-199 E 4
Cayolle, Col de la ▲• **F** 242-243 K 3
Cayo Mambi o **C** 198-199 H 4
Cayo Ramona o **C** 198-199 E 3
Cayos Arcas, Isla ⌒ **MEX** 196-197 J 1
Cayres o **F** (43) 242-243 D 2
Cayrol, Le o **F** (12) 240-241 K 1
Cay Sal Bank ⌒ **BS** 198-199 E 3
Cayuga o **USA** 188-189 K 4
Cayuga Lake ⬭ **USA** 190-191 K 4
Cazage o **ANG** 152-153 F 5
Cazalla de la Sierra o **E** 34-35 E 6
Cazals o **F** (46) 240-241 G 1
Cazals o **F** (82) 240-241 H 2
Cazaubon o **F** (32) 240-241 D 3
Cazaux o **F** (33) 240-241 B 1
Cazaux et de Sanguinet, Etang de ⬭ **F** 240-241 B 2
Caze, Château de la • **F** (48) 240-241 L 2
Cazères o **F** (31) 240-241 G 4
Cazères-sur-l'Adour o **F** (40) 240-241 D 3
Cazes-Mondenard o **F** (82) 240-241 G 2
Cazilhac • **F** (34) 240-241 L 3
Čažma, mys ▲ **RUS** 56-57 T 6
Cazombo o **ANG** 150-151 B 6
Cazones, Golfo de ≈ 198-199 E 4
Cazorla o **E** 34-35 F 6
Cazorla o **YV** 204-205 H 3
Cazorla, Segura y Las Villas Parque Nacional de ⊥ **E** 34-35 F 5
Cazouls-lès-Béziers o **F** (34) 240-241 L 4
Cazula o **MOC** 154-155 G 2
Ccatca o **PE** 214-215 B 3
Cea, Río ~ **E** 34-35 E 3
Ceará ◘ **BR** 212-213 H 4
Ceara, Plaine Abyssale de = Ceará Abyssal Plain ≃ 14-15 H 8
Ceará Abyssal Plain = Ceara, Plaine Abyssale de ≃ 14-15 H 8
Ceará-Mirim o **BR** 212-213 L 4
Ceatharlach = Carlow o **IRL** 26-27 D 5
Ceaucé o **F** (61) 230-231 K 3
Ceballos o **MEX** 194-195 G 4
Čebarkul' ☆ **RUS** 32-33 M 6
Čeboksarskoe vodohranilišče < **RUS** 32-33 E 5
Čeboksary ☆ **RUS** 32-33 E 5
Cebollati o **ROU** 218-219 D 9
Ceboruco, Cerro ▲ **MEX** 196-197 B 2
Cebu ⌒ **RP** 96-97 E 8
Cebu City ☆‥ **RP** 96-97 E 7
Čěčeljugjun ~ **RUS** 46-47 a 6
Čečen, ostrov ⌒ **RUS** 62-63 G 5
Cècèrlèg ☆ **MAU** 84-85 E 4
Čechy ∸ **CZ** 28-29 N 4
Cecil, Mount ▲ **AUS** 112-113 M 2
Cecil Goodman o **AUS** 108-109 K 2
Cecil Plains o **AUS** 114-115 L 4
Cecil Rhodes, Mount ▲ **AUS** 112-113 F 2
Cecina o **I** 36-37 C 3
Čečuj ~ **RUS** 54-55 D 7
Čečujsk o **RUS** 52-53 O 6
Cedar Bluff Reservoir ~ **USA** 186-187 H 6
Cedar Breaks National Monument ⊥ **USA** 184-185 H 7
Cedar City o **USA** 184-185 H 7
Cedar Creek ~ **USA** 186-187 G 2
Cedar Falls o **USA** 186-187 L 4
Cedar Hill o **USA** 190-191 C 6
Cedar Lake ⬭ **CDN** 178-179 F 4
Cedar Lake ⬭ **USA** 188-189 F 3
Cedar Point o **CDN** 182-183 D 6
Cedar Point ▲ **USA** 186-187 F 6
Cedar Rapids o **USA** 190-191 C 5
Cedar Reservoir < **USA** 188-189 J 3
Cedar River ~ **USA** 190-191 C 5
Cedar River National Grassland ⊥ **USA** 186-187 G 2
Cedartown o **USA** 192-193 F 2
Cedarville o **USA** 184-185 D 5
Cedarville o **ZA** 156-157 J 5
Cedeño o **HN** 196-197 L 5
Cedoux o **CDN** 178-179 E 6
Cedral o **BR** 212-213 F 3
Cedral o **MEX** (SLP) 194-195 J 6
Cedral ∴• **MEX** (QR) 196-197 L 1
Cédres, Parque National des ⊥ **DZ** 126-127 C 3
Cedro o **BR** 212-213 J 5
Cedros o **MEX** (DGO) 194-195 J 5
Cedros o **MEX** (SON) 194-195 E 4
Cedros, Isla ⌒ **MEX** 194-195 B 3
Ceduna o **AUS** 112-113 M 6
Ceek o **SP** 144-145 G 4
Ceel Afweyn o **SP** 144-145 H 4
Ceelayo o **SP** 144-145 J 3
Ceelbuur o **SP** 144-145 H 6
Ceel Dheere o **SP** 144-145 H 6
Ceel Duubo o **SP** 148-149 K 2
Ceel Gaal o **SP** 144-145 K 3
Ceel Garas o **SP** 144-145 G 6
Ceel Huur o **SP** 144-145 J 6
Ceel Madoobe, togga ~ **SP** 144-145 J 4
Ceerigaabo ☆ **SP** 144-145 H 3
Cefalù o **I** 36-37 E 5
Cega, Río ~ **E** 34-35 E 4
Čegdomyn o **RUS** 58-59 E 3
Čegitun ~ **RUS** 48-49 Z 3
Cegléd o **H** 28-29 P 5
Cegonha, Corredeira da ~ **BR** 216-217 E 7
Čehel Abdālān, Kūh-e ▲ **AFG** 70-71 K 2
Ceheng o **VRC** 92-93 D 4
Čehov o **RUS** 58-59 K 5
Čehov ☆• **RUS** (Mos) 30-31 P 4
Čehova, gora ▲ **RUS** 58-59 K 5
Ceiba, La ☆ **HN** 196-197 L 4
Ceiba, La o **YV** (ANZ) 204-205 J 3

Ceiba, La o YV (TRU) 204-205 F 3
Ceibal, El ∴• GCA 196-197 J 3
Ceibalito o RA 220-221 E 3
Ceibas o RA 222-223 K 2
Ceilhes-et-Rocozels o F (34) 240-241 L 3
Ceillac o F (05) 242-243 K 2
Ceintrey o F (54) 234-235 J 4
Ceja, La o CO 204-205 D 4
Cejas, Las o RA 220-221 E 4
Čeka ~ RUS 50-51 O 6
Čekanovskij o RUS 52-53 K 7
Čekanovskogo, krjaž ▲ RUS 46-47 N 3
Çekerek ☆ TR 64-65 F 2
Çekerek Irmağı ~ TR 64-65 F 2
Çekerek Irmağı ~ TR 64-65 G 2
Čekmaguš ☆ RUS 32-33 J 6
Čekunda o RUS 58-59 E 3
Čekurdah o RUS 46-47 a 4
Čekurovka o RUS 46-47 Q 4
Celaque, Parque Nacional ⊥ HN 196-197 K 4
Celarain, Punta ▲ MEX 196-197 L 1
Čelasin ~ RUS 56-57 G 5
Celaya o MEX 196-197 D 1
Čelbas ~ RUS 38-39 M 5
Čeldonka o RUS 54-55 J 9
Célé ~ F (46) 240-241 H 1
Célèbes, Bassin des = Celebes Basin ▲ 100-101 F 4
Célèbes, Mer des = Celebes Sea ≈ 100-101 G 2
Célèbes = Sulawesi ⌒ RI 100-101 F 5
Celebes Basin = Célèbes, Bassin des ▲ 100-101 F 4
Celeiro Murta o BR 216-217 J 4
Čeleken o TM 72-73 C 5
Celendín o PE 208-209 C 5
Celeste, Rio ~ BR 214-215 K 3
Celestún o• MEX 196-197 J 1
Celica o EC 208-209 C 4
Celina o RUS 38-39 M 4
Celina o USA (OH) 190-191 F 5
Celina o USA (TN) 192-193 F 1
Celinnoe o KA 72-73 L 4
Celinnoe ☆ RUS (ALT) 60-61 O 2
Celinnoe ☆ RUS (KRG) 50-51 G 7
Celinograd = Akmola o KA 60-61 G 3
Čeljabinsk ☆ RUS 32-33 M 6
Celje o SLO 36-37 E 1
Čeljuskin, mys ▲ RUS 44-45 f 3
Čeljuskin, poluostrov ⌒ RUS 44-45 e 3
Celle o• D 28-29 L 2
Celle-en-Morvan, La o F (71) 238-239 E 2
Celle-Guenand, La o F (37) 236-237 G 2
Celles o F (24) 236-237 F 5
Celle-Saint-Avant, La o F (37) 236-237 G 1
Celles-sur-Belle o F (79) 236-237 E 3
Celles-sur-Plaine o F (88) 234-235 K 5
Čeľmana, ostrova ⌒ RUS 44-45 V 4
Čelno-Veršiny ☆ RUS 32-33 G 6
Čelomdža ~ RUS 56-57 M 3
Celon o F (36) 236-237 H 2
Čelončën ~ RUS 54-55 G 6
Celorico da Beira o P 34-35 D 4
Celtic Sea = Mer Celtique ≈ 26-27 D 6
Çeltik ☆ TR 64-65 D 3
Celuk o RI 104 B 7
Cema ~ RUS 24-25 T 4
Čemal o RUS 60-61 P 3
Cemara ~ RI 102-103 J 4
Čemdaľsk o RUS 52-53 L 6
Cemoltan o KA 82-83 C 4
Cempi, Teluk ≈ 104 D 7
Cenajo, Embalse del < E 34-35 G 5
Čenārān o IR 72-73 F 6
Čenāreh o IR 64-65 M 5
Cenderawasih, Teluk ≈ 102-103 H 3
Cenderawasih Marine Reserve ⊥• RI 102-103 H 3
Cendras o F (30) 242-243 E 3
Cenepa, Río ~ PE 208-209 C 4
Cénevières o• F (46) 240-241 H 2
Cengel = Hösööt o MAU 82-83 J 1
Cenghis Khan Ling • VRC 90-91 F 2
Cènhèr = Altan Ovoo o MAU 84-85 E 4
Cènhèrmandal = Modot o MAU 84-85 J 4
Cennet ve Cehennem • TR 64-65 F 4
Cenon o F (33) 236-237 D 6
Cenotillo o MEX 196-197 K 1
Censerey o F (21) 238-239 E 2
Centani o ZA 156-157 J 6
Centenario, El o MEX 194-195 D 5
Centenário do Sul o BR 216-217 E 7
Centenary o ZW 154-155 F 3
Center o USA 186-187 D 7
Center, Le o USA 186-187 L 3
Center Hill Lake o USA 192-193 F 1
Centerville o USA (IA) 186-187 L 5
Centerville o USA (TN) 192-193 E 2
Centinela, Cerro ▲ RA 222-223 D 4
Centinela, Picacho del ▲ MEX 194-195 H 3
Centinela, Sierra del ▲ RA 220-221 E 3
Centra Butte o CDN 178-179 C 5
Centrafricaine, République = Centrafricaine, République ■ RCA 142-143 C 5
Central o BR 212-213 G 7
Central □ EAK 148-149 F 4
Central □ MW 154-155 G 1
Central □ RB 154-155 C 5
Central □ Z 154-155 D 2
Central = Centre □ CAM 140-141 J 6
Central, Cordillera ▲ BOL 214-215 D 6
Central, Cordillera ▲ CO 204-205 C 6
Central, Cordillera ▲ CR 196-197 B 6
Central, Cordillera ▲ DOM 198-199 K 5
Central, Cordillera ▲ PE 208-209 C 5
Central, Cordillera ▲ USA 200 B 2
Central Australia Aboriginal Land ✗ AUS 108-109 J 6
Central Brāhui Range ▲ PK 70-71 M 4
Central City o USA (KY) 190-191 F 7
Central City o USA (NE) 186-187 J 5
Central de Minas o BR 216-217 K 5
Central Desert Aboriginal Land ✗ AUS 108-109 K 5
Centrale Indienne, Dorsale = Mid-Indian Ridge ≃ 8 E 5
Centralia o USA (IL) 190-191 D 6
Centralia o USA (MO) 186-187 L 6
Centralia o USA (WA) 184-185 C 2
Central Indien, Bassin = Mid-Indian Basin ≃ 8 F 5
Central Island ▲ EAK 148-149 F 2
Central Island National Park ⊥ EAK 148-149 F 2
Central Kalahari Game Reserve ⊥ RB 154-155 B 5
Central los Molles o RCH 220-221 B 6
Central Makrān Range ▲ PK 70-71 J 5
Central Mount Stuart ▲ AUS 114-115 B 1
Central Mount Wedge ▲ AUS 108-109 K 7
Centraľnaja, gora ▲ RUS 44-45 e 4
Centraľnojakutskaja ravnina ⌣ RUS 54-55 J 3
Centraľnolesnoj zapovednik ▲ RUS 30-31 N 3
Centraľnosibirskij zapovednik ⊥ RUS (KRN) 50-51 S 4
Centraľnosibirskij zapovednik ⊥ RUS (KRN) 50-51 U 3
Centraľno-Tungusskoe, plato ⩦ RUS 52-53 K 5
Centraľnye Karakumy ⩦ TM 72-73 E 5
Centraľnyj o RUS 50-51 T 7
Central Pacific Basin = Pacifique Central, Bassin du ≃ 10-11 K 6
Central Patricia o CDN 178-179 L 5
Central Point o USA 184-185 C 4
Central Range ▲ LS 156-157 J 4
Central Range ▲ PNG 119 B 3
Central Region □ GH 138-139 K 7
Central West Goldfields • AUS 116-117 K 2
Centre □ F 232-233 E 4
Centre, Canal du < F (71) 238-239 F 3
Centre, Canal du < F (71) 238-239 E 3
Centre = Central □ CAM 140-141 J 6
Centre de Flacq o MS 160 C 7
Centre Island ▲ AUS 110-111 D 4
Centre Spatial Guyanais • F (973) 245 I c 1
Centreville o USA 192-193 E 3
Centro, Cayo ⌒ MEX 196-197 L 2
Centro, El o USA 184-185 G 9
Centro do Vieira o BR 212-213 F 3
Cent-Sous o F (973) 245 I b 3
Centurion o ROU 218-219 D 9
Cenxi o VRC 92-93 G 5
Cenzontle o MEX 194-195 H 4
Céor ~ F (12) 240-241 J 2
Céou ~ F (24) 236-237 H 6
Čepca ~ RUS 32-33 J 5
Čepeck, Kirovo- ☆ RUS 32-33 G 4
Cepiring o RI 104 D 3
Cepoy o F (45) 232-233 H 3
Cepu o RI 104 D 3
Céram, Mer de = Seram, Laut ≈ 102-103 D 3
Ceram = Pulau Seram ⌒ RI 102-103 E 3
Céran o F (32) 240-241 F 3
Cerbatana, Serranía de la ▲ YV 204-205 H 4
Cerbère o F (66) 240-241 L 6
Cerbicale, Îles ⌒ F (2A) 244 D 5
Cercado, El o DOM 198-199 K 5
Cercy-la-Tour o F (58) 238-239 D 3
Čerdakly ☆ RUS 32-33 F 6
Cerdon o F (45) 232-233 G 4
Cerdon, Grotte du • F (01) 238-239 G 4
Čerdyn' ☆ RUS 50-51 D 4
Cère ~ F (15) 236-237 K 6
Cereal o CDN 176-177 P 6
Cerejeiras o BR 214-215 G 3
Céré-la-Ronde o F (37) 232-233 E 5
Cérelles o F (37) 232-233 D 5
Čeremhovo ☆ RUS 52-53 L 9
Čeremhovskaja, irkutsko, ravnina ⌣ RUS 52-53 K 8
Čeremšan ☆ RUS 32-33 G 6
Čeremuhovo o RUS 50-51 F 4
Čerëmuški o RUS 52-53 E 9
Čerendej ~ RUS 54-55 J 5
Čerepanovo ☆ RUS 60-61 N 1
Čerepovec ☆ RUS 30-31 P 2
Ceres o BR 216-217 F 3
Ceres o RA 220-221 G 5
Ceres o ZA 156-157 D 6
Céreste o F (04) 242-243 H 4
Céret o F (66) 240-241 K 6
Cerete o CO 204-205 D 3
Cerezo de Abajo o E 34-35 F 4
Čerga o RUS 60-61 O 3
Cerignola o I 36-37 E 4
Čeriktej o RUS 54-55 P 4
Cérilly o F (03) 236-237 L 2
Cerisiers o F (89) 232-233 J 3
Cerisy-la-Forêt o F (50) 228-229 C 5
Cerisy-la-Salle o F (50) 228-229 B 5
Cerizay o F (79) 236-237 D 2
Cérizols o F (09) 240-241 G 4
Čerkasskoe o RUS 32-33 E 7
Čerkassy = Čerkasy ☆ UA 38-39 H 3
Čerkasy ☆ UA 38-39 H 3
Çerkeş ☆ TR 64-65 E 2
Čerkessk ☆ RUS 62-63 E 5
cerkva Česnoho chresta • UA 38-39 C 3
Čerlak ☆ RUS 60-61 J 1
Çermik ☆ TR 64-65 H 3
Cerna o RO 38-39 F 5
Černaja ~ RUS 48-49 L 5
Černaja ~ RUS 48-49 P 5
Černaja ~ RUS 54-55 J 9
Černaja, gora ▲ RUS 58-59 F 7
Cernavodă o RO 38-39 F 5
Cernay o F (68) 238-239 L 1
Cernay-en-Dormois o F (51) 234-235 F 3
Cernay-la-Ville o F (78) 232-233 F 2
Černenko = Šarypovo ☆ RUS 50-51 U 7
Cerneux o F (77) 232-233 J 2
Černigov = Černihiv o• UA 38-39 G 2
Černihiv o• UA 38-39 G 2
Černihivs'ke polissja ⩦ UA 38-39 G 2
Černivci ☆ UA 38-39 D 3
Černjachiv o UA 38-39 F 2
Černjaevo o RUS 54-55 N 9
Černjahovsk ☆•• RUS 30-31 G 4
Černjanka o RUS 38-39 K 2
Černogorsk o RUS 52-53 E 9
Cernon o F (39) 238-239 H 4
Cernon o F (51) 234-235 E 4
Černorečenskij o RUS 32-33 H 3
Černovcy = Černivci ☆ UA 38-39 D 3
Černovka o RUS 60-61 M 1
Černozemeľskij kanal < RUS 62-63 F 5
Černuška ☆ RUS 32-33 K 5
Černuť'evo o RUS 24-25 U 5
Černycer, cyganak ≈ 62-63 O 4
Černycev cyganak ≈ 62-63 N 5
Černye Brat'ja, ostrova ⌒ RUS 58-59 O 5
Cerny-en-Laonnois o F (02) 228-229 M 5
Černye zemli ⩦ RUS 32-33 D 10
Černyj Čulym ~ RUS 50-51 U 7
Černyj Irtyš = Qara Ertis ~ KA 60-61 O 5
Černyj Urjum ~ RUS 54-55 J 9
Černyševa, grjada ▲ RUS 44-45 H 9
Černyševskij o RUS 54-55 F 4
Černyškovskij o RUS 38-39 N 3
Černyšova, hrebet ▲ RUS 54-55 L 8
Cero, Corredeira ~ BR 214-215 J 5
Cérou ~ F (81) 240-241 H 2
Cerqueira César o BR 216-217 F 7
Cerralvo o MEX 194-195 K 4
Cerralvo, Isla ⌒ MEX 194-195 E 5
Cërrik o• AL 36-37 G 4
Cerrillada o ROU 220-221 K 6
Cerrillos o RCH 220-221 C 2
Cerrito o PY 220-221 J 4
Cerrito, El o CO 204-205 C 6
Cerritos o MEX 194-195 J 6
Cerro, El o BOL 214-215 G 5
Cerro Azul o BR 218-219 F 5
Cerro Blanco o RA 224 G 3
Cerro Blanco o RCH 220-221 B 5
Cerro Chato o ROU 222-223 M 2
Cerro Chovoreca o PY 214-215 H 6
Cerro Colorado o ROU 222-223 M 2
Cerro-Cora o BR 212-213 K 5
Cerro Corá, Parque Nacional del ⊥ PY 220-221 J 2
Cerro de Pasco ☆ PE 208-209 D 7
Cerro Largo o BR 220-221 K 5
Cerro Mangote ∴ PA 196-197 D 7
Cerrón, Cerro ▲ YV 204-205 F 2
Cerro Pintado • YV 204-205 H 5
Cerro Policía o RA 222-223 E 5
Cerro Punta o PA 196-197 C 7
Cerro Rico o RA 220-221 E 5
Cerros Colorados, Embalse < RA 222-223 E 5
Cerros de Amotape, Parque Nacional ⊥ PE 208-209 B 3
Cerro Vera o ROU 222-223 L 2
Cerrudo Cué o RA 220-221 J 4
Čerskij o RUS 48-49 L 2
Čerskogo, hrebet ▲ RUS 46-47 W 5
Čerskogo, hrebet ▲ RUS 54-55 E 10
Čertala ~ RUS 50-51 O 6
Certaldo o I 36-37 C 3
Cértegui o CO 204-205 C 5
Certiude o F (973) 245 I b 3
Čertkovo o RUS 38-39 M 3
Čertov, porog ~ RUS 46-47 H 5
Čertovo, ozero o RUS 50-51 Q 2
Cervantes o AUS 112-113 C 5
Cervati, Monte ▲ I 36-37 E 4
Červen' ☆ BY 30-31 L 5
Cervera o E 34-35 H 4
Cervera de Pisuerga o E 34-35 E 3
Cervéteri o• I 36-37 D 4
Cérvia o I 36-37 D 2
Cervières o F (05) 242-243 K 2
Cervino, Monte = Matterhorn ▲•• I 36-37 A 1
Cervione o F (2B) 244 D 4
Červjanka o RUS 52-53 J 7
Červonograd = Červonohrad o UA 38-39 D 2
Červonohrad o UA 38-39 D 2
Červonoznam'janka o UA 38-39 G 4
Cerwa o VRC 80-81 M 3
Čeryševsk o RUS 54-55 H 9
César, Río ~ CO 204-205 E 3
Césares, Isla de los ⌒ RA 222-223 H 6
Cesário Lange o BR 216-217 G 7
Cescau o F (64) 240-241 C 4
Cesena o I 36-37 D 2
Cesira, La o RA 222-223 H 2
Cēsis ☆•• LV 30-31 J 3
Česká Republika = Tchèque, République ■ CZ 28-29 M 4
Česká Třebová o CZ 28-29 O 4
České Budějovice o CZ 28-29 N 4
Českomoravská vrchovina ▲ CZ 28-29 N 4
Český Krumlov o••• CZ 28-29 N 4
Český Šternberk •• CZ 28-29 N 4
Český Těšín o CZ 28-29 P 4
Česma ☆ RUS 60-61 B 2
Çeşme ☆ TR 64-65 B 3
Češme Bīğār o IR 64-65 M 5
Češme Kabūd o IR 70-71 B 2
Cess, River ~ LB 138-139 F 7
Cesse ~ F (34) 240-241 K 4
Cessenon-sur-Orb o F (34) 240-241 L 4
Cessières o F (02) 228-229 M 4
Cessieu o F (38) 238-239 G 5
Češskaja guba ≈ 24-25 S 3
Cessnock o AUS 116-117 L 2
Cesson o F (22) 230-231 F 2
Cesson-Sévigné o F (35) 230-231 H 3
Čest-e Šarīf o• AFG 70-71 K 1
Cestos Bay ≈ 138-139 F 7
Cestos River ~ LB 138-139 F 7
Cesvaine ☆•• LV 30-31 K 3
Čet' ~ RUS 50-51 T 6
Cetaceo, Mount ▲ RP 96-97 E 4
Čëtar o VRC 90-91 B 3
Četlasskij Kamen' ▲ RUS 24-25 U 4
Ceton o F (61) 232-233 D 3
Cetraro o I 36-37 E 5
Četvërtyj Kuril'skij proliv ≈ RUS 58-59 Q 3
Četyrëhstolbovoj, ostrov ⌒ RUS 48-49 M 1
Céu Azul o BR 218-219 D 5
Čeugda o RUS 58-59 D 3
Ceuta o E 34-35 E 7
Ceuta o YV 204-205 F 3
Cevcenko, cyganak ≈ 62-63 O 4
Cévennes ▲ F (30) 242-243 D 3
Cévennes, Parc National des ⊥• F (48) 242-243 D 3
Cevins o F (73) 238-239 J 5
Ceyhan ☆ TR 64-65 F 4
Ceyhan Nehri ~ TR 64-65 F 4
Ceylan, Plaine Abyssale de = Ceylon Plain ≃ 8 F 4
Ceylanpınar ☆ TR 64-65 J 4
Ceylon o CDN 178-179 D 6
Ceylon Plain = Ceylan, Plaine Abyssale de ≃ 8 F 4
Ceyrat o F (63) 236-237 M 4
Ceyzériat o F (01) 238-239 G 4
Cézallier, Monts du ▲ F (15) 236-237 L 5
Cézanne, Refuge o F (38) 242-243 J 2
Cèze ~ F (30) 242-243 F 3
Chaah o MAL 98-99 E 3
Chaalis, Abbaye de • F (60) 228-229 K 5
Cha-am o THA 94-95 E 4
Cha'anpu o VRC 92-93 G 2
Chabanais o F (16) 236-237 G 4
Chabet El Akra • DZ 126-127 E 2
Chabeuil o F (26) 242-243 G 2
Chablais ⩦ F (74) 238-239 J 4
Chablé o MEX 196-197 J 3
Châble, le o F (74) 238-239 J 4
Chablis o F (89) 232-233 K 4
Chabre, Montagne de ▲ F (05) 242-243 H 3
Chabreloche o F (63) 238-239 D 5
Chabris o F (36) 232-233 F 5
Chabyêr Caka o VRC 80-81 E 5
Chacabuco o RA 222-223 J 3
Chacahua, Laguna de ≈• 196-197 F 4
Chacala o BOL 214-215 D 5
Chacane o MOC 154-155 H 7
Chacao o RCH 222-223 C 6
Chacao, Canal de ≈ 222-223 C 6
Chacarilla, Quebrada de ~ RCH 214-215 C 7
Chacarrão, Cachoeira do ~ BR 210-211 H 6
Chacas o PE 208-209 D 6
Chacay, Arroyo el ~ RA 222-223 E 3
Chacay Alto o RCH 220-221 B 5
Chacayan o PE 208-209 D 7
Chachani, Volcán ▲ PE 214-215 B 5
Chachapoyas ☆ PE 208-209 D 5
Chāchar ~ PK 74-75 C 5
Chacharramendi o RA 222-223 G 4
Chache o GH 138-139 J 5
Chacho, El o RA 220-221 E 6
Chachoengsao o THA 94-95 F 4
Chāchro o• PK 74-75 C 7
Chacmool ∴• MEX 196-197 L 2
Chaco □ RA 220-221 G 3
Chaco, Quebrada de ~ RCH 220-221 C 3
Chaco Austral ⩦ RA 220-221 G 3
Chaco Boreal ⩦ PY 214-215 G 7
Chaco Central ⩦ PY 220-221 G 3
Chaco Culture National Historic Park ⊥•• USA 188-189 D 1
Chacon, Cape ▲ USA 176-177 E 4
Chacopaya o BOL 214-215 C 4
Chacras, Cerro ▲ EC 208-209 B 10
Chadaouanka o RN 134-135 C 5
Chadayang o VRC 92-93 K 5
Chadin o PE 208-209 C 5
Chadiza o Z 154-155 G 2
Chadron o USA 186-187 F 4
Chafarinas, Islas ⌒ E 34-35 F 7
Chafe o WAN 140-141 G 3
Chaffers, Isla ⌒ RCH 224 C 2
Chaffois o F (25) 238-239 J 3
Chafo o WAN 140-141 F 3
Chafurray o CO 204-205 E 6
Chāgai o PK 70-71 L 4
Chāgai Hills ▲ PK 70-71 K 4
Chāgalamarri o IND 76-77 H 3
Chagey o F (70) 238-239 K 1
Chaghat ~ BD 78-79 F 3
Chagne o ETH 144-145 C 3
Chagny o F (71) 238-239 F 3
Chagos, Fosse des = Chagos Trench ≃ 8 F 5
Chagos Archipel ⌒ GB 8 F 5
Chagos Archipelago ⌒ GB 8 F 5
Chagos-Laccadive Ridge = Chagos-Laquedives, Dorsale ≃ 8 F 5
Chagos-Laquedives, Dorsale = Chagos-Laccadive Ridge ≃ 8 F 5
Chagos Trench = Chagos, Fosse des ≃ 8 F 5
Chaguanas o TT 204-205 L 2
Chaguaramal o YV 204-205 K 3
Chaguaramas o TT 204-205 L 2
Chaguaramas o YV (GUA) 204-205 H 3
Chaguaramas o YV (MON) 204-205 K 3
Chaguarpambo o EC 208-209 C 3
Chagulak Island ⌒ USA 166-167 L 6
Chagyümgoinba o VRC 80-81 H 5
Chahaignes o F (72) 232-233 D 4
Chahbounia o DZ 126-127 D 3
Chāh Sandan o PK 70-71 K 4
Chai o MOC 150-151 L 6
Chaïba, Col de ▲ DZ 126-127 E 3
Chaibāsa o IND 78-79 D 4
Chaigneau, Islas ⌒ RCH 224 C 6
Chaillac o F (36) 236-237 H 3
Chailland o F (53) 230-231 K 3
Chaillé-les-Marais o F (85) 236-237 C 3
Chailles o F (41) 232-233 E 4
Chailley o F (89) 232-233 K 3
Chaillol o F (05) 242-243 J 2
Chaillu, Massif du ▲ G 146-147 C 4
Chailluz, Fort de • F 238-239 J 2
Chailly-en-Gâtinais o F (45) 232-233 H 4
Chailly-sur-Armançon o F (21) 238-239 E 2
Chain, Zone de Fracture de = Chain Fracture Zone ≃ 14-15 H 9
Chai Nat o THA 94-95 E 3
Chaîne Côtière = Coast Range ▲ USA 184-185 C 3
Chaîne Granitique ▲ F (973) 245 I b 3
Chain Fracture Zone = Chain, Zone de Fracture de ≃ 14-15 H 9
Chaintrix-Bierges o F (51) 234-235 E 4
Chaira, La o CO 208-209 E 1
Chaise-Dieu, La o• F (43) 242-243 D 1
Chaitén o RCH 222-223 C 7
Chaitén, Ensenada ≈ 222-223 C 7
Chaiwopu o VRC 82-83 H 4
Chaiya o THA 94-95 E 6
Chaiyaphum o THA 94-95 G 3
Chaize, la • F (69) 238-239 F 4
Chaize-Giraud, La o F (85) 236-237 B 2
Chaize-le-Vicomte, La o F (85) 236-237 C 2
Chajarí o RA 220-221 H 6
Chak o PK 74-75 D 5
Chakachamna Lake o USA 164-165 O 6
Chakachatna River ~ USA 164-165 O 6
Chākāi o IND 78-79 E 3
Chakaktolik o USA 164-165 J 6
Chākar ~ PK 74-75 B 5
Chakari o ZW 154-155 E 4
Chakdara o• PK 74-75 D 2
Chake Chake o EAT 148-149 G 6
Chakia o IND 78-79 C 3
Chak Jhumra o PK 74-75 D 4
Chakkrarat o THA 94-95 G 3
Chakonipau, Lac o CDN 180-181 P 6
Chakri o PK 74-75 D 3
Chak Swari o IND 74-75 D 3
Chakwāl o PK 74-75 D 3
Chakwenga o Z 154-155 E 2
Chala o EAT 150-151 F 4
Chala o PE 208-209 E 9
Chalabre o F (11) 240-241 J 5
Chalaco o PE 208-209 C 4
Chalain, Lac de o F 238-239 H 3
Chalais o F (16) 236-237 F 5
Chalalou o PNG 119 D 2
Chalamont o F (01) 238-239 G 5
Chalancey o F (52) 238-239 G 1
Chalanta o RA 222-223 G 2
Chalard, Le o F (87) 236-237 H 4
Chalaronne ~ F 238-239 F 4
Chalatenango ☆ ES 196-197 K 4
Chalaua o MOC 154-155 K 3
Chalawa, River ~ WAN 140-141 H 3
Chalbi Desert ⩦ EAK 148-149 F 2
Chalchuapa o ES 196-197 K 5
Chalengkou o VRC 82-83 L 6
Chalet du Giobemey o F (05) 242-243 J 2
Chalets-de-Laval o F (05) 242-243 K 1
Châlette-sur-Loing o F (45) 232-233 H 3
Chaleur Bay ≈ 182-183 M 4
Chaleurs, Baie des ≈ 182-183 M 4
Chalhuanca o PE 208-209 F 9
Chalía o Shehuen, Río ~ RA 224 E 4
Chalindrey o F (52) 238-239 G 1
Chaling o VRC 92-93 H 3
Chalinze o EAT 150-151 K 4
Chālisgaon o IND 74-75 E 9
Chalivoy-Milon o F (18) 236-237 L 2
Chalky Inlet ≈ 118 A 7
Chalkyitsik o USA 164-165 T 3
Challain-la-Potherie o F (49) 230-231 J 4
Challakere o IND 76-77 G 3
Challans o F (85) 236-237 B 2
Challa-Ogoyi o DY 140-141 E 4
Challapata o BOL 214-215 D 6
Challenger, Cap du ▲ F (984) 246 III d 4
Challenger, Fosse du = Challenger Deep ≃ 10-11 G 6
Challenger Deep = Challenger, Fosse du ≃ 10-11 G 6
Challenger Plateau ≃ 118 B 3
Challes-les-Eaux o F (73) 238-239 H 5
Challis o USA 184-185 G 3
Challuy o F (58) 236-237 M 2
Chalmazel o F (42) 238-239 D 5
Chalmoux o F (71) 238-239 D 3
Chalonnes-sur-Loire o F (49) 230-231 K 5
Châlons-sur-Marne ☆• F (51) 234-235 E 4
Chalon-sur-Saône o F (71) 238-239 F 3
Chalo-Saint-Mars o F (91) 232-233 G 3
Chalosse ⩦ F (40) 240-241 B 3
Chaltel o Fitz Roy, Cerro ▲ RA 224 D 4
Chaltubo o• GE 62-63 E 6
Chá Lugela o MOC 154-155 J 3
Châlus o F (87) 236-237 G 4
Cham o D 28-29 M 4
Chàm ⌒ VN 94-95 K 3
Chama o USA 188-189 D 1
Chama o Z 150-151 G 6
Chama, Rio ~ USA 188-189 D 1
Chamagnieu o F (38) 238-239 G 5
Chamah, Gunung ▲ MAL 98-99 D 2
Chamais < NAM 156-157 B 3
Chaman o PK 70-71 M 3
Chamax ∴• MEX 196-197 L 2
Chamaya, Rio ~ PE 208-209 C 5
Chamba o EAT 150-151 J 6
Chamba o•• IND 74-75 E 3
Chambal ~ IND 74-75 G 6
Chambaran, Plateau de ▲ F (38) 242-243 G 1
Chambas o C 198-199 F 3
Chambéria o F (39) 238-239 H 4
Chamberlain o CDN 178-179 D 5
Chamberlain o USA 186-187 H 4
Chamberlain Island ⌒ CDN 180-181 M 2
Chamberlain Lake o USA 190-191 O 2
Chamberlain River ~ AUS 108-109 H 4
Chambers Bay ≈ 108-109 K 2
Chambersburg o USA 190-191 K 6
Chambéry ☆• F (73) 238-239 H 5
Chambeshi ~ Z 150-151 F 6
Chambeyron, Aiguille de ▲ F (04) 242-243 K 2
Chambi, Jebel ▲ TN 126-127 G 3
Chambilly o F (71) 238-239 E 4
Chambira, Rio ~ PE 208-209 E 4
Chambishi o Z 150-151 E 7
Chamblet o F (03) 236-237 L 3
Chambley-Bussières o F (54) 234-235 H 3
Chambly o F (60) 228-229 J 5
Chambo o EC 208-209 C 2
Chambois o F (61) 230-231 M 2
Chambolle-Musigny o F (21) 238-239 F 2
Chambon-la-Forêt o F (45) 232-233 G 3
Chambon-Sainte-Croix o F (23) 236-237 J 3
Chambon-sur-Lignon, Le o F (43) 242-243 E 1
Chambon-sur-Voueize o F (23) 236-237 K 3
Chambord o CDN 182-183 H 4
Chambord o•• F (41) 232-233 F 4
Chamborêt o F (87) 236-237 H 3
Chambost-Allières o F (69) 238-239 E 4
Chamboulive o F (19) 236-237 J 5
Chambray o F (27) 228-229 G 5
Chambre, La o F (73) 242-243 J 1
Chambrey o RP 96-97 E 7
Chambri Lakes o PNG 119 B 3
Chame o PA 196-197 E 7
Chamelecón, Río ~ HN 196-197 K 4
Chametengo o MOC 154-155 H 3
Chameza o CO 204-205 E 5
Châmi < RIM 132-133 C 4
Chamical o RA 220-221 D 6
Cham Kha o THA 78-79 L 6
Chamlang ▲ NEP 80-81 F 7
Ch'amo Hāyk' o ETH 144-145 C 6
Chamonix, Lac de o F (984) 246 III b 3
Chamonix-Mont-Blanc o•• F (74) 238-239 K 5
Chamouchouane, Rivière ~ CDN 182-183 H 4
Chamoy o F (10) 232-233 K 3
Champ, Lac o CDN 180-181 R 7
Champagnac o F (15) 236-237 K 5
Champagnac-le-Vieux o F (43) 242-243 D 1
Champagne o CDN 164-165 W 6
Champagné o F (72) 230-231 M 3
Champagne ⩦ F (10) 234-235 E 5
Champagne ⩦ F (16) 236-237 E 4
Champagne-Ardenne □ F 238-239 G 2
Champagne-en-Valromey o F (01) 238-239 H 5
Champagné-les-Marais o F (85) 236-237 C 3
Champagne-Mouton o F (16) 236-237 F 4
Champagné-Saint-Hilaire o F (86) 236-237 F 3
Champagne-sur-Seine o F (77) 232-233 H 3
Champagney o F (70) 238-239 K 1
Champagnole o F (39) 238-239 H 3
Champagnolles o F (17) 236-237 D 4
Champagny-en-Vanoise o F (73) 242-243 K 1
Champaign o USA 190-191 D 5
Champaqui, Cerro ▲ RA 220-221 E 6
Champasak o LAO 94-95 H 3
Champaubert o F (51) 232-233 K 2
Champcevrais o F (89) 232-233 H 4
Champdeniers-Saint-Denis o F (79) 236-237 E 3
Champ de Tir ✗✗ F (974) 246 II a 2
Champdieu o F (42) 238-239 E 5
Champ-d'Oiseau o F (21) 238-239 E 1
Champ Dolent, Menhir de • F (35) 230-231 H 2
Champdôtre o F (21) 238-239 G 2
Champdray o F (88) 234-235 K 5
Champeaux o F (35) 230-231 J 3
Champeaux o F (77) 232-233 H 2
Champeix o F (63) 236-237 M 4
Champenoise, La o F (36) 236-237 J 2
Champenoux o F (54) 234-235 J 4
Champerico o GCA 196-197 J 4
Champhai o IND 78-79 H 4
Champier o F (38) 242-243 G 1
Champigné o F (49) 230-231 K 4
Champignelles o F (89) 232-233 J 4
Champignol-lez-Mondeville o F (10) 234-235 F 5
Champigny o F (89) 232-233 J 3
Champigny-sur-Veude o F (37) 230-231 M 5
Champillet o F (36) 236-237 K 2
Champlain o USA 190-191 M 3
Champlain, Lake o USA 190-191 M 3
Champlemy o F (58) 232-233 J 5
Champlitte o F (70) 238-239 H 1
Champlive o F (25) 238-239 J 2
Champniers-et-Reilhac o F (24) 236-237 G 4
Champotón o MEX 196-197 J 2
Champrond-en-Gâtine o F (28) 232-233 E 3
Champs, Les • F (35) 230-231 H 4
Champ-Saint-Père, Le o F (85) 236-237 C 2
Champs-de-Losque, le o F (50) 228-229 B 5
Champs-sur-Tarentaine-Marchal o F (15) 236-237 L 5
Champs-sur-Yonne o F (89) 232-233 K 4
Champtoceaux o F (49) 230-231 J 5
Champvans o F (70) 238-239 H 2
Champvans o F (39) 238-239 G 2
Chāmrājnagar o IND 76-77 G 5
Chamrousse o F (38) 242-243 H 1
Chamrousse, Croix de ▲ F (38) 242-243 H 1
Chana, Kafin- o WAN 134-135 B 6
Chanac o F (48) 242-243 C 3
Chanachane, Oued ~ DZ 132-133 H 2
Chanal Islands ⌒ USA 184-185 E 9
Chañaral o RCH 220-221 B 4
Chañaral, Isla ⌒ RCH 220-221 B 5
Chanas o F (38) 242-243 F 1
Chanay o F (01) 238-239 H 5
Chanaz o F (73) 238-239 H 5
Chança, Rio ~ P 34-35 D 6
Chancani o RA 220-221 E 6
Chancay o PE 208-209 D 7
Chancay, Rio ~ PE 208-209 C 5
Chancaybaños o PE 208-209 C 5
Chancelade o F (24) 236-237 G 5
Chan-Chan ••• PE 208-209 C 6
Ch'anch'o o ETH 144-145 D 4
Chancia o F (39) 238-239 H 4
Chanco o RCH 222-223 C 3
Chanco, Bahía ≈ 222-223 C 3
Chanda o IND 78-79 C 2
Chandai o F (61) 232-233 D 2
Chandalar River ~ USA 164-165 Q 3
Chandaler o USA 164-165 Q 3
Chandannagar o IND 78-79 F 4
Chandarpur o IND 78-79 C 5
Chandausi o IND 74-75 G 5
Chāndbāli o IND 78-79 E 5
Chandeleur Islands ⌒ USA 192-193 D 5
Chandeleur Sound ≈ 192-193 D 5
Chandeliers, Col des ▲ RN 134-135 F 2
Chanderi o IND 74-75 G 7
Chandgad o IND 76-77 F 3
Chandigarh ☆•• IND 74-75 F 4
Chandipur o IND 78-79 E 5
Chandla o IND 78-79 B 3
Chandler o CDN 182-183 M 4
Chandler o USA (AZ) 184-185 J 9
Chandler o USA (TX) 188-189 K 3
Chandler, Mount ▲ AUS 112-113 M 3
Chandler Lake o USA 164-165 O 2
Chandler River ~ USA 164-165 P 2
Chandless, Rio ~ BR 210-211 C 7
Chandless, Rio ~ BR 214-215 J 2
Chandpur o BD 78-79 G 4
Chandrabhāga ~ IND 74-75 F 3
Chandragadi o NEP 80-81 G 7
Chandrapur o IND 74-75 G 10
Chandrasekbarapuram o IND 76-77 H 3
Chanduy o EC 208-209 B 3
Chandvad o IND 74-75 E 9
Chandwa o IND 78-79 D 4
Chang o PK 74-75 B 6
Changa o Z 154-155 E 3
Changadae Dan ▲ DVR 86-87 G 8
Changamba o ANG 152-153 E 6
Changamwe o EAK 148-149 G 6
Changanācheri o IND 76-77 G 6
Changane, Rio ~ MOC 154-155 G 6
Changara o MOC 154-155 G 3
Changar Char o BD 78-79 G 4
Changbai o VRC 86-87 G 7
Changbai Shan ▲ VRC 86-87 F 7
Changbaishan • VRC 86-87 G 6
Changbaishan Z.B. ⊥• VRC 86-87 F 6
Changcheng o VRC 92-93 F 7
Chang Chenmo ~ IND 74-75 G 2
Changchun ☆ VRC 86-87 E 6
Changdao o VRC 90-91 M 3
Changde o VRC 92-93 G 2
Changdianhekou o VRC 86-87 E 7
Change, Le o F (24) 236-237 G 5
Changfeng o VRC 90-91 K 5
Changgi Gap ▲ ROK 86-87 G 9
Changhai = Shanghai ☆•• VRC 90-91 M 6
Changhang o ROK 86-87 F 9
Changhua o RC 92-93 M 4
Changji o VRC 82-83 H 3
Changjiang o VRC 92-93 F 7
Chang Jiang ~ VRC 90-91 L 6
Changjiang Kou ≈ 90-91 N 6
Changjiang Sanxia ⌣•• VRC 90-91 F 6
Changjin o DVR 86-87 F 7
Changjin Gang ~ DVR 86-87 F 7
Changjin Ho o DVR 86-87 F 7
Changkat Jering o MAL 98-99 D 2
Changle o VRC (FUJ) 92-93 L 4
Changle o VRC (SIC) 90-91 E 6
Changli o VRC 90-91 L 2
Changling o VRC (HUB) 90-91 H 6
Changling o VRC (JIL) 86-87 E 5
Changlun o MAL 98-99 D 2
Changma He ~ VRC 82-83 N 6
Changmar o VRC 80-81 C 3
Changning o VRC (HUN) 92-93 H 3
Changning o VRC (SIC) 92-93 D 2
Changning o VRC (YUN) 78-79 L 3
Chango o IND 74-75 G 4
Changoti o IND 74-75 E 5
Changpin o RC 92-93 M 5
Changping o VRC 90-91 K 1
Changsan Got ▲ DVR 86-87 E 8
Changsha ☆• VRC 92-93 H 2
Changshan o VRC 92-93 L 2
Changshan Qundao ⌒ VRC 86-87 D 8
Changshou o VRC 92-93 E 2
Changshu o VRC 90-91 M 6
Changshun o VRC 92-93 E 3
Changsong o DVR 86-87 E 7
Changsŏng o ROK 86-87 F 10
Changtai o VRC 92-93 K 4
Changting o VRC 92-93 K 4
Changtu o VRC 86-87 E 6
Changuillo o PE 208-209 E 9
Ch'angwon o ROK 86-87 G 10
Changwu o VRC 92-93 G 5
Changxing o VRC 90-91 L 6
Changy o F (42) 238-239 D 4
Changyang o VRC 92-93 G 2
Changyon o DVR 86-87 E 8
Changyuan o VRC 90-91 J 4
Changzhi o VRC 90-91 H 3
Changzhou o VRC 90-91 L 6
Chaniers o F (17) 236-237 D 4
Chankanai o CL 76-77 H 6
Chanler's Falls ~ EAK 148-149 G 3
Channapatna o IND 76-77 G 4
Channarāyapatna o IND 76-77 G 4
Channel Country, The ⌣ AUS 114-115 E 3
Channel Islands □ GB 26-27 F 7
Channel Islands ⌒ USA 184-185 D 9

Chicoutimi ○ **CDN** 182-183 J 4
Chicualacuala ○ **MOC** 154-155 F 6
Chicuma ○ **ANG** 152-153 C 6
Chicundo ○ **ANG** 152-153 D 6
Chicupa ○ **ANG** 152-153 E 7
Ch'ida ○ **ETH** 144-145 C 5
Chidambaram ○•• **IND** 76-77 H 5
Chidenguele ○ **MOC** 156-157 M 2
Chido ○ **ROK** 86-87 F 10
Chiede ○ **ANG** 152-153 C 8
Chief Joseph Pass ▲ **USA** 184-185 H 3
Chiefland ○ **USA** 192-193 G 5
Chief Menominee Monument • **USA** 190-191 F 5
Chiefs Island ⌒ **RB** 154-155 B 4
Chiem, Lac = Chiemsee ⬭ **D** 28-29 M 5
Chiemsee ⬭ **D** 28-29 M 5
Chiengi ○ **Z** 150-151 E 5
Chiềng Khu'o'ng ○ **VN** 92-93 C 6
Chiengo ○ **ANG** 152-153 D 7
Chieo Lan Reservoir < **THA** 94-95 E 6
Chiers ∼ **F** 234-235 G 2
Chiese ∼ **I** 36-37 C 2
Chieti ☆ **I** 36-37 E 3
Chifango ○ **ANG** 152-153 D 7
Chifeng ○ **VRC** 84-85 O 6
Chifre, Serra do ⛰ **BR** 216-217 K 4
Chifu ○ **WAN** 140-141 F 3
Chifukunya Hills ⛰ **Z** 154-155 E 2
Chifumage ∼ **ANG** 152-153 F 5
Chifunda ○ **Z** 150-151 G 6
Chifunde ○ **MOC** 154-155 G 2
Chig < **RIM** 132-133 D 5
Chigamane ○ **MOC** 154-155 G 5
Chiginagak, Mount ▲ **USA** 166-167 S 4
Chiginagak Bay ≈ 166-167 S 4
Chigmit Mountains ⛰ **USA** 166-167 U 3
Chigné ○ **F** (49) 230-231 M 4
Chignecto, Cape ▲ **CDN** 182-183 M 6
Chignecto Bay ≈ 182-183 M 6
Chignik ○ **USA** 166-167 R 4
Chignik Bay ≈ 166-167 R 4
Chigombe, Rio ∼ **MOC** 154-155 G 6
Chigorodo ○ **CO** 204-205 C 4
Chiguana ○ **BOL** 214-215 D 7
Chigubo ○ **MOC** 154-155 G 6
Chigy ○ **F** (89) 232-233 J 3
Chihsing Yen ⌒ **RC** 92-93 M 6
Chihuahua ◘ **MEX** 194-195 F 3
Chihuahua ☆ **MEX** (CHA) 194-195 F 3
Chihuido de Medio, Cerro ▲ **RA** 222-223 E 5
Chijmuni ○ **BOL** 214-215 D 5
Chikanda ○ **WAN** 140-141 E 4
Chik Ballāpur ○ **IND** 76-77 G 4
Chikhli ○ **IND** (GUJ) 74-75 D 9
Chikhli ○ **IND** (MAH) 74-75 F 9
Chikhli ○ **IND** (MAP) 74-75 G 8
Chikjajur ○ **IND** 76-77 G 3
Chikmagalūr ○ **IND** 76-77 F 4
Chiknāyakanhalli ○ **IND** 76-77 G 4
Chikodi ○ **IND** 76-77 F 2
Chikombedzi ○ **ZW** 154-155 F 5
Chikonkomene ○ **Z** 154-155 E 2
Chikuma-gawa ∼ **J** 88-89 H 6
Chikuminuk Lake ⬭ **USA** 164-165 L 6
Chikwa ○ **Z** 150-151 G 6
Chikwawa ○ **MW** 154-155 H 3
Chikwina ○ **MW** 150-151 H 6
Chikyu-misaki ▲ **J** 88-89 J 3
Chila ○ **ANG** 152-153 C 6
Chila ○ **MEX** 196-197 F 3
Chila, Laguna ⬭ **MEX** 194-195 K 6
Chilakalūrupet ○ **IND** 76-77 J 2
Chilako River ∼ **CDN** 176-177 J 5
Chilan ○ **RC** 92-93 M 4
Chi Lăng ○ **VN** 92-93 E 6
Chilanga ○ **Z** 154-155 E 2
Chilanko River ∼ **CDN** 176-177 H 5
Chilapa ○ **MEX** 196-197 E 3
Chilapa de Díaz ○ **MEX** 196-197 F 3
Chilas ○• **IND** 74-75 E 2
Chilaw ○ **CL** 76-77 H 7
Chilca ○ **PE** 208-209 D 8
Chilca, Punta ▲ **PE** 208-209 D 8
Chilcas ○ **RA** 220-221 E 4
Chilcaya ○ **RCH** 214-215 C 6
Chilcoot ○ **USA** 184-185 D 6
Chilcotin River ∼ **CDN** 176-177 J 6
Chilcott Island ⌒ **AUS** 110-111 L 5
Childers ○ **AUS** 114-115 M 3
Childersburg ○ **USA** 192-193 E 3
Childress ○ **USA** 188-189 G 2
Chile = Chili ■ **RCH** 222-223 C 5
Chile Basin = Chili, Bassin du ≃ 13 D 7
Chile Chico ○ **RCH** 224 E 3
Chilecito ○• **RA** 220-221 D 5
Chileka ○ **MW** 154-155 H 2
Chilembwe ○ **Z** 154-155 F 1
Chilena, Cordillera ⛰ **RCH** 224 D 6
Chilengue, Serra do ⛰ **ANG** 152-153 C 6
Chile Rise = Chili, Dorsale du ≃ 13 B 8
Chiles, Los ○ **CR** 196-197 B 6
Chilete ○ **PE** 208-209 C 5
Chili, Bassin du = Chile Basin ≃ 13 D 7
Chili = Chile ■ **RCH** 222-223 C 5
Chili, Dorsale du = Chile Rise ≃ 13 B 8
Chili, Gulf of = Bo Hai ≈ 90-91 L 2
Chilikadrotna River ∼ **USA** 164-165 N 6
Chililabombwe ○ **Z** 150-151 D 7
Chilka = Šilka ∼ **RUS** 54-55 J 9
Chilkat ○ **USA** 164-165 S 6
Chilkat Bald Eagle Preserve ⊥ **USA** 164-165 W 7
Chilkat Inlet ≈ 164-165 X 7
Chilko Lake ⬭ **CDN** 176-177 H 6
Chilkoot Pass ▲ **USA** 164-165 X 7
Chilko River ∼ **CDN** 176-177 H 6
Chilla ○ **EC** 208-209 C 3
Chillagoe ○ **AUS** 110-111 H 5
Chillajara ○ **BOL** 214-215 E 7
Chillán ○ **RCH** 222-223 C 4
Chillán, Río ∼ **RCH** 222-223 D 4
Chillán, Volcán ▲ **RCH** 222-223 D 4
Chillar ○ **RA** 222-223 J 4
Chilla Well ○ **AUS** 108-109 K 6
Chilleurs-aux-Bois ○ **F** (45) 232-233 G 3
Chillicothe ○ **USA** (MO) 186-187 L 6
Chillicothe ○ **USA** (OH) 190-191 G 6
Chillicothe ○ **USA** (TX) 188-189 H 2
Chillicuthe ○ **USA** 190-191 D 5
Chillinji ○ **IND** 74-75 E 1
Chillūa Tāl ⬭ **IND** 78-79 C 2
Chillūpar ○ **IND** 78-79 C 2
Chilmari ○ **BD** 78-79 F 3
Chiloango ∼ **ANG** 146-147 D 6
Chilobwe ○ **MW** 154-155 G 1
Chiloé, Isla de ⌒ **RCH** 222-223 C 7
Chiloé, Parque Nacional ⊥ **RCH** 222-223 B 7
Chilombo ○ **ANG** 150-151 B 7
Chilongozi ○ **Z** 154-155 F 1
Chiloquin ○ **USA** 184-185 D 4
Chilpancingo de los Bravos ☆ **MEX** 196-197 E 3
Chilpi ○ **IND** 78-79 B 4
Chiltepec ○ **MEX** 196-197 H 2
Chilton ○ **USA** 190-191 D 3
Chiluage ○ **ANG** 152-153 F 4
Chilubula ○ **Z** 150-151 F 6
Chilumba ○ **MW** 150-151 H 6
Chilumbulwa ○ **Z** 150-151 D 7
Chilwa, Lake ⬭ **MW** 154-155 H 2
Chimala ○ **EAT** 150-151 H 5
Chimaliro ▲ **MW** 150-151 H 6
Chimaltenango ☆ **GCA** 196-197 J 4
Chimán ○ **PA** 196-197 E 7
Chimanimani ○• **ZW** 154-155 G 4
Chimanimani National Park ⊥ **ZW** 154-155 G 4
Chimanovsk = Šimanovsk ○ **RUS** 58-59 B 2
Chimasula ○ **Z** 154-155 F 2
Chimban ○ **PE** 208-209 C 5
Chimbangombe ○ **ANG** 152-153 D 6
Chimbaronga ○ **RCH** 222-223 D 3
Chimbinde ○ **ANG** 152-153 E 6
Chimbo, Río ∼ **EC** 208-209 C 3
Chimborazo, Volcán ▲ **EC** 208-209 C 2
Chimbote ○ **PE** 208-209 C 6
Chimbwingombi ▲ **Z** 154-155 F 1
Chiméal ○ **K** 94-95 G 5
Chimney Rock National Historic Site ∴ **USA** 186-187 F 5
Chimoio ☆ **MOC** 154-155 G 4
Chimumo ∼ **ANG** 152-153 D 8
China ○ **MEX** 194-195 K 5
Chinach, I-n- < **RMM** 132-133 K 6
Chinacota ○ **CO** 204-205 E 4
Chinake ○ **IND** 76-77 F 2
Chinampas ○ **MEX** 194-195 J 7
China Muerte, Arroyo ∼ **RA** 222-223 E 5
Chinandega ☆ **NIC** 196-197 L 5
China Point ▲ **USA** 184-185 E 9
Chinati Peak ▲ **USA** 188-189 E 5
Chincha, Islas de ⌒ **PE** 208-209 D 8
Chincha Alta ○ **PE** 208-209 D 8
Chinchaga River ∼ **CDN** 174-175 K 6
Chinchilla ○ **AUS** 114-115 L 4
Chinchilla de Monte Aragón ○ **E** 34-35 G 5
Chinchina ○ **CO** 204-205 D 5
Chinchin Straits ≈ 98-99 C 2
Chinchorro, Banco ⌒ **MEX** 196-197 L 2
Chincolco ○ **RCH** 222-223 D 2
Chincoteague Bay ≈ 190-191 L 6
Chincultic ∴• **MEX** 196-197 J 3
Chinde ○ **MOC** 154-155 J 4
Chindo ○ **ROK** 86-87 F 10
Chin Do ⌒ **ROK** 86-87 F 10
Chindwin Myit ∼ **MYA** 78-79 J 3
Chine, Plaine de = Huabei ⌣ **VRC** 90-91 J 3
Chine = Zhongguo ■ **VRC** 80-81 E 6
Chine du Sud, Plateau de = Dongnan Qiuling ⛰ **VRC** 92-93 H 4
Chine Méridionale, Mer de = South China Sea ≈ 6-7 L 7
Chinengue ○ **MOC** 154-155 H 1
Chine Orientale, Mer de = East China Sea ≈ 6-7 M 5
Chinero, El ○ **MEX** 194-195 B 2
Chingaza, Parque Nacional ⊥ **CO** 204-205 E 5
Chingo ○ **ANG** 152-153 B 7
Chingola ○ **Z** 150-151 D 7
Chingombe ○ **Z** 154-155 F 2
Chinguar ○ **ANG** 152-153 D 6
Chingueia ○ **ANG** 152-153 D 6
Chinguetti ○• **RIM** 132-133 D 4
Chinguil ○ **TCH** 142-143 D 3
Chingwin Bum ▲ **MYA** 78-79 L 3
Chinhama ○ **ANG** 152-153 D 6
Chinhanda ○ **MOC** 154-155 G 2
Chinhanguanine ○ **MOC** 156-157 L 2
Chin Hills ⛰ **MYA** 78-79 H 4
Chinhoyi ☆• **ZW** 154-155 F 3
Chiniak, Cape ▲ **USA** 166-167 U 4
Chiniak Bay ≈ 166-167 U 4
Chiniot ○• **PK** 74-75 D 4
Chinitna Point ▲ **USA** 166-167 U 3
Chinjan ○ **PK** 70-71 M 3
Chinkapook ○ **AUS** 116-117 G 3
Chinko ∼ **RCA** 142-143 G 6
Chinle ○ **USA** 188-189 C 1
Chinmen ○ **RC** 92-93 L 4
Chinmen Tao ⌒ **RC** 92-93 L 4
Chinnūr ○ **IND** 74-75 G 10
Chino ○ **USA** 184-185 F 8
Chinon ○ **F** (37) 230-231 M 5
Chinook ○ **USA** 186-187 C 1
Chinook Trough = Chinook Trough ≃ 10-11 L 3
Chinook Valley ○ **CDN** 176-177 M 3
Chino Valley ○ **USA** 184-185 H 8
Chinpurtar ○ **NEP** 80-81 E 7
Chinquite ○ **ANG** 152-153 B 6
Chinsali ○ **Z** 150-151 G 6
Chintāmani ○ **IND** 76-77 H 4
Chinteche ○ **MW** 150-151 H 6
Chinturu ○ **IND** 78-79 B 7
Chinvali ○ **GE** 62-63 F 6
Chinyama Litapi ○ **Z** 154-155 B 1
Chioa, Lago ⬭ **PE** 208-209 E 6
Chioco ○ **MOC** 154-155 G 3
Chióggia ○• **I** 36-37 D 2
Chipai Lake ⬭ **CDN** 178-179 N 4
Chipanga ○ **MOC** 154-155 H 3
Chipasanse ○ **Z** 150-151 F 5
Chipata ☆ **Z** 154-155 G 1
Chipepo ○ **Z** 154-155 D 3
Chiperone, Monte ▲ **MOC** 154-155 H 3
Chipewyan Indian Reserve ⧗ **CDN** 174-175 O 6
Chipewyan River ∼ **CDN** 176-177 O 3
Chipili ○ **Z** 150-151 E 6
Chipinda Pools ○ **ZW** 154-155 F 5
Chipindo ○ **ANG** 152-153 C 6
Chipinga Safari Area ⊥ **ZW** 154-155 G 5
Chipinge ○ **ZW** 154-155 G 5
Chipiona ○ **E** 34-35 D 6
Chipipa ○ **ANG** 152-153 C 6
Chipiriri, Río ∼ **BOL** 214-215 E 5
Chip Lake ⬭ **CDN** 176-177 N 5
Chipley ○ **USA** 192-193 F 4
Chiplūn ○ **IND** 76-77 E 2
Chipman ○ **CDN** (ALB) 176-177 O 5
Chipman ○ **CDN** (NB) 182-183 M 5
Chipman Lake ⬭ **CDN** 178-179 N 6
Chipman River ∼ **CDN** 174-175 R 6
Chipogolo ○ **EAT** 150-151 J 4
Chipoia ○ **ANG** 152-153 E 6
Chipoka ○ **MW** 154-155 H 1
Chippenham ○ **GB** 26-27 F 6
Chippewa, Lake ⬭ **USA** 190-191 C 3
Chippewa Falls ○ **USA** 190-191 C 3
Chipungo ○ **Z** 154-155 F 1
Chiputneticook Lakes ∼ **USA** 190-191 P 3
Chiputo ○ **MOC** 154-155 G 2
Chiquian ○ **PE** 208-209 D 7
Chiquilá ○ **MEX** 196-197 L 1
Chiquimula ☆ **GCA** 196-197 K 4
Chiquimulilla ○ **GCA** 196-197 J 4
Chiquinata, Bahía ≈ 214-215 B 7
Chiquinquirá ○ **CO** 204-205 E 5
Chiquitina, Isla ⌒ **PE** 208-209 D 7
Chiquitos, Llanos de ∸ **BOL** 214-215 F 6
Ch'ira ○ **ETH** 144-145 C 5
Chira, Río ∼ **PE** 208-209 B 4
Chirac ○ **F** (48) 242-243 C 2
Chirāla ○ **IND** 76-77 J 3
Chiramba ○ **MOC** 154-155 H 3
Chiran ▲ **F** (04) 242-243 J 4
Chiraz = Šīrāz ☆•• **IR** 70-71 E 4
Chiredzi ○ **ZW** 154-155 F 5
Chirens ○ **F** (38) 242-243 H 1
Chirfa ○ **RN** 134-135 F 2
Chiriacu ○ **PE** 208-209 C 4
Chiribiquete, Raudal ∼ **CO** 208-209 F 1
Chiricahua Peak ▲ **USA** 188-189 C 4
Chiriguare, Reserva Faunística ⊥ **YV** 204-205 G 3
Chirikof Island ⌒ **USA** 166-167 T 5
Chirikof Point ▲ **USA** 166-167 C 6
Chirimena ○ **YV** 204-205 H 2
Chiriquí, Golfo de ≈ 196-197 C 7
Chiriqui, Laguna de ≈ 196-197 C 7
Chiriqui Grande ○ **PA** 196-197 C 7
Chiris, Río ∼ **PE** 208-209 E 8
Chiri San ▲ **ROK** 86-87 F 10
Chirisan National Park ⊥• **ROK** 86-87 F 10
Chirisa Safari Area ⊥ **ZW** 154-155 E 3
Chirma River ∼ **PNG** 119 D 5
Chiromo ○ **MW** 154-155 H 3
Chirongui ○ **F** (985) 246 I b 2
Chirripó, Río ∼ **CR** 196-197 C 6
Chirripó del Atlántico, Río ∼ **CR** 196-197 C 7
Chirripó Grande, Cerro ▲ **CR** 196-197 C 7
Chirumanzu ○ **ZW** 154-155 F 4
Chirundu ○ **Z** 154-155 E 3
Chirundu ○ **ZW** 154-155 E 3
Chisa ○ **F** (2B) 244 D 5
Chisamba ○ **Z** 154-155 E 2
Chisana ○ **USA** 164-165 U 5
Chisana River ∼ **USA** 164-165 U 5
Chisasa ○ **Z** 150-151 C 7
Chisasibi ○ **CDN** 182-183 E 2
Chisec ○ **GCA** 196-197 J 4
Chisekesi ○ **Z** 154-155 D 3
Chisenga ○ **MW** 150-151 G 5
Chishan ○ **RC** 92-93 M 5
Chishang ○ **RC** 92-93 M 5
Chisholm ○ **USA** 186-187 L 2
Chishui ○ **VRC** 92-93 D 2
Chishuihe ○ **VRC** 92-93 D 3
Chishui He ∼ **VRC** 92-93 D 2
Chisik Island ⌒ **USA** 164-165 O 6
Chisimba Falls ∼ **Z** 150-151 F 6
Chişinău ★ **MD** 38-39 F 4
Chişineu-Criş ○ **RO** 38-39 B 4
Chissano ○ **MOC** 156-157 L 2
Chissey-en-Morvan ○ **F** (71) 238-239 E 2
Chissibuca ○ **MOC** 156-157 M 2
Chissinguane ○ **MOC** 154-155 H 5
Chistiān Mandy ○ **PK** 74-75 D 5
Chisumbanje ○ **ZW** 154-155 G 5
Chita ○ **BOL** 214-215 D 6
Chita ○ **EAT** 150-151 H 5
Chitado ○ **ANG** 152-153 B 8
Chitaga ○ **CO** 204-205 E 4
Chitāpur ○ **IND** 76-77 G 2
Chitek ○ **CDN** 178-179 C 4
Chitek Lake ⬭ **CDN** 178-179 G 4
Chitembo ○ **ANG** 152-153 D 6
Chí Thanh ○ **VN** 94-95 K 4
Chitimacha Indian Reservation ⧗ **USA** 188-189 M 5
Chitina ○ **USA** 164-165 S 6
Chitina River ∼ **USA** 164-165 T 6
Chitipa ○ **MW** 150-151 G 5
Chito ○ **EC** 208-209 C 4
Chitobe ○ **MOC** 154-155 G 5
Chitongo ○ **Z** 154-155 D 3
Chitose ○ **J** 88-89 J 3
Chitowe ○ **EAT** 150-151 K 6
Chitradurga ○• **IND** 76-77 G 3
Chitrakūt ○ **IND** 78-79 B 3
Chitray ○ **F** (36) 236-237 H 2
Chitré ☆ **PA** 196-197 D 8
Chittagong ○• **BD** 78-79 G 4
Chittaurgarh ○• **IND** 74-75 E 7
Chittivalasa ○ **IND** 78-79 C 7
Chittoor ○ **IND** 76-77 H 4
Chitungwiza ○ **ZW** 154-155 F 3
Chityal ○ **IND** 76-77 H 2
Chiu Chiu ○ **RCH** 220-221 C 2
Chiulezi, Rio ∼ **MOC** 150-151 J 6
Chiumbe ∼ **ANG** 152-153 F 4
Chiumbo ○ **ANG** 152-153 D 6
Chiume ○ **ANG** 152-153 F 7
Chiúre Novo ○ **MOC** 154-155 K 1
Chivacoa ○ **YV** 204-205 G 2
Chivasing ○ **PNG** 119 D 4
Chivasso ○ **I** 36-37 A 2
Chivato ○ **RCH** 220-221 B 4
Chivay ○ **PE** 214-215 B 4
Chivé ○ **BOL** 214-215 C 3
Chivhu ○ **ZW** 154-155 F 4
Chivicahua National Monument ∴ **USA** 188-189 C 3
Chivilcoy ○ **RA** 222-223 K 3
Chivirico ○ **C** 198-199 G 5
Chiviriga Falls ∼ **ZW** 154-155 F 5
Chivuna ○ **Z** 154-155 D 3
Chiweta ○ **MW** 150-151 H 6
Chixoy o Negro, Río ∼ **GCA** 196-197 J 4
Chizarira Hills ⛰ **ZW** 154-155 D 3
Chizarira National Park ⊥ **ZW** 154-155 D 3
Chizé ○ **F** (79) 236-237 E 3
Chizela ○ **Z** 154-155 C 1
Chizu ○ **J** 88-89 F 7
Chizwina ○ **RB** 154-155 D 5
Chlef ☆ **DZ** 126-127 C 2
Chmel'nyc'kyj ☆ **UA** 38-39 E 3
Chmel'nyc'kyj, Perejaslav- ○ **UA** 38-39 G 2
Chnattisgarh ∸ **IND** 78-79 B 5
Chŏâm Khsant ○ **K** 94-95 H 3
Choapa, Río ∼ **RCH** 220-221 B 6
Choapan ○ **MEX** 196-197 G 3
Choapas, Las ○ **MEX** 196-197 G 3
Chobe ∼ **NAM** 154-155 C 3
Chobe ◘ **RB** 154-155 C 4
Chobe National Park ⊥ **RB** 154-155 C 4
Chocca, Cerro ▲ **PE** 208-209 E 8
Chocolate Hills ⊥•• **RP** 96-97 F 8
Chocolate Mountain Gunnery Range xx **USA** 184-185 G 9
Chocolate Mountains ⛰ **USA** 184-185 G 9
Choconta ○ **CO** 204-205 E 5
Chocope ○ **PE** 208-209 C 5
Chocowinity ○ **USA** 192-193 K 2
Choctawhatchee Bay ≈ 192-193 E 4
Choctawhatchee River ∼ **USA** 192-193 E 4
Choctaw Indian Reservation ⧗ **USA** 192-193 D 3
Chodavaram ○ **IND** 78-79 C 7
Cho Do ⌒ **DVR** 86-87 E 8
Chodzież ○• **PL** 28-29 O 2
Choele Choel ○ **RA** 222-223 G 5
Chofombo ○ **MOC** 154-155 F 2
Choichuff, Lagh ∼ **EAK** 148-149 F 2
Choiseland ○ **CDN** 178-179 D 4
Choiseul ⌒ **SOL** 120 I c 2
Choiseul, Golfe ≈ 246 III b 2
Choiseul Sound ≈ 222-223 L 6
Choix ○ **MEX** 194-195 E 4
Choix, Port aux ○ **CDN** 182-183 Q 3
Chojnice ○ **PL** 28-29 O 2
Chojniki ○ **BY** 30-31 M 6
Chōkai Quasi National Park ⊥ **J** 88-89 J 5
Chōkai-san ▲ **J** 88-89 J 5
Chok Chai ○ **THA** 94-95 G 3
Choke Canyon Lake ⬭ **USA** 188-189 H 5
Ch'ok'ē Terara ▲ **ETH** 144-145 C 3
Chókué ○ **MOC** 156-157 L 2
Cholame ○ **USA** 184-185 D 8
Chola Shan ⛰ **VRC** 80-81 M 4
Chola Shankou ▲ **VRC** 80-81 M 5
Cholay ○ **MEX** 194-195 D 3
Cholchol, Río ∼ **RCH** 222-223 C 5
Chole • **EAT** 150-151 K 4
Cholet ○ **F** (49) 230-231 K 5
Chollonges ○ **F** (01) 238-239 H 4
Choluteca ☆ **HN** 196-197 L 5
Choluteca, Río ∼ **HN** 196-197 L 5
Ch'ŏlwŏn ○ **ROK** 86-87 F 8
Choma ○ **Z** 154-155 D 3
Chom Bung ○ **THA** 94-95 E 4
Chomérac ○ **F** (07) 242-243 F 2
Chom Phra ○ **THA** 94-95 G 3
Chom Tong ○ **THA** 78-79 L 6
Chomūn ○ **IND** 74-75 E 6
Chona ∼ **EAT** 148-149 D 6
Ch'ŏnan ○ **ROK** 86-87 F 9
Chonarwa ○ **NEP** 80-81 F 7
Chon Buri ○ **THA** 94-95 F 4
Chonchi ○ **RCH** 222-223 C 7
Chonchon ○ **DVR** 86-87 F 7
Chone ○ **EC** 208-209 B 2
Chongchon Gang ∼ **DVR** 86-87 E 8
Chongjin ☆ **DVR** 86-87 G 7
Chŏngju ○ **ROK** 86-87 F 10
Chongming ○ **VRC** 90-91 M 6
Chongoene ○ **MOC** 156-157 L 2
Chongorói ○ **ANG** 152-153 B 6
Chongoyape ○ **PE** 208-209 C 5
Chong Phan ≈ 94-95 E 6
Chongpyong ○ **DVR** 86-87 F 8
Chongqing ○ **VRC** (SIC) 90-91 C 6
Chongqing ○• **VRC** (SIC) 92-93 E 2
Chongren ○ **VRC** 92-93 K 3
Chong Samui ≈ 94-95 E 6
Ch'ŏngsan Do ⌒ **ROK** 86-87 F 10
Chong Tao ≈ 94-95 E 6
Chongwe ○ **Z** 154-155 E 2
Chongwe ∼ **Z** 154-155 E 2
Chongyang ○ **VRC** 92-93 J 2
Chongyi ○ **VRC** 92-93 J 4
Chŏnju ○ **ROK** 86-87 F 10
Chonos, Archipiélago de los ⌒ **RCH** 224 C 2
Chontaleña, Cordillera ⛰ **NIC** 196-197 B 6
Chontali ○ **PE** 208-209 C 4
Chontalpa ○ **MEX** 196-197 H 3
Cho'n Thành ○ **VN** 94-95 J 5
Cho Oyu ▲ **NEP** 80-81 F 6
Chopda ○ **IND** 74-75 E 9
Chopinzinho ○ **BR** 218-219 D 5
Choqā Zanbil ∴••• **IR** 70-71 C 2
Choras, Isla ⌒ **RCH** 220-221 B 5
Chorcheval • **F** (71) 238-239 E 4
Choreti ○ **BOL** 214-215 F 7
Chorkbak Inlet ≈ 180-181 M 2
Choró ○ **BR** 212-213 J 4
Choro, Río ∼ **BOL** 214-215 E 5
Choro, Rio ∼ **BR** 212-213 J 4
Chorol ○ **UA** 38-39 H 3
Chorolque ▲ **BOL** 214-215 E 7
Choromoro ○ **RA** 220-221 E 4
Choroní ○ **YV** 204-205 H 2
Chorregon ○ **AUS** 114-115 G 2
Chorrera, La ○ **CO** 208-209 F 2
Chorrera, La ○ **PA** 196-197 E 7
Chorrillos ○ **PE** 208-209 D 8
Chorro, El ○ **RA** 220-221 E 5
Chorro la Libertad ∼ **CO** 210-211 C 3
Chorzung ○ **VRC** 80-81 L 5
Chosan ○ **DVR** 86-87 E 7
Chōshi ○ **J** 88-89 J 7
Chosica ○ **PE** 208-209 D 7
Chos Malal ○ **RA** 222-223 D 4
Choson M.I.K. = Corée du Nord ■ **DVR** 86-87 G 7
C. H. Ostenfeld Gletscher ⊂ **GRØ** 170-171 c 3
C. H. Ostenfeld Land ∸ **GRØ** 170-171 o 6
Chota ○ **PE** 208-209 C 5
Choteau ○ **USA** 184-185 H 2
Choûm ○ **RIM** 132-133 D 4
Chouteau ○ **USA** 188-189 K 1
Choux, Les ○ **F** (45) 232-233 H 4
Chouzy-sur-Cisse ○ **F** (41) 232-233 E 4
Chowan River ∼ **USA** 192-193 K 1
Chowchilla ○ **USA** 184-185 D 7
Chowduār ○ **IND** 78-79 D 5
Chowiet Island ⌒ **USA** 166-167 S 4
Chozi ∼ **Z** 150-151 G 5
Chreïrîk < **RIM** 132-133 D 4
Chrisman ○ **USA** 190-191 E 6
Chrissiesmeer ○ **ZA** 156-157 K 3
Christchurch ○•• **NZ** 118 D 5
Christiana ○ **ZA** 156-157 G 3
Christian Island ⌒ **CDN** 182-183 D 6
Christian IV, Kap ▲ **GRØ** 170-171 h 2
Christian IV Gletscher ⊂ **GRØ** 172-173 Z 2
Christian River ∼ **USA** 164-165 S 3
Christiansburg ○ **USA** 190-191 H 7
Christianshåb = Qasigiannguit ○ **GRØ** 172-173 P 2
Christian Sound ≈ 176-177 C 3
Christiansted ○ **USA** 200 C 3
Christie Bay ⬭ **CDN** 174-175 O 4
Christie Lake ⬭ **CDN** 168-169 c 7
Christina Lake ⬭ **CDN** 176-177 L 7
Christina River ∼ **CDN** 176-177 P 3
Christino Castro ○ **BR** 212-213 F 6
Christmas, Islas ⌒ **RCH** 224 E 7
Christmas Creek ○ **AUS** 108-109 G 5
Christmas Creek ∼ **AUS** 108-109 H 5
Christmas Island ⌒ **AUS** 9 B 4
Christopher Lake ⬭ **AUS** 112-113 J 2
Chromer ○• **GB** 26-27 H 5
Chuali, Lagoa ⬭ **MOC** 156-157 L 2
Chuave ○ **PNG** 119 C 4
Chub Cay ○ **BS** 198-199 G 2
Chubu-Sangaku National Park ⊥ **J** 88-89 G 6
Chubut ◘ **RA** 222-223 D 7
Chubut, Río ∼ **RA** 222-223 E 7
Chuchi Lake ⬭ **CDN** 176-177 H 4
Chuchiliga ○ **GH** 138-139 K 4
Chucuma ○ **RA** 220-221 D 6
Chucunaque ∼ **PA** 196-197 E 7
Chu Dang Sin ▲ **VN** 94-95 K 4
Chudleigh ○ **CDN** 182-183 D 5
Chugach Islands ⌒ **USA** 166-167 V 3
Chugach Mountains ⛰ **USA** 164-165 R 6
Chugchug, Cerros de ▲ **RCH** 220-221 C 2
Chugchug, Quebrada ∼ **RCH** 220-221 C 2
Chugiak ○ **USA** 164-165 Q 6
Chuginadak Island ⌒ **USA** 166-167 L 6
Chugoku-sanchi ⛰ **J** 88-89 E 7
Chugul Island ⌒ **USA** 166-167 J 7
Chugwater ○ **USA** 186-187 E 5
Chuhar Jamāli ○ **PK** 70-71 M 6
Chuhar Kāna ○ **PK** 74-75 D 4
Ch'uja Do ⌒ **ROK** 86-87 F 11
Chuka ○ **EAK** 148-149 F 4
Chukai ○ **MAL** 98-99 E 2
Chukchi Plateau = Tchouktches, Seuil des ≃ 16 B 35
Chukchi Sea = Tchouktches, Mer des ≈ 48-49 X 1
Chukotat, Rivière ∼ **CDN** 180-181 L 4
Chulas, Raudal las ∼ **CO** 204-205 F 6
Chula Vista ○ **USA** 184-185 F 9
Chulitna River ∼ **USA** 164-165 Q 5
Chulucanas ○ **PE** 208-209 B 4
Chuma ○ **BOL** 214-215 C 4
Chuma Shankou ▲ **VRC** 80-81 L 5
Chumba ○ **ETH** 144-145 D 6
Chumbicha ○ **RA** 220-221 D 5
Chumbo ○ **BR** 216-217 G 5
Chumikgiarsa ○ **IND** 74-75 F 3
Chumphae ○ **THA** 94-95 G 2
Chumphon ○ **THA** 94-95 E 5
Chumpi ○ **PE** 208-209 F 9
Chumpón ○ **MEX** 196-197 L 2
Chumsaeng ○ **THA** 94-95 F 3
Chumul ∴• **MEX** (YUC) 196-197 K 1
Chumul ∴• **MEX** (YUC) 196-197 K 2
Chun ○ **THA** 78-79 M 6
Chuna ○ **PK** 74-75 D 4
Chunăn ○ **VRC** 92-93 L 2
Chuncar ○ **PE** 208-209 B 4
Chunchanga, Pampa de ∸ **PE** 208-209 E 9
Chunchi ○ **EC** 208-209 C 3
Ch'unch'ŏn ○ **ROK** 86-87 F 9
Chunchura ○ **IND** 78-79 F 4
Chundela ○ **ANG** 152-153 F 7
Chunga ○ **Z** 154-155 D 2
Chungara ○ **RCH** 214-215 C 6
Chungara, Lago ⬭ **RCH** 214-215 C 6
Chunggang ○ **DVR** 86-87 F 7
Ch'ungju ○ **ROK** 86-87 F 9
Ch'ungmu ○ **ROK** 86-87 G 10
Chungu ○ **Z** 150-151 G 6
Chungui ○ **PE** 208-209 F 8
Chungyang Shanmo ⛰ **RC** 92-93 M 5
Chūniān ○ **PK** 74-75 D 4
Chuniespoort ○ **ZA** 156-157 J 2
Chunshui ○ **VRC** 90-91 H 5
Chunu, Cape ▲ **USA** 166-167 H 7
Chunwan ○ **VRC** 92-93 G 5
Chunya ○ **EAT** 150-151 G 5
Chuŏr Phnum Dângrek ⛰ **K** 94-95 G 3
Chuŏr Phnum Krvanh ⛰ **K** 94-95 G 4
Chupabe, Caño ∼ **CO** 204-205 G 6
Chupadero de Caballo ○ **MEX** 194-195 J 3
Chu' Pha ○ **VN** 94-95 J 4
Chu' Prông ○ **VN** 94-95 J 4
Chuquibamba ○ **PE** 208-209 F 9
Chuquibambilla ○ **PE** 208-209 F 9
Chuquicamata ○ **RCH** 220-221 C 2
Chuquicara ○ **PE** 208-209 C 6
Chuquiribamba ○ **EC** 208-209 C 3
Chuquis ○ **PE** 208-209 D 6
Chur ☆• **CH** 28-29 K 5
Churachāndpur ○ **IND** 78-79 H 3
Churcampa ○ **PE** 208-209 E 8
Churchbridge ○ **CDN** 178-179 F 5
Churchill ○• **CDN** 174-175 W 6
Churchill, Cap ▲ **CDN** 174-175 X 6
Churchill Falls ○ **CDN** 182-183 M 2
Churchill Lake ⬭ **CDN** 176-177 Q 3
Churchill Reef ⌒ **AUS** 108-109 F 3
Churchill River ∼ **CDN** 176-177 Q 4
Churchill River ∼ **CDN** 178-179 J 2
Churchill River ∼ **CDN** 178-179 E 3
Churchill River ∼ **CDN** 182-183 N 2
Churchill Sound ≈ 180-181 J 7
Churchs Ferry ○ **USA** 186-187 H 1
Chureo o Deshecho, Paso ▲ **RA** 222-223 D 4
Churia Range ⛰ **NEP** 80-81 E 7
Churin ○ **PE** 208-209 D 7
Churobusco ○ **USA** 190-191 F 5
Churu ○ **IND** 74-75 E 5
Churuguara ○ **YV** 204-205 G 2
Chu' Sê ○ **VN** 94-95 K 4
Chuska Mountains ⛰ **USA** 188-189 C 1
Chusmisa ○ **RCH** 214-215 C 6
Chūsonji • **J** 88-89 J 5
Chust ☆ **UA** 38-39 C 3
Chute-des-Passes ○ **CDN** 182-183 J 4
Chutine Landing ○ **CDN** 176-177 E 3
Chuwangsan National Park ⊥• **ROK** 86-87 G 9
Chuxiong ○ **VRC** 92-93 B 4
Chuy ○ **ROU** 218-219 D 9
Chuzhou ○ **VRC** 90-91 L 5
Chwaka ○ **EAT** 150-151 K 4
Chypre = Kypros ■ **CY** 64-65 E 5
Chypre = Kypros ⌒ **CY** 4 G 5
Chyulu Hills ⛰ **EAK** 148-149 F 5
Ciadoux ○ **F** (31) 240-241 F 4
Ciágola, Monte ▲ **I** 36-37 E 5
Ciamis ○ **RI** 104 C 3
Ciandur ○ **RI** 104 A 3
Cianjur ○ **RI** 104 B 3
Ciano ○ **EC** 208-209 C 3
Cianorte ○ **BR** 216-217 D 7
Cians, Gorges du ⌣• **F** (06) 242-243 K 4
Čiatura ○ **GE** 62-63 E 6
Cibadak ○ **RI** 104 B 3
Čibagalah ∼ **RUS** 46-47 Y 6
Čibagalahskij hrebet ⛰ **RUS** 46-47 W 6
Cibatu ○ **RI** 104 B 3
Cibit ○ **RUS** 60-61 P 3
Čibit ○ **RUS** 60-61 P 3
Cibitoke ○ **BU** 148-149 B 5
Ciboure ○ **F** (64) 240-241 A 4
Cibu ▲ **MEX** 194-195 D 2
Cicalengka ○ **RI** 104 B 3
Čičatka, Bol'šaja ∼ **RUS** 54-55 K 8
Cícero Dantas ○ **BR** 212-213 J 7
Cicia ⌒ **FJI** 120 III c 2
Čičkajul ∼ **RUS** 50-51 T 6
Cicurug ○ **RI** 104 B 3
Cidade Gaúcha ○ **BR** 216-217 D 7
Cide ☆ **TR** 64-65 E 2
Çidoa, Mont ▲ **F** (988) 247 I d 3
Ciechanów ☆• **PL** 28-29 Q 2
Ciego, El ○ **C** 198-199 G 4
Ciego de Ávila ☆ **C** 198-199 F 4
Ciempozuelos ○ **E** 34-35 F 4
Ciénaga ○ **CO** 204-205 D 2
Cienaga, La ○ **RA** 220-221 C 5
Ciénaga Grande de Santa Marta ≈ 204-205 D 2
Cieneguillas ○ **RA** 220-221 E 2
Cienfuegos ☆ **C** 198-199 E 3
Cierp-Gaud ○ **F** (31) 240-241 F 5
Cieszanów ○ **PL** 28-29 R 3
Cieux ○ **F** (87) 236-237 H 4
Cieza ○ **E** 34-35 G 5
Çifteler ☆ **TR** 64-65 D 3
Cifuentes ○ **C** 198-199 E 3
Cifuentes ○ **E** 34-35 F 4
Cifuncho ○ **RCH** 220-221 B 3
Cigarette Springs Cave ∴ **USA** 186-187 C 7
Cigarro ○ **BR** 210-211 F 4
Ciglera, ostrov ⌒ **RUS** 20-21 e 2
Cihanbeyli ☆ **TR** 64-65 E 3
Cihanbeyli Yaylâsı ⛰ **TR** 64-65 E 3
Cihuatlán ○ **MEX** 196-197 B 2
Čiili ○ **KA** 60-61 E 6
Cíjara, Reserva Nacional de ⊥ **E** 34-35 E 5
Cijulang ○ **RI** 104 C 3
Cikajang ○ **RI** 104 B 3
Cikalongkulon ○ **RI** 104 B 3
Cikalongwetan ○ **RI** 104 B 3
Cikampek ○ **RI** 104 B 3
Čikoj ○ **RUS** 52-53 N 10
Čikoj ∼ **RUS** 52-53 O 10
Čikoj ∼ **RUS** 52-53 N 10
Čikoj ∼ **RUS** 54-55 E 11
Čikoj ∼ **RUS** 54-55 E 10
Čikokon ∼ **RUS** 54-55 E 10
Čikokonskij, hrebet ⛰ **RUS** 54-55 D 11
Cikotok ○• **RI** 104 B 3
Čikšina ∼ **RUS** 24-25 Y 4
Čikšina ∼ **RUS** 50-51 D 2
Cilacap ○ **RI** 104 C 3
Cilamaya ○ **RI** 104 B 3
Cilaos ○ **F** (974) 246 II a 2
Cilaos, Cirque ⌣• **F** (974) 246 II a 2
Čilat ○ **IRQ** 64-65 M 6
Čil'či ○ **RUS** 54-55 L 7
Çıldır ○ **TR** 64-65 K 2
Çıldır Gölü ⬭ **TR** 64-65 K 2
Ciledug ○ **RI** 104 C 3
Cileungsi ○ **RI** 104 B 3
Cili ○ **VRC** 92-93 G 2
Cilibia ○ **RO** 38-39 E 5
Cilik ○ **KA** 82-83 D 4
Čilik ∼ **KA** 82-83 C 4
Ćilipi ○ **HR** 36-37 G 3
Cill Airne = Killarney ○• **IRL** 26-27 C 5
Cill Bheagáin = Kilbeggan ○ **IRL** 26-27 D 5
Cill Chainnigh = Kilkenny ☆• **IRL** 26-27 D 5
Cill Chaoi = Kilkee ○ **IRL** 26-27 C 5
Cill Dara = Kildare ○ **IRL** 26-27 D 5
Čilli ∼ **RUS** 54-55 J 3
Cill Mhantáin = Wicklow ☆ **IRL** 26-27 D 5
Cill Orglan = Killorglin ○ **IRL** 26-27 C 5
Cill Rois = Kilrush ○ **IRL** 26-27 C 5
Cil'ma ∼ **RUS** 24-25 V 4
Cil'ma ∼ **RUS** 24-25 U 4
Čil'mamedkum ∸ **TM** 72-73 D 4
Cimahi ○ **RI** 104 B 3
Cimanggu ○ **RI** 104 A 3
Cimanuk, Tanjung ▲ **RI** 104 C 3
Cimarron ○ **USA** (KS) 186-187 G 7
Cimarron ○ **USA** (NM) 188-189 E 1
Cimarron ∼ **USA** 188-189 H 1
Cimarron River ∼ **USA** 188-189 F 1
Čimbaj ○ **US** 72-73 F 3
Čimboj ☆ **US** 72-73 F 3
Cimbur ○ **RI** 102-103 C 6
Čimčememel' ∼ **RUS** 48-49 O 3
Cime-du-Mélezet ○ **F** (05) 242-243 K 2
Cimetière, Île du ⌒ **F** (984) 246 III d 3
Čimidikjan ∼ **RUS** 46-47 M 6
Cimişlia ☆ **MD** 38-39 F 4
Cimitarra ○ **CO** 204-205 E 4
Cimljansk ○ **RUS** 38-39 N 4
Cimljanskoe vodohranilišče < **RUS** 38-39 N 4
Cimmaron Grassland ⊥ **USA** 188-189 G 1
Cimmermanovka ○ **RUS** 58-59 H 3
Cîmpeni ○ **RO** 38-39 C 4
Cîmpina ○• **RO** 38-39 D 5
Cimpu ○ **RI** 100-101 G 5
Cîmpulung ○• **RO** 38-39 D 5
Cîmpulung Moldovenesc ○• **RO** 38-39 D 4
Čina ∼ **RUS** 52-53 L 3
Čina ∼ **RUS** 54-55 F 8
Cina, Tanjung ▲ **RI** 98-99 F 7
Çınar ☆ **TR** 64-65 J 4
Cinaruco, Río ∼ **YV** 204-205 H 4
Cincel, Río ∼ **RA** 220-221 D 2
Cincinnati ○ **USA** 190-191 F 6
Cinco Balas, Cayos ⌒ **C** 198-199 F 4
Cinco de Maio, Cachoeira ∼ **BR** 214-215 K 3
Çine ☆• **TR** 64-65 C 4
Činejveem ∼ **RUS** 48-49 Q 3
Cingaly ○ **RUS** 50-51 K 4
Čingandža, gora ▲ **RUS** 48-49 H 4
Cingera, mys ▲ **RUS** 44-45 f 2
Čingildi ○ **US** 72-73 J 4
Cingirlau ○ **KA** 32-33 H 8
Čingis Chaan Cherem ∴• **MAU** 84-85 L 3
Cinnabar Mountain ▲ **USA** 184-185 F 4
Činoz ☆ **US** 72-73 L 4
Činozero, ozero ⬭ **RUS** 24-25 M 5
Cinq Géants, les ▲ **F** (984) 246 VI a 2
Cinq-Mars-la-Pile ○ **F** (37) 230-231 M 5
Cinque Island ⌒ **IND** 76-77 L 4
Cinquetral ○ **F** (39) 238-239 H 4
Cinta, Serra da ⛰ **BR** 212-213 E 5
Cintalapa de Figueroa ○ **MEX** 196-197 H 3
Cintegabelle ○ **F** (31) 240-241 H 4
Cinto, Monte ▲ **F** (2B) 244 C 4
Cintra ○ **RA** 222-223 H 2
Cintra, Golfe de ≈ 132-133 B 3
Cintrey ○ **F** (70) 238-239 H 1
Cinuelos, Los ○ **DOM** 198-199 K 5
Cinzas, Rio das ∼ **BR** 216-217 E 7
Ciotat, La ○ **F** (13) 242-243 H 5
Cipa ∼ **RUS** 54-55 G 8
Cipanda ○ **RUS** 56-57 F 4
Cipatujah ○ **RI** 104 C 3
Cipikan ○ **RUS** 54-55 F 8
Cipikan ∼ **RUS** 54-55 E 8
Cipo, Rio ∼ **BR** 216-217 J 5
Cipoal ○ **BR** 210-211 E 3
Cipolândia ○ **BR** 214-215 K 7
Cipolletti ○ **RA** 222-223 F 5
Cipotuba, Ilha ⌒ **BR** 210-211 F 4
Čir ∼ **RUS** 38-39 N 3
Circa ○ **PE** 208-209 F 8
Čirčik ○ **US** 72-73 L 4
Čirčik ∼ **US** 72-73 L 4
Circle ○ **USA** (AK) 164-165 S 4
Circle ○ **USA** (MT) 186-187 E 2
Circleville ○ **USA** 190-191 G 6
Circuit automobile • **F** (72) 230-231 M 4
Circular Head ▲ **AUS** 116-117 H 6
Circular Reef ⌒ **PNG** 119 D 2
Cirebon ○• **RI** 104 C 3
Ciré-d'Aunis ○ **F** (17) 236-237 D 3
Cirey-sur-Blaise ○ **F** (52) 234-235 F 5
Cirey-sur-Vezouze ○ **F** (54) 234-235 K 4
Čirikovo ○ **RUS** 30-31 P 4
Čirin, vulkan ▲ **RUS** 58-59 M 6

Colorado, Río ~ RA 220-221 D 4
Colorado, Río ~ RA 220-221 E 2
Colorado, Río ~ RA 220-221 D 6
Colorado, Río ~ RA 222-223 F 5
Colorado, Río ~ RCH 222-223 D 2
Colorado City o USA (CO) 186-187 E 7
Colorado City o USA (TX) 188-189 G 3
Colorado Desert ∸ USA 184-185 F 9
Colorado d'Oeste o BR 214-215 G 3
Colorado National Monument • USA 186-187 C 6
Colorado Plateau ▲ USA 184-185 H 7
Colorado River ~ USA 184-185 G 9
Colorado River ~ USA 184-185 J 7
Colorado River ~ USA 186-187 C 6
Colorado River ~ USA 188-189 G 3
Colorado River Aqueduct < USA 184-185 G 8
Colorado River Indian Reservation X USA 184-185 G 9
Colorados, Archipiélago de los ⌒ C 198-199 C 3
Colorados, Cerros ▲ RA 222-223 E 6
Colorado Springs o• USA 186-187 E 6
Colotlan o MEX 194-195 H 6
Colotlipa o MEX 196-197 E 3
Colpitts Creek ~ CDN 178-179 N 5
Colpon-Ata o KS 82-83 C 4
Colquechaca o BOL 214-215 D 6
Colquen, Cerro ▲ RCH 222-223 C 4
Colquiri o BOL 214-215 D 5
Colquitt o USA 192-193 F 4
Colson Track II AUS 114-115 D 3
Colston Park o AUS 114-115 K 1
Columbia o USA (KY) 190-191 F 7
Columbia o USA (LA) 188-189 L 3
Columbia o USA (MD) 190-191 K 6
Columbia o USA (MO) 186-187 L 6
Columbia o USA (MS) 192-193 D 4
Columbia o USA (PA) 190-191 K 5
Columbia o USA (TN) 192-193 E 2
Columbia o USA (TX) 188-189 K 5
Columbia ☆ USA (SC) 192-193 H 2
Columbia, Mount ▲ CDN 176-177 M 5
Columbia Beach o USA 184-185 C 2
Columbia Falls o USA 184-185 G 1
Columbia Glacier ⊂ USA 164-165 R 6
Columbia Icefield ⊂ CDN 176-177 M 5
Columbia Mountains ▲ CDN 176-177 J 5
Columbia Plateau ▲ USA 184-185 E 3
Columbia Reach ~ CDN 176-177 L 6
Columbia River ~ CDN 176-177 L 6
Columbia River ~ USA 184-185 C 3
Columbus o USA (GA) 192-193 F 3
Columbus o USA (IN) 190-191 F 6
Columbus o USA (KS) 188-189 K 1
Columbus o USA (MS) 192-193 D 3
Columbus o USA (ND) 186-187 F 1
Columbus o USA (NE) 186-187 J 5
Columbus o USA (NM) 188-189 D 4
Columbus o USA (TX) 188-189 J 5
Columbus o USA (WI) 190-191 D 4
Columbus ☆ USA (OH) 190-191 G 6
Columbus Cay ⌒ BH 196-197 L 3
Columbus Junction o USA 190-191 C 5
Columbus Landing 5/ 4th./ 1494 • JA 198-199 G 5
Columbus Monument • BS 198-199 H 2
Columbus Point ▲ BS 198-199 H 2
Columna, Pico ▲ PA 196-197 E 7
Coluna o BR 216-217 J 5
Colup, Cerro ▲ RCH 220-221 C 2
Colville o USA 184-185 F 1
Colville Channel ≈ 118 E 2
Colville Indian Reservation X USA 184-185 E 1
Colville Lake o CDN (NWT) 174-175 F 2
Colville Lake ⊂⊃ CDN (NWT) 174-175 G 2
Colville River ~ USA 164-165 L 2
Coma, La o MEX 194-195 K 5
Comácchio o I 36-37 D 2
Comácha o MOC 154-155 G 3
Comalcalco o MEX (TAB) 196-197 H 2
Comalcalco ∴• MEX (TAB) 196-197 H 2
Comallo o RA 222-223 D 6
Comallo, Arroyo ~ RA 222-223 D 6
Comanche o USA (OK) 188-189 J 2
Comanche o USA (TX) 188-189 H 4
Comandante Fontana o RA 220-221 H 3
Comandante Giribone o RA 222-223 L 3
Comandante Luis Piedra Buena o RA 224 F 4
Comănești o RO 38-39 E 4
Comarapa o BOL 214-215 E 5
Comas o PE 208-209 E 7
Comau, Fiordo ≈ 222-223 C 7
Comayagua ☆• HN 196-197 L 4
Comayagua, Montañas de ▲ HN 196-197 L 4
Comayagüela o HN 196-197 L 4
Combani o F (985) 246 I b 2
Combapata o PE 214-215 B 4
Combarbala o RCH 220-221 B 6
Combeaufontaine o F (70) 238-239 H 1
Combermere, Cape ▲ CDN 168-169 g 2
Combermere Bay ≈ 78-79 H 6
Combiers o F (16) 236-237 F 5
Combles o F (80) 228-229 K 3
Combloux o F (74) 238-239 K 5
Combo, Selat ≈ 98-99 F 4
Combol, Pulau ⌒ RI 98-99 E 4
Comborune o MOC 154-155 G 6
Combourg o• F (35) 230-231 H 3
Combrée o F (49) 230-231 J 4
Combres o F (28) 232-233 E 3
Combrit o F (29) 230-231 C 4
Combronde o F (63) 236-237 M 4
Comè o DY 138-139 L 6
Côme = Como ☆• I 36-37 B 2
Come by Chance o AUS 114-115 K 6
Comechigones, Sierra de ▲ RA 222-223 G 2
Comedero o MEX 194-195 F 5
Comemoração, Rio ~ BR 214-215 G 2
Comer o USA 192-193 G 2
Comer Strait ≈ 180-181 G 2
Comerzinho o BR 216-217 K 4
Comet Downs o AUS 114-115 K 2
Cometela o MOC 154-155 H 5
Comet Outstation o AUS 114-115 C 5
Comet River ~ AUS 114-115 K 3
Comfort o USA 188-189 H 5
Comfort, Cape ▲ CDN 180-181 H 2
Comfort Bight o CDN 182-183 R 2
Comiac o F (46) 236-237 J 6
Comicó, Arroyo ~ RA 222-223 F 6
Comilla o BD 78-79 G 4
Comines o F (59) 228-229 L 2
Comino, Capo ▲ I 36-37 B 4
Comitán de Domínguez o MEX 196-197 H 3
Commana o• F (29) 230-231 D 3
Commandeur, Îles du = Komandorskie ostrova ⌒ RUS 56-57 W 6
Commarin o F (21) 238-239 F 2
Commerce o CDN 178-179 M 6
Commentry o F (03) 236-237 L 3
Commerce o USA 188-189 K 3
Commercy o F (55) 234-235 H 4
Commissioner Island ⌒ CDN 178-179 H 4
Committee Bay ≈ 168-169 c 6
Commodore Reef ⌒ 96-97 A 8
Commonwealth Meteorological Station • AUS 114-115 H 6
Commonwealth Range ▲ ARK 16 E 0
Commoron Creek ~ AUS 114-115 L 5
Como ☆• I 36-37 B 2
Como ~ RCB 146-147 E 3
Como, Lago di ⊂⊃ I 36-37 B 2
Comoapa o NIC 196-197 B 5
Como Bluff Fossil Beds ∴ USA 186-187 E 5
Comodo o ETH 144-145 E 6
Comodoro o BR 214-215 H 3
Comodoro Rivadavia o RA 224 G 2
Comoé ~ CI 138-139 J 6
Comoé, Parc National de la ⊥ ••• CI 138-139 H 5
Comonfort o MEX 196-197 D 1
Comores, Archipel des = Comores ⌒ COM 8 C 6
Comores = Comores ■ COM 158-159 C 3
Comores = Comores, Archipel des ⌒ COM 8 C 6
Comorin, Cape ▲ IND 76-77 G 6
Compains o F (63) 236-237 L 5
Compeer o CDN 176-177 P 6
Compeix, le o F (23) 236-237 J 4
Compiègne o• F (60) 228-229 K 5
Compiègne, Forêt de ∸ F (60) 228-229 K 5
Complejo Ferrovial Zárate-Brazo Largo • RA 222-223 K 2
Compolibat o F (12) 240-241 J 2
Čompolo ~ RUS 54-55 L 6
Compostela o MEX 194-195 G 7
Compreignac o F (87) 236-237 H 4
Comprida, Ilha ⌒ BR 218-219 G 5
Comps o F (30) 242-243 F 4
Comps-sur-Artuby o F (83) 242-243 K 4
Comrat o MD 38-39 F 4
Comstock o USA 188-189 G 5
Comté ~ F (973) 245 I c 2
Côm Thiêu, Mũi ▲ VN 94-95 J 5
Comunidad o CR 196-197 B 6
Comunidad o YV (AMA) 204-205 H 6
Comunidad o YV (BOL) 204-205 K 4
Comunidad de Madrid ◻ E 34-35 F 4
Comus o F (11) 240-241 H 5
Čona ~ RUS 54-55 D 5
Cona o VRC 80-81 H 7
Conakry ■ RG 138-139 D 5
Conakry ★• RG 138-139 D 5
Conambo, Río ~ EC 208-209 D 3
Conand o F (41) 232-233 E 4
Conay o RCH 220-221 B 5
Conay, Río ~ RCH 220-221 B 5
Conca o F (2A) 244 D 5
Concarán o RA 222-223 G 2
Concarneau o• F (29) 230-231 D 4
Concarneau, Baie de ≈ F (29) 230-231 C 4
Conceição o BR (AMA) 210-211 G 4
Conceição o BR (PA) 212-213 J 5
Conceição, Riachão ~ BR 212-213 H 5
Conceição da Barra o BR 216-217 L 5
Conceição das Alagoas o BR 216-217 F 5
Conceicão de Macabu o BR 216-217 K 7
Conceição do Araguaia o BR 212-213 D 6
Conceição do Canindé o BR 212-213 H 5
Conceição do Coité o BR 212-213 J 7
Conceição do Mato Dentro o BR 216-217 J 5
Conceicão do Mau o BR 206-207 E 4
Conceição do Norte o BR 216-217 G 2
Concepción o BOL 214-215 F 5
Concepcion o CO 208-209 F 2
Concepción o PE 208-209 E 7
Concepción o PY 220-221 J 2
Concepción o RA 220-221 E 4
Concepción ☆ RCH 222-223 C 4
Concepción, Canal ≈ 224 C 5
Concepción, La o EC 208-209 C 1
Concepción, La o PA 196-197 C 7
Concepción, La o YV 204-205 F 2
Concepción, Lago ⊂⊃ BOL 214-215 G 5
Concepción, Punta ▲ MEX 194-195 D 4
Concepción, Volcán ▲ NIC 196-197 B 6
Concepcion de Buenos Aires o MEX 196-197 C 2
Concepción del Oro o MEX 194-195 J 5
Concepción del Uruguay o RA 222-223 K 2
Concepción Island ⌒ BS 198-199 H 3
Conception o RP 96-97 D 5
Conception, Lago ⊂⊃ BOL 214-215 F 4
Conception Bay ≈ 182-183 S 5
Conch o IND 74-75 G 7
Conchal o BR 216-217 G 7
Conchali, Bahía ≈ 220-221 B 6
Conchas o BR 216-217 G 7
Conchas o USA 188-189 E 2
Conchas, Las o BOL 214-215 H 5
Conchas Lake ⊂⊃ USA 188-189 E 2
Conchas River ~ USA 188-189 E 2
Conch Bar o GB 198-199 K 4
Conches, Les o F (85) 236-237 C 3
Conches-en-Ouche o F (27) 232-233 D 2
Conchi o RCH 220-221 C 2
Conchil-le-Temple o F (62) 228-229 H 3
Concho River ~ USA 188-189 G 4
Conchos, Río ~ MEX 194-195 F 4
Conchos, Río ~ MEX 194-195 K 5
Conchy-les-Pots o F (60) 228-229 K 4
Concón o RCH 222-223 D 2
Concón, Punta de ▲ RCH 222-223 D 2
Concord o USA (CA) 184-185 C 7
Concord o USA (NC) 192-193 H 2
Concord ☆ USA (NH) 190-191 N 4
Concórdia o BR 218-219 D 6
Concordia o MEX 194-195 F 6
Concordia o PE 208-209 E 4
Concordia o RA 220-221 H 6
Concordia o USA (KS) 186-187 J 6
Concordia o USA (MO) 186-187 L 6
Concordia o ZA 156-157 C 4
Concordia, La o MEX 196-197 H 3
Concordia do Para o BR 212-213 E 2
Concord Point ▲ USA 166-167 M 6
Concorès o F (46) 240-241 G 1
Concots o F (46) 240-241 H 2
Concressault o F (18) 232-233 H 5
Con Cuông ☆ VN 92-93 D 7
Conda o ANG 152-153 C 5
Condal, Cañada ~ RA 220-221 F 2
Condamine o AUS 114-115 L 4
Condamine River ~ AUS 114-115 L 4
Côn Đảo o VN (Con) 94-95 J 6
Côn Đảo ⌒ VN (Con) 94-95 J 6
Condat o F (15) 236-237 L 5
Condat-sur-Vézère o F (24) 236-237 H 5
Condé o ANG 152-153 C 5
Conde o BR 212-213 K 7
Conde o USA 186-187 H 3
Condédezi, Rio ~ MOC 154-155 G 2
Condé-en-Brie o F (02) 228-229 M 5
Condé-Folie o F (80) 228-229 J 3
Condega o NIC 196-197 L 5
Condeixas o BR 206-207 K 6
Conde Loca o ANG 152-153 B 4
Conde Matarazzo o BR 218-219 D 9
Condé-sur-Huisne o F (61) 232-233 D 3
Condé-sur-l'Escaut o F (59) 228-229 M 3
Condé-sur-Marne o F (51) 234-235 E 3
Condé-sur-Noireau o F (14) 230-231 K 2
Condé-sur-Vesgre o F (78) 232-233 F 2
Condé-sur-Vire o F (50) 228-229 B 5
Condeúba o BR 216-217 K 3
Condingup o AUS 112-113 G 6
Condobolin o AUS 116-117 J 2
Condom o F (32) 240-241 E 3
Condomois ∸ F 240-241 E 2
Čondon ~ RUS 46-47 V 4
Condon o USA 184-185 D 3
Cóndor, Cerro el ▲ RA 220-221 C 4
Condor, Cordillera del ▲ PE 208-209 C 4
Condrieu o F (69) 242-243 F 1
Conecuh River ~ USA 192-193 E 4
Conejo, El o MEX 194-195 D 5
Cone Peak ▲ AUS 110-111 G 3
Conesa o RA 222-223 J 2
Coney ~ F 234-235 J 6
Conflans o• F (73) 238-239 J 5
Conflans-en-Jarny o F (54) 234-235 H 3
Conflans-Sainte-Honorine o F (78) 228-229 J 5
Conflans-sur-Lanterne o F (70) 238-239 J 1
Confluencia o RA 222-223 D 6
Confolens o F (16) 236-237 G 3
Confusion Bay ≈ 182-183 R 3
Confuso, Río ~ PY 220-221 H 3
Congaree Swamp National Monument ⊥ USA 192-193 H 3
Congaz o MD 38-39 F 4
Congerenge o MOC 154-155 H 2
Conger Range ▲ CDN 170-171 J 3
Conghua o VRC 92-93 H 5
Congjiang o VRC 92-93 F 4
Congnarauya, Pointe ▲ CDN 180-181 Q 5
Congo o BR 212-213 K 5
Congo ~ RCB 146-147 F 5
Congo ■ RCB 146-147 D 5
Congo, Bassin du = Grande Dépression Centrale ∸ ZRE 5 E 5
Congo, République démocratique du ■ 146-147 G 5
Congo Fan = Zaïre, Cône du ≃ 14-15 K 9
Congonhas o••• BR 216-217 H 6
Congonhas do Norte o BR 216-217 J 5
Congo Town o• BS 198-199 G 2
Congress o USA 184-185 H 8
Conguel, Pointe du ▲ F (56) 230-231 E 5
Conguillo los Paraguas, Parque Nacional ⊥ RCH 222-223 D 5
Conhello o RA 222-223 G 4
Conie, La o F (973) 245 I c 2
Coniston o AUS 108-109 L 7
Conitaca o MEX 194-195 F 5
Conjo ~ ANG 152-153 D 5
Conjuboy o AUS 110-111 H 6
Conjuror Bay ⊂⊃ CDN 174-175 K 3
Conkal o MEX 196-197 K 1
Conklin o CDN 176-177 P 4
Conlara, Río ~ RA 222-223 G 2
Conlie o F (72) 230-231 L 3
Conmee o CDN 178-179 M 6
Connaughton, Mount ▲ AUS 108-109 F 7
Connaux o F (30) 242-243 F 3
Conneaut o USA 190-191 H 5
Connecticut ◻ USA 190-191 M 5
Connecticut River ~ USA 190-191 M 4
Connell o USA 184-185 E 2
Connellsville o USA 190-191 J 5
Connelly, Mount ▲ AUS 108-109 H 3
Connels Lagoon Conservation Reserve ⊥ AUS 110-111 D 6
Conner o RP 96-97 D 4
Conner, Mount ▲ AUS 112-113 L 2
Conner Prairie • USA 190-191 E 5
Connerré o F (72) 232-233 D 3
Connersville o USA 190-191 F 6
Connerville o USA 188-189 J 2
Conn Lake ⊂⊃ CDN 170-171 O 8
Connor, Mount ▲ AUS 108-109 H 3
Connors Range ▲ AUS 114-115 K 1
Connors River ~ AUS 114-115 K 2
Conoble Lake ⊂⊃ AUS 116-117 H 2
Čonogol o MAU 84-85 M 5
Cononaco o EC 208-209 E 2
Conover o USA 190-191 D 2
Conques o F (12) 240-241 J 1
Conquet, Le o F (29) 230-231 B 3
Conquista o BOL 214-215 D 2
Conrad o USA 184-185 J 1
Conrad, Crête de = Conrad Rise ≃ 8 C 10
Conrad Rise = Conrad, Crête de ≃ 8 C 10
Conran, Cape ▲ AUS 116-117 K 4
Conrana ~ RI 100-101 G 6
Conroe o USA 188-189 K 4
Conroe, Lake ⊂⊃ USA 188-189 K 4
Consata, Río ~ BOL 214-215 C 4
Conselheiro Lafaiete o BR 216-217 J 6
Conselho, Ponta do ▲ BR 216-217 L 2
Consett o GB 26-27 G 4
Consolación del Sur o C 198-199 D 3
Consort o CDN 176-177 P 6
Constance = Konstanz o• D 28-29 K 5
Constance, Lac de = Bodensee ⊂⊃ 28-29 K 5
Constance, Lac de = Bodensee ⊂⊃ CH 28-29 K 5
Constance Bay ≈ 76-77 L 4
Constance Headland ▲ AUS 112-113 G 2
Constancia, Cerro ▲ RCH 214-215 C 7
Constanța ☆• RO 38-39 F 5
Constantina o BR 218-219 D 6
Constantina o• E 34-35 E 6
Constantine ☆•• DZ 126-127 F 2
Constantine, Cape ▲ USA 166-167 R 3
Constantine, Mount ▲ CDN 164-165 U 6
Constanza o•• DOM 198-199 K 5
Constitución o RCH 222-223 C 3
Constitución de 1857, Parque Nacional ⊥ MEX 194-195 B 1
Consuelo Peak ▲ AUS 114-115 K 3
Consul o BR 214-215 K 3
Consul River ~ CDN 174-175 T 3
Contact o USA 184-185 G 5
Contagem o BR 216-217 H 5
Contamana o PE 208-209 E 5
Contamana, Sierra ▲ PE 208-209 F 6
Contamines-Montjoie, les o F (74) 238-239 K 5
Contão o BR 206-207 D 4
Contas, Rio de ~ BR 216-217 L 3
Contaut, le o F (33) 236-237 C 5
Contay o F (80) 228-229 J 3
Contendas do Sincorá o BR 216-217 K 2
Conteville o F (76) 228-229 H 4
Contis-Plage o F (40) 240-241 B 2
Contoy, Isla ⌒ MEX 196-197 L 1
Contramaestre o C 198-199 G 4
Contrato, Rio ~ BR 212-213 F 6
Con Trau, Hòn ⌒ VN 94-95 K 4
Contreras, Isla ⌒ RCH 224 C 6
Contres o F (41) 232-233 E 5
Contrexéville o F (88) 234-235 H 5
Contuboel o GNB 138-139 C 3
Contumaza o PE 208-209 C 5
Contwoyto Lake ⊂⊃ CDN 174-175 O 3
Conty o F (80) 228-229 J 4
Conucos, Los o YV 204-205 E 3
Convencion o CO 204-205 E 3
Convento, Cerro ▲ RA 224 F 5
Convento, Montañas de ▲ EC 208-209 C 2
Conway o USA (AR) 188-189 L 2
Conway o USA (NH) 190-191 N 4
Conway o USA (SC) 192-193 J 3
Conway o USA (TX) 188-189 G 2
Conway o ZA 156-157 G 5
Conway, Lake ⊂⊃ AUS 114-115 C 5
Conway National Park ⊥ AUS 110-111 K 7
Coober Pedy o• AUS 114-115 C 5
Coocoran Lake ⊂⊃ AUS 114-115 J 5
Cooinda Motel o AUS 108-109 L 2
Cook o AUS 112-113 L 5
Cook o USA 186-187 L 2
Cook, Cape ▲ CDN 176-177 F 6
Cook, Détroit de = Cook Strait ≈ 118 E 4
Cook, Îles = Cook Islands ⌒ NZ 9 L 4
Cook, Mount ▲ NZ 118 C 5
Cook, Mount ▲ USA 164-165 U 6
Cook Bay ≈ 16 G 16
Cook Bay ≈ 120 II b 4
Cooke, Mount ▲ AUS (WA) 108-109 E 7
Cooke, Mount ▲ AUS (WA) 112-113 D 6
Cookeville o USA 192-193 F 1
Cookhouse o ZA 156-157 G 6
Cooking Lake o CDN 176-177 O 5
Cook Inlet ≈ 166-167 U 3
Cook Islands = Cook, Îles ⌒ NZ 9 L 4
Cook Lake ⊂⊃ CDN 174-175 P 4
Cook Peninsula ⌣ CDN 170-171 M 4
Cooksburg o USA 190-191 L 4
Cooks Harbour o CDN 182-183 R 3
Cookshire o CDN 182-183 J 6
Cookstown o GB 26-27 D 4
Cook Strait ≈ 118 E 4
Cooktown o•• AUS 110-111 H 4
Cool, Tanjung ▲ RI 102-103 K 6
Coolabah o AUS 114-115 J 6
Cooladdi o AUS 114-115 H 4
Coolah o AUS 114-115 K 6
Coolamon o AUS 116-117 J 3
Coolangatta o AUS 114-115 M 5
Coole o F (51) 234-235 E 4
Coolgardie o AUS 112-113 F 5
Coolidge o USA 184-185 J 9
Coolmunda Reservoir < AUS 114-115 L 5
Cooloola National Park ⊥ AUS 114-115 M 4
Cooma o AUS 116-117 K 4
Coomera o AUS 114-115 M 4
Coonabarabran o AUS 114-115 K 6
Coonalpyn o AUS 116-117 E 3
Coonamble o AUS 114-115 K 6
Coonawarra o• AUS 116-117 F 4
Coondapoor o IND 76-77 F 4
Coongan River ~ AUS 108-109 D 6
Coongoola o AUS 114-115 H 4
Coon Rapids o USA (IA) 186-187 K 5
Coon Rapids o USA (MN) 186-187 L 3
Cooper Creek ~ AUS 114-115 F 4
Cooper Creek ~ AUS 114-115 E 5
Coopers Island ⌒ CDN 180-181 T 6
Cooper's Town o BS 198-199 G 1
Cooperstown o USA 186-187 H 2
Coop Lake ⊂⊃ CDN 174-175 M 5
Coorabie o AUS 112-113 M 5
Coorabulka o AUS 114-115 F 2
Coorada o AUS 114-115 K 3
Coordewandy ▲ AUS 112-113 D 2
Coorong National Park ⊥ AUS 116-117 E 4
Coorow o AUS 112-113 D 4
Cooroy o AUS 114-115 M 4
Coosa River ~ USA 192-193 E 3
Coos Bay ≈ 184-185 B 4
Coos Bay o USA 184-185 B 4
Cootamundra o AUS 116-117 K 3
Čop o UA 38-39 C 3
Copa, Cerro ▲ BOL 214-215 C 7
Copacabana o BOL (PAZ) 214-215 C 5
Copacabana o BOL (SAC) 214-215 G 4
Copacabana o CO 204-205 D 4
Copacabana, Península de ⌣ BOL 214-215 C 5
Copahué o RA 222-223 D 4
Copahué, Paso ▲ RCH 222-223 D 4
Copahué, Volcán ▲ RCH 222-223 D 4
Copal Urco o PE 208-209 F 3
Copán ☆••• HN 196-197 K 4
Copano Bay ≈ 188-189 J 5
Copán Ruinas o HN 196-197 K 4
Cope o USA 186-187 F 6
Copé, El o PA 196-197 D 7
Copeland o USA (ID) 184-185 F 1
Copeland o USA (KS) 186-187 G 7
Copere o BOL 214-215 F 6
Copeton Reservoir < AUS 114-115 L 5
Copey o YV 204-205 G 2
Copiapó ☆ RCH 220-221 B 4
Copiapó, Río ~ RCH 220-221 B 4
Čopko ~ RUS 44-45 Z 6
Čopko ~ RUS 44-45 f 7
Coporito o YV 204-205 L 3
Coporolo ~ ANG 152-153 B 6
Coposa, Cerro ▲ RCH 214-215 C 7
Coppabella o AUS 114-115 K 1
Coppename Monding, National Reservaat ⊥ SME 206-207 G 2
Coppenamerivier ~ SME 206-207 F 3
Copperas Cove o USA 188-189 J 4
Copperbelt ◻ Z 154-155 D 1
Copper Harbor o USA 190-191 E 2
Coppermine o CDN 174-175 M 2
Coppermine Point ▲ CDN 178-179 O 7
Coppermine River ~ CDN 174-175 M 2
Copper Mines • AUS 116-117 H 7
Copperneedle River ~ CDN 174-175 W 4
Copper River ~ USA 164-165 S 5
Copperton o ZA 156-157 F 4
Coqên o VRC 80-81 E 5
Coqueiro, Ribeiro ~ BR 214-215 J 5
Coqueiros, Ponta dos ▲ BR 212-213 L 5
Coqui o BR 210-211 E 3
Coquí o CO 204-205 C 5
Coquilhatville = Mbandaka ☆ ZRE 146-147 G 3
Coquille, La o F (24) 236-237 G 4
Coquimatlán o MEX 196-197 C 2
Coquimbo o RCH 220-221 B 5
Coquimbo, Bahía ≈ 220-221 B 5
Coquitlam o CDN 176-177 J 7
Corabia o RO 38-39 D 6
Coração de Jesus o BR 216-217 H 4
Coraci-Paraná, Rio ~ BR 212-213 E 3
Coracora o PE 208-209 F 9
Corail o RH 198-199 J 5
Corail, Bassin de = Coral Basin ≃ 110-111 K 3
Corail, Mer de = Coral Sea ≈ 9 G 4
Corais, Ilha dos ⌒ BR 218-219 F 5
Coralaque, Río ~ PE 214-215 B 5
Coral Basin = Corail, Bassin de ≃ 110-111 K 3
Coral Bay ≈ 96-97 B 8
Coral Harbour o CDN 180-181 H 2
Coral Heights o BS 198-199 G 2
Coralie o F (973) 245 I c 2
Coral Sea = Corail, Mer de ≈ 9 G 4
Corangamite, Lake ⊂⊃ AUS 116-117 G 5
Coranzuli o RA 220-221 D 2
Cora Trepadeira ~ BR 214-215 K 3
Coray o F (29) 230-231 D 3
Corazón, El o EC 208-209 C 2
Corbara, Couvent de • F (2B) 244 C 3
Corbeaux, Pointes des ▲ F (85) 236-237 A 2
Corbeil-Essonnes o F (91) 232-233 G 2
Corbeilles o F (45) 232-233 H 3
Corbenay o F (70) 234-235 J 6
Corbeny o F (02) 228-229 M 5
Corberon o F (21) 238-239 F 2
Corbett Inlet ≈ 174-175 X 4
Corbett National Park ⊥• IND 74-75 G 5
Corbie o F (80) 228-229 K 4
Corbières ∸ F 240-241 K 5
Corbigny o F (58) 232-233 K 5
Corbin o USA 190-191 F 7
Corbon o F (14) 228-229 D 5
Corby o GB 26-27 G 5
Corcaigh = Cork ☆ IRL 26-27 C 6
Corcieux o F (88) 234-235 K 5
Corconne o F (30) 242-243 D 4
Corcoran o USA 184-185 E 7
Corcoué-sur-Logne o F (44) 236-237 B 2
Corcovada, Park Nacional ⊥ CR 196-197 C 7
Corcovado o RA 222-223 D 7
Corcovado, Golfo ≈ 222-223 C 7
Corcovado, Volcán ▲ RCH 222-223 C 7
Corcubión o E 34-35 C 3
Corda, Ribeiro ~ BR 212-213 D 5
Corda, Rio ~ BR 212-213 F 5
Cordeiro o BR 216-217 J 7
Cordeiro, Rio ~ BR 212-213 K 6
Cordele o USA 192-193 G 4
Cordell o USA 188-189 H 2
Cordemais o F (44) 230-231 H 5
Cordes o• F (81) 240-241 H 2
Cordilheira o BR 218-219 D 8
Cordilheiras, Serra das ▲ BR 212-213 D 5
Cordillera Cantábrica ▲ E 34-35 D 3
Cordillera Central ▲ E 34-35 E 4
Cordillera Central ▲ RP 96-97 D 4
Cordillera de los Picachos, Parque Nacional ⊥ CO 204-205 D 6
Cordilleras Range ▲ RP 96-97 E 7
Cordillere Australienne = Great Dividing Range ▲ AUS 110-111 G 3
Cordisburgo o BR 216-217 H 5
Córdoba o••• E 34-35 E 6
Córdoba o MEX 196-197 F 2
Córdoba o RA 222-223 G 2
Córdoba ◻ RA 220-221 E 6
Córdoba ☆• RA 220-221 E 6
Córdoba, Sierra de ▲ RA 222-223 G 2
Cordobés, Arroyo del ~ ROU 222-223 M 2
Cordobés, Cerro ▲ RA 220-221 C 5
Cordón Alto ∸ RA 224 F 4
Cordón de las Llarretas ▲ RA 222-223 E 3
Cordon de Puntas Negras ▲ RCH 220-221 D 2
Cordón Seler ▲ RCH 224 D 3
Cordoue = Córdoba o•• E 34-35 E 6
Cordova o USA 164-165 S 6
Córdova, Península ⌣ RCH 224 D 6
Cordova Bay ≈ 176-177 D 4
Cordova Peak ▲ USA 164-165 S 6
Coreaú, Rio ~ BR 212-213 H 3
Corée, Détroit de = Korea Strait ≈ 88-89 C 8
Corée, Golfe de = Nishi Suidō ≈ 86-87 G 1
Corée, Golfe de = Korea Bay ≈ 86-87 D 8
Corée du Nord = Choson M.I.K. ■ DVR 86-87 G 7
Corée du Sud = Taehan-Min'guk ■ ROK 86-87 G 9
Corée Occidentale, Baie de = Sŏjosŏn Man ≈ 86-87 E 8
Corée Orientale, Baie de = Tongjosŏn Man ≈ 86-87 F 8
Coremas o BR 212-213 K 5
Corey, La o CDN 176-177 P 4
Corfield o AUS 114-115 G 1
Corgnac-sur-l'Isle o F (24) 236-237 G 5
Corguinho o BR 214-215 K 6
Coria o•• E 34-35 D 5
Coriabo o GUY 206-207 E 2
Coria del Río o E 34-35 D 6
Coribe o BR 216-217 H 2
Corico, Lago ⊂⊃ RCH 222-223 C 5
Coricó, Laguna ⊂⊃ RA 222-223 F 6
Coricudgy, Mount ▲ AUS 116-117 L 2
Co' Rinh, Ngoc ▲ VN 94-95 K 3
Corinna o AUS 116-117 H 6
Corinne o CDN 178-179 D 5
Corinth o USA (ME) 190-191 O 3
Corinth o USA (MS) 192-193 D 2
Corinthe, Golfe de = Korinthiakós Kólpos ≈ 36-37 J 5
Corinto o BR 216-217 H 5
Corinto o CO 204-205 C 6
Corinto o HN 196-197 K 4
Corinto o NIC 196-197 L 5
Corio Bay ≈ 114-115 L 2
Corisco, Baie de ≈ 146-147 B 3
Corisco o Mandyi, Isla de ⌒ GQ 146-147 B 3
Corixa Grande ~ BR 214-215 J 5
Corixão o BR 214-215 J 6
Corixão, Rio ~ BR 214-215 J 6
Cork o AUS 114-115 G 2
Cork ☆ IRL 26-27 C 6
Corlay o F (22) 230-231 E 3
Corleone o I 36-37 D 6
Çorlu ☆ TR 64-65 B 2
Cormainville o F (28) 232-233 F 3
Cormatin o F (71) 238-239 F 3
Corme e Laxe, Ría de ≈ 34-35 C 3
Cormeilles o F (27) 228-229 E 5
Corme-Royal o F (17) 236-237 D 4
Cormery o F (37) 232-233 D 5
Cormontreuil o F (51) 234-235 E 3
Cormorant o CDN 178-179 F 3
Cormorant Forest Reserve ⊥ CDN 178-179 F 3
Cormorant Lake ⊂⊃ CDN 178-179 F 3
Cormost o F (10) 234-235 E 5
Cormoz o F (01) 238-239 G 4
Čornae, vozero ⊂⊃ BY 30-31 J 5
Čornaja ~ RUS 24-25 Y 2
Čornaja ~ RUS 24-25 Y 2
Cornate, le ▲ I 36-37 C 3
Corné o F (49) 230-231 L 5
Cornelia o ZA 156-157 J 3
Cornelio o MEX 194-195 D 3
Cornélio Procópio o BR 216-217 E 7
Cornelius Grinnell Bay ≈ 180-181 R 3
Cornell o USA 190-191 C 3
Cornell Gletscher ⊂ GRØ 170-171 W 6
Čorne more ≈ 38-39 G 5
Corner Brook o CDN 182-183 Q 4
Corner Inlet ≈ 116-117 J 5
Corniche des Cévennes • F (48) 242-243 D 3
Cornil o F (19) 236-237 J 5
Cornimont o F (88) 234-235 K 6
Corning o USA (AR) 188-189 M 1
Corning o USA (CA) 184-185 C 6
Corning o USA (IA) 186-187 K 5
Corning o USA (KS) 186-187 K 6
Corning o USA (NY) 190-191 K 4
Cornish, Mount ▲ AUS 108-109 H 6
Cornish Creek ~ AUS 114-115 H 2
Corn Islands = Islas del Maíz ⌒ NIC 196-197 C 5
Čornobyl' o UA 38-39 G 2
Čornomors'ke ☆ UA 38-39 H 5
Cornouaille ∸ F (29) 230-231 C 3
Cornouaille, Côte de ⌣ F (29) 230-231 C 4
Cornus o F (12) 242-243 C 4
Cornwall o BS 198-199 G 2
Cornwall o CDN 182-183 G 6
Cornwall ∸ GB 26-27 E 6
Cornwall Coast ⌣•• GB 26-27 E 6
Cornwallis Island ⌒ CDN 168-169 Y 3
Cornwall Island ⌒ CDN 168-169 Y 2
Čornyj Čeremoš ~ UA 38-39 D 3
Corny-sur-Moselle o F (57) 234-235 J 3
Coro ☆•• YV 204-205 G 2
Coro, Golfete de ≈ 204-205 F 2
Coro, Ilha do ⌒ BR 210-211 F 3
Coro, Raudal ~ CO 210-211 B 3
Coroa, Cachoeira de ~ BR 212-213 E 5
Coroatá o BR 212-213 F 4
Corocoro o BOL 214-215 C 5
Corogne, La = Coruña, A ☆•• E 34-35 C 3
Coroico o BOL 214-215 D 5
Coroico, Río ~ BOL 214-215 D 4
Corojal, El o C 198-199 E 3
Coromandel o BR 216-217 G 5
Coromandel o NZ 118 E 2
Coromandel, Côte de = Coromandel Coast ⌣ IND 76-77 J 6
Coromandel Coast ⌣•• IND 76-77 J 6
Coromandel Peninsula ⌣•• NZ 118 E 2
Coron o RP 96-97 D 7
Corona o USA 188-189 E 2
Corona, Cerro ▲ RA 222-223 D 6
Corona, Río ~ MEX 194-195 K 6
Coronado, Bahía de ≈ 196-197 C 7
Coronado National Monument • USA 188-189 B 4
Coronation o CDN 176-177 P 5
Coronation Gulf ≈ 168-169 P 6
Coronation Island ⌒ ARK 16 G 32
Coronation Islands ⌒ AUS 108-109 G 3
Coronation Island Wilderness ⊥ USA 176-177 C 4
Coron Bay ≈ 96-97 D 7
Coronda o RA 220-221 G 6
Coronel o RCH 222-223 C 4
Coronel Bogado o PY 220-221 J 4
Coronel Dorrego o RA 222-223 J 5
Coronel Martinez o PY 220-221 J 3
Coronel Moldes o RA 222-223 G 2
Coronel Oviedo ☆ PY 220-221 J 3
Coronel Pringles o RA 222-223 J 4
Coronel Rodolfo Bunge o RA 222-223 J 4
Coronel Sapucaia o BR 220-221 K 2
Coronel Suárez o RA 222-223 J 4
Coronel Vidal o RA 222-223 L 4
Coronel Vivida o BR 218-219 D 5
Corong, Etang du ⊂⊃ F (22) 230-231 E 3
Coroni Bird Sanctuary ⊥ TT 204-205 L 2
Coron Island ⌒ RP 96-97 D 7
Corowa-Wahgunyah o AUS 116-117 J 4
Corozal o BH 196-197 K 2
Corozal o YV 204-205 K 4
Corozo, El o YV 204-205 J 3
Corps o F (38) 242-243 H 2
Corps-Nuds o F (35) 230-231 H 4
Corpus Christi o USA 188-189 J 6
Corpus Christi, Lake ⊂⊃ USA 188-189 J 5
Corpus Christi Bay ≈ 188-189 J 6
Corque o BOL 214-215 D 6
Corral o RCH 222-223 C 5
Corral de Bustos o RA 222-223 H 2
Corralejo o E 124-125 E 6
Corrales o CO 204-205 E 5
Corrales, Los (Los Corrales de Buelna) o E 34-35 E 3
Corralillo o C 198-199 E 3
Corrane o MOC 154-155 K 2
Corrano o F (2A) 244 D 5
Corre o F (70) 234-235 H 6
Corregidor Island ⌒ RP 96-97 D 5
Córrego do Ouro o BR 216-217 E 4
Córrego Novo o BR 212-213 E 4
Correia Pinto o BR 218-219 E 6
Corrente o BR 212-213 F 7
Corrente, Rio ~ BR 212-213 F 5
Corrente, Rio ~ BR 212-213 G 4
Corrente, Rio ~ BR 216-217 E 5
Corrente, Rio ~ BR 216-217 J 2
Correntes o BR 212-213 K 6
Correntes, Riachão ~ BR 212-213 H 4
Correntina o BR 216-217 H 2
Correntinho o BR 212-213 F 4
Correntoso o RA 222-223 D 6
Corrèze o F (19) 236-237 J 5
Corrèze ◻ F (19) 236-237 H 5
Corrèze ~ F (19) 236-237 J 5
Corrib, Lough ⊂⊃ IRL 26-27 C 5
Corrida de Cori ▲ RA 220-221 C 3
Corrie Downs o AUS 114-115 F 2
Corrientes ◻ RA 220-221 H 5
Corrientes ☆ RA 220-221 H 4
Corrientes, Bahía de ≈ 198-199 C 4
Corrientes, Cabo ▲ C 198-199 C 4
Corrientes, Cabo ▲ CO 204-205 C 5
Corrientes, Cabo ▲ MEX 196-197 B 1
Corrientes, Rio ~ PE 208-209 E 3
Corrientes, Río ~ RA 220-221 H 5
Corrigan o USA 188-189 K 4
Corrigin o AUS 112-113 D 6
Corroy o F (51) 232-233 K 2
Corry o USA 190-191 J 5
Corryong o AUS 116-117 J 4
Corsavy o F (66) 240-241 K 6
Corse ◻ F (20) 244 C 3
Corse ⌒ F (20) 244 E 4
Corse, Cap ▲ F (2B) 244 D 2
Corse, Parc Naturel Régional de la ⊥ F 244 C 4
Corse-du-Sud ◻ F (2A) 244 C 4
Corsicana o USA 188-189 J 3
Cortadera, La o RA 222-223 E 4
Cortaderal, Cerro ▲ RCH 220-221 C 3

Cortaderas, Pampa de ⊥ **PE** 214-215 A 5
Corte o • **F** (2B) 244 D 4
Cortegana o **E** 34-35 D 6
Cortez o **USA** 188-189 C 1
Cortina d' Ampezzo o **I** 36-37 D 1
Čortkiv ☆ **UA** 38-39 D 3
Cortland o **USA** (NE) 186-187 J 5
Cortland o **USA** (NY) 190-191 K 4
Cortona o • **I** 36-37 C 3
Coruage, Cachoeira ~ **BR** 212-213 B 4
Corubal, Rio ~ **GNB** 138-139 C 4
Coruche o **P** 34-35 C 5
Çoruh Nehri ~ **TR** 64-65 J 2
Çoruh Neri ~ **TR** 64-65 J 2
Çorum ☆ • **TR** 64-65 F 2
Coruma o **BR** 206-207 J 6
Corumbá o **BR** 214-215 J 6
Corumba, Rio ~ **BR** 216-217 G 4
Corumbá de Goiás o **BR** 216-217 F 3
Corumbaíba o **BR** 216-217 F 5
Corumbaú, Ponta de ▲ **BR** 216-217 L 4
Corumbiara Antigo, Rio ~ **BR** 214-215 G 3
Coruña, A ☆ •• **E** 34-35 C 3
Corunna North ▲ **AUS** 116-117 D 2
Čoruoda ~ **RUS** 54-55 K 7
Corupá o **BR** 218-219 F 6
Coruto, Laguna o **BOL** 220-221 D 2
Corutuba, Rio ~ **BR** 216-217 J 3
Corvallis o **USA** 184-185 C 3
Corvées-les-Yys, Les o **F** (28) 232-233 E 3
Corvette, Rivière ~ **CDN** 182-183 G 2
Corvol-l'Orgueilleux o **F** (58) 232-233 J 5
Corwen o **GB** 26-27 F 5
Corwin o **USA** 164-165 H 2
Corwin, Cape ▲ **USA** 166-167 O 3
Cory Bay ≈ 180-181 M 2
Corydon o **USA** (IA) 186-187 L 5
Corydon o **USA** (IN) 190-191 E 6
Cosa • **I** 36-37 C 3
Cosamaloapan o **MEX** 196-197 G 2
Cosapa o **BOL** 214-215 C 6
Cosapilla o **RCH** 214-215 C 5
Coscaya o **RCH** 214-215 C 6
Cosenza o **I** 36-37 F 5
Coşeşti o **RO** 38-39 D 5
Coshocton o **USA** 190-191 H 5
Cosigüina, Punta ▲ **NIC** 196-197 L 5
Cosigüina, Volcán ▲ **NIC** 196-197 L 5
Cosmoledo Atoll ⊥ **SY** 158-159 E 2
Cosmo Newbery Aboriginal Land X **AUS** 112-113 G 4
Cosmo Newbery Mission X **AUS** 112-113 G 4
Cosmópolis o **BR** 216-217 G 7
Cosnardière, la o **F** (50) 228-229 A 5
Cosne-Cours-sur-Loire o **F** (58) 232-233 H 5
Cosne-d'Allier o **F** (03) 236-237 L 3
Cosoleacaque o **MEX** 196-197 G 2
Cossaye o **F** (58) 238-239 C 3
Cossé-le-Vivien o **F** (53) 230-231 K 4
Cosson ~ **F** (41) 232-233 E 4
Cosson ~ **F** (45) 232-233 G 4
Costa, Cordillera de la ▲ **RCH** 222-223 C 4
Costa, La o **MEX** 196-197 J 1
Costa, Ponta do ▲ **BR** 206-207 J 3
Costa Blanca ⌣ **E** 34-35 G 6
Costa Brava ⌣ **E** 34-35 J 4
Costa da Cadeia o **BR** 218-219 E 7
Costa Daurada ⌣ **E** 34-35 H 4
Costa de Araujo o **RA** 222-223 E 2
Costa de la Luz ⌣ **E** 34-35 D 6
Costa del Sol ⌣ **E** 34-35 E 6
Costa de Prata ⌣ **P** 34-35 C 5
Costa Marques o **BR** 214-215 E 3
Costa Rica o **BR** 216-217 D 5
Costa Rica o **C** 198-199 H 4
Costa Rica = Costa Rica ■ **CR** 196-197 B 7
Costaros o **F** (43) 242-243 D 2
Costa Vasca ⌣ **E** 34-35 F 3
Costa Verde ⌣ **E** 34-35 D 3
Coster, Cap ▲ **F** (988) 247 I f 3
Costera del Golfo, Llanura ⌣ **MEX** 194-195 K 5
Costera del Pacífico, Llanura ⌣ **MEX** 194-195 D 3
Costeşti o **MD** 38-39 E 4
Costeşti o **RO** 38-39 D 5
Costilla o **USA** 188-189 E 1
Cota o **CO** 204-205 D 5
Cotabambas o **PE** 208-209 F 8
Cotabato City ☆ **RP** 96-97 F 9
Cotacachi, Cerro ▲ **EC** 208-209 C 1
Cotacachi-Cayapas, Reserva Ecológica ⊥ **EC** 208-209 C 1
Cotacajes, Río ~ **BOL** 214-215 D 5
Cotagaita o **BOL** 214-215 E 7
Cotahuasi o **PE** 208-209 F 9
Cotahuasi, Río ~ **PE** 208-209 F 9
Cotaxe, Rio ~ **BR** 216-217 K 5
Cotazar o **MEX** 196-197 D 1
Cote 304 • **F** (55) 234-235 G 3
Coteau, Le o **F** (42) 238-239 E 4
Coteau des Prairies ▲ **USA** 186-187 J 3
Coteau du Missouri ▲ **USA** 186-187 G 1
Côteaux o **RH** 198-199 H 5
Côte d'Amour ⌣ **F** (44) 230-231 G 5
Côte d'Argent ⌣ **F** 240-241 A 4
Côte d'Azur ⌣ • **F** 242-243 K 5
Côte de Jade ⌣ **F** (44) 230-231 G 5
Côte des Deux Amants ⊥ • **F** (27) 228-229 G 5
Côte-d'Ivoire = Côte-d'Ivoire ■ **CI** 138-139 G 5
Côte-d'Or ◘ **F** (21) 238-239 E 2
Côte-d'Or ◘ **F** (21) 238-239 G 1
Côte d'Or ▲ **F** (21) 238-239 F 2
Côte Fleurie ⌣ **F** (14) 228-229 D 5
Cotejipe o **BR** 216-217 H 2
Côte Nord ⊥ **CDN** 182-183 L 3
Cotentin ⌣ **F** (50) 228-229 A 5
Côte-Saint-André, La o **F** (38) 242-243 G 1
Côte Sauvage ⊥ **F** (17) 236-237 C 4
Côtes-d'Arey, Les o **F** (38) 242-243 F 1
Côtes-d'Armor ◘ **F** (22) 230-231 E 3
Côtes de Fer o **RH** 198-199 J 5
Coti, Rio ~ **BR** 210-211 E 7
Cotia o **BR** 216-217 G 7
Cotia, Rio ~ **BR** 210-211 E 7
Coti-Chiavari o **F** (2A) 244 C 5
Côtières, Chaînes = Coast Mountains ▲ **CDN** 176-177 D 2
Cotignac o **F** (83) 242-243 J 4
Cotija de la Paz o **MEX** 196-197 C 2
Cotingo, Rio ~ **BR** 206-207 D 3
Cotinière, La o **F** (17) 236-237 C 4
Coto de Doñana, Parque Nacional ⊥ **E** 34-35 D 6
Cotonou ☆ **DY** 140-141 E 5
Cotopaxi o **USA** 186-187 E 6
Cotopaxi, Volcán ▲ **EC** 208-209 C 2
Cotorro o **C** 198-199 D 3
Cotovelo, Corredeira do ~ **BR** 210-211 H 6
Cotronei o **I** 36-37 F 5
Cottage Grove o **USA** (MN) 186-187 L 3
Cottage Grove o **USA** (OR) 184-185 C 4
Cottar's Mara Camp o **EAK** 148-149 E 4
Cottbus o **D** 28-29 N 3
Cotter, Cap ▲ **F** (984) 246 III d 3
Cotton o **USA** 186-187 L 2
Cottonbush Creek ~ **AUS** 114-115 E 2
Cottondale o **USA** 192-193 F 4
Cottonwood o **CDN** 176-177 J 5
Cottonwood o **USA** (AZ) 184-185 H 8
Cottonwood o **USA** (CA) 184-185 C 5
Cottonwood o **USA** (ID) 184-185 F 2
Cottonwood River ~ **USA** 186-187 K 3
Cotuhe, Río ~ **PE** 210-211 B 4
Cotuí ☆ **DOM** 198-199 K 5
Cotulla o **USA** 188-189 H 5
Cou, Col de ▲ **F** (74) 238-239 J 4
Couarde-sur-Mer, La o **F** (17) 236-237 C 3
Coubert o **F** (77) 232-233 H 2
Coubre, Pointe de la ▲ **F** (17) 236-237 C 4
Couches o **F** (71) 238-239 F 3
Couchman Range ▲ **AUS** 108-109 H 3
Coucouron o **F** (07) 242-243 D 2
Coucy-le-Château-Auffrique o **F** (02) 228-229 L 4
Coudekerque-Branche o **F** (59) 228-229 J 1
Coudons o **F** (11) 240-241 J 5
Coudray o **F** (53) 230-231 K 4
Coudray-Montpensier, le • **F** (37) 230-231 M 5
Coudray-Saint-Germer, Le o **F** (60) 228-229 H 5
Coudrecieux o **F** (72) 232-233 D 4
Coudres o **F** (27) 232-233 E 2
Coudres, Île aux ∧ **CDN** 182-183 J 5
Coudures o **F** (40) 240-241 C 3
Couëron o **F** (44) 230-231 H 5
Couesnon ~ **F** (35) 230-231 J 3
Couffy-sur-Sarsonne o **F** (19) 236-237 K 4
Couflens o **F** (09) 240-241 G 5
Cougnac, Grottes de • **F** (46) 236-237 H 6
Couhé o **F** (86) 236-237 F 3
Couilly-Pont-aux-Dames o **F** (77) 232-233 H 2
Couiza o **F** (11) 240-241 J 5
Coulanges-la-Vineuse o **F** (89) 232-233 K 4
Coulanges-sur-Yonne o **F** (89) 232-233 K 4
Coulans-sur-Gée o **F** (72) 230-231 L 3
Coulans-sur-Gée o **F** (72) 230-231 M 3
Coulaures o **F** (24) 236-237 G 5
Couledoux o **F** (31) 240-241 F 5
Coulee City o **USA** 184-185 E 2
Couleuvre o **F** (03) 236-237 L 2
Coullons o **F** (45) 232-233 G 4
Coulman Island ∧ **ARK** 16 F 18
Coulmier-le-Sec o **F** (21) 238-239 E 1
Couloir 1 < **DZ** 126-127 G 7
Coulombiers o **F** (86) 236-237 F 3
Coulomb Point ▲ **AUS** 108-109 F 4
Coulombs-en-Valois o **F** (77) 228-229 L 5
Coulomby o **F** (62) 228-229 J 2
Coulommiers o **F** (77) 232-233 J 2
Coulon o **F** (79) 236-237 D 3
Coulon ~ **F** (84) 242-243 G 4
Coulonge, Rivière ~ **CDN** 182-183 F 5
Coulonges-sur-l'Autize o **F** (79) 236-237 D 3
Coulta o **AUS** 116-117 C 3
Coulterville o **USA** 190-191 D 6
Council o **USA** (AK) 164-165 J 4
Council o **USA** (ID) 184-185 F 3
Council Bluffs o **USA** 186-187 K 5
Council Grove o **USA** 186-187 J 6
Council Grove Lake o **USA** 186-187 J 6
Counselors o **USA** 188-189 D 1
Country Force Base Suffield xx **CDN** 176-177 P 6
Coupe, Cap ▲ **F** (975) 245 II b 2
Coupru o **F** (02) 228-229 L 5
Couptrain o **F** (53) 230-231 L 3
Courageous Lake o **CDN** 174-175 O 3
Courances o **F** (91) 232-233 G 3
Courant o **F** (17) 236-237 D 3
Courantyne ~ **GUY** 206-207 F 4
Courban o **F** (21) 234-235 F 6
Courbet, Péninsule ⌣ **F** (984) 246 III d 3
Courcelles-Chaussy o **F** (57) 234-235 J 3
Courcelles-la-Forêt o **F** (72) 230-231 L 4
Courcemont o **F** (72) 230-231 M 3
Courchaton o **F** (70) 238-239 K 1
Courchevel o • **F** (73) 242-243 K 1
Cour-Cheverny o **F** (41) 232-233 E 4
Courcôme o **F** (16) 236-237 F 4
Courçon o **F** (17) 236-237 D 3
Courcy-aux-Loges o **F** (45) 232-233 G 3
Cour-et-Buis o **F** (38) 242-243 G 1
Courgains o **F** (72) 230-231 M 3
Courgenard o **F** (72) 232-233 D 3
Courjeonnet o **F** (51) 232-233 K 2
Courmayeur o **I** 36-37 A 2
Courmelles o **F** (02) 228-229 L 5
Courmont o **F** (02) 228-229 M 5
Courniou o **F** (34) 240-241 K 4
Cournon-d'Auvergne o **F** (63) 238-239 C 5
Cournonterral o **F** (34) 242-243 D 4
Couronne, La o **F** (16) 236-237 F 4
Courpière o **F** (63) 238-239 D 5
Courpignac o **F** (17) 236-237 E 5
Cours o **F** (46) 240-241 H 1
Coursan o **F** (11) 240-241 L 4
Coursegoules o **F** (06) 242-243 L 4
Cours-la-Ville o **F** (69) 238-239 E 4
Courson-les-Carrières o **F** (89) 232-233 K 4
Courtalain o **F** (28) 232-233 E 3
Courtangis • **F** (72) 232-233 D 3
Courtenay o **CDN** 176-177 H 7
Courtenay o **F** (45) 232-233 J 3
Courtenay o **USA** 186-187 H 2
Courthézon o **F** (84) 242-243 F 3
Courtils o **F** (50) 230-231 J 2
Courtine, La o **F** (23) 236-237 K 4
Courtis River ~ **CDN** 168-169 c 7
Courtomer o **F** (61) 230-231 M 2
Courtright o **CDN** 182-183 C 7
Courville-sur-Eure o **F** (28) 232-233 E 3
Cousance o **F** (39) 238-239 G 3
Coushatta o **USA** 188-189 L 3
Cousin ~ **F** (58) 232-233 K 5
Cousolre o **F** (59) 228-229 N 3
Coussac-Bonneval o **F** (87) 236-237 H 4
Coussay o **F** (86) 236-237 F 2
Coussay-les-Bois o **F** (86) 236-237 G 2
Cousseau, Etang de ⊝ **F** (33) 236-237 C 5
Coussegrey o **F** (10) 234-235 E 6
Coussey o **F** (88) 234-235 H 5
Coustellet o **F** (84) 242-243 G 4
Coustouges o **F** (66) 240-241 K 6
Coutances o **F** (50) 228-229 B 5
Couterne o **F** (61) 230-231 L 2
Couto de Magalhães, Rio ~ **BR** 216-217 D 2
Couto de Magalhães de Minas o **BR** 216-217 J 5
Coutras o **F** (33) 236-237 E 5
Coutts o **CDN** 176-177 P 7
Couture, Lac ⊝ **CDN** 180-181 M 4
Coutures o **F** (49) 230-231 L 5
Couvertoirade, La o **F** (12) 242-243 C 4
Couvron-et-Aumencourt o **F** (02) 228-229 M 4
Coux-et-Bigaroque o **F** (24) 236-237 G 6
Couze d'Ardes ~ **F** (15) 236-237 M 5
Couze de Chambon ~ **F** (63) 236-237 M 4
Couze-et-Saint-Front o **F** (24) 236-237 G 6
Cova Figueira o **CV** 138-139 B 6
Covè o **DY** 140-141 E 5
Cove Fort o **USA** 184-185 H 6
Coventry o **GB** 26-27 G 5
Coventry Lake o **CDN** 174-175 R 5
Cove Palisades State Park, The ⊥ • **USA** 184-185 D 3
Covilhã o **P** 34-35 D 4
Covington o **USA** (GA) 192-193 G 3
Covington o **USA** (KY) 190-191 F 6
Covington o **USA** (LA) 188-189 M 4
Covington o **USA** (MI) 190-191 D 2
Covington o **USA** (TN) 192-193 D 2
Covington o **USA** (VA) 190-191 H 7
Covunco, Arroyo ~ **RA** 222-223 E 5
Cowal, Lake o **AUS** 116-117 J 2
Cowal Creek X **AUS** 110-111 G 2
Cowan o **CDN** 178-179 F 4
Cowan, Cerro ▲ **EC** 208-209 B 10
Cowan, Lake o **AUS** 112-113 G 5
Cowan Downs o **AUS** 110-111 F 6
Cowan Hill ▲ **AUS** 112-113 F 5
Cowansville o **CDN** 182-183 H 6
Coward Springs o **AUS** 114-115 D 5
Cowcowing Lakes o **AUS** 112-113 D 5
Cow Creek o **USA** (WY) 186-187 E 4
Cow Creek ~ **USA** 184-185 E 2
Cowell o **AUS** 116-117 D 2
Cowichan Lake o **CDN** 176-177 H 7
Cowie Point ▲ **CDN** 168-169 c 7
Cowlitz River ~ **USA** 184-185 C 2
Cowra o **AUS** 116-117 K 2
Cowwal ~ **GUY** 206-207 F 3
Cox o **F** (31) 240-241 G 3
Coxilha de Santana ▲ **BR** 220-221 J 5
Coxim o **BR** 214-215 K 6
Cox Island ∧ **CDN** 180-181 K 5
Cox River o **AUS** 110-111 C 4
Cox's Bazar o • **BD** 78-79 H 5
Cox's Cove o **CDN** 182-183 P 4
Coxs Creek ~ **AUS** 114-115 K 6
Coyaguaima, Cerro ▲ **RA** 220-221 D 2
Coyah o **RG** 138-139 D 5
Coyaima o **CO** 204-205 D 6
Coyame o **MEX** 194-195 G 3
Coyoacan o **MEX** 196-197 E 2
Coyolate, Río ~ **GCA** 196-197 J 4
Coyolito o **HN** 196-197 L 5
Coyote o **USA** 188-189 E 3
Coyote, Bahía ≈ 194-195 D 5
Coyote, Río ~ **MEX** 194-195 C 2
Coyotes Indian Reservation, Los X **USA** 184-185 F 9
Coyotitán o **MEX** 194-195 F 6
Coyte, El o **RA** 224 E 2
Coyuca de Benítez o **MEX** 196-197 D 3
Cozes o **F** (17) 236-237 D 4
Cozumel o • **MEX** 196-197 L 1
Cozumel, Isla del ∧ •• **MEX** 196-197 L 1
Cozzano o **F** (2A) 244 D 5
Crabwood Creek o **GUY** 206-207 F 3
Crac'h o **F** (56) 230-231 E 4
Cracovie = Kraków ☆ ••• **PL** 28-29 P 3
Cracow o **AUS** 114-115 L 3
Cradle Mountain Lake St. Clair National Park ⊥ **AUS** 116-117 H 6
Cradle Valley o **AUS** 116-117 H 6
Cradock o **AUS** 116-117 E 2
Cradock o **ZA** 156-157 G 6
Craig o **USA** (AK) 176-177 D 4
Craig o **USA** (CO) 186-187 D 5
Craigend o **CDN** 176-177 P 4
Craig Harbour o **CDN** 168-169 f 3
Craigie o **AUS** 110-111 H 6
Craigieburn o **AUS** 116-117 H 4
Craigmore o **CDN** 182-183 O 6
Craignure o **GB** 26-27 E 3
Craik o **CDN** 178-179 D 5
Craiova ☆ • **RO** 38-39 C 5
Cramond o **ZA** 156-157 E 3
Cranberry Junction o **CDN** 176-177 F 4
Cranberry Portage o **CDN** 178-179 F 3
Cranbourne o **AUS** 116-117 H 5
Cranbrook o **AUS** 112-113 D 7
Cranbrook o **CDN** 176-177 N 7
Crane o **USA** (OR) 184-185 E 4
Crane o **USA** (TX) 188-189 F 4
Crane Lake ⊝ **CDN** 176-177 Q 6
Cransac o **F** (12) 240-241 J 1
Cranston o **USA** 190-191 N 5
Cranstown, Kap ▲ **GRØ** 170-171 X 8
Cranswick River ~ **CDN** 164-165 Y 4
Craon o **F** (53) 230-231 K 4
Craonne o **F** (02) 228-229 M 5
Crapaud, Puy ▲ **F** (85) 236-237 D 2
Crapaud, Rocher du • **F** (29) 230-231 B 3
Craponne-sur-Arzon o **F** (43) 242-243 D 1
Crary Mountains ▲ **ARK** 16 F 25
Crasna ~ **RO** 38-39 C 4
Cratère, Bassin du ≈ 246 VI
Cratères, Mont des ▲ **F** (984) 246 IV a 1
Crater Lake o **USA** 184-185 C 4
Crater Lake ⊥ • **WAN** 140-141 K 3
Crater Lake National Monument ∴ **USA** 184-185 C 4
Crater Lake National Park ⊥ •• **USA** 184-185 C 4
Crater Mountain ▲ **USA** 164-165 M 5
Crater of Diamonds State Park ∴ **USA** 188-189 L 2
Craters of the Moon National Monument ∴ **USA** 184-185 H 4
Cratéus o **BR** 212-213 H 4
Crati ~ **I** 36-37 F 5
Crato o **BR** 212-213 J 5
Crau, La o **F** (83) 242-243 J 5
Crau, Plaine de la ⌣ **F** (13) 242-243 F 4
Crauford, Cape ▲ **CDN** 168-169 e 4
Cravant-les-Côteaux o **F** (37) 230-231 M 5
Cravari ou Curucuinazá, Rio ~ **BR** 214-215 J 3
Craven o **CDN** 178-179 D 5
Cravo Norte o **CO** 204-205 F 4
Crawford o **USA** (GA) 192-193 G 3
Crawford o **USA** (NE) 186-187 F 4
Crawfordsville o **USA** 190-191 E 5
Crazannes • **F** (17) 236-237 D 4
Crazy Peak ▲ **USA** 184-185 J 2
Crèche, La o **F** (79) 236-237 E 3
Crêches-sur-Saône o **F** (71) 238-239 F 4
Crécy-en-Ponthieu o **F** (80) 228-229 H 3
Crécy-sur-Serre o **F** (02) 228-229 M 4
Creede o **USA** 186-187 D 7
Creek Town o **WAN** 140-141 H 6
Creel o • **MEX** 194-195 F 4
Cree Lake ⊝ **CDN** 178-179 C 2
Creen Lake ⊝ **CDN** 178-179 C 3
Créhange o **F** (57) 234-235 K 3
Creil o **F** (60) 228-229 J 5
Crémieu o **F** (38) 238-239 G 5
Cremona o **CDN** 176-177 N 6
Cremona ☆ **I** 36-37 C 2
Créon o **F** (33) 236-237 E 6
Créon-d'Armagnac o **F** (40) 240-241 D 3
Crepori, Rio ~ **BR** 210-211 J 6
Crépy o **F** (02) 228-229 M 4
Crépy-en-Valois o **F** (60) 228-229 K 5
Cres o **HR** 36-37 E 2
Cres ⊥ **HR** 36-37 E 2
Crès, Le o **F** (34) 242-243 D 4
Cresbard o **USA** 186-187 H 3
Crescent o **USA** 184-185 D 4
Crescent, La o **USA** 190-191 C 4
Crescent City o **USA** (CA) 184-185 B 5
Crescent City o **USA** (FL) 192-193 H 5
Crescent Group = Yongle Qundao ∧ **VRC** 94-95 L 2
Crescent Head o **AUS** 114-115 M 6
Crescent Junction o **USA** 186-187 C 6
Crespian o **F** (30) 242-243 E 4
Crespo o **RA** 222-223 J 2
Cressanges o **F** (03) 236-237 M 3
Cressensac o **F** (46) 236-237 J 5
Cressia o **F** (39) 238-239 G 3
Crest o **F** (26) 242-243 G 2
Crested Butte o **USA** 186-187 D 6
Crestet, Le o **F** (07) 242-243 F 1
Creston o **CDN** 176-177 M 7
Creston o **USA** (IA) 186-187 K 5
Creston o **USA** (WY) 186-187 D 5
Crestón, Cerro ▲ **RA** 220-221 E 3
Crestview o **USA** 192-193 E 4
Creswell Bay ≈ 168-169 Z 4
Creswell Downs o **AUS** 110-111 C 5
Crete o **USA** 186-187 J 5
Crète = Kriti ∧ **GR** 36-37 K 7
Crète, Mer de = Kritiko Pélagos ≈ 36-37 J 6
Créteil o **F** (94) 232-233 G 2
Crêt Monniot ▲ **F** 238-239 J 2
Creully o **F** (14) 228-229 C 5
Creus, Cap de ▲ **E** 34-35 J 3
Creuse ◘ **F** (23) 236-237 J 3
Creuse ~ **F** (23) 236-237 J 3
Creusot, Le o **F** (71) 238-239 E 3
Creutzwald o **F** (57) 234-235 K 3
Creux-de-la-Thine, le o **F** (26) 242-243 F 1
Crevant o **F** (36) 236-237 J 3
Crevant-Laveine o **F** (63) 238-239 C 5
Crèvecœur-le-Grand o **F** (60) 228-229 J 4
Crèvecœur-sur-l'Escaut o **F** (59) 228-229 L 3
Crévin o **F** (35) 230-231 H 4
Crévy, Château du • **F** (56) 230-231 G 4
Crewe o **GB** 26-27 F 5
Criaba, Rio ~ **BR** 214-215 J 4
Criciúma o **BR** 218-219 F 7
Crieff o **GB** 26-27 F 3
Criel-sur-Mer o **F** (76) 228-229 G 3
Crikvenica o **HR** 36-37 E 2
Crillon o **F** (60) 228-229 H 4
Crimée = Krym ⊥ **UA** 38-39 H 5
Crimée = Krym, Respublika ◘ **UA** 38-39 H 5
Criminosa, Cachoeira ~ **BR** 206-207 D 6
Criminosa, Cachoeira ~ **BR** 214-215 E 2
Crimson Cliffs ▲ **GRØ** 170-171 R 5
Crinchon ~ **F** (62) 228-229 K 3
Criolla, Cerro la ▲ **RA** 224 E 5
Cripple o **USA** 164-165 M 5
Cripple Creek o **USA** 186-187 E 6
Criquetot-l'Esneval o **F** (76) 228-229 E 4
Criş, Chişineu- o **RO** 38-39 B 4
Crisfield o **USA** 190-191 L 7
Crisóstomo, Ribeiro ~ **BR** 212-213 C 7
Crispín, El o **RA** 220-221 F 6
Cristais, Serra dos ▲ **BR** 216-217 G 4
Cristal, Monts de ▲ **G** 146-147 C 3
Cristal, Musée du • **F** (54) 234-235 K 5
Cristalândia o **BR** 212-213 D 7
Cristalina o **BR** 216-217 G 4
Cristalino, Rio ~ **BR** 210-211 K 7
Cristalino, Rio ~ **BR** 216-217 E 2
Cristiano Muerto, Arroyo ~ **RA** 222-223 K 5
Cristianópolis o **BR** 216-217 F 4
Cristianos, Los o **E** 124-125 C 6
Cristo, El o **YV** 204-205 K 4
Cristobal, Punta ▲ **EC** 208-209 B 10
Cristóbal Cólon, Pico ▲ •• **CO** 204-205 E 2
Cristoffel, Nationaal Reservaat ⊥ **NL** 204-205 G 1
Cristópolis o **BR** 216-217 H 2
Cristovão Pereira, Ponta ▲ **BR** 218-219 E 8
Criterion, Cerro ▲ **PE** 208-209 E 9
Crixás o **BR** 216-217 F 3
Crixás, Rio ~ **BR** 212-213 D 7
Crixas Açu, Rio ~ **BR** 216-217 E 2
Crixas Mirim, Rio ~ **BR** 216-217 E 2
Crna gora = Monténégro ◘ **YU** 36-37 G 3
Crni vrh ▲ **BIH** 36-37 F 2
Croajingolong National Park ⊥ **AUS** 116-117 K 4
Croatá o **BR** 212-213 H 4
Croatie = Hrvatska ■ **HR** 36-37 E 2
Crocker, Banjaran ▲ **MAL** 96-97 A 10
Crocker Range National Park ⊥ **MAL** 96-97 B 10
Crockett o **USA** 188-189 K 4
Crocodile Camp o **EAK** 148-149 G 5
Crocodile Farm • **AUS** 108-109 K 2
Crocodiles • **BF** 138-139 J 3
Crocq o **F** (23) 236-237 K 4
Croc Sparboine ~ **F** (973) 245 I a 2
Crocy o **F** (14) 230-231 L 2
Crofton o **USA** 186-187 J 4
Croher River ~ **CDN** 168-169 M 6
Croisette, Cap ▲ **F** (13) 242-243 G 5
Croisic, le o **F** (44) 230-231 F 5
Croisic, Pointe du ▲ **F** (44) 230-231 F 5
Croisilles o **F** (62) 228-229 K 3
Croisille-sur-Briance, la o **F** (87) 236-237 J 4
Croismare o **F** (54) 234-235 K 4
Croissant-Marie-Jaffré o **F** (29) 230-231 D 3
Croissy-sur-Selle o **F** (60) 228-229 J 4
Croix, Lac à la ⊝ **CDN** 182-183 J 3
Croix aux Carmes, Mont de la • **F** 234-235 H 4
Croix-Avranchin, la o **F** (50) 230-231 J 2
Croix-Blanche, la o **F** (32) 240-241 F 2
Croix-Chapeau o **F** (17) 236-237 C 3
Croix de Bauzon, Serre de la ▲ **F** (07) 242-243 E 2
Croix de Fer, Col de la ▲ **F** (73) 242-243 J 1
Croix de la Faverie • **F** (14) 230-231 L 2
Croix de la Libération • **F** (71) 238-239 E 3
Croix de Provence, la ▲ • **F** (13) 242-243 H 4
Croix des Bouquets o **RH** 198-199 J 5
Croix-Haute, Col de la ▲ **F** 242-243 H 2
Croixille, La o **F** (53) 230-231 J 3
Croix-Valmer, La o **F** (83) 242-243 K 5
Croker, Cape ▲ **AUS** 108-109 L 1
Croker Bay ≈ 168-169 e 3
Croker Island ∧ **AUS** 108-109 L 1
Crolles o **F** (38) 242-243 H 1
Cromer o **CDN** 178-179 F 6
Cromwell o **NZ** 118 B 6
Cromwell o **USA** 186-187 L 2
Cronat o **F** (71) 238-239 D 3
Crông Kno ~ **VN** 94-95 K 4
Crook o **USA** 186-187 F 5
Crooked Creek o **USA** 164-165 L 6
Crooked Island ∧ **BS** 198-199 H 3
Crooked Island ∧ **USA** 166-167 Q 3
Crooked Island Passage ≈ 198-199 H 3
Crooked Lake ⊝ **CDN** 168-169 X 4
Crooked River o **CDN** (SAS) 178-179 E 4
Crooked River ~ **CDN** 176-177 J 4
Crooked River ~ **USA** 184-185 D 3
Crooks Inlet ≈ 180-181 O 3
Crookston o **USA** 186-187 J 2
Crookwell o **AUS** 116-117 K 3
Croppa Creek o **AUS** 114-115 L 5
Crosby o **CDN** 182-183 F 6
Crosby o **USA** (MN) 186-187 L 2
Crosby o **USA** (ND) 186-187 F 1
Crosbyton o **USA** 188-189 G 3
Crosmières o **F** (72) 230-231 L 4
Cross, Cape = Kaap Kruis ▲ **NAM** 152-153 B 10
Cross City o **USA** 192-193 G 5
Crosse, La o **USA** (WA) 184-185 F 2
Crosse, La o **USA** (WI) 190-191 C 4
Crosses o **F** (18) 236-237 L 1
Crossett o **USA** 188-189 M 3
Crossfield o **CDN** 176-177 N 6
Cross Lake o **CDN** (MAN) 178-179 H 3
Cross Lake ⊝ **CDN** (MAN) 178-179 H 3
Crossley Lakes o **CDN** 164-165 a 2
Cross Plains o **USA** 188-189 H 3
Cross River ◘ **WAN** 140-141 H 5
Cross River ~ **WAN** 140-141 H 6
Cross Sound ≈ 176-177 B 2
Crossville o **USA** 192-193 F 2
Crosswind Lake o **USA** 164-165 S 5
Crotenay o **F** (39) 238-239 H 3
Crotone o **I** 36-37 F 5
Crotoy, Le o **F** (80) 228-229 H 3
Crouy-sur-Ourcq o **F** (77) 228-229 L 5
Crow Agency o **USA** 186-187 D 3
Crow Creek ~ **USA** 186-187 E 5
Crow Creek Indian Reservation X **USA** 186-187 H 3
Crowdy Bay National Park ⊥ **AUS** 114-115 M 6
Crowell o **USA** 188-189 H 3
Crow Indian Reservation X **USA** 186-187 C 3
Crow Lake o **CDN** 178-179 K 6
Crowl Creek ~ **AUS** 116-117 H 2
Crowley o **USA** 188-189 L 4
Crowley, Lake o **USA** 184-185 E 7
Crown Island ∧ **PNG** 119 D 3
Crownpoint o **USA** 188-189 C 2
Crown Point o **USA** 190-191 E 5
Crown Prince Frederik Island ∧ **CDN** 168-169 c 6
Crown Prince Range ▲ **PNG** 120 I b 2
Crow River ~ **CDN** 174-175 G 6
Crows Nest o **AUS** 114-115 M 4
Crowsnest Pass ▲ **CDN** 176-177 N 7
Croÿ, Île de ∧ **F** (984) 246 III a 2
Croydon o **AUS** 110-111 G 6
Croydon o **SD** 156-157 K 3
Crozant o **F** (23) 236-237 J 3
Croze o **F** (23) 236-237 K 4
Crozet, Îles ∧ **F** (984) 246 VI a 2
Crozier, Mont ▲ **F** (984) 246 III c 3
Crozier Channel ≈ 168-169 M 3
Crozon o **F** (29) 230-231 C 3
Crozon, Presqu'île de ⌣ • **F** (29) 230-231 B 3
Crozon-sur-Vauvre o **F** (36) 236-237 J 3
Cruas o **F** (07) 242-243 F 2
Cruce, El o **GCA** 196-197 K 3
Cruce de la Jagua o **DOM** 198-199 L 5
Crucero o **PE** 214-215 B 4
Crucero, El o **MEX** 194-195 B 3
Crucero, El o **YV** 204-205 J 3
Cruces o **C** 198-199 E 3
Cruces, Las o **MEX** 196-197 H 3
Cruces, Las o **USA** 188-189 D 3
Cruces, Punta ▲ **CO** 204-205 C 4
Crucetillas, Puerto de las ▲ **E** 34-35 F 5
Crucita o **EC** 208-209 B 2
Cruguel o **F** (56) 230-231 F 4
Cruilas o **MEX** 194-195 K 5
Cruis o **F** (04) 242-243 H 3
Crulai o **F** (61) 232-233 D 2
Cruseilles o **F** (74) 238-239 J 4
Cruz, Bahía ≈ 224 H 2
Cruz, Cabo ▲ **C** 198-199 G 5
Cruz, Ilha ∧ **BR** 216-217 L 3
Cruz, La o **BOL** (SAC) 214-215 F 5
Cruz, La o **BOL** (SAC) 214-215 F 4
Cruz, La o **CR** 196-197 B 6
Cruz, La o **MEX** (SIN) 194-195 F 6
Cruz, La o **MEX** (TAM) 194-195 L 6
Cruz, La o **RA** 222-223 G 2
Cruz Alta o **BR** 218-219 D 7
Cruz de Elorza o **MEX** 194-195 J 6
Cruz del Eje o **RA** 220-221 E 6
Cruz de Loreto, La o **MEX** 196-197 B 2
Cruz de Tarátara, La o **YV** 204-205 G 2
Cruzeiro o **BR** 216-217 H 7
Cruzeiro o **MOC** 154-155 H 5
Cruzeiro d'Oeste o **BR** 216-217 D 7
Cruzeiro do Nordeste o **BR** 212-213 K 6
Cruzeiro do Sul o **BR** 208-209 F 5
Cruzen Island ∧ **ARK** 16 F 23
Cruzes, Corredeira das ~ **BR** 214-215 J 4
Cruz Grande o **MEX** 196-197 E 3
Cruzinha da Garca o **CV** 138-139 B 5
Cruzini ~ **F** (2A) 244 C 4
Cruz Machado o **BR** 218-219 E 6
Cruzy-le-Châtel o **F** (89) 234-235 E 6
Crysdale, Mount ▲ **CDN** 176-177 J 4
Crystal, Lake o **USA** 186-187 K 3
Crystal Bay ≈ 192-193 G 5
Crystal Brook o **AUS** 116-117 E 2
Crystal Cave ∴ **USA** 186-187 L 3
Crystal City o **CDN** 178-179 G 6
Crystal City o **USA** 188-189 H 5
Crystal Creek National Park ⊥ **AUS** 110-111 J 6
Crystal Falls o **USA** 190-191 D 2
Crystal Lake Cave ∴ **USA** 190-191 C 4
Crystal River o **USA** 192-193 G 5
Crystal River State Archaeological Site ∴ **USA** 192-193 G 5
Crystal Springs o **CDN** 178-179 D 4
Crystal Springs o **USA** 188-189 M 4
Cserhát ⊥ **H** 28-29 P 5
C. Silverberge Ø ∧ **GRØ** 170-171 p 5
Csorna o **H** 28-29 O 5
Cu ~ **KA** 60-61 H 6
Ču ~ **KS** 82-83 B 4
Cúa o **YV** 204-205 H 2
Cu'a Bây Hóp ≈ 94-95 H 6
Cuacuña o **YV** 204-205 J 5
Cuácua, Rio ~ **MOC** 154-155 J 3
Cu'a Cung Hâu ≈ 94-95 J 6
Cuaio ~ **ANG** 152-153 F 7
Cuajinicuilapa o **MEX** 196-197 E 3
Cuale o **ANG** 152-153 D 4
Cuamato o **ANG** 152-153 C 8
Cuamba o **MOC** 154-155 J 2
Cuanavale ~ **ANG** 152-153 E 7
Cuando ~ **ANG** 152-153 F 7
Cuando-Cubango ◘ **ANG** 152-153 E 7
Cuangar o **ANG** 152-153 E 8
Cuango o **ANG** 152-153 D 3
Cuango o **ANG** (LUN) 152-153 E 4
Cuango ~ **ANG** 152-153 D 4
Cuanza o **ANG** (BIE) 152-153 D 5
Cuanza ~ **ANG** 152-153 D 4
Cuanza Norte ◘ **ANG** 152-153 C 4
Cuanza Sul ◘ **ANG** 152-153 C 5
Cuao, Río ~ **YV** 204-205 H 5
Cuareim, Río ~ **ROU** 220-221 J 6
Cuarinuma o **CO** 204-205 G 6
Cuaró Grande, Arroyo ~ **ROU** 220-221 J 6
Cuarto, Río ~ **RA** 222-223 G 2
Cù'a Soi Rap ≈ 94-95 J 5
Cuatir ~ **ANG** 152-153 E 8
Cuatro Bocas, Las o **YV** 204-205 F 2
Cuatro Caminos o **C** 198-199 G 4
Cuatrocienegas de Carranza o **MEX** 194-195 H 4
Cuauhtémoc o **MEX** (CHA) 194-195 F 3
Cuauhtémoc o **MEX** (TAM) 194-195 K 6
Cuautitlán o **MEX** 196-197 E 2
Cuautla o **MEX** 196-197 B 1
Cuautla de Morelos o **MEX** 196-197 E 2
Cuba o **USA** (AL) 192-193 D 3
Cuba o **USA** (NM) 188-189 D 1
Cuba = Cuba ■ **C** 198-199 E 4
Cuba = Cuba ∧ **C** 12 F 6
Cù Bai o **VN** 94-95 J 2
Cubal o **ANG** (BGU) 152-153 C 6
Cubal ~ **ANG** 152-153 B 7
Cubal ~ **ANG** 152-153 C 5
Cubango o **ANG** 152-153 D 7
Cubango ~ **ANG** 152-153 E 8
Cubaté, Rio ~ **BR** 210-211 D 2
Cubati ~ **ANG** 152-153 D 7
Cube o **EC** 208-209 C 1
Cubero o **USA** 188-189 D 2
Cubia ~ **ANG** 152-153 F 7
Cubières-sur-Cinable o **F** (11) 240-241 J 5
Cubitas o **C** 198-199 G 4
Cubjac o **F** (24) 236-237 G 5
Čublas o **RUS** 24-25 S 4
Çubuk ☆ **TR** 64-65 E 2
Čubukula-Tala, gora ▲ **RUS** 46-47 a 7
Čubukulah, gora ▲ **RUS** 46-47 d 6
Čubukulah, krjaž ▲ **RUS** 46-47 d 7
Cubulco o **GCA** 196-197 J 4
Cubzac-les-Ponts o **F** (33) 236-237 E 6
Cuchi o **ANG** (CUA) 152-153 D 7
Cuchi ~ **ANG** 152-153 D 6
Cuchilla, La o **RA** 220-221 G 4
Cuchillo-Co o **RA** 222-223 G 5
Cuchivero o **YV** 204-205 J 4
Cuchivero, Río ~ **YV** 204-205 J 4
Cucho Ingenio o **BOL** 214-215 E 6
Cuchumatanas, Parque Nacional Los ⊥ • **GCA** 196-197 J 4
Cuchumatanes, Sierra de los ▲ **GCA** 196-197 J 4
Cuckadoo o **AUS** 114-115 F 1
Cucuí o **BR** 210-211 D 2
Cucumbi ~ **ANG** 152-153 E 4
Cucuri, Cachoeira ~ **BR** 216-217 D 2
Cucurital o **YV** 204-205 J 5
Cucuron o **F** (84) 242-243 G 4
Cucuruzzu, Castellu di • **F** (2A) 244 D 5
Cucuta ☆ **CO** 204-205 E 4
Cudahy o **USA** 190-191 E 4
Cuddalore o **IND** 76-77 H 5
Cuddapah o **IND** 76-77 H 3
Čudovo ☆ **RUS** 30-31 M 2
Čudskoe ozero o **RUS** 30-31 K 2
Čudzjavr, ozero o **RUS** 24-25 N 2
Cue o **AUS** 112-113 D 3
Cuebe ~ **ANG** 152-153 D 7
Cueio ~ **ANG** 152-153 D 7
Cueiras, Rio ~ **BR** 210-211 G 4
Cuélab • **PE** 208-209 D 5
Cuelei ~ **ANG** 152-153 D 7
Cuéllar o **E** 34-35 E 4
Cuemba o **ANG** 152-153 E 6
Cuenca o **E** 34-35 F 4
Cuenca ☆ •• **EC** 208-209 C 3
Cuenca, Serranía de ▲ **E** 34-35 F 4
Cuenca del Añelo ⊥ **RA** 222-223 E 5
Cuencamé o **MEX** 194-195 H 5
Cuengo ~ **ANG** 152-153 E 4
Cuernavaca ☆ • **MEX** 196-197 E 2
Cuero o **C** 198-199 H 5
Cuero o **USA** 188-189 J 5
Cuers o **F** (83) 242-243 J 5
Cuervo o **USA** 188-189 E 2
Cueto o **C** 198-199 H 4
Cuetzalń o • **MEX** 196-197 F 1
Cueva, La o **USA** 188-189 D 2
Cueva de la Quebrada del Toro, Parque Nacional ⊥ **YV** 204-205 G 2
Cuevas, Las o **RA** 222-223 D 2
Cuevas o de las Cañas, Río ~ **RA** 220-221 E 3
Cuevo o **BOL** 214-215 F 7
Cuevo, Quebrada de ~ **BOL** 214-215 F 7
Čuga ~ **RUS** 54-55 L 7
Cugand o **F** (85) 230-231 J 5
Cuges-les-Pins o **F** (13) 242-243 H 5
Čuginskoe ploskogor'e ▲ **RUS** 54-55 K 7
Cugnaux o **F** (31) 240-241 G 3
Cugo ~ **ANG** 152-153 D 3
Čugor', mys ▲ **RUS** 44-45 Q 7
Čugor'jaha ~ **RUS** 44-45 Q 7
Cuguen o **F** (35) 230-231 H 3
Čuguš, gora ▲ **RUS** 62-63 D 6
Čuhloma o **RUS** 30-31 S 2
Čuhujiv o **UA** 38-39 K 3
Cuiabá o **BR** (AMA) 210-211 C 4
Cuiabá ☆ **BR** (MAT) 214-215 J 4
Cuiabá, Rio ~ **BR** 214-215 J 5
Cuije ~ **ANG** 152-153 D 4
Cuilapa ☆ **GCA** 196-197 J 4
Cuillé o **F** (53) 230-231 J 4
Cuilo o **ANG** 152-153 E 4
Cuilo ~ **ANG** 152-153 E 4
Cuilo ~ **ANG** 152-153 C 3
Cuilo ~ **ANG** 152-153 E 5
Cuilo-Futa o **ANG** 152-153 C 3
Cuilo Pombo o **ANG** 152-153 C 3
Cuima o **ANG** 152-153 C 6
Cuimba o **ANG** 152-153 C 3

Cuinzier ○ F (42) 238-239 E 4
Cuio ○ ANG 152-153 B 6
Cuira o Monos ○ CO 208-209 F 2
Cuiriri ∼ ANG 152-153 E 7
Cuiseaux ○ F (71) 238-239 G 4
Cuisery ○ F (71) 238-239 G 3
Cuito ∼ ANG 152-153 E 8
Cuito Cuanavale ○ ANG 152-153 E 7
Cuiubi ○ BR 210-211 C 2
Cuiuni, Rio ∼ BR 210-211 F 3
Cuiyun Lang • VRC 90-91 D 5
Čuja ∼ RUS 54-55 F 6
Čuja ∼ RUS 60-61 Q 3
Cuja ∼ RUS 60-61 P 3
Čuja, Boľšaja ∼ RUS 54-55 E 7
Cujar, Río ∼ PE 208-209 F 7
Čujskij, Gorno ○ RUS 54-55 E 7
Cujubim ○ BR 210-211 G 7
Čukar ○ RUS 54-55 H 4
Cukas, Pulau ∩ RI 98-99 F 5
Čukča ∼ RUS 46-47 Z 6
Čukčagirskoe, ozero ○ RUS 58-59 G 3
Čukoč'e, ozero ○ RUS 48-49 L 2
Čukoč'ja, Boľšaja ∼ RUS 48-49 K 2
Čukotskij, mys ▲ RUS 48-49 Y 4
Čukotskij avtonomnyj okrug = Tchouktches, République des ◘ RUS 48-49 N 3
Čukotskij poluostrov ⌣ RUS 48-49 W 3
Čukotskoe more ≈ 48-49 V 1
Čukša ∼ RUS 52-53 J 7
Çukurca ☆ TR 64-65 K 4
Cula ∼ MD 38-39 F 4
Čulakan ∼ RUS 52-53 M 6
Čulakkurgan ○ KA 72-73 L 3
Culamagia ○ ANG 152-153 D 4
Culan ○ F (18) 236-237 K 2
Cu Lao Thu ∩ VN 94-95 K 5
Cù Lao Thu = Phú Qúy ∩ VN 94-95 K 5
Čulas ∼ RUS 24-25 T 4
Čulasa ○ RUS 24-25 T 4
Culasi ○ RP 96-97 E 7
Culbertson ○ USA (MT) 186-187 E 1
Culbertson ○ USA (NE) 186-187 G 5
Culebra, Isla de ∩ USA 200 C 2
Culebra, La ○ YV 204-205 H 3
Culebras ○ PE 208-209 C 6
Culebras, Punta ▲ PE 208-209 C 6
Culgoa River ∼ AUS 114-115 J 5
Culiacán Rosales ☆ MEX 194-195 F 5
Culion ○ RP 96-97 D 7
Culion Island ∩ RP 96-97 C 7
Culiseu, Rio ∼ BR 216-217 D 2
Cullera ○ E 34-35 G 5
Cullinan ○ ZA 156-157 J 2
Cullmann ○ USA 192-193 E 2
Cullulleraine ○ AUS 116-117 F 3
Čuľman ○ RUS 54-55 M 7
Čuľman ∼ RUS 54-55 M 7
Culoz ○ F (01) 238-239 H 5
Culpeper ○ USA 190-191 K 6
Culpina ○ BOL 214-215 E 7
Culross Island ∩ USA 164-165 R 6
Culuene, Rio ∼ BR 216-217 D 2
Čuluunhoroom = Èrèèncav ○ MAU 84-85 M 3
Čuluut gol ∼ MAU 84-85 E 3
Culver, Point ▲ AUS 112-113 H 6
Culverden ○ NZ 118 D 5
Čulym ☆ RUS (NVS) 50-51 Q 7
Čulym ∼ RUS 50-51 U 6
Čulym ∼ RUS 52-53 E 8
Čulym ∼ RUS 60-61 L 1
Čulymskaja, ravnina ⌣ RUS 50-51 T 6
Čulyšman ∼ RUS 60-61 P 3
Čulyšman ∼ RUS 60-61 Q 3
Čulyšmanskoe, nagor'e ⊥•• RUS 60-61 Q 3
Čulyšmanskoe nagorie ▲ RUS 60-61 P 3
Cuma ○ ANG 152-153 C 6
Cumã, Baía do ≈ 212-213 F 3
Cuma, Cachoeira ∼ BR 210-211 C 2
Cumana ☆• YV 204-205 J 2
Cumanacoa ○ YV 204-205 K 2
Cumanayagua ○ C 198-199 E 3
Cumanda ○ EC 208-209 C 3
Cumaral ○ CO 204-205 E 5
Cumaral = Barranca de Upía ○ CO 204-205 E 5
Cumaral, Raudal ∼ CO 204-205 F 6
Cumaribo ○ CO 204-205 G 5
Cumaru, Cachoeira ∼ BR 206-207 G 6
Cumbe ○ EC 208-209 C 3
Cumberland ○ USA (IA) 186-187 K 5
Cumberland ○ USA (KY) 190-191 G 7
Cumberland ○ USA (VA) 190-191 J 7
Cumberland, Cape = Cape Nahoi ▲ VAN 120 II a 2
Cumberland, Lake ○ USA 190-191 F 7
Cumberland, Presqu'île ⌣ F (984) 246 III b 2
Cumberland Bay ≈ 222-223 0 7
Cumberland Caverns Park ⊥ USA 192-193 F 2
Cumberland Downs ○ AUS 114-115 J 2
Cumberland Gap ▲ USA 192-193 G 1
Cumberland Gap National Historic Park ∴ USA 190-191 G 7
Cumberland House ○ CDN 178-179 E 4
Cumberland Island ∩ USA 192-193 H 4
Cumberland Island National Seashore ⊥ USA 192-193 H 4
Cumberland Islands ∩ AUS 110-111 K 7
Cumberland Lake ○ CDN 178-179 E 3
Cumberland Parkway II USA 190-191 F 7
Cumberland Peninsula ⌣ CDN 172-173 G 3
Cumberland Plateau ▲ USA 192-193 E 2
Cumberland River ∼ USA 192-193 F 1
Cumberland Sound ≈ 180-181 R 2
Cumbi ○ ANG 152-153 B 3
Cumborah ○ AUS 114-115 J 5
Cumbre, Paso de la ▲ RA 222-223 E 2
Cumbre, Volcán La ▲ EC 208-209 B 10
Cumbrera, Cerro ▲ RCH 224 D 4
Cumbres de Majalca ○ MEX 194-195 F 3
Cumbres de Majalca, Parque Nacional ⊥ MEX 194-195 F 3
Cumbrian Mountains ▲ GB 26-27 F 4
Cumbum ○ IND 76-77 H 3
Cumburão ○ BR 206-207 G 6
Čumikan ∼ RUS 56-57 F 6
Čumikan ∼ RUS 56-57 F 5
Cuminá ○ BR 206-207 F 6
Cuminá, Rio ∼ BR 206-207 F 5
Cuminapanema, Rio ∼ BR 206-207 G 6
Cummings ○ USA 184-185 C 6
Cummins ○ AUS 116-117 C 3
Cummins Range ▲ AUS 108-109 H 5
Cumnock ○ GB 26-27 E 4
Čumpu-Kytyl ○ RUS 46-47 Y 7
Çumra ☆ TR 64-65 E 4
Cumueté, Rio ∼ BR 212-213 C 6
Čumyš ∼ RUS 60-61 P 2
Čumyš ∼ RUS 60-61 N 2
Čuna ∼ RUS 52-53 H 7
Cunaguaro ○ YV 204-205 J 3
Cunani ○ BR 206-207 J 4
Cuñare ○ CO 208-209 F 1
Cunamo ○ RCH 222-223 C 6
Cunauaru, Rio ∼ BR 210-211 F 4
Cunault, Église de • F (49) 230-231 L 5
Cund ∼ ANG 152-153 D 6
Cunday ○ CO 204-205 D 5
Cundeelee ⚔ AUS 112-113 G 5
Cundeelee Aboriginal Land ⚔ AUS 112-113 G 5
Cunderdin ○ AUS 112-113 D 5
Cunduacán ○ MEX 196-197 H 2
Cundza ○ KA 82-83 D 4
Cunene ○ ANG 152-153 C 7
Cunene ◘ ANG 152-153 C 8
Cunene ∼ ANG 152-153 D 7
Cunene ∼ ANG 152-153 C 8
Cùneo ☆ I 36-37 A 2
Cunfin ○ F (10) 234-235 F 5
Cung Hầu, Cứ'a ≈ 94-95 J 6
Cunha ○ BR 216-217 H 7
Cunhãs, Rio das ∼ BR 212-213 D 5
Cunhinga ∼ ANG 152-153 D 5
Cunia, Estação Ecológica ⊥ BR 210-211 F 7
Cuniuá, Rio ∼ BR 210-211 D 6
Čunja ∼ RUS 52-53 K 5
Čunja, Strelka ○ RUS 52-53 L 5
Cunjamba ○ ANG 152-153 F 7
Cunlhat ○ F (63) 238-239 D 5
Cunnamulla ○• AUS 114-115 H 5
Cunningham, Lake ○ ZW 154-155 E 5
Cunningham Islands ∩ AUS 110-111 D 2
Čunskij ○ RUS 52-53 H 7
Čun'skij ☆ RUS 52-53 J 7
Cuntima ○ GNB 138-139 C 3
Čuokkarašša ▲ N 22-23 M 2
Cuon ○ F (49) 230-231 L 5
Čupa ○ RUS 24-25 M 3
Čūpānān ○ IR 70-71 F 2
Cupari, Rio ∼ BR 210-211 K 4
Cuperly ○ F (51) 234-235 E 3
Cupica ○ CO 204-205 C 4
Cupica, Golfo de ≈ 204-205 C 4
Cupisnique, Cerro ▲ PE 208-209 C 5
Cupixi ○ BR 206-207 J 5
Čuprovo ○ RUS 24-25 T 4
Cuptano, Isla ∩ RCH 224 D 2
Cuq, Château de • F (81) 240-241 J 3
Cuq-Toulza ○ F (81) 240-241 H 3
Cuquemel ▲ F (975) 245 II b 2
Curaça ○ BR 212-213 J 6
Curaça, Rio ∼ BR 212-213 J 6
Curaçao ∩ NL 204-205 G 1
Curacautín ○ RCH 222-223 D 5
Curacaví ○ RCH 222-223 D 2
Curachi ○ GUY 206-207 D 2
Curácuaro de Morelos ○ MEX 196-197 D 2
Curahuara de Carangas ○ BOL 214-215 C 5
Curale ○ ETH 144-145 G 5
Cura Malal, Sierra de ▲ RA 222-223 H 4
Curan ○ F (12) 240-241 K 2
Curanilahué ○ RCH 222-223 C 4
Curanja ○ BR 210-211 B 7
Curanja, Río ∼ PE 214-215 B 2
Čurapča ☆• RUS 56-57 E 3
Curaray ○ EC 208-209 D 2
Curaray ○ PE 208-209 E 3
Curaray, Río ∼ PE 208-209 E 3
Curari, Ilha de ∩ BR 210-211 G 4
Curaru ○ RA 222-223 H 3
Curauaí, Rio ∼ BR 210-211 H 5
Čurbuka, gora ▲ RUS 46-47 Q 4
Čurbukan ∼ RUS 52-53 H 2
Curçay-sur-Dive ○ F (86) 230-231 L 5
Curdimurka ○ AUS 114-115 D 5
Čūre ○ AFG 70-71 M 2
Cure ∼ F (58) 238-239 E 2
Cure ∼ F (89) 232-233 K 4
Curecanti National Recreation Area ⊥• USA 186-187 D 6
Curepipe ○ MS 160 C 7
Curepto ○ RCH 222-223 C 3
Curib ○ RUS 62-63 G 6
Curibaya ○ PE 214-215 B 5
Curiche Liverpool ○ BOL 214-215 F 4
Curichi de Oquiriquia ∼ BOL 214-215 G 5
Curichi Tunas ∼ BOL 214-215 G 5
Curico ○ RCH 222-223 D 3
Curicuriari, Rio ∼ BR 210-211 C 3
Curières ○ F (12) 240-241 K 1
Curlewis Marine National Park ⊥ SY 160 D 2
Curi Leuvú, Arroyo ∼ RA 222-223 D 4
Curimatá ○ BR 212-213 F 7
Curimatá, Rio ∼ BR 212-213 F 6
Curimatá de Baixo, Rio ∼ BR 210-211 E 5
Curimávida, Cerro de ▲ RCH 220-221 B 6
Curionópolis ○ BR 212-213 D 5
Curitiba ○ BR (ACR) 214-215 C 2
Curitiba ☆• BR (PAR) 218-219 F 5
Curitibanos ○ BR 218-219 E 6
Curiúva ○ BR 218-219 E 5
Čurkin, mys ▲ RUS 46-47 W 3
Curly Cut Cays ∩ BS 198-199 G 3
Curnamona ○ AUS 114-115 E 6
Curnier ○ F (26) 242-243 G 3
Čuro ∼ RUS 54-55 F 4
Curoca ∼ ANG 152-153 B 8
Curoca, Cachoeira da ∼ BR 210-211 G 7
Currais Novos ○ BR 212-213 K 5
Curral Alto ○ BR 218-219 D 9
Curral Falso ○ BR 218-219 E 8
Curralinho ○ BR 206-207 K 6
Curral Novo ○ BR 212-213 H 6
Curral Velho ○ BR 216-217 H 2
Curral Velho ○ CV 138-139 C 5
Currant ○ USA 184-185 G 6
Currarehue ○ RCH 222-223 D 5
Currawinya ○ AUS 114-115 H 5
Currawinya National Park ⊥ AUS 114-115 H 5
Current Island ∩ BS 198-199 G 2
Currie ○ AUS 116-117 G 5
Currie ○ USA 184-185 G 5
Currie Indian Reserve, Mount ⚔ CDN 176-177 J 6
Currituch Sound ≈ 190-191 L 7
Curtea de Argeș ○• RO 38-39 D 5
Čurti ○ IR 72-73 B 6
Curtil-sous-Buffières ○ F (71) 238-239 F 4
Curtin ○ AUS 112-113 G 5
Curtin Springs ○ AUS 112-113 L 2
Curtis Island ∩ AUS 114-115 L 2
Curtis Lake ○ CDN 174-175 Z 2
Curtis River ∼ CDN 174-175 Z 2
Curu, Rio ∼ BR 212-213 J 3
Curuá ○ BR 206-207 G 6
Curuá, Ilha do ∩ BR 206-207 J 5
Curuá, Rio ∼ BR 206-207 G 6
Curuá, Rio ∼ BR 210-211 K 7
Curuaés, Rio ∼ BR 210-211 K 7
Curuaí ○ BR 210-211 K 4
Curuá ou Cururu, Rio ∼ BR 216-217 D 3
Curuá-Una, Rio ∼ BR 210-211 K 4
Curuá-Una, Rio ∼ BR 210-211 K 4
Curuça ○ BR 212-213 E 2
Curuçá, Ponta ▲ BR 212-213 E 2
Curuça, Rio ∼ BR 208-209 F 4
Curuduri, Rio ∼ BR 210-211 F 2
Curuguaty ○ PY 220-221 K 3
Curuma la Grande, Cerro ▲ RA 222-223 H 4
Curumutopo ○ YV 204-205 J 4
Curup ○ RI 98-99 E 6
Curupá ○ BR 212-213 F 6
Curupaiti ○ BR 212-213 E 3
Curupira ○ BR 212-213 J 4
Curuquetê, Rio ∼ BR 210-211 E 7
Cururu, Raudal ∼ CO 210-211 B 2
Cururu-Açu, Rio ∼ BR 210-211 J 7
Cururu ou Cururuí, Rio ∼ BR 210-211 J 7
Cururupu ○ BR 212-213 F 2
Curuzú Cuatiá ○ RA 220-221 H 5
Curva del Turco ○ RA 220-221 F 3
Curva Grande ○ BR 212-213 F 3
Curvelo ○ BR 216-217 H 5
Curwood, Mount ▲ USA 190-191 D 2
Cushabatay, Río ∼ PE 208-209 E 5
Cushamen ○ RA 222-223 D 7
Cushing ○ USA 188-189 J 2
Cusime ○ YV 204-205 J 5
Cusipata ○ PE 214-215 B 3
Cusis, Rio ∼ BOL 214-215 H 5
Čusovaja ∼ RUS 32-33 L 5
Čusovoj ☆ RUS 32-33 K 4
Čusovskoe, ozero ○ RUS 50-51 D 4
Cussac ○ F (33) 236-237 D 5
Cussac ○ F (87) 236-237 G 4
Cusset ○ F (03) 238-239 C 4
Cusseta ○ USA 192-193 F 3
Cussivi ∼ ANG 152-153 F 7
Cusso ∼ ANG 152-153 C 7
Cusson, Pointe ▲ CDN 180-181 K 4
Cussy-les-Forges ○ F (89) 238-239 E 2
Čust ○ US 72-73 M 4
Custer ○ USA (MT) 186-187 D 2
Custer ○ USA (SD) 186-187 F 4
Custer Battlefield National Monument ∴ USA 186-187 D 3
Custer State Park ⊥ USA 186-187 F 4
Custines ○ F (54) 234-235 J 4
Custódia ○ BR 212-213 K 6
Cusuco, Parque Nacional ⊥ HN 196-197 K 4
Cutato ○ ANG (BIE) 152-153 D 6
Cutato ○ ANG (CUA) 152-153 D 7
Cutato ∼ ANG 152-153 D 7
Cutato ∼ ANG 152-153 D 5
Cut Bank ○ USA 184-185 H 1
Cutbank River ∼ CDN 176-177 L 4
Cutenda ○ ANG 152-153 C 7
Cutervo ○ PE 208-209 C 5
Cutervo, Parque Nacional de ⊥ PE 208-209 C 5
Cuthbert ○ USA 192-193 F 4
Čutove ○ UA 38-39 J 3
Cuttaburra Creek ∼ AUS 114-115 H 5
Cutta Cutta Caves • AUS 108-109 L 3
Cuttak=Kataka ○ IND 78-79 D 5
Cutzamala de Pinzón ○ MEX 196-197 D 2
Cừu Long, Cứ'a Sông ⌣ VN 94-95 J 6
Čuvanajskie gory ▲ RUS 48-49 O 3
Čuvanskij hrebet ▲ RUS 48-49 O 4
Čuvanskoe ○ RUS 48-49 O 4
Cuvelai ○ ANG 152-153 E 8
Cuvelai ∼ ANG 152-153 D 7
Cuvette ◘ RCB 146-147 E 4
Cuvier ○ F (39) 238-239 J 3
Cuvo ∼ ANG 152-153 C 5
Cuxac-d'Aude ○ F (11) 240-241 K 4
Cuxhaven ○ D 28-29 K 2
Cuxiuara, Ilha ∩ BR 210-211 G 4
Cuy, El ○ RA 222-223 E 5
Cuyabeno, Reserva Faunística ⊥ EC 208-209 E 2
Cuyahoya Valley National Recreation Area ⊥ USA 190-191 H 5
Cuyo, El ○ MEX 196-197 L 1
Cuyo East Pass ≈ 96-97 D 7
Cuyo 'English Game' Subterranean National Park ⊥ RP 96-97 D 7
Cuyo Island ∩ RP 96-97 D 7
Cuyo Islands ∩ RP 96-97 D 7
Cuyo West Pass ≈ 96-97 D 7
Cuyuni, Río ∼ YV 206-207 D 2
Cuzco ☆••• PE 214-215 B 3
Čuzik ∼ RUS 50-51 P 6
Čvrsnica ▲ BIH 36-37 F 3
Cyangugu ○ RWA 148-149 B 5
Čyappara ○ RUS 54-55 P 4
Čyb ∼ RUS 24-25 V 5
Čybyda ∼ RUS 54-55 K 4
Cyclades = Kikládes ∩ GR 36-37 K 6
Cycloop, Pegunungan ▲ RI 102-103 L 3
Cyclop Mountains Reserve ⊥• RI 102-103 L 3
Cygnes Lake, La ○ USA 186-187 K 6
Čyhyryn ○ UA 38-39 H 3
Čyjyrčyk, pereval ▲ KS 72-73 N 4
Čym ○ RUS 44-45 K 8
Čyna ∼ RUS 54-55 M 5
Cynthia ○ AUS 114-115 L 3
Cynthiana ○ USA 190-191 F 6
Cyohoha Sud, Lac ○ BU 148-149 C 5
Cypnavolok, mys ▲ RUS 24-25 M 2
Cypress ○ USA 188-189 L 4
Cypress Gardens ∴• USA 192-193 H 6
Cypress Hills ▲ CDN 176-177 P 7
Cypress Hills Provincial Park ⊥• CDN 176-177 P 7
Čyra ∼ RUS 54-55 M 5
Cyrénaïque = Barqah ⊥ LAR 128-129 J 2
Cyrene ○ ZW 154-155 E 5
Cyrene = Shahhāt ∴••• LAR 128-129 J 1
Cyrus Field Bay ≈ 180-181 R 3
Čyrvonae, vozero ○ BY 30-31 L 5
Cysoing ○ F (59) 228-229 L 2
Cytherea ○ AUS 114-115 J 4
Czaplinek ○• PL 28-29 O 2
Czar ○ CDN 176-177 P 5
Czarnków ○ PL 28-29 O 2
Czersk ○ PL 28-29 O 2
Częstochowa ☆•• PL 28-29 P 3
Człuchów ○• 28-29 O 2

D

Da'an ○ VRC 86-87 E 5
Daanbantayan ○ RP 96-97 F 7
Daan Viljoen Game Park ⊥ NAM 152-153 D 11
Daaquam ○ CDN 182-183 J 5
Ḑab'a, Maḩaţţat ○ JOR 66-67 E 2
Dabadougou ○ CI 138-139 G 5
Dabaga ○ EAT 150-151 H 5
Dabai ○ WAN 140-141 F 3
Dabajuro ○ YV 204-205 F 2
Dabakala ☆ CI 138-139 H 5
Dabancheng ○ VRC 82-83 J 4
Dabaray ○ AFG 70-71 M 3
Dabaro ○ SP 144-145 J 5
Daba Shan ▲ VRC 90-91 F 5
Dabassi ○ RG 138-139 C 4
Dabat ○ ETH 136-137 H 6
Dabatou ○ RG 138-139 E 4
Dabeiba ○ CO 204-205 C 4
Daben ○ VRC 92-93 F 7
Dābhāde ○ IND 74-75 D 10
Dabhoi ○ IND 74-75 D 8
Dābhol ○ IND 76-77 E 2
Dabie Shan ▲ VRC 90-91 J 6
Dablo ○ BF 138-139 K 3
Dabnou ○ RN 134-135 B 5
Dabo ○ F (57) 234-235 L 4
Dabo ○ SN 138-139 C 3
Dabola ○ RG 138-139 E 4
Dabou ○ CI 138-139 H 7
Daboya ○ GH 138-139 K 5
Dabra ○ IND 74-75 G 7
Dabsan Hu ○ VRC 80-81 K 2
Dabuk ○ RI 98-99 E 6
Dabus Wenz ∼ ETH 144-145 B 3
Dabwa ○ TCH 134-135 F 5
Dacca = Dhaka ☆ BD 78-79 G 4
Đắc Glei ○ VN 94-95 J 3
Dachau ○ D 28-29 L 4
Dacheng ○ VRC 92-93 J 2
Dachengzhuang ○ VRC 90-91 K 2
Dachigam National Park ⊥ IND 74-75 E 2
Dachsteingruppe ▲ A 28-29 M 5
Dachung Yogma ○ IND 74-75 G 3
Dacia Seamount ≃ 124-125 E 5
Đắc Mil ○ VN 94-95 J 4
Đắc Song ○ VN 94-95 J 4
Đắc Tô ○ VN 94-95 J 3
Dadanawa ○ GUY 206-207 E 4
Dade City ○ USA 192-193 G 5
Dades, Gorges du •• MA 124-125 J 5
Dades, Oued ∼ MA 124-125 J 5
Dadès, Vallée du ⊥ MA 124-125 H 5
Dādhar ○ PK 70-71 M 4
Dadi, Tanjung ▲ RI 102-103 F 2
Dadong ○ VRC 92-93 F 5
Dadonghai • VRC 92-93 F 7
Dadou ∼ F (12) 240-241 K 2
Dadou ∼ F (81) 240-241 H 3
Dadra and Nagar Haveli ◘ IND 74-75 D 9
Dādu ○ PK 70-71 M 5
Daduan ○ VRC 92-93 J 2
Dādu Canal ∼ PK 70-71 M 5
Dadu He ∼ VRC 90-91 C 6
Dadukou ○ VRC 90-91 K 6
Dadynskoe, ozero ○ RUS 62-63 F 5
Daerah Istimewa Aceh ◘ RI 98-99 A 2
Daerah Istimewa Yogyakarta ◘ RI 104 C 4
Daet ☆ RP 96-97 E 5
Dafang ○ VRC 92-93 D 3
Dafanpu ○ VRC 90-91 G 2
Dafeng ○ VRC 90-91 M 5
Dafengding Natural Biosystem Reserves ⊥ VRC 92-93 C 2
Daffat ad Dabāb ⊥ LAR 128-129 J 2
Dafina, ad- ○ KSA 66-67 H 6
Dafoe ○ CDN 178-179 D 5
Dafoe River ∼ CDN 178-179 J 3
Dafor ○ GH 138-139 L 6
Dafra ○ TCH 142-143 D 3
Dafter ○ USA 190-191 F 2
Daga ○ BHT 78-79 F 2
Daga ∩ ETH 144-145 C 3
Daga ∼ SUD 144-145 A 4
Dagaari ○ SP 144-145 H 5
Dagaldyn ∼ RUS 44-45 c 7
Dagami ○ RP 96-97 F 7
Dagana ○• SN 132-133 C 6
Dagandely ∼ KA 60-61 K 4
Dagasuli, Pulau ∩ RI 100-101 K 2
Dagda ○ LV 30-31 K 3
Dages Range ▲ PNG 119 F 3
Dagestan, Respublika ◘ RUS 62-63 F 6
Dagestanskie Ogni ○ RUS 62-63 H 6
Dagestanskij zapovednik ⊥ RUS 62-63 G 5
Daggaboersnek ▲ ZA 156-157 G 6
Daggett ○ USA 184-185 F 8
Daggyai Co ○ VRC 80-81 E 6
Dagida Game Reserve ⊥ WAN 140-141 F 4
Daginggou ⊥• VRC 86-87 C 6
Dagistan, Respublika = Daguestan ◘ RUS 62-63 G 5
Daglan ○ F (24) 236-237 H 6
Dağlıq Qarabağ Muxtar Vilayati = Haut-Karabakh ◘ AZ 64-65 M 2
Daglung ○ VRC 80-81 H 6
Dağmar ○ OM 68-69 L 2
Dagmar ○ USA 186-187 E 1
Dagö = Hiiumaa saar ⊥ EST 30-31 H 2
Dagobert ○ F (973) 245 I b 3
Dagomys ○ RUS 62-63 C 6
Dagoudane-Pickine ○ SN 138-139 B 2
Dagua ○ CO 204-205 C 6
Daguan ○ VRC (SIC) 92-93 C 2
Daguan ○ VRC (YUN) 92-93 C 3
Daguenière, La ○ F (49) 230-231 L 5
Daguestan = Dagistan, Respublika ◘ RUS 62-63 G 5
D'Aguilar Range ▲ AUS 114-115 M 4
Daguit ○ RP 96-97 E 5
Daguragu-Kurintji Aboriginal Land ⚔ AUS 108-109 K 4
Dagushan ○ VRC 86-87 D 8
Dagu Shan ∩ VRC 90-91 N 6
Dagworth ○ AUS (QLD) 110-111 G 5
Dagworth ○ AUS (QLD) 114-115 G 1
Dagzhuka ○ VRC 80-81 G 6
Dah ○ RI 102-103 K 5
Ḑahab ○ ET 130-131 G 3
Ḑahabān ○ KSA 68-69 A 3
Dahadinni River ∼ CDN 174-175 G 4
Dahānib, Ġabal ▲ ET 130-131 G 6
Dahbed ○ US 72-73 K 5
Daheba ○ VRC 80-81 M 3
Dahequ ○ VRC 90-91 C 4
Ḑahi, ad- ○ Y 68-69 C 6
Da Hinggan Ling = Grand Khingan ▲ VRC 86-87 B 5
Dahiri ○ CI 138-139 H 7
Dahlak Archipelago ∩ ER 136-137 K 5
Dahle ○ AFG 70-71 L 3
Dahle, Band-e < AFG 70-71 M 3
Dahmani ○ TN 126-127 G 3
Dahnā', ad- ▲ KSA 66-67 H 5
Dahnā', ad- ⊥ KSA 66-67 J 4
Dāhod ○ IND 74-75 E 8
Dahongliutan ○ VRC 80-81 B 3
Dahouët ○ F (22) 230-231 F 2
Dahra, Corniche des ⌣ DZ 126-127 C 2
Dahra, Massif de ▲ DZ 126-127 C 2
Dahra Oil Field ⊥ LAR 128-129 G 2
Dahsa, Wādī d- ∼ ET 130-131 E 4
Dahšūr ○ ET 130-131 E 3
Dahšūr, Pyramids of ∴••• ET 130-131 E 3
Dahūk ◘ IRQ 64-65 K 4
Dahūk ☆ IRQ (DAH) 64-65 K 4
Đại, Cứ'a ≈ 94-95 J 5
Dai, Pulau ∩ RI 102-103 E 5
Daïa, Monts de ▲ DZ 124-125 L 3
Ḑaid, ad- ○ UAE 70-71 F 6
Dai Hai ○ VRC 90-91 H 1
Dai Island ∩ SOL 120 I e 2
Dailing • VRC 86-87 G 4
Đa Lo'i ○ VN 92-93 D 7
Daimāniyāt, ad- ∩ OM 68-69 K 2
Daimiel ○ E 34-35 F 5
Daingerfield ○ USA 188-189 K 3
Daintree ○ AUS 110-111 H 5
Daintree National Park ⊥ AUS 110-111 H 5
Dainville-Bertheléville ○ F (55) 234-235 H 5
Dair, ad- ○ ET 130-131 F 5
Dair, Ġabal ad- ▲ SUD 136-137 E 6
Dairana ○ RM 158-159 F 4
Dā'irat ar-Riyy ○ IRQ 64-65 L 6
Dair az-Zaur ☆ SYR 64-65 J 5
Daireaux ○ RA 222-223 J 4
Dair Hāfir ○ SYR 64-65 G 4
Dair Mawās ○ ET 130-131 E 4
Dairut ○ ET 130-131 E 4
Dairy Creek ○ AUS 112-113 C 2
Dai-sen ▲ J 88-89 E 7
Daisengen-dake ▲ J 88-89 J 4
Daisen-Oki National Park ⊥ J 88-89 E 6
Daisetsuzan National Park ⊥ J 88-89 K 3
Dai Shan ∩ VRC 90-91 M 6
Daito, Îles = Minami-Daitō-shima ∩ J 88-89 D 12
Đại Từ ☆ VN 92-93 D 6
Dai Xian ○ VRC 90-91 H 2
Daiyun Shan ▲ VRC 92-93 K 4
Dajabón ☆ DOM 198-199 K 5
Dājal ○ PK 74-75 C 5
Dajan nuur ○ MAU 82-83 J 1
Dajarra ○ AUS 114-115 E 1
Dajiuba ○ VRC 80-81 G 2
Daka ∼ GH 138-139 K 5
Dakar ☆• SN 138-139 B 2
Dakataua, Lake ○ PNG 119 F 3
Dakawa ○ EAT 150-151 J 4
Dakelangsi ○ VRC 80-81 G 6
Dakeshi ○ VRC 80-81 G 6
Daketa Shet' ∼ ETH 144-145 F 5
Dakhla < RIM 132-133 E 5
Dakhlet Nouâdhibou ≈ 132-133 B 4
Dakhlet Nouâdhibou ◘ RIM 132-133 B 4
Dakingari ○ WAN 140-141 F 3
Daki Takwas ○ WAN 140-141 F 3
Đắk Nông ○ VN 94-95 J 4
Dako, Gunung ▲ RI 100-101 G 3
Dākoānk ○ IND 76-77 L 6
Dakoro ○ RN 134-135 C 5
Dakota ○ USA 190-191 C 4
Dakota City ○ USA 186-187 J 4
Dakovica ○ YU 36-37 H 3
Đakovo ○• HR 36-37 G 2
Daksum ○ IND 74-75 E 3
Dala ○ ANG (LUS) 152-153 F 5
Dala ○ ANG (LUS) 152-153 F 4
Dala ○ SOL 120 I e 3
Dalaba ○• RG 138-139 D 4
Dalaba ○ SN 138-139 D 3
Dalad Qi ○ VRC 90-91 G 1
Dalahaj ○ RUS 52-53 L 10
Dālāhāni, Kūh-e ▲ IR 70-71 B 1
Dalai Nur ○ VRC 84-85 N 6
Dālaki ○ IR 70-71 D 4
Dālaki, Rūdhāne-ye ∼ IR 70-71 D 4
Dalälven ∼ S 22-23 H 6
Dalaman Çayı ∼ TR 64-65 C 4
Dalāmi ○ SUD 142-143 K 3
Dalandole < SP 148-149 K 2
Dalangyun ○ MYA 78-79 J 6
Dalanzadgad ☆ MAU 84-85 G 6
Dalarna ⊥ S 22-23 F 6
Dalat ○ MAL 98-99 J 4
Đa Lạt ☆•• VN 94-95 K 5
Dal'at Rašid 'Abbās ○ IRQ 64-65 L 6
Dālbandin ○ PK 70-71 L 4
Dalbeg ○ AUS 110-111 J 7
Dalby ○ AUS 114-115 L 4
Dalcahue ○ RCH 222-223 C 7
Dale ○ N (HOR) 22-23 B 6
Dale ☆ N (FJO) 22-23 B 6
Dale ○ USA 184-185 E 3
Dale Hollow Lake ○ USA 192-193 F 1
Dalei Shan ▲ VRC 82-83 N 6
Daletme ○ MYA 78-79 H 5
Dalğā' ○ ET 130-131 E 4
Dalgān ○ IR 70-71 H 5
Dalgaranga Hill ▲ AUS 112-113 D 3
Dalgety Brook ∼ AUS 112-113 D 2
Dalgonally ○ AUS 110-111 F 7
Dălgopol ○ BG 38-39 E 6
Dalgyn ∼ RUS 46-47 J 6
Dalhart ○ USA 188-189 F 1
Dalhousie ○ CDN 182-183 L 4
Dalhousie ○ IND 74-75 F 3
Dalhousie, Cape ▲ CDN 168-169 G 5
Dali ○ RMM 138-139 G 2
Dali ○ VRC (SXI) 90-91 F 4
Dali ○• VRC (YUN) 78-79 M 3
Ḑālī', ad- ○• Y 68-69 D 7
Daliang Shan ▲ VRC 92-93 C 2
Dālimb ○ IND 76-77 G 2
Dali Sharafat ○ SUD 136-137 F 6
Dalkola ○ IND 78-79 E 3
Dall, Mount ▲ USA 164-165 O 5
Dallas ○ CDN 178-179 H 5
Dallas ○ USA (OR) 184-185 C 3
Dallas ○ USA (TX) 188-189 J 3
Dallas City ○ USA 190-191 C 5
Dalles, The ○ USA 184-185 D 3
Dalli ○ WAN 140-141 J 4
Dall Island ∩ USA 176-177 D 4
Dall Lake ○ USA 164-165 J 6
Dalmā ∩ UAE 70-71 E 6
Dalmacija ⊥ HR 36-37 E 3
Dalmacio Vélez Sarsfield ○ RA 222-223 H 2
Dalmas, Lac ○ CDN 182-183 J 2
Dalmatie = Dalmacija ⊥ HR 36-37 E 3
Dalmatovo ☆ RUS 50-51 G 6
Dalmq, Haur ○ IRQ 64-65 L 6
Dal'nee ○ RUS 58-59 K 5
Dal'negorsk ○ RUS 58-59 F 6
Dal'nerečensk ○ RUS 58-59 E 6
Dal'nij ○ RUS 56-57 R 7
Dal'nije Zelency ○ RUS 24-25 O 2
Dalňoe ○ KA 60-61 E 2
Daloa ☆ CI 138-139 G 6
Dalong ○ VRC 92-93 F 5
Dalrymple, Mount ▲ AUS 114-115 K 1
Dalrymple Lake < AUS 110-111 J 7
Dalsland ⊥ S 22-23 F 7
Dalsmynni ○ IS 22-23 c 2
Dalstein ○ F (57) 234-235 J 3
Daltenganj ○ IND 78-79 D 3
Dalton ○ USA (GA) 192-193 F 2
Dalton ○ USA (NE) 186-187 F 5
Dalton Ice Tongue ⊂ ARK 16 G 13
Daltro Filho ○ BR 218-219 D 6
Dalu ○ VRC 90-91 D 3
Daludalu ○ RI 98-99 D 4
Dalugama ○ CL 76-77 H 7
Daluis, Gorges ⌣• F (06) 242-243 K 3
Dalupiri Island ∩ RP (CAG) 96-97 D 3
Dalupiri Island ∩ RP (NSA) 96-97 F 6
Dalu Shan ▲ VRC 92-93 E 2
Dalvik ○ IS 22-23 d 2
Dalwallinu ○ AUS 112-113 D 5
Dalwhinnie ○ GB 26-27 E 3
Daly Bay ≈ 174-175 Z 4
Daly City ○ USA 184-185 C 7
Dalyr ○ RUS 54-55 K 4
Daly River ▲ AUS (NT) 108-109 K 2
Daly River ∼ AUS 108-109 K 2
Daly River Aboriginal Land ⚔ AUS 108-109 J 2
Daly River Wildlife Sanctuary ⊥ AUS 108-109 J 2
Daly Waters ○ AUS 110-111 B 5
Dal'za, ozero ○ RUS 58-59 H 2
Dalzell ○ CDN 178-179 E 5
Damā, Wādī ∼ KSA 66-67 E 4
Damad ○ KSA 68-69 C 5
Damagaram-Takaya ○ RN 134-135 D 5
Damaguete ☆ RP 96-97 E 8
Damamgani ○ PK 74-75 B 5
Dāmān ○ AFG 70-71 L 3
Damān ☆ IND 74-75 D 9
Damān and Diu ◘ IND 74-75 D 9
Dāmane ○ IR 70-71 D 2
Damanhūr ☆ ET 130-131 E 2
Damant Lake ○ CDN 174-175 R 5
Damaqun Shan ▲ VRC 84-85 M 7
Ḑamār ○ Y 68-69 D 6
Damar, Kepulauan ∩ RI 102-103 E 5
Damar, Pulau ∩ RI (MAL) 100-101 L 4
Damar, Pulau ∩ RI (MAL) 102-103 E 5
Damara ○ RCA 142-143 D 6
Damaraland ⊥ NAM 152-153 B 9
Damardatar ○ RI 100-101 D 5
Damar Laut ○ MAL 98-99 D 2
Damas = Dimašq ★••• SYR 64-65 G 6
Damasak ○ WAN 134-135 F 6
Damas Cays ∩ BS 198-199 F 3
Damaturu ○ WAN 140-141 J 3
Damauli ○ NEP 80-81 E 7
Damāvand ○ IR 72-73 C 7
Damāvand, Kūh-e ▲•• IR 72-73 C 7
Damazan ○ F (47) 240-241 E 2
Damazine ○ SUD 144-145 B 3
Damba ○ ANG 152-153 C 3
Dambai ○ GH 138-139 L 5
Dambam ○ WAN 140-141 J 3
Damboa ○ WAN 140-141 K 3
Dambulla ○••• CL 76-77 J 7
Dằm Do'i ○ VN 94-95 H 6
Damelevières ○ F (54) 234-235 J 4
Dame Marie ○ RH 198-199 H 5
Dame Marie, Cape ☆ RH 198-199 H 5
Dames de Meuse, les •• F 234-235 F 2
Damgan ○ F (56) 230-231 F 4
Dāmgān ○• IR 72-73 D 6
Damiette = Dumyāṭ ☆ ET 130-131 E 2
Dāmin, Rūdhāne-ye ∼ IR 70-71 J 5
Damji ○ BHT 78-79 F 2
Dammām, ad- ☆ KSA 70-71 D 5
Dammarie ○ F (28) 232-233 E 3
Dammarie-en-Puisaye ○ F (45) 232-233 H 4
Dammarie-les-Lys ○ F (77) 232-233 H 2
Dammartin-en-Goële ○ F (77) 228-229 K 5
Dāmnagar ○ IND 74-75 C 9
Dāmodar ∼ IND 78-79 E 4
Damo Debir, Debre • ETH 136-137 J 5
Damoh ○ IND 74-75 G 8
Damongo ○ GH 138-139 K 5
Damortis ○ RP 96-97 D 4
Dampar ○ WAN 140-141 J 4
Dampelas, Tanjung ▲ RI 100-101 F 3
Damphu ○ BHT 78-79 G 2
Dampier ○ AUS 108-109 C 6
Dampier Archipelago ∩ AUS 108-109 C 6
Dampier Downs ○ AUS 108-109 F 5
Dampier Land ⊥ AUS 108-109 F 4
Dampierre ○ F (10) 234-235 E 4
Dampierre ○ F (39) 238-239 H 2
Dampierre-en-Bray ○ F (76) 228-229 H 4
Dampierre-en-Yvelines ○ F (78) 232-233 F 2
Dampierre-le-Château ○ F (51) 234-235 F 3
Dampierre-sur-Boutonne ○ F (17) 236-237 E 3
Dampierre-sur-Linotte ○ F (70) 238-239 J 2
Dampierre-sur-Salon ○ F (70) 238-239 H 1
Dampier Strait ≈ 119 E 3
Dampir, Selat ≈ 102-103 F 2
Damprichard ○ F (25) 238-239 K 2
Damqaut ○ Y 68-69 H 5
Dam Qu ∼ VRC 80-81 J 4
Damrūr ○ KSA 68-69 A 3
Damt ○ Y 68-69 D 6
Damtang ○ VRC 80-81 D 4
Damtar ○ TCH 142-143 C 3
Damu Yang ∼ VRC 92-93 N 2
Damville ○ F (27) 232-233 E 2
Damvillers ○ F (55) 234-235 G 3
Damvix ○ F (85) 236-237 D 3
Damwal ○ ZA 156-157 J 2
Damxung ○ VRC 80-81 H 5
Dana, Lac ○ CDN 182-183 F 3
Dana, Mount ▲ USA 184-185 E 7
Dana-Barat, Kepulauan ∩ RI 102-103 C 5
Danané ☆ CI 138-139 F 6
Đà Nẵng ☆• VN 94-95 K 2
Danao ○ RP 96-97 F 7
Danas Banke ≃ 172-173 P 5
Danau Rombebai ○ RI 102-103 J 2
Danau Toba • RI 98-99 C 3
Danba ○ VRC 90-91 B 6
Danbatta ○ WAN 134-135 D 6
Danbury ○ USA (CT) 190-191 M 5
Danbury ○ USA (WI) 186-187 L 3
Danby Lake ○ USA 184-185 G 9
Dan Chang ○ THA 94-95 E 3
Dancharia ○ F (64) 240-241 A 4
Dancheng ○ VRC 90-91 J 5
Dandara ○ ET (QIN) 130-131 F 4
Dandara ∴•• ET (QIN) 130-131 F 4
Dandaragan ○ AUS 112-113 C 5
Dandau ○ ANG 152-153 D 5
Dande ○ ETH 144-145 C 6
Dandeli ○ IND 76-77 F 3
Dandenong ○ AUS 116-117 H 4
Dandenong Park ○ AUS 110-111 J 7
Dandenong Range National Park ⊥ AUS 116-117 H 4
Dando ○ ANG 152-153 D 5
Dandong ○ VRC 86-87 D 7
Daneborg ○ GRØ 170-171 p 6
Danemark = Danmark ■ DK 22-23 C 9
Danemark, Détroit du = Denmark Strait ≈ 14-15 F 2
Danesfahan ○ IR 64-65 N 5
Danfeng ○ VRC 90-91 G 5
Dang ○ CAM 140-141 K 6
Danga ○ RMM 132-133 J 6
Dangara ○ TJ 72-73 L 5
Dangar Falls ∼• AUS 114-115 L 6
Dangchang ○ VRC 90-91 D 4

Dange ~ ANG 152-153 C 4
Dange o WAN 134-135 B 6
Dangeau o F (28) 232-233 E 3
Dangerous Cape ▲ USA 166-167 U 4
Dangé-Saint-Romain o F (86) 236-237 G 2
Dangeul o F (72) 230-231 M 3
Danggali Conservation Park ⊥ AUS 116-117 F 2
Dangila o ETH 144-145 C 3
Dangjin Shankou ▲ VRC 82-83 M 6
Dangoura, Mont ▲ RCA 142-143 H 5
Dangriga o BH 196-197 K 3
Dangshan o VRC 90-91 K 4
Dangtu o VRC 90-91 L 6
Dan-Gulbi o WAN 140-141 G 3
Dangur o ETH 136-137 G 6
Dangur ▲ ETH 144-145 B 3
Dangyang o VRC 90-91 G 6
Daniel o USA 184-185 J 4
Daniel, Port- o CDN 182-183 M 4
Danièle, Val ⌣ F (984) 246 III b 3
Danielskuil o ZA 156-157 F 4
Danilov o RUS 30-31 R 2
Danilovka o RUS 32-33 D 8
Danilovskaja vozvyšennost' ▲ RUS 30-31 Q 2
Daning o VRC 90-91 G 3
Daninghe • VRC 90-91 F 6
Dan-Issa o RN 134-135 C 6
Danja o WAN 140-141 G 3
Danjiangkou o VRC 90-91 G 5
Danjiankou Sk. o VRC 90-91 G 5
Danjo-guntō ⌒ J 88-89 C 8
Ḍank o OM 68-69 K 2
Dankov o RUS 30-31 Q 5
Dankova, pik ▲ KS 82-83 C 5
Danli o HN 196-197 L 4
Danmark = Danemark ■ DK 22-23 C 9
Danmark Fjord ≈ 170-171 o 3
Danmark Ø ⌒ GRØ 170-171 m 8
Danmarkshavn o GRØ 170-171 q 5
Dannebrogs Ø ⌒ GRØ 172-173 V 4
Dannemarie o F (68) 238-239 L 1
Dannenberg (Elbe) o D 28-29 L 2
Dannevirke o NZ 118 F 4
Dannhauser o ZA 156-157 K 4
Dano o BF 138-139 J 4
Danot o ETH 144-145 G 5
Dan Sadau o WAN 140-141 G 3
Dansary, köl o KA 60-61 D 4
Danskøya ⌒ N 20-21 G 3
Dānta o IND 74-75 D 7
Dantalpalli o IND 76-77 H 2
Dantcho o RT 138-139 L 5
Dante = Xaafuun o SP 144-145 K 3
Danube = Donau ~ A 28-29 N 4
Danube = Donau ~ D 28-29 L 4
Danube = Duna ~ H 28-29 P 5
Danube = Dunaj ~ UA 36-37 M 2
Danube = Dunărea ~ RO 36-37 J 2
Danube = Dunav ~ BG 36-37 K 3
Danubyu o MYA 94-95 C 2
Danum Valley Conservation Area ⊥ MAL 96-97 B 10
Danville o USA (IL) 190-191 E 5
Danville o USA (IN) 190-191 E 6
Danville o USA (KY) 190-191 F 7
Danville o USA (VA) 190-191 J 7
Danvou-la-Ferrière o F (14) 230-231 K 2
Dan Xian o VRC 92-93 F 7
Danxiashan • VRC 92-93 H 4
Danyang o VRC 90-91 L 5
Danyi-Apéyémé o RT 138-139 L 6
Danzhai o VRC 92-93 E 3
Danzhou o VRC 92-93 F 4
Danzig = Gdańsk ☆ •• PL 28-29 P 1
Đao Lý Sơn ⌒ VN 94-95 K 3
Daon o F (53) 230-231 K 4
Daoro o CI 138-139 G 7
Daos, Îles ⌒ F (988) 247 I a 1
Daotanghe o VRC 90-91 B 3
Dao Thô Chu' ⌒ VN 94-95 G 6
Dao Timi o RN 134-135 F 2
Daoud o DZ 124-125 L 3
Daoukro o CI 138-139 J 6
Daoula, Hassi < DZ 126-127 E 4
Daoulas o • F (29) 230-231 C 3
Daoulas, Gorges du ⌣ • F (22) 230-231 E 3
Daoura, Hamada de la ⸫ DZ 124-125 K 6
Daoura, Oued ~ DZ 124-125 K 5
Daowadung Cave • THA 94-95 F 3
Dao Xian o VRC 92-93 G 4
Daozhen o VRC 92-93 E 2
Dapaong ☆ RT 138-139 L 4
Dapchi o WAN 134-135 E 6
Dapélogo o BF 138-139 K 3
Đa Phúc ☆ VN 92-93 D 6
Dapitan o RP 96-97 E 8
Dāpoli o IND 76-77 E 2
Dapsang = K2 ▲ PK 74-75 F 2
Dapuchaihe o VRC 86-87 G 6
Da Qaidam o VRC 80-81 K 2
Daqiao o VRC 92-93 C 3
Daqing o VRC 86-87 E 4
Daqinggou ⊥ • VRC 86-87 C 6
Daqing Shan ▲ VRC 90-91 G 1
Dara o SN 138-139 C 2
Dar'a ☆ SYR 64-65 G 6
Dārāb o • IR 70-71 F 4
Darab ⸫ SP 148-149 H 3
Darāban o PK 74-75 C 4
Daradou o RCA 142-143 G 6
Daraj o LAR 126-127 H 5
Dār al-Ḥamrā', ad- o KSA 68-69 B 3
Dārān o IR 70-71 D 2
Darapap o PNG 119 C 2
Darasun o RUS 54-55 F 10
Darasun, Kurort o RUS 54-55 F 10
Darasunskij, Veršino o RUS 54-55 G 9
Darauli o IND 78-79 D 2
Darāw o ET 130-131 F 5
Darazo o WAN 140-141 J 3
Darb, ad- o KSA 68-69 C 5
Darband o IR 70-71 G 3
Darband, Kūh-e ▲ IR 70-71 G 3
Darband-e Ḫān o IRQ 64-65 M 5
Darband Sar ▲ IR 72-73 B 6
Darbhanga o IND 78-79 D 2
Darby, Cape ▲ USA 164-165 J 4
Darby Mountains ▲ USA 164-165 J 4
Dar Chioukh o DZ 126-127 D 3
Darda o AUS 112-113 F 3
Dār Dahūka o Y 68-69 E 7
Dardanelle o USA 188-189 L 2
Dardanelle Lake o USA 188-189 L 2
Dardanelles o F (973) 245 I c 3
Dardanelles = Çanakkale Boğazı ≈ 36-37 L 5
Dareda o EAT 148-149 E 6
Dar el Barka o RIM 132-133 C 6
Darende ☆ TR 64-65 G 3
Dar es Salaam ☆ • EAT 150-151 K 4
Dareton o AUS 116-117 G 3
Dārfūr ⸫ SUD 136-137 A 6
Dargan-Ata o US 72-73 H 4
Dargaville o NZ 118 D 1
Dargeçit ☆ TR 64-65 J 4
Dargilan, Grotte de • F (48) 242-243 C 3
Dargo o AUS 116-117 J 4
Dargol o RN 138-139 L 3
Darhala o CI 138-139 H 5
Darhan o MAU 84-85 G 3
Darhan Muminggan Lianheqi o VRC 84-85 K 7
Darien o USA 192-193 H 4
Darien = Calima o CO 204-205 C 6
Darien, El o CO 204-205 E 4
Darién, Golfo del ≈ 204-205 C 3
Darién, Parque Nacional de ⊥ ••• PA 196-197 F 8
Darién, Serranía del ▲ PA 196-197 E 7
Dariba, Abū o SYR 64-65 G 5
Dārin o KSA 70-71 D 5
Dar'inskij ☆ KA 60-61 H 4
Dario Meira o BR 216-217 L 3
Dārjiling o IND 78-79 F 2
Dārjing o IND 78-79 D 5
Darkan o AUS 112-113 D 6
Darke Peak o AUS 116-117 D 2
Darkylah o RUS 56-57 D 3
Darling o ZA 156-157 D 6
Darling, Mount ▲ AUS 116-117 K 3
Darling Downs ⸫ AUS 114-115 L 4
Darlingford o CDN 178-179 G 6
Darling Peninsula ⌣ CDN 170-171 O 4
Darling Range ▲ AUS 112-113 D 5
Darling River ~ AUS 114-115 H 6
Darling River ~ AUS 116-117 G 2
Darlington o GB 26-27 G 4
Darlington o USA (SC) 192-193 J 2
Darlington o USA (WI) 190-191 C 4
Darlington Point o AUS 116-117 H 3
Darlot, Lake o AUS 112-113 F 3
Darłowo o • PL 28-29 O 1
Darmazār o IR 70-71 G 4
Darmiyān o IR 70-71 H 2
Darmstadt o • D 28-29 K 4
Darnah ■ LAR 128-129 K 1
Darnah ☆ LAR 128-129 K 1
Darnall o ZA 156-157 K 4
Darnétal o F (76) 228-229 G 5
Darney o F (88) 234-235 J 5
Darnick o AUS 116-117 G 2
Darnis = Darnah ☆ LAR 128-129 K 1
Darnley, Cape ▲ ARK 16 G 7
Darnley Bay ≈ 168-169 K 6
Darnley Island ⌒ AUS 119 B 5
Daro o MAL 98-99 J 3
Daroca o E 34-35 G 4
Darouma ~ RMM 138-139 F 2
Darou-Mousti o SN 138-139 B 2
Darovskoe o RUS 32-33 E 4
Darre Anğir, Kavir-e o IR 70-71 F 2
Darregaz o IR 72-73 F 6
Darregueira o RA 222-223 H 4
Darre Qeyād ~ IR 70-71 C 2
Darre Šahr o IR 70-71 B 2
Darre-ye Būm o AFG 72-73 H 7
Darre-ye Šūf o AFG 72-73 K 7
Darrington o USA 184-185 D 1
Darr River ~ AUS 114-115 G 2
Darrūd o IR 72-73 F 6
Darsana o BD 78-79 F 4
Dartford o GB 26-27 H 6
Dartmoor ⊥ AUS 116-117 F 4
Dartmoor National Park ⊥ GB 26-27 F 6
Dartmouth o CDN 182-183 N 6
Dartmouth, Lake o AUS 114-115 H 4
Dartmouth Reservoir < AUS 116-117 J 4
Daru o PNG 119 B 5
Daru o WAL 138-139 E 6
Daruba o RI 100-101 L 2
Darubia o PNG 119 F 5
Daru Island ⌒ PNG 119 B 5
Daruvar o HR 36-37 F 2
Darvaza o TM 72-73 F 4
Darvazskij hrebet ▲ TJ 72-73 M 5
Darvel, Teluk ≈ 96-97 C 10
Darvi = Bulgan o MAU 82-83 L 2
Darvinskij zapovednik ⊥ RUS 30-31 P 2
Darvoza o US 72-73 K 4
Darwaz o AFG 72-73 M 5
Darwāzagei o AFG 70-71 M 3
Darwendale o ZW 154-155 F 3
Dārwha o IND 74-75 F 9
Darwin ☆ AUS 108-109 K 2
Darwin o GB 222-223 L 6
Darwin, Bahía ≈ 224 C 2
Darwin, Canal ≈ 224 C 2
Darwin, Cordillera ▲ RCH 224 E 7
Darwin, Cordillera de ▲ RCH 220-221 C 4
Darwin, Isla ⌒ EC 208-209 B 9
Darwin, Volcán ▲ EC 208-209 B 10
Darwin River o AUS 108-109 K 2
Daryāče-ye Tašk o IR 70-71 E 4
Darya Khān o PK 74-75 C 4
Daryaleh o SP 144-145 J 4
Daryāpur o IND 74-75 F 9
Daryā-ye Hazar ≈ 72-73 B 7
Daryā-ye Vāhān ~ AFG 72-73 N 6
Darza ⌒ Y 68-69 H 7
Dārzīn o IR 70-71 H 4
Dās ⌒ UAE 70-71 E 6
Dasāda o IND 74-75 C 8
Dašbalbar o MAU 84-85 M 3
Dashan o VRC 92-93 D 3
Dashapalla o IND 78-79 D 5
Dashennongjia ▲ VRC 90-91 G 6
Dashennongjio ▲ VRC 90-91 G 6
Dashen Terara, Ras ▲ ETH 136-137 J 6
Dashuikeng o VRC 90-91 E 3
Dašinčilèn = Suuž o MAU 84-85 G 4
Daska o PK 74-75 E 3
Dasol Bay ≈ 96-97 C 5
Dass o WAN 140-141 H 3
Dassa o DY 140-141 E 5
Dassari o DY 138-139 L 4
Dassel o USA 186-187 K 3
Dasseneiland ⌒ ZA 156-157 D 6
Dastak o IR 70-71 D 2
Dašt-e 'Abbās o IR 70-71 B 1
Dašt-e Palang, Rūd-e ~ IR 70-71 D 4
Dašt-e Qal'e o • AFG 72-73 L 6
Dāsū o PK 74-75 D 2
Datang o VRC (GXI) 92-93 F 4
Datang o VRC (GXI) 92-93 F 5
Data Temple • VRC 90-91 H 4
Datça ☆ TR 64-65 B 4
Date o J 88-89 J 3
Datian o VRC 92-93 K 4
Datian Ding ▲ VRC 92-93 G 5
Datian Z.B. ⊥ • VRC 92-93 F 7
Datil o USA 188-189 D 2
Dating o VRC 92-93 E 4
Datkan o MYA 78-79 J 6
Datong o VRC (QIN) 90-91 B 3
Datong o VRC (SHA) 90-91 H 1
Datong o VRC (XUZ) 82-83 C 7
Datong He ~ VRC 90-91 B 3
Datong Shan ▲ VRC 80-81 M 2
Datori o DY 138-139 L 4
Dato Temple o VRC (SIC) 92-93 C 2
Dato Temple o VRC (SIC) 92-93 D 2
Datta o CI 138-139 H 7
Datta o RUS 58-59 J 4
Datton, Kap ▲ GRØ 172-173 c 2
Datu, Tanjung ▲ RI 98-99 H 3
Datu, Teluk ≈ 98-99 J 4
Datuk, Tanjung ▲ RI 98-99 E 4
Datu Piang o RP 96-97 F 9
Dau o RP 96-97 D 5
Daub o RI 102-103 L 6
Dāūd Khel o PK 74-75 C 3
Daudmannsodden ▲ N 20-21 H 3
Daudnagar o IND 78-79 D 3
Daugaard Jensen Land ⸫ GRØ 170-171 T 3
Daugava ~ LV 30-31 K 3
Daugavpils ☆ •• LV 30-31 K 4
Dauha, ad- ★ Q 70-71 D 6
Dauka o OM 68-69 J 4
Daulat al-Imārāt al-'Arabiya Al-Mutt. = Émirats Arabes U ■ UAE 68-69 H 2
Daule o EC 208-209 C 2
Daule o RI 100-101 H 6
Daule, Río ~ EC 208-209 B 2
Daumazan-sur-Arize o F (09) 240-241 G 4
Daumeray o F (49) 230-231 L 4
D'Aunay Bugt ≈ 172-173 c 2
Daund o IND 74-75 E 10
Daung Kyun ⌒ MYA 94-95 E 4
Dauphin o CDN 178-179 F 5
Dauphin, Cap ▲ F (984) 246 III b 4
Dauphine, Île ⌒ F (984) 246 III b 2
Dauphin Island ⌒ USA 192-193 D 4
Dauphin Lake o CDN 178-179 G 5
Daura o WAN 134-135 D 6
Daurān, Ǧabal ▲ Y 68-69 D 6
Daur'an, Wādī ~ Y 68-69 F 6
Daurkina, poluostrov ⌣ RUS 48-49 Y 3
Daus o KSA 68-69 B 3
Dausa o IND 74-75 F 6
Dầu Tiếng o VN 94-95 J 5
Dautkŭl suvombori < US 72-73 F 3
Đà Vách, Mũi ▲ VN 94-95 K 5
Dāvangere o IND 76-77 F 3
Davao City o RP 96-97 F 9
Davao Gulf ≈ 96-97 F 9
Dāvari o IR 70-71 G 5
Dāvarzan o IR 72-73 E 6
Davenda o RUS 54-55 J 9
Davenport o USA (IA) 190-191 C 5
Davenport o USA (WA) 184-185 E 2
Davenport Creek ~ AUS 114-115 D 5
Davenport Downs o AUS 114-115 F 3
Davenport Range ▲ AUS 110-111 C 7
David ☆ • PA 196-197 C 7
David City o USA 186-187 J 5
Davidof Island ⌒ USA 166-167 F 7
Davidson o CDN 178-179 D 5
Davidson, Mount ▲ AUS 108-109 K 6
Davidson Bank ≃ 166-167 O 6
Davidson Mountains ▲ USA 164-165 T 2
Davieau Island ⌒ CDN 180-181 L 6
Davinópolis o BR 216-217 G 5
Davis o USA 184-185 D 6
Davis, Détroit de = Davis Strait ≈ 14-15 D 2
Davis, Îles ⌒ F (984) 246 III b 2
Davis, Mount ▲ USA 190-191 J 6
Davis Bay ≈ 16 G 14
Davis Dam o USA 184-185 G 8
Davis Mountains ▲ USA 188-189 E 4
Davis National Historic Site, Fort ⸫ USA 188-189 F 4
Davison o USA 190-191 G 4
Davis River ~ AUS 108-109 E 7
Davis Sea ≈ 16 G 10
Davis Strait = Davis, Détroit de ≈ 14-15 D 2
Daviumbu, Lake o PNG 119 A 4
Davlekanovo ☆ RUS 32-33 J 6
Davo ~ CI 138-139 G 7
Davos o • CH 28-29 K 5
Davša o RUS 54-55 D 8
Davy Lake o CDN 174-175 P 6
Davy Sund ≈ 170-171 o 7
Dawa o VRC 86-87 D 7
Dawadawa o GH 138-139 K 5
Dawa Dawa o RP 96-97 E 9
Dawādimi, ad- o • KSA 66-67 J 5
Dawangstan ~ VRC 92-93 F 5
Dawa Wenz ~ ETH 144-145 D 6
Daweloor, Pulau ⌒ RI 102-103 F 5
Dawera, Pulau ⌒ RI 102-103 E 5
Dawes Range ▲ AUS 114-115 L 3
Dawhat Salwā ≈ 70-71 D 6
Dawhenya o GH 138-139 L 7
Dawson o CDN 164-165 V 4
Dawson o USA (GA) 192-193 F 4
Dawson o USA (ND) 186-187 H 2
Dawson, Isla ⌒ RCH 224 E 6
Dawson Bay o CDN 178-179 F 4
Dawson Bay Indian Reserve ✗ CDN 178-179 F 4
Dawson Creek o CDN 176-177 K 4
Dawson Highway II AUS 114-115 K 3
Dawson-Lambton Glacier ⊂ ARK 16 F 33
Dawson Range ▲ AUS 114-115 K 2
Dawson Range ▲ CDN 164-165 V 5
Dawson River ~ AUS 114-115 K 3
Dawu o VRC (HUB) 90-91 J 6
Dawu o VRC (SIC) 90-91 B 6
Daww, ad- ⸫ SYR 64-65 G 5
Dax o F (40) 240-241 B 3
Daxi o VRC 92-93 M 2
Da Xian o VRC 90-91 E 6
Daxin o VRC 92-93 E 5
Daxue Shan ▲ VRC 90-91 B 6
Daya < RIM 132-133 E 5
Dayang Bunting, Pulau ⌒ MAL 98-99 C 2
Dayangshu o VRC 86-87 E 3
Dayao o VRC 92-93 B 4
Daya Wan ≈ 92-93 J 5
Daybabān, Shut'bat ad ~ LAR 128-129 D 3
Dayi ~ GH 138-139 L 6
Dayi o VRC 90-91 C 6
Dayi o WAN 140-141 G 3
Daylesford o AUS 116-117 H 4
Daylight Pass ▲ USA 184-185 F 7
Daymán, Cuchilla del ▲ ROU 220-221 J 6
Dayman, Îles ⌒ F (984) 246 III c 2
Daymán, Río ~ ROU 220-221 J 6
Daymán, Termas del • ROU 220-221 J 6
Dayong o VRC 92-93 G 2
Daysland o CDN 176-177 O 5
Dayton o USA (NV) 184-185 E 6
Dayton o USA (OH) 190-191 F 6
Dayton o USA (TN) 192-193 F 2
Dayton o USA (TX) 188-189 K 4
Dayton o USA (WA) 184-185 F 2
Daytona Beach o USA 192-193 H 5
Dayu o RI 100-101 D 4
Dayu o VRC 92-93 J 4
Da Yunhe ~ VRC 90-91 J 3
Dazhou Dao ⌒ VRC 92-93 G 7
Dažhovuz ☆ TM 72-73 F 4
Dazhu o VRC 90-91 E 6
Dazkırı ☆ TR 64-65 C 4
Dazu o VRC 92-93 D 2
Dazu Shike • VRC 92-93 D 2
Dchira o MA 124-125 E 7
Dead Indian Peak ▲ USA 186-187 C 3
Dead Lake o USA 186-187 K 2
Deadman Bay ≈ 192-193 G 5
Deadman's Cay o • BS 198-199 H 3
Deadman's Creek Indian Reserve ✗ CDN 176-177 K 6
Deakin o AUS 112-113 K 5
Dealesville o ZA 156-157 G 4
Déali o SN 138-139 C 2
De'an o VRC 92-93 J 2
Dean, Mount ▲ AUS 112-113 G 6
Dean Channel ≈ 176-177 G 5
Deán Funes o RA 220-221 E 6
Dean River ~ CDN 176-177 H 5
Deans Dundas Bay ≈ 168-169 N 4
Dearborn o USA 190-191 G 4
Deary o USA 184-185 F 2
Dease Arm o CDN 174-175 J 2
Dease Inlet ≈ 164-165 N 1
Dease Lake o CDN (BC) 176-177 E 2
Dease Lake o CDN (BC) 176-177 E 2
Dease River ~ CDN 174-175 L 2
Dease River ~ CDN 174-175 E 6
Dease Strait ≈ 168-169 S 6
Deas Thompson Point ▲ CDN 168-169 L 6
Death Valley ⌣ USA 184-185 F 7
Death Valley Junction o USA 184-185 F 7
Death Valley National Monument ⸫ USA 184-185 F 7
Deauville o •• F (14) 228-229 E 5
Debak o MAL 98-99 J 4
Debal'ceve o UA 38-39 L 3
Debalo o SUD 142-143 K 4
Debao o VRC 92-93 E 5
Debar o • MK 36-37 H 4
Debark o ETH 136-137 H 6
Débarquement, Musée du • F (14) 228-229 C 5
Debauch Mountain ▲ USA 164-165 L 4
Debaysima o ER 136-137 L 6
Debden o CDN 178-179 C 4
Debdirge o RUS 56-57 E 2
Debdou o MA 124-125 K 4
Débé ⌣ AR 64-65 L 2
Debepare o PNG 119 A 4
Débéré ⌣ BF 138-139 J 3
Debesa o AUS 108-109 G 4
Debesy ☆ RUS 32-33 H 5
Debin o RUS 56-57 O 2
Debin ~ RUS 56-57 N 2
Debo, Lac o RMM 138-139 H 2
Debolt o CDN 176-177 M 4
Deborah East, Lake o AUS 112-113 E 5
Deborah West, Lake o AUS 112-113 E 5
Débougou o RMM 138-139 H 2
Debre Birhan o ETH 144-145 D 4
Debrecen o H 28-29 Q 5
Debre Markos ☆ ETH 144-145 C 3
Debre May o ETH 144-145 C 3
Debre Sina o ETH 144-145 D 4
Debre Tabor o ETH 144-145 C 3
Debre Work' o ETH 144-145 D 3
Debre Zebit o ETH 144-145 D 3
Debre Zeyit o ETH (Goj) 144-145 B 3
Debre Zeyit o ETH (She) 144-145 D 4
Decatur o USA (AL) 192-193 E 2
Decatur o USA (GA) 192-193 F 3
Decatur o USA (IL) 190-191 D 6
Decatur o USA (IN) 190-191 F 5
Decatur o USA (TX) 188-189 J 3
Decazeville o F (12) 240-241 J 1
Deccan ⸫ IND 6-7 G 7
Decelles, Réservoir < CDN 182-183 F 5
Decepcion o ARK 16 G 30
Déception o CDN 180-181 M 3
Déception, Rivière ~ CDN 180-181 M 3
Deception Bay ≈ 119 C 4
Déception Bay ≈ 180-181 M 3
Deception Lake o CDN 178-179 D 2
Deception Point ▲ AUS 108-109 K 1
Dechang o VRC 92-93 C 3
Dechu o IND 74-75 D 6
Děčín o CZ 28-29 N 3
Deciolândia o BR 214-215 J 4
Decize o F (58) 238-239 C 3
Decker o USA 186-187 D 3
Decker Field o AUS 112-113 H 2
Decorah o USA 190-191 C 4
Dedegöl Dağları ▲ TR 64-65 D 4
Deder o ETH 144-145 E 4
Dediāpāda o IND 74-75 D 9
Dedo, Cerro ▲ RA 224 E 2
Dédougou ☆ BF 138-139 J 3
Dedoviči ☆ RUS 30-31 L 3
Dedza o MW 154-155 H 2
Dee ~ GB 26-27 F 3
Dee ~ GB 26-27 F 5
Deep Bay o CDN 174-175 L 5
Deep Cove o NZ 118 A 6
Deep River o CDN 182-183 F 5
Deep River ~ USA 192-193 J 2
Deep Rose Lake o CDN 174-175 U 3
Deepwater o AUS 114-115 L 5
Deepwater o USA 186-187 L 6
Deep Well o AUS 114-115 C 3
Deer o USA 188-189 L 2
Deer Bay ≈ 168-169 T 1
Deerfield Beach o USA 192-193 H 6
Deering o USA 164-165 J 3
Deering, Mount ▲ AUS 112-113 K 2
Deer Island ⌒ CDN 178-179 H 5
Deer Island ⌒ USA 166-167 P 5
Deer Lake o CDN (NFL) 182-183 Q 4
Deer Lake o CDN (ONT) 178-179 J 4
Deer Lake o CDN (NFL) 182-183 Q 4
Deer Lodge o USA 184-185 H 2
Deer Park o USA 184-185 F 2
Deerpass Bay o CDN 174-175 J 3
Deer Pond o CDN 182-183 R 4
Deer River ~ CDN 178-179 J 2
Deer River o USA 186-187 L 2
Deerton o USA 190-191 E 2
Deerwood o USA 186-187 L 2
Deeth o USA 184-185 G 5
Defensores del Chaco, Parque Nacional ⊥ PY 214-215 G 7
Defferrari o RA 222-223 K 5
Defia, Hassi < MA 124-125 K 4
Defiance o USA 190-191 F 5
Défilé de Tosaye ⸫ RMM 132-133 K 6
Degache o TN 126-127 G 4
Degali ~ RUS 52-53 F 4
Degayê, Ra's ▲ ER 136-137 L 6
Dêgê o VRC 80-81 M 5
Degeh Bur o ETH 144-145 F 4
Degeh Medo o ETH 144-145 F 5
Dégelis o CDN 182-183 K 5
Degema o WAN 140-141 G 6
Deggendorf o D 28-29 M 4
Degollado o MEX 196-197 C 1
Degoma o ETH 136-137 H 6
Dégourdi o F (973) 245 I b 3
Dégrad Blanc o F (973) 245 I b 3
Dégrad Claude o F (973) 245 I b 4
Dégrad des Emérillon = Dégrad Claude o F (973) 245 I b 4
Dégrad Fourmi o F (973) 245 I b 3
Dégrad Haut Camopi o F (973) 245 I b 4
Dégrad Jalbot o F (973) 245 I c 2
Dégrad Janson o F (973) 245 I c 1
Dégrad Neuf o F (973) 245 I b 3
Dégrad Saint-Léon o F (973) 245 I b 3
Dégrad Saramaka o F (973) 245 I c 1
Dégrad Vitalo o F (973) 245 I b 3
Dégrad Yaya o F (973) 245 I a 2
De Grey River ~ AUS 108-109 D 6
Dehalak Desēt ⌒ ER 136-137 K 5
Dehāqān o IR 70-71 D 3
Dehbārez o IR 70-71 G 5
Dehbid o IR 70-71 E 3
Deh Dašt o IR 70-71 D 3
Dehdez o IR 70-71 D 3
Deheğ o IR 70-71 F 3
Dehej o IND 74-75 D 9
Deh-e Kohne o IR 70-71 D 4
Dehekolano, Tanjung ▲ RI 100-101 K 4
Dehepodo o RI 100-101 K 3
Deh Ḥeir o IR 70-71 F 4
Dehibai o TN 126-127 H 4
Dehkanabad o US 72-73 K 5
Dehlorān o IR 70-71 B 1
Deh Mirdād o AFG 72-73 K 7
Deh Molla o IR 70-71 C 3
Deh Pariān o AFG 72-73 L 7
Dehra Dun o •• IND 74-75 G 4
Deh Rāvūd o AFG 70-71 L 2
Dehri o IND 78-79 D 3
Dehšīr o IR 70-71 E 3
Deh Šū o AFG 70-71 K 3
Dehua o VRC 92-93 L 4
Dehui o VRC 86-87 E 5
Deilam, Bandar-e o IR 70-71 D 3
Deim Bükhit o SUD 142-143 H 5
Deira o UAE 70-71 F 6
Dej o RO 38-39 C 4
Dejen o ETH 144-145 D 3
Dejian o VRC 92-93 J 2
Dejnau o TM 72-73 H 5
Dejneva, Cap = Dežneva, mys ▲ RUS 48-49 a 3
De Jongs, Tanjung ▲ RI 102-103 K 5
De-Kastri o RUS 58-59 J 3
Dek'emhāre o ER 136-137 J 5
Dekese o ZRE 146-147 H 5
Dekina o WAN 140-141 G 5
Dekoa o RCA 142-143 D 5
Delaa o DZ 126-127 D 4
Delacroix o USA 192-193 D 5
Delaki o RI 102-103 C 6
Delaney o USA 184-185 F 2
Delanggu o RI 104 D 3
Delano o USA 184-185 E 8
Delārām o AFG 70-71 K 2
Delareyville o ZA 156-157 G 3
Delarof Islands ⌒ USA 166-167 G 7
Delaronde Lake o CDN 178-179 C 3
Delavan o USA 190-191 D 4
Delaware o USA 190-191 G 5
Delaware ▫ USA 190-191 L 6
Delaware Bay ≈ 190-191 L 6
Delaware Lake o USA 190-191 G 5
Delaware River ~ USA 190-191 L 5
Delbi o SN 138-139 C 2
Del Bonita o CDN 176-177 O 7
Delburne o CDN 176-177 O 5
Del Cano Rise = Cano, Crête del ≃ 5 H 10
Delčevo o • MK 36-37 J 4
Deleau o CDN 178-179 F 6
Deleg o EC 208-209 C 3
Delegate River o AUS 116-117 K 4
Délembé o RCA 142-143 F 4
Délép o TCH 134-135 J 6
Delevan o USA 190-191 D 4
Delfino o BR 212-213 H 7
Delfinópolis o BR 216-217 G 6
Delft o • NL 28-29 H 2
Delfus o PE 208-209 D 4
Delfzijl o NL 28-29 J 2
Dèlgèr = Tajgan o MAU 84-85 C 4
Dèlgèrèh = Hongor o MAU 84-85 K 5
Dèlgèrhangaj = Hašaat o MAU 84-85 G 5
Dèlgèr mörön ~ MAU 84-85 D 3
Delgo o SUD 136-137 E 2
Delhi ★ •• IND 74-75 F 5
Delhi o USA (LA) 188-189 M 3
Delhi o USA (NY) 190-191 L 4
Déli o TCH 142-143 B 4
Deli, Pulau ⌒ RI 104 A 3
Délices o F (973) 245 I b 2
Delicias o CO 208-209 E 2
Delicias o MEX 194-195 G 3
Delicias, Las o CO 204-205 F 5
Deliğān o IR 70-71 D 2
Délimane, I-n- < RMM 138-139 L 2
Delingdè ~ RUS 46-47 O 7
Delingdèkèn ~ RUS 52-53 H 3
Delingha o VRC 80-81 L 2
Delin'ja ~ RUS 46-47 V 7
Delisle o CDN (QUE) 182-183 J 4
Delisle o CDN (SAS) 178-179 C 5
Delissaville ✗ AUS 108-109 K 2
Delitua o RI 98-99 C 3
Deliverence Island ⌒ AUS 119 A 5
Deljankir ~ RUS 46-47 a 7
Del'kju-Ohotskaja ~ RUS 56-57 J 3
Del'ku ~ RUS 46-47 a 6
Dell o USA 184-185 H 3
Delle o F (90) 238-239 K 1
Dell Rapids o USA 186-187 J 4
Dellys o DZ 126-127 D 2
Delmas o ZA 156-157 J 3
Delme o F (57) 234-235 J 4
Delmenhorst o D 28-29 K 2
Delmore Downs o AUS 114-115 C 2
Del Norte o USA 186-187 D 7
De-Longa, ostrova ⌒ RUS 46-47 b 1
Deloraine o AUS 116-117 J 6
Deloraine o CDN 178-179 F 6
Delos ••• GR 36-37 K 6
Delphi ••• GR 36-37 J 5
Delphi o USA 190-191 E 5
Delportshoop o ZA 156-157 G 4
Delray Beach o USA 192-193 H 6
Del Rio o USA 188-189 G 5
Delsbo o S 22-23 H 6
Delta o CDN (BC) 176-177 J 7
Delta o CDN (MAN) 178-179 G 5
Delta o USA (CO) 186-187 C 6
Delta o USA (UT) 184-185 H 6
Delta Camp ☆ RB 154-155 B 4
Delta del Tigre o ROU 222-223 L 3
Delta Downs o AUS 110-111 F 5
Delta Dunării ⸫ ••• RO 38-39 F 5
Delta Junction o USA 164-165 S 4
Delta Mendota Canal < USA 184-185 D 7
Delta National Wildlife Refuge ⊥ USA 192-193 D 5
Delthore Mountain ▲ CDN 174-175 F 4
Del'tula ~ RUS 52-53 E 3
Delungra o AUS 114-115 L 5
Dèlùùn = Rašaant o MAU 82-83 K 2
Del Verme Falls ~ ETH 144-145 E 6
Dèm, Lac de o • BF 138-139 K 3
Dema ~ RUS 32-33 J 6
Demagiri o IND 78-79 H 4
Demak o RI 104 D 3
Demalisques de Leshwe ⊥ ZRE 150-151 E 7
Demarcation Point ▲ USA 164-165 U 2
Demba o ZRE 146-147 J 6
Demba Koli o SN 138-139 D 3
Dembecha o ETH 144-145 C 3
Dembéni o F (985) 246 I b 2
Dembi o ETH 144-145 C 5
Dembia o RCA 142-143 G 6
Dembi Dolo o • ETH 144-145 B 4
Dembo o CAM 140-141 K 4
Dembo o TCH 142-143 C 4
Demensk, Spas- o RUS 30-31 O 4
Demerara, Plaine Abyssale de la = Demerara Abyssal Plain ≃ 14-15 D 7
Demerara Abyssal Plain = Demerara, Plaine Abyssale de la ≃ 14-15 D 7
Demers, Pointe ▲ CDN 180-181 K 4
Demidov ☆ RUS 30-31 M 4
Deming o F (71) 238-239 F 3
Deming o USA (NM) 188-189 D 3
Deming o USA (WA) 184-185 C 1
Demini, Rio ~ BR 210-211 F 3
Demirci o TR 64-65 C 3
Dem'janka ~ RUS 50-51 N 5
Dem'janka ~ RUS 50-51 K 5
Dem'janovo o RUS 32-33 E 3
Demjansk ☆ RUS 30-31 N 3
Dem'janskoe o RUS 50-51 K 5
Demmin o D 28-29 M 2
Demnate o MA 124-125 H 5
Demoiselles, Grotte • F (34) 242-243 D 4
Demopolis o USA 192-193 E 3
Demotte o USA 190-191 E 5
Dempo, Gunung ▲ RI 98-99 E 6
Dempo, Selat ≈ 98-99 F 4
Dempseys o AUS 110-111 C 7
Dempster Highway II CDN 164-165 V 4
Dempta o RI 102-103 L 3
Dêmqog o IND 74-75 G 3
Demsa o CAM 140-141 K 4
Dému o • F (32) 240-241 E 3
Denain o F (59) 228-229 L 3
Denakil ⸫ ETH 136-137 K 5
Denali Highway II USA 164-165 Q 5
Denali National Park o USA 164-165 Q 5
Denali National Park and Preserve ⊥ USA 164-165 P 5
Denan o ETH 144-145 F 5
Denau o US 72-73 K 5
Denbigh o CDN 182-183 F 6
Denbigh, Cape ▲ USA 164-165 K 4
Denbigh Downs o AUS 114-115 F 2
Den Chai o THA 94-95 F 2
Dendang o RI 98-99 G 6
Dendâra o RIM 132-133 G 6
Déndoudi o SN 138-139 D 2
Deneba o ETH 144-145 D 4
Denežkin Kamen', gora ▲ RUS 50-51 E 4
Dengfeng o VRC 90-91 H 4
Dengi o WAN 140-141 H 4
Dengkou o VRC 90-91 E 1
Dèngqên o VRC 80-81 K 5
Denguiro o RCA 142-143 F 6
Dengyuan o VRC 92-93 D 2
Dengzhou o VRC 90-91 H 5
Den Haag = 's-Gravenhage ☆ •• NL 28-29 H 2
Denham o AUS 112-113 B 2
Denham, Mount ▲ JA 198-199 G 5
Denham Island ⌒ AUS 110-111 E 5
Denham Range ▲ AUS 114-115 J 2
Denham Sound ≈ 112-113 B 2
Den Helder o NL 28-29 H 2
Denholm o CDN 178-179 C 4
Deni, Área Indígena ✗ BR 210-211 C 6
Denia o E 34-35 H 5
Denial Bay ≈ 112-113 M 6
Denikouroula o RMM 138-139 H 4
Deniliquin o AUS 116-117 H 3
Denio Junction o USA 184-185 E 5
Denise Island ⌒ SY 160 D 1
Denison o USA (IA) 186-187 K 4
Denison o USA (TX) 188-189 J 3
Denison Range ▲ AUS 108-109 J 5
Denizli ☆ TR 64-65 C 4
Denkanikota o IND 76-77 G 4
Denkola ⸫ • TM 72-73 E 4
Denman o AUS 116-117 L 2
Denman Glacier ⊂ ARK 16 G 10
Denmark o AUS 112-113 D 7
Denmark o USA 192-193 H 3
Denmark Strait = Danemark, Détroit du ≈ 14-15 F 2
Dennebrœucq o F (62) 228-229 J 2
Dennis, Lake o AUS 108-109 J 6
Den Oever o NL 28-29 H 2
Denpasar ☆ RI 104 B 7
Dent, La ▲ CI 138-139 G 6
Denton o USA (MD) 190-191 L 6
Denton o USA (TX) 188-189 J 3
D'Entrecasteaux, Point ▲ AUS 112-113 D 7
D'Entrecasteaux Islands ⌒ PNG 119 F 5
D'Entrecasteaux National Park ⊥ AUS 112-113 C 7
Denu o GH 138-139 L 6
Denver ☆ • USA 186-187 E 6
Déo o RCA 142-143 E 4
Déo, Mayo ~ CAM 140-141 K 5
Deoband o IND 74-75 F 5
Deodápolis o BR 220-221 K 2
Deogarh o IND 78-79 D 5
Deogarh Peak ▲ IND 78-79 C 4
Deoghar o • IND 78-79 E 3
Deolāli o IND 74-75 D 10
Deoli o IND 74-75 G 9
Deolia o IND 74-75 E 7
Deori o IND 78-79 B 5
Déou o BF 138-139 K 2
Dep ~ RUS 54-55 N 9
Dep ~ RUS 58-59 C 2
Dep, River ~ WAN 140-141 H 4
Depālpur o IND 74-75 E 8
De Panne o B 28-29 G 3
Depapre o RI 102-103 L 3
Departure Bay o CDN 176-177 J 7
Depew o USA 188-189 J 2
Dépôt-de-la-Lièvre o CDN 182-183 F 4
Dépôt Lézard Rnes o F (973) 245 I b 2
Dépression, Zone de Fracture de = Doldrums Fracture Zone ≃ 13 H 4
Deptumala ~ RUS 44-45 a 5
Deputatskij ☆ RUS 46-47 W 5
Dêqên o VRC (XIZ) 80-81 H 5
Dêqên o VRC (YUN) 80-81 M 6
Deqing o VRC 92-93 G 5
Dera o ETH 144-145 D 4
Dera ~ SP 148-149 J 3
Dera Bugti o PK 74-75 B 5
Dera Ghāzi Khān o • PK 74-75 C 4
Dera Ismāil Khān o PK 74-75 C 4
Derale ▲ AUS 116-117 K 2
Dera Murād Jamali o PK 74-75 B 5
Dera Nānak o IND 74-75 E 3
Dera Nawāb Sahib o PK 74-75 C 5
Derāwar Fort o • PK 74-75 C 5
Derbeikan, Wādī ~ SUD 136-137 G 3
Derbeke ~ RUS 46-47 U 7
Derbekinskaja vpadina ⌣ RUS 46-47 U 7
Derbent o RUS 62-63 H 6
Derbissaka o RCA 142-143 G 6

Dobbyn ○ AUS 110-111 F 6
Dobele ○•• LV 30-31 H 3
Doberai Peninsula ⌣ RI 102-103 F 2
Dobie River ∼ CDN 178-179 L 5
Dobinga ○ CAM 140-141 K 4
Doblas ○ RA 222-223 G 4
Dobo ○•• RI 102-103 H 4
Doboj ○• BIH 36-37 G 2
Dobre Miasto ○• PL 28-29 Q 2
Dobrič ○ BG 38-39 E 6
Dobrinka ○ RUS 30-31 R 5
Dobrjanka ✲ RUS 32-33 K 4
Dobromyľ ○ UA 38-39 C 3
Dobron' ○ UA 38-39 C 3
Dobropil'a ○ UA 38-39 K 3
Dobroteşti ○ RO 38-39 D 5
Dobruči ○ RUS 30-31 K 2
Dobruš ○ BY 30-31 M 5
Dobržanskogo, ostrov ⌒ RUS 48-49 M 5
Dobzha ○ VRC 80-81 G 6
Docas, Cachoeira das ∼ BR 216-217 D 3
Doc Can Island ⌒ RP 96-97 C 10
Doce, Rio ∼ BR 216-217 K 5
Doce, Rio ∼ BR 216-217 E 4
Docelles ○ F (88) 234-235 K 5
Dochigam National Park ⊥ IND 74-75 E 2
Docker River X AUS (NT) 112-113 K 2
Docker River ∼ AUS 112-113 K 2
Docking ○ GB 26-27 H 5
Dockrell, Mount ▲ AUS 108-109 H 5
Dockyard, The ∸ AG 200 E 3
Doctor Arroyo ○ MEX 194-195 J 6
Doctor González ○ MEX 194-195 K 5
Doctor Mora ○ MEX 194-195 J 7
Doctor Pedro P. Peña ✲ PY 220-221 F 2
Doda ○ EAT 148-149 G 6
Doda ○ RI 100-101 G 4
Dodaga ○ RI 100-101 L 3
Dod Ballapur ○ IND 76-77 G 4
Dodécanèse = Dodekanissa ⌒ GR 36-37 L 6
Dodekanissa ⌒ GR 36-37 L 6
Dødes Fjord, De ≈ 170-171 R 5
Dodge, Fort ○ USA 186-187 K 4
Dodge City ○• USA 186-187 G 7
Dodge Lake ⊖ CDN 174-175 R 6
Dodge River ∼ CDN 170-171 P 3
Dodgeville ○ USA 190-191 C 4
Dodinga ○ RI 100-101 K 3
Dodji ○ SN 138-139 C 2
Dodol < SP 148-149 J 2
Dodola ○ ETH 144-145 D 5
Dodoma ◘ EAT 148-149 E 6
Dodoma ★• EAT (DOD) 150-151 H 4
Dodori ∼ EAK 148-149 H 4
Dodori National Reserve ⊥ EAK 148-149 H 4
Dodowa ○ GH 138-139 K 7
Dodson ○ USA 186-187 C 1
Dodson Peninsula ⌣ ARK 16 F 30
Doege ○ ANG 152-153 F 4
Doembang Nangbuat ○ THA 94-95 F 3
Dofa ○ RI 100-101 J 4
Dōgā'i ○ IR 72-73 F 6
Dogai Coring ⊖ VRC 80-81 G 3
Dogal'dyn ∼ RUS 44-45 a 7
Doğanşehir ○ TR 64-65 G 3
Doğansu ○ TR 64-65 K 3
Dogbo-Tota ○ DY 138-139 L 6
Dog Creek ○ CDN 176-177 J 6
Dogdo ∼ RUS 46-47 V 6
Dog Island ⌒ CDN 180-181 T 6
Dog Island ⌒ USA 192-193 F 5
Dog Lake ⊖ CDN (MAN) 178-179 G 5
Dog Lake ⊖ CDN (ONT) 178-179 M 6
Dog Lake ⊖ CDN (ONT) 178-179 O 6
Dōgo ⌒ J 88-89 E 6
Dogo ○ RMM 138-139 G 4
Dogoba ○ SUD 142-143 J 5
Dō Gonbadān ○• IR 70-71 D 3
Dogondoutchi ○ RN 134-135 B 6
Dogoumbo ○ TCH 142-143 C 3
Dōgo-yama ▲ J 88-89 E 7
Dogpound Creek ∼ CDN 176-177 N 6
Dog Salmon River ∼ USA 166-167 S 4
Doğubayazıt ✲ TR 64-65 L 3
Doğu Karadeniz Dağlari ▲▲ TR 64-65 H 2
Doğu Menteşe Dağları ▲▲ TR 64-65 C 4
Dogura ○ PNG 119 F 6
Dogwalo, River ∼ WAN 140-141 H 3
Dogwood Creek ∼ AUS 114-115 K 4
Dogyaling ○ VRC 80-81 G 5
Dogyldo ∼ RUS 50-51 U 4
Doha = ad-Dauha ★ Q 70-71 D 6
Doha = Dauha, ad- ★ Q 70-71 D 6
Doi, Pulau ⌒ RI 100-101 K 2
Doigan ▲ EAK 148-149 F 3
Doig River ∼ CDN 176-177 K 3
Doi Inthanon ▲ THA 78-79 L 6
Doi Inthanon National Park ⊥ THA 78-79 L 6
Đôi Môi, Hòn ⌒ VN 94-95 H 6
Dois Corregos ○ BR 216-217 F 7
Dois de Novembro, Cachoeira ∼ BR 210-211 F 7
Dois Irmãos ○ BR 216-217 F 3
Dois Irmãos, Cachoeira ∼ BR 210-211 H 7
Dois Riachos, Rio ∼ BR 212-213 K 6
Doi Suthep-Poi National Park ⊥ THA 78-79 L 6
Dois Vizinhos ○ BR 218-219 D 5
Doi Tachi ▲ THA 94-95 E 2
Doka ○ RI 102-103 H 5
Doka ○ SUD 136-137 G 6
Dokhara, Dunes de ∸ DZ 126-127 E 4
Dokis Indian Reserve X CDN 182-183 E 5
Doko ○ RG 138-139 F 4
Doko ○ WAN 134-135 D 6
Dokpam ○ GH 138-139 K 5
Doktorskij, mys ▲ RUS 46-47 Q 3
Dokučaevs'k ○ UA 38-39 K 4
Dokui ○ BF 138-139 H 3
Dolak, Pulau ⌒ RI 102-103 K 5
Dolak Pulau Reserve ⊥• RI 102-103 J 5
Dolancourt ○ F (10) 234-235 F 5
Doland ○ USA 186-187 H 3
Dolavon ○ RA 222-223 G 7
Dolbeau ○ CDN 182-183 H 4
Dolbel ○ RN 138-139 L 2
Dolby Lake ⊖ CDN 174-175 R 5
Dol-de-Bretagne ○• F (35) 230-231 H 2
Doldrums Fracture Zone = Dépression, Zone de Fracture de ≃ 13 H 4
Dole ○ F (39) 238-239 H 2
Doleib Hill ○ SUD 142-143 K 4
Dolenci ○ MK 36-37 H 4
Dolent, Mont ▲ F 238-239 L 5
Dolgellau ○ GB 26-27 F 5
Dolgij, ostrov ⌒ RUS 44-45 H 7
Dolgij, ostrov ⌒ RUS (NAO) 24-25 X 2
Dolgij Most ○ RUS 52-53 H 7
Dolgoderevenskoe ✲ RUS 32-33 M 6
Dolgoi Island ⌒ USA 166-167 Q 5
Dolia ○ IND 74-75 C 8
Dolina gejzerov ∴ RUS 56-57 S 6
Dolinovka ○ RUS 56-57 S 6
Dolinsk ○ RUS 58-59 K 5
Dolit ○ RI 100-101 K 4
Dolleman Island ⌒ ARK 16 F 30
Dollo Odo ○ ETH 144-145 F 6
Dolni Lom ○ BG 38-39 C 6
Dolný Kubín ○ SK 28-29 P 4
Dolo ○ RI 100-101 F 4
Dolokmerawan ○ RI 98-99 C 3
Dolok Pinapan ▲ RI 98-99 C 3
Dolomieu, Cratère = Cratère Brûlant ▲ F (974) 246 II b 2
Dolomiti = Dolomiten ▲▲ I 36-37 C 1
Dolon ∼ F (38) 242-243 G 1
Dolon, pereval ▲ KS 82-83 B 5
Dolong ○ RI 100-101 H 4
Doloon ○ MAU 84-85 G 5
Dolores ○ CO 204-205 D 6
Dolores ○ GCA 196-197 K 3
Dolores ○ RA 222-223 L 4
Dolores ○ ROU 222-223 K 2
Dolores ∼ RP 96-97 F 6
Dolores ○ YV 204-205 G 3
Dolores Hidalgo ○• MEX 194-195 J 7
Dolores River ∼ USA 186-187 C 6
Doloroso ○ USA 188-189 M 4
Dolphin, Cape ▲ GB 222-223 L 6
Dolphin and Union Strait ≈ 168-169 O 6
Đô Lu'o'ng ✲ VN 92-93 D 7
Dolus-d'Oléron ○ F (17) 236-237 C 4
Dolyna ✲ UA 38-39 D 3
Dolyns'ka ○ UA 38-39 H 3
Dom, Gunung ▲ RI 102-103 J 3
Doma ○ ZW 154-155 F 3
Domaine de chasse d'Iguéla ⊥ G 146-147 B 4
Dom Aquino ○ BR 214-215 K 4
Domar ○ VRC 80-81 C 4
Doma Safari Area ⊥ ZW 154-155 F 3
Domats ○ F (89) 232-233 J 3
Domažlice ○ CZ 28-29 M 4
Dombaj Ul'gen, gora ▲ RUS 62-63 D 6
Dombarovskij ✲ RUS 62-63 N 2
Dombås ○ N 22-23 D 5
Dombasle-en-Argonne ○ F (55) 234-235 G 3
Dombasle-sur-Meurthe ○ F (54) 234-235 J 4
Dombe ○ MOC 154-155 G 4
Dombe Grande ○ ANG 152-153 B 6
Dombes, les ∼ F (984) 246 III d 3
Dombey, Cape ▲ AUS 116-117 E 4
Dombo ○ RI 102-103 J 2
Domboshawa ○• ZW (Mle) 154-155 F 3
Domboshawa ▲ ZW (Mle) 154-155 F 3
Dombóvár ○ H 28-29 P 5
Dom Cavati ○ BR 216-217 J 5
Dôme, le ▲ F (984) 246 III b 3
Dôme, Puy de ▲ F (63) 236-237 L 4
Dome Bay ≈ 168-169 U 1
Domel ○ IND 74-75 E 3
Domène ○ F (38) 242-243 H 1
Dômes, Monts ▲▲ F (63) 236-237 L 4
Domèvre-en-Haye ○ F (54) 234-235 H 4
Domeyko ○ RCH 220-221 B 5
Domeyko, Cordillera de ▲▲ RCH 220-221 C 3
Domfront ○• F (61) 230-231 K 2
Dominase ○ GH 138-139 K 6
Domingos Martins ○ BR 216-217 K 6
Domingos Mourão ○ BR 212-213 H 4
Dominica = Dominique ■ WD 200 E 4
Dominicaine, République = Republica Dominicana ■ DOM 198-199 K 6
Dominica Island ⌒ WD 200 E 4
Dominical ○ CR 196-197 C 7
Dominica Passage ≈ 200 E 4
Dominion Range ▲▲ ARK 16 E 0
Dominique = Dominica ■ WD 200 E 4
Dominique, Passage de la ≈ 245 IV a 3
Dominique, Passage de la = Dominica Passage ≈ 200 E 4
Domiongo ○ ZRE 146-147 H 6
Domjulien ○ F (88) 234-235 H 5
Domkonda ○ IND 74-75 G 10
Dommartin, Abbaye de • F (62) 228-229 H 3
Dommartin-le-Franc ○ F (52) 234-235 F 5
Dommartin-Varimont ○ F (51) 234-235 F 4
Domme ○ F (24) 236-237 H 6
Domo ○ ETH 144-145 H 5
Domodedovo ✲ RUS 30-31 P 4
Domodóssola ○ I 36-37 B 1
Domoni ○ COM 158-159 D 4
Domont ○ F (95) 228-229 J 5
Dom Pedrito ○ BR 220-221 K 6
Dom Pedro ○ BR 212-213 F 4
Dompem ○ GH 138-139 J 7
Dompierre ○ F (61) 230-231 K 2
Dompierre-Becquincourt ○ F (80) 228-229 K 4
Dompierre-du-Chemin ○ F (35) 230-231 J 3
Dompierre-les-Ormes ○ F (71) 238-239 E 4
Dompierre-sur-Besbre ○ F (03) 238-239 D 3
Dompierre-sur-Mer ○ F (17) 236-237 C 3
Dompierre-sur-Veyle ○ F (01) 238-239 G 4
Dompierre-sur-Yon ○ F (85) 236-237 C 2
Domps ○ F (87) 236-237 J 4
Dompu ○ RI 104 D 7
Domremy ○ CDN 178-179 D 4
Domrémy-la-Pucelle ○• F (88) 234-235 H 5
Dom Silvério ○ BR 216-217 J 6
Domuyo, Volcán ▲ RA 222-223 D 4
Don ∼ F (44) 230-231 H 4
Don ∼ GB 26-27 F 3
Don ∼ RUS 30-31 Q 5
Don ∼ RUS 38-39 L 2
Doña Ana, Cerro ▲ RCH 220-221 B 5
Doña Inés, Cerro ▲ RCH 220-221 C 4
Doña Juana, Volcán ▲ CO 208-209 D 1
Donald ○ AUS 116-117 G 4
Donald Landing ○ CDN 176-177 H 4
Donaldsonville ○ USA 188-189 M 4
Doña Rosa, Cordillera ▲▲ RCH 220-221 B 6
Donau ∼ 4 E 4
Donau ∼ D 28-29 L 4
Donauwörth ○• D 28-29 L 4
Don Benito ○ E 34-35 E 5
Doncaster ○ AUS 110-111 G 7
Doncaster ○ GB 26-27 G 5
Doncaster Indian Réserve X CDN 182-183 G 5
Doncello, El ○ CO 208-209 E 1
Donchery ○ F (08) 234-235 F 2
Dondaicha ○ IND 74-75 E 9
Donderkamp ○ SME 206-207 F 3
Don Diego ○ CO 204-205 E 2
Dondo ○ ANG 152-153 C 4
Dondo ○ MOC 154-155 H 4
Dondo ○ RI (NTI) 104 E 7
Dondo ○ RI (SLT) 100-101 H 4
Dondo ○ ZRE 142-143 E 6
Dondo, Teluk ≈ 100-101 G 3
Don Dol ○ EAK 148-149 F 3
Dondon ○ RH 198-199 J 5
Đo'n Du'o'ng ○ VN 94-95 K 5
Donec ∼ RUS 38-39 K 3
Doneck ○ RUS 38-39 L 3
Donec'k ○ UA 38-39 K 4
Doneck = Donec'k ✲ UA 38-39 K 4
Donegal ○• IRL 26-27 C 4
Donegal Bay ≈ 26-27 C 4
Donelson National Battlefield, Fort ∴ USA 190-191 E 7
Don Esteban, Arroyo ∼ ROU 222-223 L 2
Donett Point ▲ CDN 168-169 S 2
Dong ○ IND 80-81 L 6
Donga ○ DY 138-139 L 5
Donga ○ WAN 140-141 J 5
Donga, River ∼ WAN 140-141 J 5
Dong'an ○ VRC 92-93 G 3
Dongane, Lagoa ⊖ MOC 154-155 H 7
Dongara ○ AUS 112-113 C 4
Dongargarh ○ IND 78-79 B 5
Dongbei = Mandchourie ∸ VRC 86-87 E 6
Dongchuan ○ VRC 92-93 C 3
Dongco ○ VRC 80-81 E 4
Đong Đăng ○ VN 92-93 E 6
Dongeleksor ⊖ KA 62-63 J 3
Döngelek su kojmasy < KA 32-33 G 8
Donges ○ F (44) 230-231 G 5
Dongfang ○ VRC (HAI) 92-93 F 7
Dongfang ○ VRC (HUN) 92-93 F 2
Dongfanghong ○ VRC 86-87 J 4
Dongfeng ○ VRC 86-87 E 6
Donggala ○•• RI 100-101 F 4
Donggi ○ RI 100-101 H 4
Donggi Cona ⊖ VRC 80-81 M 3
Donggou ○ VRC 86-87 E 8
Dongguan ○ VRC 92-93 J 5
Dongguan ○ VRC (GDG) 92-93 H 5
Dông Hà ✲ VN 94-95 J 2
Dong Hai ≈ 90-91 N 6
Donghai ○ VRC 90-91 L 4
Donghai Dao ⌒ VRC 92-93 G 6
Đong Hới ✲ VN 94-95 J 2
Dong Jiang ∼ VRC 92-93 J 5
Dongji Liedao ⌒ VRC 92-93 M 2
Dongjingcheng ○ VRC 86-87 G 5
Dongkait, Tanjung ▲ RI 100-101 F 5
Dongkala ○ RI 100-101 H 6
Dongkeng ○ VRC 92-93 L 3
Dongkou ○ VRC 92-93 G 3
Donglan ○ VRC 92-93 E 4
Dongliang ○ VRC 90-91 H 2
Dong Ling • VRC 86-87 D 7
Dongmen ○ VRC 92-93 E 5
Dongming ○ VRC 90-91 J 4
Dongnan Qiuling = Chine du Sud, Plateau de ▲▲ VRC 92-93 H 4
Dongning ○ VRC 86-87 H 5
Dongo ○ ANG 152-153 C 7
Dongo ○ ZRE 146-147 G 2
Dongola = Donqula ✲ SUD 136-137 E 3
Dongou ○ RCB 146-147 G 2
Dong Phaya Yen ▲▲ THA 94-95 F 2
Đồng Phú ○ VN 94-95 J 5
Dongping ○ VRC 90-91 K 4
Dongqiao ○ VRC 80-81 H 5
Dongsha Dao ⌒ VRC 92-93 K 6
Dongshanling • VRC 92-93 G 7
Dongshan Wan ∼ VRC 92-93 K 5
Dongsha Qundao ⌒ VRC 92-93 K 6
Dongsheng ○ VRC 90-91 F 2
Dongtai ○ VRC 90-91 M 5
Dong Taijnar Hu ⊖ VRC 80-81 K 2
Dongting, Lac = Dongting Hu ⊖ VRC 92-93 H 2
Dongting Hu ⊖ VRC 92-93 H 2
Đông Triều ✲ VN 92-93 E 6
Dongue ○ ANG 152-153 C 7
Donguila ○ G 146-147 B 3
Dong Ujimqin Qi ○ VRC 84-85 N 5
Đông Văn ○ VN 92-93 D 5
Dongwe ∼ Z 154-155 C 1
Dongxiang ○ VRC 92-93 K 2
Dongyang ○ VRC 92-93 M 2
Dongying ○ VRC 90-91 L 3
Dongzhai ○ VRC 90-91 H 2
Dongzhaigang Z.B. ⊥• VRC 92-93 G 7
Dongzhi ○ VRC 90-91 K 6
Doniphan ○ USA 188-189 M 1
Donjek River ∼ CDN 164-165 V 6
Donjeux ○ F (52) 234-235 G 5
Donji Vakuf ○ BIH 36-37 F 2
Donjon, Le ○ F (03) 238-239 D 4
Don Juan ○ DOM 198-199 L 5
Donkar ○ BHT 78-79 G 2
Donkerpoort ○ ZA 156-157 G 5
Donko ○ WAN 140-141 F 3
Don Martin ○ MEX 194-195 J 4
Donmatia ○ IND 78-79 G 3
Dønna ⌒ N 22-23 F 3
Donnacona ○ CDN 182-183 J 5
Donnelly ○ CDN 176-177 M 4
Donnelly ○ USA 184-185 D 4
Donnemarie-Dontilly ○ F (77) 232-233 J 3
Donner Pass ▲ USA 184-185 D 6
Donneville-les-Bains ○ F (50) 230-231 H 2
Donnybrook ○ AUS 112-113 C 6
Donnybrook ○ ZA 156-157 J 4
Dono Manga ○ TCH 142-143 C 4
Donon ▲ F (67) 234-235 L 4
Donon, Col du ▲ F (67) 234-235 L 4
Donostia-San Sebastián ○•• E 34-35 G 3
Đon Quê ○ VN 94-95 J 2
Donqula ✲ SUD 136-137 E 3
Don River ∼ AUS 110-111 J 7
Donskaja grjada ▲▲ RUS 38-39 L 3
Donskaja ravnina ▲▲ RUS 30-31 R 5
Donskoe ○ RUS 32-33 K 8
Donskoj ○ RUS 30-31 Q 5
Donyztau ▲▲ KA 62-63 M 4
Donzenac ○ F (19) 236-237 J 5
Donzère ○ F (26) 242-243 F 3
Donzy ○ F (58) 232-233 J 5
Donzy-le-National ○ F (71) 238-239 F 4
Doolgunna ○ AUS 112-113 E 2
Doomadgee X AUS 110-111 E 5
Doomadgee Aboriginal Land X AUS 110-111 E 5
Doongmabulla ○ AUS 114-115 J 2
Doornik = Tournai ○• B 28-29 G 3
Doorns, De ○ ZA 156-157 D 6
Door Peninsula ⌣ USA 190-191 E 3
Dora ○ USA 188-189 F 3
Dora, Lake ⊖ AUS 108-109 F 7
Dora, Mount ▲ AUS 112-113 G 3
Dorada, La ○ CO 204-205 D 5
Dorado ○ PY 220-221 G 1
Dorado, El ○ MEX 194-195 F 5
Dorado, El ○ USA (AR) 188-189 L 3
Dorado, El ○ USA (KS) 186-187 J 7
Dorado, El ○ YV 206-207 D 2
Dorado, Río ∼ RA 220-221 F 3
Dorado Springs, El ○ USA 186-187 K 7
Dōrāhāk ○ IR 70-71 D 5
Doralé ○ DJI 144-145 F 3
Dorānāla ○ IND 76-77 H 3
Doran Lake ⊖ CDN 174-175 Q 5
Dorat, le ○ F (87) 236-237 H 3
Dorbod ○ VRC 86-87 E 4
Dorchester ✲• GB 26-27 F 6
Dorchester, Cape ▲ CDN 180-181 L 2
Dordabis ○ NAM 152-153 D 11
Dordives ○ F (45) 232-233 H 3
Dordogne ◘ F (24) 236-237 F 5
Dordogne ∼ F 236-237 K 5
Dordogne, Gorges de la ∸• F (15) 236-237 K 5
Dordrecht ○• NL 28-29 H 3
Dordrecht ○ ZA 156-157 H 5
Dore ∼ F (63) 238-239 D 5
Doreen, Mount ▲ AUS 108-109 K 7
Doré Lake ○ CDN (SAS) 178-179 C 3
Doré Lake ⊖ CDN (SAS) 178-179 C 3
Dores do Indaiá ○ BR 216-217 H 5
Dores do Rio Preto ○ BR 216-217 K 6
Dores Turvo ○ BR 216-217 J 6
Dorey ○ RMM 138-139 K 2
Dörgön = Seer ○ MAU 82-83 L 1
Dori ✲ BF 138-139 K 2
Doringbaai ○ ZA 156-157 D 5
Doringrivier ∼ ZA 156-157 D 6
Dorintosh ○ CDN 176-177 Q 4
Dorion ○ CDN (ONT) 178-179 M 6
Dorion ○ CDN (QUE) 182-183 G 6
Dorisvale ○ AUS 108-109 K 3
Dorlin ○ F (973) 245 I b 3
Dormans ○ F (51) 228-229 M 5
Dormentes ○ BR 212-213 H 6
Dornakal ○ IND 78-79 B 7
Dornecy ○ F (58) 232-233 K 5
Dornes ○ F (58) 238-239 C 3
Dornoch ○ GB 26-27 E 3
Dornod ◘ MAU 84-85 L 4
Dorno Djoutougué ○ TCH 134-135 L 6
Dornogov' ◘ MAU 84-85 J 5
Doro ○ RMM 132-133 K 6
Dorogobuž ○ RUS 30-31 N 4
Doroh ○ IR 70-71 J 2
Dorohoi ○ RO 38-39 E 4
Dorohovo ○ RUS 30-31 P 4
Dorolamo ○ RI 100-101 L 3
Doronínskoe ○ RUS 54-55 F 10
Dōrōō nuur ⊖ MAU 82-83 L 2
Doropo ○ CI 138-139 J 5
Dorotea ○ S 22-23 H 4
Dorothy ○ CDN 176-177 O 6
Dorowa ○ ZW 154-155 F 4
Dorožnyj ○ RUS 54-55 G 5
Dorra ○ DJI 136-137 L 6
Dorrance ○ USA 186-187 H 6
Dorreen ○ CDN 176-177 F 4
Dorre Island ⌒ AUS 112-113 B 2
Dorres ○ F (66) 240-241 H 6
Dorrigo ○ AUS 114-115 M 6
Dorrigo National Park ⊥ AUS 114-115 M 6
Dorsale Camerounaise ▲▲ CAM 140-141 J 5
Dorset Island ⌒ CDN 180-181 L 2
Dortan ○ F (01) 238-239 H 4
Dört Kilise ∴• TR 64-65 J 2
Dortmund ○• D 28-29 J 3
Dörtyol ✲• TR 64-65 G 4
Dorucha ○ RUS 46-47 J 3
Dorūd ○ IR 70-71 C 2
Doruma ○ ZRE 142-143 H 6
Dörvöljin = Buga ○ MAU 82-83 M 2
Dos, El ∴• MEX 196-197 L 1
Dos Bocas ∴ USA 200 B 2
Dos Caminos ○ C 198-199 H 4
Dos Caminos ○ YV 204-205 H 3
Dos-d'Âne ○ F (974) 246 II a 1
Dos de Mayo ○ PE 208-209 E 5
Doseo, Bahr ∼ TCH 142-143 D 4
Dos Hermanas ○ E 34-35 E 6
Dōši ○ AFG 72-73 L 7
Dos Lagunas ○ GCA 196-197 K 3
Dos Lagunas, Parque Nacional ⊥ RCH 224 E 2
Dosnon ○ F (10) 234-235 E 4
Đô So'n ✲ VN 92-93 E 6
Dospat ○ BG 38-39 D 7
Dos Ríos ○ CO 208-209 F 1
Dosso ◘ RN 140-141 E 2
Dosso ✲ RN (DOS) 140-141 E 2
Dossor ○ KA 32-33 H 10
Dostuk ○ KS 82-83 B 5
Doswell ○ USA 190-191 K 7
Dot ○ CDN 176-177 K 6
Dothan ○ USA 192-193 F 4
Dotswood ○ AUS 110-111 J 6
Douadic ○ F (36) 236-237 H 2
Douai ○ F (59) 228-229 L 3
Douala ✲ CAM 140-141 H 6
Douala-Edéa, Réserve ⊥ CAM 146-147 C 2
Doualayel ○ CAM 140-141 K 5
Douamougno, Rassi ▲ F (985) 246 I b 2
Douaouir, Erg ∸ RMM 132-133 J 4
Douarnenez ○• F (29) 230-231 C 3
Douarnenez, Baie de ≈ F (29) 230-231 C 3
Douaya < RMM 132-133 J 6
Doubabougou ○ RMM 138-139 G 2
Double ∸ F (24) 236-237 G 5
Double Island Point ▲ AUS 114-115 M 3
Double Mer ⊖ CDN 180-181 U 7
Double Mountain ▲ AUS 114-115 L 2
Double Mountain Fork Brazos River ∼ USA 188-189 G 3
Doubodo ∼ BF 138-139 L 4
Doubs ◘ F 238-239 J 2
Doubs ∼ F 238-239 H 2
Doubtful Bay ≈ 108-109 G 4
Doubtful Island Bay ≈ 112-113 E 7
Doubtful Sound ≈ 118 A 6
Douchanbe = Dušanbe ✲• TJ 72-73 L 5
Douchuishan • VRC 90-91 D 5
Douchy ○ F (45) 232-233 J 4
Douchy-les-Mines ○ F (59) 228-229 L 3
Doucier ○ F (39) 238-239 H 3
Doudeville ○ F (76) 228-229 F 4
Doudou ○ BF 138-139 J 4
Doué ∼ SN 132-133 C 6
Doué-la-Fontaine ○ F (49) 230-231 L 5
Douélé ○ CI 138-139 G 6
Douelle ○ F (46) 240-241 G 2
Douentza ○ RMM 138-139 J 2
Dougga ∴•• TN 126-127 G 2
Doughboy Bay ≈ 118 A 7
Douglas ○ AUS 108-109 K 2
Douglas ○ GB 222-223 L 6
Douglas ✲• GBM 26-27 E 4
Douglas ○ USA (AK) 176-177 C 2
Douglas ○ USA (AZ) 188-189 C 4
Douglas ○ USA (GA) 192-193 G 4
Douglas ○ USA (WA) 184-185 E 2
Douglas ○ USA (WY) 186-187 E 4
Douglas ○ ZA 156-157 F 4
Douglas, Cape ▲ USA 166-167 U 3
Douglas, Mount ▲ USA 166-167 U 3
Douglas Channel ≈ 176-177 F 5
Douglas Creek ∼ AUS 114-115 D 5
Douglas Lake ⊖ CDN 174-175 Q 4
Douglas Lake ⊖ USA 192-193 G 2
Douglas Lake Indian Reserve X CDN 176-177 K 6
Douglas Pass ▲ USA 186-187 C 6
Douglas Peninsula ⌣ CDN 174-175 P 4
Douglas Point ▲ CDN 182-183 D 6
Douglas Ponds Creek ∼ AUS 114-115 H 3
Douglas Range ▲▲ ARK 16 G 29
Douglass ○ USA 188-189 J 1
Dougmuge ○ VRC 92-93 C 5
Dougoulé < RN 134-135 E 5
Douhongpo ▲ VRC 92-93 D 4
Douka ○ RG 138-139 E 5
Douka, Bahr Keita ou ∼ TCH 142-143 D 4
Doukhobor Village ∴ CDN 176-177 M 7
Doukoula ○ CAM 142-143 B 3
Doulaincourt-Saucourt ○ F (52) 234-235 G 5
Doulatābād ○ AFG (BAL) 72-73 K 6
Doulatābād ○ AFG (FĀ) 72-73 J 6
Doulatābād ○ IR 70-71 G 4
Doulati, Āb-e ∼ IR 72-73 C 7
Doulat Yār ○ AFG 70-71 L 1
Doullens ○ F (80) 228-229 J 3
Doumandzou ○ G 146-147 C 3
Doumba bonne < RN 134-135 F 3
Doum Doum ○ TCH 134-135 G 6
Doumé ○ CAM 140-141 K 6
Doumé ∼ CAM 142-143 B 6
Doumen ○ VRC 92-93 H 5
Doumo ○ CAM 146-147 D 2
Douna ○ BF 138-139 H 4
Douna ○ RMM 138-139 H 3
Doundé Bagué ○ SN 138-139 D 2
Dounet ○ RG 138-139 E 4
Dounguél-Sigon ○ RG 138-139 D 4
Dounkassa ○ DY 140-141 E 3
Dounkou ○ BF 138-139 J 3
Dounoux ○ F (88) 234-235 J 5
Douqing ○ VRC 92-93 D 3
Dourada, Serra ▲▲ BR 216-217 F 4
Douradina ○ BR (GSU) 220-221 K 2
Douradina ○ BR (PAR) 216-217 D 7
Douradoquara ○ BR 216-217 G 5
Dourados ○ BR 220-221 K 2
Dourados, Rio ∼ BR 220-221 K 2
Dourados, Serra dos ▲▲ BR 216-217 D 7
Dour Bâbâ ○ AFG 74-75 C 2
Dourbali ○ TCH 142-143 B 3
Dourbeye ○ CAM 140-141 K 4
Dourbie ∼ F (12) 242-243 C 3
Dourbies ○ F (30) 242-243 C 3
Dourdan ○ F (91) 232-233 G 2
Dourdou ∼ F (12) 240-241 J 1
Dourdoura ○ TCH 142-143 E 3
Dourgne ○ F (81) 240-241 J 4
Douriez ○ F (62) 228-229 H 3
Dournazac ○ F (87) 236-237 G 4
Douro ○ RMM 138-139 J 2
Douro ∼ RMM 138-139 J 2
Douro, Rio ∼ P 34-35 D 4
Douron ∼ F (29) 230-231 D 2
Douroum ○ CAM 140-141 K 3
Doussala ○ G 146-147 C 5
Doustre ∼ F (19) 236-237 J 5
Doutoufouk ○ RN 134-135 D 6
Douvaine ○ F (74) 238-239 J 4
Douve ∼ F (50) 228-229 B 5
Douve ∼ F (50) 230-231 H 2
Douville ○ F (971) 245 IV b 2
Douvrend ○ F (76) 228-229 G 4
Doux ∼ F (07) 242-243 F 1
Douz ○• TN 126-127 G 4
Douzy ○ F (08) 234-235 G 2
Dove ○ PNG 119 E 5
Dove Bugt ≈ 170-171 q 5
Dove Creek ○ USA 186-187 C 7
Dover ○ AUS 116-117 J 7
Dover ○• GB 26-27 H 6
Dover ○ USA (NH) 190-191 N 4
Dover ○ USA (TN) 192-193 E 1
Dover ✲ USA (DE) 190-191 L 6
Dover, Point ▲ AUS 112-113 H 6
Dover-Foxcroft ○ USA 190-191 O 3
Dover River ∼ CDN 176-177 O 3
Dovrefjell ▲ N 20-21 H 3
Dovsk ○ BY 30-31 M 5
Dowa ○ MW 154-155 G 1
Dowagiac ○ USA 190-191 E 5
Dowerin ○ AUS 112-113 D 5
Dowi, Mount ▲ PNG 119 D 3
Downey ○ USA 184-185 H 4
Downieville ○ USA 184-185 D 6
Downs ○ USA 186-187 H 6
Downton, Mount ▲ CDN 176-177 H 5
Doyet ○ F (03) 236-237 L 3
Doyle ○ USA 184-185 D 5
Doylestown ○ USA 190-191 L 5
Doyleville ○ USA 186-187 D 6
Doze de Outubro, Rio ∼ BR 214-215 H 3
Dozgah, Rūdhāne-ye ∼ IR 70-71 E 4
Dozois, Réservoir < CDN 182-183 F 5
Dozulé ○ F (14) 228-229 D 5
Drâa, Cap ▲ MA 124-125 F 6
Drâa, Hamada du ∸ DZ 124-125 G 6
Drâa, Oued ∼ MA 124-125 H 5
Drâa, Vallée du ⌣•• MA 124-125 H 5
Dra Afratir ∸ MA 132-133 D 2
Drabonso ○ GH 138-139 K 6
Drac ∼ F (38) 242-243 H 1
Dracena ○ BR 216-217 E 6
Drachten ○ NL 28-29 J 2
Drăgăneşti-Olt ○ RO 38-39 D 5
Drăgăneşti-Vlaşca ○ RO 38-39 D 5
Drăgăşani ○ RO 38-39 D 5
Draghoender ○ ZA 156-157 F 4
Dragocennaja, guba ≈ 46-47 W 1
Dragon, Caverne du • F (02) 228-229 M 5
Dragon, Kap ▲ GRØ 170-171 Y 2
Draguignan ○ F (83) 242-243 J 4
Drahičyn ○ BY 30-31 J 5
Drake ○ USA 186-187 G 2
Drake, Passage de = Drake Passage ≈ 13 E 10
Drakensberge ▲▲ ZA 156-157 J 4
Drake Passage = Drake, Passage de ≈ 13 E 10
Drakes Bay ≈ 184-185 C 7
Dráma ○ GR 36-37 K 4
Drammen ✲ N 22-23 E 7
Drangajökull ⊂ IS 22-23 b 1
Dranoz ▲ TR 64-65 F 2
Draper, la ∼ F (74) 238-239 K 4
Draper, Mount ▲ USA 164-165 V 7
Drar Souttouf ∸ MA 132-133 C 4
Drāsan ○ PK 74-75 E 1
Drava ∼ HR 36-37 F 2
Dravegny ○ F (02) 228-229 M 5
Drawa ∼ PL 28-29 N 2
Drawsko Pomorskie ○ PL 28-29 N 2
Drayton ○ USA 186-187 J 1
Drayton Valley ○ CDN 176-177 N 5
Dreamworld • AUS 114-115 M 4
Dréan ○ DZ 126-127 F 2
Drée ∼ F (71) 238-239 E 3
Dreikikir ○ PNG 119 B 2
Dremsel, Mount ▲ PNG 119 D 2
Drennan ○ ZA 156-157 G 6
Drennec, Le ○ F (29) 230-231 C 2
Dresde = Dresden ✲•• D 28-29 N 3
Dresden ✲•• D 28-29 M 3
Dresden ○ USA 190-191 G 5
Dreux ○ F (28) 232-233 E 2
Drevant ○ F (18) 236-237 L 2
Drevsjø ○ N 22-23 F 6
Drew ○ USA 188-189 M 3
Drews Reservoir < USA 184-185 D 4
Drezdenko ○ PL 28-29 N 2
Driffield ○ GB 26-27 G 4
Drifton ○ USA 192-193 G 4
Driftpile River ∼ CDN 176-177 N 4
Driftpile River Indian Reserve X CDN 176-177 N 4
Driftwood ○ CDN 176-177 G 4
Driftwood ○ USA 190-191 J 5
Driftwood River ∼ CDN 176-177 N 4
Driggs ○ USA 184-185 J 4
Driminopsis ○ NAM 152-153 E 11
Drin, Lumi ∼ AL 36-37 G 3
Drina ∼ YU 36-37 G 3
Drinkwater ○ CDN 178-179 D 5
Drionville ○ F (62) 228-229 J 2
Drniš ○ HR 36-37 F 3
Drobeta-Turnu Severin ○• RO 38-39 C 5
Drobie ∼ F (07) 242-243 E 2
Drobin ○ PL 28-29 P 2
Droërivier ○ ZA 156-157 F 6
Drogheda = Droichead Átha ○ IRL 26-27 D 5
Drogobyč = Drohobyč ✲ UA 38-39 C 3
Drohobyč ✲ UA 38-39 C 3
Droichead Átha = Drogheda ○ IRL 26-27 D 5
Droichead na Bandan = Bandan ○ IRL 26-27 C 6
Drôme ◘ F (26) 242-243 G 2
Drôme ∼ F (14) 228-229 C 5
Drome ○ PNG 119 B 2
Dromedary, Cape ▲ AUS 116-117 L 4
Dronne ∼ F (24) 236-237 G 5
Dronning Ingrid Land ∸ GRØ 172-173 P 4
Dronning Louise Land ∸ GRØ 170-171 n 5
Dronning Maud fjellkjede ▲▲ ARK 16 E 0
Dronning Maud land ∸ ARK 16 F 36
Dronten ○ NL 28-29 H 2
Dropt ∼ F (33) 240-241 E 1
Dropt ∼ F (47) 240-241 F 1
Drosnay ○ F (51) 234-235 F 4
Drottningholm ••• S 22-23 H 7
Droué ○ F (41) 232-233 E 3
Drouvet, Sommet ▲ F (05) 242-243 J 2
Droux ○ F (87) 236-237 H 3
Drovers Cave National Park ⊥ AUS 112-113 C 5
Drovjanoj ○ RUS 44-45 P 5
Drowned Cays ⌒ BH 196-197 K 3
Drowning River ∼ CDN 178-179 O 5
Droyes ○ F (52) 234-235 F 4
Dr. Petru Groza = Ştei ○ RO 38-39 C 4
Druance ∼ F (14) 230-231 K 2
Drueulu ○ F (988) 247 I e 2
Drulingen ○ F (67) 234-235 L 4
Drumduff ○ AUS 110-111 G 5
Drume ○ YU 36-37 G 3
Drumheller ○ CDN 176-177 O 6
Drummond ○ USA (MI) 190-191 G 2
Drummond ○ USA (MT) 184-185 H 2
Drummond ○ USA (WI) 190-191 C 2
Drummond Island ⌒ USA 190-191 G 3
Drummond Range ▲▲ AUS 114-115 J 2
Drummondville ○ CDN 182-183 H 6
Drumochter, Pass of ▲ GB 26-27 E 3
Drusenheim ○ F (67) 234-235 M 4
Druskininkai ○•• LT 30-31 H 4
Druyes-les-Belles-Fontaines ○ F (89) 232-233 J 4
Druza, gora ▲ RUS 56-57 K 3
Druzba ○ KA 82-83 F 3
Družina ○ RUS 46-47 Z 5
Družkivka ○ UA 38-39 K 3
Družkovka = Družkivka ○ UA 38-39 K 3
Družnyj ○ RUS 50-51 T 5
Dry Bay ≈ 164-165 V 7
Dryberry Lake ⊖ CDN 178-179 K 6
Drybrough ○ CDN 178-179 F 2
Dryden ○ CDN 178-179 K 6
Dryden ○ USA 188-189 F 4
Drygalski Glacier ⊂ ARK 16 F 17
Drygalski-Island ⌒ ARK 16 G 10
Drygalskis Halvø ⌣ GRØ 172-173 P 1
Dry Hartsrivier ∼ ZA 156-157 G 3
Dry River ∼ AUS 108-109 L 3
Drysdale Island ⌒ AUS 110-111 C 2
Drysdale River ○ AUS (WA) 108-109 H 3
Drysdale River ∼ AUS 108-109 H 3
Drysdale River National Park ⊥ AUS 108-109 H 3
Dry Tortugas ⌒ USA 192-193 G 7
Dschang ○ CAM 140-141 J 6
Dtscord, Kap ▲ GRØ 172-173 T 6
Dua ∼ ZRE 146-147 J 2
Duaca ○ YV 204-205 G 2
Duale ∼ ZRE 146-147 J 3
Dū al-Faif, Ğazirat ⌒ KSA 68-69 B 5
Dualla ○ CI 138-139 G 5
Du'an ○ VRC 92-93 F 5
Duangua, Rio ∼ MOC 154-155 F 2
Duansban ○ VRC 92-93 E 4
Duaringa ○ AUS 114-115 K 2
Duarte ○ MEX 194-195 J 7
Duas Barras do Morro ○ BR 212-213 H 7
Duau, Mount ▲ PNG 119 C 4
Dubā ○ KSA 66-67 D 4
Duba ○ WAN 140-141 F 4
Dubāb ○ Y 68-69 C 7
Dubai = Dubayy ○• UAE 70-71 F 6
Dubai'a, ad- ○ KSA 66-67 K 5
Dubai'a, ad- ○ UAE 70-71 F 6
Dubăsari ✲ MD 38-39 F 4
Dubawnt Lake ⊖ CDN 174-175 S 4
Dubawnt River ∼ CDN 174-175 T 3
Dubayy ○• UAE 70-71 F 6
Dubbo ○ AUS 116-117 K 2
Dubčes ∼ RUS 50-51 U 4
Dubec ○ RUS 30-31 Q 2
Dubela ○ ZRE 148-149 B 2
Dubėsar' = Dubăsari ✲ MD 38-39 F 4
Dubie ○ ZRE 150-151 E 5
Dublikan ∼ RUS 58-59 E 3
Dublin ○ USA 192-193 G 3
Dublin = Baile Átha Cliath ★•• IRL 26-27 D 5
Dubli River ∼ USA 164-165 N 4
Dubna ○ RUS 30-31 P 3
Dubno ○ UA 38-39 D 2
Dubois ○ USA (ID) 184-185 H 3
Dubois ○ USA (WY) 186-187 C 4
Dubossary = Dubăsari ✲ MD 38-39 F 4
Dubovka ○ RUS 32-33 D 9
Dubréka ○ RG 138-139 D 5
Dubrovnik ○••• HR 36-37 G 3
Dubrovycja ○ UA 38-39 E 2
Dubulu ○ ZRE 142-143 E 6
Dubuque ○ USA 190-191 C 4
Dubwe ○ LB 138-139 G 7
Ducey ○ F (50) 230-231 J 2
Đức Hạnh ○ VN 94-95 J 5

Duchesne ○ USA 184-185 J 5
Duchesne River ∼ USA 184-185 J 5
Duchess ○ AUS 114-115 E 1
Duck Creek ∼ AUS 108-109 C 7
Duck Islands ⌒ CDN (NWT) 172-173 J 3
Duck Islands ⌒ CDN (ONT) 182-183 C 6
Duck Lake ○ CDN 178-179 C 4
Duck Mountain ▲ CDN 178-179 F 5
Duck Mountain Forest Reserve ⊥ CDN 178-179 F 5
Duck Mountain Provincial Park ⊥ CDN 178-179 F 5
Duck River ∼ USA 192-193 E 2
Duck Valley Indian Reservation ✕ USA 184-185 F 4
Duckwater Point ▲ USA 184-185 G 6
Duclair ○ F (76) 228-229 F 5
Duc Lâp ☆ VN 94-95 J 2
Đú'c Liêu ○ VN 94-95 J 5
Đuc Myo ○ VN 94-95 K 4
Ducos ○ F (972) 245 V b 2
Ducos, Île ⌒ F (988) 247 I d 4
Du Couedic, Cape ▲ AUS 116-117 D 4
Đú'c Phô ○ VN 94-95 K 3
Đú'c Phô ○ VN 94-95 K 3
Đú'c Tho ☆ VN 92-93 D 7
Đú'c Trong ○ VN 94-95 K 5
Duda, Río ∼ CO 204-205 D 6
Dudduumo ○ SP 148-149 J 3
Düdensuyu Mağarasi •• TR 64-65 D 4
Dudhani ○ IND 76-77 G 2
Dūdhi ○ IND 78-79 C 3
Dudh Kosi ∼ NEP 80-81 F 7
Dudhwa National Park ⊥ IND 80-81 C 6
Dudignac ○ RA 222-223 J 3
Dudinka ☆ RUS 44-45 W 7
Dudinka ∼ RUS 44-45 W 7
Dudley ○ GB 26-27 F 5
Dudorovskij ○ RUS 30-31 O 5
Dūdu ○ IND 74-75 E 6
Dudub ○ ETH 144-145 H 5
Dudun, Île ⌒ F (988) 247 I e 3
Dudypta ∼ RUS 44-45 b 5
Due ○ ZRE 146-147 G 6
Duékoué ○ CI 138-139 G 6
Duere, Rio ∼ BR 212-213 D 7
Duerne ○ F (69) 238-239 F 5
Duero, Río ∼ E 34-35 F 4
Duesmois ⊥ F (21) 238-239 E 1
Duffre, le ▲ F (05) 242-243 H 3
Dufreboy, Lac ○ CDN 180-181 O 5
Dufrost, Pointe ▲ CDN 180-181 L 4
Duğail, ad- ○ IRQ 64-65 L 6
Duğaimiya ○ KSA 66-67 L 5
Dugbia ○ ZRE 146-147 K 2
Dugda ○ RUS 58-59 C 2
Dugda ∼ RUS 58-59 D 2
Dugdug ○ SUD 142-143 J 4
Duge ○ LB 138-139 F 6
Dugi Otok ⌒ HR 36-37 E 2
Dugum ○ ETH 136-137 J 6
Dugway ○ USA 184-185 H 5
Dugwaya ○ SUD 136-137 G 4
Dugway Proving Ground ✕✕ USA 184-185 H 5
Duḥān ○ Q 70-71 D 6
Duhau ○ RA 222-223 H 4
Du He ∼ VRC 90-91 G 5
Duḥna ○ KSA 66-67 H 5
Duhovnickoe ☆ RUS 32-33 F 7
Duhovščina ☆ RUS 30-31 N 4
Duhubi ○ NEP 80-81 F 7
Duhūr, Abū ḍ- ○ SYR 64-65 G 5
Duida, Cerro ▲ YV 204-205 J 6
Duifken Point ▲ AUS 110-111 F 3
Duingt ○ F (74) 238-239 J 5
Duisburg ○ D 28-29 J 3
Duitama ○ CO 204-205 E 5
Duiwelskloof ○ ZA 154-155 F 6
Dujiangyan ○ VRC 90-91 C 6
Dujiang Yan • VRC 90-91 C 6
Dukambiya ○ ER 136-137 H 5
Dūkān ○ IRQ 64-65 L 5
Dūkān Buhairat ⊂ IRQ 64-65 L 4
Duke ○ USA 188-189 H 2
Duke Island ⌒ USA 176-177 E 4
Duken ○ KA 62-63 O 3
Duke of York Archipelago ⌒ CDN 168-169 P 6
Duke of York Bay ≈ 180-181 G 2
Duke of York Island ⌒ PNG 119 G 3
Dūk Fadiat ○ SUD 142-143 K 5
Dūk Faiwil ○ SUD 142-143 K 5
Duki ○ RUS 58-59 F 3
Duki ∼ RUS 58-59 F 3
Dukkālah ⊥ MA 124-125 G 4
Dukku ○ WAN 140-141 F 3
Dukoa, ozero ○ RUS 48-49 J 2
Dūkštas ○ LT 30-31 K 4
Duku ○ WAN 140-141 J 3
Dulaihān ○ KSA 66-67 G 4
Dulaimiya, ad- ○ KSA 66-67 H 4
Dulai' Rasid ○ KSA 66-67 H 5
Dulala ○ ZRE 150-151 C 6
Dulamaya ○ RI 100-101 H 3
Dulan ○ VRC 80-81 M 2
Dulayb, Khor ∼ SUD 144-145 A 3
Dulce, Arroyo ∼ RA 222-223 L 4
Dulce, Golfo ≈ 196-197 C 7
Dulce, Laguna la ○ RA 222-223 F 4
Dulce, Rio ∼ GCA 196-197 K 4
Dulce, Rio ∼ RA 220-221 F 5
Dulce Nombre de Culmi ○ HN 198-199 C 7
Dul'durga ☆ RUS 54-55 F 10
Dulgalah ∼ RUS 46-47 S 6
Dulgalah ∼ RUS 54-55 P 3
Dulhunty River ∼ AUS 110-111 G 2
Dulia ○ ZRE (HAU) 146-147 K 2
Dulia ○ ZRE (KIV) 148-149 B 3
Dulkaninna ○ AUS 114-115 E 5
Dullewāla ○ PK 74-75 C 4
Dullingari Gas and Oil Field • AUS 114-115 F 5
Dulovo ○ BG 38-39 E 6
Duluth ○ USA 186-187 L 2
Duma ∼ EAT 148-149 D 5
Duma ○ RB 154-155 B 4
Dūmā ☆ SYR 64-65 G 6
Duma ○ ZRE (Equ) 146-147 G 2
Duma ∼ ZRE 142-143 H 6
Dumai ○ RI 98-99 D 4
Dumalag ○ RP 96-97 E 7
Dumaran Island ⌒ RP 96-97 C 7
Dumaresq River ∼ AUS 114-115 L 5
Dumas ○ USA (AR) 188-189 M 3
Dumas ○ USA (TX) 188-189 G 2
Dumas, Peninsula ⌒ RCH 224 F 7
Dūmat al-Ğandal ○ • KSA 66-67 F 3
Dumba Cambango ○ ANG 152-153 D 5
Dumbéa ○ F (988) 247 I d 4
Dumbéa, Baie de la ≈ 247 I d 4
Dumbleyung ○ AUS 112-113 D 6
Dumbleyung Lake ○ AUS 112-113 D 6
Dumbo ○ CAM 140-141 J 5
Dum Duma ○ IND 78-79 J 2
Dumet, Île ⌒ F (44) 230-231 F 5
Dumfries ○ • GB 26-27 F 4
Dumjala ○ NEP 80-81 D 6
Dumogabesar ○ RI 100-101 J 3
Dumoine, Lac ○ CDN 182-183 F 5
Dumoine, Rivière ∼ CDN 182-183 F 5
Dumond River ∼ CDN 178-179 M 4
Dumont d'Urville ○ ARK 16 G 15
Dumont d'Urville, Glacier ⊂ F (984) 246 III b 3
Dumoulin, Cap ▲ F (988) 247 I c 3
Dumpu ○ PNG 119 C 3
Dumrān, Wādī ad ∼ LAR 128-129 F 4
Dumri ○ IND 78-79 E 4
Dumsuk, Ğazirat ⌒ KSA 68-69 C 5
Dumyāṭ ☆ ET 130-131 E 2
Dumyāṭ, Maṣabb ∼ ET 130-131 E 2
Dun ○ F (09) 240-241 H 4
Duna ○ ANG 152-153 F 6
Dunaföldvár ○ H 28-29 P 5
Dunai ○ NEP 80-81 D 6
Dunaj ∼ UA 38-39 F 5
Dunajivci ☆ UA 38-39 E 3
Dunajská Streda ○ SK 28-29 O 5
Dunalley ○ AUS 116-117 J 7
Dunărea ∼ RO 38-39 C 5
Dunaújváros ○ H 28-29 P 5
Dunav ∼ BG 38-39 D 6
Dunav ∼ YU 36-37 G 2
Dunbar ○ AUS 110-111 G 5
Dunbar ○ GB 26-27 F 4
Dunbrody Abbey •• IRL 26-27 D 5
Duncan ○ CDN 176-177 J 7
Duncan ○ USA (AZ) 188-189 C 3
Duncan ○ USA (OK) 188-189 J 2
Duncan, Cape ▲ CDN 178-179 Q 4
Duncan, Lac ○ CDN 182-183 E 2
Duncan Highway II AUS 108-109 H 5
Duncan Lake ○ CDN 174-175 N 4
Duncan Passage ≈ 76-77 L 4
Duncan River ∼ CDN 176-177 M 6
Duncansby Head ▲ GB 26-27 F 2
Duncan Town ○ BS 198-199 H 3
Dundaga ○ • LV 30-31 H 3
Dundalk ○ • IRL 26-27 D 4
Dundalk ○ USA 190-191 K 6
Dundangan Island ⌒ RP 96-97 D 10
Dundas ○ GRØ 170-171 Q 5
Dundas, Lake ○ AUS 112-113 F 6
Dundas Harbour ○ CDN 168-169 f 3
Dundas Island ⌒ CDN 176-177 E 4
Dundas Peninsula ⌒ CDN 168-169 P 3
Dundas Strait ≈ 108-109 K 1
Dundburd ○ MAU 84-85 K 4
Dún Dealgan = Dundalk ○ • IRL 26-27 D 4
Dundee ○ AUS 114-115 G 1
Dundee ○ GB 26-27 F 3
Dundee ○ USA 188-189 H 3
Dundee ○ ZA 156-157 K 4
Dundgov' ■ MAU 84-85 G 5
Dundo ○ ANG 152-153 F 3
Dundooboo Range ▲ AUS 116-117 H 2
Dundret ▲ •• S 22-23 K 3
Dunedin ○ NZ 118 C 6
Dunedin ○ USA 192-193 G 5
Dunedin River ∼ CDN 174-175 G 6
Dunedoo ○ AUS 116-117 K 2
Dunfermline ○ GB 26-27 F 3
Dünga Bünga ○ PK 74-75 D 5
Dungan, Kuala ○ • MAL 98-99 E 2
Dungannon ○ GB 26-27 D 4
Dún Garbhán = Dungarvan ○ IRL 26-27 D 5
Düngarpur ○ IND 74-75 D 8
Dungarvan = Dún Garbhán ○ IRL 26-27 D 5
Dungas ○ RN 134-135 D 6
Dungeness, Punta ▲ RA 224 F 6
Dungog ○ AUS 116-117 L 2
Dungu ○ ZRE 148-149 B 2
Dungu ∼ ZRE 148-149 B 2
Dungunāb ○ SUD 136-137 H 2
Dungunāb, Ğazirat ⌒ SUD 136-137 H 2
Dunham River ○ AUS (WA) 108-109 J 4
Dunham River ∼ AUS 108-109 J 4
Dunhua ○ VRC 86-87 G 6
Dunhuang = Minghoshan ○ • VRC 82-83 M 5
Dunières ○ F (43) 242-243 E 1
Dunkeld ○ AUS 116-117 G 4
Dunkerque ○ F (59) 228-229 J 1
Dunkirk ○ USA 190-191 J 4
Dunk Island ⌒ AUS 110-111 J 5
Dunkwa ○ GH 138-139 K 7
Dun Laoghaire ○ IRL 26-27 D 5
Dunlap ○ USA (IA) 186-187 K 5
Dunlap ○ USA (TN) 192-193 F 2
Dun-le-Palestel ○ F (23) 236-237 J 3
Dun-le-Poëlier ○ F (36) 232-233 F 5
Dun-les-Places ○ F (58) 238-239 E 2
Dunmarra ○ AUS 110-111 B 5
Dunmore ○ CDN 176-177 P 7
Dunmore ○ USA 190-191 L 5
Dunmore Town ○ •• BS 198-199 G 2
Dunn ○ USA 192-193 J 2
Dún na Séad = Baltimore ○ IRL 26-27 C 6
Dunnellon ○ USA 192-193 G 5
Dunne River ∼ CDN 180-181 L 2
Dunning ○ USA 186-187 G 5
Dunns River Falls ∼ • JA 198-199 G 5
Dunnville ○ CDN 182-183 E 7
Dunois ⊥ F (28) 232-233 E 3
Dunolly ○ AUS 116-117 G 4
Dunphy ○ USA 184-185 F 5
Dunqul < ET 130-131 E 6
Dunraven ○ USA 190-191 L 4
Dun River ∼ USA 192-193 J 1
Dunrobin ○ AUS 114-115 J 2
Dunsborough ○ AUS 112-113 C 6
Dunseith ○ USA 186-187 G 1
Dun-sur-Auron ○ F (18) 236-237 L 2
Dun-sur-Meuse ○ F (55) 234-235 G 3
Dunvegan ○ CDN 176-177 L 4
Dunvegan Historic Site ∴ CDN 176-177 L 4
Dunvegan Lake ○ CDN 174-175 Q 5
Dunyāpur ○ PK 74-75 C 5
Duolun ○ VRC 84-85 N 6
Du'o'ng Đông ○ • VN 94-95 G 5
Duparquet ○ CDN 182-183 E 4
Dupnica ○ BG 38-39 C 6
Dupuy, Cape ▲ AUS 108-109 B 6
Dupuyer ○ USA 184-185 H 1
Duqaila, Ğazirat ⌒ KSA 68-69 C 5
Duqm ○ OM 68-69 K 4
Duque de York, Isla ⌒ RCH 224 C 5
Dura, La ○ MEX 194-195 E 3
Dūr Abū Arhlah ○ LAR 128-129 F 2
Durack Range ▲ AUS 108-109 H 4
Durack River ∼ AUS 108-109 H 4
Dūrāğ ○ AFG 72-73 M 6
Durağan ☆ TR 64-65 F 2
Dur al Fawākhir ⊥ LAR 128-129 J 3
Dūr al Ghāni ⊥ LAR 128-129 F 4
Duran ○ USA 188-189 E 2
Durán = Eloy Alfaro ○ EC 208-209 C 3
Durance ○ F (47) 240-241 E 2
Durance ∼ F (84) 242-243 G 4
Durand ○ USA 190-191 C 3
Durande, la ▲ F (43) 242-243 D 1
Durango ○ • E 34-35 F 3
Durango ○ HN 198-199 C 7
Durango ■ MEX 194-195 G 5
Durango ☆ • MEX 194-195 G 5
Durango ○ USA 186-187 D 7
Durango, Victoria de = Durango ☆ • MEX 194-195 G 5
Durañona ○ RA 222-223 J 4
Durant ○ USA (MS) 192-193 D 3
Durant ○ USA (OK) 188-189 J 3
Durant ○ USA (OK) 188-189 J 2
Duras ○ F (47) 236-237 F 6
Durazno ☆ ROU 222-223 L 2
Durban ○ • ZA 156-157 K 4
Durban-Corbières ○ F (11) 240-241 K 5
Durban Island ⌒ CDN 172-173 J 3
Durbanville ○ ZA 156-157 D 6
Durbet-Daba, pereval ▲ MAU 82-83 J 1
Durdat-Larequille ○ F (03) 236-237 L 3
Durdur ∼ SP 148-149 F 3
Dureji ○ PK 70-71 M 6
Durenan ○ RI 104 D 4
Durfort-Lacapelette ○ F (82) 240-241 G 2
Durg ○ IND 78-79 B 5
Durgāpur ○ • IND 78-79 E 4
Durgarajupatnam ○ IND 76-77 J 4
Durham ○ CDN 182-183 D 6
Durham ☆ ••• GB 26-27 G 4
Durham ○ USA (KS) 186-187 J 6
Durham ○ USA (NC) 192-193 J 1
Durham Downs ○ AUS 114-115 F 4
Duri ○ RI 98-99 D 4
Durian, Selat ≈ 98-99 E 4
Durika, Cerro ▲ CR 196-197 C 7
Durjela ○ RI 102-103 H 4
Durkin Outstation ○ AUS 112-113 M 5
Durlas = Thurles ○ IRL 26-27 D 5
Ḍurma ○ KSA 66-67 K 5
Durmitor ▲ YU 36-37 G 3
Durmitor Nacionalni park ⊥ ••• YU 36-37 G 3
Durness ○ GB 26-27 E 2
Durnev, aral ⌒ KA 32-33 H 10
Duro ▲ ETH 144-145 C 6
Duroa ○ RI 102-103 G 4
Duroc, Passe du ≈ 247 I b 3
Durong South ○ AUS 114-115 L 4
Durra ○ ETH 144-145 C 5
Durrandella ○ AUS 114-115 J 3
Durrës ☆ •• AL 36-37 G 4
Durtal ○ F (49) 230-231 L 4
Duru ○ ZRE 142-143 J 6
Duru ∼ ZRE 148-149 B 2
Durubu ○ ZRE 142-143 D 6
Durūz, Ğabal ad ▲ SYR 64-65 G 6
D'Urville, Tanjung ▲ RI 102-103 J 2
D'Urville Island ⌒ NZ 118 D 4
Dury ○ F (80) 228-229 J 4
Duryu San ▲ DVR 86-87 G 7
Dūš, 'Izbat ○ ET 130-131 E 5
Dū Šaiḥ ○ IRQ 64-65 L 6
Dušak ○ TM 72-73 G 6
Dušanbe ★ • TJ 72-73 L 5
Dusey River ∼ CDN 178-179 N 5
Dushan ○ VRC 92-93 E 4
Dushore ○ USA 190-191 K 5
Dusin ○ PNG 119 C 3
Dusky Sound ≈ 118 A 6
Dussejour, Cape ▲ AUS 108-109 J 3
Düsseldorf ☆ • D 28-29 J 3
Dussoumbidiagna ○ RMM 138-139 E 2
Düstlik ☆ US 72-73 L 4
Düst Mohammad Ḫān ○ IR 70-71 J 3
Dusunmudo ○ RI 98-99 E 5
Dusuntuo ○ RI 98-99 D 6
Duta ○ Z 150-151 F 6
Dutch Fort ∴ • RI (MAL) 102-103 E 3
Dutch Fort ∴ • RI (SLT) 100-101 G 3
Dutch Harbour ○ USA 166-167 N 6
Dutch John ○ USA 186-187 C 5
Dutch Village ∴ USA 190-191 E 4
Dutsan Wai ○ WAN 140-141 H 3
Dutse ○ WAN 140-141 H 3
Dutsin-Ma ○ WAN 134-135 C 6
Duttaluru ○ IND 76-77 H 3
Dutton ○ USA 184-185 J 2
Dutton, Lake ○ AUS 114-115 D 6
Dutton, Mount ▲ USA 184-185 H 6
Duvefjorden ≈ 20-21 N 2
Duvno ○ BIH 36-37 F 3
Duwisib Castle • NAM 156-157 C 2
Duwwa ○ OM 68-69 K 4
Duxbury, Lac ○ CDN 182-183 F 2
Duye ∼ ZRE 148-149 B 3
Duyun ○ VRC 92-93 E 3
Düzce ☆ TR 64-65 D 2
Düzdūzān ○ IR 64-65 M 4
Düziçi ○ TR 64-65 G 4
Duziguo Gang ▲ VRC 92-93 C 2
Dvina, Baie de la = Dvinskaja guba ≈ 24-25 P 4
Dvina du Nord = Severnaja Dvina ∼ RUS 24-25 Q 5
Dvinskaja guba ≈ 24-25 P 4
Dwarsberg ○ ZA 156-157 H 2
Dwellingup ○ AUS 112-113 D 6
Dwesa-natuurreservaat ⊥ ZA 156-157 J 6
Dwight ○ CDN 182-183 E 6
Dwight ○ USA 190-191 D 5
Dwokwa ○ GH 138-139 K 7
Dworshak Reservoir ○ USA 184-185 F 2
Dwyka ∼ ZA 156-157 E 6
Dyaul Island ⌒ PNG 119 F 2
Dyer, Cabo ▲ RCH 224 C 4
Dyer, Cape ▲ CDN 172-173 K 3
Dyer Bay ≈ 168-169 L 3
Dyer Plateau ▲ ARK 16 G 30
Dyersburg ○ USA 192-193 D 1
Dyersville ○ USA 190-191 C 4
Dygdal ○ RUS 54-55 J 2
Dyh-Tau, gora ▲ RUS 62-63 E 6
Dyje ∼ CZ 28-29 N 4
Dyjsembaj ∼ KA 60-61 E 5
Dyke Ackland Bay ≈ 119 E 5
Dymond Lake ○ CDN 174-175 Q 5
Dynaj, ostrova ⌒ RUS 46-47 P 3
Dyrhóley ▲ IS 22-23 d 3
Dyryn-Jurjah ∼ RUS 54-55 K 7
Dysart ○ AUS 114-115 K 2
Dytikí ■ GR 36-37 H 5
Dytikí Macedonia ■ GR 36-37 H 4
Džagdy, hrebet ▲ RUS 58-59 C 2
Džagyn ∼ RUS 48-49 H 5
Džalal-Abad = Jalal-Abad ○ KS 72-73 N 4
Džalilabad = Cəlilabad ○ AZ 64-65 N 3
Džambul ○ KA 60-61 G 5
Džambul ☆ KA 72-73 M 3
Džana ∼ RUS 56-57 F 6
Džanda ∼ RUS 56-57 D 4
Džangyiah, ostrov ⌒ RUS 46-47 N 5
Džankoj ☆ UA 38-39 J 5
Dzaoudzi ○ COM 158-159 D 4
Dzaoudzi ☆ F (985) 246 I b 2
Džapi ∼ RUS 58-59 H 2
Džardžan ○ RUS 46-47 P 5
Džardžan ∼ RUS 46-47 P 5
Džargalah ○ RUS 46-47 S 6
Džarkurgan = Jarqurghon ○ US 72-73 K 6
Džartyrabot ○ TJ 72-73 N 6
Dzata Ruins ∴ • ZA 154-155 F 6
Džaur ∼ RUS 58-59 H 4
Džebariki-Haja ○ RUS 56-57 F 2
Džebel = Gebel ○ TM 72-73 D 5
Džebrail ○ AZ 64-65 M 3
Džejhun ○ TM 72-73 H 5
Džejnau ○ US 72-73 J 5
Džeksona, ostrov ⌒ RUS 20-21 d 2
Dželandy ○ TJ 72-73 N 6
Dželgala ○ RUS 56-57 N 2
Dželonda ○ RUS 54-55 J 9
Dželtulah ∼ RUS 54-55 M 8
Dželtulinskij stanovik ▲ RUS 54-55 L 8
Dzeng ○ CAM 146-147 C 2
Džerba ∼ RUS 54-55 H 5
Džermuk ○ AR 64-65 L 3
Džërmjur, boloto ⊥ RUS 24-25 X 5
Dzeržinsk ○ RUS 30-31 S 3
Dzeržyns'k ○ UA 38-39 K 3
Dževdaha, ozero ○ RUS 58-59 H 2
Działdowo ○ • PL 28-29 Q 2
Dzibalchén ○ MEX 196-197 K 2
Dzibilchaltún ∴ • MEX 196-197 K 1
Džida ○ RUS 52-53 N 10
Džida ∼ RUS 52-53 L 10
Džidinskij hrebet ▲ MAU 84-85 F 2
Dzierżoniów ○ • PL 28-29 O 3
Džigda ○ RUS 56-57 F 5
Džila ∼ RUS 54-55 F 10
Dzilam de Bravo ○ MEX 196-197 K 1
Džilinda, Ust'- ○ RUS 54-55 E 9
Dzioua ○ DZ 126-127 E 4
Džirgatal' ○ TJ 72-73 M 5
Dzisna ○ BY (VTB) 30-31 L 4
Dzisna ∼ BY 30-31 K 4
Dzita ○ GH 138-139 L 7
Dzitás ○ MEX 196-197 K 1
Džizakskaja oblast' ■ US 72-73 K 4
Džjaržynsk ☆ BY 30-31 K 5
Džjunekjan ∼ RUS 56-57 F 3
Dzodze ○ GH 138-139 L 6
Džogdžo ∼ RUS 44-45 e 6
Dzoumogné ○ F (985) 246 I b 2
Dzoungarie, Dépression de = Junggar Pendi ⊥ VRC 82-83 H 3
Dzoungarie, Porte de = Alataw Shankou ▲ VRC 82-83 F 3
Džubga ○ RUS 62-63 C 5
Džug-Džur, hrebet ▲ RUS 56-57 F 6
Džugdžurskij zapovednik ⊥ RUS 56-57 F 6
Džuk ∼ RUS 58-59 H 2
Džul'fa = Culfa ○ AZ 64-65 L 3
Dzumac, Mont ▲ F (988) 247 I d 4
Džungarskij Alatau, žota ▲ KA 60-61 L 6
Dzungarskije vorota ▲ KA 82-83 F 3
Džurak-Sal ∼ RUS 38-39 N 4
Džuryn ○ UA 38-39 F 3
Dzvari ○ GE 62-63 E 6
Dźwierzuty ○ PL 28-29 Q 2

E

Ea A Dun ∼ VN 94-95 K 3
Eabamet Lake ○ CDN 178-179 N 5
Eads ○ USA 186-187 F 6
Eagle ○ USA (AK) 164-165 U 4
Eagle ○ USA (CO) 186-187 D 6
Eagle Bend ○ USA 186-187 K 2
Eagle Butte ○ USA 186-187 G 3
Eagle Cap Wilderness Area • USA 184-185 F 3
Eagle Cave ∴ USA 190-191 C 4
Eagle Creek ∼ CDN 178-179 C 5
Eagle Island ⌒ CDN 178-179 G 4
Eagle Island ⌒ SY 160 C 2
Eagle Lake ○ CDN 178-179 K 6
Eagle Lake ○ USA (TX) 188-189 J 5
Eagle Lake ○ USA (CA) 184-185 D 5
Eagle Mountain ▲ USA 190-191 C 2
Eagle Mountains ▲ USA 188-189 E 4
Eagle Nest ○ USA 188-189 E 1
Eagle Pass ○ USA 188-189 G 5
Eagle Passage ≈ 222-223 L 7
Eagle Plains ○ CDN 164-165 W 3
Eagle Point ▲ PNG 119 E 6
Eagle Point ○ USA 184-185 C 4
Eagle River ∼ CDN 164-165 W 3
Eagle River ∼ CDN 182-183 P 2
Eagle River ○ USA 190-191 D 3
Eagle Summit ▲ USA 164-165 S 4
Ea H'leo ○ VN 94-95 K 4
Eandja ○ ZRE 146-147 H 4
Earaheedy ○ AUS 112-113 F 2
Ear Falls ○ CDN 178-179 K 5
Earls Cove ○ CDN 176-177 J 7
Early ○ USA (IA) 186-187 K 4
Early ○ USA (TX) 188-189 H 4
Earn ∼ GB 26-27 F 3
Earn Lake ○ CDN 164-165 X 5
Easley ○ USA 192-193 G 2
East = Est ■ CAM 146-147 D 2
East, Mount ▲ AUS 112-113 G 4
East Alligator River ∼ AUS 110-111 B 3
East Amatuli Island ⌒ USA 166-167 V 3
East Angus ○ CDN 182-183 J 6
East Arm ○ CDN 174-175 E 5
East Aurora ○ USA 190-191 J 4
East Bay ≈ 180-181 J 2
East Bay ○ CDN 178-179 M 6
East Bluff ▲ CDN 180-181 R 4
Eastbourne ○ GB 26-27 H 6
East Brady ○ USA 190-191 J 5
East Broughton ○ CDN 182-183 J 5
East Caicos ⌒ GB 198-199 K 4
East Cape ▲ NZ 118 G 2
East Cape ▲ USA (AK) 166-167 F 7
East Cape ▲ USA (FL) 192-193 H 7
East-Cape Province ■ ZA 156-157 H 5
East Cay ⌒ AUS 119 C 5
East Channel ∼ CDN 164-165 Y 3
East China Sea = Chine Orientale, Mer de ≈ 6-7 M 5
East Chugach Island ⌒ USA 166-167 V 3
East Dereham ○ GB 26-27 H 5
Eastend ○ CDN 176-177 Q 7
East End Point ▲ BS 198-199 G 2
Easter Cape ▲ CDN 168-169 b 5
Easter Group ⌒ AUS 112-113 B 4
Eastern ■ EAK 148-149 F 4
Eastern ■ EAU 148-149 D 3
Eastern ■ Z 154-155 F 1
Eastern Fields ⌒ PNG 119 C 6
Eastern Ghāts ▲ IND 76-77 G 5
Eastern Group ⌒ AUS 112-113 H 6
Eastern Meelpaeg ○ CDN 182-183 R 4
Eastern-Point ▲ F (971) 245 III a 1
Eastern Province ■ KSA 68-69 F 3
Eastern Region ■ GH 138-139 K 6
East Fairview ○ USA 186-187 F 2
East Falkland ⌒ GB 222-223 L 6
East Fork Andreafsky ∼ USA 164-165 J 5
East Fork Bruneau River ∼ USA 184-185 G 4
East Fork Chandalar ∼ USA 164-165 S 2
East Fork White River ∼ USA 190-191 E 6
East Glacier Park ○ USA 184-185 H 1
East Grand Forks ○ USA 186-187 J 2
East Haydon ○ AUS 110-111 F 5
East Holothuria Reef ⌒ AUS 108-109 H 2
East Hyden Wheat Bin ○ AUS 112-113 E 6
East Indiaman Ridge = Est Indienne, Dorsale ≃ 8 H 7
East Islands ⌒ PNG 119 F 2
East Lansing ○ USA 190-191 F 4
East Liverpool ○ USA 190-191 H 5
East London = Oos-Londen ○ • ZA 156-157 H 6
Eastmain ○ CDN 182-183 E 2
Eastmain, Rivière ∼ CDN 182-183 F 2
Eastman ○ USA 192-193 G 3
East Mariana Basin = Est-Mariannes, Bassin ≃ 10-11 H 6
Eastmere ○ AUS 114-115 H 2
East Missoula ○ USA 184-185 G 2
East Mojave National Scenic Area ⊥ • USA 184-185 G 8
Eastnor ○ ZW 154-155 E 4
Easton ○ USA (MD) 190-191 K 6
Easton ○ USA (PA) 190-191 L 5
East Pacific Rise = Pacifique Oriental, Dorsale du ≃ 10-11 Q 12
East Pen Island ⌒ CDN 178-179 M 2
East Point ▲ CDN (ONT) 182-183 H 5
East Point ▲ CDN (PEI) 182-183 O 5
Eastpoort ○ ZA 156-157 G 6
East Poplar ○ CDN 178-179 D 6
East Porcupine River ∼ CDN 164-165 V 3
East Prairie ○ USA 190-191 D 7
East Prairie River ∼ CDN 176-177 M 4
East Saint Louis ○ USA 190-191 C 6
East Sepik ■ PNG 119 A 3
East Transvaal Province ■ ZA 156-157 J 3
East Travaputs Plateau ▲ USA 186-187 C 6
East Wenatchee ○ USA 184-185 D 2
Ea Sup ○ VN 94-95 J 4
Eateringinna Creek ∼ AUS 112-113 M 3
Eaton ○ USA (CO) 186-187 E 5
Eaton ○ USA (OH) 190-191 F 6
Eatonia ○ CDN 176-177 Q 6
Eatonton ○ USA 192-193 G 3
Eatonville ○ USA 184-185 C 2
Eau Claire ○ F (973) 245 I b 3
Eau Claire ○ USA 190-191 C 3
Eau Claire, Lac à l' ○ CDN 180-181 M 6
Eau Claire, Rivière à l' ∼ CDN 180-181 M 6
Eau Claire River ∼ USA 190-191 D 3
Eau de Boynes ○ RH 198-199 J 5
Eaulne ∼ F (76) 228-229 G 4
Eauripik Rise ≃ 102-103 K 1
Eaux-Bonnes ○ F (64) 240-241 D 5
Eauze ○ • F (32) 240-241 E 3
Ebagoola ○ AUS 110-111 G 4
Ebala ○ PNG 119 C 4
Eban ○ WAN 140-141 F 4
Ebanga ○ ANG 152-153 C 6
Ebangalaka ○ ZRE 146-147 H 4
Ebano ○ • MEX 194-195 K 6
Ebba Havn ≈ 172-173 U 5
Ebba Ksour = Dahmani ○ TN 126-127 G 3
Ebe ○ RI 102-103 J 3
Ebebiyin ○ G 146-147 C 2
Ebeggi, In < DZ 134-135 C 2
Èbejty, ozero ○ RUS 60-61 G 1
Ébel Alèmbe ○ G 146-147 C 3
Èbeljah ○ RUS 46-47 J 4
Èbeljanskaja guba ≈ 46-47 W 3
Ebelle ○ WAN 140-141 G 5
Ebeltoft ○ DK 22-23 E 8
Ebem ○ WAN 140-141 G 4
Ebenezer ○ CDN 178-179 E 5
Ebensburg ○ USA 190-191 J 5
Ebe River ∼ WAN 140-141 H 6
Eberswalde ○ D 28-29 M 2
Ebetsu ○ J 88-89 J 3
Ebian ○ VRC 92-93 C 2
Ebini Downs ○ GUY 206-207 F 3
Ebinur Hu ○ VRC 82-83 F 3
Èbja ○ RUS 54-55 L 4
Èbjah ○ RUS 46-47 c 5
Ebo ○ ANG 152-153 C 5
Ebola ∼ ZRE 146-147 H 2
Éboli ○ I 36-37 E 4
Ebolowa ☆ CAM 146-147 C 2
Ebony ○ NAM 152-153 C 11
Eboundja ○ CAM 146-147 B 2
Ebrāhīmābād ○ IR 70-71 G 4
Ebrahimi ○ IR 70-71 H 2
Ebre, l' ∼ E 34-35 H 4
Ébreuil ○ F (03) 236-237 M 3
Ebrié, Lagune ≈ 138-139 H 7
Ebro ○ USA 192-193 F 4
Ebro, Río ∼ E 34-35 G 4
Èbručorr, gora ▲ RUS 24-25 M 3
Ecatepec de Morelos ○ MEX 196-197 E 2
Echai, In- < RMM 132-133 K 4
Echalas ○ F (69) 238-239 F 5
Echallat ○ F (16) 236-237 E 4
Echalot ○ F (21) 238-239 F 1
Echalp, l' ○ F (05) 242-243 L 2
Echambot ○ CAM 146-147 D 2
Echandelys ○ F (63) 238-239 D 5
Echaporã ○ BR 216-217 E 7
Echarmeaux, les ○ F (69) 238-239 E 4
Échassières ○ F (03) 236-237 L 3
Échauffour ○ F (61) 230-231 M 2
Ech Chergui, Chott ○ DZ 126-127 C 4
Echebrune ○ F (17) 236-237 E 4
Echelles, Les ○ F (73) 242-243 H 1
Echelles de la Mort • F (25) 238-239 K 2
Echenoz-le-Sec ○ F (70) 238-239 J 1
Echigo-sanmyaku ▲ J 88-89 H 6
Echigo-Sanzan-Tadami Quasi National Park ⊥ J 88-89 H 6
Echillais ○ F (17) 236-237 D 4
Echiré ○ F (79) 236-237 E 3
Echirolles ○ F (38) 242-243 H 1
Echo Bay ○ CDN 174-175 L 2
Echoing River ∼ CDN 178-179 L 3
Echourgnac ○ F (24) 236-237 F 5
Echuca-Moama ○ • AUS 116-117 H 4
Écija ○ E 34-35 E 6
Ècijskij massiv ▲ RUS 46-47 R 6
Ecilda Paullier ○ ROU 222-223 L 3
Eckengrafen = Viesite ○ LV 30-31 J 3
Ecker, Río ∼ RA 224 E 3
Eckermann ○ USA 190-191 F 2
Eckernförde ○ D 28-29 K 1
Eckernförder Bucht ≈ 228-229 L 3
Eckerö ○ FIN 24-25 F 6
Eckville ○ CDN 176-177 N 5
Éclaron-Braucourt-Sainte-Livière ○ F (52) 234-235 F 4
Eclipse Channel ≈ 180-181 R 5
Eclipse Island ⌒ AUS 112-113 D 7
Eclipse River ∼ CDN 180-181 R 5
Eclipse Sound ≈ 168-169 g 4
Eco ○ F (08) 234-235 E 2
Écmiadzin ○ AR 64-65 L 2
Ecommoy ○ F (72) 230-231 M 4
Ecomusée • F (68) 234-235 L 6
Ecoole ○ CDN 176-177 H 7
Ecorce, Lac de l' ○ CDN 182-183 F 5
Ecosse = Scotland ■ GB 26-27 E 3
Ecouché ○ F (61) 230-231 L 2
Ecouis ○ F (27) 228-229 G 5
Écouves, Forêt Dominal d' ⊥ F (61) 230-231 M 2
Écouves, Signal d' ▲ F (61) 230-231 M 2
Ecrins, Barre des ▲ F 242-243 J 2
Ecrins, Massif des ▲ F (38) 242-243 J 2
Écrins, Parc National des ⊥ • F (05) 242-243 J 2
Ecromagny ○ F (70) 234-235 K 6
Ecrouves ○ F (54) 234-235 H 4
Ecuador = Équateur ■ EC 208-209 B 2
Écucils, Pointe aux ▲ CDN 180-181 K 5
Ecueillé ○ F (36) 232-233 E 5
Ecury-sur-Coole ○ F (51) 234-235 E 4
Ed ○ ER 136-137 K 6
Edalābād ○ IND 74-75 F 9
Edam ○ • NL 28-29 H 2
Edappalli ○ IND 76-77 G 5
Edarma ∼ RUS 52-53 K 6
Edcouch ○ USA 188-189 J 6
Eddies Cove ○ CDN 182-183 Q 3
Ed Douakel, Hamada ⊥ DZ 124-125 H 7
Eddystone ○ CDN 178-179 G 5
Ede ○ WAN 140-141 F 5
Edéa ○ CAM 146-147 C 2
Edefors ○ S 22-23 K 3
Edehine Ouarene ⊥ DZ 126-127 G 6
Edehon Lake ○ CDN 174-175 V 5
Edéia ○ BR 216-217 F 4
Eden ○ AUS 116-117 K 4
Eden ○ USA (NC) 192-193 J 1
Eden ○ USA (TX) 188-189 H 4
Edenburg ○ ZA 156-157 G 4
Edendale ○ NZ 118 B 7
Edendale ○ ZA 156-157 K 4
Edenhope ○ AUS 116-117 F 4
Edenton ○ USA 192-193 K 1
Edenville ○ ZA 156-157 H 3
Edenwold ○ CDN 178-179 D 5
Ede Point ▲ CDN 168-169 V 4
Édessa ○ • GR 36-37 J 4
Edgar ○ USA 190-191 D 3
Edgar, Mount ▲ AUS 108-109 E 6
Edgar Ranges ▲ AUS 108-109 F 5
Edgartown ○ USA 190-191 N 5
Edgecumbe ○ NZ 118 F 2
Edgeley ○ USA 186-187 H 2
Edgell Island ⌒ CDN 180-181 R 4
Edgemont ○ USA 186-187 F 4
Edgeøya ⌒ N 20-21 M 4
Edgeøyjøkulen ⊂ N 20-21 N 4
Edgerton ○ USA 186-187 J 4
Edgewater ○ CDN 176-177 M 6
Ediessane, Oued ∼ DZ 126-127 G 8
Edillilie ○ AUS 116-117 C 3
Edina ○ USA 186-187 L 5
Edinburg ○ USA 188-189 H 6
Edinburgh ☆ •• GB 26-27 F 4
Edincy = Edineţ ☆ MD 38-39 E 3
Edinet = Edineţ ☆ MD 38-39 E 3
Edineţ ☆ MD 38-39 E 3
Edingeni ○ MW 150-151 G 7
Edime ☆ •• TR 64-65 B 2
Edisto River ∼ USA 192-193 H 3
Edith, Mount ▲ USA 184-185 J 2
Edith Downs ○ AUS 110-111 G 7
Edith Falls ○ AUS 108-109 L 3
Edithvale ○ AUS 108-109 K 3
Edjeleh ○ DZ 126-127 G 7
Edkins Range ▲ AUS 108-109 G 4
Edmond ○ USA 188-189 J 2
Edmonds ○ USA 184-185 C 2
Edmond Walker Island ⌒ CDN 168-169 U 2
Edmonton ☆ CDN 176-177 O 5
Edmund Lake ○ CDN 178-179 K 3
Edmundston ○ CDN 182-183 K 5
Edna ○ USA 188-189 J 5
Èdolo ○ I 36-37 C 1
Edouard ○ F (973) 245 I b 3
Edouard, Lac = Lake Edward ○ ZRE 148-149 B 4
Edough, Djebel ▲ DZ 126-127 F 2
Edremit ○ TR 64-65 K 3
Edremit ○ • TR 64-65 B 3
Edremit Körfezi ≈ 64-65 B 3
Edremo ○ ETH 144-145 B 5
Edsbyn ○ S 22-23 G 6
Edsel Ford Range ▲ ARK 16 F 23
Edson ○ CDN 176-177 M 5
Edson River ∼ CDN 176-177 M 5
Eduard Holm, Kap ▲ GRØ 172-173 Y 3
Eduni, Mount ▲ CDN 174-175 E 3
Edvard Ø ⌒ GRØ 170-171 p 5
Edward, Lake = Lac Edouard ○ ZRE 148-149 B 4
Edward Island ⌒ AUS 110-111 C 4
Edward River ✕ AUS 110-111 F 4
Edward River ∼ AUS 116-117 G 3
Edward River Kowanyama Aboriginal Land ✕ AUS 110-111 F 4
Edwards ○ USA 184-185 F 8
Edwards Air Force Base ✕✕ USA 184-185 F 8
Edwards Plateau ▲ USA 188-189 G 4
Edwards State Memorial, Fort ∴ • USA 190-191 C 5
Edward VIIth Peninsula ○ ARK 16 F 22
Edwin ○ CDN 178-179 G 6
Edziza Peak ▲ CDN 176-177 E 3
Edzna ∴ •• MEX 196-197 J 2
Edzo ○ CDN 174-175 M 4
Eek ○ USA 164-165 J 6
Eek Island ⌒ USA 164-165 J 6
Eek River ∼ USA 164-165 K 6
Eel River ∼ USA 184-185 C 5
Eel River ∼ USA 190-191 F 5
Eendekuil ○ ZA 156-157 D 6
Eesti = Estonie ■ EST 30-31 J 2
Eévijn buudal ○ MAU 82-83 M 2
Éfaté ■ VAN 120 II b 3
Éfaté = Île Vaté ⌒ VAN 120 II b 3
Efes ∴ •• TR 64-65 B 3
Effie ○ USA 186-187 L 2
Effigy Mounds National Monument ∴ USA 190-191 C 4
Effingham ○ USA 190-191 D 6
Efimovskij ○ RUS 30-31 O 2
Efon Alaye ○ WAN 140-141 F 5
Eforie Nord ○ • RO 38-39 F 5
Efremov ○ RUS 30-31 Q 5
Efremova ∼ RUS 44-45 T 5
Efremova, buhta ○ RUS 44-45 T 5
Ēg ○ MAU 84-85 K 3
Égadi, Ìsole ⌒ I 36-37 D 6
Eganville ○ CDN 182-183 F 6
Egari ○ PNG 119 B 4
Égates, Îles = Égadi, Ìsole ⌒ I 36-37 D 6
Egayit ○ MYA 78-79 J 6
Egbe ○ WAN 140-141 F 4

Egbunda o ZRE 146-147 L 2
Ege Denizi ≈ 64-65 A 3
Egedesminde ≈ 172-173 O 2
Egedesminde = Aasiaat o GRØ 172-173 O 2
Égée, Mer = Egéo Pélagos ≈ 36-37 K 5
Egenolf Lake ⊖ CDN 174-175 U 6
Egeo Pelagos ≈ 36-37 K 5
Eger o H 28-29 Q 5
Eger = Cheb o CZ 28-29 M 3
Eger = Ohře ~ CZ 28-29 M 3
Egersund ☆ N 22-23 C 7
Egerton, Cape ▲ CDN 170-171 K 2
Egerton, Mount ▲ AUS 112-113 D 2
Eggenfelden o D 28-29 M 4
Egg Lake ⊖ CDN 178-179 D 3
Ēg gol ~ MAU 84-85 F 3
Egholo o SOL 120 I c 3
Egilsstaðir o IS 22-23 f 2
Egina o GR 36-37 J 6
Égina ⌒ GR 36-37 J 6
Eginbah o AUS 108-109 D 6
Egindybulak o KA 60-61 K 4
Égio o GR 36-37 J 5
Eğirdir ☆· TR 64-65 D 4
Eğirdir Gölü ⊖ TR 64-65 D 3
Egito Praia o ANG 152-153 B 5
Egizkara, tau ▲ KA 60-61 D 5
Egletons o F (19) 236-237 K 5
Eglin Air Force Base xx USA 192-193 E 4
Eglington Island ⌒ CDN 168-169 M 3
Eglinton Fiord ≈ 170-171 Q 8
Égliseneuve-d'Entraigues o F (63) 236-237 L 5
Egmont o CDN 176-177 J 7
Egmont, Cape ▲ NZ 118 D 3
Egmont, Mount ▲ NZ 118 E 3
Egmont Bay ≈ 182-183 M 5
Egmont National Park ⊥ NZ 118 E 3
Egol'jah ~ RUS 50-51 N 5
Egor'evsk ☆· RUS 30-31 Q 4
Egorlyk ~ RUS 38-39 M 5
Egošinskaja o RUS 32-33 F 3
Egra o IND 78-79 E 5
Egrenne, l' ~ F (61) 230-231 K 2
Égreville o F (77) 232-233 H 3
Eğrigöz Dağı ▲ TR 64-65 C 3
Eguia o RP 96-97 C 5
Éguilles o F (13) 242-243 G 4
Eguisheim o F (68) 234-235 L 5
Éguija, gora ▲ RUS 56-57 P 4
Egum Atoll ⌒ PNG 119 F 5
Eguzon-Chantome o F (36) 236-237 J 3
Égvekinot o RUS 48-49 V 3
Égypte = al-Miṣr ■ ET 130-131 C 4
Eha-Amufu o WAN 140-141 G 5
Ehegnadzor o AR 64-65 L 3
Eh-Eh, Riacho ~ RA 220-221 H 3
Ehi o GH 138-139 L 6
Ehodak o N 22-23 L 2
Eibi, Bur ▲ SP 148-149 K 2
Eichstätt o D 28-29 L 4
Eide ☆ N 22-23 C 5
Eider Island ⌒ CDN 180-181 P 4
Eidsbotn West Fiord ≈ 168-169 b 2
Eidsemub < NAM 156-157 C 2
Eidsvold o AUS 114-115 L 3
Eidukal ~ SUD 136-137 G 3
Eielson o USA 164-165 R 4
Eifel ▲. D 28-29 J 3
Eiffel Flats o ZW 154-155 E 4
Eiger ▲ CH 28-29 J 5
Eight Degree Channel ≈ 76-77 E 6
Eights Coast ⌒ ARK 16 F 27
Eighty Mile Beach ⌒ AUS 108-109 E 5
Eikefjord o N 22-23 B 6
Eikwe o GH 138-139 J 7
Eilai < SUD 136-137 E 4
Eildon o AUS 116-117 H 4
Eildon, Lake ⊖ AUS 116-117 H 4
Eileen Lake ⊖ CDN 174-175 Q 4
Eilerts de Haan, National Reservaat ⊥ SME 206-207 F 4
Eilerts de Haan Gebergte ▲. SME 206-207 F 4
Einasleigh o AUS 110-111 H 6
Einasleigh River ~ AUS 110-111 G 5
Eindayaza o MYA 94-95 E 3
Eindhoven o NL 28-29 H 3
Einme o MYA 94-95 C 2
Einville-au-Jard o F (54) 234-235 J 4
Éire = Irlande ■ IRL 26-27 C 5
Eirik, Dorsale de = Eirik Ridge ≃ 14-15 E 3
Eirik Ridge = Eirik, Dorsale de ≃ 14-15 E 3
Eiríksjökull ⊂ IS 22-23 c 2
Eirunepé o BR 210-211 C 6
Eiseb ~ NAM 152-153 F 10
Eisenach o· D 28-29 L 3
Eisenerz o A 28-29 N 5
Eisenhower, Mount ▲ CDN 176-177 N 6
Eisenstadt ☆ A 28-29 O 5
Eišiškės o LT 30-31 J 4
Eivänaki o IR 72-73 C 7
Eivissa o· E (BAL) 34-35 H 5
Eivissa ⌒ E (BAL) 34-35 H 5
Eix o F (55) 234-235 G 3
Eja ~ RUS 38-39 L 4
Ejea de los Caballeros o E 34-35 G 3
Ejeda o RM 158-159 D 10
Ejer Bavnehøj ▲ DK 22-23 D 9
Ejido o YV 204-205 F 3
Ejidogari o WAN 140-141 F 4
Ejido Pancho Villa o MEX 194-195 C 5
Ejim ~ RUS 54-55 L 4
Ejin Horo Qi o VRC 90-91 F 2
Ejin Qi o VRC 84-85 E 7
Ejinrin o WAN 140-141 E 5
Ejisu o GH 138-139 K 6
ej-Jemâa o MA 124-125 G 5
Ej Jill, Kediet ▲ RIM 132-133 D 3
Ej Jill, Sebkhet ⊖ RIM 132-133 D 3
Ejka ~ RUS 52-53 M 4
Ējna o RUS 24-25 M 2
Ejouj < RIM 132-133 F 6
Ejrinejskaja guba ⊖ RUS 56-57 L 4
Ejsk o RUS 38-39 L 4
Ējt'ja ~ RUS 50-51 G 4
Ejule o WAN 140-141 G 5
Ejura o GH 138-139 K 6
Ejutla o MEX 196-197 F 3
Ekalaka o USA 186-187 E 3
Ekalluk River ~ CDN 168-169 T 5
Ekalugad Fiord ≈ 172-173 F 2
Ekamour o RIM 132-133 E 6
Ekang o WAN 140-141 H 6
Ekar, Gara- ▲ DZ 134-135 B 3
Ekarjaujaha ~ RUS 44-45 T 6
Ekarma, ostrov ⌒ RUS 58-59 P 4
Ēkata o G 146-147 E 3
Ekaterinburg ☆ RUS 32-33 M 5
Ekaterinoslavka o RUS 58-59 C 3
Ekaterinovka o RUS 32-33 D 7
Ekateriny, proliv ⊖ RUS 58-59 M 6
Ekbalám ∴· MEX 196-197 K 1
Ekblaw Glacier ⊂ CDN 170-171 M 4
Ekélfi < RN 134-135 C 4
Ekenäs o· FIN 24-25 G 7
Eket o WAN 140-141 G 6
Ekibastūz ☆ KA 60-61 J 3
Ēkimčan ☆ RUS 58-59 E 2
Ekismane < RN 134-135 C 5
Ēkityki ~ RUS 48-49 V 3
Ēkityki, ozero ⊖ RUS 48-49 U 3
Ēkitykskij hrebet ▲. RUS 48-49 T 3
Ekjuččju o RUS 46-47 S 6
Ekka Islands ⌒ CDN 174-175 J 2
Ēkkan"egan ~ RUS 50-51 P 4
Ekker, In o DZ 126-127 E 8
Eklingli o IND 74-75 D 7
Ekok o CAM 140-141 H 6
Ekoli o ZRE 146-147 K 4
Ekom, Chutes, d' ~· CAM 140-141 J 6
Ekombe o ZRE 146-147 H 3
Ekondo Titi o CAM 140-141 H 6
Ekor o RI 100-101 K 3
Ekpe < WAN 140-141 G 6
Ekpindi o KA 72-73 L 3
Ekshärad o S 22-23 F 6
Eksjö ☆· S 22-23 G 8
Ektrema o BR 216-217 G 7
Eku o WAN 140-141 F 6
Eku, River ~ WAN 140-141 F 4
Ekubu o FJI 120 III a 3
Ēkugvaam ~ RUS 48-49 W 3
Ekukola o ZRE 146-147 H 3
Ekuku o ZRE 146-147 K 4
Ekuma ~ NAM 152-153 C 9
Ekumakoko o ZRE 146-147 J 5
Ēkvyvatapskij hrebet ▲. RUS 48-49 S 2
Ēkvyvatop ~ RUS 48-49 T 2
Ekwa o CAM 146-147 D 2
Ekwan Point ▲ CDN 178-179 P 4
Ekwan River ~ CDN 178-179 G 4
Ekyiemenfurom o GH 138-139 K 6
Ela, Tanjung ▲ RI 102-103 C 7
El Abiodh Sidi Cheikh o DZ 126-127 C 4
Ēl Ābrēd o ETH 144-145 G 6
Elabuga ☆ RUS 32-33 H 6
El 'Açâba ▲. RIM 132-133 D 6
Elada ◘ GR 36-37 H 5
Eláda Steireá ◘ GR 36-37 H 5
El Adeb Larache o DZ 126-127 G 7
Elaé o F (973) 245 I b 3
Elahera o CL 76-77 J 7
el-Ahmar, Hassi o MA 124-125 K 4
el-Āïoun o MA 124-125 K 3
El Alia o DZ 126-127 E 4
El Alimar, Hassi < DZ 126-127 C 3
el-Amarna, Tell ∴· ET 130-131 E 4
Elan' o RUS 38-39 N 2
Elandsbaai o ZA 156-157 D 6
Elands Height o ZA 156-157 J 5
Elandslaagte o ZA 156-157 J 4
Elandsrivier ~ ZA 156-157 J 2
Elanga o ZRE 146-147 G 4
Elangay < RN 132-133 M 7
Elanka o RUS 50-51 N 7
Elan'-Kolenovskij o RUS 38-39 M 2
El Aouinet o DZ 126-127 G 3
El Âguer ▲. RIM 132-133 E 6
Elara o RI 102-103 D 3
El Arab, Oued ~ DZ 126-127 F 3
El Araîch o MA 124-125 H 3
el-Arbid < MA 124-125 J 5
El Arhlaf < RIM 132-133 H 6
El Aricha o DZ 124-125 L 3
El Arrouch o DZ 126-127 F 2
El Asli, Bir < TN 126-127 F 4
Elassóna o GR 36-37 J 5
Elat ☆ IL 66-67 D 3
Élavagnon o RT 138-139 L 6
Elâzığ ☆ TR 64-65 H 3
Elba, Isola d' ⌒ I 36-37 C 3
Ēl'ban o RUS 58-59 G 3
Elbasan ☆·· AL 36-37 H 4
El Basriyé < RMM 132-133 H 6
El Bayadh ☆ DZ 126-127 C 4
Elbe ~ D 28-29 K 2
Elbe o USA 184-185 C 2
Elbe = Labe ~ CZ 28-29 N 3
El Béher o RIM 132-133 F 7
El Beid ~ WAN 134-135 G 6
Elbert, Mount ▲ USA 186-187 D 6
Elberton o USA 192-193 G 2
El Beru Hagia o SP 148-149 H 2
Elbeuf o F (76) 228-229 F 5
El Beyyed < RIM 132-133 E 4
El Bioba o ETH 144-145 F 6
Elbistan ☆ TR 64-65 G 3
Elbjut, Kulun o RUS 46-47 Y 6
Elbląg ☆· PL 28-29 P 1
El Bordj o DZ 126-127 C 3
El Borma o TN 126-127 G 5
el-Borouj o MA 124-125 H 4
El Botha, Oued ~ DZ 126-127 D 7
Elbourz, Monts = Alborz, Kūhhā-ye ▲. IR 72-73 A 6
El Bouz < RIM 132-133 G 6
Elbow o CDN 178-179 C 5
Elbow Lake o USA 186-187 K 3
Elbrus o RUS 62-63 E 6
Ēl'brus, gora ▲·· RUS 62-63 E 6
El Caura, Reserva Forestal ⊥ YV 204-205 J 4
El Chaco, Parque Nacional ⊥ RA 220-221 H 4
Elche = Elx o E 34-35 G 5
Elche de la Sierra o E 34-35 F 5
Elcho Island ⌒ AUS 110-111 C 2
El Cobias o SP 148-149 K 2
Ēl'cy o RUS 30-31 N 3
Elda o E 34-35 G 5
Eldama Ravine o EAK 148-149 E 3
El Der · ETH 144-145 F 6
El Dere o SP 144-145 H 7
Elderslie o AUS 114-115 G 2
Ēl'dikan o RUS 56-57 F 3
Eldjarnsstaðir o IS 22-23 d 2
Eldorado o BR (GSU) 220-221 K 2
Eldorado o BR (P) 212-213 D 4
Eldorado o BR (PAU) 218-219 F 5
Eldorado o HN 198-199 C 7
Eldorado o RA 220-221 K 4
Eldorado o USA (IL) 190-191 D 7
Eldorado o USA (TX) 188-189 G 4
Eldoret o EAK 148-149 E 3
El Dunuba o EAK 148-149 G 2
El'džik o TM 72-73 H 5
Elec o RUS 30-31 Q 5
Elečej o RUS 56-57 D 3
Eleckij o RUS 44-45 L 8
Electra o USA 188-189 H 2
Electric Mills o USA 192-193 D 3
Electric Peak ▲ USA 184-185 J 3
Elefantes, Fiordo ≈ 224 C 3
Elefantes, Rio dos ~ MOC 154-155 G 6
Eleja o·· LV 30-31 H 3
Elektrėnai o LT 30-31 J 4
Ēlektrostal' o RUS 30-31 Q 4
Eleku ~ ZRE 146-147 G 3
Elele o WAN 140-141 G 6
Éléphant, Île = Lathu ⌒ VAN 120 II a 2
Elephanta Caves ••• IND 74-75 D 10
Elephant Butte Reservoir < USA 188-189 D 3
Elephantine ∴· ET 130-131 F 5
Elephant Island ⌒ ARK 16 G 31
Elephant Point o BD 78-79 H 5
Elephant Point o USA 164-165 K 3
Eléphants de Kaniama, Réserve ⊥ ZRE 150-151 C 4
Elesbão Veloso o BR 212-213 G 5
Eleşkirt ☆ TR 64-65 K 3
Elesvaram o IND 78-79 C 7
El Eulma o DZ 126-127 E 2
Eleuthera Island ⌒ BS 198-199 G 2
El Fahl, Oued ~ DZ 126-127 D 5
El Fahs o TN 126-127 G 2
El Faouar o TN 126-127 G 4
El Farcya o MA 124-125 G 7
El Fedjaj, Chott ⊖ TN 126-127 G 4
Elfin Cove o USA 176-177 B 2
El Fouz < RIM 132-133 E 6
Elfros o CDN 178-179 E 5
El Fud o ETH 144-145 F 5
El Gaa Taatzebar ⌒ DZ 126-127 D 7
Elgal < EAK 148-149 G 3
El Galláoulya < RIM 132-133 E 4
El Gambole < SP 148-149 K 2
El Gareb, Bir < RIM 132-133 B 4
Ēl'gen o RUS 56-57 O 2
El Gharsa, Chott ⊖ TN 126-127 F 3
El Ghazal, Bahr ~ TCH 134-135 H 5
El Gheddiya o RIM 132-133 E 6
El Ghorafia, Bir < TN 128-129 D 1
Ēl'gi ~ RUS 46-47 X 7
El Giara o SP 148-149 H 4
Elgin o CDN 178-179 F 6
Elgin o· GB 26-27 F 3
Elgin o USA (IL) 190-191 D 4
Elgin o USA (ND) 186-187 G 2
Elgin o USA (NV) 184-185 G 7
Elgin o USA (TN) 192-193 F 1
Elgin o USA (TX) 188-189 J 4
Ēl'ginskij o RUS 46-47 X 7
Ēl'ginskoe ploskogor'e ▲. RUS 46-47 V 7
Ēl'gjaj o RUS 54-55 H 4
El Gleita o RIM 132-133 E 7
Ēl Gof o ETH 144-145 D 7
El Goléa o DZ 126-127 D 5
Elgon, Mount ▲ EAU 148-149 E 3
Ēlgoras, gora ▲ RUS 24-25 L 2
El Goss < RIM 132-133 C 6
El Goûfi, Djebel ▲ DZ 126-127 F 2
El Guérara o DZ 124-125 L 6
El Guetar o TN 126-127 G 3
El Guettara < RMM 132-133 J 3
Ēl'gygytgyn, ozero ⊖ RUS 48-49 R 3
Ēl'gykakvym ~ RUS 48-49 Q 2
el-Had o MA 124-125 H 5
El Hadjar o DZ 126-127 F 2
el-Hafeira, Oued ~ RIM 132-133 E 2
El Haggounia o MA 124-125 E 7
El Hajeb o MA 124-125 J 4
El Hallail, Oued ~ DZ 126-127 F 3
El Ham, Oued ~ DZ 126-127 D 3
El Hamanene, Oued ~ DZ 126-127 C 8
El Hamel o DZ 126-127 E 3
El Hamma o TN 126-127 G 4
El Hammâmi ⌒ RIM 132-133 D 3
el-Hamra, Oued ~ MA 124-125 G 7
El Hamurre o SP 144-145 J 5
El Han ⌒ DZ 132-133 G 2
El Hank ⌒ DZ 132-133 H 2
El Haouaria o TN 126-127 H 2
El Haouita o DZ 126-127 D 4
El Harar < SP 148-149 J 3
El Harich, Hamâda ⌒ RIM 132-133 H 3
El Haricha, Hamâda ⌒ RMM 132-133 H 3
El Harrach, Oued ~ DZ 126-127 D 2
El Homr o DZ 126-127 C 6
Ēl'hotovo o RUS 62-63 F 6
Ēl'hovka o RUS 32-33 G 7
Elhovo o BG 38-39 E 6
Elias, Cerro ▲ RA 224 G 2
Eliase o RI 102-103 F 6
Elias Garcia o ANG 152-153 F 4
Elida o USA 188-189 F 3
Ēlida'ar o ETH 136-137 K 6
El Idrissia o DZ 126-127 D 3
Elie o CDN 178-179 H 6
Elif ∴· TR 64-65 G 4
Ēlikčan ~ RUS 48-49 J 5
Eliki Gounda < RN 134-135 D 5
Elila o ZRE 146-147 K 5
Elila ~ ZRE 146-147 L 5
Elim o USA 164-165 J 4
Elim o ZA 156-157 D 7
Elincourt-Sainte-Marguerite o F (60) 228-229 K 4
Eliot, Mount ▲ CDN 180-181 S 5
Elipa o ZRE 146-147 K 4
Elisa o BR 214-215 F 3
Elisa o RA 220-221 G 6
Eliseu Martins o BR 212-213 G 6
Ēlista ☆ RUS 32-33 D 10
Elistratova, poluostrov ⌒ RUS 56-57 U 3
Eliye Springs o EAK 148-149 F 2
Eliza, Lake ⊖ AUS 116-117 E 4
Elizabeth o USA 190-191 L 5
Elizabeth, Lac ⊖ CDN 180-181 M 7
Elizabeth, Point ▲ CDN 168-169 e 7
Elizabeth City o USA 192-193 K 1
Elizabeth Downs o AUS 108-109 K 2
Elizabeth Harbour · BS 198-199 H 3
Elizabeth Island ⌒ USA 166-167 U 3
Elizabeth Reef ⌒ 9 G 5
Elizabethton o USA 192-193 G 1
Elizabethtown o USA (KY) 190-191 F 7
Elizabethtown o USA (NC) 192-193 J 2
Elizavety, mys ▲ RUS 56-57 K 6
Elizovo ☆ RUS 56-57 S 7
el-Jadida ☆· MA 124-125 G 4
El Jem o··· TN 126-127 H 3
El Jerid, Chott ⊖ TN 126-127 G 4
Elk o PL 28-29 R 2
El Kahla, Djebel ▲ DZ 124-125 L 6
El Kala ☆ DZ 126-127 G 2
El Kantara o DZ 126-127 E 3
El Kantour, Col d' ▲ DZ 126-127 F 2
El Kataoui o TN 126-127 H 3
el-Katouat o MA 124-125 H 4
Elk City o USA (ID) 184-185 G 3
Elk City o USA (OK) 188-189 H 2
Elk Creek o USA 184-185 C 6
El Kebir, Oued ~ TN 126-127 G 3
Elkedra o AUS 114-115 C 1
El Kef ☆ TN 126-127 G 2
el-Kelaa-des-Srarhna ☆ MA 124-125 H 4
Ēl Kerē o ETH 144-145 F 6
el-Kerma, Hassi < MA 124-125 G 6
Elkford o CDN 176-177 N 6
Elk Grove o USA 184-185 D 6
El Khannfous, Hassi < DZ 126-127 D 6
el-Khaoula o MA 124-125 F 6
Elkhart o USA 190-191 E 5
El Khaṭṭ ⌒ RIM 132-133 E 3
El Khatt, Oued ~ MA 132-133 D 2
Elkhead Mounts ▲. USA 186-187 D 5
El Khnâchîch ⌒ RMM 132-133 H 4
Elkhorn o CDN 178-179 F 6
Elkhorn o USA 190-191 D 4
Elkhorn Peak ▲ USA 184-185 J 2
Elkhorn River ~ USA 186-187 H 4
El Khroub o DZ 126-127 F 2
Elkin o USA 192-193 H 1
Elkins o USA (NM) 188-189 E 3
Elkins o USA (WV) 190-191 J 6
Elk Island ⌒ CDN 178-179 H 5
Elk Island National Park ⊥ CDN 176-177 O 5
Elk Lake o CDN 182-183 D 5
Elk Mountains ▲. USA 186-187 D 6
Elko o CDN 176-177 N 7
Elko o USA 184-185 G 5
Ēl'konka o RUS 54-55 N 6
Ēl K'oran o ETH 144-145 G 6
Elk Point o CDN 176-177 P 5
Elk Point o USA 186-187 J 4
El Krebs, Erg ⌒ DZ 124-125 L 7
El Krenig, Hassi < DZ 126-127 D 7
Elk River o USA 186-187 L 3
Elk River ~ USA 190-191 H 6
Elk River ~ USA 192-193 E 2
El Ksar el Kbir o MA 124-125 J 3
EL Kseur o DZ 126-127 E 2
El Ksiba o MA 124-125 J 4
Ella Ø ⌒ GRØ 170-171 n 7
Ellás = Grèce ■ GR 36-37 H 5
Ell Bay ≈ 180-181 F 2
Ellé ~ F (22) 230-231 E 3
Ellé ~ F (29) 230-231 E 4
Elléba Fonfou < RN 134-135 B 4
Ellef Ringnes Island ⌒ CDN 168-169 U 1
Ēl Lēh o ETH 144-145 D 7
El Lein < EAK 148-149 H 4
Elléloyé o TCH 134-135 J 4
Ellen, Mount ▲ USA 184-185 J 6
Ellendale o USA 186-187 H 2
Ellensburg o USA 184-185 D 2
Ēllepugol-Ēmtor, ozero ⊖ RUS 50-51 Q 4
Ellery, Mount ▲ AUS 116-117 K 4
Ellesmere Island ⌒ CDN 168-169 e 2
Elliant o F (29) 230-231 D 4
Ellice Islands ⌒ TUV 9 J 3
Ellice River ~ CDN 174-175 R 2
Elliot o ZA 156-157 H 5
Elliot, Mount ▲ AUS 110-111 J 6
Elliot Lake o CDN 182-183 C 5
Elliot Price Conservation Park ⊥ AUS 114-115 D 5
Elliott o AUS 110-111 B 5
Elliott, Mount ▲ AUS 108-109 H 6
Elliott Key ⌒ USA 192-193 H 7
Ellis o USA 184-185 G 3
Ellisras o ZA 154-155 D 6
Elliston o AUS 116-117 C 2
Ellora o· IND 74-75 E 9
Ellora Caves ••• IND 74-75 E 9
Ellsworth o USA (KS) 186-187 H 6
Ellsworth o USA (ME) 190-191 O 3
Ellsworth o USA (NE) 186-187 F 4
Ellsworth o USA (WI) 186-187 L 3
Ellsworth Highland ▲. ARK 16 F 28
Elma o CDN 178-179 J 6
Elma o USA 184-185 C 2
El Ma, Oued ~ RIM 132-133 F 2
El Maad o DZ 126-127 E 2
El Mabrouk < RIM 132-133 C 6
Elmadağ o TR 64-65 E 3
Elma Dağı ▲. TR 64-65 E 3
El Mahbas o MA 124-125 G 7
Elma Labiod o DZ 126-127 G 3
El Malah o DZ 124-125 L 3
El Malah, Chott ⊖ DZ 126-127 E 4
Elmalı ☆· TR 64-65 C 4
El Mallaile o ETH 144-145 F 6
El Mamouel < RMM 132-133 J 5
El Mâmoûn < RMM 132-133 K 5
El Mamour < RMM 132-133 J 5
El Mannsour o DZ 124-125 L 7
el-Mansour-Eddahbi, Barrage < MA 124-125 H 5
El Marsa o DZ 126-127 C 2
El Maya o DZ 126-127 D 4
Elm Creek o CDN 178-179 H 6
Elm Creek o USA 186-187 H 5
El Medo o ETH 144-145 E 6
El Meghaier o DZ 126-127 E 4
Elmeki o RN 134-135 D 4
El Melah, Ouen < DZ 126-127 E 6
El Melhes < RIM 132-133 D 5
El Mellah, Sebkha ⊖ DZ 124-125 L 6
El Menabba o DZ 124-125 K 5
el-Menzel o MA 124-125 J 4
Elmerson Peninsula ⌒ CDN 170-171 J 3
Elm Fork Red River ~ USA 188-189 G 2
El Mhaijrât o RIM 132-133 B 5
Elmhurst o USA 190-191 D 5
El Milia o DZ 126-127 F 2
Elmina o· GH 138-139 K 7
Elmira o CDN 182-183 N 5
Elmira o USA 190-191 K 4
Elmo o USA 186-187 J 6
El Moïnâne < RIM 132-133 E 5
Elmore o AUS 116-117 H 4
El Morro National Monument ∴ USA 188-189 C 2
El Mounir, Hassi < DZ 124-125 H 6
El Mraïti < RMM 132-133 J 5
El Mreïti < RIM 132-133 G 3
Elmwood o USA 188-189 G 1
El Nido o·· RP 96-97 C 7
Elnja o RUS 30-31 N 4
El Obeid = al-Ubayyiḍ ☆· SUD 136-137 E 6
El Obeid = Ubayyiḍ, al- ☆· SUD 136-137 E 6
Elogbatindi o CAM 146-147 C 2
El Ogla o DZ 126-127 F 4
El Ogla Gasses o DZ 126-127 F 3
Elogo o RCB 146-147 E 3
Ēloguj ~ RUS 50-51 S 3
Ēlogujskij, učastok ⊥ RUS 50-51 S 4
Ēlojaha ~ RUS 44-45 R 8
Elopada o RI 104 D 7
Elorn, l' ~ F (29) 230-231 C 3
Elorza o YV 204-205 G 4
Elota o MEX 194-195 F 6
El Ouadey ~ TCH 134-135 J 6
el-Oualidia o MA 124-125 G 4
El Ouar, Erg ⌒ DZ 126-127 F 6
El Ouassi'ât ⌒ RIM 132-133 E 3
El Oued ☆· DZ 126-127 F 4
Ēlovaja, Bol'šaja (Tet) ~ RUS 50-51 U 5
Ēlovka ~ RUS 56-57 T 5
Ēlovo ☆ RUS 32-33 J 5
Eloy o USA 184-185 J 9
Eloy Alfaro o EC (GUA) 208-209 C 3
Eloy Alfaro o EC (MAN) 208-209 B 2
Eloyes o F (88) 234-235 K 5
El Paso o USA 188-189 D 4
Elphant, Rapides de l' ~ ZRE 142-143 D 6
Elphinstone o AUS 114-115 K 1
Elphinstone o CDN 178-179 F 5
Elpitiya o CL 76-77 J 7
El Portal o USA 184-185 E 7
Elqui, Río ~ RCH 220-221 B 6
El Rharbi, Oued ~ DZ 126-127 C 4
Elrose o CDN 176-177 Q 6
Elroy o USA 190-191 C 4
El Salvador = El Salvador ■ ES 196-197 K 5
Elsamere National Park ⊥ EAK 148-149 F 4
Elsberry o USA 190-191 C 6
Elsey o AUS 110-111 B 4
Elsey Cemetery · AUS 110-111 B 4
Elsey National Park ⊥ AUS 110-111 B 4
El Sharana Mine · AUS 108-109 L 2
Elsie Hills o AUS 114-115 J 3
Elsie Island ⌒ CDN 180-181 K 5
Elstad o N 22-23 E 6
Elstow o CDN 178-179 C 4
Eltanin, Zone de Fracture d' = Eltanin Fracture Zone System ≃ 10-11 O 13
Eltanin Fracture Zone System = Eltanin, Zone de Fracture d' ≃ 10-11 O 13
El Tarf o TN 126-127 G 2
Eltice Island ⌒ CDN 164-165 X 2
El Tichlît < RIM 132-133 D 6
Elton o RUS 32-33 E 9
Elton, ozero ⊖· RUS 32-33 E 9
El Tuparro, Parque Nacional ⊥ CO 204-205 G 5
Eltyreva ~ RUS 50-51 R 5
Elu o RI 102-103 G 6
Elubo o GH 138-139 J 7
Elu Inlet ≈ 168-169 T 6
Elure < SP 148-149 J 2
Elūru o IND 76-77 J 2
Elva o·· EST 30-31 K 2
Elva ~ RUS 24-25 V 5
Elvas o·· P 34-35 D 5
Elven o F (56) 230-231 F 4
Elverum ☆ N 22-23 E 6
Elvira o RA 222-223 K 3
Elvira, Cape ▲ CDN 168-169 S 4
Elvira Island ⌒ CDN 168-169 S 4
Elvire, Mount ▲ AUS 108-109 C 6
Elvire River ~ AUS 108-109 J 5
Elvita, Río ~ CO 204-205 F 5
El Wak o EAK 148-149 H 2
El Warsesa < EAK 148-149 G 2
Elwell, Lake ⊖ USA 184-185 J 1
Elwood o USA (IN) 190-191 F 5
Elwood o USA (NE) 186-187 H 5
Elx o E 34-35 G 5
Ely o· GB 26-27 H 5
Ely o USA (MN) 190-191 C 2
Ely o USA (NV) 184-185 G 6
Elyria o USA 190-191 G 5
Emae = Île Mai ⌒ VAN 120 II b 3
Emali o EAK 148-149 F 5
Emām 'Abbās o IR 70-71 A 1
Emām Ḥasan o IR 70-71 D 4
Emām Ḥomeini, Bandar-e o IR 70-71 C 3
Emām Tāqī o IR 72-73 F 7
Emān ~ S 22-23 G 8
Ēmanda, ozero ⊖ RUS 46-47 U 7
Emanville o F (27) 228-229 F 5
Emanželinsk o RUS 32-33 M 6
Emas, Parque Nacional das ⊥ BR 216-217 D 5
Embarcación o RA 220-221 E 2
Embarrass River ~ USA 190-191 D 6
Ēmbenčimè ~ RUS 52-53 J 3
Emberménil o F (54) 234-235 K 4
Embetsu o J 88-89 J 2
Embi ☆ KA 62-63 N 3
Embi ~ KA 92-93 L 3
Embi ~ RUS 32-33 H 10
Embi, Mount ▲ PNG 119 B 3
Embiez, Île des ⌒ F (83) 242-243 H 5
Embilipitiya o CL 76-77 J 7
Embira o BR 212-213 F 5
Embira, Rio ~ BR 210-211 B 6
Embocada o BOL 214-215 F 4
Embondo o ZRE 146-147 G 3
Emboracação, Represa < BR 216-217 G 5
Emboraí, Baía do ≈ 212-213 E 2
Emboscada o BOL 214-215 E 2
Emboscada, La o BOL 214-215 D 2
Emboscada Nueva o PY 220-221 J 3
Embrun o F (05) 242-243 J 2
Embu ☆ EAK 148-149 F 4
Embudo, Raudal del ~ CO 208-209 F 1
Embundo o ANG 152-153 D 8
Emca o RUS 24-25 Q 5
Emca ~ RUS 24-25 Q 5
Emcisweni o MW 150-151 G 6
Emden o· D 28-29 J 2
Emeck o RUS 24-25 Q 5
Emeishan o VRC (SIC) 92-93 C 2
Emeishan •• VRC (SIC) 92-93 C 2
Ēmel' ~ KA 60-61 N 5
Emel'janovskaja o RUS 24-25 Q 4
Emerald o AUS 114-115 K 2
Emerald Bank ≃ 182-183 N 7
Emerald Isle ⌒ CDN 168-169 P 2
Émeraude, Côte d' ⌒ F 230-231 G 2
Emeriau Point ▲ AUS 108-109 F 4
Emerillon o F (973) 245 I b 3
Emersen o CDN 178-179 H 6
Emery Range ▲. AUS 114-115 C 4
Emet ☆ TR 64-65 C 3
Emeti o PNG 119 B 4
Emigrant Gap o USA 184-185 D 6
Emilia, La o YV 204-205 H 4
Emiliano Zapata o MEX (CHI) 196-197 J 3
Emiliano Zapata o MEX (COA) 194-195 H 5
Emiliano Zapata o MEX (SON) 194-195 D 3
Emilia-Romagna ◘ I 36-37 B 2
Emin o VRC 82-83 F 2
Eminābād o PK 74-75 E 3
Eminee o RI 102-103 K 5
Emin He ~ VRC 82-83 F 2
Emini o CAM 146-147 D 2
Emin Pasha Gukf ⊖ EAT 148-149 C 5
Émirats Arabes Unis=Daulat al-Imār. al-'Arab.Al-Muttahida ■ UAE 68-69 H 2
Emirdağ ☆ TR 64-65 D 3
Emirgazi ☆ TR 64-65 E 4
Emlinskaja, buhta ⊖ RUS 56-57 Q 3
Emma, Mount ▲ CDN 168-169 g 4
Emmaboda ☆ S 22-23 G 8
Emma Fiord ≈ 170-171 E 3
Emmen o NL 28-29 J 2
Emmet o AUS 114-115 H 3
Emmetsburg o USA 186-187 K 4
Emmiganuru o IND 76-77 G 3
Emmonak o USA 164-165 H 5
Emmous < RN 134-135 C 5
Empalme o MEX 194-195 D 4
Empalme, El = Velasco Ibarra o EC 208-209 C 2
Empangeni o ZA 156-157 K 4
Empedrado o RCH 222-223 C 3
Emperado, El o YV 204-205 F 3
Empereur, Crête de l' = Emperor Seamount Chain ≃ 10-11 K 3
Emperor Range ▲. PNG 120 I b 1
Emperor Seamount Chain = Empereur, Crête de l' ≃ 10-11 K 3
Emperor Trough ≃ 10-11 K 3
Empexa, Salar de ⊖ BOL 214-215 C 7
Empire o USA (CO) 186-187 E 6
Empire o USA (MI) 190-191 E 3
Emporia o USA (KS) 186-187 J 6
Emporia o USA (VA) 190-191 K 7
Empress Augusta Bay ≈ 120 I b 2
Empress Mine o ZW 154-155 E 4
Ems ~ D 28-29 J 2
Emu Park o· AUS 114-115 L 2
Emure o WAN 140-141 F 5
Emva o RUS 24-25 V 5
Emvan o CAM 140-141 K 6
Ena o J 88-89 G 7
Enakievo = Jenakijeve o UA 38-39 L 3
Enangiperi o EAK 148-149 E 4
Enarotali o RI 102-103 J 3
Enašimo ~ RUS 52-53 F 5
Encamp o AND 240-241 H 5
Encantado o BR 212-213 J 4
Encantado, Valle ⌒ RA 222-223 D 6
Encanto, Cape ▲ RP 96-97 D 5
Encanto, El o CO 208-209 F 2
Encarnación ☆ PY 220-221 K 4
Encarnacion de Díaz o MEX 194-195 H 7
Encausse-les-Thermes o F (31) 240-241 F 4
Encinal o USA 188-189 H 5
Encinal, El o MEX 194-195 K 5
Encinitas o USA 184-185 F 9
Encino o CO 204-205 E 4
Encino o USA (NM) 188-189 E 2
Encino o USA (TX) 188-189 H 6
Encoje o ANG 152-153 C 3
Encon o RA 222-223 F 2
Encontrados o YV 204-205 E 3
Encounter Bay ≈ 116-117 E 3
Encrucijada, La o YV 204-205 J 3
Encruzilhada o BR 216-217 K 3
Encruzilhada do Sul o BR 218-219 D 8
Encucijada, La o YV 204-205 H 3
Enda o VRC 80-81 L 5
Endako o CDN 176-177 H 4
Endau o EAK (EAS) 148-149 G 4
Endau ▲ EAK (EAS) 148-149 G 4
Endè ~ RUS 52-53 E 2
Ende, Pulau ⌒ RI 104 E 7
Endeavor o CDN 178-179 E 4
Endeavour Strait ≈ 110-111 G 2
Endebes o EAK 148-149 E 3
Endeh o RI 104 E 7
Endengue o CAM 146-147 D 2
Enderby o CDN 176-177 L 6
Enderby, Plaine Abyssale d' = Enderby Abyssal Plain ≃ 8 B 10
Enderby Abyssal Plain = Enderby, Plaine Abyssale d' ≃ 8 B 10
Enderby Land ⌒ ARK 16 G 6
Endiang o CDN 176-177 O 6
Endicott o USA 190-191 K 4
Endicott Arm ≈ 176-177 D 3
Endicott Mountains ▲. USA 164-165 N 3
Endicott Mountains Range ▲. USA 164-165 N 3
Endiké o RCB 146-147 E 4
Endimari, Rio ~ BR 210-211 D 7
Endom o CAM 146-147 D 2
Endra, ozero ⊖ RUS 50-51 J 4
Endyalgout Island ⌒ AUS 108-109 L 1
Ene, Rio ~ PE 208-209 E 7
Eneabba o AUS 112-113 C 4
Enemawira o RI 100-101 J 2
Enemy, Lake of the ⊖ CDN 174-175 O 4
Énéné Patatpe o F (973) 245 I a 4
Energía o RA 222-223 K 5
Enerucijada, La o YV 204-205 K 3
Enez ☆ TR 64-65 B 2
Enfant Perdu, l' ⌒ F (973) 245 I c 1
Enfer, Portes de l' ~· ZRE 148-149 A 6
Enfield o CDN 182-183 N 6
Enfield o USA (CT) 190-191 M 5
Enfield o USA (NC) 192-193 K 1
Enfok o IND 76-77 L 6
Engadin ⌒ CH 28-29 K 5
Engadine o USA 190-191 F 2
Engaño, Cabo ▲ DOM 198-199 L 5
Engaru o J 88-89 K 2
Engaruka o EAT (ARV) 148-149 E 5
Engaruka ∴· EAT (MA) 148-149 E 5
Engaruka Basin ⌒ EAT 148-149 F 5
Engcobo o ZA 156-157 H 5
En Gedi · IL 66-67 D 2
Engelhard o USA 192-193 L 2
Engel's o RUS 32-33 E 8
Engelsbergs bruk ••• S 22-23 H 7
Engenheiro Navarro o BR 216-217 J 4
Engenio, El o PE 208-209 E 9
Engerina Creek ~ AUS 114-115 C 5
Enggano, Pulau ⌒ RI 98-99 E 7
Engh o VRC 86-87 B 2
Engida ~ RUS 52-53 G 5
Engineer o CDN 164-165 X 7
Engineer Group ⌒ PNG 119 F 6
Engkilili o MAL 98-99 J 4
England o USA 188-189 M 2
Englee o CDN 182-183 Q 3
Englefield, Cape ▲ CDN 168-169 d 6
Englefontaine o F (59) 228-229 M 3
Englehart o CDN 182-183 E 5
English Coast ⌒ ARK 16 F 29
English Company's Islands, The ⌒ AUS 110-111 D 3
English Harbour East o CDN 182-183 R 5
English Harbour Town o AG 200 E 3
English Harbour West o CDN 182-183 R 5
English River o CDN 178-179 L 6
Engoordina o AUS 114-115 C 3
Engozero o RUS 24-25 M 4
Engure o LV 30-31 H 3
Enid o USA 188-189 J 1
Enid Mining Area, Mount · AUS 108-109 C 6
Enisej ⌒ 6-7 H 2
Enisej ~ RUS 6-7 H 2
Enisejsk ☆ RUS 52-53 F 6
Enisejskij zaliv ≈ 44-45 S 5
Enisejsko-Stolbovoj, učastok ⊥ RUS 50-51 U 3
Eniwa o J 88-89 J 3
Enjil o MA 124-125 J 4
Enjukovo o RUS 30-31 P 2
Ēnkēn, mys ▲ RUS 56-57 J 5
Enkhuizen o· NL 28-29 H 2
Enköping ☆ S 22-23 H 7
Enmelen o RUS 48-49 X 4
Ēnmelen o RUS 48-49 Y 4
Ēnmyvaam ~ RUS 48-49 R 3
Enna o I 36-37 E 6
Ennadai o CDN 174-175 T 5
Ennadai Lake ⊖ CDN 174-175 T 5
En Naga, Oued ~ DZ 124-125 H 6
En Nahūd o SUD 136-137 D 6
Enné, Ouadi ~ TCH 134-135 J 5
Ennedi ▲. TCH 134-135 K 4
Ennery o RH 198-199 J 5
Ennezat o F (63) 238-239 C 5
Engonia o AUS 114-115 H 5
Ennis o USA (MT) 184-185 J 3
Ennis o USA (TX) 188-189 J 3
Ennis = Inis ☆· IRL 26-27 C 5
Enniscorthy = Inis Córthaidh o IRL 26-27 D 5

Enniskillen ☆• **GB** 26-27 D 4
En Noual, Sebkhet ⬭ **TN** 126-127 G 3
Enns ~ **A** 28-29 N 5
En Nsa, Oued ~ **DZ** 126-127 E 4
Enochs ○ **USA** 188-189 F 3
Enontekiö ○ **FIN** 24-25 G 2
Enotaevka ☆ **RUS** 32-33 E 10
Enozero ⬭ **RUS** 24-25 O 2
Enping ○ **VRC** 92-93 H 5
Enrekang ○ **RI** 100-101 F 5
Enridaville ○ **TN** 126-127 H 2
Enrile ○ **RP** 96-97 D 4
Enriquillo, Lago ⬭ **DOM** 198-199 K 5
Enschede ○ **NL** 28-29 J 2
Ensenada ○• **MEX** 194-195 A 2
Ensenada ○ **RCH** 222-223 C 6
Ensérune, Oppidum d' • **F** (34) 240-241 L 4
Enshi ○ **VRC** 90-91 F 6
Enshū-nada ≈ 88-89 G 7
Ensign ○ **USA** 188-189 G 1
Ensigné ○ **F** (79) 236-237 E 3
Ensisheim ○ **F** (68) 234-235 L 6
Ènstor, ozero ⬭ **RUS** 50-51 K 4
Entebang, Rumah ○ **MAL** 98-99 K 3
Entebbe ○ **EAU** 148-149 D 3
Entendard, Pic de l' ▲ **F** 242-243 J 1
Enterprise ○ **CDN** 174-175 L 5
Enterprise ○ **USA** (AL) 192-193 F 4
Enterprise ○ **USA** (OR) 184-185 F 3
Enterprise Point ▲ **RP** 96-97 C 7
Entiako River ~ **CDN** 176-177 H 5
Entiat ○ **USA** 184-185 D 2
Èntl'-Imijagun ~ **RUS** 50-51 M 3
En Tmadé < **RIM** 132-133 E 5
Entrada, Punta ▲ **RA** 224 F 5
Entr'Aigues, Lac d' ⬭ **F** (984) 246 III b 3
Entrains-sur-Nohain ○ **F** (58) 232-233 J 5
Entrammes ○ **F** (53) 230-231 K 4
Entrance ○ **CDN** 176-177 M 5
Entraunes ○ **F** (06) 242-243 K 3
Entraygues-sur-Truyère ○• **F** (12) 240-241 K 1
Entrecasteaux, Presqu'île d' ◡ **F** (984) 246 III b 4
Entre Lagos ○ **RCH** 222-223 C 6
Entre Ríos ○ **BOL** 220-221 E 1
Entre Rios ○ **BR** 210-211 K 5
Entre-Rios ○ **BR** 212-213 J 7
Entre Ríos □ **RA** 220-221 H 6
Entre Ríos, Cordillera ⛰ **HN** 196-197 B 4
Entrevaux ○ **F** (04) 242-243 K 4
Entrocamento ○ **BR** 212-213 F 5
Entroncamento ○ **BR** 212-213 E 4
Entronque La Cuchilla ○ **MEX** 194-195 H 5
Entrop ○ **RI** 102-103 L 3
Entumeni ○ **ZA** 156-157 K 4
Èntuziastov ○ **RUS** 46-47 U 4
Entwistle ○ **CDN** 176-177 N 5
Enu, Pulau ⌒ **RI** 102-103 H 5
Enugu ☆ **WAN** 140-141 G 5
Enugu Ezike ○ **WAN** 140-141 G 5
Enumclaw ○ **USA** 184-185 D 2
Ènurmino ○ **RUS** 48-49 Z 3
Envalira, Port d' ▲ **AND** 240-241 H 5
Envermeu ○ **F** (76) 228-229 G 4
Envigado ○ **CO** 204-205 D 4
Envira ○ **BR** 210-211 B 6
Enxudé ○ **GNB** 138-139 C 4
Enyamba ○ **ZRE** 146-147 K 5
Enyčavajam ~ **RUS** 48-49 O 6
Enyellé ○ **RCB** 146-147 G 2
Ènyngvajam ~ **RUS** 56-57 V 3
Eo, Río ~ **E** 34-35 D 3
Eochaill = Youghal ○ **IRL** 26-27 D 6
Éoliennes ou Lipari, Îles = Eólie o Lípari, Ísole ⌒ **I** 36-37 E 5
Eólie o Lípari, Ísole ⌒ **I** 36-37 E 5
Epagny ○ **F** (21) 238-239 G 2
Epaignes ○ **F** (27) 228-229 E 5
Epako ○ **NAM** 152-153 D 10
Epannes ○ **F** (79) 236-237 D 3
Epanomí ○ **GR** 36-37 J 4
Epatlán ○ **MEX** 196-197 E 2
Epe ○ **WAN** 140-141 E 5
Epecuén, Laguna ⬭ **RA** 222-223 H 4
Épehy ○ **F** (80) 228-229 L 3
Epembe ○ **NAM** 152-153 B 8
Epéna ○ **RCB** 146-147 F 3
Epenarra ○ **AUS** 110-111 C 7
Epenède ○ **F** (16) 236-237 G 3
Épernay ○• **F** (51) 228-229 M 5
Epernon ○ **F** (28) 232-233 F 2
Epesses, Les ○ **F** (85) 236-237 D 2
Ephesus = Efes ∴•• **TR** 64-65 B 3
Ephraim ○ **USA** 184-185 J 6
Ephrata ○ **USA** (WA) 184-185 E 2
Ephrata ○• **USA** (PA) 190-191 K 5
Epi ~ **F** (15) 236-237 L 6
Epi □ **VAN** 120 II b 3
Epi ⌒ **VAN** (EPI) 120 II b 3
Epi ○ **ZRE** 146-147 L 2
Epidauros ••• **GR** 36-37 J 6
Epieds ○ **F** (02) 228-229 L 5
Epierre ○ **F** (73) 242-243 J 1
Épinac ○ **F** (71) 238-239 F 3
Épinal ☆• **F** (88) 234-235 J 5
Epinay-le-Comte, L' ○ **F** (61) 230-231 K 3
Épine, L' ○ **F** (51) 234-235 E 4
Épine, L' ○ **F** (85) 236-237 A 2
Epine, Montagne de l' ▲ **F** (73) 238-239 H 5
Epini ○ **ZRE** 148-149 B 3
Epiry ○ **F** (58) 232-233 K 5
Epizana ○ **BOL** 214-215 E 5
Epoisses ○ **F** (21) 238-239 E 1
Epokenkoso ○ **ZRE** 146-147 F 5
Epoma ○ **RCB** 146-147 E 3
Epône ○ **F** (78) 232-233 F 2
Epouville ○ **F** (76) 228-229 E 4
Epoye ○ **F** (51) 234-235 E 3
Eppe-Sauvage ○ **F** (59) 234-235 E 1
Epping Forest ○ **AUS** 114-115 J 2
Epping Forest National Park ⊥ **AUS** 114-115 J 2
Epsom ○ **AUS** 114-115 K 1
Epte ~ **F** (76) 228-229 H 4
Epu, River ~ **WAN** 140-141 G 4
Epuisay ○ **F** (41) 232-233 D 4
Epukiro ○ **NAM** 152-153 E 10
Epukiro ~ **NAM** 152-153 F 10
Epulu ~ **ZRE** 148-149 B 3
Epulu, Station de capture d' • **ZRE** 148-149 B 3
Epupa Falls ~ **NAM** 152-153 B 8
Epuyén ○ **RA** 222-223 D 7
Eqlid ○ **IR** 70-71 E 3
Equateur □ **ZRE** 146-147 G 3
Équateur = Ecuador ■ **EC** 208-209 B 2
Équeurdreville-Hainneville ○ **F** (50) 228-229 A 4
Equihen-Plage ○ **F** (62) 228-229 H 2
Equinox Mountain ⛰ **USA** 190-191 M 4
Eračimo ~ **RUS** 52-53 E 3
Erahtur ○ **RUS** 30-31 R 4
Eralé ○ **BR** 206-207 H 5
Eram ○ **PNG** 119 B 3
Eran Bay ≈ 96-97 B 8
Era River ~ **PNG** 119 C 4
Erátini ○ **GR** 36-37 J 5
Erave ○ **PNG** 119 B 4
Erave River ~ **PNG** 119 B 4
Eravur ○ **CL** 76-77 J 7
Erāwadī Myit ~ **MYA** 78-79 J 5
Erāwadī Myitwanyā ⌒ **MYA** 94-95 C 3
Erawan National Park ⊥• **THA** 94-95 E 3
Erba, Ǧabal ▲ **SUD** (Ahm) 136-137 G 3
Erba, Ǧabal ▲ **SUD** (Ahm) 136-137 H 2
Erbaa ☆ **TR** 64-65 G 2
Erbajolo ○ **F** (2B) 244 D 4
Erbalunga ○ **F** (2B) 244 D 3
Erbogačen ☆ **RUS** 52-53 N 5
Erbray ○ **F** (44) 230-231 J 4
Èrča, Bol'šaja ~ **RUS** 46-47 b 5
Ercé ○ **F** (09) 240-241 G 5
Erçek Gölü ⬭ **TR** 64-65 K 3
Ercé-près-Liffré ○ **F** (35) 230-231 H 3
Ercheu ○ **F** (80) 228-229 K 4
Erciş ☆ **TR** 64-65 K 3
Erciyes Dağı ▲ **TR** 64-65 F 3
Erclin ~ **F** (59) 228-229 L 3
Erdaobaihe ○ **VRC** 86-87 G 6
Erdek ☆• **TR** 64-65 B 2
Erdemli ☆ **TR** 64-65 F 4
Èrdènècagaan = Čonogol ○ **MAU** 84-85 M 5
Èrdènècogt ○ **MAU** 84-85 E 4
Èrdènèdalaj = Sangijn Dalaj ○ **MAU** 84-85 G 4
Èrdènèmandal = Ölzijm ○ **MAU** 84-85 E 3
Èrdènèsant = Ulaanhudag ○ **MAU** 84-85 G 4
Èrdènèt ○ **MAU** 84-85 G 3
Èrdèni Cu • **MAU** 84-85 F 4
Erdeven ○ **F** (56) 230-231 E 4
Erdi ∸ **TCH** 134-135 L 3
Erdre ~ **F** 230-231 K 4
Erdre ~ **F** (44) 230-231 F 5
Eré ○ **TCH** 142-143 B 4
Eréac ○ **F** (22) 230-231 G 3
Erebus, Mount ▲ **ARK** 16 F 17
Erebus and Terror Gulf ≈ 16 G 31
Erebus Bay ≈ 168-169 W 6
Erech ∴• **IRQ** 64-65 L 7
Erechim ○ **BR** 218-219 D 6
Èrèèncav ○ **MAU** 84-85 M 3
Ereğli ☆ **TR** 64-65 D 2
Ereğli ☆ **TR** 64-65 F 4
Eréké ~ **RCA** 142-143 C 5
Erëma ○ **RUS** 52-53 N 5
Erëma, Bol'šaja ~ **RUS** 52-53 M 5
Erenhot ○ **VRC** 84-85 K 6
Erepecuru, Lago de ⬭ **BR** 206-207 F 6
Ereré ○ **BR** 212-213 J 5
Ērer Wenz ~ **ETH** 144-145 F 5
Erevan ★ **AR** 64-65 L 2
Erfenisdam < **ZA** 156-157 H 4
Erfoud ○ **MA** 124-125 J 5
Erfurt ☆•• **D** 28-29 L 3
Ergani ☆ **TR** 64-65 H 3
Ergèl ○ **MAU** 84-85 J 6
Ergëlëh ○ **RUS** 54-55 O 4
Ergene Çayı ~ **TR** 64-65 B 2
Ergene Nehri ~ **TR** 64-65 B 2
Ergeni ⛰ **RUS** 32-33 D 9
Ergheni, Monts = Ergeni ⛰ **RUS** 32-33 D 9
Ērgli ○ **LV** 30-31 J 3
Ergué-Gabéric ○ **F** (29) 230-231 C 4
Erguig, Bahr ~ **TCH** 142-143 C 3
Ergun He ~ **VRC** 86-87 C 1
Ergun Youqi ○ **VRC** 86-87 C 2
Ergun Zuoqi ○ **VRC** 86-87 C 2
Èrguveem ~ **RUS** 48-49 X 4
Er Hai ⬭ **VRC** 78-79 M 3
Eri, River ~ **WAN** 140-141 E 4
Ería, Río ~ **E** 34-35 D 3
Eriba ○ **SUD** 136-137 H 4
Eric ○ **CDN** 182-183 M 3
Erica ○ **AUS** 116-117 J 5
Erichsen Lake ⬭ **CDN** 168-169 f 5
Erick ○ **USA** 188-189 H 2
Erickson ○ **CDN** 178-179 G 5
Eridu = Abū Šahrain ∴• **IRQ** 66-67 J 2
Erie ○ **USA** 190-191 H 4
Érié, Lac = Erie, Lake ⬭ 190-191 H 5
Erie, Lake ⬭ 190-191 G 5
Erie Canal < **USA** 190-191 L 4
Èriečka ~ **RUS** 44-45 e 6
'Erîgât ∸ **RMM** 132-133 H 5
Erik den Rødes Ø ⌒ **GRØ** 172-173 W 4
Erik Eriksenstretet ≈ 20-21 O 3
Èrikit ~ **RUS** 46-47 Z 7
Erik Point ▲ **CDN** 170-171 Q 8
Eriksdale ○ **CDN** 178-179 G 5
Eriksmåla ○ **S** 22-23 G 8
Erimo ○ **J** 88-89 K 3
Erimo-misaki ▲ **J** 88-89 K 4
Erimo Seamount ≃ 88-89 L 4
Erin ○ **USA** 192-193 E 1
Erith River ~ **CDN** 176-177 M 5
Eritrea = Érythrée ■ **ETH** 136-137 H 5
Erize-la-Petite ○ **F** (55) 234-235 G 4
Erkalnadejpur ~ **RUS** 50-51 P 3
Erkovcy ○ **RUS** 58-59 C 3
Erkowit ○ **SUD** 136-137 H 3
Erlangen ○ **D** 28-29 L 4
Erlang Shan ▲ **VRC** 92-93 C 2
Erldunda ○ **AUS** 112-113 M 2
Erlistoun Creek ~ **AUS** 112-113 F 3
Erlongshan • **VRC** 86-87 F 5
Ermaki ○ **RUS** 52-53 N 7
Ermao = Île Mau ⌒ **VAN** 120 II b 3
Ermelo ○ **ZA** 156-157 J 3
Ermeneevo ☆ **RUS** 32-33 H 6
Ermenek ☆ **TR** 64-65 E 4
Ermenonville ○ **F** (60) 228-229 K 5
Ermentau ☆ **KA** 60-61 H 3
Ermera ○ **RI** 102-103 C 6
Ermil Post ○ **SUD** 136-137 C 6
Ermitage-les-Bains, l' ○ **F** (974) 246 II a 2
Ermoúpoli ○• **GR** 36-37 K 6
Ernakulam ○ **IND** 76-77 G 6
Ernée ○ **F** (53) 230-231 K 3
Ernest Giles Range ⛰ **AUS** 112-113 G 3
Ernest Sound ≈ 176-177 D 4
Erode ○ **IND** 76-77 G 5
Erofej Pavlovič ○ **RUS** 54-55 L 8
Eromalido, Tanjung ▲ **RI** 102-103 C 6
Eromanga ○ **AUS** 114-115 G 4
Eromanga Island = Île Erromango ⌒ **VAN** 120 II b 4
Erôme ○ **F** (26) 242-243 F 1
Eromohon ~ **RUS** 52-53 L 2
Erongoberg ⛰ **NAM** 152-153 C 10
Erong Springs ○ **AUS** 112-113 D 2
Eröö = Bugant ○ **MAU** 84-85 H 3
Eröö gol ~ **MAU** 84-85 H 3
Eropol ~ **RUS** 48-49 O 4
Eroro ○ **PNG** 119 E 5
Erquy ○ **F** (22) 230-231 G 2
Errabiddy ○ **AUS** 112-113 D 2
Erragondapalem ○ **IND** 76-77 H 2
Er Raoui, Erg ∸ **DZ** 124-125 K 6
Errego ○ **MOC** 154-155 J 3
er-Remla ○ **TN** 126-127 H 3
Er Rîchât, Guelb ▲ **RIM** 132-133 E 4
Errigal Mountain ▲ **IRL** 26-27 C 4
Erris Head ▲ **IRL** 26-27 B 4
Errittau ○ **PNG** 119 C 4
Errol ○ **USA** 190-191 N 3
Erromango, Île = Eromanga Island ⌒ **VAN** 120 II b 4
Erronan, Île = Futuna Island ⌒ **VAN** 120 II c 4
Ersa ~ **RUS** 24-25 W 3
Ersekë ☆• **AL** 36-37 H 4
Erši ○ **RUS** 30-31 O 4
Erskine ○ **USA** 186-187 J 2
Erskine Inlet ≈ 168-169 V 2
Eršov ☆ **RUS** 32-33 F 8
Eršova ○ **RUS** 52-53 L 7
Erstein ○ **F** (67) 234-235 M 5
Ert ○ **RUS** 54-55 M 4
Ertai ○ **VRC** 82-83 K 2
Ertil' ○ **RUS** 38-39 M 2
Ertis ~ **KA** 60-61 L 3
Ertis-Karaganda kanal < **KA** 60-61 H 3
Ertix He ~ **VRC** 82-83 G 2
Ërtom ~ **RUS** 24-25 T 5
Ërtoma ○ **RUS** 24-25 T 5
Ertwa, Mount ▲ **AUS** 112-113 M 1
Erua ⌒ **ER** 136-137 K 5
Erufa ○ **WAN** 140-141 F 4
Eruh ☆ **TR** 64-65 K 4
Eruki, Mount ▲ **PNG** 119 C 4
Erundu ○ **NAM** 152-153 D 10
Eruslan ~ **RUS** 32-33 E 8
Eruwa ○ **WAN** 140-141 E 5
Erval ○ **BR** 218-219 D 9
Ervauville ○ **F** (45) 232-233 H 3
Erveiras ○ **BR** 218-219 D 7
Ervent ○ **TM** 72-73 F 5
Ervy-le-Châtel ○ **F** (10) 232-233 K 3
Érythrée = Eritrea ■ **ETH** 136-137 H 5
Erzgebirge ⛰ **D** 28-29 M 3
Èrzin ☆ **RUS** 52-53 G 10
Èrzin ~ **RUS** 52-53 G 10
Erzincan ☆ **TR** 64-65 H 3
Erzurum ☆• **TR** 64-65 J 3
Eržvilkas ○ **LT** 30-31 H 4
Esa, Isanlu- ○ **WAN** 140-141 F 4
Esa'ala ○ **PNG** 119 F 5
Esan ○ **J** 88-89 J 4
Esang ○ **RI** 100-101 K 1
Esashi ○ **J** (HOK) 88-89 K 2
Esashi ○ **J** (HOK) 88-89 J 4
Esayoo Bay ≈ 170-171 J 3
Esbjerg ○• **DK** 22-23 D 9
Esbo = Espoo ○ **FIN** 24-25 H 6
Escada ○ **BR** 212-213 L 6
Escala, La ○ **BOL** 214-215 E 4
Escalante ○ **RP** 96-97 E 7
Escalante ○ **USA** 184-185 J 7
Escalante River ~ **USA** 184-185 J 7
Escalerilla ○ **RCH** 220-221 C 1
Escalet, Plage de < **F** (83) 242-243 K 5
Escalón ○ **MEX** 194-195 G 4
Escambia River ~ **USA** 192-193 E 4
Escanaba ○ **USA** 190-191 E 3
Escanaba River ~ **USA** 190-191 E 2
Escara ○ **BOL** 214-215 C 6
Escárcega ○• **MEX** 196-197 J 2
Escarène, Le ○ **F** (06) 242-243 L 4
Escarpada Point ▲ **RP** 96-97 E 3
Escarpé, Cap ▲ **F** (988) 247 I e 2
Escaudain ○ **F** (59) 228-229 L 3
Escaut ~ **F** (59) 228-229 L 3
Escazeaux ○ **F** (82) 240-241 G 3
Eschau ○ **F** (67) 234-235 M 5
Eschscholtz Bay ≈ 164-165 K 3
Eschwege ○• **D** 28-29 L 3
Esclave, Grand Lac de l' = Great Slave Lake ⬭ **CDN** 174-175 M 5
Esclave, Petit Lac de l' = Lesser Slave Lake ⬭ **CDN** 176-177 N 4
Esclave, Rivière de l' = Slave River ~ **CDN** 174-175 N 5
Esclaves, Côte des = Slave Coast ◡ 138-139 L 7
Esclottes ○ **F** (47) 236-237 F 6
Escocesa, Bahía ≈ 198-199 L 5
Escola ○ **BOL** 214-215 D 5
Escondeaux ○ **F** (65) 240-241 E 4
Escondida, La ○ **MEX** 194-195 K 5
Escondida, Punta ▲ **MEX** 196-197 F 4
Escondido ○ **USA** 184-185 F 9
Escondido, Área Indígena ⚔ **BR** 210-211 H 7
Escondido, Río ~ **MEX** 196-197 K 2
Escondido, Río ~ **NIC** 196-197 B 5
Escoporanga ○ **BR** 216-217 K 5
Escorial, El ○••• **E** 34-35 E 4
Escosse ○ **F** (09) 240-241 H 4
Escot ○ **F** (64) 240-241 C 4
Escott ○ **AUS** 110-111 E 5
Escoubès ○ **F** (64) 240-241 D 4
Escoumins, Les ○ **CDN** 182-183 K 4
Escource ○ **F** (40) 240-241 B 2
Escoussans ○ **F** (33) 236-237 E 6
Escragnolles ○ **F** (06) 242-243 K 4
Escravos ○ **WAN** 140-141 F 6
Escreins ○ **F** (05) 242-243 K 2
Escuinapa de Hidalgo ○ **MEX** 194-195 G 6
Escuintla ☆ **GCA** 196-197 J 4
Escuminac ○ **CDN** 182-183 M 5
Escuminac, Point ▲ **CDN** 182-183 M 5
Escurolles ○ **F** (03) 238-239 C 4
Ese ○ **ZRE** 142-143 H 6
Èsè-Hajja ○ **RUS** 46-47 U 6
Eséka ○ **CAM** 146-147 C 2
Eseli ○ **PNG** 119 E 4
Esenanhaty ~ **KA** 32-33 H 8
Eşen Çayı ~ **TR** 64-65 C 4
Esence Dağları ⛰ **TR** 64-65 H 3
Esensaj ○ **KA** 32-33 G 9
Esenyurt ○ **TR** 64-65 G 3
Eşfahān □ **IR** 70-71 D 2
Eşfahān ☆••• **IR** (ESF) 70-71 D 2
Esfahan = Eşfahān ☆•• **IR** 70-71 D 2
Esfarāyen ○ **IR** 72-73 E 6
Esfolado, Rio ~ **BR** 212-213 G 5
Ešger, Kūh-e ⛰ **IR** 70-71 H 1
Eshan ○ **VRC** 92-93 C 4
Eshimba ○ **ZRE** 146-147 K 6
Eshowe ○ **ZA** 156-157 K 4
Esigodini ○ **ZW** 154-155 E 5
Esik ○ **KA** 82-83 C 4
Esil ☆ **KA** 60-61 E 3
Esim ~ **KA** 60-61 F 1
Esinskaja ○ **RUS** 30-31 R 1
Esira ○ **RM** 158-159 E 10
Esjajaha ~ **RUS** 44-45 S 6
Esk ○ **AUS** 114-115 M 4
Eškameš ○ **AFG** 72-73 L 6
Eškāšem ○ **AFG** 72-73 M 6
Eskdale ○ **AUS** 116-117 J 4
Esker ○ **CDN** 182-183 L 2
Eskifjörður ☆ **IS** 22-23 f 2
Eskil ☆ **TR** 64-65 E 3
Eskilstuna ☆ **S** 22-23 H 7
Eskimo Lakes ⬭ **CDN** 164-165 Y 2
Eskimonæsset ▲ **GRØ** 170-171 s 3
Eskimo Point ○ **CDN** (NWT) 174-175 W 5
Eskimo Point ▲ **CDN** (MAN) 174-175 W 6
Èski-Nookat ○ **KS** 72-73 N 4
Eskişehir ☆ **TR** 64-65 D 3
Esla, Río ~ **E** 34-35 E 3
Eslāmābād-e Ġarb ○ **IR** 70-71 B 1
Eslām Qal'e ○ **AFG** 70-71 J 1
Eslām Qal'e ○ **IR** 72-73 F 7
Eslāmšahr ○ **IR** 72-73 B 7
Esley ○ **F** (88) 234-235 J 5
Esleys ○ **F** (40) 240-241 B 2
Eslöv ○ **S** 22-23 F 9
Eşme ☆ **TR** 64-65 C 3
Esmeralda ○ **AUS** 110-111 G 6
Esmeralda ○ **C** 198-199 F 4
Esmeralda, Isla ⌒ **RCH** 224 C 4
Esmeralda, La ○ **YV** (AMA) 204-205 J 6
Esmeralda, La ○ **YV** (BAR) 204-205 F 3
Esmeralda, Río ~ **BOL** 214-215 D 3
Esmeraldas ○ **BR** 216-217 H 5
Esmeraldas ☆• **EC** 208-209 C 1
Esmeraldas, Río ~ **EC** 208-209 C 1
Esnagami Lake ⬭ **CDN** 178-179 N 5
Esnagi Lake ⬭ **CDN** 178-179 O 6
Esnandes ○ **F** (17) 236-237 C 3
Esnes-en-Argonne ○ **F** (55) 234-235 G 3
Espadim Paranhos ○ **BR** 220-221 K 2
Espagne = España ■ **E** 34-35 D 4
Espake ○ **IR** 70-71 J 5
Espalion ○• **F** (12) 240-241 K 1
España ○ **RP** 96-97 E 6
España = Espagne ■ **E** 34-35 D 4
Espanola ○ **CDN** 182-183 D 5
Espanola ○ **USA** 188-189 D 2
Española, Isla ⌒ **EC** 208-209 C 10
Esparron ○ **F** (83) 242-243 H 4
Espaveita ○ **PA** 196-197 D 8
Espelette ○ **F** (64) 240-241 B 4
Espenberg ○ **USA** 164-165 J 3
Espenberg, Cape ▲ **USA** 164-165 J 3
Esperança ○ **BR** (P) 206-207 H 6
Esperança ○ **BR** (PA) 212-213 L 5
Esperança, Serra da ⛰ **BR** 218-219 E 5
Esperança dos Indios ○ **BR** 214-215 J 7
Esperance ○ **AUS** 112-113 F 6
Espérance ○ **F** (973) 245 I b 3
Esperance Bay ≈ 112-113 F 6
Esperantina ○ **BR** 212-213 G 3
Esperantonopolis ○ **BR** 212-213 F 4
Esperanza ○ **BR** (AMA) 210-211 C 5
Esperanza ○ **BR** (UCA) 210-211 B 7
Esperanza ○ **C** 198-199 E 3
Esperanza ○ **MEX** 194-195 E 4
Esperanza ○ **RA** (SAC) 224 E 5
Esperanza ○ **RA** (SAF) 220-221 G 6
Esperanza, La ○ **BOL** 214-215 F 4
Esperanza, La ○ **C** 198-199 D 3
Esperanza, La ☆• **HN** 196-197 K 4
Esperanza, La ○ **RA** 222-223 E 6
Esperanza, La ○ **YV** 204-205 J 4
Esperanza, Sierra la ⛰ **HN** 198-199 C 7
Espéraza ○ **F** (11) 240-241 J 5
Espérou, l' ○ **F** (30) 242-243 D 3
Espeyrac ○ **F** (12) 240-241 K 1
Espiadet ○ **F** (65) 240-241 E 5
Espichel, Cabo ▲ **P** 34-35 C 5
Espiel ○ **E** 34-35 E 5
Espigão, Serra do ⛰ **BR** 218-219 E 6
Espigão do Oeste ○ **BR** 214-215 G 2
Espigão Mestre ⛰ **BR** 212-213 E 7
Espinal ○ **BOL** 214-215 H 5
Espinal ○ **CO** 204-205 D 5
Espinal, El ○ **PA** 196-197 D 8
Espinasses ○ **F** (05) 242-243 J 3
Espinero ○ **YV** 204-205 K 4
Espinhaço, Serra do ⛰ **BR** 216-217 J 6
Espinheira ○ **ANG** 152-153 B 8
Espinho ○ **P** 34-35 C 4
Espinilho, Serra do ⛰ **BR** 220-221 K 5
Espinillo ○ **RA** 220-221 H 3
Espino ○ **CO** 204-205 E 4
Espino ○ **YV** 204-205 H 3
Espino, El ○ **BOL** 214-215 F 6
Espino, El ○ **PA** 196-197 E 7
Espinosa ○ **BR** 216-217 J 3
Espinouse, Monts de l' ⛰ **F** (34) 240-241 K 3
Espírito Santo ○ **BR** 210-211 C 4
Espírito Santo □ **BR** 216-217 K 5
Espírito Santo do Turvo ○ **BR** 216-217 F 7
Espíritu Santo ○ **MEX** 194-195 J 6
Espíritu Santo ⌒ **VAN** 120 II a 2
Espíritu Santo, Bahía del ≈ 196-197 L 2
Espíritu Santo, Isla ⌒ **MEX** 194-195 D 5
Espírito Santo do Pinhal ○ **BR** 216-217 G 7
Espita ○ **MEX** 196-197 K 1
Esplanada ○ **BR** 212-213 K 7
Esplantas ○ **F** (43) 242-243 D 2
Espoey ○ **F** (64) 240-241 D 4
Espondeilhan ○ **F** (34) 242-243 C 5
Espoo ○ **FIN** 24-25 H 6
Esprels ○ **F** (70) 238-239 J 1
Espungabera ○ **MOC** 154-155 G 5
Esqābād ○ **IR** 70-71 G 1
Esquel ○ **RA** 222-223 D 7
Esquibel, Gulf of ≈ 176-177 D 4
Esquina ○ **RA** 220-221 H 6
Esquina ○ **RCH** 214-215 C 6
Esquiú ○ **RA** 220-221 E 5
Èss ~ **RUS** 50-51 G 4
Essaouira = As-Sawirah ☆• **MA** 124-125 G 5
Essaouira = as-Sawirah ☆• **MA** 124-125 G 5
Essards, Les ○ **F** (37) 230-231 M 5
Essarts, les ○ **F** (85) 236-237 C 2
Essarts-le-Vicomte, Les ○ **F** (51) 232-233 K 2
Essay ○ **F** (61) 230-231 M 2
Essé ○ **CAM** 140-141 J 6
Es-Sed, Oued ~ **TN** 126-127 H 4
Essedakane, I-n- < **RMM** 132-133 K 6
Es Seggeur, Oued ~ **DZ** 126-127 C 4
Essej ○ **RUS** 44-45 e 7
Essej, ozero ⬭ **RUS** 44-45 e 7
Essen ○ **B** 28-29 H 3
Essen ○• **D** 28-29 J 3
Essendon, Mount ▲ **AUS** 112-113 F 2
Essentuki ○ **RUS** 62-63 E 5
Essequibo ~ **GUY** 206-207 E 5
Essequibo River ~ **GUY** 206-207 E 2
Essertaux ○ **F** (80) 228-229 J 4
Essertenne-et-Cecey ○ **F** (70) 238-239 G 2
Esses, Morne des ○ **F** (972) 245 V a 2
Essex ○ **USA** (CA) 184-185 G 8
Essex ○ **USA** (MD) 190-191 K 6
Essex ○ **USA** (MT) 184-185 H 1
Essex Junction ○ **USA** 190-191 M 3
Essiama ○ **GH** 138-139 J 7
Essington, Port ≈ 108-109 K 1
Esslingen am Neckar ○• **D** 28-29 K 4
Èsso ☆ **RUS** 56-57 S 6
Essômes-sur-Marne ○ **F** (02) 228-229 L 5
Essonne □ **F** (91) 232-233 G 3
Essonne ~ **F** (45) 232-233 G 3
Essoyes ○ **F** (10) 234-235 F 5
Essuiles ○ **F** (60) 228-229 J 5
Est, Canal de l' < **F** 234-235 J 6
Est = East □ **CAM** 146-147 E 2
Est, Île de l' ⌒ **F** (984) 246 IV b 1
Est, l', Canal de < **F** (55) 234-235 G 3
Est, Pointe de l' ▲ **CDN** 182-183 O 4
Est, Rivière de l' ~ **F** (974) 246 II b 2
Est, Rivière de l' ~ **F** (984) 246 III d 3
Estables, Les ○ **F** (43) 242-243 E 2
Estabrook Lake ⬭ **CDN** 168-169 K 6
Estacada ○ **USA** 184-185 C 3
Estaca de Bares, Punta de ▲ **E** 34-35 D 3
Estação Catur ○ **MOC** 154-155 H 1
Estacia Camacho ○ **MEX** 194-195 H 5
Estación 14 de Mayo ○ **PY** 220-221 H 2
Estación Atamisqui ○ **RA** 220-221 F 5
Estacion biologica • **EC** 208-209 B 10
Estación Buena Suerte ○ **PY** 220-221 H 2
Estación Candela ○ **MEX** 194-195 J 4
Estación Careros Cué ○ **PY** 220-221 H 2
Estacione Don ○ **MEX** 194-195 E 4
Estación Km. 329 ○ **ROU** 222-223 M 2
Estación la Concepción ○ **PY** 220-221 H 3
Estación Pozo Blanco ○ **PY** 220-221 H 2
Estación Salto Cué ○ **PY** 220-221 J 4
Estación Santa Clara • **BR** 218-219 E 5
Estación Simón ○ **MEX** 194-195 H 5
Estación Vanegas ○ **MEX** 194-195 J 6
Estación Victoria ○ **PY** 220-221 H 2
Estado Cañitas de Felipe Pescador ○ **MEX** 194-195 H 6
Estado de Guerrero, Parque Natural del ⊥ **MEX** 196-197 E 3
Estado la Calle ○ **MEX** 196-197 D 1
Estado Las Tablas ○ **MEX** 194-195 K 6
Estado Pabellones ○ **MEX** 194-195 H 6
Estados, Isla de los ⌒ **RA** 224 H 7
Estados, Parque Nacional de los ⊥ **RA** 224 H 7
Estagel ○ **F** (66) 240-241 K 5
Eşţahbānāt ○• **IR** 70-71 F 4
Estaing ○ **F** (12) 240-241 K 1
Estaing, Cap d' ▲ **F** (984) 246 III b 2
Estaires ○ **F** (59) 228-229 K 2
Estambul ○ **BOL** 214-215 D 4
Estância ○ **BR** 212-213 K 7
Estancia Camerón ○ **RCH** 224 F 6
Estancia Carmen ○ **RA** 224 F 7
Estancia el Durazno ○ **RA** 220-221 C 6
Estancia Invierno ○ **RCH** 224 E 6
Estancia la Federica ○ **RA** 224 D 4
Estancia Laguna Union ○ **RA** 224 D 5
Estancia la Jerónima ○ **RA** 224 D 5
Estancia la Julia ○ **RA** 224 F 4
Estancia la Oriental ○ **RA** 224 D 3
Estancia las Cumbres ○ **RCH** 224 D 5
Estancia Maria Esther ○ **RA** 224 F 4
Estancia María Luisa ○ **RA** 224 G 7
Estancia Marina ○ **RA** 224 F 7
Estancia Moat ○ **RA** 224 G 7
Estancia Monte Dinero ○ **RA** 224 F 6
Estancia Policarpo ○ **RA** 224 H 7
Estancia Rocallosa ○ **RCH** 224 E 6
Estancia Rosalía ○ **PY** 220-221 J 2
Estancia San Justo ○ **RA** 224 F 7
Estand, Kūh-e ▲ **IR** 70-71 J 3
Estandarte ○ **BR** 212-213 F 2
Estang ○ **F** (32) 240-241 D 3
Estanques ○ **YV** 204-205 F 3
Estarca, Río ~ **BOL** 220-221 D 1
Estarvielle ○ **F** (65) 240-241 E 5
Estcourt ○ **ZA** 156-157 J 4
Este, Laguna del ≈ 196-197 J 2
Este, Parque nacional del ⊥ **DOM** 198-199 L 5
Este, Punta del ▲ **ROU** 222-223 M 3
Esteban, Canal ≈ 224 C 5
Eštehārd ○ **IR** 72-73 B 7
Esteio ○ **BR** 218-219 E 7
Estelí ☆ **NIC** 196-197 L 5
Estella ○ **E** 34-35 F 3
Estelline ○ **USA** 188-189 G 2
Estépar ○ **E** 34-35 F 3
Èstepiktjah ~ **RUS** 46-47 Y 5
Estepona ○ **E** 34-35 E 6
Ester ○ **USA** 164-165 R 4
Esterel, Corniche de l' ◡• **F** (83) 242-243 K 5
Esterel, Massif de l' ⛰ **F** (83) 242-243 K 5
Estérençuby ○ **F** (64) 240-241 B 4
Esterhazy ○ **CDN** 178-179 E 5
Esteriktjah-Tas, hrebet ⛰ **RUS** 46-47 X 5
Esternay ○ **F** (51) 232-233 K 2
Estero ○ **USA** 192-193 H 6
Estero Bay ≈ 184-185 D 8
Estero Blanco ~ **RCH** 220-221 B 5
Estero de Boca ○ **EC** 208-209 B 3
Estes Park ○ **USA** 186-187 E 5
Estevan ○ **CDN** 178-179 E 6
Estevan Group ⌒ **CDN** 176-177 E 5
Esther Island ⌒ **USA** 164-165 R 6
Estherville ○ **USA** 186-187 K 4
Estill ○ **USA** 192-193 H 3
Estima ○ **MOC** 154-155 G 2
Est Indienne, Dorsale = East Indiaman Ridge ≃ 8 H 7
Estique ○ **PE** 214-215 B 5
Estirão do Equador ○ **BR** 210-211 B 5
Estissac ○ **F** (10) 232-233 K 3
Estiva ○ **BR** 212-213 F 2
Estiva, Riachão da ~ **BR** 212-213 F 5
Estivareilles ○ **F** (42) 242-243 E 1
Estlin ○ **CDN** 178-179 D 5
Est-Mariannes, Bassin = East Mariana Basin ≃ 10-11 H 6
Eston ○ **CDN** 176-177 Q 6
Estonie = Eesti ■ **EST** 30-31 J 2
Estor, El ○ **GCA** 196-197 K 4
Estrecho, El ○ **CO** 204-205 C 7
Estréchure, L' ○ **F** (30) 242-243 D 3
Estrées-Saint-Denis ○ **F** (60) 228-229 K 5
Estrée-Wamin ○ **F** (62) 228-229 J 3
Estreito ○ **BR** 212-213 E 5
Estrela, Serra da ⛰ **P** 34-35 C 4
Estrela do Sul ○ **BR** 216-217 G 5
Estrella, La ○ **BOL** 214-215 F 5
Estrella, La ○ **RA** 220-221 E 2
Estrella, Punta ▲ **MEX** 194-195 B 2
Estrelto, Serra do ⛰ **BR** 212-213 G 7
Estremadura ◡ **P** 34-35 C 5
Estremo ○ **BR** 218-219 E 7
Estremoz ○• **P** 34-35 D 5
Estrondo, Serra do ⛰ **BR** 212-213 D 6
Estry ○ **F** (14) 230-231 K 2
Esumba, Ile ⌒ **ZRE** 146-147 H 3
Esvres ○ **F** (37) 232-233 D 5
Esztergom ○ **H** 28-29 P 5
Etables-sur-Mer ○ **F** (22) 230-231 F 2
Etacho Point ▲ **CDN** 174-175 J 2
Etagnac ○ **F** (16) 236-237 G 4
Etah ○ **GRØ** 170-171 O 4
Etah ○ **IND** 74-75 G 6
Étain ○ **F** (55) 234-235 H 3
Etais-la-Sauvin ○ **F** (89) 232-233 J 5
Etaka ~ **NAM** 152-153 C 9
Étampes ○ **F** (91) 232-233 G 3
Etamunbanie, Lake ⬭ **AUS** 114-115 E 4
Etang Blanc ⬭ **F** (40) 240-241 B 3
Étang-Salé, Pointe de l' ▲ **F** (974) 246 II a 2
Étang-Salé-les-Bains, l' ○ **F** (974) 246 II a 2
Étang-Salé-les-Hauts, l' ○ **F** (974) 246 II a 2
Étang-sur-Arroux ○ **F** (71) 238-239 E 3
Étaples ○ **F** (62) 228-229 H 2
États-Unis ○ **F** (973) 245 I b 3
États-Unis = United States of America ■ **USA** 190-191 K 6
Étaules ○ **F** (17) 236-237 C 4
Etawah ○ **IND** 74-75 G 6
Etcharry ○ **F** (64) 240-241 C 4
Etchojoa ○ **MEX** 194-195 E 4
Etchoropo ○ **MEX** 194-195 E 4
Été, Côte d' = Letnij bereg ◡ **RUS** 24-25 O 4
Étéké ○ **G** 146-147 C 4
Étel ○ **F** (56) 230-231 E 4
Èterikan, proliv ≈ 46-47 X 3
Eternity Range ⛰ **ARK** 16 G 30
Etevaux ○ **F** (21) 238-239 G 2
Ethelbert ○ **CDN** 178-179 F 5
Ethel Creek ○ **AUS** 108-109 E 7
Etheldale ○ **AUS** 110-111 G 6
Ethel Lake ⬭ **CDN** 164-165 W 5
Ethel River ~ **AUS** 112-113 E 2
Ethiopian Highlands = Éthiopien, Massif ⛰ **ETH** 5 G 4
Éthiopie = Ītyopya ■ **ETH** 144-145 C 3
Éthiopien, Massif = Ethiopian Highlands ⛰ **ETH** 5 G 4
Étienne ○ **F** (973) 245 I c 2
Etivey ○ **F** (89) 238-239 E 1
Etivluk River ~ **USA** 164-165 M 2
Etler Rasmussen, Kap ▲ **GRØ** 170-171 p 2
Etna, Monte ▲ **I** 36-37 E 6
Etna Lake ⬭ **CDN** 174-175 K 3
Étoges ○ **F** (51) 232-233 K 2
Étoile, Chaîne de l' ⛰ **F** (13) 242-243 G 5
Etoile Cay ⌒ **SY** 160 C 2
Etolin, Cape ▲ **USA** 164-165 G 6
Etolin Island ⌒ **USA** 176-177 D 3
Etolin Point ▲ **USA** 166-167 R 3
Etolin Strait ≈ 164-165 H 6
Eton ○ **AUS** 114-115 K 1
Etorohaberge ⛰ **NAM** 152-153 B 8
Etosha Lookout • **NAM** 152-153 D 9
Etosha National Park ⊥ **NAM** 152-153 C 9
Etosha Pan ⬭ **NAM** 152-153 D 9
Etou ○ **CAM** 146-147 D 2
Etoumbi ○ **RCB** 146-147 E 3
Etowah ○ **USA** 192-193 F 2
Etowah Mounds State Historic Site ∴• **USA** 192-193 F 2
Etowah River ~ **USA** 192-193 F 2
Étréaupont ○ **F** (02) 228-229 M 4
Étréchy ○ **F** (91) 232-233 G 3
Etrépagny ○ **F** (27) 228-229 H 5
Étretat ○ **F** (76) 228-229 E 4
Étreux ○ **F** (02) 228-229 M 4
Étrigny ○ **F** (71) 238-239 F 3
Etrœungt ○ **F** (59) 228-229 M 3
Etropole ○ **BG** 38-39 D 6
Étroussat ○ **F** (03) 238-239 C 4
Etsaut ○ **F** (64) 240-241 C 5
Ettaiyāpuram ○ **IND** 76-77 G 6
Etta Plains ○ **AUS** 110-111 F 6
Et Tarf, Garaet ⬭ **DZ** 126-127 F 3
Etthen Island ⌒ **CDN** 174-175 O 4
Ettington ○ **CDN** 178-179 C 6
et-Tleta-de-Oved-Laov ○ **MA** 124-125 J 3
et-Tnine ○ **MA** 124-125 G 5
Ettumanur ○ **IND** 76-77 G 6
Etumba ○ **ZRE** (BAN) 146-147 H 5
Etumba ○ **ZRE** (HAU) 146-147 K 4
Èturerveem ~ **RUS** 48-49 X 3
Eturnagaram ○ **IND** 78-79 B 6
Etuz ○ **F** (70) 238-239 H 2
Ètyrkèn ○ **RUS** 58-59 D 3
Etzatlan ○ **MEX** 196-197 B 1
Etzikom Coulée ⬭ **CDN** 176-177 P 7
Eu ○ **F** (76) 228-229 G 3
'Eua ⌒ **TON** 120 IV a 2
Euabalong ○ **AUS** 116-117 J 2
Euaiki ⌒ **TON** 120 IV a 2
Euca ○ **BR** 206-207 J 4
Eucalipto, El ○ **ROU** 220-221 J 6
Eucla Basin ∸ **AUS** 112-113 H 6
Eucla Motels ○ **AUS** 112-113 K 5
Euclid ○ **USA** 190-191 H 5
Euclides da Cunha ○ **BR** 212-213 J 7
Eucumbene, Lake ⬭ **AUS** 116-117 K 4
Eudistes, Lac des ⬭ **CDN** 182-183 M 3
Eudora ○ **USA** 188-189 M 3
Eudunda ○ **AUS** 116-117 E 3
Eufaula ○ **USA** (AL) 192-193 F 4
Eufaula ○ **USA** (OK) 188-189 K 2
Eufaula Lake ⬭ **USA** 188-189 K 2
Eufrasio Loza ○ **RA** 220-221 F 5
Eugene ○ **USA** 184-185 C 4
Eugene McDermott Shoal ⌒ **AUS** 108-109 G 2
Eugênia, Rio da ~ **BR** 214-215 H 2
Eugénie-les-Bains ○ **F** (40) 240-241 D 3
Eugowra ○ **AUS** 116-117 K 2
Euless ○ **USA** 188-189 J 3
Eulo ○ **AUS** 114-115 H 5
Eumara Springs ○ **AUS** 110-111 H 6
Eunápolis ○ **BR** 216-217 L 4
Eungella ○ **AUS** 114-115 K 1
Eungella National Park ⊥ **AUS** 110-111 K 7
Eunice ○ **USA** (LA) 188-189 L 4
Eunice ○ **USA** (NM) 188-189 F 3
Eupen ○ **B** 28-29 J 3
Euphrat ~ 64-65 L 7
Euphrate = Fırat Nehri ~ **TR** 64-65 J 3
Euphrate = Furāt, al- ~ **SYR** 64-65 L 7
Eupora ○ **USA** 192-193 D 3
Eura ○ **FIN** 24-25 G 6
Eurasiatique, Bassin = Pole Abyssal Plain ≈ 16 A 14
Eure □ **F** (27) 228-229 F 5
Eure ~ **F** (27) 228-229 G 5
Eure-et-Loir □ **F** (28) 232-233 E 3
Eureka ○ **CDN** 170-171 H 4
Eureka ○ **USA** (KS) 186-187 J 7
Eureka ○ **USA** (MT) 184-185 G 1
Eureka ○ **USA** (NV) 184-185 G 6
Eureka ○ **USA** (SD) 186-187 H 3
Eureka ○• **USA** (CA) 184-185 B 5
Eureka Sound ≈ 170-171 G 3
Eureka Springs ○ **USA** 188-189 L 1
Eurimbula National Park ⊥ **AUS** 114-115 L 3
Eurinilla Creek ~ **AUS** 114-115 F 6
Euriowie ○ **AUS** 114-115 F 6
Euroa ○ **AUS** 116-117 H 4
Euro Disneyland • **F** (77) 232-233 H 2
Euromos • **TR** 64-65 B 4
Europa, Picos de ⛰ **E** 34-35 E 3
Europa, Punta ▲ **GQ** 146-147 B 2
Europoort ∸ **NL** 28-29 H 3
Eurotunnel II• 26-27 H 6
Eurville-Bienville ○ **F** (52) 234-235 G 4
Euskadi □ **E** 34-35 F 3
Euskadi Pís -Vasco •• **E** 34-35 F 3

Eustis ○ USA 192-193 H 5
Eutaw ○ USA 192-193 E 3
Euthini ○ MW 150-151 G 6
Eutin ○• D 28-29 L 1
Eutsuk Lake ⊖ CDN 176-177 G 5
Eva ○ USA 188-189 G 1
Eva Broadhurst Lake ⊖ AUS 108-109 F 7
Eva Downs ○ AUS 110-111 C 6
Evale ○ ANG 152-153 C 8
Eva-Liv, ostrov ⌒ RUS 20-21 h 2
Evandale ○ CDN 182-183 L 6
Evander ○ ZA 156-157 J 3
Evans, Lac ⊖ CDN 182-183 F 3
Evans, Mount ▲ USA 184-185 H 2
Evans Island ⌒ USA 164-165 Q 7
Evans Shoal ≃ 102-103 E 6
Evans Strait ≈ 180-181 H 3
Evanston ○ USA (IL) 190-191 E 4
Evanston ○ USA (WY) 184-185 J 5
Evansville ○ CDN 182-183 C 6
Evansville ○ USA 190-191 E 7
Evant ○ USA 188-189 H 4
Evaton ○ ZA 156-157 H 3
Evaux-les-Bains ○ F (23) 236-237 K 3
Eva Valley ○ AUS 108-109 L 3
Evaz ○ IR 70-71 E 5
Evel ∼ F (56) 230-231 F 4
Eveleth ○ USA 186-187 L 2
Evelyn, Mount ▲ AUS 108-109 L 2
Èvenkijskij avt. okrug = Evenks, Arrond. d. ▪ RUS 52-53 G 2
Evenks, Arrondissement des = Èvenkijskij avtonomnyj okrug ▪ RUS 52-53 G 2
Èvensk ☆ RUS 56-57 S 3
Everard, Lake ⊖ AUS 114-115 C 6
Everard Junction ○ AUS 112-113 H 2
Everard Ranges ≈ 112-113 M 3
Everest, Mount ▲ NEP 80-81 F 7
Everett ○ USA (GA) 192-193 H 4
Everett ○ USA (WA) 184-185 C 2
Everett, Mount ▲ USA 190-191 M 4
Everett Mountains ▲ CDN 180-181 Q 3
Everglades, The ⊖ USA 192-193 H 7
Everglades City ○ USA 192-193 H 7
Everglades National Park ⊥ ••• USA 192-193 H 7
Evergreen ○ USA 192-193 E 4
Evesham ○ AUS 114-115 G 2
Evgen'evka ○ KA 82-83 C 4
Èvia ⌒ GR 36-37 J 5
Évian -les-Bains ○• F (74) 238-239 K 4
Evijärvi ○ FIN 24-25 G 5
Evinayong ○ GQ 146-147 C 3
Evisa ○ F (2A) 244 C 4
Evje ☆ N 22-23 C 7
Evlah = Yevlax ○ AZ 64-65 M 2
Evodoula ○ CAM 140-141 J 6
Evoğli ○ IR 64-65 L 3
Évora ○••• P 34-35 D 5
Èvoron ○ RUS 58-59 G 3
Èvoron, ozero ⊖ RUS 58-59 G 3
Èvota, gora ▲ RUS 54-55 M 7
Evpatorija = Jevpatorija ☆• UA 38-39 H 5
Evran ○ F (22) 230-231 H 3
Evre ∼ F (49) 230-231 K 5
Evrecy ○ F (14) 228-229 D 5
Evreinova, mys ▲ RUS 56-57 P 4
Evreinova, proliv ⊖ RUS 58-59 Q 4
Evrejskaja avt. oblast' = Juifs, Région autonome des ▪ RUS 58-59 D 4
Évreux ☆ F (27) 228-229 G 5
Evrieu ○ F (38) 238-239 H 5
Evriguet ○ F (56) 230-231 G 3
Evron ○ F (53) 230-231 L 3
Évry ○ F (91) 232-233 G 2
Évur ∼ RUS 58-59 G 3
Èwa ∼ RUS 24-25 U 5
Ewan ○ USA 184-185 F 2
Ewango ○ WAN 140-141 F 5
Ewarton ○ JA 198-199 G 5
Ewaso Ngiro ⊖ EAK (RIF) 148-149 E 4
Ewaso Ngiro ∼ EAK 148-149 F 3
Ewasse ○ PNG 119 F 3
Ewing ○ USA (MO) 190-191 C 5
Ewing ○ USA (NE) 186-187 H 4
Ewo ○ RCB 146-147 E 4
Exaltación ○ BOL (BEN) 214-215 E 3
Exaltación ○ BOL (PAN) 214-215 D 2
Excelsior ○ ZA 156-157 H 4
Excelsior Springs ○ USA 186-187 K 6
Excideuil ○ F (24) 236-237 H 5
Executive Committee Range ▲ ARK 16 F 24
Exeter ○ CDN 182-183 D 7
Exeter ○• GB 26-27 F 6
Exeter ○ USA (CA) 184-185 E 7
Exeter ○ USA (NH) 190-191 N 4
Exeter Bay ≈ 172-173 K 3
Exeter Lake ⊖ CDN 174-175 O 3
Exeter Sound ≈ 172-173 K 3
Exira ○ USA 186-187 K 5
Exmes ○ F (61) 230-231 M 2
Exmoor National Park ⊥ GB 26-27 F 6
Exmore ○ USA 190-191 L 7
Exmouth ○ AUS 108-109 B 6
Exmouth, Plateau = Exmouth Plateau ≃ 9 C 4
Exmouth Gulf ≈ 108-109 B 7
Exmouth Lake ⊖ CDN 174-175 M 3
Exmouth Plateau = Exmouth, Plateau ≃ 9 C 4
Expedition National Park ⊥ AUS 114-115 K 3
Expedition Range ▲ AUS 114-115 K 3
Expedito Lopes Francisco Santos, D. ○ BR 212-213 H 5
Exploits, Bay of ≈ 182-183 R 4
Exploits Islands ⌒ CDN 182-183 R 4
Exploits River ∼ CDN 182-183 Q 4
Explorer Mountain ▲ USA 166-167 Q 3
Exstew ○ CDN 176-177 F 4
Extremadura ▪ E 34-35 D 5
Extrême Nord = Extreme North ▪ CAM 142-143 B 3
Extreme North = Extrême Nord ▪ CAM 142-143 B 3
Exu ○ BR 212-213 J 5
Exuma Cays ⌒ BS 198-199 G 2
Exuma Cays Land and Sea Park • BS 198-199 G 2
Exuma Sound ≈ 198-199 G 2
Eyasi, Lake ⊖ EAT 148-149 E 5
Eyeberry Lake ⊖ CDN 174-175 R 4
Eyebrow ○ CDN 178-179 C 5
Eyehill Creek ∼ CDN 176-177 Q 5
Eye of Kuruman • ZA 156-157 F 3
Eygues ∼ F (84) 242-243 G 3
Eyguians ○ F (05) 242-243 H 3
Eyguières ○ F (13) 242-243 G 4
Eygurande ○ F (19) 236-237 K 4
Eygurande-Gardedeuil ○ F (24) 236-237 F 5
Eyl ○ SP 144-145 J 5
Eymet ○ F (24) 236-237 F 6
Eymoutiers ○ F (87) 236-237 J 4
Eyota ○ USA 186-187 L 4
Eyre ∼ F (33) 240-241 C 1
Eyre, Seno ≈ 224 C 4
Eyre Creek ∼ AUS 114-115 E 3
Eyre Highway II AUS 112-113 H 6
Eyrein ○ F (19) 236-237 J 5
Eyre Mountains ▲ NZ 118 B 6
Eyre North, Lake ⊖ AUS 114-115 D 5
Eyre Peninsula ⌒ AUS 116-117 C 2
Eyre South, Lake ⊖ AUS 114-115 D 5
Eyrieux ∼ F (07) 242-243 F 2
Eysines ○ F (33) 236-237 D 6
Eyumojok ○ CAM 140-141 H 6
Eyzies-de-Tayac-Sireuil, Les ○ F (24) 236-237 H 6
Eze ○ F (06) 242-243 L 4
Ezequiel Montes ○ MEX 196-197 E 1
Ezequiel Ramos Mexía, Embalse < RA 222-223 E 5
Ezere ○•• LV 30-31 H 3
Ezernieki ○ LV 30-31 K 3
Ezguerer ∼ RMM 132-133 M 6
Ezhou ○ VRC 90-91 J 6
Ezibeleni ○ ZA 156-157 H 5
Ezike, Enugu ○ WAN 140-141 G 5
Ezine ☆ TR 64-65 B 3
Ezo ○ SUD 142-143 H 6
Ezop, gora ▲ RUS 56-57 O 2
Ezuga ∼ RUS 24-25 S 4
Ezzane, In < DZ 128-129 D 6
Ezzangbo ○ WAN 140-141 G 5
ez-Zhiliga ○ MA 124-125 H 4

F

Faa ○ F (987) 247 V a 2
Faaaha ○ F (987) 247 IV b 2
Faanui ○ F (987) 247 IV a 1
Faaone ○ F (987) 247 V b 2
Faaroa, Baie ≈ 247 IV b 2
Faarumai, Cascades ∼• F (987) 247 V b 2
Fabas ○ F (09) 240-241 G 4
Fabens ○ USA 188-189 D 4
Faber Lake ⊖ CDN 174-175 L 4
Fåborg ○ DK 22-23 E 9
Fabrègues ○ F (34) 242-243 D 4
Fabrezan ○ F (11) 240-241 K 4
Fabriano ○ I 36-37 D 3
Facatativá ○ CO 204-205 D 5
Faches-Thumesnil ○ F (59) 228-229 L 2
Fachi ○ RN 134-135 E 3
Fāchūd ○ IND 74-75 E 10
Facundo ○ RA 224 F 2
Fada ○ TCH 134-135 K 4
Fada-Ngourma ○ BF 138-139 L 3
Faddeevskij, ostrov ⌒ RUS 46-47 Y 2
Faddeja, ostrova ⌒ RUS 44-45 h 3
Faddeja, zaliv ≈ 44-45 g 3
Faddoi ○ SUD 142-143 L 4
Faden ○ CDN 180-181 Q 7
Fadiadougou ○ CI 138-139 G 5
Fadiffolu Atoll ⌒ MV 76-77 B 5
Fadnoun, Plateau du ▲ DZ 126-127 G 7
Fadugu ○ WAL 138-139 E 5
Fa'er ○ VRC 92-93 D 3
Færingehavn = Kangerluarsoruseq ○ GRØ 172-173 P 5
Færøerne = Føroyar ⌒ FR 26-27 D 1
Faeroe Shelf = Føroyar ≃ 14-15 J 2
Fafa ∼ RCA 142-143 D 5
Fafa ○ RMM 138-139 L 2
Fafadun ○ SP 148-149 H 2
Fafakouro ○ SN 138-139 C 3
Fafen Shet' ∼ ETH 144-145 G 5
Făgăraș ○• RO 38-39 D 5
Fagatogo ☆ USA 120 V b 2
Fage, Montagne de la ▲ F (30) 242-243 D 4
Fageole, Col de la ▲ F (15) 236-237 M 5
Fagernes ○ N 22-23 D 6
Făget ○ RO 38-39 C 5
Faget, Muntii ▲ RO 38-39 C 4
Faggo ○ WAN 140-141 H 3
Fagita ○ RI 102-103 G 2
Fagnano o Cami, Lago ⊖ RCH 224 F 7
Fago ∼ BF 138-139 L 3
Faġr, Wādī ∼ KSA 66-67 E 3
Fagrinkotti ○ SUD 136-137 E 3
Fagudu ○ RI 100-101 K 4
Faguibine, Lac ⊖ RMM 132-133 H 6
Fagurhólsmýri ○ IS 22-23 e 3
Fahl, Hassi < DZ 126-127 D 5
Fahliyān, Rūd-e ∼ IR 70-71 D 3
Fahreġ ○ IR 70-71 H 4
Fa'id ○ ET 130-131 F 2
Faid ○ TN 126-127 G 3
Faidami, al- ○ Y 68-69 H 5
Faie ○ F (987) 247 IV c 2
Failaka, Ğazirat ⌒•• KWT 66-67 L 3
Faille, Mont de la ▲ F (984) 246 III a 3
Faim, Steppes de la = Betbakdala ⫠ KA 60-61 E 6
Fain-lès-Montbard ○ F (21) 238-239 E 1
Faioa, Île ⌒ F (986) 247 III
Fairān ○ ET 130-131 F 3
Fairān, Wādī ∼ ET 130-131 F 3
Fairbairn Reservoir < AUS 114-115 K 2
Fairbank ○ USA 190-191 K 6
Fairbanks ○• USA 164-165 R 4
Fairbury ○ USA 186-187 J 5
Fair Cape ▲ AUS 110-111 G 3
Fairchild ○ USA 190-191 C 3
Fairfax ○ USA (MO) 186-187 K 5
Fairfax ○ USA (SC) 192-193 H 3
Fairfax ○ USA (SD) 186-187 H 4
Fairfield ○ USA (AL) 192-193 E 3
Fairfield ○ USA (CA) 184-185 C 6
Fairfield ○ USA (ID) 184-185 G 4
Fairfield ○ USA (IL) 190-191 D 6
Fairfield ○ USA (ME) 190-191 O 3
Fairfield ○ USA (MT) 184-185 J 2
Fairfield ○ USA (TX) 188-189 J 4
Fair Harbour ○ CDN 176-177 G 6
Fairhaven ○ CDN 182-183 S 5
Fairhill ○ AUS 114-115 K 2
Fairhope ○ USA 192-193 E 4
Fair Isle ⌒ GB 26-27 G 2
Fairlie ○ NZ 118 C 6
Fairlight ○ CDN 178-179 F 6
Fairmont ○ USA (MN) 186-187 K 4
Fairmont ○ USA (NE) 186-187 J 5
Fairmont ○ USA (WV) 190-191 H 6
Fairmont Hot Springs ○ CDN 176-177 N 6
Fair Ness ▲ CDN 180-181 N 3
Fairo ○ WAL 138-139 E 6
Fairoaks ○ USA 188-189 M 2
Fair Oaks ○ USA 188-189 M 2
Fairplay, Mount ▲ USA 164-165 T 5
Fairview ○ AUS 110-111 H 4
Fairview ○ CDN 176-177 L 3
Fairview ○ USA (KS) 186-187 K 6
Fairview ○ USA (MI) 190-191 F 3
Fairview ○ USA (MT) 186-187 E 2
Fairview ○ USA (OK) 188-189 H 1
Fairweather, Cape ▲ USA 176-177 A 2
Fairweather, Mount ▲ USA 176-177 B 2
Fairy, Port ○ AUS 116-117 G 5
Faisalābād ○ PK 74-75 D 4
Faisāliya, al- ○ KSA 68-69 B 3
Faith ○ USA 186-187 F 3
Faiyiba ○ SUD 136-137 E 5
Faizabad ☆ AFG 72-73 M 6
Faizābād ○ IND 78-79 C 2
Fajaghalia ○ SOL 120 I d 3
Fajardo ○ USA 200 C 2
Faje ○ WAN 140-141 F 4
Fajolles ○ F (82) 240-241 G 3
Fajou, Îlet à ⌒ F (971) 245 IV a 2
Fakaki ○ F (986) 247 II
Fakenham ○ GB 26-27 H 5
Fakfak ○ RI 102-103 G 3
Fakfak, Pegunungan ▲ RI 102-103 G 3
Fako ⫠ CAM 140-141 H 6
Fakse Bugt ≈ 22-23 F 9
Fak Tha ○ THA 94-95 F 2
Faku ○ VRC 86-87 D 6
Fala ∼ RMM 138-139 H 2
Falaba ○ WAL 138-139 E 5
Falagountou ○ BF 138-139 L 2
Falaise ○ F (14) 230-231 L 2
Falaise Lake ⊖ CDN 174-175 L 5
Falam ☆ MYA 78-79 H 4
Falaq, Bi'r < IRQ 64-65 J 5
Falāvarğān ○ IR 70-71 D 2
Falcão ○ BR 212-213 E 6
Falck ○ F (57) 234-235 K 3
Falcón, Fiordo ≈ 224 C 4
Falcón, Presa < MEX 194-195 K 4
Falda, La ○ RA 220-221 E 6
Faléa ○ RMM 138-139 E 3
Faleālupouta ○ WS 120 V a 1
Faleāpuna ○ WS 120 V b 1
Falémé ∼ SN 138-139 E 3
Falenki ☆ RUS 32-33 G 4
Falfurrias ○ USA 188-189 H 6
Falgoux, Le ○ F (15) 236-237 L 5
Faliraki ○ GR 36-37 M 6
Falkat ∼ ER 136-137 J 4
Falkenberg ☆• S 22-23 F 8
Falkenberg (Elster) ○ D 28-29 M 3
Falkenstein • F (57) 234-235 M 3
Falkirk ○ GB 26-27 F 4
Falkland ○ CDN 176-177 L 6
Falkland, Escarpement des = Falkland Escarpment ≃ 14-15 D 13
Falkland, Îles = Falkland Islands ⌒ GB 222-223 L 6
Falkland, Plateau des = Falkland Plateau ≃ 14-15 D 14
Falkland Escarpment = Falkland, Escarpement des ≃ 14-15 D 13
Falkland Islands = Falkland, Îles ⌒ GB 222-223 L 6
Falkland Plateau = Falkland, Plateau des ≃ 14-15 D 14
Falkland Sound ≈ 222-223 K 7
Falköping ☆ S 22-23 F 7
Fallaize Lake ⊖ CDN 168-169 K 6
Fall City ○ USA 184-185 D 2
Fallentimber Creek ∼ CDN 176-177 N 6
Fall Line Hills ▲ USA 192-193 D 2
Fallon ○ F (70) 238-239 J 1
Fallon ○ USA (MT) 186-187 E 2
Fallon ○ USA (NV) 184-185 E 6
Fallon Indian Reservation ✗ USA 184-185 E 6
Fall River ○ USA 190-191 N 5
Fall River Mills ○ USA 184-185 D 5
Falls City ○ USA 186-187 K 5
Falls Creek ○• AUS 116-117 J 4
Falls Lake Reservoir < USA 192-193 J 1
Fallūğa, al- ☆ IRQ 64-65 K 6
Falmey ○ RN 140-141 E 2
Falmouth ○• GB 26-27 E 6
Falmouth ○ JA 198-199 G 5
Falmouth ○ USA 190-191 N 5
Falou ○ RMM (BAM) 138-139 G 2
Falou ○ RMM (SIK) 138-139 G 3
Falsa, Bahía ≈ 222-223 H 5
Falsa Calera, Punta ▲ RCH 222-223 C 5
False, Rivière ∼ CDN 180-181 P 6
False Bay ≈ 156-157 D 7
False Bay ○ CDN 176-177 H 7
False Pass ○ USA 166-167 P 5
False Point ▲ IND 78-79 E 5
Falsino, Rio ∼ BR 206-207 J 5
Falso, Cabo ▲ HN 198-199 D 7
Falso Cabo de Hornos ▲ RCH 224 F 7
Falso ÓP. Aguja, Cabo ▲ DOM 198-199 K 6
Falster ⫠ DK 22-23 E 9
Falsterselv ∼ GRØ 170-171 n 8
Falterona, Monte ▲ I 36-37 C 3
Falun ○ S 22-23 G 6
Fam = Fafa ∼ RCA 142-143 D 5
Fam, Kepulauan ⌒ RI 102-103 F 2
Fama ○ SUD 142-143 K 3
Fama, Ouidi ∼ TCH 134-135 K 5
Famaillá ○ RA 220-221 E 4
Famalé ○ RN 138-139 L 2
Fāmanin ○ IR 64-65 N 5
Fāmarin ○ IR 70-71 C 1
Famatina, Sierra de ▲ RA 220-221 D 5
Fambusi ○ GH 138-139 K 4
Fameck ○ F (57) 234-235 J 3
Famen Si • VRC 90-91 E 4
Fame Range ▲ AUS 112-113 G 2
Family Lake ⊖ CDN 178-179 J 5
Fana ○ RMM 138-139 G 3
Fanado, Rio ∼ BR 216-217 J 4
Fanambana ○ RM (ASA) 158-159 F 4
Fanambana ∼ RM 158-159 F 4
Fanār Qaṣr Aḥmad ○ LAR 128-129 F 1
Fanchang ○ VRC 90-91 L 6
Fandriana ○ RM 158-159 E 8
Fang ○ THA 78-79 L 6
Fangak ○ SUD 142-143 K 4
Fangamadou ○ RG 138-139 E 5
Fangcheng ○ VRC (GXI) 92-93 F 6
Fangcheng ○ VRC (HEN) 90-91 H 5
Fangliao ○ RC 92-93 M 5
Fangu ∼ F (2B) 244 C 4
Fang Xian ○ VRC 90-91 G 5
Fangzheng ○ VRC 86-87 G 5
Fanjeaux ○ F (11) 240-241 J 4
Fanjingshan • VRC 92-93 F 3
Fanjingshan z.B. ⊥• VRC 92-93 F 3
Fanning River ○ AUS 110-111 J 6
Fannystelle ○ CDN 178-179 H 6
Fanø ⌒ DK 22-23 D 9
Fano ○ I 36-37 D 3
Fanshi ○ VRC 90-91 H 2
Fanti ○ LB 138-139 F 6
Fantomes, Trou des = Phantoms Cave • CAM 146-147 C 2
Fanūğ ○ IR 70-71 H 5
Fan Xian ○ VRC 90-91 J 4
Fanxue ○ VRC 90-91 F 3
Fão ○ BR 218-219 D 7
Fao, Koun- ○ CI 138-139 J 6
Faou, Le ○ F (29) 230-231 C 3
Faouët, Le ○ F (56) 230-231 E 3
Faq', al- ○ UAE 70-71 F 6
Faqih Soleimān ○ IR 64-65 M 5
Fāqūs ○ ET 130-131 E 2
Faraba ○ RMM 138-139 E 3
Farab-Pristan' = Džejhun ○ TM 72-73 H 5
Faraday, Zone de Fracture = Faraday Fracture Zone ≃ 14-15 F 4
Faraday Fracture Zone = Faraday, Zone de Fracture ≃ 14-15 F 4
Faradje ○ ZRE 148-149 B 2
Farafangana ○ RM 158-159 E 9
Farafara, Oasis de = Farāfira, al-Wāhāt al- ⫠ ET 130-131 D 4
Farafenni ○ WAG 138-139 C 3
Farāfira, al-Wāhāt al- ⫠ ET 130-131 C 4
Faraguouaran ○ RMM 138-139 G 4
Farāh ○ AFG 70-71 J 2
Farāh ☆ AFG (FA) 70-71 K 2
Farahābād ○ IND 76-77 H 2
Farahalana ○ RM 158-159 G 5
Farahnāze, Bandar-e ○ IR 64-65 N 4
Farāhrūd ○ AFG 70-71 K 2
Farāh Rūd ∼ AFG 70-71 K 2
Farakaraina, Corniche de • RM 158-159 F 5
Farako ○ RMM 138-139 G 4
Farallones de Cali, Parque Nacional ⊥ CO 204-205 C 6
Faramana ○ BF 138-139 H 3
Faramuti < SUD 142-143 H 3
Faranah ▪ RG 138-139 E 4
Faranah ☆ RG 138-139 E 4
Farany ∼ RM 158-159 E 8
Far'aoun < RIM 132-133 D 5
Farasān ○ KSA 68-69 C 5
Farasān, Ğazā'ir ⌒ KSA 68-69 B 5
Farasān, Ğazīrat ⌒ KSA 68-69 B 5
Faratsiho ○ RM 158-159 E 7
Farcheville • F (91) 232-233 G 3
Farda, al- ○ Y 68-69 F 6
Farda, Naqil al- ▲ Y 68-69 D 6
Fare ○ F (987) 247 IV b 2
Fareara, Pointe ▲ F (987) 247 V b 2
Farébersviller ○ F (57) 234-235 K 3
Fare-les-Oliviers, La ○ F (13) 242-243 G 4
Fareone, Motu ⌒ F (987) 247 V a 1
Farewell ○ USA 164-165 O 5
Farewell, Cape ▲ NZ 118 D 4
Fargha ∼ SUD 136-137 G 6
Fargo ○ USA (GA) 192-193 G 4
Fargo ○ USA (ND) 186-187 J 2
Fargues-sur-Ourbise ○ F (47) 240-241 E 2
Farhār ○ AFG 72-73 L 6
farhar al- ○ EAU 148-149 D 3
Fari ○ RMM 138-139 E 3
Farias Brito ○ BR 212-213 J 5
Faribault ○ USA 186-187 L 3
Faribault, Lac ⊖ CDN 180-181 O 5
Farīdābād ○ IND 74-75 F 5
Farīdkot ○ IND 74-75 E 4
Farīdpur ○ BD 78-79 F 4
Farié ○ RN 138-139 L 3
Fāriğh, Wādī al ∼ LAR 128-129 G 5
Fāriğh, Wādī al ∼ LAR 128-129 H 2
Farim ○ GNB 138-139 C 3
Farīmān ○ IR 72-73 F 7
Farinha, Cachoeira da ∼ BR 210-211 H 6
Farinha, Rio ∼ BR 212-213 E 5
Farino ○ F (988) 247 I c 3
Fāriš ○ US 72-73 K 4
Färjestaden ○ S 22-23 H 8
Farka ○ RN 140-141 E 1
Fārkawn ○ IND 78-79 H 4
Farlède, La ○ F (83) 242-243 J 5
Farley ○ USA 188-189 E 1
Farmer ○ USA 184-185 E 2
Farmer City ○ USA 190-191 D 5
Farmer Island ⌒ CDN 180-181 J 5
Farmersville ○ USA 188-189 J 3
Farmington ○ USA (IL) 190-191 C 5
Farmington ○ USA (ME) 190-191 N 3
Farmington ○ USA (MO) 190-191 C 7
Farmington ○ USA (NM) 188-189 C 1
Farmoreah ○ RG 138-139 D 5
Farmville ○ USA 190-191 J 7
Farnham ○ CDN 182-183 H 6
Farnham, Lake ⊖ AUS 112-113 J 2
Farnham, Mount ▲ CDN 176-177 M 6
Far Northern Section ⊥ AUS 110-111 G 3
Faro ○ BR 210-211 J 4
Faro ∼ CAM 140-141 K 4
Faro ○ CDN 164-165 Y 5
Faro ○• P 34-35 D 6
Faro, El ○ MEX 194-195 B 1
Faro, le ○ CAM 140-141 K 5
Faro, Réserve du ⊥ CAM 140-141 K 4
Faroe Shelf = Féroé, Plateau des ≃ 14-15 J 2
Farofa, Serra da ▲ BR 218-219 E 7
Farol, Ilha do ⌒ BR 212-213 L 3
Farol das Canárias ○ BR 212-213 H 3
Farol Guará ○ BR 206-207 K 5
Fårösund ○ S 22-23 J 8
Farquhar Atoll ⌒ SY 160 B 5
Farquhar Group ⌒ SY 160 B 4
Farquharson, Mount ▲ AUS 108-109 K 4
Farquharson Tableland ⫠ AUS 112-113 G 3
Farrand, Cape ▲ CDN 168-169 Z 5
Farrars Creek ∼ AUS 114-115 G 3
Farrāšband ○ IR 70-71 E 4
Farras Creek ∼ AUS 114-115 F 3
Farroupilha ○ BR 218-219 E 7
Farrukhābād ○ IND 74-75 G 6
Farrukhnagar ○ IND 76-77 H 2
Fārs ▪ IR 70-71 D 4
Fārs, Ḫalīğ-e • IR 70-71 C 4
Farša, al- ○ KSA 68-69 C 5
Fársala ○ GR 36-37 J 5
Fārsān ○ IR 70-71 D 2
Fārsi ⌒ IR 70-71 D 5
Farson ○ USA 186-187 C 4
Fartak, Ra's ▲ Y 68-69 H 6
Fartura, Serra da ▲ BR 218-219 D 6
Fārūğ ○ IR 72-73 F 6
Farūqī ○ IR 64-65 L 3
Farvel, Kap = Ummannarsuaq ▲ GRØ 172-173 T 7
Farwell ○ USA 188-189 F 2
Fāryāb ▪ AFG 72-73 J 7
Fasā ○ IR 70-71 E 4
Fasad ○ OM 68-69 H 4
Fašam ○ IR 72-73 B 7
Fasama ○ LB 138-139 F 6
Fasano ○ I 36-37 F 4
Fås Boye ○ SN 138-139 B 2
Faserwood ○ CDN 178-179 H 5
Fashe ○ WAN 140-141 F 4
Fashola ○ WAN 140-141 E 5
Fasil Ghebbi ••• ETH 136-137 H 6
Fask ○ MA 124-125 G 6
Fassala Néré ○ RIM 132-133 H 7
Fassanu ○ LAR 128-129 E 2
Fasselémon ○ CI 138-139 H 5
Fašt, Ğazīrat ⌒ KSA 68-69 C 5
Fašt al-Ğārim ⌒ KSA 70-71 D 5
Fāste, Ra's-e ▲ IR 70-71 J 6
Fastiv ○ UA 38-39 F 2
Fastov = Fastiv ○ UA 38-39 F 2
Fatagar-Tuting, Tanjung ▲ RI 102-103 F 3
Fataki ○ ZRE 148-149 C 2
Fatao ○ RMM 138-139 F 2
Fatehābād ○ IND 74-75 E 5
Fatehjang ○ PK 74-75 D 3
Fatehpur ○ IND 78-79 B 3
Fatehpur ○ PK 74-75 C 4
Fatehpur Sikri ○••• IND 74-75 F 6
Fatepur ○ BD 78-79 G 3
Fatež ○ RUS 30-31 O 5
Fath, al- ○ OM 68-69 K 2
Fatha ○ IRQ 64-65 K 5
Fathom Five National Marine Park ⊥ CDN 182-183 D 6
Fati, Lac ⊖ RMM 132-133 J 6
Fatiba < RMM 138-139 G 2
Fatick ☆ SN 138-139 B 2
Fātima ○• P 34-35 C 5
Fātima, Bi'r < IRQ 64-65 K 5
Fatima de Sul ○ BR 220-221 K 2
Fatine ○ RMM 138-139 H 3
Fatitet ○ SUD 142-143 K 5
Fat'janiha ∼ RUS 50-51 U 2
Fat'janiha, Bol'šaja ∼ RUS 50-51 U 3
Fatki ∼ BD 78-79 F 4
Fatolulik ○ RI 102-103 C 6
Fatsa ☆ TR 64-65 G 2
Fatua, Pointe ▲ F (986) 247 II
Fatujuring (Village of pearl trade) ○•• RI 102-103 H 5
Fatuma ○ ZRE 150-151 E 4
Fatunda ○ ZRE 146-147 F 6
Fatural ○ RI 102-103 H 5
Faucett ○ USA 186-187 K 6
Faucigny ▲ F 238-239 J 4
Faucille, Col de la ▲ F 238-239 J 4
Faucilles, Monts ▲ F 234-235 H 6
Faucogney-et-la-Mer ○ F (70) 234-235 K 6
Faugères ○ F (34) 242-243 C 4
Faugueroles ○ F (47) 240-241 E 2
Faulkton ○ USA 186-187 H 3
Faulquemont ○ F (57) 234-235 K 3
Fauquembergues ○ F (62) 228-229 J 2
Fauquier ○ CDN 176-177 L 7
Faure Island ⌒ AUS 112-113 B 2
Fauresmith ○ ZA 156-157 G 4
Fauro Island ⌒ SOL 120 I c 2
Fauske ○ N 22-23 G 3
Faute-sur-Mer, la ○ F (85) 236-237 C 3
Fauville-en-Caux ○ F (76) 228-229 F 4
Faux ○ F (24) 236-237 G 6
Faux Cap = Betanty ○ RM 158-159 D 10
Faux-Vésigneul ○ F (51) 234-235 E 4
Faverges ○ F (74) 238-239 J 5
Faverney ○ F (70) 238-239 J 1
Faverolles ○ F (15) 236-237 M 6
Faverolles ○ F (28) 232-233 F 2
Faverolles-et-Coëmy ○ F (51) 228-229 M 5
Favignana ○ I 36-37 D 6
Favone ○ F (2A) 244 D 5
Fāw, al- ☆ IRQ 66-67 L 3
Fawcett ○ CDN 176-177 N 4
Fawnleas ○ ZA 156-157 K 4
Fawn Point ▲ USA 166-167 P 5
Fawn River ∼ CDN 178-179 M 3
Fawwāra, al- ○ KSA 66-67 H 4
Faxaflói ≈ 22-23 b 2
Faxälven ∼ S 22-23 H 5
Faxinal ○ BR 218-219 E 5
Faxinal do Soturno ○ BR 218-219 D 7
Faya ∼ RMM 138-139 G 3
Faya = Largeau ☆ TCH 134-135 J 4
Fayala ○ ZRE 146-147 F 5
Fayaoué ○ F (988) 247 I d 2
Fay-aux-Loges ○ F (45) 232-233 G 4
Fay-de-Bretagne ○ F (44) 230-231 H 5
Faye, Pas de la ▲ F (06) 242-243 K 4
Fayence ○ F (83) 242-243 K 4
Fayes, les • F (07) 242-243 F 2
Fayet ○ F (12) 240-241 K 3
Fayet, le ○ F (74) 238-239 K 5
Fayette ○ USA (AL) 192-193 E 3
Fayette ○ USA (MS) 188-189 M 4
Fayette, La ○ USA 192-193 F 2
Fayetteville ○ USA (AR) 188-189 K 1
Fayetteville ○ USA (NC) 192-193 J 2
Fayetteville ○ USA (OH) 190-191 G 6
Fayetteville ○ USA (TN) 192-193 E 2
Fayhān, Wādī ∼ KSA 66-67 H 3
Fayl-Billot ○ F (52) 238-239 H 1
Fayl-la-Forêt ○ F (52) 238-239 H 1
Faysal, Wādī ∼ LAR 128-129 E 2
Fay-sur-Lignon ○ F (43) 242-243 E 2
Fāz ☆••• MA 124-125 J 3
Fazao ○ RT 138-139 L 5
Fazao, Monts du ▲ RT 138-139 L 5
Fazao Malfakassa, Parc National de ⊥ RT 138-139 L 5
Fazeï < RN 134-135 E 3
Fazenda Boa Esperanza ○ BR 206-207 D 6
Fazenda Bradesco ○ BR 212-213 D 3
Fazenda Cumaru ○ BR 212-213 C 5
Fazenda Eldorado ○ BR 214-215 J 5
Fazenda Foz do Christalino ○ BR 216-217 E 2
Fazenda Gavião ○ BR 212-213 E 6
Fazenda Itanorte ○ BR 214-215 J 4
Fazenda Muraquitã ○ BR 214-215 G 2
Fazenda Narciso ○ BR 210-211 D 2
Fazenda Primavera ○ BR 212-213 B 7
Fazenda Remanso ○ BR 210-211 J 4
Fazenda Rio Dourado ○ BR 212-213 C 6
Fazenda Rio Limpo ○ BR 212-213 F 7
Fazenda Santa Lúcia ○ BR 214-215 K 5
Fazenda São Sebastião ○ BR 214-215 E 2
Fazenda Taboco ○ BR 214-215 K 7
Fazenda Três Irmãos ○ BR 214-215 K 5
Fazenda Vista Alegre ○ BR 210-211 G 7
Fazilpur ○ PK 74-75 C 5
Fazzān = Fezzan ⫠ LAR 128-129 E 5
Fdérik ☆ RIM 132-133 D 3
Fé, La ○ C 198-199 D 4
Fear, Cape ▲ USA 192-193 K 3
Feather River ∼ USA 184-185 D 6
Featherston ○ NZ 118 E 4
Feathertop, Mount ▲ AUS 116-117 J 4
Fécamp ○ F (76) 228-229 E 4
Féchain ○ F (59) 228-229 L 3
Federal ○ RA 220-221 H 6
Federal Capital ▪ RA 222-223 K 3
Federal Capital Territory ▪ WAN 140-141 G 4
Fedjour, Col de ▲ DZ 126-127 F 2
Fedorovka ○ KA (KST) 60-61 D 1
Fedorovka ☆ KA (KST) 60-61 C 2
Fedorovka ☆ KA (ZPK) 32-33 H 8
Fedorovka ☆ RUS 32-33 J 7
Fedorovka kosa ∼ UA 38-39 J 4
Féfiné, Rio ∼ GNB 138-139 D 4
Fegoh, Wādī ∼ ET 130-131 G 6
Fegoussi, Bir < TN 126-127 G 4
Fégréac ○ F (44) 230-231 G 4
Fehmarn ⌒ D 28-29 L 1
Fehmarnbelt ≈ 228-229 O 2
Fehmarnsund ≈ 228-229 O 3
Feia, Lagoa ⊖ BR 216-217 K 6
Feidh el Botma ○ DZ 126-127 D 3
Feidong ○ VRC 90-91 K 6
Feignies ○ F (59) 228-229 M 3
Feijó ○ BR 210-211 B 7
Feilai Xia • VRC 92-93 H 5
Feilding ○ NZ 118 E 4
Feio ou Aguapei, Rio ∼ BR 216-217 E 6
Feira de Santana ○ BR 216-217 L 2
Feitok ○ CAM 140-141 H 6
Feixi ○ VRC 90-91 K 6
Fei Xian ○ VRC 90-91 K 4
Feīzābād ○ IR 70-71 H 1
Feke ☆ TR 64-65 F 4
Feklistova, ostrov ⌒ RUS 56-57 G 6
Felaou < DZ 134-135 B 3
Feldbach ○ F (68) 238-239 L 1
Feldberg ▲•• D 28-29 J 5
Feldioara ○• RO 38-39 D 5
Feldkirch ○ A 28-29 K 5
Felege Neway ○ ETH 144-145 C 6
Felguera, La ○ E 34-35 E 3
Feliciano, Arroyo ∼ RA 220-221 H 6
Félicité Island ⌒ SY 160 D 2
Felidu Atoll ⌒ MV 76-77 B 6
Felinto Müller ○ BR 212-213 E 4
Felipe Carillo Puerto ○• MEX 196-197 K 2
Felix, Cape ▲ CDN 168-169 X 6
Felix, Rio ∼ USA 188-189 E 3
Felixburg ○ ZW 154-155 F 4
Felixlândia ○ BR 216-217 H 5
Felixstowe ○ GB 26-27 H 6
Felizardo ○ BR 212-213 J 5
Fellering ○ F (68) 234-235 K 6
Felletin ○ F (23) 236-237 K 4
Fellfoot Point ▲ CDN 168-169 b 3
Fellsmere ○ USA 192-193 H 6
Félou, Chutes de ∼• RMM 138-139 E 2
Felton ○ USA 186-187 J 2
Feltre ○ I 36-37 C 1
Fêmeas, Rio das ∼ BR 216-217 H 2
Femund ⊖ N 22-23 E 5
Femundsmarka nationalpark ⊥ N 22-23 F 5
Fénay ○ F (21) 238-239 F 2
Fendeille ○ F (11) 240-241 H 4
Fener Burnu ▲ TR 64-65 H 2
Fénétrange ○ F (57) 234-235 L 4
Feneu ○ F (49) 230-231 K 4
Feng'an ○ VRC 92-93 J 5
Fengcheng ○ VRC (JXI) 92-93 J 2
Fengcheng ○ VRC (LIA) 86-87 E 7
Fengdu ○ VRC 92-93 E 2
Fenggang ○ VRC 92-93 E 3
Fenghua ○ VRC 92-93 M 2
Fenghuang ○ VRC (GDG) 92-93 K 5
Fenghuang ○ VRC (HUB) 90-91 J 6
Fenghuang ○ VRC (HUN) 92-93 F 3
Fenghuangshan • VRC 86-87 E 7
Fengjie ○ VRC 90-91 F 6
Fengkang ○ RC 92-93 M 5
Fengliang ○ VRC 92-93 K 5
Fengling Guan ▲ VRC 92-93 L 2
Fengling Z.B. ⊥• VRC 86-87 G 3
Fengning ○ VRC 84-85 N 7
Fengpin ○ RC 92-93 M 5
Fengpo ○ VRC 92-93 B 5
Fengqiu ○ VRC 90-91 J 4
Fengrun ○ VRC 90-91 L 2
Fengshan ○ RC 92-93 M 5
Fengshan ○ VRC 92-93 E 4
Fengshui Shan ▲ VRC 86-87 D 1
Fengshun ○ VRC 92-93 K 5
Fengtongzhai Giant panda Reserves ⊥ VRC 90-91 C 6
Fengtou SK ∼ VRC 92-93 F 2
Fengxian ○ VRC 90-91 M 6
Feng Xian ○ VRC (JIA) 90-91 K 4
Feng Xian ○ VRC (SXI) 90-91 E 5
Fengxiang ○ VRC 90-91 E 4
Fengxin ○ VRC 92-93 J 2
Fengxue Si • VRC 90-91 H 4
Fengyang ○ VRC 90-91 K 5
Fengyuan ○ RC 92-93 M 4
Fengzhen ○ VRC 90-91 H 1
Fen He ∼ VRC 90-91 G 3
Feni ○ BD 78-79 G 4
Feniak Lake ⊖ USA 164-165 L 2
Féniers ○ F (23) 236-237 K 4
Feni Islands ⌒ PNG 119 G 3
Fenioux ○ F (79) 236-237 E 2
Fenix ○ BR 216-217 F 7
Fennimore ○ USA 190-191 C 4
Feno, Capo di ▲ F (2A) 244 C 5
Fenoarivo Atsinanana ○ RM 158-159 F 6
Fenoarivo Be ○ RM 158-159 E 7
Fenouillèdes ▲ F 240-241 K 5
Fenshui Guan ▲ VRC 92-93 K 3
Fenton ○ USA 190-191 G 4
Fenyang ○ VRC 90-91 G 3
Feodosija ☆• UA 38-39 J 5
Feodosijs'ka zatoka ≈ 38-39 J 5
Féole ○ F (85) 236-237 C 2
Fer, Cap de ▲ DZ 126-127 F 2
Fer, Lesportes de • DZ 126-127 E 2
Fer, Point au ▲ USA 188-189 M 5
Fer à cheval, Cirque du • F (39) 238-239 H 3
Fera Island ⌒ SOL 120 I d 3
Ferapontovo ○ RUS 30-31 Q 2
Ferdé < RIM 132-133 C 6
Ferdjioua ○ DZ 126-127 E 2
Ferdo, Le ⫠ SN 138-139 C 2
Ferdous ○ IR 70-71 H 1
Fère, la ○ F (02) 228-229 L 4
Fère-Champenoise ○ F (51) 232-233 K 2
Fère-en-Tardenois ○ F (02) 228-229 M 5
Fereidūnkenār ○ IR 72-73 C 6
Fereidūn Šahr ○ IR 70-71 D 2
Fērfēr ○ ETH 144-145 G 6
Fergana ☆ US 72-73 M 4
Ferganskaja dolina ⫠ US 72-73 M 4
Ferganskaja oblast ▪ US 72-73 M 4
Ferganskij hrebet ▲ KS 72-73 N 4
Fergus Falls ○ USA 186-187 J 2
Ferguson Lake ⊖ CDN (NWT) 168-169 T 6
Ferguson Lake ⊖ CDN (NWT) 174-175 V 4
Ferguson River ∼ CDN 174-175 X 4
Fergusson Island ⌒ PNG 119 F 5
Fergusson River ○ AUS 108-109 K 3
Feriana ○ TN 126-127 G 3
Ferkessédougou ☆ CI 138-139 H 5
Ferland ○ CDN (ONT) 178-179 M 5
Ferland ○ CDN (SAS) 178-179 C 6
Ferlo, Vallée du ∼ SN 138-139 C 2
Ferma ○ LT 30-31 J 4
Fermanville ○ F (50) 228-229 B 4
Ferme de la Pointe au Cheval, la ○ F (975) 245 II b 1
Ferme de Mirande ○ F (975) 245 II b 1
Ferme Larrange, la ○ F (975) 245 II b 2
Fermeuse ○ CDN 182-183 S 5
Fermoselle ○ E 34-35 D 4
Fermoy = Mainistir Fhear Maí ○ IRL 26-27 C 5
Fernandez Bay ⫠• BS 198-199 H 2
Fernandina, Isla ⌒ EC 208-209 B 10
Fernandina Beach ○ USA 192-193 H 4
Fernando de Magallanes, Parque Nacional ⊥ RCH 224 D 6
Fernando de Noronha, Ilha ⌒ BR 212-213 L 1
Fernandópolis ○ BR 216-217 E 6
Fernando Prestes ○ BR 216-217 F 6
Fernane, Djebel ▲ DZ 126-127 E 3

Fernan Vaz = Lagune Nkomi ⊂⊃ G 146-147 B 4
Fernão Veloso ○ MOC 154-155 L 2
Fernie ○ CDN 176-177 N 7
Féroé, Îles = Føroyar ⌒ FR 26-27 D 1
Féroé, Plateau des = Faroe Shelf ≃ 14-15 J 2
Féroé-Islande, Seuil des = Iceland-Færoe Rise ≃ 14-15 H 2
Ferokh ○ IND 76-77 F 5
Féron, Cap ▲ F (984) 246 III b 2
Ferrals-les-Montagnes ○ F (34) 240-241 K 4
Ferrara ☆• I 36-37 C 2
Ferrat, Cap ▲ F (06) 242-243 L 4
Ferreira ○ ZA 156-157 H 4
Ferreira do Alentejo ○ P 34-35 C 5
Ferreira Gomes ○ BR 206-207 J 5
Ferreñafe ○ PE 208-209 C 5
Ferret, Cap ▲ F (33) 240-241 B 1
Ferrette ○ F (68) 238-239 L 1
Ferrière, La ○ F (37) 232-233 D 4
Ferrière, La ○ F (85) 236-237 C 2
Ferrière-aux-Etangs, La ○ F (61) 230-231 K 2
Ferrière-en-Parthenay, La ○ F (79) 236-237 E 2
Ferrières ○ F (45) 232-233 H 3
Ferrières-Saint-Mary ○ F (15) 236-237 M 5
Ferrières-sur-Sichon ○ F (03) 238-239 D 4
Ferrière-sur-Risle, la ○ F (27) 232-233 D 2
Ferro, Corredeira do ~ BR 216-217 D 7
Ferro, Rio ~ BR 214-215 K 3
Ferrol ○ E 34-35 C 3
Ferrol, Isla ⌒ PE 208-209 C 6
Feršampenuaz ☆ RUS 32-33 L 7
Ferté-Alais, La ○ F (91) 232-233 G 3
Ferté-Beauharnais, La ○ F (41) 232-233 F 4
Ferté-Bernard, La ○ F (72) 232-233 D 3
Ferté-Frenel, La ○ F (61) 232-233 D 2
Ferté-Gaucher, La ○ F (77) 232-233 J 2
Ferté-Imbault, La ○ F (41) 232-233 F 5
Ferté-Loupière, La ○ F (89) 232-233 J 4
Ferté-Macé, La ○ F (61) 230-231 L 2
Ferté-Milon, la ○ F (02) 228-229 L 5
Ferté-Saint-Aubin, La ○ F (45) 232-233 F 4
Ferté-Saint-Cyr, La ○ F (41) 232-233 F 4
Ferté-sous-Jouarre, La ○ F (77) 232-233 J 2
Ferté-Vidame, La ○ F (28) 232-233 D 2
Ferté-Villeneuil, La ○ F (28) 232-233 E 4
Fértil, Valle ⌄ RA 220-221 D 6
Fervaques ○ F (14) 228-229 E 5
Fès = Fāz ☆••• MA 124-125 J 3
Fés = Fāz ☆••• MA 124-125 J 3
Fesches-le-Châtel ○ F (25) 238-239 K 1
Feshi ○ ZRE 152-153 E 3
Fessenden ○ USA 186-187 H 2
Fessenheim ○ F (68) 234-235 M 6
Fessi, Oued ~ TN 126-127 H 4
Festalemps ○ F (24) 236-237 F 5
Festinière, la ○ F (38) 242-243 H 2
Festus ○ USA 190-191 C 6
Fet Dome, Tanjung ▲ RI 102-103 E 2
Fété Bowé ○ SN 138-139 D 2
Feteşti ○ RO 38-39 F 5
Fethiye ☆• TR 64-65 C 4
Fetisovo ○ KA 62-63 K 6
Fetlar ⌒ GB 26-27 G 1
Fetuna ○ F (987) 247 IV b 2
Feu, Terre de = Tierra del Fuego ⌒ 224 G 6
Feugarolles ○ F (47) 240-241 E 2
Feuilles, Lac aux ⊂⊃ CDN 180-181 P 5
Feuilles, Rivière aux ~ CDN 180-181 O 5
Feuillie, La ○ F (76) 228-229 H 5
Feuquières ○ F (60) 228-229 H 4
Feuquières-en-Vimeu ○ F (80) 228-229 H 3
Feurs ○ F (42) 238-239 E 5
Fevral'sk ○ RUS 58-59 D 2
Fezna ⌒ MA 124-125 J 5
Fezzan = Fazzān ⩡ LAR 128-129 D 5
Fezzane, Emi ▲ RN 134-135 G 2
F.G. Villarreal ○ MEX 194-195 L 5
Fiadanana ○ RM 158-159 E 7
Fiambalá ○ RA 220-221 D 4
Fiambala, Río ~ RA 220-221 D 4
Fian ○ GH 138-139 J 4
Fianarantsoa ■ RM 158-159 D 8
Fianarantsoa ☆• RM (Fns) 158-159 E 8
Fianga ○ TCH 142-143 B 4
Fiatt ○ USA 190-191 C 5
Fiché ○ ETH 144-145 D 4
Fichtelgebirge ⛰ D 28-29 L 3
Ficksburg ○ ZA 156-157 H 4
Fidenza ○• I 36-37 C 2
Fidji = Fiji ■ FJI 120 V b 3
Fidji = Fiji Islands ⌒ FJI 9 J 4
Fidji Méridionales, Bassin des = South Fiji Basin ≃ 9 J 5
Field ○ CDN 176-177 M 6
Fienvillers ○ F (80) 228-229 J 3
Fier ☆•• AL 36-37 G 4
Fier, le ~ F (74) 238-239 J 5
Fierenana ○ RM 158-159 D 7
Fiery Creek ~ AUS 116-117 G 4
Fierzë, Liqeni i ⊂⊃ AL 36-37 H 3
Fieu, Le ○ F (33) 236-237 E 5
Fifa ○ RG 138-139 F 4
Fifinda ○ CAM 146-147 C 2
Figarella ○ F (2B) 244 D 3
Figari ○ F (2A) 244 D 6
Figeac ○ F (46) 240-241 J 1
Figtree ○ ZW 154-155 E 5
Figueira da Foz ○ P 34-35 C 4
Figueira de Castelo Rodrigo ○ P 34-35 D 4
Figueira Torta ○ BR 218-219 D 9
Figueres ○ E 34-35 J 3
Figueroa, Bañado de ⊂⊃ RA 220-221 F 4
Figuig ○ MA 124-125 L 4
Figuil ○ CAM 140-141 K 4
Fiherenana ~ RM 158-159 D 9
Fiji = Fidji ■ FJI 120 V b 3
Fiji Islands = Fidji ⌒ FJI 9 J 4
Fiji Occidentale, Bassin des = North Fiji Basin ≃ 9 J 4
Fik' ○ ETH 144-145 F 4
Fika ○ WAN 140-141 J 3
Filabres, Sierra de los ⛰ E 34-35 F 6
Filabusi ○ ZW 154-155 E 5
Filadelfia ○ BOL 214-215 C 2
Filadélfia ○ BR (BAH) 212-213 H 7
Filadélfia ○ BR (TOC) 212-213 E 5
Filadelfia ○ CR 196-197 B 6
Filadelfia ○ PE 214-215 C 3
Filamane ○ RMM 138-139 G 4
Filchner, Banquise de = Filchner Ice Shelf ⊂ ARK 16 E 3
Filchner Ice Shelf = Filchner, Banquise de ⊂ ARK 16 E 3
Filer ○ USA 184-185 G 4
Filiaşi ○ RO 38-39 C 5
Filiatrá ○ GR 36-37 H 6
Filicudi, Ìsola ⌒ I 36-37 E 5
Filières, Château de • F (76) 228-229 E 4
Filim ○ OM 68-69 L 3
Filingué ○ RN 140-141 E 1
Filippova ~ RUS 48-49 L 2
Filipstad ☆ S 22-23 G 7
Filitosa ○ F (2A) 244 C 5
Filiya ○ WAN 140-141 J 4
Fillières ○ F (54) 234-235 H 3
Fillièvres ○ F (62) 228-229 J 3
Fillmore ○ CDN 178-179 E 6
Fillmore ○ USA 184-185 E 8
Filomena ○ RP 96-97 D 4
Filtu ○ ETH 144-145 E 6
Filuo ○ SOL 120 I d 2
Fimi ~ ZRE 146-147 F 5
Fin ○ IR 70-71 F 5
Fina, Réserve de ⊥ RMM 138-139 F 3
Finca 7 ○ CR 196-197 C 7
Finca de Chañaral ○ RCH 220-221 C 4
Finch'a'ā Dam < ETH 144-145 C 4
Finch'aya ○ ETH 144-145 D 6
Findik ○ TR 64-65 J 4
Findlay ○ USA 190-191 G 5
Findlay Group ⌒ CDN 168-169 S 2
Fine ○ USA 190-191 L 3
Fingal ○ AUS 116-117 J 6
Finger Hill Island ⌒ CDN 180-181 S 5
Finger Lake ⊂⊃ CDN 178-179 K 4
Finger Lakes ⊂⊃ USA 190-191 K 4
Fingoe ○ MOC 154-155 F 2
Finhan ○ F (82) 240-241 G 3
Finiels, Sommet de ▲ F (48) 242-243 D 3
Finike ☆• TR 64-65 D 4
Finistère □ F 230-231 C 3
Finisterra, Cabo ▲ E 34-35 C 3
Finisterre Range ⛰ PNG 119 D 3
Fink Creek ○ USA 164-165 J 4
Finke ○ AUS 114-115 C 3
Finke Bay ≈ 108-109 K 2
Finke Gorge National Park ⊥ AUS 112-113 M 2
Finke River ~ AUS 112-113 M 2
Finke River ~ AUS 114-115 C 4
Finkolo ○ RMM 138-139 G 4
Finkwiller ○ F (67) 234-235 L 5
Finland ○ USA 190-191 C 2
Finlande, Golfe de = Finland, Gulf of ≈ 22-23 M 7
Finlande = Suomi ■ FIN 24-25 G 6
Finlay Forks ○ CDN 176-177 J 4
Finlay Ranges ⛰ CDN 176-177 H 3
Finlay River ~ CDN 176-177 H 3
Finley ○ AUS 116-117 H 3
Finley ○ USA 186-187 J 2
Finmark ○ CDN 178-179 M 6
Finmark = Finnmarksvidda ⩡ N 22-23 L 2
Finnie Bay ≈ 180-181 L 2
Finnigan, Mount ▲ AUS 110-111 H 4
Finnis, Cape ▲ AUS 116-117 C 2
Finnmarksvidda ⩡ N 22-23 L 2
Finn Mount ▲ USA 164-165 M 6
Finnsnes ○ N 22-23 H 2
Finote Selam ○ ETH 144-145 C 3
Fins ○ F (80) 228-229 L 3
Finschhafen ○ PNG 119 D 4
Finspång ☆ S 22-23 G 7
Finsteraarhorn ▲ CH 28-29 K 5
Finsterwalde ○ D 28-29 M 3
Fintrou < RMM 132-133 K 6
Finucane Range ⛰ AUS 114-115 F 2
Finyolé ○ CAM 140-141 K 4
Fiordland National Park ••• NZ 118 A 6
Firat Nehri = Euphrate ~ TR 64-65 J 3
Firebag River ~ CDN 176-177 P 3
Firedrake Lake ⊂⊃ CDN 174-175 R 5
Fire Island ⌒ USA 164-165 P 6
Fire Island National Seashore ⊥ USA 190-191 M 5
Firenze ○••• I 36-37 C 3
Firestone Plantation • LB 138-139 E 6
Firgoun ○ RN 138-139 L 2
Firjuza ○ TM 72-73 F 6
Firk, Ša'īb ~ IRQ 66-67 J 2
Firmat ○ RA 222-223 J 2
Firmeza ○ PE 214-215 C 2
Firminy ○ F (42) 238-239 E 6
Firou ○ DY 138-139 L 4
Fīrozābād ○ IND 74-75 G 6
Fīrozpur ○ IND 74-75 E 4
Firsovo ○ RUS 58-59 K 5
Firth of Clyde ≈ 26-27 E 4
Firth of Forth ≈ 26-27 F 3
Firth of Tay ≈ 26-27 F 3
Firth River ~ CDN 164-165 V 2
Fīrūzābād ○• IR 70-71 E 4
Fīrūzābād-e Bālā ○ IR 70-71 C 1
Fīrūzkūh ○ IR 72-73 C 7
Fischell ○ CDN 182-183 P 4
Fischer, Kap ▲ GRØ 172-173 T 6
Fisenge ○ Z 154-155 E 1
Fish Cove Point ▲ CDN 180-181 V 7
Fish Creek ~ USA 164-165 P 1
Fisher ○ AUS 112-113 L 5
Fisher, Fort • USA 192-193 K 3
Fisher Øer ⌒ GRØ 170-171 U 5
Fisher River Indian Reserve ✕ CDN 178-179 H 5
Fishers Landing ○ USA 190-191 L 3
Fisher Strait ≈ 180-181 G 3
Fishguard ○ GB 26-27 E 6
Fishing Creek ○ USA 190-191 K 6
Fishing Lake ⊂⊃ CDN 178-179 J 4
Fishing Lakes ⊂⊃ CDN 164-165 Y 3
Fishing Point ▲ USA 190-191 L 6
Fish Lake ⊂⊃ CDN 174-175 H 4
Fish River ○ AUS 110-111 D 5
Fish River ~ USA 164-165 J 4
Fisiha Genet ○ ETH 144-145 D 5
Fiskå ☆ N 22-23 B 5
Fiskenæs Banke ≃ 172-173 O 5
Fiskenæsset = Qeqertarsuatsiaat ○ GRØ 172-173 P 5
Fismes ○ F (51) 228-229 M 5
Fissoa ○ PNG 119 F 2
Fišt, gora ▲ RUS 62-63 C 6
Fitampito ○ RM 158-159 E 8
Fitchburg ○ USA 190-191 N 4
Fitou ○ F (11) 240-241 K 5
Fitri, Lac ⊂⊃ TCH 134-135 H 6
Fitzcarrald ○ PE 208-209 F 7
Fitzgerald ○ USA 192-193 G 4
Fitzgerald River National Park ⊥ AUS 112-113 E 6
Fitzmaurice River ~ AUS 108-109 K 3
Fitzroy ○ AUS 108-109 K 3
Fitzroy ○ GB 222-223 L 6
Fitz Roy ○ RA 224 G 3
Fitz Roy, Cape ▲ CDN 168-169 g 3
Fitzroy Crossing ○ AUS 108-109 G 5
Fitzroy Island ⌒ AUS 110-111 J 5
Fitzroy River ~ AUS 108-109 F 4
Fitzroy River ~ AUS 108-109 H 4
Fitzroy River ~ AUS 114-115 K 2
Fitzwilliam Island ⌒ CDN 182-183 D 6
Fitzwilliam Strait ≈ 168-169 N 2
Fiume = Rijeka ○ HR 36-37 E 2
Fiumorbo ⌒ F (2B) 244 D 4
Five Cays Settlements ○ GB 198-199 J 4
Five Mile Hill ▲ AUS 108-109 E 6
Five Points ○ USA 184-185 D 7
Five Stars ○ GUY 206-207 D 2
Fix-Saint-Geneys ○ F (43) 242-243 D 1
Fizi ○ ZRE 148-149 B 6
Fizuli = Füzuli ○ AZ 64-65 M 3
Fjällnes ○ S 22-23 F 5
Fjerritslev ○ DK 22-23 D 8
Fjords, Parc National des = Fiordland National Park ••• NZ 118 A 6
Fkih-Ben-Salah ○ MA 124-125 H 4
Flade Isblink ⩡ GRØ 170-171 r 3
Flad Ø ⌒ GRØ 172-173 Y 3
Flagler ○ USA 186-187 F 6
Flagstaff ○ USA 184-185 J 8
Flagstaff ○ ZA 156-157 J 5
Flagstaff Lake ⊂⊃ USA 190-191 N 3
Flagy ○ F (70) 238-239 J 1
Flaherty Island ⌒ CDN 180-181 J 7
Flaine ○ F (74) 238-239 K 4
Flåm ○ N 22-23 C 6
Flamanville ○ F (50) 228-229 A 4
Flamanville, Cap de ▲ F (50) 228-229 A 4
Flamarens ○ F (82) 240-241 F 2
Flambeau Indian Reservation ✕ USA 190-191 D 3
Flamborough Head ▲ GB 26-27 G 4
Flamenco, Isla ⌒ RA 222-223 H 6
Flamencos, Parque Nacional los ⊥•• CO 204-205 E 2
Fläming ⩡ D 28-29 M 2
Flaming Gorge National Recrreation Area ⊥ USA 186-187 C 5
Flaming Gorge Reservoir < USA 186-187 C 5
Flamingo ○ USA 192-193 H 7
Flampleu ○ CI 138-139 F 6
Flanagan River ~ CDN 178-179 K 4
Flandre, Monts de ⛰ F (59) 228-229 J 2
Flandre Bank ≃ 245 IV c 2
Flåsjön ⊂⊃ S 22-23 G 4
Flassans-sur-Issole ○ F (83) 242-243 J 5
Flat ○ USA 164-165 L 5
Flatey ⌒ IS 22-23 b 2
Flathead Indian Reservation ✕ USA 184-185 G 2
Flathead Lake ⊂⊃ USA 184-185 G 2
Flat Island ⌒ 96-97 A 7
Flatonia ○ USA 188-189 J 5
Flatow = Złotów ○• PL 28-29 O 2
Flat Point ▲ NZ 118 E 4
Flat River ○ CDN (PEI) 182-183 N 5
Flat River ~ CDN 174-175 F 5
Flat River ○ USA 190-191 C 7
Flattery, Cape ▲ AUS 110-111 H 4
Flattery, Cape ▲ USA 184-185 B 1
Flat Top ○ USA 190-191 H 7
Flavières ○ F (54) 234-235 H 5
Flavigny-sur-Moselle ○ F (54) 234-235 J 4
Flavigny-sur-Ozerain ○ F (21) 238-239 F 1
Flavy-le-Martel ○ F (02) 228-229 L 4
Flaxcombe ○ CDN 176-177 Q 6
Flaxman Island ⌒ USA 164-165 S 1
Flayat ○ F (23) 236-237 K 4
Flayosc ○ F (83) 242-243 J 4
Flé ~ RG 138-139 F 4
Flecha Point ▲ RP 96-97 E 9
Flèche ~ F (29) 230-231 C 2
Flèche, La ○ F (72) 230-231 L 4
Flèche Baltique = Mierzeja Wiślana ⌄ PL 28-29 P 1
Fleckenstein • F (67) 234-235 M 3
Fleetwood ○ GB 26-27 F 5
Fleix, le ○ F (24) 236-237 F 6
Flekkefjord ☆ N 22-23 C 7
Flemish Cap ≃ 14-15 E 4
Flenelon Falls ○ CDN 182-183 E 6
Flensburg ○• D 28-29 K 1
Flensburger Förde ≈ 228-229 L 2
Flers ○ F (61) 230-231 K 2
Flesko, Tanjung ▲ RI 100-101 J 3
Fletcher, Seuil de = Alpha Cordillera ≃ 16 A 30
Fletcher Island ⌒ CDN 180-181 Q 3
Fletcher Lake ⊂⊃ CDN 174-175 P 4
Flett Lake ⊂⊃ CDN 174-175 R 5
Fleurance ○• F (32) 240-241 F 3
Fleur de Lys ○ CDN 182-183 Q 3
Fleur de May, Lac ⊂⊃ CDN 182-183 M 3
Fleuré ○ F (86) 236-237 G 3
Fleurieu Peninsula ⌄ AUS 116-117 E 3
Fleurville ○ F (71) 238-239 F 4
Fleury ○ F (11) 240-241 L 4
Fleury-en-Bière ○ F (77) 232-233 H 3
Fleury-les-Aubrais ○ F (45) 232-233 F 4
Fleury-sur-Andelle ○ F (27) 228-229 G 5
Fleuve Jaune = Huang He ~ VRC 90-91 K 3
Fléville ○ F (08) 234-235 F 3
Flexal ○ BR 206-207 G 6
Flez-Cuzy ○ F (58) 232-233 K 5
Flinders Bay ≈ 112-113 C 7
Flinders Chase National Park ⊥ AUS 116-117 D 3
Flinders Group ⌒ AUS 110-111 H 4
Flinders Highway II AUS 110-111 H 7
Flinders Island ⌒ AUS (SA) 116-117 C 2
Flinders Island ⌒ AUS (TAS) 116-117 J 5
Flinders Peak ▲ AUS 114-115 M 4
Flinders Ranges ⛰ AUS 116-117 E 2
Flinders Ranges National Park ⊥ AUS 114-115 E 6
Flinders Reef ⌒ AUS 110-111 K 5
Flinders River ~ AUS 110-111 F 7
Flines-lez-Raches ○ F (59) 228-229 L 3
Flin Flon ○ CDN 178-179 F 3
Flint ○ USA 190-191 G 4
Flintdale ○ CDN 178-179 O 5
Flint Hills ⛰ USA 188-189 J 1
Flint Lake ⊂⊃ CDN 172-173 C 2
Flint Rapids ~ CDN 178-179 P 4
Flint River ~ USA 192-193 F 4
Flirey ○ F (54) 234-235 H 4
Flisa ☆ N 22-23 F 6
Flix ○ E 34-35 H 4
Flixecourt ○ F (80) 228-229 J 3
Flize ○ F (08) 234-235 F 2
Flogny-la-Chapelle ○ F (89) 232-233 K 4
Floirac ○ F (33) 236-237 D 6
Floirac ○ F (46) 236-237 J 6
Flomaton ○ USA 192-193 E 4
Floodwood ○ USA 186-187 L 2
Flora ○ USA 190-191 D 6
Florac ○ F (48) 242-243 D 3
Flora & Fauna Reserve ⊥ AUS 108-109 D 6
Florala ○ USA 192-193 E 4
Florange ○ F (57) 234-235 J 3
Flora Valley ○ AUS 108-109 J 5
Floraville ○ AUS 110-111 E 6
Flor da Serra ○ BR 218-219 D 6
Flor de Agosto ○ PE 208-209 F 3
Flor del Desierto ○ RCH 220-221 C 2
Flor de Punga ○ PE 208-209 E 4
Florence ○ USA (AL) 192-193 E 2
Florence ○ USA (AZ) 184-185 J 9
Florence ○ USA (CO) 186-187 E 6
Florence ○ USA (KS) 186-187 J 6
Florence ○ USA (MN) 186-187 J 3
Florence ○ USA (OR) 184-185 B 3
Florence ○ USA (SC) 192-193 J 2
Florence ○ USA (WI) 190-191 D 3
Florence = Firenze ☆••• I 36-37 C 3
Florence, Lake ⊂⊃ AUS 114-115 E 5
Florence Junction ○ USA 184-185 J 9
Florencia ☆ CO 208-209 E 1
Florencia ○ RA 220-221 H 5
Florencio Sanches ○ ROU 222-223 L 2
Florens, mys ▲ RUS 48-49 U 1
Florensac ○ F (34) 242-243 C 5
Florentino Ameghino, Embalse < RA 222-223 F 7
Flores ○ BR 212-213 K 5
Flores ☆• GCA 196-197 K 3
Flores ⌒ P 14-15 E 7
Flores ⌒ RI 104 E 7
Flores, Arroyo de las ~ RA 222-223 J 4
Flores, Igarapé ~ BR 214-215 F 3
Flores, Las ○ CO 204-205 E 2
Flores, Las ○ RA (BUA) 222-223 K 4
Flores, Las ○ RA (SAJ) 220-221 C 6
Flores, Laut = Florès, Mer de ≈ 104 D 6
Florès, Mer de = Flores, Laut ≈ 104 D 6
Flores de Goiás ○ BR 216-217 G 3
Flores do Piauí ○ BR 212-213 G 5
Flores Gracía ○ MEX 194-195 H 6
Flores Island ⌒ CDN 176-177 G 7
Floressas ○ F (46) 240-241 G 2
Florešt' = Floreşti ☆ MD 38-39 F 4
Floresta ○ BR (PAR) 216-217 D 7
Floresta ○ BR (PER) 212-213 J 6
Floresta Nacional Aveiro ⊥ BR 210-211 K 4
Floreşti ☆ MD 38-39 F 4
Florešty = Floreşti ☆ MD 38-39 F 4
Floresville ○ USA 188-189 H 5
Florian ○ CO 204-205 E 5
Floriano ○ BR 212-213 G 5
Floriano Peixoto ○ BR 210-211 D 7
Florianópolis ☆• BR 218-219 F 6
Florida ○ C 198-199 F 4
Florida ○ CO 204-205 C 6
Florida ○ RCH 222-223 C 4
Florida ☆ ROU 222-223 L 3
Florida □ USA 192-193 F 4
Florida, Cape ▲ USA 192-193 H 7
Florida, La ○ CO 208-209 D 1
Florida, La ∴• GCA 196-197 J 3
Florida, La ○ PE 208-209 C 5
Florida, La ○ YV 204-205 G 3
Florida, Straits of = Floride, Détroit de ≈ 198-199 E 3
Florida Bay ≈ 192-193 H 7
Floridablanca ○ CO 204-205 E 4
Florida Islands ⌒ SOL 120 I e 3
Florida Keys ⌒ USA 192-193 H 7
Floride, Détroit de = Florida, Straits of ≈ 198-199 E 3
Floride = Florida □ USA 192-193 F 4
Florido, Río ~ MEX 194-195 G 4
Florien ○ USA 188-189 L 4
Flórina ○ GR 36-37 H 4
Florínia ○ BR 216-217 E 7
Florissant ○ USA 190-191 C 6
Florissant Fossil Beds National Monument ∴ USA 186-187 E 6
Florø ☆ N 22-23 B 6
Flotte, Cap de ▲ F (988) 247 I e 3
Floyd, Mount ▲ USA 184-185 H 8
Floydada ○ USA 188-189 G 3
Floyd River ~ USA 186-187 J 4
Flu ○ LB 138-139 G 7
Fluk ○ RI 100-101 K 4
Flumendosa ~ I 36-37 B 5
Flumet ○ F (73) 238-239 K 5
Flying Fox Creek ~ AUS 110-111 B 4
Flying Post Indian Reserve ✕ CDN 178-179 P 6
Fly River ~ PNG 119 B 5
Fly River ~ PNG 119 A 4
Foa ⌒ TON 120 IV a 1
Foa, La ○ F (988) 247 I c 3
Foa, la ~ F (988) 247 I c 3
Foam Lake ○ CDN 178-179 E 5
Fō-Bouré ○ DY 140-141 E 3
Foča ○• BIH 36-37 G 3
Foça ☆ TR 64-65 B 3
Foca, Isla ⌒ PE 208-209 B 4
Foca, Punta ▲ RA 224 H 3
Foch, Île ⌒ F (984) 246 III b 2
Fochi ⩡ TCH 134-135 G 3
Focşani ☆ RO 38-39 E 5
Fodé ○ RCA 142-143 F 6
Fodekaria ○ RG 138-139 F 4
Fofore ○ WAN 140-141 K 4
Fogang ○ VRC 92-93 H 5
Fog Bay ≈ 108-109 K 2
Fogelevo ○ KA 72-73 L 3
Foggaret el 'Arab ○ DZ 126-127 D 7
Foggaret ez Zoua ○ DZ 126-127 D 7
Fóggia ☆ I 36-37 E 4
Foggy Cape ▲ USA 166-167 S 4
Fogi ○ RI 102-103 D 3
Fogo ○ CDN 182-183 R 4
Fogo, Ilha de ⌒ CV 138-139 B 6
Fogo Island ⌒ CDN 182-183 R 4
Føhn Fjord ≈ 170-171 m 8
Föhr ⌒ D 28-29 K 1
Fóia ▲ P 34-35 C 6
Foix ○ F (09) 240-241 H 5
Foja, Pegunungan ⛰ RI 102-103 K 3
Fokina ~ RUS 44-45 W 7
Fokino ○ RUS 30-31 O 5
Fokku ○ WAN 140-141 F 3
Folda ≈ 22-23 G 3
Foldereid ○ N 22-23 F 4
Foley ○ RB 154-155 D 5
Foleyet ○ CDN 178-179 P 6
Foley Island ⌒ CDN 168-169 j 6
Folgares ○ ANG 152-153 C 7
Folgefonni ⊂ N 22-23 C 7
Folgensbourg ○ F (68) 238-239 L 1
Folgoët, Le ○•• F (29) 230-231 C 2
Folie, la ○ F (52) 238-239 H 1
Foligno ○ I 36-37 D 3
Folkestone ○• GB 26-27 H 6
Folkston ○ USA 192-193 G 4
Folldal ☆ N 22-23 D 5
Folleli ○ F (2B) 244 E 4
Folles ○ F (87) 236-237 H 3
Follet ○ USA 188-189 G 1
Follette, La ○ USA 192-193 F 1
Folleville, Château de • F (80) 228-229 J 4
Föllinge ○ S 22-23 G 5
Follónica ○ I 36-37 C 3
Folschviller ○ F (57) 234-235 K 3
Folsom ○ USA (CA) 184-185 D 6
Folsom ○ USA (NM) 188-189 F 1
Fomboni ○ COM 158-159 C 4
Fome, Rio da ~ BR 212-213 G 3
Fomena ○ GH 138-139 K 6
Fomento ○ C 198-199 F 3
Fomič ~ RUS 46-47 F 4
Fona ○ VAN 120 II b 3
Foncquevillers ○ F (62) 228-229 K 3
Fond-de-France, le ○ F (38) 242-243 J 1
Fond-du-Lac ○ CDN 174-175 Q 6
Fond du Lac ~ CDN 174-175 Q 6
Fond du Lac ○ USA 190-191 D 4
Fond du Lac Indian Reservation ✕ USA 186-187 L 2
Fond du Lac River ~ CDN 174-175 R 6
Fondet ○ F (33) 240-241 D 1
Fond-Saint-Denis ○ F (972) 245 V a 2
Fonéko ○ RN 138-139 L 2
Fongalop ○ F (24) 236-237 G 6
Fongolembi ○ SN 138-139 D 3
Fonni ○ I 36-37 B 4
Fonoifua ⌒ TON 120 IV a 2
Fonroque ○ F (24) 236-237 F 6
Fonsagrada, A ○ E 34-35 D 3
Fonseca ○ CO 204-205 E 2
Fonseca, Golfo de ≈ 196-197 L 5
Fonsecas, Serra dos ⛰ BR 216-217 H 4
Fonsorbes ○ F (31) 240-241 G 3
Fontaine ○ F (38) 242-243 H 1
Fontaine ○ F (90) 238-239 K 1
Fontainebleau ○••• F (77) 232-233 H 3
Fontainebleau, Forêt de ⩡•• F (77) 232-233 H 3
Fontaine-Châalis ○ F (60) 228-229 K 5
Fontaine-Chalendray ○ F (17) 236-237 E 4
Fontaine-de-Vaucluse ○ F (84) 242-243 G 4
Fontaine-Française ○ F (21) 238-239 G 1
Fontaine-Guérand, Abbaye de • F (27) 228-229 G 5
Fontaine-Henry ○ F (14) 228-229 D 5
Fontaine-Henry, Château de • F (14) 228-229 D 5
Fontaine Lake ⊂⊃ CDN 174-175 Q 6
Fontaine-la-Soret ○ F (27) 228-229 F 5
Fontaine-le-Bourg ○ F (76) 228-229 G 4
Fontaine-le-Dun ○ F (76) 228-229 F 4
Fontaine-Luyères ○ F (10) 234-235 E 5
Fontaine-Saint-Martin, La ○ F (72) 230-231 M 4
Fontan ○ F (06) 242-243 M 3
Fontana, Lago ⊂⊃ RA 224 E 2
Fontanes-du-Causse ○ F (46) 240-241 H 1
Fontangy ○ F (21) 238-239 E 2
Fontanina ○ ETH 144-145 D 3
Fontas ○ CDN 174-175 J 6
Fontas River ~ CDN 174-175 J 6
Fonte Boa ○ BR 210-211 D 4
Fontenay ○ F (88) 234-235 K 5
Fontenay, Abbaye de ••• F (21) 238-239 E 1
Fontenay-le-Comte ○ F (85) 236-237 D 3
Fontenay-Trésigny ○ F (77) 232-233 H 2
Fonteneau, Lac ⊂⊃ CDN 182-183 O 3
Fontenelle ○ USA 184-185 J 5
Fontenelle, La ○ F (41) 232-233 E 3
Fontenelle Reservoir < USA 184-185 J 4
Fontenoy ○ F (89) 232-233 J 4
Fontenoy-le-Château ○ F (88) 234-235 J 6
Fontette ○ F (10) 234-235 F 5
Fontevraud-l'Abbaye ○ F (49) 230-231 M 5
Fontfroide • F (11) 240-241 K 4
Fontgillarde ○ F (05) 242-243 K 2
Fontgombault ○ F (36) 236-237 G 2
Fontibón ○ CO 204-205 D 5
Fontmorigny, Abbaye de • F (18) 232-233 H 5
Fontoy ○ F (57) 234-235 H 3
Fontpédrouse ○ F (66) 240-241 J 5
Font-Romeu ○ F (66) 240-241 J 5
Fontur ▲ IS 22-23 f 1
Fontvieille ○ F (13) 242-243 F 4
Fonuafo'ou ⌒ TON 120 IV a 2
Fonualei ⌒ TON 120 IV a 1
Fo'ondo ○ SOL 120 I e 3
Foping ○ VRC 90-91 E 5
Foping Z.B. ⊥• VRC 90-91 E 5
Forage Christine eau potable < BF 138-139 K 2
Forari ○ VAN 120 II b 3
Forbach ○ F (57) 234-235 K 3
Forbes ○ AUS 116-117 K 2
Forbes, Kap ▲ GRØ 170-171 R 4
Forcados ○ WAN 140-141 F 6
Forcalqueiret ○ F (83) 242-243 J 5
Forcalquier ○ F (04) 242-243 H 4
Ford ○ USA 184-185 F 2
Ford, Cape ▲ AUS 108-109 J 2
Ford, Cerro el ▲ RCH 224 E 6
Fordate, Pulau ⌒ RI 102-103 F 5
Ford Constantine ○ AUS 110-111 F 7
Førde ☆ N 22-23 B 6
Ford Falls ~ CDN 174-175 R 4
Ford River ~ CDN 180-181 H 2
Ford River ~ USA 190-191 E 2
Fordyce ○ USA 188-189 L 3
Forécariah ○ RG 138-139 D 5
Foremost ○ CDN 176-177 P 7
Forest, Lac la ⊂⊃ CDN 180-181 O 7
Forestburg ○ CDN 176-177 O 5
Forest City ○ USA 192-193 H 2
Forest Grove ○ USA 184-185 C 3
Forest Home ○ AUS 110-111 G 6
Forestier, Cape ▲ AUS 116-117 K 7
Forest Lake ○ USA 186-187 L 3
Forest-Montiers ○ F (80) 228-229 H 3
Forest Strait ≈ 94-95 E 5
Forestville ○ CDN 182-183 K 4
Forêt d'Orient, Lac de la ⊂⊃• F (10) 234-235 E 5
Forêt d'Orient, Parc Naturel Régional de la ⊥ F (10) 234-235 E 5
Forêt Noire = Schwarzwald ⛰ D 28-29 K 4
Forêt-sur-Sèvre, La ○ F (79) 236-237 D 2
Forez, Monts du ⛰ F (63) 238-239 D 5
Forez, Plaine du ⩡ F (42) 238-239 E 5
Forfar ○ GB 26-27 F 3
Forgan ○ USA 188-189 G 1
Forges, Les ○ F (88) 234-235 J 5
Forges, les ○ F (89) 238-239 E 1
Forges-les-Eaux ○ F (76) 228-229 H 4
Fork Lake ○ CDN 176-177 P 4
Fork Red River ~ USA 188-189 H 2
Forks ○ USA 184-185 B 2
Forlandet nasjonalpark ⊥ N 20-21 G 3
Forlandsundet ≈ 20-21 G 3
Forlì ○ I 36-37 D 2
Forman ○ USA 186-187 J 2
Formation Cave ∴ USA 184-185 J 4
Formby Bay ≈ 116-117 D 3
Formentera, Illa de ⌒ E 34-35 H 5
Formentor, Cap de ▲• E 34-35 J 5
Formerie ○ F (60) 228-229 H 4
Formia ○ I 36-37 D 4
Formiga ○ BR (MAR) 212-213 F 3
Formiga ○ BR (MIN) 216-217 H 6
Formigny ○ F (14) 228-229 C 5
Formiguères ○ F (66) 240-241 J 5
Formosa ○ BR 216-217 G 3
Formosa ■ RA 220-221 G 3
Formosa ☆ RA (FOR) 220-221 H 4
Formosa, Cachoeira da ~ BR 216-217 D 2
Formosa, Ilha ⌒ GNB 138-139 B 4
Formosa, La ○ BR 216-217 G 5
Formosa, Serra ⛰ BR 214-215 K 3
Formosa do Rio Preto ○ BR 212-213 F 7
Formoso ○ BR (GOI) 216-217 F 2
Formoso ○ BR (GSU) 216-217 D 6
Formoso ○ BR (MIN) 216-217 G 3
Formoso, Cape ▲ WAN 140-141 G 6
Formoso, Rio ~ BR 212-213 D 7
Formoso, Rio ~ BR 216-217 H 2
Formoso, Rio ~ BR 216-217 H 4
Formoso, Rio ~ BR 216-217 D 5
Fornæs ▲ DK 22-23 E 8
Fornells ○ E 34-35 K 4
Fornos ○ MOC 154-155 H 6
Foro Burunga ○ SUD 134-135 L 6
Foroko ○ PNG 119 C 3
Forolshogna ▲ N 22-23 E 5
Foros ○• UA 38-39 H 5
Føroyar = Féroé, Îles ⌒ FR 26-27 D 1
Forpost-Kargat ○ RUS 50-51 Q 7
Forres ○ RA 220-221 F 4
Forrest ○ AUS (VIC) 116-117 G 5
Forrest ○ AUS (WA) 112-113 K 5
Forrest ○ USA 190-191 D 5
Forrest, Mount ▲ AUS 112-113 E 4
Forrest City ○ USA 188-189 M 2
Forrest Lakes ⊂⊃ AUS 112-113 K 4
Forrest River Aboriginal Land ✕ AUS 108-109 H 3
Forsayth ○ AUS 110-111 G 6
Forshaga ☆ S 22-23 F 7
Forsnes ○ N 22-23 D 5
Forssa ○ FIN 24-25 G 6
Forsyth ○ USA 186-187 D 2
Forsyth Island ⌒ AUS 110-111 E 5
Forsyth Range ⛰ AUS 114-115 G 2
Fort (Dutch) ∴• RI 100-101 J 5
Fort Abbās ○ PK 74-75 D 5
Fort Albany ○ CDN 178-179 Q 4
Fort Albercrombie State Historical Park • USA 166-167 U 4
Fortale, Caño la ~ CO 204-205 F 5
Fortaleza ○ BOL 214-215 D 3
Fortaleza ○ BR (ACR) 210-211 B 7
Fortaleza ○ BR (AMA) 210-211 C 6
Fortaleza ○ BR (AMA) 210-211 H 4
Fortaleza ○ BR (RON) 210-211 E 7
Fortaleza ☆• BR (CEA) 212-213 J 3
Fortaleza, La ○ YV 204-205 J 3
Fortaleza dos Nogueiras ○ BR 212-213 E 5
Fort Amanda State Memorial • USA 190-191 F 5
Fort Amherst National Historic Park ∴• CDN 182-183 N 5
Fort Apache Indian Reservation ✕ USA 188-189 B 2
Fort Atkinson ○ USA 190-191 D 4
Fort Augustus ○• GB 26-27 E 3
Fort Battleford National Historic Park ∴• CDN 176-177 Q 5
Fort Beaufort ○ ZA 156-157 H 6
Fort Belknap Indian Reservation ✕ USA 186-187 C 1
Fort Benning ○ USA (GA) 192-193 F 3
Fort Benning ✕✕ USA (GA) 192-193 F 3
Fort Benton ○ USA 184-185 J 2
Fort Benton Ruins • USA 184-185 J 2
Fort Black ○ CDN 178-179 C 3
Fort-Bloqué, le ○ F (56) 230-231 E 4
Fort Bragg ○ USA 192-193 J 2
Fort Bridger ○ USA 184-185 J 5
Fort-Chimo = Kuujjuaq ○ CDN 180-181 P 5
Fort Chipewyan ○ CDN 174-175 O 6
Fort Churchill ○ CDN 174-175 X 6
Fort Collins ○ USA 186-187 E 5
Fort Collinson ○ CDN 168-169 N 5
Fort-Dauphin = Tôlanaro ○• RM 158-159 E 10
Fort Davis ○ USA 188-189 F 4
Fort de Cock • RI 98-99 D 5
Fort-de-France ☆ F (972) 245 V a 2
Fort-de-France, Baie de ≈ 245 V a 2
Fort Deposit ○ USA 192-193 E 4
Fort Edward National Historic Site ∴• CDN 182-183 M 6
Fort Egbert National Historic Site • USA 164-165 U 4
Forteresse • F (02) 228-229 L 4
Fort Erie ○ CDN 182-183 E 7
Fortescue River ~ AUS 108-109 C 6
Fortescue River Roadhouse ○ AUS 108-109 C 6
Fort Fairfield ○ USA 190-191 P 2
Fort Frances ○ CDN 178-179 K 6
Fort Franklin ○ CDN 174-175 H 3
Fort Fraser ○ CDN 176-177 H 4
Fort Gadsden State Historical Site • USA 192-193 F 5
Fort Garland ○ USA 188-189 E 1
Fort George ○ CDN 182-183 E 2
Fort George National Historic Park • CDN 182-183 E 7
Fort George River = La Grande Rivière ~ CDN 182-183 G 2
Fort Gibson Lake ⊂⊃ USA 188-189 K 1
Fort Glenn ○ USA 166-167 N 6
Fort Good Hope ○ CDN 174-175 E 2
Fort Hall ○ CDN 174-175 T 6
Fort Hall Indian Reservation ✕ USA 184-185 H 4
Forthassa Gharbia ○ DZ 124-125 L 4
Fort Hope ○ CDN 178-179 M 5
Fort Hope Indian Reserve ✕ CDN 178-179 N 5
Fort Hunter Liggett Military Reservation ✕✕ USA 184-185 D 7
Fortín 1° de Mayo ○ RA 222-223 D 5
Fortín, El ○ RA 220-221 F 6
Fortín Avalos Sanchez ○ PY 220-221 G 2
Fortín Boquerón ○ PY 220-221 H 2
Fortín Cabo 1° Cano ○ PY 220-221 H 3
Fortín Cadete Pastor Pando ○ PY 220-221 H 3
Fortín Carlos A. Lopez ○ PY 220-221 H 1
Fortín Charrúa ○ RA 220-221 G 5
Fortín Cmte Nowak ○ PY 220-221 H 3
Fortín Colonel Bogado ○ PY 214-215 H 7
Fortín de las Flores ○ MEX 196-197 F 2
Fortín Gaspar de Francia ○ PY 220-221 H 2
Fortín General Diaz ○ PY 220-221 G 2
Fortín Guanacos • RA 222-223 D 4
Fortín Hernandarias ○ PY 220-221 G 1
Fortín Infante Rivarola ○ PY 220-221 F 1
Fortín Lagerenza ○ PY 214-215 G 7
Fortín Lavalle ○ RA 220-221 G 3
Fortín Leonida Escobar ○ PY 220-221 G 2
Fortín Madrejon ○ PY 214-215 H 7
Fortín Malargüe • RA 222-223 E 3
Fortín Nueva Asunción ○ PY 214-215 G 7
Fortín Olmos ○ RA 220-221 G 5
Fortín Pilcomayo ○ RA 220-221 G 2
Fortín Pozo Hondo ○ PY 220-221 F 2
Fortín Ravelo ○ BOL 214-215 G 6

G

Ǧa'farābād = Abgarm o IR 64-65 N 5
Ǧafāt, al- o OM 68-69 K 2
Gaffney o USA 192-193 H 2
Ǧafr, al- o JOR (MAA) 66-67 E 2
Ǧafr, al- o JOR (MAA) 66-67 E 2
Gafsa ☆ • TN 126-127 G 3
Gaftony o AZ 64-65 N 3
Ǧāfūra, al- ⚍ KSA 70-71 D 6
Gag, Pulau ⌒ RI 102-103 E 2
Gagal o TCH 142-143 B 4
Gagan o PNG 120 I b 1
Gagarawa o WAN 134-135 D 6
Gagargarh o IND 78-79 C 2
Gagarin o • RUS 30-31 O 4
Gagarin ☆ US 72-73 L 4
Ǧāǧarm o IR 72-73 E 6
Ǧaǧarm, Kāl-e Šūr ~ IR 72-73 E 6
Ǧagatū o AFG 74-75 B 3
Gagau, Gunung ▲ MAL 98-99 E 2
Gage o USA 188-189 H 1
Gagere ~ WAN 134-135 C 6
Gagère, Puy de la ▲ F (26) 242-243 G 2
Gaggabutan o RP 96-97 D 4
Ǧaǧǧaġa, Nahr ~ SYR 64-65 J 4
Gaghamni o SUD 142-143 J 3
Ǧāǧi o AFG 74-75 B 3
Ǧāǧi Meidān o AFG 74-75 C 3
Ǧagin, Rūd-e ~ IR 70-71 G 6
Gagnoa ☆ CI 138-139 H 6
Gagnon o CDN 182-183 K 3
Ǧāǧōri o AFG 70-71 M 2
Gagra o • GE 62-63 D 6
Ǧaǧrūd, Rūdḫāne-ye ~ IR 72-73 B 7
Ga Hai ~ VRC 80-81 L 2
Gahkom o IR 70-71 F 4
Ǧahnin o OM 68-69 J 5
Ǧahra, al- o • KWT 66-67 K 3
Ǧahrom o • IR 70-71 E 4
Gaiba, Lago o BOL 214-215 J 5
Gaibanda o BD 78-79 F 3
Gaiḍa, al- o Y 68-69 K 5
Gaiḍa, al- o Y 68-69 H 5
Gaigou o BF 138-139 K 2
Gail ~ A 28-29 M 5
Gail o USA 188-189 G 3
Gail, al- o Y 68-69 G 6
Gail Bāwazir o • Y 68-69 F 6
Gaillac o • F (81) 240-241 H 3
Gaillac-Toulza o F (31) 240-241 G 4
Gaillard, Château • F (27) 228-229 G 5
Gaillefontaine o F (76) 228-229 H 4
Gaillimh = Galway ☆ • IRL 26-27 C 5
Gaillon o F (27) 228-229 G 5
Gaiman o RA 222-223 G 7
Gaimonaki o PNG 119 E 5
Gaines, Fort ∴ USA 192-193 D 4
Gainesville o USA (FL) 192-193 G 5
Gainesville o USA (GA) 192-193 G 2
Gainesville o USA (MO) 188-189 L 1
Gainesville o USA (TX) 188-189 J 3
Gainsborough o CDN 178-179 F 6
Gairdner, Lake o AUS 114-115 C 6
Gairdner River ~ AUS 112-113 E 6
Gaire o PNG 119 D 5
Gairesi ~ ZW 154-155 G 3
Gairo o EAT 150-151 J 4
Gaital, Cerro ▲ PA 196-197 D 7
Gaivota o BR 206-207 J 5
Gai Xian o VRC 86-87 D 7
Gaj ☆ RUS 32-33 L 8
Gaja, Pulau ⌒ MAL 96-97 C 10
Gajah, Kampung o MAL 98-99 D 2
Gajahmungkur, Danau o RI 104 D 3
Gajčaveem ~ RUS 48-49 O 5
Gajendragarh o IND 76-77 F 3
Gaji, River ~ WAN 140-141 J 3
Gajiram o WAN 134-135 F 6
Gajny ☆ RUS 32-33 J 3
Gajwel o IND 76-77 H 2
Gakarosa ▲ ZA 156-157 F 3
Gakem o WAN 140-141 H 5
Gakona o USA 164-165 S 5
Gakona River ~ USA 164-165 S 5
Gakou o RMM 138-139 F 2
Gakuch o IND 74-75 D 1
Gala o VRC 80-81 G 6
Galachipa ~ BD 78-79 G 4
Gal Adhale o SP 144-145 H 5
Ǧalāǧil o KSA 66-67 J 5
Galal, togga ~ SP 144-145 K 3
Ǧalālābād ☆ • AFG 74-75 C 2
Galam ~ RUS 58-59 E 2
Galam, Selat ≈ 98-99 E 4
Ǧalāmid, al- o KSA 66-67 G 2
Galán o CO 204-205 E 4
Galan o F (65) 240-241 E 4
Galán, Cerro ▲ RA 220-221 D 3
Galana ~ EAK 148-149 G 5
Galandūk o IR 72-73 B 7
Galanga o ANG 152-153 C 6
Galangachi o RT 138-139 L 4
Galangue o ANG 152-153 D 6
Galaosiě o US 72-73 J 5
Galápagos, Îles = Islas Galápagos ⌒ EC 208-209 B 9
Galápagos, Parque Nacional de ⊥ •• EC 208-209 B 9
Galápagos, Seuil des = Galápagos Rise ≃ 13 B 6
Galápagos, Zone de Fracture des = Galapagos Fracture Zone ≃ 10-11 P 8
Galápagos Fracture Zone = Galápagos, Zone de Fracture des ≃ 10-11 P 8
Galápagos Rise = Galápagos, Seuil des ≃ 13 B 6
Galarino ⚍ F (988) 247 I b 2
Galarza o RA 220-221 J 5
Galarza, Laguna o RA 220-221 J 5
Galas ~ MAL 98-99 D 2
Galashiels o GB 26-27 F 4
Galata o CY 64-65 E 5
Galaţi ☆ • RO 38-39 F 5
Galaure ~ F (26) 242-243 F 1
Galax o USA 190-191 H 7
Galbao, Mont ▲ F (973) 245 I b 3
Galbraith o AUS 110-111 F 5
Galbraith o CDN 164-165 Y 7
Galbyn Gov' ⚍ MAU 84-85 H 6
Ǧaldak o AFG 70-71 M 3
Gáldar o E 124-125 D 6
Galdhøpiggen ▲ •• N 22-23 D 6
Ǧāldiyan o IR 64-65 L 4
Galé o RMM 138-139 F 3
Galeana o MEX (CHA) 194-195 F 2
Galeana o MEX (NL) 194-195 J 5
Galečnyj, mys ▲ RUS 46-47 d 1
Galegu o SUD (Naz) 136-137 G 6
Galegu ~ SUD 136-137 G 6
Galela o RI 100-101 K 3
Galela, Teluk ≈ 100-101 K 3
Galena o USA (AK) 164-165 M 4
Galena o USA (IL) 190-191 C 4
Galena Bay o CDN 176-177 M 6
Galenbindunuwewa o CL 76-77 J 6
Galeo o LB 138-139 G 7
Ǧāleq o IR 70-71 K 5
Galera o EC 208-209 B 1
Galera, Punta ▲ EC 208-209 B 1
Galera, Rio ~ BR 214-215 H 4
Galeria o F (2B) 244 C 4
Galesburg o USA 190-191 C 5
Galesong o RI 100-101 F 6
Galesville o USA 190-191 C 3
Galēti Shet' ~ ETH 144-145 E 4
Galeton o USA 190-191 K 5
Galets, Pointe des ▲ F (974) 246 II a 1
Galets, Rivière des ~ F (974) 246 II a 1
Galgaj Respublika = Ingouchie ■ RUS 62-63 F 6
Galgamuwa o CL 76-77 J 7
Galgavaam ~ RUS 48-49 J 1
Galgon o F (33) 236-237 E 6
Galguduud ■ SP 144-145 H 6
Gal Hareeri o SP 144-145 H 6
Galheirão, Rio ~ BR 216-217 H 2
Galheiros o BR 216-217 G 3
Gali o GE 62-63 D 6
Galia o BR 216-217 F 7
Galiano o CDN 176-177 J 7
Ǧaliba o IRQ 66-67 K 2
Galibi o SME 206-207 G 3
Galibi, National Reservaat ⊥ SME 206-207 G 3
Galibier, Col du ▲ •• F 242-243 J 1
Galič o • RUS 30-31 S 2
Galicia ■ E 34-35 C 3
Galičskaja vozvyšennost' ▲ RUS 30-31 R 3
Galilee o CDN 178-179 D 6
Galilee, Lake o AUS 114-115 H 2
Galiléia o BR 216-217 K 5
Galilo o PNG 119 F 3
Galim o CAM (ADA) 140-141 K 5
Galim o CAM (OUE) 140-141 J 6
Galimovskij hrebet ▲ RUS 48-49 H 5
Galimyj o RUS 48-49 H 5
Galina • JA 198-199 G 5
Galinda o ANG 152-153 B 4
Galinhas, Ilha das ⌒ GNB 138-139 C 4
Galion o USA 190-191 G 5
Galion, Baie du ≈ 245 V b 2
Galise, Pointe de la ▲ F (73) 242-243 L 1
Galite, La ⌒ TN 126-127 G 2
Galivedu o IND 76-77 H 4
Galiwinku ⚔ AUS 110-111 C 3
Gallābāt o SUD 136-137 H 6
Gallarol ☆ US 72-73 K 5
Gallardon o F (28) 232-233 F 2
Gallargues-le-Montueux o F (30) 242-243 E 4
Gallatin o USA (MO) 186-187 L 6
Gallatin o USA (TN) 192-193 E 1
Gallatin Peak ▲ USA 184-185 J 3
Gallatin River ~ USA 184-185 J 3
Galle o •• CL 76-77 J 7
Gállego, Rio ~ E 34-35 G 3
Gallego, Seuil des = Gallego Rise ≃ 10-11 R 8
Gallego Rise = Gallego, Seuil des ≃ 10-11 R 8
Gallegos o USA 188-189 F 2
Gallegos, Rio ~ RA 224 F 5
Galleguillos o RCH 220-221 B 4
Gallieni, Cap du ▲ F (984) 246 IV a 1
Gallieni, Massif ▲ F (984) 246 III b 4
Gallieni, Roches du ⌒ F (984) 246 III c 2
Gallinero, Cerro ▲ YV 204-205 H 5
Gallipoli o AUS 110-111 D 6
Gallipoli o I 36-37 F 4
Gallipolis o USA 190-191 G 6
Gällivare o • S 22-23 K 3
Gallija, ostrov ⌒ RUS 20-21 e 2
Galljaaral o US 72-73 K 5
Gallo Mountains ▲ USA 188-189 C 2
Galloni o F (973) 245 I a 1
Galloway ⚍ GB 26-27 E 4
Gallup o USA 188-189 C 2
Galma, River ~ WAN 140-141 H 3
Galma Galla < EAK 148-149 H 4
Galmi o RN 134-135 B 6
Galo Boukoy o RCA 142-143 B 6
Gal Oya National Park ⊥ CL 76-77 J 7
Galpón, El o RA 220-221 E 3
Ǧalrēz o AFG 74-75 B 2
Galšar = Bujant o MAU 84-85 K 4
Gal Tardo o SP 148-149 K 2
Galtat-Zemmour o MA 132-133 D 2
Galūgāh o IR 72-73 C 6
Ǧalūlā' o IRQ 64-65 L 5
Galung o RI 100-101 F 5
Galur o RI 104 D 3
Galva o USA 190-191 C 5
Galvão o BR 218-219 D 6
Gálves o RA 222-223 J 2
Galveston o USA 188-189 K 5
Galveston Bay o USA 188-189 K 5
Galveston Island ⌒ USA 188-189 K 5
Galvez, Rio ~ PE 208-209 F 4
Galway = Gaillimh ☆ • IRL 26-27 C 5
Galway Bay ≈ 26-27 C 5
Galway's Soufrière ⚍ GB 200 D 3
Gam, Pulau ⌒ RI 102-103 F 2
Gama o BR 216-217 F 3
Gama o RG 138-139 F 6
Gama, Isla ⌒ RA 222-223 H 6
Gamaches o F (80) 228-229 H 4
Ǧamāǧim, Umm al- o KSA 66-67 J 4
Gamana, River ~ WAN 140-141 H 5
Gama River ~ PNG 119 B 4
Gāmāsiāb, Rūd-e ~ IR 70-71 B 1
Gamawa o WAN 134-135 E 6
Gamba o ANG 152-153 D 5
Gamba o G 146-147 C 5
Gamba o VRC 80-81 G 6
Gamba o ZRE 146-147 K 6
Gambaga o GH 138-139 K 4
Gambais o F (78) 232-233 F 2
Gambang o MAL 98-99 E 3
Gambara o MEX 196-197 C 2
Gambēla o ETH 144-145 B 4
Gambela National Park ⊥ ETH 144-145 A 5
Gambell o USA 164-165 E 5
Gambia = Gambie ■ WAG 138-139 B 3
Gambia, River ~ WAG 138-139 B 3
Gambia No.1 o GH 138-139 J 6
Gambie ~ SN 138-139 D 3
Gambie = Gambia ■ WAG 138-139 B 3
Gambier Islands ⌒ AUS 116-117 D 3
Gambo o ANG 152-153 F 4
Gambo o CDN 182-183 R 4
Gambo o RCA 142-143 F 6
Gamboa o PA 196-197 E 7
Gamboma o RCB 146-147 E 4
Gamboula o RCA 142-143 B 6
Gambsheim o F (67) 234-235 M 4
Gamčen, hrebet ▲ RUS 56-57 T 6
Gamčen, vulkan ▲ RUS 56-57 T 6
Gamdou o RN 134-135 D 6
Gameleir, Ribeiro ~ BR 212-213 C 7
Gameleira, Serra da ▲ BR 212-213 G 5
Gameleira da Lapa o BR 216-217 J 2
Gameleiras o BR 216-217 J 3
Gameteira, Riachão ~ BR 212-213 H 6
Ǧamǧamāl ☆ IRQ 64-65 L 5
Gamia o DY 140-141 E 3
Ǧāmid az-Zināḍ o KSA 68-69 B 4
Ǧamīl al-'Imrān o IRQ 64-65 L 6
Gamis o NAM 156-157 C 2
Gamkab ~ NAM 156-157 C 4
Gamkahe o RI 100-101 K 3
Gamkarivier ~ ZA 156-157 E 6
Ǧammāla, al- o KSA 68-69 C 5
Gammelstaden o • S 22-23 L 4
Gammel Sukkertoppen = Kangaamiut o GRØ 172-173 O 4
Gammon Ranges National Park ⊥ AUS 114-115 E 6
Gammouda = Sidi Bouzid ☆ TN 126-127 G 3
Gamoep o ZA 156-157 D 4
Gamo-Gofa ■ ETH 144-145 C 6
Gamova, mys ▲ RUS 58-59 D 7
Gamperé ▲ CAM 142-143 B 5
Gamping o RI 104 D 3
Gamra < RIM 132-133 D 6
Ǧamsa o ET 130-131 F 4
Ǧamsa, Ra's ▲ ET 130-131 F 4
Gamsberg ▲ NAM 156-157 C 1
Ǧamšīdzāi, Kūh-e ▲ IR 70-71 J 4
Gamūd ▲ ETH 144-145 D 6
Ǧamūm o KSA 68-69 A 3
Gamvik o N 22-23 O 1
G'amys, gora ▲ AZ 64-65 M 2
Gan o F (64) 240-241 D 4
Gana, Komadougou ~ WAN 134-135 E 6
Ǧanad, al- o Y 68-69 D 7
Ganado o USA 188-189 C 2
Ganai o PNG 119 G 3
Ganal'skij hrebet ▲ RUS 56-57 R 7
Ganaly o RUS 56-57 R 7
Ganamiya, al- o KSA 66-67 K 5
Ǧanāna ~ UAE 70-71 E 6
Gananoque o CDN 182-183 F 6
Ganāve, Bandar-e o IR 70-71 D 4
Gancheng o VRC 92-93 F 7
Gand = Gent ☆ •• B 28-29 G 3
Ganda o ANG 152-153 C 6
Gandaba o ETH 144-145 F 5
Gandadiwata, Gunung ▲ RI 100-101 F 5
Gandajika o ZRE 150-151 B 4
Gandak ~ IND 78-79 D 2
Ǧandaq o IR 70-71 F 1
Gandara o RP 96-97 F 6
Gandarbal o IND 74-75 E 2
Gandāva o PK 70-71 M 4
Gande o WAN 134-135 B 6
Gandelu o F (02) 228-229 L 5
Ganden • VRC 80-81 H 6
Gander o CDN 182-183 R 4
Gander Bay o CDN 182-183 R 4
Gander Lake o CDN 182-183 R 4
Gander River ~ CDN 182-183 R 4
Gāndhi Dhām o • IND 74-75 C 8
Gāndhinagar ☆ IND 74-75 D 8
Gāndhi Sāgar o IND 74-75 E 7
Gandia o E 34-35 G 5
Gandiaye o SN 138-139 B 2
Gandō-ko < J 88-89 J 5
Gandomak o AFG 74-75 C 2
Gandomān o IR 70-71 D 3
Gandu o BR 216-217 L 2
Ǧāneb < RIM 132-133 E 5
Ganespur o IND 78-79 B 2
Ganga, Mouths of the ≈ 78-79 F 5
Gangacin o IR 64-65 L 4
Ganga Delta = Gange, Delta du ⚍ IND 78-79 F 4
Gangākher o IND 74-75 F 10
Gangala na Bodio o ZRE 148-149 B 2
Gan Gan o RA 222-223 E 7
Gangan ▲ RG 138-139 D 4
Ganganagar o IND 74-75 D 5
Gangāpur o IND (RAJ) 74-75 E 7
Gangāpur o IND (RAJ) 74-75 F 6
Gangara o RN 134-135 D 5
Gangaw o MYA 78-79 J 4
Gangca o VRC 90-91 B 3
Gangchang o VRC 90-91 F 6
Gangdisê Shan = Trans-Himalaya ▲ 80-81 C 5
Gange, Bouches du = Ganges, Mouths of the ≈ 78-79 F 5
Gange, Cône du = Bengal Fan ≃ 6-7 H 7
Gange, Delta du = Ganga Delta ⚍ IND 78-79 F 4
Gange = Ganga ~ IND 78-79 E 3
Ganges o F (34) 242-243 D 4
Ganges ~ IND 6-7 H 6
Ganges, Mouths of the = Gange, Bouches du ≈ 78-79 F 5
Gangir, Rūdḫāne-ye ~ IR 70-71 A 2
Gangkha o BHT 78-79 F 2
Gango ~ ANG 152-153 C 5
Gangoli o IND 76-77 F 4
Gangotri o • IND 74-75 G 4
Gangtok ☆ • IND 78-79 F 2
Gangu ~ ZRE 142-143 F 6
Gangui o CAM 142-143 B 5
Gangula o ANG 152-153 B 5
Ganhe o VRC 86-87 D 2
Gani o RI 100-101 L 4
Gāni Ḥēl o AFG 74-75 B 3
Gan Jiang ~ VRC 92-93 J 3
Ganjuškino ☆ KA 32-33 F 10
Ganlanba • VRC 92-93 B 6
Ganluo o VRC 92-93 C 2
Gannan o VRC 86-87 D 4
Gannat o F (03) 238-239 C 4
Gannett Peak ▲ USA 186-187 C 4
Ganquan o VRC 90-91 F 3
Gansbaai o ZA 156-157 D 7
Gansé o CI 138-139 J 5
Gansen o VRC 80-81 J 2
Gansu ■ VRC 84-85 D 7
Ganta o LB 138-139 F 6
Gantang o VRC 90-91 D 3
Gantas, Las o RA 220-221 G 5
Gantheaume, Cape ▲ AUS 116-117 D 4
Gantheaume Bay ≈ 112-113 C 3
Gantheaume Point ▲ AUS 108-109 F 4
Ganti o RI 104 C 7
Gantira o RI 100-101 G 5
Gantisan o MAL 96-97 B 9
Ǧanūbiya, al-Bādiya ⚍ IRQ 66-67 K 2
Ganxi o VRC 92-93 F 2
Ganye o WAN 140-141 K 4
Ganyesa o ZA 156-157 G 3
Ganyh ~ AZ 64-65 M 2
Ganyu o VRC 90-91 L 4
Ganža o • AZ 64-65 M 2
Ganze ~ ZRE 146-147 K 6
Ganzhou o VRC 92-93 J 4
Gao o BF 138-139 J 4
Gao ■ RMM 132-133 L 6
Gao ☆ • RMM (GAO) 132-133 K 6
Gao o ZRE 148-149 B 2
Gao'an o VRC 92-93 J 2
Gaochang Gucheng ∴ • VRC 82-83 J 4
Gaochun o VRC 90-91 L 6
Gaofengtao o VRC 90-91 L 4
Gaogou o VRC 90-91 L 4
Gaohezhen o VRC 90-91 K 6
Gaojiabu o VRC 90-91 G 2
Gaolan o VRC (GAN) 90-91 C 3
Gaolan • VRC (HUB) 90-91 G 6
Gaoligong Shan ▲ VRC 78-79 L 2
Gaomi o VRC 90-91 L 3
Gaoping o VRC 90-91 H 4
Gaotai o VRC 90-91 A 2
Gaotang o VRC 90-91 K 3
Gaotou o VRC 90-91 A 2
Gaoua ☆ BF 138-139 J 4
Gaoual o RG 138-139 D 4
Gaoun, Mont ▲ RCA 142-143 B 5
Gao Xian o VRC 92-93 D 2
Gaoyi o VRC 90-91 J 3
Gaozhou o VRC 92-93 G 6
Gap o F (05) 242-243 J 2
Gap, Pico ▲ RCH 224 F 6
Gapeau ~ F (83) 242-243 J 5
Gapi o ZRE 142-143 H 6
Gapuwiyak ⚔ AUS 110-111 C 3
Gar' ~ RUS 58-59 C 2
Garaa Tebourt < TN 126-127 H 5
Garabinzam o RCB 146-147 D 3
Ǧarāblus ☆ SYR 64-65 H 4
Garabogazköl o TM 72-73 C 4
Gara Brune o DZ 126-127 G 6
Garacad o SP 144-145 J 5
Garachico o E 124-125 C 6
Garada o SUD 136-137 E 3
Garadag o SP 144-145 H 4
Gara Dragoman o BG 38-39 C 6
Ǧarāǧir, Wādi al- ~ KSA 66-67 H 4
Garagoa o CO 204-205 E 5
Garaguene, Tchin < RN 134-135 D 5
Garah o AUS 114-115 K 5
Garaina o PNG 119 D 4
Garajonay, Parque Nacional de ⊥ •• E 124-125 C 6
Garalo o RMM 138-139 G 4
Garamba ~ ZRE 148-149 B 2
Garamba, Parc National de la ⊥ •• ZRE 142-143 J 6
Garampani o IND 78-79 H 2
Garandal o JOR 66-67 D 2
Garandal, Wādi ~ ET 130-131 F 3
Garango o BF 138-139 K 4
Garanhuns o BR 212-213 K 6
Ga-Rankuwa o ZA 156-157 H 2
Garapa, Serra do ▲ BR 216-217 J 2
Garapu o BR 216-217 D 2
Garapuava o BR 216-217 G 4
Ǧārarā o KSA 66-67 K 4
Garara o PNG 119 E 5
Ǧaraš o •• JOR 66-67 D 1
Garawe o LB 138-139 G 7
Garayalde o RA 224 G 2
Garba o RCA 142-143 E 4
Garbahaarrey ☆ SP 148-149 J 2
Garba Tula o EAK 148-149 G 3
Garberville o USA 184-185 C 5
Garbi, 'Ali al- ☆ IRQ 64-65 M 6
Gārbōš, Kūh-e ▲ IR 70-71 D 2
Garças, Cachoeira das ~ BR 214-215 K 4
Garças, Cachoeira das ~ BR 214-215 H 2
Garças ou Jacaréguean, Rio das ~ BR 216-217 D 3
Garchitorena o RP 96-97 E 6
Garcitas, Las o RA 220-221 H 4
Garco o VRC 80-81 G 4
Gard ■ F (30) 242-243 D 3
Garda o I 36-37 C 2
Gardabani o GE 62-63 F 7
Gardandēvāl o AFG 74-75 B 2
Gardanne o F (13) 242-243 G 5
Garde-Freinet, La o F (83) 242-243 J 5
Garde Lake o CDN 174-175 Q 4
Gardelegen o • D 28-29 L 2
Garden City o USA (AL) 192-193 E 2
Garden City o USA (KS) 186-187 G 7
Gardenia Lake o CDN 174-175 R 4
Garden Peninsula ⌒ USA 190-191 E 3
Garden River Indian Reserve ⚔ CDN 178-179 O 7
Gardēz ☆ AFG 74-75 B 3
Gardiner o CDN 178-179 Q 6
Gardiner o USA (ME) 190-191 O 3
Gardiner o USA (MT) 184-185 J 3
Gardiner, Mount ▲ AUS 114-115 K 2
Gardner ⌒ KIB 9 K 3
Gardner o USA (CO) 186-187 E 7
Gardner o USA (IL) 190-191 D 5
Gardner o USA (LA) 188-189 L 4
Gardner o USA (ND) 186-187 J 2
Gardner Pinnacles ⌒ USA 10-11 M 5
Gardner Plateau ⚍ AUS 108-109 G 3
Gardner Range ▲ AUS 108-109 J 5
Gardnerville o USA 184-185 E 6
Gardon d'Alès ~ F (48) 242-243 D 3
Gardonne o F (24) 236-237 F 6
Gardunha, Serra da ▲ P 34-35 D 4
Garei ~ BD 78-79 F 4
Garein o F (40) 240-241 C 2
Gareloi Island ⌒ USA 166-167 G 7
Gare Tigre o F (973) 245 I b 2
Garfa, Oued ~ RIM 132-133 D 7
Garfield o AUS 114-115 H 2
Garfield Mountain ▲ USA 184-185 H 3
Garford o AUS 112-113 M 4
Gargali, Isola di ⌒ F (2A) 244 C 4
Gargan, Mont ▲ F (87) 236-237 J 4
Gargando o RMM 132-133 H 6
Gargano, Promontorio del ▲ I 36-37 E 4
Gargantua, Cape ▲ CDN 178-179 O 7
Gargaris o PNG 119 G 2
Gargas, Grottes de • F (31) 240-241 F 4
Gargilesse-Dampierre o F (36) 236-237 J 2
Gargnäs o S 22-23 H 4
Gargouna o RMM 138-139 L 2
Gargždai ☆ •• LT 30-31 G 4
Garhjāt Hills ▲ IND 78-79 D 5
Garhshankar o IND 74-75 F 4
Gari ☆ RUS 50-51 G 5
Gariāband o IND 78-79 C 5
Gariau o RI 102-103 H 3
Gārib, Ra's ▲ ET 130-131 F 3
Garibaldi o BR 218-219 E 7
Garibaldi o CDN 176-177 J 7
Garibaldi Provincial Park ⊥ CDN 176-177 J 7
Garies o ZA 156-157 C 5
Ǧarīf, al- o KSA 66-67 F 6
Gariganus o NAM 156-157 D 3
Garimpinho o BR 212-213 D 5
Garīn, Kūh-e ▲ IR 70-71 C 2
Garin Shehu o WAN 140-141 J 4
Garin Yerima o WAN 140-141 J 4
Ǧarir, Wādi al- ~ KSA 66-67 H 5
Garissa ☆ EAK 148-149 G 4
Garkem o WAN 140-141 H 5
Garki o WAN 134-135 D 6
Garkida o WAN 140-141 K 3
Garladinne o IND 76-77 G 3
Garland o CDN 178-179 F 5
Garland o USA 188-189 J 3
Garlin o F (64) 240-241 D 3
Garm o TJ 72-73 M 5
Garmāb o IR 64-65 N 5
Garmabe o SUD 142-143 K 6
Garmanda o RUS 48-49 K 5
Garmanda, Bol'šaja ~ RUS 48-49 K 5
Garm Bīt o IR 70-71 J 6
Garme o IR 72-73 E 6
Garmisch-Partenkirchen o • D 28-29 L 5
Garmsār o AFG 70-71 L 3
Garmsār ⚍ AFG 70-71 K 3
Garmsār o IR 72-73 C 7
Garnache, La o F (85) 236-237 B 2
Garnay o F (28) 232-233 E 2
Garner o USA 186-187 L 4
Garnet Bank ≃ 218-219 F 9
Garnet Bay ≈ 180-181 M 2
Garnett o USA 186-187 K 6
Garnpung, Lake o AUS 116-117 G 2
Garonne ~ F (33) 236-237 D 6
Garonne ~ F (82) 240-241 G 3
Garons o F (30) 242-243 E 4
Garoowe ☆ SP 144-145 J 4
Garou o DY 140-141 E 3
Garou, Lac o RMM 132-133 J 6
Garoua ☆ CAM 140-141 K 4
Garoua Boulai o CAM 142-143 B 6
Garove Island ⌒ PNG 119 E 3
Garré o RA 222-223 H 4
Garret, Zone de Fracture de = Garrett Fracture Zone ≃ 10-11 R 9
Garrett Fracture Zone = Garret, Zone de Fracture de ≃ 10-11 R 9
Garrido, Isla ⌒ RCH 224 C 2
Garrigues ⚍ F (34) 242-243 D 4
Garrison o USA (MN) 186-187 L 2
Garrison o USA (MT) 184-185 H 2
Garro o MEX 196-197 G 2
Garrobo, El o NIC 196-197 B 5
Garruchas o BR 220-221 K 5
Garry, Cape ▲ CDN 168-169 Z 4
Garry Bay ≈ 168-169 d 6
Garry Lake o CDN 174-175 T 3
Garsala o SP 148-149 K 2
Garsen o EAK 148-149 H 5
Garsila o SUD 134-135 L 6
Garson Lake o CDN 176-177 Q 3
Gartempe ~ F 236-237 G 2
Gartempe ~ F (23) 236-237 J 3
Gartok = Garyarsa o VRC 80-81 C 5
Garu o PNG 119 E 3
Garuahi o PNG 119 F 6
Garub o NAM 156-157 C 3
Ǧarūb o Y 68-69 H 5
Garuma o RCH 220-221 C 2
Garupá, Rio ~ BR 220-221 J 6
Garut o • RI 104 B 3
Garuva o BR 218-219 F 6
Garwa o IND 78-79 C 3
Garwolin o PL 28-29 Q 3
Gar Xincun o VRC 80-81 C 4
Gary o USA 190-191 E 5
Garyarsa o VRC 80-81 C 5
Garza o RA 220-221 F 5
Garzas, Las o RA 220-221 H 5
Garzē o VRC 80-81 M 5
Garzon o CO 204-205 D 6
Gasan Kuli o TM 72-73 C 6
Gasan-Kulijskijučastok Krasnovodskogo zapovednik ⊥ TM 72-73 C 6
Gaschiga o CAM 140-141 K 4
Gascogne ⚍ F 240-241 C 3
Gascogne, Golfe de ≈ F 240-241 A 3
Gascogne, Golfe de = Biscay, Bay of ≈ 26-27 E 9
Gascogne, Plaine Abyssale de = Biscay Abyssal Plain ≃ 14-15 J 4
Gasconade River ~ USA 190-191 C 6
Gascoyne, Mount ▲ AUS 112-113 D 2
Gascoyne Junction o AUS 112-113 C 2
Gascoyne River ~ AUS 112-113 C 2
Gasera o ETH 144-145 E 5
Gash ~ ER 136-137 H 5
Gashaka o WAN 140-141 J 5
Gasherbrum I ▲ PK 74-75 F 2
Gasherbrum II ▲ PK 74-75 F 2
Gas Hu o VRC 82-83 K 6
Gashua o WAN 134-135 E 6
Gashunchaka o VRC 80-81 K 2
Gasim o RI 102-103 F 2
Ǧāsk o IR 70-71 G 6
Ǧāsk, Ḫalīǧ-e ≈ 70-71 G 6
Gaskačokka ▲ N 22-23 H 3
Gasmata o PNG 119 F 4
Gasny o F (27) 228-229 H 5
Gaspar, Selat ≈ 98-99 G 6
Gaspar Hernández o DOM 198-199 K 5
Gaspé o CDN 182-183 M 4
Gaspé, Baie de ≈ 182-183 M 4
Gaspé, Cape ▲ CDN 182-183 M 4
Gaspé, Peninsule de ⌒ CDN 182-183 L 4
Gassan o BF 138-139 J 3
Ǧaṣṣān o IRQ 64-65 L 6
Gassan ▲ J 88-89 H 5
Gassane o SN 138-139 C 2
Gassend Lake o CDN 168-169 J 6
Gassi Touil ⚍ DZ 126-127 F 6
Gassol o WAN 140-141 J 4
Gašt o IR 70-71 J 5
Gastello o RUS 58-59 K 4
Gastes o F (40) 240-241 B 2
Gastins o F (77) 232-233 J 2
Gastón o C 198-199 G 4
Gastona, Rio ~ RA 220-221 E 4
Gastonia o USA 192-193 H 2
Gastre o RA 222-223 E 7
Ǧāt, al- o KSA 66-67 J 4
Gata o CV 138-139 C 5
Gata, Sierra de ▲ E 34-35 D 4
Gataga River ~ CDN 174-175 F 6
Gatanga o SUD 142-143 H 5
Gataudière, la • F (17) 236-237 C 4
Gatčina ☆ RUS 30-31 M 2
Gate City o USA 190-191 G 7
Gatehouse of Fleet o GB 26-27 E 4
Gatentiri o RI 102-103 L 5
Gateshead Island ⌒ CDN 168-169 W 5
Gates of the Artic National Park and Preserve ⊥ USA 164-165 N 2
Gatesville o USA 188-189 J 4
Gateview o USA 186-187 D 6
Gathemo o F (50) 230-231 K 2
Gathto Creek ~ CDN 174-175 G 6
Gati-Loumo o RMM 138-139 H 2
Gatin, Rivière ~ CDN 180-181 M 4
Gâtinais ⚍ F (45) 232-233 G 3
Gâtine ⚍ F (37) 230-231 M 5
Gatineau o CDN 182-183 G 6
Gatineau, Rivière ~ CDN 182-183 G 5
Gatos, Los o USA 184-185 D 7
Gaṭṭi o KSA 66-67 E 2
Gatton o AUS 114-115 M 4
Gatún, Lago o • PA 196-197 E 7
Gatuncito o PA 196-197 D 7
Gatvand o IR 70-71 C 2
Gau ⌒ FJI 120 III b 3
Gaua, Île = Santa Maria Island ⌒ VAN 120 II a 2
Gaubretière, La o F (85) 236-237 C 2
Gaudan o TM 72-73 F 6
Gaudan, pereval ▲ TM 72-73 F 6
Gauer Lake o CDN 178-179 H 2
Ǧauf, al- ■ KSA 66-67 F 2
Ǧauf, Wādī al- ~ Y 68-69 D 5
Ǧaufa, al- o KSA 68-69 B 3
Gaujas nacionālais parks ⊥ LV 30-31 J 3
Gaula ~ N 22-23 E 5
Gauley Mountain ▲ USA 190-191 H 6
Gaulim o PNG 119 G 3
Gaulle, De o RCA 142-143 B 5
Gaultois o CDN 182-183 R 5
Gaurdak o TM 72-73 K 6
Gauribidanur o IND 76-77 G 4
Gauss, Cap du ▲ F (984) 246 IV a 1
Gauss, Presqu'îla du ⌒ F (984) 246 III c 3
Gauss Halvø ⚍ GRØ 170-171 o 7
Gausta ▲ N 22-23 D 7
Gauthiot, Chutes ~ • TCH 142-143 B 4
Gauttier, Pegunungan ▲ RI 102-103 K 3
Ǧavāher Deh o IR 72-73 B 6
Gavand o AFG 72-73 J 7
Ǧavānrūd o IR 70-71 B 1
Gavarnie o F (65) 240-241 D 5
Gavarnie, Cirque de • F 240-241 D 5
Gavaudun o F (47) 240-241 F 1
Gāvbandi o IR 70-71 E 5
Gāvbast, Kūh-e ▲ IR 70-71 E 5
Gávdos ⌒ GR 36-37 K 7
Gave ~ F 240-241 C 3
Gave de Pau ~ F (64) 240-241 C 4
Gāve Rūd ~ IR 70-71 B 1
Gavet o F (38) 242-243 H 1
Gāvgān o IR 64-65 L 4
Gavião o BR 212-213 J 7
Gavião o P 34-35 D 5
Gavião, Rio ~ BR 216-217 K 3
Gavien o PNG 119 C 2
Gaviota o USA 184-185 D 8
Gaviotas, Las o YV 204-205 K 3
Gävle ☆ S 22-23 H 6
Gavray o F (50) 230-231 J 2
Gavriila, guba ≈ RUS 48-49 U 5
Gavrilov -Jam ☆ RUS 30-31 Q 3
Gāvrio o GR 36-37 K 6
Gavriša-Tas, gora ▲ RUS 46-47 X 3
Gavunipalli o IND 76-77 H 4
Gawachab o NAM 156-157 C 3
Gawa Island ⌒ PNG 119 F 5
Gawalisi, Gunung ▲ RI 100-101 F 4
Gawa Obo o VRC 80-81 M 3
Ǧawār,al- ⚍ UAE 66-67 L 5
Gāwilgarh Hills ▲ IND 74-75 F 9
Gawler o AUS 116-117 E 3
Gawler Ranges ▲ AUS 116-117 C 2
Gawu o WAN 140-141 G 4
Ǧawwār, Ǧazīrat ⌒ KSA 66-67 E 5
Gaxun Nur o VRC 84-85 E 6
Gaya o • • IND 78-79 D 3
Gaya o MAL 96-97 B 9
Gaya o RN 140-141 E 3
Gaya o WAN 140-141 H 3
Gaya, Pulau ⌒ MAL 96-97 B 9
Gayam o TCH 142-143 C 4
Gayamcam o RP 96-97 E 9
Gayaza o EAU 148-149 C 4
G'Aydat Al Ihoucha ⚍ MA 124-125 F 7
Gayéri o BF 138-139 L 3
Gaylord o USA 190-191 F 3
Gayna River ~ CDN 174-175 E 3
Ǧayyāda, Šu'aib ~ IRQ 64-65 J 6
Gaz, Rūd-e ~ AFG 70-71 K 2
Gaza ■ MOC 154-155 G 6
Gaza/ Ǧazza ☆ AUT 66-67 C 2
Gazačak o TM 72-73 G 4
Gaz-Ačak = Gazačak o TM 72-73 G 4
Gazakh = Qazax o • AZ 64-65 L 2
Gazala, al- o KSA 66-67 G 4
Gazalkent o US 72-73 L 4
Gazanak o IR 72-73 C 7
Gazankulu (former Homel., now part of North-Transvaal) ■ ZA 154-155 D 6
Gazaoua o RN 134-135 C 6
Gazara o TJ 72-73 L 5
Gazelle, Récif de la ⌒ F (988) 247 I c 2
Gazelle Channel ≈ 119 F 2
Gazelle Peninsula ⌒ PNG 119 F 3
Gazerān o IR 70-71 D 1
Gāzergāh o • AFG 70-71 K 1
Gazi o EAK 148-149 G 6
Gazi Antep ☆ TR 64-65 G 4
Gazik o IR 70-71 J 2
Gazimur ~ RUS 54-55 J 9
Gazimurskij Zavod ☆ RUS 54-55 J 10
Gazinet o F (33) 236-237 D 6
Gazipaşa ☆ TR 64-65 E 4
Gazipur o BD 78-79 G 4
Gazli o US 72-73 H 4
Ǧaz Mūrīān, Hāmūn-e o IR 70-71 H 5
Ǧaznī ■ AFG 70-71 M 2
Ǧaznī ☆ • AFG 74-75 B 3
Gazni, Daryā-ye ~ AFG 74-75 B 3
Gbabam o CI 138-139 H 7
Gbaboua o CAM 142-143 B 5
Gbadolite o ZRE 142-143 E 6
Gbagba o RCA 142-143 E 6
Gbaïzera o RCA 142-143 D 5
Gbako, River ~ WAN 140-141 G 4
Gbananmè o DY 140-141 E 5
Gbanendji o RCA 142-143 E 5
Gbanga ☆ LB 138-139 F 6
Gbanga o WAN 140-141 G 4
Gbangbatok o WAL 138-139 D 6
Gbanhala ~ RG 138-139 F 5
Gbapleu o CI 138-139 F 6
Gbassa o DY 140-141 E 3
Gbassigbiri o RCA 142-143 H 6
Gbatala o LB 138-139 F 6
Gbele Game Production Reserve ⊥ GH 138-139 J 4
Gbéngué o BF 138-139 J 4
Gbentu o WAL 138-139 E 5
Gberia Timbako o WAL 138-139 E 5
Gbéroubouè o DY 140-141 E 3
Gbibo o LB 138-139 F 7
Gbodonon o CI 138-139 H 5
Gboko o WAN 140-141 H 5
Gbongaa o CI 138-139 G 5
Gbongan o WAN 140-141 F 5
Gbung o GH 138-139 K 5
Gbwado o ZRE 146-147 H 2
Gdańsk ☆ •• PL 28-29 P 1
Gdańska, Baie de = Gdańska, Zatoka ≈ 28-29 P 1
Gdańska, Zatoka ≈ 28-29 P 1
Gdov ☆ RUS 30-31 K 2
Gdyel o DZ 124-125 L 3
Gdynia o •• PL 28-29 P 1
Géants, Monts des = Karkonosze ▲ PL 28-29 N 3
Geary o USA 188-189 H 2
Geaune o F (40) 240-241 D 3
Geay o F (79) 236-237 E 2
Gēba, Canal do ≈ 138-139 B 4
Geba, Rio ~ GNB 138-139 C 4
Ǧebal Bārez, Kūh-e ▲ IR 70-71 G 4
Gebasawa o WAN 134-135 D 6
Geba Wenz ~ ETH 144-145 B 4
Gebe, Pulau ⌒ RI 102-103 E 2
Gebeit o SUD 136-137 H 3
Gebeledan o CI 138-139 G 5
Gebituolatuo o VRC 82-83 L 6
Gebre Guracha o ETH 144-145 D 4
Gebze ☆ TR 64-65 C 2
Gech'a o ETH 144-145 B 5
Gedabiet o ETH 136-137 H 6
Gedenštroma, zaliv ≈ 46-47 Y 2
Gedi o EAK 148-149 H 5
Gedi National Monument • EAK 148-149 H 5
Gediz ☆ TR 64-65 C 3
Gediz Nehri ~ TR 64-65 C 3

Gedlegube o ETH 144-145 G 5
Gēdo o ETH 144-145 C 4
Gedo □ SP 148-149 H 2
Gedongratu o RI 98-99 F 7
Gèdre o F (65) 240-241 E 5
Gedser o DK 22-23 E 9
Geegully Creek ~ AUS 108-109 F 5
Geel o B 28-29 H 3
Geelong o• AUS 116-117 H 5
Geelvink Channel ≈ 112-113 B 4
Geesaley o SP 144-145 K 3
Geese Islands ⌒ USA 166-167 U 4
Geeveston o AUS 116-117 J 7
Gēga Shet' ~ ETH 144-145 E 3
Gegbwema o WAL 138-139 E 6
Gegentala Caoyuan • VRC 84-85 K 7
Gê'gyai o VRC 80-81 C 4
Geidam o WAN 134-135 E 6
Geifil o SUD 136-137 E 6
Geikie Island ⌒ CDN 178-179 M 5
Geikie River ~ CDN 178-179 D 2
Geiki Gorge National Park ⊥ AUS 108-109 G 5
Geillini Lake o CDN 174-175 W 5
Geillini River ~ CDN 174-175 W 5
Geilo o N 22-23 D 6
Geirangerfjorden ≈•• 22-23 C 5
Geiser del Tatio o• RCH 220-221 C 2
Geispolsheim o F (67) 234-235 M 4
Geiswasser o F (68) 234-235 M 6
Geita o EAT 148-149 D 5
Gejberga, ostrova ⌒ RUS 44-45 c 3
Gejiu o VRC 92-93 C 5
Geka, mys ▲ RUS 48-49 U 4
Gel ~ SUD 142-143 J 5
Gela o I 36-37 E 6
Geladangong ▲ VRC 80-81 H 4
Geladi o ETH 144-145 H 5
Gelai ▲ EAT 148-149 F 5
Gelam, Pulau ⌒ RI 98-99 J 6
Gélas, Cime du ▲ F (06) 242-243 L 3
Gele o ZRE 142-143 D 6
Gelemso o ETH 144-145 E 4
Gelendžik o RUS 62-63 C 5
Gel Gulbis < EAK 148-149 G 2
Gelibolu ☆• TR 64-65 B 2
Gelila o ETH 144-145 C 4
Gelinting, Teluk ≈ 102-103 B 6
Gélise ~ F (32) 240-241 E 3
Gélise ~ F (47) 240-241 E 2
Gelläb o SUD 142-143 G 4
Gelles o F (63) 236-237 L 4
Gellinsor o SP 144-145 H 5
Geloketapang o RI 98-99 A 3
Gelot' o RUS 52-53 L 7
Gelsenkirchen o D 28-29 J 3
Gelucourt o F (57) 234-235 K 4
Gelumbang o RI 98-99 F 6
Gemas o MAL 98-99 E 3
Gembele, Rapides ~ ZRE 146-147 J 2
Gembogl o PNG 119 C 3
Gembu o WAN 140-141 J 5
Geme o RI 100-101 K 1
Gemena o ZRE 146-147 G 2
Gemerek ☆ TR 64-65 G 3
Gemeri Häyk' o ETH 144-145 E 3
Gemi ▲ ETH 144-145 B 4
Géminos o F (13) 242-243 H 5
Gemlik ☆ TR 64-65 C 2
Gemlik Körfezi ≈ 64-65 C 2
Gemmeiza o SUD 136-137 G 4
Gemona del Friuli o I 36-37 D 1
Gémozac o F (17) 236-237 D 4
Gempol o RI 104 E 3
Gemsbok National Park ⊥ RB 156-157 E 2
Gemsbokvlakte o ZA 156-157 G 2
Genac o F (16) 236-237 F 4
Genalē Wenz ~ ETH 144-145 E 6
Genali, Danau o RI 98-99 K 4
Gençay o F (86) 236-237 F 3
Gendarān Bāshi ▲ IR 64-65 M 3
Gendrey o F (39) 238-239 H 2
Genémasson o DY 140-141 E 3
Générac o F (30) 242-243 E 4
General Acha o RA 222-223 G 4
General A. Dames o BR 218-219 E 7
General Alvear o RA (BUA) 222-223 J 4
General Alvear o RA (MEN) 222-223 F 3
General Arenales o RA 222-223 J 3
General Arnulfo R. Gómez o MEX 194-195 G 5
General Ballivián o RA 220-221 F 2
General Belgrano o RA 222-223 K 3
General Bravo o MEX 194-195 K 5
General Cabrera o RA 222-223 H 2
General Camacho o BOL 214-215 C 5
General Carrera, Lago o RCH 224 D 3
General Cepeda o MEX 194-195 J 5
General Conesa o RA (BUA) 222-223 L 4
General Conesa o RA (RIN) 222-223 G 6
General Elizardo Aquino o PY 220-221 J 3
General Enrique Martínez o ROU 218-219 D 9
General Enrique Mosconi o RA 220-221 F 2
General Eugenio a Garay ☆ PY 214-215 F 7
General Francisco Murguía o MEX 194-195 H 5
General Güemes o RA 220-221 E 3
General Ignacio Zaragoza o MEX 194-195 K 6
General José de San Martín o RA 220-221 H 4
General Juan Madariaga o RA 222-223 L 4
General la Madrid o RA 222-223 J 4
General Levalle o RA 222-223 H 3
General L. Plaza Gutiérrez o EC 208-209 C 3
General Luz o BR 218-219 E 7
General Mansilla o RA 222-223 L 3
General M. Belgrano o RA 220-221 H 3
General Mosconi o RA 220-221 F 2
General Obligado o RA 220-221 H 4
General Pico o RA 222-223 H 3
General Pinedo o RA 220-221 G 4
General Roca o RA 222-223 F 5
General Sampaio o BR 212-213 J 4
General San Martin o RA 222-223 H 4
General Santos ☆ RP 96-97 F 9
General Simón Bolívar o MEX 194-195 H 5
General Terán o MEX 194-195 K 5
General Tiburcio o BR 212-213 H 3
General Toševo o BG 38-39 F 6
General Treviño o MEX 194-195 K 4
General Trías o MEX 194-195 F 3
General Villegas o RA 222-223 H 3
General Vintter, Lago o RA 222-223 D 7
Gênes = Génova ☆•• I 36-37 B 2
Gênes, Golfe de = Genova, Golfo di ≈ I 36-37 B 2
Geneseo o USA (IL) 190-191 C 5
Geneseo o USA (NY) 190-191 K 4
Geneston o F (44) 230-231 H 5
Genet o ETH 144-145 D 4
Genétouze, La o F (17) 236-237 E 5
Genêts o F (50) 230-231 J 2
Geneva o USA (AL) 192-193 F 4
Geneva o USA (ID) 184-185 J 4
Geneva o USA (NE) 186-187 J 5
Geneva o USA (NY) 190-191 K 4
Geneva o USA (OH) 190-191 H 5
Geneva, Lake o USA 190-191 D 4
Genève ☆•• CH 28-29 J 5
Genevois ⊥ F (74) 238-239 H 5
Genevray, le o F (38) 242-243 H 1
Genevrières o F (52) 238-239 H 1
Genévriers, Île des ⌒ CDN 182-183 P 3
Geney o F (25) 238-239 K 2
Genf = Genève ☆•• CH 28-29 J 5
Genfer See = Lac Léman o CH 28-29 J 5
Gengma o VRC 78-79 L 4
Gengwa o ZRE 146-147 J 5
Genil, Río ~ E 34-35 E 6
Genillé o F (37) 232-233 E 5
Génis o F (24) 236-237 H 5
Génissieux o F (26) 242-243 G 1
Genk o B 28-29 H 3
Genkai-nada ≈ 88-89 D 8
Genkanyj, hrebet ▲ RUS 48-49 Y 3
Genlis o F (21) 238-239 G 2
Gennargentu, Monti del ▲ I 36-37 B 4
Gennes o F (49) 230-231 L 5
Gennes-sur-Glaize o F (53) 230-231 K 4
Genoa o AUS 116-117 K 4
Genoa o USA 186-187 J 5
Génolhac o F (30) 242-243 D 3
Genouillac o F (23) 236-237 J 3
Genouillé o F (86) 236-237 F 3
Genouilly o F (18) 232-233 F 5
Génova ☆•• I 36-37 B 2
Genova, Golfo di ≈ 36-37 B 2
Genovesa, Isla ⌒ EC 208-209 C 9
Gent ☆•• B 28-29 G 3
Genteng o RI 104 B 3
Genteng, Pulau ⌒ RI 104 E 3
Genteng, Ujung ▲ RI 104 B 3
Genteng Game Park ⊥ RI 104 B 3
Genting o RI 98-99 C 3
Gentio, Isla dos ⌒ BR 214-215 E 3
Gentioux-Pigerolles o F (23) 236-237 J 4
Genyem o RI 102-103 L 3
Géographe, Baie du = Geographe Bay ≈ 112-113 C 6
Géographe, Canal du = Geographe Channel ≈ 112-113 B 2
Geographe Bay ≈ 112-113 C 6
Geographe Channel ≈ 112-113 B 2
Geographical Center of Conterminous United States ∴ USA 186-187 H 6
Geographical Center of North American Continent ∴ USA 186-187 H 1
Geographical Center of U.S. ∴ USA 186-187 F 3
Geographical Society Ø ⌒ GRØ 170-171 o 7
Geok-Tepe o TM 72-73 E 5
Geologičeskaja, grjada ▲ RUS 44-45 Z 4
Geologičeskij o RUS 48-49 V 3
George, Zemlja ⌒ RUS 20-21 a 2
George o ZA 156-157 F 6
George, Cap ▲ F (984) 246 III d 4
George, Cape ▲ CDN 182-183 N 6
George, Lake o AUS (NSW) 116-117 K 3
George, Lake o AUS (SA) 116-117 E 4
George, Lake o AUS (WA) 108-109 F 7
George, Lake o EAU 148-149 C 3
George, Lake o USA (NY) 190-191 M 4
George, Lake o USA (FL) 192-193 H 5
George, Lake o USA (NY) 190-191 M 4
George, Mount ▲ AUS 108-109 D 7
George, Mount ▲ CDN 168-169 S 6
George, Rivière ~ CDN 180-181 R 6
George Gill Range ▲ AUS 112-113 L 2
George Island ⌒ CDN 180-181 V 7
George Island ⌒ GB 222-223 L 7
George National Historic Park, Fort ∴ CDN 182-183 E 7
George Richards, Cape ▲ CDN 168-169 R 2
George River ~ USA 164-165 M 5
George R. Parks Highway II USA 164-165 P 5
Georges Bank ≈ 190-191 P 5
Georges de l'Oudingueur • TCH 134-135 H 2
George Sound ≈ 118 A 6
George Town o AUS 110-111 G 6
George Town o AUS 116-117 J 6
George Town o• BS 198-199 H 3
Georgetown o GB (STH) 138-139 B 7
Georgetown ☆ GB 198-199 E 5
Georgetown ★ GUY 206-207 E 2
Georgetown o USA (CO) 186-187 E 6
Georgetown o USA (DE) 190-191 L 6
Georgetown o USA (KY) 190-191 F 6
Georgetown o USA (OH) 190-191 G 6
Georgetown o USA (SC) 192-193 J 3
Georgetown ☆ WAG 138-139 C 3
Georgetown o WV 200 E 5
George Town = Georgetown ☆•• MAL 98-99 D 2
Georgetown = George Town ☆•• MAL 98-99 D 2
George Washington Carver National Monument ∴ USA 188-189 K 1
George West o USA 188-189 H 5
Georgia □ USA 192-193 F 3
Georgia, Strait of ≈ 176-177 H 7
Georgia Basin = Géorgie du Sud, Bassin de ≃ 14-15 F 14
Georgiana o USA 192-193 E 4
Georgian Bay o CDN 182-183 D 6
Géorgie = Gruzija ■ GE 62-63 E 7
Géorgie du Sud, Bassin de = Georgia Basin ≃ 14-15 F 14
Géorgie du Sud = South Georgia ⌒ GB 222-223 O 7
Georgievka o KA 60-61 M 4
Georgievka o KA 82-83 B 4
Georgievsk o RUS 62-63 E 5
Georgina Downs o AUS 114-115 D 1
Georgina River ~ AUS 114-115 E 2
Georgiu-Dež = Liski o RUS 38-39 L 2
Georg von Neumayer o ARK 16 F 36
Ger o F (50) 230-231 K 2
Ger o F (64) 240-241 D 4
Gera o• D 28-29 M 3
Gerace o I 36-37 F 5
Gerachiné o PA 196-197 E 7
Geráki o GR 36-37 J 6
Geral, Serra ▲ BR 216-217 K 2
Geral, Serra ▲ BR 218-219 E 5
Geral'd, ostrov ⌒ RUS 48-49 X 1
Geral de Goiás, Serra ▲ BR 216-217 G 3
Geraldine o NZ 118 C 6
Geraldine o USA 184-185 J 2
Geraldo, Furo do ~ BR 210-211 F 5
Geral do Paraná ou do Veadeiros, Serra ▲ BR 216-217 G 3
Geraldton o AUS 112-113 C 4
Geraldton o CDN 178-179 N 6
Geralton o CDN 178-179 N 6
Geralzinho o BR 216-217 K 3
Gerampi o RI 104 D 7
Geranium o AUS 116-117 F 3
Gérardmer o• F (88) 234-235 K 5
Gerāš o IR 70-71 F 5
Géraudot o F (10) 234-235 E 5
Geraumele ∴ RN 134-135 F 5
Gerbéviller o F (54) 234-235 K 4
Gerbiči, gora ▲ RUS 52-53 M 2
Gerbier de Jonc ▲ F (07) 242-243 E 2
Gerdau o ZA 156-157 H 3
Gerdine, Mount ▲ USA 164-165 O 6
Gère ~ F (38) 242-243 G 1
Gerede ☆ TR 64-65 E 2
Gerede Çayı ~ TR 64-65 E 2
Gēref'de o US 72-73 H 4
Gereşk o AFG 70-71 L 3
Gerger ☆ TR 64-65 H 3
Gergy o F (71) 238-239 F 3
Gerihun o WAL 138-139 E 6
Gerik o• MAL 98-99 D 2
Gerisa o SP 144-145 F 3
Gerlach o USA 184-185 E 5
Germagny o F (71) 238-239 F 3
Germaine o F (51) 234-235 E 3
Germaines o F (52) 238-239 G 1
Germakolo o RI 102-103 G 2
German Busch, Reserva Busch ⊥ BOL 214-215 F 5
German Creek o AUS 114-115 K 2
Germania o RA 222-223 H 3
Germania Land ⌒ GRØ 170-171 p 5
Germansen Landing o CDN 176-177 H 4
Germay o F (52) 234-235 G 5
Germencik ☆ TR 64-65 B 4
Germi o IR 64-65 N 3
Germigny-des-Prés o F (45) 232-233 G 4
Germiston o ZA 156-157 J 3
Germont o F (08) 234-235 F 3
Gernika-Lumo o E 34-35 F 3
Gero o J 88-89 G 7
Geroliménas o GR 36-37 J 6
Gerona o RP 96-97 D 5
Gerona = Girona o E 34-35 J 4
Gérone = Girona o• E 34-35 J 4
Gers □ F (32) 240-241 D 3
Gers ~ F (32) 240-241 F 2
Gerūf o JOR 66-67 D 2
Gerung o RI 104 C 7
Gerzat o F (63) 236-237 M 4
Gerze ☆ TR 64-65 F 2
Gêrzê o VRC 80-81 E 4
Gesa ~ RI 102-103 J 3
Gespunsart o F (08) 234-235 F 2
Gesté o F (49) 230-231 J 5
Gestro, Wabē ~ ETH 144-145 E 5
Getafe o E 34-35 F 4
Getiti o ZRE 148-149 C 3
Getkan ~ RUS 54-55 L 8
Gëtljangen, laguna ≈ 48-49 Y 4
Gets, les o F (74) 238-239 K 4
Getta o BHT 78-79 F 2
Gettysburg o USA (PA) 190-191 K 6
Gettysburg o USA (SD) 186-187 H 3
Gettysburg National Military Park ∴ USA 190-191 K 6
Getúlio Vargas o BR 218-219 D 6
Getz Ice Shelf ⊂ ARK 16 F 24
Géüs-d'Oloron o F (64) 240-241 C 4
Gevaş ☆ TR 64-65 K 3
Gévezé o F (35) 230-231 H 3
Gevgelija o MK 36-37 J 4
Gevrai o IND 74-75 E 10
Gevrey-Chambertin o F (21) 238-239 F 2
Gewanē o ETH 144-145 E 3
Gex o F (01) 238-239 J 4
Geyik Dağları ▲ TR 64-65 D 4
Geylegphug o BHT 78-79 G 2
Geyser, Banc du ⌒ RM 158-159 E 4
Geyve ☆ TR 64-65 D 2
Gezāb o AFG 70-71 M 2
Gezhou Ba • VRC 90-91 G 6
Ghābat al-'Arab o SUD 142-143 J 4
Ghadāmis □ LAR 126-127 H 5
Ghadāmis ☆••• LAR 126-127 G 5
Ghaddūwah o LAR 128-129 F 4
Ghaghara ~ IND 78-79 C 2
Ghaghat ~ BD 78-79 F 3
Ghaghe Island ⌒ SOL 120 I d 2
Ghāghra o IND 78-79 D 4
Ghaibi Dero o PK 70-71 M 5
Ghallamane ⊥ RIM 132-133 E 3
Ghallamane, Sebkhet o RIM 132-133 F 3
Ghana = Ghana ■ GH 140-141 B 5
Ghangmi o RI 102-103 K 4
Ghansali o IND 74-75 G 4
Ghanzi □ RB 152-153 F 11
Ghanzi ☆ RB 152-153 F 10
Ghanzi Farms ⊥ RB 152-153 F 10
Ghaoua, Goûr ▲ DZ 126-127 D 9
Gharb Binna o SUD 136-137 E 3
Gharbi, Chott el o DZ 124-125 L 4
Gharbi, Zahrez o DZ 126-127 D 3
Ghardaïa ☆• DZ 126-127 D 4
Ghardimaou o TN 126-127 G 2
Gharig o SUD 142-143 H 3
Ghāro o PK 70-71 M 6
Gharyān □ LAR 128-129 E 3
Gharyān ☆ LAR 128-129 E 1
Ghāt o LAR 126-127 H 8
Ghātāl o IND 78-79 E 4
Ghātampur o IND 78-79 B 2
Ghātsila o IND 78-79 E 4
Ghats Occidentales = Western Ghāts ▲ IND 76-77 F 2
Ghats Orientales = Eastern Ghāts ▲ IND 76-77 J 6
Ghauspur o PK 74-75 B 5
Ghawdex = Gozo ⌒ M 36-37 E 6
Ghazaouet o DZ 124-125 L 3
Ghaziābād o IND 74-75 F 5
Ghāzīpur o IND 78-79 C 3
Ghazluna o PK 70-71 M 3
Gheorghe Gheorghiu-Dej = Onești o RO 38-39 E 4
Gheorgheni o RO 38-39 D 4
Gherdi o IND 76-77 F 2
Gherla o RO 38-39 C 4
Ghilarza o I 36-37 B 4
Ghimpați o RO 38-39 D 5
Ghio, Lago o RA 224 E 3
Ghisonaccia o F (2B) 244 D 4
Ghisoni o F (2B) 244 D 4
Ghizar o IND 74-75 D 1
Ghizar ~ IND 74-75 D 1
Gho Dôn o VN 92-93 D 5
Ghogha o IND 74-75 D 9
Ghomrassen o TN 126-127 H 4
Ghorahi o NEP 80-81 D 6
Ghosla o IND 74-75 E 8
Ghost Lake o CDN 174-175 M 4
Ghost Town ∴ USA 184-185 G 4
Ghot o IND 78-79 B 6
Ghotaru o IND 74-75 C 6
Ghotki o• PK 74-75 B 6
Ghoveo o SOL 120 I d 3
Ghriss o DZ 126-127 C 3
Ghuar o IND 74-75 B 8
Ghubaysh o SUD 136-137 C 6
Ghugri ~ IND 78-79 E 3
Ghutkel o IND 78-79 B 5
Ghuzayyil, Sabkhat o LAR 128-129 H 3
Ghwarriepoort ▲ ZA 156-157 F 6
Gialalassi o SP 148-149 K 2
Giandola, la o F (06) 242-243 M 4
Giāng o VN 94-95 J 3
Giang Trung o VN 94-95 K 4
Giannitsá o GR 36-37 J 4
Giannuccio o F (2A) 244 D 5
Giant Forest o USA 184-185 E 7
Giants Castle ▲ ZA 156-157 J 4
Giants Castle Game Reserve ⊥ ZA 156-157 J 4
Giant's Causeway ••• GB 26-27 D 4
Giant Yellowknife Mine • CDN 174-175 M 4
Gianyar o RI 104 B 7
Giá Rai o VN 94-95 H 6
Giarre o I 36-37 E 6
Giat o F (63) 236-237 K 4
Gia Vu'c o VN 94-95 K 3
Giba o I 36-37 B 5
Gibara o C 198-199 G 4
Gibbon o USA 184-185 E 3
Gibbons o CDN 176-177 O 5
Gibbonsville o USA 184-185 H 3
Gibb River o AUS (WA) 108-109 H 4
Gibb River ~ AUS 108-109 H 3
Gibeon o NAM 156-157 C 2
Gibeon Station o NAM 156-157 C 2
Gibe Shet' ~ ETH 144-145 C 5
Gibē Wenz ~ ETH 144-145 C 4
Ğibla, Dū o• Y 68-69 D 7
Gibraltar, Détroit de = Gibraltar, Estrecho de ≈ 34-35 D 7
Gibraltar, Estrecho de ≈ 124-125 J 3
Gibraltar = Gibraltar o GBZ 34-35 E 6
Gibraltar Range National Park ⊥ AUS 114-115 M 5
Gibson, Désert de = Gibson Desert ⊥ AUS 108-109 G 7
Gibson, Port o USA 188-189 M 4
Gibson City o USA 190-191 D 5
Gibson Desert ⊥ AUS 108-109 G 7
Gibson Desert Nature Reserve ⊥ AUS 112-113 H 2
Gibson Lake o CDN 174-175 X 4
Gibsons o CDN 176-177 J 7
Gida o WAN 140-141 J 5
Gidali o ETH 144-145 B 4
Gidami o ETH 144-145 B 4
Gidar o PK 70-71 M 4
Gidar Dhor ~ PK 70-71 M 4
Gidda o• KSA 68-69 A 3
Giddalur o IND 76-77 H 3
Ğiddat al-Harāsis ⊥ OM 68-69 K 4
Giddings o USA 188-189 J 4
Gideån ~ S 22-23 J 5
Gidgealpa Gas Field • AUS 114-115 F 4
Gidgee o AUS 112-113 E 3
Gidgi, Lake o AUS 112-113 H 4
Gidolē o ETH 144-145 C 6
Gielnaga del Coro o RA 220-221 E 6
Gien o F (45) 232-233 H 4
Giens o F (83) 242-243 J 5
Giens, Golfe de ≈ F (83) 242-243 J 5
Giens, Presqu'île de ⊥ F (83) 242-243 J 5
Gières o F (38) 242-243 H 1
Gieseckes Isfjord ≈ 170-171 X 7
Gießen o D 28-29 K 3
Giffaumont-Champaubert o F (51) 234-235 F 4
Gifford Creek o AUS 112-113 D 2
Gifford Fiord ≈ 168-169 f 5
Gifford River ~ CDN 168-169 f 5
Giffre ~ F 238-239 K 4
Ğifğāfa, Bi'r o ET 130-131 F 2
Gift Lake o CDN 176-177 N 4
Giftūn al-Kabīr, Ğazīrat ⌒ ET 130-131 F 4
Gifu ☆ J 88-89 G 7
Gigant o RUS 38-39 M 4
Giganta, Cerro ▲ MEX 194-195 D 4
Giganta, Sierra de la ▲ MEX 194-195 D 4
Gigante o CO 204-205 D 6
Gigean o F (34) 242-243 D 5
Gigi, Danau o RI 102-103 G 2
Giglio, Ísola del ⌒ I 36-37 C 3
Gignac o F (34) 242-243 D 4
Gignac o F (84) 242-243 H 4
Gigüela, Río ~ E 34-35 F 5
Ğihāna o Y 68-69 D 6
Gihofi o BU 148-149 C 5
Giir Forest National Park ⊥ IND 74-75 C 9
Giir Hills ▲ IND 74-75 C 9
Gijón = Xixón o• E 34-35 E 3
Gikongoro o RWA 148-149 B 5
Gila ~ USA 184-185 H 9
Gila, Tanjung ▲ RI 100-101 L 3
Gila Bend o USA 184-185 H 9
Gila Cliff Dwellings National Monument ∴• USA 188-189 C 3
Gīlān o AFG 70-71 M 2
Gīlān □ IR 72-73 D 6
Gīlān □ IR 64-65 N 3
Gīlān-e Garb o IR 70-71 A 1
Gila River ~ USA 184-185 J 9
Gila River Indian Reservation ⚔ USA 184-185 H 9
Gilbert, Islas ⌒ RCH 224 E 7
Gilbert Islands ⌒ KIB 9 J 2
Gilbert Lake o CDN 182-183 Q 2
Gilberton o AUS 110-111 G 6
Gilbert River o AUS (QLD) 110-111 G 6
Gilbert River ~ AUS 110-111 F 5
Gilberts Dome ▲ AUS 114-115 J 2
Gilbués o BR 212-213 F 6
Gildford o USA 184-185 J 1
Gilé o MOC 154-155 K 3
Giles, Lake o AUS 112-113 E 4
Giles Meteorological Station o AUS 112-113 K 2
Gilette o F (06) 242-243 L 4
Ğilf al-Kabīr, Haḍbat al- ▲ ET 128-129 L 6
Gilgandra o AUS 114-115 K 6
Gilgil o EAK 148-149 F 4
Gil Gil Creek ~ AUS 114-115 K 5
Gilgit o IND 74-75 E 2
Gilgit ~ IND 74-75 E 2
Gilgit Mountains ▲ IND 74-75 D 1
Gilgunnia o AUS 116-117 J 2
Gilgunnia Range ▲ AUS 116-117 H 2
Gilé, Reserva do ⊥ MOC 154-155 K 3
Gilimanuk o RI 104 B 7
Gil Island ⌒ CDN 176-177 F 5
Giljuj ~ RUS 54-55 M 8
Gillam o AUS 108-109 D 6
Gillam o CDN 178-179 J 2
Gilleleje o DK 22-23 F 8
Gillen, Lake o AUS 112-113 H 3
Gilles, Lake o AUS 116-117 D 2
Gillespie o USA 190-191 D 6
Gillette o USA 186-187 E 3
Gilley o F (25) 238-239 J 2
Gillian Lake o CDN 168-169 j 6
Gilliat o AUS 110-111 F 7
Gilliat River ~ AUS 110-111 F 7
Gillies Island ⌒ CDN 180-181 L 6
Gillingham o GB 26-27 H 6
Gillon Point ▲ USA 166-167 C 6
Gills Rock o USA 190-191 E 3
Gilman o USA (IL) 190-191 E 5
Gilman o USA (WI) 190-191 C 3
Gilmer o USA 188-189 K 3
Gil'mitka ~ RUS 48-49 O 5
Gilmore, Lake o AUS 112-113 F 6
Gilmour Island ⌒ CDN 180-181 J 5
Gilocourt o F (60) 228-229 K 5
Gilo Wenz ~ ETH 144-145 A 5
Gilpo o LB 138-139 G 6
Gilroy o USA 184-185 D 7
Gilruth, Mount ▲ AUS 110-111 B 3
Giluwe, Mount ▲ PNG 119 B 4
Gima o EC 208-209 C 3
Ğimal, Umm al- ∴• JOR 66-67 E 1
Gimat o F (82) 240-241 F 3
Gimbi o ETH 144-145 B 4
Gimel-les-Cascades o F (19) 236-237 J 5
Gimi o WAN 140-141 H 3
Gimli o CDN 178-179 H 5
Gimo o S 22-23 J 6
Gimone ~ F (82) 240-241 F 3
Gimont o F (32) 240-241 F 3
Gimpu o RI 100-101 G 4
Ğina, Wādī al- ~ KSA 66-67 F 2
Ğināḥ o ET 130-131 E 5
Ginasservis o F (83) 242-243 H 4
Ginchi o ETH 144-145 D 4
Ginda o ER 136-137 J 5
Ginestas o F (11) 240-241 K 4
Gineta, La o E 34-35 G 5
Ginevrabotnen ≈ 20-21 L 3
Gingin o AUS 112-113 C 5
Gin Gin o AUS 114-115 L 3
Gingindlovu o ZA 156-157 K 4
Gingko Petrified Forest State Park ⊥ USA 184-185 D 2
Gingoog o RP 96-97 F 8
Gingoog Bay ≈ 96-97 F 8
Ginir o ETH 144-145 E 5
Gióia del Colle o I 36-37 F 4
Gióia Tauro o I 36-37 E 5
Giraglia, Île de la ⌒ F (2B) 244 D 2
Giralia o AUS 108-109 B 7
Giralia Range ▲ AUS 112-113 C 1
Girancourt o F (88) 234-235 J 5
Girān Rig, Kūh-e ▲ IR 70-71 H 4
Girard o USA 188-189 K 1
Girardeau, Cape o USA 190-191 D 7
Girardot o CO 204-205 D 5
Gira River ~ PNG 119 D 5
Girau o IRQ 64-65 K 5
Giraul ~ ANG 152-153 B 7
Gir Deh o IR 64-65 N 4
Girdwood o USA 164-165 Q 6
Girecourt-sur-Durbion o F (88) 234-235 K 5
Giresun ☆ TR 64-65 H 2
Giresun Dağları ▲ TR 64-65 H 2
Ğirğā o ET 130-131 E 4
Giri ~ ZRE 146-147 G 2
Giridih o IND 78-79 E 3
Girilambone o AUS 114-115 J 6
Girmone, Col de ▲ F (26) 242-243 H 2
Giro o WAN 140-141 F 3
Girolata, Golfe de ≈ F (2A) 244 C 4
Giromagny o F (90) 238-239 K 1
Giron o EC 208-209 C 3
Girona o• E 34-35 J 4
Gironcourt-sur-Vraine o F (88) 234-235 H 5
Gironde □ F (33) 236-237 C 6
Gironde ≈ F (33) 236-237 D 4
Gironville-sous-les-Côtes o F (55) 234-235 H 4
Girū o AFG 74-75 B 3
Giru o AUS 110-111 J 6
Girvan o GB 26-27 E 4
Giza o ET 130-131 E 3
Ğīšā, al- o KSA 66-67 L 5
Gisasa River ~ USA 164-165 L 4
Gisborne o AUS 116-117 H 4
Gisborne o NZ 118 G 3
Gisborne Lake o CDN 182-183 R 5
Giscome o CDN 176-177 J 4
Giscos o F (33) 240-241 D 2
Gisenyi o• RWA 148-149 B 4
Gisi o RI 100-101 K 2
Gislaved ☆ S 22-23 F 8
Gisors o F (27) 228-229 H 5
Ğisr aš-Šuğūr o SYR 64-65 G 5
Gissar o TJ 72-73 L 5
Gissarskij hrebet ▲ US 72-73 K 5
Gisuru o BU 148-149 C 5
Gitaru, Danau o RI 102-103 G 2
Gitagum o RP 96-97 F 8
Gitarama o RWA 148-149 B 5
Gitata o WAN 140-141 G 4
Gitega o BU 148-149 B 5
Githi • TN 126-127 H 4
Githio o GR 36-37 J 6
Giulianova o I 36-37 D 3
Giurgiu ☆• RO 38-39 D 6
Giv o IR 70-71 H 2
Giverny o F (27) 228-229 H 5
Givet o F (08) 234-235 F 1
Givors o F (69) 238-239 F 5
Givry o F (71) 238-239 F 3
Givry-en-Argonne o F (51) 234-235 F 4
Giwa o WAN 140-141 G 3
Ğiyān o IR 70-71 E 3
Giyani ☆ ZA 154-155 F 6
Giyati o UAE 68-69 H 2
Giylana, al- o KSA 66-67 K 5
Giyon o ETH 144-145 C 4
Ğīz', Wādī al- ~ Y 68-69 G 5
Ğīza, al- ☆•• ET 130-131 E 2
Ğīza, Pyramids of ∴•• ET 130-131 E 3
Ğīzān □ KSA 68-69 C 5
Ğīzān ☆ KSA 68-69 C 5
Giždüvon ☆ US 72-73 J 4
Gize, Pyramids of ∴•• ET 130-131 E 3
Gizeh = Ğīza, al- ☆•• ET 130-131 E 3
Gizeux o F (37) 230-231 M 5
Gižiga o RUS (MAG) 56-57 T 3
Gižiga ~ RUS 48-49 L 5
Gižiga, Baie de = Gižiginskaja guba ≈ 56-57 R 3
Gižiginskaja guba ≈ 56-57 R 3
Gižiginskaja ravina ∪ RUS 48-49 L 5
Ğīzl, Wādī al- ~ KSA 66-67 E 4
Gizo ☆ SOL (Wes) 120 I c 3
Gizo ⌒ SOL (Wes) 120 I c 3
Giżycko o• PL 28-29 Q 1
Gizzin ☆ RL 64-65 F 6
Gjandža = Ganža o• AZ 64-65 M 2
Gjiri i Drinit ≈ 36-37 G 4
Gjirokastër ☆•• AL 36-37 H 4
Gjoa Haven o CDN 168-169 Y 6
Gjögur ▲ IS 22-23 c 1
Gjoklenkui, Solončak o TM 72-73 E 4
Gjøvik ☆ N 22-23 E 6
Gjuhëzës, Kepi i ▲ AL 36-37 G 4
Gjumri o AR 64-65 K 2
Glace, La o CDN 176-177 L 4
Glace Bay o CDN 182-183 P 5
Glaciares, Parque Nacional los ⊥••• RA 224 D 4
Glaciar Perito Moreno •• RA 224 D 5
Glaciar Upsala • RCH 224 D 4
Glacier Bay ≈ 176-177 B 2
Glacier Bay National Park and Preserve ⊥ USA 176-177 B 2
Glacière, Grotte de la • F 238-239 J 2
Glacier Island ⌒ USA 164-165 R 6
Glacier Mount ▲ USA 164-165 U 4
Glacier National Park ⊥ CDN 176-177 M 6
Glacier National Park ⊥ USA 184-185 H 1
Glacier Peak ▲ USA 184-185 D 1
Glacier Peak Wilderness Area ⊥ USA 184-185 D 1
Glacier Strait ≈ 168-169 g 2
Gladstad o N 22-23 D 4
Gladstone o AUS (QLD) 114-115 L 2
Gladstone o AUS (SA) 116-117 E 2
Gladstone o AUS (TAS) 116-117 J 6
Gladstone o CDN 178-179 G 5
Gladstone o USA 190-191 E 3
Gladys Lake o CDN 164-165 Y 7
Glainans o F (25) 238-239 K 2
Gláma ▲ IS 22-23 b 2
Glåma ~ N 22-23 E 6
Glamis o USA 184-185 G 9
Glamoč o BIH 36-37 F 2
Glan o RP 96-97 F 10
Gland ~ F (08) 234-235 E 2
Glandon o F (87) 236-237 H 5
Glandon, Col du ▲ F (73) 242-243 J 1
Glanet o F (44) 230-231 H 5
Glanum, Ruines de •• F (13) 242-243 F 4
Glarner Alpen ▲ CH 28-29 K 5
Glasgow ☆• GB 26-27 E 4
Glasgow o USA (KY) 190-191 F 7
Glasgow o USA (MO) 186-187 L 6
Glasgow o USA (MT) 186-187 D 1
Glaslyn o CDN 176-177 Q 5
Glass, Roches ⌒ F (984) 246 III c 2
Glassboro o USA 190-191 L 6
Glass Window • BS 198-199 G 2
Glavering Ø ⌒ GRØ 170-171 p 6
Glavinica o BG 38-39 E 6
Glavnaja, grjada ▲ RUS 44-45 Z 5
Glavnij Survanskij kanal < AZ 64-65 M 2
Glazanīha o RUS 24-25 P 5
Glazoué o DY 140-141 E 5
Glazov ☆ RUS 32-33 H 4
Glazova, guba o RUS 44-45 G 4
Gleïbat Boukenni o RIM 138-139 F 2
Gleichen o CDN 176-177 O 6
Gleisdorf o A 28-29 N 5
Glélé o CI 138-139 G 7
Glen o AUS 112-113 D 3
Glen o USA 190-191 N 3
Glen o ZA 156-157 H 4
Glénan, Îles de ⌒ F (29) 230-231 D 4
Glenayle o AUS 112-113 G 2
Glenboro o CDN 178-179 G 6
Glenboyle o CDN 164-165 V 5
Glenburgh o AUS 112-113 D 2
Glen Canyon ⊥ USA 184-185 J 7
Glen Canyon National Recreation Area ∴ USA 184-185 J 7
Glen Canyon Reservoir < USA 184-185 J 7
Glencoe o ZA 156-157 K 4
Glendale o USA (AZ) 184-185 H 9
Glendale o USA (CA) 184-185 E 8
Glendale o ZW 154-155 F 3
Glendambo o AUS 114-115 C 6
Glenden o AUS 114-115 K 1
Glendive o USA 186-187 E 2
Glendo o USA 186-187 E 4
Glendo Reservoir < USA 186-187 E 4
Glenelg River ~ AUS 116-117 F 4
Glenfield o USA 186-187 H 2
Glengyle o AUS 114-115 E 3
Glen Helen o AUS 112-113 M 1
Glenholme o CDN 182-183 N 6
Glénic o F (23) 236-237 J 3
Glen Innes o AUS 114-115 L 5
Glen Kerr o CDN 178-179 C 5
Glenlivet < ZW 154-155 F 5
Glenlyon Dam < AUS 114-115 L 5
Glenmire o AUS 114-115 H 3
Glen Mor ⊥ GB 26-27 E 3
Glenmora o USA 188-189 L 4
Glen More ∪ GB 26-27 E 3
Glenmorgan o AUS 114-115 K 4
Glennallen o USA 164-165 S 5
Glenn Highway II USA 164-165 R 6
Glenns o USA 190-191 K 7
Glenns Ferry o USA 184-185 G 4
Glennville o USA 184-185 E 8
Glenora o AUS 110-111 G 6
Glenorchy o AUS 116-117 J 7
Glenorchy o NZ 118 B 6
Glenore o AUS 110-111 F 5
Glenormiston o AUS 114-115 E 2
Glenrock o USA 186-187 E 4
Glens Falls o USA 190-191 M 4
Glenties o IRL 26-27 C 4
Glenville o USA 190-191 H 6
Glenwood o USA (AR) 188-189 L 2
Glenwood o USA (MN) 186-187 K 3
Glenwood o USA (NM) 188-189 C 3
Glenwood Springs o• USA 186-187 D 6
Glidden o CDN 176-177 Q 6
Glidden o USA 190-191 C 2
Glina o HR 36-37 F 2
Glittertinden ▲ N 22-23 D 6
Gliwice o• PL 28-29 P 3
Gljaden' o RUS 52-53 E 8
Gljadjanskoe ☆ RUS 50-51 H 7
Globe o• USA 188-189 B 3
Głogów o• PL 28-29 O 3
Gloie o LB 138-139 F 6
Glomel o F (22) 230-231 E 3
Glomfjord o N 22-23 F 3
Glommersträsk o S 22-23 J 4
Gloria o MEX 194-195 J 4
Glória, Bahia de la ≈ 198-199 G 4
Glória, Cachoeira da ~ BR 210-211 G 7
Gloria, La o CO 204-205 E 3
Gloria, La o MEX 194-195 K 4
Gloria, Sierra de la ▲ RCH 220-221 B 4
Glorias, Las o MEX 194-195 E 5
Glorieta o USA 188-189 E 2
Glos-la-Ferrière o F (61) 232-233 D 2
Gloucester o AUS 116-117 L 2
Gloucester o GB 26-27 F 6
Gloucester o PNG 119 E 3
Gloucester o USA (MA) 190-191 N 4
Gloucester o USA (VA) 190-191 K 7
Gloucester Island ⌒ AUS 110-111 K 7
Glover Island ⌒ CDN 182-183 Q 4
Glovers Reef ⌒ BH 196-197 L 3
Gloversville o USA 190-191 L 4
Glovertown o CDN 182-183 R 4
Głubczyce o• PL 28-29 O 3
Glubokaja, buhta ≈ RUS 48-49 R 6
Glubokaja, laguna o RUS 48-49 U 5
Glubokij o RUS 38-39 M 3
Glubokij Poluj ~ RUS 50-51 K 2
Glubokij Sabun ~ RUS 50-51 Q 3
Glubokoe, ozero o RUS 44-45 Y 7

Gluharinyj o RUS 46-47 d 7
Glumpangdua o RI 98-99 B 2
Glymur ~ IS 22-23 c 2
Glyndon o USA 186-187 J 2
Gmünd o • A 28-29 N 4
Gmunden o A 28-29 M 5
Gnaraloo o AUS 112-113 B 1
Gnarp o S 22-23 H 5
Gnibi o SN 138-139 C 2
Gniezno o •• PL 28-29 O 2
Gnit o SN 132-133 C 6
Gnjilane o YU 36-37 H 3
Gnowangerup o AUS 112-113 D 6
Gnows Nest Range ▲ AUS 112-113 D 4
Goa ▫ IND 76-77 E 3
Goageb o NAM 156-157 C 3
Goālpāra o IND 78-79 G 2
Goaltor o IND 78-79 E 4
Goa Mampu Caves • RI 100-101 G 6
Goan o RMM 138-139 H 3
Goari o PNG 119 C 4
Goaso o GH 138-139 J 6
Goat Rocks Wilderness ⊥ USA 184-185 D 2
Goba ☆ ETH 144-145 D 5
Goba o MOC 156-157 L 3
Gobabed o NAM 156-157 B 1
Gobabis ☆ NAM 152-153 E 11
Goba Fronteira o MOC 156-157 L 3
Gobālpur o IND 78-79 E 3
Gobari ~ ZRE 146-147 G 6
Gobe o PNG 119 E 5
Gobēlē Wenz ~ ETH 144-145 E 4
Gobernador Crespo o RA 220-221 G 6
Gobernador Gregores o RA 224 E 4
Gobernador Ingeniero Valentín Virasoro o RA 220-221 J 5
Gobernador Moyano o RA 224 F 3
Gobernador Piedrabuena o RA 220-221 E 4
Gobernador Solá o RA 222-223 K 2
Gobi = Gov' ⊥ MAU 84-85 F 6
Gobnangou, Falaises du ▲ •• BF 138-139 L 4
Gobō o J 88-89 F 8
Gobo, Col de ▲ RN 134-135 G 2
Gobouma ~ RCA 146-147 F 2
Gobur o SUD 142-143 K 6
Gobustan o AZ 64-65 N 2
Gobustan ⊥ AZ 64-65 N 2
Goce Delčev o BG 38-39 C 7
Gochas o NAM 156-157 D 2
Gōchi o J 88-89 E 7
Gò Công Đông o VN 94-95 J 5
Godafoss ~ 22-23 e 2
Godatair o SUD 142-143 H 4
Godāvari ~ IND 74-75 E 10
Godāvari ~ IND 78-79 B 7
Godāwari o NEP 80-81 C 6
Godbout o CDN 182-183 L 4
Godda o IND 78-79 E 3
Godē o ETH 144-145 F 6
Godé o RMM 138-139 J 3
Gode, Hosséré ▲ CAM 140-141 K 4
Godegode o EAT 150-151 J 4
Goderich o CDN 182-183 D 7
Goderville o F (76) 228-229 E 4
Godfreys Tank < AUS 108-109 H 6
Godfried Hansen Ø ⌒ GRØ 170-171 p 5
Godhavn = Qeqertarsuaq o GRØ 172-173 O 2
Godhra o IND 74-75 D 8
Godhyogol o SP 144-145 F 4
Godi, Mayo ~ CAM 142-143 B 4
Göding = Hodonín o CZ 28-29 O 4
Godinlabe o SP 144-145 H 6
Godofredo Viana o BR 212-213 F 2
Godong o RI 104 D 3
Godong Kangri ▲ VRC 80-81 D 5
Godoy Cruz o RA 222-223 E 2
Gods Lake o CDN 178-179 J 3
Gods Lake Indian Reserve ⚔ CDN 178-179 J 3
Gods Lake Narrows o CDN 178-179 J 3
Gods Mercy, Bay of ≈ 180-181 F 3
Gods River ~ CDN 178-179 K 2
Godthåb = Nuuk ★ GRØ 172-173 P 4
Gōdu o F (988) 247 I c 3
Godwin Austen, Mount = K2 ▲ PK 74-75 F 2
Goe o PNG 119 A 5
Goeie Hoop, Kaap die = Cape of Good Hope ▲ • ZA 156-157 D 7
Goejegebergte, De ▲ SME 206-207 G 4
Goéland, Lac o CDN 182-183 F 4
Goëlettes ⌒ SY 160 B 5
Goëlo, Côte de ⌣ F (22) 230-231 F 2
Goeree ⊥ NL 28-29 G 3
Goes o NL 28-29 G 3
Goeygina ~ RUS 58-59 R 3
Gofar, Zone de Fracture de = Gofar Fracture Zone ≃ 13 A 5
Gofar Fracture Zone = Gofar, Zone de Fracture de ≃ 13 A 5
Gofmana, ostrov ⌒ RUS 20-21 g 2
Goft'ima Sebeka o ETH 144-145 C 3
Gog o ETH 144-145 B 5
Gogama o CDN 182-183 D 5
Gogango o AUS 114-115 L 2
Gogardan, Kōtal-e ▲ AFG 70-71 M 1
Gō-gawa ~ J 88-89 E 7
Gogebic, Lake o USA 190-191 D 2
Gogland, ostrov ⌒ RUS 30-31 K 1
Gogo o AUS 108-109 G 5
Gogo o WAN 140-141 H 4
Gogogogo o RM 158-159 D 10
Gogói o MOC 154-155 G 5
Gogorrón, Parque Natural ⊥ MEX 194-195 J 7
Gogounou o DY 140-141 E 3
Gogrial o SUD 142-143 J 4
Gogui o RMM 132-133 F 7
Goh o IND 78-79 D 3
Goha Ts'iyon o ETH 144-145 D 3
Goiana o BR 212-213 L 5
Goiandira o BR 216-217 F 5
Goianésia o BR 216-217 F 3
Goianésia do Pará o BR 212-213 D 3
Goiânia ☆ BR 216-217 F 4
Goianinha o BR 212-213 L 5
Goianorte o BR 212-213 D 6
Goiás o • BR 216-217 E 3
Goiás ▫ BR 216-217 D 4
Goiatins o BR 212-213 E 5
Goiatuba o BR 216-217 F 5
Goio, Rio ~ BR 216-217 D 7
Goio-Erê o BR 218-219 D 5
Goi-Pula o ZRE 150-151 D 4
Gojeb Wenz ~ ETH 144-145 C 5
Gojo o ETH 144-145 D 4
Gojra o PK 74-75 D 4
Gojyō o J 88-89 F 7
Gökçeada ⌒ TR 64-65 A 2
Gökırmak ~ TR 64-65 F 2
Gökova o TR 64-65 C 4
Gökova Körfezi ≈ 64-65 B 4
Gokprosh Range ▲ PK 70-71 K 5
Göksu Çayı ~ TR 64-65 G 3
Göksun ☆ TR 64-65 G 3
Göksu Nehri ~ TR 64-65 E 4
Gokteik Viaduct • MYA 78-79 K 4
Gokwe o ZW 154-155 E 4
Gol ☆ N 22-23 D 6
Golaghāt o IND 78-79 H 2
Gola Hills ▲ WAL 138-139 E 6
Golaja, gora ▲ RUS 48-49 K 4
Golan ▲ SYR 64-65 F 6
Golana Gof ~ EAK 148-149 G 3
Golbāf o IR 70-71 G 4
Gölbaşı o TR 64-65 E 3
Gölbaşı ☆ TR 64-65 G 4
Golbey o F (88) 234-235 J 5
Golconda o USA (IL) 190-191 D 7
Golconda o USA (NV) 184-185 F 5
Gol'covaja ~ RUS 44-45 f 3
Gölcük o TR 64-65 H 4
Gölcük ☆ TR 64-65 C 2
Gołdap o PL 28-29 R 1
Gold Bar o CDN 176-177 J 3
Gold Beach ⊥ F (14) 228-229 C 5
Gold Beach o USA 184-185 B 4
Gold Bridge o CDN 176-177 J 6
Gold Coast ⌣ AUS 114-115 N 4
Gold Coast = Or, Côte d' ⌣ GH 138-139 K 7
Golden o CDN 176-177 M 6
Golden Bay ≈ 118 D 4
Goldendale o USA 184-185 D 3
Golden Ears Provincial Park ⊥ CDN 176-177 J 7
Golden Gate o USA 192-193 H 6
Golden Gate Bridge ∴ USA 184-185 C 7
Golden Grove o JA 198-199 G 6
Golden Hinde ▲ CDN 176-177 H 7
Golden Meadow o USA 188-189 M 5
Golden Spike National Historic Site ∴ USA 184-185 H 5
Golden Valley o ZW 154-155 E 4
Goldfield o USA 184-185 F 7
Goldoikta ~ RUS 52-53 F 4
Gold River o CDN 176-177 G 7
Goldsand Lake o CDN 178-179 F 2
Goldsboro o USA 192-193 K 2
Goldsmith Channel ≈ 168-169 T 4
Goldstream River ~ CDN 176-177 L 6
Goldsworthy o AUS 108-109 D 6
Goldsworthy, Mount ▲ AUS 108-109 D 6
Goldthwaite o USA 188-189 H 4
Goldyrevskij o RUS 32-33 K 5
Göle o IRQ 64-65 L 5
Göle ☆ TR 64-65 K 2
Goleniów o PL 28-29 N 2
Goleniščeva, mys ▲ RUS 56-57 V 4
Golestān o AFG 70-71 K 2
Golfa o • IR 64-65 L 3
Golfe Persique = Persian Gulf ≈ 6-7 D 6
Golfete, El o GCA 196-197 K 4
Golfito o • CR 196-197 C 7
Golfo Aranci o I 36-37 B 4
Golfo de Santa Clara, El o MEX 194-195 B 2
Golfo Nuevo ≈ 222-223 G 7
Gölgeli Dağları ▲ TR 64-65 C 4
Gol Gol o AUS 116-117 G 2
Gölhisar ☆ TR 64-65 C 4
Goli o EAU 148-149 C 2
Goliad o USA 188-189 J 5
Golija ▲ • YU 36-37 H 3
Goliševa o LV 30-31 K 3
Gölköy ☆ TR 64-65 G 2
Golmānkhane, Bandar-e o IR 64-65 L 4
Gölmarmara ☆ TR 64-65 B 3
Golmud o VRC 80-81 K 2
Golo ~ F (2A) 244 C 4
Golodnaja Guba, ozero o RUS 24-25 W 3
Golog Shan ▲ VRC 90-91 B 5
Golo Island ⌒ RP 96-97 D 6
Golokuati o GH 138-139 L 6
Golol o SP 148-149 J 2
Gololcha o ETH 144-145 E 4
Golomoti o MW 154-155 H 2
Golongosso o RCA 142-143 D 4
Goloustnaja ~ RUS 52-53 M 9
Golovin o USA 164-165 J 4
Golovin Bay ≈ 164-165 J 4
Golovin Mission o USA 164-165 J 4
Golovino o RUS 58-59 E 4
Golovnino o RUS 58-59 L 7
Golpāyegān o • IR 70-71 D 2
Gol Tappe o IR (AZG) 64-65 L 4
Gol Tappe o IR (HAM) 64-65 N 5
Gol'tjavino o RUS 52-53 J 6
Golū, Rūdhāne-ye ~ IR 72-73 B 7
Golungo o ANG 152-153 C 4
Golva o USA 186-187 F 2
Golweyn o SP 148-149 K 3
Golyšmanovo ☆ RUS 50-51 K 6
Goma o ZRE 148-149 B 4
Goma-Gofa ▫ ETH 144-145 C 6
Gomati ~ IND 78-79 C 3
Gomati ~ IND 80-81 C 6
Gombari o ZRE 148-149 B 2
Gombe o WAN 140-141 J 3
Gombe-Matadi o ZRE 146-147 E 6
Gombergean o F (41) 232-233 E 4
Gombervaux • F 234-235 H 4
Gombi o WAN 140-141 K 3
Gombi Fulani o WAN 140-141 K 3
Gombo ~ RG 138-139 E 4
Gomboro o BF 138-139 J 3
Gomboussougou o BF 138-139 K 4
Gomel' = Homel' ☆ BY 30-31 M 5
Gomen, Baie de ≈ 247 I b 2
Gomera, La ⌒ E 124-125 C 6
Gomes Carneiro, Área Indígena ⚔ BR 214-215 K 5
Gómez, Laguna de o RA 222-223 J 3
Gómez Farías o MEX (CHA) 194-195 F 3
Gómez Farías o MEX (TAM) 194-195 K 6
Gómez Palacio o MEX 194-195 H 5
Gómez Rendón o EC 208-209 B 3
Gomišān o IR 72-73 D 6
Gomon o • CI 138-139 H 7
Gomontang Caves • MAL 96-97 C 10
Gomorovičí o RUS 30-31 O 1
Gomumu, Pulau ⌒ RI 100-101 K 4
Gona o CI 138-139 G 5
Gonābād o • IR 70-71 H 1
Gonaïves ☆ RH 198-199 J 5
Gonam ~ RUS 54-55 M 8
Gonam ~ RUS 56-57 D 5
Gonamskij, Sutamo-hrebet ▲ RUS 54-55 N 7
Gonarezhou National Park ⊥ ZW 154-155 F 5
Gonaté o CI 138-139 G 6
Gonâve, Canal de la ≈ 198-199 J 5
Gonâve, Golfe de la ≈ 198-199 J 5
Gonâve, Ile de la ⌒ RH 198-199 J 5
Gonbad-e Kabūd o IR 72-73 F 6
Gonbad-e Qābūs o • IR 72-73 D 6
Gonçalo, Canal de o BR 218-219 D 9
Gonçalves Dias o BR 212-213 F 4
Goncelin o F (38) 242-243 H 1
Gonda o IND 78-79 B 2
Gondal o IND 74-75 C 9
Gondē o ETH 144-145 D 4
Gondé o F (988) 247 I c 3
Gondenans-Montby o F (25) 238-239 J 2
Gonder ▫ ETH 136-137 H 6
Gonder ☆ • ETH 136-137 H 6
Gondey o TCH 142-143 D 4
Gondia o IND 78-79 B 5
Gondola o MOC 154-155 G 4
Gondolahun o LB 138-139 E 6
Gondomar o • P 34-35 C 4
Gondrecourt-le-Château o F (55) 234-235 H 4
Gondreville o F (54) 234-235 H 4
Gondrexange, Étang de o F 234-235 K 4
Gondrin o F (32) 240-241 E 3
Gönen ☆ TR 64-65 B 2
Gonesse o F (95) 232-233 G 2
Gonfaron o F (83) 242-243 J 5
Gonfreville-l'Orcher o F (76) 228-229 E 4
Gonga o CAM 140-141 K 6
Gong'an o VRC 90-91 H 6
Gongbo'gyamda o VRC 80-81 J 6
Gongchen o VRC 92-93 G 4
Gongda ~ RUS 44-45 b 7
Gonggar o VRC 80-81 H 6
Gongga Shan ▲ VRC 92-93 B 2
Gongguan o VRC 92-93 F 6
Gonghe o VRC 90-91 B 3
Gongliu o VRC 82-83 F 4
Gongo o TCH 142-143 D 4
Gongola ▫ WAN 140-141 J 4
Gongola, River ~ WAN 140-141 K 4
Gongolgon o AUS 114-115 J 6
Gongoué o G 146-147 B 4
Gongpoquan o VRC 84-85 C 7
Gongshan o VRC 78-79 L 2
Gong Xian o VRC (HEN) 90-91 H 4
Gong Xian o VRC (SIC) 92-93 D 2
Gongzhuling o VRC 86-87 E 6
Gonikoppla o IND 76-77 F 4
Gonneville o F (50) 228-229 B 4
Gonneville-la-Mallet o F (76) 228-229 E 4
Gono, togga ~ SP 144-145 K 4
Gonoa • TCH 134-135 H 2
Gonohe o J 88-89 J 4
Gonoruwa o CL 76-77 J 7
Gōnoura o J 88-89 C 8
Gonža o RUS 54-55 M 9
Gonzales o USA (FL) 192-193 E 4
Gonzales o USA (LA) 188-189 M 4
Gonzáles, Río ~ PY 220-221 H 2
Gonzales Moreno o RA 222-223 H 3
Gonzales Suares o PE 208-209 E 3
González o MEX 194-195 K 6
Gonzanamá o EC 208-209 C 4
Goobang Creek ~ AUS 116-117 J 2
Goobies o CDN 182-183 S 5
Gooch Range ▲ AUS 112-113 C 1
Goode, Mount ▲ AUS 112-113 F 3
Goodenough, Cape ▲ ARK 16 G 13
Goodenough, Pointe ▲ F (984) 246 VII
Goodenough Bay ≈ 119 E 5
Goodenough Island ⌒ PNG 119 F 5
Goodenough Land ⊥ GRØ 170-171 I 7
Goodeve o CDN 178-179 E 5
Good Hope, Cape of ▲ • ZA 156-157 D 7
Good Hope Plantation •• JA 198-199 G 5
Goodhouse o ZA 156-157 D 4
Gooding o USA 184-185 G 4
Goodland o USA 186-187 G 6
Goodlands o MS 160 C 7
Goodlettsville o USA 192-193 E 1
Goodnews Mining Camp o USA 166-167 Q 3
Goodooga o AUS 114-115 J 5
Goodparla o AUS 108-109 L 2
Goodpaster River ~ USA 164-165 S 4
Goodrich Bank ≃ 102-103 F 7
Goodsoil o CDN 176-177 Q 4
Good Spirit Lake o CDN 178-179 E 5
Goodwin o CDN 176-177 L 4
Goold Island ⌒ AUS 110-111 J 6
Goole o GB 26-27 G 5
Goolgowi o AUS 116-117 H 2
Goolwa o AUS 116-117 E 3
Goomader River ~ AUS 110-111 B 3
Goomalling o AUS 112-113 D 5
Goomeri o AUS 114-115 M 4
Goomny, gora ▲ RUS 52-53 H 5
Goondiwindi o AUS 114-115 L 5
Goongarrie, National Park ⊥ AUS 112-113 F 4
Goonyella Mine o AUS 114-115 K 1
Goorly, Lake o AUS 112-113 D 5
Goornong o AUS 116-117 H 4
Goose Bay o CDN (BC) 176-177 G 6
Goose Bay o CDN (NFL) 182-183 O 2
Goose Bay o CDN (NFL) 182-183 O 2
Gooseberry River ~ USA 186-187 C 3
Goose Creek ~ CDN 178-179 N 3
Goose Creek o USA (SC) 192-193 H 3
Goose Creek ~ USA 184-185 G 5
Goose Lake o CDN 178-179 C 5
Goose Lake o USA 184-185 D 5
Goose River ~ CDN 176-177 M 4
Goose River ~ CDN 182-183 O 2
Goosport o USA 188-189 L 4
Gooty o IND 76-77 G 3
Gopalganj o IND 78-79 D 2
Gopichettipalaiyam o IND 76-77 G 5
Gopło, Jezioro o PL 28-29 P 2
Goppe Bazar o MYA 78-79 H 5
Gò Quao o VN 94-95 H 6
Gōr ▫ AFG 70-71 K 1
Goradiz o AZ 64-65 M 3
Goragorskij o RUS 62-63 F 6
Gorahun o WAL 138-139 E 6
Goraici, Kepulauan ⌒ RI 100-101 K 4
Góra Kalwaria o PL 28-29 Q 3
Gorakhpur o IND 78-79 C 2
Goram, Tanjung ▲ RI 100-101 H 6
Goran, Lake o AUS 114-115 L 6
Goranlega ~ SP 148-149 H 4
Gorantla o IND 76-77 G 4
Goražde o BIH 36-37 G 3
Gōrband o AFG 74-75 B 2
Gorbea o RCH 222-223 C 5
Gorbi ~ RUS 56-57 G 4
Gorbiačin ~ RUS 44-45 X 8
Gorbica o RUS 54-55 J 9
Gorbilok ~ RUS 52-53 G 6
Gorbita ~ RUS 44-45 a 5
Gorbovy, ostrova ⌒ RUS 44-45 H 4
Gorbyl' ~ RUS 58-59 C 4
Gorda, Punta ▲ NIC 196-197 C 4
Gorda, Punta ▲ RCH 214-215 B 6
Gorda Cay o BS 198-199 G 1
Gordes o F (84) 242-243 G 4
Gördes ☆ TR 64-65 C 3
Gordon o USA (AK) 164-165 U 2
Gordon o USA (NE) 186-187 F 4
Gordon o USA (TX) 188-189 H 3
Gordon, Isla ⌒ RCH 224 F 7
Gordon, Lake o AUS 116-117 J 7
Gordon, Mount ▲ AUS 112-113 F 6
Gordon Downs o AUS 108-109 J 5
Gordon Lake o CDN (ALB) 176-177 P 3
Gordon Lake o CDN (NWT) 174-175 N 4
Gordon River ~ CDN 174-175 Z 3
Gordon's Bay o ZA 156-157 D 7
Gordonsville o USA 190-191 J 6
Gordonvale o AUS 110-111 H 5
Gorē o ETH 144-145 B 4
Gore o NZ 118 B 7
Goré o TCH 142-143 C 5
Gore Bay ≈ 168-169 d 7
Gorée, Île de ⌒ •• SN 138-139 B 2
Gorelaja Sopka, vulkan ▲ RUS 56-57 S 7
Göreme o •• TR 64-65 F 3
Gore Point ▲ USA 166-167 V 3
Gōr-e Teivāre o • AFG 70-71 L 2
Gorfous Dorés, Côte des ⌣ F (984) 246 III d 3
Gorgadji o BF 138-139 K 2
Gorgān o • IR 72-73 D 6
Gorgān, Rūdhāne-ye ~ IR 72-73 D 6
Gorges ⌣ • F (974) 246 II b 2
Gorgol ▫ RIM 132-133 D 6
Gorgol ~ RIM 132-133 D 7
Gorgol Blanc ~ RIM 132-133 D 6
Gorgol Noire ~ RIM 132-133 D 6
Gorgora o • ETH 136-137 H 6
Gorgoram o WAN 134-135 E 6
Gorgulho de São Antônio, Cachoeira ~ BR 212-213 C 5
Gorhiar o PK 74-75 C 7
Gori o • GE 62-63 F 7
Goricy o RUS 30-31 P 3
Gori Hills ▲ WAL 138-139 E 5
Gorinchem o NL 28-29 H 3
Goris o AR 64-65 M 3
Gorizia ☆ I 36-37 D 2
Gorjačegorsk o RUS 50-51 U 7
Gorjačevodskij o RUS 62-63 E 5
Gorjačij Ključ o RUS 62-63 C 5
Gorjaščaja, vulkan ▲ RUS 58-59 O 5
Gorjun ~ RUS 58-59 G 3
Gorka, mys ▲ RUS 56-57 R 3
Gor'kaja Balka < RUS 62-63 F 5
Gorkij = Nižnij Novgorod ☆ •• RUS 30-31 S 3
Gor'kij = Nižnij Novgorod ☆ •• RUS 30-31 S 3
Gor'koe, ozero o RUS 60-61 M 2
Gor'koe-Pereščečnoe, ozero o RUS 60-61 M 3
Gor'kovskoe ☆ RUS 50-51 N 7
Gor'kovskoe vodohranilišče < RUS 30-31 R 3
Gor'kovskoe vodohranilišče < RUS 30-31 S 3
Gorlice o • PL 28-29 Q 4
Görlitz o • D 28-29 N 3
Gorlovka = Horlivka o UA 38-39 L 3
Gōrmāč ▲ AFG 72-73 H 7
Gorman o USA 184-185 E 8
Gornaja Ob' ~ RUS 50-51 H 2
Gorna Mitropolia o BG 38-39 D 6
Gornjackij o RUS 38-39 M 3
Gornjak o RUS 60-61 M 3
Gorno-Altajsk ☆ RUS 60-61 O 3
Gorno-Čujskij o RUS 54-55 E 7
Gornoslinkino o RUS 50-51 K 5
Gornovodnoe o RUS 58-59 F 7
Gornozavodsk o RUS 58-59 J 5
Gornozavodsk ☆ RUS (PRM) 32-33 L 4
Gorny Altaj, Respublika ▫ RUS 60-61 P 3
Gornyj o RUS (HBR) 58-59 G 3
Gornyj o RUS (NVS) 50-51 R 7
Gornyj ☆ RUS (SAR) 32-33 F 8
Gornyj Altaj, Respublika = Altaï, Arrondissement de l' ▫ RUS 60-61 P 3
Goro o ETH 144-145 E 5
Goro o F (988) 247 I d 4
Goroch'an ▲ ETH 144-145 C 4
Gorodec o RUS 30-31 S 3
Gorodeck o RUS 24-25 S 5
Gorodišče o RUS 32-33 D 7
Gorodok, Lesnoj o RUS 54-55 F 10
Gorodovikovsk o RUS 38-39 M 4
Gorogoro o RI 100-101 K 4
Goroh, Tanjung ▲ RI 98-99 F 5
Gorohovec o RUS 30-31 S 3
Goroka ☆ • PNG 119 C 4
Goroke o AUS 116-117 F 4
Gorom-Gorom o BF 138-139 K 2
Gorona, Isla ⌒ CO 204-205 B 6
Gorong, Kepulauan ⌒ RI 102-103 F 4
Gorong, Pulau ⌒ RI 102-103 F 3
Gorongosa o MOC (Sof) 154-155 H 4
Gorongosa ▲ MOC (Sof) 154-155 H 4
Gorongosa, Parque Nacional de ⊥ MOC 154-155 H 4
Gorongosa, Rio ~ MOC 154-155 H 5
Gorontalo o RI 100-101 H 3
Gorontalo, Teluk ≈ 100-101 H 3
Goronyo o WAN 134-135 B 6
Gororos o BR 216-217 J 5
Goroubi ~ RN 138-139 L 3
Gorouol ~ BF 138-139 K 2
Gorre o F (87) 236-237 G 4
Gorrie o AUS 108-109 L 3
Gorron o F (53) 230-231 K 3
Gorševnoe o RUS 38-39 L 2
Gort = An Gort o IRL 26-27 C 5
Gōryān o AFG 70-71 J 1
Gorzów Wielkopolski ☆ • PL 28-29 N 2
Goschen Strait ≈ 119 F 6
Gosford-Woy Woy o • AUS 116-117 L 2
Goshen o USA 190-191 F 5
Goshogawara o J 88-89 J 4
Goshute Indian Reservation ⚔ USA 184-185 G 6
Gosier, Le o F (971) 245 IV b 2
Goslar o •• D 28-29 L 3
Gosné o F (35) 230-231 J 3
Gospić o HR 36-37 E 2
Gossas o SN 138-139 B 2
Gosses o AUS 114-115 C 6
Gossi o RMM 138-139 K 2
Gossinga o SUD 142-143 G 4
Gostivar o • MK 36-37 H 4
Gostynin o PL 28-29 P 2
Goszapovednik o KA 62-63 N 5
Gota o • ETH 144-145 E 4
Göta älv ~ S 22-23 F 8
Götaland ⊥ S 22-23 F 8
Göteborg ☆ •• S 22-23 E 8
Gotel Mountains ▲ WAN 140-141 J 5
Gotenba o J 88-89 H 7
Gotera = San Francisco ☆ ES 196-197 K 5
Gotha o • D 28-29 L 3
Goth Ahmad o PK 70-71 M 6
Gothenburg o USA 186-187 G 5
Gothèye o RN 138-139 L 3
Goth Kunda Bakhsh o PK 70-71 M 6
Gotland ⌒ •• S 22-23 J 8
Gotō-rettō ⌒ J 88-89 C 8
Gotska Sandön ⌒ • S 22-23 J 7
Gotska Sandön Nationalpark ⊥ S 22-23 J 7
Göttingen o • D 28-29 K 3
Gottwaldov = Zlín o CZ 28-29 O 4
Gotvald = Zmijiv o UA 38-39 K 3
Gouandé o DY 138-139 L 4
Gouarec o F (22) 230-231 E 3
Gouaro, Baie de ≈ 247 I c 3
Gouatchi o RCA 142-143 E 6
Gouaya ~ BF 138-139 K 3
Goubangzi o VRC 86-87 C 7
Goubeyre o F (971) 245 IV a 3
Goubi o RT 138-139 L 5
Goubouna ▲ DY 138-139 L 5
Goubum River ~ AUS 116-117 L 2
Gouchi o RN 134-135 D 6
Gouda o • NL 28-29 H 2
Gouda o ZA 156-157 D 6
Goudar, Rūd-e ~ IR 70-71 F 5
Goudargues o F (30) 242-243 E 3
Goudes, les o F (13) 242-243 G 5
Goudiri o SN 138-139 D 2
Goudoumaria o RN 134-135 E 6
Gouera, La o RIM 132-133 B 4
Gouesnière, La o F (35) 230-231 H 2
Gouesnou o F (29) 230-231 C 3
Gouet ~ F (22) 230-231 F 3
Gouézec o F (29) 230-231 D 3
Gouga o RCA 146-147 G 2
Gough, Zone de Fracture de = Gough Fracture Zone ≃ 14-15 H 13
Gough Fracture Zone = Gough, Zone de Fracture de ≃ 14-15 H 13
Gouin, Réservoir < CDN 182-183 G 4
Gouina, Chutes de ~ • RMM 138-139 E 2
Gouiret Moussa < DZ 126-127 D 5
Gouka o DY 138-139 L 5
Goukār o IR 70-71 C 1
Goul ~ F (15) 236-237 L 6
Goulahonfla o CI 138-139 G 6
Goulaine • F (44) 230-231 J 5
Goulais River o CDN 182-183 C 5
Goulburn o AUS 116-117 K 3
Goulburn Island, North ⌒ AUS 110-111 B 2
Goulburn Island, South ⌒ AUS 110-111 B 2
Goulburn River ~ AUS 116-117 H 4
Goulburn River National Park ⊥ AUS 116-117 K 2
Gould, Mount ▲ AUS 112-113 D 2
Gould Bay ≈ 16 F 32
Gould City o USA 190-191 F 2
Goulet, Montagne du ▲ F (07) 242-243 D 2
Goulfey o CAM 134-135 G 6
Goulia o CI 138-139 G 4
Goulien o F (29) 230-231 B 3
Goulimine ☆ MA 124-125 F 6
Goulles o F (19) 236-237 K 5
Goulles, Les o F (21) 234-235 F 6
Goulmima o MA 124-125 J 5
Goulou D. • VRC 92-93 G 5
Goulven o F (29) 230-231 C 2
Goumal Kalai o AFG 74-75 B 3
Goumal Rūd ~ AFG 74-75 B 3
Goumbatou o TCH 142-143 F 3
Goumbi ▲ G 146-147 C 4
Goumbi o RN 134-135 B 6
Goumbou o RMM 138-139 G 2
Gouméré o CI 138-139 J 6
Goumois, Corniche de • F 238-239 K 2
Gouna o CAM 140-141 K 4
Gounatolo o SOL 120 I e 3
Gounda o RCA 142-143 E 4
Gounda ~ RCA 142-143 E 4
Goundam o RMM 132-133 J 6
Goundi o TCH 142-143 C 4
Gounou-Gaya o TCH 142-143 B 4
Goupār o IR 70-71 G 3
Goupi Patatpe o F (973) 245 I a 4
Goūra o GR 36-37 J 6
Goura, Mount ▲ WAN 140-141 H 3
Gourand Garami o AFG 72-73 M 6
Gourak o AFG 70-71 L 2
Gourara ⊥ DZ 126-127 C 6
Gouraya o DZ 126-127 C 2
Gourbera o F (40) 240-241 B 3
Gourcy o BF 138-139 J 3
Gourdon o F (46) 236-237 H 6
Gourdon, Cape ▲ PNG 119 C 3
Gouré o RN 134-135 E 6
Gourette o F (64) 240-241 D 5
Gourey o RIM 138-139 D 2
Gourgançon o F (51) 234-235 E 4
Gourgé o F (79) 236-237 E 2
Gourie o • JA 198-199 G 5
Gourin o F (56) 230-231 D 3
Gourits ~ ZA 156-157 E 6
Gouritsmond o ZA 156-157 E 7
Gourjhamar o IND 74-75 G 8
Gourma ⊥ BF 138-139 L 4
Gourma-Rharous o RMM 132-133 K 6
Gourmeur < TCH 134-135 K 4
Gournay-en-Bray o F (76) 228-229 H 5
Gournay-sur-Aronde o F (60) 228-229 K 5
Gouro o TCH 134-135 J 3
Gourou, Djebel ▲ DZ 126-127 D 3
Gourrama o MA 124-125 J 4
Goussainville o F (28) 232-233 F 2
Gout-Rossignol o F (24) 236-237 F 5
Gouvêa o BR 216-217 J 5
Gouverneur o USA 190-191 L 3
Gouzam o IR 70-71 F 3
Gouzé o RCA 142-143 C 5
Gouzeaucourt o F (59) 228-229 L 3
Goūzgān ▫ AFG 72-73 J 6
Gouzon o F (23) 236-237 K 3
Gov' ⊥ MAU 84-85 F 6
Gov'-Altaj ▫ MAU 82-83 M 3
Gov' Altajn nuruu ▲ MAU 84-85 D 5
Goven o F (35) 230-231 H 3
Govena, mys ▲ RUS 48-49 O 7
Govena, poluostrov ⌣ RUS 48-49 O 7
Govenlock o CDN 176-177 Q 7
Gove Peninsula ⌣ AUS 110-111 D 3
Governador Eugênio o BR 212-213 F 4
Governador Valadares o BR 216-217 K 5
Governor's Camp o EAK 148-149 E 4
Governor's Harbour o • BS 198-199 G 2
Govind Ballabh Pant Sāgar < IND 78-79 C 3
Govind Sagar o IND 74-75 F 4
Gowan Range ▲ AUS 114-115 H 3
Gowan River ~ CDN 178-179 J 3
Goxwiller o F (67) 234-235 L 5
Goya o RA 220-221 H 5
Goyave o F (971) 245 IV a 2
Goyder Creek ~ AUS 114-115 C 3
Goyder River ~ AUS 110-111 C 3
Goyders Lagoon o AUS 114-115 E 4
Goyelle, Lac o CDN 182-183 O 3
Goyen ~ F (29) 230-231 C 3
Goyllarisquizga o PE 208-209 D 7
Goyo Kyauwo, River ~ WAN 140-141 K 3
Goyoum o CAM 140-141 K 6
Gozare o AFG 70-71 K 1
Goz-Beïda o TCH 134-135 K 6
Gozha Co o VRC 80-81 C 3
Gozo ⌒ M 36-37 E 6
Gozobangui, Chutes de ~ ZRE 142-143 F 6
Gozon, Château de • F (12) 240-241 K 2
Graaff-Reinet o • ZA 156-157 G 6
Graafwater o ZA 156-157 D 6
Grabels o F (34) 242-243 D 4
Grabo o CI 138-139 G 7
Grabo, Collines de ▲ CI 138-139 G 7
Grabouw o ZA 156-157 D 7
Graçay o F (18) 232-233 F 5
Grace (South), Lake o AUS 112-113 E 6
Grace-Dieu, Monastère de la • F 238-239 J 2
Gracefield o CDN 182-183 F 5
Gračevka ☆ RUS 32-33 H 7
Gracho Cardoso o BR 212-213 K 7
Gracias ☆ HN 196-197 K 4
Gracias a Dios, Cabo de ▲ HN 198-199 D 7
Gradaús o BR 212-213 C 5
Gradaus, Serra dos ▲ BR 212-213 C 6
Grado, Embalse de El < E 34-35 H 3
Gradsko o MK 36-37 H 4
Grady o USA (AR) 188-189 M 2
Grady o USA (NM) 188-189 F 2
Grady Harbour o CDN 182-183 Q 2
Grady Island ⌒ CDN 182-183 Q 2
Grædefjorden o GRØ 172-173 P 5
Grafinière, la • F (49) 230-231 L 5
Grafton o AUS 114-115 M 5
Grafton o USA (IL) 190-191 C 6
Grafton o USA (ND) 186-187 J 1
Grafton o USA (NH) 190-191 N 4
Grafton o USA (WV) 190-191 H 6
Gragnon Lake o CDN 174-175 O 5
Graham o CDN 178-179 L 6
Graham o USA 188-189 H 3
Graham, Mount ▲ USA 188-189 C 3
Graham Creek ~ USA 184-185 E 2
Graham Island ⌒ CDN (BC) 176-177 D 5
Graham Island ⌒ CDN (NWT) 168-169 a 2
Graham Lake o CDN 176-177 N 3
Graham Moore, Cape ▲ CDN 168-169 j 4
Graham Moore Bay ≈ 168-169 V 3
Graham River ~ CDN 176-177 J 3
Grahamstad = Grahamstown o ZA 156-157 H 6
Grahamstown = Grahamstad o ZA 156-157 H 6
Grahovo ☆ RUS 32-33 H 5
Grāhs Øer ⌒ GRØ 172-173 V 4
Grain Coast = Graines, Cote des ⌣ LB 138-139 E 7
Graines, Cote des = Grain Coast ⌣ LB 138-139 E 7
Graines, Rivière-aux- o CDN 182-183 M 3
Grainfield o USA 186-187 G 6
Grainville-Langannerie o F (14) 228-229 D 5
Grainville-la-Teinturière o F (76) 228-229 F 4
Graissessac o F (34) 240-241 L 3
Grajagan o RI 104 B 7
Grajagan, Teluk ≈ 104 B 7
Grajaú o BR 212-213 E 4
Grajaú, Rio ~ BR 212-213 F 3
Grajewo o PL 28-29 R 2
Grajvoron o RUS 38-39 J 2
Gramado o • BR 218-219 E 7
Gramat o F (46) 236-237 J 6
Gramat, Causse de ⊥ F (46) 236-237 J 6
Grambois o F (84) 242-243 H 4
Gramilla o RA 220-221 E 4
Grammond o F (42) 238-239 E 5
Grammos ▲ GR 36-37 H 4
Gramont • F (81) 240-241 F 3
Gramoteino o RUS 50-51 T 7
Grampains National Park ⊥ AUS 116-117 G 4
Gramphoo o IND 74-75 F 3
Grampianfjella ▲ N 20-21 G 3
Grampian Mountains ▲ GB 26-27 E 3
Gramsh ☆ • AL 36-37 H 4
Granaatboskolk o ZA 156-157 D 5
Granada o CO (ANT) 204-205 D 4
Granada o CO (MET) 204-205 E 6
Granada o ••• E 34-35 F 6
Granada ☆ •• NIC 196-197 B 6
Granada o USA 186-187 F 6
Granada II, Cerro ▲ RA 220-221 D 2
Gran Altiplanicie Central ⊥ RA 224 E 4
Gran Bahía ⊥ • DOM 198-199 L 5
Gran Bajo del Gualicho ⊥ RA 222-223 G 6
Gran Bajo de San Julián ⊥ RA 224 F 4
Granby o CDN 182-183 H 6
Granby o USA 186-187 E 5
Gran Canaria ⌒ E 124-125 D 7
Grancey-le-Château-Neuvelle o F (21) 238-239 G 1
Gran Chaco ⊥ RA 220-221 F 3
Grand Abaque, Pointe ▲ F (971) 245 IV b 2
Grand Abounami ~ F (973) 245 I a 2
Grand-Auverné o F (44) 230-231 J 4
Grand Bahama Island ⌒ BS 198-199 F 1
Grand Ballon, le ▲ F 234-235 L 6
Grand Ballon, le ▲ F (984) 246 III b 3
Grand Banc des Bahamas = Great Bahama Bank ≃ 198-199 F 2
Grand Banks of Newfoundland ≃ 14-15 D 4
Grand Barachois o F (975) 245 II b 2
Grand-Bassam o • CI 138-139 J 7
Grand Bassin o F (973) 245 I c 2
Grand Bassin = Great Basin ⌣ USA 184-185 F 5
Grand Bassin Artésien = Great Artesian Basin ⌣ AUS 114-115 F 3
Grand Belt = Store Bælt ≈ 22-23 E 9
Grand Bend o CDN 182-183 D 7
Grand Bérébi o CI 138-139 G 7
Grand-Bérébi o CI 138-139 G 7
Grand-Bornand, le o F (74) 238-239 J 5
Grand-Bourg o F (971) 245 IV b 3
Grand-Bourg, Le o F (23) 236-237 J 3
Grand Bruit o CDN 182-183 P 5
Grand Caicos ⌒ GB 198-199 K 4
Grandcamp-Maisy o F (14) 228-229 B 5
Grand Canal < IRL 26-27 D 5
Grand Canyon o USA 184-185 H 7
Grand Canyon ⌣ USA 184-185 H 7
Grand Canyon Caverns ∴ USA 184-185 H 8
Grand Canyon National Park ⊥ ••• USA 184-185 H 7
Grand Canyon of the Liard ⌣ CDN 174-175 G 6
Grand Cayman ⌒ GB 198-199 E 5
Grand Centre o CDN 176-177 P 4
Grand Cess o LB 138-139 F 7
Grandchain o F (27) 228-229 F 5
Grand-Champ o F (56) 230-231 F 4
Grandchamp o F (89) 232-233 J 4
Grand Colombier ⌒ F (975) 245 II b 2
Grand Colombier, Montagne du ▲ F (73) 238-239 H 5
Grand-Combe, La o F (30) 242-243 E 3
Grand-Coude o F (974) 246 II b 2
Grand Coulee o USA 184-185 E 2
Grand Coulee Dam < USA 184-185 E 2
Grand-Couronne o F (76) 228-229 G 5
Grandcourt o F (76) 228-229 G 4
Grand Coyer, le ▲ F (06) 242-243 K 3
Grand-Crohot-Océan o F (33) 236-237 C 6
Grand-Croix, La o F (42) 242-243 F 1
Grand-Cul-de-Sac o F (971) 245 III b 2
Grand Cul-de-Sac Marin ≈ 245 IV a 2

Grand Désert de Sable = Great Sandy Desert ∸ AUS 108-109 F 6
Grand Désert de Victoria = Great Victoria Desert ∸ AUS 112-113 J 3
Grand Désert Salé = Kavir, Dašt-e ∸ IR 70-71 E 1
Grande, Arroyo ~ RA 222-223 K 4
Grande, Arroyo ~ ROU 222-223 L 2
Grande, Bahía ≈ 224 F 5
Grande, Cañada ~ RA 220-221 F 2
Grande, Cayo ⌒ C 198-199 F 4
Grande, Ciénaga ⊖ CO 204-205 D 3
Grande, Corredeira ~ BR 214-215 K 3
Grande, Cuchilla ▲ ROU 222-223 M 2
Grande, Ilha ⌒ BR 216-217 H 7
Grande, La ○ USA 184-185 E 3
Grande, Lago ⊖ BR 210-211 K 4
Grande, Lago ⊖ RA 224 G 3
Grande, Monte ▲ BR 214-215 J 6
Grande, Playa ∸ • DOM 198-199 L 5
Grande, Ponta ▲ CV 138-139 B 5
Grande, Punta ▲ PE 208-209 D 9
Grande, Punta ▲ RCH 220-221 B 3
Grande, Río ~ BOL 214-215 E 6
Grande, Rio ~ BR 212-213 G 7
Grande, Rio ~ BR 216-217 F 6
Grande, Rio ~ BR 216-217 H 2
Grande, Río ~ GCA 196-197 J 4
Grande, Río ~ PE 208-209 E 9
Grande, Río ~ RA 220-221 D 4
Grande, Río ~ RA 220-221 E 2
Grande, Río ~ RA 222-223 E 4
Grande, Río ~ RA 224 F 6
Grande, Río ~ RCH 220-221 B 6
Grande, Rio ~ USA 188-189 F 5
Grande, Río ~ YV 204-205 L 3
Grande, Rivière la ~ CDN 182-183 E 2
Grande, Salar ⊖ RCH 220-221 C 4
Grande, Serra ▲ BR 212-213 F 6
Grande, Serra ▲ BR 212-213 H 4
Grande, Sierra ▲ MEX 194-195 G 3
Grande, Sierra ▲ RA 220-221 E 6
Grande-Anse ○ F (971) 245 IV a 3
Grande-Anse ○ F (972) 245 V a 2
Grande Anse ○ WL 200 E 4
Grande Anse, Plage ∸ • RH 198-199 J 5
Grande Barrière = Great Barrier Reef ∸ ••• AUS 110-111 G 2
Grande Barriere, la ▲ F (984) 246 III b 3
Grande-Bretagne = Great Britain ∸ GB 26-27 G 3
Grande Cache ○ CDN 176-177 L 5
Grande Case ○ F (971) 245 IV b 3
Grande-Case ○ F (971) 245 IV b 3
Grande Casse, Pointe de la ▲ F (73) 242-243 K 1
Grande Cayemite ⌒ RH 198-199 J 5
Grande Chartreuse, Couvent de la • F (38) 242-243 H 1
Grande-Côte, La ○ F (17) 236-237 C 4
Grande de Gurupa, Ilha ⌒ BR 206-207 J 6
Grande del Durazno, Cuchilla ▲ ROU 222-223 L 2
Grande de Lipez, Río ~ BOL 220-221 D 1
Grande de Manacapuru, Lago ⊖ BR 210-211 G 4
Grande de Matagalpa, Río ~ NIC 196-197 C 5
Grande Dépression Centrale = Congo, Bassin du ∸ ZRE 5 E 5
Grande de Santiago, Río ~ MEX 194-195 G 7
Grande de São Isabel, Ilha ⌒ BR 212-213 H 3
Grande de Tarija, Río ~ RA 220-221 E 2
Grande deValle Hermoso, Río ~ RA 220-221 C 5
Grande do Branquinho, Cachoeira ~ BR 210-211 G 4
Grande do Curuai, Lago ⊖ BR 210-211 K 4
Grande do Iriri, Cachoeira ~ BR 212-213 B 3
Grande-Entrée ○ CDN 182-183 O 5
Grande Gautière ▲ F (04) 242-243 J 3
Grande Île ⌒ F (984) 246 VI a 1
Grande Île ⌒ SY 158-159 E 2
Grande Inferior, Cuchilla ▲ ROU 222-223 L 2
Grande Kabylie ∸ DZ 126-127 D 2
Grande Leyre ~ F (40) 240-241 C 2
Grande Maine ~ F (85) 236-237 B 2
Grande Miquelon ⌒ F (975) 245 II b 1
Grande Montagne, Morne de la ▲ F (975) 245 II b 1
Grande-Motte, La ○ F (34) 242-243 E 4
Grande Muraille = Great Wall, The ••• VRC 90-91 K 1
Grande o Guapay, Río ~ BOL 214-215 F 6
Grande o Guapay, Río ~ BOL 214-215 E 5
Grande o Guasamayo, Río ~ RA 220-221 D 4
Grande Pointe ▲ F (971) 245 III b 2
Grande Prairie ○ CDN 176-177 L 4
Grande Quatre, Réservoir de la < CDN 180-181 N 7
Grand Erg de Bilma ∸ RN 134-135 F 4
Grand Erg Occidental = Grand Erg Occidental ∸ DZ 124-125 L 5
Grand Erg Oriental = Grand Erg Oriental ∸ DZ 126-127 E 6
Grande Rivière, La = Fort George River ~ CDN 182-183 G 2
Grande Rivière de la Baleine ~ CDN 180-181 L 7
Grande Ronde River ~ USA 184-185 F 3
Grandes, Salinas ⊖ RA (CAT) 220-221 E 5
Grandes, Salinas ⊖ RA (LAP) 222-223 H 4
Grandes, Salinas ⊖ RA (LAP) 222-223 H 5
Grandes, Salinas ⊖ RA (SAL) 220-221 D 2
Grande Sassière, Aiguille de la ▲ F (73) 238-239 K 5
Grande Sauldre ~ F (18) 232-233 H 4
Grandes Cascades ~ MA 124-125 K 3
Grandes Grottes • F (29) 230-231 C 3
Grande Sido ~ TCH 142-143 D 4
Gran Desierto Del Pinacate, Parque Natural del ⊥ MEX 194-195 C 2
Grandes Plaines = Great Plains ∸ USA 186-187 E 1
Grande-Synthe ○ F (59) 228-229 J 1
Grand Étang, le ⊖ F (974) 246 II b 2
Grand Etang, le ⊖ F (984) 246 III d 3
Grande-Terre ⌒ F (971) 245 IV b 2
Grande Terre ⌒ SY 158-159 E 2
Grande-Vallée ○ CDN 182-183 M 4
Grande Vigie, Pointe de la ▲ F (971) 245 IV b 1
Grand Falls ○ CDN (NB) 182-183 L 5
Grand Falls ○ CDN (NFL) 182-183 R 4
Grand Falls ~ EAK 148-149 F 4
Grandfather Mountain ▲ USA 192-193 H 1
Grand-Fond ○ F (971) 245 III b 2
Grandfontaine-Fournets ○ F (25) 238-239 K 2
Grand Forks ○ CDN 176-177 L 7
Grand Forks ○ USA 186-187 J 2
Grand-Fort-Philippe ○ F (59) 228-229 J 1
Grand-Fougeray ○ F (35) 230-231 H 4
Grandfresnoy ○ F (60) 228-229 K 5
Grand Haven ○ USA 190-191 E 4
Grand-Ilet ○ F (974) 246 II a 2
Grand Îlet ∸ F (971) 245 IV a 3
Grandin, Lac ⊖ CDN 174-175 K 3
Grand Island ○ USA (NE) 186-187 H 5
Grand Island ⌒ USA (MI) 190-191 E 2
Grand Isle ○ USA 192-193 D 5
Grand Junction ○ • USA 186-187 C 6
Grand Lac Salé, Désert du = Great Salt Lake Desert ∸ USA 184-185 H 5
Grand Lac Salé = Great Salt Lake ⊖ USA 184-185 H 5
Grand Lac Victoria ⊖ CDN 182-183 F 5
Grand-Lahou ○ CI 138-139 H 7
Grand Lake ⊖ CDN (NB) 182-183 L 5
Grand Lake ⊖ CDN (NFL) 182-183 Q 4
Grand Lake ⊖ CDN (NFL) 182-183 O 2
Grand Lake ~ CDN 182-183 L 6
Grand Lake ⊖ USA 190-191 F 5
Grand Lay ~ F (85) 236-237 D 2
Grand le Pierre ○ CDN 182-183 R 5
Grand-Lieu, Lac de ⊖ F (44) 230-231 H 5
Grand-Lucé, Le ○ F (72) 230-231 M 4
Grand Maine ~ F (85) 236-237 C 2
Grand Manan Island ⌒ CDN 182-183 L 6
Grand Marais ○ USA (MI) 190-191 F 2
Grand Marais ○ USA (MN) 190-191 C 2
Grand Mécatina, Ile du ⌒ CDN 182-183 P 3
Grand-Mère ○ CDN 182-183 H 5
Grand Mesa ▲ USA 186-187 D 6
Grand-Millebrugghe ○ F (59) 228-229 J 2
Grand Morin ~ F (77) 232-233 H 2
Grand Morin, Vallée du ⌄ F (77) 232-233 J 2
Grândola ○ P 34-35 C 5
Grand Pacific Glacier ⊂ CDN 164-165 W 7
Grand-Piquey, le ○ F (33) 236-237 C 6
Grand-Popo ○ • DY 138-139 L 6
Grand Portage ○ USA 190-191 D 2
Grand Portage Indian Reservation ✕ USA 190-191 C 2
Grand Portage National Monument ∴ USA 190-191 D 2
Grandpré ○ F (08) 234-235 F 3
Grand Pré National Historical Park ∴ CDN 182-183 M 6
Grand-Pressigny, Le ○ F (37) 236-237 G 2
Grand Py, Cascade du ~ • F (73) 242-243 K 1
Grand Quarries Fossils, Le • USA 186-187 L 4
Grand-Quevilly, Le ○ F (76) 228-229 G 5
Grand Rapids ○ CDN (MAN) 178-179 G 4
Grand Rapids ~ CDN 176-177 O 3
Grand Rapids ○ USA (MI) 190-191 F 4
Grand Rapids ○ USA (MN) 186-187 L 2
Grand Récif du Nord-Est ⌒ F (985) 246 I b 2
Grand Récif Sud ⌒ F (988) 247 I e 4
Grand-Remous ○ CDN 182-183 G 5
Grand Rhône ~ F (13) 242-243 E 5
Grandrieu ○ F (48) 242-243 D 2
Grand River ~ CDN 182-183 D 7
Grand River ~ USA 186-187 G 3
Grand River ~ USA 190-191 F 4
Grand River National Grassland ⊥ USA 186-187 F 3
Grand'Rivière ○ F (972) 245 V a 2
Grand Rivière Noire ○ MS 160 C 7
Grand Rocher • F (22) 230-231 E 2
Grand Ronde ○ USA 184-185 C 3
Grand-Rullecourt ○ F (62) 228-229 J 3
Grand Saline ○ USA 188-189 K 3
Grand-sans-Toucher ▲ F (971) 245 IV a 2
Grand-Santi ○ F (973) 245 I a 2
Grand-Serre, Le ○ F (26) 242-243 G 1
Grands Fonds, les ∸ F (971) 245 IV b 2
Grands Goulets • F (26) 242-243 G 2
Grand Teton National Park ⊥ USA 184-185 J 4
Grand Teton Peak ▲ USA 184-185 J 4
Grand Traverse Bay ⊖ USA 190-191 F 3
Grand Turk Island ⌒ GB 198-199 K 4
Grand-Vabre ○ F (12) 240-241 J 1
Grandvelle-et-le-Perrenot ○ F (70) 238-239 H 1
Grand Veymont, le ▲ F (38) 242-243 H 2
Grandview ○ CDN 178-179 F 5
Grandvillars ○ F (70) 238-239 K 1
Grandvilliers ○ F (27) 232-233 E 2
Grandvilliers ○ F (60) 228-229 H 4
Grâne ○ F (26) 242-243 F 2
Granet Lake ⊖ CDN 168-169 J 6
Grange, La ○ USA (GA) 192-193 F 3
Grange, La ○ USA (KY) 190-191 F 6
Grange, La ○ USA (NC) 192-193 K 2
Grange, La ○ USA (TX) 188-189 J 5
Grange Hill ○ JA 198-199 F 5
Granger ○ USA 186-187 C 5
Granger, Lake ⊖ USA 188-189 J 4
Granges, Col des ▲ F (04) 242-243 K 3
Granges-sur-Vologne ○ F (88) 234-235 K 5
Grangeville ○ USA 184-185 F 3
Granisle ○ CDN 176-177 G 4
Granite Bay ○ CDN 176-177 H 6
Granite Falls ○ USA 186-187 K 3
Granite Lake ⊖ CDN 182-183 Q 4
Granite Mountains ▲ USA 184-185 G 8
Granite Pass ▲ USA 186-187 D 3
Granite Peak ▲ AUS 112-113 D 7
Granite Peak ▲ USA (MT) 186-187 C 3
Granite Peak ▲ USA (NV) 184-185 F 5
Granite Peak ▲ USA (UT) 184-185 H 5
Granites Mine, The ∴ AUS 108-109 K 6
Granito ○ BR 212-213 J 5
Granit Rose, Côte de ⌄ F (22) 230-231 E 2
Granja ○ BR 212-213 H 3
Granja Macali ○ BR 218-219 D 6
Gran Laguna Salada ⊖ RA 224 G 2
Gran Muralla • PE 208-209 C 6
Gränna ○ • S 22-23 G 7
Granollers ○ E 34-35 J 4
Gran Pajatén ••• PE 208-209 D 5
Gran Pajonal ▲ PE 208-209 E 7
Gran Pampa Pelada ∸ BOL 220-221 D 1
Gran Pampa Salada ∸ BOL 214-215 D 7
Gran Paradiso ▲ I 36-37 A 2
Gran Rio ~ SME 206-207 F 4
Gran Sabana, La ∸ YV 206-207 D 3
Gran Sasso d'Italia ▲ I 36-37 D 3
Grant ○ USA (CO) 186-187 E 6
Grant ○ USA (NE) 186-187 G 5
Granta, mys ▲ RUS 20-21 Z 2
Gran Tarajal ○ E 124-125 D 6
Grant Birthplace State Memorial ∴ USA 190-191 F 6
Grantham ○ GB 26-27 G 5
Grant-Kohrs Ranch National Historic Site ∴ USA 184-185 H 2
Grant Lake ⊖ CDN 174-175 L 3
Grant Point ▲ CDN 168-169 X 6
Grants ○ USA 188-189 D 2
Grantsburg ○ USA 186-187 L 3
Grants Pass ○ USA 184-185 C 4
Grant Suttie Bay ≈ 168-169 h 6
Grantsville ○ USA 184-185 H 5
Granville ○ F (50) 230-231 H 2
Granville ○ USA 186-187 G 1
Granville Lake ⊖ CDN 178-179 F 2
Grão-Mogol ○ BR 216-217 J 4
Gras ○ F (07) 242-243 F 3
Gras, Lac de ⊖ CDN 174-175 O 3
Gras, les ○ F (25) 238-239 K 2
Grasa, Cerro la ▲ RA 222-223 D 5
Graskop ○ ZA 156-157 K 2
Grassac ○ F (16) 236-237 F 4
Grasse ○ F (06) 242-243 K 4
Grasset, Lac ⊖ CDN 182-183 E 4
Grassland ○ CDN 176-177 O 4
Grasslands National Park ⊥ CDN 178-179 C 6
Grassrange ○ USA 186-187 C 2
Grassridgedam < ZA 156-157 G 5
Grass River ~ CDN 178-179 G 3
Grass River Provincial Park ⊥ CDN 178-179 F 3
Grass Valley ○ USA 184-185 D 6
Grassy ○ AUS 116-117 H 6
Grassy Lake ○ CDN 176-177 P 7
Gratens ○ F (31) 240-241 G 4
Grates Cove ○ CDN 182-183 S 4
Grates Point ▲ CDN 182-183 S 4
Gratwick, Mount ▲ AUS 108-109 D 6
Gratz ○ USA 190-191 F 6
Grau-du-Roi, Le ○ F (30) 242-243 E 4
Graulhet ○ F (81) 240-241 H 3
Gravata ○ BR 212-213 L 6
Gravataí ○ BR 218-219 E 7
Gravatal, Termas do • BR 218-219 F 7
Grave, la ○ F (05) 242-243 J 1
Grave, Pointe de ▲ F (33) 236-237 C 4
Gravelbourg ○ CDN 178-179 C 6
Gravel Hill Lake ⊖ CDN 174-175 S 4
Gravelines ○ F (59) 228-229 J 2
Gravelle, La ○ F (53) 230-231 J 3
Gravelotte ○ F (57) 234-235 J 3
Gravelotte ○ ZA 154-155 F 6
Gravenhage, 's-= Den Haag ☆ •• NL 28-29 H 2
Gravenhurst ○ CDN 182-183 E 6
Grave Peak ▲ USA 184-185 G 2
Graves ∸ F (33) 236-237 D 6
Gravesend ○ AUS 114-115 L 5
Graveson ○ F (13) 242-243 F 4
Graves Strait ≈ 180-181 R 4
Gravona ~ F (2A) 244 C 4
Gray ○ F (70) 238-239 H 2
Gray ○ USA (GA) 192-193 G 3
Gray ○ USA (ME) 190-191 N 4
Gray ○ USA (OK) 188-189 G 1
Grayling ○ USA 190-191 F 3
Grayling Fork ~ USA 164-165 U 3
Grayling River ~ CDN 174-175 G 6
Grayr-Nagel • MA 132-133 C 2
Grayrocks Reservoir < USA 186-187 E 4
Grays Harbor ≈ 184-185 B 2
Grays Lake ⊖ USA 184-185 J 4
Grayson ○ USA 190-191 G 6
Gray Strait ≈ 180-181 R 4
Grayville ○ USA 190-191 D 6
Graz ☆ •• A 28-29 N 5
Grease River ~ CDN 174-175 Q 6
Greasy Lake ⊖ CDN 174-175 H 4
Great Abaco Island ⌒ BS 198-199 G 1
Great Alp Falls ∸ GB 200 D 3
Great America ∴ USA 190-191 E 4
Great Artesian Basin ⌄ AUS 114-115 F 3
Great Australian Bight = Australienne, Grande Baie ≈ 112-113 J 6
Great Bahama Bank = Grand Banc des Bahamas ≃ 198-199 F 2
Great Barrier Island ⌒ NZ 118 E 2
Great Barrier Reef Marine Park ⊥ ••• AUS 110-111 L 6
Great Basalt Wall National Park ⊥ AUS 110-111 H 6
Great Basin ⌄ USA 184-185 F 5
Great Basin National Park ⊥ USA 184-185 G 7
Great Bear Lake ⊖ CDN 174-175 J 2
Great Bear River ~ CDN 174-175 H 3
Great Bend ○ USA 186-187 H 6
Great Britain = Grande-Bretagne ∸ GB 26-27 G 3
Great Coco Island ⌒ MYA 76-77 L 2
Great Dismal Swamp National Wildlife Refuge ⊥ USA 190-191 K 7
Great Divide Basin ⌄ USA 186-187 C 4
Great Dividing Range ▲ AUS 114-115 K 4
Great Duck Islands ⌒ CDN 182-183 C 6
Great Eastern Highway II AUS 112-113 E 5
Greater Accra Region □ GH 138-139 K 7
Greater Antilles = Grandes Antilles ⌒ 198-199 F 5
Great Exhibition Bay ≈ 118 D 1
Great Exuma Island ⌒ BS 198-199 G 3
Great Falls ~ GUY 206-207 E 4
Great Falls ○ USA (MT) 184-185 J 2
Great Falls ∴ USA (MT) 184-185 J 2
Great Guana Cay ⌒ BS 198-199 G 2
Great Harbour Cay ⌒ BS 198-199 F 2
Great Inagua Island ⌒ BS 198-199 J 4
Great Isaac ⌒ BS 198-199 F 1
Great Kambung Swamp ⊖ AUS 116-117 G 3
Great Karoo = Groot Karoo ∸ ZA 156-157 E 6
Great Keppel Island ⌒ AUS 114-115 L 2
Great Lake ⊖ AUS 116-117 J 6
Great Mercury Island ⌒ NZ 118 E 2
Great Nicobar Island ⌒ IND 76-77 L 6
Great North East Channel ≈ 119 B 5
Great Northern Highway II AUS 112-113 E 2
Great Ocean Road • AUS 116-117 G 5
Great Ouse ~ GB 26-27 G 5
Great Palm Island ⌒ AUS 110-111 J 6
Great Papuan Plateau ▲ PNG 119 B 4
Great Pearl Bank ⌒ UAE 70-71 D 5
Great Plains ∸ CDN 176-177 O 3
Great Plains ∸ USA 186-187 E 1
Great Plains ∸ USA 188-189 G 2
Great Rattling Brook ~ CDN 182-183 R 4
Great Ruaha ~ EAT 150-151 H 4
Great Ruaha ~ EAT 150-151 J 4
Great Sacandaga Lake ⊖ USA 190-191 L 4
Great Salt Lake ⊖ USA 184-185 H 5
Great Salt Lake Desert ∸ USA 184-185 H 5
Great Salt Plains Reservoir < USA 188-189 H 1
Great Sand Dunes National Monument ∴ •• USA 186-187 E 7
Great Sand Hills ▲ CDN 176-177 Q 6
Great Sandy Desert ∸ AUS 108-109 F 6
Great Sandy Desert ∸ USA 184-185 D 4
Great Sea Reef ⌒ FJI 120 III b 2
Great Sitkin Island ⌒ USA 166-167 H 6
Great Slave Lake ⊖ CDN 174-175 M 5
Great Smoky Mountains ▲ USA 192-193 G 2
Great Smoky Mountains National Park ⊥ ••• USA 192-193 G 2
Great Sole Bank ≃ 26-27 B 7
Great Valley ∸ USA 190-191 K 6
Great Victoria Desert ∸ AUS 112-113 J 3
Great Victoria Desert Flora & Fauna Reserve ⊥ AUS 112-113 K 4
Great Wall, The = Grande Muraille ••• VRC 90-91 K 1
Great Western Torres Island ⌒ MYA 94-95 D 5
Great Yarmouth ○ GB 26-27 H 5
Great Zimbabwe National Monument ∴ ••• ZW 154-155 F 5
Grèce = Elläs ■ GR 36-37 H 5
Gredos, Coto Nacional de ⊥ E 34-35 E 4
Greeley ○ USA (CO) 186-187 E 5
Greeley ○ USA (NE) 186-187 H 5
Greely Fiord ≈ 170-171 H 3
Greem Bell, ostrov ⌒ RUS 20-21 h 2
Green ○ CDN 178-179 M 5
Green ○ PNG 119 A 3
Green Bank ≃ 182-183 R 6
Green Bay ≈ 182-183 R 4
Green Bay ○ USA (WI) 190-191 D 3
Green Bay ⊖ USA (WI) 190-191 E 3
Greenbush ○ USA 186-187 J 1
Green Cape ▲ AUS 116-117 K 4
Greencastle ○ USA (IN) 190-191 E 6
Greencastle ○ USA (PA) 190-191 K 6
Green Cay ⌒ BS 198-199 G 2
Greeneville ○ USA 192-193 G 1
Greenfield ○ USA (IL) 190-191 C 6
Greenfield ○ USA (IN) 190-191 F 6
Greenfield ○ USA (MA) 190-191 M 4
Greenfield ○ USA (MO) 188-189 L 1
Greenfield ○ USA (TN) 192-193 D 1
Green Head ○ AUS 112-113 C 5
Green Island ⌒ AUS 110-111 J 5
Green Island ⌒ USA 164-165 R 6
Green Island Bay ≈ 96-97 C 7
Green Lake ○ CDN 178-179 C 3
Greenland ○ USA 190-191 D 2
Greenland, Baie ≈ 246 III d 4
Greenland-Iceland Rise = Groenland-Islande, Seuil de ≃ 14-15 G 2
Greenland Sea = Groenland, Mer du ≈ 170-171 s 5
Greenly Island ⌒ AUS 116-117 C 3
Green Mountain ▲ USA 190-191 M 4
Greenock ○ GB 26-27 E 4
Greenough ○ AUS 112-113 C 4
Greenough, Mount ▲ USA 164-165 U 2
Greenough River ~ AUS 112-113 C 4
Greenport ○ USA 190-191 M 5
Green River ○ USA 184-185 J 6
Green River ~ USA 186-187 C 5
Green River Basin ⌄ USA 184-185 J 4
Greensboro ○ USA (AL) 192-193 E 3
Greensboro ○ USA (GA) 192-193 G 3
Greensboro ○ USA (NC) 192-193 J 1
Greensburg ○ USA (IN) 190-191 F 6
Greensburg ○ USA (KS) 188-189 H 1
Greensburg ○ USA (PA) 190-191 J 5
Green Swamp ⊖ USA 192-193 J 2
Greenup ○ USA 190-191 D 6
Greenvale ○ AUS 110-111 H 6
Greenville ☆ LB 138-139 F 7
Greenville ○ USA (AL) 192-193 E 4
Greenville ○ USA (CA) 184-185 D 5
Greenville ○ USA (FL) 192-193 G 4
Greenville ○ USA (IL) 190-191 D 6
Greenville ○ USA (ME) 190-191 O 3
Greenville ○ USA (MS) 188-189 M 3
Greenville ○ USA (OH) 190-191 F 5
Greenville ○ USA (PA) 190-191 H 5
Greenville ○ USA (SC) 192-193 G 2
Greenville ○ USA (TN) 192-193 K 2
Greenville ○ USA (TX) 188-189 J 3
Green Water Provincial Park ⊥ CDN 178-179 E 4
Greenwich ○ GB 26-27 H 6
Greenwich ○ USA 190-191 G 5
Greenwood ○ CDN 176-177 L 7
Greenwood ○ USA (IN) 190-191 E 6
Greenwood ○ USA (MS) 188-189 M 3
Greenwood ○ USA (SC) 192-193 G 2
Greenwood, Lake ⊖ USA 192-193 G 2
Greer ○ USA 192-193 G 2
Greers Ferry Lake ⊖ USA 188-189 L 2
Greeshield Lake ⊖ CDN 172-173 G 3
Greeson, Lake ⊖ USA 188-189 L 2
Gregoria Pérez de Denis ○ RA 220-221 G 5
Gregório, Cachoeira ~ BR 210-211 F 2
Gregório, Rio ~ BR 210-211 B 7
Gregório, Rio ~ BR 210-211 B 6
Gregorio Aznarez ○ ROU 222-223 M 3
Gregorio Méndez ○ MEX 196-197 J 3
Gregory ○ USA 186-187 H 4
Gregory, Lake ⊖ AUS (SA) 114-115 E 5
Gregory, Lake ⊖ AUS (WA) 112-113 E 2
Gregory Creek ~ AUS 114-115 D 5
Gregory Development Road II AUS 110-111 J 7
Gregory Downs ○ AUS 110-111 E 6
Gregory Lake ⊖ AUS 108-109 H 6
Gregory National Park ⊥ AUS 108-109 K 4
Gregory Range ▲ AUS 108-109 E 6
Gregory Range ▲ AUS 110-111 G 6
Gregory River ~ AUS 110-111 E 6
Gregory Springs ○ AUS 110-111 H 6
Greïfif < RIM 132-133 E 6
Greifswald ○ • D 28-29 M 1
Greig Bank ≃ 98-99 H 5
Greiz ○ • D 28-29 M 3
Gremiha ○ RUS 24-25 P 2
Gremjače ○ RUS 38-39 L 2
Gremjačinsk ☆ RUS 32-33 K 4
Grenå ○ DK 22-23 E 8
Grenada ○ USA 192-193 D 3
Grenada ⌒ WG 200 E 5
Grenada = Grenade ■ WG 200 D 5
Grenada Lake ⊖ USA 192-193 D 3
Grenade ○ F (31) 240-241 G 3
Grenade = Grenada ■ WG 200 D 5
Grenade-sur-l'Adour ○ • F (40) 240-241 D 3
Grenadines, The ⌒ WV 200 E 5
Grenant ○ F (52) 238-239 H 1
Grendelbruch ○ F (67) 234-235 L 4
Grenen ∸ •• DK 22-23 E 8
Grenfell ○ AUS 116-117 J 3
Grenfell ○ CDN 178-179 E 5
Grenfell, Mount ▲ AUS 114-115 H 6
Grenivik ○ IS 22-23 d 2
Grenoble ☆ F (38) 242-243 H 1
Grenora ○ USA 186-187 F 1
Grense Jakobselv ○ N 22-23 P 2
Grenville ○ USA 188-189 F 1
Grenville ○ WG 200 E 5
Grenville, Cape ▲ AUS 110-111 G 2
Gréolières ○ F (06) 242-243 K 4
Gréolières-les-Neiges ○ F (06) 242-243 K 4
Gréoux-les-Bains ○ F (04) 242-243 H 4
Greshak ○ PK 70-71 M 5
Gresik ○ RI 104 E 3
Gresåmoen nasjonalpark ⊥ N 22-23 F 4
Gresse-en-Vercors ○ F (38) 242-243 H 2
Grésy-sur-Aix ○ F (73) 238-239 H 5
Grésy-sur-Isère ○ F (73) 238-239 J 5
Gretz-Armainvilliers ○ F (77) 232-233 H 2
Grève, La ○ F (973) 245 I b 3
Grevená ○ GR 36-37 H 4
Grevy, Isla ⌒ RCH 224 G 7
Grey, Cape ▲ AUS 110-111 D 3
Greybull ○ USA 186-187 C 3
Greybull River ~ USA 186-187 C 3
Grey Hunter Peak ▲ CDN 164-165 X 5
Grey Islands ⌒ CDN 182-183 R 3
Greylingstad ○ ZA 156-157 J 3
Greylock, Mount ▲ USA 190-191 M 4
Greymouth ○ NZ 118 C 5
Grey Range ▲ AUS 114-115 G 4
Grey River ○ CDN 182-183 Q 5
Grey River ~ CDN 182-183 Q 5
Greyton ○ ZA 156-157 D 7
Greytown ○ ZA 156-157 K 4
Grézels ○ F (46) 240-241 G 2
Grez-en-Bouère ○ F (53) 230-231 K 4
Grèzes ○ F (46) 240-241 H 1
Grézolles ○ F (42) 238-239 D 5
Griba, La • TN 126-127 H 4
Gribanovskij ○ RUS 38-39 M 2
Gribbell Island ⌒ CDN 176-177 F 5
Gribingui ~ RCA 142-143 D 5
Gribingui-Bamingui, Réserve de faune du ⊥ RCA 142-143 D 5
Griboue ○ CI 138-139 G 6
Gridino ○ RUS 24-25 N 4
Gridley ○ USA 184-185 D 6
Griekwastad = Griquatown ○ ZA 156-157 F 4
Griffenfelds Ø = Uumaanaq ⌒ GRØ 172-173 U 5
Griffin ○ CDN 178-179 E 6
Griffin ○ USA 192-193 F 3
Griffin, Fort • USA 188-189 H 3
Griffin Lake ⊖ CDN 174-175 U 5
Griffin Point ▲ USA 164-165 T 1
Griffith ○ AUS 116-117 J 3
Griffith Island ⌒ CDN 168-169 Y 3
Griffiths Point ▲ CDN 168-169 K 2
Grigel ○ F (973) 245 I b 3
Grignan ○ F (26) 242-243 F 3
Grignols ○ F (24) 236-237 G 5
Grignols ○ F (33) 240-241 D 2
Grigor'evka ○ RUS 52-53 F 9
Grigor'evskaja ○ RUS 32-33 J 4
Grijalva, Monte ▲ MEX 194-195 C 7
Grijalva, Río ~ MEX 196-197 H 2
Grili, ostrov ⌒ RUS 20-21 f 2
Grillon, Mount ▲ USA 176-177 B 2
Grimaud ○ F (83) 242-243 K 5
Grimault, Île ⌒ F (988) 247 I b 3
Grimiari ○ RCA 142-143 E 6
Grimma ○ D 28-29 M 3
Grimmington Bay ≈ 182-183 E 2
Grimmington Island ⌒ CDN 180-181 T 6
Grimsby ○ CDN 182-183 E 7
Grimsby ○ • GB 26-27 G 5
Grimselpass ▲ •• CH 28-29 K 5
Grimsey ⌒ IS 22-23 e 1
Grimshaw ○ CDN 176-177 M 3
Grímsstaðir ○ IS 22-23 e 2
Grímsvötn ▲ IS 22-23 e 2
Grindavík ○ IS 22-23 b 3
Grindsted ○ DK 22-23 D 9
Grindstone Provincial Park ⊥ CDN 178-179 H 5
Grinnah, Sebkhet ⊖ MA 132-133 C 3
Grinnel Land ∸ CDN 170-171 L 3
Grinnell Glacier ⊂ CDN 180-181 Q 3
Grinnel Peninsula ⌄ CDN 168-169 Y 2
Gripport ○ F (54) 234-235 J 5
Griquatown = Griekwastad ○ ZA 156-157 F 4
Griquet ○ CDN 182-183 R 3
Grise Fiord ○ CDN 168-169 f 2
Gris-Nez, Cap ▲ • F (62) 228-229 H 2
Grisolles ○ F (82) 240-241 G 3
Grisslehamn ○ S 22-23 J 6
Griswold ○ CDN 178-179 F 6
Grita, La ○ YV 204-205 E 3
Grivel, Kap ▲ GRØ 172-173 b 2
Grivița ○ RO 38-39 E 5
Grizim ○ DZ 132-133 J 2
Grizzly Bear Mountain ▲ CDN 174-175 K 3
Grjazi ○ RUS 30-31 Q 5
Grjazovec ○ RUS 30-31 R 2
Groais Island ⌒ CDN 182-183 R 3
Groauras, Rio ~ BR 212-213 H 4
Grobin = Grobiņa ☆ •• LV 30-31 G 3
Grobiņa ☆ •• LV 30-31 G 3
Groblersdal ○ ZA 156-157 J 2
Groblershoop ○ ZA 156-157 E 4
Grodno = Hrodna ☆ BY 30-31 H 5
Groenland = Grønland □ GRØ 170-171 C 7
Groenland = Grønland ∸ GRØ 14-15 E 2
Groenland, Mer du = Greenland Sea ≈ 170-171 s 5
Groenland-Islande, Seuil de = Greenland-Iceland Rise ≃ 14-15 G 2
Groenlo ○ NL 28-29 J 2
Groenrivier ~ ZA 156-157 C 5
Groenriviersmond ○ ZA 156-157 C 5
Groesbeek ○ ZA 154-155 E 6
Grogol ○ RI 104 D 3
Groises ○ F (18) 232-233 H 5
Groix ○ F (56) 230-231 E 4
Groix, Île de ⌒ F (56) 230-231 D 4
Grójec ○ PL 28-29 Q 3
Grolle, la ○ F (85) 236-237 B 2
Grombalia ○ TN 126-127 H 2
Grong ○ N 22-23 F 4
Groningen ☆ • NL 28-29 J 2
Groningue = Groningen ☆ • NL 28-29 J 2
Grønland = Groenland □ GRØ 170-171 C 7
Grønland = Groenland ∸ GRØ 14-15 E 2
Gronlid ○ CDN 178-179 D 4
Grønlingrotten • N 22-23 G 3
Grønnedal = Kangilinnguit ○ GRØ 172-173 Q 6
Grootberg ▲ NAM 152-153 C 9
Groot Bergrivier ~ ZA 156-157 D 6
Grootdraaidam < ZA 156-157 J 3
Grootdrink ○ ZA 156-157 E 4
Grootduin ∸ NAM 152-153 E 11
Groote Eylandt ⌒ AUS 110-111 D 3
Grootfontein ☆ NAM 152-153 E 9
Groot Henarpolder ○ SME 206-207 F 3
Groot Jongensfontein ○ ZA 156-157 E 7
Groot Karasberge ▲ NAM 156-157 D 3
Groot Karoo = Great Karoo ∸ ZA 156-157 E 6
Groot Kei ~ ZA 156-157 H 6
Grootkraal ○ ZA 156-157 F 6
Groot Laagte ~ RB 152-153 F 10
Groot Letaba ~ ZA 154-155 F 6
Groot Marico ○ ZA 156-157 H 2
Grootmis ○ ZA 156-157 C 4
Groot Rietrivier ~ ZA 156-157 E 5
Grootrivier ~ ZA 156-157 F 6
Groot Swartberge ▲ ZA 156-157 F 6
Groot Visrivier ~ ZA 156-157 H 6
Grootvloer ⊖ ZA 156-157 E 4
Groot Waterberg ▲ NAM 152-153 D 10
Groot Winterhoekberge ▲ ZA 156-157 G 6
Gropakehn ○ LB 138-139 G 7
Grosbliederstroff ○ F (57) 234-235 L 3
Grosbreuil ○ F (85) 236-237 B 2
Gros Cap ○ F (971) 245 IV b 2
Groslée ○ F (01) 238-239 H 5
Grosmagny ○ F (90) 238-239 K 1
Gros Morne ▲ CDN 182-183 Q 4
Gros-Morne ○ F (972) 245 V a 2
Gros-Morne ○ RH 198-199 J 5
Gros Morne National Park ⊥ ••• CDN 182-183 Q 4
Grosne ~ F (71) 238-239 F 3
Grossa da Marambaia, Ponta ▲ BR 216-217 J 7
Gross Aub ○ NAM 156-157 D 3
Gross Barmen, Warmbron • NAM 152-153 D 11
Grosse Pointe ▲ F (971) 245 IV b 2
Großer Arber ▲ D 28-29 M 4
Großer Ötscher ▲ A 28-29 N 5
Großer Schwielowsee ⊖ D 28-29 N 2
Grosseto ☆ I 36-37 C 3
Grosseto-Prugna ○ F (2A) 244 C 5
Grossevići ○ RUS 58-59 H 5
Großglockner ▲ A 28-29 M 5
Gross Ums ○ NAM 156-157 D 1
Gros-Theil, Le ○ F (27) 228-229 F 5
Groswater Bay ≈ 180-181 V 7
Groton ○ USA 186-187 H 3
Grottes-refuges • F (80) 228-229 J 3
Grou, Oued ~ MA 124-125 H 4
Grouard ○ CDN 176-177 M 4
Grouin, Pointe du ▲ F (35) 230-231 H 2
Groulaie, la • F (44) 230-231 H 5
Groumania ○ CI 138-139 J 6
Groundbirch ○ CDN 176-177 K 4
Groundhog River ~ CDN 178-179 P 6
Groust, Rivière ~ CDN 180-181 N 4
Grouz, Ibel ▲ DZ 124-125 L 4
Grove City ○ USA 190-191 G 6
Grove Hill ○ USA 192-193 E 4
Groveland ○ USA 184-185 D 7
Grover ○ USA 184-185 J 4
Groznyj ☆ RUS 62-63 F 6
Grudovo = Sredec ○ BG 38-39 E 6
Grudziądz ○ • PL 28-29 P 2
Grues ○ F (85) 236-237 C 3
Gruesa, Cerro Punta ▲ RA 224 D 5
Gruesa, Punta ▲ RCH 214-215 B 7
Gruissan ○ F (11) 240-241 L 4
Gruissan-Plage ○ F (11) 240-241 L 4
Grullo, El ○ MEX 196-197 B 2
Grumantbyen ○ N 20-21 J 3
Grumo Áppula ○ I 36-37 F 4
Grums ☆ S 22-23 F 7
Grünau ○ NAM 156-157 D 3
Grundarfjörður ○ IS 22-23 b 2
Grundy ○ USA 190-191 G 7
Grupe ○ GH 138-139 J 5
Grury ○ F (71) 238-239 D 3
Gruszka, Lake ⊖ AUS 112-113 H 2
Gruta, La ○ RA 218-219 D 6
Grutas de Juxtlahuaca, Parque Natural ⊥ MEX 196-197 E 3
Gruver ○ USA 188-189 G 1
Gruzdžiai ○ LT 30-31 H 3
Gruzija = Géorgie ■ GE 62-63 E 7
Gryfice ○ PL 28-29 N 2
Gryllefjord ○ N 22-23 H 2
Gryt ○ S 22-23 H 7
Grytøya ⌒ N 22-23 H 2
Grytviken ○ GB 222-223 O 7
Gua, Le ○ F (17) 236-237 D 4
Gua, Le ○ F (38) 242-243 H 1
Guabito ○ PA 196-197 C 7
Guabo, El ○ PA 196-197 D 7
Guabún ○ RCH 222-223 C 6
Guacamaya, Raudal ~ CO 204-205 G 6
Guacamayas ○ CO (CA) 204-205 D 6
Guacamayas ○ CO (VIC) 204-205 F 5
Guacara ○ YV 204-205 H 2
Guacautey ○ YV 206-207 D 3
Guachamacari, Cerro ▲ YV 204-205 J 6
Guachara ○ YV 204-205 G 4
Guacharo, Cueva del • YV 204-205 K 2
Guacharo, Parque Nacional ⊥ YV 204-205 K 2
Guachochic ○ MEX 194-195 F 4
Guachucal ○ CO 208-209 D 1
Guaco ○ CO 204-205 F 6
Guaçu Boi ○ BR 220-221 J 5
Guadajoz, Río ~ E 34-35 E 6
Guadalajara ○ E 34-35 F 4
Guadalajara ☆ •• MEX 196-197 C 1
Guadalcanal ○ E 34-35 E 5
Guadalcanal ⌒ SOL 120 I d 3
Guadalcázar ○ MEX 194-195 J 6
Guadalimar, Río ~ E 34-35 F 5
Guadalmez, Río ~ E 34-35 E 5
Guadalope, Río ~ E 34-35 G 4
Guadalquivir, Río ~ E 34-35 E 6
Guadalupe ○ BR 212-213 G 5
Guadalupe ○ E 34-35 E 5
Guadalupe ○ ••• E 34-35 E 5
Guadalupe ○ MEX (COA) 194-195 J 3
Guadalupe ○ MEX (NL) 194-195 J 5
Guadalupe ○ MEX (ZAC) 194-195 H 6
Guadalupe ~ MEX 194-195 D 5
Guadalupe ○ PE 208-209 C 5
Guadalupe ○ USA 184-185 D 8
Guadalupe de Bahues ○ MEX 194-195 G 4
Guadalupe de Bravo ○ MEX 194-195 F 2
Guadalupe Peak ▲ USA 188-189 E 4
Guadalupe River ~ USA 188-189 J 5
Guadalupe Victoria ○ MEX (DGO) 194-195 G 5
Guadalupe Victoria ○ MEX (TAM) 194-195 L 5
Guadalupe y Calvo ○ MEX 194-195 F 4
Guadarrama, Sierra de ▲ E 34-35 E 4
Guadeloupe □ F (971) 245 III b 1
Guadeloupe □ F (971) 245 IV b 2
Guadeloupe, Île de la ⌒ F (971) 245 IV a 2
Guadeloupe, Parc National de la ⊥ F (971) 245 IV a 2
Guadeloupe, Passage de la ≈ 245 IV a 1
Guadeloupe Passage ≈ 200 E 3
Guadelupe ○ MEX 194-195 A 1
Guadelupe, La ○ CDN 182-183 J 6
Guadelupe Mountains National Park ⊥ USA 188-189 E 4
Guadiana, Bahía de ≈ 198-199 C 3

Guadiana, Río ∼ **E** 34-35 E 5
Guadiana Menor, Río ∼ **E** 34-35 F 6
Guaduas ○ **CO** 204-205 D 5
Guafera Ye Terara Senselet ⛰ **ETH** 144-145 B 5
Guafo, Isla ⌒ **RCH** 222-223 B 7
Guagno ○ **F** (2A) 244 C 4
Guaíba ○ **BR** 218-219 E 8
Guaicuí ○ **BR** 216-217 H 4
Guáimaro ○ **C** 198-199 G 4
Guaina ○ **YV** 204-205 K 5
Guainia, Río ∼ **CO** 204-205 G 6
Guaíra ○ **BR** (PAR) 220-221 K 3
Guaíra ○ **BR** (PAU) 216-217 F 6
Guairacá ○ **BR** 216-217 D 7
Guaitecas, Islas ⌒ **RCH** 222-223 C 7
Guajaba, Cayo ⌒ **C** 198-199 G 4
Guajara ○ **BR** 208-209 F 5
Guajará-Mirim ○ **BR** 214-215 E 2
Guaje, El ○ **MEX** 194-195 H 3
Guajeru ○ **BR** 216-217 K 3
Guajira, Península de la ⌣ **CO** 204-205 F 1
Gualacéo ○ **EC** 208-209 C 3
Gualán ○ **GCA** 196-197 K 4
Gualaquiza ○ **EC** 208-209 C 3
Gualcuna ○ **RCH** 220-221 B 5
Gualeguay ○ **RA** 222-223 K 2
Gualeguay, Río ∼ **RA** 222-223 K 2
Gualeguaychu ○ **RA** 222-223 K 2
Gualeguaychu, Río ∼ **RA** 222-223 K 2
Gualicho, Bajo del ∸ **RA** 222-223 G 7
Gualicho, Salina del ⬭ **RA** 222-223 G 6
Gualjaina ○ **RA** 222-223 D 7
Guallatiri ○ **RCH** 214-215 C 6
Guallatiri, Volcán ▲ **RCH** 214-215 C 6
Gualmatan ○ **CO** 208-209 D 1
Guamache, El ○ **YV** 204-205 K 2
Guamal ○ **CO** (MAG) 204-205 D 3
Guamal ○ **CO** (MET) 204-205 E 6
Guamani, Cordillera de ⛰ **PE** 208-209 C 4
Guamblin, Isla ⌒ **RCH** 224 C 2
Guaminí ○ **RA** 222-223 H 4
Guamo ○ **CO** 204-205 D 5
Guamo, El ○ **CO** 204-205 E 3
Guamote ○ **EC** 208-209 C 2
Guamúchil ○ **MEX** 194-195 E 5
Guamués, Río ∼ **CO** 208-209 D 1
Gua Musang ○ **MAL** 98-99 E 2
Gu'an ○ **VRC** 90-91 K 2
Guanabacoa ○ **C** 198-199 D 3
Guanabo ○ **C** 198-199 D 3
Guanacaste, Cordillera de ⛰ **CR** 196-197 B 6
Guanacayabo, Golfo de ≈ 198-199 G 4
Guanaceví ○ **MEX** 194-195 G 5
Guanaco Muerto ○ **RA** 220-221 E 6
Guanaco Sombriana ○ **RA** 220-221 E 5
Guanaguana ○ **YV** 204-205 K 2
Guanahacabibes, Península de ⌣ **C** 198-199 C 4
Guanahani Island = San Salvador ⌒ **BS** 198-199 H 3
Guanaja ○ **HN** 198-199 C 6
Guanaja, Isla de ⌒ **HN** 198-199 C 6
Guanajay ○ **C** 198-199 D 3
Guanajuato □ **MEX** 196-197 D 1
Guanajuato ☆ ··· **MEX** (GTO) 194-195 J 7
Guanajuña ○ **YV** 204-205 K 5
Guanambi ○ **BR** 216-217 J 3
Guañape, Islas de ⌒ **PE** 208-209 C 6
Guañape, Punta ▲ 208-209 C 6
Guanaquero, Bahía ≈ 220-221 B 6
Guanare ☆ **YV** 204-205 G 3
Guanare, Río ∼ **YV** 204-205 G 3
Guanarito ○ **YV** 204-205 G 3
Guanay ○ **BOL** 214-215 D 4
Guanay, Cerro ▲ **YV** 204-205 H 5
Guandacol ○ **RA** 220-221 C 5
Guandi, Rio ∼ **BR** 216-217 K 5
Guandiping ○ **VRC** 92-93 G 2
Guang'an ○ **VRC** 90-91 E 6
Guangchang ○ **VRC** 92-93 K 3
Guangde ○ **VRC** 90-91 L 6
Guangdong □ **VRC** 92-93 H 4
Guanghai ○ **VRC** 92-93 H 6
Guanghan ○ **VRC** 90-91 D 6
Guangji ○ **VRC** 90-91 D 6
Guangmao Shan ▲ **VRC** 78-79 M 2
Guangning ○ **VRC** 92-93 H 5
Guangrao ○ **VRC** 90-91 L 3
Guangsheng Si • **VRC** 90-91 G 3
Guangshui ○ **VRC** 90-91 H 6
Guangshun ○ **VRC** 92-93 E 3
Guangxi Zhuangzu Zizhiqu □ **VRC** 92-93 E 4
Guangyang ○ **VRC** 92-93 K 2
Guangyuan ○ **VRC** 90-91 D 5
Guangze ○ **VRC** 92-93 K 3
Guangzhou ☆ ·· **VRC** 92-93 H 5
Guanhães ○ **BR** 216-217 J 5
Guaniamo, Río ∼ **YV** 204-205 J 4
Guánica ○ • **USA** 200 B 3
Guanipa, Río ∼ **YV** 204-205 K 3
Guanling ○ **VRC** 92-93 D 4
Guanocó ○ **YV** 204-205 K 2
Guanqiao ○ **VRC** 90-91 D 3
Guanta ○ **RCH** 220-221 B 5
Guanta ○ **YV** 204-205 J 2
Guantánamo ☆ **C** 198-199 H 4
Guantánamo Bay xx **USA** 198-199 H 5
Guantao ○ **VRC** 90-91 J 3
Guanumbi ○ **BR** 212-213 K 6
Guanyun ○ **VRC** 90-91 L 4
Guapa ○ **CO** 204-205 C 4
Guapi ○ **CO** 204-205 C 6
Guapiara ○ **BR** 218-219 F 5
Guápiles ○ **CR** 196-197 C 6
Guapo, El ○ **YV** 204-205 J 2
Guaporé ○ **BR** 218-219 E 7
Guaporé, Reserva Biológica do ⊥ **BR** 214-215 F 3
Guaporé, Río ∼ **BOL** 214-215 G 3
Guaqui ○ **BOL** 214-215 C 5
Guará, Rio ∼ **BR** 216-217 H 2
Guarabira ○ **BR** 212-213 L 5
Guaraci ○ **BR** (PAR) 216-217 E 7
Guaraci ○ **BR** (PAU) 216-217 F 6
Guaraí ○ **BR** 212-213 D 6
Guarajambala, Río ∼ **HN** 196-197 K 4
Guaramuri ○ **GUY** 206-207 E 2
Guaranda ☆ **EC** 208-209 C 2
Guaraniaçu ○ **BR** 218-219 D 5
Guarani das Missões ○ **BR** 220-221 K 5
Guaranoco ○ **YV** 204-205 K 3
Guarantã do Norte ○ **BR** 210-211 K 7
Guarapari ○ **BR** 216-217 K 6
Guarapiche, Reserva Forestal ⊥ **YV** 204-205 K 2
Guarapuava ○ **BR** 218-219 E 5
Guaraqueçaba ○ **BR** 218-219 F 5
Guarará ○ **BR** 216-217 J 6
Guararapes ○ **BR** 216-217 E 6
Guaratinga ○ **BR** 216-217 L 4
Guaratinguetá ○ **BR** 216-217 H 7
Guaratuba ○ **BR** 218-219 F 5
Guarayos ○ **BOL** 214-215 C 3
Guarayos, Llanos de ∸ **BOL** 214-215 E 4
Guarda ☆ • **P** 34-35 D 4
Guarda, A ○ **E** 34-35 C 4
Guardafui, Cap = Raas Caseyr = Cap Gwardafuy ▲ **SP** 144-145 K 3
Guarda Mor ○ **BR** 216-217 G 4
Guardia, La ○ **RA** 220-221 E 5
Guardia, La ○ **RCH** 220-221 C 4
Guardia, Paso de la ▲ **RA** 220-221 B 6
Guardia Mitre ○ **RA** 222-223 H 6
Guardián, Cabo ▲ **RA** 224 G 4
Guardian Brito, Isla ⌒ **RCH** 224 D 7
Guardo ○ **E** 34-35 E 3
Guarei, Rio ∼ **BR** 216-217 D 7
Guarenas ○ **YV** 204-205 H 2
Guari ○ **PNG** 119 D 5
Guaria ○ **CR** 196-197 C 7
Guariba ○ **BR** 216-217 F 6
Guariba, Rio ∼ **BR** 210-211 G 6
Guaribas, Cachoeira ∼ **BR** 212-213 B 4
Guaricana, Pico ▲ **BR** 218-219 F 5
Guárico, Embalse del < **YV** 204-205 H 3
Guárico, Río ∼ **YV** 204-205 H 3
Guaritico, Caño ∼ **YV** 204-205 G 4
Guaruja ○ **BR** 218-219 G 5
Guarulhos ○ **BR** 216-217 G 7
Guasave ○ **MEX** 194-195 E 5
Guasca ○ **CO** 204-205 E 5
Guascama, Punta ▲ **CO** 204-205 B 6
Guasey, El ○ **YV** 204-205 J 3
Guasipati ○ **YV** 206-207 D 2
Guasopa ○ **PNG** 119 G 5
Guatacondo ○ **RCH** 214-215 C 7
Guatacondo, Quebrada de ∼ **RCH** 214-215 C 7
Guataqui ○ **CO** 204-205 D 5
Guatemala, Bassin du = Guatemala Basin ≃ 13 B 4
Guatemala, Ciudad de = Guatemala ★ ·· **GCA** 196-197 J 4
Guatemala = Guatemala ■ **GCA** 196-197 J 4
Guatemala Basin = Guatemala, Bassin du ≃ 13 B 4
Guatimape, Laguna ⬭ **MEX** 194-195 G 5
Guatín ○ **RCH** 220-221 C 2
Guatire ○ **YV** 204-205 H 2
Guatopo, Parque Nacionale ⊥ **YV** 204-205 H 2
Guaviare, Río ∼ **CO** 204-205 G 6
Guaviyu, Termas de • **ROU** 220-221 J 6
Guaxupe ○ **BR** 216-217 G 6
Guayabal ○ **C** 198-199 G 4
Guayabal ○ **YV** 204-205 H 3
Guayabero, Río ∼ **CO** 204-205 E 6
Guayabo, El ○ **YV** 204-205 E 3
Guayaguas ○ **RA** 220-221 D 6
Guayaguayare ○ **TT** 204-205 L 2
Guayalejo, Río ∼ **MEX** 194-195 K 6
Guayama ○ ·· **USA** 200 B 3
Guayana, Macizo de = Guyanes, Massif des ⛰ 204-205 J 5
Guayaneco, Archipiélago ⌒ **RCH** 224 C 3
Guayapán, Quebrada de ∼ **MEX** 194-195 F 5
Guayape, Río ∼ **HN** 196-197 L 4
Guayapo, Río ∼ **YV** 204-205 H 5
Guayaquil ☆ • **EC** 208-209 C 3
Guayaquil, Golfo de ≈ 208-209 B 3
Guayaramerin ○ **BOL** 214-215 E 2
Guayas, Río ∼ **CO** 208-209 E 1
Guayatayoc, Salinas de ⬭ **RA** 220-221 E 2
Guaycurú ○ **RA** 220-221 G 5
Guayliabamba, Río ∼ **EC** 208-209 C 1
Guayllabamba ○ **EC** 208-209 C 2
Guaymallén ○ **RA** 222-223 E 2
Guaymas ○ • **MEX** 194-195 D 4
Guayquiraró, Río ∼ **RA** 220-221 H 6
Guayubıń ○ **DOM** 198-199 K 5
Guayzimi ○ **EC** 208-209 C 4
Guba ○ **ETH** 144-145 B 3
Guba ○ **ZRE** 150-151 D 6
Guba = Quba ○ • **AZ** 64-65 N 2
Guba Dolgaja ○ **RUS** 44-45 H 6
Gubaha ☆ **RUS** 32-33 K 4
Ğubail ☆ • **RL** 64-65 F 5
Ğubail, al- ○ **KSA** 66-67 L 4
Ğūbāl, Ğazīrat ⌒ **ET** 130-131 F 4
Guban ∸ **ETH** 144-145 F 3
Gubat ○ **RP** 96-97 F 6
Gubato, Bannaanka ∸ **SP** 144-145 H 4
Gubatsaa Hills ⛰ **RB** 154-155 B 4
Ğubba ○ **KSA** 66-67 G 3
Gubbi ○ **IND** 76-77 G 4
Gúbbio ○ **I** 36-37 D 3
Guben ○ **D** 28-29 N 3
Gubi ○ **WAN** 140-141 H 3
Gubio ○ **WAN** 134-135 F 6
Gubkin ○ **RUS** 38-39 K 2
Gubug ○ **RI** 104 D 3
Gucha ∼ **EAK** 148-149 E 4
Gucheng ○ **VRC** (HUB) 90-91 G 5
Gucheng ○ **VRC** (SHA) 90-91 G 4
Gučin-Us = Arguut ○ **MAU** 84-85 F 5
Ğūda ○ **KSA** 66-67 L 5
Gūdalūr ○ **IND** 76-77 G 5
Gudalur ○ **IND** 76-77 G 6
Gudauta ○ • **GE** 62-63 D 6
Ğudayyidat 'Ar'ar ○ **KSA** 66-67 G 2
Ğudayyidat Ḥāmir ○ **IRQ** 64-65 J 7
Gudbrandsdalen ∸ **N** 22-23 D 6
Guddekoppa ○ **IND** 76-77 F 4
Gudekota ○ **IND** 76-77 G 3
Gudenå ∼ **DK** 22-23 D 8
Guder ○ **ETH** 144-145 C 4
Guder Falls ∼ **ETH** 144-145 C 4
Gudermes ○ **RUS** 62-63 G 6
Gudgaon ○ **IND** 74-75 F 9
Gudi ○ **WAN** 140-141 H 4
Gudibanda ○ **IND** 76-77 G 4
Gudiña, A ○ **E** 34-35 D 3
Gudivāda ○ **IND** 76-77 J 2
Gudiyattam ○ **IND** 76-77 H 4
Gudong ○ **VRC** 78-79 L 3
Gudryolum ○ **TM** 72-73 D 6
Gūdūr ○ **IND** 76-77 H 3
Gudvangen ○ **N** 22-23 C 6
Gudžal ∼ **RUS** 58-59 E 3
Gue, Rivière du ∼ **CDN** 180-181 N 6
Gueberschwihr ○ **F** (68) 234-235 L 5
Guebwiller ○ • **F** (68) 234-235 L 6
Guécélard ○ **F** (72) 230-231 M 4
Guechémé ○ **RN** 140-141 E 2
Guéckedou ○ **WAL** 138-139 E 5
Guédi, Mont ▲ **TCH** 134-135 J 6
Güejar, Río ∼ **CO** 204-205 E 6
Guéké ○ **RG** 138-139 F 5
Guélaour, Oued ∼ **RIM** 132-133 D 6
Guéléhé ○ **TCH** 142-143 D 4
Guélengdeng ○ **TCH** 142-143 B 3
Guéléninkoro ○ **RMM** 138-139 F 4
Guelma ☆ **DZ** 126-127 F 2
Guelph ○ **CDN** 182-183 D 7
Gueltat Sidi Saad ○ **DZ** 126-127 C 3
Guémar ○ **DZ** 126-127 F 4
Guembou, Te-n- ○ **RIM** 132-133 F 6
Guéméné-Penfao ○ **F** (44) 230-231 H 4
Guéméné-sur-Scorff ○ **F** (56) 230-231 E 3
Guendel < **RIM** 132-133 E 6
Guendo ○ **RMM** 138-139 G 3
Guéné ○ **DY** 140-141 E 3
Guénéto ○ **SN** 138-139 D 3
Guengat ○ **F** (29) 230-231 C 3
Guenguel, Río ∼ **RA** 224 E 3
Guengul, Meseta del ∸ **RA** 224 E 3
Guenté Paté ○ **SN** 138-139 C 2
Guentrange, Fort • **F** 234-235 J 3
Guépaouo ○ **CI** 138-139 H 6
Güeppi ○ **PE** 208-209 E 2
Guer ○ **F** (56) 230-231 G 4
Guéra □ **TCH** 142-143 C 3
Guéra, Pic de ▲ **TCH** 142-143 D 3
Güer Aike ○ **RA** 224 F 5
Guérande ○ **F** (44) 230-231 G 5
Guerara ○ **DZ** 126-127 E 4
Guerche-de-Bretagne, La ○ **F** (35) 230-231 J 4
Guerche-sur-l'Aubois, la ○ **F** (18) 236-237 L 2
Guercif ○ **MA** 124-125 K 3
Gueréda ○ **TCH** 134-135 L 5
Guéret ☆ **F** (23) 236-237 J 3
Guérigny ○ **F** (58) 232-233 J 5
Guerinière, La ○ **F** (85) 236-237 A 2
Guérin Kouka ○ **RT** 138-139 L 5
Guerlédan, Lac de ⬭ **F** (22) 230-231 E 3
Guern ○ **F** (56) 230-231 E 3
Guernsey ⌒ **GBG** 26-27 F 7
Guernsey ○ **USA** 186-187 E 4
Guernsey Reservoir < **USA** 186-187 E 4
Guérou ○ **RIM** 132-133 E 6
Guerrero ○ **MEX** (COA) 194-195 J 3
Guerrero ○ **MEX** (TAM) 194-195 K 4
Guerrero □ **MEX** 196-197 D 3
Guerrero, Cayos ⌒ **NIC** 196-197 C 5
Guerrero Negro ○ • **MEX** 194-195 B 4
Gueskérou ○ **RN** 134-135 F 6
Guéssabo ○ **CI** 138-139 G 6
Guéssésso ○ **CI** 138-139 G 6
Guessihio ○ **CI** 138-139 H 6
Guessou-Sud ○ **DY** 140-141 E 3
Guestecitas ○ **CO** 204-205 E 2
Guétéma ○ **RMM** 138-139 F 2
Guéthary ○ **F** (64) 240-241 A 4
Gueugnon ○ **F** (71) 238-239 E 3
Gueule Grand Gouffre • **F** (971) 245 IV b 2
Gueux ○ **F** (51) 228-229 M 5
Guewenheim ○ **F** (68) 238-239 L 1
Guéyo ○ **CI** 138-139 G 7
Guézaoua ○ **RN** 134-135 D 5
Guga ○ **RUS** 58-59 G 2
Gugē ▲ **ETH** 144-145 C 5
Gūge ○ **IR** 70-71 D 2
Gugu ⛰ **ETH** 144-145 D 4
Guguang, Gunung ▲ **RI** 100-101 E 2
Guhāgar ○ **IND** 76-77 E 2
Ğuhaina ○ **ET** 130-131 E 4
Ğuḥr ○ **UAE** 70-71 F 6
Guiana Plateau = Guyanes, Plateau des ≃ 206-207 G 1
Guiba, Jasiira ⌒ **SP** 148-149 J 4
Guibéroua ○ **CI** 138-139 G 6
Guibu, Plage ∸ • **RH** 198-199 J 5
Guic ∼ **F** (22) 230-231 E 2
Guichaud, Rivière ∼ **CDN** 180-181 L 3
Guiche, La ○ **F** (71) 238-239 E 3
Guichen ○ **F** (35) 230-231 H 4
Guichi ○ **VRC** 90-91 K 6
Guichón ○ **ROU** 222-223 L 2
Guidan ○ **RN** 134-135 C 6
Guidari ○ **TCH** 142-143 C 4
Guidel-Plages ○ **F** (56) 230-231 D 4
Guider ○ **CAM** 140-141 K 4
Guidiguir ○ **RN** 134-135 D 6
Guidiguis ○ **CAM** 142-143 B 3
Guidimaka □ **RIM** 132-133 D 7
Guidimouni ○ **RN** 134-135 D 6
Guiding ○ **VRC** 92-93 E 3
Guidjiba ○ **CAM** 140-141 K 4
Guidong ○ **VRC** 92-93 H 3
Guidouma ○ **G** 146-147 C 4
Guiendana ○ **CI** 138-139 H 5
Guier, Lac de ⬭ **SN** 132-133 C 6
Guiers ∼ **F** (38) 238-239 H 5
Guietsou ○ **G** 146-147 C 5
Guifeng • **VRC** 92-93 K 2
Guiffa ○ **RCA** 142-143 D 5
Guigang ○ **VRC** 92-93 F 5
Guiglo ○ **CI** 138-139 G 6
Guignes ○ **F** (77) 232-233 H 2
Guignicourt ○ **F** (02) 228-229 M 5
Güigüe ○ **YV** 204-205 H 2
Guihua ○ **VRC** 90-91 D 6
Guihulngan ○ **RP** 96-97 E 7
Guijá ○ **MOC** 156-157 L 2
Guijuelo ○ **E** 34-35 E 4
Guil ∼ **F** (05) 242-243 K 2
Guilderton ○ **AUS** 112-113 C 5
Guildford ○ • **GB** 26-27 G 6
Guilford Courthouse National Military Park ∴ **USA** 192-193 J 1
Guilin ○ • **VRC** 92-93 G 4
Guillaume, le ○ **F** (974) 246 II a 2
Guillaume-Delisle, Lac ⬭ **CDN** 180-181 L 6
Guillaumes ○ **F** (06) 242-243 K 3
Guillé < **RIM** 132-133 E 6
Guillemard Bay ≈ 168-169 X 5
Guilliers ○ **F** (56) 230-231 G 3
Guillon ○ **F** (89) 238-239 E 1
Guillonville ○ **F** (28) 232-233 F 3
Guillos ○ **F** (33) 240-241 C 1
Guilmaro ○ **DY** 138-139 L 4
Guilvinec ○ **F** (29) 230-231 C 4
Guimarães ○ **BR** 212-213 F 3
Guimarães ○ **P** 34-35 C 4
Guimarânia ○ **BR** 216-217 G 5
Guimaras Island ⌒ **RP** 96-97 E 7
Guimaras Strait ≈ 96-97 E 7
Guimba ○ **RP** 96-97 D 5
Guimbaleta ○ **MEX** 194-195 H 4
Guimbiri, Mont ▲ **CAM** 140-141 K 6
Guimiliau ○ **F** (29) 230-231 D 3
Guinagourou ○ **DY** 140-141 E 4
Guinchos Cay ⌒ **BS** 198-199 G 3
Guindelman ○ **RP** 96-97 F 8
Guiné ○ **BR** 216-217 K 2
Guinea, Gulf of = Guinée, Golfe de ≈ 5 D 5
Guinea Basin = Guinée, Bassin de ≃ 14-15 J 8
Guinea-Bissau = Guinée-Bissau ■ **GNB** 138-139 B 3
Guinea Ecuatorial = Guinée Équatoriale ■ **GQ** 146-147 B 2
Guinée, Bassin de = Guinea Basin ≃ 14-15 J 8
Guinée, Golfe de = Guinea, Gulf of ≈ 5 D 5
Guinée = Guinée ■ **RG** 138-139 D 4
Guinée-Bissau = Guinea-Bissau ■ **GNB** 138-139 B 3
Guinée Équatoriale = Guinea Ecuatorial ■ **GQ** 146-147 B 2
Güines ○ **C** 198-199 D 3
Guînes ○ **F** (62) 228-229 H 2
Guingamp ○ **F** (22) 230-231 E 2
Guinguinéo ○ **SN** 138-139 C 2
Guintinua Island ⌒ **RP** 96-97 E 5
Guiones, Punta ▲ **CR** 196-197 B 7
Guipavas ○ **F** (29) 230-231 C 3
Guiping ○ **VRC** 92-93 G 5
Guipy ○ **F** (58) 232-233 K 5
Guir < **RMM** 132-133 J 5
Guir, Hamada du ∸ **DZ** 124-125 K 5
Guir, Oued ∼ **MA** 124-125 K 5
Güira de Melena ○ **C** 198-199 D 3
Guirande, la ○ **F** (33) 236-237 E 5
Guiratinga ○ **BR** 216-217 D 4
Guirbaden • **F** 234-235 L 5
Güires, Los ○ **YV** 204-205 L 3
Guiri ○ **CAM** 142-143 B 3
Güiria ○ **YV** 204-205 K 2
Guirripa, Caño ∼ **CO** 204-205 F 5
Guirvas ○ **SN** 132-133 C 7
Guisa ○ **C** 198-199 G 4
Guiscard ○ **F** (60) 228-229 L 4
Guiscriff ○ **F** (56) 230-231 D 3
Guise ○ **F** (02) 228-229 M 4
Guishanfeng • **VRC** 90-91 J 6
Guishi SK ∼ **VRC** 92-93 G 4
Guissat < **RN** 134-135 D 4
Guissèr ○ **MA** 124-125 H 4
Guissoumalé ○ **RMM** 138-139 F 3
Guîtres ○ **F** (33) 236-237 E 5
Guitri ○ **CI** 138-139 H 7
Guiuan ○ **RP** 96-97 F 7
Guixi ○ **VRC** 92-93 K 2
Guiyang ○ **VRC** (HUN) 92-93 H 4
Guiyang ☆ **VRC** (GZH) 92-93 E 3
Guizhou □ **VRC** 92-93 D 3
Gujan-Mestras ○ **F** (33) 240-241 B 1
Gujarat □ **IND** 74-75 C 8
Gūjar Khān ○ **PK** 74-75 D 3
Gujba ○ **WAN** 140-141 J 3
Gujiao ○ **VRC** 90-91 H 3
Gujrānwāla ○ **PK** 74-75 E 3
Gujrāt ○ **PK** 74-75 E 3
Gujri ○ **IND** 74-75 E 8
Gukera, ostrov ⌒ **RUS** 20-21 c 2
Gulang ○ **VRC** 90-91 C 3
Gulargambone ○ **AUS** 114-115 K 6
Gulbarga ○ • **IND** 76-77 G 2
Gulbene ☆ **LV** 30-31 K 3
Gulbin Ka, River ∼ **WAN** 140-141 F 3
Gul'ča ○ **KS** 72-73 N 4
Gul'ča ∼ **KS** 72-73 N 5
Guledagudda ○ **IND** 76-77 F 2
Gulf Development Road II **AUS** 110-111 G 6
Gulf Islands National Seashore ⊥ **USA** 192-193 D 4
Gulflander (Historical Railway) • **AUS** 110-111 F 5
Gulfport ○ **USA** (FL) 192-193 G 6
Gulfport ○ **USA** (MS) 192-193 D 4
Gulf Shores ○ **USA** 192-193 E 4
Gulgong ○ **AUS** 116-117 K 2
Gulir ○ **RI** 102-103 F 4
Gulistan = Guliston ☆ **US** 72-73 L 4
Guliston ☆ **US** 72-73 L 4
Guliya Shan ▲ **VRC** 86-87 D 3
Gulja ○ **RUS** 54-55 K 8
Guljaevskie Koški, ostrova ⌒ **RUS** 24-25 X 2
Guljanci ○ **BG** 38-39 D 6
Gul Kach ○ **PK** 74-75 B 4
Gulkana River ∼ **USA** 164-165 S 5
Gul'keviči ○ **RUS** 38-39 M 5
Güllab Dere ∼ **TR** 64-65 H 4
Gullfoss ·· **IS** 22-23 c 2
Gulliver ○ **USA** 190-191 E 2
Gull Lake ○ **CDN** (SAS) 176-177 Q 6
Gull Lake ⬭ **CDN** (ALB) 176-177 O 5
Gull Lake ⬭ **USA** 186-187 K 2
Gullrock Lake ⬭ **CDN** 178-179 K 5
Güllük Körfezi ≈ 64-65 B 4
Gully, The ≃ 182-183 P 6
Gulmarg ○ • **IND** 74-75 E 2
Gulmar Kale ∴ ·· **TR** 64-65 K 4
Gulmit ○ **PK** 74-75 E 1
Gul Muhammad ○ **PK** 70-71 M 5
Gülnar ☆ **TR** 64-65 E 4
Gülpınar ☆ **TR** 64-65 B 3
Gul'rips ○ **GE** 62-63 D 6
Gülşehir ☆ **TR** 64-65 F 3
Gulu ☆ **EAU** 148-149 D 2
Gulumba Gana ○ **WAN** 142-143 B 3
Gulūr ○ **IND** 76-77 G 4
Guluwuru Island ⌒ **AUS** 110-111 D 2
Gulwe ○ **EAT** 150-151 J 4
Ğumaira ○ **UAE** 70-71 F 6
Gumal ∼ **PK** 74-75 C 4
Gumal ∼ **PK** 74-75 B 3
Gumani Hurasagar ∼ **BD** 78-79 F 3
Gumare ○ **RB** 154-155 B 4
Gumawana Island ⌒ **PNG** 119 F 5
Gumba ○ **ANG** 152-153 C 5
Gumba ○ **ZRE** 146-147 H 2
Gumbiri, Ğabal ▲ **SUD** 142-143 K 6
Gumbiro ○ **EAT** 150-151 H 6
Gumbo Gumbo Creek ∼ **AUS** 114-115 G 4
Gumel ○ **WAN** 134-135 D 6
Gumgarhi ○ **NEP** 80-81 D 6
Gumi ○ **RI** 100-101 K 3
Gumine ○ **PNG** 119 C 4
Gumla ○ **IND** 78-79 D 4
Gumlu ○ **AUS** 110-111 J 6
Gummersbach ○ **D** 28-29 J 3
Gummi ○ **WAN** 134-135 B 6
Gumpolds = Humpolec ○ **CZ** 28-29 N 4
Gums, The ○ **AUS** 114-115 L 4
Gumsi ○ **WAN** 134-135 E 6
Gümüşhane ☆ **TR** 64-65 H 2
Gumu Uen, Uar < **SP** 148-149 J 3
Gumzai ○ **RI** 102-103 H 4
Gūnābād ○ **IR** 70-71 J 4
Guna Terara ▲ **ETH** 144-145 D 3
Gunbar ○ **AUS** 116-117 H 3
Gundagai ○ • **AUS** 116-117 K 3
Gundāla ○ **IND** 78-79 B 7
Gundji ○ **ZRE** 146-147 H 2
Gundlupet ○ **IND** 76-77 G 5
Gündoğmuş ☆ **TR** 64-65 E 4
Güneydoğu Toroslar ⛰ **TR** 64-65 G 4
Gunga ○ **ANG** 152-153 E 7
Gungi ○ **ZRE** 152-153 E 3
Gungo ○ **ANG** 152-153 C 5
Gungu ○ **ZRE** 146-147 G 6
Gungure ○ **MOC** 150-151 K 6
Gunisao Lake ⬭ **CDN** 178-179 H 4
Gunisao River ∼ **CDN** 178-179 H 4
Guniujiang Z.B. ⊥ • **VRC** 92-93 K 2
Ğūniya ☆ **RL** 64-65 F 6
Gunn ○ **CDN** 176-177 N 5
Gunna ○ **SUD** 142-143 H 5
Gunnaramby Swamp ⬭ **AUS** 116-117 G 2
Gunnarn ○ **S** 22-23 H 4
Gunnawarra ○ **AUS** 110-111 H 5
Gunnbjørn Fjeld ⛰ **GRØ** 172-173 Y 2
Gunnedah ○ **AUS** 114-115 L 6
Gunning ○ **AUS** 116-117 K 3
Gunningbar Creek ∼ **AUS** 114-115 J 6
Gunnison ○ **USA** (CO) 186-187 D 6
Gunnison ○ **USA** (UT) 184-185 J 6
Gunnison River ∼ **USA** 186-187 C 6
Gunpowder ○ **AUS** 110-111 E 6
Günsang ○ **VRC** 80-81 D 5
Gunt ∼ **TJ** 72-73 N 6
Gunta ○ **WAN** 140-141 H 3
Guntakal ○ **IND** 76-77 G 3
Guntersville ○ **USA** 192-193 E 2
Guntersville Lake ⬭ **USA** 192-193 E 2
Guntur ○ **IND** 76-77 J 2
Gununa ○ **AUS** 110-111 E 5
Gunung, Tanjung ▲ **RI** 98-99 H 4
Gunungapi, Pulau ⌒ **RI** 102-103 D 5
Gunung Gading National Park ⊥ **MAL** 98-99 H 4
Gununghalum ○ **RI** 104 B 3
Gunung-Leuser, National-Reservation- ⊥ **RI** 98-99 C 3
Gunung Leuser Nature Reserve ⊥ **RI** 98-99 B 3
Gunung Lompobatang Reserve ⊥ • **RI** 100-101 G 6
Gunung Meja Reserve ⊥ • **RI** 102-103 G 2
Gunung Mulu National Park ⊥ • **MAL** 100-101 D 1
Gunung Rinjani Reserve ⊥ • **RI** 104 C 7
Gunungsitoli ○ **RI** 98-99 B 4
Gunungtua ○ **RI** 98-99 C 4
Gunupur ○ **IND** 78-79 C 6
Gunyan, Mount ▲ **AUS** 114-115 L 5
Gunzenhausen ○ **D** 28-29 L 4
Guocheng ○ **VRC** 90-91 D 3
Guocun ○ **VRC** 90-91 B 5
Guodao ○ **VRC** 90-91 H 3
Guoguo Wenwu • **VRC** 90-91 G 4
Guo He ∼ **VRC** 90-91 K 5
Guoju ○ **VRC** 92-93 N 2
Guoquanyan ▲ **VRC** 90-91 C 6
Guoyang ○ **VRC** 90-91 K 5
Gur ∼ **RUS** 58-59 H 4
Ğurābī, Ğabal ▲ **ET** 130-131 D 3
Guragē ▲ **ETH** 144-145 D 4
Guran ○ **F** (31) 240-241 F 5
Gurān ○ • **IR** 70-71 F 5
Gurara, River ∼ **WAN** 140-141 G 4
Gurat ○ **F** (16) 236-237 F 5
Gurba ∼ **ZRE** 142-143 H 6
Gurbantünggut Shamo ∸ **VRC** 82-83 H 3
Gurdāspur ○ **IND** 74-75 E 3
Gurdon ○ **USA** 188-189 L 3
Gurdzaani ○ • **GE** 62-63 F 7
Gurē ○ **ETH** 144-145 D 5
Gur'ev = Atyrau ☆ **KA** 32-33 H 10
Gur'evsk ☆ **RUS** 50-51 S 7
Gurgaon ○ **IND** 74-75 F 5
Gurgazu ○ **F** (2A) 244 D 6
Gurgei, Ğabal ▲ **SUD** 136-137 B 6
Gurguéia, Rio ∼ **BR** 212-213 G 5
Gurguéira, Rio ∼ **BR** 212-213 F 6
Gurgy-la-Ville ○ **F** (21) 234-235 F 6
Guri, Embalse de < **YV** 204-205 K 4
Gurib ∼ **NAM** 156-157 C 3
Gurig National Park ⊥ **AUS** 108-109 K 1
Gurijuba, Canal do ∼ **BR** 206-207 J 5
Ğūrīn ○ **IRQ** 64-65 K 4
Gurin ○ **WAN** 140-141 K 4
Gurinhatã ○ **BR** 216-217 F 5
Gurlan ○ **US** 72-73 G 4
Ğurm ○ **AFG** 72-73 M 6
Gurner ○ **AUS** 108-109 K 7
Guro ○ **MOC** 154-155 G 3
Güroymak ☆ **TR** 64-65 K 3
Gurri ○ **SUD** 134-135 L 6
Gurskoe ○ **RUS** 58-59 G 3
Guru ○ **VRC** 80-81 G 6
Gurué ○ **MOC** 154-155 J 2
Gurumeti ∼ **EAT** 148-149 E 5
Gurun ○ **MAL** 98-99 D 2
Gürün ☆ **TR** 64-65 G 3
Gurunhuel ○ **F** (22) 230-231 E 2
Gurupa ○ **BR** 206-207 J 6
Gurupi ○ **BR** 212-213 D 7
Gurupi, Baía do ≈ 212-213 E 2
Gurupi, Cabo ▲ **BR** 212-213 E 2
Gurupi, Rio ∼ **BR** 212-213 E 3
Gurupi, Serra do ⛰ **BR** 212-213 D 4
Gurupizinho ○ **BR** 212-213 E 3
Guru Sikhar ▲ **IND** 74-75 D 7
Guruve ○ **ZW** 154-155 F 3
Guruzāla ○ **IND** 76-77 H 2
Gurvan Sajchan ⛰ **MAU** 84-85 F 6
Gurvansajhan = Suugaant ○ **MAU** 84-85 H 5
Gurvantès = Urt ○ **MAU** 84-85 E 6
Gurydangdan, peski ∸ **TM** 72-73 F 6
Gusar = Qusar ○ **AZ** 64-65 N 2
Gusau ○ **WAN** 134-135 C 6
Gusev ○ **RUS** 30-31 H 4
Gushan • **VRC** 92-93 L 3
Gusher ○ **USA** 186-187 C 5
Gushgy ○ **TM** 72-73 H 7
Gushgy ∼ **TM** 72-73 H 7
Gushi ○ **VRC** (HEN) 90-91 J 5
Gushi ○ **VRC** (QIN) 80-81 L 5
Gushiegu ○ **GH** 138-139 K 5
Gushie Point ▲ **CDN** 180-181 K 6
Gushikawa ○ **J** 88-89 B 11
Gus'-Hrustal'nyj ☆ ·· **RUS** 30-31 R 4
Gusi ○ **RI** 102-103 G 3
Gusika ∼ **RUS** 46-47 F 3
Gusinaja ∼ **RUS** 46-47 a 4
Gusinaja, guba ≈ 46-47 b 4
Gusinaja Vadega ∼ **RUS** 44-45 E 5
Gusinaja Zemlja, poluostrov ⌣ **RUS** 44-45 D 6
Gusinoe, ozero ⬭ ·· **RUS** 52-53 M 10
Gusinoozërsk ☆ **RUS** 52-53 N 10
Gūš Lāğar ○ **IR** 72-73 G 7
Gusmp, ostrov ⌒ **RUS** 48-49 L 2
Gúspini ○ **I** 36-37 B 5
Gustav Adolf Land ⌒ **N** 20-21 M 3
Gustavfjellet ▲ **N** 20-21 K 4
Gustav Holm, Kap ▲ **GRØ** 172-173 X 3
Gustavia ○ **F** (971) 245 III b 2
Gustavo A. Madero ○ **MEX** 196-197 E 2
Gustavsberg ☆ **S** 22-23 J 7
Gustavus ○ **USA** 176-177 C 2
Gustav V land ≈ 20-21 L 2
Güstrow ○ • **D** 28-29 M 2
Gutah ○ **CDN** 176-177 K 3
Gutara ∼ **RUS** 52-53 H 8
Gutarskij hrebet ⛰ **RUS** 52-53 H 8
Gutenko Mountains ⛰ **ARK** 16 F 30
Gütersloh ○ **D** 28-29 K 3
Guthalungra ○ **AUS** 110-111 J 6
Guthrie ○ **USA** (AZ) 188-189 C 3
Guthrie ○ **USA** (OK) 188-189 J 2
Guthrie ○ **USA** (TX) 188-189 G 3
Gutian ○ **VRC** 92-93 L 3
Gutiérrez Zamora ○ **MEX** 196-197 F 1
Gut River ○ **JA** 198-199 G 6
Gutsuo ○ **VRC** 80-81 F 6
Guttaiyūr ○ **IND** 76-77 G 5
Guttenberg ○ **USA** 190-191 C 4
Guttstadt = Dobre Miasto ○ • **PL** 28-29 Q 2
Gutu ○ **ZW** 154-155 F 4
Guwahati ☆ **IND** 78-79 G 2
Ğuwaifāt ○ **UAE** 70-71 D 6
Ğuwaiza ○ **UAE** 70-71 F 6
Guwayr ○ **SUD** 136-137 F 4
Guy ○ **CDN** 176-177 M 4
Guyana = Guyana ■ **GUY** 206-207 E 3
Guyandot River ∼ **USA** 190-191 G 6
Guyane □ **F** (973) 245 I b 3
Guyanes, Massif des = Guayana, Macizo de ⛰ 204-205 J 5
Guyanes, Plateau des = Guiana Plateau ≃ 206-207 G 1
Guyang ○ **VRC** 84-85 J 7
Guyenne ∸ **F** 240-241 C 1
Guy Fawkes River National Park ⊥ **AUS** 114-115 M 6
Guyi ○ **ETH** 144-145 B 4
Guymon ○ **USA** 188-189 G 1
Guynemer, Pic ▲ **F** (984) 246 III a 3
Ğūyom ○ **IR** 70-71 E 4
Guyot Glacier ⊂ **USA** 164-165 U 6
Guyra ○ **AUS** 114-115 L 6
Guyuan ○ **VRC** (HEB) 84-85 M 7
Guyuan ○ **VRC** (NIN) 90-91 E 4
Guzar ○ **US** 72-73 K 5
Güzeloluk ○ **TR** 64-65 F 4
Güzelsu ○ **TR** 64-65 K 3
Guzhen ○ **VRC** (ANH) 90-91 K 5
Guzhen ○ **VRC** (FUJ) 92-93 M 3
Guzmán ○ **MEX** 194-195 F 2
Guzmán, Laguna de ⬭ **MEX** 194-195 F 2
Gvādar ○ **IR** 70-71 J 6
Gvardejsk ☆ **RUS** 30-31 G 4
Gvasjugi ○ **RUS** 58-59 G 5
Gwa ○ **MYA** 94-95 C 2
Gwaai ○ **ZW** 154-155 D 4
Gwabegar ○ **AUS** 114-115 K 6
Gwada ○ **WAN** 140-141 G 4
Gwadabawa ○ **WAN** 134-135 B 6
Gwādar ○ **PK** 70-71 K 6
Gwagwalada ○ **WAN** 140-141 G 4
Gwalia ∴ **AUS** 112-113 F 4
Gwalior ○ • **IND** 74-75 G 6
Gwalishtap ○ **PK** 70-71 K 4
Gwamba ○ **WAN** 140-141 F 3
Gwambara ○ **WAN** 134-135 B 6
Gwanda ☆ **ZW** 154-155 E 5
Gwane ○ **ZRE** 142-143 G 6
Gwaram ○ **WAN** 140-141 H 3
Gwardafuy = Raas Caseyr ▲ **SP** 144-145 K 3
Gwarif ○ **RI** 102-103 K 3
Gwarzo ○ **WAN** 140-141 G 3
Gwasero ○ **WAN** 140-141 E 4
Gwayi ∼ **ZW** 154-155 D 4
Gwayi River ○ **ZW** 154-155 D 4
Gweedore ○ **IRL** 26-27 C 4
Gwembe ○ **Z** 154-155 D 3
Gweru ☆ **ZW** (Mid) 154-155 E 4
Gweru ∼ **ZW** 154-155 E 4
Gweta ○ **RB** 154-155 C 5
Gwi ○ **WAN** 140-141 G 4
Gwillim River ∼ **CDN** 178-179 C 2
Gwinner ○ **USA** 186-187 J 2
Gwoza ○ **WAN** 140-141 K 3
Gwydir Highway II **AUS** 114-115 K 5
Gwydir River ∼ **AUS** 114-115 L 6
Gy ○ **F** (70) 238-239 H 2
Gyaca ○ **VRC** 80-81 J 6
Gya'gya = Saga ○ **VRC** 80-81 E 6
Gyalshing ○ **IND** 78-79 F 2
Gyangzê ○ • **VRC** 80-81 G 6
Gyaring Co ⬭ **VRC** 80-81 G 5
Gyaring Hu ⬭ **VRC** 80-81 L 3
Gyda ○ **RUS** 44-45 S 6
Gyda, Presqu'île de = Gydanskij poluostrov ⌣ **RUS** 44-45 Q 6
Gydanskaja grjada ⛰ **RUS** 44-45 Q 7
Gydanskaja guba ≈ 44-45 R 5
Gydanskij poluostrov ⌣ **RUS** 44-45 Q 6
Gydanskij proliv ⬭ **RUS** 44-45 Q 5
Gyêsar Co ⬭ **VRC** 80-81 E 5
Gyé-sur-Seine ○ **F** (10) 234-235 E 5
Gyirong ○ **VRC** 80-81 E 6
Gyitang ○ **VRC** 80-81 L 5
Gyldenløves Fjord ≈ 172-173 U 4
Gympie ○ • **AUS** 114-115 M 4
Gynym ∼ **RUS** 54-55 O 7
Gynym ∼ **RUS** 56-57 D 5
Gyobinchan ○ **MYA** 78-79 J 6
Gyokusendo • **J** 88-89 B 11
Gyöngyös ○ **H** 28-29 P 5
Győr ○ **H** 28-29 O 5
Gypsum Palace ○ **AUS** 116-117 H 2
Gypsum Point ▲ **CDN** 174-175 M 5
Gypsumville ○ **CDN** 178-179 G 5
Gyrfalcon Islands ⌒ **CDN** 180-181 P 5
Gyrgyčan ○ **RUS** 48-49 Q 2

H

H1 ○ **IRQ** 64-65 J 6
H3 ○ **IRQ** 64-65 H 6
Häädemeeste ○ **EST** 30-31 J 2
Ha'afeva ⌒ **TON** 120 IV a 1
Haag, Den = 's-Gravenhage ☆ ·· **NL** 28-29 H 2
Haakon VII Land ∸ **N** 20-21 H 3
Haalenberg ○ **NAM** 156-157 B 3
Haamene ○ **F** (987) 247 IV b 2
Haamene, Baie ≈ 247 IV b 2
Ha'amonga Trilithon • **TON** 120 IV a 2
Ha'ano ⌒ **TON** 120 IV a 1
Ha'apai Group ⌒ **TON** 120 IV a 1
Haapajärvi ○ **FIN** 24-25 H 5
Haapiti ○ **F** (987) 247 V a 2
Haapsalu ☆ **EST** 30-31 H 2
Haapu ○ **F** (987) 247 IV b 2
Haarlem ☆ ·· **NL** 28-29 H 2
Haarlem ○ **ZA** 156-157 F 6
Haast ○ **NZ** 118 B 5
Haastberget ▲ **N** 20-21 M 3
Haast Bluff ⅹ **AUS** 112-113 L 1
Haast Pass ▲ **NZ** 118 B 6
Haasts Bluff Aboriginal Land ⅹ **AUS** 112-113 K 1
Ha'atofo ○ **F** (986) 247 III
Hab ∼ **PK** 70-71 M 6
Haba, al- ○ **UAE** 70-71 F 6
Habadra, Hassi < **DZ** 126-127 E 7
Habahe ○ **VRC** 82-83 H 1
Habana, La ★ ··· **C** 198-199 D 3
Habarane ○ **CL** 76-77 J 6
Habar Cirir ○ **SP** 144-145 H 6
Habarovsk ○ **RUS** 58-59 F 4
Ḥabarūt ○ **OM** 68-69 H 5
Habas ○ **F** (40) 240-241 C 3
Habaswein ○ **EAK** 148-149 G 3
Habauna, Wādī ∼ **KSA** 68-69 D 5
Habay ○ **SP** 148-149 J 3
Ḥabbā, al- ○ **KSA** 66-67 G 4
Ḥabbān ○ **Y** 68-69 E 6
Ḥabbānīya, al- ○ **IRQ** 64-65 K 6
Ḥabbārīya, al- ○ **IRQ** 64-65 K 6
Habejjaha ∼ **RUS** 44-45 O 5
Habère-Poche ○ **F** (74) 238-239 J 4
Ḥabībābād ○ **IR** 70-71 D 2
Habirag ○ **VRC** 84-85 M 6
Ḥable Rūd, Rūdḫāne-ye ∼ **IR** 72-73 C 7
Habob ∼ **SUD** 136-137 G 3
Habraykhoun ○ **LAO** 94-95 H 3
Ḥabšān ○ **UAE** 68-69 H 2
Habsheim ○ **F** (68) 238-239 L 1
Ḥabūr ○ **Y** 68-69 C 5

Ḩābūr, al- ~ SYR 64-65 J 5
Ḩābūr, Nahr al- ~ SYR 64-65 J 4
Ḩābūra, al- o OM 68-69 K 2
Hacari o CO 204-205 E 3
Hacha, Raudal ~ CO 208-209 F 1
Hachinohe o J 88-89 J 4
Hachiōji o J 88-89 H 7
Hachirōgata-ko ○ J 88-89 J 5
Hack, Mount ▲ AUS 114-115 E 6
Hackberry o USA 184-185 H 8
Hackenberg, Fort • F 234-235 J 3
Hackensack o USA 186-187 K 2
Hackney o GUY 206-207 E 2
Hačmas = Xaçmaz o AZ 64-65 N 2
Haco o ANG 152-153 C 5
Hacufera o MOC 154-155 G 5
Hadaaftimo o SP 144-145 J 3
Hadagalli o IND 76-77 F 3
Hadakta o RUS 54-55 F 10
Hadaliya o SUD 136-137 H 4
Hadama o RUS 52-53 J 9
Ḩaḍar, al- ☆ IRQ 64-65 K 5
Hadaran'ja, hrebet ▲ RUS 46-47 V 5
Hadashville o CDN 178-179 J 6
Ḩadbaram o OM 68-69 J 5
Hadd, al- o OM 68-69 L 2
Hadd, Ra's al- ▲ OM 68-69 L 2
Hadda ∴• AFG 74-75 C 2
Haddā' o KSA 68-69 A 3
Haddad Bani Malik o KSA 68-69 B 3
Haddār, al- o KSA 68-69 D 3
Haddington • GB 26-27 F 4
Haddon Corner • AUS 114-115 F 4
Haddummati Atoll ⌒ MV 76-77 B 7
Hadejia o WAN (KAN) 134-135 E 6
Hadejia ~ WAN 134-135 D 6
Hadera ☆ IL 66-67 D 1
Haderslev o• DK 22-23 D 9
Hadhf o NZ 70-71 F 6
Hadhour, Hassi < DZ 124-125 L 5
Hadibū o Y 68-69 H 7
Hadiga o SUD 136-137 G 4
Hadigny-lès-Verrières o F (88) 234-235 J 5
Hadilik o VRC 80-81 F 2
Hadım ☆ TR 64-65 E 4
Ḩadīta, al- o KSA 66-67 E 2
Hadjač o UA 38-39 H 2
Hadjadj, Oued el ~ DZ 126-127 E 6
Hadjar,Djebel = Ḩaǧar, al- ▲ OM 68-69 K 2
Hadjer = Oum o TCH 134-135 J 6
Hadjer Bandala o TCH 142-143 E 3
Hadjer el Hamis o TCH 134-135 G 6
Hadley Bay ≈ 168-169 R 4
Ḩadnān o IRQ 64-65 K 4
Hadol o F (88) 234-235 J 5
Hà Đông ☆ VN 92-93 D 6
Ḩaḍrā', al- o KSA 66-67 H 6
Hadramaut ⊥ Y 68-69 E 6
Hadramaut, Wādī ~ Y 68-69 F 5
Hadrametum = Sousse ☆• TN 126-127 H 3
Hadrāniya o IRQ 64-65 K 5
Hadrian's Wall ••• GB 26-27 F 4
Hadseløya ⌒ N 22-23 G 2
Hadsund o DK 22-23 E 8
Hadudejpur ~ RUS 50-51 P 3
Haduttè ~ RUS 44-45 R 8
Hadweenzie River ~ USA 164-165 Q 3
Hadyjah ~ RUS 50-51 K 2
Hadyr'jaha, Bol'šaja ~ RUS 50-51 P 2
Hadytajha ~ RUS 44-45 N 8
Hadyženks o RUS 62-63 C 5
Hae o THA 78-79 M 6
Haedo, Cuchilla de ▲ ROU 222-223 L 2
Haeju o DVR 86-87 E 8
Haenam o ROK 86-87 F 10
Haenertsburg o ZA 154-155 E 6
Ḩafar al-Bāṭin o KSA 66-67 J 3
Haffa, al- o SYR 64-65 G 5
Haffner Bjerg ▲ GRØ 170-171 T 5
Hafford o CDN 178-179 C 4
Haffouz o TN 126-127 G 3
Ḩafğī, Ra's al- o KSA 66-67 L 3
Hafik ☆ TR 64-65 G 3
Ḩāfirat Nisāḩ o KSA 66-67 K 5
Hāfizābād o PK 74-75 D 3
Hafnarfjörður ☆ IS 22-23 c 2
Haftgel o IR 70-71 C 3
Haft Tappe o IR 70-71 C 2
Hagadera o EAK 148-149 H 3
Ḩağal Bi'r < SYR 64-65 H 5
Ḩağar, al- ▲ OM 68-69 K 2
Ḩağara, al ⊥ IRQ 64-65 K 6
Ḩağara, al- ▲ KSA 66-67 H 3
Ḩağarain, al- o Y 68-69 F 6
Ḩağar aš-Šarqī ▲ OM 68-69 L 2
Hagar Banga o SUD 142-143 F 3
Hagari ~ IND 76-77 G 3
Hagda o Y 68-69 C 7
Hagemeister Island ~ USA 166-167 Q 3
Hagemeister Strait ≈ 166-167 Q 3
Hagen o D 28-29 J 3
Hagen, Mount ▲ PNG 119 C 3
Hagen Fjord ≈ 170-171 m 3
Hägere Hiywet o• ETH 144-145 C 4
Hägere Selam o ETH 144-145 D 5
Hagerman o USA 184-185 G 4
Hagerstown o USA 190-191 K 6
Hagetmau o F (40) 240-241 C 3
Haǧǧa o• Y 68-69 C 6
Haǧǧ 'Alī Qolī, Kavīr-e o IR 72-73 D 7
Haǧǧīābād o IR 70-71 F 4
Hagi o J 88-89 D 7
Hà Giang ☆ VN 92-93 D 5
Hagondange o F (57) 234-235 J 3
Hağr, al- o KSA 66-67 K 5
Hague, Cap de la ▲ F (50) 228-229 A 4
Hague, Hasy < LAR 126-127 H 7
Haguenau o• F (67) 234-235 M 4
Hahan ~ RUS 56-57 D 4
Hahčan ~ RUS 46-47 N 6
Hahndorf o AUS 116-117 E 3
Haho o BF 138-139 J 4
Haho ~ RT 138-139 L 6
Haia o PNG 119 C 4
Hai'an o VRC (GDG) 92-93 G 6
Hai'an o VRC (JIA) 90-91 M 5
Haib o NAM 156-157 D 4
Haib ~ NAM 156-157 C 4
Ḩaibar o KSA 66-67 F 5
Ḩaibar al-Ǧanūb o KSA 68-69 C 4
Haicheng o VRC 86-87 D 7
Haida o• CDN 176-177 D 4
Haida = Nový Bor o CZ 28-29 N 3
Haidra • TN 126-127 G 3
Hải Dư'ơng ☆ VN 92-93 E 6
Haie-Fouassière, La o F (44) 230-231 J 5
Haifa = Hefa ☆• IL 66-67 D 1
Haifān o Y 68-69 D 7
Haifeng o VRC 92-93 J 5
Haig o AUS 112-113 J 5
Haigler o USA 186-187 G 5
Haikang o VRC 92-93 G 6
Haikou ☆• VRC 92-93 G 6
Ḩā'il ◘ KSA 66-67 G 4
Ḩā'il ☆• KSA (HA) 66-67 G 4
Hail = Ḩā'il ☆• KSA 66-67 G 4
Ḩā'il, Wādī ~ KSA 66-67 G 4
Hailalua o SOL 120 I e 3
Hailar o VRC 86-87 B 3
Hailar He ~ VRC 86-87 C 3
Hailey o USA 184-185 G 4
Hailin o VRC 86-87 G 5
Hailino o RUS 48-49 O 6
Haillainville o F (88) 234-235 J 5
Hailun o VRC 86-87 F 4
Hailuogou • VRC 92-93 B 2
Hailuoto (Karlö) ⌒ FIN 24-25 H 4
Ḩaima, Ra's al- o UAE 70-71 F 6
Haimen o VRC 90-91 M 6
Haims o F (86) 236-237 G 2
Hainan ◘ VRC 92-93 F 7
Hainan, Détroit de = Qiongzhou Haixia ≈ 92-93 F 6
Hainan Dao ⌒ VRC 92-93 G 7
Hainault Tourist Mine • AUS 112-113 F 5
Haindi o LB 138-139 E 6
Haines o USA (AK) 164-165 X 7
Haines o USA (OR) 184-185 F 3
Haines Highway II CDN 164-165 W 6
Haines Junction o CDN 164-165 W 6
Haingsisi o RI 102-103 B 7
Hainin o Y 68-69 F 6
Haining o VRC 90-91 M 6
Hải Ninh ☆ VN 92-93 E 6
Hải Phong ☆• VN 92-93 E 6
Hair, Qaṣr al- • SYR 64-65 H 5
Ḩair al-Ğarbī, Qaṣr al- ∴• SYR 64-65 G 5
Hairé Lao o SN 132-133 C 6
Hairjuzova ~ RUS 56-57 R 5
Hais o Y 68-69 C 7
Ḩaiṣat an-Naum, Ra's ▲ Y 68-69 H 7
Haishiwan o VRC 90-91 C 3
Ḩā'iṭ, al- o KSA 66-67 G 5
Haitan Dao ⌒ VRC 92-93 L 4
Haiti = Haïti ■ RH 198-199 J 5
Haitou o VRC 92-93 F 7
Haiyan o VRC (QIN) 90-91 B 3
Haiyan o VRC (ZHE) 90-91 M 6
Haiyang o VRC 90-91 M 3
Haiyuan o VRC 90-91 D 3
Haizhou Wan ~ VRC 90-91 L 4
Haja, Džebariki- o RUS 56-57 F 2
Haja, Jurjung- o RUS 46-47 J 3
Hajangoua o F (985) 246 I b 2
Hajangoua, Récif ⌒ F (985) 246 I b 2
Hajata, Suntar-hrebet ▲ RUS 46-47 V 7
Hajdarkan o KS 72-73 M 5
Hajeb El Ayoun o TN 126-127 G 3
Hajiki-saki ▲ J 88-89 H 5
Hajja, Ējē- o RUS 46-47 U 6
Hajiljulja ~ RUS 56-57 T 4
Hajnówka o PL 28-29 R 2
Hajo Do ⌒ ROK 86-87 F 10
Hajpudyrskaja, guba ○ RUS 44-45 H 7
Hajrjuzovo o RUS 56-57 R 5
Hajrjuzovo, Ust'- o RUS 56-57 R 5
Hajsyn ☆ UA 38-39 F 3
Hajyr o RUS 46-47 T 4
Hajysardah o RUS 54-55 O 5
Haka o MYA 78-79 H 4
Hakai Recreation Area ⊥ CDN 176-177 F 6
Hakalau o USA 192-193 E 8
Hakanka ~ 44-45 T 7
Hakasija, Respublika = Khakassie ◘ RUS 52-53 D 9
Hakčan, Ust'- o RUS 56-57 M 2
Hakkari ☆ TR 64-65 K 4
Hakkâri Dağları ▲ TR 64-65 K 4
Hakken-san ▲ J 88-89 F 7
Hakkoda-san ▲ J 88-89 J 4
Hakkulabad o US 72-73 N 4
Hakodate o J 88-89 J 4
Hakoma ~ RUS 52-53 J 2
Hakskeenpan ○ ZA 156-157 E 3
Hakui o J 88-89 G 6
Haku-san ▲ J 88-89 G 6
Hakusan National Park ⊥ J 88-89 G 6
Hāla o• PK 74-75 B 7
Halab (Aleppo) ☆••• SYR 64-65 G 4
Halaban o RI 98-99 B 3
Halabğa ☆ IRQ 64-65 M 5
Halač o TM 72-73 J 5
Halā'ib o ET 130-131 H 6
Halali o NAM 152-153 D 9
Halali Reservoir < IND 74-75 F 8
Ḩālat 'Ammār o KSA 66-67 E 3
Halberstadt o• D 28-29 L 3
Halbrite o CDN 178-179 E 6
Halčaganahta, krjaž ▲ RUS 46-47 G 4
Halcon, Mount ▲ RP 96-97 D 6
Haldane River ~ CDN 174-175 J 2
Halden ☆ N 22-23 E 7
Haldia o IND 78-79 F 4
Hal'džaj, Krest- o RUS 56-57 F 2
Hale, Mount ▲ AUS 112-113 D 3
Haleakala Crater ▲ USA 192-193 D 7
Haleakala National Park ⊥• USA 192-193 D 7
Halebid o• IND 76-77 F 4
Haleiwa o USA 192-193 C 7
Hale River ~ AUS 114-115 C 2
Halfain, Wādī ~ OM 68-69 K 2
Half Assini o GH 138-139 J 7
Halfāyat al-Mulūk o SUD 136-137 F 5
Hal Flood Range ▲ ARK 16 F 23
Halfmoon Bay o CDN 176-177 J 7
Halfmoon Bay o NZ 118 B 7
Half Moon Lake ○ AUS 112-113 M 4
Half Way Hills ▲ CDN 174-175 V 3
Halfway Point ▲ CDN 178-179 Q 5
Halfway River ~ CDN 176-177 J 3
Halgen o SP 144-145 G 6
Ḩalḩāl o IR 64-65 N 4
Halhgol o MAU 84-85 O 4
Halībān o KSA 66-67 J 6
Haliburton Highlands ▲ CDN 182-183 E 6
Ḩālid o IRQ 64-65 L 6
Ḩālida, Bi'r < ET 130-131 C 2
Halifax o AUS 110-111 J 6
Halifax ☆ CDN 182-183 N 6
Halifax, Mount ▲ AUS 110-111 J 6
Halifax Bay ≈ 110-111 J 6
Ḩalīğ-e Fārs • IR 70-71 C 4
Halikarnassos ∴•• TR 64-65 B 4
Ḩalīl, al- = Hevron ☆ WB 66-67 D 2
Ḩallābād o IR 72-73 F 7
Halīle, Ra's-e ▲ IR 70-71 D 4
Ḩalīl Rūd ~ IR 70-71 H 5
Halilulik o RI 102-103 C 6
Halin, Ruins of • MYA 78-79 J 4
Ḩālis, al- o IRQ 64-65 L 6
Haliyāl o IND 76-77 F 3
Haljala o EST 30-31 K 2
Haljango, ostrov ⌒ RUS 44-45 P 5
Halkanskij hrebet ▲ RUS 56-57 L 3
Halke Shan ▲ VRC 82-83 E 4
Halkett, Cape ▲ USA 164-165 O 1
Hálki ⌒ GR 36-37 L 6
Halkida o GR 36-37 J 5
Halkidiki ⊥ GR 36-37 J 4
Halkirk o CDN 176-177 O 5
Hall, Fort o USA 184-185 H 4
Halland ⊥ S 22-23 F 8
Hallandale o USA 192-193 H 7
Ḩallāniyāt, al- ⌒ Y 68-69 K 5
Hallasan ▲ ROK 86-87 F 11
Hallasan National Park ⊥• ROK 86-87 F 11
Hall Bassin ≈ 170-171 T 3
Hall Beach o CDN 168-169 f 6
Hall Bredning ≈ 170-171 n 8
Halle (Saale) o• D 28-29 L 3
Hallein o A 28-29 M 5
Hallen o S 22-23 G 5
Hallencourt o F (80) 228-229 H 3
Hallersville o USA 166-167 S 3
Halles • F (02) 228-229 M 5
Hallet, Îlots ⌒ F (984) 246 III c 2
Hallett o AUS 116-117 E 2
Hallettsville o USA 188-189 J 5
Halley Bay o ARK 16 F 34
Halliday o USA 186-187 F 2
Halliday Lake ○ CDN 174-175 P 5
Hall Indian Reservation, Fort ⋈ USA 184-185 H 4
Hallingdal ~ N 22-23 D 6
Hallingdalselvi ~ N 22-23 D 6
Hallingskarvet ▲ N 22-23 C 6
Hall in Tirol o A 28-29 L 5
Hall Island ⌒ FSM 9 G 2
Hall Island ⌒ USA 48-49 Y 6
Hall Lake ○ CDN 168-169 f 6
Hall Land ⊥ GRØ 170-171 U 3
Hällnäs o S 22-23 J 4
Hallock o USA 186-187 J 1
Hallowell, Cape ▲ CDN 168-169 d 6
Hall Peninsula ⊃ CDN 180-181 Q 3
Hall Point ▲ AUS 110-111 B 2
Halls Creek o• AUS 108-109 H 5
Halls Gap o• AUS 116-117 G 4
Hallson o USA 186-187 J 1
Halluin o F (59) 228-229 L 2
Hallyŏ Haesang National Park ⊥• ROK 86-87 G 10
Halmahera, Laut = Halmahera, Mer d' ≈ 102-103 E 1
Halmahera, Mer d' = Halmahera, Laut ≈ 102-103 E 1
Halmahera, Pulau ⌒ RI 100-101 L 3
Hal'merto, ozero ○ RUS 44-45 N 7
Hal'mg-Tangč = Kalmouks, République des ◘ RUS 62-63 F 4
Halmstad o S 22-23 F 8
Hälol o IND 74-75 D 8
Halong o RI 102-103 E 3
Hal'šany o BY 30-31 K 4
Halstad o USA 186-187 J 2
Halstroff o F (57) 234-235 J 3
Haltom City o USA 188-189 J 3
Halturin o RUS 32-33 F 4
Halura, Pulau ⌒ RI 104 E 8
Halvad o IND 74-75 C 8
Halverson Ridge ▲ CDN 176-177 L 3
Halvmåneøya ⌒ N 20-21 N 4
Ḩalwān al-Ḩunfa ▲ KSA 66-67 F 3
Halyja ~ RUS 56-57 H 2
Halzan Sogootyn davaa ▲ MAU 84-85 D 3
Ham o F (80) 228-229 L 4
Ham ~ NAM 156-157 D 4
Ham o TCH 142-143 B 3
Ham, Roches de ▲ F (50) 228-229 B 5
Hamāb o NAM 156-157 D 4
Hamād, al- ⊥ KSA 66-67 F 2
Hamada o J 88-89 E 7
Hamadān ◘ IR 70-71 C 1
Hamadān ☆ IR 70-71 C 1
Hamaguir o DZ 124-125 K 5
Hamāh ☆•• SYR 64-65 G 5
Hamamah o LAR 128-129 J 1
Hamamasu o J 88-89 J 3
Hamamatsu o J 88-89 G 7
Haman o CAM 140-141 K 6
Hamar ☆• N 22-23 E 6
Hamar, al- o KSA 66-67 K 6
Hamar-Daban, hrebet ▲ RUS 52-53 L 10
Hamasaka o J 88-89 F 7
Ḩamāsin, al- o KSA 68-69 D 3
Ḩamāṭa, Ğabal ▲ ET 130-131 G 5
Hama-Tombetsu o J 88-89 K 2
Hamba o COM 158-159 C 4
Hambach o F (57) 234-235 L 3
Hambantota o CL 76-77 J 7
Hambaparoing o RI 104 E 7
Hamberg o USA 186-187 H 2
Hambidge Conservation Park ⊥ AUS 116-117 C 2
Hamborgerland ⌒ GRØ 172-173 O 4
Hambourg = Hamburg ☆•• D 28-29 L 2
Hamburg ☆•• D 28-29 L 2
Hamburg o SME 206-207 G 3
Hamburg o USA (IA) 186-187 K 5
Hamburg o USA (NY) 190-191 J 4
Hamburg o ZA 156-157 H 6
Hambye o F (50) 230-231 J 2
Hambye, Abbaye de • F (50) 230-231 J 2
Hamchang o VRC 80-81 B 4
Hamd, Wādī al- ~ KSA 66-67 E 5
Hämeenlinna ☆ FIN 24-25 H 6
Hamelin o AUS 112-113 C 3
Hamelin o F (50) 230-231 J 2
Hamelin, Mount ▲ CDN 168-169 P 3
Hamelin Pool ≈ 112-113 B 3
Hameln o• D 28-29 K 2
Hamen Wan ~ VRC 92-93 K 5
Hamer Koke o ETH 144-145 C 6
Hamero Hadad o ETH 144-145 F 5
Hamersley o AUS 108-109 C 7
Hamersley Lakes ○ AUS 112-113 E 5
Hamersley Range ▲ AUS 108-109 C 6
Hamersley Range National Park ⊥•• AUS 108-109 C 7
Hamğā, al- o KSA 66-67 H 5
Hamhung o DVR 86-87 F 8
Hami o VRC 82-83 L 4
Hāmi, al- o Y 68-69 F 6
Hamid o SUD 136-137 E 2
Ḩamīdī, Qal'at o IRQ 64-65 L 6
Hamīdiya o SYR 64-65 F 5
Hamīdiye o IR 70-71 C 3
Hamilton o AUS (TAS) 116-117 J 7
Hamilton o• AUS (VIC) 116-117 G 4
Hamilton ☆ GB 198-199 L 1
Hamilton o CDN 182-183 E 7
Hamilton o NZ 118 E 2
Hamilton o USA (AK) 164-165 J 5
Hamilton o USA (AL) 192-193 E 2
Hamilton o USA (MO) 186-187 K 6
Hamilton o USA (MT) 184-185 G 2
Hamilton o USA (OH) 190-191 F 6
Hamilton o USA (TX) 188-189 H 4
Hamilton o USA (WA) 184-185 D 1
Hamilton, Banc = Hamilton Bank ≃ 14-15 D 3
Hamilton, Lake ○ AUS 116-117 C 3
Hamilton Bank = Hamilton, Banc ≃ 14-15 D 3
Hamilton Creek ~ AUS 112-113 M 3
Hamilton Downs o AUS 112-113 M 1
Hamilton Hotel o AUS 114-115 F 2
Hamilton Island ⌒ AUS 110-111 K 7
Hamilton River ~ AUS 114-115 E 2
Hamim o UAE 68-69 J 2
Hamina o FIN 24-25 J 6
Hamiota o CDN 178-179 F 5
Hami Pendi ⊥ VRC 82-83 L 4
Ḩamir o• Y 68-69 C 6
Ḩāmir, Wādī ~ IRQ 64-65 J 7
Ḩāmir, Wādī ~ KSA 66-67 G 2
Ḩāmir, Wādī ~ Y 68-69 F 6
Hami Rotoki • SUD 136-137 B 6
Hamirpur o IND 78-79 B 3
Ḩamis al-Baḩr o KSA 68-69 B 4
Ḩamis Mušaiţ o KSA 68-69 C 4
Ḩamis Muţair o KSA 68-69 C 4
Hamlen Bay ≈ 180-181 Q 3
Hamlet, Mount ▲ USA 164-165 H 2
Hamlin o USA 188-189 G 3
Hàm Luông ~ VN 94-95 J 5
Hamm o D 28-29 J 3
Ḩammām, al- o IRQ 64-65 L 7
Ḩammām 'Alī o Y 68-69 D 6
Hammamet o TN 126-127 H 2
Hammamet, Golfe de ≈ 126-127 H 2
Hammam-Lif ☆ TN 126-127 H 2
Hamman, Oued ~ DZ 126-127 C 3
Hammer, Kap ▲ GRØ 172-173 Z 2
Hammerdal o S 22-23 G 5
Hammerfest o•• N 22-23 L 1
Hammern ⌒ GRØ 170-171 q 4
Hammilton Sound ≈ 182-183 R 4
Hammock, Kap ▲ GRØ 170-171 d 2
Hammon o USA 188-189 H 2
Hammond o USA (IN) 190-191 E 5
Hammond o USA (LA) 188-189 M 4
Hammond Island ⌒ AUS 119 B 6
Hammonton o USA 190-191 L 6
Hamna ~ RUS 56-57 F 3
Hamnej ~ RUS 52-53 L 10
Hamoud o RIM 132-133 E 7
Hamoyet, Ğabal ▲ SUD 136-137 J 4
Hampa o RUS 54-55 L 4
Hampden o CDN 182-183 Q 4
Hampenanperak o RI 98-99 C 3
Hampi o•• IND 76-77 G 3
Hampton o CDN 182-183 M 6
Hampton o USA (AR) 188-189 L 3
Hampton o USA (IA) 186-187 L 4
Hampton o USA (NH) 190-191 N 4
Hampton o USA (SC) 192-193 H 3
Hampton o USA (VA) 190-191 K 7
Hampton Butte ▲ USA 184-185 D 4
Hamra ~ RUS 54-55 F 5
Hamra o SUD 142-143 J 3
Hamrā', al- o OM 68-69 K 2
Ḩamrān, Bi'r < IRQ 64-65 K 5
Hamrånge o S 22-23 H 6
Hamrat al-Wuzz o SUD 136-137 E 5
Ḩamrat aš-Šayḩ o SUD 136-137 C 5
Ḩamrīn, Ğabal ▲ IRQ 64-65 L 5
Hamsara ~ RUS 52-53 H 9
Hams Fork ~ USA 184-185 J 5
Hàm Thuận o VN 94-95 K 5
Hamūd, 'Ain o IRQ 66-67 J 2
Hamuku o RI 102-103 H 3
Hāmūn-e Ğaz Mūriān ○ IR 70-71 H 5
Hāmūn-i-Lora ○ PK 70-71 L 4
Hamysky o RUS 62-63 D 5
Hana o USA 192-193 D 7
Ḩānābād o AFG 72-73 L 6
Hanabanilla, Presa del <• C 198-199 E 3
Hanahan o PNG 120 I b 1
Hanak o TR 64-65 K 2
Ḩanākiya, al- o KSA 66-67 G 5
Ḩanākiya, Wādī al- ~ KSA 66-67 G 5
Ḩān al-Baġdādī o IRQ 64-65 K 6
Ḩān al-Maḩāwīl o IRQ 64-65 L 6
Hanalei o USA 192-193 C 6
Hà Nam ☆ VN 92-93 D 6
Hanamaki o J 88-89 J 5
Hanapepe o USA 192-193 C 7
Ḩānaqīn ☆ IRQ 64-65 L 5
Hanarasalja, mys ▲ RUS 44-45 P 6
Ḩān ar-Raḩba o IRQ 64-65 L 7
Hanaša, al- o KSA 68-69 C 5
Ḩanāsir o SYR 64-65 G 5
Hān Beben o IR 72-73 D 6
Hanbogd = Ihbulag o MAU 84-85 G 6
Hanbury Island ⌒ CDN 174-175 Y 4
Hanbury River ~ CDN 174-175 Q 4
Hanceville o CDN 176-177 J 6
Hancheng o VRC 90-91 G 4
Hanchuan o VRC 90-91 H 6
Hancock o USA (MD) 190-191 J 6
Hancock o USA (NY) 190-191 L 5
Hancock, Lake ○ AUS 112-113 H 2
Hancock Summit ▲ USA 184-185 G 7
Handa o J 88-89 G 7
Handa ~ RUS 52-53 N 8
Handa ~ RUS 56-57 F 3
Handa o SP 144-145 K 3
Handagajty ☆ RUS 52-53 F 10
Handan o VRC 90-91 J 3
Handeni o EAT 148-149 G 6
Handöl o S 22-23 F 5
Handréma o F (985) 246 I b 2
Handsworth o AUS 114-115 J 3
Handwara o• IND 74-75 E 2
Handyga ☆ RUS 56-57 F 2
Handyga ~ RUS 56-57 F 2
Ḩāne Sor o IRQ 64-65 J 4
Hanestad o N 22-23 E 6
Ḩān-e Taḩtī o IR 64-65 L 3
Hanford o USA 184-185 E 7
Hanford Site xx USA 184-185 E 2
Hangajn Nuruu ▲ MAU 84-85 C 4
Hangal o IND 76-77 F 3
Han Gang ~ ROK 86-87 F 9
Hanga Roa o RCH 222-223 B 2
Hanger Werez ~ ETH 144-145 C 4
Hangest-en-Santerre o F (80) 228-229 K 4
Hanggin Houqi o VRC 90-91 E 1
Hanggin Qi o VRC 90-91 F 2
Hanging Rock ▲ AUS 108-109 E 7
Hangingstone River ~ CDN 176-177 P 3
Hanging Trail ⊥ LB 138-139 F 7
Hanglong o VRC 92-93 E 4
Hangö o•• FIN 24-25 G 7
Hangu o PK 74-75 C 3
Hangzhou ☆•• VRC 90-91 M 6
Hangzhou Wan ≈ 90-91 M 6
Hanhöhij o MAU 84-85 L 4
Han Höhijn Nuruu ▲ MAU 52-53 F 11
Hani o RUS 54-55 J 7
Hani ~ RUS 54-55 K 7
Hani ☆ TR 64-65 J 3
Haniá o GR 36-37 K 7
Ḩanīḡ o KSA 66-67 L 4
Ḩanīšal al-Kabīr ⌒ Y 68-69 C 7
Hanja ~ ANG 152-153 B 6
Han Jiang ~ VRC 92-93 K 5
Hanka ☆ US 72-73 G 4
Hanka, ozero ○ RUS 58-59 E 6
Hankendi = Khankendi ☆ AZ 64-65 M 3
Hankey o ZA 156-157 G 6
Hankinson o USA 186-187 J 2
Hanko = Hangö o•• FIN 24-25 G 7
Hanksville o USA 184-185 J 6
Hanlar = Xanlar o AZ 64-65 M 2
Hanley o CDN 178-179 C 5
Hanmer Springs o NZ 118 D 5
Ḩān Muğīdda o IRQ 64-65 K 6
Hann, Mount ▲ AUS 108-109 G 3
Hanna o CDN 176-177 P 6
Hannaford o USA 186-187 H 2
Hannah Bay ≈ 182-183 E 3
Ḩān Nešin o AFG 70-71 K 3
Hannibal o USA 190-191 C 6
Hannik < SUD 136-137 F 3
Hannja ~ RUS 46-47 L 7
Hann Münden o• D 28-29 K 3
Hannover ☆• D 28-29 K 2
Hann River ~ AUS 108-109 H 4
Hann River ~ AUS 110-111 G 4
Hanöbukten ≈ 22-23 G 9
Hà Nội ☆•• VN 92-93 D 6
Hanoi = Hà Nội ☆•• VN 92-93 D 6
Hanover o CDN 182-183 D 6
Hanover o ZA 156-157 G 5
Hanover, Isla ⌒ RCH 224 C 5
Hanover Road o ZA 156-157 G 5
Hanovre = Hannover ☆• D 28-29 L 2
Ḩān Šaiḩūn o SYR 64-65 G 5
Hansboro o USA 186-187 H 1
Hānsdiha o IND 78-79 E 3
Hanse o IND 74-75 F 3
Hansen o USA 186-187 E 5
Hansenfjella ▲ ARK 16 G 6
Hanshou o VRC 92-93 G 2
Han Shui ~ VRC 90-91 H 6
Hānsi o IND 74-75 E 5
Hansine Lake ○ CDN 180-181 G 2
Hanskoe, ozero ○ RUS 38-39 L 4
Hans Meyer Range ▲ PNG 119 G 3
Hanson, Lake ○ AUS 114-115 D 6
Hanson River ~ AUS 110-111 B 7
Hānsot o IND 74-75 D 9
Hans Tavsens Iskappe ⊂ GRØ 170-171 f 2
Hanstholm o DK 22-23 D 8
Han-sur-Nied o F (57) 234-235 J 4
Hantai o VRC 92-93 G 2
Hantajka ~ RUS 44-45 W 7
Hantajskoe vodohranilišče ○ RUS 44-45 X 7
Hantamsberg ▲ ZA 156-157 D 5
Hantengri Feng ▲ KA 82-83 E 4
Hantoukoura o BF 138-139 L 3
Hanty-Mansijsk ☆ RUS 50-51 K 4
Hanty-Mansijskij avt. okrug=Khantys-Mansis, Arrond. aut. de ◘ RUS 50-51 G 3
Hantzsch River ~ CDN 172-173 F 2
Hanuj gol ~ MAU 84-85 E 3
Hanumana o IND 78-79 C 3
Hanumāngarh o IND 74-75 E 5
Hanyin o VRC 90-91 F 5
Hanyuan o VRC 92-93 C 2
Ḩān Yūnis o AUT 66-67 C 2
Hanzhong o VRC 90-91 E 5
Ḩān Zūr o IRQ 64-65 L 5
Haora o IND 78-79 F 4
Haotan o VRC 90-91 F 3
Haouach, Ouadi ~ TCH 134-135 K 4
Haoud El Hamra o DZ 126-127 E 5
Haouich o TCH 134-135 K 6
Haouza o MA 124-125 F 7
Hapai o SOL 120 I c 3
Hapakant o MYA 78-79 K 3
Haparanda o S 22-23 M 4
Hapčaganahta, krjaž ▲ RUS 46-47 G 4
Hapčeranga o RUS 54-55 F 11
Hapica, Bol'šaja ~ RUS 56-57 T 6
Hapo o RI 100-101 L 2
Hapolio o IND 78-79 H 2
Happy o USA 188-189 G 2
Happy Camp o USA 184-185 C 5
Happy Jack o USA 184-185 J 8
Happy Valley o AUS 114-115 G 2
Hapsal = Haapsalu ☆ EST 30-31 H 2
Haptagaj o RUS 54-55 O 5
Hāpur o IND 74-75 F 5
Ḩaql, al- o KSA 66-67 D 3
Harabali ☆ RUS 32-33 E 10
Ḩarābe-ye Tarāqū ∴• AFG 70-71 J 3
Harabyl ~ RUS 46-47 J 3
Ḩaraḍ o KSA 66-67 L 5
Ḩaraḍ o Y 68-69 C 5
Ḩarad, Ğabal al- ▲ JOR 66-67 D 3
Harāda o KSA 66-67 K 6
Haradok ☆ BY 30-31 L 4
Ḩarağa o KSA 68-69 C 5
Haragu o PNG 119 B 4
Harajaha ~ RUS 24-25 Y 3
Hara Lake ○ CDN 174-175 S 6
Harald Moltke, Kap ▲ GRØ 172-173 U 5
Haramachi o J 88-89 J 6
Harami, pereval ▲ RUS 62-63 G 6
Harampur ~ RUS 50-51 P 2
Ḩarānaq o IR 70-71 F 2
Ḩarānaq, Kūh-e ▲ IR 70-71 F 2
Haranor o RUS 54-55 H 10
Harapa o SOL 120 I b 2
Harappa o•• PK 74-75 D 4
Harare ★•• ZW 154-155 F 3
Harasavèj ~ RUS 44-45 M 6
Haras du Pin, Château • F (61) 230-231 M 2
Harat ~ ER 136-137 J 4
Harāt o IR 70-71 F 3
Hara-Tas, krjaž ▲ RUS 44-45 e 6
Hara-Tumus, poluostrov ⊃ RUS 46-47 H 3
Harau Canyon • RI 98-99 D 5
Hara-Ulah ~ RUS 46-47 R 4
Haraulahskij hrebet ▲ RUS 46-47 Q 3
Harāvağān o IR 70-71 F 3
Harāwah, Wādī ~ LAR 128-129 G 2
Ḩarāz, Ğabal ▲ Y 68-69 C 6
Haraz-Djombo o TCH 134-135 J 6
Haraze Mangueigne o TCH 142-143 E 4
Harbalah o RUS 56-57 F 2
Harbel o LB 138-139 E 6
Harbin ☆ VRC 86-87 F 5
Harbonnières o F (80) 228-229 K 4
Harbor Beach o USA 190-191 G 4
Harbour Breton o CDN 182-183 R 5
Harbour Deep o CDN 182-183 Q 3
Harbour View o JA 198-199 G 6
Harbutt Range ▲ AUS 108-109 F 7
Harchéchamp o F (88) 234-235 H 5
Harcourt o AUS 116-117 H 4
Harcourt o CDN 182-183 M 5
Harcourt o F (27) 228-229 F 5
Harda o IND 74-75 F 8
Hardali o IND 76-77 F 4
Hardangerfjorden ≈ 22-23 C 6
Hardangerjøkulen ⊂ N 22-23 C 6
Hardangervidda ▲ N 22-23 C 6
Hardangervidda nasjonalpark ⊥ N 22-23 C 6
Hard Bargin o BS 198-199 G 1
Hardeeville o USA 192-193 H 3
Hardelot-Plage o F (62) 228-229 H 2
Harderwijk o NL 28-29 H 2
Hardey River ~ AUS 108-109 C 7
Hardin o USA (IL) 190-191 C 6
Hardin o USA (MT) 186-187 D 3
Harding o ZA 156-157 J 5
Hardinge Bay ≈ 168-169 K 2
Hardinghen o F (62) 228-229 H 2
Harding River ~ AUS 108-109 C 6
Hardinsburg o USA 190-191 E 7
Hardisty o CDN 176-177 P 5
Hardisty Lake ○ CDN 174-175 K 3
Hardoi o IND 78-79 B 2
Hardwick o USA (GA) 192-193 G 3
Hardwick o USA (VT) 190-191 M 3
Hardwicke Bay ≈ 116-117 D 3
Hardy o USA 188-189 M 1
Hardy, Península ⌒ RCH 224 F 7
Hardy, Port o CDN 176-177 G 6
Hardy Bay ≈ 168-169 O 3
Hardy Lake ○ CDN 174-175 P 3
Hare Bay ≈ 182-183 Q 3
Hare Fiord ≈ 170-171 G 3
Hare Indian River ~ CDN 174-175 F 2
Hare Ø ⌒ GRØ 172-173 N 1
Hārer ☆ ETH 144-145 F 4
Hārergē ◘ ETH 144-145 E 4
Hārer Wildlife Sanctuary ⊥ ETH 144-145 F 4
Hāresābād o IR 72-73 E 6
Hareto o ETH 144-145 C 4
Harewa o ETH 144-145 E 4
Ḩarf, al- o Y 68-69 D 5
Harfleur o F (76) 228-229 E 4
Ḩarğ, al- o KSA 66-67 K 5
Hargele o ETH 144-145 F 6
Hargeysa ☆ SP 144-145 G 4
Hargnies o F (08) 234-235 F 1
Hargrave River ~ CDN 178-179 G 3
Har Hu ○ VRC 82-83 N 6
Harī ~ RI 98-99 E 5
Haría o E 124-125 E 6
Harib o Y 68-69 D 6
Haribomo o RMM 132-133 J 6
Haribongo, Lac ○ RMM 132-133 J 6
Haridwar o•• IND 74-75 G 5
Harihar o IND 76-77 F 3
Harihari o NZ 118 C 5
Hā Rikāt ~ OM 68-69 J 4
Harilek ~ RI 98-99 E 6
Hārim ☆ SYR 64-65 G 4
Harima-nada ≈ 88-89 F 7
Harimkotan, ostrov ⌒ RUS 58-59 Q 4
Haringhata ~ BD 78-79 F 4
Haripad o IND 76-77 G 6
Haripur o PK 74-75 D 2
Hariri, Tall • SYR 64-65 J 5
Hari Rūd ~ IR 72-73 G 6
Harīrūd, Daryā-ye ~ AFG 70-71 K 1
Harīrūd, Daryā-ye ~ AFG 72-73 G 7
Harisal o IND 74-75 F 9
Härjedalen ⊥ S 22-23 F 5
Ḩārk o IR 70-71 D 4
Ḩārk, Ğazīre-ye ⌒ IR 70-71 D 4
Harkány o H 28-29 P 6
Harkidum o IND 74-75 G 4
Harkin Bay ≈ 180-181 K 2
Har'kov = Charkiv o UA 38-39 K 3
Ḩārkū, Ğazīre-ye ⌒ IR 70-71 D 4
Harlan o USA (IA) 186-187 K 5
Harlan o USA (KY) 190-191 G 7
Harlan County Lake ○ USA 186-187 H 5
Harlem o USA 186-187 C 1
Harlin o AUS 114-115 M 4
Harlingen o• NL 28-29 H 2
Harlingen o USA 188-189 J 6
Harlovka o RUS (MUR) 24-25 O 2
Harlovka ~ RUS 24-25 O 2
Harlowton o USA 186-187 C 2
Härmänkylä o FIN 24-25 K 4
Harmanli o BG 38-39 D 7
Harmil ⌒ ER 136-137 K 4
Harmonia o BR 220-221 J 6
Harmony o USA 190-191 O 3
Harnai o PK 70-71 M 3
Harnes o F (62) 228-229 K 3
Harney Basin ~ USA 184-185 E 4
Harney Lake ○ USA 184-185 E 4
Harney Peak ▲ USA 186-187 F 4
Härnösand ☆ S 22-23 H 5
Har nuur ○ MAU (HOV) 82-83 L 1
Har nuur ○ MAU (ZAV) 84-85 C 3
Haro o E 34-35 F 3
Haro ~ SP 148-149 H 3
Haro, Cabo ▲ MEX 194-195 D 4
Harobo o J 88-89 J 2
Harold Byrd Range ▲ ARK 16 E 0
Haroldswick o GB 26-27 G 1
Harouë o F (54) 234-235 J 5
Harovsk o RUS 30-31 R 2
Harovskaja grjada ▲ RUS 30-31 R 2
Harpanahalli o IND 76-77 F 3
Harper ☆ LB 138-139 G 7
Harper o USA (KS) 188-189 H 1
Harper o USA (OR) 184-185 F 4
Harper, Mount ▲ USA 164-165 T 4
Harper Creek ~ CDN 174-175 M 6
Harpers Ferry National Historic Park ∴ USA 190-191 K 6
Harpin ~ RUS 58-59 G 3
Harqin Qi o VRC 84-85 O 7
Harqūs ⌒ KSA 66-67 L 4
Harrai o IND 74-75 G 8
Harran ☆ TR 64-65 H 4
Harrand o PK 74-75 C 5
Ḩarrat al-Buqūm ⊥ KSA 68-69 B 3
Ḩarrat al-'Uwairiḍ ⊥ KSA 66-67 E 4
Ḩarrat Ḩaḍan ⊥ KSA 68-69 B 3
Ḩarrat Ḩaibar ⊥ KSA 66-67 F 5
Ḩarrat Rahaţ ⊥ KSA 66-67 G 6
Harréville-lès-Chanteurs o F (52) 234-235 H 5
Harricana, Rivière ~ CDN 182-183 E 3
Harrigan, Cape ▲ CDN 180-181 T 7
Harriman o USA 192-193 F 2
Harrington o USA (DE) 190-191 L 6
Harrington o USA (WA) 184-185 E 2
Harrington Harbour o CDN 182-183 P 3
Harris o CDN 178-179 C 5
Harris, Lake ○ AUS 114-115 C 6
Harris, Mount ▲ AUS 112-113 K 2
Harrisburg o USA (IL) 190-191 D 7
Harrisburg o USA (OR) 184-185 C 3
Harrisburg ☆ USA (PA) 190-191 K 5
Harris Lake ○ AUS 112-113 G 5
Harrismith o ZA 156-157 J 4
Harrison o USA (AR) 188-189 L 1
Harrison o USA (IN) 190-191 F 6
Harrison o USA (MI) 190-191 F 3
Harrison o USA (NE) 186-187 F 4
Harrison, Cape ▲ CDN 180-181 V 7
Harrison Bay ≈ 164-165 O 1
Harrisonburg o USA 190-191 J 6
Harrison Islands ⌒ CDN 168-169 b 6
Harrison Lake ○ CDN 176-177 K 7
Harrisonville o USA 186-187 K 6
Harrisville o USA (MI) 190-191 G 3
Harrisville o USA (WV) 190-191 H 6
Harrodsburg o USA 190-191 F 7
Harrogate o CDN 176-177 M 6
Harrogate o• GB 26-27 G 5
Harrow o AUS 116-117 F 4
Harrowby Bay ≈ 168-169 H 5
Ḩar Rūd ~ IR 64-65 N 5
Harry Strunk Lake ○ USA 186-187 G 5
Harsāni o IND 74-75 C 7
Harsault o F (88) 234-235 J 5
Harsē, mys ▲ RUS 44-45 P 6
Harsin o• IR 70-71 B 1
Harşit Çayı ~ TR 64-65 H 2
Harstad o N 22-23 H 2
Harsūd o IND 74-75 F 8
Hart, Cape ▲ AUS 116-117 D 3
Hart, Lake ○ AUS 114-115 D 6

Hart, Mount ▲ CDN 164-165 U 5
Har Tavor • IL 66-67 D 1
Hartbeesfontein o ZA 156-157 H 3
Hart Dyke, Monte ▲ RCH 224 C 6
Hartebeestrivier ~ ZA 156-157 E 4
Hårteigen ▲ N 22-23 C 6
Hartennes-et-Taux o F (02) 228-229 L 5
Hartford o USA (AL) 192-193 F 4
Hartford o USA (KY) 190-191 E 7
Hartford ☆ USA (CT) 190-191 M 5
Hartford City o USA 190-191 F 5
Harth, Forêt de la ⊥ F 234-235 L 6
Hartland o USA 190-191 H 6
Hartlepool o GB 26-27 G 4
Hartley o USA 186-187 K 4
Hartley Safari Area ⊥ ZW 154-155 E 3
Hartmannberge ▲ NAM 152-153 B 8
Hart Mount ▲ CDN 178-179 F 4
Hart Mountain ▲ USA 184-185 E 4
Hart Mountain National Antelope Refuge • USA 184-185 E 4
Hartola o FIN 24-25 J 6
Hart River ~ CDN 164-165 W 4
Hartseer o NAM 152-153 D 10
Hartselle o USA 192-193 E 2
Hartshorne o USA 188-189 K 2
Harts Range o AUS 114-115 C 2
Harts Range ▲ AUS 114-115 C 2
Hartsrivier ~ ZA 156-157 G 3
Hartsville o USA 192-193 H 2
Hartūm, al- ★ •• SUD 136-137 F 5
Hartwell o USA 192-193 G 2
Hartwell Lake o USA 192-193 G 2
Harty o CDN 178-179 P 6
Hartz Mountains ▲ CDN 168-169 e 4
Haruku o RI 102-103 E 3
Haruku, Pulau ⌒ RI 102-103 E 3
Hārūnābād o PK 74-75 D 5
Harur o IND 76-77 H 4
Har-Us o MAU 52-53 F 11
Har Us nuur o MAU 82-83 L 1
Harūt o Y 68-69 H 5
Hārūt Rūd ~ AFG 70-71 J 2
Harvard o USA 190-191 D 4
Harvest Home o AUS 110-111 J 7
Harvey o AUS 112-113 C 6
Harvey o USA 186-187 H 2
Harvey, Lake o AUS 112-113 D 5
Harvey Junction o CDN 182-183 H 5
Harville o F (55) 234-235 H 3
Harward Øer ⌒ GRØ 170-171 R 5
Harwich o GB 26-27 H 6
Haryana □ IND 74-75 E 5
Haryjalah o RUS 46-47 J 5
Haryn' ~ BY 30-31 K 5
Harz ▲ D 28-29 L 3
Hāš o IR 70-71 J 4
Ḥasā', al- ▲ KSA 66-67 L 4
Ḥasā', Ǧabal al- ▲ Y 68-69 D 7
Hasā, Wādī l- ~ JOR 66-67 E 2
Hašaat o MAU 84-85 G 5
Ḥaṣab, al- o OM 70-71 G 5
Ḥasaka, al- ☆ SYR 64-65 J 4
Hasama o J 88-89 J 5
Hasan o RUS 58-59 D 7
Hasanābād o IR 70-71 E 3
Hasanābād o IR (ESF) 70-71 E 2
Hasanābād o IR (TEH) 72-73 B 7
Hasan al Halqīm, Bi'r < LAR 128-129 J 1
Hasan Dağı ▲ TR 64-65 F 3
Hasan Kale ⁂ • TR 64-65 J 2
Hasankeyf o TR 64-65 J 4
Ḥasan Langī, Rūdḫāne-ye ~ IR 70-71 G 5
Hasanparti o IND 74-75 G 10
Hasanpur o IND 74-75 G 5
Hasavjurt o RUS 62-63 G 6
Hasaweb ~ NAM 156-157 C 2
Ḥasawiya Fauqānī o SYR 64-65 J 4
Hasenpoth = Aizpute o • LV 30-31 G 3
Hashab o SUD 136-137 B 6
Ḥasi, al- o Y 68-69 F 6
Ḥasib, Abū l- ☆ IRQ 66-67 K 2
Hasil, Pulau ⌒ RI 100-101 L 4
Hāsilpur o PK 74-75 D 5
Hāšimiya, al- ☆ IRQ 64-65 L 6
Haska o USA 186-187 K 2
Haskanit o SUD 142-143 H 3
Haskell o USA 188-189 H 3
Haskovo o BG 38-39 D 7
Ḥašm ad-Dibi ▲ KSA 66-67 K 5
Hasmat 'Umar, Bi'r < SUD 136-137 G 2
Hasnābād o IND 78-79 F 4
Hasnon o F (59) 228-229 L 3
Hasparren o F (64) 240-241 B 4
Ḥasr, Ǧazirat ⌒ KSA 68-69 B 4
Hassa ☆ TR 64-65 G 4
Hassan o IND 76-77 G 4
Hassan-Addakhil, Barrage < MA 124-125 J 5
Hassane, Hassi < MA 124-125 K 5
Hassayampa River ~ USA 184-185 H 9
Hassela o S 22-23 H 5
Hassel Highway II AUS 112-113 E 6
Hassel National Park ⊥ AUS 112-113 E 7
Hassel Sound ≈ 168-169 W 1
Hasselt ☆ B 28-29 H 3
Hassi Bahbah o DZ 126-127 D 3
Hassi Bel Guebbour o DZ 126-127 F 6
Hassi el Ghella o DZ 124-125 L 3
Hassi Messaoud o DZ 126-127 F 5
Hassi-Ouz o MA 124-125 F 6
Hassi R'Mel o DZ 126-127 D 4
Hässleholm o S 22-23 F 8
Hassman o USA 186-187 L 2
Hastah ~ RUS 46-47 X 6
Hastah ~ RUS 46-47 N 3
Hastings o AUS 116-117 H 5
Hastings o GB 26-27 H 6
Hastings o NZ 118 F 3
Hastings o USA (FL) 192-193 H 5
Hastings o USA (MI) 190-191 F 4
Hastings o USA (MN) 186-187 L 3
Hastings o USA (NE) 186-187 H 5
Hastings, Port o CDN 182-183 O 6
Hastings River ~ AUS 114-115 M 6
Haštpar o IR 64-65 N 4
Haštrūd o IR 64-65 M 4
Hašuri o GE 62-63 E 7
Hasvik o N 22-23 L 1
Haswell o USA 186-187 F 6
Hasyn ~ RUS 56-57 O 3
Ḥaṭab, Bi'r < SUD 136-137 F 2
Hat'ae Do ⌒ ROK 86-87 E 10
Hatanbulag = Ërgėl o MAU 84-85 J 6
Hatanga o RUS 44-45 e 6
Hatanga ~ RUS 44-45 f 5
Hatangskij zaliv ≈ 46-47 F 3
Hatansuudal o MAU 84-85 E 5
Hatay (Antakya) ☆ TR 64-65 G 4
Hatch o USA 184-185 H 7
Hatches Creek o AUS 110-111 C 7
Hatchet Lake o CDN 174-175 S 6
Hatchie River ~ USA 192-193 D 2
Haţeg o RO 38-39 C 5
Hatfield o AUS 116-117 G 2
Hatfield o CDN 178-179 D 5
Hatgal o MAU 84-85 E 2
Hat Head National Park ⊥ AUS 114-115 M 6
Hathras o IND 74-75 G 6
Hatia ~ BD 78-79 G 4
Hatia Islands ⌒ BD 78-79 G 4
Hà Tiên o • VN 94-95 H 5
Hatikali o IND 78-79 H 3
Hatilah o AUS 110-111 J 7
Hatillo, El o YV 204-205 J 2
Ḥatim, al- o UAE 70-71 F 6
Hatiman o J 88-89 G 7
Hà Tĩnh ☆ VN 92-93 D 7
Hatkamba o IND 76-77 E 2
Hat Nai Yang National Park ⊥ THA 94-95 E 6
Hato Corozal o CO 204-205 F 4
Hatohud o RI 102-103 C 6
Hatra ⁂ ••• IRQ 64-65 K 5
Hatscher, Cerro ▲ RA 224 D 4
Hatta o IND 74-75 G 7
Hattah o AUS 116-117 G 3
Hattah-Kulkyne National Park ⊥ AUS 116-117 G 3
Hatten o F (67) 234-235 M 4
Hatteras o USA 192-193 L 2
Hatteras, Cape ▲ USA 192-193 L 2
Hatteras, Plaine Abyssale d' = Hatteras Abyssal Plain ≃ 14-15 B 5
Hatteras Abyssal Plain = Hatteras, Plaine Abyssale d' ≃ 14-15 B 5
Hatteras Island ⌒ USA 192-193 L 2
Hattfjelldal o N 22-23 F 4
Hattiesburg o USA 192-193 D 4
Hattieville o BH 196-197 K 3
Hatton-Dikoya o CL 76-77 J 7
Hattusas ••• TR 64-65 F 3
Ḥatūnābād o IR 70-71 F 3
Ḥatūniya o SYR 64-65 J 4
Hatvan o H 28-29 P 5
Haty o RUS 54-55 H 4
Hat Yai o • THA 94-95 F 7
Hatygyn-Uëlete ~ RUS 46-47 L 3
Hatymy ~ RUS 54-55 M 7
Hatyng-Jurjah ~ RUS 54-55 M 4
Hatyngnah o RUS (MAG) 56-57 O 2
Hatyngnah o RUS (SAH) 46-47 d 6
Hatyngnah o RUS (SAH) 46-47 S 6
Hatynnah ~ RUS 46-47 Y 5
Hatyrka o RUS 48-49 S 5
Hatyrka ~ RUS 48-49 R 5
Hatystyr o RUS 54-55 M 6
Hatzfeldhafen o PNG 119 C 3
Ḥauba, al- o KSA 68-69 C 5
Haubourdin o F (59) 228-229 K 2
Haud ⊥ ETH 144-145 G 4
Haudivillers o F (60) 228-229 J 5
Haugesund ☆ N 22-23 B 7
Ḥauḫā, al- o Y 68-69 C 7
Hauhui o SOL 120 I e 3
Haukeligrend o N 22-23 C 7
Haukivesi o FIN 24-25 K 5
Haukivuori o FIN 24-25 J 5
Haultain River ~ CDN 178-179 C 2
Haumonía o RA 220-221 G 4
Ḥaur, al- o Q 70-71 D 6
Ḥaura, al- o Y 68-69 E 7
Ḥaura, Nahr al- ~ IRQ 64-65 M 7
Ḥaur 'Abdallāh ≈ 70-71 C 4
Hauraha o SOL 120 I e 4
Hauraki Gulf ≈ 118 E 2
Haur al-Ḥabbāniya < IRQ 64-65 K 6
Haur al-Hammār o IRQ 66-67 K 2
Haur al-Hawiza o IRQ 64-65 M 7
Haurān, Wādī ~ IRQ 64-65 K 6
Haur as-Sa'diya o IRQ 64-65 M 6
Haur aš-Šubaika o IRQ 64-65 L 6
Ḥaur Dayāt ~ SUD 136-137 H 2
Ḥaur Fakkān o UAE 70-71 G 6
Haur Ǧamūqa o IRQ 64-65 M 7
Hauser Lake o USA 184-185 J 2
Haut, Isle au ⌒ USA 190-191 O 3
Hautajärvi o FIN 24-25 K 3
Ḥautama, al- ⌒ Y 68-69 C 6
Haut Anjou ⊥ F (49) 230-231 K 4
Haut-Asco o F (2B) 244 C 4
Ḥauṭat Bani Tamim o KSA 66-67 K 6
Hautavaara o RUS 24-25 L 6
Haut Chitelet, Jardin alpin du ⁂ • F 234-235 L 5
Haute Colme, Canal de la < F 228-229 J 2
Haute-Corse □ F (2B) 244 C 4
Haute-Garonne □ F (31) 240-241 G 3
Haute Guinea = Upper Guinea ⊥ 5 B 5
Haute-Kotto □ RCA 142-143 E 5
Haute-Loire □ F (43) 242-243 D 1
Hauteluce o F (73) 238-239 K 5
Haute Marche ⊥ F (23) 236-237 J 4
Haute-Marne □ F 234-235 G 5
Haute-Normandie □ F 228-229 F 4
Hauterive o CDN 182-183 K 4
Hauterives o F (26) 242-243 G 1
Hautes-Alpes □ F (05) 242-243 H 2
Haute-Saône □ F (70) 238-239 G 1
Haute-Savoie □ F (74) 238-239 J 4
Hautes Mares, les ⌣ F (984) 246 III d 3
Hautes-Pyrénées □ F (65) 240-241 D 4
Hautes-Rivière, Les o F (08) 234-235 F 2
Haute Touraine ⊥ F (37) 232-233 D 5
Haute Vallée de Chevreuse, Parc Naturel Régional de la ⊥ F (78) 232-233 F 2
Haute-Vienne □ F (87) 236-237 G 3
Haute-Vienne □ F (87) 236-237 H 3
Hauteville-Lompnes o F (01) 238-239 H 5
Haut-Folin ▲ F (58) 238-239 E 3
Haut-Karabakh = Dağliq Qarabağ Muxtar Vilayati □ AZ 64-65 M 2
Haut-Koenigsbourg •• F (68) 234-235 L 5
Haut-Languedoc, Parc Naturel Régional du ⊥ F 240-241 J 3
Haut-Languedoc, Parc Naturel Régional du ⊥ F (81) 240-241 K 3
Haut Maine ⊥ F (72) 230-231 L 4
Haut-Mbomou □ RCA 142-143 G 5
Hautmont o F (59) 228-229 M 3
Haut-Palatinat, Forêt de = Oberpfälzer Wald ⊥ D 28-29 M 4
Haut Poitou ⊥ F 236-237 E 2
Haut Quercy ⊥ F (46) 236-237 J 6
Haut-Rhin □ F (68) 234-235 M 6
Hauts de Hurlevent, les ⊥ F (984) 246 III d 4
Hauts Plateaux = Hauts Plateaux ▲ DZ 124-125 L 4
Hauts Plateaux de l'Ouest ▲ CAM 140-141 H 5
Haut-Zaïre □ ZRE 146-147 K 2
Hauville o F (27) 228-229 F 5
Hauz-Han o TM 72-73 G 6
Hauz-Hanskoe vodohranilišče < TM 72-73 G 6
Ḥāv o IR 64-65 M 5
Havana o USA 190-191 C 5
Havane, La = La Habana ★ ••• C 198-199 D 3
Havannah, Canal de la ≈ 247 I d 4
Havast o US 72-73 L 4
Havasu Lake o USA 184-185 G 8
Havasupai Indian Reservation ⁂ USA 184-185 H 7
Havchināl o IND 76-77 F 3
Have Etoe o GH 138-139 L 6
Havel ~ D 28-29 M 2
Haveli o PK 74-75 D 4
Havelián o PK 74-75 D 2
Haveli Baladur Shāh o PK 74-75 D 4
Havelock o CDN 182-183 H 6
Havelock o NZ 118 D 4
Havelock o USA 192-193 K 2
Havelock Island ⌒ IND 76-77 L 4
Haven o USA 186-187 J 7
Haven, Cape ▲ CDN 180-181 R 3
Havensville o USA 186-187 J 6
Haverfordwest o GB 26-27 E 6
Haverhill o USA 190-191 N 4
Hāveri o IND 76-77 F 3
Haviland Bay ≈ 168-169 d 7
Havirga o MAU 84-85 L 5
Havlíčkův Brod o CZ 28-29 N 4
Havøysund o N 22-23 M 1
Havre o USA 186-187 C 1
Havryliivka o UA 38-39 K 3
Havza ☆ TR 64-65 F 2
Hawaii □ USA 192-193 C 7
Hawaii ⌒ USA (HI) 192-193 E 8
Hawaii, Dorsale des = Hawaiian Ridge ≃ 192-193 B 6
Hawaii, Îles = Hawaiian Islands ⌒ USA 192-193 B 6
Hawaiian Islands = Hawaii, Îles ⌒ USA 192-193 B 6
Hawaiian Ridge = Hawaii, Dorsale des ≃ 192-193 B 6
Hawaii Volcanoes National Park ⊥ ••• USA 192-193 E 8
Hawal, River ~ WAN 140-141 K 3
Hawār, Ǧazirat ⌒ BRN 70-71 D 6
Hawea, Lake o NZ 118 B 6
Hawera o NZ 118 E 3
Hawi o USA 192-193 E 7
Hawick o GB 26-27 F 4
Hawiǧat Arbān o IRQ 64-65 K 5
Hawke, Cape ▲ AUS 116-117 M 2
Hawke Bay ≈ 118 F 3
Hawke Island ⌒ CDN 182-183 R 2
Hawker o AUS 114-115 E 6
Hawke River ~ CDN 182-183 Q 2
Hawkes, Mount ▲ ARK 16 E 0
Hawke's Bay o CDN 182-183 Q 3
Hawkesbury o CDN 182-183 G 6
Hawkesbury Island ⌒ CDN 176-177 F 5
Hawkesbury Point ▲ AUS 110-111 C 2
Hawkesville o USA 190-191 E 7
Hawk Hill Lake o CDN 174-175 U 5
Hawk Inlet o USA 176-177 C 2
Hawkins o USA 190-191 C 3
Hawkins Island ⌒ USA 164-165 R 6
Hawkinsville o USA 192-193 G 3
Hawk Junction o CDN 178-179 O 6
Hawk's, Cape ▲ CDN 170-171 O 4
Hawk Springs o USA 186-187 E 5
Hawley o USA 186-187 J 2
Haw River ~ USA 192-193 J 2
Hawston o ZA 156-157 D 7
Hawthorn o USA 192-193 G 5
Hawthorne o USA 184-185 E 6
Haxtun o USA 186-187 F 5
Hay o AUS 116-117 H 3
Hay, Cape ▲ CDN 168-169 g 4
Hay, Mount ▲ AUS 112-113 M 1
Hay, Mount ▲ CDN 164-165 W 7
Haya o RI 102-103 E 3
Haya o SUD 136-137 H 3
Haya, Tanjung ▲ RI 102-103 E 3
Haya'er o VRC 80-81 J 2
Hayange o F (57) 234-235 J 3
Haybān o SUD 142-143 K 3
Haye, L'a = Den Haag ☆ •• NL 28-29 H 2
Haye, Parc de • F 234-235 J 4
Haye-du-Puits, La o F (50) 228-229 A 5
Haye-du-Theil, la o F (27) 228-229 F 5
Haye-Malherbe, la o F (27) 228-229 G 5
Haye-Pesnel, la o F (50) 230-231 J 2
Hayes o USA 186-187 G 3
Hayes, Mount ▲ USA 164-165 R 5
Hayes Creek o AUS 108-109 K 2
Hayes Fiord ≈ 170-171 M 4
Hayes Halvø ⌣ GRØ 170-171 Q 4
Hayes River ~ CDN 174-175 W 2
Hayes River ~ CDN 178-179 K 2
Hayfield o PNG 119 B 3
Häyk' o ETH 144-145 D 3
Häyk' Häyk' o ETH 144-145 D 3
Haykota o ER 136-137 H 5
Hayla, Wādī ~ OM 68-69 H 5
Hay Lake Indian Reserve ⁂ CDN 174-175 K 6
Hay Lakes o CDN 176-177 O 5
Haymana ☆ TR 64-65 E 3
Hayman Island ⌒ AUS 110-111 K 7
Haynesville o USA 188-189 L 3
Hayrabolu ☆ TR 64-65 B 2
Hay River ~ AUS 114-115 D 2
Hay River o • CDN 174-175 M 5
Hay River ~ CDN 174-175 K 6
Hays o USA 186-187 H 6
Haysardah o RUS 46-47 U 6
Hay Springs o USA 186-187 F 4
Haystack Mount ▲ USA 164-165 O 4
Haystack Peak ▲ USA 184-185 H 6
Haysville o USA 188-189 J 1
Hayward o USA (CA) 184-185 C 7
Hayward o USA (WI) 190-191 C 2
Haywood Channel ≈ 78-79 H 6
Hayy al-Mahaṭṭa o KSA 66-67 K 5
Ḥaẓ'aliya an-Našwa o IRQ 66-67 K 2
Ḥazar, Wādī ~ Y 68-69 F 5
Ḥazarābād o IR 72-73 C 6
Hazard o USA 190-191 G 7
Hāzāribāg o • IND 78-79 D 4
Hazaribagh National Park ⊥ IND 78-79 D 3
Hazāribāg Plateau ▲ IND 78-79 D 4
Hazārmani o AFG 72-73 K 7
Hazebrouck o F (59) 228-229 K 2
Hazel Green o USA 190-191 C 4
Hazelton o CDN 176-177 G 4
Hazelton Mountains ▲ CDN 176-177 F 4
Hazen o USA 188-189 M 2
Hazen, Lake o CDN 170-171 P 3
Hazen Bay ≈ 164-165 H 6
Hazen Land ⊥ GRØ 170-171 e 2
Hazen Strait ≈ 168-169 Q 2
Hazeva, 'En o IL 66-67 D 2
Hazipur o IND 78-79 D 3
Hazlehurst o USA 192-193 G 4
Hazlet o CDN 176-177 Q 6
Hazleton o USA 190-191 L 5
Hazlett, Lake o AUS 108-109 J 6
Ḥazm, al- o Y 68-69 D 5
Hazorasp ☆ US 72-73 G 4
Ḥaẓrat-e Soltān o AFG 72-73 K 6
Hazro o PK 74-75 D 3
Hažuu-Us o MAU 84-85 H 5
Ḥazzān Aswān < • ET 130-131 F 5
Headingly o AUS 114-115 E 1
Headlands o ZW 154-155 G 4
Head of Bight ≈ 112-113 L 5
Headquarters o USA 184-185 G 2
Head Smashed-in Bison Jump ••• CDN 176-177 O 7
Heafford Junction o USA 190-191 D 3
Healdsburg o USA 184-185 C 6
Healesville o AUS 116-117 H 4
Healey Lake o CDN 174-175 Q 3
Healy o USA 164-165 Q 5
Heany Junction o ZW 154-155 E 5
Heard Island ⌒ AUS 8 F 10
Hearne o USA 188-189 J 4
Hearst o CDN 178-179 P 6
Hearst Island ⌒ ARK 16 G 30
Heart River ~ USA 186-187 G 2
Heart's Content o CDN 182-183 S 5
Heath, Río ~ BOL 214-215 C 3
Heathcote o AUS 116-117 H 4
Heavener o USA 188-189 K 2
Hebbale o IND 76-77 F 4
Hebbronville o USA 188-189 H 6
Hebburli o IND 76-77 F 4
Hebei □ VRC 90-91 J 2
Hebel o AUS 114-115 J 5
Heber o USA 188-189 B 2
Hebera o RI 102-103 E 2
Heber City o USA 184-185 J 5
Hebertville o CDN 182-183 J 4
Hebgen Lake o USA 184-185 J 3
Hebi o VRC 90-91 J 4
Hebo o USA 184-185 C 3
Hebri o IND 76-77 F 4
Hébrides = Hebrides or Western Isles ⌒ GB 26-27 D 3
Hebrides, Sea of the ≈ 26-27 D 3
Hébrides Extérieures = Outer Hebrides ⌒ GB 26-27 D 3
Hébrides Intérieures = Inner Hebrides ⌒ GB 26-27 D 3
Hebrides or Western Isles = Hébrides ⌒ GB 26-27 D 3
Hebron o CDN 180-181 S 5
Hebron o USA 186-187 J 5
Hébron = Hevron ☆ IL 66-67 D 2
Hebron, Mount o USA 184-185 C 5
Hebron Fiord ≈ 180-181 S 5
Heby ☆ S 22-23 H 7
Hecate Strait ≈ 176-177 E 5
Hecelchakán o • MEX 196-197 J 1
Heceta Island ⌒ USA 176-177 D 4
Hèches o F (65) 240-241 E 4
Hechevarria o C 198-199 H 4
Hechi o VRC 92-93 F 4
Hechuan o VRC 90-91 E 6
Hechun o VRC 92-93 G 6
Heckford Bank ≃ 94-95 D 5
Hecla o CDN 178-179 H 5
Hecla and Griper Bay ≈ 168-169 P 2
Hecla Island ⌒ CDN 178-179 H 5
Hecla Provincial Park ⊥ CDN 178-179 H 5
Hector o USA 186-187 K 3
Hectorspruit o ZA 156-157 K 2
Hector Tejada o PE 214-215 B 4
Hedaru o EAT 148-149 F 6
Heddal stavkirke •• N 22-23 D 7
Hédé o F (35) 230-231 H 3
Hede o S 22-23 F 5
Hedenäset o S 22-23 L 3
Hediondas, Las o RCH 220-221 C 5
Hedi SK ~ VRC 92-93 G 6
Hedjaz = Ḥiǧāz, al- ▲ KSA 66-67 E 4
Heerenveen o NL 28-29 H 2
Heer Land ⊥ N 20-21 K 4
Heerlen o NL 28-29 H 3
Heezen, Zone de Fracture d' = Heezen Fracture Zone ≃ 10-11 Q 13
Heezen Fracture Zone = Heezen, Zone de Fracture d' ≃ 10-11 Q 13
Hefa ☆ • IL 66-67 D 1
Hefar Qesari ⁂ • IL 66-67 D 1
Hefei ☆ VRC 90-91 K 6
Hefeng o VRC 92-93 G 2
Heffley Creek o CDN 176-177 K 6
Hegang o VRC 86-87 H 4
Heggadadevankote o IND 76-77 G 4
Hegigio River ~ PNG 119 B 4
Hegura-shima ⌒ J 88-89 G 6
Hehua o VRC 90-91 G 6
Heide o D 28-29 K 1
Heidelberg o •• D 28-29 K 4
Heidelberg o USA 192-193 D 4
Heidelberg o ZA (CAP) 156-157 E 7
Heidelberg o ZA (TRA) 156-157 J 3
Heiden, Port ≈ 166-167 R 4
Heidenheim an der Brenz o D 28-29 L 4
Heidolsheim o F (67) 234-235 M 5
Hei-gawa ~ J 88-89 J 5
Heihe o VRC 86-87 F 2
Hei He ~ VRC 90-91 A 2
Heilbron o ZA 156-157 H 3
Heilbronn o • D 28-29 K 4
Heilongjiang □ VRC 86-87 E 4
Heilong Jiang ~ VRC 86-87 F 3
Heilprin Gletscher ⊂ GRØ 170-171 S 5
Heilprin Land ⊥ GRØ 170-171 h 3
Heilsberg = Lidzbark Warmiński o • PL 28-29 Q 1
Heiltz-le-Maurupt o F (51) 234-235 F 4
Heimaey ⌒ IS 22-23 c 3
Heimahe o VRC 80-81 M 2
Heinola o FIN 24-25 J 6
Heinsburg o CDN 176-177 P 5
Heinze Chaung ≈ 94-95 D 3
Ḥeirābād o AFG 72-73 K 6
Heirane < DZ 124-125 L 7
Heishan SK ~ VRC 90-91 J 6
Heist, Knokke- o • B 28-29 G 3
Heitoraí o BR 216-217 F 3
Heitske o RI 102-103 K 5
Hejdžanskij hrebet ▲ RUS 56-57 L 4
Hejgijaha ~ RUS 50-51 L 2
Hejian o VRC 90-91 K 2
Hejiang o VRC (GDG) 92-93 G 6
Hejiang o VRC (SIC) 92-93 D 2
Hejin o VRC 90-91 G 4
Hejing o VRC 82-83 H 4
Hèjjaha ~ RUS 44-45 K 7
Hejsa, ostrov ⌒ RUS 20-21 e 2
Hèkčekit-Sene ~ RUS 44-45 d 7
Hekimhan ☆ TR 64-65 G 3
Hekla ▲ IS 22-23 d 2
Hekou o VRC (GAN) 90-91 C 3
Hekou o VRC (HUB) 90-91 H 6
Hekou o VRC (YUN) 92-93 C 5
Helagsfjället ▲ S 22-23 F 5
Helaliturku, ozero o RUS 44-45 X 5
Hel-Amkanni, gora ▲ RUS 46-47 c 5
Helan o VRC 90-91 E 2
Helan Shan ▲ VRC 90-91 D 2
Helanshan Z.B. • VRC 90-91 D 2
Helder, Den o NL 28-29 H 2
Helena o USA (AR) 188-189 M 2
Helena ☆ USA (MT) 184-185 H 2
Helena Island ⌒ USA 192-193 H 3
Helen Springs o AUS 110-111 B 6
Helensville o NZ 118 E 2
Hélette o F (64) 240-241 B 4
Helgoland ⌒ D 28-29 J 1
Helgoland, Baie d' = Helgoländer Bucht ≈ 28-29 J 1
Helgoländer Bucht ≈ 28-29 J 1
Helgoländer Bucht ≈ 228-229 H 3
Helgum o S 22-23 H 5
Helheimfjord ≈ 172-173 V 3
Heliopolis ⁂ • ET 130-131 E 2
Hell-Bourg o F (974) 246 II b 2
Helleland o N 22-23 C 7
Hellerristninger ••• N 22-23 L 2
Hellesvik o N 22-23 D 5
Helleville o F (50) 228-229 A 4
Hellimer o F (57) 234-235 K 3
Hellín o E 34-35 G 5
Hells Canyon • USA 184-185 F 3
Hells Canyon National Recreation Area ⊥ USA 184-185 F 3
Hells Gate Airtram • CDN 176-177 K 7
Hells Gate Roadhouse o AUS 110-111 E 5
Hellshire Beach ⊥ • JA 198-199 G 6
Hell Ville = Andoany o RM 158-159 F 4
Helmand □ AFG 70-71 K 3
Helmand, Rūd-e ~ AFG 70-71 M 1
Helmeringhausen o NAM 156-157 C 2
Helmond o NL 28-29 H 3
Helmsdale o GB 26-27 F 2
Helmstedt o • D 28-29 L 2
Helong o VRC 86-87 G 6
Helpe Majeure ~ F (59) 228-229 M 3
Helpe Mineure ~ F (59) 228-229 M 3
Helper o USA 184-185 J 6
Helsingborg o •• S 22-23 F 8
Helsingfors = Helsinki ☆ FIN 24-25 H 6
Helsingør o •• DK 22-23 F 8
Helsinki ☆ FIN 24-25 H 6
Helsinki = Helsinki ☆ ••• FIN 22-23 M 6
Helska, Mierzeja ⌣ PL 28-29 P 1
Helska, Presqu'île d' = Helska, Mierzeja ⌣ PL 28-29 P 1
Helvecia o RA 220-221 G 6
Hem ~ F (62) 228-229 H 2
Hemando o RA 222-223 H 2
Hemaruka o CDN 176-177 P 6
Hemčik ~ RUS 52-53 E 10
Hemčik ~ RUS 60-61 Q 3
Hemet o USA 184-185 F 9
Heming o F (57) 234-235 K 4
Hemingford o USA 186-187 F 4
Heming Lake o CDN 178-179 F 3
Hemlo o CDN 178-179 O 6
Hemlock Grove o USA 190-191 L 5
Hemnesberget o N 22-23 F 3
Hemphill, Cape ▲ CDN 168-169 O 2
Hempstead o USA (NY) 190-191 M 5
Hempstead o USA (TX) 188-189 J 4
Hemse o S 22-23 J 8
Hemsö o S 22-23 J 5
Hemudu Wenhua Yizhi ⁂ VRC 92-93 M 2
Henan □ VRC 90-91 H 5
Hen and Chicken Islands ⌒ NZ 118 E 1
Henares, Río ~ E 34-35 F 4
Henasi-saki ▲ J 88-89 H 4
Henbury o AUS 112-113 M 2
Henbury Meteorite Craters • AUS 112-113 M 2
Hendaye o F (64) 240-241 A 4
Hendek ☆ TR 64-65 D 2
Henderson o RA 222-223 J 4
Henderson o USA (KY) 190-191 E 7
Henderson o USA (NC) 192-193 J 1
Henderson o USA (NV) 184-185 G 7
Henderson o USA (NY) 190-191 K 4
Henderson o USA (TN) 192-193 D 2
Henderson o USA (TX) 188-189 K 3
Hendersonville o USA (NC) 192-193 G 2
Hendersonville o USA (TN) 192-193 E 1
Hendiǧān o IR 70-71 C 3
Hendiǧān, Rūdḫāne-ye ~ IR 70-71 C 3
Hendon o CDN 178-179 E 4
Hendorābi o IR 70-71 E 5
Hendorābi, Ǧazire-ye ⌒ IR 70-71 E 5
Hendrik Ø ⌒ GRØ 170-171 Y 2
Hendriksen Strait ≈ 168-169 X 2
Hendrik Verwoerddam < ZA 156-157 G 5
Hendrik Verwoerd Dam Nature Reserve ⊥ ZA 156-157 G 5
Hendrina o ZA 156-157 J 3
Hendūkoš = Hindou Kouch ▲ 74-75 B 2
Hengām, Ǧazire-ye ⌒ IR 70-71 F 5
Ḥengān o AFG 72-73 L 7
Henganofi o PNG 119 C 4
Hengchun o RC 92-93 M 5
Hengduan Shan ▲ VRC 80-81 M 7
Hengelo o NL 28-29 J 2
Hengshan o VRC (HUN) 92-93 H 3
Hengshan ▲ VRC (HUN) 92-93 H 3
Hengshan • VRC (HUN) 92-93 H 3
Hengshan • VRC (SHA) 90-91 H 2
Hengshui o VRC 90-91 J 3
Heng Xian o VRC 92-93 F 5
Hengyang o VRC 92-93 H 3
Heničes'k o UA 38-39 J 4
Hénin-Beaumont o F (62) 228-229 K 3
Hennaya o DZ 124-125 L 3
Hennebont o F (56) 230-231 E 4
Hennenman o ZA 156-157 H 3
Hennessey o USA 188-189 J 1
Hennezel o F (88) 234-235 J 5
Hennigsdorf o D 28-29 M 2
Hénonville o F (60) 228-229 J 5
Hénoville o F (62) 228-229 H 2
Henri, Mont ▲ F (984) 246 III a 4
Henrichemont o F (18) 232-233 H 5
Henrietta o USA 188-189 H 3
Henrietta Maria, Cape ▲ CDN 178-179 P 3
Henri IV, Château • F (47) 240-241 E 2
Henri Pittier, Parque Nacional ⊥ YV 204-205 H 2
Henry o USA (IL) 190-191 D 5
Henry o USA (SD) 186-187 J 3
Henry, Cape ▲ USA 192-193 L 1
Henry, Pointe à ▲ F (975) 245 II b 2
Henryetta o USA 188-189 K 2
Henry Kater, Cape ▲ CDN 172-173 G 2
Henry Kater Peninsula ⌣ CDN 172-173 F 2
Henry Lawrence Island ⌒ IND 76-77 L 3
Henry River ~ AUS 112-113 C 1
Henry's Fork ~ USA 184-185 J 4
Hèntèjn nuruu ▲ MAU 84-85 H 3
Hentiesbaai o NAM 152-153 C 11
Hèntij □ MAU 84-85 J 3
Henvey Inlet Indian Reserve ⁂ CDN 182-183 D 6
Henzada o MYA 94-95 C 2
Hepburn o CDN 178-179 C 4
Hepburn Lake o CDN 174-175 M 2
Heping o VRC 92-93 J 4
Heppner o USA 184-185 E 3
Hepu o VRC 92-93 F 6
Heqing o VRC 78-79 M 2
Heraclea ⁂ • MK 36-37 H 4
Hérađsvötn ~ IS 22-23 d 2
Heraion ⁂ ••• TR 64-65 B 4
Ḥerāme o IR 70-71 E 4
Heras, Las o RA 224 F 3
Herāt □ AFG 70-71 J 1
Herāt ☆ •• AFG (HE) 70-71 K 1
Hérault □ F (34) 240-241 L 3
Hérault ~ F (34) 242-243 D 4
Heraz, Rūdḫāne-ye ~ IR 72-73 B 6
Herbagat o SUD 136-137 H 3
Herbang o BD 78-79 H 5
Herbasse ~ F (38) 242-243 G 1
Herbault o F (41) 232-233 E 4
Herbergement,L' o F (85) 236-237 C 2
Herbert o CDN 178-179 C 5
Herbert o NZ 118 C 6
Herbert, Mount ▲ AUS 108-109 G 4
Herbert Hoover National Historic Site • USA 190-191 C 5
Herbert Island ⌒ USA 166-167 L 6
Herbert Lake o CDN 174-175 R 6
Herbert Ø ⌒ GRØ 170-171 P 5
Herberton o AUS 110-111 H 5
Herbertpur o IND 74-75 F 4
Herbert River ~ AUS 110-111 H 6
Herbert River Falls • AUS 110-111 H 6
Herbertsdale o ZA 156-157 E 7
Herbert Vale o AUS 110-111 E 6
Herbert Wash o AUS 112-113 H 2
Herbiers, les o F (85) 236-237 C 2
Herbignac o F (44) 230-231 G 5
Herbitzheim o F (67) 234-235 L 3
Herceg-Novi o • YU 36-37 G 3
Herchmer o CDN 178-179 J 2
Herclio Luz o BR 218-219 F 7
Herciliópolis o BR 218-219 E 6
Hercules Bay ≈ 119 D 4
Hercules Gemstone Deposit • AUS 112-113 D 3
Herdlak ⌒ GRØ 172-173 Q 5
Herðubreið ▲ IS 22-23 e 2
Hereda, Punta ▲ PE 208-209 B 4
Heredia ☆ CR 196-197 B 6
Hereford • GB 26-27 F 5
Hereford o USA (CO) 186-187 E 5
Hereford o USA (TX) 188-189 F 2
Hereke o TR 64-65 C 2
Herene, In < LAR 126-127 G 7
Herépian o F (34) 240-241 L 3
Hereroland ⊥ NAM 152-153 E 10
Herford o • D 28-29 K 2
Hèrgu ~ RUS 58-59 E 2
Héric o F (44) 230-231 H 5
Héricourt o F (70) 238-239 K 1
Héricourt-en-Caux o F (76) 228-229 F 4
Hérin-la-Viéville, Le o F (02) 228-229 M 4
Hérimoncourt o F (25) 238-239 K 2
Herington o USA 186-187 J 6
Heriot Bay o CDN 176-177 H 6
Heris o IR 64-65 M 3
Hérisson o F (03) 236-237 L 2
Hérisson, Cascade du • F (39) 238-239 H 3
Heritage Range ▲ ARK 16 F 28
Hèrlèn o MAU 84-85 J 4
Hèrlèn gol ~ MAU 84-85 M 3
Herlen He ~ VRC 84-85 N 3
Herlière, la o F (62) 228-229 K 3
Herlies o F (59) 228-229 K 2
Herluf Trolles Land ⊥ GRØ 170-171 I 2
Herm o F (40) 240-241 B 3
Hermanas, Las o YV 204-205 L 3
Hermance, Lac d' o F (984) 246 III c 3
Herma Ness ▲ GB 26-27 G 1
Hermann o USA 190-191 C 6
Hermannsburg ⁂ AUS 112-113 M 1
Hermannsburg Aboriginal Land ⁂ AUS 112-113 M 1
Hermanos, Cerro ▲ RCH 224 D 3
Hermanos, Islas Los ⌒ YV 204-205 J 2
Hermanusdorings o ZA 156-157 H 2
Hermé o F (77) 232-233 J 3
Hermenault,L' o F (85) 236-237 D 2
Herment o F (63) 236-237 L 4
Hermidale o AUS 114-115 J 6
Hermies o F (62) 228-229 L 3
Hermiston o USA 184-185 E 3
Hermitage, L' o F (35) 230-231 H 3
Hermitage Bay ≈ 182-183 Q 5
Hermitage-Lorge, L' o F (22) 230-231 F 3
Hermites, Les o F (37) 232-233 D 4
Hermon o ZA 156-157 D 6
Hermonville o F (51) 228-229 M 5
Hermopolis ⁂ • ET 130-131 E 4
Hermosa, La o CO 204-205 F 5
Hermosas, Parque Nacional las ⊥ CO 204-205 D 6
Hermosillo ☆ MEX 194-195 D 3
Hernandarias o RA 220-221 H 6
Hernán Mejía Miraval o RA 220-221 F 4
Herning o DK 22-23 D 8
Hérodier, Lac o CDN 180-181 P 6
Heroica Zitácuaro o MEX 196-197 D 2
Heroïne, Brisants de l' ⌒ F (984) 246 VI a 2
Heroïne, Cap de l' ▲ F (984) 246 IV a 1
Herold o ZA 156-157 E 6
Heroldsbaai o ZA 156-157 F 7
Heron o USA 184-185 G 1
Heron Island ⌒ AUS 114-115 L 2
Heron Lake o USA 186-187 K 4
Hérouville-Saint-Clair o F (14) 228-229 D 5
Hérouvillette o F (14) 228-229 D 5
Herøy o N 22-23 F 4
Herradura o MEX 194-195 J 6
Herradura o RA 220-221 H 4
Herreid o USA 186-187 G 3
Herrenstein • F 234-235 L 4
Herrera del Duque o • E 34-35 E 5
Herrera de Pisuerga o E 34-35 E 3
Herreras, Las o MEX 194-195 G 5
Herreras, Los o MEX 194-195 K 5
Herrère o F (64) 240-241 C 4
Herrero, Punta ▲ MEX 196-197 L 2
Herrick Creek ~ CDN 176-177 K 4
Herries Range ▲ AUS 114-115 L 5
Herrin o USA 190-191 D 7
Herrlisheim o F (67) 234-235 M 4
Herry o F (18) 232-233 H 5
Herschel o CDN 164-165 W 2
Herschel o ZA 156-157 H 5
Herschel Island ⌒ CDN 164-165 W 2
Hersfeld, Bad o • D 28-29 K 3
Hersin-Coupigny o F (62) 228-229 K 3
Herson = Cherson ☆ • UA 38-39 H 4
Hertogenbosch, 's- ☆ • NL 28-29 H 3
Hertugen of Orleans Land ⊥ GRØ 170-171 o 5
Hertzogville o ZA 156-157 G 4
Heruff Trolle, Kap ▲ GRØ 172-173 T 6
Herval o BR 220-221 K 2
Hervé, Lac o F (984) 246 III a 2
Hervey Bay o AUS 114-115 M 3
Hervey Bay ≈ 114-115 M 3
Hervey Junction o CDN 182-183 H 5
Herveys Range ▲ AUS 116-117 K 2
Herzliyya o IL 66-67 D 1
Herzog-Ernst-Bucht ≈ 16 F 33
Hesadi o IND 78-79 D 4
Ḥeṣārak o AFG 74-75 B 2
Hesdin-l'Abbé o F (62) 228-229 H 2
Heshan o VRC 92-93 H 5
Heshun o VRC 90-91 H 3
Hésingue o F (68) 238-239 M 1
Hesperia o USA (CA) 184-185 F 8
Hesperia o USA (MI) 190-191 E 4
Hessen □ D 28-29 K 3
Hessfjord o N 22-23 K 2
Hess Mountains ▲ CDN 164-165 Z 5
Hess River ~ CDN 164-165 Y 5

Hester, Peak ▲ AUS 108-109 D 7
Hestkjølen ▲▲ N 22-23 F 4
Heta o RUS 44-45 c 6
Heta ∼ RUS 44-45 c 6
Heta, Bol'šaja ∼ RUS 44-45 V 8
Hetagčan ∼ RUS 48-49 H 5
Hetagima o RI 102-103 K 4
Hetauda o NEP 80-81 E 7
Hetch Hetchy Aqueduct < USA 184-185 D 7
Het Kruis o ZA 156-157 D 6
Hetovo o RUS 24-25 R 5
Hettange-Grande o F (57) 234-235 J 3
Hettinger o USA 186-187 F 2
Hètyľky ∼ RUS 50-51 R 2
Heuchin o F (62) 228-229 J 3
Heugueville-sur-Sienne o F (50) 228-229 A 5
Heuqueville o F (27) 228-229 G 5
Heuru o SOL 120 I e 4
Heva ☆··· US 72-73 G 4
Héva, Rivière- o CDN 182-183 E 4
Hevelândia o BR 210-211 G 5
Hevi o GH 138-139 L 6
Hevron ☆ WB 66-67 D 2
Hewitt, Kap ▲ GRØ 170-171 p 8
Hexham o· GB 26-27 F 4
He Xian o VRC (ANH) 90-91 L 6
He Xian o VRC (GXI) 92-93 G 4
Hexigten Qi o VRC 84-85 N 6
Hex River Pass ▲ ZA 156-157 D 6
Hexrivierberge ▲▲ ZA 156-157 D 6
Heyang o VRC 90-91 G 4
Heydon o ZA 156-157 G 5
Heyfield o AUS 116-117 J 4
Heyrieux o F (38) 238-239 G 5
Heyu o VRC 90-91 G 5
Heyuan o VRC 92-93 J 5
Heywood o AUS 116-117 F 5
Heywood Islands ⌒ AUS 108-109 G 3
Heywood Shoal ▲▲ AUS 108-109 G 2
Hezār, Kūh-e ▲ IR 70-71 G 4
Heze o VRC 90-91 J 4
Hezhang o VRC 92-93 D 3
Hezri o IR 70-71 H 1
Hezuozhen o VRC 90-91 C 4
Hhohho o SD 156-157 K 2
Hiagtin Gol ∼ VRC 80-81 L 2
Hialeah o USA 192-193 H 7
Hian o GH 138-139 J 4
Hiawatha o USA 186-187 K 6
Hibāk, al- ∸ KSA 68-69 H 3
Hibarba ∼ RUS 44-45 b 7
Hibberdene o ZA 156-157 K 5
Hibbing o USA 186-187 L 2
Hibbs, Point ▲ AUS 116-117 H 7
Hibernia Reef ⌒ AUS 108-109 F 1
Hibiny ▲▲ RUS 24-25 M 3
Hibis, Temple of ∴· ET 130-131 E 5
Hickman o USA 190-191 D 7
Hickman, Mount ▲ CDN 176-177 E 3
Hickmann o RA 220-221 F 2
Hickory o USA 192-193 H 2
Hicks, Point ▲ AUS 116-117 K 4
Hicks Cays ⌒ BH 196-197 K 3
Hicks Lake ⬭ CDN 174-175 T 5
Hickson Lake ⬭ CDN 178-179 D 2
Hico o USA 188-189 H 4
Hida-gawa ∼ J 88-89 G 7
Hidaka o J 88-89 K 3
Hidaka-sanmyaku ▲▲ J 88-89 K 3
Hidalgo o MEX 194-195 K 5
Hidalgo o MEX (DGO) 194-195 G 5
Hidalgo o MEX (NL) 194-195 J 5
Hidalgo □ MEX 196-197 E 1
Hidalgo del Parral o· MEX 194-195 G 4
Hida-sanmyaku ▲▲ J 88-89 G 6
Hidden Peak = Gasherbrum I ▲ PK 74-75 F 2
Hiddensee ⌒ D 28-29 M 1
Hidden Valley o AUS (NT) 108-109 L 4
Hidden Valley o AUS (QLD) 110-111 J 6
Hidden Valley o AUS (QLD) 110-111 J 7
Hidden Valley National Park ⊥ AUS 108-109 J 3
Hidrelétrica Curuá-Una o BR 210-211 K 4
Hidrolândia o BR 212-213 H 4
Hienghène o F (988) 247 I b 2
Hierapolis ··· TR 64-65 C 4
Hierro ⌒ E 124-125 B 7
Hiersac o F (16) 236-237 F 4
Higashi-Hiroshima o J 88-89 E 7
Higashikagura o J 88-89 K 3
Higashi-Ōsaka o J 88-89 F 7
Higashi Shina Kai = Dong Hai ≈ 90-91 N 6
Higashi-suidō ≈ 88-89 C 8
Hiğāz, al- ▲▲ KSA 66-67 E 4
Higgins o USA 188-189 G 1
Higginsville o AUS 112-113 F 5
Highbourn Cay ⌒ BS 198-199 G 2
Highbury o AUS (QLD) 110-111 G 5
Highbury o AUS (QLD) 114-115 H 2
Highbury o GUY 206-207 F 2
Highflats o ZA 156-157 K 5
High Hill River ∼ CDN 176-177 P 3
High Island ⌒ USA 166-167 Q 3
Highland Park o USA 190-191 E 4
Highland Peak ▲ USA 184-185 G 7
Highland Plains o AUS 110-111 D 6
Highlands Hammock State Park ⊥· USA 192-193 H 6
High Level o CDN 174-175 L 6
Highmore o USA 186-187 H 3
High Peak ▲▲ GB 26-27 G 5
High Point o USA 192-193 H 2
High Prairie o CDN 176-177 M 4
High River o CDN 176-177 O 6
High Rock o BS 198-199 F 1
Highrock Indian Reserve Ⅹ CDN 178-179 F 3
Highrock Lake ⬭ CDN (MAN) 178-179 F 3
Highrock Lake < CDN (SAS) 178-179 D 2
High Rock Lake < USA 192-193 H 2
High Rolling Mountains ▲▲ RP 96-97 D 6
High Springs o USA 192-193 G 5
High Uintas Wilderness Area ⊥ USA 184-185 J 5
Highwood River ∼ CDN 176-177 N 6
Higirio, El o RCH 220-221 B 5
Hiğla o KSA 68-69 C 4
Hiğr, al- o· KSA 66-67 E 4
Higuera, La o RCH 220-221 B 5
Higuerote o· YV 204-205 H 2
Higüey ☆ DOM 198-199 L 5
Hiiraan □ SP 144-145 G 6
Hiiumaa saar ∸ EST 30-31 H 2
Híjar o E 34-35 G 4
Hikone o J 88-89 G 7
Hikurangi o NZ 118 E 1
Hikurangi ▲ NZ 118 G 2
Hikurangi Trench ≃ 118 F 4
Hila o RI (MAL) 102-103 E 3
Hila o RI (MAL) 102-103 D 5
Hilakondji o DY 138-139 L 6
Hilāl, Ğabal ▲ ET 130-131 F 2
Hilda o CDN 176-177 P 6
Hildale o USA 184-185 H 7
Hildesheim o··· D 28-29 K 2
Hilger o USA 186-187 C 2
Hili o UAE 70-71 F 6
Hiliomódi o GR 36-37 J 6
Hilismaetano o· RI 98-99 B 4
Ḥilla, al- ☆ IRQ 64-65 L 6
Hill Air Force Base xx USA 184-185 H 5
Hill City o USA (ID) 184-185 G 4
Hill City o USA (KS) 186-187 H 6
Hill City o USA (MN) 186-187 L 2
Hill City o USA (SD) 186-187 F 4
Hill Creek Extension Uintah and Ouray Indian Reservation Ⅹ USA 186-187 C 6
Hilléket o TCH 134-135 K 6
Hill End o· AUS 116-117 K 2
Hillerød o· DK 22-23 F 9
Hilli o IND 78-79 F 3
Hillion o F (22) 230-231 F 2
Hill Island ⌒ CDN 180-181 P 3
Hill Island Lake ⬭ CDN 174-175 P 5
Hillman, Lake ⬭ AUS 112-113 D 5
Hillsboro o USA (IL) 190-191 D 6
Hillsboro o USA (ND) 186-187 J 2
Hillsboro o USA (OH) 190-191 G 6
Hillsboro o USA (TX) 188-189 J 3
Hillsboro Canal < USA 192-193 H 6
Hillsborough o USA 192-193 J 1
Hillsborough o WG 200 E 5
Hillsborough, Baie du ≈ 246 III c 3
Hillsborough Bay ≈ 182-183 N 5
Hillsdale Lake ⬭ USA 186-187 K 6
Hillside o AUS 108-109 D 6
Hillsport o CDN 178-179 O 6
Hillston o AUS 116-117 H 2
Hillsville o USA 190-191 H 7
Hillswick o GB 26-27 G 1
Hilo o USA 192-193 E 8
Hilok ☆ RUS (CTN) 54-55 E 10
Hilok ∼ RUS 52-53 O 10
Hilok ∼ RUS 54-55 F 10
Hilt o USA 184-185 C 5
Hiltaba, Mount ▲ AUS 116-117 C 2
Hilton o AUS 110-111 E 7
Hilton Head Island o USA (SC) 192-193 H 3
Hilton Head Island ⌒ USA (SC) 192-193 H 3
Hilvan ☆ TR 64-65 H 4
Hilversum o NL 28-29 H 2
Himachal Pradesh □ IND 74-75 F 3
Himālaya ▲▲ IND 80-81 C 5
Himalaya = Himalaya Shan ▲▲ 80-81 B 4
Himalaya Shan = Himalaya ▲▲ 80-81 B 4
Himal Chuli ▲ NEP 80-81 E 6
Himana, Hassi < DZ 124-125 K 6
Himanka o FIN 24-25 G 4
Himarë o·· AL 36-37 G 4
Himatnagar o IND 74-75 D 8
Himbirti o ER 136-137 J 5
Himeji o J 88-89 F 7
Himeji-jo Castle ··· J 88-89 F 7
Himi o J 88-89 G 6
Himki ☆ RUS 30-31 P 4
Himora o ETH 136-137 H 5
Ḥimṣ ☆ SYR 64-65 G 5
Hinatuan Passage ≈ 96-97 F 8
Hînceşti ☆ MD 38-39 F 4
Hinche ☆ RH 198-199 J 5
Hinchinbrook, Cape ▲ USA 164-165 R 6
Hinchinbrook Entrance ≈ 164-165 R 6
Hinchinbrook Island ⌒ AUS 110-111 J 6
Hinchinbrook Island ⌒ USA 164-165 R 6
Hinchinbrook Island National Park ⊥ AUS 110-111 J 6
Hinckley o USA 186-187 L 3
Hinckley, Mount ▲ AUS 112-113 K 3
Hincks Conservation Park ⊥ AUS 116-117 C 2
Hinda o RCB 146-147 D 6
Hindan ∼ IND 74-75 F 5
Hindiktig-Hol', ozero ⬭ RUS 60-61 Q 3
Hindiya, al- ☆ IRQ 64-65 L 6
Hindmarsh, Lake ⬭ AUS 116-117 F 4
Hindou Kouch = Hendūkoš ▲▲ 74-75 B 2
Hinds Lake ⬭ CDN 182-183 Q 4
Hindubaāgh o PK 70-71 M 3
Hindukusch ▲▲ 74-75 B 2
Hindupur o IND 76-77 G 4
Hindustan ⌣ IND 78-79 B 2
Hines Creek o CDN 176-177 L 3
Hinesville o USA 192-193 H 4
Hinganghāt o IND 74-75 G 9
Hinganskij zapovednik ⊥ RUS 58-59 C 4
Hinglaj o PK (BEL) 70-71 L 6
Hinglaj o· PK (BEL) 74-75 E 7
Hinglé, Le o F (22) 230-231 G 3
Hingol ∼ PK 70-71 L 6
Hingoli o IND 74-75 F 10
Hingoraja o PK 74-75 B 6
Hinidān o PK 70-71 M 6
Hinike ∼ RUS 56-57 L 2
Hinis ☆ TR 64-65 J 3
Hink Land ∸ GRØ 170-171 I 8
Hinlopenrenna ≃ 20-21 J 2
Hinlopenstretet ≈ 20-21 K 2
Hinnøya ⌒ N 22-23 G 2
Hinoba-an o RP 96-97 E 8
Hino-gawa ∼ J 88-89 E 7
Hinogyaung o MYA 94-95 C 2
Hinojo o RA 222-223 J 4
Hinojosa del Duque o·· E 34-35 E 5
Hinomi-saki ▲ J 88-89 E 7
Hinsdale o USA 186-187 D 1
Hinton o CDN 176-177 M 5
Hinton o USA 190-191 H 7
Hios o GR 36-37 L 5
Hios ⌒ GR 36-37 L 5
Hipólito o MEX 194-195 J 5
Hipu o F (987) 247 IV b 2
Hir o IR 72-73 B 6
Hira o IND 76-77 G 2
Hirado o· J 88-89 C 8
Hirado-shima ⌒ J 88-89 C 8
Hirafok o DZ 126-127 E 9
Hirākud Reservoir < IND 78-79 C 5
Hiraman ∼ EAK 148-149 G 4
Hiranai o J 88-89 J 4
Hiratsuka o J 88-89 H 7
Ḫirbat al-Umbāšī ∴· SYR 64-65 G 6
Ḫirbat Isriya o SYR 64-65 G 5
Hirehadagalli o IND 76-77 F 3
Hiré-Watta o CI 138-139 H 6
Hirfanlı Barajı < TR 64-65 E 3
Hiripitiya o CL 76-77 J 7
Hiriyur o IND 76-77 G 4
Hirmās, Bi'r Ibn o KSA 66-67 E 3
Hirmil, al- ☆ RL 64-65 G 5
Hirna o ETH 144-145 E 4
Hiroo o J 88-89 K 3
Hirosaki o· J 88-89 J 4
Hiroshima o J (HOK) 88-89 J 3
Hiroshima ☆· J (HIR) 88-89 E 7
Ḫirr, Wādī l- ∼ IRQ 64-65 K 7
Hirsingue o F (68) 238-239 L 1
hirs'ka micsevisc' · UA 38-39 G 3
Hirs'kyj Tikyč ∼ UA 38-39 F 3
Hirson o F (02) 234-235 E 2
Hirşova o· RO 38-39 F 5
Hirtshals o DK 22-23 D 8
Hirtzfelden o F (68) 234-235 L 6
Hisaka-shima ⌒ J 88-89 C 8
Hisāna, al- o KSA 68-69 B 3
Hisār o IND 74-75 E 5
Hisb, Šaʿīb ∼ IRQ 64-65 K 7
Hišig-Öndör = Maan't o MAU 84-85 F 3
Hisiu o PNG 119 D 5
Hislaviči o RUS 30-31 N 4
Ḥiṣn, Qal'at al- ·· SYR 64-65 G 5
Ḥiṣn aş Şahābī o LAR 128-129 J 2
Hispaniola ⌒ 198-199 K 6
Historic Fort Delaware ∴ USA 190-191 L 5
Historic Remains ∴· RI 100-101 K 3
Historic Remains, Forts ∴· RI 100-101 K 3
Historyland ∴ USA 190-191 C 3
Hisw, al- o KSA 66-67 G 5
Hit o IRQ 64-65 K 6
Hitachi o J 88-89 J 6
Hitchcook o USA 188-189 K 5
Hitiaa o F (987) 247 V b 2
Hitia Sand Hills o GUY 206-207 F 3
Hitoyoshi o J 88-89 D 8
Hitra ⌒ N 22-23 D 5
Hiu = Île Hiu ⌒ VAN 120 II a 1
Hiu, Île = Hiu ⌒ VAN 120 II a 1
Hiuchi-nada ≈ 88-89 E 7
Hiva-Oa ⌒ F 9 O 3
Hivaro o PNG 119 B 4
Hiver, Côte d' = Zimnij bereg ⌣ RUS 24-25 Q 4
Hiw o ET 130-131 F 4
Hiwarkhed o IND 74-75 F 9
Hiwassee Lake < USA 192-193 F 2
Hixon o CDN 176-177 J 5
Hiyoshi o J 88-89 E 8
Hiyyon, Naḥal ∼ IL 66-67 D 2
Hizan ☆ TR 64-65 K 3
Hjälmaren ⬭ S 22-23 G 7
Hjalmar Lake ⬭ CDN 174-175 P 5
Hjargas nuur ⬭ MAU 52-53 F 11
Hjellset o N 22-23 C 5
Hjerkinn o N 22-23 D 5
Hjørring o DK 22-23 E 8
Hkākabo Rāzi ▲ MYA 78-79 K 1
Hkqingzi o MYA 78-79 H 5
Hkyenhpa o MYA 78-79 K 2
Hlabisa o ZA 156-157 K 4
Hlebarovo = Car Kalojan o BG 38-39 E 6
Hlegu o MYA 94-95 D 2
Hlobyne o UA 38-39 H 3
Hlohovec o SK 28-29 O 4
Hlotse o LS 156-157 J 4
Hluchiv o UA 38-39 H 2
Hluhluwe o ZA 156-157 L 4
Hluhluwe Game Reserve ⊥ ZA 156-157 L 4
Hluthi o SD 156-157 K 3
Hlybokae o BY 30-31 K 4
Hmel'nickij = Chmel'nyc'kyj ☆ UA 38-39 E 3
Hmitevskogo, poluostrov ⌣ RUS 56-57 N 4
Hnalān o IND 78-79 H 4
H. N. Andersen, Kap ▲ GRØ 170-171 r 3
Hnathalo o F (988) 247 I e 2
Hnilij Tikič ∼ UA 38-39 G 3
Ho ☆ GH 138-139 L 6
Hòa Bình o VN 94-95 J 2
Hòa Bình o VN 92-93 D 6
Hoài Nho'n o VN 94-95 K 3
Hoanib ∼ NAM 152-153 B 9
Hoar, Lake ⬭ AUS 112-113 G 2
Hoare Bay ≈ 180-181 S 2
Hoarusib ∼ NAM 152-153 B 9
Hoback Junction o USA 184-185 J 4
Hoba Meteorite ·· NAM 152-153 D 9
Hoban o DVR 86-87 F 7
Hobart ☆· AUS 116-117 J 7
Hobart Island ⌒ CDN 180-181 N 2
Hobbs o USA 188-189 F 3
Hobbs Coast ⌣ ARK 16 F 23
Hobetsu o J 88-89 K 3
Hobhouse o ZA 156-157 H 4
Hobo o CO 204-205 D 6
Hoboksar o VRC 82-83 G 2
Hobol ∼ RUS 46-47 R 6
Hobro o DK 22-23 D 8
Hobson, Cape ▲ CDN 168-169 X 5
Hobyo o SP 144-145 J 6
Hoc, Pointe du ▲ F (14) 228-229 C 5
Hoceima, Al ☆ MA 124-125 K 3
Hochalmspitze ▲ A 28-29 M 5
Hoche, Presqu'île ⌣ F (984) 246 III b 3
Hochfeld o NAM 152-153 D 10
Hochfelden o F (67) 234-235 M 4
Hồ Chí Minh, Thành Phố = Thành Phố Hồ Chí Minh ☆·· VN 94-95 J 5
Hochstetterbugten ≈ 170-171 q 6
Hochstetter Forland ∸ GRØ 170-171 p 6
Hockin o CDN 178-179 H 3
Hóc Môn o VN 94-95 J 5
Hočo o RUS 56-57 D 3
Hočo, Ystannah- o RUS 46-47 N 3
Hoctún o MEX 196-197 K 1
Ḫodā Āfarin o IR 64-65 M 3
Hodal o IND 74-75 F 6
Hodar, utes · RUS 58-59 H 3
Hodgenville o USA 190-191 F 7
Hodges Gardens ∴ USA 188-189 L 4
Hodges Hill ▲ CDN 182-183 R 4
Hodgeville o CDN 178-179 C 5
Hodgkins Ridge ≃ 176-177 B 5
Hodgson o CDN 178-179 H 5
Hodgson Downs o AUS 110-111 C 4
Hodgson River o AUS 110-111 C 4
Hodh ∸ RIM 132-133 F 6
Hodh ech-Chargui □ RIM 132-133 G 5
Hodh el-Gharbi □ RIM 132-133 E 6
Hodigere o IND 76-77 G 4
Hodma ∼ SP 144-145 H 3
Hódmezővásárhely o H 28-29 Q 5
Hodna, Plaine du ∸ DZ 126-127 E 3
Hodo Dan ▲ DVR 86-87 F 8
Hồ Đo'n Du'o'ng ⬭ VN 94-95 K 5
Hodonín o CZ 28-29 O 4
Hodq Shamo ∸ VRC 90-91 E 1
Hodutka, gora ▲ RUS 58-59 R 2
Hodžambas o TM 72-73 J 5
Hodzana River ∼ USA 164-165 Q 3
Hodža-Obigarm o TJ 72-73 L 5
Hodžejli = Hūdžajli ☆· US 72-73 F 3
Hoè o RUS 58-59 K 3
Hœdic o F (56) 230-231 F 5
Hœdic, Île d' ⌒ F (56) 230-231 F 5
Hoedspruit o ZA 156-157 K 2
Hoë Karoo = Upper Karoo ∸ ZA 156-157 D 5
Hoek van Holland o NL 28-29 H 3
Hœrdt o F (67) 234-235 M 4
Hoeryong o DVR 86-87 G 6
Hoëveld ∸ ZA 156-157 J 3
Hoeyang o DVR 86-87 F 8
Hof o D 28-29 L 3
Höfðakaupstaður = Skagaströnd o IS 22-23 c 2
Hoffmans Cay ⌒ BS 198-199 G 2
Hofmarkt = Odorheiu Secuiesc o RO 38-39 D 4
Hofmeyr o ZA 156-157 G 5
Höfn o IS 22-23 f 2
Hofsjökull ⊂ IS 22-23 d 2
Hofsós o IS 22-23 d 2
Hōfu o J 88-89 D 7
Hōğalāk, Kūh-e ▲ IR 64-65 M 5
Höganäs o S 22-23 F 8
Hogan Group ⌒ AUS 116-117 J 5
Hogansville o USA 192-193 F 3
Hogart, Mount ▲ AUS 114-115 D 1
Hogatza River ∼ USA 164-165 N 3
Hogback Mountain ▲ USA 186-187 F 5
Hog Cay ⌒ BS 198-199 H 3
Høgeloft ▲ N 22-23 D 6
Hogem Range ▲▲ CDN 176-177 G 3
Hogem Ranges ▲▲ CDN 176-177 G 4
Hoggar ▲▲ DZ 126-127 E 9
Hoggar, Tassili du ▲▲ DZ 126-127 E 10
Høggia ▲ N 22-23 E 5
Hog Harbor o VAN 120 II a 2
Hog Landing o USA 164-165 N 4
Hogsback o ZA 156-157 H 6
Högsby ☆ S 22-23 H 8
Høgtuvbreen ▲ N 22-23 F 3
Hohenstein = Olsztynek o PL 28-29 Q 2
Hohenwald o USA 192-193 E 2
Hohe Tatra = Tatry ▲▲ SK 28-29 P 4
Hohe Tauern ▲▲ A 28-29 M 5
Hohhot ☆ VRC 90-91 G 1
Hoh Indian Reservation Ⅹ USA 184-185 B 2
Hohneck, le ▲·· F 234-235 L 5
Hohoe o GH 138-139 L 6
Hoholitna River ∼ USA 164-165 M 6
Hoh Sai Hu ⬭ VRC 80-81 J 3
Hōhuku o J 88-89 D 7
Hohwachter Bucht ≈ 228-229 N 3
Hohwald, Le o F (67) 234-235 L 5
Hoh Xil Hu ⬭ VRC 80-81 H 3
Hoh Xil Shan ▲▲ VRC 80-81 F 3
Hôi An o·· VN 94-95 K 3
Hoima o EAU 148-149 C 3
Hoisington o USA 186-187 H 6
Hoj, vozvyšennost' ▲▲ RUS 44-45 O 7
Hoja Wajeer o SP 148-149 H 4
Hojd Tamir gol ∼ MAU 84-85 E 4
Hoka o RI 102-103 E 5
Hokitika o NZ 118 C 5
Hokkaidō ⌒ J 88-89 K 3
Hokksund ☆ N 22-23 D 7
Ḥokmābād o IR 72-73 E 6
Hokua o VAN 120 II a 2
Hola o EAK 148-149 H 4
Holalagondi o IND 76-77 G 3
Holanda Rous, Reserva Florestal ⊥ RCH 224 F 7
Hola Prystan' o UA 38-39 H 4
Holbæk o DK 22-23 E 9
Holbox, Isla ⌒ MEX 196-197 L 1
Holbrook o AUS 116-117 J 3
Holbrook o USA (AZ) 188-189 B 2
Holbrook o USA (ID) 184-185 H 4
Holchit, Punta ▲ MEX 196-197 K 1
Holden o CDN 176-177 O 5
Holden o USA (MO) 186-187 L 6
Holden o USA (UT) 184-185 H 6
Holdenville o USA 188-189 J 2
Holdrege o USA 186-187 H 5
Hold with Hope Halvø ⌣ GRØ 170-171 p 7
Hole in the Wall ∴· BS 198-199 G 2
Holejaha ∼ RUS 44-45 O 5
Holešov o CZ 28-29 O 4
Holger Danskes Tinde ▲ GRØ 170-171 n 6
Holguín ☆ C 198-199 G 4
Holhol o DJI 144-145 F 3
Holiday Resort · AUS 112-113 E 7
Holitna River ∼ USA 164-165 M 6
Hollabrunn o A 28-29 O 4
Holland o CDN 178-179 G 6
Holland o USA 190-191 E 4
Holland Bay ≈ 198-199 G 6
Hollat o RI 102-103 G 4
Holleschau = Holešov o CZ 28-29 O 4
Hollick-Kenyon Plateau ▲▲ ARK 16 F 26
Hollis o USA (AK) 176-177 D 4
Hollis o USA (OK) 188-189 H 2
Hollister o USA (CA) 184-185 D 7
Hollister o USA (MO) 188-189 L 1
Hollister, Mount ▲ AUS 108-109 B 7
Hollókő o··· H 28-29 P 4
Hollow Water Indian Reserve Ⅹ CDN 178-179 H 5
Holly o USA 186-187 F 6
Holly, Mount o USA 190-191 L 6
Holly Ridge o USA 192-193 K 2
Holly Springs o USA 192-193 D 2
Hollywood o USA (CA) 184-185 E 8
Hollywood o USA (FL) 192-193 H 6
Holm ☆ RUS 30-31 M 3
Holma o WAN 140-141 K 4
Holman Island o CDN 168-169 N 5
Hólmavík ☆ IS 22-23 c 2
Holme Park o ZA 156-157 J 2
Holmes Reef ⌒ AUS 110-111 J 5
Holmes River ∼ CDN 176-177 L 5
Holmia o GUY 206-207 E 3
Holm Land ∸ GRØ 170-171 q 3
Holmogorskaja o RUS 24-25 Q 5
Holmogory o RUS 24-25 Q 4
Holmsk o RUS 58-59 K 5
Holmskj o RUS 62-63 C 5
Holms Ø ⌒ GRØ 170-171 W 6
Holmsund o S 22-23 K 5
Holm-Žirkovskij o RUS 30-31 N 4
Holnicote Bay ≈ 119 E 5
Holohovčan ∼ RUS 48-49 N 5
Holoj ∼ RUS 54-55 F 9
Holokit ∼ RUS 44-45 a 7
Holomoloh-Jurjah ∼ RUS 54-55 G 4
Holoog o NAM 156-157 C 3
Holroyd River ∼ AUS 110-111 F 4
Holstebro o·· DK 22-23 D 8
Holstein o USA 186-187 K 4
Holsteinsborg = Sisimiut o GRØ 172-173 O 3
Holter Lake ⬭ USA 184-185 J 2
Holton o CDN 180-181 V 7
Holton o USA 186-187 K 6
Holt Rock o AUS 112-113 E 6
Holuwon o RI 102-103 K 4
Holyhead o GB 26-27 E 5
Holy Island o GB 26-27 G 4
Holyoke o USA 186-187 F 5
Holyrood o CDN 182-183 S 5
Holyrood o USA 186-187 H 6
Hom ∼ NAM 156-157 D 4
Homa Bay o EAK 148-149 E 4
Ḥomām o IR 64-65 N 4
Homand o IR 70-71 H 2
Hománe o MOC 154-155 H 6
Homathko Icefield ⊂ CDN 176-177 H 6
Homathko River ∼ CDN 176-177 H 6
Hombetsu o J 88-89 K 3
Hombori o RMM 138-139 K 2
Hombori, Monts du ▲▲ RMM 138-139 J 2
Hombourg-Haut o F (57) 234-235 K 3
Hombre Muerto, Salar del ⬭ RA 220-221 D 3
Home Bay ≈ 172-173 G 2
Homécourt o F (54) 234-235 H 3
Homedale o USA 184-185 F 4
Home Hill o AUS 110-111 J 6
Ḥomein o IR 70-71 D 2
Homel' ☆ BY 30-31 M 5
Home of Bullion Mine · AUS 114-115 C 1
Homer o USA (AK) 166-167 V 3
Homer o USA (LA) 188-189 L 3
Homer Tunnel ▲ NZ 118 A 6
Homerville o USA 192-193 G 4
Homestead o AUS 110-111 H 7
Homestead o USA 192-193 H 7
Homestead National Monument ∴ USA 186-187 J 5
Homewood o USA 192-193 E 3
Homi, hrebet ▲▲ RUS 58-59 H 3
Hominy o USA 188-189 J 1
Hommes o F (37) 230-231 M 5
Homnābād o IND 76-77 G 2
Homo, Cerro el ▲ HN 196-197 L 4
Homodji < RN 134-135 F 4
Homolha o RUS 54-55 G 6
Homolho ∼ RUS 54-55 H 6
Homonhon Island ⌒ RP 96-97 F 7
Homot Tohadar, Ğabal ▲ SUD 136-137 H 3
Homps o F (11) 240-241 K 4
Homustah o RUS 54-55 P 4
Honāvar o IND 76-77 F 3
Honaz Dağ ▲ TR 64-65 C 4
Honda o CO 204-205 D 5
Honda, Chott El ⬭ DZ 126-127 E 3
Honda, Monts du ▲▲ DZ 126-127 E 3
Honda Bay ≈ 96-97 C 8
Hòn Đất o VN 94-95 H 5
Hondeklipbaai o ZA 156-157 C 5
Hondo ∼ C 198-199 D 3
Hondo o J 88-89 D 8
Hondo o USA (NM) 188-189 E 3
Hondo o USA (TX) 188-189 H 5
Hondo = Honshū ⌒ J 88-89 E 7
Hondo River ∼ BH 196-197 K 3
Hondouville o F (27) 228-229 G 5
Hondschoote o F (59) 228-229 K 2
Honduras, Cabo de ▲ HN 196-197 L 3
Honduras = Honduras ■ HN 196-197 A 4
Hone o CDN 178-179 F 2
Hønefoss ☆ N 22-23 E 6
Hone River ∼ CDN 180-181 O 2
Honesdale o USA 190-191 L 5
Honey Lake ⬭ USA 184-185 D 5
Honfleur o F (14) 228-229 E 5
Ḥonğ o IR 70-71 E 5
Hong'an o VRC 90-91 J 6
Hongch'ŏn o ROK 86-87 F 9
Hongde o VRC 90-91 E 3
Hong Do ⌒ ROK 86-87 E 10
Hongdong o VRC 90-91 G 3
Hongfeng Hu ⬭ VRC 92-93 E 3
Hồng Gai ☆ VN 92-93 E 6
Honggun-ri o DVR 86-87 G 7
Hongguqu o VRC 90-91 C 3
Honghu o VRC 92-93 H 2
Hong Hu ⬭ VRC 92-93 H 2
Hongjiang o VRC 92-93 F 3
Hong-Kong = Xianggang □ VRC 92-93 J 5
Hongliuyuan o VRC (GAN) 82-83 M 5
Hongliuyuan o VRC (GAN) 90-91 B 2
Hongmen o VRC 90-91 L 6
Hongmenhe o VRC 90-91 F 5
Hồng Ngự o VN 94-95 H 5
Hòn Gõm, B. D. ⌒ VN 94-95 K 4
Hongor o MAU (DOG) 84-85 K 5
Hongor o MAU (SUH) 84-85 L 5
Hongrie = Magyarország ■ H 28-29 O 5
Hongshan o VRC 90-91 H 6
Hongshishan o VRC 84-85 C 6
Hongshui He ∼ VRC 92-93 E 4
Hongū o J 88-89 F 8
Hongwei o VRC 92-93 K 2
Hongwon o DVR 86-87 F 7
Hongya o VRC 92-93 C 2
Hongyuan o VRC 90-91 C 5
Hongze o VRC 90-91 L 5
Hongze Hu ⬭ VRC 90-91 L 5
Hongzhi Liang ▲ VRC 90-91 F 4
Honi o GE 62-63 E 6
Honiara ★· SOL 120 I d 3
Honiton o GB 26-27 F 6
Honjō o J 88-89 J 5
Honkawane o J 88-89 H 7
Hon Minh Hoa ⌒ VN 94-95 J 5
Honnali o IND 76-77 F 3
Honningsvåg o N 22-23 M 1
Honokaa o USA 192-193 E 7
Honokahua o USA 192-193 D 7
Honolulu ☆ USA 192-193 D 7
Honoria o PE 208-209 E 6
Hon Rái ⌒ VN 94-95 H 6
Honshū ⌒ J 88-89 E 7
Hòn Thi, Mũi ▲ VN 94-95 K 4
Hontorbé o SN 138-139 D 2
Honuu ☆ RUS 46-47 Y 6
Hood, Mount ▲ USA 184-185 D 3
Hood Bay ≈ 119 D 6
Hood Point ▲ AUS 112-113 E 7
Hood River ∼ CDN 174-175 P 2
Hood River o USA 184-185 D 3
Hoogeveen o NL 28-29 J 2
Hooker o USA 188-189 G 1
Hooker Creek Aboriginal Land Ⅹ AUS 108-109 K 5
Hook Island ⌒ AUS 110-111 K 7
Hook Point ▲ CDN 178-179 P 3
Hool o MEX 196-197 J 2
Hoonah o USA 176-177 C 2
Hoopa o USA 184-185 C 5
Hoopa Valley Indian Reservation Ⅹ USA 184-185 C 5
Hooper o USA (CO) 188-189 E 1
Hooper o USA (NE) 186-187 J 5
Hooper, Cape ▲ CDN 172-173 G 2
Hooper Bay ≈ 164-165 G 6
Hooper Bay o USA 164-165 G 6
Hooper Inlet ≈ 168-169 f 6
Hoopeston o USA 190-191 E 5
Hoop Nature Reserve, De ⊥ ZA 156-157 E 7
Hoopstad o ZA 156-157 G 3
Hoover Dam ∴ USA 184-185 G 7
Hopa ☆ TR 64-65 J 2
Ho-pang o MYA 78-79 L 4
Hope o CDN 176-177 K 7
Hope < NAM 156-157 C 3
Hope o USA (AK) 164-165 Q 6
Hope o USA (AR) 188-189 L 3
Hope, Cape ▲ CDN 168-169 O 6
Hope, Kap = Ittaajimmiit o GRØ 170-171 o 8
Hope, Lake ⬭ AUS 112-113 F 6
Hope, Mount o AUS 116-117 H 2
Hope Campbell Lake ⬭ AUS 112-113 G 4
Hopefield o ZA 156-157 D 6
Hope Island ⌒ CDN 182-183 D 6
Hopelchén o· MEX 196-197 K 2
Hopeless, Mount ▲ AUS 114-115 E 5
Hopen o N (ROM) 22-23 D 5
Hopen ⌒ N (SVA) 20-21 O 4
Hopenbanken ≃ 20-21 P 4
Hopen Radio o N 20-21 O 4
Hope or Panda, Lake ⬭ AUS 114-115 E 5
Hoper ∼ RUS 30-31 S 5
Hoper ∼ RUS 38-39 N 2
Hope River ∼ AUS 112-113 E 3
Hopes Advance Bay ≈ 180-181 P 5
Hopetoun o AUS (VIC) 116-117 G 3
Hopetoun o AUS (WA) 112-113 F 6
Hopetown o ZA 156-157 G 4
Hope Vale Ⅹ AUS 110-111 H 4
Hope Vale Aboriginal Land Ⅹ AUS 110-111 H 4
Hopewell o USA 190-191 K 7
Hopewell Cape o CDN 182-183 M 6
Hopewell Islands ⌒ CDN 180-181 K 5
Hô Phú Ninh ⬭ VN 94-95 K 3
Hopi Indian Reservation Ⅹ USA 188-189 B 1
Hopin o MYA 78-79 K 3
Hôpital, l' o F (57) 234-235 K 3
Hôpital-d'Orion, L' o F (64) 240-241 C 4
Hôpital-du-Grosbois, l' o F (25) 238-239 J 2
Hôpital-Saint-Blaise, L' o F (64) 240-241 C 4
Hôpital-sous-Rochefort, L' o F (42) 238-239 D 5
Hôpitaux-Neufs, les o F (25) 238-239 J 3
Hopkins, Lake ⬭ AUS 112-113 K 2
Hopkinsville o USA 190-191 E 7
Hopland o USA 184-185 C 6
Ho-pong o MYA 78-79 K 5
Hoppner Inlet ≈ 168-169 e 7
Hopton Lake ⬭ CDN 174-175 V 5
Hoque o ANG 152-153 B 7
Hoquiam o USA 184-185 C 2
Hor ∼ RUS 58-59 F 5
Horace Mount ▲ USA 164-165 Q 3
Horana o CL 76-77 J 7
Ḫorāsān □ IR 70-71 G 2
Horasan ☆ TR 64-65 K 2
Horbusuonka ∼ RUS 46-47 P 4
Hörby o S 22-23 F 9
Horcajo de los Montes o E 34-35 E 5
Horcones, Río ∼ RA 220-221 E 3
Horden River ∼ PNG 119 A 2
Hor'dil Sar'dag ▲▲ MAU 84-85 D 2
Hordogoj o RUS 54-55 G 4
Horej-Ver o RUS 24-25 Y 3
Horezmskaja oblast' □ US 72-73 G 4
Horezu · RO 38-39 C 5
Horgo o MAU 84-85 D 3
Horgoččuma ∼ RUS 46-47 N 7
Horincy o RUS 54-55 K 5
Horinger o VRC 90-91 G 1
Horinsk ☆ RUS 54-55 D 9
Horizontina o BR 220-221 K 4
Horki ☆ BY 30-31 M 4
Horlick Mountains ▲▲ ARK 16 E 0
Horlivka o UA 38-39 L 3
Horlog Hu ∼ VRC 80-81 L 2
Hormigas, Las o PE 214-215 C 3
Hormoz o IR 70-71 F 5
Hormoz, Ğazire-ye ⌒ IR 70-71 G 5
Hormoz, Kūh-e ▲ IR 70-71 F 5
Hormoz, Tange-ye = Ormuz, Détr. d' ≈ 70-71 G 5
Hormozgān □ IR 70-71 F 5
Hormūd o IR 70-71 F 5
Horn, The ▲ AUS 116-117 J 4
Horn, Van o USA 188-189 E 4
Horna o RI 102-103 G 2
Hornachos o E 34-35 D 5
Hornaday River ∼ CDN 168-169 K 6
Hornavan ⬭ S 22-23 H 3
Hornbjarg ▲ IS 22-23 b 1
Hornby Bay ⬭ CDN 174-175 L 2
Hornconcitos o PA 196-197 C 7
Horndal o S 22-23 H 6
Horndean o CDN 178-179 H 6
Hornell o USA 190-191 K 4
Hornell Lake ⬭ CDN 174-175 K 4
Hornepayne o CDN 178-179 O 6
Hornillos, Punta ▲ PE 214-215 A 5
Horn Island ⌒ AUS 110-111 G 2
Horn Island ⌒ USA 192-193 D 4
Horn Mountains ▲▲ USA 164-165 L 6
Horno Islands ⌒ PNG 119 D 2
Hornos, Cabo de = Hornos, Cabo de ▲ RCH 224 G 8
Hornos, Caleta los ≈ 220-221 B 5
Hornoy-le-Bourg o F (80) 228-229 H 4
Horn Plateau ▲▲ CDN 174-175 J 4
Horn River ∼ CDN 174-175 K 4
Hornsby o AUS 116-117 L 2
Hornslandet ∸ S 22-23 H 6
Hornsund ≈ 20-21 J 4
Hornsundtind ▲ N 20-21 K 4
Hörnumtief ≈ 228-229 H 2
Horodnja o UA 38-39 G 2
Horodok ☆ UA 38-39 C 3
Horog ☆ TJ 72-73 M 6
Horol' o RUS 58-59 E 6
Horombe ▲▲ RM 158-159 D 9
Horošee ozero ⬭ RUS 60-61 L 2
Horoshiri-dake ▲ J 88-89 K 3
Horowupotana o CL 76-77 J 6
Horqin Youji Zhongqi o VRC 86-87 C 5
Horqin Zuoyi Houqi o VRC 86-87 D 6
Horqueta o PY 220-221 J 2
Horqueta, La o YV (BOL) 206-207 D 2
Horqueta, La o YV (DAM) 204-205 K 3
Horquetas, Las o CR 196-197 C 6
Ḫorramābād ☆· IR 70-71 C 2
Ḫorram Darre o IR 64-65 N 4
Ḫorramšahr o· IR 70-71 C 3
Horrocks o AUS 112-113 C 4
Horru o VRC 80-81 H 5
Horsburgh Atoll ⌒ MV 76-77 B 5
Horse (Saint Barbe) Islands ⌒ CDN 182-183 R 3
Horse Creek o USA 186-187 E 5
Horse Creek ∼ USA 186-187 F 6
Horse Creek ∼ USA 186-187 E 5
Horsefly o CDN 176-177 K 5
Horsefly Lake ⬭ CDN 176-177 K 5
Horsens o DK 22-23 D 9
Horse River ∼ CDN 176-177 P 3
Horseshoe Bay o CDN (ALB) 176-177 P 4
Horseshoe Bay o CDN (BC) 176-177 J 7
Horseshoe Bend o USA 184-185 F 4
Horseshoe Bend National Military Park ∴· USA 192-193 F 3
Horsham o· AUS 116-117 G 4
Horsham o CDN 176-177 Q 6
Horten ☆ N 22-23 E 7
Hortensias, Las o RCH 222-223 C 5
Hortes o F (52) 234-235 H 6
Horti o IND 76-77 F 2
Hortobágy o H 28-29 Q 5
Hortobágyi Nemzeti Park ⊥ H 28-29 Q 5
Horton Lake ⬭ CDN 174-175 H 2
Horton River ∼ CDN 168-169 H 6
Horumnug-Tajga, hrebet ▲▲ RUS 52-53 G 10
Horuongka ∼ RUS 46-47 O 6

Horus, Temple of ∴•• ET 130-131 F 5
Horwood Lake ⊂ CDN 182-183 C 5
Horyn' ∼ UA 38-39 D 3
Horyn' ∼ UA 38-39 E 2
Horyuji ••• J 88-89 F 7
Hosab Kalesi •• TR 64-65 K 3
Hoşab Kalesi • TR 64-65 K 3
Hosahalli o IND 76-77 F 4
Hosa'ina o ETH 144-145 C 5
Hosakote o IND 76-77 G 3
Hos-Alas o RUS 46-47 S 6
Ḥosāmand o AFG 74-75 B 3
Hosanagara o IND 76-77 F 4
Hosato, ozero ⊂ RUS 44-45 T 6
Hosdrug o IND 76-77 F 4
Hosdurga o IND 76-77 G 4
Hose, Pegunungan ▲ MAL 98-99 K 3
Hosedaju ∼ RUS 44-45 H 8
Hoseinābād o IR 64-65 M 5
Hoseinābād o IR 70-71 J 3
Hoseinābād, Rūdḫāne-ye ∼ IR 70-71 J 3
Hoseiniye-ye Ḥoda Dād o IR 70-71 C 2
Hoselaw o CDN 176-177 P 4
Hošeutovo o RUS 32-33 E 10
Hoshāb o PK 70-71 K 5
Hoshangābād o IND 74-75 F 8
Hoshiārpur o IND 74-75 E 4
Hoshib ∼ SUD 136-137 G 3
Ḥōsī o AFG 74-75 B 2
Hoska ∼ RUS 46-47 c 6
Hoskins o PNG 119 F 3
Hoskote o IND 76-77 G 4
Hoskyn, Île ⌒ F (984) 246 III d 3
Höšööt o MAU 82-83 J 1
Hospah o USA 188-189 D 2
Ḥospās Rūd ∼ AFG 70-71 K 3
Hospet o IND 76-77 G 3
Hospicia o PE 214-215 B 6
Hospicio o PE 214-215 B 5
Hospital, Cuchilla del ▲ ROU 222-223 M 2
Hospitalet-du-Larzac, L' ■ F (12) 242-243 C 4
Hospitalet-près-l'Andorre, l' o F (09) 240-241 H 5
Ḥosrovī o IR 70-71 A 1
Hosrovskij zapovednik ⊥ AR 64-65 L 2
Ḥōst o AFG 74-75 B 3
Hoste, Isla ⌒ RCH 224 F 7
Hostens o F (33) 240-241 C 2
Hostomel' o UA 38-39 G 2
Hosūr o IND 76-77 G 4
Ḥōš Yeilāg o IR 72-73 D 6
Hot o THA 78-79 L 6
Hotaka-dake ▲ J 88-89 G 6
Hotamış Gölü ⊂ TR 64-65 E 4
Hotan o VRC 80-81 B 2
Hotan He ∼ VRC 82-83 E 6
Hotazel o ZA 156-157 F 3
Ḥotbe Sarā o IR 64-65 N 3
Hotchkiss o CDN 176-177 M 3
Hotchkiss o USA 186-187 D 6
Hotchkiss River ∼ CDN 176-177 L 3
Hôtel-Dieu • F (21) 238-239 F 2
Hotel dos Manantiales o RA 224 F 4
Hotel el Cerrito o RA 224 E 5
Hotel las Horquetas o RA 224 E 4
Hotel Rio Negro o PY 220-221 H 3
Hô Thác Bà < VN 92-93 D 6
Hotham, Cape ▲ AUS 108-109 K 2
Hotham, Cape ▲ CDN 168-169 Z 3
Hotham Inlet ≈ 164-165 J 3
Hotham River ∼ AUS 112-113 D 6
Hotmin Mission o PNG 119 A 3
Hotoho ∼ RUS 54-55 F 5
Hotopuu o F (987) 247 V b 2
Hotpaas o RI 102-103 D 5
Hot Springs o USA (AR) 188-189 L 2
Hot Springs o USA (NC) 192-193 G 2
Hot Springs o USA (SD) 186-187 F 4
Hot Springs o ZW 154-155 G 4
Hot Springs, Cove • USA 184-185 F 3
Hot Springs National Park ⊥ USA 188-189 L 2
Hotspur Seamount ≃ 216-217 M 4
Hottah Lake ⊂ CDN 174-175 K 3
Hottentotsbaai ≈ 156-157 B 3
Hottentotskloof o ZA 156-157 D 6
Hot Water Beach • NZ 118 E 2
Houailou o F (988) 247 I c 3
Houailou ∼ F (988) 247 I c 3
Houat o F (56) 230-231 F 5
Houat, Île d' ⌒ F (56) 230-231 F 5
Houches, les o F (74) 238-239 K 5
Houdain o F (62) 228-229 K 3
Houdan o F (78) 232-233 F 2
Houdelaincourt o F (55) 234-235 G 4
Houécourt o F (88) 234-235 H 5
Houègbo o DY 140-141 E 5
Houeillès o F (47) 240-241 E 2
Houeïriye o RIM 132-133 G 6
Houga, Le o F (32) 240-241 D 3
Houghton o USA 190-191 D 2
Houghton Lake o USA (MI) 190-191 F 3
Houghton Lake ⊂ USA (MI) 190-191 F 3
Houhai o VRC 92-93 G 6
Houhora o NZ 118 D 1
Houhu o VRC 92-93 G 6
Houlgate o F (14) 228-229 D 5
Houlton o USA 190-191 P 2
Houma o TON 120 IV a 2
Houma o USA 188-189 M 5
Houma o VRC 90-91 G 4
Houmt Souk o TN 126-127 H 4
Houndé o• BF 138-139 J 4
Hounien, Zouan- o CI 138-139 F 6
Hourdel, Le o F (80) 228-229 H 3
Hourtin o F (33) 236-237 C 5
Hourtin et de Carcans, Lac d' ⊂ F (33) 236-237 C 5
Hourtin-Plage o F (33) 236-237 C 5
Housholder Pass ▲ USA 184-185 G 8
Houshui Wan ≈ 92-93 F 7
Houssaye, Cap de la ▲ F (974) 246 II a 2
Houssen o F (68) 234-235 L 5
Houston o CDN 176-177 G 4
Houston o USA (AK) 164-165 Q 6
Houston o• USA (TX) 188-189 K 5
Houston, Lake ⊂ USA 188-189 K 4
Houston Point ▲ CDN 178-179 Q 4
Houtman Abrolhos ⌒ AUS 112-113 B 4
Houville-la-Branche o F (28) 232-233 F 3
Houvin-Houvigneul o F (62) 228-229 J 3
Houxia o VRC 82-83 H 4
Houže-e Soltān ⊂ IR 70-71 D 1
Hova o S 22-23 G 7
Hovd o MAU (ÖVÖ) 84-85 F 5
Hovd ◘ MAU 82-83 L 2
Hovd ☆ MAU 82-83 K 1
Hovden o N 22-23 C 7
Hovd gol ∼ MAU 82-83 K 1
Ḥoveize o IR 70-71 C 3
Hovenweep National Monument ∴ USA 186-187 C 7
Hoverla, hora ▲ UA 38-39 D 3
Hovgaards Ø ∸ GRØ 170-171 q 4
Hovoro o SOL 120 I c 3
Hövsgöl ◘ MAU 84-85 D 3
Hövsgöl nuur ⊂ MAU 84-85 E 2
Hovu-Aksy o RUS 52-53 F 10
Howakil ⌒ ER 136-137 K 5
Howakil Bay ≈ 136-137 K 5
Howard o USA (SD) 186-187 J 3
Howard o USA (WI) 190-191 D 3
Howard City o USA 190-191 F 4
Howard Island ⌒ AUS 110-111 C 3
Howard Junction o NZ 118 D 4
Howard Lake ⊂ CDN 174-175 J 4
Howard Springs o• AUS 108-109 K 2
Howe, Cape ▲ AUS 116-117 K 4
Howe, Île ⌒ F (984) 246 III b 2
Howell o USA 190-191 G 4
Howes o USA 186-187 F 3
Howe Sound ≈ 176-177 J 7
Howick o ZA 156-157 K 4
Howick Group ⌒ AUS 110-111 H 4
Howitt, Lake ⊂ AUS 114-115 E 4
Howlett, Îlot ⌒ F (984) 246 III b 2
Howlong o AUS 116-117 J 3
Howship, Mount ▲ AUS 110-111 B 3
Hoxie o USA (AR) 188-189 M 1
Hoxie o USA (KS) 186-187 G 6
Hoxtolgay o VRC 82-83 H 2
Hoxud o VRC 82-83 H 4
Höy o• IR 64-65 L 3
Høyanger ☆ N 22-23 C 6
Hoyé, Bin- o CI 138-139 F 6
Hoyerswerda o D 28-29 N 3
Høylandet o N 22-23 F 4
Hoyo, Mont ▲ ZRE 148-149 C 3
Hozain o F (10) 234-235 E 5
Hozier Islands ⌒ CDN 180-181 R 2
Hpangpai o MYA 78-79 L 4
Hpawngtut o MYA 78-79 K 3
Hradec Králové o CZ 28-29 N 3
Hradyz'k o UA 38-39 H 3
Hrami ∼ GE 62-63 F 7
Hrebinka o UA 38-39 H 2
Hrebtovaja gora ▲ RUS 58-59 R 2
Hristais o BR 212-213 J 4
Hrodna ☆ BY 30-31 H 5
Hroma ∼ RUS 46-47 Z 4
Hromskaja guba ≈ 46-47 Z 4
Hromtau ☆ KA 62-63 N 2
Hron ∼ SK 28-29 P 4
Hrubieszów o PL 28-29 R 3
Hrvatska = Croatie ■ HR 36-37 E 2
Hsenwi o MYA 78-79 K 4
Hsinchu o RC 92-93 M 4
Hsingying o RC 92-93 M 5
Hsipaw o MYA 78-79 K 4
Hsuen Shan ▲ RC 92-93 M 4
Htingu o MYA 78-79 K 3
Hua'an o VRC 92-93 K 4
Huab ∼ NAM 152-153 C 9
Huabei = Chine, Plaine de ∼ VRC 90-91 J 3
Huabuzhen o VRC 92-93 L 2
Huaca o EC 208-209 D 1
Huacalera o RA 220-221 E 2
Huacaña o PE 208-209 E 9
Hucas, Las ∴• CR 196-197 B 6
Huacaya o BOL 214-215 F 7
Huacaya, Río ∼ BOL 220-221 F 1
Huacaybamba o PE 208-209 D 6
Huacachalla o BOL 214-215 C 6
Huachi o VRC 90-91 E 3
Huachi, Lago ⊂ BOL 214-215 F 4
Huacho o PE 208-209 D 7
Huachos o PE 208-209 E 8
Huacrachuco o PE 208-209 D 6
Huacullani o PE 214-215 C 5
Huade o VRC 84-85 M 7
Huadian o VRC 86-87 F 6
Huaguang Jiao ⌒ VRC 94-95 L 2
Huahaizi o VRC 82-83 M 6
Hua Hin o THA 94-95 E 4
Huahine, Îles ⌒ F (987) 247 IV b 2
Huahine Iti ⌒ F (987) 247 IV b 2
Huahine Nui ⌒ F (987) 247 IV b 2
Huahua, Río = Río Wawa ∼ NIC 196-197 B 4
Huaiá-Miçu, Rio ∼ BR 212-213 B 7
Huai'an o VRC (HEB) 90-91 J 1
Huai'an o VRC (JIA) 90-91 L 5
Huaibei o VRC 90-91 K 5
Huaibin o VRC 90-91 J 5
Huai He ∼ VRC 90-91 K 5
Huaihua o VRC 92-93 F 3
Huaiji o VRC 92-93 H 5
Huailai o VRC 90-91 J 1
Huaillas, Cerro ▲ BOL 214-215 D 5
Huai Na o THA 94-95 F 2
Hainan o VRC 90-91 K 5
Huairen o VRC 90-91 H 2
Huaiyang o VRC 90-91 J 5
Huaiyin o VRC 90-91 L 5
Huai Yot o THA 94-95 E 7
Huaiyuan o VRC 90-91 K 5
Huajialing o VRC 90-91 D 4
Huajianzi o VRC 86-87 E 7
Huajuapan o MEX 194-195 G 5
Huajuapan de León o• MEX 196-197 F 3
Huaki o• RI 102-103 D 5
Hualapai Indian Reservation ⴵ USA 184-185 H 8
Hualiangting SK ∼ VRC 90-91 J 6
Hualien o RC 92-93 M 5
Huallaga, Río ∼ PE 208-209 D 6
Huallanca o PE 208-209 D 6
Hualong o VRC 90-91 C 3
Huamachuco o PE 208-209 C 5
Huamali o PE 208-209 E 7
Huamani o PE 208-209 E 8
Huamantla o MEX 196-197 F 2
Huambo ◘ ANG 152-153 C 6
Huambo ☆ ANG (HBO) 152-153 C 6
Huambo o PE 208-209 F 9
Huamboya o EC 208-209 C 2
Huampami o PE 208-209 C 4
Huamuxtitlán o MEX 196-197 E 3
Huañamarca o PE 214-215 A 5
Huanan o VRC 86-87 H 4
Huancabamba o PE 208-209 C 4
Huancabamba, Río ∼ PE 208-209 C 4
Huancacho, Sierra ▲ RA 222-223 D 7
Huancane o PE 214-215 C 4
Huancano o PE 208-209 E 8
Huancapallac o PE 208-209 D 6
Huanca Sancos o PE 208-209 E 8
Huancavelica ☆ PE 208-209 E 8
Huancayo ☆• PE 208-209 E 8
Huanchaca, Cerro ▲ BOL 214-215 D 7
Huanchaca, Parque Nacional ⊥ BOL 214-215 G 4
Huanchon o PE 208-209 E 7
Huangcangyu • VRC 90-91 K 5
Huangchuan o VRC 90-91 J 5
Huangda Yang ∼ VRC 90-91 N 6
Huangdi Ling • VRC 90-91 F 4
Huanggang o VRC 90-91 J 6
Huanggangliang ▲ VRC 84-85 N 6
Huanggang Shan ▲ VRC 92-93 K 3
Huangguoshu Pubu • VRC 92-93 D 3
Huang He ∼ VRC 90-91 G 3
Huanghe Kou ≈ 90-91 L 3
Huanghua o VRC 90-91 K 2
Huanglianyu ▲ VRC 92-93 K 4
Huangling o VRC 90-91 F 4
Huanglong o VRC 90-91 F 4
Huanglonggong ••• VRC 90-91 M 6
Huanglong Si • VRC 90-91 C 5
Huangmei o VRC 90-91 J 6
Huangpi o VRC 90-91 J 6
Huangping o VRC 92-93 E 3
Huangqi Hai ⊂ VRC 90-91 H 1
Huangsha o VRC 92-93 L 3
Huangshan o• VRC (ANH) 92-93 L 2
Huangshan ••• VRC (ANH) 90-91 L 6
Huangshi o VRC 90-91 J 6
Huang Shui ∼ VRC 90-91 C 3
Huangtu, Plateau du = Huangtu Gaoyuan ∸ VRC 90-91 E 3
Huangtu Gaoyuan ∸ VRC 90-91 E 3
Huangyaguan • VRC 90-91 K 1
Huangyan o VRC 92-93 M 2
Huangyuan o VRC 90-91 B 3
Huangzhong o VRC 90-91 B 3
Huaninaoyuan o VRC 92-93 G 3
Huaning o VRC 92-93 C 4
Huaniqueo o MEX 196-197 D 2
Huanquelén o RA 222-223 J 4
Huanquero o RA 220-221 G 6
Huanren o VRC 86-87 E 7
Huanta o PE 208-209 E 8
Huantacareo o MEX 196-197 D 2
Huantraico, Sierra del ▲ RA 222-223 E 4
Huanuco ☆ PE 208-209 D 6
Huanuni o BOL 214-215 D 6
Huanusco o MEX 194-195 H 7
Huan Xian o VRC 90-91 E 3
Huanza o PE 208-209 D 7
Huanzo, Cordillera de ▲ PE 208-209 F 9
Huapí, Serranías ▲ NIC 196-197 B 5
Huaping o VRC 92-93 B 3
Huaping Yü ⌒ RC 92-93 M 4
Huaping Z.B. ⊥• VRC 92-93 F 4
Huaqiao o VRC 90-91 E 6
Huaqingchi • VRC 90-91 F 4
Huaquén o RCH 222-223 D 2
Huaquillas o EC 208-209 B 3
Huara o RCH 214-215 C 7
Huaral o PE 208-209 D 7
Huaraz ☆ PE 208-209 D 6
Huari o PE 208-209 D 6
Huarina o BOL 214-215 C 5
Huarmey o PE 208-209 C 7
Huarochirí o PE 208-209 D 8
Huarocondo o PE 208-209 F 8
Huarong o VRC 92-93 H 2
Huarquehue, Parque Nacional ⊥ RCH 222-223 D 5
Huasabas o MEX 194-195 E 3
Huasaga o EC 208-209 D 3
Huasago, Río ∼ PE 208-209 D 3
Hua Sai o THA 94-95 F 6
Huascarán, Parque Nacional ⊥••• PE 208-209 D 6
Huasco o RCH 220-221 B 5
Huasco, Río ∼ RCH 220-221 B 5
Huasco, Salar de ⊂ RCH 214-215 C 7
Huashan o VRC (GXI) 92-93 F 4
Huashan • VRC (SXI) 90-91 G 4
Huashan-Yabihua • VRC 92-93 E 6
Huashaoying o VRC 90-91 J 1
Huashixia o VRC 80-81 M 3
Huata, Peninsula de ⌒ BOL 214-215 C 5
Huatabampo o MEX 194-195 E 4
Huatugou o VRC 82-83 K 6
Huatunas, Lago ⊂ BOL 214-215 E 3
Huatusco de Chicuellar o MEX 196-197 F 2
Huaura, Río ∼ PE 208-209 D 7
Hautla o MEX 194-195 K 7
Huautla de Jiménez o MEX 196-197 F 2
Huaxi • VRC 92-93 E 3
Hua Xian o VRC (GDG) 92-93 H 5
Hua Xian o VRC (HEN) 90-91 J 4
Huayabamba, Río ∼ PE 208-209 D 5
Huayacocotla o MEX 196-197 E 1
Huaying o VRC (SIC) 90-91 E 6
Huaying o VRC (SXI) 90-91 F 4
Huayllacayan o PE 208-209 D 7
Huayllay o PE 208-209 D 7
Huaynamota, Río ∼ MEX 194-195 G 6
Huaytiquina o RA 220-221 D 2
Huayuan o VRC 92-93 F 2
Huayucachi o PE 208-209 E 8
Huayuri, Pampa de ∸ PE 208-209 E 9
Huazhou o VRC 92-93 G 6
Ḥubar, al- o KSA 70-71 D 5
Hubayah, Bi'r < LAR 128-129 K 2
Hubbard o USA 186-187 L 4
Hubbard, Mount ▲ CDN 164-165 V 6
Hubbard, Pointe ▲ CDN 180-181 Q 5
Hubbard Creek Reservoir < USA 188-189 H 3
Hubbard Glacier ⊂ CDN 164-165 V 6
Hubbard Lake ⊂ USA 190-191 G 3
Hubbards o CDN 182-183 M 6
Hubbell Trading Post National Historic Site ∴•• USA 188-189 C 2
Hub Chauki o PK 70-71 M 6
Hubei ◘ VRC 90-91 G 6
Hubli o IND 76-77 F 3
Hubynycha o UA 38-39 J 3
Hucal o RA 222-223 G 4
Hucal, Valle de ∪ RA 222-223 G 4
Hučeto, ozero ⊂ RUS 44-45 S 6
Huchet o F (40) 240-241 B 3
Huckitta o AUS 114-115 C 2
Huckitta Creek ∼ AUS 114-115 C 2
Huckitta Out Station o AUS 114-115 C 2
Ḥudaida, al- o Y 68-69 C 6
Ḥudain, Wādī ∼ ET 130-131 G 6
Hudan ∼ RUS 54-55 E 10
Hudat = Xudat o AZ 64-65 N 2
Huddersfield o GB 26-27 G 5
Hūdi o SUD 136-137 G 4
Hudie Quan • VRC 78-79 M 2
Hudiksvall o S 22-23 H 6
Hud Mount ▲ USA 164-165 T 3
Hudosej ∼ RUS 50-51 S 2
Ḥudra, Wādī ∼ Y 68-69 F 5
Hudson o USA (MI) 190-191 F 5
Hudson o USA (NY) 190-191 M 4
Hudson o USA (WI) 186-187 L 3
Hudson, Cerro ▲ RCH 224 D 3
Hudson, Détroit d' = Hudson Strait ≈ 180-181 M 3
Hudson Bay ≈ 178-179 N 2
Hudson Bay o CDN 178-179 E 4
Hudson Canyon ≃ 190-191 M 6
Hudson Falls o USA 190-191 M 4
Hudson Land ∸ GRØ 170-171 o 7
Hudson Mountains ▲ ARK 16 F 27
Hudson River ∼ USA 190-191 M 5
Hudson's Hope o CDN 176-177 K 3
Hudson Strait = Hudson, Détroit d' ≈ 180-181 M 3
Huduk, Naryn- o RUS 62-63 G 5
Hudwin Lake ⊂ CDN 178-179 J 4
Hudžah ∼ RUS 56-57 M 2
Hūdžajli ☆• US 72-73 F 3
Huê ☆••• VN 94-95 J 2
Huechulafquén, Lago ⊂ RA 222-223 D 5
Hueco o USA 188-189 E 4
Huecu, El o RA 222-223 D 4
Huedin o RO 38-39 C 4
Huehuetenango ☆ GCA 196-197 J 4
Huehuetla o MEX 196-197 E 1
Huejotzingo o MEX 196-197 E 2
Huejúcar o MEX 194-195 H 6
Huejuquilla El Alto o MEX 194-195 H 6
Huejutla de Reyes o MEX 194-195 K 7
Huelgoat o• F (29) 230-231 D 3
Huelma o E 34-35 F 6
Huelva o• E 34-35 D 6
Huencuecho Sur o RCH 222-223 D 3
Huenque, Río ∼ PE 214-215 C 5
Huepil o RCH 222-223 D 4
Hueque, Río ∼ YV 204-205 G 2
Huequi, Peninsula ⌒ RCH 222-223 C 7
Huequi, Volcán ▲ RCH 222-223 C 7
Huércal-Overa o E 34-35 G 6
Huerfano River ∼ USA 186-187 E 7
Huerta, La o MEX 196-197 B 2
Huerta, La o RCH 222-223 D 3
Huerta, Sierra de la ▲ RA 220-221 D 6
Huertecillas o MEX 194-195 J 5
Huesca o• E 34-35 G 3
Huéscar o E 34-35 F 6
Huesos, Arroyo de los ∼ RA 222-223 K 4
Huetamo de Nuñez o MEX 196-197 D 2
Huey Yang Waterfall ⊥• THA 94-95 E 5
Hufayyira, al- o KSA 66-67 J 5
Hufra, al- ∸ KSA 66-67 F 3
Huftarøy ⌒ N 22-23 B 6
Hufūf, al- o KSA 66-67 L 5
Hufuma o RI 102-103 G 2
Huğand ☆ TJ 72-73 L 4
Hugdjakit ∼ RUS 44-45 b 7
Hugdjungda, hrebet ▲ RUS 52-53 H 2
Hugh Butler Lake ⊂ USA 186-187 G 5
Hughenden o AUS 110-111 H 7
Hughenden o CDN 176-177 P 5
Hughes o RA 222-223 J 2
Hughes o USA 164-165 N 3
Hughesville o USA 190-191 K 5
Hugh Glass Monument ∴• USA 186-187 F 3
Hugh River ∼ AUS 112-113 M 2
Hugli ∼ IND 78-79 E 5
Hugo o USA 188-189 K 3
Hugon, Île ⌒ F (988) 247 I d 3
Hugo Reservoir < USA 188-189 K 2
Huguangyan • VRC 92-93 G 6
Huguenot Memorial • ZA 156-157 D 6
Huguo o VRC 92-93 D 2
Huia o NZ 118 E 2
Hui'an o VRC 92-93 L 4
Hui'anpu o VRC 90-91 E 3
Huib-Hochplato ∸ NAM 156-157 C 3
Huichang o VRC 92-93 J 4
Huichapan o MEX 196-197 E 1
Huichon o DVR 86-87 F 7
Huichuan o VRC 90-91 C 4
Huidong o VRC (GDG) 92-93 J 5
Huidong o VRC (SIC) 92-93 C 3
Huíla ◘ ANG 152-153 C 7
Huilai o VRC 92-93 K 5
Huíla Plateau ▲ ANG 152-153 C 7
Huili o VRC 92-93 C 3
Huillapima o RA 220-221 E 5
Huilong o VRC 92-93 G 3
Huimbayoc o PE 208-209 E 5
Huimilpan o MEX 196-197 D 1
Huimin o VRC 90-91 K 3
Huiñaimarca, Lago ⊂ PE 214-215 C 5
Huinan o VRC 86-87 F 6
Huinca Renancó o RA 222-223 G 3
Huining o VRC 90-91 D 4
Huiron o F (51) 234-235 F 4
Huishui o VRC 92-93 E 3
Huismes o F (37) 230-231 M 5
Huisne ∼ F (61) 232-233 D 3
Huisne ∼ F (72) 230-231 M 3
Huisseau-sur-Mauves o F (45) 232-233 F 4
Huitimbo o GH 138-139 J 7
Huitong o VRC 92-93 F 3
Huitoto, Raudal ∼ CO 208-209 F 1
Huitoyacu, Río ∼ PE 208-209 D 3
Huittinen o FIN 24-25 G 6
Huitzo o MEX 196-197 F 3
Huivulai o MEX 194-195 E 4
Huixtepec o MEX 196-197 F 3
Huixtla o MEX 196-197 H 4
Huiyang o VRC 92-93 J 5
Huize o VRC 92-93 C 3
Huizhou o VRC 92-93 J 5
Huji o VRC 90-91 H 6
Hujra Shāh Meqeem o PK 74-75 D 4
Hukeri o IND 76-77 F 2
Hukou o VRC 92-93 K 2
Hukou Pubu • VRC 90-91 G 4
Hukovo o UA 38-39 J 3
Hukuntsi o RB 156-157 E 1
Hula o PNG 119 D 6
Hulah Lake o USA 188-189 J 1
Ḥulaiba o KWT 66-67 K 2
Ḥulaifa as-Sufla, al- o KSA 66-67 G 5
Ḥulais o KSA 66-67 F 6
Hul'ajpole o UA 38-39 K 4
Hulan o VRC 86-87 F 5
Hulane o RI 102-103 D 3
Hulekal o IND 76-77 F 3
Hulett o USA 186-187 E 3
Hulga ∼ RUS 50-51 G 2
Hulhuta o RUS 32-33 E 10
Hulin o VRC 86-87 J 5
Huliyar o IND 76-77 G 4
Hull o CDN 182-183 G 6
Hull o USA 190-191 C 6
Hullehgush o IND 74-75 E 1
Ḥūlm o• AFG 72-73 K 6
Hulo o GE 62-63 E 7
Hultsfred ☆ S 22-23 G 8
Hulun Nur ⊂ VRC (NMZ) 84-85 N 3
Hulun Nur • VRC (NMZ) 84-85 N 3
Ḥulwa, al- o KSA 66-67 K 6
Ḥulwān o• ET 130-131 E 3
Huma o VRC 86-87 F 2
Ḥumā' aš-Šimālīya, al- o KSA 66-67 J 5
Humahuaca o RA 220-221 E 2
Ḥumaid, al- o KSA 68-69 B 4
Humaitá o BOL 214-215 D 2
Humaitá o BR 210-211 F 6
Humansdorp o ZA 156-157 G 7
Ḥumari o SUD 136-137 G 4
Humay o PE 208-209 E 8
Humbauville o F (51) 234-235 E 4
Humbe o ANG 152-153 C 8
Humber ≈ 26-27 G 5
Humberto 1 o RA 220-221 G 6
Humberto de Campas o BR 212-213 G 3
Humbert River o AUS 108-109 K 4
Humble o USA 188-189 K 4
Humbligny o F (18) 232-233 H 5
Humboldt o CDN 178-179 D 4
Humboldt o USA (IA) 186-187 K 4
Humboldt o USA (NV) 184-185 E 5
Humboldt o USA (SD) 186-187 J 4
Humboldt o USA (TN) 192-193 D 2
Humboldt, Massif du ▲ F (988) 247 I d 3
Humboldt, Mont ▲ F (988) 247 I d 3
Humboldt Bay ≈ 184-185 B 5
Humboldt Gletscher ⊂ GRØ 170-171 S 4
Humboldt River ∼ USA 184-185 G 5
Humboldt Salt Marsh ⊂ USA 184-185 F 6
Hume, Lake < AUS 116-117 J 4
Hume Highway II AUS 116-117 J 3
Humeida, al- o KSA 66-67 D 3
Humenné o SK 28-29 Q 4
Hume River ∼ CDN 174-175 E 3
Humeston o USA 186-187 L 5
Hummi, ozero ⊂ RUS 58-59 G 3
Humocaro Bajo o YV 204-205 G 3
Humos, Cabo ▲ RCH 222-223 C 3
Humos, Isla ⌒ RCH 224 C 2
Humpata o ANG 152-153 B 7
Humphrey o USA (ID) 184-185 H 3
Humphrey o USA (NE) 186-187 J 5
Humphreys Peak ▲ USA 184-185 J 8
Humpolec o CZ 28-29 N 4
Humptulips o USA 184-185 C 2
Humpty Doo o AUS 108-109 K 2
Hūn ☆• LAR 128-129 F 3
Húnaflói ≈ 22-23 c 2
Hunan ◘ VRC 92-93 G 3
Hunaudaie, Château de la • F (22) 230-231 G 3
Hunchun o VRC 86-87 H 6
Hundested o DK 22-23 E 9
Hundred Islands National Park • RP 96-97 D 4
Hunedoara o• RO 38-39 C 5
Hunga ⌒ TON 120 IV a 1
Hunga Ha'apai ⌒ TON 120 IV a 2
Hunga Tonga ⌒ TON 120 IV a 2
Hungerford o AUS 114-115 H 5
Hungij o MAU 82-83 M 1
Hungnam o DVR 86-87 F 8
Hungry Horse Reservoir < USA 184-185 H 1
Hunguj gol ∼ MAU 82-83 L 1
Hungund o IND 76-77 G 2
Hu'ng Yên ☆ VN 92-93 E 6
Hunhada ∼ RUS 46-47 U 7
Ḥūnik o IR 70-71 J 3
Huningue o F (68) 238-239 M 1
Huni Valley o GH 138-139 K 7
Hunjiang o VRC 86-87 F 7
Ḥunkurāb, Ra's ▲ ET 130-131 G 5
Hunkuyi o WAN 140-141 G 3
Ḥūnsār o• IR 70-71 D 2
Hunsberge ▲ NAM 156-157 C 3
Hunspach o F (67) 234-235 M 4
Hunsrück ▲ D 28-29 J 4
Hunstein Range ▲ PNG 119 B 3
Hunsūr o IND 76-77 G 4
Hunte ∼ D 28-29 K 2
Hunter Island ⌒ AUS 116-117 H 6
Hunter Island ⌒ CDN 176-177 F 6
Hunter Liggett Military Reservation ✗✗ USA 184-185 D 8
Hunter River ∼ AUS 116-117 L 2
Hunter River o CDN 182-183 N 5
Hunters o USA 184-185 E 1
Hunter's Lodge o EAK 148-149 F 5
Huntingdon o CDN 182-183 G 6
Huntingdon o USA 190-191 K 5
Huntington o USA (IN) 190-191 F 5
Huntington o USA (OR) 184-185 F 3
Huntington o USA (PA) 190-191 K 5
Huntington o USA (UT) 184-185 J 6
Huntington o USA (WV) 190-191 G 6
Huntington Beach o USA 184-185 F 9
Huntly o GB 26-27 F 3
Huntly o NZ 118 E 2
Hunts Inlet o CDN 176-177 E 4
Huntsville o CDN 182-183 E 6
Huntsville o USA (AR) 188-189 L 1
Huntsville o USA (TX) 188-189 K 4
Huntsville o• USA (AL) 192-193 E 2
Hunucma o MEX 196-197 K 1
Hunyuan o VRC 90-91 H 2
Hunza ∼ PK 74-75 E 1
Huo, Île ⌒ F (988) 247 I e 3
Huocheng o VRC 82-83 E 3
Huolingol o VRC 84-85 O 5
Huonfels o AUS 110-111 G 6
Hu'o'ng Diên o VN 94-95 J 2
Hu'o'ng Khê ☆ VN 92-93 D 7
Hu'o'ng So'n ☆ VN 92-93 D 7
Huon Gulf ≈ 119 D 4
Huon Peninsula ∪ PNG 119 D 4
Hüon Rái ⌒ VN 94-95 H 6
Huonville-Ranelagh o AUS 116-117 J 7
Huoqiu o VRC 90-91 K 5
Huoshan o VRC 90-91 K 6
Huoshou o VRC 90-91 G 3
Huparlac o F (12) 236-237 L 6
Huppy o F (80) 228-229 H 3
Ḥuqf, al- ∸ OM 68-69 K 4
Ḥuqna, Tall o IRQ 64-65 K 4
Huqui, Ilha do ⌒ BR 210-211 K 4
Ḥūr o IR (ESF) 70-71 F 2
Ḥūr o IR (HOR) 70-71 H 2
Huraba o RI 98-99 C 4
Ḥuraiba,al- o Y 68-69 F 6
Huraimilā o KSA 66-67 K 5
Ḥurais o KSA (EPR) 66-67 K 5
Ḥurais o KSA (EPR) 66-67 L 5
Ḥūran ≈ 70-71 F 5
Hurd, Cape ▲ CDN 182-183 D 6
Hurdiyo o SP 144-145 K 3
Hurën ∼ RUS 56-57 M 3
Hure Qi o VRC 86-87 C 6
Hure-la-Parade o F (48) 242-243 C 3
Hurghada = al-Ġurdaqa ☆• ET 130-131 F 4
Huriel o F (03) 236-237 K 3
Hurri Hills ▲ EAK 148-149 F 2
Huringda ∼ RUS 50-51 U 2
Huringda ∼ RUS 52-53 F 2
Ḥurīyā Murīyā, Ġazā'ir ⌒ Y 68-69 J 5
Hurki o BY 30-31 M 4
Ḥurma, al- o KSA 68-69 C 3
Hurman Çayı ∼ TR 64-65 G 3
Hurmuli o RUS 58-59 G 3
Huron o USA 186-187 H 3
Huron, Lake ⊂ 190-191 G 3
Huron, Port o USA 190-191 G 4
Ḥurr, Wādī al- ∼ KSA 66-67 H 2
Hurricane o USA (AK) 164-165 Q 5
Hurricane o USA (UT) 184-185 H 7
Hurry Fjord ≈ 170-171 o 8
Hurso o ETH 144-145 E 4
Hurtado o RCH 220-221 B 6
Hurtado, Río ∼ RCH 220-221 B 6
Hurtaut ∼ F (08) 234-235 E 2
Hurwitz Lake ⊂ CDN 174-175 V 5
Ḥuš'a, al- o KSA 68-69 C 5
Ḥušaibi, al- o KSA 66-67 H 5
Husainābād o IND 78-79 D 3
Ḥūsān al-Ġāfūs o IRQ 64-65 L 6
Husana ∼ RUS 44-45 b 7
Húsavík ☆ IS 22-23 e 1
Ḥūsf o IR 70-71 H 2
Husheib o SUD 136-137 G 5
Huşi o RO 38-39 F 4
Ḥūš Īsā o ET 130-131 E 2
Huskisson o AUS 116-117 L 3
Huskvarna o S 22-23 G 8
Huslia o USA 164-165 M 4
Huslia River ∼ USA 164-165 M 4
Husmund ∼ RUS 52-53 K 2
Hussar o CDN 176-177 O 6
Husum o D 28-29 K 1
Ḥūt o Y 68-69 C 5
Hutag o MAU 84-85 F 3
Hutan Melintang o MAL 98-99 D 3
Hutchinson o USA (KS) 186-187 J 6
Hutchinson o USA (MN) 186-187 K 3
Hutchinson o ZA 156-157 F 5
Hutchinson Island ⌒ USA 192-193 H 6
Hutchison, Pointe ▲ F (984) 246 VI
Hutjena o PNG 120 I b 1
Hutou o VRC 86-87 J 5
Ḥutta, al- o KSA 66-67 G 3
Hutte, la o F (72) 230-231 M 3
Hutton Range ▲ AUS 112-113 G 2
Huttonsville o USA 190-191 J 6
Hutubi o VRC 82-83 H 3
Hutudabiga ∼ RUS 44-45 W 4
Huu o RI 104 D 7
Hû'u Lu'o'ng ☆ VN 92-93 E 6
Huvin Hippargi o IND 76-77 G 2
Ḥuwair, al- o KSA 66-67 H 4
Huwairah, Wādī ∼ Y 68-69 F 6
Ḥuwār, Wādī ∼ SUD 136-137 B 4
Ḥuwaymī, al- o Y 68-69 E 6
Ḥuwayt, Wādī ∼ SUD 136-137 F 2
Huxi Xincun o VRC 84-85 E 7
Huxley, Mount ▲ USA 164-165 U 6
Huyuyun He ∼ VRC 80-81 M 2
Ḥūzestān ◘ IR 70-71 C 3
Huzhong Z.B. II VRC (HEI) 86-87 D 2
Huzhong Z.B. ⊥• VRC (HEI) 86-87 D 2
Huzhou o VRC 90-91 M 6
Huzhu Tuzu Zizhixian o VRC 90-91 B 3
Hužir o RUS 52-53 N 9
Hužirt o MAU 84-85 F 4
Huzūrābād o IND 74-75 G 10
Ḥvāğe o IR 64-65 M 3
Ḥvāğe Mohammad, Kūh-e ▲ AFG 72-73 M 7
Hvalynsk ☆ RUS 32-33 F 7
Hvammstangi o IS 22-23 c 2
Hvar o• HR 36-37 F 3
Hvar ⌒ HR 36-37 F 3
Hvitfeldt, Kap ▲ GRØ 172-173 T 6
Hvojnaja o RUS 30-31 O 2
Hvolsvöllur ☆ IS 22-23 c 3
Ḥvormūğ o IR 70-71 D 4
Hvorostjanka ☆ RUS 32-33 F 7
Hvostovo o RUS 58-59 K 5
Hwali o ZW 154-155 E 5
Hwange o ZW 154-155 D 4
Hwange National Park ⊥ ZW 154-155 D 4
Hwedza o ZW 154-155 F 4
Hyades, Cerro ▲ RCH 224 D 3
Hyak o USA 184-185 D 2
Hyannis o USA (MA) 190-191 N 5
Hyannis o USA (NE) 186-187 G 5
Hydaburg o USA 176-177 D 4
Hyde Inlet ≈ 168-169 g 3
Hyde Lake ⊂ CDN 174-175 W 5
Hyden o AUS 112-113 E 6
Hyde Park o GUY 206-207 E 2
Hyder o USA (AK) 176-177 E 4
Hyder o USA (AZ) 184-185 H 9
Hyderābād ☆•• IND 76-77 H 2
Hyderābād o•• PK 74-75 B 7
Hyen o N 22-23 B 6
Hyères o F (83) 242-243 J 5
Hyères ∼ F (22) 230-231 E 3
Hyères, Îles d' ⌒•• F (83) 242-243 J 5
Hyères, Rade d' ≈ F (83) 242-243 J 5
Hyères-Plage o F (83) 242-243 J 5
Hyesan ☆ DVR 86-87 G 7
Hyland Bay ≈ 108-109 J 2
Hyland Plateau ▲ CDN 174-175 E 5
Hyland River ∼ CDN 174-175 E 5
Hyl'čuju ∼ RUS 24-25 X 2
Hylly o AZ 64-65 N 3
Hymont o F (88) 234-235 J 5
Hynčešť = Hînceşti ☆ MD 38-39 F 4
Hyndman Peak ▲ USA 184-185 G 4
Hyono-sen ▲ J 88-89 F 7
Hyrax Hill ∴• EAK 148-149 F 4
Hyrdalan = Xırdalan o AZ 64-65 N 2
Hyrynsalmi o FIN 24-25 K 4
Hysham o USA 186-187 D 2
Hythe o CDN 176-177 L 4
Hyuga o J 88-89 D 8
Hyūga-nada ≈ 88-89 D 8

I

Iá, Rio ∼ BR 210-211 D 3
Iabes, Erg ∸ DZ 124-125 K 7
Iablonovy, Monts = Jablonovyj hrebet ▲ RUS 54-55 D 10
Iaciara o BR 216-217 G 3
Iaco, Rio ∼ BR 210-211 C 7
Iaco, Rio ∼ PE 214-215 B 2
Iaçu o BR 216-217 K 2
Iakora o RM 158-159 E 9
Ia Krăng Po' Cô ∼ VN 94-95 J 3
Ialibu o PNG 119 B 4
Ialomiţa ∼ RO 38-39 E 5
Ialpug ∼ MD 38-39 F 4
Iamal, Presqu'île de = Jamal, poluostrov ∪ RUS 44-45 N 7
Iamal-Nenets,Arrond. aut. des = Jamalo-Neneckij avt. okrug ◘ RUS 44-45 N 7
Iamara o PNG 119 B 5
Ianabinda o RM 158-159 D 9
Ianca o RO 38-39 E 5
Iaripo o BR 206-207 G 5
Iaşi ☆• RO 38-39 E 4
Iauaretê o BR 210-211 C 2
Iauaretê, Cachoeira ∼ BR 210-211 D 3
Iauiari, Igarapé ∼ BR 210-211 C 2
Iba ☆ RP 96-97 C 5
Ibadan ☆ WAN 140-141 E 5
Ibague ☆ CO 204-205 D 5
Ibaiti o BR 216-217 E 7
Ibanabuiú o BR 212-213 J 4
Ibanda o EAU 148-149 C 4
Ibáñez, Río ∼ RCH 224 D 3
Ibanga o ZRE 148-149 A 5
Ibapah o USA 184-185 H 5
Ibar ∼ YU 36-37 H 3
Ibarej, Río ∼ BOL 214-215 E 4
Ibarra ☆ EC 208-209 C 1
Ibb o• Y 68-69 D 6
Ibba o SUD (SR) 142-143 J 6
Ibba ∼ SUD 142-143 J 5
Ibembo o ZRE 146-147 J 2
Ibenga ∼ RCB 146-147 F 2
Iberá, Esteros del ⊂ RA 220-221 J 5
Iberá, Laguna ⊂ RA 220-221 J 5
Iberia o PE (LOR) 208-209 E 4
Iberia o PE (MDI) 214-215 C 2
Iberia o USA 186-187 L 6
Iberville, Lac d' ⊂ CDN 180-181 N 7
Ibestad o N 22-23 H 2
Ibeto o WAN 140-141 F 3
Ibi o E 34-35 G 5
Ibi o WAN 140-141 H 4
Ibiá o BR 216-217 G 5
Ibiaí o BR 216-217 H 4
Ibiapaba, Serra da ▲ BR 212-213 H 3

Ibiapina ○ **BR** 212-213 H 3
Ibiara ○ **BR** 212-213 J 5
Ibib, Wādī ∼ **ET** 130-131 G 6
Ibibobo ○ **BOL** 220-221 F 1
Ibicaraí ○ **BR** 216-217 L 3
Ibicuitinga ○ **BR** 212-213 J 4
Ibie ∼ **F** (07) 242-243 E 3
Ibimirim ○ **BR** 212-213 K 6
Ibina ∼ **ZRE** 148-149 B 3
Ibindy ▲ **RM** 158-159 E 8
Ibipeba ○ **BR** 212-213 G 7
Ibipira ○ **BR** 212-213 F 5
Ibipitanga ○ **BR** 216-217 J 2
Ibiporã ○ **BR** 216-217 E 7
Ibiquera ○ **BR** 216-217 K 2
Ibiraba ○ **BR** 212-213 G 7
Ibiraci ○ **BR** 216-217 G 6
Ibirama ○ **BR** 218-219 F 6
Ibirocaí, Rio ∼ **BR** 220-221 J 5
Ibiruba ○ **BR** 218-219 D 7
Ibitiara ○ **BR** 216-217 J 2
Ibitinga ○ **BR** 216-217 F 6
Ibitinga, Represa < **BR** 216-217 F 6
Ibitira ○ **BR** 216-217 J 3
Ibitirama ○ **BR** 216-217 K 6
Ibó ○ **BR** 212-213 J 6
Ibo ○ **MOC** 150-151 L 7
Ibobobo, Serranía de ⛰ **BOL** 220-221 F 1
Ibohamane ○ **RN** 134-135 C 5
Iboko ○ **ZRE** 146-147 G 4
Ibondo ○ **ZRE** 148-149 B 4
Ibonma ○ **RI** 102-103 G 3
Iboro ○ **WAN** 140-141 E 5
Ibos ○ **F** (65) 240-241 E 4
Ibotirama ○ **BR** 216-217 J 2
Iboundji, Mont ▲ **G** 146-147 C 4
Ibra ○ **OM** 68-69 L 2
Ibra ○ **RI** 102-103 G 4
Ibra, Wādī ∼ **SUD** 142-143 G 3
'Ibrī ○ **OM** 68-69 K 2
Ibšawāy ○ **ET** 130-131 E 3
Ibuaçu ○ **BR** 212-213 J 4
Ibuguaçu ○ **BR** 212-213 H 3
Ibusuki ○• **J** 88-89 D 9
Ica ○ **PE** 208-209 E 9
Iča ∼ **RUS** 50-51 P 6
Iča ∼ **RUS** 56-57 R 6
Içá, Rio ∼ **BR** 210-211 C 4
Ica, Río de ∼ **PE** 208-209 E 9
Icabarú ○ **YV** 206-207 D 3
Icalma, Paso de ▲ **RA** 222-223 D 5
Içana ○ **BR** 210-211 D 2
Içana, Rio ∼ **BR** 210-211 D 2
Icaño ○ **RA** 220-221 E 5
Icapuí ○ **BR** 212-213 K 4
Icaraí ○ **BR** 212-213 J 3
Icaraíma ○ **BR** 216-217 D 7
Icatu ○ **BR** 212-213 F 3
Iceberg Point ▲ **CDN** 170-171 G 3
Ice Caves ∴ **USA** 184-185 D 3
Iceland Basin = Islande, Bassin d' ≃ 14-15 G 3
Iceland-Færoe Rise = Féroé-Islande, Seuil des ≃ 14-15 H 2
Icelandic Plateau = Islande, Plateau d' ≃ 14-15 H 2
Icém ○ **BR** 216-217 F 6
Ičera ∼ **RUS** 54-55 D 6
Ichalkaranji ○ **IND** 76-77 F 2
Ichdi Wata ou Tilili ∼ **F** (973) 245 I a 4
Iche ○ **MA** 124-125 L 4
Icheu ○ **WAN** 140-141 G 5
Ichi-gawa ∼ **J** 88-89 F 7
Ichilo, Río ∼ **BOL** 214-215 E 5
Ichim = Išim ○ **RUS** 50-51 K 6
Ichim, Steppes de l' = Išimskaja ravnina ⌣ **RUS** 50-51 J 6
Ichinomiya ○ **J** 88-89 G 7
Ichinoseki ○ **J** 88-89 J 5
Ichkeul, Parc national de l' ⊥••• **TN** 126-127 G 2
Ichmul ○ **MEX** 196-197 K 1
Ichoa, Río ∼ **BOL** 214-215 E 4
Ichocan ○ **PE** 208-209 C 5
Ich'ŏn ○ **ROK** 86-87 F 9
Ichuña ○ **PE** 214-215 B 5
Ičigemskij hrebet ⛰ **RUS** 48-49 L 5
Ičinskaja Sopka, vulkan ▲ **RUS** 56-57 R 6
Ičinskij ○ **RUS** 56-57 Q 6
Icó ○ **BR** 212-213 J 5
Icoca ○ **ANG** 152-153 D 3
Ičoda ∼ **RUS** 54-55 E 5
Ičuveem ∼ **RUS** 48-49 Q 2
Icy Bay ≈ 164-165 U 7
Icy Cape ▲ **USA** 164-165 T 7
Icy Cape ▲ **USA** 164-165 J 1
Icy Reef ⌒ **USA** 164-165 U 2
Icy Strait ≈ 176-177 C 2
Ida ∼ **RUS** 52-53 M 9
Idabato ○ **CAM** 140-141 H 6
Idabel ○ **USA** 188-189 K 3
Idabo ○ **ETH** 144-145 E 5
Idaga Hamus ○ **ETH** 136-137 J 5
Ida Grove ○ **USA** 186-187 K 4
Idah ○ **WAN** 140-141 G 5
Idaho □ **USA** 184-185 F 3
Idaho Army National Guard Artillery Range xx **USA** 184-185 F 4
Idaho Falls ○ **USA** 184-185 H 4
Idaho National Engineering Laboratory xx **USA** 184-185 H 4
Idaiatuba ○ **BR** 216-217 G 7
Idak, Cape ▲ **USA** 166-167 N 6
Idalia ○ **USA** 186-187 F 6
Idalia National Park ⊥ **AUS** 114-115 H 3
Idalina, Cachoeira ∼ **BR** 214-215 G 2
Idanre ○• **WAN** 140-141 F 5
Ida-Oumarkt ○ **MA** 124-125 G 6
Idāppādi ○ **IND** 76-77 G 5
Idar ○ **IND** 74-75 D 8
Idar-Oberstein ○ **D** 28-29 J 4
Ida Valley ○ **AUS** 112-113 F 4
'Idd al-Ghanam ○ **SUD** 142-143 G 3
Ideal, El ○ **MEX** 196-197 L 1
Ideles ○ **DZ** 126-127 E 9
Idenao ○ **CAM** 140-141 H 6
Idèr gol ∼ **MAU** 84-85 D 3
Idfū ○• **ET** 130-131 F 5
Idhan' Awbārī ∸ **LAR** 128-129 D 4
Idi ○ **RI** 98-99 B 2
Idi-Iroko ○ **WAN** 140-141 E 5
İdil ☆ **TR** 64-65 J 4
Idini ○ **RIM** 132-133 C 6
Idiofa ○ **ZRE** 146-147 G 6
Idiriya ○ **MA** 124-125 F 7
Idjiwi ○ **ZRE** 148-149 B 5
Idjiwi, Ile ⌒ **ZRE** 148-149 B 5
Idjum ∼ **RUS** 56-57 D 6
Idkū ○ **ET** 130-131 E 2
Idlib ☆ **SYR** 64-65 G 5
Idoani ○ **WAN** 140-141 F 5
Idodi ○ **EAT** 150-151 H 4
Idogo ○ **WAN** 140-141 E 5
Idoho < **WAN** 140-141 G 6
Idolo, Isla del ⌒ **MEX** 194-195 L 7
Idongo ○ **RCA** 142-143 E 5
Ídra ⌒ **GR** 36-37 J 6
Idre ○ **S** 22-23 F 6
Idrigill ○ **GB** 26-27 D 3
Idrija ○ **SLO** 36-37 D 2
Idrinskoe ☆ **RUS** 52-53 F 8
Idriss 1., Barrage < **MA** 124-125 J 3
Idumbe ○ **ZRE** 146-147 H 5
Idutywa ○ **ZA** 156-157 J 6
Idwa, al- ○ **KSA** 66-67 H 4
Idževan ○ **AR** 64-65 L 2
Iecava ○ **LV** 30-31 J 3
Iekaterinbourg = Ekaterinburg ☆ **RUS** 32-33 M 5
Iengra ∼ **RUS** 54-55 M 7
Iepê ○ **BR** 216-217 E 7
Ieper ○•• **B** 28-29 G 3
Ierápetra ○ **GR** 36-37 K 7
Ie-shima ⌒ **J** 88-89 B 11
Ievlevo ○ **RUS** 50-51 J 6
If, Château d' • **F** (13) 242-243 G 5
Ifakara ○ **EAT** 150-151 J 5
Ifaki ○ **WAN** 140-141 F 5
'Ifāl, Wādī ∼ **KSA** 66-67 D 3
Ifanadiana ○ **RM** 158-159 E 8
Ifanirea ○ **RM** 158-159 E 9
Ifaty ○ **RM** 158-159 C 9
Ife ○• **WAN** 140-141 F 5
Ifenat ○ **TCH** 134-135 J 6
Iferouâne ○ **RN** 134-135 D 3
Ifertas, Hassi < **LAR** 126-127 H 6
Ifetedo ○ **WAN** 140-141 F 5
Ifetesene ⛰ **DZ** 126-127 E 8
Iffendic ○ **F** (35) 230-231 G 3
Iffley ○ **AUS** 110-111 F 6
Ifjord ○ **N** 22-23 N 1
Ifon ○ **WAN** 140-141 F 5
Iforhas, Adrar des ⛰ **RMM** 132-133 L 4
Ifould Lake ⬭ **AUS** 112-113 M 5
Ifrane ☆ **MA** 124-125 J 4
Ifri, Imi-n- • **MA** 124-125 H 5
Ifunda ○ **EAT** 150-151 H 4
Iga ∼ **RUS** 52-53 N 7
Iga ∼ **RUS** 58-59 D 2
Igabi ○ **WAN** 140-141 G 3
Igaliku ○ **GRØ** 172-173 S 6
Igaliku Fjord ≈ 172-173 S 6
Igalula ○ **EAT** 148-149 D 6
Iganga ○ **EAU** 148-149 D 3
Igangan ○ **WAN** 140-141 E 5
Igapó ○ **BR** 212-213 K 6
Igapora ○ **BR** 216-217 J 2
Igara Paraná, Río ∼ **CO** 208-209 F 2
Igarapava ○ **BR** 216-217 G 6
Igarapé-Açu ○ **BR** 212-213 E 2
Igarapé Grande ○ **BR** 212-213 F 4
Igarapé Lage, Area Indígena X **BR** 214-215 E 2
Igarapé Lourdes, Área Indígena X **BR** 214-215 G 2
Igarapé Mirim ○ **BR** 206-207 K 6
Igarite ○ **BR** 212-213 G 7
Igarka ○ **RUS** 44-45 W 8
Igarka-Lybangajaha ∼ **RUS** 44-45 R 7
Igarra ○ **WAN** 140-141 G 5
Igawa ○ **EAT** 150-151 H 5
Igbeti ○ **WAN** 140-141 F 4
Igbogor ○ **WAN** 140-141 F 5
Igboho ○ **WAN** 140-141 E 4
Igbo-Ora ○ **WAN** 140-141 E 5
Igbor ○ **WAN** 140-141 H 5
Iğdır ☆ **TR** 64-65 L 3
Igdlorssuit Sund ≈ 170-171 Y 8
Igdlulik ○ **GRØ** 170-171 W 6
Igé ○ **F** (61) 232-233 D 3
Igé ○ **F** (71) 238-239 F 4
Igèl'veem ∼ **RUS** 48-49 Y 4
Igichuk Hills ⛰ **USA** 164-165 J 3
Igirma ○ **RUS** 52-53 L 7
Igiugig ○ **USA** 166-167 T 3
Iglau = Jihlava ○ **CZ** 28-29 N 4
Igle, Cerro ▲ **RA** 224 D 5
Iglesia, Arroyo de la ∼ **RA** 220-221 C 6
Iglesias ○ **I** 36-37 B 5
Iglesias, Cerro ▲ **RA** 224 G 3
Igli ○ **DZ** 124-125 K 5
Iglino ☆ **RUS** 32-33 K 6
Igloolik ○ **CDN** 168-169 f 6
Igloolik Island ⌒ **CDN** 168-169 f 6
Iglusuaktalialuk Island ⌒ **CDN** 180-181 T 6
Ignace ○ **CDN** 178-179 L 6
Ignacio ○ **USA** 188-189 D 1
Ignalina ○ **LT** 30-31 K 4
Ignambi, Mont ▲ **F** (988) 247 I b 2
Ignašino ○ **RUS** 54-55 L 9
Ignatovo ○ **RUS** 30-31 P 1
İğneada ○ **TR** 64-65 B 2
Ignit Fiord ≈ 180-181 T 2
Ignon ∼ **F** (21) 238-239 F 1
Igny-Comblizy ○ **F** (51) 228-229 M 5
Igolo ○ **DY** 140-141 E 5
Igom ○ **RI** 102-103 F 2
Igoma ○ **EAT** 150-151 G 4
Igombe ∼ **EAT** 148-149 D 6
Igombe ∼ **EAT** 148-149 C 6
Igornachoix Bay ≈ 182-183 Q 3
Igornay ○ **F** (71) 238-239 E 2
Igoumenítsa ○ **GR** 36-37 H 5
Igporin ○ **WAN** 140-141 F 4
Igra ☆ **RUS** 32-33 H 5
Igreja ○ **CV** 138-139 B 6
Igrim ○ **RUS** 50-51 H 3
Igrita ○ **WAN** 140-141 G 6
Iguache, Mesas de ∸ **CO** 208-209 F 1
Iguaçu, Parque Nacional do ⊥••• **BR** 218-219 D 5
Iguaçu, Rio ∼ **BR** 218-219 D 5
Iguaí ○ **BR** 216-217 K 3
Iguala de la Independencia ○ **MEX** 196-197 E 2
Iguape ○ **BR** 218-219 G 5
Iguará, Rio ∼ **BR** 212-213 G 3
Iguatemi ○ **BR** 220-221 K 2
Iguatemi, Rio ∼ **BR** 220-221 K 2
Iguatu ○ **BR** 212-213 J 5
Iguazú, Cataratas del ∼•• **RA** 220-221 K 3
Iguazú, Parque Nacional del ⊥••• **RA** 220-221 K 3
Igué, Île ⌒ **F** (988) 247 I a 1
Iguéla ○ **G** 146-147 B 4
Iguerande ○ **F** (71) 238-239 E 4
Iguetti < **RIM** 132-133 F 2
Iguetti, Sebkhet ⬭ **RIM** 132-133 F 2
Iguguno ○ **EAT** 148-149 E 6
Iguîdi, Erg ∸ **DZ** 132-133 G 2
Iguidi Ouan Kasa ∸ **LAR** 126-127 H 8
Iguitu ○ **BR** 212-213 G 7
Igumnovskaja ○ **RUS** 30-31 S 1
Igunga ○ **EAT** 148-149 D 6
Igurubi ○ **EAT** 148-149 D 5
Igžej ○ **RUS** 52-53 L 8
Iharana ○ **RM** 158-159 G 4
Ihavandiffulu Atoll ⌒ **MV** 76-77 B 4
Ihbulag ○ **MAU** 84-85 G 6
Ihema, Lac ⬭ **RWA** 148-149 C 4
Iherir ○• **DZ** 126-127 G 8
Iheya ○ **J** 88-89 B 11
Iheya-shima ⌒ **J** 88-89 B 11
Ihhairhan ○ **MAU** 84-85 H 4
Ihiala ○ **WAN** 140-141 G 6
Ihitsa < **LAR** 128-129 E 5
Iholdy ○ **F** (64) 240-241 B 4
Ihosy ○ **RM** 158-159 E 9
Ihotry, Fahiry ⬭ **RM** 158-159 C 8
Ih suuž ○ **MAU** 84-85 H 3
Ihtiman ○ **BG** 38-39 C 6
İhtiyarşahap Dağları ⛰ **TR** 64-65 K 3
Ihu ○ **PNG** 119 C 4
Ihuari ○ **PE** 208-209 D 7
Ihugh ○ **WAN** 140-141 H 5
Ihumri Tilaiya ○ **IND** 78-79 D 3
Ihuo ○ **WAN** 140-141 G 6
Ih-Uul = Selenge ○ **MAU** 84-85 E 3
Iida ○ **J** 88-89 G 7
Iidaan ○ **SP** 144-145 J 5
Iide-san ▲ **J** 88-89 H 6
Iijoki ∼ **FIN** 24-25 J 4
Iisaku ○ **EST** 30-31 K 2
Iisalmi ○ **FIN** 24-25 J 5
Iiyama ○ **J** 88-89 H 6
Iizuka ○ **J** 88-89 D 8
Ij ○ **IND** 76-77 G 2
Ija ∼ **RUS** 52-53 K 8
Ijâfene ∸ **RIM** 132-133 F 4
Ijajī ○ **ETH** 144-145 C 4
Ijebu-Igbo ○ **WAN** 140-141 F 5
Ijebu-Ode ○ **WAN** 140-141 E 5
Ijero ○ **WAN** 140-141 F 5
Ijkharrah ○ **LAR** 128-129 J 3
Ijma = Ižma ∼ **RUS** 24-25 X 5
Ijoubban ∸ **RIM** 132-133 G 4
Ijoukak ○ **MA** 124-125 G 5
IJsselmeer ≈ 28-29 H 2
Ijuí ○ **BR** 218-219 D 7
Ik ∼ **RUS** 32-33 H 7
Ik, ozero ⬭ **RUS** 50-51 L 6
Ika ○ **RUS** 52-53 N 6
Ikahavo ▲ **RM** 158-159 D 6
Ikalamavony ○ **RM** 158-159 E 8
Ikamiut ○ **GRØ** 172-173 O 4
Ikamiut = Qeersorfik ○ **GRØ** 172-173 P 2
Ikanbujimal ○ **VRC** 82-83 J 6
Ikanda ○ **ZRE** 146-147 H 5
Ikang ○ **WAN** 140-141 H 6
Ikanga ○ **EAK** 148-149 G 4
Ikare ○ **WAN** 140-141 F 5
Ikaría ⌒ **GR** 36-37 L 6
Ikatskij, hrebet ⛰ **RUS** 54-55 E 9
Ikauna ○ **IND** 78-79 B 2
Ikebe ○ **WAN** 140-141 G 5
Ikeda ○ **J** 88-89 K 3
Ikej ○ **RUS** 52-53 K 8
Ikej ∼ **RUS** 52-53 J 8
Ikeja ☆ **WAN** 140-141 E 5
Ikela ○ **ZRE** 146-147 J 4
Ikelemba ∼ **ZRE** 146-147 H 3
Ikelenge ○ **Z** 150-151 C 6
Ikem ○ **WAN** 140-141 G 5
Ikèn ∼ **RUS** 44-45 X 6
Ikènguè ○ **G** 146-147 B 4
Ikeq Sund ≈ 172-173 T 6
Ikerasârssuk ○ **GRØ** 170-171 X 7
Ikere ○ **WAN** 140-141 F 5
Ikermiut ⌒ **GRØ** 172-173 U 5
Ikerssuaq ≈ 172-173 V 4
Ikertivaq ≈ 172-173 X 3
Iki ⌒ **J** 88-89 C 8
Ikimba Kamachumu, Lake ⬭ **EAT** 148-149 C 4
Ikire ○ **WAN** 140-141 F 5
Ikirun ○ **WAN** 140-141 F 5
Iki-Tsushima Quasi National Park ⊥ **J** 88-89 C 7
Ikkatteq ○ **GRØ** 172-173 W 4
Ikobé ○ **G** 146-147 C 4
Ikohahoene, Adrar ▲ **DZ** 126-127 G 8
Ikola ○ **EAT** 150-151 F 4
Ikole ○ **WAN** 140-141 F 5
Ikolik, Cape ▲ **USA** 166-167 T 4
Ikom ○ **WAN** 140-141 H 6
Ikomu ○ **WAN** 140-141 E 4
Ikongo ○ **RM** 158-159 E 8
Ikonongo ○ **ZRE** 146-147 G 3
Ikoo ○ **EAK** 148-149 G 4
Ikopa ∼ **RM** 158-159 E 7
Ikorodu ○ **WAN** 140-141 E 5
Ikot Ekpene ○ **WAN** 140-141 G 6
Ikoto ○ **SUD** 144-145 A 6
Ikoy ∼ **G** 146-147 C 4
Ikpik Bay ≈ 168-169 j 6
Ikpikpuk River ∼ **USA** 164-165 N 1
Ikrjanoe ☆ **RUS** 32-33 E 10
Iksa ∼ **RUS** 50-51 R 6
Ikutha ○ **EAK** 148-149 G 5
Ilafergh, Oued ∼ **DZ** 132-133 L 4
Ilaga ○ **RI** 102-103 J 4
Ilagan ☆ **RP** 96-97 D 4
Ilaiyānkudi ○ **IND** 76-77 H 6
Ilaji ○ **WAN** 140-141 E 5
Ilaka Atsinanana ○ **RM** 158-159 F 7
Ilakaka ○ **RM** 158-159 D 9
Ilakana Patatpe ○ **F** (973) 245 I a 4
Īlām □ **IR** 70-71 B 2
Īlām ☆• **IR** 70-71 B 2
Ilan ○ **RC** 92-93 M 4
Ilanskil ☆ **RUS** 52-53 H 7
Ila-Orangun ○ **WAN** 140-141 F 4
Ilara ○ **WAN** 140-141 F 5
Ilaro ○ **WAN** 140-141 E 5
Ilaura ○ **PNG** 119 D 4
Ilave ○ **PE** 214-215 C 5
Ilave, Río ∼ **PE** 214-215 C 5
Ilawe ○ **WAN** 140-141 F 5
Ilbenge ○ **RUS** 54-55 M 4
Ilbilbie ○ **AUS** 114-115 K 1
Île à la Crosse, Lac ⬭ **CDN** 178-179 C 3
Ilebgâne, Adrar ▲ **RMM** 132-133 L 5
Ilebo ○ **ZRE** 146-147 H 6
Île-Bouchard, L' ○ **F** (37) 230-231 M 5
Ileck, Sol'- ☆ **RUS** 32-33 J 8
Île-d'Aix ○ **F** (17) 236-237 C 3
Île-de-France □ **F** 232-233 G 2
Île-d'Entrée ○ **CDN** 182-183 O 5
Ile-d'Olonne, l' ○ **F** (85) 236-237 B 2
Ileg ○ **PNG** 119 C 3
Île Grande ⌒ **F** (22) 230-231 D 2
Île Haute ⌒ **F** (984) 246 III c 3
Île Haute ⌒ **F** (988) 247 I d 2
Ilek ∼ **KA** 62-63 M 3
Ilek ☆ **RUS** (ORB) 32-33 H 8
Ilek ∼ **RUS** 32-33 H 8
Ileksa ∼ **RUS** 24-25 O 5
Île Longue ⌒ **F** (984) 246 III c 4
Ileret ○ **EAK** 148-149 F 1
Île-Rousse, L' ○ **F** (2B) 244 C 3
Ileša ∼ **RUS** 24-25 T 5
Ilesa ○ **WAN** (KWA) 140-141 E 4
Ilesa ○ **WAN** (OYO) 140-141 F 5
Îles Baléares = Balears, Illes ⌒ **E** 34-35 H 5
Îles de la Mer de Corail, Territoire des = C. S. I. T. □ **AUS** 110-111 K 4
Ilet-à-Cordes ○ **F** (974) 246 II a 2
Île Uvea ⌒ **F** (986) 247 III
Île Verte ⌒ **F** (984) 246 III c 4
Ilford ○ **CDN** 178-179 J 2
Ilfracombe ○ **AUS** 114-115 H 2
Ilfracombe ○• **GB** 26-27 E 6
Ilga ∼ **RUS** 52-53 M 9
Ilgaz ☆ **TR** 64-65 E 2
Ilgaz Dağları ⛰ **TR** 64-65 E 2
Ilgın ☆ **TR** 64-65 D 3
Ilha Grande, Baía da ≈ 216-217 H 7
Ilha Solteira ○ **BR** 216-217 E 6
Ilhéus ○• **BR** 216-217 L 3
Ilhota da Maloca Arori ○ **BR** 206-207 F 5
Ili ∼ **KA** 82-83 D 4
Ilia ○ **RO** 38-39 C 5
Iliamna Lake ⬭ **USA** 166-167 T 3
Iliamna Volcano ▲ **USA** 164-165 O 6
Il'ič ○ **KA** 72-73 L 4
Ilıca ○ **TR** 64-65 B 3
Ilıca ☆ **TR** 64-65 J 3
Ilicínia ○ **BR** 216-217 H 6
Ilidža ○ **BIH** 36-37 G 3
Ilig, Raas ▲ **SP** 144-145 J 5
Iligan ☆ **RP** 96-97 F 8
Iligan ∼ **RP** 96-97 D 4
Iligan Bay ≈ 96-97 E 8
Iligan Point ▲ **RP** 96-97 E 3
Ili He ∼ **VRC** 82-83 E 4
Ilikok Island ⌒ **CDN** 180-181 S 2
Ilim ∼ **RUS** 52-53 L 8
Ilimanaq = Claushavn ○ **GRØ** 172-173 P 2
Ilimo ○ **PNG** 119 D 5
Ilimpeja ∼ **RUS** 52-53 M 4
Ilimsk ○ **RUS** 52-53 L 7
Ilin-Dželi ∼ **RUS** 54-55 H 4
Ilingelyo, Tanjung ▲ **RI** 102-103 E 2
Ilin Island ⌒ **RP** 96-97 D 6
Ilin-Jurjah ∼ **RUS** 46-47 c 5
Il'inka ○ **RUS** 32-33 K 8
Il'ino ○ **RUS** 30-31 M 4
Il'inovka ○ **RUS** 58-59 C 4
Il'inskaja Sopka, vulkan ▲ **RUS** 58-59 R 3
Il'inskij ○ **RUS** 32-33 J 4
Il'inskij ○ **RUS** 58-59 K 5
Iliomar ○ **RI** 102-103 D 6
Ilir ○ **RUS** 52-53 K 8
Ilir ∼ **RUS** 52-53 K 8
Ilirgytgyn, ozero ⬭ **RUS** 48-49 K 1
Ilirnej ○ **RUS** 48-49 P 3
Ilirnej, ozero ⬭ **RUS** 48-49 P 3
Ilirnejskij krjaž ⛰ **RUS** 48-49 P 3
Ilistaja ∼ **RUS** 58-59 E 6
Ilısu Barajı < **TR** 64-65 J 4
Il'ja ∼ **RUS** 46-47 F 4
Ilja ∼ **RUS** 54-55 F 10
Il'jak ∼ **RUS** 50-51 O 4
Il'jali ☆ **TM** 72-73 F 4
Iljalinskij kanal < **TM** 72-73 E 4
Iljara ○ **EAK** 148-149 H 4
Ilktugitak, Cape ▲ **USA** 166-167 T 3
Ill ∼ **F** (68) 238-239 L 1
Illapel ○ **RCH** 220-221 B 6
Illapel, Río ∼ **RCH** 220-221 B 6
Illara Creek ∼ **AUS** 112-113 M 2
Illats ○ **F** (33) 240-241 D 1
Illawarra, Lake ⬭ **AUS** 116-117 L 3
Illawong ○ **AUS** 112-113 C 4
Illbillee, Mount ▲ **AUS** 112-113 M 3
Ille-et-Rance, Canal d' < **F** (35) 230-231 H 3
Ille-et-Vilaine □ **F** (35) 230-231 H 3
Illéla ○ **RN** 134-135 B 5
Illela ○ **WAN** 134-135 B 6
Iller ∼ **D** 28-29 L 4
Illes Balears ⌒ **E** 34-35 H 5
Illesca, Cerro ▲ **PE** 208-209 B 4
Illescas ○ **MEX** 194-195 H 6
Ille-sur-Têt ○ **F** (66) 240-241 K 5
Illfurth ○ **F** (68) 238-239 L 1
Illgen City ○ **USA** 190-191 C 2
Illhaeusern ○ **F** (68) 234-235 L 5
Illiers-Combray ○ **F** (28) 232-233 E 3
Illifaut ○ **F** (22) 230-231 G 3
Illimo ○ **PE** 208-209 C 5
Illiniza, Volcán ▲ **EC** 208-209 C 2
Illinois □ **USA** 190-191 C 6
Illinois Point ▲ **USA** 184-185 G 2
Illinois River ∼ **USA** 184-185 C 4
Illinois River ∼ **USA** 190-191 C 6
Illiwa ∼ **GUY** 206-207 E 4
Illizi ○ **DZ** 126-127 G 7
Illkirch-Graffenstaden ○ **F** (67) 234-235 M 4
Illmo ○ **USA** 190-191 D 7
Illois ○ **F** (76) 228-229 H 4
Illorsuit ○ **GRØ** 170-171 Y 8
Illueca ○ **E** 34-35 G 4
Illzach ○ **F** (68) 238-239 L 1
Ilma, Lake ⬭ **AUS** 112-113 J 4
Ilmalianuk, Cape ▲ **USA** 166-167 M 6
Ilmen, Lac = Il'men', ozero ⬭ **RUS** 30-31 M 2
Il'men', ozero ⬭ **RUS** 30-31 M 2
Il'menskij zapovednik ⊥ **RUS** 32-33 M 6
Ilnik ○ **USA** 166-167 R 4
Ilo ○ **PE** 214-215 B 5
Ilobasco ○• **ES** 196-197 K 5
Ilobi ∼ **RCB** 146-147 F 2
Ilobu ○ **WAN** 140-141 F 5
Iloca ○ **RCH** 222-223 C 3
Ilofa ○ **WAN** 140-141 F 4
Ilog ∼ **RP** 96-97 E 8
Iloilo City ☆•• **RP** 96-97 E 7
Ilomantsi ○ **FIN** 24-25 L 5
Ilonga ○ **EAT** 150-151 J 5
Ilorin ☆ **WAN** 140-141 F 4
Ilovlja ∼ **RUS** 32-33 D 8
Il'pinskij, mys ▲ **RUS** 56-57 V 4
Il'pinskij, poluostrov ⌣ **RUS** 56-57 V 4
Il'pyr, poluostrov ⌣ **RUS** 56-57 V 4
Il'pyrskij ○ **RUS** 56-57 V 4
Ilua Fjord ≈ 172-173 S 6
Ilubabor □ **ETH** 144-145 B 5
Ilugwa ○ **RI** 102-103 K 3
Iluileq ⌒ **GRØ** 172-173 T 6
Ilūkste ○ **LV** 30-31 K 4
Ilula ○ **EAT** 148-149 D 5
Ilulissat = Jakobshavn ○ **GRØ** 172-173 P 2
Ilur ○ **RI** 102-103 F 4
Ilushi ○ **WAN** 140-141 G 5
Ilwaco ○ **USA** 184-185 C 2
Ilwendo ○ **Z** 154-155 C 3
Ilyč ∼ **RUS** 50-51 D 3
Im ∼ **RUS** 58-59 H 2
Imabari ○ **J** 88-89 E 7
Imabetsu ○ **J** 88-89 J 4
Imaichi ○ **J** 88-89 H 6
Imajō ○ **J** 88-89 G 7
Imakane ○ **J** 88-89 H 3
Imala ○ **MOC** 154-155 K 2
Imām Ānas ○ **IRQ** 66-67 K 2
İmamoğlu ☆ **TR** 64-65 F 4
Imanbūlak ∼ **KA** 60-61 E 2
Imandi ○ **RI** 100-101 H 3
Imandra, Lac = Imandra, ozero ⬭ **RUS** 24-25 M 3
Imandra, ozero ⬭ **RUS** 24-25 M 3
Imangra ∼ **RUS** 54-55 K 7
Imanombo ○ **RM** 158-159 D 10
Imantau, köli ⬭ **KA** 60-61 F 2
Imari ○ **J** 88-89 C 8
Imasa ○ **SUD** 136-137 H 3
Imassogo ○ **BF** 138-139 J 3
Imata ○ **PE** 214-215 B 4
Imata, Serrania de ⛰ **YV** 206-207 D 2
Imataca, Reserva Forestal ⊥ **YV** 204-205 L 3
Imataca, Reserva Forestal ⊥ **YV** 206-207 D 2
Imatong Mountains ⛰ **SUD** 142-143 L 6
Imatra ○ **FIN** 24-25 K 6
Imbāba ○ **ET** 130-131 E 2
Imbituba ○ **BR** 218-219 F 7
Imbituba, Ponta de ▲ **BR** 218-219 F 7
Imbituva ○ **BR** 218-219 E 5
Imborditure Creek ∼ **AUS** 114-115 D 2
Imbrinis ○ **PNG** 119 A 2
Imbwae ○ **Z** 154-155 C 3
Iménas < **RMM** 132-133 L 6
Imerimandroso ○ **RM** 158-159 F 6
Imerina Imady ○ **RM** 158-159 E 8
Imerintsiatesika ○ **RM** 158-159 E 7
Imese ○ **ZRE** 146-147 G 2
Imessouane, Pointe ▲ **MA** 124-125 G 5
Imgyt ∼ **RUS** 50-51 M 5
Imgytskoe, boloto ∸ **RUS** 50-51 L 5
Īmī ○ **ETH** 144-145 F 5
Imi-n-Tanoute ○ **MA** 124-125 G 5
Imišly = İmişli ○ **AZ** 64-65 N 3
Imja Do ⌒ **ROK** 86-87 F 10
Imjin Gang ∼ **DVR** 86-87 F 8
Imlan ∼ **RUS** 48-49 P 5
Imlay City ○ **USA** 190-191 G 4
Imlily ○ **MA** 132-133 C 3
Immokalee ○ **USA** 192-193 H 6
Immouzzer-des-Ida-Outanane ○ **MA** 124-125 G 5
Imnaha River ∼ **USA** 184-185 F 3
Imnlor, ozero ⬭ **RUS** 50-51 N 4
Imo □ **WAN** 140-141 G 6
Imofossen ∼ **N** 22-23 K 2
Ímola ○ **I** 36-37 C 2
Imonda ○ **PNG** 119 A 2
Imo River ∼ **WAN** 140-141 G 6
Imotski ○ **HR** 36-37 F 3
Imoulaye, Hassi < **DZ** 126-127 G 6
Imouzèr-du-Kandar ○ **MA** 124-125 J 4
Impenvèem ∼ **RUS** 48-49 P 5
Imperatriz ○ **BR** 212-213 E 4
Imperia ○ **I** 36-37 B 3
Imperial ○ **CDN** 178-179 D 5
Imperial ○ **USA** 186-187 G 5
Imperial, Río ∼ **RCH** 222-223 C 5
Imperial Mills ○ **CDN** 176-177 P 4
Imperial Valley ⌣ **USA** 184-185 G 9
Imperieuse Reef ⌒ **AUS** 108-109 D 4
Impfondo ☆ **RCB** 146-147 G 3
Imphāl ☆• **IND** 78-79 H 3
Imphy ○ **F** (58) 238-239 C 3
Imposible, Parque Nacional El ⊥ **GCA** 196-197 J 5
Impulo ○ **ANG** (HUA) 152-153 B 6
Impulo ∼ **ANG** 152-153 B 6
İmranlı ☆ **TR** 64-65 H 3
İmroz ○ **TR** 64-65 A 2
Imtān ○ **SYR** 64-65 G 6
Imuris ○ **MEX** 194-195 D 2
Imuruan Bay ≈ 96-97 C 7
Imuruk Basin ⬭ **USA** 164-165 H 4
Imuruk Lake ⬭ **USA** 164-165 J 4
Imusho ○ **Z** 154-155 B 3
Ina ∼ **PL** 28-29 N 2
Ina ∼ **RUS** 54-55 E 9
Inaafmadow ○ **SP** 144-145 G 4
Inabu ○ **J** 88-89 G 7
Inácio Dias, Ponta ▲ **BR** 218-219 F 5
Inácio Martins ○ **BR** 218-219 E 5
I-n-Adiattafene ○ **RMM** 138-139 J 2
Inaja ○ **BR** 210-211 H 5
Inajá ○ **BR** 212-213 K 6
Inaja, Rio ∼ **BR** 212-213 C 6
Inâl ○ **RIM** 132-133 C 4
Inalik ○ **USA** 164-165 F 4
Inambari ○ **PE** 214-215 C 3
Inambari, Río ∼ **PE** 214-215 B 3
In Amenas ○ **DZ** 126-127 G 6
In Amguel ○ **DZ** 126-127 E 9
Inangahua ○ **NZ** 118 C 4
Inan'ja ∼ **RUS** 56-57 N 2
Inanudak Bay ≈ 166-167 M 6
Inanwatan ○ **RI** 102-103 G 3
Iñapari ○ **PE** 214-215 C 2
Inari ○• **FIN** 24-25 J 2
Inarie, Lac = Inarijärvi ⬭•• **FIN** 22-23 N 2
Inarigda ○ **RUS** 52-53 N 4
Inarijärvi ⬭•• **FIN** 24-25 J 2
Inaru River ∼ **USA** 164-165 M 1
Inarwa ○ **NEP** 80-81 F 7
Inauini, Rio ∼ **BR** 210-211 C 7
Inawashiro-ko ⬭ **J** 88-89 J 6
in-Azaoua ○ **RN** 134-135 C 2
In Azzene, Djebel ⛰ **DZ** 126-127 C 7
In Belbel ○ **DZ** 126-127 C 7
Inca ○ **E** 34-35 J 5
Inca, Cerro del ▲ **RCH** 220-221 C 1
Inca, Río del ∼ **RA** 220-221 C 5
Inca de Oro ○ **RCH** 220-221 C 4
Incahuasi ○ **PE** 208-209 C 5
Incahuasi ○ **RA** 220-221 D 3
Inč e Borūn ○ **IR** 72-73 D 6
İnce Burnu ▲ **TR** 64-65 F 2
İncesu ☆• **TR** 64-65 F 3
Inchbonnie ○ **NZ** 118 C 5
Inchiri □ **RIM** 132-133 C 4
Inch'ŏn ○ **ROK** 86-87 F 9
Inchope ○ **MOC** 154-155 G 4
Inchul ∼ **UA** 38-39 H 3
Inchulec' ∼ **UA** 38-39 H 3
Incisioni Rupestri, Parco Nazionale ⊥••• **I** 36-37 C 1
Incomati, Rio ∼ **MOC** 156-157 L 2
Inconnue, Baie ≈ 246 III a 3
Inčoun ○ **RUS** 48-49 Z 3
Incudine, Monte ▲ **F** (2A) 244 D 5
Incuyo ○ **PE** 208-209 F 9
Indaial ○ **BR** 218-219 F 6
Indalsälven ∼ **S** 22-23 H 5
Inda Medhanī ○ **ETH** 136-137 J 6
Indapur ○ **IND** 74-75 E 10
Indara Point ○ **IND** 76-77 L 6
Indara Point ▲ **IND** 76-77 L 6
Indargarh ○ **IND** 74-75 F 7
Inda Silasē ○ **ETH** 136-137 J 5
Indaugyi Aing ⬭ **MYA** 78-79 K 2
Indaw ○ **MYA** 78-79 K 5
Indé ○ **MEX** 194-195 G 5
Inde = India ■ **IND** 74-75 D 7
Independence ○ **USA** (CA) 184-185 E 7
Independence ○ **USA** (IA) 190-191 C 4
Independence ○ **USA** (KS) 188-189 K 1
Independence ○ **USA** (MN) 186-187 L 2
Independence ○ **USA** (MO) 186-187 K 6
Independence ○ **USA** (VA) 190-191 H 7
Independence Fjord ≈ 170-171 k 3
Independence Hall ••• **USA** 190-191 L 6
Independence Mine • **USA** 164-165 Q 6
Independence Rock State Historic Site ∴ **USA** 186-187 D 4
Independencia ○ **BOL** (COC) 214-215 D 5
Independencia ○ **BOL** (PAN) 214-215 D 2
Independência ○ **BR** 212-213 H 4
Independencia ○ **YV** 204-205 E 4
Independencia, Isla de la ⌒ **PE** 208-209 D 9
Independenţa ○ **RO** 38-39 F 5
Inder, köl ⬭ **KA** 32-33 H 9
Inderaba ○ **SUD** 136-137 F 6
Inderbor ☆ **KA** 32-33 H 9
Indevillers ○ **F** (25) 238-239 K 2
Indi ○ **IND** 76-77 F 2
India = Inde ■ **IND** 74-75 D 7
Indiana ○ **AUS** 114-115 C 2
Indiana ○ **USA** (PA) 190-191 J 5
Indiana □ **USA** 190-191 E 6
Indianapolis ☆ **USA** 190-191 E 6
Indiana Trail Caverns • **USA** 190-191 G 5
Indian Bay ○ **CDN** 182-183 S 4
Indian Cabins ○ **CDN** 174-175 L 6
Indian Community ∴• **BS** 198-199 J 3
Indian Grave Mount ▲ **USA** 164-165 U 4
Indian Head ○ **CDN** 178-179 E 5
Indian Head ○ **USA** 190-191 K 6
Indian Ocean = Océan Indien ≈ 8 F 6
Indianola ○ **USA** (IA) 186-187 L 5
Indianola ○ **USA** (MS) 188-189 M 3
Indianópolis ○ **BR** 216-217 G 5
Indian-Pacific II **AUS** 112-113 H 5
Indian Point ▲ **USA** 184-185 H 6
Indian Reserve X **CDN** 176-177 Q 5
Indian Reserve 3 X **CDN** 178-179 H 5
Indian Reserve 13 X **CDN** 178-179 H 4
Indian Reserve 33 X **CDN** 178-179 G 4
Indian Reserve 159 X **CDN** 176-177 Q 5
Indian Reserve 194 X **CDN** 176-177 Q 4
Indian Reserve Fort Albany X **CDN** 178-179 Q 4
Indian Reserve Long Lake X **CDN** 178-179 N 6
Indian Reserve Nineteen X **CDN** 178-179 H 3
Indian Reserves 81-84 X **CDN** 178-179 E 5
Indian Reserve Seventeen X **CDN** 178-179 H 3
Indian River ≈ 192-193 H 5
Indian River Bay ⬭ **USA** 190-191 L 6
Indian Springs ○ **USA** 184-185 G 7
Indian Trail Caverns ∴ **USA** 190-191 G 5
Indian Wells ○ **USA** 188-189 B 2
Indiara ○ **BR** 216-217 E 4
Indiaroba ○ **BR** 212-213 K 7
Indibir ○ **ETH** 144-145 C 4
Indiga ○ **RUS** 24-25 U 3
Indiga ∼ **RUS** 24-25 U 3
Indigenas de Quilmes, Ruinas • **RA** 220-221 D 4
Indigirka ∼ **RUS** 46-47 Y 6
Indigirka ∼ **RUS** 56-57 K 2
Indik"jaha ∼ **RUS** 44-45 S 7
Indin Lake ⬭ **CDN** 174-175 M 3
Indio ○ **USA** 184-185 F 9
Indio, Río ∼ **NIC** 196-197 B 6
Indio Rico ○ **RA** 222-223 J 5
Indio Rico, Arroyo ∼ **RA** 222-223 J 5
Índios, Cachoeira dos ∼ **BR** 210-211 F 2
Indios, Cayos los ⌒ **C** 198-199 D 4
Indios, Los ○ **C** 198-199 H 4
Indios, Rio dos ∼ **BR** 216-217 D 7
Indiskaja guba ≈ 24-25 U 3
Indispensable Strait ≈ 120 I e 3
Indombo ○ **G** 146-147 D 3
Indonesia = Indonésie ■ **RI** 104 B 2
Indonésie = Indonesia ■ **RI** 104 B 2
Indooroopilly Outstation ○ **AUS** 112-113 M 4
Indore ○• **IND** 74-75 E 8
Indragiri ∼ **RI** 98-99 E 5
Indralaya ○ **RI** 98-99 F 6
Indramayu ○ **RI** 104 C 3
Indrapura ○ **RI** 98-99 C 3
Indravati ∼ **IND** 78-79 C 6
Indre □ **F** (36) 236-237 H 2
Indre ∼ **F** (36) 236-237 K 2
Indre ∼ **F** (36) 236-237 J 2
Indre ∼ **F** (36) 236-237 H 2
Indre-et-Loire □ **F** (37) 232-233 D 5
Indrois ∼ **F** (37) 232-233 E 5
Indulkana X **AUS** 112-113 M 3
Indus, Bouches de l' = Mouths of the Indus ∼ **PK** 70-71 M 6
Indus, Cône de l' = Indus Fan ≃ 8 E 2
Indus Fan = Indus, Cône de l' ≃ 8 E 2
Indwe ○ **ZA** 156-157 H 5
Ine Abeg < **RMM** 132-133 K 4
İnebolu ☆ **TR** 64-65 E 2
İnegöl ☆ **TR** 64-65 C 2
Ineguha ○ **ETH** 144-145 G 4
Inékar ○ **RMM** 132-133 M 7
Inés, Monte ▲ **RA** 224 F 4
Inewarī ○ **ETH** 144-145 D 4
Inez ○ **USA** 190-191 G 7
Inezgane ○ **MA** 124-125 G 5
Infanta ○ **RP** 96-97 D 5
I-n-Farba ○ **RIM** 132-133 E 7
Inferior, Laguna ≈ 196-197 G 3
Inferno, Cachoeira ∼ **BR** 210-211 K 4
Inferno, Cachoeira do ∼ **BR** 210-211 H 7
Infiernillo ○ **MEX** 196-197 D 2
Infiernillo, Presa del < **MEX** 196-197 D 2
Ingá ○ **BR** 212-213 L 5
Inga • **ZRE** 146-147 D 6
Ingaí, Rio ∼ **BR** 216-217 H 6
Ingal ○ **RN** 134-135 C 4
Ingallan Creek ∼ **AUS** 108-109 L 6
Ingalls Lake ⬭ **CDN** 174-175 R 5
Ingaly ○ **RUS** 50-51 N 7
Inğāna ○ **IRQ** 64-65 L 5
Inganda ○ **ZRE** 146-147 H 4
Ingapirca • **EC** 208-209 C 3
Ingavi ○ **BOL** 214-215 D 2
Ingawa ○ **WAN** 134-135 D 6
Ingende ○ **ZRE** 146-147 G 4
Ingeniero Chanourdie ○ **RA** 220-221 H 5
Ingeniero Giagnoni ○ **RA** 222-223 E 2
Ingeniero G. N. Juárez ○ **RA** 220-221 G 2
Ingeniero Jacobacci ○ **RA** 222-223 E 6
Ingeniero Moneta ○ **RA** 222-223 K 2
Ingenika River ∼ **CDN** 176-177 H 3
Ingenio Mora ○ **BOL** 214-215 F 6
Ingenstrem Rocks ⌒ **USA** 166-167 D 6
Inğeqare, Kūh-e ▲ **IR** 64-65 N 5
Ingersheim ○ **F** (68) 234-235 L 5
Ingham ○ **AUS** 110-111 J 6
Ingia Fjord ≈ 170-171 Y 8
Ingile < **EAK** 148-149 G 4
Ingili ∼ **RUS** 56-57 F 4
Inginiyagala ○ **CL** 76-77 J 7
Inglefield, Kap ▲ **GRØ** 170-171 O 4
Inglefield Bredning ≈ 170-171 Q 5
Inglefield Land ∸ **GRØ** 170-171 P 4
Inglefield Mountains ⛰ **CDN** 168-169 g 2
Inglesa, Bahía ≈ 220-221 B 4
Ingleses do Rio Vermelho ○ **BR** 218-219 F 6
Inglewood ○ **AUS** (QLD) 114-115 L 5
Inglewood ○ **AUS** (VIC) 116-117 G 4
Inglis, Mount ▲ **AUS** 114-115 K 3
Inglutalik River ∼ **USA** 164-165 K 4
Ingneril ≈ 170-171 Z 8
Ingnerit ⌒ **GRØ** 170-171 X 8
Ingoda ∼ **RUS** 54-55 E 10
Ingo holiday resort • **RI** 100-101 G 5
Ingolf Fjord ≈ 170-171 q 3
Ingólfhöfði ▲ **IS** 22-23 e 3
Ingolo ○ **RCB** 146-147 D 5
Ingolstadt ○ **D** 28-29 L 4
Ingomar ○ **USA** 186-187 D 2
Ingonish Beach ○ **CDN** 182-183 O 5

Jeffers ○ **USA** 186-187 K 3
Jefferson ○ **USA** (AR) 188-189 L 2
Jefferson ○ **USA** (GA) 192-193 G 2
Jefferson ○ **USA** (IL) 190-191 F 6
Jefferson ○ **USA** (TX) 188-189 K 3
Jefferson, Mount ▲ **USA** 184-185 F 6
Jefferson, Port ○ **USA** 190-191 M 5
Jefferson City ○ **USA** (MT) 184-185 H 2
Jefferson City ○ **USA** (TN) 192-193 G 1
Jefferson City ☆ **USA** (MO) 186-187 L 6
Jefferson National Memorial, Fort ∴ **USA** 192-193 G 7
Jefferson Proving Ground ×× **USA** 190-191 F 6
Jefferson State Memorial, Fort ∴ **USA** 190-191 F 5
Jeffersonville ○ **USA** (GA) 192-193 G 3
Jeffersonville ○ **USA** (IN) 190-191 F 6
Jeffersonville ○ **USA** (VT) 190-191 M 3
Jeffrey City ○ **USA** 186-187 D 4
Jeffries, Lake ⬭ **AUS** 112-113 G 3
Jef-Jef el Kébir ∸ **TCH** 134-135 K 2
Jega ○ **WAN** 134-135 B 6
Jege ○ **WAN** 140-141 F 4
Jeinemeni, Cerro ▲ **RCH** 224 D 3
Jejekangphu Kang ▲ **BHT** 78-79 F 1
Jejevo ○ **SOL** 120 I d 3
Jejuí-Guazú, Río ∼ **PY** 220-221 J 3
Jēkabpils ○·· **LV** 30-31 J 3
Jelai ∼ **RI** 98-99 J 6
Jelap La ▲ **BHT** 78-79 F 2
Jelenia Góra ☆· **PL** 28-29 N 3
Jelgava ○·· **LV** 30-31 H 3
Jeli ○ **MAL** 98-99 D 2
Jellico ○ **USA** 192-193 F 1
Jelly Bean Crystals · **AUS** 114-115 L 5
Jelmusibak ○ **RI** 100-101 D 4
Jelsa ○ **HR** 36-37 F 3
Jema ○ **GH** 138-139 K 6
Jemâa-Ida-Oussemlat ○ **MA** 124-125 G 6
Jemaluang ○ **MAL** 98-99 E 3
Jema Shet' ∼ **ETH** 144-145 D 4
Jembawan, Danau ⬭ **RI** 98-99 F 6
Jember ○ **RI** 104 E 4
Jemberam ○ **GNB** 138-139 C 4
Jemez Indian Reservation X **USA** 188-189 D 2
Jemez Pueblo ○ **USA** 188-189 D 2
Jemil'čyne ○ **UA** 38-39 E 2
Jeminay ○ **VRC** 82-83 G 2
Jemma ○ **WAN** (BAU) 140-141 H 3
Jemma ○ **WAN** (KAD) 140-141 H 4
Jempang, Danau ⬭ **RI** 100-101 D 4
Jen ○ **WAN** 140-141 J 4
Jena ○ **D** 28-29 L 3
Jenakijeve ○ **UA** 38-39 L 3
Jenda ○ **MW** 150-151 G 7
Jendouba ☆ **TN** 126-127 G 2
Jeneien, Oued ∼ **TN** 126-127 G 5
Jenerhodar ○ **UA** 38-39 J 4
Jeneshuaya, Arroyo ∼ **BOL** 214-215 D 3
Jenīn ○·· **WB** 66-67 D 1
Jenipapo ○ **BR** (AMA) 210-211 G 5
Jenipapo ○ **BR** (P) 206-207 K 6
Jenipapo ○ **BR** (TOC) 212-213 D 5
Jenipapo, Ribeiro ∼ **BR** 212-213 D 5
Jenipapo, Rio ∼ **BR** 212-213 G 4
Jenissej = Enisej ⌒ 6-7 H 2
Jenissej = Enisej ∼ **RUS** 6-7 H 2
Jenkins ○ **USA** 190-191 G 7
Jenlain ○ **F** (59) 228-229 M 3
Jenner ○ **CDN** 176-177 P 6
Jenner ○ **USA** 184-185 C 6
Jennings ∼ **CDN** 164-165 Z 7
Jennings ○ **USA** 188-189 L 4
Jenny ○ **SME** 206-207 G 3
Jenny Lind Island ⌒ **CDN** 168-169 V 6
Jenolan Caves · **AUS** 116-117 L 2
Jensen, Cape ▲ **CDN** 168-169 h 6
Jens Munk Island ⌒ **CDN** 168-169 g 6
Jens Munk Ø ⌒ **GRØ** 172-173 U 4
Jenzat ○ **F** (03) 238-239 C 4
Jepara ○ **RI** 104 D 3
Jeparit ○ **AUS** 116-117 F 4
Jequié ○ **BR** 216-217 K 2
Jequintinhonha, Rio ∼ **BR** 216-217 L 3
Jequiriçá ○ **BR** 216-217 L 2
Jequitaí ○ **BR** 216-217 H 4
Jequitai, Rio ∼ **BR** 216-217 H 4
Jequitiba ○ **BR** 216-217 J 5
Jequitinhonha ○ **BR** 216-217 K 4
Jequitinhonha, Rio ∼ **BR** 216-217 J 4
Jerada ○ **MA** 124-125 K 3
Jerangau, Kampung ○ **MAL** 98-99 E 2
Jerangle ○ **AUS** 116-117 K 3
Jerantut ○ **MAL** 98-99 E 3
Jerba, Île de ⌒ **TN** 126-127 G 4
Jerbar ○ **SUD** 142-143 K 6
Jerdera ○ **RI** 102-103 H 5
Jere ○ **RI** 100-101 K 4
Jerecuaro ○ **MEX** 196-197 D 1
Jérémie ☆·· **RH** 198-199 H 5
Jeremoabo ○ **BR** 212-213 J 7
Jerer Shet' ∼ **ETH** 144-145 F 4
Jerez, Río ∼ **MEX** 194-195 H 6
Jerez de García Salinas ○· **MEX** 194-195 H 6
Jerez de la Frontera ○ **E** 34-35 D 6
Jerez de los Caballeros ○·· **E** 34-35 D 5
Jericho ○ **AUS** 114-115 J 2
Jericho ○ **SOL** 120 I c 3
Jéricho = Arīḥāl ☆·· **AUT** 66-67 D 2
Jericho Dam < **ZA** 156-157 K 3
Jericoacoara ○ **BR** 212-213 H 3
Jericoacoara, Ponta ▲ **BR** 212-213 H 3
Jerigu ○ **GH** 138-139 K 5
Jerilderie ○ **AUS** 116-117 H 3
Jerko La ▲ **VRC** 80-81 C 5
Jerome ○ **USA** 184-185 G 4
Jerori ○ **BOL** 214-215 E 4
Jerramungup ○ **AUS** 112-113 E 6
Jersey ⌒ **GBJ** 26-27 F 7
Jersey City ○ **USA** 190-191 L 5
Jerseyville ○ **USA** 190-191 C 6
Jertih ○ **MAL** 98-99 E 2
Jerumenha ○ **BR** 212-213 G 5
Jérusalem = Yĕrūshalayim ★⋯ **IL** 66-67 D 2
Jervis, Monte ▲ **RCH** 224 C 4
Jervis, Port ○ **USA** 190-191 L 5
Jervis Bay · **AUS** 116-117 L 3
Jervis Inlet ≈ 176-177 J 7
Jervois ○ **AUS** 114-115 D 2
Jesenice ○ **SLO** 36-37 E 1
Jeseník ○ **CZ** 28-29 O 3
Jesi ○ **I** 36-37 D 3
Jesi, Monte ▲ **MOC** 150-151 H 7
Jesmond ○ **CDN** 176-177 K 6
Jessamine Creek ∼ **AUS** 114-115 G 2
Jesseltown = Kota Kinabalu ☆· **MAL** 96-97 B 10
Jessheim ☆ **N** 22-23 E 6
Jessore ○ **BD** 78-79 F 4
Jesup ○ **USA** 192-193 H 4
Jesús Carranza ○ **MEX** 196-197 G 3
Jesus María ○ **RA** 220-221 E 6
Jesús Menéndez ○ **C** 198-199 G 4
Jet ○ **USA** 188-189 H 1
Jeta, Ilha de ⌒ **GNB** 138-139 B 4
Jetmore ○ **USA** 186-187 H 6
Jetpur ○ **IND** 74-75 C 9
Jeudin, Pulau ⌒ **RI** 102-103 H 5
Jeugny ○ **F** (10) 234-235 E 5
Jeu-les-Bois ○ **F** (36) 236-237 J 2
Jeu-Maloches ○ **F** (36) 236-237 H 1
Jeumont ○ **F** (59) 228-229 N 3
Jevargi ○ **IND** 76-77 G 2
Jevnaker ☆ **N** 22-23 E 6
Jevpatorija ☆· **UA** 38-39 H 5
Jewel Cave National Monument ∴ **USA** 186-187 F 4
Jeypore ○ **IND** 78-79 C 6
Jezercës, maja e ▲ **AL** 36-37 G 3
Jgarassu ○· **BR** 212-213 L 5
Jhābua ○ **IND** 74-75 E 8
Jhajjar ○ **IND** 74-75 F 5
Jhal ○ **PK** 70-71 M 4
Jhālawār ○ **IND** 74-75 F 7
Jhālāwār ∸ **IND** 74-75 C 8
Jhamat ○ **PK** 74-75 C 3
Jhang ○ **PK** 74-75 D 4
Jhang Branch < **PK** 74-75 D 4
Jhānsi ○ **IND** 74-75 G 7
Jharol ○ **IND** 74-75 D 7
Jhārsuguda ○ **IND** 78-79 D 5
Jhatpat ○ **PK** 74-75 B 5
Jheeruk ○ **PK** 74-75 B 7
Jhelum ∼ **IND** 74-75 E 3
Jhelum ○ **PK** (PU) 74-75 D 3
Jhelum ∼ **PK** 74-75 D 4
Jhenida ○ **BD** 78-79 F 4
Jhimpir ○ **PK** 74-75 B 7
J. H. Kerr Reservoir < **USA** 192-193 J 1
Jhudo ○ **PK** 74-75 B 7
Jhunjhunūn ○ **IND** 74-75 E 5
Jiading ○ **VRC** 90-91 M 6
Jiahe ○ **VRC** 92-93 H 4
Jiajiang ○ **VRC** 92-93 C 2
Jialing Jiang ∼ **VRC** 90-91 E 6
Jiamusi ○ **VRC** 86-87 H 4
Ji'an ○ **VRC** (JIL) 86-87 F 7
Ji'an ○ **VRC** (JXI) 92-93 J 3
Jianchang ○ **VRC** 90-91 L 1
Jianchuan ○ **VRC** 78-79 L 2
Jiande ○ **VRC** 92-93 L 2
Jiangaoshan ▲ **MYA** 78-79 L 3
Jiangbai ○ **VRC** 92-93 E 2
Jiangcheng ○ **VRC** 92-93 B 5
Jiangcheng Hanizu Yizu Zizhixian ○ **VRC** 92-93 B 5
Jiange ○ **VRC** 90-91 D 5
Jianghong ○ **VRC** 92-93 F 6
Jianghua ○ **VRC** 92-93 G 4
Jiangjin ○ **VRC** 92-93 E 2
Jiangjunmiao ○ **VRC** 82-83 J 3
Jiangkou ○ **VRC** (GZH) 92-93 F 3
Jiangkou ○ **VRC** (SIC) 90-91 F 6
Jiangle ○ **VRC** 92-93 K 3
Jiangling ○ **VRC** 90-91 H 6
Jiangluo ○ **VRC** 90-91 D 5
Jiangmen ○ **VRC** 92-93 H 5
Jiangshan ○ **VRC** 92-93 L 2
Jiang Shan ▲ **VRC** 90-91 G 6
Jiangsu □ **VRC** 90-91 L 5
Jiangxi □ **VRC** 92-93 J 3
Jiangyin ○ **VRC** 90-91 M 6
Jiangyong ○ **VRC** 92-93 G 4
Jiangyou ○ **VRC** 90-91 D 6
Jianhe ○ **VRC** 92-93 F 3
Jianhu ○ **VRC** 90-91 L 5
Jianli ○ **VRC** 92-93 H 2
Jianmen G. · **VRC** 90-91 D 5
Jianning ○ **VRC** 92-93 K 3
Jian'ou ○ **VRC** 92-93 L 3
Jianping ○ **VRC** 90-91 L 1
Jianshi ○ **VRC** 90-91 F 6
Jianshui ○ **VRC** 92-93 C 5
Jianyang ○ **VRC** (FUJ) 92-93 L 3
Jianyang ○ **VRC** (SIC) 90-91 D 6
Jiaohe ○ **VRC** 86-87 F 6
Jiaohe Gucheng ∴· **VRC** 82-83 J 4
Jiaojiang ○ **VRC** 92-93 M 2
Jiaokou ○ **VRC** 90-91 G 3
Jiaoling ○ **VRC** 92-93 K 4
Jiaonan ○ **VRC** 90-91 L 4
Jiaotelo ○ **VRC** 80-81 F 6
Jiaozhou ○ **VRC** 90-91 L 3
Jiaozuo ○ **VRC** 90-91 H 4
Jiashan ○ **VRC** 90-91 K 5
Jiashi ○ **VRC** 82-83 C 6
Jia Tsuo La ▲ **VRC** 80-81 F 6
Jia Xian ○ **VRC** (HEN) 90-91 H 5
Jia Xian ○ **VRC** (SHA) 90-91 G 2
Jiaxing ○ **VRC** 90-91 M 6
Jiayin ○ **VRC** 86-87 H 3
Jiayu ○ **VRC** 92-93 H 2
Jiayu G. · **VRC** 82-83 O 6
Jiayuguan ○ **VRC** 82-83 O 6
Jíbaro, El ○ **C** 198-199 F 4
Jiberu ○ **WAN** 140-141 K 4
Jibisa ▲ **EAK** 148-149 F 1
Jibiya ○ **WAN** 134-135 C 6
Jibóia ○ **BR** 210-211 C 2
Jibou ○ **RO** 38-39 C 4
Jicarilla Apache Indian Reservation X **USA** 188-189 D 1
Jicaro Galán ○ **HN** 196-197 L 5
Jichang ○ **VRC** 92-93 D 3
Jičín ○ **CZ** 28-29 N 3
Jidali, togga ∼ **SP** 144-145 H 3
Jiddah = Ğidda ○· **KSA** 68-69 A 3
Jidhi ○ **SP** 144-145 F 3
Jiekkevarrebreen ▲ **N** 22-23 J 2
Jieshi ○ **VRC** 92-93 J 5
Jieshi Wan ∼ **VRC** 92-93 J 5
Jieshou ○ **VRC** 90-91 J 5
Jiexi ○ **VRC** 92-93 J 5
Jiexiu ○ **VRC** 90-91 G 3
Jieyang ○ **VRC** 92-93 K 5
Jieznas ○ **LT** 30-31 J 4
Jiga ○ **ETH** 144-145 C 3
Jiggalong X **AUS** 112-113 F 1
Jiggalong Aboriginal Land X **AUS** 112-113 F 1
Jigongshan · **VRC** 90-91 J 6
Jiguaní ○ **C** 198-199 G 4
Jigzhi ○ **VRC** 90-91 B 5
Jihlava ○ **CZ** 28-29 N 4
Jihlava ∼ **CZ** 28-29 N 4
Jihur ○ **ETH** 144-145 D 4
Jiiqley ○ **SP** 144-145 G 6
Jijel ☆ **DZ** 126-127 E 2
Jijie ○ **VRC** 92-93 C 5
Jijiga ○ **ETH** 144-145 F 4
Jijona = Xixona ○ **E** 34-35 G 5
Jilakin Lake ⬭ **AUS** 112-113 E 6
Jilamo ○ **HN** 196-197 L 4
Jilib ☆ **SP** 148-149 J 3
Jilin ○ **VRC** (JIL) 86-87 F 6
Jilin □ **VRC** 86-87 E 6
Jilin Hada Ling ▲ **VRC** 86-87 E 6
Jilotlán de los Dolores ○ **MEX** 196-197 C 2
Jīma ☆ **ETH** 144-145 C 5
Jimani ☆ **DOM** 198-199 K 5
Jimata ○ **ETH** 144-145 C 4
Jimbe ○ **ANG** 150-151 B 6
Jimei ○ **VRC** 92-93 L 4
Jiménez ○ **MEX** (CHA) 194-195 G 4
Jiménez ○ **MEX** (COA) 194-195 J 3
Jimenez ○ **RP** 96-97 E 8
Jiménez de Teul ○ **MEX** 194-195 H 6
Jimeta ○ **WAN** 140-141 K 4
Jimi River ∼ **PNG** 119 C 3
Jimkar ○ **BHT** 78-79 G 2
Jimna Range ▲ **AUS** 114-115 M 4
Jimo ○ **VRC** 90-91 M 3
Jimsar ○ **VRC** 82-83 J 4
Jimulco ○ **MEX** 194-195 H 5
Jin, Kepulauan ⌒ **RI** 102-103 H 5
Jinan ☆· **VRC** 90-91 K 3
Jinchang ○ **VRC** 90-91 C 2
Jincheng ○ **VRC** (SHA) 90-91 H 4
Jincheng ○ **VRC** (YUN) 92-93 C 4
Jinchuan ○ **VRC** 90-91 C 6
Jin Ci · **VRC** 90-91 H 3
Jīnd ○ **IND** 74-75 F 5
Jindabyne ○ **AUS** 116-117 K 4
Jindare ○ **AUS** 108-109 K 3
Jin Dian · **VRC** 92-93 C 4
Jindřichův Hradec ○ **CZ** 28-29 N 4
Jinfo Shan ▲ **VRC** 92-93 E 2
Jingbian ○ **VRC** 90-91 F 3
Jingchuan ○ **VRC** 90-91 E 4
Jingde ○ **VRC** 90-91 L 6
Jingdezhen ○· **VRC** 92-93 K 2
Jingdong ○ **VRC** 78-79 M 3
Jingellic ○ **AUS** 116-117 J 3
Jingemarra ○ **AUS** 112-113 D 3
Jinggangshan ○ **VRC** (JXI) 92-93 J 3
Jinggangshan · **VRC** (JXI) 92-93 J 3
Jinggu ○ **VRC** 78-79 M 4
Jinghe ○ **VRC** 82-83 F 3
Jing He ∼ **VRC** 90-91 F 4
Jinghong ○ **VRC** 78-79 M 5
Jingjiang ○ **VRC** 90-91 M 5
Jingle ○ **VRC** 90-91 G 2
Jingmen ○ **VRC** 90-91 H 6
Jingning ○ **VRC** 90-91 D 4
Jingpo ○ **VRC** 86-87 G 6
Jingpo Hu · **VRC** 86-87 G 6
Jingshan ○ **VRC** 90-91 H 6
Jingtai ○ **VRC** 90-91 D 3
Jingtieshan ○ **VRC** (GAN) 82-83 N 6
Jingtieshan ○ **VRC** (XUZ) 82-83 O 6
Jingtie Shan ▲ **VRC** 82-83 N 6
Jingxi ○ **VRC** 92-93 E 5
Jing Xian ○ **VRC** 90-91 L 6
Jingxing ○ **VRC** 90-91 J 3
Jingyan ○ **VRC** 92-93 D 2
Jingyu ○ **VRC** 86-87 F 6
Jingyuan ○ **VRC** 90-91 D 3
Jingyu Hu ∼ **VRC** 80-81 G 2
Jingyu Nao ▲ **VRC** 90-91 F 5
Jingzhou ○ **VRC** 92-93 F 3
Jinhe ○ **VRC** 86-87 C 2
Jinhua ○ **VRC** 92-93 L 2
Jining ○ **VRC** (NMZ) 84-85 L 7
Jining ○ **VRC** (SHD) 90-91 K 4
Jinja ☆ **EAU** 148-149 D 3
Jinka ○ **AUS** 114-115 C 2
Jinka ○ **ETH** 144-145 C 6
Jinkou ○ **VRC** 90-91 J 6
Jinning ○ **VRC** 92-93 C 4
Jinniu ○ **VRC** 90-91 J 6
Jinotega ☆ **NIC** 196-197 B 5
Jinotepe ☆ **NIC** 196-197 L 6
Jinping ○ **VRC** (GZH) 92-93 F 3
Jinping ○ **VRC** (YUN) 92-93 C 5
Jinqian He ∼ **VRC** 90-91 F 5
Jinsha ○ **VRC** 92-93 E 3
Jinsha Jiang ∼ **VRC** 78-79 L 2
Jinsha Jiang ∼ **VRC** 80-81 M 4
Jinsha Jiang ∼ **VRC** 92-93 C 3
Jinshanlin · **VRC** 90-91 K 1
Jinshatan ○ **VRC** 90-91 H 2
Jinshi ☆ **VRC** 92-93 G 2
Jinshiqiao ○ **VRC** 92-93 G 3
Jinta ○ **VRC** 82-83 O 6
Jintan ○ **VRC** 90-91 L 6
Jintang ○ **VRC** 90-91 D 6
Jintotolo Channel ≈ 96-97 E 7
Jintur ○ **IND** 74-75 F 10
Jinxi ○ **VRC** (JXI) 92-93 K 3
Jinxi ○ **VRC** (LIA) 86-87 C 7
Jinxian ○ **VRC** 92-93 K 2
Jinxiang ○ **VRC** 90-91 K 4
Jinyin Dao ⌒ **VRC** 94-95 L 2
Jinyun ○ **VRC** 92-93 M 2
Jinyunshan · **VRC** 92-93 E 2
Jinzhai ○ **VRC** 90-91 J 6
Jinzhong Shan ▲ **VRC** 92-93 D 4
Jinzhou ○ **VRC** (LIA) 86-87 C 7
Jinzhou ○ **VRC** (LIA) 86-87 C 8
Jinzū-gawa ∼ **J** 88-89 G 6
Ji-Paraná ○ **BR** 214-215 G 2
Jipe, Lake ⬭ **EAK** 148-149 F 5
Jipijapa ○ **EC** 208-209 B 2
Jiquí ○ **C** 198-199 F 4
Jiquilpan ○ **MEX** 196-197 C 1
Jiquiriçá, Rio ∼ **BR** 216-217 L 2
Jirau, Salto do ∼ **BR** 210-211 E 7
Jiri ○ **NEP** 80-81 F 7
Jirrliban ○ **SP** 144-145 J 5
Jishan ○ **VRC** 90-91 G 4
Jishou ○ **VRC** 92-93 F 2
Jishu ○ **VRC** 86-87 F 5
Jitang Gulou · **VRC** 92-93 F 3
Jitarning ○ **AUS** 112-113 E 6
Jitaúna ○ **BR** 216-217 L 3
Jitra ○ **MAL** 98-99 D 2
Jitschin = Jičín ○ **CZ** 28-29 N 3
Jiu ∼ **RO** 38-39 C 6
Jiucai Ling ▲ **VRC** 92-93 G 4
Jiuchang ○ **VRC** 92-93 E 3
Jiuhuashan · **VRC** 90-91 K 6
Jiujiang ○ **VRC** 92-93 K 2
Jiulihu · **VRC** 92-93 L 4
Jiuling Shan ▲ **VRC** 92-93 J 2
Jiulong = Kowloon ○ **VRC** 92-93 J 5
Jiulongpo ○ **VRC** 92-93 E 2
Jiulongshibatan · **VRC** 92-93 H 4
Jiuquan ○ **VRC** 82-83 O 6
Jiurongcheng ○ **VRC** 90-91 N 3
Jiusuo ○ **VRC** 92-93 F 7
Jiutai ○ **VRC** 86-87 E 5
Jiuxu ○ **VRC** 92-93 E 4
Jiuyishan · **VRC** 92-93 H 4
Jiuzhaigou ⋯ **VRC** 90-91 C 5
Jivundu ○ **Z** 154-155 C 1
Jiwā', al- ∸ **UAE** 68-69 H 2
Jiwani ○ **PK** 70-71 J 6
Jiwani, Rās ▲ **PK** 70-71 J 6
Jixi ○ **VRC** (ANH) 90-91 L 6
Jixi ○ **VRC** (HEI) 86-87 H 5
Jixian ○ **VRC** 86-87 H 4
Ji Xian ○ **VRC** (SXI) 90-91 G 3
Ji Xian ○ **VRC** (TIA) 90-91 K 1
Jiyang ○ **VRC** 90-91 K 3
Jiyuan ○ **VRC** 90-91 H 4
Jizan = Ğīzān ☆ **KSA** 68-69 C 5
Jlam ○ **NEP** 80-81 F 7
Jli ∼ **KA** 60-61 K 6
Joaçaba ○ **BR** 218-219 E 6
Joachín ○ **MEX** 196-197 F 2
Joaíma ○ **BR** 216-217 K 4
Joal-Fadiout ○· **SN** 138-139 B 2
Joana ○ **YV** 204-205 L 3
Joana Coeli ○ **BR** 206-207 K 6
João, Rio ∼ **BR** 216-217 J 7
João Arregui ○ **BR** 220-221 J 5
João Câmara ○ **BR** 212-213 L 4
João Chagas ○ **ANG** 150-151 B 6
João Fagundes ○ **BR** 220-221 J 6
João Farias ○ **BR** 206-207 E 6
João Lisboa ○ **BR** 212-213 E 4
João Monlevade ○ **BR** 216-217 J 5
João Neiva ○ **BR** 216-217 K 5
João Pessoa ☆· **BR** 212-213 L 5
João Pinheiro ○ **BR** 216-217 G 4
João Vaz ○ **BR** 216-217 K 2
Joaquim ○ **BR** 212-213 G 5
Joáquim Gomes ○ **BR** 212-213 L 6
Joaquim Rios, Salto ∼ **BR** 214-215 H 3
Job ○ **F** (63) 238-239 D 5
Jobabo ○ **C** 198-199 G 4
Jobele ○ **WAN** 140-141 E 5
Jobillos, Los ○ **DOM** 198-199 K 5
Jobos, Playa ∸ **USA** 200 B 2
Jobourg, Nez de ▲ **F** (50) 228-229 A 4
Jócar ○ **E** 34-35 F 6
Jocoli ○ **RA** 222-223 E 2
Jocotepec ○ **MEX** 196-197 C 1
Jodensavanna ○ **SME** 206-207 G 3
Jodhpur ○· **IND** 74-75 D 6
Joe Batts Arm ○ **CDN** 182-183 R 4
Joensuu ☆ **FIN** 24-25 K 5
Joerg Plateau ▲ **ARK** 16 F 30
Jōetsu ○ **J** 88-89 H 6
Jof ○ **TN** 126-127 H 4
Jofane ○ **MOC** 154-155 H 5
Joffre, Mount ▲ **CDN** 176-177 N 6
Joffre, Presqu'île ⌣ **F** (984) 246 III b 3
Jogana ○ **WAN** 134-135 D 6
Jogbani ○ **IND** 78-79 E 2
Jõgeva ○ **EST** 30-31 K 2
Jogg Falls ∼·· **IND** 76-77 F 3
Jogighopa ○ **IND** 78-79 G 2
Jogindarnagar ○ **IND** 74-75 F 4
Jogipet ○ **IND** 76-77 H 2
Jogues ○ **CDN** 178-179 P 6
Johān ○ **PK** 70-71 M 4
Johan en Margeretha ○ **SME** 206-207 G 3
Johannesburg ○·· **ZA** 156-157 J 3
Johan Peninsula ⌣ **CDN** 170-171 N 4
Johi ○ **GUY** 206-207 E 5
Johi ○ **PK** 70-71 M 5
John Day ○ **USA** 184-185 E 3
John Day Fossil Beds National Monument ∴ **USA** (OR) 184-185 E 3
John Day Fossil Beds National Monument · **USA** (OR) 184-185 D 3
John Day River ∼ **USA** 184-185 E 3
John D'Or Prairie ○ **CDN** 174-175 M 6
John D'Or Prairie Indian Reserve X **CDN** 174-175 M 6
John D. Rockefeller Junior Memorial Parkway ⊥ **USA** 184-185 J 3
John Dyer, Cape ▲ **CDN** 168-169 V 4
John Eyre Motel ○ **AUS** 112-113 H 6
John Eyre Telegraph Station ∴ **AUS** 112-113 J 6
John Fitzgerald Kennedy Space Center · **USA** 192-193 H 5
John Flagler, Kap ▲ **GRØ** 170-171 n 2
John Flynn Memorial · **AUS** 110-111 C 6
John Martin Reservoir < **USA** 186-187 F 6
John Murray Ø ⌒ **GRØ** 170-171 a 2
Johnny Hoe River ∼ **CDN** 174-175 J 3
John Redmond Reservoir < **USA** 186-187 K 6
John River ∼ **USA** 164-165 O 3
John's Corner ○ **EAT** 150-151 H 5
Johnson ○ **USA** 188-189 G 1
Johnson, Mount ▲ **AUS** 112-113 H 2
Johnson, Pico de ▲ **MEX** 194-195 C 3
Johnson City ○ **USA** (TN) 192-193 G 1
Johnson City ○ **USA** (TX) 188-189 H 4
Johnson Dam, Daniel ∴ **CDN** 182-183 K 3
Johnson Island ⌒ **CDN** 180-181 K 6
Johnson River ∼ **CDN** 174-175 G 4
Johnsons Crossing ○ **CDN** 164-165 Y 6
Johnston ○ **USA** 192-193 H 3
Johnston, Chute ∼· **ZRE** 150-151 E 6
Johnstone Hill ▲ **AUS** 112-113 L 1
Johnstone South ○· **AUS** 110-111 J 5
Johnstone Strait ≈ 176-177 G 6
Johnston Islands ⌒ **PNG** 119 D 2
Johnston Lakes, The ⬭ **AUS** 112-113 F 6
Johnstown ○ **USA** 190-191 J 5
Johnstown Flood National Monument · **USA** 190-191 J 5
Johor □ **MAL** 98-99 E 3
Johor Bahru ☆·· **MAL** 98-99 E 4
Jõhvi-Ahtme ○ **EST** 30-31 K 2
Joigny ○ **F** (89) 232-233 J 4
Joinville ○ **BR** 218-219 F 6
Joinville ○ **F** (52) 234-235 G 5
Joinville, Île ⌒ **ARK** 16 G 31
Jojutla de Juárez ○ **MEX** 196-197 E 2
Jokau ○ **SUD** 144-145 A 4
Jokau ∼ **SUD** 144-145 A 4
Jøkel-bugten ≈ 170-171 p 4
Jokin ○ **F** (988) 247 I e 2
Jokkmokk ○· **S** 22-23 J 3
Jökulsá á Brú ∼ **IS** 22-23 f 2
Jökulsá á Fjöllum ∼ **IS** 22-23 e 2
Joli, Mont- ○ **CDN** 182-183 K 4
Joliet ○ **USA** 190-191 D 5
Joliette ○ **CDN** 182-183 H 5
Joliot-Curie, Pic ▲ **F** (984) 246 III a 3
Jolly Lake ⬭ **CDN** 174-175 N 3
Jolo ☆ **RP** 96-97 D 9
Jolo Island ⌒ **RP** 96-97 D 9
Jomala ○ **FIN** 24-25 F 6
Jomalig Island ⌒ **RP** 96-97 E 5
Jombang ○ **RI** 104 E 3
Jombo ∼ **ANG** 152-153 E 5
Jombo ○ **GH** 138-139 L 5
Jomda ○ **VRC** 80-81 M 5
Jommon ○ **RI** 102-103 H 5
Jomo Lhari ▲ **BHT** 78-79 F 2
Jomonķum ķumligi ∸ **US** 72-73 H 4
Jomsom ○ **NEP** 80-81 D 6
Jomu ○ **EAT** 148-149 D 5
Jonas, Grotte de · **F** (63) 236-237 L 4
Jonchères ○ **F** (26) 242-243 G 2
Jonchère-Saint-Maurice, La ○ **F** (87) 236-237 H 4
Jonchery-sur-Vesle ○ **F** (51) 228-229 M 5
Jonê ○ **VRC** 90-91 C 4
Jones ○ **CDN** 178-179 J 6
Jones, Cape ▲ **CDN** 174-175 Y 4
Jones, Kap ▲ **GRØ** 170-171 p 8
Jones, Lake ⬭ **AUS** (WA) 108-109 H 5
Jones, Lake ⬭ **AUS** (WA) 112-113 G 2
Jonesboro ○ **USA** (AR) 188-189 M 2
Jonesboro ○ **USA** (GA) 192-193 F 3
Jonesboro ○ **USA** (LA) 188-189 L 3
Jones Islands ⌒ **USA** 164-165 Q 1
Jones Sound ≈ 168-169 c 2
Jonesville ○ **USA** 188-189 M 4
Jonggol ○ **RI** 104 B 3
Jonglei Canal = Junqoley Canal < **SUD** 142-143 K 4
Joniškis ☆ **LT** 30-31 H 3
Jönköping ☆ **S** 22-23 G 8
Jonquière ○ **CDN** 182-183 J 4
Jonte ∼ **F** (48) 242-243 C 3
Jonuta ○ **MEX** 196-197 H 2
Jonzac ○ **F** (17) 236-237 E 5
Jonzier-Epagny ○ **F** (74) 238-239 H 4
Joowhar ☆ **SP** 148-149 K 2
Jopalayo, Cerro ▲ **RA** 220-221 D 3
Joplin ○ **USA** 188-189 K 1
Jordan ○ **RP** 96-97 E 7
Jordan ○ **USA** (MN) 186-187 L 3
Jordan ○ **USA** (MT) 186-187 D 2
Jordán, El ○ **CO** 204-205 F 5
Jordan, River ○ **CDN** 176-177 H 7
Jordânia ○ **BR** 216-217 K 3
Jordanie = Urdunn ■ **JOR** 66-67 D 2
Jordanne ∼ **F** (15) 236-237 K 6
Jordan Valley ○ **USA** 184-185 F 4
Jorf ○ **MA** 124-125 J 5
Jorge, Cabo ▲ **RCH** 224 C 5
Jorge Montt, Isla ⌒ **RCH** 224 C 5
Jorgucat ○· **AL** 36-37 H 5
Jorhāt ○ **IND** 78-79 J 2
Joriapani ○ **NEP** 80-81 C 6
Jörn ○ **S** 22-23 K 4
Jorong ○ **RI** 100-101 D 5
Joronga = Pulau Hasil ⌒ **RI** 100-101 L 4
Jorskoe ploskogor'e ▲ **GE** 62-63 F 7
Jort ○ **F** (14) 230-231 L 2
Joru ○ **WAL** 138-139 E 6
Jos ☆· **WAN** 140-141 H 4
Jose Abad Santos ○ **RP** 96-97 F 10
José Batlley Ordoñez ○ **ROU** 222-223 M 2
José Cardel ○ **MEX** 196-197 F 2
José de la Costa ○ **YV** 204-205 G 2
José del Carmen Ramirez, Parque Nacional ⊥ **DOM** 198-199 K 5
José de San Martín ○ **RA** 224 E 2
José Diaz, Ponta ▲ **BR** 218-219 F 6
José E. Rodo ○ **ROU** 222-223 L 2
Josefa Ortiz de Dominguez Estacione, Presa < **MEX** 194-195 E 4
Josegun River ∼ **CDN** 176-177 M 4
Joselândia ○ **BR** 214-215 J 5
José Pedro Varela ○ **ROU** 222-223 M 2
Joseph ○ **USA** 184-185 F 3
Joseph, Lake ⬭ **CDN** (NFL) 182-183 M 2
Joseph, Lake ⬭ **CDN** (ONT) 182-183 E 6
Joseph Bonaparte Gulf ≈ 108-109 J 3
Joseph Henry, Cape ▲ **CDN** 170-171 T 2
Josephine River ∼ **CDN** 174-175 Y 4
Josephstaal ○ **PNG** 119 C 3
José Rodrigues ○ **BR** 212-213 C 4
Joshimath ○ **IND** 74-75 G 4
Jōshin Etsu Kōgen National Park ⊥ **J** 88-89 G 6
Joshua Tree National Monument ∴ **USA** 184-185 G 9
Joškar-Ola ☆ **RUS** 32-33 E 5
Josnes ○ **F** (41) 232-233 F 4
Jos Plateau ▲ **WAN** 140-141 H 3
Josselin ○ **F** (56) 230-231 F 4
Jostedalsbreen ⊂ **N** 22-23 C 6
Jotajana ○ **YV** 204-205 L 3
Jotunheimen ▲ **N** 22-23 D 6
Jotunheimen nasjonalpark ⊥ **N** 22-23 D 6
Jouac ○ **F** (87) 236-237 H 3
Joubertberge ▲ **NAM** 152-153 B 9
Joubertina ○ **ZA** 156-157 F 6
Joué-du-Bois ○ **F** (61) 230-231 L 2
Joué-les-Tours ○ **F** (37) 232-233 D 5
Joué-sur-Erdre ○ **F** (44) 230-231 J 5
Jouet-sur-l'Aubois ○ **F** (18) 232-233 H 5
Jouhet ○ **F** (86) 236-237 G 3
Jouillat ○ **F** (23) 236-237 J 3
Joulter Cays ⌒ **BS** 198-199 F 2
Jouques ○ **F** (13) 242-243 H 4
Joussé ○ **F** (86) 236-237 F 3
Joutel ○ **CDN** 182-183 E 4
Joutsa ○ **FIN** 24-25 J 6
Joutsijärvi ○ **FIN** 24-25 J 3
Jouvence, Fontaine de · **F** (35) 230-231 G 3
Joux, Château de · **F** (25) 238-239 J 3
Joux-la-Ville ○ **F** (89) 232-233 K 4
Jouy ○ **F** (28) 232-233 F 2
Jouy ○ **F** (89) 232-233 H 3
Jouy-le-Châtel ○ **F** (77) 232-233 J 2
Jouy-le-Potier ○ **F** (45) 232-233 F 4
Jovellanos ○ **C** 198-199 E 3
Joviânia ○ **BR** 216-217 F 4
Joy, Mount ▲ **CDN** 164-165 Y 5
Joya de Ceren ∴⋯ **ES** 196-197 K 5
Joya de los Sachas, La ○ **EC** 208-209 D 2
Joy Bay ≈ 180-181 O 4
Joyeuse ○ **F** (07) 242-243 E 3
Jreïda ○ **RIM** 132-133 B 5
Jreïf < **RIM** 132-133 D 6
J. Richardson Bay ≈ 170-171 P 3
Juaben ○ **GH** 138-139 K 6
Juami, Rio ∼ **BR** 210-211 D 3
Juami-Japura, Reserva Ecológica ⊥ **BR** 210-211 C 4
Juanacatlán ○ **MEX** 196-197 C 1
Juan Aldamo ○ **MEX** 194-195 H 5
Juan Antonio ○ **YV** 204-205 K 2
Juan B. Alberdi ○ **RA** 220-221 E 4
Juan Bautista Tuxtepec ○· **MEX** 196-197 F 2
Juan de Fuca Strait ≈ 184-185 B 1
Juan de Guia, Cabo San ▲ **CO** 204-205 D 2
Juan E. Barra ○ **RA** 222-223 J 4
Juan-Fernández, Îles = Juan Fernández, Islas ⌒ **RCH** 222-223 B 1
Juan Fernández, Islas = Juan-Fernández, Îles ⌒ **RCH** 222-223 B 1
Juangchen ○ **VRC** 90-91 J 4
Juangon ○ **RP** 96-97 F 7
Juan Guerra ○ **PE** 208-209 D 5
Juani Island ⌒ **EAT** 150-151 K 4
Juan Jorba ○ **RA** 222-223 G 2
Juán José Perez ○ **BOL** 214-215 C 4
Juanjui ○ **PE** 208-209 D 5
Juankoski ○ **FIN** 24-25 K 5
Juan-les-Pins ○ **F** (06) 242-243 L 4
Juan L. Lacaze ○ **ROU** 222-223 L 3
Juan R. Cháve ○ **PY** 220-221 J 3
Juan Sola ○ **RA** 220-221 F 2
Juan Stuben, Isla ⌒ **RCH** 224 C 3
Juan Vicente ○ **C** 198-199 H 4
Juan W. Gez ○ **RA** 222-223 F 2
Juapon ○ **GH** 138-139 L 6
Juara ○ **BR** 214-215 J 2
Juárez ○ **MEX** (CHA) 194-195 E 2
Juárez ○ **MEX** (CHI) 196-197 H 3
Juárez ○ **MEX** (COA) 194-195 J 4
Juárez, Ciudad ○· **MEX** 194-195 F 2
Juarez, Sierra de ▲ **MEX** 194-195 B 1
Juari, Rio ∼ **BR** 212-213 C 5
Juatinga, Ponta da ▲ **BR** 216-217 H 7
Juazeiro ○· **BR** 212-213 H 6
Juázeiro, Riachão ∼ **BR** 216-217 J 2
Juazeiro do Norte ○· **BR** 212-213 J 5
Juazohn ○ **LB** 138-139 F 7
Jūbā ☆ **SUD** 142-143 K 6
Juba, Rio ∼ **BR** 214-215 H 4
Jubaylah, al- ⌒ **Y** 68-69 K 5
Jubba, Webi ∼ **SP** 148-149 J 2
Jubbada Dhexe □ **SP** 148-149 J 3
Jubbada Hoose □ **SP** 148-149 H 3
Juberina ○ **YV** 204-205 L 3
Jubilee Island ⌒ **CDN** 180-181 N 2
Jubilee Lake ⬭ **AUS** 112-113 J 4
Jubilee Lake ⬭ **CDN** 182-183 R 4
Jublains ○ **F** (53) 230-231 L 3
Jubnī, Bi'r < **LAR** 128-129 L 2
Jucá, Rio ∼ **BR** 212-213 H 5
Júcar, Río ∼ **E** 34-35 G 5
Juçara ○ **BR** (BAH) 212-213 H 7
Juçara ○ **BR** (GOI) 216-217 E 3
Jucás ○ **BR** 212-213 J 5
Juchipila ○ **MEX** 194-195 H 7
Juchitán ○ **MEX** 196-197 E 3
Juchitán de Zaragoza ○· **MEX** 196-197 G 3
Juchusujahuira, Río ∼ **BOL** 214-215 D 5
Juciape ○ **BR** 216-217 K 2
Jučjugej ○ **RUS** 56-57 K 2
Jucul ○ **PE** 208-209 D 7
Jucumarini, Lago ⬭ **PE** 214-215 B 5
Jucuri ○ **BR** 212-213 K 4
Jucurucu, Rio ∼ **BR** 216-217 L 4
Jucurutu ○ **BR** 212-213 K 5
Judenburg ○ **A** 28-29 N 5
Judèto, ozero ⬭ **RUS** 44-45 O 8
Judge Daly Promontory ∸ **CDN** 170-171 Q 3
Judith River ∼ **USA** 186-187 C 2
Judoma ∼ **RUS** 56-57 H 4
Judoma ∼ **RUS** 56-57 J 2
Judomskij, hrebet ▲ **RUS** 56-57 J 3
Judybaevo ○ **RUS** 32-33 K 7
Juelsminde ○ **DK** 22-23 E 9
Jufrah, Al □ **LAR** 128-129 G 3
Jug ∼ **RUS** 32-33 D 4
Juganskij, zapovednik ⊥ **RUS** 50-51 N 5
Jugarskaja Ob' ∼ **RUS** 50-51 M 4
Jugiong ○ **AUS** 116-117 K 3
Jugo-Kamskij ○ **RUS** 32-33 J 5
Jugon, Grand Etang de ⬭ **F** (22) 230-231 G 3
Jugon-les-Lacs ○ **F** (22) 230-231 G 3
Jugo-Osetinskaja Avtonomnaja Respublika = Ossétie du Sud □ **GE** 62-63 F 6
Jugorënok ○ **RUS** 56-57 G 4
Jugorskij poluostrov ⌣ **RUS** 44-45 J 7
Jugorskij Šar, proliv ⬭ **RUS** 44-45 H 7
Jugoslavija = Yougoslavie ■ **YU** 36-37 G 3
Juh ○ **VRC** 90-91 F 3
Juhnov ○ **RUS** 30-31 O 4
Juhoviči ○ **RUS** 30-31 L 3
Juhua Dao · **VRC** 86-87 C 7
Jui ∼ **RO** 38-39 C 5
Juifs, Région autonome des = Evrejskaja avtonomnaja oblast' □ **RUS** 58-59 D 4
Juigalpa ☆ **NIC** 196-197 B 5
Juignac ○ **F** (16) 236-237 F 5
Juigné-des-Moutiers ○ **F** (44) 230-231 J 4
Juillac ○ **F** (19) 236-237 H 5
Juillan ○ **F** (65) 240-241 E 4
Juilly ○ **F** (77) 228-229 K 5
Juína ○ **BR** 214-215 H 2
Juinamirim, Rio ∼ **BR** 214-215 H 2
Juiná ou Zui-Uina, Rio ∼ **BR** 214-215 H 3
Juine ∼ **F** (91) 232-233 G 2
Juist ⌒ **D** 28-29 J 2
Juiz de Fora ○ **BR** 216-217 J 6
Juizhou ○ **VRC** 92-93 D 4
Jujun ○ **RI** 98-99 D 6
Jujuy □ **RA** 220-221 D 2
Jukagirskoe ploskogor'e ▲ **RUS** 46-47 d 6
Jukamenskoe ☆ **RUS** 32-33 H 5
Jukkasjärvi ○· **S** 22-23 K 3
Jukonda ∼ **RUS** 50-51 J 4
Juksa, Bol'šaja ∼ **RUS** 50-51 S 6
Jukseevo ○ **RUS** 32-33 J 4
Jukta ○ **RUS** 52-53 M 4
Juktali ∼ **RUS** 52-53 O 5
Jula ∼ **RUS** 24-25 S 5
Jula, Jasiira ⌒ **SP** 148-149 J 4
Julaca ○ **BOL** 214-215 D 7
Juldessa ▲ **ETH** 144-145 D 7
Julesburg ○ **USA** 186-187 F 5
Juli ○ **PE** 214-215 C 5
Júlia ○ **BR** 210-211 C 3
Juliaca ○ **PE** 214-215 B 4
Julia Creek ○ **AUS** 110-111 F 7
Julia-Mabay ○ **C** 198-199 G 4
Julian ○ **USA** 184-185 F 9
Julian, Lac ⬭ **CDN** 180-181 L 7
Julianatop ▲ **SME** 206-207 F 4
Julianehab = Qaqortog ○ **GRØ** 172-173 R 6
Julianehabsfjord ≈ 172-173 R 6
Juliasdale ○ **ZW** 154-155 G 4
Juliénas ○ **F** (69) 238-239 F 4
Julijske Alpe ▲ **SLO** 36-37 D 1
Julio, 9 de ○ **RA** 222-223 J 3
Julio, 16 de ○ **RA** 222-223 J 4
Julio de Castilhos ○ **BR** 218-219 D 7
Jullouville ○ **F** (50) 230-231 H 2
Jullundur ○ **IND** 74-75 E 4
Julong Shan ▲ **VRC** 90-91 G 6
Julpa, Río ∼ **BOL** 214-215 E 6
Julwānia ○ **IND** 74-75 E 9
Juma ○ **RUS** 24-25 M 4
Juma, Rio ∼ **BR** 210-211 G 4
Juma, Rio ∼ **BR** 210-211 E 5
Jumandi, Cuevas de · **EC** 208-209 D 2
Jumbe Salim's ○ **EAT** 150-151 J 6
Jumbilla ○ **PE** 208-209 D 4
Jumboo ○ **SP** 148-149 J 4
Jumeaux ○ **F** (63) 242-243 C 1
Jumentos Cays ⌒ **BS** 198-199 H 3
Jumièges ○ **F** (76) 228-229 F 5
Jumilhac-le-Grand ○· **F** (24) 236-237 H 5
Jumilla ○ **E** 34-35 G 5
Jumi Pozo ○ **RA** 220-221 E 5
Jumla ○ **NEP** 80-81 D 6
Jummayza ○ **SUD** (SR) 142-143 K 6
Jummayza ○ **SUD** (SR) 142-143 J 5
Jumper Uajv, gora ▲ **RUS** 24-25 O 3
Jump River ∼ **USA** 190-191 C 3
Jumurčen ∼ **RUS** 54-55 G 9
Jun', Allah- ○ **RUS** 56-57 H 3
Juna ○ **BR** 216-217 K 6
Juna Downs ○ **AUS** 108-109 D 7
Jūnāgadh ○· **IND** 74-75 C 9
Junāgarh ○ **IND** 78-79 C 6
Junan ○ **VRC** 90-91 L 4
Junari ∼ **RUS** 52-53 J 4
Juncal, Quebrada ∼ **RCH** 220-221 C 3
Juncos ○ **USA** 200 C 2
Junction ○ **USA** 188-189 H 4
Junction, Mount ▲ **AUS** 108-109 J 5
Junction Bay ≈ 110-111 B 2
Junction Bay ≈ 180-181 J 3
Junction City ○ **USA** (AR) 188-189 L 3
Junction City ○ **USA** (KS) 186-187 J 6
Junction City ○ **USA** (OR) 184-185 C 3
Junction City ○ **USA** (SD) 186-187 J 4
Jundah ○ **AUS** 114-115 G 3
Jundiaí ○ **BR** 216-217 G 7

Juneau ☆ USA 176-177 C 2
Junee o AUS (NSW) 116-117 J 3
Junee o AUS (QLD) 114-115 K 2
Junèkèn ~ RUS 52-53 M 3
June Lake o USA 184-185 E 7
Jungar Qi o VRC 90-91 G 2
Jungbunzlau = Mladá Boleslav o•• CZ 28-29 N 3
Jungfrau ▲ CH 28-29 J 5
Junggar Pendi ∸ VRC 82-83 H 3
Jungue o ANG 152-153 C 5
Juniata o CDN 178-179 C 4
Juniata River ~ USA 190-191 K 5
Junies, Les o F (46) 240-241 G 1
Junin o CO 208-209 C 1
Junin o EC 208-209 B 2
Junin o PE 208-209 E 7
Junín o RA 222-223 J 3
Junin o RCH 214-215 B 6
Junin, Lago de ⬭ PE 208-209 D 7
Junin, Parque Nacional ⊥ PE 208-209 E 7
Junín de los Andes o RA 222-223 D 5
Juniper Springs ∴• USA 192-193 H 5
Juniville o F (08) 234-235 E 3
Jun'jaga ~ RUS 44-45 K 8
Junkjur o RUS 46-47 T 6
Junleri o WAN 140-141 J 4
Junlian o VRC 92-93 D 2
Junnar o IND 74-75 D 10
Juno o USA 188-189 G 4
Juno, El ▲ BOL 214-215 E 5
Juno Beach < F (14) 228-229 D 5
Junosuando o S 22-23 L 3
Junqoley o SUD 142-143 K 5
Junqoley Canal = Jonglei Canal < SUD 142-143 K 4
Junsele o S 22-23 H 5
Junta, La o BOL 214-215 G 4
Junta, La o MEX 194-195 F 3
Junta, La o USA 186-187 F 7
Juntas o CR 196-197 B 6
Juntas o RCH 220-221 C 5
Juntura o USA 184-185 E 4
Juntusranta o FIN 24-25 K 4
Junyi, proliv ≈ 44-45 Y 1
Jupati, Rio ~ BR 206-207 J 5
Jupilles o F (72) 230-231 M 4
Jupiter, Rivière ~ CDN 182-183 N 4
Juquiá o BR 218-219 G 5
Jur ~ SUD 142-143 J 4
Jura □ F (39) 238-239 G 3
Jura ⌒ GB 26-27 E 4
Jura, Monts du ⛰ F (01) 238-239 H 4
Jurackaja guba ⬭ RUS 44-45 R 5
Juradó o CO 204-205 C 4
Jura Franconien = Fränkische Alb ⛰ D 28-29 L 4
Juramento o BR 216-217 J 4
Jurançon o F (64) 240-241 D 4
Juranda Roadhouse o AUS 112-113 G 6
Jura Souabe = Schwäbische Alb ⛰ D 28-29 K 4
Jurbarkas ☆•• LT 30-31 H 4
Juredejjaha ~ RUS 44-45 S 8
Jurege, Rio ~ MOC 150-151 K 6
Jurema, Termas de • BR 218-219 D 5
Juremal o BR 212-213 H 6
Jur'evec o RUS 30-31 S 3
Jur'ev-Pol'skij o• RUS 30-31 Q 3
Jurga o RUS 50-51 S 7
Jurgamyš ☆ RUS 50-51 H 7
Juribej ~ RUS 44-45 O 7
Juribejskaja grjada ⛰ RUS 44-45 Q 7
Jurien o AUS 112-113 C 5
Jurien Bay ≈ 112-113 C 5
Juriepe, Río ~ YV 204-205 G 4
Juríes, Los o RA 220-221 F 5
Jurilovca o RO 38-39 F 5
Juring o RI 102-103 H 5
Jurique, Serra ⛰ BR 214-215 K 5
Jur'ja o RUS 32-33 F 4
Jurjaga ~ RUS 24-25 X 3
Jurjah, Tas o RUS 54-55 F 5
Jurjung-Haja o RUS 46-47 J 3
Jurjuzan' o RUS (CEL) 32-33 L 6
Jurjuzan' ~ RUS 32-33 L 6
Jurla ☆ RUS 32-33 J 4
Jūrmala ☆•• LV 30-31 H 3
Jurong o VRC 90-91 L 6
Jurques o F (14) 228-229 C 5
Juruá o BR 210-211 D 4
Juruá, Área Indígena X BR 210-211 D 5
Juruá, Rio ~ BR 210-211 D 5
Juruazinho, Rio ~ BR 210-211 F 7
Juruena o BR 214-215 H 2
Juruena, Rio ~ BR 210-211 H 7
Juruena ou Ananiná, Rio ~ BR 214-215 H 3
Jurumirim, Represa de < BR 216-217 F 7
Jurumkuveem ~ RUS 48-49 R 3
Jurupari, Rio ~ BR 210-211 C 7
Juruti o BR 210-211 J 4
Juscimeira o BR 214-215 K 5
Juscorps o F (79) 236-237 E 3
Jušino o RUS 24-25 X 2
Juškozero o RUS 24-25 M 4
Jušno-Kuril'skij proliv ⬭ RUS 58-59 L 7
Jussac o F (15) 236-237 K 6
Jussey o F (70) 238-239 H 1
Jussy-Champagne, Château de • F (18) 236-237 L 2
Justa, Quebrada de la ~ RCH 220-221 B 4
Justiniano Posse o RA 222-223 H 2
Justo Daract o RA 222-223 G 2
Justozero o RUS 24-25 M 5
Jus'va ☆ RUS 32-33 J 4
Jutaí o BR 210-211 D 4
Jutai, Cachoeira ~ BR 210-211 G 6
Jutai, Rio ~ BR 210-211 D 4
Jutaí, Rio ~ BR 210-211 D 4
Jutai Grande o BR 210-211 E 3
Jutai-Solimões, Reserva Ecológica ⊥ BR 210-211 D 4
Jüterbog o• D 28-29 M 3
Juti o BR 220-221 K 2
Jutiapa ☆ GCA 196-197 K 4
Jutiapa o HN 196-197 L 4
Juticalpa ☆ HN 196-197 L 4
Jutland = Jylland ∸ DK 22-23 D 9
Jutuarana o BR 210-211 H 4
Juuka o• FIN 24-25 K 5
Juva o FIN 24-25 J 6
Juvenília o BR 216-217 H 3
Juventud, Isla de la ⌒•• C 198-199 D 4
Juvigné o F (53) 230-231 J 3
Juvigny-le-Tertre o F (50) 230-231 J 2
Juvigny-sur-Seulles o F (14) 228-229 C 5
Juvisy-sur-Orge o F (91) 232-233 G 2
Juwana o RI 104 D 3
Ju Xian o VRC 90-91 L 4
Juxtlahuaca o MEX 196-197 F 3
Juye o VRC 90-91 K 4
Juža o RUS 30-31 S 3
Juzennecourt o F (52) 234-235 F 5
Juzķuduķ o US 72-73 H 3
Južnaja Čunja ~ RUS 52-53 L 5
Južnaja Tajmura ~ RUS 52-53 L 4
Južna Morava ~ YU 36-37 H 3
Južno-Aleksandrovka o RUS 52-53 H 8
Južno-Aličurskij hrebet ⛰ TJ 72-73 N 6
Juzno-Golodnostepskij kanal < US 72-73 L 4
Južno-Kamyšovyj hrebet ⛰ RUS 58-59 K 5
Južno-Kurilsk o RUS 58-59 L 6
Južno-Majnskij hrebet ⛰ RUS 48-49 Q 5
Južno-Sahalinsk ☆ RUS 58-59 K 5
Južnoural'sk o RUS 32-33 M 6
Južnyj o KA 62-63 N 4
Južnyj o RUS 48-49 Q 2
Južnyj, mys ▲ RUS (KMC) 56-57 X 6
Južnyj, mys ▲ RUS (KOR) 56-57 R 5
Južnyj, mys ▲ RUS (KOR) 56-57 U 5
Južnyj, ostrov ⌒ RUS 44-45 k 3
Južnyj Ergalah ~ RUS 44-45 W 7
Južnyj Ural ⛰ RUS 32-33 K 8
Juzzak o PK 70-71 J 4
Jwaneng o RB 156-157 G 2
Jylland = Jutland ∸ DK 22-23 D 9
Jyväskylä ☆ FIN 24-25 H 5
Jzaviknek River ~ USA 164-165 J 6

K

K2 ▲ PK 74-75 F 2
Kaabong o EAU 148-149 E 2
Kaabougou o BF 140-141 E 3
Kaahka o TM 72-73 F 6
Kaaji o F (988) 247 I e 4
Kaala ▲ F (988) 247 I b 2
Kaala-Gomen o F (988) 247 I b 2
Kaamanen o FIN 24-25 J 2
Kaap die Goeie Hoop = Cap de Bonne-Espérance ▲• ZA 156-157 D 7
Kaap die Goeie Hoop = Cape of Good Hope ▲• ZA 156-157 D 7
Kaapmuiden o ZA 156-157 K 2
Kaapstad = Cape Town ☆•• ZA 156-157 D 6
Kaaresuvanto o FIN 24-25 G 2
Kaart ∸ RMM 138-139 F 3
Kaavi o FIN 24-25 K 5
Kabacan o RP 96-97 F 9
Kabaena, Pulau ⌒ RI 100-101 G 6
Kabaena, Selat ≈ 100-101 G 6
Kabah ∴• MEX 196-197 K 1
Kabaklyoba o TM 72-73 H 5
Kabala o WAL 138-139 E 5
Kabale o EAU 148-149 B 4
Kabalo o ZRE 150-151 D 4
Kabamba, Lac ⬭ ZRE 150-151 D 4
Kabambare o ZRE 148-149 A 6
Kabanga o ZRE 152-153 E 3
Kabango o ZRE 150-151 D 4
Kabangu o ZRE 150-151 B 6
Kabania Lake ⬭ CDN 178-179 M 4
Kabanjahe o RI 98-99 C 3
Kabankalan o RP 96-97 E 8
Kabara ⌒ FJI 120 III c 3
Kabara o RMM 132-133 J 6
Kabara, Lac ⬭ RMM 138-139 H 2
Kabarai o RI 102-103 F 2
Kabardino-Balkarskaja Respublika □ RUS 62-63 E 6
Kabardino-Balkharie,Rép. de=Kèbèrdej-Balkèr Respublikèm □ RUS 62-63 E 6
Kabare o ZRE 148-149 B 5
Kabarnet o EAK 148-149 E 3
Kabasalan o RP 96-97 E 9
Kabau o RI 100-101 J 5
Kābāw o LAR 128-129 D 2
Kabba o WAN 140-141 G 5
Kabe o WAN 140-141 F 3
Kaberamaido o EAU 148-149 D 3
Kabetogama Lake ⬭ USA 186-187 L 1
Kabeya o ZRE 150-151 B 4
Kabī o ETH 144-145 D 3
Kabia ~ TCH 142-143 B 4
Kabika River ~ CDN 182-183 E 4
Kabinakagami Lake ⬭ CDN 178-179 O 6
Kabin Buri o THA 94-95 F 3
Kabinda o ZRE 150-151 C 4
Kabir o RI 102-103 C 6
Kabīr, Kūh-e ⛰ IR 70-71 B 2
Kabīr, Nahr az-Zāb al ~ IRQ 64-65 K 4
Kabirwāla o PK 74-75 C 4
Kabkābiyah o SUD 136-137 B 6
Kablebet o RI 102-103 E 2
Kabna o SUD 136-137 F 3
Kabo o RCA 142-143 D 5
Kabolaa o RI 102-103 F 2
Kabombo ~ Z 154-155 C 1
Kabompo o Z 154-155 C 1
Kabompo ~ Z 154-155 C 1
Kabondo-Dianda o ZRE 150-151 C 5
Kabongo o ZRE (SHA) 150-151 E 5
Kabongo o ZRE (SHA) 150-151 C 4
Kabou o RCA 142-143 E 6
Kabou o RT 138-139 L 5
Kaboudia, Rass ▲ TN 126-127 H 3
Kaboul = Kābul ★ AFG 74-75 B 2
Kabrousse o SN 138-139 B 3
Kabš, Ra's al- ▲ OM 68-69 L 3
Kabšān o KSA 66-67 H 5
Kabūd Rāhang o IR 64-65 N 5
Kābul □ AFG 74-75 B 2
Kābul ★ AFG 74-75 B 2
Kābul, Daryā-ye ~ AFG 74-75 B 2
Kabulamwanda o Z 154-155 D 2
Kabumbu o ZRE 146-147 L 6
Kabunda o ZRE 150-151 E 7
Kabunduk o RI 104 D 7
Kabur o SUD 136-137 E 6
Kaburuang o RI 100-101 K 2
Kaburuang, Pulau ⌒ RI 100-101 K 2
Kabūshiya o SUD 136-137 F 4
Kabūtārḫan o IR 70-71 G 3
Kabuzal Island ⌒ MYA 94-95 D 4
Kabwe ☆ Z 154-155 E 2
Kabwum o PNG 119 D 4
Kabyé, Monts ▲ RT 138-139 L 5
Ķabyrga ~ KA 62-63 P 2
Kačanik o• YU 36-37 H 3
Kacepi o RI 102-103 E 2
Kačerikova o RUS 52-53 N 9
Kach o PK 70-71 M 3
Kachako o WAN 140-141 H 3
Kachalola o Z 154-155 F 2
Kachchh, Gulf of ≈ 74-75 B 8
Kacheh Kūh ⛰ PK 70-71 J 4
Kachekabwe o RB 154-155 C 4
Kachemak Bay ≈ 166-167 V 3
Kachgar = Kashi o• VRC 82-83 C 6
Kachia o WAN 140-141 G 4
Kachikani Pass ▲ PK 74-75 D 2
Kachīsī o ETH 144-145 C 4
Kachovs'ke vodoschovyšče < UA 38-39 H 4
Kachovs'kyj kanal < UA 38-39 J 4
Kachulu o MW 154-155 H 2
Kachung o EAU 148-149 D 3
Kačikatcy o RUS 54-55 O 5
Kačiry ☆ KA 60-61 K 2
Kačkanar o RUS 32-33 L 4
Kaçkar Dağı ▲ TR 64-65 J 2
Kačug ☆ RUS 52-53 M 9
Kačul = Cahul ☆ MD 38-39 F 5
Kaczawa ~ PL 28-29 N 3
Kada o AFG 70-71 K 3
Ka Dake Station o SD 156-157 K 3
Kadaly, Ust'e o RUS 54-55 E 6
Kadambūr o IND 76-77 G 6
Kadaney Rūd ~ AFG 70-71 M 3
Kadangan o RI 104 E 3
Kadan Kyun ⌒ MYA 94-95 E 4
Kadavu ⌒ FJI 120 III b 3
Kadavu Passage ≈ 120 III b 3
Kaddam o IND 74-75 G 10
Kaddam Dam < IND 74-75 G 10
Kade o GH 138-139 K 6
Kadéï ~ RCA 146-147 E 2
Kadepur o IND 76-77 F 2
Kadi, ozero ⬭ RUS 58-59 J 3
Kadiana o RMM 138-139 G 4
Kadiaso o CI 138-139 G 5
Kadijivka o UA 38-39 L 3
Kadina o AUS 116-117 D 2
Kadınhanı o TR 64-65 E 3
Kadioha o CI 138-139 H 5
Kadiolo o RMM 138-139 H 4
Kadiondola ▲ RG 138-139 E 4
Kadipaten o RI 104 C 3
Kadiri o IND 76-77 H 3
Kadirli ☆ TR 64-65 G 4
Kadiwéu, Reserva Indígina X BR 214-215 J 7
Kadjebi o GH 138-139 L 6
Kadji o TCH 142-143 E 3
Kadkan o IR 72-73 F 7
Kado o WAN 140-141 H 5
Kadoka o USA 186-187 G 4
Kadoma o ZW 154-155 E 4
Kadovar Island ⌒ PNG 119 C 2
Kadu o RI 104 D 7
Kadugli o SUD 142-143 J 3
Kaduj o RUS 30-31 P 2
Kaduna □ WAN 140-141 G 3
Kaduna ☆• WAN (KAD) 140-141 G 3
Kaduna, River ~ WAN 140-141 F 4
Kadung Ga o MYA 78-79 K 2
Kadupendak o RI 104 A 3
Kadūr o IND 76-77 G 4
Kadyj o RUS 30-31 S 3
Kadykčan o RUS 56-57 M 2
Kadžaran o AR 64-65 M 3
Kadžerom o RUS 24-25 X 4
Kadži-Saj o KS 82-83 C 4
Kaechon o DVR 86-87 E 8
Kaédi ☆ RIM 132-133 D 6
Kaélé o CAM 142-143 B 3
Kaena Point ▲• USA 192-193 C 7
Kaeng Khlo o THA 94-95 G 2
Kaeo o NZ 118 D 1
Kaesŏng o ROK 86-87 F 9
Kaevanga o SOL 120 I d 3
Kafakumba o ZRE 150-151 B 5
Kafan o AR 64-65 M 3
Kafanchan o WAN 140-141 H 4
Kafferrivier ~ ZA 156-157 G 4
Kaffin-Saru o WAN 140-141 G 4
Kaffrine o SN 138-139 C 2
Kafia Kingi o SUD 142-143 G 4
Kafiau, Pulau ⌒ RI 102-103 E 2
Kafin o WAN 140-141 G 4
Kafindibei o SUD 142-143 G 4
Kafin Hausa o WAN 134-135 D 6
Kafirnigan ~ TJ 72-73 L 6
Kåfjord o N 22-23 M 1
Kafolo o CI 138-139 H 5
Kafountine o SN 138-139 B 3
Kafr ad-Dawwār o ET 130-131 E 2
Kafr as-Šaiḫ ☆ ET 130-131 E 2
Kafu ~ EAU 148-149 C 3
Kafubu ~ ZRE 150-151 E 6
Kafue o Z (Lus) 154-155 E 2
Kafue ~ Z 154-155 D 2
Kafue Flats ∸ Z 154-155 D 2
Kafue National Park ⊥ Z 154-155 C 2
Kafukule o MW 150-151 G 6
Kafulwe o Z 150-151 E 5
Kafuya ~ ZRE 146-147 L 6
Kafwata Rest Camp o Z 154-155 D 2
Kaga o J 88-89 G 6
Kaga Bandoro ☆ RCA 142-143 D 5
Kagadi o EAU 148-149 C 3
Kağaki o AFG 70-71 L 2
Kağaki, Band-e o•• AFG 70-71 L 2
Kagalaska Island ⌒ USA 166-167 H 7
Kagal'nik ~ RUS 38-39 M 4
Kagal'nik ~ RUS 38-39 L 4
Kagamil Island ⌒ USA 166-167 L 6
Kagamil Pass ≈ 166-167 M 6
Kāgān o PK 74-75 D 2
Kagan ☆ US 72-73 J 5
Kagangan, Pulau ⌒ RI 100-101 F 6
Kagaré o BF 138-139 K 3
Kagarko o WAN 140-141 G 4
Kagegawa o J 88-89 H 7
Kagera □ EAT 148-149 C 4
Kagera ~ EAT 148-149 C 4
Kaggi o IND 76-77 F 4
Kagianagami Lake ⬭ CDN 178-179 N 5
Kağızman ☆ TR 64-65 K 2
Kaglik Lake ⬭ CDN 164-165 a 2
Kagloryuak River ~ CDN 168-169 Q 5
Kagmar o SUD 136-137 E 5
Kagnel o TCH 142-143 D 4
Kagologolo o RI 98-99 C 5
Kagombo o ZRE 150-151 D 6
Kagopal o TCH 142-143 C 4
Kagora, Mount ▲ WAN 140-141 H 4
Kagoshima ☆ J 88-89 D 9
Kagoshima-wan ≈ 88-89 D 9
Kağrān o AFG 70-71 L 2
Kāğū, Rūdḫāne-ye ~ IR 70-71 J 6
Kagua o PNG 119 B 4
Kāğūğ o ET 130-131 F 5
Kahal Tabelbala ⛰ DZ 124-125 K 6
Kahama o EAT 148-149 D 5
Kahān o PK 74-75 B 5
Kahatola, Pulau ⌒ RI 100-101 K 3
Kahayan ~ RI 98-99 K 5
Kahayan ~ RI 100-101 D 5
Kahemba o ZRE 152-153 E 3
Kahfa, al- o KSA 66-67 H 4
Kahir o IR 70-71 J 6
Kahiri o IR 70-71 J 5
Kahmard o AFG 72-73 K 7
Kāhna Nau o PK 74-75 E 4
Kahnple o LB 138-139 F 6
Kahnūg o IR 70-71 G 5
Kahnwia o LB 138-139 F 7
Kahone o SN 138-139 C 2
Kahoolawe ⌒ USA 192-193 D 7
Kahouanne ⌒ F (971) 245 IV a 2
Kahramanmaraş ☆• TR 64-65 G 4
Kahrīzak o IR 72-73 B 7
Kahror Pakka o PK 74-75 C 5
Kâhta ☆ TR 64-65 H 4
Kahtana ~ RUS 56-57 T 4
Kahuku o USA 192-193 D 7
Kahuku Point ▲ USA 192-193 D 7
Kahul = Cahul ☆ MD 38-39 F 5
Kahului o USA 192-193 D 7
Kahunge o EAU 148-149 C 3
Kahūta o PK 74-75 D 3
Kahuzi-Biega, Parc National du ⊥••• ZRE 148-149 A 4
Kai, Kepulauan ⌒ RI 102-103 G 4
Kaiam o PNG 119 B 4
Kaiama o WAN 140-141 E 4
Kaiapit o PNG 119 D 4
Kaiapoi o NZ 118 D 5
Kaibab Indian Reservation X USA 184-185 H 7
Kai Beab o RI 102-103 K 5
Kai Besar, Pulau ⌒ RI 102-103 G 4
Kaibola o PNG 119 F 5
Kaibus, Teluk ≈ 102-103 F 2
Kaidu He ~ VRC 82-83 G 4
Kai Dulah, Pulau ⌒ RI 102-103 G 4
Kaiemothia o SUD 144-145 B 6
Kaieteur Fall ~•• GUY 206-207 E 3
Kaieteur National Park ⊥ GUY 206-207 E 3
Kaifeng o• VRC 90-91 J 4
Kaigani o USA 176-177 D 4
Kaihu o NZ 118 D 1
Kaihua o VRC 92-93 L 2
Kai Ketjil, Pulau ⌒ RI 102-103 G 4
Kaikohe o NZ 118 D 1
Kaikoura o NZ 118 D 5
Kailahun o WAL 138-139 E 5
Kailash = Kangrinboqê Feng ▲ VRC 80-81 C 5
Kailashahar o IND 78-79 H 3
Kaileuna Island ⌒ PNG 119 F 5
Kaili o VRC 92-93 E 3
Kailu o VRC 86-87 C 6
Kailua o USA 192-193 D 7
Kailua = Kona o USA 192-193 E 8
Kaima o RI 102-103 K 4
Kaimana o RI 102-103 G 3
Kaimeer, Pulau ⌒ RI 102-103 G 4
Kaimur Hills ⛰ IND 78-79 B 3
Käina o•• EST 30-31 H 2
Kainab ~ NAM 156-157 D 3
Kainan o J 88-89 F 8
Kainantu o PNG 119 C 4
Kaindu o Z 154-155 D 2
Kaindy o KS 72-73 N 3
Kainji Dam < WAN 140-141 F 4
Kainji Lake National Park ⊥ WAN 140-141 E 3
Kainji Reservoir < WAN 140-141 F 3
Kaipara Harbour ≈ 118 E 2
Kaiping o VRC 92-93 H 5
Kaipotok Bay ≈ 180-181 U 7
Kaipuri, Pulau ⌒ RI 102-103 J 2
Kairāna o IND 74-75 F 5
Kairiu Island ⌒ PNG 119 B 2
Kaironi o RI 102-103 G 2
Kairouan ☆••• TN 126-127 H 3
Kais ~ RI 102-103 G 2
Kaiserslautern o D 28-29 J 4
Kaiserstuhl ⛰ D 28-29 J 4
Kaiser Wilhelm II.-Land ∸ ARK 16 G 9
Kaisho o EAT 148-149 C 4
Kaišiadorys ☆ LT 30-31 J 4
Kaisu o EAU 148-149 C 3
Kaisut Desert ∸ EAK 148-149 F 3
Kait o PNG 119 G 3
Kait, Tanjung ▲ RI 98-99 G 6
Kaita o EAU 148-149 D 3
Kaitaia o NZ 118 D 1
Kaitangata o NZ 118 B 7
Kaitanimbar, Pulau ⌒ RI 102-103 G 5
Kaiteriteri o NZ 118 D 4
Kaithal o IND 74-75 F 5
Kaititja-Warlpiri Aboriginal Land X AUS 110-111 B 6
Kaitum o S 22-23 K 3
Kaitumälven ~ S 22-23 J 3
Kaiwatu o RI 102-103 D 6
Kaiwi Channel ≈ 192-193 D 7
Kai Xian o VRC 90-91 F 6
Kaiyang o VRC 92-93 E 3
Kaiyuan o VRC (LIA) 86-87 E 6
Kaiyuan o VRC (YUN) 92-93 C 5
Kaiyuh Mountains ⛰ USA 164-165 L 5
Kaja, Wādī ~ SUD 134-135 L 6
Kajaani o FIN 24-25 J 4
Kajabbi o AUS 110-111 F 7
Kajak o RUS 44-45 e 6
Kajang o MAL 98-99 D 3
Kajang (Typical Amatowa Village) o•• RI 100-101 G 6
Kajasan National Park ⊥• ROK 86-87 G 10
Ķajdaķ, sor ∸ KA 62-63 K 5
Kajdak, Šor ⬭ KA 62-63 K 5
Kajerkan o RUS 44-45 W 7
Kajiado o EAK 148-149 F 4
Kajlastuj o RUS 54-55 J 11
Kajmonovo o RUS 52-53 M 7
Kajnar o KA 60-61 K 4
Kajo Kaji o SUD 148-149 C 2
Kajola o WAN 140-141 F 5
Kajpil'gakuj, ozero ⬭ RUS 48-49 T 5
Kajrakkum o TJ 72-73 L 4
Kajrakkumskoe vodohranilišče < TJ 72-73 M 4
Ķajraķty ~ KA 62-63 N 3
Kajser Franz Joseph Fjord ≈ 170-171 m 7
Kajuru o WAN 140-141 G 3
Ķaķ, köli ⬭ KA 60-61 E 2
Kākā o SUD 142-143 L 3
Kakaban, Pulau ⌒ RI 100-101 F 2
Kakabeka Falls o• CDN 178-179 M 6
Kakabia, Pulau ⌒ RI 102-103 B 5
Kakachischuan, Pointe ▲ CDN 180-181 K 7
Kakadu Holiday Village • AUS 108-109 L 2
Kakadu National Park ⊥••• AUS 108-109 L 2
Kakagi Lake ⬭ CDN 178-179 K 6
Kakali o RI 100-101 F 4
Kakamas o ZA 156-157 E 4
Kakamega ☆ EAK 148-149 E 3
Kakamenga Forest Reserve ⊥ EAK 148-149 E 3
Kaka Mundi Section ⊥ AUS 114-115 J 3
Kākān o AFG 72-73 M 6
Kakanda o ZRE 150-151 D 6
Kakat, Ujung ▲ RI 98-99 B 3
Kakata o LB 138-139 E 6
Kakavi Theollogu o GR 36-37 H 5
Kakching o MYA 78-79 J 3
Kakdwip o IND 78-79 F 5
Kake o J 88-89 E 7
Kake o USA 176-177 D 3
Kakenge o ZRE 146-147 H 6
Kakeroma-shima ⌒ J 88-89 C 10
Kākī o IR 70-71 D 4
Kakielo o ZRE 150-151 E 7
Kakimba o ZRE 148-149 B 6
Kakinãda o IND 76-77 K 2
Kakisa River ~ CDN 174-175 K 5
Kakkar o PK 70-71 M 5
Kakobola o ZRE 146-147 G 6
Kakogawa o J 88-89 F 7
Kakonko o EAT 148-149 C 5
Kakoro o PNG 119 D 4
Kakpin o CI 138-139 J 5
Kakrima ~ RG 138-139 D 4
Kakšaal-Too', hrebet ⛰ KS 82-83 C 5
Kaktovik o USA 164-165 T 1
Kakuma o EAK 148-149 E 2
Kakumbi o Z 154-155 F 1
Kakumi o WAN 140-141 G 3
Kakumiro o EAU 148-149 C 3
Kakunodate o J 88-89 J 5
Kakwa Provincial Recreation Area ⊥ CDN 176-177 K 4
Kakwa River ~ CDN 176-177 L 4
Kakya o EAK 148-149 G 4
Ķaķyl, tau ▲ KA 60-61 F 4
Kala o EAT 150-151 F 5
Kala o WAN 134-135 G 6
Kalaallit Nunaat □ GRØ 170-171 P 6
Kalaallit Nunaat = Grønland □ GRØ 170-171 c 8
Kalaat Khasba o TN 126-127 G 3
Kālābāgh o PK 74-75 C 3
Kalabahi o RI 102-103 C 6
Kalabakan o MAL 96-97 B 10
Kalabi o EAU 148-149 D 2
Kalabo o Z 154-155 B 2
Kalabsha ∴• ET 130-131 F 6
Kalabua o ZRE 150-151 B 4
Kalač o RUS 38-39 M 2
Kalāčāy o IR 72-73 B 6
Kalačinsk ☆ RUS 50-51 N 7
Kalač-na-Donu o RUS 38-39 N 3
Kaladan o IND 78-79 H 4
Kaladan ~ IND 78-79 H 5
Kaladar o CDN 182-183 F 6
Ka Lae ▲ USA 192-193 E 8
Kalafgān o AFG 72-73 L 6
Kalafilia o RG 138-139 F 5
Kalahari Desert ∸ RB 156-157 E 1
Kalahari Gemsbok National Park ⊥ ZA 156-157 E 2
Kalaigaon o IND 78-79 G 2
Kalaihum o TJ 72-73 M 5
Kalaji o WAG 138-139 C 3
Kalajoki o FIN 24-25 G 4
Kalakala • BOL 214-215 D 6
Kalakan o RUS (CTN) 54-55 H 8
Kalakan ~ RUS 54-55 J 8
Kalalé o DY 140-141 E 3
Kalāle o IR 72-73 D 6
Kala-I-Mor o TM 72-73 H 7
Kalām o PK 74-75 D 2
Kalama < EAK 148-149 F 2
Kalamaloué, Parc National de ⊥ CAM 134-135 G 6
Kalamariá o GR 36-37 J 4
Kalamáta o GR 36-37 J 6
Kalamazoo o USA 190-191 F 4
Kalamazoo River ~ USA 190-191 F 4
Kalambáka o• GR 36-37 H 5
Kalambo ~ EAT 150-151 F 5
Kalambo Falls ~ EAT 150-151 F 5
Kalamits'ka zatoka ≈ 38-39 H 5
Kalana o EST 30-31 H 2
Kalana o RMM 138-139 F 4
Kalangali o EAT 150-151 G 4
Kalanguj o RUS 54-55 H 10
Kalanshiyū, Sarir ∸ LAR 128-129 J 4
Kalao, Pulau ⌒ RI 104 E 6
Kalaotoa, Pulau ⌒ RI 104 E 6
Kala Oya ~ CL 76-77 J 6
Kalapana o USA 192-193 E 8
Kalar ~ RUS 54-55 J 7
Kalār, Kūh-e ▲ IR 70-71 D 3
Kalar, Srednij o RUS 54-55 H 8
Kalaraš = Călăraşi ☆ MD 38-39 F 4
Kälarne o S 22-23 H 5
Kalarskij hrebet ⛰ RUS 54-55 H 8
Kalasin o THA 94-95 G 2
Kalāt o• PK 70-71 M 4
Kalāte o IR 72-73 D 6
Kalāte-ye Siyāh o IR 70-71 J 4
Kalatungan Mountains ▲ RP 96-97 F 9
Kalaupapa o USA 192-193 D 7
Kalaus ~ RUS 38-39 N 5
Kalaus ~ RUS 62-63 E 5
Kalaw o MYA 78-79 K 5
Kalb, De o USA (IL) 190-191 D 5
Kalb, De o USA (TX) 188-189 K 3
Kalb, Ra's al- ▲ Y 68-69 F 6
Kalbā o UAE 70-71 G 6
Kalbān, al- o OM 68-69 L 3
Kalbarri o• AUS 112-113 C 3
Kalbarri National Park ⊥ AUS 112-113 C 3
Kalbinskij toglari ⛰ KA 60-61 M 4
Kaldakvistl ~ IS 22-23 d 2
Ķaldyķajty ~ KA 32-33 H 9
Ķaldyköl ⬭ KA 72-73 L 3
Kaldykol', ozero ⬭ KA 72-73 L 3
Kalé o RMM 138-139 E 3
Kale ☆ TR 64-65 D 4
Kale ☆ TR 64-65 C 4
Kalecik ☆• TR 64-65 E 2
Kaledougou o RMM 138-139 H 3
Kaledupa, Pulau ⌒ RI 100-101 H 6
Kalegauk ⌒ MYA 94-95 D 3
Kalegosilik River ~ USA 164-165 Q 2
Kalehe o ZRE 148-149 B 5
Kaleibar o IR 64-65 M 3
Kalema o ZRE 146-147 K 6
Kalemie o ZRE 148-149 B 6
Kalemyo o MYA 78-79 J 4
Kalengwa o Z 154-155 C 1
Kalënoe o KA 32-33 G 9
Kaleo o GH 138-139 J 4
Kaleste o EST 30-31 H 2
Kāl-e Šūr ~ IR 70-71 G 1
Kāl-e Šūr, Rūd-e ~ IR 72-73 F 6
Kalevala o RUS 24-25 L 4
Kale Valley ⌣• WAN 140-141 J 3
Kalewa o MYA 78-79 J 4
Kalf ~ NAM 156-157 C 2
Kálfafell o IS 22-23 e 3
Kálfafellsstaður o IS 22-23 f 2
Kalfou o CAM 142-143 B 3
Kalfou, Réserve de ⊥ CAM 142-143 B 3
Kalga ☆ RUS 54-55 J 10
Kalgalakša, guba ≈ 24-25 N 4
Kalghatgi o IND 76-77 F 3
Kalginčevajam ~ RUS 56-57 T 5
Kalgin Island ⌒ USA 164-165 O 6
Kalgo o WAN 134-135 B 6
Kali ~ NEP 80-81 C 6
Kali o RMM 138-139 E 3
Kal'i o RUS 24-25 R 5
Kalia ~ CAM 142-143 B 3
Kaliakair o BD 78-79 G 3
Kaliakra, Nos ▲ BG 38-39 F 6
Kalian o RP 96-97 F 9
Kalianda o RI 98-99 F 7
Kalianget o RI 104 E 3
Kaliānpur o IND 74-75 B 8
Kalibo ☆ RP 96-97 E 7
Kaliet o RI 98-99 C 6
Kali Gandaki ~ NEP 80-81 D 6
Kaliganj o BD 78-79 F 4
Kaligondang o RI 104 C 3
Kalima o ZRE 146-147 L 5
Kalimantan ⌒ 98-99 J 5
Kalimantan Barat □ RI 98-99 J 4
Kalimantan Selatan □ RI 100-101 D 5
Kalimantan Tengah □ RI 98-99 K 5
Kalimantan Timur □ RI 100-101 D 2
Kálimnos o• GR 36-37 L 6
Kálimnos ⌒ GR 36-37 L 6
Kālimpang o IND 78-79 F 2
Kalinga o AUS 110-111 G 4
Kalinga o IND 78-79 D 5
Kalingupatti o IND 76-77 H 6
Kalinin ☆ TM 72-73 F 3
Kalinin = Tver' ☆ RUS 30-31 O 3
Kalinina o RUS 52-53 O 6
Kalinina, zaliv ⬭ RUS 44-45 Y 2
Kalininabad o TJ 72-73 L 6
Kaliningrad ☆•• RUS 30-31 G 4
Kalinino o RUS 58-59 C 4
Kalinino = Tašir o AR 64-65 L 2
Kalininsk o RUS 32-33 D 8
Kalinkavičy o BY 30-31 L 5
Kalinko o RG 138-139 E 4
Kalip o PNG 119 F 3
Kalipagan o RP 96-97 F 10
Kalipucang o RI 104 C 3
Kaliro o EAU 148-149 D 3
Kalis o SP 144-145 J 4
Kalisat o RI 104 E 4
Kāli Sindh o IND 74-75 F 8
Kalisizo o EAU 148-149 C 4
Kalispel Indian Reservation X USA 184-185 F 1
Kalispell o USA 184-185 G 1
Kalisz ☆•• PL 28-29 P 3
Kalitidu o RI 104 D 3
Kalitva ~ RUS 38-39 M 3
Kaliua o EAT 148-149 C 6
Kalivia o GR 36-37 J 6
Kalivta ~ RUS 38-39 M 3
Kaliwiro o RI 104 C 3
Kaliwungu o RI 104 D 3
Kalix o S 22-23 L 4
Kalixälven ~ S 22-23 L 3
Kaljazin ☆•• RUS 30-31 P 3
Ķalķaman o KA 60-61 K 3
Kalkan o TR 64-65 C 4
Kalkaringi o AUS 108-109 K 4
Kalkaska o USA 190-191 F 3
Kalkbank o ZA 154-155 E 6
Kalkfeld o NAM 152-153 D 10
Kalkfontein = Tshootsha o RB 152-153 F 11
Kalkrand o NAM 156-157 C 2
Kalkuni o GUY 206-207 F 3
Kallakkurichchi o IND 76-77 H 5
Kallam o IND 74-75 F 10
Kallambella o IND 76-77 G 4
Kållandsö ⌒ S 22-23 F 7
Kallar o IND 76-77 F 4
Kallār o IRQ 64-65 L 5
Kallar Kahār o PK 74-75 D 3
Kalli o AUS 112-113 D 3
Kalli o EST 30-31 J 2
Kallidaikurichchi o IND 76-77 G 6
Kallislahti o FIN 24-25 K 6
Kallsjön ⬭ S 22-23 F 5
Ķalmaķkol, köli ⬭ KA 60-61 E 2
Ķalmaķkyrgan ~ KA 60-61 D 5
Kalmali o IND 76-77 G 2
Kalmanka ☆ RUS 60-61 N 2
Kalmar ☆ S 22-23 H 8
Kalmard o IR 70-71 G 2
Kalmard, Godār-e ▲ IR 70-71 G 2
Kalmarsund ≈ 22-23 H 8
Kalmeta o AUS 110-111 F 6
Kal'mius ~ UA 38-39 K 4
Kalmouks, République des = Hal'mg-Tangč □ RUS 62-63 F 4
Kalmunai o CL 76-77 J 7
Kalmykovo ☆ KA 32-33 G 9
Kālna o IND 78-79 F 4
Kalnciems o LV 30-31 H 3
Kalni ~ BD 78-79 G 3
Kalocsa o H 28-29 P 5
Kalo Kalo o PNG 119 F 5
Kaloke o LB 138-139 G 7
Kalokitting o SUD 136-137 B 6
Kaloko o ZRE 150-151 C 4
Kalokol o EAK 148-149 E 2
Kālol o IND 74-75 D 8
Kalole o ZRE 148-149 A 5
Kalomo o Z 154-155 D 3
Kalomo ~ Z 154-155 D 3
Kalonje o Z 150-151 F 7
Kalosi o RI 100-101 F 5
Kalossia o EAK 148-149 E 3
Kalounka o RG 138-139 C 4
Kalourat, Mount ▲ SOL 120 I e 3
Kalpáki o GR 36-37 H 5
Kalpeni Island ⌒ IND 76-77 B 3
Kalpitiya o CL 76-77 H 6
Kalskag o USA 164-165 K 6
Kaltag o USA 164-165 L 4
Kaltamy ~ RUS 44-45 Z 7
Kaltasy ☆ RUS 32-33 J 5
Kaltinėnai o LT 30-31 H 4
Kaltuk o RUS 52-53 K 8
Kaltungo o WAN 140-141 J 4
Kaluga ☆•• RUS 30-31 P 4
Kalugumalai o IND 76-77 G 6
Kalu hrebet ⛰ RUS 32-33 K 7
Kālu Khuhar o PK 70-71 M 6
Kaluluma o MW 150-151 G 7
Kalulushi o Z 150-151 E 7
Kaluma-Kanda o BD 78-79 G 3
Kalumbu, Mwadi- o ZRE 152-153 E 3
Kalumburu X AUS 108-109 H 3
Kalumburu Aboriginal Land X AUS 108-109 H 3
Kalumengongo ~ ZRE 150-151 D 5
Kalumpang o RI 100-101 F 5
Kalundborg o• DK 22-23 E 9
Kalundu o ZRE 148-149 B 5
Kalundwe o ZRE 150-151 C 4
Kalungu ~ Z 150-151 G 5
Kalungwishi ~ Z 150-151 E 5
Kalūr Kot o PK 74-75 C 3
Kaluš ☆ UA 38-39 D 3
Kalvakurti o IND 76-77 H 2
Kalvarija o•• LT 30-31 H 4
Kalyān o IND 74-75 D 10
Kalyandrug o IND 76-77 G 3
Ķalybaj o KA 62-63 O 3
Ķalybek, köli ⬭ KA 60-61 G 2
Kalygir', buhta ⬭ RUS 56-57 S 7
Kalynivka ☆ UA 38-39 F 3
Kam ~ NAM 156-157 C 2
Kam, River ~ WAN 140-141 J 4
Kama o RMM 138-139 E 3
Kama ~ RUS 32-33 H 5
Kama ~ RUS 32-33 G 6
Kama ~ RUS 32-33 H 4
Kama ~ RUS 50-51 D 5
Kama ~ RUS 50-51 J 4
Kama, Réservoir de la = Kamskoe vodohranilišče < RUS 32-33 K 4
Kamada < TCH 134-135 G 4
Kamaday o TCH 142-143 E 3
Kamaishi o J 88-89 J 5
Kamakawalar, Danau ⬭ RI 102-103 H 3
Kamakwie o WAL 138-139 D 5
Kamal o RI 104 E 3
Kamal o TCH 134-135 H 2
Kamāl, Abū ☆ SYR 64-65 J 5
Kamale Mountain ▲ WAN 140-141 K 3
Kamālia o PK 74-75 D 4

Kamalpur ○ **IND** 78-79 G 3
Kaman ☆ **TR** 64-65 E 3
Kamanga ○ **EAT** 148-149 D 5
Kamangu ○ **Z** 150-151 F 6
Kamanyola ○ **ZRE** 148-149 B 5
Kamāraj ○ **IR** 70-71 D 4
Kamarān ○ **Y** 68-69 C 6
Kamarān ⌒ **Y** 68-69 C 6
Kamarang ○ **GUY** 206-207 D 3
Kāmāreddi ○ **IND** 74-75 G 10
Kamaron ○ **WAL** 138-139 E 5
Kamarsuk ○ **CDN** 180-181 T 6
Kamaši ○ **US** 72-73 K 5
Kamativi ○ **ZW** 154-155 D 4
Kamba ○ **WAN** 140-141 E 3
Kamba Kota ○ **RCA** 142-143 C 5
Kambal ○ **SUD** 144-145 B 3
Kambalda ○• **AUS** 112-113 F 5
Kambal'naja Sopka, vulkan ▲ **RUS** 58-59 R 3
Kambal'nickie Koški, ostrova ⌒ **RUS** 24-25 T 2
Kambal'nyj, mys ▲ **RUS** 58-59 R 3
Kambang ○ **RI** 98-99 D 5
Kambarka ☆ **RUS** 32-33 J 5
Kamberatoro ○ **PNG** 119 A 2
Kambia ○ **WAL** 138-139 D 5
Kambing, Gunung ▲ **MAL** 98-99 E 2
Kambolé ○ **RT** 138-139 L 5
Kambot ○ **PNG** 119 C 3
Kambove ○ **ZRE** 150-151 D 6
Kambuku ○ **PNG** 119 G 3
Kambūt ○ **LAR** 128-129 L 2
Kamčatka ∼ **RUS** 56-57 R 6
Kamčatka, poluostrov = Kamtchatka, Péninsule du ⌣ **RUS** 56-57 Q 5
Kamčatskij, mys ▲ **RUS** 56-57 U 5
Kamčatskij poluostrov ⌣ **RUS** 56-57 U 5
Kamčatsk, Ust'- ☆ **RUS** 56-57 U 5
Kamčatskij, Petropavlovsk- ☆• **RUS** 56-57 S 7
Kamčatskij proliv ≈ 56-57 U 6
Kamčatskij zaliv ≈ 56-57 T 6
Kāmdēš ○• **AFG** 72-73 M 7
Kameasi ○ **RI** 100-101 G 4
Kameel ○ **ZA** 156-157 G 3
Kamélé ○ **CI** 138-139 J 5
Kamelik ∼ **RUS** 32-33 F 8
Kamen' ○ **BY** 30-31 L 4
Kamen', Serdce-mys ▲ **RUS** 48-49 Z 3
Kamende ○ **ZRE** 150-151 C 4
Kamenec-Podol'skij = Kam'janec'-Podil's'kyj ☆ **UA** 38-39 E 3
Kamenğ ○ **AFG** 70-71 L 1
Kameng ∼ **IND** 78-79 H 2
Kamenica ○ **BIH** 36-37 G 3
Kamenka ☆ **KA** 32-33 G 8
Kamenka ○ **RUS** (ARH) 24-25 S 4
Kamenka ○ **RUS** (HBR) 58-59 G 2
Kamenka ○ **RUS** (KRN) 52-53 G 6
Kamenka ○ **RUS** (PEN) 32-33 D 7
Kamenka ○ **RUS** (SML) 30-31 N 4
Kamenka ∼ **RUS** 44-45 d 2
Kamenka ∼ **RUS** 46-47 d 6
Kamenka ∼ **RUS** 52-53 G 6
Kamenka ∼ **RUS** 60-61 O 2
Kamennaja, kosa ∸ **RUS** 44-45 P 7
Kamennaja tundra ∸ **RUS** 44-45 a 7
Kamen'-na-Obi ☆ **RUS** 60-61 M 2
Kamennik, gora ▲ **RUS** 24-25 N 3
Kamennogorsk ○ **RUS** 30-31 L 1
Kamennyj, Mys- ○ **RUS** 44-45 P 7
Kamennyj, mys ▲ **RUS** 46-47 c 2
Kamennyj Dubčes ∼ **RUS** 50-51 T 4
Kamennyj Stolb, mys ▲ **RUS** 46-47 S 4
Kameno ○ **BG** 38-39 E 6
Kamen'-Rybolov ○ **RUS** 58-59 E 6
Kamenskoe ☆ **RUS** 48-49 O 5
Kamensk-Šahtinskij ○ **RUS** 38-39 M 3
Kamensk-Ural'skij ☆ **RUS** 32-33 M 5
Kamenz ○ **D** 28-29 N 3
Kameshia ○ **ZRE** 150-151 D 5
Kameškova ∼ **RUS** 48-49 M 3
Kameškovo ☆ **RUS** 30-31 R 3
Kāmet ▲ **IND** 74-75 G 4
Kameur, Bahr ∼ **RCA** 142-143 E 4
Kamiah ○ **USA** 184-185 F 2
Kamienna, Skarżysko- ○ **PL** 28-29 Q 3
Kamiesberge ▲▲ **ZA** 156-157 C 5
Kamieskroon ○ **ZA** 156-157 C 5
Kami-Furano ○ **J** 88-89 K 3
Kamiiso ○ **J** 88-89 J 4
Kamiji ○ **ZRE** 150-151 B 4
Kamikawa ○ **J** 88-89 K 3
Kami-koshiki-shima ⌒ **J** 88-89 C 9
Kāmil, al- ○ **KSA** 66-67 F 6
Kāmil, al- ○ **OM** 68-69 L 2
Kamileroi ○ **AUS** 110-111 F 6
Kamilukuak Lake ⊖ **CDN** 174-175 T 4
Kamilukuak River ∼ **CDN** 174-175 S 5
Kamimbi Fuka, Chute ∼ **ZRE** 150-151 C 5
Kamina ○ **PNG** 119 C 4
Kamina ○ **RT** 138-139 L 5
Kamina ○ **ZRE** (SHA) 146-147 L 6
Kamina ○ **ZRE** (SHA) 150-151 C 5
Kamina Base ○ **ZRE** 150-151 C 5
Kaminak Lake ⊖ **CDN** 174-175 W 4
Kamin'-Kašyrs'kyj ○ **UA** 38-39 D 2
Kaminokuni ○ **J** 88-89 J 4
Kamino-shima ⌒ **J** 88-89 C 7
Kaminuriak Lake ⊖ **CDN** 174-175 W 4
Kamioka ○ **J** 88-89 G 6
Kamishak Bay ≈ 166-167 T 3
Kamishak River ∼ **USA** 166-167 T 3
Kami-Shihoro ○ **J** 88-89 K 3
Kami-shima ⌒ **J** 88-89 D 8
Kamitsushima ○ **J** 88-89 C 7
Kamituga ○ **ZRE** 148-149 B 5
Kami-Yaku ○ **J** 88-89 D 9
Kamjana mohyla • **UA** 38-39 J 4
Kam'janec'-Podil's'kyj ☆ **UA** 38-39 E 3
Kamjani Mohyly • **UA** 38-39 K 4
Kamjanka ○ **UA** 38-39 H 3
Kam'janka ○ **UA** 38-39 G 4
Kam'janske ○ **UA** 38-39 C 3
Kamjong ○ **IND** 78-79 J 3
Ķamķaly ○ **KA** 60-61 G 6
Kamloops ○ **CDN** 176-177 K 6
Kamloops Indian Reserve ⵅ **CDN** 176-177 K 6
Kamloops Plateau ▲▲ **CDN** 176-177 K 6
Kammanassieberge ▲▲ **ZA** 156-157 F 6
Kamo ○ **AR** 64-65 L 2
Kamo ∼ **RUS** 52-53 G 6
Kāmoke ○ **PK** 74-75 E 4
Kamola ○ **ZRE** 150-151 D 4
Kamoro ▲▲ **RM** 158-159 E 6
Kamoro ∼ **RM** 158-159 E 6
Kamoro, Tampoketsan'i ▲▲ **RM** 158-159 E 6
Kamoto ○ **Z** 154-155 G 1
Kamp 52 ○ **SME** 206-207 F 3
Kampa, Teluk ≈ 98-99 F 5
Kampa do Rio Amônea, Área Indígena ⵅ **BR** 208-209 F 6
Kampala ★ **EAU** 148-149 D 3
Kampala ○ **SUD** 142-143 G 4
Kampar ○ **MAL** 98-99 D 2
Kampar ∼ **RI** 98-99 E 4
Kamparkanan ∼ **RI** 98-99 D 4
Kamparkiri ∼ **RI** 98-99 D 4
Kampene ○ **ZRE** 146-147 L 5
Kamphaeng Phet ○ **THA** 94-95 E 2
Kamphambale ○ **MW** 150-151 G 7
Kampi Katoto ○ **EAT** 150-151 G 4
Kampi Ya Moto ○ **EAK** 148-149 E 4
Kampli ○ **IND** 76-77 G 3
Kampolombo, Lake ⊖ **Z** 150-151 E 6
Kâmpóng Cham ○ **K** 94-95 H 4
Kâmpóng Chhnâng ○ **K** 94-95 H 4
Kâmpóng Saôm ≈ 94-95 G 5
Kâmpóng Saôm ○ **K** 94-95 G 5
Kâmpóng Spoe ○ **K** 94-95 H 5
Kâmpóng Trach ○ **K** 94-95 H 5
Kâmpôt ○ **K** 94-95 H 5
Kampti ○ **BF** 138-139 J 4
Kâmpŭchéa = Cambodge ■ **K** 94-95 G 4
Kampumbu ○ **Z** 150-151 G 6
Kampung ∼ **RI** 102-103 K 4
Kampung Ayer Puteh ○ **MAL** 98-99 E 2
Kampung Balok ○ **MAL** 98-99 E 3
Kampung Berawan ○ **MAL** 100-101 D 1
Kampung Buloh ○ **MAL** 98-99 E 2
Kampung Chenereh ○ **MAL** 98-99 E 2
Kampung Cherating ○ **MAL** 98-99 E 2
Kampung Gajah ○ **MAL** 98-99 D 2
Kampung Jambu Bongkok ○ **MAL** 98-99 E 2
Kampung Jerangau ○ **MAL** 98-99 E 2
Kampung Kemara ○ **MAL** 98-99 E 2
Kampung Koh ○ **MAL** 98-99 D 2
Kampung Lamir ○ **MAL** 98-99 E 3
Kampung Laut ○ **MAL** 98-99 F 4
Kampung Leban Condong ○ **MAL** 98-99 E 3
Kampung Merang ○ **MAL** 98-99 E 2
Kampung Merting ○ **MAL** 98-99 E 2
Kampung Nibong ○ **MAL** 98-99 D 2
Kampung Penarik ○ **MAL** 98-99 E 2
Kampung Relok ○ **MAL** 98-99 E 2
Kampung Sekinchan ○ **MAL** 98-99 D 3
Kampung Sepat ○ **MAL** 98-99 E 3
Kampung Sook ○ **MAL** 96-97 B 10
Kampung Sungai Ayer Deras ○ **MAL** 98-99 E 2
Kampung Sungai Rengit ○ **MAL** 98-99 F 4
Kampung Tebingtinggi ○ **RI** 98-99 H 3
Kampung Tekek ○• **MAL** 98-99 F 3
Kampung Tengah ○ **MAL** 98-99 F 4
Kampung Terolak ○ **MAL** 98-99 D 2
Kamrau, Teluk ≈ 102-103 G 3
Kamsack ○ **CDN** 178-179 F 5
Kamsar ○ **RG** 138-139 C 4
Kamskoe Ust'e ☆ **RUS** 32-33 F 6
Kamskoe vodohranilišče < **RUS** 32-33 K 4
Kamsuuma ○ **SP** 148-149 J 3
Kamtchatka, Péninsule du = Kamčatka, poluostrov ⌣ **RUS** 56-57 Q 5
Kamtchtaka, Bassin du = Komandorskaya Basin ≃ 10-11 J 2
Kāmthi ○ **IND** 74-75 G 9
Kamtsha ∼ **ZRE** 146-147 G 6
Kamuchawi Lake ⊖ **CDN** 178-179 E 2
Kamudi ○ **IND** 76-77 H 6
Kamuj, gora ▲ **RUS** 58-59 N 6
Kámuk, Cerro ▲ **CR** 196-197 C 7
Kamuli ○ **EAU** 148-149 D 3
Kamušnyj ☆ **KA** 60-61 B 3
Kamutambai ∼ **ZRE** 150-151 B 4
Kāmyārān ○ **IR** 70-71 B 1
Kamyšanovka ○ **KS** 82-83 B 4
Kamyšet ○ **RUS** 52-53 J 8
Kamyševatskaja ○ **RUS** 38-39 K 4
Kamyševka ○ **RUS** 50-51 H 6
Kamyšin ○ **RUS** 32-33 D 8
Ķamysköl ⊖ **KA** 32-33 H 10
Kamyšlov ☆ **RUS** 50-51 G 6
Kamyšovyj, Južno-, hrebet ▲▲ **RUS** 58-59 K 5
Kamyšovyj hrebet ▲▲ **RUS** 58-59 K 3
Ķamys-Samarkölinin ķüjmasy ⊖ **KA** 32-33 G 9
Ķamysty-Ajat ∼ **KA** 60-61 B 2
Ķamystybas, köl ⊖ **KA** 62-63 O 4
Kamyzjak ☆ **RUS** (AST) 32-33 F 10
Kamyzjak ∼ **RUS** 62-63 H 5
Kan ∼ **RUS** 52-53 G 8
Kan ○ **US** 72-73 K 5
Kanaaupscow, Rivière ∼ **CDN** 180-181 M 7
Kanab ○ **USA** 184-185 H 7
Kanab Creek ∼ **USA** 184-185 H 7
Kanacea ⌒ **FJI** 120 III c 2
Kanadej ○ **RUS** 32-33 E 7
Kanaga Pass ≈ 166-167 H 7
Kanagi ○ **J** 88-89 J 4
Kanaima Fall ∼ **GUY** 206-207 D 2
Kanairiktok River ∼ **CDN** 180-181 S 7
Kanaka ○ **RI** 102-103 G 3
Kanakapura ○ **IND** 76-77 G 4
Kanakatte ○ **IND** 76-77 G 4
Kanakoro ○ **BF** 138-139 G 4
Kanaktok Mount ▲ **USA** 164-165 L 3
Kanamari do Rio Juruá, Área Indígena ⵅ **BR** 210-211 C 6
Kananaskis River ∼ **CDN** 176-177 N 6
Kananga ☆ **ZRE** 146-147 J 6
Kananggar ○ **RI** 104 E 8
Kanangio, Mount ▲ **PNG** 119 C 3
Kanangra Boyd National Park ⊥ **AUS** 116-117 L 2
Kananto ○ **GH** 138-139 K 5
Kananyga ∼ **RUS** 56-57 Q 3
Kanas ○ **IND** 74-75 E 8
Kanaš ○ **RUS** 32-33 E 6
Kanatak ○ **USA** 166-167 S 4
Kanawha River ∼ **USA** 190-191 H 6
Kanawi, Pulau ⌒ **MAL** 96-97 B 10
Kanazawa ☆• **J** 88-89 G 6
Kanazi ○ **EAT** 148-149 C 4
Kanbalu ○ **MYA** 78-79 J 4
Kanbe ○ **MYA** 94-95 D 2
Kanbi ∼ **BF** 138-139 K 3
Kančalan ○ **RUS** 48-49 T 4
Kančalan ∼ **RUS** 48-49 T 4
Kanchana Buri ○ **THA** 94-95 E 3
Kanchanadit ○ **THA** 94-95 E 6
Kanchanpur ○ **NEP** 80-81 F 7
Kanchenjunga ▲ **NEP** 80-81 G 7
Kanchibya ∼ **Z** 150-151 F 6
Kānchipuram ○•• **IND** 76-77 H 4
Kanci ○ **RI** 104 C 3
Kandahār ○ **IND** 74-75 F 10
Kandahar = Qandahār ☆•• **AFG** 70-71 L 3
Kandahār = Qandahār ☆•• **AFG** 70-71 L 3
Kandalakcha, Golfe de = Kandalakšskaja guba ≈ 24-25 M 3
Kandalakša ○ **RUS** 24-25 M 3
Kandalakšskaja guba ≈ 24-25 M 3
Kandalakšskij bereg ⌣ **RUS** 24-25 M 3
Kandang ○ **RI** 98-99 B 3
Kandangan ○ **RI** 100-101 D 5
Kandanghaur ○ **RI** 104 C 3
Kandar ○ **RI** 102-103 F 6
Kandare ○ **WAN** 140-141 H 4
Kandarisa ○ **PNG** 119 A 5
Kandé ○ **RT** 138-139 L 5
Kandéko ∼ **RCB** 146-147 F 3
Kandep ○ **PNG** 119 B 3
Kandero ○ **DY** 140-141 E 3
Kandi ○ **DY** 140-141 E 3
Kāndi ○ **IND** 78-79 F 4
Kandi, Tanjung ▲ **RI** 100-101 G 3
Kandiadiou ○ **SN** 138-139 B 3
Kandiāro ○ **PK** 74-75 B 6
Kandika ○ **RG** 138-139 D 3
Kandik River ∼ **USA** 164-165 T 4
Kandil Bouzou < **RN** 134-135 E 5
Kandıra ☆ **TR** 64-65 D 2
Kandja ○ **RCA** 142-143 E 6
Kandkhot ○ **PK** 74-75 B 5
Kāndla ○ **IND** 74-75 C 8
Kando ∼ **ZRE** 150-151 D 6
Kandos ○ **AUS** 116-117 K 2
Kandreho ○ **RM** 158-159 E 6
Kandrian ○ **PNG** 119 E 4
Kandry ☆ **RUS** 32-33 J 6
Kanduanam ○ **PNG** 119 B 3
Kandukūr ○ **IND** 76-77 H 3
Kandy ○••• **CL** 76-77 J 7
Kane ♂ **USA** 190-191 J 5
Kane, Kap ▲ **GRØ** 170-171 e 2
Kane, Zone de Fracture = Kane Fracture Zone ≃ 14-15 D 6
Kane Basin ≃ 170-171 P 4
Kane Bassin ≃ 170-171 P 4
Kane Fracture Zone = Kane, Zone de Fracture ≃ 14-15 D 6
Kanektok River ∼ **USA** 166-167 Q 3
Kanel ○ **SN** 138-139 D 2
Kanem ▫ **TCH** 134-135 G 5
Kaneohe ○ **USA** 192-193 D 7
Kanevka ○ **RUS** 24-25 P 3
Kanevskaja ○ **RUS** 38-39 L 4
Kanferandé ○ **RG** 138-139 C 4
Kang ○ **AFG** 70-71 J 3
Kang ○ **RB** 154-155 B 6
Kangaamiut = Gammel Sukkertoppen ○ **GRØ** 172-173 O 4
Kangaatsiaq ○ **GRØ** 172-173 O 2
Kangahun ○ **WAL** 138-139 D 5
Kangal ☆ **TR** 64-65 G 3
Kangalassy ○ **RUS** 54-55 O 4
Kangalas-Uèle ∼ **RUS** 46-47 L 3
Kangān ○ **IR** 70-71 E 5
Kanğān Čam ∼ **IR** 70-71 B 2
Kangar ○ **MAL** 98-99 D 2
Kangara ○ **RMM** 138-139 F 4
Kangaré ○ **RMM** 138-139 F 4
Kangaroo Island ⌒ **AUS** 116-117 D 3
Kangaroo Valley ⌣ **AUS** 116-117 L 3
Kangasniemi ○ **FIN** 24-25 J 6
Kangāvar ○• **IR** 70-71 B 1
Kangding ○ **VRC** 90-91 B 6
Kangdong ○ **DVR** 86-87 F 8
Kangean, Kepulauau ⌒ **RI** 104 B 6
Kangean, Pulau ⌒ **RI** 104 B 6
Kangeeak Point ▲ **CDN** 172-173 H 3
Kangen ∼ **SUD** 144-145 A 5
Kangeq ⌒ **GRØ** 170-171 X 7
Kangerdluarssuk ≈ 170-171 Z 8
Kangerdlugssuaq ≈ 170-171 Z 8
Kangerdluluk Fjord ≈ 172-173 T 6
Kangerluarsoruseq = Færingehavn ○ **GRØ** 172-173 P 5
Kangerluarsuk ○ **GRØ** 172-173 O 4
Kangerluk = Diskofjord ○ **GRØ** 172-173 N 2
Kangerlussuaq ≈ 170-171 Z 8
Kangerlussuaq ≈ 172-173 O 3
Kangerlussuaq ≈ 172-173 Y 2
Kangerlussuaq = Søndrestrømfjord ○ **GRØ** 172-173 P 3
Kangersuneq ≈ 172-173 P 4
Kangertitsivaq ≈ 172-173 X 3
Kangertittivag = Scoresby Sund ≈ 170-171 o 8
Kanghwa ○ **ROK** 86-87 F 9
Kanghwa Do ⌒ **ROK** 86-87 F 9
Kangi ○ **SUD** 142-143 H 4
Kangik ○ **USA** 164-165 L 1
Kangikajip Appalia = Brewster, Kap ▲ **GRØ** 170-171 p 8
Kangilinnguit = Grønnedal ○ **GRØ** 172-173 Q 6
Kangilo Fiord ≈ 172-173 G 3
Kangiqsujuak ○ **CDN** 180-181 O 4
Kangiwa ○ **WAN** 140-141 E 2
Kangkir ○ **VRC** 80-81 B 2
Kang Kra Chan National Park ⊥• **THA** 94-95 E 4
Kangmar ○ **VRC** 80-81 G 6
Kangnŭng ○ **ROK** 86-87 G 9
Kango ○ **G** 146-147 C 3
Kangole ○ **EAU** 148-149 E 2
Kangonde ○ **EAK** 148-149 F 4
Kangounadéni ○ **BF** 138-139 H 4
Kangping ○ **VRC** 86-87 D 6
Kangrinboqê Feng ▲ **VRC** 80-81 C 5
Kangro ○ **VRC** 80-81 E 4
Kangsar, Kuala ○• **MAL** 98-99 D 2
Kangto ▲ **IND** 78-79 H 2
Kangye ☆ **DVR** 86-87 F 7
Kangz'gyai ▲ **VRC** 82-83 N 6
Kanha National Park ⊥• **IND** 78-79 B 4
Kanhar ∼ **IND** 78-79 C 4
Kani ○• **CI** 138-139 G 5
Kani ○ **J** 88-89 G 7
Kani ○ **MYA** 78-79 J 4
Kaniama ○ **ZRE** 150-151 C 4
Kaniasso ○ **CI** 138-139 G 5
Kanibadam ○ **TJ** 72-73 M 4
Kanibes ∼ **NAM** 156-157 C 2
Kanigiri ○ **IND** 76-77 H 3
Kani-Kéli ○ **F** (985) 246 I b 2
Kanimeh ○ **US** 72-73 J 4
Kanin, poluostrov ⌣ **RUS** 24-25 S 3
Kanin, Presqu'île de = Kanin, poluostrov ⌣ **RUS** 24-25 S 3
Kanin Kamen' ▲▲ **RUS** 24-25 R 2
Kanin Nos ○ **RUS** 24-25 R 2
Kanin Nos, mys ▲ **RUS** 24-25 R 2
Kaninskaja tundra ∸ **RUS** 24-25 S 3
Kanioumé ○ **RMM** 138-139 J 2
Kanisa ○ **SUD** 136-137 E 3
Kanita ○ **J** 88-89 J 4
Kaniva ○ **AUS** 116-117 F 4
Kanivs'ke vodoschovyšče < **UA** 38-39 G 2
Kaniya ○ **PNG** 119 B 4
Kanji-dong ○ **DVR** 86-87 G 7
Kanjirapalli ○ **IND** 76-77 G 6
Kanjiroba ▲ **NEP** 80-81 D 6
Kankaanpää ○ **FIN** 24-25 G 6
Kankai ∼ **IND** 78-79 E 2
Kankakee ○ **USA** 190-191 E 5
Kankalabé ○ **RG** 138-139 E 4
Kankan ▫ **RG** 138-139 E 4
Kankan ☆ **RG** 138-139 F 4
Kankara ○ **WAN** 140-141 G 3
Kankelaba ∼ **RMM** 138-139 G 4
Kankesanturai ○ **CL** 76-77 J 6
Kankiya ○ **WAN** 134-135 C 6
Kankossa ○ **RIM** 132-133 E 7
Kankunskij ○ **RUS** 54-55 N 7
Kanmaw Kyun ⌒ **MYA** 94-95 E 5
Kann ○ **IR** 72-73 B 7
Kanna ○ **MYA** 78-79 K 6
Kannad ○ **IND** 74-75 E 9
Kannapolis ○ **USA** 192-193 H 2
Kannavam ○ **IND** 76-77 F 5
Kannoka = Sillamäe ○ **EST** 30-31 K 2
Kannonkoski ○ **FIN** 24-25 H 5
Kannonsaha ○ **FIN** 24-25 H 5
Kannus ○ **FIN** 24-25 G 5
Kano ○ **J** 88-89 D 7
Kano ○ **RMM** 138-139 F 3
Kano ▫ **WAN** 140-141 H 3
Kano ☆•• **WAN** 134-135 D 6
Kano, River ∼ **WAN** 140-141 H 3
Kanobe, Pulau ⌒ **RI** 102-103 F 1
Kanona ○ **Z** 154-155 F 1
Kano Nak ○ **VN** 94-95 K 3
Kanoni ○ **ZRE** 150-151 D 6
Kanono ○ **NAM** 154-155 C 3
Kanoroba ○ **CI** 138-139 G 5
Kanosh ○ **USA** 184-185 H 6
Kanouri ∸ **RN** 134-135 F 5
Kanovlei ○ **NAM** 152-153 E 9
Kanowit ○ **MAL** 98-99 K 3
Kanowna ∴ **AUS** 112-113 F 5
Kanoya ○ **J** 88-89 D 9
Kanozero ⊖ **RUS** 24-25 N 3
Kanpur ○ **IND** 78-79 B 2
Kansanshi ○ **Z** 150-151 D 7
Kansas ○ **USA** (OK) 188-189 K 1
Kansas ▫ **USA** 186-187 G 6
Kansas City ○ **USA** 186-187 K 6
Kanšengel' ○ **KA** 60-61 J 6
Kansenia ○ **ZRE** 150-151 D 6
Kansk ☆ **RUS** 52-53 G 7
Kant ○ **KS** 82-83 B 4
Kantah ○ **CDN** 174-175 J 6
Kantah River ∼ **CDN** 176-177 K 3
Kantalai ○ **CL** 76-77 J 6
Kantang ○ **THA** 94-95 E 7
Kantchari ○ **BF** 138-139 L 3
Kantche ○ **RN** 134-135 D 6
Kantegir ∼ **RUS** 52-53 E 9
Kantemirovka ○ **KA** 72-73 M 3
Kantemirovka ○ **RUS** 38-39 L 3
Kantharalak ○ **THA** 94-95 H 3
Kānthi ○ **IND** 78-79 E 5
Kantishna ○ **USA** 164-165 P 5
Kantishna River ∼ **USA** 164-165 P 4
Kanto-sanchi ▲▲ **J** 88-89 H 6
Kantunil ○ **MEX** 196-197 K 1
Kanuku Mountains ▲▲ **GUY** 206-207 E 4
Kanur ○ **IND** 76-77 G 3
Kanus ○ **NAM** 156-157 D 3
Kanu Woralaksaburi ○ **THA** 94-95 E 2
Kanye ☆ **RB** 156-157 G 2
Kanyemba ○ **ZW** 154-155 F 2
Kanyilombi ○ **Z** 150-151 C 7
Kanym Bol'šoj, gora ▲ **RUS** 50-51 U 7
Kanyš-Kija ○ **KS** 72-73 M 4
Kanyu ○ **RB** 154-155 C 5
Kao ○ **RN** 134-135 B 5
Kaôh Kŏng ⌒ **K** 94-95 G 5
Kaôh Rŭng ⌒ **K** 94-95 G 5
Kaŏh Rŭng Sâmlŏem ⌒ **K** 94-95 G 5
Kaohsiung ○ **RC** 92-93 M 5
Kaôh Tang ⌒ **K** 94-95 G 5
Kaôh Thmei ⌒ **K** 94-95 G 5
Kaoka ○ **SOL** 120 I e 3
Kaokaona ☆ **SOL** 120 I e 4
Kaokoveld ∸ **NAM** 152-153 B 8
Kaolack ☆ **SN** 138-139 B 2
Kaolak River ∼ **USA** 164-165 K 2
Kaolé < **RIM** 132-133 F 6
Kaoleni ○ **EAK** 148-149 G 5
Kaole Ruins • **EAT** 150-151 K 4
Kaolinovo ○ **BG** 38-39 E 6
Kaolo ○ **SOL** 120 I d 3
Kaoma ○ **Z** 154-155 C 2
Kaouadja ○ **RCA** (Kot) 142-143 F 5
Kaouadja ∼ **RCA** 142-143 G 5
Kaouadja ∼ **RCA** 142-143 F 4
Kap ○ **IND** 74-75 G 10
Kap ⊖ **PK** 70-71 K 5
Kapa ○ **MYA** 94-95 E 4
Kapaa ○ **USA** 192-193 C 6
Kapadokya ∸ **TR** 64-65 F 4
Kapadvanj ○ **IND** 74-75 D 8
Kapaimeri ○ **PNG** 119 B 3
Kapalabuaya ○ **RI** 100-101 K 4
Kapalala ○ **Z** 150-151 E 7
Kapandae ○ **GH** 138-139 K 5
Kapande ∼ **ZRE** 150-151 D 6
Kapanga ○ **ZRE** 150-151 B 5
Kapangan ○ **RP** 96-97 D 4
Kapapa ○ **ZRE** 150-151 E 5
Kapasia ○ **BD** 78-79 G 3
Kapatu ∼ **EAT** 148-149 E 6
Kapatu ○ **Z** 150-151 F 5
Kapau River ∼ **PNG** 119 D 4
Kapčagaj = Ķapšagaj ○ **KA** 82-83 C 4
Kapchorwa ○ **EAU** 148-149 E 3
Kapčiamiėstis ○ **LT** 30-31 H 4
Kapedo ○ **EAK** 148-149 F 3
Kapema ○ **ZRE** 150-151 E 6
Kapenguria ○ **EAK** 148-149 E 3
Kapia ○ **ZRE** 146-147 G 6
Kapichira Falls ∼ **MW** 154-155 H 2
Kapini ○ **LV** 30-31 K 3
Kapip ○ **PK** 74-75 B 4
Kapiri Mposhi ○ **Z** 154-155 E 1
Kāpīsa ▫ **AFG** 74-75 B 2
Kapisillit ○ **GRØ** 172-173 P 4
Kapiskau River ∼ **CDN** 178-179 O 4
Kapiskong Lake ⊖ **CDN** 182-183 D 5
Kapit ○ **MAL** 98-99 K 3
Kapiti Island ⌒ **NZ** 118 E 4
Kapiura River ∼ **PNG** 119 F 3
Kapka, Massif du ▲ **TCH** 134-135 K 5
Kaplamada, Gunung ▲ **RI** 102-103 D 3
Kaplan ○ **USA** 188-189 L 4
Kaplankyr, plato ▲▲ **US** 72-73 E 4
Kaplankyrskij zapovednik ⊥ **TM** 72-73 E 4
Kapoe ○ **THA** 94-95 E 6
Kapoeta ○ **SUD** 144-145 A 6
Ka Poh National Park ⊥• **THA** 94-95 E 5
Kapoke ○ **Z** 150-151 F 5
Kapona ○ **ZRE** 150-151 E 4
Kapondai, Tanjung ▲ **RI** 102-103 B 6
Kaponde ○ **ZRE** 150-151 B 4
Kapong ○ **THA** 94-95 E 6
Kapoposang, Pulau ⌒ **RI** 100-101 F 6
Kaporo ○ **MW** 150-151 G 5
Kaposvár ○ **H** 28-29 O 5
Kapotakshi ∼ **BD** 78-79 F 4
Kappar ○ **PK** 70-71 K 6
Kappellskär ○ **S** 22-23 J 7
Kappelshamn ○ **S** 22-23 J 8
Kapp Platen ▲ **N** 20-21 N 2
Kapps ○ **NAM** 152-153 D 11
Kapsabet ○ **EAK** 148-149 E 3
Ķapšagaj ○ **KA** 82-83 C 4
Ķapšagaj su ķojmasy < **KA** 82-83 C 4
Kapsan ○ **DVR** 86-87 G 7
Kapsaouis, Rivière ∼ **CDN** 180-181 K 7
Kāpsi ○ **IND** 76-77 F 2
Kapsiki ▲• **CAM** 140-141 K 3
Kaptai ○ **BD** 78-79 H 4
Kaptai Lake ⊖ **BD** 78-79 H 4
Kaptiau ○ **RI** 102-103 K 3
Kapuas ∼ **RI** 98-99 J 4
Kapuas ∼ **RI** 98-99 H 5
Kapuas ∼ **RI** 100-101 D 4
Kapuas Hulu, Banjaran ▲▲ **MAL** 98-99 K 4
Kapur Utara, Pegunungan ▲▲ **RI** 104 D 3
Kapuskasing ○ **CDN** 178-179 P 6
Kapuskasing River ∼ **CDN** 178-179 P 6
Kapustin Jar ○ **RUS** 32-33 D 9
Kaputa ○ **Z** 150-151 E 5
Kaputirr ○ **EAK** 148-149 E 2
Kap Walløe Banke ≃ 172-173 T 6
Kapydžik, gora ▲ **AZ** 64-65 L 3
Kapyljuši, ozero ⊖ **RUS** 54-55 F 8
Kara ○ **RI** 102-103 C 5
Kara ☆ **RT** (DLK) 138-139 L 5
Kara ∼ **RT** 138-139 L 5
Kara ∼ **RUS** 44-45 L 8
Kara, Détroit de = Karskie Vorota, proliv ≈ 44-45 G 6
Kara, Mer de = Karskoe more ≈ 6-7 F 1
Kara, Ust'- ○ **RUS** 44-45 L 7
Karaba, Ra's ▲ **KSA** 66-67 E 5
Kara-Balta = Kara-Balty ○ **KS** 72-73 N 3
Kara-Balty ○ **KS** 72-73 N 3
Karabaš ☆ **RUS** 32-33 M 6
Karabastau ○ **KA** 72-73 M 3
Ķarabau ○ **KA** 32-33 H 9
Karabaur, pastiligi ▲▲ **KA** 62-63 L 6
Karabekaul ○ **TM** 72-73 J 5
Karabil', vozvyšennost' ▲ **TM** 72-73 H 6
Karabinka ○ **RUS** 60-61 P 2
Kara-Bogaz-Gol = Garabogazköl ≈ 72-73 C 4
Karabogazköl, zaliv ≈ 72-73 C 4
Karabuget ○ **KA** 60-61 H 6
Karabük ☆ **TR** 64-65 E 2
Karabula ○ **RUS** 52-53 H 6
Karabula ∼ **RUS** 52-53 H 7
Ķarabulaķ ○ **KA** 72-73 L 3
Karaburun ☆ **TR** 64-65 B 3
Ķarabūtaķ ☆ **KA** 62-63 O 3
Karaca Dağ ▲▲ **TR** 64-65 H 4
Karačaevsk ○ **RUS** 62-63 D 6
Karačaj-Čerkes Respublika=Karatchaïs-Tcherkesses,Rép. d. ▫ **RUS** 62-63 D 6
Karacaköy ○ **TR** 64-65 C 2
Karacasu ☆ **TR** 64-65 C 4
Ķaracek, köl ⊖ **KA** 62-63 L 6
Karačev ○ **RUS** 30-31 O 5
Karāchi ☆• **PK** 70-71 M 6
Karaçoban ☆ **TR** 64-65 K 3
Karād ○ **IND** 76-77 F 2
Kara Deniz ≈ 64-65 D 1
Karadeniz Boğazi = Bosporus ≈ 64-65 C 2
Ķaraespe ∼ **KA** 60-61 E 5
Karağ ○ **IR** 72-73 B 7
Karaga ○ **GH** 138-139 K 5
Karaga ∼ **RUS** 56-57 U 4
Karaga, buhta ⊖ **RUS** 56-57 U 4
Karagaj ☆ **RUS** 32-33 J 4
Karagajly ○ **KA** 60-61 J 4
Ķaragajly ○ **KA** 60-61 J 4
Karagajly-Ajat ∼ **RUS** 60-61 B 2
Karaganda = Ķaraǵandy ☆ **KA** 60-61 H 4
Karaganda = Ķaraghandy ○ **KA** 60-61 H 4
Ķaraǵandy = Karaganda ☆ **KA** 60-61 H 4
Karagandysay ○ **KA** 62-63 L 2
Karagaz, hrebet ▲▲ **TM** 72-73 D 5
Ķaraghandy ☆ **KA** 60-61 H 4
Karagije, vpadina ⌣ **KA** 62-63 J 6
Karaginskij, ostrov ⌒ **RUS** 56-57 V 4
Karaginskij zaliv ≈ 56-57 U 4
Karagoš, gora ▲ **RUS** 60-61 Q 3
Karagüney Dağı ▲▲ **TR** 64-65 E 2
Karahalı ☆ **TR** 64-65 C 3
Ķara Hobda ∼ **KA** 62-63 M 2
Karaiai ○ **PNG** 119 E 3
Karaidel' ☆ **RUS** 32-33 K 6
Karaisalı ☆ **TR** 64-65 F 4
Karaitem ○ **PNG** 119 B 2
Karajagi ○ **IND** 76-77 F 2
Karaja Masel'ga ○ **RUS** 24-25 N 5
Karak ○ **MAL** 98-99 E 3
Karak, al- ☆• **JOR** 66-67 D 2
Kara-Kabak ○ **KS** 72-73 N 5
Kara-Kala ○ **TM** 72-73 E 5
Ķaraķamys ○ **KA** 32-33 H 9
Karakax He ∼ **VRC** 74-75 F 1
Karakax He ∼ **VRC** 80-81 B 2
Karakaya Barajı < **TR** 64-65 H 3
Karakeçi ○ **TR** 64-65 H 4
Ķarakeču ∸ **KA** 62-63 K 5
Karakelong, Kepulauan ⌒ **RI** 100-101 K 1
Ķara-Kengir ∼ **KA** 60-61 E 4
Karaketang, Pulau ⌒ **RI** 100-101 J 2
Karaklis ○ **AR** 64-65 L 2
Karakoçan ☆ **TR** 64-65 J 3
Ķaraķojyn, köl ⊖ **KA** 60-61 F 5
Ķaraköl ○ **KA** (GUR) 32-33 H 9
Ķaraköl ○ **KA** (KZL) 62-63 O 5
Ķaraköl ⊖ **KA** (KZL) 60-61 D 6
Karakol ○ **KS** 82-83 C 5
Ķaraköl, köl ∼ **KA** 62-63 N 3
Karakoram ▲▲ **IND** 74-75 E 1
Kara K'orē ○ **ETH** 144-145 D 3
Karakoro ∼ **RMM** 138-139 E 2
Karakorum Highway II **PK** 74-75 E 1
Kara-Koum = Garagum ∸ **TM** 72-73 E 4
Karakovaja ∼ **RUS** 56-57 S 6
Karaktau, gory ▲▲ **KA** 72-73 K 3
Kara-Kudzur ∼ **KS** 82-83 C 5
Kara-Kul' ○ **KS** 72-73 N 4
Karakul' ○ **TJ** 72-73 N 5
Karakul' ○ **US** 72-73 H 5
Karakul', ozero ⊖ **TJ** 72-73 N 5
Kara-Kul'dža ○ **KS** 72-73 N 4
Karakulino ○ **RUS** 32-33 H 5
Karakūm ∸ **KA** 32-33 H 10
Ķaraķūm ∸ **KA** 32-33 H 10
Ķaraķum ∸ **KA** 60-61 L 5
Karakumskij kanal < **TM** (ASH) 72-73 E 5
Karakumskij kanal < **TM** (MAR) 72-73 H 6
Karakumy ∸ **TM** 72-73 E 4
Karal ○ **TCH** 134-135 G 6
Karal'ka ∼ **RUS** 50-51 R 3
Karalundi Mission ○ **AUS** 112-113 E 3
Karam ○ **RUS** 52-53 N 8
Karama ∼ **RI** 100-101 F 5
Karamadai ○ **IND** 76-77 G 5
Karaman ☆• **TR** 64-65 E 4
Karamanbeyli Geçidi ▲ **TR** 64-65 D 4
Karamay ○ **VRC** 82-83 G 3
Karambu ○ **RI** 100-101 E 5
Karamea ○ **NZ** 118 D 4
Karamea Bight ≈ 118 C 4
Karamet-Nijaz ○ **TM** 72-73 J 6
Karami, River ∼ **WAN** 140-141 H 3
Karamian, Pulau ⌒ **RI** 100-101 D 6
Karamiran ○ **VRC** 80-81 E 2
Karamiran He ∼ **VRC** 80-81 E 2
Karamken ○ **RUS** 56-57 O 3
Karamoja ▫ **EAU** 144-145 B 6
Karamor, Pegunungan ▲▲ **RI** 102-103 K 3
Karamyk ○ **KS** 72-73 M 5
Karamyševo ○ **RUS** 52-53 K 7
Karān ⌒ **KSA** 66-67 L 4
Karang ○ **SN** 138-139 B 3
Karangampel ○ **RI** 104 C 3
Karanganyar ○ **RI** 104 D 3
Karangasem ○• **RI** 104 B 7
Karangboto, Tanjung ▲ **RI** 104 C 3
Karanggede ○ **RI** 104 D 3
Karangjati ○ **RI** 104 D 3
Karangnunggal ○ **RI** 104 C 3
Karangoua ∼ **RCB** 146-147 D 3
Karangpandan ○ **RI** 104 D 3
Karangua ○ **Z** 150-151 D 7
Karanguana ○ **RMM** 138-139 H 3
Karanji ○ **IND** 74-75 G 9
Karanpur ○ **IND** 74-75 D 5
Ķaraoba ○ **KA** 62-63 M 4
Karaoj ○ **KA** 60-61 J 6
Karap ○ **PNG** 119 C 3
Karapınar ☆ **TR** 64-65 E 4
Karapuz ∼ **RUS** 50-51 P 7
Karara ○ **AUS** 114-115 L 5
Kararaô, Área Indígena ⵅ **BR** 212-213 B 4
Karas, Pulau ⌒ **RI** 102-103 G 3
Kara-Saj ○ **KS** 82-83 C 5
Kara-Sal ∼ **RUS** 38-39 N 4
Karasawon ○ **FIN** 24-25 G 2
Karasburg ☆ **NAM** 156-157 D 4
Karas'e, ozero Bol'šoe ⊖ **RUS** 50-51 J 5
Karašek, Ozero = köl Ķaracek ⊖ **KA** 62-63 L 6
Karasjok ○ **N** 22-23 M 2
Karašjokka ∼ **N** 22-23 M 2
Karasol', kölí ⊖ **KA** 60-61 K 3
Karasol', ozero = Kölí Karasor ⊖ **KA** 60-61 K 3
Karasor, kölí ⊖ **KA** 60-61 J 4
Ķarasor, köli ⊖ **KA** 60-61 J 4
Karasor, ozero = köľı Karasor ⊖ **KA** 60-61 J 4
Karasu ☆ **TR** 64-65 D 2
Karasu ∼ **TR** 64-65 K 3
Karasu-Aras Dağları ▲▲ **TR** 64-65 J 3
Karasu Çayı ∼ **TR** 64-65 G 4
Karasuk ☆ **RUS** 60-61 L 2
Karasuk Hills ▲▲ **EAK** 148-149 E 2
Kara-Suu ○ **KS** 72-73 N 4
Karāt ○ **IR** 70-71 J 1
Karatajka ○ **RUS** 44-45 J 7
Karatal ∼ **KA** 60-61 K 6
Karatas ○ **KA** 72-73 L 4
Ķaratas ○ **KA** 72-73 L 4
Karataş ☆ **TR** 64-65 F 4
Karataš, gora ▲ **RUS** 32-33 L 7
Karatau ○ **KA** 72-73 M 3
Ķaratau ○ **KA** (DZM) 72-73 M 3
Ķaratau ▲▲ **KA** 62-63 J 5
Karatau, hrebet ▲▲ **KA** 60-61 E 6
Ķaratau, žota ▲▲ **KA** 60-61 E 6
Karatau hrebet ▲▲ **RUS** 32-33 K 6
Karatchaïs-Tcherkesses,Rép. d.=Karačaj-Čerkes Respublika ▫ **RUS** 62-63 D 6
Karatina ○ **EAK** 148-149 F 4
Ķaratöbe ☆ **KA** 32-33 H 9
Ķaratogaj ○ **KA** 60-61 O 4
Ķaraton ○ **KA** 32-33 H 10
Ķara-Torgaj ∼ **KA** 60-61 E 4
Karats ○ **S** 22-23 J 3
Karatsu ○ **J** 88-89 C 8
Karatu ○ **EAT** 148-149 E 5
Ķaratulej, sor ∸ **KA** 62-63 L 5
Karatung, Pulau ⌒ **RI** 100-101 K 1
Karaudanawa ○ **GUY** 206-207 E 4
Ķaraul ○ **KA** 60-61 L 4
Karaul ○ **RUS** 44-45 U 6
Karaulbazar ○ **US** 72-73 J 5
Karauli ○ **IND** 74-75 F 6
Karaungir ∸ **KA** 60-61 J 5
Karauwi ○ **PNG** 119 C 4
Karavan ○ **KS** 72-73 M 4
Karavānsarāy-ye Šams ○ **IR** 70-71 F 3
Karavās ○ **GR** 36-37 J 6
Karawa ○ **ZRE** 146-147 H 2
Karawanella ○ **CL** 76-77 J 7
Karawang ○ **RI** 104 B 3
Karawang, Tanjung ▲ **RI** 104 B 2
Karawanken ▲▲ **A** 28-29 M 5
Karawari River ∼ **PNG** 119 B 3
Karayazı ☆ **TR** 64-65 K 3
Karaye ○ **WAN** 140-141 H 3
Karayulgun ○ **VRC** 82-83 E 5
Karažal ○ **KA** 60-61 G 5
Ķaražal ☆ **KA** 60-61 G 4
Karbalā' ▫ **IRQ** 64-65 J 6
Karbalā' ☆ **IRQ** (KAR) 64-65 L 6
Kårböle ○ **S** 22-23 G 6
Karbulik ○ **RUS** 52-53 O 9
Karchat ○ **PK** 70-71 M 6
Karda ○ **RUS** 52-53 L 8
Kardakāta ○ **GR** 36-37 H 5
Kardeljevo = Ploče ○ **HR** 36-37 F 3
Kardítsa ○ **GR** 36-37 H 5
Kardiva Channel ≈ 76-77 B 5
Kärdla ☆ **EST** 30-31 H 2
Kârdžali ○ **BG** 38-39 D 7
Kărdžali ○ **BG** 38-39 D 7
Karé, Monts ▲ **RCA** 142-143 C 5
Kareeberge ▲▲ **ZA** 156-157 F 5
Kareebospoort ▲ **ZA** 156-157 F 5
Karegari ○ **PNG** 119 B 3
Karelija = Carélie ∸ 24-25 L 6
Karelija, Respublika = Carélie, République de ▫ **RUS** 24-25 M 5
Karelka ∼ **RUS** 44-45 E 5
Karel'skij bereg ⌣ **RUS** 24-25 M 3
Karema ○ **EAT** 150-151 F 4
Karema ○ **PNG** 119 D 5
Karenga ∼ **RUS** 54-55 H 8
Karenga, Ust'- ○ **RUS** 54-55 H 8
Karengi ○ **WAN** 140-141 E 3
Karera ○ **IND** 74-75 G 7
Karesuando ○ **S** 22-23 L 2
Kārevāndar ○ **IR** 70-71 J 5
Kargal ○ **IND** 76-77 F 3
Kargala ○ **RUS** 50-51 R 6
Kargala ○ **RUS** (ORB) 32-33 J 8
Kargalinskaja ○ **RUS** 62-63 G 6
Kargalytau ▲▲ **KA** 62-63 P 2
Kargapol'e ☆ **RUS** 50-51 H 6
Kargasok ☆ **RUS** 50-51 Q 5
Kargat ☆ **RUS** 50-51 Q 7
Kargat ∼ **RUS** 50-51 Q 7
Kargat, Forpost- ○ **RUS** 50-51 Q 7
Kargı ☆ **TR** 64-65 F 2
Kargil ○ **IND** 74-75 F 2
Kargopol' ☆ **RUS** 24-25 P 6
Karguéri ○ **RN** 134-135 E 6
Karḫe, Rūd-e ∼ **IR** 70-71 C 3
Karḫe, Rūdḫāne-ye ∼ **IR** 70-71 D 3
Kari ○ **WAN** 140-141 J 3
Karia ○ **PNG** 119 F 2
Karianga ○ **RM** 158-159 E 9
Kariba ○ **ZW** 154-155 E 3
Kariba, Lake < **Z** 154-155 D 3
Kariba-yama ▲ **J** 88-89 H 3
Karibib ☆ **NAM** 152-153 C 10
Karie ○ **SOL** 120 I f 4
Kariega ∼ **ZA** 156-157 F 6
Kariés ○ **GR** 36-37 K 4
Karigasniemi ○ **FIN** 24-25 H 2

Karikachi-tōge ▲ **J** 88-89 K 3
Kārikāl ○ **IND** 76-77 H 5
Karikari, Cape ▲ **NZ** 118 D 1
Karilatsi ○ **EST** 30-31 K 2
Karima ○ **SUD** 136-137 E 3
Karimabad ○• **IND** 74-75 E 1
Karimama ○ **DY** 140-141 E 2
Karimata, Détroit de = Karimata, Selat ≈ 98-99 G 5
Karimata, Pulau ⌒ **RI** 98-99 H 5
Karimata, Selat = Karimata, Détroit de ≈ 98-99 G 5
Karimata Kepulauau ⌒ **RI** 98-99 H 5
Karimbola ∸ **RM** 158-159 D 10
Karimganj ○ **IND** 78-79 H 3
Karimnagar ○ **IND** 74-75 G 10
Karimui ○ **PNG** 119 C 4
Karimui, Mount ▲ **PNG** 119 C 4
Karimun, Pulau ⌒ **RI** 98-99 E 4
Karimunjawa, Kepulaua ⌒ **RI** 104 D 2
Karin ○ **SP** 144-145 G 3
Karina ○ **WAL** 138-139 E 5
Karipuna, Área Indígena X **BR** 210-211 E 7
Karisimbi, Mount ▲ **RWA** 148-149 B 4
Káristos ○ **GR** 36-37 K 5
Karitiana, Área Indígena X **BR** 210-211 E 7
Kariya ○ **J** 88-89 G 7
Kāriyāpatti ○ **IND** 76-77 H 6
Karjala ∸ **FIN** 24-25 K 6
Karjat ○ **IND** 74-75 E 10
Karkabane, Hâssi < **RMM** 132-133 K 6
Kārkal ○ **IND** 76-77 F 4
Karkar ○ **PNG** 119 C 3
Karkaralinsk = Qarqaraly ○ **KA** 60-61 J 4
Ķarķaraly ○ **KA** 60-61 J 4
Karkar Island ⌒ **PNG** 119 D 3
Karkas, Kūh-e ▲ **IR** 70-71 D 2
Karkh ○ **PK** 70-71 M 5
Karkinits'ka zatoka ≈ 38-39 H 5
Karkonosze ⛰ **PL** 28-29 N 3
Karkov = Charkiv ○ **UA** 38-39 K 3
Karksi-Nuia ○•• **EST** 30-31 J 2
Karla-Aleksandra, ostrov ⌒ **RUS** 20-21 e 2
Karlaralong, Kepulauan ⌒ **RI** 100-101 J 1
Karleby = Kokkola ○ **FIN** 24-25 G 5
Karlik ⛰ **VRC** 82-83 L 4
Karlıova ☆ **TR** 64-65 J 3
Karlivka ○ **UA** 38-39 J 3
Karl-Marx-Stadt = Chemnitz ○ **D** 28-29 M 3
Karlobag ○ **HR** 36-37 E 2
Karlo-Libknehtovsk = Soledar ○ **UA** 38-39 L 3
Karlovac ○ **HR** 36-37 E 2
Karlovássi ○ **GR** 36-37 L 6
Karlovo ○ **BG** 38-39 D 6
Karlovy Vary ○ **CZ** 28-29 M 3
Karlsbad = Karlovy Vary ○ **CZ** 28-29 M 3
Karlsborg ☆ **S** 22-23 G 7
Karlsena, mys ▲ **RUS** 44-45 M 3
Karlshamn ☆ **S** 22-23 G 8
Karlskoga ☆ **S** 22-23 G 7
Karlskrona ☆• **S** 22-23 G 8
Karlsruhe ○• **D** 28-29 K 4
Karlsruhe ○ **USA** 186-187 G 1
Karlstad ☆•• **S** 22-23 F 7
Karlstad ○ **USA** 186-187 J 1
Karlstadt ○• **D** 28-29 K 4
Karlštejn • **CZ** 28-29 O 4
Karluk ○ **USA** 166-167 T 4
Karma ○ **RN** 138-139 L 3
Karma ∼ **TCH** 142-143 C 3
Karmah ○• **SUD** 136-137 E 3
Karmāla ○• **IND** 74-75 E 10
Karmaskaly ☆ **RUS** 32-33 K 6
Karmé ○ **TCH** 134-135 G 6
Karmelitskyj monastyr • **UA** 38-39 E 3
Karmina ☆ **US** 72-73 J 4
Karmøy ⌒ **N** 22-23 B 7
Karnak, al- ○•• **ET** 130-131 F 5
Karnāl ○ **IND** 74-75 F 5
Karnali ∼ **NEP** 80-81 C 6
Karnaou ▲ **TCH** 134-135 H 2
Karnaphuli ∼ **BD** 78-79 G 4
Karnataka ◘ **IND** 76-77 F 3
Karnataka Plateau ⛰ **IND** 76-77 F 2
Karnes City ○ **USA** 188-189 J 5
Karnobat ○ **BG** 38-39 E 6
Karnprayāg ○ **IND** 74-75 G 4
Kärnten ◘ **A** 28-29 M 5
Karo Batak House • **RI** 98-99 C 3
Karoi ○ **ZW** 154-155 E 3
Karo La ▲ **VRC** 80-81 H 6
Karolinen ⌒ **FSM** 9 F 2
Karoma, Mount ▲ **PNG** 119 B 3
Karonga ○ **MW** 150-151 G 5
Karoni, Gunung ▲ **RI** 100-101 G 5
Karonie ○ **AUS** 112-113 G 5
Karoo National Park ⊥ **ZA** 156-157 F 6
Karoonda ○ **AUS** 116-117 E 3
Karor ○ **PK** 74-75 C 4
Karora ○ **SUD** 136-137 J 4
Karosa ○ **RI** 100-101 F 4
Karoso, Tanjung ▲ **RI** 104 D 7
Karpathio Pélagos ≈ 36-37 L 6
Kárpathos ○ **GR** 36-37 L 7
Kárpathos ⌒ **GR** 36-37 L 7
Karpaty = Carpates ⛰ 38-39 B 3
Karpeníssi ○ **GR** 36-37 H 5
Karpinsk ○ **RUS** 50-51 F 5
Karpinskogo, vulkan ▲ **RUS** 58-59 Q 3
Karpogory ○ **RUS** 24-25 S 4
Karpuzlu ☆ **TR** 64-65 B 4
Karpysak ○ **RUS** 50-51 R 7
Karratha ○ **AUS** 108-109 C 6
Karratha Roadhouse ○ **AUS** 108-109 C 6
Karrats Fjord ≈ 170-171 Y 8
Karredouw ○ **ZA** 156-157 G 6
Karridale ○ **AUS** 112-113 C 7
Kars ☆• **TR** 64-65 K 2
Ķarsaķbaj ○ **KA** 60-61 E 5
Kärsämäki ○ **FIN** 24-25 H 5
Kārsava ○ **LV** 30-31 K 3
Karshi ○ **WAN** 140-141 G 4
Karši ☆ **US** 72-73 J 5
Karšinskaja step' ∸ **US** 72-73 J 5
Karsk, Ust'- ○ **RUS** 54-55 J 9
Karskie Vorota, proliv ≈ 44-45 G 6
Karskoe more = Kara, Mer de ≈ 6-7 F 1
Karsrivierviei ⊖ **ZA** 156-157 E 7
Kartabu ○ **GUY** 206-207 E 2
Kartabyz, ozero ⊖ **RUS** 50-51 G 7
Kartaël' ○ **RUS** 24-25 W 4
Kartaly ☆ **RUS** 60-61 B 2
Karte Conservation Park ⊥ **AUS** 116-117 F 3
Karthala ▲ **COM** 158-159 C 3
Karti ○ **IR** 70-71 H 6
Kartosuro ○ **RI** 104 D 3
Kartuzy ○• **PL** 28-29 P 1
Karu ○ **PNG** 119 G 2
Karubaga ○ **RI** 102-103 K 3
Karubeamsberge ⛰ **NAM** 156-157 C 1
Karufa ○ **RI** 102-103 G 3
Karuḩ ○• **AFG** 70-71 K 1
Karumba ○ **AUS** 110-111 F 5
Kārumbhar Island ⌒ **IND** 74-75 B 8
Karumei ○ **J** 88-89 J 4
Karumwa ○ **EAT** 148-149 D 5
Kārūn, Kūh-e ▲ **IR** 70-71 D 3
Kārūn, Rūd-e ∼ **IR** 70-71 C 3
Karungu ○ **EAK** 148-149 E 4
Karūr ○ **IND** 76-77 H 5
Karuzi ○ **BU** 148-149 C 5
Karviná ○ **CZ** 28-29 P 4
Karwai ○ **RI** 102-103 H 4
Kārwār ○ **IND** 76-77 F 3
Karwin = Karviná ○ **CZ** 28-29 P 4
Karymskoe ☆ **RUS** 54-55 G 10
Ķaryngūrly ∸ **KA** 62-63 L 6
Karynžaryk ∸ **KA** 62-63 K 6
Kas ∼ **RUS** 52-53 E 6
Kas ○ **SUD** 136-137 B 6
Kaş ☆•• **TR** 64-65 C 4
Kasa ○ **RP** 96-97 D 3
Kasa ○ **VRC** 90-91 B 6
Kasa ○ **ZRE** 146-147 G 4
Kasaan Bay ≈ 176-177 D 4
Kasaba ○ **Z** 150-151 E 6
Kasabi ○ **ZRE** 150-151 E 5
Kasabonika ○ **CDN** 178-179 M 4
Kašaf Rūd ∼ **IR** 72-73 G 6
Kasah ∼ **AR** 64-65 L 2
Kasai ○ **J** 88-89 F 7
Kasai ∼ **ZRE** 146-147 G 5
Kasai-Occidental ◘ **ZRE** 146-147 H 6
Kasai-Oriental ◘ **ZRE** 146-147 J 5
Kasaji ○ **ZRE** 150-151 B 6
Kāsa Khurd ○ **IND** 74-75 D 10
Kasāl ○ **IND** 76-77 E 2
Kasalu ○ **Z** 154-155 D 2
Kasama ☆ **Z** 150-151 F 6
Kāšān ○• **IR** 70-71 D 2
Kašan ∼ **TM** 72-73 H 7
Kasan ○ **US** 72-73 J 5
Kasane ☆ **RB** 154-155 C 3
Kasanga ○ **EAT** 150-151 F 5
Kasangulu ○ **ZRE** 146-147 E 6
Kasanka National Park ⊥ **Z** 150-151 F 7
Kasansaj ○ **US** 72-73 M 4
Kasanza ○ **ZRE** 150-151 B 4
Kāsaragod ○ **IND** 76-77 F 4
Kasari ○ **J** 88-89 C 10
Kasaro ∼ **SUD** 136-137 F 6
Kasasi ○ **WAL** 138-139 E 5
Kasatochi Island ⌒ **USA** 166-167 J 6
Kasbahs, Route des • **MA** 124-125 H 5
Kasba Lake ⊖ **CDN** 174-175 S 5
Kasba-Tadla ○ **MA** 124-125 H 4
Kascjukovičy ○ **BY** 30-31 N 5
Kasdir < **DZ** 124-125 L 4
Kaseda ○ **J** 88-89 D 9
Kasegaluk Lagoon ≈ 164-165 J 2
Kasei ∼ **ZRE** 152-153 F 3
Kasempa ○ **Z** 154-155 C 1
Kasenga ○ **ZRE** (SHA) 150-151 E 6
Kasenga ○ **ZRE** (SHA) 150-151 B 6
Kasenge ○ **ZRE** 146-147 G 4
Kasengu ○ **ZRE** 148-149 C 2
Kasenye ○ **ZRE** 148-149 C 3
Kasese ○ **EAU** 148-149 C 3
Kasese ○ **ZRE** 148-149 A 4
Kaset Wisai ○ **THA** 94-95 G 3
Kashabowie ○ **CDN** 178-179 L 6
Kashechewan ○ **CDN** 178-179 Q 4
Kashega ○ **USA** 166-167 N 6
Kashi ○• **VRC** 82-83 C 6
Kashileshi ∼ **ZRE** 150-151 B 6
Kashima ○ **J** 88-89 J 7
Kashima-nada ≈ 88-89 J 6
Kashinatpur ○ **BD** 78-79 F 4
Kāshīpur ○ **IND** 74-75 G 5
Kashiwa ○ **J** 88-89 H 7
Kashiwazaki ○ **J** 88-89 H 6
Kāshmor ○ **PK** 74-75 B 5
Kashnuk River ∼ **USA** 164-165 H 6
Kashwal ○ **SUD** 142-143 J 5
Kasi ∼ **RI** 102-103 G 2
Kasidishi ∼ **ZRE** 150-151 B 5
Kasigau ▲ **EAK** 148-149 G 5
Kasigluk ○ **USA** 164-165 J 6
Kasimbar ○ **RI** 100-101 G 4
Kasimov ○ **RUS** 30-31 R 4
Kašin ☆• **RUS** 30-31 P 3
Kasindi ○ **ZRE** 148-149 B 3
Kasinje ○ **MW** 154-155 H 2
Kašira ☆• **RUS** 30-31 Q 4
Kasiruta, Pulau ⌒ **RI** 100-101 K 4
Kasiui, Pulau ⌒ **RI** 102-103 F 4
Kaskabulak ○ **KA** 60-61 L 4
Kaškadar'inskaja oblast' ◘ **US** 72-73 J 5
Kaškadar'ja ∼ **US** 72-73 J 5
Kaškān, Rūdḩāne-ye ∼ **IR** 70-71 B 2
Kaškarancy ○ **RUS** 24-25 O 3
Kaskas ○ **SN** 132-133 C 6
Kaskaskia River ∼ **USA** 190-191 D 6
Kaskaskia State Historic Site, Fort ∴ **USA** 190-191 D 6
Kaškasu ○ **KS** 82-83 B 5
Kaskattama River ∼ **CDN** 178-179 L 2
Ķaskeleņ ○ **KA** 82-83 C 4
Ķaskeleņ ∼ **KA** 82-83 C 4
Kaskelen = Ķaskeleņ ○ **KA** 82-83 C 4
Kaskelen = Ķaskeleņ ∼ **KA** 82-83 C 4
Kaskinen ○ **FIN** 24-25 F 5
Kaskö = Kaskinen ○ **FIN** 24-25 F 5
Kasli ☆ **RUS** 32-33 M 6
Kaslo ○ **CDN** 176-177 M 7
Kāšmar ○ **IR** 72-73 F 7
Kasmere Lake ⊖ **CDN** 174-175 T 6
Kasompe ○ **Z** 154-155 C 1
Kasongo ○ **ZRE** 146-147 L 6
Kasongo-Lunda ○ **ZRE** 152-153 D 3
Kasongo-Lunda, Chutes ∼ **ZRE** 152-153 D 3
Kasouga ○ **ZA** 156-157 H 6
Kaspi ○ **GE** 62-63 F 7
Kaspij maņy sineklizasy = Prikaspijskaja nizmennost' ᴗ **RUS** 62-63 F 5
Kaspijsk ○ **RUS** 62-63 G 6
Kaspijskij = Lagan' ☆ **RUS** 62-63 G 5
Kasr, Ra's ▲ **SUD** 136-137 J 3
Kassa ○ **DY** 140-141 E 3
Kassalā ☆• **SUD** 136-137 H 5
Kassama ○ **RMM** 138-139 E 3
Kassándra ᴗ **GR** 36-37 J 5
Kassándras, Kólpos ≈ 36-37 J 4
Kassándria ○ **GR** 36-37 J 4
Kassel ○• **D** 28-29 K 3
Kasséré ○ **CI** 138-139 G 5
Kasserine ☆ **TN** 126-127 G 3
Kassipute ○ **RI** 100-101 H 6
Kássos ⌒ **GR** 36-37 L 7
Kassoum ○ **BF** 138-139 J 3
Kastamonu ☆• **TR** 64-65 E 2
Kastéli ○ **GR** 36-37 J 7
Kastoriá ○ **GR** 36-37 H 4
Kasuga ○ **J** (FKA) 88-89 D 8
Kasuga ○ **J** (HYO) 88-89 F 7
Kasuku ∼ **ZRE** 146-147 K 4
Kasuku, Lac ⊖ **ZRE** 146-147 K 5
Kasulu ○ **EAT** 148-149 C 6
Kasumba ○ **ZRE** 150-151 D 7
Kasumi ○ **J** 88-89 F 7
Kasumigaura-ura ⊖ **J** 88-89 J 6
Kasumkent ○ **RUS** 62-63 H 7
Kasumpti ○ **IND** 74-75 F 4
Kasungu ○ **MW** 154-155 G 1
Kasungu National Park ⊥ **MW** 150-151 G 7
Kasūr ○ **PK** 74-75 E 4
Kat ○ **IR** 70-71 C 3
Kata ∼ **RUS** 52-53 L 6
Kataba ○ **Z** 154-155 C 3
Katabaie ○ **ZRE** 150-151 B 4
Katagum ○ **WAN** 134-135 E 6
Katagum, River ∼ **WAN** 140-141 H 3
Katahdin, Mount ▲ **USA** 190-191 O 3
Katajsk ☆ **RUS** 50-51 G 6
Kataka ○ **IND** 78-79 D 5
Katakakishi ○ **ZRE** 150-151 B 5
Katako-Kombe ○ **ZRE** 146-147 K 5
Kataku ○ **RI** 104 D 7
Katakwi ○ **EAU** 148-149 D 3
Katalah ○ **RUS** 54-55 N 6
Katamatite ○ **AUS** 116-117 H 4
Katana ○ **RI** 100-101 L 3
Katana ○ **ZRE** 148-149 B 5
Katanda ○ **ZRE** 150-151 B 4
Katanga ∼ **RUS** 52-53 L 6
Katanga Plateau = Shaba, Plateau du ∸ **ZRE** 5 F 6
Katangi ○ **IND** 74-75 G 8
Katāngi ○ **IND** 74-75 G 9
Katanning ○ **AUS** 112-113 D 6
Kaṭaouâne ○ **RIM** 132-133 G 6
Kataramba ∼ **RUS** 52-53 H 4
Katavi National Park ⊥ **EAT** 150-151 F 4
Katav-Ivanovsk ☆ **RUS** 32-33 L 6
Katcha ○ **WAN** 140-141 G 4
Katchall Island ⌒ **IND** 76-77 L 6
Katchamba ○ **RT** 138-139 L 5
Katchirga ○ **BF** 138-139 L 2
Kateel River ∼ **USA** 164-165 L 4
Kateman, Pulau ○ **RI** 98-99 E 4
Katende ○ **ZRE** 150-151 B 4
Katende, Chutes de ∼ **ZRE** 150-151 B 4
Katenge ○ **ZRE** 150-151 B 4
Katengo ○ **ZRE** 148-149 B 6
Katere ○ **NAM** 152-153 F 9
Kateríni ○ **GR** 36-37 J 4
Katesh ○ **EAT** 148-149 E 6
Katete ○ **Z** 154-155 G 2
Katha ○ **MYA** 78-79 K 3
Kathang ○ **IND** 78-79 K 2
Kathangor, Ǧabal ▲ **SUD** 144-145 A 6
Kathawachaga Lake ⊖ **CDN** 174-175 O 2
Katherine ○ **AUS** 108-109 L 3
Katherine River ∼ **AUS** 108-109 K 3
Kāthiāwār Peninsula ᴗ **IND** 74-75 B 8
Kathleen Lake ⊖ **CDN** 182-183 C 5
Kathmandu ★••• **NEP** 80-81 E 7
Kathu ○ **ZA** 156-157 F 3
Kathua ○ **IND** 74-75 E 3
Kati ∼ **NEP** 80-81 C 6
Kati ○ **RMM** 138-139 F 3
Katiali ○ **CI** 138-139 G 5
Katiati ○ **PNG** 119 C 3
Kaṭib, Ra's al- ▲ **Y** 68-69 C 6
Katiéna ○ **RMM** 138-139 H 3
Katihar ○ **IND** 78-79 E 3
Katima Mulilo ☆ **NAM** 154-155 C 3
Katimik Lake ⊖ **CDN** 178-179 G 4
Katini ○ **ZRE** 152-153 E 3
Katiola ☆ **CI** 138-139 H 5
Katios, Parque Nacional los ⊥ **CO** 204-205 C 4
Katiti Aboriginal Land X **AUS** 112-113 L 2
Katla ○ **SUD** 142-143 J 3
Katlanovo ○ **MK** 36-37 H 4
Katmai, Mount ▲ **USA** 166-167 T 3
Katmai National Park and Preserve ⊥ **USA** 166-167 T 3
Katmandou = Kathmandu ★••• **NEP** 80-81 E 7
Katmay Bay ≈ 166-167 T 4
Kato ○ **GUY** 206-207 E 3
Katoa ○ **TCH** 142-143 B 3
Kātoda ○ **IND** 74-75 E 7
Káto Glikóvrisi ○ **GR** 36-37 J 6
Kātol ○ **IND** 74-75 G 9
Katombe ○ **ZRE** 146-147 H 6
Katompi ○ **ZRE** 150-151 D 4
Katonga ∼ **EAU** 148-149 C 3
Katon-Karagaj ○ **KA** 60-61 O 4
Katoomba-Wentworth Falls ○ **AUS** 116-117 L 2
Katoposo, Gunung ▲ **RI** 100-101 G 4
Káto Soúnio ○ **GR** 36-37 K 6
Katoto ○ **EAT** 148-149 C 6
Katowice = Katowice ☆•• **PL** 28-29 P 3
Katoya ○ **IND** 78-79 F 4
Katrancık Dağı ⛰ **TR** 64-65 D 4
Katrīna, Ǧabal ▲ **ET** 130-131 F 3
Katrineholm ☆ **S** 22-23 H 7
Katse ○ **EAK** 148-149 G 4
Katséna ∼ **CAM** 140-141 J 5
Katsepy ○ **RM** 158-159 E 5
Katsina ○ **WAN** 134-135 C 6
Katsina ◘ **WAN** 134-135 C 6
Katsina-Ala ○ **WAN** 140-141 H 5
Katsina-Ala, River ∼ **WAN** 140-141 H 5
Katsumoto ○ **J** 88-89 C 8
Katsuta ○ **J** 88-89 J 6
Katsuura ○ **J** (CHI) 88-89 J 7
Katsuura ○ **J** (WAK) 88-89 F 8
Kattaķišloķ ○ **US** 72-73 K 5
Kattakurgan = Kattaķūrgon ○ **US** 72-73 K 5
Kattaķūrgon ○ **US** 72-73 K 5
Kattankudi ○ **CL** 76-77 J 7
Kattara, Dépression de = Qattāra, Munhafad al ∸ **ET** 130-131 C 3
Kattarakara ○ **IND** 76-77 G 6
Kattavía ○ **GR** 36-37 L 7
Kattawagami Lake ⊖ **CDN** 178-179 Q 6
Kattegat ≈ 22-23 E 8
Katterjåkk ○ **S** 22-23 J 2
Kāttupputtūr ○ **IND** 76-77 H 5
Katumbi ○ **MW** 150-151 G 6
Katun' ∼ **RUS** 60-61 P 3
Katundu ○ **Z** 154-155 C 3
Katunguru ○ **EAU** 148-149 C 4
Katunskij hrebet ⛰ **RUS** 60-61 O 3
Katupa ○ **RI** 104 D 7
Kātūria ○ **IND** 78-79 E 3
Katwe ○ **EAU** 148-149 B 4
Katwe ○ **ZRE** 150-151 D 6
Katy ○ **USA** 188-189 K 5
Katym ∼ **RUS** 50-51 K 5
Kau ○ **RI** 100-101 K 3
Kau, Teluk ≈ 100-101 K 3
Kauai ⌒ **USA** 192-193 C 6
Kauai Channel ≈ 192-193 C 7
Kauara ○ **CI** 138-139 H 4
Kaubi ○ **PNG** 119 F 3
Kaudom ○ **NAM** 152-153 F 9
Kaudom ∼ **NAM** 152-153 F 9
Kaudom Game Park ⊥ **NAM** 152-153 F 9
Kaufbeuren ○• **D** 28-29 L 5
Kaugel River ∼ **PNG** 119 C 4
Kauhajoki ○ **FIN** 24-25 G 5
Kauhava ○ **FIN** 24-25 G 5
Kaukas ○ **RI** 100-101 H 4
Kaukauna ○ **USA** 190-191 D 3
Kaukauveld ∸ **NAM** 152-153 F 9
Kauksi ○• **EST** 30-31 K 2
Kaula ⌒ **USA** 192-193 B 7
Kaulakahi Channel ≈ 192-193 B 6
Ķaulžur ∼ **KA** 62-63 N 3
Kaumalapau Harbor ○ **USA** 192-193 D 7
Kauman ○ **RI** 104 E 3
Kaunakakai ○ **USA** 192-193 D 7
Kaunas ☆•• **LT** 30-31 H 4
Kaundy, vpadina ᴗ **KA** 62-63 K 6
Kaup ○ **PNG** 119 B 2
Kaupanger ○ **N** 22-23 C 6
Kaupena ○ **PNG** 119 C 4
Kaupo ○ **USA** 192-193 D 7
Kaurai ○ **PNG** 119 G 5
Kauro ∼ **EAK** 148-149 F 3
Kaušany = Căuşeni ☆ **MD** 38-39 F 4
Kaustinen ○ **FIN** 24-25 G 5
Kautokeino ○ **N** 22-23 L 2
Kauur ○ **WAG** 138-139 C 3
Kauwa ○ **WAN** 134-135 F 6
Kau-Ye Kyun ⌒ **MYA** 94-95 E 5
Kava ∼ **RUS** 56-57 M 4
Kavadarci ○ **MK** 36-37 J 4
Kavak ☆ **TR** 64-65 G 2
Kavála ○ **GR** 36-37 K 4
Kavalerovo ○ **RUS** 58-59 F 6
Kavalga Island ⌒ **USA** 166-167 G 7
Kāvali ○ **IND** 76-77 J 3
Kavār ○ **IR** 70-71 E 4
Kavaratti ○ **IND** 76-77 E 5
Kavendu ▲ **RG** 138-139 D 4
Kavi ○ **IND** 74-75 D 8
Kavieng ☆ **PNG** 119 F 2
Kavigyalik Lake ⊖ **USA** 164-165 J 6
Kavik River ∼ **USA** 164-165 R 2
Kavinga ○ **Z** 150-151 G 7
Kavīr, Dašt-e ∸ **IR** 70-71 E 1
Kavkazkij zapovednik ⊥ **RUS** 62-63 D 6
Kávos ○ **GR** 36-37 H 5
Kavrizhka, Cape ▲ **USA** 166-167 N 6
Kavuu ∼ **EAT** 150-151 F 4
Kaw ○ **F** (973) 245 I c 2
Kaw, Montagne de ⛰ **F** (973) 245 I c 2
Kawa ○ **RI** 102-103 E 3
Kawa ∼ **RI** 102-103 E 3
Kawa, Temple of • **SUD** 136-137 E 3
Kawagit ○ **RI** 102-103 L 4
Kawagoe ○ **J** 88-89 H 7
Kawaguchi ○ **J** 88-89 H 7
Kawai ○ **IND** 74-75 F 7
Kawaihae ○ **USA** 192-193 E 7
Kawaikini ▲ **USA** 192-193 C 6
Kawajena ○ **SUD** 142-143 J 5
Kawakawa ○ **NZ** 118 E 1
Kawala ○ **MYA** 78-79 J 2
Kawali ○ **RI** 104 C 3
Kawambwa ○ **Z** 150-151 E 5
Kawana ○ **Z** 154-155 C 1
Kawangko ○ **RI** 104 D 7
Kawangkoan ○ **RI** 100-101 J 3
Kawanoe ○ **J** 88-89 E 7
Kawant ○ **IND** 74-75 E 8
Kāwardha ○ **IND** 78-79 B 4
Kawarga ∼ **RI** 102-103 K 5
Kawartha Lakes ⊖ **CDN** 182-183 E 6
Kawasa ○ **ZRE** 150-151 E 5
Kawasaki ○ **J** 88-89 H 7
Kawatipoli ○ **MYA** 78-79 K 6
Kawauchi ○ **J** 88-89 J 4
Kawau Island ⌒ **NZ** 118 E 2
Kawaya ○ **ZRE** 150-151 E 5
Kawayan ○ **RP** 96-97 F 7
Kawayu ○ **J** 88-89 L 3
Kawe, Pulau ⌒ **RI** 102-103 F 2
Kaweka ▲ **NZ** 118 F 3
Kawembwe ○ **Z** 150-151 F 6
Kawentinkim ○ **RI** 102-103 L 4
Kawe Rapids ∼ **Z** 154-155 F 2
Kawhia ○ **NZ** 118 E 3
Kawich Peak ▲ **USA** 184-185 F 7
Kawinaw Lake ⊖ **CDN** 178-179 G 4
Kawkpalut ○ **MYA** 94-95 E 2
Kawkwareik ○ **MYA** 94-95 E 2
Kawlin ○ **MYA** 78-79 J 4
Kawltang ○ **MYA** 78-79 J 3
Kaw Reservoir ⊖ **USA** 188-189 J 1
Kaxarari, Área Indígena X **BR** 210-211 D 7
Kaxgar He ∼ **VRC** 82-83 C 6
Kax He ∼ **VRC** 82-83 F 4
Kaxian D. ∴• **VRC** 86-87 D 2
Kaxinauá Nova Olinda, Área Indígena X **BR** 210-211 B 7
Kaxinawá do Rio Humaitá, Área Indígena X **BR** 210-211 B 7
Kaxinawá do Rio Jordão, Área Indígena X **BR** 208-209 F 6
Kaya ☆ **BF** 138-139 K 3
Kayaapu ○ **RI** 98-99 E 7
Kayabi, Área Indígena X **BR** 214-215 J 2
Kayak Island ⌒ **USA** 164-165 S 7
Kayambi ○ **Z** 150-151 G 5
Kayan ∼ **RI** 100-101 E 2
Kayanga ∼ **SN** 138-139 C 3
Kāyankulam ○ **IND** 76-77 G 6
Kayanza ○ **BU** 148-149 B 5
Kayapó, Área Indígena X **BR** 212-213 B 5
Kayar ○ **SN** 138-139 B 2
Kayasa ○ **RI** 100-101 K 3
Kayattār ○ **IND** 76-77 G 6
Kaycee ○ **USA** 186-187 D 4
Kaye, Mount ▲ **AUS** 116-117 K 4
Kayeli ○ **RI** 102-103 D 3
Kayembe-Mukulu ○ **ZRE** 150-151 B 5
Kayenta ○ **USA** 188-189 B 1
Kayenzi ○ **EAT** 148-149 D 5
Kayes ◘ **RMM** 138-139 E 3
Kayes ☆ **RMM** 138-139 E 2
Kayima ○ **WAL** 138-139 E 5
Kaymor ○ **SN** 138-139 C 3
Kaynabayongo ○ **ZRE** 148-149 B 4
Kayoa, Pulau ⌒ **RI** 100-101 K 3
Kayokwe ○ **BU** 148-149 B 5
Kayonza ○ **RWA** 148-149 C 4
Kay Point ▲ **CDN** 164-165 W 2
Kayrunnera ○ **AUS** 114-115 G 6
Kayseri ☆•• **TR** 64-65 F 3
Kaysersberg ○• **F** (68) 234-235 L 5
Kayuadi, Pulau ⌒ **RI** 104 E 6
Kayuagung ○ **RI** 98-99 F 6
Kayuku ○ **RI** 100-101 G 4
Kayupangang, Pulau ⌒ **RI** 104 D 6
Kayuyu ○ **ZRE** 146-147 L 5
Kayville ○ **CDN** 178-179 D 6
Kazabazua ○ **CDN** 182-183 F 6
Kazača Lopan' ○ **UA** 38-39 K 2
Kazač'e ○ **RUS** 46-47 V 4
Kazačinskoe ☆ **RUS** 52-53 F 7
Kazah ○• **AZ** 64-65 L 2
Kazahdar'ja ○ **US** 72-73 F 3
Kazahskij melkosopočnik = Kazakhes, Steppes ∸ **KA** 60-61 F 3
Kazahskij zaliv ≈ 62-63 K 6
Kazakhes, Steppes = Kazahskij melkosopočnik ∸ **KA** 60-61 F 3
Kazakhs, Plateaux = Saryarķa ∸ **KA** 60-61 G 4
Kazakhstan = Ķazaķstan ■ **KA** 62-63 K 3
Kazak'jaha ∼ **RUS** 44-45 V 6
Ķazaķstan = Kazakhstan ■ **KA** 62-63 K 3
Kazamabika ○ **G** 146-147 C 4
Kazan' ☆•• **RUS** 32-33 F 6
Kazandžik = Gazanǧyk ○ **TM** 72-73 D 5
Kazanlăk ○••• **BG** 38-39 D 6
Kazan River ∼ **CDN** 174-175 V 4
Kazanskoe ☆ **RUS** 50-51 K 7
Kazantips'ka zatoka ≈ 38-39 J 5
Kazarman ○ **KS** 82-83 B 5
Kazas ∼ **RUS** 52-53 H 9
Kazaure ○ **WAN** 134-135 D 6
Kazbegi ○ **GE** 62-63 F 6
Kazbek, gora ▲ **GE** 62-63 F 6
Kaz Dağı ⛰ **TR** 64-65 B 3
Kazer • **TCH** 134-135 J 3
Kazer, Pico ▲ **RCH** 224 G 7
Kāzerūn ○ **IR** 70-71 D 4
Kāzi Ahmad ○ **PK** 74-75 B 6
Kazibacna ∼ **BD** 78-79 F 4
Kazıklı Çayı ∼ **TR** 64-65 G 3
Kazil'skoe ☆ **RUS** 32-33 L 7
Kazi-Magomed ○ **AZ** 64-65 N 2
Kāẓimīya, al- ○ **IRQ** 64-65 L 6
Kâzımkarabekir ☆• **TR** 64-65 E 4
Kaziranga National Park ⊥••• **IND** 78-79 H 2
Kaziza ○ **ZRE** 150-151 B 6
Kaznakovka ○ **KA** 60-61 N 4
Ķaztalovka ☆ **KA** 32-33 F 9
Kažukas = Marijampole ☆•• **LT** 30-31 H 4
Kazuma Pan National Park ⊥ **ZW** 154-155 C 4
Kazumba ○ **ZRE** 150-151 B 4
Kazungula ○ **Z** 154-155 C 3
Kazuno ○ **J** 88-89 J 4
Kazym ∼ **RUS** 50-51 L 3
Kazyr ∼ **RUS** 52-53 G 9
Kbombole ○ **SN** 138-139 B 2
Kbor Roumia • **DZ** 126-127 D 2
Ké ○ **G** 146-147 C 3
Ké, Enneri ∼ **TCH** 134-135 H 3
Kéa ⌒ **GR** 36-37 K 6
Keaau ○ **USA** 192-193 E 8
Kearney ○ **USA** 186-187 H 5
Kearney State Historic Park, Fort ∴ **USA** 186-187 H 5
Keating Point ▲ **IND** 76-77 L 5
Kébaly ○ **RG** 138-139 D 4
Keban ☆ **TR** 64-65 H 3
Keban Barajı < **TR** 64-65 H 3
Kébara ○ **RCB** 146-147 E 5
Kebasen ○ **RI** 104 C 3
Kebbe ○ **WAN** 134-135 B 6
Kebbi, Mayo ∼ **TCH** 142-143 B 4
Kébémer ○ **SN** 138-139 B 2
Kèbèrdej-Balkèr Respublikèm=Kabardino-Balkharie,Rép. d. ◘ **RUS** 62-63 E 6
Kébi, Mayo ∼ **CAM** 140-141 K 4
Kébila ○ **RMM** 138-139 G 4
Kebili ☆ **TN** 126-127 G 4
Kebnekaise ▲•• **S** 22-23 J 3
K'ebrī Dehar ○ **ETH** 144-145 G 5
Kebumen ○ **RI** 104 C 3
Kech ∼ **PK** 70-71 K 5
K'ech'a Terara ▲ **ETH** 144-145 D 5
Kéché ○ **RCA** 142-143 E 3
Kechika Ranges ⛰ **CDN** 174-175 F 6
Kechika River ∼ **CDN** 174-175 F 6
Kecskemét ○ **H** 28-29 P 5
Keda ○ **GE** 62-63 D 7
Kedah ◘ **MAL** 98-99 D 2
Kėdainiai ☆• **LT** 30-31 H 4
Kédange-sur-Canner ○ **F** (57) 234-235 J 3
Kedawung ○ **RI** 104 C 3
Keddie ○ **USA** 184-185 D 5
Kédédéssé ○ **TCH** 142-143 C 3
Kedeigne ○ **F** (988) 247 I e 2
Kedgwick ○ **CDN** 182-183 L 5
Kedi ○ **IND** 74-75 F 4
Kedi ○ **RI** 100-101 K 3
Kedir ○ **RI** 102-103 K 3
Kediri ○ **RI** 104 E 3
Kedon ○ **RUS** 48-49 K 4
Kedon ∼ **RUS** 48-49 K 4
Kedonskij hrebet ⛰ **RUS** 48-49 K 4
Kédougou ○ **SN** 138-139 D 3
Kedrovaja, gora ▲ **RUS** 58-59 D 6
Kedrovyj ○ **RUS** 50-51 P 6
Kedungwuni ○ **RI** 104 C 3
Kedva ∼ **RUS** 24-25 W 4
Kędzierzyn ○ **PL** 28-29 P 3
Kędzierzyn-Koźle ○• **PL** 28-29 P 3
Keekorok Lodge ○ **EAK** 148-149 E 4
Keel = An Caol ○ **IRL** 26-27 B 5
Keele Peak ▲ **CDN** 174-175 E 4
Keele River ∼ **CDN** 174-175 F 3
Keeley Lake ⊖ **CDN** 176-177 Q 4
Keelung ○• **RC** 92-93 M 4
Keene ○ **USA** 190-191 M 4
Keene, Lake ⊖ **AUS** 112-113 G 2
Keenjhar Lake ⊖•• **PK** 74-75 B 7
Keepit, Lake < **AUS** 114-115 L 6
Keep River ∼ **AUS** 108-109 J 3
Keep River National Park ⊥ **AUS** 108-109 J 3
Keerweer, Cape ▲ **AUS** 110-111 F 3
Keetmannshoop ☆ **NAM** 156-157 D 3
Keewatin River ∼ **CDN** 178-179 F 2
Keezhik Lake ⊖ **CDN** 178-179 M 5
Kefa ◘ **ETH** 144-145 B 5
Kefaloniá ⌒ **GR** 36-37 H 5
Kefamenanu ○ **RI** 102-103 C 6
Keffi ○ **WAN** 140-141 G 4
Keflavík ○ **IS** 22-23 b 2
K'eftya ○ **ETH** 136-137 H 6
Kegajli ☆ **US** 72-73 F 3
Kegali ∼ **RUS** 48-49 L 4
Këgart ○ **KS** 72-73 N 4
Kegaska ○ **CDN** 182-183 O 3
Kegdal ○ **IND** 76-77 F 3
Kegen ○ **KA** 82-83 D 4
Kegworth ○ **CDN** 178-179 E 5
Kehiwin Indian Reserve X **CDN** 176-177 P 4
Kehl ○ **D** 28-29 J 4
Keibul-Lamjoa National Park ⊥ **IND** 78-79 H 3
Keikakolo ○ **RI** 104 E 7
Keila ○•• **EST** 30-31 J 2
Keila ⌒ **SOL** 120 I d 1
Keimoes ○ **ZA** 156-157 E 4
Kei Mouth ○ **ZA** 156-157 J 6
Ķeipene ○ **LV** 30-31 J 3
Kei Road ○ **ZA** 156-157 H 6
Keiskammarivier ∼ **ZA** 156-157 H 6
Keïta ○ **RN** 134-135 B 5
Keita ou Douka, Bahr ∼ **TCH** 142-143 D 4
Keitele ○ **FIN** (KPN) 24-25 J 5
Keitele ⊖ **FIN** (KSS) 24-25 H 5
Keith ○ **AUS** 116-117 F 4
Keith, Cape ▲ **AUS** 108-109 K 1
Keith Arm ⊖ **CDN** 174-175 J 3
Keithville ○ **USA** 188-189 L 3
Keiyasi ○ **FJI** 120 III a 2
Keizer ○ **USA** 184-185 C 3
Kejaman ○ **MAL** 98-99 K 3
Kejimkujik National Park ⊥ **CDN** 182-183 M 6
Kėjngypil'gyn, laguna ⊖ **RUS** 48-49 U 5
Kejobon ○ **RI** 104 C 3
Kejvy ⛰ **RUS** 24-25 O 3
Kekaha ○ **USA** 192-193 C 7
Këkajgyr ○ **KS** 82-83 B 5
Këk-Art ○ **KS** 82-83 B 5
Keke ○ **PNG** 119 D 5
Kékem ○ **CAM** 140-141 J 6
Kekertuk ○ **CDN** 172-173 J 3
Kekesu ○ **PNG** 120 I b 1
Kekirawa ○ **CL** 76-77 J 6
Kekneno, Gunung ▲ **RI** 102-103 C 6
Kekova Adası ⌒ **TR** 64-65 C 4
Kekovandasi ⌒ **TR** 64-65 C 4
Kekri ○ **IND** 74-75 E 7
Kekurnoi, Cape ▲ **USA** 166-167 T 4
Kekurnyj, zaliv ⊖ **RUS** 56-57 Q 4
Keku Strait ≈ 176-177 D 3
Kelabo ○ **PNG** 119 B 3
K'elafo ○ **ETH** 144-145 G 6
Kelag ○ **VRC** 90-91 B 6
Kelagay ○ **AFG** 72-73 L 7
Kelai ∼ **RI** 100-101 E 3
Kélakam ○ **RN** 134-135 E 6
Kelambakkam ○ **IND** 76-77 J 4
Kelan ○ **VRC** 90-91 G 2
Kelandic Plateau ≃ 22-23 g 1
Kelang, Pulau ⌒ **RI** 102-103 D 3
Kelankyla ○ **FIN** 24-25 J 4
Kelanoa ○ **PNG** 119 D 4
Kelantan ◘ **MAL** 98-99 D 2
Kelapa ○ **RI** 98-99 F 5
Kélbo ○ **BF** 138-139 K 3
Këlcyrë ○• **AL** 36-37 H 4
Kel'da ∼ **RUS** 24-25 R 4
Kele ∼ **RUS** 54-55 P 4
Keleft ○ **AFG** 72-73 K 6
Kelem ○ **ETH** 144-145 B 6
Kelema ○ **EAT** 148-149 E 6
Kèlèraš' = Călăraşi ☆ **MD** 38-39 F 4
Keles ☆ **US** 72-73 L 4
Kéléya ○ **RMM** 138-139 G 4
Kelež ∼ **RUS** 52-53 F 9
Kelgo Bay ≈ 180-181 R 5
Kelibia ○ **TN** 126-127 H 2
Kelifskij Uzboj ∸ **TM** 72-73 H 6
Kelil'vun, gora ▲ **RUS** 48-49 O 2
Kelimjar ∼ **RUS** 46-47 P 4
Keling ○ **RI** 104 D 3
Kelkit ☆ **TR** 64-65 H 2
Kelkit Çayı ∼ **TR** 64-65 G 2
Kelkit Çayı ∼ **TR** 64-65 H 2
Kéllé ○ **RCB** 146-147 E 4
Kellé ○ **RN** 134-135 E 5
Kellerberrin ○ **AUS** 112-113 D 5
Keller Lake ⊖ **CDN** 174-175 J 3
Kellet, Canal de ≈ 194-195 B 4
Kellet, Cape ▲ **CDN** 168-169 H 5
Kellet River ∼ **CDN** 168-169 b 6
Kellett River ∼ **CDN** 168-169 K 5
Kellett River ∼ **CDN** 174-175 Y 2
Kellett Strait ≈ 168-169 M 3
Kellog ○ **RUS** 50-51 T 3
Kellog ∼ **RUS** 50-51 S 3
Kellogg ○ **USA** 184-185 F 2
Kelloselkä ○ **FIN** 24-25 K 3
Kelly, Mount ▲ **USA** 164-165 J 2
Kelly Lake ⊖ **CDN** 174-175 G 3
Kelly Range ⛰ **AUS** 112-113 F 2
Kelly River ∼ **USA** 164-165 J 2
Kel'ma ∼ **RUS** 50-51 U 5
Kelmė ☆ **LT** 30-31 H 4
Kelmet ○ **ER** 136-137 J 4
Kelo ○ **TCH** 142-143 B 4
Kelongwa ○ **Z** 154-155 D 1
Kelowna ○ **CDN** 176-177 L 7
Kelsey ○ **CDN** 178-179 H 2
Kelso ○• **GB** 26-27 F 4
Kelso ○ **USA** (CA) 184-185 G 8
Kelso ○ **USA** (WA) 184-185 C 2
Keltie Bugt ≈ 170-171 Z 2
Kelu ○ **VRC** 92-93 G 6
Kelua ○ **RI** 100-101 D 5
Keluang, Tanjung ▲ **RI** 98-99 H 5
Kelume ○ **RI** 98-99 F 5
Kel'vat ∼ **RUS** 50-51 N 5
Kelvington ○ **CDN** 178-179 E 4
Kem' ○ **RUS** (KAR) 24-25 N 4
Kem' ∼ **RUS** 24-25 M 4
Kem' ∼ **RUS** 52-53 E 6
Kemah ☆• **TR** 64-65 H 3
Kemal, Gunung ▲ **RI** 100-101 E 3
Kemâliye ☆ **TR** 64-65 H 3
Kemano ○ **CDN** 176-177 G 5
Kemara, Kampung ○ **MAL** 98-99 E 2
Kemasik ○ **MAL** 98-99 E 2
Kemata I ○ **TCH** 142-143 D 4
Kemba ○ **RCA** 142-143 F 6
Kembani ○ **RI** 100-101 H 4
Kembapi ○ **RI** 102-103 L 6
Kembé ○ **RCA** 142-143 E 6
Kembé, Chutes de ∼ **RCA** 142-143 E 6
Kembéra ○ **RG** 138-139 D 4
Kembolcha ○ **ETH** (Wel) 144-145 C 4
Kembolcha ○ **ETH** (Weo) 144-145 D 3
Kembs ○ **F** (68) 238-239 L 1
Kemčug ∼ **RUS** 52-53 E 7
Kemdéré ○ **TCH** 142-143 D 4
Kemenagi, Mount ▲ **PNG** 119 B 4
Kemer ○ **TR** 64-65 C 4
Kemer ☆ **TR** 64-65 D 4
Kemerhisar ○ **TR** 64-65 F 4
Kemerovo ☆ **RUS** 50-51 T 7
Kemi ○ **FIN** 24-25 H 4
Kemijärvi ○ **FIN** (LAP) 24-25 J 3
Kemijärvi ⊖ **FIN** (LAP) 24-25 J 3
Kemijoki ∼ **FIN** 24-25 H 3
Kemkara ○ **RUS** 56-57 H 5
Kemlja ○ **RUS** 32-33 D 6
Kemmerer ○ **USA** 184-185 J 5
Kémo ◘ **RCA** 142-143 D 6
Kemp ○ **USA** 188-189 K 3
Kemp, Lake < **USA** 188-189 H 3
Kempaž ∼ **RUS** 50-51 F 2
Kempe Fjord ≈ 170-171 m 7
Kempele ○ **FIN** 24-25 H 4
Kempendjaj ○ **RUS** 54-55 J 4
Kempendjaji ∼ **RUS** 54-55 J 4
Kemp Land ∸ **ARK** 16 G 6
Kemp Peninsula ᴗ **ARK** 16 F 30
Kemps Bay ○ **BS** 198-199 G 2
Kempsey ○ **AUS** 114-115 M 6
Kempt, Lac ⊖ **CDN** 182-183 G 5
Kempten (Allgäu) ○• **D** 28-29 L 5
Kempton ○ **AUS** 116-117 J 7
Kempton Park ○ **ZA** 156-157 J 2
Kemptville ○ **CDN** 182-183 G 6
Kemubu ○ **MAL** 98-99 E 2
Ken ∼ **IND** 78-79 B 3
Kenadsa ○ **DZ** 124-125 K 5
Kenai ○• **USA** 164-165 P 6
Kenai Fjords National Park ⊥ **USA** 166-167 V 3
Kenai Mountains ⛰ **USA** 164-165 P 7
Kenai National Wildlife Refuge ⊥ **USA** 164-165 P 6
Kenai Peninsula ᴗ **USA** 164-165 P 6
Kenalia ○ **PNG** 119 B 5
Kenam ○ **NEP** 80-81 D 6
Kenamuke Swamp ⊖ **SUD** 144-145 A 5
Kenamu River ∼ **CDN** 182-183 O 2

Kenamu River ~ CDN 182-183 P 2
Kenansville o USA 192-193 H 6
Kenapuru Head o NZ 118 E 4
Kenār Daryā o IR 72-73 B 6
Kenari o RI 104 D 7
Kenaston o CDN 178-179 C 5
Kenawa o PNG 119 B 5
Kencong o RI 104 E 4
Kendal o • GB 26-27 F 4
Kendal o RI 104 D 3
Kendall o USA (FL) 192-193 H 7
Kendall o USA (KS) 186-187 G 7
Kendall, Cape ▲ CDN (NWT) 168-169 O 6
Kendall, Cape ▲ CDN (NWT) 180-181 F 3
Kendall, Mount ▲ NZ 118 D 4
Kendall, Point ▲ CDN 168-169 d 6
Kendall River ~ AUS 110-111 F 4
Kendallville o USA 190-191 F 5
Kendari ☆ RI 100-101 H 5
Kendawangan o RI 98-99 J 6
Kèndégué o TCH 142-143 D 3
Kendeng, Pegunungan ▲ RI 104 D 3
Kendenup o • AUS 112-113 D 7
Kendrāpāra o IND 78-79 E 5
Kendu Bay o EAK 148-149 E 4
Kendujhargarh o IND 78-79 D 5
Kendujhar Plateau ▲ IND 78-79 D 5
Kendyrli-Kajasanskoe plato ▲ KA 62-63 K 6
Kenedy o USA 188-189 J 5
Kenema ☆ WAL 138-139 E 6
Kenenikjan ~ RUS 54-55 J 5
Kenenkou o RMM 138-139 G 3
Kenevi, Mount ▲ PNG 119 D 5
Kënga ~ RUS 50-51 Q 6
Këngdaj ~ RUS 46-47 Q 4
Kenge o ZRE 146-147 F 6
Kengirli sukojmasy < KA 60-61 E 5
Kengjade ~ RUS 46-47 H 5
Kengkeme ~ RUS 54-55 O 4
Keng Tung o MYA 78-79 L 5
Kengué o RCB 146-147 D 5
Kenhardt o ZA 156-157 E 4
Kéniéba o RMM 138-139 E 3
Kénie'bandi o RMM 138-139 E 3
Kéniébaoulé, Reserve de ⊥ RMM 138-139 F 3
Keningau o MAL 96-97 B 10
Kenitra = Al-Q'nitra ☆ MA 124-125 H 3
Kénitra = al-Q'nitra ☆ MA 124-125 H 3
Kenli o VRC 90-91 L 3
Kenmare o USA 186-187 F 1
Kenmare = Neidín o IRL 26-27 C 6
Kenmare River ≈ 26-27 C 6
Kennebec River ~ USA 190-191 N 3
Kennebunk o USA 190-191 N 4
Kennedy o AUS 110-111 H 6
Kennedy o CDN 178-179 E 5
Kennedy o ZW 154-155 D 4
Kennedy Channel ≈ 170-171 Q 3
Kennedy Development Road II AUS 110-111 H 6
Kennedy Hill ▲ AUS 110-111 G 3
Kennedy Kanal ≈ 170-171 R 3
Kennedy Peak ▲ MYA 78-79 H 4
Kennedy Range ▲ AUS 112-113 C 2
Kennedy River ~ AUS 110-111 H 4
Kennedy's Vale o ZA 156-157 K 2
Kenner o USA 188-189 M 4
Kennesaw Mountain National Battlefield Park ∴ • USA 192-193 F 3
Kenneth Range ▲ AUS 112-113 D 1
Kennett o USA 188-189 M 1
Kennewick o USA 184-185 E 2
Kenney Dam ∴ CDN 176-177 H 5
Keno City o CDN 164-165 X 5
Kenogami River ~ CDN 178-179 O 5
Kenora o CDN 178-179 J 6
Kenosha o USA 190-191 E 4
Kenscoff o • RH 198-199 J 5
Kensington o CDN 182-183 N 5
Kensington Downs o AUS 114-115 H 2
Kent o USA (OH) 190-191 H 5
Kent o USA (OR) 184-185 D 3
Kent o USA (TX) 188-189 E 4
Kent o USA (WA) 184-185 C 2
Kent, Fort o USA 190-191 O 2
Kent, Îlots ⌢ F (984) 246 III d 3
Keṇtau o KA 72-73 L 3
Kentau o KA 72-73 L 3
Kent Group ⌢ AUS 116-117 J 5
Ken Thao o LAO 94-95 F 2
Kenting National Park ⊥ • RC 92-93 M 5
Kent Junction o CDN 182-183 M 5
Kentland o USA 190-191 E 5
Kenton o USA 190-191 G 5
Kent Peninsula ⌣ CDN 168-169 S 6
Kentrikí Macedonía ◻ GR 36-37 J 4
Kentucky ◻ USA 190-191 E 7
Kentucky Lake ⊂ USA 190-191 D 7
Kentucky River ~ USA 190-191 F 7
Kentville o CDN 182-183 M 6
Kentwood o USA 188-189 M 4
Kenya = Kenya ■ EAK 148-149 E 3
Kenya, Mount ▲ •• EAK 148-149 F 4
Kenya National Park, Mount ⊥ EAK 148-149 F 4
Kenyon o USA 186-187 L 3
Kenzou o CAM 142-143 B 6
Keokuk o USA 190-191 C 5
Keoladeo National Park ⊥ ••• IND 74-75 F 6
Keowee, Lake ⊂ USA 192-193 G 2
Kepa o RUS 24-25 M 4
Kepahiang o RI 98-99 E 6
Kepanjen o RI 104 E 4
Kepelekese ~ ZRE 152-153 F 3
Keperveem o RUS 48-49 N 3
Kepi o RI 102-103 K 5
Kepina ~ RUS 24-25 Q 4
Kepino o RUS 24-25 Q 4
Kepno o PL 28-29 O 3
Keppe o RI 100-101 G 5
Keppel Bay ≈ 114-115 L 2
Keppel Island ⌢ GB 222-223 L 6
Kepsut ☆ TR 64-65 C 3
Kepteni o RUS 54-55 P 4
Keptin o RUS 54-55 M 4
Kepudori o RI 102-103 H 2
Ker, Grottes de • F (09) 240-241 G 5
Kerai, Kuala o MAL 98-99 E 2
Kerala ◻ IND 76-77 F 5
Kerama-rettō ⌢ J 88-89 B 11
Keram River ~ PNG 119 C 3
Keran o IND 74-75 D 2
Kéran ~ RT 138-139 L 4
Kéran, Gorges du ⌣ • RT 138-139 L 5
Kéran, Parc National de la ⊥ RT 138-139 L 4
Kerang o AUS 116-117 G 3
Kerang o RI 100-101 E 5
Keranirhat o BD 78-79 H 4
Keraudren, Cape ▲ AUS 108-109 D 5
Kerauzern o F (22) 230-231 E 2
Keravat o PNG 119 G 3
Kerawa o CAM 140-141 K 3
Kerba, Col de ▲ DZ 126-127 D 3
Kerbau, Tanjung ▲ RI 98-99 E 6
Kerbi ~ RUS 58-59 F 2
Kerby o USA 184-185 C 4
Kerč o UA 38-39 K 5
Kerčens'ka Protoka ≈ 38-39 K 5
Kerchouel < RMM 132-133 L 6
Kerdëm o • RUS 54-55 O 5
Kerdéniel o F (29) 230-231 C 3
Kerdonis, Pointe de ▲ F (56) 230-231 E 5
Kéré o RCA 142-143 G 6
Kéré ~ RCA 142-143 H 6
Kerec, mys ▲ RUS 24-25 P 4
Kerein Hills o AUS 116-117 J 2
Kerej, köli ⊂ KA 60-61 F 3
Kerema ☆ PNG 119 C 4
Keremeos o CDN 176-177 L 7
Keremeos Ranche Indian Reserve X CDN 176-177 L 7
Keremesit ~ RUS 46-47 b 4
Kérémou o DY 140-141 E 3
Kerempe Burnu ▲ TR 64-65 E 1
Keren o ER 136-137 J 5
Kerend o IR 70-71 B 1
Kerens o USA 188-189 J 3
Kereru Range ▲ PNG 119 C 4
Keret' o RUS 24-25 M 3
Keret', ozero ⊂ RUS 24-25 M 4
Kerewan ☆ WAG 138-139 B 3
Kerfot o F (22) 230-231 E 2
Kerguélen, Île ⌢ F (984) 246 III a 3
Kerguélen, Îles ⌢ F (984) 246 III a 4
Kerguelen, Plateau des = Kerguélen Plateau ≃ 8 F 10
Kerguélen Plateau = Kerguelen, Plateau des ≃ 8 F 10
Keria Landing o GUY 206-207 F 2
Kericho o • EAK 148-149 E 4
Kerien o F (22) 230-231 E 3
Keri Kera o SUD 136-137 F 6
Kerikeri o NZ 118 D 1
Kerimgaon o IND 78-79 J 2
Kerinci, Danau ⊂ RI 98-99 D 6
Kerinci, Gunung ▲ RI 98-99 D 5
Kerio ~ EAK 148-149 F 2
Kerity o F (22) 230-231 E 2
Kérity o F (29) 230-231 C 4
Keriya He ~ VRC 80-81 C 2
Kerjean, Château de • F (29) 230-231 C 2
Kerkenah, Îles de ⌢ TN 126-127 H 3
Kerkertaluk Island ⌢ CDN 172-173 G 2
Kerki o TM 72-73 J 6
Kerkiči o TM 72-73 J 6
Kérkira o •• GR 36-37 G 5
Kérkira ⌢ GR 36-37 G 5
Kerkouane ∴ ••• TN 126-127 H 2
Kerlouan o F (29) 230-231 C 2
Kermadec, Fosse des = Kermadec Trench ≃ 10-11 L 11
Kermadec Islands ⌢ NZ 9 K 5
Kermadec Trench = Kermadec, Fosse des ≃ 10-11 L 11
Kermān ◻ IR 70-71 F 4
Kermān ☆ • IR 70-71 G 3
Kermānšāhan o IR 70-71 F 3
Kermaria-Sulard o F (22) 230-231 E 2
Kermāšah o IR 70-71 D 3
Kerme, Golfe de = Gökova Körfezi ≈ 36-37 L 6
Kermit o USA 188-189 F 4
Kërmjukej, gora ▲ AZ 64-65 N 3
Kermū, Kōtal-e ▲ AFG 70-71 M 1
Kernabat, Îlots ⌢ F (984) 246 III a 4
Kernascléden o F (56) 230-231 E 3
Kernay ≛ TM 72-73 F 3
Kernertut, Cap ▲ CDN 180-181 Q 5
Kerné Unel, Etang de ⊂ F (22) 230-231 E 3
Kérou o DY 140-141 E 3
Kérouané o RG 138-139 F 5
Kerriya Shankou ▲ VRC 80-81 C 3
Kerrobert o CDN 176-177 Q 6
Kerrville o USA 188-189 H 4
K'ersa o ETH 144-145 E 4
Kersa Dek o ETH 144-145 D 6
Kershaw o USA 192-193 H 2
Kersinyané o RMM 138-139 E 2
Kersley o CDN 176-177 J 5
Kertamulia o RI 98-99 H 5
Kertch, Détroit de = Kerčens'ka Protoka ≈ 38-39 K 5
Kertch = Kerč o • UA 38-39 K 5
Kerteh o MAL 98-99 E 2
Kerteminde o • DK 22-23 E 9
Kertosono o RI 104 E 3
Keruak o RI 104 C 7
Kerugoya o EAK 148-149 F 4
Kervansaray ∴ • TR 64-65 E 3
Keryneia o • TR 64-65 E 5
Kerzan, Château de • F (29) 230-231 C 4
Kerzaz o DZ 124-125 L 6
Kesagami Lake ⊂ CDN 178-179 Q 5
Kesagami Lake Provincial Park ⊥ CDN 178-179 Q 5
Kesagami River ~ CDN 178-179 Q 5
Keşan ☆ TR 64-65 B 2
Kešem o AFG 72-73 M 6
Kesem Wenz ~ ETH 144-145 D 4
Kesennuma o J 88-89 J 5
Keshod o IND 74-75 C 9
Kesiman o RI 104 B 7
Keskin o TR 64-65 E 3
Kestell o ZA 156-157 J 4
Kestenga o RUS 24-25 L 4
Keswick o GB 26-27 F 4
Keszthely o H 28-29 O 5
Ket' ~ RUS 50-51 R 5
Ket' ~ RUS 52-53 E 6
Keta o GH 138-139 L 7
Keta, gory ▲ RUS 44-45 Y 7
Ketahun o RI 98-99 D 6
Keta Lagoon ⊂ GH 138-139 L 7
Ketama o MA 124-125 J 3
Ketanda o RUS 56-57 J 3
Ketanda ~ RUS 56-57 J 3
Ketanggungan o RI 104 C 3
Ketapang o RI (JTI) 104 E 3
Ketapang o RI (KBA) 98-99 H 5
Ketčenery o RUS 32-33 D 10
Ketchikan o USA 176-177 E 4
Kete-Krachi o GH 138-139 K 6
Ketesso o CI 138-139 J 7
Keti Bandar o PK 70-71 M 6
Ketlica, ostrov ⌢ RUS 20-21 c 2
Ketlik River ~ USA 164-165 L 2
Ketoj, ostrov ⌢ RUS 58-59 P 5
Ketok Mountain ▲ USA 166-167 S 3
Ketomoknai o PNG 119 A 3
Ketoria, Cape ▲ CDN 180-181 M 2
Kétou o • DY 140-141 E 5
Ketovo ☆ RUS 50-51 H 7
Ke Town o LB 138-139 F 6
Kętrzyn o PL 28-29 Q 1
Ketsko-Tymskaja, ravnina ⌣ RUS 50-51 S 4
Ketta o RCB 146-147 E 3
Kétté o CAM 142-143 B 6
Kettering o USA 190-191 F 6
Kettle Falls o USA 184-185 E 1
Kettle Range ▲ USA 184-185 E 1
Kettle River ~ CDN 176-177 L 7
Kettle River ~ CDN 178-179 M 2
Kettle River ~ USA 184-185 E 1
Kettle River ~ USA 186-187 L 2
Keudeuteunom o RI 98-99 A 2
Keuka Lake ⊂ USA 190-191 K 4
Keuf o RUS 52-53 L 6
Keum ~ RUS 50-51 L 5
Keur Madiabel o SN 138-139 B 3
Keur Massène o RIM 132-133 B 6
Keur Momar Sar o SN 132-133 C 7
Keuruu o FIN 24-25 H 5
Kèušen' = Căuseni ☆ MD 38-39 F 4
Kévé o RT 138-139 L 6
Kèveem ~ RUS 48-49 R 2
Kewanee o USA 190-191 D 5
Kewapante o RI 102-103 B 6
Kewasasap o PNG 119 E 5
Kewaunee o USA 190-191 E 3
Keweenaw Bay ⊂ USA 190-191 D 2
Keweenaw Bay Indian Reservation X USA 190-191 D 2
Keweenaw Peninsula ⌣ USA 190-191 D 2
K'ey Āfer o ETH 144-145 C 6
Keyaluvik o USA 164-165 H 6
Keya Paha River ~ USA 186-187 G 4
Keyes o CDN 178-179 G 5
Keyhole Reservoir < USA 186-187 E 3
Keyihe o VRC 86-87 D 2
Key Largo o USA 192-193 H 7
Key Like Mine o CDN 178-179 D 2
Keyling Inlet ≈ 108-109 J 3
Keyser o USA 190-191 J 6
Keystone Lake ⊂ USA 188-189 J 1
Keysville o USA 190-191 J 7
Key West o USA 192-193 H 7
Kez ☆ RUS 32-33 H 5
Kezi o ZW 154-155 E 5
Kežma o RUS 52-53 K 6
Kežmarok o SK 28-29 Q 4
Kgalagadi ◻ RB 156-157 E 2
Kgatleng ◻ RB 156-157 H 2
Kgokgole ~ ZA 156-157 F 3
Kgun Lake ⊂ USA 164-165 H 6
Khabarovsk = Habarovsk o RUS 58-59 F 4
Khabou o RIM 138-139 D 2
Khadki o IND 74-75 D 10
Khadwa o IND 74-75 F 9
Khagaria o IND 78-79 E 3
Khagia Sumna o VRC 80-81 C 5
Khairāgarh o IND 78-79 B 5
Khairapa o IND 74-75 D 6
Khairpur o PK (PU) 74-75 D 5
Khairpur o • PK (SIN) 74-75 B 6
Khairpur Nāthan Shāh o PK 70-71 M 5
Khajurago o ••• IND 74-75 G 7
Khajuraho = Khajurago o ••• IND 78-79 A 3
Khajuri Kach o PK 74-75 B 3
Khakassie = Hakasija, Respublika ◻ RUS 52-53 D 9
Khakhea o RB 156-157 F 2
Khakurdi o IND 74-75 E 9
Khalaf Allāh, Bi'r < LAR 128-129 E 4
Khalaf Allāh, Qārat ▲ LAR 128-129 G 4
Khalfallah o DZ 126-127 C 3
Khalij al-Bahrain ≈ 70-71 D 6
Khalij al Bumbah ≈ 128-129 K 1
Khambhāliya o IND 74-75 B 8
Khambhāt o IND 74-75 D 8
Khambhāt, Gulf of ≈ 74-75 C 9
Khāmgaon o IND 74-75 F 9
Khami Ruins ∴ ••• ZW 154-155 E 5
Khamis Mushayt = Ḫamīs Mušait o KSA 68-69 C 4
Kham Khuan Kaeo o THA 94-95 H 3
Khammam o IND 78-79 B 7
Khampat o MYA 78-79 J 4
Kham Ta Kla o THA 94-95 G 2
Khan ~ NAM 152-153 C 11
Khānāpur o IND 76-77 F 3
Khandala o IND 74-75 F 10
Khānewāl o PK 74-75 C 4
Khāngāh Dogrān o PK 74-75 D 4
Khāngarh o PK 74-75 C 5
Khangar Sidi Nadji o DZ 126-127 F 3
Khanka, Lac = Hanka, ozero ⊂ RUS 58-59 E 6
Khanka, Lac = Xingkai Hu ⊂ VRC 58-59 E 6
Khankendi = Xankandı ☆ AZ 64-65 M 3
Khanna o IND 74-75 F 4
Khannfoussa, Gara ▲ DZ 126-127 F 7
Khanom o THA 94-95 E 6
Khānpur o PK (PU) 74-75 C 5
Khānpur o PK (SIN) 74-75 B 6
Khansiir, Raas ▲ SP 144-145 G 3
Khantys-Mansis, Arrond. aut. de=Hanty-Mansijskij avt. okrug ◻ RUS 50-51 G 3
Khao Chmao National Park ⊥ • THA 94-95 F 4
Khao Kha Khaeng ▲ THA 94-95 E 2
Khao Kheaw National Park ⊥ • THA 94-95 F 3
Khao Khieo Open Zoo • THA 94-95 F 4
Khao Laem Reservoir < THA 94-95 E 3
Khao Sok National Park ⊥ THA 94-95 E 6
Khapalu o IND 74-75 F 2
Khaptada National Park ⊥ NEP 80-81 C 6
Kharagpur o IND 78-79 E 4
Khārān o PK 70-71 L 4
Kharar o IND 74-75 F 4
Khardung La ▲ IND 74-75 F 2
Kharepātan o IND 76-77 E 2
Khargon o IND 74-75 E 9
Kharguèh = Ḫāriğa, al- ☆ • ET 130-131 E 5
Khārian o PK 74-75 D 3
Khariār o IND 78-79 C 5
Kharikhola o NEP 80-81 F 7
Kharj, al = Ḫarǧ, al o KSA 66-67 K 5
Khârroûb, Oued ~ RIM 132-133 F 3
Kharsia o IND 78-79 C 5
Khartaksho o IND 74-75 F 2
Khartoum = al-Harṭūm ★ •• SUD 136-137 F 5
Khartoum-Nord = Harṭūm Baḥrī, al- o SUD 136-137 F 5
Khartoum North = al-Harṭūm Baḥrī o SUD 136-137 F 5
Khashm al-Qirbah o SUD 136-137 G 5
Khasi Hills ▲ IND 78-79 G 3
Khāsi-Jaintia Hills ▲ IND 78-79 G 3
Khasm Elmi o SUD 136-137 C 6
Khatanga, Baie de la = Hatangskij zaliv ≈ 46-47 F 3
Khatauli o IND 78-79 B 4
Khātegaon o IND 74-75 F 8
Khatima o IND 74-75 G 5
Khatoli o IND 74-75 F 7
Khatt Atoui ~ RIM 132-133 C 4
Khaur o PK 74-75 D 3
Khāvda o IND 74-75 B 8
Khazzān ar-Ruṣayri < SUD 144-145 B 3
Khed o IND 76-77 E 2
Kheda o IND 74-75 D 8
Khèmis-des-Zèmamra o MA 124-125 G 4
Khemis Miliana o DZ 126-127 D 2
Khemissa ∴ • DZ 126-127 F 2
Khemisset ☆ MA 124-125 H 4
Khemmarat o THA 94-95 H 2
Khenchela ☆ DZ 126-127 F 3
Khenifra ☆ MA 124-125 J 4
Kherālu o IND 74-75 D 8
Kherba o DZ 126-127 C 2
Kheri o IND 74-75 F 9
Kherir, Oued ~ RIM 132-133 F 2
Kherrata o DZ 126-127 E 2
Kherwāra o IND 74-75 D 8
Khe Sanh ☆ • VN 94-95 J 2
Khe Ve o VN 94-95 H 2
Khewra o PK 74-75 D 3
Khezmir < RIM 132-133 E 5
Khingan, Grand = Da Hinggan Ling ▲ VRC 86-87 B 5
Khingan, Petit = Xiao Hinggan Ling ▲ VRC 86-87 F 2
Khipro o PK 74-75 B 7
Khiran, al- o KWT 66-67 L 3
Khiu o PK 74-75 C 4
Khlong Ngae o THA 94-95 F 7
Khlong Thom o THA 94-95 E 7
Khodzhavend = Xocavənd o AZ 64-65 M 3
Khogué Tobène o SN 138-139 C 2
Khojak Pass ▲ PK 70-71 M 3
Khokarmoho o IND 74-75 E 10
Khok Chang o THA 94-95 G 2
Khok Kloi o THA 94-95 E 6
Khok Phek o THA 94-95 G 3
Khok Pho o THA 94-95 F 7
Khok Samrong o THA 94-95 F 3
Kholmsk = Holmsk o RUS 58-59 K 5
Khomas Hochland ▲ NAM 152-153 D 11
Khomeynišahr o IR 70-71 D 2
Khon o THA 94-95 E 2
Khondmāl Hills ▲ IND 78-79 C 5
Khong Chiam o THA 94-95 H 3
Khong Khi Sua o THA 94-95 F 3
Khon Kaen o THA 94-95 G 2
Khôr Anyâr o DJI 136-137 L 6
Khorāsān ◻ IR 70-71 G 1
Khorasgān o IR 70-71 D 2
Khordha o IND 78-79 D 5
Khor Fakkan = Ḫaur Fakkān o UAE 70-71 G 6
Khor Gamdze o VRC 80-81 M 5
Khorixas ☆ NAM 152-153 C 10
Khor Khor o IR 64-65 L 4
Khorlak o NEP 80-81 E 6
Khossanto o SN 138-139 E 3
Khost o PK 70-71 M 3
Khotol Mount ▲ USA 164-165 M 4
Khouribga ☆ MA 124-125 H 4
Khreum o MYA 78-79 H 5
Khswan Mountain ▲ CDN 176-177 F 4
Khuang Nai o THA 94-95 H 3
Khubus o ZA 156-157 C 4
Khuchinarai o THA 94-95 H 2
Khudabad o IND 74-75 E 1
Khudābād o PK 70-71 M 5
Khudian o PK 74-75 E 4
Khukhan o THA 94-95 H 3
Khulna o BD 78-79 F 4
Khums, Al ◻ LAR 128-129 E 1
Khums, Al ☆ LAR (AKM) 128-129 F 1
Khunaniwāla o PK 74-75 C 4
Khunjerab Pass ▲ PK 74-75 E 1
Khun Yuam o THA 78-79 K 6
Khuraburi o THA 94-95 E 6
Khurai o IND 74-75 G 7
Khurayt o SUD 136-137 B 6
Khurībgah = Khouribga ☆ MA 124-125 H 4
Khurja o IND 74-75 F 5
Khushāb o PK 74-75 D 3
Khuzdār o PK 70-71 M 5
Khwai River Lodge o RB 154-155 B 4
Khwane o MYA 94-95 E 3
Khwazakhela o PK 74-75 D 2
Khwebe Hills ▲ RB 154-155 B 5
Khyber Pass ▲ PK 74-75 C 2
Kia ⌢ FJI 120 III b 2
Kia o SOL 120 I d 2
Kiakalamu o ZRE 150-151 E 5
Kiakty, köli ⊂ KA 60-61 F 3
Kiama o AUS 116-117 L 3
Kiamba o RP 96-97 F 9
Kiambere Reservoir < EAK 148-149 F 4
Kiambi o ZRE 150-151 E 4
Kiambu o EAK 148-149 F 4
Kiamichi Mountain ▲ USA 188-189 K 2
Kiamichi River ~ USA 188-189 K 2
Kiampanjang o RI 100-101 E 2
Kiana o AUS 110-111 D 5
Kiana o USA 164-165 K 3
Kiandarat o RI 102-103 F 3
Kiandra o AUS 116-117 K 3
Kiangara o RM 158-159 E 6
Kiangarow, Mount ▲ AUS 114-115 L 4
Kiangdom o IND 74-75 G 3
Kiangwe ~ ZRE 146-147 L 6
Kiantajärvi ⊂ FIN 24-25 K 4
Kia Ora o AUS 116-117 E 2
Kiatai o VRC 82-83 E 4
Kiáto o GR 36-37 J 5
Kiau, Bi'r < SUD 136-137 G 2
Kibakwe o EAT 150-151 J 4
Kibale o EAU 148-149 C 3
Kibali ~ ZRE 148-149 C 2
Kibangou o RCB 146-147 D 5
Kibau o EAT 150-151 H 5
Kibawe o RP 96-97 F 9
Kibaya o EAT 148-149 F 6
Kibbanahalli o IND 76-77 G 4
Kibeni o PNG 119 B 4
Kiberege o EAT 150-151 J 4
Kibi o GH 138-139 K 6
Kibira, Parc National de la ⊥ BU 148-149 B 5
Kibiti o EAT 150-151 K 4
Kibiya o WAN 140-141 H 3
Kibo ▲ EAT 148-149 F 5
Kiboga o EAU 148-149 C 3
Kiboko ~ EAK 148-149 F 5
Kibombo o ZRE 146-147 K 5
Kibondo o EAT 148-149 C 5
Kibraj ☆ US 72-73 L 4
Kibre Mengist o ETH 144-145 D 6
Kıbrıscık ☆ TR 64-65 D 2
Kibungo o RWA 148-149 C 5
Kibunzi o ZRE 146-147 D 6
Kibuye o RWA 148-149 B 5
Kibwesa o EAT 150-151 E 4
Kibwezi o EAK 148-149 F 5
Kičevo o MK 36-37 H 4
Kichha o IND 74-75 G 5
Kichi-Kichi < TCH 134-135 H 4
Kichimiloo Claypan ⊂ AUS 114-115 H 5
Kichwamba o EAU 148-149 B 4
Kici Borsyk, kùm ≛ KA 62-63 O 4
Kickapoo Indian Caverns ∴ USA 190-191 C 4
Kickapoo Indian Reservation X USA 186-187 K 6
Kickene Özen ~ KA 32-33 F 9
Kicking Horse Pass ▲ CDN 176-177 M 6
Kičmengskij Gorodok ☆ RUS 32-33 D 4
Kidal o RMM 132-133 L 5
Kidan, al- ≛ KSA 68-69 H 2
Kidapawan ☆ RP 96-97 F 9
Kidatu o EAT 150-151 J 4
Kidd's Beach o ZA 156-157 H 6
Kidekša o ••• RUS 30-31 R 3
Kidepo ~ SUD 144-145 A 6
Kidepo National Park ⊥ EAU 148-149 D 2
Kidete o EAT 150-151 J 4
Kidira o SN 138-139 D 3
Kidnappers, Cape ▲ NZ 118 F 3
Kidney Island ⌢ CDN 180-181 J 6
Kidston o AUS 110-111 H 6
Kiekinkoski o FIN 24-25 L 4
Kiel ☆ • D 28-29 L 1
Kiel, Baie de = Kieler Bucht ≈ 28-29 L 1
Kielce ☆ • PL 28-29 Q 3
Kieler Bucht ≈ 28-29 L 1
Kieler Bucht ≈ 228-229 M 2
Kieler Förde ≈ 228-229 M 3
Kiembara o BF 138-139 J 3
Kienge o ZRE 150-151 D 6
Kieng-Kjuel', ozero ⊂ RUS 46-47 G 3
Kiến Lu'o'ng o VN 94-95 H 5
Kientzheim o F (68) 234-235 L 5
Kieta o PNG 120 I b 2
Kiev = Kyjiv o ••• UA (KIV) 38-39 G 2
Kiev = Kyjiv ★ ••• UA 38-39 G 2
Kievka ☆ KA 60-61 G 3
Kievka ~ RUS 58-59 E 7
Kievskij Egan ~ RUS 50-51 Q 4
Kifaya o RG 138-139 D 3
Kiffa ☆ RIM 132-133 E 6
Kifinga o ZRE 150-151 D 5
Kifissiá o GR 36-37 J 5
Kifri ☆ IRQ 64-65 L 5
Kifunankese o ZRE 146-147 K 6
Kifusa o ZRE 150-151 C 4
Kigač ~ RUS 32-33 F 10
Kigali ★ RWA 148-149 C 4
Kigalik River ~ USA 164-165 N 2
Kigataq ⌢ GRØ 170-171 X 7
Kiği ☆ TR 64-65 J 3
Kigiljah o RUS 46-47 W 3
Kigiljah, mys ▲ RUS 46-47 W 3
Kigiljah, poluostrov ⌣ RUS 46-47 W 3
Kigluaik Mountains ▲ USA 164-165 H 4
Kignan o RMM 138-139 H 4
Kigoma ◻ EAT 148-149 C 6
Kigoma ☆ EAT 148-149 B 6
Kigomasha, Ras ▲ EAT 148-149 G 6
Kigosi ~ EAT 148-149 C 5
Kigumo o EAK 148-149 F 4
Kihčik ~ RUS 56-57 R 7
Kihei o USA 192-193 D 7
Kihelkona o EST 30-31 H 2
Kihnu saar ⌢ EST 30-31 J 2
Kihurio o EAT 148-149 G 6
Kii-hantō ⌣ J 88-89 G 8
Kii-Nagashima o J 88-89 G 7
Kii-sanchi ▲ J 88-89 F 8
Kii-suidō ≈ 88-89 F 8
Kija ~ RUS 50-51 U 7
Kija ~ RUS 52-53 E 6
Kija ~ RUS 54-55 G 10
Kijaly-Bürta ~ KA 62-63 M 2
Kijanebalola, Lake ⊂ EAU 148-149 C 4
Kijang o RI 98-99 F 4
Kijasovo o RUS 32-33 H 5
Kiji, Île ⌢ RIM 132-133 B 5
Kijungu o EAT 148-149 F 6
Kika o DY 140-141 E 4
Kikagati o EAU 148-149 C 4
Kikai-shima ⌢ J 88-89 C 10
Kikale o EAT 150-151 K 4
Kikamba o ZRE 146-147 L 5
Kikambala o EAK 148-149 G 5
Kikegtek Island ⌢ USA 166-167 O 3
Kikert Lake ⊂ CDN 174-175 N 2
Kikiakrovak River ~ USA 164-165 O 2
Kikinda o • YU 36-37 H 2
Kikiongolo o ZRE 146-147 E 6
Kikkertavak Island ⌢ CDN 180-181 T 6
Kikládes = Cyclades ⌢ GR 36-37 K 6
Kikombo o EAT 150-151 H 4
Kikonai o J 88-89 J 4
Kikondja o ZRE 150-151 D 5
Kikori o PNG 119 B 4
Kikori River ~ PNG 119 B 4
Kikwit o ZRE 146-147 G 6
Kil ☆ S 22-23 F 7
Kilaguni Lodge o EAK 148-149 G 5
Kilakkarai o IND 76-77 H 6
Kilala o EAK 148-149 F 4
Kilauea Crater ∴ USA 192-193 E 8
Kilauea Lighthouse II • USA 192-193 C 6
Kilbeggan = Cill Bheagáin o IRL 26-27 D 5
Kilboghamn o N 22-23 F 3
Kilbuck Mountains ▲ USA 164-165 K 6
Kilcoy o AUS 114-115 M 4
Kildare = Cill Dara o IRL 26-27 D 5
Kil'din, ostrov ⌢ RUS 24-25 M 2
Kildonan o CDN 176-177 H 7
Kildonan o ZW 154-155 F 3
Kildurk o AUS 108-109 J 4
Kilekale Lake ⊂ CDN 174-175 H 2
Kilembe o ZRE (BAN) 146-147 G 6
Kilembe o ZRE (SHA) 150-151 D 4
Kilembi o ZRE 146-147 L 6
Kileo o ZRE 146-147 K 4
Kilgana ~ RUS 56-57 P 3
Kilganskij massiv ▲ RUS 56-57 P 3
Kilgore o USA 188-189 K 3
Kilgoris o EAK 148-149 E 4
Kili ~ US 72-73 K 4
Kilia o PNG 119 F 5
Kilian, Erg ≛ DZ 126-127 G 9
Kilibo o DY 140-141 E 4
Kili Bulak o VRC 80-81 J 4
Kilifarevo o BG 38-39 D 6
Kilifas o PNG 119 A 2
Kilifi o EAK 148-149 G 5
Kiligwa River ~ USA 164-165 L 2
Kilija ☆ UA 38-39 F 5
Kilikkollür o IND 76-77 G 6
Kilim o TCH 142-143 D 3
Kilimandjaro = Kilimanjaro ▲ •• EAT 148-149 F 5
Kilimanjaro ◻ EAT 148-149 F 5
Kilimanjaro ▲ •• EAT 148-149 F 5
Kilimanjaro Buffalo Lodge o EAK 148-149 F 5
Kilimanjaro National Park ⊥ ••• EAT 148-149 F 5
Kilimatinde o EAT 148-149 E 6
Kilimbangara ⌢ SOL 120 I c 2
Kilindoni o EAT 150-151 K 4
Kilingi-Nõmme o EST 30-31 J 2
Kilini o • GR 36-37 H 6
Kilinochchi o CL 76-77 J 6
Kilpisjärvi o FIN 24-25 F 2
Kilis ☆ TR 64-65 G 4
Kiliuda Bay ≈ 166-167 U 4
Kiljanki o RUS 56-57 E 2
Kilju o DVR 86-87 G 7
Kilkee = Cill Chaoi o IRL 26-27 C 5
Kilkenny = Cill Chainnigh ☆ • IRL 26-27 D 5
Kilkís o GR 36-37 J 4
Killaloe Station o CDN 182-183 F 6
Killaly o CDN 178-179 E 5
Killam o CDN 176-177 P 5
Killarney o AUS (NT) 108-109 K 4
Killarney o AUS (QLD) 114-115 M 2
Killarney o CDN (MAN) 178-179 G 6
Killarney o CDN (ONT) 182-183 D 6
Killarney = Cill Airne o • IRL 26-27 C 5
Killarney Provincial Park ⊥ CDN 182-183 D 5
Killdeer o USA 186-187 F 2
Kill Devil Hills o USA 192-193 L 1
Killé, I-n- < RMM 132-133 K 6
Killeen o USA 188-189 J 4
Killik River ~ USA 164-165 N 2
Killington Peak ▲ USA 190-191 M 4
Killorglin = Cill Orglan o IRL 26-27 C 5
Kilmarnock o GB 26-27 E 4
Kil'mez' ☆ RUS (KIR) 32-33 G 5
Kil'mez' ~ RUS 32-33 H 5
Kilmore o AUS 116-117 H 4
Kilogbe o WAN 140-141 E 3
Kilombero ~ EAT 150-151 J 5
Kilómetro 133 o YV 204-205 J 3
Kilosa o EAT 150-151 J 4
Kilrush = Cill Rois o IRL 26-27 C 5
Kilto o AUS 108-109 F 4
Kilu o PNG 119 F 3
Kiluan o RI 98-99 F 7
Kilubi o ZRE 146-147 L 6
Kilubi ~ ZRE 150-151 C 5
Kilunguye ~ ZRE 148-149 A 6
Kilwa o ZRE 150-151 E 5
Kilwa Kisiwani ∴ ••• EAT 150-151 K 5
Kilwa Kivinje o EAT 150-151 K 5
Kilwa Masoko o EAT 150-151 K 5
Kilwat o RI 102-103 G 4
Kim ~ CAM 140-141 J 6
Kim o TCH 142-143 B 4
Kim o USA 188-189 F 1
Kima ☆ KA 60-61 E 3
Kimaan o RI 102-103 K 5
Kimamba o EAT 150-151 J 4
Kimana o EAK 148-149 F 5
Kimān al-Maṭā'ina o ET 130-131 F 5
Kimanis, Teluk ≈ 96-97 A 10
Kimano II o ZRE 148-149 B 6
Kimba o AUS (QLD) 110-111 G 4
Kimba o AUS (SA) 116-117 D 2
Kimba o RCB 146-147 E 5
Kimball o USA (MN) 186-187 K 3
Kimball o USA (NE) 186-187 F 5
Kimball o USA (SD) 186-187 H 4
Kimball, Mount ▲ USA 164-165 S 5
Kimbao o ZRE 146-147 F 6
Kimbe ☆ PNG 119 F 3
Kimbe Bay ≈ 119 F 3
Kimberley ≛ AUS 108-109 G 4
Kimberley o CDN 176-177 N 7
Kimberley o ZA 156-157 G 4
Kimberley Aboriginal Land X AUS 108-109 H 3
Kimberley Downs o AUS 108-109 G 4
Kimberley Plateau ≛ AUS 108-109 G 4
Kimberley Research Station o AUS 108-109 J 3
Kimbirila Sud o CI 138-139 G 5
Kimchaek o DVR 86-87 G 7
Kimču ~ RUS 52-53 K 5
Kimenga ~ RCB 146-147 D 5
Kími o GR 36-37 K 5
Kimilili o EAK 148-149 E 3
Kimirekkum, peski ≛ US 72-73 H 5
Kimjongsuk-up o DVR 86-87 F 7
Kimobetsu o J 88-89 J 3
Kimongo o RCB 146-147 D 6
Kimovsk ☆ RUS 30-31 Q 5
Kimowin River ~ CDN 176-177 Q 3
Kimpanga o ZRE 150-151 C 4
Kimparana o RMM 138-139 H 3
Kimpata-Eku o ZRE 146-147 G 6
Kimpelo o RCB 146-147 E 5
Kimpese o ZRE 146-147 E 6
Kimry ☆ RUS 30-31 P 3
Kimsambi o EAT 148-149 C 4
Kimsi o EAT 148-149 C 5
Kim So'n ☆ • VN 92-93 E 6
Kimvula o ZRE 146-147 E 6
Kimža ~ RUS 24-25 S 4
Kin o J 88-89 B 11
Kinabalu, Gunung ▲ •• MAL 96-97 B 9
Kinabalu National Park ⊥ MAL 96-97 B 9
Kinabulu National Park ⊥ MAL 96-97 B 9
Kinak Bay ≈ 166-167 O 3
Kinangaly ▲ RM 158-159 D 7
Kinango o EAK 148-149 G 6
Kinara o RI 102-103 G 3
Kinbasket Lake ⊂ CDN 176-177 M 6
Kincaid o CDN 178-179 C 6
Kincardine o CDN 182-183 D 6
Kinchega National Park ⊥ AUS 116-117 G 2
Kinchil o MEX 196-197 K 1
Kincolith o CDN 176-177 F 4
Kinda o ZRE 150-151 C 5
Kindamba o RCB 146-147 E 5
Kinder o USA 188-189 L 4
Kindersley o CDN 176-177 Q 6
Kindi o BF 138-139 J 3
Kindi o ZRE 146-147 F 6
Kindia ◻ RG 138-139 D 4
Kindia ☆ RG 138-139 D 4
Kindikti, köli ⊂ KA 60-61 C 3
Kindu o ZRE 146-147 K 5
Kinel' ☆ RUS 32-33 G 7
Kinel'-Čerkasy ☆ RUS 32-33 G 7
Kinel'skie jary ▲ RUS 32-33 G 7
Kinesi o EAT 148-149 D 4
Kinešma ☆ RUS 30-31 S 3
King, Cayo ⌢ NIC 196-197 C 5
King, Lake ⊂ AUS (WA) 112-113 E 6
King, Lake ⊂ AUS (WA) 112-113 F 2
King, Mount ▲ AUS 114-115 J 3
Kinga o ZRE 150-151 B 6
Kinganga o ZRE 146-147 D 6
Kingaroy o AUS 114-115 L 4
King Charles Cape ▲ CDN 180-181 K 2
King Christian Island ⌢ CDN 168-169 U 2
King City o USA 184-185 D 7
King Cove o USA 166-167 P 5
King Edward River ~ AUS 108-109 H 3
King Edward VIIth Gulf ≈ 16 G 6
Kingersheim o F (68) 238-239 L 1
Kingfisher o USA 188-189 J 2
King George Bay ≈ 222-223 K 6
King George Island ⌢ ARK 16 G 31
King George Islands ⌢ CDN 180-181 K 6
King George Sound ≈ 112-113 E 7
King George Sound ≈ 180-181 N 4
King George Vth Sound ≈ 16 F 30
King George Vth Land ≛ ARK 16 F 16
King Haakon Bay ≈ 222-223 O 7
Kingisepp = Kuressaare o • EST 30-31 H 2
King Island ⌢ AUS 116-117 H 5
King Island ⌢ CDN 176-177 G 5

King Island ⌒ USA 164-165 F 4
King Junction o AUS 110-111 G 4
King Lear ▲ USA 184-185 E 5
King Leopold Ranges ▲ AUS 108-109 G 4
Kingman o USA (AZ) 184-185 G 8
Kingman o USA (KS) 188-189 H 1
King Mountain ▲ USA 188-189 F 4
Kingnait Fiord ≈ 180-181 R 2
Kingnait Range ▲ CDN 180-181 L 2
Kingombe o ZRE 146-147 L 5
Kingoonya o AUS 114-115 C 6
Kingora River ~ CDN 168-169 e 6
Kingoué o RCB 146-147 E 5
Kingri o PK 74-75 B 4
King River ~ AUS 108-109 L 3
King River ~ AUS 116-117 J 4
King Salmon o USA 166-167 S 3
King Salmon River ~ USA 166-167 S 3
King Salmon River ~ USA 166-167 S 4
King's-Bay-Fall • TT 204-205 L 2
Kingsburg o ZA 156-157 K 5
Kings Canyon • AUS 112-113 L 2
Kings Canyon National Park ⊥ USA 184-185 E 7
Kingscote o AUS 116-117 D 3
Kings Cove o CDN 182-183 S 4
Kingslake National Park ⊥ AUS 116-117 H 4
Kingsland o USA 192-193 H 4
Kings Landing Historical Settlement ∴ CDN 182-183 L 6
Kingsley o ZA 156-157 K 3
King's Lynn o• GB 26-27 H 5
Kings Mountain o USA 192-193 H 2
Kings Mountain National Military Park ∴ USA 192-193 H 2
King Sound ≈ 108-109 F 4
Kings Peak ▲ USA 184-185 J 5
Kingsport o USA 192-193 G 1
Kingston o AUS 116-117 J 7
Kingston o CDN 182-183 F 6
Kingston ★• JA 198-199 G 5
Kingston o USA (NY) 190-191 M 5
Kingston o USA (PA) 190-191 L 5
Kingston-on-Murray o AUS 116-117 F 3
Kingston S.E. o AUS 116-117 E 4
Kingston upon Hull o• GB 26-27 G 5
Kingstown ★ WV 200 E 5
Kingstree o USA 192-193 J 3
Kings Trough = Roi, Fosse du ≃ 14-15 G 4
Kingsville o USA 188-189 J 6
Kingswood o ZA 156-157 G 3
Kingulube o ZRE 148-149 B 5
Kingungi o ZRE 146-147 F 6
Kingurutik Lake ⊖ CDN 180-181 S 6
Kingurutik River ~ CDN 180-181 S 6
Kingussie o GB 26-27 E 3
Kingwaya o ZRE 146-147 G 6
King William Island ⌒ CDN 168-169 X 6
King Williams Town o LB 138-139 F 7
King William's Town o• ZA 156-157 H 6
Kiniama o ZRE 150-151 E 6
Kınık ☆ TR 64-65 B 3
Kinipaghulghat Mountains ▲ USA 164-165 F 5
Kiniraapoort o ZA 156-157 J 5
Kinkala ☆ RCB 146-147 E 6
Kinkasan-shima ⌒ J 88-89 J 5
Kinkon, Chutes de ~ RG 138-139 D 4
Kinkony, Farihy ⊖ RM 158-159 D 6
Kinkosi o ZRE 146-147 E 6
Kinley Point ▲ CDN 170-171 L 3
Kinmundy o USA 190-191 D 6
Kinna o EAK 148-149 G 3
Kinna ☆ S 22-23 F 8
Kinnaird Head ▲ GB 26-27 G 3
Kinnear o USA 186-187 C 4
Kinnegad o IRL 26-27 D 5
Kinnekulle ▲• S 22-23 F 7
Kinniya o CL 76-77 J 6
Kino, Bahía ≈ 194-195 C 3
Kino-gawa ~ J 88-89 F 7
Kinoje River ~ CDN 178-179 Q 5
Kinomoto o J 88-89 G 7
Kinoosao o CDN 178-179 F 2
Kinrara o AUS 110-111 H 6
Kinross o ZA 156-157 J 3
Kinsarvik ☆ N 22-23 C 6
Kinshasa ▫ ZRE 146-147 E 6
Kinshasa ★• ZRE (Kin) 146-147 E 6
Kinsley o USA 186-187 H 7
Kinston o USA 192-193 K 2
Kintampo o GH 138-139 K 5
Kintinnian o RG 138-139 F 4
Kinto o RI 100-101 H 4
Kintop o RI 100-101 D 5
Kintore, Mount ▲ AUS 112-113 L 3
Kintore Range ▲ AUS 112-113 K 1
Kintyre ⌒ GB 26-27 E 4
Kinu-gawa ~ J 88-89 H 6
Kinushseo River ~ CDN 178-179 P 3
Kinuso o CDN 176-177 N 4
Kinwat o IND 74-75 G 10
Kinyéran o RG 138-139 F 4
Kinyeti ▲ SUD 148-149 D 2
Kinyinya o BU 148-149 C 5
Kioa ⌒ FJI 120 III b 2
Kiokluk Mountains ▲ USA 164-165 L 6
Kiosk o CDN 182-183 E 5
Kiowa o USA (CO) 186-187 E 6
Kiowa o USA (KS) 188-189 H 1
Kiowa o USA (OK) 188-189 K 2
Kiowa, Fort ∴ USA 186-187 H 4
Kipaila o ZRE 150-151 E 4
Kipaka o ZRE 146-147 L 6
Kiparissía o GR 36-37 H 6
Kipawa, Lac ⊖ CDN 182-183 E 5
Kipemba o ZRE 146-147 E 6
Kipembawe o EAT 150-151 G 4
Kipengere Range ▲ EAT 150-151 G 5
Kipeleo o RUS 24-25 X 4
Kipili o EAT 150-151 F 4
Kipini o EAK 148-149 H 5
Kipisa o CDN 180-181 Q 2
Kipkelion o EAK 148-149 E 4
Kipnuk o USA 166-167 O 3
Kipti o UA 38-39 G 2
Kipushi o ZRE 150-151 D 6
Kipushia o ZRE (KOR) 150-151 C 4
Kipushia o ZRE (SHA) 150-151 E 7
Kiran ~ RUS 56-57 F 6
Kirana, Tanjung ▲ RI 102-103 G 3
Kirandul o IND 78-79 B 6
Kirané o RMM 138-139 E 2
Kiranomena o RM 158-159 E 7
Kiranur o IND 76-77 H 5
Kiranūr o IND 76-77 H 5
Kiraz ☆ TR 64-65 C 3
Kirbej o RUS 46-47 H 5
Kirbikān, Wādi ~ SUD 136-137 F 3
Kirbyville o USA 188-189 L 4
Kirchhoffer River ~ CDN 180-181 G 2
Kireevsk ☆ RUS 30-31 P 5
Kirej ~ RUS 52-53 K 9
Kirenga ~ RUS 52-53 N 8
Kirensk ☆ RUS 52-53 O 7
Kirevna ~ RUS 56-57 T 5
Kirganik o RUS 56-57 S 6
Kirganik ~ RUS 56-57 S 6
Kirghizistan = Kyrgyzstan ■ KS 72-73 M 4
Kirgiz-Mijaki ☆ RUS 32-33 J 7
Kirgizskij hrebet ▲ KA 72-73 N 3
Kiri o ZRE 146-147 G 4
Kiriab o RI 102-103 J 2
Kiriaini o EAK 148-149 F 4
Kirikhan ☆ TR 64-65 G 4
Kirikkale ☆ TR 64-65 E 3
Kirillov o RUS 30-31 Q 2
Kirillovo o RUS 58-59 K 5
Kirinda o CL 76-77 J 7
Kirishima-Yaku National Park ⊥ J 88-89 D 9
Kirishima-yama ▲ J 88-89 D 9
Kiriši o RUS 30-31 N 2
Kirit o SP 144-145 H 4
Kiritappu o J 88-89 L 3
Kiritimati Island ⌒ KIB 9 M 2
Kiritiri o EAK 148-149 F 4
Kiriwa o PNG 119 A 5
Kiriwina Island ⌒ PNG 119 F 5
Kirjaka-Tas, grjada ▲ RUS 44-45 f 4
Kirkalocka o AUS 112-113 D 4
Kirkcaldy o GB 26-27 F 3
Kirkella o CDN 178-179 F 5
Kirkenes o N 22-23 P 2
Kirkgeçit o TR 64-65 K 3
Kirk Gemstone Deposit, Mount • AUS 112-113 F 6
Kirkimbie o AUS 108-109 J 4
Kirk Lake o CDN 174-175 P 4
Kirkland Lake o• CDN 182-183 E 4
Kirklareli ☆ TR 64-65 B 2
Kirksville o USA 186-187 L 5
Kirkūk ☆ IRQ 64-65 L 5
Kirkun ~ RUS 54-55 E 11
Kirkwall o• GB 26-27 F 2
Kirkwood o USA 190-191 C 6
Kirkwood o ZA 156-157 G 6
Kirobasi o TR 64-65 E 4
Kirov o RUS 30-31 O 4
Kirov o RUS (KIR) 32-33 F 4
Kirova, ostrov ⌒ RUS 44-45 Z 3
Kirovabad = Gänža o• AZ 64-65 M 2
Kirovakan = Karaklis o AR 64-65 L 2
Kirovo o RUS 54-55 L 3
Kirovo-Čepeck ☆ RUS 32-33 G 4
Kirovograd = Kirovohrad ☆ UA 38-39 H 3
Kirovohrad ☆ UA 38-39 H 3
Kirovsk o RUS (LEN) 30-31 M 2
Kirovsk o RUS (MUR) 24-25 M 3
Kirovsk = Babadayhan o TM 72-73 G 6
Kirovs'ke o UA 38-39 J 5
Kirovskij o RUS 58-59 E 6
Kirovskij o RUS (AMR) 54-55 N 8
Kirovskij o RUS (AST) 62-63 H 5
Kirovskij o RUS (KMC) 56-57 Q 6
Kirovskij o RUS (KRN) 52-53 G 6
Kirovskij o TJ 72-73 L 6
Kirovskoe o KS 72-73 M 3
Kirov su kojmasy < KA 32-33 G 8
Kirpili ~ RUS 38-39 L 5
Kirs ☆ RUS 32-33 H 4
Kirsanov o RUS 30-31 S 5
Kırşehir ☆ TR 64-65 F 3
Kirtachi o RN 140-141 E 2
Kirtaka o AFG 70-71 L 3
Kirtaka ∴• PK 70-71 J 4
Kirthar, Monts = Kirthar Range ▲ PK 70-71 M 5
Kirthar National Park ⊥ PK 70-71 M 6
Kirthar Range ▲ PK 70-71 M 5
Kiru o WAN 140-141 H 3
Kiruna o• S 22-23 K 3
Kirundo o BU 148-149 C 5
Kirundu o ZRE 146-147 K 4
Kirwin Reservoir < USA 186-187 H 6
Kiryandongo o EAU 148-149 D 3
Kiryū o J 88-89 H 6
Kiržač ☆ RUS 30-31 Q 3
Kiš o IR 70-71 E 5
Kiš, Ğazīre-ye ⌒ IR 70-71 E 5
Kisa ☆ S 22-23 G 8
Kisaki o EAT 150-151 J 4
Kisanga o EAT 150-151 J 4
Kisangani ☆ ZRE 146-147 K 3
Kisangire o EAT 150-151 K 4
Kisantete o ZRE 146-147 F 6
Kisantu o• ZRE 146-147 E 6
Kisar, Pulau ⌒ RI 102-103 D 6
Kisaralik River ~ USA 164-165 K 6
Kisaran o RI 98-99 C 3
Kisarawe o EAT 150-151 K 4
Kisarazu o J 88-89 H 7
Kisasi o EAT 148-149 G 6
Kiselevka o RUS 58-59 H 3
Kiselëvsk o RUS 60-61 P 1
Kisengi o EAT 148-149 D 6
Kisengwa o ZRE (KOR) 146-147 L 6
Kisengwa o ZRE (KOR) 150-151 C 4
Kishanganj o IND 78-79 E 2
Kishangar o IND 74-75 C 6
Kishangarh o IND (MAP) 74-75 G 7
Kishangarh o IND (RAJ) 74-75 E 6
Kishari o PK 70-71 M 4
Kishiwada o J 88-89 F 7
Kishtwar o• IND 74-75 E 3
Kisi o EAT 150-151 F 4
Kisi o WAN 140-141 E 4
Kisigo ~ EAT 150-151 H 4
Kisigo Game Reserve ⊥ EAT 150-151 H 4
Kisii o EAK 148-149 E 4
Kisiju o EAT 150-151 K 4
Kisima o EAK 148-149 F 3
Kišinev = Chișinău ★ MD 38-39 F 4
Kisiwani o EAT 148-149 F 6
Kisiwani, Kilwa •• EAT 150-151 K 5
Kiska Island ⌒ USA 166-167 E 7
Kiska Volcan ▲ USA 166-167 E 6
Kiskittogisu Lake ⊖ CDN 178-179 G 3
Kiskitto Lake ⊖ CDN 178-179 G 3
Kiskőrös o H 28-29 P 5
Kiskunfélegyháza o H 28-29 P 5
Kiskunhalas o H 28-29 P 5
Kislovodsk o RUS 62-63 E 6
Kismaanyo ☆ SP 148-149 J 4
Kismet o USA 188-189 G 1
Kiso-gawa ~ J 88-89 G 7
Kisogwa o EAT 148-149 C 5
Kisomoro o EAU 148-149 C 3
Kisoro o EAU 148-149 B 4
Kiso-sanmyaku ▲ J 88-89 G 7
Kisose o ZRE 150-151 C 4
Kisoshi o ZRE 148-149 B 6
Kispiox River ~ CDN 176-177 F 4
Kissen ~ RG 138-139 D 4
Kissidougou o RG 138-139 E 5
Kissimmee o USA 192-193 H 5
Kissimmee, Lake ⊖ USA 192-193 H 6
Kissimmee River ~ USA 192-193 H 6
Kissingen, Bad o D 28-29 L 3
Kississing Lake ⊖ CDN 178-179 F 3
Kistanje o HR 36-37 E 3
Kistigan Lake ⊖ CDN 178-179 K 3
Kisuki o J 88-89 E 7
Kisumu ☆ EAK 148-149 E 4
Kisvárda o H 28-29 R 4
Kit, mys ▲ RUS 44-45 d 3
Kita o RMM 138-139 F 3
Kitaa = Vestgrønland ▫ GRØ 170-171 Z 6
Kita-Daitō-shima ⌒ J 88-89 D 12
Kitāf o Y 68-69 D 5
Kitahiyama o J 88-89 H 3
Kitaibaraki o J 88-89 J 6
Kitakami o J 88-89 J 5
Kitakami-gawa ~ J 88-89 J 5
Kitakami-kōti ▲ J 88-89 J 5
Kitakata o J 88-89 H 6
Kitakyūshū o J 88-89 D 8
Kitale o EAK 148-149 E 3
Kitami o J 88-89 K 3
Kitami-santi ▲ J 88-89 K 2
Kitami-tōge ▲ J 88-89 K 2
Kitami-Yamato-tai ≃ 88-89 L 2
Kita-Nagato Quasi National Park ⊥ J 88-89 D 7
Kitanda o ZRE 150-151 D 4
Kitangari o EAT 150-151 K 6
Kitangiri, Lake ⊖ EAT 148-149 E 6
Kitani Safari Camp o EAK 148-149 F 5
Kitava Island ⌒ PNG 119 F 5
Kitaya o EAT 150-151 L 6
Kit Carson o USA 186-187 F 6
Kitchener o AUS 112-113 H 5
Kitchener o CDN 182-183 D 7
Kitchigama, Rivière ~ CDN 182-183 E 3
Kiteba o ZRE 150-151 C 4
Kitee o FIN 24-25 L 5
Kitendwe o ZRE 150-151 E 4
Kitenga o ZRE 146-147 F 6
Kitengo o ZRE 150-151 C 4
Kiterput qorno ≈ 172-173 R 6
Kitgum o EAU 148-149 D 2
Kíthira o GR 36-37 J 6
Kíthira ⌒ GR 36-37 J 6
Kíthnos ⌒ GR 36-37 K 6
Kitika o RCA 142-143 F 6
Kitimat o CDN 176-177 F 4
Kitimat Ranges ▲ CDN 176-177 F 4
Kitinen ~ FIN 24-25 J 3
Kitiwaka ~ EAT 150-151 H 6
Kitlilä o FIN 24-25 H 3
Kitlope River ~ CDN 176-177 G 5
Kitob ☆ US 72-73 K 5
Kitobojnyi o RUS 58-59 O 5
Kitoj ~ RUS 52-53 K 9
Kitoy o J 88-89 F 8
Kitsamby ~ RM 158-159 E 7
Kitsuki o J 88-89 D 8
Kittakittaooloo, Lake ⊖ AUS 114-115 E 5
Kittanning o USA 190-191 J 5
Kittery o USA 190-191 N 4
Kitt Peak National Observatory • USA 184-185 J 10
Kitui o EAK 148-149 G 4
Kitumbeine o EAT 148-149 F 5
Kitumbini o EAT 150-151 K 5
Kitunda o EAT 150-151 G 4
Kitunga o ZRE 150-151 C 5
Kitutu o ZRE 148-149 B 5
Kitwanga o CDN 176-177 F 4
Kitwe o Z 150-151 E 7
Kitzbühel o• A 28-29 M 5
Kitzingen o D 28-29 L 4
Kiu o EAK 148-149 F 4
Kiubo, Chute ~ ZRE 150-151 D 5
Kiuga Marine National Reserve ⊥ EAK 148-149 H 4
Kiu Lom Reservoir ⊖ THA 78-79 L 6
Kiumbila o ZRE 146-147 L 6
Kiunga o EAK 148-149 H 4
Kiunga o PNG 119 A 4
Kiuruvesi o FIN 24-25 J 5
Kivalina o USA 164-165 H 3
Kivalina River ~ USA 164-165 H 3
Kivi o IR 64-65 N 4
Kivijärvi ⊖ FIN 24-25 H 5
Kiviõli o EST 30-31 K 2
Kivori-Kui o PNG 119 D 5
Kivu ▫ ZRE 146-147 L 5
Kivu, Lac ⊖ ZRE 148-149 B 4
Kiwai Island ⌒ PNG 119 B 5
Kiwalik o USA 164-165 K 3
Kiwatama o EAT 150-151 K 5
Kiwayuu Bay ≈ 148-149 H 5
Kiwi House • NZ 118 E 3
Kiworo o RI 102-103 K 5
Kīyāmakī Dāg ▲ IR 64-65 L 3
Kīyāsar o IR 72-73 C 6
Kiyāt o KSA 68-69 B 4
Kiyawa o WAN 140-141 H 3
Kiyl ~ KA 32-33 J 9
Kizel o RUS 50-51 D 5
Kizema o RUS 24-25 S 6
Kizhake Chalakudi o IND 76-77 G 5
Kiziba-Baluba ⊥ ZRE 150-151 D 6
Kiži-Hem ~ RUS 52-53 H 9
Kızılağaç o TR 64-65 J 3
Kızılcahamam ☆ TR 64-65 E 2
Kızılırmak ~ TR 64-65 G 3
Kızılırmak ~ TR 64-65 F 2
Kızılırmak ~ TR 64-65 F 3
Kizilijurt o RUS 62-63 G 6
Kizilkum ≐ US 72-73 G 3
Kızılören o TR 64-65 E 4
Kizil Qianfodonga • VRC 82-83 E 5
Kiziltašskij liman ≈• 38-39 K 5
Kızıltepe ☆ TR 64-65 J 4
Kizimkazi o EAT 150-151 K 4
Kižinga ☆ RUS 54-55 D 10
Kižinga ~ RUS 54-55 D 10
Kiži Pogost ••• RUS 24-25 N 5
Kizir ~ RUS 52-53 G 8
Kizkalesi •• TR 64-65 F 4
Kizljar o RUS 62-63 G 6
Kizner ☆ RUS 32-33 G 5
Kizyl Arvat o TM 72-73 E 5
Kizyl Atrek = Gyzyletrek o TM 72-73 D 6
Kizyl Baudak o TM 72-73 F 3
Kizyl-Kaja o TM 72-73 D 4
Kjahta ☆ RUS 52-53 N 10
Kjalvaz o AZ 64-65 N 3
Kjėl', Ytyk ☆• RUS 56-57 E 2
Kjøllefjord o N 22-23 N 1
Kjøpsvik o N 22-23 H 2
Kjubjainde o RUS 54-55 K 3
Kjubjume ~ RUS 56-57 H 2
Kjuėl', Aleko- o RUS 46-47 c 5
Kjuėl', Bjas'- o RUS 54-55 J 6
Kjuėl', Bjas' o RUS 54-55 N 4
Kjuėl', Kudu- o RUS 54-55 K 6
Kjuėl', Sebjan- o RUS 46-47 R 7
Kjuėl', Segjan- o RUS 54-55 P 4
Kjuėl', Ulahan- o RUS 46-47 V 6
Kjuėl', Us- o RUS 54-55 P 4
Kjuėl', Usun- o RUS 54-55 H 4
Kjuėnelėkjan ~ RUS 46-47 G 5
Kjuente ~ RUS 56-57 J 2
Kjuėreljah o RUS 54-55 N 4
Kjulekjan' o RUS 54-55 K 3
Kjulenke ~ RUS 46-47 O 6
Kjundjae ~ RUS 54-55 J 4
Kjundjudej ~ RUS 46-47 P 7
Kjungej Ala-Too', hrebet ▲ KS 82-83 C 4
Kjunkju ~ RUS 54-55 N 5
Kjunkjuj-Rassoha ~ RUS 46-47 G 4
Kjupcy o RUS 56-57 F 3
Kjurdamir = Kürdamir o AZ 64-65 N 2
Kjurjungnekjan ~ RUS 52-53 O 3
Kjusjur o RUS 46-47 Q 4
Kjustendil o• BG 38-39 C 6
Klaarstroom o ZA 156-157 F 6
Klabat, Teluk ≈ 98-99 F 5
Kladanj o BIH 36-37 G 2
Kladar o RI 102-103 K 6
Kladno o CZ 28-29 N 3
Klaeng o THA 94-95 F 4
Klagenfurt ☆ A 28-29 N 5
Klaipėda ☆•• LT 30-31 G 4
Klakah o RI 104 E 3
Klamath o USA 184-185 B 5
Klamath Falls o USA 184-185 D 4
Klamath Mountains ▲ USA 184-185 C 5
Klamath River ~ USA 184-185 C 5
Klamono o RI 102-103 F 2
Klang o MAL 98-99 D 3
Klappen River ~ CDN 176-177 F 3
Klarälven ~ S 22-23 F 6
Klark ~ RUS 48-49 V 1
Klaserie Nature Reserve ⊥ ZA 156-157 K 2
Klaten o RI 104 D 3
Klatovy o CZ 28-29 M 4
Klattau = Klatovy o CZ 28-29 M 4
Klawer o ZA 156-157 D 5
Klawock o USA 176-177 D 4
Kle o LB 138-139 E 6
Kleena Kleene o CDN 176-177 H 6
Klein Aub o NAM 156-157 C 1
Kleinbegin o ZA 156-157 E 4
Klein Doringrivier ~ ZA 156-157 D 5
Kleiner Khingan ▲ VRC 86-87 F 2
Klein Karas o NAM 156-157 D 3
Klein Karoo = Little Karoo ≐ ZA 156-157 E 6
Klein Letaba ~ ZA 154-155 F 6
Kleinpoort o ZA 156-157 G 6
Klein Rietrivier ~ ZA 156-157 E 5
Klein's Camp o EAT 148-149 E 4
Kleinsee o ZA 156-157 C 4
Klein Swartberge ▲ ZA 156-157 E 6
Klekovača ▲ BIH 36-37 F 2
Kléla o RMM 138-139 H 4
Klerksdorp o ZA 156-157 H 3
Klerkskraal o ZA 156-157 H 3
Klery Creek o USA 164-165 K 3
Klésso o BF 138-139 J 4
Kletnja o RUS 30-31 N 5
Kletskij o RUS 38-39 N 3
Kleve o D 28-29 J 3
Klička o RUS 54-55 J 10
Kličkinskij, hrebet ▲ RUS 54-55 H 10
Klickitat River ~ USA 184-185 D 2
Klimino o RUS 52-53 J 6
Klimpfjäll o S 22-23 G 4
Klin ☆• RUS 30-31 P 3
Klina o YU 36-37 H 3
Klinaklini Glacier ⊂ CDN 176-177 G 6
Klinaklini River ~ CDN 176-177 H 6
Klincy o RUS 30-31 N 5
Klínovec ▲ CZ 28-29 M 3
Klinsko-Dmitrovskaja grjada ▲ RUS 30-31 O 3
Klintehamn o S 22-23 J 8
Klipfontein o ZA 156-157 G 6
Klipplaat o ZA 156-157 G 6
Kliprand o ZA 156-157 D 5
Kliprivier ~ ZA 156-157 J 3
Klipskool o ZA 156-157 K 2
Klis o RI 102-103 D 6
Klisurski Prohod ▲ BG 38-39 C 6
Kljavino ☆ RUS 32-33 H 6
Kljaz'ma ~ RUS 30-31 Q 4
Ključ o BIH 36-37 F 2
Ključ, Tëplyj o RUS 56-57 G 2
Ključevskaja Sopka, vulkan ▲ RUS 56-57 T 5
Ključi o RUS (KMC) 56-57 T 5
Ključi ☆ RUS (ALT) 60-61 L 2
Kljuevka ~ RUS 44-45 h 3
Kłodzko o•• PL 28-29 O 3
Klotz, Lac ⊖ CDN 180-181 N 4
Klondike Highway II CDN 164-165 W 5
Klondike Plateau ▲ CDN 164-165 U 5
Klondike River ~ CDN 164-165 V 4
Klosterneuburg o A 28-29 O 4
Klotz, Mount ▲ CDN 164-165 U 4
Kluane Lake ⊖ CDN 164-165 V 6
Kluang o MAL 98-99 E 3
Kluczbork o PL 28-29 P 3
Kludang o BRU 100-101 D 1
Kluhorskij, pereval ▲ RUS 62-63 D 6
Klunda o IND 74-75 F 2
Klungkung o• RI 104 B 7
Klutlan Glacier ⊂ USA 164-165 U 6
Klymovo o RUS 30-31 N 5
Km. 60 o PY 220-221 H 2
Km. 100 o RA 220-221 H 4
Km. 145 o PY 220-221 H 2
Kmpóng Thum o K 94-95 H 4
Knarvik o N 22-23 B 6
Knee Lake ⊖ CDN (MAN) 178-179 J 3
Knee Lake ⊖ CDN (SAS) 178-179 C 3
Knewstubb Lake ⊖ CDN 176-177 H 5
Kneža o BG 38-39 D 6
Knidos • TR 64-65 B 4
Knifeblade Ridge ▲ USA 164-165 L 2
Knife Delta ≈ 174-175 W 6
Knife River ~ USA 186-187 F 2
Knife River Indian Village National Historic Site ∴ USA 186-187 G 2
Knight Inlet ≈ 176-177 H 6
Knight Island ⌒ USA 164-165 R 6
Knight Islands ⌒ CDN 180-181 R 4
Knin o HR 36-37 F 2
Knippa o USA 188-189 H 5
Knivskjelodden ▲ N 22-23 M 1
Knjaginino o RUS 32-33 D 6
Knjaže-Bolkonskoe o RUS 58-59 F 4
Knjaževac o YU 36-37 J 3
Knjaževo o RUS 30-31 S 2
Knjazevo o RUS 58-59 H 2
Knob, Cape ▲ AUS 112-113 E 7
Knobby Head ▲ AUS 112-113 C 4
Knokke-Heist o• B 28-29 G 3
Knolls o USA 184-185 H 5
Knorr, Cape ▲ CDN 170-171 P 4
Knossós o•• GR 36-37 K 7
Knowles, Cape ▲ ARK 16 F 30
Knowles Lake ⊖ CDN 174-175 R 5
Knox o USA 190-191 E 5
Knox Land ≐ ARK 16 G 11
Knoxville o USA (IA) 186-187 L 5
Knoxville o USA (PA) 190-191 K 5
Knoxville o USA (TN) 192-193 G 2
Knuckles ▲ CL 76-77 J 7
Knud Rasmussen Land ≐ GRØ 170-171 m 8
Knud Rasmussen Land ≐ GRØ 170-171 V 4
Knysna o ZA 156-157 F 7
Knysna National Lake Area ⊥ ZA 156-157 F 7
Ko, gora ▲ RUS 58-59 G 5
Koaba o DY 138-139 L 4
Koagas o RI 102-103 G 3
Koalla o BF 138-139 K 3
Koamb o CAM 146-147 D 2
Koaties se Pan ⊖ ZA 156-157 D 5
Kob' o RUS 52-53 K 8
Koba o RG 138-139 D 4
Koba o RI 104 A 2
Koba o RI (MAL) 102-103 H 5
Koba o RI (SUS) 98-99 G 6
Kobadie o RN 138-139 L 3
Kobadja o RCA 142-143 D 6
Kobayashi o J 88-89 D 9
Kobberminebugt ≈ 172-173 Q 6
Kobe ☆ J 88-89 F 7
Kobe o RI 100-101 K 3
Kobédaigouré o CI 138-139 H 7
Kobeľaky o UA 38-39 J 3
København = København ★•• DK 22-23 E 9
Kobenni o RIM 132-133 F 7
Kobi o CAM 142-143 B 6
Kobi o RI 102-103 E 3
Kobi o WAN 140-141 K 4
Kobjaj o RUS 54-55 N 4
Koblagué o TCH 142-143 C 4
Koblenz o• D 28-29 J 3
Kobleve o UA 38-39 G 4
Kobli o DY 138-139 L 4
K'obo o ETH 136-137 J 6
Koboko o EAU 148-149 C 2
Kobona o RUS 30-31 M 1
Kobou o RMM 138-139 K 2
Kobroor, Pulau ⌒ RI 102-103 H 5
Kobryn o BY 30-31 J 5
Kobuk o USA 164-165 M 3
Kobuk River ~ USA 164-165 N 3
Kobuk Valley National Park ⊥ USA 164-165 L 3
Kobuleti o• GE 62-63 D 7
Koca Deresi ~ TR 64-65 C 2
Kocaeli (İzmit) ☆ TR 64-65 C 2
Kocaeli Yarımadası ⌒ TR 64-65 C 2
Kocaköy o TR 64-65 J 3
Kočani o MK 36-37 J 4
Koçarlı ☆ TR 64-65 B 4
Kočečum ~ RUS 52-53 H 2
Kočegarovo o RUS 54-55 J 6
Kočenevo ☆ RUS 50-51 R 7
Kočenga ~ RUS 52-53 M 8
Kočerinovo o BG 38-39 C 6
Kočetovka o RUS 30-31 R 5
Kočevje o YU 36-37 E 2
Kočevo ☆ RUS 32-33 J 4
Köch'ang o ROK 86-87 F 10
Ko Chang ⌒ THA 94-95 E 6
Ko Chang ⌒ THA 94-95 G 4
Ko Chang National Park ⊥• THA 94-95 G 4
Kochchikade o CL 76-77 H 7
Koch Creek o CDN 176-177 M 7
Kōchi ☆• J 88-89 E 8
Koch Island ⌒ CDN 168-169 h 6
Koch Peak ▲ USA 184-185 J 3
Kochtel = Kohtla o EST 30-31 K 2
Kocjubyns'ke o UA 38-39 G 2
Kočki ☆ RUS 60-61 M 1
Kočkoma o RUS 24-25 N 4
Kočkor-Ata o KS 72-73 N 4
Kočkorka o KS 82-83 B 4
Kočubeevskoe o RUS 62-63 D 5
Kočubej o RUS 62-63 G 5
Kočumdek ~ RUS 52-53 F 3
Koda ~ RUS 52-53 J 6
Kodār o IND 76-77 H 2
Kodari o NEP 80-81 E 7
Kodarma o IND 78-79 D 3
Kodiak o USA 166-167 U 4
Kodiak Island ⌒ USA 166-167 U 4
Kodina ~ RUS 24-25 P 5
Kodinār o IND 74-75 C 9
Kodino o RUS 24-25 P 5
Kodiyakkarai o IND 76-77 H 5
Kodjari o BF 138-139 L 4
Kodmo, togga ~ SP 144-145 J 4
Kodok o SUD 142-143 L 4
Kodumuru o IND 76-77 G 3
Kodyma ~ UA 38-39 F 4
Koébonou o CI 138-139 J 5
Kœnigsmacker o F (57) 234-235 J 3
Koës o NAM 156-157 D 2
Koettlitz Glacier ⊂ ARK 16 F 16
Kofa National Wildlife Refuge ⊥ USA 184-185 G 9
Kofarnihon o TJ 72-73 L 5
Kofelè o ETH 144-145 D 5
Koffiefontein o ZA 156-157 G 4
Kofoed-Hansen Bræ ⊂ GRØ 170-171 o 5
Koforidua ☆ GH 138-139 K 6
Kōfu o J (TOT) 88-89 E 7
Kōfu ☆ J (YMN) 88-89 H 7
Koga o J 88-89 H 6
Kogaluc, Lac ⊖ CDN 180-181 L 5
Kogaluc, Rivière ~ CDN 180-181 L 5
Kogaluk Bay ≈ 180-181 K 5
Kogaluk River ~ CDN 180-181 S 6
Kogalym o RUS 50-51 N 3
Køge o• DK 22-23 F 9
Køge Bugt ≈ 22-23 F 9
Køge Bugt = Pikiutdleq ≈ 172-173 U 4
Kogel' ~ RUS 50-51 D 5
Kogmanskloof ▲ ZA 156-157 E 6
Kognak River ~ CDN 174-175 U 5
Kogoluktuk River ~ USA 164-165 M 3
Kogon ☆ RG 138-139 C 4
Kogrukluk River ~ USA 164-165 L 6
Kogtok River ~ CDN 174-175 V 4
Koğūr o IR 72-73 B 6
Kogyae Strict Nature Reserve ⊥ GH 138-139 K 6
Koh o F (988) 247 I c 3
Kohan o PK 70-71 M 5
Kohāt o• PK 74-75 C 3
Kohāt Pass ▲ PK 74-75 C 3
Kohila o EST 30-31 J 2
Kohil'nik ~ UA 38-39 F 5
Kohima ☆•• IND 78-79 J 3
Kohinggo = Arundel ⌒ SOL 120 I c 3
Ko Hinh o LAO 92-93 C 6
Koh-i-Pantar ▲ PK 70-71 L 5
Kohler Range ▲ ARK 16 F 25
Kohlu o PK 74-75 B 5
Kohol o RI 102-103 D 3
Kohtla-Järve o•• EST 30-31 K 2
Kohŭng o ROK 86-87 F 10
Kohunlich ∴• MEX 196-197 K 2
Koiama, Jasiira ⌒ SP 148-149 J 4
Koichab ~ NAM 156-157 C 3
Koichab Pan ⊖ NAM 156-157 B 3
Koidern o CDN 164-165 U 6
Koidu o WAL 138-139 E 5
Koihoa o IND 76-77 L 6
Koila Kabé ~ SN 138-139 E 3
Koil Island ⌒ PNG 119 C 2
Koilkuntla o IND 76-77 H 3
Koimbani o COM 158-159 C 3
Koimekeah o IND 76-77 L 6
Koin ~ RUS 24-25 V 5
Koindu o WAL 138-139 E 5
Koito o EAK 148-149 G 5
Kojbagar, köli ⊖ KA 60-61 D 2
Kojda o RUS 24-25 R 3
Kojda ~ RUS 24-25 S 3
Kōje Do ⌒ ROK 86-87 G 10
Kojgorodok ☆ RUS 32-33 G 3
Kōjin o ROK 86-87 G 8
Kojmatdag ▲ TM 72-73 D 4
Kojnathun, ozero ⊖ RUS 48-49 V 4
Kojonup o AUS 112-113 D 6
Kojtoš o US 72-73 K 4
Kojvèrelan ~ RUS 48-49 R 5
Kojvèrelanskij krjaž ▲ RUS 48-49 R 5
K'ok'a o ETH 144-145 D 4
K'ok'a Gidib < ETH 144-145 D 4
K'ok'a Häyk' ⊖ ETH 144-145 D 4
Kokand o US 72-73 M 4
Kokani ~ EAK 148-149 G 5
Kökaral o KA 62-63 O 4
Kökaral, tubegi ⌒ KA 62-63 O 4
Kokas o RI 102-103 G 3
Kokatha o AUS 114-115 C 6
Kokča o US 72-73 J 4
Kökcengirsor, köli ⊖ KA 60-61 G 2
Kokcetau Üstirti ▲ KA 60-61 F 2
Kokenau o RI 102-103 J 4
Kokeragi Point ▲ CDN 174-175 H 3
Kokerboomwoud • NAM 156-157 D 3
Kokerit o GUY 206-207 E 2
Ko Kho Khao ⌒ THA 94-95 E 6
Kokioko o F (973) 245 I b 2
Kokioko ~ F (973) 245 I b 1
Kokish o CDN 176-177 G 6
Kok-Jangak o KS 72-73 N 4
Kokkola o FIN 24-25 G 5
Koklapperne ⌒ GRØ 172-173 V 4
Koknese o•• LV 30-31 J 3
Koko o WAN (BEL) 140-141 F 5
Koko o WAN (SOK) 140-141 F 3
Kokoda o PNG 119 D 5
Kokoda Trail • PNG 119 D 5
Kokola o PNG 119 G 2
Kokolik River ~ USA 164-165 K 2
Kokologo o BF 138-139 K 3
Kokomo o USA 190-191 E 5
Kokonselkä ⊖ FIN 24-25 H 5
Kokopo o PNG 119 G 3
Kokora, ozero ⊖ RUS 44-45 d 5
Kokoro ~ RG 138-139 F 3
Kokosa o ETH 144-145 D 5
Kokoso o GH 138-139 K 7
Kokoti Kouamékro o CI 138-139 H 6
Kokoula ~ RG 138-139 D 4
Kokpek o KA 82-83 D 4
Kokpekty o KA 60-61 N 4
Kokrajhar o IND 78-79 G 2
Kokrines Hills ▲ USA 164-165 N 4
Kokruagarok o USA 164-165 O 1
Koksa ~ RUS 60-61 O 3
Koksan o DVR 86-87 F 8
Köksaraj o KA 72-73 L 3
Köksengir, tau ▲ KA (AKT) 62-63 M 5
Köksengir, tau ▲ KA (KZL) 60-61 D 6
Koksoak, Rivière ~ CDN 180-181 P 6
Kokstad o ZA 156-157 J 5
Köksu o KA 72-73 L 4
Koksu ~ KA 60-61 L 6
Koktac, Rivière ~ CDN 180-181 L 5
Koktal o KA 60-61 L 6
Köktas ~ KA 60-61 G 5
Koktchetav = Kökšetau ☆ KA 60-61 F 2
Köktöbe, tau ▲ KA 60-61 E 5
Koktokay o VRC 82-83 J 2
Köktyrnak, tubegi ⌒ KA 62-63 O 4
Koku, Tanjung ▲ RI 100-101 G 6
Kokubo o J 88-89 D 9
Kokumbo o CI 138-139 H 6
Kŏkŭm Do ⌒ ROK 86-87 F 10
Ko Kut ⌒ THA 94-95 G 5
Kol o PNG 119 C 3
Kola o RI 102-103 H 4
Kola o RUS 24-25 M 2
Kola, Gorges de ⌒• CAM 140-141 K 4
Kola, Péninsule de = Kol'skij poluostrov ⌒ RUS 24-25 N 3
Kola, Pulau ⌒ RI 102-103 H 4
Kolachel o IND 76-77 G 6
Kolāchi ~ PK 70-71 M 5
Kolahun o LB 138-139 E 5
Kolaka o RI 100-101 G 6
Kolan River ~ AUS 114-115 L 3
Ko Lanta ⌒ THA 94-95 E 7
Kolār o• IND 76-77 H 4
Kolar Gold Fields o IND 76-77 H 4
Kolari o FIN 24-25 G 3
Kolåsen o S 22-23 F 5
Kolasib o IND 78-79 H 3
Kolašin o• YU 36-37 G 3
Kola Town o LB 138-139 G 6
Kolattupuzha o IND 76-77 G 6
Kolāyat o IND 74-75 D 6
Kolbaj, tau ▲ KA 62-63 K 6
Kolbeinsstaðir o IS 22-23 b 2
Kolbio o EAK 148-149 H 4
Kol'covo, ozero ⊖ RUS 58-59 Q 4
Kol'čugino ☆ RUS 30-31 Q 3
Kol'čum ~ RUS 50-51 U 5
Kolda ☆ SN 138-139 C 3
Koldaga o TCH 142-143 C 4
Köldenen-Temir ~ KA 62-63 M 3
Kolding o• DK 22-23 D 9
Kole o ZRE (HAU) 146-147 K 2
Kole o ZRE (KOR) 146-147 J 5
Kolebira o IND 78-79 D 4
Kolek"egan ~ RUS 50-51 Q 3
Kolendo o RUS 58-59 K 2
Kolendo, Mount ▲ AUS 116-117 D 2
Kolenovskij, Elan'- o RUS 38-39 M 2
Kolenté ~ RG 138-139 D 4
Kolente ~ RG 138-139 D 5
Koležma o RUS 24-25 N 4
Kolgarin o AUS 112-113 E 6
Kolguev, ostrov ⌒ RUS 24-25 U 2
Kolhāpur o IND (ANP) 76-77 H 2
Kolhāpur o• IND (MAH) 76-77 F 2
Kolhida ☆ GE 62-63 D 6
Kolhozabad o TJ 72-73 L 6
Koli ▲ FIN 24-25 K 5
Kolia o CI 138-139 G 5
Kolia o F (986) 247 II
Koliba ~ RG 138-139 D 3
Ko Libong ⌒ THA 94-95 E 7
Koliganek o USA 166-167 S 3
Kolín o•• CZ 28-29 N 3
Kolinbiné ~ RMM 138-139 E 2
K'olito o ETH 144-145 D 5
Koljučaja, gora ▲ RUS 48-49 S 3
Koljučin, ostrov ⌒ RUS 48-49 X 3
Koljučinskaja guba ≈ 48-49 X 3
Kolka o•• LV 30-31 J 3
Kolky o UA 38-39 D 2
Kollegal o IND 76-77 G 4
Kolleru Lake ⊖ IND 76-77 J 2
Kollipara o IND 76-77 J 2
Kollo o RN 140-141 E 2
Kolmackij, porog ~ RUS 24-25 P 3
Kolmakovo o RUS 50-51 P 7
Kolmanskop o NAM 156-157 B 3
Kolmar = Chodzież o• PL 28-29 O 2
Köln o•• D 28-29 J 3
Kolno o PL 28-29 Q 2
Kolo o EAT 148-149 E 6
Koło o PL 28-29 P 2
Koloa o USA 192-193 C 7
Kolobane o SN 138-139 C 2
Kolobeke o ZRE 146-147 G 4
Kolobrzeg o PL 28-29 N 1
Kolofata o CAM 142-143 B 3
Kolofau, Mont ▲ F (986) 247 II

Ko-lok, Sungai ○ THA 94-95 F 7
Kolokani ○ RMM 138-139 F 3
Koloko ○ BF 138-139 H 4
Kolokol, vulkan ▲ RUS 58-59 O 5
Kolokolkova guba ≈ 24-25 W 2
Kolokondé ○ DY 138-139 L 5
Kolomak ○ UA 38-39 J 3
Kolomino ○ RUS 50-51 R 6
Kolomna ☆•• RUS 30-31 Q 4
Kolomonyi ○ ZRE 146-147 J 6
Kolomyja ☆ UA 38-39 D 3
Kolondiéba ○ RMM 138-139 G 4
Kolondieba ○ RMM 138-139 G 4
Kolongotomo ○ RMM 138-139 H 3
Kolonia ★ FSM 9 G 2
Kolono ○ RI 100-101 H 6
Kolonodale ○ RI 100-101 G 4
Kolosovyh, ostrov ⌒ RUS 44-45 W 4
Kolossa ~ RMM 138-139 G 3
Kolotambu = Avu Avu ○ SOL 120 I e 3
Kolowana-Watobo, Teluk ≈ 100-101 H 6
Kolozero ○ RUS 24-25 M 2
Kolp' ~ RUS 30-31 O 2
Kolpakova ~ RUS 56-57 R 6
Kolpaševo ☆ RUS 50-51 R 5
Kolpino ○ RUS 30-31 M 2
Kolpny ○ RUS 30-31 P 5
Kólpos Hanión ≈ 36-37 J 7
Kólpos Kissámou ≈ 36-37 J 7
Kolpur ○ PK 70-71 M 4
Kol'skij poluostrov = Kola, Péninsule de ⌣ RUS 24-25 N 3
Kol'skij zaliv ≈ 24-25 M 2
Kolubara ~ YU 36-37 H 2
Kolumadulu Atoll ⌒ MV 76-77 B 6
Koluton ~ KA 60-61 F 3
Kolva ~ RUS 24-25 Y 3
Kolva ~ RUS 44-45 H 8
Kolva ~ RUS 50-51 E 4
Kolvavis ~ RUS 44-45 H 8
Kolvereid ○ N 22-23 E 4
Kolvica ○ RUS 24-25 M 3
Kolvickoe, ozero ○ RUS 24-25 M 3
Kolwa ○ PK 70-71 L 5
Kolwezi ○ ZRE 150-151 C 6
Kolyma ~ RUS 46-47 d 6
Kolyma ~ RUS 46-47 d 7
Kolyma ~ RUS 48-49 L 2
Kolyma ~ RUS 48-49 H 3
Kolyma ~ RUS 56-57 M 2
Kolyma ~ RUS 56-57 P 2
Kolyma, Monts de la = Kolymskoe nagor'e ▲ RUS 48-49 H 6
Kolymak ~ RUS 48-49 M 5
Kolymskaja guba ≈ 46-47 d 4
Kolymskaja nizmennost' ⌣ RUS 46-47 c 5
Kolymskoe ○ RUS 48-49 K 2
Kolymskoe, vodohranilišče < RUS 56-57 N 3
Kolymskoe nagor'e ▲ RUS 56-57 Q 3
Kolyšlej ○ RUS 32-33 D 7
Kolyvan' ☆ RUS 50-51 R 7
Kol'zat ○ KA 82-83 E 4
Kom ▲ BG 38-39 C 6
Kom ○ EAK 148-149 G 3
Kom ~ G 146-147 C 2
Koma ○ ETH 144-145 C 4
Komagasberge ▲ ZA 156-157 C 4
Komaio ○ PNG 119 B 4
Komako ○ PNG 119 C 4
Komanda ○ ZRE 148-149 B 3
Komandnaja, gora ▲ RUS 58-59 H 3
Komandorskaja kotlovina ⊥ RUS 56-57 V 5
Komandorskaya Basin = Kamtchtaka, Bassin du ≃ 10-11 J 2
Komandorskie ostrova ⌒ RUS 56-57 W 6
Komárno ○ SK 28-29 P 5
Komárom ○ H 28-29 P 5
Komarovka ○ RUS 52-53 E 7
Komatipoort ○ ZA 156-157 K 2
Komatirivier ~ ZA 156-157 K 2
Komatsu ○ J 88-89 G 6
Komba, Pulau ⌒ RI 102-103 B 5
Kombat ○ NAM 152-153 D 9
Kombe ○ ZRE 146-147 K 6
Kombile ○ WAL 138-139 E 5
Kombissiri ○ BF 138-139 K 3
Kombo-Itindi ○ CAM 140-141 H 6
Kombone ○ CAM 140-141 H 6
Kombongou = Kondio ○ BF 140-141 E 3
Koméayo ○ CI 138-139 G 6
Kome Island ⌒ EAT 148-149 D 5
Komenda ○ GH 138-139 K 7
Komering ~ RI 98-99 F 6
Komfane ○ RI 102-103 H 4
Komga ○ ZA 156-157 H 6
Komi, Respublika = Komis, République des ◻ RUS 32-33 G 1
Komin-Yanga ○ BF 138-139 L 4
Komi-Permjackij avt. okrug = Komis-Permiaks, Arrond. aut. d. ◻ RUS 32-33 H 3
Komis, République des = Komi, Respublika ◻ RUS 32-33 G 1
Komis-Permiaks, Arrond. aut. d. = Komi-Permjackij avt. okrug ◻ RUS 32-33 H 3
Kommunarsk = Alčevs'k ○ UA 38-39 L 3
Kommunizma, pik ▲ TJ 72-73 N 5
Komo ~ G 146-147 C 3
Komo ○ PNG 119 B 4
Komodimini ○ RMM 138-139 G 3
Komodo ○ RI 104 D 7
Komodo, Pulau ⌒ RI 104 D 7
Komodo National Park ⊥•• RI 104 D 7
Komodou ○ RG 138-139 F 5
Komono ○ RCB 146-147 D 5
Komoran, Pulau ⌒ RI 102-103 K 6
Komorane ○ YU 36-37 H 3
Komoro ○ J 88-89 H 6
Komosi ○ ZRE 142-143 D 6
Komotiní ○ GR 36-37 K 4
Kompa ○ DY 140-141 E 2
Kompiam ○ PNG 119 B 3
Komponaone, Pulau ⌒ RI 100-101 H 6
Kompot ○ RI 100-101 J 3
Komrat = Comrat ○ MD 38-39 F 4
Komsberge ▲ ZA 156-157 E 6
Komsomol ○ KA (AKT) 62-63 O 2
Komsomol ○ KA (KST) 60-61 B 3
Komsomolabad ○ TJ 72-73 M 5
Komsomol cyganaky ≈ 62-63 K 5
Komsomolec, ostrov ⌒ RUS 44-45 Z 1
Komsomol'sk ☆• RUS 30-31 R 3
Komsomol'sk, Ustjurtdagi ○ US 72-73 F 2
Komsomol'skij ○ RUS (CUK) 48-49 R 2
Komsomol'skij ○ RUS (HMN) 50-51 G 4
Komsomol'skij ○ RUS (KAR) 24-25 M 4
Komsomol'skij ○ RUS (KLM) 62-63 G 5
Komsomol'skij ○ RUS (KOM) 44-45 K 8
Komsomol'skij ○ RUS (MOR) 32-33 D 6
Komsomol'skij zapovednik ⊥ RUS 58-59 G 3
Komsomol'sk-na-Amure ☆ RUS 58-59 G 3
Komsomol'sk-na-Pečore ○ RUS 50-51 D 3
Komsomol'skoj Pravdy, ostrova ⌒ RUS 44-45 g 3
Komsomolsk-sur-l'Amour = Komsomol'sk-na-Amure ○ RUS 58-59 G 3
Kömun Do ⌒ ROK 86-87 F 11
Kon ○ CAM 140-141 J 6
Kön ~ KA 60-61 F 4
Kona ○ RMM 138-139 J 2
Kona ○ RN 134-135 D 6
Kona ○ WAN 140-141 J 4
Kona = Kailua ○ USA 192-193 E 8
Konakovo ☆ RUS 30-31 P 3
Konanmoukro ○ CI 138-139 H 6
Konar ◻ AFG 72-73 M 7
Konar, Daryā-ye ~ AFG 74-75 C 2
Konārak ○•• IND 78-79 E 6
Konārak ○ IR 70-71 J 6
Konar-e Hāṣṣ ○ AFG 74-75 C 2
Konār Tahte ○ IR 70-71 D 4
Konaweha ~ RI 100-101 G 5
Konda ○ RI 102-103 F 2
Konda ~ RUS 50-51 H 4
Konda ~ RUS 50-51 K 5
Konda ~ RUS 54-55 F 9
Kondagaon ○ IND 78-79 B 6
Kondakovskaja vozvyšennost' ▲ RUS 46-47 b 4
Kondan, ozero ○ RUS 50-51 K 6
Konde ○ EAT 148-149 G 6
Kondembaia ○ WAL 138-139 E 5
Kondinin ○ AUS 112-113 E 6
Kondinskaja nizmennost' ⌣ RUS 50-51 H 4
Kondinskoe ☆ RUS 50-51 J 5
Kondio = Kombongou ○ BF 140-141 E 3
Kondoa ○ EAT 148-149 G 5
Kondoma ~ RUS 60-61 Q 2
Kondopoga ☆ RUS 24-25 N 5
Kondostrov ⌒ RUS 24-25 O 4
Kondratovskaja ○ RUS 24-25 R 5
Kondromo ~ RUS 52-53 G 4
Kondrovo ☆ RUS 30-31 O 4
Kondue ○ ZRE 146-147 J 6
Konduga ○ WAN 140-141 K 3
Kondui-Muhor ○ RUS 54-55 F 9
Kondyreva ~ RUS 48-49 O 5
Koné ☆• F (988) 247 I b 3
Koné ~ F (988) 247 I b 3
Konecbor ○ RUS 50-51 D 2
Konecbor ○ RUS (KOM) 24-25 Y 4
Koneng ○ RI 98-99 B 2
Konënmyveem ~ RUS 48-49 V 3
Konergino ○ RUS 48-49 V 4
Köneürgenč ☆ TM 72-73 F 3
Konevaam ~ RUS 48-49 P 2
Konevo ○ RUS 24-25 P 5
Kong ○ CAM 140-141 K 6
Kong ○• CI 138-139 H 5
Kông ~ K 94-95 J 4
Kong, Bandar-e ○ IR 70-71 F 5
Kongakut River ~ USA 164-165 U 2
Kongasso ○ CI 138-139 G 6
Kongbeng Caves • RI 100-101 E 3
Kongbo ○ RCA 142-143 E 6
Kong Christian IX Land ⊥ GRØ 172-173 V 3
Kong Christian X Land ⊥ GRØ 170-171 k 7
Kong Dans Halvø ⌣ GRØ 172-173 U 5
Kongelai ○ EAK 148-149 E 3
Kong Frederik IX Land ⊥ GRØ 172-173 P 3
Kong Frederik VIII Land ⊥ GRØ 170-171 m 5
Kong Frederik VI Kyst ⊥ GRØ 172-173 T 6
Kong Fu • VRC 90-91 K 4
Konginskij hrebet ▲ RUS 48-49 K 4
Kong Karls Land ⌒ N 20-21 P 3
Kong Leopold og Dronning Astrid land ⊥ ARK 16 F 9
Kongola ○ NAM 154-155 B 3
Kongolo ○ ZRE 146-147 L 6
Kongor ○ LB 138-139 E 6
Kongor ○ SUD 142-143 K 5
Kong Oscar Fjord ≈ 170-171 n 7
Kongoussi ○ BF 138-139 K 3
Kongsberg ☆ N 22-23 D 7
Kongsfjorden ≈ 20-21 G 3
Kongsøya ⌒ N 20-21 Q 3
Kongsvinger ☆• N 22-23 F 6
Kongtongshan • VRC 90-91 E 4
Kongur Shan ▲ VRC 82-83 B 6
Kongwa ○ EAT 150-151 J 4
Kong Wilhelm Land ⊥ GRØ 170-171 o 6
Koni ○ ZRE 150-151 D 6
Koni, poluostrov ⌣ RUS 56-57 O 4
Konig, Cape ▲ CDN 168-169 g 6
Königgrätz = Hradec Králové ○ CZ 28-29 N 3
Konimeh ☆ US 72-73 J 4
Konin ☆• PL 28-29 P 2
Konin ~ RUS 58-59 G 2
Konina ○ RMM 138-139 G 3
Konjed Jān ○ IR 70-71 D 2
Konka ~ UA 38-39 K 4
Könkamäälven ~ S 22-23 K 2
Könkämäeno ~ FIN 24-25 F 2
Konkan ⌣ IND 74-75 D 9
Konkče, Daryā-ye ~ AFG 72-73 L 6
Konkiep ~ NAM 156-157 C 3
Konko ○ ZRE 150-151 D 6
Konkoma ○ ETH 144-145 D 6
Konkouré ○ RG (KIN) 138-139 D 4
Konkouré ~ RG 138-139 D 4
Kon'kovaja ~ RUS 48-49 K 2
Kon'kovaja, Bol'šaja ~ RUS 48-49 J 2
Konkudera ○ RUS 54-55 F 7
Konkwesso ○ WAN 140-141 F 3
Konnür ○ IND 76-77 F 2
Konobougou ○ RMM 138-139 G 3
Konogogo ○ PNG 119 G 2
Konololo ○ ZRE 146-147 K 3
Konomerume = Donderkamp ○ SME 206-207 F 3
Konončan ~ RUS 54-55 H 3
Kononda ~ RUS 52-53 M 3
Konongo ○ GH 138-139 K 6
Konos ○ PNG 119 F 2
Konoša ○ RUS 30-31 R 1
Kōnosu ○ J 88-89 H 6
Konotop ○ UA 38-39 H 2
Konotopata Icholi ~ F (973) 245 I a 4
Kon Plong ○ VN 94-95 K 3
Konqi He ~ VRC 82-83 G 5
Konsankoro ○ RG 138-139 F 5
Konséguéla ○ RMM 138-139 H 3
Końskie ○• PL 28-29 Q 3
Konso ○ ETH 144-145 C 6
Konstantina, mys ▲ RUS 44-45 N 3
Konstantinopel = İstanbul ☆••• TR 64-65 C 2
Konstantinovka ☆ RUS 58-59 B 4
Konstantinovsk ☆ RUS 38-39 M 4
Konstanz ○• D 28-29 K 5
Konta ○ IND 78-79 B 7
Kontagora ○ WAN 140-141 F 3
Kontagora, River ~ WAN 140-141 F 3
Kontcha ○ CAM 140-141 K 5
Kontinemo, Área Indígena ⊼ BR 212-213 B 4
Kontiolahti ○ FIN 24-25 K 5
Kontiomäki ○ FIN 24-25 K 4
Kontubek ○ US 72-73 F 2
Kon Tum ○ VN 94-95 K 3
Konus, gora ▲ RUS (CUK) 48-49 U 3
Konus, gora ▲ RUS (HBR) 56-57 D 5
Konus, ostrov ⌒ RUS 56-57 U 3
Konušin, mys ▲ RUS 24-25 R 3
Konya ☆•• TR 64-65 E 4
Konza ○ EAK 148-149 F 4
Konžakovskij Kamen', gora ▲ RUS 50-51 E 5
Konzanso ○ RMM 138-139 H 4
Konzi ~ ZRE 146-147 F 6
Koobi Fora ∴• EAK 148-149 F 1
Koocanusa, Lake ○ USA 184-185 G 1
Koodnanie, Lake ○ AUS 114-115 E 4
Kookooligit Mountains ▲ USA 164-165 E 5
Kookynie ○ AUS 112-113 F 4
Koolatah ○ AUS 110-111 G 4
Koolen', ozero ○ RUS 48-49 Z 4
Kooline ○ AUS 108-109 C 7
Koolkootinnie, Lake ○ AUS 114-115 D 4
Koolpinyah ○ AUS 108-109 K 2
Koolyanobbing ○• AUS 112-113 E 5
Koomboolcomba ○ AUS 110-111 H 5
Koonalda Cave • AUS 112-113 K 5
Koondoo ○ AUS 114-115 H 3
Koongie Park ○ AUS 108-109 H 5
Koopmansfontein ○ ZA 156-157 G 4
Koor ○ RI 102-103 G 2
Koorawatha ○ AUS 116-117 K 3
Koorda ○ AUS 112-113 D 5
Koordarrie ○ AUS 108-109 B 7
Koosharem ○ USA 184-185 J 6
Kooskia ○ USA 184-185 G 2
Kootenay Bay ○ CDN 176-177 M 7
Kootenay Indian Reserve ⊼ CDN 176-177 N 7
Kootenay Lake ○ CDN 176-177 M 7
Kootenay National Park ⊥ CDN 176-177 M 6
Kootenay River ~ CDN 176-177 N 7
Kootenay River ~ CDN 176-177 M 6
Koo Wee Rup ○ AUS 116-117 H 5
Koozata Lagoon ≈ 164-165 E 5
Kopa ○ KA 82-83 B 4
Kopa ○ Z 150-151 F 6
Kopang ○ RI 104 C 7
Kopanzu ○ LB 138-139 F 6
Kopaonik ▲ YU 36-37 G 3
Kopargo ○ DY 138-139 L 5
Kópasker ○ IS 22-23 e 1
Kopasor, köl ○ KA 62-63 N 4
Kópavogur ○ IS 22-23 c 2
Ko Payang ⌒ THA 94-95 D 6
Kopbirlik ○ KA 60-61 K 5
Kopé, Mont ▲ CI 138-139 G 7
Kopejsk ○ RUS 32-33 M 6
Kopeng ○ RI 104 D 3
Koper ○ SLO 36-37 D 2
Kopervik ○ N 22-23 B 7
Kopéto, Massif de ▲ F (988) 247 I c 3
Kop'evo ☆ RUS 50-51 U 7
Kop Geçidi ▲ TR 64-65 J 2
Ko Phangan ○ THA 94-95 E 6
Ko Phangan ⌒ THA 94-95 F 6
Ko Phi ⌒ THA 94-95 E 7
Ko Phra Thong ⌒ MYA 94-95 E 6
Ko Phuket ⌒•• THA 94-95 E 7
Kopi, Ugol'nye ○ RUS 48-49 T 4
Kopiago ○ PNG 119 B 3
Köping ☆• S 22-23 G 7
Kopinguè ○ CI 138-139 J 5
Koporokendié-Na ○ RMM 138-139 J 2
Koppa ○ IND 76-77 F 4
Koppal ○ IND 76-77 G 3
Koppang ☆ N 22-23 E 6
Kopparberg ○ S 22-23 G 7
Koppe Dāg ▲ IR 72-73 E 5
Kopperamanna Bore ○ AUS 114-115 E 5
Koppi ○ RUS 58-59 J 4
Koppies ○ ZA 156-157 H 3
Koppieskraalpan ○ ZA 156-157 E 3
Koprivnica ○ HR 36-37 F 1
Köprüçay ~ TR 64-65 D 4
Kor, Rūd-e ~ IR 70-71 E 4
Ko Ra ⌒ THA 94-95 E 6
Korab ▲ AL 36-37 H 4
Korabavur pastligi ⊥ US 72-73 E 3
Korača ○ RUS 38-39 K 2
Ko Racha Noi ⌒ THA 94-95 E 7
Ko Racha Yai ⌒ THA 94-95 E 7
K'orahē ○ ETH 144-145 G 5
Korakata cukurligi ⊥ US 72-73 J 4
Korakülka ⊥ US 72-73 E 3
Kora National Park ⊥ EAK 148-149 G 4
Korangal ○ IND 76-77 G 2
Korannaberg ▲ ZA 156-157 F 3
Korān-o-Monǧān ○ AFG 72-73 M 6
Koraon ○ IND 78-79 C 3
Koraput ○ IND 78-79 C 6
Korasa ○ SOL 120 I c 2
Koratagere ○ IND 76-77 G 4
Ko Rawi ⌒ THA 94-95 E 7
Korbéndja, hrebet ▲ RUS 48-49 K 5
Korbeniči ○ RUS 30-31 O 1
Korbol ○ TCH 142-143 C 4
Korbol, Bahr ~ TCH 142-143 C 3
Korbu, Gunung ▲ MAL 98-99 D 2
Korbunčana ~ RUS 52-53 L 3
Korçë ☆•• AL 36-37 H 4
Korčula ○• HR 36-37 F 3
Korčula ⌒ HR 36-37 F 3
Korda ○ IND 74-75 C 8
Kordestān ◻ IR 64-65 M 5
Kordié ○ BF 138-139 J 3
Kord-Kuy ○ IR 72-73 D 6
Kord Myriem, Hassi < DZ 124-125 K 6
Kordofan = Kurdufān ⊥ SUD 136-137 D 6
Kore ○ RI 104 D 7
Korea Bay = Corée, Golfe de ≈ 86-87 D 8
Korean Folk Village • ROK 86-87 F 9
Koreare ○ RI 102-103 F 5
Korea Strait = Corée, Détroit de ≈ 88-89 C 8
Korec' ○ UA 38-39 E 2
Korem ○ ETH 136-137 J 6
Korémairwa ○ RN 140-141 E 2
Korenevo ○ RUS 38-39 J 2
Korenovsk ○ RUS 38-39 L 5
Korepino ○ RUS 50-51 D 4
Korf ○ RUS 56-57 V 3
Korfa, zaliv ○ RUS 56-57 V 3
Korgalžyn ☆ KA 60-61 G 4
Korgas ○ VRC 82-83 E 3
Korgen ○ N 22-23 F 3
Korgom ○ RN 134-135 D 6
Korhogo ☆• CI 138-139 H 5
Koriaks, Arrondissement des = Korjakskij avtonomnyj okrug ◻ RUS 48-49 N 5
Koriakski, Monts = Korjakskoe nagor'e ▲ RUS 48-49 N 6
Koribundu ○ WAL 138-139 E 6
Korientze ○ RMM 138-139 J 2
Korim ○ RI 102-103 J 2
Korinthiakós Kólpos ≈ 36-37 J 5
Kórinthos ○ GR 36-37 J 6
Koriolume ○ RMM 132-133 J 6
Koripobi ○ PNG 120 I b 2
Kőris-hegy ▲• H 28-29 O 5
Korissia ○ GR 36-37 K 6
Kōriyama ○ J 88-89 J 6
Korizo, Passe de ▲ TCH 128-129 F 6
Korjaki ○ RUS 56-57 S 7
Korjakskaja Sopka, vulkan ▲ RUS 56-57 S 7
Korjakskij avtonomnyj okrug = Koriaks, Arrondissement des ◻ RUS 48-49 N 5
Korjažma ☆ RUS 24-25 T 6
Korkodon ○ RUS (MAG) 48-49 H 4
Korkodon ~ RUS 48-49 J 5
Korkodonskij hrebet ▲ RUS 48-49 J 4
Korkut ☆ TR 64-65 J 3
Korkuteli ☆ TR 64-65 D 4
Korla ○ VRC 82-83 H 5
Korliki ○ RUS 50-51 R 4
Kormakitis, Cape ▲ TR 64-65 E 5
Kornake ○ RN 134-135 C 5
Kornati ⌒ HR 36-37 E 3
Korneevka ○ KA 60-61 J 3
Kórnik ○• PL 28-29 O 2
Koro ○ CI 138-139 G 5
Koro ⌒ FJI 120 III b 2
Koro ○ RMM 138-139 J 2
Koroba ○ PNG 119 B 3
Koroc, Rivière ~ CDN 180-181 R 5
Korodiga ○ EAT 148-149 F 6
Korodziba ○ RB 154-155 D 4
Köroğlu Dağları ▲ TR 64-65 D 2
Köroğlu Tepe ▲ TR 64-65 D 2
Korogwe ○ EAT 148-149 G 6
Korohane ○ RN 134-135 C 5
Koroit ○ AUS 116-117 G 5
Korolevu ○ FJI 120 III a 3
Korom, Bahr ~ TCH 142-143 D 3
Koronadal ○ RP 96-97 F 9
Korondougou ○ CI 138-139 G 5
Koronga ○ RMM 138-139 G 2
Koronga, Mont ▲ RT 138-139 L 5
Koróni ○ GR 36-37 H 6
Korónia, Límni ○ GR 36-37 J 4
Korontière ○ DY 138-139 L 4
Koror ★ PAL 9 E 2
Körös ~ H 28-29 Q 5
Koro Sea ≈ 120 III b 2
Korosten' ○ UA 38-39 F 2
Korostyšiv ○ UA 38-39 F 2
Korotaiha ~ RUS 44-45 K 7
Korotčaevo ○ RUS 50-51 P 2
Koro Toro ○ TCH 134-135 J 4
Korovin Island ⌒ USA 166-167 Q 5
Korovin Volcan ▲ USA 166-167 J 6
Korovou ○ FJI 120 III b 2
Korovou ○ SOL 120 I b 2
Korpilahti ○ FIN 24-25 H 5
Korpun ○ PNG 119 G 3
Korrigans, Grotte des • F (44) 230-231 G 5
Korsakow ○ RUS 58-59 K 5
Korsimoro ○ BF 138-139 K 3
Korskrogen ○ S 22-23 G 6
Korsnäs ○ FIN 24-25 F 5
Korsør ○ DK 22-23 E 9
Koršunovo ○ RUS 54-55 E 6
Kortala ○ SUD 136-137 E 6
Kortkeros ○ RUS 32-33 G 3
Kortrijk ○ B 28-29 G 3
Korumburra ○• AUS 116-117 H 5
Korup, Park National de ⊥ CAM 140-141 H 6
korvonsaroj Raboti Malik • US 72-73 J 4
Korwai ○ IND 74-75 G 7
Koryl'ky ~ RUS 44-45 T 8
Kós ○•• GR 36-37 L 6
Kós ⌒ GR 36-37 L 6
Kosa ○ ETH 144-145 C 5
Kosa ☆ RUS 32-33 J 4
kosa Arabats'ka Strilka ⌣ UA 38-39 J 4
kosa Byr'učyj Ostriv ⌣ UA 38-39 J 4
Koš-Agač ○ RUS 60-61 Q 3
Koš-Agač ☆ RUS (GOR) 60-61 Q 4
Kosaja Gora ○• RUS 30-31 P 4
Kosa-Mèèčkyn, ostrov ⌒ RUS 48-49 V 4
Ko Samet National Park • THA 94-95 F 4
Ko Samui ⌒•• THA 94-95 F 6
Košbūlak sor ⊥ KA 62-63 M 5
Kościan ○• PL 28-29 O 2
Kościerzyna ○• PL 28-29 O 1
Kosciusko ○ USA 192-193 D 3
Kosciusko, Mount ▲ AUS 116-117 K 4
Kosciusko Island ⌒ USA 176-177 D 3
Kosciusko National Park ⊥ AUS 116-117 K 4
Košdäulet, kum ⊥ KA 32-33 F 10
Koš-Dèbè ○ KS 82-83 B 5
Kose ○•• EST 30-31 J 2
Köse ☆ TR 64-65 H 2
Köse Dağlan ▲ TR 64-65 G 2
Koses ~ RUS 50-51 R 4
Kosha ○ SUD 136-137 E 2
Koshi ○ ZRE 146-147 G 6
Koshikishima-rettō ⌒ J 88-89 C 9
Kosibaai-natuurreservaat ⊥ ZA 156-157 L 3
Kosi Bay ≈ 156-157 L 3
Ko Si Boya ⌒ THA 94-95 E 7
Košice ○ SK 28-29 Q 4
Košim ~ KA 32-33 G 9
Kosimeer ○ ZA 156-157 L 3
Ko Similan ⌒ THA 94-95 D 6
Kosi Reservoir < NEP 80-81 F 7
Kosistyj ○ RUS 46-47 G 3
Kosjerić ○ YU 36-37 G 2
Kos'ju ~ RUS 44-45 H 8
Koskaecodde Lake ○ CDN 182-183 R 5
Koškarkól', köli ○ KA 60-61 M 5
Košk-e Kohne ○ AFG 70-71 K 1
Koški ☆ RUS 32-33 G 6
Koskol ○ KA 60-61 E 4
Koslan ○ RUS 24-25 U 5
Kosma ~ RUS 24-25 U 3
Kosma ~ RUS 24-25 U 4
Kosminskij Kamen' ▲ RUS 24-25 U 3
Kosminskoe, ozero ○ RUS 24-25 U 3
Košoba ○ TM 72-73 D 4
Kosong ○ DVR 86-87 G 8
Kosovo Polje ⊥• YU 36-37 H 3
Kosovska Mitrovica ○• YU 36-37 H 3
Kosso ○ CI 138-139 H 7
Kossou, Lac de < CI 138-139 H 6
Kósta ○ GR 36-37 J 6
Kostanaj ☆ KA 60-61 C 2
Kost'antynivka ○ UA 38-39 K 3
Koster ○ ZA 156-157 H 2
Kostinbrod ○ BG 38-39 C 6
Kostin Nos, mys ▲ RUS 44-45 E 6
Kostin Šar, proliv ○ RUS 44-45 E 6
Kostomukša ○ RUS 24-25 L 4
Kostopil' ○ UA 38-39 E 2
Kostroma ○ RUS 56-57 U 4
Kostroma ○• RUS (KOS) 30-31 R 3
Kostroma ~ RUS 30-31 R 2
Kostrzyn ○• PL 28-29 N 2
Kosubosu ○ WAN 140-141 E 4
Kosubuke ○ ZRE 146-147 J 6
Ko Surin Nua ⌒ THA 94-95 D 6
Ko Surin Tai ⌒ THA 94-95 D 6
Kos'va ~ RUS 32-33 K 4
Kos'va ~ RUS 50-51 E 5
Kos'va, Bol'šaja ~ RUS 50-51 E 5
Kosvinskij Kamen', gora ▲ RUS 50-51 E 5
Koszalin ☆• PL 28-29 O 1
Kőszeg ○• H 28-29 O 5
Kota ○ IND (MAP) 78-79 C 4
Kota ○ IND (RAJ) 74-75 E 7
Kota, Cascades de la ~• DY 138-139 L 4
Kotaagung ○ RI 98-99 F 7
Kotabangun ○ RI 100-101 E 4
Kotabaru ○ RI (KSE) 100-101 E 5
Kotabaru ○ RI (RIA) 98-99 D 5
Kota Belud ○ MAL 96-97 B 9
Kota Bharu ○• MAL 98-99 E 2
Kota Bumi ○ RI 98-99 F 7
Kot Addu ○ PK 74-75 C 4
Kotagayah ○ RI 98-99 F 7
Kotagede ○ RI 104 D 3
Kota Kinabalu ☆• MAL 96-97 B 10
Kōtal-e Mollā Yā'qūb ▲ AFG 70-71 M 1
Kota Lenggong ○ MAL 98-99 D 2
Kotamangalam ○ IND 76-77 G 5
Kota Marudu ○ MAL 96-97 B 9
Kotamobagu ○ RI 100-101 J 3
Kotanopan ○ RI 98-99 C 4
Ko Tao ⌒ THA 94-95 E 5
Kotapinang ○ RI 98-99 D 4
Ko Tarutao ⌒ THA 94-95 E 7
Kota Tinggi ○• MAL 98-99 E 4
Kotawaringin Teluk ≈ 98-99 J 6
Kotcho Lake ○ CDN 174-175 J 6
Kotcho River ~ CDN 174-175 J 6
Kot Chutta ○ PK 74-75 C 5
Kot Diji ○•• PK 74-75 B 6
Koteľnič ○ RUS 32-33 F 4
Koteľnikovo ○ RUS 38-39 N 4
Koteľnyj, ostrov ⌒ RUS 46-47 V 2
Koteľva ○ UA 38-39 J 2
Kotenko ○ RUS 46-47 a 4
Kotera ~ RUS 54-55 F 8
Kotiari ○ SN 138-139 D 3
Kotido ○ EAU 148-149 E 2
Kotika, Mont ▲ F (973) 245 I a 3
Kotira ○ PK 70-71 M 5
Kotjukan ~ RUS 44-45 f 6
Kotjukan ~ RUS 46-47 G 4
Kotka ☆ FIN 24-25 J 6
Kot Kapūra ○ IND 74-75 E 4
Kotla Branch ~ IND 74-75 E 4
Kotlas ☆ RUS 24-25 T 6
Kotlik ○ USA 164-165 J 5
Kot Mūmin ○ PK 74-75 D 3
Koto ○ CAM 140-141 H 6
Kotobi ○ CI 138-139 H 6
Kōtomo, Île ⌒ F (988) 247 I e 4
Kotongoro II ○ TCH 142-143 D 4
Koton-Karifi ○ WAN 140-141 G 4
Koton-Koro ○ WAN 140-141 F 3
Kotopounga ○ DY 138-139 L 4
Kotor ○ YU 36-37 G 3
Kotor Varoš ○ BIH 36-37 F 2
Kotouba ○ CI 138-139 J 5
Kotoula ○ BF 138-139 G 4
Kotovo ○ RUS 32-33 D 8
Kotovsk ○ RUS 30-31 R 5
Kotovs'k ☆ UA 38-39 F 4
Kotovsk = Hîncești ☆ MD 38-39 F 4
Kot Pūtli ○ IND 74-75 F 6
Kotri ~ IND 78-79 B 6
Kotri ○ PK 74-75 B 7
Kot Shākir ○ PK 74-75 D 4
Kottagūdem ○ IND 78-79 B 7
Kottakota ○ IND 76-77 H 4
Kottayam ○• IND 76-77 G 6
Kotto ~ RCA 142-143 F 5
Kottūru ○ IND 76-77 G 3
Kotu ⌒ TON 120 IV a 1
Kotu Group ⌒ TON 120 IV a 1
Kotuj ~ RUS 44-45 a 7
Kotuj ~ RUS 44-45 e 6
Kotuj ~ RUS 52-53 L 2
Kotujkan ~ RUS 52-53 J 2
Koturdepe ○ TM 72-73 C 5
Kotwa ○ ZW 154-155 G 3
Kotzebue ○ USA 164-165 J 3
Kotzebue Sound ≈ 164-165 J 3
Kouadiokro, Ananda- ○ CI 138-139 H 6
Kouadio-Prikro ○ CI 138-139 H 6
Kouaga ~ RMM 138-139 E 2
Kouakourou ○ RMM 138-139 H 2
Kouandé ○ DY 138-139 L 4
Kouandikro ○ CI 138-139 H 6
Kouango ○ RCA 142-143 D 6
Kouankan ○ RG 138-139 F 5
Kouaoua ○ F (988) 247 I c 3
Kouaoua, Baie de ≈ 247 I c 3
Kouassikro ○ CI 138-139 J 6
Kouba Olanga ○ TCH 134-135 J 5
Koubia ○ RG 138-139 E 4
Koubo Abou Azraq ○ TCH 142-143 E 3
Kouchibouguac ○ CDN 182-183 M 5
Kouchibouguac National Park ⊥ CDN 182-183 M 5
Koudou, Cascades de ~• DY 140-141 E 3
Koudougou ☆ BF 138-139 J 3
Kouéré ○ BF 138-139 J 4
Koufey < RN 134-135 F 5
Kouffo ~ DY 138-139 L 6
Kouga ~ ZA 156-157 F 6
Kougaberge ▲ ZA 156-157 F 6
Kougnohou ○ RT 138-139 L 6
Kougouleu ○ G 146-147 B 3
Kouh Roud = Qohrūd, Kūhhā-ye ▲ IR 70-71 D 1
Kouibli ○ CI 138-139 G 6
Kouif, El ○ TN 126-127 G 3
Kouilou ◻ RCB 146-147 C 5
Kouilou ~ RCB 146-147 C 6
Kouka ○ BF 138-139 H 4
Koukdjuak, Great Plain of the ⊥ CDN 172-173 D 3
Koukdjuak River ~ CDN 172-173 D 3
Kouki ○ RCA 142-143 C 5
Kouklia ○ CY 64-65 E 5
Koukou ○ TCH 142-143 F 3
Koukourou ○ RCA 142-143 E 5
Koukourou ~ RCA 142-143 E 5
Koukourou-Bamingui, Réserve de faune du ⊥ RCA 142-143 D 5
Koula ○ RMM 138-139 G 3
Koulamoutou ☆ G 146-147 D 4
Koulbo ○ TCH 134-135 K 6
Koulbous ○ SUD 134-135 L 5
Koulé ○ RG 138-139 F 5
Koulé Ekou ▲ DY 140-141 E 4
Koulikoro ○ RMM 138-139 G 3
Koulou ○ RN 140-141 E 2
Koulouguidi ○ RMM 138-139 E 3
Koulounda, Steppes de = Kūlyndy Žazygy ⌣ KA 60-61 K 2
Koulountou ~ SN 138-139 D 3
Koulouoko ~ BF 138-139 K 3
Koum ○ CAM 142-143 B 4
Kouma ○ RCA 142-143 D 5
Kouma ~ RCA 142-143 D 5
Koumac ○ F (988) 247 I b 2
Koumac, Grand Récif de ~ F (988) 247 I a 2
Koumamevong ○ G 146-147 C 3
Koumantou ○ RMM 138-139 G 4
Koumba ~ RG 138-139 D 4
Koumbal ○ RCA 142-143 F 4
Koumbala ○ RCA (Bam) 142-143 E 4
Koumbala ~ RCA 142-143 E 4
Koumbia ○ BF 138-139 J 4
Koumbia ○ RG 138-139 D 4
Koumbi Saleh ∴• RIM 132-133 G 7
Koumbo ○ BF 138-139 K 4
Koumbri ○ BF 138-139 J 3
Koumia ○ RMM 138-139 H 3
Koumogo ○ TCH 142-143 D 4
Koumongou ○ RT 138-139 L 4
Koumongou ~ RT 138-139 L 4
Koumou ~ RCA 142-143 F 4
Koumpentoum ○ SN 138-139 C 2
Koumra ○ TCH 142-143 C 4
Kounahiri ○ CI 138-139 H 6
Koundara ○ RG 138-139 D 3
Koundé ○ RCA 142-143 B 5
Koundessong ○ CAM 146-147 D 2
Koundian ○ RMM 138-139 E 3
Koundian ○ RN 138-139 F 4
Koundjourou ○ TCH 134-135 J 6
Koundou ○ RG 138-139 E 5
Koundougou ○ BF 138-139 H 4
Koun-Fao ○ CI 138-139 J 6
Koungheul ○ SN 138-139 C 3
Koungou ○ F (985) 246 I b 2
Koungouri ○ TCH 142-143 D 3
Kouniana ○ RMM 138-139 H 3
Kounkané ○ SN 138-139 C 3
Kounradskij ○ KA 60-61 J 5
Kountouata ○ SN 138-139 C 3
Kountze ○ USA 188-189 K 4
Kouoro ○ RMM 138-139 H 3
Koup ○ ZA 156-157 E 6
Koupé, Mont ▲ CAM 140-141 H 6
Koupéla ○ BF 138-139 K 3
Kouraï ~ RG 138-139 F 5
Kouraqué ○ RMM 138-139 E 3
Kourémalé ○ RMM 138-139 F 4
Kourgou ○ TCH 142-143 C 3
Kourgui ○ CAM 142-143 B 3
Kouri ○ RMM 138-139 H 3
Kouri Kouri ○ TCH 134-135 H 6
Kouriles, Fosse des = Kuril Trench ≃ 6-7 P 4
Kouriles, Îles = Kuril'skie ostrova ⌒ RUS 58-59 M 6
Kourion • CY 64-65 E 5
Kourkéto ○ RMM 138-139 E 2
Kourou ○ F (973) 245 I c 1
Kourou ~ F (973) 245 I c 2
Kourouba ▲ CI 138-139 G 4
Kourouba ○ RMM 138-139 F 3
Koûroudjél ○ RIM 132-133 E 6
Kourougui ~ BF 138-139 J 3
Kouroukoto ○ RMM 138-139 E 3
Kourouma ○ BF 138-139 H 4
Kourouninnkoto ○ RMM 138-139 F 3
Kouroussa ○ RG 138-139 F 4
Koursibo ~ F (973) 245 I b 2
Kourskaïa, Flèche de = Kuršskaja kosa ⊥ RUS 30-31 G 4
Kourski, Lagune = Kuršskij zaliv ○ RUS 30-31 G 4
Kourtiagou, Réserve de la ⊥ BF 138-139 L 4
Kous ○ NAM 156-157 C 1
Koussa Arma < RN 134-135 F 4
Koussanar ○ SN (SO) 138-139 C 3
Koussanar ~ SN 138-139 D 2
Koussané ○ RMM 138-139 E 2
Koussane ○ SN 138-139 D 2
Kousseri ○ CAM 134-135 G 6
Koussi, Emi ▲ TCH 134-135 J 3
Koussountou ○ RT 138-139 L 5
Koustanaï = Kostanaj ☆ KA 60-61 C 2
Koutaba ○ CAM 140-141 J 6
Koutia Gaïdi ○ SN 138-139 D 2
Koutiala ○ RMM 138-139 H 3
Kouto ○ CI 138-139 G 5
Kouvola ○ FIN 24-25 J 6
Kouyou ~ RCB 146-147 F 4
Kova ~ RUS 52-53 K 6
Kovalam ○•• IND 76-77 G 6
Kovalevka ○ KA 60-61 K 2
Kovancılar ☆ TR 64-65 H 3
Kovarzino ○ RUS 30-31 Q 1
Kovdor ○ RUS 24-25 L 3
Kovdozero ○ RUS 24-25 M 3
Kovel' ○ UA 38-39 D 2
Kovenskaja ~ RUS 50-51 J 4
Kovernino ○ RUS 30-31 S 3
Kovero ○ FIN 24-25 L 5
Kovic, Rivière ~ CDN 180-181 L 4
Kovik Bay ≈ 180-181 L 4
Kovilur ○ IND 76-77 G 6
Kovilpatti ○ IND 76-77 G 6
Kovin ○ YU 36-37 H 2
Kovkula ○ RUS 24-25 P 5
Kovran ○ RUS 56-57 R 5
Kovriga, gora ▲ RUS 24-25 U 3
Kovrov ☆ RUS 30-31 R 3
Kovūr ○ IND 76-77 H 3
Kovylkino ○ RUS 30-31 S 4
Kowanyama ⊼ AUS 110-111 F 4
Kowares ○ NAM 152-153 C 9
Koweït = Kuwait ■ KWT 66-67 K 3
Kowloon = Jiulong ○ VRC 92-93 J 5
Kowyn's Pass ▲ ZA 156-157 K 2
Koya ○ WAN 134-135 C 6
Koyama ○ RG 138-139 F 6
Koyan, Tanjung ▲ RI 98-99 F 6
Ko Yao Yai ⌒ THA 94-95 E 7
Köyceğiz ☆ TR 64-65 C 4
Koyna Reservoir ○ IND 76-77 E 2
Koyuk ○ USA 164-165 K 4
Koyuk River ~ USA 164-165 K 4
Koyukuk ○ USA 164-165 M 4
Koyukuk National Wildlife Refuge ⊥ USA 164-165 M 4
Koyukuk River ~ USA 164-165 M 4
Koyvèl'vèèrgyn ~ RUS 48-49 V 2
Koza ○ CAM 140-141 K 3
Kožaköl ○ KA 60-61 F 3
Kozan ☆ TR 64-65 F 4
Kozáni ☆• GR 36-37 H 4
Kozel'sk ☆• RUS 30-31 O 4
Koževina, mys ▲ RUS 46-47 Z 2
Koževnikova, buhta ≈ 46-47 G 3
Koževnikovo ○ RUS 50-51 S 6
Kozhikode = Calicut ○• IND 76-77 F 5
Kozienice ○ PL 28-29 Q 3
Kožima ~ RUS 52-53 G 6
Koźle, Kędzierzyn- ○• PL 28-29 P 3
Kozloduj ○ BG 38-39 C 6
Kozlova ○ RUS 52-53 M 8
Kozlova, mys ▲ RUS 56-57 T 6
Kozlovka ○ RUS 32-33 F 6
Kozluk ☆ TR 64-65 J 3
Koz'modem'jansk ○ RUS 32-33 E 5
Kozok darë ○ US 72-73 F 3
Kožozero ○ RUS 24-25 P 5
Kožuf ▲ MK 36-37 J 4
Kōzu-shima ⌒ J 88-89 H 7
Kožva ○ RUS 24-25 X 4
Kožva ~ RUS 24-25 X 4
Kožym ○ RUS 44-45 H 9

Kozyrevsk ○ RUS 56-57 S 5
Kozyrevskij hrebet ▲ RUS 56-57 S 6
Kpako ~ DY 140-141 E 3
Kpakto ○ GH 138-139 K 5
Kpalbusi ○ GH 138-139 K 5
Kpalimé ○• RT 138-139 L 6
Kpandu ○ GH 138-139 L 6
Kpassa ~ GH 138-139 L 5
Kpatinga ○ GH 138-139 K 5
Kpedze ○ GH 138-139 L 6
Kpèssi ○ RT 138-139 L 5
Kpèssi, Réserve de ⊥ RT 138-139 L 5
Kpété Béna ○ RT 138-139 L 6
Kpetoe ○ GH 138-139 L 6
Kpimé, Cascade de ~ RT 138-139 L 6
Kpong ○ GH 138-139 L 6
Kpungan Pass ▲ MYA 78-79 K 2
Kraaifontein ○ ZA 156-157 D 6
Kraairivier ~ ZA 156-157 H 5
Kraankuil ○ ZA 156-157 G 4
Krabbé ○ RA 222-223 J 4
Krabi ○ THA 94-95 E 6
Krâchéh ○ K 94-95 J 4
Krachi, Kete- ○ GH 138-139 K 6
Kracnooskil's'k vodoschovyšče < UA 38-39 K 3
Kragerø ☆ N 22-23 D 7
Kragujevac ○• YU 36-37 H 2
Krainij ○ RUS 46-47 X 4
Kraj Gorbatka ○ RUS 30-31 R 4
Krajište ▲ YU 36-37 J 3
Krajnij, ostrov ~ RUS 56-57 U 3
Krajnovka ○ RUS 62-63 G 6
Kraka hrebet ▲ RUS 32-33 K 7
Kraké ○ DY 140-141 E 5
Kraków ☆••• PL 28-29 P 3
Krakurom ○ GH 138-139 J 6
Krâlanh ○ K 94-95 G 4
Kralendijk ○ NL 204-205 G 1
Kraljevo ○ YU 36-37 H 3
Kramators'k ○ UA 38-39 K 3
Kramatorsk = Kramators'k ○ UA 38-39 K 3
Kramfors ○ S 22-23 H 5
Kranéa ○ GR 36-37 H 5
Kranidi ○ GR 36-37 J 6
Kranj ○ SLO 36-37 E 1
Kransfontein ○ ZA 156-157 J 4
Kranskop ○ ZA 156-157 K 4
Kranuan ○ THA 94-95 G 2
Kranzberg ○ NAM 152-153 C 10
Kraolandia, Área Indígena X BR 212-213 E 6
Krapina ○ HR 36-37 E 1
Krapivinskij ☆ RUS 50-51 T 7
Krapivnaja ○ RUS 56-57 S 6
Kraševninnikova, mys ▲ RUS 56-57 U 4
Krasin, ostrov ⌒ RUS 44-45 a 3
Krasin, zaliv ≈ 48-49 U 1
Krasinka ○ RUS 50-51 U 6
Krasino ○ RUS 44-45 F 6
Kraskino ○ RUS 58-59 D 7
Krāslava ☆•• LV 30-31 K 4
Krasnaja Gorka ☆ RUS 32-33 K 6
Krasnaja Jaruga ○ RUS 38-39 J 2
Krasnaja Poljana ○ RUS 62-63 D 6
Krasnapolle ○ BY 30-31 M 5
Krasneno ○ RUS 48-49 S 4
Krasnij Luč = Krasnyj Luč ○ UA 38-39 L 3
Kraśnik ○ PL 28-29 R 3
Krasni Okny ☆ UA 38-39 F 4
Krasnoarmejsk ☆ KA 60-61 F 2
Krasnoarmejsk ○ RUS (SAR) 32-33 D 8
Krasnoarmejsk ☆ RUS (MOS) 30-31 Q 4
Krasnoarmejsk = Krasnoarmijs'k ○ UA 38-39 K 3
Krasnoarmejskaja ○ RUS 38-39 L 5
Krasnoarmejskij ○ RUS 48-49 Q 2
Krasnoarmejskoe ☆ RUS 32-33 G 7
Krasnoarmijs'k ○ UA 38-39 K 3
Krasnoborsk ○ RUS 24-25 S 6
Krasnodar ☆• RUS 38-39 L 5
Krasnodarskij kraj ▫ RUS 62-63 C 5
Krasnodon ○ UA 38-39 L 3
Krasnoe, ozero ⊖ RUS 48-49 S 4
Krasnoe Selo ○ RUS 30-31 M 2
Krasnoe Znamja ○ TM 72-73 H 6
Krasnoflotskie, ostrova ⌒ RUS 44-45 c 2
Krasnogorsk ○ RUS 58-59 K 4
Krasnogorskij ○ RUS (CEL) 32-33 M 6
Krasnogorskij ○ RUS (MAR) 32-33 F 5
Krasnogorskoe ☆ RUS 32-33 H 5
Krasnogvardejskij ○ RUS 72-73 K 5
Krasnoholm ○ RUS 32-33 J 8
Krasnohorivka ○ UA 38-39 K 3
Krasnohrad ○ UA 38-39 J 3
Krasnohvardijs'ke ☆ UA 38-39 J 5
Krasnoj Armii, proliv ≈ 44-45 Z 2
Krasnojarovo ○ RUS 58-59 C 3
Krasnojarsk ☆• RUS 52-53 F 7
Krasnojarskoe, vodohranilišče ⊖ RUS 52-53 E 8
Krasnokamensk ☆ RUS 54-55 J 10
Krasnokamsk ○ RUS 32-33 J 4
Krasnokutsk ☆ KA 60-61 J 2
Krasnomajskij ○ RUS 30-31 O 3
Krasnoperekops'k ☆• UA 38-39 H 5
Krasnopil'a ○ UA 38-39 J 2
Krasnopol'e ○ RUS 58-59 K 4
Krasnoščel'e ○ RUS 24-25 O 3
Krasnosel'kup ○ RUS 50-51 R 2
Krasnoslobodsk ○ RUS (MOR) 30-31 S 4
Krasnoslobodsk ○ RUS (VLG) 32-33 D 9
Krasnotur'insk ○ RUS 50-51 F 5
Krasnoufimsk ☆ RUS 32-33 K 5
Krasnousol'skij ☆ RUS 32-33 K 7
Krasnova, gora ▲ RUS 58-59 K 4
Krasnovišersk ☆ RUS 50-51 D 4
Krasnovodsk = Türkmenbaši ☆ TM 72-73 C 4
Krasnovodskij zaliv ≈ 72-73 C 5
Krasnovodskij zapovednik ⊥ TM 72-73 C 5
Krasnovodskoe plato ▲ TM 72-73 C 4
Krasnoznamjans'kyj kanal < UA 38-39 H 4
Krasnye Barrikady ○ RUS 32-33 E 10
Krasnyj, liman ≈ 38-39 K 5
Krasnyj Aul ○ KA 60-61 M 3
Krasnyj Holm ○ RUS 30-31 P 2
Krasnyj Jar ○ RUS (KMR) 50-51 T 7
Krasnyj Jar ○ RUS (OMS) 50-51 M 7
Krasnyj Jar ○ RUS (VLG) 32-33 D 8
Krasnyj Jar ☆ RUS (AST) 32-33 F 10
Krasnyj Jar ☆ RUS (SAM) 32-33 G 7
Krasnyj Kut ☆ RUS 32-33 E 8
Krasnyj Luč ○ UA 38-39 L 3
Krasnystaw ○ PL 28-29 R 3
Krasuha ○ RUS 30-31 O 2
Kratke Range ▲ PNG 119 C 4
Kratovo ○• MK 36-37 J 3
Krau ○ RI 102-103 L 3
Kravanh, Monts = Chuŏr Phnum Kravanh ▲ K 94-95 G 4
Krečetovo ○ RUS 30-31 Q 1
Krefeld ○ D 28-29 J 3
Kregbé ○ CI 138-139 J 6
Krekatok Island ⌒ USA 164-165 G 5
Kremenčuc'ke vodoschovyšče < UA 38-39 H 3
Kremenčug = Kremenčuk ○ UA 38-39 H 3
Kremenčuk ○ UA 38-39 H 3
Kremenec' ○ UA 38-39 D 2
Kremenec'ki hory • UA 38-39 D 2
Kreminci ○ UA 38-39 D 3
Kreminna ○ UA 38-39 L 3
Kreml' • RUS 32-33 F 10
Kremmling ○ USA 186-187 D 5
Krems an der Donau ○ A 28-29 N 4
Krenicyna, vulkan ▲ RUS 58-59 Q 4
Krenitzin Islands ⌒ USA 166-167 O 6
Kreščenskoe ○ RUS 50-51 Q 7
Kresik Luway • RI 100-101 D 4
Kresta, zaliv ≈ 48-49 V 4
Krestcy ☆ RUS 30-31 N 2
Krest-Hal'džaj ○ RUS 56-57 F 2
Krestjah ○ RUS 54-55 H 4
Krest'janskij ○ US 72-73 L 4
Krestovaja ○ RUS 54-55 F 6
Krestovaja, guba ⊖ RUS 44-45 F 4
Krestovaja Guba ○ RUS 44-45 F 4
Krestovka ○ RUS 24-25 W 3
Krestovoe ○ RUS 48-49 N 2
Krestovskij, mys ▲ RUS 48-49 L 1
Krestovskij, ostrov ⌒ RUS 48-49 L 1
Krestovyj, pereval ▲ GE 62-63 F 6
Krestovyj, mys ▲ RUS 58-59 S 3
Krestovyj, ostrov ⌒ RUS 46-47 c 4
Kresty ○ RUS 44-45 e 6
Kresty ○ RUS (KIR) 32-33 E 5
Kresty ○ RUS (Mos) 30-31 P 4
Kretinga ○ LT 30-31 G 4
Kreuzburg (Oberschlesien) = Kluczbork ○ PL 28-29 P 3
Kreuznach, Bad ○ D 28-29 J 4
Krèva ○ BY 30-31 K 4
Kriam ○ RI 104 E 3
Kribi ○• CAM 146-147 B 2
Kričaŭskaja ~ RUS 48-49 L 3
Krieger Mountains ▲ CDN 170-171 J 3
Kriel ○ ZA 156-157 J 3
Krigujgun, mys ▲ RUS 48-49 Z 4
Kril'on, mys ▲ RUS 58-59 K 6
Krim-Krim ○ TCH 142-143 B 4
Krishna ~ IND 76-77 H 2
Krishnagiri ○ IND 76-77 H 4
Krishnarājānagara ○ IND 76-77 G 4
Krishnarajpet ○ IND 76-77 G 4
Kristiansand ☆ N 22-23 C 7
Kristianstad ○ S 22-23 G 8
Kristiansund ☆ N 22-23 C 5
Kristiinankaupunki = Kristinestad ○• FIN 24-25 F 5
Kristinehamn ☆ S 22-23 G 7
Kristinestad ○•• FIN 24-25 F 5
Kristoffer Bay ≈ 168-169 U 1
Kríti ▫ GR 36-37 K 7
Kríti = Crète ⌒ GR 36-37 K 7
Kritiko Pelagos ≈ 36-37 K 6
Kriuša ○ RUS 32-33 F 5
Kriva Palanka ○ MK 36-37 J 3
Krivodol ○ BG 38-39 C 6
Krivoj Rog = Kryvyj Rih ○ UA 38-39 H 4
Krivoševino ☆ RUS 50-51 R 6
Krivyj Rih ○ UA 38-39 H 4
Križevci ○ HR 36-37 F 1
Krjučkovka ○ RUS 32-33 J 8
Krk ⌒ YU 36-37 E 2
Krka ~ HR 36-37 F 2
Krkonoše ▪ CZ 28-29 N 3
Krkonošský národní park ⊥ CZ 28-29 N 3
Krohnwodoke ○ LB 138-139 G 7
Krokek ○ S 22-23 E 6
Krokodilrivier ~ ZA 156-157 H 2
Krokom ○ S 22-23 G 5
Krokosua National Park ⊥ GH 138-139 J 6
Krokstjarðarnes ○ IS 22-23 c 2
Krolevec' ○ UA 38-39 H 2
Kroměříž ○ CZ 28-29 O 4
Kronborg Gletscher ⊂ GRØ 172-173 a 2
Krong Buk ○ VN 94-95 K 4
Krŏng Kaôh Kŏng ○ K 94-95 G 5
Krông Pa ○ VN 94-95 K 4
Kronkel ~ RI 102-103 K 5
Kronockaja ~ RUS 56-57 T 6
Kronockij, mys ▲ RUS 56-57 U 6
Kronockij, zaliv ≈ 56-57 T 6
Kronockij poluostrov ⌒ RUS 56-57 U 6
Kronockij zapovednik ⊥ RUS 56-57 T 6
Kronockoe, ozero ⊖ RUS 56-57 T 6
Kronprins Christian Land ⊥ GRØ 170-171 q 4
Kronprinsesse Mærtha land ⊥ ARK 16 F 35
Kronprins Olav land ⊥ ARK 16 G 5
Kronštadt ○ RUS 30-31 L 2
Kroonstad ○ ZA 156-157 H 3
Kropačevo ○ RUS 32-33 K 6
Kropotkin ○ RUS 38-39 M 5
Krośniewice ○ PL 28-29 P 2
Krosno ☆• PL 28-29 Q 4
Krosno Odrzańskie ○ PL 28-29 N 2
Krotoschin = Krotoszyn ○ PL 28-29 O 3
Krotoszyn ○ PL 28-29 O 3
Krotz Springs ○ USA 188-189 M 4
Kroya ○ RI 104 C 3
Krško ○ SLO 36-37 E 2
Kručina ~ RUS 54-55 G 10
Kruet ~ RI 98-99 B 3
Kruger National Park ⊥•• ZA 154-155 F 6
Krugersdorp ○ ZA 156-157 H 3
Kruglyj, ostrov ⌒ RUS 44-45 V 4
Krui ○ RI 98-99 E 7
Kruidfontein ○ ZA 156-157 E 6
Kruis, Kaap = Cape Cross ▲ NAM 152-153 B 10
Krujë ☆•• AL 36-37 G 4
Krumau = Český Krumlov ○ CZ 28-29 N 4
Krumaye ○ RI 102-103 G 2
Krumë ○•• AL 36-37 H 3
Krumovgrad ○ BG 38-39 D 7
Krung Thep = Bangkok ☆ THA 94-95 F 4
Krupanj ○ YU 36-37 G 2
Krusenstern, Cape ▲ USA 164-165 H 3
Kruševac ○• YU 36-37 H 3
Kruševo ○ MK 36-37 H 4
Krušné hory ▲ CZ 28-29 M 3
Krušovene ○ BG 38-39 D 6
Krutec ~ RUS 32-33 D 7
Kruth ○ F (68) 234-235 K 6
Krutinka ☆ RUS 50-51 L 7
Krutiška ☆ RUS 60-61 M 2
Krutoberegovo ○ RUS 56-57 U 5
Krutogorova ~ RUS 56-57 R 6
Krutoj ○ RUS 48-49 N 2
Kruzenšterna, proliv ⊖ RUS 58-59 P 4
Kruzof Island ⌒ USA 176-177 B 3
Kryčav ☆ BY 30-31 M 5
Kryktytau hrebet ▲ RUS 32-33 L 7
Krylovo ○ RUS 30-31 G 4
Krym = Crimée ⊥ UA 38-39 H 5
Krym, Respublika = Crimée ▫ UA 38-39 H 5
Kryms'ki hory ▲ UA 38-39 H 5
Kryms'kyj pivostriv ⌒ UA 38-39 H 5
Krynica ○•• PL 28-29 Q 4
Kryve Ozero ☆ UA 38-39 G 4
'Ksan Indian Village •• CDN 176-177 G 4
Ksar Chellala ○ DZ 126-127 D 3
Ksar El Boukhari ○ DZ 126-127 D 3
Ksar El Hirane ○ DZ 126-127 D 4
Ksar Ghilane ○ TN 126-127 G 4
Ksel, Djebel ▲ DZ 126-127 C 4
Kšenskij ○ RUS 38-39 K 2
Kshwan Mountain ▲ CDN 176-177 F 4
Ksour, Monts des ▲ DZ 126-127 C 4
Ksour Essaf ○ TN 126-127 H 3
Ksour Jelidat ○ TN 126-127 H 4
Kstovo ○ RUS 32-33 D 5
Ktesiphon ∴• IRQ 64-65 L 6
Kuah ○ MAL 98-99 C 2
Kuala ~ RI 98-99 C 3
Kuala Baram ○ MAL 98-99 K 2
Kuala Belait ○ BRU 100-101 D 1
Kuala Berang ○ MAL 98-99 E 2
Kuala Dungun ○• MAL 98-99 E 2
Kuala Kangsar ○• MAL 98-99 D 2
Kualakapus ○ RI 100-101 D 5
Kuala Kerau ○ MAL 98-99 E 3
Kualakeriau ○ RI 98-99 K 4
Kuala Krai ○ MAL 98-99 D 2
Kuala Kubu Baharu ○ MAL 98-99 D 3
Kualalangsa ○ RI 98-99 C 2
Kuala Lipis ○• MAL 98-99 E 2
Kuala Lumpur ☆•• MAL 98-99 D 3
Kualapembuang ○ RI 98-99 K 6
Kuala Penyu ○ MAL 96-97 A 10
Kuala Pilah ○ MAL 98-99 E 3
Kuala Selangor ○ MAL 98-99 D 3
Kualasimpang ○ RI 98-99 C 2
Kuala Tahan ○ MAL 98-99 E 2
Kualatanjung ○ RI 98-99 C 3
Kuala Tatau ○ MAL 98-99 K 3
Kuala Terengganu ☆• MAL 98-99 E 2
Kualatungkal ○ RI 98-99 E 5
Kuamut ○ MAL 96-97 B 10
Kuamut ~ MAL 96-97 B 10
Kuancheng ○ VRC 90-91 L 1
Kuanda ~ RUS 54-55 H 7
Kuandang ○ RI 100-101 H 3
Kuandian ○ VRC 86-87 E 7
Kuangfu ○ RC 92-93 M 5
Kuantan ☆•• MAL 98-99 E 3
Kuba, zaliv ⊖ RUS 46-47 O 3
Kuba-Aryta, ostrova ⌒ RUS 46-47 Q 3
Kubalah ~ RUS 44-45 c 5
Kuban' ~ RUS 38-39 M 5
Kuban ~ RUS 62-63 D 5
Kuban' ~ RUS 62-63 E 6
Kubārā ○ OM 68-69 K 2
Kubari, Mount ▲ PNG 119 C 3
Kubbi ○ SUD 142-143 G 3
Kubbum ○ SUD 142-143 F 3
Kubena ~ RUS 30-31 R 1
Kubenskoe, ozero ⊖ RUS 30-31 Q 2
Kuberganja ○ RUS 46-47 Z 6
Kubkain ○ PNG 119 B 3
Kubli ○ WAN 140-141 F 3
Kubli Hill ▲ WAN 140-141 F 3
Kubokawa ○ J 88-89 E 8
Kūbonān ○ IR 70-71 G 3
Kubor Range ▲ PNG 119 C 4
Kubumesaai ○ RI 100-101 D 3
Kubuna ○ PNG 119 D 5
Kubupenelokan ○ RI 104 B 7
Kubutambahan ○ RI 104 B 7
Kūček, Rūd-e Zāb-e ~ IRQ 64-65 L 4
Kūčesfahān ○ IR 64-65 N 4
Kučevo ○ YU 36-37 H 2
Kuchaiburi ○ IND 78-79 E 4
Kuchi ○ IND 76-77 F 2
Kuching ☆• MAL 98-99 J 4
Kuchino-Erabu-shima ⌒ J 88-89 D 9
Kuchino-shima ⌒ J 88-89 C 10
Kučukskoe, ozero ⊖ RUS 60-61 L 2
Kučurhan ~ UA 38-39 F 4
Kuda ○ RI 98-99 K 4
Kuda ~ RUS 52-53 M 9
Kudāl ○ IND 76-77 E 2
Kudan ○ WAN 140-141 G 3
Kudang ○ WAG 138-139 C 3
Kudani ○ GH 138-139 L 4
Kudat ○ MAL 96-97 B 9
Kudatini ○ IND 76-77 G 3
Kudayn ○ SUD 136-137 E 3
Kudene ○ RI 102-103 H 5
Kūderu ○ IND 76-77 G 3
Kudever' ○ RUS 30-31 L 3
Kudiakof Islands ⌒ USA 166-167 P 5
Kudialčaj ~ AZ 64-65 N 2
Kudi-Boma ○ ZRE 146-147 D 6
Kudirkos Naumiestis ○•• LT 30-31 H 4
Kudjip ○ PNG 119 C 3
Kudligi ○ IND 76-77 G 3
Kudu ○ WAN 140-141 F 4
Kudu-Kjuël' ○ RUS 54-55 K 6
Kudus ○• RI 104 D 3
Kudymkar ☆ RUS 32-33 J 4
Kueda ☆ RUS 32-33 J 5
Kuedemane ○ RI 98-99 B 2
Kuènga ~ RUS 54-55 H 9
Kūfa, al- ☆ IRQ 64-65 L 6
Kufrah, Al ▫ LAR 128-129 J 5
Kufstein ○• A 28-29 M 5
Kugaluk River ~ CDN 164-165 Z 2
Kugaluk River ~ CDN 168-169 O 6
Kugaly ○ KA 60-61 L 6
Kuganavolok ○ RUS 24-25 O 5
Kugmallit Bay ≈ 164-165 Y 2
Kugong Island ⌒ CDN 180-181 K 6
Kugrua River ~ USA 164-165 L 1
Kugruk River ~ USA 164-165 J 4
Kugururok River ~ USA 164-165 K 2
Kūhak ○ IR (SIS) 70-71 J 3
Kūhak ○ IR (SIS) 70-71 K 5
Kūhdašt ○ IR 70-71 B 2
Kūh-e Bahūn ▲ IR 70-71 G 5
Kūh-e Bīnālūd ▲ IR 72-73 F 6
Kūh-e Hūrān ▲ IR 70-71 H 5
Kūh-e Madvār ▲ IR 70-71 F 3
Kūh-e Šāfī ○ AFG 74-75 B 2
Kūh-e Šāh-e Gūlak ▲ IR 64-65 N 5
Kūh-e Šāhū ▲ IR 64-65 M 5
Kūh-e Vāhān ▲ AFG 72-73 N 6
Kūhgīlūye, Būyer Ahmad-o- ▫ IR 70-71 D 3
Kūhīn ○ IR 64-65 N 4
Kuhmo ○ FIN 24-25 K 4
Kuhmuh ○ RUS 62-63 G 6
Kuhn Ø ⌒ GRØ 170-171 p 6
Kūhpāye ○ IR 70-71 E 2
Kūhpāye, Kūhhā-ye ▲ IR 70-71 G 3
Kuhterin Lug ○ RUS 58-59 C 2
Kuhtuj ~ RUS 56-57 K 4
Kuhtujskij hrebet ▲ RUS 56-57 K 3
Kui ○ PNG 119 D 4
Kui, Kivori- ○ PNG 119 D 5
Kui Buri ○ THA 94-95 E 4
Kuilsrivier ○ ZA 156-157 D 6
Kuiseb ~ NAM 156-157 B 1
Kuiseb Canyon ∴•• NAM 156-157 B 1
Kuito ☆ ANG 152-153 D 6
Kuiu Island ⌒ USA 176-177 C 3
Kuiukta Bay ≈ 166-167 R 4
Kuixingyan • VRC 92-93 L 4
Kuiyang ○ VRC 92-93 D 3
Kuja ~ RUS 24-25 W 3
Kujama ○ WAN 140-141 G 3
Kujat, Gunung ▲ RI 100-101 E 2
Kujbyšev ☆ RUS 50-51 P 7
Kujbyšev = Bulgar ☆ RUS 32-33 F 6
Kujbyšev = Samara ☆ RUS 32-33 G 7
Kujbyševa, mys ▲ RUS 44-45 Y 1
Kujbyševskij ☆ KA 60-61 E 2
Kujbyševskoe < RUS 32-33 D 5
Kujbyševskoe vodohranilišče < RUS 32-33 F 7
Kujdusun ○ RUS 56-57 K 2
Kujdusun ~ RUS 56-57 K 2
Kujgan ○ KA 60-61 J 6
Kujginskij krjaž ▲ RUS 46-47 V 4
Kuji ○ J 88-89 J 4
Kujotri ○ ROK 86-87 G 9
Kujši kumlar • US 72-73 H 4
Kujtun ☆ RUS 52-53 K 8
Kujūkuri-nada ≈ 88-89 J 7
Kujul ~ RUS 56-57 V 3
Kujumba ○ RUS 52-53 H 5
Kujū-san ▲ J 88-89 D 8
Kujviveem ~ RUS 48-49 R 3
Kujwa ○ ROK 86-87 F 11
Kukaklek Lake ⊖ USA 166-167 T 3
Kukaragi ○ WAN 140-141 G 4
Kukawa ○ WAN 134-135 F 6
Kükdarjo ~ US 72-73 G 3
Kuke ○ RB 154-155 B 5
Kukipi ○ PNG 119 D 5
Kukmor ☆ RUS 32-33 G 5
Kukpowruk River ~ USA 164-165 J 2
Kukpuk River ~ USA 164-165 H 2
Kukshi ○ IND 74-75 E 8
Kukulbej, hrebet ▲ RUS 54-55 H 10
Kukuna ○ WAL 138-139 D 5
Kukup ○• MAL 98-99 E 4
Kukur ○ SUD 144-145 A 3
Kukusunda ~ RUS 46-47 G 5
Kūl, Rūd-e ~ IR 70-71 F 5
Kula ○ BG 38-39 C 6
Kula ☆ TR 64-65 C 3
Kula ○ WAN 140-141 G 6
Kulāchi ○ PK 74-75 C 4
Kulagin ○ KA 32-33 G 9
Kulai ○ MAL 98-99 E 4
Kula Kangri ▲ BHT 78-79 G 1
Kulakovo ○ RUS 52-53 F 6
Kulal, Mount ▲ EAK 148-149 F 2
Kulaly, ostrov ⌒ KA 62-63 H 5
Kula Mawe ○ EAK 148-149 G 3
Kulampanga ○ ZRE 146-147 J 4
Kulandag ▲ TM 72-73 D 4
Kulandy, aral ⌒ KA 62-63 J 5
Kulandy, tubegi ⌒ KA 62-63 N 5
Kulankhor ○ VRC 80-81 K 4
Kulanötpes ~ KA 60-61 G 4
Kulanutpes ~ KA 60-61 G 3
Kular ○ RUS 46-47 U 4
Kular, hrebet ▲ RUS 46-47 S 5
Kulasekarappattinam ○ IND 76-77 H 6
Kulassein Island ⌒ RP 96-97 D 9
Kulatau ○ US 72-73 G 4
Kulawi ○ RI 100-101 F 4
Kulaykili ○ SUD 134-135 L 5
Kulaykili ○ SUD 142-143 G 3
Kul'či ○ RUS 58-59 H 2
Kuldiga ☆•• LV 30-31 G 3
Kuldino ○ RUS 48-49 H 3
Kul'dur ○ RUS 58-59 D 4
Kule ○ RB 156-157 E 1
Kulebaki ○ RUS 30-31 S 4
Kul'egan ~ RUS 50-51 N 4
Kulén ○ K 94-95 H 4
Kulenga ~ RUS 52-53 M 9
Kulgahtah gora ▲ RUS 44-45 X 7
Kulgera ○ AUS 112-113 M 2
Kulgeri ○ IND 76-77 F 3
Kulibi ○ ETH 144-145 E 4
Kulim ○ MAL 98-99 D 2
Kulin ○ AUS 112-113 E 6
Kulina do Médio Juruá, Área Indígena X BR 210-211 B 6
Kulittalai ○ IND 76-77 H 5
Kuljab ☆ TJ 72-73 L 6
Kuljumbe ~ RUS 44-45 X 8
Külkuduk ○ US 72-73 H 3
Kulkyne Creek ~ AUS 114-115 H 6
Kullen ▲ S 22-23 F 8
Kulliparu Conservation Park ⊥ AUS 116-117 C 2
Kullorsuaq ○ GRØ 170-171 W 6
Kulmaç Dağları ▲ TR 64-65 G 3
Kulmbach ○ D 28-29 L 3
Kulo ○ RI 100-101 F 4
Kuloj ~ RUS 24-25 R 4
Kulom, Ust'- ○ RUS 32-33 H 3
Kulp ☆ TR 64-65 J 3
Kulpara ○ AUS 116-117 E 3
Kulpawan ~ GH 138-139 K 4
Kulsary ☆ KA 32-33 J 10
Kulu ○•• IND 74-75 F 4
Kulu ○ RUS (MAG) 56-57 M 3
Kulu ~ RUS 56-57 L 3
Kulu ☆ TR 64-65 E 3
Kulumadau ○ PNG 119 G 5
Kulunda ☆ RUS 60-61 L 2
Kulundinskaja ravnina ⊥ RUS 60-61 L 3
Kulundinskoe, ozero ⊖ RUS 60-61 L 2
Kulun-Elbjut ○ RUS 46-47 Y 6
Kulungu ○ ZRE 146-147 F 6
Kulu River ~ PNG 119 F 3
Kulusuk ⌒ GRØ 172-173 W 4
Kulusuk Kap Dan ○ GRØ 172-173 W 4
Kulykköl ⊖ KA 60-61 B 3
Kūlyndy Žazygy ~ KA 60-61 K 3
Kulyngol ~ RUS 50-51 R 3
Kulžuktov toglari ▲ US 72-73 H 4
Kum, Kūh-e ▲ IR 70-71 E 3
Kuma ○ RI 100-101 F 4
Kuma ~ RUS 50-51 J 5
Kuma ~ RUS 50-51 H 5
Kuma ~ RUS 62-63 F 5
Kumafa, Pegunungan ▲ RI 102-103 G 3
Kumagaya ○ J 88-89 H 6
Kumahy ~ RUS 54-55 O 6
Kumai ○ RI 98-99 J 6
Kumait, al- ○ IRQ 64-65 M 6
Kumai Teluk ≈ 98-99 J 6
Kumajri = Gjumri ○ AR 64-65 K 2
Kumak ~ RUS 32-33 L 8
Kumakahi, Cape ▲ USA 192-193 E 8
Kumamba, Kepulauan ⌒ RI 102-103 K 2
Kumamoto ☆• J 88-89 D 8
Kumanda ○ CL 76-77 J 7
Kumandan ~ RI 102-103 G 2
Kumano ○ J 88-89 G 8
Kumano-gawa ~ J 88-89 F 8
Kumano-nada ≈ 88-89 G 7
Kumanovo ○• MK 36-37 H 3
Kumara ○ NZ 118 C 5
Kumarina Roadhouse ○ AUS 112-113 E 2
Kumarl B Fossicking Area • AUS 112-113 F 6
Kumashi ○ J 88-89 H 3
Kumasi ☆•• GH 138-139 K 6
Kumattur ○ IND 76-77 J 4
Kumba ○ CAM 140-141 H 6
Kumba ○ ZRE 150-151 C 4
Kumbakonam ○ IND 76-77 H 5
Kumbanikesa ○ SOL 120 I c 2
Kumbarilla ○ AUS 114-115 L 4
Kumbe ○ RI 102-103 L 6
Kumbe ~ RI 102-103 L 6
Kumbia ○ AUS 114-115 L 4
Kumbla ○ IND 76-77 F 4
Kumbo ○ CAM 140-141 J 5
Kumbwareta ○ PNG 119 C 3
Kum-Dag = Gumdag ○ TM 72-73 D 5
Kümeğan ○ IR 70-71 C 1
Kumeny ☆ RUS 32-33 F 4
Kumertau ☆ RUS 32-33 J 7
Kume-shima ⌒ J 88-89 B 11
Küm Gang ~ ROK 86-87 F 9
Kūmhwa ○ ROK 86-87 F 8
Kumi ○ EAU 148-149 D 3
Kumi ○ ROK 86-87 G 9
Kumkurgan ○ US 72-73 K 6
Kumla ☆ S 22-23 G 7
Kumlein Fiord ≈ 180-181 S 2
Kumliun, Cape ▲ USA 166-167 S 4
Kumluca ☆ TR 64-65 D 4
Kumo ○ WAN 140-141 J 3
Kumola ~ KA 60-61 E 4
Kumo-Manyčskaja vpadina = Ponto-Caspienne, Dépression ⊍ RUS 38-39 M 4
Kumo-Manyčskij kanal < RUS 62-63 F 5
Kumon Taungdan ▲ MYA 78-79 K 2
Kumroč, hrebet ▲ RUS 56-57 T 6
Kumrovec ○ HR 36-37 E 1
Kumru ☆ TR 64-65 G 2
Kums ○ NAM 156-157 D 4
Kümsai ○ KA 62-63 N 3
Kumshe ○ WAN 142-143 B 3
Kümsŏng ○ ROK 86-87 F 10
Kumta ○ IND 76-77 F 3
Kumu ~ RI 98-99 D 4
Kumu ○ ZRE 146-147 K 2
Kumuchuru < RB 154-155 B 6
Küm Umbū ○• ET 130-131 F 5
Kumusi River ~ PNG 119 E 5
Kumya ○ DVR 86-87 F 8
Kumzār ○ OM 70-71 G 5
Kuna Cave ∴ USA 184-185 F 4
Kuna River ~ USA 164-165 M 2
Kunak ○ MAL 96-97 C 10
Kunašak ☆ RUS 32-33 M 6
Kunašir, ostrov ⌒ RUS 58-59 L 6
Kunaširskij proliv = Nemuro-kaikyō ≈ 88-89 L 3
Kunatata Hill ▲ WAN 140-141 J 5
Kunayr, Wādī ~ LAR 128-129 F 4
Kunda ○•• EST 30-31 K 2
Kunda ○ ZRE 146-147 L 5
Kunda ~ ZRE 146-147 L 5
Kundalila Falls ~ Z 154-155 F 1
Kundam ○ IND 78-79 B 4
Kundamtumu ○ Z 150-151 E 6
Kundar ~ PK 74-75 B 4
Kundar, Pulau ⌒ RI 98-99 E 4
Kundara ○ IND 76-77 G 6
Kundelungu ▲ ZRE 150-151 D 6
Kundelungu, Parc National de ⊥ ZRE 150-151 D 6
Kundelungu ouest, Parc National de ⊥ ZRE 150-151 D 5
Kundiān ○ PK 74-75 C 3
Kundiawa ☆ PNG 119 C 4
Kundichi ○ EAT 150-151 K 4
Kundil Bazar ○ IND 78-79 J 2
Kundla ○ IND 74-75 C 9
Kundurpi ○ IND 76-77 G 3
Kundūz ▫ AFG 72-73 L 6
Kundūz ☆• AFG (KU) 72-73 L 6
Kundūz, Daryā-ye ~ AFG 72-73 L 6
Künes He ~ VRC 82-83 F 4
Kungälv ☆• S 22-23 E 8
Kungasalah, ozero ⊖ RUS 46-47 F 2
Kunghit Island ⌒ CDN 176-177 E 5
Kungila ○ SUD 144-145 A 3
Kungirod ○ US 72-73 F 3
Kungirod-Mŭjnok kanal < US 72-73 F 3
Kungsbacka ☆• S 22-23 F 8
Kungu ○ ZRE 146-147 G 2
Kungur ☆ RUS 32-33 K 5
Kungurtug ○ RUS 52-53 H 10
Kungus ~ RUS 52-53 G 8
Kungyangon ○ MYA 94-95 D 2
Kunhan ~ IND 74-75 G 9
Kunhār ~ PK 74-75 D 2
Kunheim ○ F (68) 234-235 M 5
Kunhing ○ MYA 78-79 L 5
Kunigal ○ IND 76-77 G 4
Kunimaipa River ~ PNG 119 D 4
Kuningan ○ RI 104 C 3
Kun'ja ☆ RUS 30-31 M 3
Kunjingini ○ PNG 119 B 2
Kunjirap Daban = Khunjerab Pass ▲ VRC 74-75 E 1
Kunjirop Daban ▲ KA 74-75 E 1
Kunka, Bol'šaja ~ RUS 56-57 Q 3
Kunlun Shan ▲ VRC 80-81 A 1
Kunlun Shankou ▲ VRC 80-81 K 3
Kun-Man'ë ~ RUS 56-57 E 6
Kunmik, Cape ▲ USA 166-167 S 4
Kunming ☆• VRC 92-93 C 4
Kunmunya Aboriginal Land X AUS 108-109 G 3
Kunnui ○ J 88-89 J 3
Kunovat ~ RUS 50-51 J 2
Kunsan ○ ROK 86-87 F 10
Kunshan ○ VRC 90-91 M 6
Kuntanase ○ GH 138-139 K 6
Kun-Tas, hrebet ▲ RUS 46-47 W 4
Kunthi Kyun ⌒ MYA 94-95 D 5
Kuntykahy ~ RUS 44-45 c 7
Kunua ○ PNG 120 I b 1
Kununurra ○ AUS 108-109 J 3
Kunwak River ~ CDN 174-175 V 4
Kunya ○ WAN 134-135 D 6
Kunyao ○ EAK 148-149 E 3
Kunye = Île des Pins ⌒ F (988) 247 I e 4
K'unzila ○ ETH 144-145 C 3
Kuocang Shan ▲ VRC 92-93 M 2
Kuoi ○ LB 138-139 F 7
Kuojka ~ RUS 46-47 M 4
Kuokunu ○ RUS 54-55 H 4
Kuolaj ~ RUS 46-47 S 4
Kuoluma ~ RUS 56-57 E 3
Kuonamka, Bol'šaja ~ RUS 46-47 J 4
Kuonara ○ RUS 46-47 N 6
Kuopio ☆ FIN 24-25 J 5
Kuortane ○ FIN 24-25 G 5
Kupa ~ RUS 52-53 M 7
Kūpāl ○ IR 70-71 C 3
Kupang ☆ RI 102-103 B 7
Kupangnunding ○ RI 100-101 D 4
Kup'ans'k ○ UA 38-39 K 3
Kuparuk River ~ USA 164-165 Q 2
Kupfer Range ▲ PNG 119 D 4
Kupiano ○ PNG 119 E 6
Kupino ☆ RUS 60-61 K 1
Kupiškis ○•• LT 30-31 J 4
Kuppagallu ○ IND 76-77 G 3
Kuppam ○ IND 76-77 H 4
Kupreanof Island ⌒ USA 176-177 D 3
Kupreanof Point ▲ USA 166-167 R 4
Kupreanof Strait ≈ 166-167 U 3
Kupulima ○ GH 138-139 J 4
Kupuri ~ RUS 56-57 D 6
Kuputusan ○ RI 100-101 K 4
Kupwara ○ IND 74-75 E 2
Kuqa ○ VRC 82-83 E 4
Kur ~ RUS 58-59 F 3
Kur, Pulau ⌒ RI 102-103 F 4
Kura ~ AZ 64-65 L 2
Kura ○ WAN 140-141 H 3
Kura = Kür ~ AZ 64-65 M 2
Kurabalakota ○ IND 76-77 H 4
Kuragaty ○ KA 72-73 N 3
Kuragino ☆ RUS 52-53 F 9
Kuragwi ○ WAN 140-141 J 4
Kurahachi-shima ⌒ J 88-89 E 7
Kurajlysaj ○ KA 32-33 G 8
Kura Kurk ≈ 30-31 G 3
Kurali ○ IND 74-75 F 4
Kuraminskij hrebet ▲ TJ 72-73 L 4
Kuranah-Jurjah ~ RUS 46-47 S 5
Kuranda ○• AUS 110-111 H 5
Kura Nehri ~ TR 64-65 K 2
Kurashiki ○• J 88-89 E 7
Kurayn ⌒ KSA 66-67 L 4
Kurayoshi ○ J 88-89 E 7
Kurba ~ RUS 52-53 O 9
Kurbatovo ○ RUS 52-53 E 8
Kurcum ○ KA 60-61 N 4
Kurcum ~ KA 60-61 O 4
Kurdistan = Kurdistan ⊥ 64-65 J 4
Kurduvādi ○ IND 74-75 E 10
Kŭrdym, köl ⊖ KA 62-63 P 4
Kure ○ J 88-89 E 7
Küre Dağları ▲ TR 64-65 E 2
Kurejka ○ RUS (KRN) 44-45 W 8
Kurejka ~ RUS 44-45 a 7
Kurejka ~ RUS 52-53 H 2
Kurejskoe vodohranilišče ⊖ RUS 44-45 X 8
Kurenalus = Pudasjärvi ○ FIN 24-25 J 4
Kuressaare ○•• EST 30-31 H 2
Kurfi ○ WAN 134-135 C 6
Kurgan ☆ RUS 50-51 H 7
Kurganinsk ○ RUS 62-63 D 5
Kurgan-Tjube ☆ TJ 72-73 L 6
Kuri ~ RI 102-103 H 3
Kūri ○ SUD 136-137 E 3
Kuri Bay ○ AUS 108-109 G 3
Kurichedu ○ IND 76-77 H 3
Kūrīğān ○ IR 64-65 N 5
Kurigram ○ BD 78-79 F 3
Kurik ○ RI 102-103 K 6
Kurikka ○ FIN 24-25 G 5
Kurikoma Quasi National Park ⊥ J 88-89 J 5
Kuril Basin = Kuril'skaja kotl. ≃ 6-7 O 4
Kurilo-Kamčatskij želob ≃ 56-57 T 7
Kuril'sk ○ RUS 58-59 M 6
Kuril'sk, Severo- ○ RUS 58-59 R 3
Kuril'skaja kotl. = Kuril Basin ≃ 6-7 O 4
Kuril'skaja kotlovina ≃ 58-59 M 6
Kuril'skie ostrova = Kouriles, Îles ⌒ RUS 58-59 M 6
Kuril'skoe, ozero ⊖ RUS 58-59 R 3
Kuril Trench = Kouriles, Fosse des ≃ 6-7 P 4
Kurima ○ RI 102-103 K 4
Kurin ○ F (988) 247 I f 3
Kurinelli Out Station ○ AUS 110-111 C 7
Ku-Ring-Gai Chase National Park ⊥ AUS 116-117 L 2
Kur'inskij krjaž ▲ RUS 48-49 K 3
Kurinwás, Río ~ NIC 196-197 B 5
Kuripapango ○ NZ 118 F 3
Kuriyama ○ J 88-89 J 3
Kur'ja ○ RUS 60-61 N 3
Kur'ja ○ RUS (KOM) 50-51 D 4
Kur'ja ~ RUS 48-49 L 3
Kurkhera ○ IND 78-79 B 5
Kurkino ○ RUS 30-31 Q 5
Kurkur ○ ET 130-131 F 6
Kurleja ○ RUS 54-55 J 9
Kurlek ○ RUS 50-51 S 6
Kurlin ○ RUS 32-33 G 8
Kurmanaevka ☆ RUS 32-33 G 7
Kurmuk ○ ETH 144-145 B 3
Kurmuk ○ SUD 144-145 B 3
Kurnool ○ IND 76-77 H 3
Kuroishi ○ J 88-89 J 4
Kuroiso ○ J 88-89 J 6
Kuroki ○ CDN 178-179 E 5
Kuromatsunai ○ J 88-89 J 3
Kurong, Cape ▲ RI 102-103 B 7
Kuror, Ğabal ▲ SUD 136-137 E 2
Kuro-shima ⌒ J 88-89 C 9
Kurovskoe ○ RUS 30-31 Q 4
Kurovyči ○ UA 38-39 D 3
Kurow ○ NZ 118 C 6
Kurów ○ PL 28-29 R 3
Kurram ~ PK 74-75 C 3
Kuršab ~ KS 72-73 N 4
Kursavka ○ RUS 62-63 E 5
Kuršėnai ○ LT 30-31 H 3
Kursk ○ RUS 38-39 K 2
Kurškaja kosa ⊥ RUS 30-31 G 4
Kurškij zaliv ⊖ RUS 30-31 G 4
Kurşunlu ☆ TR 64-65 E 2
Kurtak ○ RUS 52-53 E 8
Kurtamyš ☆ RUS 50-51 H 7
Kūrti ○ SUD 136-137 E 3
Kurty ~ KA 60-61 K 6
Kuru ~ BHT 78-79 G 2
Kuru ○ FIN 24-25 G 6
Kuru ○ IND 78-79 D 4
Kuru ~ SUD 142-143 H 5
Kurubonla ○ WAL 138-139 E 5
Kuruksaj ○ TJ 72-73 L 4
Kuruktag ▲ VRC 82-83 H 5
Kuruman ○ ZA (CAP) 156-157 F 3
Kuruman ~ ZA 156-157 F 3
Kuruman Hills ▲ ZA 156-157 F 3
Kurume ○ J 88-89 D 8
Kurumkan ☆ RUS 54-55 E 8
Kurundi ○ AUS 110-111 C 7
Kurundja, hrebet ▲ RUS 46-47 V 5
Kurunegala ○ CL 76-77 J 7
Kurun-Urjah ○ RUS 56-57 G 4
Kurupa Lake ⊖ USA 164-165 N 2
Kurupa River ~ USA 164-165 N 2
Kurupkan ~ RUS 48-49 X 4
Kurupukari ○ GUY 206-207 E 3
Kuryk ○ KA 62-63 J 6
Kuržina ~ RUS 50-51 R 5
Kusa ○ RUS 24-25 O 5
Kusa ☆ RUS 32-33 L 6
Kuşadası ☆• TR 64-65 B 4
Kuşadası Körfezi ≈ 64-65 B 4
Kusagaki-guntō ⌒ J 88-89 C 9
Kusak ~ KA 60-61 J 4
Kušalino ○ RUS 30-31 P 3
Kusawa Lake ⊖ CDN 164-165 W 6
Kuščevskaja ○ RUS 38-39 L 4
Kus'e-Aleksandrovskij ○ RUS 32-33 L 4
Kuş Gölü ⊖ TR 64-65 B 2
Kushālgarh ○ PK 74-75 C 3
Kusheriki ○ WAN 140-141 G 3
Kushikino ○ J 88-89 D 9
Kushimoto ○ J 88-89 F 8

Kushiro o J 88-89 L 3
Kushiro-chō o J 88-89 L 3
Kushiro-gawa ~ J 88-89 L 3
Kushtagi o IND 76-77 G 3
Kushtia o BD 78-79 F 4
Kūšik, Tall o SYR 64-65 K 4
Kusiwigasi, Mount ▲ PNG 119 A 3
Kūšk o AFG 70-71 K 1
Kuskokwim Bay ≈ 166-167 P 3
Kuskokwim Mountains ▲ USA 164-165 L 6
Kuskokwim River ~ USA 164-165 J 6
Kušmurun = Ķusmüryn o KA 60-61 D 2
Kušmurun, ozero = Ķusmüryn kölí o KA 60-61 D 2
Ķusmüryn o KA 60-61 D 2
Ķusmüryn kölí o KA 60-61 D 2
Kušnarenkovo ☆ RUS 32-33 J 6
Kusong o DVR 86-87 E 8
Kusova, ostrov ⌒ RUS 56-57 H 6
Kustatan o USA 164-165 P 6
Kūsti ☆ SUD 136-137 F 6
Kustur o RUS 46-47 S 5
Kusu o RI 100-101 K 3
Kusumkasa o IND 78-79 B 5
Kusuri o RI 100-101 K 3
Kušva o RUS 32-33 L 4
Kus'veem ~ RUS 48-49 S 2
Kūt, al- ☆ IRQ 64-65 L 6
Kuta o RI 104 C 7
Kuta ~ RUS 52-53 M 7
Kuta o WAN 140-141 G 4
Kutabagok o RI 98-99 B 2
Kutacane o RI 98-99 B 3
Kütahya ☆ TR 64-65 C 3
Kutainang o RI 98-99 A 3
Kutai National Park ⊥ RI 100-101 E 3
Kutaisi o• GE 62-63 E 6
Kūt al-Ḥayy ☆ IRQ 64-65 M 6
Kutana o RUS 56-57 D 4
Kutanibong o RI 98-99 B 3
Kutaramakan ~ RUS 44-45 Z 7
Kutch, Golfe de = Kachchh, Gulf of ≈ 74-75 B 8
Kutchan o J 88-89 J 3
Kutcharo-ko o J 88-89 L 3
Kutchi Hill ▲ WAN 140-141 H 4
Kute o GH 138-139 L 6
Kūt-e Gāpū ∴• IR 70-71 C 2
Kuti o RUS 54-55 J 10
Kutilax o WAN 142-143 B 3
Kutima o RUS 52-53 O 7
Kutima ~ RUS 54-55 E 7
Kutina o HR 36-37 F 2
Kutiwenji o WAN 140-141 F 4
Kutiyāna o IND 74-75 B 9
Kutná Hora o•• CZ 28-29 N 4
Kutno o PL 28-29 P 2
Kutoarjo o RI 104 C 3
Kutop'jugan o RUS 44-45 O 8
Kutse Game Reserve ⊥ RB 154-155 C 6
Kutse Pan < RB 154-155 C 6
Kutshu o ZRE 146-147 G 2
Kuttenberg = Kutná Hora o•• CZ 28-29 N 4
Kutu o ZRE 146-147 G 5
Kutubdia ⌒ BD 78-79 G 5
Kutubu, Lake o PNG 119 B 4
Kutulo, Lagh ~ EAK 148-149 H 2
Kutum o SUD 136-137 B 5
Kutu River ~ PNG 119 E 6
Kuujjuaq o CDN 180-181 P 5
Kuujjua River ~ CDN 168-169 O 5
Kuuli Majak o TM 72-73 C 4
Kuumiit o GRØ 172-173 W 4
Kuusalu o EST 30-31 J 2
Kuusamo o FIN 24-25 K 4
Kuusankoski o FIN 24-25 J 6
Kuvandyk ☆ RUS 32-33 K 8
Kuvasaj o US 72-73 N 4
Kuvet ~ RUS 48-49 S 2
Kuvšinovo o RUS 30-31 O 3
Kuvykta o RUS 54-55 M 8
Kuwait o IRQ 64-65 M 6
Kuwait, al- ■ KWT 66-67 K 3
Kuwait, al- ★ KWT (KUW) 66-67 K 3
Kuwait, Ḫalīǧ al- ≈ 66-67 K 3
Kuwait = Koweït ■ KWT 66-67 K 3
Kuwana o J 88-89 G 7
Kuwāra o SUD 142-143 J 3
Kuwawin o RI 102-103 G 2
Kuwethluk River ~ USA 164-165 K 6
Küysanǧaq ☆ IRQ 64-65 L 4
Kuytun o VRC 82-83 G 3
Kuyuwini ~ GUY 206-207 E 4
Kuyuwini Landing o GUY 206-207 E 4
Kužai o LT 30-31 H 4
Kūzarān o IR 70-71 B 1
Kuzedeevo o RUS 60-61 P 2
Kuzema o RUS (KAR) 24-25 N 4
Kuzema ~ RUS 24-25 M 4
Kuzey Anadolu Dağları = Pontique, Chaîne ▲ TR 64-65 E 2
Kuzitrin River ~ USA 164-165 H 4
Kužka o TM 72-73 H 7
Kužka = Gushgy o TM 72-73 H 7
Kūz Konar o AFG 74-75 C 2
Kuzneck o RUS 32-33 E 7
Kuzneckaja guba ≈ 24-25 W 2
Kuzneckij, Leninsk ☆ RUS 50-51 T 7
Kuzneckij Alatau ▲ RUS 50-51 T 7
Kuznecovo o RUS 58-59 J 5
Kuzomen' o RUS 24-25 O 3
Kuzomen o RUS 24-25 R 4
Kuzovatovo ☆ RUS 32-33 E 7
Kuzumaki o J 88-89 J 4
Kvačina, buhta o RUS 56-57 R 5
Kvænangen ≈ 22-23 K 1
Kværndrup o DK 22-23 E 9
Kvaløy ⌒ N 22-23 J 2
Kvaløya ⌒ N 22-23 L 1
Kvalsund o N 22-23 L 1
Kvareli o GE 62-63 F 7
Kvarkeno ☆ RUS 32-33 L 7
Kvarkuš, hrebet ▲ RUS 50-51 E 5
Kvarner ≈ 36-37 E 2
Kvarnerič ≈ 36-37 E 2
Kvemo-Ažara o GE 62-63 D 6
Kvichak Bay ≈ 166-167 S 3
Kvichak River ~ USA 166-167 S 3
Kvikkjokk o S 22-23 H 3
Kvina ~ N 22-23 C 7
Kvinesdal ☆ N 22-23 C 7
Kvirila ~ GE 62-63 E 6
Kviteseid ☆ N 22-23 D 7
Kvitøya ⌒ N 20-21 R 2
Kwa ~ ZRE 146-147 F 5
Kwadacha Wilderness Provincial Park ⊥ CDN 176-177 H 3
Kwadwokurom o GH 138-139 K 6
Kwahu Tafo o GH 138-139 K 6
Kwaiawata Island ⌒ PNG 119 F 5
Kwa-Ibo o WAN 140-141 G 6
Kwailibesi o SOL 120 I e 3
Kwajok o SUD 142-143 H 4
Kwakwani o GUY 206-207 F 3
Kwale o EAK 148-149 G 6
Kwale o WAN 140-141 G 6
Kwale Game Reserve ⊥ WAN 140-141 G 6
Kwamalasamutu o SME 206-207 F 4
Kwa-Mashu o ZA 156-157 K 4
Kwamedwamenokurom o GH 138-139 K 6
Kwamera o VAN 120 II b 4
Kwamor-Besar o RI 102-103 F 3
Kwamouth o ZRE 146-147 F 5
Kwa Mtoro o EAT 148-149 E 6
Kwandar Rūd ~ AFG 74-75 B 4
Kwando ~ RB 154-155 B 4
Kwanga o PNG 119 C 3
Kwanga o ZRE 146-147 K 6
Kwangch'ŏn o ROK 86-87 F 9
Kwangju o ROK 86-87 F 10
Kwango ~ ZRE 152-153 D 3
Kwanhio o MYA 78-79 K 4
Kwania, Lake o EAU 148-149 D 3
Kwanmo Bong ▲ DVR 86-87 G 7
Kwapsanek o PNG 119 D 4
Kwara ■ WAN 140-141 E 4
Kwaraga o RB 154-155 C 5
Kware o WAN 134-135 B 6
Kwashebawa o WAN 134-135 C 6
Kwatisore o RI 102-103 H 3
Kwa Zulu (former Homeland, now part of Kwa Zulu/ Natal) ■ ZA 156-157 K 3
Kwa Zulu/ Natal Province ■ ZA 156-157 K 3
Kwekwe o ZW 154-155 E 4
Kwelkan o AUS 112-113 E 5
Kwendihn o LB 138-139 F 6
Kweneng ■ RB 154-155 C 6
Kwenge ~ ZRE 146-147 G 6
Kwiambana Game Reserve ⊥ WAN 140-141 G 3
Kwidzyn o• PL 28-29 P 2
Kwieftim o PNG 119 A 2
Kwigillingok o USA 166-167 P 3
Kwigluk Island ⌒ USA 166-167 O 3
Kwiguk o USA 164-165 H 5
Kwihā o ETH 136-137 J 6
Kwikila o PNG 119 D 5
Kwikpak o USA 164-165 H 5
Kwilu ~ ZRE 146-147 E 6
Kwilu ~ ZRE 146-147 G 6
Kwilu-Ngongo o ZRE 146-147 E 6
Kwinana o AUS 112-113 C 6
Kwinella o WAG 138-139 C 3
Kwisa ~ PL 28-29 N 3
Kwoka, Gunung ▲ RI 102-103 G 2
Kwolla o WAN 140-141 H 4
Kyabé o TCH 142-143 D 4
Kyabra o AUS 114-115 G 3
Kyaikkami (Amherst) o MYA 94-95 D 2
Kyaiklat o MYA 94-95 C 2
Kyaikto o MYA 94-95 D 2
Kyaka o EAT 148-149 C 4
Kyancutta o AUS 116-117 C 2
Kyangin o MYA 78-79 J 6
Ky Anh ☆ VN 94-95 J 1
Kyataw o MYA 94-95 E 4
Kyaukme o MYA 78-79 K 4
Kyaukpyu o MYA 78-79 H 6
Kyauksat o MYA 94-95 E 3
Kyaukse o MYA 78-79 K 5
Kyaukt o MYA 78-79 H 6
Kyauktaw o MYA 78-79 H 5
Kyaunggon o MYA 94-95 C 2
Kyawkku o MYA 78-79 K 5
Kybartai o LT 30-31 H 4
Kybeyan Range ▲ AUS 116-117 K 4
Kyd̄žimit ~ RUS 54-55 E 9
Kyé ~ G 146-147 C 2
Kyeburn o NZ 118 C 6
Kyegegwa o EAU 148-149 C 3
Kyeintali o MYA 94-95 C 2
Kyela o EAT 150-151 G 5
Kyenjojo o EAU 148-149 C 3
Kyeryongsan National Park ⊥• ROK 86-87 F 9
Kyidaunggan o MYA 78-79 K 6
Kyjam, gora ▲ RUS 46-47 a 5
Kyjiv ★••• UA 38-39 G 2
Kyjivs'ke vodoschovyšče < UA 38-39 G 2
Kyjy o RUS 56-57 E 2
Kykotsmovi o USA 188-189 B 2
Kyk-over-al • GUY 206-207 E 2
Kylajy o RUS 56-57 E 2
Kylās ▲ IND 78-79 G 3
Kyle o CDN 176-177 Q 6
Kyle, Lake o ZW 154-155 F 5
Kyll ~ D 28-29 J 3
Kyllah ~ RUS 46-47 c 6
Kylvynejveem ~ RUS 48-49 Q 5
Kyma ~ RUS 24-25 T 4
Kyneton o AUS 116-117 H 4
Kyngyldyözek ~ KA 62-63 P 4
Kynquot o CDN 176-177 G 6
Kynuna o AUS 114-115 F 1
Kyoga, Lake o EAU 148-149 D 3
Kyogami-saki ▲ J 88-89 F 7
Kyogche La ▲ VRC 80-81 H 5
Kyogle o AUS 114-115 M 5
Kyona, Plage ⩦• RH 198-199 J 5
Kyŏnggi Man ≈ 86-87 E 9
Kyŏngju o ROK 86-87 G 10
Kyŏngju National Park ⊥• ROK 86-87 G 10
Kyonkadun o MYA 94-95 C 2
Kyōto ☆•• J 88-89 F 7
Kyōwa o J 88-89 J 3
Kypcak, kōli o KA 60-61 F 3
Kypros = Chypre ■ CY 64-65 E 5
Kypros = Chypre ⌒ CY 4 G 5
Kyra ☆ RUS (CTN) 54-55 E 11
Kyra ~ RUS 54-55 E 11
Kyra ~ RUS 54-55 E 10
Kyren ☆ RUS 52-53 L 10
Kyrgyz o KA 60-61 J 4
Kyrgyzstan = Kirghizistan ■ KS 72-73 M 4
Kyritz o• D 28-29 M 2
Kyrnyčky o UA 38-39 F 5
Kyrönjoki ~ FIN 24-25 G 5
Kyrykkeles ~ KA 72-73 L 4
Kys"egan ~ RUS 50-51 R 4
Ký So'n o VN 92-93 D 7
Kystatayam o RUS 46-47 O 6
Kyštovka o RUS 50-51 O 6
Kystyk, plato ▲ RUS 46-47 O 4
Kystyktah ~ RUS 44-45 Y 6
Kyštym o RUS 32-33 M 6
Kysyl-Syr o RUS 54-55 L 4
Kytaj, ozero o UA 38-39 F 5
Kytėpana, gora ▲ RUS 56-57 S 5
Kytepkaj, grjada ▲ RUS 48-49 S 2
Kyttyk, poluostrov ⌄ RUS 48-49 O 2
Kytyl, Čumpu o RUS 46-47 Y 7
Kytyl-Djura o RUS 54-55 M 5
Kyungon o MYA 78-79 K 6
Kyunhla o MYA 78-79 J 4
Kyuquot Sound ≈ 176-177 G 6
Kyuroku-shima ⌒ J 88-89 H 4
Kyūshū ⌒ J 88-89 C 8
Kyushu-Palau , Seuil = Kyushu-Palau Ridge ≃ 88-89 E 10
Kyushu-Palau Ridge = Kyushu-Palau , Seuil ≃ 88-89 E 10
Kyūshū-sanchi ▲ J 88-89 D 9
Kyvėkvyn ~ RUS 48-49 U 2
Kyvrak o AZ 64-65 L 3
Kywebwe o MYA 78-79 K 6
Kywedatkon o MYA 78-79 K 6
Kyyjärvi o FIN 24-25 H 5
Kyzart o KS 82-83 B 5
Kyzyl ☆ RUS 52-53 G 10
Kyzylagadžskij zapovednik ⊥ AZ 64-65 N 3
Kyzylagaš o KA 60-61 L 6
Kyzyl-Art, pereval ▲ TJ 72-73 N 5
Kyzylbalyk o KA 32-33 G 10
Kyzyl-Hem ~ RUS 52-53 H 10
Kyzylkajyn ~ KA 62-63 N 2
Kyzylkak, kōli o KA 60-61 H 2
Kyzyl-Kija o KS 72-73 N 4
Kyzylmazar o US 72-73 L 5
Kyzyl-Oj o KS 82-83 B 5
Kyzyloktjabr o KA 60-61 K 3
Kyzyl-Orda ☆ KA 60-61 D 6
Kyzyl-Özgėrjuš o KS 72-73 N 4
Kyzylsu ~ TJ 72-73 L 5
Kyzyl-Suu ~ KS 72-73 N 5
Kyzyltepa o US 72-73 J 4
Kyzyl-Tuu o KS 82-83 C 4
Kyzylžar o KA 60-61 F 4
Kzyltu ☆ KA 60-61 H 2

L

Laa an der Thaya o A 28-29 O 4
Laag, Pulau ⌒ RI 102-103 J 4
Laamoro, Danau o RI 102-103 H 3
Laas Aano o SP 144-145 J 5
Laascaanood o SP 144-145 H 4
Laaso Dawaco o SP 144-145 J 3
Laasqoray o SP 144-145 J 3
Laâyoune = al-'Ayun ☆ MA 124-125 E 7
Laba o BF 138-139 J 4
Laba o RN 134-135 B 5
Laba ~ RUS 62-63 D 5
Labadie, Plage ⩦• RH 198-199 J 5
Labahe Niuling Reserves ⊥ VRC 90-91 C 6
Labakkang o RI 100-101 F 6
Labala o RI 102-103 B 6
Labalama o PNG 119 B 3
Labardén o RA 222-223 K 4
Labarrère o F (32) 240-241 E 3
Labasa o FJI 120 III b 2
Labason o RP 96-97 E 8
Labastide-Clairence o F (64) 240-241 B 4
Labastide-d'Anjou o F (11) 240-241 H 4
Labastide-d'Armagnac o• F (40) 240-241 D 3
Labastide-Paumès o F (31) 240-241 F 4
Labastide-Rouairoux o F (81) 240-241 K 4
Labastide-Saint-Pierre o F (82) 240-241 G 3
Labastide-Savès o F (32) 240-241 F 3
Labastide-Villefranche o F (64) 240-241 B 4
Labathe-Rivière o F 240-241 F 4
Labattoir o F (985) 246 I b 2
Labaz, ozero o RUS 44-45 c 5
Labba o GUY 206-207 E 3
Labbal, al- ⩦ KSA 66-67 G 3
Labbezzanga o RMM 138-139 L 2
Labdah ∴••• LAR 128-129 F 1
Labe ~ CZ 28-29 N 3
Labé ■ RG 138-139 D 4
Labé ☆ RG 138-139 D 4
Labelle o CDN 182-183 G 5
Labengke, Pulau ⌒ RI 100-101 H 5
Labenne o F (40) 240-241 B 3
Labenne-Océan o F (40) 240-241 B 3
Laberge, Lake o CDN 164-165 X 6
Laberinto o CO 204-205 D 6
Laberinto, El o YV 204-205 E 2
Labernède • F (31) 240-241 G 4
Labesserette o F (15) 236-237 K 6
Labḥa o KSA 66-67 J 5
Labi o BRU 100-101 D 1
Labin o HR 36-37 E 2
Labinsk o RUS 62-63 D 5
Labinsk, Ust'- o RUS 38-39 L 5
Labis o MAL 98-99 E 3
Lab Lab o PNG 119 E 3
Lablachère o F (07) 242-243 E 3
Labná ∴• MEX 196-197 K 1
Labo o RP 96-97 E 5
Labo, Mount ▲ RP 96-97 E 5
Labobo, Pulau ⌒ RI 100-101 H 4
Labolatounka o RG 138-139 E 4
Laborel o F (26) 242-243 H 3
Labouheyre o F (40) 240-241 C 2
Laboulaye o RA 222-223 H 3
Labouret, Col de ▲ F (04) 242-243 J 3
Laboutarie o F (81) 240-241 J 3
Labozhi o WAN 140-141 F 4
Labrador, Bassin du = Labrador Basin ≃ 14-15 D 3
Labrador, Cape ▲ CDN 180-181 R 4
Labrador = Labrador Péninsule ⌄ CDN 180-181 M 6
Labrador, Mer du = Labrador Sea ≈ 14-15 D 2
Labrador Basin = Labrador, Bassin du ≃ 14-15 D 3
Labrador City o CDN 182-183 L 2
Labrador Péninsule = Labrador ⌄ CDN 180-181 M 6
Labrador Sea = Labrador, Mer du ≈ 14-15 D 2
Labrande • F (31) 240-241 F 4
Labrang Si • VRC 90-91 C 4
Labranza Grande o CO 204-205 E 5
Lábrea o BR 210-211 E 6
Labrieville o CDN 182-183 K 4
Labrit o F (40) 240-241 C 2
Labroquère o F (31) 240-241 F 4
Labrousse o F (15) 236-237 L 6
Labroye o F (62) 228-229 H 3
Labruguière o F (81) 240-241 J 3
Labuan o MAL 96-97 A 10
Labuan o RI 104 A 3
Labuan, Pulau ⌒ MAL 96-97 A 10
Labuha o RI 100-101 K 4
Labuhanbilik o RI 98-99 D 3
Labuhanhaji o RI (ACE) 98-99 B 3
Labuhanhaji o RI (NBA) 104 C 7
Labuhan Kananga o RI 104 C 7
Labuhanmeringgai o RI 98-99 F 7
Labuhanpandan o RI 104 C 7
Labuhanruku o RI 98-99 C 3
Labuk, Teluk ≈ 96-97 B 9
Laburgade o F (46) 240-241 H 2
Labutta o MYA 94-95 C 2
Labynkyr, ozero o RUS 56-57 K 2
Labyntangi o RUS 44-45 M 8
Labyrinth, Lake o AUS 114-115 C 6
Labyrinth Lake o CDN 174-175 Q 5
Laç o•• AL 36-37 G 4
Lac ■ TCH 134-135 G 6
Lắc o VN 94-95 K 4
Lača, ozero o RUS 24-25 P 6
Lacadena o CDN 176-177 Q 6
Lacajahuira, Rio ~ BOL 214-215 D 6
Lacalm o F (12) 236-237 L 6
Lacanau o F (33) 236-237 C 6
Lacanau, Lac de o F (33) 236-237 C 6
Lacanau-de-Mios o F (33) 240-241 C 1
Lacanau-Océan o F (33) 236-237 C 5
Lacandón, Sierra del ▲ MEX 196-197 J 3
Lacanja o MEX (CHI) 196-197 J 3
Lacanja ∴• MEX (CHI) 196-197 J 3
Lacantún, Rio ~ MEX 196-197 J 3
Lacapelle-Barrès o F (15) 236-237 L 6
Lacapelle-Marival o F (46) 236-237 J 6
Lacarre o F (64) 240-241 B 4
Lacassagne, Château de • F (32) 240-241 F 3
Lacassine National Wildlife Refuge ⊥ USA 188-189 L 5
La Castellana o RP 96-97 E 7
Lacaune o F (81) 240-241 K 3
Lacaune, Monts de ▲ F (81) 240-241 K 3
Lacave o F (46) 236-237 J 6
Lacaze, Château de • F (40) 240-241 E 3
Lac Blanc = Beloe, ozero o RUS 30-31 P 1
Laccadive Islands = Laquedives, Îles ⌒ IND 76-77 E 6
Lac Cardinal o CDN 176-177 M 3
Lac Courte Oreilles Indian Reservation ⨯ USA 190-191 C 3
Lac du Bonnet o CDN 178-179 H 5
Lac Édouard o CDN 182-183 H 5
Lacelle o F (19) 236-237 J 4
Lacepede Bay ≈ 116-117 E 4
Lacepede Islands ⌒ AUS 108-109 F 4
Lacey o USA 184-185 C 2
Lac Eyre, Bassin du = Lake Eyre Basin ⌄ AUS 114-115 C 4
Lachalade o F (55) 234-235 F 3
Lachapelle o F (47) 240-241 E 1
Lachapelle-aux-Pots o F (60) 228-229 H 5
Lachapelle-sous-Aubenas o F (07) 242-243 E 2
Lachapelle-sous-Rougemont o F (90) 238-239 L 1
Lachaussée, Étang de o F 234-235 H 3
Lachay, Reserva Nacional ⊥ PE 208-209 D 7
Lāchi o PK 74-75 C 3
Lachlan Range ▲ AUS 116-117 H 2
Lachlan River ~ AUS 116-117 H 3
Lach Truong ≈ 92-93 E 7
Lac Humqui o CDN 182-183 L 4
Lachute o CDN 182-183 G 6
Lačin o AZ 64-65 M 3
Läckö o•• S 22-23 F 7
Lac la Biche o CDN 176-177 O 4
Lac la Hache o CDN 176-177 K 6
Lac la Martre o CDN 174-175 L 4
Lac la Ronge Provincial Park ⊥ CDN 178-179 D 3
Lac Mazures, Plateau des = Pojezierze Mazurskie ⩦ PL 28-29 P 2
Lac-Mégantic o CDN 182-183 J 6
Lacombe o CDN 176-177 O 5
Lacommande o F (64) 240-241 C 4
Laconia o USA 190-191 N 4
Lacougotte-Cadoul o F (81) 240-241 H 3
Lacq o F (64) 240-241 C 4
Lacroix, Mont ▲ F (984) 246 III a 2
Lacroix-Barrez o F (12) 236-237 L 6
Lacroix-Saint-Ouen o F (60) 228-229 K 5
Lacropte o F (24) 236-237 G 5
Lacrosse o USA 184-185 F 2
Lacs de Poméranie, Plateau des = Pojezierze Pomorskie ⩦ PL 28-29 O 2
Lac Seul o CDN 178-179 K 5
Lacy, Mount ▲ AUS 108-109 G 4
Ladakh ⩦ IND 74-75 F 2
Ladakh Range ▲ IND 74-75 F 2
Ladapeyre o F (23) 236-237 K 3
Ladar o RI 104 E 7
Ladário o BR 214-215 J 6
Ladder Creek ~ USA 186-187 G 6
Ladd Reef ≈ 94-95 L 6
Lade o WAN 140-141 F 4
Lādi o GR 36-37 L 4
Ladignac-le-Long o F (87) 236-237 H 4
Lādiqīya, al- ☆ SYR 64-65 F 5
Ladismith o ZA 156-157 E 6
Lādīz o IR 70-71 J 4
Ladon o F (45) 232-233 H 3
Ladongi, Tanjung ▲ RI 100-101 G 5
Ladoye, Cirque de • F 238-239 H 3
Ladožskoe ozero o RUS 24-25 L 6
Ladrillero, Monte ▲ RCH 224 D 6
Ladrones, Islas ⌒ PA 196-197 C 8
Ladue River ~ CDN 164-165 U 5
Ladušin o RUS 30-31 G 4
Lady Ann Strait ≈ 168-169 f 3
Ladybrand o ZA 156-157 H 4
Lady Elliot Island ⌒ AUS 114-115 M 3
Lady Evelyn Lake o CDN 182-183 D 5
Lady Evelyn Smoothwater Provincial Park ⊥ CDN 182-183 D 5
Lady Franklin Point ▲ CDN 168-169 P 6
Lady Frere o ZA 156-157 H 5
Lady Grey o ZA 156-157 H 5
Lady Grey Lake o CDN 174-175 O 5
Lady Melville Lake o CDN 168-169 a 6
Lady Newnes Ice Shelf ⊂ ARK 16 F 18
Ladysmith o CDN 176-177 J 7
Ladysmith o ZA 156-157 J 4
Ladyženka o KA 60-61 F 3
Lae ☆ PNG 119 D 4
Laefu o PNG 119 F 2
Lægervallen ▲ GRØ 170-171 q 4
Laela o EAT 150-151 G 5
Laem Ngop o THA 94-95 G 4
Lærdalsøyri ☆• N 22-23 C 6
Læsø ⌒ DK 22-23 E 8
Lævvajokgiedde o N 22-23 J 2
Lafayette o USA (AL) 192-193 F 3
Lafayette o USA (CO) 186-187 E 6
Lafayette o USA (IN) 190-191 E 5
Lafayette o USA (LA) 188-189 L 4
Lafayette o USA (TN) 192-193 E 1
Lafayette, Mount ▲ USA 190-191 N 3
Laferte River ~ CDN 174-175 K 5
Lafertè-sur-Amance o F (52) 234-235 H 6
Lafeuillade-en-Vézie o F (15) 236-237 K 6
Laffrey o F (38) 242-243 H 1
Lafia o WAN 140-141 H 4
Lafiagi o WAN 140-141 F 4
Lafite, Château • F (33) 236-237 D 5
Lafitole o F (65) 240-241 E 4
Laflamme, Rivière ~ CDN 182-183 F 4
Lafoi, Chute de la ~• ZRE 150-151 D 6
Lafrançaise o F (82) 240-241 G 2
Lāft-e Nou o IR 70-71 F 5
Lagaip River ~ PNG 119 B 3
Lagamar o BR 216-217 G 5
Lagan' ☆ RUS 62-63 G 5
Lagan ~ S 22-23 F 8
La Gan, Mũi ▲ VN 94-95 K 5
Lagarde o F (09) 240-241 H 4
Lagarde o F (57) 234-235 K 3
Lagartero ∴• MEX 196-197 J 4
Lagarto o BR 212-213 K 7
Lagarto, Serra do ▲ BR 216-217 D 7
Lagbar o SN 132-133 C 7
Lagdo o CAM 140-141 K 4
Lagdo, Lac de o CAM 140-141 K 4
Lågen ~ N 22-23 E 6
Lageon o F (79) 236-237 E 2
Lagernoe o RUS 44-45 F 5
Lages o BR 218-219 E 6
Lage's o USA 184-185 G 5
Lageuen o RI 98-99 A 2
Laǧǧ, Umm o KSA 66-67 E 5
Laghdaria o DZ 126-127 D 2
Laghouat ☆• DZ 126-127 D 4
Lạ Gi o VN 94-95 J 5
I-'Aǧiǧ, Wādī ~ IRQ 64-65 J 5
Laglan o AUS 114-115 J 2
Lagmān ■ AFG 72-73 M 7
Lågneset ▲ N 20-21 H 4
Lagnieu o F (01) 238-239 G 5
Lagnieu o F (73) 238-239 H 5
Lagny o F (60) 228-229 K 4
Lagny-le-Sec o F (60) 228-229 K 5
Lagny-sur-Marne o F (77) 232-233 H 2
Lagoa da Canoa o BR 212-213 K 6
Lagoa da Prata o BR 216-217 H 6
Lagoa do Capim o BR 212-213 K 6
Lagoa do Mato o BR 212-213 J 4
Lagoa Dourada o BR 216-217 H 6
Lagoa Feia o BR 212-213 E 5
Lagoa Grande o BR 212-213 H 6
Lago Agrio o EC 208-209 D 1
Lagoa Nova o MOC 154-155 G 6
Lagoa Preta o BR 216-217 K 3
Lagoa Vermelho o BR 218-219 E 7
Lago Buenos Aires, Meseta del ⩦ RA 224 E 3
Lago das Pedras o BR 210-211 K 4
Lago de São Antônio o BR 210-211 F 6
Lago Dilolo o ANG 150-151 B 6
Lago Dorado, El o CO 210-211 B 2
Lago Fontana o RA 224 E 2
Lago Las Torres, Parque Nacional ⊥ RCH 224 D 2
La Gomera ⌒ E 124-125 C 6
Lagong, Pulau ⌒ RI 98-99 H 3
Lagonoy Gulf ≈ 96-97 E 6
Lagoon Point ▲ USA 166-167 Q 4
Lago Pasadas o RA 224 E 3
Lago Piratuba, Parque Natural do ⊥ BR 206-207 J 5
Lago Puelo, Parque Nacional ⊥ RA 222-223 D 7
Lagor o F (64) 240-241 C 4
Lago Ranco o RCH 222-223 C 6
Lagord o F (17) 236-237 C 3
Lagos o P 34-35 C 6
Lagos o WAN (LAG) 140-141 E 5
Lagos ■ WAN 140-141 E 5
Lagos, Los o RCH 222-223 C 5
Lagos de Moreno o• MEX 194-195 J 7
Lagos Lagoon o WAN 140-141 E 5
Lagossa o EAT 148-149 B 6
Lago Verde o BR 212-213 F 3
Lago Verde o RCH 224 E 2
Lago Viedma o RA 224 D 4
Lago Vintter o RA 222-223 D 7
Lågøya ⌒ N 20-21 L 2
La Grange ⨯ AUS 108-109 E 5
La Grange Bay ≈ 108-109 E 5
Lagrasse o F (11) 240-241 K 4
Lagraulière o F (19) 236-237 J 5
Laguani, Salar del o BOL 214-215 C 7
Lagudri o RI 98-99 B 4
Laguépie o F (82) 240-241 H 2
Laguiole o F (12) 236-237 L 6
Laguna o• BR 218-219 F 7
Laguna o USA 188-189 D 2
Laguna, Ilha da ⌒ BR 206-207 J 6
Laguna, La o RA 222-223 H 2
Laguna, La = San Cristóbal de la Laguna o E 124-125 C 6
Laguna, Parque Nacionale ⊥ YV 204-205 K 2
Laguna, Rio de la ~ RCH 220-221 B 6
Laguna Blanca o RA 222-223 E 6
Laguna Blanca, Parque Nacional ⊥ RA 222-223 D 5
Laguna Blanca, Sierra ▲ RA 220-221 D 4
Laguna de Bay o RP 96-97 D 5
Laguna de Chacahua, Parque Natural ⊥ MEX 196-197 F 3
Laguna del Laja, Parque Nacional ⊥ RCH 222-223 D 4
Laguna del Rey o MEX 194-195 H 4
Laguna Grande, Playa ⩦• DOM 198-199 L 5
Laguna Grande, Rio ~ RCH 220-221 B 5
Laguna Indian Reservation ⨯ USA 188-189 D 2
Laguna Južnaja o RUS 48-49 U 5
Laguna Lamar o C 198-199 F 4
Laguna Limpia o RA 220-221 H 4
Laguna Paiva o RA 220-221 G 6
Laguna Parillar, Reserva Faunistica ⊥ RCH 224 E 6
Lagunas o PE (LAM) 208-209 C 5
Lagunas o PE (LOR) 208-209 E 4
Lagunas o RCH 214-215 C 7
Laguna Salada o DOM 198-199 K 5
Laguna San Rafael, Parque Nacional ⊥ RCH 224 D 3
Laguna Verde o YV 204-205 H 4
Laguna Verde, Salina de o RA 220-221 C 4
Laguna Yema o RA 220-221 G 3
Lagundi = Lagudri o RI 98-99 B 4
Lagundu, Tanjung ▲ RI 104 D 7
Lagunes de Montebello, Parque Nacional ⊥ MEX 196-197 J 3
Lagunillas o BOL 214-215 F 6
Lagunillas, Lago o PE 214-215 B 4
Lagunita Salada o RA 222-223 E 7
Laha o RI 102-103 E 3
La Habana ★••• C 198-199 D 3
Lahad Datu o MAL 96-97 C 10
La Hai o VN 94-95 K 4
Lahaina o USA 192-193 D 7
Lahār o IND 74-75 G 6
Laharanne o F (64) 240-241 B 4
Laharčana ~ RUS 54-55 D 3
Laharie o F (40) 240-241 B 2
Lahas o F (32) 240-241 F 3
Lahat o RI 98-99 E 6
Lahemaa Rahvuspark ⊥• EST 30-31 J 2
Lahewa o RI 98-99 B 4
Laheycourt o F (55) 234-235 G 4
Lahiǧ o Y 68-69 D 7
Lāhīǧān o• IR 64-65 N 4
Lahitte-Toupière o F (65) 240-241 D 4
Lahlangubo o ZA 156-157 J 5
Laḥm, Tall al- o IRQ 66-67 K 2
Lahn ~ D 28-29 K 3
Laholmsbukten ≈ 22-23 F 8
Lahontan Reservoir < USA 184-185 E 6
Lahore ☆••• PK 74-75 E 4
Lahri o PK 74-75 B 5
Lahti o FIN 24-25 H 6
Lahuarpia o PE 208-209 D 5
Laï ☆ TCH 142-143 C 4
Laiagam o PNG 119 B 3
Laiama o PNG 119 E 4
Lai'an o VRC 90-91 L 5
Laibin o VRC 92-93 F 5
Lai Châu ☆ VN 92-93 C 5
Laifeng o VRC 92-93 F 2
Laigne, La o F (17) 236-237 D 3
Laignes o F (21) 234-235 E 6
Laihia o FIN 24-25 G 5
Lai-hka o MYA 78-79 K 5
Lailā o KSA 66-67 K 6
Laila, Umm ∴• Y 68-69 C 5
Lailaba o WAN 134-135 B 6
Lailly-en-Val o F (45) 232-233 F 4
Laimu o RI 102-103 E 3
Laingsburg o ZA 156-157 E 6
Laingsnek ▲ ZA 156-157 J 3
Laininir o RI 102-103 H 5
Lainioälven ~ S 22-23 L 3
Lainsecq o F (89) 232-233 J 4
Laires o F (62) 228-229 J 2
Lairg o GB 26-27 E 2
Lai River ~ PNG 119 B 3
Lais o RI (BEN) 98-99 E 6
Lais o RI (SLT) 100-101 G 3
Laisälven ~ S 22-23 H 4
Laisamis o EAK 148-149 F 3
Laissac o F (12) 240-241 K 2
Laissez-Porter, Baie ≈ 246 III b 3
Laitila o FIN 24-25 F 6
Laiwu o VRC 90-91 K 3
Laiwui o RI 100-101 K 4
Laixi o VRC 90-91 M 3
Laiyang o VRC 90-91 M 3
Laiyuan o VRC 90-91 J 2
Laize ~ F (14) 230-231 L 2
Laizhou o VRC 90-91 L 3
Laizhou Wan ≈ 90-91 L 3
Laizon ~ F (14) 230-231 L 2
Laja o BOL 214-215 C 5
Laja ~ RUS 24-25 X 3
Laja, El Salto del ~•• RCH 222-223 C 4
Laja, La o MEX 194-195 L 7
Laja, La o RCH (BIO) 222-223 C 4
Laja, La o RCH (COQ) 220-221 B 5
Laja, Laguna de la o RCH 222-223 D 4
Laja, Le o YV 206-207 D 3
Laja, Rio ~ RCH 222-223 C 4
Laja Larga o YV 204-205 H 4
Lajamanu ⨯ AUS 108-109 K 5
Lajas o PE 208-209 C 5
Lajas, Las o RA 222-223 D 5
Lajas, Rio las ~ RA 220-221 D 4
Laje o BR (BAH) 216-217 L 2
Laje o BR (MAR) 212-213 F 3
Laje, Cachoeira da ~ BR 214-215 E 2
Lajeado o BR (MAR) 212-213 E 5
Lajeado o BR (RSU) 218-219 E 7
Lajeado, Serra do ▲ BR 212-213 D 7
Lajeado Grande o BR 218-219 E 7
Lajedão o BR 216-217 K 4
Lajedao, Cachoeira ~ BR 214-215 H 2
Lajedo o BR 212-213 K 6
Lajedo, Cachoeira de ~ BR 212-213 B 6
Lajes o BR 212-213 K 4
Lajes, Cachoeira das ~ BR 212-213 D 5
Lajinha o BR 216-217 K 6
Lajitas, Las o RA 220-221 E 3
Lajla, gora ▲ GE 62-63 E 6
Lajma ~ RUS 50-51 J 5
Lajord o CDN 178-179 D 5
Laka ~ RUS 24-25 R 4
Lakamané o RMM 138-139 F 2
Lake o USA 184-185 J 3
Lake Alma o CDN 178-179 D 6
Lake Argyle Tourist Village o AUS 108-109 J 4
Lake Arthur o USA 188-189 L 4
Lake Biddy o AUS 112-113 E 6
Lake Boga o AUS 116-117 G 3
Lake Bolac o AUS 116-117 G 4
Lake Butler o USA 192-193 G 4
Lake Cargelligo o AUS 116-117 J 2
Lake Charles o USA 188-189 L 4
Lake City o USA (FL) 192-193 G 4
Lake City o USA (SC) 192-193 J 3
Lake City o USA (SD) 186-187 J 3
Lake Clark National Park and Preserve ⊥ USA 164-165 O 6
Lake Cowichan o CDN 176-177 H 7
Lake District National Park ⊥ GB 26-27 F 4
Lake Eyre Basin ⌄ AUS 114-115 C 4
Lake Eyre National Park ⊥ AUS 114-115 D 5
Lakefield o AUS 110-111 H 4
Lakefield National Park ⊥ AUS 110-111 H 4
Lake Frome Regional Reserve ⊥ AUS 114-115 F 6
Lake Gairdner National Park ⊥ AUS 114-115 C 6
Lake Gillies Conservation Park ⊥ AUS 116-117 D 2
Lake Grace o AUS 112-113 E 6
Lakehamu River ~ PNG 119 D 5
Lake Harbour o CDN 180-181 P 3
Lake Havasu City o USA 184-185 G 8
Lake Hawea o NZ 118 B 6
Lake Hughes o USA 184-185 E 8
Lake Isabella o USA 184-185 E 8
Lake Itasca o USA 186-187 K 2
Lake Jackson o USA 188-189 K 5
Lake Jipe Lodge o EAK 148-149 F 5
Lake King o AUS 112-113 E 6
Lakeland o USA (FL) 192-193 H 5
Lakeland o USA (GA) 192-193 G 4
Lakeland Downs o AUS 110-111 H 4
Lake Louise o CDN 176-177 M 6
Lake Mackay Aboriginal Land ⨯ AUS 108-109 J 6
Lake Malawi National Park ⊥••• MW 154-155 H 1
Lake Mason o AUS 112-113 E 3
Lake Mburo National Park ⊥ EAU 148-149 C 4
Lake Metigoshe International Peace Garden ∴ USA 186-187 G 1
Lake Mills o USA (IA) 186-187 L 4
Lake Mills o USA (WI) 190-191 D 4
Lake Minchumina o USA 164-165 O 5
Lake Murray o PNG 119 A 4
Lake Nash o AUS 114-115 D 1
Lake Paringa o NZ 118 B 5
Lake Placid o USA (FL) 192-193 H 6
Lake Placid o USA (NY) 190-191 M 3
Lake Rara National Park ⊥ NEP 80-81 C 6
Lakeside o USA (NY) 190-191 J 4
Lakeside o USA (OR) 184-185 B 4
Lakeside o USA (VA) 190-191 K 7
Lakes National Park, The ⊥ AUS 116-117 J 4
Lake Superior Provincial Park ⊥ CDN 178-179 O 7
Lake Tekapo o NZ 118 C 6
Lake Torrens National Park ⊥ AUS 114-115 D 6
Lakeview o USA (MI) 190-191 F 4
Lakeview o USA (OR) 184-185 D 4
Lake Wales o USA 192-193 H 6
Lake Way o AUS 112-113 F 3

Lay ○ BF 138-139 K 3
Lay ∼ F (85) 236-237 C 3
Laya ○ RG 138-139 D 5
Laya Dula ○ RG 138-139 E 5
Layang Layang ○ MAL 96-97 A 10
Layar, Tanjung ▲ RI 100-101 E 6
Layarat • MA 124-125 F 7
Layawng Ga ○ MYA 78-79 K 3
Layo ○ PE 214-215 B 4
Layon ∼ F (49) 230-231 K 5
Layrac ○ F (47) 240-241 F 2
Lazarev ○ RUS 58-59 J 2
Lazarevac ○ YU 36-37 H 2
Lazarevskoe ○ RUS 62-63 C 6
Lázaro Cárdenas ○ MEX (BCN) 194-195 B 2
Lázaro Cárdenas ○ MEX (MIC) 196-197 C 3
Lazdijai ○ LT 30-31 H 4
Lāze ○ IR 70-71 E 5
Lazio ◘ I 36-37 D 3
Lazo ○ RUS 46-47 V 6
Lazo ○ RUS 58-59 E 7
L. Bistrups Bræ ⊂ GRØ 170-171 o 5
Léach ○ K 94-95 G 4
Leader ○ CDN 176-177 Q 6
Leading Tickles ○ CDN 182-183 R 4
Leadore ○ USA 184-185 H 3
Leadville ○ USA 186-187 D 6
Leaf Bay ≈ 180-181 P 5
Leaf Rapids ○ CDN 178-179 G 2
Leahy ○ USA 184-185 E 2
Leakey ○ USA 188-189 H 5
Lea Lea ○ PNG 119 D 5
Leamington ○ CDN 182-183 C 7
Leander ○ USA 188-189 J 4
Leander Point ▲ AUS 112-113 C 4
Leandra ○ ZA 156-157 J 3
Leandro ○ BR 212-213 F 5
Leandro N. Alem ○ RA 220-221 K 4
Learmonth ○ AUS 108-109 B 7
Learned National Historic Site, Fort ∴ USA 186-187 H 6
Leasi, Kepulauan ⌒ RI 102-103 E 3
Leaton State Historic Site, Fort ∴ USA 188-189 E 5
Léaupartie ○ F (14) 228-229 E 5
Leava ○ F (986) 247 II
Leavenworth ○ USA (KS) 186-187 K 6
Leavenworth ○ USA (WA) 184-185 D 2
Łeba ○• PL 28-29 O 1
Lebak ○ RP 96-97 F 9
Lebamba ○ G 146-147 C 5
Leban Condong, Kampung ○ MAL 98-99 E 3
Lébango ○ RCB 146-147 E 3
Lébango ∼ RCB 146-147 E 3
Lebanon ○ USA (IN) 190-191 E 5
Lebanon ○ USA (KS) 186-187 H 6
Lebanon ○ USA (KY) 190-191 F 7
Lebanon ○ USA (MO) 186-187 L 7
Lebanon ○ USA (NH) 190-191 M 4
Lebanon ○ USA (OR) 184-185 C 3
Lebanon ○ USA (PA) 190-191 K 5
Lebanon ○ USA (TN) 192-193 E 1
Lebap ○ TM 72-73 G 4
Lebbeke ○ B 28-29 H 3
Lebed' ∼ RUS 60-61 P 2
Lebedjan' ○ RUS 30-31 Q 5
Lebedyn ○ UA 38-39 J 2
Lebel-sur-Quévillon ○ CDN 182-183 F 4
Lebida ○ ZRE 146-147 F 5
Lebiez ○ F (62) 228-229 H 3
Lebiolali < ETH 144-145 H 5
Lébiri ∼ G 146-147 D 4
Lebjaž'e ☆ KA 60-61 K 3
Lebjaž'e ☆ RUS 32-33 F 5
Lebjaž'ja ∼ RUS 50-51 S 7
Lebo ○ USA 186-187 K 6
Lebo ○ ZRE 142-143 F 6
Leboma ∼ ZRE 146-147 F 5
Lébombi ∼ G 146-147 D 5
Lebombo ▲ SD 156-157 K 2
Lebongtandai ○ RI 98-99 D 6
Leboni ○ RI 100-101 G 5
Lebon Régis ○ BR 218-219 E 6
Lębork ○• PL 28-29 O 1
Lebowa ○ ZA 154-155 E 6
Lebowa (former Homeland, now part of North-Transvaal) ◘ ZA 154-155 D 6
Lebowakgomo ☆ ZA 156-157 J 2
Lebrija ○ E 34-35 D 6
Lebris, Baie ≈ 247 I c 3
Lebu ○ RCH 222-223 C 4
Lebuhanbini, Tanjung ▲ RI 100-101 F 3
Lecce ☆• I 36-37 G 4
Lecco ☆ I 36-37 B 2
Lecey, Lac de ○ F 234-235 G 6
Lech ∼ D 28-29 L 4
Lechang ○ VRC 92-93 H 4
Leche, Laguna de La ○ MEX 194-195 H 4
Lèches, Les ○ F (24) 236-237 F 6
Lechiguanas, Islas de las ⌒ RA 222-223 K 2
Lechuguilla, Bahía ≈ 194-195 E 5
Lēči ○ LV 30-31 G 3
Lecompte ○ USA 188-189 L 4
Lecques, Les ○ F (83) 242-243 H 5
Lectoure ○ F (32) 240-241 F 3
Lecumberry ○ F (64) 240-241 B 4
Lécussan ○ F (31) 240-241 F 4
Łęczyca ○• PL 28-29 P 2
Ledang, Gunung ▲ MAL 98-99 E 3
Lédergues ○ F (12) 240-241 J 2
Ledesma ○ E 34-35 D 4
Ledge Point ○ AUS 112-113 C 5
Lédignan ○ F (30) 242-243 E 4
Ledjanaja ∼ RUS 44-45 b 6
Ledjanaja gora ▲ RUS 48-49 Q 6
Ledmozero ○ RUS 24-25 M 4
Ledo ○ IND 78-79 J 2
Ledong ○ VRC 92-93 F 7
Ledu ○ VRC 90-91 C 3
Leduc ○ CDN 176-177 O 5
Leech Lake ⊖ USA 186-187 K 2
Leech Lake Indian Reservation ⚔ USA 186-187 K 2
Leeds ○• GB 26-27 G 5
Leeds ○ GUY 206-207 F 2
Leeds ○ USA (AL) 192-193 E 3
Leeds ○ USA (ND) 186-187 H 1
Leeds, Mount ▲ CDN 170-171 M 4
Leek ○ GB 26-27 F 5
Leeman ○ AUS 112-113 C 4
Leer (Ostfriesland) ○ D 28-29 J 2
Leer, Pulau ⌒ RI 102-103 H 5
Leesburg ○ USA (FL) 192-193 H 5
Leesburg ○ USA (VA) 190-191 K 6
Leeston ○ NZ 118 D 5
Leesville ○ USA 188-189 L 4
Leeton ○ AUS 116-117 J 3
Leeudoringstad ○ ZA 156-157 H 3
Leeu-Gamka ○ ZA 156-157 E 6
Leeupoort ○ ZA 156-157 H 2
Leeuwarden ☆• NL 28-29 H 2
Leeuwin, Cape ▲ AUS 112-113 C 7
Leeuwin-Naturaliste National Park ⊥ AUS 112-113 C 6
Leeuwrivier ∼ ZA 156-157 F 6
Leeward Islands ⌒ 200 E 2
Lefèvre, Pointe ▲ F (988) 247 I e 2
Leff ∼ F (22) 230-231 E 2
Leffellier ○ CDN 178-179 H 6
Léfini ∼ RCB 146-147 E 5
Léfini, Réserve de chasse de la ⊥ RCB 146-147 E 5
Lefkáda ○ GR 36-37 H 5
Lefkáda ⌒ GR 36-37 H 5
Lefkónas ○ GR 36-37 J 4
Lefkosia ☆ CY 64-65 E 5
Lefo, Mont ▲ CAM 140-141 J 6
Lefroy, Lake ⊖ AUS (WA) 112-113 G 5
Lefroy, Lake ⊖ AUS (WA) 112-113 F 5
Legape ○ RB 156-157 G 2
Legazpi ☆ RP 96-97 E 6
Legé ○ F (44) 236-237 B 2
Lège-Cap-Ferret ○ F (33) 236-237 C 6
Légendes, Côte des ⌣ F (29) 230-231 C 2
Legendre Island ⌒ AUS 108-109 C 6
Leggett ○ USA 184-185 D 6
Legion Mine ○ ZW 154-155 E 5
Legionnaire, Tunnel du • MA 124-125 J 4
Legionowo ○ PL 28-29 Q 2
Legkraal ○ ZA 154-155 E 6
Legnica ☆• PL 28-29 O 3
Legokjawa ○ RI 104 C 3
Le Grand, Mount ▲ AUS 112-113 G 6
Leguan Island ⌒ GUY 206-207 E 2
Léguer ∼ F (22) 230-231 E 2
Léguevin ○ F (31) 240-241 G 3
Léguillac-de-Cercles ○ F (24) 236-237 G 5
Legundi, Pulau ⌒ RI 98-99 F 7
Legune ○ AUS 108-109 J 3
Leh ○• IND 74-75 F 2
Le Havre ○ F (76) 228-229 E 5
Léhélec, Château de • F (56) 230-231 G 4
Lehena ○ GR 36-37 H 6
Lehman Caves ∴ USA 184-185 G 7
Lehman Caves Great Basin National Park ⊥ USA 184-185 G 6
Lehmann ○ USA 188-189 F 3
Lehututu ○ RB 156-157 E 1
Leiah ○ PK 74-75 C 4
Leibnitz ○ A 28-29 N 5
Leicester ○ GB 26-27 G 5
Leichhardt, Mount ▲ AUS 108-109 L 6
Leichhardt Range ▲ AUS 110-111 J 7
Leichhardt River ∼ AUS 110-111 E 5
Leiden ○• NL 28-29 H 2
Leie ∼ F (62) 228-229 K 2
Leifs Ø ⌒ GRØ 172-173 W 4
Leigh Creek ○ AUS 114-115 E 6
Leigh Creek South ○ AUS 114-115 E 6
Leighton ○ USA 192-193 E 2
Leignes-sur-Fontaine ○ F (86) 236-237 G 2
Leigong Shan ▲ VRC 92-93 F 3
Leimebamba ○ PE 208-209 D 5
Leimus ○ HN 196-197 B 4
Leine ∼ D 28-29 K 2
Leinster ○ AUS 112-113 F 3
Leiper, Kap ▲ GRØ 170-171 P 4
Leipzig ○• D 28-29 M 3
Leira ☆ N (OPP) 22-23 D 6
Leira ☆ N (ROM) 22-23 D 5
Leiria ☆• P 34-35 C 5
Leirvik ☆ N 22-23 B 7
Leishan ○ VRC 92-93 F 3
Leisi ○ EST 30-31 H 2
Leisler, Mount ▲ AUS 112-113 K 1
Leitchfield ○ USA 190-191 E 7
Leite, Igarapé do ∼ BR 210-211 K 5
Leith, Point ▲ CDN 174-175 K 3
Leith Harbour ○ GB 222-223 O 7
Leith Peninsula ⌣ CDN 174-175 K 3
Leitmeritz = Litoměřice ○ CZ 28-29 N 3
Leitomischl = Litomyšl ○ CZ 28-29 O 4
Leitre ○ PNG 119 A 2
Leiva, Cerro ▲ CO 204-205 D 6
Leiyang ○ VRC 92-93 H 3
Leizhou Bandao ⌣ VRC 92-93 G 6
Leizhou Wan ≈ 92-93 G 6
Lejone ○ LS 156-157 J 4
Lek ∼ NL 28-29 H 3
Leka ⌒ N 22-23 E 4
Lékana ○ RCB 146-147 E 5
Lekatero ○ ZRE 146-147 J 4
Lekeleka ⌒ TON 120 IV a 2
Lékéti ∼ RCB 146-147 E 5
Lekhcheb ○ RIM 132-133 E 5
Lékila ○ G 146-147 D 4
Lekiny ○ F (988) 247 I d 2
Lekitobi ○ RI 100-101 J 4
Lekki Lagoon ○ WAN 140-141 F 5
Leknes ○ N 22-23 F 2
Lekona ∼ RCB 146-147 E 4
Lékoni ○ G (Hau) 146-147 E 4
Lékoni ∼ G 146-147 D 4
Lekos ∼ RUS 50-51 R 3
Lekoumou ◘ RCB 146-147 D 5
Leksand ○ S 22-23 G 6
Leksozero ○ RUS 24-25 L 5
Lekst, Jbel ▲ MA 124-125 G 6
Leksula ○ RI 102-103 D 3
Leku ○ ETH 144-145 D 5
Lela ○ RI 102-103 B 6
Lelai, Tanjung ▲ RI 100-101 L 3
Lélali ∼ RCB 146-147 D 5
Leland ○ USA 188-189 M 3
Lel'čycy ○ BY 30-31 L 6
Lelehudi ○ PNG 119 F 6
Lelepa = Île Lelepa ⌒ VAN 120 II b 3
Leleppa, Île = Lelepa ⌒ VAN 120 II b 3
Leleque ○ RA 222-223 D 7
Lélex ○ F (39) 238-239 H 4
Leling ○ VRC 90-91 K 3
Lelingluang ○ RI 102-103 F 5
Lelinta ○ RI 102-103 F 3
Léliogat, Île ⌒ F (988) 247 I e 3
Leljuveem ∼ RUS 48-49 Q 2
Lelogama ○ RI 102-103 B 6
Lélouma ○ RG 138-139 D 4
Lel'vergyrgyn ∼ RUS 48-49 M 2
Lelydorp ☆ SME 206-207 G 3
Lelystad ○ NL 28-29 H 2
Léman, Lac ○ CH 28-29 J 5
Lemang ○ RI 98-99 E 4
Le Mans ○ F (72) 230-231 M 4
Lema Shilindi ○ ETH 144-145 F 6
Lematang ∼ RI 98-99 E 6
Lembach ○ F (67) 234-235 M 3
Lembar ○ RI 104 C 7
Lembé ○ CAM 140-141 K 6
Lembeh, Pulau ⌒ RI 100-101 J 3
Lembeni ○ EAT 148-149 F 5
Lemberg ○ F (57) 234-235 L 3
Lemberg = L'viv ☆• UA 38-39 D 3
Lembeye ○ F (64) 240-241 D 4
Lembing, Sungai ○ MAL 98-99 E 3
Lembo ○ RI 100-101 H 5
Lembous ∼ F (82) 240-241 G 2
Lembras ○ F (24) 236-237 G 6
Lemery ○ RP 96-97 D 6
Lemesos ○• CY 64-65 E 5
Lemfu ○ ZRE 146-147 E 6
Lemhi, Fort ∴ USA 184-185 H 3
Lemhi Range ▲ USA 184-185 H 3
Lemhi River ∼ USA 184-185 H 3
Lemieux ○ CDN 164-165 Y 7
Lemieux Islands ⌒ CDN 180-181 R 2
Lemin ○ VRC 92-93 F 5
Leming ○ USA 188-189 H 5
Lem'ju ∼ RUS 24-25 X 4
Lem"junskaja vozvyšennosť ▲ RUS 24-25 X 4
Lemmenjoen kansallispuisto ⊥ FIN 24-25 H 2
Lemmon ○ USA 186-187 F 3
Lemoenshoek ○ ZA 156-157 E 6
Lemolemo ○ RI 100-101 L 4
Lempa, Río ∼ ES 196-197 K 5
Lempäälä ○ FIN 24-25 G 6
Lempdes ○ F (43) 242-243 C 1
Lempdes ○ F (63) 238-239 C 5
Lemsford ○ CDN 176-177 Q 6
Lemsid ○ MA 124-125 E 7
Lemtybož ○ RUS 50-51 D 3
Lemu ○ WAN 140-141 G 4
Lemukutan, Pulau ⌒ RI 98-99 H 4
Lemuy ○ F (39) 238-239 H 3
Lemva ∼ RUS 44-45 J 8
Lemvig ○ DK 22-23 D 8
Lemyethna ○ MYA 94-95 C 2
Lena ∼ RUS 6-7 M 2
Lena ○ USA 188-189 L 4
Lena, Delta de la = Lena Delta ≈ 46-47 Q 3
Lena Delta = Lena, Delta de la ≈ 46-47 Q 3
Lenakel ☆ VAN 120 II b 4
Lenangguar ○ RI 104 C 7
Leñas, Paso de las ▲ RA 222-223 D 3
Lencloître ○ F (86) 236-237 F 2
Lençóis ○ BR 216-217 K 2
Lençóis, Baía dos ≈ 212-213 F 2
Lençóis Maranhenses, Parque Nacional dos ⊥ BR 212-213 G 3
Lençóis Paulista ○ BR 216-217 F 7
Lencouacq ○ F (40) 240-241 D 2
Lenda ∼ ZRE 148-149 B 3
Lendaha ∼ RUS 52-53 F 6
Lendava ○ SLO 36-37 F 1
Lende ○ IR 70-71 D 3
Lendepas ○ NAM 156-157 D 2
Lendery ○ RUS 24-25 L 5
Lenge, Bandar-e ○• IR 70-71 F 5
Lenger ☆ KA 72-73 L 3
Lengguru ∼ RI 102-103 H 2
Lenghu ○ VRC 82-83 L 6
Lenglong Ling ▲ VRC 90-91 B 3
Lenglong Ling ▲ VRC 90-91 C 3
Lengo ○ RCA 142-143 F 6
Lengoué ∼ RCB 146-147 E 4
Lengronne ○ F (50) 230-231 J 2
Lengshuijiang ○ VRC 92-93 G 3
Lengshuitan ○ VRC 92-93 G 3
Leng Su Sin ○ VN 92-93 C 5
Lengua de Vaca, Punta ▲ RCH 220-221 B 6
Lengulu ○ ZRE 146-147 L 2
Lengwe National Park ⊥ MW 154-155 H 3
Lenhovda ○ S 22-23 G 8
Lenin ☆ TM 72-73 F 3
Lenina, kanal imeni < RUS 62-63 F 6
Lenina, pik ▲ KS 72-73 N 5
Lenina, proliv ≈ 44-45 b 3
Leninabad = Hudžand ☆ TJ 72-73 L 4
Leninabadskaja oblast' ◘ TJ 72-73 K 5
Leninakan = Gjumri ○ AR 64-65 K 2
Lenine ○ UA 38-39 J 5
Leningrad = Sankt-Peterburg ☆•• RUS 30-31 M 2
Leningradskaja ○ RUS (KRD) 38-39 L 4
Leningradskaja ∼ RUS 44-45 d 3
Leningradskij ○ RUS 48-49 U 2
Leningradskij ○ TJ 72-73 M 5
Leningradskij, lednik ⊂ RUS 44-45 d 2
Leninogorsk ○ KA 60-61 N 3
Leninogorsk ☆ RUS 32-33 H 6
Leninsk ○ KA 62-63 P 5
Leninsk ○ RUS 32-33 D 9
Leninsk ○ US 72-73 N 4
Leninskij ○ KA 60-61 K 2
Leninskij ○ TJ 72-73 L 5
Leninsk-Kuzneckij ☆ RUS 50-51 T 7
Leninskoe ○ KA (AKT) 62-63 M 2
Leninskoe ○ KA (KST) 60-61 D 2
Leninskoe ○ KS 72-73 N 4
Leninskoe ○ RUS 32-33 E 4
Lenivaja ∼ RUS 44-45 X 4
Lenkau ○ PNG 119 D 2
Lenkivci ○ UA 38-39 E 3
Lenkoran' = Lankaran ○• AZ 64-65 N 3
Lenmalu ○ RI 102-103 F 2
Lennox ○ USA 186-187 J 4
Lennox, Isla ⌒ RCH 224 G 7
Leno-Angarskoe plato ⩦ RUS 52-53 L 8
Leno-Angarskoe plato ⩦ RUS 52-53 L 8
Lenoir ○ USA 192-193 H 2
Lenoir City ○ USA 192-193 F 2
Lenora ○ USA 186-187 H 6
Lenore Lake ⊖ CDN 178-179 D 4
Lenox ○ USA 186-187 K 5
Lens ○ F (62) 228-229 K 3
Lensk ☆• RUS 54-55 G 5
Lenskie stolby • RUS 54-55 N 5
Lens-Lestang ○ F (26) 242-243 G 1
Lenswood ○ CDN 178-179 F 4
Lent ○ F (01) 238-239 G 4
Lent'evo ○ RUS 30-31 P 2
Lentigny ○ F (42) 238-239 D 5
Lentiira ○ FIN 24-25 K 4
Lentini ○ I 36-37 E 6
Lenya ○ MYA 94-95 E 5
Léo ○ BF 138-139 J 4
Leoben ○ A 28-29 N 5
Léogâne ○ RH 198-199 J 5
Léognan ○ F (33) 236-237 D 6
Leok ○ RI 100-101 G 3
Leola ○ USA 186-187 H 3
Leominster ○• GB 26-27 F 5
Leominster ○ USA 190-191 N 4
León ○• E 34-35 E 3
Léon ○ F (40) 240-241 B 3
León ○• MEX 194-195 J 7
León ☆•• NIC 196-197 L 5
León, Cerro ▲ MEX 196-197 F 3
León, Cerro ▲ PY 214-215 G 7
Leon, Le Do ○ USA 188-189 H 3
Léon, Etang de ○ F (40) 240-241 B 3
León, Montes de ▲ E 34-35 D 3
Leona, La ○ YV 204-205 K 3
Leona, Punta la ▲ EC 208-209 B 2
Leonard ○ USA 186-187 J 2
Leonardville ○ NAM 156-157 D 1
Leona River ∼ USA 188-189 H 5
Léoncel ○ F (26) 242-243 G 2
Leoncio Prado ○ PE 208-209 E 3
Leonídio ○ GR 36-37 J 6
Leonidovka ∼ RUS 58-59 K 4
Leonidovo ○ RUS 58-59 K 4
Léon Lefèvre, Île ⌒ F (984) 246 III c 4
Leonora ○ AUS 112-113 F 4
Leon River ∼ USA 188-189 H 4
Leont'eva, ostrov ⌒ RUS 48-49 L 1
León Viejo ∴• NIC 196-197 L 5
Leopold Downs ○ AUS 108-109 G 4
Leopold II, Lac = Lac Mai-Ndombe ⊖ ZRE 146-147 G 5
Leopoldina ○ BR 216-217 J 6
Leopold Island ⌒ CDN 180-181 S 2
Leopold M'Clintock, Cape ▲ CDN 168-169 N 2
Leopoldo de Bulhões ○ BR 216-217 F 4
Leopoldsburg ○ B 28-29 H 3
Léopoldville = Kinshasa ★• ZRE 146-147 E 6
Leoti ○ USA 186-187 G 6
Léoua ○ RCA 142-143 E 6
Léoura ○ BF 138-139 L 3
Leova ☆ MD 38-39 F 4
Léoville ○ F (17) 236-237 E 5
Leovo = Leova ☆ MD 38-39 F 4
Lepanto ○ USA 188-189 M 2
Lepange ○ F (88) 234-235 K 6
Lepar, Pulau ⌒ RI 98-99 G 6
Lepaterique ○ HN 196-197 L 4
Lepel' ☆ BY 30-31 L 4
Lepellé, Rivière ∼ CDN 180-181 N 4
Lephephe ○ RB 154-155 C 6
Leping ○ VRC 92-93 K 2
Leplja ∼ RUS 50-51 F 4
Lépoura ○ GR 36-37 K 5
Léprédour, Île ⌒ F (988) 247 I c 3
Lepsy ○ KA 60-61 L 6
Lepsy ∼ KA 60-61 M 6
Leptis Magna = Labdah ∴•• LAR 128-129 F 1
Leptokariá ○ GR 36-37 J 4
Leqceiba ○ RIM (BRA) 132-133 C 6
Leqceiba ○ RIM (GOR) 132-133 D 6
Leque , Col de ▲ F (04) 242-243 J 4
Lequena ○ RCH 220-221 C 1
Léraba ∼ CI 138-139 H 5
Léraba Occidentale ∼ CI 138-139 H 4
Lérabe ○ SN 132-133 C 6
Lercara Friddi ○ I 36-37 D 6
Lerdo de Tejada ○ MEX 196-197 G 2
Léré ○ F (18) 232-233 H 5
Léré ○ RMM 138-139 H 2
Léré ○ TCH 142-143 B 4
Lere ○ WAN (BAU) 140-141 H 3
Lere ○ WAN (KAD) 140-141 H 3
Léré, Lac de ○ TCH 142-143 B 4
Lérez, Río ∼ E 34-35 C 3
Lérida = Lleida ○•• E 34-35 H 4
Lérins, Îles de ⌒ F (06) 242-243 L 4
Lerma ○ E 34-35 F 3
Lerma ○ MEX 196-197 J 2
Lermá, Valle de ⩦ RA 220-221 E 3
Lerm-et-Musset ○ F (33) 240-241 D 2
Lerneb ○ RMM 132-133 H 6
Leron Plains ○ PNG 119 D 4
Leros ⌒ GR 36-37 L 6
Léross ○ CDN 178-179 E 5
Lérouville ○ F (55) 234-235 H 4
Lerrain ○ F (88) 234-235 J 5
Lerum ☆ S 22-23 F 8
Lerwick ○ GB 26-27 G 1
Ler Zerai < SUD 142-143 H 3
Lescar ○ F (64) 240-241 D 4
Leschaux ○ F (74) 238-239 J 5
Lescheraines ○ F (73) 238-239 J 5
Lescoff ○ F (29) 230-231 B 3
Lesconil ○ F (29) 230-231 C 4
Lescun ○ F (64) 240-241 C 5
Lesdiguières, Lac ⊖ CDN 180-181 M 4
Lesdins ○ F (02) 228-229 L 4
Leshan ○ VRC 92-93 C 2
Leshan Dafo • VRC 92-93 C 2
Lesjaskog ○ N 22-23 D 5
Lesjöfors ○ S 22-23 G 7
Leskino ○ RUS 44-45 S 5
Lesko ○• PL 28-29 R 4
Leskovac ○• YU 36-37 H 3
Leskovik ○• AL 36-37 H 4
Leslie ○ USA 184-185 H 4
Leslie, Kap ▲ GRØ 170-171 n 8
Lesmiegan ∼ RUS 50-51 Q 3
Lesmont ○ F (10) 234-235 E 5
Lesnaja ○ RUS 56-57 T 4
Lesneven ○ F (29) 230-231 C 2
Lesnoj Gorodok ○ RUS 54-55 F 10
Lesnoj Voronež ∼ RUS 30-31 R 5
Lesogorsk ○ RUS 58-59 K 4
Lesosibirsk ○ RUS 52-53 F 6
Lesotho = Lesotho ■ LS 156-157 H 4
Lesozavodsk ○ RUS 58-59 E 6
Lesozavodskij ○ RUS 58-59 M 6
Lesparre-Médoc ○ F (33) 236-237 D 5
Lesperon ○ F (40) 240-241 B 3
Lespignan ○ F (34) 242-243 C 5
Lespinassière ○ F (11) 240-241 K 4
Lesquin, Mont ▲ F (984) 246 IV b 1
Lessau ○ PNG 119 D 2
Lessay ○ F (50) 228-229 A 5
Léssé ∼ RCA 142-143 D 6
Lesser Antilles = Petites Antilles ⩦ 200 B 5
Lesser Slave Lake ⊖ CDN 176-177 N 4
Lesser Slave Lake Provincial Park ⊥ CDN 176-177 N 4
Lesser Slave River ∼ CDN 176-177 N 4
Lesser Sunda, Kepulauan ⌒ RI 104 C 7
Lestage ○ F (40) 240-241 C 2
Lestards ○ F (19) 236-237 J 4
Lestelle-Bétharram ○ F (64) 240-241 D 4
Lesterps ○ F (16) 236-237 G 3
Lestijärvi ○ FIN 24-25 H 5
Lesueur, Mount ▲ AUS 112-113 C 5
Lesung, Tanjung ▲ RI 104 A 3
Lesvos ⌒ GR 36-37 L 5
Leszno ☆• PL 28-29 O 3
Letaba ○ ZA 154-155 F 6
Letas, Lac = Tes, Lake ○ VAN 120 II a 2
Letellier ○ CDN 178-179 H 6
Letfata ○ RIM 132-133 D 6
Lethbridge ○• CDN 176-177 O 7
Lethem ☆ GUY 206-207 E 4
Leti, Kepulauan ⌒ RI 102-103 D 6
Leti, Pulau ⌒ RI 102-103 D 6
Letiahau ∼ RB 154-155 B 5
Leticia ○ CO 210-211 C 5
Leting ○ VRC 90-91 L 2
Letka ○ RUS 32-33 F 4
Letkhokpin ○ MYA 78-79 K 4
Letlhakeng ○ RB 156-157 G 2
Letnica ○ BG 38-39 D 6
Letnij bereg ⌣ RUS 24-25 O 4
Letnjaja ∼ RUS 48-49 H 3
Letnjaja Zolotica ○ RUS 24-25 O 4
Letoda ○ RI 102-103 E 6
Letohatchee ○ USA 192-193 E 3
Letoon ∴•• TR 64-65 C 4
Letpadan ○ MYA 94-95 C 2
Letpan ○ MYA 78-79 J 6
Letsitele ○ ZA 154-155 F 6
Letsok-Aw Kyun ⌒ MYA 94-95 E 5
Letta ○ CAM 140-141 K 6
Letterkenny ○ IRL 26-27 D 4
Lettonie = Latvija ■ LV 30-31 J 3
Letwurung ○ RI 102-103 E 5
Léua ○ ANG 152-153 F 5
Leauniua ⌒ SOL 120 I d 1
Leuc ○ F (11) 240-241 J 4
Leucate-Plage ○ F (11) 240-241 L 5
Leuglay ○ F (21) 238-239 F 1
Leugny ○ F (89) 232-233 J 4
Leugny • F (37) 232-233 D 5
Leupp ○ USA 188-189 B 2
Leura ○ AUS 114-115 K 2
Leuser, Gunung ▲ RI 98-99 B 3
Leušinskij Tuman, ozero ⊖ RUS 50-51 H 5
Leuven ○• B 28-29 H 3
Leuy, Le ○ F (40) 240-241 C 3
Levaja Avača ∼ RUS 56-57 S 7
Levaja Bojarka ∼ RUS 44-45 b 6
Levaja Bureja ∼ RUS 58-59 F 3
Levaja Hetta ∼ RUS 50-51 L 2
Levaja Kamenka ∼ RUS 46-47 d 6
Levaja Lesnaja ∼ RUS 56-57 T 4
Levaja Mama ∼ RUS 54-55 E 7
Levaja Šapina ∼ RUS 56-57 T 6
Levaja Vetv', kanal < RUS 38-39 N 5
Levaja županova ∼ RUS 56-57 S 6
Levan ○ USA 184-185 J 6
Levanger ○ N 22-23 E 5
Levant, Bassin du = Levantine Basin ⩦ 64-65 B 6
Levant, Île du ⌒ F (83) 242-243 J 5
Levant, Val du ⌣ F (984) 246 III d 4
Levante, Riviera di ⌣ I 36-37 B 2
Levantine Basin = Levant, Bassin du ⩦ 64-65 B 6
Levasi ○ RUS 62-63 G 6
Levdiev, ostrov ⌒ RUS 44-45 M 7
Level, Isla ⌒ RCH 224 C 2
Levelland ○ USA 188-189 F 3
Leven ○ GB 26-27 F 3
Leven ∼ GB 26-27 F 3
Leven Bank ⩦ 158-159 E 4
Levens ○ F (06) 242-243 L 4
Leveque, Cape ▲ AUS 108-109 F 4
Lever, Rio ∼ BR 212-213 C 7
Leverett Glacier ⊂ ARK 16 E 0
Leverkusen ○ D 28-29 J 3
Lèves ○ F (28) 232-233 E 3
Levet ○ F (18) 236-237 K 2
Lévézou, Plateau du ▲ F (12) 240-241 K 2
Levick, Mount ▲ ARK 16 F 17
Levidi ○ GR 36-37 J 6
Levie ○ F (2A) 244 D 5
Levier ○ F (25) 238-239 J 3
Lévignac ○ F (31) 240-241 G 3
Lévignac-de-Guyenne ○ F (47) 240-241 E 1
Lévignacq ○ F (40) 240-241 B 2
Lévignen ○ F (60) 228-229 K 5
Levin ○ NZ 118 E 4
Levinópolis ○ BR 216-217 H 3
Lévis ○ CDN 182-183 J 5
Levis, Lac ⊖ CDN 174-175 L 4
Levittown ○ USA 190-191 L 5
Levkadíti ○ GR 36-37 J 5
Levkinskaja ○ RUS 24-25 V 4
Levrière ∼ F (27) 228-229 H 5
Levroux ○ F (36) 236-237 J 2
Levski ○ BG 38-39 D 6
Levuka ○ FJI 120 III b 2
Lévy, Cap ▲ F (50) 228-229 B 4
Levyj Hetagčan ∼ RUS 48-49 J 5
Levyj Kedon ∼ RUS 48-49 K 4
Levyj Mamakan ∼ RUS 54-55 F 7
Léwa ○ CAM 140-141 K 5
Lewa ○ RI 104 D 7
Lewe ○ MYA 78-79 K 6
Lewellen ○ USA 186-187 F 5
Lewes ○ USA 190-191 L 6
Lewes Plateau ▲ CDN 164-165 W 5
Lewis and Clark Lake ⊖ USA 186-187 J 4
Lewisburg ○ USA (OR) 184-185 C 3
Lewisburg ○ USA (TN) 192-193 E 2
Lewisburg ○ USA (WV) 190-191 H 7
Lewis Hills ▲ CDN 182-183 P 4
Lewis Pass ▲ NZ 118 D 5
Lewis Point ○ USA 166-167 R 3
Lewisporte ○ CDN 182-183 R 4
Lewis Range ▲ CDN 108-109 J 6
Lewis Range ▲ USA 184-185 H 1
Lewis River ∼ USA 184-185 C 2
Lewis Smith Lake ⊖ USA 192-193 E 3
Lewiston ○ USA (ID) 184-185 F 2
Lewiston ○ USA (IN) 190-191 E 5
Lewiston ○ USA (ME) 190-191 N 3
Lewiston ○ USA (UT) 184-185 J 5
Lewistown ○ USA (IL) 190-191 C 5
Lewistown ○ USA (MT) 186-187 C 2
Lewistown ○ USA (PA) 190-191 K 5
Lewisville ○ USA 188-189 J 3
Lewisville, Lake ⊖ USA 188-189 J 3
Lewoleba ○ RI 102-103 B 6
Lexington ○ USA (KY) 190-191 F 6
Lexington ○ USA (MS) 188-189 M 3
Lexington ○ USA (NC) 192-193 H 2
Lexington ○ USA (NE) 186-187 H 5
Lexington ○ USA (TN) 192-193 D 2
Lexington ○ USA (VA) 190-191 J 7
Lexington Park ○ USA 190-191 K 6
Leybourne Islands ⌒ CDN 180-181 R 2
Leyburn ○ AUS 114-115 L 4
Leye ○ VRC 92-93 E 4
Leygues, Îles ⌒ F (984) 246 III c 2
Leyr ○ F (54) 234-235 J 4
Leyson Point ▲ CDN 180-181 J 3
Leyte ⌒ RP 96-97 F 7
Leyte Gulf ≈ 96-97 F 7
Lezama ○ YV 204-205 H 3
Lezarde Rivière ∼ F (972) 245 V a 2
Lézardrieux ○ F (22) 230-231 E 2
Lézat-sur-Lèze ○ F (09) 240-241 G 4
Lezay ○ F (79) 236-237 E 3
Lezhë ☆•• AL 36-37 G 4
Lezhi ○ VRC 90-91 D 6
Lézignan-Corbières ○ F (11) 240-241 K 4
Lézinnes ○ F (89) 238-239 E 1
Lezoux ○ F (63) 238-239 C 5
l-Gadaf, Wādī ∼ IRQ 64-65 J 6
l-Gaut, Wādī ∼ SYR 64-65 J 5
LG Deux, Réservoir < CDN 182-183 F 2
L'gotny, mys ▲ RUS 56-57 H 5
L'gov ○ RUS 38-39 J 2
L'govskij, Dmitriev ○ RUS 30-31 O 5
LG Trois, Réservoir de < CDN 182-183 G 2
l-Hail, Wādī ∼ SYR 64-65 H 5
Lhari ○ VRC 80-81 J 5
L'Haridon Bight ≈ 112-113 B 3
l-Harit, Wādī ∼ ET 130-131 F 5
Lhasa ○•• VRC 80-81 H 6
Lhasa He ∼ VRC 80-81 H 6
Lhazê ○• VRC 80-81 F 6
Lhokseumawe ○ RI 98-99 B 2
Lhoksukon ○ RI 98-99 B 2
Lhommaizé ○ F (86) 236-237 G 3
Lhorong ○ VRC 80-81 K 5
Lhospitalet ○ F (46) 240-241 G 2
Lhotse ▲ NEP 80-81 F 7
Lhuis ○ F (01) 238-239 H 5
Lhuntsi ○ BHT 78-79 G 2
Lhünzê ○ VRC 80-81 J 6
Li ○ THA 94-95 E 2
Lia, Tanjung ▲ RI 102-103 D 3
Liambezi, Lake ⊖ NAM 154-155 C 3
Liamone ∼ F (2A) 244 C 4
Liancourt ○ F (60) 228-229 J 5
Liane ∼ F (62) 228-229 H 3
Liang ○ RI 100-101 H 4
Liangcheng ○ VRC (NMZ) 90-91 H 1
Liangcheng ○ VRC (SHD) 90-91 L 4
Lianghe ○ VRC (SIC) 92-93 F 2
Lianghe ○ VRC (YUN) 78-79 L 3
Lianghekou ○ VRC 90-91 D 5
Liangping ○ VRC 90-91 E 6
Liangpran, Gunung ▲ RI 100-101 D 3
Liangshan ○ VRC 90-91 K 4
Lianhua ○ VRC 92-93 H 3
Lianhua Shan ▲ VRC 92-93 J 5
Lianjiang ○ VRC (FUJ) 92-93 L 3
Lianjiang ○ VRC (GDG) 92-93 G 6
Lianping ○ VRC 92-93 J 4
Lianshan ○ VRC (GDG) 92-93 H 4
Lianshan ○ VRC (SHD) 90-91 E 4
Lianshan ○ VRC (SIC) 90-91 D 6
Lianshui ○ VRC 90-91 L 5
Liantang ○ VRC 92-93 G 4
Lian Xian ○ VRC 92-93 H 4
Lianyuan ○ VRC 92-93 G 3
Lianyungang ○ VRC 90-91 L 4
Lianyungang (Xinpu) ○ VRC 90-91 L 4
Liaocheng ○ VRC 90-91 J 3
Liao Dao • VRC 80-81 M 2
Liaodong, Golfe de = Liaodong Wan ≈ 86-87 C 7
Liaodong Bandao ⌣ VRC 86-87 D 8
Liaodong Wan ≈ 86-87 C 7
Liaodun ○ VRC 82-83 L 4
Liao He ∼ VRC 86-87 D 6
Liaoning ◘ VRC 86-87 C 6
Liao Shangjingcheng Yizhi ∴• VRC 84-85 O 6
Liaoyang ○ VRC 86-87 D 7
Liaoyuan ○ VRC 86-87 E 6
Liaozhong ○ VRC 86-87 D 7
Liao Zhongjingcheng Yizhi • VRC 84-85 O 7
Liāquatpur ○ PK 74-75 C 5
Liard Highway II CDN 174-175 H 5
Liard Plateau ▲ CDN 174-175 F 5
Liard River ∼ CDN 174-175 H 5
Liart ○ F (08) 234-235 E 2
Liat, Pulau ⌒ RI 98-99 G 6
Liban = Lubnān, al- ■ RL 64-65 F 5
Libano ○ CO 204-205 D 5
Libano ○ RA 222-223 J 4
Libanos Gedam, Debre • ETH 144-145 D 4
Libao ○ VRC 90-91 M 5
Libatemo ○ RI 100-101 H 5
Libau ○ CDN 178-179 H 5
Libba ○ WAN 140-141 F 3
Libby ○ USA 184-185 G 1
Libenge ○ ZRE 146-147 G 2
Liberal ○ USA 188-189 G 1
Liberator Lake ○ USA 164-165 L 2
Liberdade, Rio ∼ BR 212-213 B 6
Liberec ○• CZ 28-29 N 3
Liberia ☆ CR 196-197 B 6
Liberia = Liberia ■ LB 138-139 E 6
Libertad ○ RA 220-221 J 6
Libertad ○ ROU 222-223 L 3
Libertad ○ YV 204-205 G 3
Libertad, La ○ ES 196-197 K 5
Libertad, La ○ HN 196-197 L 4
Libertador General San Martín ○ RA (JU) 220-221 E 2
Libertador General San Martín ○ RA (SLU) 222-223 G 2
Liberty ○ USA (KY) 190-191 F 7
Liberty ○ USA (NY) 190-191 L 5
Liberty ○ USA (TX) 188-189 K 4
Libiyā = Libye ■ LAR 128-129 D 4
Libjo ○ RP 96-97 F 7
Libmanan ○ RP 96-97 E 6
Libobo, Tanjung ▲ RI 100-101 L 4
Libode ○ ZA 156-157 J 5
Liboi ○ EAK 148-149 H 3
Liboko ○ ZRE 146-147 H 2
Libono ○ LS 156-157 J 4
Liboumba ∼ G 146-147 D 3
Libourne ○ F (33) 236-237 E 6
Librazhd ☆• AL 36-37 H 4
Libreville ★• G 146-147 B 3
Librija ○ CO 204-205 E 4
Libro Point ▲ RP 96-97 C 7
Libuganon ∼ RP 96-97 F 9
Libye, Désert de = as-Ṣaḥrā' al-Libiyā ⩦ LAR 128-129 K 3
Libye = Libiyā ■ LAR 128-129 D 4
Licancabur, Volcán ▲ RCH 220-221 D 2
Licata ○ I 36-37 D 6
Lice ☆ TR 64-65 J 3
Licenciado Matienzo ○ RA 222-223 K 4
Lichang ○ VRC 90-91 H 6
Licheng ○ VRC 90-91 H 3
Lichères-près-Aigremont ○ F (89) 232-233 K 4
Lichinga ☆ MOC 154-155 H 1
Lichinga, Planalto de ▲ MOC 154-155 H 1
Lichtenberg • F 234-235 L 4
Lichtenburg ○ ZA 156-157 H 3
Lichteneger, Lac ⊖ CDN 182-183 G 2
Licinio de Almeida ○ BR 216-217 J 3
Liciro ○ MOC 154-155 J 3
Licking ○ USA 190-191 C 7
Licking River ∼ USA 190-191 F 6
Licq-Athérey ○ F (64) 240-241 C 4
Licques ○ F (62) 228-229 H 2
Licuare, Rio ∼ MOC 154-155 J 3
Licungo, Rio ∼ MOC 154-155 J 3
Lida ☆ BY 30-31 J 5
Lidan ∼ S 22-23 F 7
Liddon Gulf ≈ 168-169 P 3
Liden ○ S 22-23 H 5
Lidi, Mayo ∼ CAM 142-143 B 4
Lidia, Rio ∼ PE 214-215 B 2
Lidji ∼ ZRE 146-147 F 5
Lidjombo ○ RCA 146-147 F 2
Lidköping ☆ S 22-23 F 7
Lido ○ RN 140-141 E 2
Lido di Ostia ○ I 36-37 D 4
Lidskaja ravnina ▲ 30-31 J 5
Lidzbark Warmiński ○• PL 28-29 Q 1
Lié ∼ F (22) 230-231 F 3
Liebenthal ○ CDN 176-177 Q 6
Liebenthal ○ USA 186-187 H 6
Liebig, Mount ▲ AUS 112-113 L 1
Liechtenstein ■ FL 28-29 K 5
Liège ☆• B 28-29 H 3
Liège, Le ○ F (37) 232-233 E 5
Lieksa ○ FIN 24-25 L 5
Liemianzheng ○ VRC 90-91 E 4
Lienz ○ A 28-29 M 5
Liepāja ☆•• LV 30-31 G 3
Liepvre ○ F (68) 234-235 L 5
Lier ○• B 28-29 H 3
Liernais ○ F (21) 238-239 E 2
Liernolles ○ F (03) 238-239 D 4
Lierre = Lier ○• B 28-29 H 3
Lierville ○ F (60) 228-229 H 5
Liesse-Notre-Dame ○ F (02) 228-229 M 4
Liessies ○ F (59) 234-235 E 1
Lietnik ○ USA 164-165 F 5

Lögdeälven ~ S 22-23 J 5
Loge ~ ANG 152-153 C 3
Logeloge o EAT 150-151 K 4
Loges, les o F (76) 228-229 E 4
Logobou o BF 138-139 L 4
Logoforok o SUD 148-149 D 2
Logone ~ TCH 142-143 B 3
Logone Birni o CAM 142-143 B 3
Logone Gana o TCH 142-143 B 3
Logone Occidental ◘ TCH 142-143 B 4
Logone Occidental ~ TCH 142-143 B 4
Logone Oriental ◘ TCH 142-143 B 4
Logone Oriental ~ TCH 142-143 C 4
Logozone o DY 140-141 E 5
Logron o F (28) 232-233 E 3
Logroño o E 34-35 F 3
Løgstør o DK 22-23 D 8
Loh = Île Lo ⌒ VAN 120 II a 1
Lohagara o BD 78-79 F 4
Lohāghāt o IND 80-81 C 6
Lohardaga o IND 78-79 D 4
Lohārghat o IND 78-79 G 3
Lohéac o F (35) 230-231 H 4
Lohiniva o FIN 24-25 H 3
Lohja o FIN 24-25 H 6
Lohjanan o RI 100-101 E 4
Loh Liang o RI 104 D 7
Loi o PNG 119 D 2
Loiborsoit o EAT 148-149 F 5
Loi-kaw ☆ MYA 78-79 K 6
Loile ~ ZRE 146-147 H 4
Loilo ~ ZRE 146-147 J 3
Loimaa o FIN 24-25 G 6
Loima Hills ▲▲ EAK 148-149 E 2
Loing ~ F (77) 232-233 H 3
Loing ~ F (89) 232-233 J 4
Loing, Canal du < F (77) 232-233 H 3
Loir ~ F (72) 230-231 M 4
Loiré o F (49) 230-231 K 4
Loire ◘ F (42) 238-239 D 5
Loire ~ F (45) 232-233 H 4
Loire, Source de la ~ • F (07) 242-243 E 2
Loire, Val de ⌣ F (45) 232-233 G 4
Loire-Atlantique ◘ F (44) 230-231 H 4
Loire et de l'Allier, Plaines de la ▲▲ F (03) 238-239 D 3
Loire-sur-Rhône o F (69) 238-239 F 5
Loiret ◘ F (45) 232-233 G 4
Loir-et-Cher ◘ F (41) 232-233 E 4
Loiron o F (53) 230-231 K 3
Loiro Poco o BR 210-211 C 2
Lois ~ RI 102-103 C 6
Loiš o US 72-73 K 5
Loi Song ▲ MYA 78-79 K 4
Loita Hills ▲▲ EAK 148-149 E 4
Loita Plains ⌣ EAK 148-149 E 4
Loja ☆ EC 208-209 C 3
Lojiš ☆ US 72-73 K 5
Lojmola o RUS 24-25 L 6
Lojno o RUS 32-33 H 4
Lokalema o ZRE 146-147 J 3
Lokandu o ZRE 146-147 K 5
Lokan tekojärvi ○ FIN 24-25 J 3
Lokata o RI 102-103 F 2
Lokbatan o AZ 64-65 N 2
Lokeli o ZRE 146-147 K 5
Lokichar o EAK 148-149 E 2
Lokichar ~ EAK 148-149 E 2
Lokichogio o EAK 148-149 E 1
Lokila o ZRE 146-147 K 5
Lokitaung o EAK 148-149 E 1
Loknja ☆ RUS 30-31 M 3
Loko o WAN 140-141 G 4
Lokoja o WAN 140-141 G 5
Lokolama o ZRE 146-147 G 5
Lokolia o ZRE 146-147 H 4
Lokolo ~ ZRE 146-147 G 4
Lokomby o RM 158-159 E 9
Lokomo o CAM (Est) 146-147 E 2
Lokomo ~ CAM 146-147 E 2
Lokono o PNG 119 F 2
Lokori o EAK 148-149 F 3
Lokoro ~ ZRE 146-147 H 5
Lokossa ☆ DY 138-139 L 6
Lokot o RUS 30-31 O 5
Lokoti o CAM 142-143 B 5
Lokoundjé ~ CAM 146-147 C 2
Loksiati o SME 206-207 G 3
Loks Land ⌒ CDN 180-181 R 3
Lokutu o ZRE 146-147 J 3
Loky ~ RM 158-159 F 4
Lol o SUD (SR) 142-143 J 5
Lol ~ SUD 142-143 H 4
Lola o ANG 152-153 B 7
Lola o RG 138-139 F 6
Lolo o RCH 222-223 D 3
Lole ~ ZRE 146-147 G 5
Lolengi o ZRE 146-147 H 3
Loleta o USA 184-185 B 5
Lolgorien o EAK 148-149 E 4
Lolland ⌒ DK 22-23 E 9
Lol Lanok < EAT 148-149 F 6
Lolo o USA 184-185 G 2
Lolobata o RI 100-101 L 3
Lolobau Island ⌒ PNG 119 F 3
Lolobo o CI 138-139 H 6
Loloda Utara, Kepulauan ⌒ RI 100-101 K 2
Lolodorf o CAM 146-147 C 2
Lolo Hot Springs o USA 184-185 G 2
Lolo Pass (1595) ▲ USA 184-185 G 2
Lolui Island ⌒ EAU 148-149 D 4
Lolvavana ou Patteson, Passage ≈ 120 II b 2
Lolwane o ZA 156-157 F 3
Lolworth o AUS 110-111 H 7
Lolworth Range ▲▲ AUS 110-111 H 7
Lom o BG 38-39 C 6
Lom ~ CAM 140-141 K 6
Lom ☆ N 22-23 D 6
Loma o ETH 144-145 C 5
Loma Alta o USA 188-189 G 5
Loma Arena o CO 204-205 D 2
Loma Bonita o MEX 196-197 G 2
Loma de Cabrera o DOM 198-199 K 5
Lomagne ⚍ F 240-241 F 3
Lomako ~ ZRE 146-147 H 3
Lomaloma o FJI 120 III c 2
Lomami o ZRE 146-147 J 4
Lomami ~ ZRE 146-147 K 5
Loma Mountains ▲ WAL 138-139 E 5
Lomas, Las o PE 208-209 B 4
Lomas, Río de ~ PE 208-209 E 9
Loma San Martín ▲▲ RA 222-223 E 5
Lomas de Arena o USA 188-189 E 4
Lomas de Vallejos o RA 220-221 J 4
Lomas de Zamora o RA 222-223 K 3
Lomaum o ANG 152-153 C 6
Lomba ~ ANG 152-153 E 7
Lombadina ✕ AUS 108-109 F 4
Lombang o RI 100-101 F 5
Lombarda, Serra ▲▲ BR 206-207 J 4
Lombardia ◘ I 36-37 B 2
Lombe o ANG 152-153 D 4
Lombe o RI 100-101 H 6
Lombez o F (32) 240-241 F 4
Lomblen (Kawela), Pulau ⌒ RI 102-103 B 6
Lombok o RI (NBA) 104 C 7
Lombok ⌒ RI (NBA) 104 C 7
Lombok, Selat ≈ 104 B 7
Lombrive, Grotte de • F 240-241 H 5
Lombron o F (72) 230-231 M 3
Lomé ★• RT 138-139 L 6
Lomela o ZRE (KOR) 146-147 J 5
Lomela ~ ZRE 146-147 H 4
Lometa o USA 188-189 H 4
Lomfjorden ≈ 20-21 K 3
Lomié o CAM 146-147 D 2
Loming o SUD 142-143 L 6
Lomitas, Las o RA 220-221 G 3
Lomme o F (59) 228-229 K 2
Lomond o CDN 176-177 O 6
Lomonosov Ridge = Lomonossov, Crête de ≃ 16 A 25
Lomonossov, Crête de = Lomonosov Ridge ≃ 16 A 25
Lomont, Fort du • F 238-239 K 2
Lomont, Montagnes du ▲▲ F 238-239 K 2
Lomovoe o RUS 24-25 Q 4
Lomphăt o K 94-95 J 4
Lompobatang, Gunung ▲ RI 100-101 F 6
Lompoc o USA 184-185 D 8
Lompopana, Gunung ▲ RI 100-101 F 4
Lompoul o SN 138-139 B 2
Lom Sak o THA 94-95 F 2
Łomża ☆ PL 28-29 R 2
Lo'n ~ VN 94-95 K 4
Lona Bay ≈ 180-181 L 2
Lonambo o EC 208-209 D 2
Lonand o IND 74-75 E 10
Lonāvale o• IND 74-75 D 10
Lončakovo o RUS 58-59 F 5
Loncoche o RCH 222-223 C 5
Loncopangue o RCH 222-223 D 4
Loncopue o RA 222-223 D 5
Londa o IND 76-77 F 3
Londéla-Kayes o RCB 146-147 D 6
Londe-les-Maures, La o F (83) 242-243 J 5
Londengo o ANG 152-153 B 6
Londiani o EAK 148-149 E 4
Londinières o F (76) 228-229 G 4
Londolovit o PNG 119 G 2
London o• CDN 182-183 D 7
London ★••• GB 26-27 G 6
London o USA (KY) 190-191 F 7
London o USA (OH) 190-191 G 6
Londonderry ☆• GB 26-27 D 4
Londonderry, Cape ▲ AUS 108-109 H 2
Londonderry, Isla ⌒ RCH 224 E 7
Londres, Baie de ≈ 246 III b 2
Londrina o BR 216-217 E 7
Lone Butte o CDN 176-177 K 6
Lonely Mine o ZW 154-155 E 4
Lone Rock o USA 190-191 C 4
Lokomby o RM 158-159 E 9
Long o THA 78-79 L 6
Longa o ANG (CUA) 152-153 E 7
Longa ~ ANG 152-153 E 8
Longa ~ ANG 152-153 C 5
Longa, Détroit de = Longa, proliv ≈ 48-49 T 1
Longa, proliv ≈ 48-49 T 1
Longá, Rio ~ BR 212-213 H 3
Longages o F (31) 240-241 G 4
Longa-Mavinga, Coutada Pública do ⊥ ANG 152-153 E 8
Long'an o VRC 90-91 F 3
Longana o VAN 120 II a 2
Longaví, Río ~ RCH 222-223 D 4
Longbao Z.B. II VRC 80-81 L 4
Long Bay ≈ 192-193 J 3
Long Bay ≈ 198-199 G 6
Long Bay Beach ⚍ GB 200 C 2
Long Bay Beach ⚍• JA 198-199 G 5
Long Beach o USA 184-185 E 9
Long Beach, Playa de ⚍• DOM 198-199 K 5
Longbow Lake o CDN 178-179 J 6
Long Branch o USA (NJ) 190-191 L 5
Long Branch o USA (NJ) 190-191 M 5
Long Cay ⌒ BH 196-197 L 3
Long Cay ⌒ BS 198-199 H 3
Longchamp o F (52) 234-235 G 5
Longchang o VRC 92-93 D 2
Longchaumois o F (39) 238-239 H 4
Longchuan o VRC 92-93 J 4
Long Creek o CDN 182-183 L 6
Long Creek o USA 184-185 E 3
Longe ~ ANG 152-153 C 4
Longeau-Percey o F (52) 238-239 G 1
Longemaison o F (25) 238-239 J 2
Long Étang o F (57) 234-235 L 4
Longeville-sur-Mer o F (85) 236-237 C 3
Longfengyan • VRC 92-93 K 3
Long Fjord, De ≈ 170-171 d 2
Longford o AUS 116-117 J 6
Longford = An Longfort ☆ IRL 26-27 D 5
Longgang Shan ▲▲ VRC 86-87 E 6
Longgang Z.B. ⊥• VRC 92-93 E 5
Longgong • VRC 92-93 D 3
Longgong D. • VRC 92-93 K 2
Long Harbour o CDN 182-183 S 5
Longhua o VRC 84-85 N 7
Longhui o VRC 92-93 G 3
Longhushan • VRC 92-93 K 2
Longido o EAT 148-149 F 5
Longikis o RI 100-101 E 4
Longine, la o F (70) 234-235 K 6
Longiram o RI 100-101 D 4
Long Island ⌒ AUS 114-115 K 2
Long Island ⌒ BS 198-199 H 3
Long Island ⌒ CDN (NFL) 182-183 R 4
Long Island ⌒ CDN (NFL) 182-183 R 5
Long Island ⌒ CDN (NS) 182-183 L 6
Long Island ⌒ CDN (NWT) 180-181 K 7
Long Island ⌒ PNG 119 D 3
Long Island ⌒ USA 190-191 M 5
Long Island Sound ≈ 180-181 K 7
Long Island Sound ≈ 190-191 M 5
Longitudinal, Valle ⚍ RCH 222-223 C 4
Longjiing o VRC 86-87 G 6
Longkay o RI 100-101 D 3
Longkou o VRC 90-91 M 4
Longlac o CDN 178-179 N 6
Long Lake o CDN 178-179 N 6
Long Lake o USA 186-187 H 2
Long Lama o MAL 100-101 D 2
Long Lellang o MAL 100-101 D 2
Longlin o VRC 92-93 D 4
Longling o VRC 78-79 L 3
Long Malinau o RI 100-101 E 2
Longmen o VRC 92-93 J 5
Longmen o VRC 92-93 G 6
Longmen Shiku • VRC 90-91 H 4
Longmont o USA 186-187 E 5
Long Mountains, Den ▲▲ USA 164-165 J 2
Long My o VN 94-95 H 6
Longnan o VRC 92-93 J 4
Longnawan o RI 100-101 D 3
Longnes o F (78) 232-233 F 2
Longny-au-Perche o F (61) 232-233 D 2
Longo o G 146-147 D 4
Longoni, Pointe de ▲ F (985) 246 I b 2
Longonjo o ANG 152-153 C 6
Longonot ▲ EAK 148-149 F 4
Longotea o PE 208-209 D 5
Longot"egan ~ RUS 44-45 M 8
Longozabe o RM 158-159 F 7
Long Palai o MAL 100-101 D 2
Long Pine o USA 186-187 H 4
Long Plain Indian Reserve ✕ CDN 178-179 G 6
Long Point o CDN (ONT) 182-183 D 7
Long Point ▲ CDN (MAN) 178-179 G 4
Long Point ▲ CDN (NFL) 182-183 P 4
Long Point ▲ CDN (ONT) 182-183 D 7
Long Point ▲ RP 96-97 C 8
Long Point Bay ○ CDN 182-183 D 7
Longpont o F (02) 228-229 L 5
Long Prairie o USA 186-187 K 3
Longquan o VRC 92-93 L 2
Long Range Mountains ▲▲ CDN 182-183 P 5
Longré o F (16) 236-237 E 3
Longreach o AUS 114-115 H 2
Long Seridan o MAL 100-101 D 1
Longshan o VRC (GDG) 92-93 H 5
Longshan o VRC (HUN) 92-93 F 2
Longsheng o VRC 92-93 F 4
Longshou Shan ▲▲ VRC 90-91 B 2
Longs Peak ▲ USA 186-187 E 5
Long Thành o VN 94-95 J 5
Longton o AUS 110-111 H 7
Longue, Pointe ▲ CDN 182-183 E 2
Longueau o F (80) 228-229 J 4
Longué-Jumelles o F (49) 230-231 L 5
Longue Roche ▲• F 234-235 F 2
Longues-sur-Mer o F (14) 228-229 C 5
Longueuil o CDN 182-183 H 6
Longueville o F (77) 232-233 J 2
Longueville-sur-Scie o F (76) 228-229 G 4
Longuyon o F (54) 234-235 H 3
Long Valley Junction o USA 184-185 H 7
Longview o CDN 176-177 N 6
Longview o USA (TX) 188-189 K 3
Longview o USA (WA) 184-185 C 2
Longwy o F (54) 234-235 H 2
Longxi o VRC 90-91 D 4
Long Xian o VRC 90-91 E 4
Long Xuyên ☆ VN 94-95 H 5
Longyan o VRC 92-93 K 4
Longyao o VRC 90-91 J 3
Longyarbyen o N 20-21 J 3
Longyou o VRC 92-93 L 2
Longzhou o VRC 92-93 E 5
Loni Kand o IND 74-75 E 10
Lonkintsy o RM 158-159 F 6
Lonkonia ~ ZRE 146-147 J 4
Lonlay-l'Abbaye o F (61) 230-231 K 2
Lonquimay o RCH 222-223 D 5
Lonsdale o USA 186-187 L 3
Lons-le-Saunier o F (39) 238-239 H 3
Lontar o RI 102-103 E 4
Lontar, Pulau ⌒ RI 102-103 E 4
Lontou o RMM 138-139 E 2
Lontra o BR 212-213 C 4
Lontra, Ribeirão ~ BR 216-217 D 6
Lontra, Rio ~ BR 212-213 D 5
Lontué, Río ~ RCH 222-223 D 3
Lonua ~ ZRE 146-147 J 3
Lonzac, le o F (19) 236-237 J 5
Looberghe o F (59) 228-229 J 2
Looc o RP (BOH) 96-97 E 7
Looc o RP (ROM) 96-97 D 6
Lookout, Cape ▲ CDN 178-179 P 3
Lookout, Cape ▲ USA 184-185 C 3
Lookout, Cape ▲ USA (NC) 192-193 K 2
Lookout, Mount ▲ AUS 110-111 H 6
Lookout, Point o USA 190-191 K 6
Lookout Mount ▲ USA 164-165 P 3
Lookout Pass ▲ USA 184-185 G 2
Lookout Point ▲ AUS 110-111 H 4
Lookout Ridge ▲▲ USA 164-165 L 2
Look Sembuang o MAL 96-97 C 10
Loongana o AUS 108-109 G 5
Loongana o AUS 112-113 J 5
Loon Lake o CDN 176-177 Q 4
Loon-Plage o F (59) 228-229 J 1
Loon Point ▲ CDN 182-183 E 2
Loon River ~ CDN 176-177 N 3
Loost River o USA 164-165 G 4
Lootsberg Pass ▲ ZA 156-157 G 5
Lop o VRC 80-81 C 2
Lopary o RM 158-159 E 9
Lopatina, gora ▲ RUS 58-59 K 3
Lopatino o RUS 32-33 D 7
Lopatka, mys ▲ RUS 58-59 R 3
Lopatka, poluostrov ⌣ RUS 46-47 c 4
Lopburi o THA 94-95 F 3
Lopča ~ RUS 54-55 L 8
Lopevi = Ulveah ⌒ VAN 120 II b 3
Lopez o CO 204-205 C 6
Lopez o RP 96-97 E 6
Lopez, Cap ▲ G 146-147 B 4
López Mateos, Ciudad o MEX 196-197 E 2
Lop Nur ○ VRC 82-83 K 5
Lopori ~ ZRE 146-147 H 3
Lopphavet ≈ 22-23 K 1
Lopp Lagoon ≈ 164-165 G 4
Loptjuga ~ RUS 24-25 U 5
Loqueffret o F (29) 230-231 D 3
Loquilocon o RP 96-97 F 7
Lora, Punta ▲ RCH 222-223 C 3
Lora, Rio ~ YV 204-205 E 3
Lora Creek ~ AUS 114-115 C 5
Lorain o USA 190-191 G 5
Loralai o PK 74-75 B 4
Loralai ~ PK 74-75 B 4
Loranchet, Péninsule ⌣ F (984) 246 III a 2
Loranstation = Angisoq o GRØ 172-173 S 7
Lordat o F (09) 240-241 H 5
Lordegān o IR 70-71 D 3
Lord Howe, Chaîne de = Lord Howe Seamounts ≃ 9 H 5
Lord Howe, Seuil de = Lord Howe Rise ≃ 9 H 6
Lord Howe Island ⌒••• AUS 116-117 N 7
Lord Howe Rise = Lord Howe, Seuil de ≃ 9 H 6
Lord Howe Seamounts = Lord Howe, Chaîne de ≃ 9 H 5
Lord Lindsay River ~ CDN 168-169 Z 5
Lord Loughborough Island ⌒ MYA 94-95 D 5
Lord Mayor Bay ≈ 168-169 a 6
Lordsburg o USA 188-189 C 3
Lore o RI 102-103 D 6
Lore Lindu National Park ⊥• RI 100-101 G 4
Loren, Pulau ⌒ RI 104 E 7
Lorena o BR (AMA) 210-211 B 6
Lorena o BR (PAU) 216-217 H 7
Lorengau ☆ PNG 119 D 2
Lorentz ~ RI 102-103 K 4
Lorentz Reserve ⊥• RI 102-103 J 4
Lōre Rūd ~ AFG 70-71 M 2
Lorestān ◘ IR 70-71 B 2
Loreto o BOL 214-215 E 4
Loreto o BR (MAR) 212-213 F 5
Loreto o BR (MAT) 214-215 H 2
Loreto o CO 210-211 B 4
Loreto o• I 36-37 D 3
Loreto o MEX (ZAC) 194-195 J 6
Loreto o• MEX (BCS) 194-195 D 4
Loreto o PE 208-209 F 5
Loreto o RP 96-97 F 7
Loreto, Isla ⌒ PE 210-211 B 4
Lorette o F (83) 242-243 J 4
Lorian Swamp ○ EAK 148-149 G 3
Lorica o CO 204-205 D 3
Lorient o F (56) 230-231 E 4
Lorignac o F (17) 236-237 D 5
Lorillard River ~ CDN 174-175 Y 3
Loring o USA 186-187 D 1
Loring, Port o CDN 182-183 E 6
Lorino o RUS 48-49 Z 4
Loriol-sur-Drôme o F (26) 242-243 F 2
Loriscota, Lago ○ PE 214-215 B 5
Lorlie o CDN 178-179 E 5
Lormes o F (58) 232-233 K 5
Lorn, Firth of ≈ 26-27 E 3
Lorna Downs o AUS 114-115 F 2
Lorne o AUS (QLD) 114-115 J 3
Lorne o AUS (VIC) 116-117 G 5
Lorneville o CDN 182-183 L 6
Loronyo o SUD 142-143 L 6
Loropéni o BF 138-139 J 4
Loros, Los o RCH 220-221 B 4
Loroux-Bottereau, le o F (44) 230-231 J 5
Lorquin o F (57) 234-235 K 4
Lörrach o D 28-29 J 5
Lorrain, Le o F (972) 245 V a 2
Lorraine o AUS 110-111 E 6
Lorraine ◘ F 234-235 H 4
Lorraine ⚍ F 234-235 G 4
Lorraine, Parc Naturel Régional de ⊥ F 234-235 K 4
Lorrez-le-Bocage o F (77) 232-233 H 3
Lorris o F (45) 232-233 H 4
Lorsch o••• D 28-29 K 4
Lort, Cabo ▲ RCH 224 C 2
Loruk o EAK 148-149 F 3
Lorukumu o EAK 148-149 E 2
Lorzot o TN 126-127 H 5
Los o S 22-23 G 6
Los, Iles de ⌒ RG 138-139 D 5
Losai National Reserve ⊥ EAK 148-149 F 3
Los Angeles o• USA 184-185 E 8
Los Angeles Aqueduct < USA 184-185 E 8
Losari o RI 104 C 3
Loseya < EAT 148-149 F 6
Los Haitises, Parque Nacional ⊥ DOM 198-199 L 5
Lošinj ⚍ HR 36-37 E 2
Los Mochis o MEX 194-195 E 5
Loso ~ ZRE 146-147 G 4
Losoni o RI 100-101 H 5
Lospalos o RI 102-103 D 6
Los Reyes Islands ⌒ PNG 119 E 1
Losse o F (40) 240-241 D 2
Lossiemouth o GB 26-27 F 3
Lossogonoi Plateau ▲▲ EAT 148-149 F 5
Lost Hills o USA 184-185 E 8
Lost River Range ▲▲ USA 184-185 H 3
Lost Springs o USA 186-187 E 4
Lost Trail Pass ▲ USA 184-185 H 3
Lost World Caverns ∴ USA 190-191 H 7
Losuia o PNG 119 F 5
Lot ◘ F (46) 240-241 G 1
Lot ~ F (46) 240-241 G 2
Lot, Gorges du ▲ F (12) 240-241 K 1
Lote 15, Cerro ▲ RA 224 E 2
Lot-et-Garonne ◘ F (47) 240-241 E 2
Lotfābād o IR 72-73 F 6
Lothair o USA 184-185 J 1
Lothal o IND 74-75 D 8
Lothiers o F (36) 236-237 J 2
Lotikipi Plain ⌣ EAK 148-149 E 1
Loto o ZRE (KOR) 146-147 J 5
Loto ~ ZRE 146-147 J 5
Lotoi ~ ZRE 146-147 G 4
Lotsane ~ RB 154-155 D 6
Lotsohina o RM 158-159 F 3
Lott o USA 188-189 J 4
Lotta ~ RUS 24-25 K 2
Lotuke ▲ SUD 144-145 A 6
Lötzen = Giżycko o• PL 28-29 Q 1
Louailles o F (72) 230-231 L 4
Louangphrabang ☆ LAO 92-93 C 7
Louan-Villegruis-Fontaine o F (77) 232-233 J 2
Louargat o F (22) 230-231 E 2
Loubajac o F (65) 240-241 D 4
Loubaresse o F (07) 242-243 E 2
Loubens o F (09) 240-241 H 4
Loubetsi o RCB 146-147 D 5
Loubieng o F (64) 240-241 C 4
Loubillé o F (79) 236-237 E 3
Loubomo ☆ RCB 146-147 D 6
Louchats o F (33) 240-241 C 1
Loudéac o F (22) 230-231 F 3
Loudenvielle o F (65) 240-241 E 5
Loudes o F (43) 242-243 D 1
Loudi o VRC 92-93 G 3
Loudima o RCB 146-147 D 6
Loudima ~ RCB 146-147 D 6
Loudrefing o F (57) 234-235 K 4
Loudun o F (86) 236-237 F 1
Loudunais ⚍ F (86) 230-231 L 5
Loué o F (72) 230-231 L 4
Loue ~ F 238-239 H 2
Loue, Vallée de la ⌣• F (25) 238-239 J 2
Louens o F (33) 236-237 D 6
Louerre o F (49) 230-231 L 5
Louéssé ~ RCB 146-147 D 5
Louétsi ~ G 146-147 C 5
Louga ☆ SN 132-133 B 7
Lougheed Island ⌒ CDN 168-169 T 2
Loughrea = Baile Locha Riach o IRL 26-27 C 5
Lougou o DY 140-141 E 3
Lougratte o F (47) 240-241 F 1
Louhans o F (71) 238-239 G 3
Louhi o RUS 24-25 M 3
Louhossoa o F (64) 240-241 B 4
Louingui o RCB 146-147 E 6
Louis, Cap ▲ F (984) 246 III a 3
Louisa o USA 190-191 G 6
Louisa Downs o AUS 108-109 H 5
Louisbourg o CDN 182-183 O 6
Louisburg o USA 192-193 J 1
Louisdale o CDN 182-183 O 6
Louise o USA 188-189 J 5
Louise, Lake ○ USA 164-165 R 5
Louise Island ⌒ CDN 176-177 E 5
Louiseville o CDN 182-183 H 5
Louisfert o F (44) 230-231 J 4
Louisiade Archipelago ⌒ PNG 119 G 6
Louisiana o USA 190-191 C 6
Louisiana ◘ USA 188-189 L 4
Louisiana Point ▲ USA 188-189 L 5
Louisiane = Louisiana ◘ USA 188-189 L 3
Lou Island ⌒ PNG 119 D 2
Louis Trichardt o ZA 154-155 E 6
Louisville o CDN 182-183 H 5
Louisville o USA (GA) 192-193 G 3
Louisville o USA (KY) 190-191 F 6
Louisville o USA (MS) 192-193 D 3
Louisville o USA (NE) 186-187 J 5
Louisville, Dorsale = Louisville Ridge ≃ 10-11 L 10
Louisville Ridge = Louisville, Dorsale ≃ 10-11 L 10
Louis-XIV, Pointe ▲ CDN 180-181 K 7
Loukoléla o RCB 146-147 F 4
Loukouo o RCB 146-147 E 5
Loulan Gucheng ∴• VRC 82-83 J 5
Loulans-Verchamp o F (70) 238-239 J 2
Loulay o F (17) 236-237 D 3
Loulé o P 34-35 C 6
Loulouni o RMM 138-139 H 4
Lou Lou Park o AUS 114-115 J 2
Loum o CAM 140-141 H 6
Loumbi o SN 132-133 D 7
Loumbol, Vallée du ~ SN 138-139 D 2
Loumo, Gati- o RMM 138-139 H 2
Loumou o RCB 146-147 E 6
Loungou o RCB 146-147 D 5
Loup ~ F (06) 242-243 L 4
Loup, Gorges du ⌣• F (06) 242-243 K 4
Loup, Rivière-du- o CDN 182-183 K 5
Loup City o USA 186-187 H 5
Loupe, La o F (28) 232-233 E 3
Loupiac o F (12) 240-241 J 1
Louppy-sur-Loisin o F (55) 234-235 H 3
Loup River ~ USA 186-187 H 5
Loups Marins, Lacs des ○ CDN 180-181 M 6
Luqsor = Uqsur, al- o•• ET 130-131 F 5
Lourdes o• F (65) 240-241 D 4
Lourdios-Ichere o F (64) 240-241 C 4
Lourdoueix-Saint-Michel o F (36) 236-237 J 3
Lourenço o BR 206-207 J 4
Lour-Escale o SN 138-139 C 2
Louroux-Béconnais, Le o F (49) 230-231 K 4
Loury o F (45) 232-233 G 4
Lousiana ◘ USA 188-189 L 4
Lousserie o RIM 132-133 E 6
Lout, Désert de = Lūt, Dašt-e ⚍ IR 70-71 G 2
Louta o BF 138-139 J 3
Louth o AUS 114-115 H 6
Louth o GB 26-27 G 5
Louth < RIM 132-133 D 6
Louti, Mayo ~ CAM 140-141 K 3
Loutrā o GR 36-37 K 6
Louvain = Leuven o•• B 28-29 H 3
Louvakou o RCB 146-147 D 5
Louverné o F (53) 230-231 K 3
Louvicourt o CDN 182-183 F 4
Louvie-Juzon o F (64) 240-241 D 4
Louviers o F (27) 228-229 G 5
Louvigné-de-Bais o F (35) 230-231 J 3
Louvigné-du-Désert o F (35) 230-231 J 3
Louvroil o F (59) 228-229 M 3
Louwsburg o ZA 156-157 K 3
Lövånger o• S 22-23 K 4
Lovcova, mys ▲ RUS 58-59 M 6
Love o CDN 178-179 D 4
Love Beach ⚍• BS 198-199 G 2
Loveč ☆• BG 38-39 D 6
Lovelady o USA 188-189 K 4
Loveland o USA 186-187 E 5
Lovell o USA 186-187 C 3
Lovelock o USA 184-185 E 5
Løvenørn, Kap ▲ GRØ 172-173 U 4
Lóvere o I 36-37 C 2
Loverna o CDN 176-177 Q 6
Loviisa = Lovisa o FIN 24-25 J 6
Lovington o USA 188-189 F 3
Lovisa o FIN 24-25 J 6
Lovoi ~ ZRE 150-151 C 5
Lovozero o RUS (MUR) 24-25 N 2
Lovozero ○ RUS (MUR) 24-25 N 3
Lóvua o ANG (LUN) 152-153 F 3
Lóvua o ANG (MOX) 150-151 B 6
Lovua ~ ZRE 152-153 F 3
Lovuški, ostrova ⌒ RUS 58-59 P 4
Low o CDN 182-183 G 6
Low, Cape ▲ CDN 180-181 G 3
Low, Lac ○ CDN 182-183 F 2
Lowa ~ ZRE 146-147 L 4
Low Bay ≈ 222-223 L 7
Low Cape ▲ USA 166-167 T 4
Lowell o USA (ID) 184-185 G 2
Lowell o USA (MA) 190-191 N 4
Lowelli o SUD 144-145 A 6
Löwen ~ NAM 156-157 D 3
Lower Arrow Lake ○ CDN 176-177 L 7
Lower Brule Indian Reservation ✕ USA 186-187 H 3
Lower Forster Lake ○ CDN 178-179 D 2
Lower Fort Garry National Historic Park ∴• CDN 178-179 H 5
Lower Glenelg National Park ⊥ AUS 116-117 F 5
Lower Guinea = Basse Guinée ⚍ 5 E 5
Lower Gwelo o ZW 154-155 E 4
Lower Hutt o NZ 118 E 4
Lower Lake o USA (CA) 184-185 C 6
Lower Lake ○ USA (CA) 184-185 D 5
Lower Loteni o ZA 156-157 J 4
Lower Lough Erne ○ GB 26-27 D 4
Lower Peninsula ⌣ USA 190-191 F 3
Lower Post o CDN 174-175 E 6
Lower Red Lake ○ USA 186-187 K 1
Lower Sabie o ZA 156-157 K 2
Lower Savage Islands ⌒ CDN 180-181 Q 4
Lower Sioux Indian Reservation ✕ USA 186-187 K 3
Lower Souris National Wildlife Refuge ⊥ USA 186-187 G 1
Lower Valley of the Awash ••• ETH 144-145 E 3
Lower Zambezi National Park ⊥ Z 154-155 E 2
Lowestoft o GB 26-27 H 5
Lowest Point in United States ∴ USA 184-185 F 7
Łowicz o• PL 28-29 P 2
Lowman o USA 184-185 G 3
Lowrie Channel ≈ 110-111 C 4
Low Rocky Point ▲ AUS 116-117 H 7
Lowry Indian Ruins ∴ USA 186-187 C 7
Lowther Island ⌒ CDN 168-169 X 3
Lowty, Pico ▲ MEX 194-195 B 4
Lowville o USA 190-191 L 4
Lò Xo, Đèo ▲ VN 94-95 J 3
Loxton o AUS 116-117 F 3
Loxton o ZA 156-157 F 5
Loya ~ ZRE 148-149 A 4
Loyada o DJI 144-145 F 3
Loyangalani o EAK 148-149 F 2
Loyat o F (56) 230-231 G 4
Loyauté, Îles ⌒ F (988) 247 I d 2
Loyauté, Province des Îles ◘ F (988) 247 I e 2
Loyds River ~ CDN 182-183 Q 4
Loyengo o SD 156-157 K 3
Loyettes o F (01) 238-239 G 5
Loyoro o EAK 148-149 E 2
Loza ~ RM 158-159 E 5
Lozère ◘ F (48) 242-243 D 2
Lozère, Mont ▲ F (48) 242-243 D 3
Loznica o YU 36-37 G 2
Ložnikovo o RUS 54-55 H 10
Lozova o UA 38-39 K 3
Loz'va ~ RUS 50-51 F 5
L. P. Kochs Fjord ≈ 170-171 c 2
Lua ~ ZRE 146-147 G 2
Luabo o MOC 154-155 J 4
Luabo o ZRE 150-151 C 5
Luabu ~ ZRE 146-147 G 5
Luacano o ANG 152-153 F 5
Luachimo o ANG 152-153 F 3
Luachimo ~ ANG 152-153 F 5
Luaco o ANG 152-153 F 3
Lua-Dekere ~ ZRE 142-143 D 6
Luadi, Wamba- o ZRE 152-153 D 3
Luagungu o ZRE 148-149 A 5
Luahula ~ ZRE 150-151 B 5
Luala, Rio ~ MOC 154-155 H 3
Lualaba ~ ZRE 146-147 K 4
Luali o ZRE 146-147 D 6
Luama ~ ZRE 148-149 A 6
Luambala, Rio ~ MOC 154-155 H 1
Luambe National Park ⊥ Z 150-151 G 7
Luampa o Z 154-155 C 2
Luampa ~ Z 154-155 C 2
Luampa Kuta o Z 154-155 C 2
Lu'an o VRC 90-91 K 6
Luanchuan o VRC 90-91 G 5
Luanco (Lluanco) o E 34-35 E 3
Luancundo ~ ANG 152-153 F 8
Luanda ◘ ANG 152-153 B 4
Luanda ★• ANG (LDA) 152-153 B 4
Luanda o BR (PAR) 216-217 D 7
Luanda o BR (PER) 212-213 J 5
Luanda Norte ◘ ANG 152-153 E 4
Luanda Sul ◘ ANG 152-153 E 5
Luando o ANG (BIE) 152-153 E 5
Luando ~ ANG 152-153 D 5
Luando, Reserva Natural Integral do ⊥ ANG 152-153 D 5
Luanginga ~ Z 154-155 B 2
Luang Namtha o LAO 92-93 B 6
Luango ~ ANG 146-147 D 6
Luangue o ANG (LUN) 152-153 E 4
Luangue ~ ANG 152-153 E 4
Luanguinga ~ ANG 152-153 F 6
Luangwa o Z (Lus) 154-155 F 2
Luangwa ~ Z 150-151 F 5
Luangwa ~ Z 154-155 F 2
Luan He ~ VRC 84-85 N 7
Luanheca o ANG 152-153 D 7
Luaniva, Île ⌒ F (986) 247 III
Luanjing o VRC 90-91 D 3
Lua Nova o BR 210-211 D 7
Luanping o VRC 90-91 K 1
Luanshya o Z 154-155 E 1
Luant o F (36) 236-237 J 2
Luan Xian o VRC 90-91 L 2
Luanza o ZRE 150-151 E 5
Luapula ◘ Z 150-151 E 6
Luapula ~ ZRE 150-151 E 6
Luar, Danau ○ RI 98-99 K 4
Luarca o E 34-35 D 3
Luart, Le o F (72) 232-233 D 3
Luashi o ZRE 150-151 B 6
Luashi ~ ZRE 150-151 B 6
Luassingua ~ ANG 152-153 E 7
Luatamba o ANG 152-153 F 6
Luatize, Rio ~ MOC 154-155 J 1
Luatize, Rio ~ MOC 154-155 F 2
Luau o ANG 150-151 B 6
Lua-Vindu ~ ZRE 146-147 G 2
Luba o GQ 146-147 B 2
Lubaantun ∴• BH 196-197 K 3
Lubahanbajo o RI 104 D 7
Lubalo ~ ANG 152-153 E 4
Lubamba o ZRE 146-147 L 6
Lubań o PL 28-29 N 3
Lubana ezeri ○ LV 30-31 K 3
Lubang o RP 96-97 D 6
Lubang Island ⌒ RP 96-97 D 6
Lubango ☆ ANG 152-153 B 7
Lubansenshi ~ Z 150-151 F 6
Lubanza o ZRE 146-147 H 6
Lubao o RP 96-97 D 5
Lubao o ZRE 146-147 K 6
Lubartów o PL 28-29 R 3
Lubbock o USA 188-189 G 3
Lubbon o F (40) 240-241 D 2
Lubec o F (33) 236-237 D 6
Lubec o USA 190-191 P 3
Lübeck o••• D 28-29 L 2
Lübecker Bucht ≈ 228-229 N 3
Lubefu o ZRE (KOR) 146-147 K 6
Lubefu ~ ZRE 146-147 K 6
Lubembe ~ ZRE 152-153 F 3
Lüben = Lubin o• PL 28-29 O 3
Lubero o ZRE (KIV) 148-149 B 4
Lubero ~ ZRE 148-149 B 4
Lubéron, Montagne du ▲▲ F (84) 242-243 G 4
Lubéron, Parc Naturel Régional du ⊥ F (84) 242-243 H 4
Lubersac o F (19) 236-237 H 5
Lubi ~ ZRE 150-151 B 3
Lubilandji ~ ZRE 150-151 B 4
Lubilanji ~ ZRE 150-151 B 5
Lubile o ZRE 146-147 L 5
Lubile ~ ZRE 150-151 E 4
Lubimbi o ZW 154-155 D 4
Lubin o• PL 28-29 O 3
Lubine o F (88) 234-235 L 5
Lubishi ~ ZRE 150-151 C 4
Lublin ☆ PL 28-29 R 3
Lubliniec o PL 28-29 P 3
Lubnān, al- = Liban ■ RL 64-65 F 5
Lubnān al-Ğarbiya, Ğabal ▲▲ RL 64-65 F 6
Lubnān aš-Šarqiya, Ğabal ▲▲ RL 64-65 F 6
Lubny o UA 38-39 H 3
Lubok Antu o MAL 98-99 J 4
Lubu ~ Z 150-151 F 6
Lubudi o ZRE (SHA) 150-151 C 5
Lubudi ~ ZRE 146-147 J 6
Lubudi ~ ZRE 150-151 C 5
Lubue ~ ZRE 146-147 G 6
Lubukalung o RI 98-99 D 5
Lubukbargalung o RI 98-99 D 5
Lubuklinggau o RI 98-99 E 6
Lubukpakam o RI 98-99 C 3
Lubuksikaping o RI 98-99 D 4
Lubule ~ ZRE 150-151 D 5
Lubumbashi ☆• ZRE 150-151 D 6
Lubundji ~ ZRE 146-147 H 6
Lubungu o Z 154-155 D 2
Lubushi o Z 150-151 F 6
Lubutu o ZRE 146-147 L 4
Lubutu ~ ZRE 146-147 L 4
Lubwe o Z 150-151 E 6
Luc o F (48) 242-243 D 2
Luc, Le o F (83) 242-243 J 5
Lucala o ANG 152-153 C 4
Lucala ~ ANG 152-153 C 4
Lucan o CDN 182-183 D 7
Lucanas o PE 208-209 E 9
Lucapa ☆ ANG 152-153 F 4
Lucas, Arroyo ~ RA 220-221 H 6
Lucas, Lake ○ AUS 108-109 J 6
Luçay-le-Mâle o F (36) 232-233 E 5
Lucca o I 36-37 C 3
Lucé o F (28) 232-233 E 3
Lucea o JA 198-199 F 5
Lucedale o USA 192-193 D 4

Lučegorsk ○ **RUS** 58-59 F 5
Lucena ☆ **RP** 96-97 D 6
Lucenay-lès-Aix ○ **F** (58) 238-239 C 3
Lucenay-l'Evêque ○ **F** (71) 238-239 E 2
Luc-en-Diois ○ **F** (26) 242-243 G 2
Lučenec ○ **SK** 28-29 P 4
Lucera ○ **I** 36-37 E 4
Lucéram ○ **F** (06) 242-243 L 4
Lucerna ○ **HN** 196-197 K 4
Lucerna ○ **PE** 214-215 C 3
Lucerne, Abbaye de • **F** (50) 230-231 J 2
Lucerne = Luzern ☆• **CH** 28-29 K 5
Lucerne Valley ○ **USA** 184-185 F 8
Lucero ○ **MEX** 194-195 F 2
Luceville ○ **CDN** 182-183 K 4
Lucey ○ **F** (54) 234-235 H 4
Lucey ○ **F** (73) 238-239 H 5
Luchadoux, Cascade de ∼ **F** (43) 242-243 D 2
Luchapt ○ **F** (86) 236-237 G 3
Lucheng ○ **VRC** (GXI) 92-93 E 4
Lucheng ○ **VRC** (SHA) 90-91 H 3
Luchenza ○ **MW** 154-155 H 2
Luché-Pringé ○ **F** (72) 230-231 M 4
Luchering, Rio ∼ **MOC** 150-151 H 7
Lucheux ○ **F** (80) 228-229 J 3
Luchimva, Rio ∼ **MOC** 154-155 H 2
Luchuan ○ **VRC** 92-93 G 5
Lüchun ○ **VRC** 92-93 C 5
Luchy ○ **F** (60) 228-229 J 4
Lucie, Lac ⬭ **CDN** 182-183 E 3
Lucierivier ∼ **SME** 206-207 F 4
Lucin ○ **USA** 184-185 H 5
Lucindale ○ **AUS** 116-117 F 4
Lucio V. Mansilla ○ **RA** 220-221 E 5
Lucipara, Kepulauan ⌒ **RI** 102-103 D 4
Lucira ○ **ANG** 152-153 B 6
Luc'k ○ **UA** 38-39 D 2
Luck ○ **USA** 186-187 L 3
Luck = Luc'k ○ **UA** 38-39 D 2
Luckau ○• **D** 28-29 M 3
Luckeesarai ○ **IND** 78-79 E 3
Luckhoff ○ **ZA** 156-157 G 4
Lucknow ○ **AUS** 114-115 F 2
Lucknow ☆•• **IND** 78-79 B 2
Lucky ○ **USA** 188-189 L 3
Lucky, Pointe ▲ **F** (984) 246 III b 2
Lucky Bay ○ **AUS** 116-117 D 2
Lucky Lake ○ **CDN** 178-179 C 5
Lucma ○ **PE** (CUZ) 208-209 F 8
Lucma ○ **PE** (LIB) 208-209 C 5
Lucmau ○ **F** (33) 240-241 D 2
Luçon ○ **F** (85) 236-237 C 3
Luçon, Détr. de = Luzon Strait ≈ 92-93 M 6
Luçon = Luzon ⌒ **RP** 96-97 D 5
Lücongpo ○ **VRC** 90-91 G 6
Lucossa ○ **ANG** 152-153 C 2
Lucq-de-Béarn ○ **F** (64) 240-241 C 4
Lucre ○ **PE** 214-215 B 3
Lucrecia, Cabo ▲ **C** 198-199 H 4
Lucs-sur-Boulogne, Les ○ **F** (85) 236-237 C 2
Lucunde ○ **ANG** 152-153 C 6
Lucunga ○ **ANG** 152-153 C 3
Lucunga ∼ **ANG** 152-153 C 3
Lucusse ○ **ANG** 152-153 F 6
Lucy, Mount ▲ **AUS** 114-115 B 2
Lucy Creek ○ **AUS** 114-115 D 2
Luda = Dalian ○ **VRC** 86-87 C 8
Lūdāb ○ **IR** 70-71 D 3
Lude, le ○ **F** (72) 230-231 M 4
Lüderitz ☆• **NAM** 156-157 B 3
Lüderitzbaai ≈ 156-157 B 3
Ludhiana ○ **IND** 74-75 E 4
Ludian ○ **VRC** 92-93 C 3
Ludimbi ∼ **ZRE** 146-147 K 6
Luding ○ **VRC** 92-93 C 2
Ludington ○ **USA** 190-191 E 4
Ludlow ○ **USA** (CA) 184-185 F 8
Ludlow ○ **USA** (CO) 188-189 E 1
Ludlow Rieh, Cape ▲ **CDN** 168-169 O 2
Ludogorie ∸ **BG** 38-39 E 6
Ludon ∼ **F** (40) 240-241 D 3
Ludon-Médoc ○ **F** (33) 236-237 D 6
Ludowici ○ **USA** 192-193 H 4
Ludres ○ **F** (54) 234-235 J 4
Luduş ○ **RO** 38-39 D 4
Ludwigsburg ○• **D** 28-29 K 4
Ludwigshafen am Rhein ○ **D** 28-29 K 4
Ludwigslust ○• **D** 28-29 L 2
Ludza ☆•• **LV** 30-31 K 3
Lüe ○ **F** (40) 240-241 C 2
Luebo ○ **ZRE** 146-147 H 6
Luebo ∼ **ZRE** 146-147 H 6
Lueders ○ **USA** 188-189 H 3
Lueki ○ **ZRE** 146-147 K 5
Lueki ∼ **ZRE** 146-147 K 6
Luele ∼ **ANG** 152-153 F 4
Luemba ○ **ZRE** 148-149 B 5
Luembe ∼ **ANG** 152-153 F 4
Luembe ∼ **ZRE** 150-151 C 4
Luena ☆ **ANG** 152-153 E 5
Luena ∼ **ANG** 152-153 F 5
Luena ○ **Z** 150-151 F 6
Luena ∼ **Z** 154-155 C 2
Luena ○ **ZRE** 150-151 C 5
Luena Flats ⌣ **Z** 154-155 B 2
Luengoni ○ **F** (988) 247 I e 2
Luengué ○ **ANG** (CUA) 152-153 F 8
Luengué ∼ **ANG** 152-153 E 8
Luengué, Coutada Pública do ⊥ **ANG** 152-153 E 8
Luenha ∼ **MOC** 154-155 G 3
Lueo ∼ **ZRE** 150-151 B 6
Lueta ○ **ZRE** 150-151 B 4
Lueta ∼ **ZRE** 150-151 B 5
Lueti ∼ **ANG** 152-153 F 7
Lüeyang ○ **VRC** 90-91 E 5
Lufeng ○ **VRC** (GDG) 92-93 J 5
Lufeng ○ **VRC** (YUN) 92-93 C 4
Lufico ○ **ANG** 152-153 B 3
Lufije ∼ **ANG** 152-153 F 5
Lufimi ∼ **ZRE** 146-147 F 6
Lufira ∼ **ZRE** 150-151 D 5
Lufira, Lac de retenue de la < **ZRE** 150-151 D 6
Lufkin ○ **USA** 188-189 K 4
Lufu ○ **ZRE** 146-147 D 6
Lufu ∼ **ZRE** 146-147 D 6
Lufuba ∼ **Z** 150-151 F 5
Lufubu ○ **Z** 150-151 E 5
Lufuige ∼ **ANG** 150-151 B 7
Lufukwe ∼ **ZRE** 150-151 D 5
Lufupa ∼ **Z** 154-155 C 2
Lufupa ∼ **ZRE** 150-151 C 6
Lufupa Rest Camp ○ **Z** 154-155 D 2
Lufwa ∼ **ZRE** 150-151 D 5
Lufwango ∼ **ZRE** 146-147 L 6
Luga ☆ **RUS** (LNG) 30-31 L 2
Luga ∼ **RUS** 30-31 L 2
Lugait ○ **RP** 96-97 F 8
Luganga ○ **EAT** 150-151 H 4
Lugano ○• **CH** 28-29 K 5
Lugansk = Luhans'k ☆ **UA** 38-39 L 3
Luganville ☆• **VAN** 120 II a 2
Lugard's Falls ∼ **EAK** 148-149 G 5
Lugazi ○ **EAU** 148-149 D 3
Lugela ○ **MOC** 154-155 J 3
Lugenda ∼ **MOC** 150-151 J 7
Luggate ○ **NZ** 118 B 6
Luglon ○ **F** (40) 240-241 C 2
Lugmes Ridge ≃ 102-103 D 4
Lugny ○ **F** (71) 238-239 F 4
Lugo ○ **E** 34-35 D 3
Lugo ○ **I** 36-37 C 2
Lugogo ∼ **EAU** 148-149 D 3
Lugoj ○• **RO** 38-39 B 5
Lugos ○ **F** (33) 240-241 C 2
Lugovoe ○ **KA** 72-73 N 3
Lugovskij ○ **RUS** 54-55 F 6
Lugu ▲ **IND** 78-79 D 4
Lugu ○ **VRC** (SIC) 92-93 C 2
Lugu ○ **VRC** (XIZ) 80-81 E 4
Lugulu ∼ **ZRE** 148-149 B 5
Luguruka ○ **EAT** 150-151 J 5
Lugus Island ⌒ **RP** 96-97 D 10
Luhan Shan ▲ **VRC** 92-93 C 3
Luhans'k ☆ **UA** 38-39 L 3
Luhans'ke, Stanyčno- ○ **UA** 38-39 L 3
Luhayya, al- ○ **Y** 68-69 C 6
Luhe ○ **VRC** (GDG) 92-93 J 5
Luhe ○ **VRC** (JIA) 90-91 L 5
Luhier, le ○ **F** (25) 238-239 K 2
Luhira ∼ **EAT** 150-151 J 5
Luhit ∼ **IND** 78-79 K 2
Luhoho ∼ **ZRE** 148-149 B 4
Luhombero ∼ **EAT** 150-151 J 5
Luhovicy ☆ **RUS** 30-31 Q 4
Luhu ○ **RI** 102-103 D 3
Luhulu ∼ **ZRE** 148-149 B 4
Luhuo ○ **VRC** 90-91 B 6
Lui ∼ **ANG** 152-153 D 4
Lui ∼ **Z** 154-155 B 3
Luia ○ **ANG** 152-153 F 4
Luia ∼ **ANG** 152-153 F 4
Luia, Rio ∼ **MOC** 154-155 G 2
Luia, Rio ∼ **MOC** 154-155 G 3
Luiana ○ **ANG** (CUA) 154-155 B 3
Luiana ∼ **ANG** 154-155 B 3
Luiana, Coutada Pública do ⊥ **ANG** 152-153 F 8
Luidži, ostrov ⌒ **RUS** 20-21 d 2
Luie ∼ **ZRE** 146-147 F 6
Luik = Liège ☆• **B** 28-29 H 3
Luika ∼ **ZRE** 146-147 L 6
Luiko ∼ **ZRE** 148-149 B 6
Luilaka ∼ **ZRE** 146-147 H 5
Luile ∼ **ZRE** 146-147 J 4
Luilu ∼ **ZRE** 150-151 B 4
Luimbale ○ **ANG** 152-153 C 6
Luimneach = Limerick ○ **IRL** 26-27 C 5
Luinga ○ **ANG** 152-153 C 4
Luio ∼ **ANG** 152-153 F 6
Luisant ○ **F** (28) 232-233 E 3
Luis Correia ○ **BR** 212-213 H 3
Luís Domingues ○ **BR** 212-213 F 2
Luishia ○ **ZRE** 150-151 D 6
Luis L. León, Presa < **MEX** 194-195 G 3
Luis Moya ○ **MEX** 194-195 H 6
Luis Tamayo ○ **EC** 208-209 B 3
Luís Viana ○ **BR** 212-213 H 6
Luiza ○ **ZRE** 150-151 B 4
Luiza ∼ **ZRE** 150-151 B 5
Luizavo ∼ **ANG** 150-151 B 6
Luizi ∼ **ZRE** 150-151 D 4
Lujan ○ **RA** 220-221 E 4
Luján ○ **RA** (SLU) 222-223 G 2
Luján ○• **RA** (BUA) 222-223 K 3
Lujan, Río ∼ **RA** 222-223 K 3
Lujan de Cuyo ○ **RA** 222-223 E 2
Luji ○ **VRC** 90-91 J 5
Lujiang ○ **VRC** 90-91 K 6
Luka ∼ **ZRE** 148-149 B 5
Lukafu ○ **ZRE** 150-151 D 6
Lukala ○ **ZRE** 146-147 E 6
Lukashi ∼ **ZRE** 146-147 K 6
Lukasu ○ **ZRE** 150-151 C 5
Luke, Mount ▲ **AUS** 112-113 D 3
Luke Air Force Range xx **USA** 184-185 G 9
Lukedi ∼ **ZRE** 146-147 J 5
Lukenga ○ **ZRE** 148-149 B 6
Lukenie ∼ **ZRE** 146-147 H 5
Lukimwa ∼ **EAT** 150-151 H 6
Lukojanov ○ **RUS** 32-33 D 6
Lukolela ○ **ZRE** (BAN) 146-147 F 4
Lukolela ○ **ZRE** (KOR) 146-147 K 6
Lukolini ○ **EAT** 150-151 G 4
Lukonzolwa ○ **ZRE** 150-151 E 5
Lukos ∼ **ZW** 154-155 D 4
Lukoshi ∼ **ZRE** 150-151 B 6
Lukosi ∼ **EAT** 150-151 J 4
Lukovit ○ **BG** 38-39 D 6
Lukovnikovo ○ **RUS** 30-31 O 3
Łuków ○ **PL** 28-29 R 3
Lukpenenteng ○ **RI** 100-101 H 4
Luksagu ○ **RI** 100-101 H 4
Luktah ∼ **RUS** 44-45 Z 5
Lukufo ∼ **ZRE** 150-151 E 4
Lukuga ∼ **ZRE** 148-149 B 6
Lukula ○ **ZRE** (Bas) 146-147 D 6
Lukula ○ **ZRE** (SHA) 150-151 D 4
Lukula ∼ **ZRE** 146-147 D 6
Lukula ∼ **ZRE** 146-147 F 6
Lukula ∼ **ZRE** 150-151 B 4
Lukulu ○ **Z** (WES) 154-155 B 2
Lukulu ∼ **Z** 150-151 F 6
Lukulu ∼ **Z** 150-151 F 7
Lukulu ∼ **ZRE** 150-151 E 4
Lukumbi ∼ **ZRE** 150-151 E 4
Lukumburu ○ **EAT** 150-151 H 5
Lukunga Swamp ⌣ **Z** 154-155 D 2
Lukuni ○ **ZRE** 146-147 F 6
Lukusashi ∼ **Z** 154-155 F 2
Lukushi ∼ **ZRE** 150-151 D 4
Lukusuzi ∼ **Z** 154-155 G 1
Lukusuzi National Park ⊥ **Z** 150-151 G 7
Lukuswa ∼ **ZRE** 150-151 D 4
Lukuzye ∼ **Z** 154-155 G 1
Lukwasa ○ **IND** 74-75 F 7
Lukwila, Gouffre de • **ZRE** 152-153 E 3
Lula ○ **USA** 188-189 M 2
Lula ∼ **ZRE** 146-147 H 5
Luleå ○• **S** 22-23 L 4
Luleälven ∼ **S** 22-23 K 3
Lüleburgaz ☆ **TR** 64-65 B 2
Luliang ○ **VRC** 92-93 C 4
Lüliang Shan ⛰ **VRC** 90-91 G 3
Luliāni ○ **PK** 74-75 E 4
Lulimba ○ **ZRE** 148-149 B 6
Lulindi ∼ **ZRE** 146-147 L 6
Lulo ∼ **ANG** 152-153 E 4
Lulonga ○ **ZRE** (EQU) 146-147 G 3
Lulonga ∼ **ZRE** 146-147 G 3
Lulu ∼ **ZRE** 146-147 K 3
Lulu, Emi ▲ **RN** 126-127 H 9
Lulua ∼ **ZRE** 146-147 H 6
Lulu Fakahega, Mont ▲ **F** (986) 247 III
Lulung ○ **VRC** 80-81 D 5
Lulworth, Mount ▲ **AUS** 112-113 D 3
Luma ○ **WAN** 140-141 F 3
Luma Cassai ○ **ANG** 152-153 E 5
Lumaco ○ **RCH** 222-223 C 5
Lumajang ○ **RI** 104 E 4
Lumajangdong Co ⬭ **VRC** 80-81 C 3
Lumana ○ **ZRE** 146-147 L 5
Lumangwe Falls ∼ **Z** 150-151 E 5
Lūmār ○ **IR** 70-71 B 2
Lumata ○ **Z** 150-151 D 7
Lumba ○ **ZRE** 142-143 D 6
Lumbala ○ **ANG** 150-151 B 7
Lumbala ∼ **ANG** 152-153 F 6
Lumbala N'guimbo ○ **ANG** 152-153 F 7
Lumbe ∼ **Z** 154-155 B 3
Lumbermen's Monument ∴ **USA** (MI) 190-191 G 3
Lumbermen's Monument • **USA** (MI) 190-191 G 3
Lumber River ∼ **USA** 192-193 J 2
Lumberton ○ **USA** (MS) 192-193 D 4
Lumberton ○ **USA** (NC) 192-193 J 2
Lumbo ○ **MOC** 154-155 L 2
Lumbovskij zaliv ≈ 24-25 Q 3
Lumbrera ○ **RA** 220-221 E 3
Lumbres ○ **F** (62) 228-229 J 2
Lumby ○ **CDN** 176-177 L 6
Lumding ○ **IND** 78-79 H 3
Lumeau ○ **F** (28) 232-233 F 3
Lumege ∼ **ANG** 152-153 F 5
Lumeje ○ **ANG** 152-153 F 5
Lumene ∼ **ZRE** 146-147 F 6
Lumes ○ **F** (08) 234-235 F 2
Lumeta ○ **ANG** 152-153 F 8
Lumholtz National Park ⊥ **AUS** 110-111 H 6
Lumi ○ **PNG** 119 B 2
Lumimba ○ **Z** 150-151 G 7
Luminárias ○ **BR** 216-217 H 6
Lumio ○ **F** (2B) 244 C 3
Lumoli ○ **RI** 102-103 E 3
Lumpkin ○ **USA** 192-193 F 3
Lumpur ∼ **RI** 98-99 F 6
Lumsden ○ **CDN** 178-179 D 5
Lumsden ○ **NZ** 118 B 6
Lumuna ∼ **ANG** 152-153 F 8
Lumut ○ **BRU** 100-101 D 1
Lumut, Gunung ▲ **RI** (KTI) 100-101 E 4
Lumut, Gunung ▲ **RI** (SLT) 100-101 G 4
Lumut, Tanjung ▲ **RI** 98-99 F 6
Lumwana ○ **Z** 150-151 C 6
Lun ○ **MAU** 84-85 G 4
Luna ○ **USA** 188-189 C 3
Luna, Laguna de ⬭ **RA** 220-221 J 5
Luna, Rio ∼ **BR** 210-211 G 5
Lunahuana ○ **PE** 208-209 D 8
Lunain ∼ **F** (77) 232-233 H 3
Lunan ○ **VRC** 92-93 C 4
Lunan Lake ⬭ **CDN** 174-175 X 3
Lunan Shilin • **VRC** 92-93 C 4
Lunas ○ **F** (24) 236-237 F 6
Lunas ○ **F** (34) 242-243 C 4
Lunas, Los ○ **USA** 188-189 D 2
Lūnāvāda ○ **IND** 74-75 D 8
Lunay ○ **F** (41) 232-233 D 4
Lunca ○ **RO** 38-39 D 6
Lund ○ **CDN** 176-177 H 7
Lund ○•• **S** 22-23 F 9
Lund ○ **USA** 184-185 H 6
Lunda, Kasongo- ○ **ZRE** 152-153 D 3
Lundamilumba ○ **EAT** 150-151 F 4
Lundazi ○ **Z** 150-151 G 7
Lundazi ∼ **Z** 150-151 G 7
Lundu ○ **MAL** 98-99 H 4
Lundu ○ **Z** 150-151 G 6
Lunebourg, Landes de = Lüneburger Heide ∸ **D** 28-29 K 2
Lunebourg = Lüneburg ○•• **D** 28-29 L 2
Lüneburg ○•• **D** 28-29 L 2
Lüneburger Heide ∸ **D** 28-29 K 2
Lunel ○ **F** (34) 242-243 E 4
Lunenburg ○ **CDN** 182-183 M 6
Luneray ○ **F** (76) 228-229 F 4
Lunery ○ **F** (18) 236-237 K 2
Lunéville ○• **F** (54) 234-235 J 4
Lunga ○ **MOC** 154-155 L 2
Lunga ∼ **SOL** 120 I d 3
Lunga ∼ **Z** 154-155 D 2
Lunga Lunga ○ **EAK** 148-149 G 6
Lungar Shan ⛰ **VRC** 80-81 D 5
Lunge ○ **ANG** 152-153 D 6
Lung"egan ∼ **RUS** 50-51 P 4
Lunggar ○ **VRC** 80-81 D 5
Lungha ∼ **RUS** 54-55 N 4
Lungharigi ○ **VAN** 120 II a 1
Lungi ○ **WAL** 138-139 D 5
Lunglei ○ **IND** 78-79 H 4
Lungué-Bungo ∼ **ANG** 152-153 E 6
Lunguto ○ **RI** 100-101 G 3
Lungwebungu ∼ **Z** 154-155 B 1
Luni ∼ **IND** 74-75 D 7
Lunin ○ **BY** 30-31 K 5
Luninec ○ **BY** 30-31 K 5
Lūnkaransa ○ **IND** 74-75 D 5
Lunnyj ○ **RUS** 48-49 H 5
Lunsar ○ **WAL** 138-139 D 5
Lunsemfwa ∼ **Z** 154-155 E 2
Lun'skij, zaliv ⬭ **RUS** 58-59 K 3
Luntai ○ **VRC** 82-83 G 5
Lunyere ∼ **EAT** 150-151 H 6
Lunyuk ○ **RI** 104 C 7
Lunzi ∼ **Z** 150-151 G 6
Luo ○ **RI** 100-101 G 4
Luo, Rio ∼ **MOC** 154-155 J 3
Luobei ○ **VRC** 86-87 H 4
Luobuzhuang ○ **VRC** 82-83 J 6
Luochuan ○ **VRC** 90-91 F 4
Luodian ○ **VRC** 92-93 E 4
Luoding ○ **VRC** 92-93 G 5
Luofushan • **VRC** 92-93 H 5
Luohe ○ **VRC** 90-91 J 5
Luo He ∼ **VRC** 90-91 G 4
Luojishan • **VRC** 92-93 C 3
Luonan ○ **VRC** 90-91 G 4
Luongo ∼ **Z** 150-151 E 6
Luoning ○ **VRC** 90-91 G 4
Luoping ○ **VRC** 92-93 D 4
Luoshan ○ **VRC** 90-91 J 5
Luotian ○ **VRC** 90-91 J 6
Luotuoquanzi ○ **VRC** 82-83 M 4
Luoxiao Shan ⛰ **VRC** 92-93 H 3
Luoxu ○ **VRC** 92-93 F 5
Luoyang ○• **VRC** 90-91 H 4
Luoyuan ○ **VRC** 92-93 L 3
Luozi ○ **ZRE** 146-147 E 6
Lupa ∼ **EAT** 150-151 G 5
Lupa Market ○ **EAT** 150-151 G 5
Lupande ∼ **Z** 154-155 F 1
Lupane ○ **ZW** 154-155 D 4
Lupar ∼ **MAL** 98-99 J 4
Luperón ○ **DOM** 198-199 K 5
Lupiac ○ **F** (32) 240-241 E 3
Lupiliche ○ **MOC** 150-151 H 6
Lupiro ○ **EAT** 150-151 J 5
Luplanté ○ **F** (28) 232-233 E 3
Lupton Channel ≈ 180-181 R 3
Lupuka ○ **Z** 154-155 B 3
Lupula ○ **ANG** 152-153 D 7
Luputa ○ **ZRE** 150-151 B 4
Lupweji ∼ **ZRE** 150-151 C 5
Luqu ○ **VRC** 90-91 C 4
Luque ○ **PY** 220-221 J 3
Luquembo ○ **ANG** 152-153 D 5
Luquillo ○ **USA** 200 C 2
Luquillo, Playa ∸ **USA** 200 C 2
Lurahgung ○ **RI** 104 C 3
Luray ○ **USA** 186-187 H 6
Lurcy-Lévis ○ **F** (03) 236-237 L 2
Lure ○ **F** (70) 238-239 J 1
Lure, Montagne de ⛰ **F** (04) 242-243 H 3
Lure, Signal de ▲ **F** (04) 242-243 H 3
Lureco, Rio ∼ **MOC** 154-155 J 1
Lureuil ○ **F** (36) 236-237 H 2
Lurgan ○• **GB** 26-27 D 4
Luri ○ **F** (2B) 244 D 3
Luri ∼ **F** (2B) 244 D 3
Luribay ○ **BOL** 214-215 D 5
Lurin, Río ∼ **PE** 208-209 D 8
Lúrio ○ **MOC** 154-155 L 1
Lúrio ∼ **MOC** 154-155 J 2
Luruaco ○ **CO** 204-205 D 2
Lusahunga ○ **EAT** 148-149 C 5
Lusaka □ **Z** 154-155 E 2
Lusaka ★• **Z** 154-155 E 2
Lusaka ○ **ZRE** 150-151 C 4
Lusako ○ **ZRE** 148-149 A 6
Lusamba ○ **ZRE** 146-147 K 6
Lusambo ○ **ZRE** 146-147 J 6
Lusancay Islands ⌒ **PNG** 119 F 5
Lusanga ○ **ZRE** 146-147 G 6
Lusangi ○ **ZRE** 148-149 A 6
Lusemfwa ∼ **Z** 154-155 E 2
Lusemfwa Falls ∼ **Z** 154-155 E 2
Lusenga Plain National Park ⊥ **Z** 150-151 E 5
Lushan ○ **VRC** (HEN) 90-91 H 5
Lushan ▲ **VRC** (SHD) 90-91 L 3
Lushan • **VRC** (JXI) 92-93 J 2
Lushi ○ **VRC** 90-91 G 4
Lushipuka ∼ **ZRE** 150-151 E 6
Lushnjë ☆• **AL** 36-37 G 4
Lushoto ○ **EAT** 148-149 G 6
Lushui ○ **VRC** (YUN) 78-79 L 3
Lushui • **VRC** (HUB) 92-93 H 2
Lüshun ○ **VRC** 86-87 C 8
Lusibi ○ **Z** 154-155 C 3
Lusignan ○ **F** (86) 236-237 F 3
Lusigny-sur-Barse ○ **F** (10) 234-235 E 5
Lusikisiki ○ **ZA** 156-157 J 5
Lusinga ○ **ZRE** 150-151 D 5
Lusitania ○ **CO** 204-205 D 6
Lusitu ○ **EAT** 150-151 H 5
Lusk ○ **USA** 186-187 E 4
Lus-la-Croix-Haute ○ **F** (26) 242-243 H 2
Lussac ○ **F** (33) 236-237 E 6
Lussac-les-Châteaux ○ **F** (86) 236-237 G 3
Lussac-les-Eglises ○ **F** (87) 236-237 H 3
Lussan ○ **F** (30) 242-243 E 3
Lussan-Adeilhac ○ **F** (31) 240-241 F 4
Lussanhando, Rio ∼ **MOC** 154-155 J 1
Lussant ○ **F** (17) 236-237 D 4
Lussenga ○ **ANG** 152-153 B 3
Lussusso ○ **ANG** 152-153 C 5
Lusutfu ∼ **MOC** 156-157 L 3
Luswaka ○ **ZRE** 150-151 D 5
Lūt, Dašt-e ∸ **IR** 70-71 G 2
Lutao ⌒ **RC** 92-93 M 5
Lutembo ○ **ANG** 152-153 F 6
Luth ○ **SUD** 142-143 K 5
Luthenay-Uxeloup ○ **F** (58) 238-239 C 3
Luther ○ **USA** 188-189 J 2
Lutherstadt Wittenberg ○• **D** 28-29 M 3
Luti ○ **SOL** 120 I c 2
Luti, River ∼ **WAN** 140-141 K 4
Lutiba ○ **ZRE** 148-149 B 4
Lutlut ○ **MYA** 94-95 E 4
Luton ○ **GB** 26-27 G 6
Lutong ○ **MAL** 100-101 D 1
Lutope ∼ **ZW** 154-155 E 4
Lutour, Cascade de ∼• **F** (65) 240-241 D 5
Lutshima ○ **ZRE** 146-147 G 6
Lutshima ∼ **ZRE** 152-153 E 3
Lutshuadi ∼ **ZRE** 146-147 H 6
Lutterbach ○ **F** (68) 238-239 L 1
Lüttich = Liège ☆• **B** 28-29 H 3
Lutuai ○ **ANG** 152-153 F 6
Lutuhyne ○ **UA** 38-39 L 3
Lutunguru ○ **ZRE** 148-149 B 4
Lutzelbourg ○ **F** (57) 234-235 L 4
Lützow-Holm bukt ≈ 16 G 4
Lutzputs ○ **ZA** 156-157 E 4
Lutzville ○ **ZA** 156-157 D 5
Luuq ○ **SP** 148-149 J 2
Luveira ∼ **ZRE** 150-151 C 6
Luverne ○ **USA** (AL) 192-193 E 4
Luverne ○ **USA** (MN) 186-187 J 4
Luvidjo ∼ **ZRE** 150-151 D 4
Luvilombo ∼ **ZRE** 150-151 D 5
Luvo ○ **ANG** 152-153 C 2
Luvua ∼ **ANG** 150-151 B 6
Luvua ∼ **ZRE** 150-151 E 4
Luvuei ○ **ANG** 152-153 F 6
Luvunzo ∼ **ZRE** 150-151 E 4
Luwawa ○ **MW** 150-151 G 7
Luwe ∼ **ZRE** 150-151 D 5
Luwego ∼ **EAT** 150-151 J 6
Luwegu ∼ **EAT** 150-151 J 5
Luwembe ○ **Z** 154-155 F 2
Luwingu ○ **Z** 150-151 E 6
Luwishi ∼ **Z** 154-155 D 1
Luwombwa ∼ **Z** 154-155 E 1
Luwuk ○ **RI** 100-101 H 4
Luwumbu ∼ **Z** 150-151 G 6
Lux ○ **F** (21) 238-239 G 2
Luxé ○ **F** (16) 236-237 F 4
Luxembourg ★•• **L** 28-29 J 4
Luxemburg ▪ **L** 28-29 H 4
Luxeuil-les-Bains ○ **F** (70) 238-239 J 1
Luxey ○ **F** (40) 240-241 C 2
Luxi ○ **VRC** (HUN) 92-93 F 2
Luxi ○ **VRC** (YUN) 78-79 L 3
Luxi ○ **VRC** (YUN) 92-93 C 4
Luxor = al-Uqṣur ○•• **ET** 130-131 F 5
Luxora ○ **USA** 192-193 D 2
Luy ∼ **F** 240-241 C 3
Luyamba ○ **ZRE** 146-147 L 5
Luyando ○ **PE** 208-209 E 6
Luynes ○ **F** (37) 232-233 D 5
Luz ○ **BR** 216-217 H 5
Luza ○ **RUS** (KIR) 32-33 E 3
Luza ∼ **RUS** 32-33 F 4
Luza ∼ **RUS** 32-33 E 3
Luzarches ○ **F** (95) 228-229 J 5
Luzech ○ **F** (46) 240-241 G 2
Luzège ∼ **F** (19) 236-237 K 5
Luzenac ○ **F** (09) 240-241 G 5
Luzeret ○ **F** (36) 236-237 H 2
Luzern ☆• **CH** 28-29 K 5
Luzhai ○ **VRC** 92-93 F 4
Luzhi ○ **VRC** 92-93 D 3
Luzhou ○ **VRC** 92-93 D 2
Luzi ○ **ANG** 152-153 F 6
Luzi ○ **ZRE** 146-147 G 6
Luziania ○ **BR** 216-217 G 4
Lužica ○ **RUS** 30-31 L 2
Luzilândia ○ **BR** 212-213 G 3
Luzillé ○ **F** (37) 232-233 E 5
Lužina, proliv ⬭ **RUS** 58-59 Q 3
Luzinay ○ **F** (38) 238-239 F 5
Luziwazi ∼ **Z** 154-155 F 1
Lužnice ∼ **CZ** 28-29 N 4
Luzon = Luçon ⌒ **RP** 96-97 D 5
Luzon Sea ≈ 96-97 C 5
Luzon Strait = Luçon, Détr. de ≈ 92-93 M 6
Luz-Saint-Sauveur ○ **F** (65) 240-241 E 5
Luzy ○ **F** (58) 238-239 D 3
L'viv ☆• **UA** 38-39 D 3
L'vov = L'viv ☆• **UA** 38-39 D 3
Lwakhaka ○ **EAK** 148-149 E 3
Lwela ○ **Z** (LUP) 150-151 E 6
Lwela ∼ **Z** 150-151 E 6
Lyallpur = Faisalābād ○ **PK** 74-75 D 4
Lyantonde ○ **EAU** 148-149 C 4
Lybangajaha, Igarka- ∼ **RUS** 44-45 R 7
Lyck = Ełk ○ **PL** 28-29 R 2
Lycksele ○ **S** 22-23 J 4
Lyddal ○ **CDN** 178-179 G 3
Lydenburg ○ **ZA** 156-157 K 2
Lyell, Mount ▲ **AUS** 108-109 G 3
Lyell Brown Bluff ▲ **AUS** 112-113 G 3
Lyell Island ⌒ **CDN** 176-177 E 5
Lyell Land ∸ **GRØ** 170-171 n 7
Lyhn ∼ **RUS** 50-51 J 3
Ly Hòa ☆ **VN** 94-95 J 2
Lykso ○ **ZA** 156-157 G 3
Lymbel'ka ∼ **RUS** 50-51 R 4
Lyme Bay ≈ 26-27 F 6
Lymva ∼ **RUS** 24-25 W 5
Lynchburg ○ **USA** 190-191 J 7
Lynches River ∼ **USA** 192-193 H 2
Lyndhurst ○ **AUS** (QLD) 110-111 H 6
Lyndhurst ○ **AUS** (SA) 114-115 E 6
Lynd Junction, The ○ **AUS** 110-111 H 6
Lyndon ○ **AUS** 112-113 C 1
Lyndon Baines Johnson National Historic Park ∴ **USA** 188-189 H 4
Lyndon B. Johnson, Lake < **USA** 188-189 H 4
Lyndon River ∼ **AUS** 112-113 C 1
Lyndonville ○ **USA** (NY) 190-191 J 4
Lyndonville ○ **USA** (VT) 190-191 N 3
Lynd River ∼ **AUS** 110-111 G 5
Lynedock Bank ≃ 102-103 F 7
Lyness ○ **GB** 26-27 F 2
Lyngatgyrgovaam ∼ **RUS** 48-49 W 3
Lyngdal ○ **N** 22-23 D 7
Lyngen ≈• 22-23 K 2
Lyngseidet ○ **N** 22-23 K 2
Lynher Reef ⌒ **AUS** 108-109 E 3
Lynn ○ **USA** (IN) 190-191 F 5
Lynn ○ **USA** (MA) 190-191 N 4
Lynn, Mount ▲ **USA** 184-185 C 5
Lynnaj, gora ▲ **RUS** 48-49 M 5
Lynn Canal ≈ 176-177 C 2
Lynndyl ○ **USA** 184-185 H 6
Lynn Haven ○ **USA** 192-193 F 4
Lynn Lake ○ **CDN** 178-179 F 2
Lynns Ø ⌒ **GRØ** 170-171 q 3
Lynton ○ **AUS** 112-113 C 4
Lynx Lake ⬭ **CDN** 174-175 Q 4
Lyobahika ○ **EAT** 148-149 C 5
Lyon ☆•• **F** (69) 238-239 F 5
Lyon, Cape ▲ **CDN** 168-169 K 6
Lyon Inlet ≈ 168-169 e 7
Lyonnais, Monts du ⛰ **F** (69) 238-239 F 5
Lyons ○ **USA** (GA) 192-193 G 3
Lyons ○ **USA** (KS) 186-187 H 6
Lyons, Forêt de ∸• **F** (27) 228-229 G 5
Lyons-la-Forêt ○ **F** (27) 228-229 G 5
Lyons River ○ **AUS** 112-113 C 2
Lyons River ∼ **AUS** 112-113 D 2
Lyons River North ∼ **AUS** 112-113 D 2
Lypci ○ **UA** 38-39 K 2
Lyra Reef ⌒ **PNG** 119 G 1
Lys ∼ **F** (44) 230-231 K 5
Lys ∼ **F** (62) 228-229 J 2
Lysaja, gora ▲ **RUS** 52-53 F 6
Lysekil ☆ **S** 22-23 E 7
Lysite ○ **USA** 186-187 D 4
Lyskovo ○ **RUS** 32-33 D 5
Lysova, ostrov ⌒ **RUS** 48-49 L 1
Lys'va ☆ **RUS** 32-33 K 4
Lysyčans'k ○ **UA** 38-39 L 3
Lysye Gory ○ **RUS** 32-33 D 8
Lyttelton ○ **NZ** 118 D 5
Lytton ○ **CDN** 176-177 K 6
Lyža ∼ **RUS** 24-25 Y 4
Lyža, Ust'- ○ **RUS** 24-25 Y 4

M

Ma ○ **CAM** 140-141 J 5
Maadid, Djebel ▲ **DZ** 126-127 E 3
Maalamba ○ **MOC** 154-155 G 6
Maamba ○ **Z** 154-155 D 3
Ma'an ○ **CAM** 146-147 C 2
Ma'ān ☆ **JOR** 66-67 D 2
Maana'oba = Ngwalulu ⌒ **SOL** 120 I e 3
Maaninkavaara ○ **FIN** 24-25 K 3
Ma'āniya, al- ○ **IRQ** 66-67 H 2
Maanselkä ∸ **FIN** 24-25 K 3
Ma'anshan ○ **VRC** 90-91 L 6
Maan't ○ **MAU** (BUL) 84-85 F 3
Maan't ○ **MAU** (TÖV) 84-85 H 4
Maardu ○ **EST** 30-31 J 2
Maarianhamina = Mariehamn ☆ **FIN** 24-25 E 6
Maarmorilik ○ **GRØ** 170-171 Z 8
Ma'arrat an-Nū'mān ○• **SYR** 64-65 G 5
Maas ∼ **NL** 28-29 J 3
Maasim ○ **RP** 96-97 F 10
Maasin ☆ **RP** 96-97 F 7
Maasstroom ○ **ZA** 154-155 E 6
Maastricht ☆•• **NL** 28-29 H 3
Maasupa ○ **SOL** 120 I e 3
Maatea ○ **F** (987) 247 V a 2
Maatsuyker Group ⌒ **AUS** 116-117 J 7
Maba ○ **RI** 100-101 L 3
Mababe Depression ∸ **RB** 154-155 C 4
Ma'bad ○ **IR** 72-73 D 7
Mabaduam ○ **PNG** 119 A 4
Mabaia ○ **ANG** 152-153 C 3
Mabana ○ **ZRE** 148-149 B 3
Mabanda ○ **BU** 148-149 B 6
Mabanda ○ **G** 146-147 C 5
Mabanda, Mont ▲ **G** 146-147 C 5
Ma'bar ○ **Y** 68-69 D 6
Mabé ∼ **CAM** 140-141 J 5
Mabein ○ **MYA** 78-79 K 4
Mabel Creek ○ **AUS** 114-115 C 5
Mabel Downs ○ **AUS** 108-109 J 4
Mabélé ○ **CAM** 140-141 K 5
Mabeleapudi ○ **RB** 154-155 D 6
Mabelle ○ **USA** 188-189 H 3
Mabel Range ⛰ **AUS** 114-115 C 4
Mabenge ○ **ZRE** 142-143 G 6
Mabest, Lake ⬭ **WAL** 138-139 E 6
Mabeta ○ **CAM** 146-147 B 2
Mabitac ○ **RP** 96-97 D 5
Mable Hill ○ **USA** 190-191 D 7
Mably ○ **F** (42) 238-239 E 4
Mabo ○ **SN** 138-139 C 3
Mabole ∼ **WAL** 138-139 D 5
Mabopane ○ **ZA** 156-157 J 2
Mabote ○ **MOC** 154-155 H 6
Mabou ○ **CDN** 182-183 O 5
Mabraz, al- ○ **Y** 68-69 C 6
Mabrouk < **RMM** 132-133 K 5
Mabrous ○ **RN** 134-135 F 2
Mabrūk < **LAR** 128-129 G 2
Mabton ○ **USA** 184-185 E 2
Mabu, Monte ▲ **MOC** 154-155 J 3
Mabuasehube Game Reserve ⊥ **RB** 156-157 E 2
Mabuiag Island ⌒ **AUS** 110-111 G 1
Mabuki ○ **EAT** 148-149 D 5
Mabula ○ **ZA** 156-157 J 2
Mabur ≈ 102-103 K 5
Mabura ○ **GUY** 206-207 E 3
Mabuto ○ **WAN** 140-141 F 3
Mača ○ **RUS** 54-55 H 6
Macá, Monte ▲ **RCH** 224 D 2
Macabi, Isla de ⌒ **PE** 208-209 C 5
Macabou ○ **F** (972) 245 V b 2
Maçacara ○ **BR** 212-213 J 7
Macachin ○ **RA** 222-223 H 4
Macaco, Cachoeira do ∼ **BR** 212-213 E 6
Macacos, Ilha dos ⌒ **BR** 206-207 J 6
Macaé ○ **BR** 216-217 K 7
Macaene ○ **MOC** 156-157 L 2
Mačah ○ **RUS** 46-47 T 6
Macaíba ○ **BR** 212-213 L 4
Macajalar Bay ≈ 96-97 F 8
Macajuba ○ **BR** 216-217 K 2
Macalister ○ **AUS** 110-111 F 6
MacAlpine Lake ⬭ **CDN** 174-175 S 2
Maçambará ○ **BR** 220-221 J 5
Macan, Kepulauan ⌒ **RI** 104 E 6
Macanao = Boca de Pozo ○ **YV** 204-205 J 2
Macandze ○ **MOC** 154-155 G 6
Maçangana, Rio ∼ **BR** 210-211 F 7
Macanillal ○ **YV** 204-205 G 4
Macao = Aomen ☆•• **P** 92-93 H 5
Macao, El ○ **DOM** 198-199 L 5
Macao = Macao □ **P** 92-93 H 5
Macapá ☆ **BR** 206-207 J 5
Macaparana ○ **BR** 212-213 L 5
Macapillo ○ **RA** 220-221 F 3
Macará ○ **EC** 208-209 C 4
Macaracas ○ **PA** 196-197 D 8
Maçaranduba, Cachoeira ∼ **BR** 206-207 H 6
Macarani ○ **BR** 216-217 K 3
Macarena, La ○ **CO** 204-205 E 6
Macarena, Parque Nacional La ⊥ **CO** 204-205 E 6
Macarena, Serranía de la ⛰ **CO** 204-205 E 6
Macareo, Caño ∼ **YV** 204-205 L 3
Macari ○ **PE** 214-215 B 4
Maçarico, Cachoeira ∼ **BR** 210-211 D 2
Macaroni ○ **AUS** 110-111 F 5
Macarretane ○ **MOC** 156-157 L 2
Macarthur ○ **AUS** 116-117 G 5
Macas ○ **EC** 208-209 C 3
Macassar, Détroit de = Makasar, Selat ≈ 100-101 E 5
Macatanja ○ **MOC** 154-155 J 3
Macaú ○ **BR** 212-213 K 4
Macauã, Rio ∼ **BR** 214-215 C 2
Macauari ○ **BR** 206-207 E 6
Macaúbas ○ **BR** 216-217 J 2
Macaza, Rivière ∼ **CDN** 182-183 G 5
Macbar, Raas ▲ **SP** 144-145 K 4
Maccles Lake ⬭ **CDN** 182-183 R 4
Mac Cluer Gulf = Teluk Berau ≈ 102-103 G 3
Macculloch, Cape ▲ **CDN** 168-169 j 4
Mac Cullochs Range ⛰ **AUS** 114-115 G 6
Macdiarmid ○ **CDN** 178-179 M 6
MacDonald, Lake ⬭ **AUS** 112-113 K 1
Macdonald, Mount ▲ **VAN** 120 II b 3
Mac Donald Downs ○ **AUS** 114-115 C 2
MacDonald Island ⌒ **CDN** 180-181 N 3
Mac Donnell, Port ○ **AUS** 116-117 F 5
Macdonnell Peninsula ⌣ **AUS** 116-117 E 3
Macdonnell Ranges ⛰ **AUS** 112-113 M 1
Macdougall Lake ⬭ **CDN** 174-175 U 2
MacDowell Lake ⬭ **CDN** 178-179 K 4
Macedo de Cavaleiros ○ **P** 34-35 D 4
Macédoine = Makedonija ▪ **MK** 36-37 H 4
Maceió ☆ **BR** 212-213 L 6
Macenta ○ **RG** 138-139 F 5
Macerata ☆ **I** 36-37 D 3
Mačevna, buhta ⬭ **RUS** 48-49 Q 6
Macfarlane, Lake ⬭ **AUS** 114-115 D 6
Macgillycuddy's Reeks ⛰ **IRL** 26-27 C 6
Mach ○ **PK** 70-71 M 4
Machacamarca ○ **BOL** 214-215 D 6
Machachi ○ **EC** 208-209 C 2
Machadinho ○ **BR** 210-211 F 7
Machadinho, Rio ∼ **BR** 210-211 F 7
Machadinho, Rio ∼ **BR** 210-211 G 7
Machado ○ **BR** 216-217 H 6
Machado, Rio ∼ **BR** 214-215 G 2
Machadodorp ○ **ZA** 156-157 K 2
Machado ou Ji-Paraná, Rio ∼ **BR** 210-211 F 7
Machagai ○ **RA** 220-221 G 4
Machaíla ○ **MOC** 154-155 G 6
Machakos ○ **EAK** 148-149 F 4
Machala ☆ **EC** 208-209 C 3
Machalilla, Parque Nacional ⊥ **EC** 208-209 B 2
Machaneng ○ **RB** 154-155 D 6
Machang ○ **MAL** 98-99 E 2
Machang ○ **VRC** 92-93 E 3
Machanga ○ **MOC** 154-155 H 5
Machaquilá ∴• **GCA** 196-197 K 3
Machaquilá, Río ∼ **GCA** 196-197 K 3
Machatti, Lake ⬭ **AUS** 114-115 E 3
Machau, Cap ▲ **F** (988) 247 I e 3
Machault ○ **F** (08) 234-235 F 3
Machawaian Lake ⬭ **CDN** 178-179 M 5
Maché ○ **F** (85) 236-237 B 2
Machecoul ○ **F** (44) 236-237 B 2
Macheke ○ **ZW** 154-155 F 4
Machemma Ruins ∴• **ZA** 154-155 E 6
Macheng ○ **VRC** 90-91 J 6
Mācherla ○ **IND** 76-77 H 2
Machesse ○ **MOC** 154-155 H 4
Machhlishahr ○ **IND** 78-79 C 3
Machias ○ **USA** 190-191 P 3
Machichaco, Cabo ▲ **E** 34-35 F 3
Machichi River ∼ **CDN** 178-179 L 2
Machile ∼ **Z** 154-155 C 3
Machilīpatnam ○ **IND** 76-77 J 2
Machina ○ **WAN** 134-135 E 6
Machine, La ○ **F** (58) 238-239 C 3
Machinga ○ **MW** 154-155 H 2
Machiques ○ **YV** 204-205 E 2
Macho, El ○ **C** 198-199 G 5
Machu Picchu ••• **PE** 208-209 F 8
Machupo, Río ∼ **BOL** 214-215 E 3
Macia ○ **MOC** 156-157 L 2
Maciel ○ **PY** 220-221 J 4
Măcin ○ **RO** 38-39 F 5
Macinaggio ○ **F** (2B) 244 D 3
Macintyre River ∼ **AUS** 114-115 K 5
Mack ○ **USA** 186-187 C 6
Maçka ☆ **TR** 64-65 H 2
Mackay ○ **AUS** 114-115 K 1
Mackay, Lake ⬭ **AUS** 108-109 J 7
MacKay Lake ⬭ **CDN** 174-175 O 4
Mackay River ∼ **CDN** 176-177 O 3
Mackenzie ○ **CDN** 176-177 J 4
Mackenzie ○ **GUY** 206-207 E 2
Mackenzie, Kap ▲ **GRØ** 170-171 p 7
Mackenzie Bay ≈ 164-165 W 2

Makogai ⌒ FJI 120 III b 2
Makokibatan Lake ⊂ CDN 178-179 N 5
Makokou ☆ G 146-147 D 3
Makonde Plateau ▲ EAT 150-151 K 6
Makongo ○ GH 138-139 K 5
Makongolosi ○ EAT 150-151 G 5
Makoop Lake ⊂ CDN 178-179 L 4
Makor ○ CAM 140-141 K 5
Makoro ○ ZRE 148-149 B 2
Makosa ○ ZRE 150-151 E 4
Makotipoko ○ RCB 146-147 F 4
Makoua ○ RCB 146-147 E 3
Makoua ○ TCH 142-143 E 4
Makoubi ○ RCB 146-147 D 5
Makovo ○ RUS 32-33 F 10
Makovskaja ∼ RUS 44-45 V 8
Makovskoe, ozero ○ RUS 44-45 V 8
Makran Central, Chaîne du = Central Makrān Range ▲ PK 70-71 K 5
Makrān Coast Range ▲ PK 70-71 K 6
Maks al-Qiblī, 'Izbat ○ ET 130-131 E 5
Maksatiha ☆ RUS 30-31 O 3
Maksimova ○ RUS 52-53 M 7
Maksimovka ○ RUS 54-55 E 6
Maksudangarh ○ IND 74-75 F 7
Maktau ○ EAK 148-149 G 5
Makthar ○ • TN 126-127 G 3
Mākū ○ • IR 64-65 L 3
Makuende ○ ZRE 150-151 E 4
Makulakubu ○ ZRE 150-151 C 5
Makunduchi ○ EAT 150-151 K 4
Makung ○ RC 92-93 L 5
Makungo ○ SP 148-149 J 3
Makungu ○ EAT 150-151 H 5
Makunguwiro ○ EAT 150-151 J 5
Makunudu Atoll ⌒ MV 76-77 B 4
Makurazaki ○ J 88-89 D 9
Makurdi ☆ WAN 140-141 H 5
Makuru ⌒ VAN 120 II b 3
Makushin Bay ≈ 166-167 N 6
Makushin Volcano ▲ USA 166-167 N 6
Makušino ☆ RUS 50-51 J 7
Makutano ○ EAK (EAS) 148-149 F 4
Makutano ○ EAK (RIF) 148-149 F 5
Makuti ○ ZW 154-155 E 3
Makuyuni ○ EAT 148-149 F 5
Makwate ○ RB 154-155 D 6
Makwiro ○ ZW 154-155 F 3
Mal ○ IND 78-79 F 2
Māl ○ RIM 132-133 D 6
Mala ○ PE 208-209 D 8
Mala ○ RI 102-103 F 2
Mala = Mallow ○ IRL 26-27 C 5
Mala, Río de ∼ PE 208-209 D 8
Malaba ○ EAK 148-149 E 3
Malabang ○ RP 96-97 F 9
Malabar ⌒ SY 158-159 E 2
Malabar, Côte de = Malabar Coast ∪ IND 76-77 E 3
Malabar Coast ∪ IND 76-77 E 3
Malabo ★ GQ 146-147 B 2
Malabo ○ RI 100-101 F 5
Malabrigo, Punta ▲ PE 208-209 C 5
Malabungan ○ RP 96-97 B 8
Malabwe ○ Z 154-155 C 3
Malaca Beach, Playa ⫠ • DOM 198-199 L 5
Malacacheta ○ BR 216-217 J 4
Malacca ○ IND 76-77 L 5
Malacca, Détroit de = Melaka, Selat ■ RI 98-99 C 2
Malacca, Strait of ≈ 98-99 D 3
Malacky ○ SK 28-29 O 4
Malacoota ○ AUS 110-111 G 6
Malad ▲ ER 136-137 J 4
Malad City ○ USA 184-185 H 4
Maladzečna ☆ BY 30-31 K 4
Mala'efo'ou ○ F (986) 247 III
Mala'etoli ○ F (986) 247 III
Málaga ○ CO 204-205 E 4
Málaga ○ E 34-35 E 6
Malaga ○ USA 188-189 E 3
Malagarasi ○ EAT (KIG) 148-149 C 6
Malagarasi ∼ EAT 148-149 C 6
Malagueta, Bahía de ≈ 198-199 G 4
Malaha, al- ○ KSA 68-69 C 5
Malahajtari ∼ RUS 44-45 g 4
Malahar ○ RI 104 E 7
Malāḥiṭ, al- ○ Y 68-69 C 5
Malaimbandy ○ RM 158-159 D 8
Malaise, Péninsule = Semenanjung Malaysia ⌒ MAL 98-99 E 2
Malaita ⌒ SOL 120 I e 3
Malaita ○ ZA 156-157 J 2
Malaitawa ○ F (973) 245 I a 3
Malaja Anga ∼ RUS 52-53 N 8
Malaja Balahnja ∼ RUS 44-45 e 5
Malaja Belaja ∼ RUS 52-53 L 9
Malaja Birjusa ∼ RUS 52-53 J 8
Malaja Bykovka ○ RUS 32-33 E 8
Malaja Čažma ∼ RUS 56-57 T 6
Malaja Čuja ∼ RUS 54-55 E 6
Malaja Erëma ∼ RUS 52-53 N 5
Malaja Heta ○ RUS 44-45 V 7
Malaja Heta ∼ RUS 44-45 V 7
Malaja Ket' ∼ RUS 52-53 E 7
Malaja Kon'kovaja ∼ RUS 48-49 J 2
Malaja Kuonamka ∼ RUS 46-47 J 4
Malaja Kuril'skaja grjada ⌒ RUS 58-59 L 7
Malaja Ob' ∼ RUS 50-51 H 3
Malaja Pera ∼ RUS 58-59 B 3
Malaja Pura ∼ RUS 44-45 V 5
Malaja Purga ☆ RUS 32-33 H 5
Malaja Sos'sva ∼ RUS 50-51 G 3
Malaja Sos'va ∼ RUS 50-51 H 3
Malaja Sos'va, zapovednik ⊥ RUS 50-51 H 4
Malaja Tira ∼ RUS 52-53 N 7
Malaja Usa ∼ RUS 44-45 L 8
Malaja Višera ☆ RUS 30-31 N 2
Malakāl ☆ SUD 142-143 K 4
Malakanagiri ○ IND 78-79 B 6
Mālākand ○ • PK 74-75 C 2
Mālākand Pass ▲ PK 74-75 C 2
Malaka Ob' ∼ RUS 44-45 M 8
Malakatyn-Tas, gora ▲ RUS 46-47 W 2
Malakula ⊓ VAN 120 II a 3
Malakula = Île Mallicolo ⌒ VAN 120 II a 3
Malakwa ○ CDN 176-177 L 6
Malakwāl ○ PK 74-75 D 3
Malala ○ PNG (MAD) 119 D 3
Malala ○ PNG (MAD) 119 C 3
Malalamai ○ PNG 119 D 3
Malalaua ○ PNG 119 D 5
Malam ○ PNG 119 B 5
Malamala ○ RI 100-101 G 5
Malambo ○ EAT 148-149 E 5
Malammaduri ○ WAN 134-135 D 6
Malampaka ○ EAT 148-149 D 5
Malān, Rās ▲ PK 70-71 L 6
Malanda ○ AUS 110-111 H 5
Malandji ○ ZRE 146-147 J 6
Malandy Hill ▲ AUS 112-113 D 4
Malang ○ • RI 104 E 3
Malanga ○ MOC 154-155 J 1
Malangani ○ EAT 150-151 H 5
Malangbong ○ RI 104 C 3
Malangke ○ RI 100-101 G 5
Malanje ⊓ ANG 152-153 C 4
Malanje ☆ ANG (MAL) 152-153 D 4
Malantouen ○ CAM 140-141 J 6
Malanut Bay ≈ 96-97 B 8
Malanville ○ DY 140-141 E 3
Malanzan ○ RA 220-221 D 6
Malanzán, Sierra de ▲ RA 220-221 D 6
Malapatan ○ RP 96-97 F 10
Malapati Safari Area ⊥ ZW 154-155 F 5
Malappuram ○ IND 76-77 G 5
Malār ○ PK 70-71 L 5
Malarba ○ CAM 140-141 K 5
Mälaren ○ S 22-23 H 7
Malargüe ○ RA 222-223 E 3
Malargüe, Río ∼ RA 222-223 E 3
Malartic, Lac ○ CDN 182-183 F 4
Malasait ○ PNG 119 F 3
Malaso ∼ RI 100-101 F 5
Malaspina Glacier ⊂ USA 164-165 U 7
Malata, Lake ○ AUS 116-117 C 3
Malataverne ○ F (26) 242-243 F 3
Malatayur, Tanjung ▲ RI 98-99 K 6
Malatya ☆ TR 64-65 H 3
Malaucène ○ F (84) 242-243 G 3
Malaulalo Island ⌒ SOL 120 I e 4
Malaunay ○ F (76) 228-229 G 4
Malaut ○ IND 74-75 E 4
Malavalli ○ IND 76-77 G 4
Malāvi ○ IR 70-71 B 2
Malawali, Pulau ⌒ MAL 96-97 B 9
Malawi, Lake ○ MW 150-151 H 6
Malawi = Malawi ■ MW 154-155 G 1
Malawi = Malawi ■ MW 154-155 G 1
Malay ○ RP 96-97 D 7
Malayagiri ▲ IND 78-79 D 5
Malay Balay ☆ RP 96-97 F 8
Malāyer ○ • IR 70-71 C 1
Malāyer, Rūdḫāne-ye ∼ IR 70-71 C 1
Malaysia = Malaysia ■ MAL 98-99 E 2
Malazgirt ☆ • TR 64-65 K 3
Malbaie, La ○ CDN 182-183 J 5
Malbazza ○ RN 134-135 B 6
Malbhanguwa ○ NEP 80-81 C 6
Malbon ○ AUS 114-115 F 1
Malbon Vale ○ AUS 114-115 E 1
Malbooma ○ AUS 114-115 C 6
Malbork ○ • • PL 28-29 P 1
Malbouzon ○ F (48) 236-237 M 6
Malbrán ○ RA 220-221 F 5
Malbuisson ○ F (25) 238-239 J 3
Malchance, Lac de la ⊂ F (984) 246 III a 3
Malcolm ○ AUS 112-113 F 4
Malcolm River ∼ CDN 164-165 V 2
Malcom, Point ▲ AUS 112-113 G 6
Malden ○ USA 190-191 D 7
Malden Island = Malden Island ⌒ KIB 9 M 3
Maldive Islands = Maldives, Îles ⌒ MV 6-7 G 8
Maldives, Îles = Maldive Islands ⌒ MV 6-7 G 8
Maldives = Maldives ■ MV 76-77 B 7
Maldon ○ • AUS 116-117 H 4
Maldonado ○ EC 208-209 C 1
Maldonado ☆ ROU 222-223 M 3
Maldonado, Punta ▲ MEX 196-197 E 3
Male ★ MV 76-77 B 5
Malea, Gunung ▲ RI 98-99 C 4
Mālegaon ○ IND (MAH) 74-75 E 9
Mālegaon ○ IND (MAH) 74-75 F 9
Malei ○ MOC 154-155 J 3
Maleit ○ SUD 142-143 J 5
Malek ○ SUD 142-143 K 5
Malekkandi ○ IR 64-65 M 4
Malélé ○ RCB 146-147 D 6
Malema ○ MOC 154-155 J 2
Malé Malé ○ RN 134-135 D 6
Malemba-Nkulu ○ ZRE 150-151 D 5
Malème-Hodar ○ SN 138-139 C 2
Malena ○ RA 222-223 G 2
Malendo, River ∼ WAN 140-141 F 3
Malendok Island ⌒ PNG 119 G 2
Malène, La ○ F (48) 242-243 C 3
Malen'ga ○ RUS 24-25 O 5
Male polissja ⫠ UA 38-39 C 2
Malesherbes ○ F (45) 232-233 G 3
Malestān ○ AFG 70-71 M 2
Malestroit ○ F (56) 230-231 G 4
Maleta ○ RUS 52-53 O 10
Malewāra ○ IND 78-79 B 5
Malfa ○ I 36-37 E 5
Malgis ∼ EAK 148-149 F 3
Malgobek ○ RUS 62-63 F 6
Malgrat de Mar ○ E 34-35 J 4
Malgré Tout, Mont ▲ • F 234-235 F 2
Malha ○ SUD 136-137 C 5
Malhada ○ BR 216-217 J 3
Malheur Lake ○ USA 184-185 E 4
Malheur River ∼ USA 184-185 F 4
Mali ⌒ FJI 120 III b 2
Mali ○ LB 138-139 F 6
Mali ○ RG 138-139 D 3
Mali ○ ZRE 146-147 L 5
Mali = Mali ■ RMM 138-139 G 2
Maliana ○ RI 102-103 C 6
Maliça ○ BR 212-213 F 6
Malicorne-sur-Sarthe ○ F (72) 230-231 L 4
Malifut ○ RI 100-101 K 3
Maligayo ○ RP 96-97 D 5
Maligny ○ F (89) 232-233 K 4
Malijai ○ F (04) 242-243 J 3
Mali K. ⌒ MYA 94-95 E 4
Malili ○ RI 100-101 G 5
Målilla ○ S 22-23 G 8
Mali Lošinj ○ HR 36-37 E 2
Malima ⌒ FJI 120 III c 2
Malimán de Abajo ○ RA 220-221 C 5
Malimasindi ○ ZW 154-155 E 4
Malinalco ∴ MEX 196-197 E 2
Malinche, Volcán La ▲ MEX 196-197 E 2
Malindang, Mount ▲ RP 96-97 E 8
Malindi ○ • • EAK 148-149 H 5
Malindi Marine National Park ⊥ EAK 148-149 H 5
Malines = Mechelen ○ • B 28-29 H 3
Malinga ○ RCB 146-147 D 5
Malingping ○ RI 104 B 3
Malin Head ▲ IRL 26-27 D 4
Malinke ⫠ SN 138-139 C 3
Malino ○ RI (SLT) 100-101 G 4
Malino ○ • RI (SSE) 100-101 F 6
Malino, Gunung ▲ RI 100-101 G 3
Malinovka ○ RUS (KMR) 60-61 P 2
Malinovka ∼ RUS 58-59 F 6
Malinyi ○ EAT 150-151 J 5
Maliom ○ PNG 119 G 3
Malipo ○ VRC 92-93 D 5
Maliq ○ • • AL 36-37 H 4
Mali Rajinac ▲ HR 36-37 E 2
Malita ○ RP 96-97 F 9
Malitbog ○ RP 96-97 F 7
Maliva ○ IND 74-75 C 8
Māliva ○ IND 74-75 C 8
Maljasset ○ F (04) 242-243 K 2
Malka ∼ RUS 62-63 E 6
Malkaaray ○ SP 148-149 H 2
Malka Mari ○ EAK 148-149 H 1
Malka Mari National Park ⊥ EAK 148-149 H 1
Malkāpur ○ IND (MAH) 74-75 F 9
Malkāpur ○ IND (MAH) 76-77 E 2
Malkara ☆ TR 64-65 B 2
Malki ○ RUS 56-57 R 7
Malkinskij hrebet ▲ RUS 56-57 R 7
Malko Tărnovo ○ BG 38-39 E 7
Malko Tărnovo ○ BG 38-39 E 7
Malla ○ IND 76-77 G 2
Mallacoota ○ AUS 116-117 K 4
Mallacoota Inlet • AUS 116-117 K 4
Mallaig ○ GB 26-27 E 3
Mallaoua ○ RN 134-135 D 6
Mallapunyah ○ AUS 110-111 C 5
Mallawi ○ ET 130-131 E 4
Mallawiya ○ SUD 136-137 H 5
Malleco, Río ∼ RCH 222-223 C 5
Mallee Cliffs National Park ⊥ AUS 116-117 G 3
Mallemoisson ○ F (04) 242-243 J 3
Mallemort ○ F (13) 242-243 G 4
Mallen, laguna ○ RUS 48-49 S 6
Malleo, Río ∼ RA 222-223 D 5
Mallery Lake ○ CDN 174-175 U 3
Mallet ○ BR 218-219 E 5
Mallicolo, Île = Malakula ⌒ VAN 120 II a 3
Mallig ○ RP 96-97 D 4
Mallina ○ AUS 108-109 D 6
Mallín Grande, Cerro ▲ RA 222-223 D 6
Malloch, Cape ▲ CDN 168-169 Q 1
Mallorca ⌒ E 34-35 J 5
Mallow = Mala ○ IRL 26-27 C 5
Malm ○ N 22-23 E 4
Malmal ○ PNG 119 F 3
Mālmand, Kūh-e ▲ AFG 70-71 K 2
Malmanoury ○ F (973) 245 I c 1
Malmberget ○ • S 22-23 K 3
Malmédy ○ B 28-29 J 3
Malmesbury ○ ZA 156-157 D 6
Malmö ○ • • S 22-23 F 9
Malmyž ☆ RUS 32-33 G 5
Malo ⌒ VAN 120 II a 2
Malo, Arroyo ∼ ROU 222-223 M 2
Maloaini ○ SOL 120 I b 2
Maloarhangel'sk ○ RUS 52-53 O 10
Maloca ○ BR 206-207 G 5
Maloca do Gonçalo ○ BR 210-211 J 6
Maloca Velha ○ BR 206-207 G 4
Maloconan ○ RP 96-97 E 8
Malocu Macu ○ BR 204-205 K 6
Maloe Hantajskoe, ozero ○ RUS 44-45 X 7
Maloe Jarovoe ozero ○ RUS 60-61 L 2
Malojaz ☆ RUS 32-33 L 6
Malokuril'skoe ○ RUS 58-59 M 7
Malole ○ Z 150-151 F 6
Malolo ⌒ FJI 120 III a 2
Malolo ○ RI 102-103 F 2
Malolotja Nature Reserve ⊥ SD 156-157 K 3
Malom ○ PNG 119 F 2
Malombe ≺ Z 154-155 B 3
Malombe, Lake ○ MW 154-155 H 2
Malonda ○ ZRE 150-151 C 5
Malone ○ USA 190-191 L 3
Malonga ○ ZRE 150-151 B 6
Malouines, Îles = Malvinas, Islas ⌒ GB 222-223 L 6
Måløy ☆ N 22-23 B 6
Malozemel'skaja tundra ⫠ RUS 24-25 U 3
Maložujka ○ RUS (ARH) 24-25 O 5
Maložujka ∼ RUS 24-25 O 5
Malpas Hut ○ AUS 110-111 G 6
Malpelo, Punta ▲ PE 208-209 B 3
Malpeque Bay ≈ 182-183 N 5
Malpica (Malpica de Bergantiños) ○ E 34-35 C 3
Malprabha ∼ IND 76-77 F 2
Mālpur ○ IND 74-75 D 8
Mālpura ○ IND 74-75 E 6
Malrives • F (34) 242-243 D 4
Malsaussis, Etang de ○ F (90) 238-239 K 1
Malsūniyah, al- ▲ KSA 66-67 L 5
Malta ○ BR 212-213 K 5
Malta ○ LV 30-31 K 3
Malta ⌒ M 36-37 E 7
Malta ○ USA 186-187 D 1
Malta = Malte ■ M 36-37 E 7
Maltahöhe ☆ NAM 156-157 C 2
Maltam ○ CAM 134-135 G 6
Maltan ∼ RUS 56-57 O 3
Maltat ○ F (71) 238-239 D 3
Malte = Malta ■ M 36-37 E 7
Maltee ○ AUS 112-113 M 6
Malton ○ GB 26-27 G 4
Maluera ○ MOC 154-155 F 2
Maluku ⊓ RI 100-101 J 5
Maluku ○ • ZRE 146-147 E 6
Maluku, Kepulauan = Moluques ⌒ RI 102-103 D 2
Maluku, Laut = Moluques, Mer des ≈ 100-101 J 4
Maluli, Rio ∼ MOC 154-155 K 2
Malumfashi ○ WAN 140-141 G 3
Malunda ○ RI 100-101 F 5
Malung ○ S 22-23 F 6
Malungwishi ○ ZRE 150-151 D 6
Malur ○ IND 76-77 G 4
Malūt ○ SUD 142-143 L 3
Maluti Mountains ▲ LS 156-157 J 4
Maluu ○ SOL 120 I e 3
Mālvan ○ IND 76-77 E 2
Malvas ○ PE 208-209 D 6
Malvern ○ USA (AR) 188-189 L 2
Malvern ○ USA (IA) 186-187 K 5
Malville ○ F (44) 230-231 H 5
Malvinas, Islas = Malouines, Îles ⌒ GB 222-223 L 6
Malwa ☆ IND 74-75 F 7
Malwal ○ SUD 142-143 K 4
Malya ○ EAT 148-149 D 5
Malye Čany ozero ○ RUS 60-61 K 1
Malye Donki ozero ○ RUS 50-51 H 7
Malygina, mys ▲ RUS 44-45 O 5
Malygina, proliv ≈ 44-45 O 5
Malyj Abakan ∼ RUS 60-61 Q 3
Malyj Aim ∼ RUS 56-57 E 4
Malyj Amalat ∼ RUS 54-55 F 8
Malyj Anjuj ∼ RUS 48-49 P 3
Malyj Ases"egan ∼ RUS 50-51 S 4
Malyj Begičev, ostrov ⌒ RUS 46-47 H 2
Malyj Čaun ∼ RUS 48-49 Q 2
Malyj Čaunskyj, proliv ○ RUS 48-49 O 2
Malyj Enisej ∼ RUS 52-53 H 10
Malyj Hamar-Daban, hrebet ▲ RUS 52-53 L 10
Malyj Jugan ∼ RUS 50-51 N 5
Malyj Karmakuly ○ RUS 44-45 E 5
Malyj Kas ∼ RUS 50-51 U 5
Malyj Kavkaz ▲ GE 62-63 D 7
Malyj Kemčug ○ RUS 52-53 F 7
Malyj Kemčug ∼ RUS 52-53 F 7
Malyj Ljahovskij, ostrov ⌒ RUS 46-47 W 2
Malyj Majn ∼ RUS 48-49 Q 4
Malyj Megtyg"egan ∼ RUS 50-51 Q 4
Malyj Naryn ∼ KS 82-83 C 5
Malyj Nimnyr ○ RUS 54-55 M 7
Malyj Nimnyr ∼ RUS 54-55 M 7
Malyj Ol'doj ∼ RUS 54-55 L 8
Malyj Olër, ozero ○ RUS 48-49 J 2
Malyj Salym ∼ RUS 50-51 L 4
Malyj Šantar, ostrov ⌒ RUS 56-57 G 6
Malyj Sarykul' ozero ○ RUS 32-33 M 6
Malyj Semljačik, vulkan ▲ RUS 56-57 S 6
Malyj Tagul ∼ RUS 52-53 H 8
Malyj Turtas ∼ RUS 50-51 L 5
Malyj Urkan ∼ RUS 54-55 M 8
Malyj Uzen' ○ RUS (SAR) 32-33 E 8
Malyj Uzen' ∼ RUS 32-33 E 8
Malyj Van'kin, mys ▲ RUS 46-47 Y 3
Malyjžemčužnyj, ostrov ⌒ RUS 62-63 H 5
Malyk, ozero ○ RUS 56-57 M 2
Malyn ○ UA 38-39 F 2
Malzieu-Ville, Le ○ F (48) 242-243 C 2
Mama ○ RUS (IRK) 54-55 F 6
Mama ∼ RUS 54-55 F 7
Mamad ○ RP 96-97 E 9
Mamadyš ☆ RUS 32-33 G 6
Mamãe Ana ○ BR 210-211 J 5
Mamaj, kōli ⊂ KA 60-61 G 2
Mamakan ○ RUS 54-55 G 7
Mamakan ∼ RUS 54-55 F 7
Mamallapuram ○ • • • IND 76-77 J 4
Maman ○ PE 208-209 D 6
Mamana Island = Rum Cay ⌒ BS 198-199 H 3
Mamanguape ○ BR 212-213 L 5
Mamanuka Group ⌒ FJI 120 III a 2
Mamâri ○ SN 138-139 D 2
Mamasa ○ RI 100-101 F 5
Mamasiware ○ RI 102-103 H 3
Mamawi Lake ○ CDN 174-175 O 6
Mamba ○ ZRE 150-151 D 5
Mambai ○ BR 216-217 G 3
Mambajao ○ RP 96-97 F 8
Mambal ○ CAM 140-141 K 5
Mambali ○ EAT 148-149 D 6
Mambare River ∼ PNG 119 D 5
Mambasa ○ ZRE 148-149 B 3
Mambeco ○ MOC 154-155 G 6
Mambelin ○ F (25) 238-239 K 2
Mambenga ○ ZRE 146-147 G 5
Mamberamo ∼ RI 102-103 K 3
Mamberamo-Foja Mountains-Rouffaer Reserves ⊥ • RI 102-103 J 2
Mamberano ∼ RI 102-103 J 2
Mambéré ∼ RCA 142-143 B 6
Mambéré-Kadéi ⊓ RCA 142-143 B 6
Mambi ○ RI 100-101 F 5
Mambia ○ RG 138-139 D 5
Mambila Mountains ▲ WAN 140-141 J 5
Mambili ∼ RCB 146-147 E 3
Mambilima Falls ∼ • Z 150-151 E 6
Mambonde ∼ ANG 152-153 C 7
Mamboor, Kepulauan ⌒ RI 102-103 H 3
Mamboré ○ BR 218-219 D 5
Mambova Rapids ∼ Z 154-155 C 3
Mambrui ○ EAK 148-149 H 5
Mamburao ☆ RP 96-97 D 6
Mambusao ○ RP 96-97 E 7
Mambwe ○ Z 150-151 F 5
Mamcai ○ RI 102-103 H 2
Mamčergyrgyn ∼ RUS 48-49 U 4
Mamdapur ○ IND 76-77 F 2
Mameigwess Lake ○ CDN 178-179 N 4
Mamelodi ○ ZA 156-157 J 2
Ma-Me-O-Beach ○ CDN 176-177 O 5
Mamers ○ F (72) 230-231 M 3
Mametčinskij, poluostrov ∪ RUS 56-57 U 3
Mametčinskij, zaliv ○ RUS 56-57 U 3
Mamfé ○ CAM 140-141 H 6
Māmi, Ra's ▲ Y 68-69 J 7
Mamiá, Lago ○ BR 210-211 F 5
Mamié ○ F (988) 247 I d 4
Mamiña ○ RCH 214-215 C 7
Mamisi ○ RI 102-103 H 3
Mamisonski, pereval ▲ GE 62-63 E 6
Mamljutka ☆ KA 60-61 F 1
Mammoth ○ USA 188-189 B 3
Mammoth Cave National Park ⊥ • • • USA 190-191 E 7
Mammoth Hot Springs ○ USA 184-185 J 3
Mamoadate, Áreas Indígenas ⚔ BR 214-215 B 2
Mamoeiro ○ BR 210-211 C 7
Mamonovo ∼ RUS 30-31 F 4
Mamonta ∼ RUS 44-45 a 4
Mamonta, poluostrov ∪ RUS 44-45 R 6
Mamontova gora • RUS 56-57 F 2
Mamontovaja ∼ RUS 48-49 U 1
Mamontovo ○ RUS 50-51 M 4
Mamoré, Río ∼ BOL 214-215 E 3
Mamori, Lago ○ BR 210-211 G 4
Mamori, Paraná do ∼ BR 210-211 H 4
Mamoriá ○ BR 210-211 D 6
Mamoriazinho, Rio ∼ BR 210-211 D 6
Mamou ○ RG 138-139 D 4
Mamoudzou ○ F (985) 246 I b 2
Mamoun, Lac ○ RCA 142-143 F 3
Mampikony ○ RM 158-159 E 6
Mampong ○ GH 138-139 K 6
Ma M'rê ○ VN 94-95 J 5
Mamry, Jezioro ○ PL 28-29 Q 1
Mamu ○ RI 100-101 F 4
Mamu ○ WAN 140-141 E 5
Mamuil Malal, Paso ▲ RA 222-223 D 5
Mamuju ○ RI 100-101 F 5
Ma'mūniye ○ IR 72-73 B 7
Mamuno ○ RB 152-153 F 11
Mamure Kalesi • TR 64-65 E 4
Mamuru, Rio ∼ BR 210-211 J 4
Mamutzu ○ COM 158-159 D 4
Man ☆ • • CI 138-139 G 6
Man ○ RCA 142-143 B 5
Man ∼ RI 104 C 3
Man, Rio ∼ PE 208-209 F 7
Mana ○ F (973) 245 I b 1
Mana ∼ F (973) 245 I b 2
Mana ⌒ FJI 120 III a 2
Mana ∼ RUS 52-53 F 8
Manacacias, Río ∼ CO 204-205 E 6
Manacapuru ○ BR 210-211 G 4
Manacapuru, Rio ∼ BR 210-211 G 4
Manacas ○ C 198-199 E 3
Manacor ○ E 34-35 J 5
Manādir, al- ⫠ UAE 68-69 J 2
Manado ☆ RI 100-101 J 3
Managua ★ NIC 196-197 L 5
Managua, Lago de ○ NIC 196-197 L 5
Manāha ○ • Y 68-69 C 6
Manaíra ○ BR 212-213 J 5
Manajuare ○ CO 204-205 E 5
Manakana ○ RM 158-159 E 6
Manakara ○ RM 158-159 E 9
Manalalondo ○ RM 158-159 E 7
Manali ○ • IND 74-75 F 3
Manama ○ UAE 70-71 G 6
Manama ○ ZW 154-155 E 5
Manāma, al- ★ • BRN 70-71 D 5
Mānāmadurai ○ IND 76-77 H 6
Manambaho ∼ RM 158-159 D 6
Manambaro ○ RM 158-159 E 10
Manambato ○ RM 158-159 F 6
Manambolo ∼ RM 158-159 D 7
Manambolosy ○ RM 158-159 F 6
Manambondro ○ RM 158-159 E 9
Manambovo ∼ RM 158-159 D 10
Manamgoora ○ AUS 110-111 D 5
Manami ○ RI 102-103 H 3
Manam Island ⌒ PNG 119 C 3
Manamo, Caño ∼ YV 204-205 K 3
Manampanihy ∼ RM 158-159 E 10
Manampatrana ∼ RM 158-159 E 9
Mananá, Cachoeira ∼ BR 206-207 H 4
Mananantanana ∼ RM 158-159 D 8
Mananara ∼ RM 158-159 F 6
Mananara Avaratra ○ RM 158-159 F 6
Manandona ○ RM 158-159 E 8
Manangatang ○ AUS 116-117 G 3
Mananjary ○ RM (FNS) 158-159 F 8
Mananjary ∼ RM 158-159 E 8
Manankoro ○ RMM 138-139 G 4
Manantali, Lac de ≺ RMM 138-139 E 3
Manantenina ○ RM 158-159 E 10
Mānantoddy ○ IND 76-77 G 5
Mana Pass ▲ VRC 80-81 B 5
Mana Pools National Park ⊥ • • • ZW 154-155 E 2
Manapouri, Lake ○ NZ 118 A 6
Manappārai ○ IND 76-77 H 5
Manaquiri ○ BR 210-211 G 4
Manaquiri, Lago ○ BR 210-211 G 4
Manari ○ PNG 119 D 5
Manariā ○ BR 210-211 D 5
Manas ∼ BHT 78-79 G 2
Manas ○ PE 208-209 D 7
Manas ○ VRC 82-83 H 3
Manas, gora ▲ KS 72-73 M 3
Manasarowar = Mapam Yumco ○ VRC 80-81 C 5
Manas He ∼ VRC 82-83 G 3
Manas Hu ○ VRC 82-83 H 3
Manaslu ▲ NEP 80-81 E 6
Manassas ○ USA 190-191 K 6
Manassas National Battlefield Park ∴ USA 190-191 K 6
Mānāstire Horezu • • • RO 38-39 C 5
Manastir Morača • YU 36-37 G 3
Manastir Ostrog • YU 36-37 G 3
Manas Wildlife Sanctuary ⊥ • • • IND 78-79 G 2
Manati ○ C 198-199 F 4
Manatí ○ C 198-199 G 4
Manati ○ USA 200 B 2
Manatlán ○ MEX 196-197 B 2
Manatuto ○ RI 102-103 C 6
Manau ○ PNG 119 D 5
Man'aung ○ MYA 78-79 H 6
Man'aung Kyūn ⌒ MYA 78-79 H 6
Manaure ○ CO 204-205 E 2
Manaus ○ BR (MAR) 212-213 E 2
Manaus ☆ BR (AMA) 210-211 G 4
Manavgat ☆ TR 64-65 D 4
Manawoka, Pulau ⌒ RI 102-103 F 4
Mañazo ○ PE 214-215 B 4
Mānbazār ○ IND 78-79 E 4
Manbiğ ☆ SYR 64-65 G 4
Manbiri ○ RMM 138-139 F 3
Mancelona ○ USA 190-191 F 3
Mancha, La ⫠ E 34-35 F 5
Manchao, Sierra de ▲ RA 220-221 D 5
Manchar ○ IND 74-75 D 10
Manche ⊓ F (50) 228-229 A 5
Manche = English Channel ≈ 26-27 F 6
Manche = English Channel = La Manche ≈ 26-27 F 7
Manchecourt ○ F (45) 232-233 G 3
Mancheng Hanmu ∴ • VRC 90-91 J 2
Mancherāl ○ IND 74-75 G 10
Manchester ○ • GB 26-27 F 5
Manchester ○ USA (CT) 190-191 M 5
Manchester ○ USA (GA) 192-193 F 3
Manchester ○ USA (IA) 190-191 C 4
Manchester ○ USA (KY) 190-191 G 7
Manchester ○ USA (NH) 190-191 N 4
Manchester ○ USA (TN) 192-193 E 2
Manchester ○ USA (VT) 190-191 M 4
Manchester Lake ○ CDN 174-175 Q 5
Manchhar Lake ○ PK 70-71 M 5
Manchioneal ○ JA 198-199 G 5
Manchok ○ WAN 140-141 H 4
Manciano ○ I 36-37 C 3
Manciet ○ F (32) 240-241 E 3
Máncora ○ PE 208-209 B 4
Mancos ○ USA 186-187 C 7
Mand ○ PK 70-71 K 5
Mand, Rūd-e ∼ IR 70-71 D 4
Manda ○ EAT (IRI) 150-151 H 6
Manda ○ EAT (MBE) 150-151 G 4
Manda ○ ETH 136-137 L 6
Manda ○ TCH 142-143 D 4
Manda, Parc National de ⊥ TCH 142-143 C 4
Mandabe ○ RM 158-159 D 8
Mandacaru ○ BR 212-213 G 3
Mandaguari ○ BR 216-217 E 7
Mandah = Töhöm ○ MAU 84-85 J 5
Manda Island ⌒ EAK 148-149 H 5
Mandal ☆ N 22-23 C 7
Mandalay ☆ • • MYA 78-79 K 4
Mandalgov' ☆ MAU 84-85 H 5
Mandali ☆ IRQ 64-65 L 6
Mandal-Ovoo = Šarhulsan ○ MAU 84-85 G 5
Mandalselva ∼ N 22-23 C 7
Mandan ○ USA 186-187 G 2
Mandaon ○ RP 96-97 E 6
Mandar, Teluk ≈ 100-101 F 5
Mandara Mountains ▲ WAN 140-141 K 3
Mándas ○ I 36-37 B 5
Mandasor ○ IND 74-75 E 7
Mandaue ○ RP 96-97 E 7
Mandchourie = Dongbei ⫠ VRC 86-87 E 6
Mandélia ○ TCH 142-143 B 3
Mandelieu-la-Napoule ○ F (06) 242-243 K 4
Mandera ○ EAK 148-149 H 2
Manderson ○ USA 186-187 D 3
Mandeure ○ F (25) 238-239 K 2
Mandeville ○ • JA 198-199 G 5
Mandheera ○ SP 144-145 G 4
Mandi ○ • IND 74-75 F 4
Mandi, Raudal ∼ CO 210-211 B 2
Mandiakui ○ RMM 138-139 H 3
Mandiana ○ RG 138-139 F 4
Mandiangin ○ RI 98-99 E 6
Mandi Bahāuddin ○ PK 74-75 D 3
Mandi Burewāla ○ PK 74-75 D 4
Mandié ○ MOC 154-155 G 3
Mandi Langwé ▲ CAM 140-141 J 6
Mandimba ○ MOC 154-155 H 2
Mandingues, Monts ▲ RMM 138-139 F 3
Mandioli, Pulau ⌒ RI 100-101 K 4
Mandioré, Lago ○ BOL 214-215 J 6
Mandirituba ○ BR 218-219 F 5
Mandji ○ G 146-147 C 4
Mandla ○ IND 78-79 B 4
Mandleshwar ○ IND 74-75 E 8
Mando ○ WAN 140-141 G 3
Mandōl ○ AFG 72-73 M 7
Mandon ○ RI 102-103 J 2
Mandor ○ RI 98-99 H 4
Mandora ○ AUS 108-109 E 5
Mandori ○ RI 102-103 J 2
Mandoro ○ ZRE 142-143 J 6
Mandoto ○ RM 158-159 E 7
Mandoul ∼ TCH 142-143 C 4
Mandouri ○ RT 138-139 L 4
Mandra ○ PK 74-75 D 3
Mandrare ∼ RM 158-159 E 10
Mandrikovo ○ RUS 48-49 K 3
Mandritsara ○ RM 158-159 F 5
Mandronarivo ○ RM 158-159 D 8
Mandrosonoro ○ RM 158-159 E 8
Mandu ○ IND 78-79 D 4
Manduel ○ F (30) 242-243 E 4
Mandul, Pulau ⌒ RI 100-101 E 2
Mandumbua ○ ANG 152-153 F 7
Mandurah ○ • AUS 112-113 C 6
Mandúria ○ I 36-37 F 4
Mandūzāi ○ AFG 74-75 B 3
Māndvi ○ IND (GUJ) 74-75 B 8
Māndvi ○ IND (GUJ) 74-75 D 9
Mandya ○ IND 76-77 G 4
Mané ○ BF 138-139 K 3
Maneadero ○ C 198-199 E 3
Maneadero ○ MEX 194-195 A 2
Mané Kondjo ∼ TCH 142-143 D 3
Manengouba, Massif du ▲ CAM 140-141 H 6
Manent-Montané ○ F (32) 240-241 F 4
Maneromango ○ EAT 150-151 K 4
Manevyči ○ UA 38-39 D 2
Manfalūt ○ ET 130-131 E 4
Manflas, Rio ∼ RCH 220-221 C 5
Manfran ○ RG 138-139 F 5
Manfred Downs ○ AUS 110-111 F 7
Manfredónia ○ I 36-37 E 4
Manfredónia, Golfo di ≈ 36-37 F 4
Manga ○ BF 138-139 K 4
Manga ○ BR 216-217 J 3
Manga ▲ CAM 140-141 K 5
Manga ○ PNG 119 F 3
Manga ⫠ RN 134-135 F 6
Mangabeiras, Chapada das ▲ BR 212-213 E 6
Mangada ○ ZRE 148-149 A 2
Manga Grande ○ ANG 152-153 B 3
Mangai ○ PNG 119 F 2
Mangalzé ○ RN 138-139 L 2
Mangalia ○ • RO 38-39 F 6
Mangalmé ○ TCH 134-135 J 6
Mangalore ○ AUS 114-115 J 4
Mangalore ○ • IND 76-77 F 4
Mangalwedha ○ IND 76-77 F 2
Mangango ○ Z 154-155 C 2
Māngaon ○ IND 74-75 D 10
Mangatupopo ○ NZ 118 E 3
Mangawan ○ IND 78-79 B 3
Mangaweka ▲ NZ 118 F 3
Mangbwalu ○ ZRE 148-149 C 3
Mangdangshan • VRC 90-91 K 4
Măng Đen, Đèo ▲ VN 94-95 K 3
Mange ○ PNG 119 D 4
Mange ○ WAL 138-139 D 5
Mangeni, Hamada ⫠ RN 128-129 E 6
Manggar ○ RI 98-99 H 6
Manggasi ○ RI 102-103 J 3
Manggawitu ○ RI 102-103 G 4
Mangguar, Tanjung ▲ RI 102-103 H 3
Mangiennes ○ F (55) 234-235 H 3
Mangisor, kōli ⊂ KA 60-61 F 1
Mangistau, gory ▲ KA 62-63 J 5
Mangit ☆ US 72-73 G 3
Mangkalihat, Tanjung ▲ RI 100-101 F 3
Mangkok, Tanjung ▲ RI 100-101 E 5
Mangkutana ○ RI 100-101 G 5
Manglares ○ CO 204-205 C 5
Manglares, Cabo ▲ CO 208-209 C 1
Manglares, Punta ▲ CO 204-205 C 5
Manglares Churute, Reservat E. ⊥ EC 208-209 C 3
Mangla Reservoir ≺ PK 74-75 D 3
Mangles, les ○ F (971) 245 IV b 2
Manglieu ○ F (63) 238-239 C 5
Mangnai ○ VRC 80-81 H 2
Mangnai Zhen ○ VRC 82-83 K 6
Mangnuc, Lac ○ CDN 180-181 L 5
Mango ⌒ TON 120 IV a 2
Mangoaka ○ RM 158-159 F 4
Mangochi ○ • MW 154-155 H 2
Mango Creek ○ BH 196-197 K 3
Mangodara ○ BF 138-139 H 5
Mangoky ∼ RM 158-159 D 9
Mangole, Pulau ⌒ RI 100-101 J 4
Mangole, Selat ≈ 100-101 J 4
Mangom ○ CAM 140-141 K 5
Mangombe ○ ZRE 146-147 L 4
Mangonui ○ NZ 118 D 1
Mangoro ∼ RM 158-159 F 7
Mangowra ○ AUS 110-111 F 5
Māngrol ○ IND 74-75 C 9
Mangrullo, Cuchilla de ▲ ROU 218-219 D 9
Mangrūl Pīr ○ IND 74-75 F 9
Mangshan • VRC 90-91 H 4
Mangu ○ EAK 148-149 F 4
Manguaurcu ○ EC 208-209 B 4
Mangūchar ○ PK 70-71 M 4
Mangue ○ BR 212-213 F 2
Mangueigne ○ TCH 142-143 E 3
Mangueira, Lagoa ○ BR 218-219 D 9
Mangueirinha ○ BR 218-219 D 5
Manguel Creek ○ AUS 108-109 F 4
Mangues, Rio dos ∼ BR 212-213 D 7
Mangue Seco ○ BR 212-213 K 7
Mangues Secos, Ponta dos ▲ BR 212-213 G 3
Mangui ○ VRC 86-87 D 1
Manguito ○ C 198-199 E 3
Mangum ○ USA 188-189 H 2
Mangunça ○ BR 212-213 F 2
Mangunça, Ilha ⌒ BR 212-213 F 2
Mangungu ○ ZRE 146-147 F 6
Mangunza ○ Z 154-155 B 3
Manguohe ○ VRC 92-93 C 4
Manguredjipa ○ ZRE 148-149 B 3
Mangut ○ RUS 54-55 F 11
Mangutiha ∼ RUS 50-51 T 3
Mangutiri, Igarapé ∼ BR 210-211 D 7
Mang Yang ○ VN 94-95 K 4
Măng Yang, Đèo ▲ VN 94-95 K 3
Mangyčlak ☆ KA 62-63 J 6
Mangyšlak ○ KA 62-63 J 6
Mangyšlak, plato ▲ KA 62-63 K 6
Mangyšlakskij zaliv ≈ 62-63 J 5
Mangystau, taulary ▲ KA 62-63 J 5
Manhan = Tögrög ○ MAU 82-83 L 2
Manhattan ○ USA 186-187 J 6
Manheulles ○ F (55) 234-235 H 3
Manhica ○ MOC 156-157 L 2
Manhuaçu ○ BR 216-217 J 6
Manhumirim ○ BR 216-217 K 6
Mani ○ CO 204-205 E 5
Mani ○ TCH 134-135 G 6
Mani ○ WAN 134-135 C 6
Mani ○ ZRE 150-151 C 4
Mani, Quebrada de ∼ RCH 220-221 C 1
Mania ∼ RM 158-159 E 8
Maniaçu ○ BR 216-217 J 2
Maniamba ○ MOC 150-151 H 7
Mania-Muna ○ ZRE 150-151 B 5
Manica ○ MOC 154-155 G 4

Manica ◘ MOC 154-155 G 5
Manicaland ◘ ZW 154-155 F 4
Manicani Island ⌒ RP 96-97 F 7
Manicaragua o C 198-199 F 3
Maniche o RH 198-199 J 5
Manico Point ▲ CDN 180-181 F 3
Manicoré o BR 210-211 G 5
Manicoré, Rio ~ BR 210-211 G 6
Manicorézinho, Rio ~ BR 210-211 G 6
Manicouagan o CDN 182-183 K 3
Manicouagan, Réservoir <·· CDN 182-183 K 3
Manicouagan, Rivière ~ CDN 182-183 K 4
Manicrois, Réservoir < CDN 182-183 K 3
Manifold, Cape ▲ AUS 114-115 L 2
Maniganggo o VRC 80-81 M 5
Manigotagan o CDN 178-179 H 5
Manihiki, Plateau = Manihiki Plateau ≃ 9 L 4
Manihiki Plateau = Manihiki, Plateau ≃ 9 L 4
Maniitsoq ⌒ GRØ 172-173 O 4
Maniitsoq = Sukkertoppen o GRØ 172-173 O 4
Manika o ZRE 150-151 C 6
Manila ★·· RP 96-97 D 5
Manila o USA 186-187 C 5
Manila Bay ≈ 96-97 D 5
Manilla o AUS 114-115 L 6
Manille = Manila ★ RP 96-97 D 5
Manily o RUS 48-49 N 5
Manimbaya, Tanjung ▲ RI 100-101 F 4
Manínghem o F (62) 228-229 H 2
Manihgory ~ RM 158-159 F 6
Maningoza ~ RM 158-159 D 6
Maningrida ⅹ AUS 110-111 C 3
Maninjau o RI 98-99 D 5
Maninjau, Danau o RI 98-99 D 5
Manipa, Pulau ⌒ RI 102-103 D 3
Manipa, Selat ≈ 102-103 D 3
Manipur ◘ IND 78-79 H 3
Manipur ~ IND 78-79 H 3
Maniqui, Río ~ BOL 214-215 D 4
Manisa ☆· TR 64-65 B 3
Manisaj ~ KA 62-63 M 4
Manissauá-Miçu, Rio ~ BR 214-215 K 3
Manistee o USA 190-191 E 3
Manister River ~ USA 190-191 F 3
Manistique o USA 190-191 E 3
Manistique Lake o USA 190-191 F 2
Manistique River ~ USA 190-191 E 2
Manita pećina ·· HR 36-37 E 2
Manitoba ◘ CDN 178-179 F 3
Manitoba, Lake o CDN 178-179 G 5
Manito Lake o CDN 176-177 Q 5
Manitou o CDN 178-179 G 6
Manitou, Rivière ~ CDN 182-183 M 3
Manitou Islands ⌒ USA 190-191 E 3
Manitou Lake o CDN 182-183 D 6
Manitou Lakes o CDN 178-179 K 6
Manitoulin Island ⌒ CDN 182-183 C 6
Manitounuk Sound ≈ 180-181 L 7
Manitou Springs o USA 186-187 E 6
Manitouwadge o CDN 178-179 O 6
Manitowoc o USA 190-191 E 3
Manitsoq ⌒ GRØ 170-171 X 7
Maniwaki o CDN 182-183 G 5
Maniwaki Indian Reserve ⅹ CDN 182-183 F 5
Maniwori o RI 102-103 H 3
Maniyāchchi o IND 76-77 G 6
Manizales ☆ CO 204-205 D 5
Manja o RM 158-159 D 8
Manjacaze o MOC 156-157 L 2
Manjakandriana o RM 158-159 E 7
Manjakot o PK 74-75 D 2
Manjeri o IND 76-77 G 5
Mānjhand o PK 74-75 B 7
Manjimup o AUS 112-113 D 7
Manjo o CAM 140-141 H 6
Manjou o CAM 140-141 K 6
Manjra ~ IND 74-75 F 10
Mānjra ~ IND 74-75 F 10
Mankanza o ZRE 146-147 G 3
Mankarigu o GH 138-139 K 4
Man Kat o MYA 78-79 L 4
Mankato o USA (KS) 186-187 H 6
Mankato o USA (MN) 186-187 L 3
Mankayane o SD 156-157 K 3
Mankera o PK 74-75 C 4
Mankessim o GH 138-139 K 7
Manki II o CAM 140-141 J 6
Mankim o CAM 140-141 K 6
Mankins o USA 188-189 H 3
Mankono ☆ CI 138-139 G 5
Mankpan o GH 138-139 K 5
Mankranso o GH 138-139 K 6
Mankyclaks, cyganak ≈ 62-63 J 5
Manley Hot Springs o USA 164-165 P 4
Man Na o MYA 78-79 K 4
Manna o RI 98-99 E 7
Mannahill o AUS 116-117 E 2
Manna Hill Gold Field · AUS 116-117 E 2
Mannampitiya o CL 76-77 J 7
Mannar, Golfe de = Mannar, Gulf of ≈ 76-77 H 6
Mannar, Gulf of ≈ 76-77 H 6
Mannārgudi o IND 76-77 H 5
Mannar Island ⌒ CL 76-77 H 6
Mannarkkad o IND 76-77 G 5
Manners Creek o AUS 114-115 D 2
Mannevil-la-Goupil o F (76) 228-229 E 4
Mannheim o· D 28-29 K 4
Manni o VRC 80-81 F 3
Manning o USA (IA) 186-187 K 5
Manning o USA (ND) 186-187 F 2
Manning o USA (SC) 192-193 H 3
Manning, Cape ▲ CDN 168-169 K 3
Manning Provincial Park ⊥ CDN 176-177 K 7
Manning Range, Mount ▲ AUS 112-113 E 4
Manning River ~ AUS 114-115 M 6
Manning Strait ≈ 120 I c 2
Mann Ranges ▲ AUS 112-113 K 3
Mann River ~ AUS 110-111 C 3
Mannville o CDN 176-177 P 5
Mano o WAL 138-139 D 5
Manoá Pium, Área Indígena ⅹ BR 206-207 D 4
Mano Junction o WAL 138-139 E 5
Manokwari o RI (IRJ) 102-103 H 3
Manokwari o RI (IRJ) 102-103 H 2
Manolo Fortich o RP 96-97 F 8
Manoma ~ RUS 58-59 G 4
Manombo Atsimo o RM 158-159 C 9
Manometimay o RM 158-159 D 8
Manompana o RM 158-159 F 6
Manonga ~ EAT 148-149 D 5
Manono o ZRE 150-151 D 4
Manonwa o ZRE 146-147 K 6
Mano River o LB 138-139 E 6
Mano River ~ LB 138-139 E 6
Manos, Cueva de las · RA 224 E 3
Manosque o F (04) 242-243 H 4
Manot o F (16) 236-237 G 4
Manou o F (28) 232-233 D 2
Manou o RCA 142-143 E 4
Manouane o CDN 182-183 G 5
Manouane, Lac o CDN (QUE) 182-183 G 5
Manouane, Lac o CDN (QUE) 182-183 J 3
Manouanis, Lac o CDN 182-183 J 3
Manovo = Tété ~ RCA 142-143 E 4
Manpo o DVR 86-87 F 7
Manresa o E 34-35 H 4
Mans, Le o F (72) 230-231 M 4
Mānsa o IND 74-75 E 5
Mansa ☆ Z 150-151 E 6
Mansabá o GNB 138-139 C 3
Mansa Konko ☆· WAG 138-139 C 3
Mansalean o RI 100-101 H 4
Mansavillagra, Arroyo ~ ROU 222-223 M 2
Manse ~ F (37) 232-233 D 5
Mānsehra o PK 74-75 D 2
Mansel Island ⌒ CDN 180-181 K 3
Mansfield o AUS 116-117 J 4
Mansfield o GB 26-27 G 5
Mansfield o USA (AR) 188-189 K 2
Mansfield o USA (LA) 188-189 L 3
Mansfield o USA (MO) 188-189 L 1
Mansfield o USA (OH) 190-191 G 5
Mansfield o USA (PA) 190-191 K 5
Mansfield o USA (TX) 188-189 J 3
Mansha ~ Z 150-151 F 6
Mansi o MYA 78-79 J 3
Mansiari o IND 80-81 C 5
Mansidão o BR 212-213 F 7
Mansigné o F (72) 230-231 M 4
Mansijsk, Hanty- ☆ RUS 50-51 K 4
Mansilla o E 34-35 F 3
Mansinam, Pulau ⌒ RI 102-103 H 2
Mansle o F (16) 236-237 F 4
Manso, Rio ~ BR 214-215 K 4
Mansôa o GNB 138-139 C 3
Mansôa, Rio ~ GNB 138-139 C 3
Manso au das Mortes, Rio ~ BR 214-215 K 4
Manson o USA 186-187 K 4
Manson Creek o CDN 176-177 H 4
Manson-Nkwanta o GH 138-139 K 6
Mansons Landing o CDN 176-177 H 6
Mansoura o DZ 126-127 E 2
Mansourah · DZ 124-125 L 3
Mansuar, Pulau ⌒ RI 102-103 F 2
Mansuela o RI 102-103 E 3
Mansuela Reserve ⊥· RI 102-103 E 3
Manṣūra, al- ☆ ET 130-131 E 2
Manṣūrīya, al- o Y 68-69 C 6
Mansurlu o TR 64-65 F 4
Manta o DY 138-139 L 4
Manta o EC 208-209 B 2
Manta, Bahía de ≈ 208-209 B 2
Manta, La o CO 204-205 D 3
Mantaba ~ ZRE 146-147 F 5
Mantalinga o RI 100-101 G 5
Mantalingajan, Mount ▲ RP 96-97 B 8
Mantanzilla, Quebrada ~ RCH 220-221 B 3
Mantaro, Río ~ PE 208-209 E 8
Manteca o USA 184-185 D 7
Mantecal o YV (APU) 204-205 G 4
Mantecal o YV (BOL) 204-205 J 4
Manteco, El o YV 204-205 K 4
Mantehage, Pulau ⌒ RI 100-101 J 3
Mantena o BR 216-217 K 5
Mantenga Falls ~· SD 156-157 K 3
Manteo o USA 192-193 L 2
Mantes-la-Jolie o F (78) 232-233 F 2
Mantes-la-Ville o F (78) 232-233 F 2
Mantet o F (66) 240-241 J 6
Manthani o IND 74-75 G 10
Manthelan o F (37) 232-233 D 5
Manthelon o F (27) 232-233 E 2
Mantiqueira, Serra da ▲ BR 216-217 G 7
Manto o HN 196-197 L 4
Manton o USA 190-191 F 3
Manton Knob ▲ AUS 112-113 J 3
Mantova o· I 36-37 C 2
Mantralayam o IND 76-77 G 3
Mäntsälä o FIN 24-25 H 6
Mantua o C 198-199 C 3
Mantua ~ C 198-199 C 3
Mantuan Downs P.O. o AUS 114-115 J 3
Manturovo o RUS 32-33 D 4
Manú o PE 214-215 B 3
Manu o WAN 134-135 B 6
Manú, Parque Nacional ⊥·· PE 214-215 B 2
Manu'a Islands ⌒ USA 120 V c 2
Manubepium o RI 102-103 H 3
Manuel o MEX 194-195 K 6
Manuela, La o RA 222-223 H 4
Manuel Alves, Rio ~ BR 212-213 D 7
Manuel Alves Grande, Rio ~ BR 212-213 E 5
Manuel Alves Pequena, Rio ~ BR 212-213 E 6
Manuel Benavides o MEX 194-195 H 3
Manuel Emídio o BR 212-213 G 5
Manuel Lake o CDN 174-175 F 2
Manuel Ribas o BR 218-219 E 5
Manuel Rodríguez, Isla ⌒ RCH 224 D 6
Manuel Tames o C 198-199 H 4
Manuel Urbano o BR 210-211 C 7
Manuel Viana o BR 220-221 K 5
Manuel Vitorino o BR 216-217 K 3
Manūǧān o IR 70-71 G 5
Manui, Pulau ⌒ RI 100-101 H 5
Manuk ~ RI 104 C 3
Manuk, Pulau ⌒ RI 102-103 F 4
Manukan o RP 96-97 E 8
Manuk Mankax ⌒ RP 96-97 C 10
Manundi, Tanjung ▲ RI 102-103 H 2
Manupampi, Pulau ⌒ RI 102-103 H 2
Manuran, Pulau ⌒ RI 102-103 F 1
Manurimí, Río ~ BOL 214-215 D 2
Manuripe, Río ~ PE 214-215 C 2
Manuripi, Río ~ BOL 214-215 C 2
Manuripi Heath, Natural Reserve ⊥ BOL 214-215 C 2
Manus Island ⌒ PNG 119 D 1
Manvel o USA 186-187 J 1
Mānvi o IND 76-77 G 2
Manville o USA 186-187 E 4
Manyame ~ ZW 154-155 F 3
Manyani o EAK 148-149 G 5
Manyara, Lake o EAT 148-149 E 5
Manyara National Park ⊥ EAT 148-149 E 5
Manyas ☆ TR 64-65 B 2
Manyberries o CDN 176-177 P 7
Manyč ~ RUS 38-39 N 5
Manyémen o CAM 140-141 H 6
Manyinga o Z 154-155 C 1
Manyo o EAT 150-151 F 4
Manyoni o EAT 148-149 E 6
Manzai o PK 74-75 C 3
Mānzai o PK 74-75 B 4
Manzanares o CO 204-205 D 5
Manzanares o· E 34-35 F 5
Manzanillo o C 198-199 G 4
Manzanillo o· MEX 196-197 B 2
Manzanillo, Punta ▲ YV 204-205 G 2
Manzanita Indian Reservation ⅹ USA 184-185 F 9
Manzano, El o RCH 222-223 D 3
Manzat o F (63) 236-237 L 4
Manzengele o ZRE 152-153 D 3
Manzhouli o VRC 84-85 N 3
Manzini o SD 156-157 K 3
Manzurka o RUS 52-53 N 9
Manzurka ~ RUS 52-53 N 9
Mao ☆· DOM 198-199 K 5
Mao ☆· TCH 134-135 G 5
Maogong o VRC 92-93 F 3
Maojing o VRC 90-91 E 3
Maoke, Pegunungan ▲ RI 102-103 J 4
Maolan Z.B. ⊥· VRC 92-93 E 4
Mao Ling · VRC 90-91 F 4
Maoming o VRC 92-93 G 6
Maonanzu o VRC 92-93 F 4
Maopora, Pulau ⌒ RI 102-103 D 5
Maospati o RI 104 D 3
Maotou Shan ▲ VRC 78-79 M 3
Maouro, Grotte de la · F (31) 240-241 F 4
Mao Xian o VRC 90-91 C 6
Maoya, Mé ▲ F (988) 247 I c 3
Mapaga o RI 100-101 F 4
Mapai o MOC 154-155 G 6
Mapamoiwa o PNG 119 F 5
Mapam Yumco · VRC 80-81 C 5
Mapane o RI 100-101 G 4
Mapangu o ZRE 146-147 H 6
Mapari, Rio ~ BR 210-211 D 4
Mapastepec o MEX 196-197 H 4
Mapat, Pulau ⌒ RI 100-101 E 2
Maphisa o ZW 154-155 E 5
Mapi o RI 102-103 K 5
Mapi ~ RI 102-103 K 5
Mapia, Kepulauan Indonesia ⌒ RI 102-103 H 1
Mapiá, Rio ~ BR 210-211 H 5
Mapichi, Serranía de ▲ YV 204-205 H 5
Mapili o RI 100-101 F 5
Mapinhane o MOC 154-155 H 6
Mapire o YV 204-205 J 4
Mapiri o BOL 214-215 C 4
Mapiri, Rio ~ BOL 214-215 D 2
Mapiri, Río ~ BOL 214-215 C 4
Mapiripán o CO 204-205 E 6
Maple Creek o CDN 176-177 Q 7
Mapleton o USA (IA) 186-187 K 4
Mapleton o USA (OR) 184-185 C 3
Mapmakers, Chaîne = Mapmakers Seamount ≃ 10-11 J 5
Mapmakers Seamount = Mapmakers, Chaîne ≃ 10-11 J 5
Mapoon ⅹ AUS 110-111 F 3
Mapoon Aboriginal Land ⅹ AUS 110-111 G 2
Mappsville o USA 190-191 L 7
Maprik o PNG 119 B 2
Mápuca o· IND 76-77 E 3
Mapuera, Rio ~ BR 206-207 E 5
Mapulanguene o MOC 156-157 L 2
Mapulanguene o ZRE 150-151 C 5
Mapunga o Z 154-155 D 1
Maputi, Pulau ⌒ RI 100-101 F 1
Maputo ◘ MOC 156-157 L 2
Maputo ★ MOC (MAP) 156-157 L 2
Maputo ~ MOC 156-157 L 3
Maputo, Baía do ≈ 156-157 L 3
Maputo, Reserva de Elefantes do ⊥ MOC 156-157 L 3
Maputo, Rio ~ MOC 156-157 L 3
Maputsoe o LS 156-157 H 4
Maqāriyūs, Dair ·· ET 130-131 E 2
Maqên o VRC 90-91 B 4
Maqên Gangri ▲ VRC 80-81 M 3
Maqrat o Y 68-69 G 6
Maqteïr ⁑ RIM 132-133 E 4
Maqu o VRC 90-91 B 4
Maquan He (Damqog Zangbo) ~ VRC 80-81 D 5
Maquatua, Rivière ~ CDN 182-183 E 2
Maqueda Channel ≈ 96-97 E 6
Maquela do Zombo o ANG 152-153 C 3
Maqueze o MOC 156-157 L 2
Maquía, Río ~ PE 208-209 E 5
Maquina, La o C 198-199 H 4
Maquinchao o RA 222-223 E 6
Maquinista o BOL 214-215 D 2
Maquinista Levet o RA 222-223 F 2
Maquoketa o USA 190-191 C 4
Mar, La ⁑· MEX 196-197 J 3
Mar, Serra do ▲ BR 216-217 H 7
Mar, Serra do ▲ BR 218-219 F 6
Mara ◘ EAT 148-149 E 4
Mara ~ EAT 148-149 E 4
Mara o GUY 206-207 F 2
Mara o ZA 154-155 E 6
Marā o BR 210-211 E 3
Maraa o F (987) 247 V a 2
Marabá o BR 212-213 D 4
Marabadiassa o CI 138-139 H 5
Marabahan o RI 100-101 D 5
Marabatua, Pulau ⌒ RI 100-101 D 6
Marabi, al- o KSA 68-69 C 5
Marabitanas o BR 210-211 D 2
Marac o F (52) 234-235 G 6
Maracá o BR 206-207 J 4
Maracá, Ilha de ⌒ BR 206-207 J 4
Maracaçumé o BR 212-213 F 3
Maracaçumé, Baía do ≈ 212-213 F 2
Maracaçumé, Rio ~ BR 212-213 F 2
Maracaí o BR 216-217 E 7
Maracaibo ☆ YV 204-205 F 2
Maracaibo, Lago de ≈ 204-205 F 2
Maracá-Jipioca, Estação Ecológica ⊥ BR 206-207 J 4
Maracaju o BR 220-221 K 1
Maracaju, Serra de ▲ BR 220-221 K 1
Maracanã o BR 212-213 E 2
Maracanã, Baía de ≈ 212-213 E 2
Maracanã, Rio ~ BR 210-211 H 7
Maracanaí, Cachoeira ~ BR 206-207 H 6
Maracanaquará, Planalto ⁓ BR 206-207 H 5
Maracás o BR 216-217 K 2
Maracas Bay Village o TT 204-205 L 2
Maracay ☆ YV 204-205 H 2
Maracoa o CO 204-205 G 6
Maracó Grande, Valle ~ RA 222-223 G 4
Maracuni, Río ~ YV 204-205 J 6
Marādah o LAR 128-129 H 3
Maradankadawala o CL 76-77 J 6
Maradi ◘ RN 134-135 C 5
Maradi ☆ RN (MAR) 134-135 C 6
Maradun o WAN 134-135 C 6
Marae · F (987) 247 V a 2
Maraetai o NZ 118 E 2
Marafa o EAK 148-149 G 5
Marag o BR 216-217 L 2
Maragahewawa o CL 76-77 J 6
Marāğe o· IR 64-65 M 4
Maraguay, Punta ▲ YV 204-205 F 2
Marāḫayy o Y 68-69 G 6
Mārahra o IND 74-75 G 6
Marais des Cygnes River ~ USA 186-187 K 6
Marais Potevin, Val de Sèvre et Vendée, Parc Nat. Rég. du ⊥ F (79) 236-237 C 3
Marajó, Baía de ≈ 206-207 K 6
Marajó, Ilha de ⌒ BR 206-207 J 6
Marakabei o LS 156-157 J 4
Marakalalo Hills ▲ RB 154-155 D 6
Marakesa o ZRE 146-147 L 3
Maraku o WAN 140-141 H 3
Maralal o EAK 148-149 F 3
Maralal National Sanctuary ⊥ EAK 148-149 F 3
Maraldy, köli o KA 60-61 K 2
Marale o HN 196-197 L 4
Maraleda ≈ 224 D 2
Maraleda, Canal ≈ 224 D 2
Marali o RCA 142-143 D 5
Maralinga o AUS 112-113 L 5
Maralinga -Tjarutja Aboriginal Lands ⅹ AUS 112-113 L 4
Maramag o RP 96-97 F 9
Maramasike = Small Malaita ⌒ SOL 120 I e 3
Maramec o USA 188-189 J 1
Marāmiya, al- o KSA 66-67 E 5
Maramuni o PNG 119 B 3
Maramuni River ~ PNG 119 B 3
Maran o MAL 98-99 E 3
Mārān, Kōh-i- ▲ PK 70-71 M 4
Marana o USA 184-185 J 9
Maranchón, Puerto de ▲ E 34-35 F 4
Marand o· IR 64-65 L 3
Marange-Silvange o F (57) 234-235 J 3
Marangu o EAT 148-149 F 5
Maranguape o BR 212-213 J 3
Maranhão o BR 210-211 J 4
Maranhão ◘ BR 212-213 E 5
Maranhão, Rio ~ BR 216-217 F 3
Maranhoto o BR 210-211 F 4
Maranoa River ~ AUS 114-115 K 4
Marañón, Río ~ PE 208-209 C 4
Marans o F (17) 236-237 C 3
Maransabadi, Pulau ⌒ RI 102-103 H 3
Marantale o RI 100-101 G 4
Marantao o RP 96-97 F 9
Maranura o PE 208-209 F 8
Marão o MOC 156-157 M 2
Maraoué ~ CI 138-139 G 6
Maraoué, Parc National de la ⊥ CI 138-139 G 6
Marapa Island ⌒ SOL 120 I e 3
Marapi, Gunung ▲ RI 98-99 D 5
Marapi, Rio ~ BR 206-207 F 5
Marapinim o BR 212-213 E 2
Marapinim, Rio ~ BR 212-213 E 2
Marari, Rio ~ BR 210-211 E 2
Mara River ~ CDN 174-175 P 2
Mara Rosa o BR 216-217 F 2
Mărășești o RO 38-39 E 5
Marāšī, al- o Y 68-69 D 5
Marasimsim o MAL 96-97 B 9
Marassu ~ RUS 60-61 Q 2
Marat o US 72-73 J 3
Marat, Ğabal ▲ Y 68-69 G 5
Marata, Ford o RUS 44-45 c 2
Marateca o P 34-35 D 5
Marathon o AUS 110-111 G 7
Marathon o CDN 178-179 N 6
Marathon o USA (FL) 192-193 H 7
Marathon o USA (TX) 188-189 F 4
Maratua, Pulau ⌒ RI 100-101 F 2
Marau o BR 218-219 D 7
Marauiá, Rio ~ BR 210-211 E 2
Marau Island ⌒ SOL 120 I e 4
Maravaam ~ RUS 48-49 U 3
Maravade o IND 76-77 F 2
Maravatío o MEX 196-197 D 2
Marāve Tappe o IR 72-73 D 6
Maravilha o BR 210-211 G 4
Maravilhas o BR 216-217 H 5
Maravilla o BOL 214-215 D 2
Maravillas o MEX 194-195 G 4
Marāwah o LAR 128-129 J 1
Marawaka o PNG 119 C 4
Marawi ☆ RP 96-97 F 9
Marawi = Merowe o SUD 136-137 E 3
Marāwi'a, al- o Y 68-69 C 6
Marawih ⌒ UAE 70-71 E 6
Maraxo Patá o BR 206-207 F 5
Marayes o RA 220-221 D 6
Marbella o E 34-35 E 6
Marbéville o F (52) 234-235 G 5
Marble Bar o AUS 108-109 D 6
Marble Falls o USA 188-189 H 4
Marble Hall o ZA 156-157 J 2
Marble Hill o USA 190-191 D 7
Marble Island ⌒ CDN 174-175 Y 4
Marblethorpe o GB 26-27 H 5
Marboué o F (28) 232-233 E 3
Marboz o F (01) 238-239 G 4
Marburg (Lahn) o·· D 28-29 K 3
Marc o F (09) 240-241 G 5
Marcabeli o EC 208-209 C 3
Marcala o HN 196-197 K 4
Marcali o H 28-29 O 5
Marcapata o PE 214-215 B 3
Marcapomacocha o PE 208-209 D 7
Marcé o F (41) 232-233 D 4
Marceau, Lac o CDN 182-183 L 3
Marcel, Lac o CDN 180-181 Q 6
Marcelândia o BR 214-215 K 2
Marcelino o BR (AMA) 210-211 D 3
Marcelino o BR (AMA) 210-211 D 2
Marcelino Ramos o BR 218-219 E 6
Marcelo o BR 212-213 C 3
Marcenais o F (33) 236-237 E 5
Marcenat o F (15) 236-237 L 5
Marchais o F (02) 228-229 M 4
Marchajanovskij, ostrov ⌒ RUS 48-49 L 2
Marchaux o F (25) 238-239 J 2
Marche ⁓ F (87) 236-237 H 3
Marche ◘ I 36-37 D 3
Marche-en-Famenne o B 28-29 H 3
Marchena o E 34-35 E 6
Marchena, Isla ⌒ EC 208-209 B 9
Marchenoir o F (41) 232-233 E 4
Marcheprime o F (33) 236-237 D 6
Marcheseuil o F (21) 238-239 E 2
Marchiennes o F (59) 228-229 L 3
Marchinbar Island ⌒ AUS 110-111 D 2
Mar Chiquita, Laguna o RA (BUA) 222-223 J 3
Mar Chiquita, Laguna o RA (BUA) 222-223 L 4
Mar Chiquita, Laguna o RA (COD) 220-221 F 6
Marciac o F (32) 240-241 E 3
Marcigny o F (71) 238-239 E 4
Marcillac-la-Croisille o F (19) 236-237 K 5
Marcillac-Lanville o F (16) 236-237 F 4
Marcillac-Vallon o F (12) 240-241 J 2
Marcillat-en-Combraille o F (03) 236-237 L 3
Marcilloles o F (38) 242-243 G 1
Marcilly o F (77) 228-229 K 5
Marcilly-en-Gault o F (41) 232-233 F 5
Marcilly-en-Villette o F (45) 232-233 G 4
Marcilly-le-Hayer o F (10) 232-233 K 3
Marcilly-sur-Eure o F (27) 232-233 E 2
Marcionílio Sousa o BR 216-217 K 2
Marck o F (62) 228-229 H 2
Marckolsheim o F (67) 234-235 M 5
Marco o BR 212-213 H 3
Marco o USA 192-193 H 7
Marcoing o F (59) 228-229 L 3
Marcolès o F (15) 236-237 K 6
Marcona o PE 208-209 E 9
Marconne o F (62) 228-229 J 3
Marco Rondon o BR 214-215 G 3
Marcos Juárez o RA 222-223 H 2
Marcoux o USA 186-187 K 2
Marcq-en-Barœul o F (59) 228-229 L 2
Marcus o USA 186-187 K 4
Marcus Baker, Mount ▲ USA 164-165 R 6
Marcy, Mount ▲ USA 190-191 M 3
Mard, al- o IRQ 64-65 K 6
Mardakan = Mardakan o· AZ 64-65 O 2
Mardān o PK 74-75 D 2
Mar de Ajó o RA 222-223 L 4
Mar de Espanha o BR 216-217 J 6
Mar del Plata o· RA 222-223 L 4
Mardiān o AFG 72-73 K 6
Mardie o AUS 108-109 C 6
Mardie Island ⌒ AUS 108-109 B 6
Mardin ☆ TR 64-65 J 4
Mardin Dağları ▲ TR 64-65 J 4
Maré ⌒ F (988) 247 I f 3
Mare ~ F (42) 242-243 E 1
Mare, la o F (974) 246 II a 2
Marea del Portillo o·· C 198-199 G 5
Marechal Deodoro o· BR 212-213 L 6
Mare-du-Parc, la o F (50) 228-229 A 5
Mareeba o AUS 110-111 H 5
Mareeq o SP 144-145 H 7
Marek o RI 100-101 G 6
Maremma ⁓ I 36-37 C 3
Marena o RMM 138-139 E 2
Marendet o RN 134-135 C 4
Marenğāb o IR 70-71 D 1
Marengo o ZRE 148-149 B 6
Marengo o CDN 176-177 Q 6
Marengo o F (17) 236-237 C 4
Marerano o RM 158-159 D 8
Mareth o TN 126-127 H 4
Mareuil o F (24) 236-237 F 5
Mareuil-sur-Amon o F (18) 236-237 K 2
Mareuil-sur-Lay o F (85) 236-237 C 2
Mareuil-sur-Ourcq o F (60) 228-229 L 5
Mar'evka o RUS 32-33 F 7
Marevyj o RUS 54-55 M 8
Marfa o USA 188-189 E 4
Marfa', al- o UAE 70-71 E 6
Marganec = Marhanec' o UA 38-39 J 4
Margaree Forks o CDN 182-183 O 5
Margaret, Cape ▲ CDN 168-169 a 5
Margaret, Mount ▲ AUS (SA) 114-115 D 5
Margaret, Mount ▲ AUS (WA) 108-109 C 6
Margaret Creek ~ AUS 114-115 D 5
Margaret Lake o CDN (ALB) 174-175 M 6
Margaret Lake o CDN (NWT) 174-175 L 3
Margaret Lake o CDN (NWT) 174-175 P 4
Margaret River o AUS (WA) 112-113 C 6
Margaret River ~ AUS 108-109 H 5
Margarida, Monte ▲ BR 220-221 J 2
Margarima o PNG 119 B 3
Margarita, Isla ⌒ CO 204-205 D 3
Margarita, Isla de ⌒·· YV 204-205 J 2
Margarita, La o YV 204-205 L 3
Margaritas, Las o MEX 196-197 J 3
Margate o USA 192-193 H 6
Margaux o F (33) 236-237 D 5
Marğa'yūn ☆ RL 64-65 F 6
Margeride, Monts de la ▲ F (15) 242-243 C 1
Margerie-Hancourt o F (51) 234-235 F 4
Margès o F (26) 242-243 G 1
Margeta, Tanjung ▲ RI 102-103 C 6
Marghita o RO 38-39 C 4
Margie o CDN 176-177 P 4
Margie o USA 186-187 L 1
Margilan o US 72-73 M 4
Margny-lès-Compiègne o F (60) 228-229 K 5
Mārgō, Dašt-e ⁓ AFG 70-71 K 3
Margos o PE 208-209 D 7
Margosatubig o RP 96-97 E 9
Margot, Grotte à · F (53) 230-231 L 4
Margua, Río ~ CO 204-205 E 4
Marguerite o CDN 176-177 J 5
Marguerite, Baie ≈ 16 G 30
Marguerite River ~ CDN 176-177 P 3
Marguerittes o F (30) 242-243 E 4
Marguerон o F (33) 236-237 F 6
Margut o F (08) 234-235 G 2
Margyang o VRC 80-81 G 6
Marha o RUS (SAH) 54-55 L 5
Marha ~ RUS 46-47 H 7
Marha ~ RUS 46-47 K 7
Marha ~ RUS 54-55 L 4
Marhačan ~ RUS 54-55 L 5
Marhamat o US 72-73 N 4
Marhāna · AFG 70-71 M 1
Marhanec' o UA 38-39 J 4
Marhara ~ RUS 46-47 J 7
Marhoum o DZ 124-125 L 3
Mari o BR 212-213 L 5
Mari o PNG 119 A 5
Maria o BR 206-207 K 6
Maria o PE 208-209 D 5
María, El o PA 196-197 D 7
María Cleofas, Isla ⌒ MEX 194-195 F 7
Maria da Fé o BR 216-217 H 7
María Elena o RCH 220-221 C 2
María Eugenia o RA 220-221 G 6
María Grande, Arroyo ~ RA 220-221 H 5
María Ignacia o RA 222-223 K 4
Maria Island ⌒ AUS (NT) 110-111 C 4
Maria Island ⌒ AUS (TAS) 116-117 J 7
Mariakani o EAK 148-149 G 5
María Linda, Río ~ GCA 196-197 J 4
Marialva o·· P 34-35 D 4
María Madre, Isla ⌒ MEX 194-195 F 7
María Magdalena, Isla ⌒ MEX 194-195 F 7
Marian o AUS 114-115 K 1
Mariana o· BR 216-217 J 6
Mariana, Ilha ⁓ MOC 156-157 L 2
Mariana Islands = Mariannes, Îles ⌒ USA 10-11 G 6
Marianao o C 198-199 D 3
Mariana Trench = Mariannes, Fosse des ≃ 10-11 G 6
Mariani o IND 78-79 J 2
Marian Lake o CDN 174-175 L 4
Marianna o USA (AR) 188-189 M 2
Marianna o USA (FL) 192-193 F 4
Marianne Nunatakker ▲ GRØ 170-171 o 6
Mariannes, Fosse des = Mariana Trench ≃ 10-11 G 6
Mariannes, Îles = Mariana Islands ⌒ USA 10-11 G 6
Marianno I. Loza o RA 220-221 H 5
Marianópolis o BR 212-213 F 4
Marian River ~ CDN 174-175 L 4
Mariánské Lázně o CZ 28-29 M 4
Mariaou, Adrar ▲ DZ 126-127 G 9
Mariapolis o CDN 178-179 G 6
Mariaqua, Rio ~ BR 210-211 J 4
Mariarano o RM 158-159 E 5
Marías, Islas ⌒ MEX 194-195 F 7
Marias Pass ▲ USA 184-185 H 1
Marias River ~ USA 184-185 J 1
Maria Teresa o ANG 152-153 C 4
Maria Teresa o RA 222-223 J 3
Mariaú, Ponta de ▲ BR 212-213 E 2
Maria van Diemen, Cape ▲ NZ 118 D 1
Mariazell o A 28-29 N 5
Ma'rib o· Y 68-69 D 6
Maribo o· DK 22-23 E 9
Maribor o· SLO 36-37 E 1
Marica ~ BG 38-39 E 7
Maricá o BR 216-217 J 7
Mārī Čāg o AFG 72-73 H 7
Maricao o·· USA 200 B 2
Maricopa o RP 96-97 F 8
Maricopa ~ RB 156-157 H 2
Maricopa o USA 184-185 E 8
Maricunga, Salar de o RCH 220-221 C 4
Maridi o SUD (SR) 142-143 J 6
Maridi ~ SUD 142-143 J 6
Marie o USA 188-189 M 2
Marié, Rio ~ BR 210-211 D 3
Marie-Galante ⌒ F (971) 245 IV b 3
Mariehamn ☆ FIN 24-25 E 6
Mariel o C 198-199 D 3
Marie Louise Island ⌒ SY 160 C 3
Marie Luise Bank ≃ 96-97 B 7
Marienbad = Mariánské Lázně o CZ 28-29 M 4
Marienberg o PNG 119 C 2
Mariental ☆ NAM 156-157 C 2
Mariepauá, Rio ~ BR 210-211 G 5
Marie Shoal ≃ 102-103 E 7
Marie Sophie Gletscher ⊂ GRØ 170-171 g 3
Mariestad ☆ S 22-23 F 7
Marieta o YV 204-205 H 5
Marietta o USA (GA) 192-193 F 3
Marietta o USA (OH) 190-191 H 6
Marietta o USA (OK) 188-189 J 3
Marie Valdemar, Kap ▲ GRØ 170-171 q 5
Mariga o WAN 140-141 F 3
Mariga, River ~ WAN 140-141 G 3
Marigat o EAK 148-149 E 3
Marignac o F (17) 236-237 E 4
Marignane o F (13) 242-243 G 5
Marignier o F (74) 238-239 K 4
Marigny o F (50) 228-229 B 5
Marigny o F (51) 232-233 K 2
Marigny, Cap ▲ F (984) 246 III a 3
Marigny-Brizay o F (86) 236-237 F 2
Marigny-le-Châtel o F (10) 232-233 K 3
Marigny-Marmande o F (37) 236-237 F 2
Marigot o F (971) 245 III a 1
Marigot o F (971) 245 IV a 2
Marigot o RH 198-199 J 5
Marigot o WD 200 E 4
Marigot, Le o F (972) 245 V a 2
Marii, mys ▲ RUS 56-57 K 6
Mariinsk ☆ RUS 50-51 T 6
Mariinskoe o RUS 58-59 J 3
Marii Prončiščevoj, bukta ≈ 44-45 k 4
Marijampolė ☆·· LT 30-31 H 4
Marij Ėl, Respublika = Maris, République des ◘ RUS 32-33 E 5
Marikal o IND 76-77 G 2
Marilândia do Sul o BR 216-217 E 7
Marília o BR 216-217 F 7
Marimari, Rio ~ BR 210-211 H 5
Marimba o ANG 152-153 D 4
Marimbona ~ RM 158-159 F 6
Marimbondo o BR 212-213 K 6
Marín o E 34-35 C 3
Marín o MEX 194-195 J 5
Marin, Cul-de-Sac du ▲ F (972) 245 V b 3
Marin, Le o F (972) 245 V a 3
Marina di Léuca o· I 36-37 G 5
Mar'ina Horka ☆ BY 30-31 L 5
Marina Plains o AUS 110-111 G 4
Marinas River ~ USA 184-185 H 1
Marinca o F (2B) 244 D 3
Marinduque Island ⌒ RP 96-97 D 6
Marine de Bravone o F (2B) 244 E 4
Marine de Sisco o F (2B) 244 D 3
Marineland of Florida ⁑· USA 192-193 H 5
Marine National Park ⊥ ER 136-137 K 5
Marine National Reserve ⊥ EAK 148-149 H 5
Marine Reserve ⊥· RI (SSE) 104 E 6
Marine Reserve ⊥· RI (STG) 100-101 H 6
Marines o F (95) 228-229 H 5
Marinette o USA 190-191 E 3
Maringá o BR 216-217 E 7
Maringa ~ ZRE 146-147 H 3
Marinheiros, Ilha dos ⌒ BR 218-219 D 8
Marino Barbareta, Parque Nacional ⊥ HN 196-197 L 3
Marino Guanaja, Parque Nacional ⊥ HN 198-199 C 6
Marino Punta Sal, Parque Nacional ⊥ HN 196-197 L 4
Marinovka ☆ KA 60-61 F 3
Maris, Île aux ⌒ F (975) 245 II b 2
Mariol o F (03) 238-239 C 4
Marion o USA (AL) 192-193 E 3
Marion o USA (IA) 190-191 C 4
Marion o USA (IL) 190-191 D 7
Marion o USA (IN) 190-191 F 5
Marion o USA (KS) 186-187 J 6
Marion o USA (NC) 192-193 G 2
Marion o USA (OH) 190-191 G 5
Marion o USA (SC) 192-193 J 3
Marion o USA (VA) 190-191 H 7
Marion, Lake o USA 192-193 H 3
Marion Downs o AUS 114-115 E 2
Marion-Dufresne, Mont ▲ F (984) 246 III b 3
Marion-Dufresne, Mont ▲ F (984) 246 IV b 1
Marion Junction o USA 192-193 E 3
Marion Reef ⌒ AUS 110-111 M 6
Marioz, Lac o F (984) 246 III b 3
Maripa o GUY 206-207 E 2
Maripasoula o F (973) 245 I a 3
Mariposa o USA 184-185 E 7
Mariposa, Sierra ▲ RCH 220-221 C 2
Mariquita o BR 216-217 H 2
Mariquita o CO 204-205 D 5
Maris, République des = Marij Ėl, Respublika ◘ RUS 32-33 E 5
Marisa o RI 100-101 G 3
Mariscal Cáceres o PE 208-209 E 8
Mariscal de Juárez o MEX 196-197 E 3
Mariscal Estigarribia o PY 220-221 G 1
Marismas, Las ⁓ E 34-35 D 6
Marita Downs o AUS 114-115 G 2
Marite o ZA 156-157 K 2
Mariupol' = Maryupol' o UA 38-39 K 4
Marivān o IR 64-65 M 5
Mariveles o RP 96-97 D 5
Marizy o F (71) 238-239 E 3
Marj, Al ☆·· LAR 128-129 J 1
Marjamaa o·· EST 30-31 J 2
Mar'janovka ☆ RUS 60-61 H 1

Marjorie Hills ▲ CDN 174-175 U 3
Marjorie Lake ⬭ CDN 174-175 U 3
Marka ☆ SP 148-149 K 3
Markakol', köli ⬭ KA 60-61 O 4
Markala ○ RMM 138-139 G 3
Markam ○ VRC 80-81 M 6
Markama, proliv ≈ 20-21 d 2
Mārkāpur ○ IND 76-77 H 3
Markara ○ AR 64-65 L 2
Markazi □ IR 70-71 C 1
Marked Tree ○ USA 188-189 M 2
Marken ○ ZA 154-155 E 6
Markham ○ CDN 182-183 E 7
Markham, Mount ▲ ARK 16 E 0
Markham Bay ≈ 119 D 4
Markham Bay ≈ 180-181 N 3
Markham Lake ⬭ CDN 174-175 S 4
Markham River ~ PNG 119 D 4
Markit ○ VRC 82-83 C 6
Markivka ○ UA 38-39 L 3
Markley, Fort ∴ USA 186-187 J 6
Markos Paz ○ RA 222-223 K 3
Markounda ○ RCA 142-143 C 5
Markovac ○ YU 36-37 H 2
Markovo ○ RUS (CUK) 48-49 Q 4
Markovo ○ RUS (IRK) 52-53 N 7
Markoy ○ BF 138-139 L 2
Marks ○ RUS 32-33 E 8
Markstein, le ○ F (68) 234-235 L 6
Marksville ○ USA 188-189 L 4
Marktredwitz ○ D 28-29 M 3
Marktredwitz ○ D (BAY) 28-29 M 4
Mark Twain Lake ⬭ USA 190-191 C 6
Markundi ○ SUD 142-143 F 3
Markūz, al- ○ KSA 66-67 H 2
Markwassie ○ ZA 156-157 H 3
Marla ○ AUS 112-113 M 3
Marlborough ○ AUS 114-115 K 2
Marlborough ○ GB 26-27 G 6
Marlborough ○ GUY 206-207 E 2
Marlborough ○ USA 190-191 N 4
Marlborough Sounds ⊥ NZ 118 D 4
Marle ○ F (02) 228-229 M 4
Marlenheim ○ F (67) 234-235 L 4
Marlieux ○ F (01) 238-239 G 4
Marlin ○ USA 188-189 J 4
Marlin Coast ⌣ AUS 110-111 H 5
Marlinton ○ USA 190-191 H 6
Marlo ○ AUS 116-117 K 4
Marloth Nature Reserve ⊥ ZA 156-157 E 6
Marly ○ F (57) 234-235 J 3
Marly-Gomont ○ F (02) 228-229 M 4
Marmagao ○ IND 76-77 E 3
Marmagne ○ F (18) 232-233 G 5
Marmagne ○ F (71) 238-239 E 3
Marmande ○ F (47) 240-241 E 1
Marmara, Mer de = Marmara Denizi ≈ 36-37 L 4
Marmara Adası ⌒ TR 64-65 B 2
Marmara Denizi ≈ 64-65 B 2
Marmara Ereğlisi ☆ TR 64-65 B 2
Marmaris ☆·· TR 64-65 C 4
Marmarth ○ USA 186-187 F 2
Marmelo, Rio ~ BR 210-211 D 7
Marmelos, Rio dos ~ BR 210-211 G 6
Mar Menor ⬭ E 34-35 G 6
Marmion, Lake ⬭ AUS 112-113 F 4
Marmion Lake ⬭ CDN 178-179 L 6
Marmites des géants • RM 158-159 E 9
Marmolada ▲ I 36-37 C 1
Marmoles, Parque Nacional Los ⊥ MEX 194-195 K 7
Marmot Bay ≈ 166-167 U 3
Marmot Island ⌒ USA 166-167 V 3
Marmoutier ○• F (67) 234-235 L 4
Marmul ○ OM 68-69 J 4
Marnay ○ F (70) 238-239 H 2
Marne □ F (51) 232-233 K 2
Marne, Source de la ~• F 238-239 G 1
Marne à la Saône, Canal de la < F 238-239 G 2
Marne-au-Rhin, Canal de la < F 234-235 K 4
Marne-au-Rhin, Canal de la < F 234-235 G 4
Marneuli ○ GE 62-63 F 7
Marnoo ○ AUS 116-117 G 4
Maro ○ TCH 142-143 D 4
Maroa ○ YV 204-205 H 6
Maroala ○ RM 158-159 E 5
Maroambihy ○ RM 158-159 F 5
Maroantsetra ○ RM 158-159 F 5
Maroc = al-Maghrib ■ MA 124-125 H 4
Maroe, Baie ≈ 247 IV b 2
Marœuil ○ F (62) 228-229 K 3
Marofandilia ○ RM 158-159 D 8
Marohatra ○ RM 158-159 E 8
Maroilles ○ F (59) 228-229 M 3
Marojezy ▲ RM 158-159 F 5
Maroktua ○ RI 98-99 F 5
Marolambo ○ RM 158-159 F 8
Marolinta ○ RM 158-159 D 10
Marolle-en-Sologne, La ○ F (41) 232-233 F 4
Marolles-les-Braults ○ F (72) 230-231 M 3
Marolles-sous-Lignières ○ F (10) 232-233 K 4
Maromandia ○ RM 158-159 G 5
Maromokotro ▲ RM 158-159 F 5
Marondera ○ ZW 154-155 F 4
Marongora ○ ZW 154-155 E 3
Maroni ~ SME 206-207 G 3
Maronne ~ F (19) 236-237 K 5
Maroochydore -Mooloolaba ○ AUS 114-115 M 4
Maroon-Village ∴• JA 198-199 G 5
Maropaika ○ RM 158-159 E 9
Maros ~ H 28-29 Q 5
Maros ○ RI 100-101 F 6
Maroseranana ○ RM 158-159 F 7
Marotandrano ○ RM 158-159 F 6
Marotolana ○ RM 158-159 F 5
Maroua ☆• CAM 142-143 B 3
Marouini ~ F (973) 245 I a 3
Marouini ~ F (973) 245 I a 4
Maroutière, la • F (53) 230-231 K 4
Marova ○ BR 210-211 F 3
Marovato ○ RM 158-159 D 10
Marovoalavo, Lembalemban'i ▲ RM 158-159 F 6
Marovoay ○ RM 158-159 F 7
Marovoay Atsimo ○ RM 158-159 D 6
Marowijnerivier ~ SME 206-207 G 3
Marowiniriviere ~ F (973) 245 I a 4
Marqab, al- ·· IRQ 64-65 K 5
Marqadā ○ SYR 64-65 J 5
Marqua ○ AUS 114-115 D 2
Marquard ○ ZA 156-157 H 4
Marque, La ○ USA 188-189 K 5
Marquesas Fracture Zone = Marquises, Zone de Fracture des ≃ 10-11 P 8
Marquesas Keys ⌒ USA 192-193 G 7
Marquette ○ USA 190-191 E 2
Marquez ○ USA 188-189 J 4
Marquèze, Ecomusée de • F (40) 240-241 C 2
Marquies de Castries, Cap du ▲ F (984) 246 IV b 1
Marquion ○ F (62) 228-229 L 3
Marquise ○ F (62) 228-229 H 2
Marquises, Îles ⌒ F 9 N 3
Marquises, Zone de Fracture des = Marquesas Fracture Zone ≃ 10-11 P 8
Marqūq ○ SUD 142-143 K 4
Marracua ○ MOC 154-155 J 3
Marracuene ○ MOC 156-157 L 2
Marrah, Ǧabal ▲·· SUD 136-137 B 6
Marrakech = Marrākush ☆··· MA 124-125 H 5
Marraket, Hassi < DZ 126-127 D 5
Marrākush = Marrakech ☆··· MA 124-125 H 5
Marrān ○ KSA 66-67 G 6
Marrangua, Lagoa ⬭ MOC 156-157 M 2
Marrāt ○ KSA 66-67 J 5
Marrawah ○ AUS 116-117 H 6
Marrecão ○ BR 210-211 D 6
Marree ○ AUS 114-115 E 5
Marrero ○ USA 188-189 M 5
Marresal'skie koški ⌒ RUS 44-45 M 7
Marreta, Ilha ⌒ BR 210-211 F 7
Marromeu ○ MOC 154-155 H 4
Marromeu, Reserva de ⊥ MOC 154-155 H 4
Marron, Île ⌒ F (984) 246 III c 3
Marroonah ○ AUS 112-113 C 1
Marroquí o de Tarifa, Punta ▲ E 34-35 E 6
Marruás ○ BR 212-213 J 5
Marrupa ○ MOC 154-155 J 1
Mars ~ F (15) 236-237 K 5
Mars, Le ○ USA 186-187 J 4
Mars, Les ○ F (23) 236-237 K 4
Marsa, La ○ TN 126-127 H 2
Marsá al Buraygah ○ LAR 128-129 H 2
Marsa-Ben-Mehidi ○ DZ 124-125 K 3
Marsabit ○ EAK 148-149 F 2
Marsabit National Reserve ⊥ EAK 148-149 F 2
Marsac ○ F (16) 236-237 F 4
Marsac ○ F (82) 240-241 F 3
Marsac-en-Livradois ○ F (63) 242-243 D 1
Marsac-sur-Don ○ F (44) 230-231 H 4
Marsais ○ F (17) 236-237 D 3
Marsala ○ I 36-37 D 6
Marsā l-'Alam ○ ET 130-131 G 5
Marsā Maṭrūḥ ○ ET 130-131 C 2
Marsā Maṭrūḥ ○• ET 130-131 C 2
Marsā Mubārak ○ ET 130-131 G 5
Marsan ○ F (32) 240-241 F 3
Marsaneix ○ F (24) 236-237 G 5
Marsanne ○ F (26) 242-243 F 2
Marsassoum ○ SN 138-139 C 3
Marsden ○ AUS 116-117 J 2
Marsden, Point ▲ AUS 116-117 D 3
Marseillan ○ F (34) 242-243 D 5
Marseille ☆• F (13) 242-243 G 5
Marseille-en-Beauvaisis ○ F (60) 228-229 H 4
Marsella ○ CO 204-205 D 5
Māršenān, Kūh-e ▲ IR 70-71 E 2
Marsfjällen ▲ S 22-23 G 4
Marsh, Mount ▲ AUS 108-109 D 7
Marshall ○ LB 138-139 E 6
Marshall ○ USA (AK) 164-165 J 6
Marshall ○ USA (AR) 188-189 L 2
Marshall ○ USA (IL) 190-191 E 6
Marshall ○ USA (MI) 190-191 F 4
Marshall ○ USA (MN) 186-187 K 3
Marshall ○ USA (MO) 186-187 L 6
Marshall ○ USA (TX) 188-189 K 3
Marshall, Chaîne = Marshall Seamounts ≃ 10-11 J 6
Marshall, Îles = Marshall Islands ⌒ MAI 10-11 J 6
Marshall Islands = Marshall, Îles ⌒ MAI 10-11 J 6
Marshall River ~ AUS 114-115 D 2
Marshall Seamounts = Marshall, Chaîne ≃ 10-11 J 6
Marshalltown ○ USA 186-187 L 5
Marshfield ○ USA (MO) 188-189 L 1
Marshfield ○ USA (WI) 190-191 C 3
Marsh Fork ~ USA 164-165 R 2
Marsh Harbour ○ BS 198-199 G 1
Mars Hill ○ USA 190-191 P 2
Marsh Island ⌒ USA 188-189 M 5
Marsh Lake ⬭ CDN 164-165 X 6
Marsh Pass ▲ USA 188-189 B 1
Marsh Point ▲ CDN 178-179 K 2
Marsiwang ~ RI 102-103 F 3
Marsiwang, Tanjung ▲ RI 102-103 F 3
Mars-la-Tour ○ F (54) 234-235 H 3
Marson ○ F (51) 234-235 F 4
Marsonnas ○ F (01) 238-239 G 4
Marsoui ○ CDN 182-183 L 4
Marsouins, Rivière ~ F (974) 246 II b 2
Marssac-sur-Tarn ○ F (81) 240-241 J 3
Mārsta ○ S 22-23 H 7
Martaban ○ MYA 94-95 D 2
Martaban, Golfe de = Mōktama Kwe ≈ 94-95 C 2
Martaban, Gulf of ≈ 94-95 D 2
Martadi ○ NEP 80-81 C 6
Martailly-lès-Brancion ○ F (71) 238-239 F 3
Martainville-Epreville ○ F (76) 228-229 G 5
Martaizé ○ F (86) 236-237 F 2
Martand ○• IND 74-75 E 3
Martap ○ CAM 140-141 K 5
Martapura ○ RI (KSE) 100-101 D 5
Martapura ○ RI (SUS) 98-99 F 7
Marte ○ WAN 134-135 F 6
Marte, Rivière à la ~ CDN 182-183 G 3
Martel ○ F (46) 236-237 J 6
Marten River ○ CDN (ONT) 182-183 E 5
Marten River ~ CDN 174-175 P 5
Martens Falls Indian Reserve X CDN 178-179 O 5
Martensøya ⌒ N 20-21 M 2
Marthaguy River ~ AUS 114-115 J 6
Martha's Vineyard ⌒ USA 190-191 N 5
Marti ○ C 198-199 E 3
Martignas-sur-Jalle ○ F (33) 236-237 D 6
Martigné-Briand ○ F (49) 230-231 L 5
Martigné-Ferchaud ○ F (35) 230-231 J 4
Martigné-sur-Mayenne ○ F (53) 230-231 K 3
Martigny ○ CH 28-29 J 5
Martigues ○ F (13) 242-243 G 5
Martil ○ MA 124-125 J 3
Martillac ○ F (33) 236-237 D 6
Martin ○ SK 28-29 P 4
Martin ○ USA (SD) 186-187 G 4
Martin ○ USA (TN) 192-193 D 1
Martin, Lake < USA 192-193 F 3
Martinas, Las ○ C 198-199 C 4
Martinborough ○ NZ 118 E 4
Martineau, Cape ▲ CDN 168-169 e 7
Martineau River ~ CDN 176-177 Q 4
Martin-Église ○ F (76) 228-229 G 4
Martinet, Le ○ F (30) 242-243 E 3
Martinez de la Torre ○ MEX 196-197 F 1
Martinho Campos ○ BR 216-217 H 5
Martin House ○ CDN 164-165 Y 3
Martinique □ F (972) 245 V a 2
Martinique, Île de la ⌒ F (972) 245 V a 2
Martinique = Oiapoque ○ BR 206-207 J 4
Martinique, Parc Naturel Régional de la ⊥ F (972) 245 V a 2
Martinique Passage ≈ 200 E 4
Martinópolis ○ BR 216-217 E 7
Martin Peninsula ⌣ ARK 16 F 25
Martin River ~ CDN 174-175 J 5
Martinsburg ○ USA 190-191 K 6
Martins Drift ○ RB 154-155 G 6
Martinsville ○ USA (IN) 190-191 E 6
Martinsville ○ USA (VA) 190-191 J 7
Martinvast ○ F (50) 228-229 A 4
Martin Vaz, Zone de Fracture = Martin Vaz Fracture Zone ≃ 14-15 H 10
Martin Vaz Fracture Zone = Martin Vaz, Zone de Fracture ≃ 14-15 H 10
Martizay ○ F (36) 236-237 H 2
Martok ☆ KA 62-63 M 2
Marton ○ NZ 118 E 4
Martos ○ E 34-35 F 6
Martre, Lac la ⬭ CDN 174-175 K 4
Martres-Tolosane ○ F (31) 240-241 G 4
Martron ○ F (17) 236-237 E 5
Martti ○ FIN 24-25 K 3
Martuni ○ AR 64-65 L 2
Martynovo ○ KA 32-33 G 8
Martynovo ○ RUS 60-61 O 2
Maru ○ RI 104 E 7
Maru ○ WAN 134-135 C 6
Maru, Pulau ⌒ RI 102-103 F 5
Maruanum ○ BR 206-207 J 5
Maruchin ∴• MEX 196-197 E 2
Maruda ○ BR 212-213 E 2
Marudi ○ MAL 100-101 D 1
Marudu, Teluk ≈ 96-97 B 9
Ma'rūf ○ AFG 70-71 M 3
Maruhskij, pereval ▲ RUS 62-63 D 6
Marum, Mount ▲ VAN 120 II b 3
Marumbi, Pico ▲ BR 218-219 F 5
Marungu ▲ ZRE 150-151 E 4
Marupa ○ PNG 119 G 3
Marupa, Rio ~ BR 210-211 J 6
Marusthali ⊥ IND 74-75 C 7
Maruteru ○ IND 76-77 J 2
Maru'ura ○ SOL 120 I e 3
Marval ○ F (87) 236-237 G 4
Marvão ○ P 34-35 D 5
Marvast ○ IR 70-71 F 3
Marv Dašt ○ IR 70-71 E 4
Marve ○ AFG 70-71 K 1
Marvejols ○ F (48) 242-243 C 2
Marville ○ F (55) 234-235 H 3
Marville, Lac ⬭ F (984) 246 III d 3
Marvine, Mount ▲ USA 184-185 J 6
Marwān ○ KSA 66-67 K 6
Marwayne ○ CDN 176-177 P 5
Mary ☆• TM 72-73 G 6
Mary, Puy ▲ F (19) 236-237 L 5
Maryal Bai ○ SUD 142-143 H 4
Mary Anne Group ⌒ AUS 108-109 B 6
Mary Anne Passage ≈ 108-109 B 6
Mary Ann Point ▲ AUS 112-113 F 6
Maryborough ○ AUS (QLD) 114-115 M 3
Maryborough ○ AUS (VIC) 116-117 G 4
Marydale ○ ZA 156-157 F 4
Maryfield ○ AUS 110-111 B 4
Mary Frances Lake ⬭ CDN 174-175 Q 4
Maryhill ○ USA 184-185 D 3
Mary Kathleen ∴ AUS 110-111 E 7
Mary Lake ⬭ CDN 174-175 S 4
Maryland □ USA 190-191 K 6
Mary River ~ AUS 108-109 H 5
Mary River ~ AUS 108-109 K 2
Mary River ~ AUS 114-115 M 4
Marystown ○ CDN 182-183 R 5
Marysvale ○ USA 184-185 H 6
Marysville ○ USA (CA) 184-185 D 6
Marysville ○ USA (KS) 186-187 J 6
Marysville ○ USA (OH) 190-191 G 5
Maryupol' ○ UA 38-39 K 4
Maryvale ○ AUS 110-111 H 6
Maryville ○ USA (MO) 186-187 K 5
Maryville ○ USA (TN) 192-193 G 2
Marzagão ○ BR 216-217 F 4
Marzanābād ○ IR 72-73 B 6
Marzo, 1 de ○ PY 220-221 J 3
Marzo, Punta ▲ CO 204-205 C 4
Marzūq □ LAR 128-129 E 5
Marzūq ☆ LAR 128-129 E 5
Marzūq, Hamādat ⊥ LAR 128-129 E 4
Marzūq, Ṣaḥrā' ⊥ LAR 128-129 E 5
Mas, Le ○ F (06) 242-243 K 4
Mas, Tanjung ▲ RI 102-103 B 6
Masagaweyn ○ SP 144-145 H 7
Masagua ○ GCA 196-197 J 4
Masaguara ○ HN 196-197 L 4
Masāhim, Kūh-e ▲ IR 70-71 F 3
Masahunga ○ EAT 148-149 D 5
Masai Mara National Reservat ⊥ EAK 148-149 E 4
Masā'iqa, al- ○ OM 68-69 K 2
Masai Steppe = Steppe Masaï ⊥ EAT 150-151 J 3
Masaka ☆ EAU 148-149 C 4
Ma'sal ○• KSA 66-67 J 5
Masalembobesar, Pulau ⌒ RI 100-101 D 6
Masalina, Kepulauan ⌒ RI 100-101 E 6
Masally = Masallı ○• AZ 64-65 N 3
Masamba ○ RI 100-101 G 5
Masan ○ ROK 86-87 G 10
Masanga ○ ZRE 146-147 J 4
Maṣāni', al- ○ Y 68-69 D 7
Masapun ○ RI 102-103 D 5
Masār, Ǧabal ▲ Y 68-69 C 6
Masasi ○ EAT 150-151 K 6
Masatepe ○ NIC 196-197 L 6
Más a Tierra, Isla ⌒ RCH 222-223 C 1
Masavi ○ BOL 214-215 F 6
Masawa ○ RI 100-101 F 5
Masaya ☆• NIC 196-197 L 6
Masbagik ○ RI 104 C 7
Masbate ☆ RP (MAS) 96-97 E 6
Masbate ⌒ RP (MAS) 96-97 E 6
Mascara ☆• DZ 126-127 C 3
Mascareignes, Bassin des = Mascarene Basin ≃ 8 D 6
Mascareignes, Crête des = Mascarene Plateau ≃ 8 E 6
Mascareignes = Mascarene Islands ⌒ 160 C 6
Mascareignes, Plaine Abyssale des = Mascarene Plain ≃ 8 O 7
Mascarene Basin = Mascareignes, Bassin des ≃ 8 D 6
Mascarene Islands = Mascareignes ⌒ 160 C 6
Mascarene Plain = Mascareignes, Plaine Abyssale des ≃ 8 O 7
Mascarene Plateau = Mascareignes, Crête des ≃ 8 E 6
Mascarin, Pic du ▲ F (984) 246 IV a 1
Mascasín, Salinas de ⬭ RA 220-221 D 6
Mascate = Masqaṭ ★·· OM 68-69 L 2
Masclat ○ F (46) 236-237 H 6
Mascota ○ MEX 196-197 B 1
Mas-d'Agenais, le ○ F (47) 240-241 E 2
Mas-d'Azil, Grotte du • F (09) 240-241 G 4
Mas-d'Azil, le ○ F (09) 240-241 G 4
Masefield ○ CDN 178-179 C 6
Masela, Pulau ⌒ RI 102-103 E 6
Masel'gskaja ○ RUS 24-25 N 5
Måselvfossen ~·· N 22-23 J 2
Maseru ★ LS 156-157 H 4
Masetleng Pan < RB 156-157 E 1
Masevaux ○ F (68) 238-239 K 1
Masǧed-e Abolfażl ○ IR 70-71 H 4
Mašǧed-e Soleimān ○• IR 70-71 C 3
Masha ○ ETH 144-145 B 5
Mashad ☆• IR 72-73 F 6
Mashala ○ ZRE 146-147 J 6
Mashan ○ VRC 92-93 F 5
Mashansha, Rio ~ PE 208-209 F 7
Mashar ○ SUD 142-143 H 4
Mashava ○ ZW 154-155 F 5
Mashi ○ VRC 92-93 G 2
Mashike ○ J 88-89 J 3
Māshkai ~ PK 70-71 L 5
Māshkel ~ PK 70-71 K 5
Māshkel, Hāmūn-i- ⬭ PK 70-71 K 4
Mashki Chāh ○ PK 70-71 K 4
Mashkode ○ CDN 178-179 O 7
Mashonaland Central □ ZW 154-155 F 3
Mashonaland East □ ZW 154-155 F 3
Mashonaland West □ ZW 154-155 E 3
Mashowingrivier ~ ZA 156-157 F 3
Mashra' ar-Raqq ○ SUD 142-143 J 4
Masi ○ N 22-23 L 2
Masia-Mbia ○ ZRE 146-147 F 5
Masian ○ RI 102-103 H 5
Masica, La ○ HN 196-197 L 4
Mašigina, guba ≈ RUS 44-45 G 4
Masila, al- ~ Y 68-69 G 6
Masim, gora ▲ RUS 32-33 K 7
Masi-Manimba ○ ZRE 146-147 F 6
Masi-Masi, Pulau ⌒ RI 102-103 K 3
Masindi ○ EAU 148-149 C 3
Masindi Port ○ EAU 148-149 D 3
Masinga Reservoir < EAK 148-149 F 4
Masingbi ○ WAL 138-139 E 5
Masinloc ○ RP 96-97 C 5
Maṣīra, Détroit de = Maṣīra Channel ≈ 68-69 L 3
Maṣīra, Ǧazīrat ⌒ OM 68-69 L 3
Maṣīra, Golfe de = Maṣīra, Gulf of ≈ 68-69 L 3
Maṣīra, Gulf of ≈ 68-69 L 3
Maṣīra, Île = Maṣīra, Ǧazīrat ⌒ OM 68-69 L 3
Masira Channel ≈ 68-69 L 3
Masis ○ AR 64-65 L 2
Masisea ○ PE 208-209 E 6
Masisi ○ ZRE 148-149 B 4
Maskanah ○ SYR 64-65 H 4
Maskarenen Plateau ≃ 8 E 6
Maškel, Rūd-e ~ IR 70-71 K 5
Maskelyne Islands ⌒ VAN 120 II a 3
Masléon ○ F (87) 236-237 J 4
Masliya ○ KSA 68-69 C 5
Masljanino ○ RUS 50-51 S 7
Maṣna'a, al- ○ OM 68-69 K 2
Masoala, Saikanosy ⌣ RM 158-159 G 5
Masoala, Tanjona ▲ RM 158-159 G 6
Masohi ○ RI 102-103 E 3
Masoko ○ EAT 150-151 G 5
Masoller ○ ROU 220-221 J 6
Masomeloka ○ RM 158-159 F 8
Mason ○ USA (MI) 190-191 F 4
Mason ○ USA (TX) 188-189 H 4
Mason, Lake ⬭ AUS 112-113 E 3
Mason Bay ≈ 118 A 7
Mason City ○ USA 186-187 L 4
Masoni, Pulau ⌒ RI 100-101 J 4
Mason River ~ CDN 168-169 H 6
Maspalomas ○ E 124-125 D 7
Mas Pérouse • F (30) 242-243 E 4
Masqa, al- ○ KSA 68-69 C 4
Masqaṭ ★·· OM 68-69 L 2
Massa ○ IND 74-75 E 10
Massa, Oued ~ MA 124-125 G 6
Massaango ○ ANG 152-153 D 4
Massachusetts □ USA 190-191 M 4
Massachusetts, Fort ∴ USA 192-193 D 4
Massachusetts Bay ≈ 190-191 N 4
Massafra ○• I 36-37 F 4
Massaguet ○ TCH 134-135 G 6
Massajid Cali Guduud ○ SP 144-145 H 7
Massakory ○ TCH 134-135 G 6
Massalassef ○ TCH 142-143 C 3
Massama ○ WAN 134-135 C 6
Massa Marittima ○• I 36-37 C 3
Massangam ○ CAM 140-141 J 6
Massangano ○ ANG 152-153 C 4
Massangena ○ MOC 154-155 G 5
Massangulo ○ MOC 154-155 H 1
Massantola ○ RMM 138-139 G 3
Massapê ○ BR 212-213 H 3
Massaranduba ○ BR 218-219 F 6
Massarole < SP 148-149 K 2
Massat ○ F (09) 240-241 G 5
Massau ○ ANG 152-153 D 3
Massay ○ F (18) 232-233 F 5
Massegros, Le ○ F (48) 242-243 C 3
Massena ○ USA 190-191 L 3
Massenya ○ TCH 142-143 C 3
Massérac ○ F (44) 230-231 H 4
Masseret ○ F (19) 236-237 J 4
Masset Inlet ≈ 176-177 D 5
Masset ○ CDN 176-177 D 4
Masseube ○ F (32) 240-241 F 4
Massey ○ CDN 182-183 C 5
Massey Island ⌒ CDN 168-169 U 3
Massey Sound ≈ 170-171 C 4
Massiac ○ F (15) 242-243 C 1
Massibi ○ ANG 150-151 B 6
Massif Central ▲ F 236-237 M 5
Massif Tabulaire ▲ F (973) 245 I b 4
Massigui ○ RMM 138-139 G 4
Massili ~ BF 138-139 K 3
Massillon ○ USA 190-191 H 5
Massina ○ RMM 138-139 H 3
Massine, Oued ~ DZ 126-127 D 7
Massinga ○ MOC 154-155 H 6
Massingir ○ MOC 154-155 G 6
Massingir, Barragem de < MOC 154-155 F 6
Massognes ○ F (86) 236-237 F 2
Masson Island ⌒ ARK 16 G 10
Massosse ○ ANG 152-153 D 7
Maštaga ○ AZ 64-65 O 2
Mastah, ozero ⬭ RUS 54-55 L 3
Mastermans Range ▲ AUS 114-115 L 5
Masterton ○ NZ 118 E 4
Mas-Thibert, Le ○ F (13) 242-243 F 4
Mastic Point ○ BS 198-199 G 2
Mastodonte, Cerro ▲ RCH 220-221 C 2
Mastūj ~ PK 74-75 D 1
Mastung ○• PK 70-71 M 4
Mastūra ○ KSA 66-67 F 6
Mas'ūd ○ IRQ 64-65 K 4
Masuda ○ J 88-89 D 7
Masuguru ○ EAT 150-151 K 6
Masuika ○ ZRE 150-151 B 4
Mašuk, gora ▲ RUS 48-49 O 4
Māsur ○ IR 70-71 C 2
Masurai, Gunung ▲ RI 98-99 D 6
Masvingo □ ZW 154-155 F 5
Masvingo ☆ ZW 154-155 F 5
Maswaar, Pulau ⌒ RI 102-103 H 3
Maswa Game Reservat ⊥ EAT 148-149 E 5
Maṣyāf ○ SYR 64-65 G 5
Mât, Rivière du ~ F (974) 246 II b 1
Mata ○ ZRE 152-153 F 3
Mata'Avea, Cape = Cape Lisburn ▲ VAN 120 II a 2
Matabeleland North □ ZW 154-155 D 4
Matabeleland South □ ZW 154-155 E 5
Mata Bia, Gunung ▲ RI 102-103 D 6
Matacawa Levu ⌒ FJI 120 III a 2
Matachel, Río ~ E 34-35 D 5
Matachewan ○ CDN 182-183 D 5
Matachic ○ MEX 194-195 F 3
Matacuí ○ BOL 214-215 F 5
Matad = Zuunbulag ○ MAU 84-85 M 4
Mata da Corda, Serra da ▲ BR 216-217 G 5
Matadi ☆• ZRE 146-147 D 6
Matador ○ USA 188-189 G 2
Matagalpa ☆ NIC 196-197 B 5
Matagalpa, Río Grande de ~ NIC 196-197 B 5
Matagami ○ CDN 182-183 F 4
Matagami, Lac ⬭ CDN 182-183 F 4
Matagorda Bay ≈ 188-189 J 5
Matagorda Island ⌒ USA 188-189 J 5
Mataiea ○ F (987) 247 V b 2
Mataj ~ RUS 58-59 F 5
Matak, Pulau ⌒ RI 98-99 G 3
Matakali ○ RI 100-101 F 5
Matakana Island ⌒ NZ 118 F 2
Matakaoa Point ▲ NZ 118 G 2
Matakawau ○ NZ 118 E 2
Matakil, Chutes de ~·· RCA 142-143 E 4
Matala ○ ANG 152-153 C 7
Matala ○ GR 36-37 K 7
Matala ○ IND 76-77 G 2
Matala ○ ZRE 146-147 L 5
Matalaque ○ PE 214-215 B 5
Matale ○ CL 76-77 J 7
Matale ○ ZRE 148-149 B 5
Matam ○ SN 138-139 D 2
Maṭāmah, al- ○ Y 68-69 D 5
Mata Mata ○ ZA 156-157 E 2
Matamatá, Cachoeira ~ BR 210-211 G 6
Matamey ○ RN 134-135 D 6
Matamoros ○ MEX (COA) 194-195 H 5
Matamoros ○ MEX (TAM) 194-195 L 5
Matana ○ BU 148-149 B 5
Matana ○ RI 100-101 G 5
Matana, Danau ⬭ RI 100-101 G 5
Matanal Point ▲ RP 96-97 E 9
Ma'tan as Sarah ○ LAR 134-135 K 2
Ma'tan Bisciara < LAR 128-129 K 6
Matanda ○ Z 150-151 E 6
Matandu ~ EAT 150-151 K 5
Matane ○ CDN 182-183 L 4
Matanga ○ RI 100-101 H 4
Matanga ○ RM 158-159 E 9
Matankari ○ RN 134-135 B 6
Matantas ○ VAN 120 II a 2
Matanuska River ~ USA 164-165 Q 6
Matanzas ☆ C 198-199 E 3
Matanzas ○ MEX 194-195 J 7
Matanzas ○ YV 204-205 K 3
Matanzilla, Pampa de la ⊥ RA 222-223 E 4
Matão ○ BR 216-217 F 6
Mataojo ○ ROU 220-221 J 6
Mataoleo ○ RI 100-101 H 6
Mata Ortiz ○ MEX 194-195 E 2
Matapédia ○ CDN 182-183 L 5
Matapédia, Rivière ~ CDN 182-183 L 4
Matapi, Cachoeira ~ BR 210-211 F 2
Matapi, Rio ~ BR 206-207 J 5
Mataquito, Río ~ RCH 222-223 C 3
Matara ○ CL 76-77 J 8
Matara ○• ER 136-137 J 5
Matara ○ PE 208-209 C 5
Matará ○ RA 220-221 F 5
Mataraca ○ BR 212-213 L 5
Mataram ☆ RI 104 C 7
Mataranka ○ AUS 110-111 B 4
Mataró ○ E 34-35 J 4
Mataroni ~ F (973) 245 I c 3
Mataso ⌒ VAN 120 II b 3
Matatiele ○ ZA 156-157 J 5
Matatindoe Point ▲ RP 96-97 E 8
Mataupa ○ PNG 119 F 5
Matauri, Rio ~ BR 210-211 G 5
Matausu ○ RI 100-101 G 6
Matā'utu ☆ F (986) 247 III
Matawai ○ NZ 118 F 3
Matawin, Rivière ~ CDN 182-183 H 5
Maṭāy ○ ET 130-131 E 3
Matayaya ○ DOM 198-199 K 5
Matechai ○ ANG 152-153 F 5
Mategua ○ BOL 214-215 F 3
Matehuala ○ MEX 194-195 J 6
Mateiros ○ BR 212-213 E 7
Matekwe ○ EAT 150-151 K 6
Matela ○ LS 156-157 H 4
Matelles, Les ○ F (34) 242-243 D 4
Matelot ○ TT 204-205 L 2
Matema ○ EAT 150-151 H 5
Matema ○ MOC 154-155 G 2
Matenge ○ MOC 154-155 G 2
Matera ☆• I 36-37 F 4
Matéri ○ DY 138-139 L 4
Maternillos, Punta ▲ C 198-199 G 4
Mátészalka ○ H 28-29 R 5
Matete ○ ZRE 148-149 A 3
Matetsi ○ ZW 154-155 C 4
Matetsi ~ ZW 154-155 D 4
Mateur ○ TN 126-127 G 2
Matewar ○ RI 102-103 K 2
Matha ○ F (17) 236-237 E 4
Mātherān ○• IND 74-75 D 10
Mathes, Les ○ F (17) 236-237 C 4
Matheson ○ CDN 178-179 Q 6
Matheson Point ▲ CDN 168-169 Y 6
Mathiassen Brook ~ CDN 180-181 H 2
Mathieu ○ F (14) 228-229 D 5
Mathieu, Grand Récif ⌒ F (988) 247 I b 2
Mathis ○ USA 188-189 J 5
Mathiston ○ USA 192-193 D 3
Mathoura ○ AUS 116-117 H 3
Mathura ○·· IND 74-75 F 6
Mati ~ RUS 56-57 H 4
Matia ~ EAK 148-149 G 4
Matiacoali ○ BF 138-139 L 3
Matiāri ○ PK 74-75 B 7
Matias Cardoso ○ BR 216-217 J 3
Matias Olímpio ○ BR 212-213 G 3
Matías Romero ○ MEX 196-197 G 3
Matibane ○ MOC 154-155 L 2
Maticora, Río ~ YV 204-205 F 2
Matignon ○ F (22) 230-231 G 2
Matigny ○ F (80) 228-229 L 4
Matiguás ○ NIC 196-197 B 5
Matilde ○ RA 220-221 G 6
Matilla ○ RCH 214-215 C 7
Matima ○ RB 154-155 C 5
Matina ○ BR 216-217 J 2
Matinenda Lake ⬭ CDN 182-183 C 5
Matinha ○ BR 218-219 F 5
Matiura, Pointe ▲ F (987) 247 IV a 2
Matiši ○ LV 30-31 J 3
Matjiesfontein ○ ZA 156-157 E 6
Matlahaw Point ▲ CDN 176-177 G 7
Mātli ○ PK 74-75 B 7
Matmata ○• TN 126-127 G 4
Matnog ○ RP 96-97 F 6
Mato, El ○ YV 204-205 J 4
Mato, Île ⌒ F (988) 247 I d 4
Matočkin Šar ○ RUS 44-45 G 5
Matočkin Šar, proliv ≈ RUS 44-45 F 5
Matões ○ BR 212-213 G 4
Matogrossense, Pantanal ~• BR 214-215 J 5
Mato Grosso ○ BR 214-215 J 3
Mato Grosso, Planalto do ⊥ BR 214-215 K 4
Mato Grosso do Sul □ BR 214-215 J 6
Mato Guarrojo ○ CO 204-205 F 5
Matola ○ MOC 156-157 L 2
Matondo ○ MOC 154-155 H 3
Matong ○ PNG 119 F 3
Matope ○ MW 154-155 H 2
Matopo ○ ZW 154-155 E 5
Matos, Río ~ BOL 214-215 D 4
Matos Costa ○ BR 218-219 E 6
Matotchkin Char, Détroit de = Matočkin Šar, proliv ≈ 44-45 F 5
Matour ○ F (71) 238-239 E 4
Matoury ○ F (973) 245 I c 2
Mato Verde ○ BR 216-217 J 3
Matraca ○ CO 204-205 G 6
Maṭraḥ ○• OM 68-69 L 2
Matras Beach • RI 98-99 G 5
Matres-de-Veyre ○ F (63) 238-239 C 5
Matroosberg ○ ZA 156-157 D 6
Matru ○ WAL 138-139 D 6
Matrūbah ○ LAR 128-129 K 1
Matsalu Riiklik Looduskaitseala ⊥ EST 30-31 H 2
Matsanga ○ RCB 146-147 D 4
Matsari ○ CAM 140-141 K 6
Matshumbi ○ ZRE 148-149 B 4
Matsiatra ~ RM 158-159 E 8
Matsoandakana ○ RM 158-159 F 5
Matsue ○ J 88-89 E 7
Matsuka ○ G 146-147 B 4
Matsu Liehtao ⌒ RC 92-93 L 3
Matsumae ○ J 88-89 J 4
Matsumoto ○ J 88-89 G 6
Matsu Temple • RC 92-93 M 5
Matsuyama ☆ J 88-89 E 8
Matsuzaka ○ J 88-89 G 7
Mattagami River ~ CDN 178-179 P 5
Mattamuskeet Lake ⬭ USA 192-193 K 2
Mattawa ○ CDN 182-183 E 5
Mattawamkeag ○ USA 190-191 O 3
Mattawitchewan River ~ CDN 178-179 O 6
Matterhorn ▲·· CH 28-29 J 5
Matterhorn ▲ USA 184-185 G 5
Mattesalja, mys ▲ RUS 44-45 Q 5
Matthews Ridge ○ GUY 206-207 D 2
Matthew Town ○ BS 198-199 J 4
Mattice ○ CDN 178-179 P 6
Mattili ○ IND 78-79 C 6
Mattō ○ J 88-89 G 6
Mattoon ○ USA 190-191 D 6
Matty Island ⌒ CDN 168-169 Y 6
Matu ○ MAL 98-99 J 3
Matua, ostrov ⌒ RUS 58-59 P 4
Matucana ○ PE 208-209 D 7
Matuda, ozero ⬭ RUS 44-45 b 5
Matugama ○ CL 76-77 J 7
Matukar ○ PNG 119 C 3
Matuku ⌒ FJI 120 III b 3
Matundu ○ ZRE 142-143 F 6
Matupi, Igarapé ~ BR 210-211 G 6
Ma'tuq ○ SUD 136-137 F 5
Maturín ☆ YV 204-205 K 3
Matusadona National Park ⊥ ZW 154-155 E 3
Matuseviča, fjord ≈ 44-45 b 2
Matveev, ostrov ⌒ RUS 44-45 H 7
Matveevka ○ RUS (ULN) 32-33 F 6
Matveevka ☆ RUS (ORB) 32-33 H 7
Matveev Kurgan ○ RUS 38-39 L 4
Maty-Centre ○ RCB 146-147 E 5
Matykil', ostrov ⌒ RUS 56-57 Q 4
Mau ○ IND (UTP) 78-79 B 3
Mau ○ IND (UTP) 78-79 C 3
Mau, Île = Emao ⌒ VAN 120 II b 3
Mauá ○ BR 216-217 G 7
Maua ○ EAK 148-149 F 3
Maúa ○ MOC 154-155 J 1
Mauba, Wādī ~ Y 68-69 G 5
Mauban ○ RP 96-97 D 5
Maubermé ▲ F 240-241 F 5
Maubert-Fontaine ○ F (08) 234-235 E 2
Maubeuge ○ F (59) 228-229 M 3
Maubin ○ MYA 94-95 C 2
Maubisse ○ RI 102-103 C 6
Maubourguet ○ F (65) 240-241 E 4
Maubuisson ○ F (33) 236-237 C 5
Maude ○ AUS 116-117 H 3
Maué ○ ANG 152-153 E 8
Maués ○ BR 210-211 J 4
Maués, Rio ~ BR 210-211 J 4
Maués-Mirim, Rio ~ BR 210-211 J 4
Mauges ⊥ F (49) 230-231 K 5
Maugris < RIM 132-133 C 5
Mauguio ○ F (34) 242-243 E 4
Mauguio ou de l'Or, Etang de ⬭ F (34) 242-243 E 4
Maui ⌒ USA 192-193 D 7
Mauk ○ RI 104 B 3
Maukeli ○ RI 104 E 7
Maulamyaing ○ MYA 94-95 D 2
Maulbronn ○··· D 28-29 K 4
Maulde ○ F (59) 228-229 L 2
Maulde ~ F (23) 236-237 J 4
Maule ○ F (78) 232-233 F 2
Maule, Laguna del ⬭ RCH 222-223 D 4
Maule, Río ~ RCH 222-223 C 3
Mauléon ○ F (79) 236-237 D 2
Mauléon-Barousse ○ F (65) 240-241 F 5
Mauléon-d'Armagnac ○ F (32) 240-241 D 3
Mauléon-Licharre ○ F (64) 240-241 C 4
Maule o Pehuenche, Paso ▲ RA 222-223 D 4
Maulévrier ○ F (49) 230-231 K 5
Maullín ○ RCH 222-223 C 6
Maullín, Bahía ≈ 222-223 C 6
Maulmont • F (63) 236-237 M 3
Maumee ○ USA 190-191 G 5
Maumela ○ RI 102-103 C 6
Maumere ○ RI 102-103 B 6
Maumusson-Laguian ○ F (32) 240-241 D 3
Maun ☆ RB 154-155 B 4
Mauna Kea ▲ USA 192-193 E 8
Maunaloa ○ USA 192-193 D 7
Mauna Loa ▲ USA 192-193 E 8
Mauneluk River ~ USA 164-165 N 3
Maungmagan Islands ⌒ MYA 94-95 D 3
Maungu ○ EAK 148-149 G 5
Maunoir, Lac ⬭ CDN 174-175 G 2
Mauny, la ○ F (972) 245 V b 2
Maupas • F (18) 232-233 H 5

Mellen o **USA** 190-191 C 2
Mellene, Anou < **RMM** 134-135 B 3
Mellene, Assouf ~ **DZ** 126-127 C 8
Melleran o **F** (79) 236-237 E 3
Melleraye, Abbaye de • **F** (44) 230-231 J 4
Mellerud ☆ **S** 22-23 F 7
Mellette o **USA** 186-187 H 3
Mellionnec o **F** (22) 230-231 E 3
Mellit o **SUD** 136-137 B 5
Mellizos o **RCH** 220-221 C 2
Mellizo Sur, Cerro ▲ **RCH** 224 D 4
Mellon o **CDN** 176-177 J 7
Melloulou, Oued ~ **MA** 124-125 K 4
Melmoth o **ZA** 156-157 K 4
Mel'ničnoe o **RUS** 58-59 F 6
Mel'ničnye, porogi ~ **RUS** 24-25 O 5
Mělník o **CZ** 28-29 N 3
Melo o **G** 146-147 C 2
Melo ☆ **ROU** 222-223 M 2
Melo, Río ~ **PY** 220-221 H 1
Meloco o **MOC** 154-155 K 1
Melolo o **RI** 104 E 7
Mélong o **CAM** 140-141 H 6
Melovoj, mys ▲ **KA** 62-63 J 6
Melovoj mujisi ▲ **KA** 62-63 J 6
Melozitna River ~ **USA** 164-165 N 4
Melrand o **F** (56) 230-231 E 4
Melrhir, Chott ⊖ **DZ** 126-127 F 3
Melrose o **AUS** (WA) 112-113 F 3
Melrose o• **AUS** (SA) 116-117 E 2
Melrose o **CDN** 182-183 N 6
Melrose o **USA** 184-185 H 3
Melstone o **USA** 186-187 D 2
Meltaus o **FIN** 24-25 H 3
Melton o **AUS** 116-117 H 4
Meluco o **MOC** 150-151 K 7
Melukua o **RI** 102-103 E 5
Melume o **ZRE** 146-147 K 2
Melun ☆ **F** (77) 232-233 H 2
Melun o **MYA** 78-79 H 5
Melung Tse Jobo Garu ▲ **NEP** 80-81 F 6
Melur o **IND** 76-77 H 5
Melville o **CDN** 178-179 E 5
Melville o **USA** 188-189 M 4
Melville, Cape ▲ **AUS** 110-111 H 4
Melville, Cape ▲ **RP** 96-97 B 9
Melville, Kap ▲ **GRØ** 170-171 T 5
Melville, Lake ⊖ **CDN** 182-183 P 2
Melville Bay ≈ 110-111 D 3
Melville Bugt ≈ 170-171 S 6
Melville Hills ⛰ **CDN** 168-169 J 6
Melville Island ⌒ **AUS** 108-109 K 1
Melville Island ⌒ **CDN** 168-169 P 3
Melville Land ∸ **GRØ** 170-171 k 2
Melville Peninsula ⌣ **CDN** 168-169 d 6
Melville Sound ≈ 168-169 S 6
Melville Trough ≃ 168-169 Q 3
Melvin River ~ **CDN** 174-175 L 6
Melvis, La o **C** 198-199 D 4
Memala o **RI** 98-99 K 5
Memāri o **IND** 78-79 F 4
Memba o **CO** 204-205 C 5
Memba o **MOC** 154-155 L 2
Membalong o **RI** 98-99 G 6
Membeca, Rio ~ **BR** 214-215 J 3
Memboro o **RI** 104 D 7
Membrillo, El o **RCH** 222-223 D 2
Membrolle-sur-Choisille, La o **F** (37) 232-233 D 5
Memel o **ZA** 156-157 J 3
Memer o **F** (12) 240-241 H 2
Memmingen o• **D** 28-29 L 5
Memo o **YV** 204-205 H 3
Memori, Tanjung ▲ **RI** 102-103 H 2
Mémorial de Gaulle • **F** (52) 234-235 F 5
Mempawah o **RI** 98-99 H 4
Memphis ∴⋯ **ET** 130-131 E 3
Memphis o **USA** (MO) 186-187 L 5
Memphis o **USA** (TN) 188-189 M 2
Memphis o **USA** (TX) 188-189 G 2
Memphremagog, Lac ⊖ **CDN** 182-183 H 6
Ména o **RMM** 138-139 G 3
Mena o **UA** 38-39 H 2
Mena o **USA** 188-189 K 2
Mena, Wabē ~ **ETH** 144-145 E 6
Menaa o **DZ** 126-127 F 3
Menabe ∸ **RM** 158-159 D 8
Menai ⌒ **SY** 158-159 E 2
Ménaka o **RMM** 132-133 M 7
Mènam Kohng (Mekong) ~ **LAO** 92-93 B 7
Menanga o **RI** 100-101 J 4
Menangina o **AUS** 112-113 F 4
Menarandra ~ **RM** 158-159 D 10
Menarbu o **RI** 102-103 H 3
Menard o **USA** 188-189 H 4
Menard, Zone de Fracture de = Menard Fracture Zone ≃ 10-11 R 12
Menard Fracture Zone = Menard, Zone de Fracture de ≃ 10-11 R 12
Menaskwagama, Lac ⊖ **CDN** 182-183 N 3
Menat o **F** (63) 236-237 L 3
Menawashei o **SUD** 136-137 B 6
Menchia o **TN** 126-127 G 4
Menda ~ **RUS** 54-55 O 5
Mendana, Zone de Fracture de = Mendana Fracture Zone ≃ 13 B 6
Mendana Fracture Zone = Mendana, Zone de Fracture de ≃ 13 B 6
Mendanau, Pulau ⌒ **RI** 98-99 G 6
Mendawai ~ **RI** 98-99 K 5
Mendaya o **RI** 104 B 7
Mende o• **F** (48) 242-243 D 2
Mendebo ⛰ **ETH** 144-145 D 5
Mendel' ~ **RUS** 52-53 E 7
Mendeleeva, gory ⛰ **RUS** 44-45 J 3
Mendeleevsk ☆ **RUS** 32-33 H 6
Mendenhall o **USA** 192-193 D 4
Mendenhall, Cape ▲ **USA** 166-167 N 3
Mendenhall Glacier ⊂ **USA** 176-177 C 2
Mendes o **DZ** 126-127 C 3
Méndez o **EC** 208-209 C 3
Méndez o **MEX** 194-195 K 5
Mendi o **ETH** 144-145 B 4
Mendi ☆ **PNG** 119 B 4
Mendiköl ⊖ **KA** 62-63 O 3
Mendiya-Plage o **MA** 124-125 H 3
Mendocina, Zone de Fracture de = Mendocino Fracture Zone ≃ 10-11 M 4
Mendocino o **USA** 184-185 C 6
Mendocino, Cape ▲ **USA** 184-185 B 5
Mendocino Fracture Zone = Mendocina, Zone de Fracture de ≃ 10-11 M 4
Mendol, Pulau ⌒ **RI** 98-99 E 4
Mendooran o **AUS** 114-115 K 6
Mendopolo o **SUD** 142-143 K 6
Mendota o **USA** (CA) 184-185 D 7
Mendota o **USA** (IL) 190-191 D 5
Mendoza o **PE** 208-209 D 5
Mendoza □ **RA** 222-223 E 3
Mendoza ☆• **RA** 222-223 E 2
Ménéac o **F** (56) 230-231 G 3
Ménebres o **F** (84) 242-243 G 4
Mene de Mauroa o **YV** 204-205 F 2
Menée, Col de ▲ **F** 242-243 H 2
Mene Grande o **YV** 204-205 F 3
Menemen ☆ **TR** 64-65 B 3
Menen o **B** 28-29 G 3
Menéndez, Lago ⊖ **RA** 222-223 D 7
Menéndez, Paso de ▲ **RCH** 222-223 C 7
Menengai Crater • **EAK** 148-149 F 4
Menesjärvi o **FIN** 24-25 J 2
Ménestérol, Momtpon- o **F** (24) 236-237 F 5
Ménestreau-en-Villette o **F** (45) 232-233 G 4
Menetou-Salon o **F** (18) 232-233 G 5
Ménétréols-sous-Vatan o **F** (36) 232-233 F 5
Ménétréol-sur-Sauldre o **F** (18) 232-233 G 5
Menez, Landes du ∸ **F** (22) 230-231 F 3
Ménez-Hom ▲•• **F** (29) 230-231 C 3
Meng ~ **CAM** 140-141 K 5
Menga o **ANG** 152-153 C 5
Menga, Puerto de ▲ **E** 34-35 E 4
Mengalia, Grand Récif ⌒ **F** (988) 247 I c 2
Mengam, Mount ▲ **PNG** 119 C 3
Mengcheng o **VRC** 90-91 K 5
Menggala o **RI** 98-99 F 7
Menggari o **RI** 102-103 H 2
Menghai o **VRC** 78-79 M 5
Mengkatip o **RI** 100-101 D 5
Mengkoka, Gunung ▲ **RI** 100-101 G 5
Mengla o **VRC** 92-93 B 6
Menglian o **VRC** 78-79 L 4
Mengong o **CAM** 146-147 C 2
Mengshan o **VRC** 92-93 G 4
Ménguémé o **CAM** 146-147 C 2
Meng Xian o **VRC** 90-91 H 4
Mengxing o **VRC** 92-93 B 6
Mengyan o **VRC** 92-93 F 3
Mengyin o **VRC** 90-91 K 4
Mengzi o **VRC** 92-93 C 5
Menhir • **F** (2A) 244 C 5
Menídi o **GR** 36-37 H 5
Menier, Port o **CDN** 182-183 M 4
Ménigoute o **F** (79) 236-237 E 3
Menihek Lakes ⊖ **CDN** 180-181 Q 7
Ménil, le o **F** (88) 234-235 J 5
Ménil, le o **F** (88) 234-235 K 6
Ménil-la-Tour o **F** (54) 234-235 H 4
Ménil-sur-Belvitte o **F** (88) 234-235 K 5
Menindee o **AUS** 116-117 G 2
Menindee Lake ⊖ **AUS** 116-117 G 2
Meningie o **AUS** 116-117 E 3
Mènkèrè ~ **RUS** 46-47 O 6
Menkerja o **RUS** 46-47 O 6
Menkjule ~ **RUS** 56-57 G 2
Mennetou-sur-Cher o **F** (41) 232-233 F 5
Menneval o **CDN** 182-183 L 5
Menominee o **USA** 190-191 E 3
Menominee Indian Reservation X **USA** 190-191 D 3
Menominee River ~ **USA** 190-191 E 3
Menomonee Falls o **USA** 190-191 D 4
Menomonie o **USA** 190-191 C 3
Menongue ☆ **ANG** 152-153 D 7
Menorca ⌒ **E** 34-35 J 4
Menou o **F** (58) 232-233 J 5
Mens o **F** (38) 242-243 H 2
Mensignac o **F** (24) 236-237 G 5
Men'šikova, mys ▲ **RUS** 44-45 G 6
Men'sikova, ostrov ⌒ **RUS** 56-57 H 6
Menta, Col de ▲ **F** (2A) 244 D 5
Mentasta Pass ▲ **USA** 164-165 T 5
Mentawai, Détroit des = Mentawai, Selat ≈ 98-99 C 5
Mentawai, Kepulauau ⌒ **RI** 98-99 C 5
Mentawai, Selat = Mentawai, Détroit des ≈ 98-99 C 5
Menteke, kum ∸ **KA** 32-33 F 10
Menthonnex-en-Bornes o **F** (74) 238-239 J 4
Menthon-Saint-Bernard o **F** (74) 238-239 J 5
Menton o **F** (06) 242-243 L 4
Menucos, Bajo de los ∸ **RA** 222-223 F 5
Menucos, Los o **RA** 222-223 E 6
Menuires, les o **F** (73) 242-243 K 1
Menukung o **RI** 98-99 K 5
Menyamya o **PNG** 119 D 4
Menyapa, Gunung ▲ **RI** 100-101 E 3
Menyuan o **VRC** 90-91 B 3
Menza o **RUS** (CTN) 52-53 O 11
Menza ~ **RUS** 52-53 O 11
Menza ~ **RUS** 52-53 O 10
Menzel Bourguiba o **TN** 126-127 G 2
Menzel Chaker o **TN** 126-127 H 3
Menzelinsk ☆ **RUS** 32-33 H 6
Menzel Termime o **TN** 126-127 H 2
Menzies o **AUS** 112-113 F 4
Menzies, Mount ▲ **ARK** 16 F 7
Méobecq o **F** (36) 236-237 H 2
Meoqui o **MEX** 194-195 G 3
Meota o **CDN** 176-177 Q 5
Méounes-lès-Montrieux o **F** (83) 242-243 H 5
Mepala o **ANG** 152-153 B 3
Mepica o **MOC** 154-155 J 2
Mepisckaro, gora ▲ **GE** 62-63 E 7
Meponda o **MOC** 154-155 H 1
Mepozo ~ **ANG** 152-153 B 3
Meppadi o **IND** 76-77 G 5
Meppel o **NL** 28-29 J 2
Meppen o **D** 28-29 J 2
Mepuse, Rio ~ **MOC** 154-155 H 3
Mequens, Rio ~ **BR** 214-215 F 3
Mequinenza, Embalse de < **E** 34-35 H 4
Mer o **F** (41) 232-233 F 4
Mera o **EC** 208-209 C 2
Méracq o **F** (64) 240-241 D 3
Merai o **PNG** 119 G 3
Merak o **RI** 104 B 2
Meråker o **N** 22-23 E 5
Méral o **F** (53) 230-231 K 4
Meralaba, Île = Mere Lava ⌒ **VAN** 120 II b 2
Merama Hill o **EAU** 148-149 C 4
Meramangye, Lake ⊖ **AUS** 112-113 M 4
Merampi, Pulau ⌒ **RI** 100-101 K 1
Meran = Merano o **I** 36-37 C 1
Merangin ~ **RI** 98-99 D 6
Merano = Meran o **I** 36-37 C 1
Merapah o **AUS** 110-111 G 3
Merapi, Gunung ▲ **RI** 104 D 3
Merasheen Island ⌒ **CDN** 182-183 R 5
Meratswe ~ **RB** 154-155 C 6
Merauke o **RI** 102-103 L 6
Merauke ~ **RI** 102-103 L 6
Mer Blanche = Beloe more ≈ 24-25 O 4
Mercaderes o **CO** 204-205 C 7
Mercan Dağları ⛰ **TR** 64-65 H 3
Mercantour, Parc National du ⊥• **F** 242-243 K 3
Merced o **USA** 184-185 D 7
Mercedario, Cerro ▲ **RA** 222-223 D 2
Mercedes o **RA** (BUA) 222-223 K 3
Mercedes o **RA** (CO) 220-221 H 5
Mercedes o **RA** (SLU) 222-223 G 2
Mercedes ☆ **ROU** 222-223 K 2
Mercedes o **USA** 188-189 J 6
Mercedes, Ilha das ⌒ **BR** 214-215 E 2
Mercedes, Las o **YV** (AMA) 204-205 H 5
Mercedes, Las o **YV** (GUA) 204-205 H 3
Mercedes, Las o **YV** (PSA) 204-205 G 3
Mer Celtique = Celtic Sea ≈ 26-27 D 6
Mercer o **USA** (PA) 190-191 H 5
Mercer o **USA** (WI) 190-191 C 2
Merchants Bay ≈ 172-173 J 3
Merčimden ~ **RUS** 46-47 M 5
Mercœur o **F** (19) 236-237 J 5
Mercoya o **RMM** 138-139 F 3
Mercuès o **F** (46) 240-241 G 2
Mercurey o **F** (71) 238-239 F 3
Mercy, Cape ▲ **CDN** 180-181 S 2
Mercy Bay ≈ 168-169 N 3
Merdani, Hassi < **MA** 124-125 K 5
Mer de Glace ⊂ **F** (74) 238-239 K 5
Merdrignac o **F** (22) 230-231 G 3
Méreau o **F** (18) 232-233 G 5
Mereb Wenz ~ **ETH** 136-137 J 5
Merecure o **YV** 204-205 G 4
Meredith o **AUS** 116-117 H 4
Meredith o **USA** 186-187 D 6
Meredith, Cape ▲ **GB** 222-223 K 7
Meredoua o **DZ** 126-127 C 8
Merefa o **UA** 38-39 K 3
Mereksen o **DZ** 126-127 G 6
Mere Lava = Île Meralaba ⌒ **VAN** 120 II b 2
Merenga o **RUS** 56-57 R 3
Mérens-les-Vals o **F** (09) 240-241 H 5
Meresichic o **MEX** 194-195 D 2
Méréville o **F** (91) 232-233 G 3
Merewa o **ETH** 144-145 C 5
Merga = Nukhaylah < **SUD** 136-137 C 3
Mergui o **MYA** 94-95 E 4
Mergui, Archipel = Myeik Kyûnzu ⌒ **MYA** 94-95 D 4
Mergui Archipelago = Myeik Kyûnzu ⌒ **MYA** 94-95 D 4
Merhder Lefâa < **MA** 124-125 K 4
Meri o **CAM** 142-143 B 3
Méri o **SN** 132-133 C 6
Méribel o **F** (73) 242-243 K 1
Meriç Nehri ~ **TR** 64-65 B 2
Méricourt o **F** (62) 228-229 K 3
Mérida o⋯ **E** 34-35 D 5
Mérida ☆•• **MEX** 196-197 K 1
Mérida ☆• **YV** 204-205 F 3
Mérida, Cordillera de ⛰ **YV** 204-205 F 3
Meriden o **USA** 190-191 M 5
Meridian o **USA** 192-193 D 3
Meridian Island ⌒ **CDN** 174-175 K 5
Meridith, Lake ⊖ **USA** 188-189 G 2
Meridja o **DZ** 124-125 K 5
Merig = Île Merigi ⌒ **VAN** 120 II a 2
Merigi, Île = Merig ⌒ **VAN** 120 II a 2
Mérignac o **F** (33) 236-237 D 6
Mérigny o **F** (36) 236-237 G 2
Merigur o **AUS** 116-117 F 3
Méri Harmsuort, mys ▲ **RUS** 20-21 Y 2
Merikarvia o **FIN** 24-25 F 6
Merimbula o **AUS** 116-117 K 4
Merin, Laguna ⊖ **ROU** 218-219 D 9
Mérinchal o **F** (23) 236-237 K 4
Meringa o **WAN** 140-141 K 3
Merino Downs o **AUS** 114-115 H 2
Merino Jarpa, Isla ⌒ **RCH** 224 C 3
Mer Intérieure = Seto-naikai ≈ 88-89 E 7
Merit o **MAL** 98-99 K 3
Merite Stigbøjlen, Kap ▲ **GRØ** 170-171 q 4
Meritxell, Santuari de • **AND** 240-241 H 5
Merivale o **AUS** 114-115 K 3
Mer Jaune = Yellow Sea ≈ 90-91 N 4
Merkānam o **IND** 76-77 H 4
Merkušina Strelka, poluostrov ⌣ **RUS** 46-47 Z 3
Merkwiller-Pechelbronn o **F** (67) 234-235 M 4
Merlebach, Freyming- o **F** (57) 234-235 K 3
Merlerault, Le o **F** (61) 230-231 M 2
Merles o **F** (82) 240-241 F 2
Merlevenez o **F** (56) 230-231 E 4
Merlimont o **F** (62) 228-229 H 3
Merlimont-Plage o **F** (62) 228-229 H 3
Merlin o **USA** 184-185 C 4
Merluna o **AUS** 110-111 G 3
Mermaid Reef ⌒ **AUS** 108-109 D 4
Mer Méditerranée = Mediterranean Sea ≈ 4 D 5
Mer Morte = Yam Hamelah = Bahret Lut ⊖ **JOR** 66-67 D 2
Mer Noire = Black Sea ≈ 38-39 G 6
Mernoo Bank ≃ 118 E 5
Meroe •• **SUD** 136-137 F 4
Merolia o **AUS** 112-113 G 4
Meropoh o **MAL** 98-99 D 2
Meros, Ponta dos ▲ **BR** 216-217 H 7
Merouana o **DZ** 126-127 E 3
Merouane, Chott ⊖ **DZ** 126-127 F 3
Merowe = Marawi o **SUD** 136-137 E 3
Merpins o **F** (16) 236-237 E 4
Merredin o **AUS** 112-113 E 5
Merrick ⛰ **GB** 26-27 E 4
Merrie Range ⛰ **AUS** 112-113 F 2
Merrifield Bay ≈ 180-181 T 7
Merrill o **USA** (OR) 184-185 D 4
Merrill o **USA** (WI) 190-191 D 3
Merrimack River ~ **USA** 190-191 N 4
Merriman o **USA** 186-187 G 4
Merriman o **ZA** 156-157 F 5
Merrimerriwa, Mount ▲ **AUS** 116-117 H 2
Merritt o **CDN** 176-177 K 6
Merritt Island o **USA** 192-193 H 5
Merritt Reservoire < **USA** 186-187 G 4
Merriwa o **AUS** 116-117 L 2
Mer Rouge = Red Sea ≈ 6-7 C 6
Merry Island ⌒ **CDN** 180-181 L 7
Merryville o **USA** 188-189 L 4
Mersa Fatma o **ER** 136-137 K 5
Mersa Gulbub o **ER** 136-137 J 4
Mersan ∸ **F** (40) 240-241 D 3
Merseburg o• **D** 28-29 L 3
Mersey ~ **GB** 26-27 F 5
Mersey River ~ **AUS** 116-117 J 6
Mersin = İçel o **TR** 64-65 F 4
Mersing o• **MAL** 98-99 E 3
Mers-les-Bains o **F** (80) 228-229 G 3
Mērsrags o **LV** 30-31 H 3
Merta o **IND** 74-75 E 6
Merthyr Tydfil o **GB** 26-27 F 6
Merti o **EAK** 148-149 G 3
Merting, Kampung o **MAL** 98-99 E 2
Merti Plateau ⛰ **EAK** 148-149 G 3
Mértola o• **P** 34-35 D 6
Merton o **AUS** 116-117 H 4
Mertoutek o **DZ** 126-127 E 8
Mertule Maryam o **ETH** 144-145 D 3
Merty Merty o **AUS** 114-115 F 5
Mertz Glacier ⊂ **ARK** 16 G 15
Mertzon o **USA** 188-189 G 4
Mertzwiller o **F** (67) 234-235 M 4
Meru o **EAK** 148-149 F 3
Meru ▲•• **EAT** 148-149 F 5
Méru o **F** (60) 228-229 J 5
Merume Mountains ⛰ **GUY** 206-207 D 3
Meru Mulika Lodge o **EAK** 148-149 G 3
Meru National Park ⊥ **EAK** 148-149 G 3
Meruóco o **BR** 212-213 H 3
Merure, Área Indígena X **BR** 216-217 D 3
Mervans o **F** (71) 238-239 G 3
Merville o **F** (59) 228-229 K 2
Merville-Franceville-Plage o **F** (14) 228-229 D 5
Merweville o **ZA** 156-157 E 6
Merxheim o **F** (68) 234-235 L 6
Mëry ☆ **BY** 30-31 K 4
Meryemana ∴•• **TR** 64-65 B 4
Méry-sur-Seine o **F** (10) 232-233 K 2
Merzer, Le o **F** (22) 230-231 E 2
Merzifon ☆ **TR** 64-65 F 2
Mesa o **MOC** 154-155 K 1
Mesa o **RI** 100-101 L 3
Mesa o **USA** (AZ) 184-185 J 9
Mesa o **USA** (NM) 188-189 E 3
Mesa o **USA** (WA) 184-185 E 2
Mesa, Cerro ▲ **RA** 222-223 E 5
Mesa, La o **CO** 204-205 D 5
Mesa, La o **USA** 184-185 F 9
Mesa, La o **YV** 204-205 F 2
Mesabi Range ⛰ **USA** 186-187 L 2
Mesa de las Tablas o **MEX** 194-195 J 5
Mesagrós o **GR** 36-37 J 6
Mesai, Río ~ **CO** 208-209 F 1
Mešakli o **US** 72-73 G 4
Mesanak, Pulau ⌒ **RI** 98-99 F 4
Mésanger o **F** (44) 230-231 J 5
Mesaraba o **ZRE** 146-147 L 5
Mesa Verde National Park ⊥⋯ **USA** 188-189 C 1
Mescalero o **USA** 188-189 E 3
Mescalero Apache Indian Reservation X **USA** 188-189 E 3
Meščerskaja nizmenost' ⛰ **RUS** 30-31 Q 4
Meschers-sur-Gironde o **F** (17) 236-237 D 4
Meschetti o **SP** 148-149 H 3
Meschkakur ▲ **MA** 124-125 K 4
Mescit Dağları ⛰ **TR** 64-65 J 2
Meseta Baya ▲ **RA** 222-223 E 5
Meseta de Jaua ⛰ **YV** 204-205 J 5
Meseta de Somuncurá ∸ **RA** 222-223 F 6
Meseta el Pedrero ∸ **RA** 224 F 3
Mesfinto o **ETH** 136-137 H 6
Mešginšahr o **IR** 64-65 M 3
Mesgouez, Lac ⊖ **CDN** 182-183 G 3
Meshik River ~ **USA** 166-167 R 4
Mesick o **USA** 190-191 F 3
Mesilinka River ~ **CDN** 176-177 H 3
Mesilla, La o **GCA** 196-197 J 4
Mésima ~ **I** 36-37 F 5
Mesjagutovo ☆ **RUS** 32-33 L 6
Mesjid Raya • **RI** 98-99 C 3
Meškān o **IR** 72-73 F 6
Meski, Source bleue de • **MA** 124-125 J 5
Meskiana, Oued ~ **DZ** 126-127 F 3
Mesklip o **ZA** 156-157 C 4
Meslan o **F** (56) 230-231 E 4
Mesland o **F** (41) 232-233 E 4
Meslay-du-Maine o **F** (53) 230-231 K 4
Meslay-le-Vidame o **F** (28) 232-233 E 3
Meslo o **ETH** 144-145 D 5
Mesna ~ **RUS** 24-25 S 2
Meşndiye o **TR** 64-65 G 2
Mesnières-en-Bray o **F** (76) 228-229 G 4
Mesnil-Eury, le o **F** (50) 228-229 B 5
Mesnil-Réaume, le o **F** (76) 228-229 G 4
Mesnil-Simon, Le o **F** (28) 232-233 F 2
Mesnil-Thomas, Le o **F** (28) 232-233 E 2
Mesogi o **CY** 64-65 E 5
Mesopotamia ∸ **RA** 220-221 H 6
Mesopotamia = Mésopotamie ∸ **IRQ** 64-65 J 5
Mésopotamie = Mesopotamia ∸ **IRQ** 64-65 J 5
Mespuits o **F** (91) 232-233 G 3
Mesquaie Indian Settlement X **USA** 186-187 L 5
Mesquer o **F** (44) 230-231 G 5
Mesquita o **BR** 216-217 J 5
Mesquite o **USA** 188-189 J 3
Messaad o **DZ** 126-127 D 3
Messac o **F** (35) 230-231 H 4
Messalo ~ **MOC** 150-151 K 7
Messaména o **CAM** 146-147 D 2
Messanges o **F** (40) 240-241 B 3
Messanges-Plage o **F** (40) 240-241 B 3
Messaoud, Oued ~ **DZ** 124-125 L 6
Mess Creek ~ **CDN** 176-177 E 3
Messeied o **MA** 124-125 F 6
Messeix o **F** (63) 236-237 L 4
Messejana o **BR** 212-213 J 3
Messelesek o **RI** 100-101 H 4
Messent Conservation Park ⊥ **AUS** 116-117 E 4
Messier, Canal ≈ 224 C 3
Messigny-et-Vantoux o **F** (21) 238-239 G 2
Messina o **I** 36-37 E 5
Messina o **ZA** 154-155 F 6
Messina, Stretto di ≈ 36-37 E 5
Messine, Détroit de = Messina, Stretto di ≈ 36-37 E 6
Messinge, Rio ~ **MOC** 150-151 H 7
Messiniakos Kólpos ≈ 36-37 J 6
Messojaha ~ **RUS** 44-45 T 7
Messolóngi o **GR** 36-37 H 5
Messondo o **CAM** 146-147 C 2
Messum Crater • **NAM** 152-153 C 10
Mesters Vig o **GRØ** 170-171 n 7
Mestia o **GE** 62-63 E 6
mesto padenija Tungusskogo meteorita • **RUS** 52-53 L 5
Mesuji ~ **RI** 98-99 F 7
Mesurado, Cape ▲ **LB** 138-139 E 6
Mesvres o **F** (71) 238-239 E 3
Meta, Río ~ **CO** 204-205 E 5
Metaca o **MOC** 150-151 J 7
Metagama o **CDN** 182-183 D 5
Meta Incognita Peninsula ⌣ **CDN** 180-181 O 3
Metairie o **USA** 188-189 M 5
Métal, Mont du ▲ **DZ** 134-135 D 2
Meta Lake ⊖ **CDN** 178-179 N 5
Metaliferi, Munţii ⛰ **RO** 38-39 C 4
Metaline Falls o **USA** 184-185 F 1
Metán o **RA** 220-221 E 3
Metangobalame o **MOC** 154-155 H 2
Metangula o **MOC** 150-151 H 7
Metapán o **ES** 196-197 K 4
Metaponto o• **I** 36-37 F 4
Metarica o **MOC** 154-155 J 2
Metchum ~ **CAM** 140-141 H 5
Meteghan o **CDN** 182-183 L 6
Metema o **ETH** 136-137 H 6
Meteóra ⋯ **GR** 36-37 H 5
Meteor Creek ~ **AUS** 114-115 K 3
Meteorit Ø ⌒ **GRØ** 170-171 S 5
Meteorologist Peninsula ⌒ **CDN** 168-169 V 1
Metepec o **MEX** (HGO) 196-197 E 1
Metepec o **MEX** (PUE) 196-197 E 2
Meteran o **PNG** 119 F 2
Métet o **CAM** 146-147 C 2
Meteti o **PA** 196-197 F 7
Methy River ~ **CDN** 176-177 Q 3
Metil o **MOC** 154-155 K 3
Metionga Lake ⊖ **CDN** 178-179 L 6
Metković o **HR** 36-37 F 3
Metlakatla o **USA** 176-177 E 4
Metlaoui o **TN** 126-127 G 3
Metlili, Oued ~ **DZ** 126-127 D 4
Metlili Chaamba o **DZ** 126-127 D 4
Metohija ∸ **YU** 36-37 H 3
Metoro o **MOC** 154-155 K 1
Metro o **RI** 98-99 F 7
Metropolis o **USA** 190-191 D 7
Metsera o **ZRE** 146-147 L 5
Mettenpherg Creek ~ **USA** 164-165 O 3
Metter o **USA** 192-193 G 3
Mettuppālaiyam o **IND** 76-77 G 5
Mettur o **IND** 76-77 G 5
Metu ☆ **ETH** 144-145 B 4
Metuge o **MOC** 150-151 L 7
Metz o• **F** (57) 234-235 J 3
Metzeral o **F** (68) 234-235 L 5
Metzervisse o **F** (57) 234-235 J 3
Metztitlán o **MEX** 196-197 E 1
Meu ~ **F** (35) 230-231 G 3
Meucon o **F** (56) 230-231 F 4
Meudon o **F** (92) 232-233 G 2
Meulaboh o **RI** 98-99 B 2
Meulan o **F** (78) 228-229 H 5
Meules, Cap-aux- o **CDN** 182-183 O 5
Meulles o **F** (14) 230-231 M 2
Meunet-Planches o **F** (36) 236-237 J 2
Meung-sur-Loire o **F** (45) 232-233 F 4
Meureudu o **RI** 98-99 B 2
Meursac o **F** (17) 236-237 D 4
Meursault o **F** (21) 238-239 F 3
Meurthe ~ **F** 234-235 J 4
Meurthe, Cap de la ▲ **F** (984) 246 IV a 1
Meurthe-et-Moselle □ **F** (54) 234-235 H 4
Meurville o **F** (10) 234-235 F 5
Meuse ~ **B** 28-29 H 3
Meuse o **F** (52) 234-235 H 6
Meuse □ **F** 234-235 G 3
Meuse ~ **F** 234-235 H 5
Meuse, Côtes de ∸ **F** 234-235 G 3
Meuse, Vallée de la ⌣• **F** (55) 234-235 G 3
Meussia o **F** (39) 238-239 H 4
Meux, Le o **F** (60) 228-229 K 5
Meuzac o **F** (87) 236-237 H 4
Mēwār ∸ **IND** 74-75 D 7
Mexcaltitán o **MEX** 194-195 G 7
Mexia o **USA** 188-189 J 4
Mexiana, Ilha ⌒ **BR** 206-207 K 6
Mexicains, Hauts Plateau = Altiplanicie Mexicana ⛰ **MEX** 194-195 G 4
Mexicali ☆ **MEX** 194-195 B 1
Mexican Hat o **USA** 186-187 C 7
Mexicanos, Laguna Los ⊖ **MEX** 194-195 F 3
México □ **MEX** 196-197 D 2
Mexico o **USA** (ME) 190-191 N 3
Mexico o **USA** (MO) 190-191 C 6
México, Ciudad de = México ★⋯ **MEX** 196-197 E 2
Mexico, Gulf of = Mexique, Golfe du ≈ 12 E 6
México = Mexique ■ **MEX** 196-197 C 1
Mexico City = México ★⋯ **MEX** 196-197 E 2
Meximieux o **F** (01) 238-239 G 5
Mexique, Golfe du = Mexico, Gulf of ≈ 12 E 6
Mexique = México ■ **MEX** 196-197 C 1
Meyāmei o **IR** 72-73 D 6
Meyanodas o **RI** 102-103 F 5
Meydancık o **TR** 64-65 K 2
Meyersdale o **USA** 190-191 J 6
Meygal, Montagne du ▲ **F** (43) 242-243 E 1
Meylan o **F** (38) 242-243 H 1
Meymac o• **F** (19) 236-237 K 4
Méyo Centre o **CAM** 146-147 C 2
Meyragues o **F** (13) 242-243 H 4
Meyronnes o **F** (04) 242-243 K 3
Meyrueis o **F** (48) 242-243 C 3
Meyssac o **F** (19) 236-237 J 5
Meysse o **F** (07) 242-243 F 2
Meyze, La o **F** (87) 236-237 H 4
Meyzieu o **F** (69) 238-239 G 5
Mezada ∴• **IL** 66-67 D 2
Mezaligon o **MYA** 94-95 C 2
Mezcalapa, Río ~ **MEX** 196-197 H 3
Mezdra o **BG** 38-39 C 6
Meždurečensk o **RUS** 60-61 Q 2
Meždurečenskij o **RUS** 50-51 H 5
Meždušarskij, ostrov ⌒ **RUS** 44-45 F 6
Mèze o **F** (34) 242-243 D 5
Mézel o **F** (04) 242-243 J 3
Mezen' o **RUS** 24-25 S 4
Mezen' ~ **RUS** 24-25 T 4
Mézenc, Mont ▲• **F** (07) 242-243 E 2
Mezenskaja guba ≈ 24-25 R 3
Mezens'kaja Pižma ~ **RUS** 24-25 U 4
Mézeray o **F** (72) 230-231 L 4
Mézériat o **F** (01) 238-239 G 4
Mézessé o **CAM** 146-147 D 2
Mézessé, Rocher du = Mézessé Rock • **CAM** 146-147 D 2
Mézessé Rock = Rocher du Mézessé • **CAM** 146-147 D 2
Mežgornoe, ozero ⊖ **RUS** 48-49 W 4
Mézidon-Canon o **F** (14) 228-229 D 5
Mézières-en-Brenne o **F** (36) 236-237 H 2
Mézières-sur-Couesnon o **F** (35) 230-231 J 3
Mézières-sur-Issoire o **F** (87) 236-237 G 3
Mézilhac o **F** (07) 242-243 E 2
Mézilles o **F** (89) 232-233 J 4
Mézin o **F** (47) 240-241 E 2
Mezón o **BOL** 220-221 E 2
Mézos o **F** (40) 240-241 B 2
Mežozernyj o **RUS** 32-33 L 6
Mezquita Catedral •• **E** 34-35 E 6
Mezquital o **MEX** (DGO) 194-195 G 6
Mezquital o **MEX** (TAM) 194-195 L 5
Mezquital, Río ~ **MEX** 194-195 G 6
Mfou o **CAM** 146-147 C 2
Mfouati o **RCB** 146-147 D 6
Mfum o **WAN** 140-141 H 6
Mgači o **RUS** 58-59 K 3
Mgangerabeli Plains ∸ **EAK** 148-149 H 4
Mgbidi o **WAN** 140-141 G 6
Mgende o **EAT** 148-149 C 6
Mgeta ~ **EAT** 150-151 K 4
Mg.Mu'o'n o **VN** 92-93 C 6
Mgneta, Hassi < **MA** 124-125 K 4
Mgunga o **EAT** 150-151 J 4
Mhamid o **MA** 124-125 J 6
Mhangura o **ZW** 154-155 F 3
Mhasvād o **IND** 76-77 F 2
Mhlatuze ~ **ZA** 156-157 K 4
Mi, Enneri ~ **TCH** 134-135 G 2
Miagao o **RP** 96-97 E 7
Miahuatlán o **MEX** 196-197 F 3
Miahuatlán, Sierra de ⛰ **MEX** 196-197 F 3
Miajadas o **E** 34-35 E 5
Miājlār o **IND** 74-75 C 6
Mial, Oued ~ **DZ** 126-127 D 6
Mialet o **F** (24) 236-237 G 4
Miamére o **RCA** 142-143 D 4
Miami o **USA** (AZ) 188-189 B 3
Miami o **USA** (FL) 192-193 H 7
Miami o **USA** (OK) 188-189 K 1
Miami o **USA** (TX) 188-189 G 2
Miami Beach o **USA** 192-193 H 7
Miami Canal < **USA** 192-193 H 6
Miami River ~ **USA** 190-191 F 6
Miamo, El o **YV** 206-207 D 2
Miān Channūn o **PK** 74-75 D 4
Miandrivazo o **RM** 158-159 D 7
Miangas, Pulau ⌒ **RI** 100-101 K 1
Miani o **PK** 74-75 D 3
Miani Hor ≈ 70-71 M 6
Mianmian Shan ⛰ **VRC** 92-93 B 2
Mianmin o **PNG** 119 A 3
Mianning o **VRC** 92-93 C 2
Miānwāli o **PK** 74-75 C 3
Mian Xian o **VRC** 90-91 E 5
Mianyang o **VRC** 90-91 D 6
Mianzhu o **VRC** 90-91 D 6
Miao ~ **ZRE** 150-151 B 4
Miaodao Qundao ⌒ **VRC** 86-87 C 8
Miaoergou o **VRC** 82-83 F 3
Miao Li o **RC** 92-93 M 4
Miao Ling ⛰ **VRC** 92-93 E 3
Miaozu o **VRC** 92-93 E 4
Miarinarivo o **RM** 158-159 E 7
Miaru o **PNG** 119 D 5
Miass ☆ **RUS** (CEL) 32-33 M 6
Miass ~ **RUS** 32-33 L 6
Miass ~ **RUS** 50-51 H 7
Miasskoe ☆ **RUS** 32-33 M 6
Miastko o **PL** 28-29 O 1
Miāti o **IND** 74-75 E 8
Mibalaie o **ZRE** 146-147 H 6
Mibenge o **Z** 150-151 E 6
Mibu Island ⌒ **PNG** 119 B 5
Mica o **ZA** 156-157 K 2
Mica Creek o **CDN** 176-177 L 5
Micaúne o **MOC** 154-155 J 4
Miccosukee Indian Reservation X **USA** 192-193 H 6
Michael, Lake ⊖ **CDN** 180-181 U 7
Michael, Mount ▲ **PNG** 119 C 4
Michalovce o **SK** 28-29 Q 4
Michel o **CDN** 176-177 Q 3
Michel, Pointe á ▲ **CDN** 182-183 K 4
Michelago o **AUS** 116-117 K 3
Michèle, Lac ⊖ **F** (984) 246 III a 2
Michel Peak ▲ **CDN** 176-177 G 5
Michelsen, Cape ▲ **CDN** 168-169 U 5
Michelson, Mount ▲ **USA** 164-165 S 2
Miches o **DOM** 198-199 L 5
Michigan □ **USA** 190-191 E 2
Michigan, Lake ⊖ **USA** 190-191 E 4
Michigan City o **USA** 190-191 E 5
Michilla o **RCH** 220-221 B 2
Michipicoten Bay ⊖ **CDN** 178-179 O 7
Michipicoten Island ⌒ **CDN** 178-179 O 7
Michoacan □ **MEX** 196-197 C 2
Mico, Río ~ **NIC** 196-197 B 5
Micronesia = Micronésie ⌒ 9 G 2
Micronésie = Micronesia ⌒ 9 G 2
Microondas o **MEX** 194-195 C 2
Mičurinsk o **RUS** 30-31 R 5
Midal < **RN** 134-135 B 4
Midale o **CDN** 178-179 E 6
Midar o **MA** 124-125 K 3
Midas o **USA** 184-185 F 5
Midas Şehri ∴• **TR** 64-65 D 3
Mid-Atlantic Ridge = Médio-Atlantique, Dorsale ≃ 14-15 E 5
Midau, Pulau ⌒ **RI** 98-99 G 3
Mid Baffin o **CDN** 172-173 E 2
Middelburg ☆ **NL** 28-29 G 3
Middelburg o **ZA** (CAP) 156-157 G 5
Middelburg o **ZA** (TRA) 156-157 J 2
Middelpos o **ZA** 156-157 E 5
Middelveld ∸ **ZA** 156-157 G 3
Middelveld ∸ **ZA** 156-157 F 4
Middelwit o **ZA** 156-157 H 2
Middendorfa, zaliv ⊖ **RUS** 44-45 Y 4
Middle Alkali Lake ⊖ **USA** 184-185 D 5
Middle America Trench = Amérique Centrale, Fosse d' ≃ 196-197 F 4
Middle Andaman ⌒ **IND** 76-77 L 3
Middlebro o **CDN** 178-179 J 6
Middlebury o **USA** 190-191 M 3
Middlecamp o **AUS** 116-117 F 2
Middle Cay ⌒ **JA** 198-199 G 6
Middle Channel ~ **CDN** 164-165 X 2
Middle Fiord ≈ 170-171 C 4
Middle Fork ~ **USA** 164-165 T 4
Middle Fork Chandalar ~ **USA** 164-165 R 2
Middle Fork John Day River ~ **USA** 184-185 E 3
Middle Fork Koyukuk ~ **USA** 164-165 P 3
Middle Fork Kuskokwim River ~ **USA** 164-165 N 5
Middle Fork River ~ **USA** 166-167 Q 3
Middle Fork Salmon River ~ **USA** 184-185 G 3
Middle Gate o **USA** 184-185 E 6
Middle Ground ≈ 198-199 G 2
Middle Hart River ~ **CDN** 164-165 W 4
Middle Island ⌒ **AUS** 112-113 G 7
Middle Lake o **CDN** 178-179 D 4
Middle Loup River ~ **USA** 186-187 H 5
Middlemount o **AUS** 114-115 K 2
Middle Park o **AUS** 110-111 G 6
Middle Rapids ~ **CDN** 176-177 O 3
Middle Ridge ⛰ **CDN** 182-183 R 4
Middle Sackville o **CDN** 182-183 N 6
Middlesboro o **USA** 190-191 G 7
Middlesbrough o **GB** 26-27 G 4
Middleton o **AUS** 114-115 F 2
Middleton o **CDN** 182-183 M 6
Middleton o **USA** (TN) 192-193 D 2
Middleton o **USA** (WI) 190-191 D 4
Middleton o **ZA** 156-157 G 6
Middleton, Mount ▲ **CDN** 182-183 F 3
Middleton Island ⌒ **USA** 164-165 R 7
Middletown o **USA** (CT) 190-191 M 5
Middletown o **USA** (NY) 190-191 L 5
Middletown o **USA** (OH) 190-191 F 6
Midi, Aiguille du ▲ **F** (74) 238-239 K 5
Midi, Canal du < **F** (11) 240-241 K 4
Mid-Indian Basin = Central Indien, Bassin ≃ 8 F 5
Mid-Indian Ridge = Centrale Indienne, Dorsale ≃ 8 E 5
Midi-Pyrénées □ **F** 240-241 G 2
Midi-Pyrénées □ **F** 240-241 E 4
Midland o **AUS** 112-113 C 5
Midland o **CDN** 182-183 E 6
Midland o **USA** (MI) 190-191 F 4
Midland o **USA** (SD) 186-187 G 3
Midland o **USA** (TX) 188-189 F 3
Midlander II **AUS** 114-115 H 2
Midlands □ **ZW** 154-155 E 4
Midnab, al- o **KSA** 66-67 J 5
Midongy ∸ **RM** 158-159 E 9
Midongy Atsimo o **RM** 158-159 E 9
Midouze ~ **F** (40) 240-241 C 3
Midouzon ~ **F** (32) 240-241 D 3
Mid-Pacific-Seamounts = Médio-Pacifique, Chaîne ≃ 10-11 H 5

Miðsandur o IS 22-23 c 2
Midsayap o RP 96-97 F 9
Midsommersø o GRØ 170-171 g 2
Midu o VRC 78-79 M 3
Midway o CDN 176-177 L 7
Midway o USA 192-193 F 3
Midway Island ⌒ USA 10-11 L 5
Midway Islands ⌒ USA 164-165 Q 1
Midway Range ▲ CDN 176-177 L 7
Midwest o USA 186-187 D 4
Midwestern Highway II AUS 116-117 H 3
Midyat ☆ • TR 64-65 J 4
Midyobo o GQ 146-147 C 3
Midžor ▲ •• YU 36-37 J 3
Miechów o • PL 28-29 Q 3
Międzyrzec Podlaski o PL 28-29 R 3
Międzyrzecz o • PL 28-29 N 2
Miélan o F (32) 240-241 E 4
Mielec o • PL 28-29 Q 3
Miélékouka o RCB 146-147 E 3
Miembwe o EAT 150-151 J 5
Mier o MEX 194-195 K 4
Miercurea-Ciuc ☆ • RO 38-39 D 4
Mieres o E 34-35 E 3
Mier y Noriega o MEX 194-195 J 6
Mierzeja Wiślana ⌣ PL 28-29 P 1
Mī'ēso o ETH 144-145 E 4
Miette Hot Springs ∴ CDN 176-177 M 5
Migdol o ZA 156-157 G 3
Migliónico o • I 36-37 F 4
Migné o F (36) 236-237 H 2
Mignères o F (45) 232-233 H 3
Migole o EAT 150-151 H 4
Migoli o EAT 148-149 E 6
Migori o EAK 148-149 E 4
Migration Lake o CDN 174-175 P 3
Migron o F (17) 236-237 E 4
Miguel Alemán, Presa < MEX 196-197 F 2
Miguel Alves o BR 212-213 G 4
Miguel Auza o MEX 194-195 H 5
Miguel Calmon o BR 212-213 H 7
Miguel Hidalgo, Presa < MEX 194-195 E 4
Miguel Leão o BR 212-213 G 4
Miguelopolis o BR 216-217 F 6
Miguel Pereira o BR 216-217 J 7
Miguel y Alex Tejada, Meteorite craters: • BOL 214-215 D 6
Migues o ROU 222-223 M 3
Mihajlov ☆ • RUS 30-31 Q 4
Mihajlovgrad = Monatana ☆ BG 38-39 C 6
Mihajlovka o KA 72-73 M 3
Mihajlovka o RUS 52-53 M 10
Mihajlovka o RUS 58-59 D 7
Mihajlovka o RUS (SAH) 56-57 E 3
Mihajlovka o RUS (VLG) 38-39 N 2
Mihajlovka, Podyem- o RUS 32-33 G 7
Mihajlovo o BG 38-39 C 6
Mihajlovsk o RUS 32-33 L 5
Mihajlovskij ☆ RUS 60-61 L 3
Mihalıççık o TR 64-65 D 3
Mihalkino o RUS 48-49 L 2
Mihama o J 88-89 G 7
Mihintale o CL 76-77 J 6
Mihnevo o RUS 30-31 P 4
Miho-wan ≈ 88-89 E 7
Mihrād, al- ⩦ KSA 68-69 H 3
Mihuanoyacu o EC 208-209 D 2
Mihumo Chini o EAT 150-151 K 5
Mijaki, Kirgiz- ☆ RUS 32-33 J 7
Mijaly ☆ KA 32-33 H 9
Mijanès o F (09) 240-241 J 5
Mijek o MA 132-133 D 3
Mikasa o J 88-89 J 3
Mikaševičy o BY 30-31 K 5
Mikawa-wan ≈ 88-89 G 7
Mikčangda ∼ RUS 44-45 Y 7
Mikese o EAT 150-151 J 4
Miki o ZRE 148-149 B 5
Mikindani o EAT 150-151 L 6
Mikkeli ☆ FIN 24-25 J 6
Mikkwa River ∼ CDN 176-177 N 3
Miknās ☆ MA 124-125 J 4
Mikojana, zaliv o RUS 44-45 e 2
Mikonos ⌒ GR 36-37 K 6
Mikulkin, mys ▲ RUS 24-25 T 3
Mikumi o EAT 150-151 J 4
Mikumi Lodge o EAT 150-151 J 4
Mikumi National Park ⊥ EAT 150-151 J 4
Mikumi-sanmyaku ▲ J 88-89 H 6
Mikun' o RUS 24-25 V 5
Mikuni o J 88-89 G 6
Mil' ∼ RUS 56-57 E 3
Mil', Ust'- o RUS 56-57 E 4
Mila ☆ DZ 126-127 F 2
Milaca o USA 186-187 L 3
Milach, I-n- < RMM 132-133 K 6
Miladummadulu Atoll ⌒ MV 76-77 B 4
Milagres o BR (BAH) 216-217 L 2
Milagres o BR (CEA) 212-213 J 5
Milagro o EC 208-209 C 3
Milagro, El o MEX 194-195 H 3
Milagros o RP 96-97 E 6
Milait ⌒ GRØ 172-173 Y 3
Milan o USA (MI) 190-191 G 4
Milan o USA (MO) 186-187 L 5
Milan o USA (TN) 192-193 D 2
Milan = Milano ☆ ••• I 36-37 B 2
Milando o ANG 152-153 D 4
Milando, Reserva Especial do ⊥ ANG 152-153 D 4
Milang o AUS 116-117 E 3
Milange o MOC 154-155 H 3
Milange o ZRE 148-149 A 5
Milango ∼ RI 100-101 G 3
Milano ☆ ••• I 36-37 B 2
Milano o USA 188-189 J 4
Milanoa o RM 158-159 F 4
Milas ☆ • TR 64-65 B 4
Milazzo o I 36-37 E 5
Milbank o USA 186-187 J 3
Milbanke Sound ≈ 176-177 F 5
Milbridge o USA 190-191 P 3
Milden o CDN 178-179 C 5
Mildet o MA 124-125 J 4
Mildura o AUS 116-117 G 3
Mildura Gemstone Deposit • AUS 112-113 F 6
Milē o ETH 144-145 E 3
Mile o VRC 92-93 C 4
Milepa o EAT 150-151 F 5
Miles o AUS 114-115 L 4
Miles o USA 188-189 G 4
Miles, Cape ▲ CDN 168-169 d 6
Miles City o USA (FL) 192-193 H 6
Miles City o USA (MT) 186-187 E 2
Milestone o CDN 178-179 D 6
Milet ∴ • TR 64-65 B 4
Mileura o AUS 112-113 D 3
Milē Wenz ∼ ETH 144-145 E 3
Milford o USA (DE) 190-191 L 6
Milford o USA (IA) 186-187 K 4
Milford o USA (NH) 190-191 N 4
Milford o USA (PA) 190-191 L 5
Milford o USA (UT) 184-185 H 6
Milford Lake o USA 186-187 J 6
Milford Sound ≈ 118 A 6
Milford Sound o NZ 118 A 6
Milgarra o AUS 110-111 F 6
Milgun o AUS 112-113 E 2
Mil'guveem ∼ RUS 48-49 R 2
Milhac-de-Nontron o F (24) 236-237 G 5
Milhana o MOC 154-155 K 2
Milhars o F (81) 240-241 H 2
Milhāt o IRQ 64-65 K 5
Miliana o DZ 126-127 D 2
Milikapiti ⨯ AUS 108-109 K 1
Milim o PNG 119 F 3
Milingimbi ⨯ AUS 110-111 C 3
Milijutkėjveem ∼ RUS 48-49 W 3
Milkengay Lake o AUS 116-117 F 2
Mil'kovo ☆ RUS 56-57 S 6
Milk River ∼ 176-177 P 7
Millaa Millaa o • AUS 110-111 H 5
Millac o F (86) 236-237 G 3
Millançay o F (41) 232-233 F 5
Millaroo o AUS 110-111 J 7
Millas o F (66) 240-241 K 5
Millau o F (12) 240-241 L 2
Mill City o USA 184-185 C 3
Milledgeville o USA 192-193 G 3
Mille Lacs, Lac des o CDN 178-179 L 6
Mille Lacs Indian Reservation ⨯ USA 186-187 L 2
Mille Lacs Lake o USA 186-187 L 2
Millen o USA 192-193 H 3
Mille Névés, les ▲ F (984) 246 III a 3
Miller o USA (NE) 186-187 H 5
Miller o USA (SD) 186-187 H 3
Miller o ZA 156-157 F 6
Miller, Mount ▲ USA 164-165 T 6
Millerovo o RUS 38-39 M 3
Millersburg o USA (OH) 190-191 H 5
Millersburg o USA (PA) 190-191 K 5
Millers Creek ∼ AUS 114-115 C 5
Millers Creek Reservoir < USA 188-189 H 3
Millerton o BS 198-199 H 3
Millertown o CDN 182-183 Q 4
Millevaches o F (19) 236-237 K 4
Millevaches, Plateau de ▲ F (19) 236-237 J 4
Millicent o AUS 116-117 F 4
Millie o AUS 114-115 K 5
Milligan Hills ▲ CDN 176-177 K 3
Millington o USA 192-193 D 2
Millinocket o USA 190-191 O 3
Mill Island ⌒ ARK 16 G 11
Millmerran o AUS 114-115 L 4
Millrose o AUS 112-113 F 3
Mills Lake o CDN 174-175 K 5
Millston o USA 190-191 C 3
Millstream o AUS 108-109 C 6
Millstream Chichester National Park ⊥ AUS 108-109 C 6
Milltown o CDN 182-183 R 5
Millungera o AUS 110-111 F 6
Mill Village o CDN 182-183 M 6
Millville o USA 190-191 L 6
Millwood Lake o USA 188-189 K 3
Millyeewilpa Lake o AUS 114-115 D 4
Milly-la-Forêt o F (91) 232-233 G 3
Milly Milly o AUS 112-113 D 3
Milly-sur-Thérain o F (60) 228-229 H 4
Milne Bay ≈ 119 F 6
Milne Inlet ≈ 168-169 g 4
Milne Land ⩦ GRØ 170-171 m 8
Milner Lake o CDN 182-183 L 2
Milnesand o USA 188-189 F 3
Milo o ETH 144-145 F 3
Milo ∼ RG 138-139 F 4
Milodon, Cueva del • RCH 224 D 5
Milogradovo o RUS 58-59 F 7
Milos o GR 36-37 K 6
Milos ⌒ GR 36-37 K 6
Milot o RH 198-199 J 5
Milparinka o AUS 114-115 F 5
Mil'skaja ravnina ⌣ AZ 64-65 M 3
Milton o NZ 118 B 7
Milton o USA (FL) 192-193 E 4
Milton o USA (PA) 190-191 K 5
Milton-Freewater o USA 184-185 E 3
Milton Lake o CDN 174-175 S 6
Miltou o TCH 142-143 C 3
Miluo o VRC 92-93 H 2
Milwaukee o USA 190-191 E 4
Milwaukie o USA 184-185 C 3
Mimbelly o RCB 146-147 F 2
Mimili (Everard Park) ⨯ AUS 112-113 M 3
Miminiska Lake o CDN 178-179 M 5
Mi Mi Rocks ▲ AUS 112-113 H 3
Mimizan o F (40) 240-241 B 2
Mimizan-Plage o F (40) 240-241 B 2
Mimongo o G 146-147 C 4
Mimouna, Kef ▲ DZ 126-127 D 4
Mimpoutou o RCB 146-147 F 2
Mina ∼ RI 102-103 C 7
Mina o USA 184-185 E 6
Minā', al- o RL 64-65 F 5
Mina, Oued ∼ DZ 126-127 C 3
Mina, Salar de la o RA 220-221 D 4
Minā' 'Abdallāh o KWT 66-67 L 3
Mināb o • IR 70-71 G 5
Mina Clavero o RA 220-221 E 6
Minaçu o BR 216-217 F 2
Mina Exploradora o RCH 220-221 C 3
Minahasa Semenao djung ⌣ RI 100-101 G 3
Mina Jebel Ali o UAE 70-71 F 6
Minaki o CDN 178-179 J 6
Mina la Casualidad o RA 220-221 C 3
Mina la Juanita o RCH 222-223 D 3
Minami-Alps National Park ⊥ J 88-89 H 7
Minami-Daitō o J 88-89 D 12
Minamikayabe o J 88-89 J 4
Minami-Tane o J 88-89 D 9
Minas o C 198-199 G 4
Minas o RI 98-99 D 4
Minas ☆ ROU 222-223 M 3
Minas, Cerro las ▲ HN 196-197 K 4
Minas, Sierra de las ▲ GCA 196-197 J 4
Minas Basin ≈ 182-183 M 6
Minas de Barroterán o MEX 194-195 J 4
Minas de Corrales o ROU 220-221 K 6
Minas del Oro • CO 204-205 E 4
Minas de Matahambre o C 198-199 D 3
Minas do Mimoso o BR 212-213 H 7
Minas Gerais ◘ BR 216-217 H 4
Minas Novas o BR 216-217 J 4
Minā' Su'ud o KWT 66-67 L 3
Minatina Batoche National Historic Park ∴ • CDN 178-179 C 4
Minatitlán o MEX (COL) 196-197 B 2
Minatitlán o • MEX (VER) 196-197 G 3
Minbu o MYA 78-79 J 5
Min Buri o THA 94-95 F 4
Minch, The ≈ 26-27 E 3
Minch, The Little ≈ 26-27 D 3
Minchika o WAN 140-141 K 3
Minchinābād o PK 74-75 D 4
Minchinmávida, Volcán ▲ RCH 222-223 C 7
Minchumina, Lake o USA 164-165 O 5
Minco o USA 188-189 J 2
Mindanao ⌒ RP 96-97 G 8
Mindanao Sea ≈ 96-97 E 10
Mindelo o • CV 138-139 B 5
Minden o CDN 182-183 E 6
Minden o • D 28-29 K 2
Minden o USA (IA) 186-187 K 5
Minden o USA (LA) 188-189 L 3
Minden o USA (NE) 186-187 H 5
Minderla o RUS 52-53 F 7
Mindif o • CAM 142-143 B 3
Mindif, Dent de ▲ • CAM 142-143 B 3
Mindik o PNG 119 D 4
Mindiptana o RI 102-103 L 4
Mindjik o TCH 142-143 E 3
Mindo o EC 208-209 C 2
Mindon o MYA 78-79 J 6
Mindona Lake o AUS 116-117 G 2
Mindoro ⌒ RP 96-97 D 6
Mindoro Strait ≈ 96-97 D 6
Mindouli o RCB 146-147 E 6
Mindourou o CAM 146-147 D 2
Minduri o BR 216-217 H 6
Mindživan o AZ 64-65 M 3
Mine o J (NAG) 88-89 C 7
Mine o J (YMG) 88-89 D 7
Mine Centre o CDN 178-179 K 6
Minehead o GB 26-27 F 6
Mineiros o BR 216-217 D 4
Mineola o USA 188-189 K 3
Mineral, Cerro ▲ RCH 224 E 2
Mineral'nye Vody o RUS 62-63 E 5
Mineral Wells o USA 188-189 H 3
Miner River ∼ CDN 164-165 Z 2
Miners Point ▲ USA 166-167 U 4
Minersville o USA 184-185 H 6
Minerva, Presa < C 198-199 F 3
Minfeng o VRC 80-81 D 2
Minga o Z 154-155 F 2
Minga o ZRE 150-151 D 6
Mingala o RCA 142-143 E 6
Mingan, Îles de ⌒ CDN 182-183 N 3
Minganja o ANG 152-153 F 6
Mingao o CO 204-205 H 6
Mingary o AUS 116-117 F 2
Mingbulok o US 72-73 H 3
Mingbuloq cuqurligi ⩦ US 72-73 H 3
Mingechevir = Mingəçevir o • AZ 64-65 M 2
Mingechevirskoe vodohranilišče < AZ 64-65 M 2
Mingela o AUS 110-111 J 6
Mingenew o AUS 112-113 C 4
Minggang o VRC 90-91 J 5
Minghoshan = Dunhuang o • VRC 82-83 M 5
Mingin o MYA 78-79 J 4
Ming Ming o PNG 119 D 3
Mingo Lake o CDN 180-181 N 2
Mingora o • PK 74-75 D 2
Mingoyo o EAT 150-151 K 6
Mingshui o VRC 86-87 E 4
Mingue o CAM 140-141 K 6
Mingun o •• MYA 78-79 J 4
Minguri o MOC 154-155 L 2
Mingxi o VRC 92-93 K 3
Minhe Huizu Tuzu Zizhixian o VRC 90-91 C 3
Minh Hải ☆ VN 94-95 H 6
Minh Hóa, Hòn ⌒ VN 94-95 H 5
Minhla o MYA 78-79 J 6
Minhla o MYA 94-95 C 2
Minho, Rio ∼ P 34-35 C 4
Miniac-Morvan o F (35) 230-231 H 2
Minicoy Island ⌒ IND 76-77 E 6
Minidoka o USA 184-185 H 4
Minigwal, Lake o AUS 112-113 G 4
Minilya Bridge Roadhouse o AUS 112-113 B 1
Minilya River ∼ AUS 112-113 C 1
Mininian o CI 138-139 G 4
Miniota o CDN 178-179 F 5
Minipi Lake o CDN 182-183 O 2
Minisiare, Caño ∼ CO 204-205 G 6
Minissa o BF 138-139 J 3
Miniss Lake o CDN 178-179 L 5
Ministro Ramos Mexía o RA 222-223 F 6
Minitas, Playa ⩦ • DOM 198-199 L 5
Minja ∼ RUS 54-55 D 7
Min'jar o RUS 32-33 K 6
Min Jiang ∼ VRC 90-91 C 5
Min Jiang ∼ VRC 92-93 L 3
Min Jiang ∼ VRC 92-93 D 2
Minjilang ⨯ AUS 108-109 L 1
Minjip o PNG 119 B 3
Minlaton o AUS 116-117 D 3
Minle o VRC 90-91 B 2
Minna ☆ WAN 140-141 G 4
Minneapolis o USA (KS) 186-187 J 6
Minneapolis o • USA (MN) 186-187 L 3
Minnedosa o CDN 178-179 G 5
Minneola o USA 188-189 G 1
Minnesota ◘ USA 186-187 J 2
Minnesota River ∼ USA 186-187 K 3
Minnewaukan o USA 186-187 H 1
Minnie Creek o AUS 112-113 C 2
Minnies Out Station o AUS 110-111 G 5
Minnipa o AUS 116-117 C 2
Minnitaki Lake o CDN 178-179 L 5
Minnkri o RMM 132-133 J 6
Miño, Río ∼ E 34-35 D 3
Miñoes o RA 220-221 H 6
Minong o USA 190-191 C 2
Minorque = Menorca ⌒ E 34-35 K 5
Minot o USA 186-187 G 1
Minqin o VRC 90-91 C 2
Minqing o VRC 92-93 L 3
Minquan o VRC 90-91 J 4
Min Shan ▲ VRC 90-91 C 5
Minsk ★ BY 30-31 K 5
Mińsk Mazowiecki o PL 28-29 Q 2
Minta o CAM 140-141 K 6
Mintabie o AUS 112-113 M 3
Mintaqat ash Shu'bah ⩦ LAR 128-129 L 2
Mintaqat Umm Khuwayt ⩦ LAR 128-129 K 2
Mint Hill o USA 192-193 H 2
Mintirib, al- o OM 68-69 L 2
Minto o CDN (MAN) 178-179 G 6
Minto o CDN (YT) 164-165 W 5
Minto, Lac o CDN 180-181 M 6
Minto Inlet ≈ 168-169 N 5
Mintom II o CAM 146-147 D 2
Minton o CDN 178-179 D 6
Minturn o USA 186-187 D 6
Minūdašt o IR 72-73 D 6
Minusinsk ☆ RUS 52-53 E 9
Minvoul o G 146-147 D 2
Min Xian o VRC 90-91 D 4
Minyā, al- ☆ ET 130-131 E 3
Minzawi, Wādi al- ∼ OM 68-69 H 5
Minž gol ∼ MAU 84-85 H 3
Miomo o F (2B) 244 D 3
Mionnay o F (01) 238-239 F 5
Mions o F (69) 238-239 F 5
Mios o F (33) 240-241 C 1
Miosnum, Pulau ⌒ RI 102-103 H 2
Miouze, la o F (63) 236-237 L 4
Mipia, Lake o AUS 114-115 E 3
Miqdādiya, al- ☆ IRQ 64-65 L 6
Miquelon o CDN 182-183 F 4
Miquelon o F (975) 245 II b 1
Miquelon, Anse de ≈ 245 II b 1
Miquelon, Cap = Cap du Nid à l'Aigle ▲ F (975) 245 II b 1
Miquelon, Grand Étang de o F (975) 245 II b 1
Miquihuana o MEX 194-195 K 6
Mira o EC 208-209 C 1
Mira o P 34-35 C 4
Mira, buhta ≈ 46-47 a 2
Mira, Río ∼ EC 208-209 C 1
Mirabeau o F (84) 242-243 H 4
Mirabela o BR 216-217 H 4
Mirabel-aux-Baronnies o F (26) 242-243 G 3
Miracema o BR 216-217 J 6
Miracema de Tocantins o BR 212-213 D 6
Miracosta o PE 208-209 C 5
Mirador o BR (AMA) 208-209 F 4
Mirador o BR (MAR) 212-213 F 5
Mirador, El ∴ • GCA 196-197 K 3
Mirador, Parque Nacional de ⊥ BR 212-213 F 5
Mirador-Dos Lagunas-Río Azul, Parque Nacional ⊥ •• GCA 196-197 K 3
Miradouro o BR 216-217 J 6
Miradoux o F (32) 240-241 F 2
Miraflores o BR 210-211 E 4
Miraflores o CO (BOY) 204-205 E 5
Miraflores o CO (VAU) 210-211 B 2
Mirage Bay o CDN 172-173 E 3
Miráglia, Portella della ▲ I 36-37 E 6
Miragoâne o RH 198-199 J 5
Miraj o IND 76-77 F 2
Miramar o BR 210-211 G 5
Miramar o F (06) 242-243 K 4
Miramar o RA 222-223 L 5
Miramas o F (13) 242-243 G 4
Mirambeau o F (17) 236-237 D 5
Miramichi Bay ≈ 182-183 M 5
Miramichi River ∼ CDN 182-183 L 5
Miramont-de-Guyenne o • F (47) 240-241 E 1
Miramont-Sensacq o F (40) 240-241 D 3
Miram Shāh o PK 74-75 C 3
Miran o PK 74-75 C 4
Miran o VRC 82-83 J 6
Miranda o BR (GSU) 214-215 J 7
Miranda o BR (MAR) 212-213 F 3
Miranda o YV 204-205 G 2
Miranda, Lake o AUS 112-113 F 3
Miranda, Rio ∼ BR 214-215 J 7
Miranda de Ebro o E 34-35 F 3
Miranda do Douro o P 34-35 D 4
Miranda Downs o AUS 110-111 F 5
Mirande o F (32) 240-241 E 3
Mirandela o BR 212-213 J 7
Mirandela o P 34-35 D 4
Mirandiba o BR 212-213 J 6
Mirando City o USA 188-189 H 6
Mirandol-Bourgnounac o F (81) 240-241 J 2
Mirandópolis o BR 216-217 E 6
Mirani o AUS 114-115 K 1
Miranle da Sura o BR 214-215 F 2
Miranorte o BR 212-213 D 6
Mirante o BR 216-217 K 3
Mirante do Paranapanema o BR 216-217 E 7
Mira por vos Cays ⌒ BS 198-199 H 3
Mira por vos Passage ≈ 198-199 H 3
Mirassol o BR 216-217 F 6
Mirassol d'Oeste o BR 214-215 H 4
Miratu, Área Indígena ⨯ BR 210-211 E 4
Miratuba, Lago o BR 210-211 H 4
Miraumont o F (80) 228-229 K 3
Miravalles ▲ E 34-35 D 3
Miravalles, Volcán ▲ CR 196-197 B 6
Mir Bačče Kūt o AFG 74-75 B 2
Mir-Bašir = Tərtər o AZ 64-65 M 2
Mirbāt o OM 68-69 J 5
Miré o F (49) 230-231 L 4
Mirebalais o RH 198-199 J 5
Mirebeau o F (21) 238-239 G 2
Mirebeau o F (86) 236-237 F 2
Mirecourt o F (88) 234-235 J 5
Miremont o F (31) 240-241 G 4
Mirepoix o F (09) 240-241 H 4
Mirepoix-sur-Tarn o F (31) 240-241 H 3
Mirǧāve o IR 70-71 J 4
Mirhleft o MA 124-125 G 6
Miri o MAL 98-99 K 2
Miria o RN 134-135 D 6
Miriālgūda o IND 76-77 H 2
Miriam Vale o AUS 114-115 L 3
Miribel o F (01) 238-239 F 5
Mirim, Lagoa o BR 218-219 D 9
Mirim, Lagoa do o BR 218-219 F 7
Mirim do Abufari, Paraná ∼ BR 210-211 F 5
Mirimire o YV 204-205 G 2
Mirina o GR 36-37 K 5
Miriñay, Esteros o RA 220-221 J 5
Miriñay, Río ∼ RA 220-221 J 5
Mirinzal o BR 212-213 F 3
Miritiparaná, Río ∼ CO 210-211 B 3
Miriye, togga ∼ SP 144-145 G 3
Mirjan o IND 76-77 F 3
Mirnoe, ozero o RUS 50-51 P 6
Mirnyj o ARK 16 G 10
Mirnyj ☆ • RUS 54-55 F 4
Mirobia o RI 102-103 G 3
Mirogi o EAK 148-149 E 4
Miroki o US 72-73 K 5
Mirond Lake o CDN 178-179 E 3
Mirong o VRC 92-93 C 5
Mirosławiec o PL 28-29 O 2
Mirowāl o PK 74-75 E 4
Mirpur Batoro o PK 74-75 B 7
Mirpur Khās o • PK 74-75 B 7
Mirpur Mathelo o • PK 74-75 B 5
Mirpur Sakro o PK 70-71 M 6
Mirra Mitta Bore o AUS 114-115 E 4
Mirrngadja Village ⨯ AUS 110-111 C 3
Mirror River ∼ CDN 176-177 Q 3
Mirrote o MOC 154-155 K 1
Mirsale o SP 144-145 H 6
Mirtna o AUS 114-115 J 1
Mirtóo Pélagos ≈ 36-37 J 6
Miruro o MOC 154-155 F 2
Mirwāh o PK 74-75 B 7
Mirzā 'Arab, Kūh-e ▲ IR 70-71 J 2
Mirzapur o IND 78-79 C 3
Misāha, Bi'r < ET 130-131 C 6
Misaine Bank ≃ 182-183 P 6
Misaki o EAT 148-149 E 6
Misaki o J (EHI) 88-89 E 8
Misaki o J (OSA) 88-89 F 7
Misantla o MEX (VER) 196-197 F 2
Misantla ∴ • MEX (VER) 196-197 F 2
Misau o WAN 140-141 J 3
Misawa o J 88-89 J 4
Misaw Lake o CDN 174-175 S 6
Miscou Centre o CDN 182-183 M 5
Miscou Island ⌒ CDN 182-183 M 5
Misekumaw Lake o CDN 174-175 S 6
Misele o ZRE 146-147 F 6
Misgund o ZA 156-157 F 6
Mishagomish, Lac o CDN 182-183 F 3
Mishagua, Río ∼ PE 208-209 F 7
Mishamo o EAT 148-149 C 6
Mishan o VRC 86-87 H 5
Mishanattawa River ∼ CDN 178-179 N 3
Mishawaka o USA 190-191 E 5
Mi-shima ⌒ J 88-89 D 7
Misi o FIN 24-25 J 3
Misiki o PNG 119 B 4
Misión, La o MEX 194-195 A 1
Mision de San Fernando o MEX 194-195 B 2
Misiones ◘ RA 220-221 K 4
Misiones, Sierra de ▲ RA 220-221 K 4
Miski o SUD 136-137 B 5
Miškino ☆ RUS 50-51 G 7
Miškino ☆ RUS (BAS) 32-33 J 6
Miskitos, Cayos ⌒ NIC 196-197 C 4
Miskolc o H 28-29 Q 4
Mismār o SUD 136-137 G 3
Mismya, al- o SYR 64-65 G 6
Misol-Ha Waterfall ∼ • MEX 196-197 H 3
Misool, Pulau ⌒ RI 102-103 F 2
Misouminien o CI 138-139 J 6
Misrāta, al- o Y 68-69 C 6
Misrātah ◘ LAR 128-129 F 1
Misrātah ☆ LAR 128-129 F 1
Misrikh o IND 78-79 B 2
Missanabie o CDN 178-179 O 6
Misseni o RMM 138-139 G 4
Missi Falls ∼ CDN 178-179 F 2
Missillac o F (44) 230-231 G 5
Missinaibi Lake o CDN 178-179 P 6
Missinaibi Lake Provincial Park ⊥ CDN 178-179 P 6
Missinaibi River ∼ CDN 178-179 P 5
Missinipe o CDN 178-179 D 3
Mission o CDN 176-177 J 7
Mission o USA 186-187 G 4
Mission Beach o AUS 110-111 J 5
Missión de San Borja o MEX 194-195 C 3
Mission Indian Reservation ⨯ USA 184-185 F 9
Missira o SN (SO) 138-139 E 3
Missira o SN (SO) 138-139 D 3
Missisagi River ∼ CDN 182-183 C 5
Missisa Lake o CDN 178-179 O 4
Missisicabi, Rivière ∼ CDN 182-183 E 3
Mississauga o CDN 182-183 E 7
Mississinewa Lake o USA 190-191 F 5
Mississippi ◘ USA 192-193 D 4
Mississippi River ∼ USA 12 E 5
Mississippi River Delta ⌣ USA 192-193 D 5
Mississippi Sound ≈ 192-193 D 4
Missoula o USA 184-185 H 2
Missour o MA 124-125 K 4
Missouri ◘ USA 186-187 L 6
Missouri River ∼ USA 12 D 4
Missouri Valley o USA 186-187 K 5
Mist o USA 184-185 C 3
Mistake Creek ∼ AUS 114-115 G 2
Mistassini, Lac o CDN 182-183 H 3
Mistassini, Rivière ∼ CDN 182-183 H 4
Mistawak, Rivière ∼ CDN 182-183 E 4
Mistawasis Indian Reserve ⨯ CDN 178-179 C 4
Mistelbach an der Zaya o A 28-29 O 4
Misterei o SUD 134-135 L 6
Misti, Volcán ▲ PE 214-215 B 5
Mistinibi Lake o CDN 180-181 R 7
Mistoles, Laguna los o RA 220-221 F 6
Mistra ••• GR 36-37 J 6
Misty Fiords National Monument ⊥ • USA 176-177 E 4
Misty Fiords National Monument Wilderness ⊥ • USA 176-177 E 4
Misty Lake o CDN 174-175 T 6
Misumba o ZRE 146-147 H 6
Misumi o J 88-89 D 8
Misvær o N 22-23 G 3
Mišwara o Y 68-69 D 6
Mita, Punta ▲ MEX 196-197 B 1
Mita Hills Dam < Z 154-155 E 2
Mitaho • RM 158-159 C 10
Mita-Mirim o BR 210-211 E 3
Mitande o MOC 154-155 J 2
Mitare o YV 204-205 F 2
Mitchell o AUS 114-115 J 4
Mitchell o CDN 182-183 D 7
Mitchell o USA (NE) 186-187 F 5
Mitchell o USA (OR) 184-185 D 3
Mitchell o USA (SD) 186-187 H 4
Mitchell, Mount ▲ USA 192-193 G 2
Mitchell and Alice Rivers National Park ⊥ AUS 110-111 G 4
Mitchell Highway II AUS 114-115 J 6
Mitchell Lake < USA 192-193 E 3
Mitchell River o AUS 108-109 G 3
Mitchell River ∼ AUS 108-109 G 3
Mitchell River ∼ AUS 110-111 G 4
Mitchell River National Park ⊥ AUS 116-117 J 4
Mitchelstown = Baile Mhistéala o IRL 26-27 C 5
Mitchinamécus, Lac o CDN 182-183 G 5
Mitémele, Río ∼ GQ 146-147 C 3
Mit Ġamr o ET 130-131 E 2
Mithankot o PK 74-75 C 5
Mitha Tiwānā o PK 74-75 D 3
Mithi o PK 74-75 B 7
Mithimna o GR 36-37 L 5
Miti, Pulau ⌒ RI 100-101 L 3
Mitiamo o AUS 116-117 H 4
Mitiaro ⌒ NZ 9 M 4
Mitilíni ☆ • GR 36-37 L 5
Mitji ∼ SN 138-139 D 3
Mitjušiha, guba o RUS 44-45 F 5
Mitla ∴ • MEX 196-197 F 3
Mitla, Laguna ≈ 196-197 D 3
Mitliktavik o USA 164-165 K 1
Mito ☆ J 88-89 J 6
Mitoko o ZRE 146-147 H 2
Mitole o EAT 150-151 K 5
Mitomoni o EAT 150-151 H 6
Mitre, Península ⌣ RA 224 H 7
Mitrofania Island ⌒ USA 166-167 R 5
Mitry-Mory o F (77) 232-233 H 2
Mitsamiouli o COM 158-159 C 3
Mitsinjo o RM 158-159 D 5
Mitsio, Nosy ⌒ RM 158-159 F 4
Mits'iwa o • ER 136-137 J 5
Mits'iwa Channel ≈ 136-137 J 5
Mitsuishi o J 88-89 K 3
Mitsushima o J 88-89 C 7
Mittagong o AUS 116-117 L 3
Mitta Mitta o AUS 116-117 J 4
Mittersheim, Grand Étang de o F (57) 234-235 K 4
Mittiebah o AUS 110-111 D 6
Mitu ☆ CO 210-211 B 2
Mitumba, Monts ▲ ZRE 148-149 B 5
Mitunguu o EAK 148-149 F 4
Mitwaba o ZRE 150-151 D 5
Mityana o EAU 148-149 D 3
Mitzic o G 146-147 C 3
Miura-hanto ⌣ J 88-89 H 7
Mius ∼ RUS 38-39 L 4
Mivo River ∼ PNG 120 I b 2
Mixco o •• GCA 196-197 J 4
Mixquiahuala o MEX 196-197 E 1
Mixteco, Río ∼ MEX 196-197 E 2
Mixtlán o MEX 196-197 B 1
Miya o WAN 140-141 H 3
Miya-gawa ∼ J 88-89 G 7
Miyāh, Wādi l- ∼ ET 130-131 F 5
Miyake-shima ⌒ J 88-89 H 7
Miyako o J 88-89 J 5
Miyakonojō o J 88-89 D 9
Miyāndōab o • IR 64-65 M 4
Miyāne o • IR 64-65 M 4
Miyanoura-dake ▲ J 88-89 D 9
Miya-shima ⌒ J 88-89 E 7
Miyazaki ☆ J 88-89 D 9
Miyazu o J 88-89 F 7
Miyi o VRC 92-93 C 3
Miyoshi o J 88-89 E 7
Miyun o VRC (BEI) 90-91 K 1
Miyun • VRC (BEI) 90-91 K 1
Mizāni o AFG 70-71 M 2
Mizan Teferi o ETH 144-145 B 5
Mizdah o LAR 128-129 E 2
Mizen Head ▲ IRL 26-27 C 6
Mizhi o VRC 90-91 G 3
Mizil o RO 38-39 E 5
Mizo Hills ▲ IND 78-79 H 4
Mizoram ◘ IND 78-79 H 4
Mizque o BOL 214-215 E 5
Mizque, Río ∼ BOL 214-215 E 5
Mizur o RUS 62-63 F 6
Mizusawa o J 88-89 J 5
Mjadzel ☆ BY 30-31 K 4
Mjagostrov ⌒ RUS 24-25 N 4
Mjakit o RUS 56-57 P 3
Mjangad = Bajanhošuu o MAU 82-83 K 1
Mjanji o EAU 148-149 E 3
Mjatis' ∼ RUS 46-47 Z 6
Mjölby ☆ S 22-23 G 7
Mjonga ∼ EAT 150-151 J 4
Mjörn o S 22-23 F 8
Mjøsa o N 22-23 E 6
Mjurjule ∼ RUS 46-47 X 7
Mkambati Nature Reserve ⊥ ZA 156-157 J 5
Mkanga o EAT 150-151 H 4
Mkata o EAT 148-149 G 6
Mkata ∼ EAT 150-151 J 4
Mkoani o EAT 148-149 G 6
Mkokotoni o EAT 150-151 K 3
Mkomazi Game Reserve ⊥ EAT 148-149 G 6
Mkondoa ∼ EAT 150-151 J 4
Mkondowe o MW 150-151 H 6
Mkonjowano o EAT 150-151 K 6
Mkowe o EAK 148-149 H 5
Mkowela o EAT 150-151 K 6
Mkujani o EAT 148-149 G 6
Mkunumbi o EAK 148-149 H 5
Mkuranga o EAT 150-151 K 4
Mkushi o Z 154-155 E 1
Mkushi ∼ Z 154-155 E 2
Mkushi River o Z 154-155 E 1
Mkuze o ZA (NTL) 156-157 L 3
Mkuze ∼ ZA 156-157 K 3
Mkuzi Game Reserve ⊥ ZA 156-157 L 3
Mkwaja o EAT 148-149 G 6
Mladá Boleslav o •• CZ 28-29 N 3
Mladenovac o • YU 36-37 H 2
Mlalo o EAT 148-149 G 6
Mlandizi o EAT 150-151 K 4
M'lang o RP 96-97 F 9
Mława o PL 28-29 Q 2
Mlelin ∼ RUS 48-49 Q 2
Mlenganapas ▲ ZA 156-157 J 5
Mligasi ∼ EAT 148-149 G 6
Mljet ⌒ HR 36-37 F 3
Mmabatho ☆ ZA 156-157 G 2
Mmadinare o RB 154-155 D 5
Mmamabula o RB 154-155 D 6
Mmashoro o RB 154-155 D 5
Mmathethe o RB 156-157 G 2
Mmatshumo o RB 154-155 C 5
Mnamuk o RI 102-103 D 3
Mnanzi o EAT 148-149 G 6
Mnarani ∴ • EAK 148-149 G 5
Mnjoli Dam < SD 156-157 K 3
Mnogoveršinnyj o RUS 58-59 H 2
Mo ∼ CAM 140-141 H 6
Mo ∼ GH 138-139 L 5
Mō ∼ RT 138-139 L 5
Moa o C 198-199 H 4
Moa ∼ WAL 138-139 E 6
Moa, Pulau ⌒ RI 102-103 E 6
Moa, Rio ∼ BR 208-209 F 5
Moab o USA 186-187 C 6
Moabi o G 146-147 C 5
Moaco, Rio ∼ BR 210-211 C 6
Moai •• RCH 222-223 B 2
Moa Island ⌒ AUS 110-111 G 2
Moala ⌒ FJI 120 III b 3
Mo'allemān o IR 72-73 D 7
Mo'allem Kalāyeh o IR 72-73 B 6
Moamba o MOC 156-157 L 2
Moanda o G 146-147 D 4
Moanda ∼ ZRE 146-147 G 2
Moapa o USA 184-185 G 7
Moapa River Indian Reservation ⨯ USA 184-185 G 7
Moar Bay ≈ 182-183 E 2
Moatize o MOC 154-155 G 3
Moba o ZRE 150-151 E 4
Mobara o J 88-89 J 7
Mobārak, Kūh o IR 70-71 G 6
Mobārake o IR 70-71 D 2
Mobaye ☆ • RCA 142-143 E 6
Mobayi-Mbongi o ZRE 142-143 E 6
Mobdoua < RIM 132-133 G 7
Mobena o ZRE 146-147 G 3
Moberly o USA 186-187 L 6
Mobile o USA 192-193 D 4
Mobile Bay ≈ 192-193 D 4
Mobridge o USA 186-187 G 3
Moca ☆ DOM 198-199 K 5
Moca o GQ 146-147 B 2
Mocajuba o BR 212-213 D 3
Moçambicana ⩦ MOC 154-155 H 5
Moçambique o MOC 154-155 L 2
Moçambique, Ilha de ⌒ ••• MOC 154-155 L 2
Moçambique = Mozambique ■ MOC 154-155 G 6
Mọc Châu ☆ VN 92-93 D 6
Mocha, Isla ⌒ RCH 222-223 C 5
Mocha = Muḥā, al- o •• Y 68-69 C 7
Mochara, Cordillera de ▲ BOL 220-221 E 1
Moche Pyramids • PE 208-209 C 6
Mochirma, Parque Nacionale ⊥ YV 204-205 J 2
Mochis, Los o MEX 194-195 E 5
Mọc Hóa o VN 94-95 H 5
Mochudi ☆ RB 156-157 H 2
Mochumi o PE 208-209 C 5
Mocimboa da Praia o MOC 150-151 L 6
Mocimboa do Rovuma o MOC 150-151 K 6
Mŏco ▲ ANG 152-153 C 6
Mocoa ☆ CO 208-209 D 1
Mocoduene o MOC 154-155 H 6
Moções, Rio ∼ BR 206-207 K 6
Mocomoco o BOL 214-215 C 4
Mocorito o MEX 194-195 F 5
Mocotó o BR 212-213 E 3

Moctezuma o **MEX** (CHA) 194-195 F 2
Moctezuma o **MEX** (SLP) 194-195 J 6
Moctezuma o **MEX** (SON) 194-195 E 3
Moctezuma, Río ~ **MEX** 194-195 K 7
Mocuba o **MOC** 154-155 J 3
Mocupe o **PE** 208-209 C 5
Modan o **RI** 102-103 G 3
Modane o **F** (73) 242-243 K 1
Modāsa o **IND** 74-75 D 8
Modderrivier ~ **ZA** 156-157 G 4
Modena o **I** 36-37 C 2
Modena o **USA** 184-185 H 7
Modesto o **USA** 184-185 D 7
Modesto Méndez o **GCA** 196-197 K 4
Modjamboli o **ZRE** 146-147 H 2
Modjigo ⊥ **RN** 134-135 F 4
Modoguhe o **CI** 138-139 G 6
Modot o **MAU** 84-85 J 4
Modriča o **BIH** 36-37 G 2
Moebase o **MOC** 154-155 K 3
Moeilijk, Pulau ⌒ **RI** 100-101 L 4
Moeko ~ **ZRE** 146-147 G 2
Moëlan-sur-Mer o **F** (29) 230-231 D 4
Moen o **N** 22-23 J 2
Moenkopi Wash ~ **USA** 184-185 J 7
Moeraki Boulders • **NZ** 118 C 6
Moerkesung o **VRC** 80-81 E 5
Moero, Lac ⌒ **ZRE** 150-151 E 5
Moers o **D** 28-29 J 3
Moe-Yallourn o **AUS** 116-117 J 5
Moëze o **F** (17) 236-237 C 4
Moffans-et-Vacheresse o **F** (70) 238-239 K 1
Moffat o **GB** 26-27 F 4
Moffat Creek ~ **CDN** 176-177 K 5
Moffat Secton, Mount ⊥ **AUS** 114-115 J 3
Moffet, Mount ▲ **USA** 166-167 H 7
Moffett Point ▲ **USA** 166-167 P 5
Moffit o **USA** 186-187 G 2
Mofu o **Z** 150-151 F 6
Moga ~ **RUS** 52-53 O 5
Moga o **ZRE** 146-147 L 5
Mogadiscio = Mugdiisho ★ **SP** 148-149 K 2
Mogadouro o **P** 34-35 D 4
Mogalu o **ZRE** 146-147 G 2
Mogami-gawa ~ **J** 88-89 J 5
Moganshan • **VRC** 90-91 L 6
Mogao Ku ∴ **VRC** 82-83 M 5
Mogapinyana o **RB** 154-155 D 6
Mogaung o **MYA** 78-79 K 3
Mogdy o **RUS** (HBR) 58-59 E 3
Mogdy ~ **RUS** 52-53 N 3
Mogen o **IR** 72-73 D 6
Mogens Heinesens Fjord ≈ 172-173 T 5
Mogi Cruzes o **BR** 216-217 G 7
Mogila ▲ **EAK** 148-149 E 1
Mogilev = Mahilëv o • **BY** 30-31 M 5
Mogilno o • **PL** 28-29 O 2
Mogil'nyj Mys o **RUS** 50-51 R 5
Mogi-Mirim o **BR** 216-217 G 7
Mogincual o **MOC** 154-155 L 2
Mogna o **RA** 220-221 C 6
Mogna, Sierra de ▲ **RA** 220-221 C 6
Mogoča ☆ **RUS** 54-55 J 9
Mogoi o **RI** 102-103 G 2
Mogojtuj ☆ **RUS** 54-55 G 10
Mogok o **MYA** 78-79 K 4
Mogotes, Punta ▲ **RA** 222-223 L 5
Mogotoevo, ozero ⌒ **RUS** 46-47 b 3
Mogotón, Cerro ▲ **NIC** 196-197 L 5
Mogou o **RT** 138-139 L 4
Mogroum o **TCH** 142-143 B 3
Mogui Cheng • **VRC** 82-83 G 2
Mogüye, Bandar-e o **IR** 70-71 F 5
Mogwase o **ZA** 156-157 H 2
Mogzon o **RUS** 54-55 E 10
Mohács o **H** 28-29 P 5
Mohale's Hoek o **LS** 156-157 H 5
Mohall o **USA** 186-187 G 1
Mohamed 5., Barrage < **MA** 124-125 K 3
Mohammadābād o **IR** (ESF) 70-71 E 2
Mohammadābād o **IR** (KER) 70-71 G 4
Mohammadābād o **IR** (SIS) 70-71 J 3
Mohammadābād o **IR** (YAZ) 70-71 F 3
Mohammad Āgā o **AFG** 74-75 B 2
Mohammadia o **DZ** 126-127 C 3
Mohammedia o **MA** 124-125 H 4
Mohana o **IND** 78-79 D 6
Mohanganj o **BD** 78-79 G 3
Mohania o **IND** 78-79 C 3
Mohanpur o **NEP** 80-81 F 7
Mohawk o **USA** 190-191 D 2
Mohe o **VRC** 86-87 D 1
Mohej ~ **RUS** 54-55 E 9
Mohenjo Daro ∴ ••• **PK** 74-75 B 6
Mohican, Cape ▲ **USA** 164-165 G 6
Moho o **PE** 214-215 C 4
Mohol o **IND** 76-77 F 2
Mohon o **F** (56) 230-231 F 3
Mohoro o **EAT** 150-151 K 5
Mohovaja ~ **RUS** 44-45 V 6
Mohovaja, gora ▲ **RUS** 24-25 S 2
Mohrungen = Morag o **PL** 28-29 P 2
Mohyliv-Podil's'kyj ☆ **UA** 38-39 E 3
Moiben o **EAK** 148-149 E 3
Moila Point ▲ **PNG** 120 I b 2
Moili ⌒ **COM** 158-159 C 4
Moimba o **ANG** 152-153 B 8
Moin o **CR** 196-197 C 7
Moincêr o **VRC** 80-81 C 5
Moindou o **F** (988) 247 I c 3
Moinerie, Lac la ⌒ **CDN** 180-181 Q 6
Moines, Des o **USA** (NM) 188-189 F 1
Moines, Des ☆ • **USA** (IA) 186-187 L 5
Moines, Île des ⌒ **F** (2A) 244 C 6
Moines River, Des ~ **USA** 186-187 L 5
Moines River, Des ~ **USA** 186-187 K 4
Mo i Rana o **N** 22-23 G 3
Moirang o **IND** 78-79 H 3
Moirans o **F** (38) 242-243 H 1
Moirans-en-Montagne o **F** (39) 238-239 H 4
Mõisaküla o **EST** 30-31 J 2
Moisdon-la-Rivière o **F** (44) 230-231 J 4
Moise, Tête de ▲ **F** 242-243 K 3
Moiseevskaja o **RUS** 30-31 R 1
Moisie o **CDN** 182-183 L 3
Moisie, Rivière ~ **CDN** 182-183 L 3
Moison Lake ⌒ **CDN** 178-179 H 3
Moissac o **F** (82) 240-241 G 2
Moissala o **TCH** 142-143 C 4
Moissat o **F** (63) 238-239 C 5
Moita o **F** (2B) 244 D 4
Moitaco o **YV** 204-205 J 3
Moiters-d'Allonne, Les o **F** (50) 228-229 A 5
Moivre o **F** (51) 234-235 F 4
Moján, El = San Rafael o **YV** 204-205 F 2
Mojave o **USA** 184-185 E 8
Mojave Desert ⊥ **USA** 184-185 F 8
Mojave River ~ **USA** 184-185 F 8
Mojero ~ **RUS** 44-45 f 7
Mojero ~ **RUS** 52-53 L 2
Mojerokan ~ **RUS** 52-53 M 2
Mojiang o **VRC** 92-93 B 5
Moji Guaçu, Rio ~ **BR** 216-217 G 6
Mojiquiçaba o **BR** 216-217 L 4
Mojkovac o **YU** 36-37 G 3
Mojo o **ETH** 144-145 D 4
Mojoagung o **RI** 104 E 3
Mojokerto o **RI** 104 E 3
Mojos, Llanos de ⊥ **BOL** 214-215 D 4
Mojosari o **RI** 104 E 3
Moju, Rio ~ **BR** 212-213 D 3
Mojuí dos Campos o **BR** 210-211 K 4
Moj-Urusta o **RUS** 56-57 N 3
Mojyldy ~ **KA** 60-61 D 3
Mojynkum ⊥ **KA** 60-61 E 5
Mojynkum ⊥ **KA** 60-61 F 6
Mojynkum ⊥ **KA** 60-61 D 5
Mojynty o **KA** 60-61 H 5
Mōka o **J** 88-89 J 6
Mokāma o **IND** 78-79 D 3
Mokambo o **ZRE** 150-151 E 7
Mokau o **NZ** 118 E 3
Mokelumne Aqueduct < **USA** 184-185 D 6
Mokgomane o **RB** 156-157 G 2
Mokhotlong o **LS** 156-157 J 4
Mokka = al-Muḫā o • **Y** 68-69 C 7
Mokla ~ **RUS** 54-55 K 8
Mokrine o **TN** 126-127 H 3
Mokoan, Lake ⌒ **AUS** 116-117 J 4
Mokobela Pan < **RB** 154-155 D 5
Mokokchung o **IND** 78-79 J 2
Mokolo o **CAM** 140-141 K 3
Mokolo ~ **ZA** 156-157 H 2
Mokombe ~ **ZRE** 146-147 J 4
Mokoreta o **NZ** 118 B 7
Mokoto, Lacs ⌒ **ZRE** 148-149 B 4
Mokp'o o **ROK** 86-87 F 10
Mokrous o **RUS** 32-33 E 8
Mokša ~ **RUS** 30-31 T 5
Môktama Kwe ≈ 94-95 D 2
Mokwa o **WAN** 140-141 F 4
Mola ~ **GH** 138-139 K 5
Moladjakit, gora ▲ **RUS** 52-53 L 3
Molakalmuru o **IND** 76-77 G 3
Molalatau o **RB** 154-155 E 6
Molalē o **ETH** 144-145 D 3
Molas o **F** (31) 240-241 F 4
Molas del Norte, Punta ▲ **MEX** 196-197 L 1
Molat ⊥ **HR** 36-37 E 2
Molay-Littry, Le o **F** (14) 228-229 C 5
Moldary o **KA** 60-61 L 3
Moldavie = Moldova ■ **MD** 38-39 F 4
Molde ☆ **N** 22-23 C 5
Moldotau, hrebet ▲ **KS** 82-83 B 5
Moldova = Moldavie ■ **MD** 38-39 F 4
Moldova Nouă o **RO** 38-39 B 5
Môle ~ **F** (83) 242-243 J 5
Môle, La o **F** (83) 242-243 J 5
Molegbe o **ZRE** 142-143 E 6
Mole Island ⌒ **PNG** 119 D 2
Mole Lake Indian Reservation ✕ **USA** 190-191 D 3
Mole National Park ⊥ **GH** 138-139 K 5
Molène, Île de ⌒ **F** (29) 230-231 B 3
Molepolole ☆ **RB** 156-157 G 2
Moleque, Morro do ▲ **BR** 218-219 F 7
Mole River ~ **AUS** 114-115 L 5
Molėtai o **LT** 30-31 J 4
Molfetta o **I** 36-37 F 4
Molibagu o **RI** 100-101 H 3
Molières o **F** (82) 240-241 G 2
Moliets-et-Maa o **F** (40) 240-241 B 3
Moliets-Plage o **F** (40) 240-241 B 3
Molina o **E** 34-35 G 4
Molina o **RCH** 222-223 D 3
Molina de Segura o **E** 34-35 G 5
Moline o **USA** (IL) 190-191 C 5
Moline o **USA** (KS) 188-189 J 1
Moline Mine ∴ **AUS** 108-109 L 2
Molineuf o **F** (41) 232-233 E 4
Molinggapoto o **RI** 100-101 H 3
Molinillo, Puerto El ▲ **E** 34-35 F 6
Molinons o **F** (89) 232-233 K 3
Molinos, Embalse los < **RA** 220-221 E 6
Molinos, Los o **USA** 184-185 C 5
Moliro o **ZRE** 150-151 F 5
Molise ◻ **I** 36-37 E 4
Mol'katy, hrebet ▲ **RUS** 48-49 J 4
Mollendo o **PE** 214-215 A 5
Mollepata o **PE** 208-209 F 8
Moller, Port ≈ 166-167 Q 5
Mollera, zaliv ⌒ **RUS** 44-45 E 5
Mollerussa = Mollerussa o **E** 34-35 H 4
Mollerussa o **E** 34-35 H 4
Molles o **F** (03) 238-239 D 4
Molles, Punta ▲ **RCH** 222-223 D 2
Molliens-Dreuil o **F** (80) 228-229 J 4
Molloy o **F** (984) 246 III d 3
Molo o **EAK** (RIF) 148-149 E 4
Molo ~ **EAK** 148-149 E 3
Molo o **MYA** 78-79 K 4
Moločna ~ **UA** 38-39 J 4
Moločnyj lyman ≈ 38-39 J 4
Molocopote o **BR** 206-207 G 5
Molócuè ~ **MOC** 154-155 J 2
Molocué, Rio ~ **MOC** 154-155 J 2
Molodečno = Maladzečna ☆ **BY** 30-31 K 4
Molodežnaja o **ARK** 16 G 5
Molodežnyj ☆ **KA** 60-61 H 3
Molodëžnyj o **RUS** 56-57 N 2
Molodo o **RMM** 138-139 G 2
Molodo ~ **RUS** 46-47 N 5
Mologa ~ **RUS** 30-31 O 2
Molokai ⌒ **USA** 192-193 D 7
Molokai, Zone de Fracture de = Molokai Fracture Zone ≃ 10-11 O 5
Molokai Fracture Zone = Molokai, Zone de Fracture de ≃ 10-11 O 5
Moloma ~ **RUS** 32-33 E 4
Molompize o **F** (15) 236-237 M 5
Molona o **RI** 100-101 H 6
Molong o **AUS** 116-117 K 2
Molongda ~ **RUS** 48-49 L 4
Molongdinskij hrebet ▲ **RUS** 48-49 L 4
Molopo ~ **RB** 156-157 E 3
Moloporivier o **ZA** 156-157 G 2
Moloskovicy o **RUS** 30-31 L 2
Moloundou o **CAM** 146-147 E 2
Moloy o **F** (21) 238-239 F 1
Molsheim o • **F** (67) 234-235 L 4
Molteno o **ZA** 156-157 H 5
Moltenopas ▲ **ZA** 156-157 F 6
Moltke Nunatak ▲ **GRØ** 170-171 o 4
Moltyrkan ~ **RUS** 46-47 V 7
Molu, Pulau ⌒ **RI** 102-103 F 5
Molucca, Laut ≈ 100-101 J 3
Moluccas = Maluku ◻ **RI** 102-103 D 4
Molūki o **AFG** 72-73 G 7
Molumbo o **MOC** 154-155 J 2
Molume o **GH** 138-139 J 5
Moluques = Maluku, Kepulauan ⌒ **RI** 102-103 D 2
Moluques, Mer des = Maluku, Laut ≈ 100-101 J 4
Molvo ~ **RUS** 54-55 H 6
Molwe o **ZRE** 150-151 C 6
Moma o **MOC** 154-155 K 3
Moma ~ **RUS** 46-47 Y 6
Moma o **ZRE** 150-151 B 4
Moma, Ilha de ⌒ **MOC** 154-155 K 3
Moma, Monts = Momskij hrebet ▲ **RUS** 46-47 Y 6
Momaligi o **WAL** 138-139 D 6
Momats ~ **RI** 102-103 K 4
Momba o **Z** 154-155 E 2
Mombaca o **BR** 212-213 J 4
Mombasa ☆ •• **EAK** 148-149 G 6
Mombasa Marine National Reserve ⊥ **EAK** 148-149 G 6
Mombenzélé o **RCB** 146-147 F 3
Mombetsu o **J** (HOK) 88-89 K 2
Mombetsu o **J** (HOK) 88-89 K 3
Mombo ~ **ANG** 152-153 F 5
Mombo o **EAT** 148-149 G 6
Mombongo o **ZRE** (HAU) 146-147 J 3
Mombongo o **ZRE** (HAU) 146-147 K 3
Momboyo ~ **ZRE** 146-147 G 4
Mombum o **RI** 102-103 K 6
Momfafa, Tanjung ▲ **RI** 102-103 F 2
Mommon, Tanjung ▲ **RI** 102-103 G 3
Momo o **RI** 100-101 G 4
Momo-Selennjahskaja vpadina ⌣ **RUS** 46-47 W 5
Momote o **PNG** 119 D 2
Momotombo, Volcán ▲ **NIC** 196-197 L 5
Mompiche, Ensenada de ≈ 208-209 B 1
Mompog Pass ≈ 96-97 E 6
Mompono o **ZRE** 146-147 H 3
Mompós o **CO** 204-205 D 3
Momskij hrebet ▲ **RUS** 46-47 Y 6
Møn ⌒ **DK** 22-23 F 9
Mona, Isla ⌒ **USA** 200 B 2
Monaco ■ **MC** 242-243 L 4
Monaco ☆ •• **MC** 242-243 L 4
Monaco = Monaco ■ **MC** 26-27 L 10
Monaco Deep = Madère, Plaine Abyssale de ≃ 14-15 G 5
Monadotua, Pulau ≈ 100-101 J 3
Monadyr o **KA** 60-61 G 4
Monaghan = Muineachán ☆ **IRL** 26-27 D 4
Monahans o **USA** 188-189 F 4
Monana o **G** 146-147 D 4
Mona Passage ≈ 200 A 2
Monapo o **MOC** 154-155 L 2
Mona Quimbundo o **ANG** 152-153 E 4
Monarch o **USA** 184-185 J 2
Monarch Mountain ▲ **CDN** 176-177 H 6
Monashee Mountains ▲ **CDN** 176-177 L 5
Monaši o **UA** 38-39 G 4
Monasterace Marina o **I** 36-37 F 5
Monastery o **CDN** 182-183 O 6
Monastier-sur-Gazeille, Le o **F** (43) 242-243 D 2
Monastir ☆ **TN** 126-127 H 3
Monastyrščina ☆ **RUS** 30-31 M 4
Monatélé o **CAM** 140-141 J 6
Monati, mys ▲ **RUS** 56-57 W 6
Monbahus o **F** (47) 240-241 F 1
Monbardon o **F** (32) 240-241 F 4
Monbazillac •• **F** (24) 236-237 F 6
Monboré o **CAM** 142-143 B 4
Monbrun o **F** (32) 240-241 G 3
Moncão o **BR** 212-213 F 3
Moncaut o **F** (47) 240-241 F 2
Moncayolle-Larrory-Mendibieu o **F** (64) 240-241 C 4
Mončegorsk o **RUS** 24-25 M 3
Moncel, Abbaye du • **F** (60) 228-229 K 5
Moncel-sur-Seille o **F** (54) 234-235 J 4
Moncey o **F** (25) 238-239 J 2
Mönchengladbach o **D** 28-29 J 3
Monchy o **CDN** 178-179 C 6
Monchy-Humières o **F** (60) 228-229 K 5
Monchy-Lagache o **F** (02) 228-229 L 4
Moncks Corner o **USA** 192-193 H 3
Monclar o **F** (47) 240-241 F 2
Monclar-de-Quercy o **F** (82) 240-241 H 3
Monclar-sur-Losse o **F** (32) 240-241 E 3
Monclova o **MEX** 194-195 J 4
Monco Bünnyi o **VRC** 80-81 F 5
Moncontour o **F** (22) 230-231 F 3
Moncoutant o **F** (79) 236-237 D 2
Moncrabeau o **F** (47) 240-241 E 2
Moncton o **CDN** 182-183 M 5
Mondai o **BR** 218-219 D 6
Mondamin o **USA** 186-187 J 5
Mondavezan o **F** (31) 240-241 G 4
Mondaye, Abbaye de • **F** (14) 228-229 C 5
Mondego, Cabo ▲ **P** 34-35 C 4
Mondego, Rio ~ **P** 34-35 C 4
Mondésir o **F** (973) 245 I c 2
Mondilhan o **F** (31) 240-241 F 4
Mondjamboli o **ZRE** 146-147 J 2
Mondjuku o **ZRE** 146-147 H 4
Mondo o **TCH** 134-135 G 6
Mondombe o **ZRE** 146-147 J 4
Mondómo o **CO** 204-205 C 6
Mondoñedo o • **E** 34-35 D 3
Mondono o **RI** 100-101 H 4
Mondoubleau o **F** (41) 232-233 D 4
Mondovì o • **I** 36-37 A 2
Mondragone o **I** 36-37 D 4
Mondrague, Enneri ~ **TCH** 134-135 H 2
Mondrain Island ⌒ **AUS** 112-113 G 7
Mondreville o **F** (77) 232-233 H 3
Mondubi, Ponta ▲ **BR** 218-219 G 5
Monduli o **EAT** 148-149 F 5
Monduran Reservoir < **AUS** 114-115 L 3
Mondy o **RUS** 52-53 K 10
Moné ~ **CAM** 140-141 H 6
Moneague o **JA** 198-199 G 5
Monein o **F** (64) 240-241 C 4
Monemvassía o **GR** 36-37 J 6
Monéo o **F** (988) 247 I c 3
Moneragala o **CL** 76-77 J 7
Moneron, ostrov ⌒ **RUS** 58-59 J 5
Monestier-de-Clermont o **F** (38) 242-243 H 2
Monestiés o **F** (81) 240-241 J 2
Monestrol o **F** (31) 240-241 H 4
Monétay-sur-Loire o **F** (03) 238-239 D 4
Monéteau o **F** (89) 232-233 K 4
Monêtier-Allemont o **F** (05) 242-243 H 3
Monett o **USA** 188-189 L 1
Money Island = Jinyin Dao ⌒ **VRC** 94-95 L 2
Monfalcone o **I** 36-37 D 2
Monflanquin o **F** (47) 240-241 F 1
Monfort o • **F** (32) 240-241 F 3
Monforte o **P** 34-35 D 5
Monforte (Monforte de Lemos) o • **E** 34-35 D 3
Monga o **ZRE** 142-143 F 6
Mongala ~ **ZRE** 146-147 H 2
Mongalla o **SUD** 142-143 K 6
Mongar o **BHT** 78-79 G 2
Monge o **EC** 208-209 D 3
Mongemputu o **ZRE** 146-147 H 5
Monger, Île ⌒ **CDN** 182-183 P 3
Mongeri o **WAL** 138-139 E 5
Mongers Lake ⌒ **AUS** 112-113 D 4
Monges, les ▲ **F** (04) 242-243 J 3
Mongge o **RI** 102-103 G 2
Monggui o **RI** 102-103 G 2
Möng Hpayak o **MYA** 78-79 L 5
Möng Hsan o **MYA** 78-79 K 5
Möng Hsat o **MYA** 78-79 L 5
Möng Hsu o **MYA** 78-79 L 5
Mongie, la o **F** (65) 240-241 E 5
Möng Küng o **MYA** 78-79 K 5
Mongla o **BD** 78-79 F 4
Möng Mit o **MYA** 78-79 K 4
Möng Nai o **MYA** 78-79 K 5
Mongo ☆ **TCH** 134-135 J 6
Mongočejaha ~ **RUS** 44-45 S 5
Mongoj ~ **RUS** 54-55 F 9
Mongol, Plateau = Nei Mongol Gaoyuan ⊥ **VRC** 84-85 G 7
Mongol Altajn Nuruu ▲ **MAU** 82-83 J 1
Mongol Ard Uls = Mongolie ■ **MAU** 84-85 E 5
Mongol Ëls ⊥ **MAU** 82-83 L 2
Mongolie = Mongol Ard Uls ■ **MAU** 84-85 E 5
Mongolie Intérieure = Nei Mongol Zizhiqu ◻ **VRC** 90-91 D 2
Mongomo o **GQ** 146-147 C 3
Möngönmor't = Bulag o **MAU** 84-85 J 3
Mongonu o **WAN** 134-135 F 6
Mongororo o **TCH** 134-135 L 6
Mongoumba o **RCA** 146-147 G 2
Möng Ping o **MYA** 78-79 L 5
Möng Ton o **MYA** 78-79 L 5
Mongu ☆ **Z** 154-155 B 2
Mongua o **ANG** 152-153 C 8
Mongubal, Cachoeira do ~ **BR** 210-211 J 5
Mongubal Grande, Cachoeira ~ **BR** 210-211 J 5
Mônguel o **RIM** 132-133 D 6
Möng Yai o **MYA** 78-79 L 4
Möng Yang o **MYA** 78-79 L 5
Möng Yawng o **MYA** 78-79 M 5
Möngyu o **MYA** 78-79 K 4
Mönhbulag o **MAU** 84-85 F 4
Mönhhaan = Bajasgalant o **MAU** 84-85 L 4
Mönh Hajrhan ▲ **MAU** 82-83 K 2
Moni o • **RI** 104 E 7
Monico o **USA** 190-191 D 3
Monida o **USA** 184-185 H 3
Monida Pass ▲ **USA** 184-185 H 3
Mon-Idée o **F** (08) 234-235 E 2
Monieux o **F** (84) 242-243 G 3
Monimpébougou o **RMM** 138-139 H 2
Moni River ~ **PNG** 119 E 5
Monistrol-d'Allier o **F** (43) 242-243 D 2
Monistrol-sur-Loire o **F** (43) 242-243 E 1
Monitor o **CDN** 176-177 P 6
Monitor Range ▲ **USA** 184-185 F 6
Monitos o **CO** 204-205 C 3
Monje o **RA** 222-223 J 2
Monjes, Islas los ⌒ **YV** 204-205 F 1
Monjolos o **BR** 216-217 H 5
Monkey Bay o **MW** 154-155 H 2
Monkey Mia o **AUS** 112-113 B 2
Moriki o **PL** 28-29 R 2
Monkira o **AUS** 114-115 F 3
Monkoto o **ZRE** 146-147 H 4
Monléon-Magnoac o **F** (65) 240-241 F 4
Monlezun-d'Armagnac o **F** (32) 240-241 D 3
Monlong o **F** (65) 240-241 E 4
Monmouth o **USA** (IL) 190-191 C 5
Monmouth o **USA** (OR) 184-185 C 3
Monnai o **F** (61) 230-231 M 2
Monnaie o **F** (37) 232-233 D 5
Monneren o **F** (57) 234-235 J 3
Mono ~ **DY** 138-139 L 6
Mono, Caño ~ **CO** 204-205 G 5
Mono, Punta del ▲ **NIC** 196-197 C 6
Monobamba o **PE** 208-209 E 7
Mono Island ⌒ **SOL** 120 I b 2
Mono Lake ⌒ **USA** 184-185 E 6
Monólithos o **GR** 36-37 L 6
Monolon o **AUS** 114-115 G 6
Monopamba o **CO** 208-209 D 1
Monos, Los o **RA** 224 F 3
Monou o **TCH** 134-135 L 4
Monowai o **NZ** 118 A 6
Monpazier o **F** (24) 236-237 G 6
Monreal del Campo o **E** 34-35 G 4
Monroe o **CDN** 182-183 S 4
Monroe o **USA** (GA) 192-193 G 3
Monroe o **USA** (LA) 188-189 L 3
Monroe o **USA** (MI) 190-191 G 5
Monroe o **USA** (NC) 192-193 H 2
Monroe o **USA** (WA) 184-185 D 2
Monroe o **USA** (WI) 190-191 D 4
Monroe City o **USA** 190-191 C 6
Monroe Lake ~ **USA** 190-191 E 6
Monroeville o **USA** 192-193 E 4
Monrovia ★ • **LB** 138-139 E 6
Mons ☆ • **B** 28-29 G 3
Mons o **F** (83) 242-243 K 4
Monségur o **F** (33) 240-241 E 1
Monsenhor Gil o **BR** 212-213 G 4
Monsenhor Hipólito o **BR** 212-213 H 5
Monserat, Isla ⌒ **MEX** 194-195 D 5
Møns Klint ⌣ •• **DK** 22-23 F 9
Monsols o **F** (69) 238-239 F 4
Monsombougou o **RMM** 138-139 E 2
Montagnac o **F** (34) 242-243 C 5
Montagne o **F** (38) 242-243 G 1
Montagne ⊥ **F** (03) 238-239 D 4
Montagne, La o **F** (44) 230-231 H 5
Montagne, La o **F** (974) 246 II a 1
Montagne Centrale = Sredinnyj hrebet ▲ **RUS** 54-55 R 7
Montagne d'Ambre, Parc National de la ⊥ **RM** 158-159 F 4
Montagne de Reims, Parc Naturel Régional de la ⊥ **F** (51) 228-229 M 5
Montagne du Pin, Lac de la ⌒ **CDN** 182-183 G 2
Montagne Noire ▲ **F** 240-241 J 4
Montagne Salée = Salt Range ▲ **PK** 74-75 D 3
Montagnes Bleues = Blue Mountains ▲ **USA** 190-191 K 5
Montagnes de la Trinité ▲ **F** (973) 245 I b 2
Montagnes du Laveron ▲ **F** 238-239 J 3
Montagnes Françaises ▲ **F** (973) 245 I a 2
Montagnes Noires ▲ **F** (29) 230-231 D 3
Montagnes Rocheuses = Rocky Mountains ▲ 184-185 G 1
Montagu o **ZA** 156-157 E 6
Montague o **CDN** 182-183 N 5
Montague Island ⌒ **AUS** 116-117 L 4
Montague Island ⌒ **USA** 164-165 R 6
Montague Sound ≈ 108-109 G 3
Montague Strait ≈ 164-165 Q 7
Montaignac o **F** (19) 236-237 J 5
Montaigne • **F** (24) 236-237 F 6
Montaigu o **F** (85) 236-237 C 2
Montaigu, Butte de ▲ **F** (53) 230-231 L 3
Montaigu-de-Quercy o **F** (82) 240-241 G 2
Montaiguët-en-Forez o **F** (03) 238-239 D 4
Montaigut o **F** (03) 236-237 L 3
Montaigut-le-Blanc o **F** (23) 236-237 J 3
Montaigut-sur-Save o **F** (31) 240-241 G 3
Montajtas o **KA** 72-73 L 3
Montal •• **F** (46) 236-237 J 6
Montalba-le-Château o **F** (66) 240-241 K 5
Montalbán o **E** 34-35 G 4
Montalbo o **E** 34-35 F 5
Montalegre o **ANG** 152-153 D 4
Montalegre o **P** 34-35 D 4
Montalieu-Vercieu o **F** (38) 238-239 G 5
Montalivet-les-Bains o **F** (33) 236-237 C 5
Montalto (Monte Cocuzza) ▲ **I** 36-37 E 5
Montalvânia o **BR** 216-217 H 3
Montalvo o **EC** 208-209 D 3
Montamisé o **F** (86) 236-237 F 2
Montana ☆ **BG** 38-39 C 6
Montana ◻ **USA** 184-185 J 2
Montaña, La ⊥ **PE** 208-209 E 5
Montaña de Yoro, Parque Nacional ⊥ **HN** 196-197 L 4
Montañas de Onzole ▲ **EC** 208-209 C 1
Montandón o **RCH** 220-221 C 4
Montaner o **F** (64) 240-241 D 4
Montargis o **F** (45) 232-233 H 4
Montastruc o **F** (47) 240-241 F 2
Montastruc-la-Conseillère o **F** (31) 240-241 H 3
Montataire o **F** (60) 228-229 J 5
Montauban o **F** (35) 230-231 G 3
Montauban ☆ • **F** (82) 240-241 G 2
Montauban, Château de • **F** (35) 230-231 G 3
Montauk o **USA** 190-191 N 5
Montauk Point ▲ **USA** 190-191 N 5
Montbard o **F** (21) 238-239 E 1
Mont Bata o **RCA** 142-143 B 6
Montbazens o **F** (12) 240-241 J 2
Montbazon o **F** (37) 232-233 D 5
Montbéliard o • **F** (25) 238-239 K 1
Montbenoît o **F** (25) 238-239 J 3
Montbeugny o **F** (03) 238-239 C 3
Montbizot o **F** (72) 230-231 M 3
Mont Blanc ▲ •• **F** (73) 238-239 K 5
Montboyer o **F** (16) 236-237 F 5
Montbozon o **F** (70) 238-239 J 2
Montbras o **F** (55) 234-235 H 4
Montbrison o **F** (42) 238-239 E 5
Montbron o **F** (16) 236-237 G 4
Montbrun-Bocage o **F** (31) 240-241 G 4
Mont Brune ▲ **F** (06) 242-243 L 4
Montbrun-les-Bains o **F** (26) 242-243 G 3
Montcabrier o **F** (46) 240-241 G 1
Montcaret o **F** (24) 236-237 F 6
Montceau, Château de • **F** (71) 238-239 F 4
Montceau-les-Mines o **F** (71) 238-239 E 3
Montceaux-lès-Provins o **F** (77) 232-233 J 2
Montcenis o **F** (71) 238-239 E 3
Mont Cenis, Col du ▲ **F** (73) 242-243 K 1
Mont Cenis, Lac du ⌒ **F** (73) 242-243 K 1
Mont Cenis, Massif du ▲ **F** (73) 242-243 K 1
Montchamp o **F** (15) 242-243 C 1
Montchanin o **F** (71) 238-239 E 3
Montchauvet ▲ **F** (43) 242-243 C 2
Montchevrier o **F** (36) 236-237 J 3
Montcléra o **F** (46) 240-241 G 1
Montcornet o **F** (02) 234-235 E 2
Montcoy o **F** (71) 238-239 G 3
Montcresson o **F** (45) 232-233 H 4
Montcuq o **F** (46) 240-241 G 2
Montdardier o **F** (30) 242-243 D 4
Mont Darwin o **ZW** 154-155 F 3
Mont-de-Lans o **F** (38) 242-243 J 1
Mont-de-Marsan ☆ **F** (40) 240-241 D 3
Montdidier o **F** (80) 228-229 K 4
Mont-Dore o **F** (988) 247 I d 4
Mont-Dore, Le o **F** (63) 236-237 L 4
Monte, Laguna del ⌒ **RA** 222-223 H 4
Monteagle o **AUS** 114-115 J 2
Monteagle o **USA** 192-193 F 2
Monteagudo o **BOL** 214-215 F 6
Monteagudo o **RA** 220-221 K 4
Monte Albán ∴ ••• **MEX** 196-197 F 3
Monte Alegre o **BR** 206-207 G 6
Monte Alegre de Goiás o **BR** 216-217 G 2
Monte Alegre de Minas o **BR** 216-217 F 5
Monte Alegre de Sergipe o **BR** 212-213 K 7
Monte Aprazível o **BR** 216-217 F 6
Monte Azul o **BR** 216-217 J 3
Montebello o **CDN** 182-183 G 6
Montebello Islands ⌒ **AUS** 108-109 B 6
Monte Belo o **ANG** 152-153 C 6
Monte Bianco = Mont Blanc ▲ •• **I** 36-37 A 2
Montebourg o **F** (50) 228-229 B 5
Monte-Carlo o **MC** 242-243 L 4
Monte Carmelo o **BR** 216-217 G 5
Monte Caseros o **RA** 220-221 J 6
Monte Castelo o **BR** 218-219 E 6
Montech o **F** (82) 240-241 G 3
Montecler • **F** (53) 230-231 L 3
Monte Comán o **RA** 222-223 F 3
Monte Creek o **CDN** 176-177 L 6
Monte Cristi ☆ **DOM** 198-199 K 5
Montecristi o **EC** 208-209 B 2
Monte Cristi, Parque Nacional ⊥ **DOM** 198-199 K 5
Monte Cristo o **BR** 210-211 D 5
Montecristo, Cerro ▲ **ES** 196-197 K 4
Montecristo, Ísola di ⌒ **I** 36-37 C 3
Monte Dourado o **BR** 206-207 H 6
Monte Escobedo o **MEX** 194-195 H 6
Monte Estremo o **F** (2B) 244 C 4
Montego Bay o • **JA** 198-199 G 5
Monte Grande ⊥ **BOL** 214-215 F 5
Monte Grande o **NIC** 196-197 B 5
Monte Hermoso o **RA** 222-223 J 5
Monteiro o **BR** 212-213 K 5
Monteiro Lobato o **BR** 216-217 H 7
Montel-de-Gelat o **F** (63) 236-237 L 4
Monte León, Cerro ▲ **RA** 224 F 5
Montélimar o **F** (26) 242-243 F 2
Montelimar o **NIC** 196-197 L 6
Monte Lindo, Arroyo ~ **RA** 220-221 H 3
Monte Lindo, Río ~ **PY** 220-221 J 2
Monte Lindo Grande, Riacho ~ **RA** 220-221 H 3
Montellier • **F** (01) 238-239 G 5
Montello o **USA** (NV) 184-185 G 5
Montello o **USA** (WI) 190-191 D 4
Montemayor, Meseta de ⊥ **RA** 224 G 2
Montembœuf o **F** (16) 236-237 G 4
Montemorelos o **MEX** 194-195 K 5
Montemor-o-Novo o **P** 34-35 C 5
Montendre o **F** (17) 236-237 E 5
Montenegro o **BR** 218-219 E 7
Monténégro = Crna gora ◻ **YU** 36-37 G 3
Monte Negro, Quedas de ~ **ANG** 152-153 B 8
Monteneuf o **F** (56) 230-231 G 4
Monte Pascoal, Parque Nacional de ⊥ **BR** 216-217 L 4
Monte Patria o **RCH** 220-221 B 6
Monte Peruvia • **PE** 208-209 D 4
Montepescali o **I** 36-37 C 3
Montepío o **MEX** 196-197 G 2
Monte Plata ☆ **DOM** 198-199 L 5
Montepuez o **MOC** 154-155 K 1
Montepuez, Rio ~ **MOC** 154-155 K 1
Montepulciano o • **I** 36-37 C 3
Monte Quemado o **RA** 220-221 F 3
Montereau o **F** (45) 232-233 H 4
Montereau-Faut-Yonne o **F** (77) 232-233 H 3
Monterey o **USA** 184-185 D 7
Montería ☆ **CO** 204-205 D 3
Montero o **BOL** 214-215 F 5
Monteros o **RA** 220-221 E 4
Monte Rosa ▲ **CH** 28-29 J 6
Monte Rosa ▲ **I** 36-37 A 2
Monterrey ☆ • **MEX** 194-195 J 5
Monterrey, Parque Nacional de ⊥ **MEX** 194-195 J 5
Monterrey Bay ≈ 184-185 D 7
Monterrico o **GCA** 196-197 J 5
Monterrubio o **CO** 204-205 D 2
Montes, Punta ▲ **RA** 224 F 5
Montes Altos o **BR** 212-213 E 4
Montesano sulla Marcellana o **I** 36-37 E 4
Monte Sant'Ángelo o **I** 36-37 E 4
Monte Santo o **BR** 212-213 J 7
Monte Santo de Minas o **BR** 216-217 G 6
Montes Claros o **BR** 216-217 J 4
Montes de Oca o **RA** 222-223 H 5
Montesquieu o **F** (82) 240-241 G 2
Montesquieu-Avantès o **F** (09) 240-241 G 4
Montesquieu Islands ⌒ **AUS** 108-109 G 3
Montesquieu-Volvestre o **F** (31) 240-241 G 4
Montesquiou o **F** (32) 240-241 E 3
Montestruc-sur-Gers o **F** (32) 240-241 F 3
Montet, Le o **F** (03) 236-237 M 3
Montets, Col des ▲ **F** 238-239 L 5
Monteux o **F** (84) 242-243 F 3
Montevideo ★ • **ROU** 222-223 L 3
Montevideo o **USA** 186-187 K 3
Monte Vista o **USA** 188-189 D 1
Monteynard o **F** (38) 242-243 H 2
Montezuma o **BR** 216-217 J 3
Montezuma o **USA** 192-193 F 3
Montezuma Castle National Monument ∴ **USA** 184-185 J 8
Montezuma Creek o **USA** 186-187 C 7
Montfa, Château • **F** (81) 240-241 J 3
Montfaucon o **F** (46) 236-237 J 6
Montfaucon o **F** (49) 230-231 J 5
Montfaucon o **F** (55) 234-235 G 3
Montfaucon, Butte de • **F** (55) 234-235 G 3
Montfaucon-en-Velay o **F** (43) 242-243 E 1
Montferrand-du-Périgord o • **F** (24) 236-237 G 6
Montferrat o **F** (38) 242-243 H 1
Montferrat o **F** (83) 242-243 J 4
Montfort o **F** (35) 230-231 H 3
Montfort o **F** (64) 240-241 C 4
Montfort-en-Chalosse o **F** (40) 240-241 C 3
Montfort-l'Amaury o **F** (78) 232-233 F 2
Montfort-le-Gesnois o **F** (72) 230-231 M 3
Montfort-sur-Boulzane o **F** (11) 240-241 J 5
Montfort-sur-Risle o **F** (27) 228-229 F 5
Montfranc o **F** (12) 240-241 K 3
Montgaillard o **F** (65) 240-241 E 4
Montgaillard o **F** (81) 240-241 H 3
Montgenèvre o **F** (05) 242-243 K 2
Montgenèvre, Col de ▲ **F** (05) 242-243 K 2
Montgeoffroy • **F** (49) 230-231 L 5
Montgibaud o **F** (19) 236-237 H 4
Montgiscard o **F** (31) 240-241 H 4
Montgomery o **USA** (PA) 190-191 K 5
Montgomery o **USA** (WV) 190-191 H 6
Montgomery ☆ • **USA** (AL) 192-193 E 3
Montgomery = Sāhiwāl o **PK** 74-75 D 4
Montgomery City o **USA** 190-191 C 6
Montgomery Islands ⌒ **AUS** 108-109 G 3
Montgrenier • **F** (11) 240-241 J 4
Montguyon o **F** (17) 236-237 E 5
Mont Haut ▲ **F** (34) 242-243 D 4
Montheries o **F** (52) 234-235 F 5
Monthermé o **F** (08) 234-235 F 2
Monthoiron o **F** (86) 236-237 G 2
Monthois o **F** (08) 234-235 F 3
Monthou-sur-Cher o **F** (41) 232-233 E 5
Monthureux-sur-Saône o **F** (88) 234-235 H 5
Monticello o **USA** (AR) 188-189 M 3
Monticello o **USA** (FL) 192-193 G 4
Monticello o **USA** (GA) 192-193 G 3
Monticello o **USA** (IA) 190-191 C 4
Monticello o **USA** (KY) 190-191 F 7
Monticello o **USA** (MS) 188-189 M 4
Monticello o **USA** (NY) 190-191 L 5
Monticello o **USA** (UT) 186-187 C 7
Montier-en-Der o **F** (52) 234-235 F 5
Montiêr-les-Bains, le o **F** (05) 242-243 K 2
Montiers-sur-Saulx o **F** (55) 234-235 G 4
Montignac o • **F** (24) 236-237 H 5
Montignac-Charente o **F** (16) 236-237 F 4
Montignac-de-Lauzun o **F** (47) 240-241 E 1
Montigny o **F** (54) 234-235 K 4
Montigny-le-Gannelon o • **F** (28) 232-233 E 3
Montigny-Lencoup o **F** (77) 232-233 J 3
Montigny-lès-Metz o **F** (57) 234-235 J 3
Montigny-sur-Aube o **F** (21) 234-235 F 6
Montijo o **E** 34-35 D 5
Montijo, Golfo de ≈ 196-197 D 8
Montilla o **E** 34-35 E 6
Montilliers o **F** (49) 230-231 K 5
Montils, Les o **F** (41) 232-233 E 5
Montima ~ **ZRE** 146-147 H 2
Montipa o **ANG** 152-153 B 7
Montividiu o **BR** 216-217 E 4
Montivilliers o **F** (76) 228-229 E 4
Montjay o **F** (05) 242-243 H 3
Montjean o **F** (16) 236-237 F 3
Montjean-sur-Loire o **F** (49) 230-231 K 5
Montlandon o **F** (28) 232-233 E 3
Montlaur o **F** (11) 240-241 K 4
Montlaur o **F** (12) 240-241 K 3
Montlieu-la-Garde o **F** (17) 236-237 E 5
Montlouis-sur-Loire o **F** (37) 232-233 D 5
Montluçon o **F** (03) 236-237 L 3
Montluel o **F** (01) 238-239 G 5
Montmagny o **CDN** 182-183 J 5
Montmajour, Abbaye de • **F** (13) 242-243 F 4
Montmarault o **F** (03) 236-237 L 3
Montmartin-sur-Mer o **F** (50) 230-231 H 2
Montmartre o **CDN** 178-179 E 5
Montmaurin o **F** (31) 240-241 F 4

Montmédy ○ F (55) 234-235 G 2
Montmélian ○ F (73) 238-239 J 5
Montmerle-sur-Saône ○ F (01) 238-239 F 4
Montmeyan ○ F (83) 242-243 J 4
Montmeyran ○ F (26) 242-243 F 2
Montmirail ○ F (51) 232-233 K 2
Montmirail ○ F (72) 232-233 D 3
Montmirat, Col de ▲ F (48) 242-243 D 3
Montmirey-le-Château ○ F (39) 238-239 H 2
Montmoreau-Saint-Cybard ○ F (16) 236-237 F 5
Montmorency ○ F (95) 232-233 G 2
Montmorillon ○ F (86) 236-237 G 3
Montmorin ○ F (05) 242-243 H 3
Montmorot ○ F (39) 238-239 H 3
Montmort ○ F (71) 238-239 E 3
Montmort-Lucy ○ F (51) 232-233 K 2
Monto ○ AUS 114-115 L 3
Montoille ○ F (70) 238-239 J 1
Montoir-de-Bretagne ○ F (44) 230-231 G 5
Montoire-sur-le-Loir ○ F (41) 232-233 D 4
Montolieu ○ F (11) 240-241 J 4
Montoncel, Puy de ▲ F (63) 238-239 D 5
Montoro ○• E 34-35 E 5
Montpaon ○ F (12) 240-241 L 3
Montpelier ○ JA 198-199 G 5
Montpelier ○ USA 184-185 J 4
Montpellier ☆• F (34) 242-243 D 4
Montpelôlier ☆ USA 190-191 M 3
Montpensier, Kap ▲ GRØ 170-171 r 5
Montpezat ○ F (47) 240-241 F 2
Montpezat-de-Quercy ○ F (82) 240-241 G 2
Montpezat-sous-Bauzon ○ F (07) 242-243 E 2
Montplaisir • F (30) 242-243 D 4
Montpon-Ménestérol ○ F (24) 236-237 F 5
Montpont-en-Bresse ○ F (71) 238-239 G 3
Montréal ○• CDN 182-183 H 6
Montréal ○ F (32) 240-241 E 3
Montréal ○ F (89) 238-239 E 1
Montreal Lake ○ CDN (SAS) 178-179 D 3
Montreal Lake ⊖ CDN (SAS) 178-179 D 3
Montreal Lake Indian Reserve X CDN 178-179 D 4
Montreal River ~ CDN 178-179 O 7
Montreal River ~ CDN 182-183 D 5
Montredon-Labessonié ○ F (81) 240-241 J 3
Montréjeau ○ F (31) 240-241 F 4
Montrésor ○ F (37) 232-233 E 5
Montret ○ F (71) 238-239 G 3
Montreuil ○ F (62) 228-229 H 3
Montreuil-Bellay ○ F (49) 230-231 L 5
Montreuil-Bonnin ○ F (86) 236-237 F 2
Montreuil-Juigné ○ F (49) 230-231 K 4
Montreuil-l'Argillé ○ F (27) 230-231 M 2
Montreuil-le-Chétif ○ F (72) 230-231 L 3
Montreuil-sur-Ille ○ F (35) 230-231 H 3
Montreux ○• CH 28-29 J 5
Montreux-Château ○ F (90) 238-239 K 1
Montrevel-en-Bresse ○ F (01) 238-239 G 4
Montrichard ○ F (41) 232-233 E 5
Montricoux ○ F (82) 240-241 H 2
Montrieux-le-Jeune, Chartreuse du • F (83) 242-243 H 5
Montrieux-le-Vieux, Chartreuse du • F (83) 242-243 H 5
Montrond-les-Bains ○ F (42) 238-239 E 5
Montrose ○ CDN 176-177 M 7
Montrose ○ GB 26-27 F 3
Montrose ○ USA (AR) 188-189 M 3
Montrose ○ USA (CO) 186-187 D 6
Montrose ○ USA (PA) 190-191 L 5
Montrouis ○ RH 198-199 J 5
Montrozier ○ F (12) 240-241 K 2
Montsabert • F (49) 230-231 L 5
Mont-Saint-Aignan ○ F (76) 228-229 G 5
Mont-Saint-Jean ○ F (21) 238-239 E 2
Mont-Saint-Michel, Baie du ≈ F 230-231 H 2
Mont-Saint-Michel, le ○••• F (50) 230-231 H 2
Mont-Saint-Vincent ○ F (71) 238-239 E 3
Montsalvy ○ F (15) 236-237 L 6
Mont Sangbé, Parc National du ⊥ CI 138-139 G 5
Montsauche-les-Settons ○ F (58) 238-239 E 2
Montsec, Butte de • F 234-235 H 4
Montségur ○ F (09) 240-241 H 5
Montségur-sur-Lauzon ○ F (26) 242-243 F 3
Mont Selinda ○ ZW 154-155 G 5
Montserrat = Montserrat □ GB 200 D 3
Montserrat Island ⌒ GB 200 D 3
Montsinéry ○ F (973) 245 I c 2
Mont Sion, Col de ▲ F (74) 238-239 J 4
Monts Métalliques = Erzgebirge ▲ D 28-29 M 3
Montsoreau ○ F (49) 230-231 M 5
Montsoult ○ F (95) 228-229 J 5
Monts-sur-Guesnes ○ F (86) 236-237 F 2
Montsûrs ○ F (53) 230-231 K 3
Montsurvent ○ F (50) 228-229 B 5
Monturaqui ○ RCH 220-221 C 3
Mont Valérien ○ F (973) 245 I b 2
Montville ○ F (76) 228-229 G 4
Monument, The ○ AUS 114-115 E 1
Monument Hill State Historic Site ∴ USA 188-189 J 5
Monument Leclerc • F (50) 228-229 B 5
Monument Pass ▲ USA 188-189 B 1
Monument Rocks ∴ USA 186-187 G 6
Monument Valley Navajo Tribal Park ⊥• USA 188-189 B 2
Monywa ○ MYA 78-79 J 4
Monza ○• I 36-37 B 2
Monza ○ VRC 80-81 J 4
Monze ○ F (11) 240-241 J 4
Monze ○ Z 154-155 D 3
Monzón ○• E 34-35 H 4
Monzon ○ PE 208-209 D 6
Mooat, Danau ⊖ RI 100-101 J 3
Moodiarrup ○ AUS 112-113 D 6
Moody ○ USA 188-189 J 4
Mooirivier ~ ZA 156-157 K 4
Mooirivier ~ ZA 156-157 H 3
Mooketsi ○ ZA 154-155 F 6
Mooki River ~ AUS 114-115 L 6
Moola, Rio ~ MOC 150-151 H 6
Mooloo Downs ○ AUS 112-113 D 2
Mooloogool ○ AUS 112-113 E 3
Mooloolo Out Station ○ AUS 108-109 K 4
Moomba ○ AUS 114-115 F 4
Moomin Creek ~ AUS 114-115 K 5
Moonan Flat ○ AUS 114-115 L 6
Moonaree ○ AUS 114-115 C 6
Moonbi Range ▲ AUS 114-115 L 6
Moonda Lake ⊖ AUS 114-115 F 3
Moondarra, Lake ⊖ AUS 110-111 E 7
Moonie ○ AUS 114-115 L 4
Moonie Highway II AUS 114-115 L 4
Moonie River ~ AUS 114-115 K 4
Moonie River ~ AUS 114-115 K 5
Moonlight Head ▲ AUS 116-117 G 5
Moonta Bay ○ AUS 116-117 D 3
Moonya ○ AUS 114-115 H 2
Moor, Kepulauan ⌒ RI 102-103 H 3
Moora ○ AUS 112-113 D 5
Mooraberree ○ AUS 114-115 F 3
Moorarie ○ AUS 112-113 D 2
Moorcroft ○ USA 186-187 E 3
Moordkuil ○ ZA 156-157 D 6
Moore ○ USA (MT) 186-187 C 2
Moore ○ USA (TX) 188-189 H 5
Moore, Lake ⊖ AUS 112-113 D 4
Moore, Mount ▲ AUS 112-113 G 2
Moorea, Île ⌒ F (987) 247 V a 2
Moore Bay ≈ 168-169 N 2
Moore Home State Memorial ∴• USA 190-191 D 6
Moore Park ○ AUS 114-115 M 3
Moore River ~ AUS 112-113 C 5
Moore River National Park ⊥ AUS 112-113 C 5
Moores Creek National Battlefield ∴• USA 192-193 J 2
Moore's Island ⌒ BS 198-199 G 1
Mooresville ○ USA 192-193 H 2
Moorhead ○ USA 186-187 J 2
Moorrivier ○ ZA 156-157 K 4
Moornanyah Lake ⊖ AUS 116-117 G 2
Moosch ○ F (68) 234-235 L 6
Moose ○ USA 184-185 J 4
Moosehead Lake ⊖ USA 190-191 O 3
Moose Island ⌒ CDN 178-179 H 5
Moose Jaw ○ CDN 178-179 D 5
Moose Jaw Creek ~ CDN 178-179 D 5
Moose Lake ○ CDN (MAN) 178-179 F 4
Moose Lake ⊖ CDN (MAN) 178-179 G 4
Mooselookmeguntic Lake ⊖ USA 190-191 N 3
Moose Mount ▲ CDN 178-179 E 6
Moose Mountain Creek ~ CDN 178-179 E 5
Moose Mount Provincial Park ⊥ CDN 178-179 E 6
Moose Pass ○ USA 164-165 Q 6
Moose River ○ CDN (ONT) 178-179 Q 5
Moose River ~ CDN 178-179 Q 5
Moosomin ○ CDN 178-179 F 5
Moosonee ○ CDN 178-179 Q 5
Mootwingee Historic Site • AUS 114-115 G 6
Mootwingee National Park ⊥ AUS 114-115 G 6
Mopádu ○ IND 76-77 H 3
Mopán, Río ~ GCA 196-197 K 3
Mopane ○ ZA 154-155 E 6
Mopeia ○ MOC 154-155 H 3
Mopipi ○ RB 154-155 C 5
Mopti □ RMM 138-139 H 2
Mopti ☆ RMM (MOP) 138-139 H 2
Moqām, Bandar-e ○ IR 70-71 E 5
Moquegua ☆ PE 214-215 B 5
Moquegua, Río ~ PE 214-215 B 5
Moquehuá ○ RA 222-223 K 3
Mór ○ H 28-29 P 5
Mora ○ CAM 142-143 B 3
Mora ○ E 34-35 F 5
Mora ○ P 34-35 C 5
Mora ○ S 22-23 G 6
Mora ○ USA (MN) 186-187 L 3
Mora ○ USA (NM) 188-189 E 2
Mora, La ○ RA 222-223 F 3
Morab ○ IND 76-77 F 3
Morača ~ YU 36-37 G 3
Moradabad ○ IND 74-75 G 5
Morada Nova ○ BR 212-213 J 4
Morada Nova de Minas ○ BR 216-217 H 5
Morado, Quebrada del ~ RCH 220-221 B 4
Morado I, Cerro ▲ RA 220-221 E 2
Moraes ○ BR 218-219 D 8
Morafano ○ RM 158-159 E 6
Morafenobe ○ RM 158-159 D 6
Morag ○ PL 28-29 P 2
Morai ○ RI 102-103 H 5
Moraine State Park ⊥ USA 190-191 H 5
Morais de Almeida ○ BR 210-211 K 6
Morajuana ○ GUY 206-207 E 1
Moralana Creek ~ AUS 114-115 E 6
Moraleja ○ E 34-35 D 4
Moramanga ○ RM 158-159 F 7
Moran ○ USA (KS) 186-187 K 7
Moran ○ USA (WY) 184-185 J 4
Morán, Laguna ⊖ RA 222-223 K 2
Moranbah ○ AUS 114-115 K 2
Moran River ~ AUS 108-109 G 3
Morant Bay ○ JA 198-199 G 6
Morant Cays ⌒ JA 198-199 H 6
Morappur ○ IND 76-77 H 4
Morarano ○ RM 158-159 E 8
Morarano-Chrome ○ RM 158-159 F 6
Mora River ~ USA 188-189 E 2
Moratalla ○ E 34-35 G 5
Moratuwa ○ CL 76-77 H 7
Moraújo ○ BR 212-213 H 3
Morava ⊥ CZ 28-29 O 4
Morava ~ CZ 28-29 O 4
Morávia, Planalto de ▲ MOC 154-155 F 2
Morawa ○ AUS 112-113 C 4
Moray Downs ○ AUS 114-115 J 1
Moray Firth ≈ 26-27 E 3
Morazán ○ HN 196-197 L 4
Morbanipari, Mount ▲ PNG 119 B 3
Morbi ○ IND 74-75 C 8
Morbihan □ F (56) 230-231 F 4
Morbihan, Golf du ≈ F (56) 230-231 F 4
Morbihan, Golfe du ≈ 246 III d 3
Mörbylånga ☆ S 22-23 H 8
Morcego ○ BR 210-211 F 4
Morcenx ○ F (40) 240-241 C 2
Mordelles ○ F (35) 230-231 H 3
Morden ○ CDN 178-179 G 6
Mordovie = Mordovskaja Respublika □ RUS 30-31 S 4
Mordovo ○ RUS 30-31 R 5
Mordovskaja Respublika = Mordovie □ RUS 30-31 S 4
Mordovskij zapovednik ⊥ RUS 30-31 S 4
Mordvinof, Cape ▲ USA 166-167 O 5
Mordvinova, zaliv ≈ RUS 58-59 K 5
Mordyjaha ~ RUS 44-45 N 6
Mor'e ○ RUS 30-31 M 1
Moréac ○ F (56) 230-231 F 4
Moreau River ~ USA 186-187 G 3
Morecambe ○ CDN 176-177 P 5
Morecambe ○ GB 26-27 F 4
Moree ○ AUS 114-115 K 5
Morée ○ F (41) 232-233 E 4
Moreh ○ IND 78-79 J 3
Morehead ○ PNG 119 A 5
Morehead ○ USA 190-191 G 6
Morehead City ○ USA 192-193 K 2
Morehead River ~ PNG 119 A 5
Moreira, Arroyo ~ RA 220-221 H 6
More-Ju ~ RUS 44-45 H 8
Morela, Ponta ▲ CV 138-139 C 6
Morelia ○ CO 208-209 E 1
Morelia ☆••• MEX 196-197 D 2
Morell ○ CDN 182-183 N 5
Morella ○ AUS 114-115 G 2
Morella ○ E 34-35 G 4
Morelos ○ MEX (COA) 194-195 J 3
Morelos ○ MEX (COA) 194-195 H 3
Morelos ○ YV 204-205 G 3
Morelos □ MEX 196-197 E 2
Morembe ○ RM 158-159 C 8
Moremi Wildlife Reserve ⊥ RB 154-155 B 4
Morena ○ IND 74-75 F 6
Morena, Cachoeira ~ BR 210-211 H 4
Morena, Salto da ~ BR 210-211 H 6
Morena, Sierra ▲ E 34-35 E 5
Morenci ○ USA 188-189 C 3
Morenero ○ YV 204-205 K 3
Moreno ○ BR 212-213 L 6
Moreno ○ RA 222-223 K 3
Moreno, Bahía ≈ 220-221 B 2
Moreno, Sierra de ▲ RCH 220-221 C 1
Moreno Chillanes ○ EC 208-209 C 2
Moresby Island ⌒ CDN 176-177 E 5
Morestel ○ F (38) 238-239 G 5
Moreton, Cape ▲ AUS 114-115 M 4
Moreton Bay ≈ 114-115 M 4
Moreton Island ⌒ AUS 114-115 M 4
Moreton Post Office ○ AUS 110-111 G 3
Moret-sur-Loing ○ F (77) 232-233 H 3
Moreuil ○ F (80) 228-229 J 4
Morez ○ F (39) 238-239 J 3
Morfou ○ TR 64-65 E 5
Morġāb ○ AFG 72-73 H 7
Morġāb, Daryā-ye ~ AFG 72-73 H 7
Morġābrūd, Daryā-ye ~ AFG 72-73 J 7
Morgan ○ AUS 116-117 E 3
Morgana, proliv ≈ 20-21 h 2
Morgan City ○ USA 188-189 M 5
Morgan Creek ~ USA 186-187 D 1
Morganfield ○ USA 190-191 E 7
Morgan Hill ○ USA 184-185 D 7
Morgan's Corner ○ USA 192-193 K 1
Morganton ○ USA 192-193 H 2
Morgantown ○ USA (KY) 190-191 E 7
Morgantown ○ USA (WV) 190-191 J 6
Morgan Vale ○ AUS 116-117 F 2
Morgat ○ F (29) 230-231 C 3
Morgenzon ○ ZA 156-157 J 3
Morgim ○ IND 76-77 E 3
Morgins, Pas de ▲ F 238-239 K 4
Morgny ○ F (27) 228-229 H 5
Morhaja ~ RUS 54-55 D 4
Morhiban, Lac de ⊖ CDN 182-183 N 2
Mori ○ J 88-89 J 3
Mori ○ VRC 82-83 K 4
Moriah, Mount ▲ USA 184-185 G 6
Moriani-Plage ○ F (2B) 244 E 4
Moriarty ○ USA 188-189 D 2
Moribaya ○ RG 138-139 F 5
Morice Lake ⊖ CDN 176-177 G 4
Morice River ~ CDN 176-177 G 4
Moricetown ○ CDN 176-177 G 4
Morichal Largo, Río ~ YV 204-205 K 3
Morichal Viejo ○ CO 204-205 F 6
Morienval ○ F (60) 228-229 K 5
Morigbadougou ○ RG 138-139 F 5
Morigim ○ IND 76-77 E 3
Morigio Island ⌒ PNG 119 B 4
Morija ○ LS 156-157 H 4
Morijo ○ EAK 148-149 E 4
Moriki ○ WAN 134-135 C 6
Morin Dawa ○ VRC 86-87 E 3
Morinville ○ CDN 176-177 O 5
Morioka ☆• J 88-89 J 5
Moriré ○ MOC 154-155 H 3
Mori River ~ PNG 119 E 5
Moristyj, ostrov ⌒ RUS 62-63 G 5
Morita, La ○ MEX 194-195 G 3
Moriyama ○ J 88-89 F 7
Morjakovskij Zaton ○ RUS 50-51 S 6
Morjen ~ PK 70-71 K 4
Morki ☆ RUS 32-33 F 5
Morkoka ~ RUS 52-53 G 4
Morkóka ~ RUS 54-55 G 3
Morlaàs ○ F (64) 240-241 D 4
Morlac ○ F (18) 236-237 K 2
Morlaix ○•• F (29) 230-231 D 2
Morlanne ○ F (64) 240-241 C 3
Morlet ○ F (71) 238-239 F 3
Morley ○ CDN 176-177 N 6
Morley ○ F (55) 234-235 G 4
Mormanno ○ I 36-37 E 5
Mormant ○ F (77) 232-233 H 2
Mormoiron ○ F (84) 242-243 G 3
Mormon Print Shop ∴ USA 190-191 F 3
Mornac-sur-Seudre ○ F (17) 236-237 C 4
Mornant ○ F (69) 238-239 F 5
Mornas ○ F (84) 242-243 F 3
Mornay-Berry ○ F (18) 232-233 H 5
Mornay-sur-Allier ○ F (18) 236-237 M 2
Morne-à-l'Eau ○ F (971) 245 IV b 2
Morne-des-Esses ○ F (972) 245 V a 2
Morne Rouge, Le ○ F (972) 245 V a 2
Morne Seychellois National Park ⊥ SY 160 D 2
Morne-Vert, Le ○ F (972) 245 V a 2
Morney ○ AUS 114-115 F 3
Mornington, Isla ⌒ RCH 224 C 4
Mornington, Plaine Abyssale de = Mornington Abyssal Plain ≃ 13 C 10
Mornington Abyssal Plain = Mornington, Plaine Abyssale de ≃ 13 C 10
Mornington Island ⌒ AUS 110-111 E 5
Mornington Island Aboriginal Land Trust X AUS 110-111 E 5
Moro ○ PE 208-209 C 6
Moro ○ PK 74-75 B 6
Moro ○ USA 184-185 D 3
Moro, Arroyo el ~ RA 222-223 K 5
Moroak ○ AUS 110-111 B 4
Morobe ○ PNG 119 D 4
Morobo ○ SUD 148-149 C 2
Morococala, Cerro ▲ BOL 214-215 D 6
Morodougou ○ RN 138-139 F 4
Morogari < SP 144-145 F 6
Morogoro □ EAT 150-151 J 5
Morogoro ☆ EAT 150-151 J 4
Moro Gulf ≈ 96-97 E 9
Moroiemu ○ RI 102-103 K 5
Morokweng ○ ZA 156-157 F 3
Moromaho, Pulau ⌒ RI 102-103 C 5
Morón ○ C 198-199 F 3
Mörön ☆ MAU 84-85 E 3
Morón ○ RA 222-223 K 3
Morón ○ YV 204-205 G 2
Moron, Lac de ⊖ F 238-239 K 2
Morona, Río ~ PE 208-209 D 4
Morondava ○ RM 158-159 D 8
Morón de la Frontera ○ E 34-35 E 6
Morondo ○ CI 138-139 G 5
Moroni ☆• COM 158-159 C 3
Moronou ○ CI 138-139 H 6
Morosaglia ○ F (2B) 244 D 4
Morošečnaja ~ RUS 56-57 R 5
Morotai, Pulau ⌒ RI 100-101 L 2
Morotai, Selat ≈ 100-101 K 2
Moroto ☆ EAU 148-149 E 2
Moroto, Mount ▲ EAU 148-149 E 2
Morouba ○ RCA 142-143 E 5
Morowali ○ RI 100-101 G 4
Morowali Reserve ⊥• RI 100-101 G 4
Morozova, mys ▲ RUS 44-45 f 2
Morozovsk ○ RUS 38-39 M 3
Morpará ○ BR 212-213 G 7
Morpeth ○ GB 26-27 G 4
Morrasale ○ RUS 44-45 M 7
Morre ○ F (25) 238-239 J 2
Morreesburg ○ ZA 156-157 D 6
Morretes ○ BR 218-219 F 5
Morrilton ○ USA 188-189 L 2
Morrin ○ CDN 176-177 O 6
Morrinhos ○ BR (CEA) 212-213 H 3
Morrinhos ○ BR (GOI) 216-217 F 4
Morrinhos ○ BR (MAR) 212-213 E 6
Morrinhos, Cachoeira ~ BR 210-211 E 7
Morrinsville ○ NZ 118 E 2
Morrión, El ○ MEX 194-195 G 3
Morris ○ CDN 178-179 H 6
Morris ○ USA (IL) 190-191 D 5
Morris ○ USA (MN) 186-187 K 3
Morris, Mount ○ AUS 114-115 H 3
Morrisburg ○ CDN 182-183 G 6
Morris Jesup, Kap ▲ GRØ 170-171 j 2
Morris Jesup Gletscher ⊂ GRØ 170-171 P 5
Morrison Bay ≈ 94-95 E 5
Morristown ○ USA (SD) 186-187 G 3
Morristown ○ USA (TN) 192-193 G 1
Morrisville ○ USA 190-191 M 3
Morro ○ EC 208-209 B 3
Morro, Canal de ≈ 208-209 B 3
Morro, El ⊥ USA 200 B 2
Morro, Punta ▲ MEX 196-197 J 2
Morro, Punta ▲ RCH 220-221 B 4
Morro, Sierra del ▲ RA 222-223 G 2
Morro Agudo ○ BR 216-217 F 6
Morro Bay ○ USA 184-185 D 8
Morro Chico ○ RCH 224 E 6
Morrocoy, Parque Nacional ⊥ YV 204-205 G 2
Morro de Coco ○ BR 216-217 K 6
Morro do Alvarenga ○ BR 210-211 D 6
Morro do Pilar ○ BR 216-217 J 5
Morropón ○ PE 208-209 C 4
Morro River ~ WAL 138-139 E 6
Morros ○ BR 212-213 F 3
Morrosquillo, Golfo de ≈ 204-205 D 3
Morrumbala ○ MOC 154-155 H 3
Morrumbene ○ MOC 154-155 H 6
Morsains ○ F (51) 232-233 K 2
Moršank ○ RUS 30-31 R 5
Morsi ○ IND 74-75 G 9
Morskoj, aral ⌒ KA 62-63 J 5
Morskoj, ostrov ⌒ KA 62-63 J 5
Morskoj Birjučok, ostrov ⌒ RUS 62-63 G 5
Morsø ○ DK 22-23 D 8
Morstone ○ AUS 110-111 E 6
Mørsvikbotn ○ N 22-23 G 3
Mort, Chutes de la ~ RM 158-159 F 7
Mortagne ~ F 234-235 J 4
Mortagne-au-Perche ○ F (61) 232-233 D 2
Mortagne-sur-Gironde ○ F (17) 236-237 D 5
Mortagne-sur-Sèvre ○ F (85) 236-237 D 2
Mortain ○ F (50) 230-231 K 2
Mortandade, Cachoeira ~ BR 212-213 E 5
Mortara ○ I 36-37 B 2
Morte, La ○ F (38) 242-243 H 1
Morteau ○ F (25) 238-239 K 2
Mortemart ○ F (87) 236-237 G 3
Mortemer ○ F (76) 228-229 H 4
Mortemer, Abbaye de • F (27) 228-229 G 5
Morteros ○ RA 220-221 F 6
Mortes, Rio das ~ BR 216-217 E 3
Mortesoro ○ SUD 144-145 B 3
Mort-Homme, le • F (55) 234-235 G 3
Mortiercrolles • F (53) 230-231 K 4
Mortimers ○• BS 198-199 H 3
Mortlake ○ AUS 116-117 G 5
Morton ○ USA (MN) 186-187 K 3
Morton ○ USA (WA) 184-185 C 2
Morton National Park ⊥ AUS 116-117 L 3
Mortrée ○ F (61) 230-231 M 2
Mortreux • F (53) 230-231 K 4
Mort River ~ AUS 114-115 F 1
Morts, Tour de • F (55) 234-235 G 3
Mortugaba ○ BR 216-217 J 3
Moruga ○ TT 204-205 L 2
Moruita ○ EAU 148-149 E 3
Morundah ○ AUS 116-117 J 3
Moruppatti ○ IND 76-77 H 5
Moruya ○ AUS 116-117 L 3
Morvan ▲ F (58) 232-233 K 5
Morvan, Parc Naturel Régional du ⊥ F (58) 232-233 K 5
Morven ○ AUS 114-115 J 4
Morvongole ▲ EAU 148-149 E 2
Morwell ○ AUS 116-117 J 5
Morzhovoi Bay ≈ 166-167 P 5
Morževec, ostrov ⌒ RUS 24-25 R 3
Mosa ○ PNG 119 F 3
Moša ~ RUS 24-25 Q 5
Mosby ○ USA 186-187 D 2
Mosca ○ USA 188-189 E 1
Moscas, Las ○ RA 222-223 K 2
Mosconi ○ RA 222-223 J 3
Moscou = Moskva ★••• RUS 30-31 P 4
Moscow ○ USA (ID) 184-185 F 2
Moscow ○ USA (KS) 188-189 G 1
Mosel ~ D 28-29 J 4
Moselebe ~ RB 156-157 F 2
Moselle □ F (57) 234-235 J 4
Moselle ~ F 234-235 J 3
Moselle ~ F 234-235 K 5
Moselotte ~ F 234-235 K 6
Mošens'ka dubrava • UA 38-39 G 3
Mosers River ○ CDN 182-183 N 6
Moses Lake ○• USA 184-185 E 2
Moses Point ▲ USA 164-165 J 4
Mosetse ○ RB 154-155 D 5
Mošġān ○ IR 70-71 F 4
Mosgiel ○ NZ 118 C 6
Moshesh's Ford ○ ZA 156-157 H 5
Moshi ☆ EAT 148-149 F 5
Moshi, River ~ WAN 140-141 F 4
Moshi Rest Camp ○ Z 154-155 D 2
Mosi ○ WAN 140-141 E 4
Mosigo ○ PNG 120 I b 2
Mosi-Oa-Tunya National Park ⊥ Z 154-155 C 3
Mosite ○ ZRE 146-147 J 3
Mosjøen ○ N 22-23 F 4
Moskalenki ☆ RUS 60-61 G 1
Moskal'vo ○ RUS 58-59 K 2
Moskenesøya ⌒ N 22-23 F 3
Moskosel ○ S 22-23 J 4
Moškovo ☆ RUS 50-51 R 7
Moskovskij ○ TJ 72-73 L 6
Moskva ★••• RUS (Mos) 30-31 P 4
Moskva ~ RUS 30-31 O 4
Mosle Creek ~ CDN 176-177 H 6
Moso, Île = Verao ⌒ VAN 120 II b 3
Mošok ○ RUS 30-31 R 4
Mosomane ○ RB 156-157 H 2
Mosonmagyaróvár ○ H 28-29 O 5
Mosopa ○ RB 156-157 G 2
Mosque ○• RI 100-101 G 6
Mosque (Gantarang) • RI 104 E 6
Mosqueiro ○ BR (P) 206-207 K 6
Mosqueiro ○ BR (SER) 212-213 K 7
Mosquera ○ CO 204-205 B 6
Mosquero ○ USA 188-189 F 2
Mosquitia ⊥ HN 198-199 C 7
Mosquito, Rio ~ PY 220-221 H 2
Mosquito Bay ≈ 180-181 K 4
Mosquito Fork River ~ USA 164-165 T 5
Mosquito Lagoon ≈ 192-193 H 5
Mosquito Lake ⊖ CDN 174-175 S 4
Mosquitos, Costa de ⌣ NIC 196-197 C 5
Mosquitos, Golfo de los ≈ 196-197 D 7
Moss ☆ N 22-23 E 7
Mossaka ○ RCB 146-147 F 4
Mossbank ○ CDN 178-179 D 6
Mossburn ○ NZ 118 B 6
Mosselbaai = Mossel Bay ○ ZA 156-157 F 7
Mossel Bay = Mosselbaai ○ ZA 156-157 F 7
Mossendjo ○ RCB 146-147 D 5
Mosset ○ F (66) 240-241 J 5
Mossgiel ○ AUS 116-117 H 2
Mossman ○ AUS 110-111 H 5
Mossoró ○ BR 212-213 K 4
Mossoró, Rio ~ BR 212-213 K 4
Moss Town ○ BS 198-199 H 2
Mossuril ○ MOC 154-155 L 2
Moss Vale ○ AUS 116-117 L 3
Mossy River ~ CDN 178-179 E 3
Most ○ CZ 28-29 M 3
Mostaganem ☆ DZ 126-127 C 3
Mostar ○• BIH 36-37 F 3
Mostardas ○ BR 218-219 E 8
Mosteiro de Batalha ••• P 34-35 C 5
Mošteni, Trivalea- ○ RO 38-39 D 5
Møstling Tvillingøen, Kap ▲ GRØ 172-173 U 5
Móstoles ○ E 34-35 F 4
Mostovskoj ○ RUS 62-63 D 5
Mosul = Al Mauṣil ☆ IRQ 64-65 K 4
Møsvatnet ⊖ N 22-23 D 7
Mot'a ○ ETH 144-145 C 3
Mota ⌒ VAN 120 II a 1
Motaba ~ RCB 146-147 F 2
Motagua, Río ~ GCA 196-197 K 4
Motaha ○ RI 100-101 H 6
Motala ☆• S 22-23 G 7
Mota Lava ⌒ VAN 120 II a 1
Motengpas ▲ LS 156-157 J 4
Mothe-Achard, la ○ F (85) 236-237 B 2
Motherwell ○ GB 26-27 F 4
Mothe-Saint-Héray, La ○ F (79) 236-237 E 3
Moti, Pulau ⌒ RI 100-101 K 3
Motigu ○ GH 138-139 J 5
Motihari ○ IND 78-79 D 2
Motilla del Palancar ○ E 34-35 G 5
Motiti Island ⌒ NZ 118 F 2
Motley ○ USA 186-187 K 2
Motloutse ~ RB 154-155 E 6
Motloutse Ruins ∴• RB 154-155 E 6
Motobu ○ J 88-89 B 11
Motorčuna ~ RUS 46-47 N 5
Motozintla de Mendoza ○ MEX 196-197 H 4
Motru ○ RO 38-39 C 4
Mott ○ USA 186-187 F 2
Motte, Ancienne Ville de la • F 234-235 H 5
Motte-Chalancon, La ○ F (26) 242-243 G 3
Motte-d'Aigues, La ○ F (84) 242-243 H 4
Motte-d'Aveillans, La ○ F (38) 242-243 H 2
Motte-du-Caire, La ○ F (04) 242-243 J 3
Motte-Glain, Château de la • F (44) 230-231 J 4
Motte-Tilly, Château • F (10) 232-233 J 3
Motueka ○ NZ 118 D 4
Motul ○ MEX 196-197 K 1
Motupe ○ PE 208-209 C 5
Motupena Point ▲ PNG 120 I b 2
Moturiki ⌒ FJI 120 III b 2
Motygino ☆ RUS 52-53 G 6
Motyklej ○ RUS 56-57 N 4
Mou, Mont ▲ F (988) 247 I d 4
Mouali Gbangba ○ RCB 146-147 F 2
Mouat, Cape ▲ CDN 168-169 h 2
Moubolo, Mont ▲ RN 134-135 E 3
Moubotsi ○ RCB 146-147 D 6
Moucha, Ile ⌒ DJI 144-145 F 3
Mouchalagane, Rivière ~ CDN 182-183 K 2
Mouchamps ○ F (85) 236-237 C 2
Mouchan ○• F (32) 240-241 E 3
Mouchard ○ F (39) 238-239 H 3
Mouchchene, Ibel ▲ MA 124-125 H 4
Mouche, Baie de la ≈ 246 III b 4
Mouchoir Passage ≈ 198-199 K 4
Moudjéria ○ RIM 132-133 D 6
Moúdros ○ GR 36-37 K 5
Mouenda ○ G 146-147 C 5
Mougalaba, Réserve de la ⊥ G 146-147 C 5
Mougamou ○ G 146-147 D 4
Mougins ○ F (06) 242-243 K 4
Mougon ○ F (79) 236-237 E 3
Mouguerre ○ F (64) 240-241 B 4
Mouila ☆ G 146-147 C 4
Mouilleron-en-Pareds ○ F (85) 236-237 D 2
Mouilleron-le-Captif ○ F (85) 236-237 C 2
Mouirange, Col de ▲ F (988) 247 I d 4
Moujia ○ RN 134-135 G 5
Mouka ○ RCA 142-143 E 5
Moukoumbi ○ G 146-147 D 4
Moul < RN 134-135 F 5
Moula ~ TCH 142-143 C 4
Moulamein ○ AUS 116-117 H 3
Moulares ○ TN 126-127 G 3
Moulay ○ F (53) 230-231 K 3
Moulay Bouâzza ○ MA 124-125 H 4
Moulay-Bousselham ○ MA 124-125 H 3
Moulay-Idriss ○•• MA 124-125 J 3
Mould Bay ○ CDN 168-169 M 2
Moule, Le ○ F (971) 245 IV b 2
Moulèngui Binza ○ G 146-147 C 5
Moules, Île aux ⌒ F (984) 246 III c 3
Mouliherne ○ F (49) 230-231 M 5
Moulineaux ○ F (76) 228-229 F 5
Moulinet ○ F (06) 242-243 L 4
Moulin-Mage ○ F (81) 240-241 K 3
Moulin-Neuf ○ F (09) 240-241 H 4
Moulins ☆• F (03) 238-239 C 3
Moulins, les ○ F (42) 238-239 D 5
Moulins-Engilbert ○ F (58) 238-239 D 3
Moulins-la-Marche ○ F (61) 230-231 M 2
Mouli Pouli ○ G 146-147 D 4
Moulismes ○ F (86) 236-237 G 3
Moulle ○ F (62) 228-229 J 2
Moulmein = Maulamyaing ○ MYA 94-95 D 2
Moulmein = Maulamyaing ○ MYA 94-95 D 2
Moulmeingyun ○ MYA 94-95 C 2
Mouloud ○ DJI 144-145 F 3
Moulouya, Oued ~ MA 124-125 K 3
Moulton ○ USA 192-193 E 2
Moultrie ○ USA 192-193 G 4
Moultrie, Lake ⊖ USA 192-193 H 3
Moulvi Bazar ○ BD 78-79 G 3
Moulvouday ○ CAM 142-143 B 3
Mouly ○ F (988) 247 I d 2
Mouly, Pointe de ⊥ F (988) 247 I d 2
Mounanko ○ CAM 146-147 B 2
Mound City Group National Monument ∴ USA 190-191 G 6
Moundhill Point ▲ USA 166-167 K 6
Moundou ☆ TCH 142-143 C 4
Moundsville ○ USA 190-191 H 6
Moundville ○ USA 192-193 E 3
Moungoun-dou-sud ○ RCB 146-147 D 5
Moûng Roessei ○ K 94-95 G 4
Mounguel ○ CAM 140-141 K 5
Mountain ○ USA 190-191 D 3
Mountainair ○ USA 188-189 D 2
Mountain City ○ USA (NV) 184-185 G 5
Mountain City ○ USA (TN) 192-193 H 1
Mountain Gate ○ USA 184-185 C 5
Mountain Home ○ USA (AR) 188-189 L 1
Mountain Home ○ USA (ID) 184-185 G 4
Mountain Lake ⊖ CDN 174-175 U 5
Mountain Lodge ○ EAK 148-149 F 4
Mountain Point ○ USA 176-177 E 4
Mountain River ~ CDN 174-175 E 3
Mountain Springs ○ USA 184-185 G 7
Mountain Valley ○ AUS 110-111 B 4
Mountainview ○ USA 192-193 E 8
Mountain Village ○ USA 164-165 J 5
Mount Allan ○ AUS 108-109 L 7
Mount Amhurst ○ AUS 108-109 H 5
Mount Aspiring National Park ⊥ NZ 118 B 6
Mount Augustus ○ AUS 112-113 D 2
Mount Augustus National Park ⊥ AUS 112-113 D 2
Mount Ayliff ○ ZA 156-157 J 5
Mount Barker ○ AUS (SA) 116-117 E 3
Mount Barker ○ AUS (WA) 112-113 D 7
Mount Barnett ○ AUS 108-109 H 4
Mountbatten Indian Reserve X CDN 182-183 C 5
Mount Baw Baw ○• AUS 116-117 J 4
Mount Beauty ○ AUS 116-117 J 4
Mount Brockman ○ AUS 108-109 C 7
Mount Buffalo National Park ⊥ AUS 116-117 J 4
Mount Carleton Provincial Park ⊥ CDN 182-183 L 5
Mount Carmel Junction ○ USA 184-185 H 7
Mount Carroll ○ USA 190-191 D 4
Mount Celia ○ AUS 112-113 G 4
Mount Charleston ○ USA 184-185 G 7
Mount Clemens ○ USA 190-191 G 4
Mount Clere ○ AUS 112-113 D 2
Mount Cook ○ NZ 118 C 5
Mount Cook National Park ⊥••• NZ 118 C 5
Mount Coolon ○ AUS 114-115 J 1
Mount Denison ○ AUS 108-109 L 7
Mount Desert Island ⌒ USA 190-191 O 3
Mount Divide ○ AUS 108-109 E 7
Mount Dora ○ USA 192-193 H 5
Mount Doreen ○ AUS 108-109 K 7
Mount Douglas ○ AUS 114-115 J 1
Mount Eba ○ AUS 114-115 C 6
Mount Ebenezer ○ AUS 112-113 M 2
Mount Eccles National Park ⊥ AUS 116-117 F 5
Mount Edgar ○ AUS 108-109 E 6
Mount Edziza Provincial Park ⊥ CDN 176-177 E 3
Mount Elizabeth ○ AUS 108-109 H 4
Mount Everest ▲ NEP 80-81 F 7
Mount Field National Park ⊥ AUS 116-117 J 7
Mount Fletcher ○ ZA 156-157 J 5
Mount Florance ○ AUS 108-109 C 6
Mount Forest ○ CDN 182-183 D 7
Mount Frere ○ ZA 156-157 J 5
Mount Gambier ○ AUS 116-117 F 4
Mount Garnet ○ AUS 110-111 H 5
Mount Hagen ☆•• PNG 119 C 3
Mount Harris Tine Mine Area ○ AUS 108-109 K 2
Mount Hope ○ AUS 116-117 C 3
Mount House ○ AUS 108-109 G 4
Mount Hutt ○ NZ 118 C 5
Mount Ida ○ AUS 112-113 F 4
Mountin Zebra National Park ⊥ ZA 156-157 G 6
Mount Isa ○•• AUS 110-111 E 7
Mount Jackson ○ AUS 112-113 E 5
Mount Kaichui ▲ SOL 120 I e 3
Mount Kalourat ▲ SOL 120 I e 3
Mount Kaputar National Park ⊥ AUS 114-115 L 6
Mount Keith ○ AUS 112-113 F 3
Mount Larcom ○ AUS 114-115 L 2
Mount Lofty Range ▲ AUS 116-117 E 3
Mount Madden Wheat Bin ○ AUS 112-113 E 6
Mount Magnet ○ AUS 112-113 D 4
Mount Maling ▲ SOL 120 I c 2
Mount Mary ○ AUS 116-117 E 3
Mount Molloy ○ AUS 110-111 H 5
Mount Morgan ○• AUS 114-115 L 2
Mount Mount ○ USA 192-193 H 1
Mount Mulgrave ○ AUS 110-111 G 5
Mount Mulligan ○ AUS 110-111 H 5
Mount Narryer ○ AUS 112-113 C 3
Mountnorris Bay ≈ 108-109 L 1
Mount Padbury ○ AUS 112-113 E 2
Mount Paget ▲ GB 222-223 O 7
Mount Perry ○ AUS 114-115 L 3
Mount Pleasant ○ USA (IA) 190-191 C 5
Mount Pleasant ○ USA (UT) 184-185 J 6
Mount Rainier National Park ⊥ USA 184-185 D 2
Mount Remarkable National Park ⊥ AUS 116-117 D 2
Mount Revelstoke National Park ⊥ CDN 176-177 L 6
Mount Richmond National Park ⊥ AUS 116-117 F 5
Mount Robson Provincial Park ⊥ CDN 176-177 L 5
Mount Rogers National Recreation Area ⊥ USA 190-191 H 7
Mount Rupert ○ ZA 156-157 G 4
Mount Rushmore National Memorial ∴ USA 186-187 F 4
Mount Saint Helens National Volcanic Monument ⊥ USA 184-185 D 2
Mount Sandiman ○ AUS 112-113 C 2
Mount Sanford ○ AUS 108-109 K 4
Mount Sasari ▲ SOL 120 I d 3
Mount Skinner ○ AUS 114-115 C 2
Mount Somers ○ NZ 118 C 5
Mount Strzelecki National Park ⊥ AUS 116-117 K 6
Mount Surprise ○ AUS 110-111 H 6
Mount Swan ○ AUS 114-115 C 2

Mount Trumbull ○ USA 184-185 H 7
Mount Vernon ○ AUS 112-113 E 2
Mount Vernon ○ USA (GA) 192-193 G 3
Mount Vernon ○ USA (OH) 190-191 G 5
Mount Vetters ○ AUS 112-113 F 5
Mount Walker ○ AUS 112-113 E 6
Mount Wedge ○ AUS (NT) 108-109 L 7
Mount Wedge ○ AUS (SA) 116-117 C 2
Mount William National Park ⊥ AUS 116-117 K 6
Mouping ○ VRC 90-91 M 3
Moura ○ AUS 114-115 K 3
Moura ○ BR 206-207 D 6
Moura ○∙∙ P 34-35 D 5
Moura, Cachoeira ~ BR 210-211 H 5
Mourão ○ P 34-35 D 5
Mouray ○ TCH 142-143 E 3
Mourdi, Dépression du ⊥ TCH 134-135 K 3
Mourdiah ○ RMM 138-139 G 2
Moure de la Gardille, le ▲ F (07) 242-243 D 2
Mourens ○ F (33) 240-241 D 1
Mourenx ○ F (64) 240-241 C 4
Mouriès ○ F (13) 242-243 F 4
Mouri Mountains ▲ WAN 140-141 J 4
Mourindi ○ G 146-147 C 5
Mourmansk, Côte de = Murmanskij bereg ~ RUS 24-25 M 2
Mourmansk, Seuil de = Murmanskoye Rise ≃ 6-7 C 1
Mourmelon-le-Grand ○ F (51) 234-235 E 3
Mourmelon-le-Petit ○ F (51) 234-235 E 3
Mouroubra ○ AUS 112-113 D 4
Mouroungoulay ○ TCH 142-143 C 4
Mouscron ○ B 28-29 G 3
Mousgougou ○ TCH 142-143 C 3
Mousôayah ○ RG 138-139 D 5
Moussa, Hassi < DZ 126-127 C 6
Moussac ○ F (30) 242-243 E 3
Moussadey ○ RN 140-141 E 2
Moussafoyo ○ TCH 142-143 D 4
Moussaya ○ RG 138-139 E 4
Moussey ○ F (57) 234-235 K 4
Moussoro ○ TCH 134-135 H 6
Moustéru ○ F (22) 230-231 E 2
Moustey ○ F (40) 240-241 C 2
Moustiers-Sainte-Marie ○ F (04) 242-243 J 4
Moutamba ○ RCB 146-147 D 5
Moutchic, le ○ F (33) 236-237 C 5
Mouthe ○ F (25) 238-239 J 3
Mouth of the Mekong = Cửa Sông Cửu Long ⊥ VN 94-95 J 6
Mouthoumet ○ F (11) 240-241 K 5
Mouths of the Indus ~ PK 70-71 M 6
Moûtiers ○ F (73) 242-243 K 1
Moutiers-les-Mauxfaits ○ F (85) 236-237 C 3
Moutiers-sous-Argenton ○ F (79) 236-237 E 2
Moutiers-sur-le-Lay ○ F (85) 236-237 C 2
Moutong ○ RI 100-101 G 3
Mouton-Rothschild, Château • F (33) 236-237 D 5
Moutouroua ○ CAM 142-143 B 3
Mouvaux ○ F (58) 228-229 L 2
Moux ○ F (11) 240-241 K 4
Moux-en-Morvan ○ F (58) 238-239 E 2
Mouy ○ F (60) 228-229 J 5
Mouydir, Monts du ▲ DZ 126-127 E 8
Mouyonndzi ○ RCB 146-147 D 5
Mouzarak ○ TCH 134-135 G 6
Mouzieys-Teulet ○ F (81) 240-241 J 3
Mouzon ○ F (08) 234-235 G 2
Movila Miresii ○ RO 38-39 E 5
Moville ○ USA 186-187 J 4
Mowanjum ⨯ AUS 108-109 F 4
Mowasi ○ GUY 206-207 E 3
Moweaqua ○ USA 190-191 D 6
Mowewe ○ RI 100-101 G 5
Moxey Town ○ BS 198-199 G 2
Moxico ▫ ANG 152-153 E 6
Moxotó, Rio ~ BR 212-213 K 6
Moyagee Gemstone Deposit • AUS 112-113 D 3
Moyahua ○ MEX 194-195 H 7
Moyale ○ EAK 148-149 G 2
Moyalé ○ ETH 144-145 D 7
Moyamba ○ WAL 138-139 D 5
Moyaux ○ F (14) 228-229 E 5
Moy-de-l'Aisne ○ F (02) 228-229 L 4
Moyen Atlas ▲ MA 124-125 H 4
Moyen-Chari ▫ TCH 142-143 C 4
Moyeni ○ LS 156-157 H 5
Moyenmoutier ○ F (88) 234-235 K 5
Moyenne Sido ○ RCA 142-143 D 4
Moyenvic ○ F (57) 234-235 K 4
Moyeuvre-Grande ○ F (57) 234-235 J 3
Moyie ○ CDN 176-177 N 7
Moyie Springs ○ USA 184-185 F 1
Moyne, Lac le ○ CDN 180-181 P 6
Moyo ○ EAU 148-149 C 2
Moyo ~ RI 104 C 7
Moyo, Pulau ⌒ RI 104 C 7
Moyobamba ☆ PE 208-209 D 5
Moyogalpa ○ NIC 196-197 B 6
Moyo Pulau Reserve ⊥• RI 104 C 7
Moyowosi ~ EAT 148-149 C 5
Moyrazès ○ F (12) 240-241 J 2
Møysalen ▲ N 22-23 G 2
Moyto ○ TCH 134-135 H 6
Moyu ○ VRC 80-81 B 2
Mozac ○ F (63) 236-237 M 4
Mozaffarābād-e Masileh ○ IR 70-71 D 1
Možaisk ☆∙∙ RUS 30-31 P 4
Mozambique, Bassin du = Mozambique Basin ≃ 5 G 8
Mozambique, Canal du = Mozambique Channel ≈ 5 H 7
Mozambique = Moçambique ■ MOC 154-155 G 6
Mozambique, Plateau du = Mozambique Plateau ≃ 5 G 9
Mozambique, Plateau du = Natal Ridge ≃ 156-157 M 6
Mozambique Basin = Mozambique, Bassin du ≃ 5 G 8
Mozambique Channel = Mozambique, Canal du ≈ 5 H 7
Mozambique Plateau = Mozambique, Plateau du ≃ 5 G 9
Mozdok ○ RUS 62-63 F 6
Mozdūrān ○ IR 72-73 G 6
Možga ☆ RUS 32-33 H 5
Mozyr' = Mazyr ○ BY 30-31 L 5
Mpaem ○ GH 138-139 K 6
Mpaka Station ○ SD 156-157 K 3
Mpala ○ ZRE 150-151 E 4
Mpama ~ RCB 146-147 E 5
Mpana ○ GH 138-139 K 5
Mpanda ○ EAT 150-151 F 4
Mpandamatenga ○ RB 154-155 C 4
Mpanga ○ EAT 150-151 K 4
Mpase ○ ZRE 146-147 H 4
Mpataba ○ GH 138-139 J 7
Mpatora ○ EAT 150-151 K 5
Mpem ~ CAM 140-141 J 6
Mpepayi ○ EAT 150-151 H 6
Mpessoba ○ RMM 138-139 H 3
Mphaki ○ LS 156-157 J 5
Mphoengs ○ ZW 154-155 D 5
Mpiéla ○ RMM 138-139 G 3
Mpigi ○ EAU 148-149 D 3
Mpika ○ Z 150-151 F 6
Mpitimbi ○ EAT 150-151 H 6
Mpoke ~ ZRE 146-147 G 6
Mpoko ~ RCA 142-143 D 6
Mpoko ○ ZRE 146-147 G 5
Mponde ~ EAT 148-149 E 6
Mponela ○ MW 154-155 G 1
Mpongwe ○ Z 154-155 E 1
Mporokoso ○ Z 150-151 F 5
Mpoukou ~ RCB 146-147 D 5
Mpoumé, Chute ~• CAM 146-147 C 2
Mpouop ~ CAM 146-147 D 2
Mpouya ○ RCB 146-147 F 5
Mpraeso ○ GH 138-139 K 6
Mpui ○ EAT 150-151 F 5
Mpulungu ○ Z 150-151 F 5
Mpumalanga ○ ZA 156-157 K 4
Mpume ○ ZRE 146-147 G 6
M'Pupa, Rápidos ~ ANG 152-153 F 8
Mpwapwa ○ EAT 150-151 J 4
Mrakovo ☆ RUS 32-33 K 7
Mrara ○ DZ 126-127 E 4
Mrassu ~ RUS 60-61 Q 2
Mrčajevci ○ YU 36-37 H 3
Mrezzig < RMM 132-133 K 5
M'saken ○ TN 126-127 H 3
Msak Millet ▲ LAR 128-129 D 5
Msandile ~ Z 154-155 G 1
Msangasi ~ EAT 148-149 G 6
Msanzara ~ Z 154-155 F 1
Msata ○ EAT 150-151 K 4
Msembe ○ EAT 150-151 H 4
M'Sila ☆ DZ 126-127 E 3
Msima ~ EAT 150-151 F 4
Mšinskaja ○ RUS 30-31 L 2
Msoro ○ Z 154-155 F 1
Msta ~ RUS 30-31 O 3
Msuna ○ ZW 154-155 D 4
Mszczonów ○ PL 28-29 Q 3
Mtakuja ○ EAT 150-151 F 4
Mtama ○ EAT 150-151 K 6
Mtambo ~ EAT 150-151 F 4
Mtandikeni ○ EAT 148-149 G 6
Mtangano Island ⌒ EAT 148-149 D 5
Mtarazi Falls ~ ZW 154-155 G 4
Mtera Dam < EAT 150-151 H 4
Mtina ○ EAT 150-151 J 6
Mtito Andei ○ EAK 148-149 G 5
Mto Wa Mbu ○ EAT 148-149 E 5
Mtsahara ○ F (985) 246 I b 2
Mtsamboro ○ F (985) 246 I b 2
Mtsamboro, Chissioua ⌒ F (985) 246 I b 2
Mtsamboro, Passe ≈ 246 I b 2
Mtsangamouji ○ F (985) 246 I b 2
Mtsapéré, Mima ▲ F (985) 246 I b 2
Mtubatuba ○ ZA 156-157 L 4
Mtwara ▫ EAT 150-151 K 6
Mtwara ☆ EAT (MTW) 150-151 L 6
Mu ○ F (988) 247 I e 3
Muadiala ○ ZRE 152-153 F 3
Muaguide ○ MOC 150-151 L 7
Mualádzi ○ MOC 154-155 G 2
Mualama ○ MOC 154-155 K 3
Muanā ○ BR 206-207 K 6
Muanda ○ ZRE 146-147 D 6
Muangai ○ ANG 152-153 E 6
Muang Gnômmarat ○ LAO 94-95 H 2
Muang Hiam ○ LAO 92-93 C 6
Muang Hôngsa ○ LAO 92-93 B 7
Muang Houn ○ LAO 92-93 B 6
Muang Huang ○ LAO 92-93 C 7
Muang Khammouan ○ LAO 94-95 H 2
Muang Không ○ LAO 94-95 H 3
Muang Khôngxédôn ○ LAO 94-95 H 3
Muang Khoua ○ LAO 92-93 C 6
Muang May ○ LAO 94-95 J 3
Muang Namo ○ LAO 92-93 B 6
Muang Nan ○ LAO 92-93 C 7
Muang Ou Tai ○ LAO 92-93 B 5
Muang Pa ○ LAO 92-93 B 7
Muang Pakbèng ○ LAO 92-93 B 7
Muang Pak-Cay ○ LAO 92-93 B 7
Muang Pakxan ○ LAO 92-93 C 7
Muang Phalan ○ LAO 94-95 H 2
Muang Phin ○ LAO 94-95 J 2
Muang Phôn -Hông ○ LAO 92-93 C 7
Muang Samsip ○ THA 94-95 H 3
Muang Souy ○ LAO 92-93 C 7
Muang Thai = ThaiLANDE ■ THA 94-95 E 2
Muang Xaigna-bouri ○ LAO 92-93 B 7
Muang Xay ○ LAO 92-93 B 6
Muang Xépôn ○ LAO 94-95 J 2
Muanza ○ MOC 154-155 H 4
Muanzanza ○ ZRE 152-153 F 3
Muar ○• MAL 98-99 E 3
Muara ○ BRU 100-101 D 1
Muara ○ RI 98-99 D 5
Muaraaman ○ RI 98-99 E 6
Muaraatap ○ RI 100-101 E 3
Muarabeliti ○ RI 98-99 E 6
Muarabengkal ○ RI 100-101 E 3
Muarabinuangeun ○ RI 104 A 3
Muarabulian ○ RI 98-99 E 5
Muarabungo ○ RI 98-99 E 5
Muaradua ○ RI 98-99 F 7
Muaraenim ○ RI 98-99 E 6
Muarahalung ○ RI 100-101 D 5
Muarajawa ○ RI 100-101 E 4
Muara Koman ○ RI 100-101 D 4
Muaranayan ○ RI 100-101 E 4
Muarapayang ○ RI 100-101 D 4
Muararupit ○ RI 98-99 E 6
Muarasiberut ○ RI 98-99 C 5
Muarasimatalu ○ RI 98-99 D 6
Muarasoma ○ RI 98-99 C 4
Muaratalang ○ RI 98-99 E 6
Muaratebo ○ RI 98-99 E 5
Muaratembesi ○ RI 98-99 E 5
Muarateweh ○ RI 100-101 D 4
Muara Tuang ○ MAL 98-99 J 4
Muarawahau ○ RI 100-101 E 3
Muari, Pulau ⌒ RI 100-101 K 4
Muāri, Rās ▲ PK 70-71 M 6
Muaro Takus Ruins • RI 98-99 D 4
Muatua ○ MOC 154-155 K 2
Mubambe ○ ZRE 150-151 D 6
Mubārak, Ğabal ▲ JOR 66-67 D 2
Mubarek ○ US 72-73 J 5
Mubarraz ○ KSA 66-67 L 5
Mubayira ○ ZW 154-155 F 4
Mubende ○ EAU 148-149 C 3
Mubi ○ WAN 140-141 K 3
Mubo ○ VRC 90-91 E 3
Mubrani ○ RI 102-103 G 2
Mucajá ○ BR 206-207 D 4
Mucajaí ○ BR 206-207 D 4
Mucajaí, Reserva Biológica de ⊥ BR 204-205 K 6
Mucajaí, Rio ~ BR 206-207 D 4
Mucajaí, Serra ▲ BR 204-205 K 6
Mucalic, Rivière ~ CDN 180-181 Q 5
Mucanha ~ MOC 154-155 F 2
Mucari ○ ANG 152-153 D 4
Muccan ○ AUS 108-109 E 7
Muchea ○ AUS 112-113 C 5
Muchena ○ MOC 154-155 G 2
Muchinga Escarpment ⊥ Z 154-155 E 2
Muchinga Mountains ▲ Z 150-151 F 7
Muchinka ○ Z 150-151 F 7
Muchuan ○ VRC 92-93 C 2
Muchuchu Ruins ∴• ZW 154-155 F 4
Mucianyu • VRC 90-91 K 1
Muckadilla ○ AUS 114-115 K 4
Muckaty ○ AUS 110-111 B 6
Mučnoj, poluostrov ~ RUS 44-45 E 6
Muco, Río ~ CO 204-205 F 5
Mucojo ○ MOC 150-151 L 7
Muconda ○ ANG 152-153 F 5
Mucondo ○ ANG 152-153 C 4
Mucope ○ ANG 152-153 C 8
Mucubela ○ MOC 154-155 J 3
Mucucuaú, Rio ~ BR 206-207 D 5
Mucuim, Rio ~ BR 210-211 E 6
Mucujê ○ BR 216-217 K 2
Muçum ○ BR 218-219 E 7
Mucumbura ○ MOC 154-155 F 3
Mucumbura ○ ZW 154-155 F 3
Mucupia ○ MOC 154-155 J 4
Mucur ☆ TR 64-65 F 3
Múcura ○ YV 204-205 J 3
Mucura, Cachoeira da ~ BR 212-213 B 5
Mucuri ○ BR 216-217 L 5
Mucuri, Rio ~ BR 216-217 L 5
Mucurici ○ BR 216-217 K 5
Mucuripe, Ponta de ▲ BR 212-213 J 3
Mucuru, Cachoeira ~ BR 206-207 H 5
Mucusso ○ ANG 152-153 F 8
Mucusso, Coutada Pública do ⊥ ANG 152-153 F 8
Mucussueje ○ ANG 152-153 F 5
Mūd ○ IR 70-71 H 2
Mudailif, al- ○ KSA 68-69 B 4
Mudairib, al- ○• OM 68-69 L 2
Mudaisis ○ OM 68-69 J 2
Mudākim, Bi'r < LAR 128-129 E 1
Mudanjiang ○ VRC 86-87 G 5
Mudan Jiang ~ VRC 86-87 G 5
Mudanya ☆ TR 64-65 C 2
Mudarraq ○ KSA 66-67 H 4
Mudawwa ○ JOR 66-67 E 3
Muḏayy ○ OM 68-69 H 5
Mūdbidri ○• IND 76-77 F 4
Muddebihāl ○ IND 76-77 G 2
Mudderbugten ≈ 172-173 P 2
Muddus nationalpark ⊥• S 22-23 K 3
Muddy Gap ○ USA (WY) 186-187 D 4
Muddy Gap ▲ USA (WY) 186-187 D 4
Mudgal ○ IND 76-77 G 2
Mudgee ○• AUS 116-117 K 2
Mudgeeraba ○• AUS 114-115 M 5
Mudhol ○ IND 76-77 F 2
Mudigere ○ IND 76-77 F 4
Mudigubba ○ IND 76-77 G 3
Mudimbi ○ ZRE 146-147 K 5
Mudjatik River ~ CDN 178-179 C 2
Mud Lake ○ USA 186-187 K 1
Mudon ○ MYA 94-95 D 2
Mudug ▫ SP 144-145 J 5
Mudujjaha ~ RUS 44-45 S 7
Mudukulattūr ○ IND 76-77 H 6
Muecate ○ MOC 154-155 K 2
Mueda ○ MOC 150-151 K 6
Muelle de los Bueyes ○ NIC 196-197 B 5
Mueller Range ▲ AUS 108-109 H 5
Muembe ○ MOC 154-155 H 1
Muende ○ MOC 154-155 G 2
Muermos, Los ○ RCH 222-223 C 6
Muerte, Meseta de la ⊥ RA 224 D 4
Muerto, Mar ≈ 196-197 G 3
Muerto, Río ~ RA 220-221 F 2
Muertos Trough ≃ 200 A 3
Muezerskij ○ RUS 24-25 M 5
Mufulira ○ Z 150-151 E 7
Mufu Shan ▲ VRC 92-93 H 2
Mufu Shan ▲ VRC 92-93 H 2
Muğahhar, Dār ○ Y 68-69 D 7
Muğaira ○ KSA 66-67 F 4
Mugal, Wādī ~ SUD 136-137 G 3
Mugang ○ VRC 92-93 D 5
Mugango ○ EAT 148-149 D 4
Muganskaja ravnina ~ AZ 64-65 N 3
Muǧār ○ IR 70-71 E 2
Mugdiisho ☆ SP 148-149 K 2
Muger ○ ETH 144-145 D 4
Muger Falls ~ ETH 144-145 D 4
Muger Wenz ~ ETH 144-145 D 4
Muggar Kangri ▲ VRC 80-81 F 4
Muggon ○ AUS 112-113 C 3
Mughal Sarai ○ IND 78-79 C 3
Mughsail ○ OM 68-69 H 5
Muğib, Wādī l- ~ JOR 66-67 D 2
Mugila, Monts ▲ ZRE 150-151 E 4
Mugina ○ EAT 148-149 B 6
Mugla ☆ TR 64-65 C 4
Mugodžor, tau ▲ KA 62-63 N 3
Mugron ○ F (40) 240-241 C 3
Mugur Aksy ☆ RUS 52-53 E 10
Muḥā, al- ○• Y 68-69 C 7
Muhabura ▲ EAU 148-149 B 4
Muhāgiria ○ SUD 142-143 G 3
Muhaiwir ○ IRQ 64-65 J 6
Muhala ○ ZRE 148-149 B 6
Muhammad, Ra's ▲ ET 130-131 G 4
Muhammadābād ○ IND 78-79 C 2
Muhammadiya ○ IRQ 64-65 K 6
Muhammad Qol ○ SUD 136-137 H 2
Muharraq, al- ○ BRN 70-71 D 5
Muhāt ○ KSA 68-69 C 5
Muhazi, Lac ○ RWA 148-149 C 4
Muheit, Wādi ~ SUD 136-137 F 4
Muheza ○ EAT 148-149 G 6
Muhino ○ RUS 54-55 N 9
Mühldorf am Inn ○ D 28-29 M 4
Mühlhausen/ Thüringen ○• D 28-29 L 3
Muhorini ○ EAK 148-149 E 4
Muhor-Konduj ○ RUS 54-55 F 9
Muhoro ○ EAK 148-149 E 4
Muhoršibir' ☆ RUS 52-53 N 10
Muhos ○ FIN 24-25 J 4
Muhu saar ⌒ EST 30-31 H 2
Muhutwe ○ EAT 148-149 C 4
Muhuwesi ~ EAT 150-151 J 6
Mui ○ ETH 144-145 B 5
Mũi Cà Mau ▲ VN 94-95 H 6
Mũi Chân Mây ▲ VN 94-95 K 2
Muico ○ MOC 154-155 K 1
Muides-sur-Loire ○ F (41) 232-233 F 4
Mũi Dinh ▲ VN 94-95 K 5
Mũi Độc ▲ VN 94-95 J 2
Muids ○ F (27) 228-229 G 5
Muidumbe ○ MOC 150-151 K 6
Muié ○ ANG 152-153 F 7
Mũi Én ▲ VN 94-95 K 4
Mũi Gành ▲ VN 94-95 K 4
Mũi Kê Gà ▲ VN 94-95 K 5
Mũi Ky Vân ▲ VN 94-95 J 2
Mũi Lach Quèn ▲ VN 92-93 D 7
Mũi La Gân ▲ VN 94-95 K 5
Mũi Lai ▲ VN 94-95 J 2
Mũi Nai ▲ VN 94-95 H 5
Mũi Nam Trâm ▲ VN 94-95 K 3
Mũi Nay ▲ VN 94-95 K 4
Muine ○ ANG 152-153 F 8
Muineachán = Monaghan ☆ IRL 26-27 D 4
Muira, Rio ~ MOC 136-137 F 3
Muir Glacier ⊂ USA 164-165 W 7
Muiron Islands ⌒ AUS 108-109 B 6
Muisma ~ RUS 52-53 E 3
Muisne ○ EC 208-209 B 1
Muite ○ MOC 154-155 K 2
Muitos Capões ○ BR 218-219 E 7
Muiuçu ou Puiuçu, Igarapé ~ BR 210-211 H 6
Muizenberg ○ ZA 156-157 D 7
Muja ~ RUS 54-55 G 7
Mujakan ~ RUS 54-55 F 7
Mujazzam, Sabkhat ○ LAR 126-127 G 5
Mujeres, Isla ⌒∙∙ MEX 196-197 L 1
Mujnak ☆ US 72-73 F 3
Mujšin ~ RUS 54-55 G 9
Muju ○ ROK 86-87 F 9
Mujunkum ⊥ KA 60-61 H 6
Mukačeve ☆ UA 38-39 C 3
Mukačevo = Mukačeve ☆ UA 38-39 C 3
Mukah ○ MAL 98-99 K 3
Muka Head ▲ MAL 98-99 D 2
Mukala ○ ZRE 146-147 F 6
Mukana ○ ZRE 150-151 D 5
Mukanga ○ ZRE 152-153 F 3
Mukarljan ~ RUS 48-49 Q 5
Mukawa ○ PNG 119 E 5
Mukawa-gawa ~ J 88-89 K 3
Mukawwa', Ğazirat ⌒ SUD 136-137 H 2
Mukdahan ○ THA 94-95 H 2
Mukden = Shenyang ○ VRC 86-87 D 7
Mukebo ○ ZRE 150-151 E 4
Mukeriān ○ IND 74-75 E 4
Muke T'uri ○ ETH 144-145 D 4
Mukinbudin ○ AUS 112-113 E 5
Mukomuko ○ RI 98-99 D 6
Mukongo ○ EAU 148-149 D 3
Mukry ○ TM 72-73 J 6
Muksu ~ TJ 72-73 M 5
Muksuniha ~ RUS 44-45 V 6
Muksunuoha-Tas, gora ▲ RUS 46-47 X 4
Muktsar ○ IND 74-75 E 4
Mukuku ○ Z 150-151 E 7
Mukulu, Kayembe- ○ ZRE 150-151 B 5
Mukulu, Mutombo- ○ ZRE 150-151 C 5
Mukulushi ~ ZRE 150-151 C 6
Mukunsa ○ Z 150-151 E 5
Mukupa Kaoma ○ Z 150-151 F 5
Mukurob • NAM 156-157 D 2
Mukutawa River ~ CDN 178-179 H 4
Mūl ○ IND 74-75 G 9
Mula ○ E 34-35 G 5
Mula ~ PK 70-71 M 4
Mula, la ▲ I 36-37 E 5
Mulaiīh, al- ○ KSA 66-67 F 5
Mulaku Atoll ⌒ MV 76-77 B 6
Mūlali cukurligi ⊥ US 72-73 J 4
Mulam ~ RUS 56-57 D 5
Mulamba Gungu, Chute ~ ZRE 150-151 B 5
Mulan ○ VRC 86-87 G 5
Mulanay ○ RP 96-97 E 6
Mulanje ○ MW 154-155 H 2
Mulanje Mountains ▲ MW 154-155 H 2
Mulanweichang • VRC 84-85 N 6
Mulatos ○ CO 204-205 C 3
Mulawa ○ PK 74-75 D 3
Mulbāgal ○ IND 76-77 H 4
Mulchatna River ~ USA 164-165 N 6
Mulchen ○ RCH 222-223 C 4
Mulchole ○ IND 76-77 G 5
Mulde ~ D 28-29 M 3
Muldrow ○ USA 188-189 K 2
Muleba ○ EAT 148-149 C 4
Mule Creek Junction ○ USA 186-187 E 4
Mulegé ○• MEX 194-195 D 4
Mulembe ○ ZRE 148-149 B 5
Muleshoe ○ USA 188-189 F 2
Muleta ▲ ETH 144-145 E 4
Muleta ~ RP 96-97 F 9
Mulevala ○ MOC 154-155 J 3
Mulga Creek ~ AUS 114-115 J 6
Mulgildie ○ AUS 114-115 L 3
Mulgrave Hills ▲ USA 164-165 J 3
Mulgul ○ AUS 112-113 E 2
Mulhouse ○ F (68) 238-239 L 1
Muli ≈ 102-103 K 5
Mulia ○ RI 102-103 J 3
Muli Channel ≈ 102-103 K 5
Mulilansolo ○ Z 150-151 G 6
Muling ○ VRC 86-87 H 5
Mulis'ma ~ RUS 54-55 D 6
Mūlki ○ IND 76-77 F 4
Mull ⌒ GB 26-27 D 3
Mullaittivu ○ CL 76-77 J 6
Mullaley ○ AUS 114-115 K 6
Mullan ○ USA 184-185 G 2
Mullen ○ USA 186-187 G 4
Mullens ○ USA 190-191 H 7
Müller, Pegunungan ▲ RI 98-99 K 4
Muller Range ▲ PNG 119 B 3
Mullewa ○ AUS 112-113 C 4
Mulligan River ~ AUS 114-115 E 3
Mullingar = An Muileann -gCearr ○ IRL 26-27 D 5
Mullins ○ USA 192-193 J 2
Mul'muga ~ RUS 54-55 O 8
Mulobezi ○ Z 154-155 C 3
Mulondo ○ ANG 152-153 C 7
Mulonga Plain ⊥ Z 154-155 B 3
Mulongo ○ ZRE 150-151 D 4
Mulongoie ~ ZRE 146-147 L 6
Mulsanne ○ F (72) 230-231 M 4
Multai ○ IND 74-75 G 9
Multān ○• PK 74-75 C 4
Mulu ○ ETH 144-145 E 4
Mulu, Gunung ▲ MAL 100-101 D 1
Mulungu ~ ZRE 150-151 B 5
Mulungushi ○ Z 154-155 E 2
Mulungushi Dam < Z 154-155 E 2
Mulūr ○ IND 76-77 F 4
Mulurulu Lake ○ AUS 116-117 G 2
Mulym'ja ~ RUS 50-51 H 4
Mulyungarie ○ AUS 114-115 F 6
Muma ○ ZRE 146-147 J 2
Mumallah ○ SUD 142-143 G 3
Mumbai = Bombay ☆ IND 74-75 D 10
Mumballup ○ AUS 112-113 D 6
Mumbeji ○ Z 154-155 B 1
Mumbleberry Lake ○ AUS 114-115 E 3
Mumbondo ○ ANG 152-153 C 5
Mumbué ○ ANG 152-153 D 6
Mumbwa ○ Z 154-155 D 2
Mume, Swana- ○ ZRE 150-151 D 6
Mumena ○ ZRE 150-151 D 6
Mumeng ○ PNG 119 D 4
Mumias ○ EAK 148-149 E 3
Mumoma ○ ZRE 150-151 B 4
Mumulusan ○ RI 100-101 H 4
Mun ○ RI 102-103 G 4
Muna ○ MEX 196-197 K 1
Muna ~ RUS 46-47 L 6
Muna ~ RUS 46-47 N 5
Muna, Pulau ⌒ RI 100-101 H 6
Muna, Selat ≈ 100-101 H 6
Munājšy ○ KA 62-63 K 6
Munakan ~ RUS 46-47 M 6
Munarra ○ AUS 112-113 E 3
Munaya ~ CAM 140-141 H 6
Muncakabau ○ RI 98-99 F 7
München ☆ D 28-29 L 4
Munchique, Parque Nacional ⊥ CO 204-205 C 6
Muncho Lake ○ CDN 174-175 G 6
Muncho Lake Provincial Park ⊥ CDN 174-175 G 6
Muncie ○ USA 190-191 F 5
Muncoonie Lake West ○ AUS 114-115 E 3
Munda ○ PK 74-75 C 4
Munda ○ SOL 120 I c 3
Mundabullangana ○ AUS 108-109 D 6
Mundare ○ CDN 176-177 O 5
Mundaring ○ AUS 112-113 D 5
Munday ○ USA 188-189 H 3
Mundelein ○ USA 190-191 D 4
Mundemba ○ CAM 140-141 H 6
Mundgod ○ IND 76-77 F 3
Mundico Coelho ○ BR 210-211 J 6
Mundijong ○ AUS 112-113 C 6
Mundiwindi ○ AUS 112-113 F 1
Mundolsheim ○ F (67) 234-235 M 4
Mundo Novo ○ BR (BAH) 212-213 H 7
Mundo Novo ○ BR (GSU) 220-221 K 2
Mundo Nuevo ○ YV 204-205 J 3
Mundra ○ IND 74-75 B 8
Mundrabilla ○ AUS 112-113 J 5
Mundrabilla Motel ○ AUS 112-113 K 5
Mundubbera ○ AUS 114-115 L 3
Mundujskoe, ozero ○ RUS 44-45 X 8
Mundurucânia, Reserva Florestal ⊥ BR (P) 210-211 J 6
Mundurucânia, Reserva Florestal ⊥ BR (P) 210-211 H 5
Munduručču ~ RUS 54-55 O 5
Mundurucu, Área Indígena ⨯ BR 210-211 J 6
Mūndwa ○ IND 74-75 D 6
Munenga ○ ANG 152-153 C 5
Munera ○ E 34-35 F 5
Munfordville ○ USA 190-191 F 7
Mungabroom ○ AUS 110-111 C 5
Mungallala ○ AUS 114-115 J 4
Mungallala Creek ~ AUS 114-115 J 5
Mungaoli ○ IND 74-75 G 7
Mungári ○ MOC 154-155 G 3
Mungbere ○ ZRE 148-149 B 2
Munger ○ IND 78-79 E 3
Mungeranie ○ AUS 114-115 E 5
Mungguresak, Tanjung ▲ RI 98-99 H 4
Mungindi ○ AUS 114-115 K 5
Munglinup ○ AUS 112-113 F 6
Mungo ○ ANG (HBO) 152-153 D 5
Mungo ○ ANG (LUN) 152-153 E 3
Mungo ○ SME 206-207 G 3
Mungo National Park ⊥ AUS 116-117 G 2
Mungra Badshahpur ○ IND 78-79 C 3
Munhango ○ ANG 152-153 E 6
Munhoz ○ BR 216-217 G 7
Munich = München ☆ D 28-29 L 4
Munieng̃ashi ~ ZRE 154-155 E 1
Muniesa ○ E 34-35 G 4
Munikan ~ RUS 58-59 F 2
Munim, Rio ~ BR 212-213 G 3
Munimadugu ○ IND 76-77 G 3
Muniskong Lake ○ USA 190-191 F 2
Muniungu ○ ZRE 146-147 F 6
Muniz Freire ○ BR 216-217 K 6
Munkamba ~ RUS 52-53 N 4
Munkumpu ○ Z 154-155 D 1
Münly, tau ▲ KA 60-61 G 5
Munmarlary ○ AUS 108-109 L 2
Munn, Cape ▲ CDN 180-181 G 2
Munnat ○ IND 76-77 G 5
Munnikspoort ▲ ZA 156-157 G 6
Muñoz Gamero, Península ~ RCH 224 D 6
Munqaṭi', al- ○ Y 68-69 D 7
Munro, Mount ▲ AUS 116-117 K 6
Munsan ○ ROK 86-87 F 9
Munse ○ RI 100-101 H 6
Münster ○∙∙ D 28-29 J 3
Munster ○• F (68) 234-235 L 5
Münster = Müstair ○∙∙ CH 28-29 L 5
Munte ○ RI 100-101 F 3
Munteme ○ EAU 148-149 C 3
Muntgatsi ○ EAK 148-149 E 3
Muntilan ○ RI 104 D 3
Muntok ○ RI 98-99 F 6
Muntu ○ EAU 148-149 D 3
Muntu ○ ZRE 146-147 G 5
Munukata ○ J 88-89 D 8
Munyamadzi ~ Z 154-155 F 1
Munyaroo Conservation Park ⊥ AUS 116-117 D 2
Munyati ~ ZW 154-155 E 3
Munzur Vadisi Milli Parkı ⊥ TR 64-65 H 3
Muoco ○ MOC 154-155 J 1
Muodoslompolo ○ S 22-23 L 3
Muohyang San ▲ DVR 86-87 F 7
Mu'o'ng Cha ○ VN 92-93 B 6
Muong Het ○ LAO 92-93 D 6
Mu'o'ng Kim ○ VN 92-93 C 6
Mu'o'ng Lam ○ VN 92-93 D 7
Mu'o'ng Loi ○ VN 92-93 C 6
Mu'o'ng Mu'o'n ○ VN 92-93 C 6
Mu'o'ng Pôn ○ VN 92-93 C 6
Mu'o'ng Tè ☆ VN 92-93 C 5
Muonio ○ FIN 24-25 G 3
Muonioälven ~ S 22-23 L 3
Muonionjoki ~• FIN 24-25 G 3
Muor, Pulau ⌒ RI 100-101 L 3
Muostah, mys ▲ RUS 46-47 R 4
Muostah, ostrov ⌒ RUS 46-47 S 4
Mupa ○ ANG 152-153 C 8
Mupa ~ MOC 154-155 H 4
Mupa, Parque Nacional da ⊥ ANG 152-153 C 7
Mupamadzi ~ Z 154-155 F 1
Mupele, Chute ~ ZRE 146-147 K 3
Mupfure ~ ZW 154-155 F 3
Muqaddam, Wādi ~ SUD 136-137 E 5
Muqakoori ○ SP 144-145 H 6
Muqsim, Ğabal ▲ ET 130-131 G 6
Muqšin ○ OM 68-69 J 4
Muqui ○ BR 216-217 K 6
Muqui, Rio ~ BR 214-215 F 2
Muqur ○ AFG 70-71 M 2
Mura ○ BR 210-211 H 4
Mura ~ RUS 52-53 J 7
Muradiye ○ TR 64-65 K 3
Muraduagar ○ IND 74-75 F 5
Murafa ~ UA 38-39 F 3
Murair, Ğazirat ⌒ ET 130-131 G 6
Murakami ○ J 88-89 H 5
Muralgarra ○ AUS 112-113 D 4
Murallón, Cerro ▲ RCH 224 D 4
Muramgaon ○ IND 78-79 B 5
Muramvya ○ BU 148-149 B 5
Muranga ○ EAK 148-149 F 4
Murangering ○ EAK 148-149 E 2
Muraré, Rio ~ BR 206-207 H 5
Murasi ○ RUS 32-33 F 4
Murat ○ F (15) 236-237 L 5
Murat, Château • F (971) 245 IV b 3
Murat Çayı ~ TR 64-65 K 3
Murat Dağı ▲ TR 64-65 C 3
Murat Nehri ~ TR 64-65 J 3
Murato ○ F (2B) 244 D 3
Murat-sur-Vèbre ○ F (81) 240-241 K 3
Muratus, Pegunungan ▲ RI 100-101 D 5
Muravera ○ I 36-37 B 5
Murbach, Abbaye de • F 234-235 L 6
Murbād ○ IND 74-75 D 10
Murça ○ P 34-35 D 4
Mürče Hürt ○ IR 70-71 D 2
Murchison Range ▲ AUS 110-111 C 7
Murchison ○ AUS 116-117 H 4
Murchison ○ NZ 118 D 4
Murchison, Cape ▲ CDN 180-181 R 3
Murchison, Mount ▲ AUS 112-113 D 3
Murchison Falls ~ EAU 148-149 C 2
Murchison Falls National Park ⊥ EAU 148-149 C 2
Murchison Island ⌒ CDN 178-179 M 5
Murchison River ~ AUS 112-113 C 3
Murchison River ~ CDN 168-169 a 6
Murchison Settlement Roadhouse ○ AUS 112-113 C 3
Murchison Sund ≈ 170-171 P 5
Murchisson, Mount ▲ WAN 140-141 H 4
Murcia ○ E 34-35 G 6
Murcia ▫ E 34-35 G 6
Murcie = Murcia ○ E 34-35 G 5
Mur-de-Barrez ○• F (12) 236-237 L 6
Mur-de-Bretagne ○ F (22) 230-231 F 3
Mur-de-Sologne ○ F (41) 232-233 F 5
Murdo ○ USA 186-187 G 4
Murdochville ○ CDN 182-183 M 4
Mure, La ○ F (38) 242-243 H 2
Mureau, Abbaye de • F 234-235 H 5
Mureaux, Les ○ F (78) 232-233 F 2
Murehwa ○ ZW 154-155 F 3
Mureji ○ WAN 140-141 F 4
Murèn, Zun ~ RUS 52-53 L 10
Mureș ~ RO 38-39 D 4
Muret ○ F (31) 240-241 G 4
Muret, le ○ F (40) 240-241 C 2
Muret-le-Château ○ F (12) 240-241 K 2
Murfreesboro ○ USA (AR) 188-189 L 2
Murfreesboro ○ USA (NC) 192-193 K 1
Murfreesboro ○ USA (TN) 192-193 E 2
Murgab ○ TJ (GOR) 82-83 B 6
Murgab ~ TJ 72-73 N 5
Murgab ○ TM 72-73 H 6
Murgab ~ TM 72-73 H 7
Murgal' ~ RUS 48-49 O 4
Murgenella ⨯ AUS 108-109 L 1
Murgenella Wildlife Sanctuary ⊥ AUS 108-109 L 1
Murgha Kibzai ○ PK 74-75 B 4
Murgho, Hāmūn-i- ○ PK 70-71 L 5
Murgon ○ AUS 114-115 L 4
Murgoo ○ AUS 112-113 D 3
Murgud ○ IND 76-77 F 2
Muri ○ VRC 90-91 B 3
Muriaé ○ BR 216-217 J 6
Muriaé, Rio ~ BR 216-217 K 6
Murici, Ponta do ▲ BR 212-213 F 3
Muricilândia ○ BR 212-213 D 5
Muricizal, Rio ~ BR 212-213 D 5
Muridke ○ PK 74-75 E 4
Muriege ○ ANG 152-153 F 4
Muriel Lake ○ CDN 176-177 P 4
Murighiol = Indenpența ○• RO 38-39 F 5
Muri Mahora, Motu ⌒ F (987) 247 IV c 2
Murinja ○ RUS 52-53 N 8
Muritiba ○ BR 216-217 L 2
Müritz ○ D 28-29 M 2
Müritz-National-Park ⊥ D 28-29 M 2
Muriwai ○ NZ 118 F 3
Murizidié Pass ▲ LAR 128-129 F 6
Murman, zaliv ○ RUS 44-45 G 4
Murmanca, buhta ○ RUS 44-45 N 3
Murmansk ☆ RUS 24-25 M 2
Murmanskij bereg ~ RUS 24-25 M 2
Murmanskoye Rise = Mourmansk, Seuil de ≃ 6-7 C 1
Murmaši ○ RUS 24-25 M 2
Muro ○ F (2B) 244 C 3
Murol ○ F (63) 236-237 L 4
Murols ○ F (12) 236-237 L 6
Muro Lucano ○ I 36-37 E 4
Murom ☆ RUS 30-31 S 4
Muron ○ F (17) 236-237 D 3
Muroran ○ J 88-89 J 3
Muros ○ E 34-35 C 3
Muroto ○ J 88-89 F 8
Muroto-saki ▲ J 88-89 F 8
Murphy ○ USA 192-193 F 2
Murphy Head ▲ CDN 180-181 S 5
Murphy Hot Springs • USA 184-185 G 4
Murphysboro ○ USA 190-191 D 7
Mūrqūm, Kūh-e ▲ IR 70-71 G 2
Murra Murra ○ AUS 114-115 J 5
Murray ○ USA 190-191 D 7
Murray, Cape ▲ CDN 168-169 O 2
Murray, Île ⌒ F (984) 246 III d 4
Murray, Lake ○ PNG 119 A 4
Murray, Lake < USA 192-193 H 2
Murray, Zone de Fracture de = Murray Fracture Zone ≃ 10-11 N 4
Murray Bridge ○• AUS 116-117 E 3
Murray Downs ○ AUS 114-115 C 1
Murray Fracture Zone = Murray, Zone de Fracture de ≃ 10-11 N 4
Murray Harbour ○ CDN 182-183 N 5
Murray Inlet ≈ 168-169 P 3
Murray Islands ⌒ AUS 119 C 5
Murray Maxwell Bay ≈ 168-169 f 5
Murray Range ▲ PNG 119 B 4
Murray River ~ AUS 116-117 E 3
Murray River ~ CDN 176-177 K 4
Murray River Basin ⊥ AUS 116-117 F 2
Murraysburg ○ ZA 156-157 F 5
Murray-Sunset National Park ⊥ AUS 116-117 F 3
Murray Town ○ AUS 116-117 E 2
Murrayville ○ AUS 116-117 F 3
Murree ○ PK 74-75 D 3
Murrej, mys ▲ RUS 20-21 b 2
Murri, Río ~ CO 204-205 C 4
Murroa ○ MOC 154-155 J 3
Murroe Lake ○ CDN 174-175 U 6
Murrumbidgee River ~ AUS 116-117 H 3
Murrumburrah ○ AUS 116-117 K 3
Murrupula ○ MOC 154-155 K 2
Murrurundi ○ AUS 114-115 L 6
Murs ○ F (84) 242-243 G 4
Murshidābād ○ IND 78-79 F 3
Murtajāpur ○ IND 74-75 F 9
Murtle Lake ○ CDN 176-177 L 5
Murtoa ○ AUS 116-117 G 4
Murtovaara ○ FIN 24-25 K 4
Muru, Capu di ▲ F (2A) 244 C 5
Muru, Rio ~ BR 210-211 B 7
Murua ○ PNG 119 C 4
Murua Island = Woodlark Island ⌒ PNG 119 G 5
Muruchachi ○ YV 204-205 F 3
Murud ○• IND 74-75 D 10
Murud, Gunung ▲ MAL 100-101 D 2
Muruken ○ PNG 119 C 3
Murun, gora ▲ RUS 54-55 J 6
Murupara ○ NZ 118 F 3
Muruptumatari ~ RUS 44-45 h 4

Murupu ○ BR 206-207 D 4
Mururé, Igarapé ∼ BR 212-213 C 6
Mururoa Atoll ⌒ F 9 O 5
Murviel-lès-Béziers ○ F (34) 240-241 L 4
Murwāra ○ IND 78-79 B 4
Murwillumbah ○ AUS 114-115 M 5
Murygino ○ RUS 32-33 F 4
Mürzzuschlag ○ A 28-29 N 5
Muş ☆ TR 64-65 J 3
Mūsa, 'Ain • ET 130-131 F 3
Mūsa, Ğabal ▲ ET 130-131 F 3
Mūsā, Ḥōr-e ≈ 70-71 C 3
Mūsa, Wādī ○ JOR 66-67 D 2
Musa Āli Terara ▲ DJI 136-137 L 6
Musadi ○ ZRE 146-147 J 5
Mūsā Ḥēl ○ AFG 74-75 B 3
Musaia ○ WAL 138-139 E 5
Musai'id ○ Q 70-71 D 6
Musaimir ○ Y 68-69 D 7
Mušairib, Ra's ▲ UAE 70-71 D 6
Mušairifa, al- ○ SYR 64-65 H 4
Mūsa Khel ○ PK 74-75 C 3
Mūsa Khel Bāzār ○ PK 74-75 B 4
Musala ▲ BG 38-39 C 6
Musala, Pulau ⌒ RI 98-99 C 4
Musallā, al- ○ OM 68-69 L 2
Musan ○ DVR 86-87 G 6
Musandam, Ra's ▲ OM 70-71 G 5
Mūsā Qal'e ○ AFG 70-71 L 2
Mūsā Qal'e, Rūd-e ∼ AFG 70-71 L 2
Musa River ∼ PNG 119 E 5
Musashi ○ J 88-89 D 8
Mušattā, Qasr al- ∴ • JOR 66-67 E 2
Musawa ○ WAN 134-135 C 6
Musawwarat, Temples of • SUD 136-137 F 4
Musayyib, al- ☆ IRQ 64-65 L 6
Mušbih, Ğabal ▲ ET 130-131 G 6
Muscatine ○ USA 190-191 C 5
Musculdy ○ F (64) 240-241 C 4
Musée de Cristal • F 234-235 K 5
Musée de Tahiti et des Îles • F (987) 247 V a 2
Musenge ○ ZRE (KIV) 148-149 B 4
Musenge ○ ZRE (SHA) 150-151 B 5
Musengezi ∼ ZW 154-155 F 3
Museum ○• RI 100-101 G 6
Musgrave ○ AUS 110-111 G 4
Musgrave, Port ≈ 110-111 F 3
Musgrave Ranges ▲ AUS 112-113 L 3
Mus-Haja, gora ▲ RUS 56-57 J 2
Mushandike Sanctuary ⊥ ZW 154-155 F 5
Mushayfāt ○ SUD 142-143 K 3
Mushenge ○ ZRE 146-147 H 6
Mushie ○ ZRE 146-147 F 5
Mushima ○ Z 154-155 C 2
Mushipashi ○ Z 150-151 F 6
Mushota ○ Z 150-151 E 5
Mushu Island ⌒ PNG 119 B 2
Músi ∼ IND 76-77 H 2
Musi ∼ RI 98-99 F 6
Musin ○ WAN 140-141 E 5
Musiri ○ IND 76-77 H 5
Mūsiyan ○ IR 70-71 B 2
Muskegon ○ USA 190-191 E 4
Muskegon River ∼ USA 190-191 F 4
Muskeg River ∼ CDN 174-175 H 5
Musket River ○ CDN 176-177 L 5
Muskingum River ∼ USA 190-191 H 6
Muskira ○ IND 74-75 G 7
Muskogee ○ USA 188-189 K 2
Muskox Lake ○ CDN 174-175 P 3
Muskratdam Lake ○ CDN 178-179 L 4
Muskwa ○ CDN 174-175 H 6
Muskwa River ∼ CDN 174-175 H 6
Muskwa River ∼ CDN 176-177 N 3
Muslimiya ○ SYR 64-65 G 4
Musljumovo ☆ RUS 32-33 H 6
Musoma ☆ EAT 148-149 D 4
Musondweji ∼ Z 154-155 C 1
Musongoie ○ ZRE 150-151 C 5
Mus-Onnjue ∼ RUS 54-55 O 7
Musoro ○ Z 154-155 F 1
Musoshi ○ ZRE 150-151 D 6
Musquaro, Lac ○ CDN 182-183 O 3
Musquodoboit ○ CDN 182-183 N 6
Musquodoboit Harbour ○ CDN 182-183 N 6
Musselshell River ∼ USA 186-187 C 2
Mussende ○ ANG 152-153 D 5
Musserra ○ ANG 152-153 B 3
Mussey ○ F (55) 234-235 G 4
Mussey-sur-Marne ○ F (52) 234-235 G 5
Mussidan ○ F (24) 236-237 F 5
Mussolo ○ ANG 152-153 D 4
Mussuma ○ ANG (MOX) 152-153 F 7
Mussuma ∼ ANG 152-153 F 7
Mussy-sur-Seine ○ F (10) 234-235 E 6
Mustāfābād ○ PK 74-75 D 4
Mustafakemalpaşa ☆ TR 64-65 C 2
Mustahil ○ ETH 144-145 G 6
Müstair = Münster ○• CH 28-29 L 5
Mustang ○ NEP 80-81 D 6
Mustang ∼ USA 188-189 F 3
Mustang Himal ▲ NEP 80-81 D 6
Mustang Island ⌒ USA 188-189 J 6
Musters, Lago ○ RA 224 F 2
Mustique Island ⌒ WV 200 E 5
Mustjala ○ EST 30-31 H 2
Mustvee ○ EST 30-31 K 2
Musu Dan ▲ DVR 86-87 G 7
Musún, Cerro ▲ NIC 196-197 B 5
Muswellbrook ○• AUS 116-117 L 2
Mūṭ ○ ET 130-131 D 5
Mut ☆ TR 64-65 E 4
Mutá, Ponta do ▲ BR 216-217 L 2
Mutale ∼ ZA 154-155 F 6
Mutanda ○ Z 150-151 D 7
Muṭannā, al □ IRQ 66-67 J 2
Mutarara ○ MOC 154-155 H 3
Mutare ☆• ZW 154-155 G 4
Mutarnee ○ AUS 110-111 J 6
Mutche, Étang de la ○ F 234-235 K 4
Muteba, Xá- ○ ANG 152-153 D 4
Mutenge ○ Z 154-155 E 1
Mutha ○ EAK (EAS) 148-149 G 4
Mutha ▲ EAK (EAS) 148-149 G 4
Mutici ○ BR 212-213 L 6
Mutiene ○ ZRE 146-147 E 6
Muting ○ RI 102-103 L 5
Mutinglupa ○ RP 96-97 D 5
Mutir ○ EAU 148-149 C 2
Mutis, Gunung ▲ RI 102-103 C 6
Mutki ☆ TR 64-65 J 3
Mutnaja, buhta ○ RUS 56-57 S 7
Mutni ∼ PK 70-71 M 6
Mutnyj Materik ○ RUS 24-25 X 4
Mutoko ○ ZW 154-155 G 3
Mutombo, Bwana- ○ ZRE 152-153 E 3
Mutombo-Mukulu ○ ZRE 150-151 C 5
Mutomo ○ EAK 148-149 G 4
Mutoraj ○ RUS 52-53 K 5
Mutorashanga ○ ZW 154-155 F 3
Mutoto ○ ZRE (KOC) 146-147 J 6
Mutoto ○ ZRE (SHA) 150-151 E 4
Mutsamudu ○• COM 158-159 D 4
Mutshatsha ○ ZRE 150-151 C 6
Mutsu ○ J 88-89 J 4
Muttaburra ○ AUS 114-115 H 2
Muttershotz ○ F (67) 234-235 M 5
Mutton Bay ○ CDN 182-183 P 3
Mutúali ○ MOC 154-155 J 2
Mutukula ○ EAU 148-149 C 4
Mutum ○ BR (AMA) 210-211 G 6
Mutum ○ BR (MIN) 216-217 K 5
Mutum, Cachoeira ∼ BR 210-211 J 5
Mutum, Ilha do ⌒ BR 210-211 F 7
Mutum, Rio ∼ BR 210-211 C 5
Mutumbi ○ ZRE 150-151 E 4
Mutum Biyu ○ WAN 140-141 J 4
Mutumbu ○ ANG 152-153 D 6
Mutum Daya ○ WAN 140-141 J 4
Mutum ou Madeira, Rio ∼ BR 214-215 K 5
Mutum Paraná ○ BR 210-211 E 7
Mutungu-Tari ○ ZRE 152-153 D 3
Mutuoca, Ilha de ⌒ BR 212-213 F 2
Mutur ○ CL 76-77 J 6
Mututi, Ilha ⌒ BR 206-207 J 6
Mutu-wan ≈ 88-89 J 4
Mutwanga ○ ZRE 148-149 B 3
Mutzig ○ F (67) 234-235 L 4
Mutzig, Rocher de ▲ F (67) 234-235 L 4
Muurola ○ FIN 24-25 H 3
Mu Us Shamo ∴ VRC 90-91 E 2
Müvattupula ○ IND 76-77 G 6
Muwaih, al- ○ KSA 66-67 G 6
Muwaiha, Ğabal ▲ UAE 70-71 F 6
Muwailih, al- ○ KSA 66-67 D 4
Muwassam ○ KSA 68-69 C 5
Muwo Island ⌒ PNG 119 F 5
Muxima ○ ANG 152-153 B 4
Muy, Le ○ F (83) 242-243 K 5
Muyinga ○ BU 148-149 C 5
Muy Muy ○ NIC 196-197 B 5
Muyombe ○ Z 150-151 G 6
Muyuka ○ CAM 140-141 H 6
Muyumba ○ ZRE 150-151 D 4
Muzaffarabad ○ IND 74-75 D 2
Muzaffargarh ○ PK 74-75 C 4
Muzaffarnagar ○ IND 74-75 F 5
Muzaffarpur ○ IND 78-79 D 2
Muzāhimiya, al- ○ KSA 66-67 K 5
Muzambinho ○ BR 216-217 G 6
Muze ∼ F (12) 240-241 K 2
Muze ○ MOC 154-155 F 2
Muzej narodnoji architektury i pobutu • UA 38-39 G 2
muzej-usad'ba "Tarhany" • RUS 30-31 S 5
Muzhen ○ VRC 90-91 K 6
Muži ○ RUS 50-51 K 2
Muzillac ○ F (56) 230-231 G 4
Muzizi ∼ EAU 148-149 C 3
Muzkol, hrebet ▲ TJ 72-73 N 5
Muzo ○ CO 204-205 D 5
Muzon, Cape ▲ USA 176-177 D 4
Muztag ▲ VRC 80-81 F 2
Muztag ▲ VRC 80-81 C 2
Muztagata ▲ VRC 82-83 B 6
Mvangan ○ CAM 146-147 C 2
Mveng ○ CAM 146-147 D 2
Mvengué ○ CAM 146-147 C 2
Mvera ○ MW 154-155 H 1
Mvolo ○ SUD 142-143 J 5
Mvomero ○ EAT 150-151 J 4
Mvoung ∼ G 146-147 D 3
Mvouti ○ RCB 146-147 D 6
Mvuha ○ EAT 150-151 J 4
Mvuma ○ ZW 154-155 F 4
Mvurwi ○ ZW 154-155 F 3
Mvuvye ∼ Z 154-155 F 2
Mwabungu ○ EAK 148-149 G 6
Mwadi-Kalumbu ○ ZRE 152-153 E 3
Mwadingusha ○ ZRE 150-151 D 6
Mwafwe ∼ Z 154-155 C 1
Mwaga ○ EAT 150-151 J 5
Mwala ○ MW 154-155 H 3
Mwaleshi ∼ Z 150-151 F 6
Mwambo ○ EAT 150-151 L 6
Mwambwa ∼ Z 150-151 G 6
Mwami ○ ZW 154-155 E 3
Mwana-Ndeke ○ ZRE 146-147 L 6
Mwangalala ○ ZRE 150-151 D 6
Mwangia, Pania- ○ ZRE 150-151 E 4
Mwango ○ ZRE 150-151 C 4
Mwanibwaghosu ○ SOL 120 I f 4
Mwanisenga ○ EAT 148-149 D 6
Mwanza □ EAT 148-149 D 5
Mwanza ☆• EAT 148-149 D 5
Mwanza ○ MW 154-155 H 2
Mwanza ○ ZRE 150-151 D 4
Mwanza Gulf ○ EAT 148-149 D 5
Mwanzangoma ∼ ZRE 146-147 J 6
Mwaru ∼ EAT 148-149 E 6
Mwatasi ○ EAT 150-151 J 4
Mwatate ○ EAK 148-149 G 5
Mwatate ∼ EAK 148-149 G 5
Mwea National Reserve ⊥ EAK 148-149 F 4
Mweka ○ ZRE 146-147 H 6
Mwembeshi ○ Z 154-155 D 2
Mwenda ○ Z 150-151 E 6
Mwene-Biji ○ ZRE 150-151 B 5
Mwene-Ditu ○ ZRE 150-151 B 4
Mwenezi ○ ZW (Mvi) 154-155 F 5
Mwenezi ∼ ZW 154-155 F 5
Mwenga ○ ZRE 148-149 B 5
Mweru, Lake ○ Z 150-151 E 5
Mweru Wantipa, Lake ○ Z 150-151 E 5
Mweru Wantipa National Park ⊥ Z 150-151 E 5
Mwilambwe ○ ZRE 150-151 C 5
Mwimbwi ○ EAT 150-151 F 5
Mwingi ○ EAK 148-149 G 4
Mwinilunga ○ Z 150-151 C 6
Mwitika ○ EAK 148-149 G 4
Mwitikira ○ EAT 150-151 H 4
Mwogo ∼ RWA 148-149 B 5
Mwombezhi ∼ Z 154-155 C 1
My ∼ RUS 58-59 J 2
Mya, Oued ∼ DZ 126-127 D 6
Myaing ○ MYA 78-79 J 5
Myall Lakes National Park ⊥ AUS 116-117 M 2
Myanaung ○ MYA 78-79 J 6
Myanmar = Myanmar ■ MYA 78-79 J 5
Mychajlivka ○ UA 38-39 J 4
Mychla ○ MYA 78-79 K 5
Mye, Mount ▲ CDN 164-165 Y 5
Myeik Kyûnzu = Mergui, Archipel ⌒ MYA 94-95 D 4
Myingyan ○ MYA 78-79 J 5
Myinmoletkat Taung ▲ MYA 94-95 E 4
Myitkyina ○ MYA 78-79 K 3
Myitnge ∼ MYA 78-79 K 5
Myittha ○ MYA 78-79 K 5
Mykenai •• GR 36-37 J 6
Mykolajiv ○ UA 38-39 G 4
Mykolajivs'ka cerkva • UA 38-39 C 3
Myky, Área Indígena ⚔ BR 214-215 H 3
Myla ○ RUS 24-25 V 4
Myla ∼ RUS 24-25 V 4
Mylga ∼ RUS 56-57 N 2
Mylius Erichsen Land ∴ GRØ 170-171 m 3
Mymensingh ○ BD 78-79 G 3
Mynāmäki ○ FIN 24-25 F 6
Myndagaj ○ RUS 56-57 E 3
Mynfontein ○ ZA 156-157 F 5
Mynsualmas ▲ KA 62-63 L 5
Myohaung ○ MYA 78-79 H 5
Myoko-san ▲ J 88-89 H 6
Myola ○ AUS 110-111 F 6
Myola ○ PNG 119 D 5
Myon ○ F (25) 238-239 H 2
Myotha ○ MYA 78-79 J 5
Myra ∴• TR 64-65 D 4
Myre ○ N 22-23 G 2
Myrhorod ○ UA 38-39 H 3
Mýri ○ IS 22-23 e 2
Myronivka ☆ UA 38-39 G 3
Myrtle ○ CDN 182-183 E 6
Myrtle Beach ○ USA 192-193 J 3
Myrtleford ○• AUS 116-117 J 4
Myrtle Point ○ USA 184-185 B 4
Mysen ☆ N 22-23 E 7
Mys-Kamennyj ○ RUS 44-45 P 7
Myski ○ RUS 60-61 P 2
Myškin ☆ RUS 30-31 Q 3
Myškino = Myškin ☆ RUS 30-31 Q 3
Myślenice ○• PL 28-29 P 4
My So'n • VN 94-95 K 3
Mysore ○•• IND 76-77 G 4
Mystery Caves ∴• USA 186-187 L 4
Mys Želanija ○ RUS 44-45 N 3
Myszyniec ○ PL 28-29 Q 2
My Tho ☆• VN 94-95 J 5
Mytišči ☆ RUS 30-31 P 4
Myton ○ USA 184-185 J 5
Mývatn • IS 22-23 e 2
Myzeqe ∼ AL 36-37 G 4
M'Zab ∴•• DZ 126-127 D 4
M'Zab, Oued ∼ DZ 126-127 E 4
Mže ∼ CZ 28-29 M 4
Mzenga ○ EAT 150-151 K 4
Mziha ○ EAT 148-149 F 6
Mzimba ○ MW 150-151 G 6
Mzimkulwana Nature Reserve ⊥ ZA 156-157 J 4
Mzouazia ○ F (985) 246 I b 2
Mzouazia, Baie de ≈ 246 I b 2
Mzuzu ☆ MW 150-151 H 6

N

Naab ∼ D 28-29 M 4
Naala ○ TCH 134-135 G 6
Naalehu ○ USA 192-193 E 8
Na'am ○ SUD 142-143 J 4
Na'am ∼ SUD 142-143 J 6
Na'ama ○ ET 130-131 G 4
Na'ān, an- ○ KSA 66-67 K 6
Naantali ○• FIN 24-25 G 6
Naas = An Nás ☆ IRL 26-27 D 5
Nababeep ○ ZA 156-157 C 4
Nabai ∼ F (988) 247 I c 3
Naban SK ∼ VRC 92-93 F 5
Nabar < TCH 134-135 K 3
Nabarlek ○ AUS 110-111 B 3
Nabas ○ RP 96-97 E 7
Nabatīya t-Tahtā ☆ RL 64-65 F 6
Nabavatu ○ FJI 120 III b 2
Nabawa ○ AUS 112-113 C 4
Nabawan ○ MAL 96-97 B 10
Nabberu, Lake ○ AUS 112-113 F 2
Nabéré, Réserve Partielle de ⊥ BF 138-139 J 4
Naberera ○ EAT 148-149 F 6
Naberežnye Čelny ☆ RUS 32-33 H 6
Nabesna River ∼ USA 164-165 T 5
Nabeul ☆ TN 126-127 H 2
Nabga ○ UAE 70-71 F 6
Nabhāniya, an- ○ KSA 66-67 H 5
Nabi, Wādī ∼ SUD 136-137 F 2
Nabiř ∼ RUS 58-59 K 3
Nabilatuk ○ EAU 148-149 E 2
Nabileque, Pantanal de ○ BR 214-215 J 7
Nabileque, Rio ∼ BR 214-215 J 7
Nabil'skij, zaliv ○ RUS 58-59 K 3
Nabingora ○ EAU 148-149 C 3
Nabire ○ RI 102-103 H 3
Nabisar ○ PK 74-75 B 7
Nabī Šu'aib, Ğabal an- ▲ Y 68-69 C 6
Nabk, an- ○ KSA 66-67 F 2
Nabljudenij, mys ▲ RUS 56-57 T 3
Naboga ○ GH 138-139 K 5
Naboomspruit ○ ZA 156-157 J 2
Nabou ○ BF 138-139 J 4
Naboulgou ○ RT 138-139 L 4
Nabouwalu ○ FJI 120 III b 2
Nabq ○ ET 130-131 G 3
Nabukjuak Bay ≈ 180-181 L 2
Nābulus = Shekhem ☆ WB 66-67 D 1
Nabuquen, Caño ∼ CO 204-205 G 6
Nabusamke ○ EAU 148-149 D 3
Nabwān ○ KSA 66-67 G 4
Nacala ○ MOC 154-155 L 2
Načalovo ☆ RUS 32-33 F 10
Nacaome ☆ HN 196-197 L 5
Nacaroa ○ MOC 154-155 K 2
Nacebe ○ BOL 214-215 D 2
Naches ○ USA 184-185 D 2
Naches River ∼ USA 184-185 D 2
Nachicapau, Lac ○ CDN 180-181 Q 6
Nachingwea ○ EAT 150-151 K 6
Nāchna ○ IND 74-75 C 6
Nachtigal, Cap ▲ CAM 146-147 B 2
Nachtigal, Chutes de ∼ CAM 140-141 J 6
Nachuge ○ IND 76-77 L 4
Nachvak Fiord ≈ 180-181 S 5
Načikinskij, mys ▲ RUS 56-57 U 5
Nacionalni park Brioni ⊥ HR 36-37 D 2
Nacionalni park Kornati ⊥ HR 36-37 E 3
Nacionalni park Kozara ⊥ BIH 36-37 F 2
Nacionalni park Mljet ⊥ HR 36-37 F 3
Nacionalni park Orjen ⊥ YU 36-37 G 3
Nacionalni park Paklenica ⊥• HR 36-37 E 2
Nacionalni park Plitvička Jezera ⊥•• HR 36-37 E 2
Nacional'nyj park "Losinyj ostrov" ⊥ RUS 30-31 P 4
Nackara ○ AUS 116-117 E 2
Naco ∴ HN 196-197 K 4
Nacogdoches ○ USA 188-189 K 4
Nacori Chico ○ MEX 194-195 E 3
Nacozari de García ○ MEX 194-195 E 2
Nacre, Côte de ∼ F (14) 228-229 C 5
Nacres, Côtes des ∼ F (2A) 244 D 5
Nacula ⌒ FJI 120 III a 2
Ñacuñán ○ RA 222-223 F 3
Ñacuñán, Reserva Ecológica ⊥ RA 222-223 E 2
Nacyjanal'ny park Belavežskaja pušča ⊥•• BY 30-31 J 5
Nadaillac ○ F (24) 236-237 H 5
Nadawli ○ GH 138-139 J 4
Nād-e 'Alī ○ AFG 70-71 K 3
Nāder Šāh Kūt ○ AFG 74-75 C 2
Nadēžnyj, mys ▲ RUS 46-47 c 2
Nadi ○ FJI 120 III a 2
Nadi ○ SUD 136-137 F 3
Nadiād ○ IND 74-75 D 8
Nadina River ○ CDN 176-177 G 5
Nadjaf = Naǧaf, an- ☆ IRQ 64-65 L 7
Nadoba ○ RT 138-139 L 4
Nadojaha ∼ RUS 44-45 N 6
Nador ○ MA 124-125 K 3
Nadudoturku ozero ○ RUS 44-45 U 5
Nadura, Temple of ∴• ET 130-131 E 5
Naduri ○ FJI 120 III b 2
Nadvirna ☆ UA 38-39 D 3
Nadym ○ RUS 50-51 M 2
Nadym ∼ RUS 50-51 L 3
Nadymskaja Ob' ≈ 44-45 N 8
Nadzab ○ PNG 119 D 4
Na'ebabad ○ AFG 72-73 K 6
Naejangsan National Park ⊥• ROK 86-87 F 10
Nærøyfjorden ∴• N 22-23 C 6
Næstved ○• DK 22-23 E 9
Nafada ○ WAN 140-141 J 3
Nafadji, Baté- ○ RG 138-139 F 4
Nafadji ○ SN 138-139 E 3
Nafaq Ahmad Hamdi II ET 130-131 F 2
Nafi ○ KSA 66-67 H 5
Nafiša ○ ET 130-131 F 2
Nāfpaktos ○ GR 36-37 H 5
Nafplio ○• GR 36-37 J 6
Naft-e Šāh ○ IR 70-71 A 1
Nafūd ad-Dahi ∴ KSA 68-69 D 3
Nafūd al-Kubrā, an- ∴ KSA 66-67 G 3
Nafūd al-'Uraik ∴ KSA 66-67 H 5
Nafūd as-Sirr ∴ KSA 66-67 J 5
Nafūsah, Jabal ▲ LAR 128-129 D 2
Nāg ○ PK 70-71 L 5
Naga ○ RP (CAS) 96-97 E 6
Naga ○ RP (CEB) 96-97 E 7
Naǧaf, an- □ IRQ 64-65 K 7
Naǧaf, an- ☆ IRQ (NAG) 64-65 L 7
Naǧafābād ○ IR 70-71 D 2
Nagagami Lake ○ CDN 178-179 O 6
Nagai Island ⌒ USA 166-167 Q 5
Nagaj ○ IND 76-77 F 2
Nāgāland □ IND 78-79 J 2
Nag' al-Ma'mariya ○ ET 130-131 F 5
Nagamangala ○ IND 76-77 G 4
Nagambie ○ AUS 116-117 H 4
Nagam River Mission ○ PNG 119 B 2
Nagandana ○ CI 138-139 H 4
Nagano ○ J 88-89 H 6
Naganuma ○ J 88-89 J 3
Nagaoka ○ J 88-89 H 6
Nagaon ○ IND 78-79 H 2
Nagappattinam ○ IND 76-77 H 5
Nagara ○ RMM 138-139 F 2
Nagare Augū ▲ MYA 94-95 C 2
Nagarhole National Park ⊥ IND 76-77 G 4
Nagari ○ IND 76-77 H 4
Nagarjuna Sāgar ○ IND 76-77 H 2
Nagar Karnūl ○ IND 76-77 H 2
Nagarote ○ NIC 196-197 L 5
Nagar Pārkar ○ PK 74-75 C 7
Nagarzê ○ VRC 80-81 H 6
Nagasaki ☆• J 88-89 C 8
Naga-shima ⌒ J 88-89 D 8
Nāgaur ○ IND 74-75 D 6
Nagayaman Point ▲ RP 96-97 E 3
Nāgbhir ○ IND 74-75 G 9
Nagbo ○ GH 138-139 K 4
Naǧd ∴ KSA 66-67 G 4
Nage ○ RI 104 E 7
Nagercoil ○ IND 76-77 G 6
Nageriwāla ○ PK 74-75 C 4
Nages ○ F (81) 240-241 K 3
Naǧ 'Hammādī ○ ET 130-131 F 4
Nagichot ○ SUD 144-145 A 6
Nagina ○ IND 74-75 G 5
Naglějngynvaam ∼ RUS 48-49 O 2
Naglějnyn, gora ▲ RUS 48-49 P 2
Naglějnyn, mys ▲ RUS 48-49 P 2
Nago ○ J 88-89 B 11
Nāgod ○ IND 78-79 B 3
Nagor'e ○ RUS 30-31 Q 3
Nagornyj ○ RUS (SAH) 54-55 M 8
Nagornyj ☆ RUS (KOR) 48-49 U 5
Nagorsk ☆ RUS 32-33 G 4
Nagoya ☆• J 88-89 G 7
Nāgpur ○ IND 74-75 G 9
Nagqu ○ VRC 80-81 J 5
Nāgrāl ○ IND 76-77 E 2
Naǧrān □ KSA 68-69 D 4
Naǧrān ☆• KSA (NAG) 68-69 D 5
Naǧrān, Wādī ∼ Y 68-69 D 5
Nagsiaran ○ RP 96-97 D 5
Nagua ☆ DOM 198-199 L 5
Nagvaraaluk, Lac ○ CDN 180-181 O 4
Nagykanizsa ○ H 28-29 O 5
Naha ○ J 88-89 B 11
Na Haeo ○ THA 94-95 F 2
Nāhan ○ IND 74-75 F 4
Na Hang ☆ VN 92-93 D 5
Nahang, Rūd-e ∼ IR 70-71 K 5
Nahanni Butte ○ CDN 174-175 H 5
Nahanni National Park ⊥•• CDN 174-175 G 5
Nahara, Orto- ○ RUS 54-55 G 5
Naharian, Pointe ▲ F (988) 247 I a 2
Nahatta ∼ RUS 46-47 X 6
Naheleg ⌒ ER 136-137 K 4
Nahia Lo ☆ VN 92-93 D 6
Nāhid, Bi'r < ET 130-131 D 2
Nahl, Rūd-e ∼ IR 70-71 H 3
Nahlin ○ CDN 176-177 E 2
Nahlin Plateau ▲ CDN 176-177 D 2
Naho ○ SOL 120 I e 3
Nahodka ○ RUS 44-45 R 8
Nahodka ○ RUS 58-59 E 7
Nahodka, buhta ≈ 44-45 P 8
Nahodka, ostrov ⌒ RUS 48-49 V 1
Nahoi, Cape = Cape Cumberland ▲ VAN 120 II a 2
Nahon ∼ F (36) 232-233 F 5
Nahrin ○ AFG 72-73 L 6
Nahr Ouessel ∼ DZ 126-127 C 3
Nahualate, Río ∼ GCA 196-197 J 4
Nahuatzen ○ MEX 196-197 D 2
Nahuelbuta, Cordillera de ▲ RCH 222-223 C 5
Nahuelbuta, Parque Nacional ⊥ RCH 222-223 C 4
Nahuel Huapi ○ RA 222-223 D 6
Nahuel Huapi, Lago ○ RA 222-223 D 6
Nahuel Huapi, Parque Nacional ⊥ RA 222-223 D 6
Nahuel Mapá ○ RA 222-223 F 3
Nahum, Hefar ∴• IL 66-67 D 1
Nahunta ○ USA 192-193 H 4
Nahuo ○ VRC 92-93 G 6
Nahwitti ○ CDN 176-177 F 6
Nā'ī, an- ○ KSA 66-67 H 4
Naiams Fort • NAM 156-157 C 3
Naica ○ MEX 194-195 G 4
Naicam ○ CDN 178-179 D 4
Nā'īd Abār ○ KSA 68-69 C 5
Naidi ○ FJI 120 III b 2
Nā'īf al-'Āǧil ○ IRQ 64-65 L 7
Naihbawi ○ IND 78-79 H 4
Naij Tal ○ VRC 80-81 K 3
Naiklu ○ RI 102-103 B 6
Naikoon Provincial Park ⊥ CDN 176-177 E 5
Naila ○ D 28-29 L 3
Nailaga ○ FJI 120 III a 2
Naillat ○ F (23) 236-237 J 3
Nailloux ○ F (31) 240-241 H 4
Nailly ○ F (89) 232-233 J 3
Naiman Qi ○ VRC 86-87 C 6
Nain ○ CDN 180-181 T 6
Nāin ○• IR 70-71 E 2
Naini Tāl ○• IND 74-75 G 5
Nainpur ○ IND 78-79 B 4
Naintré ○ F (86) 236-237 F 2
Naiopue ○ MOC 154-155 J 2
Nairai ⌒ FJI 120 III b 2
Nairn ○ GB 26-27 F 3
Nairobi □ EAK 148-149 F 4
Nairobi ☆ EAK 148-149 F 4
Nairobi National Park ⊥• EAK 148-149 F 4
Nairoto ○ MOC 150-151 K 7
Naisey-les-Granges ○ F (25) 238-239 J 2
Naitaba ⌒ FJI 120 III c 2
Naivasha ○ EAK 148-149 F 4
Naivasha, Lake ○ EAK 148-149 F 4
Naiwangaa ○ EAT 150-151 K 5
Naizin ○ F (56) 230-231 F 4
Najac ○• F (12) 240-241 H 2
Najahan ∼ RUS 48-49 K 5
Najahanskaja guba ○ RUS 56-57 S 3
Najahanskij hrebet ▲ RUS 48-49 K 5
Najasa ∼ C 198-199 G 4
Najba ○ RUS 46-47 S 4
Najba ∼ RUS 58-59 K 5
Nájera ○• E 34-35 F 3
Najibābād ○ IND 74-75 G 5
Najtingejl, proliv ≈ 20-21 a 2
Najverga ∼ RUS 54-55 G 5
Najzataš, pereval ▲ TJ 72-73 N 6
Nakada ▲ F (988) 247 I d 3
Nakadōri-shima ⌒ J 88-89 C 8
Na Kae ○ THA 94-95 H 2
Nakagawa ○ J 88-89 K 2
Naka-gawa ∼ J 88-89 J 6
Nakamoéka ○ RCB 146-147 D 6
Nakamura ○ J 88-89 E 8
Nakanai Mountains ▲ PNG 119 F 3
Nakanno ○ RUS 52-53 O 4
Nakano-shima ⌒ J (KGA) 88-89 C 10
Nakano-shima ⌒ J (SHM) 88-89 E 6
Nakasato ○ J 88-89 J 4
Naka-Shibetsu ○ J 88-89 L 3
Nakasongola ○ EAU 148-149 D 3
Naka-Tane ○ J 88-89 D 9
Nakatsu ○ J 88-89 D 8
Nakatsugawa ○ J 88-89 G 7
Nakchamik Island ⌒ USA 166-167 S 4
Naked Island ⌒ USA 164-165 R 6
Nakel = Nakło nad Notecią ○ PL 28-29 O 2
Nakéty ○ F (988) 247 I c 3
Nak'fa ○ ER 136-137 J 4
Nakhchyvan = Naxçıvan ☆ AZ 64-65 L 3
Nakhitchevan, Rép. aut. du = Naxçıvan Muxtar Respublikası □ AZ 64-65 L 3
Nakhon Nayok ○ THA 94-95 F 3
Nakhon Pathom ○ THA 94-95 F 4
Nakhon Phanom ○ THA 94-95 H 2
Nakhon Ratchasima ○ THA 94-95 G 3
Nakhon Sawan ○ THA 94-95 F 3
Nakhon Si Thammarat ○•• THA 94-95 E 6
Nakhon Thai ○ THA 94-95 F 2
Nakhtarāna ○ IND 74-75 B 8
Naki-Est ○ RT 138-139 L 4
Nakina ○ CDN 178-179 N 5
Nakitoma ○ EAU 148-149 D 3
Nakivali, Lake ○ EAU 148-149 C 4
Nakkala ○ CL 76-77 J 7
Naknek ○ USA 166-167 S 3
Naknek Lake ○ USA 166-167 S 3
Nako ○ BF 138-139 J 4
Nakonde ○ Z 150-151 G 5
Nakong-Atinia ○ GH 138-139 K 4
Nakop ○ NAM 156-157 D 4
Nako-Tombetsu ○ J 88-89 K 2
Nakpanduri ○ GH 138-139 K 4
Nakpayili ○ GH 138-139 L 5
Nakskov ○ DK 22-23 E 9
Nakson, gora ▲ RUS 52-53 G 3
Naktong Gang ∼ ROK 86-87 G 10
Nakum ∴• GCA 196-197 K 3
Nakuru ☆ EAK 148-149 F 4
Nakuru, Lake ○ EAK 148-149 F 4
Nakusp ○ CDN 176-177 M 6
Nāl ∼ PK 70-71 L 5
Nalagāmula ○ IND 76-77 J 4
Nālāgarh ○ IND 74-75 F 4
Nalajh ○ MAU 84-85 H 4
Nalatale Ruins ∴• ZW 154-155 E 4
Nālatvād ○ IND 76-77 G 2
Nalázi ○ MOC 156-157 L 2
Nalbarra ○ AUS 112-113 D 4
Nalcayes, Isla ⌒ RCH 224 D 3
Nal'čik ☆ RUS 62-63 E 6
Naldrug ○ IND 76-77 G 2
Nalgonda ○ IND 76-77 H 2
Nali ○ VRC 92-93 F 6
Nalim'e, ozero ○ RUS 44-45 V 8
Nalim-Rassoha ∼ RUS 46-47 K 6
Nalimsk ○ RUS 46-47 d 6
Naliya ○ IND 74-75 B 8
Nāljānkā ○ FIN 24-25 K 4
Nalkhera ○ IND 74-75 F 8
Nalliers ○ F (85) 236-237 C 3
Nallıhan ☆ TR 64-65 D 2
Nalong ○ MYA 78-79 K 3
Nalusuku Pool < Z 154-155 B 3
Nālūt ○ LAR 126-127 H 5
Nalzen ○ F (09) 240-241 H 5
Nama ∼ NAM 152-153 F 9
Nama ○ RI 102-103 F 4
Namaa, Tanjung ▲ RI 102-103 E 3
Namaacha ○ MOC 156-157 L 2
Namacunde ○ ANG 152-153 C 8
Namacurra ○ MOC 154-155 J 3
Namadgi National Park ⊥ AUS 116-117 K 3
Namadī, Daǧ-e ○ AFG 70-71 J 2
Namak, Daryā-ye ○ IR 70-71 G 1
Namak, Kavīr-e ○ IR 70-71 G 1
Namak, Kūh-e ▲ IR 70-71 D 4
Namakan ∼ RUS 44-45 a 6
Namak-e Sirǧān, Kavīr-e ○ IR 70-71 F 4
Namakia ○ RM 158-159 D 5
Nāmakkal ○ IND 76-77 H 5
Namaksār ○ AFG 70-71 J 2
Namaksar, Kāl-e ○ IR 70-71 J 1
Namakwaland ∴ ZA 156-157 C 4
Namaland ∴ NAM 156-157 C 3
Namana ∼ RUS 54-55 K 4
Namanga ○ EAK 148-149 F 5
Namangan ○ US 72-73 M 4
Namanganskaja oblast' □ US 72-73 M 4
Namanyere ○ EAT 150-151 F 4
Namapa ○ MOC 154-155 K 1
Namaponda ○ MOC 154-155 K 3
Namarrói ○ MOC 154-155 J 2
Namas ○ RI 102-103 L 4
Namasagali ○ EAU 148-149 D 3
Namasale ○ EAU 148-149 D 3
Namassi ○ CI 138-139 J 6
Namatanai ○ PNG 119 G 2
Namatote, Pulau ⌒ RI 102-103 G 3
Namba ○ ANG 152-153 C 5
Nambazo ○ MW 154-155 H 2
Nambe Indian Reservation ⚔ USA 188-189 E 2
Namber ○ RI 102-103 H 2
Nambi ○ AUS 112-113 F 4
Nambikwara, Área Indígena ⚔ BR 214-215 H 3
Nambima, Tanjung ▲ RI 102-103 H 4
Nambolaki, Pulau ⌒ RI 104 E 6
Namboukaha ○ CI 138-139 H 5
Nambour ○ AUS 114-115 M 4
Nambuangongo ○ ANG 152-153 C 4
Nambucca Heads ○ AUS 114-115 M 6
Nambung National Park ⊥ AUS 112-113 C 5
Namche Bazar ○ NEP 80-81 F 7
Namchi ○ IND 78-79 F 2
Nam Chon Reservoir < THA 94-95 E 3
Nam Co ○ VRC (XIZ) 80-81 H 5
Nam Co • VRC (XIZ) 80-81 H 5
Namcy ☆ RUS 54-55 O 4
Nam Du, Quần Đảo ⌒ VN 94-95 H 6
Namen = Namur ☆• B 28-29 H 3
Namenalala ⌒ FJI 120 III b 2
Nā Mèo ○ VN 92-93 D 6
Nametil ○ MOC 154-155 K 2
Namew Lake ○ CDN 178-179 F 3
Namgorab ▲ NAM 156-157 C 2
Namhae Do ⌒ ROK 86-87 F 10
Namhan Gang ∼ ROK 86-87 F 9
Nami ○ MAL 98-99 D 2
Namialo ○ MOC 154-155 K 2
Namibe □ ANG 152-153 B 7
Namibe ☆• ANG 152-153 B 7
Namibe, Deserto de ∴ ANG 152-153 A 8
Namibe, Reserva de ⊥ ANG 152-153 B 7
Namibia = Namibie ■ NAM 152-153 C 10
Namibia Abyssal Plain = Namibie, Plaine Abyssale de ≃ 14-15 K 11
Namibie = Namibia ■ NAM 152-153 C 10
Namibie, Plaine Abyssale de = Namibia Abyssal Plain ≃ 14-15 K 11
Namib-Naukluft Park ⊥ NAM 156-157 B 2
Namibwoestyn = Namib Desert ∴ NAM 152-153 B 9
Namidobe ○ MOC 154-155 J 3
Namie ○ J 88-89 H 6
Namies ○ ZA 156-157 D 4
Namin ○ IR 64-65 N 3
Namina ○ MOC 154-155 K 2
Namioka ○ J 88-89 J 4
Namiquipa ○ MEX 194-195 F 3
Namiroe, Rio ∼ MOC 154-155 K 2
Namitete ○ MW 154-155 G 2
Namjagbarwa Feng ▲ VRC 80-81 K 6
Namlan ○ MYA 78-79 K 4
Namlea ○ RI 102-103 D 3
Nam Léa, Mount ▲ K 94-95 J 4
Namling ○ VRC 80-81 G 6
Nam-mawng ○ MYA 78-79 L 5
Nam Ngum Reservoir ○ LAO 92-93 C 7
Namo ○ RI 100-101 F 4
Namoda, Kaura- ○ WAN 134-135 C 6
Namoi River ∼ AUS 114-115 K 6
Namon ○ RT 138-139 L 5
Namor ○ BR 210-211 F 6
Namorona ○ RM 158-159 F 8
Nam Ou ∼ LAO 92-93 C 6
Namounou ○ BF 138-139 L 4
Namous, Oued ∼ DZ 126-127 D 3
Nampa ○ USA 184-185 F 4
Nampagan ○ MYA 78-79 J 3
Nampala ○ RMM 138-139 H 2
Nam Pat ○ THA 94-95 F 2
Nampevo ○ MOC 154-155 J 3
Nampo ○ DVR 86-87 E 8
Nampont-Saint-Martin ○ F (80) 228-229 H 3
Nam Poon ○ THA 78-79 M 6
Nampteuil-sous-Muret ○ F (02) 228-229 L 5
Nampuecha ○ MOC 154-155 L 1
Nampula □ MOC 154-155 K 2
Nampula ☆ MOC (Nam) 154-155 K 2
Namrole ○ RI 102-103 D 3
Namru ○ VRC 80-81 C 5
Namslau = Namysłów ○• PL 28-29 O 3
Namsos ○ N 22-23 E 4
Namsskogan ○ N 22-23 F 4
Namtabung ○ RI 102-103 F 6
Namtha ○ MYA 78-79 J 3
Nam Theun ○ LAO 94-95 H 2
Nam Tok Chat Trakan National Park ⊥ THA 94-95 F 2
Namtu ○ MYA 78-79 K 4
Namtumbo ○ EAT 150-151 J 6
Namu ○ CDN 176-177 G 6
Namudi ○ PNG 119 E 5
Namuiranga ○ MOC 150-151 L 6
Namukumbo ○ Z 154-155 D 2
Namuli, Monte ▲ MOC 154-155 J 2
Namuno ○ MOC 154-155 K 1
Nam Un Reservoir ○ THA 94-95 G 2
Namur ☆• B 28-29 H 3
Namur ○ CDN 182-183 G 6
Namur Lake ○ CDN 176-177 O 3
Namur Lake Indian Reserve ⚔ CDN 176-177 O 3
Namutoni ○ NAM 152-153 D 9
Namwaan, Pulau ⌒ RI 102-103 F 5
Namwala ○ Z 154-155 D 2
Namwera ○ MW 154-155 H 2
Namwŏn ○ ROK 86-87 F 10
Namy ○ RUS 46-47 T 5
Namyldžylah ∼ RUS 54-55 K 5
Namyndykan ∼ RUS 48-49 K 4
Namysłów ○• PL 28-29 O 3
Nan ○ THA 78-79 M 6
Nan, Sa ○ THA 78-79 M 6
Nana ○ CAM 142-143 B 5
Nana ∼ RCA 142-143 B 6
Nana Bakassa ○ RCA (OUH) 142-143 C 5
Nana Bakassa ∼ RCA 142-143 C 5
Nana Barya ∼ TCH 142-143 C 5
Nana Barya, Réserve de la ⊥ RCA 142-143 C 5
Nana Candundo ○ ANG 150-151 B 6
Nanae ○ J 88-89 J 4
Nanafalia ○ USA 192-193 E 3
Nana-Grébizi □ RCA 142-143 D 5
Nanaimo ○ CDN 176-177 J 7
Nana-Mambéré □ RCA 142-143 B 6
Nanambinia ○ AUS 112-113 G 6
Nana Museum of the Arctic • USA 164-165 J 3
Nanango ○ AUS 114-115 L 4
Nananu-i-ra ⌒ FJI 120 III b 2
Nanao ○ J 88-89 G 6
Nan'ao Dao ⌒ VRC 92-93 K 5
Nanase ○ PNG 119 B 4
Nanay, Río ∼ PE 208-209 F 3
Nanbu ○ VRC 90-91 E 6
Nançay ○ F (18) 232-233 G 5
Nancay, Arroyo ∼ RA 222-223 K 2
Nancha ○ VRC 86-87 G 4
Nanchang ☆• VRC 92-93 J 2
Nancheng ○ VRC 92-93 K 3

Nanchital ○ MEX 196-197 G 2
Nanchititla, Parque Natural ⊥ MEX 196-197 D 2
Nanchong ○ VRC 90-91 E 6
Nanchuan ○ VRC 92-93 E 2
Nancowry Island ⌒ IND 76-77 L 6
Nancras ○ F (17) 236-237 D 4
Nancray ○ F (25) 238-239 J 2
Nancy ✩••• F (54) 234-235 J 4
Nanda Devi ▲••• IND 80-81 C 5
Nandaï ○ F (988) 247 I c 3
Nandaime ○ NIC 196-197 L 6
Nandalūr ○ IND 76-77 H 3
Nandaly ○ AUS 116-117 G 3
Nandan ○ VRC 92-93 E 4
Nanded ○ IND 74-75 F 10
Nandewar Range ▲ AUS 114-115 L 6
Nāndghāt ○ IND 78-79 B 5
Nandi ○ ZW 154-155 F 5
Nandigāma ○ IND 76-77 J 2
Nandigram ○ BD 78-79 F 3
Nandi Hills ○• IND 76-77 G 4
Nandikotkūr ○ IND 76-77 H 3
Nanding Hé ∼ VRC 78-79 L 4
Nandipadu ○ IND 76-77 H 3
Nandom ○ GH 138-139 J 4
Nandouta ○ RT 138-139 L 5
Nandowrie P.O. ○ AUS 114-115 J 3
Nāndūra ○ IND 74-75 F 9
Nandurbār ○ IND 74-75 E 9
Nandyal ○ IND 76-77 H 3
Nanfeng ○ VRC 92-93 K 3
Nangade ○ MOC 150-151 K 6
Nanga Eboko ○ CAM 140-141 K 6
Nangah Ketungau ○ RI 98-99 J 4
Nangah Pinoh ○ RI 98-99 J 5
Nangah Sokan ○ RI 98-99 J 5
Nangalala ✕ AUS 110-111 C 3
Nanganga ○ EAT 150-151 K 6
Nanga Parbat ▲ PK 74-75 E 2
Nangarhār □ AFG 74-75 C 2
Nangaroro ○ RI 104 E 7
Nanga Tamin ○ MAL 98-99 K 3
Nanga Tayap ○ RI 98-99 J 5
Nangbéto ○ RT 138-139 L 6
Nangbéto, Retenue de < RT 138-139 L 6
Nang'egan ∼ RUS 50-51 L 3
Nangin ○ MYA 94-95 E 5
Nangis ○ F (77) 232-233 J 2
Nango ○ J 88-89 D 8
Nangolet ○ SUD 144-145 A 6
Nangomba ○ EAT 150-151 K 6
Nangong ○ VRC 90-91 J 3
Nangqên ○ VRC 80-81 L 4
Nang Rong ○ THA 94-95 G 3
Nänguneri ○ IND 76-77 G 6
Nangunhe Z.B. ⊥• VRC 78-79 L 4
Nangurukuru ○ EAT 150-151 K 5
Nanguruwe ○ EAT 150-151 K 6
Nang Xian ○ VRC 80-81 J 6
Nan Hai ≈ 92-93 J 6
Nanhua ○ RC 92-93 M 5
Nanhua ○ VRC 92-93 B 4
Nanhui ○ VRC 90-91 M 6
Nanjangud ○• IND 76-77 G 4
Nanjian ○ VRC 78-79 M 3
Nanjiang ○ VRC 90-91 E 5
Nanjing ✩• VRC 90-91 L 5
Nanjirinji ○ EAT 150-151 K 5
Nankāna Sāhib ○ PK 74-75 D 4
Nankang ○ VRC (GXI) 92-93 F 6
Nankang ○ VRC (JXI) 92-93 J 4
Nankin = Nanjing ✩• VRC 90-91 L 5
Nankoku ○ J 88-89 E 8
Nankova ○ ANG 152-153 E 8
Nankunshan • VRC 92-93 H 5
Nanle ○ VRC 90-91 J 3
Nanling ○ VRC 90-91 L 6
Nan Ling ▲ VRC 92-93 G 4
Nanlixa ○ MOC 154-155 J 1
Nannine ○ AUS 112-113 E 3
Nanning ✩ VRC 92-93 F 5
Nannup ○ AUS 112-113 C 6
Nano ∼ DY 140-141 E 4
Nanoro ○ BF 138-139 J 3
Nanortalik ○ GRØ 172-173 S 6
Nanortalik Banke ≃ 172-173 R 6
Nanosnyj, ostrov ⌒ RUS 46-47 X 1
Nanpan Jiang ∼ VRC 92-93 D 4
Nanpara ○ IND 78-79 B 2
Nanpeng Liedao ⌒ VRC 92-93 K 5
Nanping ○ VRC (FUJ) 92-93 L 3
Nanping ○ VRC (HUN) 92-93 H 2
Nansebo ○ ETH 144-145 D 5
Nansei-shotō ⌒ J 88-89 B 11
Nansen, Kap ▲ GRØ (ØGR) 170-171 r 4
Nansen, Kap ▲ GRØ (ØGR) 172-173 a 2
Nansen, Mount ▲ CDN 164-165 W 5
Nansena, ostrov ⌒ RUS 44-45 Z 3
Nansena, ostrov ⌒ RUS (ARH) 20-21 d 2
Nansen Fjord ≈ 172-173 a 2
Nansen Gletscher ⊂ GRØ 170-171 V 6
Nansen Land ⊥ GRØ 170-171 c 2
Nansen Sound ≈ 170-171 E 3
Nanshui SK ∼ VRC 92-93 H 4
Nansio ○ EAT 148-149 D 5
Nans-les-Pins ○ F (83) 242-243 H 5
Nans-sous-Sainte-Anne ○ F (25) 238-239 J 3
Nant ○ F (12) 242-243 C 3
Nantais, Lac ⬭ CDN 180-181 M 4
Nantamba ○ PNG 119 F 3
Nant-Bride ○ F (74) 238-239 K 4
Nanterre ○ F (92) 232-233 G 2
Nantes ✩• F (44) 230-231 H 5
Nantes à Brest, Canal de < F (22) 230-231 E 3
Nantes-en-Ratier ○ F (38) 242-243 H 2
Nanteuil-le-Haudouin ○ F (60) 228-229 K 5
Nantiat ○ F (87) 236-237 H 3
Nanton ○ CDN 176-177 O 6
Nanton ○ GH 138-139 K 5
Nantong ○ VRC 90-91 M 5
Nantong (Jinsha) ○ VRC 90-91 M 5
Nantou ○ RC 92-93 M 5
Nantua ○ F (01) 238-239 H 4
Nantucket ○ USA 190-191 N 5
Nantucket Island ⌒ USA 190-191 N 5
Nantucket Shoals ≈ 190-191 N 5
Nantulo ○ MOC 150-151 K 7
Nanuku Passage ≈ 120 III c 2
Nanumea ⌒ TUV 9 J 3
Nanuque ○ BR 216-217 K 4
Nanūr ○ IR 64-65 M 5
Nanusa, Kepulauan ⌒ RI 100-101 K 1
Nanutarra Roadhouse ○ AUS 108-109 B 7
Nan Xian ○ VRC 92-93 H 2
Nanxiao ○ VRC 92-93 F 5
Nanxijiang • VRC 92-93 M 2
Nanxiong ○ VRC 92-93 J 4
Nanxu ○ VRC 92-93 G 4
Nanyamba ○ EAT 150-151 K 6
Nanyang ○ VRC 90-91 H 5
Nanyang Hu ∼ VRC 90-91 K 4
Nanyi Hu ○ VRC 90-91 L 6
Nan-yō ○ J 88-89 J 5
Nanyuki ○ EAK 148-149 F 3
Nanzhai ○ VRC 92-93 F 3
Nanzhang ○ VRC 90-91 G 6
Nanzhao ○ VRC 90-91 H 5
Nanzhila ○ Z (SOU) 154-155 C 3
Nanzhila ∼ Z 154-155 D 3
Nao, Cabo de la ▲ E 34-35 H 5
Naococane, Lac ⬭ CDN 182-183 J 2
Naogaon ○ BD 78-79 F 3
Não-me-Toque ○ BR 218-219 D 7
Nao Nao, Motu ⌒ F (987) 247 IV b 2
Naoue, Pic ▲ F (988) 247 I d 4
Naours ○ F (80) 228-229 J 3
Náoussa ○ GR 36-37 J 4
Naozhou Dao ⌒ VRC 92-93 G 6
Napa ○ USA 184-185 C 6
Napabale Lagoon ⊥•• RI 100-101 H 6
Napacao Point ▲ RP 96-97 F 8
Napadogan ○ CDN 182-183 L 5
Napaha ○ MOC 154-155 K 1
Napaiskak ○ USA 164-165 K 6
Napaleofú, Arroyo ∼ RA 222-223 K 4
Napanee ○ CDN 182-183 F 6
Napanwainami ○ RI 102-103 H 3
Napan-yaur ○ RI 102-103 H 3
Napas ○ RUS 50-51 R 5
Napassorssuaq Fjord ≈ 172-173 T 6
Napatok Bay ≈ 180-181 S 6
Napeitom ○ EAK 148-149 F 3
Napido ○ RI 102-103 H 2
Napier ○ NZ 118 F 3
Napier ○ ZA 156-157 D 7
Napier, Mount ▲ AUS 108-109 J 4
Napier Broome Bay ≈ 108-109 H 3
Napier Downs ○ AUS 108-109 G 4
Napier Mountains ▲ ARK 16 G 6
Napier Peninsula ◡ AUS 110-111 C 3
Napier Range ▲ AUS 108-109 G 4
Naples ○ USA 192-193 H 6
Naples = Nápoli ✩•• I 36-37 D 4
Napo ○ VRC 92-93 E 5
Napo, Río ∼ EC 208-209 E 2
Napoca, Cluj- ✩• RO 38-39 C 4
Napoleon ○ USA (ND) 186-187 H 2
Napoleon ○ USA (OH) 190-191 F 5
Nápoli ✩•• I 36-37 E 4
Nápoli, Golfo di ≈ 36-37 E 4
Nappa Merrie ○ AUS 114-115 F 4
Napperby ○ AUS 108-109 L 7
Naqa, Temples of ••• SUD 136-137 F 4
Naqāda ○ ET 130-131 F 5
Naqade ○• IR 64-65 L 4
Naqb, Ra's an- ○ JOR 66-67 D 2
Nāqūra ○ RL 66-67 D 1
Nār, Umm an- ○ UAE 70-71 F 6
Nara ○ AUS 110-111 G 6
Nara ✩•• J 88-89 F 7
Nara ○ RMM 138-139 G 2
Narač ○ BY 30-31 K 4
Nāra Canal < PK 74-75 B 7
Naracoorte ○ AUS 116-117 F 4
Naracoorte Caves Conservation Park ⊥ AUS 116-117 F 4
Naradhan ○ AUS 116-117 J 2
Naraini ○ IND 78-79 B 3
Narāinpur ○ IND 78-79 B 6
Narājankher ○ IND 74-75 F 10
Naran ○ PK 74-75 D 2
Naran = Hongor ○ MAU 84-85 L 5
Narandiba ○ BR 216-217 E 7
Naranjal ○ EC 208-209 C 3
Naranjito ○ EC 208-209 C 3
Naranjo ∴• GCA 196-197 K 3
Naranjo ○ MEX 194-195 E 5
Naranjos ○ MEX 194-195 L 7
Narao ○ J 88-89 C 8
Narasannapeta ○ IND 78-79 D 6
Narasapuram ○ IND 76-77 J 2
Narasaraopet ○ IND 76-77 J 2
Narasimharajapura ○ IND 76-77 F 4
Narataj ○ RUS 52-53 K 8
Narathiwat ✩ THA 94-95 F 7
Nara Visa ○ USA 188-189 F 2
Naravuka ○ FJI 120 III b 2
Narayangadh ○ NEP 80-81 E 7
Narāyangaon ○ IND 74-75 D 10
Narbonne ○• F (11) 240-241 K 4
Narcondan Island ⌒ IND 94-95 C 4
Narcy ○ F (58) 232-233 J 5
Narding River ∼ CDN 168-169 N 6
Naré ○ RA 220-221 G 6
Narečí, ostrov ⌒ RUS 44-45 O 8
Narega Island ⌒ PNG 119 E 3
Naregal ○ IND 76-77 F 3
Narembeen ○ AUS 112-113 E 6
Naréna ○ RMM 138-139 F 3
Nares, Plaine Abyssale de = Nares Abyssal Plain ≃ 14-15 C 6
Nares Abyssal Plain = Nares, Plaine Abyssale de ≃ 14-15 C 6
Nares Land ⊥ GRØ 170-171 b 2
Nares Stræde ≈ 170-171 O 4
Nares Strait ≈ 170-171 N 4
Narew ○ PL 28-29 R 2
Narew ∼ PL 28-29 Q 2
Nargund ○ IND 76-77 F 3
Nari ∼ PK 70-71 M 4
Nāri ∼ PK 70-71 M 4
Narib ○ NAM 156-157 C 2
Narijn gol ∼ MAU 52-53 F 10
Narijntèèl = Čagaan-Ovoo ○ MAU 84-85 E 5
Narimanov ✩ RUS 32-33 E 10
Narinda, Helodrano ≈ 158-159 E 5
Narin Nur ○ VRC 90-91 F 2
Narita ○• J 88-89 J 7
Nar'jan-Mar ✩ RUS 24-25 W 3
Narkatiāganj ○ IND 78-79 D 2
Narmada ∼ IND 74-75 D 9
Narmada ∼ IND 74-75 E 8
Narmajaha ∼ RUS 44-45 L 7
Nārnaul ○ IND 74-75 F 5
Narndee ○ AUS 112-113 E 4
Narob ∼ NAM 156-157 C 2
Naroda ∼ RUS 50-51 F 2
Narodnaja, gora ▲ RUS 50-51 F 2
Národní park Šumava ⊥ CZ 28-29 M 4
Naro-Fominsk ✩• RUS 30-31 P 4
Naro Island ⌒ RP 96-97 E 7
Narok ○ EAK 148-149 E 4
Naro Moru ○ EAK 148-149 F 4
Narooma ○ AUS 116-117 L 4
Nārowāl ○ PK 74-75 E 3
Narrabri ○ AUS 114-115 K 6
Narracoota ○ AUS 112-113 E 2
Narragansett Bay ≈ 190-191 N 5
Narrandera ○ AUS 116-117 J 3
Narran Lake ⬭ AUS 114-115 J 5
Narran River ∼ AUS 114-115 J 5
Narraway River ∼ CDN 176-177 K 4
Narrien Range ▲ AUS 114-115 J 2
Narrogin ○ AUS 112-113 D 6
Narromine ○ AUS 116-117 K 2
Narrow Cape ▲ USA 166-167 U 4
Narrows Indian Reserve, The ✕ CDN 178-179 G 5
Narryer, Mount ▲ AUS 112-113 D 3
Narsalik ○ GRØ 172-173 Q 6
Narsampet ○ IND 76-77 H 2
Narsaq Kujalleg = Frederiksdal ○ GRØ 172-173 S 6
Narsarsuaq ○ GRØ 172-173 S 6
Narsimhapur ○ IND 74-75 G 8
Narsinghgarh ○ IND 74-75 F 8
Narsipatnam ○ IND 78-79 C 7
Nart ○ VRC 84-85 M 6
Narubis ○ NAM 156-157 D 3
Naru-shima ⌒ J 88-89 C 8
Naruto ○ J 88-89 F 7
Narva ○• EST 30-31 L 2
Narva ○ RUS 52-53 F 8
Narva laht ≈ 30-31 K 2
Narvik ○•• N 22-23 H 2
Narvskoe vodohranilišče < RUS 30-31 L 2
Narwietooma ○ AUS 112-113 M 1
Nary hrebet ▲ RUS 32-33 K 6
Naryilco ○ AUS 114-115 F 5
Naryn ○ KA 60-61 J 6
Naryn ○ KS 82-83 B 5
Naryn ∼ KS 72-73 N 4
Naryn ○ RUS 52-53 G 10
Naryn ∼ RUS 52-53 G 10
Naryn-Huduk ○ RUS 62-63 G 5
Narynkol ○ KA 82-83 E 4
Naryntau, hrebet ▲ KS 82-83 C 5
Nasa, Gara ▲ ETH 144-145 B 4
Na'sān, Umm ⌒ BRN 70-71 D 5
Nasanabad ○ IND 74-75 G 10
Nasarawa ○ WAN 134-135 B 6
Nāsāud ○ RO 38-39 D 4
Nasbinals ○ F (48) 240-241 L 1
Naschitti ○ USA 188-189 C 1
Nashan Island ⌒ 96-97 A 7
Nash Harbor ○ USA 164-165 G 6
Nāshik ○ IND 74-75 D 10
Nashino, Río ∼ EC 208-209 D 2
Nashū', Wādī an ∼ LAR 128-129 E 4
Nashua ○ USA (IA) 186-187 L 4
Nashua ○ USA (MT) 186-187 D 1
Nashua ○ USA (NH) 190-191 N 4
Nashville ✩• USA 192-193 E 1
Nashwaak Bridge ○ CDN 182-183 L 5
Nashwauk ○ USA 186-187 L 2
Nasia ○ GH 138-139 K 4
Nasia ∼ GH 138-139 K 4
Našice ○ HR 36-37 G 2
Näsijärvi ⬭ FIN 24-25 G 6
Nasikonis, Tanjung ▲ RI 102-103 B 6
Nasipit ○ RP 96-97 F 8
Nāṣir ○ SUD 144-145 A 4
Nāṣir, Buhairat < ET 130-131 F 6
Nasirābād ○ IND 74-75 E 7
Nasirābād ○ PK 70-71 K 5
Nasirābād ○ PK 74-75 B 5
Nāṣirah, Bi'r < LAR 128-129 D 2
Nāṣiriya, an- ✩ IRQ 64-65 M 7
Nasiya, Ǧabal ▲ ET 130-131 F 6
Nasmah ○ LAR 128-129 E 2
Nasolot National Reservoir ⊥ EAK 148-149 E 3
Nasondoye ○ ZRE 150-151 C 6
Nasorolevu ▲ FJI 120 III b 2
Nāsriganj ○ IND 78-79 D 3
Nasriyān ○ IR 70-71 B 2
Nassarawa ○ WAN 140-141 G 4
Nassau ✩• BS 198-199 G 2
Nassau, Bahía ≈ 224 G 7
Nassau, Fort • GUY 206-207 F 3
Nassau River ∼ AUS 110-111 F 4
Nass Basin ⊥ CDN 176-177 F 3
Nasser, Lac = Nāṣir, Buhairat < ET 130-131 F 6
Nassian ○ CI (BOA) 138-139 J 5
Nassian ○ CI (FER) 138-139 H 5
Nassirah, Col de ▲ F (988) 247 I d 3
Nassoukou ○ DY 138-139 L 4
Nass River ∼ CDN 176-177 F 4
Nastapoka, Rivière ∼ CDN 180-181 L 6
Nastapoka Islands ⌒ CDN 180-181 L 6
Nastapoka Sound ≈ 180-181 L 6
Nasugbu ○ RP 96-97 D 5
Nasuraghena ○ SOL 120 I f 4
Nasva ○ RUS 30-31 M 3
Nata ○•• PA 196-197 D 7
Nata ○ RB (CEN) 154-155 D 5
Nata ∼ RB 154-155 D 5
Natabotī ○ RI 102-103 D 3
Natal ○ BR (TOC) 212-213 D 4
Natal ✩ BR (RNO) 212-213 L 4
Natal ○ RI 98-99 C 4
Natalia ○ USA 188-189 H 5
Natalii, buhta ⬭ RUS 48-49 R 6
Natal Ridge = Mozambique, Plateau du ≃ 156-157 M 6
Natalschwelle ≃ 156-157 M 6
Natanz ○• IR 70-71 D 2
Natar ○ RI 98-99 F 7
Natara ∼ RUS 46-47 P 5
Nataš, Wādī ∼ ET 130-131 F 5
Natashquan, Rivière ∼ CDN 182-183 O 3
Natashquan River ∼ CDN 182-183 N 2
Natchamba ○ RT 138-139 L 5
Natchez ○ USA 188-189 M 4
Natchitoches ○ USA 188-189 L 4
Nate ○ IND 76-77 E 2
Natewa Bay ≈ 120 III b 2
Nathahu ○ MYA 94-95 C 2
Nathalia ○ AUS 116-117 H 4
Nathan River ○ AUS 110-111 C 4
Na Thawi ○ THA 94-95 F 7
Nāthdwāra ○ IND 74-75 D 7
Nathenje ○ MW 154-155 G 2
Nathia Gali ○ PK 74-75 D 2
Nathon ○ THA 94-95 E 6
Nathorst Land ⊥ GRØ 170-171 m 7
Nathorst Land ⊥ N 20-21 J 4
Nathrop ○ USA 186-187 D 6
Natiaboani ○ BF 138-139 L 4
Natingui ○ BR 218-219 E 5
Nation ○ USA 164-165 U 4
National Parachute Test Range xx USA 184-185 G 9
National Park ○ NZ 118 E 3
National Park ⊥ PNG 119 B 4
Nationalpark Bayerischer Wald ⊥ D 28-29 M 4
Nationalpark Berchtesgaden ⊥ D 28-29 M 5
Nationalpark Hochharz ⊥ D 28-29 L 3
Nationalpark i Nørdgrønland og Østgrønland ⊥ GRØ 170-171 e 5
Nationalpark Niedersächsisches Wattenmeer ⊥ D 28-29 J 2
Nationalpark Sächsische Schweiz ⊥ D 28-29 N 3
Nationalpark Schleswig-Holsteinisches Wattenmeer ⊥ D 28-29 K 1
Nationalpark Vorpommersche Boddenlandschaft ⊥ D 28-29 M 1
Nation River ∼ CDN 176-177 H 4
Natitingou ✩ DY 138-139 L 4
Natityay, Ǧabal ▲ ET 130-131 G 6
Native Bay ≈ 180-181 H 3
Native Point ▲ CDN 180-181 H 3
Natividade ○ BR 212-213 E 7
Natkusiak Peninsula ◡ CDN 168-169 R 4
Natla River ∼ CDN 174-175 E 4
Natmauk ○ MYA 78-79 J 5
Natong Kuangqu ○ VRC 92-93 E 2
Nator ○ BD 78-79 F 3
Natovi ○ FJI 120 III b 2
Natron, Lac = Natron, Lake ⬭ EAT 148-149 F 5
Natron, Lake ⬭ EAT 148-149 F 5
Natron, Trou du • TCH 134-135 H 2
Nattam ○ IND 76-77 H 5
Nattavaara station ○ S 22-23 K 3
Natukanaoka Pan ⬭ NAM 152-153 C 9
Natuna Besar, Pulau ⌒ RI 98-99 H 2
Natural Arch ∴ USA 190-191 F 7
Natural Bridge ○ USA 192-193 E 2
Natural Bridges National Monument ∴ USA 186-187 C 7
Natural Bridge State Monument ∴ USA 184-185 J 3
Naturaliste, Cape ▲ AUS (TAS) 116-117 K 6
Naturaliste, Cape ▲ AUS (WA) 112-113 C 6
Naturaliste Plateau ≃ 112-113 B 6
Naturita ○ USA 186-187 C 6
Natzwiller ○ F (67) 234-235 L 5
Nau ○ TJ 72-73 L 4
Nauabu ○ PNG 119 F 6
Nauarai, Bi'r < SUD 136-137 G 2
Nauari ○ BR 206-207 G 5
Naubise ○ NEP 80-81 E 7
Naucelle ○ F (12) 240-241 J 2
Nauchas ○ NAM 156-157 C 1
Naudesberg Pass ▲ ZA 156-157 G 5
Naudesnek ▲ ZA 156-157 J 5
Nauela ○ MOC 154-155 J 2
Naufal le-Chateau ○ IR 70-71 D 1
Naugarh ○ IND 78-79 C 2
Naujan ○ RP 96-97 D 6
Naujan Lake ⬭ RP 96-97 D 6
Naukot ○ PK 74-75 B 7
Naulila ○ ANG 152-153 C 8
Naufjaha ∼ RUS 44-45 H 7
Naumatang ○ RI 102-103 D 5
Naumburg (Saale) ○• D 28-29 L 3
Nauna Island ⌒ PNG 119 E 2
Naungmo ○ MYA 78-79 J 3
Nauru ⌒ NAU 9 H 3
Naushahro Firoz ○ PK 74-75 B 6
Nausori ○ FJI 120 III b 3
Naussac ○ F (12) 240-241 J 1
Naussac, Barrage de < F (48) 242-243 D 3
Nauta ○ PE 208-209 F 4
Nautanwa ○ IND 78-79 C 2
Nautilus, Selat ≈ 102-103 G 4
Nautimuk ○ AUS 116-117 F 4
Nautla ○ MEX 196-197 F 1
Nautsi ○ RUS 24-25 K 2
Näv ○ IR 64-65 N 4
Nava ○ MEX 194-195 J 3
Nava ∼ ZRE 148-149 A 2
Navacelles, Cirques de ◡• F (30) 242-243 D 4
Nava de Ricomalillo, La ○ E 34-35 E 5
Navahrudak ✩ BY 30-31 J 5
Navahrudskae uzvyšša ▲ BY 30-31 J 5
Navailles-Angos ○ F (64) 240-241 D 4
Navajo City ○ USA 188-189 D 1
Navajo Indian Reservation ✕ USA 188-189 B 1
Navajo Mountain ▲ USA 184-185 J 7
Navajo National Monument ∴ USA 188-189 B 1
Navajo Reservoir < USA 188-189 D 1
Naval ○ RP 96-97 F 7
Navalmoral de la Mata ○ E 34-35 E 5
Navalmorales, Los ○ E 34-35 E 5
Navan = An Uaimh ○ IRL 26-27 D 5
Navapara ○ BD 78-79 F 4
Navapolack ✩•• BY 30-31 L 4
Navapur ○ IND 74-75 D 9
Navarin, mys ▲ RUS 48-49 U 5
Navarino, Isla ⌒ RCH 224 G 7
Navarino, Pico ▲ RCH 224 G 7
Navarra □ E 34-35 F 3
Navarre ○ AUS 116-117 G 4
Navarrenx ○ F (64) 240-241 C 4
Navarro ○ RA 222-223 K 3
Navas, Las ○ RP 96-97 F 6
Navašino ○ RUS 30-31 S 4
Navasota ○ USA 188-189 J 4
Navasota River ∼ USA 188-189 J 4
Navassa Island ⌒ USA 198-199 H 5
Näve ○ AFG 70-71 M 2
Navere ○ RI 102-103 K 3
Naves ○• F (19) 236-237 J 5
Navia ○ E 34-35 D 3
Navidad Bank ≃ 198-199 L 4
Navilly ○ F (71) 238-239 G 3
Naviraí ○ BR 220-221 K 2
Naviti ⌒ FJI 120 III a 2
Naviu Island ⌒ PNG 119 B 5
Navlakhi ○ IND 74-75 C 8
Navlja ○ RUS 30-31 O 5
Nāvodari ○ RO 38-39 F 5
Navoi = Navoij ✩ US 72-73 J 4
Navoij ✩ US 72-73 J 4
Navojoa ○ MEX 194-195 E 4
Na Vong ○ LAO 92-93 C 6
Nävor ○ AFG (GA) 70-71 M 2
Nävor ⬭ AFG (GA) 70-71 M 2
Nävor, Kōtal-e ▲ AFG 70-71 M 1
Navrongo ○ GH 138-139 K 4
Navsāri ○ IND 74-75 D 9
Navua ○ FJI 120 III b 3
Navua River ∼ FJI 120 III a 3
Navy Board Inlet ≈ 168-169 f 4
Nāwa ○ IND 74-75 E 6
Nawābshāh ○ PK 74-75 B 6
Nawāda ○ IND 78-79 D 3
Na Wai ○ THA 78-79 L 6
Nawa Kot ○ PK 74-75 C 5
Nawākshūt = Nouakchott ★• RIM 132-133 C 5
Nāwalkal ○ IND 76-77 G 2
Nawalpur ○ NEP 80-81 E 7
Nawāpāra ○ IND 78-79 C 5
Nawar ○ RT 138-139 L 5
Nawinda Kuta ○ Z 154-155 C 3
Nawnghkio ○ MYA 78-79 K 4
Nawngleng ○ MYA 78-79 L 4
Nawuni ○ GH 138-139 K 5
Naxçivan Muxtar Respublikası = Nakhitchevan, Rép. aut. du □ AZ 64-65 L 3
Náxos ○•• GR 36-37 K 6
Náxos ⌒ GR 36-37 K 6
Naya Chor ○ PK 74-75 B 7
Nāyakanhatti ○ IND 76-77 G 3
Nayar ○ MEX 194-195 G 6
Nayarit □ MEX 194-195 G 6
Nayau ⌒ FJI 120 III c 2
Nāyband ○ IR 70-71 G 2
Nāyband, Kūh-e ▲ IR 70-71 G 2
Nay-Bourdettes ○ F (64) 240-241 D 4
Nayé ○ SN 138-139 D 2
Nayoro ○ J 88-89 K 2
Nayorunun River ∼ USA 166-167 Q 3
Nayouri ○ BF 138-139 L 3
Nayrac, Le ○ F (12) 240-241 K 1
Nayuchi ○ MW 154-155 H 2
Nāyudupeta ○ IND 76-77 H 4
Nazaré ○ BR (APA) 206-207 J 4
Nazaré ○ BR (BAH) 216-217 L 2
Nazaré ○ BR (P) 206-207 K 6
Nazaré ○ BR (TOC) 212-213 E 5
Nazaré ○• P 34-35 C 5
Nazaré, Cachoeira ∼ BR 214-215 G 2
Nazaré da Mata ○ BR 212-213 L 5
Nazaré do Piauí ○ BR 212-213 G 5
Nazareth ○ BOL 214-215 E 4
Nazareth ○ CO 204-205 D 5
Nazareth = Nazerat ✩ IL 66-67 D 1
Nazarovo ✩ RUS 52-53 E 7
Nazas, Río ∼ MEX 194-195 G 5
Nazca ○• PE 208-209 E 9
Nazca, Dorsale de = Nazca Ridge ≃ 13 C 7
Nazca Linea • PE 208-209 E 9
Nazca Ridge = Nazca, Dorsale de ≃ 13 C 7
Naze ○ J 88-89 C 10
Nazelles-Négron ○ F (41) 232-233 D 5
Nazerat ✩ IL 66-67 D 1
Nazilli ✩ TR 64-65 C 4
Nazinskaja ∼ RUS 50-51 P 4
Nazirhat ○ BD 78-79 G 4
Nazko ○ CDN 176-177 J 5
Nazko River ∼ CDN 176-177 J 5
Nazombe ○ MOC 150-151 K 6
Nazran ✩ RUS 62-63 F 6
Nazrēt ○ ETH 144-145 D 4
Nazwā ○• OM 68-69 K 2
Nazym ∼ RUS 50-51 K 4
Nazyvaevsk ✩ RUS 50-51 L 7
Nbâk ○ RIM 132-133 C 6
Nbeiket Dlim < RIM 132-133 G 6
Nbeiket el Ahouâch < RIM 132-133 H 6
Ncamasere ∼ RB 152-153 F 9
Ncanaha ○ ZA 156-157 G 6
Nchalo ○ MW 154-155 H 3
Nchelenge ○ Z 150-151 E 5
Ncojane ○ RB 156-157 E 1
Ncojane Ranches ⊥ RB 152-153 F 11
Ncora Dam < ZA 156-157 H 5
Ncue ○ GQ 146-147 C 2
Ndaki ○ RMM 138-139 K 2
Ndala ○ EAT 148-149 D 6
Ndalambo ○ EAT 150-151 G 5
N'Dalatando ✩ ANG 152-153 C 4
Ndali ○ DY 140-141 E 4
Ndanda ○ EAT 150-151 K 6
Ndanda ○ RCA 142-143 F 6
Ndande ○ SN 138-139 B 2
Ndangane ○ SN 138-139 B 2
Ndao, Pulau ⌒ RI 102-103 B 7
Ndarapo Swamp ⬭ EAK 148-149 G 5
Ndarassa ○ RCA 142-143 F 5
Ndedu ○ ZRE 148-149 B 2
Ndeji ○ WAN 140-141 F 4
Ndekesha ○ ZRE 150-151 B 4
Ndéko ∼ RCB 146-147 F 4
Ndélé ✩• RCA 142-143 E 4
Ndélélé ○ CAM 142-143 B 6
Ndemba ○ CAM 140-141 K 6
Ndembera ∼ EAT 150-151 H 5
Ndendé ○ G 146-147 C 5
Ndeyini < EAK 148-149 G 4
Ndia ○ SN 138-139 D 2
Ndian ∼ CAM 140-141 H 6
Ndie, Île ⌒ F (988) 247 I e 4
Ndiékro ○ CI 138-139 H 6
Ndiguina ○ CAM 142-143 B 3
Ndikiniméki ○ CAM 140-141 J 6
Ndikoko ○ CAM 140-141 J 6
Ndim ○ RCA 142-143 B 5
Ndindi ○ G 146-147 C 5
Ndindi ○ SN 138-139 B 2
Ndioum ○ SN 132-133 C 6
Ndioum Guènt ○ SN 138-139 C 2
Nditam ○ CAM 140-141 J 6
Ndiya ○ WAN 140-141 G 6
N'djaména ★• TCH 134-135 G 6
Ndji ∼ RCA 142-143 F 5
Ndjim ∼ CAM 140-141 J 6
Ndjolé ○ CAM 140-141 J 6
Ndjolé ○ G 146-147 C 4
Ndjoundou ○ RCB 146-147 F 4
Ndjwé ∼ CAM 146-147 E 2
Ndofane ○ SN 138-139 C 3
Ndogo, Lagune ⬭ G 146-147 B 5
Ndok ○ CAM 142-143 B 5
Ndokama ○ CAM 140-141 J 6
Ndokayo ○ CAM 142-143 B 6
Ndoki ∼ RCB 146-147 F 3
Ndola ✩ Z 150-151 E 7
Ndom ○ CAM 140-141 J 6
Ndondo ○ SOL 120 I e 3
Ndonga ○ NAM 152-153 F 8
Ndongolo ○ G 146-147 C 3
Ndop ○ CAM 140-141 J 6
Ndora Mountains ▲ WAN 140-141 J 5
Ndorola ○ BF 138-139 H 4
Ndoto Mountains ▲ EAK 148-149 F 3
Ndoua, Cap ▲ F (988) 247 I d 4
Ndouci ○ CI 138-139 H 7
Ndoukou ○ RCA 142-143 E 6
Ndoumbou ○ RCA 142-143 C 5
Ndrhamcha, Sebkha ⬭ RIM 132-133 C 5
Ndu ○ CAM 140-141 J 5
Ndu ○ ZRE 142-143 F 6
Nduluku ○ EAK 148-149 F 4
Ndumbwe ○ EAT 150-151 K 6
Ndumo ○ ZA 156-157 L 3
Ndumo Game Reserve ⊥ ZA 156-157 L 3
Ndurumo ∼ EAT 148-149 E 6
Ndzouani ⌒ COM 158-159 D 4
Né ∼ F (16) 236-237 E 4
Neabul Creek ∼ AUS 114-115 J 4
Néâé, Île ⌒ F (988) 247 I d 4
Neagh, Lough ⬭ GB 26-27 D 4
Neah Bay ○ USA 184-185 B 1
Neakongut Bay ≈ 180-181 K 4
Neale, Lake ⬭ AUS 112-113 K 2
Neale Junction ○ AUS 112-113 H 4
Neales Creek ∼ AUS 114-115 C 4
Neales River ∼ AUS 114-115 D 5
Néal Etang de ⬭ F (22) 230-231 G 3
Néa Moni ••• GR 36-37 L 5
Néa Moudania ○ GR 36-37 J 4
Neamț, Piatra- ✩• RO 38-39 E 4
Néant-sur-Yvel ○ F (56) 230-231 G 3
Neápoli ○ GR 36-37 H 4
Neápoli ○ GR 36-37 J 6
Nearchuss Passage ≈ 94-95 D 5
Near Islands ⌒ USA 166-167 C 6
Neauphle-le-Vieux ○ F (78) 232-233 F 2
Neba, Île ⌒ F (988) 247 I a 2
Nebbio ⊥ F (2B) 244 D 3
Nebbio, Cathédrale du • F (2B) 244 D 3
Nebbou ○ BF 138-139 K 4
Nebe ○ RI 102-103 B 6
Nebelat el Hagana ○ SUD 136-137 D 6
Nebine Creek ∼ AUS 114-115 J 5
Nebitdag ○ TM 72-73 D 5
Neblina, Cerro de la ▲ YV 210-211 E 2
Neblina, Sierra de la ▲ YV 210-211 E 2
Nebo ○ AUS 114-115 K 1
Nebraska □ USA 186-187 F 5
Nebraska City ○ USA 186-187 K 5
Nébrodes, Monts = Nebrodi, Monti ▲ I 36-37 E 6
Nebrodi, Monti ▲ I 36-37 E 6
Nece ○ F (988) 247 I e 3
Necedah ○ USA 190-191 C 3
Nečera ∼ RUS 54-55 H 6
Nechako Plateau ▲ CDN 176-177 G 4
Nechako River ∼ CDN 176-177 H 5
Neche ○ USA 186-187 J 1
Neches River ∼ USA 188-189 K 4
Nechi ○ CO 204-205 D 3
Nechí, Río ∼ CO 204-205 D 4
Nechisar National Park ⊥ ETH 144-145 C 5
Neckarboo Range ▲ AUS 116-117 H 2
Necker Island ⌒ USA 10-11 M 5
Necochea ○ RA 222-223 K 5
Necocli ○ CO 204-205 C 3
Necungas ○ MOC 154-155 H 3
Nedde ○ F (87) 236-237 J 4
Nédéley ○ TCH 134-135 J 5
Nederland ○ USA (CO) 186-187 E 6
Nederland ○ USA (TX) 188-189 L 5
Nederland = Pays-Bas ■ NL 28-29 G 2
Nederlandse Antillen = Antilles Néerlandaises □ NL 204-205 G 1
Nedlouc, Lac ⬭ CDN 180-181 N 6
Nedrata ○ ETH 144-145 D 3
Nedroma ○ DZ 124-125 L 3
Nedryhajliv ○ UA 38-39 H 2
Nedumangad ○ IND 76-77 G 6
Nedunkeni ○ CL 76-77 J 6
Needles ○ CDN 176-177 L 7
Needles ○ USA 184-185 G 8
Neenah ○ USA 190-191 D 3
Neepawa ○ CDN 178-179 G 5
Neergaard Lake ⬭ CDN 168-169 g 5
Neerim South ○ AUS 116-117 H 5
Nefasit ○ ER 136-137 J 5
Nefas Mewch'a ○ ETH 144-145 D 3
Neffatia ○ TN 126-127 H 4
Nefhi Shet' ∼ ER 136-137 J 5
Nefta ○ TN 126-127 F 4
Neftchala = Neftçala ○ AZ 64-65 N 3
Neftegorsk ○ RUS 58-59 K 2
Neftegorsk ✩ RUS (SAM) 32-33 G 7
Neftejugansk ✩ RUS 50-51 M 4
Neftekamsk ✩ RUS 32-33 J 5
Neftekumsk ✩ RUS 62-63 F 5
Nefza ○ TN 126-127 G 2
Negage ○ ANG 152-153 C 3
Negala ○ RMM 138-139 F 3
Negampaha ○ CL 76-77 J 7
Nega Nega ○ Z 154-155 E 2
Néganssi ○ DY 140-141 E 3
Negār ○ IR 70-71 G 4
Negara ∼ RI 100-101 K 5
Negaunee ○ USA 190-191 E 2
Negēlē ○ ETH 144-145 D 6
Negele ○ ETH 144-145 D 5
Negerilama ○ RI 100-101 H 3
Negeri Sembilan □ MAL 98-99 E 3
Negev, ha- ⊥ IL 66-67 D 3
Negiralama ○ RI 98-99 D 3
Negjučej ∼ RUS 54-55 M 6
Negola ○ ANG 152-153 C 7
Negomane ○ MOC 150-151 K 6
Negombo ○• CL 76-77 H 7
Negotin ○• YU 36-37 J 2
Negotino ○ MK 36-37 J 4
Negra, Cordillera ▲ PE 208-209 C 6
Negra, La ○ RA 222-223 K 4
Negra, La ○ RCH 220-221 B 2
Negra, Ponta ▲ BR 212-213 L 4
Negra, Punta ▲ PE 208-209 B 4
Negra, Punta ▲ RA 222-223 K 5
Nègrepelisse ○ F (82) 240-241 H 2
Negril ○ JA 198-199 F 5
Negril Beach ⊥• JA 198-199 F 5
Negrine ○ DZ 126-127 F 3
Negri River ∼ AUS 108-109 J 4
Negrito, El ○ HN 196-197 L 4
Negro, Arroyo ∼ ROU 222-223 L 2
Negro, Cerro ▲ PA 196-197 D 7
Negro, Cerro ▲ RA (CHU) 224 F 2
Negro, Cerro ▲ RA (NEU) 222-223 E 5
Negro, Cerro ▲ RCH 220-221 B 4
Negro, Laguna ⬭ ROU 218-219 D 10
Negro, Riacho ∼ RA 220-221 H 3
Negro, Río ∼ BOL 214-215 E 2
Negro, Río ∼ BOL 214-215 F 4
Negro, Río ∼ BOL 214-215 D 3
Negro, Río ∼ BR 210-211 F 3
Negro, Río ∼ BR 214-215 J 6
Negro, Río ∼ CO 210-211 D 2
Negro, Río ∼ HN 196-197 L 5
Negro, Río ∼ PY 220-221 J 3
Negro, Río ∼ PY 220-221 J 2
Negro, Río ∼ RA 220-221 H 4
Negro, Río ∼ RA 222-223 G 5
Negro, Río ∼ ROU 222-223 L 2
Negro, Río ∼ YV 204-205 E 3
Négrondes ○ F (24) 236-237 G 5
Negros ⌒ RP 96-97 E 8
Negro Urco ○ PE 208-209 F 3
Negru Vodă ○ RO 38-39 F 6
Neguac ○ CDN 182-183 M 5
Nėgus"jah ∼ RUS 50-51 N 5
Nehaevskij ○ RUS 38-39 M 2
Nehalem ○ USA 184-185 C 3
Nehalen River ∼ USA 184-185 C 3
Nehāvand ○• IR 70-71 C 1
Nehbandān ○ IR 70-71 J 3
Nehe ○ VRC 86-87 E 3
Nehoiu ○ RO 38-39 E 5
Nehone ○ ANG 152-153 D 8
Néhoué ∼ F (988) 247 I b 2
Nehoué, Baie de ≈ 247 I b 2
Nehuentue ○ RCH 222-223 C 5
Neiafu ○ TON 120 IV b 1
Neiba ✩ DOM 198-199 K 5
Neiba, Bahía de ≈ 198-199 K 5
Neiba, Sierra de ▲ DOM 198-199 K 5
Neiden ○ N 22-23 O 2
Neidenburg = Nidzica ○• PL 28-29 Q 2
Neidin = Kenmare ○ IRL 26-27 C 6
Neijiang ○ VRC 92-93 D 2
Neilburg ○ CDN 176-177 Q 5
Neilersdrif ○ ZA 156-157 E 4
Neillsville ○ USA 190-191 C 3
Nei Mongol Gaoyuan = Mongolie, Plateau ⊥ VRC 84-85 G 7
Nei Mongol Zizhiqu = Mongolie Intérieure □ VRC 90-91 D 2
Neinsberg ▲ NAM 152-153 D 9
Neiriz ○• IR 70-71 F 4
Neiße ∼ D 28-29 N 3
Neiva ✩ CO 204-205 D 6
Neixiang ○ VRC 90-91 G 5
Neizār ○ IR 70-71 D 1
Neizvestnaja ∼ RUS 48-49 V 1
Neja ○ RUS 30-31 S 2
Nejanilin Lake ⬭ CDN 174-175 V 6
Nejime ○ J 88-89 D 9
Nejo ○ ETH 144-145 B 4
Nějtajaha ∼ RUS 44-45 Q 6
Nějto, ozero ⬭ RUS 44-45 O 6
Nějto pervoe, ozero ⬭ RUS 44-45 O 6
Nejva ∼ RUS 32-33 M 5
Nekā ○ IR 72-73 C 6
Nekèkum ∼ RUS 46-47 L 4
Nek'emte ✩ ETH 144-145 C 4
Nekljudovo ○ RUS 30-31 S 3
Nekob ○ MA 124-125 J 5
Nekongdakon, ozero ⬭ RUS 52-53 L 3
Nekongdokon ∼ RUS 52-53 E 3

Neksø ○ **DK** 22-23 G 9
Neladero, Sierra del ⛰ **RA** 220-221 C 5
Nelamangala ○ **IND** 76-77 G 4
Nelemnoe ○ **RUS** 46-47 c 7
Nel'gese ∼ **RUS** 46-47 T 7
Nel'gjuu ∼ **RUS** 54-55 N 7
Nelia ○ **AUS** 110-111 G 7
Nelidovo ☆ **RUS** 30-31 N 3
Neligh ○ **USA** 186-187 H 4
Neligh Mills ∴ **USA** 186-187 H 4
Neljaty ○ **RUS** 54-55 G 7
Nel'kan ○ **RUS** (HBR) 56-57 G 5
Nel'kan ○ **RUS** (SAH) 46-47 Y 7
Nel'koba ○ **RUS** 56-57 N 3
Nellie, Mount ▲ **AUS** 108-109 G 4
Nellikkuppam ○ **IND** 76-77 H 5
Nellimö ○ **FIN** 24-25 K 2
Nellipaka ○ **IND** 78-79 B 7
Nellis Air Force Range xx **USA** 184-185 F 7
Nelliyālam ○ **IND** 76-77 F 5
Nellore ○ **IND** 76-77 H 3
Nel'ma ○ **RUS** 58-59 H 5
Nelma ○ **USA** 190-191 D 2
Nëlon ∼ **RUS** 46-47 Q 5
Nelshoogte ▲ **ZA** 156-157 K 2
Nelson ○ **CDN** 176-177 M 7
Nelson ○ **NZ** 118 D 4
Nelson ○ **RA** 220-221 G 6
Nelson ○ **USA** (NE) 186-187 H 5
Nelson ○ **USA** (WI) 190-191 C 3
Nelson, Cape ▲ **AUS** 116-117 F 5
Nelson, Cape ▲ **PNG** 119 E 5
Nelson, Estrecho ≈ 224 C 5
Nelson, Mount ▲ **PNG** 119 D 5
Nelson, Port ≈ 178-179 K 2
Nelson House ○ **CDN** 178-179 G 3
Nelson Island ⌒ **USA** 164-165 H 6
Nelson Lakes National Park ⊥ **NZ** 118 D 5
Nelson Museum • **KAN** 200 D 3
Nelson Reservoir < **USA** 186-187 D 1
Nelson River ∼ **CDN** 178-179 J 2
Nelspoort ○ **ZA** 156-157 F 6
Nelspruit ○• **ZA** 156-157 K 2
Nem ∼ **RUS** 50-51 D 4
Nem, Ust'- ○ **RUS** 32-33 J 3
Néma ☆ **RIM** 132-133 G 6
Nema ☆ **RUS** 32-33 G 5
Nemaiah Valley ○ **CDN** 176-177 G 6
Nëman ∼ **BY** 30-31 K 5
Neman ☆ **RUS** 30-31 H 4
Nembe ○ **WAN** 140-141 G 6
Nembrala ○ **RI** 102-103 B 7
Nemenčinė ○ **LT** 30-31 J 4
Nementcha, Monts des ⛰ **DZ** 126-127 F 3
Némiscau, Lac ⊖ **CDN** 182-183 F 3
Némiscau, Rivière ∼ **CDN** 182-183 F 3
Nemkučenskij hrebet ⛰ **RUS** 46-47 W 4
Nemnjuga ∼ **RUS** 24-25 S 4
Nemo, vulkan ▲ **RUS** 58-59 Q 4
Nemours ○ **F** (77) 232-233 H 3
Nemrut Dağı ∴ **TR** 64-65 H 4
Nemuj ○ **RUS** 56-57 G 6
Nemunas ∼ **LT** 30-31 H 4
Nemuro ○ **J** 88-89 L 3
Nemuro-hanto ⌣ **J** 88-89 L 3
Nemuro-kaikyō = Kunaširskij proliv ≈ 88-89 L 3
Nemuro-wan ≈ 88-89 L 3
Nemyriv ☆ **UA** 38-39 F 3
Nenagh = An tAonach ○ **IRL** 26-27 C 5
Nenana ○ **USA** 164-165 Q 4
Nenasi ○ **MAL** 98-99 E 3
Nendel'ginskij, hrebet ⛰ **RUS** 46-47 V 6
Neneckij avtonomnyj okrug = Nenets, Arrond. autonome des □ **RUS** 24-25 T 3
Nenets, Arrond. aut. des = Neneckij avtonomnyj okrug □ **RUS** 24-25 T 3
Nenggiri ∼ **MAL** 98-99 D 2
Nengo ∼ **ANG** 152-153 F 7
Nenjiang ○ **VRC** 86-87 E 3
Nen Jiang ∼ **VRC** 86-87 D 4
Nenoksa ○ **RUS** 24-25 P 4
Nens"egan ∼ **RUS** 50-51 K 3
Neo ○ **J** 88-89 G 7
Neodesha ○ **USA** 188-189 K 1
Néo Petrítsi ○ **GR** 36-37 J 4
Neópolis ○ **BR** 212-213 K 7
Neosho ○ **USA** 188-189 K 1
Neosho River ∼ **USA** 186-187 K 6
Nepa ○ **RUS** (IRK) 52-53 O 6
Nepa ∼ **RUS** 52-53 M 6
Nepa ∼ **RUS** 52-53 N 6
Nepal = Népal ■ **NEP** 80-81 C 6
Népal = Nepal ■ **NEP** 80-81 C 6
Nepalganj ○ **NEP** 80-81 C 6
Nepara ○ **NAM** 152-153 E 8
Nepean ○ **CDN** 182-183 G 6
Nepean Mine • **AUS** 112-113 F 5
Nepeña ○ **PE** 208-209 C 6
Nephi ○ **USA** 184-185 J 6
Nephin Beg Range ⛰ **IRL** 26-27 C 4
Nepisiguit Bay ≈ 182-183 M 5
Nepisiguit River ∼ **CDN** 182-183 L 5
Nepoko ∼ **ZRE** 148-149 A 2
Nepomuceno ○ **BR** 216-217 J 6
Neponjatnaja ∼ **RUS** 44-45 Y 4
Népoui ○ **F** (988) 247 I b 3
Nèptènnè ∼ **RUS** 52-53 K 4
Neptune Bay ≈ 180-181 R 2
Neptune Islands ⌒ **AUS** 116-117 D 3
Nera ∼ **RUS** 46-47 Z 7
Nera, Ust'- ☆• **RUS** 46-47 Y 7
Nérac ○ **F** (47) 240-241 E 2
Neragon Island ⌒ **USA** 164-165 G 6
Nërangda, ozero ∼ **RUS** 44-45 c 7
Nerča ∼ **RUS** 54-55 H 8
Nerčinsk ☆ **RUS** 54-55 H 10
Nerčugan ∼ **RUS** 54-55 H 9
Néré ○ **F** (17) 236-237 E 4
Nére ∼ **F** (18) 232-233 G 5
Nerehta ☆• **RUS** 30-31 R 3
Nereta ○•• **LV** 30-31 J 3
Neretva ∼ **HR** 36-37 F 3
Neria ≈ 172-173 Q 6
Neria ○ **GRØ** (VGR) 172-173 Q 6
Neria ⌒ **GRØ** (VGR) 172-173 Q 6
Nerica ∼ **RUS** 24-25 W 4
Neriquinha ○ **ANG** 152-153 F 7
Neris (Vilija) ∼ **LT** 30-31 J 4
Néris-les-Bains ○ **F** (03) 236-237 L 3
Nerjuktjajinsk (Pervyj) ○ **RUS** 54-55 J 5
Nerjungri ☆• **RUS** 54-55 M 7
Nerka, Lake ⊖ **USA** 166-167 R 3
Nerl' ∼ **RUS** 30-31 P 3
Nerla ○ **IND** 76-77 F 2
Nero, ozero ⊖ **RUS** 30-31 Q 3
Nerohi ○ **RUS** 50-51 F 3
Nerojka, gora ▲ **RUS** 50-51 E 2
Néronde ○ **F** (42) 238-239 E 5
Nérondes ○ **F** (18) 236-237 L 2
Nerong, Selat ≈ 102-103 G 4
Nerópolis ○ **BR** 216-217 F 4
Nerpič'e ○ **RUS** 58-59 L 4
Nerpič'e, ozero ⊖ **RUS** (KMC) 56-57 U 5
Nerpič'e, ozero ⊖ **RUS** (SAH) 48-49 L 2
Nerpičij, mys ▲ **RUS** 46-47 Y 2
Nerpo ○ **RUS** 54-55 G 7
Nerren Nerren ○ **AUS** 112-113 C 3
Nerrima ○ **AUS** 108-109 G 5
Nersac ○ **F** (16) 236-237 F 4
Nerskoe ploskogor'e ⛰ **RUS** 46-47 Z 7
Neruta ∼ **RUS** 24-25 X 3
Nerutajaha ∼ **RUS** 44-45 N 7
Nervieux ○ **F** (42) 238-239 E 5
Nes ○ **N** 22-23 D 6
Nes' ○ **RUS** 24-25 S 3
Nes' ∼ **RUS** 24-25 S 3
Nēšāpūr ○• **IR** 72-73 F 6
Nesebăr ○∴ **BG** 38-39 E 6
Nes'egan ∼ **RUS** 50-51 G 2
Nesgo ○ **PNG** 119 F 2
Neškan ○ **RUS** 48-49 Y 3
Neskaupstaður ○ **IS** 22-23 g 2
Nèskènpil'gyn, laguna ≈ 48-49 Y 3
Nesle ○ **F** (80) 228-229 K 4
Nesna ○ **N** 22-23 F 3
Nesøya ⌒ **N** 22-23 F 3
Nesque ∼ **F** (84) 242-243 G 4
Nessadiou ○ **F** (988) 247 I c 3
Ness City ○ **USA** 186-187 H 6
Nessona ○ **MOC** 154-155 H 4
Nestaocano, Rivière ∼ **CDN** 182-183 H 3
Nesterov = Žovkva ☆ **UA** 38-39 C 2
Nesterovo ○ **RUS** 52-53 N 9
Nestiary ○ **RUS** 32-33 D 5
Nestoria ○ **USA** 190-191 D 2
Nët ∼ **RUS** 56-57 H 4
Netaar ○ **RI** 102-103 L 3
Netanya ☆ **IL** 66-67 D 1
Netap ○ **BHT** 78-79 F 2
Netarhāt ○ **IND** 78-79 D 4
Netcong ○ **USA** 190-191 L 5
Netia ○ **MOC** 154-155 K 2
Neto ∼ **I** 36-37 F 5
Netrakona ○ **BD** 78-79 G 3
Netsilik Lake ⊖ **CDN** 168-169 a 6
Nettilling Lake ⊖ **CDN** 172-173 E 3
Nett Lake ⊖ **USA** 186-187 L 1
Nett Lake Indian Reservation X **USA** 186-187 L 1
Nettlé, Baie ≈ 245 III a 1
Nettling Fjord ≈ 172-173 F 3
Neubourg, Le ○ **F** (27) 228-229 F 5
Neubrandenburg ○ **D** 28-29 M 2
Neuchâtel ☆• **CH** 28-29 J 5
Neuchâtel • **F** (25) 238-239 K 2
Neuchâtel, Lac de ⊖ **CH** 28-29 J 5
Neudač, buhta ⊖ **RUS** 44-45 f 2
Neuenahr-Ahrweiler, Bad ○• **D** 28-29 J 3
Neuenburg = Neuchâtel ☆• **CH** 28-29 J 5
Neuenburger See = Lac de Neuchâtel ⊖ **CH** 28-29 J 5
Neuf-Brisach ○ **F** (68) 234-235 M 5
Neufchâteau ○ **B** 28-29 H 4
Neufchâteau ○ **F** (88) 234-235 H 5
Neufchâtel-en-Bray ○ **F** (76) 228-229 G 4
Neufchâtel-en-Saosnois ○ **F** (61) 230-231 M 3
Neufchâtel-Hardelot ○ **F** (62) 228-229 H 2
Neufchâtel-sur-Aisne ○ **F** (02) 234-235 E 3
Neufchelles ○ **F** (60) 228-229 L 5
Neuffossé, Canal de la < **F** (59) 228-229 J 2
Neuf-Marché ○ **F** (76) 228-229 H 5
Neuhaus = Jindřichův Hradec ○ **CZ** 28-29 N 4
Neuillay-les-Bois ○ **F** (36) 236-237 H 2
Neuillé-Pont-Pierre ○ **F** (37) 232-233 D 4
Neuilly-en-Donjon ○ **F** (03) 238-239 D 4
Neuilly-en-Thelle ○ **F** (60) 228-229 J 5
Neuilly-le-Réal ○ **F** (03) 238-239 C 4
Neuilly-l'Évêque ○ **F** (52) 234-235 G 6
Neuilly-Saint-Front ○ **F** (02) 228-229 L 5
Neulise ○ **F** (42) 238-239 E 5
Neulliac ○ **F** (56) 230-231 F 3
Neumarkt in der Oberpfalz ○ **D** 28-29 L 4
Neumünster ○ **D** 28-29 K 1
Neung-sur-Beuvron ○ **F** (41) 232-233 F 4
Neunkirchen ○ **A** 28-29 O 5
Neunkirchen ○ **D** 28-29 J 4
Neupokoeva, mys ▲ **RUS** 44-45 c 3
Neupokoeva, ostrov ⌒ **RUS** 44-45 R 5
Neuquén □ **RA** 222-223 D 5
Neuquén ☆ **RA** (NEU) 222-223 E 5
Neuquén, Río ∼ **RA** 222-223 E 4
Neuruppin ○• **D** 28-29 M 2
Neu Sandez = Nowy Sącz ☆• **PL** 28-29 Q 4
Neuschwabenland ∸ **ARK** 16 F 36
Neuschwanstein •• **D** 28-29 L 5
Neuse River ∼ **USA** 192-193 J 2
Neusiedler See ⊖ **A** 28-29 O 5
Neusohl = Banská Bystrica ○ **SK** 28-29 P 4
Neussargues-Moissac ○ **F** (15) 236-237 L 5
Neustadt (Orla) ○ **D** 28-29 L 3
Neustadt an der Aisch ○ **D** 28-29 L 4
Neustrelitz ○• **D** 28-29 M 2
Neutenskij hrebet ⛰ **RUS** 48-49 N 4
Neu-Titschein = Nový Jičín ○ **CZ** 28-29 P 4
Neutral Junction ○ **AUS** 114-115 C 1
Neuvéglise ○ **F** (15) 236-237 L 6
Neuve-Lyre, la ○ **F** (27) 232-233 D 2
Neuves-Maisons ○ **F** (54) 234-235 J 4
Neuvic ○ **F** (19) 236-237 K 5
Neuvic ○ **F** (24) 236-237 F 5
Neuville-aux-Bois ○ **F** (45) 232-233 G 3
Neuville-de-Poitou ○ **F** (86) 236-237 F 2
Neuville-en-Tourne-à-Fuy, la ○ **F** (08) 234-235 E 3
Neuville-les-Dames ○ **F** (01) 238-239 G 4
Neuville-lès-Decize ○ **F** (58) 238-239 C 3
Neuville-sur-Saône ○ **F** (69) 238-239 F 5
Neuvilly-en-Argonne ○ **F** (55) 234-235 G 3
Neuvy-Bouin ○ **F** (79) 236-237 E 2
Neuvy-le-Roi ○ **F** (37) 232-233 D 4
Neuvy-Pailloux ○ **F** (36) 236-237 J 2
Neuvy-Saint-Sépulchre ○ **F** (36) 236-237 J 2
Neuvy-Sautour ○ **F** (89) 232-233 K 3
Neuvy-sur-Barangeon ○ **F** (18) 232-233 G 5
Neuvy-sur-Loire ○ **F** (58) 232-233 H 4
Neuwied ○ **D** 28-29 J 3
Neuwiller-lès-Saverne ○ **F** (67) 234-235 L 4
Neva ∼ **RUS** 30-31 M 2
Névache ○ **F** (05) 242-243 K 1
Nevada ○ **USA** (MO) 186-187 K 7
Nevada □ **USA** 184-185 E 6
Nevada, Sierra ⛰ **RA** 222-223 E 7
Nevada de Lagunas Bravas, Sierra ▲ **RCH** 220-221 C 4
Nevada de Santa Marta, Sierra ⛰ **CO** 204-205 E 2
Nevada Test Side xx **USA** 184-185 F 7
Nevadita, La ○ **CO** 204-205 E 2
Nevado, Cerro ▲ **RCH** 222-223 C 7
Nevado, Cerro el ▲ **RA** 222-223 E 3
Nevado, Sierra del ⛰ **RA** 222-223 E 3
Nevado Ampato ▲ **PE** 214-215 B 4
Nevado Ancohuma ▲ **BOL** 214-215 C 4
Nevado Cololo Keasani ▲ **BOL** 214-215 C 4
Nevado Cóndor ▲ **RCH** 224 D 2
Nevado Coropuna ▲ **PE** 208-209 F 9
Nevado de Acay ▲ **RA** 220-221 D 3
Nevado de Cachí ▲ **RA** 220-221 D 3
Nevado de Chañi ▲ **RA** 220-221 E 3
Nevado de Colima ▲ **MEX** 196-197 C 2
Nevado de Cumbal ▲ **CO** 208-209 D 1
Nevado de Incahuasi ▲ **RA** 220-221 C 4
Nevado del Huila ▲ **CO** 204-205 D 6
Nevado del Huila, Parque Nacional ⊥ **CO** 204-205 D 6
Nevado del Illimani ▲ **BOL** 214-215 D 5
Nevado de Longavi ▲ **RCH** 222-223 D 4
Nevado de los Palos ▲ **RCH** 224 D 2
Nevado del Ruiz ▲ **CO** 204-205 D 5
Nevado del Tolima ▲ **CO** 204-205 D 5
Nevado de Putre ▲ **RCH** 214-215 C 6
Nevado de Sajama ▲ **BOL** 214-215 C 6
Nevado de Toluca, Parque Nacional ⊥ **MEX** 196-197 E 2
Nevado Huayasa ▲ **PE** 214-215 B 5
Nevado Huayna Potosí ▲ **BOL** 214-215 C 5
Nevado Ojos del Salado ▲•• **RCH** 220-221 C 4
Nevado Queva ▲ **RA** 220-221 D 3
Nevados, Parque Nacional los ⊥ **CO** 204-205 D 5
Nevado Salcantay ▲ **PE** 208-209 F 8
Neve, Serra do ⛰ **ANG** 152-153 B 6
Nevel' ☆ **RUS** 30-31 L 3
Nevel'sk ○ **RUS** 58-59 J 5
Nevel'skogo, proliv ⊖ **RUS** 58-59 J 3
Never ○ **RUS** 54-55 M 8
Nevers ☆• **F** (58) 238-239 C 3
Nevertire ○ **AUS** 114-115 J 6
Neves, Rio ∼ **BR** 212-213 F 5
Nevesinje ○ **BIH** 36-37 G 3
Névez ○ **F** (29) 230-231 D 4
Neville ○ **CDN** 178-179 C 6
Néville ○ **F** (76) 228-229 F 4
Nevinnomyssk ○ **RUS** 62-63 D 5
Nevis Island ⌒ **KAN** 200 D 3
Nev'jansk ☆ **RUS** 32-33 M 5
Nevşehir ☆• **TR** 64-65 F 3
Nevskoe, ozero ⊖ **RUS** 58-59 K 4
New Aiyansh ○ **CDN** 176-177 F 4
Newala ○ **EAT** 150-151 K 6
New Albany ○ **USA** (IN) 190-191 F 6
New Albany ○ **USA** (MS) 192-193 D 2
New Alton Downs ○ **AUS** 114-115 E 4
New Amsterdam ○ **GUY** 206-207 F 2
Newark ○ **USA** (DE) 190-191 L 6
Newark ○ **USA** (NJ) 190-191 L 5
Newark ○ **USA** (NY) 190-191 K 4
Newark ○ **USA** (OH) 190-191 G 5
Newark on Trent ○• **GB** 26-27 G 5
New Athens ○ **USA** 190-191 D 6
Newaygo ○ **USA** 190-191 F 4
New Bedford ○ **USA** 190-191 N 5
Newberg ○ **USA** 184-185 C 3
Newbern ○ **USA** 192-193 D 1
New Bern ○ **USA** 192-193 K 2
Newberry ○ **USA** (MI) 190-191 F 2
Newberry ○ **USA** (SC) 192-193 H 2
New Bight ○ **BS** 198-199 H 2
New Boston ○ **USA** (IL) 190-191 C 5
New Boston ○ **USA** (TX) 188-189 K 3
New Braunfels ○ **USA** 188-189 H 5
New Britain ⌒ **PNG** 119 E 4
New Britain ○ **USA** 190-191 M 5
New Britain Trench ≃ 119 E 4
Newbrook ○ **CDN** 176-177 O 4
New Brunswick □ **CDN** 182-183 L 5
New Buffalo ○ **USA** 190-191 E 5
Newburgh ○ **USA** 190-191 L 5
Newbury ○ **GB** 26-27 G 6
Newburyport ○ **USA** 190-191 N 4
New Bussa ○ **WAN** 140-141 F 4
Newby River ∼ **CDN** 176-177 P 3
New Caledonia Basin = Nouvelle-Calédonie, Bassin du ≃ 9 H 5
New Caledonian Basin ≃ 118 B 2
Newcastle ○ **AUS** 116-117 L 2
Newcastle ○ **CDN** (NB) 182-183 M 5
Newcastle ○ **CDN** (ONT) 182-183 E 7
Newcastle ○ **GB** 26-27 E 4
New Castle ○ **USA** 190-191 H 5
Newcastle ○ **USA** (TX) 188-189 H 3
Newcastle ○ **USA** (WY) 186-187 E 4
Newcastle ○ **ZA** 156-157 J 3
Newcastle Creek ∼ **AUS** 110-111 C 5
Newcastle upon Tyne ☆ **GB** 26-27 G 4
Newcastle Waters ○ **AUS** 110-111 B 5
Newcastle West = An Caisleán Nua ○ **IRL** 26-27 C 5
New Cholossa ○ **PNG** 119 A 2
Newdale ○ **CDN** 178-179 F 5
New Delamere ○ **AUS** 108-109 K 3
New Delhi ★• **IND** 74-75 F 5
New Denver ○ **CDN** 176-177 M 7
New Dixie ○ **AUS** 110-111 G 4
Newell ○ **USA** 186-187 F 3
Newell, Lake ⊖ **AUS** 112-113 J 2
Newell Highway II **AUS** 114-115 K 6
Newell Lake ⊖ **CDN** 176-177 O 6
Newellton ○ **USA** 188-189 M 3
New England ○ **USA** 186-187 F 2
New England Highway II **AUS** 114-115 L 6
New England National Park ⊥ **AUS** 114-115 M 6
New England Range ⛰ **AUS** 114-115 L 6
New England Seamounts = New England Seamounts ≃ 14-15 C 5
Newenham, Cape ▲ **USA** 166-167 P 3
New Featherstone ○ **ZW** 154-155 F 4
Newfoundland □ **CDN** 182-183 N 2
Newfoundland, Grand Banks of = Terre-Neuve, Grands Bancs de ≃ 14-15 D 4
Newfoundland Evaporation Basin ∸ **USA** 184-185 H 5
New Gabloi ○ **LB** 138-139 F 6
New Galloway ○ **GB** 26-27 E 4
New Georgia ⌒ **SOL** 120 I c 3
New Georgia Group = Nouvelle-Géorgie ⌒ **SOL** 119 c 3
New Georgia Sound = The Slot ≈ 120 I c 2
New Germany ○ **CDN** 182-183 M 6
New Glasgow ○ **CDN** 182-183 N 6
New Guinea = Nouvelle-Guinée ⌒ **RI** 9 E 3
New Guinea Trench = Nouvelle-Guinée, Fosse de ≃ 102-103 J 2
Newhalem ○ **USA** 184-185 D 1
Newhalen ○ **USA** 166-167 T 3
Newhalen River ∼ **USA** 166-167 T 3
New Halfa ○ **SUD** 136-137 G 5
New Hamilton ○ **USA** 164-165 J 5
New Hampshire □ **USA** 190-191 N 4
New Hampton ○ **USA** 186-187 L 4
New Hanover ⌒ **PNG** 119 F 2
New Hanover ○ **ZA** 156-157 K 4
New Harmony ○ **USA** 190-191 E 6
Newhaven ○ **AUS** 108-109 K 7
Newhaven ○ **GB** 26-27 H 6
New Haven ○ **USA** 190-191 M 5
New Hazelton ○ **CDN** 176-177 G 4
New Hebrides = Nouvelle-Hebrides ⌒ **VAN** 9 H 4
New Iberia ○ **USA** 188-189 M 4
New Ireland ⌒ **PNG** 119 F 2
New Jersey □ **USA** 190-191 L 6
Newkirk ○ **USA** 188-189 E 2
New Knockhock ○ **USA** 164-165 H 5
New Leipzig ○ **USA** 186-187 G 2
New Liskeard ○ **CDN** 182-183 E 5
New London ○ **USA** (CT) 190-191 M 5
New London ○ **USA** (WI) 190-191 D 3
Newman ○ **AUS** 112-113 E 1
Newman ○ **USA** 188-189 D 3
Newman Bugt ≈ 170-171 V 3
Newmarket ○ **CDN** 182-183 E 6
Newmarket ○• **GB** 26-27 H 5
New Market ○ **USA** 190-191 J 6
New Martinsville ○ **USA** 190-191 H 6
New Meadows ○ **USA** 184-185 F 3
New Mexico □ **USA** 188-189 C 2
New Milford ○ **USA** 190-191 M 5
New Mirpur ○ **IND** 74-75 D 3
Newnan ○ **USA** 192-193 F 3
Newnes ∴ **AUS** 116-117 L 2
New Norfolk ○ **AUS** 116-117 J 7
New Orleans ○ **USA** 188-189 M 5
New Philadelphia ○ **USA** 190-191 H 5
New Plymouth ○ **NZ** 118 E 3
Newport ○ **CDN** 182-183 M 6
Newport ○ **GB** (ENG) 26-27 G 6
Newport ○ **GB** (WAL) 26-27 F 6
Newport ○ **USA** (AR) 188-189 M 2
Newport ○ **USA** (FL) 192-193 F 4
Newport ○ **USA** (KY) 190-191 F 6
Newport ○ **USA** (OR) 184-185 B 3
Newport ○ **USA** (RI) 190-191 N 5
Newport ○ **USA** (TN) 192-193 G 2
Newport ○ **USA** (VT) 190-191 M 3
Newport ○ **USA** (WA) 184-185 F 1
Newport News ○ **USA** 190-191 K 7
New Port Richey ○ **USA** 192-193 G 5
New Providence ⌒ **BS** 198-199 G 2
Newquay ○• **GB** 26-27 E 6
New Raymer ○ **USA** 186-187 F 5
New Richmond ○ **CDN** 182-183 M 4
New Richmond ○ **USA** 186-187 L 3
New River ∼ **GUY** 206-207 F 4
New River ∼ **USA** 190-191 H 7
New Rochelle ○ **USA** 190-191 M 5
New Rockford ○ **USA** 186-187 H 2
New Ross = Ros Mhic Thriúin ○ **IRL** 26-27 D 5
Newry ○ **AUS** 108-109 J 4
Newry Island ⌒ **AUS** 110-111 K 7
New Salem ○ **USA** 186-187 G 2
New Schwabenland = Nouvelle Souabe ∸ **ARK** 16 F 36
New Sharon ○ **USA** 186-187 L 5
New Smyrna Beach ○ **USA** 192-193 H 5
New South Wales □ **AUS** 116-117 G 2
New Springs ○ **AUS** 112-113 F 2
New Stuyahok ○ **USA** 166-167 S 3
Newton ○ **USA** (IA) 186-187 L 5
Newton ○ **USA** (IL) 190-191 D 6
Newton ○ **USA** (KS) 186-187 J 6
Newton ○ **USA** (MS) 192-193 D 3
Newton ○ **USA** (NC) 192-193 H 2
Newton Mills ○ **CDN** 182-183 N 6
Newtontoppen ▲ **N** 20-21 K 3
New Town ○ **USA** 186-187 F 2
Newtownabbey ○ **GB** 26-27 E 4
Newtown Steward ○ **GB** 26-27 D 4
New Ulm ○ **USA** 186-187 K 3
New Waterford ○ **CDN** 182-183 O 5
New Westminster ○ **CDN** 176-177 J 7
New World Island ⌒ **CDN** 182-183 R 4
New York ○ **USA** (NY) 190-191 M 5
New York □ **USA** 190-191 J 4
New York State Thruway II **USA** 190-191 L 4
New Zealand = Nouvelle-Zélande ■ **NZ** 118 C 3
New Zealand = Nouvelle-Zélande ⌒ **NZ** 9 J 6
Nexapa, Río ∼ **MEX** 196-197 E 2
Nexon ○ **F** (87) 236-237 H 4
Nexpa, Río ∼ **MEX** 196-197 C 2
Neyyāttinkara ○ **IND** 76-77 G 6
Nezahualcóyotl, Ciudad ○ **MEX** 196-197 E 2
Nezahualcóyotl, Presa < **MEX** 196-197 H 3
Neždaninskoe ○ **RUS** 56-57 H 2
Nežin = Nižyn ○ **UA** 38-39 G 2
Neznaemyj, zaliv ⊖ **RUS** 44-45 G 5
Neznanovo ○ **RUS** 30-31 R 4
Nez Perce Indian Reservation X **USA** 184-185 F 2
Nez Perce National Historic Park ∴ **USA** 184-185 F 2
Nfiss, Oued ∼ **MA** 124-125 G 5
Ngabang ○ **RI** 98-99 H 4
Ngabe ○ **RCB** 146-147 F 5
Ngabordamlu, Tanjung ▲ **RI** 102-103 H 5
Ngabu ○ **MW** 154-155 H 3
Ngabwe ○ **Z** 154-155 D 1
Ngadda, River ∼ **WAN** 140-141 K 3
Ngadiluwih ○ **RI** 104 E 3
Ngadza ○ **RCA** 142-143 E 6
Ngajira ○ **EAT** 150-151 H 4
Ngala ○ **WAN** 134-135 G 6
Ngali ○ **ZRE** 146-147 G 5
Ngalo ○ **ZRE** 142-143 F 6
Ngalu ○• **RI** 104 E 8
Ngam ○ **CAM** 142-143 B 5
Ngam ○ **TCH** 142-143 C 3
Ngama ○ **TCH** 142-143 C 3
Ngamakwe ○ **ZA** 156-157 H 6
Ngambé ○ **CAM** 140-141 J 6
Ngambé Tikar ○ **CAM** 140-141 J 6
Ngamdu ○ **WAN** 140-141 K 3
Ngami, Lake ⊖ **RB** 154-155 B 5
Ngamiland □ **RB** 152-153 F 9
Ngamo ○ **ZW** 154-155 D 4
Ngamring ○ **VRC** 80-81 F 6
Nganda ○ **RCA** 142-143 F 6
Nganda ○ **SN** 138-139 C 3
Ngangala ○ **SUD** 142-143 K 6
Ngangla Ringco ⊖ **VRC** 80-81 D 5
Nganglong Kangri ⛰ **VRC** 80-81 C 4
Nganglong Kangri ▲ **VRC** 80-81 C 4
Ngangzê Co ⊖ **VRC** 80-81 F 5
Nganha, Montagne de ▲ **CAM** 142-143 B 5
Nganji ○ **ZRE** 148-149 A 5
Nganjuk ○ **RI** 104 D 3
Ngantru ○ **RI** 104 D 3
Nganzi ○ **ANG** 146-147 D 6
Ngao ○ **THA** 78-79 L 6
Ngaoui, Mont ▲ **CAM** 142-143 B 5
Ngaoundal ○ **CAM** 140-141 K 5
Ngaoundéré ☆ **CAM** 140-141 K 5
Ngara ○ **EAT** 148-149 C 5
Ngara ○ **MW** 150-151 H 6
Ngarama ○ **RWA** 148-149 C 4
Ngarangou ○ **TCH** 134-135 G 6
Ngaras ○ **RI** 98-99 F 7
Ngarimbi ○ **EAT** 150-151 K 5
Ngarka-Pyrjajaha ∼ **RUS** 50-51 L 2
Ngarkat Conservation Park ⊥ **AUS** 116-117 F 3
Ngaso Plain ∸ **EAK** 148-149 F 2
Ngassao Noum ▲ **CAM** 142-143 B 4
Ngasumet ○ **EAT** 148-149 F 6
Ngathainggyaung ○ **MYA** 94-95 C 2
Ngato ○ **CAM** 146-147 E 2
Ngawi ○ **RI** 104 D 3
Ngawihi ○ **NZ** 118 E 4
Ngayu ∼ **ZRE** 148-149 B 3
Ngazidja ⌒ **COM** 158-159 C 3
Ngazun ○ **MYA** 78-79 J 5
Ngbala ○ **RCB** 146-147 E 3
Ngerengere ○ **EAT** 150-151 K 4
Ngezi ∼ **ZW** 154-155 E 4
Nggatokae ⌒ **SOL** 120 I d 3
Nggela Pile ⌒ **SOL** 120 I e 3
Nggela Sule ⌒ **SOL** 120 I d 3
Nghi Lôc ☆ **VN** 92-93 D 7
Ngidinga ○ **ZRE** 146-147 E 6
Ngilikomba ○ **SOL** 120 I e 3
Ngina ○ **ZRE** (Ban) 146-147 F 5
Ngina ○ **ZRE** (HAU) 148-149 A 2
N'Giva ☆ **ANG** 152-153 C 8
Ngo ○ **RCB** 146-147 E 5
Ngoa ○ **ZRE** 148-149 B 2
Ngoassé ○ **CAM** 146-147 D 2
Ngọc Hiển ○ **VN** 94-95 H 6
Ngofakiaha ○ **RI** 100-101 K 3
Ngog Mapubi ○ **CAM** 146-147 C 2
Ngoila ○ **CAM** 146-147 E 2
Ngoko ∼ **CAM** 146-147 E 3
Ngoko ○ **RCB** 146-147 E 4
Ngoko ∼ **RCB** 146-147 E 4
Ngola ○ **CAM** 146-147 E 2
Ngol Kedju ▲ **CAM** 140-141 H 5
Ngolo ○ **Z** 150-151 F 5
Ngolo ○ **ZRE** 146-147 G 3
Ngolo, Chutes de ∼ **RCA** 142-143 F 6
Ngolopopo, Tanjung ▲ **RI** 100-101 L 3
Ngoma ○ **NAM** 154-155 C 3
Ngoma ○ **Z** 154-155 C 2
Ngoma Bridge ○ **RB** 154-155 C 3
Ngoma Tsé-Tsé ○ **RCB** 146-147 E 6
Ngomba ○ **EAT** 150-151 G 5
Ngomedzap ○ **CAM** 146-147 C 2
Ngomeni, Ras ▲ **EAK** 148-149 H 5
Ngomo ○ **G** 146-147 B 4
Ngom Qu ∼ **VRC** 80-81 K 4
Ngong ○ **CAM** 140-141 K 4
Ngong ○ **EAK** 148-149 F 4
Ngonga ○ **CAM** 140-141 J 6
Ngoni, Tanjung ▲ **RI** 102-103 H 5
Ngonye Falls ∼• **Z** 154-155 B 3
Ngora ○ **EAU** 148-149 D 3
Ngorengore ○ **EAK** 148-149 E 4
Ngoring Hu ⊖ **VRC** 80-81 L 3
Ngoro ○ **CAM** 140-141 J 6
Ngorongoro Conservation Area ⊥ **EAT** 148-149 E 5
Ngorongoro Crater ▲∴ **EAT** 148-149 E 5
Ngorongoro Crater Lodge ○ **EAT** 148-149 E 5
Ngororero ○ **RWA** 148-149 B 4
Ngoso ○ **ZRE** 146-147 G 6
Ngoto ○ **RCA** 142-143 C 6
Ngotwane ∼ **RB** 156-157 H 2
Ngouanga ∼ **RCA** 142-143 G 5
Ngoui ○ **SN** 132-133 D 6
Ngoulemakong ○ **CAM** 146-147 C 2
Ngoulonkila ○ **RCB** 146-147 E 5
Ngouma ○ **RMM** 138-139 J 2
Ngouni ○ **G** 146-147 D 4
Ngounié ∼ **G** 146-147 C 4
Ngoura ○ **CAM** 142-143 B 6
Ngoura ○ **TCH** 134-135 H 6
Ngouri ○ **TCH** 134-135 G 6
Ngourti ○ **RN** 134-135 F 5
Ngoussa ○ **DZ** 126-127 E 4
Ngoutchèy < **TCH** 134-135 H 4
Ngouyo ○ **RCA** 142-143 G 6
Ngovayang ▲ **CAM** 146-147 C 2
Ngové-Ndogo, Domaine de chasse de ⊥ **G** 146-147 B 5
Ngoyeboma ○ **RCB** 146-147 E 3
Ngozi ○ **BU** 148-149 B 5
Ngudu ○ **EAT** 148-149 D 5
Nguélémendouka ○ **CAM** 140-141 K 6
Nguema ○ **ZRE** 150-151 B 4
Ngui ○ **RCA** 142-143 F 5
Nguia Bouar ○ **RCA** 142-143 B 6
Nguigmi ○ **RN** 134-135 F 5
Nguila ○ **CAM** 140-141 J 6
Nguini < **RN** 134-135 D 5
Nguiu X **AUS** 108-109 K 1
Ngukurr X **AUS** 110-111 C 4
Nguling ○ **RI** 104 E 3
Nguna ⌒ **VAN** 120 II b 3
Ngundu ○ **ZW** 154-155 F 5
Nguni ○ **EAK** 148-149 G 4
Ngunju, Tanjung ▲ **RI** 104 E 8
Ngunut ○ **RI** 104 E 4
Nguroje ○ **WAN** 140-141 J 5
Ngurore ○ **WAN** 140-141 K 4
Nguru ○ **WAN** 134-135 E 6
Nguti ○ **CAM** 140-141 H 6
Nguyakro ○ **CI** 138-139 H 6
Nguyên Binh ☆ **VN** 92-93 D 5
Ngwale ○ **EAT** 150-151 J 6
Ngwalulu = Maana'oba ⌒ **SOL** 120 I e 3
Ngwedaung ○ **MYA** 78-79 K 6
Ngweze ∼ **Z** 154-155 C 3
Ngwo ○ **CAM** 140-141 H 5
Ngynesëjaha ∼ **RUS** 44-45 R 6
Nhabe ∼ **RB** 154-155 B 5
Nhachengue ○ **MOC** 154-155 H 6
Nhacra ○ **GNB** 138-139 C 4
Nhamalábue ○ **MOC** 154-155 H 3
Nhamatanda ○ **MOC** 154-155 H 4
Nhamunda ○ **BR** 210-211 J 4
Nhamunda, Rio ∼ **BR** 206-207 F 6
Nhamundá Mapuera, Área Indígena X **BR** 206-207 E 6
Nhandeara ○ **BR** 216-217 E 6
Nhandu, Rio ∼ **BR** 210-211 K 7
Nharêa ○ **ANG** 152-153 D 5
Nha Trang ☆•• **VN** 94-95 K 4
Nhecolândia ○ **BR** 214-215 J 6
Nhia ∼ **ANG** 152-153 C 5
Nhill ○ **AUS** 116-117 F 4
Nhlangano ○ **SD** 156-157 K 3
Nho Quan ☆ **VN** 92-93 D 6
Nhoquim, Igarapé ∼ **BR** 212-213 C 6
Nhu' Kuân ☆ **VN** 92-93 D 7
Nhulunbuy (Gove) ○ **AUS** 110-111 D 3
Ni ∼ **F** (988) 247 I d 3
Niabayo ○ **CI** 138-139 G 7
Niablé ○ **CI** 138-139 J 6
Niada ○ **RCA** 142-143 E 6
Niafounké ○ **RMM** 138-139 H 2
Niagara ○ **USA** 186-187 J 2
Niagara Falls ○ **CDN** 182-183 E 7
Niagara Falls ∼•• **CDN** 182-183 E 7
Niagara Falls ○ **USA** 190-191 J 4
Niagara River ∼ 190-191 J 4
Niague ○ **CI** 138-139 G 7
Niah ○ **MAL** 98-99 K 3
Niah Caves • **MAL** 98-99 K 3
Niah National Park ⊥ **MAL** 98-99 K 3
Niakaramandougou ○ **CI** 138-139 H 5
Niakhar ○ **SN** 138-139 B 2
Niaklan ○ **LB** 138-139 F 7
Nialaha'u Point = Cape Zele'e ▲ **SOL** 120 I e 3
Niambézaria ○ **CI** 138-139 H 7
Niamey □ **RN** 140-141 D 1
Niamey ★• **RN** (NIA) 140-141 E 2
Niamina ○ **RMM** 138-139 G 3
Niampak ○ **RI** 100-101 K 1
Niamtougou ○ **RT** 138-139 L 5
Niamvoudou ○ **CAM** 140-141 K 6
Niandakoro ○ **RG** 138-139 F 4
Niandan ∼ **RG** 138-139 F 5
Nianfasa ○ **CI** 138-139 G 5
Nianforando ○ **RG** 138-139 E 5
Niangandu ○ **EAT** 150-151 J 4
Niangara ○ **ZRE** 148-149 A 2
Niangay, Lac ⊖ **RMM** 138-139 J 2
Niangoloko ○ **BF** 138-139 H 4
Niangyuan ○ **VRC** 92-93 G 4
Nia-Nia ○ **ZRE** 148-149 A 3
Nianing ○ **SN** 138-139 B 2
Niantan ∼ **RG** 138-139 E 4
Niantanina ○ **RN** 138-139 F 4
Nianyushan SK ∼ **VRC** 90-91 J 6
Niaoshu Shan ▲ **VRC** 90-91 D 4
Niapidou ○ **CI** 138-139 G 7
Niapu ○ **ZRE** 146-147 L 2
Niaqornaarsuk ○ **GRØ** 172-173 O 2
Niaqornat ○ **GRØ** 170-171 Y 8
Niara ○ **RG** 138-139 E 4
Niari □ **RCB** 146-147 D 5
Niari ∼ **RCB** 146-147 D 5
Niaro ○ **SUD** 142-143 K 3
Nias, Pulau ⌒ **RI** 98-99 B 4
Niassa □ **MOC** 154-155 J 1
Niassa, Lago ⊖ **MOC** 150-151 H 7
Niassa, Reserva do ⊥ **MOC** 150-151 J 7
Niáta ○ **GR** 36-37 J 6
Niaux, Grotte de • **F** 240-241 H 5
Nibinamik Lake ⊖ **CDN** 178-179 M 4
Nibles ○ **F** (04) 242-243 J 3
Nibong, Kampung ○ **MAL** 98-99 D 2
Nibong Tebal ○ **MAL** 98-99 D 2
Nica ∼ **RUS** 50-51 G 6
Nicaragua, Lago de ⊖ **NIC** 196-197 B 6
Nicaragua ■ **NIC** 196-197 A 5
Nicasio ○ **PE** 214-215 B 4
Nicastro ○ **I** 36-37 F 5
Ničatka, ozero ⊖ **RUS** 54-55 H 7
Nice ☆• **F** (06) 242-243 L 4
Niceville ○ **USA** 192-193 E 4
Nichet, Grotte de • **F** 234-235 F 1
Nichicun, Lac ⊖ **CDN** 182-183 J 2
Nichinan ○ **J** 88-89 D 9
Nichlaul ○ **IND** 78-79 C 2
Nicholas Channel ≈ 198-199 E 3
Nicholasville ○ **USA** 190-191 F 7
Nicholson ○ **AUS** 108-109 J 5
Nicholson, Mount ▲ **AUS** 114-115 K 3
Nicholson Lake ⊖ **CDN** 174-175 S 4
Nicholson Peninsula ⌣ **CDN** 168-169 G 6
Nicholson Range ⛰ **AUS** 112-113 D 3
Nicholson River ∼ **AUS** 110-111 E 5
Nichols Town ○ **BS** 198-199 F 2
Nička ○ **TM** 72-73 H 6
Nickerierivier ∼ **SME** 206-207 F 3
Nickerson ○ **USA** 186-187 L 2
Nickol Bay ≈ 108-109 C 6
Nicman ○ **CDN** 182-183 L 3
Ničnij Pjandž ○ **TJ** 72-73 L 6
Nicobar, Îles = Nicobar Islands ⌒ **IND** 76-77 L 6
Nicobar Islands = Nicobar, Îles ⌒ **IND** 76-77 L 6
Nicola Mameet Indian Reserve X **CDN** 176-177 K 6
Nicola River ∼ **CDN** 176-177 K 6
Nicolás Bruzzone ○ **RA** 222-223 G 3
Nicolás Levalle ○ **RA** 222-223 H 5
Nicondocho, Rio ∼ **MOC** 154-155 K 1
Nicosia ○ **I** 36-37 E 6
Nicosie = Lefkosia ★ **CY** 64-65 E 5
Nicoya ○ **CR** 196-197 B 6
Nicoya, Golfo de ≈ 196-197 B 7
Nicoya, Península de ⌣ **CR** 196-197 B 7
Nictau ○ **CDN** 182-183 L 5
Nicuadala ○ **MOC** 154-155 J 3
Nicupa ○ **MOC** 154-155 K 2
Nida ○•• **LT** 30-31 G 4
Nidadavole ○ **IND** 76-77 J 2
Nid à l'Aigle, Cap du ▲ **F** (975) 245 II b 1
Nideck, Château du • **F** (67) 234-235 L 4
Nidelva ∼ **N** 22-23 D 7
Nidili, ozero ⊖ **RUS** 54-55 M 4
Nido, El ○ **RP** 96-97 C 7
Nidpalli ○ **IND** 76-77 F 4
Nidym ∼ **RUS** 52-53 K 4
Nidymkan ∼ **RUS** 52-53 J 4
Nidzica ○• **PL** 28-29 Q 2
Nië, Île ⌒ **F** (988) 247 I e 3
Niéboré ○ **RG** 138-139 E 4
Niebüll ○ **D** 28-29 K 1
Niechorze ○ **PL** 28-29 N 1
Nied ∼ **F** 234-235 J 3
Niederbronn-les-Bains ○ **F** (67) 234-235 M 4
Niedere Tauern ⛰ **A** 28-29 M 5
Niederösterreich □ **A** 28-29 N 4
Niederrœdern ○ **F** (67) 234-235 N 4
Niedersachsen □ **D** 28-29 J 2
Niefang ○ **GQ** 146-147 C 3
Niega ○ **BF** 138-139 K 3
Niekerkshoop ○ **ZA** 156-157 F 4
Niellé ○ **CI** 138-139 H 4
Niellim ○ **TCH** 142-143 C 4
Niem ○ **RCA** 142-143 B 5
Niemba ○ **ZRE** 148-149 B 6
Niemba ∼ **ZRE** 150-151 E 4
Niemelane < **RIM** 132-133 E 5
Niémen = Nemunas ∼ **LT** 30-31 H 4
Niemisel ○ **S** 22-23 L 3
Niéna ○ **RMM** 138-139 G 4
Nienburg (Weser) ○ **D** 28-29 K 2
Niénokue, Mont ▲ **CI** 138-139 G 7
Nienone, Île ⌒ **F** (988) 247 I a 1
Niéri Ko ∼ **SN** 138-139 D 3
Nieu Bethesda ○ **ZA** 156-157 G 5
Nieuil-l'Espoir ○ **F** (86) 236-237 F 3
Nieul ○ **F** (87) 236-237 H 4
Nieul-le-Dolent ○ **F** (85) 236-237 B 2
Nieul-lès-Saintes ○ **F** (17) 236-237 D 4
Nieul-le-Virouil ○ **F** (17) 236-237 D 5
Nieul-sur-Mer ○ **F** (17) 236-237 C 3
Nieuw Amsterdam ☆ **SME** 206-207 G 3
Nieuw Nickerie ☆ **SME** 206-207 F 3
Nieuwoudtville ○ **ZA** 156-157 D 5
Nieuwpoort ○ **NL** 204-205 G 1
Nieva, Río ∼ **PE** 208-209 D 4
Nieves, Las ○ **MEX** 194-195 G 4
Nièvre □ **F** (58) 232-233 J 5
Nièvre ∼ **F** (58) 232-233 J 5
Niğde ☆• **TR** 64-65 F 3
Nigel ○ **ZA** 156-157 J 3
Niger ∼ 5 D 4
Niger □ **WAN** 140-141 F 4

Northport ○ USA (MI) 190-191 F 3
Northport ○ USA (WA) 184-185 F 1
North Powder ○ USA 184-185 F 3
North Racoon River ∼ USA 186-187 K 4
North Redstone River ∼ CDN 174-175 F 4
North Reef = Bei Jiao ⌒ VRC 94-95 L 2
North Rim ○ USA 184-185 H 7
North River ○ CDN 174-175 W 6
North Santiam River ∼ USA 184-185 C 3
North Saskatchewan River ∼ CDN 178-179 C 4
North Sea ≈ 26-27 J 3
North Sea = Nord, Mer du ≈ 26-27 D 3
North Seal River ∼ CDN 174-175 T 6
North Sentinel Island ⌒ IND 76-77 L 4
North Slope ∸ USA 164-165 K 2
North Solitary Island ⌒ AUS 114-115 M 5
North Spicer Island ⌒ CDN 168-169 h 6
North Star ○ AUS 114-115 L 5
North Star ○ CDN 176-177 M 3
North Stradbroke Island ⌒ AUS 114-115 M 4
North Sydney ○ CDN 182-183 O 5
North Thompson River ∼ CDN 176-177 K 6
North Truchas Peak ▲ USA 188-189 E 2
North Tweedsmuir Island ⌒ CDN 172-173 C 2
North Twin Island ⌒ CDN 178-179 Q 4
North Twin Lake ⬭ CDN 182-183 Q 4
North Uist ⌒ GB 26-27 D 3
Northumberland Isles ⌒ AUS 114-115 K 1
Northumberland National Park ⊥ GB 26-27 F 4
Northumberland Ø ⌒ GRØ 170-171 O 5
Northumberland Strait ≈ 182-183 M 5
North Umpqua River ∼ USA 184-185 C 4
North Vancouver ○ CDN 176-177 J 7
North Wabasca Lake ⬭ CDN 176-177 O 3
North Washagami Lake ⬭ CDN 178-179 O 3
North-West = Nord-Ouest ◘ CAM 140-141 J 5
Northwest Angle Forest Reserve ⊥ CDN 178-179 J 6
North West Basin ∸ AUS 112-113 C 2
North West Cape ▲ AUS 108-109 B 6
Northwest Cape ▲ USA 164-165 E 5
Northwest Cay ⌒ BS 198-199 J 4
North West Coastal Highway II AUS 112-113 C 3
North Western ◘ Z 154-155 C 1
Northwest Feeder ∼ CDN 182-183 Q 2
North West Frontier Province ◘ PK 74-75 D 2
Northwest Gander River ∼ CDN 182-183 R 4
Northwest Highlands ▲ GB 26-27 E 3
North West Island ⌒ AUS 114-115 L 2
Northwest Pacific Basin=Pacifique Nord-Occidental, Bassin du ≃ 10-11 G 4
Northwest Point ▲ BS 198-199 J 4
Northwest Providence Channel ≈ 198-199 F 1
North-West Province ◘ ZA 156-157 F 3
North West River ○ CDN 182-183 O 2
Northwest Territories ◘ CDN 174-175 K 2
North Wind Lake ⬭ CDN 178-179 N 6
Northwood ○ USA 186-187 L 4
North York Moors National Park ⊥ GB 26-27 G 4
Norton ○ USA (KS) 186-187 H 6
Norton ○ USA (VA) 190-191 G 7
Norton ○ ZW 154-155 F 3
Norton, Cape ▲ CDN 168-169 Y 6
Norton Bay ≈ 164-165 K 4
Norton Shaw, Cape ▲ CDN 168-169 g 2
Norton Shores ○ USA 190-191 E 4
Norton Sound ≈ 164-165 H 5
Nortonville ○ USA (KY) 190-191 E 7
Nortonville ○ USA (ND) 186-187 H 2
Nort-sur-Erdre ○ F (44) 230-231 J 5
Norutak Lake ⬭ USA 164-165 N 3
Norvège, Mer de = Norwegian Sea ≈ 4 C 1
Norvège = Norge ■ N 22-23 D 7
Norvégien, Bassin = Norwegian Basin ≃ 14-15 J 2
Norvégienne, Baie ≈ 246 III d 3
Norvégienne, Fosse = Norskerenna ∸ N 22-23 B 7
Norwalk ○ USA (CT) 190-191 M 5
Norwalk ○ USA (IA) 186-187 L 5
Norwalk ○ USA (OH) 190-191 G 5
Norway House ○ CDN 178-179 H 4
Norwegia, Kapp ▲ ARK 16 F 35
Norwegian Basin = Norvégien, Bassin ≃ 14-15 J 2
Norwegian Bay ≈ 168-169 Z 2
Norwegian Sea = Norvège, Mer de ≈ 4 C 1
Norwich ○•• GB 26-27 H 5
Norwich ○ USA (CT) 190-191 M 5
Norwich ○ USA (NY) 190-191 L 4
Norwood ○ USA 186-187 L 3
Nosappu-misaki ▲ J 88-89 L 3
Nosara ○ CR 196-197 B 7
Nose Lake ⬭ CDN 174-175 P 3
Noshiro ○ J 88-89 H 4
Nosive, Farihy ⬭ RM 158-159 F 7
Nosivolo ∼ RM 158-159 E 8
Noska ∼ RUS 50-51 J 5
Noso ∼ RI 102-103 D 3
Nosong, Tanjung ▲ MAL 96-97 A 10
Nosop ∼ RB 156-157 E 2
Nosratābād ○• IR 70-71 H 4
Nossa Senhora das Dores ○ BR 212-213 K 7
Nossa Senhora do Livramento ○ BR 214-215 J 4
Nossa Senhora do Socorro ○ BR 212-213 K 7
Nossob ∼ NAM 156-157 D 1
Nossob Camp ○ ZA 156-157 E 2
Nossombougou ○ RMM 138-139 G 3
Nosy Varika ○ RM 158-159 F 8
Notakwanon River ∼ CDN 180-181 S 7
Noteć ∼ PL 28-29 N 2
Nothaburi ○ THA 94-95 F 4
Nothern Biak Reserve ⊥ • RI 102-103 H 2
Notintsila ○ ZA 156-157 J 5
Nótio Egéo ◘ GR 36-37 L 6
Noto ○ I 36-37 E 6
Notocote ○ MOC 154-155 K 3
Notodden ☆ N 22-23 D 7
Noto-hantō ⌒ J 88-89 G 6
Notora ∼ RUS 56-57 F 3
Noto-shima ⌒ J 88-89 G 6
Notre-Dame, Cathédrale ••• F (80) 228-229 J 4
Notre-Dame, Monts ▲ CDN 182-183 J 6
Notre Dame Bay ≈ 182-183 R 4
Notre-Dame de Consolation • F (25) 238-239 K 2
Notre-Dame-de-Gravenchon ○ F (76) 228-229 F 4
Notre-Dame de la Salette • F (38) 242-243 H 2
Notre-Dame de la Serra • F (2B) 244 C 3
Notre-Dame de Lepeau, Abbaye de • F (58) 232-233 J 5
Notre-Dame-de-Londres ○ F (34) 242-243 D 4
Notre-Dame de Lorette • F (62) 228-229 K 3
Notre-Dame-de-Monts ○ F (85) 236-237 A 2
Notre-Dame de Tronoan • F (29) 230-231 C 4
Notre-Dame d'Orient • F (89) 232-233 K 4
Notre-Dame du Crann, Chapelle • F (29) 230-231 D 3
Notre-Dame-du-Haut • F 238-239 K 1
Notre-Dame-du-Laus ○ CDN 182-183 G 5
Notre-Dame-du-Nord ○ CDN 182-183 E 5
Notre-Dame du Roc • F (04) 242-243 K 4
Notre-Dame-du-Roscudon • F (29) 230-231 C 3
Notre-Dame du Salut • F (76) 228-229 E 4
Notre Dame Junction ○ CDN 182-183 R 4
Notsé ○ RT 138-139 L 6
Nott, Mount ▲ AUS 116-117 C 2
Nottawasaga Bay ⬭ CDN 182-183 D 6
Nottaway, Rivière ∼ CDN 182-183 E 3
Nottingham ○ GB 26-27 G 5
Nottingham Downs ○ AUS 114-115 G 1
Nottingham Island ⌒ CDN 180-181 K 3
Nottingham Road ○ ZA 156-157 J 4
Nottoway River ∼ USA 190-191 K 7
Notuken Creek ∼ CDN 178-179 C 6
Nouâdhibou ☆ RIM 132-133 B 4
Nouâdhibou, Râs ▲ RIM 132-133 B 4
Nouaillé-Maupertuis ○ F (86) 236-237 F 2
Nouakchott = Nawākshūt ★• RIM 132-133 C 5
Nouâmghâr ○ RIM 132-133 B 5
Nouan-le-Fuzelier ○ F (41) 232-233 G 4
Nouans-les-Fontaines ○• F (37) 232-233 E 5
Nouart ○ F (08) 234-235 G 3
Nouazereg < RIM 132-133 D 5
Noubandegān ○ IR 70-71 E 4
Noubarān ○ IR 64-65 N 5
Nouhao ∼ BF 138-139 K 4
Nouillers, Les ○ F (17) 236-237 D 4
Noukous = Nukus ☆ US 62-63 N 6
Nouméa ☆• F (988) 247 I d 4
Noumoukiédougou ○ BF 138-139 H 5
Noun ∼ CAM 140-141 J 6
Nouna ○ BF 138-139 J 3
Nouna ∼ G 146-147 D 3
Noupoort ○ ZA 156-157 G 5
Nourlangie Rock • AUS 108-109 L 2
Noušahr ○• IR 72-73 B 6
Nousūd ○ IR 64-65 M 5
Nouveau-Brunswick = New Brunswick ◘ CDN 182-183 L 5
Nouveau-Québec, Cratère du ▲ CDN 180-181 N 4
Nouvelle ○ CDN 182-183 L 4
Nouvelle-Bretagne, Fosse de = New Britain Trench ≃ 119 E 4
Nouvelle-Bretagne = New Britain ⌒ PNG 119 E 4
Nouvelle-Calédonie ◘ F (988) 247 I a 4
Nouvelle-Calédonie, Bassin du = New Caledonia Basin ≃ 9 H 5
Nouvelle-Calédonie, Île ⌒ F (988) 247 I b 3
Nouvelle-Écosse = Nova Scotia ◘ CDN 182-183 M 6
Nouvelle-France, Cap de ▲ CDN 180-181 N 3
Nouvelle Galles du Sud = New South Wales ◘ AUS 116-117 G 2
Nouvelle-Géorgie = New Georgia Group ⌒ SOL 119 c 3
Nouvelle-Gérgie, Détroit de = New Georgia Sound = The Slot ≈ 119 c 2
Nouvelle-Guinée, Fosse de = New Guinea Trench ≃ 102-103 J 2
Nouvelle-Guinée = New Guinea ⌒ RI 9 E 3
Nouvelle-Hebrides = New Hebrides ⌒ VAN 9 H 4
Nouvelle-Irlande = New Ireland ⌒ PNG 119 F 2
Nouvelle-Orléans, La = New Orleans ○ USA 188-189 M 5
Nouvelles Hebrides = Vanuatu ■ VAN 120 II a 1
Nouvelle-Sibérie, Archipel de la = Novosibirskie ostrova ⌒ RUS 46-47 Z 3
Nouvelle Souabe = New Schwabenland ∸ ARK 16 F 36
Nouvelle-Zélande, Alpes de = Southern Alps ▲ NZ 118 B 6
Nouvelle-Zélande = New Zealand ■ NZ 118 C 3
Nouvelle-Zélande = New Zealand ⌒ NZ 9 J 6
Nouvelle-Zemble, Fosse de = Novozemel'skaja vpadina ≃ 44-45 G 6
Nouvelle-Zemble = Novaja Zemlja ⌒ RUS 44-45 E 6
Nouvion ○ F (80) 228-229 H 3
Nouvion-en-Thiérache, le ○ F (02) 228-229 M 3
Nouzād ○ AFG 70-71 L 2
Nouzonville ○ F (08) 234-235 F 2
Nova Alegria ○ BR 216-217 L 4
Nova Aliança ○ BR 216-217 F 6
Nova Almada ○ MOC 154-155 H 4
Nova Almeida ○ BR 216-217 K 6
Nova Alvorada ○ BR 220-221 K 1
Nova Andradina ○ BR 216-217 D 7
Nova Aurora ○ BR 218-219 D 5
Nova Brasilândia ○ BR (MAT) 214-215 K 4
Nova Brasilândia ○ BR (RON) 214-215 F 2
Nova Caipemba ○ ANG 152-153 C 3
Nova Canaã do Norte ○ BR 214-215 K 2
Nova Coimbra ○ MOC 150-151 H 7
Nova Cruz ○ BR 212-213 L 5
Nova Esperança ○ ANG 152-153 C 3
Nova Esperança ○ BR 216-217 D 7
Nova Floresta ○ BR 212-213 J 4
Nova Friburgo ○ BR 216-217 J 7
Nova Gaia ○ ANG 152-153 D 5
Nova Golegã ○ MOC 154-155 G 5
Nova Gradiška ○ HR 36-37 F 2
Nova Granada ○ BR 216-217 F 6
Nova Iguaçu ○ BR 216-217 J 7
Nova Independência ○ BR 216-217 E 6
Nova Itaipe ○ BR 216-217 K 2
Novaja ○ RUS (TMR) 44-45 d 6
Novaja ∼ RUS 44-45 e 5
Novaja ∼ RUS 46-47 G 2
Novaja Igirma ○ RUS 52-53 L 7
Novaja Inja ○ RUS 56-57 L 4
Novaja Kahovka = Nova Kachovka ○ UA 38-39 H 4
Novaja Ladoga ○ RUS 30-31 N 1
Novaja Ljalja ☆ RUS 50-51 F 5
Novaja Sibir', ostrov ⌒ RUS 46-47 a 2
Novaja Zemlja = Nouvelle-Zemble ⌒ RUS 44-45 E 6
Nova Jorque ○ BR 212-213 F 5
Nova Kachovka ○ UA (HER) 38-39 H 4
Novalaise ○ F (73) 238-239 H 5
Novales, Punta ▲ RA 224 G 2
Nova Lima ○ BR 216-217 J 6
Novalukoml' ○ BY 30-31 L 4
Nova Macajuba ○ BR 212-213 E 2
Nova Mambone ○ MOC 154-155 H 5
Nova Módica ○ BR 216-217 K 5
Nova Nabúri ○ MOC 154-155 K 3
Nova Olímpia ○ BR 216-217 D 7
Nova Olinda ○ BR 210-211 K 4
Nova Olinda, Riachão ∼ BR 212-213 G 6
Nova Olinda do Norte ○ BR 210-211 H 4
Nova Prata ○ BR 218-219 E 7
Novara ☆ I 36-37 B 2
Novara, Pointe de la ▲ F (984) 246 VII
Nova Resende ○ BR 216-217 G 6
Nova Roma ○ BR 216-217 G 2
Nova Russas ○ BR 212-213 H 4
Nova Santarém ○ MOC 154-155 H 1
Nova Serrana ○ BR 216-217 H 6
Nova Soure ○ BR 212-213 J 7
Nova Timboteua ○ BR 212-213 E 2
Novato ○ USA 184-185 C 6
Nova Vandúzi ○ MOC 154-155 G 4
Nova Venécia ○ BR 216-217 K 5
Nova Viçosa ○ BR 216-217 L 4
Nova Vida ○ BR 210-211 C 5
Nova Viseu ○ MOC 150-151 J 7
Nova Vodolaha ○ UA 38-39 J 3
Nova Xavantina ○ BR 216-217 D 3
Nova Zagora ○ BG 38-39 E 6
Nova Zembla Island ⌒ CDN 170-171 O 7
Novéant-sur-Moselle ○ F (57) 234-235 J 3
Nove de Abril, Cachoeira ∼ BR 214-215 G 2
Novell ○ F (2B) 244 D 3
Novembro, Cachoeira 15. de ∼ BR 214-215 G 3
Noves ○ F (13) 242-243 F 4
Nové Zámky ○ SK 28-29 P 5
Novgorod ☆••• RUS 30-31 M 2
Novgorodka ○ RUS 30-31 L 3
Novhorodka ○ UA 38-39 H 3
Novi Iskăr ○ BG 38-39 C 6
Novikbož ○ RUS 24-25 Y 3
Novikovo ○ RUS 58-59 K 5
Novillars ○ F (25) 238-239 J 2
Novillero ○ MEX 194-195 G 6
Novion-Porcien ○ F (08) 234-235 E 2
Novi Pazar ○• YU 36-37 H 3
Novi Sad ○•• YU 36-37 G 2
Novi Sanžary ○ UA 38-39 J 3
Nóvita ○ CO 204-205 C 5
Novo, Lago ⬭ BR 206-207 J 5
Novo, Rio ∼ BR 210-211 J 6
Novo, Rio ∼ BR 212-213 B 4
Novo, Rio ∼ BR 214-215 E 2
Novo Acordo ○ BR (P) 212-213 B 3
Novo Acordo ○ BR (TOC) 212-213 E 6
Novo Acre ○ BR 216-217 K 2
Novoagansk ○ RUS 50-51 O 4
Novo Airão ○ BR 210-211 G 4
Novoaleksandrovka ○ RUS 52-53 K 8
Novoaleksandrovsk ○ RUS 38-39 M 5
Novoalekseevka = Karagandysay ☆ KA 62-63 L 2
Novoaltajsk ☆ RUS 60-61 N 2
Novoanninskij ○ RUS 38-39 N 2
Novo Areal ○ BR 210-211 E 6
Novo Aripuanã ○ BR 210-211 G 5
Novoazovs'k ○ UA 38-39 L 4
Novobelokataj ☆ RUS 32-33 L 6
Novobogat ○ KA 32-33 G 10
Novoburejskij ☆ RUS 58-59 C 4
Novočeboksarsk ○ RUS 32-33 E 5
Novočerkassk ☆• RUS 38-39 M 4
Novočerkasskoe ○ KA 60-61 E 3
Novočernorečenskij ○ RUS 52-53 E 7
Novo Cruzeiro ○ BR 216-217 K 4
Novočuguevka ○ RUS 58-59 E 6
Novodvinsk ○ RUS 24-25 Q 4
Novoe ○ RUS 58-59 E 5
Novoe Čaplino ○ RUS 48-49 Y 4
Novoe Mašozero ○ RUS 24-25 M 4
Novofedorivka ○ UA 38-39 H 4
Novograd-Volynskij = Novohrad-Volyns'kyj ○ UA 38-39 E 2
Novo Hamburgo ○ BR 218-219 E 7
Novohoperskij ○ RUS 38-39 M 2
Novo Horizonte ○ BR 216-217 F 6
Novohrad-Volyns'kyj ○ UA 38-39 E 2
Novokačalinsk ○ RUS 58-59 E 6
Novokašpirskij ○ RUS 32-33 F 7
Novokazaly ☆ KA 62-63 P 5
Novokievskij Uval ☆ RUS 58-59 C 3
Novokubansk ○ RUS 38-39 M 5
Novokujbyševsk ○ RUS 32-33 F 7
Novokuzneck ☆ RUS 60-61 P 2
Novolazarevskaja ○ ARK 16 F 1
Novo Mesto ○ SLO 36-37 E 2
Novomičurinsk ○ RUS 30-31 Q 4
Novomihajlovskij ○ RUS 62-63 C 5
Novomoskovs'k ○ UA 38-39 J 3
Novomoskovsk ☆ RUS 30-31 Q 4
Novomoskovsk = Novomoskovs'k ○ UA 38-39 J 3
Novo Mundo ○ BR 216-217 E 2
Novo Mundo, Igarapé ∼ BR 214-215 F 2
Novomuraptalovo ○ RUS 32-33 J 7
Novonadeždinka ○ KA 32-33 J 8
Novonikolaevskij ○ RUS 38-39 N 2
Novooleksijivka ○ UA 38-39 J 4
Novo Oriente ○ BR (CEA) 212-213 H 4
Novo Oriente ○ BR (RON) 210-211 F 7
Novoorsk ☆ RUS 32-33 L 8
Novo Paraíso ○ BR 218-219 D 7
Novo Paraná ○ BR 214-215 J 2
Novopavlovsk ○ RUS 62-63 E 6
Novo Pensamento ○ BR 210-211 F 3
Novopetrovskoe ○ RUS 30-31 P 4
Novopokrovka ○ RUS 58-59 F 6
Novopokrovskaja ○ RUS 38-39 M 5
Novopolock = Navapolack ☆•• BY 30-31 L 4
Nôvo Pôrto ○ BR 210-211 B 7
Novopskov ○ UA 38-39 L 3
Novorossijskoe ○ KA 62-63 N 2
Novorybnaja ○ RUS 46-47 F 3
Novoržev ☆ RUS 30-31 L 3
Novošahtinsk ○ RUS 38-39 L 4
Novo São Joaquim ○ BR 216-217 D 3
Novosel'e ○ RUS 30-31 L 2
Novoselickoe ○ RUS 62-63 E 5
Novoselivs'ke ○ UA 38-39 H 5
Novoselycja ☆ UA 38-39 E 3
Novosemejkino ○ RUS 32-33 G 7
Novosergievka ☆ RUS 32-33 H 7
Novošešminsk ○ RUS 32-33 G 6
Novosibirsk ☆• RUS 50-51 R 7
Novosibirskie ostrova = Nouvelle-Sibérie, Archipel de la ⌒ RUS 46-47 Z 3
Novosibirskoe vodohranilišče ⬭ RUS 60-61 M 1
Novosokol'niki ☆ RUS 30-31 M 3
Novotroick ○ RUS 32-33 L 8
Novotroickoe ○ RUS 58-59 D 4
Novotroickoe ○ RUS 58-59 B 3
Novotroïc'ke ○ UA 38-39 J 4
Novoukrajinka ○ UA 38-39 G 3
Novoul'janovsk ○ RUS 32-33 F 6
Novouzensk ☆ RUS 32-33 F 8
Novovjatsk ○ RUS 32-33 F 4
Novovolyns'k ○ UA 38-39 D 2
Novovolynsk = Novovolyns'k ○ UA 38-39 D 2
Novovoskresenovka ○ RUS 54-55 N 9
Novozavidovskij ○ RUS 30-31 P 3
Novozemel'skaja vpadina ≃ 44-45 G 6
Novozybkov ○ BY 30-31 M 5
Novska ○ HR 36-37 F 2
Nový Bor ○ CZ 28-29 N 3
Novye Ljady ○ RUS 32-33 K 4
Novye Zjatcy ○ RUS 32-33 H 5
Novyj Bor ○ RUS 24-25 W 3
Novyj Buh ○ UA 38-39 H 4
Nový Jičín ○ CZ 28-29 P 4
Novyj Port ○ RUS 44-45 P 8
Novyj Tartas ○ RUS 50-51 O 7
Novyj Uojan ○ RUS 54-55 E 7
Novyj Urengoj ○ RUS 50-51 O 1
Novyj Uzen' ○ KA 62-63 K 6
Nowashe Lake ⬭ CDN 178-179 P 4
Nowa Sól ○ PL 28-29 N 3
Nowe ○• PL 28-29 P 2
Nowendoc ○ AUS 114-115 L 6
Nowgong ○ IND 74-75 G 7
Nowitna River ∼ USA 164-165 N 4
Nowleye Lake ⬭ CDN 174-175 T 4
Nowogard ○ PL 28-29 N 2
Nowood Creek ∼ USA 186-187 D 3
Nowra-Bomaderry ○ AUS 116-117 L 3
Nowshehrvirkhan ○ PK 74-75 D 4
Nowshera ○ PK 74-75 C 3
Nowy Sącz ☆• PL 28-29 Q 4
Noxubee National Wildlife Refuge ⊥ USA 192-193 D 3
Noya ∼ G 146-147 B 3
Noyal ○ F (22) 230-231 G 3
Noyal-Pontivy ○ F (56) 230-231 F 3
Noyal-sur-Vilaine ○ F (35) 230-231 H 3
Noyant ○ F (49) 230-231 M 4
Noyant-la-Plaine ○ F (49) 230-231 L 5
Noyarey ○ F (38) 242-243 H 1
Noye ∼ F (80) 228-229 J 4
Noyelles-sur-Mer ○ F (80) 228-229 H 3
Noyen-sur-Sarthe ○ F (72) 230-231 L 4
Noyen-sur-Seine ○ F (77) 232-233 J 3
Noyers ○ F (89) 232-233 K 4
Noyers-Saint-Martin ○ F (60) 228-229 J 4
Noyers-sur-Jabron ○ F (04) 242-243 H 3
Noyes Island ⌒ USA 176-177 D 4
Noyon ○ F (60) 228-229 L 4
Nozay ○ F (44) 230-231 H 4
Nqadubolu ○ RI 104 D 7
Nritu Ga ○ MYA 78-79 K 2
Nsa ○ RCB 146-147 E 5
Nsadzu ○ Z 154-155 G 2
Nsakaluba ○ Z 150-151 E 6
Nsama ○ Z 150-151 E 5
Nsambi ○ ZRE 146-147 F 4
Nsanje ○ MW 154-155 H 3
Nsawam ○ GH 138-139 K 7
Nsawkaw ○ GH 138-139 J 6
Nsele ∼ ZRE 146-147 E 6
Nsem ○ CAM 140-141 K 6
Nsiza ○ ZW 154-155 E 4
Nsog ○ GQ 146-147 C 3
Nsoko ○ SD 156-157 K 3
Nsombo ○ Z 150-151 E 6
Nsontin ○ ZRE 146-147 G 5
Nsukka ○ WAN 140-141 G 5
Ntambu ○ Z 150-151 C 7
Ntandembele ○ ZRE 146-147 F 5
Ntatrat < RIM 132-133 C 6
Ntcheu ○ MW 154-155 H 2
Ntchisi ○ MW 154-155 G 1
Nteko ○ Z 150-151 G 5
Ntem ∼ CAM 146-147 C 2
Ntemwa ○ Z 154-155 D 2
Nterguent ○ RIM 132-133 D 5
Nthalire ○ MW 150-151 G 6
Nthunga ○ MW 150-151 H 7
Ntibane ○ ZA 156-157 J 5
Ntimaru ○ EAK 148-149 E 4
Ntiona ○ TCH 134-135 G 5
Ntlenyana, Thabana ▲ LS 156-157 J 4
Ntokou ○ G 146-147 E 3
Ntomba, Lac ⬭• ZRE 146-147 G 4
Ntoum ○ G 146-147 B 3
Ntsel, Hassi < DZ 126-127 F 7
Ntsou ○ RCB 146-147 E 4
Ntui ○ CAM 140-141 J 6
Ntungamo ○ EAU 148-149 C 4
Ntusi ○ EAU 148-149 C 3
Ntwetwe Pan ⬭ RB 154-155 C 5
Ntyébougou ○ RMM 138-139 G 2
Nuageuses, Îles ⌒ F (984) 246 III a 2
Nuaillé-d'Aunis ○ F (17) 236-237 D 3
Nu'airiya, an- ○ KSA 66-67 L 4
Nuakata Island ⌒ PNG 119 F 6
Nuaneteze, Rio ∼ MOC 154-155 F 6
Nuangan ○ RI 100-101 J 3
Nuangola ○ USA 190-191 L 5
Nuars ○ F (58) 232-233 K 5
Nūba, an-= Nubie ∸ SUD 136-137 D 3
Nūba, Buhairat ⬭ SUD 136-137 E 2
Nūba, Ṣaḥrā' an-= Nubie, Désert de ∸ SUD 136-137 E 2
Nubarašen ○ AR 64-65 L 2
Nubeena ○ AUS 116-117 J 7
Nubie, Désert de = Nūba, Ṣaḥrā' an- ∸ SUD 136-137 E 2
Nubie = Nūba, an- ∸ SUD 136-137 D 3
Nubieber ○ USA 184-185 D 5
Ñuble, Río ∼ RCH 222-223 C 4
Nuboai ○ RI 102-103 J 3
Nučča ∼ RUS 46-47 W 4
Nucuray, Río ∼ PE 208-209 D 4
Nudlung Fiord ≈ 172-173 G 2
Nudo Allincapac ▲ PE 214-215 B 3
Nudo Aricoma ▲ PE 214-215 B 4
Nudo Ausangate ▲ PE 214-215 B 3
Nudo Chicllaraza ▲ PE 208-209 E 8
Nudo de Apolobamba ▲ PE 214-215 C 4
Nudo de Paramillo ▲ CO 204-205 D 4
Nudo de Sunipani ▲ PE 214-215 B 4
Nudymi ∼ RUS 56-57 H 4
Nueces River ∼ USA 188-189 H 5
Nueil-sur-Argent ○ F (79) 236-237 D 2
Nueil-sur-Layon ○ F (49) 230-231 L 5
Nueltin Lake ⬭ CDN 174-175 U 5
Nuestra Señora del Rosario de Caá Catí ○ RA 220-221 J 4
Nueva, Isla ⌒ RCH 224 G 7
Nueva, La ○ EC 208-209 D 1
Nueva Alejandría ○ PE 208-209 F 4
Nueva Arcadia ○ HN 196-197 K 4
Nueva Ciudad Guerrero ○ MEX 194-195 K 4
Nueva Coahuila ○ MEX 196-197 J 3
Nueva Constitución ○ RA 222-223 F 3
Nueva Era ○ RP 96-97 D 4
Nueva Esperanza ○ RA (SAE) 220-221 F 4
Nueva Esperanza ○ RA (SAE) 220-221 E 4
Nueva Florida ○ YV 204-205 G 3
Nueva Galia ○ RA 222-223 G 3
Nueva Gerona ☆ C 198-199 D 4
Nueva Granada ○ CO 204-205 D 3
Nueva Guinea ○ NIC 196-197 B 6
Nueva Imperial ○ RCH 222-223 C 5
Nueva Italia ○ PY 220-221 J 3
Nueva Italia ○ RA 220-221 G 5
Nueva Italia de Ruíz ○ MEX 196-197 C 2
Nueva Lubecka ○ RA 224 E 2
Nueva Ocotepeque ☆ HN 196-197 K 4
Nueva Palmira ○ ROU 222-223 K 2
Nueva Pompeya ○ RA 220-221 G 3
Nueva Rosita ○ MEX 194-195 J 4
Nueva San Salvador ☆ ES 196-197 K 5
Nuevitas ○ C 198-199 G 4
Nuevo, Cayo ⌒ MEX 196-197 H 1
Nuevo Andoas ○ PE 208-209 D 3
Nuevo Campechito ○ MEX 196-197 H 2
Nuevo Casas Grandes ○ MEX 194-195 F 2
Nuevo Esperanza ○ PE 208-209 E 2
Nuevo Laredo ○ MEX 194-195 K 4
Nuevo Leon ◘ MEX 194-195 J 4
Nuevo Mundo ○ CO 204-205 F 5
Nuevo Mundo, Cerro ▲ BOL 220-221 D 1
Nuevo Padilla ○ MEX 194-195 K 5
Nuevo Riaño ○ E 34-35 E 3
Nuevo Rocafuerte ○ EC 208-209 E 2
Nuevo Turino ○ RA 220-221 G 6
Nugaal ◘ SP 144-145 H 4
Nugaal, togga ∼ SP 144-145 J 4
Nuga Nuga, Lake ⬭ AUS 114-115 K 3
Nugong, Mount ▲ AUS 116-117 J 4
Nugṭat Būlis al Habiliyah ○ LAR 128-129 D 1
Nuguaçu ○ BR 212-213 H 7
Nuguškoe vodohranilišče < RUS 32-33 K 7
Nuḥaib ○ IRQ 64-65 K 6
Nuhaida ○ OM 68-69 K 2
Nuhaka ○ NZ 118 F 3
Núi Lang Bian ▲ VN 94-95 K 4
Nuillé-sur-Vicoin ○ F (53) 230-231 K 4
Nuiqsut ○ USA 164-165 P 1
Núi Thành ○ VN 94-95 K 3
Nuits-Saint-Georges ○ F (21) 238-239 F 2
Nuja = Karksi-Nuja ○•• EST 30-31 J 2
Nùjiang ○ VRC 80-81 B 4
Nu Jiang ∼ VRC 78-79 L 3
Nu Jiang ∼ VRC 80-81 L 6
Nūkābād ○ IR 70-71 J 4
Nuka Bay ≈ 166-167 V 3
Nuka Island ⌒ USA 166-167 V 3
Nuka River ∼ USA 164-165 L 2
Nukhaylah < SUD 136-137 C 3
Nukiki ○ SOL 120 I c 2
Nukshak, Cape ▲ USA 166-167 U 3
Nuku ○ PNG 119 B 2
Nuku'alofa ★• TON 120 IV a 2
Nukuatea, Île ⌒ F (986) 247 III
Nukubasaga ⌒ FJI 120 III c 2
Nuku-Hiva ⌒ F 9 N 3
Nukuhu ○ PNG 119 E 3
Nukulaelae Atoll ⌒ TUV 9 J 3
Nukuloa, Île ⌒ F (986) 247 III
Nukus ☆ US 72-73 F 3
Nukutapu, Île ⌒ F (986) 247 III
Nukuteatea, Île ⌒ F (986) 247 III
Nula, El ○ YV 204-205 F 4
Nulato ○ USA 164-165 L 4
Nulato River ∼ USA 164-165 L 4
Nuli ○ ZW 154-155 F 6
Nullagine ○ AUS 108-109 E 6
Nullagine River ∼ AUS 108-109 E 6
Nulla Nulla ○ AUS 110-111 H 6
Nullarbor National Park ⊥ AUS 112-113 L 5
Nullarbor Plain ∸ AUS 112-113 J 5
Nullarbor Regional Reserve ⊥ AUS 112-113 K 5
Nullarbor Roadhouse ○ AUS 112-113 L 5
Nuluk River ∼ USA 164-165 G 4
Num ○ NEP 80-81 F 7
Num, Pulau ⌒ RI 102-103 H 2
Numalla, Lake ⬭ AUS 114-115 H 5
Numan ○ WAN 140-141 K 4
Nu'mān, Ǧazirat an- ⌒ KSA 66-67 D 4
Nu'mān, Ma'arrat an- ○• SYR 64-65 G 5
Numancia (Ruinas celtibércas y romanas) ∴• E 34-35 F 4
Nu'mānīya, an- ☆ IRQ 64-65 L 6
Numata ○ J (GUM) 88-89 H 6
Numata ○ J (HOK) 88-89 J 3
Numatinna ∼ SUD 142-143 H 5
Numazu ○ J 88-89 H 7
Number 24 Well ○ AUS 108-109 F 7
Number 35 Well < AUS 108-109 G 7
Numbi ○ ZRE 148-149 B 4
Numbulwar Ӝ AUS 110-111 C 4
Numedal ∸ N 22-23 D 6
Numfor, Pulau ⌒ RI 102-103 H 2
Numil Downs ○ AUS 110-111 F 6
Numto ○ RUS 50-51 L 4
Numto, ozero ⬭ RUS 50-51 L 3
Numto, uval ▲ RUS 50-51 K 3
Numurkah ○ AUS 116-117 H 4
Nunalla (abandoned) ○ CDN 174-175 W 6
Nunarsuaq ⌒ GRØ 172-173 U 5
Nunarsuit ⌒ GRØ 172-173 Q 6
Nunavakanuk Lake ⬭ USA 164-165 H 5
Nunavakpak Lake ⬭ USA 164-165 J 6
Nunavaugaluk, Lake ⬭ USA 166-167 R 3
Nunavik ⌄ GRØ 170-171 X 8
Nundle ○ AUS 114-115 L 6
Nundroo ○ AUS 112-113 M 5
Ñuñez, Isla ⌒ RCH 224 D 6
Nungesser Lake ⬭ CDN 178-179 K 5
Nungo ○ MOC 154-155 J 1
Nungwaia ○ PNG 119 B 2
Nungwe Bay ○ EAT 148-149 D 5
Nunim Lake ⬭ CDN 174-175 S 6
Nunivak Island ⌒ USA 164-165 G 6
Nunjamo ○ RUS 48-49 Z 4
Nunjamovaam ∼ RUS 48-49 X 4
Nunligran ○ RUS (CUK) 48-49 X 4
Nunligran ○ RUS (CUK) 48-49 T 3
Nunn ○ USA 186-187 E 5
Ñuñoa ○ PE 214-215 B 4
Nun River ∼ WAN 140-141 G 6
Nunukan Timur, Pulau ⌒ RI 100-101 E 1
Nuora ∼ RUS 54-55 O 3
Nuoraldžyma ∼ RUS 54-55 M 4
Nuoro ○ I 36-37 B 4
Nuporanga ○ BR 216-217 G 6
Nuqay, Jabal ▲ LAR 128-129 H 6
Nuqruṣ, Ǧabal ▲ ET 130-131 G 5
Nuqūb ○ Y 68-69 D 6
Nuqum, Ǧabal ▲ Y 68-69 D 6
Nūr ○ IR 72-73 B 6
Nūra ○ KA (AKT) 62-63 P 3
Nūra ∼ KA 60-61 H 4
Nūra ∼ KA 60-61 J 4
Nūra ∼ KA 60-61 G 3
Nūra ∼ KA 60-61 F 3
Nura ∼ KA 60-61 H 4
Nūrābād ○• IR (FAR) 70-71 D 3
Nūrābād ○• IR (LOR) 70-71 B 1
Nurata ☆ US 72-73 J 4
Nurataldy ○ KA 60-61 H 4
Nurato tog tizmasi ▲ US 72-73 J 4
Nur Dağları ▲ TR 64-65 G 4
Nurei ○ SUD 134-135 L 6
Nurek ○ TJ 72-73 L 5
Nuremberg = Nürnberg ○ D 28-29 L 4
Nūrestān ○• AFG 74-75 C 2
Nuret-le-Ferron ○ F (36) 236-237 H 2
Nūr Gāma ○ PK 70-71 M 4
Nurhak ☆ TR 64-65 G 4
Nurhak Dağı ▲ TR 64-65 G 3
Nurí ○ MEX 194-195 E 3
Nuri •• SUD 136-137 E 3
Nuri, Teluk ≈ 98-99 H 5
Nuriootpa ○ AUS 116-117 E 3
Nurkaat ○ RI 102-103 F 5
Nurlat ☆ RUS 32-33 G 6
Nurmes ○ FIN 24-25 K 5
Nurmijärvi ○ FIN 24-25 K 5
Nürnberg ○ D 28-29 L 4
Nurobod ☆ US 72-73 K 5
Nurota sovhozi ○ US 72-73 K 4
Nūrpur ○ PK 74-75 C 4
Nusa Barung, Pulau ⌒ RI 104 E 4
Nusa Dua ○ RI 104 B 7
Nusa Kambangan ⌒ RI 104 C 3
Nusa Laut, Pulau ⌒ RI 102-103 E 3
Nusa Tenggara Timur ◘ RI 102-103 B 6
Nusawulan ○ RI 102-103 G 4
Nusaybin ☆ TR 64-65 J 4
Nusela, Kepulauan ⌒ RI 102-103 F 2
Nushagak Bay ≈ 166-167 R 3
Nushagak Peninsula ⌄ USA 166-167 R 3
Nushagak River ∼ USA 166-167 S 3
Nu Shan ▲ VRC 78-79 L 2
Nushki ○ PK 70-71 L 4
Nutaarmiut ⌒ GRØ 170-171 X 7
Nutak ○ CDN 180-181 T 6
Nutaugė, laguna ≈ 48-49 W 3
Nutrias, Las ○ RA 222-223 K 5
Nutrioso ○ USA 188-189 C 3
Nuttal ○ PK 74-75 B 5
Nutuvukti Lake ⬭ USA 164-165 N 3
Nutwood Downs ○ AUS 110-111 C 4
Nuu ○ EAK 148-149 G 4
Nuu, Île ⌒ F (988) 247 I e 4
Nuugaatsiaq ○ GRØ 170-171 Y 8
Nuuk = Godthåb ★ GRØ 172-173 P 4
Nuuk Kangerluaq ≈ 172-173 P 4
Nuurst ○ MAU 84-85 J 4
Nuussuaq Halvø ⌄ GRØ 172-173 O 1
Nuvuk Point ▲ CDN 180-181 R 2
Nuwaibi' al-Muzayyina ○ ET 130-131 G 3
Nuwaisib, al- ○ KWT 66-67 L 3
Nuwara Eliya ○•• CL 76-77 J 7
Nuwefontein ○ NAM 156-157 D 3
Nuweh ○ RI 102-103 K 5
Nuwekloof ▲ ZA 156-157 F 6
Nuwerus ○ ZA 156-157 D 5
Nuweveldberge ▲ ZA 156-157 E 6
Nuy ○ ZA 156-157 D 6
Nuyakuk Lake ⬭ USA 166-167 R 3
Nuyts Archipelago ⌒ AUS 112-113 M 6
Nuyts Reefs ⌒ AUS 112-113 M 6
Nuzéjouls ○ F (46) 240-241 G 1
Nūzvid ○ IND 76-77 J 2
Nwa ○ CAM 140-141 J 5
Nwanetsi ○ ZA 156-157 L 2
N.W. Crocodile Island ⌒ AUS 110-111 C 2
Nxai Pan ○ RB 154-155 C 4
Nxai Pan National Park ⊥ RB 154-155 C 4
Nya ∼ TCH 142-143 B 4
Nyabarongo ∼ RWA 148-149 B 4
Nyabisindu ○ RWA 148-149 B 5
Nyadire ∼ ZW 154-155 G 3
Nyagassola ○ RG 138-139 F 3
Nya-Ghezi ○ ZRE 148-149 B 5
Nyahanga ○ EAT 148-149 D 5
Nyahua ∼ EAT 148-149 D 6
Nyahururu ○ EAK 148-149 F 3
Nyah West ○ AUS 116-117 G 3
Nyainqêntangha Feng ▲ VRC 80-81 H 5
Nyainqêntangha Shan ▲ VRC 80-81 G 6
Nyainrong ○ VRC 80-81 J 4
Nyakahura ○ EAT 148-149 C 5
Nyakanazi ○ EAT 148-149 C 5
Nyak Co ⬭ VRC 80-81 B 4
Nyalā ○ SUD 136-137 B 6
Nyalam ○ VRC 80-81 F 6
Ny Ålesund ○ N 20-21 G 3
Nyali ○ G 146-147 C 5
Nyalikungu ○ EAT 148-149 D 5
Nyamandhlovu ○ ZW 154-155 E 4
Nyamapanda ○ ZW 154-155 G 3
Nyamassila ○ RT 138-139 L 6
Nyāmati ○ IND 76-77 F 3
Nyamirembe ○ EAT 148-149 C 5
Nyamlell ○ SUD 142-143 H 4
Nyamoko ○ CAM 140-141 J 6
Nyamuswa ○ EAT 148-149 E 4
Nyanding, Khor ∼ SUD 142-143 L 4
Nyanga ∼ G 146-147 C 5
Nyanga ○ RCB 146-147 C 5
Nyanga ○• ZW 154-155 G 4
Nyangamara ○ EAT 150-151 K 6
Nyang Qu ○ VRC 80-81 G 6
Nyanza ◘ EAK 148-149 E 4
Nyanza-Lac ○ BU 148-149 B 6
Nyarling River ∼ CDN 174-175 M 5
Nyaru ○ EAK 148-149 E 3
Nyasa ○ ZRE 146-147 L 6
Nyassar ○ CAM 142-143 B 5
Nyaungbintho ○ MYA 78-79 K 4
Nyaungkhashe ○ MYA 94-95 D 2
Nyaunglebin ○ MYA 94-95 D 2
Nyaung U ○ MYA 78-79 J 5
Nyazura ○ ZW 154-155 G 4
Nyazwidzi ∼ ZW 154-155 F 4
Nybergsund ○ N 22-23 F 6
Nybor ○ RUS 50-51 D 4
Nyborg ○•• DK 22-23 E 9
Nybro ☆ S 22-23 G 8
Nyčalah ○ RUS 46-47 a 5
Nyda ○ RUS 44-45 P 8
Nyda ∼ RUS 44-45 Q 8
Nyé ∼ G 146-147 C 2
Nyeboe Land ∸ GRØ 170-171 W 3
Nyegezi ○ EAT 148-149 D 5
Nyémo ○ VRC 80-81 G 6
Nyenase ○ GH 138-139 K 7
Nyensung ○ GH 138-139 K 5
Nyeri ☆ EAK 148-149 F 4
Nyeri ▲ EAU 148-149 C 2
Ny-Friesland ∸ N 20-21 K 3
Nygčekveem ∼ RUS 48-49 T 5
Nygčigen, mys ▲ RUS 48-49 Y 4
Nyibiam ○ WAN 140-141 H 4
Nyiel ○ SUD 142-143 K 5

Nyika o ZW 154-155 F 4
Nyikine o SN 138-139 B 3
Nyima o VRC 80-81 F 5
Nyimba o Z 154-155 F 2
Nyiminiama o RMM 138-139 J 2
Nyingchi o VRC 80-81 K 6
Nyiragongo ▲ ZRE 148-149 B 4
Nyírbátor o H 28-29 R 5
Nyíregyháza o H 28-29 Q 5
Nyiri Desert ⊥ EAK 148-149 F 5
Nyiru Range ▲ EAK 148-149 F 2
Nyjskij, zaliv ○ RUS 58-59 K 3
Nykarleby o FIN 24-25 G 5
Nykia National Park ⊥ MW 150-151 G 6
Nykia Plateau ▲ • MW 150-151 G 6
Nykøbing Falster o DK 22-23 E 9
Nykøbing Mors o DK 22-23 D 8
Nyköping o S 22-23 H 7
Nyland = Uusimaa ⊥ FIN 24-25 H 6
Nylrivier ~ ZA 156-157 J 2
Nylstroom o ZA 156-157 J 2
Nymagee o AUS 116-117 J 2
Nymburk o • CZ 28-29 N 3
Nymphe Bank ≃ 26-27 D 6
Nynäshamn ☆ S 22-23 H 7
Nyngan o AUS 114-115 J 6
Nyoma Rap o IND 74-75 G 3
Nyong ~ CAM 140-141 K 6
Nyons o F (26) 242-243 G 3
Nyos, Lac ○ CAM 140-141 J 5
Nyrud o RUS 24-25 K 2
Nyš o RUS 58-59 K 3
Nyš ~ RUS 58-59 K 3
Nysa o • PL 28-29 O 3
Nysa Kłodzka ~ PL 28-29 O 3
Nysa Łużycka ~ PL 28-29 N 3
Nyssa o USA 184-185 F 4
Nytva ☆ RUS 32-33 J 5
Nyudō-saki ▲ J 88-89 H 4
Nyumba ya Mungu Reservoir < EAT 148-149 F 5
Nyunzu o ZRE 148-149 B 6
Nyvrovo o RUS 56-57 K 6
Nyžni Sirohozy o UA 38-39 J 4
Nyžni Torhaji o UA 38-39 J 4
Nyžn'ohirs'kyj ☆ UA 38-39 J 5
Nzako o RCA 142-143 F 5
Nzako ~ RCA 142-143 F 6
Nzambi o RCB 146-147 C 5
Nzara o SUD 142-143 J 6
Nzassi o RCB 146-147 D 6
Nzébéla o RG 138-139 F 5
Nzega o EAT 148-149 D 6
Nzérékoré ▫ RG 138-139 F 5
Nzérékoré ☆ RG 138-139 F 6
N'Zeto o ANG 152-153 B 3
Nzi ~ CI 138-139 H 6
Nzili, Bahr ~ RCA 142-143 F 3
Nzilo, Lac < ZRE 150-151 C 6
Nzima o EAT 148-149 D 5
Nzo ~ CI 138-139 G 6
Nzo o RG 138-139 F 6
N'zo, Réserve de faune du ⊥ CI 138-139 G 6
Nzoia ~ EAK 148-149 E 3
Nzoro o RCA 142-143 B 5
Nzoro ~ ZRE 148-149 C 2

O

O, Château d' • F (61) 230-231 M 2
Oā', Wādī al- ~ KSA 66-67 F 4
Oahe, Lake ○ USA 186-187 G 3
Oahu ⌒ USA 192-193 D 7
Oakbank o AUS 116-117 F 2
Oak Bluff o CDN 178-179 H 6
Oakburn o CDN 178-179 F 5
Oak Creek o USA 186-187 D 5
Oakdale o USA (CA) 184-185 D 7
Oakdale o USA (LA) 188-189 L 4
Oakes o USA 186-187 H 2
Oakey o AUS 114-115 L 4
Oakey Creek ~ AUS 114-115 L 4
Oak Grove o USA 188-189 M 3
Oak Harbor o USA 184-185 C 1
Oak Hill o USA (FL) 192-193 H 5
Oak Hill o USA (WV) 190-191 H 7
Oak Hills o AUS 110-111 H 6
Oakhurst o USA 184-185 E 7
Oak Lake o CDN (MAN) 178-179 F 6
Oak Lake ○ CDN (MAN) 178-179 F 6
Oakland o USA (CA) 184-185 C 7
Oakland o USA (IA) 186-187 K 5
Oakland o USA (MD) 190-191 J 6
Oakland o USA (MS) 192-193 D 2
Oakland o USA (NE) 186-187 J 5
Oaklands o AUS 116-117 J 3
Oak Lawn o USA 190-191 E 5
Oakley o USA (ID) 184-185 H 4
Oakley o USA (KS) 186-187 G 6
Oakover River ~ AUS 108-109 E 6
Oak Point o CDN 178-179 H 5
Oakridge o USA 184-185 C 4
Oak Ridge o USA (TN) 192-193 F 1
Oak Ridge o USA (TX) 188-189 K 4
Oakview o CDN 178-179 G 5
Oakwood o USA 188-189 H 2
Oaky Creek o AUS 114-115 K 2
Oamaru o NZ 118 C 6
Oan o RI 100-101 G 3
Oasis o USA 184-185 G 5
Oates Land ⊥ ARK 16 F 17
Oatlands o AUS 116-117 J 7
Oaxaca ▫ MEX 196-197 F 3
Oaxaca de Juárez ☆ ••• MEX 196-197 F 3
Ob' o RUS 50-51 R 7
Ob' ~ RUS 6-7 G 2
Ob, Golfe de l' = Obskaja guba ≈ 44-45 P 8
Oba o CDN 178-179 O 6
Oba o WAN 140-141 F 5
Obaa o RI 102-103 K 5
Obaba o RCB 146-147 F 4
Obaba o PNG 119 F 5
Obala o CAM 140-141 J 6
Obalapuram o IND 76-77 G 3
Obama o J 88-89 F 7
Obamska, Rivière ~ CDN 182-183 E 3
Oban o AUS 114-115 E 1
Oban o GB 26-27 E 3
Oban o RCB 146-147 E 4
Oban o WAN 140-141 H 6
Obanazawa o J 88-89 J 5
Oban Hills ▲ WAN 140-141 H 6
Öbe o • AFG 70-71 K 1
Obe = Île Aoba ⌒ VAN 120 II a 2
Obed o CDN 176-177 M 5
Obehie o WAN 140-141 G 6
Obeiz, hrebet ▲ RUS 44-45 H 9
Obele o WAN 140-141 G 5
Obeliai o LT 30-31 J 4
Obelisco, Monumento el • YV 204-205 G 2
Obel-prolaz ▲ MK 36-37 J 4
Obenheim o F (67) 234-235 M 5
Obera o • RA 220-221 K 4
Oberbruck o F (68) 238-239 K 1
Oberhaslach o F (67) 234-235 L 4
Oberhergheim o F (68) 234-235 L 6
Oberlin o USA 186-187 G 6
Obermorschwiller o F (68) 238-239 L 1
Obernai o • F (67) 234-235 L 5
Oberon o AUS 116-117 K 2
Oberon o CDN 178-179 G 5
Oberösterreich ▫ A 28-29 M 4
Oberpfälzer Wald ⊥ D 28-29 M 4
Oberstdorf o • D 28-29 L 5
Oberstein, Idar- o D 28-29 J 4
Obersteinbach o F (67) 234-235 M 3
Obhur o KSA 68-69 A 3
Obi o WAN 140-141 H 4
Obi, Pulau ⌒ RI 100-101 K 4
Obi, Selat ≈ 100-101 K 4
Obiaruku o WAN 140-141 G 6
Óbidos o BR 206-207 G 6
Óbidos o •• P 34-35 C 5
Obigarm o TJ 72-73 L 5
Obihingou ~ TJ 72-73 M 5
Obihiro o J 88-89 K 3
Obilatu, Pulau ⌒ RI 100-101 K 4
Obilebit, Riacho ~ PY 220-221 H 1
Obiou, l' ▲ F (38) 242-243 H 2
Obispo Trejo o RA 220-221 F 6
Obitočna kosa ⌣ UA 38-39 K 4
Objat o F (19) 236-237 H 5
Oblačnaja, gora ▲ RUS 58-59 F 7
Oblačnyj Golec, gora ▲ RUS 56-57 F 5
Obluč'e o RUS 58-59 D 4
Oblukovina ~ RUS 56-57 R 6
Obninsk o RUS 30-31 P 4
Obo ☆ RCA 142-143 H 6
Obo o VRC 90-91 B 3
Oboa ▲ EAU 148-149 E 3
Obock o DJI 136-137 L 6
Obogu o GH 138-139 K 6
Obojan o RUS 38-39 K 2
Obokote o ZRE 146-147 L 4
Oboli o RCB 146-147 E 4
Obolo o WAN 140-141 G 5
Obonga Lake ○ CDN 178-179 M 5
Obout o CAM 146-147 C 2
Obouya o RCB 146-147 E 4
Obozerskij o RUS 24-25 Q 5
Obra ~ PL 28-29 N 2
Obregón, Ciudad o MEX 194-195 E 4
Obrenovac o YU 36-37 H 2
Obrovac o HR 36-37 E 2
Obručeva, vozvyšennost' ▲ RUS 56-57 V 7
Obruchev, Seuil d' = Obruchev Rise ≃ 10-11 J 2
Obruchev Rise = Obruchev, Seuil d' ≃ 10-11 J 2
Obruk Yaylâsı ▲ TR 64-65 E 3
Obryvistaja, gora ▲ RUS 48-49 S 3
Obryvistyj, mys ▲ RUS 44-45 c 2
Obryvistyj, mys ▲ RUS 48-49 M 5
Obščij syrt ▲ RUS 32-33 F 8
Observatory Hill ▲ AUS 112-113 M 4
Observatory Inlet ≈ 176-177 E 4
Obskaja guba ≈ 44-45 P 8
Obuasi o GH 138-139 K 6
Obubra o WAN 140-141 H 5
Obuchiv o UA 38-39 G 2
Obudu o WAN 140-141 H 5
Obudu Cattle Ranch o • WAN 140-141 H 5
Obusa o RUS 52-53 L 9
Obusa ~ RUS 52-53 M 9
Obytočna zatoka ≈ 38-39 J 4
Očakiv o UA 38-39 G 4
Ocala o USA 192-193 G 5
Ocalli o PE 208-209 C 5
Očamčira o GE 62-63 D 6
Ocampo o MEX (COA) 194-195 H 4
Ocampo o MEX (TAM) 194-195 K 6
Ocaña o CO 204-205 E 3
Ocaña o E 34-35 F 5
Ocara o F (2A) 244 C 5
Ocaso o CO 208-209 F 1
Ocate o USA 188-189 E 1
Occidental, Cordillera ▲ RCH 208-209 C 5
Occidente o CO 208-209 F 2
Océan Arctique = Arctic Ocean ≈ 16 B 33
Océan Atlantique ≈ F 230-231 B 5
Océan Atlantique = Atlantic Ocean ≈ 14-15 D 6
Ocean Cape ▲ USA 164-165 U 7
Ocean City o USA 190-191 L 6
Ocean Falls o CDN 176-177 G 5
Ocean Grove-Barwon Heads o AUS 116-117 H 5
Océan Indien = Indian Ocean ≈ 8 F 6
Océanographe,Zone de Fracture = Oceanographer Fracture Zone ≃ 14-15 E 5
Oceanographer Fracture Zone=Océanographe, Zone de Fracture ≃ 14-15 E 5
Océan Pacifique = Pacific Ocean ≈ 10-11 H 4
Ocean Shores o USA 184-185 B 2
Oceanside o USA 184-185 F 9
Ocean Springs o USA 192-193 D 4
Očenyrd, gora ▲ RUS 44-45 L 7
Očer ☆ RUS 32-33 J 5
Ocher, Château d' • F (76) 228-229 E 4
Ochey-Thuilley o F (54) 234-235 H 4
Ochiai o J 88-89 E 7
O'Chiese Indian Reserve ✕ CDN 176-177 N 5
Ochito ~ PK 70-71 M 6
Ochoa, La o MEX 194-195 H 5
Ochobo o WAN 140-141 G 5
Ocho Rios o • JA 198-199 G 5
Ochsenstein • F (57) 234-235 L 4
Ochtyrka o UA 38-39 J 2
Ockelbo o S 22-23 H 6
Ocmulgee National Monument ∴ • USA 192-193 G 3
Ocmulgee River ~ USA 192-193 G 3
Ocoa, Bahía de ≈ 198-199 K 5
Ocoa, Sierra de ▲ DOM 198-199 K 5
Ocoña o PE 214-215 A 5
Ocoña, Río de ~ PE 214-215 A 5
Oconee, Lake < USA 192-193 G 3
Oconee River ~ USA 192-193 G 3
Ocongate o PE 214-215 B 3
Oconto o USA (NE) 186-187 H 5
Oconto o USA (WI) 190-191 E 3
Oconto River ~ USA 190-191 D 3
Ocoruro o PE 214-215 B 4
Ocós o GCA 196-197 H 4
Ocosingo o MEX 196-197 H 3
Ocotal ☆ NIC 196-197 L 5
Ocotito, El o MEX 196-197 E 3
Ocotlán o MEX (JAL) 196-197 C 1
Ocotlán o • MEX (OAX) 196-197 F 3
Ocozocoautla o MEX 196-197 H 3
Ocracoke o USA 192-193 L 2
Ocreza, Ribeiro do ~ P 34-35 D 5
Ocros o PE (ANC) 208-209 D 7
Ocros o PE (AYA) 208-209 F 8
Octeville o F (50) 228-229 A 4
Octeville-sur-Mer o F (76) 228-229 E 4
Octon o F (34) 242-243 C 4
Octy, Mount ▲ AUS 114-115 C 1
Ocú o • PA 196-197 D 8
Ocua o MOC 154-155 K 1
Očugui-Botuobuja ~ RUS 54-55 G 4
Ocujal o C 198-199 G 5
Ocumare del Tuy o YV 204-205 H 2
Ocuri o BOL 214-215 E 6
Oda o GH 138-139 K 7
Ódáðahraun ▲ IS 22-23 e 2
Odaejin o DVR 86-87 G 7
Odaesan National Park ⊥ • ROK 86-87 G 9
Odammun ~ RI 102-103 K 5
Ódate o J 88-89 J 4
Odawara o J 88-89 H 7
Odde, Oke- o WAN 140-141 F 4
Odei River ~ CDN 178-179 G 2
Odemira o P 34-35 C 6
Ödemiş ☆ TR 64-65 B 3
Odendaalsrus o ZA 156-157 H 3
Odense o • DK 22-23 E 9
Oder ~ D 28-29 N 2
Oderbruch ⊥ D 28-29 N 2
Odesa ☆ •• UA 38-39 G 4
Odessa o USA (TX) 188-189 F 4
Odessa o USA (WA) 184-185 E 2
Odessa = Odesa ☆ •• UA (ODS) 38-39 G 4
Odet ~ F (29) 230-231 D 3
Odienné ☆ • CI 138-139 G 5
Odighi o WAN 140-141 F 5
Odincovo ☆ RUS 30-31 P 4
Odiongan o RP 96-97 D 6
Odjala o G 146-147 D 4
Odjan, zaliv ○ RUS 56-57 O 4
Odoev ☆ RUS 30-31 P 5
Odomlja ☆ RUS 30-31 O 3
Odon ~ F (14) 228-229 C 5
Ödöngk o K 94-95 H 5
Odonkawkrom o GH 138-139 K 6
O'Donnell River ~ AUS 108-109 H 5
Odorheiu Secuiesc o RO 38-39 D 4
Odra ~ PL 28-29 N 3
Odrus ~ SUD 136-137 H 3
Odupontkpehe o GH 138-139 K 7
Odžaci o YU 36-37 G 2
Odzala, Parc National d' ⊥ RCB 146-147 E 3
Odzema o RCB 146-147 F 4
Odzi o ZW 154-155 G 4
Odzi ~ ZW 154-155 G 4
Odziba o RCB 146-147 E 5
Oeiras o BR 212-213 G 5
Oeiras do Para o BR 206-207 K 6
Oekussi o RI 102-103 C 6
Oelrichs o USA 186-187 F 4
Oelwein o USA 190-191 C 4
Oenpelli ✕ AUS 110-111 B 3
Oesilo o RI 102-103 C 6
Oëtre, Roche d' • F (61) 230-231 L 2
Œuf-en-Ternois o F (62) 228-229 J 3
Oever, Den o NL 28-29 H 2
Of ☆ TR 64-65 J 2
Ofa o WAN 140-141 F 4
Ófærufoss •• IS 22-23 d 3
O'Fallon Creek ~ USA 186-187 E 2
Ófanto ~ I 36-37 E 4
Ofaqin o JOR 66-67 D 2
Ofcolaco o ZA 156-157 K 2
Ofe, River ~ WAN 140-141 F 4
Ofelia, La o RA 222-223 D 5
Ofere o WAN 140-141 G 4
Offenbach am Main o D 28-29 K 3
Offenburg o D 28-29 J 4
Officer Creek ~ AUS 112-113 M 3
Offoué ~ G 146-147 C 4
Offoue, Réserve de l' ⊥ G 146-147 C 4
Offranville o F (76) 228-229 G 4
Offumpo o CI 138-139 H 7
Ofhidro, Isla ⌒ RCH 224 C 4
Ofhidro, Lago ○ RCH 224 F 6
Oficinna Victoria o RCH 214-215 C 7
Ofinso o GH 138-139 K 6
Ofizina Alemania o RCH 220-221 C 3
Ofjord ≈ 170-171 m 8
Ofoase o GH 138-139 K 6
Ofolanga ⌒ TON 120 IV a 1
Ofotfjorden ≈ 22-23 H 2
Ofu o USA 120 V c 2
Ofugo o WAN 140-141 F 4
Ofu Island ⌒ USA 120 V c 2
Ōfunato o J 88-89 J 5
Oga o J 88-89 H 5
Oga, zaliv ○ RUS 44-45 H 4
Ogaden ⊥ ETH 144-145 F 5
Oga-hanto ⌣ J 88-89 H 5
Ōgaki o J 88-89 G 7
Ogaki-Hachim-Shrinj • J 88-89 J 5
Ogallala o USA 186-187 G 5
Ogan ~ RI 98-99 F 6
Oganda, Parc National de l' ⊥ G 146-147 C 4
Oganda, Portes de l' • G 146-147 C 4
Ogani o WAN 140-141 G 6
Ogar, Pulau ⌒ RI 102-103 G 3
Ogascana, Lac ○ CDN 182-183 E 5
Ogba o WAN 140-141 F 5
Ogbia o WAN 140-141 G 6
Ogbomoso o WAN 140-141 F 4
Ogden o USA (IA) 186-187 K 4
Ogden o USA (UT) 184-185 J 5
Ogdensburg o USA 190-191 L 3
Ogeechee River ~ USA 192-193 H 3
Ogema o CDN 178-179 D 6
Ogema o USA 186-187 K 2
Ogembo o EAK 148-149 E 4
Oger = Ogre ☆ •• LV 30-31 J 3
Ogéviller o F (54) 234-235 K 4
Ogi o J 88-89 H 6
Ogies o ZA 156-157 J 3
Ogiinuur = Zögstėj o MAU 84-85 F 4
Ogilvie o AUS 112-113 C 4
Ogilvie o CDN 164-165 V 4
Ogilvie Mountains ▲ CDN 164-165 U 3
Ogilvie River ~ CDN 164-165 V 4
Oglala Pass ≈ 166-167 F 7
Oglanly o TM 72-73 D 5
Oglat Beraber < MA 124-125 K 5
Oglat el Faci < DZ (TIN) 124-125 L 7
Oglat el Faci < DZ (TIN) 124-125 J 7
Oglat el Khnâchîch < RMM 132-133 J 4
Oglat Marhboura < DZ 124-125 L 4
Ogle Point ▲ CDN 168-169 Y 6
Oglinga Island ⌒ USA 166-167 G 7
Ogmore o AUS 114-115 K 2
Ognat, Baie d' ≈ 247 I d 2
Ognon ~ F 238-239 H 2
Ognon ~ F 238-239 J 2
Ognon ~ F 238-239 K 1
Ogodža o RUS 58-59 E 2
Ogoja o WAN 140-141 H 5
Ogoki o CDN 178-179 O 5
Ogoki Lake ○ CDN 178-179 N 5
Ogoki Reservoir < CDN 178-179 M 5
Ogoki River ~ CDN 178-179 N 5
Ogooué ~ G 146-147 C 4
Ogorodtah o RUS 54-55 P 4
Ogoron o RUS 54-55 O 8
Ogou ~ RT 138-139 L 5
Ogoulou ~ G 146-147 C 4
Ogr o SUD 136-137 C 6
Ogre ☆ • LV 30-31 J 3
Ogulin o HR 36-37 E 2
Ogun o WAN 140-141 F 4
Ogun ▫ WAN 140-141 E 5
Ogun, River ~ WAN 140-141 E 5
Ogurčinskij, ostrov = Ogurğaly a. ⌒ TM 72-73 C 5
Ogurugu o WAN 140-141 G 5
Oguta o WAN 140-141 G 6
Ogwashi-Uku o WAN 140-141 G 5
Oha ☆ • RUS 58-59 K 2
Ohafia o WAN 140-141 G 6
Ohai o NZ 118 A 6
Ohansk ☆ RUS 32-33 J 5
Ohanskaja vozvyšennost' ▲ RUS 32-33 J 5
Ōhata o J 88-89 J 4
Ohau ⌒ USA 192-193 D 7
Ohau, Lake ○ NZ 118 B 6
Ohi ▲ GR 36-37 K 5
O'Higgins, Lago ○ RCH 224 D 4
Ohinskij perešeek ⌣ RUS 58-59 K 2
Ohio o USA 190-191 G 5
Ohio River ~ USA 190-191 E 6
Ohiri, Mont ▲ F (987) 247 IV a 2
Ohnyot o F (988) 247 I d 2
Ohogamuit o USA 164-165 K 6
Ohogrigol ~ RUS 50-51 P 3
Ohonua o TON 120 IV a 2
Ohota ~ RUS 56-57 K 3
Ohotsk ☆ • RUS 56-57 K 4
Ohotskij Perevoz o RUS 56-57 F 3
Ohotskoe o RUS 58-59 K 5
Ohotskoe more = Okhotsk, Mer d' ≈ 6-7 O 3
Ohře ~ CZ 28-29 M 3
Ohrid o ••• MK 36-37 H 4
Ohridsko Ezero ○ MK 36-37 H 4
Ohrigstad o ZA 156-157 K 2
Ohrit, Liqueni i ○ AL 36-37 H 4
Ohura o NZ 118 E 3
Oiapoque o BR (APA) 206-207 J 4
Oiapoque ~ BR 206-207 H 4
Oiapoque, Reserva Biológica de ⊥ BR 206-207 H 4
Ōi-gawa ~ J 88-89 H 7
Oignies o F (62) 228-229 K 3
Oijärvi o FIN 24-25 H 4
Oil City o USA (LA) 188-189 L 3
Oil City o USA (PA) 190-191 J 5
Oildale o USA 184-185 E 8
Oil Gathering Station < LAR 128-129 G 3
Oilton o USA 188-189 H 6
Oiron o F (79) 236-237 E 2
Oise ▫ F (60) 228-229 J 5
Oise ~ F (60) 228-229 J 4
Oise, Pic d' ▲ F (04) 242-243 J 3
Oise à Aisne, Canal de l' < F (02) 228-229 L 4
Oiseaux, Île aux ⌒ F (33) 236-237 C 6
Oiselay-et-Grachaux o F (70) 238-239 H 2
Oisemont o F (80) 228-229 H 4
Oisseau o F (53) 230-231 K 3
Oissel o F (76) 228-229 G 5
Ōita ☆ J 88-89 D 8
Oiyug o VRC 80-81 G 6
Oja ~ RUS 52-53 F 9
Ojašinskij, Stancionno- o RUS 50-51 R 7
Oje o WAN 140-141 G 5
Ojibwa o USA 190-191 C 3
Ojinaga o MEX 194-195 G 3
Ojiya o J 88-89 H 6
Ojmauyt o KA 62-63 L 4
Ojmjakon o RUS 56-57 K 2
Ojmjakonskoe nagor'e ▲ RUS 56-57 J 2
Ojmur o RUS 52-53 N 9
Ojnaa o RUS 52-53 H 10
Ojobo o WAN 140-141 F 6
Ojo Caliente o MEX 194-195 H 6
Ojo de Carrizo o MEX 194-195 G 3
Ojo de Liebre, Laguna ≈ 194-195 B 4
Ojokkuduk o US 72-73 J 4
Ojos Negros o MEX 194-195 A 2
Ojotung o RUS 46-47 b 4
Ojsylkara ~ KA 62-63 N 3
Ojtal o KA 72-73 N 3
Oj-Tal o KS (OSS) 82-83 B 5
Oj-Tal ~ KS 72-73 N 4
Oju o WAN 140-141 H 5
Ojuelos de Jalisco o MEX 194-195 J 7
Ojusardah o RUS 48-49 H 2
Ojusut o RUS 54-55 G 4
Oka o RCB 146-147 E 5
Oka ~ RUS 30-31 P 4
Oka ~ RUS 52-53 K 9
Oka o WAN 140-141 F 5
Okaba o RI 102-103 K 6
Okahandja ☆ NAM 152-153 D 10
Okakarara o NAM 152-153 D 10
Okak Island ⌒ CDN 180-181 T 6
Okali o RCB 146-147 E 4
Okaliktok Islands ⌒ CDN 180-181 U 7
Okanagan Falls o CDN 176-177 L 7
Okanagan Indian Reserve ✕ CDN 176-177 L 6
Okanagan Lake ○ CDN 176-177 L 7
Okanagan Valley ⌣ CDN 176-177 L 7
Okangoho o NAM 152-153 D 9
Okankolo o NAM 152-153 D 8
Okano ~ G 146-147 C 3
Okanogan o USA 184-185 E 1
Okanogan River ~ USA 184-185 E 1
Okanono o NAM 152-153 C 10
Okapa o PNG 119 C 4
Okapi, Parc National de la ⊥ ZRE 146-147 L 3
Okāra o PK 74-75 D 4
Okarche o USA 188-189 J 2
Okarem = Èkerem o TM 72-73 C 5
Okata o WAN 140-141 E 4
Okatjoruu o NAM 152-153 E 9
Okatjuru o NAM 152-153 C 9
Okato o NZ 118 D 3
Okaukuejo o NAM 152-153 C 9
Okavango ~ NAM 152-153 F 8
Okavango, Marais de l' = Okavango Delta ⊥ RB 154-155 B 4
Okavangobecken ⊥ RB 154-155 B 4
Okavango Delta = Okavango, Marais de l' ⊥ RB 154-155 B 4
Okavango River Lodge o RB 154-155 B 4
Okave o NAM 152-153 D 10
Okaya o J 88-89 H 6
Okayama o J 88-89 E 7
Okazaki o J 88-89 G 7
Okazize o NAM 152-153 D 10
Okdarjo ~ US 72-73 K 5
Okeechobee o USA 192-193 H 6
Okeechobee, Lake ○ USA 192-193 H 6
Okefenokee National Wildlife Refuge ⊥ USA 192-193 G 4
Okefenokee Swamp ○ USA 192-193 G 4
Oke-Iho o WAN 140-141 E 4
Okelataka o RCB 146-147 E 4
Okene o WAN 140-141 G 5
Oke-Odde o WAN 140-141 F 4
Oké Owo o DY 140-141 E 4
Oketsew o GH 138-139 K 7
Okha o IND 74-75 B 8
Okha = Oha ☆ • RUS 58-59 K 2
Okha Māthi o IND 74-75 B 8
Okhotsk, Mer d' = Ohotskoe more ≈ 6-7 O 3
Oki o RI 102-103 D 3
Okiep o ZA 156-157 C 4
Okigwe o WAN 140-141 G 6
Oki-kaikyō ≈ 88-89 E 7
Okinawa ☆ J 88-89 B 11
Okinawa-shima ⌒ J 88-89 C 11
Okinawa-shotō ⌒ J 88-89 B 11
Okinoerabu-shima ⌒ J 88-89 C 11
Okino-shima ⌒ J 88-89 E 8
Oki-shoto ⌒ J 88-89 E 6
Oki-tai ≃ 88-89 F 6
Okitipupa o WAN 140-141 F 5
Okkan o MYA 94-95 C 2
Okkürgan ☆ US 72-73 L 4
Okkyn"egan ~ RUS 50-51 R 3
Okla o CDN 178-179 E 4
Oklahoma ▫ USA 188-189 H 2
Oklahoma City ☆ USA 188-189 J 2
Oklan o RUS 48-49 O 5
Oklan ~ RUS 48-49 N 5
Oklanskoe plato ▲ RUS 48-49 N 5
Okmulgee o USA 188-189 K 2
Oko o WAN 140-141 F 5
Oko, Wādī ~ SUD 136-137 G 2
Ok Ohm River ~ PNG 119 B 3
Okok ~ EAU 148-149 D 2
Okokmilaga River ~ USA 164-165 O 2
Okola o CAM 140-141 J 6
Okolli Island ⌒ CDN 180-181 L 2
Okollo o EAU 148-149 C 2
Okondja o G 146-147 D 4
Okondjatu o NAM 152-153 E 10
Okongo o NAM 152-153 D 8
Okongomba o NAM 152-153 B 9
Okoppe, Nishi- o J 88-89 K 2
Okora, Mount ▲ WAN 140-141 G 5
Okoruro o BOL 214-215 C 5
Okotoks o CDN 176-177 O 6
Okotusu < NAM 152-153 A 8
Okoyo o RCB 146-147 E 4
Okpala-Ngwa o WAN 140-141 G 6
Okpara ~ DY 140-141 E 4
Okpo o MYA 78-79 J 6
Okrika o WAN 140-141 G 6
Okrouyo o CI 138-139 G 7
Oksaj, gory ▲ TJ 82-83 B 7
Oksapmin o PNG 119 B 3
Øksfjord o N 22-23 L 1
Øksfjordjøkelen ▲ •• N 22-23 L 1
Oksibil o RI 102-103 L 4
Oksino o RUS 24-25 W 3
Okskij Gosudarstvennyj zapovednik ⊥ RUS 30-31 R 4
Oksovskij o RUS 24-25 P 5
Okstindan ▲ N 22-23 G 4
Okstindane ▲ N 20-21 J 3
Oksu ~ TJ 82-83 B 6
Oksym ~ RUS 50-51 U 4
Oktemberjan o AR 64-65 L 2
Oktjabrina o RUS 48-49 J 5
Oktjabr'sk ☆ KA 62-63 M 3
Oktjabr'sk o RUS 32-33 F 7
Oktjabr'skaja, gora ▲ RUS 44-45 f 3
Oktjabr'skij o RUS (AMR) 58-59 C 2
Oktjabr'skij o RUS (ARH) 24-25 R 6
Oktjabr'skij o RUS (BAS) 32-33 H 6
Oktjabr'skij o RUS (IRK) 52-53 J 7
Oktjabr'skij o RUS (KMC) 58-59 R 2
Oktjabr'skij o RUS (MUR) 24-25 N 3
Oktjabr'skij o RUS (ULN) 32-33 F 6
Oktjabr'skij o RUS (VOL) 24-25 O 6
Oktjabr'skij ☆ RUS (PRM) 32-33 K 5
Oktjabr'skoe ☆ RUS 32-33 J 7
Oktjabr'skoje ☆ RUS 50-51 G 7
Oktjabr'skoj Revoljucii, ostrov ⌒ RUS 44-45 a 2
Oktoš ☆ US 72-73 J 5
Oktumkum ⊥ TM 72-73 C 4
Oktwin o MYA 78-79 K 6
Oku o CAM 140-141 J 5
Oku o J 88-89 C 11
Oku ~ ZRE 146-147 L 4
Oku, Mont ▲ CAM 140-141 J 5
Okubie o WAN 140-141 F 6
Okubie < WAN 140-141 F 6
Ōkuchi o J 88-89 D 8
Okulovka ☆ RUS 30-31 N 2
Okunajka ~ RUS 54-55 D 7
Okundi o WAN 140-141 H 5
Okushiri o J 88-89 H 3
Okushiri-tō ⌣ J 88-89 H 3
Okuta o WAN 140-141 E 4
Okwa ~ RB 152-153 F 11
Okwa, River ~ WAN 140-141 G 4
Olá o PA 196-197 D 7
Ola ☆ • RUS 56-57 O 4
Ola ~ RUS 56-57 O 4
Ola o USA 188-189 L 2
Ola, Joškar- o RUS 32-33 E 5
Ola, Zapadnyj Tannu, hrebet ▲ RUS 52-53 E 10
Olaf Prydz bukt ≈ 16 G 8
Ólafsfjörður o IS 22-23 d 1
Ólafsvík o IS 22-23 b 2
Olanchito o HN 196-197 L 4
Öland ⌒ • S 22-23 H 8
Olanga ~ RUS 24-25 L 3
Olargues o F (34) 240-241 K 3
Olary o AUS 116-117 F 2
Olathe o USA 186-187 K 6
Olavarría o RA 222-223 J 4
Olav V Land ⊥ N 20-21 L 3
Olbernhau o D 28-29 M 3
Ólbia o I 36-37 B 4
Ol'čan o RUS 46-47 Y 7
Olcani o F (2B) 244 D 3
Olcott o USA 190-191 J 4
Old Andado ∴ AUS 114-115 C 3
Old Bahama Channel ≈ 198-199 F 3
Old Bohemia Church ∴ USA 190-191 L 6
Old Brahmaputra ~ BD 78-79 G 3
Old Coralie (Ruins) o AUS 110-111 F 6
Old Cork o AUS 114-115 F 2
Old Crow o CDN 164-165 V 3
Old Crow Mount ▲ CDN 164-165 U 3
Old Crow River ~ CDN 164-165 V 3
Old Delamere o AUS 108-109 K 3
Old Dongola • SUD 136-137 E 3
Old Dutch Capital of Biak ⊥ • RI 102-103 J 2
Ol'dë ~ RUS 46-47 V 5
Oldeani o EAT (ARV) 148-149 E 5
Oldeani ▲ EAT (ARU) 148-149 E 5
Oldenbourg = Oldenburg o D 28-29 K 2
Oldenburg o D 28-29 K 2
Oldenburg (Holstein) o D 28-29 L 1
Olderdalen o N 22-23 K 2
Olderfjord o N 22-23 M 1
Oldest Christian Mission Site ∴ CDN 182-183 K 4
Old Factory Bay ≈ 182-183 E 2
Old Faithful Geyser ∴ USA 184-185 J 3
Oldfield River ~ AUS 112-113 F 6
Old Forge o USA 190-191 L 4
Old Fort Benton ∴ USA 184-185 J 2
Old Fort Dodge ∴ • USA 186-187 H 7
Old Fort Henry ∴ • CDN 182-183 F 6
Old Fort Parker State Historic Site ∴ USA 188-189 J 4
Old Fort River ~ CDN 174-175 O 6
Old Ghan Route, The II • AUS 114-115 C 3
Oldham o GB 26-27 F 5
Old Harbor o USA 166-167 U 4
Old Harbour o JA 198-199 G 6
Old Horse Springs o USA 188-189 C 3
Old Hotel Vale o AUS 110-111 E 6
Old Irontown Ruins ∴ USA 184-185 H 7
Old Ivy Mine o AUS 114-115 B 1
Old Limbunya o AUS 108-109 J 4
Oldman River ~ CDN 176-177 O 7
Old Minto o USA 164-165 Q 4
Old Mkushi o Z 154-155 E 2
Old Numery o AUS 114-115 C 2
Oldoiniyo Orok ▲ EAK 148-149 F 5
Ol Doinyo Lengai ▲ EAT 148-149 E 5
Ol Doinyo Lenkiyio ▲ EAK 148-149 F 3
Ol-Doinyo Sabuk National Park ⊥ EAK 148-149 F 4
Ol'doj ~ RUS 54-55 L 9
Oldon ~ RUS 54-55 F 5
Old Oyo Game Reserve ⊥ WAN 140-141 F 4
Old Parakylia o AUS 114-115 D 6
Old Perlican o CDN 182-183 S 4
Old Rampart o USA 164-165 U 3
Olds o CDN 176-177 N 6
Old Saybrook o USA 190-191 M 5
Öldsijt gol ~ MAU 84-85 D 4
Old Sitka o USA 176-177 C 3
Old Stock Exchange • ZA 156-157 K 2
Olduvai Gorge • EAT 148-149 E 5
Old Village o USA 164-165 N 6
Old Wives Lake ○ CDN 178-179 C 5
Old Woman Mountain ▲ USA 184-185 G 8
Old Woman River ~ USA 164-165 L 5
Olean o USA 190-191 J 4
O'Leary o CDN 182-183 M 5
Oleb o SUD 136-137 H 4
Olecko o PL 28-29 R 1
Oleiros o P 34-35 D 5
Olëkma o RUS (AMR) 54-55 K 7
Olëkma ~ RUS 54-55 K 8
Olëkma ~ RUS 54-55 H 9
Olëkma ~ RUS 54-55 J 8
Olëkma ~ RUS 54-55 K 5
Olëkma ~ RUS 54-55 K 7
Olëkminsk ☆ • RUS 54-55 K 5
Olëkminskij stanovik ▲ RUS 54-55 H 9
Olëkminskij zapovednik ⊥ RUS 54-55 L 6
Olëkmo-Čarskoe nagor'e ▲ RUS 54-55 J 6
Oleksandrivka o UA (KRV) 38-39 H 3
Ölendi ~ KA 32-33 H 8
Olenegorsk o RUS 46-47 a 5
Olenëk o RUS (SAH) 46-47 J 5
Olenëk ~ RUS 46-47 O 3
Olenëk ~ RUS 46-47 J 6
Olenëk ~ RUS 46-47 M 5
Olenëk ~ RUS 52-53 N 2
Olenek, Baie de l' = Olenëkskij zaliv ≈ 46-47 M 3
Olenëk, Ust'- o RUS 46-47 M 3
Olenëkskaja, protoka ~ RUS 46-47 O 3
Olenëkskij zaliv ≈ 46-47 M 3
Olenguj ~ RUS 54-55 F 10
Olenguruone o EAK 148-149 E 4
Olenica o RUS 24-25 N 3
Olenij, mys ▲ RUS 44-45 R 5
Olenij, ostrov ⌒ RUS (JAN) 44-45 R 5
Olenij, ostrov ⌒ RUS (KAR) 24-25 N 4
Olenij, ostrov ⌒ RUS (TMR) 44-45 V 4
Olenij, proliv ○ RUS 44-45 S 5
Olenino o RUS 30-31 N 3
Olen'ja ~ RUS 58-59 K 4
Olenogorsk o RUS 24-25 M 2
Ölenti ~ KA 60-61 H 3
Olër ~ RUS 48-49 J 2
Ole Rømer Land ⊥ GRØ 170-171 n 6
Oléron, Île d' ⌒ F (17) 236-237 C 4
Olesskyj zamok • UA 38-39 D 2
Oletta o F (2B) 244 D 3
Olette o F (66) 240-241 J 5
Olevs'k o UA 38-39 E 2
Ølfjellet ▲ N 22-23 G 3
Ol'ga o RUS 58-59 F 7
Ol'ga ~ RUS 54-55 M 9
Olga(Kata Tjuta), Mount ▲ AUS 112-113 L 2
Olga, Lac ○ CDN 182-183 F 4
Ol'ga, mys ▲ RUS 56-57 T 6
Olgastretet ≈ 20-21 N 3
Ölgij ☆ MAU 82-83 J 1
Ölgij = Har-Us o MAU 52-53 F 11
Ol'ginsk o RUS 58-59 E 2
Olgujdah o RUS 54-55 F 4
Olgujdah ~ RUS 54-55 F 3
Olhão o P 34-35 D 6
Olho d'Água do Casado o BR 212-213 K 6
Ol'hon, ostrov ⌒ RUS 52-53 N 9
Ol'hovka o RUS 32-33 D 9
Oli ~ DY 140-141 E 3
Oli o WAN 140-141 F 4
Olib ⊥ HR 36-37 E 2
Olifants ~ NAM 156-157 D 1
Olifants o ZA 154-155 F 6
Olifantshoek o ZA 156-157 F 3
Olifantsrivier ~ ZA 156-157 J 2
Olifantsrivier ~ ZA 156-157 E 6
Olifantsrivier ~ ZA 156-157 D 6
Oliktok Point ▲ USA 164-165 Q 1
Oli Kŭltyk, sor ⊥ KA 62-63 K 5
Olimarao ⌒ FSM 9 F 2
Olimar Chico, Río ~ ROU 222-223 M 2
Olimbía o GR 36-37 H 6
Olimpia o BR 216-217 F 6
Ólimpos ▲ GR 36-37 J 4
Olinalá o MEX 196-197 E 3
Olinda o ••• BR 212-213 L 5
Olindina o BR 212-213 J 7
Olinga o MOC 154-155 J 3
Olio o AUS 114-115 G 1
Oliva o E 34-35 G 5
Oliva o RA 222-223 H 2
Oliva de la Frontera o E 34-35 D 5
Olivares, Cordillera de ▲ RA 220-221 C 6
Olivedos o BR 212-213 K 5
Oliveira o BR 216-217 H 6
Oliveira dos Brejinhos o BR 216-217 J 2
Olivença-a-Nova o ANG 152-153 B 7
Olivenza o E 34-35 D 5
Oliver Lake ○ CDN 178-179 E 2
Oliver Sound ≈ 168-169 h 4
Olivese o F (2A) 244 D 5
Olivet o F (45) 232-233 F 4
Olivet o USA 186-187 J 4
Olivia o USA 186-187 K 3
Olivier Islands ⌒ CDN 164-165 X 2
Ol Joro Orok o EAK 148-149 F 4
Oljoro Wells < EAT 148-149 F 6
Oljutorskij, mys ▲ RUS 48-49 Q 7

Oljutorskij, zaliv ≈ 48-49 O 6
Oljutorskij hrebet ⛰ **RUS** 48-49 Q 6
Oljutorskij poluostrov ⌣ **RUS** 48-49 Q 6
Ol Keju Ado ~ **EAK** 148-149 F 5
Olla ○ **USA** 188-189 L 4
Ollagüe ○ **RCH** 220-221 C 1
Ollagüe, Volcán ▲ **BOL** 220-221 C 1
Ollières-sur-Eyrieux, les ○ **F** (07) 242-243 F 2
Olliergues ○ **F** (63) 238-239 D 5
Ollioules ○ **F** (83) 242-243 H 5
Ollita, Cordillera de ⛰ **RA** 220-221 B 6
Ollita, Paso de la ▲ **RCH** 220-221 C 5
Olmazor ○ **US** 72-73 L 4
Olmedo ○ **E** 34-35 E 4
Olmesutye ○ **EAK** 148-149 E 4
Olmeto ○ **F** (2A) 244 C 5
Olmi-Cappela ○ **F** (2B) 244 D 3
Olmos ○ **PE** 208-209 C 4
Olmütz = Olomouc ○ **CZ** 28-29 O 4
Olney ○ **USA** 190-191 D 6
Oloči ○ **RUS** 54-55 J 10
Olodio ○ **CI** 138-139 G 7
Olofström ☆ **S** 22-23 G 8
Ologbo Game Reserve ⊥ **WAN** 140-141 F 5
Ologo, Čapo- ○ **RUS** 54-55 J 7
Oloibiri ○ **WAN** 140-141 G 6
Oloiserri ○ **EAK** 148-149 F 5
Oloitokitok ○ **EAK** 148-149 F 5
Oloj ~ **RUS** 48-49 L 4
Olojčan ~ **RUS** 48-49 L 3
Olojskij hrebet ⛰ **RUS** 48-49 K 3
Ololdou ○ **SN** 138-139 D 2
Olom ○ **RUS** 54-55 J 5
Olomane, Rivière ~ **CDN** 182-183 O 3
Olomburi ○ **SOL** 120 I e 3
Olomouc ○ **CZ** 28-29 O 4
Olonec ○ **RUS** 30-31 N 1
Olongapo ○ **RP** 96-97 D 5
Olonki ○ **RUS** 52-53 L 9
Olonne-sur-Mer ○ **F** (85) 236-237 B 2
Olonzac ○ **F** (34) 240-241 K 4
Olorgasailie National Monument • **EAK** 148-149 F 4
Oloron-Sainte-Marie ○• **F** (64) 240-241 C 4
Olosega Island ⌒ **USA** 120 V c 2
Olov, gora ▲ **RUS** 24-25 O 5
Olovjannaja ☆ **RUS** 54-55 G 10
Olrik Fjord ≈ 170-171 Q 5
Oľša ○ **RUS** 30-31 M 4
Ols-et-Rinhodes ○ **F** (12) 240-241 H 2
Olsztyn ☆• **PL** 28-29 Q 2
Olsztynek ○ **PL** 28-29 Q 2
Olt ~ **RO** 38-39 D 5
Olt, Drăgăneşti ○ **RO** 38-39 D 5
Olta ○ **RA** 220-221 D 6
Olten ○ **CH** 28-29 J 5
Olteniţa ○• **RO** 38-39 E 5
Oltepesi ○ **EAK** 148-149 F 4
Oltinkŭl ○ **US** 72-73 F 3
Oľtjan ~ **RUS** 48-49 R 4
Oltu ☆ **TR** 64-65 K 2
Oltu Çayı ~ **TR** 64-65 J 2
Ol Tukai ○ **EAK** 148-149 F 5
Oluanpi ○ **RC** 92-93 M 6
Oluanpi ▲ **RC** 92-93 M 6
Oluku ○ **WAN** 140-141 F 5
Olu Malua = Three Sisters Islands ⌒ **SOL** 120 I f 4
Olur ☆ **TR** 64-65 K 2
Olutange ○ **RP** 96-97 E 9
Olutange Island ⌒ **RP** 96-97 E 9
Olvido, El ○ **CO** 204-205 F 6
Oľvinskij Kamen', gora ▲ **RUS** 50-51 E 5
Olymp = Ólimpos ▲ **GR** 36-37 J 4
Olympia ··· **GR** 36-37 H 6
Olympia ☆ **USA** 184-185 C 2
Olympic Dam ○ **AUS** 114-115 D 6
Olympic Mountains ⛰ **USA** 184-185 C 2
Olympic National Park ⊥ ··· **USA** 184-185 C 2
Olympos ▲ **CY** 64-65 E 5
Olympus, Mount ▲ **USA** 184-185 C 2
Olynthos • **GR** 36-37 J 4
Ölzijm ○ **MAU** 84-85 E 3
Om' ~ **RUS** 50-51 Q 6
Om' ~ **RUS** 50-51 N 7
Ōma ○ **J** 88-89 J 4
Oma ○ **RUS** (NAO) 24-25 T 3
Oma ~ **RUS** 24-25 T 3
Oma ○ **VRC** 80-81 D 4
Ōmachi ○ **J** 88-89 G 6
Omae-saki ▲ **J** 88-89 H 7
Ōmagari ○ **J** 88-89 J 5
Omagh ☆• **GB** 26-27 D 4
Omaha ○ **USA** (AR) 188-189 L 1
Omaha ○ **USA** (NE) 186-187 K 5
Omaha Beach ∸ **F** (14) 228-229 C 5
Omaha Indian Reservation Ⅹ **USA** 186-187 J 4
Omak ○ **USA** 184-185 E 1
Omakau ○ **NZ** 118 B 6
Omakwia ○ **GUY** 206-207 E 3
Omal ~ **RUS** 58-59 G 2
Oman, Golfe d' = Oman, Gulf of ≈ 70-71 H 6
Oman, Gulf of = Oman, Golfe d' ≈ 70-71 H 6
Oman = Salṭanat 'Umān ■ **OM** 68-69 J 4
Oman Lake ⊖ **CDN** (NWT) 174-175 S 4
Oman Lake ⊖ **CDN** (SAS) 174-175 Q 6
Omapere ○ **NZ** 118 D 1
Omarama ○ **NZ** 118 B 6
Omar Combon ○ **SP** 148-149 K 2
Omarolluk Sound ≈ 180-181 K 7
Omaruru ☆ **NAM** 152-153 C 10
Omaruru ~ **NAM** 152-153 D 10
Omas ○ **PE** 208-209 D 8
Ōma-saki ▲ **J** 88-89 J 4
Omatako ▲ **NAM** (OKA) 152-153 D 10
Omatako ~ **NAM** 152-153 F 9
Omate ○ **PE** 214-215 B 5
Omati ○ **PNG** 119 B 4
Omati River ~ **PNG** 119 B 4
Omawewozonyanda ○ **NAM** 152-153 E 10
Ombai = Pulau Alor ⌒ **RI** 102-103 C 6

Ombai, Selat ≈ 102-103 C 6
Ombalantu ○ **NAM** 152-153 C 8
Ombella ~ **RCA** 142-143 D 6
Ombella-Mpoko □ **RCA** 142-143 C 6
Ombos • **ET** 130-131 F 5
Ombotozu ▲ **NAM** 152-153 D 10
Omboué ○ **G** 146-147 B 4
Ombrone ~ **I** 36-37 C 3
Ombu ○ **RA** 220-221 G 6
Ombues de Lavalle ○ **ROU** 222-223 L 2
Ombuku ~ **NAM** 152-153 B 8
Omčak ○ **RUS** 56-57 M 3
Omchi ○ **TCH** 134-135 H 2
Omčikandja ○ **RUS** 46-47 X 5
Omčug, Ust'- ☆ **RUS** 56-57 N 3
Omdurman = Umm Durmān ○·· **SUD** 136-137 F 5
Ōme ○ **J** 88-89 H 7
Ome, Motu ⌒ **F** (987) 247 IV a 1
Omega ○ **USA** 188-189 C 2
Omeľdinskij hrebet ⛰ **RUS** 58-59 G 2
Omelič ~ **RUS** 50-51 Q 5
Omeo ○ **AUS** 116-117 J 4
Omessa ○ **F** (2B) 244 D 4
Ometepe, Isla de ⌒ **NIC** 196-197 B 6
Ometepec ○• **MEX** 196-197 E 3
Omgon, mys ▲ **RUS** 56-57 R 5
Omi, Río ~ **BOL** 214-215 E 3
Omignon ~ **F** (02) 228-229 L 4
Ōmi-Hachiman ○ **J** 88-89 G 7
Omineca Mountains ⛰ **CDN** 176-177 G 3
Omineca River ~ **CDN** 176-177 H 4
Ominzatov toglari ⛰ **US** 72-73 H 4
Omiš ○• **HR** 36-37 F 3
Ōmi-shima ⌒ **J** 88-89 E 7
Omitara ○ **NAM** 152-153 E 11
Ōmiya ○ **J** 88-89 H 7
Ommaney, Cape ▲ **USA** 176-177 C 3
Ommanney Bay ≈ 168-169 V 4
Omnial ○ **RI** 102-103 E 2
Omnja ~ **RUS** 56-57 F 4
Ömnögov' □ **MAU** 84-85 F 6
Omoa ○• **HN** 196-197 K 4
Omoku ○ **WAN** 140-141 G 6
Omoloj ~ **RUS** 46-47 S 5
Omolon ~ **RUS** 48-49 L 4
Omolon ~ **RUS** 48-49 K 2
Omo National Park ⊥ **ETH** 144-145 B 5
Omono-gawa ~ **J** 88-89 J 5
Omont ○ **F** (08) 234-235 F 2
Omonville-la-Rogue ○ **F** (50) 228-229 A 4
Omoto-gawa ~ **J** 88-89 J 5
Omo Wenz ~ **ETH** 144-145 C 5
Ompah ○ **CDN** 182-183 F 6
Ompupa ○ **ANG** 152-153 B 8
Omreľkaj ~ **RUS** 48-49 Q 2
Omsk ☆• **RUS** 60-61 H 1
Omskij ○ **RUS** 52-53 L 8
Omsukčan ☆ **RUS** 48-49 H 5
Omsukčanskij hrebet ⛰ **RUS** 48-49 H 4
Ōmu ○ **J** 88-89 K 2
Omu-Aran ○ **WAN** 140-141 F 4
Omulevka ~ **RUS** 46-47 c 7
Omulevka ~ **RUS** 56-57 M 2
Omulljahskaja guba ≈ 46-47 Z 3
Omuo ○ **WAN** 140-141 F 5
Omuramba Ovambo ~ **NAM** 152-153 D 9
Ōmura-wan ≈ 88-89 C 8
Omurtag ○ **BG** 38-39 E 6
Ōmuta ○ **J** 88-89 D 8
Omutinskij ☆ **RUS** 50-51 J 6
Omutninsk ☆ **RUS** 32-33 H 4
Oña ○ **E** 34-35 F 3
Oña ○ **EC** 208-209 C 3
Ona ~ **RUS** 54-55 E 9
Ona ~ **RUS** 60-61 Q 3
Ona, Bassin = Ona Basin ≃ 14-15 C 14
Ona = Birjusa ~ **RUS** 52-53 G 7
Ona Basin = Ona, Bassin ≃ 14-15 C 14
Onaman Lake ⊖ **CDN** 178-179 N 5
Onamia ○ **USA** 186-187 L 2
Onancock ○ **USA** 190-191 L 7
Onang ○ **RI** 100-101 F 5
Onanganjang ○ **RI** 98-99 C 3
Onangué, Lac ⊖ **G** 146-147 C 4
Onanhasang ○ **RI** 98-99 C 4
Onaping Lake ⊖ **CDN** 182-183 D 5
Onawa ○ **USA** 186-187 J 4
Onaway ○ **USA** 190-191 F 3
Onça, Cachoeira da ~ **BR** 206-207 G 6
Onça, Corredeira ~ **BR** 210-211 H 6
Onça, Travessia da ~ **BR** 212-213 B 4
Onças, Lago das ⊖ **BR** 214-215 J 5
Oncativo ○ **RA** 220-221 F 6
Oncócua ○ **ANG** 152-153 B 8
Onda ○ **E** 34-35 G 5
Onda ~ **RUS** 24-25 M 5
Ondangwa ☆ **NAM** 152-153 C 8
Ondas, Rio das ~ **BR** 216-217 H 2
Ondaw ○ **MYA** 78-79 J 4
Ondo ○ **WAN** 140-141 F 5
Ondo □ **WAN** 140-141 F 5
Ondores ○ **PE** 208-209 D 7
Öndörhaan ☆ **MAU** 84-85 K 4
Ondozero ○ **RUS** (KAR) 24-25 M 5
Ondozero ⊖ **RUS** (KAR) 24-25 M 5
Ondres ○ **F** (40) 240-241 B 3
Onega ○ **RUS** 24-25 P 5
Onega ~ **RUS** 24-25 P 5
Onega, Baie de l' = Onežskaja guba ≈ 24-25 N 4
Onega, Péninsule de l' = Onežskij poluostrov ⌣ **RUS** 24-25 N 4
Önege ○ **KA** 32-33 E 9
One Hundred and Fifty Mile House ○ **CDN** 176-177 K 5
One Hundred Mile House ○ **CDN** 176-177 K 6
Oneida ○ **USA** (NY) 190-191 L 4
Oneida ○ **USA** (TN) 192-193 F 1
Oneida Lake ⊖ **USA** 190-191 L 4
O'Neill ○ **USA** 186-187 H 4
Oneko, ozero ⊖ **RUS** 52-53 E 3
Onekotan, ostrov ⌒ **RUS** 58-59 Q 4
Onema-Okolo ○ **ZRE** 146-147 J 5
Onema Ututu ○ **ZRE** 146-147 J 5

Onemen, zaliv ≈ 48-49 T 4
Oneonta ○ **USA** 190-191 L 4
Onesse ~ **F** (40) 240-241 B 2
Onesse-et-Laharie ○ **F** (40) 240-241 B 2
Oneşti ○ **RO** 38-39 E 4
Onežskaja guba ≈ 24-25 N 4
Onežskij poluostrov ⌣ **RUS** 24-25 O 4
Onga ○ **G** 146-147 E 4
Ongandjera ○ **NAM** 152-153 C 8
Ông Cõ, Ðèo ▲ **VN** 94-95 K 5
Ongeri ○ **ZRE** 146-147 K 6
Ongersrivier ~ **ZA** 156-157 F 5
Ongi ○ **MAU** 84-85 F 5
Ongi gol ~ **MAU** 84-85 F 4
Ongjin ○ **DVR** 86-87 E 9
Ongka ○ **RI** 100-101 G 3
Ongkaw ○ **RI** 100-101 J 3
Ongkharak ○ **THA** 94-95 F 3
Ongniud Qi ○ **VRC** 84-85 O 6
Ongoka ○ **ZRE** 146-147 L 4
Ongole ○ **IND** 76-77 J 3
Ongombua, Île ⌒ **F** (988) 247 I a 1
Ongon ○ **PE** 208-209 D 6
Ongon = Havirga ○ **MAU** 84-85 L 5
Ongongoro ○ **NAM** 152-153 E 10
Ongonyi ○ **RCB** 146-147 F 4
Ongoro Gotjari ○ **NAM** 152-153 D 11
Onhne ○ **MYA** 94-95 D 2
Oni ○ **GE** 62-63 E 6
Oni, River ~ **WAN** 140-141 F 5
Onibe ~ **RM** 158-159 F 6
Onie ú Olin, Río ~ **RA** 224 E 3
Onilahy ~ **RM** 158-159 C 9
Onin (Fakfak) Peninsula ⌣ **RI** 102-103 F 3
Onioni ○ **PNG** 119 E 6
Onion Lake ○ **CDN** 176-177 Q 5
Onitsha ☆ **WAN** 140-141 G 5
Onive ~ **RM** 158-159 E 7
Onkamo ○ **FIN** 24-25 L 5
Onkivesi ⊖ **FIN** 24-25 J 5
Onnaing ○ **F** (59) 228-229 M 3
Onnekon ~ **RUS** 54-55 O 6
Onnës ○ **RUS** 56-57 D 3
Onnë-Siligir ~ **RUS** 46-47 J 6
Ono ⌒ **FJI** 120 III b 3
Ōno ○ **J** 88-89 G 7
Onoko ○ **TCH** 142-143 B 3
Onomichi ○ **J** 88-89 E 7
Onon ~ **RUS** 54-55 G 10
Onon gol ~ **MAU** 84-85 K 3
Onor ○ **RUS** 58-59 K 3
Onor ~ **RUS** 58-59 K 3
Onor, gora ▲ **RUS** 58-59 K 3
Onot ~ **RUS** 52-53 K 9
Onoto ○ **YV** 204-205 J 3
Onseepkans ○ **ZA** 156-157 D 4
Onslow ○ **AUS** 108-109 B 6
Onslow Bay ≈ 192-193 K 2
Ontake-san ▲ **J** 88-89 G 7
Ontar ○ **VAN** 120 II a 2
Ontaratue River ~ **CDN** 164-165 Z 3
Ontario □ **CDN** 178-179 L 5
Ontario ○ **USA** (CA) 184-185 F 9
Ontario ○ **USA** (OR) 184-185 F 3
Ontario ○ **USA** (WI) 190-191 C 4
Ontario, Lake ⊖ 190-191 J 4
Ontario Peninsula ⌣ **CDN** 182-183 D 7
Ontmoeting ○ **ZA** 156-157 E 3
Ontonagon ○ **USA** 190-191 D 2
Ontong Java ⌒ **SOL** 120 I d 1
Ōnuma Quasi National Park ⊥ **J** 88-89 J 4
Onverwacht ☆ **SME** 206-207 G 3
Onwul River ~ **WAN** 140-141 H 5
Onyx Cave ∴ **USA** 188-189 L 1
Oobagooma ○ **AUS** 108-109 G 4
Oodnadatta ○ **AUS** 114-115 C 4
Oodnadatta Track II **AUS** 114-115 C 5
Oodonggo ○ **RI** 104 D 7
Oodweyne ○ **SP** 144-145 G 4
Ooldea Range ⛰ **AUS** 112-113 L 5
Oolloo ○ **AUS** 108-109 K 2
Oologah Lake ⊖ **USA** 188-189 K 1
Ooratippra ○ **AUS** 114-115 D 1
Oorindi ○ **AUS** 110-111 F 7
Oos-Londen = East London ○• **ZA** 156-157 H 6
Oost-Cappel ○ **F** (59) 228-229 K 2
Ooste Lake ⊖ **CDN** 176-177 G 5
Oostende ○• **B** 28-29 G 3
Oostermoed ○ **ZA** 156-157 H 2
Oosterschelde ≈ 28-29 G 3
Ootsa Lake ⊖ **CDN** 176-177 H 5
Opachuanau Lake ⊖ **CDN** 178-179 G 2
Opaka ○ **BG** 38-39 E 6
Opal, Côte d' ⌣ **F** (62) 228-229 H 3
Opala ~ **RUS** 58-59 R 2
Opala ○ **ZRE** 146-147 K 4
Opang ○ **RI** 100-101 K 4
Opari ○ **SUD** 148-149 D 2
Oparino ○ **RUS** 32-33 F 4
Opasatika ○ **CDN** 178-179 P 6
Opasatika Lake ⊖ **CDN** 178-179 P 6
Opasnyj, mys ▲ **RUS** (KMC) 56-57 S 7
Opasnyj, mys ▲ **RUS** (KOR) 56-57 U 3
Opataca, Lac ⊖ **CDN** 182-183 G 3
Opatija ○ **HR** 36-37 E 2
Opava ○ **CZ** 28-29 O 4
Opawica, Lac ⊖ **CDN** 182-183 G 4
Opelika ○ **USA** 192-193 F 3
Opelousas ○ **USA** 188-189 L 4
Opémiska, Mount ▲ **CDN** 182-183 G 4
Open Bay ≈ 119 F 3
Open Bay ○ **PNG** 119 F 3
Opeongo Lake ⊖ **CDN** 182-183 E 6
Opeta, Lake ⊖ **EAU** 148-149 E 3
Opheim ○ **USA** 186-187 D 1
Ophir ○ **USA** 164-165 M 5
Ophir, Gunung ▲ **RI** 98-99 C 4
Ophthalmia Range ⛰ **AUS** 108-109 D 7
Opi ○ **WAN** 140-141 G 5
Opichén ○ **MEX** 196-197 K 1
Opienge ○ **ZRE** 148-149 A 3
Opikeigen Lake ⊖ **CDN** 178-179 M 5
Opillja ⛰ **UA** 38-39 D 3
Opinaca, Réservoir ‹ **CDN** 182-183 F 2
Opinaca, Rivière ~ **CDN** 182-183 G 2
Opinnagau Lake ⊖ **CDN** 178-179 O 4

Opinnagau River ~ **CDN** 178-179 P 3
Opiscotéo, Lac ⊖ **CDN** 182-183 K 2
Opiscotiche, Lac ⊖ **CDN** 182-183 L 2
Opišn'a ○ **UA** 38-39 J 3
Opoa ○ **F** (987) 247 IV b 2
Opobo ○ **WAN** 140-141 G 6
Opočka ☆ **RUS** 30-31 L 3
Opocopa, Lac ⊖ **CDN** 182-183 L 2
Opoczno ○ **PL** 28-29 Q 3
Opole ☆• **PL** 28-29 O 3
Opopeo ○ **MEX** 196-197 D 2
Opornyj ○ **KA** 32-33 J 10
Opotiki ○ **NZ** 118 F 3
Opoul-Périllos ○ **F** (66) 240-241 K 5
Opp ○ **USA** 192-193 E 4
Oppa-wan ≈ 88-89 J 5
Oppdal ☆ **N** 22-23 D 5
Oppède-le-Vieux ○ **F** (84) 242-243 G 4
Opportunity ○ **USA** 184-185 F 2
Opposite Island ⌒ **CDN** 180-181 H 2
Oppstryn ○ **N** 22-23 C 6
Optic Lake ○ **CDN** 178-179 F 3
Opuka ~ **RUS** 48-49 R 5
Opuka, laguna ⊖ **RUS** 48-49 S 6
Opunake ○ **NZ** 118 D 3
Opuwo ☆ **NAM** 152-153 B 9
Oquossoc ○ **USA** 190-191 N 3
Ör ~ **KA** 62-63 N 3
Or' ~ **RUS** 32-33 L 8
Or, Côte d' = Gold Coast ⌣ **GH** 138-139 K 7
Ora ○ **PNG** 119 F 3
Ora ~ **VAN** 120 II a 2
Oraàs ○ **F** (64) 240-241 C 4
Oraba ○ **EAU** 148-149 C 2
Oracle Junction ○ **USA** 188-189 B 3
Oradea ☆• **RO** 38-39 B 4
Oradour-sur-Glane ○ **F** (87) 236-237 H 4
Oradour-sur-Vayres ○ **F** (87) 236-237 G 4
Öræfajökull ▲ **IS** 22-23 e 2
Orah ○ **WAN** 140-141 F 5
Orai ○ **IND** 74-75 G 7
Oraibi ○ **USA** 188-189 B 2
Oraison ○ **F** (04) 242-243 H 4
Oral ☆ **KA** 32-33 G 8
Oral ~ **KA** 32-33 G 9
Orami ○ **PNG** 120 I b 2
Oran = Wahrān ☆·· **DZ** 124-125 L 3
Oranapai ○ **GUY** 206-207 E 2
Orange ○ **AUS** 116-117 K 2
Orange ○··· **F** (84) 242-243 F 3
Orange ○ **USA** 188-189 L 4
Orange ~ **ZA** 156-157 D 4
Orangeburg ○ **USA** 192-193 H 3
Orange Cay ⌒ **BS** 198-199 F 2
Orange Fan = Oranje, Cône de l' ≃ 14-15 L 12
Orange Free State = Oranje-Vrystaat □ **ZA** 156-157 G 4
Orange Park ○ **USA** 192-193 H 4
Orangerie Bay ≈ 119 E 6
Orangeville ○ **CDN** 182-183 D 7
Orange Walk ○ **BH** 196-197 K 2
Orangi ~ **EAT** 148-149 E 5
Orango, Ilha de ⌒ **GNB** 138-139 B 4
Orangozinho, Ilha de ⌒ **GNB** 138-139 C 4
Orangutang, mys ▲ **RUS** 48-49 R 6
Orania ○ **ZA** 156-157 G 4
Oranje, Cône de l' = Orange Fan ≃ 14-15 L 12
Oranjefontein ○ **ZA** 154-155 D 6
Oranjemund ○ **NAM** 156-157 C 4
Oranjerivier ~ **ZA** 156-157 F 4
Oranjestad ☆ **ARU** 204-205 F 1
Oranjestad ☆·· **NA** 200 D 3
Oranjeville ○ **ZA** 156-157 J 3
Oranje Vrystaat □ **ZA** 156-157 G 4
Oransbari ○ **RI** 102-103 H 2
Oranžeri ○ **RUS** 62-63 G 5
Orapa ○ **RB** 154-155 C 5
Oras ○ **RP** 96-97 F 6
Oratia, Mount ▲ **USA** 166-167 Q 3
Oratorio ○ **RA** 220-221 D 2
Orattanādu ○ **IND** 76-77 H 5
Orava ○ **PNG** 120 I b 2
Oraviţa ○ **RO** 38-39 B 5
Orb ~ **F** (34) 240-241 L 4
Orbais ○ **F** (51) 232-233 K 2
Orbata, Jebel ▲ **TN** 126-127 G 3
Orbec ○ **F** (14) 228-229 E 5
Orbessan ○ **F** (32) 240-241 F 3
Orbetello ○ **I** 36-37 C 3
Orbey ○ **F** (68) 234-235 L 5
Orbigny ○ **F** (37) 232-233 E 5
Órbigo, Río ~ **E** 34-35 E 3
Orbost ○ **AUS** 116-117 K 4
Orbu, Fium ~ **F** (2B) 244 D 4
Orcadas ○ **ARK** 16 G 32
Orcades = Orkney Islands ⌒ **GB** 26-27 F 2
Orches ○ **F** (86) 236-237 F 2
Orchies ○ **F** (59) 228-229 L 3
Orchila, Isla ⌒ **YV** 204-205 H 2
Orchinu, Punta d' ▲ **F** (2A) 244 C 4
Orcival ○ **F** (63) 236-237 L 4
Orco ~ **I** 36-37 A 2
Orcococha, Lago ⊖ **PE** 208-209 E 8
Orcopampa ○ **PE** 208-209 F 9
Ord ○ **USA** 186-187 H 5
Ord, Mount ▲ **AUS** 108-109 G 4
Orda ☆ **RUS** 32-33 K 5
Orda ‹ **TCH** 134-135 H 2
Orda, Kyzyl- ☆ **KA** 60-61 D 6
Orderville ○ **USA** 184-185 H 7
Ordes ○·· **E** 34-35 C 3
Ordoqui ○ **RA** 222-223 J 3
Ordos = Mu Us Shamo ∸ **VRC** 90-91 E 2
Ordos, Plateau de l' = Mu Us Shamo ∸ **VRC** 90-91 E 2
Ord Regeneration Depot ○ **AUS** 108-109 J 4
Ord River ~ **AUS** 108-109 J 4
Ordu ☆ **TR** 64-65 G 2
Ordubad ○ **AZ** 64-65 M 3
Ordway ○ **USA** 186-187 F 6
Ordynskoe ☆ **RUS** 60-61 M 1
Ordžonikidze ☆ **KA** 60-61 B 2
Ordžonikidze ○ **UA** 38-39 J 4

Ordžonikidzeabad = Kofarnihon ○ **TJ** 72-73 L 5
Ore ○ **WAN** 140-141 F 5
Örebro ☆• **S** 22-23 G 7
Ore City ○ **USA** 188-189 K 3
Oredež ○ **RUS** 30-31 M 2
Oregon ○ **USA** (MO) 186-187 K 6
Oregon ○ **USA** (WI) 190-191 D 4
Oregon □ **USA** 184-185 C 4
Oregon Caves National Monument ∴ **USA** 184-185 C 4
Oregon City ○ **USA** 184-185 C 3
Orehovo-Zuevo ☆ **RUS** 30-31 Q 4
Orel ○ **RUS** 30-31 P 5
Oreľ ~ **UA** 38-39 J 3
Oreľ, ozero ⊖ **RUS** 58-59 H 2
Orellana ○ **PE** (AMA) 208-209 C 4
Orellana ○ **PE** (LOR) 208-209 E 5
Orellana la Vieja ○ **E** 34-35 E 5
Orem ○ **USA** 184-185 J 5
Ören ○ **TR** 64-65 B 4
Orenburg ☆ **RUS** 32-33 J 8
Oreng ○ **RI** 98-99 B 2
Orénoque, Delta de l' = Orinoco, Delta del ≈ 204-205 K 3
Orénoque = Orinoco, Río ~ **YV** 204-205 J 6
Orense = Ourense ○ **E** 34-35 D 3
Orerokpe ○ **WAN** 140-141 F 6
Øresund ≈ 22-23 F 9
Orewa ○ **NZ** 118 E 2
Orford, Port ○ **USA** 184-185 B 4
Organabo ○ **F** (973) 245 I b 1
Organ Pipe Cactus National Monument ∴ **USA** 184-185 H 9
Orge ~ **F** (91) 232-233 G 2
Orgeev = Orhei ☆ **MD** 38-39 F 4
Orgelet ○ **F** (39) 238-239 H 3
Orgères-en-Beauce ○ **F** (28) 232-233 F 3
Orgerus ○ **F** (78) 232-233 F 2
Orgeval ○ **F** (78) 232-233 F 2
Orglandes ○ **F** (50) 228-229 B 5
Orgnac, Aven d' • **F** (07) 242-243 E 3
Orgnac-l'Aven ○ **F** (07) 242-243 E 3
Orgon ○ **F** (84) 242-243 G 4
Orgues • **F** (19) 236-237 K 5
Orgūn ○ **AFG** 74-75 B 3
Orhaneli ☆ **TR** 64-65 C 3
Orhangazi ○ **TR** 64-65 C 2
Orhei ☆ **MD** 38-39 F 4
Orhej = Orhei ☆ **MD** 38-39 F 4
Orhon ○ **MAU** 84-85 G 3
Orhon gol ~ **MAU** 84-85 F 3
Ori ~ **RT** 138-139 L 5
Orianda, laguna ⊖ **RUS** 48-49 U 5
Orica ○ **HN** 196-197 L 4
Orichiv ○ **UA** 38-39 J 4
Orick ○ **USA** 184-185 B 5
Oricourt • **F** 238-239 J 1
Orient ○ **USA** 184-185 E 1
Oriental, Cordillera ⛰ **DOM** 198-199 L 5
Oriental, Cordillera ⛰ **PE** 208-209 D 4
Oriental, Llanura ⛰ **DOM** 198-199 L 5
Oriente ○ **RA** 222-223 J 5
Oriente, Cachoeira do ~ **BR** 210-211 E 7
Orignac ○ **F** (65) 240-241 E 4
Origne ○ **F** (33) 240-241 C 2
Origny-Sainte-Benoîte ○ **F** (02) 228-229 L 4
Orihuela ○ **E** 34-35 G 5
Orillia ○ **CDN** 182-183 E 6
Orin ○ **USA** 186-187 E 4
Orincles ○ **F** (65) 240-241 E 4
Orinduik ○ **GUY** 206-207 D 3
Orinoca ○ **BOL** 214-215 D 6
Orinoco, Delta del ≈ 204-205 L 3
Orinoco, Llanos del ∸ 204-205 F 5
Orinoco, Río ~ **YV** 204-205 J 6
Oriomo ○ **PNG** 119 B 5
Orissa □ **IND** 78-79 C 5
Orissaare ○ **EST** 30-31 H 2
Oristano ○• **I** 36-37 B 5
Orito ○ **CO** 208-209 D 1
Orituco ○ **YV** 204-205 H 3
Orituco, Río ~ **YV** 204-205 H 3
Oritupano, Río ~ **YV** 204-205 K 3
Orivesi ○ **FIN** 24-25 H 6
Oriximiná ○ **BR** 206-207 G 6
Orizaba ○• **MEX** 196-197 F 2
Orizaba, Pico de ▲ **MEX** 196-197 F 2
Orjahovo ○ **BG** 38-39 C 6
Orjen ▲ **YU** 36-37 G 3
Orjus-Miele ~ **RUS** 54-55 K 7
Orkadiéré ○ **SN** 138-139 D 2
Orkanger ○ **N** 22-23 D 5
Örkelljunga ○ **S** 22-23 F 8
Orkjule, mys ▲ **RUS** 46-47 S 4
Orkla ⊖ **N** 22-23 D 5
Orkney ○ **ZA** 156-157 H 3
Orkney Islands = Orcades ⌒ **GB** 26-27 F 2
Orla ○ **USA** 188-189 F 4
Orlameš ○ **AFG** 72-73 K 6
Orland ○ **USA** 184-185 C 6
Orlândia ○ **BR** 216-217 G 6
Orlando ○• **USA** 192-193 H 5
Orleães ○ **BR** 218-219 F 7
Orléans ☆• **F** (45) 232-233 F 4
Orléans, Canal d' ‹ **F** (45) 232-233 G 4
Orléans, Forêt de ∸ **F** (45) 232-233 G 3
Orléans, Île d' ⌒ **CDN** 182-183 J 5
Orleans, Île d' ⌒ **CDN** 182-183 J 5
Orleans Farms ○ **AUS** 112-113 G 6
Orle River Game Reserve ⊥ **WAN** 140-141 G 5
Orlik ☆ **RUS** 52-53 J 9
Orlinaja gora ▲ **RUS** 48-49 U 5
Orlinga ○ **RUS** 52-53 M 7
Orlinga ~ **RUS** 52-53 N 8
Orlov Gaj ○ **RUS** 32-33 F 8
Orlovka ○ **RUS** (NVS) 50-51 O 6
Orlovka ~ **RUS** 48-49 N 3
Orlovka ~ **RUS** 48-49 P 4
Orlovka ~ **RUS** 50-51 T 5
Orlovka ~ **RUS** 58-59 C 2
Orlovskij ○ **RUS** 38-39 N 4
Orlovskij, mys ▲ **RUS** 24-25 Q 3
Orlovskij hrebet ⛰ **RUS** 48-49 N 3
Orlovskij zaliv ≈ 24-25 Q 3

Orlu ○ **WAN** 140-141 G 6
Ormachea, Bosque Petrificado J. • **RA** 224 F 2
Ormāra ○ **PK** 70-71 L 6
Ormāra, Rās ▲ **PK** 70-71 L 6
Ormea ○·· **I** 36-37 A 2
Ormes-sur-Voulzie, Les ○ **F** (77) 232-233 J 3
Ormiston Gorge National Park ⊥ **AUS** 112-113 M 1
Ormoc ○ **RP** 96-97 F 7
Ormond Beach ○ **USA** 192-193 H 5
Ormonde Island ⌒ **CDN** 168-169 e 6
Ormos Almirou ≈ 36-37 K 7
Ormsby ○ **USA** 186-187 K 4
Ormtjørn nasjonalpark ⊥ **N** 22-23 D 6
Ormuz, Détr. d' = Hormoz, Tange-ye ≈ 70-71 G 5
Ornain ~ **F** 234-235 G 4
Ornaisons ○ **F** (11) 240-241 K 4
Ornans ○• **F** (25) 238-239 J 2
Orne □ **F** (61) 230-231 L 2
Orne ~ **F** (14) 228-229 D 5
Orne, Vallée de l' ⌣• **F** (14) 230-231 L 2
Ørnes ○ **N** 22-23 F 3
Ornon, Col d' ▲ **F** 242-243 H 1
Örnsköldsvik ○ **S** 22-23 J 5
Oro, Lac ⊖ **RMM** 132-133 J 6
Oro, Monte d' ▲ **F** (2B) 244 D 4
Oro, Museo del • **CO** 204-205 D 5
Oro, Río de ~ **RA** 220-221 H 4
Oro, Río del ~ **MEX** 194-195 G 5
Orobayaya ○ **BOL** 214-215 F 3
Orocó ○ **BR** 212-213 J 6
Orocue ○ **CO** 204-205 F 5
Orodara ○ **BF** 138-139 H 4
Orodel ○• **RO** 38-39 C 5
Oroek ○ **RUS** 46-47 d 7
Orofino ○ **USA** 184-185 F 2
Orog nuur ⊖ **MAU** 84-85 E 5
Orogrande ○ **USA** 188-189 D 3
Orohena, Mont ▲ **F** (987) 247 V b 2
Orol dengizi = Aral teŋizi ⊖ 62-63 N 5
Orom ○ **EAU** 148-149 D 2
Oromocto ○ **CDN** 182-183 L 6
Oron ~ **F** (26) 242-243 F 1
Oron ○ **RUS** 54-55 H 7
Oron ○ **WAN** 140-141 H 6
Orondo ○ **USA** 184-185 D 2
Oroners Out Station ○ **AUS** 110-111 G 4
Oronga ○ **PNG** 119 C 3
Orono ○ **USA** 190-191 O 3
Oronoquerivier ~ **GUY** 206-207 F 4
Orope ○ **YV** 204-205 E 3
Oropesa ○• **E** 34-35 E 5
Oropesa, Río ~ **PE** 208-209 F 8
Oropiro, Mont ▲ **F** (987) 247 IV b 2
Oroqen Zizhiqi ○ **VRC** 86-87 D 2
Oroquieta ☆ **RP** 96-97 E 8
Orós ○ **BR** 212-213 J 5
Orós, Açude ‹ **BR** 212-213 J 5
Orosei ○ **I** 36-37 B 4
Orosháza ○ **H** 28-29 Q 5
Orosi ○ **USA** 184-185 E 7
Orosmayo, Río de ~ **RA** 220-221 D 2
Orotina ○ **CR** 196-197 B 7
Orotko, ozero ⊖ **RUS** 46-47 W 4
Orotuk ○ **RUS** 56-57 N 2
Orotukan ○ **RUS** 56-57 O 2
Orotukan ~ **RUS** 56-57 O 2
Oroville ○ **USA** (CA) 184-185 D 6
Oroville ○ **USA** (WA) 184-185 E 1
Oroville Reservoir ‹ **USA** 184-185 D 6
Oroya, La ○ **PE** 208-209 E 7
Orpheus Lake ⊖ **CDN** 174-175 Q 5
Orphin ○ **F** (78) 232-233 F 2
Orpierre ○ **F** (05) 242-243 H 3
Orques, Canal des ≈ 246 IV a 1
Orquideas, Parque Nacional las ⊥ **CO** 204-205 C 4
Orroroo ○ **AUS** 116-117 E 2
Orša ☆ **BY** 30-31 M 4
Orsa ○ **S** 22-23 G 6
Orsan ○ **F** (30) 242-243 F 3
Orsans ○ **F** (25) 238-239 J 2
Orsay ○ **F** (91) 232-233 G 2
Orsennes ○ **F** (36) 236-237 J 3
Orsk ○ **RUS** 32-33 L 8
Ørstavik ☆ **N** 22-23 C 5
Ortaca ☆ **TR** 64-65 C 4
Ortaköy ○ **TR** 64-65 F 3
Ortasu ~ **KA** 60-61 J 5
Orte ○ **I** 36-37 D 3
Ortega ○ **CO** 204-205 D 6
Ortegal, Cabo ▲ **E** 34-35 D 3
Orteguaza, Río ~ **CO** 208-209 E 1
Ortenbourg • **F** (67) 234-235 L 5
Orthez ○ **F** (64) 240-241 C 4
Ortho, Río ~ **BOL** 214-215 D 2
Ortigueira ○ **BR** 218-219 E 5
Ortigueira ○ **E** 34-35 D 3
Ortit ○ **GRØ** 172-173 V 4
Ortiz ○ **MEX** 194-195 D 3
Ort"jagun ~ **RUS** 50-51 N 4
Ortler = Ortles ▲ **I** 36-37 C 1
Orto ○ **F** (2A) 244 C 4
Ortolo ~ **F** (2A) 244 D 5
Ortona ○ **I** 36-37 E 3
Orto-Nahara ○ **RUS** 54-55 G 5
Ortonville ○ **USA** 186-187 J 3
Orto-Surt ○ **RUS** 54-55 M 4
Orto-Tokoj ○ **KS** 82-83 C 4
Oru ○ **CO** 204-205 E 3
Oruhito ○ **NAM** 152-153 B 9
Orulgan, hrebet ⛰ **RUS** 46-47 R 5
Orūmiye ☆• **IR** 64-65 L 4
Orūmiye, Daryāče-ye ⊖ **IR** 64-65 L 3
Oruro ☆ **BOL** 214-215 D 5
Orust ⌒ **S** 22-23 E 7
Orūzgān ○ **AFG** (OR) 70-71 M 2
Orūzgān □ **AFG** 70-71 L 2
Orvieto ○• **I** 36-37 D 3
Orville Escarpment ⛰ **ARK** 16 F 30
Orwell ○ **USA** 190-191 H 5
Orzūiye ○ **IR** 70-71 G 4
Oržycja ~ **UA** 38-39 H 3
Orzysz ○• **PL** 28-29 Q 2
Oš ☆ **KS** 72-73 N 4
Os ☆ **N** 22-23 E 5

Osa ☆ **RUS** 52-53 L 9
Osa ☆ **RUS** (PRM) 32-33 J 5
Oša ~ **RUS** 50-51 M 6
Osa ~ **RUS** 52-53 M 9
Osa, Peninsula de ⌣ **CR** 196-197 C 7
Osage ○ **USA** 186-187 L 4
Osage River ~ **USA** 186-187 L 6
Ōsaka ☆• **J** 88-89 F 7
Osakarovka ○ **KA** 60-61 H 3
Osakarovka = Askarly ☆ **KA** 60-61 H 3
Ōsaka-wan ≈ 88-89 F 7
Osasco ○ **BR** 216-217 G 7
Osborne ○ **USA** 186-187 H 6
Osby ○ **S** 22-23 F 8
Osca, Río ~ **BOL** 214-215 E 5
Oscar ○ **F** (973) 245 I c 4
Oscar II land ∸ **N** 20-21 H 3
Oscar Soto Máynes ○ **MEX** 194-195 F 3
Osceola ○ **USA** (IA) 186-187 L 5
Osceola ○ **USA** (NE) 186-187 J 5
Öschiri ○ **I** 36-37 B 4
Oscoda ○ **USA** 190-191 G 3
Oscura, Punta ▲ **GQ** 146-147 B 2
Oselle, Grotte d' • **F** 238-239 H 2
Osetr ~ **RUS** 30-31 Q 4
Oshakati ○ **NAM** 152-153 C 8
Oshamambe ○ **J** 88-89 J 3
Oshawa ○ **CDN** 182-183 E 7
Oshetna River ~ **USA** 164-165 R 5
Oshika-hanto ⌣ **J** 88-89 J 5
Oshikango ○ **NAM** 152-153 C 8
Oshikuku ○ **NAM** 152-153 C 8
Ōshima ○ **J** (TOK) 88-89 H 7
Ō-shima ⌒ **J** (KGA) 88-89 C 10
Ōshima ⌒ **J** (TOK) 88-89 H 7
Ō-shima ⌒ **J** (YMG) 88-89 E 8
Oshima-hantō ⌣ **J** 88-89 J 3
Oshivelo ○ **NAM** 152-153 D 9
Oshkosh ○ **USA** (NE) 186-187 F 5
Oshkosh ○ **USA** (WI) 190-191 D 3
Oshun, River ~ **WAN** 140-141 F 5
Oshwe ○ **ZRE** 146-147 G 5
Osiān ○ **IND** 74-75 D 6
Osijek ☆• **HR** 36-37 G 2
Osilinka River ~ **CDN** 176-177 H 3
Osinniki ☆ **RUS** 60-61 P 2
Osinovaja, Boľšaja ~ **RUS** 48-49 T 3
Osinovka ○ **RUS** 52-53 K 7
Osinovo ○ **RUS** 24-25 R 5
Osinovoe Pleso ○ **RUS** 50-51 T 7
Osinovskij hrebet ⛰ **RUS** 48-49 S 3
Osinovskij porog ·· **RUS** 50-51 U 4
Oskaloosa ○ **USA** 186-187 L 5
Oskarshamn ☆ **S** 22-23 H 8
Oskélanéo ○ **CDN** 182-183 G 4
Öskemen ○ **KA** 60-61 N 4
Os'kino ○ **RUS** 38-39 L 2
Os'kino ○ **RUS** 52-53 N 5
Oskoba ~ **RUS** 52-53 K 6
Oškoto, ozero ⊖ **RUS** 24-25 Y 3
Oskū ○ **IR** 64-65 M 4
Osljanka, gora ▲ **RUS** 50-51 E 5
Oslo ★·· **N** 22-23 E 7
Oslofjorden ≈ 22-23 E 7
Osmānābād ○ **IND** 74-75 F 10
Osmancık ☆ **TR** 64-65 F 2
Osmaneli ☆ **TR** 64-65 D 2
Osmaniye ☆ **TR** 64-65 G 4
Osmānnagar ○ **IND** 74-75 G 10
Os'mino ○ **RUS** 30-31 L 2
Ösmo ○ **S** 22-23 H 7
Osnabrück ○• **D** 28-29 K 2
Ośnüye ○• **IR** 64-65 L 4
Osny ○ **F** (95) 228-229 J 5
Oso ~ **ZRE** 148-149 A 4
Oso, El ○ **YV** 204-205 J 5
Osogbo ○• **WAN** 140-141 F 5
Osogovski pl. ⛰ **MK** 36-37 J 3
Osório ○ **BR** 218-219 E 7
Osório da Fonseca ○ **BR** 210-211 H 4
Osorno ○ **E** 34-35 E 3
Osorno ○ **RCH** 222-223 C 6
Osorno, Volcán ▲ **RCH** 222-223 C 6
Ososo ○ **WAN** 140-141 G 5
Osoyoos ○ **CDN** 176-177 L 7
Osoyoos Indian Reserve Ⅹ **CDN** 176-177 L 7
Osøyra ○ **N** 22-23 B 6
Ospasquia Provincial Park ⊥ **CDN** 178-179 K 4
Ospedale, L' ○ **F** (2A) 244 D 5
Ospika River ~ **CDN** 176-177 H 3
Ospino ○ **YV** 204-205 G 3
Osprey Reef ⌒ **AUS** 110-111 J 3
Ossa ▲ **P** 34-35 D 5
Ossa, Mount ▲ **AUS** 116-117 J 6
Ossabaw Island ⌒ **USA** 192-193 H 4
Ossa de Montiel ○ **E** 34-35 F 5
Ossalinskij krjaž ⛰ **RUS** 46-47 c 7
Osse ~ **F** (32) 240-241 E 3
Osse, River ~ **WAN** 140-141 F 5
Osséja ○ **F** (66) 240-241 H 6
Ossélé ○ **RCB** 146-147 E 4
Osseo ○ **USA** 190-191 C 3
Ossès ○ **F** (64) 240-241 B 4
Ossétie du Nord = Cægat Irystony Respublikæ □ **RUS** 62-63 F 6
Ossétie du Sud = Jugo-Osetinskaja Avtonomnaja Respublika □ **GE** 62-63 F 6
Ossima ○ **PNG** 119 A 2
Ossining ○ **USA** 190-191 M 5
Ossokmanuan Lake ⊖ **CDN** 182-183 M 2
Ossora ☆ **RUS** 56-57 U 4
Ossora, buhta ⊖ **RUS** 56-57 U 4
Ossun ○ **F** (65) 240-241 D 4
Ostapazifisches Südpolarbecken ≈ 16 G 27
Ostaškin, kamen' • **RUS** 50-51 T 7
Ostaškov ☆ **RUS** 30-31 N 3
Östavall ○ **S** 22-23 G 5
Østby ○ **N** 22-23 E 5
Oste ~ **D** 28-29 K 2
Oster ~ **RUS** 30-31 N 5
Österbotten = Pohjanmaa ∸ **FIN** 24-25 G 5
Österbybruk ○ **S** 22-23 H 6
Østerdalen ⌣ **N** 22-23 E 6

Pajaro o CO 204-205 E 2
Pajaros, Islas ⌒ RCH 220-221 B 5
Pajdugina ~ RUS 50-51 S 5
Pajer, gora ▲ RUS 44-45 L 8
Pajera, ostrov ⌒ RUS 20-21 e 2
Pajeú, Rio ~ BR 212-213 J 6
Pajonal, Cerro ▲ RCH 220-221 C 1
Pajonales, Salar de ⊖ RCH 220-221 C 3
Pajtug o US 72-73 N 4
Pajule o EAU 148-149 D 2
Pakaá-Nova, Área Indígena ✗ BR 214-215 E 2
Pakabong o PNG 119 G 2
Pakan o MAL 98-99 J 4
Pakapaka o SME 206-207 G 3
Pakar, Tanjung ▲ RI 100-101 G 6
Pakaraima Mountains ▲ GUY 206-207 D 3
Pakari o NEP 80-81 F 7
Pakashkan Lake ⊖ CDN 178-179 L 6
Pak Charang o THA 94-95 G 3
Pakenham o AUS 116-117 H 5
Paki o WAN 140-141 H 3
Pakijangan, Tanjung ▲ RI 104 C 7
Pak Island ⌒ PNG 119 D 2
Pakistan = Pākistan ■ PK 70-71 K 4
Pākistan = Pakistan ■ PK 70-71 K 4
Pakokku o MYA 78-79 J 5
Pakowki Lake ⊖ CDN 176-177 P 7
Pākpattan o• PK 74-75 D 4
Pākpattan Canal < PK 74-75 D 4
Pak Phanang o THA 94-95 F 6
Pakrac o HR 36-37 F 2
Pakri o NEP 80-81 D 7
Pakruojis ☆•• LT 30-31 H 4
Paksa, mys ▲ RUS 46-47 J 2
Paksa Dinh o LAO 92-93 D 7
Pak Tho o THA 94-95 E 4
Pak Thong Chai o THA 94-95 G 3
Paktikā ◘ AFG 74-75 B 3
Paktyā ◘ AFG 74-75 B 3
Pakuli o RI 100-101 F 4
Pakuliha ~ RUS 50-51 T 2
Pakwach o EAU 148-149 C 2
Pakwash Lake ⊖ CDN 178-179 K 5
Pakxé o•• LAO 94-95 H 3
Pal o SN 132-133 B 7
Pala o TCH 142-143 B 4
Palabaka o RCB 146-147 E 4
Palace Museum Dalem Loka o• RI 104 C 7
Palace Wolio, Fort ∴• RI 100-101 H 6
Palacio, Gruta del • ROU 222-223 L 2
Palacios o BOL (BEN) 214-215 D 3
Palacios o BOL (BEN) 214-215 E 3
Palacios o RA 220-221 G 6
Palacios o USA 188-189 J 5
Palacios o YV 204-205 H 3
Palacios, Los o C 198-199 D 3
Palacode o IND 76-77 H 4
palac Pereni • UA 38-39 C 3
Paladru o F (38) 242-243 H 1
Paladru, Lac de ⊖ F (38) 242-243 H 1
Palaes o RI 100-101 J 3
Palafrugell o• E 34-35 J 4
Palagruža ⌒ HR 36-37 F 3
Palahana o IND 78-79 B 3
Pālai o IND 76-77 G 6
Palais • F (60) 228-229 K 5
Palais, le o F (56) 230-231 E 5
Palais du Roi, Plateau du ⊥ F (48) 242-243 D 2
Palaiseau o F (91) 232-233 G 2
Palaiyam o IND 76-77 H 5
Palala o LB 138-139 F 6
Palala o ZA 156-157 J 2
Palālak o AFG 70-71 K 3
Palamau National Park ⊥ IND 78-79 D 4
Palame o BR 216-217 M 2
Palamea o RI 100-101 K 4
Palamós o E 34-35 J 4
Palana o AUS 116-117 J 5
Palana ☆ RUS 56-57 S 4
Palana ~ RUS 56-57 T 4
Palanan Bay ≈ 96-97 E 4
Palanga o•• LT 30-31 G 4
Palangān, Kūh-e ▲ IR 70-71 J 3
Palanges ▲ F (12) 240-241 K 2
Palangkaraya ☆ RI 98-99 K 6
Palani o IND 76-77 G 5
Pālanpur o IND 74-75 D 7
Palanro o RI 100-101 F 6
Palanskoe, ozero ⊖ RUS 56-57 T 4
Palantāk o PK 70-71 L 5
Palapye o RB 154-155 D 6
Palasa o RI 100-101 G 3
Palasamudram o IND 76-77 G 4
Palasan Island ⌒ RP 96-97 E 5
Palasbari o BD 78-79 F 3
Palassissi o F (973) 245 I a 3
Palašt o IR 72-73 B 7
Palatae o RI 100-101 G 6
Palatka ☆ RUS 56-57 O 3
Palatka o USA 192-193 H 5
Palau o MEX 194-195 J 4
Palau ⌒ PAL 9 E 2
Palauco, Sierra de ▲ RA 222-223 E 3
Palaui Island ⌒ RP 96-97 E 3
Palauk o MYA 94-95 E 4
Palavaamskij hrebet ▲ RUS 48-49 T 2
Palavas-les-Flots o F (34) 242-243 D 4
Palaw o MYA 94-95 E 4
Palawan ⌒ RP 96-97 C 8
Palawan, Canal de = Palawan Passage ≈ 96-97 B 8
Palawan Passage ≈ 96-97 B 8
Palāyankottai o IND 76-77 G 6
Palazzo Farnese • I 36-37 D 3
Palazzolo Acréide o I 36-37 E 6
Palazzu, Punta ▲ F (2A) 244 C 4
Palca o PE 208-209 E 7
Palca o RCH 214-215 C 6
Palca, Río de la ~ RA 220-221 C 5
Palcamayo o PE 208-209 E 7
Palcazú, Río ~ PE 208-209 E 7
Paleisheuwel o ZA 156-157 D 6
Paleleh o RI 100-101 G 3
Paleleh, Pegunungan ▲ RI 100-101 G 3
Palelon o RI 100-101 J 3
Palembang ☆ RI 98-99 F 6
Palena o RCH 222-223 D 7
Palena, Río ~ RCH 222-223 C 7
Palencia o• E 34-35 E 3
Palenque o MEX (CHI) 196-197 J 3
Palenque ••• MEX (CHI) 196-197 H 3
Palenque o PA 196-197 E 7
Palenque o YV 204-205 H 3
Palenque, Punta ▲ DOM 198-199 K 5
Paleohóra o GR 36-37 J 7
Paleokastritsa o GR 36-37 G 5
Palermo o CO 204-205 D 6
Palermo o I 36-37 D 5
Paleski radyjacyjna-ėkalagičny zapavednik ✗ BY 30-31 L 6
Palesse ⌣ BY 30-31 J 5
Palestina o CO 204-205 C 5
Palestina o EC 208-209 C 2
Palestina o RCH 220-221 C 2
Palestina, Cerro ▲ RCH 220-221 C 2
Palestine o USA 188-189 K 4
Palestine, Lake ⊖ USA 188-189 K 3
Paletwa o MYA 78-79 H 5
Palevo o RUS 58-59 K 3
Pālghar o IND 74-75 D 10
Palghāt o IND 76-77 G 5
Palgrave, Mount ▲ AUS 112-113 C 1
Palha, Rio ~ BR 214-215 G 2
Palhano, Rio ~ BR 212-213 J 4
Palheta o BR 210-211 E 4
Pāli o IND 74-75 D 7
Paliaike, Parque Nacional ⊥ RCH 224 F 6
Palian o THA 94-95 E 7
Paliat, Pulau ⌒ RI 104 B 6
Palimbang o RP 96-97 F 9
Palindi o RI 104 E 8
Palinges o F (71) 238-239 E 3
Palisade o USA 186-187 G 5
Palisades Reservoir < USA 184-185 J 4
Palisse o F (19) 236-237 K 5
Palit o RI 104 E 7
Pālitāna o•• IND 74-75 C 9
Palito, El o YV 204-205 G 2
Palito, Raudal ~ CO 210-211 B 2
Palizada o MEX 196-197 H 2
Paljavaam ~ RUS 48-49 T 2
Palk, Détroit de = Palk Strait ≈ 76-77 H 6
Palk Bay ≈ 76-77 H 6
Pālkonda o IND 78-79 C 6
Palk Strait ≈ 76-77 H 6
Palkül Co ⊖ VRC 80-81 E 6
Palladam o IND 76-77 G 5
Pāl Lahara o IND 78-79 D 5
Pallasa, vulkan ▲ RUS 58-59 P 5
Pallasca o PE 208-209 D 6
Pallas-ja Ounastunturin kansallispuisto ⊥ FIN 24-25 G 2
Pallastunturi ▲•• FIN 24-25 H 2
Pallegama o CL 76-77 J 7
Pallice, la o F (17) 236-237 C 3
Pallina, Río ~ BOL 214-215 C 5
Pallisa o EAU 148-149 D 3
Palliser, Cape ▲ NZ 118 E 4
Palliser Bay ≈ 118 E 4
Palluau o F (85) 236-237 B 2
Palluau-sur-Indre o F (36) 236-237 H 2
Palma o MOC 150-151 L 6
Palma, La o C 198-199 D 3
Palma, La o CO 204-205 D 5
Palma, La o E 124-125 C 6
Palma, La o MEX (NAY) 194-195 G 6
Palma, La o MEX (TAB) 196-197 J 3
Palma, La ☆ PA 196-197 E 7
Palma, Rio ~ BR 216-217 G 2
Palmácia o BR 212-213 J 4
Palma del Condado, La o E 34-35 D 6
Palma del Río o E 34-35 E 6
Palma de Mallorca ☆ E 34-35 J 5
Palmales o EC 208-209 B 3
Palmaner o IND 76-77 H 4
Palmar o EC 208-209 B 3
Palmar, El o YV 204-205 L 3
Palmar, Laguna del ⊖ RA 220-221 G 5
Palmar, Parque Nacional el ⊥ RA 220-221 H 6
Palmar, Península El ⌣ MEX 196-197 J 2
Palmar, Represa de < ROU 222-223 L 2
Palmar, Río ~ YV 204-205 E 2
Palmar, Salto ~ PY 220-221 H 3
Palmar de Cuautla o MEX 194-195 G 6
Palmarejo o YV 204-205 F 2
Palmarella, Col de ▲ F 244 C 4
Palmares o BR (BAH) 216-217 L 3
Palmares o BR (PER) 212-213 L 6
Palmar Grande o RA 220-221 J 4
Palmarin o SN 138-139 B 3
Palmarito, La o C 198-199 F 4
Palmarito o YV 204-205 F 4
Palmar Norte o CR 196-197 C 7
Palmas o BR (PAR) 218-219 D 6
Palmas ☆ BR (TOC) 212-213 D 7
Palmas, Barra de ≃ 196-197 F 1
Palmas, Cap ▲ CI 138-139 G 7
Palmas, Las o PE 208-209 E 6
Palmas de Gran Canaria, Las ☆ E 124-125 D 6
Palmas de Monte Alto o BR 216-217 J 3
Palma Sola o RA 220-221 E 2
Palma Soriano o C 198-199 G 4
Pal'matkina ~ RUS 48-49 P 5
Palm Cove o AUS 110-111 H 5
Palmdale o USA (CA) 184-185 E 8
Palmdale o USA (FL) 192-193 H 6
Palmeira o BR 218-219 F 5
Palmeira o CV 138-139 C 5
Palmeira das Missões o BR 218-219 D 6
Palmeira dos Índios o BR 212-213 K 6
Palmeirândia o BR 212-213 F 3
Palmeirante o BR 212-213 E 5
Palmeiras o BR (MIN) 216-217 G 4
Palmeiras o BR (PIA) 212-213 G 5
Palmeiras, Cachoeira ~ BR 210-211 G 6
Palmeiras, Rio ~ BR 212-213 E 7
Palmeiras, Rio ~ BR 216-217 E 3
Palmeiras de Goiás o BR 216-217 F 4
Palmeiras do Javari o BR 208-209 F 4
Palmeirinhas, Ponta das ▲ ANG 152-153 B 4
Palmeirópolis o BR 216-217 F 2
Palmer o ARK 16 G 30
Palmer o USA 164-165 Q 6
Palmer Lake o USA 186-187 E 6
Palmer River ~ AUS 110-111 H 5
Palmer River ~ AUS 112-113 M 2
Palmer River ~ PNG 119 A 3
Palmerston o NZ 118 C 6
Palmerston ⌒ NZ 9 L 4
Palmerston, Cape ▲ AUS 114-115 K 1
Palmerston North o NZ 118 E 4
Palmerston Point ▲ CDN 168-169 X 3
Palmerton o USA 190-191 L 5
Palmerville P.O. o AUS 110-111 H 4
Palmeta, Riacho ~ RA 220-221 H 4
Palmetto o USA 192-193 G 6
Palmetto Point ▲ AG 200 E 3
Palmgrove National Park ⊥ AUS 114-115 K 3
Palmietfontein o ZA 156-157 H 5
Palmillas o MEX 194-195 K 6
Palmira o CO 204-205 C 6
Palmira o EC 208-209 C 3
Palmira o RA 222-223 E 2
Palmira o YV 204-205 E 3
Palm Islands ⌒ AUS 110-111 J 6
Palmiste o RH 198-199 J 4
Palmiste-Rouge, le o F (974) 246 II a 2
Palmita, La o CO 204-205 E 5
Palmital o BR (PAR) 218-219 D 5
Palmital o BR (PAU) 216-217 E 7
Palmito, El o MEX 194-195 G 5
Palm Springs o• USA 184-185 F 9
Palm Tree Creek ~ AUS 114-115 K 3
Palmyra o USA 190-191 E 6
Palmyra = Tadmur ☆••• SYR 64-65 H 5
Palmyra Island ⌒ USA 9 L 2
Palmyre, La o F (17) 236-237 C 4
Palnosiai o LT 30-31 H 3
Palo o RP 96-97 F 7
Palo Alto o USA 184-185 C 7
Palo Blanco o RA 220-221 D 4
Palo Duro Canyon ∴•• USA (TX) 188-189 G 2
Palo Duro Canyon ⌣ USA 188-189 G 2
Palo Flores o YV 204-205 F 3
Paloh o MAL 98-99 E 3
Paloh o RI 98-99 H 4
Paloich o SUD 142-143 L 3
Paloma, La o ROU 222-223 M 3
Palomares o MEX 196-197 G 3
Palomar Mountain ▲ USA 184-185 F 9
Palomas o ROU 220-221 J 6
Palomas, Laguna de ⊖ MEX 194-195 H 4
Palomas, Las o USA 188-189 D 3
Palombaggia, Plage de ⊥ F (2A) 244 D 5
Palometillas, Río ~ BOL 214-215 E 5
Palomitas o RA 220-221 E 3
Palompon o RP 96-97 F 7
Palopo o RI 100-101 G 5
Palora o EC 208-209 D 2
Palos o C 198-199 E 3
Palos, Cabo de ▲ E 34-35 G 6
Palos, Los o RH 198-199 K 5
Palos Blancos o BOL 220-221 F 1
Paloščel'e o RUS 24-25 T 4
Palotina o BR 218-219 D 5
Palouse o USA 184-185 F 2
Palouse River ~ USA 184-185 F 2
Palo Verde o USA 184-185 G 9
Palpa o PE 208-209 E 9
Palpalá o RA 220-221 E 3
Palparara o AUS 114-115 F 3
Palpetu, Tanjung ▲ RI 102-103 D 3
Palpite o C 198-199 E 3
Paltamo o FIN 24-25 J 4
Paltauto, ozero ⊖ RUS 44-45 O 7
Päitsan ▲ S 22-23 K 2
Palu ☆ RI 100-101 F 4
Palu ☆ TR 64-65 H 3
Palu, Pulau ⌒ RI 104 E 7
Palu, Teluk ≈ 100-101 F 4
Paluan o RP 96-97 D 6
Palud-sur-Verdon, La o F (04) 242-243 J 4
Paluga o RUS 24-25 S 4
Palumeu o SME 206-207 G 4
Palumeu ~ SME 206-207 G 4
Palursoq ≈ 172-173 T 6
Palwal o IND 74-75 F 5
Pam o F (988) 247 I b 2
Pam, Île ⌒ F (988) 247 I b 2
Pama o BF 138-139 L 4
Pama ~ RCA 142-143 C 6
Pama, Réserve de ⊥ BF 138-139 L 4
Pamamaroo Lake ⊖ AUS 116-117 G 2
Pamana, Pulau ⌒ RI 102-103 B 7
Pamana Besar, Pulau ⌒ RI 102-103 B 6
Pamandzi-Bé o F (985) 246 I b 2
Pamanukan o RI 104 B 3
Pamanukan, Ujung pulau ▲ RI 104 B 3
Pamanzi, Récif ⌒ F (985) 246 I b 2
Pamanzi-Bé ⌒ COM 158-159 D 4
Pamatata o RI 100-101 G 6
Pāmban Island ⌒ IND 76-77 H 6
Pambarra o MOC 154-155 H 5
Pambauang o RI 100-101 F 5
Pambeguwa o WAN 140-141 H 3
Pamdai o RI 102-103 J 2
Pamekasan o RI 104 E 3
Pameue o RI 98-99 B 2
Pameungpeuk o RI 104 B 3
Pāmidi o IND 76-77 G 3
Pamiers o F (09) 240-241 H 4
Pamir ~ TJ 72-73 N 6
Pamir = Pāmir ▲ TJ 72-73 M 5
Pāmir = Pamir ▲ TJ 72-73 M 5
Pamlico River ~ USA 192-193 K 2
Pamlico Sound ≈ 192-193 K 2
Pamolaa Mine • RI 100-101 G 6
Pamoni o YV 204-205 J 6
Pampa o USA 188-189 G 2
Pampa, Cerro ▲ RA 220-221 D 4
Pampa, La o PE 208-209 D 6
Pampa, La ◘ RA 222-223 F 4
Pampā, Rio ~ BR 216-217 K 4
Pampa Aullagas o BOL 214-215 D 6
Pampa Blanca o RA 220-221 E 3
Pampachiri o PE 208-209 F 9
Pampa de Agnía o RA 222-223 E 7
Pampa del Castillo o RA 224 F 2
Pampa del Indio o RA 220-221 H 4
Pampa del Infierno o RA 220-221 G 4
Pampa de los Guanacos o RA 220-221 G 4
Pampa de Talagapa ⊥ RA 222-223 E 7
Pampa El Toro o PE 208-209 B 3
Pampa Galeras, Reserva Nacional ⊥ PE 208-209 E 9
Pampa Grande o RA 220-221 E 3
Pampa Hermosa o PE 208-209 E 5
Pampa Húmeda ⊥ RA 222-223 H 3
Pampamarca, Río ~ PE 208-209 E 9
Pampanga ~ RP 96-97 D 5
Pampanua o RI 100-101 G 6
Pampas o PE (ANC) 208-209 D 6
Pampas o PE (HUA) 208-209 E 8
Pampas, Rio ~ BOL 214-215 F 6
Pampas, Río ~ PE 208-209 F 8
Pampatar o YV 204-205 K 2
Pampeiro o BR 220-221 K 6
Pampelonne o F (81) 240-241 J 2
Pampita, La o RCH 220-221 B 5
Pamplona o• CO 204-205 E 4
Pamplona o RP 96-97 E 8
Pamplona (Iruña) o•• E 34-35 G 3
Pampoenpoort o ZA 156-157 F 5
Pamproux o F (79) 236-237 E 3
Pamukkale ••• TR 64-65 C 4
Pamuru o IND 76-77 H 3
Pana o G 146-147 D 4
Pana ~ RUS 24-25 N 3
Pana o USA 190-191 D 6
Panabá o MEX 196-197 K 1
Panabo o RP 96-97 F 9
Panaca Summit ▲ USA 184-185 G 7
Panache, Lake ⊖ CDN 182-183 D 5
Pañacocha o EC 208-209 D 2
Panadero o PY 220-221 K 2
Panadura o CL 76-77 H 7
Panagjurište o BG 38-39 D 6
Panagtaran Point ▲ RP 96-97 C 8
Panahaikó ▲ GR 36-37 H 5
Panaitan, Pulau ⌒ RI 104 A 3
Panaitan, Selat ≈ 104 A 3
Panaji ☆• IND 76-77 E 3
Panakudi o IND 76-77 G 6
Panal, Air ≈ 98-99 D 3
Panamá ★•• PA 196-197 E 7
Panamá, Bahía de ≈ 196-197 E 7
Panamá, Golfo de ≈ 196-197 E 8
Panamá = Panamá ■ PA 196-197 E 7
Panama Canal <•• PA 196-197 E 7
Panama City o USA 192-193 F 4
Panambi o BR 218-219 D 7
Panamericana II•• PE 208-209 B 5
Panamin, Ilha ⌒ BR 210-211 E 4
Panamint Range ▲ USA 184-185 F 7
Panamint Springs o USA 184-185 F 7
Panamo o YV 204-205 K 4
Pānan o F (988) 247 I a 1
Pan'an o VRC 92-93 M 2
Panao o PE 208-209 E 6
Panaon Island ⌒ RP 96-97 F 7
Panarea, Ísola ⌒ I 36-37 E 5
Panarik o RI 98-99 H 3
Panaro ~ I 36-37 C 2
Panarukan o RI 104 E 3
Panassac o F (65) 240-241 F 4
Panay ⌒ RP 96-97 D 7
Panay ~ RP 96-97 E 7
Panay Gulf ≈ 96-97 E 7
Panban o AUS 116-117 G 2
Pancada, Cachoeira ~ BR 210-211 K 6
Pancake Rocks and Blowholes •• NZ 118 C 5
Pancas, Rio ~ BR 216-217 K 5
Pančevo o• YU 36-37 H 2
Pancey o F (52) 234-235 G 5
Panchane o MOC 156-157 L 2
Panchari Bazar o BD 78-79 G 4
Pancho Negro o EC 208-209 C 3
Pančičev vrh ▲ YU 36-37 H 3
Pançudo o BR 206-207 J 6
Pancungapang, Gunung ▲ RI 100-101 D 3
Panda o MOC 154-155 H 7
Pandaidori, Kepulauan ⌒ RI 102-103 J 2
Pandalkudi o IND 76-77 H 6
Pandan o RP (ANT) 96-97 E 7
Pandan o RP (CAT) 96-97 F 5
Pandanan Island ⌒ RP 96-97 B 8
Pandan Bay ≈ 96-97 D 7
Pandang Endau o MAL 98-99 E 3
Pandanus o AUS 110-111 H 6
Pandātarippu o CL 76-77 H 6
Pandaubyin o MYA 78-79 J 5
Pāndavapura o IND 76-77 G 4
Pan de Azúcar, Cerro ▲ RA 224 F 4
Pan de Azúcar, Parque Nacional ⊥ RCH 220-221 B 4
Pan de Azúcar, Quebrada ~ RCH 220-221 B 4
Pandegelang o RI 104 B 3
Pandeiros, Riachão ~ BR 216-217 H 3
Pandėlys o•• LT 30-31 J 3
Pandhāna o IND 74-75 F 9
Pandharpur o• IND 76-77 F 2
Pandi o CO 204-205 D 5
Pandiri o RI 100-101 G 4
Pandivalasai o IND 76-77 H 6
Pando o ROU 222-223 M 3
Pandogari o WAN 140-141 G 3
Pandu o ZRE 142-143 D 6
Pañe, Lago o PE 214-215 B 4
Panelão, Paraná do ~ BR 210-211 F 5
Panelas o BR (MAT) 210-211 G 7
Panelas o BR (PER) 212-213 K 6
Panevėžys o•• LT 30-31 J 4
Panfilov = Zharkent o KA 60-61 M 6
Panfilovcev, zaliv ⊖ RUS 44-45 Z 2
Panǧ, Daryā-ye ~ AFG 72-73 M 6
Panga o ZRE 146-147 L 3
Pangāb o AFG 70-71 M 1
Pangai o TON 120 IV a 1
Pangaimotu ⌒ TON 120 IV b 1
Pangala o RCB 146-147 E 5
Pangandaran o RI 104 C 3
Pangani o EAT (TAN) 148-149 G 6
Pangani ~ EAT 148-149 F 5
Pangar ~ CAM 140-141 K 6
Pangar Djerem, Réserve ⊥ CAM 140-141 K 5
Pange o F (57) 234-235 J 3
Pangelah o RI 100-101 D 5
Pangeo o RI 100-101 L 2
Pangertot Peninsula ⌣ CDN 174-175 X 4
Pangga, Tanjung ▲ RI 104 C 7
Panggoe o SOL 120 I c 2
Panggul o RI 104 D 4
Pangi o ZRE 146-147 L 5
Pangia o PNG 119 C 4
Pangian o RI 100-101 F 4
Pangin o IND 78-79 J 1
Pang Kae o THA 94-95 F 3
Pangkah, Tanjung ▲ RI 104 E 3
Pangkajene o RI (SSE) 100-101 F 5
Pangkajene o RI (SSE) 100-101 F 6
Pangkalanbrandan o RI 98-99 C 2
Pangkalandurian o RI 98-99 E 5
Pangkalanpanduk o RI 98-99 E 4
Pangkalansusu o RI 98-99 C 2
Pangkalaseang o RI 100-101 H 4
Pangkalpinang o RI 98-99 G 6
Pangkor, Pulau ⌒ MAL 98-99 D 2
Pang La o THA 78-79 L 6
Panglao o RP 96-97 E 8
Panglao Island ⌒ RP 96-97 E 8
Pangnirtung o CDN 172-173 H 3
Pango o PNG 119 G 2
Pangoa o PNG 119 A 4
Pango Aluquem o ANG 152-153 C 4
Pangonda o RCA 142-143 E 5
Pangong Tso ⊖ IND 74-75 G 3
Pangquangou Z.B. ⊥• VRC 90-91 G 3
Pangthang o BHT 78-79 G 2
Pangu o VRC 86-87 D 1
Pangu, Chutes ~ ZRE 146-147 L 2
Panguipulli o RCH 222-223 C 5
Panguipulli, Lago ⊖ RCH 222-223 C 5
Panguma o WAL 138-139 E 5
Panguruan o RI 98-99 C 3
Pangutaran Group ⌒ RP 96-97 D 9
Pangutaran Island ⌒ RP 96-97 D 9
Panhame, Rio ~ MOC 154-155 F 2
Panhandle o USA 188-189 G 2
Paniai, Danau ⊖ RI 102-103 J 3
Pania-Mwanga o ZRE 150-151 E 4
Panié o F (988) 247 I b 2
Panié, Massif du ▲ F (988) 247 I b 2
Panio Mutombo o ZRE 146-147 J 6
Panipat o IND 74-75 F 5
Panissières o F (42) 238-239 E 5
Panitan o RP 96-97 C 8
Panja ~ RUS 50-51 P 5
Panjang o RI 98-99 F 7
Panjang, Pulau ⌒ RI (JBA) 104 B 2
Panjang, Pulau ⌒ RI (MAL) 102-103 F 4
Panjang, Selat ≈ 98-99 E 4
Panjang, Tanjung ▲ RI 100-101 G 3
Panjgūr o PK 70-71 L 5
Panjin o VRC 86-87 D 7
Panjnad ~ PK 74-75 C 5
Panjpāi o PK 70-71 M 4
Pankof, Cape ▲ USA 166-167 P 5
Pankrat'eva, ostrov ⌒ RUS 44-45 H 3
Pankshin o WAN 140-141 H 4
Panlong o VRC 90-91 E 6
Panloy • F (17) 236-237 D 4
P'anmunjŏm o DVR 86-87 F 9
Panna o IND 78-79 B 3
Panna Hills ▲ IND 78-79 B 3
Pannawonica o AUS 108-109 C 6
Panne, De o B 28-29 G 3
Panngi o VAN 120 II b 2
Panny River ~ CDN 176-177 N 3
Panoche o USA 184-185 D 7
Panora o USA 186-187 K 5
Panorama o BR 216-217 E 6
Panshan • VRC 90-91 K 1
Panshanu-Pass ▲ WAN 140-141 H 3
Panshi o VRC 86-87 F 6
Panshi Ju ⌒ VRC 94-95 L 2
Pansian o RP 96-97 D 3
Pānskura o IND 78-79 E 4
Pantai o RI 100-101 E 5
Pantai Remis o MAL 98-99 D 2
Pantanal, Igarapé ~ BR 210-211 J 6
Pantanal Matogrossense, Parque Nacional do ⊥ BR 214-215 J 5
Pântano do Sul o BR 218-219 F 6
Pântano Grande o BR 218-219 D 8
Pantasma o NIC 196-197 B 5
Pantekra o RI 98-99 B 2
Pantelleria o I 36-37 C 6
Pantelleria, Ísola di ⌒ I 36-37 C 6
Pantemakassar o RI 102-103 C 6
Panteraja o RI 98-99 B 2
Pantha o MYA 78-79 J 4
Panti o RI (SUB) 98-99 D 4
Panti ⊥• RI (MAL) 102-103 E 4
Pantoja o PE 208-209 E 2
Pantonbili o RI 98-99 B 2
Pantu o MAL 98-99 J 4
Pantukan o RP 96-97 F 9
Panu o ZRE 146-147 G 5
Pánuco o• MEX 194-195 K 6
Pánuco, Río ~ MEX 194-195 K 7
Pan Xian o VRC 92-93 D 4
Panyabungan o RI 98-99 C 4
Panyam o WAN 140-141 H 4
Panyčevo o RUS 50-51 Q 5
Panyikleang, Pulau ⌒ RI 100-101 F 5
Panzakent ☆• TJ 72-73 K 5
Panzarani o CI 138-139 J 5
Panzhihua o VRC 92-93 B 3
Panzi o ZRE 152-153 D 3
Panzós o GCA 196-197 K 4
Pao, El o YV 204-205 K 3
Pao, Río ~ YV 204-205 G 3
Pão de Açucar o BR 212-213 K 6
Pao de La Fortuna, El o YV 204-205 K 4
Paofai o F (987) 247 V b 2
Páola o I 36-37 F 5
Paola o USA 186-187 K 6
Paoli o USA 190-191 E 6
Paoni o RI 102-103 E 3
Paopao o F (987) 247 V a 2
Paoua o RCA 142-143 C 5
Paouignan o DY 140-141 E 5
Pap o US 72-73 M 4
Pápa o H 28-29 O 5
Papa o USA 192-193 E 8
Papadiánika o GR 36-37 J 6
Papagaio o BR 212-213 F 5
Papagaio, Rio ~ BR 210-211 F 4
Papagaios o BR 216-217 H 5
Papagayo, Golfo de ≈ 196-197 B 6
Papagayo, Río ~ MEX 196-197 E 3
Papagni ~ IND 76-77 H 3
Pāpāgni ~ IND 76-77 G 4
Papago Indian Reservation ✗ USA 184-185 H 9
Papaichton o F (973) 245 I a 3
Papaikou o USA 192-193 E 8
Papakura o NZ 118 E 2
Papalote o USA 188-189 J 5
Papantla de Olarte o MEX 196-197 F 1
Papar o MAL 96-97 A 10
Papara o F (987) 247 V a 2
Paparoa National Park ⊥ NZ 118 C 5
Papeari o F (987) 247 V b 2
Papeete ☆ F (987) 247 V a 2
Papel, Embalse < RCH 222-223 D 2
Papela o RI 102-103 B 7
Papenoo o F (987) 247 V b 2
Papenoo Rivière ~ F (987) 247 V b 2
Papera o BR 210-211 E 3
Papetoai o F (987) 247 V a 1
Papey ⌒ IS 22-23 f 2
Papialou Island ⌒ PNG 119 D 2
Papigochic, Río ~ MEX 194-195 E 3
Papillion o USA 186-187 J 5
Papisoi, Tanjung ▲ RI 102-103 G 4
Paporotno o RUS 30-31 M 2
Paposa o RCH 220-221 B 3
Papouasie-Nouvelle-Guinée = Papua New Guinea ■ PNG 119 B 4
Papua, Gulf of ≈ 119 C 5
Papua New Guinea = Papouasie-Nouvelle-Guinée ■ PNG 119 B 4
Papuk ▲ HR 36-37 F 2
Papun o MYA 78-79 K 6
Papunáua, Río ~ CO 204-205 F 7
Papunya ✗ AUS 112-113 L 1
Papurí o CO 210-211 C 2
Paqiu o SUD 142-143 K 5
Paquera o CR 196-197 B 7
Pâques, Île de = Pascua, Isla de ⌒ RCH 222-223 B 2
Paquica, Cabo ▲ RCH 220-221 B 1
Paquiçama o BR 212-213 C 3
Paquisha o EC 208-209 C 3
Pará ◘ BR 212-213 B 3
Pará, Ilha do ⌒ BR 206-207 J 6
Pará, Rio ~ BR 206-207 K 6
Pará, Rio ~ BR 216-217 H 6
Para, Rio ~ BR 216-217 H 5
Parabel' o RUS 50-51 Q 5
Parabel' ~ RUS 50-51 Q 5
Parabubure, Área Indígena ✗ BR 216-217 D 3
Paraburdoo o AUS 112-113 D 1
Paracale o RP 96-97 E 5
Paracambi o BR 216-217 J 7
Paracanã, Área Indígena ✗ BR 212-213 C 4
Paracas o PE 208-209 D 8
Paracas, Bahía de ≈ 208-209 D 8
Paracas, Península de ⌣ PE 208-209 D 8
Paracas, Punta ▲ PE 208-209 D 8
Paracas, Reserva Nacional ⊥ PE 208-209 D 9
Paracatu o BR 216-217 G 4
Paracatu, Rio ~ BR 216-217 G 4
Paracauti, Rio ~ BR 206-207 K 6
Paracels, Îles = Dongsha Dao ⌒ VRC 92-93 K 6
Parachilna o AUS 114-115 E 6
Pārachinār o PK 74-75 C 3
Paraćin o YU 36-37 H 3
Paraconi, Rio ~ BR 210-211 H 4
Paracuaro o MEX 196-197 C 2
Paracuru o BR 212-213 J 3
Parada o BR 212-213 C 3
Pará de Minas o BR 216-217 H 5
Paradero o YV (ANZ) 204-205 J 3
Paradero o YV (SUC) 204-205 K 2
Paradis, Pic du ▲ F (971) 245 III a 1
Paradise o USA (CA) 184-185 D 6
Paradise o USA (MT) 184-185 G 2
Paradise o USA (NV) 184-185 G 7
Paradise Island ⌒ BS 198-199 G 2
Parado o RI 104 D 7
Parado, Rio ~ BR 214-215 K 2
Pará do Uruará ~ BR 212-213 B 3
Paradwip o IND 78-79 E 5
Paragominas o BR 212-213 E 3
Paragould o USA 188-189 M 1
Paragua, La o YV 204-205 K 4
Paragua, Reserva Forestal La ⊥ YV 204-205 K 4
Paraguá, Rio ~ BOL 214-215 G 4
Paragua, Río ~ YV 204-205 K 5
Paraguaçu, Rio ~ BR 216-217 K 2
Paraguaçu Paulista o BR 216-217 E 7
Paraguai, Rio ~ BR 214-215 J 5
Paraguaipoa o YV 204-205 F 2
Paraguana, Península de ⌣ YV 204-205 F 1
Paraguarí o PY 220-221 J 3
Paraguassú, Área Indígena ✗ BR 216-217 L 3
Paraguay = Paraguay ■ PY 220-221 G 2
Paraguay, Riacho ~ PY 220-221 H 2
Paraguay, Río ~ PY 220-221 J 3
Paraíba ◘ BR 212-213 J 5
Paraíba, Rio ~ BR 212-213 L 5
Paraibuna o BR 216-217 H 7
Paraibuna, Represa < BR 216-217 H 7
Parainen o FIN 24-25 G 6
Paraiso o BR (AMA) 210-211 H 6
Paraiso o BR (AMA) 210-211 B 5
Paraiso o BR (GSU) 216-217 D 5
Paraíso o BR (RSU) 220-221 K 6
Paraiso o CR 196-197 C 7
Paraíso o• MEX 196-197 H 2
Paraíso, El o BOL 214-215 G 4
Paraíso, El o CO 204-205 E 3
Paraíso, El o HN 196-197 L 5
Paraíso, Ilhas do ⌒ MOC 154-155 H 5
Paraíso, Rio ~ BOL 214-215 G 4
Paraíso do Leste o BR 214-215 K 5
Paraíso do Norte o BR 216-217 D 7
Paraíso do Tocantins o BR 212-213 D 7
Paraisópolis o BR 216-217 H 7
Pārak o IR 70-71 J 6
Parakan o RI 104 D 3
Parakao o NZ 118 D 1
Parakou ☆ DY 140-141 E 4
Paralia o GR 36-37 J 6
Paraltinga, Rio ~ BR 216-217 H 7
Parama Island ⌒ PNG 119 B 5
Paramakkudi o IND 76-77 H 6
Paramaribo ★ SME 206-207 G 3
Parambu o BR 212-213 H 5
Parambul o IND 76-77 F 4
Paramé o F (35) 230-231 H 2
Paramé, Lac ⊖ CDN 182-183 P 3
Paramillo, Parque Nacional ⊥ CO 204-205 C 4
Paramirim o BR 216-217 J 2
Paramirim, Rio ~ BR 212-213 G 7
Páramo Frontino ▲ CO 204-205 C 4
Paramonga • PE 208-209 D 7
Paramušir, ostrov ⌒ RUS 58-59 Q 3
Paran o RI 100-101 D 5
Paran, Nāal ~ IL 66-67 D 2
Paraná o BR 216-217 G 2
Paraná ◘ BR 218-219 D 5
Paraná ☆• RA 220-221 G 6
Paraná, Delta del ~ RA 222-223 K 3
Paraná, Rio ~ BR 216-217 F 3
Paraná, Rio ~ BR 216-217 D 7
Paranã, Rio ~ BR 216-217 G 2
Paraná, Río ~ RA 220-221 H 4
Paraná Bravo, Río ~ RA 222-223 K 2
Paranacito, Río ~ RA 222-223 K 2
Paraná de Jacumpa ~ BR 210-211 C 4
Paraná do Ouro ~ BR 210-211 B 7
Paraná do Ramos ~ BR 210-211 J 4
Paranaguá o BR 218-219 F 5
Paranaguá, Baía de ≈ 218-219 F 5
Paraná Guazu, Río ~ RA 222-223 K 2
Paranaíba o BR 216-217 E 5
Paranaíba, Rio ~ BR 212-213 B 7
Paranaíba, Rio ~ BR 216-217 E 5
Paraná Ibicuy, Río ~ RA 222-223 K 2
Paranaiguara o BR 216-217 E 5
Paranaita o BR 210-211 J 7
Paraná Juca o BR 210-211 C 2
Paranal o RCH 220-221 B 3
Paranam o SME 206-207 G 3
Paraná Mini, Río ~ RA 220-221 H 5
Paraná Panapuã ~ BR 210-211 E 4
Paranapanema, Rio ~ BR 216-217 D 7
Paranapebas o BR 212-213 D 5
Paraná Piacaba, Serra ▲ BR 218-219 F 5
Paranaquara, Serra ▲ BR 206-207 H 6
Paranatinga o BR 214-215 K 4
Paranatinga, Rio ~ BR 214-215 K 4
Paranavaí o BR 216-217 D 7
Parandak o IR 72-73 B 7
Parang o RP (MAG) 96-97 F 9
Parang o RP (SUL) 96-97 D 10
Parang, Pulau ⌒ RI 102-103 F 3
Parange o EAU 148-149 D 2
Paran'ga ☆ RUS 32-33 F 5
Parangaba, Rio ~ BR 216-217 G 5
Parantan o CL 76-77 J 6
Parao, Arroyo del ~ ROU 222-223 M 2
Paraopeba o BR 216-217 H 5
Paraopeba, Rio ~ BR 216-217 H 5
Paraparaumu o NZ 118 E 4
Parapeti, Río ~ BOL 214-215 F 6
Parapol'skij Dol, ravnina ⌣ RUS 56-57 U 3
Parapuã o BR 216-217 E 6
Parara = Vonavona ⌒ SOL 120 I c 3
Pará Ridge ≃ 206-207 K 3
Parás o MEX 194-195 K 4
Paras o PE 208-209 E 8
Parasi o NEP 80-81 D 7
Paraso o SOL 120 I c 2
Parata, Pointe de la ▲ F (2A) 244 C 5
Paratebueno o CO 204-205 E 5
Parateca o BR 216-217 J 2
Parati o•• BR 216-217 H 7
Paratinga o BR 216-217 J 2
Paratoo o AUS 116-117 E 2
Paratunka o RUS 56-57 S 7
Parauapebas, Rio ~ BR 212-213 C 5
Parauari, Rio ~ BR 210-211 J 5
Paraúna o BR 216-217 E 4
Paravur o IND 76-77 G 6
Paray-le-Monial o• F (71) 238-239 E 4
Paray Tepuy o YV 206-207 D 3
Parazinho o BR 212-213 L 4
Pārbati ~ IND 74-75 F 7
Parbatipur o BD 78-79 F 3
Parbhani o IND 74-75 F 10
Parbig ~ RUS 50-51 Q 6
Parc d'Asterix • F (77) 228-229 K 5
Parc d'Attractions • F (62) 228-229 J 2
Parc de Bagatelle • F (62) 228-229 H 3
Parc de la Gaspésie ⊥ CDN 182-183 L 4
Parc de la Jacques Cartier ⊥ CDN 182-183 J 5
Parc des Grands Jardins ⊥ CDN 182-183 J 5
Parc du Mont Tremblant ⊥ CDN 182-183 G 5
Parcé-sur-Sarthe o F (72) 230-231 L 4
Parc Floral • F (18) 236-237 H 2
Parc Mémorial • F (80) 228-229 K 3
Parc National de la Mauricie ⊥ CDN 182-183 H 5
Parc National de Forillon ⊥ CDN 182-183 M 4
Parc National de la Mauricie ⊥ CDN 182-183 H 5
Parcoul o F (24) 236-237 F 5
Parcoy o PE 208-209 D 5

Parc Provincial Baldwin ⊥ CDN 182-183 L 4
Parc Provincial Causapscal ⊥ CDN 182-183 L 4
Parc Provincial Chic-Choc ⊥ CDN 182-183 M 4
Parc Provincial de Duniere ⊥ CDN 182-183 L 4
Parc Provincial de Forestville ⊥ CDN 182-183 K 4
Parc Provincial de Matane ⊥ CDN 182-183 L 4
Parc Provincial de Mistassini ⊥ CDN 182-183 H 3
Parc Provincial de Port Cartier Sept-Îles ⊥ CDN 182-183 L 3
Parc Provincial des Laurentides ⊥ CDN 182-183 J 4
Parcq, le o F (62) 228-229 J 3
Parczew o PL 28-29 R 3
Pardi o IND 74-75 D 9
Pardillal o YV (ANZ) 204-205 J 3
Pardillal o YV (ARA) 204-205 H 3
Pardo, Rio ~ BR 208-209 F 4
Pardo, Rio ~ BR 212-213 B 4
Pardo, Rio ~ BR 214-215 F 2
Pardo, Rio ~ BR 216-217 F 6
Pardo, Rio ~ BR 216-217 K 3
Pardo, Rio ~ BR 216-217 D 6
Pardoo Roadhouse o AUS 108-109 D 6
Pardubice o CZ 28-29 N 3
Pardubitz = Pardubice o•• CZ 28-29 N 3
Pare o RI 104 E 3
Parea o F (987) 247 IV c 2
Parece-Vela, Bassin de = Parece Vela Basin ≃ 10-11 F 6
Parece Vela Basin = Parece-Vela, Bassin de ≃ 10-11 F 6
Parecis o BR 214-215 J 4
Parecis, Chapada dos ▲ BR 214-215 F 2
Parecis, Rio ~ BR 214-215 J 3
Paredão de Minas o BR 216-217 H 4
Pareditas o RA 222-223 E 2
Paredón o• MEX 196-197 H 3
Pareloup, Lac de o F (12) 240-241 K 2
Paren' o RUS (KOR) 48-49 M 5
Paren' ~ RUS 48-49 M 5
Paren' ~ RUS 48-49 L 5
Paren', Verhnij o RUS 48-49 M 5
Parenda o IND 74-75 E 10
Pareng o IND 78-79 J 1
Parennes o F (72) 230-231 L 3
Paren'skoe, ozero o RUS 48-49 M 5
Parent o CDN 182-183 G 5
Parent, Lac o CDN 182-183 F 4
Parentis-en-Born o F (40) 240-241 B 2
Parepare o RI 100-101 F 6
Paresi, Área Indígena ⊼ BR 214-215 H 4
Paresi do Rio Formoso, Área Indígena ⊼ BR 214-215 H 4
Párga o GR 36-37 H 5
Pargaon Sudrik o IND 74-75 E 10
Pargas = Parainen o FIN 24-25 G 6
Pargua o RCH 222-223 C 6
Parguaza, Río ~ YV 204-205 H 5
Pargues o F (10) 234-235 E 5
Parhar o TJ 72-73 L 6
Paria o BOL 214-215 D 5
Paria, Golfo de ≈ 204-205 K 2
Paria, Península de ⌣ YV 204-205 K 2
Pariacoto o PE 208-209 D 6
Pariaguán o YV 204-205 J 3
Pariaman o RI 98-99 D 5
Paricatuba o BR 210-211 G 5
Paricutín, Volcán ▲ MEX 196-197 C 2
Parigné-l'Évêque o F (72) 230-231 M 4
Parika o GUY 206-207 E 2
Parima, Reserva Florestal ⊥ BR 204-205 K 6
Parima, Serra ▲ BR 204-205 J 6
Parinacochas, Lago o PE 208-209 F 9
Parinari o PE 208-209 E 4
Pariñas, Punta ▲ PE 208-209 B 4
Parintins o BR 210-211 J 4
Paripiranga o BR 212-213 K 7
Paririque Grande o RA 220-221 D 2
Paris ★••• F (75) 232-233 G 2
Paris o USA (AR) 188-189 L 2
Paris o USA (IL) 190-191 E 6
Paris o USA (KY) 190-191 F 6
Paris o USA (MO) 190-191 C 6
Paris o USA (TN) 192-193 D 1
Paris o USA (TX) 188-189 K 3
Pariserømme ⌒ GRØ 170-171 q 4
Parish Glacier ⊂ CDN 170-171 M 4
Parisot o F (81) 240-241 H 3
Parisot o F (82) 240-241 H 2
Pärispea o EST 30-31 J 2
Parit o MAL 98-99 D 2
Parit o RI 98-99 D 4
Parita o PA 196-197 D 7
Parita, Golfo de ≈ 196-197 D 7
Parittanjungmelayu o RI 98-99 E 5
Päriz o IR 70-71 F 4
Parkäl o IND 74-75 G 10
Parkano o FIN 24-25 G 5
Parkbeg o CDN 178-179 C 5
Park City o USA 190-191 E 7
Parkent o US 72-73 L 4
Parker o USA (AZ) 184-185 G 8
Parker o USA (SD) 186-187 J 4
Parker, Mount ▲ AUS 108-109 J 4
Parker Lake o CDN 174-175 W 4
Parkersburg o USA (IA) 186-187 L 4
Parkersburg o USA (WV) 190-191 H 6
Parkers Prairie o USA 186-187 K 2
Parkes o AUS 116-117 K 2
Park Falls o USA 190-191 C 3
Parkman o CDN 178-179 F 6
Parkman o USA 190-191 H 5
Park Range ▲ USA 186-187 D 5
Park Rapids o USA 186-187 K 2
Park River ~ USA 186-187 J 1
Park Rynie o ZA 156-157 K 5
Parkston o USA 186-187 J 4
Parksville o CDN 176-177 H 7
Parlakimidi o IND 78-79 D 6
Parli o IND 74-75 F 10
Parma o•• I 36-37 C 2
Parma o USA 190-191 H 5
Parmana o YV 204-205 J 4
Parme = Parma o•• I 36-37 C 2
Parnaguá o BR 212-213 F 7
Parnaíba o BR 212-213 H 3
Parnaíba, Rio ~ BR 212-213 G 3
Parnaíba, Serra do ▲ BR 212-213 E 6
Parnamirim o BR 212-213 J 6
Parnarama o BR 212-213 G 4
Parnassus o NZ 118 D 5
Parndana o AUS 116-117 D 3
Pärnu ☆•• EST 30-31 J 2
Pärnu-Jaagupi o•• EST 30-31 J 2
Paro o BHT 78-79 F 2
Parois o F (55) 234-235 G 3
Paromang o RI 104 E 6
Paroo o AUS 112-113 E 3
Paroo River ~ AUS 114-115 H 4
Pároς o GR 36-37 K 6
Páros ⌒ GR 36-37 K 6
Parou, Küh-e ▲ IR 70-71 B 1
Parow o ZA 156-157 D 6
Parowan o USA 184-185 H 7
Parpaillon, Montagne de ▲ F (05) 242-243 J 3
Parraburdu Mining Area • AUS 112-113 D 1
Parral o RCH 222-223 D 4
Parramatta o AUS 116-117 L 2
Parramore Island ⌒ USA 190-191 L 7
Parras de la Fuente o MEX 194-195 H 5
Parrita o CR 196-197 B 7
Parrsboro o CDN 182-183 M 6
Parrs Halt o ZA 154-155 D 6
Parry, Cape ▲ CDN 168-169 K 5
Parry, Kap ▲ GRØ (NGR) 170-171 P 5
Parry, Kap ▲ GRØ (ØGR) 170-171 p 7
Parry, Lac o CDN 180-181 M 5
Parry Bay ≈ 168-169 f 6
Parry Beach o AUS 112-113 D 7
Parry Falls ~ CDN 174-175 P 4
Parry Island ⌒ CDN 182-183 D 6
Parry Islands ⌒ CDN 168-169 P 3
Parrøya ⌒ N 20-21 M 2
Parry Peninsula ⌣ CDN 168-169 K 6
Parry Sound o CDN 182-183 D 6
Pärsäbäd o IR 64-65 M 3
Parsac o F (23) 236-237 K 3
Parseierspitze ▲ A 28-29 L 5
Parsnip River ~ CDN 176-177 J 4
Parsoburan o RI 98-99 C 3
Parsons o USA 188-189 K 1
Parsons, Mount ▲ USA 110-111 C 3
Parsons Lake o CDN 164-165 Y 2
Parson's Pond o CDN 182-183 Q 3
Parsons Range ▲ AUS 110-111 C 3
Partäbpur o IND 78-79 C 4
Partago o DY 138-139 L 5
Partäwal o IND 78-79 C 2
Pårtefjällen ▲ S 22-23 H 3
Partenkirchen, Garmisch- o• D 28-29 L 5
Parthenay o F (79) 236-237 E 2
Pärtibanür o IND 76-77 H 6
Partinello o F (2A) 244 C 4
Partizanka o KA 60-61 G 2
Partizansk o RUS 52-53 G 6
Partizansk o RUS 58-59 E 7
Partridge Island ⌒ CDN 178-179 N 2
Partridge River ~ CDN 178-179 Q 5
Partür o IND 74-75 F 10
Paru, Ilha ⌒ BR 206-207 G 6
Paru, Rio ~ BR 206-207 H 5
Paru, Rio ~ YV 204-205 J 5
Paruá o BR 212-213 F 3
Paru de Este, Área Indígena ⊼ BR 206-207 G 5
Paru de Este, Rio ~ BR 206-207 G 5
Paruna o AUS 116-117 F 3
Parur o IND 76-77 G 5
Paruro o PE 214-215 B 3
Parvän ◘ AFG 74-75 B 2
Pärvatipuram o IND 78-79 C 6
Parwan ~ IND 74-75 F 7
Paryang o VRC 80-81 D 5
Parys o ZA 156-157 H 3
Pas, le o F (12) 240-241 J 2
Pas, Rivière de ~ CDN 180-181 R 7
Pas, The o CDN 178-179 F 4
Paša o RUS 30-31 N 1
Pasäband o AFG 70-71 L 2
Pasadena o CDN 182-183 Q 4
Pasadena o USA (CA) 184-185 E 8
Pasadena o USA (TX) 188-189 K 5
Pasaje o EC 208-209 C 3
Pasaje o Juramento, Río ~ RA 220-221 E 3
Pasän o IND 78-79 C 4
Pasangkayu o RI 100-101 F 4
Pasapuat o RI 98-99 D 6
Pasaquina o ES 196-197 L 5
Pasarae o SOL 120 I c 2
Pasarbantal o RI 98-99 D 6
Pasarbembah o RI 98-99 E 6
Päsärgäd o•• IR 70-71 E 3
Pasarsibuhuan o RI 98-99 C 4
Pasarsorkam = Sorkam o RI 98-99 C 4
Pasartalo o RI 98-99 E 7
Pasarwajo o RI 100-101 H 6
Pasawng o MYA 78-79 K 6
Pascagoula o USA 192-193 D 4
Pascagoula River ~ USA 192-193 D 4
Pașcani o RO 38-39 E 4
Pasco o USA 184-185 E 2
Pascoe, Mount ▲ AUS 112-113 F 3
Pasco Island ⌒ AUS 108-109 B 6
Pascua, Isla de = Pâques, Île de ⌒ RCH 222-223 B 2
Pas-de-Calais ◘ F (62) 228-229 H 3
Pas-en-Artois o F (62) 228-229 K 3
Pasewalk o• D 28-29 M 2
Pasfield Lake o CDN 174-175 R 6
Pasi, Pulau ⌒ RI 104 E 6
Pasiene o•• LV 30-31 L 3
Pasig ☆ RP 96-97 D 5
Pa'sina o RUS 52-53 J 6
Pasinler ☆ TR 64-65 J 3
Pašino o RUS 50-51 R 7
Pasión, Río de la ~ GCA 196-197 J 3
Pasir, Tanjung ▲ MAL 98-99 J 3
Pasir, Tanjung ▲ RI 98-99 H 5
Pasir Panjang o MAL 98-99 D 3
Pasirpengarayan o RI 98-99 D 4
Pasir Puteh o MAL 98-99 E 2
Pasirputih o RI 102-103 C 6
Pasitelu, Kepulauan ⌒ RI 104 E 6
Påskallavik o S 22-23 H 8
Pasłęk o• PL 28-29 P 1
Pasley, Cape ▲ AUS 112-113 G 6
Pasley Bay ≈ 168-169 Y 5
Pašman ⌒ HR 36-37 E 3
Pasmore River ~ AUS 114-115 E 6
Pasni o PK 70-71 K 6
Paso o RI 102-103 E 3
Paso, El o USA (IL) 190-191 D 5
Paso, El o USA (TX) 188-189 D 4
Paso de Indios o RA 222-223 E 7
Paso de la Laguna o RA 220-221 H 6
Paso de las Piedras, Embalse < RA 222-223 J 5
Paso de Lesca o C 198-199 G 4
Paso del Indio ≈ 224 C 4
Paso de los Algarrobos o RA 222-223 F 4
Paso de los Indios o RA 222-223 E 5
Paso de los Libres o RA 220-221 J 5
Paso de los Toros o ROU 222-223 L 2
Paso del Rey o RA 222-223 F 2
Paso del Sapo o RA 222-223 E 7
Paso del Toro o MEX 196-197 F 2
Paso de Ovejas o MEX 196-197 F 2
Paso de Patria o PY 220-221 H 4
Paso Flores o RA 222-223 D 6
Paso Nacional o MEX 194-195 H 5
Paso Nuevo o YV 204-205 K 3
Paso Real de Macaira o YV 204-205 H 3
Paso Real de San Diego o C 198-199 D 3
Paso Robles o USA 184-185 D 8
Paso Rodolfo Raballos o RA 224 E 3
Pasqua o CDN 178-179 D 5
Pasquatchai River ~ CDN 178-179 L 3
Pasquia Hills ▲ CDN 178-179 E 4
Pasrur o PK 74-75 E 3
Passa ~ G 146-147 E 4
Passa e Fica o BR 212-213 L 5
Passage du Gois ‖ F (85) 236-237 A 2
Passagem o BR 212-213 L 5
Passagem Franca o BR 212-213 G 5
Passage Point ▲ CDN 168-169 O 4
Passais-la-Conception o F (61) 230-231 K 2
Passamainti o F (985) 246 I b 2
Passamaquoddy Bay ≈ 182-183 L 6
Passau o D 28-29 M 4
Passavant-la-Rochère o F (70) 234-235 J 6
Passayten Wilderness Area ⊥ USA 184-185 D 1
Pass Island o CDN 182-183 Q 5
Passo da Guarda o BR 220-221 J 6
Passo Fundo o BR 218-219 D 7
Passo Fundo, Represa de < BR 218-219 D 6
Passo Real, Represa de < BR 218-219 D 7
Passos o BR 216-217 G 6
Passu Keah = Panshi Ju ⌒ VRC 94-95 L 2
Passy-Grigny o F (51) 228-229 M 5
Pastaza, Río ~ PE 208-209 D 3
Pasteur o RA 222-223 H 3
Pasteur, Glacier ⊂ F (984) 246 III a 3
Pasto ☆ CO 208-209 D 1
Pastol Bay ≈ 164-165 J 5
Pastor, El o MEX 194-195 G 3
Pastos Bons o BR 212-213 F 5
Pastos Chicos, Río ~ RA 220-221 D 2
Pastos Grandes, Sierra de los ▲ RA 220-221 D 3
Pastrana o E 34-35 F 4
Pastura o USA 188-189 E 2
Pasuruan o RI 104 E 3
Pasvalys ☆ LT 30-31 J 3
Pasvikelva ~ N 22-23 O 2
Pata o BOL 214-215 C 4
Pata o CO 210-211 B 3
Pata o RCA 142-143 E 4
Pata o SN 138-139 C 3
Patacamaya o BOL 214-215 D 5
Patache, Punta ▲ RCH 214-215 B 7
Patadkal o••• IND 76-77 F 2
Patagonia = Patagonie ⌢ 224 E 5
Patagónica, Cordillera ▲ RCH 224 D 5
Patagonie = Patagonia ⌢ 224 E 5
Pata Island ⌒ RP 96-97 D 10
Pataiya o IND 76-77 G 5
Patalasang o RI 100-101 F 6
Patambalu o ZRE 146-147 G 5
Patambuco o PE 214-215 C 4
Patamuté o BR 212-213 J 6
Pätan o IND (GUJ) 74-75 D 8
Pätan o IND (MAH) 76-77 E 2
Patani o RI 100-101 L 3
Patani o WAN 140-141 G 6
Patas o IND 74-75 E 10
Patauá, Cachoeira do ~ BR 210-211 G 7
Patay o F (45) 232-233 F 3
Patay Rondos o PE 208-209 D 6
Patchepawapoko River ~ CDN 178-179 P 4
Patchogue o USA 190-191 M 5
Patea o NZ 118 E 3
Pategi o WAN 140-141 F 4
Pate Island ⌒ EAK 148-149 H 5
Patelão, Rio ~ BR 214-215 J 2
Patensie o ZA 156-157 G 6
Paternò o I 36-37 E 6
Paternoster o ZA 156-157 C 6
Pateros o USA 184-185 E 1
Paterson o USA (NJ) 190-191 L 5
Paterson o USA (WA) 184-185 E 3
Paterson o ZA 156-157 G 6
Paterson Inlet ≈ 118 B 7
Paterson Range ▲ AUS 108-109 F 6
Pathalaia o NEP 80-81 E 7
Pathalgaon o IND 78-79 C 4
Pathänkot o IND 74-75 E 3
Patharkot o NEP 80-81 E 7
Pathfinder Reservoir < USA 186-187 D 4
Pathin o THA 94-95 E 5
Päthrud o IND 74-75 E 10
Pathum Thanni o THA 94-95 F 3
Pati o RI 104 D 3
Patia = El Bordo o CO 204-205 C 6
Patía, Río ~ CO 204-205 B 7
Patiala o IND 74-75 F 4
Patience o F (973) 245 I b 3
Patillas o•• USA 200 B 2
Patinti, Selat ≈ 100-101 K 4
Patio o F (987) 247 IV b 2
Patio Chiquito o CO 204-205 F 5
Patiroriolo o RI 100-101 G 6
Pativilca o PE 208-209 D 7
Pätkai Bum ▲ IND 78-79 J 2
Patlahara o NEP 80-81 E 7
Patman, Lake o USA 188-189 K 3
Pátmos ⌒ GR 36-37 L 6
Patna ☆•• IND 78-79 D 3
Patnanungan Island ⌒ RP 96-97 E 5
Patnitola o BD 78-79 F 3
Patnos ☆ TR 64-65 K 3
Pato, Cachoeira do ~ BR 206-207 E 6
Pato Branco o BR 218-219 D 6
Patoka Lake o USA 190-191 E 6
Patomskoe, nagor'e ⌢ RUS 54-55 F 6
Patonga o AUS 108-109 E 4
Patonga o EAU 148-149 D 2
Patos o BR (CEA) 212-213 H 3
Patos o BR (PA) 212-213 K 5
Patos, Cachoeira dos ~ BR 214-215 H 2
Patos, Lagoa dos o BR 218-219 E 8
Patos, Río de los ~ RA 222-223 E 2
Patos de Minas o BR 216-217 G 5
Patos ou São José, Rio dos ~ BR 214-215 J 3
Patquía o RA 220-221 D 6
Pátra o• GR 36-37 H 5
Patraikos Kólpos ≈ 36-37 H 5
Patrakeevka o RUS 24-25 Q 4
Patreksfjörður ☆ IS 22-23 b 2
Patricia o CDN 176-177 P 6
Patricia o USA 188-189 F 3
Patricios, Los o CO 210-211 B 3
Patrimonjo o BR 216-217 F 5
Patrocínio o BR 216-217 G 5
Pattamada o IND 76-77 G 6
Pattani ☆ THA 94-95 F 7
Pattaya o•• THA 94-95 F 4
Patterson ≈ 108-109 K 2
Patterson o USA 192-193 G 4
Patterson, Mount ▲ AUS 112-113 F 2
Patterson, Mount ▲ CDN 164-165 X 4
Patti o I 36-37 E 5
Pattoki o PK 74-75 D 4
Patton Junction o USA 190-191 D 7
Pattonsburg o USA 186-187 K 5
Pattukkottai o IND 76-77 H 5
Patu o BR 212-213 K 5
Patuakhali o BD 78-79 G 4
Patuanak o CDN 178-179 C 3
Patuca, Punta ▲ HN 198-199 C 7
Patuca, Río ~ HN 198-199 C 7
Patugu o RI 104 E 6
Patullo, Mount ▲ CDN 176-177 F 3
Patungan o RP 96-97 D 5
Paturau River o NZ 118 D 4
Patvinsuom kansallispuisto ⊥ FIN 24-25 L 5
Pátzcuaro o•• MEX 196-197 D 2
Patzimaro o MEX 196-197 C 1
Pau ☆• F (64) 240-241 D 4
Pau, Tanjung ▲ RI 102-103 B 6
Pau Alto, Rio ~ BR 216-217 L 4
Paucarbamba o PE 208-209 E 8
Paucarcolla o PE 214-215 B 4
Paucartambo o PE 214-215 B 3
Paucartambo, Río ~ PE 208-209 E 7
Pau d'Arco, Rio ~ BR 212-213 C 5
Pau de Ferros o BR 212-213 J 5
Paudy o F (36) 232-233 F 5
Pauh o RI 98-99 E 6
Pauillac o F (33) 236-237 D 5
Pauini o BR 210-211 D 6
Pauini, Rio ~ BR 210-211 F 3
Pauk o MYA 78-79 J 5
Paukkaung o MYA 78-79 J 6
Pauksa Taung ▲ MYA 78-79 J 6
Paulatuk o CDN 168-169 K 6
Paulaya, Río ~ HN 198-199 C 7
Paul Bunyan & Blue Ox Statue • USA 186-187 K 2
Paulhac o F (15) 236-237 L 5
Paulhac-en-Margeride o F (48) 242-243 C 2
Paulhaguet o F (43) 242-243 D 1
Paulhan o F (34) 242-243 C 4
Paulina Peak ▲ USA 184-185 D 4
Pauline o USA 184-185 H 4
Paul Island ⌒ CDN 180-181 T 6
Paul Island ⌒ USA 166-167 R 5
Paul Isnard o F (973) 245 I a 2
Paulista o BR 212-213 L 5
Paulistana o BR 212-213 H 6
Paulnay o F (36) 236-237 H 2
Paulo Afonso o• BR 212-213 J 6
Paulo Afonso, Parque Nacional ⊥ BR 212-213 J 6
Paulo de Faria o BR 216-217 F 6
Paulo Ramos o BR 212-213 F 4
Paulpietersburg o ZA 156-157 K 3
Paul Roux o ZA 156-157 H 4
Paul Sauer Dam < ZA 156-157 G 6
Paul Spur o USA 188-189 C 4
Pauls Valley o USA 188-189 J 2
Paungdawthi o MYA 94-95 D 2
Paungde o MYA 78-79 J 6
Pauni o IND 74-75 G 9
Paup o PNG 119 B 2
Pauri o IND 74-75 F 7
Pausa o PE 208-209 F 9
Paussac-et-Saint-Vivien o F (24) 236-237 G 5
Paute o EC 208-209 C 3
Pauto, Río ~ CO 204-205 F 5
Pau Uma, Île = Paama ⌒ VAN 120 II b 3
Pauvres o F (08) 234-235 E 3
Pauwasi ~ RI 102-103 L 3
Pävagada o IND 76-77 G 3
Pavant Range ▲ USA 184-185 H 6
Pavão o BR 216-217 K 4
Päve o IR 64-65 M 5
Pavia ☆• I 36-37 B 2
Pavie o F (32) 240-241 F 3
Pavie = Pavia ☆• I 36-37 B 2
Pavilion o CDN 176-177 K 6
Pavillon-Sainte-Julie, Le o F (10) 232-233 K 3
Pavilly o F (76) 228-229 F 4
Pāvilosta o LV 30-31 G 3
Pavlikeni o BG 38-39 D 6
Pavlodar ☆• KA 60-61 K 2
Pavlof Bay ≈ 166-167 Q 5
Pavlof Islands ⌒ USA 166-167 Q 5
Pavlof Volcano ▲ USA 166-167 Q 5
Pavlograd = Pavlohrad o UA 38-39 J 3
Pavlogradka ☆ RUS 60-61 H 1
Pavlohrad o UA 38-39 J 3
Pavlov, Réservoir de = Pavlovskoe vodohranilišče < RUS 32-33 K 6
Pavlovac o HR 36-37 F 2
Pavlović, Erofej o RUS 54-55 L 8
Pavlovka o RUS 32-33 E 7
Pavlovo ☆ RUS 30-31 S 4
Pavlovsk o RUS 38-39 M 2
Pavlovsk o RUS (LEN) 30-31 M 2
Pavlovsk ☆ RUS 60-61 N 2
Pavlovskij Posad ☆ RUS 30-31 Q 4
Pavlovskoe vodohranilišče < RUS 32-33 K 6
Pavlyš o UA 38-39 H 3
Pavon, Arroyo ~ RA 222-223 J 2
Pavullo nel Frignano o I 36-37 C 2
Pavylon, ozero o RUS 46-47 d 5
Pawaia o PNG 119 C 4
Pawan ~ RI 98-99 J 5
Pawäyän o IND 80-81 C 6
Pawé ▲ CAM 140-141 J 6
Pawhuska o USA 188-189 J 1
Pawleys Island o USA 192-193 J 3
Pawnee o USA 188-189 J 1
Pawnee City o USA 186-187 J 5
Pawnee Indian Village ∴ USA 186-187 J 6
Paw Paw o USA 190-191 F 4
Pawtucket o USA 190-191 N 5
Pawut o MYA 94-95 E 4
Paxí ⌒ GR 36-37 H 5
Paxiúba, Rio ~ BR 210-211 G 7
Paxson o USA 164-165 S 5
Paya, Parque Nacional la ⊥ CO 208-209 E 1
Payagyi o MYA 94-95 D 2
Payahe o RI 100-101 K 3
Payakumbuh o RI 98-99 D 5
Payang, Gunung ▲ RI 100-101 D 3
Payar o SN 138-139 C 2
Payas, Cerro ▲ HN 198-199 C 7
Payer, Kap ▲ GRØ 170-171 b 2
Payer Land ⌢ GRØ 170-171 o 6
Payero, Río ~ CO 204-205 E 5
Payette o USA 184-185 F 3
Payette River ~ USA 184-185 F 4
Payne, Lac o CDN 180-181 M 5
Payne Bay ≈ 180-181 P 4
Paynes Creek o USA 184-185 D 5
Paynes Find o AUS 112-113 D 4
Paynesville o AUS 116-117 J 4
Paynesville o USA 186-187 K 3
Payns o F (10) 232-233 K 3
Payogasta o RA 220-221 D 3
Payong, Tanjung ▲ MAL 98-99 K 3
Payrac o F (46) 236-237 H 6
Payre, Pointe du ▲ F (85) 236-237 B 3
Paysandú ☆ ROU 222-223 K 2
Pays-Bas = Nederland ■ NL 28-29 G 2
Pays Basque ⌢ F 240-241 B 4
Pays de Galles = Wales ◘ GB 26-27 E 5
Pays de la Loire ◘ F 230-231 K 5
Pays de la Loire ◘ F 230-231 G 5
Pays de Léon ⌢ F (29) 230-231 B 3
Payson o USA (AZ) 184-185 J 8
Payson o USA (UT) 184-185 J 5
Payún, Cerro ▲ RA 222-223 E 4
Payung o RI 98-99 G 6
Pa Yup o THA 94-95 F 4
Payyannür o IND 76-77 F 4
Payzac o F (24) 236-237 H 5
Paz, Corredeira da ~ BR 212-213 B 6
Paz, Gruta • EC 208-209 D 1
Paz, La ☆• BOL 214-215 C 5
Paz, La o CO 204-205 E 2
Paz, La ☆ HN 196-197 L 4
Paz, La ☆• MEX 194-195 D 5
Paz, La o RA (COD) 222-223 G 2
Paz, La o RA (ERI) 220-221 H 6
Paz, La o RA (MEN) 222-223 F 2
Paz, La o ROU 222-223 L 3
Paz, Ribeiro da ~ BR 212-213 C 6
Paz, Río de la ~ BOL 214-215 D 5
Pazar ☆ TR 64-65 J 2
Pazarbaşı Burnu ▲ TR 64-65 D 2
Pazarcık o TR 64-65 G 4
Pazardžik o BG 38-39 D 6
Pazardzik o BG 38-39 D 6
Paz Centro, La o NIC 196-197 L 5
Paz del Río o CO 204-205 E 4
Pazha o PK 74-75 B 4
Pazos Kanki o RA 222-223 H 3
Počič ~ BY 30-31 K 5
Pčinja ~ MK 36-37 H 4
Pe o MYA 94-95 E 4
Peabody Bugt ≈ 170-171 R 4
Peace Point o CDN 174-175 N 6
Peace River o CDN (ALB) 176-177 M 3
Peace River ~ CDN 174-175 L 6
Peace River ~ CDN 176-177 J 3
Peace River ~ USA 192-193 H 6
Peach Springs o USA 184-185 H 8
Peacock Bay ≈ 16 F 26
Peacock Hills ▲ CDN 174-175 O 3
Péage-de-Roussillon, Le o F (38) 242-243 F 1
Peak Charles National Park ⊥ AUS 112-113 F 6
Peak District National Park ⊥ GB 26-27 G 5
Peak Downs Mine • AUS 114-115 K 2
Peake o AUS 116-117 E 3
Peake Creek ~ AUS 114-115 C 5
Peaked Point ▲ RP 96-97 C 7
Peak Hill o AUS (NSW) 116-117 K 2
Peak Hill o AUS (WA) 112-113 E 2
Peaks of Otter ▲ USA 190-191 J 7
Peale, Mount ▲ USA 186-187 C 6
Pearce o USA 188-189 C 4
Pearce Point ▲ AUS 108-109 J 3
Peard Bay ≈ 164-165 L 1
Pea Ridge National Military Park ⚔ USA 188-189 K 1
Pearisburg o USA 190-191 H 7
Pea River ~ USA 192-193 E 4
Pearl Harbor • USA 192-193 C 7
Pearl River ~ USA 192-193 D 3
Pearsall o USA 188-189 H 5
Pearson o USA 192-193 G 4
Pearston o ZA 156-157 G 6
Peary Channel ≈ 168-169 U 1
Peary Gletscher ⊂ GRØ 170-171 U 5
Peary Land ⌢ GRØ 170-171 f 2
Pease River ~ USA 188-189 H 2
Péaule o F (56) 230-231 G 4
Peawanuck o CDN 178-179 O 3
Peba, Rio ~ BR 212-213 D 5
Pebane o MOC 154-155 K 3
Pebas o PE 210-211 B 4
Pebble Island ⌒ GB 222-223 L 6
Pěč o AFG 74-75 C 2
Peć o• YU 36-37 H 3
Pečaľky ~ RUS 50-51 R 2
Pecangakan o RI 104 D 3
Peçanha o BR 216-217 J 5
Pecan Island o USA 188-189 L 5
Peças, Ilha das ⌒ BR 218-219 F 5
Pečeneže skoe vodoschovyšče < UA 38-39 K 2
Pečenga o RUS 24-25 L 2
Pech-Merle, Grotte du • F (46) 240-241 H 1
Pecixe, Ilha de ⌒ GNB 138-139 B 4
Peclet, Aiguille de ▲ F (73) 242-243 K 1
Pecnoj tubek ⌣ KA 32-33 G 10
Pečora ☆ RUS (KOM) 24-25 Y 4
Pečora ~ RUS 24-25 W 3
Pečora ~ RUS 50-51 D 2
Pečora ~ RUS 50-51 E 4
Pečoro-Ilyčskij, zapovednik ⊥ RUS 50-51 E 3
Pečoro-Ilyčskij zapovednik ⊥ RUS 50-51 D 4
Pečorsk, Troicko- ☆ RUS 50-51 D 3
Pečorskaja grjada ▲ RUS 24-25 X 3
Pečorskaja guba ≈ 24-25 X 2
Pečorskoe More ≈ 24-25 V 2
Pecos o USA 188-189 F 4
Pecos National Monument ∴ USA 188-189 E 2
Pecos River ~ USA 188-189 E 2
Pécs o•• H 28-29 P 5
Pedasí o PA 196-197 D 8
Pedda Ahobilam o IND 76-77 H 3
Pedda Arikatla o IND 76-77 H 3
Peddapalli o IND 74-75 G 10
Pedder, Lake o AUS 116-117 J 7
Peddie o ZA 156-157 H 6
Pedernales ☆ DOM 198-199 K 6
Pedernales o RCH 220-221 C 4
Pedernales o YV 204-205 K 3
Pedernales, Punta ▲ EC 208-209 B 1
Pedernales, Salar de o RCH 220-221 C 4
Pederneira, Cachoeira ~ BR 210-211 E 7
Pederneiras o BR 216-217 F 7
Pé de Serra o BR 212-213 J 7
Pedirka o AUS 114-115 C 4
Pediwang o RI 100-101 K 3
Pedra Alta, Cachoeira ~ BR 212-213 C 3
Pedra Azul o BR 216-217 K 3
Pedra Azul, Pico ▲ BR 216-217 K 6
Pedra Badejo o CV 138-139 C 6
Pedra Branca o BR 212-213 J 4
Pedra Corrida o BR 216-217 J 5
Pedra de Amolar, Rio ~ BR 212-213 E 6
Pedra do Feitiço o ANG 152-153 B 2
Pedra-Furada, Riachão ~ BR 212-213 E 6
Pedra Grande o BR 216-217 K 3
Pedra Lavrada o BR 212-213 K 5
Pedra Lume o CV 138-139 C 5
Pedra Preta o BR 214-215 K 5
Pedra Preta, Corredeira da ~ BR 212-213 C 5
Pedras, Cachoeira, ~ BR 212-213 D 7
Pedras Descobertas ~ BR 214-215 J 3
Pedras Grandes o BR 218-219 F 7
Pedras Negras • ANG 152-153 C 4
Pedras Negras o BR 214-215 F 3
Pedras Tinhosas ⌒ STP 146-147 b 2
Pedregal o BR 220-221 K 6
Pedregal o YV 204-205 F 2
Pedregal, Río ~ MEX 196-197 H 3
Pedregulho o BR 216-217 G 6
Pedreira, Rio ~ BR 206-207 J 5
Pedreiras o BR (MAR) 212-213 F 4
Pedreiras o BR (P) 210-211 K 5
Pedreiras o BR (RSU) 218-219 D 9
Pedrera, La o CO 210-211 C 3
Pedrero, Cerro el ▲ RA 224 E 2
Pedriceña o MEX 194-195 H 5
Pedrinhas o BR 212-213 K 7
Pedro Alexandre o BR 212-213 K 6
Pedro Alonso o BR 212-213 D 6
Pedro Antunes o BR 218-219 D 8
Pedro Avelino o BR 212-213 K 4
Pedro Barros o BR 218-219 G 5
Pedro Betancourt o C 198-199 E 3
Pedro Canário o BR 216-217 L 5
Pedro Carbo o EC 208-209 B 2
Pedro Cays ⌒ JA 198-199 F 6
Pedro de Valdivia o RCH 220-221 C 2
Pedro Gomes o BR 214-215 K 6
Pedro II o BR 212-213 H 4
Pedro J. Montero o EC 208-209 C 3
Pedro Juan Caballero ☆ PY 220-221 K 2
Pedro Luro o RA 222-223 H 5
Pedro Montoya o MEX 194-195 K 7
Pedroñeras, Las o E 34-35 F 5
Pedro Osório o BR 218-219 D 8
Pedro Vega ∴• MEX 196-197 J 3
Peebinga o AUS 116-117 F 3
Peebles o GB 26-27 F 4
Peebles o USA 190-191 G 6
Peedamulla o AUS 108-109 B 6
Pee Dee River ~ USA 192-193 J 3
Peekskill o USA 190-191 M 5
Peel o• GBM 26-27 E 4
Peel Channel ~ CDN 164-165 X 2
Peel Plateau ▲ CDN 164-165 Y 3
Peel Point ▲ CDN 168-169 P 4
Peel River ~ AUS 114-115 L 6
Peel River ~ CDN 164-165 W 4
Peel River Game Reserve ⊥ CDN 164-165 Y 3
Peel Sound ≈ 168-169 Y 4
Peene ~ D 28-29 M 2
Peeramudlayeppa Lake o AUS 114-115 D 4
Peera Peera Poolanna Lake o AUS 114-115 D 4
Peerless o CDN 176-177 Q 4
Peerless o USA 186-187 E 1
Peerless Lake o CDN 176-177 N 3
Peers o CDN 176-177 N 5
Peetz o USA 186-187 F 5
Pégases, Baie = Pegasus Bay ≈ 118 D 5
Pegasus Bay ≈ 118 D 5
Pegatan o RI 98-99 K 6
Peggys Cove o• CDN 182-183 N 6
Peg. Müller ▲ RI 98-99 K 4
Pego o E 34-35 G 5
Pego o P 34-35 C 5
Pégomas o F (06) 242-243 K 4
Pegtymeľ ~ RUS 48-49 T 2
Pegtymeľskij hrebet ▲ RUS 48-49 S 2
Pegu o MYA 94-95 D 2
Peguis Indian Reserve ⊼ CDN 178-179 H 5
Pegunungan, Barisan ▲ RI 98-99 E 6
Pegyš o RUS 24-25 V 5
Péhonko o DY 138-139 L 4
Pehuajó o RA 222-223 J 3
Pehuén-Co o RA 222-223 J 5
Peigan Indian Reserve ⊼ CDN 176-177 O 7
Peili o SUD 142-143 H 5
Peillac o F (56) 230-231 G 4
Peillonnex o F (74) 238-239 J 4
Peinata, Cerro ▲ RA 224 D 5
Peipous, Lac = Peipsi Järv o EST 30-31 K 2
Peipsi Järv o EST 30-31 K 2
Peïra-Cava o F (06) 242-243 L 4
Peisey-Nancroix o F (73) 238-239 K 5
Peixe o BR 216-217 F 2
Peixe, Lagoa do o BR 218-219 E 8
Peixe, Rio ~ BR 216-217 D 4
Peixe, Rio do ~ BR 216-217 E 3
Peixe, Rio do ~ BR 216-217 F 3
Peixe, Rio do ~ BR 216-217 F 4
Peixeboi o BR 212-213 E 2
Peixe Couro ou Aquinabo, Rio ~ BR 214-215 K 5
Peixes ou de São Francisco, Rio dos ~ BR 214-215 J 2
Pei Xian o VRC 90-91 K 4
Peixoto, Represa < BR 216-217 G 6
Peixoto de Azevedo o BR 214-215 K 2
Peixoto de Azevedo, Rio ~ BR 214-215 K 2
Pejantan, Pulau ⌒ RI 98-99 G 4
Pekabata o RI 100-101 F 5
Pekalongan o RI 104 C 3
Pekan o• MAL 98-99 E 3
Pekanbaru ☆ RI 98-99 D 4
Pekin o USA (IL) 190-191 D 5
Pekin o USA (ND) 186-187 H 2
Pékin = Beijing ★••• VRC 90-91 K 2
Pekin, Pulau ⌒ RI 100-101 E 2
Pekinga o DY 140-141 E 2
Peklino o RUS 30-31 N 5
Peko, Mont ▲ CI 138-139 G 6
Peko, Parc National du Mont ⊥ CI 138-139 G 6
Peko Mine • AUS 110-111 C 6
Pekuľnej, hrebet ▲ RUS 48-49 S 4
Pėkyľnejskoe, ozero o RUS 48-49 T 5
Péla o RG 138-139 F 6
Pelabuhanratu o RI 104 B 3
Pelabuhan Ratu, Teluk ≈ 104 B 3
Pelada, Pampa ⌢ RA 224 F 2
Pelahatchie o USA 192-193 D 3
Pelaihari o RI 100-101 D 5
Pelau ⌒ SOL 120 I d 1
Pelé, Île ⌒ F (971) 245 III b 2
Pelé, Mont ▲ G 146-147 C 5
Pelébina o DY 138-139 L 5
Pelechuco o BOL 214-215 C 4
Peleduj ~ RUS 54-55 F 6
Pelée, Montagne ▲ F (972) 245 V a 2
Pelee, Point ▲ CDN 190-191 G 5
Pelee Island ⌒ CDN 190-191 G 5
Pelei o RI 100-101 H 4
Pelejo o PE 208-209 E 5
Pelekech ▲ EAK 148-149 E 2
Pelencho o YV 204-205 L 3
Peleng, Pulau ⌒ RI 100-101 H 4
Peleng, Selat ≈ 100-101 H 4
Pelézi o CI 138-139 G 6
Pelham o AUS 110-111 G 6
Pelhřimov o CZ 28-29 N 4
Pelican o USA 176-177 B 3
Pelican, Lac o CDN 180-181 N 5
Pelican Lake o CDN 178-179 F 4
Pelicano, Quebrada del ~ RCH 220-221 B 5
Pelican Point (Beach) • AUS 112-113 B 2
Pelican River ~ CDN 176-177 O 4
Pelikan Lake o USA 186-187 L 1
Pelikan Narrows o CDN 178-179 E 3
Pelikan Rapids o USA 186-187 J 2
Pelileo o EC 208-209 C 2

Pelindã, Ponta ▲ GNB 138-139 B 4
Pélissanne ○ F (13) 242-243 G 4
Pelkosenniemi ○ FIN 24-25 J 3
Pella ○ USA 186-187 L 5
Pelland ○ USA 186-187 L 1
Pellatt Lake ⊖ CDN 174-175 P 3
Pell City ○ USA 192-193 E 3
Pellegrini ○ RA 222-223 H 4
Pellegrini, Lago ⊖ RA 222-223 F 5
Pellegrue ○ F (33) 236-237 F 6
Pellerin, Le ○ F (44) 230-231 H 5
Pellerine, La ○ F (53) 230-231 J 3
Pellevoisin ○ F (36) 236-237 H 2
Pell Inlet ≈ 168-169 U 3
Pello ○ FIN 24-25 G 3
Pellouailles-les-Vignes ○ F (49) 230-231 L 4
Pellston ○ USA 190-191 F 3
Pellworm ⌒ D 28-29 K 1
Pelly Bay ≈ 168-169 b 6
Pelly Bay ○ CDN 168-169 b 6
Pelly Island ⌒ CDN 164-165 X 2
Pelly Lake ⊖ CDN 174-175 T 3
Pelly Mountains ▲ CDN 164-165 Y 6
Pelly Plateau ▲ CDN 164-165 Z 5
Pelly Point ▲ CDN 168-169 W 5
Pelly River ~ CDN 164-165 W 5
Pelmadulla ○ CL 76-77 J 7
Pelokang, Pulau ⌒ RI 104 D 6
Pelopónissos ▫ GR 36-37 J 6
Pelopónnissos ⌣ GR 36-37 H 6
Peloritani, Monti ▲ I 36-37 E 5
Pelotas ○ BR 218-219 D 8
Pelsart Group ⌒ AUS 112-113 C 4
Pelulutepu ○ SME 206-207 G 4
Pelus ~ MAL 98-99 D 2
Pelusium ∴ • ET 130-131 F 2
Pélussin ○ F (42) 242-243 F 1
Pelym ~ RUS 50-51 F 4
Pelymskij Tuman, ozero ⊖ RUS 50-51 G 4
Pemadumcook Lake ⊖ USA 190-191 O 3
Pemalang ○ RI 104 C 3
Pemali, Tanjung ▲ RI (SLT) 100-101 H 4
Pemali, Tanjung ▲ RI (STG) 100-101 H 6
Pemangil, Pulau ⌒ MAL 98-99 F 3
Pemangkat ○ RI 98-99 H 4
Pemarung, Tanjung ▲ RI 100-101 E 4
Pematang Purba ○ RI 98-99 C 3
Pematangsiantar ○ RI 98-99 C 3
Pematangtanabjawa ○ RI 98-99 C 3
Pemba ☆ MOC 150-151 L 7
Pemba ○ Z 154-155 D 3
Pemba Channel ≈ 148-149 G 6
Pemba Island ⌒ EAT 148-149 G 6
Pembe ○ MOC 154-155 H 6
Pemberton ○ • AUS 112-113 D 7
Pemberton ○ CDN 176-177 J 6
Pembina River ~ CDN 176-177 M 5
Pembina River ~ CDN 178-179 G 6
Pembine ○ USA 190-191 D 3
Pembre ○ RI 102-103 J 5
Pembroke ○ CDN 182-183 F 6
Pembroke ○ • GB 26-27 E 6
Pembroke, Cape ▲ CDN 180-181 J 3
Pembroke Castle •• GB 26-27 E 6
Pembrokeshire Coast National Park ⊥ GB 26-27 E 6
Pemuco ○ RCH 222-223 C 4
Pen ○ IND 74-75 D 10
Peña Blanco ○ RCH 220-221 B 4
Pènadoto, ozero ⊖ RUS 44-45 P 7
Peñafiel ○ E 34-35 E 4
Penafiel ○ P 34-35 C 4
Peñaflor ○ RCH 222-223 D 2
Penalva ○ BR 212-213 F 3
Penambuan ○ RI 100-101 K 4
Penambulai, Pulau ⌒ RI 102-103 H 5
Penampang ○ MAL 96-97 B 10
Peña Nevada, Cerro ▲ MEX 194-195 K 6
Penang, Pulau ⌒ MAL 98-99 D 2
Penanjung Game Park ⊥ RI 104 C 3
Penápolis ○ BR 216-217 E 6
Penarak, Kampung ○ MAL 98-99 E 2
Peñaranda de Bracamonte ○ E 34-35 E 4
Peñarroya ▲ E 34-35 G 4
Peñarroya-Pueblonueva ○ E 34-35 E 5
Peñas, Cabo ▲ RA 224 G 6
Peñas, Golfo de ≈ 224 C 3
Peñas, Las ○ RA 220-221 D 5
Peñas, Sierra de las ▲ RA 222-223 G 2
Peñas Blancas ○ NIC 196-197 B 6
Peñas Negras ☆ YV 204-205 J 4
Pench National Park ⊥ IND 74-75 G 9
Penck, Cape ▲ ARK 16 G 9
Pendarves ○ NZ 118 C 5
Pendé ○ RCA 142-143 C 5
Pendé ~ RCA 142-143 B 5
Pendembu ○ WAL (EAS) 138-139 E 5
Pendembu ○ WAL (NOR) 138-139 D 5
Pendeng ○ RI 98-99 B 2
Pender ○ USA 186-187 J 4
Pender Bay ≈ 108-109 F 4
Pendjari ~ DY 138-139 L 4
Pendjari, Parc National de la ⊥ DY 138-139 L 4
Pendjari, Zone Cynégétique de la ⊥ DY 138-139 L 4
Pendjua ○ ZRE 146-147 G 4
Pendleton ○ USA (IN) 190-191 F 6
Pendleton ○ USA (OR) 184-185 E 3
Pendopo ○ RI 98-99 E 6
Pend Oreille River ~ USA 184-185 F 1
Pendulum Øer ⌒ GRØ 170-171 q 6
Penebangan, Pulau ⌒ RI 98-99 H 5
Penebel ○ RI 104 B 7
Peneda ▲ P 34-35 C 4
Penedo ○ BR 212-213 K 7
Pene-Katamba ○ ZRE 146-147 K 4
Penela ○ P 34-35 C 4
Pene-Mende ○ ZRE 148-149 B 6
Pénerf ○ F (56) 230-231 F 4
Pénessoulou ○ DY 138-139 L 5
Pénestin ○ F (56) 230-231 G 5
Penet, Tanjung ▲ RI 98-99 F 7
Penetanguishene ○ CDN 182-183 E 6
Penfro = Pembroke ○ GB 26-27 E 6
Pengalengan ○ RI 104 B 3
Peng'an ○ VRC 90-91 E 6
Penganga ~ IND 74-75 G 10
Pengastulan ○ RI 104 B 7
Pengchia Yü ⌒ RC 92-93 N 4
Penge ○ ZRE (HAU) 148-149 A 2
Penge ○ ZRE (KOR) 146-147 K 6
Penge, Chute ~ ZRE 148-149 B 3
Penghu Islands ⌒ RC 92-93 L 5
Pengjie ○ VRC 90-91 F 6
Pengkalan Kubor, Kampung ○ MAL 98-99 E 2
Pengkou ○ VRC 92-93 K 4
Penglai ○ VRC 90-91 M 3
Penglai ○ VRC 92-93 G 7
Penglai Ge • VRC 90-91 M 3
Pengshan ○ VRC 90-91 C 6
Pengshui ○ VRC 92-93 F 2
Penguin ○ AUS 116-117 H 6
Penguin Island ⌒ CDN 182-183 Q 5
Penguin Shoal ⌒ AUS 108-109 G 2
Pengxi ○ VRC 90-91 D 6
Penhalonga ○ ZW 154-155 G 4
Pen-Hir, Pointe de ▲ F (29) 230-231 B 3
Penhoek Pass ▲ ZA 156-157 H 5
Penhors ○ F (29) 230-231 C 4
Péni ○ BF 138-139 H 4
Peniche ○ • P 34-35 C 5
Penida, Nusa ⌒ RI 104 B 7
Peninga ○ RUS 24-25 M 5
Peninsular Development Road Ⅱ AUS 110-111 G 4
Peninsular Lake ⊖ CDN 178-179 M 5
Penitente, Serra do ▲ BR 212-213 E 6
Pénjamo ○ MEX 196-197 D 1
Penmarc'h ○ • F (29) 230-231 C 4
Penmarc'h, Pointe de ▲ • F (29) 230-231 C 4
Pennādam ○ IND 76-77 H 5
Pennafort, Cascade de ~ • F (83) 242-243 K 4
Pennant ○ CDN 176-177 Q 6
Penne ○ F (81) 240-241 H 2
Penne-d'Agenais ○ F (47) 240-241 F 2
Pennedepie ○ F (14) 228-229 E 5
Penner ~ IND 76-77 H 3
Penneshaw ○ AUS 116-117 D 3
Penne-sur-Huveanne, La ○ F (13) 242-243 H 5
Penn Hills ○ USA 190-191 J 5
Pennines, The ▲ GB 26-27 F 4
Pennsylvania ▫ USA 190-191 J 5
Pennsylvania TPK Ⅱ USA 190-191 K 5
Penny ○ CDN 176-177 K 5
Penn Yan ○ USA 190-191 K 4
Penny Highlands ▲ CDN 172-173 G 3
Penny Ice Cap ⊂ CDN 172-173 G 3
Penny Strait ≈ 168-169 X 2
Peno ☆ RUS 30-31 N 3
Penoka ○ LB 138-139 G 7
Penol ○ F (38) 242-243 G 1
Penola ○ • AUS 116-117 F 4
Penon, le ○ F (40) 240-241 B 3
Peñón Blanco ○ MEX 194-195 H 5
Peñón del Rosario, Cerro ▲ MEX 196-197 E 2
Penong ○ AUS 112-113 M 5
Peñón Nevada del Falso Azufre ▲ RCH 220-221 C 4
Peñón Nevado del Falso Azufre ▲ RA 220-221 C 4
Penonomé ☆ •• PA 196-197 D 7
Penot, Mount ▲ VAN 120 Ⅱ a 3
Penrhyn, Bassin = Penrhyn Basin ≃ 9 M 3
Penrhyn, Cape ▲ CDN 168-169 f 7
Penrhyn Basin = Penrhyn, Bassin ≃ 9 M 3
Penrith ○ GB 26-27 F 4
Pensa ○ BF 138-139 K 3
Pensacola ○ USA 192-193 E 4
Pensacola Bay ≈ 192-193 E 4
Pensacola Mountains ▲ ARK 16 E 0
Pensamiento, El ○ BOL 214-215 G 4
Pensepel', mys ▲ RUS 56-57 T 4
Penshurst ○ AUS 116-117 G 4
Pensilvania ○ CO 204-205 D 5
Pentálofos ○ GR 36-37 H 4
Pentecost ▫ VAN 120 Ⅱ b 2
Pentecost Downs ○ AUS 108-109 H 4
Pentecostes ○ BR 212-213 J 3
Pentecost Island = Île Pentecôte ⌒ VAN 120 Ⅱ b 2
Pentecost Range ▲ AUS 108-109 H 3
Pentecost River ~ AUS 108-109 H 3
Pentecôte, Îsle = Pentecost Island ⌒ VAN 120 Ⅱ b 2
Pentecôte, Rivière ○ CDN 182-183 L 4
Pentenga ○ BF 138-139 L 4
Penthièvre ⊥ F (22) 230-231 F 3
Penticton ○ CDN 176-177 L 7
Penticton Indian Reserve ✗ CDN 176-177 L 7
Pentland ○ AUS 110-111 H 7
Pentland Firth ≈ 26-27 F 2
Pentwater ○ USA 190-191 E 4
Penu ○ RI 100-101 J 4
Penuin, Fiordo ≈ 224 C 4
Penukonda ○ • IND 76-77 G 3
Penvins ○ F (56) 230-231 F 4
Penwegon ○ MYA 78-79 K 6
Penylan Lake ⊖ CDN 174-175 Q 5
Penyu, Kepulauan ⌒ RI 102-103 D 4
Penyu, Teluk ≈ 104 C 3
Penza ☆ RUS 32-33 D 7
Penzance ○ GB 26-27 E 6
Penzance Lake ⊖ CDN 174-175 Q 5
Penzé ~ F (29) 230-231 D 2
Penze ○ VRC 92-93 J 2
Penzele ○ ZRE 146-147 G 4
Penžina ~ RUS 48-49 M 4
Penžinskaja guba ≈ 56-57 T 3
Penžinskij hrebet ▲ RUS 56-57 V 3
Péone ○ F (06) 242-243 K 3
Peoria ○ USA (AZ) 184-185 H 9
Peoria ○ USA (IL) 190-191 D 5
Pepa ○ ZRE 150-151 E 4
Pepani ~ ZA 156-157 F 3
Pepita ou Porte Alegre, Rio ~ BR 212-213 B 6
Peque ○ CO 204-205 D 4
Pequena, Cachoeira ~ BR 212-213 C 3
Pequeri, Rio ~ BR 214-215 K 5
Pequot Lakes ○ USA 186-187 K 2
Perabumulih ○ RI 98-99 F 6
Pérade, La ○ CDN 182-183 H 5
Peraguaizinho, Rio ~ BR 214-215 J 4
Peraiola, Anse de ≈ F (2B) 244 D 3
Peraiyur ○ IND 76-77 G 6
Perak ▫ MAL 98-99 D 2
Perak ○ RI 104 E 3
Perambalūr ○ IND 76-77 H 5
Perāmeri ≈ 24-25 G 4
Perapat, Tanjung ▲ MAL 100-101 D 1
Peras-2 ▲ MEX 194-195 G 5
Perbaugan ○ RI 98-99 C 3
Perbulan ○ RI 98-99 C 3
Percé ○ CDN 182-183 M 4
Percé, Cap ▲ F (975) 245 Ⅱ b 2
Percé, Rocher ⌒ F (984) 246 Ⅵ a 1
Percée, Pointe ▲ F 238-239 J 5
Perche ⊥ F (61) 232-233 D 2
Percher, le • F (49) 230-231 K 4
Percival Lakes ⊖ AUS 108-109 G 6
Percy ○ F (50) 230-231 J 2
Percy, Mount ▲ AUS 108-109 G 4
Percy Isles ⌒ AUS 114-115 L 1
Perdekop ○ ZA 156-157 J 3
Perdida, Rio ~ BR 212-213 E 6
Perdido, Arroyo ~ RA 222-223 F 7
Perdidos, Cachoeira dos ~ BR 214-215 H 2
Perdizes ○ BR 216-217 G 5
Perdões ○ BR 216-217 H 6
Perdón, Puerto del ▲ E 34-35 G 3
Perdu, Lac ⊖ F (984) 246 Ⅳ a 1
Perdue ○ CDN 178-179 C 4
Perdu Temps ○ F (973) 245 I b 2
Perehins'ke ○ UA 38-39 D 3
Pereira ☆ CO 204-205 D 5
Pereira, Cachoeira ~ BR 210-211 J 5
Pereira Barreto ○ BR 216-217 E 6
Pereirinha ○ BR 210-211 J 7
Perejaslav-Chmel'nyc'kyj ○ UA 38-39 G 2
Perejastavka ○ RUS 58-59 F 5
Perejlub ☆ RUS 32-33 G 8
Pereljubovka ○ KA 62-63 M 3
Peremetnoe ☆ KA 32-33 G 8
Père-Montfort, Grotte du • F (85) 236-237 D 2
Peremul Par ⊥ IND 76-77 B 2
Perené, Rio ~ PE 208-209 E 7
Perenjori ○ AUS 112-113 D 4
Pèrèrè ○ DY 140-141 E 4
Pereščepyne ○ UA 38-39 J 3
Pereslavl'-Zalesskij ○ • RUS 30-31 Q 3
pereval Kajtezek ▲ TJ 72-73 N 6
Perevolockij ☆ RUS 32-33 J 8
Perevoz ○ RUS 54-55 H 6
Perevoz ○ RUS (GOR) 32-33 D 6
Perevoznaja, guba ⊖ RUS 44-45 H 7
Perez ○ RA 222-223 J 2
Pergamino ○ RA 222-223 J 2
Pergamon ∴ •• TR 64-65 B 3
Perge ∴ •• TR 64-65 D 4
Pérgola ○ I 36-37 D 3
Perham ○ USA 186-187 K 2
Perhentian Besar, Pulau ⌒ MAL 98-99 E 2
Perho ○ FIN 24-25 H 5
Perhonjoki ~ FIN 24-25 G 5
Periá, Rio ~ BR 212-213 G 3
Peribán de Ramos ○ MEX 196-197 C 2
Péribonca, Lac ⊖ CDN 182-183 J 3
Péribonca, Rivière ~ CDN 182-183 J 3
Peribonka ○ CDN 182-183 H 4
Peribonka ○ CDN 182-183 H 4
Perico ○ C 198-199 E 3
Perico ○ USA 188-189 F 1
Pericos ○ MEX 194-195 F 5
Périers ○ F (50) 228-229 B 5
Périgban ○ BF 138-139 J 4
Pérignac ○ F (17) 236-237 E 4
Périgné ○ F (79) 236-237 E 3
Périgord Blanc ⊥ F (24) 236-237 G 5
Périgord Noir ⊥ F (24) 236-237 H 6
Périgord Pourpre ⊥ F (24) 236-237 F 6
Périgord Vert ⊥ F (24) 236-237 F 5
Perigosa, Cachoeira ~ BR 214-215 H 2
Perigoso, Canal ~ BR 206-207 K 6
Périgueux ☆ • F (24) 236-237 G 5
Perijá, Parque Nacional ⊥ YV 204-205 E 3
Perijá, Sierra de ▲ YV 204-205 E 3
Peri Lake ⊖ AUS 114-115 G 6
Peril Strait ≈ 176-177 C 3
Perim = Barim, Ğazirat ⌒ Y 68-69 C 7
Peringat ○ MAL 98-99 E 2
Periptaveto, ozero ~ RUS 44-45 S 6
Perique ○ YV 206-207 D 3
Periquito, Cachoeira ~ BR 210-211 K 6
Periquito, Cachoeira do ~ BR 210-211 G 6
Périssac ○ F (33) 236-237 E 5
Peristrema • TR 64-65 F 3
Peri Suyu ~ TR 64-65 H 3
Perito Moreno ○ RA 224 E 3
Peritoro ○ BR 212-213 F 4
Periyar Lake ⊖ IND 76-77 G 6
Perkat, Tanjung ▲ RI 98-99 F 5
Perla, La ○ MEX 194-195 G 3
Perlah ▲ MAL 98-99 D 2
Perlas, Archipiélago de las ⌒ PA 196-197 E 7
Perlas, Cayos de ⌒ NIC 196-197 C 5
Perlas, Laguna de ⊖ NIC 196-197 C 5
Perlas, Punta de ▲ NIC 196-197 C 5
Perleporten ○ N 20-21 L 5
Perles, Grand Banc des = Great Pearl Bank ⌒ UAE 70-71 D 5
Perley Island ⌒ CDN 180-181 J 5
Perlis ▫ MAL 98-99 D 2
Perlis, Kuala ○ MAL 98-99 D 2
Perm' ☆ RUS 32-33 K 4
Perma ○ DY 138-139 L 4
Përmet ☆ AL 36-37 H 4
Permin Land ⊥ GRØ 170-171 Z 3
Pernambuco ▫ BR 212-213 J 6
Pernambuco, Plaine Abyssale de = Pernambuco Abyssal Plain ≃ 14-15 G 9
Pernambuco Abyssal Plain = Pernambuco, Plaine Abyssale de ≃ 14-15 G 9
Pernambut ○ IND 76-77 H 4
Pernatty Lagoon ⊖ AUS 114-115 D 6
Pernay ○ F (37) 232-233 D 5
Pernehué, Cordillera de ▲ RCH 222-223 D 4
Pernes-les-Fontaines ○ F (84) 242-243 G 3
Pernik ○ BG 38-39 C 6
Perniö ○ FIN 24-25 G 6
Pernštejn • CZ 28-29 O 4
Perola ○ BR 216-217 D 7
Pérols-sur-Vézère ○ F (19) 236-237 J 4
Péronne ○ F (80) 228-229 K 4
Peron North, Cape ▲ AUS 112-113 B 2
Peron Peninsula ⌣ AUS 112-113 B 2
Perote ○ MEX 196-197 F 2
Peroto ○ BOL 214-215 E 4
Pérou, Bassin du = Peru Basin ≃ 13 C 6
Pérou = Peru ■ PE 208-209 D 4
Pérou-Chili, Fosse du = Peru-Chile Trench ≃ 13 C 5
Pérouges ○ F (01) 238-239 G 5
Perow ○ CDN 176-177 G 4
Perpezac-le-Noir ○ F (19) 236-237 J 5
Perpignan ☆ • F (66) 240-241 K 5
Perquilauquén, Rio ~ RCH 222-223 D 4
Perray-en-Yvelines, Le ○ F (78) 232-233 F 2
Perrecy-les-Forges ○ F (71) 238-239 E 3
Perret, Punta ▲ YV 204-205 F 2
Perrier, Le ○ F (85) 236-237 B 2
Perrignier ○ F (74) 238-239 J 4
Perrine ○ USA 192-193 H 7
Perrin Vale ○ AUS 112-113 F 4
Perrivale ○ AUS 110-111 G 6
Perros-Guirec ○ F (22) 230-231 E 2
Perry ○ CDN 178-179 O 7
Perry ○ USA (FL) 192-193 G 4
Perry ○ USA (GA) 192-193 G 3
Perry ○ USA (IA) 186-187 K 5
Perry ○ USA (ME) 190-191 P 3
Perry ○ USA (MO) 190-191 C 6
Perry ○ USA (OK) 188-189 J 1
Perry Island ⌒ USA 164-165 R 6
Perry Lake ⊖ USA 186-187 K 6
Perry River ~ CDN 174-175 T 2
Perryton ○ USA 188-189 G 1
Perryville ○ USA (AK) 166-167 R 5
Perryville ○ USA (MO) 190-191 D 7
Persac ○ F (86) 236-237 G 3
Persan ○ F (95) 228-229 J 5
Persepolis ∴ ••• IR 70-71 E 4
Perseverança ○ BR 210-211 E 3
Perseverancia ○ BOL 214-215 F 4
Perseveranoa ○ BR 212-213 E 2
Persian Gulf = Golfe Persique ≈ 6-7 D 6
Pertek ☆ TR 64-65 H 3
Perth ○ AUS (TAS) 116-117 J 6
Perth ☆ • AUS (WA) 112-113 C 5
Perth ○ CDN 182-183 F 6
Perth ○ GB 26-27 F 3
Perth Amboy ○ USA 190-191 L 5
Perth-Andover ○ CDN 182-183 L 5
Perth Basin = Australie Occidentale, Bassin de l' ≃ 9 B 5
Perthes ○ F (77) 232-233 H 3
Perthus, le ○ F (66) 240-241 K 6
Pertominsk ○ RUS 24-25 P 4
Pertre, Le ○ F (35) 230-231 J 3
Pertuis ○ F (84) 242-243 H 4
Pertuis Breton ≈ 26-27 G 8
Pertuis Breton ≈ F 236-237 C 3
Pertuis d'Antioche ≈ 26-27 G 8
Pertuis d'Antioche ≈ F (17) 236-237 C 3
Pertusato, Capo ▲ F (2A) 244 D 6
Perú ○ BOL 214-215 D 3
Peru ○ USA (IL) 190-191 D 5
Peru ○ USA (IN) 190-191 E 5
Peru, El ○ YV 206-207 D 2
Peru = Pérou ■ PE 208-209 D 4
Peru Basin = Pérou, Bassin du ≃ 13 C 6
Peru-Chile Trench = Pérou-Chili, Fosse du ≃ 13 C 5
Perúgia ☆ • I 36-37 D 3
Perugorría ○ RA 220-221 H 5
Peruhumpenai Mountains Reserve ⊥ • RI 100-101 G 5
Peruíbe ○ BR 218-219 G 5
Peruípe, Rio ~ BR 216-217 L 4
Perumpāvūr ○ IND 76-77 G 5
Perundurai ○ IND 76-77 G 5
Perung ○ RI 104 C 7
Perupuk, Tanjung ▲ RI 100-101 F 3
Pervari ☆ TR 64-65 K 4
Pervenchères ○ F (61) 230-231 M 3
Perves, Alt de ▲ E 34-35 H 3
Pervomaevka ○ RUS 52-53 O 9
Pervomaiskyj ○ UA 38-39 K 3
Pervomajs'k ○ UA (LUG) 38-39 L 3
Pervomajs'k ○ UA (NIK) 38-39 G 3
Pervomajsk = Pervomajs'k ☆ UA 38-39 G 3
Pervomajs'ke ☆ UA 38-39 H 5
Pervomajskij ○ KA 60-61 N 3
Pervomajskij ○ RUS 30-31 R 5
Pervomajskij ○ RUS 54-55 G 10
Pervomajskij ○ RUS (CEL) 32-33 M 6
Pervomajskij ☆ RUS (ORB) 32-33 G 8
Pervomajskoe ○ RUS 58-59 K 4
Pervomajskoe ○ RUS (LEN) 30-31 L 1
Pervosovetsk ☆ KA 32-33 G 8
Pervoural'sk ☆ RUS 32-33 L 5
Pervyj Kuril'skij proliv ⊖ RUS 58-59 R 3
Pervyj Mindej ○ RUS 52-53 L 7
Peša ~ RUS 24-25 T 3
Pesalai ○ CL 76-77 H 6
Pesaro ○ I 36-37 D 3
Pesca, La ○ MEX 194-195 L 6
Pesca, Punta ▲ RCH 222-223 C 4
Pescada, Ponta da ▲ BR 206-207 J 4
Pescado Castigado, Arroyo el ~ RA 222-223 K 4
Pescadores = Penghu Islands ⌒ RC 92-93 L 5
Pescanaja ~ RUS 60-61 O 2
Pesčanaja ~ RUS 60-61 O 2
Pesčanka ~ RUS 24-25 U 2
Pesčanoe ○ RUS 24-25 N 5
Pesčanoe, ozero ⊖ RUS 24-25 W 2
Pesčanoe ozero ⊖ RUS 60-61 L 2
Pesčanokopskoe ○ RUS 38-39 M 4
Pesčany, mys ▲ KA 62-63 J 6
Pesčanyj, mys ▲ RUS 44-45 e 2
Pescara ☆ • I 36-37 E 3
Pescara Cassiano ○ MOC 154-155 H 2
Pešćera Kristalićeska •• UA 38-39 E 3
Pescodo, Rio ~ RA 220-221 E 2
Pescovaja, buhta ≈ 48-49 U 1
Peshāwar ☆ •• PK 74-75 C 3
Peshkopi ☆ •• AL 36-37 H 4
Pesjakov, ostrov ⌒ RUS 24-25 Y 2
peski Sëjunagsak ⊥ TM 72-73 D 5
Peškovka ☆ KA 60-61 C 2
Pesmes ○ F (70) 238-239 H 2
Pesqueira ○ BR 212-213 K 6
Pesquería, Río ~ MEX 194-195 J 4
Pessac ○ F (33) 236-237 D 6
Pessons, Pic dels ▲ AND 240-241 H 5
Peštera ○ BG 38-39 D 6
Pestovo ○ RUS 30-31 O 2
Pestravka ☆ RUS 32-33 F 7
Petah Tiqwa ☆ IL 66-67 D 1
Petäjävesi ○ FIN 24-25 H 5
Petak, Tanjung ▲ RI 100-101 L 3
Petaling Jaya ○ MAL 98-99 D 3
Petaluma ○ USA 184-185 C 6
Petani, Sungai ○ MAL 98-99 D 2
Petaquillas ○ MEX 196-197 E 3
Petarbar ○ IND 78-79 D 4
Petare ○ YV 204-205 H 2
Petas, Rio Las ~ BOL 214-215 H 5
Petatlán ○ MEX 196-197 D 3
Petatlán, Rio ~ MEX 194-195 F 4
Petauke ○ Z 154-155 F 2
Petawanga Lake ⊖ CDN 178-179 M 5
Petawawa ○ CDN 182-183 F 6
Petcacab ○ MEX 196-197 K 2
Petchaburi ○ THA 94-95 E 4
Petchili, Golfe de = Bo Hai ≈ 90-91 L 2
Petchora, Baie de la = Pečorskaja guba ≈ 24-25 X 2
Petchora, Mer de = Pečorskoe more ≈ 24-25 V 2
Petchora = Pečora ~ RUS 24-25 W 3
Pété ○ CAM 142-143 B 3
Pétel, Djoutou- ○ RG 138-139 D 4
Petén Itzá, Lago ⊖ GCA 196-197 K 3
Petenwell Lake ⊖ USA 190-191 D 3
Peterbell ○ CDN 178-179 P 6
Peterborough ○ AUS (SA) 116-117 E 2
Peterborough ○ AUS (VIC) 116-117 G 5
Peter Borough ○ CDN 182-183 E 6
Peterborough ○ • CDN 182-183 E 6
Peterborough ○ • GB 26-27 G 5
Peterhead ○ GB 26-27 G 3
Peter Lake ⊖ CDN 174-175 X 4
Petermann Aboriginal Land ✗ AUS 112-113 K 2
Petermann Bjerg ▲ GRØ 170-171 l 7
Petermann Fjord ≈ 170-171 U 3
Petermann Gletscher ⊂ GRØ 170-171 U 3
Petermann Ranges ▲ AUS 112-113 K 2
Peteroa, Volcán ▲ RA 222-223 D 3
Peter Pond Lake ⊖ CDN 176-177 Q 3
Peter Pond Lake Indian Reserve ✗ CDN 176-177 Q 4
Peter Richards, Cape ▲ CDN 168-169 M 5
Petersburg ○ USA (AK) 176-177 D 3
Petersburg ○ USA (ND) 186-187 J 1
Petersburg ○ USA (OK) 188-189 J 3
Petersburg ○ USA (VA) 190-191 K 7
Petersburg Creek-Duncan Salt Chuck Wilderness ⊥ USA 176-177 D 3
Peter's Mine ○ GUY 206-207 E 2
Peterson, ostrov ⌒ RUS 44-45 b 3
Petersville ○ USA 164-165 P 5
Pethel Peninsula ⌣ CDN 174-175 O 4
Petifu Junction ○ WAL 138-139 D 5
Petín ○ E 34-35 D 3
Pétionville ○ • RH 198-199 J 5
Petit-Anse ○ F (972) 245 V a 3
Petit Belt = Lille Bælt ≈ 22-23 D 9
Petit-Bourg ○ F (971) 245 Ⅳ a 2
Petit Buëch ~ F (05) 242-243 H 2
Petit-Canal ○ F (971) 245 Ⅳ b 2
Petit Cul-de-Sac Marin ▲ F (971) 245 Ⅳ a 2
Petit Drumont ▲ F 234-235 K 6
Petite Beauce ⊥ F (41) 232-233 E 4
Petite Creuse ~ F (23) 236-237 K 3
Petite Forte ○ CDN 182-183 R 5
Petite-Île ○ F (974) 246 Ⅱ b 2
Petite Île ⌒ F (984) 246 Ⅵ a 1
Petite Kabylie ⊥ DZ 126-127 E 2
Petite Leyre ~ F (40) 240-241 C 2
Petite Maine ~ F (85) 236-237 C 2
Petite-Pierre, La ○ • F (67) 234-235 L 4
Petite Rivière de la Baleine ~ CDN 180-181 L 7
Petite Rivière de Povungnituk ~ CDN 180-181 M 4
Petites-Anses ○ F (971) 245 Ⅳ a 3
Petite Sauldre ~ F (18) 232-233 G 5
Petite-Terre ⌒ F (985) 246 Ⅰ b 2
Petite Terre, Îles de la ⌒ F (971) 245 Ⅳ b 2
Petit Fouet ○ F (973) 245 I a 2
Petit Goâve ○ RH 198-199 J 5
Petit Jardin ○ CDN 182-183 P 4
Petit Lac des Loups Marins ⊖ CDN 180-181 N 6
Petit Lac Manicouagan ⊖ CDN 182-183 L 3
Petit Lac Opinaca ⊖ CDN 182-183 F 2
Petit Lay ~ F (85) 236-237 C 2
Petit Lembous ~ F (82) 240-241 G 2
Petit Loango, Parc National du ⊥ G 146-147 B 5
Petit Mécatina, Île du ⌒ CDN 182-183 P 3
Petit Mécatina, Rivière du ~ CDN 182-183 O 3
Petit Mont Cameroun ▲ CAM 140-141 H 6
Petit Morin ~ F (77) 232-233 J 2
Petitot River ~ CDN 174-175 J 6
Petit-Pedelay ○ F (40) 240-241 D 2
Petit Point ▲ AUS 112-113 B 2
Petit Rhône ~ F (30) 242-243 E 4
Petit-Rocher ○ CDN 182-183 M 5
Petit-Saguenay ○ CDN 182-183 J 4
Petit Saint-Bernard, Col du ▲ F (73) 238-239 K 5
Petit-Serré, le ○ F (974) 246 Ⅱ a 2
Petitsikapau Lake ⊖ CDN 180-181 Q 7
Petlād ○ IND 74-75 D 8
Peto ○ MEX 196-197 K 1
Petoh ○ MAL 98-99 E 3
Petorca, Río ~ RCH 222-223 D 2
Petoskey ○ USA 190-191 F 3
Petra ∴ ••• JOR 66-67 D 2
Petra, ostrova ⌒ RUS 44-45 k 3
Petra I, ostrov ⌒ ARK 16 G 27
Petra Velikogo, zaliv ≈ 58-59 D 7
Petrel Bank ≃ 166-167 F 6
Petreto-Bicchisano ○ F (2A) 244 C 5
Petrič ○ BG 38-39 C 7
Petrified Forest National Park ∴ USA 188-189 C 2
Petrified Wood Park ∴ USA 186-187 F 3
Petrinja ○ HR 36-37 F 2
Petriščevo ○ RUS 30-31 N 4
Petrivs'ka fortec'a • UA 38-39 K 4
Petro ○ PK 74-75 C 6
Petrodvorec ○ RUS 30-31 L 2
Petrohué ○ RCH 222-223 C 6
Petrokrepost' = Šlisselburg ○ RUS 30-31 M 2
Petrolândia ○ BR 212-213 J 6
Petrolina ○ BR 212-213 H 6
Petrolina de Goiás ○ BR 216-217 F 4
Petropavlivka ○ UA 38-39 K 3
Petropavlovka ○ KA 62-63 M 3
Petropavlovka ○ RUS (IRK) 52-53 J 7
Petropavlovka ○ RUS (BUR) 52-53 M 10
Petropavlovsk ☆ • KA 60-61 F 1
Petropavlovsk ○ RUS 52-53 O 6
Petropavlovsk-Kamčatskij ☆ • RUS 56-57 S 7
Petropavlovskoe, ozero ⊖ RUS 58-59 F 4
Petrópolis ○ BR 216-217 J 7
Petroquímica ○ RA 224 G 2
Petroşani ○ RO 38-39 C 5
Petrovac ○ YU 36-37 H 2
Petrovka ○ RUS 60-61 O 2
Petrovsk ○ RUS 32-33 D 7
Petrovsk-Zabajkal'skij ☆ RUS 52-53 O 10
Petrov Val ○ RUS 32-33 D 8
Petrozavodsk ☆ RUS 24-25 N 6
Petrusburg ○ ZA 156-157 G 4
Petrusdal ○ NAM 156-157 C 1
Petrus Steyn ○ ZA 156-157 J 3
Petrusville ○ ZA 156-157 G 5
Petrykav ○ BY 30-31 L 5
Petucalco, Bahia de ≈ 196-197 C 3
Petuhovo ☆ RUS 50-51 J 7
Petuški ☆ RUS 48-49 L 2
Petuški ☆ RUS (VL) 30-31 Q 4
Peuch, le • F (19) 236-237 J 5
Peulik, Mount ▲ USA 166-167 S 4
Peulla ○ RCH 222-223 C 6
Peumo ○ RCH 222-223 D 3
Peunto, ozero ⊖ RUS 44-45 O 7
Peureula ~ RI 98-99 B 2
Peureula, Tanjung ▲ RI 98-99 B 2
Peureulak ○ RI 98-99 B 2
Peusangan ~ RI 98-99 B 2
Pevek ○ RUS 48-49 Q 2
Peymeinade ○ F (06) 242-243 K 4
Peyne ~ F (34) 240-241 L 4
Peyrat-le-Château ○ F (87) 236-237 J 4
Peyratte, La ○ F (79) 236-237 E 2
Peyrebrune ○ F (46) 236-237 J 6
Peyrefitte-sur-l'Hers ○ F (11) 240-241 H 4
Peyrehorade ○ F (40) 240-241 B 3
Peyreleau ○ F (12) 242-243 C 3
Peyrelevade ○ F (19) 236-237 K 4
Peyresq ○ F (04) 242-243 K 3
Peyriac-Minervois ○ F (11) 240-241 K 4
Peyrieu ○ F (01) 238-239 H 5
Peyrilhac ○ F (87) 236-237 H 4
Peyrins ○ F (26) 242-243 G 1
Peyrissac ○ F (19) 236-237 J 4
Peyruis ○ F (04) 242-243 H 3
Peyrusse-Grande ○ • F (32) 240-241 E 3
Peyuami, Sierra ▲ YV 204-205 K 5
Peza ~ RUS 24-25 S 4
Pézarches ○ F (77) 232-233 H 2
Pezas ○ RUS 50-51 T 7
Pézenas ○ F (34) 242-243 C 5
Peženka ~ RUS 48-49 M 3
Pezenas ○ F (11) 240-241 J 4
Pežostrov ⌒ RUS 24-25 M 3
Pezu ○ PK 74-75 C 3
Pezuls ○ F (24) 236-237 G 6
Pfaffenhoffen ○ F (67) 234-235 M 4
Pfarmigan, Cape ▲ CDN 168-169 M 5
Pfarrkirchen ○ D 28-29 M 4
Pfastatt ○ F (68) 238-239 L 1
Pfizner, Mount ▲ AUS 114-115 C 2
Pforzheim ○ D 28-29 K 4
Phaileng ○ IND 78-79 H 4
Phalaborwa ○ ZA 154-155 F 6
Phả Lại ○ VN 92-93 E 6
Phalodi ○ IND 74-75 D 6
Phalombe ○ MW 154-155 H 2
Phalsbourg ○ • F (57) 234-235 L 4
Phāltan ○ IND 76-77 F 2
Phan ○ THA 78-79 L 6
Phang Khon ○ THA 94-95 G 2
Phangnga ○ THA 94-95 E 6
Phanom ○ THA 94-95 E 6
Phanom Dong Rak ▲ THA 94-95 G 3
Phanom Sarakham ○ THA 94-95 F 4
Phan Rang Tháp Chàm ○ VN 94-95 K 5
Phan Ri, Vũng ~ VN 94-95 K 5
Phan Thiết ☆ VN 94-95 K 5
Phantoms Cave = Trou des Fantomes • CAM 146-147 C 2
Pharenda ○ IND 78-79 C 2
Pharphing ○ NEP 80-81 E 7
Pharr ○ USA 188-189 H 6
Phaselis ∴ •• TR 64-65 D 4
Phatthalung ○ THA 94-95 F 7
Phayakhapun Phiasi ○ THA 94-95 G 3
Phayao ○ THA 78-79 L 6
Phayuha Khiri ○ THA 94-95 F 3
Phedra ○ SME 206-207 G 3
Phelp River ~ AUS 110-111 C 3
Phelps Lake ⊖ CDN 174-175 S 6
Phen ○ THA 94-95 G 2
Phenix City ○ USA 192-193 F 3
Phetchabun ○ THA 94-95 F 2
Phibun Mangsahan ○ THA 94-95 H 3
Phichit ○ THA 94-95 F 2
Phikwe, Selebi- ○ RB 154-155 D 6
Philadelphia ○ USA (MS) 192-193 D 3
Philadelphia ○ USA (PA) 190-191 L 6
Philae ∴ ••• ET 130-131 F 5
Philip ○ USA 186-187 G 3
Philip Broke, Kap ▲ GRØ 170-171 r 6
Philippe, Île ⌒ F (33) 236-237 D 5
Philippeville ○ B 28-29 H 3
Philippi, Lake ⊖ AUS 114-115 E 3
Philippi, Monte ▲ RA 224 E 5
Philippine Basin = Philippines, Bassin des ≃ 10-11 M 6
Philippines, Bassin des = Philippine Basin ≃ 10-11 M 6
Philippines, Fosse des = Philippine Trench ≃ 96-97 G 6
Philippines, Mer des = Philippine Sea ≈ 96-97 F 4
Philippines = Pilipinas ■ RP 96-97 C 4
Philippines = Pilipinas ⌒ RP 6-7 M 7
Philippine Sea = Philippines, Mer des ≈ 96-97 F 4
Philippine Trench = Philippines, Fosse des ≃ 96-97 G 6
Philippolis ○ ZA 156-157 G 5
Philippsbourg ○ F (57) 234-235 M 4
Philipsburg ☆ NA 200 D 2
Philip Smith Mountains ▲ USA 164-165 Q 2
Philipstown ○ ZA 156-157 G 5
Phil Kearny, Fort ∴ USA 186-187 D 3
Phillip Bay, Port ≈ 116-117 H 5
Phillip Creek ○ AUS 110-111 C 6
Phillip Creek Station ○ AUS 110-111 C 6
Phillip Island ⌒ AUS 116-117 H 5
Phillips ○ USA (ME) 190-191 N 3
Phillips ○ USA (WI) 190-191 C 3
Phillipsburg ○ USA (KS) 186-187 H 6
Phillipsburg ○ USA (MO) 188-189 L 1
Phillips Inlet ≈ 170-171 G 2
Phillips Mountains ▲ ARK 16 F 23
Phillips Point ▲ CDN 168-169 h 2
Phillips Range ▲ AUS 108-109 G 4
Philpots Island ⌒ CDN 168-169 g 3
Phippsøya ⌒ N 20-21 M 2
Phitsanulok ○ THA 94-95 F 2
Phitshane ○ RB 156-157 G 2
Phnom Penh = Phnum Pénh ★ • K 94-95 H 5
Phnum Pénh ★ • K 94-95 H 5
Phoenix ☆ • USA 184-185 H 9
Phon ○ THA 94-95 G 3
Phon ○ THA 94-95 H 2
Phoncharoen ○ THA 94-95 G 2
Phonda ○ IND 76-77 E 2
Phongota ○ IND 74-75 E 3
Phôngsali ○ LAO 92-93 C 6
Phong Thổ ☆ VN 92-93 C 5
Phong Thong ○ THA 94-95 G 2
Phon Sa Van ○ LAO 92-93 C 7
Phoque, Rivière au ~ CDN 180-181 K 7
Phoquiers, Presqu'île des ⌣ F (984) 246 Ⅲ c 3
Phou Khoun ○ LAO 92-93 C 7
Phrae ○ THA 78-79 M 6
Phranakhon Si Ayutthaya ○ ••• THA 94-95 F 3
Phran Kratai ○ THA 94-95 E 2
Phra Pathom Chedi •• THA 94-95 E 4
Phú Bài ○ VN 94-95 J 2
Phú Cát ○ VN 94-95 K 3
Phu Đen Đin ▲ VN 92-93 C 5
Phú Hung ○ VN 94-95 J 5
Phuket ○ THA 94-95 E 7
Phukradung ○ THA 94-95 F 2
Phulbari ○ BD 78-79 F 3
Phulchari ○ BD 78-79 F 3
Phuldu ○ IND 78-79 H 4
Phú Lọc ☆ VN 94-95 J 2
Phu Luông ▲ VN 92-93 D 6
Phumi Ântoât ○ K 94-95 G 5
Phumi Bahm ○ K 94-95 H 4
Phumi Banam ○ K 94-95 H 5
Phumi Chhlong ○ K 94-95 H 4
Phumi Chŏâm Sla ○ K 94-95 G 5
Phumi Chŭb Krau ○ K 94-95 H 5
Phumi Kâmpóng Trâbêk ○ K 94-95 H 4
Phumi Kdól Kraôm ○ K 94-95 G 4
Phumi Khley ○ K 94-95 H 4
Phumi Khna ○ K 94-95 H 5
Phumi Krĕk ○ K 94-95 H 5
Phumi Labang Siĕk ○ K 94-95 J 4
Phumi Mlu Prey ○ K 94-95 H 4
Phumi o Snguŏt ○ K 94-95 G 4
Phumiphon Reservoir ⊖ THA 94-95 E 2
Phumi Phsa Rômêas ○ K 94-95 H 4
Phumi Prek Sândêk ○ K 94-95 H 5
Phumi Pring ○ K 94-95 H 4
Phumi Sala Vichey ○ K 94-95 H 4
Phumi Sâmraông ○ K 94-95 G 3
Phumi Spoe Tbong ○ K 94-95 H 4
Phumi Taek Sŏk ○ K 94-95 G 4
Phumi Thmâ Pôk ○ K 94-95 G 4
Phumi Véal Rénh ○ K 94-95 G 5
Phú My ○ VN 94-95 K 3
Phú My ○ VN 94-95 J 5
Phú Nhon ○ VN 94-95 K 3
Phunphin ○ THA 94-95 E 6
Phuntsholing ○ BHT 78-79 F 2
Phu'ó'c Long ○ VN 94-95 H 6

Phu'ó'c So'n o VN 94-95 J 3
Phú Quôc, Dào ⌒ VN 94-95 H 5
Phú Qúy ⌒ VN 94-95 K 5
Phurkia o IND 74-75 G 4
Phu Sa Phin ▲ VN 92-93 D 6
Phu Tho ☆ VN 92-93 D 6
Phutnaditjhaba o ZA 156-157 J 4
Phutthaisong o THA 94-95 G 3
Phu Yen ▲ THA 94-95 F 2
Pia o F (66) 240-241 K 5
Pia, Île ⌒ F (988) 247 I a 1
Piaçabuçu o BR 212-213 K 7
Piaca dos Mineiros o BR 216-217 D 5
Piacenza ☆ • I 36-37 B 2
Pialatte, la o F (38) 242-243 J 2
Piamonte o CO 204-205 D 4
Piana o F (2A) 244 C 4
Pianag o RP 96-97 D 6
Pianco o BR 212-213 K 5
Piancó, Rio ∼ BR 212-213 J 5
Pian Creek ∼ AUS 114-115 K 5
Piandang, Tanjung o MAL 98-99 D 2
Piangil o AUS 116-117 G 3
Pianguan o VRC 90-91 G 2
Piankana o ZRE 146-147 G 5
Pianosa, Ìsola ⌒ I 36-37 C 3
Pianotolli-Caldarello o F (2A) 244 D 6
Piaseczno o PL 28-29 Q 2
Piaski o PL 28-29 R 3
Piatra-Neamț ☆ • RO 38-39 E 4
Piauí ◘ BR 212-213 F 6
Piauí, Rio ∼ BR 212-213 G 6
Piauí, Rio ∼ BR 212-213 G 5
Piauí, Rio ∼ BR 212-213 K 7
Piave ∼ I 36-37 D 1
Piaxtla, Punta ▲ MEX 194-195 F 6
Piaxtla, Río ∼ MEX 194-195 F 6
Pibor ∼ SUD 144-145 A 5
Pibor Post o SUD 144-145 A 5
Píbrans = Příbram o CZ 28-29 N 4
Pica o RCH 214-215 C 7
Pica, La o YV 204-205 J 3
Picacho de la Laguna ▲ MEX 194-195 E 6
Picada o BR 214-215 K 5
Piĉaevo o RUS 30-31 S 5
Picão, Ponta do ▲ BR 216-217 J 7
Pica-Pau, Cachoeira ∼ BR 206-207 E 6
Picard ⌒ SY 158-159 E 2
Picardie ◘ F 228-229 J 4
Picardie ⊥ F 228-229 K 4
Picayune o USA 192-193 D 4
Piccovaggia o F (2A) 244 D 5
Picentini, Monti ▲ I 36-37 E 4
Pich o MEX 196-197 J 2
Pichalo, Punta ▲ RCH 214-215 B 6
Pichaman o RCH 222-223 C 3
Pichana, Río ∼ RA 220-221 E 6
Pichanal o RA 220-221 E 2
Pichelèbe o F (40) 240-241 B 3
Picher o USA 188-189 K 1
Picherande o F (63) 236-237 L 5
Pichereguas, Paso ▲ RA 220-221 C 6
Pichilemu o RCH 222-223 D 3
Pichileufu, Cerro ▲ RA 222-223 D 6
Pichilingue o MEX 194-195 D 5
Pichi Mahuida o RA 222-223 G 5
Pichincha, Volcán ▲ EC 208-209 C 2
Pichi Richi Railway • AUS 116-117 D 2
Pichis, Río ∼ PE 208-209 E 7
Pichor o IND 74-75 G 7
Pichucalco o MEX 196-197 H 3
Pichupichu, Volcán ▲ PE 214-215 B 5
Pickerel Lake ⌓ CDN 178-179 L 6
Pickertaramoor ✕ AUS 108-109 K 1
Pickstown o USA 186-187 H 4
Pickwick Lake ⌓ USA 192-193 D 2
Pico ⌒ P 14-15 E 6
Pico, Zone de Fracture = Pico Fracture Zone ≃ 14-15 E 5
Pico da Neblina, Parque Nacional do ⊥ BR 210-211 D 2
Pico de Orizaba, Parque Nacional ⊥ MEX 196-197 F 2
Pico de Salamanca o RA 224 G 2
Pico Fracture Zone = Pico, Zone de Fracture ≃ 14-15 E 5
Pico Negro, Cerro ▲ RCH 214-215 C 6
Picos o BR 212-213 H 5
Picos, Los o MEX 194-195 H 3
Picota o PE 208-209 D 5
Pico Truncado o RA 224 G 3
Picquigny o F (80) 228-229 J 4
Pic River ∼ CDN 178-179 N 6
Picton o • AUS 116-117 L 3
Picton o CDN 182-183 F 6
Picton o NZ 118 E 4
Picton, Isla ⌒ RCH 224 G 7
Pictou o CDN 182-183 N 6
Pictou Island ⌒ CDN 182-183 N 6
Pictured Rocks National Lakeshore ⊥ USA 190-191 E 2
Picturesque Site ∴ • RI 102-103 H 2
Picudo, Cerro ▲ RA 224 F 3
Picuí o BR 212-213 K 5
Picunda o • GE 62-63 D 6
Picunda, mys ▲ GE 62-63 D 6
Picún Leufú o RA 222-223 E 5
Picún Leufú, Arroyo ∼ RA 222-223 E 5
Picúnleufú, Cerro ▲ RA 222-223 D 5
Pidando ⌒ DVR 86-87 E 8
Pidarak o PK 70-71 K 6
Pidie, Ujung ▲ RI 98-99 A 2
Pidurutalagala ▲ CL 76-77 J 7
Piebli o CI 138-139 G 6
Piedad de Cavadas, La o MEX 196-197 C 1
Piedade o BR 216-217 G 7
Pié de Palo, Sierra ▲ RA 220-221 C 6
Piedicorte-di-Gaggio o F (2B) 244 D 4
Piedicroce o F (2B) 244 D 4
Piedmont o USA 192-193 F 3
Piedra, Cerro ▲ RCH 222-223 C 4
Piedrabuena o E 34-35 E 5
Piedra del Águila o RA 222-223 D 6
Piedra de la Virgen • YV 206-207 D 3
Piedra de Olla, Cerro ▲ MEX 196-197 F 3
Piedra Echada o RA 222-223 H 5
Piedrahita o E 34-35 E 4
Piedras, Las o PE 214-215 C 3
Piedras, Las o ROU 222-223 L 3
Piedras, Punta ▲ RA 222-223 L 3
Piedras, Río de las ∼ PE 214-215 B 2
Piedras Altas o BR 218-219 D 8
Piedras Blancas o CR 196-197 C 7
Piedras Negras ∴ • GCA 196-197 J 3
Piedras Negras o MEX 194-195 J 3
Piedra Sola o ROU 222-223 L 2
Piedras Point ▲ RP 96-97 C 7
Piedritas o MEX 194-195 H 3
Piedritas o RA 222-223 H 3
Piégut-Pluviers o F (24) 236-237 G 4
Pie Island ⌒ CDN 178-179 M 6
Piekenaarskloof ▲ ZA 156-157 D 6
Pieksämäki o FIN 24-25 J 5
Piéla o BF 138-139 K 3
Pielavesi o FIN 24-25 J 5
Pielinen ⌓ FIN 24-25 K 5
Pieljekaise nationalpark ⊥ S 22-23 H 3
Pieman River ∼ AUS 116-117 H 6
Piemonte ◘ I 36-37 A 2
Pienaarsrivier o ZA 156-157 J 2
Piendamo o CO 204-205 C 6
Piene o F (06) 242-243 M 4
Pieniężno o • PL 28-29 Q 1
Pienza o • I 36-37 C 3
Pierce Lake ⌓ CDN 178-179 K 3
Pierceland o CDN 176-177 Q 4
Pieres o RA 222-223 K 5
Pierlas o F (06) 242-243 L 3
Pierowall o GB 26-27 F 2
Pierre ☆ USA 186-187 G 3
Pierre-Buffière o F (87) 236-237 H 4
Pierre-Châtel o F (38) 242-243 H 2
Pierreclos o F (71) 238-239 F 4
Pierrecourt o F (70) 238-239 H 1
Pierre-de-Bresse o F (71) 238-239 G 3
Pierrefeu-du-Var o F (83) 242-243 J 5
Pierrefitte o F (61) 230-231 L 2
Pierrefitte-en-Cinglais o F (14) 230-231 L 2
Pierrefitte-lès-Bois o F (45) 232-233 H 4
Pierrefitte-Nestalas o F (65) 240-241 D 5
Pierrefitte-sur-Aire o F (55) 234-235 G 4
Pierrefitte-sur-Sauldre o F (41) 232-233 G 4
Pierrefonds o F (60) 228-229 K 5
Pierrefontaine-les-Varans o F (25) 238-239 K 2
Pierrefort o F (15) 236-237 L 6
Pierrefort • F (54) 234-235 H 4
Pierre-Gourde, Château de • F (07) 242-243 F 2
Pierre Hoho o F (973) 245 I c 3
Pierre Lake ⌓ CDN 178-179 Q 6
Pierrelatte o F (26) 242-243 F 3
Pierre le Grand, Baie de = Petra Velikogo, zaliv ≈ 58-59 D 7
Pierre-Levée o F (77) 232-233 J 2
Pierremont o F (62) 228-229 J 3
Pierre-Perthuis o • F (89) 232-233 K 5
Pierrepont o F (02) 228-229 M 4
Pierrepont o F (54) 234-235 H 3
Pierrepont-sur-Avre o F (80) 228-229 K 4
Pierres o F (28) 232-233 F 2
Pierre Saint-Martin, Col de la ▲ F 240-241 C 5
Pierre sur Haute ▲ F (42) 238-239 D 5
Pierrette o F (973) 245 I c 2
Pierre Verendrye Monument, Fort ∴ USA 186-187 G 3
Pierreville o TT 204-205 L 2
Pierroton o F (33) 236-237 D 6
Pierson o CDN 178-179 F 6
Pierson o USA 192-193 H 5
Piešťany o SK 28-29 O 4
Pietarsaari = Jakobstad o FIN 24-25 G 5
Pietermaritzburg ☆ •• ZA 156-157 K 4
Pietersburg o ZA 154-155 E 6
Pietlo o LB 138-139 F 7
Piet Plessis o ZA 156-157 G 3
Pietralba o F (2B) 244 D 3
Pietranera o F (2B) 244 D 3
Piet Retief o • ZA 156-157 K 3
Pietroșani o RO 38-39 D 6
Pieux, Les o F (50) 228-229 A 4
Pifo o EC 208-209 C 2
Pigeon, Îlets ⌒ F (971) 245 IV a 2
Pigeon Hole o AUS 108-109 K 4
Pigeon Lake ⌓ CDN 176-177 N 5
Piggott o USA 188-189 M 1
Piggs Peak o SD 156-157 K 2
Pignan o F (34) 242-243 D 4
Pignon o RH 198-199 J 5
Pigu o GH 138-139 K 5
Pigüé o RA 222-223 H 4
Pigüé, Arroyo ∼ RA 222-223 H 4
Pigŭm Do ⌒ ROK 86-87 E 10
Pihtipudas o FIN 24-25 H 5
Pihtovyj greben', gora ▲ RUS 50-51 S 7
Pijijiapan o • MEX 196-197 H 4
Pikalevo o RUS 30-31 O 2
Pikangikum o CDN 178-179 K 5
Pikangikum Lake ⌓ CDN 178-179 J 5
Pikas', hrebet ▲ RUS 48-49 Q 5
Pikasilla o EST 30-31 K 2
Pikas'vajat ∼ RUS 48-49 R 5
Pike Island ⌒ CDN 180-181 P 3
Pike Lake o CDN 178-179 C 5
Pikes Peak ▲ USA 186-187 E 6
Piketberg o ZA 156-157 D 6
Piketon o USA 190-191 G 6
Pikeville o USA (KY) 190-191 G 7
Pikeville o USA (TN) 192-193 F 2
Pikin Rio ∼ SME 206-207 G 4
Pikiutdleq = Køge Bugt ≈ 172-173 U 4
Pikmiktalik o USA 164-165 J 5
Pikounda o RCB 146-147 F 3
Pikovka, Bol'šaja ∼ RUS 50-51 R 5
Pila ☆ • PL 28-29 O 2
Pila o RA 222-223 K 4
Pila, La o MEX 194-195 J 6
Pila-Canale o F (2A) 244 C 5
Pilaga, Riacho ∼ RA 220-221 H 3
Pilah, Kuala o MAL 98-99 E 3
Pila Kyun ⌒ MYA 94-95 D 5
Pilane o RB 156-157 H 2
Pilanesberg ▲ ZA (TRA) 156-157 H 2
Pilanesberg ⊥ ZA (TRA) 156-157 H 2
Pilang o RI 100-101 D 5
Pilani o IND 74-75 E 5
Pilão Arcado o BR 212-213 G 6
Pilar o • IND 76-77 E 3
Pilar ☆ PY 220-221 H 4
Pilar o RA (BUA) 222-223 K 3
Pilar o RA (COD) 220-221 F 6
Pilar, El o YV 204-205 K 2
Pilar de Goiás o BR 216-217 F 3
Pilas Group ⌒ RP 96-97 D 9
Pilas Island ⌒ RP 96-97 D 9
Pilat, Mont ▲ F (38) 242-243 F 1
Pilat, Parc Naturel Régional du ⊥ F (42) 242-243 F 1
Pilaya, Río ∼ BOL 220-221 E 1
Pilbara ⊥ AUS 108-109 C 7
Pilcaniyeu o RA 222-223 D 6
Pilcomayo, Río ∼ PY 220-221 G 2
Pilcopata o PE 214-215 B 3
Pil'da ∼ RUS 58-59 H 3
Pile Bay Village o USA 166-167 U 3
Pileru o IND 76-77 H 4
Pilgrams = Pelhřimov o CZ 28-29 N 4
Pilgrim Springs o USA 164-165 H 4
Pilgrim's Rest o • ZA 156-157 K 2
Pilibhit ☆ IND 74-75 G 5
Piling Lake ⌓ CDN 172-173 C 2
Pilipinas = Philippines ■ RP 96-97 C 4
Pilipinas = Philippines ⌒ RP 6-7 M 7
Pilka ∼ RUS 54-55 F 6
Pilles, Les o F (26) 242-243 G 3
Pilliga o AUS 114-115 K 6
Pillinger o AUS 116-117 H 7
Pillo, Isla del ⌒ RA 222-223 J 2
Pilluana o PE 208-209 D 5
Pil'nja, ozero ⌓ RUS 44-45 H 7
Pilões o BR (MIN) 216-217 H 3
Pilões o BR (PA) 212-213 L 5
Pilões, Cachoeira do ∼ BR 212-213 D 6
Pilón o C 198-199 G 5
Pilon, Col du ▲ F (06) 242-243 K 4
Pilón, El o PA 196-197 D 8
Pilón, Río ∼ MEX 194-195 J 5
Pilos o GR 36-37 H 6
Pilot, The ▲ AUS 116-117 K 4
Pilota Mohotkina, ostrov ⌒ RUS 44-45 b 3
Pilot Point o USA 166-167 S 4
Pilot Rock o USA 184-185 E 3
Pilot Santa o USA 164-165 J 6
Pilowo o RI 100-101 L 2
Pilquen, Cerro ▲ RCH 222-223 C 4
Pilsen = Plzeň o CZ 28-29 M 4
Pil'tanlor, ozero ⌓ RUS 50-51 M 4
Pil'tun, zaliv ⌓ RUS 58-59 K 2
Pil'vo o RUS 58-59 K 3
Pim ∼ RUS 50-51 L 4
Pimba o AUS 114-115 D 6
Pimbee o AUS 112-113 C 2
Pimelles o F (89) 234-235 E 6
Pimenta Bueno o BR 214-215 G 2
Pimenteiras o BR (PIA) 212-213 H 5
Pimenteiras o BR (RON) 214-215 G 3
Pimentel o PE 208-209 C 5
Pimentel Barbosa, Área Indígena ✕ BR 216-217 E 2
Pim Island ⌒ CDN 170-171 N 4
Pimpalgaon Basvant o IND 74-75 E 9
Pin, Le o F (03) 238-239 D 4
Pina o F (973) 245 I c 4
Pina o GH 138-139 K 4
Piña o PA 196-197 D 7
Piña, Cerro ▲ PA 196-197 E 8
Pinabasan, Pulau ⌒ RI 100-101 E 2
Pinacate, Cerro del ▲ MEX 194-195 C 2
Pináculo, Cerro ▲ RA 224 D 5
Pinagsabangan o RP 96-97 D 6
Pinal, Caño el ∼ CO 204-205 F 5
Piñal, El o CO 204-205 D 3
Pinaleno Mountains ▲ USA 188-189 B 3
Piñalito o CO 204-205 E 6
Pinamalayan o RP 96-97 D 6
Pinamar o RA 222-223 L 4
Pinamula o RI 100-101 G 3
Pinang o RI 98-99 H 4
Pinanga o ZRE 146-147 G 5
Pinangah o MAL 96-97 B 10
Pınarbaşı ☆ TR 64-65 G 3
Pinar del Río ☆ C 198-199 D 3
Pinaré o BR 218-219 E 5
Pinarellu o F (2A) 244 D 5
Pınarhisar ☆ TR 64-65 B 2
Pinas o F (65) 240-241 E 4
Pinatubo, Mount ▲ RP 96-97 D 5
Pin Bouchain, Col du ▲ F (42) 238-239 E 5
Pincemaille, Lac de ⌓ F (37) 230-231 M 5
Pincher o CDN 176-177 O 7
Pincher Creek o CDN 176-177 O 7
Pinçon, Mont ▲ F (14) 230-231 K 2
Pincón de Boygorri, Represa < ROU 222-223 L 2
Pińczów o • PL 28-29 Q 3
Pinda o MOC 154-155 H 3
Pindache o F (988) 247 I b 2
Pindaí o BR 216-217 J 3
Pindaí, Presqu'île de ⌒ F (988) 247 I b 3
Pindaíba, Rio ∼ BR 216-217 D 3
Pindal o EC 208-209 B 4
Pindar o AUS 112-113 C 4
Pindarama do Tocantins o BR 212-213 E 7
Pindare, Rio ∼ BR 212-213 F 3
Pindaré, Rio ∼ BR 212-213 E 4
Pind Dādan Khān o PK 74-75 D 3
Pindères o F (47) 240-241 E 2
Pindi Bhattiān o PK 74-75 D 4
Pindi Gheb o PK 74-75 D 3
Pindiu o PNG 119 D 4
Pindolo o RI 100-101 G 5
Pindos Oros ▲ GR 36-37 H 5
Pinduši o RUS 24-25 N 5
Pine Apple o USA 192-193 E 4
Pine Bluff o USA 188-189 L 2
Pine Bluffs o USA 186-187 E 5
Pine City o USA 186-187 L 3
Pine Creek o AUS 108-109 K 2
Pine Creek ∼ CDN 174-175 K 4
Pine Creek ∼ CDN 176-177 O 4
Pine Creek Gorge ∴ USA 190-191 K 5
Pine Creek Indian Reserve ✕ CDN 178-179 F 4
Pine Dock o CDN 178-179 H 5
Pine Falls o CDN 178-179 H 5
Pinefield o BS 198-199 J 3
Pine Flat Reservation < USA 184-185 E 7
Pinega o RUS 24-25 R 4
Pinega ∼ RUS 24-25 S 5
Pinegrove o AUS 112-113 C 3
Pine Hill o AUS 114-115 B 2
Pine Hill o CDN 182-183 G 6
Pinehouse Lake ⌓ CDN 178-179 C 3
Pinehurst o USA 184-185 E 7
Pineimuta River ∼ CDN 178-179 M 4
Pine Island o USA 186-187 L 3
Pine Island Bay ≈ 16 F 26
Pine Islands ⌒ USA 192-193 H 7
Pineland o USA 188-189 L 4
Pinellas Park o USA 192-193 G 6
Pinemuta River ∼ CDN 178-179 L 4
Pine Point o CDN (NWT) 174-175 M 5
Pine Point ▲ CDN (NWT) 174-175 M 5
Pine Portage o CDN 178-179 M 6
Piñera o ROU 222-223 L 2
Pine Ridge o USA (CA) 184-185 E 7
Pine Ridge o USA (SD) 186-187 F 4
Pine Ridge Indian Reservation ✕ USA 186-187 F 4
Pine River ∼ CDN 174-175 Q 6
Pine River ∼ CDN 176-177 J 4
Pinerolo o I 36-37 A 2
Pineto o I 36-37 E 3
Pinetop-Lakeside o USA 188-189 C 2
Pinetown o ZA 156-157 K 4
Pineville o USA 188-189 L 4
Piney o CDN 178-179 J 6
Piney o F (10) 234-235 E 5
Piney Buttes ⊥ USA 186-187 D 2
Pingal o IND 74-75 D 1
Ping'an o VRC 90-91 C 3
Pingaring o AUS 112-113 E 6
Pingba o VRC 92-93 E 3
Pingchang o VRC 90-91 E 6
Pingdingshan o VRC 90-91 H 5
Pingding Shan ▲ VRC 86-87 G 4
Pingdu o VRC 90-91 L 3
Pingelly o AUS 112-113 D 6
Pinger Point ▲ CDN 168-169 f 6
Pingguo o VRC 92-93 E 5
Pinghe o VRC 92-93 K 4
Pinghu o VRC 90-91 M 6
Pingjiang o VRC (GZH) 92-93 F 4
Pingjiang o VRC (HUN) 92-93 H 2
Pingle o VRC 92-93 G 4
Pingli o VRC 90-91 F 5
Pingliang o VRC 90-91 E 4
Pingling o VRC 92-93 J 5
Pinglu o VRC 90-91 H 2
Pinglu o VRC 92-93 F 5
Pingluo o VRC 90-91 E 2
Pingnan o VRC (FUJ) 92-93 L 3
Pingnan o VRC (GXI) 92-93 G 5
Pingo, El o RA 220-221 H 6
Pingo Pingo, Cerro ▲ RCH 220-221 C 2
Pingouins, Île des ⌒ F (984) 246 VI a 2
Pingquan o VRC 84-85 O 7
Pingree o USA 186-187 H 2
Pingrup o AUS 112-113 E 6
Pingshan o VRC (HEB) 90-91 J 2
Pingshan o VRC (HEI) 86-87 F 5
Pingshi o VRC 92-93 H 4
Pingtang o VRC 92-93 E 4
Pingtung o RC 92-93 M 5
Pingua Hills ▲ CDN 172-173 D 3
Pingüicas, Cerro ▲ MEX 194-195 K 7
Pingüinos, Reserva Faunística los ⊥ RCH 224 E 6
Pingurbek Island ⌒ USA 166-167 O 3
Þingvallavatn ⌓ IS 22-23 c 2
Þingvellir o • IS 22-23 c 2
Pingwang o VRC 90-91 M 6
Pingwu o VRC 90-91 D 5
Pingxiang o VRC (GXI) 92-93 E 5
Pingxiang o VRC (JXI) 92-93 H 3
Pingyang o VRC 92-93 M 3
Pingyao o VRC 90-91 H 3
Pingyi o VRC 90-91 K 4
Pingyin o VRC 90-91 K 3
Pingyu o VRC 90-91 J 5
Pingyuan o VRC 92-93 J 4
Pingyuanjie o VRC 92-93 C 5
Pinhal o BR 218-219 E 8
Pinhalzinho o BR 218-219 D 6
Pinhão o BR 218-219 E 5
Pinheiro o BR 212-213 F 3
Pinheiro Machado o BR 218-219 D 8
Pinheiros o BR 216-217 K 5
Pinhél o BR 210-211 K 4
Pinhuã, Rio ∼ BR 210-211 E 6
Pini, Pulau ⌒ RI 98-99 C 4
Pinillos o CO 204-205 D 3
Pinjarra o • AUS 112-113 C 6
Pinjug o RUS 32-33 E 3
Pinkan o MYA 78-79 K 4
Pinkawillinie Conservation Park ⊥ AUS 116-117 C 2
Pinkha o MYA 78-79 J 3
Pink Mountain o CDN 176-177 J 3
Pink River ∼ CDN 178-179 D 2
Pinlebu o MYA 78-79 J 3
Pinnacles o AUS 112-113 F 4
Pinnacles, The ⊥ AUS 112-113 C 5
Pinnacles National Monument ∴ USA 184-185 D 7
Pinnaroo o AUS 116-117 F 3
Pinney's Beach ⊥ KAN 200 D 3
Pino o F (2B) 244 D 3
Pinogu o RI 100-101 H 3
Pinoh ∼ RI 98-99 J 5
Pino Hachado, Paso de ▲ RA 222-223 D 5
Pinols o F (43) 242-243 C 1
Pinon Hills o USA 184-185 F 8
Pinos o MEX 194-195 J 6
Pinotepa Nacional o • MEX 196-197 E 3
Pinrang o RI 100-101 F 5
Pins, Cap des ▲ F (988) 247 I e 3
Pins, Île des = Kunye ⌒ F (988) 247 I e 4
Pins, Pointe aux ▲ CDN 182-183 D 7
Pinsaguel o F (31) 240-241 G 3
Pin-sec, le o F (33) 236-237 C 5
Pinsk o BY 30-31 K 5
Pinski bolota ⊥ UA 38-39 D 2
Pinsot o F (38) 242-243 J 1
Pinta, Isla ⌒ EC 208-209 B 9
Pintada, La o PA 196-197 D 7
Pintada, Sierra ▲ MEX 194-195 B 4
Pintadas o BR 212-213 J 7
Pintado o BR 212-213 G 6
Pintado, Cerro ▲ RA 224 D 4
Pintado, Rio ∼ BR 216-217 E 2
Pintados o RCH 214-215 C 7
Pintados, Salar de ⌓ RCH 214-215 C 7
Pintatu o RI 100-101 K 3
Pinto o RA 220-221 F 5
Pintoyacu, Río ∼ EC 208-209 D 2
Pinturas, Río ∼ RA 224 E 3
Pintuyan o RP 96-97 F 8
Piñuelas o CO 204-205 D 2
Piñuña Negra o CO 208-209 D 1
Pinware River ∼ CDN 182-183 Q 2
Pinzon, Canal de ≈ 208-209 B 10
Pinzon, Isla ⌒ EC 208-209 B 10
Pioche o USA 184-185 G 7
Piodi o ZRE 150-151 C 4
Pio IX o BR 212-213 H 5
Pioka o ZRE 146-147 E 6
Piolenc o F (84) 242-243 F 3
Piombino o I 36-37 C 3
Pioneer, Zone de Fracture de = Pioneer Fracture Zone ≃ 10-11 O 4
Pioneer Fracture Zone = Pioneer, Zone de Fracture de ≃ 10-11 O 4
Pioneer Huron City ∴ USA 190-191 G 3
Pioneer Mountains ▲ USA 184-185 H 3
Pioneer Woman Monument ∴ USA 188-189 J 1
Pioneiros d'Oeste o BR 216-217 D 3
Pioner o RUS 58-59 M 6
Pioner, ostrov ⌒ RUS 44-45 Y 2
Pionsat o F (63) 236-237 L 3
Piore River ∼ PNG 119 A 2
Piorini o BR 210-211 F 4
Piorini, Lago ⌓ BR 210-211 F 4
Piotrków Trybunalski ☆ PL 28-29 P 3
Pio XII. o BR 212-213 F 3
Pipa, Cerro ▲ RA 222-223 E 6
Pipalyatjara o AUS 112-113 K 3
Pipanaco, Salar de ⌓ RA 220-221 D 5
Piparia o IND 74-75 G 8
Pipe Spring National Monument ∴ USA 184-185 H 7
Pipestone o CDN 178-179 F 6
Pipestone o USA 186-187 J 4
Pipestone Creek ∼ CDN 178-179 E 5
Pipestone National Monument ∴ USA 186-187 J 3
Pipestone River ∼ CDN 174-175 Q 6
Pipi ∼ RCA 142-143 F 4
Pipi, Gorges de la •• RCA 142-143 F 4
Pipili o IND 78-79 D 5
Pipinas o RA 222-223 L 3
Pipiriki o NZ 118 E 3
Pipistone River ∼ CDN 178-179 L 4
Piplān o PK 74-75 C 3
Piplod o IND 74-75 D 8
Pipmuacan, Réservoir < CDN 182-183 J 4
Pipon Island ⌒ AUS 110-111 H 4
Pipri o IND 78-79 C 3
Pipriac o F (35) 230-231 H 4
Piprod o IND 78-79 B 4
Piqua o USA 190-191 F 5
Piqua Historic Area ∴ USA 190-191 F 5
Piquenes, Paso de los ▲ RA 222-223 E 2
Piqueras, Puerto de ▲ E 34-35 F 3
Piquet Carneiro o BR 212-213 J 4
Piquete o BR 216-217 H 7
Piquí o BR 220-221 K 1
Piquiri, Rio ∼ BR 218-219 D 5
Pir o IR 70-71 B 2
Pira o DY 138-139 L 5
Pirabeiraba o BR 218-219 F 6
Piracá, Rio ∼ BR 216-217 F 4
Piracaia o BR 216-217 G 7
Piracanjuba o BR 216-217 F 4
Piracanjuba, Rio ∼ BR 216-217 F 4
Piracicaba o BR 216-217 G 7
Piracuruca o BR 212-213 H 3
Piracuruca, Rio ∼ BR 212-213 H 4
Pirada o GNB 138-139 C 3
Pirada Km. 101 o RA 220-221 E 5
Pirae o F (987) 247 V a 2
Pirahá, Área Indígena ✕ BR 210-211 F 6
Piraí o BR 210-211 J 4
Piraí do Sul o BR 218-219 F 5
Pirajiba o BR 216-217 J 2
Piraju o BR 216-217 F 7
Pirajuí o BR 216-217 F 7
Pirambu o BR 212-213 K 7
Piramidal'nyj, pik ▲ KS 72-73 M 5
Pirámide, Cerro ▲ RCH 224 D 4
Pirané o RA 220-221 H 3
Piranga o BR 216-217 J 6
Piranga, Rio ∼ BR 216-217 J 6
Pirangi, Rio ∼ BR 212-213 J 4
Piranguinho o BR 216-217 H 7
Piranha, Rio ∼ BR 210-211 D 6
Piranhaquara, Igarapé ∼ BR 212-213 B 4
Piranhas o BR (ALA) 212-213 K 6
Piranhas o BR (GOI) 216-217 E 4
Piranhas, Rio ∼ BR 210-211 J 6
Piranhas, Rio ∼ BR 212-213 D 6
Piranhas, Rio ∼ BR 212-213 K 5
Piranhas, Rio ∼ BR 216-217 E 4
Pīrānšahr o IR 64-65 L 4
Piranteira, Cachoeira ∼ BR 210-211 F 2
Pira Paraná, Río ∼ CO 210-211 B 3
Pirapemas o BR 212-213 F 3
Pirapó, Rio ∼ BR 216-217 D 7
Pirapó, Río ∼ PY 220-221 J 4
Pirapó, Serra do ▲ BR 220-221 K 5
Pirapora o BR 216-217 H 4
Pirapozinho o BR 216-217 E 7
Piraquara o BR 218-219 F 5
Pirarajá o ROU 222-223 M 2
Pirassununga o BR 216-217 G 6
Piratinga, Rio ∼ BR 216-217 G 3
Piray, Río ∼ BOL 214-215 F 6
Pircas, Cerro ▲ RA 220-221 C 6
Pirda ∼ RUS 52-53 M 3
Piréas o GR 36-37 J 6
Pirehueico, Lago ⌓ RCH 222-223 D 5
Pirenópolis o BR 216-217 F 3
Pires do Rio o BR 216-217 F 4
Piré-sur-Seiche o F (35) 230-231 J 3
Pirgí o GR 36-37 K 5
Pirgos o GR 36-37 K 7
Pirgos o GR 36-37 H 6
Piriá, Rio ∼ BR 212-213 E 2
Piriac-sur-Mer o F (44) 230-231 F 5
Piriapolis o ROU 222-223 M 3
Pirica, Río ∼ RA 220-221 D 4
Piri Grande o BR 206-207 J 5
Pirin, Naroden Park ⊥ ••• BG 38-39 C 7
Pirinem o RUS 24-25 S 4
Pirineos ▲ E 34-35 G 3
Piripá o BR 216-217 K 3
Piripiri o BR 212-213 H 4
Piritiba o BR 212-213 H 7
Piriyāpatna o IND 76-77 F 4
Pirjo Goth o PK 74-75 B 6
Pir Mangho o • PK 70-71 M 6
Pirmasens o D 28-29 J 4
Pirna o • D 28-29 M 3
Piro o MOC 154-155 H 4
Pirojpur o BD 78-79 G 4
Piros, Cerro los ▲ RCH 222-223 C 4
Pirot o • YU 36-37 J 3
Pirou o F (50) 228-229 A 5
Pirovac o HR 36-37 E 3
Pirožnikova ∼ RUS 56-57 S 5
Pirpainti o IND 78-79 E 3
Pir Panchal Range ▲ IND 74-75 E 2
Pirré, Cerro ▲ PA 196-197 F 8
Pirsagat ∼ AZ 64-65 N 2
Pirttikoski o FIN 24-25 J 3
Piru o RI 102-103 E 3
Piru, Teluk ≈ 102-103 E 3
Piruru o GUY 206-207 F 3
Pisa o ••• I 36-37 C 3
Pisac o PE 214-215 B 3
Pisacoma o PE 214-215 C 5
Pisagua o RCH 214-215 B 6
Pisanda o CO 208-209 D 1
Pisandaungsaung o MYA 94-95 E 5
Pisang, Kepulauan ⌒ RI 102-103 F 3
Pisau, Tanjung ▲ MAL 96-97 C 9
Pisba, Parque Nacional ⊥ CO 204-205 E 5
Piŝča o UA 38-39 C 2
Piscines antiques • F (03) 236-237 L 3
Pisco o PE 208-209 D 8
Pisco Elqui o RCH 220-221 B 6
Piscovo o • RUS 30-31 R 3
Písek o CZ 28-29 N 4
Pisek = Písek o CZ 28-29 N 4
Piseux o F (27) 232-233 D 2
Pisgah, Mount ▲ USA 184-185 D 3
Pishan o VRC 80-81 B 2
Pishin o PK 70-71 M 3
Pishin Lora ∼ PK 70-71 M 3
Pishin Lora ∼ PK 70-71 L 4
Pišin o IR 70-71 J 5
Piso, Lake ⌓ LB 138-139 E 6
Piso Firme o BOL 214-215 G 3
Pisqui, Río ∼ PE 208-209 E 5
Pisseloup o F (70) 238-239 H 1
Pissila o BF 138-139 K 3
Pissos o F (40) 240-241 C 2
Piste o MEX 196-197 K 1
Pisticci o I 36-37 F 4
Pistóia o I 36-37 C 3
Pistolet Bay ≈ 182-183 R 3
Pistol River o USA 184-185 B 4
Pisuerga, Río ∼ E 34-35 E 3
Pisz o • PL 28-29 Q 2
Pit o RI 102-103 K 3
Pita o RG 138-139 D 4
Pita, La ∴ PA 196-197 D 7
Pitaga o CDN 182-183 M 2
Pital o CO 204-205 D 6
Pitalito o CO 204-205 C 7
Pitanga o BR 218-219 E 5
Pitangui o BR 216-217 H 5
Pitarpunga Lake ⌓ AUS 116-117 G 3
Pitas o MAL 96-97 B 9
Pitäv ∼ AFG 72-73 M 6
Pitcairn Island ⌒ GB 9 O 5
Pitche o GNB 138-139 D 3
Pitch Lake • TT 204-205 L 2
Piteå o S 22-23 K 4
Piteälven ∼ S 22-23 J 4
Pitești ☆ RO 38-39 D 5
Pit-Gorodok o RUS 52-53 F 6
Pithāpuram o IND 78-79 C 7
Pithara o AUS 112-113 D 5
Pithiviers o F (45) 232-233 G 3
Piti ∼ EAT 150-151 G 4
Piti, Lagoa ⌓ MOC 156-157 L 3
Piti Aau, Motu ⌒ F (987) 247 IV a 2
Pitigala o CL 76-77 J 7
Pitinga, Rio ∼ BR 206-207 E 6
Pitjantjatjara Aboriginal Land ✕ AUS 112-113 L 3
Pitkas Point o USA 164-165 J 5
Pitkjaranta ☆ RUS 24-25 L 6
Pitljar ∼ RUS 50-51 J 2
Pitmegea River ∼ USA 164-165 H 2
Pitoa o CAM 140-141 K 4
Pitok River ∼ CDN 174-175 T 2
Piton-Goyan o F (974) 246 II b 2
Piton-Sainte-Rose o F (974) 246 II b 2
Pit River ∼ USA 184-185 D 5
Pitrufquen o RCH 222-223 C 5
Pit Siding o CDN 178-179 H 3
Pitt, Canal ≈ 224 C 5
Pitt Island ⌒ CDN 176-177 E 5
Pittsburg o USA (KS) 188-189 K 1
Pittsburg o USA (KY) 190-191 F 7
Pittsburgh o USA 190-191 J 5
Pittsfield o USA (IL) 190-191 C 6
Pittsfield o USA (MA) 190-191 M 4
Pittsfield o USA (ME) 190-191 O 3
Pitts Town o BS 198-199 H 3
Pittsville o USA 190-191 C 3
Pittsworth o AUS 114-115 L 4
Pitu ∼ EAT 150-151 H 5
Pituffik Gletscher ⊂ GRØ 170-171 Q 5
Pituil o RA 220-221 D 5
Pituil, Río ∼ RA 220-221 D 5
Pituri Creek ∼ AUS 114-115 E 2
Pitz Lake ⌓ CDN 174-175 V 4
Piu o PNG 119 D 4
Piũí o BR 216-217 H 6
Piulip Nunaa ⊥ GRØ 170-171 Q 5
Pium o BR 212-213 D 7
Pium, Rio ∼ BR 212-213 D 7
Piúma o BR 216-217 K 6
Piuna o BOL 214-215 C 4
Piura ☆ PE 208-209 B 4
Piura, Río ∼ PE 208-209 B 4
Piva ∼ YU 36-37 G 3
Pivabiska Lake ⌓ CDN 178-179 P 6
Pivdennyj Buh ∼ UA 38-39 F 3
Pivdennyj Buh ∼ UA 38-39 G 4
Pivdennyj Buh ∼ UA 38-39 E 3
Pivnično-Krymsʼkyj, kanal < UA 38-39 J 5
Pivot o CDN 176-177 P 6
Pivski manastir • YU 36-37 G 3
Pixa o VRC 80-81 B 2
Pi Xian o VRC (JIA) 90-91 K 4
Pi Xian o VRC (SIC) 90-91 C 6
Pixoyal o MEX 196-197 J 2
Pixtun o MEX 196-197 J 2
Piž ∼ RUS 32-33 J 5
Pizhi o WAN 140-141 F 4
Pižma ∼ RUS 24-25 V 4
Pizzo o I 36-37 F 5
Pjadunģina ∼ RUS 50-51 Q 5
P'jagina, poluostrov ⌒ RUS 56-57 Q 4
Pjakupur ∼ RUS 50-51 O 2
Pjakuto, ozero ⌓ RUS 50-51 M 3
Pjandž o TJ 72-73 L 6
Pjandž ∼ TJ 72-73 M 5
Pjaozero ⌓ RUS 24-25 L 3
Pjasedajaha ∼ RUS 44-45 N 6
Pjasina ∼ RUS 44-45 X 6
Pjasino, ozero ⌓ RUS 44-45 W 7
Pjasinskij, zaliv ⌓ RUS 44-45 V 5
Pjatibratskij, mys ▲ RUS 56-57 S 4
Pjatigorsk o RUS 62-63 E 5
Pjat'-Jah o RUS 50-51 M 4
Pjatychatky o UA 38-39 H 3
Þjóðgarður Skaftafell ⊥ IS 22-23 e 2
Þjórsá ∼ IS 22-23 c 3
Þjórsá ∼ IS 22-23 d 2
Pjuľky ∼ RUS 50-51 S 2
Plá o RA 222-223 J 3
Plabennec o F (29) 230-231 C 2
Place, La o USA 188-189 M 4
Placentia o CDN 182-183 S 5
Placentia Bay ≈ 182-183 R 5
Placer o RP 96-97 E 7
Placerville o USA 184-185 D 6
Placetas o C 198-199 F 3
Placeton, Cerro del ▲ RCH 220-221 B 5
Placido de Castro o BR 214-215 D 2
Placitas o USA 188-189 E 1
Placongo o RCB 146-147 D 5
Plagne, La o F (73) 238-239 K 5
Plaigne o F (11) 240-241 H 4
Plaimpied-Givaudins o F (18) 232-233 G 5
Plain City o USA 190-191 G 5
Plaine, La o F (49) 230-231 K 5
Plaine, La o F (974) 246 II a 1
Plaine-des-Cafres, La o F (974) 246 II b 2
Plaine-des-Palmiste, La o F (974) 246 II b 2
Plaine Lorraine ⊥ F 234-235 J 5
Plaine Orientale ⊥ F (2B) 244 D 4
Plaine-sur-Mer, La o F (44) 230-231 G 5
Plainfield o USA 190-191 D 3
Plains o USA (MT) 184-185 G 2
Plains o USA (TX) 188-189 F 3
Plains, Des o USA 190-191 E 4
Plaintel o F (22) 230-231 F 3
Plainview o USA (MN) 186-187 L 3
Plainview o USA (NE) 186-187 J 4
Plainview o USA (TX) 188-189 G 2
Plainville o USA 186-187 H 6
Plainwell o USA 190-191 F 4
Plaisance o F (32) 240-241 E 3
Plaisance o F (81) 240-241 J 3
Plaisance-du-Touch o F (31) 240-241 G 3
Plaisir o F (78) 232-233 F 2
Plaisir Fontaine, Grotte de • F (25) 238-239 J 2
Plaju o RI 98-99 F 6
Plampang o RI 104 C 7
Plampinet o F (05) 242-243 K 2
Plana Cays ⌒ BS 198-199 J 3
Planadas o CO 204-205 D 6
Planaltina o BR (FED) 216-217 G 3
Planaltina o • BR (GOI) 216-217 G 3
Planaltina do Paraná o BR 216-217 D 7
Planalto o BR (BAH) 216-217 K 3
Planalto o BR (PAR) 218-219 D 5
Planalto o BR (RSU) 218-219 D 6
Planas, Río ∼ CO 204-205 F 5
Planay o F (73) 242-243 K 1
Plancher-les-Mines o F (70) 238-239 K 1
Planchez o F (58) 238-239 E 2
Planchón, El ∴ • MEX 196-197 J 3
Planchon, Paso del ▲ RCH 222-223 D 3
Plancoët o F (22) 230-231 G 2
Plancy-l'Abbaye o F (10) 232-233 K 2
Plan-de-Baix o F (26) 242-243 G 2
Plan-de-Cuques o F (13) 242-243 G 5
Plandi ∼ BF 138-139 H 4
Plan-d'Orgon o F (13) 242-243 F 4
Plan-du-Lac o F (74) 238-239 K 4
Planeta Rica o CO 204-205 D 3
Planet Creek ∼ AUS 114-115 K 3
Planet Downs o AUS 110-111 E 6
Planfoy o F (42) 242-243 E 1
Planguenoual o F (22) 230-231 F 2
Plankinton o USA 186-187 H 4

Plano ○ USA 188-189 J 3
Plano Alto ○ BR 220-221 J 5
Plant, La ○ USA 186-187 G 3
Planta de Azufre ○ RA 222-223 D 3
Planta Esmeralda ○ RCH 220-221 B 3
Plant City ○ USA 192-193 G 5
Planura ○ BR 216-217 F 6
Plaquemine ○ USA 188-189 M 4
Plaridel ○ RP 96-97 E 8
Plasë ○ AL 36-37 H 4
Plasencia ○ E 34-35 D 4
Plast ○ RUS 32-33 M 6
Plaster Rock ○ CDN 182-183 L 5
Plata, Isla de la ⌒ EC 208-209 B 2
Plata, La ○ CO 204-205 D 6
Plata, La ☆• RA 222-223 L 3
Plata, La ○ USA 186-187 L 5
Plata, Lago la ○ RA 224 E 2
Plata, Minas de ○••• MEX 194-195 H 6
Plata, Río de la ∼ RA 222-223 K 3
Platanal = Majeicodoteri ○ YV 204-205 J 6
Platbakkies ○ ZA 156-157 D 5
Plate, Île ⌒ SY 160 C 6
Plate, Point ▲ F (975) 245 II b 2
Plateau ◘ WAN 140-141 G 4
Plateau Central ▲ F (984) 246 III c 3
Plateau Lorraine ⊥ F 234-235 J 3
Plateaux ◘ RCB 146-147 E 5
Plateforme, La ○ RH 198-199 J 5
Platen, Kapp ▲ N 20-21 N 2
Plateros ○ MEX 194-195 H 6
Platina ○ USA 184-185 C 5
Platinum ○ USA 166-167 Q 3
Plato ○ CO 204-205 D 3
Plato de Sopa ○ RCH 220-221 C 3
Platón Sánchez ○ MEX 194-195 K 7
Platte ○ USA 186-187 H 4
Platte, Ville ○ USA 188-189 L 4
Platte City ○ USA 186-187 K 6
Platten ○ USA 190-191 O 2
Platte River ∼ USA 186-187 H 5
Platteville ○ USA 190-191 C 4
Plattsburgh ○ USA 190-191 M 3
Plattsmouth ○ USA 186-187 K 5
Platveld ○ NAM 152-153 D 9
Plauen ○ D 28-29 M 3
Plavinas ○ LV 30-31 J 3
Plavnikovye, ostrova ⌒ RUS 44-45 V 4
Plavsk ☆• RUS 30-31 P 5
Playa Azul ○ MEX 196-197 C 3
Playa Blanca ○ E 124-125 E 6
Playa Bonita ○ YV 204-205 E 2
Playa Dayaniguas ○ C 198-199 D 3
Playa de Florida ○ C 198-199 F 4
Playa del Carmen ○• MEX 196-197 L 1
Playa Lauro Villar ○ MEX 194-195 L 5
Playa Los Corchos ○ MEX 194-195 G 7
Playa Noriega, Laguna ○ MEX 194-195 D 3
Playa Rosario ○• C 198-199 D 3
Playas ○ EC 208-209 B 3
Playa Vicente ○ MEX 196-197 G 3
Playgreen Lake ○ CDN 178-179 G 3
Pläy Ku ☆ VN 94-95 K 4
Plaza Huincul ○ RA 222-223 E 5
Pleasant, Mount ○ USA (IA) 190-191 C 5
Pleasant, Mount ○ USA (MI) 190-191 F 4
Pleasant, Mount ○ USA (TX) 188-189 K 3
Pleasant, Point ○ USA (NJ) 190-191 L 5
Pleasant, Point ○ USA (WV) 190-191 G 6
Pleasanton ○ USA 186-187 K 6
Pleasant View ○ USA 186-187 C 7
Pleasonton ○ USA 188-189 H 5
Pléaux ○ F (15) 236-237 K 5
Plédéliac ○ F (22) 230-231 G 3
Pledger Lake ○ CDN 178-179 P 5
Pléhédel ○ F (22) 230-231 F 2
Pléiades du Nord ⊥ F (988) 247 I d 2
Pléiades du Sud ⊥ F (988) 247 I d 2
Pleine-Fougères ○ F (35) 230-231 H 2
Plélan-le-Grand ○ F (35) 230-231 G 4
Plélan-le-Petit ○ F (22) 230-231 G 3
Plémet ○ F (22) 230-231 F 3
Plénée-Jugon ○ F (22) 230-231 G 3
Pléneuf-Val-André ○ F (22) 230-231 F 2
Plenty ○ CDN 176-177 Q 6
Plenty, Bay of ≈ 118 F 2
Plenty Downs ∴ AUS 114-115 D 2
Plenty Highway II AUS 114-115 D 2
Plenty River ∼ AUS 114-115 C 2
Plentywood ○ USA 186-187 E 1
Plered ○ RI 104 B 3
Plérin ○ F (22) 230-231 F 2
Plešanovo ☆ RUS 32-33 H 7
Plesant, Mount ▲ USA 190-191 J 7
Plešćanicy ○ BY 30-31 K 4
Pleseck ☆ RUS 24-25 Q 5
Pleskau = Pskov ☆•• RUS 30-31 L 3
Pleskauer See = Pskovskoe ozero ○ RUS 30-31 K 2
Pleslin-Trigavou ○ F (22) 230-231 G 2
Pleso, Osinovoe ○ RUS 50-51 T 7
Plessala ○ F (22) 230-231 F 3
Plessé ○ F (44) 230-231 H 4
Plessis Bourré, Château de • F (49) 230-231 K 4
Plessis-Brion, Château de • F (60) 228-229 K 5
Plessis Chivré, le • F (49) 230-231 L 4
Plessisville ○ CDN 182-183 J 5
Plestin-les-Grèves ○ F (22) 230-231 D 2
Pleszew ○ PL 28-29 O 3
Plétipi, Lac ○ CDN 182-183 J 3
Plettenbergbaai ○ ZA 156-157 F 7
Plettenberg Bay = Plettenbergbaai ○• ZA 156-157 F 7
Pleubian ○ F (22) 230-231 E 2
Pleucadeuc ○ F (56) 230-231 G 4
Pleugueneuc ○ F (35) 230-231 H 3
Pleumartin ○ F (86) 236-237 G 2
Pleurs ○ F (51) 232-233 K 2
Pleurtuit ○ F (35) 230-231 G 2
Pleuville ○ F (16) 236-237 F 3
Pleven ○ BG 38-39 D 6
Pléven ○ F (22) 230-231 G 3
Plevna Downs ○ AUS 114-115 G 4
Pleyben ○• F (29) 230-231 D 3
Pleyber-Christ ○ F (29) 230-231 D 2
Pleynet • F (07) 242-243 F 1
Plitvica ○ HR 36-37 E 2
Plitvička Jezera, Nacionalni park ⊥••• HR 36-37 E 2
Pljevlja ○• YU 36-37 G 3
Ploaghe ○ I 36-37 B 4
Ploče ○ HR 36-37 F 3
Płock ☆•• PL 28-29 P 2
Ploemel ○ F (56) 230-231 E 4
Ploemeur ○ F (56) 230-231 E 4
Ploërdut ○ F (56) 230-231 E 3
Ploërmel ○ F (56) 230-231 G 4
Plœuc-sur-Lié ○ F (22) 230-231 F 3
Ploéven ○ F (29) 230-231 C 3
Plogastel-Saint-Germain ○ F (29) 230-231 C 4
Plogoff ○ F (29) 230-231 B 3
Plogonnec ○ F (29) 230-231 C 3
Ploiești ☆• RO 38-39 E 5
Plombières-les-Bains ○ F (88) 234-235 J 6
Plomeur ○ F (29) 230-231 C 4
Plomion ○ F (02) 234-235 E 2
Plomodiern ○ F (29) 230-231 C 3
Plonéour-Lanvern ○ F (29) 230-231 C 4
Plonévez-Porzay ○ F (29) 230-231 C 3
Plonge, Lac la ○ CDN 178-179 C 3
Płońsk ○ PL 28-29 Q 2
Ploskij, mys ▲ RUS 46-47 b 2
Ploskoš' ○ RUS 30-31 M 3
Ploso ○ RI 104 E 3
Plotava ○ RUS 60-61 M 2
Plotnikova ∼ RUS 58-59 R 2
Plotnikovo ○ RUS 50-51 R 6
Plouaret ○ F (22) 230-231 E 2
Plouarzel ○ F (29) 230-231 B 3
Plouay ○ F (56) 230-231 E 4
Ploubalay ○ F (22) 230-231 G 2
Ploudalmézeau ○ F (29) 230-231 B 2
Ploudiry ○ F (29) 230-231 C 3
Plouégat-Moysan ○ F (29) 230-231 D 2
Plouénan ○ F (29) 230-231 D 2
Plouescat ○ F (29) 230-231 C 2
Plouézec ○ F (22) 230-231 F 2
Plougasnou ○ F (29) 230-231 D 2
Plougastel-Daoulas ○ F (29) 230-231 C 3
Plougonvelin ○ F (29) 230-231 B 3
Plougonven ○ F (29) 230-231 D 2
Plougonver ○ F (22) 230-231 E 3
Plougrescant ○ F (22) 230-231 E 2
Plouguenast ○ F (22) 230-231 F 3
Plouguer, Carhaix- ○ F (29) 230-231 D 3
Plouguerneau ○ F (29) 230-231 C 2
Plouha ○ F (22) 230-231 F 2
Plouhamel ○ F (56) 230-231 E 4
Plouigneau ○ F (29) 230-231 D 2
Plouleс'h ○ F (22) 230-231 E 2
Plounéour-Menez ○ F (29) 230-231 D 3
Plounéour-Trez ○ F (29) 230-231 C 2
Plounéventer ○ F (29) 230-231 C 2
Plounévez-Quintin ○ F (22) 230-231 E 3
Plourac'h ○ F (22) 230-231 D 3
Plouray ○ F (56) 230-231 E 3
Plouvien ○ F (29) 230-231 C 2
Plouvorn ○ F (29) 230-231 C 2
Plouyé ○ F (29) 230-231 D 3
Plouzané ○ F (29) 230-231 B 3
Plouzévédé ○ F (29) 230-231 C 2
Plovdiv ☆ BG 38-39 D 6
Plover Islands ⌒ USA 164-165 N 1
Plozévet ○ F (29) 230-231 C 4
Pluduno ○ F (22) 230-231 G 2
Plugufan ○ F (29) 230-231 C 4
Plumas, Las ○ RA 222-223 F 7
Plumelec ○ F (56) 230-231 F 4
Plummer ○ USA (ID) 184-185 F 2
Plummer ○ USA (MN) 186-187 J 2
Plummer, Mount ▲ USA 164-165 L 6
Plumridge Lakes ○ AUS 112-113 H 4
Plumtree ○ ZW 154-155 D 5
Plungė ☆•• LT 30-31 G 4
Plunkett ○ CDN 178-179 D 5
Plutarco Elias Calles, Presa < MEX 194-195 E 3
Pluvigner ○ F (56) 230-231 E 4
Plymouth ○ GB (ENG) 26-27 E 6
Plymouth ☆• GB 200 D 3
Plymouth ○ TT 204-205 L 2
Plymouth ○ USA (IN) 190-191 E 5
Plymouth ○ USA (NC) 192-193 K 2
Plymouth ○ USA (RI) 190-191 N 5
Plymouth ○ USA (WA) 184-185 E 3
Plymouth ○ USA (WI) 190-191 E 4
Plzeň ○ CZ 28-29 M 4
Pniewy ○ PL 28-29 O 2
Pô ○ BF 138-139 K 4
Po ∼ I 36-37 C 2
Pô, Parc Nationale de ⊥ BF 138-139 K 4
Poà ○ CI 138-139 K 6
Poat, Pulau ⌒ RI 100-101 H 3
Poatina ○ AUS 116-117 J 6
Pobè ○ DY 140-141 E 5
Pobeda ○ TM (ASH) 72-73 G 6
Pobeda ○ TM (MAR) 72-73 H 6
Pobeda, gora ▲ RUS 46-47 a 7
Pobedy, pik ▲ KS 82-83 E 4
Pobé Mengao ○ BF 138-139 K 3
Población ○ RCH 222-223 D 3
Pobla de Segur, la ○ E 34-35 H 3
Poblet, Reial Monestir de ••• E 34-35 H 4
Poča ○ RUS 24-25 P 5
Pocahontas ○ CDN 176-177 M 5
Pocahontas ○ USA (AR) 188-189 M 1
Pocahontas ○ USA (IA) 186-187 K 4
Pocatello ○ USA 184-185 H 4
Pocatiere, La ○ CDN 182-183 J 5
Pocatière, La ○ CDN 182-183 J 5
Poccha, Rio ∼ PE 208-209 D 6
Počep ○ RUS 30-31 N 5
Pocé-sur-Cisse ○ F (41) 232-233 D 5
Pocetos ○ YV 204-205 F 4
Pochotitán ○ MEX 194-195 G 7
Pocinhos ○ BR 212-213 K 5
Počinok ☆ RUS 30-31 N 4
Počitelj • BIH 36-37 F 3
Pocito, El ○ BOL 214-215 F 4
Pocitos, Salar ○ RA 220-221 D 3
Pocoata ○ BOL 214-215 D 6
Poço de Fora ○ BR 212-213 J 6
Poções ○ BR 216-217 K 3
Poções ○ BR 212-213 H 3
Pocomoke City ○ USA 190-191 L 6
Pocomoke Sound ≈ 190-191 K 7
Pocone ○ BR 214-215 J 5
Poço Redondo ○ BR 212-213 K 6
Poços de Caldas ○ BR 216-217 G 6
Poço Verde ○ BR 212-213 J 7
Pocrane ○ BR 216-217 K 5
Podbereze'e ○ RUS (NVG) 30-31 M 2
Podbereze'e ○ RUS (PSK) 30-31 M 3
Podbořany ○ CZ 28-29 M 3
Podborov'e ○ RUS 30-31 L 3
Podčer'e ○ RUS 50-51 D 3
Podčer'e ∼ RUS 50-51 E 3
Poddor'e ○ RUS 30-31 M 3
Podelga ∼ RUS 50-51 R 4
Podena, Kepulauan ⌒ RI 102-103 K 3
Podgorenskij ○ RUS 38-39 L 2
Podgorica ☆ YU 36-37 G 3
Podgornyj, aral ⌒ KA 62-63 J 5
Podile ○ IND 76-77 H 3
Podil's'ka vysočyna ▲ UA 38-39 D 3
Podkagernaja, buhta ○ RUS 56-57 T 3
Podkamennaja ∼ RUS 46-47 G 2
Podkamennaja Tunguska ∼ RUS 52-53 E 5
Podkova ○ BG 38-39 D 7
Podkova, ostrov ⌒ RUS 44-45 V 4
Podlomka ∼ RUS 24-25 O 5
Podocarpus, Parque Nacional ⊥ EC 208-209 C 4
Podol'sk ☆• RUS 30-31 P 4
Podor ○ SN 132-133 C 6
Podora ○ RUS 24-25 X 5
Podporože ○ RUS 30-31 O 1
Podravska Slatina ○ HR 36-37 F 2
Podupalskij Üstirti ▲ KA 62-63 M 3
Podyem-Mihajlovka ○ RUS 32-33 G 7
Poé, Plage de ⊥ F (988) 247 I c 3
Poe Bank ≈ 94-95 D 6
Poechos, Embalse < PE 208-209 B 4
Poelela, Lagoa ○ MOC 154-155 H 7
Poeppel Corner • AUS 114-115 D 3
Poët, Le ○ F (05) 242-243 H 3
Poey-d'Oloron ○ F (64) 240-241 C 4
Pofadder ○ ZA 156-157 D 4
Pogge II, Chute ∼• ZRE 152-153 F 3
Poggibonsi ○ I 36-37 C 3
Pogibi ○ RUS 58-59 J 2
Pognoa ○ BF 138-139 L 4
Pogny ○ F (51) 234-235 E 4
Pogo ○ CI 138-139 H 4
Pogoanele ○ RO 38-39 E 5
Pogorelec ○ RUS 24-25 S 4
Pogost ○ RUS 24-25 Q 5
Pogradec ☆•• AL 36-37 H 4
Pograničnyj ○ BY 30-31 J 5
Pograničnyj ○ RUS 58-59 D 6
Pogromni Volcano ▲ USA 166-167 O 5
Poguba, Rio ∼ BR 214-215 K 5
Pogynden ∼ RUS 48-49 M 2
Pogyndino ○ RUS 48-49 N 2
Poh ○ RI 100-101 H 4
P'ohang ○ ROK 86-87 G 9
Pohénégamook ○ CDN 182-183 K 5
Pohiois-Ii ○ FIN 24-25 H 4
Pohjanlahti ≈ 22-23 K 5
Pohjanmaa ⊥ FIN 24-25 G 5
Pohodsk ○ RUS 48-49 L 2
Pohvistnevo ☆ RUS 32-33 H 7
Poie ○ ZRE 146-147 J 5
Poi Island ⌒ SOL 120 I e 4
Poile, La ○ CDN 182-183 P 5
Poile River, La ∼ CDN 182-183 P 5
Poindimié ○ F (988) 247 I c 2
Poinsett, Lake ○ USA 186-187 J 3
Point, Cap ▲ WL 200 E 4
Point Arena ○ USA 184-185 C 6
Point Baker ○ USA 176-177 D 3
Point Bickerton ○ CDN 182-183 O 6
Point Bridget State Park ⊥ USA 176-177 C 2
Point Comfort ○ USA 188-189 J 5
Pointe-à-Pitre ○ F (971) 245 IV a 2
Pointe au Baril Station ○ CDN 182-183 D 6
Pointe des Lataniers ○ RH 198-199 J 5
Pointe du Bout ○ F (972) 245 V a 2
Pointe-Noire ○ F (971) 245 IV a 2
Pointe-Noire ☆ RCB 146-147 C 6
Pointe Ouest ▲ RH 198-199 J 4
Pointe Parent ○ CDN 182-183 O 3
Pointe Rivière de l'Artibonite ○ RH 198-199 J 5
Point Gamble ○ USA 184-185 C 2
Point Harber ○ USA 192-193 L 1
Point Hope ○ USA 164-165 G 2
Point Lake ○ CDN 174-175 N 3
Point Lay ○ USA 164-165 J 2
Point Mc Leay ○ AUS 116-117 E 3
Point of Rocks ○ USA 186-187 C 5
Point Pedro ○ CL 76-77 J 6
Point Pelee National Park ⊥ CDN 182-183 C 8
Point Pleasant ○ USA 190-191 L 5
Point Pleasant State Historic Monument ∴ USA 190-191 G 6
Point Renfrew ○ CDN 176-177 H 7
Point Reyes National Seashore ⊥ USA 184-185 C 6
Point Salvation Aboriginal Land ⅹ AUS 112-113 H 4
Point Samson ○ AUS 108-109 C 6
Point Stuart ∴ AUS 108-109 K 2
Point Sublime • F (04) 242-243 J 4
Poiré-sur-Vie, Le ○ F (85) 236-237 B 2
Poisson ○ F (71) 238-239 E 4
Poissonnier Point ▲ AUS 108-109 D 5
Poissons ○ F (52) 234-235 G 5
Poissy ○ F (78) 232-233 G 2
Poitiers ☆• F (86) 236-237 F 2
Poitou ⊥ F 236-237 B 2
Poitou-Charentes ◘ F 236-237 D 3
Poivre Atoll ⌒ SY 160 C 2
Poix-de-Picardie ○ F (80) 228-229 H 4
Poix-Terron ○ F (08) 234-235 F 2
Pojarkovo ☆ RUS 58-59 C 4
Pojasovyj kamen' hrebet ▲ RUS 50-51 E 4
Pojezierze Mazurskie ⊥ PL 28-29 P 2
Pojezierze Pomorskie ⊥ PL 28-29 O 2
Pojkovskij ○ RUS 50-51 L 4
Pojlovajaha ∼ RUS 44-45 R 7
Pojlovajaha, Arka- ∼ RUS 44-45 Q 8
Pojlu ○ AZ 64-65 M 2
Pojma ∼ RUS 52-53 H 7
Pojmyga ∼ RUS 52-53 N 6
Pojo, Río de ∼ BOL 214-215 E 5
Pojuca ○ BR 216-217 L 2
Pojuca, Rio ∼ BR 216-217 L 2
Pojuščie peski •• RUS 54-55 D 9
Pokanaevka ○ RUS 52-53 H 7
Pokaran ○ IND 74-75 C 6
Pokataroo ○ AUS 114-115 K 5
Pokemouche ○ CDN 182-183 M 5
Pokhara ○• NEP 80-81 E 6
Pokigron ○ SME 206-207 G 3
Po-kil Do ⌒ ROK 86-87 F 10
Pokka ○ FIN 24-25 H 2
Poko ○ ZRE 146-147 L 2
Pokojnickaja ∼ RUS 44-45 U 8
Pokok Sena ○ MAL 98-99 D 2
Pokoľka ∼ RUS 50-51 R 3
Pokrovka ○ KA 62-63 M 3
Pokrovka ○ KS 82-83 C 4
Pokrovka ○ RUS 50-51 O 7
Pokrovsk ○ RUS (IRK) 52-53 H 8
Pokrovsk ☆ RUS (SAH) 54-55 O 5
Pokrovs'ke ○ UA 38-39 K 4
Pokšen'ga ∼ RUS 24-25 R 5
Pokuma ○ Z 154-155 D 3
Pokur ○ RUS 50-51 N 4
Pola ○ RP 96-97 D 6
Pola, La ○••• E 34-35 E 3
Polacca Wash ∼ USA 188-189 B 2
Polače ○• HR 36-37 F 3
Polack ☆•• BY 30-31 L 4
Pola de Laviana ○ E 34-35 E 3
Pola de Lena ○ E 34-35 E 3
Poladpur ○ IND 76-77 E 2
Polaincourt-et-Clairefontaine ○ F (70) 234-235 J 6
Polán ○ IR 70-71 J 6
Polanco ○ ROU 222-223 M 2
Polanco ○ RP 96-97 E 8
Polar Bear Provincial Park ⊥ CDN 178-179 N 3
Polaris Forland ⊥ GRØ 170-171 U 3
Polar Plateau = Pôle Sud, Plateau du ▲ ARK 16 E 31
Polatlı ○ TR 64-65 E 3
Polavaram ○ IND 78-79 B 7
Polazna ○ RUS 32-33 K 4
Polcura, Río ∼ RCH 222-223 D 4
Pole Abyssal Plain = Eurasiatique, Bassin ≈ 16 A 14
Pol-e 'Alam ☆ AFG 74-75 B 2
Poleang ∼ RI 100-101 G 6
Polebridge ○ USA 184-185 G 1
Pol-e Fasā ○ IR 70-71 E 4
Pol-e Ḥomri ○ AFG 72-73 L 7
Pol-e Ḥomri, Daryā-ye ∼ AFG 72-73 L 7
Pol-e Loušān ○ IR 64-65 N 4
Pôle Nord = North Pole • 16 A 28
Pol-e Safid ○ IR 72-73 C 6
Polessk ☆ RUS 30-31 G 4
Pôle Sud, Plateau du = Polar Plateau ▲ ARK 16 E 31
Pôle Sud = South Pole • ARK 16 E 28
Polevskoj ☆ RUS 32-33 M 5
Polewali ○ RI 100-101 F 5
Polgahawela ○ CL 76-77 J 7
Poli ○ CAM 140-141 K 4
Poli ○ CY 64-65 E 5
Policastro, Golfo di ≈ 36-37 E 5
Police, Pointe ▲ SY 160 D 2
Policemans Point ○ AUS 116-117 E 4
Policoro ○ I 36-37 F 4
Polígiros ○ GR 36-37 J 4
Polignac ○ F (43) 242-243 D 1
Poligny ○ F (39) 238-239 H 3
Polihnitos ○ GR 36-37 L 5
Polikastro ○ GR 36-37 J 4
Poliny Osipenko, imeni ☆ RUS 58-59 G 2
Polis'ke ○ UA 38-39 F 2
Politovo ○ RUS 24-25 U 4
Poliva ∼ RUS 52-53 L 6
Polja ∼ RUS 30-31 Q 4
Poljakovskij ○ RUS 54-55 N 9
Poljana ○ UA 38-39 C 3
Poljanoe ○ RUS 46-47 b 4
Poljarnyj ○ RUS (CUK) 48-49 U 2
Poljarnyj ○ RUS (MUR) 24-25 M 2
Poljarnyj ○ RUS (SAH) 46-47 H 6
Poljarnyj hrebet ▲ RUS 56-57 O 2
Poljarnyj Ural ▲ RUS 50-51 E 2
Polk, Fort ×× USA 188-189 L 4
Pollāchi ○ IND 76-77 G 5
Pollença ○ E 34-35 J 5
Polliat ○ F (01) 238-239 G 4
Pollilo ○ RP 96-97 D 5
Pollilo Island ⌒ RP 96-97 D 5
Pollilo Islands ⌒ RP 96-97 E 5
Pollilo Strait ≈ 96-97 D 5
Pollino, Parco del ⊥ I 36-37 F 5
Pollock ○ USA 188-189 L 4
Pollock Hills ▲ AUS 108-109 H 7
Pol'noj Voronež ∼ RUS 30-31 R 5
Polo ○ USA 190-191 D 5
Polobaya Grande ○ PE 214-215 B 5
Polochic, Río ∼ GCA 196-197 K 4
Polock = Polack ☆•• BY 30-31 L 4
Pologij-Sergeeva, ostrov ⌒ RUS 44-45 T 4
Pologne = Polska ■ PL 28-29 O 3
Pologoe Zajmišče ○ RUS 32-33 E 9
Polohy ○ UA 38-39 K 4
Polom ○ RUS 32-33 G 4
Polomolok ○ RP 96-97 F 9
Polonina-Runa hora ▲ UA 38-39 C 3
Polonnaruwa ○•• CL 76-77 J 7
Polousnyj kraž ▲ RUS 46-47 X 5
Polovinnoe, ozero ○ RUS 44-45 W 6
Polska = Pologne ■ PL 28-29 O 3
Poltava ☆ UA 38-39 J 3
Poltavka ☆ RUS 60-61 G 1
Põltsamaa ○•• EST 30-31 J 2
Poluj ∼ RUS 44-45 M 8
Poluj ∼ RUS 50-51 K 2
Polujskaja vozvyšennost' ▲ RUS 50-51 J 2
Polūr ○ IND 76-77 H 4
Põlva ☆ EST 30-31 K 2
Polvār, Rūd-e ∼ IR 70-71 E 3
Polvaredas ○ RA 222-223 K 3
Polvora ○ PE 208-209 D 5
Põlwe = Põlva ☆ EST 30-31 K 2
Polynesia = Polynésie ⌒ 9 L 2
Polynésie = Polynesia ⌒ 9 L 2
Polynésie Française ◘ F (987) 247 V a 1
Polynésie Française ⌒ F (987) 247 IV b 1
Polyuc ○ MEX 196-197 K 2
Poma ○ ZRE 146-147 K 4
Pomabamba ○ PE 208-209 D 6
Pomacanchi ○ PE 214-215 B 3
Pomahuaca ○ PE 208-209 C 4
Pomarez ○ F (40) 240-241 C 3
Pomarkku ○ FIN 24-25 F 6
Pomasi, Cerro de ▲ PE 214-215 B 4
Pombal ○ BR (PA) 212-213 K 5
Pombal ○ BR (RON) 214-215 F 2
Pombal ○ P 34-35 C 5
Pombal, Igarapé do ∼ BR 212-213 B 5
Pombangi ○ RI 100-101 G 5
Pombas ○ BR 210-211 F 3
Pombas, Rio das ∼ BR 210-211 G 6
Pombeï ○ F (988) 247 I c 2
Pombuige ∼ ANG 152-153 C 5
Pomègues, Île ⌒ F (13) 242-243 G 5
Pomene ○ MOC 154-155 H 6
Poméranie, Baie de = Pomorska, Zatoka ≈ 28-29 N 1
Pomérols ○ F (34) 242-243 D 5
Pomeroy ○ USA (OH) 190-191 G 6
Pomeroy ○ USA (WA) 184-185 F 2
Pomeroy ○ ZA 156-157 K 4
Pomfret ○ ZA 156-157 F 2
Pomio ○ PNG 119 F 3
Pommard ○ F (21) 238-239 F 2
Pommeraie-sur-Sèvre, La ○ F (85) 236-237 D 2
Pommeréval ○ F (76) 228-229 G 4
Pomona ○ RA 222-223 G 5
Pomona ○ USA (CA) 184-185 F 8
Pomona ○ USA (KS) 186-187 K 6
Pomona Lake ○ USA 186-187 K 6
Pomorska, Zatoka = Poméranie, Baie de ≈ 28-29 N 1
Pomorskij proliv ≈ 24-25 U 2
Pomorskoe ○ RUS 44-45 E 5
Pomos ○ CY 64-65 E 5
Pompano Beach ○ USA 192-193 H 6
Pompei •• I 36-37 E 4
Pompéia ○ BR 216-217 E 7
Pompeu ○ BR 216-217 H 5
Pompey ○ F (54) 234-235 J 4
Pompeys Pillar ○ USA (MT) 186-187 D 3
Pompeys Pillar • USA (MT) 186-187 D 2
Pom Phra Chunlachomkiao ○ THA 94-95 F 4
Pompidou = Papaichton ○ F (973) 245 I a 3
Pompignan ○ F (30) 242-243 D 4
Pompogne ○ F (47) 240-241 E 2
Pompuê, Rio ∼ MOC 136-137 F 3
Pomr', zaliv ○ RUS 58-59 K 2
Pomut ∼ RUS 50-51 K 3
Ponape ⌒ FSM 9 G 2
Ponass Lake ○ CDN 178-179 D 4
Ponazyrevo ○ RUS 32-33 E 4
Ponca ○ USA 186-187 J 4
Ponca City ○ USA 188-189 J 1
Ponce ○ USA 200 B 2
Poncé-sur-le-Loir ○ F (72) 232-233 D 4
Poncha Springs ○ USA 186-187 D 6
Poncheville, Lac ○ CDN 182-183 F 3
Poncin ○ F (01) 238-239 G 4
Pond Creek ○ USA 188-189 J 1
Ponderosa ○ USA 184-185 E 7
Pondicherry ◘ IND 76-77 H 5
Pondicherry ☆•• IND 76-77 H 5
Pond Inlet ≈ 168-169 h 4
Pond Inlet ○ CDN 168-169 h 4
Pondosa ○ USA 184-185 D 5
Ponds, Isle of ⌒ CDN 182-183 R 2
Pondung Lamanggang ○ RI 98-99 D 6
Poneloya ○ NIC 196-197 L 5
Ponente, Riviera di ⌣ I 36-37 A 3
Ponerečnyj Algan ∼ RUS 48-49 R 4
Ponérihouen ○ F (988) 247 I c 3
Ponferrada ○• E 34-35 D 3
Pônfi ∼ MOC 154-155 G 2
Pongai ○ BR 216-217 F 6
Pongara, Pointe ▲ G 146-147 B 3
Pong Chi ○ THA 94-95 F 2
Pong Nam Ron ○ THA 94-95 G 4
Pongo ∼ SUD 142-143 H 5
Pongo de Cumbinama ∼ PE 208-209 C 4
Pongo de Paquipachango ∼ PE 208-209 E 7
Pongola ○ ZA 156-157 K 3
Pongola ∼ ZA 156-157 K 3
Pongolapoortdam < ZA 156-157 L 3
Pongore ○ ZW 154-155 D 4
Poni ∼ BF 138-139 J 4
Ponindilisa, Tanjung ▲ RI 100-101 G 4
Ponio ○ RT 138-139 L 4
Ponio, Rio ∼ RCH 220-221 B 6
Ponna ○ MYA 78-79 J 5
Ponnaiyar ∼ IND 76-77 H 4
Ponnāni ○ IND 76-77 F 5
Ponneri ○ IND 76-77 J 4
Ponnūru Nidubrolu ○ IND 76-77 J 2
Ponoj ○ RUS (MUR) 24-25 Q 3
Ponoj ∼ RUS 24-25 N 3
Ponoka ○ CDN 176-177 O 5
Ponomarevka ○ RUS 50-51 R 6
Ponomarevka ☆ RUS (ORB) 32-33 J 7
Ponondougou ○ CI 138-139 G 5
Ponorogo ○ RI 104 D 3
Ponrang ○ RI 100-101 G 5
Pons ○ F (17) 236-237 D 4
Ponson Island ⌒ RP 96-97 F 7
Ponta ○ BR 210-211 E 3
Pont-à-Bucy ○ F (02) 228-229 L 4
Pontacq ○ F (64) 240-241 D 4
Ponta Delgada ⌒ P 14-15 E 6
Ponta de Mata ○ YV 204-205 K 3
Ponta de Pedras ○ BR 206-207 K 6
Ponta dos Indios ○ BR 206-207 J 3
Ponta do Sol ○ CV 138-139 B 5
Ponta do Zumbi ○ BR 212-213 F 2
Ponta Freitas Morna ○ ANG 152-153 B 3
Ponta Grande ▲ BR 216-217 L 4
Ponta Grossa ○ BR 218-219 E 5
Pontailler-sur-Saône ○ F (21) 238-239 G 2
Pontal ○ BR 216-217 F 6
Pontal, Rio do ∼ BR 212-213 H 6
Pontalina ○ BR 216-217 F 4
Pont-à-Marcq ○ F (59) 228-229 L 2
Pont-à-Mousson ○ F (54) 234-235 J 4
Pontan River ∼ CDN 174-175 L 6
Ponta Porã ○ BR 220-221 K 2
Pontarion ○ F (23) 236-237 J 4
Pontarlier ○• F (25) 238-239 J 3
Pontas de Pedras ○ BR 212-213 L 5
Pont-Audemer ○ F (27) 228-229 F 5
Pontaumur ○ F (63) 236-237 L 4
Pont-Authou ○ F (27) 228-229 F 5
Pont-Aven ○• F (29) 230-231 D 4
Pont-Béranger, Le ○ F (44) 230-231 H 5
Pont Canal • F (45) 232-233 H 4
Pont-Carral ○ F (46) 236-237 H 6
Pontcarré ○ F (77) 232-233 H 2
Pontcharra ○ F (38) 242-243 J 1
Pontcharra-sur-Turdine ○ F (69) 238-239 E 5
Pontchartrain, Lake ○ USA 188-189 M 4
Pontchâteau ○ F (44) 230-231 G 5
Pont Chevron • F (45) 232-233 H 4
Pont-Croix ○ F (29) 230-231 C 3
Pont-d'Agris, le ○ F (16) 236-237 F 4
Pont-d'Ain ○ F (01) 238-239 G 4
Pont d'Arc • F (07) 242-243 E 3
Pont-de-Beauvoisin, Le ○ F (73) 238-239 H 5
Pont-de-Buis-lès-Quimerch ○ F (29) 230-231 C 3
Pont-de-Chéruy ○ F (38) 238-239 G 5
Pont-de-Claix, Le ○ F (38) 242-243 H 1
Pont-de-Dore ○ F (63) 238-239 C 5
Pont-de-Gau ○ F (13) 242-243 E 4
Pont-de-Labeaume ○ F (07) 242-243 E 2
Pont-de-l'Arche ○ F (27) 228-229 G 5
Pont-de-l'Isère ○ F (26) 242-243 F 1
Pont-de-Montvert, Le ○ F (48) 242-243 D 3
Pont d'Enfer, Gorges du • F (64) 240-241 C 5
Pont-de-Poitte ○ F (39) 238-239 H 3
Pont-de-Rhodes ○ F (46) 236-237 H 6
Pont-de-Roide ○ F (25) 238-239 K 2
Pont-de-Salars ○ F (12) 240-241 K 2
Pont-des-Pierres ○ F (01) 238-239 H 4
Pont de Suert, el ○ E 34-35 H 3
Pont-de-Vaux ○ F (01) 238-239 F 4
Pont-de-Veyle ○ F (01) 238-239 F 4
Pont-d'Héry ○ F (39) 238-239 H 3
Pont-d'Ouche ○ F (21) 238-239 F 2
Pont-d'Ouilly ○ F (14) 230-231 L 2
Pont-du-Casse ○ F (47) 240-241 F 2
Pont-du-Château ○ F (63) 238-239 C 5
Pont du Gard •• F (30) 242-243 F 4
Pont-du-Navoy ○ F (39) 238-239 H 3
Ponte Alta, Rio ∼ BR 212-213 E 7
Ponte Alta do Tocantins ○ BR 212-213 E 7
Ponteareas ○ E 34-35 C 3
Ponte Branca ○ BR 216-217 D 4
Ponte da Barca ○ P 34-35 C 4
Ponte de Itabapoana ○ BR 216-217 K 6
Ponte de Sor ○ P 34-35 C 5
Ponte Firme ○ BR 216-217 G 5
Ponte Leccia ○ F (2B) 244 D 4
Ponte Nova ○ BR 216-217 J 6
Ponte Novu ○ F (2B) 244 D 4
Pont-en-Royans ○ F (38) 242-243 G 1
Pontenx-les-Forges ○ F (40) 240-241 B 2
Ponte Ribeiro, Lago ○ BR 214-215 H 4
Pontes e Lacerda ○ BR 214-215 H 4
Ponte Serrada ○ BR 218-219 D 6
Pontet, le ○ F (33) 236-237 D 5
Pontevedra ○ E 34-35 C 3
Pont-Évêque ○ F (38) 238-239 F 5
Pont-Farcy ○ F (14) 230-231 J 2
Pontfaverger-Moronvilliers ○ F (51) 234-235 E 3
Pont Flavien • F (13) 242-243 F 4
Pontgibaud ○ F (63) 236-237 L 4
Pontgouin ○ F (28) 232-233 E 3
Pont-Hébert ○ F (50) 228-229 B 5
Ponthierry ○ F (77) 232-233 H 2
Ponthieu ⊥ F (80) 228-229 H 3
Pontiac ○ USA (IL) 190-191 D 5
Pontiac ○ USA (MI) 190-191 G 4
Pontianak ☆ RI 98-99 H 5
Pontian Kecil ○ MAL 98-99 E 4
Pontigny ○ F (89) 232-233 K 4
Pontique, Chaîne = Kuzey Anadolu Dağları ▲ TR 64-65 E 2
Pontivy ○ F (56) 230-231 F 3
Pontivy, Pays de ⊥ F (56) 230-231 E 3
Pont-l'Abbé ○ F (29) 230-231 C 4
Pont-l'Abbé ○ F (50) 228-229 B 5
Pont-l'Abbé-d'Arnoult ○ F (17) 236-237 D 4
Pont-la-Ville ○ F (52) 234-235 F 5
Pont-l'Évêque ○ F (14) 228-229 E 5
Pontlevoy ○ F (41) 232-233 E 5
Ponto Arari ○ BR 206-207 H 6
Ponto Busch ○ BOL 214-215 J 6
Ponto-Caspienne, Dépression = Kumo-Manyčskaja vpadina ⌣ RUS 38-39 M 4
Pontoise ☆ F (95) 228-229 J 5
Pontokerasia ○ GR 36-37 J 4
Ponton ○ CDN 178-179 G 3
Ponton Creek ∼ AUS 112-113 G 5
Pontonx-sur-l'Adour ○ F (40) 240-241 C 3
Pontorson ○ F (50) 230-231 H 2
Pontotoc ○ USA 192-193 D 2
Pontrémoli ○• I 36-37 B 2
Pont-Rémy ○ F (80) 228-229 H 3
Pontrieux ○ F (22) 230-231 E 2
Ponts ○ E 34-35 H 4
Pont-Sainte-Marie ○ F (10) 234-235 E 5
Pont-Sainte-Maxence ○ F (60) 228-229 K 5
Pont-Saint-Esprit ○ F (30) 242-243 F 3
Pont-Saint-Mamet ○ F (24) 236-237 G 6
Pont-Saint-Martin ○ F (44) 230-231 H 5
Pont-Saint-Pierre ○ F (27) 228-229 G 5
Pont-Scorff ○ F (56) 230-231 E 4
Ponts-de-Cé, Les ○ F (49) 230-231 K 5
Pont-sur-Seine ○ F (10) 232-233 K 2
Pont-sur-Yonne ○ F (89) 232-233 J 3
Pontvallain ○ F (72) 230-231 M 4
Ponuga ○ PA 196-197 D 8
Pony Express Station ∴ USA 186-187 J 6
Ponza ○ I 36-37 D 4
Ponziane, Ísole ⌒ I 36-37 D 4
Poochera ○ AUS 116-117 C 2
Pool ◘ RCB 146-147 E 5
Poole ○ GB 26-27 G 6
Poole's Monument • AUS 114-115 F 5
Pool Malebo ○ ZRE 146-147 E 6
Poolowanna Lake ○ AUS 114-115 D 4
Pools Cove ○ CDN 182-183 R 5
Poonamallee ○ IND 76-77 J 4
Pooncarie ○ AUS 116-117 G 2
Pooneryn ○ CL 76-77 J 6
Poopó ○ BOL 214-215 D 6
Poopó, Lago de ○ BOL 214-215 D 6
Pooppelloe Lake ○ AUS 114-115 G 6
Poorman ○ USA 164-165 N 4
Poor Man Indian Reserve ⅹ CDN 178-179 D 5
Popa Falls ∼• NAM 152-153 F 9
Popayan ☆•• CO 204-205 C 6
Popča ○ RUS 24-25 W 5
Pope ○• LV 30-31 G 3
Popenguine ○• SN 138-139 B 2
Poperechnoi Island ⌒ USA 166-167 Q 5
Poperinge ○ B 28-29 G 3
Popham Bay ≈ 180-181 R 2
Popigaj ○ RUS (TMR) 46-47 H 4
Popigaj ∼ RUS 46-47 G 4
Popigaj ∼ RUS 46-47 H 4
Popilta Lake ○ AUS 116-117 F 2
Poplar ○ USA (MT) 186-187 E 1
Poplar ○ USA (WI) 190-191 C 2
Poplar Bluff ○ USA 188-189 M 1
Poplarfield ○ CDN 178-179 H 5
Poplar Point ○ CDN 178-179 H 5
Poplar River ∼ CDN 174-175 J 5
Poplar River ∼ CDN 178-179 H 4
Poplar River ∼ CDN 178-179 D 6
Poplarville ○ USA 192-193 D 4
Popocatépetl, Volcán ▲•• MEX 196-197 E 2
Popof Island ⌒ USA 166-167 Q 5
Popoh ○ RI 104 D 4
Popokabaka ○ ZRE 146-147 F 6
Pópoli ○ I 36-37 D 3
Popomanaseu, Mount = Makarakombu ▲ SOL 120 I e 3
Popondetta ☆ PNG 119 E 5
Popovka ○ RUS (ROS) 38-39 M 3
Popovka ∼ RUS 46-47 c 7
Popovka ∼ RUS 56-57 P 2
Popovo ○ BG 38-39 E 6
Popov Porog ○ RUS 24-25 N 5
Poprad ○ SK 28-29 Q 4
Poptún ○ GCA 196-197 K 3
Porāli ∼ PK 70-71 M 5
Porangatu ○ BR 216-217 F 2
Porbandar ○• IND 74-75 B 9
Porčaman ○ AFG 70-71 K 2
Porção, Cachoeira do ∼ BR 212-213 B 3
Porcelette ○ F (57) 234-235 K 3
Porcher Island ⌒ CDN 176-177 E 5
Porciúngula ○ BR 216-217 J 6
Porcos, Riacho dos ∼ BR 212-213 J 5
Porcos, Rio dos ∼ BR 216-217 H 2
Porcupine ○ USA 164-165 W 7
Porcupine, Cape ▲ CDN 182-183 Q 2
Porcupine, Plaine Abyssale = Porcupine Abyssal Plain ≈ 14-15 H 3
Porcupine Abyssal Plain = Porcupine, Plaine Abyssale ≈ 14-15 H 3
Porcupine Forest Reserve ⊥ CDN 178-179 F 4
Porcupine Gorge National Park ⊥ AUS 110-111 H 7
Porcupine Hills ▲ CDN 178-179 E 4
Porcupine Plain ○ CDN (SAS) 178-179 E 4
Porcupine Plain ⊥ CDN 164-165 V 2
Porcupine Plateau ▲ CDN 164-165 U 3
Porcupine River ∼ CDN 174-175 R 6
Porcupine River ∼ USA 164-165 U 3
Pordenone ☆• I 36-37 D 2
Pordic ○ F (22) 230-231 F 2
Pore ○ CO 204-205 F 5
Porebada ○ PNG 119 D 5
Porecatu ○ BR 216-217 E 7
Poreckoe ○ RUS 32-33 E 6
Porédaka ○ RG 138-139 D 4
Porekautimbu, Gunung ▲ RI 100-101 G 4
Porga ○ DY 138-139 L 4
Porge, Le ○ F (33) 236-237 C 6
Porge-Océan, le ○ F (33) 236-237 C 6
Porgera ○ PNG 119 B 3
Porhov ☆ RUS 30-31 L 3
Pori ○ FIN 24-25 F 6
Porirua ○ NZ 118 E 4
Þórisvatn ○ IS 22-23 d 2
Porjus ○ S 22-23 J 3
Pork Peninsula ⌣ CDN 174-175 X 4
Porlakshöfn ○ IS 22-23 c 3
Porlamar ○ YV 204-205 K 2
Pornic ○ F (44) 230-231 G 5
Pornichet ○ F (44) 230-231 G 5
Poro ○ F (988) 247 I c 3
Porog ○ RUS 24-25 P 5
Poro Island ⌒ RP 96-97 F 7
Poro Island ⌒ SOL 120 I c 2
Poroma ○ PNG 119 B 4

Poronaj ∼ RUS 58-59 K 4
Poronajsk ○ RUS 58-59 K 4
Porong ○ RI 104 E 3
Póros ○ GR 36-37 H 5
Porosozero ○ RUS 24-25 M 5
Porotos, Punta ▲ RCH 220-221 B 5
Porožsk ○ RUS 24-25 W 5
Porpoise Bay ≈ 16 G 13
Porquerolles ○ F (83) 242-243 J 5
Porsangen ≈ 22-23 M 1
Porsangerhalvøya ⌣ N 22-23 M 1
Porsea ○ RI 98-99 C 3
Porsgrunn ☆ N 22-23 D 7
Þórshöfn ○ IS 22-23 f 1
Porsild Mountains ▲ CDN 180-181 H 2
Porspoder ○ F (29) 230-231 B 2
Porsuk Çayı ∼ TR 64-65 D 3
Port, Île du ⌒ F (984) 246 III c 3
Port, Le ○ F (85) 236-237 B 3
Port, Le ○ F (974) 246 II a 1
Porta, La ○ F (2B) 244 D 4
Porta, Rio da ∼ BR 212-213 C 5
Porta Ascotan ó del Jardin ▲ BOL 220-221 C 1
Port Adelaide ○ AUS 116-117 E 3
Portage ○ CDN 182-183 M 5
Portage ○ USA (AK) 164-165 Q 6
Portage ○ USA (WI) 190-191 D 4
Portage Bay ≈ 166-167 T 4
Portage la Prairie ○ CDN 178-179 G 6
Portageville ○ USA 190-191 J 4
Portal ○ USA 186-187 F 1
Port Alberni ○ CDN 176-177 H 7
Portalegre ○•• P 34-35 D 5
Portales ○ USA 188-189 F 2
Portalet, El ▲ F 240-241 D 5
Port Alexander ○ USA 176-177 C 3
Port Alfred ○ ZA 156-157 H 6
Port Alice ○ CDN 176-177 G 6
Port Allegany ○ USA 190-191 J 5
Port Alma ○ AUS 114-115 L 2
Port Angeles ○ USA 184-185 C 1
Port Antonio ○• JA 198-199 G 5
Portão de Baixo, Cachoeira ∼ BR 210-211 K 5
Port Arthur = Lüshun ○ VRC 86-87 C 8
Port Askaig ○ GB 26-27 D 4
Port au Choix ○ CDN 182-183 Q 3
Port Augusta ○• AUS 116-117 D 2
Port au Port Peninsula ⌣ CDN 182-183 P 4
Port-au-Prince ★• RH 198-199 J 5
Port aux Choix National Historic Park ∴ CDN 182-183 Q 3
Port-aux-Français ○ F (984) 246 III d 3
Portbail ○ F (50) 228-229 A 5
Port-Barcarès ○ F (66) 240-241 L 5
Port Bay, Port au ≈ 182-183 P 4
Port Bell ○ EAU 148-149 D 3
Port-Bergé = Boriziny ○ RM 158-159 E 5
Port-Bizet ○ F (984) 246 III c 4
Port Blair ☆ IND 76-77 L 4
Port-Blanc ○ F (22) 230-231 E 2
Port Blandford ○ CDN 182-183 R 4
Port-Bouquet, Baie de ≈ 247 I d 3
Port Broughton ○ AUS 116-117 D 2
Port Campbell ○ AUS 116-117 G 5
Port Campbell National Park ⊥ AUS 116-117 G 5
Port Charlotte ○ USA 192-193 G 6
Port Chilkoot ○ USA 164-165 X 7
Port-Christmas ○ F (984) 246 III b 2
Port Clements ○ CDN 176-177 D 5
Port Clyde ○ USA 190-191 O 4
Port Coton, Aiguilles de • F (56) 230-231 E 5
Port-Couvreux ○ F (984) 246 III c 3
Port-Cros, Île de ⌒ F (83) 242-243 J 5
Port-Cros, Parc National du ⊥ F (83) 242-243 J 5
Port-d'Atelier-Amance ○ F (70) 238-239 J 1
Port-de-Bouc ○ F (13) 242-243 F 5
Port-de-By ○ F (33) 236-237 D 5
Port-de-Goulée ○ F (33) 236-237 D 5
Port-de-Paix ☆ RH 198-199 J 5
Port-des-Barques ○ F (17) 236-237 C 4
Port-des-Callonges ○ F (33) 236-237 D 5
Port Dickson ○• MAL 98-99 D 3
Port Douglas ○• AUS 110-111 H 5
Port-Douzieme ○ F (984) 246 III d 4
Porte, La ○ USA 190-191 E 5
Port Edward ○ CDN 176-177 E 4
Port Edward ○ ZA 156-157 K 5
Porteira, Cachoeira da ∼ BR 210-211 H 7
Porteiras ○ BR 206-207 F 6
Porteirinha ○ BR 216-217 J 3
Portél ○ BR 206-207 J 6
Portel ○ P 34-35 D 5
Portel, le ○ F (62) 228-229 H 2
Portelândia ○ BR 216-217 D 4
Portel-des-Corbières ○ F (11) 240-241 K 4
Port Elizabeth ○ ZA 156-157 G 6
Port Ellen ○ GB 26-27 D 4
Port-en-Bessin-Huppain ○ F (14) 228-229 C 5
Porteno, Río ∼ RA 220-221 H 3
Porté-Puymorens ○ F (66) 240-241 H 5
Porters Corner ○ USA 184-185 H 2
Porterville ○ USA 184-185 E 7
Porterville ○ ZA 156-157 D 6
Portes-en-Ré, Les ○ F (17) 236-237 C 3
Portes-lès-Valence ○ F (26) 242-243 F 2
Portets ○ F (33) 236-237 E 6
Portezuela ▲ BOL 220-221 C 1
Portezuela del Huaytiquina ▲ RCH 220-221 D 2
Portezuela Llullaillaco Norte ▲ RCH 220-221 C 3
Portezuela Pasto Ventura ▲ RA 220-221 D 4
Portezuelo ○ RCH 222-223 C 4
Portezuelo, El ○ RA 220-221 E 5
Port Fitzroy ○ NZ 118 E 2
Port Foucheron ○ USA 188-189 M 5
Port Gentil ☆ G 146-147 B 4
Port Germein ○ AUS 116-117 D 2
Port-Grimaud ○ F (83) 242-243 K 5
Port Grosvenor ○ ZA 156-157 J 5
Port-Harcourt ☆ WAN 140-141 G 6
Port Harrison = Inukjuak ○ CDN 180-181 K 5
Port Hedland ○ AUS 108-109 D 6
Port Heiden ○ USA 166-167 R 4
Port Hope ○ CDN 182-183 E 7
Port Hope Simpson ○ CDN 182-183 Q 2
Port Howard ○ GB 222-223 L 6
Port Howe ○ BS 198-199 H 2
Porticcio ○ F (2A) 244 C 5
Portillo, Paso del ▲ RA 220-221 B 6
Portimão ○ P 34-35 C 6
Portimo ○ FIN 24-25 J 3
Port-Inini ○ F (973) 245 I c 2
Port Isabel Lighthouse State Historic Site ∴• USA 188-189 J 6
Port Jackson ≈ 116-117 L 2
Port Jackson ○ NZ 118 E 2
Port-Jeanne d'Arc ○ F (984) 246 III c 4
Port-Joinville ○ F (85) 236-237 A 2
Port Kenny ○ AUS 116-117 C 2
Port Láirge = Waterford ○• IRL 26-27 D 5
Portland ○ AUS 116-117 F 5
Portland ○ USA (IN) 190-191 F 5
Portland ○ USA (ME) 190-191 N 4
Portland ○ USA (OR) 184-185 C 3
Portland ○ USA (TX) 188-189 J 6
Portland, Cape ▲ AUS 116-117 J 6
Portland Bay ≈ 116-117 F 5
Portland Bight ≈ 198-199 G 6
Portland Canal ≈ 176-177 E 4
Portland Creek Pond ⊖ CDN 182-183 Q 3
Portland Inlet ≈ 176-177 E 4
Portland Island ⌒ NZ 118 F 3
Portland Point ▲ JA 198-199 G 6
Port Langdon ≈ 110-111 D 3
Port-la-Nouvelle ○ F (11) 240-241 L 4
Port Laoise ○ IRL 26-27 D 5
Port Lavaca ○ USA 188-189 J 5
Port-Leucate ○ F (11) 240-241 L 5
Port Lincoln ○•• AUS 116-117 C 3
Port Lions ○ USA 166-167 U 4
Portlock Reefs ⌒ PNG 119 C 5
Port Loko ○ WAL 138-139 D 5
Port-Louis ○ F (56) 230-231 E 4
Port-Louis ○ F (971) 245 IV b 2
Port Louis ★• MS 160 C 7
Port Mac Donnell ○ AUS 116-117 F 5
Port Macquarie ○• AUS 114-115 M 6
Port-Manec'h ○ F (29) 230-231 D 4
Port Maria ○ JA 198-199 G 5
Port Mathurin ○ MS 160 F 6
Port-Maubert ○ F (17) 236-237 D 5
Port Maurant ○ GUY 206-207 F 2
Port Mayaca ○ USA 192-193 H 6
Port Menier ○ CDN 182-183 M 4
Port Moller ○ USA 166-167 Q 5
Portmore ○ JA 198-199 G 6
Port Moresby ★ PNG 119 D 5
Port-Mort ○ F (27) 228-229 G 5
Port-Navalo ○ F (56) 230-231 F 4
Port Neill ○ AUS 116-117 D 3
Port Nelson ○ BS 198-199 H 3
Port Nelson (abandoned) ○ CDN 178-179 K 2
Portneuf, Rivière ∼ CDN 182-183 K 4
Port Neville ○ CDN 176-177 G 6
Portnjagino, ozero ⊖ RUS 46-47 F 2
Port Nolloth ○ ZA 156-157 C 4
Port-Nouveau-Québec ○ CDN 180-181 R 5
Porto ○ BR 212-213 G 3
Porto ○ F (2A) 244 C 4
Porto ⌒ F (2A) 244 C 4
Porto ☆•• P 34-35 C 4
Porto, Golfe de ≈ F (2A) 244 C 4
Pôrto Acre ○ BR 210-211 D 7
Pôrto Alegre ○ BR 214-215 J 5
Porto Alegre ○ BR (BAH) 216-217 K 2
Porto Alegre ○ BR (P) 210-211 J 5
Porto Alegre ☆ BR (RSU) 218-219 E 8
Porto-Alegre ○ STP 146-147 b 2
Porto Alegre do Norte ○ BR 212-213 C 7
Porto Amazonas ○ BR 218-219 F 5
Porto Amboim ○ ANG 152-153 B 5
Porto Antunes ○ BR 210-211 D 4
Porto Azzurro ○ I 36-37 C 3
Portobelo ○•• PA 196-197 E 7
Porto Belo, Baía de ≈ 218-219 F 6
Porto Belo, Ponta do ▲ BR 218-219 F 6
Porto Bicentenário ○ BR 214-215 F 2
Porto Braga ○ BR (AMA) 210-211 E 4
Porto Braga ○ BR (GSU) 214-215 J 7
Porto Cabello ○ YV 204-205 G 2
Porto Camargo ○ BR 216-217 D 7
Porto Cristo ○ E 34-35 J 5
Porto da Soledade ○ BR 216-217 G 4
Pôrto de Fora ○ BR 214-215 K 5
Porto de Pedras ○ BR 212-213 L 6
Porto do Caititu ○ BR 212-213 F 4
Porto do Mangue ○ BR 212-213 K 4
Porto do Moz ○ BR 206-207 H 6
Porto dos Gaúchos ○ BR 214-215 J 2
Porto dos Mosteiros ○ CV 138-139 B 6
Porto Esperanza ○ RA 220-221 K 4
Porto Esperidião ○ BR 214-215 H 4
Porto Estrela ○ BR 214-215 J 4
Porto Euchdes da Cunha ○ BR 216-217 D 7
Portoferràio ○ I 36-37 C 3
Porto Ferreira ○ BR 216-217 G 6
Port of Ness ○ GB 26-27 D 2
Porto Franco ○ BR 212-213 E 5
Port of Spain ★ TT 204-205 L 2
Porto Gen. Nac. el Portillo ▲ RA 222-223 E 2
Porto Grande ○ BR 206-207 J 5
Portogruaro ○• I 36-37 D 2
Porto Henrique ○ MOC 156-157 L 3
Pôrto Jofre ○ BR 214-215 J 5
Porto Levante ○ I 36-37 E 5
Port-Olry ○ VAN 120 II a 2
Porto Lucena ○ BR 220-221 K 4
Port Omna = Portumna ○ IRL 26-27 C 5
Porto Moniz ○ P 124-125 C 4
Pôrto Mosquito ○ CV 138-139 C 6
Pôrto Murtinho ○ BR 220-221 J 1
Porto Nacional ○ BR 212-213 D 7
Porto Novo ○ BR 216-217 J 2
Porto-Novo ★• DY 140-141 E 5
Portonovo ○ IND 76-77 H 5
Porto Novo, Vila de ○ CV 138-139 B 5
Porto Pollo ○ F (2A) 244 C 5
Porto Quebra ○ BR 210-211 F 4
Port Orchard ○ USA 184-185 C 2
Porto Reis ○ BR 210-211 E 4
Porto Rico ○ BR 214-215 D 2
Porto Rico, Fosse de = Puerto Rico Trench ≃ 200 A 2
Porto Rico = Puerto Rico ◘ USA (PR) 200 B 2
Porto Rico = Puerto Rico ⌒ USA (PR) 12 H 7
Porto Rolha ○ BR 214-215 E 2
Porto Santo ⌒ P 124-125 C 4
Pôrto São José ○ BR 216-217 D 7
Portoscuso ○ I 36-37 B 5
Porto Seguro ○• BR 216-217 L 4
Porto Seguro, Corredeira ∼ BR 212-213 B 5
Porto Tolle ○ I 36-37 D 2
Porto Tórres ○ I 36-37 B 4
Porto União ○ BR 218-219 E 6
Pôrto Valter ○ BR 208-209 F 6
Porto-Vecchio ○ F (2A) 244 D 5
Porto-Vecchio, Golfe de ≈ F (2A) 244 D 5
Porto Velho ☆ BR 210-211 F 7
Portovelo ○ EC 208-209 C 3
Portoviejo ☆ EC 208-209 B 2
Portpatrick ○ GB 26-27 E 4
Port Pirie ○ AUS 116-117 D 2
Port Radium ○ CDN 174-175 L 2
Portree ○ GB 26-27 D 3
Port Rowan ○ CDN 182-183 D 7
Port Royal National Historic Park ∴ CDN 182-183 M 6
Port-Saïd = Būr Sa'īd ☆ ET 130-131 F 2
Port Said = Būr Sa'īd ☆ ET 130-131 F 2
Port-Sainte-Marie ○ F (47) 240-241 E 2
Port Saint Joe ○ USA 192-193 F 5
Port Saint Johns ○ ZA 156-157 J 5
Port-Saint-Louis-du-Rhône ○ F (13) 242-243 F 5
Port Saint Lucie ○ USA 192-193 H 6
Port-Saint-Père ○ F (44) 230-231 H 5
Portsall ○ F (29) 230-231 B 2
Portsalon ○ IRL 26-27 D 4
Port Salut ○ RH 198-199 J 5
Port Salut, Plage ⩠• RH 198-199 H 5
Port Shepstone ○ ZA 156-157 K 5
Port Simpson ○ CDN 176-177 E 4
Portsmouth ○ GB 26-27 G 6
Portsmouth ○ USA (IA) 186-187 K 5
Portsmouth ○ USA (NH) 190-191 N 4
Portsmouth ○ USA (OH) 190-191 G 6
Portsmouth ○ USA (VA) 190-191 K 7
Portsmouth ○ WD 200 E 4
Port Stephens ○ GB 222-223 K 7
Port Sudan = Būr Sūdān ☆• SUD 136-137 H 3
Port Sulphur ○ USA 192-193 D 5
Port-sur-Saône ○ F (70) 238-239 J 1
Porttipahdan tekojärvi ⊖ FIN 24-25 J 2
Port Townsend ○• USA 184-185 C 1
Portugais, Grotte des = Tenika • RM 158-159 D 9
Portugal, Cachoeira ∼ BR 210-211 E 7
Portugal = Portugal ■ P 34-35 B 4
Portuguesa, Río ∼ YV 204-205 H 3
Portumna = Port Omna ○ IRL 26-27 C 5
Port-Vato ○ VAN 120 II b 3
Port-Vendres ○ F (66) 240-241 L 5
Port Victoria ○ AUS 116-117 D 3
Port Victoria ○ EAK 148-149 D 3
Port-Vila ★• VAN 120 II b 3
Port Vincent ○ AUS 116-117 D 3
Port Wakefield ○ AUS 116-117 E 3
Poruj, mys ▲ RUS 44-45 P 6
Poruk Çayı ∼ TR 64-65 H 3
Porumamilla ○ IND 76-77 H 3
Porvenir ○ 208-209 B 10
Porvenir ○ BOL 214-215 C 2
Porvenir ○ PE 208-209 D 3
Porvenir ○ RCH 224 E 6
Porvenir, El ○ MEX 194-195 G 2
Porvenir, El ☆ PA 196-197 E 7
Porvenir, El ○ YV (APU) 204-205 G 4
Porvenir, El ○ YV (BAR) 204-205 F 4
Posadas ☆ RA 220-221 K 4
Posanges ○ F (21) 238-239 F 2
Pošegda ○ RUS 24-25 R 5
Pošehon'e ○ RUS 30-31 Q 2
Pošehon'e-Volodarsk = Pošehon'e ○ RUS 30-31 Q 2
Poseidon, Temple of •• GR 36-37 K 6
Posesión, Bahía ≈ 224 F 6
Posevnaja ○ RUS 60-61 N 1
Posik, Pulau ⌒ RI 98-99 F 5
Posio ○ FIN 24-25 K 3
Posiposi ○ RI 100-101 L 2
Posito, El ∴• BH 196-197 K 3
Poso ○ RI 100-101 G 4
Poso, Danau ⊖ RI 100-101 G 4
Posof ☆ TR 64-65 K 2
Posŏng ○ ROK 86-87 F 10
Posorja ○ EC 208-209 B 3
Pospelina ○ RUS 60-61 M 3
Posse ○ BR 216-217 G 3
Possel ○ RCA 142-143 D 6
Possession, Île de la ⌒ F (984) 246 IV a 1
Possession, La ○ F (974) 246 II a 1
Possession, Point ▲ USA 164-165 P 6
Possessioneiland ⌒ NAM 156-157 B 3
Possoš' ○ RUS 38-39 L 2
Possum Kingdom Lake ⊖ USA 188-189 H 3
Post ○ USA 188-189 G 3
Posta Cambio a Zalazar ○ RA 220-221 G 3
Posta Km. 45 ○ RA 220-221 G 3
Posta Lencina ○ RA 220-221 G 3
Post Arinda ○ GUY 206-207 E 3
Poste-de-la-Baleine ○ CDN 180-181 L 7
Post Falls ○ USA 184-185 F 2
Postmasburg ○ ZA 156-157 F 4
Posto Ajuricaba ○ BR 210-211 F 2
Post Oak ○ USA 186-187 L 6
Posto Cocraimore ○ BR 212-213 B 5
Post Office Tree • ZA 156-157 F 7
Posto Funai ○ BR (AMA) 206-207 D 6
Posto Funai ○ BR (AMA) 206-207 E 6
Posto Funai ○ BR (AMA) 208-209 F 4
Posto Funai ○ BR (APA) 206-207 J 4
Postojna ○ SLO 36-37 E 2
Postojnska jama •• SLO 36-37 E 2
Posto Uaçá ○ BR 206-207 J 4
Postrervalle ○ BOL 214-215 F 6
Postville ○ USA 190-191 C 4
Pota ○ RI 104 E 7
Potawatomi Indian Reservation Ⅹ USA 186-187 K 6
Potchefstroom ○ ZA 156-157 H 3
Potčurk, gora ▲ RUS 24-25 W 5
Poté ○ BR 216-217 K 4
Poteau ○ USA 188-189 K 2
Poteau, Le ○ F (56) 230-231 F 4
Potengi ○ BR 212-213 H 5
Potenji, Rio ∼ BR 212-213 K 4
Potensac ○ F (33) 236-237 D 5
Potenza ☆• I 36-37 E 4
Potfontein ○ ZA 156-157 G 5
Potgietersrus ○ ZA 156-157 J 2
Potherie, Lac la ⊖ CDN 180-181 N 5
Potholes Reservoir < USA 184-185 E 2
Poti ○• GE 62-63 D 6
Poti, Rio ∼ BR 212-213 G 4
Potidaia • GR 36-37 J 4
Potiguara, Área Indígena Ⅹ BR 212-213 L 5
Potimalal, Rio ∼ RA 222-223 D 4
Potin ○ IND 78-79 H 2
Potiragua ○ BR 216-217 L 3
Potiskum ○ WAN 140-141 J 3
Pot Jostler Creek ∼ AUS 114-115 F 2
Pot Mountain ▲ USA 184-185 G 2
Potol Point ▲ RP 96-97 D 7
Potomac River ∼ USA 190-191 K 6
Potoru ○ WAL 138-139 E 6
Potosí ☆••• BOL 214-215 E 6
Potosí ○ NIC 196-197 L 5
Potosi ○ USA 190-191 C 7
Potosí, Río ∼ MEX 194-195 K 5
Pototan ○ RP 96-97 E 7
Potrerillos ○ RA 222-223 E 2
Potrerillos, Río ∼ RCH 220-221 B 5
Potrero de Gallegos ○ MEX 194-195 H 6
Potrero del Llano ○ MEX 194-195 G 3
Potrero Grande ○ CR 196-197 C 7
Potrero Quemado ○ BOL 214-215 H 6
Potrero Seco ○ RCH 220-221 B 4
Potro, Cerro del ▲ RCH 220-221 C 5
Potro, Río ∼ PE 208-209 D 4
Potrorillos Abajo ○ PA 196-197 C 7
Potsdam ☆••• D 28-29 M 2
Potsdam ○ USA 190-191 L 3
Potsdam ○ ZA 156-157 H 6
Pott, Île ⌒ F (988) 247 I a 1
Potter Island ⌒ CDN 180-181 R 3
Pottstown ○ USA 190-191 L 5
Pottsville ○ USA 190-191 K 5
Pottuvil ○ CL 76-77 J 7
Pötürge ☆ TR 64-65 H 3
Pouancé ○ F (49) 230-231 J 4
Pouan-les-Vallées ○ F (10) 234-235 E 4
Pouch Cove ○ CDN 182-183 S 5
Pouébo ○ F (988) 247 I b 2
Pouembout ○ F (988) 247 I b 3
Pouéré ○ RCB 146-147 E 4
Poughkeepsie ○ USA 190-191 M 5
Pougol ○ RCA 142-143 C 5
Pougues-les-Eaux ○ F (58) 232-233 J 5
Pouillé ○ F (85) 236-237 D 2
Pouillenay ○ F (21) 238-239 E 1
Pouillon ○ F (40) 240-241 C 3
Pouilly-en-Auxois ○ F (21) 238-239 F 2
Pouilly-sur-Loire ○ F (58) 232-233 H 5
Poulains, Pointe des ▲ F (56) 230-231 E 5
Poularies ○ CDN 182-183 E 4
Pouldavid ○ F (29) 230-231 C 3
Pouldergat ○ F (29) 230-231 C 3
Pouldreuzic ○ F (29) 230-231 C 4
Pouldu, le ○ F (29) 230-231 D 4
Pouliguen, Le ○ F (44) 230-231 G 5
Poullaouen ○ F (29) 230-231 D 3
Poultney ○ USA 190-191 M 4
Poum ○ F (988) 247 I b 2
Pouma ○ CAM 146-147 C 2
Poumalé ○ RCA 142-143 D 6
Pound Maker Indian Reserve Ⅹ CDN 176-177 Q 5
Poura ○ BF 138-139 J 4
Pourcieux ○ F (83) 242-243 H 5
Pourcy ○ F (51) 228-229 M 5
Pourerere ○ NZ 118 F 4
Pourlans ○ F (71) 238-239 G 3
Pourrain ○ F (89) 232-233 J 4
Pouso Alegre ○ BR 216-217 H 7
Pouso Grande ○ BR 210-211 J 5
Pouss ○• CAM 142-143 B 3
Poûthisăt ○ K 94-95 G 4
Pouto ○ NZ 118 E 2
Poutorana, Monts = Putorana, plato ▲ RUS 44-45 Z 7
Poutoru ○ F (987) 247 IV a 2
Pouxeux ○ F (88) 234-235 K 5
Pouydesseaux ○ F (40) 240-241 D 3
Pouytenga ○ BF 138-139 K 3
Pouzauges ○ F (85) 236-237 D 2
Pouzay ○ F (37) 232-233 D 5
Pouzilhac ○ F (30) 242-243 F 3
Pouzin, le ○ F (07) 242-243 F 2
Pouzol ○ F (63) 236-237 L 3
Poveneckij zaliv ≈ 24-25 N 5
Poverty Bay ≈ 118 F 3
Póvoa de Varzim ○ P 34-35 C 4
Povorot ○ RUS 52-53 N 10
Povorotnyj, mys ▲ RUS (CUK) 48-49 V 4
Povorotnyj, mys ▲ RUS (MAG) 56-57 T 3
Povorotnyj, mys ▲ RUS (SAH) 46-47 V 3
Povorotnyj, mys ▲ RUS (TMR) 44-45 X 4
Povungnituk ○ CDN 180-181 L 4
Povungnituk, Lac de ⊖ CDN 180-181 L 4
Povungnituk, Monts de ▲ CDN 180-181 M 4
Povungnituk, Rivière de ∼ CDN 180-181 M 4
Povungnituk Bay ≈ 180-181 L 5
Powder River ○ USA (WY) 186-187 D 4
Powder River ∼ USA 184-185 F 3
Powder River ∼ USA 186-187 D 4
Powder River Pass ▲ USA 186-187 D 3
Powell ○ USA 186-187 C 3
Powell, Lake ⊖ USA 184-185 J 7
Powell Creek ∼ AUS 114-115 G 3
Powell Point ▲ BS 198-199 G 2
Powell River ○ CDN 176-177 H 7
Powers ○ USA 190-191 E 3
Powhatan ○ USA 188-189 L 4
Powiathanga ○ AUS 110-111 H 7
Powlett, Kap ▲ GRØ 170-171 P 5
Powoollak Camp ○ USA 164-165 E 5
Poxoréo ○ BR 214-215 K 4
Poya ○ F (988) 247 I c 3
Poya, Passe de ≈ 247 I b 3
Poyang, Lac = Poyang Hu ⊖ VRC 92-93 K 2
Poyang Hu ⊖ VRC 92-93 K 2
Poyanghu Z.B. ⊥• VRC 92-93 K 2
Poyata, La ○ CO 204-205 E 5
Poygan, Lake ⊖ USA 190-191 D 3
Pozantı ☆ TR 64-65 F 4
Požarevac ○• YU 36-37 H 2
Poza Rica ○ MEX 196-197 F 1
Poza Rica de Hidalgo = Poza Rica ○ MEX 196-197 F 1
Pozas de Santa Ana ○ MEX 194-195 J 6
Pozdeevka ○ RUS 58-59 C 3
Požeg ○ RUS 32-33 J 3
Požega ○ YU 36-37 H 3
Poznan = Poznań ☆•• PL 28-29 O 2
Poznań = Poznan ☆•• PL 28-29 O 2
Pozo, Río del ∼ RA 220-221 D 4
Pozo Alcón ○ E 34-35 F 6
Pozo Almonte ○ RCH 214-215 C 7
Pozo Colorado ☆ PY 220-221 H 2
Pozo del Molle ○ RA 220-221 F 6
Pozo del Tigre ○ BOL 214-215 G 5
Pozo del Tigre ○ RA 220-221 G 3
Pozo del Zorro ○ RA 220-221 F 2
Pozo de Maza ○ RA 220-221 G 2
Pozo Dulce ○ RA 220-221 F 5
Pozo Herrera ○ RA 220-221 F 5
Pozo Hondo ○ RA 220-221 E 4
Pozón ○ YV 204-205 H 4
Pozos, Los ○ PA 196-197 D 8
Pozos, Punta ▲ RA 224 H 3
Pozuelos ○ YV 204-205 J 2
Pozuelos, Laguna de ⊖• RA 220-221 D 2
Pozuzo ○ PE 208-209 E 7
Pozuzo, Río ∼ PE 208-209 E 6
Pozzuoli ○• I 36-37 E 4
P. Pelapis, Pulau ⌒ RI 98-99 H 5
Pra ∼ GH 138-139 K 7
Prachin Buri ○ THA 94-95 F 3
Prachuap Khirikhan ○ THA 94-95 E 5
Pracupi, Rio ∼ BR 212-213 C 3
Pradéd ▲ CZ 28-29 O 3
Pradelles ○ F (43) 242-243 D 2
Prades ○ F (09) 240-241 H 5
Prades ○ F (66) 240-241 J 5
Prades • F (47) 240-241 F 2
Prades, Château de • F (48) 240-241 L 2
Prades-d'Aubrac ○ F (12) 240-241 K 1
Pradet, Le ○ F (83) 242-243 J 5
Pradia, le ○ F (33) 240-241 D 2
Pradiers ○ F (15) 236-237 L 5
Prado ○ BR 216-217 L 4
Pradópolis ○ BR 216-217 F 6
Prads ○ F (04) 242-243 J 3
Prag = Praha ★••• CZ 28-29 N 3
Prague = Praha ★••• CZ 28-29 N 3
Praha ★••• CZ 28-29 N 3
Prahecq ○ F (79) 236-237 E 3
Praia ○ BR 210-211 K 5
Praia ★ CV 138-139 C 6
Praia da Barata ○ BR 210-211 D 3
Praia de Vaca ○ BR 210-211 C 7
Praia do Bilene ○ MOC 156-157 L 2
Praia do Maçarico ○ BR 210-211 D 3
Praia do Tofo ○ MOC 154-155 H 6
Praia do Xai-Xai ○ MOC 156-157 L 2
Praia Grande ○ BR (CAT) 218-219 F 7
Praia Grande ○ BR (PAU) 218-219 G 5
Praikalogu ○ RI 104 D 7
Prailiu ○• RI 104 E 7
Prainha ○ BR 210-211 D 6
Prainha ○ BR (P) 206-207 H 6
Prainha ○ BR (P) 212-213 C 3
Prainha Nova ○ BR 210-211 G 6
Prairie ○ AUS 110-111 H 7
Prairie ○ USA 186-187 L 3
Prairie City ○ USA 184-185 E 3
Prairie Dog Creek ∼ USA 186-187 G 6
Prairie Dog Town Fork of the Red River ∼ USA 188-189 G 2
Prairie Downs ○ AUS 112-113 E 1
Prairie du Chien ○ USA 190-191 C 4
Prairie River ○ CDN 178-179 E 4
Prairie Village ∴ USA 186-187 J 4
Praiyawang ○• RI 104 E 7
Prakhon Chai ○ THA 94-95 G 3
Pralognan-la-Vanoise ○ F (73) 242-243 K 1
Prambanan ○•• RI 104 D 3
Prampram ○ GH 138-139 L 7
Pran Buri ○ THA 94-95 E 4
Pran Buri Reservoir < THA 94-95 E 4
Þrándarjökull ⊂ IS 22-23 f 2
Prāntij ○ IND 74-75 D 8
Pranzac ○ F (16) 236-237 F 4
Prapat ○ RI 98-99 C 3
Prasat ○ THA 94-95 G 3
Praslin Island ⌒ SY 160 D 2
Prasokuma ○ GH 138-139 K 6
Prat ○ F (22) 230-231 E 2
Prat ○ RCH 220-221 B 2
Prat, Cerro ▲ RCH 224 F 6
Prat, Isla ⌒ RCH 224 C 4
Prata ○ BR 212-213 H 3
Prata, Igarapé ∼ BR 210-211 J 5
Prata, Rio ∼ BR 216-217 F 5
Prata, Rio da ∼ BR 216-217 G 4
Prat-Bonrepaux ○ F (09) 240-241 G 4
Prat-Communal ○ F (09) 240-241 G 5
Prat-de-Crest ○ F (11) 240-241 K 4
Prathai ○ THA 94-95 G 3
Prato ○ I 36-37 C 3
Prato, Col de ▲ F (2B) 244 D 4
Prats-de-Mollo-la-Preste ○ F (66) 240-241 J 6
Prats-du-Périgord ○ F (24) 236-237 H 6
Pratt ○ USA 188-189 H 1
Prattville ○ USA 192-193 E 3
Pratudão, Rio ∼ BR 216-217 H 2
Prauthoy ○ F (52) 238-239 G 1
Pravaja Bojarka ∼ RUS 44-45 b 6
Pravaja Bureja ∼ RUS 58-59 F 3
Pravaja Hetta ∼ RUS 50-51 M 2
Pravaja Hodutka ∼ RUS 58-59 R 3
Pravaja Kamenka ∼ RUS 46-47 d 6
Pravaja Mama ∼ RUS 54-55 F 3
Pravaja Šapina ∼ RUS 56-57 S 6
Pravdinsk ○•• RUS 30-31 G 4
Pravyj Kihčik ∼ RUS 56-57 R 7
Pravyj Mamakan ∼ RUS 54-55 G 7
Prawn Fishing Base • AUS 110-111 C 4
Praya ○ RI 104 C 7
Prayssas ○ F (47) 240-241 F 2
Prazaroki ○ BY 30-31 L 4
Preacher Creek ∼ USA 164-165 S 4
Preăh Vihéar ○ K 94-95 H 3
Préaux ○ F (76) 228-229 G 4
Préchac ○ F (33) 240-241 D 2
Precheur, Le ○ F (972) 245 V a 2
Précigné ○ F (72) 230-231 L 4
Precipice National Park ⊥ AUS 114-115 L 3
Prečistoe ○ RUS 30-31 N 4
Precordillera ▲ RA 220-221 C 6
Précy-sous-Thil ○ F (21) 238-239 E 2
Précy-sur-Oise ○ F (60) 228-229 J 5
Predaltajskaja ravnina ⩠ RUS 60-61 M 3
Predbajkal'skaja vpadina ⩠ RUS 52-53 M 9
Predporožnyj ○ RUS 46-47 Y 7
Preeceville ○ CDN 178-179 E 5
Pré-en-Pail ○ F (53) 230-231 L 3
Préfailles ○ F (44) 230-231 G 5
Préfontaines ○ F (45) 232-233 H 3
Preguiça ○ CV 138-139 B 5
Prehistoric Mounds ∴• CDN 178-179 F 6
Prekestolen •• N 22-23 C 7
Prekonosta pećina •• YU 36-37 J 3
Prele Ranger Station, La ○ USA 186-187 E 4
Prémery ○ F (58) 232-233 J 5
Premier Diamond Mine • ZA 156-157 J 2
Premier Downs ○ AUS 112-113 H 5
Premio ○ CDN 182-183 M 3
Prémont ○ F (02) 228-229 L 3
Prend Town ○ LB 138-139 F 7
Prénouvellon ○ F (41) 232-233 F 4
Prentice ○ USA 190-191 C 3
Prentiss ○ USA 192-193 D 4
Prenzlau ○• D 28-29 M 2
Preobraženija, ostrov ⌒ RUS 46-47 J 2
Preobraženija, zaliv ⊖ RUS 44-45 P 5
Prescott ○ USA (AR) 188-189 L 3
Prescott ○ USA (AZ) 184-185 H 8
Prescott ○ USA (WA) 184-185 E 2
Prescott ○ USA (WI) 186-187 L 3
Prescott Island ⌒ CDN 168-169 Y 4
Prescott Lakes ⊖ AUS 108-109 G 6
Preseka ▲ MK 36-37 H 4
Preservation Inlet ≈ 118 A 7
Presho ○ USA 186-187 G 4
Presidencia de la Plaza ○ RA 220-221 H 4
Presidencia Roque Sáenz Peña ○ RA 220-221 G 4
Président, Sapin du • F 238-239 J 3
Presidente Barros Dutra ○ BR 212-213 F 4
Presidente Bernardes ○ BR 216-217 E 7
Presidente Epitácio ○ BR 216-217 D 6
Presidente Figueiredo ○ BR 210-211 G 4
Presidente Jânio Quadros ○ BR 216-217 K 3
Presidente Juscelino ○ BR (MAR) 212-213 F 3
Presidente Juscelino ○ BR (MIN) 216-217 H 5
Presidente Kennedy ○ BR 212-213 D 6
Presidente Medici ○ BR 214-215 G 2
Presidente Olegário ○ BR 216-217 G 5
Presidente Prudente ○ BR 216-217 E 7
Presidente Ríos, Lago ⊖ RCH 224 C 3
Presidente Vargas ○ BR 212-213 F 3
Presidente Venceslau ○ BR 216-217 E 6
Presidio ○ USA 188-189 E 5
Presidio, Río ∼ MEX 194-195 G 6
Preslav = Veliki Preslav ○• BG 38-39 E 6
Presly ○ F (18) 232-233 G 5
Presnovka ☆ KA 60-61 E 1
Prešov ○ SK 28-29 Q 4
Prespansko Ezero ⊖•• MK 36-37 H 4
Presqu'île, Morne de la ▲ F (975) 245 II b 1
Presque Isle ○ USA 190-191 P 2
Presqu'île de Taiarapu ⌣ F (987) 247 V b 2
Pressac ○ F (86) 236-237 G 3
Preßburg = Bratislava ★•• SK 28-29 O 4
Press Lake ⊖ CDN 178-179 L 6
Preste, la ○ F (66) 240-241 J 6
Preston ○ GB 26-27 F 5
Preston ○ USA (ID) 184-185 J 4
Preston ○ USA (MN) 186-187 L 4
Preston ○ USA (MO) 186-187 L 7
Preston, Cape ▲ AUS 108-109 C 6
Prestonsburg ○ USA 190-191 G 7
Preto, Rio ∼ BR 210-211 F 7
Preto, Rio ∼ BR 210-211 F 5
Preto, Rio ∼ BR 210-211 E 3
Prêto, Rio ∼ BR 210-211 E 2
Prêto, Rio ∼ BR 212-213 G 3
Preto, Rio ∼ BR 212-213 F 7
Prêto, Rio ∼ BR 216-217 L 2
Prêto, Rio ∼ BR 216-217 F 6
Prêto, Rio ∼ BR 216-217 F 2
Prêto, Rio ∼ BR 216-217 G 4
Preto da Eva, Rio ∼ BR 210-211 H 4
Preto do Candeias, Rio ∼ BR 210-211 F 7
Preto do Crespo, Rio ∼ BR 210-211 F 7
Prêto do Igapó-Açu, Rio ∼ BR 210-211 G 5
Preto ou Grande do Piau, Igarapé ∼ BR 210-211 J 7
Pretoria ★• ZA 156-157 J 2
Pretoria Witwatersrand Vereeniging ◘ ZA 156-157 J 2
Pretre, Roche du • F (25) 238-239 K 2
Preuilly-sur-Claise ○ F (37) 236-237 G 2
Preußisch Holland = Pasłęk ○• PL 28-29 P 1
Prévenchères ○ F (48) 242-243 D 2
Préveranges ○ F (18) 236-237 K 3
Préveza ○ GR 36-37 H 5
Prevost River ∼ CDN 164-165 Z 5
Prey ○ F (27) 232-233 E 2
Prey Khmêr ○ K 94-95 H 4
Prey Vêng ○ K 94-95 H 5
Priangarskoe plato ⩠ RUS 52-53 G 6
Priargunsk ☆ RUS 54-55 J 10
Pribilof Islands ⌒ USA 166-167 L 4
Pribojnyj ○ RUS 52-53 L 8
Příbram ○ CZ 28-29 N 4
Pribreżnyj hrebet ▲ RUS 56-57 F 6
Price ○ USA (MD) 190-191 L 6
Price ○ USA (NC) 192-193 J 1
Price ○ USA (UT) 184-185 J 6
Price Island ⌒ CDN 176-177 F 5
Price River ∼ USA 164-165 O 2
Price River ∼ USA 184-185 J 6
Prichard ○ USA (AL) 192-193 D 4
Prichard ○ USA (ID) 184-185 G 2
Priddis ○ CDN 176-177 N 6
Pridnjaprovskaja nizina ⌣ BY 30-31 M 5
Priego de Córdoba ○ E 34-35 E 6
Priekulė ○ LT 30-31 G 4
Priekule ☆ LV 30-31 G 3
Prienai ○•• LT 30-31 H 4
Priene • TR 64-65 B 4
Priéres (Ancienne Abbaye) • F (56) 230-231 G 4
Prieska ○ ZA 156-157 F 4
Priest Lake ⊖ USA 184-185 F 1
Priest Reservoir < USA 184-185 E 2
Priest River ○ USA 184-185 F 1
Prieto, Cerro ▲ PE 208-209 B 4
Prieuré • F (49) 230-231 L 5
Prievidza ○ SK 28-29 P 4
Prignace-et-Marcamps ○ F (33) 236-237 E 5
Prigonrieux ○ F (24) 236-237 F 6
Prijedor ○ BIH 36-37 F 2
Prijepolje ○ YU 36-37 G 3
Prijutovo ○ RUS 32-33 H 7
Prikaspijskaja nizmennost' = Caspienne, Dépression ⌣ 62-63 F 5
Prikro ○ CI 138-139 H 6
Prikro, Kouadio- ○ CI 138-139 H 6
Prilenskoe, plato ⩠ RUS 54-55 E 5
Prilep ○ MK 36-37 H 4
Priluki = Pryluky ○ UA 38-39 H 2
Primate ○ CDN 176-177 Q 5
Primaube, la ○ F (12) 240-241 K 2
Primaudière, la (Ancien Prieuré) • F (49) 230-231 J 4
Primavera ○ BR 212-213 E 2
Primavera do Leste ○ BR 214-215 K 4
Primeira Cruz ○ BR 212-213 G 3
Primeiro, Salto ∼ BR 214-215 K 3
Primeiro de Abril, Salto ∼ BR 214-215 G 2
Primeiro de Maio ○ BR 216-217 E 7
Primeiro de Março, Cachoeira ∼ BR 214-215 G 2
Primel, Pointe de ▲ F (29) 230-231 D 2
Primel-Trégastel ○ F (29) 230-231 D 2
Primero, Cabo ▲ RCH 224 C 4
Primero, Río ∼ RA 220-221 F 6
Primero de Mayo ○ MEX 194-195 J 4
Primero Salto, Cachoeira ∼ BR 210-211 H 6
Primorsk ○ RUS 30-31 G 4
Primorsk ○ RUS (LEN) 30-31 L 1
Primorsk ○ RUS (VLG) 32-33 D 9
Primorsk = Danızkanarı ○ AZ 64-65 N 2
Primorskij hrebet ▲ RUS 52-53 M 9
Primorsko-Ahtarsk ○ RUS 38-39 L 4
Primošten ○• HR 36-37 E 3
Primrose Lake ⊖ CDN 176-177 Q 4
Prince Albert ○ CDN 178-179 D 4
Prince Albert ○ ZA 156-157 F 6
Prince Albert Mountains ▲ ARK 16 F 17
Prince Albert National Park ⊥ CDN 178-179 C 3
Prince Albert Peninsula ⌣ CDN 168-169 N 4
Prince Albert Road ○ ZA 156-157 E 6
Prince Albert Sound ≈ 168-169 O 5
Prince Alexander Mountains ▲ PNG 119 B 2
Prince Alfred, Cape ▲ CDN 168-169 J 3
Prince Alfred Bay ≈ 168-169 Z 2
Prince Charles Island ⌒ CDN 168-169 h 6
Prince Charles Range ▲ ARK 16 F 7
Prince-de-Galles, Cap = Prince of Wales, Cape ▲ USA 164-165 F 4
Prince-de-Galles, Île = Prince of Wales Island ⌒ CDN 168-169 W 4
Prince de Galles, Presqu'île du ⌣ F (984) 246 III d 3
Prince de Monaco, Îles du ⌒ F (984) 246 III b 4
Prince Edward Island ◘ CDN 182-183 N 5
Prince Edward Island ⌒• CDN (PEI) 182-183 N 5
Prince Edward Island National Park ⊥ CDN 182-183 N 5
Prince Edward Islands ⌒ ZA 5 G 10

Prince Edward Peninsula ◡ **CDN** 182-183 F 7
Prince Frederick ○ **USA** 190-191 K 6
Prince George ○• **CDN** 176-177 J 5
Prince Gustav Adolf Sea ≈ 168-169 R 1
Prince-héritier-Christian,Terre du=Kronprins Christian Land ⊥ **GRØ** 170-171 q 3
Prince Leopold Island ⌒ **CDN** 168-169 a 3
Prince of Wales, Cape ▲ **USA** 164-165 F 4
Prince of Wales Bank ≃ 94-95 L 6
Prince of Wales Island ⌒ **AUS** 110-111 G 2
Prince of Wales Island ⌒ **AUS** 119 B 6
Prince of Wales Island ⌒ **CDN** 168-169 W 4
Prince of Wales Island ⌒ **USA** 176-177 D 4
Prince of Wales Strait ≈ 168-169 M 4
Prince Patrick Island ⌒ **CDN** 168-169 L 2
Prince Regent Inlet ≈ 168-169 a 4
Prince Regent Nature Reserve ⊥ **AUS** 108-109 G 3
Prince Regent River ∼ **AUS** 108-109 G 3
Prince Rupert ○• **CDN** 176-177 E 4
Princesa Isabel ○ **BR** 212-213 J 5
Princess Anne ○ **USA** 190-191 L 6
Princess Charlotte Bay ≈ 110-111 G 4
Princess Elizabeth Land ⌒ **ARK** 16 F 8
Princess Highway **II** **AUS** 116-117 K 4
Princess Island ⌒ **CDN** 176-177 F 5
Princess Margaret Range ▲ **CDN** 170-171 D 3
Princess Marie-Bay ≈ 170-171 M 4
Princess Mary Lake ○ **CDN** 174-175 V 3
Princess Ranges ▲ **AUS** 112-113 F 3
Princess Royal Island ⌒ **CDN** 176-177 F 5
Prince's Town ○ **GH** 138-139 J 7
Princeton ○ **CDN** 176-177 K 7
Princeton ○ **USA** (AR) 188-189 L 3
Princeton ○ **USA** (IL) 190-191 D 5
Princeton ○ **USA** (KY) 190-191 E 6
Princeton ○ **USA** (MN) 186-187 L 3
Princeton ○ **USA** (MO) 186-187 L 5
Princeton ○ **USA** (NJ) 190-191 L 5
Princeton ○ **USA** (WV) 190-191 H 7
Princetown ○ **AUS** 116-117 G 5
Prince William Sound ≈ 164-165 R 6
Príncipe ⌒ **STP** 146-147 b 2
Principe Channel ≈ 176-177 E 5
Príncipe da Beira ○ **BR** 214-215 E 3
Prindle ○ **USA** 184-185 C 3
Prineville ○ **USA** 184-185 D 3
Pringamosa ○ **CO** 204-205 D 5
Pringle Bay ○ **ZA** 156-157 D 7
Pringsewu ○ **RI** 98-99 F 7
Prins Bernhardpolder ○ **SME** 206-207 F 3
Prins Christian Sund ≈ 172-173 T 6
Prinsesse Astrid land ⊥ **ARK** 16 F 2
Prinsesse Dagmar Ø ⌒ **GRØ** 170-171 q 3
Prinsesse Margrethe Ø ⌒ **GRØ** 170-171 q 2
Prinsesse Ragnhild land ⊥ **ARK** 16 F 3
Prinsesse Thyra Ø ⌒ **GRØ** 170-171 p 2
Prins Frederik Øer ⌒ **GRØ** 170-171 p 3
Prins Harald land ⊥ **ARK** 16 F 4
Prins Karls Forland ⌒ **N** 20-21 G 3
Prins Oscars Land ◡ **N** 20-21 N 2
Prinsuéjols ○ **F** (48) 242-243 C 2
Prinzapolka, Río ∼ **NIC** 196-197 B 5
Prinzregent-Luitpold-Land ⊥ **ARK** 16 F 33
Priob'e ○ **RUS** 50-51 H 3
Prior, Cabo ▲ **E** 34-35 C 3
Priozernyj ○ **KA** 60-61 O 5
Priozërsk ☆ **RUS** 24-25 L 6
Prip'jat' ∼ **UA** 38-39 G 2
Pripoljarnyj Ural ▲ **RUS** 50-51 E 2
Prirečnyj ○ **RUS** 24-25 L 2
Prirodnyj nacional'nyj park "Pereslavl'" ⊥ **RUS** 30-31 Q 3
Prisches ○ **F** (59) 228-229 M 3
Prišib ○ **AZ** 64-65 N 3
Prissac ○ **F** (36) 236-237 H 2
Pristan'-Przeval'sk ○ **KS** 82-83 D 4
Priština ○•• **YU** 36-37 H 3
Pritchett ○ **USA** 188-189 F 1
Pritzwalk ○ **D** 28-29 M 2
Privas ☆ **F** (07) 242-243 F 2
Priverno ○ **I** 36-37 D 4
Privolž'e ☆ **RUS** 32-33 F 7
Privolžsk ○ **RUS** 30-31 R 3
Privolžskaja vozvyšennosť ▲ **RUS** 32-33 D 9
Priwitz = Prievidza ○ **SK** 28-29 P 4
Priziac ○ **F** (56) 230-231 E 3
Prizren ○•• **YU** 36-37 H 3
Prjadčino ○ **RUS** 58-59 B 3
Prjaža ☆ **RUS** 24-25 M 6
Probolinggo ○ **RI** 104 E 3
Proctor ○ **USA** 188-189 H 4
Proddatūr ○ **IND** 76-77 H 3
Produjevo ○ **YU** 36-37 H 3
Profeta, Quebrada de ∼ **RCH** 220-221 C 3
Progreso ○ **MEX** (COA) 194-195 J 4
Progreso ○• **MEX** (YUC) 196-197 K 1
Progreso ○ **PE** 208-209 F 9
Progreso, El ☆ **GCA** 196-197 J 4
Progreso, El ○ **HN** 196-197 L 4
Progress ○ **RUS** 58-59 C 4
Progresso ○ **BR** 208-209 F 6
Prohladnyj ○ **RUS** 62-63 F 6
Prokof'eva, ostrov ⌒ **RUS** 56-57 H 6
Prokop'evsk ☆ **RUS** 60-61 P 2
Prokuplje ○• **YU** 36-37 H 3
Proletarsk ○ **RUS** 38-39 M 4
Proletarskoe vodohranilišče < **RUS** 38-39 M 4
Prome ○ **MYA** 78-79 J 6
Promežutočnyj ○ **RUS** 48-49 R 2
Promissão ○ **BR** (GSU) 214-215 K 6
Promissão ○ **BR** (PAU) 216-217 F 6
Promissão, Represa < **BR** 216-217 F 6
Promyšlennaja ☆ **RUS** 50-51 S 7
Promyšlennyj ○ **RUS** 54-55 N 3
Promyslovka ○ **RUS** 62-63 G 5
Prončiščeva, krjaž ▲ **RUS** 46-47 K 3
Prončiščeva, mys ▲ **RUS** 44-45 g 3
Prončiščeva, ozero ○ **RUS** 44-45 k 4
Pronin ○ **RUS** 38-39 N 3
Pronja ∼ **BY** 30-31 M 4
Pronja ∼ **RUS** 30-31 R 4
Prophet River ∼ **CDN** 174-175 H 6
Proposed National Park ⊥ **PNG** 119 B 4
Propriá ○ **BR** 212-213 K 7
Propriano ○ **F** (2A) 244 C 5
Proserpine ○ **AUS** 110-111 K 7
Prospect ○ **AUS** 110-111 G 6
Prospector ○ **CDN** 178-179 F 4
Prospect Plantation Tour • **JA** 198-199 G 5
Prosperança ○ **BR** 206-207 D 6
Prosperidad ☆ **RP** 96-97 F 8
Probnitz = Prostějov ○ **CZ** 28-29 O 4
Prostějov ○ **CZ** 28-29 O 4
Prostor, zaliv ○ **RUS** 58-59 N 6
Prostornoe ○ **KA** 60-61 H 4
Protection ○ **USA** 188-189 H 1
Protem ○ **ZA** 156-157 E 7
Protoka ∼ **RUS** 38-39 L 5
Protoka Kalymskaja ∼ **RUS** 46-47 b 4
Protva ∼ **RUS** 30-31 P 4
Proussós ○ **GR** 36-37 H 5
Provadija ○ **BG** 38-39 E 6
Provence ⊥ **F** 242-243 H 4
Provence, Canal de < **F** 242-243 H 4
Provence-Alpes-Côtes d'Azur ◘ **F** 242-243 G 4
Provenchères-sur-Fave ○ **F** (88) 234-235 L 5
Providence ○ **USA** (KY) 190-191 E 7
Providence ☆ **USA** (RI) 190-191 N 5
Providence, Cape ▲ **USA** 166-167 S 4
Providence, Lake ○ **CDN** 174-175 N 3
Providence, Lake ○ **USA** 188-189 M 3
Providence Atoll ⌒ **SY** 160 B 4
Providence Bay ○ **CDN** 182-183 C 6
Providence Island ⌒ **SY** 160 B 4
Providencia, Isla de ⌒ **CO** 196-197 D 5
Providenciales Island ⌒ **GB** 198-199 J 4
Providenija ○• **RUS** 48-49 Y 4
Providenija, buhta ≈ 48-49 Y 4
Province Nord ◘ **F** (988) 247 I b 2
Province Sud ◘ **F** (988) 247 I d 3
Provincetown ○ **USA** 190-191 N 4
Provins ○• **F** (77) 232-233 J 2
Provo ○ **USA** 184-185 J 5
Provost ○ **CDN** 176-177 P 5
Prozor ○ **BIH** 36-37 F 3
Prozorovo ○ **RUS** 32-33 F 5
Prudhoe Bay ≈ 164-165 Q 1
Prudhoe Bay ○ **USA** 164-165 Q 1
Prudhoe Island ⌒ **AUS** 114-115 K 1
Prudhoe Land ⊥ **GRØ** 170-171 Q 5
Prüm ○ **D** 28-29 J 3
Prundu ○ **RO** 38-39 E 5
Prunelli, Gorges du ◡• **F** (2A) 244 D 5
Prunelli-di-Fiumorbo ○ **F** (2B) 244 D 4
Prunete ○ **F** (2B) 244 E 4
Prungle ○ **AUS** 116-117 G 3
Pruniers ○ **F** (36) 236-237 K 2
Pruniers-en-Sologne ○ **F** (41) 232-233 F 5
Prunoy • **F** (89) 232-233 J 4
Prupuk ○ **RI** 104 C 3
Prut ∼ **MD** 38-39 E 4
Prut ∼ **RO** 38-39 F 5
Prut ∼ **UA** 38-39 D 3
Prut ∼ **UA** 38-39 E 3
Pružany ○ **BY** 30-31 J 5
Pryazovs'ka vysočyna ▲ **UA** 38-39 J 4
Pryčornomors'ka Nyzovyna ⊥ **UA** 38-39 F 5
Prydniprovs'ka vysočyna ▲ **UA** 38-39 F 3
Pryluky ○ **UA** 38-39 H 2
Prymors'k ○ **UA** 38-39 K 4
Pryor, La ○ **USA** 188-189 H 5
Pryor Creek ○ **USA** 188-189 K 1
Prypjac' ∼ **BY** 30-31 K 5
Prypjacki dzjaržavny zapavednik ⊥ **BY** 30-31 K 6
Pryp'jat' ∼ **UA** 38-39 C 2
Przasnysz ○ **PL** 28-29 Q 2
Przemyśl ☆•• **PL** 28-29 R 4
Prževal'sk ☆ **KS** 82-83 D 4
Prževal'skogo, gory ▲ **RUS** 58-59 E 7
Psará ⌒ **GR** 36-37 K 5
Psári ○ **GR** 36-37 J 6
Psebaj ○ **RUS** 62-63 D 5
Psël ∼ **RUS** 38-39 K 2
Pskem ∼ **US** 72-73 M 4
Pskent ○ **US** 72-73 L 4
Pskov ☆•• **RUS** 30-31 L 3
Pskov, Lac de = Pskovskoe ozero ○ **RUS** 30-31 K 2
Pskovskij ○ **KA** 62-63 O 2
Pskovskoe ozero ○ **RUS** 30-31 K 2
Ps'ol ∼ **UA** 38-39 H 3
Ptarmigan Fiord ≈ 180-181 Q 2
Ptarmigan Lake ○ **CDN** 174-175 Q 4
Ptarmigan Mountain ▲ **CDN** 164-165 W 5
Pt. Calimere ▲ **IND** 76-77 H 5
Pteri ▲ **GR** 36-37 H 5
Ptičij, ostrov ⌒ **RUS** 56-57 R 5
Ptolemaïda ○ **GR** 36-37 H 4
Ptuj ○ **SLO** 36-37 E 1
Puán ○ **RA** 222-223 H 4
Pu'an ○ **VRC** 92-93 D 4
Puas ○ **PNG** 119 F 2
Pubei ○ **VRC** 92-93 F 5
Pubnico ○ **CDN** 182-183 M 7
Pucallpa ☆ **PE** 208-209 E 6
Pucara ○ **PE** (CAJ) 208-209 C 5
Pucara ○ **PE** (PUN) 214-215 B 4
Pucara, Río ∼ **PE** 214-215 B 4
Pucaurco ○ **PE** 208-209 E 3
Pucauro ○ **PE** 210-211 B 4
Puč'ëveem ∼ **RUS** 48-49 Q 2
Pučež ○ **RUS** 30-31 S 3
Puchapucha ○ **EAT** 150-151 J 6
Pucheng ○ **VRC** (FUJ) 92-93 L 3
Pucheng ○ **VRC** (HUN) 92-93 H 4
Pucheng ○ **VRC** (SXI) 90-91 F 4
Puchini ○ **BOL** 214-215 D 5
Puch'ŏn ○ **ROK** 86-87 F 9
Pucioasa ○• **RO** 38-39 D 5
Pucio Point ▲ **RP** 96-97 D 7
Pucon ○ **RCH** 222-223 D 5
Pucté ○ **MEX** 196-197 K 2
Pucuro ○• **PA** 196-197 F 7
Pucuruí, Rio ∼ **BR** 212-213 C 4
Pudasjärvi ○ **FIN** 24-25 J 4
Pudimoe ○ **ZA** 156-157 G 3
Pudož ☆ **RUS** 24-25 O 6
Pudu Chattram ○ **IND** 76-77 G 5
Pudu He ∼ **VRC** 92-93 C 4
Pudukkottai ○• **IND** 76-77 H 5
Pudur ○ **IND** 76-77 G 5
Pue ○ **RI** 102-103 L 3
Puebla ◘ **MEX** 196-197 E 2
Puebla ☆••• **MEX** 196-197 E 2
Puebla de Alcocer ○ **E** 34-35 E 5
Puebla de Don Rodrigo ○ **E** 34-35 E 5
Puebla de Montalbán ○ **E** 34-35 E 5
Puebla de Sanabria ○ **E** 34-35 D 3
Puebla de Valverde, La ○ **E** 34-35 G 4
Pueblito, El • **CO** 204-205 D 2
Pueblo ○ **USA** 186-187 E 6
Pueblo Bello ○ **CO** 204-205 E 2
Pueblo del Carmen ○ **ROU** 222-223 L 2
Pueblo Hundido ○ **RCH** 222-223 D 2
Pueblo Ledesma ○ **RA** 220-221 E 2
Pueblo Nuevo Tiquisate ○ **GCA** 196-197 J 4
Pueblo Nuevo ○ **CO** 204-205 G 6
Pueblo Nuevo ○ **YV** (APU) 204-205 F 4
Pueblo Nuevo ○ **YV** (FAL) 204-205 G 2
Pueblo Nuevo Huesital ○ **PA** 196-197 D 7
Pueblo Pintado ○ **USA** 188-189 D 2
Puebloviejo ○ **EC** 208-209 C 2
Pueblo Viejo ○ **HN** 196-197 L 4
Pueblo Viejo, Laguna ○ **MEX** 194-195 L 6
Puéchabon ○ **F** (34) 242-243 D 4
Puelches ○ **RA** 222-223 G 5
Puelén ○ **RA** 222-223 F 4
Puéllaro ○ **EC** 208-209 C 1
Puelo, Río ∼ **RCH** 222-223 C 6
Puen, Île ⌒ **F** (988) 247 I c 3
Puente, El ○ **BOL** (SAC) 214-215 F 5
Puente, El ○ **BOL** (TAR) 220-221 E 1
Puente Alto ○ **RCH** 222-223 D 2
Puente de Boyacá • **CO** 204-205 E 5
Puente de Ixtla ○ **MEX** 196-197 E 2
Puente del Inca ○• **RA** 222-223 E 2
Puente de Plate ○ **RA** 220-221 E 3
Puente-Genil ○ **E** 34-35 E 6
Puentes, Los ○ **MEX** 194-195 F 5
Pu'er ○ **VRC** 92-93 B 5
Puerco, Rio ∼ **USA** 188-189 D 2
Puerco River ∼ **USA** 188-189 C 2
Puerta, La ○ **RA** 220-221 F 6
Puerta Tastil ○ **RA** 220-221 E 3
Puertecitos ○ **MEX** 194-195 B 2
Puerto Acosta ○ **BOL** 214-215 C 4
Puerto Adolfo López Mateos ○ **MEX** 194-195 C 5
Puerto Aisén ○ **RCH** 224 D 2
Puerto Alegre ○ **RA** 220-221 D 5
Puerto Alegria ○ **CO** 208-209 E 2
Puerto Angel ○• **MEX** 196-197 F 4
Puerto Argentina ○ **CO** 208-209 E 1
Puerto Arica ○ **PE** 208-209 E 2
Puerto Arista ○• **MEX** 196-197 H 4
Puerto Armuelles ○• **PA** 196-197 C 7
Puerto Arquia ○ **CO** 204-205 C 4
Puerto Arturo ○ **PE** 208-209 F 2
Puerto Arturo ○ **RCH** 224 F 7
Puerto Asis ○ **CO** 208-209 D 1
Puerto Ayacucho ☆ **YV** 204-205 H 5
Puerto Ayora ○ **EC** 208-209 B 10
Puerto Bahía Negra ○ **PY** 214-215 H 7
Puerto Banegas ○ **BOL** 214-215 F 5
Puerto Baquerizo Moreno ☆ **EC** 208-209 C 10
Puerto Barrios ☆ **GCA** 196-197 K 4
Puerto Belén ○ **EC** 208-209 F 3
Puerto Bélgica ○ **CO** 204-205 D 7
Puerto Bermudez ○ **PE** 208-209 E 7
Puerto Berrío ○ **CO** 204-205 D 4
Puerto Bolívar ○ **EC** 208-209 C 3
Puerto Boy ○ **CO** 208-209 E 1
Puerto Boyacá ○ **CO** 204-205 D 5
Puerto Busch ○ **BOL** 214-215 J 7
Puerto Cabezas ○ **NIC** 196-197 C 4
Puerto Caituma ○ **GUY** 206-207 E 2
Puerto Calvimontes ○ **BOL** 214-215 E 4
Puerto Canoa ○ **BOL** 214-215 D 4
Puerto Carabuco ○ **BOL** 214-215 C 4
Puerto Carare ○ **CO** 204-205 D 4
Puerto Cárdenas ○ **PE** 208-209 E 2
Puerto Cárdenas ○ **RCH** 222-223 C 7
Puerto Carreño ☆ **CO** 204-205 H 4
Puerto Castilla ○ **HN** 198-199 C 6
Puerto Chacabuco ○ **RCH** 224 D 2
Puerto Chama ○ **YV** 204-205 F 3
Puerto Chicama ○ **PE** 208-209 C 5
Puerto Chicxulub ○ **MEX** 196-197 K 1
Puerto Cisnes ○ **RCH** 224 D 2
Puerto Claver ○ **CO** 204-205 D 4
Puerto Coig ○ **RA** 224 F 5
Puerto Colombia ○ **CO** 208-209 E 2
Puerto Colón ○ **PY** 220-221 J 2
Puerto Constanza ○ **RA** 222-223 K 2
Puerto Cortés ○ **HN** 196-197 L 4
Puerto Cumarebo ○ **YV** 204-205 G 2
Puerto Cunambo ○ **PE** 208-209 D 3
Puerto de Aseses ○ **NIC** 196-197 B 6
Puerto de Cayo ○ **EC** 208-209 B 2
Puerto de la Cruz ○ **E** 124-125 C 6
Puerto de la Estaca ○ **E** 124-125 C 7
Puerto de los Angeles, Parque Nacional del ⊥ **MEX** 194-195 G 6
Puerto del Rosario ○ **E** 124-125 E 6
Puerto de San José ○ **GCA** 196-197 J 5
Puerto Deseado ○ **RA** 224 H 3
Puerto Eden ○ **RCH** 224 C 4
Puerto Ele ○ **CO** 204-205 F 4
Puerto Escondido ○ **MEX** (BCS) 194-195 D 5
Puerto Escondido ○• **MEX** (OAX) 196-197 F 4
Puerto Flores ○ **EC** 208-209 B 10
Puerto Francisco de Orellana ○ **EC** 208-209 D 2
Puerto Fuy ○ **RCH** 222-223 D 5
Puerto Gaitan ○ **CO** 204-205 E 5
Puerto Galilea ○ **PE** 208-209 D 3
Puerto Grande ▲ **E** 34-35 E 5
Puerto Grande ○ **EC** 208-209 B 3
Puerto Gutierrez ○ **CO** 204-205 D 5
Puerto Heath ○ **BOL** 214-215 C 3
Puerto Humbria ○ **CO** 208-209 D 1
Puerto Inca ○ **PE** 208-209 E 6
Puerto Ingeniero Ibáñez ○ **RCH** 224 E 3
Puerto Inírida ☆ **CO** 204-205 H 6
Puerto Itambey ○ **PY** 220-221 K 3
Puerto Izozog ○ **BOL** 214-215 F 6
Puerto Japones ○ **BOL** 214-215 F 6
Puerto Juárez ○• **MEX** 196-197 L 1
Puerto La Cruz ○ **YV** 204-205 J 2
Puerto la Esperanza ○ **PY** 220-221 J 2
Puerto la Victoria ○ **PY** 220-221 J 2
Puerto Leguía ○ **PE** 214-215 B 3
Puerto Leguízamo ○ **CO** 208-209 E 2
Puerto Leitón ○ **BOL** 214-215 G 3
Puerto Lempira ☆ **HN** 198-199 D 7
Puerto Libertad ○ **MEX** 194-195 C 3
Puerto Libertador ○ **CO** 204-205 D 4
Puerto Limón ○ **CO** 208-209 D 1
Puerto Limón ☆•• **CR** 196-197 C 7
Puertollano ○ **E** 34-35 E 5
Puerto Lliñén ○ **RCH** 222-223 C 6
Puerto Lobos ○ **RA** 222-223 G 7
Puerto Lodo ○ **CO** 204-205 F 1
Puerto López ○ **CO** 204-205 F 2
Puerto López ○ **EC** 208-209 B 2
Puerto Lumbreras ○ **E** 34-35 G 6
Puerto Madero ○ **MEX** (CHI) 196-197 H 4
Puerto Madero ○ **MEX** (QR) 196-197 L 2
Puerto Madryn ○ **RA** 222-223 G 7
Puerto Magdalena ○ **MEX** 194-195 C 5
Puerto Maldonado ☆ **PE** 214-215 C 3
Puerto María ○ **PY** 220-221 J 1
Puerto Masachapa ○ **NIC** 196-197 L 6
Puerto Montt ☆ **RCH** 222-223 C 6
Puerto Morazán ○ **NIC** 196-197 L 5
Puerto Napo ○ **EC** 208-209 D 2
Puerto Nare ○ **CO** 204-205 D 4
Puerto Natales ○ **RCH** 224 D 5
Puerto Navarino ○ **RCH** 224 F 7
Puerto Ninfas ○ **RA** 222-223 G 7
Puerto Obaldía ○ **PA** 196-197 F 7
Puerto Octay ○ **RCH** 222-223 C 6
Puerto Olaya ○ **CO** 204-205 D 4
Puerto Ospina ○ **CO** 208-209 E 1
Puerto Padre ○ **C** 198-199 G 4
Puerto Palomas ○ **MEX** 196-197 G 3
Puerto Paranay ○ **RA** 220-221 K 4
Puerto Pardo ○ **PE** 208-209 D 3
Puerto Patiño ○ **BOL** 214-215 E 5
Puerto Peñasco ○ **MEX** 194-195 C 2
Puerto Piedras ○ **RCH** 222-223 C 7
Puerto Piña ○ **PA** 196-197 E 8
Puerto Pinasco ○ **PY** 220-221 J 2
Puerto Pipa ○ **PE** 210-211 B 4
Puerto Pirámides ○ **RA** 222-223 G 7
Puerto Pizarro ○ **CO** (CA) 208-209 F 2
Puerto Pizarro ○ **CO** (CHO) 204-205 C 5
Puerto Plata ☆• **DOM** 198-199 K 5
Puerto Porfía ○ **CO** 204-205 E 5
Puerto Portillo ○ **PE** 208-209 F 6
Puerto Prado ○ **PE** 208-209 E 7
Puerto Princesa ☆ **RP** 96-97 C 8
Puerto Proano ○ **EC** 208-209 D 3
Puerto Pupuña ○ **EC** 210-211 B 4
Puerto Puyuguapi ○ **RCH** 224 D 2
Puerto Quijarro ○ **BOL** 214-215 J 5
Puerto Quimba ○ **PA** 196-197 E 7
Puerto Ramírez ○ **RCH** 222-223 C 7
Puerto Raúl Marín Balmaceda ○ **RCH** 222-223 C 7
Puerto Rico ○ **BOL** 214-215 D 2
Puerto Rico ○ **PE** 208-209 E 7
Puerto Rico = Porto Rico ◘ **USA** (PR) 200 B 2
Puerto Rico = Porto Rico ⌒ **USA** (PR) 12 H 7
Puerto Rico Trench = Porto Rico, Fosse de ≃ 200 A 2
Puerto Rondón ○ **CO** 204-205 F 4
Puerto San Antonio ○ **RA** 222-223 G 6
Puerto San Carlos ○ **PE** 214-215 B 3
Puerto Sandino ○ **NIC** 196-197 L 5
Puerto San Julián ○ **RA** 224 G 4
Puerto San Martin ○ **PE** 208-209 D 8
Puerto Santa Cruz ○ **RA** 224 F 5
Puerto Saucedo ○ **BOL** 214-215 F 3
Puerto Siles ○ **BOL** 214-215 E 3
Puerto Socorro ○ **CO** 210-211 B 2
Puerto Suarez ○ **BOL** 214-215 J 6
Puerto Tacurú Pytá ○ **PY** 220-221 J 2
Puerto Tamborapa ○ **PE** 208-209 C 4
Puerto Tejada ○ **CO** 204-205 C 6
Puerto Tumaco = Sabaloyaco ○ **EC** 208-209 F 3
Puerto Turumbán ○ **GUY** 206-207 D 2
Puerto Valencia ○ **CO** 204-205 G 6
Puerto Vallarta ○• **MEX** 196-197 B 1
Puerto Varas ○ **RCH** 222-223 C 6
Puerto Victoria ○ **PE** 208-209 E 6
Puerto Viejo ○ **CR** (Car) 196-197 C 7
Puerto Viejo ○ **CR** (HER) 196-197 B 6
Puerto Villamil ○ **EC** 208-209 B 10
Puerto Visser ○ **RA** 224 G 2
Puerto Weber ○ **RCH** 224 D 5
Puerto Williams ○ **RCH** 224 G 7
Puerto Yahape ○ **RA** 220-221 J 4
Puerto Yungay ○ **RCH** 224 D 3
Puesto Avanzado ○ **PE** 208-209 D 3
Puesto Esperanza ○ **PY** 220-221 H 2
Pueu ○ **F** (987) 247 V b 2
Pueyrredón, Lago ○ **RA** 224 E 3
Pugačev ☆ **RUS** 32-33 F 7
Pugačevo ○ **RUS** 58-59 K 4
Pugašev muzej uji • **KA** 32-33 G 8
Puge ○ **VRC** 92-93 C 3
Puger ○ **RI** 104 E 4
Puget Sound ≈ 184-185 C 2
Puget-sur-Argens ○ **F** (83) 242-243 K 5
Puget-Théniers ○ **F** (06) 242-243 K 4
Puget-Ville ○ **F** (83) 242-243 J 5
Pugima ○ **RI** 102-103 K 4
Puglia ◘ **I** 36-37 E 4
Pugnac ○ **F** (33) 236-237 E 5
Pugwash ○ **CDN** 182-183 N 6
Puhal-e Hamir, Kūh-e ▲ **IR** 70-71 F 5
Puhos ○ **FIN** 24-25 K 5
Puiatoq ≈ 172-173 T 6
Puig ○ **SUD** 142-143 J 4
Puig Major ▲ **E** 34-35 J 5
Puimoisson ○ **F** (04) 242-243 J 4
Puinahua, Canal de < **PE** 208-209 E 4
Puir ○ **RUS** 58-59 J 2
Puiseaux ○ **F** (45) 232-233 G 3
Puiset-Doré, Le ○ **F** (49) 230-231 J 5
Puisserguier ○ **F** (34) 240-241 L 4
Puissortoq Gletscher ⊂ **GRØ** 172-173 T 5
Puits, Etang du ○ **F** (18) 232-233 G 4
Puivert ○ **F** (11) 240-241 J 5
Pujehun ○ **WAL** 138-139 E 6
Pujiang ○ **VRC** (SIC) 90-91 C 6
Pujiang ○ **VRC** (ZHE) 92-93 L 2
Pujols ○ **F** (33) 236-237 E 6
Pujols, Les ○ **F** (09) 240-241 H 4
Pujonryong Sanmaek ▲ **DVR** 86-87 F 7
Pukaki, Lake ○ **NZ** 118 C 5
Pukalani ○ **USA** 192-193 D 7
Puk'ansan National Park ⊥• **DVR** 86-87 F 9
Pukaskwa National Park ⊥• **CDN** 178-179 O 6
Pukatawagan ○ **CDN** 178-179 F 3
Pukchong ○ **DVR** 86-87 G 7
Pukë ☆• **AL** 36-37 G 3
Puke, Mont ▲ **F** (986) 247 II
Pukekohe ○ **NZ** 118 E 2
Pukota ○ **Z** 154-155 E 1
Pukšen'ga ∼ **RUS** 24-25 Q 5
Puksubaek San ▲ **DVR** 86-87 F 7
Pukuanratu ○ **RI** 98-99 F 7
Pukuatu, Tanjung ▲ **RI** 102-103 B 7
Pula ○ **HR** 36-37 D 2
Pula ○ **I** 36-37 B 5
Pula, Goi- ○ **ZRE** 150-151 D 4
Pulai ○ **RI** 100-101 F 3
Pulaksama ○ **RI** 98-99 B 3
Pulanduta Point ▲ **RP** 96-97 E 7
Pulangi ∼ **RP** 96-97 F 9
Pulangpisau ○ **RI** 100-101 D 5
Pular, Cerro ▲ **RCH** 220-221 C 3
Pularumpi ✕ **AUS** 108-109 K 1
Pulasi, Pulau ⌒ **RI** 104 E 6
Pulaski ○ **USA** (NY) 190-191 K 4
Pulaski ○ **USA** (TN) 192-193 E 2
Pulaski ○ **USA** (VA) 190-191 H 7
Pulaski National Monument, Fort ∴• **USA** 192-193 H 3
Pulau ○ **RI** (BEN) 98-99 D 6
Pulau ∼ **RI** 102-103 K 4
Pulau Banding ○ **MAL** 98-99 D 2
Pulauberingin ○ **RI** 98-99 E 7
Pulau Pinang ◘ **MAL** 98-99 D 2
Pulausekopong, Tanjung ▲ **RI** 98-99 F 7
Pulau Tiga Park ⊥ **MAL** 96-97 A 10
Pulau Tioman ⌒•• **MAL** 98-99 F 3
Puławy ○• **PL** 28-29 Q 3
Puleowine ○ **SME** 206-207 G 4
Pulguk Sa • **ROK** 86-87 G 10
Pulicat ○ **IND** 76-77 J 4
Pulicat Lake ○ **IND** 76-77 J 4
Pulie River ∼ **PNG** 119 E 3
Pulingom ○ **IND** 76-77 F 4
Pulisan, Tanjung ▲ **RI** 100-101 J 3
Pulivendla ○ **IND** 76-77 H 3
Puliyangudi ○ **IND** 76-77 G 6
Pulkkila ○ **FIN** 24-25 H 4
Pullman ○ **USA** 184-185 F 2
Pullo ○ **PE** 208-209 F 9
Pulmoddai ○ **CL** 76-77 J 6
Pulo Buda ⌒ **MYA** 94-95 E 5
Pulog, Mount ▲ **RP** 96-97 D 4
Pulozero ○ **RUS** 24-25 M 2
Pulpul ○ **PNG** 119 F 3
Pultusk ○• **PL** 28-29 Q 2
Pulu ○ **VRC** 80-81 C 2
Pülümür ☆ **TR** 64-65 H 3
Pulupanda ○ **RI** 100-101 H 5
Puluqui, Isla ⌒ **RCH** 222-223 C 6
Pulwama ○ **IND** 74-75 E 3
Puma ○ **EAT** 148-149 E 6
Puma Yumco ○ **VRC** 80-81 H 6
Puna ○ **EC** 208-209 C 3
Puna, Isla ⌒ **EC** 208-209 B 3
Punaauia ○ **F** (987) 247 V a 2
Punakaiki ○ **NZ** 118 C 5
Punakha ○ **BHT** 78-79 F 2
Punalūr ○ **IND** 76-77 G 6
Punang ○ **MAL** 100-101 D 1
Punarupka ○ **PNG** 119 F 3
Punaruu Rivière ∼ **F** (987) 247 V a 2
Punāsa ○ **IND** 74-75 F 8
Punata ○ **BOL** 214-215 E 5
Puncak Jaya ▲ **RI** 102-103 J 4
Puncak Mandala ▲ **RI** 102-103 L 4
Puncak Trikora ▲ **RI** 102-103 K 4
Puncak Yamin ▲ **RI** 102-103 K 4
Punch ○ **IND** 74-75 E 3
Punchaw ○ **CDN** 176-177 J 5
Punda Hamlets ○ **PNG** 119 A 2
Punda Maria ○ **ZA** 154-155 F 6
Pundanhar ○ **MOC** 150-151 L 6
Pune ○• **IND** 74-75 D 10
Punei, Tanjung ▲ **RI** 98-99 F 6
Pungai, Kampung ○ **MAL** 98-99 F 4
Pungali ∼ **RUS** 48-49 H 4
Pungalina ○ **AUS** 110-111 D 5
Punganuru ○ **IND** 76-77 H 4
Punggaluku ○ **RI** 100-101 H 6
Pungo Andongo ○ **ANG** 152-153 C 4
Púngoè ∼ **MOC** 154-155 G 4
Púngoè, Rio ∼ **MOC** 154-155 G 4
Pungwe Falls ∼• **ZW** 154-155 G 4
Punia ○ **ZRE** 146-147 L 4
Punilla, La ○ **RCH** 222-223 D 4
Punilla, Sierra de la ▲ **RA** 220-221 C 5
Puning ○ **VRC** 92-93 K 5
Punja ○ **RUS** 52-53 J 6
Punjab ◘ **IND** 74-75 E 4
Punjab ◘ **PK** 74-75 C 4
Punkaharju ○ **FIN** 24-25 K 6
Punkalaidun ○ **FIN** 24-25 G 6
Punkasalmi = Punkaharju ○ **FIN** 24-25 K 6
Punkin Center ○ **USA** 186-187 F 6
Puno ☆• **PE** 214-215 B 4
Punos ○ **PE** 208-209 D 6
Punrun, Lago ○ **PE** 208-209 D 7
Punta, Cerro de ▲ **USA** 200 B 2
Punta, La • **F** (2A) 244 C 5
Punta, La ○ **RA** 220-221 E 5
Punta Alegre ○ **C** 198-199 F 3
Punta Allen ○ **MEX** 196-197 L 2
Punta Alta ○ **RA** 222-223 H 5
Punta Arenas ☆ **RCH** 224 E 6
Punta Arenas, Caleta ≈ 220-221 B 1
Punta Cana ○ **DOM** 198-199 L 5
Punta Cardón ○ **YV** 204-205 F 2
Punta Chame ○ **PA** 196-197 E 7
Punta Corral ○ **RA** 220-221 F 5
Punta de Balosto ○ **RA** 220-221 D 4
Punta de Bombon ○ **PE** 214-215 B 5
Punta de Díaz ○ **RCH** 220-221 B 5
Punta del Agua ○ **RA** 222-223 E 3
Punta del Este ○ **C** 198-199 D 4
Punta Delgada ○ **RCH** 224 F 6
Punta Delgado ○ **RA** 222-223 H 7
Punta de los Llanos ○ **RA** 220-221 D 6
Punta del Viento ○ **RCH** 220-221 B 5
Punta Eugenia ○ **MEX** 194-195 B 4
Punta Gorda ○ **BH** 196-197 K 3
Punta Gorda, Playa ⌒• **DOM** 198-199 L 5
Punta Negra, Salar ○ **RCH** 220-221 C 3
Punta Norte ○ **RA** 222-223 H 7
Punta Nueva ○ **YV** 204-205 K 4
Punta Piaroa ○ **YV** 204-205 J 6
Puntarenas ☆• **CR** 196-197 B 7
Puntawolana, Lake ○ **AUS** 114-115 E 5
Punto Alegre ○ **BR** 206-207 J 6
Punto Catatumbo ○ **YV** 204-205 E 3
Punto da Barca ○ **BR** 206-207 K 6
Punto Fijo ○ **YV** 204-205 F 2
Punto M.O.P. ○ **YV** 204-205 K 6
Puohine ○ **F** (987) 247 IV b 2
Puolanka ○ **FIN** 24-25 J 4
Puponga ○ **NZ** 118 D 4
Pupri ○ **IND** 78-79 D 2
Pupuan ○ **RI** 104 B 7
Pupunhas, Ilha ⌒ **BR** 210-211 F 6
Pupū Pu'e National Parc ⊥ **WS** 120 V b 1
Pupyr, mys ▲ **RUS** 48-49 M 5
Puqi ○ **VRC** 92-93 H 2
Puquina ○ **PE** 214-215 B 5
Puquio ○ **PE** 208-209 E 9
Pur ∼ **RUS** 44-45 S 8
Pur ∼ **RUS** 50-51 O 2
Pura ∼ **RUS** 44-45 X 6
Pura, Cachoeira da ∼ **BR** 210-211 H 6
Puracé, Parque Nacional ⊥ **CO** 204-205 C 6
Puracé, Volcán ▲ **CO** 204-205 C 6
Purándiro ○ **MEX** 196-197 D 1
Purangarh ○ **IND** 76-77 E 2
Puranpur ○ **IND** 80-81 C 6
Puraquê Ponta ○ **BR** 210-211 C 2
Purari River ∼ **PNG** 119 C 4
Purbalingga ○ **RI** 104 C 3
Purcell ○ **USA** 188-189 J 2
Purcell Mountains ▲ **CDN** 176-177 M 6
Purcell Wilderness Conservancy ⊥• **CDN** 176-177 M 6
Purchase Bay ≈ 168-169 N 3
Purchena ○ **E** 34-35 F 6
Purdy Islands ⌒ **PNG** 119 D 2
Pure, Río ∼ **EC** 210-211 C 4
Pureba Conservation Reserve ⊥ **AUS** 116-117 C 2
Pureh ○ **RUS** 30-31 S 3
Purepero ○ **MEX** 196-197 C 2
Pureté ou Purata, Rio ∼ **BR** 210-211 C 4
Purgatoire River ∼ **USA** 186-187 F 7
Purgatorio ○ **YV** 206-207 D 2
Puri ○ **ANG** 152-153 C 3
Puri ○•• **IND** 78-79 D 6
Puricaure ○ **YV** 204-205 F 2
Purificacion ○ **CO** 204-205 D 6
Purificación ○ **MEX** 196-197 B 2
Purificacion, Río ∼ **MEX** 196-197 B 2
Puring ○ **RI** 104 C 3
Purinskoe vtoroe, ozero ○ **RUS** 44-45 X 6
Purísima, La ○ **MEX** 194-195 C 4
Purma ○ **EC** 208-209 F 3
Purmamarca ○ **RA** 220-221 E 2
Pūrna ○ **IND** (MAH) 74-75 F 10
Pūrna ∼ **IND** 74-75 F 9
Pūrna ∼ **IND** 74-75 E 9
Purnač ∼ **RUS** 24-25 P 3
Pūrnia ○ **IND** 78-79 E 2
Purnong ○ **AUS** 116-117 E 3
Purpe ○ **RUS** 50-51 O 2
Purpe ∼ **RUS** 50-51 N 2
Purranque ○ **RCH** 222-223 C 6
Purros ○ **NAM** 152-153 B 9
Puruarán ○ **MEX** 196-197 D 2
Puruí, Rio ∼ **BR** 210-211 C 3
Purukcahu ○ **RI** 100-101 D 4
Puruliya ○ **IND** 78-79 E 4
Purureche ○ **YV** 204-205 F 2
Purus, Rio ∼ **BR** 210-211 D 5
Purutu Island ⌒ **PNG** 119 B 5
Purvachal ⊥ **IND** 78-79 H 3
Pūrvāchal ⊥ **IND** 78-79 H 4
Purwakarta ○ **RI** 104 B 3
Purwo, Tanjung ▲ **RI** 104 B 7
Purwodadi ○ **RI** 104 D 3
Purwodari ○ **RI** 104 D 3
Purwokerto ○ **RI** 104 C 3
Purworejo ○ **RI** 104 D 3
Puryong ○ **DVR** 86-87 G 6
Purzell Mount ▲ **USA** 164-165 M 3
Pusa ○ **MAL** 98-99 J 4
Pusad ○ **IND** 74-75 F 10
Pusan ○ **ROK** 86-87 G 10
Pusat Gajo, Pegunungan ▲ **RI** 98-99 B 2
Pusegaon ○ **IND** 76-77 F 2
Pusesāvli ○ **IND** 76-77 F 2
Pushkar ○ **IND** 74-75 E 6
Pusisama ○ **SOL** 120 I c 2
Puškarëva, ostrov ⌒ **RUS** 48-49 L 1
Puškin ○•• **RUS** 30-31 M 2
Puškino ○ **RUS** 32-33 E 8
Puškino = Biljasuvar ○ **AZ** 64-65 N 3
Puskwaskau River ∼ **CDN** 176-177 M 4
Pušlahta ○ **RUS** 24-25 O 4
Pušma ☆ **RUS** 50-51 G 6
Pušnoj ○ **RUS** 24-25 N 4
Pusok Sa • **ROK** 86-87 G 9
Püspökladány ○ **H** 28-29 Q 5
Pustaja ∼ **RUS** 56-57 U 3
Pusticamicca, Lac ○ **CDN** 182-183 F 4
Pustoška ☆ **RUS** 30-31 L 3
Pustunich ○ **MEX** (CAM) 196-197 J 2
Pustunich ∴• **MEX** (CAM) 196-197 J 2
Pusuga ○ **GH** 138-139 K 5
Putahow Lake ○ **CDN** 174-175 T 6
Putahow River ∼ **CDN** 174-175 T 5
Putai ○ **RC** 92-93 M 5
Putanges-Pont-Ecrepin ○ **F** (61) 230-231 L 2
Putao ○ **MYA** 78-79 K 2
Puteran, Pulau ⌒ **RI** 104 B 6
Puthein (Bassein) ○ **MYA** 94-95 C 2
Puthukkudiyiruppu ○ **CL** 76-77 J 6
Putia ○ **RI** 102-103 D 3
Putian ○ **VRC** 92-93 L 4
Putina ○ **PE** 214-215 C 4
Putina, Río ∼ **PE** 214-215 C 4
Putineiu ○ **RO** 38-39 D 6
Puting, Tanjung ▲ **RI** 98-99 J 6
Putnam ○ **USA** (CT) 190-191 N 5
Putnam ○ **USA** (OK) 188-189 H 2
Putončany ○ **RUS** 52-53 F 3
Putorana, plato ▲ **RUS** 44-45 Z 7
Putoranskij zapovednik ⊥ **RUS** 44-45 a 7
Putre ○ **RCH** 214-215 C 6
Putsonderwater ○ **ZA** 156-157 E 4
Puttalam ○ **CL** 76-77 H 6
Puttalam Lagoon ≈ 76-77 H 6
Puttelange-aux-Lacs ○ **F** (57) 234-235 K 3
Puttgarden ○ **D** 28-29 L 1
Puttur ○ **IND** (ANP) 76-77 H 4
Puttur ○ **IND** (KAR) 76-77 F 4
Putty ○ **AUS** 116-117 L 2
Putumayo, Río ∼ **PE** 210-211 B 4
Putuoshan • **VRC** 90-91 N 6
Putus, Tanjung ▲ **RI** 98-99 H 5
Putyvl' ○ **UA** 38-39 H 2
Puuhonua o Honaunau National Historic Park ∴• **USA** 192-193 E 8
Puukohola Heiau National Historic Site ∴• **USA** 192-193 E 7
Puula ○ **FIN** 24-25 J 6
Puumala ○ **FIN** 24-25 K 6
Puunahulu ○ **USA** 192-193 E 8
Puuwai ○ **USA** 192-193 B 7
Pu Xian ○ **VRC** 90-91 G 3
Puyallup ○ **USA** 184-185 C 2
Puyang ○ **VRC** 90-91 J 4
Puyca ○ **PE** 208-209 F 9
Puycasquier ○ **F** (32) 240-241 F 3
Puycelci ○ **F** (81) 240-241 H 3
Puy-de-Dôme ◘ **F** (63) 236-237 L 4
Puydrouard ○ **F** (17) 236-237 D 3
Puy-du-Fou • **F** (85) 236-237 D 2
Puye, La ○ **F** (86) 236-237 G 2
Puyehue, Lago ○ **RCH** 222-223 C 6
Puyehue, Parque Nacional ⊥ **RCH** 222-223 C 6
Puyehue, Volcán ▲ **RCH** 222-223 C 6
Puy-en-Velay, Le ☆ **F** (43) 242-243 D 1
Puyguilhem ○ **F** (24) 236-237 F 6
Puy-Guillaume ○ **F** (63) 238-239 C 5
Puylaroque ○ **F** (82) 240-241 H 2
Puylaurens ○ **F** (81) 240-241 J 3
Puy-l'Evêque ○ **F** (46) 240-241 G 1
Puyloubier ○ **F** (13) 242-243 H 4
Puymartin • **F** (24) 236-237 H 6
Puymiclan ○ **F** (47) 240-241 E 1
Puymirol ○ **F** (47) 240-241 F 2
Puymorens, Col de ▲ **F** (66) 240-241 H 5
Puy-Notre-Dame, Le ○ **F** (49) 230-231 L 5
Puyo ☆ **EC** 208-209 D 2
Puyoô ○ **F** (64) 240-241 C 3
Puyravault ○ **F** (85) 236-237 C 3
Puyuguapi, Canal ≈ 224 D 2
Puyvalador ○ **F** (66) 240-241 J 5
Pūzak, Hāmūn-e ○ **AFG** 70-71 J 3
Puzino ○ **RUS** 58-59 D 5
Pwalugu ○ **GH** 138-139 K 4
Pwani ◘ **EAT** 150-151 K 4
Pwëëö ○ **F** (988) 247 I b 2
Pweto ○ **ZRE** 150-151 E 5
Pwllheli ○ **GB** 26-27 E 5
PWV = Pretoria Witwatersrand Vereeniging ◘ **ZA** 156-157 H 2
Pyachnung ○ **MYA** 78-79 H 5
Pyanangazu ○ **MYA** 78-79 K 5
Pyawbwe ○ **MYA** 78-79 K 5
Pyechin ○ **MYA** 78-79 H 6
Pye Islands ⌒ **USA** 164-165 V 3
Pyhäjärvi ○ **FIN** 24-25 H 5
Pyhäjoki ○ **FIN** 24-25 H 4
Pyhäjoki ∼ **FIN** 24-25 H 4
Pyhäntä ○ **FIN** 24-25 J 4
Pyhäselkä ○ **FIN** 24-25 K 5
Pyhätunturi ▲ **FIN** 24-25 J 3
Pyingaing ○ **MYA** 78-79 J 4
Pyinmana ○ **MYA** 78-79 K 6
Pyjakojajaha ∼ **RUS** 44-45 N 6
Pyla, Dune du ▲•• **F** (33) 240-241 B 1
Pyla-Plage ○ **F** (33) 240-241 B 1
Pyla-sur-Mer ○ **F** (33) 240-241 B 1
Pylema ○ **RUS** 24-25 S 4
Pylginskij hrebet ▲ **RUS** 48-49 O 7
Pylgovajam ∼ **RUS** 48-49 O 6
Pymatuning Reservoir < **USA** 190-191 H 5
Pyngan ○ **US** 72-73 M 4

Pyonggang ○ DVR 86-87 F 8
Pyongsan ○ DVR 86-87 F 8
Pyongsong ○ DVR 86-87 E 8
Pyŏngt'aek ○ ROK 86-87 F 9
Pyongyang ★ DVR 86-87 E 8
Pyramid ○ RI 102-103 K 3
Pyramide de Runiou • F (29) 230-231 A 3
Pyramide Mexicaine, la ▲ F (984) 246 III b 3
Pyramiden ○ N 20-21 K 3
Pyramide Noire ▲ F (984) 246 III b 3
Pyramid Hill ○ AUS 116-117 H 4
Pyramid Lake ○ AUS 112-113 F 6
Pyramid Lake ○ USA 184-185 E 5
Pyramid Lake Indian Reservation ⊼ USA 184-185 E 5
Pyrénées, Parc National des ⊥•• F (65) 240-241 D 5
Pyrénées-Atlantiques ▫ F (38) 240-241 C 4
Pyrénées Centrales ▲▲ F 240-241 E 4
Pyrénées Occidentales ▲▲ F 240-241 B 4
Pyrénées-Orientales ▫ F (66) 240-241 J 5
Pyre Peak ▲ USA 166-167 K 6
Pyrjatyn ○ UA 38-39 H 2
Pyrkanaj ▲▲ RUS 48-49 N 2
Pyrzyce ○• PL 28-29 N 2
Pyščug ○ RUS 32-33 D 4
Pyšma ~ RUS 32-33 M 5
Pyšma ~ RUS 50-51 J 6
Pyssa ~ RUS 24-25 U 4
Pytalovo = Abrene ☆ RUS 30-31 K 3
Pyt'-Jah = Pjat'-Jah ○ RUS 50-51 M 4
Pyttegga ▲ N 22-23 C 5
Pyu ○ MYA 78-79 K 6
Pyuthan ○ NEP 80-81 D 6
Pyžina ~ RUS 50-51 R 5

Q

Qa'āmiyāt, al- ∸ KSA 68-69 E 5
Qaanaaq = Thule ☆ GRØ 170-171 Q 5
Qaarsut ○ GRØ 172-173 O 1
Qab ○ VRC 90-91 E 2
Qabane ○ LS 156-157 J 4
Qabr Hūd ○ Y 68-69 F 5
Qacha's Nek ○ LS 156-157 J 5
Qadam ○ SUD 136-137 D 6
Qadamgāh ○ IR 72-73 F 6
Qadarif, al- ○ SUD 136-137 G 5
Qādes ○ AFG 70-71 K 1
Qadir Purrān ○ PK 74-75 C 4
Qādisiya, al- ▫ IRQ 64-65 L 7
Qādisiya, al- ∴• IRQ 64-65 K 5
Qafa ○ OM 68-69 H 5
Qaffāy, al- ⌒ UAE 70-71 D 6
Qagan Nur ○ VRC (NMZ) 90-91 F 2
Qagan Nur ○ VRC (JIL) 86-87 E 5
Qagan Nur ○ VRC (NMZ) 84-85 M 6
Qagcaka ○ VRC 80-81 C 4
Qagdlumiut ○ GRØ 172-173 S 6
Qahar Youyi Houqi ○ VRC 84-85 L 7
Qahar Youyi Zhongqi ○ VRC 84-85 L 7
Qahāvand ○ IR 70-71 C 1
Qahb, Ğabal al- ▲ KSA 66-67 J 5
Qāhira, al- ★••• ET 130-131 E 2
Qahmah, al- ○ KSA 68-69 B 4
Qā'id, Abū al- ○ KSA 68-69 C 5
Qaidam He ~ VRC 80-81 L 2
Qaidam Pendi ∸ VRC 82-83 L 6
Qāimšahr ○ IR 72-73 C 6
Qaisār ○ AFG 72-73 J 7
Qaiwain, Umm al- ○ UAE 70-71 F 6
Qā'iya, al- ○ KSA 66-67 H 5
Qala'an-Nahl ○ SUD 136-137 G 6
Qalamat Nadqān ○ KSA 68-69 G 2
Qalana ○ Y 68-69 G 6
Qalansiya ○ Y 68-69 H 7
Qalāt ○ AFG 70-71 M 2
Qal'at al-Hafirah • KSA 66-67 F 5
Qal'at al-Ḥiṣn •• SYR 64-65 G 5
Qal'at al-Mu'azzam ○ KSA 66-67 E 4
Qal'at ar-Rabaḍ ∴• JOR 66-67 D 1
Qal'at az Zubaidiyah • KSA 66-67 F 5
Qal'at Ğābir • SYR 64-65 H 5
Qal'at Hamidi ○ IRQ 64-65 L 6
Qal'at Ṣalāhaddīn ∴•• SYR 64-65 G 5
Qal'at Ṣāliḥ ☆ IRQ 64-65 M 7
Qal'at Sam'ān •• SYR 64-65 G 4
Qal'at Sukkar ☆ IRQ 64-65 M 7
Qal'a-ye Nau ☆ AFG 72-73 H 7
Qal'e Dīze ☆ IRQ 64-65 L 4
Qal'e Ra'īsi ○ IR 70-71 D 3
Qal'e-ye Kāh ○ AFG 70-71 J 2
Qal'e-ye Mīr Dāvūd ○ AFG 70-71 K 1
Qal'e-ye Panğe ○ AFG 72-73 N 6
Qalhāt ○ OM 68-69 L 2
Qalība, al- ○ KSA 66-67 E 3
Qalluviartuuq, Lac ○ CDN 180-181 M 5
Qalti al-Adusa < SUD 136-137 C 4
Qalti al-Khudairā < SUD 136-137 C 4
Qalti Immaseri < SUD 136-137 B 5
Qalyūb ○ ET 130-131 E 2
Qambar ○ PK 70-71 M 5
Qamdo ○ VRC 80-81 L 5
Qamea ⌒ FJI 120 III c 2
Qaminis ○•• LAR 128-129 J 2
Qāmišli, al- ☆ SYR 64-65 J 4
Qamṣar ○ IR 70-71 D 2
Qanā ○ KSA 66-67 G 4
Qandahār ▫ AFG 70-71 L 3
Qandahār ☆•• AFG 70-71 L 3
Qandala ○ SP 144-145 J 3
Qaqortoq = Julianehab ○ GRØ 172-173 R 6
Qāra ○ ET 128-129 L 3
Qāra ○ KSA 66-67 G 3
Qarā', Ğabal al- ▲▲ OM 68-69 H 5
Qara Āğağ, Rūdhāne-ye ~ IR 70-71 E 4
Qarabāğ ○ AFG (ĠA) 74-75 B 3
Qarabāğ ○ AFG (HE) 70-71 J 1
Qarabāğ ○ AFG (KB) 74-75 B 2
Qara Čāy ~ IR 64-65 N 5
Qara Dāğ ▲▲ IR 64-65 M 3
Qara Dāğ ▲▲ IRQ 64-65 L 5
Qara Ertis ~ KA 60-61 O 5
Qaraghandy = Karaghandy ○ KA 60-61 H 4
Qarah Dāğ ▲▲ IRQ 64-65 K 4
Qarajaqs Isfjord ≈ 172-173 P 1
Qaramqol ○ AFG 72-73 J 6
Qarānqū, Rūd-e ~ IR 64-65 M 4
Qara Qash ~ IND 74-75 G 2
Qara Sū ~ IR 70-71 B 1
Qar'āt ad Dibah, Bi'r < LAR 126-127 G 6
Qardho ○ SP 144-145 J 4
Qardlīt Ikerat ≈ 172-173 V 4
Qare Āğāğ ○ IR 64-65 M 4
Qare Sū ~ IR 72-73 E 6
Qare Žīyā'od-Dīn ○ IR 64-65 L 3
Qarhan ○ VRC 80-81 K 2
Qārloq ○ IR 72-73 E 6
Qarqai ○ AFG 74-75 C 2
Qarqan He ~ VRC 82-83 H 6
Qarqaraut, Wādī ~ Y 68-69 G 6
Qārūn, Birkat ○ ET 130-131 E 3
Qaryah ash Sharqiyah, Al ○ LAR 128-129 E 2
Qaryās, Bi'r < LAR 128-129 G 3
Qaryat Abū Nujaym ○ LAR 128-129 F 2
Qaryat Abū Qurays ○ LAR 128-129 F 2
Qaryatain, al- ○ SYR 64-65 G 5
Qaryat al Fā'idiyah ○ LAR 128-129 J 1
Qaryat al-'Ulyā ○ KSA 66-67 K 4
Qaryat az Zuwaytinah ○ LAR 128-129 J 2
Qaryat Shumaykh ○ LAR 128-129 E 2
Qarzah, Wādī ~ LAR 128-129 E 2
Qaṣab, Wādī l- ~ IRQ 64-65 K 5
Qaṣabe ▲ IR 64-65 M 3
Qasi bu Hadi ○ LAR 128-129 G 2
Qasigiannguit = Christianshåb ○ GRØ 172-173 P 2
Qasir, Sabhat al- ○ SYR 64-65 J 5
Qaṣr, Umm ○ IRQ 66-67 K 2
Qaṣr al-Farāfira ○ ET 130-131 C 4
Qaṣr al-Ḥair • SYR 64-65 H 5
Qaṣr al-Ḥair al-Garbi ∴• SYR 64-65 G 5
Qaṣr al-Harāna ∴• JOR 66-67 E 2
Qasr al Jady ○ LAR 128-129 L 2
Qasr al Kharrūbah ○ LAR 128-129 J 1
Qaṣr al-Mušattā ∴• JOR 66-67 E 2
Qasr al Qarn ○ LAR 128-129 L 2
Qaṣr 'Amiq ○ IRQ 64-65 J 6
Qasr ash Shaqqah ○ LAR 128-129 L 2
Qaṣr aṭ-Ṭūbā ∴• JOR 66-67 E 2
Qaṣr-e Qand ○ IR 70-71 J 5
Qaṣr-e Šīrīn ○• IR 70-71 A 1
Qaṣr Ibn Rashid Palace • KSA 66-67 G 4
Qaṣrīk ○ IR 64-65 L 3
Qasr Khulayf ○ LAR 128-129 E 4
Qasr Larocu ○ LAR 128-129 E 4
Qaṣr Ṣaqra ∴• IRQ 66-67 K 2
Qassiarsuk ○ GRØ 172-173 S 6
Qassim, al- ▫ KSA 66-67 H 5
Qa'taba ○ Y 68-69 D 7
Qaṭanā ○ SYR 64-65 G 6
Qatar = Qatar ■ Q 70-71 D 6
Qatar = Qaṭar ■ Q 70-71 D 6
Qaṭif, al- ○ KSA 70-71 D 5
Qatlīš ○ IR 72-73 E 6
Qatn, al- ○ KSA 66-67 K 6
Qatn, al- ○ Y 68-69 F 6
Qaṭrāna, al- ○ JOR 66-67 E 2
Qaṭrāni, Ğabal ▲ ET 130-131 E 3
Qaṭrūye ○ IR 70-71 F 4
Qaṭṭār, Ğabal ▲ ET 130-131 F 4
Qaṭṭāra, Munhafad al = Kattara, Dépression de ∸ ET 130-131 C 3
Qattara Depression ∸ ET 130-131 C 3
Qawām al-Hamza ○ IRQ 64-65 L 7
Qawz Ragab ○ SUD 136-137 G 4
Qāyen ○• IR 70-71 H 2
Qaysan ○ SUD 144-145 B 3
Qayyāra ○ IRQ 64-65 K 5
Qazvin ○• IR 64-65 N 4
Qeersorfik = Ikamiut ○ GRØ 172-173 P 2
Qelelevu ⌒ FJI 120 III c 2
Qeqertaq ○ GRØ (VGR) 172-173 P 1
Qeqertaq ⌒ GRØ (VGR) 170-171 X 8
Qeqertarssuaq ⌒ GRØ (VGR) 170-171 X 7
Qeqertarssuaq ⌒ GRØ (VGR) 170-171 Y 8
Qeqertarsuaq = Godhavn ○ GRØ 172-173 O 2
Qeqertarsuatsiaat = Fiskenæsset ○ GRØ 172-173 P 5
Qeqertat ○ GRØ 170-171 R 5
Qerri ○ SUD 136-137 F 4
Qešm ○• IR 70-71 G 5
Qešm, Ğazīre-ye ⌒ IR 70-71 G 5
Qezaltepeque ○ ES 196-197 K 5
Qezel ○ AFG 70-71 M 1
Qezel Ūzan, Rūd-e ~ IR 64-65 M 4
Qezel Ūzan Qoli, Čam-e ~ IR 64-65 M 5
Qian'an ○ VRC 86-87 E 5
Qianarteq ⌒ GRØ 172-173 W 4
Qiandaohu • VRC 92-93 L 2
Qianfoshan • VRC 90-91 K 3
Qianfo Yan • VRC 90-91 D 5
Qianheshangyuan ○ VRC 90-91 F 3
Qianjiang ○ VRC (HUB) 90-91 H 6
Qianjiang ○ VRC (SIC) 92-93 F 2
Qianjin ○ VRC 86-87 J 4
Qian Ling ∴• VRC 90-91 F 4
Qianshan ○ VRC (ANH) 90-91 K 6
Qianshan ○ VRC (GDG) 92-93 G 6
Qian Shan ▲▲ VRC 86-87 D 7
Qianshan • VRC (LIA) 86-87 D 7
Qianwei ○ VRC 92-93 C 2
Qianxi ○ VRC 92-93 E 3
Qian Xian ○ VRC 90-91 F 4
Qianyang ○ VRC (HUN) 92-93 G 3
Qianyang ○ VRC (SXI) 90-91 E 4
Qiaochuan ○ VRC 90-91 C 3
Qiaojdang ○ VRC 92-93 E 5
Qiaojia ○ VRC 92-93 C 3
Qiaojian ○ VRC 92-93 E 5
Qiaowan ○ VRC 84-85 C 7
Qiaozhen ○ VRC 90-91 F 3
Qichoi ○ VRC 92-93 F 6
Qichun ○ VRC 90-91 J 6
Qidong ○ VRC 90-91 M 6
Qidugou ○ VRC 80-81 K 3
Qiemo ○ VRC 82-83 G 6
Qift ○ ET 130-131 F 5
Qijiang ○ VRC 92-93 E 2
Qijiaojing ○ VRC 82-83 K 4
Qila Didār Singh ○ PK 74-75 E 3
Qila Lādgasht ○ PK 70-71 K 5
Qilaotu Shan ▲▲ VRC 84-85 O 6
Qila Saifullāh ○ PK 74-75 B 4
Qilian ○ VRC 90-91 B 2
Qilian Shan ▲▲ VRC 82-83 N 6
Qilian Shan ▲ VRC 82-83 O 6
Qilwa ○ KSA 68-69 B 4
Qimen ○ VRC 92-93 K 2
Qinā ☆ ET 130-131 F 4
Qinā, Wādī ~ ET 130-131 F 4
Qin'an ○ VRC 90-91 D 4
Qin Binmayong ∴••• VRC 90-91 F 4
Qing'an ○ VRC 86-87 F 4
Qingchengshan • VRC 90-91 C 6
Qingdao ☆ VRC 90-91 M 3
Qing Donling • VRC 90-91 K 1
Qinggang ○ VRC 86-87 F 4
Qinghai ▫ VRC 80-81 J 4
Qinghai Hu ○ VRC 80-81 M 2
Qinghai Nanshan ▲▲ VRC 80-81 M 2
Qinghe ○ VRC (HEB) 90-91 J 3
Qinghe ○ VRC (XUZ) 82-83 K 2
Qingjian ○ VRC 90-91 G 3
Qing Jiang ~ VRC 90-91 G 6
Qingkou ○ VRC 92-93 E 3
Qinglan • VRC 92-93 G 7
Qinglong ○ VRC 90-91 L 1
Qinglong D. • VRC 92-93 F 3
Qingping ○ VRC 92-93 F 6
Qingpu ○ VRC 90-91 M 6
Qingshan ○ VRC 90-91 J 6
Qingshizoi ○ VRC 90-91 B 3
Qingshui ○ VRC 90-91 A 2
Qingshuihe ○ VRC (NMZ) 90-91 G 2
Qingshuihe ○ VRC (QIN) 80-81 L 4
Qingshui He ~ VRC 90-91 E 3
Qingtang ○ VRC 92-93 H 4
Qingtian ○ VRC 92-93 M 2
Qingtongxia ○ VRC 90-91 E 2
Qing Xiling • VRC 90-91 J 2
Qingxu ○ VRC 90-91 H 3
Qingyang ○ VRC (ANH) 90-91 K 6
Qingyang ○ VRC (GAN) 90-91 E 3
Qingyuan ○ VRC (GDG) 92-93 H 5
Qingyuan ○ VRC (LIA) 86-87 E 6
Qingyuanshan • VRC 92-93 J 3
Qingyun Huaxuechang • VRC 86-87 G 5
Qingzhang Gaoyuan ∸ VRC 80-81 D 4
Qingzhen ○ VRC 92-93 E 3
Qingzhou ○ VRC 90-91 L 3
Qinhuangdao ○ VRC 90-91 L 2
Qin Ling ▲▲ VRC 90-91 E 5
Qintang ○ VRC 92-93 F 5
Qinwanglao Shan ▲ VRC 92-93 E 4
Qin Xian ○ VRC 90-91 H 3
Qinyang ○ VRC 90-91 H 4
Qinzhou ○ VRC 92-93 F 6
Qinzhou Wan ≈ 92-93 F 6
Qionghai ○ VRC 92-93 G 7
Qionglai ○ VRC 90-91 C 6
Qionglai Shan ▲▲ VRC 90-91 C 6
Qiongzhong ○ VRC 92-93 F 7
Qiongzhou Haixia ≈ 92-93 F 6
Qiqian ○ VRC 86-87 C 1
Qiqihar ○ VRC 86-87 D 4
Qiqushan Damiao • VRC 90-91 D 6
Qir ○ IR 70-71 E 4
Qira ○ VRC 80-81 C 2
Qisba, Ra's ▲ KSA 66-67 D 3
Qisha ○ VRC 92-93 F 6
Qishi ○ VRC 90-91 F 6
Qišla, al- ○ IRQ 66-67 L 1
Qišn ○ Y 68-69 G 6
Qitai ○ VRC 82-83 J 4
Qitaihe ○ VRC 86-87 H 5
Qitbit, Wādī ~ OM 68-69 J 4
Qitian Ling ▲ VRC 92-93 H 4
Qiubei ○ VRC 92-93 D 4
Qiujin ○ VRC 92-93 J 2
Qixia ○ VRC 90-91 M 3
Qiyang ○ VRC 92-93 G 3
Qiyanshan • VRC 92-93 L 2
Qizhou Liedao ⌒ VRC 92-93 G 7
Qogir Feng = K2 ▲ VRC 74-75 F 2
Qoğūr ○ IR 64-65 M 4
Qohrūd, Kūhhā-ye ▲▲ IR 70-71 D 1
Qoltag ▲▲ VRC 82-83 J 4
Qom ○•• IR 70-71 D 1
Qom, Rūd-e ~ IR 70-71 D 1
Qomolangma Feng = Mount Everest ▲ VRC 80-81 F 7
Qomše ○• IR 70-71 D 2
Qonggyai ○ VRC 80-81 H 6
Qongkol ○ VRC 82-83 H 5
Qooriga Neegro ≈ 144-145 J 5
Qorqi ○ IR 72-73 F 6
Qorsungnitsoq ⌒ GRØ 172-173 P 2
Qorve ○ IR (HAM) 64-65 N 5
Qorve ○ IR (KOR) 64-65 M 5
Qoryooley ○ SP 148-149 K 3
Qotābād ○ IR 70-71 E 4
Qotūr ○ IR 64-65 L 3
Qotūr Čāy ~ IR 64-65 L 3
Qǔpáng Ngãi ○•• VN 94-95 K 3
Quabbin Reservoir < USA 190-191 M 4
Quadros, Lagoa dos ○ BR 218-219 E 7
Quaidabad ○ PK 74-75 C 3
Quairading ○ AUS 112-113 D 6
Quakertown ○ USA 190-191 L 5
Quallene ○ DZ 126-127 C 8
Quambone ○ AUS 114-115 J 6
Quamby ○ AUS 110-111 F 7
Quân Dao Nam Du ⌒ VN 94-95 H 6
Quáng Trị ☆ VN 94-95 J 2
Quan Hóa ○ VN 92-93 D 6
Quantico xx• USA 190-191 K 6
Quantico Marine Corps xx USA 190-191 K 6
Quanzerbé ○ RN 138-139 L 2
Quanzhou ○ VRC (GXI) 92-93 G 4
Quanzhou ○• VRC (FUJ) 92-93 L 4
Qu'Appelle ○ CDN 178-179 E 5
Qu'Appelle River ~ CDN 178-179 D 5
Quaqtaq ○ CDN 180-181 P 4
Quaraí ○ BR 220-221 J 6
Quarkoye ○ BF 138-139 J 3
Quarré-les-Tombes ○ F (89) 232-233 K 5
Quartier-d'Orléans ☆ F (971) 245 III a 1
Quartier-François ○ F (974) 246 II b 1
Quartier Militaire ○ MS 160 C 7
Quartu Sant'Elena ○ I 36-37 B 5
Quartzite Lake ○ CDN 174-175 W 4
Quartz Lake ○ CDN (NWT) 168-169 f 5
Quartz Lake ○ CDN (ONT) 178-179 O 5
Quartzsite ○ USA 184-185 G 9
Quatipuru, Ponta de ▲ BR 212-213 E 2
Quatorze de Abril, Cachoeira ~ BR 206-207 G 5
Quatorze de Abril, Rio ~ BR 214-215 G 2
Quatre Cantons, Lac de = Vierwaldstättersee ○ CH 28-29 K 5
Quatre Cantons, Lac des = Vierwaldstätter See ○ CH 28-29 K 5
Quatremare ○ F (27) 228-229 G 5
Quatre Nord, Zone de Fracture = Four North Fracture Zone ≃ 14-15 F 8
Quatre-Routes, les ○ F (46) 236-237 J 6
Quatre-vingts milles, Plage des = Eighty Mile Beach ∸ AUS 108-109 E 5
Quatsino Sound ≈ 176-177 F 6
Qubayyat, al- ○ RL 64-65 G 5
Qūčān ○• IR 72-73 F 6
Qudaih ○ KSA 70-71 D 5
Quds, al-= Yerushalayim ★••• IL 66-67 D 2
Qué ~ ANG 152-153 C 7
Queanbeyan, Canberra- ○ AUS 116-117 K 3
Quéant ○ F (62) 228-229 K 3
Queaux ○ F (86) 236-237 G 3
Québec ▫ CDN 182-183 F 3
Québec ☆••• CDN (QUE) 182-183 J 5
Quebo ○ GNB 138-139 C 4
Quebra-Anzol, Rio ~ BR 216-217 G 5
Quebracho ○ ROU 220-221 J 6
Quebrada Arriba ○ YV 204-205 F 2
Quebrada de los Cuervos • ROU 222-223 M 2
Quebrada Honda ○ CR 196-197 B 6
Quedas ○ MOC 154-155 G 4
Quedas do Iguaçu ○ BR 218-219 D 5
Quedas do Lúrio ~• MOC 154-155 L 1
Quédillac ○ F (35) 230-231 G 3
Quedlinburg ○•• D 28-29 L 3
Queen, De ○ USA 188-189 K 2
Queen Alexandra Range ▲▲ ARK 16 E 0
Queen Bess, Mount ▲ CDN 176-177 H 6
Queen Charlotte Bay ≈ 222-223 K 6
Queen Charlotte City ○ CDN 176-177 D 5
Queen Charlotte Islands ⌒ CDN 176-177 D 5
Queen Charlotte Islands Museum • CDN 176-177 E 5
Queen Charlotte Mountains ▲▲ CDN 176-177 D 5
Queen Charlotte Sound ≈ 176-177 F 6
Queen Charlotte Strait ≈ 176-177 G 6
Queen City ○ USA 186-187 L 5
Queen Elizabeth Islands ⌒ CDN 16 B 30
Queen Elizabeth National Park ⊥ EAU 148-149 B 4
Queen Mary Land ∸ ARK 16 G 10
Queen Maud Gulf ≈ 168-169 U 6
Queens Cape ▲ CDN 180-181 R 2
Queens Channel ≈ 168-169 X 2
Queenscliff ○ AUS 116-117 H 5
Queensferry ○• GB 26-27 F 4
Queensland ▫ AUS 110-111 E 6
Queensland, Plateau du = Queensland Plateau ≃ 9 F 4
Queenslander II AUS 110-111 K 7
Queensland Plateau = Queensland, Plateau du ≃ 9 F 4
Queens Sound ≈ 176-177 F 6
Queenstown ○ AUS 116-117 H 7
Queenstown ○•• NZ 118 B 6
Queenstown ○ ZA 156-157 H 5
Queen Victoria Rock ▲ AUS 112-113 F 5
Que'ergou ○ VRC 82-83 H 4
Queets ○ USA 184-185 B 2
Queguay Grande, Río ~ ROU 222-223 L 2
Quehue ○ PE 214-215 B 4
Quehué ○ RA 222-223 G 4
Quehué, Valle de ◡ RA 222-223 G 4
Queidār ○ IR 64-65 N 4
Queilén ○ RCH 222-223 C 7
Queimadas ○ BR (BAH) 212-213 J 7
Queimadas ○ BR (PA) 212-213 L 5
Queirós ○ BR 216-217 E 6
Queiros, Cape ▲ VAN 120 II a 2
Quela ○ ANG 152-153 D 4
Quelaines-Saint-Gault ○ F (53) 230-231 K 4
Quélé ○ CI 138-139 G 4
Quelele ○ ANG 152-153 E 4
Quelimane ☆ MOC 154-155 J 3
Quellón ○ RCH 222-223 C 7
Quellouno ○ PE 208-209 F 8
Quelo ○ ANG 152-153 B 3
Queluz ○ BR 216-217 H 7
Quemado ○ USA 188-189 C 2
Quemado, Cerro ▲ CO 204-205 D 2
Quemado de Güines ○ C 198-199 E 3
Quemados, Punta de ▲ C 198-199 H 4
Quembo ~ ANG 152-153 E 7
Quemchi ○ RCH 222-223 C 7
Quéménéven ○ F (29) 230-231 C 3
Quemigny-Poisot ○ F (21) 238-239 F 2
Quemu Quemu ○ RA 222-223 H 4
Quenco, Cerro ▲ BOL 220-221 E 1
Quend ○ F (80) 228-229 H 3
Queñoal, Río ~ BOL 220-221 D 2
Quenoche ○ F (70) 238-239 J 2
Quepe, Río ~ RCH 222-223 C 5
Quê Phong ☆ VN 92-93 D 7
Quepos ○ CR 196-197 B 7
Quepos, Punta ▲ CR 196-197 B 7
Quequén ○ RA 222-223 K 5
Quequén Grande, Río ~ RA 222-223 K 5
Quequén Salado, Río ~ RA 222-223 J 5
Querari ○ CO 210-211 C 2
Querari, Río ~ CO 210-211 B 2
Querco ○ PE 208-209 E 8
Querência do Norte ○ BR 216-217 D 7
Querendaro ○ MEX 196-197 D 2
Querétaro ▫ MEX 196-197 D 1
Querétaro ☆•• MEX (QRO) 196-197 D 1
Quériqut ○ F (09) 240-241 J 5
Quero ○ EC 208-209 C 2
Querobamba ○ PE 208-209 F 8
Querocotillo ○ PE 208-209 C 5
Querqueville ○ F (50) 228-229 A 4
Querrien ○ F (29) 230-231 D 4
Quers ○ F (70) 238-239 J 1
Quesnel ○ CDN 176-177 J 5
Quesnel, Le ○ F (80) 228-229 K 4
Quesnel Lake ○ CDN 176-177 K 5
Quesnel River ~ CDN 176-177 J 5
Quesnoy, le ○• F (59) 228-229 M 3
Quesso ☆ RCB 146-147 F 3
Quessoy ○ F (22) 230-231 F 3
Questa ○ USA 188-189 E 1
Questembert ○ F (56) 230-231 G 4
Questro, El ○ AUS 108-109 H 4
Quetico Lake ○ CDN 178-179 L 6
Quetico Provincial Park ⊥ CDN 178-179 L 6
Quetico Provincial Park ⊥ USA 190-191 C 1
Quetigny ○ F (21) 238-239 G 2
Quetta ☆• PK 70-71 M 3
Quettehou ○ F (50) 228-229 B 4
Queuille, Méandre de ◡• F (63) 236-237 L 4
Queulat, Parque Nacional ⊥ RCH 224 D 2
Queuvauvillers ○ F (80) 228-229 J 4
Queve ~ ANG 152-153 C 5
Quevedo ○ EC 208-209 C 2
Quevedo, Río ~ EC 208-209 C 2
Quévillon, Lac ○ CDN 182-183 F 4
Queyrac ○ F (33) 236-237 D 5
Queyras, Parc Naturel Régional du ⊥ F (05) 242-243 K 2
Quézac ○ F (48) 242-243 D 3
Quezaltenango ☆• GCA 196-197 J 4
Quezon ○ RP 96-97 C 8
Quezon City ○ RP 96-97 D 5
Qufu ○• VRC 90-91 K 4
Quiabaya ○ BOL 214-215 C 4
Quiaca, La ○ RA 220-221 E 2
Quiahniztlan • MEX 196-197 F 2
Quiba ○ ZA 156-157 H 5
Quibala ○ ANG (CZS) 152-153 C 5
Quibala ○ ANG (ZAI) 152-153 B 3
Quibaxe ○ ANG 152-153 C 4
Quibdó ☆ CO 204-205 C 5
Quibell ○ CDN 178-179 K 6
Quiberon ○ F (56) 230-231 E 5
Quiberon, Baie de ≈ F (56) 230-231 E 4
Quiberon, Presqu'île de ◡• F (56) 230-231 E 4
Quiberville ○ F (76) 228-229 F 4
Quibor ○ YV 204-205 G 3
Quicabo ○ ANG 152-153 B 4
Quicacha ○ PE 208-209 F 9
Quiçama, Parque Nacional do ⊥ ANG 152-153 B 4
Quichaura, Cerro ▲ RA 222-223 E 7
Quiculungo ○ ANG 152-153 C 4
Quidico ○ RCH 222-223 C 5
Quidong ○ VRC 92-93 H 3
Quiet Lake ○ CDN 164-165 Y 6
Quiévrechain ○ F (59) 228-229 M 3
Quijadas, Sierra las ▲▲ RA 222-223 F 2
Quijingue ○ BR 212-213 J 7
Quijotoa ○ USA 184-185 H 9
Quijoux, Col ▲ RCA 142-143 F 4
Quila ○ MEX 194-195 F 5
Quilán, Cabo ▲ RCH 222-223 B 7
Quilandi ○ IND 76-77 F 5
Quilca ○ PE (ARE) 214-215 A 5
Quilca ○ PE (LIM) 208-209 D 7
Quilchena ○ CDN 176-177 K 6
Quilempa ○ ANG 152-153 B 7
Quilenda ○ ANG 152-153 C 5
Quilengues ○ ANG 152-153 C 7
Quileute Indian Reservation ⊼ USA 184-185 B 2
Quillacollo ○ BOL 214-215 D 5
Quillagua ○ RCH 220-221 C 1
Quillayute Indian Reservation ⊼ USA 184-185 B 2
Quille, la ⌒ F (984) 246 VI
Quillebeuf-sur-Seine ○ F (27) 228-229 F 5
Quillen, Río ~ RCH 222-223 C 5
Quillio, Le ○ F (22) 230-231 F 3
Quill Lake ○ CDN 178-179 D 4
Quilly ○ F (44) 230-231 H 5
Quilmes ○ RA 222-223 L 3
Quilombo dos Dembos ○ ANG 152-153 C 4
Quilon ○• IND 76-77 G 6
Quilpie ○ AUS 114-115 H 4
Quilpue ○ RCH 222-223 D 2
Quilua ○ MOC 154-155 K 3
Quilu Hu ~ VRC 92-93 C 4
Quimal, Llano del ∸ RCH 220-221 C 2
Quimantag ▲▲ VRC 80-81 H 2
Quimbala ○ ANG 152-153 C 3
Quimbaya ○ CO 204-205 D 5
Quimbele ○ ANG 152-153 D 3
Quimet ○ CDN 178-179 M 6
Quimili ○ RA 220-221 F 4
Quimome, Río ~ BOL 214-215 G 6
Quimper ☆•• F (29) 230-231 C 4
Quimperlé ○ F (29) 230-231 D 4
Quinabucasan Point ▲ RP 96-97 E 5
Quinapondan ○ RP 96-97 F 7
Quinault ○ USA 184-185 C 2
Quinault Indian Reservation ⊼ USA 184-185 B 2
Quinault River ~ USA 184-185 C 2
Quincampoix ○ F (76) 228-229 G 4
Quince Mil ○ PE 214-215 B 3
Quinchao, Isla ⌒ RCH 222-223 C 7
Quinché, Raudal ~ CO 210-211 B 3
Quincy ○ F (18) 232-233 G 5
Quincy ○ USA (IL) 190-191 C 6
Quincy ○ USA (MA) 190-191 N 5
Quincy ○ USA (WA) 184-185 E 2
Quines ○ RA 222-223 G 2
Quinéville ○ F (50) 228-229 B 4
Quinga ○ MOC 154-155 L 2
Quingenge ○ ANG 152-153 C 6
Quingey ○ F (25) 238-239 H 2
Quinhagak ○ USA 166-167 Q 3
Quinhámel ○ GNB 138-139 C 4
Quiniluban Group ⌒ RP 96-97 D 7
Quinjalca ○ PE 208-209 D 5
Quinkan Nature Reserve ⊥ AUS 110-111 H 4
Quinlan ○ USA 188-189 J 3
Quinn River ~ USA 184-185 F 5
Quinns Rocks ○ AUS 112-113 C 5
Quinota ○ PE 208-209 F 9
Quinsac ○ F (33) 236-237 E 6
Quinson ○ F (04) 242-243 J 4
Quintana de la Serena ○ E 34-35 E 5
Quintana Roo ▫ MEX 196-197 K 2
Quintana Roo, Parque Nacional de ⊥ MEX 196-197 L 1
Quintenas ○ F (07) 242-243 F 1
Quintero ○ RCH 222-223 D 2
Quintero, Bahía ≈ 222-223 D 2
Quintin ○ F (22) 230-231 F 3
Quintín Banderas ○ C 198-199 E 3
Quinto, Río ~ RA 222-223 G 2
Quinzala ○ ANG 152-153 C 3
Quinzau ○ ANG 152-153 B 3
Quionga ○ MOC 150-151 L 6
Quiongua ○ ANG 152-153 C 4
Quiotepec ○ MEX 196-197 F 3
Quipapa ○ BR 212-213 K 6
Quipeio ○ ANG 152-153 C 6
Quipungo ○ ANG 152-153 C 7
Quiriguá ∴••• GCA 196-197 K 4
Quirihué ○ RCH 222-223 C 4
Quirima ○ ANG 152-153 E 5
Quirindi ○ AUS 114-115 L 6
Quiriñeo, Cerro ▲ RCH 222-223 D 3
Quirinópolis ○ BR 216-217 E 5
Quiriquire ○ YV 204-205 K 3
Quiroga ○ BOL 214-215 E 6
Quiroga ○ MEX 196-197 D 2
Quiroga ○ RA 222-223 J 3
Quiroga, Punta ▲ RA 222-223 G 7
Quiros ○ YV 204-205 F 2
Quiruvilca ○ PE 208-209 C 5
Quisquiro, Salar de ○ RCH 220-221 D 2
Quissac ○ F (30) 242-243 E 4
Quissanga ○ MOC 150-151 L 7
Quissico ○ MOC 156-157 M 2
Quistinic ○ F (56) 230-231 E 4
Quitandinha ○ BR 218-219 F 5
Quitapa ○ ANG 152-153 E 5
Quiterajo ○ MOC 150-151 L 6
Quitéria, Rio ~ BR 216-217 E 5
Quiteve ○ ANG 152-153 C 8
Quitexe ○ ANG 152-153 C 3
Quitilipi ○ RA 220-221 G 4
Quitman ○ USA 192-193 G 4
Quitman Ruins, Fort ∴• USA 188-189 E 4
Quito ★••• EC 208-209 C 2
Quittebeuf ○ F (27) 228-229 G 5
Quivolgo ○ RCH 222-223 C 3
Quixadá ○ BR 210-211 D 7
Quixada ○ BR 212-213 J 4
Quixaxe ○ MOC 154-155 L 2
Quixeramobim ○ BR 212-213 J 4
Quizenga ○ ANG 152-153 C 4
Qujiang ○ VRC 92-93 H 4
Qujing ○ VRC 92-93 C 4
Qulaita, Umm ○ Y 68-69 E 7
Qumar He ~ VRC 80-81 J 3
Qumar Heyan ○ VRC 80-81 J 3
Qumarlêb ○ VRC 80-81 K 3
Qummāh, Ğazīrat ⌒ KSA 68-69 B 5
Qunaiṭira, al- ☆ SYR 64-65 F 6
Qunfuḏa, al- ○ KSA 68-69 B 4
Quobba ○ AUS 112-113 B 2
Quobba, Point ▲ AUS 112-113 B 2
Quoich River ~ CDN 174-175 W 2
Quoin, Du ○ USA 190-191 D 6
Quoin Head ▲ AUS 112-113 B 2
Quoin Island ⌒ AUS 108-109 J 3
Quoy, Pulau ⌒ RI 102-103 F 1
Qurayd ○ SUD 142-143 K 3
Qurayyāt ○• OM 68-69 L 2
Qurayyāt, al- ▫ KSA 66-67 E 4
Qurayyāt, al- ☆• KSA 66-67 E 2
Qurdūd ○ SUD 142-143 J 3
Qureida ○ SUD 142-143 G 3
Qurna, al- ☆ IRQ 64-65 M 7
Qurnat as-Saudā' ▲ RL 64-65 G 5
Qurrāsah ○ SUD 136-137 F 5
Qūs ○ ET 130-131 F 5
Quṣaiba ○ IRQ 64-65 J 5
Quṣair, al- ○ IRQ 66-67 J 2
Quṣair, al- ☆ SYR 64-65 G 5
Quṣair 'Amra ∴••• JOR 66-67 E 2
Quṣay'ir ○ Y 68-69 G 6
Qusum ○ VRC 80-81 J 6
Qutaifa, al- ☆ SYR 64-65 G 6
Qutau ▲ KA 60-61 K 4
Qutdligssat ○ GRØ 172-173 O 1
Qutdlikorssuit ⌒ GRØ 170-171 W 7
Quthing = Moyeni ○ LS 156-157 H 5
Qutsigsormiut ⌒ GRØ 172-173 U 5
Quṭū', Ğazirat ⌒ KSA 68-69 B 4
Qutūf ○ UAE 68-69 H 2
Quwair, al- ○ IRQ 64-65 K 4
Quwāra, al- ○ KSA 66-67 H 4
Quwu Shan ▲▲ VRC 90-91 D 3
Qu Xian ○ VRC 90-91 E 6
Qūxū ○ VRC 80-81 H 6
Quyāğū ○ IRQ 64-65 L 5
Quyang ○ VRC 90-91 J 2
Quyanghai SK ~ VRC 92-93 H 3
Quyen ○ AUS 116-117 G 3
Quynh Lu'u ○ VN 92-93 D 7
Quy Nho'n ☆• VN 94-95 K 4
Qūz, al- ○ KSA 68-69 B 4
Qūz, al- ○ Y 68-69 G 6
Quza, al- ○ Y 68-69 F 6
Quzhou ○ VRC 92-93 L 2
Qwa Qwa (ehem. Homeland) jetzt Teil d. Reg. Oranje Vrystaat ▫ ZA 156-157 J 4

R

Raab ~ A 28-29 N 5
Raadoľnaja ~ RUS 58-59 D 6
Raahe ○ FIN 24-25 H 4
Raanes Peninsula ⌒ CDN 170-171 G 4
Raanujärvi ○ FIN 24-25 H 3
Raas, Pulau ⌒ RI 104 B 6
Raattama ○ FIN 24-25 H 2
Rab ○• HR 36-37 E 2
Rab ⌒•• HR 36-37 E 2
Raba ○• RI 104 D 7
Rabaable ○ SP 144-145 J 4
Rabaḍ, Qal'at ar- ∴• JOR 66-67 D 1
Rabah ○ WAN 134-135 B 6
Rabak ○ SUD 136-137 F 6
Rabal ○ RI 102-103 H 5
Rabang ○ VRC 80-81 C 4
Rabaraba ○ PNG 119 E 5
Rabārika ○ IND 74-75 C 9
Rabastens ○ F (81) 240-241 H 3
Rabastens-de-Bigorre ○ F (65) 240-241 E 4
Rabat ○ M 36-37 E 7
Rabat = Ar-Ribāṭ ★•• MA 124-125 H 4
Rabat = Victoria ○ M 36-37 E 6
Rabaul ☆• PNG 119 G 3
Rabba ○ WAN 140-141 F 4
Rabbāḍ, ar- ∸ UAE 68-69 J 2
Rabbit Ears Pass ▲ USA 186-187 D 5
Rabbit Flat Store ○ AUS 108-109 K 6
Rabbit River ~ CDN 174-175 F 6
Rabbitskin River ~ CDN 174-175 J 5
Rabi ⌒ FJI 120 III c 2
Rabi'a ○ IRQ 64-65 K 4
Rabia ○ RI 102-103 F 2
Rabida, Isla ⌒ EC 208-209 B 10
Rābiġ ○ KSA 66-67 F 6
Rabka ○ PL 28-29 P 4
Rabkavi Banhatti ○ IND 76-77 F 2
Raboćeostrovsk ○ RUS 24-25 N 4
Rabo da Onça ○ BR 210-211 E 3
Rābor ○ IR 70-71 G 4
Raboti Malik, korvonsaroj • US 72-73 J 5
Rabouillet ○ F (66) 240-241 J 5
Rabt Sbayta ∸ MA 132-133 C 3
Rabun Bald ▲ USA 192-193 G 2
Rabwah ○ PK 74-75 D 4
Rabyanah ○ LAR 128-129 K 5
Raccon Cay ⌒ BS 198-199 H 3
Rachal ○ USA 188-189 H 6
Rachel ○ USA 184-185 G 7
Rạch Giá ☆• VN 94-95 H 5
Rachid ○ RIM 132-133 E 5
Rachiv ☆ UA 38-39 D 3
Raciborz ○ PL 28-29 P 3
Racine ○ USA 190-191 E 4
Racing River ~ CDN 174-175 G 6
Rackla Range ▲▲ CDN 164-165 X 4
Radā' ○ Y 68-69 D 6
Radama, Nosy ⌒ RM 158-159 E 4
Rădăuți ○ RO 38-39 D 4
Radde ○ RUS 58-59 D 4
Raddon-et-Chapendu ○ F (70) 234-235 J 6
Radechiv ○ UA 38-39 D 2
Radford ○ USA (AL) 192-193 E 3
Radford ○ USA (VA) 190-191 H 7
Radford Lake ○ CDN 174-175 R 4
Radford River ~ CDN 174-175 R 4
Rādhan ○ PK 70-71 M 5
Rādhānagari ○• IND 76-77 E 2
Rādhanpur ○ IND 74-75 C 8
Radiaľnaja, gora ▲ RUS 48-49 Q 3
Radimlja • BIH 36-37 F 3
Radio Australia • AUS 108-109 K 2
Radio Australia Station • AUS 112-113 B 2
Radio Telescope • AUS 116-117 K 2
Radisson ○ CDN (QUE) 182-183 F 2
Radisson ○ CDN (SAS) 178-179 C 4
Radisson, Pointe ▲ CDN 180-181 N 3
Radium Hot Springs ○ CDN 176-177 N 6
Radium Springs ○ USA 188-189 D 3
Rādkān ○ IR 72-73 F 6
Radom ☆ PL 28-29 Q 3
Radom ○ SUD 142-143 G 4
Radomsko ○ PL 28-29 P 3
Radoviš ○ MK 36-37 J 4
Radstadt ○ A 28-29 M 5
Raduźnyj ○ RUS 50-51 O 3
Radviliškis ☆•• LT 30-31 H 4
Radville ○ CDN 178-179 D 6
Radwan ○ KSA 66-67 G 6
Radzyń Podlaski ○ PL 28-29 R 3
Rae ○ CDN 174-175 L 4
Rāe Bareli ○ IND 78-79 B 2
Rae Isthmus ◡ CDN 168-169 c 7
Rae Lake ○ CDN 174-175 L 3
Rae River ~ CDN 168-169 M 6
Raeside, Lake ○ AUS 112-113 F 4
Raes Junction ○ NZ 118 B 6
Rae Strait ≈ 168-169 Y 6
Raetihi ○ NZ 118 E 3
Raevskij ☆ RUS 32-33 J 6
Rafaela ○ RA 220-221 G 6
Rafael Freyre ○ C 198-199 G 4
Rafah ○ AUT 66-67 C 2
Rafai ○ RCA 142-143 F 6
Rafales, Mont des ▲ F (984) 246 III b 4
Raffingora ○ ZW 154-155 F 3
Raffin-Kada ○ WAN 140-141 H 5
Rafhā' ○ KSA 66-67 H 3
Rafin-Cabas ○ WAN 140-141 H 4
Rāfit, Ğabal ▲ SUD 136-137 F 2
Rafsai ○ MA 124-125 J 3
Raft River ~ USA 184-185 H 4
Raft River Mountains ▲▲ USA 184-185 H 5
Raga ○ SUD 142-143 G 4
Raga ~ SUD 142-143 G 4
Ragaing Yōma ▲▲ MYA 78-79 J 6
Ragama ○ CL 76-77 H 7
Ragang, Mount ▲ RP 96-97 F 9
Ragay Gulf ≈ RP 96-97 E 6
Ragged Island ⌒ CDN 180-181 U 7
Ragged Island Range ⌒ BS 198-199 H 3
Raghwan ○ KSA 68-69 A 3

Reims ☆••• F (51) 234-235 E 3
Reina Adelaida, Archipiélago ⌒ RCH 224 C 6
Reindeer Depot o CDN 164-165 Y 2
Reindeer Island ⌒ CDN 178-179 H 4
Reindeer Lake ⊖ CDN 178-179 E 2
Reindeer River ~ CDN 178-179 E 3
Reindeer Station o USA 164-165 K 3
Reine o N 22-23 F 3
Reine, Fort la • CDN 178-179 G 6
Reine, La o CDN 182-183 E 4
Reine-Charlotte, Détroit de la = Queen Charlotte Sound ≈ 176-177 F 6
Reine-Charlotte, Îles de la = Queen Charlotte Islands ⌒ CDN 176-177 D 5
Reine-Élisabeth, Îles de la = Queen Elizabeth Islands ⌒ CDN 168-169 N 2
Reinga, Cape ▲ NZ 118 D 1
Reiningue o F (68) 238-239 L 1
Reinosa o• E 34-35 E 3
Reins ~ F (69) 238-239 E 4
Reinsdyrflya ~ N 20-21 H 3
Reisaelva ~ N 22-23 K 2
Reisa nasjonalpark ⊥ N 22-23 K 2
Reisjärvi o FIN 24-25 H 5
Reitoca o HN 196-197 L 5
Reitz o ZA 156-157 J 3
Reivilo o ZA 156-157 G 3
Rejaf o SUD 142-143 K 6
Rejdovo o RUS 58-59 N 6
Rekinniskaja guba ⊂ RUS 56-57 U 3
Rekkam, Plateau du ▲ MA 124-125 K 4
Relecq, le o F (29) 230-231 D 3
Relecq-Kerhuon, Le o F (29) 230-231 C 3
Relem, Cerro ▲ RA 222-223 D 5
Reliance o CDN 174-175 P 4
Reliance o USA 186-187 C 5
Relizane ☆ DZ 126-127 C 3
Rellano o MEX 194-195 G 4
Relógio o BR 218-219 E 5
Relok, Kampung o MAL 98-99 E 2
Reloncaví, Seno de ≈ 222-223 C 6
Remada o TN 126-127 H 4
Rémalard o F (61) 232-233 D 3
Remanso o BR (AMA) 210-211 C 6
Remanso o BR (BAH) 212-213 G 6
Remarkable, Mount ▲ AUS (QLD) 110-111 E 7
Remarkable, Mount ▲ AUS (SA) 116-117 E 2
Remarkable, Mount ▲ AUS (WA) 108-109 H 4
Rembang o RI 104 D 3
Rembang, Teluk ≈ 104 D 3
Rembercourt-aux-Pots o F (55) 234-235 G 4
Remboken o• RI 100-101 E 3
Remedios o C 198-199 F 3
Remedios o PA 196-197 D 7
Remedios, Río Los ~ MEX 194-195 F 5
Remel El Abiod ▲ TN 126-127 G 5
Remennikovo o RUS 30-31 L 3
Remer o USA 186-187 L 2
Remešk o IR 70-71 H 5
Remígio o BR 212-213 L 5
Rémilly o F (57) 234-235 J 3
Rémire o F (973) 245 I c 2
Remiremont o F (88) 234-235 K 5
Remolino, El o MEX 194-195 J 3
Remolino, Puerto o RA 224 G 7
Remollon o F (05) 242-243 J 3
Remoncourt o F (88) 234-235 J 5
Remoulins o F (30) 242-243 F 4
Remparts • F (51) 232-233 J 2
Remparts, Rivière des ~ F (974) 246 II b 2
Remungol o F (56) 230-231 F 4
Rémuzat o F (26) 242-243 G 3
Remy o F (60) 228-229 K 5
Rena ☆ N 22-23 E 6
Renac o F (35) 230-231 H 4
Renaico, Río ~ RCH 222-223 C 4
Renaison o F (42) 238-239 D 4
Renanzé o F (53) 230-231 J 4
Renard, Rivière-au- o CDN 182-183 M 4
Renay o F (41) 232-233 E 4
Renazé o F (53) 230-231 J 4
Renca o RA 222-223 G 2
Renčioni o LV 30-31 J 3
Renčin humbe = Zöölön o MAU 84-85 E 2
Rencontre East o CDN 182-183 R 5
Rencoret o RCH 220-221 C 2
Rencurel o F (38) 242-243 G 1
Rende o• RI 104 E 7
Rendezvous, Îlot du ⌒ F (984) 246 III a 1
Rend Lake ⊖ USA 190-191 D 6
Rendova ⌒ SOL 120 I c 3
Rendsburg o• D 28-29 K 1
Renescure o F (59) 228-229 J 2
Renfrew o CDN 182-183 F 6
Rengas, Tanjung ▲ RI 100-101 F 5
Rengat o RI 98-99 E 5
Rengel o RI 104 E 3
Rengleng River ~ CDN 164-165 Y 3
Rengo o RCH 222-223 D 3
Renhe o VRC 90-91 E 6
Renhua o VRC 92-93 H 4
Renhuai o VRC 92-93 E 3
Reni ☆ UA 38-39 F 5
Reni, Pulau ⌒ RI 102-103 F 1
Renigunta o IND 76-77 H 4
Reñihue, Fiordo ≈ 222-223 C 7
Reninjauan o RI 98-99 D 4
Renland ∸ GRØ 170-171 m 8
Renmark o AUS 116-117 F 3
Renmei o VRC 90-91 B 6
Rennell, Islas ⌒ RCH 224 C 5
Renner Springs o AUS 110-111 B 6
Rennes ☆• F (35) 230-231 H 3
Rennes, Bassin de o F (35) 230-231 H 3
Rennick Glacier ⊂ ARK 16 F 17
Rennie o CDN 178-179 J 6
Rennie Lake ⊖ CDN 174-175 R 5
Reno o• USA 184-185 E 6
Reno, El o USA 188-189 J 2
Renon ~ F (01) 238-239 G 4
Renon ~ F (36) 232-233 F 5
Renoso, Monte ▲ F (2B) 244 D 4
Renosterrivier ~ ZA 156-157 E 5
Renosterrivier ~ ZA 156-157 H 3
Renous o CDN 182-183 M 5
Renova o USA 190-191 K 5
Renovo o USA 190-191 K 5
Renqiu o VRC 90-91 K 2
Rens Fiord ≈ 170-171 C 3
Renshi o VRC 90-91 E 6
Renton o USA 184-185 C 2
Rentoul River ~ PNG 119 B 4
Renwez o F (08) 234-235 F 2
Réo o• BF 138-139 J 3
Reo o RI 104 E 7
Reodhar o IND 74-75 D 7
Réole, La o• F (33) 240-241 D 1
Repalle o IND 76-77 J 2
Repartimento o BR (AMA) 210-211 G 4
Repartimento o BR (AMA) 210-211 J 4
Repartimento, Corredeira do ~ BR 212-213 C 5
Repel o F (88) 234-235 H 5
Repentigny o CDN 182-183 H 6
Repetekskij zapovednik ⊥ TM 72-73 H 5
Reposoir-Pralong, le o F (74) 238-239 K 4
Republic o USA 184-185 E 1
Republica Dominicana = Dominicaine, République ■ DOM 198-199 K 6
Republican River ~ USA 186-187 H 6
Repulse Bay ≈ 168-169 c 7
Repulse Bay o CDN 168-169 c 7
Repununi River ~ GUY 206-207 E 4
Reque o PE 208-209 C 5
Requena o• E 34-35 G 5
Requena o PE 208-209 F 4
Requena o YV 204-205 J 3
Réquista o F (12) 240-241 K 2
Rera o BR 206-207 D 3
Rère ~ F (41) 232-233 F 5
Reriutaba o BR 212-213 H 4
Reşadiye o TR 64-65 B 4
Reşadiye ☆ TR 64-65 G 2
Reşadiye Yanmadası ⌣ TR 64-65 B 4
Reschenpass = Passo di Rèsia ▲ I 36-37 C 1
Reseida, Wādī ~ SUD 136-137 F 2
Resen o MK 36-37 H 4
Resende o BR 216-217 H 7
Reserva o BR 218-219 E 5
Reserva o CO 208-209 F 2
Reserva Natural de Ría Formosa ⊥ P 34-35 D 6
Reserva Natural do Estuário do Sado ⊥ P 34-35 C 5
Reserve o CDN 178-179 E 4
Réserve Africaine • F (78) 232-233 F 2
Réserve d'Ashuapmushuan ⊥ CDN 182-183 H 4
Réserve de Assinica, La ⊥ CDN 182-183 G 3
Réserve de Duchener ⊥ CDN 182-183 K 4
Réserve de Rimouski ⊥ CDN 182-183 K 4
Réserve Faunique de Pipineau Labelle ⊥ CDN 182-183 G 5
Réserve Faunique Mastigouche ⊥ CDN 182-183 H 5
Réserve Faunique Rouge-Matawin ⊥ CDN 182-183 G 5
Réserve Saint-Maurice ⊥ CDN 182-183 H 5
Réservoir Manicouagan ⊥•• CDN 182-183 K 3
Rèsia, Passo di = Reschenpass ▲ I 36-37 C 1
Resistencia ☆ RA 220-221 H 4
Reşiţa ☆ RO 38-39 B 5
Resolute o CDN 168-169 Y 3
Resolution, Passe de la ≈ 246 III b 2
Resolution Island o CDN (NWT) 180-181 R 4
Resolution Island ⌒ CDN (NWT) 180-181 R 4
Resolution Island ⌒ NZ 118 A 6
Respiro, El o YV 204-205 G 4
Resplendor o BR 216-217 K 5
Respublika Baškortostan = Bachkirie, République de □ RUS 32-33 J 6
Respublika Saha = Saha, République de = Iakoutie □ RUS 54-55 G 4
Respublika Tatarstan = Tatarstan □ RUS 32-33 F 6
Ressons-sur-Matz o F (60) 228-229 K 4
Restauração o BR 206-207 D 5
Restauración o DOM 198-199 K 5
Restefond, Col de ▲ F (04) 242-243 K 3
Restigouche Indian Reserve ✗ CDN 182-183 L 4
Restigouche River ~ CDN 182-183 L 5
Restin, Punta ▲ PE 208-209 B 4
Restinga de Marambaia ⌣ BR 216-217 J 7
Restinga Seca o BR 218-219 D 7
Resurrection, Cape ▲ USA 164-165 Q 7
Retalhuleu ☆ GCA 196-197 J 4
Retamo, El o RA 222-223 F 2
Rétaud o F (17) 236-237 D 4
Retchel Head ▲ CDN 180-181 S 5
Retem, Oued ~ DZ 126-127 E 4
Retén Atalaya o RCH 222-223 D 2
Reten Laguna o RA 222-223 D 3
Rethel o F (08) 234-235 E 2
Réthimno o GR 36-37 K 7
Rethondes o F (60) 228-229 K 5
Retiers o F (35) 230-231 J 4
Reting • VRC 80-81 H 5
Retiro o BR (AMA) 210-211 D 4
Retiro o BR (MAT) 216-217 D 3
Retiro, El o YV 204-205 H 3
Retiro Baia Grande o BR 214-215 K 5
Retiro São Benedito o BR 214-215 J 5
Retjons o F (40) 240-241 D 2
Retournac o F (43) 242-243 E 1
Retourne ~ F (08) 234-235 E 3
Retra o PK 74-75 C 4
Retreat o AUS 114-115 G 3
Return Islands ⌒ USA 164-165 Q 1
Retz, Pays de ∸ F (44) 230-231 G 5
Reugny o F (03) 236-237 L 3
Reugny o F (37) 232-233 D 5
Reuilly o F (36) 232-233 G 5
Réunion, La □ F (974) 246 II b 2
Réunion, La ∸ F (974) 246 II b 2
Reus o E 34-35 H 4
Reutlingen o• D 28-29 K 4
Reva o USA 186-187 F 3
Reval = Tallinn ☆•• EST 30-31 J 2
Revda ☆ RUS 32-33 L 5
Reveca o RCH 220-221 B 2
Revel o F (04) 242-243 K 3
Revel o F (31) 240-241 J 4
Revellata, la ▲ F (2B) 244 C 3
Revello Channel ≈ 76-77 L 6
Revelstoke o CDN 176-177 L 6
Reventon, El o MEX 194-195 H 6
Revermont ▲ F (01) 238-239 G 4
Revés, El o MEX 194-195 H 4
Revest-du-Bion o F (04) 242-243 H 3
Revest-les-Eaux, Le o F (83) 242-243 H 5
Révia o MOC 154-155 J 1
Revigny o F (39) 238-239 H 3
Revigny-sur-Ornain o F (55) 234-235 F 4
Revilla Gigedo, Islas ⌒ MEX 194-195 A 7
Revillagigedo Channel ≈ 176-177 E 4
Revillagigedo Island ⌒ USA 176-177 E 4
Revillo o USA 186-187 J 3
Revin o F (08) 234-235 F 2
Revoljucii, pik ▲ TJ 72-73 N 5
Revué ~ MOC 154-155 G 4
Rewa o IND 78-79 B 3
Rewari o IND 74-75 F 5
Rewa River ~ FJI 120 III b 2
Rex, Mount ▲ ARK 16 F 29
Rexburg o USA 184-185 J 4
Rexpoède o F (59) 228-229 K 2
Rey, Arroyo del ~ RA 220-221 H 5
Rey, El o RA 220-221 E 3
Rey, Isla de ⌒ PA 196-197 E 7
Rey, Laguna del ⊖ MEX 194-195 H 4
Rey, Mayo ~ CAM 142-143 B 4
Rey, Parque Nacional el ⊥ RA 220-221 E 3
Reyābād o IR 72-73 D 6
Rey Bouba o CAM 142-143 B 4
Reyes o BOL 214-215 D 4
Reyes, Point ▲ USA 184-185 C 6
Reyes, Punta ▲ CO 204-205 B 6
Reyes, Punta das ▲ RCH 220-221 B 3
Reyes Salgado, Los o MEX 196-197 C 2
Reyhanlı ☆ TR 64-65 G 4
Reykjanes, Dorsale de = Reykjanes Ridge ≃ 14-15 F 3
Reykjanes Ridge = Reykjanes, Dorsale de ≃ 14-15 F 3
Reykjanestá ▲ IS 22-23 b 3
Reykjavík ★• IS 22-23 c 2
Reynaud o CDN 178-179 D 4
Reynolds o USA 190-191 E 5
Reynoldsburg o USA 190-191 G 6
Reynolds Range ▲ AUS 108-109 L 7
Reynosa o MEX 194-195 K 4
Reyssouze ~ F (01) 238-239 G 4
Reyrvroz o F (74) 238-239 K 4
Reyy o• IR 72-73 B 7
Rež ☆ RUS 32-33 M 5
Reza, gora ▲ TM 72-73 F 6
Rezé o F (44) 230-231 H 5
Rēzekne ☆•• LV 30-31 K 3
Rezina ☆ MD 38-39 F 4
Rēznas ezers ⊖• LV 30-31 K 3
Rezovo o BG 38-39 E 6
Rezvān Šahr o IR 64-65 N 4
Rharb ∸ MA 124-125 H 3
Rharous o RMM 132-133 L 5
Rhea o USA 188-189 H 2
Rhein ~ D 28-29 J 3
Rheine o D 28-29 J 2
Rheinfall ~•• CH 28-29 K 5
Rheinland-Pfalz □ D 28-29 J 3
Rheinwaldhorn ▲ CH 28-29 K 5
Rhemilès < DZ 124-125 J 6
Rheris, Oued ~ MA 124-125 J 5
Rhin ~ F 234-235 M 4
Rhinau o F (67) 234-235 M 5
Rhinelander o USA 190-191 D 3
Rhino Camp o EAU 148-149 C 2
Rhiou, Oued ~ DZ 126-127 C 3
Rhir, Cap ▲ MA 124-125 G 5
Rhode Island □ USA 190-191 N 5
Rhode Island ⌒ USA (RI) 190-191 N 5
Rhodes, Baie ≈ 246 III b 3
Rhodes = Ródos ⌒ GR 36-37 M 6
Rhodes Inyangani National Park ⊥ ZW 154-155 G 4
Rhodes Matopos National Park ⊥ ZW 154-155 E 5
Rhön ▲ D 28-29 K 3
Rhondda o GB 26-27 F 6
Rhône ~ CH 28-29 J 5
Rhône □ F (69) 238-239 E 5
Rhône ~ F 242-243 F 1
Rhône-Alpes □ F 242-243 E 1
Rhône-au-Rhin, Canal du < F 238-239 L 1
Rhonelle ~ F 228-229 M 3
Rhoraffa, Bir < DZ 126-127 G 5
Rhoufi o DZ 126-127 F 3
Rhourd El Baguel o DZ 126-127 F 5
Rhue ~ F (15) 236-237 L 5
Rhum ⌒ GB 26-27 D 3
Rhumel, Oued ~ DZ 126-127 F 2
Rhune, la ▲ F (64) 240-241 A 4
Riaba o GQ 146-147 B 2
Ria Celestún Parque Natural ⊥ MEX 196-197 J 1
Riachão o BR 212-213 E 5
Riachão, Rio ~ BR 212-213 G 5
Riachão das Neves o BR 212-213 F 7
Riachão do Banabuiú o BR 212-213 J 4
Riachão do Jacuípe o BR 212-213 J 7
Riacho de Santana o BR 216-217 J 2
Riacho do Sal o BR 212-213 J 6
Riacho dos Machados o BR 216-217 J 3
Riachos, Isla de los ⌒ RA 222-223 H 6
Riacho Seco o BR 212-213 J 6
Riaillé o F (44) 230-231 J 4
Riákia o GR 36-37 J 4
Rialet, Le o F (81) 240-241 J 3
Riamkanan, Danau ⊖ RI 100-101 D 5
Rianápolis o BR 216-217 F 3
Riangnom o SUD 142-143 K 4
Riaño, Embalse de < E 34-35 E 3
Rians o F (83) 242-243 H 4
Riantec o F (56) 230-231 E 4
Riau □ RI 98-99 D 5
Riau, Kepulauan ⌒ RI 98-99 F 4
Ribadavia o• E 34-35 C 3
Ribadeo o E 34-35 D 3
Ribadesella o E 34-35 E 3
Ribah o WAN 140-141 F 3
Ribanʻi Manamby ▲ RM 158-159 D 9
Ribariće o YU 36-37 H 3
Ribas do Rio Pardo o BR 216-217 D 6
Ribāt, ar- o IRQ 64-65 J 5
Ribatejo ∸ P 34-35 C 5
Ribāt Qila o PK 70-71 L 4
Ribáuè o MOC 154-155 K 2
Ribay, Le o F (53) 230-231 L 3
Ribe o•• DK 22-23 D 9
Ribeauvillé o• F (68) 234-235 L 5
Ribécourt-Dreslincourt o F (60) 228-229 K 4
Ribeira Brava, Vila de o CV 138-139 B 5
Ribeira de Cruz o CV 138-139 B 5
Ribeira do Pombal o BR 212-213 J 7
Ribeira do Pombal, Rio ~ BR 212-213 J 7
Ribeirão o BR 212-213 L 6
Ribeirão, Área Indígena ✗ BR 214-215 E 2
Ribeirão, Rio ~ BR 214-215 E 2
Ribeirão das Névès o BR 216-217 H 5
Ribeirão do Pinhal o BR 216-217 E 7
Ribeirão Preto o BR 216-217 G 6
Ribeiro Gonçalves o BR 212-213 F 5
Ribemont o F (02) 228-229 L 4
Ribera o I 36-37 D 6
Ribérac o F (24) 236-237 F 5
Riberalta o BOL 214-215 D 2
Ribiers o F (05) 242-243 H 3
Rîbniţa ☆ MD 38-39 F 4
Ribnitz-Damgarten o D 28-29 M 1
Ribo Escale o SN 138-139 C 2
Ribouisse o F (11) 240-241 H 4
Ribstone Creek ~ CDN 176-177 P 5
Rica, Cañada ~ RA 220-221 F 2
Ricardo Flores Magón o MEX 194-195 F 3
Ricaute o CO 204-205 D 6
Rice o USA 184-185 G 8
Riceboro o USA 192-193 H 4
Rice Historic Site, Fort ∴ USA 186-187 G 2
Rice Lake ⊖ CDN 182-183 E 6
Rice Lake o USA 190-191 C 3
Rice Terraces •• RP 96-97 D 4
Riceys, les o F (10) 234-235 E 6
Rich o MA 124-125 J 4
Richan o CDN 178-179 K 6
Richão do Dantas o BR 212-213 K 7
Richão dos Paulos o BR 212-213 F 6
Richard Collinson Inlet ≈ 168-169 P 4
Richard-Foy, Mont ▲ F (984) 246 VI a 2
Richards, Fosse de = Richards Trench ≃ 220-221 B 4
Richards, Mont ▲ F (984) 246 III b 3
Richardsbaai = Richards Bay o ZA 156-157 L 4
Richards Bay = Richardsbaai o ZA 156-157 L 4
Richards Island ⌒ CDN 164-165 Y 2
Richardson, Cape ▲ CDN 168-169 d 6
Richardson Bay ≈ 174-175 M 2
Richardson Island ⌒ CDN 174-175 L 3
Richardson Islands ⌒ CDN 168-169 R 6
Richardson Lake ⊖ CDN 174-175 O 6
Richardson Mountains ▲ CDN 164-165 W 2
Richardson Point ▲ AUS 116-117 H 6
Richardson River ~ CDN 174-175 L 2
Richardson River ~ CDN 176-177 P 3
Richards Trench = Richards, Fosse de ≃ 220-221 B 4
Richard Toll o SN 132-133 C 6
Richardton o USA 186-187 F 2
Riche, Cape ▲ AUS 112-113 E 7
Richebourg o F (52) 234-235 G 5
Richelieu o F (37) 230-231 M 5
Richfield o USA (ID) 184-185 G 4
Richfield o USA (KS) 188-189 G 1
Richfield o USA (UT) 184-185 H 6
Richgrove o USA 184-185 E 8
Richibucto o CDN 182-183 M 5
Richibucto 15 Indian Reserve ✗ CDN 182-183 M 5
Richland o USA (MO) 186-187 L 7
Richland o USA (WA) 184-185 E 2
Richland Center o USA 190-191 C 4
Richland Creek Reservoir < USA 188-189 J 3
Richlands o USA 190-191 H 7
Richmond o AUS 110-111 G 7
Richmond o CDN (BC) 176-177 J 7
Richmond o CDN (QUE) 182-183 H 6
Richmond o NZ 118 D 4
Richmond o USA (AR) 184-185 C 7
Richmond o USA (IN) 190-191 F 6
Richmond o USA (KS) 186-187 K 6
Richmond o USA (KY) 190-191 F 7
Richmond ☆ USA (VA) 190-191 K 7
Richmond o ZA (CAP) 156-157 F 5
Richmond o ZA (NTL) 156-157 K 4
Richmond Hill o USA 192-193 H 4
Richmond Hills ▲ AUS 114-115 H 2
Richmond River ~ AUS 114-115 M 5
Rich Mountain ▲ USA 188-189 K 2
Rich Square o USA 192-193 K 1
Richtersveld National Park ⊥ ZA 156-157 C 4
Richthofen, Mount ▲ AUS 108-109 C 6
Richton o USA 192-193 D 4
Richwood o USA 190-191 H 6
Ricketts, Cape ▲ CDN 168-169 a 3
Ricrah o PE 208-209 E 7
Ridder, De o USA 188-189 L 4
Ridderspranget • N 22-23 D 6
Riddle o USA (ID) 184-185 F 4
Riddle o USA (OR) 184-185 C 4
Ridge Crest o USA 184-185 F 8
Ridgecrest o USA 184-185 F 8
Ridgeland o USA (MS) 188-189 M 3
Ridgeland o USA (SC) 192-193 H 3
Ridgeway o USA 192-193 H 2
Ridgway o USA (CO) 186-187 D 6
Ridgway o USA (PA) 190-191 J 5
Riding Mountain ▲ CDN 178-179 F 5
Riding Mountain National Park ⊥ CDN 178-179 F 5
Riding Rock Point ▲ BS 198-199 H 2
Riebeck Bay ≈ 119 E 3
Riebeek Kasteel o ZA 156-157 D 6
Riebeek-Oos o ZA 156-157 G 6
Riebeekstaad o ZA 156-157 H 3
Riecito o YV 204-205 G 2
Riecito, Río ~ YV 204-205 G 4
Riec-sur-Belon o F (29) 230-231 D 4
Riedisheim o F (68) 238-239 L 1
Rieppe ▲ N 22-23 K 2
Riesa o D 28-29 M 3
Riesco, Isla ⌒ RCH 224 D 6
Rietavas o LT 30-31 G 4
Rietbron o ZA 156-157 F 6
Rietfontein o NAM 152-153 F 10
Rietfontein ~ NAM 152-153 F 10
Rietfontein o ZA 156-157 E 3
Rieti ☆ I 36-37 D 3
Rietrivier ~ ZA 156-157 G 4
Rietse Vloer ⊖ ZA 156-157 E 5
Rietvlei o ZA 156-157 K 4
Rieumes o F (31) 240-241 G 4
Rieupeyroux o F (12) 240-241 J 2
Rieux o F (31) 240-241 G 4
Rieux o F (56) 230-231 G 4
Rieux-Minervois o F (11) 240-241 K 4
Rievaulx Abbey •• GB 26-27 G 4
Riez o F (04) 242-243 J 4
Rifā'i, ar- ☆ IRQ 64-65 M 7
Rifaina o BR 216-217 G 6
Rifle o USA 186-187 D 6
Rifleman Bank ≃ 94-95 L 7
Rift Valley □ EAK 148-149 F 2
Rift Valley ∸•• EAK 148-149 F 4
Rift Valley National Park ⊥ ETH 144-145 D 5
Rig, Bandar-e o IR 70-71 D 4
Riga, Golfe de = Rigas Jūras Līcis ≈ 30-31 H 3
Riga = Rīga ★•• LV 30-31 J 3
Rīgā', Umm o Y 68-69 D 7
Rigacikun o WAN 140-141 G 3
Rigāl Alma' o KSA 68-69 C 4
Rīgas Jūras Līcis ≈ 30-31 H 3
Rigby o USA 184-185 J 4
Riggins o USA 184-185 F 3
Rignac o F (12) 240-241 J 2
Rigney o F (25) 238-239 J 2
Rigny-le-Ferron o F (10) 232-233 K 3
Rigny-Ussé o F (37) 230-231 M 5
Rigolet o CDN 180-181 U 7
Rigo Rang o TCH 134-135 G 5
Rigsdagen, Kap ▲ GRØ 170-171 o 2
Riguepeu o F (32) 240-241 E 3
Riguldi o EST 30-31 H 2
Rihab, ar- ∸ IRQ 64-65 L 7
Riihimäki o FIN 24-25 H 6
Riiser-Larsen halvøy ∸ ARK 16 G 4
Riisitunturin kansallispuisto ⊥ FIN 24-25 K 3
Riistina o FIN 24-25 J 6
Rijau o WAN 140-141 F 3
Rijeka o HR 36-37 E 2
Rijpfjorden ≈ 20-21 N 2
Rikām Panchū, Gardaneh-ye ▲ IR 70-71 J 5
Rikbaktsa, Área Indígena ✗ BR 214-215 H 2
Rikorda, mys ▲ RUS 58-59 M 6
Rikorda, proliv ⊖ RUS 58-59 P 5
Rikuchū-Kaigan National Park ⊥ J 88-89 K 5
Rikumbetsu o J 88-89 K 3
Rila o• BG 38-39 C 6
Rila ▲ BG 38-39 C 6
Riley o USA (KS) 186-187 J 6
Riley o USA (OR) 184-185 E 4
Rillé o F (37) 230-231 M 5
Rilly-la-Montagne o F (51) 234-235 E 3
Rilly-Sainte-Syre o F (10) 232-233 K 3
Rilly-sur-Loire o F (41) 232-233 E 5
Rilski Manastir ••• BG 38-39 C 6
Rima ~ WAN 134-135 B 6
Rima, Wādi ar- ~ KSA 66-67 H 5
Rimac, Río ~ PE 208-209 D 8
Rimbey o CDN 176-177 N 5
Rime ~ TCH 134-135 J 5
Rimé, Ouadi ~ TCH 134-135 J 6
Rimeize o F (48) 242-243 C 2
Rimini o I 36-37 D 2
Rimling o F (57) 234-235 L 3
Rîmnicu Sărat o RO 38-39 E 5
Rîmnicu Vîlcea ☆• RO 38-39 D 5
Rimogne o F (08) 234-235 F 2
Rimouski o CDN 182-183 K 4
Rimsko-Korsakovka o RUS 32-33 F 8
Rinaré o BR 212-213 J 4
Rinbung o VRC 80-81 G 6
Rinca, Pulau ⌒ RI 104 D 7
Rincão o BR 216-217 F 6
Rincón o CR 196-197 C 7
Rincón o DOM 198-199 K 5
Rincon o USA 188-189 D 3
Rincón o• USA 200 B 2
Rincon, Cerro ▲ RA 220-221 D 3
Rincón, Salina del ⊖ RA 220-221 D 3
Rinconada o RA 220-221 D 2
Rincón de la Vieja, Parque Nacional ⊥ CR 196-197 B 6
Rincón de la Vieja, Volcán ▲ CR 196-197 B 6
Rincón del Guanal o C 198-199 D 4
Rincon de Palometas o BOL 214-215 F 5
Rincos de Romos o MEX 194-195 H 6
Rind ~ IND 78-79 B 2
Rindal ☆ N 22-23 D 5
Ringba o VRC 90-91 H 6
Ringgi o SOL 120 I c 3
Ringgold o USA 188-189 J 3
Ringgold Isles ⌒ FJI 120 III c 2
Ringim o WAN 134-135 D 6
Ringkøbing o DK 22-23 D 8
Ringkøbing Fjord ⊖ DK 22-23 D 8
Ringling o USA 184-185 J 2
Ring of Kerry • IRL 26-27 B 6
Ringoma o ANG 152-153 D 6
Ringvassøy ⌒ N 22-23 J 2
Ringwood o AUS 114-115 C 2
Riñihue, Lago ⊖ RCH 222-223 C 5
Riñinahue o RCH 222-223 C 6
Riniquiarí o CO 204-205 F 6
Rinjani, Gunung ▲ RI 104 C 7
Rintala o RUS 24-25 K 6
Rio o GR 36-37 H 5
Río, El o DOM 198-199 K 5
Rio Abiseo, Parque Nacional ⊥••• PE 208-209 D 5
Rio Acre, Estação Ecologica ⊥ BR 214-215 B 2
Rio Amazonas, Estuário do ~ BR 206-207 K 5
Rio Ariapo o BR 210-211 E 2
Rio Ariguaisa o YV 204-205 E 3
Rio Azul ∴• GCA 196-197 K 3
Riobamba o EC 208-209 C 2
Rio Bananal o BR 216-217 K 5
Rio Bermejo, Valle del ⌣ RA 220-221 C 6
Rio-Biá, Áreas Indígenas ✗ BR 210-211 D 5
Rio Blanco o CO 204-205 C 6
Rioblanco o CO 204-205 D 6
Rio Bonito o BR (PAR) 218-219 E 5
Rio Bonito o BR (RIO) 216-217 J 7
Rio Branco o BR (ACR) 208-209 F 6
Rio Branco o BR (MAT) 214-215 H 4
Rio Branco ☆ BR (ACR) 210-211 D 7
Rio Branco o ROU 218-219 D 9
Rio Branco, Área Indígena ✗ BR 214-215 F 3
Rio Branco, Parque Nacional do ⊥ BR 210-211 F 2
Rio Branco do Sul o BR 218-219 F 5
Rio Bravo o GCA 196-197 J 4
Rio Bravo o MEX 194-195 K 5
Rio Bravo, Parque Internacional del ⊥ MEX 194-195 H 3
Rio Brilhante o BR 220-221 K 1
Rio Bueno o JA 198-199 G 5
Rio Bueno o RCH 222-223 C 6
Rio Caribe o YV 204-205 K 2
Rio Casca o BR 216-217 J 6
Rio Cauto o C 198-199 G 4
Rio Ceballos o RA 220-221 E 6
Rio Chico o YV 204-205 J 2
Rio Chiquito o HN 198-199 C 7
Rio Clarillo, Parque Nacional ⊥ RCH 222-223 D 2
Rio Claro o BR 216-217 G 7
Rio Claro o TT 204-205 L 2
Rio Colorado o RA 222-223 G 5
Rio Conchas o BR (MAT) 214-215 K 4
Rio Conchas o BR (MAT) 214-215 K 3
Rio Cuarto o RA 222-223 G 2
Rio das Pedras o MOC 154-155 H 6
Rio de Janeiro □ BR 216-217 J 7
Rio de Janeiro ☆• BR 216-217 J 7
Rio de Janeiro, Serra do ▲ BR 216-217 H 4
Rio de la Plata ≈ 222-223 L 3
Rio Dell o USA 184-185 B 5
Rio Deseado, Valle del ∸ RA 224 F 3
Rio do Pires o BR 216-217 J 2
Rio do Prado o BR 216-217 K 4
Rio do Sul o BR 218-219 F 6
Rio Dulce, Parque Nacional ⊥ GCA 196-197 K 4
Rio Gallegos ☆ RA 224 F 5
Rio Grande o BOL 214-215 D 7
Rio Grande o BR 218-219 D 9
Rio Grande o MEX 194-195 H 6
Rio Grande o RA 224 G 6
Rio Grande ~ USA 188-189 D 1
Rio Grande, Ciudad de = Rio Grande o MEX 194-195 H 6
Rio Grande, Plateau du = Rio Grande Plateau ≃ 14-15 F 12
Rio Grande, Salar de ⊖ RA 220-221 C 3
Rio Grande, Zone de Fracture du = Rio Grande Fracture Zone ≃ 14-15 H 11
Rio Grande City o USA 188-189 H 6
Rio Grande do Norte □ BR 212-213 K 4
Rio Grande do Sul □ BR 220-221 K 5
Rio Grande Fracture Zone = Rio Grande, Zone de Fracture du ≃ 14-15 H 11
Rio Grande Plateau = Rio Grande, Plateau du ≃ 14-15 F 12
Rio Gregorio, Área Indígena ✗ BR 210-211 B 7
Rio Guaporé, Área Indígena ✗ BR 214-215 E 2
Rio Guengue o RA 224 E 2
Riohacha ☆ CO 204-205 E 2
Rio Hato o PA 196-197 D 7
Rio Hondo o GCA 196-197 K 4
Rio Hondo ~ USA 188-189 E 3
Rio Hondo, Embalse < RA 220-221 E 4
Rio Hondo, Termas de o• RA 220-221 E 4
Rio Ichilo o BOL 214-215 E 5
Rioja o PE 208-209 D 5
Rioja, La □ E 34-35 F 3
Rioja, La □ RA 220-221 C 5
Rioja, La ☆• RA (LAR) 220-221 D 5
Rioja, Llanos de la ∸ RA 220-221 D 5
Rio Lagartos o• MEX 196-197 K 1
Rio Lagartos, Parque Natural ⊥ MEX 196-197 L 1
Riolan, Clue de ⌣• F (06) 242-243 K 4
Rio Largo o BR 212-213 L 6
Riom o F (63) 236-237 M 4
Rio Maior o P 34-35 C 5
Rio Malo o RCH 222-223 D 3
Rio Mayo o RA 224 E 2
Rio Mequens, Área Indígena ✗ BR 214-215 G 3
Riom-ès-Montagnes o F (15) 236-237 L 5
Rio Mulatos o BOL 214-215 D 6
Riondel o CDN 176-177 M 7
Rion-des-Landes o F (40) 240-241 C 3
Rio Negrinho o BR 218-219 F 6
Rio Negro o BR (GSU) 214-215 J 6
Rio Negro o BR (GSU) 214-215 K 6
Rio Negro o BR (PAR) 218-219 F 6
Rionegro o CO 204-205 E 4
Rio Negro □ RA 222-223 E 6
Rio Negro o RCH 222-223 C 6
Rio Negro, Pantanal do ⊖ BR 214-215 J 6
Rio Negro, Represa del < ROU 222-223 L 2
Rio Negro, Reserva Florestal do ⊥ BR 210-211 C 2
Rio Negro Ocaiai, Área Indígena ✗ BR 214-215 E 2
Rioni ~ GE 62-63 E 5
Rions o F (33) 236-237 E 6
Rio Pardo o BR 218-219 D 7
Rio Pardo de Minas o BR 216-217 J 3
Rio Pilcomayo, Parque Nacional ⊥ RA 220-221 H 3
Rio Plátano, Parque Nacional ⊥••• HN 198-199 C 7
Rio Pomba o BR 216-217 J 6
Rio Preto o BR 216-217 J 7
Rio Prêto, Serra do ▲ BR 216-217 G 4
Rio Preto da Eva o BR 210-211 H 4
Rio Primero o RA 220-221 F 6
Rio Queguay, Cascadas del ~ ROU 222-223 K 2
Rio Quente • BR 216-217 F 4
Riorges o F (42) 238-239 E 4
Rio San Juan o DOM 198-199 K 5
Rio Seco o RA 220-221 E 2
Rio Seco o YV 204-205 F 2
Rio Segundo o RA 220-221 F 6
Rio Simpsom, Parque Nacional ⊥ RCH 224 D 2
Rio Sono o BR 212-213 E 6
Riosucio o CO 204-205 D 5
Rio Sucio o CO 204-205 D 4
Riosucio o CO 204-205 C 4
Rio Telha o BR 218-219 E 7
Rio Tercero, Embalse del < RA 222-223 G 2
Rio Tinto o BR 212-213 L 5
Rio Tocuyo o YV 204-205 G 2
Riotord o F (43) 242-243 E 1
Rio Trombetas, Reserva Biológica do ⊥ BR 206-207 F 6
Riou, Île de ⌒ F (13) 242-243 G 5
Riou, Point ▲ USA 164-165 U 7
Rioug < RIM 132-133 E 6
Riou-Kiou, Îles = Nansei-shotō ⌒ J 88-89 A 11
Riou Lake ⊖ CDN 174-175 Q 6
Rio Verde o BR 216-217 E 4
Rio Verde o MEX 194-195 K 7
Rio Verde o YV 204-205 H 3
Rio Verde de Mato Grosso o BR 214-215 K 6
Rio Verde Grande ~ BR 216-217 J 3
Rio Vermelho o BR 216-217 J 5
Rio Villegas o RA 222-223 D 6
Rioz o F (70) 238-239 J 2
Riozinho ~ BR 210-211 D 6
Riozinho ~ BR 212-213 F 6
Riozinho, Rio ~ BR 210-211 D 4
Riozinho, Rio ~ BR 212-213 B 5
Riozinho do Anfrísio ~ BR 210-211 K 5
Riozinho ou Rio Verde, Rio ~ BR 216-217 E 2
Ripky o UA 38-39 G 2
Ripley o USA (KY) 190-191 G 6
Ripley o USA (MS) 192-193 D 2
Ripley o USA (WV) 190-191 H 6
Ripoll o• E 34-35 J 3
Riquewihr o•• F (68) 234-235 L 5
Rīšā', Wādī ar- ~ KSA 66-67 H 5
Rīsālpur o PK 74-75 D 2
Risasa o ZRE 146-147 K 4
Riscle o F (32) 240-241 D 3
Rishikesh o IND 74-75 G 4
Rishiri o J 88-89 J 2
Rishirifuji o J 88-89 J 2
Rishiri-Rebun National Park ⊥ J 88-89 J 2
Rishiri-suidō ≈ 88-89 J 2
Rishiri-tō ⌒ J 88-89 J 2
Rishon le Ẕiyyon ☆ IL 66-67 D 2
Rising Star o USA 188-189 H 3
Rising Sun o USA 190-191 F 6
Riske Creek o CDN 176-177 J 6
Risle ~ F (27) 228-229 F 5
Risle ~ F (27) 232-233 D 2
Risør ☆• N 22-23 D 7
Risoux, Mont ▲ F 238-239 J 3
Risøyhamn o N 22-23 G 2
Rissa o N 22-23 E 5
Rissani o MA 124-125 J 5
Risset o F (38) 242-243 H 1
Rištan o US 72-73 M 4
Risti o EST 30-31 J 2
Ritchie o ZA 156-157 G 4
Ritch Island ⌒ CDN 174-175 K 2
Rithi o IND 78-79 B 4
Rito o ANG 152-153 E 8
Ritter, Mount ▲ USA 184-185 E 7
Ritzville o USA 184-185 E 2
Riv ~ UA 38-39 F 3
Rivadavia o RA (BUA) 222-223 J 3
Rivadavia o RA (MEN) 222-223 E 2
Rivadavia o RA (SAJ) 220-221 C 6
Rivadavia o RA (SAL) 220-221 F 3
Rivadavia o RCH 220-221 B 5
Riva del Garda o I 36-37 C 2
Rivalensundet ≈ 20-21 P 3
Rivaš o IR 72-73 F 7

Rivas ☆ NIC 196-197 B 6
Rive-de-Gier o F (42) 238-239 F 5
Rivedoux-Plage o F (17) 236-237 C 3
Rivera o EC 208-209 C 3
Rivera o RA 222-223 H 4
Rivera ☆ ROU 220-221 K 6
Riverboat Cruise • AUS 116-117 H 4
River Cess o LB 138-139 F 7
Riverdale o USA 186-187 G 2
Rivèrenert o F (09) 240-241 G 5
Riverhead o USA 190-191 M 5
Riverie o F (69) 238-239 F 5
Riverina ∪ AUS 116-117 H 3
Rivero, Isla ⌒ RCH 224 C 2
River of No Return Wilderness ⊥ USA 184-185 G 3
Rivers o CDN 178-179 F 5
Rivers ◘ WAN 140-141 G 6
Riversdal = Riversdale o ZA 156-157 E 7
Riversdale o BH 196-197 K 3
Riversdale o CDN 182-183 D 6
Riversdale = Riversdal o ZA 156-157 E 7
Riversdale Beach o NZ 118 F 4
Riverside o AUS 114-115 K 1
Riverside o USA (CA) 184-185 F 9
Riverside o USA (IA) 190-191 C 5
Riverside o USA (WY) 186-187 D 5
Rivers Inlet ≈ 176-177 G 6
Riversleigh o AUS 110-111 E 6
Riverton o CDN 178-179 H 5
Riverton o NZ 118 B 7
Riverton o USA 186-187 C 4
Rivesaltes o F (66) 240-241 K 5
Rives-sur-Fure o F (38) 242-243 G 1
Rivier, le o F (38) 242-243 J 1
Riviera o USA 188-189 J 6
Rivière, George ∼ CDN 180-181 Q 5
Rivière, La o F (974) 246 II a 2
Rivière-aux-Saumons o CDN 182-183 N 4
Rivière Bleue o CDN 182-183 K 5
Rivière-de-Galets, La o F (974) 246 II a 1
Rivière-des-Pluies o F (974) 246 II b 1
Rivière d'Etel ⊂ F (56) 230-231 E 4
Rivière-du-Mât, la o F (974) 246 II b 1
Rivière du Mât, Pointe de la ▲ F (974) 246 II b 1
Rivière-du-Mât-les-Bas o F (974) 246 II b 1
Rivière-Pilote o F (972) 245 V a 3
Rivière Saint-François ∼ CDN 182-183 H 5
Rivière-Salée o F (972) 245 V b 2
Riviersonderend o ZA 156-157 D 7
Rivne o UA 38-39 E 2
Rivoli o I 36-37 A 2
Rivungo o ANG 154-155 B 3
Riwat o PK 74-75 D 3
Riwoqê o VRC 80-81 L 5
Rixheim o F (68) 238-239 L 1
Riyāḍ, ar- ◘ KSA 66-67 J 6
Riyāḍ, ar- ★•• KSA 66-67 K 5
Riyāḍ al-Ḫabra o KSA 66-67 H 4
Riyadh = ar-Riyāḍ ★•• KSA 66-67 K 5
Riyadh = Riyāḍ, ar- ★•• KSA 66-67 K 5
Rize ☆ TR 64-65 J 2
Rizhao o VRC 90-91 L 4
Rizokarpaso o TR 64-65 F 5
Rizzanese ∼ F (2A) 244 D 5
Rizzuto, Capo ▲ I 36-37 F 5
Rjabovskij o RUS 38-39 M 2
Rjazan' ☆• RUS 30-31 Q 4
Rjažsk ☆• RUS 30-31 R 5
Rjukan ☆ N 22-23 D 7
Rkîz o RIM 132-133 C 6
Rkîz, Lac ⊝ RIM 132-133 C 6
Roadhouse o AUS 110-111 B 5
Road River ∼ CDN 164-165 X 3
Road Town ☆•• GB 200 C 2
Roan Cliffs ▲ USA 186-187 C 6
Roannais ⊥ F (42) 238-239 E 4
Roanne o F (42) 238-239 E 4
Roanne, Canal de ⊂ F (03) 238-239 D 4
Roanoke o USA (AL) 192-193 F 3
Roanoke o USA (VA) 190-191 J 7
Roanoke Island ⌒ USA 192-193 L 2
Roanoke Rapids o USA 192-193 K 1
Roanoke River ∼ USA 190-191 J 7
Roatán ☆ HN 196-197 L 3
Roatán, Isla de ⌒ HN 196-197 L 3
Robalo, Cachoeira do ∼ BR 214-215 K 6
Roban o MAL 98-99 J 4
Robanda o EAT 148-149 E 5
Robāṭak o AFG 72-73 L 6
Robāṭ-e Ġa'li o AFG 70-71 J 4
Robāṭ-e Ḫān o IR 70-71 G 2
Robāṭe Ḥośāb o IR 70-71 G 2
Robāṭ-e Ḥośk o AFG 70-71 K 2
Robāṭ-e-Mīrzā, Kōtal-e ▲ AFG 70-71 K 1
Robāṭ-e Pošt Badām o IR 70-71 F 2
Robāṭ-e Sang o IR 72-73 F 7
Robāṭ-e Sangi-ye Pāin o AFG 70-71 K 1
Robāṭkarīm o IR 72-73 B 7
Robbeneiland ⌒ ZA 156-157 D 6
Robbies Pass ▲ NAM 152-153 B 9
Robbins Island ⌒ AUS 116-117 H 6
Robe o AUS 116-117 E 4
Robē o ETH (Ars) 144-145 D 5
Robē o ETH (Bal) 144-145 E 5
Robe, Mount ▲ AUS 114-115 F 6
Robe River ∼ AUS 108-109 B 6
Robert, Havre du ≈ 245 V b 2
Robert, Le o F (972) 245 V b 2
Roberta o USA 192-193 F 3
Robert's Arm o CDN 182-183 R 4
Roberts Creek Montain ▲ USA 184-185 F 6
Robertsganj o IND 78-79 C 3
Robert S. Kerr Lake ⊝ USA 188-189 K 2
Robertson o ZA 156-157 D 6
Robertson, Kap ▲ GRØ 170-171 O 5
Robertson, Lake ⊂ ZW 154-155 F 3
Robertson Bay ≈ 16 F 18
Robertson Bay ≈ 180-181 K 7
Robertson Fjord ≈ 170-171 P 5
Robertson Range ▲ AUS 108-109 E 7
Robertson River ∼ CDN 168-169 e 5
Robertsons Øy ⌒ ARK 16 G 31
Roberts Port ☆ LB 138-139 E 6
Roberval o CDN 182-183 H 4
Robi o ETH 144-145 D 4
Robin Falls • AUS 108-109 K 2
Robins Camp o ZW 154-155 C 4
Robinson, Mount ▲ AUS 108-109 D 7
Robinson Island ⌒ ARK 16 G 30
Robinson Pass ▲ ZA 156-157 F 6
Robinson Range ▲ AUS 112-113 E 2
Robinson River o AUS 110-111 D 5
Robinson River ∼ AUS 110-111 D 5
Robinson River o PNG 119 E 6
Robinson Sound ≈ 180-181 R 3
Robinsons River ∼ CDN 182-183 P 4
Robinvale o AUS 116-117 G 3
Robla, La o E 34-35 E 3
Roble Alto, Cerro ▲ RCH 222-223 D 2
Roblin o CDN 178-179 F 5
Robooksibia o RI 102-103 H 2
Rob Roy Island ⌒ SOL 120 I c 2
Robsart o CDN 176-177 Q 7
Robson, Mount ▲ CDN 176-177 L 5
Robstown o USA 188-189 J 6
Roby o USA 188-189 L 1
Roc, Pointe du ▲ F (50) 230-231 H 2
Roca, Cabo da ▲• P 34-35 C 5
Roca, Península ∪ RCH 224 D 5
Roça de Bruno o BR 212-213 E 2
Roca de la Sierra, La o E 34-35 D 5
Rocafuerte o EC 208-209 B 2
Rocamadour o F (46) 236-237 J 6
Rocamadour, Château de • F (46) 236-237 J 6
Rocan • F 234-235 F 2
Rocanville o CDN 178-179 F 5
Roca Partida, Isla ⌒ MEX 194-195 B 7
Roca Redonda ⌒ EC 208-209 B 9
Rocas, Atol das ⌒ BR 212-213 L 1
Rocas Alijos ⌒ MEX 194-195 B 5
Roça Tapirapé o BR 212-213 C 6
Rocha ☆ ROU 222-223 M 3
Rocha, Laguna de ⊝ ROU 222-223 M 3
Rocharnbeau • F (41) 232-233 D 4
Richard, Mont ▲ F (53) 230-231 L 3
Roche o F (42) 238-239 D 5
Roche • F (71) 238-239 F 4
Roche, La o F (988) 247 I f 3
Roche, la • F (42) 238-239 E 5
Roche-aux-Fée, la • F (35) 230-231 J 4
Rochebeaucourt-et-Argentine, La o F (24) 236-237 F 5
Roche-Bernard, La o F (56) 230-231 G 4
Rocheblave, Château • F (48) 242-243 D 3
Rochebrune • F (16) 236-237 G 4
Roche Cabrit o F (973) 245 I b 2
Roche-Canillac, La o F (19) 236-237 J 5
Roche-Chalais, la o F (24) 236-237 F 5
Rochechouart o F (87) 236-237 G 4
Roche-Derrien, Le o F (22) 230-231 E 2
Roche-des-Arnauds, La o F (05) 242-243 H 2
Rochedo o BR 214-215 K 6
Roche-en-Brenil, La o F (21) 238-239 E 2
Rochefort o F (17) 236-237 D 4
Rochefort, Grotte de • F (53) 230-231 L 4
Rochefort-en-Terre o F (56) 230-231 G 4
Rochefort-Montagne o F (63) 236-237 L 4
Rochefort-sur-Loire o F (49) 230-231 K 5
Rochefort-sur-Nenon o F (39) 238-239 H 2
Rochefoucauld, La o F (16) 236-237 F 4
Roche Godon, La o F (984) 246 VII
Roche-Guyon, La o F (95) 228-229 H 5
Roche-Jagu, Château de la • F (22) 230-231 E 2
Rochejean o F (25) 238-239 J 3
Roche-l'Abeille, L' o F (87) 236-237 H 4
Roche la Bœuf ⌒ F (971) 245 III b 2
Rochelambert, la • F (43) 242-243 D 1
Rochelle o USA (IL) 190-191 D 5
Rochelle o USA (TX) 188-189 H 4
Rochelle, la o CDN 178-179 H 6
Rochelle, La ☆• F (17) 236-237 C 3
Rochemaure o F (07) 242-243 F 2
Roche-Maurice, La o F (29) 230-231 C 3
Roche-Pichemer,la • F (53) 230-231 K 3
Roche-Posay, la o F (86) 236-237 G 2
Rocher, le • F (53) 230-231 L 3
Rocher du Diamant ⌒ F (972) 245 V a 3
Roche River, La ∼ CDN 174-175 O 5
Rocher River o CDN 174-175 N 5
Rochers d'Angennes • F (78) 232-233 F 2
Rochers Sevigné, Château des • F (35) 230-231 J 3
Roche-Saint-Secret-Béconne o F (26) 242-243 G 3
Rocheservière o F (85) 236-237 B 2
Roches Gravées, Parc Archéologique des ∴ F (971) 245 IV a 3
Rochesson o F (88) 234-235 K 5
Rochester o USA (IN) 190-191 E 5
Rochester o USA (MI) 190-191 G 4
Rochester o USA (NH) 190-191 N 4
Rochester o USA (NY) 190-191 K 4
Rochester o USA (MN) 186-187 L 3
Roche-sur-Foron, La o F (74) 238-239 J 4
Roche-sur-Yon, La o• F (85) 236-237 C 2
Rochette, la o F (73) 242-243 J 1
Rocheuse, Baie ≈ 246 III a 2
Rock, The o AUS 116-117 J 3
Rockall, Banc = Rockall Plateau ≃ 14-15 G 3
Rockall, Fosse = Rockall Trough ≃ 14-15 H 3
Rockall Plateau = Rockall, Banc ≃ 14-15 G 3
Rockall Trough = Rockall, Fosse ≃ 14-15 H 3
Rock Creek o CDN 176-177 L 7
Rockdale o USA 188-189 J 4
Rockefeller National Wildlife Refuge ⊥ USA 188-189 L 5
Rockefeller Plateau ▲ ARK 16 F 24
Rock Engravings Music Stones • NAM 156-157 C 3
Rock Falls o USA 190-191 D 5
Rockford o USA (AL) 192-193 E 3
Rockford o USA (IL) 190-191 D 4
Rockglen o CDN 178-179 D 6
Rockhampton o• AUS 114-115 L 2
Rockhampton Downs o AUS 110-111 C 6
Rock Hill o USA 192-193 H 2
Rockhouse Island ⌒ CDN 174-175 Y 4
Rockingham o USA 192-193 J 2
Rockingham Bay ≈ 110-111 J 6
Rock Island o CDN 182-183 H 6
Rock Island o USA 190-191 C 5
Rocklake o USA 186-187 H 1
Rock Lake ⊝ USA 184-185 F 2
Rockland o CDN 182-183 G 6
Rockland o USA 190-191 O 3
Rocklands Reservoir ⊂ AUS 116-117 G 4
Rocklea o AUS 108-109 C 7
Rock of Cashel •• IRL 26-27 D 5
Rockport o USA (IN) 190-191 E 7
Rockport o USA (TX) 188-189 J 5
Rockport o USA (WA) 184-185 D 1
Rock Rapids o USA 186-187 J 4
Rock River ∼ CDN 164-165 X 3
Rock River ∼ CDN 174-175 F 5
Rock River o USA (WY) 186-187 E 5
Rock River ∼ USA 186-187 J 4
Rock Sound o• BS 198-199 G 2
Rocksprings o USA 188-189 G 4
Rock Springs o USA (AZ) 184-185 H 8
Rock Springs o USA (MT) 186-187 D 2
Rock Springs o USA (WY) 186-187 C 5
Rockstone o GUY 206-207 E 2
Rockton o AUS 116-117 K 4
Rockville o USA (IN) 190-191 E 6
Rockville o USA (MD) 190-191 K 6
Rockwell City o USA 186-187 K 4
Rockwood o USA 192-193 F 2
Rocky Boys Indian Reservation ⅄ USA 186-187 C 1
Rocky Ford o USA 186-187 F 6
Rocky Gully o AUS 112-113 D 7
Rocky Island Lake ⊝ CDN 182-183 C 5
Rocky Lake ⊝ CDN 178-179 F 3
Rocky Mount o USA (NC) 192-193 K 2
Rocky Mount o USA (VA) 190-191 J 7
Rocky Mountain House o CDN 176-177 N 5
Rocky Mountain House National Historic Park ∴• CDN 176-177 N 5
Rocky Mountain National Park ⊥ USA 186-187 E 5
Rocky Mountains ▲ 12 B 3
Rocky Mountains Forest Reserve ⊥ CDN 176-177 M 5
Rocky Point ▲ NAM 152-153 B 9
Rocky Point ▲ USA 164-165 J 4
Rocky River ∼ CDN 176-177 M 5
Rocroi o F (08) 234-235 F 2
Roda, La o E 34-35 F 5
Roda Velha o BR 216-217 H 2
Rōdbār o AFG 70-71 K 3
Rødberg o N 22-23 D 6
Rødbyhavn o DK 22-23 E 9
Roddickton o CDN 182-183 Q 3
Rodds Bay ≈ 114-115 L 2
Røde Fjord ≈ 170-171 I 8
Rodel o GB 26-27 D 3
Rodelas o BR 212-213 J 6
Rodeo o USA 188-189 C 4
Rodeo Viejo o PA 196-197 D 7
Rodez ☆• F (12) 240-241 K 2
Rodgers Bank ≃ 216-217 M 4
Rodi, Tanjung ▲ RI 102-103 B 7
Rodino ☆ RUS 60-61 M 2
Rodnei, Munții ▲ RO 38-39 D 4
Rodney, Cape ▲ NZ 118 E 2
Rodniki o RUS 30-31 R 3
Rodnikovskoe o KA 60-61 H 3
Rododero-Playa, El • CO 204-205 D 2
Rodomouls, Col de ▲ F (34) 240-241 K 4
Rodope, Monts = Rodopi ▲ BG 38-39 C 7
Rodopi = Rodope, Monts ▲ BG 38-39 C 7
Ródos ☆•• GR 36-37 M 6
Ródos ⌒ GR 36-37 M 6
Rodovia Perimetral Norte II BR 206-207 F 5
Rodrigo Arenas Betancourt, Monumento • CO 204-205 E 5
Rodrigues ⌒ MS 8 E 6
Rodrigues ⌒ MS 160 F 6
Rodrigues Ridge ≃ 160 E 6
Rodríguez, Los o MEX 194-195 J 4
Rodžers, buhta ≈ 48-49 V 1
Roe, Lake ⊝ AUS 112-113 G 5
Roebourne o AUS 108-109 C 6
Roebuck Bay ≈ 108-109 F 5
Roebuck Roadhouse o AUS 108-109 F 4
Roedtan o ZA 156-157 J 2
Roe River ∼ AUS 108-109 G 3
Roermond o NL 28-29 J 3
Roeselare o B 28-29 G 3
Roes Welcome Sound ≈ 180-181 F 3
Rofia o WAN 140-141 F 3
Rogačeva ∼ RUS 44-45 E 6
Rogačevka o RUS 38-39 L 2
Rogačevo o RUS 30-31 P 3
Rogagua, Lago ⊝ BOL 214-215 D 3
Rogaguado, Lago ⊝ BOL 214-215 E 3
Rogasen = Rogoźno o PL 28-29 O 2
Rogatica o BIH 36-37 G 3
Rogberi o WAL 138-139 D 5
Rogeia Island ⌒ PNG 119 F 6
Rogers o USA 188-189 K 1
Rogers City o USA 190-191 G 3
Rogerson o USA 184-185 G 4
Rogers Pass o CDN 176-177 M 6
Rogersville o CDN 182-183 M 5
Roggeveen, Bassin = Roggeveen Basin ≃ 13 B 8
Roggeveen Basin = Roggeveen, Bassin ≃ 13 B 8
Roggeveldberge ▲ ZA 156-157 E 5
Rogliano o F (2B) 244 D 3
Rognac o F (13) 242-243 G 5
Rognan o N 22-23 G 3
Rognes o F (13) 242-243 G 4
Rognon ∼ F (52) 234-235 G 5
Rognonas o F (13) 242-243 F 4
Rogny-les-Sept-Écluses o F (89) 232-233 H 4
Rogo o WAN 140-141 G 3
Rogoaguado, Lago ⊝ BOL 214-215 E 3
Rogovaja, Bol'šaja ∼ RUS 44-45 J 8
Rogoźno o PL 28-29 O 2
Rogue River ∼ USA 184-185 B 4
Rogun o WAN 140-141 F 4
Roha o IND 74-75 D 10
Rohan o F (56) 230-231 F 3
Rohat o IND 74-75 D 7
Rohatyn ☆ UA 38-39 D 3
Rohault, Lac ⊝ CDN 182-183 G 4
Rohmojva, gora ▲ RUS 24-25 K 3
Rohrbach-lès-Bitche o F (57) 234-235 L 3
Rohri o PK 74-75 B 6
Rohri Canal ⊂ PK 74-75 B 6
Rohru o IND 74-75 F 4
Rohtak o IND 74-75 F 5
Rohtak, Rūdḫāne-ye ∼ IR 70-71 K 5
Rohtas Fort • PK 74-75 D 3
Rohuküla o EST 30-31 H 2
Roi, Fosse du = Kings Trough ≃ 14-15 G 4
Roi-Christian IX, Terre du = Kong Christian IX Land ⊥ GRØ 172-173 V 3
Roi-Christian X, Terre du = Kong Christian X Land ⊥ GRØ 170-171 k 7
Roi Et o THA 94-95 G 2
Roi-Frédéric IX, Terre du = Kong Frederik IX Land ⊥ GRØ 172-173 P 3
Roi-Frédéric VI, Côte du = Kong Frederik VI Kyst ⊥ GRØ 172-173 T 6
Roi-Frédéric VIII, Terre du = Kong Frederik VIII Land ⊥ GRØ 170-171 m 5
Roi-Guillaume, Île du = King William Island ⌒ CDN 168-169 X 6
Roisel o F (80) 228-229 L 4
Roizy o F (08) 234-235 E 3
Roja o•• LV 30-31 H 3
Roja, Punta ▲ RA 224 H 2
Rojas o RA 222-223 J 3
Rojhān o PK 74-75 B 5
Rojo, Cabo ▲ MEX 194-195 L 7
Rojo, Cabo ▲ USA 200 B 3
Rokan o RI 98-99 D 4
Rokan-Kanan ∼ RI 98-99 D 4
Rokan-Kiri ∼ RI 98-99 D 4
Rokeby o AUS 110-111 G 3
Rokeby-Croll Creek National Park ⊥ AUS 110-111 G 3
Rokiškis ☆•• LT 30-31 J 4
Rokkasho o J 88-89 J 4
Rokom o SUD 142-143 K 6
Rokskij, pereval ▲ RUS 62-63 F 6
Rolampont o F (52) 234-235 G 6
Roland o CDN 178-179 H 6
Roland, Pas de • F (64) 240-241 B 4
Rolândia o BR 216-217 E 7
Røldal o N 22-23 C 7
Roldán o RA 222-223 J 2
Rolim de Moura o BR (RON) 214-215 F 3
Rolim de Moura o BR (RON) 214-215 G 2
Roll o USA 188-189 H 2
Rolla ⌒ N 22-23 H 2
Rolla o USA (KS) 188-189 G 1
Rolla o USA (MO) 190-191 C 7
Rolla o USA (ND) 186-187 H 1
Rollapenta o IND 76-77 H 3
Rolleston o AUS 114-115 K 3
Rolleston o NZ 118 D 5
Rolleville o• BS 198-199 H 3
Rolling Fork o USA 188-189 M 3
Rolling Hills o CDN 176-177 P 6
Rolling River Indian Reserve ⅄ CDN 178-179 G 5
Rolvsøya ⌒ N 22-23 M 1
Rom o F (79) 236-237 F 3
Roma o AUS 114-115 K 4
Roma ★••• I 36-37 D 4
Roma o LS 156-157 H 4
Roma o S 22-23 J 8
Roma o USA 188-189 H 6
Roma, Pulau ⌒ RI 102-103 D 5
Romagné o F (35) 230-231 J 3
Romagne o F (86) 236-237 F 3
Romain, Cape ▲ USA 192-193 J 3
Romaine o CDN 182-183 O 3
Roman o BG 38-39 C 6
Roman o• RO 38-39 E 4
Romana, La ☆ DOM 198-199 L 5
Romanche, Zone de Fracture de la = Romanche Fracture Zone ≃ 14-15 G 9
Romanche Fracture Zone = Romanche, Zone de Fracture de la ≃ 14-15 G 9
Romanek, Lac ⊝ CDN 180-181 Q 6
Romang, Selat ≈ 102-103 D 5
România = Roumanie ■ RO 38-39 C 5
Romanina, Bol'šaja ∼ RUS 44-45 c 6
Roman-Koš, hora ▲ UA 38-39 J 5
Romano, Cape ▲ USA 192-193 H 7
Romano, Cayo ⌒ C 198-199 F 3
Romanovka o RUS 54-55 F 9
Romans-sur-Isère o F (26) 242-243 G 1
Romanzof, Cape ▲ USA 164-165 G 6
Romanzof Mountains ▲ USA 164-165 S 2
Rombas o F (57) 234-235 J 3
Romblon ☆ RP 96-97 E 6
Romblon Island ⌒ RP 96-97 E 6
Romblon Strait ≈ 96-97 E 6
Rome o USA (GA) 192-193 F 2
Rome o USA (NY) 190-191 L 4
Rome = Roma ★••• I 36-37 D 4
Romenay o F (71) 238-239 G 4
Romero o USA 188-189 F 2
Romero, Isla ⌒ RCH 224 C 2
Romer Sø o GRØ 170-171 q 3
Romillé o F (35) 230-231 H 3
Romilly-sur-Seine o F (10) 232-233 K 2
Romita o MEX 196-197 D 1
Rommani o MA 124-125 H 4
Romney o USA (IN) 190-191 E 5
Romney o USA (WV) 190-191 J 6
Romny o RUS 58-59 C 3
Romny o UA 38-39 H 2
Rømø ⌒ DK 22-23 D 9
Romodan o UA 38-39 H 2
Romorantin-Lanthenay o F (41) 232-233 F 5
Rompía o YV 204-205 H 4
Rompin ∼ MAL 98-99 E 3
Romsdalen ∪ N 22-23 C 5
Ronan o USA 184-185 G 2
Ronarch, Presqu'île ∪ F (984) 246 III d 4
Roncador o BR 218-219 D 5
Roncador, Serra do ▲ BR 216-217 E 2
Roncador Reef ⌒ SOL 120 I d 2
Ronce, Pointe de ▲ F 242-243 K 1
Ronce-les-Bains o F (17) 236-237 C 4
Roncesvalles o• E 34-35 G 3
Ronchamp o F (70) 238-239 K 1
Ronciare Falls, La ∼ CDN 168-169 L 6
Ronda o E 34-35 E 6
Ronda, Serranía de ▲ E 34-35 E 6
Rønde o DK 22-23 E 8
Ronde, Île ⌒ F (984) 246 III a 4
Ronde, Rivière la ∼ CDN 182-183 L 2
Ronde Island ⌒ WG 200 E 5
Rondon o BR 216-217 D 7
Rondon, Pico ▲ BR 210-211 F 2
Rondon Dopara o BR 212-213 D 4
Rondônia ◘ BR 214-215 F 2
Rondonópolis o BR 214-215 K 5
Rond-Point de Gaulle ▲ TCH 134-135 H 3
Rondslottet ▲ N 22-23 D 6
Rondu o IND 74-75 E 2
Rong'an o VRC 92-93 F 4
Rongbuk o VRC 80-81 F 6
Rongchang o VRC 92-93 D 2
Rongcheng o VRC 90-91 N 3
Ronge, La o CDN 178-179 D 3
Ronge, Lac la ⊝ CDN 178-179 D 3
Rongjiang o VRC 92-93 F 4
Rongkong ∼ RI 100-101 G 5
Rong Kwang o THA 78-79 M 6
Rongo o EAK 148-149 E 4
Rongshui o VRC 92-93 F 4
Rõngu o EST 30-31 K 2
Rongxar o VRC 80-81 F 6
Rong Xian o VRC (GXI) 92-93 G 5
Rong Xian o VRC (SIC) 92-93 D 2
Rønne o DK 22-23 G 9
Ronne Bay ≈ 16 F 29
Ronneby ☆ S 22-23 G 8
Rönnöfors o S 22-23 F 5
Ron Phibun o THA 94-95 E 6
Ronsard, Cape ▲ AUS 112-113 B 2
Ronui, Mont ▲ F (987) 247 V b 2
Ronuro, Rio ∼ BR 214-215 K 3
Roodepoort o ZA 156-157 H 3
Roof Butte ▲ USA 188-189 C 1
Rooiberge ▲ ZA 156-157 J 4
Rooibokkraal o ZA 156-157 H 2
Rooikloof ▲ ZA 156-157 E 6
Rooikop o NAM 152-153 C 11
Rooikraal o ZA 156-157 J 2
Rooirand ▲ NAM 156-157 C 2
Rookerie, Pointe de la ▲ F (984) 246 VII
Room, Pulau ⌒ RI 102-103 H 3
Rooney Point ▲ AUS 114-115 M 3
Roosevelt o USA 188-189 H 2
Roosevelt, Área Indígena ⅄ BR 214-215 G 2
Roosevelt, Mount ▲ CDN 174-175 G 6
Roosevelt, Rio ∼ BR 210-211 G 7
Roosevelt Campobello International Park ⊥ CDN 182-183 L 6
Roosevelt Fjelde ▲ GRØ 170-171 g 2
Roosevelt Island ⌒ ARK 16 F 21
Roossenekal o ZA 156-157 J 2
Roosville o CDN 176-177 N 7
Rootok Island ⌒ USA 166-167 O 5
Root River ∼ CDN 174-175 G 4
Root River ∼ USA 190-191 C 4
Roper Bar o AUS 110-111 C 4
Roper River ∼ AUS 110-111 C 4
Roper Valley o AUS 110-111 C 4
Roquebillière o F (06) 242-243 L 3
Roquebrun o F (34) 240-241 L 4
Roquebrune-sur-Argens o F (83) 242-243 K 5
Roquebrussanne, La o F (83) 242-243 H 5
Roque-d'Anthéron, La o F (13) 242-243 G 4
Roque-de-Cor, Gouffre de • F (46) 236-237 J 6
Roquefort o F (40) 240-241 D 2
Roquefort-sur-Soulzon o F (12) 240-241 K 3
Roqueredonde o F (34) 242-243 C 4
Roques, Islas los ⌒ YV 204-205 H 2
Roques, Los o YV 204-205 H 2
Roque-Sainte-Marguerite, La o F (12) 242-243 C 3
Roquesteron o F (06) 242-243 L 4
Roque-sur-Cèze, La o F (30) 242-243 F 3
Roquetaillade • F (33) 240-241 D 2
Roquevaire o F (13) 242-243 H 5
Roraima ◘ BR 206-207 D 5
Roraima, Mount ▲ GUY 206-207 D 3
Roraya ∼ RI 100-101 H 6
Rorey Lake ⊝ CDN 174-175 F 2
Rori o RI 102-103 J 2
Røros ☆••• N 22-23 E 5
Rørvik o N 22-23 E 4
Ros' ∼ UA 38-39 G 3
Rosa, La o YV 204-205 G 3
Rosa, Lake ⊝ BS 198-199 J 4
Rosa, Río Santa ∼ BOL 214-215 D 5
Rosal o BR 216-217 K 6
Rošal' o RUS 30-31 Q 4
Rosal, El o CO 204-205 D 5
Rosal de la Frontera o E 34-35 D 6
Rosalia o USA 184-185 F 2
Rosamaraga o MEX 194-195 G 6
Rosana o BR 216-217 D 7
Rosans o F (05) 242-243 G 3
Rosário o BR 212-213 F 3
Rosario o DOM 198-199 K 5
Rosario o MEX 194-195 E 4
Rosario o PE 214-215 B 4
Rosario o PY 220-221 J 3
Rosario o RA (BUA) 222-223 J 2
Rosario o RA (JU) 220-221 D 2
Rosario o• RA (COD) 222-223 J 2
Rosario o RCH 220-221 B 4
Rosario o RP (BTG) 96-97 D 6
Rosario o RP (LUN) 96-97 D 4
Rosario, Cayo del ⌒ C 198-199 E 4
Rosario, El o MEX (BCN) 194-195 B 2
Rosario, El o MEX (SIN) 194-195 G 6
Rosario, El o YV (BOL) 204-205 J 4
Rosario, El o YV (MON) 204-205 K 3
Rosario, Río ∼ RA 220-221 D 2
Rosario, Río ∼ RA 220-221 E 3
Rosario de la Frontera o• RA 220-221 E 3
Rosario de Lerma o RA 220-221 E 3
Rosario del Ingre o BOL 214-215 F 7
Rosario del Tala o RA 222-223 K 2
Rosário do Catete o BR 212-213 K 7
Rosário do Sul o BR 220-221 K 6
Rosário Oeste o BR 214-215 J 4
Rosarito o MEX (BCN) 194-195 B 3
Rosarito o MEX (BCS) 194-195 D 4
Rosarito o• MEX (BCN) 194-195 A 1
Rosas o CO 204-205 C 6
Rosas, Las o MEX 196-197 H 3
Rosas, Las o RA 222-223 J 2
Rosaspata o PE 214-215 C 4
Rosa Zárate o EC 208-209 C 1
Rosazia o F (2A) 244 C 4
Rosburg o USA 184-185 C 2
Roscanvel o F (29) 230-231 B 3
Roscoe River ∼ CDN 168-169 M 6
Roscoff o F (29) 230-231 D 2
Ros Comáin = Roscommon ☆ IRL 26-27 C 5
Roscommon o USA 190-191 F 3
Roscommon = Ros Comáin ☆ IRL 26-27 C 5
Ros Cré = Roscrea o IRL 26-27 D 5
Roscrea = Ros Cré o IRL 26-27 D 5
Rose, La o F (13) 242-243 G 5
Roseau o USA 186-187 K 1
Roseau ★ WD 200 E 4
Roseau River ∼ USA 186-187 J 1
Roseaux o RH 198-199 H 5
Rose Belle o MS 160 C 7
Rosebery o AUS 116-117 H 6
Roseblade Lake ⊝ CDN 174-175 V 5
Rose Blanche o CDN 182-183 P 5
Rose Bud o USA 188-189 L 2
Rosebud o USA (SD) 186-187 G 4
Rosebud o USA (TX) 188-189 J 4
Rosebud Creek ∼ USA 186-187 D 3
Rosebud Indian Reservation ⅄ USA 186-187 G 4
Rosebud River ∼ CDN 176-177 O 6
Roseburg o USA 184-185 C 4
Rose Creek ∼ CDN 176-177 N 5
Rosedale o AUS 114-115 J 2
Rose Harbour o CDN 176-177 E 5
Rose Hill o MS 160 C 7
Rose Island ⌒ BS 198-199 G 2
Rose Lake o CDN 176-177 G 4
Roselend ⊂ F 238-239 K 5
Rosemont • F 238-239 K 1
Rosemount o USA 186-187 L 3
Rosenberg o USA 188-189 K 5
Rosenberg = Ružomberok o SK 28-29 P 4
Rosenberg, Sulzbach- o D 28-29 L 4
Rosenburg o CDN 178-179 H 5
Rosendal ☆ N 22-23 C 7
Rosendal o ZA 156-157 H 4
Rosenheim o D 28-29 M 5
Rose Point ▲ CDN 176-177 E 4
Rose Prairie o CDN 176-177 K 3
Rose River ∼ AUS 110-111 C 3
Roses o USA 190-191 J 5
Rosetilla o MEX 194-195 G 3
Rosetown o CDN 178-179 C 5
Rosette = Rašīd o• ET 130-131 E 2
Rosette, la o F (971) 245 IV b 2
Rose Valley o CDN 178-179 E 4
Roseveltpiek ▲ SME 206-207 G 4
Rosewood o AUS 108-109 J 4
Rosheim o F (67) 234-235 L 4
Rosh Pinah o NAM 156-157 C 3
Rosi ∼ IND 74-75 G 5
Rosie Creek o AUS 110-111 C 4
Rosière, la o F (73) 238-239 K 5
Rosières o F (43) 242-243 D 1
Rosières • F 238-239 G 1
Rosières-en-Santerre o F (80) 228-229 K 4
Rosiers, Cap-des- o CDN 182-183 M 4
Rosiers, Les o F (49) 230-231 L 5
Rosignano Marittima o I 36-37 C 3
Rosignol o GUY 206-207 F 2
Rosillo, Cañada el ∼ RA 220-221 F 2
Roşiori de Vede o RO 38-39 D 5
Rosita, La o CO 204-205 F 5
Rosita, La o NIC 196-197 B 5
Roskilde o•• DK 22-23 F 9
Roslavl' o RUS 30-31 N 5
Rosmead o ZA 156-157 G 5
Ros Mhic Thriúin = New Ross o IRL 26-27 D 5
Rosnay o F (36) 236-237 H 2
Rosnay-l'Hôpital o F (10) 234-235 E 5
Rosny-sur-Seine o F (78) 232-233 F 2
Rosporden o F (29) 230-231 D 4
Ross, Cape ▲ RP 96-97 C 7
Ross, Mont ▲ F (984) 246 III b 4
Rossano o I 36-37 F 5
Ross Barnett Reservoir ⊂ USA 192-193 D 3
Ross Bay ≈ 168-169 d 7
Ross Bay Junction o CDN 182-183 L 2
Ross-Béthio o SN 132-133 B 6
Rossburn o CDN 178-179 F 5
Rosseau, Lake ⊝ CDN 182-183 E 6
Rossel, Cap ▲ F (988) 247 I d 2
Ross Ice Shelf ⊂ ARK 16 E 0
Rossignol, Lac ⊝ CDN 182-183 H 2
Rossignol, Lake ⊝ CDN 182-183 M 6
Rossija = Russie ■ RUS 50-51 H 4
Rossillon o F (01) 238-239 H 5
Rössing o NAM 152-153 C 11
Ross Inlet ≈ 168-169 c 7
Ross Island ⌒ ARK 16 F 17
Ross Island ⌒ ARK 16 G 31
Ross Island ⌒ CDN 178-179 H 3
Ross Lake ⊝ USA 184-185 D 1
Rossland o CDN 176-177 M 7
Rosslare = Ros Láir o IRL 26-27 D 5
Rosso ☆ RIM 132-133 C 6
Rossomaha ∼ RUS 50-51 T 5
Rossošino o RUS 54-55 G 8
Rossouw o ZA 156-157 H 5
Rossport o CDN 178-179 N 6
Ross River o AUS 114-115 C 2
Ross River o CDN (NWT) 164-165 Y 6
Ross River ∼ CDN 164-165 Z 5
Ross Sea ≈ 16 F 19
Rosston o USA 188-189 H 1
Rossu, Capu ▲ F (2A) 244 C 4
Røssvatnet ⊝ N 22-23 F 4
Rossville o AUS 110-111 H 4
Rossville Mission • CDN 178-179 H 4
Rosswood o CDN 176-177 F 4
Røst ⌒ N 22-23 F 3
Rostāq o AFG 72-73 L 6
Rostāq o IR 70-71 E 5
Rostassac o F (46) 240-241 G 1
Rosthern o CDN 178-179 C 4
Rostock o•• D 28-29 M 1
Rostov ☆•• RUS 30-31 Q 3
Rostov-na-Donu ☆ RUS 38-39 L 4
Rostov-sur-le-Don = Rostov-na-Donu ☆ RUS 38-39 L 4
Rostraver o USA 190-191 J 5
Rostrenen o F (22) 230-231 E 3
Rostudel o F (29) 230-231 B 3
Roswell o USA (GA) 192-193 F 2
Roswell o USA (NM) 188-189 E 3
Rote = Pulau Roti ⌒ RI 102-103 B 7
Rothbach o F (67) 234-235 M 4
Rothenburg ob der Tauber o•• D 28-29 L 4
Rotherham o GB 26-27 G 5
Rothesay o• GB 26-27 E 4
Rothsay o USA 186-187 J 2
Roti o RI 102-103 B 7
Roti, Pulau ⌒ RI 102-103 B 7
Roti, Selat ≈ 102-103 B 7
Rotifunk o WAL 138-139 D 5
Roto o AUS 116-117 H 2
Rotondo, Monte ▲ F (2B) 244 D 4
Rotorua o•• NZ 118 F 3
Rotterdam o• NL 28-29 H 3
Rottnest Island o• AUS (WA) 112-113 C 6
Rottnest Island ⌒ AUS (WA) 112-113 C 6
Rottweil o• D 28-29 K 4
Roualist Bank ≃ 94-95 H 6
Roubaix o F (59) 228-229 L 2
Roubion ∼ F (26) 242-243 F 2
Roudny = Rudnyj o KA 60-61 C 2
Roudouallec o F (56) 230-231 D 3
Rouen ☆• F (76) 228-229 G 5
Rouffach o F (68) 234-235 L 6
Rouffiac o F (17) 236-237 E 4
Rouffignac-Saint-Cernin-de-Reilhac o F (24) 236-237 G 5
Rougé o F (44) 230-231 J 4
Rouge, P.K. o RCB 146-147 E 5
Rouge de Bassiès ▲ F 240-241 G 5
Rougemont o F (25) 238-239 J 1
Rougemont-le-Château o F (90) 238-239 K 1
Rouget, Le o F (15) 236-237 K 6
Rough Rock o USA 188-189 C 1
Rougnat o F (23) 236-237 L 3
Rouhia o TN 126-127 G 3
Rouillac o F (16) 236-237 E 4
Rouillé o F (86) 236-237 F 3
Roujan o F (34) 242-243 C 4
Roulans o F (25) 238-239 J 2
Roumanie = România ■ RO 38-39 C 5
Roumsiki o• CAM 140-141 K 3
Roundeyed, Lac ⊝ CDN 182-183 J 2
Round Hill o CDN 176-177 O 5
Round Mountain ▲ AUS 114-115 M 6
Round Mountain o USA 184-185 F 6
Round Pond ⊝ CDN 182-183 R 4
Round Rock o USA (AZ) 188-189 C 1
Round Rock o USA (TX) 188-189 J 4
Round Spring o USA 190-191 C 7
Roundup o USA 186-187 C 2
Round Valley Indian Reservation ⅄ USA 184-185 C 6
Roupy o F (02) 228-229 L 4
Roura o F (973) 245 I c 2
Rouret, Le o F (06) 242-243 L 4
Rourkela = Raurkela o• IND 78-79 D 4
Rouses Point o USA 190-191 M 3
Roussel o F (971) 245 IV a 2
Rousset o F (13) 242-243 H 5
Rousset o F (26) 242-243 G 2
Rousset, Col de ▲ F (26) 242-243 G 2
Rousset-les-Vignes o F (26) 242-243 G 3
Roussettes, Col des ▲ F (988) 247 I c 3
Roussillon o F (38) 242-243 F 1
Roussillon o F (84) 242-243 G 4
Roussin, Cap ▲ F (988) 247 I e 3
Roussy-le-Village o F (57) 234-235 J 2
Route 66 II•• USA 188-189 H 2
Route Annidal • F (26) 242-243 G 2
Route de l'Amitié • F 234-235 M 4
Route des Crêtes • F 234-235 L 6
Route des Grandes Alpes • F (04) 242-243 K 4

Route des Princes d'Orange • F (26) 242-243 G 3
Route d'Hiver • F (05) 242-243 H 2
Route du Vin • F 234-235 L 4
Route Horlogète, La • F 238-239 K 2
Route Horlogète, La • F 238-239 J 2
Route Joffre • F 238-239 K 1
Route Napoléon • F (04) 242-243 J 3
Route Napoléon • F (04) 242-243 J 4
Route Verte • F 234-235 K 5
Route Verte • F 234-235 L 5
Route Verte • F (88) 234-235 J 5
Routot o F (27) 228-229 F 5
Rouville o F (76) 228-229 E 4
Rouville • F (45) 232-233 G 3
Rouvray o F (21) 238-239 E 2
Rouvre ~ F (61) 230-231 L 2
Rouvres-les-Bois o F (36) 232-233 E 5
Rouvres-sur-Aube o F (52) 234-235 F 6
Rouvroy-sur-Audry o F (08) 234-235 E 2
Roux, le o F (05) 242-243 K 2
Rouxdam, P.K. le < ZA 156-157 G 5
Rouxville o ZA 156-157 H 5
Rouy o F (58) 232-233 K 5
Rouyn-Noranda o CDN 182-183 E 4
Rovdino o RUS 24-25 R 6
Rove, Le o F (13) 242-243 G 5
Roven'ky o UA 38-39 L 3
Rover, Mount ▲ CDN 164-165 U 3
Rovereto o • I 36-37 C 2
Roversi o RA 220-221 G 4
Rovigo ☆ I 36-37 C 2
Rovinari o RO 38-39 C 5
Rovinj o • HR 36-37 D 2
Rovno = Rivne o UA 38-39 E 2
Rovnoe o RUS 32-33 E 8
Rovnyj, mys ▲ RUS 56-57 V 4
Rovnyj, ostrov ⌒ RUS 56-57 U 3
Rovon o F (38) 242-243 G 1
Rovubo ~ EAT 148-149 C 5
Rovuma ~ MOC 150-151 K 6
Rowala Kot o IND 74-75 D 3
Rowan, Port o CDN 182-183 D 7
Rowley o CDN 168-169 g 6
Rowley Island ⌒ CDN 168-169 h 6
Rowley Lake o CDN 174-175 R 5
Rowley River ~ CDN 168-169 j 5
Rowley Shelf ≃ 108-109 C 5
Rowley Shoals ⌒ AUS 108-109 D 4
Roxa, Ilha ⌒ GNB 138-139 C 4
Roxas o RP (ISA) 96-97 D 4
Roxas o RP (MIO) 96-97 D 6
Roxas o RP (PAL) 96-97 C 7
Roxas ☆ RP (CAP) 96-97 E 7
Roxboro o USA 192-193 J 1
Roxborough Downs o AUS 114-115 E 2
Roxby Downs o AUS 114-115 D 6
Roxo, Cap ▲ GNB 138-139 B 3
Roy o USA (MT) 186-187 C 2
Roy o USA (NM) 188-189 E 2
Roy o USA (UT) 184-185 H 5
Roy, Lac le o CDN 180-181 M 5
Roya ~ F (06) 242-243 M 4
Royal, Mount ▲ CDN 178-179 M 6
Royal Charlotte, Bank ≃ 216-217 L 4
Royal Chitawan National Park ⊥ ••• NEP 80-81 E 7
Royale, Passe ≈ 246 III d 3
Royal Geographical Society Islands ⌒ CDN 168-169 W 6
Royal Gorge ∴ USA 186-187 E 6
Royal Island ⌒ BS 198-199 G 2
Royal Natal National Park ⊥ ZA 156-157 J 4
Royal National Park ⊥ AUS 116-117 L 3
Royal Palace o • RI 104 D 7
Royal Society Range ▲ ARK 16 F 16
Royal Sound, Port ≈ 192-193 H 3
Royalton o USA 186-187 K 3
Royan o • F (17) 236-237 C 4
Royat o F (63) 236-237 M 4
Royaume-Uni = United Kingdom ■ GB 26-27 H 4
Royaumont, Abbaye de • F (95) 228-229 J 5
Roybon o F (38) 242-243 G 1
Roye o F (80) 228-229 K 4
Royère-de-Vassivière o F (23) 236-237 J 4
Roy Hill o AUS (WA) 108-109 D 7
Roy Hill ▲ AUS (WA) 108-109 D 7
Røyrvik o N 22-23 F 4
Royston o USA 192-193 G 2
Rožaje o • YU 36-37 H 3
Różan o PL 28-29 Q 2
Rozay-en-Brie o F (77) 232-233 H 2
Rozdoľne ☆ UA 38-39 H 5
Rozel, le o F (50) 228-229 A 5
Rozelieures o F (54) 234-235 J 5
Rozier, Le o F (12) 242-243 C 3
Rozières-en-Beauce o F (45) 232-233 F 4
Rozières-sur-Mouzon o F (88) 234-235 H 5
Rozivka o UA 38-39 K 4
Rožňava o SK 28-29 Q 4
Rozoy-sur-Serre o F (02) 234-235 E 2
Rozy Ljuksemburga, mys ▲ RUS 44-45 c 1
r-Raṭqa, Wādī ~ IRQ 64-65 J 6
Rtiščevo o RUS 30-31 S 5
Ruacana o NAM 152-153 C 8
Ruacaná, Quedas do ~ • ANG 152-153 C 8
Ruacana Falls ~ • NAM 152-153 C 8
Ruaha National Park ⊥ EAT 150-151 H 4
Ruahine Range ▲ NZ 118 F 3
Ru'ais o UAE 70-71 E 6
Ruangwa o EAT 150-151 K 6
Ruapehu, Mount ▲ NZ 118 E 3
Ruapuke Island ⌒ NZ 118 B 7
Ruarwe o MW 150-151 H 6
Ruatahuna o NZ 118 F 3
Ruatoria o NZ 118 G 2
Ruawai o NZ 118 E 2
Rubafu o EAT 148-149 C 4
Rubai'iya, ar- o KSA 66-67 J 4
Rub' al-Ḫālī, ar- ∸ KSA 68-69 D 4
Rubcovsk o RUS 60-61 M 3
Rubeho Mountains ▲ EAT 150-151 J 4
Rubens, Río ~ RCH 224 D 6
Ruberoy o F (14) 228-229 C 5
Ruberong ▲ IND 74-75 F 3
Rubeshibe o J 88-89 K 3
Rubi o ZRE 146-147 K 2
Rubi ~ ZRE 146-147 K 2
Rubiataba o BR 216-217 F 3
Rubicon River ~ USA 184-185 D 6
Rubikon, mys ▲ RUS 48-49 S 6
Rubim o BR 216-217 K 4
Rubinéia o BR 216-217 E 6
Rubio o YV 204-205 E 4
Rubondo Island ⌒ EAT 148-149 C 5
Rubondo National Park ⊥ EAT 148-149 C 5
Ruby o USA 164-165 N 4
Ruby Dome ▲ USA 184-185 G 5
Ruby Lake o USA 184-185 G 5
Ruby Mountains ▲ USA 184-185 G 5
Ruby Plains o AUS 108-109 H 5
Ruby Range ▲ CDN 164-165 V 6
Ruby River ~ USA 184-185 H 3
Rubyvale o AUS 114-115 J 2
Rucachoroi, Cerro ▲ RA 222-223 D 5
Rucava o LV 30-31 G 3
Ruch o F (33) 236-237 E 6
Ruči o RUS 24-25 Q 3
Rucio, El o MEX 194-195 H 6
Rüd o IR 70-71 J 1
Rudal o AUS 116-117 D 2
Rudall River National Park ⊥ AUS 108-109 E 7
Rūdbar o • IR 64-65 N 4
Ruddera, buhta ≈ 48-49 W 4
Rūd-e Čalūs ~ IR 72-73 B 6
Rūd-e Helle ~ IR 70-71 D 4
Rūdehen o IR 72-73 B 7
Rūd-e Mārūn ~ IR 70-71 C 3
Rūd-e Šindand ~ AFG 70-71 K 2
Rudewa o EAT 150-151 H 6
Rūdḫāne-ye 'Aliābād ~ IR 70-71 J 3
Rūdḫāne-ye Ĝarrāhi ~ IR 70-71 C 3
Rūdḫāne-ye Nekā ~ IR 72-73 C 6
Rudkøbing o • DK 22-23 E 9
Rudnik ▲ • YU 36-37 H 2
Rudnja ☆ RUS 30-31 M 4
Rudnyj o KA 60-61 C 2
Rud Ø ⌒ GRØ 172-173 T 5
Rudolfa o RUS 20-21 e 2
Rudolfa, ostrov ⌒ RUS 20-21 f 2
Rudong o VRC 90-91 M 5
Rūdsar o IR 72-73 B 6
Rudyard o USA 184-185 J 1
Rue o F (80) 228-229 H 3
Ruelle-sur-Touvre o F (16) 236-237 F 4
Ruente Nacional o CO 204-205 E 5
Ruenya ~ ZW 154-155 G 3
Rufā'ah o SUD 136-137 F 5
Ruffec o F (16) 236-237 F 3
Ruffec o F (36) 236-237 H 2
Ruffiac o F (56) 230-231 G 4
Ruffieu o F (01) 238-239 H 5
Ruffieux o F (73) 238-239 H 5
Rufiji ~ EAT 150-151 J 5
Rufino o BR 206-207 F 6
Rufino o RA 222-223 H 3
Rufisque o SN 138-139 B 2
Rufrufua o RI 102-103 G 3
Rufunsa o Z 154-155 E 2
Rufunsa ~ Z 154-155 E 2
Rufus Lake o CDN 164-165 Z 2
Rugāji o LV 30-31 K 3
Rugao o VRC 90-91 M 5
Rugby o USA 186-187 G 1
Rügen ⌒ D 28-29 M 1
Rügenwalde = Darłowo o • PL 28-29 O 1
Rugged Island ⌒ USA 164-165 Q 7
Rugheiwa < SUD 136-137 E 4
Rugles o F (27) 232-233 D 2
Rugufu ~ EAT 148-149 C 6
Ruḥaimiya, ar- o IRQ 66-67 J 3
Ruḥayyah, Ĝabal ar- ▲ KSA 66-67 L 4
Ruhengeri o RWA 148-149 B 4
Ruhnu saar ⌒ • EST 30-31 H 3
Ruhudji ~ EAT 150-151 H 5
Ruhuhu ~ EAT 150-151 H 6
Rui'an o VRC 92-93 M 3
Rui Barbosa o BR 216-217 K 2
Ruichang o VRC 92-93 J 2
Ruicheng o VRC 90-91 G 4
Ruidosa o USA 188-189 E 4
Ruidoso o USA 188-189 E 3
Ruijin o VRC 92-93 J 4
Ruiki ~ ZRE 146-147 K 4
Ruili o VRC 78-79 K 3
Ruimte o NAM 156-157 B 1
Ruin Point ▲ CDN 180-181 H 3
Ruins ∴ AUS 112-113 L 5
Ruins of Sambor • K 94-95 H 4
Ruipa o EAT 150-151 J 5
Ruiru o EAK 148-149 F 4
Ruisseau, le o F (974) 246 II a 1
Ruitersbos o ZA 156-157 F 6
Rūjiena o • LV 30-31 J 3
Ruka o FIN 24-25 K 3
Rukanga o EAK 148-149 G 5
Rukarara ~ RWA 148-149 B 5
Ruki ~ ZRE 146-147 G 4
Rukua o RI 100-101 J 6
Rukubji o BHT 78-79 G 2
Rukutama ~ RUS 58-59 K 4
Rukwa ◘ EAT 150-151 F 4
Rukwa, Lake o EAT 150-151 F 4
Rulenge o EAT 148-149 C 5
Rully o F (60) 228-229 K 5
Ruma o WAN 134-135 C 6
Ruma o YU 36-37 G 2
Rumāh o KSA 66-67 K 5
Rumahbaru o RI 98-99 B 2
Rumahkai o RI 102-103 E 3
Rumah Kulit o MAL 100-101 D 2
Rumahtinggih o RI 102-103 L 5
Rumaila o IRQ 66-67 K 2
Ruma National Park ⊥ EAK 148-149 E 4
Rumbek o SUD 142-143 J 5
Rumberpon, Pulau ⌒ RI 102-103 H 2
Rum Cay = Mamana Island ⌒ BS 198-199 H 3
Rumigny o F (08) 234-235 E 2
Rumilly o F (74) 238-239 H 5
Rum Jungle o AUS 108-109 K 2
Rummāna o ET 130-131 F 2
Rumoi o BR 212-213 F 2
Rumoi o J 88-89 J 3
Rumonge o BU 148-149 B 5
Rumorosa, La o • MEX 194-195 A 1
Rumphi o MW 150-151 G 6
Rumpi Hills ▲ CAM 140-141 H 6
Rum River ~ USA 186-187 L 3
Rumuruti o EAK 148-149 F 3
Run, Pulau ⌒ RI 102-103 E 4
Runan o F (22) 230-231 E 2
Runan o VRC 90-91 J 5
Runaway, Cape ▲ NZ 118 F 2
Runaway Bay o JA 198-199 G 5
Runazi o EAT 148-149 C 5
Runde ~ ZW 154-155 F 5
Rundeng o RI 98-99 B 3
Rundu ☆ NAM 152-153 E 8
Runduma, Pulau ⌒ RI 100-101 J 6
Rungu o ZRE 148-149 A 2
Rungwa o EAT (RUK) 150-151 F 4
Rungwa o EAT (SIN) 150-151 G 4
Rungwa ~ EAT 150-151 G 4
Rungwa Game Reserve ⊥ EAT 150-151 G 4
Runmarö ⌒ S 22-23 J 7
Runnymede o AUS 110-111 G 7
Runton Range ▲ AUS 112-113 G 1
Ruokolahti o FIN 24-25 K 6
Ruoms o F (07) 242-243 E 3
Ruoqiang o VRC 82-83 J 6
Ruo Shui ~ VRC 84-85 D 7
Ruo Shui ~ VRC 90-91 B 2
Ruovesi o FIN 24-25 H 6
Rupanco, Lago o RCH 222-223 C 6
Rupanyup o AUS 116-117 G 4
Rupat, Pulau ⌒ RI 98-99 D 4
Rupat, Selat ≈ 98-99 D 4
Rupert o USA (ID) 184-185 H 4
Rupert o USA (WV) 190-191 H 7
Rupert, Baie de o CDN 182-183 E 3
Rupert, Fort o CDN 182-183 E 3
Rupert, Rivière ~ CDN 182-183 G 3
Rupert, Rivière de ~ CDN 182-183 E 3
Rupisi o ZW 154-155 G 5
Ruponda o EAT 150-151 K 6
Ruppert Coast ✓ ARK 16 F 22
Rurt-sur-Moselle o F (88) 234-235 K 6
Ruqai', ar- o KSA 66-67 K 3
Ruqayba o SUD 136-137 E 5
Rurópolis Presidente Médici o BR 210-211 K 5
Rurutu Island ⌒ F 9 M 5
Ruṣāfa, ar- o • SYR 64-65 H 5
Rušan o TJ 72-73 M 6
Rusanova, lednik ⊂ RUS 44-45 b 2
Rusanova, zaliv o RUS 44-45 J 4
Rusanovo o RUS 44-45 G 6
Rusape o ZW 154-155 G 4
Rusayris Dam < SUD 144-145 B 3
Ruse o BG 38-39 D 6
Rushan o VRC 90-91 M 3
Rush Center o USA 186-187 H 6
Rush Creek ~ USA 186-187 F 6
Rushford o USA 190-191 C 4
Rush Springs o USA 188-189 J 2
Rushville o USA (IL) 190-191 C 5
Rushville o USA (IN) 190-191 F 6
Rushworth o AUS 116-117 H 4
Rusizi ~ BU 148-149 B 5
Rus'ka o UA 38-39 D 4
Rus'ka, Rava- o UA 38-39 C 2
Ruskele o S 22-23 J 4
Rusnė o • LT 30-31 G 4
Rus Rus o HN 196-197 B 4
Russas o BR 212-213 K 4
Russel o CDN 178-179 F 5
Russell o USA 186-187 H 6
Russell, Cape ▲ CDN 168-169 N 3
Russell, Kap ▲ GRØ 170-171 Q 4
Russell, Mount ▲ AUS 112-113 L 1
Russell, Mount ▲ USA 164-165 P 5
Russell Lake o CDN 174-175 M 4
Russell Cave National Monument ∴ • USA 192-193 F 2
Russell Fiord ≈ 164-165 V 7
Russell Fiord Wilderness ⊥ USA 164-165 V 7
Russell Gletscher ⊂ GRØ 172-173 P 3
Russell Inlet ≈ 164-165 Z 2
Russell Island ⌒ CDN 168-169 W 4
Russell Islands ⌒ SOL 120 I d 3
Russell Lake o CDN 178-179 F 2
Russell Lake < USA 192-193 G 2
Russellville o USA (AL) 192-193 E 2
Russellville o USA (AR) 188-189 L 2
Russellville o USA (KY) 190-191 E 7
Russell Springs o USA 186-187 G 6
Russey, le o F (25) 238-239 K 2
Russian River ~ USA 184-185 C 6
Russie = Rossija ■ RUS 50-51 H 4
Russkaja Gavan, zaliv o RUS 44-45 K 3
Russkaja Lučajaha ~ RUS 44-45 T 8
Russkaja Rečka o RUS 54-55 K 5
Russkaja Tavra o RUS 32-33 K 5
Russkie gory ▲ RUS 48-49 P 4
Russkij, ostrov ⌒ RUS 44-45 b 3
Russkij Zavorot, poluostrov ✓ RUS 24-25 W 2
Rust, De o ZA 156-157 F 6
Rustāq, ar- o OM 68-69 K 2
Rustavi o GE 62-63 F 7
Rust de Winter o ZA 156-157 J 2
Rust de Winterdam < ZA 156-157 J 2
Rustefjelbma o N 22-23 O 1
Rustenburg o ZA 156-157 H 2
Rustfontein Dam < ZA 156-157 H 4
Rustic o USA 186-187 E 5
Ruston o USA 188-189 L 3
Rustrel o F (84) 242-243 G 4
Rusumo Falls ~ • EAT 148-149 C 5
Ruta o RI 100-101 K 4
Rutaimi, ar- o IRQ 64-65 J 5
Rutana o BU 148-149 C 5
Ruṭba, ar- o IRQ 64-65 J 6
Ruten ▲ N (OPP) 22-23 D 6
Ruten ▲ N (STR) 22-23 D 5
Ruteng o • RI 104 E 7
Rutenga o ZW 154-155 F 5
Rutherglen o AUS 116-117 J 4
Ruti o PNG 119 C 3
Rutland o USA 190-191 M 4
Rutland Island ⌒ IND 76-77 L 4
Rutland Plains o AUS 110-111 F 4
Rutledge Lake o CDN 174-175 O 5
Rutledge River ~ CDN 174-175 O 5
Rutog o VRC 80-81 B 4
Rutshuru o ZRE 148-149 B 4
Rutukira ~ EAT 150-151 H 6
Rutul o RUS 62-63 G 7
Ruvu ~ EAT 150-151 K 4
Ruvubu, Parc National de la ⊥ BU 148-149 C 5
Ruvuma ◘ EAT 150-151 H 6
Ruvuma ~ EAT 150-151 K 6
Ruwaida, ar- o KSA (RIY) 66-67 J 6
Ruwaida, ar- o KSA (RIY) 66-67 J 5
Ruwais, ar- o Q 70-71 D 5
Ruwaišid, Wādī r- ~ JOR 66-67 F 1
Ruwāq, Ĝabal ar- ▲ SYR 64-65 G 5
Ruwenzori ▲ ZRE 148-149 B 3
Ruwi o OM 68-69 L 2
Ruya ~ ZW 154-155 F 3
Ruyang o VRC 90-91 H 4
Rū-ye Dōāb o AFG 72-73 K 7
Ruyigi o BU 148-149 C 5
Ruynes-en-Margeride o F (15) 242-243 C 2
Ruyuan o VRC 92-93 H 4
Ruza ☆ RUS 30-31 P 4
Ruzaevka o RUS 32-33 D 6
Ružany o BY 30-31 J 5
Ruzhou o VRC 90-91 H 4
Ružomberok o SK 28-29 P 4
Rwamagana o RWA 148-149 C 4
Rwanda = Rwanda ■ RWA 148-149 B 5
Rwashamaire o EAU 148-149 C 4
Rweru, Lac o BU 148-149 C 5
Ryan, Mount ▲ AUS (NSW) 116-117 K 2
Ryan, Mount ▲ AUS (QLD) 110-111 G 4
Rybač'e = Ysyk-Köl o KS 82-83 C 4
Rybacij, aral ⌒ KA 62-63 J 5
Rybačij, poluostrov ✓ RUS 24-25 M 2
Ryberg Fjord ≈ 172-173 Z 2
Rybinsk ☆ RUS 30-31 Q 2
Rybinsk, Réservoir de = Rybinskoe vodohranilišče < RUS 30-31 Q 2
Rybinskoe vodohranilišče < RUS 30-31 Q 2
Rybnaja ~ RUS 44-45 h 3
Rybnaja ~ RUS 52-53 G 8
Rybnaja ~ RUS 52-53 E 5
Rybnaja Sloboda ☆ RUS 32-33 G 6
Rybnica = Rîbnița ☆ MD 38-39 F 4
Rybnik o • PL 28-29 P 3
Rybnoe o RUS 52-53 G 8
Rybnoe o RUS (RZN) 30-31 Q 4
Rybnovsk o RUS 58-59 J 2
Ryčkovo o RUS 32-33 M 4
Rycroft o CDN 176-177 L 4
Ryder Gletscher ⊂ GRØ 170-171 a 3
Ryder Øer ⌒ GRØ 170-171 V 6
Ryegate o USA 186-187 C 2
Rye Patch Reservoir < USA 184-185 E 5
Ryjanranot, ostrov ⌒ RUS 48-49 P 1
Rykerts o CDN 176-177 M 7
Ryki o PL 28-29 Q 3
Ryl'sk o RUS 38-39 J 2
Rylstone o AUS 116-117 K 2
Rynda ~ RUS 24-25 O 2
Ryn-kum ∸ KA 32-33 E 9
Ryohaku-sanchi ▲ J 88-89 G 6
Ryōhū-kaizan ≃ 88-89 L 5
Ryōtsu o J 88-89 H 5
Rypin o PL 28-29 P 2
Rys'ja o RUS 54-55 E 6
Rytkuči o RUS 48-49 Q 2
Ryukyu, Fosse des = Ryūkyū Trench ≃ 88-89 C 12
Ryūkyū-shotō ⌒ J 88-89 C 12
Ryūkyū Trench = Ryukyu, Fosse des ≃ 88-89 C 12
Rzeszów ☆ PL 28-29 R 3
Ržev ☆ RUS 30-31 O 3

S

Sa o PNG 119 C 3
Saa o CAM 140-141 J 6
Sa'a o SOL 120 I e 3
Sa'ādatābād o IR 70-71 E 3
Sa'adatābād o IR 70-71 F 4
Saale ~ D 28-29 L 3
Saales o F (67) 234-235 L 5
Saalfeld o • D 28-29 L 3
Saanich o CDN 176-177 J 7
Saarbrücken ☆ • D 28-29 J 4
Sääre o EST 30-31 H 3
Saaremaa ⌒ EST 30-31 G 2
Saarijärvi o FIN 24-25 H 5
Saariselkä o FIN 24-25 J 2
Saaristomeren kansallispuisto =Skärgårdshavets nationalpar ⊥ FIN 24-25 F 7
Saarland ◘ D 28-29 J 4
Saarloq o GRØ (VGR) 172-173 S 6
Saarloq o GRØ (VGR) 172-173 P 4
Saarlouis o D 28-29 J 4
Šaartuz o TJ 72-73 L 6
Saatly = Saatlı o AZ 64-65 N 3
Saattut o GRØ 170-171 Z 8
Saaz = Žatec o CZ 28-29 M 3
Saba ⌒ NA 200 D 3
Ša'ba, Wādī aš- ~ KSA 66-67 G 4
Sababa o BR 212-213 F 2
Sab 'Ābār o SYR 64-65 G 6
Sabac o • YU 36-37 G 2
Sabah ◘ MAL 96-97 B 10
Sabaiya o SUD 142-143 H 5
Sabak, Cape ▲ USA 166-167 C 6
Sabaki ~ EAK 148-149 G 5
Sabalān, Kūhhā-ye ▲ IR 64-65 M 3
Sabalana, Kepulauan ⌒ RI 104 D 6
Sabalana, Pulau ⌒ RI 104 D 6
Sabalgarh o IND 74-75 F 6
Sabalito o CR 196-197 C 7
Sabaloyaco = Puerto Tumaco o EC 208-209 F 3
Sabana o C 198-199 H 4
Sabana o SME 206-207 G 3
Sabana, Archipiélago de ⌒ C 198-199 E 3
Sabana, La o MEX 196-197 E 3
Sabana, La o YV 204-205 H 2
Sabana de Cardona o YV 204-205 H 4
Sabana de la Mar o DOM 198-199 L 5
Sabana de Mendoza o YV 204-205 F 3
Sabanagrande o HN 196-197 L 5
Sabana Grande de Palenque o DOM 198-199 K 5
Sabanalarga o CO (ANT) 204-205 D 4
Sabanalarga o CO (ATL) 204-205 D 2
Sabanalarga o CO (BOY) 204-205 E 5
Sabancuy o MEX 196-197 J 2
Sabaneta ☆ DOM 198-199 K 5
Sabaneta o YV 204-205 G 3
Sabang o RI 102-103 K 4
Sabangan o RP 96-97 D 4
Sabanilla o EC 208-209 C 3
Şabanözü ☆ TR 64-65 E 2
Sabara o • BR 216-217 J 5
Sabarat o F (09) 240-241 G 4
Sabarei o EAK 148-149 F 1
Sabari o GH 138-139 L 5
Sābarmati ~ IND 74-75 D 8
Sabaru, Pulau ⌒ RI 104 D 6
Sabatai o RI 100-101 L 2
Sabatino = Lago di Bracciano o I 36-37 D 3
Sabáudia o I 36-37 D 4
Sabaya o BOL 214-215 C 6
Şabāyā, Ğazirat aş- ⌒ KSA 68-69 B 4
Sabbāğ, Ğabal ▲ ET 130-131 G 3
Sabben Islands ⌒ PNG 119 D 2
Sabbioneta o I 36-37 C 2
Sabeila o NEP 80-81 F 7
Sabena Desert ∸ EAK 148-149 G 3
Saberania o RI 102-103 K 3
Sāberi, Hāmūn-e o AFG 70-71 J 3
Sabestar o IR 64-65 L 3
Sabettajaha ~ RUS 44-45 O 6
Sabeugukgung o RI 98-99 D 6
Ṣabḥa o KSA 66-67 J 6
Sabhā o LAR 128-129 F 4
Sabhā ☆ LAR (SAB) 128-129 F 4
Sabḫa, as- o SYR 64-65 H 5
Sabhat al-'Urūq al-Mu'tarida ∸ KSA 68-69 H 3
Sabḫat Maṭṭi ∸ UAE 68-69 G 2
Sabidana, Ğabal ▲ SUD 136-137 H 3
Sabié o MOC 156-157 L 2
Sabie o ZA 156-157 K 2
Sabie Lower o ZA 156-157 K 2
Sabierivier ~ ZA 156-157 K 2
Sabiles o • LV 30-31 H 3
Sabinal, Cayo ⌒ C 198-199 G 4
Sabiñánigo o E 34-35 G 3
Sabinas o MEX 194-195 J 4
Sabinas, Río ~ MEX 194-195 J 4
Sabinas Hidalgo o MEX 194-195 J 4
Sabine Bay ≈ 168-169 R 3
Sabine Lake o USA 188-189 L 5
Sabine Land ∸ N 20-21 L 3
Sabine National Wildlife Refuge ⊥ USA 188-189 L 5
Sabine Ø ⌒ GRØ 170-171 q 6
Sabine Pass o USA 188-189 L 5
Sabine Peninsula ⌒ CDN 168-169 R 2
Sabine River ~ USA 188-189 K 3
Sabini, Monti ▲ I 36-37 D 3
Sabino o BR 216-217 F 6
Sabinópolis o BR 216-217 J 5
Sabir, Ğabal ▲ Y 68-69 D 7
Sabirabad o AZ 64-65 N 2
Sabi Sand Game Reserve ⊥ ZA 156-157 K 2
Šabla o BG 38-39 F 6
Sablayan o RP 96-97 D 6
Sable, Cape ▲ CDN 182-183 M 7
Sable, Cape ▲ USA 192-193 H 7
Sable, Île de ⌒ F (988) 247 I a 1
Sable Blanc, Récif du ⌒ F (985) 246 I b 2
Sable Island ⌒ CDN 182-183 P 7
Sable Island Bank ≃ 182-183 O 6
Sables, Rivière aux ~ CDN 182-183 J 4
Sables, Vallée des ✓ F (984) 246 III a 4
Sables-d'Olonne, Les o F (85) 236-237 B 3
Sables-d'Or-les-Pins o F (22) 230-231 G 2
Sablé-sur-Sarthe o F (72) 230-231 L 4
Sablières o F (07) 242-243 E 2
Šabliš, ozero o RUS 32-33 M 5
Saboba o GH 138-139 L 5
Sabomi o WAN 140-141 F 5
Sabonagri o RN 140-141 E 2
Sabon Birni o RN 140-141 E 3
Sabon Birnin Gwari o WAN 140-141 G 3
Sabongari o CAM 140-141 J 5
Sabongida o WAN 140-141 F 5
Sabonkafi o RN 134-135 D 5
Sabór, Rio ~ P 34-35 D 4
Sabou o BF 138-139 J 3
Sabra o DZ 124-125 L 3
Sabra, Tanjung ▲ RI 102-103 G 3
Şabrātah ••• LAR 128-129 E 1
Sabratha = Şabrātah ••• LAR 128-129 E 1
Sabres o F (40) 240-241 C 2
Sabrina Land ∸ ARK 16 G 12
Šabrūm, aš- o IRQ 66-67 H 2
Sabt al-Ğarāh o KSA 68-69 B 4
Sabt al-'Ulyā o KSA 68-69 B 4
Sabtang Island ⌒ RP 96-97 D 2
Sabuda, Pulau ⌒ RI 102-103 F 3
Sabugal o P 34-35 D 4
Sabulubek o RI 98-99 C 5
Sabun ~ RUS 50-51 Q 4
Sabunči o AZ 64-65 N 3
Sabunten, Pulau ⌒ RI 104 B 6
Šabwa o • Y 68-69 E 6
Şabyā o KSA (GIZ) 68-69 C 5
Şabyā o KSA (MAK) 68-69 B 4
Sabyda ~ RUS 44-45 d 6
Sabyndy o KA 60-61 G 3
Sabzak, Kōtal-e ▲ AFG 70-71 K 1
Sabzak, Kotal-e ▲ AFG 72-73 K 7
Sabzevār o • IR 72-73 E 6
Sabzvārān o IR 70-71 G 4
Sacabaya o BOL 214-215 C 6
Sacaca o BOL 214-215 D 6
Sacacama o ANG 152-153 F 6
Sacado do Humaitá o BR 210-211 C 6
Sacajawea Peak ▲ USA 184-185 F 3
Sacambanda o ANG 152-153 F 8
Sacambunge o ANG 150-151 B 6
Sacanche o PE 208-209 D 5
Sac and Fox Indian Reservation ⅄ USA 186-187 L 4
Sacandica o ANG 152-153 C 2
Sacanta o RA 220-221 F 6
Sacapulas o • GCA 196-197 J 4
Sacco Uein o SP 148-149 J 3
Sacedón o E 34-35 F 4
Săcele o RO 38-39 D 5
Sachayo o RA 220-221 G 4
Saché o F (37) 232-233 D 5
Sachigo o CDN 178-179 K 4
Sachigo Lake o CDN 178-179 K 4
Sachigo River ~ CDN 178-179 L 3
Sachojere o BOL 214-215 E 4
Sachsen ◘ D 28-29 M 3
Sachsen-Anhalt ◘ D 28-29 L 3
Sachs Harbour o CDN 168-169 J 5
Šachtars'k o UA 38-39 L 3
Sachula o ANG 152-153 F 5
Šack o RUS 30-31 R 4
Sackville o CDN 182-183 M 6
Saco o USA 190-191 N 4
Sacol Island ⌒ RP 96-97 E 9
Sacquenay o F (21) 238-239 G 1
Sacramento o MEX 194-195 J 4
Sacramento ☆ • USA 184-185 D 6
Sacramento, Pampas de ∸ PE 208-209 E 5
Sacramento Mountains ▲ USA 188-189 E 3
Sacramento River ~ USA 184-185 D 6
Sacramento Valley ✓ USA 184-185 C 6
Sacree Indian Reserve ⅄ CDN 176-177 N 6
Sacre ou Timalacia, Rio ~ BR 214-215 H 4
Sacta, Río ~ BOL 214-215 E 5
Sacuriuina ou Ponte de Pedra, Rio ~ BR 214-215 J 3
Sacuunda o ANG 150-151 B 6
Sacy-le-Grand o F (60) 228-229 K 5
Sada o COM 158-159 D 4
Sada o F (985) 246 I b 2
Şa'da o ••• Y 68-69 C 5
Sada o ZA 156-157 H 6
Sa'dābād o IR 70-71 D 4
Sadam o OM 68-69 K 2
Sada-misaki ▲ J 88-89 E 8
Sadang ~ RI 100-101 F 5
Sadani o EAT 150-151 K 4
Şadāra, aş- o Y 68-69 F 6
Sadaseopet o IND 76-77 G 2
Sad-as-Sultāni o JOR 66-67 D 2
Sadau o RI 98-99 J 6
Sadawi, as- o KSA 66-67 K 3
Šaddādi o SYR 64-65 J 4
Sadd-e Eskandar (Qezel Alān) • IR 72-73 D 6
Saddleback Pass ▲ ZA 156-157 K 2
Saddle Lake Indian Reserve ⅄ CDN 176-177 P 4
Saddle Mount ▲ USA 184-185 H 4
Saddle Peak ▲ IND 76-77 L 3
Sa Đéc o VN 94-95 H 5
Šādegān o IR 70-71 C 3
Şādeqābād o IR 70-71 F 3
Şadh o OM 68-69 J 5
Sadi o ETH (Sid) 144-145 E 6
Sadi o ETH (Wel) 144-145 B 4
Sadillac o F (24) 236-237 F 6
Sadio o SN 138-139 C 2
Sadiola o RMM 138-139 E 3
Şādiqābād o PK 74-75 C 5
Sa'diyāt ⌒ UAE 70-71 F 6
Sado, Rio ~ P 34-35 C 5
Sado-shima ⌒ J 88-89 H 6
Sadova o • RO 38-39 C 6
Sadovoe o RUS 32-33 D 10
Sado Yahiko Quasi National Park ⊥ J 88-89 H 6
Sadramento o BR 216-217 G 5
Šadrinsk ☆ RUS 50-51 G 6
Sadus • KSA 66-67 K 5
Šadwān, Ğazirat ⌒ ET 130-131 F 4
Saebyol o DVR 86-87 H 6
Saelsøen o GRØ 170-171 p 5
Şafa, aş- o KSA 68-69 B 3
Safad ▲ ETH 136-137 H 6
Şafāğa ▲ KSA 66-67 F 4
Şafāğa, Ğazirat ⌒ ET 130-131 F 4
Şafāha o SUD 142-143 H 4
Safakulevo ☆ RUS 50-51 G 7
Şafallahiya, aš- o KSA 66-67 L 4
Safané o BF 138-139 J 3
Safapur o IND 74-75 E 2
Şafār o AFG 70-71 L 3
Säffle ☆ S 22-23 F 7
Safford o USA 188-189 C 3
Saffré o F (44) 230-231 H 4
Safi < TCH 134-135 H 5
Safi = Asfi ☆ MA 124-125 G 4
Safi = Asfi ☆ MA 124-125 G 4
Safia o PNG 119 E 5
Safīdār, Kūh-e ▲ IR 70-71 E 4
Safid Hers, Kūh-e ▲ AFG 72-73 M 6
Safid Kūh, Selsele-ye ▲ AFG 72-73 G 7
Safiet Iniguel, Hassi < DZ 126-127 D 5
Şafiḥ, aş- o SYR 64-65 J 4
Safira, as- o • SYR 64-65 G 4
Şafītā ☆ SYR 64-65 G 5
Safonovo o RUS (ARH) 24-25 T 4
Safonovo ☆ RUS (SML) 30-31 N 4
Safotu o WS 120 V a 1
Şafrā' o IRQ 64-65 J 5
Safranbolu ☆ • TR 64-65 E 2
Safsaf, Oued ~ DZ 126-127 E 5
Sag o SN 132-133 B 7
Saga ☆ J 88-89 D 8
Saga o RI 102-103 G 3
Saga o VRC 80-81 E 6
Sagabari o RMM 138-139 F 3
Sagai o PK 70-71 M 3
Sagaing ☆ MYA 78-79 J 5
Sagami-gawa ~ J 88-89 H 7
Sagami-wan ≈ 88-89 H 7
Sagamu o WAN 140-141 E 5
Šagan o KA 60-61 H 4
Šagan ~ KA 60-61 L 4
Šagan ~ KA 60-61 L 3
Šagan ~ KA 62-63 N 4
Sagan o VRC 80-81 B 2
Sagana o EAK 148-149 F 4
Saganak ~ US 72-73 K 4
Sağand o IR 70-71 F 2
Sagandža ~ RUS 46-47 Q 7
Sāgar o IND (KAR) 76-77 F 3
Sāgar o IND (MAP) 74-75 G 8
Sagara, Lake o EAT 148-149 C 6
Sagaredžo o GE 62-63 F 7
Sagarmatha = Mount Everest ▲ NEP 80-81 F 7
Sagarmatha National Park ⊥ ••• NEP 80-81 F 7
Sagaryč'e, ozero o RUS 46-47 a 4
Sagastyr o RUS 46-47 Q 3
Sagata o SN 138-139 B 2
Sagauli Bāzār o IND 78-79 D 2
Sagavanirktok River ~ USA 164-165 Q 2
Sagay o RP 96-97 E 7
Sağd, Ğazirat ⌒ KSA 68-69 B 5
Sage o USA 184-185 J 5
Sage Creek ~ CDN 176-177 P 7
Sageo o EC 208-209 C 3
Sageurin, Selat ≈ 102-103 F 2
Saggi ••• I 36-37 C 2
Sagida o GR 36-37 H 5
Saginaw o USA 190-191 G 4
Saginaw Bay o USA 190-191 G 4
Sağir o KSA 66-67 J 5
Sağir, Ra's ▲ OM 68-69 H 5
Sağir Bāzār, Tall o • SYR 64-65 J 4
Sagleipie o LB 138-139 F 6
Saglek, Banc = Saglek Bank ≃ 14-15 C 3
Saglek Bank = Saglek, Banc ≃ 14-15 C 3
Saglek Bay ≈ 180-181 S 5
Sagne o RIM 132-133 D 7
Sagnes, Col des ▲ F (04) 242-243 J 3
Sago, Pulau ⌒ RI 100-101 H 5
Šagonar ☆ RUS 52-53 F 10
Sagone o F (2A) 244 C 4
Sagone, Golfe de ≈ F (2A) 244 C 4
Sagra ▲ E 34-35 F 6
Sagres o P 34-35 C 6
Sag Sag o PNG 119 E 3
Sagu o MYA 78-79 J 5
Sagu o RI 102-103 B 6
Sagua-Baracoa, Grupo ▲ C 198-199 H 4
Saguache o USA 186-187 D 6
Saguache Creek ~ USA 188-189 D 1
Sagua de Tánamo o C 198-199 H 4
Sagua la Grande o C 198-199 E 3
Sagua la Grande ~ C 198-199 E 3
Sagua National Monument • USA 184-185 J 9
Saguaro National Monument ∴ USA 188-189 B 3
Saguay, Lac- o CDN 182-183 G 5
Saguenay, Rivière ~ CDN 182-183 J 4
Saguia el Hamra ~ MA 124-125 F 7
Sagunt o E 34-35 G 5
Sagunto = Sagunt o E 34-35 G 5
Sagure o ETH 144-145 D 5
Sagya o • VRC 80-81 G 6
Sagyz o KA (ZPK) 32-33 J 9
Sagyz ~ KA 32-33 H 9
Sagyz ~ KA 62-63 M 3
Sah o RMM 138-139 H 2
Sāh o UAE 68-69 H 2
Šāh, Kūh-e ▲ IR 70-71 H 3
Saha, République de = Iakoutie = Respublika Saha ◘ RUS 54-55 G 4
Sahaba o SUD 136-137 E 3
Sāhābād o IND 74-75 G 5
Sahagun o CO 204-205 D 3
Sahagún o E 34-35 E 3
Sahalin, ostrov = Sakhaline ⌒ RUS 58-59 K 3
Sahalinsk, Juženo- ☆ RUS 58-59 K 5
Sahalinskij zaliv ≈ 58-59 J 2
Sahami, Ğabal as- ▲ KSA 66-67 L 4
Sahana, Ambodítetezana- o RM 158-159 G 5
Sahand, Kūh-e ▲ IR 64-65 M 4
Sahanina, guba o RUS 44-45 F 6
Sahanina, mys ▲ RUS 44-45 F 6
Sahara ~ RUS 56-57 G 3
Šahāra o • Y 68-69 C 5
Sahara = Sahara ∸ 5 C 3
Saharanpur o IND 74-75 F 5
Sahara Occidental = Western Sahara ■ WSA 132-133 C 2
Saharsa o IND 78-79 E 3
Sahaswan o IND 74-75 G 5
Šahbā ☆ SYR 64-65 G 6
Šāh Bodāğ o IR 70-71 B 2
Šahbuz o AZ 64-65 L 3
Šāhdād o IR 70-71 G 3
Šahdād, Namakzār-e o IR 70-71 G 3
Šahdag, gora ▲ AZ 64-65 L 2
Saheib o SUD 142-143 G 3
Sahel ∸ 5 D 4
Sahel ∸ TN 126-127 H 3
Sahel, Canal du < RMM 138-139 G 3
Šāh Ğahān, Kūh-e ▲ IR 72-73 F 6
Šāh Gūy o AFG 70-71 M 2
Sahibganj o IND 78-79 E 3
Sahibi ~ IND 74-75 F 6
Sahijpur o IND 74-75 D 8
Šāhiliya o IRQ 64-65 K 6
Šāhin Dež o IR 64-65 M 4
Sāhiwāl o PK 74-75 D 4
Sāhiwāl o PK 74-75 D 4

Sahjurta ○ **RUS** 52-53 N 9
Šāh Kūh ▲▲ **IR** 72-73 D 6
Sahlābād ○ **IR** 70-71 H 2
Ṣaḥm ○ **OM** 68-69 K 1
Šahmirzād ○ **IR** 72-73 C 7
Ṣaḥne ○• **IR** 70-71 B 1
Sahorre ○ **F** (66) 240-241 J 5
Šahovskaja ☆ **RUS** 30-31 O 3
Šāhpūr = Salmās ○• **IR** 64-65 L 3
Ṣaḥrā' al-Ġarbīa, as-= Désert Occidental ∸ **ET** 130-131 B 4
Ṣaḥrā' aš-Šarqiya, as-= Désert Oriental ∸ **ET** 130-131 F 3
Šahrak ○ **AFG** 70-71 L 1
Šahrak ○ **IR** (FAR) 70-71 E 3
Šahrak ○ **IR** (TEH) 72-73 B 6
Ṣaḥrā' Surt ∸ **LAR** 128-129 G 2
Šahrazūr ○ **IRQ** 64-65 L 5
Šahr-e Bābak ○ **IR** 70-71 F 3
Šahr-e Kord ☆• **IR** 70-71 D 2
Šahr-e Nou ○ **IR** 70-71 J 1
Šahr-e Ṣafā ○ **AFG** 70-71 M 3
Šahrestān ○ **AFG** 70-71 M 2
Šahreżā = Qomše ○• **IR** 70-71 D 2
Šahrihan ○ **US** 72-73 N 4
Šahrisabz ☆• **US** 72-73 K 5
Šahristan ○ **TJ** 72-73 L 5
Šahrīvar ○ **IR** 64-65 N 3
Šahriyar ○ **IR** 72-73 B 7
Šāhrūd ○• **IR** 72-73 D 6
Šāh Rūd ~ **IR** 72-73 B 6
Sahsemen ∴• **TM** 72-73 F 4
Sahtaneh River ~ **CDN** 174-175 H 6
Šahtersk ○ **RUS** 58-59 K 4
Šahtërskij ○ **RUS** 48-49 T 4
Šahtiņsk ○ **KA** 60-61 H 4
Šahtinsk ○ **KA** 60-61 H 4
Šahtinskij, Kamensk- ○ **RUS** 38-39 M 3
Šahty ○ **RUS** 38-39 M 4
Sahu ○ **RI** 100-101 K 3
Sahuaral ○ **MEX** 194-195 D 3
Sahuaripa ○ **MEX** 194-195 E 3
Sahuarita ○ **USA** 188-189 B 4
Sahuaro, El ○ **MEX** 194-195 C 2
Sahuayo ○ **MEX** 196-197 C 1
Sahul Bank ≃ 102-103 C 7
Sahul Banks ≃ 108-109 F 2
Sahul Shelf ≃ 108-109 G 2
Šahun'ja ○ **RUS** 32-33 E 5
Sāhūq, Wādī ~ **KSA** 66-67 G 5
Šahy ○ **SK** 28-29 P 4
Sai ~ **IND** 78-79 B 2
Sai ○ **J** 88-89 J 4
Sai ~ **RI** 98-99 J 4
Saïan Occidental = Zapadnyj Sajan ▲▲ **RUS** 52-53 D 9
Saïan Oriental = Vostočnyj Sajan ▲▲ **RUS** 52-53 F 8
Šā'ib ad-Dāṯ ~ **KSA** 66-67 H 5
Saibai Island ⌒ **AUS** 110-111 G 1
Šā'ib al-Banāt, Ǧabal ▲ **ET** 130-131 F 4
Šaibāra, Ǧazīrat ⌒ **KSA** 66-67 E 5
Sai Buri ○ **THA** 94-95 F 7
Saïda ☆ **DZ** 126-127 C 3
Ṣaidā ☆•• **RL** 64-65 F 6
Sa'īd Bin Sarān ○ **OM** 68-69 K 2
Saïdia ○ **MA** 124-125 K 3
Saidor ○ **PNG** 119 D 3
Saidpur ○ **BD** 78-79 F 3
Saidpur ○ **IND** 78-79 C 3
Saidu (Mingora) ○• **PK** 74-75 D 2
Saiedābād ○ **IR** 70-71 J 5
Saignes ○ **F** (15) 236-237 K 5
Saigo ○ **J** 88-89 E 6
Sà'i Gòn, Sông ~ **VN** 94-95 J 5
Saigon = Thành Phô Hô Chí Minh ☆• **VN** 94-95 J 5
Saïgon = Thành Phô Hô Chí Minh ☆• **VN** 94-95 J 5
Šaiḫ ○ **IRQ** 64-65 K 5
Saiha ○ **IND** 78-79 H 4
Šaiḫ 'Ābid ○ **IRQ** 64-65 M 6
Šaiḫ Aḥmad ○ **IRQ** 64-65 M 6
Saihan Toroi ○ **VRC** 84-85 E 7
Šaiḫ Fāris ○ **IRQ** 64-65 M 6
Šaiḫ Ḥumaid, aš- ○ **KSA** 66-67 D 3
Šaiḫ Miskīn ○ **SYR** 64-65 G 6
Šaiḫ Sa'd ○ **IRQ** 64-65 M 6
Saihūt ○ **Y** 68-69 G 6
Šaiḫ 'Uṯmān, aš- ○ **Y** 68-69 D 7
Saikanosy Ampasindava ◡ **RM** 158-159 E 4
Saikhoa Ghāt ○ **IND** 78-79 J 2
Saiki ○ **J** 88-89 D 8
Sail al-Kabīr, as- ○ **KSA** 68-69 B 3
Sailāna ○ **IND** 74-75 E 8
Saillans ○ **F** (26) 242-243 G 2
Sail-les-Bains ○ **F** (42) 238-239 D 4
Sailolof ○ **RI** 102-103 F 2
Sailusbesar, Pulau ⌒ **RI** 104 C 6
Saimaa ⬭ **FIN** 24-25 K 6
Sain Alto, Río ~ **MEX** 194-195 H 6
Saindak ○ **PK** 70-71 J 4
Sainsbury Point ▲ **CDN** 180-181 K 7
Sains-en-Amiènois ○ **F** (80) 228-229 J 4
Saïnsoutou ○ **SN** 138-139 E 3
Sains-Richaumont ○ **F** (02) 228-229 M 4
Saint Adolphe ○ **CDN** 178-179 H 6
Saint-Affrique ○ **F** (12) 240-241 K 3
Saint-Agnan ○ **F** (24) 236-237 H 5
Saint-Agnan-en-Vercors ○ **F** (26) 242-243 G 2
Saint-Agnant ○ **F** (17) 236-237 D 4
Saint-Agrève ○ **F** (07) 242-243 E 1
Saint-Aignan ○• **F** (41) 232-233 E 5
Saint-Aignan-des-Noyers ○ **F** (18) 236-237 L 2
Saint-Aignan-sur-Roë ○ **F** (53) 230-231 J 4
Saint-Aigulin ○ **F** (17) 236-237 E 5
Saint-Albain ○ **F** (71) 238-239 F 4
Saint-Alban ○ **F** (22) 230-231 F 2
Saint Albans ○ **CDN** 182-183 R 5
Saint Albans ○• **GB** 26-27 G 6
Saint Albans ○ **USA** 190-191 H 6
Saint-Alban-sur-Limagnole ○ **F** (48) 242-243 C 2
Saint Albert ○ **CDN** 176-177 O 5
Saint Albert Dome ▲ **PNG** 119 B 3
Saint-Alexandre ○ **CDN** 182-183 K 5
Saint Allouarn, Pic ▲ **F** (984) 246 III a 4
Saint-Allouestre ○ **F** (56) 230-231 F 4
Saint-Alyre-d'Arlanc ○ **F** (63) 242-243 D 1
Saint-Alyre-ès-Montagne ○ **F** (63) 236-237 L 5
Saint-Amand-en-Puisaye ○ **F** (58) 232-233 J 4
Saint-Amand-les-Eaux ○ **F** (59) 228-229 L 3
Saint-Amand-Longpré ○ **F** (41) 232-233 E 4
Saint-Amand-Magnazeix ○ **F** (87) 236-237 H 3
Saint-Amand-Montrond ○ **F** (18) 236-237 L 2
Saint-Amand-sur-Fion ○ **F** (51) 234-235 F 4
Saint-Amand-sur-Sèvre ○ **F** (79) 236-237 D 2
Saint-Amans ○ **F** (48) 242-243 C 2
Saint-Amans-des-Cots ○ **F** (12) 236-237 L 6
Saint-Amans-Soult ○ **F** (81) 240-241 J 4
Saint-Amant-Roche-Savine ○ **F** (63) 238-239 D 5
Saint-Amarin ○ **F** (68) 234-235 L 6
Saint Ambroise ○ **CDN** 178-179 G 5
Saint-Ambroise ○ **CDN** 182-183 J 4
Saint-Ambroix ○ **F** (30) 242-243 E 3
Saint-Amour ○ **F** (39) 238-239 G 4
Saint-Andiol ○ **F** (13) 242-243 F 4
Saint-André ○ **F** (974) 246 II b 1
Saint André, Cap = Tanjona Vilanandro ▲ **RM** 158-159 D 6
Saint-André-de-Corcy ○ **F** (01) 238-239 F 5
Saint-André-de-Cubzac ○ **F** (33) 236-237 E 6
Saint-André-de-l'Eure ○ **F** (27) 232-233 E 2
Saint-André-de-Sangonis ○ **F** (34) 242-243 D 4
Saint-André-de-Valborgne ○ **F** (30) 242-243 D 3
Saint-André-le-Bouchoux ○ **F** (01) 238-239 G 4
Saint-André-les-Alpes ○ **F** (04) 242-243 K 4
Saint-André-les-Vergers ○ **F** (10) 234-235 E 5
Saint Andrew Bay ≈ 192-193 F 4
Saint Andrews ○ **CDN** 182-183 L 6
Saint Andrew's ○ **CDN** 182-183 P 5
Saint Andrews ○•• **GB** 26-27 F 3
Saint Andrew Sound ≈ 192-193 H 4
Saint-Angeau ○ **F** (16) 236-237 F 4
Saint-Angel ○ **F** (19) 236-237 K 4
Saint Anne ○ **USA** 190-191 E 5
Saint Anne Island ⌒ **SY** 160 D 2
Saint Ann's Bay ≈ 182-183 O 5
Saint Ann's Bay ○ **JA** 198-199 G 5
Saint-Anthème ○ **F** (63) 238-239 D 5
Saint Anthony ○ **CDN** 182-183 R 3
Saint Anthony ○ **USA** 184-185 J 4
Saint Anthony, Monastery of • **ET** 130-131 F 3
Saint-Antoine ○ **F** (2B) 244 D 4
Saint-Antoine ○ **F** (38) 242-243 G 1
Saint-Antoine-de-Ficalba ○ **F** (47) 240-241 F 2
Saint-Antoine-sur-l'Isle ○ **F** (33) 236-237 F 5
Saint-Août ○ **F** (36) 236-237 J 2
Saint-Aquilin ○ **F** (24) 236-237 F 5
Saint-Armel ○ **F** (56) 230-231 F 4
Saint Arnaud ○ **AUS** 116-117 G 4
Saint Arnaud ○ **NZ** 118 D 4
Saint-Arnoult-en-Yvelines ○ **F** (78) 232-233 F 2
Saint-Astier ○ **F** (24) 236-237 G 5
Saint-Auban ○ **F** (06) 242-243 K 4
Saint-Auban-sur-l'Ouvèze ○ **F** (26) 242-243 G 3
Saint-Aubin ○ **F** (21) 238-239 F 3
Saint-Aubin ○ **F** (40) 240-241 C 3
Saint-Aubin ○ **F** (71) 238-239 G 2
Saint-Aubin-d'Aubigne ○ **F** (35) 230-231 H 3
Saint-Aubin-de-Blaye ○ **F** (33) 236-237 D 5
Saint-Aubin-des-Châteaux ○ **F** (44) 230-231 J 4
Saint-Aubin-du-Cormier ○ **F** (35) 230-231 J 3
Saint-Aubin-la-Plaine ○ **F** (85) 236-237 C 2
Saint-Aubin-sur-Aire ○ **F** (55) 234-235 G 4
Saint-Aubin-sur-Loire ○ **F** (71) 238-239 D 3
Saint-Aubin-sur-Mer ○ **F** (14) 228-229 D 5
Saint-Augustin ○ **CDN** 182-183 P 3
Saint-Augustin ○ **F** (17) 236-237 C 4
Saint-Augustin ○ **F** (19) 236-237 J 5
Saint-Augustin = Anantsono ○ **RM** 158-159 C 9
Saint-Augustin, Château de • **F** (03) 236-237 L 2
Saint-Augustin, Rivière ~ **CDN** 182-183 P 3
Saint-Augustin-des-Bois ○ **F** (49) 230-231 K 5
Saint Augustine ○ **USA** (IL) 190-191 C 5
Saint Augustine ○•• **USA** (FL) 192-193 H 5
Saint Augustin Nord-Ouest, Rivière ~ **CDN** 182-183 P 3
Saint-Aulaye ○ **F** (24) 236-237 F 5
Saint-Avé ○ **F** (56) 230-231 F 4
Saint-Aventin ○ **F** (31) 240-241 F 5
Saint-Avertin ○ **F** (37) 232-233 D 5
Saint-Avit ○ **F** (63) 236-237 L 4
Saint-Avold ○ **F** (57) 234-235 K 3
Saint-Aygulf ○ **F** (83) 242-243 K 5
Saint-Balise, Fouilles de • **F** (13) 242-243 F 5
Saint Barbe ○ **CDN** 182-183 Q 3
Saint-Bard ○ **F** (23) 236-237 K 4
Saint-Bard ○ **F** (63) 236-237 L 4
Saint-Barnabé ○ **F** (22) 230-231 F 3
Saint-Barthélemy ○ **F** (77) 232-233 J 2
Saint-Barthélémy ⌒ **F** (971) 245 III b 2
Saint-Barthélémy, Passage de ≈ 245 III a 2
Saint Barthélemy, Pic de ▲ **F** (09) 240-241 H 5
Saint-Barthélemy-d'Anjou ○ **F** (49) 230-231 L 5
Saint-Barthélemy-de-Bellegarde ○ **F** (24) 236-237 F 5
Saint-Baudel ○ **F** (18) 236-237 K 2
Saint-Bauzille-de-Montmel ○ **F** (34) 242-243 D 4
Saint-Bauzille-de-Putois ○ **F** (34) 242-243 D 4
Saint-Beauzély ○ **F** (12) 240-241 K 2
Saint-Benin-d'Azy ○ **F** (58) 238-239 C 3
Saint-Benoist-sur-Vanne ○ **F** (10) 232-233 K 3
Saint-Benoît ○ **F** (11) 240-241 J 4
Saint-Benoît ○ **F** (974) 246 II b 2
Saint-Benoît-des-Ondes ○ **F** (35) 230-231 H 2
Saint-Benoît-du-Sault ○ **F** (36) 236-237 H 3
Saint-Benoît-en-Woëvre ○ **F** (55) 234-235 H 4
Saint-Benoît-la-Chipotte ○ **F** (88) 234-235 K 5
Saint-Benoît-sur-Loire ○ **F** (45) 232-233 G 4
Saint Bernard, Fontaine • **F** (10) 234-235 F 5
Saint Bernard's ○ **CDN** 182-183 R 5
Saint-Béron ○ **F** (73) 238-239 H 5
Saint-Berthevin ○ **F** (53) 230-231 K 3
Saint-Blimont ○ **F** (80) 228-229 H 3
Saint-Blin-Semilly ○ **F** (52) 234-235 G 5
Saint-Bomer ○ **F** (28) 232-233 D 3
Saint-Bonnet ○ **F** (05) 242-243 J 2
Saint-Bonnet-de-Bellac ○ **F** (87) 236-237 G 3
Saint-Bonnet-de-Joux ○ **F** (71) 238-239 E 4
Saint-Bonnet-de-Rochefort ○ **F** (03) 236-237 M 3
Saint-Bonnet-le-Château ○ **F** (42) 242-243 E 1
Saint-Bonnet-le-Courreau ○ **F** (42) 238-239 D 5
Saint-Bonnet-le-Froid ○ **F** (43) 242-243 E 1
Saint-Bonnet-près-Bort ○ **F** (19) 236-237 K 4
Saint-Bonnet-sur-Gironde ○ **F** (17) 236-237 D 5
Saint-Branchs ○ **F** (37) 232-233 D 5
Saint Brendan's ○ **CDN** 182-183 S 4
Saint-Bresson ○ **F** (70) 234-235 K 6
Saint-Brevin-les-Pins ○ **F** (44) 230-231 G 5
Saint-Briac-sur-Mer ○ **F** (35) 230-231 G 2
Saint-Brice ○ **F** (33) 236-237 E 6
Saint-Brice-en-Coglès ○ **F** (35) 230-231 J 3
Saint-Brice-sur-Vienne ○ **F** (87) 236-237 G 4
Saint Bride's ○ **CDN** 182-183 R 5
Saint-Brieuc ○• **F** (22) 230-231 F 2
Saint-Brieuc, Baie de ≈ **F** 230-231 F 2
Saint Brieux ○ **CDN** 178-179 D 4
Saint-Bris-des-Bois ○ **F** (17) 236-237 E 4
Saint-Bris-le-Vineux ○ **F** (89) 232-233 K 4
Saint-Brisson ○ **F** (58) 238-239 E 2
Saint-Broladre ○ **F** (35) 230-231 H 2
Saint-Bruno ○ **CDN** 182-183 J 4
Saint-Calais ○ **F** (72) 232-233 D 4
Saint-Cannat ○ **F** (13) 242-243 G 4
Saint-Caradec ○ **F** (22) 230-231 F 3
Saint-Cast-le-Guildo ○• **F** (22) 230-231 G 2
Saint Catharines ○ **CDN** 182-183 E 7
Saint Catherine, Cape ▲ **CDN** 168-169 a 5
Saint Catherine, Monestery of •• **ET** 130-131 F 3
Saint Catherines Island ⌒ **USA** 192-193 H 4
Saint-Céneri-le-Gérei ○ **F** (72) 230-231 L 3
Saint-Céré ○ **F** (46) 236-237 J 6
Saint-Cernin ○ **F** (15) 236-237 K 5
Saint-Cernin-de-l'Herm ○ **F** (24) 240-241 G 1
Saint-Cézaire, Grottes de • **F** (06) 242-243 K 4
Saint-Cézaire-sur-Siagne ○ **F** (06) 242-243 K 4
Saint-Chamant ○ **F** (15) 236-237 K 5
Saint-Chamant ○ **F** (19) 236-237 J 5
Saint-Chamas ○ **F** (13) 242-243 G 4
Saint-Chamond ○ **F** (42) 242-243 F 1
Saint-Chaptes ○ **F** (30) 242-243 E 4
Saint Charles ○ **USA** (ID) 184-185 J 4
Saint Charles ○ **USA** (MO) 190-191 C 6
Saint-Charles-Garnier ○ **CDN** 182-183 K 4
Saint Charles Rapids ~ **CDN** 174-175 H 3
Saint-Chély-d'Apcher ○ **F** (48) 242-243 C 2
Saint-Chély-d'Aubrac ○ **F** (12) 240-241 K 1
Saint-Chinian ○ **F** (34) 240-241 K 4
Saint-Christo-en-Jarez ○ **F** (42) 238-239 E 5
Saint-Christol ○ **F** (84) 242-243 G 3
Saint-Christol-lès-Alès ○ **F** (30) 242-243 E 3
Saint-Christoly-Médoc ○ **F** (33) 236-237 D 5
Saint-Christophe-du-Ligneron ○ **F** (85) 236-237 B 2
Saint-Christophe-en-Bazelle ○ **F** (36) 232-233 F 5
Saint-Christophe-en-Brionnais ○ **F** (71) 238-239 E 4
Saint-Christophe-en-Oisans ○ **F** (38) 242-243 J 2
Saint-Christophe ou l'Étang-les-Hauts ○ **F** (974) 246 II a 2
Saint Christopher = Saint Kitts ⌒ **KAN** 200 D 3
Saint-Christophe-Vallon ○ **F** (12) 240-241 J 2
Saint-Ciers-du-Taillon ○ **F** (17) 236-237 D 5
Saint-Ciers-sur-Gironde ○ **F** (33) 236-237 D 5
Saint-Cirgues-de-Jordanne ○ **F** (15) 236-237 L 5
Saint-Cirgues-en-Montagne ○ **F** (07) 242-243 E 2
Saint-Cirq-Lapopie ○ **F** (46) 240-241 H 2
Saint-Cirq-Madelon ○ **F** (46) 236-237 H 6
Saint Clair ○ **USA** 190-191 C 6
Saint Clair, Lake ⬭ 190-191 G 4
Saint-Clair-sur-Epte ○ **F** (95) 228-229 H 5
Saint-Clar ○ **F** (32) 240-241 F 3
Saint-Clar-de-Rivière ○ **F** (31) 240-241 G 4
Saint-Claud ○ **F** (16) 236-237 F 4
Saint-Claude ○ **F** (39) 238-239 H 4
Saint-Claude ○• **F** (971) 245 IV a 2
Saint-Clément ○ **F** (54) 234-235 K 4
Saint-Clément-des-Baleines ○ **F** (17) 236-237 B 3
Saint-Clet ○ **F** (22) 230-231 E 2
Saint Cloud ○ **USA** (FL) 192-193 H 5
Saint Cloud ○ **USA** (MN) 186-187 K 3
Saint-Cloud-en-Dunois ○ **F** (28) 232-233 E 3
Saint-Colomban ○ **F** (44) 236-237 B 1
Saint-Colomban-des-Villards ○ **F** (73) 242-243 J 1
Saint-Côme-d'Olt ○ **F** (12) 240-241 K 1
Saint-Constant ○ **F** (15) 236-237 K 6
Saint-Cosme-en-Vairais ○ **F** (72) 230-231 M 3
Saint-Crépin ○ **F** (17) 236-237 D 3
Saint-Crépin-de-Richemont ○ **F** (24) 236-237 G 5
Saint-Crépin-Ibouvillers ○ **F** (60) 228-229 J 5
Saint Cricq, Cape ▲ **AUS** 112-113 B 2
Saint-Cricq-Chalosse ○ **F** (40) 240-241 C 3
Saint Croix ○ **CDN** 182-183 L 6
Saint Croix ⌒ **USA** 200 C 3
Saint Croix Falls ○ **USA** 186-187 L 3
Saint Croix Island National Monument • **CDN** 182-183 L 6
Saint Croix River ~ **USA** 186-187 L 3
Saint Croix State Park ⊥ **USA** 186-187 L 3
Saint-Cybardeaux ○ **F** (16) 236-237 E 4
Saint-Cyprien ○ **F** (24) 236-237 H 6
Saint-Cyprien-Plage ○ **F** (66) 240-241 L 5
Saint-Cyprien-sur-Dourdou ○ **F** (12) 240-241 J 1
Saint-Cyr-de-Favières ○ **F** (42) 238-239 E 5
Saint-Cyr-en-Bourg ○ **F** (49) 230-231 L 5
Saint-Cyr-en-Talmondais ○ **F** (85) 236-237 C 3
Saint-Cyr-en-Val ○ **F** (45) 232-233 F 4
Saint-Cyr-le-Chatoux ○ **F** (69) 238-239 F 4
Saint-Cyr-l'École ○ **F** (78) 232-233 G 2
Saint Cyr Range ▲▲ **CDN** 164-165 Y 5
Saint-Cyr-sur-Loire ○ **F** (37) 232-233 D 5
Saint-Cyr-sur-Mer ○ **F** (83) 242-243 H 2
Saint-Cyr-sur-Morin ○ **F** (77) 232-233 J 2
Saint-Dalmas-de-Tende ○ **F** (06) 242-243 M 3
Saint-Dalmas-le-Selvage ○ **F** (06) 242-243 K 3
Saint David's ○• **GB** 26-27 E 6
Saint-Denis ○• **F** (93) 232-233 G 2
Saint-Denis ☆ **F** (974) 246 II a 1
Saint-Denis, Fond ○ **F** (972) 245 V a 2
Saint-Denis-d'Anjou ○ **F** (53) 230-231 L 4
Saint-Denis-de-Gastines ○ **F** (53) 230-231 K 3
Saint-Denis-de-Jouhet ○ **F** (36) 236-237 J 2
Saint-Denis-de-Pile ○ **F** (33) 236-237 E 6
Saint-Denis-d'Oléron ○ **F** (17) 236-237 C 3
Saint-Denis-d'Orques ○ **F** (72) 230-231 L 3
Saint-Denis-en-Margeride ○ **F** (48) 242-243 C 2
Saint-Denis-la-Chevasse ○ **F** (85) 236-237 C 2
Saint-Denis-les-Ponts ○ **F** (28) 232-233 E 3
Saint-Denis-sur-Sarthon ○ **F** (61) 230-231 L 3
Saint-Denoual ○ **F** (22) 230-231 G 2
Saint-Derrien ○ **F** (29) 230-231 C 2
Saint-Désiré ○ **F** (03) 236-237 K 2
Saint-Didier-en-Velay ○ **F** (43) 242-243 E 1
Saint-Didier-sur-Doulon ○ **F** (43) 242-243 D 1
Saint-Dié ○• **F** (88) 234-235 K 5
Saint-Dier-d'Auvergne ○ **F** (63) 238-239 C 5
Saint-Disdier ○ **F** (05) 242-243 H 2
Saint-Divy ○ **F** (29) 230-231 C 3
Saint-Dizier ○ **F** (52) 234-235 F 4
Saint-Dizier-Leyrenne ○ **F** (23) 236-237 J 3
Saint-Dolay ○ **F** (56) 230-231 G 4
Saint-Domineuc ○ **F** (35) 230-231 H 3
Saint-Donat-sur-l'Herbasse ○ **F** (26) 242-243 F 1
Saint-Doulchard ○ **F** (18) 232-233 G 5
Sainte-Agathe-des-Monts ○ **CDN** 182-183 G 5
Sainte-Alvère ○ **F** (24) 236-237 G 6
Sainte-Angèle-de-Merici ○ **CDN** 182-183 K 4
Sainte Anne ○ **CDN** 178-179 H 6
Sainte-Anne ○ **F** (971) 245 IV b 2
Sainte-Anne ○ **F** (972) 245 V b 3
Sainte-Anne ○ **F** (973) 245 I b 2
Sainte-Anne ○ **F** (974) 246 II b 2
Sainte-Anne, Chapelle • **F** (971) 245 IV b 2
Sainte-Anne, Lac ⬭ **CDN** 182-183 L 3
Sainte-Anne-d'Auray ○ **F** (56) 230-231 F 4
Sainte-Anne-de-Beaupré ○ **CDN** 182-183 J 5
Sainte-Anne-des-Monts ○ **CDN** 182-183 L 4
Sainte-Anne-du-Lac ○ **CDN** 182-183 G 5
Sainte Anne Marine National Park ⊥ **SY** 160 D 2
Sainte-Baume, Massif de la ▲ **F** (13) 242-243 H 5
Sainte-Bazeille ○ **F** (47) 240-241 E 1
Sainte-Catherine ○ **F** (16) 236-237 F 4
Sainte-Cécile ○ **F** (71) 238-239 F 4
Sainte-Cécile, Cathédrale • **F** (81) 240-241 J 3
Sainte-Cécile-les-Vignes ○ **F** (84) 242-243 F 3
Sainte-Cérotte ○ **F** (72) 232-233 D 4
Sainte-Colombe ○ **F** (25) 238-239 J 3
Sainte-Croix ○ **CDN** 182-183 J 5
Sainte-Croix ○ **F** (26) 242-243 G 2
Sainte-Croix ○ **F** (71) 238-239 G 3
Sainte-Croix, Lac de ⬭ **F** (04) 242-243 J 4
Sainte-Croix-du-Mont ○ **F** (33) 240-241 D 1
Sainte-Croix-en-Plaine ○ **F** (68) 234-235 L 5
Sainte-Croix-Hague ○ **F** (50) 228-229 A 4
Sainte-Croix-Volvestre ○ **F** (09) 240-241 G 4
Sainte-Enimie ○ **F** (48) 242-243 C 3
Sainte-Eulalie ○ **CDN** 182-183 H 5
Sainte-Eulalie ○ **F** (07) 242-243 E 2
Sainte-Eulalie-en-Born ○ **F** (40) 240-241 B 2
Sainte-Euphémie, Golfe de = Santa Eufémia, Golfo di ≈ 36-37 E 5
Sainte-Féréole ○ **F** (19) 236-237 J 5
Sainte-Feyre ○ **F** (23) 236-237 J 3
Sainte-Florence ○ **F** (85) 236-237 C 2
Sainte-Fortunade ○ **F** (19) 236-237 J 5
Sainte-Foy-de-Montgommery ○ **F** (14) 230-231 M 2
Sainte-Foy-la-Grande ○ **F** (33) 236-237 F 6
Sainte-Foy-l'Argentière ○ **F** (69) 238-239 E 5
Sainte-Foy-Tarentaise ○ **F** (73) 238-239 K 5
Sainte-Gauburge-Sainte-Colombe ○ **F** (61) 230-231 M 2
Sainte-Gemme-la-Plaine ○ **F** (85) 236-237 C 3
Sainte-Geneviève ○ **F** (60) 228-229 J 5
Sainte-Geneviève-sur-Argence ○ **F** (12) 236-237 L 6
Sainte-Gertrude ○ **CDN** 182-183 E 4
Saint-Égrève ○ **F** (38) 242-243 H 1
Sainte-Hélène ○ **F** (33) 236-237 D 6
Sainte-Hélène, Zone de Fracture de=St.Helena Fracture Zone ≃ 14-15 H 10
Sainte-Hermine ○ **F** (85) 236-237 C 2
Sainte-Jalle ○ **F** (26) 242-243 G 3
Sainte-Justine ○ **CDN** 182-183 J 5
Saint Eleanors ○ **CDN** 182-183 N 5
Saint Elias, Cape ▲ **USA** 164-165 S 7
Saint Elias Mountains ▲▲ **CDN** 164-165 V 6
Saint-Élie ○ **F** (973) 245 I b 2
Sainte-Livrade-sur-Lot ○ **F** (47) 240-241 F 2
Saint-Elix-Theux ○ **F** (32) 240-241 E 4
Saint-Ellier-du-Maine ○ **F** (53) 230-231 J 3
Saint-Eloy ○ **F** (29) 230-231 C 3
Saint-Eloy-de-Gy ○ **F** (18) 232-233 G 5
Saint-Eloy-les-Mines ○ **F** (63) 236-237 L 3
Saint-Eloy-les-Tuileries ○ **F** (19) 236-237 H 5
Sainte-Luce ○ **F** (972) 245 V b 3
Sainte Lucie • **F** (2B) 244 D 3
Sainte Lucie, Canal de ≈ 245 V a 3
Sainte-Lucie, Canal de = Saint Lucia Channel ≈ 200 E 4
Sainte-Lucie = Saint Lucia ■ **WL** 200 E 4
Sainte-Lucie-de-Porto-Vecchio ○ **F** (2A) 244 D 5
Sainte-Lucie-de-Tallano ○ **F** (2A) 244 D 5
Sainte-Madeleine ○ **F** (06) 242-243 L 3
Sainte-Madeleine, Basilique • **F** (89) 232-233 K 5
Sainte-Marguerite, Abbaye de • **F** (21) 238-239 F 2
Sainte-Marguerite, Île ⌒ **F** (06) 242-243 L 4
Sainte-Marguerite, Rivière ~ **CDN** 182-183 L 3
Sainte-Marguerite-Lafigère ○ **F** (07) 242-243 D 3
Sainte-Marie ○ **CDN** 182-183 J 5
Sainte-Marie ○ **F** (972) 245 V b 2
Sainte-Marie ○ **F** (974) 246 II b 1
Sainte-Marie, Cap = Tanjona Vohimena ▲ **RM** 158-159 D 10
Sainte-Marie, Île ⌒ **F** (988) 247 I d 4
Sainte-Marie, Nosy ⌒ **RM** 158-159 F 6
Sainte-Marie Among the Hurons ∴ **CDN** 182-183 E 6
Sainte-Marie-aux-Mines ○ **F** (68) 234-235 L 5
Sainte-Marie-de-Campan ○ **F** (65) 240-241 E 5
Sainte Marie-du-Désert, Abbaye • **F** (31) 240-241 G 3
Sainte-Marie-du-Mont ○ **F** (50) 228-229 B 5
Sainte-Marie-sur-Ouche ○ **F** (21) 238-239 F 2
Sainte-Maure-de-Touraine ○ **F** (37) 232-233 D 5
Sainte-Maxime ○ **F** (83) 242-243 K 5
Sainte-Menehould ○• **F** (51) 234-235 F 3
Sainte-Mère ○ **F** (32) 240-241 F 2
Sainte-Mère-Église ○ **F** (50) 228-229 B 5
Saint-Emiland ○ **F** (71) 238-239 E 3
Saint-Émilion ○ **F** (33) 236-237 E 6
Sainte-Monique ○ **CDN** 182-183 J 4
Sainte-Montaine ○ **F** (18) 232-233 G 5
Saint-Ennemond ○ **F** (03) 238-239 C 3
Sainteny ○ **F** (50) 228-229 B 5
Sainte-Odile • **F** (67) 234-235 L 5
Sainte-Odile, Mont ▲• **F** (67) 234-235 L 5
Sainte-Orse ○ **F** (24) 236-237 H 5
Saint-Epain ○ **F** (37) 232-233 D 5
Sainte-Pazanne ○ **F** (44) 230-231 H 5
Saint-Erme-Outre-et-Ramecourt ○ **F** (02) 228-229 M 4
Sainte-Rose ○ **F** (971) 245 IV a 2
Sainte-Rose ○ **F** (974) 246 II b 2
Sainte Rose du Lac ○ **CDN** 178-179 G 5
Sainte-Rose-du-Nord ○ **CDN** 182-183 J 4
Saintes ○ **F** (17) 236-237 D 4
Saintes, Les ⌒ **F** (971) 245 IV a 3
Sainte-Sabine-Born ○ **F** (24) 236-237 G 6
Sainte-Scolasse-sur-Sarthe ○ **F** (61) 230-231 M 2
Sainte-Sévère ○ **F** (16) 236-237 E 4
Sainte-Sévère-sur-Indre ○ **F** (36) 236-237 K 3
Sainte-Sigolène ○ **F** (43) 242-243 E 1
Saintes-Maries-de-la-Mer ○ **F** (13) 242-243 E 5
Sainte-Soulle ○ **F** (17) 236-237 C 3
Saint-Esprit ○ **CDN** 182-183 H 6
Saint-Esprit ○ **F** (972) 245 V b 2
Saint-Esteben ○ **F** (64) 240-241 B 4
Saint-Estèphe ○ **F** (33) 236-237 D 5
Saint-Estève ○ **F** (66) 240-241 K 5
Sainte-Suzanne ○ **F** (53) 230-231 L 3
Sainte-Suzanne ○ **F** (974) 246 II b 1
Sainte-Thérèse, Lac ⬭ **CDN** 174-175 J 3
Sainte-Thorette ○ **F** (18) 232-233 G 5
Saint-Étienne ☆ **F** (42) 238-239 E 6
Saint-Etienne • **F** (89) 232-233 J 3
Saint-Étienne, Cathédrale ••• **F** (18) 232-233 G 5
Saint-Etienne, Rivière ~ **F** (974) 246 II a 2
Saint-Étienne-Cantalès, Barrage de < **F** (15) 236-237 K 6
Saint-Étienne-de-Baïgorry ○ **F** (64) 240-241 B 4
Saint-Étienne-de-Cuines ○ **F** (73) 242-243 J 1
Saint-Etienne-de-Fursac ○ **F** (23) 236-237 J 3
Saint-Étienne-de-Lugdarès ○ **F** (07) 242-243 D 2
Saint-Etienne-de-Mer-Morte ○ **F** (44) 236-237 B 2
Saint-Étienne-de-Montluc ○ **F** (44) 230-231 H 5
Saint-Étienne-de-Saint-Geoirs ○ **F** (38) 242-243 G 1
Saint-Étienne-de-Tinée ○ **F** (06) 242-243 K 3
Saint-Étienne-du-Bois ○ **F** (01) 238-239 G 4
Saint-Étienne-du-Grès ○ **F** (13) 242-243 F 4
Saint-Étienne-du-Rouvray ○ **F** (76) 228-229 G 5
Saint-Étienne-en-Dévoluy ○ **F** (05) 242-243 H 2
Saint-Étienne-les-Orgues ○ **F** (04) 242-243 H 3
Saint-Etienne-lès-Remiremont ○ **F** (88) 234-235 K 5
Sainte-Trinité ○ **F** (2A) 244 D 5
Sainte-Valérie, Église • **F** (23) 236-237 K 3
Saint-Evarzec ○ **F** (29) 230-231 C 4
Sainte-Victoire, Montagne ▲ **F** (13) 242-243 H 4
Saint-Evroult-Notre-Dame-du-Bois ○ **F** (61) 230-231 M 2
Saint-Fabien ○ **CDN** 182-183 K 4
Saint-Fargeau ○ **F** (89) 232-233 J 4
Saint-Félicien ○ **CDN** 182-183 H 4
Saint-Félicien ○ **F** (07) 242-243 F 1
Saint Felix ○ **F** (16) 236-237 F 5
Saint-Félix ○ **F** (17) 236-237 D 3
Saint-Félix-de-Sorgues ○ **F** (12) 240-241 K 3
Saint-Félix-Lauragais ○ **F** (31) 240-241 H 4
Saint-Ferréol-Trente-Pas ○ **F** (26) 242-243 G 3
Saint-Fiacre ○ **F** (22) 230-231 E 3
Saint-Firmin ○ **F** (05) 242-243 J 2
Saint-Florent ○ **F** (2B) 244 D 3
Saint-Florent ○ **F** (45) 232-233 G 4
Saint-Florent, Golfe de ≈ **F** 244 D 3
Saint-Florent-des-Bois ○ **F** (85) 236-237 C 2
Saint-Florentin ○ **F** (89) 232-233 K 4
Saint-Florent-le-Vieil ○ **F** (49) 230-231 J 5
Saint-Florent-sur-Cher ○ **F** (18) 236-237 K 2
Saint-Floret ○ **F** (63) 236-237 M 4
Saint Floris, Parc National de ⊥••• **RCA** 142-143 E 4
Saint-Flour ○• **F** (15) 236-237 M 5
Saint-Flovier ○ **F** (37) 236-237 H 2
Saint-Folquin ○ **F** (62) 228-229 J 2
Saint-Fond, Rivière ~ **CDN** 180-181 O 5
Saint-Fort-sur-le-Né ○ **F** (16) 236-237 E 4
Saint-Fraigne ○ **F** (16) 236-237 E 4
Saint Francis ○ **CDN** 176-177 N 5
Saint Francis ○ **USA** 186-187 G 6
Saint Francis, Cape ▲ **CDN** 182-183 S 5
Saint Francis Bay ≈ 156-157 G 7
Saint Francis Isles ⌒ **AUS** 112-113 M 6
Saint Francis River ~ **USA** 188-189 M 2
Saint Francisville ○ **USA** 188-189 M 4
Saint-François ○ **F** (73) 242-243 J 1
Saint-François ○ **F** (974) 246 II a 1
Saint-François ○•• **F** (971) 245 IV b 2
Saint-François, Rivière ~ **CDN** 182-183 H 5
Saint François Island ⌒ **SY** 160 C 3
Saint-Front ○ **F** (43) 242-243 E 2
Saint-Fulgent ○ **F** (85) 236-237 C 2
Saint-Gabriel ○ **CDN** 182-183 H 5
Saint-Gall = Sankt Gallen ☆••• **CH** 28-29 K 5
Saint-Galmier ○ **F** (42) 238-239 E 5
Saint-Gatien-des-Bois ○ **F** (14) 228-229 E 5
Saint Gaudens National Historic Site ∴ **USA** 190-191 M 4
Saint-Gaudéric ○ **F** (11) 240-241 H 4
Saint-Gaultier ○ **F** (36) 236-237 H 2
Saint-Gein ○ **F** (40) 240-241 D 3
Saint-Gély-du-Fesc ○ **F** (34) 242-243 D 4
Saint-Genès-Champespe ○ **F** (63) 236-237 L 5
Saint-Gengoux-le-National ○ **F** (71) 238-239 F 3
Saint-Geniès ○ **F** (24) 236-237 H 6
Saint-Geniès-de-Comolas ○ **F** (30) 242-243 F 3
Saint-Geniez-d'Olt ○ **F** (12) 240-241 K 2
Saint-Genis, Montagne de ▲▲ **F** (05) 242-243 H 3
Saint-Genis-de-Saintonge ○ **F** (17) 236-237 D 5
Saint-Genis-d'Hiersac ○ **F** (16) 236-237 F 4
Saint-Genis-Pouilly ○ **F** (01) 238-239 J 4
Saint-Genix-sur-Guiers ○ **F** (74) 238-239 H 5
Saint-Genou ○ **F** (36) 236-237 H 2
Saint-Geoire-en-Valdaine ○ **F** (38) 242-243 H 1
Saint George ○ **AUS** 114-115 K 5
Saint George ○ **CDN** 182-183 L 6
Saint George ○ **USA** (SC) 192-193 H 3
Saint George ○ **USA** (UT) 184-185 H 7
Saint George, Cape ○ **CDN** 182-183 P 4
Saint George, Cape ▲ **PNG** 119 G 3
Saint George, Cape ▲ **USA** 192-193 F 5
Saint George, Point ▲ **USA** 184-185 B 5
Saint George Basin ≈ 108-109 G 3
Saint George Fjord ≈ 170-171 X 2
Saint George Island ⌒ **USA** (AK) 166-167 M 4
Saint George Island ⌒ **USA** (FL) 192-193 F 5
Saint George's ○ **CDN** 182-183 P 4
Saint-Georges ○ **CDN** 182-183 J 5
Saint-Georges ○ **F** (62) 228-229 J 3
Saint George's ○ **WG** 200 E 5
Saint George's ★ **WG** 200 E 5
Saint George's Bay ≈ 182-183 P 4
Saint George's Bay ≈ 182-183 O 6
Saint George's Channel ≈ 26-27 D 6
Saint George's Channel ≈ 119 G 3
Saint-Georges-d'Aurac ○ **F** (43) 242-243 D 1
Saint-Georges-de-Didonne ○ **F** (17) 236-237 C 4
Saint-Georges-de-Luzençon ○ **F** (12) 240-241 K 2
Saint-Georges-de-Mons ○ **F** (63) 236-237 L 4
Saint-Georges-de-Montaigu ○ **F** (85) 236-237 C 2
Saint-Georges-de-Noisné ○ **F** (79) 236-237 E 3
Saint-Georges-de-Reneins ○ **F** (69) 238-239 F 4
Saint-Georges-d'Oléron ○ **F** (17) 236-237 C 4
Saint-Georges-du-Bois ○ **F** (72) 230-231 M 4
Saint-Georges-du-Vièvre ○ **F** (27) 228-229 F 5
Saint-Georges-lès-Baillargeaux ○ **F** (86) 236-237 F 2
Saint-Georges-Nigremont ○ **F** (23) 236-237 K 4
Saint-Georges-sur-Baulche ○ **F** (89) 232-233 K 4
Saint-Georges-sur-Eure ○ **F** (28) 232-233 E 3
Saint-Georges-sur-Loire ○ **F** (49) 230-231 K 5
Saint-Geours-de-Maremme ○ **F** (40) 240-241 B 3
Saint-Gérand-le-Puy ○ **F** (03) 238-239 D 4
Saint-Gérard ○ **CDN** 182-183 J 6
Saint-Germain ○ **F** (70) 234-235 K 6
Saint-Germain-Beaupré ○ **F** (23) 236-237 J 3
Saint-Germain-de-Calberte ○ **F** (48) 242-243 D 3
Saint-Germain-de-Conforens ○ **F** (16) 236-237 G 3
Saint-Germain-de-Joux ○ **F** (01) 238-239 H 4
Saint-Germain-de-la-Coudre ○ **F** (61) 232-233 D 3
Saint-Germain-des-Fossés ○ **F** (03) 238-239 C 4
Saint-Germain-des-Prés ○ **F** (45) 232-233 H 4
Saint-Germain-du-Bois ○ **F** (71) 238-239 G 3
Saint-Germain-du-Plain ○ **F** (71) 238-239 F 3
Saint-Germain-du-Puch ○ **F** (33) 236-237 E 6
Saint-Germain-du-Puy ○ **F** (18) 232-233 G 5
Saint-Germain-du-Salembre ○ **F** (24) 236-237 F 5
Saint-Germain-du-Teil ○ **F** (48) 242-243 C 3
Saint-Germain-en-Coglès ○ **F** (35) 230-231 J 3

Saint-Germain-en-Laye ○•• F (78) 232-233 G 2
Saint-Germain-la-Campagne ○ F (27) 228-229 E 5
Saint-Germain-Laval ○ F (42) 238-239 E 5
Saint-Germain-Lembron ○ F (63) 242-243 C 1
Saint-Germain-lès-Arlay ○ F (39) 238-239 H 3
Saint-Germain-Lespinasse ○ F (42) 238-239 D 4
Saint-Germain-l'Herm ○ F (63) 242-243 D 1
Saint-Germain-sur-Ay ○ F (50) 228-229 A 5
Saint-Germer-de-Fly ○ F (60) 228-229 H 5
Saint-Germier ○ F (79) 236-237 E 3
Saint-Gervais ○ F (85) 236-237 A 2
Saint-Gervais-d'Auvergne ○ F (63) 236-237 L 3
Saint-Gervais-les-Bains ○ F (74) 238-239 K 5
Saint-Gervais-les-Trois-Clochers ○ F (86) 236-237 F 2
Saint-Gervais-sur-Mare ○ F (34) 240-241 L 3
Saint-Géry ○ F (24) 236-237 F 6
Saint-Geyrac ○ F (24) 236-237 G 5
Saint-Gildas ○ F (22) 230-231 F 3
Saint-Gildas, Pointe de ▲ F (44) 230-231 G 5
Saint-Gildas-de-Rhuys ○ F (56) 230-231 F 4
Saint-Gildas-des-Bois ○ F (44) 230-231 G 4
Saint-Gilles ○ F (30) 242-243 E 4
Saint-Gilles-Croix-de-Vie ○ F (85) 236-237 B 2
Saint-Gilles-du-Mené ○ F (22) 230-231 F 3
Saint-Gilles-les-Hauts ○ F (974) 246 II a 2
Saint-Gilles-Pligeaux ○ F (22) 230-231 E 3
Saint-Gingolph ○ F (74) 238-239 K 4
Saint-Girons-en-Marensin ○ F (40) 240-241 B 3
Saint-Girons-Plage ○ F (40) 240-241 B 3
Saint-Glen ○ F (22) 230-231 F 3
Saint-Gobain ○ F (02) 228-229 L 4
Saint-Gobain, Forêt de ∸ F (02) 228-229 L 4
Saint Gothard, Col du = San Gottardo, Passo del ▲ CH 28-29 K 5
Saint-Gravé ○ F (56) 230-231 G 4
Saint-Grégoire ○ F (35) 230-231 H 3
Saint Gregory, Mount ▲ CDN 182-183 P 4
Saint-Guen ○ F (22) 230-231 F 3
Saint-Guénolé ○ F (29) 230-231 C 4
Saint-Guilhem-le-Désert ○ F (34) 242-243 D 4
Saint-Haon ○ F (43) 242-243 D 2
Saint Helena ⌒ GB 138-139 C 7
Saint Helenabaai ≈ 156-157 D 6
Saint Helena Fracture Zone=Ste-Hélène, Zone de Fracture de ≃ 14-15 H 10
Saint Helena Sound ≈ 192-193 H 3
Saint Helens ○ AUS 116-117 K 6
Saint Helens ○ USA 184-185 C 3
Saint Helens, Mount ▲ USA 184-185 C 2
Saint-Helier ○ GBJ 26-27 F 7
Saint-Hénand ○ F (42) 238-239 E 5
Saint-Hénis • F (49) 230-231 K 4
Saint-Herblain ○ F (44) 230-231 H 5
Saint-Herbot ○ F (29) 230-231 D 3
Saint-Hilaire ○ F (11) 240-241 J 4
Saint-Hilaire, Cap ▲ F (988) 247 I d 2
Saint-Hilaire, Talmont- ○ F (85) 236-237 B 3
Saint-Hilaire-Bonneval ○ F (87) 236-237 H 4
Saint-Hilaire-de-Brens ○ F (38) 238-239 G 5
Saint-Hilaire-des-Loges ○ F (85) 236-237 D 3
Saint-Hilaire-de-Villefranche ○ F (17) 236-237 D 4
Saint-Hilaire-de-Voust ○ F (85) 236-237 D 2
Saint-Hilaire-du-Harcouët ○ F (50) 230-231 J 2
Saint-Hilaire-Fontaine ○ F (58) 238-239 D 3
Saint-Hilaire-la-Palud ○ F (79) 236-237 D 3
Saint-Hilaire-la-Treille ○ F (87) 236-237 H 3
Saint-Hilaire-le-Vouhis ○ F (85) 236-237 C 2
Saint-Hippolyte ○ F (17) 236-237 D 4
Saint-Hippolyte ○ F (25) 238-239 K 2
Saint-Hippolyte ○ F (37) 232-233 E 5
Saint-Hippolyte ○ F (68) 234-235 L 5
Saint-Hippolyte-du-Fort ○ F (30) 242-243 D 4
Santhiya ○ IND 78-79 E 4
Saint-Honoré-les-Bains ○ F (58) 238-239 D 3
Saint-Hostien ○ F (43) 242-243 E 1
Saint-Hubert ○ F (72) 230-231 M 4
Saint-Hyacinthe ○ CDN 182-183 H 6
Saint Ignace ○ USA 190-191 F 3
Saint Ignace Island ⌒ CDN 178-179 N 6
Saint-Igny-de-Vers ○ F (69) 238-239 E 4
Saint-Illide ○ F (15) 236-237 K 5
Saint-Inglevert ○ F (62) 228-229 H 2
Saint-Ismier ○ F (38) 242-243 H 1
Saint Ives ○ GB 26-27 E 6
Saint-Jacques, Pointe de ▲ F (56) 230-231 F 5
Saint-Jacques-de-la-Landes ○ F (35) 230-231 H 3
Saint-Jacques-des-Blats ○ F (15) 236-237 L 5
Saint-James ○ F (50) 230-231 J 2
Saint James ○ USA (MI) 190-191 F 3
Saint James ○ USA (MN) 186-187 K 4
Saint James ○ USA (MO) 190-191 C 7
Saint James, Cape ▲ CDN 176-177 E 6
Saint-Jans-Cappel ○ F (59) 228-229 K 2
Saint-Jean ○ F (973) 245 I a 1
Saint-Jean, Baie de ≈ 245 III b 2
Saint-Jean, Lac ⊂⊃• CDN 182-183 H 4
Saint Jean, Rivière- ○ CDN 182-183 M 3
Saint-Jean, Rivière ∼ CDN 182-183 M 3
Saint-Jean-Brévelay ○ F (56) 230-231 F 4
Saint-Jean-d'Angély ○ F (17) 236-237 D 4
Saint-Jean-d'Angle ○ F (17) 236-237 D 4
Saint-Jean-d'Arvey ○ F (73) 238-239 H 5
Saint-Jean-d'Assé ○ F (72) 230-231 M 3
Saint-Jean-d'Aulps ○ F (74) 238-239 K 4
Saint-Jean-de-Blaignac ○ F (33) 236-237 E 6
Saint-Jean-de-Bournay ○ F (38) 242-243 G 1
Saint-Jean-de-Buèges ○ F (34) 242-243 D 4
Saint-Jean-de-Côle ○ F (24) 236-237 G 5
Saint-Jean-de-Couz ○ F (73) 242-243 H 1
Saint-Jean-de-Daye ○ F (50) 228-229 B 5
Saint-Jean-de-Dieu ○ CDN 182-183 K 4
Saint-Jean-de-Duras ○ F (47) 236-237 F 6
Saint-Jean-de-Gonville ○ F (01) 238-239 H 4
Saint-Jean-de-Liversay ○ F (17) 236-237 D 3
Saint-Jean-de-Losne ○ F (21) 238-239 G 2
Saint-Jean-de-Luz ○ F (64) 240-241 A 4
Saint-Jean-de-Marsacq ○ F (40) 240-241 B 3
Saint-Jean-de-Maruéjols-et-Avéjan ○ F (30) 242-243 E 3
Saint-Jean-de-Maurienne ○ F (73) 242-243 J 1
Saint-Jean-de-Monts ○ F (85) 236-237 A 2
Saint-Jean-de-Sauves ○ F (86) 236-237 F 2
Saint-Jean-de-Sixt ○ F (74) 238-239 J 5
Saint-Jean-de-Védas ○ F (34) 242-243 D 4
Saint-Jean-d'Illac ○ F (33) 236-237 D 6
Saint-Jean-d'Ormont ○ F (88) 234-235 K 5
Saint-Jean-du-Bruel ○ F (12) 242-243 C 3
Saint-Jean-du-Doigt ○ F (29) 230-231 D 2
Saint-Jean-du-Gard ○ F (30) 242-243 D 3
Saint-Jean-du-Grais, Prieuré de • F (37) 232-233 D 5
Saint-Jean-en-Royans ○ F (26) 242-243 G 1
Saint-Jean-la-Rivière ○ F (06) 242-243 L 4
Saint-Jean-le-Centenier ○ F (07) 242-243 F 2
Saint-Jean-le-Thomas ○ F (50) 230-231 H 2
Saint-Jean-le-Vieux ○ F (01) 238-239 G 4
Saint-Jean-le-Vieux ○ F (64) 240-241 B 4
Saint-Jean-Ligoure ○ F (87) 236-237 H 4
Saint-Jeannet ○ F (06) 242-243 L 4
Saint-Jean-Pied-de-Port ○ F (64) 240-241 B 4
Saint-Jean-Port-Joli ○ CDN 182-183 J 5
Saint-Jean-Poutge ○ F (32) 240-241 E 3
Saint-Jean-Soleymieux ○ F (42) 238-239 E 5
Saint-Jean-sur-Erve ○ F (53) 230-231 L 3
Saint-Jean-sur-Reyssouze ○ F (01) 238-239 G 4
Saint-Jean-sur-Richelieu ○ CDN 182-183 H 6
Saint-Jeoire ○ F (74) 238-239 J 4
Saint-Jérôme ○ CDN 182-183 G 6
Saint-Jeure-d'Ay ○ F (07) 242-243 F 1
Saint-Joachim ○ F (44) 230-231 G 5
Saint Joe ○ USA 188-189 L 1
Saint Joe River ∼ USA 184-185 F 2
Saint John ○ CDN 182-183 L 6
Saint John ○ USA (KS) 186-187 H 7
Saint John ⌒ USA (UVI) 200 C 2
Saint John, Cape ▲ CDN 182-183 R 3
Saint John Bay ≈ 182-183 Q 3
Saint John Island ⌒ CDN 182-183 Q 3
Saint John River ∼ CDN 182-183 L 5
Saint John River ∼ LB 138-139 F 6
Saint John's ★ AG 200 E 3
Saint John's ☆ CDN 182-183 S 5
Saint Johns ○ USA (AZ) 188-189 C 2
Saint Johns ○ USA (MI) 190-191 F 4
Saint Johnsbury ○ USA 190-191 M 3
Saint Johns River ∼ USA 192-193 H 4
Saint-Jores ○ F (50) 228-229 B 5
Saint-Jory ○ F (31) 240-241 G 3
Saint-Joseph ○ F (972) 245 V a 2
Saint-Joseph ○ F (974) 246 II b 2
Saint-Joseph ○ F (988) 247 I d 2
Saint Joseph ○ USA (LA) 188-189 M 4
Saint Joseph ○ USA (MO) 186-187 K 6
Saint Joseph, Lake ⊂⊃ CDN 178-179 L 5
Saint Joseph Island ⌒ SY 160 C 2
Saint Joseph Peninsula ⌒ USA 192-193 F 5
Saint Joseph Plateau ▲ CDN 168-169 c 4
Saint Joseph Point ▲ USA 192-193 F 5
Saint Josephs ○ CDN 182-183 S 5
Saint-Jouin-Bruneval ○ F (76) 228-229 E 4
Saint-Jouin-de-Marnes ○ F (79) 236-237 E 2
Saint-Jouvent ○ F (87) 236-237 H 4
Saint Jovite ○ CDN 182-183 G 5
Saint-Juéry ○ F (12) 240-241 K 3
Saint-Juéry ○ F (81) 240-241 J 3
Saint-Julien ○ F (31) 240-241 G 4
Saint-Julien ○ F (39) 238-239 G 4
Saint-Julien-Chapteuil ○ F (43) 242-243 E 1
Saint-Julien-de-Civry ○ F (71) 238-239 E 4
Saint-Julien-de-Concelles ○ F (44) 230-231 J 5
Saint-Julien-des-Landes ○ F (85) 236-237 B 2
Saint-Julien-de-Vouvantes ○ F (44) 230-231 J 4
Saint-Julien-du-Sault ○ F (89) 232-233 J 3
Saint-Julien-en-Beauchêne ○ F (05) 242-243 H 2
Saint-Julien-en-Genevois ○ F (74) 238-239 J 4
Saint-Julien-en-Quint ○ F (26) 242-243 G 2
Saint-Julien-l'Ars ○ F (86) 236-237 G 2
Saint-Julien-la-Vêtre ○ F (42) 238-239 D 5
Saint-Julien-le-Faucon ○ F (14) 228-229 E 5
Saint-Julien-lès-Metz ○ F (57) 234-235 J 3
Saint-Julien-sur-Reyssouze ○ F (01) 238-239 G 4
Saint-Junien ○ F (87) 236-237 G 4
Saint-Just ○ F (07) 242-243 F 3
Saint-Just-en-Chaussée ○ F (60) 228-229 J 4
Saint-Just-en-Chevalet ○ F (42) 238-239 D 5
Saint-Justin ○ F (40) 240-241 D 3
Saint-Just-le-Martel ○• F (87) 236-237 H 4
Saint-Just-Luzac ○ F (17) 236-237 C 4
Saint-Just-Malmont ○ F (43) 242-243 E 1
Saint-Just-Saint-Rambert ○ F (42) 242-243 E 1
Saint Kilda ⌒••• GB 26-27 C 3
Saint Kitts ⌒ KAN 200 D 3
Saint Kitts and Nevis = Saint-Kitts-et-Nevis ■ KAN 200 D 3
Saint-Kitts-et-Nevis = Saint Kitts and Nevis ■ KAN 200 D 3
Saint-Lager-Bressac ○ F (07) 242-243 F 2
Saint-Lambert-du-Lattay ○ F (49) 230-231 K 5
Saint Lanne Gramont, Île ⌒ F (984) 246 III b 2
Saint-Laon ○ F (86) 236-237 E 2
Saint-Lary ○ F (32) 240-241 F 3
Saint-Lary-Soulan ○ F (65) 240-241 E 5
Saint-Lattier ○ F (38) 242-243 G 1
Saint-Laurent ○ F (31) 240-241 F 4
Saint-Laurent ○ F (988) 247 I d 4
Saint-Laurent, Fleuve = Saint Lawrence River ∼ CDN 182-183 K 4
Saint-Laurent, Golfe du = Saint Lawrence, Gulf of ≈ 182-183 N 4
Saint-Laurent, Île = Saint Lawrence Island ⌒ USA 164-165 E 5
Saint-Laurent-Blagny ○ F (62) 228-229 K 3
Saint-Laurent-d'Aigouze ○ F (30) 242-243 G 4
Saint-Laurent-d'Andenay ○ F (71) 238-239 F 3
Saint-Laurent-de-Cerdans ○ F (66) 240-241 K 6
Saint-Laurent-de-Céris ○ F (16) 236-237 F 4
Saint-Laurent-de-Chamousset ○ F (69) 238-239 E 5
Saint-Laurent-de-la-Cabrerisse ○ F (11) 240-241 K 4
Saint-Laurent-de-la-Plaine ○ F (49) 230-231 K 5
Saint-Laurent-de-la-Prée ○ F (17) 236-237 C 4
Saint Laurent-de-Mure ○ F (69) 238-239 G 5
Saint-Laurent-de-Neste ○ F (65) 240-241 E 4
Saint-Laurent-des-Autels ○ F (49) 230-231 J 5
Saint-Laurent-des-Bois ○ F (41) 232-233 E 4
Saint-Laurent-des-Hommes ○ F (24) 236-237 F 5
Saint-Laurent-du-Bois ○ F (33) 240-241 D 1
Saint-Laurent-du-Maroni ◘ F (973) 245 I a 2
Saint-Laurent-du-Maroni ☆ F (973) 245 I a 1
Saint-Laurent-du-Pape ○ F (07) 242-243 F 2
Saint-Laurent-du-Pont ○ F (38) 242-243 H 1
Saint-Laurent-en-Caux ○ F (76) 228-229 F 4
Saint-Laurent-en-Gâtines ○ F (37) 232-233 D 4
Saint-Laurent-en-Grandvaux ○ F (39) 238-239 H 3
Saint-Laurent-la-Vallée ○ F (24) 236-237 H 6
Saint-Laurent-la-Vernède ○ F (30) 242-243 E 3
Saint-Laurent-les-Bains ○ F (07) 242-243 D 2
Saint-Laurent-Médoc ○ F (33) 236-237 D 5
Saint-Laurent-sur-Gorre ○ F (87) 236-237 G 4
Saint-Laurent-sur-Manoire ○ F (24) 236-237 G 5
Saint-Laurent-sur-Mer ○ F (14) 228-229 C 5
Saint-Laurent-sur-Sèvre ○ F (85) 236-237 D 2
Saint Lawrence ○ AUS 114-115 K 2
Saint Lawrence, Cape ▲ CDN 182-183 O 5
Saint Lawrence, Gulf of ≈ 182-183 N 4
Saint Lawrence Island ⌒ USA 164-165 F 5
Saint Lawrence Island National Park ⊥• CDN 182-183 G 6
Saint Lawrence Island National Park ⊥ USA 190-191 L 3
Saint Lazare ○ CDN 178-179 F 5
Saint-Léger-en-Yvelines ○ F (78) 232-233 F 2
Saint-Léger-Magnazeix ○ F (87) 236-237 H 3
Saint-Léger-sous-Beuvray ○ F (71) 238-239 E 3
Saint-Léger-sur-Dheune ○ F (71) 238-239 F 3
Saint-Léon ○ F (03) 238-239 D 4
Saint-Leon • F 234-235 L 4
Saint Leonard ○ CDN 182-183 L 5
Saint-Léonard-de-Noblat ○ F (87) 236-237 H 4
Saint-Léon-sur-Vézère ○ F (24) 236-237 H 5
Saint-Leu ○ F (974) 246 II a 2
Saint Lewis Inlet ≈ 182-183 Q 2
Saint Lewis River ∼ CDN 182-183 Q 2
Saint Lewis Sound ≈ 182-183 R 2
Saint-Lizier ○ F (09) 240-241 G 5
Saint-Lô ☆ F (50) 228-229 B 5
Saint-Lô-d'Ourville ○ F (50) 228-229 A 5
Saint-Loubès ○ F (33) 236-237 E 6
Saint-Louis ○ F (68) 238-239 M 1
Saint-Louis ○ F (971) 245 IV b 3
Saint-Louis ○ F (974) 246 II a 2
Saint Louis ☆• SN 132-133 B 6
Saint Louis ○ USA 190-191 C 6
Saint-Louis-de-Montferrand ○ F (33) 236-237 D 6
Saint Louis River ∼ USA 186-187 L 2
Saint-Loup-de-la-Salle ○ F (71) 238-239 F 3
Saint-Loup-du-Dorat ○ F (53) 230-231 L 4
Saint-Loup-Hors ○ F (14) 228-229 C 5
Saint-Loup-Lamaire ○ F (79) 236-237 E 2
Saint-Loup-sur-Semouse ○ F (70) 234-235 J 6
Saint Lucia ⌒ WL 200 E 5
Saint Lucia ○ ZA 156-157 L 4
Saint Lucia, Lake ⊂⊃ ZA 156-157 L 4
Saint Lucia = Sainte-Lucie ■ WL 200 E 4
Saint Lucia Channel ≈ 200 E 4
Saint Lucia Game Reserve ⊥ ZA 156-157 L 4
Saint Luciameer ⊂⊃ ZA 156-157 L 4
Saint Lucia Park ⊥ ZA 156-157 L 4
Saint Luis ○ CDN 178-179 D 4
Saint-Lunaire ○• F (35) 230-231 G 2
Saint-Lyphard ○ F (44) 230-231 G 5
Saint-Lys ○ F (31) 240-241 G 3
Saint-Macaire ○ F (33) 240-241 D 1
Saint-Macaire-en-Mauges ○ F (49) 230-231 K 5
Saint-Maclou ○ F (27) 228-229 E 5
Saint-Magne ○ F (33) 240-241 C 1
Saint-Maixant ○ F (23) 236-237 K 4
Saint-Maixent-l'École ○ F (79) 236-237 E 3
Saint-Malachie ○ CDN 182-183 J 5
Saint-Malo ○•• F (35) 230-231 G 2
Saint Malo, Golfe de ≈ 26-27 F 7
Saint-Malo, Golfe de ≈ F 230-231 F 2
Saint-Malo-de-Beignon ○ F (56) 230-231 G 4
Saint-Malo-des-Trois-Fontaines ○ F (56) 230-231 G 3
Saint-Malô-du-Bois ○ F (85) 236-237 D 2
Saint-Malo-en-Donziois ○ F (58) 232-233 J 5
Saint-Mamert ○ F (69) 238-239 F 4
Saint-Mamert-du-Gard ○ F (30) 242-243 E 4
Saint-Mamet-la-Salvetat ○ F (15) 236-237 K 6
Saint-Mandrier-sur-Mer ○ F (83) 242-243 H 5
Saint-Manvieu-Norrey ○ F (14) 228-229 D 5
Saint-Marc ○ F (44) 230-231 G 5
Saint Marc ○ RH 198-199 J 5
Saint Marc, Canal de ≈ 198-199 J 5
Saint-Marcel, Mont ▲ F (973) 245 I b 4
Saint-Marcel-de-Careinet ○ F (30) 242-243 E 3
Saint-Marcel-lès-Valence ○ F (26) 242-243 F 2
Saint-Marcellin ○ F (38) 242-243 G 1
Saint-Marcet ○ F (31) 240-241 F 4
Saint-Marcouf, Îles ⌒ F (50) 228-229 B 4
Saint-Marc-sur-Seine ○ F (21) 238-239 F 1
Saint-Mard-de-Reno ○ F (61) 232-233 D 2
Saint-Mards-en-Othe ○ F (10) 232-233 K 3
Saint-Mard-sur-le-Mont ○ F (51) 234-235 F 4
Saint Margaret Bay ≈ 182-183 Q 3
Saint Maries ○ USA 184-185 F 2
Saint-Marin = San Marino ■ RSM 36-37 C 3
Saint Marks ○ ZA 156-157 H 6
Saint-Mars-des-Pres ○ F (85) 236-237 C 2
Saint-Mars-d'Outillé ○ F (72) 230-231 M 4
Saint-Mars-du-Désert ○ F (44) 230-231 J 5
Saint-Mars-la-Jaille ○ F (44) 230-231 J 4
Saint-Martial ○ F (07) 242-243 E 2
Saint-Martial, Ermitage de • F (17) 236-237 D 5
Saint-Martial-sur-Isop ○ F (87) 236-237 G 3
Saint-Martin ○ F (69) 238-239 E 5
Saint-Martin ⌒ F (971) 245 III a 1
Saint-Martin, Cap ▲ F (972) 245 V a 2
Saint-Martin, Château • F (18) 236-237 L 2
Saint Martin, Lake ⊂⊃ CDN 178-179 G 5
Saint Martin (romane), Abbaye de • F (66) 240-241 J 5
Saint-Martin-aux-Buneaux ○ F (76) 228-229 F 4
Saint-Martin-d'Ablois ○ F (51) 228-229 M 5
Saint-Martin-d'Ardèche ○ F (07) 242-243 F 3
Saint-Martin-d'Auxigny ○ F (18) 232-233 G 5
Saint-Martin-de-Belleville ○ F (73) 242-243 J 1
Saint-Martin-de-Boscherville ○ F (76) 228-229 F 5
Saint-Martin-de-Bossenay ○ F (10) 232-233 K 3
Saint-Martin-de-Bréhal ○ F (50) 230-231 H 2
Saint-Martin-de-Castillon ○ F (84) 242-243 H 4
Saint-Martin-de-Crau ○ F (13) 242-243 F 4
Saint-Martin-de-la-Cluze ○ F (38) 242-243 H 2
Saint-Martin-de-la-Lieue ○ F (14) 228-229 E 5
Saint-Martin-de-Lamps ○ F (36) 236-237 J 2
Saint-Martin-de-la-Place ○ F (49) 230-231 L 5
Saint-Martin-de-Londres ○ F (34) 242-243 D 4
Saint-Martin-d'Entraunes ○ F (06) 242-243 K 3
Saint-Martin-de-Queyrières ○ F (05) 242-243 K 2
Saint-Martin-de-Ré ○ F (17) 236-237 C 3
Saint-Martin-des-Besaces ○ F (14) 228-229 C 5
Saint-Martin-de-Seignanx ○ F (40) 240-241 B 3
Saint-Martin-des-Faux ○ F (12) 240-241 K 2
Saint-Martin-d'Estréaux ○ F (42) 238-239 D 4
Saint-Martin-de-Valgalgues ○ F (30) 242-243 E 3
Saint-Martin-de-Valmas ○ F (07) 242-243 E 2
Saint-Martin-d'Oney ○ F (40) 240-241 C 3
Saint-Martin-d'Ordon ○ F (89) 232-233 J 3
Saint-Martin-d'Oydes ○ F (09) 240-241 G 4
Saint-Martin-du-Fouilloux ○ F (79) 236-237 E 2
Saint-Martin-du-Frêne ○ F (01) 238-239 H 4
Saint-Martin-du-Fresne ○ F (01) 238-239 F 5
Saint-Martin-d'Uriage ○ F (38) 242-243 H 1
Saint-Martin-du-Var ○ F (06) 242-243 L 4
Saint-Martin-en-Campagne ○ F (76) 228-229 G 4
Saint-Martin-en-Haut ○ F (69) 238-239 F 5
Saint-Martin-l'Ars ○ F (86) 236-237 G 3
Saint-Martin-le-Gaillard ○ F (76) 228-229 G 4
Saint-Martin-Lestra ○ F (42) 238-239 E 5
Saint-Martin-le-Vieux ○ F (87) 236-237 H 4
Saint-Martin-l'Heureux ○ F (51) 234-235 E 3
Saint-Martin-Osmonville ○ F (76) 228-229 G 4
Saint Martins ○ CDN 182-183 M 6
Saint-Martin-sur-Ouanne ○ F (89) 232-233 J 4
Saint-Martin-Valmeroux ○ F (15) 236-237 K 5
Saint-Martin-Vésubie ○ F (06) 242-243 L 3
Saint Mary ○ USA 184-185 H 1
Saint Mary, Cape ▲ CDN 182-183 O 6
Saint Mary Îles ⌒ CDN 182-183 P 3
Saint Mary River ∼ CDN 176-177 M 7
Saint Marys ○ AUS 116-117 K 6
Saint Marys ○ USA (KS) 186-187 J 6
Saint Marys ○ USA (PA) 190-191 J 5
Saint Marys ○ USA (WV) 190-191 H 6
Saint Mary's ○ Z 150-151 D 7
Saint Mary's, Cape ▲ CDN 182-183 R 5
Saint Mary's Bay ≈ 182-183 S 5
Saint Marys Peak ▲ AUS 114-115 E 6
Saint Marys River ∼ CDN 182-183 N 6
Saint-Mathieu ○ F (87) 236-237 G 4
Saint-Mathieu, Pointe de ▲•• F (29) 230-231 B 3
Saint-Mathurin-sur-Loire ○ F (49) 230-231 L 5
Saint Matthew Island ⌒ USA 48-49 Y 6
Saint Matthews ○ USA 192-193 H 3
Saint-Maulvis ○ F (80) 228-229 H 4
Saint-Maur ○ F (60) 228-229 H 4
Saint-Maur, Abbaye de • F (49) 230-231 L 5
Saint-Maurice, Rivière ∼ CDN 182-183 H 4
Saint-Maurice-de-Lignon ○ F (43) 242-243 E 1
Saint-Maurice-des-Lions ○ F (16) 236-237 G 4
Saint-Maurice-des-Noues ○ F (85) 236-237 D 2
Saint-Maurice-en-Gourgois ○ F (42) 242-243 E 1
Saint-Maurice-lès-Charencey ○ F (61) 232-233 D 2
Saint-Maurice-près-Pionsat ○ F (63) 236-237 L 3
Saint-Maurice-sur-Aveyron ○ F (45) 232-233 H 4
Saint-Maurice-sur-Moselle ○ F (88) 234-235 K 6
Saint-Maurin ○ F (47) 240-241 F 2
Saint-Max ○ F (54) 234-235 J 4
Saint-Maximin-la-Sainte-Baume ○ F (83) 242-243 H 5
Saint-Maxire ○ F (79) 236-237 E 3
Saint-Méard-de-Drône ○ F (24) 236-237 F 5
Saint-Méard-de-Gurçon ○ F (24) 236-237 F 6
Saint-Médard-de-Guizières ○ F (33) 236-237 E 5
Saint-Médard-de-Presque ○ F (46) 236-237 J 6
Saint-Médard-en-Jalles ○ F (33) 236-237 D 6
Saint-Médard-sur-Ille ○ F (35) 230-231 H 3
Saint-Médart ○ F (16) 236-237 E 4
Saint-Méen-le-Grand ○ F (35) 230-231 G 3
Saint-Meille ○ F (40) 240-241 E 2
Saint-Méloir-des-Ondes ○ F (35) 230-231 H 2
Saint-Menges ○ F (08) 234-235 F 2
Saint-Menoux ○ F (03) 236-237 M 2
Saint-Mesmin ○ F (10) 232-233 K 3
Saint-Mesmin ○ F (85) 236-237 D 2
Saint-Méthode ○ CDN 182-183 H 4
Saint Michael ○ USA 164-165 J 5
Saint Michaels ○ USA 188-189 C 2
Saint Michaels Bay ≈ 182-183 R 2
Saint-Michel ○ F (02) 234-235 E 2
Saint-Michel ○ F (31) 240-241 G 4
Saint-Michel ○ F (32) 240-241 E 4
Saint-Michel-Chef-Chef ○ F (44) 230-231 G 5
Saint-Michel-de-Castelnau ○ F (33) 240-241 D 2
Saint Michel de Cousson • F (04) 242-243 J 3
Saint Michel de Cuxa (romane), Abbaye de • F (66) 240-241 J 5
Saint-Michel-de-Double ○ F (24) 236-237 F 5
Saint-Michel-de-Grandmont, Prieur'e • F (34) 242-243 C 4
Saint Michel de l'Attalaye ○ RH 198-199 J 5
Saint-Michel-de-Maurienne ○ F (73) 242-243 J 1
Saint-Michel-de-Montaigne ○ F (24) 236-237 F 6
Saint-Michel-de-Rieufret ○ F (33) 240-241 D 1
Saint-Michel-des-Saints ○ CDN 182-183 H 5
Saint-Michel-en-Brenne ○ F (36) 236-237 H 2
Saint-Michel-en-Grève ○ F (22) 230-231 D 2
Saint-Michel-en-l'Herm ○ F (85) 236-237 C 3
Saint-Michel-l'Observatoire ○ F (04) 242-243 H 4
Saint-Michel-Mont-Mercure ○ F (85) 236-237 D 2
Saint-Mihiel ○ F (55) 234-235 H 4
Saint-Mitre-les-Remparts ○ F (13) 242-243 G 5
Saint-Nabord ○ F (88) 234-235 K 5
Saint-Nauphary ○ F (82) 240-241 G 3
Saint-Nazaire ○ F (44) 230-231 G 5
Saint-Nazaire-en-Royans ○ F (26) 242-243 G 1
Saint-Nazaire-le-Désert ○ F (26) 242-243 G 2
Saint-Nectaire ○ F (63) 236-237 L 4
Saint-Nic ○ F (29) 230-231 C 3
Saint-Nicholas Abbey • BDS 200 F 5
Saint-Nicodème ○ F (22) 230-231 E 3
Saint-Nicodemme • F (56) 230-231 E 4
Saint-Nicolas-de-la-Grave ○ F (82) 240-241 G 2
Saint-Nicolas-de-Port ○ F (54) 234-235 J 4
Saint-Nicolas-de-Redon ○ F (44) 230-231 G 4
Saint-Nicolas-des-Motets ○ F (37) 232-233 E 4
Saint-Nicolas-du-Pélem ○ F (22) 230-231 E 3
Saint Norbert ○ CDN 178-179 H 6
Saint-Omer ○• F (62) 228-229 J 2
Saint-Omer-en-Chaussée ○ F (60) 228-229 J 4
Saintonge ∸ F (17) 236-237 D 4
Saint-Ost ○ F (32) 240-241 E 4
Saint-Ouen-de-Thouberville ○ F (27) 228-229 F 5
Saint-Ouen-du-Breuil ○ F (76) 228-229 G 4
Saint-Ovin ○ F (50) 230-231 J 2
Saint-Pair-sur-Mer ○ F (50) 230-231 H 2
Saint-Palais ○ F (64) 240-241 B 4
Saint-Palais-sur-Mer ○ F (17) 236-237 C 4
Saint-Pal-de-Mons ○ F (43) 242-243 E 1
Saint-Pal-de-Senouire ○ F (43) 242-243 D 1
Saint-Pamphile ○ CDN 182-183 K 5
Saint-Papoul ○ F (11) 240-241 J 4
Saint-Pardoux ○ F (79) 236-237 E 2
Saint-Pardoux ○ F (87) 236-237 H 3
Saint-Pardoux, Lac de ⊂⊃ F (87) 236-237 H 3
Saint-Pardoux-la-Rivière ○ F (24) 236-237 G 5
Saint-Pargoire ○ F (34) 242-243 D 4
Saint-Parize-le-Châtel ○ F (58) 238-239 C 3
Saint-Pascal ○ CDN 182-183 K 5
Saint-Pastour ○ F (47) 240-241 F 2
Saint-Paterne-Racan ○ F (37) 230-231 M 4
Saint-Patrice, Lac ⊂⊃ CDN 182-183 F 5
Saint Paul ○ CDN 176-177 P 4
Saint-Paul ○ CDN 182-183 Q 3
Saint-Paul ○ F (04) 242-243 K 2
Saint-Paul ○ F (06) 242-243 L 4
Saint-Paul ○ F (19) 236-237 J 5
Saint-Paul ○ F (60) 228-229 J 5
Saint-Paul ○ F (87) 236-237 H 4
Saint-Paul ○ F (974) 246 II a 1
Saint Paul ○ USA (AR) 188-189 L 2
Saint Paul ○ USA (NE) 186-187 H 5
Saint Paul ○ USA (VA) 190-191 G 7
Saint Paul ☆ USA (MN) 186-187 L 3
Saint-Paul, Baie- ○ CDN 182-183 J 5
Saint-Paul, Baie de ≈ 246 II a 1
Saint Paul, Cape ▲ GH 138-139 L 7
Saint-Paul, Île ⌒ F (984) 246 VI
Saint Paul, Monastery of • ET 130-131 F 3
Saint Paul, Zone de Fracture = Saint Paul Fracture Zone ≃ 14-15 G 8
Saint-Paul-Cap-de-Joux ○ F (81) 240-241 H 3
Saint-Paul-de-Fenouillet ○ F (66) 240-241 K 5
Saint-Paul-des-Landes ○ F (15) 236-237 K 6
Saint-Paul-de-Varax ○ F (01) 238-239 G 4
Saint-Paul-d'Oueil ○ F (31) 240-241 F 5
Saint-Paul-en-Forêt ○ F (83) 242-243 K 4
Saint-Paulet-de-Jarrat ○ F (09) 240-241 H 5
Saint-Paul-et-Valmalle ○ F (34) 242-243 D 4
Saint Paul Fracture Zone = Saint Paul, Zone de Fracture ≃ 14-15 G 8
Saint-Paulien ○ F (43) 242-243 D 1
Saint Paul Island ⌒ CDN 182-183 O 5
Saint Paul Island ⌒ USA 166-167 L 4
Saint-Paul-le-Gaultier ○ F (72) 230-231 L 3
Saint-Paul-le-Jeune ○ F (07) 242-243 E 3
Saint-Paul-lès-Dax ○ F (40) 240-241 B 3
Saint-Paul-lès-Durance ○ F (13) 242-243 H 4
Saint Paul National Park ⊥ RP 96-97 C 7
Saint Paul River ∼ CDN 182-183 Q 2
Saint Paul River ∼ LB 138-139 E 6
Saint Pauls ○ USA 192-193 J 2
Saint Pauls Inlet ≈ 182-183 P 4
Saint-Paul-Trois-Châteaux ○ F (26) 242-243 F 3
Saint-Pé-de-Bigorre ○ F (65) 240-241 D 4
Saint-Péran ○ F (35) 230-231 G 3
Saint-Péravy-la-Colombe ○ F (45) 232-233 F 4
Saint-Péray ○ F (07) 242-243 F 2
Saint-Perdon ○ F (40) 240-241 C 3
Saint-Père ○ F (58) 232-233 H 5
Saint-Père-en-Retz ○ F (44) 230-231 G 5
Saint Peter Bay ≈ 182-183 R 2
Saint Peter Island ⌒ AUS 112-113 M 6
Saint Peter Port ○ GBG 26-27 F 7
Saint Peters ○ CDN (NS) 182-183 O 6
Saint Peters ○ CDN (PEI) 182-183 N 5
Saint Petersburg ○ USA 192-193 G 6
Saint-Pey-d'Armens ○ F (33) 236-237 E 6
Saint-Philbert-de-Grand-Lieu ○ F (44) 230-231 H 5
Saint-Philémon ○ CDN 182-183 J 5
Saint-Philippe ○ F (974) 246 II b 2
Saint-Pierre ○ F (972) 245 V a 2
Saint-Pierre ○ F (974) 246 II a 2
Saint-Pierre ○ F (988) 247 I d 3
Saint-Pierre ☆ F (975) 245 II b 2
Saint Pierre ▲ F (04) 242-243 H 3
Saint-Pierre ⌒ F (975) 245 II b 2
Saint-Pierre •• F (60) 228-229 J 5
Saint-Pierre • F 238-239 H 1
Saint-Pierre, Église • F (03) 238-239 C 3
Saint-Pierre, Fort ∴• SN 138-139 D 2
Saint-Pierre, Havre- ○ CDN 182-183 N 3
Saint-Pierre, Lac ⊂⊃ CDN 182-183 H 5
Saint-Pierre, Rade de ≈ 245 V a 2
Saint-Pierre-à-Champ ○ F (79) 230-231 L 5
Saint-Pierre Bank ≃ 182-183 Q 5
Saint-Pierre-d'Albigny ○ F (73) 238-239 J 5
Saint-Pierre-de-Chartreuse ○ F (38) 242-243 H 1
Saint-Pierre-de-Chignac ○ F (24) 236-237 G 5
Saint-Pierre-de-Jards ○ F (36) 232-233 F 5
Saint-Pierre-de-Maille ○ F (86) 236-237 G 2
Saint-Pierre-d'Entremont ○ F (61) 230-231 K 2
Saint-Pierre-de-Plesguen ○ F (35) 230-231 H 3
Saint-Pierre-des-Corps ○ F (37) 232-233 D 5
Saint-Pierre-des-Nids ○ F (53) 230-231 L 3
Saint-Pierre-de-Trivisy ○ F (81) 240-241 J 3
Saint-Pierre-d'Oléron ○ F (17) 236-237 C 4
Saint-Pierre-du-Chemin ○ F (85) 236-237 D 2
Saint-Pierre-du-Vauvray ○ F (27) 228-229 G 5
Saint-Pierre-Église ○ F (50) 228-229 B 4
Saint-Pierre-en-Port ○ F (76) 228-229 E 4
Saint-Pierre-et-Miquelon ◘ F (975) 245 II a 2
Saint-Pierre et Miquelon = Saint-Pierre et Miquelon ◘ F 182-183 Q 5
Saint Pierre Jolys ○ CDN 178-179 H 6
Saint-Pierre-Jolys ○ CDN 178-179 H 6
Saint-Pierre-le-Moûtier ○ F (58) 236-237 M 2
Saint-Pierre-Montlimart ○ F (49) 230-231 J 5
Saint-Pierre-Quiberon ○ F (56) 230-231 E 4
Saint-Pierre-sur-Dives ○ F (14) 228-229 D 5
Saint-Pierre-sur-Mer ○ F (11) 242-243 C 5
Saint-Pierre-sur-Orthe ○ F (53) 230-231 L 3
Saint-Pierre-Toirac ○ F (46) 240-241 H 1
Saint-Pierreville ○ F (07) 242-243 E 2
Saint-Pilon ▲ F (83) 242-243 H 5

Saint-Plancard ○ F (31) 240-241 F 4
Saint-Point, Lac de ⬭ F 238-239 J 3
Saint-Pois ○ F (50) 230-231 J 2
Saint-Poix ○ F (53) 230-231 J 4
Saint-Pol-de-Léon ○• F (29) 230-231 D 2
Saint-Polgues ○ F (42) 238-239 D 5
Saint-Pol-sur-Mer ○ F (59) 228-229 J 1
Saint-Pol-sur-Ternoise ○ F (62) 228-229 J 3
Saint-Polycarpe ○ F (11) 240-241 J 4
Saint-Pompont ○ F (24) 236-237 H 6
Saint-Poncy ○ F (15) 242-243 C 1
Saint-Pons-de-Thomières ○ F (34) 240-241 K 4
Saint-Porchaire ○ F (17) 236-237 D 4
Saint-Pourçain-sur-Sioule ○ F (03) 238-239 C 4
Saint-Priest-des-Champs ○ F (63) 236-237 L 4
Saint-Priest-sous-Aixe ○ F (87) 236-237 H 4
Saint-Priest-Taurion ○ F (87) 236-237 H 4
Saint-Privat ○ F (19) 236-237 K 5
Saint-Privat-la-Montagne ○ F (57) 234-235 J 3
Saint-Prix ○ F (03) 238-239 D 4
Saint-Prouant ○ F (85) 236-237 D 2
Saint-Puy ○ F (32) 240-241 E 3
Saint-Quay-Portrieux ○• F (22) 230-231 F 2
Saint-Quentin ○ CDN 182-183 L 5
Saint-Quentin ○ F (02) 228-229 L 4
Saint-Quentin, Canal de < F (02) 228-229 L 4
Saint-Quentin-en-Tourmont ○ F (80) 228-229 H 3
Saint-Quentin-la-Poterie ○ F (30) 242-243 E 3
Saint-Quentin-les-Anges ○ F (53) 230-231 K 4
Saint-Quentin-sur-Indrois ○ F (37) 232-233 E 5
Saint-Quentin-sur-Isère ○ F (38) 242-243 H 1
Saint-Quirin ○ F (57) 234-235 L 4
Saint-Rambert-d'Albon ○ F (26) 242-243 F 1
Saint-Rambert-en-Bugey ○ F (01) 238-239 G 5
Saint-Raphaël ○ F (83) 242-243 K 5
Saint Raphaël ○ RH 198-199 J 5
Saint-Raymond ○ CDN 182-183 J 5
Saint Regis ○ USA 184-185 G 2
Saint-Remèze ○ F (07) 242-243 F 3
Saint-Rémy ○ F (24) 236-237 F 6
Saint-Rémy ○ F (71) 238-239 F 3
Saint-Rémy-Blanzy ○ F (02) 228-229 L 5
Saint-Rémy-de-Chaudes-Aigues ○ F (15) 236-237 M 6
Saint-Rémy-de-Provence ○• F (13) 242-243 F 4
Saint-Rémy-du-Plain ○ F (35) 230-231 H 3
Saint-Rémy-en-Bouzemont-Saint-Genest-et-Isson ○ F (51) 234-235 F 4
Saint-Rémy-en-Montmorillon ○ F (86) 236-237 G 3
Saint-Rémy-en-Rollat ○ F (03) 238-239 C 4
Saint-Rémy-sur-Avre ○ F (28) 232-233 E 2
Saint-Rémy-sur-Durolle ○ F (63) 238-239 D 5
Saint-Renan ○ F (29) 230-231 B 3
Saint-Révérien ○ F (58) 232-233 K 5
Saint-Rigaud, Mont ▲ F (69) 238-239 E 4
Saint-Riquier ○ F (80) 228-229 H 3
Saint-Rivoal ○ F (29) 230-231 D 3
Saint Robert ○ USA 186-187 L 7
Saint-Roch ○ F (988) 247 I d 3
Saint Roch Basin ≈ 168-169 Y 6
Saint-Roger • F (08) 234-235 F 2
Saint-Romain ○ F (86) 236-237 F 3
Saint-Romain-de-Benet ○ F (17) 236-237 D 4
Saint-Romain-de-Colbosc ○ F (76) 228-229 E 4
Saint-Romain-le-Puy ○ F (42) 238-239 E 5
Saint-Rome-de-Cernon ○ F (12) 240-241 K 2
Saint-Rome-de-Tarn ○ F (12) 240-241 K 2
Saint-Saëns ○ F (76) 228-229 G 4
Saint-Salvy-de-la-Balme ○ F (81) 240-241 J 3
Saint-Samson-la-Poterie ○ F (60) 228-229 H 4
Saint-Sardos ○ F (82) 240-241 G 3
Saint-Satur ○ F (18) 232-233 H 5
Saint-Saturnin ○ F (18) 236-237 K 2
Saint-Saturnin ○ F (63) 236-237 M 4
Saint-Saturnin-d'Apt ○ F (84) 242-243 G 4
Saint-Saturnin-de-Lenne ○ F (12) 240-241 L 2
Saint-Saud-Lacoussière ○ F (24) 236-237 G 4
Saint-Saulge ○ F (58) 232-233 K 5
Saint-Sauvant ○ F (17) 236-237 D 4
Saint-Sauvant ○ F (86) 236-237 F 3
Saint-Sauves-d'Auvergne ○ F (63) 236-237 L 4
Saint-Sauveur ○ F (29) 230-231 D 3
Saint-Sauveur ○ F (33) 236-237 D 5
Saint-Sauveur ○ F (70) 238-239 J 1
Saint-Sauveur ○ F (79) 236-237 E 2
Saint-Sauveur ○ F (85) 236-237 A 2
Saint-Sauveur-en-Puisaye ○ F (89) 232-233 J 4
Saint-Sauveur-en-Rue ○ F (42) 242-243 E 1
Saint-Sauveur-Lendelin ○ F (50) 228-229 B 5
Saint-Sauveur-le-Vicomte ○ F (50) 228-229 A 5
Saint-Saveur-de-Montagut ○ F (07) 242-243 F 2
Saint-Saveur-sur-Tinée ○ F (06) 242-243 L 3
Saint-Savin ○ F (33) 236-237 E 5
Saint-Savin ○ F (38) 238-239 G 5
Saint-Savin ○••• F (86) 236-237 G 2
Saint-Savinien ○ F (17) 236-237 D 4
Saint Sebastian Bay ≈ 156-157 E 7
Saint-Sébastien-sur-Loire ○ F (44) 230-231 H 5
Saint-Secondin ○ F (86) 236-237 F 3
Saint-Séglin ○ F (35) 230-231 G 4
Saint-Seine ○ F (58) 238-239 D 3
Saint-Seine-en-Bâche ○ F (21) 238-239 G 2
Saint-Seine-l'Abbaye ○ F (21) 238-239 F 2
Saint-Senoch ○ F (37) 232-233 D 5
Saint-Sernin-sur-Rance ○ F (12) 240-241 K 3
Saint-Servan-sur-Mer ○ F (35) 230-231 H 2
Saint-Seurin-de-Cadourne ○ F (33) 236-237 D 5
Saint-Sever ○• F (40) 240-241 C 3
Saint-Sever-Calvados ○ F (14) 230-231 J 2
Saint-Séverin ○ F (16) 236-237 F 5
Saint Shott's ○ CDN 182-183 S 5
Saint-Siméon ○ CDN 182-183 K 5
Saint Simeon, Monastery of • ET 130-131 F 5
Saint Simons Island ⌒ USA 192-193 H 4
Saint-Sorlin-d'Arves ○ F (73) 242-243 J 1
Saint-Sornin ○ F (16) 236-237 F 4
Saint-Soupplets ○ F (77) 228-229 K 5
Saint Stephen ○ CDN 182-183 L 6
Saint Stephen ○ USA 192-193 J 3
Saint Stephens Historic Site ∴ USA 192-193 D 4
Saint-Sulpice ○ F (46) 240-241 H 1
Saint-Sulpice ○ F (81) 240-241 H 3
Saint-Sulpice-de-Favières ○ F (91) 232-233 G 2
Saint-Sulpice-de-Royan ○ F (17) 236-237 C 4
Saint-Sulpice-des-Landes ○ F (35) 230-231 H 4
Saint-Sulpice-Laurière ○ F (87) 236-237 H 3
Saint-Sulpice-les-Champs ○ F (23) 236-237 K 4
Saint-Sulpice-les-Feuilles ○ F (87) 236-237 H 3
Saint-Sulpice-sur-Lèze ○ F (31) 240-241 G 4
Saint-Sylvain ○ F (14) 228-229 D 5
Saint-Symphorien ○ F (33) 240-241 D 2
Saint-Symphorien-de-Lay ○ F (42) 238-239 E 5
Saint-Symphorien-d'Ozon ○ F (69) 238-239 F 5
Saint-Symphorien-sur-Coise ○ F (69) 238-239 E 5
Saint Teresa ○ USA 192-193 F 5
Saint-Thegonnec ○• F (29) 230-231 D 2
Saint Theresa Point ○ CDN 178-179 J 4
Saint-Thibault ○ F (21) 238-239 E 2
Saint-Thibéry ○ F (34) 242-243 C 5
Saint Thomas ○ CDN 182-183 D 7
Saint Thomas ○ USA (ND) 186-187 J 1
Saint Thomas ⌒ USA (UVI) 200 C 2
Saint-Thuriau ○ F (56) 230-231 F 3
Saint-Thurien ○ F (29) 230-231 D 4
Saint-Tite ○ CDN 182-183 H 5
Saint-Trivier-de-Courtes ○ F (01) 238-239 G 4
Saint-Trivier-sur-Moignans ○ F (01) 238-239 F 4
Saint-Trojan-les-Bains ○ F (17) 236-237 C 4
Saint-Tropez ○• F (83) 242-243 K 5
Saint-Urbain ○ CDN 182-183 J 5
Saint-Urcize ○ F (15) 236-237 M 6
Saint-Vaast-la-Hougue ○ F (50) 228-229 B 4
Saint-Valérien ○ F (89) 232-233 J 3
Saint-Valéry-en-Caux ○ F (76) 228-229 F 4
Saint-Valery-sur-Somme ○ F (80) 228-229 H 3
Saint-Vallier ○ F (26) 242-243 F 1
Saint-Vallier ○ F (71) 238-239 E 3
Saint-Vallier-de-Thiey ○ F (06) 242-243 K 4
Saint-Varent ○ F (79) 236-237 E 2
Saint-Vaury ○ F (23) 236-237 J 3
Saint-Venant ○ F (62) 228-229 K 2
Saint-Véran ○ F (05) 242-243 K 2
Saint-Viâtre ○ F (41) 232-233 F 4
Saint-Victor ○ F (03) 236-237 L 3
Saint-Victor-de-Chrétienville ○ F (27) 228-229 F 5
Saint-Victor-et-Melvieu ○ F (12) 240-241 K 2
Saint-Victor-l'Abbaye ○ F (76) 228-229 G 4
Saint Victor's Petroglyphs Historic Park ∴• CDN 178-179 D 6
Saint Vidgeon ○ AUS 110-111 C 4
Saint-Vigor-des-Mézerets ○ F (14) 230-231 K 2
Saint-Vigor-le-Grand ○ F (14) 228-229 C 5
Saint Vincent ○ USA 186-187 J 1
Saint Vincent ⌒ WV 200 E 5
Saint-Vincent, Baie de ≈ 247 I d 4
Saint Vincent, Cap = Tanjona Ankaboa ▲ RM 158-159 C 8
Saint Vincent, Golfe de = Saint Vincent, Gulf ≈ 116-117 E 3
Saint Vincent, Gulf ≈ 116-117 E 3
Saint Vincent and the Grenadines = St-Vincent-et-Grenadines ■ WV 200 E 5
Saint-Vincent-Bragny ○ F (71) 238-239 E 3
Saint-Vincent-de-Connezac ○ F (24) 236-237 F 5
Saint-Vincent-de-Reins ○ F (69) 238-239 E 4
Saint-Vincent-de-Tyrosse ○ F (40) 240-241 B 3
Saint-Vincent-du-Lorouër ○ F (72) 230-231 M 4
Saint-Vincent-et-Grenadines=Saint Vincent and the Grenadines ■ WV 200 E 5
Saint Vincent Island ⌒ USA 192-193 F 5
Saint-Vincent-la-Châtre ○ F (79) 236-237 E 3
Saint Vincent Passage ≈ 200 E 5
Saint-Vincent-Sterlanges ○ F (85) 236-237 C 2
Saint-Vincent-sur-Jabron ○ F (04) 242-243 H 3
Saint-Vincent-sur-Oust ○ F (56) 230-231 G 4
Saint-Vit ○ F (25) 238-239 H 2
Saint-Vivien-de-Médoc ○ F (33) 236-237 C 5
Saint-Vran ○ F (22) 230-231 G 3
Saint-Vulbas ○ F (01) 238-239 G 5
Saint Walburg ○ CDN 176-177 Q 5
Saint-Wandrille-Rançon ○ F (76) 228-229 F 4
Saint-Xandre ○ F (17) 236-237 C 3
Saint-Yaguen ○ F (40) 240-241 C 3
Saint-Yorre ○ F (03) 238-239 C 4
Saint-Yrieix-la-Perche ○ F (87) 236-237 H 4
Saint-Yrieix-le-Déjalat ○ F (19) 236-237 J 5
Saint-Yvy ○ F (29) 230-231 D 4
Saint-Yzans-de-Médoc ○ F (33) 236-237 D 5
Saint-Zacharie ○ F (83) 242-243 H 5
Saint-Zénon ○ CDN 182-183 H 5
Sainville ○ F (28) 232-233 F 3
Sainyinan-Daji ○ WAN 134-135 B 6
Saipal ▲ NEP 80-81 C 6
Saipina ○ BOL 214-215 E 6
Šā'ir ○ OM 68-69 J 5
Saire ∼ F (50) 228-229 B 4
Sais, Ǧabal ∴• SYR 64-65 G 6
Saisal, Cachoeira ∼ BR 210-211 H 7
Saissac ○ F (81) 240-241 J 4
Saito ○ J 88-89 D 8
Saiton ○ RP 96-97 E 8
Sai'ūn ○• Y 68-69 F 6
Saizerais ○ F (54) 234-235 J 4
Sajam ○ RI 102-103 G 2
Sajama ○ BOL 214-215 C 6
Sajama, Río ∼ BOL 214-215 C 6
Šajan ○ KA 72-73 L 3
Šajan ∼ KA 72-73 L 3
Sajanogorsk ○ RUS 52-53 E 9
Sajano-Šušenskoe, vodohranilišče ⬭ RUS 52-53 E 9
Sajansk ○ RUS 52-53 L 8
Sajat ○ TM 72-73 H 5
Šajboveem ∼ RUS 48-49 N 4
Sajčik ∼ RUS 56-57 R 6
Sajdy ○ RUS 46-47 U 5
Sajhan-Ovoo = Ongi ○ MAU 84-85 F 5
Sajjugem, hrebet ▲ RUS 60-61 Q 4
Šajmak ○ TJ 82-83 B 7
Šajmak ○ TJ 82-83 B 7
Sajnšand ○ MAU (ÖMN) 84-85 F 6
Sajnšand ☆ MAU (DOG) 84-85 K 5
Sajrab ○ US 72-73 K 5
Saj-Utjës ○ KA 62-63 K 5
Sajylyk ○ RUS (SAH) 46-47 W 5
Sajylyk ○ RUS (SAH) 54-55 L 4
Sajylyk ○ RUS (SAH) 54-55 J 4
Saka ○ ETH 144-145 C 4
Saka ○ MA 124-125 K 3
Sakabinda ○ ZRE 150-151 C 6
Sa Kaeo ○ THA 94-95 G 4
Sakai ○ GH 138-139 J 4
Sakai ○ J 88-89 F 7
Sakaide ○ J 88-89 E 7
Sakaiminato ○ J 88-89 E 7
Sakai National Park ⊥ J 88-89 C 8
Sakāka ☆• KSA 66-67 G 3
Sakakawea, Lake ⬭ USA 186-187 F 2
Sakala, Pulau ⌒ RI 104 C 6
Sakaleona ∼ RM 158-159 F 8
Sakami, Lac ⬭ CDN 182-183 F 2
Sakami, Rivière ∼ CDN 182-183 H 2
Sakania ○ ZRE 150-151 E 7
Sakania, Réserve partielle à éléphants de ⊥ ZRE 150-151 E 6
Sakao, Île = Lahti ⌒ VAN 120 II a 2
Sakapane ○ RB 154-155 B 4
Sakar, Pulau ⌒ MAL 96-97 C 10
Sakaraha ○ RM 158-159 D 9
Sakar Island ⌒ PNG 119 E 3
Sakarya ○ TR 64-65 D 2
Sakarya Nehri ∼ TR 64-65 D 2
Sakassou ○ CI 138-139 H 6
Sakata ○ J 88-89 H 5
Sakata ○ RI 100-101 K 4
Sakbayémé ○ CAM 140-141 J 6
Sake ○ ZRE 148-149 B 4
Sakété ○ DY 140-141 E 5
Sakhaline, Golfe de = Sahalinskij zaliv ≈ 58-59 J 2
Sakhaline = Sahalin, ostrov ⌒ RUS 58-59 K 3
Sakhonnakhon ○ THA 94-95 H 2
Saki ○ WAN 140-141 E 4
Šakiai ☆ LT 30-31 H 4
Sakiet Sidi Youssef ○ TN 126-127 G 2
Sakiramke ○ RI 102-103 L 6
Sak Lek ○ THA 94-95 F 2
Sakleshpur ○ IND 76-77 F 4
Sakmara ∼ RUS 32-33 L 7
Sakoamadinika ○ RM 158-159 F 6
Sakongen Bay ≈ 180-181 H 2
Sakpiegu ○ GH 138-139 K 5
Sakrānd ○ PK 74-75 B 6
Sakré Délèb ○ TCH 142-143 D 4
Sakri ○ IND 74-75 E 9
Sakrivier ○ ZA 156-157 E 5
Sakrivier ∼ ZA 156-157 E 5
Saksauyl ○ KA 62-63 O 4
Šakšinskoe, ozero ⬭ RUS 54-55 F 9
Saku ○ J 88-89 H 6
Sakubo ○ RI 98-99 C 5
Sakura ○ J 88-89 J 7
Sakwatamau River ∼ CDN 176-177 M 4
Saky ☆• UA 38-39 H 5
Sakyndyk mujisi ▲ KA 62-63 J 5
Sal ∼ RUS 38-39 N 4
Sal, Cadena de Cerro de la ▲ PE 208-209 E 7
Sal, Cay ⌒ BS 198-199 E 3
Sal, Ilha do ⌒ CV 138-139 C 5
Sal, La ○ USA 186-187 C 6
Sal, Raudal de la ∼ CO 208-209 F 2
Sala ○ EAT 150-151 F 4
Sala ☆ S 22-23 H 7
Salabangka, Kepulauan ⌒ RI 100-101 H 5
Salaberry-de-Valleyfield ○ CDN 182-183 G 6
Sālābiḫ, as- ○ UAE 70-71 F 6
Salačgriva ○ LV 30-31 J 3
Sala Consilina ○ I 36-37 E 4
Salada, Estrecho ∼ RCH 220-221 B 6
Saladas ○ RA 220-221 H 5
Saladas, Lagunas ⬭ RA 220-221 F 5
Saladillo ○ RA 222-223 K 3
Saladillo, Arroyo ∼ RA 222-223 J 2
Saladillo, Arroyo del ∼ RA 220-221 G 6
Saladillo, Río ∼ RA 220-221 E 5
Saladillo, Río ∼ RA 222-223 H 2
Saladillo Amargo, Arroyo ∼ RA 220-221 G 6
Salado ○ RA 220-221 D 5
Salado, Arroyo ∼ RA 222-223 F 6
Salado, Arroyo ∼ RA 222-223 G 6
Salado, Arroyo ∼ RA 222-223 J 4
Salado, El ○ RA 224 G 4
Salado, El ○ RCH 220-221 B 4
Salado, Riacho ∼ RA 220-221 H 3
Salado, Río ∼ MEX 194-195 K 4
Salado, Río ∼ RA 220-221 F 5
Salado, Río ∼ RA 220-221 H 4
Salado, Río ∼ RA 222-223 F 3
Salado, Río ∼ RA 222-223 E 3
Salado, Río ∼ RA 222-223 D 5
Salado, Río ∼ USA 188-189 D 3
Salado o Amblayo, Río ∼ RA 220-221 E 3
Salado o Chadileuvu, Río ∼ RA 222-223 F 4
Salado o Curacó, Río ∼ RA 222-223 G 5
Saladougou ○ RG 138-139 F 4
Salado Viejo ∼ RA 220-221 D 5
Salaga ○ GH 138-139 K 5
Salagle ○ SP 148-149 J 3
Salagou, Lac du ⬭ F (34) 242-243 C 4
Ṣalāḥaddīn □ IRQ 64-65 K 5
Salahleh = Salahly ○ SP 144-145 G 4
Salahly = Salahleh ○ SP 144-145 G 4
Salairskij krjaž ⩞ RUS 60-61 O 1
Salajwe ○ RB 154-155 C 6
Salal ○ TCH 134-135 H 5
Salāla ○•• OM 68-69 J 5
Salāla ○ SUD 136-137 H 2
Salamá ☆ GCA 196-197 J 4
Salamá ○ HN 196-197 L 4
Salamanca ○••• E 34-35 E 4
Salamanca ○ MEX 196-197 D 1
Salamanca ○ RCH 220-221 B 6
Salamanca ○ USA 190-191 J 4
Salamanca, Roches du ⌒ F (984) 246 III c 4
Salamanque = Salamanca ○••• E 34-35 E 4
Salamat □ TCH 142-143 E 3
Salamat, Bahr ∼ TCH 142-143 D 3
Salamaua ○ PNG 119 D 4
Salamina ○ CO (CAL) 204-205 D 5
Salamina ○ CO (MAG) 204-205 D 2
Salamína ○ GR 36-37 J 6
Salamiya ○ SYR 64-65 G 5
Salamiya, as- ○ KSA 66-67 K 5
Salamo ○ PNG 119 F 5
Šalamzār ○ IR 70-71 D 2
Sālang, Kōtal-e ▲ AFG 72-73 L 7
Salangketo, Tanjung ▲ RI 100-101 G 6
Sa'āniya, aš- ○ KSA 66-67 H 4
Salantai ○ LT 30-31 G 3
Salar de Pocitos ○ RA 220-221 D 3
Salas ○ PE 208-209 C 5
Salas de los Infantes ○ E 34-35 F 3
Salat ∼ RUS 50-51 P 3
Ṣalatain, Bi'r < ET 130-131 G 6
Salatiga ○ RI 104 D 3
Salatine, Tchi-n- < RN 134-135 B 4
Šalaurova ○ RUS 46-47 Y 3
Šalaurova, mys ▲ RUS 46-47 Y 3
Salavat ○ RUS 32-33 J 7
Salavātābād ○ IR 64-65 M 5
Salawati, Pulau ⌒ RI 102-103 F 2
Salay ○ RP 96-97 F 8
Sala-y-Gomez, Dorsale de = Sala y Gomez Ridge ≃ 13 B 7
Sala y Gomez Ridge = Sala-y-Gomez, Dorsale de ≃ 13 B 7
Salayie ○ LB 138-139 F 6
Salazar ○ RA 222-223 H 4
Salazie ○ F (974) 246 II b 2
Salazie, Cirque de ∪• F (974) 246 II a 2
Salbris ○ F (41) 232-233 G 5
Salcabamba ○ PE 208-209 E 8
Salcedo ☆ DOM 198-199 K 5
Salcha River ∼ USA 164-165 R 4
Saldaña ○ CO 204-205 D 6
Saldaña ○ E 34-35 E 3
Saldanha ○ ZA 156-157 C 6
Saldanhabaai ≈ 156-157 C 6
Saldé ○ SN 132-133 D 6
Saldus ○•• LV 30-31 H 3
Sale ○ AUS 116-117 J 5
Sale, Jar- ○ RUS 44-45 O 8
Salé, Lac ⊙ • COM 158-159 C 3
Salé = Slā ○ MA 124-125 H 3
Sale, Tarko- ☆ RUS 50-51 O 2
Salea ○ RI 100-101 G 4
Salée < RIM 132-133 F 5
Salée, Rivière ∼ F (971) 245 IV a 2
Saleh ∼ RI 98-99 F 6
Saleh, Teluk ≈ RI 104 C 7
Ṣālehābād ○ IR (HAM) 70-71 C 1
Ṣālehābād ○ IR (HOR) 72-73 G 7
Salehard ☆ RUS 44-45 M 8
Sālekinna ▲ N 22-23 E 5
Sālelologa ○ WS 120 V a 1
Salem ○ IND 76-77 H 5
Salem ○ USA (FL) 192-193 G 5
Salem ○ USA (IL) 190-191 D 6
Salem ○ USA (IN) 190-191 E 6
Salem ○ USA (MO) 190-191 C 7
Salem ○ USA (NJ) 190-191 L 6
Salem ○ USA (OH) 190-191 H 5
Salem ○ USA (SD) 186-187 J 4
Salem ○ USA (VA) 190-191 H 7
Salem ☆ USA (OR) 184-185 C 3
Salem ○ ZA 156-157 H 6
Salemal ○ RUS 44-45 N 8
Salémata ○ SN 138-139 D 3
Salentina, Penisola ∪ I 36-37 G 4
Salentine, Péninsule = Salentina, Penisola ∪ I 36-37 G 4
Salérans ○ F (05) 242-243 H 3
Salerne, Golfe de = Salerno, Golfo di ≈ 36-37 E 4
Salerne = Salerno ☆• I 36-37 E 4
Salernes ○ F (83) 242-243 J 4
Salerno ☆• I 36-37 E 4
Salerno, Golfo di ≈ 36-37 E 4
Salers ○ F (15) 236-237 K 5
Sales ○ BR 216-217 F 6
Sālesatele ○ WS 120 V b 2
Salesópolis ○ BR 216-217 H 7
Saleta ∼ RUS 44-45 O 8
Salettes ○ F (43) 242-243 C 2
Salève, Mont ▲ F (74) 238-239 J 4
Saleye ○ CI 138-139 J 5
Salga ∼ RUS 46-47 K 3
Salga Rede, Corredeira ∼ BR 210-211 F 2
Salgótarján ○ H 28-29 P 4
Šalgovaara ○ RUS 24-25 M 5
Salgueiro ○ BR 212-213 J 6
Ṣalḫad ○ SYR 64-65 G 6
Salhir ∼ UA 38-39 J 5
Salhyr ∼ UA 38-39 J 5
Sali ○ DZ 124-125 L 7
Šali ○ RUS 62-63 F 6
Sali ○ VRC (XIZ) 80-81 F 4
Sali ○ VRC (YUN) 78-79 L 2
Sali, Río ∼ RA 220-221 E 4
Salibabu, Pulau ⌒ RI 100-101 K 2
Salice ○ F (2A) 244 C 4
Salida ○• USA 186-187 E 6
Saliente, Punta ▲ RCH 220-221 B 6
Salies-de-Béarn ○ F (64) 240-241 C 4
Salies-du-Salat ○ F (31) 240-241 F 4
Ṣalif ○ Y 68-69 C 6
Salignac-Eyvignes ○• F (24) 236-237 H 6
Saligny-sur-Roudon ○ F (03) 238-239 D 4
Ṣāliḥ, Qal'at ☆ IRQ 64-65 M 7
Salihli ☆ TR 64-65 C 3
Salihorsk ○ BY 30-31 K 5
Salikénié ○ SN 138-139 C 3
Šalim ○ OM 68-69 J 4
Salima ○ MW 154-155 H 1
Salima ⩞ SUD 136-137 D 2
Salima < SUD 136-137 D 2
Salima, Wāhāt ⩞• SUD 136-137 D 2
Salimo ○ MOC 150-151 J 7
Salin ○ MYA 78-79 J 5
Salina ○ USA (KS) 186-187 J 6
Salina ○ USA (UT) 184-185 J 6
Salina, Ísola ⌒ I 36-37 E 5
Salina, La ○ CO 204-205 E 4
Salina Colorada Grande ⬭ RA 222-223 H 5
Salina Cruz ○• MEX 196-197 G 3
Salina Grande ⬭ RA 222-223 F 4
Salina Point ▲ BS 198-199 H 3
Salinas ○ BOL 220-221 E 1
Salinas ○ BR 216-217 J 4
Salinas ○ EC 208-209 B 3
Salinas ○ PE 208-209 B 5
Salinas ○ RCH 220-221 C 2
Salinas ○ USA 184-185 D 7
Salinas, Bahía de ≈ 196-197 B 6
Salinas, Bahía de ≈ 208-209 D 7
Salinas, Pampa de las ⩞ RA 220-221 D 6
Salinas, Punta ▲ PE 208-209 D 7
Salinas, Río ∼ BOL 220-221 E 1
Salinas, Río ∼ BR 212-213 G 5
Salinas, Río ∼ BR 216-217 J 4
Salinas, Río ∼ MEX 196-197 J 3
Salinas-Aguada Blanca, Reserva Nacional ⊥ PE 214-215 B 5
Salinas de Garci Mendoza ○ BOL 214-215 D 6
Salinas de Hidalgo ○ MEX 194-195 J 6
Salinas Peak ▲ USA 188-189 D 3
Salinas Pueblo Missions National Monument ∴• USA 188-189 D 2
Salinas River ∼ USA 184-185 D 7
Salinas Victoria ○ MEX 194-195 J 5
Salin-de-Giraud ○ F (13) 242-243 F 4
Salindres ○ F (30) 242-243 E 3
Saline, la ○ F (974) 246 II a 2
Saline-les-Bains, la ○ F (974) 246 II a 2
Saline River ∼ USA 188-189 L 3
Salines ○ F 238-239 H 3
Salines, Pointe des ▲ F (972) 245 V b 3
Salines Royales ○•• F (25) 238-239 H 3
Salinópolis ○ BR 212-213 E 2
Salins, Plage des < F (83) 242-243 K 5
Salins-d'Hyères, les ○ F (83) 242-243 J 5
Salins-les-Bains ○• F (39) 238-239 H 3
Salisbury ○ CDN 182-183 M 5
Salisbury ○• GB 26-27 G 6
Salisbury ○ USA (MD) 190-191 L 6
Salisbury ○ USA (MO) 186-187 L 6
Salisbury ○ USA (NC) 192-193 H 2
Salisbury = Harare ☆•• ZW 154-155 F 3
Salisbury, Mount ▲ USA 164-165 R 2
Salisbury Channel ≈ 148-149 D 4
Salisbury Island ⌒ AUS 112-113 G 7
Salisbury Island ⌒ CDN 180-181 L 3
Salitral ○ PE 208-209 C 4
Salitral ⬭ RA 222-223 H 5
Salitral de la Barrancas ⬭ RA 222-223 H 5
Salitral de la Perra ⬭ RA 222-223 F 4
Salitral Levalle ⬭ RA 222-223 G 4
Salitre ○ EC 208-209 C 2
Salitre, Rio ∼ BR 212-213 H 6
Salitrosa, Quebrada ∼ RCH 220-221 B 4
Šalja ☆ RUS 32-33 L 5
Salka ○ WAN 140-141 F 3
Šalkaj, ostrov ⌒ RUS 46-47 M 3
Šalkar ☆ KA 62-63 N 4
Šalkar-Egakara, ozero ⬭ RUS 62-63 O 2
Salkum ○ USA 184-185 C 2
Salla ○ FIN 24-25 K 3
Sallanches ○ F (74) 238-239 K 5
Salle, La ○ USA 186-187 E 6
Salleboeuf ○ F (33) 236-237 E 6
Salle-en-Beaumont, la ○ F (38) 242-243 H 2
Salles ○ F (33) 240-241 C 1
Salles ○ F (81) 240-241 J 2
Salles, Les ○ F (42) 238-239 D 5
Salles-Courbatiés ○ F (12) 240-241 J 2
Salles-Curan ○ F (12) 240-241 K 2
Salles-sur-l'Hers ○ F (11) 240-241 H 4
Salles-sur-Verdon, Les ○ F (83) 242-243 J 4
Salliaruseq ⌒ GRØ 172-173 P 1
Salliqueló ○ RA 222-223 H 4
Sallöm ○ SUD 136-137 H 3
Salluit ○ CDN 180-181 M 3
Sallyan ○ NEP 80-81 D 6
Sally's Cove ○ CDN 182-183 Q 4
Sal'm, ostrov ⌒ RUS 20-21 f 2
Salmaise ○ F (21) 238-239 F 2
Salmān, as- ○ IRQ 66-67 J 2
Salmās ○ IR 64-65 L 3
Salmi ○ RUS 24-25 L 6
Salmiech ○ F (12) 240-241 K 2
Salmo ○ CDN 176-177 M 7
Salmon ○ USA 184-185 H 3
Salmon Arm ○ CDN 176-177 L 6
Salmon Falls Creek ∼ USA 184-185 G 5
Salmon Falls Creek Reservoir < USA 184-185 G 4
Salmon Fork ∼ USA 164-165 U 3
Salmon Gums ○ AUS 112-113 F 6
Salmon River ∼ CDN 176-177 J 4
Salmon River ∼ CDN 182-183 Q 3
Salmon River ∼ CDN 182-183 M 5
Salmon River ∼ USA 164-165 L 3
Salmon River ∼ USA 184-185 G 3
Salmon River Mountains ▲ USA 184-185 F 3
Salmossi ○ BF 138-139 K 2
Salo ○ FIN 24-25 G 6
Salo ○ RCA 146-147 F 2
Salobra, Ribeiro ∼ BR 214-215 J 7
Salomão, Ilha ⌒ BR 210-211 F 6
Salomon, Îles = Solomon Islands ⌒ 9 G 3
Salomon, Îles = Solomon Islands ■ SOL 120 I c 2
Salomon, Mer des = Solomon Sea ≈ 119 E 4
Salon ○ F (10) 234-235 E 4
Salon ∼ F 238-239 G 1
Salon-de-Provence ○ F (13) 242-243 G 4
Salonga ∼ ZRE 146-147 H 4
Salonga Nord, Parc National de la ⊥••• ZRE 146-147 H 4
Salonga Sud, Parc National de la ⊥••• ZRE 146-147 H 4
Salonsa ○ RI 100-101 G 5
Salor, Río ∼ E 34-35 D 5
Salornay-sur-Guye ○ F (71) 238-239 F 3
Salou, Cap de ▲ E 34-35 H 4
Salouël ○ F (80) 228-229 J 4
Saloum ∼ SN 138-139 C 2
Salpausselkä ⩞ FIN 24-25 H 6
Salsa, Paraná do ∼ BR 210-211 F 5
Salsacate ○ RA 220-221 E 6
Salses ○ F (66) 240-241 K 5
Salses, Château Fort de • F (66) 240-241 K 5
Salsipuedes, Canal de ≈ 194-195 C 3
Salsipuedes Grande, Arroyo ∼ ROU 222-223 L 2
Sal'sk ○ RUS 38-39 M 4
Šal'skij ○ RUS 24-25 O 6
Sal'sko-Manyčskaja grjada ▲ RUS 38-39 M 4
Salso ∼ I 36-37 D 6
Salt, as- ☆ JOR 66-67 D 1
Salta □ RA 220-221 D 3
Salta ☆• RA (SAL) 220-221 E 3
Saltaim, ozero ⬭ RUS 50-51 L 6
Saltanat 'Umān = Oman ■ OM 68-69 J 4
Salt Cay ⌒ GB 198-199 K 4
Saltcoats ○ CDN 178-179 E 5
Salt Creek ∼ AUS 114-115 F 6
Salteelva ∼ N 22-23 G 3
Saltery Bay ○ CDN 176-177 J 7
Saltfjell-Svartisen nasjonalpark ⊥ N 22-23 G 3
Saltfjorden ≈ 22-23 F 3
Salt Fork of Arkansas ∼ USA 188-189 H 1
Salt Fork of the Brazos ∼ USA 188-189 G 3
Salt Fork Red ∼ USA 188-189 G 2
Saltillo ☆• MEX 194-195 J 5
Salt Lake, The ⊙ AUS 114-115 G 6
Salt Lake City ☆ USA 184-185 J 5
Salt Lakes ⊙ AUS 112-113 E 4
Salt March ⊙ USA 186-187 E 8
Salto ○ RA 222-223 J 3
Salto ☆ ROU 220-221 J 6
Salto, El ○ MEX (DGO) 194-195 G 6
Salto, El ○ MEX (SLP) 194-195 K 6
Salto, El ○ RCH 222-223 D 3
Salto, El ○ YV 204-205 K 3
Salto, Río ∼ RA 222-223 J 3
Salto da Divisa ○ BR 216-217 L 4
Salto de Cavalo ∼• ANG 152-153 C 4
Salto de las Rosas ○ RA 222-223 E 3
Salto del Guairá ☆ PY 220-221 K 3
Salto Grande, Embalse < ROU 220-221 J 6
Salton Sea ⬭ USA 184-185 G 9
Salto Osório, Represa < BR 218-219 D 5
Salto Santiago, Represa de < BR 218-219 D 5
Salt Pan ⊙ NAM 156-157 D 3
Salt Range ▲ PK 74-75 D 3
Salt River ∼ USA 188-189 B 3
Salt River ∼ USA 190-191 F 6
Salt River ∼ USA 190-191 C 6
Saltsjöbaden ○ S 22-23 J 7
Saluda ○ USA 192-193 H 2
Saluda River ∼ USA 192-193 G 2
Salue Besar, Pulau ⌒ RI 100-101 H 4
Salue Kecil, Pulau ⌒ RI 100-101 H 5
Salue Timpaus, Selat ≈ 100-101 H 4
Salugan ○ RI 100-101 G 3
Salūmbar ○ IND 74-75 E 7
Salut, Îles du ⌒ F (973) 245 I c 1
Saluta ○ RI 100-101 K 2
Saluzzo ○ I 36-37 A 2
Salvacion ○ RP 96-97 E 7
Salvación, Bahía ≈ 224 C 5
Salvador ☆••• BR 216-217 L 2
Salvador, El ■ ES 196-197 K 5
Salvador, Passe de ▲ RN 128-129 E 6
Salvador do Sul ○ BR 218-219 E 7
Salvage ○ CDN 182-183 S 4
Salvagnac ○ F (81) 240-241 H 3
Salvaterra ○ BR 206-207 K 6
Salvaterra ○ E 34-35 C 3
Salvatierra ○ MEX 196-197 D 1
Salvation, Point ▲ AUS 112-113 G 4
Salvator Rosa Section ⊥ AUS 114-115 J 3
Salve Ø ⌒ GRØ 170-171 R 5
Salve River ∼ CDN 174-175 O 6
Salvetat-Peyralès, La ○ F (12) 240-241 J 2
Salvetat-sur-Agout, La ○ F (34) 240-241 K 3
Salviac ○ F (46) 236-237 H 6
Salwā, as- ○ KSA 70-71 D 6
Salwā Baḥrī ○ ET 130-131 F 5
Salween ∼ MYA 78-79 K 6
Salyan ○ AZ 64-65 N 3
Salyersville ○ USA 190-191 G 7
Šalyhyne ○ UA 38-39 J 2
Salzberger Bay ≈ 16 F 22
Salzburg □ A 28-29 M 5
Salzburg ☆•• A 28-29 M 5
Salzgitter ○ D 28-29 L 2
Salzwedel ○• D 28-29 L 2
Sam ○ G 146-147 C 3
Ša'm, aš ○ UAE 70-71 G 5
Sam, kum ⩞ KA 62-63 L 5
Sama ○ PE 214-215 B 5
Sama, Río ∼ PE 214-215 B 5
Samachique ○ MEX 194-195 F 4
Samachvalavičy ○ BY 30-31 K 5
Samadābād ○ IR 70-71 H 2
Samadet ○ F (40) 240-241 D 3
Samagaltaj ☆ RUS 52-53 G 10
Samah ∼ MYA 78-79 K 5
Samā'il ○ OM 68-69 L 2
Samaipata • BOL 214-215 F 6
Samak, Tanjung ▲ RI 98-99 F 5
Samakona ○ CI 138-139 G 5
Samakoulou ○ RMM 138-139 F 3
Samal ○ RP 96-97 F 9
Samal, Tanjung ▲ RI 102-103 E 3
Samalá, Río ∼ GCA 196-197 J 4
Samalayuca ○ MEX 194-195 F 2
Samales Group ⌒ RP 96-97 D 9
Samalga Island ⌒ USA 166-167 M 6
Samalga Pass ≈ 166-167 M 6
Samal Island ⌒ RP 96-97 F 9
Sāmalkot ○ IND 78-79 C 7
Samalusi ○ LAR 128-129 J 1
Šamālūṭ ○ ET 130-131 E 3
Šamalzāi ○ AFG 70-71 M 3
Samambaia, Rio ∼ BR 216-217 D 7
Šaman, gora • RUS 58-59 H 3
Šam'ān, Qal'at •• SYR 64-65 G 4
Samaná ☆•• DOM 198-199 L 5
Samaná, Bahía de ≈ 198-199 L 5
Samaná, Cabo ▲ DOM 198-199 L 5
Samana, la ○ F (971) 245 III a 1
Samaná, Península ∪ DOM 198-199 L 5
Samana Cay ⌒ BS 198-199 J 3
Samana Cays = Atwood Cays ⌒ BS 198-199 J 3
Samanco ○ PE 208-209 C 6
Samandağ ☆ TR 64-65 F 4
Samandrè Lake ⬭ CDN 174-175 M 2
Samanga ○ EAT (KIL) 148-149 F 5
Samanga ○ EAT (LIN) 150-151 K 5
Samangān ○ AFG (SAM) 72-73 L 6
Samangān □ AFG 72-73 K 6
Samangan, Rūd-e ∼ AFG 72-73 K 7
Šamaniha ∼ RUS 46-47 d 7
Šamanij kamen' • RUS 52-53 M 8
Šamanka ∼ RUS 56-57 T 4
Samanturai ○ CL 76-77 J 7
Samar ⌒ RP 96-97 F 7
Samara ☆ RUS 32-33 G 7
Samara ∼ RUS 32-33 H 7
Samara ∼ UA 38-39 K 3
Samara ∼ UA 38-39 J 3
Samara, Réservoir de = Samarskoe vodohranilišče < RUS 32-33 F 7
Samarai ○ PNG 119 F 6
Samarang, Tanjung ▲ MAL 96-97 B 9
Samarcande = Samarkand ☆•• US 72-73 K 5
Samarga ○ RUS 58-59 H 5
Samarga ∼ RUS 58-59 H 5
Samari ○ PNG 119 B 5
Samariapo ○ YV 204-205 H 5
Samarinda ☆• RI 100-101 E 4
Samarkand ☆•• US 72-73 K 5
Samarkand = Samarkand ☆•• US 72-73 K 5
Samarkandskaja oblast' □ US 72-73 H 3
Sāmarrā' ☆• IRQ 64-65 K 5
Samar Sea ≈ 96-97 F 6
Samarskoe ○ KA 60-61 N 4
Samaru ○ WAN 140-141 G 3
Samastipur ○ IND 78-79 D 3
Samatan ○ F (32) 240-241 F 4

Samate o RI 102-103 F 2
Samatiguila o• CI 138-139 G 5
Sāmatra o IND 74-75 B 8
Samaúma o BR 210-211 F 3
Samāwa, as- ✩ IRQ 64-65 L 7
Samba o BF 138-139 J 3
Samba o IND 74-75 E 3
Samba o RCA 142-143 C 6
Samba ~ RI 98-99 K 5
Samba o ZRE (EQU) 146-147 H 3
Samba o ZRE (KIV) 146-147 L 6
Samba Caju o ANG 152-153 C 4
Sambailo o RG 138-139 D 3
Sambalgou o BF 138-139 L 3
Sambaliung Pegunungan ▲ RI 100-101 E 3
Sambalpur o IND 78-79 C 5
Sambao ~ RM 158-159 D 6
Sambar, Tanjung ▲ RI 98-99 J 6
Sambas o RI 98-99 H 4
Sambas ~ RI 98-99 H 4
Sambau o RI 98-99 F 5
Sambava o RM 158-159 G 5
Sambazó, Rio ~ MOC 154-155 H 4
Samberi o RI 102-103 H 2
Sambhal o IND 74-75 G 5
Sāmbhar Salt Lake o IND 74-75 E 6
Sambialgou o BF 138-139 L 3
Sambir ✩ UA 38-39 C 3
Sambirano ~ RM 158-159 F 4
Sambisumbi o SOL 120 I c 2
Sambito, Rio ~ BR 212-213 H 5
Sambo o ANG 152-153 D 6
Sambo o RI 100-101 F 5
Samboja o RI 100-101 E 4
Samborombón, Bahía ≈ 222-223 L 3
Samborombón, Río ~ RA 222-223 L 3
Samborondón o EC 208-209 C 2
Sāmbrāni o IND 76-77 F 3
Sambre ~ F (59) 228-229 M 3
Sambriāl o PK 74-75 E 3
Sambro o CDN 182-183 N 6
Sambuc, le o F (13) 242-243 F 4
Samburg o RUS 44-45 S 8
Samburu o EAK 148-149 G 5
Samburu National Reserve ⊥ EAK 148-149 F 3
Sambusu o NAM 152-153 E 8
Samch'ŏk o ROK 86-87 G 9
Samch'ŏnp'o o ROK 86-87 G 10
Samdrup Jonkhar o BHT 78-79 G 2
Same o EAT 148-149 F 6
Samene, Oued ~ DZ 126-127 F 7
Samer o F (62) 228-229 H 2
Sam Ford Fiord ≈ 170-171 P 8
Samfya o Z 150-151 E 6
Samha ∩ Y 68-69 H 7
Samha, al- o UAE 70-71 F 6
Šamhor = Šamkir o• AZ 64-65 L 2
Sámi o GR 36-37 H 5
Sami o IND 74-75 C 8
Samia o RN 134-135 D 5
Samia, Tanjung ▲ RI 100-101 H 3
Sami ji Veri o PK 74-75 C 7
Šāmili, aš- o KSA 66-67 G 4
Samim, Umm as- ⊥ OM 68-69 J 3
Samirā' o KSA 66-67 H 4
Samiria, Río ~ PE 208-209 E 4
Samiṭa o KSA 68-69 C 5
Šāmiya, aš- ⊥ IRQ 66-67 K 2
Samjiyon o DVR 86-87 G 7
Samka o MYA 78-79 K 5
Šamkir = Šamkir o• AZ 64-65 L 2
Šammar, Ğabal ▲ KSA 66-67 F 4
Sâm Nám o VN 92-93 C 6
Samnū o LAR 128-129 F 4
Samo o CI 138-139 J 7
Samo o PNG 119 G 2
Samoa o ANG 152-153 F 4
Samoa, Bassin des = Samoa Basin ≃ 9 L 4
Samoa, Îles = Sâmoa Islands ∩ WS 120 VI a 1
Samoa Américaines = American Samoa ◘ USA 120 b 1
Samoa Basin = Samoa, Bassin des ≃ 9 L 4
Sāmoa-i-Sisifo = Samoa Occidentales ■ WS 120 VI b 1
Sāmoa Islands = Samoa, Îles ∩ WS 120 VI a 1
Samoa Occidentales = Sāmoa-i-Sisifo ■ WS 120 VI b 1
Samoded o RUS 24-25 Q 5
Samoé o RG 138-139 F 6
Samoedskaja Rečka ~ RUS 44-45 Y 6
Samoëns o F (74) 238-239 K 4
Samojlovka o RUS 38-39 N 2
Samokov o BG 38-39 C 6
Samoleta, ostrov ∩ RUS 46-47 N 3
Samorogouan o BF 138-139 H 4
Sámos ✩• GR 36-37 L 6
Sámos ∩ GR 36-37 L 6
Samosir, Pulau ∩ RI 98-99 C 3
Samothráki o GR 36-37 K 4
Samothráki ∩ GR 36-37 K 4
Samotlor, ozero o RUS 50-51 O 4
Sampa o GH 138-139 J 6
Sampacho o RA 222-223 G 2
Sampadi o MAL 98-99 H 4
Sampaga o RI 100-101 F 5
Sampaio o BR 212-213 E 4
Sampanago, Ruins of • MYA 78-79 K 3
Sampang o RI 104 E 3
Sampara ~ RI 100-101 H 5
Sampelga o BF 138-139 L 3
Sampigny o F (55) 234-235 H 4
Sampit o RI 98-99 K 6
Sampit ~ RI 98-99 K 6
Sampit Teluk ≈ 98-99 K 6
Sampolawa o RI 100-101 H 6
Sampun o PNG 119 G 3
Sampwe o ZRE 150-151 D 5
Sam Rayburn Lake o USA 188-189 K 4
Samré o ETH 136-137 J 6
Samreboe o GH 138-139 J 7
Samsang o VRC 80-81 D 5
Samsherpur o IND 74-75 D 10
Šamsiya, aš- o KSA 66-67 J 4
Samsø ∩ DK 22-23 E 9
Samson o F (25) 238-239 H 2
Sâm Sơ'n o VN 92-93 D 7
Samson Indian Reserve ✕ CDN 176-177 O 5
Samsudin Noor • RI 100-101 D 5
Samsun ✩• TR 64-65 G 2
Samtredia o GE 62-63 E 6
Samucumbi o ANG 152-153 E 6
Samuel, Represa de < BR 210-211 F 7
Samuhú o RA 220-221 G 4
Samulondo o ZRE 150-151 B 5
Samundri o PK 74-75 D 4
Samur ~ AZ 64-65 N 2
Samur-Apšeronskij kanal < AZ 64-65 N 2
Samuro, Raudal ~ CO 204-205 G 6
Samut Prakan o THA 94-95 F 4
Samut Sakhon o THA 94-95 F 4
Samut Songkhram o THA 94-95 E 4
San ~ K 94-95 J 3
San ~ PL 28-29 R 4
San o RMM 138-139 H 3
Saña o PE 208-209 C 5
Sanā o Y 68-69 F 5
San'ā' ★••• Y 68-69 D 6
Sanā, Wādī ~ Y 68-69 F 6
Sanaa = San'ā' ★••• Y 68-69 D 6
Sanaag ◘ SP 144-145 H 3
Sanaba o BF 138-139 J 3
Sanaba ~ RMM 138-139 F 2
Sanabria o CO 204-205 C 6
Sanae o ARK 16 F 36
Sanāfir, Ğazirat ∩ KSA 66-67 D 4
Sanaga ~ CAM 140-141 K 6
San Agusin o YV 204-205 H 4
San Agustín, Arroyo ~ BOL 214-215 D 3
San Agustín de Valle Fértil o RA 220-221 D 6
Sanak o USA 166-167 P 5
Sanak Island ∩ USA 166-167 P 5
Sanak Islands ∩ USA 166-167 P 5
San Alberto o CO 204-205 E 4
San Alejandro o PE 208-209 E 6
Sanām, as- ⊥ KSA 68-69 G 3
Šanamain, aš- o SYR 64-65 G 6
San Ana o BR 210-211 C 2
Sanana o RI 100-101 J 5
Sanana, Pulau ∩ RI 100-101 J 5
Sanandaj ✩• IR 64-65 M 5
Sanando o RMM 138-139 G 3
San Andrés o C 198-199 G 4
San Andres o CO 204-205 D 4
San Andres o RP 96-97 F 6
San Andrés, Isla de ∩ CO 196-197 D 5
San Andres, Quebrada de ~ RCH 220-221 C 4
San Andrés de Giles o RA 222-223 K 3
San Andrés de Sotavento o CO 204-205 D 3
San Andres Mountains ▲ USA 188-189 D 3
San Andres Point ▲ RP 96-97 D 6
San Andrés y Sauces o E 124-125 C 6
San Andros o BS 198-199 F 2
Sananduva o BR 218-219 E 6
Sanane Besar, Pulau ∩ RI 104 D 6
Sananferedougou o CI 138-139 G 4
San Angelo o USA 188-189 G 4
Sanankoroba o RMM 138-139 G 3
San Anselmo o USA 184-185 C 7
San Anton o PE 214-215 B 4
San Antonio o BH 196-197 K 3
San Antônio o BR 206-207 J 5
San Antonio o CO 204-205 B 7
San Antonio o MEX 194-195 D 6
San Antonio o RA 222-223 F 2
San Antonio o RCH 222-223 D 2
San Antonio o USA (NM) 188-189 D 3
San Antonio o USA (TX) 188-189 H 5
San Antonio o YV 204-205 H 6
San Antonio, Cabo ∪ RA 222-223 L 4
San Antonio, Cabo de ▲ C 198-199 C 4
San Antônio, Cachoeira de o BR 206-207 H 6
San Antonio, Río ~ BOL 220-221 D 1
San Antonio, Sierra ▲ MEX 194-195 D 2
San Antonio Bay ≈ 96-97 B 8
San Antonio Bay ≈ 188-189 J 5
San Antonio da Tabasca o YV 204-205 K 3
San Antonio de Areco o RA 222-223 K 3
San Antonio de Esmoraca o BOL 220-221 D 1
San Antonio de Esquilache o PE 214-215 B 5
San Antonio de Getucha o CO 208-209 E 1
San Antonio de Golfo o YV 204-205 K 2
San Antonio de los Baños o C 198-199 D 3
San Antonio de los Cobres o RA 220-221 D 3
San Antonio del Sur o C 198-199 H 4
San Antonio de Tamanaco o YV 204-205 H 3
San Antonio El Grande o MEX 194-195 G 3
San Antonio Huitepec o MEX 196-197 F 3
San Antonio Mountain ▲ USA 188-189 E 3
San Antonio Oeste o RA 222-223 G 6
San Antonio River ~ USA 188-189 H 5
San Antonio Villalongín o MEX 196-197 D 2
San Antonio y Torcuga, Canal < RA 222-223 H 2
Sanaroa Island ∩ PNG 119 F 5
Sanary-sur-Mer o F (83) 242-243 H 5
San Augustín o CO 204-205 C 6
San Augustín o MEX 194-195 B 3
San Augustin o RP 96-97 E 6
San Augustín, Parque Arquelógico • CO 204-205 C 7
San Augustine o USA 188-189 K 4
Sanāw o Y 68-69 G 5
Sanāwad o IND 74-75 F 8
San Bartolo o BOL 214-215 D 4
San Bartolo o PE 208-209 D 8
San Bartolomé de Tirajana o E 124-125 D 7
Sanbei Yangchang o VRC 90-91 E 2
San Benedetto del Tronto o I 36-37 D 3
San Benedicto, Isla ∩ MEX 194-195 C 7
San Benito o GCA 196-197 K 3
San Benito o NIC 196-197 L 5
San Benito o USA 188-189 J 6
San Benito Abad o CO 204-205 D 3
San Benito Mountain ▲ USA 184-185 D 7
San Bernardino o USA 184-185 F 8
San Bernardino Strait ≈ 96-97 F 6
San Bernardo o RA (BUA) 222-223 J 4
San Bernardo o RA (SAF) 220-221 G 5
San Bernardo o RCH 222-223 D 2
San Bernardo, Islas de ∩ CO 204-205 C 3
San Bernardo, Punta ▲ CO 204-205 C 3
San Bernardo del Viento o CO 204-205 D 3
San Blas o MEX (COA) 194-195 J 4
San Blas o MEX (SIN) 194-195 E 4
San Blas o• MEX (NAY) 194-195 G 7
San Blas, Archipiélago de ∩•• PA 196-197 E 7
San Blas, Cape ▲ USA 192-193 F 5
San Blas, Cordillera de ▲ PA 196-197 E 7
San Borja o BOL 214-215 D 4
San Borja, Sierra de ▲ MEX 194-195 C 3
Sanborn o USA 186-187 K 3
Sanbornville o USA 190-191 N 4
San Buenaventura o BOL 214-215 D 4
San Buenaventura o MEX 194-195 J 4
San Buenaventura, Cordillera de ▲ RA 220-221 C 4
Sanca o CDN 176-177 M 7
Sança o MOC 154-155 H 3
San Carlos o MEX (BCS) 194-195 C 5
San Carlos o MEX (COA) 194-195 J 3
San Carlos o MEX (TAM) 194-195 K 5
San Carlos ✩ NIC 196-197 B 6
San Carlos o• PA 196-197 E 7
San Carlos o RA (MEN) 222-223 E 2
San Carlos o RA (SAE) 220-221 F 5
San Carlos o RCH 222-223 D 4
San Carlos o ROU 222-223 M 3
San Carlos o RP (NED) 96-97 E 7
San Carlos o RP (PAN) 96-97 D 5
San Carlos o USA 188-189 B 3
San Carlos ✩ YV 204-205 G 3
San Carlos, Arroyo ~ RA 222-223 E 3
San Carlos, Caldera de ▲ GQ 146-147 B 2
San Carlos = Ciudad Quesada o CR 196-197 B 6
San Carlos, Punta ▲ MEX 194-195 C 4
San Carlos, Río ~ CR 196-197 B 6
San Carlos, Río ~ PY 220-221 H 2
San Carlos Bay ≈ 192-193 G 6
San Carlos de Bariloche o• RA 222-223 D 6
San Carlos de Bolívar o RA 222-223 J 4
San Carlos de Guaroa o CO 204-205 E 6
San Carlos del Meta o YV 204-205 H 4
San Carlos del Zulia o YV 204-205 F 3
San Carlos de Río Negro o YV 210-211 D 2
San Carlos Indian Reservation ✕ USA 188-189 B 3
San Carlos Lake ⊙ USA 188-189 B 3
San Carlos Yautepec o MEX 196-197 F 3
San Cayetano o CO 204-205 D 5
San Cayetano o RA 222-223 K 5
Sancé o F (71) 238-239 F 4
Sancergues o F (18) 232-233 H 5
Sancerre o F (18) 232-233 H 5
Sancerrois, Collines du ▲ F (18) 232-233 H 5
Sancey-le-Grand o F (25) 238-239 K 2
Sancha o VRC (GXI) 92-93 F 4
Sancha o VRC (SHA) 90-91 G 2
Sanchakou o VRC 82-83 D 6
Sancheville o F (28) 232-233 F 3
Sánchez o DOM 198-199 L 5
Sánchez, Cerro ▲ RA 224 F 5
Sánchez Magallanes o• MEX 196-197 H 2
Sanchi o••• IND 74-75 F 8
Sanchi River ~ PNG 119 B 2
Sancho, Corrego ~ BR 212-213 D 6
Sānchor o IND 74-75 C 7
San Christóbal, Quebrada ~ RCH 220-221 C 2
San Cirilo, Cerro ▲ PE 208-209 C 5
San Clara o CDN 178-179 F 5
San Clemente o E 34-35 F 5
San Clemente o RCH 222-223 D 3
San Clemente o USA 184-185 F 9
San Clemente del Tuyú o RA 222-223 L 4
San Clemente Island ∩ USA 184-185 E 9
San Clemente o San Valentín, Cerro ▲ RCH 224 D 3
Sanclerlândia o BR 216-217 E 4
Sancoins o F (18) 236-237 L 2
Sancos o PE 208-209 F 9
San Cosme y Damián o••• PY 220-221 J 4
San Cristóbal o BOL 220-221 D 1
San Cristóbal o C 198-199 D 3
San Cristóbal ✩• DOM 198-199 K 5
San Cristóbal o PA 196-197 D 7
San Cristobal o RA 220-221 G 6
San Cristóbal o RCH 220-221 C 2
San Cristobal ∩ SOL 120 I e 4
San Cristóbal ✩ YV 204-205 E 4
San Cristóbal, Isla ∩ EC 208-209 C 10
San Cristóbal, Volcán ▲ NIC 196-197 L 5
San Cristóbal de la Laguna = La Laguna o E 124-125 C 6
San Cristóbal de las Casas o•• MEX 196-197 H 3
San Cristobal Trench ≃ 120 I e 4
San Cristobal Wash ~ USA 184-185 H 9
Sancti Spíritu o RA 222-223 H 3
Sancti Spíritus ✩•• C 198-199 F 4
Sančursk o RUS 32-33 E 5
Sancy, Puy de ▲•• F 236-237 L 4
Sand ✩ N 22-23 C 7
Sand ~ ZA 154-155 E 6
Sandafa al-Far o ET 130-131 E 3
Sandakan o MAL 96-97 C 10
Sandakan, Teluk ≈ 96-97 B 10
Sândak Bālā ~ IR 70-71 H 4
Sandal, ozero o RUS 24-25 M 5
Sandama o RG 138-139 F 3
Sandando o ANG 152-153 F 5
Sandane ✩ N 22-23 C 6
Sandanski o BG 38-39 C 7
Sandaré o RMM 138-139 E 2
Sand Arroyo ~ USA 188-189 F 1
Sanday ∩ GB 26-27 F 2
Sandbank Lake ⊙ CDN 178-179 P 5
Sandberg o ZA 156-157 D 6
Sandefjord ✩ N 22-23 E 7
Sandégué o CI 138-139 J 6
Sandema o GH 138-139 K 4
Sānderāo o IND 74-75 D 7
Sanders o USA 188-189 C 2
Sanderson o USA 188-189 F 4
Sanderson Lake o CDN 174-175 R 5
Sandersville o USA 192-193 G 3
Sandfire Flat Roadhouse o AUS 108-109 E 5
Sandfloeggi ▲ N 22-23 C 7
Sandfly Island = Mbokonimbeti Island ∩ SOL 120 I d 3
Sandford Lake ⊙ CDN 178-179 L 6
Sand Hill River ~ CDN 182-183 Q 2
Sand Hills ▲ USA 186-187 G 4
Sandhornøy ∩ N 22-23 G 3
Sandi o SUD 136-137 F 4
Sandia o PE 214-215 C 4
Sandian He ~ VRC 84-85 M 7
Sandiego o USA 188-189 H 6
San Diego o• USA (CA) 184-185 F 9
San Diego, Cabo ▲ RA 224 H 7
San Diego de la Unión o MEX 194-195 J 7
Sandıklı ✩ TR 64-65 D 3
Sandila o IND 78-79 B 2
Sandilands Forest Reserve ⊥ CDN 178-179 H 6
Sandillon o F (45) 232-233 G 4
Sanding, Pulau ∩ RI 98-99 D 6
Sanding, Selat ≈ 98-99 D 6
Sandino o C 198-199 C 3
San Dionisio del Mar o MEX 196-197 G 3
Sand Islands ∩ USA 164-165 G 5
Sand Lake ⊙ CDN (NWT) 174-175 U 3
Sand Lake ⊙ CDN (ONT) 178-179 J 5
Sandnes ✩ N 22-23 B 7
Sandnessjøen o N 22-23 F 3
Sandoa o ZRE 150-151 B 5
Sandomierska, Kotlina ∪ PL 28-29 Q 3
Sandomierz o• PL 28-29 Q 3
Sandougou o CI 138-139 H 6
Sandougou ~ SN 138-139 C 3
Sandoval o USA 190-191 D 6
Sandover Highway II AUS 114-115 D 1
Sandover River ~ AUS 114-115 C 1
Sandovo o RUS 30-31 P 2
Sandoway o MYA 78-79 J 6
Sand Pass ▲ USA 184-185 H 6
Sand Point o USA 166-167 Q 5
Sandpoint o USA 184-185 F 1
Sandrakatsy o RM 158-159 F 6
Sandrakota ~ RM 158-159 F 5
Sandratsino ~ RM 158-159 F 6
Šandrin ~ RUS 46-47 c 4
Sand River ~ CDN 176-177 P 4
Sandrivier ~ ZA 156-157 H 4
Sandrun ~ RUS 46-47 d 4
Sandspit o CDN 176-177 E 5
Sand Springs o USA 188-189 J 1
Sandstad o N 22-23 D 5
Sandstone o AUS 112-113 E 4
Sandstone o USA 186-187 L 2
Sandur o IND 76-77 G 3
Sandusky o USA (MI) 190-191 G 4
Sandusky o USA (OH) 190-191 G 5
Sandveld Nature Reserve ⊥ ZA 156-157 G 3
Sandvig o DK 22-23 G 9
Sandvika o S 22-23 F 5
Sandviken ✩ S 22-23 H 6
Sandvisbaai ≈ 156-157 B 1
Sandwich, Cape ▲ AUS 110-111 J 6
Sandwich Bay ⊙ CDN 182-183 Q 2
Sandwich du Sud, Fosse des = South Sandwich Trench ≃ 14-15 G 14
Sandwich Harbour o NAM 156-157 B 1
Sandwip o BD 78-79 G 4
Sandwip ~ BD 78-79 G 4
Sandy o USA 184-185 J 5
Sandy Bar ▲ CDN 178-179 H 4
Sandy Bay o CDN 178-179 E 3
Sandy Bay Indian Reserve ✕ CDN 178-179 G 5
Sandy Bight ≈ 112-113 G 6
Sandy Cape ▲ AUS 114-115 M 3
Sandy Creek ~ AUS 114-115 J 2
Sandy Creek ~ AUS 116-117 H 2
Sandy Creek ~ USA 186-187 C 4
Sandy Desert ⊥ PK 70-71 K 4
Sandy Hills ▲ USA 188-189 K 3
Sandy Hook o USA 190-191 G 6
Sandykači o TM 72-73 H 6
Sandy Lake o CDN (ALB) 176-177 O 4
Sandy Lake o CDN (ONT) 178-179 K 4
Sandy Lake o CDN (NFL) 182-183 Q 4
Sandy Lake o CDN (NWT) 164-165 Z 3
Sandy Lake o CDN (ONT) 178-179 K 4
Sandy Lake Indian Reserve ✕ CDN 178-179 K 4
Sandy Point o BS 198-199 G 1
Sandy Point ▲ IND 76-77 L 4
Sandy River ~ CDN 180-181 P 7
San Estanislao o CO 204-205 D 2
San Estanislao o PY 220-221 J 3
San Esteban o HN 198-199 C 7
San Esteban o MEX 194-195 C 4
San Estéban, Golfo ≈ 224 C 3
San Esteban, Isla ∩ MEX 194-195 C 3
San Felipe o MEX (GTO) 194-195 J 7
San Felipe o MEX (YUC) 196-197 K 1
San Felipe o• MEX (BCN) 194-195 B 2
San Felipe o RCH 222-223 D 2
San Felipe ✩ YV 204-205 G 2
San Felipe, Bahía ≈ 224 F 6
San Felipe, Castillo de • GCA 196-197 K 4
San Felipe, Cayos de ∩ C 198-199 D 4
San Felipe, Parque Natural ⊥ MEX 196-197 K 1
San Felipe de Vichayal o PE 208-209 B 4
San Felipe Nuevo Mercurio o MEX 194-195 H 5
San Félix o YV 204-205 F 2
San Fernando o E 34-35 D 6
San Fernando o MEX 194-195 K 5
San Fernando o RA 220-221 D 4
San Fernando o RCH 222-223 D 3
San Fernando ✩ RP (LUN) 96-97 D 4
San Fernando ✩ RP (PAM) 96-97 D 5
San Fernando o TT 204-205 L 2
San Fernando, Río ~ BOL 214-215 H 5
San Fernando, Río ~ MEX 194-195 K 5
San Fernando de Apure ✩ YV 204-205 H 4
San Fernando de Atabapo o YV 204-205 H 5
San Fernando del Valle de Catamarca ✩• RA 220-221 E 5
Sånfjället nationalpark ⊥ S 22-23 F 5
Sanford o USA (FL) 192-193 H 5
Sanford o USA (ME) 190-191 N 4
Sanford o USA (NC) 192-193 J 2
Sanford, Mount ▲ USA 164-165 S 5
Sanford River ~ AUS 112-113 D 3
San Francisco o BOL 214-215 E 5
San Francisco o BOL 214-215 E 4
San Francisco ✩ ES 196-197 K 5
San Francisco o PE 208-209 F 8
San Francisco o RA 220-221 F 6
San Francisco o RP 96-97 F 8
San Francisco o USA 184-185 C 7
San Francisco o YV 204-205 F 2
San Francisco, Cabo de ▲ EC 208-209 B 1
San Francisco, Igarapé ~ BR 210-211 C 7
San Francisco, Paso de ▲ RA 220-221 C 4
San Francisco, Río ~ RA 220-221 C 6
San Francisco, Sierra de ▲••• MEX 194-195 C 4
San Francisco Bay ≈ 184-185 C 7
San Francisco de Becerra o HN 196-197 L 4
San Francisco de Bellocq o RA 222-223 J 5
San Francisco de Borja o MEX 194-195 F 4
San Francisco de Horizonte o MEX 194-195 H 5
San Francisco de Laishi o RA 220-221 H 4
San Francisco de la Paz o HN 196-197 L 4
San Francisco del Chañar o RA 220-221 F 5
San Francisco del Oro o MEX 194-195 G 4
San Francisco del Rincón o MEX 196-197 D 1
San Francisco de Macoris ✩ DOM 198-199 K 5
San Francisco de Mostazal o RCH 222-223 D 2
San Francisco Ixhuatán o MEX 196-197 G 3
San Franscisquito o MEX 194-195 C 3
Sang o GH 138-139 K 5
Sanga o ANG 152-153 C 5
Sanga o BF 138-139 L 4
Sanga o EAU 148-149 C 4
Sanga o MOC 150-151 H 7
Sanga o• RMM 138-139 J 2
San Gabriel o EC 208-209 D 1
San Gabriel da Cachoeira o BR 210-211 D 3
San Gabriel Mixtepec o MEX 196-197 F 3
Sangagüey, Volcán ▲ MEX 194-195 G 7
Sanga-Jurjah ~ RUS 46-47 X 3
Sangala o RI 100-101 G 5
San Galgano • I 36-37 C 3
San Gallan, Isla ∩ PE 208-209 D 8
Sangama o EAT 150-151 G 5
Sangameshwar o IND 76-77 E 2
Sangamner o IND 74-75 E 10
Sangamon River ~ USA 190-191 D 5
Sangān o IR 70-71 J 2
Sanganer o IND 74-75 E 6
Sangar ✩ RUS 54-55 N 4
Sangardo o RG 138-139 E 5
Sangarh ~ PK 74-75 C 4
Sangata o RI 100-101 E 3
Sangatte o F (62) 228-229 H 2
Sangau, Tanjung ▲ RI 98-99 F 5
Sangāv o IRQ 64-65 L 5
Sangay, Parque Nacional de ⊥••• EC 208-209 C 2
Sangay, Volcan ▲ EC 208-209 C 2
Sangayam o RI 100-101 D 5
Sangbast o IR 72-73 F 7
Sangbé o CAM 140-141 K 5
Sangbor o AFG 72-73 H 7
Sang Čārak o AFG 72-73 K 7
Sange o ZRE 150-151 E 4
Sangeang, Pulau ∩ RI 104 D 7
San Genaro o RA 222-223 J 2
San Germán o• USA 200 B 2
Sanggan He ~ VRC 90-91 J 1
Sanggau o RI 98-99 J 4
Sangha ◘ RCB 146-147 E 3
Sangha ~ RCB 146-147 F 3
Sangha-Mbaéré ◘ RCA 146-147 E 3
Sānghar o PK 74-75 B 6
Sangiang, Pulau ∩ RI 98-99 F 7
Sangihe, Kepulauan ∩ RI 100-101 J 2
Sangijn Dalaj o MAU 84-85 G 4
Sangijn Dalaj nuur o MAU 84-85 D 3
San Gil o CO 204-205 E 4
Sangilka ~ RUS 50-51 Q 4
San Gimignano o••• I 36-37 C 3
Sangin o AFG 70-71 L 2
Šangina ~ RUS 46-47 b 5
Sanginkylä o FIN 24-25 J 4
San Giovanni • F (2B) 244 D 4
San Giovanni in Fiore o I 36-37 F 5
Sangir, Kepulauan ∩ RI 100-101 J 2
Sangir, Pulau ∩ RI 100-101 J 2
Sangkha Buri o THA 94-95 E 3
Sangkulirang o RI 100-101 E 3
Sāngla Hill o PK 74-75 D 4
Sāngli o• IND 76-77 F 2
Sanglia Dol (Traditional Village) o• RI 102-103 F 5
Sangmelima o• CAM 146-147 D 2
Sango o ZW 154-155 F 6
Sangola o IND 76-77 F 2
Sangolquí o EC 208-209 C 2
Sangonera, Río ~ E 34-35 G 6
Sangoshe o RB 154-155 B 4
San Gottardo, Passo del ▲ CH 28-29 K 5
Sangouani o CI 138-139 G 5
Sangouiné o CI 138-139 G 6
Sangowo o RI 100-101 L 2
Sangradouro, Área Indígena ✕ BR 216-217 D 3
Sangraduoro, Rio ~ BR 214-215 J 5
Sangrafa o RIM 132-133 D 6
Sangre de Cristo Mountains ▲ USA 186-187 E 6
San Gregorio o MEX 196-197 J 4
San Gregorio o PE 208-209 F 6
San Gregorio Carrio o ROU 222-223 L 2
Sangre Grande o TT 204-205 L 2
Sangrūr o IND 74-75 E 4
Sangsang o VRC 80-81 F 6
Sangue, Rio do ~ BR 214-215 H 2
Sanguéya o RG 138-139 C 4
Sanguiana o RG 138-139 E 4
San Guillermo o RP 96-97 D 4
Sanguinaires, Îles ∩ F (2A) 244 C 5
Sanguinet o F (40) 240-241 B 2
Sangutane, Rio ~ MOC 154-155 G 6
Sangwali o NAM 154-155 B 4
Sangzhi o VRC 92-93 G 2
Sanhala o CI 138-139 G 4
Šanhar o RUS 52-53 K 9
San Hilario o RA 220-221 H 4
Sâni o RIM 132-133 E 6
Sanibel Island ∩ USA 192-193 G 6
San Ignacio o CR 196-197 B 7
San Ignacio o MEX (SIN) 194-195 F 6
San Ignacio o• MEX (BCS) 194-195 C 4
San Ignacio o PE 208-209 C 4
San Ignacio o PY 220-221 J 4
San Ignacio o YV 206-207 D 3
San Ignacio, Isla de ∩ MEX 194-195 E 5
San Ignacio de Velasco o BOL 214-215 G 5
San Ignazio o BH 196-197 K 3
Sanilac, Port o USA 190-191 G 4
San Ildefonso, Cape ▲ RP 96-97 E 4
Sanipas ▲ LS 156-157 J 4
Sanire o PE 214-215 B 3
San Isidro o NIC 196-197 L 5
San Isidro o RA 222-223 K 3
San Isidro o YV 206-207 D 2
San Isidro de El General o CR 196-197 C 7
San Jacinto o PE 208-209 B 4
San Jacinto o RP 96-97 E 6
San Jaime o RA 220-221 H 6
San Janvier o E 34-35 G 6
San Javier o BOL 214-215 E 4
San Javier o MEX 194-195 D 5
San Javier o RA (COD) 222-223 G 2
San Javier o RA (SAF) 220-221 H 6
San Javier, Río ~ RA 220-221 H 5
San Javier de Loncomilla o RCH 222-223 D 3
Sanje o EAU 148-149 C 4
San Jeronimo, Isla ∩ RA 220-221 H 5
Sanjia o VRC 92-93 G 5
Sanjiang o VRC 92-93 F 4
Sanjiaotang o VRC 92-93 M 2
Sanjō o J 88-89 H 6
San Joaquim o BR 206-207 K 6
San Joaquín o MEX 196-197 E 1
San Joaquin o RA 222-223 H 3
San Joaquin o YV 204-205 J 3
San Joaquín o YV 204-205 H 2
San Joaquín, Cerro ▲ EC 208-209 C 10
San Joaquín, Río ~ BOL 214-215 F 3
San Joaquin River ~ USA 184-185 E 7
San Joaquin Valley ∪ USA 184-185 D 7
San Jon o USA 188-189 F 2
San Jorge o CO 204-205 G 4
San Jorge o RA 220-221 G 6
San Jorge o ROU 222-223 M 2
San Jorge, Bahía ≈ 194-195 C 2
San Jorge, Golfo ≈ 224 G 2
San Jorge, Río ~ CO 204-205 D 3
San Jorge Island ∩ SOL 120 I d 3
San José o CO 208-209 D 1
San José ★ CR 196-197 B 7
San José o E 34-35 F 6
San José o HN 196-197 L 4
San José o MEX 194-195 D 4
San José ~ MEX 194-195 E 6
San José o PY 220-221 J 3
San José o RA (CAT) 220-221 D 4
San José o RA (MIS) 220-221 K 4
San Jose o RP (MID) 96-97 D 6
San Jose o RP (NEC) 96-97 D 5
San Jose ✩ RP (ANT) 96-97 D 7
San Jose o USA (CA) 184-185 D 7
San Jose o USA (IL) 190-191 D 5
San José o YV 204-205 E 2
San José, Golfo ≈ 222-223 G 7
San José, Isla ∩ MEX 194-195 D 5
San José, Isla ∩ PA 196-197 E 7
San José, Río ~ RCH 222-223 C 5
San Jose, Rio ~ USA 188-189 D 2
San José, Volcán ▲ RA 222-223 E 2
San José de Amacuro o YV 204-205 L 3
San José de Buja o YV 204-205 K 3
San José de Chimbo o EC 208-209 C 2
San José de Chiquitos o••• BOL 214-215 G 5
San José de Dimas o MEX 194-195 D 3
San José de Feliciano o RA 220-221 H 6
San José de Gracia o MEX 194-195 F 4
San José de Guanipa o YV 204-205 J 3
San José de Guaribe o YV 204-205 J 3
San José de Jáchal o RA 220-221 C 6
San José de la Dormida o RA 220-221 F 6
San José del Alto o PE 208-209 C 4
San José de la Mariquina o RCH 222-223 C 5
San José de las Lajas o C 198-199 D 3
San José del Cabo o• MEX 194-195 E 6
San José del Guaviare o CO 204-205 E 6
San Jose del Monte o RP 96-97 D 5
San José del Morro o RA 222-223 G 2
San José del Palmar o CO 204-205 C 5
San José del Progreso o MEX 196-197 F 3
San José de Maipo o RCH 222-223 D 2
San José de Mayo ✩ ROU 222-223 L 3
San José de Ocoa o DOM 198-199 K 5
San Jose de Quero o PE 208-209 E 8
San José de Raices o MEX 194-195 J 5
San José Iturbide o MEX 194-195 J 7
San Jose River ~ CDN 176-177 K 6
Sanju o VRC 80-81 B 2
San Juán o BOL 214-215 D 7
San Juan o BOL 214-215 G 6
San Juan ✩ DOM 198-199 K 5
San Juan o PE (ICA) 208-209 E 9
San Juan o PE (LOR) 210-211 B 5
San Juan ◘ RA 220-221 C 6
San Juan ✩• RA (SAJ) 220-221 C 6
San Juan o RCH 220-221 C 2
San Juan o RP 96-97 F 7
San Juan o USA (AK) 164-165 Q 6
San Juan ✩••• USA (PR) 200 B 2
San Juan, Bahía ≈ 208-209 E 9
San Juan, Cabo ▲ GQ 146-147 B 3
San Juan, Cabo ▲ RA 224 J 7
San Juan, Punta ▲ PE 208-209 E 9
San Juan, Quebrada ~ RCH 220-221 B 5
San Juan, Río ~ BOL 214-215 D 6
San Juan, Río ~ BOL 220-221 E 1
San Juan, Río ~ CO 204-205 C 5
San Juan, Río ~ DOM 198-199 K 5
San Juan, Río ~ MEX 194-195 G 5
San Juan, Río ~ NIC 196-197 B 6
San Juan, Río ~ PY 220-221 H 2
San Juan, Río ~ RA 220-221 C 6
San Juan, Río ~ RA 222-223 F 2
San Juan, Río ~ ROU 222-223 L 3
San Juan, Río ~ YV 204-205 K 2
San Juan Bautista ✩ PY 220-221 J 4
San Juan Bautista o RCH 222-223 C 1
San Juan Bautista o YV 204-205 K 2
San Juan Chiquihuitlán o MEX 196-197 F 3
San Juan de Alacant o E 34-35 G 5
San Juan de Alicante = San Juan de Alacant o E 34-35 G 5
San Juan de Arama o CO 204-205 E 6
San Juan de Colon o YV 204-205 E 3
San Juan de Flores o HN 196-197 L 4
San Juan de Guadalupe o MEX 194-195 H 5
San Juan de la Costa o MEX 194-195 D 5
San Juán del Caite o HN 196-197 K 4
San Juan del César o CO 204-205 E 2
San Juan de Lima, Punta ▲ MEX 196-197 C 2
San Juán de Limay o NIC 196-197 L 5
San Juán del Norte, Bahía de ≈ 196-197 C 6
San Juan de los Cayos o YV 204-205 G 2
San Juan de los Gaidonas o YV 204-205 K 3
San Juan de los Lagos o MEX 194-195 H 7
San Juan de los Morros ✩ YV 204-205 H 3
San Juan de los Planes o• MEX 194-195 E 6
San Juan del Rio o MEX (DGO) 194-195 G 5
San Juan del Río o MEX (QRO) 196-197 E 1
San Juán del Sur o NIC 196-197 B 6
San Juan de Manpiare o YV 204-205 H 5
San Juan de Pastocalle o EC 208-209 C 2
San Juan de Sabinas o MEX 194-195 J 4
San Juan de Tocoma o YV 204-205 K 4
San Juan de Yanac o PE 208-209 E 8
San Juan Evangelista o MEX 196-197 G 3
San Juan Indian Reservation ✕ USA 188-189 E 1
San Juan Islands ∩ USA 184-185 C 1
San Juanito o MEX 194-195 F 4
San Juanito, Isla ∩ MEX 194-195 F 7
San Juan Ixcaquixtla o MEX 196-197 F 2
San Juan Mountains ▲ USA 188-189 D 1
San Juan National Historic Park ⊥ USA 184-185 C 1
San Juan River ~ USA 188-189 D 1
San Juan y Martínez o C 198-199 D 3
San Just, Puerto de ▲ E 34-35 G 4
San Justo o RA 220-221 G 6
Sankadiakro o CI 138-139 J 6
Sankarani ~ RG 138-139 F 4
Sankarankovil o IND 76-77 G 6
Sankari Drug o IND 76-77 G 5
Sankha o THA 94-95 G 3
Sankosh o BHT 78-79 G 2

Sankosh ∼ BHT 78-79 F 2
Sankra ○ IND 74-75 G 5
Sankt Gallen ☆••• CH 28-29 K 5
Sankt Gotthardpass = Passo del San Gottardo ▲ CH 28-29 K 5
Sankt Joachimsthal = Jáchymov ○ CZ 28-29 M 3
Sankt Moritz ○• CH 28-29 K 5
Sankt-Peterburg ☆••• RUS 30-31 M 2
Sankt Peter-Ording ○ D 28-29 K 1
Sankt Pölten ☆ A 28-29 N 4
Sankulirang, Teluk ≈ 100-101 F 3
Sankuru ∼ ZRE 146-147 J 6
San Leonardo de Yagüe ○ E 34-35 F 4
Sanlifan ○ VRC 90-91 J 6
Şanlı Urfa ☆• TR 64-65 H 4
San Lorenzo ○ BOL 214-215 H 5
San Lorenzo ○ CO 204-205 F 4
San Lorenzo ○ EC (ESM) 208-209 C 1
San Lorenzo ○ EC (MAN) 208-209 B 2
San Lorenzo ○ F (2B) 244 D 4
San Lorenzo ○ HN 196-197 L 5
San Lorenzo ○ PE 214-215 C 2
San Lorenzo ○ RA 220-221 H 5
San Lorenzo ○ RP 96-97 E 5
San Lorenzo, Cabo ▲ EC 208-209 B 2
San Lorenzo, Cerro ▲ PE 208-209 C 5
San Lorenzo, Isla ⌒ MEX 194-195 C 3
San Lorenzo, Isla ⌒ PE 208-209 D 8
San Lorenzo, Río ∼ MEX 194-195 F 5
San Lorenzo, Río ∼ MEX 194-195 K 5
San Lorenzo, Sierra de ▲▲ E 34-35 F 3
San Lourdes ○ BOL 214-215 C 2
Sanlúcar de Barrameda ○ E 34-35 D 6
Sanlúcar la Mayor ○ E 34-35 D 6
San Lucas ○ USA 184-185 D 7
San Lucas, Cabo ▲•• MEX 194-195 E 6
San Luís ○ C 198-199 H 4
San Luis ○ CO 204-205 D 4
San Luis ○ GCA 196-197 K 3
San Luis ○ MEX 194-195 B 3
San Luis □ RA 222-223 F 2
San Luis ☆ RA 222-223 F 2
San Luis ○ RCH 220-221 C 4
San Luis ○ ROU 218-219 D 9
San Luis ○ RP 96-97 F 7
San Luis ○ USA 188-189 E 1
San Luis ○ YV 204-205 G 2
San Luis, Lago de ○ BOL 214-215 E 3
San Luis, Sierra de ▲▲ RA 222-223 F 2
San Luis Acatlán ○ MEX 196-197 E 3
San Luis Canal < USA 184-185 D 7
San Luis del Cordero ○ MEX 194-195 G 5
San Luis del Palmar ○• RA 220-221 H 4
San Luis de Shuaro ○ PE 208-209 E 7
San Luis Obispo ○ USA 184-185 D 8
San Luis Potosí □ MEX 194-195 H 6
San Luis Potosí ☆•• MEX (SLP) 194-195 J 6
San Luis Reservoir < USA 184-185 D 7
San Luis Río Colorado ○• MEX 194-195 B 1
San Luis San Pedro ○ MEX 196-197 D 3
San Luis Valley ∪ USA 188-189 E 1
San Luiz de la Paz ○ MEX 194-195 J 7
Sanluri ○ I 36-37 B 5
San Manuel ○ C 198-199 G 4
San Marco, Capo ▲ I 36-37 B 5
San Marco, Capo ▲ I 36-37 D 6
San Marcos ○ BR 206-207 K 6
San Marcos ☆ GCA 196-197 J 4
San Marcos ○ MEX 196-197 E 3
San Marcos ○ USA 188-189 J 5
San Marcos, Isla ⌒ MEX 194-195 C 4
San Marcos, Laguna ≈ 196-197 E 3
San Marcos de Colón ○ HN 196-197 L 5
San Mariano ○ RP 96-97 E 4
San Marino ○ AUS 114-115 C 5
San Marino ★• RSM 36-37 D 3
San Marino = Saint-Marin ■ RSM 36-37 C 3
San Martín ○ CO 204-205 E 6
San Martín ○ RA 220-221 E 5
San Martín, Lago ⊖ RA 224 D 4
San Martín, Península ∪ RCH 224 C 4
San Martín, Río ∼ BOL 214-215 F 3
San Martín Chalchicuautla ○ MEX 194-195 K 7
San Martín de los Andes ○ RA 222-223 D 6
San Martino-di-Lota ○ F (2B) 244 D 3
San Mateo ○ USA (CA) 184-185 C 7
San Mateo ○ USA (NM) 188-189 D 2
San Mateo ○ YV 204-205 J 3
San Mateo Ixtatán ○ GCA 196-197 J 4
San Mateo Matengo ○ MEX 196-197 E 2
San Matías ○ BOL 214-215 H 5
San Matías, Golfo ≈ 222-223 G 6
Sanmen ○ VRC 92-93 M 2
Sanmen Wan ≈ 92-93 M 2
Sanmenxia ○• VRC 90-91 G 4
San Michele • F (2B) 244 D 3
San Miguel ○ CO 210-211 B 2
San Miguel ○ EC (BOL) 208-209 C 2
San Miguel ○ EC (ESM) 208-209 C 1
San Miguel ☆ ES 196-197 K 5
San Miguel ○ PA 196-197 E 7
San Miguel ○ PE 208-209 F 8
San Miguel ○ RA (BUA) 222-223 K 3
San Miguel ○ RA (COR) 220-221 J 4
San Miguel ○ RP 96-97 E 9
San Miguel ○ YV 204-205 J 3
San Miguel, Cerro ▲ BOL 214-215 G 6
San Miguel, Fortaleza • ROU 218-219 D 9
San Miguel, Río ∼ BOL 214-215 G 5
San Miguel, Río ∼ CO 208-209 D 1
San Miguel, Río ∼ MEX 194-195 D 3
San Miguel, Río ∼ MEX 194-195 F 4
San Miguel, Sierra ▲▲ RCH 220-221 C 4
San Miguel, Volcán ▲ ES 196-197 K 5
San Miguel Aloapan ○ MEX 196-197 F 3
San Miguel Bay ≈ 96-97 E 6
San Miguel de Allende ○• MEX 196-197 D 1
San Miguel de Baga ○ C 198-199 G 4
San Miguel de Huachi ○ BOL 214-215 D 4
San Miguel del Monte ○ RA 222-223 K 3
San Miguel de Pallaques ○ PE 208-209 C 5
San Miguel de Salcedo ○ EC 208-209 C 2
San Miguel de Tucumán ☆• RA 220-221 E 4
San Miguel Island ⌒ USA 184-185 D 8
San Miguelito ○ BOL 214-215 C 2
San Miguelito ○ MEX 194-195 E 2
San Miguelito ○ NIC 196-197 B 6
San Miguel River ∼ USA 186-187 C 6
San Miguel Sola de Vega ○ MEX 196-197 F 3
San Miguel Suchixtepec ○ MEX 196-197 F 3
San Miguel Tulancingo ○• MEX 196-197 F 3
Sanming ○ VRC 92-93 K 3
San Narciso ○ RP 96-97 D 5
Sannaspos ○ ZA 156-157 H 4
San Nicolas ○ BOL 214-215 E 4
San Nicolás ○ MEX 194-195 E 3
San Nicolás, Bahía ≈ 208-209 E 9
San Nicolas de los Arroyos ○ RA 222-223 J 2
San Nicolas de los Garzas ○ MEX 194-195 J 5
San Nicolás de Tolentino ○ E 124-125 D 7
San Nicolas Island ⌒ USA 184-185 E 9
San Nicolás Tolentino ○ MEX 194-195 J 6
Sannieshof ○ ZA 156-157 G 3
Sannikova ○ RUS 46-47 W 2
Sannikova, Détroit de = Sannikova, proliv ≈ 46-47 W 2
Sannikova, proliv ≈ 46-47 W 2
Sanniquellie ☆ LB 138-139 F 6
Sannohe ○ J 88-89 J 4
Sanogasta, Sierra de ▲▲ RA 220-221 D 5
Sanok ○• PL 28-29 R 4
San Onofre ○ CO 204-205 D 3
Sanoyie ○ LB 138-139 F 6
San Pablo ○ BOL 220-221 D 1
San Pablo ○ C 198-199 F 4
San Pablo ○ CO (BOL) 204-205 E 4
San Pablo ○ CO (NAR) 208-209 D 1
San Pablo ○ PE 208-209 C 5
San Pablo ○ RCH 222-223 C 6
San Pablo ○ RP 96-97 D 5
San Pablo ○ YV (ANZ) 204-205 J 3
San Pablo ○ YV (BOL) 204-205 H 4
San Pablo ○ YV (BOL) 204-205 K 4
San Pablo, Punta ▲ MEX 194-195 B 4
San Pablo, Río ∼ BOL 214-215 F 4
San Pablo, Río ∼ PE 208-209 C 4
San Pablo Balleza ○ MEX 194-195 F 4
San Pablo Bay ≈ 184-185 C 6
San Pablo de Balzar, Cordillera de ▲▲ EC 208-209 B 2
Sanpaka ○ RMM 138-139 F 2
San Pascual ○ RP 96-97 E 6
San Pedro ○ BOL 214-215 F 5
San Pedro ∼ C 198-199 F 4
San Pédro ○ CI 138-139 G 7
San Pedro ○ CO 204-205 D 4
San Pedro ○ MEX (BCS) 194-195 D 6
San Pedro ○ MEX (CHA) 194-195 G 3
San Pedro ○ MEX (SON) 194-195 D 3
San Pedro ○ MEX (SON) 194-195 C 2
San Pedro ○ PE 214-215 B 2
San Pedro ☆ PY 220-221 J 3
San Pedro ○ RA (BUA) 222-223 K 2
San Pedro ○ RA (JU) 220-221 E 3
San Pedro ○ RA (MIS) 220-221 K 4
San Pedro ○ RA (SAE) 220-221 E 4
San Pedro ○ RCH (ANT) 220-221 C 1
San Pedro ○ RCH (BIO) 222-223 C 4
San Pedro ○ RP 96-97 E 6
San Pedro ○ YV 204-205 K 2
San Pedro, Isla ⌒ RCH 222-223 C 7
San Pedro, Observatorio de • MEX 194-195 B 2
San Pedro, Punta ▲ RCH 220-221 B 3
San Pedro, Río ∼ BOL 214-215 E 6
San Pedro, Río ∼ BOL 220-221 D 1
San Pedro, Río ∼ GCA 196-197 J 3
San Pedro, Río ∼ MEX 194-195 F 4
San Pedro, Río ∼ MEX 194-195 G 6
San Pedro, Río ∼ MEX 196-197 B 2
San Pedro, Río ∼ RCH 220-221 C 2
San Pedro, Sierra de ▲▲ E 34-35 D 5
San Pedro, Volcán ▲ RCH 220-221 C 1
San Pedro de Atacama ○• RCH 220-221 C 2
San Pedro de Buena Vista ○ BOL 214-215 E 6
San Pedro de Cachi ○ PE 208-209 E 8
San Pedro de Colalao ○ RA 220-221 E 4
San Pedro de Coris ○ PE 208-209 E 8
San Pedro de Curahuara ○ BOL 214-215 C 5
San Pedro de la Cueva ○ MEX 194-195 E 3
San Pedro de Las Bocas ○ YV 204-205 K 4
San Pedro de las Colonias ○ MEX 194-195 H 5
San Pedro de Lloc ○ PE 208-209 C 5
San Pedro del Norte ○ NIC 196-197 B 5
San Pedro del Paraná ○ PY 220-221 J 4
San Pedro de Macorís ☆ DOM 198-199 L 5
San Pedro de Quemes ○ BOL 214-215 C 7
San Pedro de Urabá ○ CO 204-205 C 3
San Pedro el Alto ○ MEX 196-197 F 3
San Pedro Huamelula ○ MEX 196-197 G 3
San Pedro Lagunillas ○ MEX 194-195 G 7
San Pedro Mártir, Sierra de ▲▲ MEX 194-195 B 2
San Pedro Mountain ▲ USA 188-189 D 1
San Pedro Nolasco, Isla ⌒ MEX 194-195 D 4
San Pedro Norte ○ RA 220-221 E 6
San Pedro Pochutla ○ MEX 196-197 F 4
San Pedro River ∼ USA 188-189 B 3
San Pedro Sacatepéquez ○ GCA 196-197 J 4
San Pedro Sula ☆ HN 196-197 K 4
San Pedro Tapanatepec ○ MEX 196-197 G 3
San Petrone, Monte ▲ F (2B) 244 D 4
San Pietro, Isola di ⌒ I 36-37 B 5
Sanpoil River ∼ USA 184-185 E 1
Sanpoku ○ J 88-89 H 5
Sanqingshan • VRC 92-93 L 2
Sanquianga, Parque Nacional ⊥ CO 204-205 B 6
San Quintín ○ MEX 194-195 B 2
San Quintín, Cabo ▲ MEX 194-195 B 2
San Rafael ○ BOL (COC) 214-215 E 5
San Rafael ○ BOL (PAZ) 214-215 C 4
San Rafael ○ BOL (SAC) 214-215 G 5
San Rafael ○ CO 210-211 D 2
San Rafael ○ CR 196-197 B 6
San Rafael ○ MEX (DGO) 194-195 G 5
San Rafael ○ MEX (NL) 194-195 J 5
San Rafael ○ PE 208-209 D 7
San Rafael ○ RA 222-223 E 3
San Rafael, Cabo ▲ DOM 198-199 L 5
San Rafael, Catarate de • EC 208-209 D 2
San Rafael = El Moján ○ YV 204-205 F 2
San Rafael, Glaciar ⊂ RCH 224 D 3
San Rafael, Río ∼ BOL 214-215 H 6
San Rafael, Río ∼ MEX 194-195 K 6
San Rafael de Curiapo ○ YV 204-205 L 3
San Rafael de Imataca ○ YV 206-207 D 2
San Rafael de Onoto ○ YV 204-205 G 3
San Rafael Mountains ▲▲ USA 184-185 E 8
San Rafael River ∼ USA 184-185 J 6
San Ramon ○ BOL 214-215 F 5
San Ramon ○ BOL (BEN) 214-215 E 3
San Ramon ○ BOL (SAC) 214-215 F 4
San Ramón ○ C 198-199 G 5
San Ramón ○ CR 196-197 B 6
San Ramon ○ PE 208-209 E 7
San Ramón ○ PE 208-209 D 4
San Ramón ○ RA 220-221 D 6
San Ramón ○ RCH 220-221 B 4
San Ramon ○ ROU 222-223 M 3
San Ramon ○ RP 96-97 D 9
San Ramón, Río ∼ BOL 214-215 G 4
San Ramón de la Nueva Oran ○ RA 220-221 E 2
San Remo ○ I 36-37 A 3
San Roberto ○ MEX 194-195 J 5
San Roque ○ CO 204-205 E 3
San Roque ○ E 34-35 E 6
San Roque ○ MEX 194-195 B 4
San Roque ○ RP 96-97 D 5
San Roque ○ RP 96-97 F 7
San Roque ○ RP (NSA) 96-97 F 6
San Saba ○ USA 188-189 H 4
San Saba River ∼ USA 188-189 H 4
Sansais ○ F (79) 236-237 D 3
San Salvador ⌒ BS 198-199 H 2
San Salvador ★• ES 196-197 K 5
San Salvador ○ PE 210-211 B 4
San Salvador ○ RA (CO) 220-221 J 5
San Salvador ○ RA (ERI) 220-221 H 6
San Salvador, Canal de ≈ 208-209 B 10
San Salvador = Guanahani Island ⌒ BS 198-199 H 2
San Salvador, Isla ⌒ EC 208-209 B 10
San Salvador, Río ∼ ROU 222-223 L 2
San Salvador de Jujuy ☆ RA 220-221 E 3
San Salvador el Seco ○ MEX 196-197 F 2
Sansanding ○ RMM 138-139 H 3
San Sandrés, Laguna de ⊖ MEX 194-195 L 6
Sansanné-Mango ○ RT 138-139 L 4
Sansárpur ○ IND 80-81 C 6
San Sebastian ○ MEX 196-197 B 1
San Sebastián ○ RA 224 F 6
San Sebastian ○ USA 200 B 2
San Sebastián, Bahía ≈ 224 F 6
San Sebastian de Buenavista ○ CO 204-205 D 3
San Sebastián de la Gomera ○ E 124-125 C 6
San Sebastián de los Reyes ○ E 34-35 F 4
San Sebastião do Uatuma ○ BR 210-211 J 4
Sansepolcro ○ I 36-37 D 3
San Severo ○ I 36-37 E 4
Sansha Wan ≈ 92-93 L 3
Sanshui ○ VRC 92-93 H 5
San Silvestre ○ BOL 214-215 C 2
San Silvestre ○ YV 204-205 F 3
San Simeon ○ USA 184-185 D 8
San Simon ○ USA 188-189 C 3
San Simón, Río ∼ BOL 214-215 F 3
Sanso ○ RMM 138-139 G 4
Sans Sault Rapids ∼ CDN 174-175 E 3
Sans-Souci ∴• RH 198-199 J 5
Sansui ○ VRC 92-93 F 3
Sansundi ○ RI 102-103 H 2
Sansu-ri ○ DVR 86-87 F 7
Sansynakac žyrasy ∸ KA 62-63 O 2
Santa ○ PE 208-209 C 6
Santa ○ USA 184-185 F 2
Santa, Isla ⌒ PE 208-209 C 6
Santa, Río ∼ PE 208-209 D 6
Santa Ana ○ BOL (BEN) 214-215 E 3
Santa Ana ○ BOL (SAC) 214-215 H 6
Santa Ana ○ C 198-199 F 4
Santa Ana ○ CO 204-205 D 3
Santa Ana ○ EC 208-209 B 2
Santa Ana ☆ ES 196-197 K 5
Santa Ana ○ HN 196-197 L 5
Santa Ana ○ MEX (SON) 194-195 D 2
Santa Ana ○ MEX (TAB) 196-197 H 2
Santa Ana ○ PE 208-209 E 9
Santa Ana ○ RA 220-221 K 4
Santa Ana ○ RP 96-97 E 3
Santa Ana ○ USA 184-185 F 9
Santa Ana ○ YV 204-205 J 3
Santa Ana, Bahía ≈ 194-195 C 4
Santa Ana, Río ∼ YV 204-205 E 3
Santa Ana Island ⌒ SOL 120 I f 4
Santa Ana Maya ○ MEX 196-197 D 1
Santa Ana Mountains ▲▲ USA 184-185 F 9
Santa Anna ○ USA 188-189 H 4
Santa Barbara ○ BR 210-211 D 5
Santa Bárbara ○ BR 216-217 J 5
Santa Barbara ○ CO 204-205 D 5
Santa Bárbara ☆ HN 196-197 K 4
Santa Bárbara ○ MEX 194-195 G 4
Santa Barbara ○ RCH 222-223 C 4
Santa Barbara ○• USA 184-185 E 8
Santa Barbara ○ YV 204-205 F 4
Santa Bárbara ○ YV (AMA) 204-205 H 6
Santa Bárbara ○ YV (ANZ) 204-205 K 3
Santa Bárbara ○ YV (BOL) 204-205 K 4
Santa Bárbara ○ YV (GUA) 204-205 J 3
Santa Bárbara, Parque Nacional ⊥ HN 196-197 K 4
Santa Bárbara, Río ∼ BOL 214-215 G 5
Santa Bárbara, Serra de ▲▲ BR 214-215 H 4
Santa Bárbara, Sierra de ▲▲ RA 220-221 E 3
Santa Barbara Channel ≈ 184-185 D 8
Santa Barbara do Sul ○ BR 218-219 D 7
Santa Brígida ○ BR 212-213 J 6
Santa Casilda ○ MEX 196-197 D 2
Santa Catalina ○ RA 220-221 E 5
Santa Catalina ○ RP 96-97 E 8
Santa Catalina, Arroyo ∼ RA 222-223 G 2
Santa Catalina, Gulf of ≈ 184-185 E 9
Santa Catalina, Isla ⌒ MEX 194-195 D 5
Santa Catalina Island ⌒ USA 184-185 E 9
Santa Catalina Island = Owa Riki ⌒ SOL 120 I f 4
Santa Catarina □ BR 218-219 D 6
Santa Catarina ○ CV 138-139 C 6
Santa Catarina ○ MEX 194-195 J 5
Santa Catarina, Ilha de ⌒ BR 218-219 F 6
Santa Catarina, Río ∼ MEX 196-197 E 3
Santa Cecília ○ BR 218-219 E 6
Santa Clara ○ BR 206-207 J 6
Santa Clara ☆•• C 198-199 F 3
Santa Clara ○ RA 220-221 E 3
Santa Clara ○ YV 204-205 J 3
Santa Clara, Bahía de ≈ 198-199 E 3
Santa Clara, Isla ⌒ RCH 222-223 C 1
Santa Clara, Río ∼ MEX 194-195 F 3
Santa Clara, Sierra de ▲▲ MEX 194-195 C 4
Santa Clotilde ○ PE 208-209 F 3
Santa Comba Dão ○ P 34-35 C 4
Santa Cruz ○ BOL 214-215 C 4
Santa Cruz ○ BR (BAH) 212-213 H 6
Santa Cruz ○ BR (GSU) 214-215 J 7
Santa Cruz ○ BR (P) 210-211 J 4
Santa Cruz ○ BR (P) 212-213 B 3
Santa Cruz ○ BR (PAU) 216-217 G 6
Santa Cruz ○ BR (RNO) 212-213 K 5
Santa Cruz ○ BR (RON) 210-211 F 7
Santa Cruz ○ CR 196-197 B 6
Santa Cruz ∼ MEX 194-195 D 5
Santa Cruz ○ PE (LIM) 208-209 D 7
Santa Cruz ○ PE (LOR) 208-209 E 4
Santa Cruz □ RA 224 E 3
Santa Cruz ○ RCH 222-223 D 3
Santa Cruz ○ RP (DAS) 96-97 F 9
Santa Cruz ○ RP (MAR) 96-97 E 6
Santa Cruz ○ RP (ZAM) 96-97 D 5
Santa Cruz ☆ RP (LAG) 96-97 D 5
Santa Cruz ○• USA 184-185 C 7
Santa-Cruz ○ YV 206-207 D 2
Santa Cruz ○ YV (APU) 204-205 G 4
Santa Cruz ○ YV (BOL) 204-205 K 4
Santa Cruz, Isla ⌒ EC 208-209 B 10
Santa Cruz, Río ∼ RA 220-221 E 2
Santa Cruz, Río ∼ RA 224 F 5
Santa Cruz Cabrália ○ BR 216-217 L 4
Santa Cruz de Bucaral ○ YV 204-205 G 2
Santa Cruz de Campezo = Santi Kurutze Kanpezu ○ E 34-35 F 3
Santa Cruz de la Palma ○ E 124-125 C 6
Santa Cruz de la Sierra ☆ BOL 214-215 F 5
Santa Cruz del Norte ○ C 198-199 E 3
Santa Cruz del Quiché ☆ GCA 196-197 J 4
Santa Cruz del Sur ○ C 198-199 G 4
Santa Cruz de Mudela ○ E 34-35 F 5
Santa Cruz de Tenerife ☆ E 124-125 C 6
Santa Cruz do Arari ○ BR 206-207 K 6
Santa Cruz do Capibaribe ○ BR 212-213 K 5
Santa Cruz do Sul ○ BR 218-219 D 7
Santa Cruz Island ⌒ USA 184-185 E 8
Santa Cruz Verapaz ○ GCA 196-197 J 4
Santa de Ayes Laguna Colorada, Parque Nacional ⊥ BOL 220-221 D 2
Santa Doménica Taláo ○ I 36-37 E 5
Santa Elena ○ EC 208-209 B 3
Santa Elena ○ MEX 194-195 H 4
Santa Elena ○ RA 220-221 H 6
Santa Elena ○ YV 204-205 K 3
Santa Elena, Bahía de ≈ 196-197 B 6
Santa Elena, Bahía de ≈ 208-209 B 3
Santa Elena, Cabo ▲ CR 196-197 B 6
Santa Elena, Cerro ▲ RA 224 H 2
Santa Elena, Paso de ▲ RA 222-223 D 3
Santa Elena de Arenales ○ YV 204-205 F 3
Santa Elena de Uairén ○ YV 206-207 D 3
Santa Eleodora ○ RA 222-223 H 3
Santa Eugenia (Ribeira) ○ E 34-35 C 3
Santa Eulalia ○ MEX 194-195 J 3
Santa Fé ○ BR 212-213 J 5
Santa Fe ○ C 198-199 D 3
Santa Fe ○ CO 204-205 F 4
Santa Fe ○ E 34-35 F 6
Santa Fé ○ PA (Dar) 196-197 E 7
Santa Fé ○ PA (Ver) 196-197 D 7
Santa Fe ○ PE 208-209 F 4
Santa Fe □ RA 220-221 G 5
Santa Fe ☆• RA (SAF) 220-221 G 6
Santa Fe ○ RP 96-97 D 6
Santa Fe ○ RP 96-97 E 9
Santa Fe ☆• USA 188-189 E 2
Santa Fe, Isla ⌒ EC 208-209 B 10
Santa Fé de Minas ○ BR 216-217 H 4
Santa Fé do Sul ○ BR 216-217 E 6
Santa Filomena ○ BR 212-213 F 6
Santa Helena ○ BR (MAR) 212-213 F 3
Santa Helena ○ BR (PAR) 220-221 K 3
Santa Helena ○ CO 204-205 E 6
Santa Helena de Cusima ○ CO 204-205 F 5
Santa Helena de Goiás ○ BR 216-217 E 4
Santai ○ VRC 90-91 D 6
Santa Inês ○ BR (BAH) 216-217 L 2
Santa Inês ○ BR (MAR) 212-213 F 3
Santa Ines ○ YV 204-205 J 3
Santa Inés ○ YV 204-205 G 2
Santa Ines, Bahía ≈ 194-195 D 4
Santa Inés, Isla ⌒ RCH 224 D 6
Santa Isabel ○ MEX 196-197 H 3
Santa Isabel ○ PA 196-197 E 7
Santa Isabel ○ PE 208-209 E 4
Santa Isabel ○ RA 222-223 F 4
Santa Isabel ⌒ SOL 120 I d 2
Santa Isabel, Cachoeira ∼ BR 212-213 D 5
Santa Isabel, Río ∼ GCA 196-197 K 4
Santa Isabel do Araguaia ○ BR 212-213 D 5
Santa Isabel d'Oeste ○ BR 218-219 D 5
Santa Isabel do Pará ○ BR 206-207 K 6
Santa Isabel do Preto ○ BR 216-217 H 7
Santa Isabel do Rio Negro ○ BR 210-211 E 3
Santa Júlia ○ BR 210-211 G 6
Santal, Baie du ≈ 247 I e 2
Santa Lucía ○ C 198-199 D 3
Santa Lucía ○ EC 208-209 C 2
Santa Lucía ○ PE 214-215 B 4
Santa Lucía ○ RA (CO) 220-221 H 5
Santa Lucía ○ RA (SAJ) 220-221 C 6
Santa Lucía ○ ROU 222-223 L 3
Santa Lucía, Río ∼ RA 220-221 H 5
Santa Lucía, Río ∼ ROU 222-223 L 3
Santa Lucía, Sierra de ▲▲ MEX 194-195 C 4
Santa Lucia la Reforma ○ GCA 196-197 J 4
Santa Lucia Range ▲▲ USA 184-185 D 7
Santa Lugarda, Punta ▲ MEX 194-195 E 4
Santa Luisa ○ RCH 220-221 B 3
Santa Luz ○ BR (BAH) 212-213 J 7
Santa Luz ○ BR (PIA) 212-213 F 6
Santa Luzia ○ BR (BAH) 216-217 L 3
Santa Luzia ○ BR (MAR) 212-213 F 3
Santa Luzia ○ BR (MIN) 216-217 J 5
Santa Luzia ○ BR (PA) 212-213 K 5
Santa Luzia ○ BR (ROR) 206-207 D 5
Santa Luzia, Ilha de ⌒ CV 138-139 B 5
Santa Luzia do Pacuí ○ BR 206-207 J 5
Santa Magdalena ○ RA 222-223 H 3
Santa Manza, Golfo di ≈ F (2A) 244 D 6
Santa Margarita, Isla ⌒ MEX 194-195 D 5
Santa Maria ○ ANG 152-153 B 6
Santa Maria ○ BR (AMA) 210-211 H 5
Santa Maria ○ BR (P) 206-207 J 6
Santa Maria ○ BR (RSU) 218-219 D 7
Santa Maria ○ CO 204-205 E 5
Santa Maria ○ CR 196-197 C 7
Santa Maria ○ CV 138-139 C 5
Santa Maria ○ HN 196-197 L 4
Santa Maria ∼ PA 196-197 D 7
Santa Maria ○ RA 220-221 F 2
Santa Maria ○ RP 96-97 F 9
Santa Maria ○ USA 184-185 D 8
Santa Maria ○ YV 204-205 F 3
Santa Maria ○ YV (APU) 204-205 H 4
Santa Maria ○ YV (SUC) 204-205 K 2
Santa Maria, Bahía ≈ 194-195 E 5
Santa María, Bahía ≈ 194-195 L 5
Santa Maria, Cabo de ▲ P 34-35 D 6
Santa Maria, Cape ▲ BS 198-199 H 3
Santa Maria, Corredeira ∼ BR 210-211 H 6
Santa María, Isla ⌒ EC 208-209 B 10
Santa María, Isla ⌒ RCH 222-223 C 4
Santa María, Laguna de ⊖ MEX 194-195 F 2
Santa María, Punta ▲ ROU 222-223 M 3
Santa Maria, Ribeiro ∼ BR 212-213 D 5
Santa María, Río ∼ BR 216-217 G 3
Santa María, Río ∼ MEX 194-195 F 2
Santa María, Río ∼ MEX 194-195 J 7
Santa María, Río ∼ RA 220-221 E 4
Santa Maria da Vitória ○ BR 216-217 H 2
Santa Maria da Vitória, Mosteiro de •• P 34-35 C 5
Santa María de Ipire ○ YV 204-205 J 3
Santa Maria de Itabira ○ BR 216-217 J 5
Santa Maria de Jebitá ○ BR 216-217 K 6
Santa María del Camí ○ E 34-35 J 5
Santa María del Oro ○ MEX 194-195 G 5
Santa María de Los Guaicas ○ YV 204-205 J 6
Santa María del Río ○ MEX 194-195 J 7
Santa María del Valle ○ PE 208-209 D 6
Santa María de Nanay ○ PE 208-209 F 3
Santa María de Nieva ○ PE 208-209 D 4
Santa Maria di Léuca, Capo ▲ I 36-37 G 5
Santa Maria do Para ○ BR 212-213 E 2
Santa Maria do Suaçuí ○ BR 216-217 J 5
Santa María Ecatepec ○ MEX 196-197 G 3
Santa Maria Eterna ○ BR 216-217 L 3
Santa Maria Island = Île Gaua ⌒ VAN 120 II a 2
Santa María Zacatepec ○ MEX 196-197 F 3
Santa María Zoquitlán ○ MEX 196-197 F 3
Santa Marta ○ ANG 152-153 B 8
Santa Marta ○ C 198-199 E 3
Santa Marta ☆• CO 204-205 D 2
Santa Marta, Cabo de ▲ BR 218-219 F 7
Santa Monica ○ USA 184-185 E 8
Santan ○ RI 100-101 E 4
Santan, Tanjung ▲ RI 100-101 E 3
Santana ○ BR (AMA) 210-211 F 3
Santana ○ BR (APA) 206-207 J 6
Santana ○ BR (BAH) 216-217 H 2
Santana ○ BR (P) 212-213 E 3
Santana ○ CO (MET) 204-205 D 6
Santana ○ CO (SAN) 204-205 E 4
Santana ○ P 124-125 C 4
Santana, Área Indígena ✕ BR 214-215 K 4
Santana, Cachoeira ∼ BR 216-217 F 3
Santana, Caverna de • BR 218-219 F 5
Santana, Ilha ⌒ BR 212-213 G 3
Santana, Ribeiro ∼ BR 212-213 C 6
Santana, Rio ∼ BR 212-213 G 6
Santana da Boa Vista ○ BR 218-219 D 8
Santana da Vargem ○ BR 216-217 H 6
Santana de Pirapama ○ BR 216-217 H 5
Santana do Acaraú ○ BR 212-213 H 3
Santana do Araguaia ○ BR 212-213 C 6
Santana do Garambeu ○ BR 216-217 H 6
Santana do Ipanema ○ BR 212-213 K 6
Santana do Itarare ○ BR 216-217 F 7
Santana do Livramento ○ BR 220-221 K 6
Santana do Manhuaçu ○ BR 216-217 K 6
Santana do Matos ○ BR 212-213 K 4
Santander ○• E 34-35 F 3
Santander ○ RP 96-97 E 8
Santander Jiménez ○ MEX 194-195 K 5
Santanilla, Islas = Islas del Cisne ⌒ HN 198-199 D 6
Sant'Antioco ○ I 36-37 B 5
Sant'Antíoco, Ísola di ⌒ I 36-37 B 5
Santa Olalla del Cala ○ E 34-35 D 6
Santa Paula ○ USA 184-185 E 8
Santa Pola ○ E 34-35 G 5
Santa Quitéria ○ BR 212-213 H 4
Santa Quitéria do Maranhão ○ BR 212-213 G 3
Sant'Arcángelo ○ I 36-37 F 4
Santarém ○ BR 210-211 K 4
Santarém ○• P 34-35 C 5
Santarém, Ponta de ▲ BR 206-207 J 5
Santarém Novo ○ BR 212-213 E 2
Santaren Channel ≈ 198-199 F 2
Santa Restituta • F (2B) 244 C 3
Santa Rita ∴• BH 196-197 K 2
Santa Rita ○ BR (AMA) 210-211 C 4
Santa Rita ○ BR (PA) 212-213 L 5
Santa Rita ○ CO (CA) 208-209 F 1
Santa Rita ○ CO (VIC) 204-205 G 5
Santa Rita ○ HN 196-197 L 4
Santa Rita ○ MEX 194-195 D 5
Santa Rita ○ PA 196-197 D 7
Santa Rita ○ YV (BOL) 204-205 K 3
Santa Rita ○ YV (GUA) 204-205 H 3
Santa Rita ○ YV (ZUL) 204-205 F 2
Santa Rita, Río ∼ RA 220-221 E 2
Santa Rita, Ilha de ⌒ BR 206-207 F 6
Santa Rita de Caldas ○ BR 216-217 G 7
Santa Rita de Cássia ○ BR 212-213 F 7
Santa Rita do Araguaia ○ BR 216-217 D 4
Santa Rita do Sul ○ BR 218-219 E 8
Santa Rosa ○ BOL (BEN) 214-215 D 4
Santa Rosa ○ BOL (PAN) 214-215 D 2
Santa Rosa ○ BR (CAT) 218-219 F 7
Santa Rosa ○ BR (RON) 214-215 G 3
Santa Rosa ○ BR (ROR) 204-205 K 6
Santa Rosa ○ BR (RSU) 220-221 K 4
Santa Rosa ○ BR (TOC) 212-213 D 7
Santa Rosa ○ CO (CAU) 208-209 D 1
Santa Rosa ○ CO (GU) 204-205 G 6
Santa Rosa ○ CO (VAU) 210-211 B 2
Santa Rosa ○ EC (ELO) 208-209 C 3
Santa Rosa ○ EC (PAS) 208-209 D 3
Santa Rosa ○ MEX (BCS) 194-195 E 6
Santa Rosa ○ MEX (QR) 196-197 K 2
Santa Rosa ○ PE (LOR) 208-209 F 3
Santa Rosa ○ PE (PUN) 214-215 B 4
Santa Rosa ○ RA (CO) 220-221 H 5
Santa Rosa ☆ RA (LAP) 222-223 G 4
Santa Rosa ○ USA (CA) 184-185 C 6
Santa Rosa ○ USA (NM) 188-189 E 2
Santa Rosa ○ YV (ANZ) 204-205 J 3
Santa Rosa ○ YV (APU) 204-205 G 4
Santa Rosa ○ YV (BOL) 204-205 K 4
Santa Rosa, Baja de ≈ 206-207 K 5
Santa Rosa, Cordillera de ▲▲ RA 220-221 C 5
Santa Rosa, Isla ⌒ EC 208-209 C 1
Santa Rosa, Lago ○ BOL 214-215 H 6
Santa Rosa Aboriginal Land ✕ AUS 114-115 C 2
Santa Rosa de Amonadona ○ YV 210-211 D 2
Santa Rosa de Copán ☆ HN 196-197 K 4
Santa Rosa de Cusubamba ○ EC 208-209 C 2
Santa Rosa del Conlara ○ RA 222-223 G 2
Santa Rosa de los Pastos Grandes ○ RA 220-221 D 3
Santa Rosa de Ocopa • PE 208-209 E 7
Santa Rosa de Quijos ○ EC 208-209 D 2
Santa Rosa de Sucumbis ○ EC 208-209 D 1
Santa Rosa de Viterbo ○ BR 216-217 G 6
Santa Rosa dos Dourados ○ BR 216-217 G 5
Santa Rosa Indian Reservation ✕ USA 184-185 F 9
Santa Rosa Island ⌒ USA (CA) 184-185 D 9
Santa Rosa Island ⌒ USA (FL) 192-193 E 4
Santa Rosalia ○• MEX 194-195 C 4
Santa Rosalía ○ YV 204-205 J 4
Santa Rosa Wash ∼ USA 184-185 J 9
Šantarskie, ostrova ⌒ RUS 56-57 G 6
Šantarskoe more ≈ 56-57 G 6
Santa Severa ○ F (2B) 244 D 3
Santa Si • VRC 78-79 M 3
Santa Sylvina ○ RA 220-221 G 4
Santa Tecla = Nueva San Salvador ○ ES 196-197 K 5
Santa Teresa ✕ AUS 114-115 C 3
Santa Teresa ○ MEX 194-195 L 5
Santa Teresa ○ RA 222-223 J 2
Santa Teresa ○ YV 204-205 H 2
Santa Teresa, Forteleza • ROU 218-219 D 10
Santa Teresa, Parque Nacional de ⊥ ROU 218-219 D 10
Santa Teresa, Punta ▲ MEX 194-195 D 4
Santa Teresa, Rio ∼ BR 216-217 F 2
Santa Teresa de Goiás ○ BR 216-217 F 2
Santa Teresa di Gallura ○ I 36-37 B 4
Santa Teresinha de Goiás ○ BR 216-217 F 3
Santa Teresita ○ RA 222-223 L 4
Santa Terezinha ○ BR 212-213 C 7
Santa Ursula, Cachoeira ∼ BR 210-211 H 7
Sant' Auta ○ BR 218-219 E 8
Santa Victoria ○ RA 220-221 E 2
Santa Victoria, Rio ∼ RA 220-221 E 2
Santa Victoria, Sierra ▲▲ RA 220-221 E 2
Santa Vitória do Palmar ○ BR 218-219 D 9
San-ta-Wani Safari Lodge ○ RB 154-155 B 4
Sant Carles de la Ràpita ○ E 34-35 H 4
Sant Celoni ○ E 34-35 J 4
Santchou ○ CAM 140-141 H 6
Santee ○ USA 184-185 F 9
Santee Indian Reservation ✕ USA 186-187 J 4
Santee River ∼ USA 192-193 J 3
Sante Marie Among the Hurons Historic Park • CDN 182-183 E 6
San Tempo, Sierra de ▲▲ BOL 220-221 E 2
Santenay ○ F (21) 238-239 F 3
Santenay ○ F (41) 232-233 E 4
Santerre ∸ F (80) 228-229 J 4
Santeuil ○ F (28) 232-233 F 3
Sant Feliu de Guíxols ○ E 34-35 J 4
Sant Francesc de Formentera ○ E 34-35 H 5
Santhe ○ MW 154-155 G 1
Santiago ○ BOL 214-215 H 6
Santiago ○ BR 220-221 K 5
Santiago ○ CO 204-205 E 4
Santiago ○ EC 208-209 C 3
Santiago ○ MEX (BCS) 194-195 E 6
Santiago ○ MEX (NL) 194-195 J 5
Santiago ☆ PA 196-197 D 7
Santiago ★•• RCH 222-223 D 2
Santiago ○ RP 96-97 D 4
Santiago, Cabo ▲ RCH 224 C 5
Santiago, Cerro ▲ PA 196-197 D 7
Santiago, Ilha de ⌒ CV 138-139 C 6
Santiago, Punta ▲ GQ 146-147 B 2
Santiago, Río ∼ PE 208-209 D 4
Santiago, Río de ∼ MEX 194-195 H 5
Santiago Atitlán ○ GCA 196-197 J 4
Santiago Chazumba ○ MEX 196-197 F 2
Santiago de Cao ○ PE 208-209 C 5
Santiago de Choeorvos ○ PE 208-209 E 8
Santiago de Chuco ○ PE 208-209 C 6
Santiago de Compostela ○••• E 34-35 C 3
Santiago de Cuba ☆•• C 198-199 H 4
Santiago de Cuba, Bahía de ≈ 198-199 G 5
Santiago del Estero □ RA 220-221 E 4
Santiago del Estero ☆ RA (SAE) 220-221 E 4
Santiago de Los Caballeros ○ MEX 194-195 F 5
Santiago de los Cabelloros ☆• DOM 198-199 K 5
Santiago de Machaca ○ BOL 214-215 C 5
Santiago de Pacaguaras ○ BOL 214-215 C 3
Santiago Ixcuintla ○ MEX 194-195 G 7
Santiago Jamiltepec ○ MEX 196-197 F 3
Santiago Maior ○ CV 138-139 C 6
Santiago Maravatío ○ MEX 196-197 D 1
Santiago Mountains ▲▲ USA 188-189 F 4
Santiago Papasquiaro, Río ∼ MEX 194-195 G 5
Santiago Tamazola ○ MEX 196-197 E 3
Santiago Tuxtla ○• MEX 196-197 G 2
Santiago Yosondúa ○ MEX 196-197 F 3
Santiam Pass ▲ USA 184-185 D 3
Santianna Point ▲ CDN 180-181 G 3
San Tiburcio ○ MEX 194-195 J 5
Santigi ○ RI 100-101 G 3
Santigi, Tanjung ▲ RI (SLT) 100-101 G 3
Santigi, Tanjung ▲ RI (SLT) 100-101 H 4
Santiguila ○ RMM 138-139 G 3
Santipur ○ IND 78-79 F 4
Säntis ▲ CH 28-29 K 5
Santissima Trinità di Saccàrgia • I 36-37 B 4
Sant Joan de Labritja ○ E 34-35 H 5
Sant Jordi, Golf de ≈ 34-35 H 4
Santo/ Malo □ VAN 120 II a 2
Santo Agostinho ○ BR 216-217 K 5
Santo Amaro ○ BR 210-211 B 6
Santo Amore, Ilha de ⌒ BR 216-217 H 7
Santo André ○ ANG 152-153 C 6
Santo André ○ BR (P) 206-207 K 6
Santo André ○ BR (PAU) 216-217 G 7
Santo Ângelo ○• BR 220-221 K 5
Santo Antão, Ilha de ⌒• CV 138-139 B 5
Santo Antonio ○ BR 206-207 F 6
Santo Antonio ○ BR 210-211 G 4
Santo Antonio ○ BR 212-213 L 5
Santo Antonio ○ CV 138-139 C 6
Santo Antonio ○ STP 146-147 b 2
Santo Antônio, Ponta de ▲ BR 212-213 L 5
Santo Antonio, Rio ∼ BR 212-213 D 7
Santo Antônio da Patrulha ○ BR 218-219 E 7

Santo Antonio de Leverger o BR 214-215 J 4
Santo Antônio de Lisboa o BR 212-213 H 5
Santo Antonio Desejado o BR 210-211 D 7
Santo Antônio do Içá o BR 210-211 D 4
Santo Antônio do Monte o BR 216-217 H 6
Santo Antônio dos Lopes o BR 212-213 F 4
Santo Antônio do Sudoeste o BR 218-219 D 6
Santo Corazón o BOL 214-215 H 5
Santo Domingo o C 198-199 E 3
Santo Domingo o CO 204-205 D 4
Santo Domingo ★ ••• DOM 198-199 L 5
Santo Domingo o MEX (BCS) 194-195 D 5
Santo Domingo o MEX (JAL) 194-195 G 7
Santo Domingo o MEX (SLP) 194-195 J 6
Santo Domingo o NIC 196-197 B 5
Santo Domingo o RA 220-221 F 3
Santo Domingo, Cay ⌒ BS 198-199 H 4
Santo Domingo, Río ~ MEX 196-197 J 3
Santo Domingo, Río ~ MEX 196-197 H 3
Santo Domingo, Río ~ MEX 196-197 F 3
Santo Domingo, Río ~ YV 204-205 F 3
Santo Domingo de Acobamba o PE 208-209 E 7
Santo Domingo de los Colorados o EC 208-209 C 2
Santo Domingo Indian Reservation ⊼ USA 188-189 D 2
Santo Domingo Tehuantepec o• MEX 196-197 G 3
Santo Inácio do Piauí o BR 212-213 H 5
San Tomé o YV 204-205 J 3
Santoméri o GR 36-37 H 6
Santoña o E 34-35 F 3
Santonia o F (973) 245 I a 2
Santop ▲ VAN 120 II b 4
Santo Pietro-di-Tenda o F (2B) 244 D 3
Santópolis do Aguapeí o BR 216-217 E 6
Santorini = Thíra ⌒•• GR 36-37 K 6
Santos o AUS 114-115 F 5
Santos o BR 216-217 G 7
Santos, Baía de ≈ 216-217 G 7
Santos, El o C 198-199 F 3
Santos, General ☆ RP 96-97 F 9
Santos, Los o•• PA 196-197 D 8
Santos, Plateau de = Santos Plateau ≃ 14-15 E 11
Santos Dumont o BR 216-217 J 6
Santos Lugares o RA 220-221 F 4
Santos Mercado o BOL 210-211 D 7
Santos Plateau = Santos, Plateau de ≃ 14-15 E 11
Santo Tirso o P 34-35 C 4
Santo Tomás o MEX 194-195 F 3
Santo Tomás o MEX 194-195 A 2
Santo Tomás o NIC 196-197 B 5
Santo Tomas o PA 196-197 C 7
Santo Tomas o RP 96-97 F 9
Santo Tomás, Río ~ PE 208-209 F 9
Santo Tomás, Volcán ▲ GCA 196-197 J 4
Santo Tomé o RA (CO) 220-221 J 5
Santo Tomé o RA (SAF) 220-221 G 6
Santu Antine, Nuraghe • I 36-37 B 4
Santuaria Nacional de Ampay ⊥ PE 208-209 F 8
Santuario de Flora y Fauna Arauca ⊥ CO 204-205 F 4
Santuario de la Coromoto o• YV 204-205 G 3
Santuario Nacional Huayllay ⊥ PE 208-209 D 7
Santuario Nacional Pampas del Heath ⊥ BOL 214-215 C 3
Santubong o MAL 98-99 J 4
Santu Lussùrgiu o I 36-37 B 4
Sanvensa o F (12) 240-241 J 2
San Vicente o BOL 220-221 D 1
San Vicente ☆ ES 196-197 K 5
San Vicente o RA 220-221 K 4
San Vicente o YV (AMA) 204-205 H 5
San Vicente o YV (ANZ) 204-205 J 3
San Vicente o YV (SUC) 204-205 K 2
San Vicente, Bahía ≈ 222-223 C 4
San Vicente de Tagua o RCH 222-223 D 3
San Vicente Tancuayalab o MEX 194-195 K 7
San Victor o GUY 206-207 D 2
San Victor o RA 220-221 H 6
Sanvignes-les-Mines o F (71) 238-239 E 3
San Vincente de Caguan o CO 204-205 D 6
San Vincente de Cañete o PE 208-209 D 8
San Vito o CR 196-197 C 7
San Vito, Capo ▲ I 36-37 D 5
San Vito, Capo ▲ I 36-37 F 4
San Xavier Indian Reservation ⊼ USA 184-185 J 9
Sanxay o F (86) 236-237 E 3
Sanya o• VRC 92-93 F 7
Sanya Juu o EAT 148-149 F 5
Sanyang o VRC 92-93 L 2
Sanyat ad Daffah < LAR 128-129 L 2
Sanyati o ZW (Mlw) 154-155 E 3
Sanyati ~ ZW 154-155 E 3
Sanying o VRC 90-91 E 3
San Ysidro o USA 188-189 D 2
Sanyuan o VRC 90-91 F 4
Sanza Pombo o ANG 152-153 C 3
São Agostinho, Cabo de ▲ BR 212-213 L 6
Sao Amaro o• BR 216-217 L 2
São André, Ribeiro ~ BR 216-217 G 4
São Antônia o BR 206-207 D 4
São Antonio o BR 210-211 K 6
São Antônio, Cachoeira ~ BR 210-211 E 7
São Antônio, Rio ~ BR 216-217 J 5
São Antônio, Rio ~ BR 216-217 K 2
São Antônio da Abunari o BR 206-207 D 6
São Antônio da Platina o BR 216-217 E 7
São Antônio das Missões o BR 220-221 K 5
São Antônio de Jesus o BR 216-217 L 2
São Antônio de Pádua o BR 216-217 J 6
São Antônio de Posse o BR 216-217 G 7
São Antônio do Amparo o BR 216-217 H 6
São Antônio do Jacinto o BR 216-217 K 4
São Bartolomeu, Rio ~ BR 216-217 G 4
São Benedito, Rio ~ BR 210-211 J 7
São Bento o BR (GSU) 214-215 J 6
São Bento o BR (MAR) 212-213 F 3
São Bento o BR (P) 212-213 E 3
São Bento do Norte o BR 212-213 K 4
São Bento do Sul o BR 218-219 F 6
São Bento do Una o BR 212-213 K 6
São Bernardo o BR (MAR) 212-213 G 3
São Bernardo o BR (RSU) 220-221 K 5
São Borja o BR 220-221 K 5
São Caetano de Odivelas o BR 206-207 K 6
São Caitano o BR 212-213 K 6
São Canuto o BR 220-221 K 5
São Carlos o BR (CAT) 218-219 D 6
São Carlos o BR (PAU) 216-217 G 7
São Carlos o BR (RON) 214-215 E 2
São Cosme o BR 206-207 J 6
São Cristóvão o ANG 152-153 B 6
São Cristóvão o• BR 212-213 K 7
São Cruz, Ribeiro de ~ BR 216-217 G 4
São Desidério o BR 216-217 H 2
São Domingos o BR 210-211 F 6
São Domingos o BR (GOI) 216-217 G 2
São Domingos ~ BR 214-215 F 3
São Domingos o GNB 138-139 B 3
São Domingos, Rio ~ BR 216-217 G 2
São Domingos, Serra de ▲ BR 216-217 G 3
São Domingos da Maranhão o BR 212-213 F 4
São Domingos da Prata o BR 216-217 J 5
São Domingos do Azeitão o BR 212-213 F 5
São Domingos do Capim o BR 212-213 E 2
São Efigênia de Minas o BR 216-217 J 5
São Estêvão o BR 216-217 L 2
São Felício o BR 206-207 H 5
São Felix de Balsas o BR 212-213 F 5
São Felix do Araguaia o BR 212-213 C 7
São Félix do Piauí o BR 212-213 G 4
São Felix do Xingu o BR 212-213 C 5
São Fidélis o BR 216-217 K 6
São Filipe o CV 138-139 B 6
São Florêncio, Cachoeira ~ BR 210-211 H 7
São Francisco o BR (GSU) 214-215 J 6
São Francisco o BR (MIN) 216-217 H 3
São Francisco o BR (P) 212-213 E 3
São Francisco, Cachoeira ~ BR 210-211 K 5
São Francisco, Ilha de ⌒ BR 218-219 F 6
São Francisco, Rio ~ BR 210-211 E 7
São Francisco, Rio ~ BR 212-213 H 6
São Francisco, Rio ~ BR 216-217 K 3
São Francisco, Serra de ▲ BR 218-219 D 5
São Francisco das Chagas o BR 206-207 F 6
São Francisco de Assis o BR 220-221 K 5
São Francisco de Paula o BR 218-219 E 7
São Francisco do Maranhão o BR 212-213 G 5
São Francisco do Sul o BR 218-219 F 6
São Gabriel o BR (CAT) 218-219 F 6
São Gabriel o BR (RSU) 220-221 K 6
São Gabriel da Palha o BR 216-217 K 5
São Geraldo do Araguaia o BR 212-213 D 5
São Gonçalo o BR 216-217 J 7
São Gonçalo do Abaeté o BR 216-217 H 5
São Gonçalo do Amarante o BR 212-213 J 3
São Gonçalo do Para o BR 216-217 H 5
São Gonçalo do Rio o BR 216-217 J 5
São Gonçalo do Sapucaí o BR 216-217 H 6
São Gotardo o BR 216-217 G 5
Sao Hill o EAT 150-151 H 5
São Inácio o BR 216-217 E 7
São Jerônimo o BR 218-219 E 7
São Jerônimo, Serra de ▲ BR 214-215 K 5
São João o BR 210-211 G 5
São João, Ilha de ⌒ BR 212-213 F 2
São João, Ribeiro ~ BR 216-217 K 4
São João, Rio ~ BR 216-217 E 2
São João, Serra de ▲ BR 218-219 E 5
São João Batista o BR 212-213 F 3
São João Batista do Gloria o BR 216-217 G 6
São João da Alicança o BR 216-217 G 3
São João da Barra o BR 216-217 K 6
São João da Barra, Cachoeira ~ BR 210-211 H 7
São João da Barra, Rio ~ BR 210-211 H 7
São João da Ponte o BR 216-217 H 3
São João da Pracajuba o BR 206-207 J 6
São João de Cortes o BR 212-213 F 3
São João del Rei o• BR 216-217 H 6
São João de Meriti o BR 216-217 J 7
São João do Araguaia o BR 212-213 D 4
São João do Branco, Igarapé ~ BR 214-215 F 2
São João do Caiuá o BR 216-217 D 7
São João do Paraiso o BR 216-217 J 3
São João do Paraná o BR 210-211 J 7
São João do Piauí o BR 212-213 G 6
São João do Sabuji o BR 212-213 K 5
São João do Tigre o BR 212-213 K 6
São João Evangelista o BR 216-217 J 5
São Joaquim o BR (AMA) 210-211 D 2
São Joaquim o BR (CAT) 218-219 F 7
São Joaquim, Parque Nacional de ⊥ BR 218-219 F 7
São Joaquim da Barra o BR 216-217 G 6
São Jorge, Ilha ⌒ BR 212-213 F 2
São Jorge do Ivaí o BR 216-217 D 7
São José o BR (ACR) 210-211 C 7
São José o BR (CAT) 218-219 F 6
São José o BR (P) 212-213 D 3
São Jóse, Baía ≈ 212-213 G 3
São José, Igarapé ~ BR 212-213 B 4
São José de Piranhas o BR 212-213 J 5
São José de Ribamar o BR 212-213 F 3
São José di Mipibu o BR 212-213 L 5
São José do Anauá o BR 206-207 D 5
São José do Barreiro o BR 216-217 H 7
São José do Belmonte o BR 212-213 J 5
São José do Caciporé o BR 206-207 J 4
São José do Calcado o BR 216-217 K 6
São José do Cedro o BR 218-219 D 6
São José do Cerrito o BR 218-219 E 6
São José do Egito o BR 212-213 K 5
São José do Norte o BR 218-219 D 9
São José do Peixe o BR 212-213 G 5
São José do Prado o BR 216-217 L 4
São José do Rio Claro o BR 214-215 J 3
São José do Rio Preto o BR 216-217 F 6
São José dos Campos o BR 216-217 H 7
São José dos Cordeiros o BR 212-213 K 5
São José dos Dourados, Rio ~ BR 216-217 E 6
São José dos Martírios o BR 212-213 D 5
São José dos Pinhais o BR 218-219 F 5
São José do Xingu o BR 212-213 B 7
São Julia do Jurupari o BR 206-207 J 5
São Juliana o BR 216-217 G 5
Saoleil Ashraf o SUD 136-137 G 6
São Lourenço, Pantanal do ~ BR 214-215 J 5
São Lourenço, Riachão ~ BR 212-213 G 6
São Lourenço, Rio ~ BR 214-215 K 5
São Lourenço do Sul o BR 218-219 E 8
São Lucas o ANG 152-153 D 5
São Lucas, Cachoeira ~ BR 210-211 H 7
São Luís o BR 210-211 G 4
São Luís o BR (AMA) 210-211 E 3
São Luís ☆• BR (MAR) 212-213 F 3
São Luís, Cachoeira ~ BR 210-211 H 7
São Luís, Ilha de ⌒ BR 212-213 F 3
São Luis de Montes Belos o BR 216-217 E 4
São Luís do Curu o BR 212-213 J 3
São Luís do Paraitinga o BR 216-217 H 7
São Luís do Purunã o BR 218-219 F 5
São Luís do Quitunde o BR 212-213 L 6
São Luís do Tapajós o BR 210-211 J 5
São Luis Gonzaga o BR 220-221 K 5
São Luis Gonzaga do Maranhão o BR 212-213 F 4
São Manuel o BR (MAT) 214-215 K 4
São Manuel o BR (PAU) 216-217 F 7
São Manuel ou Teles Pires, Rio ~ BR 214-215 K 2
São Marcos, Área Indígena ⊼ BR (MAT) 216-217 D 3
São Marcos, Área Indígena ⊼ BR (ROR) 206-207 D 3
São Marcos, Baía de ≈ 212-213 F 3
São Marcos, Rio ~ BR 216-217 G 4
São Martinho o BR 218-219 F 7
São Mateus o BR 216-217 L 5
São Mateus, Pico ▲ BR 216-217 K 6
São Mateus do Sul o BR 218-219 E 5
São Miguel o BR (APA) 206-207 J 5
São Miguel o BR (MAT) 216-217 D 2
São Miguel o BR (RNO) 212-213 J 5
São Miguel ⌒ P 14-15 E 6
São Miguel, Rio ~ BR 214-215 J 3
São Miguel, Rio ~ BR 214-215 F 3
São Miguel Arcanjo o BR 216-217 G 7
São Miguel das Missões o••• BR 220-221 K 5
São Miguel do Araguaia o BR 216-217 E 2
São Miguel d'Oeste o BR 218-219 D 6
São Miguel do Guama o BR 212-213 E 2
São Miguel do Iguaçu o BR 220-221 K 3
São Miguel dos Campos o BR 212-213 K 6
São Miguel dos Macacos o BR 206-207 J 6
São Miguel do Tapuio o BR 212-213 H 4
Saona, Isla ⌒ DOM 198-199 L 5
Saône o F (25) 238-239 J 2
Saône ~ F 238-239 H 1
Saône, Source de la ~• F 234-235 J 5
Saône-et-Loire ◘ F (71) 238-239 E 3
São Nicolau o ANG 152-153 B 7
São Nicolau o BR 220-221 K 5
São Nicolau, Ilha de ⌒ CV 138-139 B 5
São Nicolau, Rio ~ BR 212-213 H 4
São Onofre, Rio ~ BR 216-217 J 2
São Paulo ◘ BR 216-217 E 6
São Paulo ☆• BR (PAU) 216-217 G 7
São Paulo de Olivença o BR 210-211 C 4
São Pedro o BR (AMA) 210-211 D 3
São Pedro o BR (MIN) 216-217 K 4
São Pedro o BR (P) 212-213 C 3
São Pedro o BR (PAU) 216-217 G 7
São Pedro o BR (RNO) 212-213 L 4
São Pedro o CV 138-139 B 5
São Pedro, Ribeiro ~ BR 216-217 G 4
São Pedro, Rio ~ BR 214-215 G 2
São Pedro, Rio de ~ BR 212-213 H 5
São Pedro da Aldeia o BR 216-217 J 7
São Pedro da Garça o BR 216-217 J 4
São Pedro da Quilemba o ANG 152-153 C 4
São Pedro do Butiá o BR 220-221 K 5
São Pedro do Icó o BR 210-211 C 7
São Pedro do Paraná o BR 216-217 D 7
São Pedro do Piauí o BR 212-213 G 4
São Pedro dos Crentes o BR 212-213 E 5
São Pedro do Sul o BR 220-221 K 5
São Raimundo das Mangabeiras o BR 212-213 F 5
São Raimundo Nonato o BR 212-213 G 6
São Ramão o BR 216-217 H 4
Saorge, Gorges de ᴗ• F (06) 242-243 M 4
São Romão o BR 210-211 D 5
São Roque, Cachoeira ~ BR 214-215 F 2
São Sebastião o BR 216-217 H 7
São Sebastião, Ilha de ⌒ BR 216-217 H 7
São Sebastião, Ponta ▲ MOC 154-155 H 6
São Sebastião da Amoreira o BR 216-217 E 7
São Sebastião da Boa Vista o BR 206-207 K 6
São Sebastião da Gama o BR 216-217 G 6
São Sebastião do Caí o BR 218-219 E 7
São Sebastião do Maranhão o BR 216-217 J 5
São Sebastião do Paraiso o BR 216-217 G 6
São Sebastião do Rio Verde o BR 216-217 H 7
São Sebastião dos Poções o BR 216-217 H 3
São Sebastião do Tocantins o BR 212-213 D 4
São Sepé o BR 218-219 D 8
São Simão, Cachoeira ~ BR 210-211 H 7
São Simão, Ponta ▲ BR 218-219 E 8
São Simão ou Branco, Rio ~ BR 214-215 F 3
Saosnois ⩡ F (72) 230-231 M 3
São Teotónio o P 34-35 C 6
São Timóteo o BR 216-217 J 2
São Tomé o BR (APA) 206-207 J 6
São Tomé o BR (RIO) 216-217 K 7
São Tomé ☆ STP 146-147 b 2
São Tomé ⌒ STP 146-147 b 2
São Tomé, Cabo de ▲ BR 216-217 K 6
São Tomé e Príncipe = São Tomé e Príncipe ■ STP 146-147 B 5
Saou o F (26) 242-243 G 2
Saoura, Oued ~ DZ 124-125 L 6
São Valentim o BR 218-219 D 6
São Vendelino o BR 218-219 E 7
São Vice o BR 220-221 K 5
São Vicente o BR (ACR) 210-211 B 6
São Vicente o BR (GOI) 216-217 G 2
São Vicente o BR (GSU) 214-215 J 6
São Vicente o BR (MAT) 214-215 K 4
São Vicente o BR (P) 206-207 J 6
São Vicente o BR (PAU) 216-217 G 7
São Vicente, Cabo de ▲ P 34-35 C 6
São Vicente, Ilha de ⌒ CV 138-139 B 5
São Vicente, Rio ~ BR 212-213 G 5
São Vicente Ferrer o BR 212-213 F 3
Sap, Le o F (61) 230-231 M 2
Sapang o MAL 96-97 C 10
Sapão, Rio ~ BR 212-213 F 7
Saparua o RI 102-103 E 3
Saparua, Pulau ⌒ RI 102-103 E 3
Sapé o BR 212-213 L 5
Sape o RI 104 D 7
Sape, Selat ≈ 104 D 7
Sapeaçu o BR 216-217 L 2
Sapele o WAN 140-141 F 6
Sapelo Island ⌒ USA 192-193 H 4
Sapërnoe o RUS 30-31 L 1
Sápes o GR 36-37 K 4
Saphane Dağı ▲ TR 64-65 C 3
Sapina ~ RUS 56-57 S 6
Sapiranga o BR 218-219 E 7
Sapiranga do Sul o BR 218-219 E 7
Sapi Safari Area ⊥ ZW 154-155 E 2
Šapki o RUS 30-31 M 2
Šapkina ~ RUS 24-25 X 3
Sap Malua o THA 94-95 G 3
Sapo, Serrania del ▲ PA 196-197 E 8
Sapoba o WAN 140-141 F 5
Sapočani ••• YU 36-37 H 3
Sapocoy, Mount ▲ RP 96-97 D 4
Sapodilla Cays ⌒ BH 196-197 K 3
Saponé o BF 138-139 K 3
Sapo Sapo o ZRE 146-147 J 6
Saposoa o PE 208-209 D 5
Sapouy o BF 138-139 K 4
Sappa Creek ~ USA 186-187 G 6
Sapphire Mountains ▲ USA 184-185 H 2
Sappho o USA 184-185 B 1
Sapporo ☆ J 88-89 J 3
Sapri o I 36-37 E 4
Šapšal'skij hrebet ▲ RUS 60-61 Q 3
Sapucaí, Rio ~ BR 216-217 F 6
Sapucaia o BR (AMA) 210-211 J 4
Sapucaia o BR (MIN) 216-217 J 6
Sapucaia o BR (RIO) 216-217 J 7
Sapudi, Pulau ⌒ RI 104 B 6
Sapuka-Besar, Pulau ⌒ RI 104 D 6
Sapulpa o USA 188-189 J 1
Sapulu o RI 104 E 3
Sapulut o MAL 96-97 B 10
Saputing Lake ⊂ CDN 168-169 d 5
Saqadi o SUD 136-137 F 6
Sāqain o Y 68-69 C 5
Sāqiya o IRQ 64-65 K 5
Šaqlāwa ☆ IRQ 64-65 L 4
Saqqaq o GRØ 172-173 P 1
Saqqāra o ET 130-131 E 3
Saqqara, Pyramids of ∴••• ET 130-131 E 3
Šaqqat al-Ḥarīṯa ⩡ KSA 68-69 D 5
Saqqez o IR 64-65 M 4
Šaqr o Y 68-69 G 6
Šaqrā' o KSA 66-67 J 5
Šaqrā' o Y 68-69 D 7
Šaqū o IR 70-71 G 5
Ša'r', aš o KSA 66-67 J 4
Sara o BF 138-139 J 4
Sara o RI 102-103 G 3
Sara o RP 96-97 E 7
Sa'rā', aš- o KSA 68-69 B 3
Sara, Col de ▲ RN 134-135 F 2
Saraar, Bannaanka ⩡ SP 144-145 G 4
Sarāb o IR 64-65 M 4
Sarāb Dōre o IR 70-71 C 2
Saraburi o THA 94-95 F 3
Šaraf al-Ba'l o KSA 66-67 D 3
Sarafara ~ SUD 142-143 K 3
Saraf Doungous o TCH 134-135 J 6
Saraféré o RMM 138-139 J 2
Sarafğegān o IR 70-71 D 1
Šarafḫāne o IR 64-65 L 3
Šarafīya, aš- o KSA 68-69 B 3
Saragosse = Zaragoza o• E 34-35 G 4
Saraguro o EC 208-209 C 3
Sarah Lake o CDN 174-175 L 4
Sarahs o IR 72-73 G 6
Sarai o RUS 30-31 R 5
Šarā'i', aš- o KSA 68-69 A 3
Sarai Gambila o PK 74-75 C 3
Saraipāli o IND 78-79 C 5
Sarajevo ★• BIH 36-37 G 3
Saraj-Ordasy ansambli • KA 72-73 L 3
Sara-Kawa o RT 138-139 L 5
Saraktaš ☆ RUS 32-33 K 8
Sarala o CI 138-139 G 5
Saraland o USA 192-193 D 4
Saramaccarivier ~ SME 206-207 G 3
Saramaguacán ~ C 198-199 G 4
Saramon o F (32) 240-241 F 3
Saran o F (45) 232-233 F 4
Saran' o KA 60-61 H 4
Šaran ☆ RUS 32-33 J 6
Saran, Gunung ▲ RI 98-99 J 5
Saranac Lake o USA 190-191 L 3
Saranda o EAT 148-149 E 6
Sarandë ☆•• AL 36-37 H 5
Sarandi o BR 218-219 D 6
Sarandi, Arroyo ~ RA 220-221 H 6
Sarandi del Yí o ROU 222-223 M 2
Sarandi de Navarro o ROU 222-223 L 2
Sarandi Grande o ROU 222-223 L 2
Šaranga o RUS 32-33 E 5
Sarangani Bay ≈ 96-97 F 10
Sarangani Island ⌒ RP 96-97 F 10
Saranglayang, Tanjung ▲ RI 98-99 G 6
Sārangpur o IND 74-75 F 8
Sarannoe, ozero ⊂ RUS 56-57 W 6
Saranpaul' o RUS 50-51 F 2
Saransk o RUS 32-33 D 6
Saranzal o BR 212-213 D 4
Šarapov Šar, zaliv ≈ RUS 44-45 M 6
Šarapovy koški, ostrova ⌒ RUS 44-45 M 6
Sarapul ☆ RUS 32-33 H 5
Sarapul'skaja vozvyšennosť ▲ RUS 32-33 H 5
Šaraqraq o SYR 64-65 H 4
Sarār o Y 68-69 G 6
Sarare, Área Indígena ⊼ BR 214-215 H 4
Sarare, Rio ~ BR 214-215 H 4
Sarare, Río ~ YV 204-205 F 4
Sarasota o USA 192-193 G 6
Sarata ~ UA 38-39 F 4
Saratoga Hot Springs ∴ USA 186-187 D 5
Saratoga National Historic Park ∴ USA 190-191 M 4
Saratoga Springs o USA 190-191 M 4
Saratok o MAL 98-99 J 4
Saratov ☆ RUS 32-33 E 8
Saratov, Réservoir de = Saratovskoe vodohranilišče < RUS 32-33 F 7
Saratovskoe vodohranilišče < RUS 32-33 F 7
Šaraura, aš- o KSA 68-69 E 5
Sarāvān o IR 70-71 K 5
Saravan o LAO 94-95 J 3
Sarawak ◘ MAL 98-99 J 3
Saray ☆ TR 64-65 B 2
Saraya o SN 138-139 E 3
Sarāyān o IR 70-71 G 2
Saraykōy ☆ TR 64-65 C 4
Sarazine, Grotte • F 238-239 J 3
Šarbakty o KA 60-61 L 3
Sar Bandar o IR 70-71 C 3
Sarbāz o IR (SIS) 70-71 J 5
Sarbāz ⩡ IR 70-71 J 5
Sarbāz, Rūdḫāne-ye ~ IR 70-71 J 5
Sarbiše o IR 70-71 H 2
Šarbītāt o OM 68-69 K 5
Šarbītāt, Ra's ▲ OM 68-69 K 5
Sarbulak o VRC 82-83 J 2
Sarcelle, Passe de la ≈ 247 I e 4
Sarco o RCH 220-221 B 5
Sarda ~ NEP 80-81 C 6
Sardaigne = Sardegna ⌒ I 36-37 A 4
Sardanga o RUS 54-55 H 4
Šardara ☆ KA 72-73 L 4
Šardara, kūm ⩡ KA 72-73 K 4
Šardara sukojmasy < KA 72-73 L 4
Sardārshahr o IND 74-75 E 5
Sardašt o IR (AZG) 64-65 L 4
Sardašt o IR (HUZ) 70-71 D 3
Sarde Band < AFG 74-75 B 3
Sardegna ◘ I 36-37 B 4
Sardegna, Mar di ≃ 34-35 L 4
Sardegna, Punta ⌒ I 36-37 B 4
Sardegna = Sardaigne ⌒ I 36-37 A 4
Sardes ∴••• TR 64-65 B 3
Sardinas o EC 208-209 D 2
Sardinata o CO 204-205 E 3
Sardis Lake o USA (MS) 192-193 D 2
Sardis Lake o USA (OK) 188-189 K 2
Šardonem' o RUS 24-25 S 5
Sare o F (64) 240-241 A 4
Sare, Rumah o MAL 100-101 D 1
Sarege, Pulau ⌒ RI 104 D 6
Sar'ein o• IR 64-65 N 3
Sareks nationalpark ⊥ S 22-23 H 3
Sare Kali o RG 138-139 D 4
Saré Ndiaye o SN 138-139 C 3
Sar-e Pol o AFG 72-73 J 6
Sar-e Pol, Daryā-ye ~ AFG 72-73 J 6
Sar-e Pol-e Zahāb o• IR 70-71 A 1
Saréyamou o RMM 132-133 J 6
Sarezckoe, ozero o TJ 72-73 N 5
Sarfannguaq o GRØ 172-173 O 3
Šarga o MAU (GAL) 82-83 M 2
Šarga o MAU (HÖG) 84-85 D 3
Šargalant o MAU 82-83 K 2
Sargapur o IND 76-77 G 2
Sargasses, Mer des = Sargasso Sea ≈ 14-15 B 5
Sargasso Sea = Sargasses, Mer des ≈ 14-15 B 5
Sargent Icefield ⊂ USA 164-165 Q 6
Sargento, Bahía ≈ 194-195 C 3
Sargento Ayte Victor Sanabria o RA 220-221 G 3
Sargents o AUS 108-109 K 2
Sargé-sur-Braye o F (41) 232-233 D 4
Sargodha o PK 74-75 D 3
Sargul', ozero ⊂ RUS 60-61 L 1
Sarh ☆ TCH 142-143 D 4
Sarhād ⩡ IR 70-71 J 4
Sarhro, Jbel ▲ MA 124-125 H 5
Šarhulsan o MAU 84-85 G 5
Sārī ☆• IR 72-73 B 6
Šari o KSA 66-67 H 4
Šārī, Buḥairat < IRQ 64-65 L 5
Saria ⌒ GR 36-37 L 7
Saria o IND 74-75 E 3
Sariá, Rio ~ BR 210-211 E 6
Sariba Island ⌒ PNG 119 F 6
Saribi, Tanjung ▲ RI 102-103 H 2
Saric o MEX 194-195 D 2
Sarichef, Cape ▲ USA 166-167 O 5
Sari-di-Porto-Vecchio o F (2A) 244 D 5
Sari-d'Orcino o F (2A) 244 C 4
Šarīf o Y 68-69 G 5
Šarīfa, Ğazīrat ⌒ KSA 68-69 B 3
Sariga, Kepulauan ⌒ RI 102-103 G 3
Sangöl ☆ TR 64-65 C 3
Sarıkamış ☆ TR 64-65 K 2
Sarıkaya ☆ TR 64-65 F 3
Sarikei o MAL 98-99 J 3
Sarina o AUS 114-115 K 1
Sarina Beach o AUS 114-115 K 1
Sariñena o E 34-35 G 4
Saripai o RI 100-101 D 4
Sar-i-Parom o PK 70-71 K 5
Šariqa, Aš- o UAE 70-71 F 6
Sariri o PNG 119 E 5
Sariwon o DVR 86-87 E 8
Šar'ja o RUS 32-33 D 4
Sark ⌒ GBG 26-27 F 7
Šarkan ☆ RUS 32-33 H 5
Sarkand o KA 60-61 L 6
Sarkari Tala o IND 74-75 C 6
Šarkavščyna ☆ BY 30-31 K 4
Šarkîkaraağaç ☆ TR 64-65 D 3
Šarkin o KA 32-33 G 9
Sarkin Kudin o WAN 140-141 H 4
Şarkışla ☆ TR 64-65 G 3
Şarköy ☆ TR 64-65 B 2
Sarlat Ghar ▲ PK 70-71 M 4
Sarlat-la-Canéda o F (24) 236-237 H 6
Šarlauk = Šarlavuk o TM 72-73 D 5
Šarlavuk = Šarlauk o TM 72-73 D 5
Sarliac-sur-l'Isle o F (24) 236-237 G 5
Šarlyk ☆ RUS 32-33 J 7
Šarma o KSA 66-67 D 3
Sarmanovo ☆ RUS 32-33 H 6
Sărmăşel Gară o RO 38-39 D 4
Šarm aš-Šaiḫ o• ET 130-131 G 4
Sarmette o VAN 120 II a 3
Sarmi o RI 102-103 K 2
Sarmiento o RA (CHU) 224 F 2
Sarmiento o RA (COD) 220-221 E 6
Sarmiento, Monte ▲ RCH 224 E 7
Sarmsabun ~ RUS 50-51 Q 3
Šarmuḫiya o IRQ 64-65 M 7
Särna o S 22-23 F 6
Sarnako o RI 100-101 G 4
Sarnia o CDN 182-183 C 7
Sarny o UA 38-39 E 2
Sarōbi o• AFG 74-75 B 2
Sarolangun o RI 98-99 E 6
Saroma o J 88-89 K 2
Saroma-ko ⊂ J 88-89 K 2
Šaromy o RUS 56-57 S 6
Saronikós Kólpos ≈ 36-37 J 6
Sarore o RI 102-103 L 6
Saros Körfezi ≈ 64-65 B 2
Šarovce o SK 28-29 P 4
Sarpinskie ozera ⊂ RUS 32-33 D 9
Sarpsborg ☆ N 22-23 E 7
Sarqardliit ⌒ GRØ 172-173 O 2
Sarraméa o F (988) 247 I c 3
Sarrance o F (64) 240-241 C 4
Sarrancolin o F (65) 240-241 E 5
Sarrār, as o KSA 66-67 L 4
Sarras o F (07) 242-243 F 1
Sarre ~ F (57) 234-235 L 4
Sarre, La o CDN 182-183 E 4
Sarrealbe o F (57) 234-235 L 3
Sarrebourg o F (57) 234-235 L 4
Sarrebruck = Saarbrücken ☆• D 28-29 J 4
Sarreguemines o F (57) 234-235 L 3
Sarre-Union o F (67) 234-235 L 4
Sarria o E 34-35 D 3
Sarrians o F (84) 242-243 F 3
Sarro o RMM 138-139 H 3
Sarrola-Carcopino o F (2A) 244 C 4
Sarron o F (40) 240-241 D 3
Sarsonne ~ F (19) 236-237 K 4
Sarstoon River ~ BH 196-197 K 4
Sartang ~ RUS 46-47 T 7
Sartarg ~ RUS 46-47 T 6
Sartène o• F (2A) 244 C 5
Sarthe ◘ F (72) 230-231 M 4
Sarthe ~ F (61) 230-231 M 2
Sartilly o F (50) 230-231 J 2
Sartlan, ozero ⊂ RUS 50-51 P 7
Saru, Kaffin- o WAN 140-141 G 4
Sarubetsu o J 88-89 K 3
Sarufutsu o J 88-89 K 2
Saru-gawa ~ J 88-89 K 3
Šar-Us gol ~ MAU 84-85 C 4
Saruwaged Range ▲ PNG 119 D 4
Sárvár o H 28-29 O 5
Sarvestān o• IR 70-71 E 4
Šarwain, Ra's ▲ Y 68-69 G 6
Saryagaš ☆ KA 72-73 L 4
Saryarka ⩡ KA 60-61 G 4
Saryarka = Kazakhs, Plateaux ⩡ KA 60-61 G 4
Sary-Bulak o KS 82-83 B 5
Sarybylak o KA 72-73 M 3
Saryčevo o RUS 58-59 P 4
Sary-Džaz ~ KS 82-83 D 4
Saryesik-Atyrau ⩡ KA 60-61 J 6
Saryg-Sep ☆ RUS 52-53 G 10
Sary Hobda ~ KA 62-63 M 3
Saryjazinskoe vodohranilišče < TM 72-73 H 6
Sarykamysskaja kotlorina ᴗ US 72-73 E 3
Sarykamyšskoe ozero ⊂ US 72-73 E 3
Sarykamyšskoe ozero = Sarygamyš köli o TM 72-73 E 4
Sarykōl ⊂ KA 60-61 D 2
Sarykopa, kōli ⊂ KA 60-61 D 3
Sarykūdyk o KA 32-33 F 9
Sarykul' o US 72-73 K 5
Sarylah o RUS 46-47 Y 7
Sarymojyn, kōli ⊂ KA 60-61 D 3
Saryozek o KA 60-61 K 6
Saryozen ~ KA 60-61 D 3
Šarypovo o RUS 50-51 U 7
Saryšagan o KA 60-61 H 5
Sarysu ~ KA 60-61 F 4
Sary syganak kōli ⊂ KA 32-33 F 9
Sary-Taš o KS 72-73 N 5
Sary-Torgaj ~ KA 60-61 E 4
Sarzal o KA 60-61 L 4
Sarzeau o F (56) 230-231 F 4
Saržo, kuduk o US 72-73 E 3
Sasa o PNG 119 G 2
Sasabe o USA 184-185 J 10
Sasabeneh o ETH 144-145 F 4
Sasan, Mount ▲ SOL 120 I d 3
Sasar, Tanjung ▲ RI 104 D 7
Sasarām o IND 78-79 D 3
Sasebo o J 88-89 C 8
Šašǵāv, Kōtal-e ▲ AFG 74-75 B 3
Saskal' o RUS 58-59 B 3
Saskatchewan ◘ CDN 176-177 Q 4
Saskatchewan, Fort o CDN 176-177 O 5
Saskatchewan Landing Provincial Park ⊥ CDN 178-179 C 5
Saskatchewan River ~ CDN 178-179 D 4
Saskatchewan River Crossing o CDN 176-177 M 6
Saskatoon o CDN 178-179 C 4
Saskylah o RUS 46-47 J 4
Saslaya, Cerro ▲ NIC 196-197 B 5
Saslaya, Parque Nacional ⊥ NIC 196-197 B 5
Sasmik, Cape ▲ USA 166-167 H 7
Sasolburg o ZA 156-157 H 3
Sasoma o IND 74-75 F 2
Sasovo o RUS 30-31 R 4
Sassafras Mountain ▲ USA 192-193 G 2
Sassandra ☆• CI (SAS) 138-139 G 7
Sassandra ~ CI 138-139 G 7
Sāssari ☆• I 36-37 B 4
Sassélé o RCA 142-143 C 6
Sassenage o F (38) 242-243 H 1
Sassetot-le-Mauconduit o F (76) 228-229 F 4
Sassi o I 36-37 C 2
Sassie Island ⌒ AUS 110-111 G 1
Sassnitz o D 28-29 M 1
Saßnitz = Sassnitz o D 28-29 M 1
Sassoumbouroum o RN 134-135 D 6
Sass River ~ CDN 174-175 N 5
Sass Town o LB 138-139 F 7
Sastre o RA 220-221 G 6
Sastyg-Hem o RUS 52-53 G 9
Sāsvad o IND 74-75 E 10
Sasykkōl ⊂ KA 60-61 B 2
Sasykkōl, kōli ⊂ KA 60-61 M 5
Sasyk ozero ⊂ UA 38-39 H 5
Sasyr o RUS 46-47 a 7
Sata o J 88-89 D 9
Satadougou o RMM 138-139 E 3
Satagaj o RUS 54-55 L 3
Satama-Sokoro o CI 138-139 H 6
Satama-Sokoura o CI 138-139 H 6
Sata misaki ▲ J 88-89 D 9
Satāna o IND 74-75 E 9
Sātāra o IND 76-77 E 2
Satara o ZA 156-157 K 2
Satellite Bay ≈ 168-169 N 2
Satéma o RCA 142-143 E 6
Satengar, Kepulauan ⌒ RI 104 C 6
Satengar, Pulau ⌒ RI 104 C 6
Sathing Phra o THA 94-95 F 7
Satilla River ~ USA 192-193 G 4
Satillieu o F (07) 242-243 F 1
Satipo o PE 208-209 E 7
Satiri o BF 138-139 H 4
Satiwāla o PK 74-75 D 4
Satka ☆ RUS 32-33 L 6
Satluj ~ IND 74-75 E 4
Satluj ~ IND 74-75 F 4
Satna o IND 78-79 B 3
Sato o J 88-89 C 9
Sátoraljaújhely o H 28-29 Q 4
Satpaev ☆ KA 60-61 E 5
Sātpura Range ▲ IND 74-75 E 9
Šatra, aš- ☆ IRQ 64-65 M 7
Satrokala o RM 158-159 D 9
Šatrovo ☆ RUS 50-51 H 6
Satsuma-hantō ᴗ J 88-89 D 9
Sattahip o THA 94-95 F 4
Šaṭṭ al-'Arab ~ IRQ 66-67 K 2
Šaṭṭ al-Hilla ~ IRQ 64-65 L 6
Sattenapalle o IND 76-77 J 2
Šaṭṭ-e Šūr ~ IR 70-71 E 1
Satti o IND 74-75 F 2
Šātū, Kōtal-e ▲ AFG 70-71 M 1

Sātuimalufilufi ○ **WS** 120 V a 1
Satuk ○ **THA** 94-95 G 3
Satu Mare ☆ **RO** 38-39 C 4
Satun ○ **THA** 94-95 F 7
Satunan-shotō ∸ **J** 88-89 C 11
Šatura ☆ **RUS** 30-31 Q 4
Saty ○ **KA** 82-83 D 4
Satyg-Hem ○ **RUS** 52-53 G 9
Satymangalam ○ **IND** 76-77 G 5
Šaubak ○· **JOR** 66-67 D 2
Saubusse ○ **F** (40) 240-241 B 3
Saucats ○ **F** (33) 240-241 C 1
Sauce ○ **RA** 220-221 H 6
Sauce, El ○ **NIC** 196-197 L 5
Sauce Blanco ○ **RA** 222-223 H 6
Sauce Chico, Río ~ **RA** 222-223 H 5
Sauce Corto, Arroyo ~ **RA** 222-223 J 4
Sauces, Los ○ **RCH** 222-223 C 4
Saucier ○ **USA** 192-193 D 4
Saucillo ○ **MEX** 194-195 G 3
Sauclières ○ **F** (12) 242-243 C 4
Sauda ☆ **N** 22-23 C 7
Saudā', as- ∩ **Y** 68-69 J 5
Saudade ○ **BR** 210-211 E 5
Saudade, Cachoeira de ~ **BR** 216-217 D 3
Saudade, Serra da ▲ **BR** 216-217 H 5
Sauðárkrkur ☆ **IS** 22-23 d 2
Saudavel ○ **BR** 216-217 J 2
Saúde ○ **BR** 212-213 H 7
Saueninå, Rio ~ **BR** 214-215 H 3
Sauer ○ **ZA** 156-157 D 6
Sauêruiná ou Papagaio, Rio ~ **BR** 214-215 H 4
Saugnacq-et-Muret ○ **F** (40) 240-241 C 2
Saugon ○ **F** (33) 236-237 D 5
Saugues ○ **F** (43) 242-243 D 2
Sauguis-Śaint-Etienne ○ **F** (64) 240-241 C 4
Šauildir ☆ **KA** 72-73 L 3
Saujil ○ **RA** 220-221 D 5
Saujon ○ **F** (17) 236-237 D 4
Sauk Centre ○ **USA** 186-187 K 3
Sauk City ○ **USA** 190-191 D 4
Saukorem ○ **RI** 102-103 G 2
Sauk Rapids ○ **USA** 186-187 K 3
Saül ○ **F** (973) 245 I b 3
Sauice-sur-Rhône ○ **F** (26) 242-243 F 2
Sauldre ~ **F** (41) 232-233 F 5
Saulgé ○ **F** (86) 236-237 G 3
Saulgond ○ **F** (16) 236-237 G 4
Saulieu ○ **F** (21) 238-239 E 2
Saulkrasti ○ **LV** 30-31 J 3
Saulnay ○ **F** (36) 236-237 H 2
Saulnot ○ **F** (70) 238-239 K 1
Sault ○ **F** (84) 242-243 G 3
Sault de la Drôme ~ **F** (26) 242-243 H 2
Sault-de-Navailles ○ **F** (64) 240-241 C 3
Saulteaux River ~ **CDN** 176-177 N 4
Sault Sainte Marie ○ **CDN** 178-179 O 7
Sault Sainte Marie ○ **USA** 190-191 F 2
Saulx ○ **F** (70) 238-239 J 1
Saulx ~ **F** (51) 234-235 F 4
Saulxures-sur-Moselotte ○ **F** (88) 234-235 K 6
Saulzais-le-Potier ○ **F** (18) 236-237 L 2
Saum, as- ○ **Y** 68-69 F 5
Sauma, Pointe ▲ **F** (986) 247 II
Saumane ○ **F** (04) 242-243 H 3
Saumarez Reef ∩ **AUS** 114-115 M 1
Saumeray ○ **F** (28) 232-233 E 3
Saumlakki ○· **RI** 102-103 F 5
Saumos ○ **F** (33) 236-237 D 6
Saumur ○· **F** (49) 230-231 L 5
Saundatti ○ **IND** 76-77 F 3
Saunders Ø ∩ **GRØ** 170-171 P 5
Saunders Point ▲ **AUS** 112-113 H 3
Saunyi ~ **EAT** 148-149 F 6
Sauqira ○ **OM** 68-69 K 4
Sauqira Bay ≈ 68-69 K 4
Sauqueville ○ **F** (76) 228-229 G 4
Saurat ○ **F** (09) 240-241 H 5
Sauren ○ **PNG** 119 E 3
Sauri Hill ▲ **WAN** 140-141 G 3
Saurimo ☆ **ANG** 152-153 F 4
Sauriwaunawa ○ **GUY** 206-207 E 4
Sausalito ○· **USA** 184-185 C 7
Sausar ○ **IND** 74-75 G 9
Sausi ○ **PNG** 119 C 3
Sausses ○ **F** (04) 242-243 K 3
Saussy ○ **F** (21) 238-239 F 2
Sausu ○ **RI** 100-101 G 4
Sautar ○ **ANG** 152-153 E 5
Sautatá ○ **CO** 204-205 C 4
Saut Belle Etoine ~ **F** (973) 245 I b 1
Saut Bouchard ~ **F** (973) 245 I c 3
Saut Calaouéli ~ **F** (973) 245 I c 3
Saut Chapeau ~ **F** (973) 245 I b 2
Saut Fracas ~ **F** (973) 245 I b 2
Saut Iquissi ~ **F** (973) 245 I b 2
Saut Josaphat ~ **F** (973) 245 I b 2
Saut Macaque ~ **F** (973) 245 I b 3
Saut Nanas ~ **F** (973) 245 I b 4
Saut Pararé ~ **F** (973) 245 I c 2
Saut Pararé ~ **F** (973) 245 I c 3
Saut Parasol ~ **F** (973) 245 I b 2
Saut Patawa ~ **F** (973) 245 I c 2
Saut Sabbat ○ **F** (973) 245 I b 1
Saut Sabbat ~ **F** (973) 245 I b 1
Sauts Capiaïe ~ **F** (973) 245 I c 4
Sauts Kouéki ~ **F** (973) 245 I c 4
Sauvage, Baie ≈ 246 III c 4
Sauvage, Lac du ⊖ **CDN** 174-175 P 3
Sauvagère, La ○ **F** (61) 230-231 L 2
Sauve ○ **F** (30) 242-243 D 4
Sauve, La ○ **F** (33) 236-237 E 6
Sauvetat, La ○ **F** (43) 242-243 D 2
Sauvetat-de-Savéres, La ○ **F** (47) 240-241 F 2
Sauveterre, Causse de ▲ **F** (48) 242-243 C 3
Sauveterre-de-Béarn ○ **F** (64) 240-241 C 4
Sauveterre-de-Guyenne ○ **F** (33) 236-237 E 6
Sauveterre-de-Rouergue ○ **F** (12) 240-241 J 2
Sauveterre-la-Lémance ○ **F** (47) 240-241 G 1
Sauvolles, Lac ⊖ **CDN** 182-183 H 2
Saux ○ **F** (82) 240-241 G 2
Sauxillanges ○ **F** (63) 238-239 C 5
Sauz, El ○ **MEX** 194-195 F 3
Sauzal ○ **RCH** 222-223 C 3
Sauze, le ○ **F** (04) 242-243 K 3
Sauzet ○ **F** (26) 242-243 F 2
Sauzet ○ **F** (46) 240-241 G 2
Sauzé-Vaussais ○ **F** (79) 236-237 F 3
Sauzon ○ **F** (56) 230-231 E 5
Sava ~ **BIH** 36-37 G 2
Savá ○ **HN** 196-197 L 4
Sava ~ **HR** 36-37 F 2
Sava ~ **SLO** 36-37 E 1
Savage ○ **USA** 186-187 E 2
Savage Cove ○ **CDN** 182-183 Q 3
Savage Islands ∩ **CDN** 174-175 Z 3
Savage River ○ **AUS** 116-117 H 6
Savai'i Island ∩ **WS** 120 V a 1
Savalou ○ **DY** 138-139 L 6
Savalou, Montagne de ▲ **DY** 138-139 L 5
Sāvandvādi ○ **IND** 76-77 E 3
Savane ○ **MOC** 154-155 H 4
Savane Bissainthe ○ **RH** 198-199 J 5
Savane Zombi ○ **RH** 198-199 K 5
Savanna ○ **USA** 190-191 C 4
Savannah ○ **USA** (TN) 192-193 D 2
Savannah ○·· **USA** (GA) 192-193 H 3
Savannah Downs ○ **AUS** 110-111 F 6
Savannah River ~ **USA** 192-193 G 2
Savannakhet ○·· **LAO** 94-95 H 2
Savanna-la-Mar ○ **JA** 198-199 F 5
Savant Lake ○ **CDN** (ONT) 178-179 L 5
Savant Lake ⊖ **CDN** (ONT) 178-179 L 5
Savanūr ○ **IND** 76-77 F 3
Savaştepe ☆ **TR** 64-65 B 3
Savate ○ **ANG** 152-153 D 8
Savè ○ **DY** 140-141 E 4
Save ~ **F** (31) 240-241 G 3
Sāve ○· **IR** 72-73 B 7
Save ○ **MOC** 154-155 H 5
Save ~ **ZW** 154-155 G 5
Savenay ○ **F** (44) 230-231 H 5
Săveni ○ **RO** 38-39 E 4
Saverdun ○ **F** (09) 240-241 H 4
Savères ○ **F** (31) 240-241 G 4
Savigliano ○ **I** 36-37 A 2
Savigné-l'Evêque ○ **F** (72) 230-231 M 3
Savigné-sous-le-Lude ○ **F** (72) 230-231 M 4
Savigny-en-Sancerre ○ **F** (18) 232-233 H 5
Savigny-sur-Braye ○ **F** (72) 232-233 D 4
Savigny-sur-Orge ○ **F** (91) 232-233 G 2
Savina ~ **RUS** 44-45 F 6
Savinobor ○ **RUS** 50-51 D 3
Savinskij ○ **RUS** 24-25 Q 5
Savitaipale ○ **FIN** 24-25 J 6
Šavnik ○ **YU** 36-37 G 3
Savoie ◘ **F** (38) 242-243 J 1
Savoie ◘ **F** (73) 238-239 H 5
Savo Island ∩ **SOL** 120 I d 3
Savona ○ **CDN** 176-177 K 6
Savona ☆· **I** 36-37 B 2
Savonlinna ○·· **FIN** 24-25 K 6
Savoonga ○ **USA** 164-165 E 5
Savory River ~ **AUS** 112-113 F 1
Šavot ○ **US** 72-73 G 4
Savoyard, Pointe de ▲ **F** (975) 245 II b 2
Savron ~ **F** (01) 238-239 G 4
Savu, Mer de = Sawu, Laut ≈ 102-103 A 6
Savu = Pulau Sawu ∩ **RI** 104 E 8
Savu = Sawu ○ **RI** 104 E 8
Savukoski ○ **FIN** 24-25 K 3
Savusavu ○ **FJI** 120 III b 2
Savusavu Bay ≈ 120 III b 2
Savute ~ **RB** 154-155 B 4
Saw ○ **MYA** 78-79 J 5
Sawādiya, as- ○ **Y** 68-69 D 6
Sawadori ○ **RI** 102-103 J 2
Sawahlunto ○ **RI** 98-99 D 5
Sawai ○ **RI** 102-103 E 3
Sawai Mādhopur ○ **IND** 74-75 F 7
Sawaleke ○ **FJI** 120 III b 2
Sawang Dan Din ○ **THA** 94-95 G 2
Šawāq ○ **KSA** 66-67 E 4
Sawara ○ **J** 88-89 J 7
Sawārī ○ **IRQ** 64-65 K 5
Sawatch Mountains ▲ **USA** 186-187 D 6
Sawfajjin ◘ **LAR** 128-129 F 2
Sawfajjin, Wādī ~ **LAR** 128-129 F 2
Sawi ○ **THA** 94-95 E 5
Sawia ○ **RI** 102-103 L 3
Šāwiya, aš- ○ **IRQ** 66-67 J 2
Sawkanah ○ **LAR** 128-129 F 3
Sawla ○ **GH** 138-139 J 5
Sawmill ○ **USA** 188-189 C 2
Sawmill Bay ○ **CDN** 174-175 L 3
Sawmills ○ **ZW** 154-155 E 4
Sawn, Laut ≈ 104 E 7
Sawqirah, Baie de = Sauqira Bay ≈ 68-69 K 4
Sawtooth Mount ▲ **USA** 164-165 Q 4
Sawtooth Mountains ▲ **USA** 184-185 G 3
Sawtooth National Recreation Area ⊥ **USA** 184-185 G 4
Sawu ○· **RI** 104 E 8
Sawu, Kepulauan ∩ **RI** 104 E 8
Sawu, Laut = Savu, Mer de ≈ 102-103 A 6
Sawu, Pulau ∩ **RI** 104 E 8
Saxby Downs ○ **AUS** 110-111 G 7
Saxon ○ **USA** 190-191 C 2
Say ○ **RMM** 138-139 H 3
Say ○ **RN** 140-141 E 2
Sayabec ○ **CDN** 182-183 L 4
Sayafi, Pulau ∩ **RI** 100-101 L 3
Sāyalkudi ○ **IND** 76-77 H 6
Sayan ○ **PE** 208-209 D 7
Sayang, Pulau ∩ **RI** 102-103 E 1
Sayaxché ○ **GCA** 196-197 J 3
Sayengga ○ **RI** 102-103 G 3
Sayil ∴· **MEX** 196-197 K 1
Saylac ○ **SP** 144-145 F 3
Saylor Creek Aerial Gunnery Range xx **USA** 184-185 G 4
Sayram Hu ⊖ **VRC** 82-83 E 3
Sayre ○ **USA** (OK) 188-189 H 2
Sayre ○ **USA** (PA) 190-191 K 5
Say Tha Ni ○ **LAO** 92-93 C 7
Sayula ○ **MEX** 196-197 C 2
Sayula de Alemán ○ **MEX** 196-197 G 3
Sayward ○ **CDN** 176-177 H 6
Sayyāni, as- ○ **Y** 68-69 D 7
Šāzand ○ **IR** 70-71 C 2
Sázava ~ **CZ** 28-29 N 4
Sazilé, Pointe ▲ **F** (985) 246 I b 2
Sazilé du Sud, Passe ≈ 246 I b 2
Sazin ○ **PK** 74-75 D 2
Sazonovo ○ **RUS** 30-31 O 2
Saztöbe ○ **KA** 72-73 M 3
Sazykul', ozero ⊖ **RUS** 50-51 J 7
Sbaa ○ **DZ** 124-125 L 6
Sbeitla ○ **TN** 126-127 G 3
Scaër ○ **F** (29) 230-231 D 3
Scafell Pike ▲ **GB** 26-27 F 4
Scammon Bay ≈ 164-165 G 6
Scammon Bay ○ **USA** 164-165 H 6
Scamp Hill ▲ **AUS** 112-113 J 2
Scandia ○ **CDN** 176-177 O 6
Scandia ○ **USA** 186-187 J 6
Scandinavia = Scandinavie ∩ 6-7 A 2
Scandinavie = Scandinavia ∩ 6-7 A 2
Scandola, La ∪··· **F** (2A) 244 C 4
Ščara ~ **BY** 30-31 J 5
Scarborough ○· **GB** 26-27 G 4
Scarborough Shoal ∩ 96-97 B 5
Scarpe ~ **F** (59) 228-229 L 3
Scarpe ~ **F** (62) 228-229 K 3
Sčast'ja, zaliv ⊖ **RUS** 58-59 J 2
Scawfell Bank ≃ 94-95 J 7
Scawfell Island ∩ **AUS** 110-111 K 7
Sceaux ○ **F** (92) 232-233 G 2
Sceaux-d'Anjou ○ **F** (49) 230-231 K 4
Sceccai Reba ▲ **ER** 136-137 H 4
Ščekino ☆· **RUS** 30-31 P 5
Ščel'jabož ○ **RUS** 24-25 Y 3
Ščeljajur ○ **RUS** 24-25 W 4
Ščelkovo ☆ **RUS** 30-31 Q 4
Ščerbakovo ○ **KA** 60-61 D 2
Scey, Miroir de · **F** (25) 238-239 J 2
Scey-sur-Saône-et-Saint-Albin ○ **F** (70) 238-239 H 1
Schaffhausen ☆· **CH** 28-29 K 5
Schakalskuppe ○ **NAM** 156-157 C 3
Schefferville ○ **CDN** 180-181 Q 7
Schei Peninsula ∪ **CDN** 170-171 F 3
Scheide ~ **B** 28-29 G 3
Schell Creek Range ▲ **USA** 184-185 G 6
Schemnitz = Banská Štiavnica ○ **SK** 28-29 P 4
Schenectady ○ **USA** 190-191 M 4
Scheveningen ○· **NL** 28-29 H 2
Schidni Karpaty ▲ **UA** 38-39 C 3
Schiermonnikoog ∩ **NL** 28-29 J 2
Schiltigheim ○ **F** (67) 234-235 M 4
Schirmeck ○ **F** (67) 234-235 L 5
Schleinitz Ranch ▲ **PNG** 119 F 2
Schleinitz Range ▲ **PNG** 119 F 2
Schleithal ○ **F** (67) 234-235 N 3
Schleswig ○· **D** 28-29 K 1
Schleswig-Holstein ◘ **D** 28-29 K 1
Schlüchtern ○ **D** 28-29 K 3
Schluderns = Sluderno ○ **I** 36-37 C 1
Schmidtsdrif ○ **ZA** 156-157 G 4
Schnauders Øer ∩ **GRØ** 170-171 q 4
Schœlcher ○ **F** (972) 245 V a 2
Schoenau ○ **F** (67) 234-235 M 5
Schoodic Point ▲ **USA** 190-191 P 3
Schoombee ○ **ZA** 156-157 G 5
Schouten Island ∩ **AUS** 116-117 J 7
Schouten Islands ∩ **PNG** 119 C 2
Schouwen ∸ **NL** 28-29 G 3
Schrader Range ▲ **PNG** 119 C 3
Schreiber ○ **CDN** 178-179 N 6
Schrobenhausen ○ **D** 28-29 L 4
Schroda = Środa Wielkopolska ○ **PL** 28-29 O 2
Schroffenstein ▲ **NAM** 156-157 D 3
Schuchert Flod ≈ 170-171 n 8
Schuckmansburg ○ **NAM** 154-155 C 3
Schulenburg ○ **USA** 188-189 J 5
Schuls, Scuols/ ○ **CH** 28-29 L 5
Schultz Lake ⊖ **CDN** 174-175 V 3
Schurz ○ **USA** 184-185 E 6
Schuyler ○ **USA** 186-187 J 5
Schwabach ○ **D** 28-29 L 4
Schwäbische Alb ▲ **D** 28-29 K 4
Schwäbisch Gmünd ○· **D** 28-29 K 4
Schwäbisch Hall ○· **D** 28-29 K 4
Schwandorf ○ **D** 28-29 M 4
Schwaner, Monts = Schwaner, Pegunungan ▲ **RI** 100-101 B 4
Schwaner, Pegunungan ▲ **RI** 98-99 J 5
Schwarzrand ▲ **NAM** 156-157 C 2
Schwarzwald ▲ **D** 28-29 K 4
Schwatka Mountains ▲ **USA** 164-165 M 3
Schwedt ○ **D** 28-29 N 2
Schweighouse-sur-Moder ○ **F** (67) 234-235 M 4
Schweinfurt ○ **D** 28-29 L 3
Schweitzergletscher ⊂ **ARK** 16 F 33
Schweiz ■ **CH** 28-29 J 5
Schweiz = Suisse ■ **CH** 28-29 J 5
Schweizer Jura ▲ **CH** 28-29 J 5
Schweizerland ∸ **GRØ** 172-173 W 3
Schweizer Reneke ○ **ZA** 156-157 G 3
Schwerin ☆· **D** 28-29 L 2
Schwerin Mural Crescent ▲ **AUS** 112-113 K 2
Schwyz ☆ **CH** 28-29 K 5
Sciacca ○ **I** 36-37 D 6
Scie, La ○ **CDN** 182-183 R 4
Scieri, La ○ **G** 146-147 D 3
Sciez ○ **F** (74) 238-239 J 4
Ščigry ○ **RUS** 38-39 K 2
Scillé ○ **F** (79) 236-237 D 2
Scioto River ~ **USA** 190-191 G 6
Scipio ○ **USA** 184-185 H 6
Ščit, gora ▲ **RUS** 48-49 R 3
Sclater ○ **CDN** 178-179 F 5
Scobey ○ **USA** 186-187 E 1
Scone ○ **AUS** 116-117 L 2
Scoresby Land ∸ **GRØ** 170-171 n 8
Scoresbysund = Ittoqqortoormiit ○ **GRØ** 170-171 p 8
Scorff ⊖ **F** (56) 230-231 E 4
Scotia ○ **USA** 184-185 B 5
Scotia, Mer de la = Scotia Sea ≈ 14-15 D 14
Scotia Bay ○ **CDN** 164-165 Y 7
Scotia Ridge = Nord-Scotia, Dorsale ≃ 13 F 10
Scotia Sea = Scotia, Mer de la ≈ 14-15 D 14
Scotland = Écosse ◘ **GB** 26-27 E 3
Scotstour Lake ⊖ **CDN** 174-175 M 3
Scotstown ○ **CDN** 182-183 J 6
Scott ○ **ARK** 16 F 17
Scott, Cape ▲ **AUS** 108-109 J 2
Scott, Cape ▲ **CDN** (BC) 176-177 F 6
Scott, Cape ▲ **CDN** (NWT) 168-169 O 2
Scott, Mount ▲ **AUS** 114-115 K 1
Scott Channel ≈ 176-177 F 6
Scott City ○ **USA** 186-187 G 6
Scott Glacier ⊂ **ARK** 16 E 0
Scott Glacier ⊂ **ARK** 16 G 11
Scott Inlet ≈ 170-171 P 8
Scott Lake ⊖ **CDN** 174-175 Q 6
Scott National Historic Site, Fort ∴ **USA** 186-187 K 7
Scott Point ▲ **AUS** 110-111 D 3
Scott Range ▲ **ARK** 16 G 6
Scott Reef ∩ **AUS** 108-109 F 2
Scottsbluff ○ **USA** 186-187 F 5
Scotts Bluff National Monument ∴ **USA** 186-187 F 5
Scottsboro ○ **USA** 192-193 E 2
Scottsburg ○ **USA** 190-191 F 6
Scottsdale ○ **AUS** 116-117 J 6
Scottsdale ○ **USA** 184-185 J 9
Scottsville ○ **USA** 190-191 E 7
Scottville ○ **USA** 190-191 E 4
Scotty's Junction ○ **USA** 184-185 F 7
Scoury ○ **F** (36) 236-237 H 2
Scraggy Lake ⊖ **CDN** 182-183 N 6
Scranton ○ **USA** 190-191 L 5
Scrignac ○ **F** (29) 230-231 D 3
Ščuč'e ○ **RUS** (JAN) 44-45 N 8
Ščuč'e ☆ **RUS** (KRG) 50-51 G 7
Ščuč'e, ozero ⊖ **RUS** 50-51 J 7
Ščuč'e Ozero ○ **RUS** 32-33 K 5
Ščučij hrebet ▲ **RUS** 48-49 P 4
Ščucinsk ☆ **KA** 60-61 G 2
Ščuč'ja ~ **RUS** 44-45 M 8
Ščučyn ○ **BY** 30-31 J 5
Ščugor ~ **RUS** 50-51 E 3
Scuol/ Schuls ○ **CH** 28-29 L 5
Sdragonato, Grotte du · **F** (2A) 244 D 6
Seabird Resting Pulau ⊥· **RI** 102-103 C 5
Seabra ○ **BR** 216-217 K 2
Seabrook, Lake ⊖ **AUS** 112-113 E 5
Seaford ○ **USA** 190-191 L 6
Seaforth ○ **AUS** 110-111 K 7
Seahorse Island ∩ **USA** 164-165 L 1
Seahorse Point ▲ **CDN** 180-181 J 3
Sea Islands ∩ **USA** 192-193 H 4
Sea Lake ○ **AUS** 116-117 G 3
Seal Cape ▲ **USA** 166-167 R 5
Seal Cove ○ **CDN** 182-183 Q 4
Seale ○ **USA** 192-193 F 3
Sealhole Lake ⊖ **CDN** 174-175 U 5
Sea Lion Islands ∩ **GB** 222-223 L 7
Seal Islands ∩ **USA** 166-167 R 4
Seal Reserve · **NAM** 152-153 B 10
Seal River ~ **CDN** 174-175 W 6
Sealy ○ **USA** 188-189 J 5
Sea Otter Sound ≈ 176-177 D 4
Sea Park ○ **ZA** 156-157 K 5
Seara ○ **BR** 218-219 D 6
Searchlight ○ **USA** 184-185 G 8
Searchmont ○ **CDN** 178-179 O 7
Searcy ○ **USA** 188-189 M 2
Seashore Shoal ≃ 98-99 K 2
Seaside ○ **USA** 184-185 C 3
Seaspray ○ **AUS** 116-117 J 5
Seattle ○· **USA** 184-185 C 2
Seaward Kaikoura Range ▲ **NZ** 118 D 5
Seba ○ **RI** 104 E 8
Sébaco ○ **NIC** 196-197 L 5
Sebago Lake ⊖ **USA** 190-191 N 4
Sebakor, Teluk ≈ 102-103 G 3
Šebalino ○ **RUS** 60-61 O 3
Sebamban ○ **RI** 100-101 D 5
Sebangan Teluk ≈ 98-99 K 6
Sebangka, Pulau ∩ **RI** 98-99 F 4
Sebapala ○ **LS** 156-157 H 5
Sebarak ○ **RI** 102-103 G 3
Sebastian ○ **USA** 192-193 H 6
Sebastián Vizcaíno, Bahía de ≈ 194-195 B 3
Sébastopol = Sevastopol' ☆· **UA** 38-39 H 5
Sebatik, Pulau ∩ **RI** 100-101 E 1
Sebauh ○ **MAL** 98-99 K 3
Sebayan, Gunung ▲ **RI** 98-99 J 5
Sébazac-Concourès ○ **F** (12) 240-241 K 2
Sebba ○ **BF** 138-139 L 3
Sebderat ○ **ER** 136-137 H 5
Sebdou ○ **DZ** 124-125 L 3
Sébé ~ **G** 146-147 D 4
Sébé ○ **TCH** 142-143 D 4
Šebekino ○ **RUS** 38-39 K 2
Sébékoro ○ **RG** 138-139 F 3
Šeberġān ☆ **AFG** 72-73 J 6
Seberida ○ **RI** 98-99 E 5
Sebeş ○ **RO** 38-39 C 5
Sebesi, Pulau ∩ **RI** 98-99 F 7
Sebeta ○ **ETH** 144-145 D 4
Sébété ○ **RMM** 138-139 G 2
Sebež ☆ **RUS** 30-31 L 3
Şebinkarahisar ☆ **TR** 64-65 H 2
Sebino = Lago d'Iseo ⊖ **I** 36-37 C 2
Sebiş ○ **RO** 38-39 C 4
Sebit ○ **EAK** 148-149 E 3
Sebjaki ~ **RUS** 44-45 b 7
Sebjan-Kjuël' ○ **RUS** 46-47 R 7
Seblat, Gunung ▲ **RI** 98-99 E 6
Sebol ○ **GCA** 196-197 K 4
Seboncourt ○ **F** (02) 228-229 L 4
Sebonpopo ○ **RI** 100-101 L 3
Seboto Point ▲ **RP** 96-97 E 9
Sebou, Oued ~ **MA** 124-125 J 3
Sebree ○ **USA** 190-191 E 7
Sebring ○ **USA** 192-193 H 6
Sebta = Ceuta ○ **E** 34-35 E 7
Sebuku, Pulau ∩ **RI** (KSE) 100-101 E 5
Sebuku, Pulau ∩ **RI** (LAM) 98-99 F 7
Sebuku Teluk ≈ 100-101 E 2
Šebunino ○ **RUS** 58-59 J 5
Sebuyau ○ **MAL** 98-99 J 4
Sebyar ~ **RI** 102-103 G 2
Sébys' ~ **RUS** 24-25 W 4
Seca, Cachoeira ~ **BR** 210-211 K 5
Seca, Pampa ∸ **RA** 222-223 F 3
Secang ○ **RI** 104 D 3
Secca Abū el-cosu ∩ **ER** 136-137 K 5
Séchault ○ **F** (08) 234-235 F 3
Sechura ○ **PE** 208-209 B 4
Sechura, Bahía de ≈ 208-209 B 4
Sechura, Desierto de ∸ **PE** 208-209 B 4
Seclin ○ **F** (59) 228-229 L 2
Seco, Río ~ **RA** 220-221 E 4
Seco de las Peñas, Río ~ **RA** 222-223 E 3
Secondigny ○ **F** (79) 236-237 E 2
Second Mesa ○ **USA** 188-189 B 2
Seco ó Yaminué, Arroyo ~ **RA** 222-223 F 6
Secos ou do Rombo, Ilheus ∩ **CV** 138-139 B 6
Secretary Island ∩ **NZ** 118 A 6
Secunderābād ○ **IND** 76-77 H 2
Sécure, Río ~ **BOL** 214-215 E 4
Seda ○ **LT** 30-31 H 3
Sedalia ○ **USA** 186-187 L 6
Sedan ○ **AUS** (QLD) 114-115 G 3
Sedan ○ **AUS** (SA) 116-117 E 3
Sedan ○ **F** (08) 234-235 F 2
Sedan ○ **USA** 188-189 J 1
Sedanka ○ **RUS** 56-57 S 5
Sedanka ~ **RUS** 56-57 S 5
Sedanka Island ∩ **USA** 166-167 N 6
Sedati ○ **RI** 104 E 3
Seddenga, Temple of · **SUD** 136-137 E 2
Seddon, Kap ▲ **GRØ** 170-171 V 6
Seddonville ○ **NZ** 118 C 4
Sededema ~ **RUS** 46-47 b 6
Sedeh ○ **IR** 70-71 H 2
Sedel'nikovo ○ **RUS** 50-51 N 6
Sederberge ▲ **ZA** 156-157 D 6
Séderon ○ **F** (26) 242-243 H 3
Sedgefield ○ **ZA** 156-157 F 7
Sedgwick ○ **USA** 186-187 J 7
Sédhiou ○ **SN** 138-139 C 3
Sedič ○ **IR** 70-71 H 6
Sedič, Rūdḫāne-ye ~ **IR** 70-71 H 6
Sed"ju ~ **RUS** 24-25 W 5
Sedoa ○ **RI** 100-101 G 4
Sedom ○· **IL** 66-67 D 2
Sedona ○ **USA** 184-185 J 8
Sedov, Fosse = Sedow Deep ≃ 16 A 0
Sedova, pik ▲ **RUS** 44-45 F 5
Sedova, zaliv ⊖ **RUS** 44-45 H 4
Sedow Deep = Sedov, Fosse ≃ 16 A 0
Sedrata ○ **DZ** 126-127 F 2
Sedro Woolley ○ **USA** 184-185 C 1
Šeduva ○·· **LT** 30-31 H 4
Sée ~ **F** (50) 230-231 K 2
Seebe ○ **CDN** 176-177 N 6
Seeber ○ **RA** 220-221 G 6
Seeheim ○ **NAM** 156-157 C 3
Seeis ○ **NAM** 152-153 D 11
Seeis ~ **NAM** 152-153 D 11
Seekaskootch Indian Reserve ✗ **CDN** 176-177 Q 5
Seekoegat ○ **ZA** 156-157 F 6
Seekoerivier ~ **ZA** 156-157 G 5
Seeley Lake ○ **USA** 184-185 H 2
Seemore Downs ○ **AUS** 112-113 H 5
Sèèr ○ **MAU** 82-83 L 1
Sées ○ **F** (61) 230-231 M 2
Şefaatli ☆ **TR** 64-65 F 3
Seferihisar ☆ **TR** 64-65 B 3
Séfeto ○ **RMM** 138-139 F 2
Sefidābe ○ **IR** 70-71 J 3
Sefidān, Rūdḫāne-ye ~ **IR** 70-71 F 3
Sefid Rūd ~ **IR** 64-65 N 4
Sefophe ○ **RB** 154-155 D 6
Sefrou ○ **MA** 124-125 J 4
Sefton, Mount ▲ **AUS** 112-113 G 4
Segaf, Kepulauan ∩ **RI** 102-103 F 3
Segag ○ **ETH** 144-145 F 5
Segala ∩ **ER** 136-137 K 5
Ségala ○ **RMM** 138-139 E 2
Segalaherang ○ **RI** 104 B 3
Segama ~ **MAL** 96-97 C 10
Segamat ○ **MAL** 98-99 E 3
Segara Anakan ≈ 104 C 3
Šegarka ~ **RUS** 50-51 R 6
Ségbana ○ **DY** 140-141 E 3
Segbwema ○ **WAL** 138-139 E 6
Segen Wenz ~ **ETH** 144-145 C 6
Segera ○ **EAT** 148-149 G 6
Segeri ○ **RI** 100-101 F 6
Seget ○ **RI** 102-103 F 2
Segeža ○ **RUS** 24-25 N 5
Seghe ○ **SOL** 120 I c 3
Segjan-Kjuël' ○ **RUS** 54-55 P 4
Šegmas ○ **RUS** 24-25 U 4
Seġnān ○ **AFG** 72-73 M 6
Segoch, Kūh-e ▲ **IR** 70-71 G 3
Segonzac ○ **F** (16) 236-237 E 4
Ségou ◘ **RMM** 138-139 G 2
Ségou ☆ **RMM** (SÉ) 138-139 G 3
Segovia ○ **CO** 204-205 D 4
Segovia ○··· **E** 34-35 E 4
Segozero ⊖ **RUS** 24-25 M 5
Segré ○ **F** (49) 230-231 K 4
Segre, el ~ **E** 34-35 H 4
Ségrie ○ **F** (72) 230-231 M 3
Seguam Island ∩ **USA** 166-167 K 6
Seguam Pass ≈ 166-167 K 6
Ségué ○ **RMM** 138-139 J 3
Seguedine ○ **RN** 134-135 F 2
Séguéla ☆ **CI** 138-139 G 6
Séguéla ○ **RMM** 138-139 G 3
Seguéla ○ **RMM** 138-139 G 2
Séguénéga ○ **BF** 138-139 K 3
Seguin ○ **USA** 188-189 J 5
Séguinot · **F** (47) 240-241 E 2
Segula Island ∩ **USA** 166-167 F 6
Segunda, Río ~ **RA** 220-221 F 6
Ségur ○ **F** (12) 240-241 K 2
Segura ○ **P** 34-35 D 5
Segura, Sierra de ▲ **E** 34-35 F 5
Séguret ○ **F** (84) 242-243 G 3
Ségur-les-Villas ○ **F** (15) 236-237 L 5
Seguro ○ **BR** 212-213 E 2
Sehān ~ **PK** 74-75 B 4
Sehesteds Fjord ≈ 172-173 T 5
Sehithwa ○ **RB** 154-155 B 5
Sehnkwehn River ~ **LB** 138-139 F 6
Seho, Pulau ∩ **RI** 100-101 J 4
Sehonghong ○ **LS** 156-157 J 4
Sehore ○ **IND** 74-75 F 8
Sehulea ○ **PNG** 119 F 5
Sehwān ○·· **PK** 70-71 M 5
Seia ○ **P** 34-35 D 4
Seibert ○ **USA** 186-187 F 6
Seibo, El ☆ **DOM** 198-199 L 5
Seiché ~ **F** (35) 230-231 J 4
Seiches-sur-le-Loir ○ **F** (49) 230-231 L 4
Seigals Creek ○ **AUS** 110-111 D 5
Seignelay ○ **F** (89) 232-233 K 4
Seignosse ○ **F** (40) 240-241 B 3
Šeiḫ 'Alī ○ **AFG** 74-75 B 2
Seikan Tunnel ·· **J** 88-89 J 4
Seikpyu ○ **MYA** 78-79 J 5
Seiland ∩ **N** 22-23 L 1
Seilhac ○ **F** (19) 236-237 J 5
Seiling ○ **USA** 188-189 H 1
Seillans ○ **F** (83) 242-243 K 4
Seille ~ **F** 234-235 J 4
Sein, Chaussée de ≈ **F** (29) 230-231 B 3
Sein, Île de ∩ **F** (29) 230-231 B 3
Seinäjoki ○ **FIN** 24-25 G 5
Seine ~ **F** (10) 232-233 K 2
Seine, Baie de la ≈ **F** 228-229 B 4
Seine Bank ≃ 124-125 D 4
Seine-et-Marne ◘ **F** (77) 232-233 H 2
Seine-Maritime ◘ **F** (76) 228-229 E 4
Seinma ○ **RI** 102-103 K 4
Seira, Pulau ∩ **RI** 102-103 F 5
Seis de Julho, Cachoeira ~ **BR** 210-211 F 7
Seissan ○ **F** (32) 240-241 F 4
Seival ○ **BR** 218-219 D 8
Šeja ○ **RUS** 54-55 H 4
Sëjaha ○ **RUS** (JAN) 44-45 P 6
Sëjaha ~ **RUS** 44-45 N 6
Sëjaha ~ **RUS** 44-45 O 7
Sejaka ○ **RI** 100-101 E 5
Sejenane ○ **TN** 126-127 G 2
Sejm ~ **RUS** 38-39 K 2
Sejm ~ **UA** 38-39 J 2
Sejm ~ **UA** 38-39 H 2
Sejmčan ☆· **RUS** 56-57 P 2
Sejmčan ~ **RUS** 56-57 O 2
Sejmdže ~ **RUS** 54-55 N 7
Sejmkan ~ **RUS** 56-57 N 3
Sejorong ○ **RI** 104 C 7
Seka ○ **ETH** 144-145 C 5
Seka Banza ○ **ZRE** 146-147 D 6
Sekak ○ **RI** 102-103 G 2
Sekampung ~ **RI** 98-99 F 7
Sekatak Teluk ≈ 100-101 E 2
Sekayu ○ **RI** 98-99 E 6
Sekenke ○ **EAT** 148-149 E 6
Seki ○ **J** 88-89 G 7
Šeki = Şakı ○· **AZ** 64-65 M 2
Sekigahara-Oro Quasi National Park ⊥ **J** 88-89 G 7
Sekinchan, Kampung ○ **MAL** 98-99 D 3
Sekoma ○ **RB** 156-157 F 2
Sekondi ☆· **GH** 138-139 K 7
Sek'ot'a ○ **ETH** 136-137 J 6
Šeksna ○ **RUS** 30-31 Q 2
Sel, Pointe au = Pointe de Bretagne ▲ **F** (974) 246 II a 2
Sela Dingay ○ **ETH** 144-145 D 4
Šelagskij, mys ▲ **RUS** 48-49 Q 1
Selah ○ **USA** 184-185 D 2
Şelâle · **TR** 64-65 D 4
Selama ○ **MAL** 98-99 D 2
Selangor ◘ **MAL** 98-99 D 3
Selangor, Kuala ○ **MAL** 98-99 D 3
Sela Nok ○ **MYA** 78-79 J 2
Selaphum ○ **THA** 94-95 G 2
Selapiu Island ∩ **PNG** 119 F 2
Selaru, Pulau ∩ **RI** 102-103 F 6
Šelaša ○ **RUS** 24-25 R 6
Selassi ○ **RI** 102-103 G 3
Selatan, Tanjung ▲ **RI** 100-101 D 6
Selatan Natuna Kepulauau ≈ 98-99 H 3
Selatpanjang ○ **RI** 98-99 E 4
Selawik ○ **USA** 164-165 K 3
Selawik Lake ⊖ **USA** 164-165 K 3
Selawik River ~ **USA** 164-165 L 3
Selayar = Benteng ○ **RI** 104 E 6
Selayar, Pulau ∩ **RI** (JAM) 98-99 F 5
Selayar, Pulau ∩ **RI** (SSE) 104 E 5
Selayar, Selat ≈ 100-101 G 6
Sélba ○ **BF** 138-139 K 2
Selbach ○ **BR** 218-219 D 7
Selbu ○ **N** 22-23 E 5
Selby ○ **USA** 186-187 G 3
Selçuk ☆· **TR** 64-65 B 4
Sel-de-Bretagne, Le ○ **F** (35) 230-231 H 4
Selden ○ **USA** 186-187 G 6
Seldja, Gorges du · **TN** 126-127 G 3
Seldovia ○ **USA** 166-167 V 3
Sele, Selat ≈ 102-103 F 2
Sele, Tanjung ▲ **RI** 102-103 F 2
Selebi-Phikwe ○ **RB** 154-155 D 6
Šelehov ○ **RUS** 52-53 L 9
Selemadeg ○ **RI** 104 B 7
Selemdža ~ **RUS** 58-59 C 3
Selemdža ~ **RUS** 58-59 F 2
Selemdžinskij, hrebet ▲ **RUS** 58-59 D 2
Selendi ☆ **TR** 64-65 C 3
Selenga ~ **RUS** 52-53 N 9
Sèlèngè ○ **MAU** 84-85 E 3
Sèlèngè ◘ **MAU** 84-85 G 3
Selengei ○ **EAK** 148-149 F 5
Sèlèngè mörön ~ **MAU** 84-85 G 3
Selenginsk ○ **RUS** 52-53 N 10
Selennahskij hrebet ▲ **RUS** 46-47 V 4
Selennjah ~ **RUS** 46-47 W 5
Sele Pele, Tanjung ▲ **RI** 102-103 F 2
Sélestat ○· **F** (67) 234-235 L 5
Séléti ○ **SN** 138-139 B 3
Selfoss ☆ **IS** 22-23 c 3
Sel'gi ○ **RUS** 24-25 M 5
Selib ○ **RUS** 24-25 U 5
Sélibaby ☆ **RIM** 138-139 D 2
Seliger, Lac = Seliger, ozero ⊖ **RUS** 24-25 N 3
Seliger, ozero ⊖ **RUS** 30-31 N 3
Seligman ○ **USA** (AZ) 184-185 H 8
Seligman ○ **USA** (MO) 188-189 L 1
Selihino ○ **RUS** 58-59 G 3
Šelihova, zaliv ≈ 56-57 R 3
Sélim ○ **RCA** 142-143 H 6
Seling ○ **IND** 78-79 H 4
Sélingue, Lac de < **RMM** 138-139 F 4
Sélinnkegni ○ **RMM** 138-139 E 2
Selinsgrove ○ **USA** 190-191 K 5
Selitkan ~ **RUS** 58-59 E 2
Seližarovo ☆ **RUS** 30-31 N 3
Seljanskaja guba ≈ 46-47 W 4
Seljelvnes ○ **N** 22-23 J 2
Selkämeri ≈ 24-25 E 6
Selkirk ○ **CDN** 178-179 H 5
Selkirk Island ∩ **CDN** 178-179 G 4
Selkirk Mountains ▲ **CDN** 176-177 M 6
Selle ~ **F** (80) 228-229 J 4
Selle, Massif de la ▲ **RH** 198-199 J 5
Selleck ○ **USA** 184-185 D 2
Selles ○ **F** (70) 234-235 J 6
Selles-Saint-Denis ○ **F** (41) 232-233 F 5
Selles-sur-Cher ○ **F** (41) 232-233 F 5
Selle-sur-le-Bied, La ○ **F** (45) 232-233 H 3
Selljah ~ **RUS** 46-47 X 4
Sello, Lago del ⊖ **RA** 224 E 3
Sells ○ **USA** 184-185 J 10
Selma ○ **USA** (AL) 192-193 E 3
Selma ○ **USA** (CA) 184-185 E 7
Selmer ○ **USA** 192-193 D 2
Selokan, Tanjung ▲ **RI** 98-99 F 6
Sélo Kouré ○ **RG** 138-139 E 4
Selommes ○ **F** (41) 232-233 E 4
Seloncourt ○ **F** (25) 238-239 K 2
Selong ○ **RI** 104 C 7
Selongey ○ **F** (21) 238-239 G 1
Selonnet ○ **F** (04) 242-243 J 3
Šelonskie ostrova ∩ **RUS** 46-47 W 4
Šelopugino ☆ **RUS** 54-55 H 10
Selouane ○ **MA** 124-125 K 3
Selous ○ **ZW** 154-155 F 4
Selous, Mount ▲ **CDN** 164-165 Y 5
Selous Game Reserve ⊥··· **EAT** 150-151 J 5
Selsele-ye Pir-e Šūrān ▲ **IR** 70-71 J 4
Šel'tinga ○ **RUS** 56-57 M 4
Šel'tinga, zaliv ⊖ **RUS** 56-57 N 4
Selty ☆ **RUS** 32-33 H 5
Seltz ○ **F** (67) 234-235 N 4
Selu ○ **IND** 74-75 F 10
Selu, Pulau ∩ **RI** 102-103 F 5
Sélune ~ **F** (50) 230-231 K 2
Selva Alegre ○ **EC** 208-209 C 1
Selvagens, Ilhas ∩ **P** 124-125 D 5
Selvas ∸ **BR** 210-211 D 5
Selve, La ○ **F** (12) 240-241 K 2
Selves ~ **F** (12) 240-241 K 1
Selvíria ○ **BR** 216-217 E 6
Selway-Bitterroot Wilderness ⊥ **USA** 184-185 G 2
Selway Falls ~ **USA** 184-185 G 2
Selway River ~ **USA** 184-185 G 2
Selwyn, Detroit de ≈ 120 II b 3
Selwyn Lake ⊖ **CDN** 174-175 R 5
Selwyn Mountains ▲ **CDN** 164-165 X 4
Selwyn Post Office ○ **AUS** 114-115 F 1
Selwyn Range ▲ **AUS** 114-115 F 1
Semajang, Danau ⊖ **RI** 100-101 E 4
Semamung ○ **RI** 104 C 7
Semangka ~ **RI** 98-99 F 7
Semangka, Teluk ≈ 98-99 F 7
Semanu ○ **RI** 100-101 E 2
Semarang ☆ **RI** 104 D 3
Semaras ○ **RI** 100-101 E 5
Sematan ○ **MAL** 98-99 H 4
Semau, Pulau ∩ **RI** 102-103 B 7
Sembabule ○ **EAU** 148-149 C 4
Sembadel-Gare ○ **F** (43) 242-243 D 1
Sembakung ~ **RI** 100-101 E 2
Sembatti ○ **IND** 76-77 G 5
Sembe ○ **LB** 138-139 E 6
Sembé ○ **RCB** 146-147 E 3
Sembehon ○ **WAL** 138-139 E 6
Sembehun ○ **WAL** 138-139 D 6
Semberang ○ **RI** 100-101 F 3
Semberong ~ **MAL** 98-99 E 3
Sembilan, Negeri ◘ **MAL** 98-99 E 3
Sembilan, P. ▲ **RI** 98-99 D 2
Şemdinli ☆ **TR** 64-65 L 4
Sémé ○ **CI** 138-139 G 4
Semeih ○ **SUD** 136-137 E 6
Semejka, gora ▲ **RUS** 46-47 V 5
Sèmè-Kpodji ○ **DY** 140-141 E 5
Semenanjung Blambangan Game Park ⊥ **RI** 104 B 7
Semenanjung Malaysia = Malaise, Péninsule ∩ **MAL** 98-99 E 2
Semenov ○ **RUS** 32-33 D 5
Semenovka ○ **KA** 60-61 L 3
Semënovka ○ **RUS** 58-59 B 3
Semera ○ **MAL** 98-99 J 4
Semeteh ○ **RI** 98-99 E 6
Semey ○ **KA** 60-61 M 3
Semiai, Pulau ∩ **RI** 102-103 G 3
Semichi Islands ∩ **USA** 166-167 C 6
Semi Desert ∸ **AUS** 110-111 C 7
Semidi Islands ∩ **USA** 166-167 S 4
Sémien ○ **CI** 138-139 G 6
Semikarakorsk ○ **RUS** 38-39 M 4
Semillero ○ **GCA** 196-197 J 4
Semilly, Saint-Blin- ○ **F** (52) 234-235 G 5
Semiluki ○ **RUS** 38-39 L 2
Seminoe Reservoir < **USA** 186-187 D 4
Seminole ○ **USA** 188-189 F 3
Seminole, Lake < **USA** 192-193 F 4
Seminskij, pereval ▲ **RUS** 60-61 O 3

Semiozernoe ☆ KA 60-61 D 2
Semipalatinsk = Semey o KA 60-61 M 3
Semirara Island ⌒ RP 96-97 D 6
Semirom o IR 70-71 D 3
Semisopochnoi Island ⌒ USA 166-167 F 7
Semitau o RI 98-99 J 4
Semliki ~ ZRE 148-149 B 3
Semna o SUD 136-137 E 2
Semnān ◘ IR 70-71 E 1
Semnān ☆ • IR 72-73 C 7
Semnon ~ F (35) 230-231 H 4
Semolale o RB 154-155 E 5
Šemonaiha o KA 60-61 M 3
Semongkat o RI 104 C 7
Semouse ~ F 234-235 J 6
Semoutiers-Montsaon o F (52) 234-235 G 5
Semoy ~ F 234-235 F 2
Sempang Mangayan, Tanjung ▲ MAL 96-97 B 9
Sempol o • RI 104 B 7
Semporna o MAL 96-97 C 10
Sempu, Pulau ⌒ RI 104 E 4
Šemšak o • IR 72-73 B 7
Sem-Tripa, Cachoeira ~ BR 210-211 K 5
Semu ~ EAT 148-149 E 5
Semuntai, Tanjung ▲ RI 100-101 F 3
Semur-en-Auxois o F (21) 238-239 E 2
Semussac o F (17) 236-237 D 4
Sèmža o RUS 24-25 S 3
Sen' ~ RUS 54-55 H 7
Sena o BOL 214-215 D 2
Sena, Río ~ BOL 214-215 D 2
Senachwine Lake o USA 190-191 D 5
Senador o BR 212-213 H 3
Senador José Porfírio o BR 212-213 C 3
Senador Pompeu o BR 212-213 J 4
Sen'afē o ER 136-137 J 5
Sénaillac-Lauzès o F (46) 240-241 H 1
Senaki o • GE 62-63 E 6
Señal Canoas ▲ PE 208-209 D 7
Señal Huascarán ▲ PE 208-209 D 6
Señal Mongon ▲ PE 208-209 C 6
Señal Nevado Champará ▲ PE 208-209 D 6
Sena Madureira o BR 210-211 C 7
Senan o F (89) 232-233 J 4
Senanga o Z 154-155 B 3
Sénaque, Abbaye de • F (84) 242-243 G 4
Senarpont o F (80) 228-229 H 4
Sénas o F (13) 242-243 G 4
Senās, Ra's-e ▲ IR 70-71 F 5
Senatobia o USA 192-193 D 2
Senaton, Teluk ≈ 98-99 A 3
Sendafa o ETH 144-145 D 4
Sendai o J (KGA) 88-89 D 9
Sendai ☆ • J (MIY) 88-89 J 5
Sendai-wan ≈ 88-89 J 5
Sendān Dāġ, Kūh-e ▲ IR 64-65 N 4
Sendelingsfontein o ZA 156-157 H 3
Sendhwa o IND 74-75 E 9
Séné o F (56) 230-231 F 4
Senebui, Tanjung ▲ RI 98-99 D 3
Seneca o USA (KS) 186-187 J 6
Seneca o USA (OR) 184-185 E 3
Seneca o USA (SC) 192-193 G 2
Seneca o USA (SD) 186-187 H 3
Seneca Caverns ∴ USA 190-191 J 6
Seneca Falls o USA 190-191 K 4
Seneca Lake o USA 190-191 K 4
Senecaville Lake o USA 190-191 H 6
Sénégal ~ SN 132-133 C 6
Sénégal = Sénégal ■ SN 138-139 C 2
Senekal o ZA 156-157 H 4
Senèque, Tour de • F (2B) 244 D 3
Senero, Río ~ BOL 214-215 E 4
Senetosa, Capu di ▲ F (2A) 244 C 5
Seney o USA 190-191 F 2
Senez o F (04) 242-243 J 4
Senga o MW 154-155 H 1
Sengan o WAN 140-141 F 6
Sengana < WAN 140-141 F 6
Sengar ~ IND 74-75 G 6
Sengbo o RI 102-103 K 3
Senge o ZRE 148-149 B 5
Sengejskij, ostrov ⌒ RUS 24-25 V 2
Sêngê Zangbo ~ VRC 80-81 C 4
Senggigi o • RI 104 C 7
Sengilen, hrebet ▲ RUS 52-53 G 10
Sengkju ~ RUS 46-47 J 5
Sengouagnet o F (31) 240-241 F 5
Senguerr, Río ~ RA 224 F 2
Sengwa ~ ZW 154-155 E 3
Senhora do Porto o BR 216-217 J 5
Senhor do Bonfim o BR 212-213 H 7
Senia, Bir < DZ 126-127 C 4
Senigállia o I 36-37 D 3
Senindara o RI 102-103 G 3
Senirkent ☆ TR 64-65 D 3
Senj o HR 36-37 E 2
Senja ⌒ N 22-23 H 2
Senjavina, proliv ≈ 48-49 Y 4
Senkanse o BF 138-139 L 4
Şenkaya ☆ TR 64-65 K 2
Senkobo o Z 154-155 C 3
Šenkursk o RUS 24-25 R 5
Senlis o F (60) 228-229 K 5
Senmonorom o K 94-95 J 4
Senmuto, ozero ◘ RUS 50-51 P 2
Sennār ☆ • SUD 136-137 F 6
Sennār Dam < SUD 136-137 F 6
Sennecey-le-Grand o F (71) 238-239 F 3
Sennely o F (45) 232-233 G 4
Senneterre o CDN 182-183 F 4
Senneville-sur-Fécamp o F (76) 228-229 E 4
Sennoj o RUS 32-33 E 7
Sénoba o SN 138-139 C 3
Senonais ⊥ F (45) 232-233 J 4
Senonches o F (28) 232-233 E 3
Senones o F (88) 234-235 K 5
Senonnes o F (53) 230-231 J 4
Senorbì o I 36-37 B 5
Sénoudébou o • SN 138-139 D 2
Senouire ~ F (43) 242-243 D 1
Senqunyana ~ LS 156-157 J 4
Sens o F (89) 232-233 J 3
Sens-Beaujeu o F (18) 232-233 H 5
Sens-de-Bretagne o F (35) 230-231 H 3
Sensée ~ F (62) 228-229 K 3
Senta o F (64) 240-241 C 5
Senta o YU 36-37 H 2
Šentala ☆ RUS 32-33 G 6
Sentani, Danau o RI 102-103 L 3
Sentein o F (09) 240-241 F 5
Sentinel Peak ▲ CDN 176-177 K 4
Sentinel Range ▲ ARK 16 F 28
Sentolo o RI 104 D 3
Sento Sé o BR 212-213 H 6
Sentrum o ZA 156-157 H 2
Senuda o RI 98-99 K 6
Senye o GQ 146-147 B 2
Seonath ~ IND 78-79 B 5
Seoni o IND 74-75 G 8
Seoni Mālwa o IND 74-75 F 8
Seorīnārāyan o IND 78-79 C 5
Séoul = Sŏul ★ ROK 86-87 F 9
Séoune ~ F (82) 240-241 F 2
Sepa o RI 102-103 E 3
Sepakat, Tanjung ▲ RI 100-101 E 2
Sepang o RI 104 E 7
Sepanjang, Pulau ⌒ RI 104 B 6
Separation Point o CDN 182-183 Q 2
Separation Point ▲ NZ 118 D 4
Sepasu o RI 100-101 E 3
Sepat, Kampung o MAL 98-99 E 3
Sepatini, Rio ~ BR 210-211 E 6
Sepeteri o WAN 140-141 E 4
Šepetivka ☆ UA 38-39 E 2
Sepiddašt o IR 70-71 C 2
Sepik River ~ PNG 119 A 3
Sepilok Sancturay ⊥ MAL 96-97 B 10
Šepit o UA 38-39 D 4
Sepo o DVR 86-87 F 8
Sepo o RI 100-101 H 3
Sępólno Krajeńskie o PL 28-29 O 2
Sepon o IND 78-79 J 2
Sepoti, Rio ~ BR 210-211 G 6
Sepotuba, Rio ~ BR 214-215 J 4
Seppois-le-Bas o F (68) 238-239 L 1
Sept-des-Gzoula o MA 124-125 G 4
Septembre, Embalse de 15 < ES 196-197 K 5
Septentrional, Cordillera ▲ DOM 198-199 K 5
Septeuil o F (78) 232-233 F 2
Septfonds o F (82) 240-241 G 2
Septfontaines, Abbaye de • F (52) 234-235 G 5
Sept-Îles o CDN 182-183 L 3
Sept-Îles, Baie des ≈ 182-183 L 3
Sept Îles, les ⌒ F (22) 230-231 E 2
Septmoncel o F (39) 238-239 H 4
Sept-Saulx o F (51) 234-235 E 3
Sepupa o RB 154-155 B 4
Seputih ~ RI 98-99 F 7
Sequoia National Park ⊥ USA 184-185 E 7
Sequoyah Caverns ∴ • USA 192-193 F 2
Sequoyah's Cabin ∴ USA 188-189 K 2
Šerabad ~ US 72-73 K 6
Şerafettin Dağları ▲ TR 64-65 J 3
Šerafimovič o RUS 38-39 N 3
Šeragul o RUS 52-53 K 8
Serahs o TM 72-73 G 6
Serai o PNG 119 A 2
Seraij o RI 100-101 J 3
Seraincourt o F (08) 234-235 E 2
Seraja garis ▲ RUS 48-49 O 4
Seram o IND 76-77 G 2
Seram, Laut = Céram, Mer de ≈ 102-103 D 3
Seram, Pulau ⌒ RI 102-103 E 3
Seram, Laut, Pulau ⌒ RI 102-103 F 3
Séran ~ F (01) 238-239 H 5
Serang o RI 104 B 3
Serang ~ RI 104 D 3
Séranne, Montagne de la ▲ F (34) 242-243 D 4
Seraran o RI 102-103 G 3
Sérarou o DY 140-141 E 4
Serasan, Pulau ⌒ RI 98-99 H 3
Serasan, Selat ≈ 98-99 H 3
Seraucourt-le-Grand o F (02) 228-229 L 4
Šerbakty ☆ KA 60-61 L 2
Serbewel ~ CAM 134-135 G 6
Serbie = Srbija ◘ YU 36-37 G 2
Serbie et Monténégro ■ YU 36-37 G3
Serčejja ~ RUS 24-25 X 3
Sercœur o F (88) 234-235 K 5
Serdce-Kamen', mys ▲ RUS 48-49 Z 3
Serdo o ETH 144-145 E 3
Serdobsk o RUS 32-33 D 7
Sère o F (32) 240-241 F 4
Sérébou o CI 138-139 J 6
Serebrjansk o KA 60-61 N 4
Seredka o RUS 30-31 L 2
Sérédou o RG 138-139 F 5
Şereflikoçhisar ☆ TR 64-65 E 3
Seréilhac o F (87) 236-237 H 4
Serein ~ F (21) 238-239 E 2
Serein ~ F (89) 232-233 K 4
Serekunda o WAG 138-139 B 3
Seremban ☆ • MAL 98-99 D 3
Serena, La ☆ • RCH 220-221 B 5
Serengeti National Park ⊥ ••• EAT 148-149 E 5
Serengeti Plain ⌣ EAT 148-149 E 5
Serengeti Plains ⊥ EAK 148-149 F 5
Serenje o Z 154-155 F 1
Sereno, Rio ~ BR 212-213 E 5
Sérent o F (56) 230-231 G 4
Séres o GR 36-37 J 4
Seret ~ UA 38-39 D 3
Serež ~ RUS 50-51 U 7
Sergač o RUS 32-33 D 6
Sergeevka o RUS 58-59 E 7
Sergeevsk ☆ RUS 32-33 G 7
Sergeevskoe sukojmasy < KA 60-61 E 2
Sergeja Kirova, ostrova ⌒ RUS 44-45 X 3
Sergèlèn o MAU 84-85 K 4
Sergeljah ~ RUS 54-55 J 5
Sergeulangit, Pegunungan ▲ RI 98-99 B 3
Sergiev Posad ☆ ••• RUS 30-31 Q 3
Sergino o RUS 52-53 N 9
Sergipe ◘ BR 212-213 K 7
Sergipe, Rio ~ BR 212-213 K 7
Sergozero ◘ RUS 24-25 O 3
Seria o BRU 100-101 D 1
Serian o MAL 98-99 J 4
Sériba o RG 138-139 D 4
Seribu, Kepulauan ⌒ RI 104 B 2
Seribudolok o RI 98-99 C 3
Sericita o BR 216-217 J 6
Sérifontaine o F (60) 228-229 H 5
Sérifos ⌒ GR 36-37 K 6
Sérignan-du-Comtat o F (84) 242-243 F 3
Serik ☆ TR 64-65 D 4
Serikkembelo o RI 102-103 D 3
Seringal Jaboti o BR 214-215 F 2
Seringal Santa Maria o BR 210-211 E 6
Seringal São Pedro o BR 214-215 F 2
Seringal Torrões o BR 210-211 D 6
Seringapatam Reef ⌒ AUS 108-109 F 2
Serinhisar ☆ TR 64-65 C 4
Serki ~ RUS 46-47 N 6
Serkout ▲ DZ 126-127 F 9
Šerlovaja Gora o RUS 54-55 H 10
Sermaises o F (45) 232-233 G 3
Sermaize-les-Bains o F (51) 234-235 F 4
Sermano o F (2B) 244 D 4
Sermata, Kepulauan ⌒ RI 102-103 E 6
Sermata, Pulau ⌒ RI 102-103 E 6
Sermersooq ⌒ GRØ 172-173 S 6
Sermersôq ▲ GRØ 172-173 S 6
Sermiligaaq ≈ 172-173 W 3
Sermiligaarsuk ≈ 172-173 Q 6
Sermilik ≈ 172-173 Q 6
Sermilik ≈ 172-173 W 3
Sermilik ≈ 172-173 S 6
Sermowai ~ RI 102-103 L 3
Sernovodsk o RUS 58-59 L 7
Seroglazka o RUS 32-33 E 10
Séron o F (65) 240-241 D 4
Seronera Lodge o EAT 148-149 E 5
Seronga o RB 154-155 B 4
Serou o IR 64-65 L 4
Serouenout, Hassi < DZ 126-127 F 8
Serov ☆ RUS 50-51 F 5
Serowe ☆ RB 154-155 D 6
Serpa o P 34-35 D 6
Serpentine Hot Springs o USA 164-165 H 4
Serpentine River ~ USA 164-165 H 3
Serpent Mound State Memorial ∴ USA 190-191 G 6
Serpents, Île aux ⌒ MS 160 C 6
Serpuhov ☆ • RUS 30-31 P 4
Serquigny o F (27) 228-229 F 5
Serra o BR 216-217 K 6
Serra, Col de la ▲ F (2B) 244 D 3
Serrabone (romane) • F (66) 240-241 K 5
Serra Bonita o BR 216-217 G 3
Serra Branca o BR 212-213 K 5
Serra da Bocaina, Parque Nacional da ⊥ BR 216-217 H 7
Serra da Canastra, Parque Nacional da ⊥ BR 216-217 G 6
Serra da Capivara, Parque Nacional da ⊥ ••• BR 212-213 G 6
Serra das Araras o BR 216-217 H 3
Serra das Araras, Estação Ecológica da ⊥ BR 214-215 J 4
Serra-di-Scopamène o F (2A) 244 D 5
Serra do Divisor, Parque Nacional da ⊥ BR 208-209 F 6
Serra do Moa o BR 208-209 F 5
Serra do Navio o BR 206-207 H 5
Serra do Salitre o BR 216-217 G 5
Serra Dourada o BR (BAH) 216-217 J 2
Serra Dourada o BR (MAT) 216-217 D 2
Serra Encantada, Igarapé ~ BR 212-213 B 5
Serra Hills ▲ PNG 119 A 2
Serra Mecula ▲ MOC 154-155 J 1
Serra Morena, Área Indígena ✗ BR 214-215 H 2
Serrana o BR 216-217 G 6
Serra Negra, Reserva Biológica da ⊥ BR 212-213 J 6
Serrania, La ⊥ CO 204-205 E 6
Serrania de la Neblina, Parque Nacional ⊥ YV 210-211 D 2
Serranilla, Banco de ≃ 198-199 F 7
Serrano, Isla ⌒ RCH 224 C 4
Serranópolis o BR 216-217 D 5
Serra Preta o BR 216-217 L 2
Serraria o BR 212-213 E 3
Serraria, Ilha da ⌒ BR 206-207 J 6
Serra San Bruno o I 36-37 F 5
Serrat, Cap ▲ TN 126-127 G 2
Serra Talhada o BR 212-213 J 5
Serre ~ F (02) 228-229 M 4
Serre, Monts de la ▲ F 238-239 H 2
Serre-Ponçon, Lac de < F (04) 242-243 J 3
Serres o F (05) 242-243 H 3
Serres-sur-Arget o F (09) 240-241 H 5
Serrières o F (07) 242-243 F 1
Serrières-de-Briord o F (01) 238-239 G 5
Serrinha o BR 212-213 J 7
Serro o BR 216-217 J 5
Serrolândia o BR (BAH) 212-213 H 7
Serrolândia o BR (PER) 212-213 H 5
Sers o F (16) 236-237 F 4
Sersou, Plateau du ▲ DZ 126-127 C 3
Sertã o P 34-35 C 5
Serta ~ RUS 50-51 U 7
Sertânia o BR 212-213 K 6
Sertanópolis o BR 216-217 E 7
Sertão ⊥ BR 212-213 H 7
Sertão de Campauã ⊥ BR 216-217 D 5
Sertãozinho o BR 216-217 G 6
Sêrtar o VRC 90-91 B 5
Serti o WAN 140-141 J 5
Sertung, Pulau ⌒ RI 104 A 3
Séru o ETH 144-145 E 5
Serua, Pulau ⌒ RI 102-103 F 5
Šerubaj-Nura ~ KA 60-61 H 4
Serui o RI 102-103 J 2
Serule o RB 154-155 D 5
Serutu, Pulau ⌒ RI 98-99 H 5
Seruyan ~ RI 98-99 K 6
Servance o F (70) 238-239 K 1
Servanches o F (24) 236-237 F 5
Servelle, la ▲ F (26) 242-243 G 2
Serverette o F (48) 242-243 C 2
Servi o TR 64-65 J 3
Sérvia o GR 36-37 J 4
Servian o F (34) 242-243 C 5
Servières-le-Château o F (19) 236-237 K 5
Servin o F (25) 238-239 J 2
Sênxü o VRC 80-81 M 4
Sery o F (08) 234-235 E 2
Seryh Gusej, ostrova ⌒ RUS 48-49 X 3
Seryševo o RUS 58-59 C 3
Sesayap o RI 100-101 E 2
Sesayap ~ RI 100-101 E 2
Šeš Borğe o AFG 70-71 M 2
Sese o ZRE 146-147 K 2
Seseganaga Lake o CDN 178-179 L 5
Sese Islands ⌒ EAU 148-149 D 4
Sesenta, El o CO 204-205 E 3
Sesepe o RI 100-101 K 4
Sesfontein o NAM 152-153 B 9
Seshego o ZA 154-155 E 6
Sesheke o Z 154-155 C 3
Sesibi, Temple of • SUD 136-137 E 2
Sesimbra o • P 34-35 C 5
Seskarö o S 22-23 L 4
Šešma ~ RUS 32-33 G 6
Sesriem o NAM 156-157 B 2
Sessa o ANG 152-153 F 6
Šeštamad o IR 72-73 E 7
Sesuntepeque ☆ ES 196-197 K 5
Šet-Bakanas ~ KA 60-61 J 6
Se Tchouen = Sichuan ◘ VRC 90-91 C 6
Sète o F (34) 242-243 D 5
Sete de Setembro, Área Indígena ✗ BR 214-215 G 2
Sete de Setembro, Rio ~ BR 216-217 D 2
Sete Lagoas o BR 216-217 H 5
Setenta, Pampa del ⊥ RA 224 F 3
Sete Quedas, Ilha das ⌒ BR 216-217 D 7
Sete Quedas, Salto das ~ BR 210-211 J 7
Setermoen o N 22-23 J 2
Setesdal ⌣ N 22-23 C 7
Sethkokna River ~ USA 164-165 O 4
Seti ~ NEP 80-81 C 6
Sétif ☆ DZ 126-127 E 2
Setit ~ SUD 136-137 H 5
Setlagole o ZA 156-157 G 3
Seto-naikai ≈ 88-89 E 7
Seto-Naikai National Park ⊥ J 88-89 D 8
Setouchi o J 88-89 C 10
Šetre ☆ KA 62-63 K 5
Settaf, Djebel ▲ DZ 126-127 D 7
Settala, Hassi < DZ 126-127 D 4
Settat ☆ MA 124-125 H 4
Setté Cama o G 146-147 B 5
Sette-Daban, hrebet ▲ RUS 56-57 G 2
Settiya o IND 76-77 H 5
Settlers o ZA 156-157 J 2
Setto o DY 140-141 E 5
Settons, Lac des o F (58) 238-239 E 2
Setúbal o P 34-35 C 5
Setúbal, Baía de ≈ 34-35 C 5
Setúbal, Baie de = Setúbal, Baía de ≈ 34-35 C 5
Setubinha o BR 216-217 J 4
Šet-Yrgyz ~ KA 62-63 N 3
Seudre ~ F (17) 236-237 D 4
Seu d'Urgell, la o • E 34-35 H 3
Seugne ~ F (17) 236-237 E 5
Seuil Norfolk = Norfolk Ridge ≃ 118 B 1
Seul' ~ RUS 50-51 J 4
Seul, Lac o CDN 178-179 K 5
Seulimeum o RI 98-99 A 2
Seulles ~ F (14) 228-229 C 5
Seurre o F (71) 238-239 G 3
Seuté, Hosséré ▲ CAM 140-141 K 5
Sevan o AR 64-65 L 2
Sevan, ozero ◘ AR 64-65 L 2
Sévaré o RMM 138-139 H 2
Sevaruyo o BOL 214-215 D 6
Sevastopol' o • UA 38-39 H 5
Ševčenko = Aktau ☆ KA 62-63 J 6
Ševčenko, Fort- o KA 62-63 J 5
Seven Emu o AUS 110-111 D 5
Seven Islands Bay ≈ 180-181 S 5
Seven Mile Beach ⊥ AUS 112-113 C 4
Seven Persons o CDN 176-177 P 7
Seventy Five Mile Beach ⊥ AUS 114-115 M 3
Sévérac, Causse de ▲ F (12) 240-241 K 2
Sévérac-le-Château o F (12) 240-241 L 2
Severgina, proliv ≈ RUS 58-59 Q 4
Severgino o RUS 58-59 Q 4
Severn ~ GB 26-27 F 6
Severn o ZA 156-157 F 3
Severnaja ~ RUS 44-45 j 4
Severnaja ~ RUS 44-45 X 8
Severnaja ~ RUS 46-47 M 6
Severnaja Čunja ~ RUS 52-53 M 5
Severnaja Dvina ~ RUS 24-25 Q 5
Severnaja grjada ▲ RUS 44-45 d 4
Severnaja Keľtma ~ RUS 32-33 J 3
Severnaja Mylva ~ RUS 50-51 D 3
Severnaja Sos'va ~ RUS 50-51 G 3
Severnaja Suľmeneva, guba ◘ RUS 44-45 E 4
Severnaja Tajmura ~ RUS 52-53 L 4
Severnaja zemlja ⌒ RUS 44-45 c 1
Severn Lake o CDN 178-179 L 4
Severnoe o RUS 50-51 P 6
Severnoe o RUS (ORB) 32-33 H 6
Severnoe, ozero ◘ RUS 52-53 F 2
Severn River ~ AUS 114-115 L 5
Severn River ~ CDN 178-179 M 3
Severnye uvaly ▲ RUS 32-33 D 4
Severnyj o RUS (KAR) 24-25 M 4
Severnyj o RUS (KOM) 44-45 L 8
Severnyj o RUS (SAH) 46-47 U 4
Severnyj, mys ▲ RUS 46-47 U 2
Severnyj, ostrov ⌒ RUS (TMR) 44-45 Y 3
Severnyj, ostrov ⌒ RUS (TMR) 44-45 k 3
Severnyj, proliv ≈ 46-47 H 2
Severnyj, zaliv ◘ RUS 56-57 K 6
Severnyj Kamen' ⊥ RUS 44-45 X 8
Severnyj liman ◘ RUS 48-49 Q 6
Severnyj mys ▲ RUS 44-45 S 5
Severnyj Pèkuľnejveem ~ RUS 48-49 R 4
Severnyj proliv ◘ RUS 56-57 G 6
Severnyj Uj ~ RUS 56-57 H 5
Severnyj Ural ▲ RUS 50-51 E 5
Severobajkal'sk ☆ RUS 54-55 D 8
Severo-Bajkal'skoe, nagor'e ▲ RUS 54-55 E 7
Severodonec'k o UA 38-39 L 3
Severodvinsk o RUS 24-25 P 4
Severo-Enisejsk ☆ RUS 52-53 F 5
Severo-Kuril'sk o RUS 58-59 R 3
Severomorsk o RUS 24-25 M 2
Severo-Sahalinskaja ravnina ⌣ RUS 58-59 J 3
Severo-Sibirskaja nizmennost'=Sibérie Septen., Plaine de ⌣ RUS 44-45 V 5
Severo sos'vinskaja vozvyšennost' ▲ RUS 50-51 G 4
Severoural'sk o RUS 50-51 F 4
Severo-Vostočnyj, proliv ≈ 20-21 f 2
Severo-Vostočnyj proliv ◘ RUS 56-57 G 6
Severo-Zadonsk o RUS 30-31 Q 4
Severo-Zapadnyj, mys ▲ RUS 56-57 V 6
Severskij Donec ~ RUS 38-39 L 3
Severskij Donec ~ RUS 38-39 M 3
Severy o USA 188-189 J 1
Sèves ~ F (50) 228-229 B 5
Sevettijärvi o FIN 24-25 K 2
Sevi, Col de ▲ F (2A) 244 C 4
Sevier o USA 184-185 H 6
Sevier Bridge Reservoir < USA 184-185 H 6
Sevier Desert ⊥ USA 184-185 H 6
Sevier Lake o USA 184-185 H 6
Sevier River ~ USA 184-185 H 6
Sevigny Point ▲ CDN 168-169 f 6
Sévigny-Waleppe o F (08) 234-235 E 2
Sevilla ~ C 198-199 G 4
Sevilla o CO 204-205 D 5
Sevilla o ••• E 34-35 E 6
Séville = Sevilla o •• E 34-35 E 6
Ševli ~ RUS 58-59 E 2
Sevlievo o BG 38-39 D 6
Sèvrèj = Sajnšand o MAU 84-85 F 6
Sèvre Nantaise ~ F (79) 236-237 D 2
Sèvre Nantaise ~ F (85) 230-231 J 5
Sèvre Niortaise ~ F (79) 236-237 D 3
Sévrier o F (74) 238-239 J 5
Sevsk o RUS 30-31 O 5
Sevštari o •• BG 38-39 E 6
Sewa ~ WAL 138-139 E 5
Sewanee o USA 192-193 F 2
Seward o USA (AK) 164-165 Q 6
Seward o USA (NE) 186-187 J 5
Seward Glacier ⊂ CDN 164-165 U 6
Seward Peninsula ⌣ USA 164-165 G 4
Sewell o RCH 222-223 D 3
Sewerimabu o PNG 119 B 5
Sexcles o F (19) 236-237 K 5
Sexsmith o CDN 176-177 L 4
Sey o RA 220-221 D 2
Seyāhū o IR 70-71 G 5
Seybouse, Oued ~ DZ 126-127 F 2
Seychelles = Seychelles ■ SY 160 A 5
Seychelles = Seychelles ⌒ SY 8 D 5
Seychelles Bank ≃ 160 D 2
Seyches o F (47) 240-241 E 1
Seydişehir ☆ TR 64-65 D 4
Seyðisfjörður ☆ IS 22-23 f 2
Seyhan Barajı < TR 64-65 F 4
Seyhan N. ~ TR 64-65 F 4
Seyhan Nehri ~ TR 64-65 F 4
Seyitgazi ☆ TR 64-65 D 3
Seymour o AUS 116-117 H 4
Seymour o USA (IN) 190-191 F 6
Seymour o USA (TX) 188-189 H 3
Seymour o ZA 156-157 H 6
Seymour Arm o CDN 176-177 L 6
Seymour Canal ≈ 176-177 C 3
Seymour River ~ CDN 176-177 L 6
Seyne o F (04) 242-243 J 3
Seynes o F (30) 242-243 E 3
Seyne-sur-Mer, La o F (83) 242-243 H 5
Seyssel o F (74) 238-239 H 5
Seyyedābād o AFG 74-75 B 2
Seyyedābād o IR (HOR) 72-73 F 6
Seyyedābād o IR (MAZ) 72-73 E 6
Seyyedān o IR 64-65 M 5
Seyyed Karam o AFG 74-75 B 3
SEZ = Special Economic Zone ◘ VRC 92-93 F 7
Sézanne o F (51) 232-233 K 2
Sezela o ZA 156-157 K 5
Sezin o MYA 78-79 K 3
Sfakia o GR 36-37 K 7
Sfax ☆ TN 126-127 H 3
Sfînári o GR 36-37 J 7
Sfîntu Gheorghe ☆ • RO 38-39 D 5
's-Gravenhage = Den Haag o •• NL 28-29 H 2
Sgurr Mór ▲ GB 26-27 E 3
Shaanxi ◘ VRC 90-91 F 5
Shaba ◘ ZRE 150-151 C 5
Shaba, Plateau du = Katanga Plateau ⊥ ZRE 5 F 6
Shaba National Reserve ⊥ EAK 148-149 F 3
Shabaqua Corners o CDN 178-179 M 6
Shabasha o SUD 136-137 F 5
Shabaskwia Lake o CDN 178-179 M 5
Shabeellaha Dhexe ◘ SP 148-149 K 2
Shabeellaha Hoose ◘ SP 148-149 J 3
Shabeelle, Webi ~ SP 148-149 K 2
Shabogamo Lake o CDN 182-183 L 2
Shabqadar o PK 74-75 C 2
Shabunda o ZRE 148-149 A 5
Shache o VRC 82-83 C 6
Shackleton Ice Shelf ⊂ ARK 16 G 10
Shackleton Inlet ≈ 16 E 0
Shackleton Range ▲ ARK 16 E 0
Shādan Lund o PK 74-75 C 4
Shadao o VRC 92-93 F 2
Shādara o PK 74-75 E 4
Shadehill Reservoir < USA 186-187 F 3
Shadiwāl o PK 74-75 E 3
Shadon Downs o AUS 110-111 C 5
Shaerer Dale o CDN 176-177 K 3
Shafter o USA 188-189 E 4
Shagamu River ~ CDN 178-179 N 3
Shagari o WAN 134-135 B 6
Shagein ▲ EAT 148-149 G 6
Shageluk o USA 164-165 L 5
Shagoujie o VRC 90-91 F 5
Shagunnu o WAN 140-141 F 3
Shagwa o WAN 140-141 F 3
Shāhāda o IND 74-75 E 9
Shah Alam o MAL 98-99 D 3
Shāhāpur o IND 74-75 D 10
Shahar Sultān o PK 74-75 C 5
Shāhbandar o PK 70-71 M 6
Shāhbāz Kalāt o PK 70-71 K 5
Shahbazpur ~ BD 78-79 G 4
Shahda Bohotleh o SP 144-145 H 4
Shāhdādkot o PK 70-71 M 5
Shāhdādpur o PK 74-75 B 7
Shahdol o IND 78-79 B 4
Shahe o VRC (HEB) 90-91 J 3
Shahe o VRC (SHD) 90-91 L 3
Shāhganj o IND 78-79 C 2
Shāh Hasan o PK 70-71 M 5
Shahhāt ∴ ••• LAR 128-129 J 1
Shahistagani o BD 78-79 G 3
Shahjahānpur o IND 74-75 G 6
Shāh Kot o PK 74-75 D 4
Shāhpur o IND (KAR) 76-77 G 2
Shāhpur o IND (RAJ) 74-75 E 6
Shāhpur o PK 74-75 D 3
Shahpuri Island o BD 78-79 H 5
Shaighālū o PK 74-75 B 4
Shai Hills Game Reserve ⊥ GH 138-139 L 7
Shaikhpura o IND 78-79 D 3
Shaka, Ras ▲ EAK 148-149 H 5
Shakani ∴ • EAK 148-149 H 4
Shakargarh o PK 74-75 E 3
Shakaskraal o ZA 156-157 K 4
Shakawe o RB 152-153 F 9
Shakertown ∴ USA 190-191 F 7
Shakespeare Island ⌒ CDN 178-179 M 6
Shakiso o ETH 144-145 D 6
Shakotan-misaki ▲ J 88-89 J 3
Shākshūk o LAR 128-129 D 1
Shaktoolik o USA 164-165 K 4
Shaktoolik River ~ USA 164-165 K 4
Shalaanbood o SP 148-149 K 3
Shala Häyk' ◘ ETH 144-145 D 5
Shalalth o CDN 176-177 J 6
Shaler Mountains ▲ CDN 168-169 Q 5
Shāli al-Fil o SUD 144-145 B 3
Shallotte o USA 192-193 J 3
Shallow Bay ≈ 164-165 X 2
Shallow Lake o AUS 114-115 F 3
Shaluli Shan ▲ VRC 80-81 M 5
Shama ~ EAT 150-151 G 4
Shamakhy = Šamax o AZ 64-65 N 2
Shamattawa River ~ CDN 178-179 O 3
Shambe o SUD 142-143 K 5
Shamboyacu o PE 208-209 D 5
Shambu o ETH 144-145 C 4
Shamganj o BD 78-79 G 3
Shamli o IND 74-75 F 5
Shamokin o USA 190-191 K 5
Shamputa o Z 154-155 D 2
Shamrock o USA 188-189 G 2
Shamsābād o IND 76-77 H 2
Shamshergani o NEP 80-81 C 6
Shamva o ZW 154-155 F 3
Shanbahe o VRC 90-91 J 6
Shandan o VRC 90-91 B 2
Shandong ◘ VRC 90-91 K 3
Shandong, Péninsule du = Shandong Bandao ⌣ VRC 90-91 K 3
Shandong Bandao ⌣ VRC 90-91 M 3
Shangani o ZW 154-155 E 4
Shangcai o VRC 90-91 J 5
Shangcheng o VRC 90-91 J 6
Shangchuan Dao ⌒ VRC 92-93 H 6
Shangdu o VRC 84-85 L 7
Shangev-Tiev o WAN 140-141 H 5
Shanggao o VRC 92-93 J 2
Shang Gongma o VRC 80-81 M 4
Shanghai ☆ •• VRC 90-91 M 6
Shanghai Shi ◘ VRC 90-91 M 6
Shanghang o VRC 92-93 K 4
Shanghe o VRC 90-91 K 3
Shangla Pass ▲ PK 74-75 D 2
Shanglin o VRC 92-93 F 5
Shangman o VRC 90-91 G 5
Shangombo o Z 154-155 B 3
Shangqiu o VRC 90-91 J 4
Shangrao o VRC 92-93 K 2
Shangtu o VRC 92-93 J 2
Shangying o VRC 92-93 E 5
Shangyou Yichang o VRC 82-83 E 5
Shangyu o VRC 90-91 M 6
Shangzhi o VRC 86-87 F 5
Shangzhou o VRC 90-91 F 5
Shanhaiguan o VRC (HEB) 90-91 L 1
Shanhaiguan • VRC (HEB) 90-91 L 1
Shanhetun o VRC 86-87 F 5
Shani o WAN 140-141 K 3
Shanjuan D. • VRC 90-91 L 6
Shankou o VRC (GXI) 92-93 F 6
Shankou o VRC (HUN) 92-93 G 2
Shanngaw Taungdan ▲ MYA 78-79 K 3
Shannon o AUS 112-113 D 7
Shannon ~ IRL 26-27 C 5
Shannon = Sionainn o IRL 26-27 C 5
Shannon Ø ⌒ GRØ 170-171 q 6
Shannon Sund ≈ 170-171 q 6
Shanshan o VRC 82-83 K 4
Shantou o VRC 92-93 K 5
Shanusi o PE 208-209 D 5
Shanwei o VRC 92-93 J 5
Shanxi ◘ VRC 90-91 G 2
Shan Xian o VRC 90-91 K 4
Shanyang o VRC 90-91 F 5
Shanyin o VRC 90-91 H 2
Shaodong o VRC 92-93 G 3
Shaoguan o • VRC 92-93 H 4
Shaolin Si • VRC 90-91 H 4
Shaoshan o VRC 92-93 H 3
Shaowu o VRC 92-93 K 3
Shaoxing o VRC 90-91 M 6
Shaoyang o VRC 92-93 G 3
Shaoyang (Tangdukou) o VRC 92-93 G 3
Shapembe o ZRE 146-147 H 6
Shaping o VRC 92-93 F 5
Shapotou • VRC 90-91 D 3
Shāpur Chākar o PK 74-75 B 6
Shaquanzi o VRC 82-83 F 3
Sharan Jogizai o PK 74-75 B 4
Shara Tohay o VRC 80-81 L 2
Sharbot Lake o CDN 182-183 F 6
Share o WAN 140-141 F 4
Shargalle o WAN 134-135 D 6
Shari o J 88-89 L 3
Shari ~ ZRE 148-149 C 2
Sharjah = aš-Šāriqa o UAE 70-71 F 6
Shark Bank ≃ 36-37 C 6
Shark Bay ⊥ ••• AUS 112-113 B 2
Shark Bay o VAN 120 II a 2
Sharon o USA 190-191 H 5
Sharon Springs o USA 186-187 G 6
Sharpe, Lake o USA 112-113 F 6
Sharpe Lake o CDN 178-179 K 3
Sharp Mount ▲ CDN 164-165 V 3
Sharqpur o PK 74-75 E 4
Sharwangai o PK 74-75 C 3
Shasha o ETH 144-145 B 5
Shasha o WAN 140-141 F 5
Shashani ~ ZW 154-155 E 5
Shashe o RB 154-155 D 5
Shashe ~ ZW 154-155 E 5
Shashemenē o ETH 144-145 D 5
Shashi o VRC 90-91 H 6
Shasta, Mount o USA (CA) 184-185 C 5
Shasta, Mount ▲ USA (CA) 184-185 C 5
Shasta Caverns, Lake ∴ USA 184-185 C 5
Shasta Lake o USA 184-185 C 5
Shatahkung o MYA 78-79 L 2
Shatawi o SUD 136-137 F 5
Shāṭi, Wādi ash ~ LAR 128-129 E 4
Shatui o VRC 90-91 B 6
Shaunavon o CDN 176-177 Q 7
Shaviovik River ~ USA 164-165 R 2
Shaw o USA 188-189 M 4
Shawan o VRC 82-83 G 3
Shawano o USA 190-191 D 3
Shawinigan o CDN 182-183 H 5
Shawnee o USA 188-189 J 2
Shawneetown State Historic Site ∴ USA 190-191 D 7
Shawo o VRC 90-91 J 6
Shaw River ~ AUS 108-109 D 6
Shawville o CDN 182-183 F 6
Shayang o VRC 90-91 H 6
Shay Gap o AUS 108-109 E 6
Shaykh Gok o SUD 142-143 L 3
Shayngja o NEP 80-81 D 6
Shea o GUY 206-207 E 4
Sheahan o CDN 182-183 D 5
Shebē o ETH 144-145 C 5
Shebelē Wenz, Wabē ~ ETH 144-145 D 5
Sheboygan o USA 190-191 E 4
Shebshi Mountains ▲ WAN 140-141 J 4
Shediac o CDN 182-183 M 5
Shedin Peak ▲ CDN 176-177 G 4
Sheenjek River ~ USA 164-165 T 2
Sheepmoor o ZA 156-157 K 3
Sheep River ~ CDN 176-177 N 6
Sheep Springs o USA 188-189 C 1
Sheerness o GB 26-27 H 6
Sheet Harbour o CDN 182-183 N 6
Sheffield o AUS 116-117 H 6
Sheffield o CDN 182-183 L 6
Sheffield o GB 26-27 G 5
Sheffield o NZ 118 D 5
Sheffield o USA (AL) 192-193 E 2
Sheffield o USA (TX) 188-189 G 4
Sheffield Lake o CDN 182-183 Q 4
Shegamook Lake o CDN 180-181 T 7
Shēh Husēn o ETH 144-145 E 5
Sheho o CDN 178-179 E 5
Shehong o VRC 90-91 D 6
Sheikh Hasan o ETH 136-137 G 6
Sheila Out Station o AUS 114-115 E 1
Shekhem ☆ WB 66-67 D 1
Shekhupura o PK 74-75 D 4
Sheki o ETH 144-145 C 5
Sheklukshuk Range ▲ USA 164-165 M 3
Shelbina o USA 186-187 L 6
Shelburne o CDN (NS) 182-183 M 7
Shelburne o CDN (ONT) 182-183 D 6
Shelburne Bay ≈ 110-111 G 2
Shelburne Museum ∴ USA 190-191 M 3
Shelby o USA (MT) 184-185 J 1
Shelby o USA (NC) 192-193 H 2
Shelbyville o USA (IL) 190-191 D 6
Shelbyville o USA (IN) 190-191 F 6
Shelbyville o USA (TN) 192-193 E 2
Shelbyville, Lake o USA 190-191 D 6
Sheldon o USA 186-187 K 4
Sheldon o ZA 156-157 G 6
Shelikof Strait ≈ 166-167 T 4
Shell Cemetery • THA 94-95 E 6
Shellen o WAN 140-141 K 4
Shellharbour o AUS 116-117 L 3
Shell Lake o CDN 178-179 C 4
Shell Lakes o AUS 112-113 J 4
Shellman o USA 192-193 F 4
Shellmouth o CDN 178-179 F 5
Shell Rock River ~ USA 186-187 L 4
Shelter Bay o CDN 176-177 M 6
Shelter Cove o USA 184-185 B 5
Shelton o USA 184-185 C 2
Shemankar, River ~ WAN 140-141 H 4
Shemgang o BHT 78-79 G 2
Shemya Island ⌒ USA 166-167 D 6
Shenandoah o USA 186-187 K 5
Shenandoah National Park ⊥ USA 190-191 J 6
Shenandoah River ~ USA 190-191 J 6
Shendam o WAN 140-141 H 4
Shenge o WAL 138-139 D 6
Shengjing Guan ▲ VRC 92-93 D 4
Shengli o VRC 86-87 F 5
Shengsi ⌒ VRC 90-91 N 6
Shengsi Liedao ⌒ VRC 90-91 N 6

Sheng Xian ○ **VRC** 92-93 M 2
Shenjiamen ○ **VRC** 92-93 N 2
Shenmu ○ **VRC** 90-91 G 2
Shennijek River ~ **USA** 164-165 S 3
Shennongjia Z.B. ⊥ · **VRC** 90-91 G 6
Sheno ○ **ETH** 144-145 D 4
Shentang Shan ▲ **VRC** 92-93 G 5
Shenton, Mount ▲ **AUS** 112-113 G 3
Shen Xian ○ **VRC** (HEB) 90-91 J 2
Shen Xian ○ **VRC** (SHD) 90-91 J 3
Shenyang ☆ **VRC** 86-87 D 7
Shenzhen ○· **VRC** 92-93 J 5
Sheo ○ **IND** 74-75 C 6
Sheokhala ○ **IND** 78-79 F 4
Sheopur ○ **IND** 74-75 F 7
Shepahua ○ **PE** 208-209 F 7
Shepherd □ **VAN** 120 II b 3
Shepherd, Îles = Shepherd Islands ⌒ **VAN** 120 II b 3
Shepherd Bay ≈ 168-169 Z 6
Shepherd Islands = Îles Shepherd ⌒ **VAN** 120 II b 3
Shepparton-Mooroopna ○ **AUS** 116-117 H 4
Sherard, Cape ▲ **CDN** 168-169 g 3
Sherard Osborn Fjord ≈ 170-171 Y 2
Sherbo Island ⌒ **WAL** 138-139 D 6
Sherbo River ~ **WAL** 138-139 D 6
Sherborne ○ **ZA** 156-157 G 5
Sherbrooke ○ **CDN** 182-183 J 6
Sherburne Reef ⌒ **PNG** 119 E 2
Sherda ○ **TCH** 134-135 H 2
Sherer, Mount ▲ **CDN** 168-169 b 4
Sheridan ○ **USA** (AR) 188-189 L 2
Sheridan ○ **USA** (WY) 186-187 D 3
Sheridan, Fort ∴ **USA** (IL) 190-191 E 4
Sheridan, Fort · **USA** (IL) 190-191 E 4
Sheridan Lake ○ **USA** 186-187 F 6
Sheringa ○ **AUS** 116-117 C 2
Sheringham ○· **GB** 26-27 H 5
Sherlock ○ **AUS** 116-117 E 3
Sherlock River ~ **AUS** 108-109 C 6
Sherman ○ **USA** 188-189 J 3
Sherman Basin ≈ 174-175 V 2
Sherman Mills ○ **USA** 190-191 O 3
Sherman Reservoir < **USA** 186-187 H 5
Sherpur ○ **BD** 78-79 F 3
Sherrick, Mont ▲ **CDN** 182-183 E 3
Sherridon ○ **CDN** 178-179 F 3
's-Hertogenbosch ☆ · **NL** 28-29 H 3
Sherwood ○ **RB** 154-155 D 6
Sherwood Lake ⊖ **CDN** 174-175 S 5
Sherwood Park ○ **CDN** 176-177 O 5
Sheshalik ○ **USA** 164-165 J 3
Sheslay River ~ **CDN** 176-177 D 2
Shethanei Lake ⊖ **CDN** 174-175 V 6
Shetland = Shetland Islands ⌒ **GB** 26-27 G 1
Shetland Islands = Shetland ⌒ **GB** 26-27 G 1
Shevgaon ○ **IND** 74-75 E 10
She Xian ○ **VRC** (ANH) 92-93 L 2
She Xian ○ **VRC** (SHA) 90-91 H 3
Sheyang ○ **VRC** 90-91 M 5
Sheyenne National Grassland ⊥ **USA** 186-187 J 2
Sheyenne River ~ **USA** 186-187 H 2
Shia ○ **GH** 138-139 L 6
Shibata ○ **J** 88-89 H 6
Shibecha ○ **J** 88-89 L 3
Shibetsu ○ **J** (HOK) 88-89 K 2
Shibetsu ○ **J** (HOK) 88-89 L 3
Shibetsu, Nishi- ○ **J** 88-89 L 3
Shibinacocha, Lago ⊖ **PE** 214-215 B 3
Shibing ○ **VRC** 92-93 F 3
Shibogama Lake ⊖ **CDN** 178-179 M 4
Shibushi ○ **J** 88-89 D 9
Shibuyunje ○ **Z** 154-155 D 2
Shicheng ○ **VRC** 92-93 K 3
Shichinohe ○ **J** 88-89 J 4
Shidao ○ **VRC** 90-91 N 3
Shield, Cape ▲ **AUS** 110-111 D 3
Shifshawn = Chefschaouene ☆ **MA** 124-125 J 3
Shigons Temple ○ **VRC** 90-91 F 3
Shihaidongxiang · **VRC** 92-93 D 2
Shihezi ○ **VRC** 82-83 H 3
Shihua ○ **VRC** 90-91 G 5
Shiikh ○ **SP** 144-145 G 4
Shijiazhuang ○ **VRC** 90-91 J 2
Shikabe ○ **J** 88-89 J 3
Shikaoi ○ **J** 88-89 K 3
Shikārpur ○ **IND** 76-77 F 3
Shikārpur ○ **PK** 74-75 B 6
Shikengkong ▲ **VRC** 92-93 H 4
Shikine-shima ⌒ **J** 88-89 H 7
Shikohābād ○ **IND** 74-75 G 6
Shikoku ⌒ **J** 88-89 E 8
Shikoku, Bassin = Shikoku Basin ≃ 88-89 E 9
Shikoku Basin = Shikoku, Bassin ≃ 88-89 E 9
Shikoku-sanchi ▲▲ **J** 88-89 E 8
Shikotsu-ko ⊖ **J** 88-89 J 3
Shikotsu Tōya National Park ⊥ **J** 88-89 J 3
Shikrapur ○ **IND** 74-75 E 10
Shilabo ○ **ETH** 144-145 G 5
Shiliburi ○ **IND** 78-79 F 2
Shiliguri ○ **IND** 78-79 F 2
Shilipu ○ **VRC** 90-91 H 6
Shillong ☆ ·· **IND** 78-79 G 3
Shiloango ~ **ZRE** 146-147 D 6
Shimabara ○· **J** 88-89 D 8
Shimba Hills National Park ⊥ **EAK** 148-149 G 6
Shimen ○· **VRC** 92-93 G 2
Shimian ○ **VRC** 92-93 C 2
Shimizu ○ **J** (HOK) 88-89 K 3
Shimizu ○ **J** (SHI) 88-89 H 7
Shimoda ○ **J** 88-89 H 7
Shimodate ○ **J** 88-89 H 6
Shimoga ○ **IND** 76-77 F 4
Shimokita hanto ◡ **J** 88-89 J 4
Shimokita Quasi National Park ⊥ **J** 88-89 J 4
Shimo-Koshiki ○ **J** 88-89 C 9
Shimo-Koshiki-shima ⌒ **J** 88-89 C 9
Shimong ○ **IND** 78-79 J 1
Shimoni ○ **EAK** 148-149 G 6
Shimonoseki ○· **J** 88-89 D 8
Shimono-shima ⌒ **J** 88-89 C 7
Shimuwini ○ **ZA** 154-155 F 6
Shinan ○ **VRC** 92-93 F 5
Shinano-gawa ~ **J** 88-89 H 6
Shiner ○ **USA** 188-189 J 5
Shinga ○ **ZRE** 146-147 K 5
Shingbwiyang ○ **MYA** 78-79 K 2
Shingerdar Stupa ∴ · **PK** 74-75 D 2
Shingleton ○ **USA** 190-191 E 2
Shingū ○ **J** 88-89 F 8
Shingwedzi ○ **ZA** (Tra) 154-155 F 6
Shingwedzi ~ **ZA** 154-155 F 6
Shinjō ○ **J** 88-89 J 5
Shinkafe ○ **WAN** 134-135 C 6
Shinnston ○ **USA** 190-191 H 6
Shinyanga □ **EAT** 148-149 D 5
Shinyanga ☆ **EAT** (SHI) 148-149 D 5
Shiogama ○ **J** 88-89 J 5
Shiojiri ○ **J** 88-89 G 6
Shiono-misaki ▲ **J** 88-89 F 8
Ship Bottom ○ **USA** 190-191 L 6
Shiping ○ **VRC** 92-93 C 5
Shipki La ▲ **VRC** 80-81 B 5
Shippegan ○ **CDN** 182-183 M 5
Shippegan Island = Île Lameque ⌒ **CDN** 182-183 M 5
Shiprock ○ **USA** 188-189 C 1
Shipu ○ **VRC** 92-93 M 2
Shipwreck · **PNG** (MIB) 119 F 5
Shipwreck · **PNG** (NIR) 119 E 2
Shiqian ○ **VRC** 92-93 F 3
Shiqiao ○ **VRC** 90-91 L 6
Shiquan ○ **VRC** 90-91 F 5
Shiquanhe ○ **VRC** 80-81 B 4
Shirahama ○ **J** 88-89 F 8
Shirakami-dake ▲ ··· **J** 88-89 J 4
Shirakawa ○ **J** 88-89 J 6
Shirame-san ▲ **J** 88-89 H 6
Shirane-san ▲ **J** 88-89 H 7
Shirang ○ **MYA** 78-79 J 3
Shiranuka ○ **J** 88-89 L 3
Shiraro ○ **ETH** 136-137 J 5
Shiraroi ○ **J** 88-89 J 3
Shirati ○ **EAT** 148-149 E 4
Shiratori ○ **J** 88-89 G 7
Shirazehyōga ▲ **ARK** 16 F 4
Shirdi ○ **IND** 74-75 E 10
Shire ~ **MW** 154-155 H 3
Shiretoko-hanto ◡ **J** 88-89 L 2
Shiretoko-misaki ▲ **J** 88-89 L 2
Shiretoko National Park ⊥ **J** 88-89 L 2
Shiribetsu-gawa ~ **J** 88-89 J 3
Shirin Āb ~ **PK** 70-71 M 4
Shirinthorn Reservoir < **THA** 94-95 H 3
Shiripuno, Río ~ **EC** 208-209 D 2
Shirley ○ **NAM** 156-157 D 2
Shirley ○ **USA** 188-189 L 2
Shirley, Fort ∴ **WD** 200 E 4
Shiroishi ○ **J** 88-89 J 6
Shirpur ○ **IND** 74-75 E 9
Shirya-saki ▲ **J** 88-89 J 4
Shisan Ling · **VRC** 90-91 K 1
Shishaldin Volcano ▲ **USA** 166-167 P 5
Shishi ○ **VRC** 92-93 L 4
Shishinda ○ **ETH** 144-145 B 5
Shishmaref ○ **USA** 164-165 G 3
Shishmaref Inlet ≈ 164-165 G 3
Shishou ○ **VRC** 92-93 H 2
Shiuji ○ **BHT** 78-79 F 2
Shiura ○ **J** 88-89 J 4
Shivgaon ○ **IND** 76-77 F 3
Shivpuri ○· **IND** 74-75 F 7
Shivpuri National Park ⊥ **IND** 74-75 F 7
Shivta · **IL** 66-67 D 2
Shivwitts Plateau ▲▲ **USA** 184-185 H 7
Shiwan Dashan ▲▲ **VRC** 92-93 E 6
Shiwa Ngandu ○ **Z** 150-151 F 6
Shiwulidun ○ **VRC** 90-91 E 3
Shixing ○ **VRC** 92-93 J 4
Shiyan ○ **VRC** 90-91 G 5
Shizangsi ○ **VRC** 90-91 B 4
Shizhu ○ **VRC** (SIC) 92-93 F 2
Shizhu ○ **VRC** (ZHE) 92-93 M 2
Shizilu ○ **VRC** 92-93 F 6
Shizong ○ **VRC** 92-93 C 4
Shizuishan ○ **VRC** 90-91 E 2
Shizunai ○ **J** 88-89 K 3
Shizuoka ☆ **J** 88-89 H 7
Shkodër ☆ ·· **AL** 36-37 G 3
Shkumbin, Lumi ~ **AL** 36-37 H 4
Shoal Bay ○ **IND** 76-77 L 4
Shoal Bay Beach ∸ **GB** 200 D 2
Shoalhaven River ~ **AUS** 116-117 L 3
Shoal Lake ○ **CDN** 178-179 F 5
Shoal River ~ **CDN** 176-177 N 3
Shoalwater Bay ≈ 114-115 L 2
Shōbara ○ **J** 88-89 E 7
Shōdo-shima ⌒ **J** 88-89 F 7
Shoga ○ **EAT** 150-151 G 5
Shokambetsu-dake ▲ **J** 88-89 J 3
Sholinghur ○ **IND** 76-77 H 4
Sholl, Monte ▲ **RA** 224 G 4
Shona, Dorsale de = Shona Ridge ≃ 14-15 K 14
Shona Ridge = Shona, Dorsale de ≃ 14-15 K 14
Shoran Bay ≈ 180-181 H 3
Shoranūr ○ **IND** 76-77 G 5
Shorap ○ **PK** 70-71 L 6
Shoreacres ○ **CDN** 176-177 M 7
Shorkot ○ **PK** 74-75 D 4
Shorobe ○ **RB** 154-155 B 4
Short, Lake ⊖ **AUS** 114-115 E 4
Shortland Islands ⌒ **SOL** 120 I b 2
Shoshone ○ **USA** (CA) 184-185 F 8
Shoshone ○ **USA** (ID) 184-185 G 4
Shoshone Falls ~ **USA** 184-185 G 4
Shoshone Ice Caves ∴ **USA** 184-185 G 4
Shoshone Indian Ice Caves · **USA** 184-185 G 4
Shoshone Mountains ▲▲ **USA** 184-185 F 6
Shoshone River ~ **USA** 186-187 C 3
Shoshong ○ **RB** 154-155 D 6
Shoshoni ○ **USA** 186-187 C 4
Shouchang ○ **VRC** 92-93 L 2
Shou Xian ○ **VRC** 90-91 K 5
Shouyang ○ **VRC** 90-91 H 3
Shōwa ○ **J** 88-89 K 3
Showil ~ **SUD** 136-137 E 5
Show Low ○ **USA** 188-189 B 2
Shqipëri = Albanie ■ **AL** 36-37 G 4
Shreveport ○ **USA** 188-189 L 3
Shrewsbury ○· **GB** 26-27 F 5
Shrewsbury ○ **USA** 190-191 K 6
Shrigonda ○ **IND** 74-75 E 10
Shrines of Ise ·· **J** 88-89 G 7
Shuajingsi ○ **VRC** 90-91 C 5
Shuangcheng ○ **VRC** 86-87 F 5
Shuangfeng ○ **VRC** 92-93 H 3
Shuanghe ○ **VRC** 90-91 E 6
Shuangjiang ○ **VRC** 78-79 L 4
Shuangliao ○ **VRC** 86-87 D 6
Shuangling Si · **VRC** 90-91 H 3
Shuangou ○ **VRC** 90-91 H 5
Shuangpai ○ **VRC** 92-93 G 4
Shuangpaishan ○ **VRC** 92-93 H 3
Shuangpai SK ~ **VRC** 92-93 G 4
Shuangyang ○ **VRC** 86-87 E 6
Shuanyashan ○ **VRC** 86-87 H 4
Shubenacadie Indian Reserve X **CDN** 182-183 N 6
Shubuta ○ **USA** 192-193 D 4
Shucheng ○ **VRC** 90-91 K 6
Shudanzhuang ○ **VRC** 80-81 E 2
Shufu ○ **VRC** 82-83 B 6
Shuganu ○ **IND** 78-79 H 3
Shuiba ○ **VRC** 92-93 F 2
Shuikou ○ **VRC** 92-93 F 4
Shujāābād ○ **PK** 74-75 C 5
Shukbuk Bay ≈ 180-181 M 2
Shulan ○ **VRC** 86-87 F 5
Shule ○ **VRC** 82-83 C 6
Shule He ~ **VRC** 82-83 M 5
Shullsburg ○ **USA** 190-191 C 4
Shumagin Bank ≃ 166-167 R 5
Shumagin Islands ⌒ **USA** 166-167 Q 5
Shumarina-ko ⊖ **J** 88-89 K 2
Shunan Zhuhai · **VRC** 92-93 D 2
Shunayn, Sabkhat ⊖ **LAR** 128-129 J 2
Shunchang ○ **VRC** 92-93 K 3
Shunde ○ **VRC** 92-93 H 5
Shungnak ○ **USA** 164-165 M 3
Shuongtaihekou Z.B. ⊥ · **VRC** 86-87 C 7
Shuozhou ○ **VRC** 90-91 H 2
Shurshūt, Wādī ~ **LAR** 126-127 H 5
Shurugwi ○ **ZW** 154-155 F 4
Shushufindi Central ○ **EC** 208-209 D 2
Shuswap Lake ⊖ **CDN** 176-177 L 6
Shuswap River ~ **CDN** 176-177 L 6
Shute Harbour ○ **AUS** 110-111 K 7
Shuttleworth ○ **AUS** 114-115 J 2
Shuyak Island ⌒ **USA** 166-167 U 3
Shuyang ○ **VRC** 90-91 L 4
Shwebo ○ **MYA** 78-79 J 4
Shwedaung ○ **MYA** 78-79 K 5
Shwedaung ○ **MYA** 78-79 J 6
Shwegyin ○ **MYA** 94-95 D 2
Shwemyo ○ **MYA** 78-79 K 5
Shyok ○ **IND** 74-75 G 2
Shyok ~ **IND** 74-75 G 2
Shyok ~ **PK** 74-75 F 2
Si ○ **RMM** 138-139 H 3
Sia ○ **RI** 102-103 H 5
Siabu ○ **RI** 98-99 C 4
Siabuwa ○ **ZW** 154-155 E 3
Siaeb ○ **G** 146-147 D 5
Siagne ~ **F** (06) 242-243 K 4
Siagut, Tanjung ▲ **MAL** 96-97 B 9
Siāhān Range ▲▲ **PK** 70-71 K 5
Siak ~ **RI** 98-99 E 4
Sialivakou ○ **RCB** 146-147 C 6
Sialkot ○ **NEP** 80-81 C 6
Siālkot ○ **PK** 74-75 E 3
Sialum ○ **PNG** 119 D 4
Siaman ○ **PNG** 119 G 3
Sian Ka'an Biosphere Reserve ⊥ ··· **MEX** 196-197 L 2
Siantan, Pulau ⌒ **RI** 98-99 G 3
Siapa ○ **YV** 204-205 H 6
Siapo o Matapire, Río ~ **YV** 210-211 D 2
Siara ○ **PNG** 120 I b 1
Siare, Río ~ **CO** 204-205 F 6
Siare Guajibos ○ **CO** 204-205 F 6
Siari, Isla ⌒ **MEX** 194-195 D 4
Siasi ○ **RP** 96-97 D 10
Siasi Island ⌒ **RP** 96-97 D 10
Siasikabole ○ **Z** 154-155 D 3
Siassi ○ **PNG** 119 D 3
Siatlai ○ **MYA** 78-79 H 4
Siaton Point ▲ **RP** 96-97 E 8
Siau, Pulau ⌒ **RI** 100-101 J 2
Šiaulėnai ○ **LT** 30-31 H 4
Šiauliai ☆ ·· **LT** 30-31 H 4
Siavonga ○ **Z** 154-155 E 3
Siayyira, as- ○ **KSA** 66-67 H 4
Siazan' = Siyazan ○ **AZ** 64-65 N 2
Sīb, as- ○ **OM** 68-69 L 2
Sība ○ **IR** 70-71 C 3
Sība, as- ○ **IRQ** 66-67 J 3
Sibabli ○ **CI** 138-139 G 6
Sibaj ○ **RUS** 32-33 L 7
Sibalanga ○ **RI** 98-99 C 3
Sibalay Aricha ○ **BD** 78-79 F 4
Šibam ○ ··· **Y** 68-69 F 6
Sibanicú ○ **C** 198-199 G 4
Šibar, Kōtal-e ▲ **AFG** 74-75 B 2
Sībari ○ **I** 36-37 F 5
Sibaru, Cachoeira do ~ **BR** 212-213 B 5
Sibayameer ⊖ **ZA** 156-157 L 3
Sibayo ○ **PE** 214-215 B 4
Sibayu ○ **RI** 100-101 F 3
Sibbald, Île ⌒ **F** (984) 246 III c 2
Sibbeston Lake ⊖ **CDN** 174-175 H 5
Sibélius, Lac ⊖ **F** (984) 246 III b 3
Šibenik ○ **HR** 36-37 E 3
Sibérie = Sibir' □ **RUS** 6-7 H 2
Sibérie Centrale, Plateau de = Srednesibirskoe ploskogor'e ∸ **RUS** 6-7 J 2
Sibérie Occidentale, Plaine de = Zapadno-Sibirskaja ravnina ◡ **RUS** 50-51 J 4
Sibérie Orientale, Mer de = Vostočno-Sibirskoe more ≈ 6-7 Q 1
Sibérie Orientale, Seuil = Ostsibirische Schwelle ≃ 16 B 16
Sibérie Septentrionale,Plaine de=Severo-Sibirskaja nizmenn. ◡ **RUS** 44-45 V 5
Siberimanua ○ **RI** 98-99 C 6
Siberut, Pulau ⌒ **RI** 98-99 C 5
Siberut, Selat ≈ 98-99 C 5
Sibi ○ **PK** 70-71 M 4
Sibi ○ **RMM** 138-139 F 3
Sibidiri ○ **PNG** 119 B 5
Sibie ○ **LB** 138-139 F 6
Sibigo ○ **RI** 98-99 A 3
Sibiloi National Park ⊥ **EAK** 148-149 F 1
Šibīn al-Kūm ☆ **ET** 130-131 E 2
Sibir' = Sibérie □ **RUS** 6-7 H 2
Sibircevo ○ **RUS** 58-59 E 6
Sibirien ∸ **RUS** 6-7 H 2
Sibirjakova, ostrov ⌒ **RUS** 44-45 S 5
Sibirskaja ravina ∸ **RUS** 50-51 J 4
Sibirskie Uvaly ▲▲ **RUS** 50-51 J 3
Sibiti ~ **EAT** 148-149 E 5
Sibiti ☆ **RCB** 146-147 D 5
Sibiu ☆ · **RO** 38-39 D 5
Sīb Kūh ▲▲ **IR** 70-71 E 5
Sibley ○ **USA** 186-187 K 4
Siboa ○ **RI** 100-101 G 3
Sibolga ○ **RI** 98-99 C 4
Siboluton ○ **RI** 100-101 G 3
Siborongborong ○ **RI** 98-99 C 3
Sibr ○ **OM** 68-69 J 5
Sibsa ~ **BD** 78-79 F 4
Sibsagar ○ **IND** 78-79 J 2
Sibt, as- ○ **KSA** 68-69 C 5
Sibu ○ **MAL** 98-99 J 3
Sibu, Pulau ⌒ **MAL** 98-99 F 3
Sibuco ○ **RP** 96-97 E 9
Sibuguey ~ **RP** 96-97 E 9
Sibuguey Bay ≈ 96-97 E 9
Si Bun Ruang ○ **THA** 94-95 G 2
Siburan ○ **MAL** 98-99 J 4
Sibut ☆ **RCA** 142-143 D 6
Sibutu Island ⌒ **RP** 96-97 C 10
Sibutu Kepulauau ⌒ **RP** 96-97 C 10
Sibutu Passage ≈ 96-97 C 10
Sibuyan Island ⌒ **RP** 96-97 E 6
Sibuyan Sea ≈ 96-97 E 6
Sicamous ○ **CDN** 176-177 L 6
Sicapoo, Mount ▲ **RP** 96-97 D 3
Sicasica, Serranía de ▲▲ **BOL** 214-215 D 5
Siccus River ~ **AUS** 114-115 E 6
Si Chomphu ○ **THA** 94-95 G 2
Sichon ○ **THA** 94-95 E 6
Sichuan □ **VRC** 90-91 C 6
Sichuan Pendi = Bassin Rouge ∸ **VRC** 92-93 D 2
Sicié, Cap ▲ **F** (83) 242-243 H 5
Sicile = Sicília ⌒ **I** 36-37 E 6
Sicília □ **I** 36-37 D 6
Sicília = Sicile ⌒ **I** 36-37 E 6
Sico, Paso ▲ **RCH** 220-221 D 2
Sico Tinto o Negro, Río ~ **HN** 198-199 C 7
Sicuani ○ **PE** 214-215 B 4
Šičuga ○ **RUS** 24-25 T 6
Sicunusa ○ **SD** 156-157 K 3
Sida ~ **RUS** 52-53 L 2
Sid Ahmed < **RIM** 132-133 F 6
Sīdamo □ **ETH** 144-145 D 6
Sidangoli ○ **RI** 100-101 K 3
Sidareja ○ **RI** 104 C 3
Siddāpur ○ **IND** 76-77 F 3
Siddhapur ○ **IND** 74-75 D 8
Siddipet ○ **IND** 74-75 G 10
Side · **TR** 64-65 D 4
Sideia Island ⌒ **PNG** 119 F 6
Sidéradougou ○ **BF** 138-139 H 4
Sideros, Akra ▲ **GR** 36-37 L 7
Šiderti ○ **KA** 60-61 J 3
Šiderty ~ **KA** 60-61 H 3
Sidewood ○ **CDN** 176-177 Q 6
Sidhauli ○ **IND** 78-79 B 2
Sidhi ○ **IND** 78-79 B 3
Sidhnūr ○ **IND** 76-77 G 3
Sidi ○ **RCA** 142-143 D 6
Sidī 'Abdarraḥmān ○ **ET** 130-131 D 2
Sidi Aïssa ○ **DZ** 126-127 D 3
Sidi Ali ○ **DZ** 126-127 C 2
Sidi-Allal-el-Babravi ○ **MA** 124-125 H 4
Sidi Amor Bou Hajla ○ **TN** 126-127 H 3
Sidī as Şayd ○ **LAR** 128-129 E 1
Sidī Barrānī ○ **ET** 128-129 L 2
Sidi-Bennour ○ **MA** 124-125 G 4
Sidi-Bettache ○ **MA** 124-125 H 4
Sidi Boubekeur ○ **DZ** 126-127 C 3
Sidi Bouzid ☆ **TN** 126-127 G 3
Sidi El Hani, Sebkhet ⊖ **TN** 126-127 H 3
Sidi-Hajjaj ○ **MA** 124-125 H 4
Sidi Hamadouche ○ **DZ** 124-125 L 3
Sidi-Harazem ○ **MA** 124-125 J 4
Sidi Hasseur, Oued ~ **DZ** 126-127 C 3
Sidi Ifni ○ **MA** 124-125 F 6
Sidi-Kacem ☆ **MA** 124-125 J 3
Sidikalang ○ **RI** 98-99 C 3
Sidi Khaled ○ **DZ** 126-127 E 3
Sidī Khalīfah ○ **LAR** 128-129 J 1
Sidikidougou ○ **RG** 138-139 F 5
Sidikila ○ **RG** 138-139 F 4
Sidi Ladjel ○ **DZ** 126-127 D 3
Sidi Mohamed, Barrage < **MA** 124-125 H 4
Sidi-Mokhtar ○ **MA** 124-125 G 5
Sidi Mokhtâr < **RMM** 132-133 J 5
Sidi Moulay Lahsene · **DZ** 126-127 E 8
Sidi Moussa ~ **DZ** 126-127 E 7
Sidi-Moussa ○ **MA** 124-125 G 4
Siding Spring Observatory · **AUS** 114-115 K 6
Sidi-Slimane ○ **MA** 124-125 J 3
Sidi-Smaïl ○ **MA** 124-125 G 4
Sidi Yousset ○ **TN** 126-127 H 3
Sidlaghatta ○ **IND** 76-77 G 4
Sid Lake ⊖ **CDN** 174-175 R 4
Sidley, Mount ▲ **ARK** 16 F 24
Sidli ○ **IND** 78-79 G 2
Sidmouth, Cape ▲ **AUS** 110-111 G 3
Sidney ○ **CDN** 176-177 J 7
Sidney ○ **USA** (MT) 186-187 E 2
Sidney ○ **USA** (NE) 186-187 F 5
Sidney ○ **USA** (NY) 190-191 L 4
Sidney ○ **USA** (OH) 190-191 F 5
Sidney Lanier, Lake < **USA** 192-193 G 2
Sido ○ **RMM** 138-139 G 4
Sidoarjo ○ **RI** 104 E 3
Sidole, Gunung ▲ **RI** 100-101 F 4
Sidondo ○ **RI** 100-101 F 4
Sidra = Surt ○ **LAR** 128-129 G 2
Sidrolândia ○ **BR** 214-215 K 7
Siecq ○ **F** (17) 236-237 E 4
Siedge Island ⌒ **USA** 164-165 G 4
Siedlce ○ **PL** 28-29 R 2
Siegburg ○ **D** 28-29 J 3
Siegen ○ **D** 28-29 K 3
Siekobenkurom ○ **GH** 138-139 J 6
Siékorolé ○ **RMM** 138-139 F 4
Sielezavanga ○ **SOL** 120 I c 2
Siembra ○ **RI** 102-103 G 3
Siemiatycze ○ **PL** 28-29 R 2
Siĕmpang ○ **K** 94-95 J 3
Siĕmréap ○ **K** 94-95 G 4
Siena ○ ·· **I** 36-37 C 3
Sienne ~ **F** (50) 230-231 J 2
Sieradz ☆ · **PL** 28-29 P 3
Sierck-les-Bains ○ **F** (57) 234-235 J 3
Sierpc ○ **PL** 28-29 P 2
Sierpe, La ○ **C** 198-199 F 4
Sierra, Punta ▲ **RA** 222-223 G 6
Sierra Blanca ○ **USA** (TX) 188-189 E 4
Sierra Blanca ▲ **USA** (NM) 188-189 E 3
Sierra Chica ○ **RA** 222-223 J 4
Sierra Colorada ○ **RA** 222-223 F 6
Sierra de Lacandón, Parque Nacional ⊥ · **GCA** 196-197 J 3
Sierra de la Ventana ○ **RA** 222-223 J 5
Sierra de San Pedro Mártir, Parque Nacional ⊥ **MEX** 194-195 B 2
Sierra Gorda ○· **RCH** 220-221 C 2
Sierra Grande ○ **RA** 222-223 G 6
Sierra Leone, Bassin de = Sierra Leone Basin ≃ 14-15 H 8
Sierra Leone, Seuil de la = Sierra Leone Rise ≃ 14-15 G 8
Sierra Leone = Sierra Leone ■ **WAL** 138-139 D 5
Sierra Leone Basin = Sierra Leone, Bassin de ≃ 14-15 H 8
Sierra Leone Rise = Sierra Leone, Seuil de la ≃ 14-15 G 8
Sierra Madre ▲▲ **RP** 96-97 D 4
Sierra Mojada ○ **MEX** 194-195 H 4
Sierra Morena ▲▲ **E** 34-35 D 6
Sierra Nevada ▲▲ **E** 34-35 F 6
Sierra Nevada ▲▲ **USA** 184-185 D 6
Sierra Nevada, Parque Nacional ⊥ **YV** 204-205 F 3
Sierra Overa, Pampa ∸ **RCH** 220-221 B 3
Sierra Pailemán ○ **RA** 222-223 G 6
Sierraville ○ **USA** 184-185 D 6
Sierra Vista ○ **USA** 188-189 B 4
Sierville ○ **F** (76) 228-229 G 4
Siete Puntas, Río ~ **PY** 220-221 J 2
Siete Tazas, Parque Nacional ⊥ **RCH** 222-223 D 3
Sietindže ~ **RUS** 46-47 S 5
Šifā', Ğabal aš- ▲▲ **KSA** 66-67 E 4
Sifahandra ○ **RI** 98-99 B 4
Sīfeni ○ **ETH** 136-137 K 6
Sif Fatima ○ **DZ** 126-127 G 5
Sifié ○ **CI** 138-139 G 6
Sifnī, 'Ain ○ **IRQ** 64-65 K 4
Sífnos ⌒ **GR** 36-37 K 6
Sigaiėktap ~ **RUS** 56-57 U 4
Sigale ○ **F** (06) 242-243 K 4
Sigatoka ○ **FJI** 120 III a 3
Sigenti ○ **RI** 100-101 G 3
Sigfried, Monte ▲ **RCH** 224 C 4
Sighetu Marmației ○· **RO** 38-39 C 4
Sighișoara ○· **RO** 38-39 D 4
Sigiriya ○ ··· **CL** 76-77 J 6
Sigiso Plain ∸ **EAK** 148-149 G 2
Sigli ○ **RI** 98-99 A 2
Siglufjörður ○ **IS** 22-23 d 1
Signal Hill National Historic Park ⊥ · **CDN** 182-183 S 5
Signal Peak ▲ **USA** 184-185 G 9
Signes ○ **F** (83) 242-243 H 5
Signy ○ **ARK** 16 G 32
Signy-l'Abbaye ○ **F** (08) 234-235 E 2
Signy-le-Petit ○ **F** (08) 234-235 E 2
Sigogne ○ **F** (16) 236-237 E 4
Sigoisooinan ○ **RI** 98-99 C 6
Šigony ☆ **RUS** 32-33 F 7
Sigor ○ **EAK** 148-149 E 3
Sigoulès ○ **F** (24) 236-237 F 6
Sigourney ○ **USA** 186-187 L 5
Sigovec, ostrov ⌒ **RUS** 24-25 N 5
Sigsbee, Fosse de = Sigsbee Deep ≃ 12 E 6
Sigsbee Deep = Sigsbee, Fosse de ≃ 12 E 6
Sigsig ○ **EC** 208-209 C 3
Siguanea ○ **C** 198-199 D 4
Siguatepeque ○ **HN** 196-197 L 4
Sigüenza ○ **E** 34-35 F 4
Sigüés ○ **E** 34-35 G 3
Siguiri ○ **RG** 138-139 F 4
Sigulda ○ ·· **LV** 30-31 J 3
Siguri Falls ~ **EAT** 150-151 J 5
Sihabuhabu, Gunung ▲ **RI** 98-99 C 3
Šihām ○· **Y** 68-69 C 6
Šiḥan, Wādī ~ **OM** 68-69 H 4
Šihany ○ **RUS** 32-33 E 7
Sihāwā ○ **IND** 78-79 B 5
Sihong ○ **VRC** 90-91 L 5
Sihora ○ **IND** 78-79 B 4
Sihotè-Alin' ▲▲ **RUS** 58-59 E 7
Šihr, aš- ○· **Y** 68-69 F 6
Sihuas ○ **PE** 208-209 D 6
Sihuas, Pampas de ∸ **PE** 214-215 A 5
Sihui ○ **VRC** 92-93 H 5
Siikajoki ~ **FIN** 24-25 H 4
Siilinjärvi ○ **FIN** 24-25 J 5
Siirt ☆ · **TR** 64-65 J 4
Sijetindenskij hrebet ▲▲ **RUS** 46-47 R 5
Sik ○ **MAL** 98-99 D 2
Sika ○ **IND** 74-75 B 8
Sikaiana Island ⌒ **SOL** 120 I f 3
Sikakap, Selat ≈ 98-99 D 6
Sikandra Rao ○ **IND** 74-75 G 6
Sikanni Chief River ~ **CDN** 176-177 J 3
Sikar ○ **IND** 74-75 E 6
Sikasso □ **RMM** 138-139 F 4
Sikasso ☆ **RMM** (SIK) 138-139 H 4
Sikeli ○ **RI** 100-101 G 6
Sikensi ○ **CI** 138-139 H 7
Sikereti ○ **NAM** 152-153 F 9
Sikeston ○ **USA** 190-191 D 7
Sikhoraphum ○ **THA** 94-95 G 3
Sikhota-Alin = Sihotè-Alin' ▲▲ **RUS** 58-59 E 7
Sikía ○ **GR** 36-37 J 4
Síkinos ⌒ **GR** 36-37 K 6
Sikiré ○ **BF** 138-139 K 2
Sikkim □ **IND** 78-79 F 2
Sikonge ○ **EAT** 148-149 D 6
Sikongo ○ **Z** 154-155 B 2
Sikopo Island ⌒ **SOL** 120 I c 2
Sikoro ○ **EAU** 148-149 E 3
Šikotan, ostrov ⌒ **RUS** 58-59 M 7
Sikr, as- ○ **IRQ** 66-67 H 2
Siktjah ○ **RUS** 46-47 P 5
Sikutu ○ **RI** 100-101 G 3
Sil, Río ~ **E** 34-35 D 3
Sila ○ **PNG** 119 E 5
Sila ○ **RI** 104 D 7
Sila, La ▲ **I** 36-37 F 5
Silaer ○ **RI** 98-99 C 3
Šīl Āġa ○ **SYR** 64-65 J 4
Silago ○ **RP** 96-97 F 7
Šilalė ○ ·· **LT** 30-31 H 4
Silang ○ **RI** 100-101 K 4
Silango ○ **PNG** 119 F 3
Silao ○ **MEX** 196-197 D 1
Silavatturai ○ **CL** 76-77 H 6
Silay ○ **RP** 96-97 E 7
Silchar ○ **IND** 78-79 H 3
Silcox ○ **CDN** 178-179 J 2
Silda ○ **IND** 78-79 E 4
Šil'da ○ **RUS** 32-33 L 8
Şile ☆ · **TR** 64-65 C 2
Sileia ○ **SUD** 134-135 L 5
Silencio, El ○ **YV** 204-205 K 3
Siler City ○ **USA** 192-193 J 2
Sileru ~ **IND** 78-79 B 7
Silesia ○ **USA** 186-187 C 3
Silésie = Śląsk ◡ **PL** 28-29 N 3
Silet ○ **DZ** 126-127 E 9
Sileti ~ **KA** 60-61 G 3
Siletiteniz, köli ⊖ **KA** 60-61 H 2
Silfiac ○ **F** (56) 230-231 E 3
Silhouette Island ⌒ **SY** 160 D 2
Šili ☆ **KA** 60-61 E 6
Siliana ☆ **TN** 126-127 G 2
Siliana, Oued ~ **TN** 126-127 G 2
Silifke ○ **TR** 64-65 E 4
Siligir ~ **RUS** 46-47 J 6
Šilik ○ **KA** 72-73 L 3
Šilikty ○ **KA** 60-61 O 5
Silil, togga ~ **SP** 144-145 F 3
Siling ○ **VRC** 80-81 E 6
Siling Co ⊖ **VRC** 80-81 G 5
Silisili, Mount ▲ **WS** 120 V a 1
Silivri ☆ **TR** 64-65 C 2
Siljan ⊖ **S** 22-23 G 6
Siljap ~ **RUS** 46-47 b 6
Šilka ☆ **RUS** 54-55 G 10
Šilka ~ **RUS** 54-55 J 9
Silkeborg ○ **DK** 22-23 D 8
Silk Road -North Road II **VRC** 82-83 E 5
Silk Road -South Road II · **VRC** 80-81 D 2
Silk Weaving ○· **RI** 100-101 G 6
Silkwood ○ **AUS** 110-111 J 5
Silla ○ **E** 34-35 G 5
Silla, La ○ **CO** 204-205 E 3
Sillānwāli ○ **PK** 74-75 D 4
Sillein = Žilina ○ **SK** 28-29 P 4
Sillé-le-Guillaume ○ **F** (72) 230-231 L 3
Silli ○ **BF** 138-139 J 4
Sillod ○ **IND** 74-75 E 9
Silmī ○ **ETH** 144-145 E 4
Šil'naja Balka ○ **KA** 32-33 F 8
Siloam Springs ○ **USA** 188-189 K 1
Silobela ○ **ZW** 154-155 E 4
Silom ○ **PNG** 119 G 2
Silong ○ **VRC** 92-93 F 5
Silopi ☆ **TR** 64-65 K 4
Silovajaha ~ **RUS** 44-45 K 7
Šilovo ○ **RUS** 30-31 R 4
Silowana Plains ∸ **Z** 154-155 B 3
Silsand ○ **N** 22-23 H 2
Silsby Lake ⊖ **CDN** 178-179 J 3
Siltou < **TCH** 134-135 G 4
Siluas ○ **RI** 98-99 H 4
Siluko ○ **WAN** 140-141 F 5
Siluko, River ~ **WAN** 140-141 F 5
Silumiut, Cap ▲ **CDN** 174-175 Y 4
Šilutė ☆ ·· **LT** 30-31 G 4
Silutshana ○ **ZA** 156-157 K 4
Silva ○ **USA** 190-191 C 7
Silva, Ribeiro da ~ **BR** 216-217 E 2
Silvan ☆ **TR** 64-65 J 3
Silvan Barajı < **TR** 64-65 J 3
Silvāne ○ **IR** 64-65 L 4
Silvânia ○ **BR** 216-217 F 4
Silva Porto Gare ○ **ANG** 152-153 D 6
Silvassa ☆ **IND** 74-75 D 9
Silver Bank ≃ 198-199 L 4
Silver Bank Passage ≈ 198-199 K 4
Silver City ○ **USA** 188-189 C 3
Silver City Highway II **AUS** 116-117 F 2
Silver Creek ~ **USA** 184-185 E 4
Silver Dollar ○ **CDN** 178-179 L 6
Silver Gate ○ **USA** 186-187 C 3
Silver Islet ○ **CDN** 178-179 M 6
Silver Lake ○ **USA** 184-185 D 4
Silver Park ○ **CDN** 178-179 D 4
Silver Plains ○ **AUS** 110-111 G 4
Silversand ○ **NAM** 152-153 D 11
Silver Star Mine ○ **AUS** 110-111 E 6
Silverthorne ○ **USA** 186-187 D 6
Silverthrone Mountain ▲ **CDN** 176-177 G 6
Silverton ○ **AUS** 114-115 F 6
Silverton ○ **USA** (CO) 186-187 D 7
Silverton ○ **USA** (OR) 184-185 C 3
Silverton ○ **USA** (TX) 188-189 G 2
Silves ○ **BR** 210-211 H 4
Silves ○· **P** 34-35 C 6
Silvia ○ **CO** 204-205 C 6
Silvies River ~ **USA** 184-185 E 4
Silvituc ○ **MEX** 196-197 J 2
Silvrettagruppe ▲▲ **CH** 28-29 K 5
Sim ☆ **RUS** 32-33 K 6
Sim ~ **RUS** 32-33 K 6
Sim, Cap ▲ **MA** 124-125 G 5
Sima ○ **COM** 158-159 D 4
Sima ○ **USA** 186-187 E 6
Simakalo ○ **RI** 98-99 D 6
Simamba ○ **Z** 154-155 C 3
Simanindo ○· **RI** 98-99 C 3
Šimanovsk ○ **RUS** 58-59 B 3
Šimanovsk ☆ **RUS** 54-55 N 9
Simao ○ **VRC** 92-93 B 5
Simão Dias ○ **BR** 212-213 K 7
Simão Pereira ○ **BR** 216-217 J 6
Simara Island ⌒ **RP** 96-97 E 6
Simard, Lac ⊖ **CDN** 182-183 E 5
Simatang, Pulau ⌒ **RI** 100-101 G 3
Simav ☆ **TR** 64-65 C 3
Simav Çayı ~ **TR** 64-65 C 3
Simba ○ **ZRE** 146-147 J 3
Simbai ○ **PNG** 119 C 3
Simberi Island ⌒ **PNG** 119 G 2
Simbi ○ **RMM** 138-139 F 2
Simbirsk ☆ **RUS** 32-33 F 6
Simbo ○ **EAT** 148-149 B 6
Simbo ○ **MYA** 78-79 K 3
Simbo ⌒ **SOL** 120 I c 3
Simcoe ○ **CDN** 182-183 D 7
Simcoe, Lake ⊖ **CDN** 182-183 E 6
Simdega ○ **IND** 78-79 D 4
Sīmēn ▲▲ **ETH** 136-137 J 6
Sīmēn National Park ⊥ ··· **ETH** 136-137 J 6
Simenti ○ **SN** 138-139 D 3
Simeonof Island ⌒ **USA** 166-167 R 5
Simeto ~ **I** 36-37 E 6
Simeulue, Pulau ⌒ **RI** 98-99 B 3
Simferopol' ☆ ·· **UA** 38-39 J 5
Simhadripuram ○ **IND** 76-77 H 3
Šimḥān, Ğabal ▲ **OM** 68-69 J 5
Sími ⌒ **GR** 36-37 L 6
Simiane-la-Rotonde ○ **F** (04) 242-243 H 4
Simianona ~ **RM** 158-159 F 6
Simiegan ~ **RUS** 50-51 M 3
Simikot ○ **NEP** 80-81 C 6
Similigurha ○ **IND** 78-79 C 6
Similkameen River ~ **CDN** 176-177 K 7
Simindou ○ **RCA** 142-143 F 5
Sīmīne Rūd ~ **IR** 64-65 L 4
Siminiout ○ **F** (973) 245 I c 4
Simiri ○ **RN** 140-141 E 1
Simiriundui ○ **GUY** 206-207 D 2
Šimiš, Rūd-e ~ **IR** 70-71 J 5
Simitli ○ **BG** 38-39 C 7
Simiutaq ⌒ **GRØ** 172-173 O 3
Simi Valley ○ **USA** 184-185 E 8
Simiyu ~ **EAT** 148-149 D 5
Šimkent ☆ · **KA** 72-73 L 3
Simla ☆ · **IND** 74-75 F 4
Simlipal Massif ▲▲ **IND** 78-79 E 5
Simlipal National Park ⊥ **IND** 78-79 E 5
Simmie ○ **CDN** 176-177 Q 7
Simmler ○ **USA** 184-185 E 8
Simmons's Peninsula ◡ **CDN** 168-169 b 2
Simms ○ **BS** 198-199 H 3
Simo ○ **FIN** 24-25 H 4
Simões ○ **BR** 212-213 H 5
Simões Filho ○ **BR** 216-217 L 2
Simojärvi ⊖ **FIN** 24-25 J 3
Simojovel de Allende ○ **MEX** 196-197 H 3
Simon ○ **F** (973) 245 I c 2
Simona ○ **BOL** 214-215 G 4
Simonette River ~ **CDN** 176-177 M 4
Simonhouse ○ **CDN** 178-179 F 3
Simoni ○ **Z** 150-151 G 7
Simonstad = Simon's Town ○ **ZA** 156-157 D 7
Simon's Town = Simonstad ○ **ZA** 156-157 D 7
Simoon Harbour ○ **CDN** 176-177 G 6
Simorre ○ **F** (32) 240-241 F 4
Simpang ○ **RI** 98-99 F 5
Simpang Ampat Rungkup ○ **MAL** 98-99 D 3
Simpang-Kanan ~ **RI** 98-99 C 3
Simpangkawat ○ **RI** 98-99 C 3
Simpang Kiri ~ **RI** 98-99 B 3
Simpangsukarame ○ **RI** 98-99 F 7
Simpatia ○ **BR** 210-211 B 7
Simplício Mendes ○ **BR** 212-213 H 5
Simplonpass ▲ **CH** 28-29 K 5
Simpsom, Río ~ **RCH** 224 D 2
Simpson, Cape ▲ **USA** 164-165 N 1
Simpson, Mount ▲ **PNG** 119 E 6
Simpson Bay ≈ 168-169 P 6
Simpson Desert ◡ **AUS** 114-115 D 3
Simpson Desert Conservation Park ⊥ **AUS** 114-115 D 4
Simpson Desert National Park ⊥ **AUS** 114-115 E 3
Simpson Island ⌒ **CDN** 178-179 N 6
Simpson Islands ⌒ **CDN** 174-175 N 5
Simpson Lake ⊖ **CDN** 168-169 J 6
Simpson Peninsula ◡ **CDN** 168-169 b 6
Simpson Regional Reserve ⊥ **AUS** 114-115 D 4
Simpson River ~ **CDN** 174-175 U 2
Simpsons Gap National Park ⊥ **AUS** 112-113 M 1
Simpson Strait ≈ 168-169 X 6
Simrishamn ○ **S** 22-23 G 9
Šimsk ○ **RUS** 30-31 M 2
Sims Lake ⊖ **CDN** 180-181 Q 7
Simsom, Isla ⌒ **RCH** 224 D 2
Simuk, Pulau ⌒ **RI** 98-99 B 5
Simunjan ○ **MAL** 98-99 J 4
Simunul Island ⌒ **RP** 96-97 C 10
Simušir, ostrov ⌒ **RUS** 58-59 P 5
Sīnā' ◡ **ET** 130-131 F 3
Sina ~ **IND** 74-75 E 10
Sina ○ **PE** 214-215 C 4

Sinabang ○ RI 98-99 B 3
Sina Daqha ○ SP 144-145 H 6
Sinadipan ○ RP 96-97 D 4
Šināfiya, as- ○ IRQ 64-65 L 7
Sinagoga, Ponta da ○ CV 138-139 B 5
Sinai, Mont ▲ F (984) 246 III b 3
Sinai, Mount = Ǧabal Mūsa ▲ ET 130-131 F 3
Sinaï = Sinā' ⌣ ET 66-67 C 3
Sinaia ○• RO 38-39 D 5
Sinaise ~ F (18) 236-237 K 2
Sinaloa ▫ MEX 194-195 E 4
Sinaloa, Río ~ MEX 194-195 E 5
Sinaloa de Leyva ○ MEX 194-195 E 5
Sinamaico ○ YV 204-205 F 2
Sinamatella Camp ○ ZW 154-155 D 4
Sinan ○ VRC 92-93 F 3
Sinanpaşa ☆ TR 64-65 D 3
Šināṣ ○ OM 68-69 K 1
Sinau ○ WAN 140-141 E 4
Sināwin ○ LAR 126-127 H 5
Sinawongourou ○ DY 140-141 E 3
Sinazongwe ○ Z 154-155 D 3
Sinbaungwe ○ MYA 78-79 J 6
Sinbyugyun ○ MYA 78-79 J 5
Sincan ○ TR 64-65 G 3
Since ○ CO 204-205 D 3
Sincelejo ☆ CO 204-205 D 3
Sincerin ○ CO 204-205 D 2
Sinchaingbyin ○ MYA 78-79 H 5
Sinclair ○ CDN 178-179 F 6
Sinclair ○ USA 186-187 D 5
Sinclair, Lake < USA 192-193 G 3
Sinclair Mills ○ CDN 176-177 K 4
Sincorá, Serra do ▲ BR 216-217 K 2
Sincos ○ PE 208-209 E 7
Sind ~ IND 74-75 F 7
Sind ▫ PK 70-71 M 5
Sinda ○ Z 154-155 F 2
Šindand ○• AFG 70-71 K 2
Sindangan ○ RP 96-97 E 8
Sindangan Bay ≈ 96-97 E 8
Sindangbarang ○ RI 104 B 3
Sindanglaut ○ RI 104 C 3
Sindari ○ IND 74-75 C 7
Sindères ○ F (40) 240-241 C 2
Sindia ○ SN 138-139 B 2
Sindian ○ SN 138-139 B 3
Šindib, Ǧabal ▲ ET 130-131 H 6
Sindor ○ RUS 24-25 V 5
Sindou ○ BF 138-139 H 4
Sine ~ SN 138-139 B 2
Sine, Col de la ⌣ F (06) 242-243 K 4
Sinee morco cyganaky ≈ 32-33 F 10
Sinegor'e ○ RUS 56-57 O 2
Sinegorsk ○ RUS 58-59 K 5
Sinegorskij ○ RUS 38-39 M 3
Sinendé ○ DY 140-141 E 3
Sines ○ P 34-35 C 6
Sines, Cabo de ▲ P 34-35 C 6
Siné-Saloum, Parc National du ⊥ SN 138-139 B 3
Sinettä ○ FIN 24-25 H 3
Šinëžinsk = Zalaa ○ MAU 84-85 D 5
Sinfra ○ CI 138-139 H 6
Singa ○• SUD 136-137 F 6
Singa ○ ZRE 146-147 J 3
Singako ○ TCH 142-143 D 4
Singapore, Selat ≈ 98-99 E 4
Singapore = Singapour ■ SGP 98-99 E 4
Singapore = Singapour ★•• SGP 98-99 E 4
Singapour = Singapore ■ SGP 98-99 E 4
Singapour = Singapore ★•• SGP 98-99 E 4
Sinğār, Balad ○ IRQ 64-65 J 4
Sinğār, Ǧabal ▲ IRQ 64-65 J 4
Singaraja ○ RI 104 B 7
Sing Buri ○ THA 94-95 F 3
Singhamton ○ CDN 182-183 D 6
Singida ▫ EAT 150-151 H 4
Singida ☆ EAT 148-149 E 6
Singilej ☆ RUS 32-33 F 7
Singiro ▲ EAU 148-149 C 4
Singkang ○ RI 100-101 G 6
Singkarak ○ RI 98-99 D 5
Singkarak, Danau ○ RI 98-99 D 5
Singkawang ○ RI 98-99 H 4
Singkep, Pulau ⌒ RI 98-99 F 5
Singkil = Singkilbaru ○ RI 98-99 B 3
Singkilbaru ○ RI 98-99 B 3
Singles ○ F (63) 236-237 L 4
Singleton ○ AUS 116-117 L 2
Singleton, Mount ▲ AUS (NT) 108-109 K 7
Singleton, Mount ▲ AUS (WA) 112-113 D 4
Singorokai ○ PNG 119 D 3
Singosari ○• RI 104 E 3
Singou ~ BF 138-139 L 4
Singou, Réserve du ⊥ BF 138-139 L 4
Singrobo ○ CI 138-139 H 6
Singuédeze, Rio ~ MOC 154-155 F 6
Singye ○ DVR 86-87 F 8
Sinharagama ○ CL 76-77 J 6
Sinharaja Forest Reserve ⊥••• CL 76-77 J 7
Sin Hô ○ VN 92-93 C 5
Sinhung ○ DVR 86-87 F 7
Sinie Lipjagi ○ RUS 38-39 L 2
Sinij, hrebet ▲ RUS 58-59 E 6
Siniscóla ○ I 36-37 B 4
Sinj ○ HR 36-37 F 3
Sinjai ○ RI 100-101 G 6
Sinjaja ~ RUS 54-55 N 5
Sinjembela ○ Z 154-155 B 3
Sinjuga ○ RUS 54-55 G 7
Sinkât ○• SUD 136-137 H 3
Sinko ○ RG 138-139 F 5
Sin-le-Noble ○ F (59) 228-229 L 3
Sinmido ⌒ DVR 86-87 E 8
Sinnamary ○ F (973) 245 I c 1
Sinnamary ~ F (973) 245 I b 1
Sinnamary ~ F (973) 245 I b 2
Sinnar ○ IND 74-75 E 10
Sînnicolau Mare ○ RO 38-39 B 4
Sin Nombre, Cerro ▲ RCH 224 D 3
Sinnuris ○ ET 130-131 E 3
Sinop ○ BR 214-215 K 2
Sinop ☆• TR 64-65 F 1
Sinque ~ LS 154-155 J 5
Šinšār ○ SYR 64-65 G 5
Sinsicap ○ PE 208-209 C 5
Sinsk ○ RUS 54-55 N 5
Sintang ○ RI 98-99 J 4
Sint Eustatius ⌒ NA 200 D 3
Sint Maarten ⌒ NA 200 D 2
Sint Nicolaas ○ ARU 204-205 G 1
Sint-Niklaas ○ B 28-29 H 3
Sinton ○ USA 188-189 J 5
Sintong ○ RI 98-99 D 4
Sintra ○•• P 34-35 C 5
Sinú, Río ~ CO 204-205 C 3
Sinuiju ☆ DVR 86-87 E 7
Sinujiif ○ SP 144-145 J 4
Sinuk ○ USA 164-165 G 4
Sinuk River ~ USA 164-165 H 4
Sinungu ○ Z 154-155 B 2
Siodjuru ○ SOL 120 I e 3
Siófok ○ H 28-29 P 5
Sioma ○ Z 154-155 B 3
Sioma Ngwezi National Park ⊥ Z 154-155 B 3
Sion ☆• CH 28-29 J 5
Sion, Notre Dame de • F 234-235 J 5
Sionainn = Shannon ○ IRL 26-27 C 5
Sion-les-Mines ○ F (44) 230-231 H 4
Sion-sur-l'Océan ○ F (85) 236-237 B 2
Siorapaluk ○ GRØ 170-171 P 5
Siorarsuk Peninsula ⌣ CDN 168-169 f 5
Siota ○ RI 102-103 D 6
Siota ○ SOL 120 I e 3
Sioule ~ F (63) 236-237 M 3
Sioule, Gorges de la ⌣• F (63) 236-237 L 3
Sioulet ~ F (63) 236-237 L 4
Sioux Center ○ USA 186-187 J 4
Sioux City ○ USA 186-187 J 4
Sioux Falls ○• USA 186-187 J 4
Sioux Indian Museum • USA 186-187 G 4
Sioux Lookout ○ CDN 178-179 L 5
Sioux Narrows ○ CDN 178-179 J 6
Sioux Rapids ○ USA 186-187 K 4
Sipacate ○ GCA 196-197 J 5
Siphatur ○ RI 98-99 C 3
Sipai ○ PNG 120 I b 1
Sipalay ○ RP 96-97 E 8
Sipaliwini ○ SME 206-207 F 4
Sipán • PE 208-209 C 5
Sipang, Tanjung ▲ MAL 98-99 J 4
Sipao ○ YV 204-205 J 4
Sipapo, Reserva Florestal ⊥ YV 204-205 H 5
Šipčenski Prohod ▲ BG 38-39 D 6
Sipi ○ CO 204-205 C 5
Šipicyno ○ RUS 24-25 T 6
Sipilou ○ CI 138-139 F 6
Siping ○ VRC 86-87 E 6
Sipiongot ○ RI 98-99 C 4
Sipirok ○ RI 98-99 C 4
Sipitang ○ MAL 96-97 A 10
Sipiwesk ○ CDN 178-179 H 3
Sipiwesk Lake ○ CDN 178-179 H 3
Siple, Mount ▲ ARK 16 F 24
Sipora, Selat ≈ 98-99 C 6
Šipovles • RUS 38-39 M 2
Sippar ∴• IRQ 64-65 L 6
Sipsey Fork ~ USA 192-193 E 3
Sipuca, Quebrada de ~ RCH 220-221 C 1
Šipunovo ○ RUS 60-61 N 2
Šipunskij, poluostrov ⌣ RUS 56-57 T 7
Sipura, Pulau ⌒ RI 98-99 C 6
Siquerres ○ CR 196-197 C 6
Siquia ○ NIC 196-197 B 5
Siquia, Río ~ NIC 196-197 B 5
Siquijor ☆ RP 96-97 E 8
Siquijor Island ⌒ RP 96-97 E 8
Siquisique ○ YV 204-205 G 2
Siquita ○ YV 204-205 H 5
Sira ○ IND 76-77 G 4
Sira ~ N 22-23 C 7
Šira ☆ RUS 52-53 E 8
Šira, ozero ○ RUS 52-53 E 8
Sira, Reserva Nacional del ⊥ PE 208-209 E 6
Širaāz ☆•• IR 70-71 E 4
Sir Abu Nu'air ⌒ UAE 70-71 E 6
Sirač ○ IR 70-71 G 3
Siracha ○ THA 94-95 F 4
Siracusa ○ I 36-37 E 6
Siraguay ○ RP 96-97 E 9
Širā'in ○ KSA 68-69 B 3
Sirajganj ○ BD 78-79 F 3
Sirakoro ○ RMM (KAY) 138-139 F 3
Sirakoro ○ RMM (SIK) 138-139 G 4
Sirakorola ○ RMM 138-139 G 3
Sir Alexander, Mount ▲ CDN 176-177 K 5
Siramana ○ RG 138-139 F 4
Širan ☆ TR 64-65 H 2
Siran, Château • F (33) 236-237 D 5
Sirana d'Odienne ○ CI 138-139 G 5
Sirasso ○ CI 138-139 G 5
Sirba ~ RN 138-139 L 3
Sir Bani Yās ⌒ UAE 70-71 E 6
Sirbin ○ ET 130-131 E 2
Sir Charles Todo Monument • AUS 110-111 B 5
Sirdān ○ IR 64-65 N 4
Sirdarë ☆ US 72-73 L 4
Sire ○ EAT 148-149 C 6
Sirē ○ ETH (Ars) 144-145 D 4
Sirē ○ ETH (Wel) 144-145 C 4
Sirebi River ~ PNG 119 B 4
Sir Edward Pellew Group ⌒ AUS 110-111 D 4
Širèèt ○ MAU 84-85 L 5
Siref ○ TCH 134-135 K 6
Siren ○ USA 186-187 L 3
Sirena ○ CR 196-197 C 7
Sireniki ○ RUS 48-49 Y 4
Siret ~ RO 38-39 E 5
Siret ~ UA 38-39 D 3
Sirgāh ○ IR 72-73 C 6
Sirğān ○ IR 70-71 F 4
Sirha ○ NEP 80-81 F 7
Šir Ḫān ○ AFG 72-73 L 6
Sirhān, Wādi as- ⊥ KSA 66-67 E 2
Sirheni ○ ZA 154-155 F 6
Siridan ○ F (65) 240-241 F 5
Sirik ○ IR 70-71 G 5
Sirik ○ MAL 98-99 J 3
Sirikit Reservoir < THA 78-79 M 6
Sirinhaém ○ BR 212-213 L 6
Sirin Rūd ~ IR 72-73 C 6
Širin Tagāb ○ AFG 72-73 J 6
Širin Tagāb, Daryā-ye ~ AFG 72-73 J 6
Sirinumu Lake < PNG 119 D 5
Siriri ○ BR 212-213 K 7
Sirius Seamount ≃ 166-167 Q 7
Siriwo ~ RI 102-103 H 3
Siriworra ○ RI 102-103 G 3
Sir James MacBrien, Mount ▲ CDN 174-175 F 4
Sir Joseph Banks Group ⌒ AUS 116-117 D 3
Sirkazhi ○ IND 76-77 H 5
Sirkka ○ FIN 24-25 H 3
Sir Kūh ▲ IR 70-71 F 3
Sirmaur ○ IND 78-79 B 3
Şırnak ☆ TR 64-65 K 4
Sirohi ○ IND 74-75 D 7
Širokaja gora ▲ RUS 32-33 L 5
Širokaja Pad' ○ RUS 58-59 K 3
Široki Brijeg ○ BIH 36-37 F 3
Širokij ○ RUS 56-57 N 2
Širokij, kanal < RUS 62-63 E 5
Širokostan, poluostrov ⌣ RUS 46-47 W 3
Širokovo ○ RUS 52-53 J 8
Sirombu ○ RI 98-99 B 4
Sironcha ○ IND 74-75 G 10
Sirong ○ RI 100-101 H 4
Sirong ○ VRC 92-93 F 4
Sironj ○ IND 74-75 F 7
Siros ⌒ GR 36-37 K 6
Siroua, Ibel ▲ MA 124-125 H 5
Sirri, Ǧazīre-ye ⌒ IR 70-71 F 6
Sir Robert Campbell Island ⌒ MYA 94-95 E 5
Sir R. Squires Memorial Provincial Park ⊥ CDN 182-183 Q 4
Sirsa ○ IND 74-75 E 5
Sirsāla ○ IND 74-75 F 10
Sirsi ○ IND 76-77 F 3
Sirsilla ○ IND 74-75 G 10
Sirsiri ○ SUD 142-143 K 6
Širšjutjur, peski ⊥ TM 72-73 H 5
Širšova, hrebet ≃ 48-49 Q 7
Širta, Bol'šaja ~ RUS 50-51 S 2
Sir Thomas, Mount ▲ AUS 112-113 K 3
Siruguppa ○ IND 76-77 G 3
Sirui'iye ○ IR 70-71 G 4
Sirūr ○ IND 74-75 E 10
Sirusābād ○ IR 70-71 F 3
Širvān ○ IR 72-73 F 6
Širvān, Āb-e ~ IR 64-65 M 5
Sirvān-e Māzin ○ IRQ 64-65 L 4
Sirvankaja ∴• TM 72-73 F 3
Sirvanskaja ravnina ⌣ AZ 64-65 M 2
Širvanskij zapovednik ⊥ AZ 64-65 N 3
Širvintos ○ LT 30-31 J 4
Sirwā ○• Y 68-69 D 6
Sirykrabet ∴• KA 62-63 P 5
Sis ○ IR 64-65 L 3
Šiš ~ RUS 50-51 N 6
Sisa ○ PE 208-209 D 5
Sisa, Mount ▲ PNG 119 B 4
Sisak ○ HR 36-37 F 2
Si Sa Ket ○ THA 94-95 H 3
Sisal ○ MEX 196-197 J 1
Sisal, Arrecife ⌒ MEX 196-197 J 1
Si Samrong ○ THA 94-95 E 2
Si Satchanalai ○ THA 94-95 E 2
Si Satchanalai National Park ⊥ THA 94-95 E 2
Si Sawat ○ THA 94-95 E 3
Sisco ○ F (2B) 244 D 3
Sisember ○ RI 102-103 H 2
Sišhèd gol ~ MAU 84-85 D 2
Sishen ○ ZA 156-157 F 3
Sishiliang ○ VRC 90-91 F 2
Sishui ○ VRC 90-91 K 4
Sisian ○ AR 64-65 L 3
Sisi Bargaon ○ IND 78-79 J 2
Sisim ~ RUS 52-53 F 8
Sisimiut = Holsteinsborg ○ GRØ 172-173 O 3
Sisipuk Lake ○ CDN 178-179 F 3
Siskiyou Mountains ▲ USA 184-185 C 5
Si Songkhram ○ THA 94-95 H 2
Sisōphōn ○ K 94-95 G 4
Sisquelan, Peninsula ⌣ RCH 224 D 3
Sissano ○ PNG 119 B 2
Sisseton ○ USA 186-187 J 3
Sisseton Indian Reservation ⅄ USA 186-187 J 3
Sissi ○ TCH 142-143 D 3
Sissili ~ BF 138-139 K 4
Sissonne ○ F (02) 228-229 M 4
Sistān ⊥ IR 70-71 J 3
Sistan, Daryace-ye ○ IR 70-71 J 3
Sistān -ō-Balūčestān ▫ IR 70-71 H 5
Sisteron ○ F (04) 242-243 H 3
Sisters ○ USA 184-185 D 3
Sitakili ○ RMM 138-139 E 3
Sitalike ○ EAT 150-151 F 4
Sitamarhi ○ IND 78-79 D 2
Sitampiky ○ RM 158-159 E 6
Sitang ○ VRC 90-91 B 3
Sitāpur ○ IND 78-79 B 2
Sitasjaure ○ S 22-23 H 2
Site archéologique • F (987) 247 IV c 2
Site of Jamestown Ashby Fort ∴ KAN 200 D 3
Si That ○ THA 94-95 G 2
Sithobela ○ SD 156-157 K 3
Sithoniá ⌣ GR 36-37 J 4
Sitiá ○ BR 212-213 J 4
Sitía ○ GR 36-37 L 7
Sitidgi Lake ○ CDN 164-165 Z 2
Sitiecito ○ C 198-199 E 3
Sitila ○ MOC 154-155 H 6
Sitio da Abadia ○ BR 216-217 G 3
Sitio do Mato ○ BR 216-217 J 2
Sitio Novo ○ BR 212-213 E 4
Sítio Nôvo de Tocantins ○ BR 212-213 E 4
Sitionuevo ○ CO 204-205 D 2
Sitka ○ USA (KS) 188-189 H 1
Sitka ○• USA (AK) 176-177 C 3
Sitkalidak Island ⌒ USA 166-167 U 4
Sitka Sound ≈ 176-177 C 3
Sitkinak, Cape ▲ USA 166-167 U 4
Sitkinak Island ⌒ USA 166-167 U 4
Sitkinak Strait ≈ 166-167 T 4
Šitkino ○ RUS 52-53 J 7
Sitnica ~ YU 36-37 H 3
Sitona ○ ER 136-137 H 5
Sitoti ○ Z 154-155 B 3
Sitte ○ RUS 54-55 O 4
Sitte ~ RUS 54-55 N 4
Sitten = Sion ☆• CH 28-29 J 5
Sitting Bull Burial Site ∴• USA 186-187 G 2
Sitting Bull's Grave ∴• USA 186-187 G 3
Sittwe ☆ MYA 78-79 H 5
Situbondo ○ RI 104 B 6
Sitwe ○ Z 150-151 G 6
Sit. Wilfrid, Mont ▲ CDN 182-183 G 5
Si-u ○ MYA 78-79 K 4
Siulakderas ○ RI 98-99 D 5
Siumbatu ○ RI 100-101 H 5
Siumpu, Pulau ⌒ RI 100-101 H 6
Siuna ○ NIC 196-197 B 5
Siuna Kawalo ○ RI 100-101 H 4
Siuri ○ IND 78-79 E 4
Siva ☆ RUS 32-33 J 4
Sivaganga ○ IND 76-77 H 6
Sivaki ○ RUS 54-55 N 9
Sivakka ○ FIN 24-25 K 5
Sivas ☆• TR 64-65 G 3
Sivé ○ RIM 132-133 D 7
Šiveluč, vulkan ▲ RUS 56-57 T 5
Siver ~ RUS 48-49 J 3
Siverek ☆ TR 64-65 H 4
Siverga, ozero ○ RUS 50-51 K 7
Siverskij hrebet ▲ RUS 48-49 K 3
Sivers'kyj Donec' ~ UA 38-39 K 3
Sivolândia ○ BR 214-215 K 6
Sivomaskinskij ○ RUS 44-45 K 8
Sivrice ☆ TR 64-65 H 3
Sivrihisar ☆• TR 64-65 D 3
Sivry-sur-Meuse ○ F (55) 234-235 G 3
Sivučij, mys ▲ RUS (KMC) 56-57 U 5
Sivučij, mys ▲ RUS (KMC) 58-59 R 3
Siwa ○• ET 128-129 L 3
Siwa ○ RI 100-101 G 5
Siwa, al-Wāhāt ⊥ ET 128-129 L 3
Siwan ○ IND 78-79 D 2
Sixaola ○ CR 196-197 C 7
Sixaola ~ PA 196-197 C 7
Six-Fours-les-Plages ○ F (83) 242-243 H 5
Si Xian ○ VRC 90-91 K 5
Six Lakes ○ USA 190-191 F 4
Siyabuswa ○ ZA 156-157 J 2
Siyāh Kūh, Kūh-e ▲ IR 70-71 D 4
Siyāh Kūh, Kavīr-e ○ IR 70-71 E 2
Siyāh Kūh, Selsele-ye ▲ AFG 70-71 K 2
Siyāl, Ǧazā'ir ⌒ ET 130-131 H 6
Siyān Česme ○ IR 64-65 L 3
Siyang ○ VRC 90-91 L 5
Siyang ○ VRC 92-93 E 5
Siyeteb ○ SUD 136-137 G 3
Siziwang Qi ○ VRC 84-85 K 7
Sizun ○• F (29) 230-231 C 3
Sjain ○ RUS 58-59 F 5
Sjakutajaha ~ RUS 44-45 R 6
Sjamža ○ RUS 30-31 R 1
Sjan ~ RUS 52-53 O 3
Sjanno ☆ BY 30-31 L 4
Sjapjakine ~ RUS 46-47 J 4
Sjarednelimanskaja nizina ▲ 30-31 J 5
Sjas'stroj ○ RUS 30-31 N 1
Sjavtasë ~ RUS 44-45 O 7
Sjavtato, ozero ○ RUS 44-45 O 7
Sjenica ○• YU 36-37 H 3
Sjöbo ○ S 22-23 F 9
Sjøholt ☆ N 22-23 C 5
Sjøvegan ○ N 22-23 H 2
Sjubrebanken ≃ 20-21 F 3
Sjugdžer, ozero ○ RUS 54-55 G 3
Sjul'ban ~ RUS 54-55 H 7
Sjul'djukar ○ RUS 54-55 F 4
Sjumsi ☆ RUS 32-33 G 5
Sjun' ~ RUS 32-33 H 6
Sjun'egan ~ RUS 50-51 K 3
Sjungjude ~ RUS 46-47 N 5
Sjuøyane ⌒ N 20-21 M 2
Sjurjah-Džangy, krjaž ▲ RUS 46-47 H 3
Sjurjuktjah ~ RUS 46-47 X 4
Sjurkum ○ RUS 58-59 J 3
Sjurkum, mys ▲ RUS 58-59 J 3
Skaap ~ NAM 156-157 C 1
Skadarsko jezero ○ YU 36-37 G 3
Skadovs'k ○ UA 38-39 H 4
Skærfjorden ≈ 170-171 q 5
Skagaströnd ○ IS 22-23 c 2
Skagaströnd = Höfdakaupstaður ○ IS 22-23 c 2
Skagen ○ DK 22-23 E 8
Skagern ○ S 22-23 G 7
Skagerrak ≈ 22-23 D 8
Skagit Provincial Park ⊥ CDN 176-177 K 7
Skagit River ~ USA 184-185 D 1
Skagshamn ○ S 22-23 J 5
Skagway ○• USA 164-165 X 7
Skála ○ GR 36-37 J 6
Skälderviken ≈ 22-23 F 8
Skälholt ○ IS 22-23 c 2
Skalistaja, gora ▲ RUS 56-57 U 5
Skalistyj ○ RUS 62-63 D 5
Skalistyj, hrebet ▲ RUS 56-57 G 2
Skalistyj, mys ▲ RUS 46-47 U 2
Skanderborg ○ DK 22-23 D 8
Skane ⊥ S 22-23 F 9
Skånevik ○ N 22-23 B 7
Skara ☆ S 22-23 F 7
Skardu ○ IND 74-75 E 2
Skare ○ N 22-23 C 7
Skärgårdshavets nationalpark ⊥ FIN 24-25 F 7
Skarsvåg ○ N 22-23 M 1
Skarżysko-Kamienna ○ PL 28-29 Q 3
Skaudvilė ○ LT 30-31 H 4
Skaymat ○ MA 132-133 C 2
Skead ○ CDN 182-183 D 5
Skeena ○ CDN 176-177 F 4
Skeena Mountains ▲ CDN 176-177 F 3
Skeena River ~ CDN 176-177 F 4
Skegness ○• GB 26-27 H 5
Skeiðarársandur ⊥ IS 22-23 e 3
Skeldon ○ GUY 206-207 F 3
Skeleton Coast Park ⊥ NAM 152-153 B 9
Skellefteå ○ S 22-23 K 4
Skellefteälven ~ S 22-23 J 4
Skelleftehamn ○ S 22-23 K 4
Skene Bay ≈ 168-169 S 3
Skerki Bank ≃ 36-37 C 6
Skhira ○ TN 126-127 H 3
Skhirat ○ MA 124-125 H 4
Skhour-des-Rehamna ○ MA 124-125 H 4
Ski ☆ N 22-23 E 7
Skiathos ○ GR 36-37 J 5
Skiathos ⌣ GR 36-37 J 5
Skiatook Lake ○ USA 188-189 J 1
Skibotn ○ N 22-23 K 2
Skidegate ○ CDN 176-177 D 5
Skidegate Inlet ≈ 176-177 E 5
Skien ☆ N 22-23 D 7
Skikda ☆ DZ 126-127 F 2
Skilak Lake ○ USA 164-165 P 6
Skipskop ○ ZA 156-157 E 7
Skipton ○ AUS 116-117 G 4
Skipton ○ GB 26-27 F 5
Skiros ⌒ GR 36-37 K 5
Skirring, Cap ▲ SN 138-139 B 3
Skive ○ DK 22-23 D 8
Skjálfandafljót ~ IS 22-23 e 2
Skjern ○ DK 22-23 D 9
Skjervøy ○ N 22-23 K 1
Skjolden ○ N 22-23 C 6
Skjoldungen ○ GRØ 172-173 U 5
Skjoldungen Ø ⌒ GRØ 172-173 U 5
Sklad ○ RUS 46-47 O 4
Šklov ○ BY 30-31 M 4
Škocjanske jame ••• SLO 36-37 D 2
Skógafoss ~• IS 22-23 d 3
Skokie ○ USA 190-191 E 4
Sköllersta ○ S 22-23 G 7
Skón ○ K 94-95 H 4
Skópelos ○ GR 36-37 J 5
Skopin ○• RUS 30-31 Q 5
Skopje ★ MK 36-37 H 3
Skorodnoe ○ RUS 38-39 J 2
Skosai ○ RI 102-103 L 3
Skotterud ○ N 22-23 F 7
Skoura ○ MA 124-125 H 5
Skövde ☆ S 22-23 F 7
Skovorodino ☆ RUS 54-55 L 9
Skowhegan ○ USA 190-191 O 3
Skownan ○ CDN 178-179 G 5
Skrimfjella ▲ N 22-23 D 7
Skriveri ○• LV 30-31 J 3
Skrunda ○ LV 30-31 H 3
Skruis Point ▲ CDN 168-169 b 3
Skuas, Île aux ⌒ F (984) 246 III c 3
Skudeneshavn ○• N 22-23 B 7
Skukuza ○ ZA 156-157 K 2
Skuljabiha ○ RUS 32-33 D 5
Skull Valley Indian Reservation ⅄ USA 184-185 H 5
Skunk River ~ USA 186-187 L 5
Skuodas ☆ LT 30-31 G 3
Skuratova, mys ▲ RUS 44-45 N 5
Skuratovskij ○ RUS 30-31 P 4
Skutvik ○ N 22-23 G 2
Skvyra ☆ UA 38-39 F 3
Skwentna River ~ USA 164-165 O 6
Skwierzyna ○ PL 28-29 N 2
Skye ⌒ GB 26-27 D 3
Skykomish ○ USA 184-185 D 2
Skykomish River ~ USA 184-185 D 2
Skyline Caverns ∴ USA 190-191 J 6
Skyring, Monte ▲ RCH 224 D 7
Skyring, Peninsula ⌣ RCH 224 C 2
Skyring, Seno ≈ 224 D 6
Slā ○ MA 124-125 H 3
Slade Point ▲ AUS 110-111 G 2
Slagelse ○• DK 22-23 E 9
Slamet, Gunung ▲ RI 104 C 3
Slancy ☆ RUS 30-31 L 2
Ślaska, Nizina ⌣ PL 28-29 N 3
Slate Islands ⌒ CDN 178-179 N 6
Slatina ☆ RO 38-39 D 5
Slaton ○ USA 188-189 G 3
Slautnoe ○ RUS 48-49 P 5
Slave Coast = Esclaves, Côte des ⌣ 138-139 L 7
Slave Lake ○ CDN 176-177 N 4
Slave Point ▲ CDN 174-175 M 5
Slave River ~ CDN 174-175 N 5
Slavgorod ☆ RUS 60-61 L 2
Slavharad ☆ BY 30-31 M 5
Slavjanka ○ RUS 58-59 D 7
Slavjanka ○ RUS 58-59 G 4
Slavjansk = Slovjans'k ○ UA 38-39 K 3
Slavjansk-na-Kubani ○ RUS 38-39 L 5
Slavkoviči ○ RUS 30-31 L 3
Slavkov u Brna ○ CZ 28-29 O 4
Slavnoe ○ RUS 58-59 N 6
Slavonice ○ CZ 28-29 N 4
Slawi ○ RI 104 C 3
Sławno ○ PL 28-29 O 1
Slayton ○ USA 186-187 K 4
Sled Lake ○ CDN 178-179 C 3
Sleeper Islands ⌒ CDN 180-181 K 6
Sleeping Bear Dunes National Lakeshore • USA 190-191 E 3
Sleeping Giant Provincial Park ⊥ CDN 178-179 M 6
Sleepy Eye ○ USA 186-187 K 3
Sleisbeck Mine ∴ AUS 108-109 L 2
Sletten = Ammassivik ○ GRØ 172-173 S 6
Slidell ○ USA 192-193 D 4
Slide Mountain ▲ USA 190-191 L 5
Slieve League ▲ IRL 26-27 C 4
Sligeach = Sligo ☆• IRL 26-27 C 4
Sligo = Sligeach ☆• IRL 26-27 C 4
Slim ○ DZ 126-127 D 3
Slim River ○ MAL 98-99 D 3
Slipper Island ⌒ NZ 118 E 2
Šlisselburg ○ RUS 30-31 M 2
Slite ○ S 22-23 J 8
Sliven ○ BG 38-39 E 6
Sljeme ▲ HR 36-37 E 2
Sljudjanka ☆ RUS 52-53 L 10
Šljupočnyj, mys ▲ RUS 48-49 Q 6
Sloan ○ USA 186-187 J 4
Sloan River ~ CDN 174-175 M 2
S'loboda Bol'šaja Martynovka ○ RUS 38-39 M 4
Slobodskoj ☆ RUS 32-33 G 4
Slobozia ☆ RO 38-39 E 5
Slocan ○ CDN 176-177 M 7
Slocan River ~ CDN 176-177 M 7
Slogen ▲ N 22-23 C 5
Slonim ○ BY 30-31 J 5
Sloping Point ▲ AUS 108-109 C 6
Slovaquie = Slovenská Republika ■ SK 28-29 O 4
Slovénie = Slovenija ■ SLO 36-37 D 2
Slovenija = Slovénie ■ SLO 36-37 D 2
Slovenská Republika = Slovaquie ■ SK 28-29 O 4
Slovenské rudohorie ▲ SK 28-29 P 4
Slovjans'k ○ UA 38-39 K 3
Słowiński Park Narodowy ⊥ PL 28-29 O 1
Složnyj, ostrov ⌒ RUS 44-45 X 3
Sluč ~ UA 38-39 E 3
Sluck ○ BY 30-31 K 5
Sluderno = Schluderns ○ I 36-37 C 1
Slunj ○ HR 36-37 E 2
Słupsk ☆• PL 28-29 O 1
Slurry ○ ZA 156-157 G 2
Småland ⊥ S 22-23 F 8
Smålandsstenar ○ S 22-23 F 8
Smaljany ○ BY 30-31 M 4
Small Malaita = Maramasike ⌒ SOL 120 I e 3
Small Point ▲ USA 190-191 O 4
Smalltree Lake ○ CDN 174-175 R 5
Smallwood Reservoir < CDN 180-181 R 7
Smara ○ MA 124-125 F 7
Smarhon' ☆ BY 30-31 K 4
Smart Syndicate Dam < ZA 156-157 F 5
Smederevo ○•• YU 36-37 H 2
Smela = Smila ○ UA 38-39 G 3
Smet, De ○ USA 186-187 J 3
Smethport ○ USA 190-191 J 5
Smidovič ○ RUS 44-45 G 4
Smidovič ○ RUS 58-59 E 4
Šmidta, grjada ▲ RUS 46-47 W 1
Šmidta, Mys ○ RUS 48-49 V 2
Šmidta, mys ▲ RUS 48-49 V 2
Šmidta, poluostrov ⌣ RUS 56-57 K 6
Smila ○ UA 38-39 G 3
Smiley ○ CDN 176-177 Q 6
Smiltene ○•• LV 30-31 J 3
Smirnenski ○ BG 38-39 E 6
Smirnyh ○ RUS 58-59 K 4
Smir-Restinga ○ MA 124-125 J 3
Smith ○ CDN 176-177 N 4
Smith, Cape ▲ CDN 180-181 K 4
Smith, Pointe ▲ F (984) 246 VI
Smith Arm ○ CDN 174-175 H 2
Smith Bay ≈ 164-165 N 1
Smith Bay ≈ 168-169 g 2
Smith Center ○ USA 186-187 H 6
Smithers ○ CDN 176-177 G 4
Smithfield ○ USA 192-193 J 2
Smithfield ○ ZA 156-157 H 5
Smith Island ⌒ CDN (NWT) 168-169 f 2
Smith Island ⌒ CDN (NWT) 180-181 K 4
Smith Island ⌒ IND 76-77 L 3
Smith Mountain Lake ○ USA 190-191 J 7
Smith Point ▲ AUS 108-109 L 1
Smith River ○ USA (CA) 184-185 B 5
Smith River ~ USA 184-185 J 2
Smiths Falls ○ CDN 182-183 F 6
Smiths Ferry ○ USA 184-185 F 3
Smithton ○ AUS 116-117 H 6
Smithville ○ USA 192-193 F 4
Smjadovo ○ BG 38-39 E 6
S. M. Jørgensen, Kap ▲ GRØ 172-173 Y 3
Smoke Creek Desert ⊥ USA 184-185 E 5
Smoke River ~ CDN 164-165 a 2
Smoky Bay ○ AUS 112-113 M 6
Smoky Cape ▲ AUS 114-115 M 6
Smoky Falls ○ CDN 178-179 P 5
Smoky Falls ~ CDN 178-179 P 5
Smoky Hill River ~ USA 186-187 G 6
Smoky Lake ○ CDN 176-177 O 4
Smoky Mountains ▲ USA 184-185 G 4
Smoky River ~ CDN 176-177 L 5
Smøla ⌒ N 22-23 C 5
Smolensk ☆• RUS 30-31 N 4
Smolensko-Moskovskaja vozvyšennost' ▲ RUS 30-31 N 4
Smolevičì ○ BY 30-31 L 4
Smólikas ▲ GR 36-37 H 4
Smoljan ○ BG 38-39 D 7
Smoljaninovo ○ RUS 58-59 E 7
Smoot ○ USA 184-185 J 4
Smooth Rock Falls ○ CDN 178-179 Q 6
Smoothstone Lake ○ CDN 178-179 C 3
Smoothstone River ~ CDN 178-179 C 3
Smörfjöll ▲ IS 22-23 f 2
Smyšljaevsk ○ RUS 32-33 G 7
Smyth, Canal ≈ 224 C 5
Snabai ○ RI 102-103 H 2
Snaefell ▲•• GBM 26-27 E 4
Snake and Manjang Caverns • ROK 86-87 F 11
Snake Indian River ~ CDN 176-177 L 5
Snake Island ⌒ AUS 116-117 J 5
Snake River ~ CDN 164-165 Y 4
Snake River ~ USA 184-185 E 2
Snake River Canyon ∴ USA 184-185 F 2
Snake River Plain ⌣ USA 184-185 H 4
Snape, Pointe ▲ CDN 182-183 E 3
Snape Island ⌒ CDN 180-181 K 7
Snap Point ▲ BS 198-199 G 3
Snare Lake ○ CDN 174-175 M 3
Snare River ~ CDN 174-175 L 4
Snåsa ○ N 22-23 F 4
Snåsvatnet ○ N 22-23 E 4
Sneek ○• NL 28-29 H 2
Sneeuberg ▲ ZA 156-157 G 5
Sněžka ▲• CZ 28-29 N 3
Snežnaja ~ RUS 52-53 L 10
Snežnaja, gora ▲ KS 72-73 N 4
Snežnaja gora ▲ RUS 48-49 N 4
Snežnoe ○ RUS 48-49 R 4
Snežnogorsk ○ RUS 44-45 W 7
Snežnogorskij ○ RUS 54-55 O 8
Śniardwy, Jezioro ○ PL 28-29 Q 2
Śnieżka ▲•• PL 28-29 N 3
Snihurivka ○ UA 38-39 H 4
Snipe Lake ○ CDN 176-177 M 4
Snižne ○ UA 38-39 L 3
Snøhetta ▲ N 22-23 D 5
Snohomish ○ USA 184-185 C 2
Snønuten ▲ N 22-23 C 7
Snopa ~ RUS 24-25 T 3
Snoqualmie Pass ▲ USA 184-185 D 2
Snota ▲ N 22-23 D 5
Snøtinden ▲•• N 22-23 G 3
Snøtoppen ▲ N 20-21 L 2
Snowbank River ~ CDN 168-169 c 7
Snowbird Lake ○ CDN 174-175 S 5
Snowdon ▲ GB 26-27 E 5
Snowdrift ○ CDN 174-175 O 4
Snowdrift River ~ CDN 174-175 P 4
Snowflake ○ USA 188-189 B 2
Snow Hill Island ⌒ ARK 16 G 31
Snow Lake ○ CDN 178-179 F 3
Snow Mount ▲ USA 184-185 C 6
Snowshoe Peak ▲ USA 184-185 G 1
Snowtown ○ AUS 116-117 E 2
Snowville ○ USA 184-185 H 5
Snowy Mountains ▲ AUS 116-117 K 4
Snowy River ~ AUS 116-117 K 4
Snowy River National Park ⊥ AUS 116-117 K 4
Snug Corner ○ BS 198-199 J 3
Snuöl ○ K 94-95 J 4
Snyde Bay ≈ 180-181 T 6
Snyder ○ USA (NE) 186-187 J 5
Snyder ○ USA (OK) 188-189 H 2
Soabuwe ○ RI 102-103 E 3
Soacha ○ CO 204-205 D 5
Soalala ○ RM 158-159 D 6
Soamanonga ○ RM 158-159 D 9
Soān ~ PK 74-75 C 3
Soanierana-Ivongo ○ RM 158-159 F 6
Soanindrariny ○ RM 158-159 E 7
Soan River ~ PNG 119 B 4
Soa-Siu ○ RI 100-101 K 3
Soata ○ CO 204-205 E 4
Soavina ○ RM 158-159 F 8
Soavinandriana ○ RM 158-159 E 7
Sob' ○ RUS 44-45 L 8
Sob' ~ RUS 44-45 L 8
Sob ~ UA 38-39 F 3
Soba ○ WAN 140-141 H 3
Sobaecksan National Park ⊥• ROK 86-87 G 9
Sobaek Sanmaek ▲ ROK 86-87 F 10
Sobangouma ○ RMM 138-139 J 2
Sobāt ~ SUD 142-143 L 4
Soberbio, El ○ RA 220-221 K 4
Sobger ~ RI 102-103 L 3
Sobinka ☆ RUS 30-31 R 4
Sobni ▲ ETH 136-137 J 5
Sobo-Katamuki Quasi National Park ⊥ J 88-89 D 8
Sobolevka, Ust'- ○ RUS 58-59 H 5
Sobolevo ☆ RUS 56-57 Q 6
Soboloh ○ RUS 46-47 Y 6
Soboloh-Majan ~ RUS 46-47 P 6
Sobopol ~ RUS 46-47 R 6
Sobor, skala • RUS 58-59 D 3
Sobo-Sise, ostrov ⌒ RUS 46-47 R 3
Sobradinho ○ BR (FED) 216-217 G 3
Sobradinho ○ BR (MAR) 212-213 G 5
Sobradinho ○ BR (RSU) 218-219 D 7
Sobradinho, Represa de < BR 212-213 G 7
Sobrado, Rio ~ BR 216-217 G 2
Sobral ○ BR (ACR) 210-211 B 7
Sobral ○ BR (CEA) 212-213 H 3
Sobtyegan ~ RUS 50-51 J 2
Socavão ○ BR 218-219 F 5
Soccia ○ F (2A) 244 C 4
Sochaczew ○ PL 28-29 Q 2
Sochaux ○ F (25) 238-239 K 1
Sochora, Río ~ BOL 220-221 E 1
Soči ○•• RUS 62-63 C 6
Société, Îles de la ⌒ F (987) 247 IV b 2
Société de Géographie, Presqu'île de la ⌣ F (984) 246 III b 3
Socompa ○ RA 220-221 C 3
Socorra, Isla ⌒ MEX 194-195 C 7
Socorro ○ BR 216-217 G 7
Socorro ○ CO 204-205 E 4
Socorro ○ USA 188-189 D 2
Socorro, El ○ CO 204-205 F 4
Socorro, El ○ YV 204-205 J 3
Socorro do Piauí ○ BR 212-213 G 5
Socota ○ CO 204-205 E 4
Socota ○ PE 208-209 C 5
Socotra = Suquṭrā ⌒ Y 68-69 J 7
Sóc Trăng ○ VN 94-95 H 6
Sočur ~ RUS 50-51 O 6
Soda Creek ○ CDN 176-177 J 5
Sodankylä ○ FIN 24-25 J 3
Soda Springs ○ USA 184-185 J 4
Soddle Lake ○ CDN 174-175 L 4
Soddy-Daisy ○ USA 192-193 F 2
Soder, Mount ▲ AUS 112-113 M 1
Sodere ○• ETH 144-145 D 4
Söderfors ○ S 22-23 H 6
Söderhamn ○ S 22-23 H 6
Söderköping ○• S 22-23 H 7
Södertälje ☆ S 22-23 H 7
Södiri ○ SUD 136-137 D 5
Sodium ○ ZA 156-157 F 5
Sodo ○ ETH 144-145 C 5
Södra Möckleby ○ S 22-23 H 8
Södra Vallgrund ○ FIN 24-25 F 5
Soe ○ RI 102-103 C 6
Soé, Île ⌒ F (984) 246 III b 4
Soekmekaar ○ ZA 154-155 E 6

Soeng Sari o THA 94-95 G 3
Soetendalsvlei ~ ZA 156-157 D 7
Sofaïa o F (971) 245 IV a 2
Sofala o MOC (Sof) 154-155 H 5
Sofala ◘ MOC 154-155 H 4
Sofala = Beira ☆ MOC 154-155 H 4
Sofara o RMM 138-139 H 2
Sofia ~ RM 158-159 E 5
Sofija = Sofija ★ ··· BG 36-37 J 3
Sofijsk o RUS (HBR) 58-59 F 2
Sofijsk o RUS (HBR) 58-59 H 3
Sof Omar caves · ETH 144-145 D 5
Sofporog o RUS 24-25 L 4
Šoǧā'abād o IR 70-71 D 2
Sogakofe o GH 138-139 L 6
Sogamoso o CO 204-205 E 5
Sogamoso, Rio ~ CO 204-205 E 4
Soğanlı Çayı ~ TR 64-65 E 2
Sogda o RUS 58-59 E 3
Sogeram River ~ PNG 119 C 3
Sogeri o PNG 119 D 5
Sogndal ☆ N 22-23 C 6
Søgne ☆ N 22-23 C 7
Sognefjorden ≈ 22-23 B 6
Sognesjøen ≈ 22-23 B 6
Sogod o RP 96-97 F 7
Sogolle < TCH 134-135 G 5
Sogolomik o PNG 119 A 3
Sogoot o MAU 84-85 D 3
Sogoubéni o RG 138-139 F 5
Sogra o RUS 24-25 T 5
Sŏguip'o o ROK 86-87 F 11
Söğüt o TR 64-65 C 4
Söğütlü Çayı ~ TR 64-65 G 3
Sog Xian o VRC 80-81 J 5
Soh o US 72-73 M 5
Sohagi o IND 78-79 B 3
Soheil o IR 70-71 E 2
Sohela o IND 78-79 C 5
Sohonto, ozero ◦ RUS 44-45 O 7
Sohor, gora ▲ RUS 52-53 M 10
Sohós o GR 36-37 J 4
Sohŭksan Do ⌒ ROK 86-87 E 10
Soin o BF 138-139 J 3
Soi Rap, Cửa ≈ 94-95 J 5
Soissons o F (02) 228-229 L 5
Soisy-sur-École o F (91) 232-233 H 3
Soizy-aux-Bois o F (51) 232-233 K 2
Sŏja o J 88-89 E 7
Sojana o RUS 24-25 R 4
Sojat o IND 74-75 D 7
Sojda ~ RUS 24-25 O 6
Sojma ~ RUS 24-25 V 3
Šojna o RUS 24-25 S 3
Sŏjošon Man ≈ 86-87 E 8
Sojoton Point ▲ RP 96-97 E 8
Sojuznoe o KA 62-63 O 2
Sojva ~ RUS 24-25 X 5
Sok ~ RUS 32-33 G 7
Šokaj-Datka mazar · KA 72-73 L 3
Šokal'skogo, mys ▲ RUS 44-45 Q 5
Šokal'skogo, proliv ≈ 44-45 d 2
Sokch'o o ROK 86-87 G 8
Söke ☆ TR 64-65 B 4
Sokele o ZRE 150-151 C 5
Soko o CI 138-139 J 6
Soko Banja o·· YU 36-37 H 3
Sokodé ☆ RT 138-139 L 5
Sokode Etoe o GH 138-139 L 6
Sokol o RUS 30-31 R 2
Sokol o RUS (MAG) 56-57 O 4
Sokol o RUS (SHL) 58-59 K 5
Sokółka o PL 28-29 R 2
Sokolo o RMM 138-139 G 2
Sokołów Podlaski o PL 28-29 R 2
Sokone o SN 138-139 B 3
Søkongen Ø ⌒ GRØ 172-173 a 2
Sokoro, Satama- o CI 138-139 H 6
Sokosti ▲ FIN 24-25 K 2
Sokotindji o DY 140-141 E 3
Sokoto ◘ WAN 140-141 F 3
Sokoto ☆ WAN 134-135 B 6
Sokoto, River ~ WAN 140-141 F 3
Sokoura o RMM 138-139 J 3
Sokoura, Satama- o CI 138-139 H 6
Šokša o RUS 24-25 N 6
Sol, Catedral de · CO 204-205 E 5
Sola o C 198-199 G 4
Sola o VAN 120 II a 1
Solan o IND 74-75 F 4
Solana Beach o USA 184-185 F 9
Solana del Pino o E 34-35 E 5
Solander Island ⌒ NZ 118 A 7
Solano o YV 210-211 D 2
Solano, Bahía ≈ 224 G 2
Solano, Punta S.F. ▲ CO 204-205 C 4
Solāpur o· IND 76-77 F 2
Solaro o F (2B) 244 D 5
Solar Observatory · AUS 114-115 K 6
Solarte, Raudal ~ CO 210-211 B 3
Solat, Gunung ▲ RI 100-101 K 3
Solberg o S 22-23 H 5
Solborde, Grotte de · F (70) 238-239 J 1
Soldado Monge o EC 208-209 D 3
Soldado Pionero, Monumento al · YV 206-207 D 3
Soldats, Pointe aux ▲ F (975) 245 II b 1
Soldatskaja Tašla o RUS 32-33 F 7
Soldau = Działdowo o· PL 28-29 Q 2
Sol de Julio o RA 220-221 F 5
Soldeu o AND 240-241 H 5
Soldier Point ▲ AUS 108-109 K 1
Soldotna o USA 164-165 P 6
Soledad o CO 204-205 D 2
Soledad o USA 184-185 D 7
Soledad o YV 204-205 K 3
Soledad, Isla ⌒ CO 204-205 C 6
Soledad, La o CO 204-205 F 5
Soledad, La o MEX (COA) 194-195 J 4
Soledad, La o MEX (DGO) 194-195 G 5
Soledad de Doblado o MEX 196-197 F 2
Soledad Díez Gutiérrez o MEX 194-195 J 6
Soledade o BR (PA) 212-213 K 5
Soledade o BR (RSU) 218-219 D 7
Soledade, Cachoeira ~ BR 212-213 B 4
Soledar o UA 38-39 L 3
Soleiman, Monts = Sulaiman Range ▲ PK 74-75 B 5
Sølen ▲ N 22-23 E 6
Solënaja ~ RUS 44-45 V 7
Solenoe, ozero ◦ RUS 50-51 L 7
Solentiname, Archipiélago de ⌒ NIC 196-197 B 6
Solënyj o RUS 32-33 E 10
Solenzara o F (2A) 244 D 5
Solenzo o BF 138-139 H 3
Solesmes o F (59) 228-229 L 3
Solesmes, Abbaye de · F (72) 230-231 L 4
Soleure = Solothurn ☆ CH 28-29 J 5
Solférino o F (40) 240-241 C 2
Šolgara o AFG 72-73 K 6
Solgonskij krjaž ∸ RUS 52-53 E 8
Solhābād o IR 72-73 E 7
Solhan ☆ TR 64-65 J 3
Soligalič o RUS 30-31 S 2
Solignac o· F (87) 236-237 H 4
Solignac-sur-Loire o F (43) 242-243 D 2
Soligny-les-Étangs o F (10) 232-233 K 3
Soligorsk = Salihorsk o BY 30-31 K 5
Solikamsk ☆ RUS 50-51 D 5
Sol'-Ileck ☆ RUS 32-33 J 8
Solimões, Rio ~ BR 210-211 F 4
Solingen o D 28-29 J 3
Solita o CO 208-209 E 1
Solitaire o NAM 156-157 C 1
Soljanka ~ KA 32-33 G 8
Soljanka o RUS 54-55 K 5
Soljanka o RUS (SAR) 32-33 G 8
Solleftea o S 22-23 H 5
Sóller o E 34-35 J 5
Solliès-Pont o F (83) 242-243 J 5
Solna o BF 138-139 L 3
Solnečnogorsk ☆ RUS 30-31 P 3
Solnečnyj ☆ RUS 58-59 G 3
Solo o RI 100-101 G 6
Solodniki o RUS 32-33 D 9
Sologne ∸ F (45) 232-233 F 4
Šolohovskij o RUS 38-39 M 3
Solok o· RI 98-99 D 5
Sololá ☆ GCA 196-197 J 4
Sololo o EAK 148-149 G 2
Soloma o GCA 196-197 J 4
Solomon o USA 186-187 J 6
Solomon Islands = Salomon, Îles ⌒ 9 G 3
Solomon Islands = Salomon, Îles ■ SOL 120 I c 2
Solomon River ~ USA 186-187 H 6
Solomon Sea = Salomon, Mer des ≈ 119 E 4
Solon o VRC 86-87 C 4
Soloncy o RUS (HBR) 58-59 J 2
Soloncy o RUS (IRK) 52-53 J 8
Solonešnoe o RUS 60-61 O 3
Solongotyn davaa ▲ MAU 84-85 D 3
Solonópole o BR 212-213 J 4
Solon Springs o USA 190-191 C 2
Solor, Kepulauan ⌒ RI 102-103 B 6
Solor, Pulau ⌒ RI 102-103 B 6
Solothurn ☆ CH 28-29 J 5
Soloveckie o RUS 24-25 N 4
Soloveckie ostrova ⌒ ··· RUS 24-25 N 4
Solov'ëvsk o RUS (AMR) 54-55 M 8
Solov'ëvsk o RUS (CTN) 54-55 G 11
Solre ~ F (59) 228-229 N 3
Solre-le-Château o F (59) 228-229 N 3
Solsona o· E 34-35 H 4
Solsona o RP 96-97 D 3
Soltānābād o IR 72-73 E 6
Soltān Bakvā o AFG 70-71 K 2
Soltane, Bir < TN 126-127 G 4
Soltāniye o· IR 64-65 N 4
Soltau o D 28-29 K 2
Soltau, tau ▲ KA 62-63 K 5
Solterre o F (45) 232-233 H 4
Soluntah, ozero ◦ RUS 46-47 Y 4
Solusi o ZW 154-155 E 5
Sölvesborg ☆ S 22-23 G 8
Solway Firth ◦ GB 26-27 F 4
Solwezi ☆ Z 150-151 D 7
Sol'zavod o RUS 52-53 K 5
Sōma o J 88-89 J 6
Soma ☆ TR 64-65 B 3
Somabhula o ZW 154-155 E 4
Somadougou o RMM 138-139 H 2
Somain o F (59) 228-229 L 3
Somali Basin = Somalie, Bassin de ▲ 8 D 4
Somalie, Bassin de = Somali Basin ▲ 8 D 4
Somalie = Soomaaliya ■ SP 148-149 J 2
Somalomo o CAM 146-147 D 2
Soma Zangpo ~ VRC 80-81 E 5
Sombacour o F (25) 238-239 J 3
Sombernon o F (21) 238-239 F 2
Sombo o ANG 152-153 F 4
Sombo ~ ANG 152-153 F 4
Sombor o· YU 36-37 G 2
Sombrerete o MEX 194-195 H 6
Sombrero ⌒ KAN 200 D 2
Sombrero o RCH 224 F 6
Sombrero, El o RA 224 F 2
Sombrero, El o YV 204-205 H 3
Sombrero Channel ≈ 76-77 L 6
Sombrio, Lagoa ◦ BR 218-219 F 7
Som Det o THA 94-95 G 2
Somero o FIN 24-25 G 6
Somers o USA 184-185 G 1
Somerset ∴ AUS 110-111 G 2
Somerset o CDN 178-179 G 6
Somerset o USA (CO) 186-187 D 6
Somerset o USA (KY) 190-191 F 7
Somerset o USA (MI) 190-191 F 4
Somerset o USA (PA) 190-191 J 5
Somerset Aboriginal Land ✕ AUS 110-111 G 2
Somerset East = Somerset-Oos o· ZA 156-157 G 6
Somerset Island ⌒ CDN 168-169 Z 4
Somerset-Oos o ZA 156-157 G 6
Somersetwes o ZA 156-157 D 7
Somerville o USA (NJ) 190-191 L 5
Somerville o USA (TX) 188-189 J 4
Somerville Lake ◦ USA 188-189 J 4
Somes Bar o USA 184-185 C 5
Somil o ANG 152-153 F 7
Somme ◘ F (80) 228-229 J 3
Somme, Baie de la ≈ F (80) 228-229 H 3
Somme, Canal de la < F (80) 228-229 K 4
Sommecaise o F (89) 232-233 J 4
Sommen ◦ S 22-23 G 7
Sommepy-Tahure o F (51) 234-235 F 3
Sommerton o USA 184-185 G 9
Sommery o F (76) 228-229 G 4
Somme-Soude ~ F (51) 234-235 E 4
Sommesous o F (51) 234-235 E 4
Somme-Tourbe o F (51) 234-235 F 3
Sommevoire o F (52) 234-235 F 5
Sommières o F (30) 242-243 E 4
Sommières-du-Clain o F (86) 236-237 F 3
Somna ⌒ N 22-23 F 4
Somnenija, buhta ◦ RUS 48-49 O 6
Somnja ~ RUS 58-59 H 2
Somokoro o CI 138-139 H 5
Somosomo Strait ≈ 120 III b 2
Somotillo o NIC 196-197 L 5
Somoto ☆ NIC 196-197 L 5
Sompeta o IND 78-79 D 6
Som Poi o THA 94-95 G 3
Sompuis o F (51) 234-235 E 4
Somra o MYA 78-79 J 3
Son ~ IND 78-79 D 3
Soná o PA 196-197 D 7
Sonaco o GNB 138-139 C 3
Sonaimur o BD 78-79 G 4
Sonanga o RMM 138-139 G 3
Sonapur o IND (ASS) 78-79 G 2
Sonapur o IND (ORI) 78-79 C 5
Sonār ~ IND 74-75 G 7
Sonbong o DVR 86-87 H 6
Sonchon o DVR 86-87 E 8
Soncillo o E 34-35 F 3
Sondagsrivier ~ ZA 156-157 G 6
Sonde, Détroit de la = Sunda, Selat ≈ (JBA) 104 A 3
Sonde, Grandes Îles de la = Sunda Besar, Kepulauan ⌒ RI 100-101 E 2
Sonde, Petites Îles de la = Sunda Kecil, Kepulauan ⌒ RI 104 C 6
Sonde, Plate-Forme de la = Sunda Shelf ≃ 9 B 2
Sønderborg o DK 22-23 D 9
Sondershausen o D 28-29 L 3
Sondeur, Baie du ≈ 246 III b 3
Sơn Động ☆ VN 92-93 E 6
Sondre Isortoq ≈ 172-173 O 4
Søndrestrømfjord = Kangerlussuaq o GRØ 172-173 P 3
Søndre Upernavik = Upernavik Kujalleq o GRØ 170-171 X 7
Sondrio ☆ I 36-37 B 1
Sondu o EAK 148-149 E 4
Sonepat o IND 74-75 F 5
Song o MAL 98-99 K 3
Song o WAN 140-141 K 4
Songa o RI 100-101 K 4
Songa o ZRE 150-151 C 5
Songaw Lagoon ◦ GH 138-139 L 7
Sông Ba ~ VN 94-95 K 4
Sông Câu o VN 94-95 K 4
Sông Cô Chiên ~ VN 94-95 J 5
Sông Cua Dai ~ VN 94-95 J 5
Sông Đa ~ VN 92-93 D 6
Sông Đông Nai ~ VN 94-95 J 5
Songea ☆ EAT 150-151 H 6
Songeons o F (60) 228-229 H 4
Songgato ~ RI 102-103 L 3
Sông Hâu ~ VN 94-95 H 5
Sông Hông ~ VN 92-93 D 5
Songhua Hu o VRC (JIL) 86-87 F 6
Songhua Hu · VRC (JIL) 86-87 F 6
Songhua Jiang ~ VRC 86-87 E 5
Songino = Cavdan o MAU 84-85 C 3
Songir o IND 74-75 E 9
Songjiang o VRC (JIL) 86-87 G 6
Songjiang o VRC (SGH) 90-91 M 6
Song-Kël', ozero ◦ KS 82-83 B 5
Song-Kël, ozero ◦ KS 82-83 B 5
Songkhla ☆ THA 94-95 F 7
Songkou o VRC 92-93 L 4
Song Ling ▲ VRC 90-91 L 1
Sông Lũy ~ VN 94-95 K 5
Songming o VRC 92-93 C 4
Songnam o ROK 86-87 F 9
Songnim o DVR 86-87 E 8
Songnisan National Park ⊥· ROK 86-87 F 9
Songo o ANG 152-153 C 3
Songo o MOC 154-155 G 2
Songo o SUD 142-143 G 4
Songololo o ZRE 146-147 E 6
Songo Mnara ∴ ··· EAT 150-151 K 5
Songpan o VRC 90-91 C 5
Song Phinong o THA 94-95 F 3
Songsang o IND 78-79 H 3
Songsha o VRC 80-81 C 5
Song Shan ▲ VRC 90-91 H 4
Songshang · VRC 90-91 H 4
Songshan Z.B. ⊥· VRC 90-91 J 1
Sông Tiên ~ VN 94-95 H 5
Songwe ~ EAT 150-151 G 5
Song Xian o VRC 90-91 H 4
Songyang o VRC 92-93 L 2
Songyu Cave · ROK 86-87 G 9
Songzi o VRC 90-91 G 6
So'n Hiệp o VN 94-95 K 5
Sonid Youqi o VRC 84-85 L 6
Sonid Zuoqi o VRC 84-85 L 6
Soniquera, Cerro ▲ BOL 220-221 D 2
Sonitë, Bol'šaja ~ RUS 44-45 Z 6
Sonjo o EAT 148-149 E 5
Sonjol, Gunung ▲ RI 100-101 G 3
Sonkwale Mountains ▲ WAN 140-141 H 5
So'n La ☆ VN 92-93 C 6
Son Mbong o CAM 146-147 C 2
Sonmiani, Baie de = Sonmiāni Bay ≈ 70-71 M 6
Sonmiāni Bay ≈ 70-71 M 6
Sonneberg o D 28-29 L 3
Sonneville o F (16) 236-237 E 4
Sono, Rio do ~ BR 212-213 E 6
Sono, Rio do ~ BR 216-217 H 4
Sonoma Range ▲ USA 184-185 F 5
Sonora o MEX 194-195 B 1
Sonora ◘ MEX 194-195 D 3
Sonora o USA (CA) 184-185 D 7
Sonora o USA (TX) 188-189 G 4
Sonora, Rio ~ MEX 194-195 D 3
Sonora Desert ∸ USA 184-185 G 9
Sonora Pass ▲ USA 184-185 E 6
Sonoumon o DY 140-141 E 4
Sonoyta o MEX 194-195 C 2
Sonqor o IR 70-71 B 1
Sonskij o RUS 52-53 E 8
Sonsón o CO 204-205 D 5
Sonsonate ☆ ES 196-197 K 5
Sonstraal o ZA 156-157 F 3
Sonta o ZRE 150-151 E 6
So'n Tây, Thi Xã ☆ VN 92-93 D 6
Soomaaliya = Somalie ■ SP 148-149 J 2
Soos, Tanjung ▲ RI 102-103 E 2
Sooyac o SP 148-149 J 3
Sopachuy o BOL 214-215 E 6
Sopas, Arroyo ~ ROU 220-221 J 6
Sopau o PNG 119 G 2
Sopčaju ~ RUS 44-45 K 7
Sôp Hao o LAO 92-93 D 6
Sophie o F (973) 245 I b 3
Sop Huai o THA 78-79 L 6
Sopi o RI 100-101 L 2
Sopi, Tanjung ▲ RI 100-101 L 2
Sopinusa o RI 102-103 G 3
Sopo ~ SUD 142-143 H 4
Sopočnaja ~ RUS 56-57 Q 5
Sopore o IND 74-75 E 2
Sopot o·· PL 28-29 P 1
Sop Prap o THA 94-95 E 2
Sopron o·· H 28-29 O 5
Sopsoum o LAO 92-93 B 6
Sôr, Ribeira de ~ P 34-35 D 5
Sora o I 36-37 D 4
Sora, Rio de ~ RA 220-221 E 2
Sorab o IND 76-77 F 3
Soracaba, Rio ~ BR 216-217 G 7
Sorāh o PK 74-75 B 6
Sōraksan ▲ ROK 86-87 G 8
Sōraksan National Park ⊥· ROK 86-87 G 8
Sora Mboum o CAM 142-143 B 5
Sorapa o PE 214-215 C 5
Soras, Rio ~ PE 208-209 F 9
Sorata o BOL 214-215 C 4
Sorāth ∪ IND 74-75 B 9
Sorati-gawa ~ J 88-89 K 3
Sorau o WAN 140-141 K 4
Søraust-spitsbergen nat-res ⊥ N 20-21 M 3
Sorba, Col de ▲ F (2B) 244 D 4
Sorbas o E 34-35 F 6
Sore o F (40) 240-241 C 2
Sorède o F (66) 240-241 K 5
Sorel o CDN 182-183 H 5
Sorell-Midway Point o AUS 116-117 J 7
Sorere o EAU 148-149 D 3
Sør-Flatanger o N 22-23 E 4
Sorfta o ETH 144-145 D 5
Sorges o F (24) 236-237 G 5
Sorgues o F (84) 242-243 F 3
Sorgues ~ F (84) 242-243 F 3
Sorgun ☆ TR 64-65 F 3
Sorḫ, Kōtal-e ▲ AFG 70-71 K 1
Sorḫ, Kūh-e ▲ IR 70-71 F 2
Sorḫ, Kūh-e ▲ IR 72-73 F 3
Sorḫ-ō-Pārsā o AFG 74-75 B 2
Sori o DY 140-141 E 3
Soria o· E 34-35 F 4
Sorido o RI 102-103 J 2
Sorigny o F (37) 232-233 D 5
Sorinières, Les o F (44) 230-231 H 5
Sorkam o RI 98-99 C 4
Sørkapp ▲ N 170-171 v 8
Sørkapp Land ∸ N 20-21 K 4
Sørkappøya ⌒ N 20-21 K 4
Sørli o N 22-23 F 4
Sorme, Barrage de la <· F (71) 238-239 E 3
Sormiento, Canal ≈ 224 C 5
Sormonne ~ F (08) 234-235 F 2
Sornac o F (19) 236-237 K 4
Sornin ~ F (71) 238-239 E 4
Soro o IND 78-79 E 5
Soro o PK 70-71 M 3
Soro = Bahr el Ghazal ~ TCH 134-135 H 5
Sorobango o CI 138-139 J 5
Soroca ☆ MD 38-39 F 3
Sorocaba o BR 216-217 G 7
Soročinsk ☆ RUS 32-33 H 7
Soroki = Soroca ☆ MD 38-39 F 3
Sorokino o RUS 30-31 L 3
Sorokskaja guba ≈ 24-25 N 4
Sorombéo o CAM 142-143 B 4
Sorondideri o RI 102-103 H 2
Sorong o RI 102-103 F 2
Sororó, Rio ~ BR 212-213 D 4
Soroti o EAU 148-149 D 3
Sørøya ⌒ N 22-23 L 1
Sørøysundet ≈ 22-23 L 1
Sorraia, Rio ~ P 34-35 C 5
Sorrento o CDN 176-177 L 6
Sorrento o· I 36-37 E 4
Sorriso o BR 214-215 K 3
Sør-Rondane ▲ ARK 16 F 3
Sorsele o S 22-23 H 4
Sorsk o RUS 52-53 E 8
Sorsogon ☆ RP 96-97 E 6
Sørspitsbergen nasjonalpark ⊥ N 20-21 J 4
Sørstraumen o N 22-23 K 2
Sort o E 34-35 H 3
Šortandy ☆ KA 60-61 G 3
Sortavala o RUS 24-25 L 6
Sortebræ ⊂ GRØ 172-173 b 2
Sortehest ▲ GRØ 170-171 I 7
Sortija, La o RA 222-223 J 5
Sortland o N 22-23 G 2
Sorūbī o AFG 74-75 B 3
Sorūd, Rūdḫāne-ye ~ IR 72-73 B 7
Sorum ~ RUS 50-51 K 2
Sørværøy o N 22-23 F 3
Sørvågen o N 22-23 F 3
Sørvágur o FR 26-27 D 1
Sorvenok o KA 60-61 P 4
Sørvika o N 22-23 E 5
Sos o F (47) 240-241 E 2
Sōsan o ROK 86-87 F 9
Sōsan Haean National Park ⊥· ROK 86-87 E 9
Soscumica, Lac ◦ CDN 182-183 F 3
Soskie jary ▲ RUS 32-33 G 7
Sosneado, El o RA 222-223 E 3
Sosnogorsk o RUS 24-25 W 5
Sosnove o UA 38-39 E 2
Sosnovec, ostrov ⌒ RUS 24-25 Q 3
Sosnovka o KA 60-61 L 3
Sosnovka o RUS 54-55 D 8
Sosnovka o RUS (KIR) 32-33 G 5
Sosnovka o RUS (MUR) 24-25 Q 3
Sosnovo-Ozërskoe ☆ RUS 54-55 E 9
Sosnovyj o RUS 24-25 M 3
Sosnovyj Bor o RUS 50-51 Q 4
Sosnovyj Bor o RUS (LEN) 30-31 L 2
Sosnowiec o PL 28-29 P 3
Soso Bay ≈ 120 III b 3
Sosogoh o MAL 96-97 B 10
Sosok o RI 98-99 J 4
Sospel o F (06) 242-243 L 4
Sossais o F (86) 236-237 F 2
Sosso o RCA 146-147 E 2
Sosso, Cascades de ~· DY 140-141 E 3
Sossusvlei ◦· NAM 156-157 B 2
Sost o F (65) 240-241 F 5
Šostka o UA 38-39 H 2
Sosúa o· DOM 198-199 K 5
Sos'va ☆ RUS (SVR) 50-51 F 5
Sos'va ~ RUS 50-51 G 5
Sot' ~ RUS 30-31 R 2
Sota ~ DY 140-141 E 3
Sotará, Volcán ▲ CO 204-205 C 6
Sotavento, Ilhas de ⌒ CV 138-139 B 6
Sotavento, Islas de = Sous-le-Vent, Îles ∸ 200 A 6
Sotchi = Soči o·· RUS 40 B 5
Sotério, Rio ~ BR 214-215 E 2
Sotian o RMM 138-139 G 4
Sotik o EAK 148-149 E 4
Sotkamo o FIN 24-25 K 4
Soto o RA 220-221 E 6
Soto, De o USA 190-191 C 4
Soto, Isla ⌒ PE 214-215 C 4
Soto Caverns, De ∴· USA 192-193 E 3
Soto la Marina o MEX 194-195 K 6
Sotomayo, Quebrada ~ BOL 220-221 D 1
Sotomayor o CO 208-209 D 1
Soto National Monument, De · USA 192-193 G 6
Šotorḫūn, Kōtal-e ▲ AFG 70-71 L 1
Sotouboua o RT 138-139 L 5
Sotta o F (2A) 244 D 5
Sotteville-sur-Mer o F (76) 228-229 F 4
Soturac o F (46) 240-241 G 2
Sotuta o MEX 196-197 K 1
Souabe = Schwaben ∸ D 28-29 K 4
Soual o F (81) 240-241 J 3
Souanké o RCB 146-147 E 2
Soubakaniédougou o BF 138-139 H 4
Soubakpérou ▲ DY 140-141 E 4
Soubala o RMM 138-139 E 3
Soubané o RG 138-139 C 4
Soubéira o BF 138-139 K 3
Soubès o F (34) 242-243 C 4
Soubise o F (17) 236-237 C 4
Soubré ☆ CI 138-139 G 7
Souche ~ F (02) 228-229 M 4
Soucy o F (89) 232-233 J 3
Soudan o AUS 110-111 D 7
Soudan o F (79) 236-237 E 3
Soudan = As-Sūdān ■ SUD 136-137 D 4
Soudan = Sudan ∸ 5 D 4
Soudan Bank ≃ 160 D 6
Soudougui o BF 138-139 L 4
Soueich o F (31) 240-241 F 4
Souellaba, Pointe de ▲ CAM 146-147 B 2
Souesmes o F (41) 232-233 G 5
Souf ∸ DZ 126-127 F 4
Souf, Oued ~ DZ 126-127 D 7
Soufa, Passe de ▲ RIM 132-133 E 7
Soufflenheim o F (67) 234-235 M 4
Soufflets River ~ CDN 182-183 Q 3
Soufrière o WL 200 E 5
Soufrière, La ▲ F (971) 245 IV a 2
Sougé o F (41) 232-233 D 4
Sougères-en-Puisaye o F (89) 232-233 J 4
Sougueur o DZ 126-127 C 3
Sougy o F (45) 232-233 E 3
Souhain-Perthes-lès-Hurlus o F (51) 234-235 F 3
Souillac o F (46) 236-237 H 6
Souillac o MS 160 C 7
Souilly o F (55) 234-235 G 3
Souk Ahras ☆ DZ 126-127 F 2
Souk-el-Arab-des-Beni-Hassan o MA 124-125 J 3
Souk-el-Arab-du-Rharb o MA 124-125 H 3
Souk-el-Kella o MA 124-125 J 3
Soukhoumi = Suchumi ☆ GE 40 C 5
Souk-Jemaâ-des-Oulad-Abbou o MA 124-125 H 4
Soukoukoutane o RN 140-141 E 1
Souk-Tleta-des-Akhasass o MA 124-125 G 6
Sōul ☆ ROK 86-87 F 9
Soula, Djebel Adrar ▲ DZ 126-127 G 8
Soulabali o SN 138-139 C 3
Soulaines-Dhuys o F (10) 234-235 F 5
Soulgé-sur-Ouette o F (53) 230-231 K 3
Soulignonne o F (17) 236-237 D 4
Soulis Pond ◦ CDN 182-183 R 4
Soulles ~ F (50) 228-229 B 5
Soultzeren o F (68) 234-235 L 5
Soultz-Haut-Rhin o F (68) 234-235 L 6
Soultzmatt o F (68) 234-235 L 6
Soultz-sous-Forêts o F (67) 234-235 M 4
Šouma'e Sarā o IR 64-65 N 4
Soumgaït = Sumqayıt o· AZ 64-65 N 2
Soummam, Oued ~ DZ 126-127 E 2
Soumoulou o F (64) 240-241 D 4
Sounders River ~ CDN 180-181 L 2
Sound Hill Cove ≈ 182-183 Q 2
Sounding Creek ~ CDN 176-177 P 6
Sounga o G 146-147 B 5
Soungrougrou ~ SN 138-139 C 3
Souppes-sur-Loing o F (77) 232-233 H 3
Souprosse o F (40) 240-241 C 3
Souquet o F (40) 240-241 B 3
Source du Nil · RWA 148-149 B 5
Sources, Mont aux ▲·· LS 156-157 J 4
Sources Sud Nil · BU 148-149 B 5
Sourdeval o F (50) 230-231 K 2
Sourdon o F (80) 228-229 J 4
Sourgout = Surgut ☆ RUS 50-51 M 4
Souris o CDN (MAN) 178-179 F 6
Souris o CDN (PEI) 182-183 N 5
Souris River ~ USA 186-187 G 1
Sournia o F (66) 240-241 J 5
Sourou ~ RMM 138-139 J 3
Souroukaha o CI 138-139 H 5
Sours o F (28) 232-233 F 3
Sous, Oued ~ MA 124-125 G 5
Sousa o BR 212-213 J 5
Sousceyrac o F (46) 236-237 K 6
Sousel o P 34-35 D 5
Sous-le-Vent, Îles = Sotavento, Islas de ∸ 200 A 6
Soussac o F (33) 236-237 F 6
Sousse ☆··· TN 126-127 H 3
Soustelle · F (30) 242-243 E 3
Soustons o F (40) 240-241 B 3
Soustons, Étang de ◦ F (40) 240-241 H 3
Souterraine, la o F (23) 236-237 H 3
South = Sud ◘ CAM 146-147 C 2
South Africa = Afrique du Sud ■ ZA 156-157 E 3
South Alligator River ~ AUS 108-109 L 2
Southampton o CDN 182-183 D 6
Southampton o· GB 26-27 G 6
Southampton o USA 190-191 M 5
Southampton, Cape ▲ CDN 180-181 H 3
Southampton Island ⌒ CDN 180-181 G 2
South Andaman ⌒ IND 76-77 L 4
South Andros Island ⌒ BS 198-199 G 3
South Aulatsivik Island ⌒ CDN 180-181 T 6
South Australia ◘ AUS 114-115 C 4
South Australia Basin = Australie Méridionale, Bassin de l' ≃ 9 D 6
Southaven o USA 192-193 D 2
South Baldy ▲ USA 188-189 D 2
South Banda Basin = Banda Méridional, Bassin de ≃ 102-103 D 5
South Baranof Island Wilderness ⊥ USA 176-177 C 3
South Bay ≈ 180-181 H 2
South Bay o CDN 178-179 K 5
South Baymouth o CDN 182-183 C 6
South Bend o USA 190-191 E 5
South Bimini ⌒ BS 198-199 F 2
South Boston o USA 190-191 J 7
South Branch o CDN 182-183 P 5
South Branch Potomac ~ USA 190-191 J 6
South Brook o CDN 182-183 Q 4
South Buganda ◘ EAU 148-149 C 4
South Caicos ⌒ GB 198-199 K 4
South Cape ▲ CDN 168-169 d 2
South Cape ▲ USA 166-167 T 5
South Carolina ◘ USA 192-193 H 2
South Charleston o USA 190-191 H 6
South China Basin = Sud-Chinois, Bassin ≃ 96-97 A 5
South China Sea = Chine Méridionale, Mer de ≈ 6-7 L 7
South Coast Range ▲ AUS 116-117 K 4
South Cove o USA 184-185 G 7
South Dakota ◘ USA 186-187 G 3
South East ◘ RB 156-157 G 2
South East Aru Marine Reserve ⊥· RI 102-103 H 5
South East Bight o CDN 182-183 R 5
South East Cape ▲ AUS 116-117 J 7
Southeast Cape ▲ USA 164-165 F 5
Southeast Indian Ridge = Sud-Est Indienne, Dorsale ≃ 8 F 8
South East Islands ⌒ AUS 112-113 G 7
South East Point ▲ AUS 116-117 J 5
Southeast Point ▲ BS 198-199 J 4
Southeast Point ▲ BS 198-199 J 3
South End ⌒ AUS 108-109 B 6
Southend o CDN 178-179 E 2
Southend-on-Sea o GB 26-27 H 6
Southern ◘ EAU 148-149 C 4
Southern ◘ MW 154-155 H 2
Southern ◘ RB 156-157 F 2
Southern ◘ Z 154-155 C 3
Southern Alps ▲ NZ 118 B 6
Southern Cross o AUS 112-113 E 5
Southern Cross Club o GB 198-199 E 5
Southern Indian Lake ◦ CDN 178-179 G 2
Southern Kashiji ~ Z 154-155 B 2
Southern Lau Group ⌒ FJI 120 III c 3
Southern Long Cays ⌒ BH 196-197 K 3
Southern Lueti ~ Z 154-155 B 3
Southern National Park ⊥ SUD 142-143 J 5
Southern Pines o USA 192-193 J 2
Southern Region ◘ SUD 142-143 H 5
Southern Uplands ∸ GB 26-27 E 4
Southern Ute Indian Reservation ✕ USA 188-189 D 1
Southesk Tablelands ∸ AUS 108-109 H 6
Southey o CDN 178-179 D 5
South Fiji Basin = Fidji Méridionales, Bassin des ≃ 9 J 5
South Fork o USA 188-189 D 1
South Fork Indian Reservation ✕ USA 184-185 G 5
South Fork John Day River ~ USA 184-185 E 3
South Fork Koyukuk ~ USA 164-165 P 3
South Fork Kuskokwim River ~ USA 164-165 N 5
South Fork Owyhee River ~ USA 184-185 F 4
South Fork Republican River ~ USA 186-187 F 6
South Fork Salmon River ~ USA 184-185 G 3
South Fork Solomon River ~ USA 186-187 G 6
South Fork White River ~ USA 186-187 G 4
South Galway o AUS 114-115 G 3
Southgate River ~ CDN 176-177 H 6
South Georgia = Géorgie du Sud ⌒ GB 222-223 O 7
South Gut Saint Ann's o CDN 182-183 O 5
South Harbour o CDN 182-183 O 5
South Haven o USA 190-191 E 4
South Head o AUS 110-111 G 6
South Heart River ~ CDN 176-177 M 4
South Henik Lake ◦ CDN 174-175 V 5
South Hill o USA 190-191 J 7
South Horr o EAK 148-149 F 2
South Indian Lake o CDN 178-179 G 2
South Island ⌒ EAK 148-149 F 2
South Island ⌒ NZ 118 B 5
South Junction o CDN 178-179 J 6
South Kitui National Reserve ⊥ EAK 148-149 G 4
South Knife River ~ CDN 174-175 V 6
South Lake Tahoe o USA 184-185 E 6
South Loup River ~ USA 186-187 H 5
South Luangwa National Park ⊥ Z 150-151 F 7
South Luconia Shoals ≃ 98-99 K 2
South Male Atoll ⌒ MV 76-77 B 6
South Malosmadulu Atoll ⌒ MV 76-77 B 5
South Milford o CDN 182-183 M 6
South Moose Lake ◦ CDN 178-179 G 4
South Moresby National Park Reserve ⊥·· CDN 176-177 E 5
South Nahanni River ~ CDN 174-175 E 4
South Negril Point ▲ JA 198-199 F 5
South Nilandu Atoll ⌒ MV 76-77 B 6
South Orkneys ∸ GB 16 G 32
South Padre Island ⌒ USA 188-189 J 6
South Pare Mountains ▲ EAT 148-149 F 6
South Paris o USA 190-191 N 3
South Pass ▲ USA 186-187 C 4
South Peron Island ⌒ AUS 108-109 K 2
South Platte River ~ USA 186-187 E 6
South Point ▲ BS 198-199 H 3
South Pole = Pôle Sud · ARK 16 E 28
South Porcupine o CDN 178-179 Q 6
Southport o AUS (QLD) 114-115 M 4
Southport o AUS (TAS) 116-117 J 7
Southport o CDN 182-183 S 4
Southport o· GB 26-27 F 5
South Portsmouth o USA 190-191 G 6
South Prince of Wales Wilderness ⊥· USA 176-177 D 4
South Racoon River ~ USA 186-187 K 5
South Redstone River ~ CDN 174-175 F 4
South River ~ CDN 182-183 E 6
South Rukuru ~ MW 150-151 G 6
South Sandwich Trench = Sandwich du sud, Fosse des ≃ 14-15 G 14
South Saskatchewan River ~ CDN 178-179 C 5
South Seal River ~ CDN 178-179 G 2
South Shetlands ∸ GB 16 G 30
South Shields o GB 26-27 G 4
South Sioux City o USA 186-187 J 4
South Solitary Island ⌒ AUS 114-115 M 6
South Spicer Island ⌒ CDN 168-169 h 6
South Stradbroke Island ⌒ AUS 114-115 M 4
South Tasman Rise = Tasmanie, Crête de ≃ 9 F 7
South Teton Wilderness Area ⊥ USA 184-185 J 4
South Thompson River ~ CDN 176-177 L 6
South Tucson o USA 188-189 B 3
South Turkana National Reservoir ⊥ EAK 148-149 E 3
South Tweedsmuir Island ⌒ CDN 172-173 C 2
South Twin Island ⌒ CDN 182-183 E 2
South Twin Lake ◦ CDN 182-183 R 4
South Uist ⌒ GB 26-27 D 3
South Wabasca Lake ◦ CDN 176-177 O 4
South Wellesley Islands ⌒ AUS 110-111 E 5
South-West = Sud Ouest ◘ CAM 140-141 H 6
South West Cape ▲ AUS 116-117 J 7
Southwest Cape ▲ NZ 118 A 7
South Western Highway II AUS 112-113 C 6
Southwest Gander River ~ CDN 182-183 R 4
Southwest Indian Ridge = Sud-Ouest Indienne, Dorsale ≃ 5 G 10
South West Island ⌒ AUS 110-111 K 5
Southwest Miramichi River ~ CDN 182-183 L 5
South West National Park ⊥ AUS 116-117 J 7
Southwest Pacific Basin = Pacifique Méridional, Bassin du ≃ 10-11 N 11
Southwest Point ▲ BS 198-199 G 2
Southwest Point ▲ BS 198-199 J 4
Southwest Point ▲ BS 198-199 H 3
South West Rocks o AUS 114-115 M 6
Souto Soares o BR 216-217 K 2
Soutpan o ZA 156-157 H 4
Soutpansberg ▲ ZA 154-155 E 6
Soutpansnek ▲ ZA 156-157 G 6
Soutrivier ~ ZA 156-157 D 5
Soutrivier ~ ZA 156-157 E 4
Souvigné o F (79) 236-237 E 3
Souvigny o F (03) 238-239 C 3

Souvigny-en-Sologne o **F** (41) 232-233 G 4
Soverato o **I** 36-37 F 5
Sovetabad o **US** 72-73 N 4
Sovetašen = Nubarašen o **AR** 64-65 L 2
Sovetsk o **RUS** (KIR) 32-33 F 5
Sovetsk o• **RUS** (RF) 30-31 G 4
Sovetskaja o **RUS** (KRA) 62-63 D 5
Sovetskaja o **RUS** (STA) 62-63 F 6
Sovetskaja gora ▲ **RUS** 48-49 V 1
Sovetskajy Gavan' o **RUS** 58-59 J 4
Sovetskij o **RUS** (MAR) 32-33 F 5
Sovetskij ☆ **RUS** 50-51 G 4
Sovetskoe, ozero o **RUS** 44-45 U 8
Sovhoz, Bol'šereckij o **RUS** 58-59 R 2
Sovpol'le o **RUS** 24-25 S 4
Sowa Pan o **RB** 154-155 C 5
Soweto o **ZA** 156-157 H 3
Soy o **EAK** 148-149 E 3
Sōya-kaikyō ≈ 88-89 J 2
Soyaló o **MEX** 196-197 H 3
Sōya-misaki ▲ **J** 88-89 J 2
Soye o **F** (25) 238-239 J 2
Soyo o **ANG** 152-153 B 3
Soyons o **F** (07) 242-243 F 2
Sož ~ **BY** 30-31 M 5
Sozaķ o **KA** 60-61 F 6
Sozva ~ **RUS** 24-25 W 3
Spa o• **B** 28-29 H 3
Spafar'eva, ostrov ⌒ **RUS** 56-57 N 4
Spalding o **AUS** 116-117 E 2
Spaldings o **JA** 198-199 G 5
Španberga, proliv o **RUS** 58-59 M 7
Spanda, Akra ▲ **GR** 36-37 J 7
Spaniard's Bay o **CDN** 182-183 S 5
Spanish Point ▲ **AG** 200 E 3
Spanish River ~ **CDN** 182-183 D 5
Spanish River Indian Reserve X **CDN** 182-183 C 5
Spanish Town o•• **JA** 198-199 G 6
Spanish Wells o **BS** 198-199 G 2
Sparbo, Cape ▲ **CDN** 168-169 e 3
Sparbu o **N** 22-23 E 5
Sparke Range ▲▲ **AUS** 108-109 H 5
Sparks o **USA** 184-185 E 6
Sparouine o **F** (973) 245 I a 1
Sparta o **USA** (GA) 192-193 G 3
Sparta o **USA** (NC) 192-193 H 1
Sparta o **USA** (TN) 192-193 F 2
Sparta o **USA** (WI) 190-191 C 4
Spartanburg o **USA** 192-193 H 2
Spartel, Cap ▲ **MA** 124-125 J 3
Spárti o• **GR** 36-37 J 6
Sparwood o **CDN** 176-177 N 7
Spas-Demensk o **RUS** 30-31 O 4
Spas-Klepiki ☆ **RUS** 30-31 R 4
Spasskaja Guba o **RUS** 24-25 M 5
Spassk-Dal'nij o **RUS** 58-59 E 6
Spassk-Rjazanskij o• **RUS** 30-31 R 4
Spath Plateau ▲▲ **GRØ** 170-171 p 7
Spatsizi Plateau ▲▲ **CDN** 176-177 F 3
Spatsizi River ~ **CDN** 176-177 F 3
Spearfish o **USA** 186-187 F 3
Spearhole Creek ~ **AUS** 112-113 E 1
Spearman o **USA** 188-189 G 1
Spechbach-le-Bas o **F** (68) 238-239 L 1
Special Economic Zone (SEZ) □ **VRC** 92-93 F 7
Specimen Hill ▲ **AUS** 114-115 L 3
Speculator o **USA** 190-191 L 4
Speedwell Island ⌒ **GB** 222-223 L 7
Speery Island ⌒ **GB** 138-139 C 8
Speightstown o **BDS** 200 F 5
Speke Gulf o **EAT** 148-149 D 5
Spence Bay ≈ 168-169 Z 6
Spence Bay o **CDN** 168-169 Z 6
Spencer o **USA** (IA) 186-187 K 4
Spencer o **USA** (IN) 190-191 E 6
Spencer o **USA** (WV) 190-191 H 6
Spencer, Cape ▲ **AUS** 116-117 D 3
Spencer, Cape ▲ **USA** 176-177 B 2
Spencer, Golfe de = Spencer Gulf ≈ 116-117 D 3
Spencer, Point ▲ **USA** 164-165 G 4
Spencer Gulf ≈ 116-117 D 3
Spences Bridge o **CDN** 176-177 K 6
Spēra o **AFG** 74-75 B 3
Spessart ▲▲ **D** 28-29 K 4
Spey ~ **GB** 26-27 F 3
Speyer o• **D** 28-29 K 4
Spézet o **F** (29) 230-231 D 3
Spezzano Albanese o **I** 36-37 F 5
Spiekeroog ⌒ **D** 28-29 J 2
Špil'-Tarbagannah, gora ▲ **RUS** 56-57 H 3
Spinazzola o **I** 36-37 F 4
Spin Bŏldak o **AFG** 70-71 M 3
Spincourt o **F** (55) 234-235 H 3
Spīn Ġar ▲▲ **AFG** 74-75 B 2
Spire = Speyer o••• **D** 28-29 K 4
Spirit Lake o **USA** 186-187 K 4
Spiritwood o **CDN** 178-179 C 4
Spirka ~ **RUS** 46-47 U 4
Spiro o **USA** 188-189 K 2
Spišský hrad ••• **SK** 28-29 Q 4
Spitak o **AR** 64-65 L 2
Spit Point ▲ **AUS** 108-109 D 6
Spitskopvlei o **ZA** 156-157 G 5
Spittal an der Drau o **A** 28-29 M 5
Spitzberg = Svalbard ⌒ **N** 20-21 J 3
Spitzkoppe ▲•• **NAM** 152-153 C 10
Split o••• **HR** 36-37 F 3
Split Island ⌒ **CDN** 180-181 K 6
Split Lake o **CDN** (MAN) 178-179 H 2
Split Lake o **CDN** (MAN) 178-179 J 2
Split Lake Indian Reserve X **CDN** 178-179 J 2
Split Rock Dam < **AUS** 114-115 L 6
Spofford o **USA** 188-189 G 5
Špogi o **LV** 30-31 K 3
Spokane o• **USA** 184-185 F 2
Spokane House ∴ **USA** 184-185 F 2
Spokane Indian Reservation X **USA** 184-185 F 2
Spokane River ~ **USA** 184-185 F 2
Špola o **UA** 38-39 G 3
Spoleto o• **I** 36-37 D 3
Spontour o **F** (19) 236-237 K 5
Spooner o **USA** 190-191 C 3
Spoon River ~ **USA** 190-191 C 5
Sporádes, Notioi = Sporades ⌒ **GR** 36-37 K 6
Sporades = Sporádes, Notioi ⌒ **GR** 36-37 K 6
Sporádes, Vóries ◡ **GR** 36-37 J 5
Sporavskoe, vozero o **BY** 30-31 J 5
Spornoe o **RUS** 56-57 O 2
Sporyj Navolok, mys ▲ **RUS** 44-45 N 3
Spotted House o **USA** 186-187 E 3
Spotted Island o **CDN** (NFL) 182-183 R 2
Spotted Island ⌒ **CDN** (NFL) 182-183 R 2
Sprague o **USA** 184-185 F 2
Sprague River ~ **USA** 184-185 D 4
Spray o **USA** 184-185 E 3
Spree ~ **D** 28-29 M 2
Sprenger, Lake o **AUS** 112-113 H 2
Sprengisandur ▲▲ **IS** 22-23 d 2
Spring o **USA** 188-189 K 4
Springbok o **ZA** 156-157 C 4
Spring Creek o **AUS** 110-111 H 6
Spring Creek ~ **AUS** 114-115 F 2
Springdale o **CDN** 182-183 Q 4
Springdale o **USA** (AR) 188-189 K 1
Springdale o **USA** (WA) 184-185 F 1
Springer o **USA** 188-189 E 1
Springerville o **USA** 188-189 C 2
Springfield o **USA** (CO) 188-189 F 1
Springfield o **USA** (MO) 188-189 L 1
Springfield o **USA** (OH) 190-191 G 6
Springfield o **USA** (OR) 184-185 C 3
Springfield o **USA** (TN) 192-193 E 1
Springfield o **USA** (VT) 190-191 M 4
Springfield ☆ **USA** (IL) 190-191 D 6
Springfontein o **ZA** 156-157 G 5
Spring Garden o **GUY** 206-207 E 2
Springhill o **CDN** 182-183 M 6
Springhill o **USA** 188-189 L 3
Spring Hill o **USA** 192-193 G 5
Springlake o **USA** 188-189 F 2
Spring Lake o **USA** 192-193 J 2
Spring Mill State Park • **USA** 190-191 E 6
Spring Mountains ▲▲ **USA** 184-185 G 7
Springrale o **AUS** 114-115 F 2
Springs o **ZA** 156-157 J 3
Springs Junction o **NZ** 118 D 5
Springsure o **AUS** 114-115 K 3
Springvale o **AUS** 108-109 H 4
Spring Vale o **AUS** 110-111 D 6
Springvale Homestead o• **AUS** 108-109 L 3
Spring Valley o **ZA** 156-157 H 6
Springview o **USA** 186-187 H 4
Springville o **USA** (AL) 192-193 E 3
Springville o **USA** (NY) 190-191 J 4
Springville o **USA** (UT) 184-185 J 5
Springwater o **CDN** 176-177 Q 6
Sprova o **N** 22-23 E 4
Sprucedale o **CDN** 182-183 E 6
Spruce Grove o **CDN** 176-177 O 5
Spruce Home o **CDN** 178-179 D 4
Spruce Island ⌒ **USA** 166-167 U 4
Spruce Knob ▲ **USA** 190-191 J 6
Spruce Mountain ▲ **USA** 184-185 G 5
Spruce Pine o **USA** 192-193 G 2
Spruce River ~ **CDN** 174-175 V 6
Spruce Woods Forest Reserve ⊥ **CDN** 178-179 G 6
Spruce Woods Provincial Park ⊥ **CDN** 178-179 G 6
Spry o **USA** 184-185 H 6
Spurn Head ▲ **GB** 26-27 H 5
Squamish o **CDN** 176-177 J 7
Square Hill ▲ **AUS** 112-113 H 3
Square Ilands o **CDN** 182-183 R 2
Squarnish River ~ **CDN** 176-177 J 6
Squilax o **CDN** 176-177 L 6
Squillace, Golfo di ≈ 36-37 F 5
Squire Boone's Caverns ∴ **USA** 190-191 E 6
Squires, Mount ▲ **AUS** 112-113 J 3
Squirrel River ~ **USA** 164-165 K 3
Sragen o **RI** 104 D 3
Srbica o **YU** 36-37 H 3
Srbija = Serbie □ **YU** 36-37 G 2
Srbobran o **YU** 36-37 G 2
Srebărna, Naroden Park ⊥••• **BG** 38-39 E 5
Sredec o **BG** 38-39 E 6
Sredinnyj hrebet ▲▲ **RUS** 56-57 R 7
Srednebelaja o **RUS** 58-59 C 3
Srednee Kujto, ozero o **RUS** 24-25 L 4
Srednekan, Ust'- o **RUS** 56-57 P 2
Srednekolymsk o **RUS** 46-47 d 6
Sredneobskaja nizmennost' ◡ **RUS** 50-51 L 3
Sredne russkaja vozvyšennost' ▲▲ **RUS** 30-31 Q 5
Srednesibirskoe ploskogor'e = Sibérie Centrale, Plateau de ∸ **RUS** 6-7 J 2
Srednij, ostrov ⌒ **RUS** 44-45 Y 3
Srednij, proliv ≈ 48-49 P 2
Srednij, zaliv o **RUS** 56-57 S 3
Srednij Ikorec o **RUS** 38-39 L 2
Srednij Kalar o **RUS** 54-55 H 8
Srednij Mamakan ~ **RUS** 54-55 G 7
Srednij Ural ▲▲ **RUS** 50-51 E 5
Srednij Viljujkan ~ **RUS** 52-53 N 3
Srednjaja ~ **RUS** 46-47 K 3
Srednjaja, gora ▲ **RUS** 44-45 a 4
Srednjaja Kočoma ~ **RUS** 52-53 N 4
Srednjaja Mokla ~ **RUS** 54-55 J 8
Srednjaja Olëkma o **RUS** 54-55 K 8
Srednogorie = Pirdop + Zlatica o **BG** 38-39 D 6
Šrenk ~ **RUS** 44-45 Z 4
Srê Noy o **K** 94-95 H 4
Srê Sbov o **K** 94-95 J 4
Sretensk ☆ **RUS** 54-55 H 9
Sribne o **UA** 38-39 H 2
Sribordi o **BD** 78-79 F 3
Sri Dungargarh o **IND** 74-75 E 5
Srīkākulam o **IND** 78-79 C 6
Sri Kālahasti o• **IND** 76-77 H 4
Sri Lanka = Sri Lanka ■ **CL** 76-77 J 6
Srinagar ☆• **IND** 74-75 E 2
Srinakarin National Park ⊥• **THA** 94-95 E 3
Srinakarin Reservoir < **THA** 94-95 E 3
Sringeri o **IND** 76-77 F 4
Srinivāspur o **IND** 76-77 H 4
Sriparumbudur o **IND** 76-77 H 4
Srirāmapura o **IND** 76-77 G 4
Srirāmpur o **IND** 74-75 E 10
Srirangam o• **IND** 76-77 H 5
Srirangapatnam o• **IND** 76-77 G 4
Srirangarājupuram o **IND** 76-77 H 3
Srīsailam o **IND** 76-77 H 2
Sri Toi o **PK** 74-75 B 4
Srivaikuntam o **IND** 76-77 G 6
Srivardhan o **IND** 74-75 D 10
Srivilliputtūr o• **IND** 76-77 G 6
Środa Wielkopolska o **PL** 28-29 O 2
Srostki o **RUS** 60-61 O 2
Srungavarapukota o **IND** 78-79 C 6
ṣ-Ṣawāb, Wādī ~ **SYR** 64-65 J 5
s-Sibū', Wādī ∴• **ET** 130-131 F 6
Staaten River ~ **AUS** 110-111 G 5
Staaten River National Park ⊥ **AUS** 110-111 G 5
Stabbursdalen nasjonalpark ⊥ **N** 22-23 M 1
Stabkirche Urnes ••• **N** 22-23 C 6
Stackpool o **CDN** 182-183 D 5
Stack Skerry ⌒ **GB** 26-27 E 2
Stade o• **D** 28-29 K 2
Staduhino o **RUS** 48-49 O 3
Staffelfelden o **F** (68) 238-239 L 1
Stafford ☆ **GB** 26-27 F 5
Stahanov = Kadijivka o **UA** 38-39 L 3
Staínes, Península ◡ **RCH** 224 D 5
Stainville o **F** (55) 234-235 G 4
Staked Plain = Llano Estacado ◡ **USA** 188-189 F 3
Stalingrad = Zarizyn ☆• **RUS** 32-33 D 9
Stamberg, gora ▲ **RUS** 58-59 K 5
Stamford o **AUS** 114-115 G 1
Stamford o **GB** 26-27 G 5
Stamford o **USA** 190-191 M 5
Stamford, Lake < **USA** 188-189 H 3
Stampriet o **NAM** 156-157 D 2
Stamps o **USA** 188-189 L 3
Stamsund o **N** 22-23 F 2
Stanberry o **USA** 186-187 K 5
Stancionno-Ojašinskij o **RUS** 50-51 R 7
Standerton o **ZA** 156-157 J 3
Standing Rock Indian Reservation X **USA** 186-187 G 3
Standish o **USA** 190-191 G 3
Stanford o **USA** (KY) 190-191 F 7
Stanford o **USA** (MT) 184-185 J 2
Stang, Cape ▲ **CDN** 168-169 U 5
Stanger o **ZA** 156-157 K 4
Stanhope o **AUS** 116-117 H 4
Stanhope o **GB** 26-27 F 4
Staniard Creek o **BS** 198-199 G 2
stanica Bagaevskaja o **RUS** 38-39 M 4
Staniel Cay Beach ∸• **BS** 198-199 G 2
Stanislaus River ~ **USA** 184-185 D 6
Stanke Dimitrov = Dupnica o **BG** 38-39 C 6
Stanley o **AUS** 116-117 H 6
Stanley ☆ **GB** 222-223 M 6
Stanley o **USA** (ID) 184-185 G 3
Stanley o **USA** (ND) 186-187 F 1
Stanley, Mount ▲ **ZRE** 148-149 B 3
Stanley, Port o **CDN** 182-183 D 7
Stanley Mission o **CDN** 178-179 D 3
Stanley Pool o **ZRE** 146-147 E 6
Stanley Reservoir o **IND** 76-77 G 5
Stanleyville = Kisangani ☆ **ZRE** 146-147 K 3
Stanmore o **ZW** 154-155 E 5
Stanovik, hrebet ▲▲ **RUS** 54-55 F 11
Stanovoe köli o **KA** 60-61 F 1
Stanovoe nagor'e ▲▲ **RUS** 54-55 E 7
Stanovoï, Monts = Stanovoj hrebet ▲▲ **RUS** 54-55 L 7
Stanovoï, Plateau de = Stanovoe nagor'e ▲▲ **RUS** 54-55 E 7
Stanovoj hrebet ▲▲ **RUS** 54-55 L 7
Stansmore Range ▲▲ **AUS** 108-109 H 6
Stanthorpe o **AUS** 114-115 L 5
Stanton o **USA** 186-187 G 2
Stanwell o **AUS** 114-115 L 2
Stanwell Fletcher Lake o **CDN** 168-169 Y 4
Stanwix National Monument, Fort ∴ **USA** 190-191 L 4
Stanwood o **USA** 184-185 C 1
Stanyčno-Luhans'ke o **UA** 38-39 L 3
Stapleford o **ZW** 154-155 G 4
Stapleton o **USA** 186-187 G 5
Stapylton Bay ≈ 168-169 O 6
Staraja Kulatka ☆ **RUS** 32-33 E 7
Staraja Majna ☆ **RUS** 32-33 F 6
Staraja Poltavka ☆ **RUS** 32-33 E 8
Staraja Russa ☆ **RUS** 30-31 M 3
Staraja Toropa o **RUS** 30-31 M 3
Stará Ľubovňa o **SK** 28-29 Q 4
Stara Planina = Balkans ▲▲ **BG** 38-39 C 6
Staravina o **MK** 36-37 H 4
Stara Zagora o **BG** 38-39 D 6
Starbuck o **USA** 186-187 K 3
Starbuck Island ⌒ 9 M 3
Starcke National Park ⊥ **AUS** 110-111 H 4
Stargard Szczeciński o **PL** 28-29 N 2
Starica o **RUS** (AST) 32-33 D 9
Starica o **RUS** (TVR) 30-31 O 3
Starigrad-Paklenica o **HR** 36-37 E 2
Starke o **USA** 192-193 G 5
Stark Lake o **CDN** 174-175 O 4
Starkville o **USA** 192-193 D 3
Starnberg o **D** 28-29 L 4
Starnberg, Lac de = Starnberger See o **D** 28-29 L 5
Starnberger See o **D** 28-29 L 5
Starobaltačevo ☆ **RUS** 32-33 J 5
Starobeševe o **UA** 38-39 L 4
Starobil's'k o **UA** 38-39 L 3
Starokostjantyniv ☆ **UA** 38-39 E 3
Starominskaja o **RUS** 38-39 L 4
Staro Orjahovo o **BG** 38-39 E 6
Staroščerbinovskaja o **RUS** 38-39 L 4
Starosubhangulovo o **RUS** 32-33 K 7
Starting Point to Baliem Valley ⊥•• **RI** 102-103 K 4
Start Point ▲ **GB** 26-27 F 6
Start Point to Torajaland ⊥•• **RI** 100-101 G 5
Staryi Oskol o **RUS** 38-39 K 2
Staryja Darohi o **BY** 30-31 L 5
State Bridge o **USA** 186-187 D 6
State College o **USA** 190-191 K 5
State Line o **USA** 192-193 D 4
Staten Island ⌒ **USA** 190-191 L 5
Statenville o **USA** 192-193 G 4
Statesboro o **USA** 192-193 H 3
Statesville o **USA** 192-193 H 2
Station Nord o **GRØ** 170-171 r 3
Station Préhistorique de Filitosa • **F** (2A) 244 C 5
Statue de la Liberté = Statue of Liberty ••• **USA** 190-191 M 5
Statue of Liberty ••• **USA** 190-191 M 5
Stauing Alper ▲▲ **GRØ** 170-171 n 7
Staunton o **USA** 190-191 J 6
Stavanger ☆• **N** 22-23 B 7
Stave Lake o **CDN** 176-177 J 7
Stavropol' ☆ **RUS** 38-39 M 5
Stavropol'skij kraj □ **RUS** 62-63 E 5
Stawell o• **AUS** 116-117 G 4
Steamboat o **USA** 184-185 C 4
Steamboat Springs o **USA** 186-187 D 5
Stebbins o **USA** 164-165 J 5
Steele, Fort o **CDN** 176-177 N 7
Steele, Mount ▲ **CDN** 164-165 U 6
Steele Island ⌒ **ARK** 16 F 30
Steelpoortrivier ~ **ZA** 156-157 J 2
Steenbecque o **F** (59) 228-229 J 2
Steenkampsberge ▲▲ **ZA** 156-157 J 2
Steen River ~ **CDN** 174-175 L 6
Steensby Gletscher ⊂ **GRØ** 170-171 Y 3
Steensby Inlet ≈ 168-169 h 5
Steensby Land ∸ **GRØ** 170-171 P 5
Steensby Peninsula ◡ **CDN** 168-169 d 4
Steens Mountain ▲▲ **USA** 184-185 E 4
Steenstrup Gletscher ⊂ **GRØ** 170-171 V 6
Steenvoorde o **F** (59) 228-229 K 2
Steenwijk o **NL** 28-29 J 2
Steepbank River ~ **CDN** 176-177 P 3
Steep Cape ▲ **USA** 166-167 U 3
Steephill Lake o **CDN** 178-179 E 3
Steep Point ▲ **AUS** 112-113 B 3
Steeprock o **CDN** 178-179 G 5
Steese Highway II **USA** 164-165 R 4
Stefansson Island ⌒ **CDN** 168-169 T 4
Steffen, Cerro ▲ **RA** 224 E 2
Ştei o **RO** 38-39 C 4
Steiermark □ **A** 28-29 N 5
Steige o **F** (67) 234-235 L 5
Steilloopsbrug o **ZA** 154-155 E 6
Steilrand o **ZA** 156-157 K 3
Steilrandberge ▲▲ **NAM** 152-153 B 8
Stein am Rhein o•• **CH** 28-29 K 5
Steinbach o **CDN** 178-179 H 6
Steinbrunn-le-Bas o **F** (68) 238-239 L 1
Steine o **N** 22-23 G 2
Steinen, Rio ~ **BR** 214-215 K 3
Steinhausen o **NAM** 152-153 E 10
Steinkjer ☆ **N** 22-23 E 4
Steinkopf o **ZA** 156-157 C 4
Steinsland o **N** 22-23 H 2
Stella o **F** (974) 246 II a 2
Stella o **ZA** 156-157 G 3
Stellarton o **CDN** 182-183 N 6
Stellenbosch o• **ZA** 156-157 D 6
Stellera, gora ▲ **RUS** 56-57 W 6
Stello, Monte ▲ **F** (2B) 244 D 3
Stèlvio, Parco Nazionale d. = Nationalpark Stilfser Joch ⊥ **I** 36-37 C 1
Stenay o **F** (55) 234-235 G 3
Stendal o• **D** 28-29 L 2
Steneby o **S** 22-23 F 7
Stenen o **CDN** 178-179 E 5
Stenón Elafonissou ≈ 36-37 J 6
Stenón Kásu ≈ 36-37 L 7
Stenón Kimolou Sifnou ≈ 36-37 K 6
Stenón Kíthéron ≈ 36-37 J 6
Stenón Kithnou ≈ 36-37 K 6
Stenón Serifou ≈ 36-37 K 6
Stenón Sifnou ≈ 36-37 K 6
Stenungsund ☆ **S** 22-23 E 7
Stepanakert = Khankendi ☆ **AZ** 64-65 M 3
Stepanavan o **AR** 64-65 L 2
Stepan Razin o **AZ** 64-65 O 2
Stéphanie, Lac = Che'w Bahir o **ETH** 144-145 C 6
Stephanie Wildlife Reserve ⊥ **ETH** 144-145 C 6
Stephan Strait ≈ 119 C 3
Stephen o **USA** 186-187 J 1
Stephens o **USA** 188-189 L 3
Stephens, Cape ▲ **NZ** 118 D 4
Stephens Creek ~ **AUS** 116-117 F 2
Stephens Island ⌒ **CDN** 176-177 E 4
Stephenson Ø ⌒ **GRØ** 170-171 a 2
Stephens Passage ≈ 176-177 C 2
Stephenville o **CDN** 182-183 P 4
Stephenville o **USA** 188-189 H 3
Stephenville Crossing o **CDN** 182-183 P 4
Stepnoe o **RUS** (CEL) 32-33 M 6
Stepnoe ☆ **RUS** (SAR) 32-33 E 8
Stepovak Bay ≈ 166-167 R 5
Steppe Masaï = Masai Steppe ∸ **EAT** 150-151 J 3
Sterkfonteindam < **ZA** 156-157 J 4
Sterkspruit o **ZA** 156-157 H 5
Sterkstroom o **ZA** 156-157 H 5
Stêr Laer ~ **F** (56) 230-231 D 3
Sterlibaševo ☆ **RUS** 32-33 J 7
Sterling o **USA** (CO) 186-187 F 5
Sterling o **USA** (KS) 186-187 H 6
Sterling o **USA** (ND) 186-187 G 2
Sterling o **ZA** 156-157 E 5
Sterling, Mount o **USA** (IL) 190-191 C 6
Sterling, Mount o **USA** (KY) 190-191 G 6
Sterling City o **USA** 188-189 G 4
Sterling Heights o **USA** 190-191 G 4
Sterling Highway II **USA** 166-167 V 3
Sterling Landing o **USA** 164-165 N 5
Sterlitamak ☆ **RUS** 32-33 J 7
Stérnes o **GR** 36-37 K 7
Steroh o **Y** 68-69 H 7
Stettin, Lagune de = Stettiner Haff o **D** 28-29 M 2
Stettin Bay ≈ 119 F 3
Stettiner Haff o **D** 28-29 N 2
Stettler o **CDN** 176-177 O 5
Steubenville o **USA** 190-191 H 5
Stevenage o **GB** 26-27 G 6
Stevenson o **USA** 184-185 D 3
Stevenson Creek ~ **AUS** 114-115 C 4
Stevenson Lake o **CDN** 178-179 J 4
Stevensons Peak ▲ **AUS** 112-113 L 2
Stevens Pass ▲ **USA** 184-185 D 2
Stevens Point o **USA** 190-191 D 3
Stevens Village o **USA** 164-165 Q 3
Stevensville o **USA** 184-185 G 2
Stewart o **CDN** 176-177 F 4
Stewart o **USA** 186-187 K 3
Stewart, Cape ▲ **AUS** 110-111 C 2
Stewart, Isla ⌒ **RCH** 224 E 7
Stewart, Monte ▲ **RCH** 224 E 7
Stewart, Mount ▲ **AUS** 110-111 H 7
Stewart, Mount ▲ **CDN** 164-165 V 5
Stewart Crossing o **CDN** 164-165 W 5
Stewart Island ⌒ **NZ** 118 A 7
Stewart Islands ⌒ **SOL** 120 I f 3
Stewart Lake o **CDN** 174-175 Z 2
Stewart Plateau ▲▲ **CDN** 164-165 W 4
Stewart River ~ **CDN** 164-165 V 5
Stewart Valley o **CDN** 178-179 C 5
Stewartville o **USA** 186-187 L 4
Steynsburg o **ZA** 156-157 G 5
Steynsrus o **ZA** 156-157 H 3
Steyr o• **A** 28-29 N 4
Steytlerville o **ZA** 156-157 G 6
Stickney Corner o **USA** 190-191 O 3
Stiegler's Gorge • **EAT** 150-151 K 4
Stikine-Leconte Wilderness ⊥• **USA** 176-177 D 3
Stikine Plateau ▲▲ **CDN** 176-177 D 2
Stikine Ranges ▲▲ **CDN** 164-165 Z 7
Stikine River ~ **CDN** 176-177 F 3
Stikine Strait ≈ 176-177 D 3
Stilbaai-Wes o **ZA** 156-157 E 7
Stile o **DZ** 126-127 E 3
Stilfontein o **ZA** 156-157 H 3
Stilfser Joch = Passo dello Stèlvio ▲ **I** 36-37 C 1
Stillwater o **USA** (MN) 186-187 L 3
Stillwater o **USA** (OK) 188-189 J 1
Stillwater River ~ **USA** 186-187 C 3
Stilo o **I** 36-37 F 5
Stilo, Punta ▲ **I** 36-37 F 5
Stinear Nunataks ▲▲ **ARK** 16 F 7
Stinnett o **USA** 188-189 G 2
Stintino o **I** 36-37 B 4
Štip o **MK** 36-37 J 4
Stiring-Wendel o **F** (57) 234-235 K 3
Stirling o **AUS** (NT) 114-115 B 1
Stirling o **AUS** (QLD) 110-111 F 5
Stirling o **CDN** 182-183 F 6
Stirling o• **GB** 26-27 F 3
Stirling Creek ~ **AUS** 108-109 J 4
Stirling North o **AUS** 116-117 D 2
Stirling Range National Park ⊥ **AUS** 112-113 D 7
Stjørdalshalsen o **N** 22-23 E 5
St. Kitts = Saint Cristopher Island ⌒ **KAN** 200 D 3
Stock, Étang du o **F** 234-235 K 4
Stockach o **D** 28-29 K 5
Stockbridge o **USA** 192-193 F 3
Stockbridge Indian Reservation X **USA** 190-191 D 3
Stockdale o **USA** 188-189 J 5
Stockerau o **A** 28-29 O 4
Stockholm o **CDN** 178-179 E 5
Stockman's Hall of Fame • **AUS** 114-115 H 2
Stockport o **AUS** 114-115 E 2
Stockport o **GB** 26-27 F 5
Stockton o **USA** (CA) 184-185 D 7
Stockton o **USA** (FL) 192-193 G 4
Stockton o **USA** (IL) 190-191 C 4
Stockton o **USA** (KS) 186-187 H 6
Stockton o **USA** (MO) 188-189 L 1
Stockton Island ⌒ **USA** 190-191 C 2
Stockton Islands ⌒ **USA** 164-165 R 1
Stockton Lake o **USA** 188-189 L 1
Stockton Plateau ▲▲ **USA** 188-189 F 4
Stockville o **USA** 186-187 G 5
Stöde o **S** 22-23 H 5
Stœng Trêng o **K** 94-95 H 4
Stoffberg o **ZA** 156-157 J 2
Stohid ~ **UA** 38-39 D 2
Stojba o **RUS** 58-59 D 2
Stokan, gora ▲ **RUS** 58-59 M 6
Stoke-on-Trent o **GB** 26-27 F 5
Stokes, Bahía ≈ 224 D 7
Stokes Point ▲ **AUS** 116-117 G 6
Stokes Range ▲▲ **AUS** 108-109 K 3
Stokkvågen o **N** 22-23 F 3
Stokmarknes o **N** 22-23 G 2
Stolac o **BIH** 36-37 F 3
Stolbovaja ~ **RUS** 52-53 E 4
Stolbovoe, ozero o **RUS** 56-57 U 5
Stolbovoj, mys ▲ **RUS** 56-57 U 5
Stolbovoj, ostrov ⌒ **RUS** 46-47 V 2
Stolby o **RUS** 46-47 U 6
Stolby, zapovednik ⊥ **RUS** 52-53 F 8
Stole, Mountain ▲ **PNG** 119 A 3
Stolin o **BY** 30-31 K 6
Stompneuspunt ▲ **ZA** 156-157 C 6
Ston o **HR** 36-37 F 3
Stone Forest •• **VRC** 92-93 C 4
Stonehaven o **GB** 26-27 F 3
Stonehenge o **AUS** 114-115 G 3
Stonehenge ••• **GB** 26-27 G 6
Stone Indian Reserve X **CDN** 176-177 J 5
Stonepynten ▲ **N** 20-21 O 4
Stone Rondavel • **NAM** 156-157 D 3
Stones River National Battlefield ∴• **USA** 192-193 E 2
Stonewall o **CDN** 178-179 H 5
Stoney Point ▲ **AUS** 114-115 F 4
Stonington o **ARK** 16 G 30
Stonington o **USA** 190-191 O 3
Stonne o **F** (08) 234-235 F 2
Stony, Pointe ▲ **CDN** 180-181 P 5
Stony Creek o **USA** 190-191 K 7
Stony Creek Indian Reserve X **CDN** 176-177 H 5
Stony Indian Reserve X **CDN** 176-177 N 6
Stony Island ⌒ **CDN** 182-183 R 2
Stony Lake o **CDN** 174-175 U 6
Stony Point ▲ **CDN** 178-179 H 5
Stony Rapids o **CDN** 174-175 R 6
Stony River o **USA** 164-165 M 6
Stony River ~ **USA** 164-165 N 6
Stooping River ~ **CDN** 178-179 P 5
Stopem Blockem Range ▲ **AUS** 110-111 H 6
Storå ~ **DK** 22-23 D 8
Stora Blåsjön o **S** 22-23 G 4
Stora Lulevatten o **S** 22-23 J 3
Stora Sjöfallets nationalpark ⊥•• **S** 22-23 H 3
Storavan o **S** 22-23 J 4
Storby o **FIN** 24-25 E 6
Stord ⌒ **N** 22-23 B 7
Store Hellefiskebanke ≃ 172-173 N 3
Store Koldewey ⌒ **GRØ** 170-171 q 5
Støren ☆ **N** 22-23 E 5
Store Sotra ⌒ **N** 22-23 B 6
Storfjordbanken ≃ 20-21 M 4
Storfjorden ≈ 20-21 L 4
Storfjordrenna ≃ 20-21 K 4
Storfors ☆ **S** 22-23 G 7
Storforsen ~•• **S** 22-23 K 4
Storforshei o **N** 22-23 G 3
Storis Passage ≈ 168-169 W 6
Storjord o **N** 22-23 G 3
Storkerson, Cape ▲ **CDN** 168-169 T 4
Storkerson Bay ≈ 168-169 J 4
Storkerson Peninsula ◡ **CDN** 168-169 S 4
Storlien o **S** 22-23 F 5
Storm Bay ≈ 116-117 J 7
Stormberg o **ZA** 156-157 H 5
Stormberg ▲▲ **ZA** 156-157 H 5
Storm Lake o **USA** 186-187 K 4
Stormrivier o **ZA** 156-157 F 6
Stormsvlei o **ZA** 156-157 E 7
Stornoway o **CDN** 182-183 J 6
Stornoway o **GB** 26-27 D 2
Stør Ø ⌒ **GRØ** 170-171 m 8
Storø ⌒ **GRØ** 172-173 X 3
Storøen ⌒ **GRØ** 170-171 q 4
Storøya ⌒ **N** 20-21 Q 2
Storož ~ **RUS** 56-57 T 6
Storoževoj, mys ▲ **RUS** 56-57 S 3
Storoževsk o **RUS** 24-25 W 5
Storsätern o **S** 22-23 F 5
Storsjö o **S** 22-23 F 5
Storsjøen ~ **N** 22-23 E 6
Storsjön o• **S** 22-23 G 5
Storsteinhalvøya ◡ **N** 20-21 L 2
Storstrømmen ≈ 170-171 o 5
Stortoppen ▲ **S** 22-23 H 3
Storuman o **S** (AC) 22-23 H 4
Storuman o **S** (AC) 22-23 H 4
Storvik o **S** 22-23 H 6
Story City o **USA** 186-187 L 4
Stöttingfjället ▲▲ **S** 22-23 H 4
Stoughton o **CDN** 178-179 E 6
Stoughton o **USA** 190-191 D 4
Stoŭng o **K** 94-95 H 4
Stout Lake o **CDN** 178-179 J 4
St-Pétersbourg = Sankt-Peterburg ☆••• **RUS** 30-31 M 2
Strabane o **GB** 26-27 D 4
Strahan o **AUS** 116-117 H 7
Straight Lake o **CDN** 178-179 N 4
Strakonice o **CZ** 28-29 M 4
Strakonitz = Strakonice o **CZ** 28-29 M 4
Stralki o **BY** 30-31 L 4
Stralsund o•• **D** 28-29 M 1
Strand o **ZA** 156-157 D 7
Strandfontein o **ZA** (CAP) 156-157 D 7
Strandfontein o **ZA** (CAP) 156-157 D 5
Strangford o• **GB** 26-27 E 4
Stranraer o **GB** 26-27 E 4
Strasbourg o **CDN** 178-179 D 5
Strasbourg ☆••• **F** (67) 234-235 M 4
Strasburg o **USA** (CO) 186-187 E 6
Strasburg o **USA** (ND) 186-187 G 2
Stratford o **CDN** 182-183 D 7
Stratford o **NZ** 118 E 3
Stratford o **USA** (CA) 184-185 E 7
Stratford o **USA** (TX) 188-189 F 1
Stratford-upon-Avon o• **GB** 26-27 G 5
Strathburn o **AUS** 110-111 G 4
Strathcoma Provincial Park ⊥ **CDN** 176-177 H 7
Strathcona Sound ≈ 168-169 d 4
Strathfillan o **AUS** 114-115 G 2
Strathgordon o **AUS** (QLD) 110-111 G 4
Strathgordon o **AUS** (TAS) 116-117 J 7
Strathhaven o **AUS** 110-111 G 4
Strathleven o **AUS** 110-111 G 4
Strathmore o **AUS** (QLD) 110-111 J 7
Strathmore o **AUS** (QLD) 110-111 G 5
Strathmore o **CDN** 176-177 O 6
Strathnaver o **CDN** 176-177 J 5
Strathroy o **CDN** 182-183 D 7
Stratóni o **GR** 36-37 J 4
Stratton o **USA** (CO) 186-187 F 6
Stratton o **USA** (ME) 190-191 N 3
Stratton Mountain ▲ **USA** 190-191 M 4
Straubing o **D** 28-29 M 4
Stravropol'-na-Volgi ☆ **RUS** 32-33 F 7
Straw o **USA** 186-187 C 2
Strawberry, Cape ▲ **CDN** 180-181 U 7
Strawberry Mountains ▲ **USA** 184-185 E 3
Strawberry Reservoir < **USA** 184-185 J 5
Strawberry River ~ **USA** 184-185 J 5
Streaky Bay ≈ 116-117 C 2
Streaky Bay o **AUS** 116-117 C 2
Streatfield Lake o **CDN** 178-179 O 4
Streatham o **AUS** 116-117 G 4
Streator o **USA** 190-191 D 5
Street o **GB** 26-27 F 6
Strehaia o **RO** 38-39 C 5
Streich Mound ▲ **AUS** 112-113 G 5
Strelka o **RUS** (KRN) 52-53 F 6
Strelka o **RUS** (MAG) 56-57 P 3
Strelka-Čunja o **RUS** 52-53 L 5
Strelley o **AUS** 108-109 D 6
Strel'na o **RUS** (MUR) 24-25 P 3
Strel'na ~ **RUS** 24-25 P 3
Strenči o **LV** 30-31 J 3
Stresa o• **I** 36-37 B 2
Stretch Range ▲▲ **AUS** 108-109 H 6
Strevell o **USA** 184-185 H 4
Streymoy ⌒ **FR** 26-27 D 1
Strezelecki Track • **AUS** 114-115 E 6
Streževoj o **RUS** 50-51 O 4
Strickland River ~ **PNG** 119 B 3
Striding River ~ **CDN** 174-175 S 5
Strindberg Land ∸ **GRØ** 170-171 n 6
Strizament, gora ▲ **RUS** 62-63 E 5
Strobel, Lago o **RA** 224 E 4
Stroeder o **RA** 222-223 H 6
Strofiliá o **GR** 36-37 J 5
Strogonof Point ▲ **USA** 166-167 R 4
Strokkurgeysir •• **IS** 22-23 c 2
Strómboli, Ísola ⌒•• **I** 36-37 E 5
Stromness o **GB** 26-27 F 2
Strømø = Streymoy ⌒ **FR** 26-27 D 1
Strömstad ☆ **S** 22-23 E 7
Strömsund o **S** 22-23 G 5
Ströms vattudal ∸ **S** 22-23 G 4
Strong, Mount ▲ **PNG** 119 D 4
Strong City o **USA** 186-187 J 6
Stronsay ⌒ **GB** 26-27 F 2
Stroud o **AUS** 116-117 L 2
Stroudsburg o **USA** 190-191 L 5
Struan o **CDN** 178-179 C 4
Struer o **DK** 22-23 D 8
Strueth o **F** (68) 238-239 L 1
Struga o• **MK** 36-37 H 4
Struisbaai ≈ 156-157 E 7
Strumešnica ~ **MK** 36-37 J 4
Strumica o• **MK** 36-37 J 4
Strydenburg o **ZA** 156-157 F 4
Strydpoolberge ▲▲ **ZA** 156-157 J 2
Stryj ☆ **UA** 38-39 C 3
Stryj ~ **UA** 38-39 C 3
Stryker o **USA** 184-185 G 1
Strymón ~ **GR** 36-37 J 4
Strypa ~ **UA** 38-39 D 3
Strzelce Krajeńskie o **PL** 28-29 N 2
Strzelecki Creek ~ **AUS** 114-115 F 5
Strzelecki Regional Reserve ⊥ **AUS** 114-115 E 5
Stuart o **USA** (FL) 192-193 H 6
Stuart o **USA** (IA) 186-187 K 5
Stuart o **USA** (NE) 186-187 H 4
Stuart o **USA** (VA) 190-191 H 7
Stuart, Mount o **AUS** 108-109 C 7
Stuart Bluff Range ▲▲ **AUS** 108-109 L 7
Stuartburn o **CDN** 178-179 H 6
Stuart Highway II **AUS** 114-115 C 5
Stuart Island ⌒ **USA** 164-165 J 5
Stuart Lake o **CDN** 176-177 H 4
Stuart Memorial • **AUS** 110-111 C 6
Stuart Ranges ▲▲ **AUS** 114-115 C 5
Stuart River ~ **CDN** 176-177 J 4
Stubbenkammer ▲•• **D** 28-29 M 1
Studenčeskoe o **KA** 62-63 M 2
Studenica o••• **YU** 36-37 H 3
Studer, Val ◡ **F** (984) 246 III c 3
Studina o **RO** 38-39 D 6
Stugun o **S** 22-23 G 5
Stuie o **CDN** 176-177 G 5
Stull Lake o **CDN** 178-179 K 3
Stupino ☆ **RUS** 30-31 Q 4
Sturgeon Bay o **CDN** 178-179 G 4
Sturgeon Bay o **USA** 190-191 E 3
Sturgeon Falls o **CDN** 182-183 E 5
Sturgeon Lake o **CDN** (ALB) 176-177 M 4
Sturgeon Lake o **CDN** (ONT) 178-179 L 6
Sturgeon Lake o **CDN** (ONT) 182-183 E 6
Sturgeon Lake Indian Reserve X **CDN** 176-177 M 4
Sturgeon River ~ **CDN** 178-179 L 3
Sturgeon River ~ **CDN** 178-179 C 4
Sturgeon River ~ **CDN** 182-183 D 5
Sturges Islands ⌒ **CDN** 168-169 e 7
Sturgis o **USA** (MI) 190-191 F 5
Sturgis o **USA** (SD) 186-187 F 3
Šturmovoj o **RUS** 56-57 N 2
Štúrovo o **SK** 28-29 P 5
Sturt, Mount ▲ **AUS** 114-115 F 5
Sturt Bay ≈ 116-117 D 3
Sturt Creek o **AUS** (WA) 108-109 J 5
Sturt Creek ~ **AUS** 108-109 J 5
Sturt Highway II **AUS** 116-117 H 3
Sturt National Park ⊥ **AUS** 114-115 F 5
Sturt Stony Desert ◡ **AUS** 114-115 E 4
Sturzelbronn o **F** (57) 234-235 M 3
Stutterheim o **ZA** 156-157 H 6
Stuttgart ☆• **D** 28-29 K 4
Stuttgart o **USA** 188-189 M 2
Stuyahok o **USA** 164-165 K 5
Styal o **CDN** 176-177 N 5
Stygge Glacier ⊂ **CDN** 170-171 L 4
Stykkishólmsbær ☆ **IS** 22-23 b 2
Styr ~ **UA** 38-39 D 2
Šu ~ **KA** 60-61 F 6
Suai o **MAL** 98-99 K 3
Suai o **RI** 102-103 C 6
Šu'aiba, aš- o **KSA** 66-67 H 4
Suain o **PNG** 119 B 2
Suakin o• **SUD** 136-137 H 3
Suakin Archipelago ⌒ **SUD** 136-137 J 3
Suakoko o **LB** 138-139 F 6
Suam ~ **EAK** 148-149 E 3
Suana o **ZRE** 152-153 F 3
Suao o **RC** 92-93 M 4
Sua Phung o **THA** 94-95 E 4
Suapi o **BOL** 214-215 D 4
Suapure, Río ~ **YV** 204-205 H 4
Suare o **F** (2B) 244 C 4
Suaruru, Cordillera de ▲▲ **BOL** 220-221 E 1
Suasúa o **YV** 206-207 D 2
Suavanao o **SOL** 120 I d 2
Suay Riĕng o **K** 94-95 H 5
Šu'b, Ra's ▲ **Y** 68-69 H 7
Šu'ba, aš- o **KSA** 66-67 J 3

Sword Beach ∸ **F** (14) 228-229 D 5
Swords Range ⛰ **AUS** 114-115 F 1
Syaburbensi ○ **NEP** 80-81 E 6
Syagannah ○ **RUS** 46-47 Y 5
Syakotan-hantō ⌣ **J** 88-89 J 3
Syalysardah ~ **RUS** 54-55 L 6
Syari-dake ▲ **J** 88-89 L 3
Syčevka ○ **RUS** 30-31 O 4
Syderø = Suðuroy ⌒ **FR** 26-27 D 1
Sydkap ▲ **GRØ** 170-171 n 8
Sydkap Fiord ≈ 168-169 d 2
Sydney ☆•• **AUS** 116-117 L 2
Sydney ○ **CDN** 182-183 O 5
Sydney Lake ⬭ **CDN** 178-179 J 5
Sydostbugten ≈ 172-173 P 2
Sydyjaha ~ **RUS** 44-45 Q 7
Sydykta ~ **RUS** 54-55 H 7
Syeri ○ **RI** 102-103 H 2
Sygynah ~ **RUS** 46-47 c 6
Šyhli 2-e ○ **AZ** 64-65 L 2
Syhtymlor, ozero ⬭ **RUS** 50-51 M 4
Sykes Bluff ▲ **AUS** 112-113 J 3
Sykotu-gawa ~ **J** 88-89 K 2
Syktyvkar ☆ **RUS** 32-33 G 3
Sylacauga ○ **USA** 192-193 E 3
Sylgy-Ytar ○ **RUS** 48-49 H 3
Sylhet ○• **BD** 78-79 G 3
Sylivia Seamount ≃ 216-217 M 6
Syloga ○ **RUS** 24-25 R 5
Sylt ⌒ **D** 28-29 K 1
Sylva ~ **RUS** 32-33 L 5
Sylva ~ **RUS** 32-33 K 5
Sylva ○ **USA** 192-193 F 2
Sylvania ○ **AUS** 112-113 F 1
Sylvania ○ **CDN** 178-179 E 4
Sylvania ○ **USA** (GA) 192-193 H 3
Sylvania ○ **USA** (OH) 190-191 G 5
Sylvan Lake ○ **CDN** 176-177 N 5
Sylvan Pass ▲ **USA** 184-185 J 3
Sylvester ○ **USA** 192-193 G 4
Sylvia ○ **USA** 186-187 H 7
Sylvia Grinnell Lake ⬭ **CDN** 180-181 P 2
Sylvinskij krjaž ⛰ **RUS** 32-33 K 5
Sym ~ **RUS** 50-51 U 4
Šymböget ○ **KA** 60-61 D 6
Synagogue • **F** (84) 242-243 G 4
Synča ~ **RUS** 46-47 Q 6
Syndassko ○ **RUS** 46-47 G 3
Synder ○ **USA** 188-189 G 3
Syndicat, le ○ **F** (88) 234-235 K 5
Syneľnykove ○ **UA** 38-39 J 3
Šyngyrlau ○ **KA** 32-33 J 8
Synja ○ **RUS** (KOM) 24-25 Y 4
Synja ~ **RUS** 50-51 H 2
Synja, Boľšaja ~ **RUS** 44-45 H 9
Syn'jaha ~ **RUS** 50-51 K 4
Synnfjell ▲ **N** 22-23 D 6
Synnot Range ⛰ **AUS** 108-109 G 4
Synnyr, hrebet ⛰ **RUS** 54-55 E 7
Syō-gawa ~ **J** 88-89 G 6
Syowa ○ **ARK** 16 G 4
Sypaľky ~ **RUS** 50-51 R 2
Syr, Kysyl ○ **RUS** 54-55 L 4
Syracuse ○ **USA** (NE) 186-187 J 5
Syracuse ○ **USA** (NY) 190-191 K 4
Syracuse = Siracusa ○ **I** 36-37 E 6
Syradasaj ~ **RUS** 44-45 U 5
Syran ~ **RUS** 58-59 G 2
Syrdarija ~ **KA** 60-61 D 6
Syrdarija ~ **KA** 62-63 O 4
Syrdarija ~ **KA** 72-73 L 4
Syrdar'ja ~ **KA** 72-73 K 3
Syre ○ **USA** 186-187 J 2
Šyreksor, köli ⬭ **KA** 60-61 J 2
Syriam ○• **MYA** 94-95 D 2
Syrianovsk = Zyrjanovsk ○ **KA** 60-61 O 4
Syrie, Désert de = Bādiyat aš-Šām ∸ **SYR** 64-65 H 6
Syrie = Sūriya ■ **SYR** 64-65 G 5
Šyrjajeve ☆ **UA** 38-39 G 4
Šyrkala, tizbek ⛰ **KA** 62-63 M 4
Syrkovo, ozero ⬭ **RUS** 50-51 H 4
Šyroke ○ **UA** 38-39 H 4
Syrte, Golfe de = Khalīj Surt ≈ 128-129 D 2
Syruta, ozero ⬭ **RUS** 44-45 X 5
Šyščycy ○ **BY** 30-31 K 5
Sysert' ○ **RUS** 32-33 M 5
Syskonsyn"ja ~ **RUS** 50-51 G 3
Sysmä ○ **FIN** 24-25 H 6
Sysola ~ **RUS** 32-33 G 3
Sytygan-Syylba • **RUS** 56-57 L 2
Syväjärvi ○ **FIN** 24-25 H 3
Syverma ∸ **RUS** 52-53 G 3
Syvtuga ~ **RUS** 24-25 P 5
Šyža vtoroi ○ **KA** 32-33 F 8
Syzran' ☆ **RUS** 32-33 F 7
Szaga, Lake ⬭ **PNG** 119 A 4
Szamotuły ○• **PL** 28-29 O 2
Szarvas ○ **H** 28-29 Q 5
Szczecin = Szczecin ☆ **PL** (SZC) 28-29 N 2
Szczecinek ○ **PL** 28-29 O 2
Szczeciński, Zalew ⬭ **PL** 28-29 N 2
Szczekociny ○ **PL** 28-29 P 3
Szczytno ○• **PL** 28-29 Q 2
Szeged ○ **H** 28-29 Q 5
Székesfehérvár ○ **H** 28-29 P 5
Szekszárd ○ **H** 28-29 P 5
Szentes ○ **H** 28-29 Q 5
Szolnok ○ **H** 28-29 Q 5
Szombathely ○ **H** 28-29 O 5

T

T1 ○ **IRQ** 64-65 J 5
Ta, 108 • **VRC** 90-91 D 3
Taabo, Lac de < **CI** 138-139 H 6
Taal, Lake ⬭ **RP** 96-97 D 5
Taam, Pulau ⌒ **RI** 102-103 G 4
Ṭāba ○ **KSA** 66-67 H 4
Tabaco ○ **RP** 96-97 E 6
Tabaconas ○ **PE** 208-209 C 4
Tabağbuğ, 'Ain < **ET** 130-131 C 3
Tabahanyar ○ **RI** 98-99 E 6
Tabajara ○ **BR** 210-211 F 7
Tabakkentatyr ∸ **KA** 60-61 J 5
Tabāla ○ **KSA** 68-69 C 3
Tabala ○ **MEX** 194-195 F 5
Tabalosos ○ **PE** 208-209 E 5
Tabanan ○ **RI** 104 B 7
Tabankort < **RMM** 132-133 L 6
Tabankort, Hassi < **DZ** 126-127 F 6
Tábanos, Los ○ **RA** 220-221 H 5
Tabaquén ○ **CO** 204-205 G 6
Tábara ○ **E** 34-35 E 4
Tabarano ○ **RI** 100-101 G 5
Tabar Island ⌒ **PNG** 119 G 2
Tabar Islands ⌒ **PNG** 119 G 2
Tabarka ○ **TN** 126-127 G 2
Ṭabas ○• **IR** 70-71 G 2
Tabasco □ **MEX** 196-197 H 2
Tabaskwia Channel < **CDN** 178-179 N 4
Tabatinga ○ **BR** 210-211 C 5
Tabatinga, Pico ▲ **BR** 210-211 F 2
Tabatinga, Serra da ⛰ **BR** 212-213 F 7
Tabayog, Mount ▲ **RP** 96-97 D 4
Tabbowa ○ **CL** 76-77 H 6
Tabelbala ○ **DZ** 124-125 K 6
Tabelbalet, Hassi < **DZ** 126-127 F 7
Taber ○ **CDN** 176-177 O 7
Taberdga ○ **DZ** 126-127 F 3
Taberfane ○ **RI** 102-103 H 5
Tabibuga ○ **PNG** 119 C 3
Tabina ○ **RP** 96-97 E 9
Tabingbulang ○ **RI** 98-99 E 6
Tab"jaha ~ **RUS** 44-45 R 8
Tab"ju ~ **RUS** 44-45 L 7
Tabkin Kouka ○ **RN** 140-141 E 1
Tabla ○ **RN** 140-141 E 2
Tablas ○ **BOL** 214-215 D 5
Tablas, Cabo ▲ **RCH** 220-221 B 6
Tablas, Las ☆• **PA** 196-197 D 8
Tablas Island ⌒ **RP** 96-97 D 6
Tablas Strait ≈ 96-97 D 6
Tablazo de Ica ∸ **PE** 208-209 D 9
Table, Baie de la ≈ 246 III b 4
Table, Pointe de ▲ **F** (974) 246 II b 2
Table Bay ≈ 119 E 6
Table Cape ▲ **NZ** 118 F 3
Table Head ▲ **CDN** 182-183 R 2
Tableland ○ **AUS** 108-109 H 4
Tableland Highway **II** **AUS** 110-111 C 6
Table Mountain ▲ **ZA** 156-157 D 6
Table Rock Lake ⬭ **USA** 188-189 L 1
Tabletop ▲ **AUS** (WA) 108-109 F 7
Tabletop ▲ **AUS** (WA) 112-113 E 4
Tabletop, Mount ▲ **AUS** 114-115 J 2
Tablier, le ○ **F** (85) 236-237 C 2
Tabligbo ○ **RT** 138-139 L 6
Taboada ○ **RA** 220-221 F 5
Taboca ○ **BR** 210-211 G 4
Tabocal ○ **BR** (AMA) 210-211 F 3
Tabocal ○ **BR** (AMA) 210-211 D 7
Tabocal ○ **BR** (AMA) 210-211 E 3
Tabocal, Igarapé ~ **BR** 210-211 F 6
Tabocas ○ **BR** 216-217 H 3
Taboco, Rio ~ **BR** 214-215 K 7
Tabola ~ **RUS** 32-33 F 10
Taboleiro ⌣ **BR** 212-213 J 6
Tabon Caves • **RP** 96-97 C 8
Tabone ○ **RI** 100-101 F 5
Tabong ○ **MYA** 78-79 K 2
Tábor ○ **CZ** 28-29 N 4
Tabor = Tábor ○ **CZ** 28-29 N 4
Tabora □ **EAT** 148-149 D 6
Tabora ☆• **EAT** (TAB) 148-149 D 6
Tabor City ○ **USA** 192-193 J 2
Tabory ☆ **RUS** 50-51 H 5
Tabou ○ **BF** 138-139 J 4
Tabou ○• **CI** 138-139 G 7
Tabrinkout < **RIM** 132-133 C 5
Tabrīz ☆•• **IR** 64-65 M 3
Tábua, Riachão ~ **BR** 212-213 F 6
Tabuaeran ⌒ **KIB** 9 L 2
Tabuan, Pulau ⌒ **RI** 98-99 F 7
Tabubil ○ **PNG** 119 A 3
Tabudarat ○ **RI** 100-101 D 5
Tabūk □ **KSA** 66-67 E 4
Tabūk ☆ **KSA** 66-67 E 3
Tabuk ☆ **RP** 96-97 D 4
Tabuleirinho, Cachoeira do ~ **BR** 206-207 F 6
Tabuleiro ○ **BR** 220-221 K 6
Tabulga ○ **RUS** 60-61 K 1
Tabulo ○ **RI** 100-101 H 3
Tabūr ○ **SUD** 142-143 F 3
Tabusintac Nine Indian Reserve Ⅹ **CDN** 182-183 M 5
Tabwemasana ▲ **VAN** 120 II a 2
Tacabamba ○ **PE** 208-209 C 5
Tacajó ○ **C** 198-199 H 4
Tacalaya ○ **PE** 214-215 B 5
Tacana, Volcán ▲ **GCA** 196-197 H 4
Tacañitas ○ **RA** 220-221 F 5
Tacarembó, Río ~ **ROU** 222-223 M 2
Tacarigua ○ **YV** 204-205 H 2
Tacarigua, Parque Nacional Laguna de ⊥ **YV** 204-205 J 2
Tacarutu ○ **BR** 212-213 J 6
Tacbolubu ○ **RP** 96-97 B 8
Tachakou ○ **VRC** 82-83 G 3
Tachaouz = Dažhovuz ☆ **TM** 72-73 F 4
Tachdaït, Adrar ▲ **RMM** 132-133 L 5
Tacheng ○ **VRC** 82-83 F 2
Tachibana-wan ≈ 88-89 D 8
Tachichilte, Isla de ⌒ **MEX** 194-195 E 5
Tachilek ○ **MYA** 78-79 L 5
Tachiumet < **LAR** 126-127 H 7
Tachkent = Toškent ☆•• **US** 72-73 L 4
Tachoires ○ **F** (32) 240-241 F 4
Tacima ○ **BR** 212-213 L 5
Tacinskij ○ **RUS** 38-39 M 3
Taciuã, Lago ⬭ **BR** 210-211 G 5
Tacloban ☆ **RP** 96-97 F 7
Tacna ☆ **PE** 214-215 B 6
Tacoma ○ **USA** 184-185 C 2
Taco Pozo ○ **RA** 220-221 F 3
Tacora, Volcán ▲ **RCH** 214-215 C 5
Taco Taco ○ **C** 198-199 D 3
Tacuane ○ **MOC** 154-155 J 3
Tacuaras ○ **PY** 220-221 J 4
Tacuarembo ☆ **ROU** 220-221 K 6
Tacuato ○ **YV** 204-205 G 2
Tácume • **PE** 208-209 C 5
Tacunara, Rio ~ **BR** 212-213 C 7
Tacupare, Cachoeira ~ **BR** 210-211 K 5
Tacurong ○ **RP** 96-97 F 9
Tacuru ○ **BR** 220-221 K 2
Tacutu, Rio ~ **BR** 206-207 E 4
Tadahadi ○ **SOL** 120 I e 4
Tadami-gawa ~ **J** 88-89 H 6
Tadant, Oued ~ **DZ** 126-127 F 9
Tadao ○ **RP** 96-97 D 3
Taddert ○ **MA** 124-125 H 5
Taddert, Tizi-n- ▲ **MA** 124-125 J 5
Tadebjajaha ○ **RUS** 44-45 Q 6
Tadek Lake ⬭ **CDN** 174-175 F 2
Tadélako < **RN** 134-135 D 5
Tademaït, Plateau du ⛰ **DZ** 126-127 C 6
Tadenet Lake ⬭ **CDN** 168-169 J 6
Tādepallegūdem ○ **IND** 76-77 J 2
Tadéra, I-n- < **RN** 134-135 D 2
Tadin ○ **F** (988) 247 I e 3
Tadin, Baie de ≈ 247 I e 3
Tadio, Lagune ≈ 138-139 H 7
Tadjemout ○ **DZ** 126-127 D 4
Tadjentourt ⛰ **DZ** 126-127 G 7
Tadjetaret, Oued ~ **DZ** 126-127 F 9
Tadjikistan = Tāğikistān ■ **TJ** 72-73 L 5
Tadjmout ○ **DZ** 126-127 D 8
Tadjoura ○ **DJI** 144-145 F 3
Tadjoura, Golfe de ≈ 144-145 F 3
Tadjrouna ○ **DZ** 126-127 D 4
Tadmur Palmyra ☆••• **SYR** 64-65 H 5
Tadoba National Park ⊥ **IND** 74-75 G 9
Tadohae Haesang National Park ⊥• **ROK** 86-87 F 10
Tadoule Lake ⬭ **CDN** 174-175 U 6
Tadoussac ○ **CDN** 182-183 K 4
Tadpatri ○ **IND** 76-77 H 3
Tadrart, Jabal ⛰ **DZ** 126-127 H 8
Taduna ○ **RI** 102-103 C 5
Taduno ○ **RI** 100-101 H 4
Tadžikistan ■ **TJ** 72-73 L 5
Taech'ŏn ○ **ROK** 86-87 F 9
Taech'ŏngdo ⌒ **DVR** 86-87 E 9
Taedong Gang ~ **DVR** 86-87 E 8
Taegu ○ **ROK** 86-87 G 10
Taehan Haehyŏp ≈ 86-87 F 11
Taehan-Min'guk = Corée du Sud ■ **ROK** 86-87 G 9
Taehŭksan Do ⌒ **ROK** 86-87 E 10
Taejŏn ○ **ROK** 86-87 F 9
Taejŏng ○ **ROK** 86-87 F 11
Taejŏnpyŏngdo ⌒ **ROK** 86-87 E 9
T'aepaek ○ **ROK** 86-87 G 9
Ta'er Si • **VRC** 90-91 B 3
Taěžnyj ○ **RUS** 52-53 G 7
Tafalla ○ **E** 34-35 G 3
Tafarit, Râs ▲ **RIM** 132-133 B 4
Tafassasset ~ **RN** 134-135 D 2
Tafassasset, Oued ~ **DZ** 126-127 G 9
Tafea □ **VAN** 120 II b 4
Tafédek < **RN** 134-135 C 4
Tafelberg ▲ **SME** 206-207 F 4
Tafelberg, National Reservaat ⊥ **SME** 206-207 F 4
Tafermaar ○ **RI** 102-103 H 5
Tafí del Valle ○• **RA** 220-221 E 4
Ṭafila, aṭ- ☆ **JOR** 66-67 D 2
Tafilalt ∸ **MA** 124-125 J 5
Tafinkar < **RMM** 132-133 M 7
Tafiré ○ **CI** 138-139 H 5
Tafraoute ○•• **MA** 124-125 G 6
Tafreš ○ **IR** 70-71 D 1
Taft ○ **IR** 70-71 F 3
Taftān, Kūh-e ▲ **IR** 70-71 J 4
Tāga ○ **WS** 120 V a 1
Tagāb ○ **AFG** 74-75 B 2
Tagab ○ **SUD** 136-137 E 3
Tagagawik River ~ **USA** 164-165 L 4
Tagalak Island ⌒ **USA** 166-167 J 7
Tagânet Keyna < **RMM** 132-133 J 5
Taganito ○ **RP** 96-97 F 8
Taganrog ○• **RUS** 38-39 L 4
Taganrog, Golfe de = Taganrogskij zaliv ≈ 38-39 K 4
Taganrogskij zaliv ≈ 38-39 K 4
Tagant □ **RIM** 132-133 E 5
Tagant ⛰ **RIM** 138-139 B 5
Tagapula Island ⌒ **RP** 96-97 F 6
Tağarak ○ **IR** 64-65 N 5
Tagarev, gora ▲ **TM** 72-73 E 5
Tagari River ~ **PNG** 119 B 3
Tagaung ○ **MYA** 78-79 K 4
Tagaytay ○ **RP** 96-97 D 5
Tagbalé ○ **RCA** 142-143 E 6
Tagbara ○ **RCA** 142-143 E 6
Tagbilaran ☆ **RP** 96-97 E 8
Tage, Danau ⬭ **RI** 102-103 J 3
Tagelajiabo ○ **VRC** 80-81 F 4
Taghit ○ **DZ** 124-125 K 5
Taghouaji, Massif de ▲ **RN** 134-135 D 4
Tāğiābād, Rūdḫāne-ye ~ **IR** 70-71 H 4
Tāğikistān = Tadjikistan ■ **TJ** 72-73 L 5
Tagish Lake ⬭ **CDN** 164-165 X 6
Taglo Point ▲ **RP** 96-97 E 8
Tagna ~ **RUS** 52-53 K 9
Tagnière, La ○ **F** (71) 238-239 E 3
Tagnone ~ **F** (2B) 244 D 4
Tagopah, Tanjung ▲ **RI** 102-103 G 3
Tagou ○ **BF** 138-139 L 4
Tagoûrâret < **RIM** 132-133 G 6
Tagpait ○ **RP** 96-97 C 8
Tagrina, Oued ~ **DZ** 134-135 C 2
Tağris ○ **IR** 72-73 B 7
Tagsdorf ○ **F** (68) 238-239 L 1
Taguá ○ **BR** 212-213 F 7
Tagua, Río ~ **CO** 204-205 D 6
Taguaruçu, Ribeiro ~ **BR** 214-215 K 7
Taguas, Río de las ~ **RA** 220-221 C 5
Taguatinga ○ **BR** (FED) 216-217 F 3
Taguatinga ○ **BR** (TOC) 216-217 G 2
Taguay ○ **YV** 204-205 H 3
Tagum ☆ **RP** 96-97 F 9
Tah, Sebkha ⬭ **MA** 124-125 E 7
Tahaa, Île ⌒ **F** (987) 247 IV a 2
Tahafo ○ **RI** 100-101 K 3
Tahalra ∸ **DZ** 126-127 E 9
Tahalupu ○ **RI** 102-103 D 3
Tahamiyam ○ **SUD** 136-137 H 3
Tahan, Gunung ▲ **MAL** 98-99 E 2
Tahan, Kuala ○ **MAL** 98-99 E 2
Taḫār □ **AFG** 72-73 L 6
Taharoa ○ **NZ** 118 E 3
Tahar-Souk ○ **MA** 124-125 J 3
Tahat ▲ **DZ** 126-127 E 9
Tahe ○ **VRC** 86-87 E 1
Ṭāheri, Bandar-e ○ **IR** 70-71 E 5
Tahifet ○ **DZ** 126-127 F 9
Tahifet, Oued ~ **DZ** 126-127 F 9
Tahilt ○ **MAU** 84-85 C 5
Tahiryuak Lake ⬭ **CDN** 168-169 Q 5
Tahiti, Île ⌒•• **F** (987) 247 V b 2
Tahiti, Plage de <• **F** (83) 242-243 K 5
Tahlāb ~ **PK** 70-71 K 4
Tahlāb, Dasht-i- ∸ **PK** 70-71 J 4
Tahoe, Lake ⬭ **USA** 184-185 D 6
Tahoe Lake ⬭ **CDN** 168-169 R 5
Tahoka ○ **USA** 188-189 G 3
Taholah ○ **USA** 184-185 B 2
Tahomi ○ **LB** 138-139 F 7
Tahoua □ **RN** 134-135 B 5
Tahoua ☆ **RN** (TAH) 134-135 B 5
Tahquamenon Falls State Park ⊥ **USA** 190-191 F 2
Tahramī ○ **LAR** 128-129 F 5
Taḫr-e Ğamšīd ○•• **IR** 70-71 E 4
Tahrou, Oued ~ **DZ** 126-127 G 8
Tahsis ○ **CDN** 176-177 G 7
Ṭahṭa ○ **ET** 130-131 E 4
Tahta ○ **RUS** 58-59 H 2
Tahta ○ **TM** 72-73 F 4
Tahta-Bazar ○ **TM** 72-73 H 7
Tahtaküpir ☆ **US** 72-73 G 3
Tahtakupyr ○ **US** 72-73 G 3
Tahtalı Dağları ⛰ **TR** 64-65 F 3
Tahtamygda ○ **RUS** 54-55 L 8
Taḫt-e Soleiman, Kūh-e ▲ **IR** 72-73 B 6
Taht-e Suleimān ○• **IR** 64-65 M 4
Tahtojama ~ **RUS** 56-57 Q 3
Tahtojamsk ○ **RUS** 56-57 Q 3
Tahtsa Lake ⬭ **CDN** 176-177 G 5
Tahuamanu, Río ~ **PE** 214-215 B 2
Tahulandang ○ **RI** 100-101 J 2
Tahulandang, Pulau ⌒ **RI** 100-101 J 2
Tahuna ○ **RI** 100-101 J 2
Tai ○ **CI** 138-139 G 7
Tai, Parc National de ⊥••• **CI** 138-139 G 7
Taiama ○ **WAL** 138-139 D 5
Tai'an ○ **VRC** 90-91 K 3
Taibai ○ **VRC** 90-91 E 4
Taibai Shan ▲ **VRC** 90-91 E 5
Taibao D. ▲ **VRC** 90-91 M 3
Taibashan Z.B. ⊥• **VRC** 90-91 E 5
Taïbet ○ **DZ** 126-127 F 4
Taibique ○ **E** 124-125 C 7
Taibus Qi ○ **VRC** 84-85 M 7
Taichung ○ **RC** 92-93 M 4
Taidalt ○ **MA** 124-125 G 6
Ṭā'if, aṭ ○• **KSA** 68-69 B 3
Taigetos ⛰ **GR** 36-37 J 6
Taigu ○ **VRC** 90-91 H 3
Taihang Shan ⛰ **VRC** 90-91 H 4
Taihape ○ **NZ** 118 E 3
Taihe ○ **VRC** (ANH) 90-91 J 5
Taihe ○ **VRC** (JXI) 92-93 J 3
Taihu ○ **VRC** (ANH) 90-91 K 6
Tai Hu ○ **VRC** (ANH) 90-91 L 6
Tai Hu ⬭ **VRC** (JIA) 90-91 M 6
Taihu • **VRC** (JIA) 90-91 M 6
Taijiang ○ **VRC** 92-93 F 3
Taikang ○ **VRC** 90-91 J 4
Taikkyi ○ **MYA** 94-95 C 2
Tailai ○ **VRC** 86-87 D 4
Tailako ○ **RI** 102-103 C 6
Tailem Bend ○ **AUS** 116-117 E 3
Tailing ○ **GUY** 206-207 D 2
Taillant ○ **F** (17) 236-237 D 4
Taillebois ○ **F** (61) 230-231 L 2
Taillebourg ○ **F** (17) 236-237 D 4
Taillefer, le ▲ **F** 242-243 H 1
Taim ○ **BR** 218-219 D 9
Taimā' ○• **KSA** 66-67 F 4
Taïmana ○ **RMM** 138-139 G 3
Taimba ○ **RUS** 52-53 J 5
Taimushan • **VRC** 92-93 M 3
Taïmyr, Arrondissement autonome = Tajmyrskij avt. okrug □ **RUS** 44-45 a 4
Taïmyr, Lac de = Tajmyr, ozero ⬭ **RUS** 44-45 d 4
Taïmyr, Péninsule de = Tajmyr, poluostrov ⌣ **RUS** 44-45 W 5
Tain ○ **GB** 26-27 E 3
Tainan ○ **RC** 92-93 M 5
Taínhas ○ **BR** 218-219 E 7
Taining ○ **VRC** 92-93 K 3
Tain-l'Hermitage ○ **F** (26) 242-243 F 1
Taino, Plage ∸• **RH** 198-199 J 5
Taintrux ○ **F** (88) 234-235 K 5
Taió ○ **BR** 218-219 E 6
Taiobeiras ○ **BR** 216-217 J 3
Taiof Island ⌒ **PNG** 120 I b 1
Taipei ★•• **RC** 92-93 M 4
Taiping ○• **MAL** 98-99 D 2
Taiping ○ **VRC** (GXI) 92-93 G 5
Taiping ○ **VRC** (GXI) 92-93 E 5
Taipingchuan ○ **VRC** 86-87 D 5
Taiping L. ▲ **VRC** 86-87 C 4
Taipong ○ **GUY** 206-207 E 3
Tāipur ○ **IND** 78-79 D 3
Ṭair, Ğabal aṭ- ⌒ **Y** 68-69 B 6
Tairhemt, Tizi-n ▲ **MA** 124-125 J 4
Tairona, Parque Nacional ⊥•• **CO** 204-205 D 2
Tais ○ **RI** 98-99 E 7
Taisha ○ **EC** 208-209 D 3
Taisha ○• **J** 88-89 E 7
Taishan ○ **VRC** (GDG) 92-93 H 5
Taishan ▲••• **VRC** (SHD) 90-91 K 3
Taishi ○ **RC** 92-93 M 5
Taishun ○ **VRC** 92-93 L 3
Taisiya ∸ **KSA** 66-67 H 3
Taita Hills ⛰ **EAK** 148-149 G 5
Taitaitanopo, Pulau ⌒ **RI** 98-99 D 6
Taitao, Península de ⌣ **RCH** 224 C 3
Taititu ○ **BR** 210-211 D 5
Taitna Lake ⬭ **CDN** 174-175 S 5
Taitung ○ **RC** 92-93 M 5
Taivalkoski ○ **FIN** 24-25 K 4
Taiwan, Détroit de = Taiwan Haixia ≈ 92-93 L 5
Taïwan = Taiwan ■ **RC** 92-93 M 5
Taiwan Banks ▲ 92-93 L 5
Taiwan Haixia = Taïwan, Détroit de ≈ 92-93 L 5
Tai Xian ○ **VRC** 90-91 M 5
Taixing ○ **VRC** 90-91 M 5
Taiyang Dao • **VRC** 86-87 F 5
Taiyuan ☆• **VRC** 90-91 H 3
Taizé ○ **F** (79) 236-237 E 2
Taizé-Aizie ○ **F** (16) 236-237 F 3
Taizhou ○ **VRC** 90-91 L 5
Taizhou Liedao ⌒ **VRC** 92-93 M 2
Taizhou Wan ~ **VRC** 92-93 M 2
Taizon ○ **F** (79) 230-231 L 5
Ta'izz ○ **Y** 68-69 D 7
Tajdon ~ **RUS** 50-51 T 7
Tajen ○ **RC** 92-93 M 5
Tajga ○ **RUS** 50-51 S 6
Tajga ○ **RUS** (SHL) 58-59 K 4
Tajga ~ **RUS** 52-53 H 6
Tajgan ○ **MAU** 84-85 C 4
Tajgonos, mys ▲ **RUS** 56-57 T 3
Tajgonos, poluostrov ⌣ **RUS** 56-57 T 3
Tajicaringa ○ **MEX** 194-195 G 6
Tajima ○ **J** 88-89 H 6
Tajimi ○ **J** 88-89 G 7
Tajín, El ∴••• **MEX** 196-197 F 1
Tajkanskij, hrebet ⛰ **RUS** 58-59 F 2
Tajlan, köl ⬭ **KA** 32-33 G 10
Taj Mahal ••• **IND** 74-75 G 6
Tajmendra, Boľšaja ~ **RUS** 54-55 H 6
Tajmura ~ **RUS** 52-53 K 4
Tajmylyr ○ **RUS** 46-47 N 3
Tajmyr, ostrov ⌒ **RUS** 44-45 a 3
Tajmyr, ozero ⬭ **RUS** 44-45 d 4
Tajmyr, poluostrov = Taïmyr, Péninsule de ⌣ **RUS** 44-45 W 5
Tajmyra, mys ▲ **RUS** 44-45 e 2
Tajmyrskij avt. okrug = Taïmyr, Arrondissement autonome □ **RUS** 44-45 a 4
Tajmyrskij zaliv ⬭ **RUS** 44-45 b 3
Tajnynotskij hrebet ⛰ **RUS** 56-57 T 3
Tajo, Río ~ **E** 34-35 F 4
Tajšet ☆ **RUS** 52-53 J 8
Tajumulco, Volcán ▲ **GCA** 196-197 J 4
Tajuña, Río ~ **E** 34-35 F 4
Tājūra' ○ **LAR** 128-129 E 1
Tajura ~ **RUS** 52-53 N 7
Tak ○ **THA** 94-95 E 2
Takāb ○ **IR** 64-65 M 4
Takaba ○ **EAK** 148-149 H 2
Takachiho ○ **J** 88-89 D 8
Takahashi ○ **J** 88-89 E 7
Takahashi-gawa ~ **J** 88-89 E 7
Takahe, Mount ▲ **ARK** 16 F 26
Takaka ○ **NZ** 118 D 4
Takalala ○ **RI** 100-101 F 6
Takalar ○ **RI** 100-101 F 6
Takalou ○ **TCH** 142-143 D 3
Takalous, Oued ~ **DZ** 126-127 F 9
Takamaka ∸ **F** (974) 246 II b 2
Takamaka ○ **SY** 160 D 2
Takamatsu ○ **J** (EHI) 88-89 E 8
Takamatsu ☆• **J** (KAG) 88-89 F 7
Takan, Gunung ▲ **RI** 104 C 7
Takanabe ○ **J** 88-89 D 8
Takanosu ○ **J** 88-89 J 4
Takaoka ○ **J** 88-89 G 6
Takapuna ○ **NZ** 118 E 2
Takara ○ **RCA** 142-143 E 4
Takara-shima ⌒ **J** 88-89 C 10
Takasaki ○ **J** 88-89 H 6
Takatokwane ○ **RB** 156-157 G 2
Takatsuki ○ **J** 88-89 F 7
Takatu hrebet ⛰ **RUS** 32-33 K 7
Takaungu ○ **EAK** 148-149 G 5
Takayama ○ **J** 88-89 G 6
Takefu ○ **J** 88-89 G 7
Takengon (Takingeun) ○ **RI** 98-99 B 2
Takeo ○ **J** 88-89 C 8
Takeo ○ **K** 94-95 H 5
Tākestān ○• **IR** 64-65 N 4
Taketa ○ **J** 88-89 D 8
Tak Fa ○ **THA** 94-95 F 3
Takhini River ~ **CDN** 164-165 W 6
Takhro ○ **THA** 94-95 G 3
Takht-i-Bahi ∴••• **PK** 74-75 C 2
Takht-i-Sulaiman ▲ **PK** 74-75 B 4
Takiéta ○ **RN** 134-135 D 6
Takikawa ○ **J** 88-89 J 3
Takinoue ○ **J** 88-89 K 2
Takis ○ **PNG** 119 F 3
Takisset, Oued ~ **DZ** 126-127 H 8
Takiyok, Pointe ▲ **CDN** 180-181 P 5
Takiyuak Lake ⬭ **CDN** 174-175 O 2
Takla Lake ⬭ **CDN** 176-177 H 4
Takla Landing ○ **CDN** 176-177 H 4
Takla-Makan, Désert du = Taklimakan Shamo ∸ **VRC** 82-83 E 6
Tākli Dhokeshwar ○ **IND** 74-75 E 10
Taklimakan Shamo ∸ **VRC** 82-83 E 6
Taknis ○ **LAR** 128-129 J 1
Takobanda ○ **RCA** 142-143 E 5
Takoradi ○• **GH** 138-139 K 7
Takorka ○ **RN** 134-135 C 6
Takoutala ○ **SN** 138-139 D 2
Takpamba ○ **RT** 138-139 L 5
Takpoima ○ **LB** 138-139 E 6
Takrīt ☆ **IRQ** 64-65 K 5
Taksagerbej, grjada ⛰ **RUS** 44-45 a 5
Taksimo ○ **RUS** 54-55 G 7
Takslesluk Lake ⬭ **USA** 164-165 J 6
Takuapa ○ **THA** 94-95 E 6
Taku Arm ⬭ **CDN** 164-165 X 7
Takum ○ **WAN** 140-141 H 5
Takundi ○ **ZRE** 146-147 F 6
Taku Plateau ⛰ **CDN** 164-165 Y 7
Taku River ~ **CDN** 176-177 D 2
Takwa ∴• **EAK** 148-149 H 5
Tāl ○ **IND** 74-75 E 8
Tala ○ **EAK** 148-149 F 4
Tāla ○ **IND** 78-79 B 4
Tala ○ **MEX** 196-197 C 1
Tala ○ **ROU** 222-223 M 3
Tala, Čubuka-gora ▲ **RUS** 46-47 a 7
Tala, El ○ **RA** 220-221 E 4
Tala, Río ~ **RA** 220-221 E 4
Talacasto ○ **RA** 220-221 C 6
Talacasto, Sierra de ⛰ **RA** 220-221 C 6
Talačyn ☆ **BY** 30-31 L 4
Talagang ○ **PK** 74-75 D 3
Talagante ○ **RCH** 222-223 D 2
Ṭalaḥāt, Šaʿīb aṭ- ~ **IRQ** 64-65 L 7
Talahini ○ **CI** 138-139 J 5
Talahini-Tomora ○ **CI** 138-139 J 5
Talaimannar ○ **CL** 76-77 H 6
Talais ○ **F** (33) 236-237 C 5
Talaivasal ○ **IND** 76-77 H 5
Talaja ○ **RUS** 52-53 H 8
Talaja ○ **RUS** (MAG) 56-57 P 3
Talaja ~ **RUS** 52-53 H 8
Talakalla ○ **IND** 76-77 F 3
Talakan ○ **RUS** (AMR) 58-59 D 3
Talakan ○ **RUS** (HBR) 58-59 E 4
Talali ○ **RUS** 58-59 B 3
Talamanca, Cordillera de ⛰ **CR** 196-197 C 7
Talamba ○ **PK** 74-75 D 4
Talanga ○ **HN** 196-197 L 4
Talangbetutu ○ **RI** 98-99 F 6
Talangjauh ○ **RI** 98-99 F 6
Talangpadung ○ **RI** 98-99 F 7
Talara ○ **PE** 208-209 B 4
Talaroo ○ **AUS** 110-111 G 6
Talas ~ **KA** 60-61 G 6
Talas ~ **KA** 60-61 F 6
Talas ☆ **KS** 72-73 N 3
Talas ~ **KS** 72-73 N 3
Talasea ○ **PNG** 119 F 3
Talasskij Alatau, hrebet ⛰ **KA** 72-73 M 3
Talata-Ampano ○ **RM** 158-159 E 8
Talatakoh, Pulau ⌒ **RI** 100-101 H 4
Talata Mafara ○ **WAN** 134-135 C 6
Talat at-Timiat ○ **KSA** 66-67 H 3
Tal' at Damya ∸ **MA** 124-125 G 7
Talaud, Kepulauan ⌒ **RI** 100-101 K 1
Talaudière, la ○ **F** (42) 242-243 E 1
Talavera, Ilha ⌒ **PY** 220-221 J 4
Talavera de la Reina ○• **E** 34-35 E 5
Talawana ○ **AUS** 108-109 E 7
Talawanta ○ **AUS** 110-111 F 6
Talawdī ○ **SUD** 142-143 K 3
Talawe, Mount ▲ **PNG** 119 E 3
Talawi ○ **RI** 98-99 D 5
Talbot, Cape ▲ **AUS** 108-109 H 2
Talbot, Mount ▲ **AUS** 112-113 J 3
Talbot Glacier ⊂ **CDN** 168-169 g 2
Talbot Inlet ≈ 168-169 h 2
Talbot Islands ⌒ **AUS** 119 B 5
Talbot Lake ⬭ **CDN** 178-179 G 3
Talbotton ○ **USA** 192-193 F 3
Talbragar River ~ **AUS** 116-117 K 2
Talca ☆• **RCH** 222-223 D 3
Talcahuano ○ **RCH** 222-223 C 4
Talcan, Isla ⌒ **RCH** 222-223 C 7
Tālcher ○ **IND** 78-79 D 5
Talcho ○ **RN** 140-141 E 1
Talcy ○ **F** (41) 232-233 E 4
Taľdaktokon, vozvyšennosť' ⛰ **RUS** 52-53 E 2
Taldan ○ **RUS** 54-55 M 9
Taldom ☆ **RUS** 30-31 P 3
Taldy ~ **KA** 60-61 J 4
Taldy, Tasty- ☆ **KA** 60-61 E 3
Taldy-Bulak ○ **KS** 72-73 N 3
Taldyk, pereval ▲ **KS** 72-73 N 5
Taldykorgan ○ **KA** 60-61 L 6
Taldy-Kourgan = Taldykorǵan ☆ **KA** 60-61 L 6
Taldy-Kurgan = Taldykorgan ○ **KA** 60-61 L 6
Taleb, Bir < **RIM** 132-133 F 6
Taleex ○ **SP** 144-145 J 4
Talegaon ○ **IND** 74-75 G 9
Tālem ○ **IR** 64-65 N 4
Talensac ○ **F** (35) 230-231 H 3
Ṭāleqān ☆ **AFG** 72-73 L 6
Ṭāleqān Rūd ~ **AFG** 72-73 L 6
Talequah ○ **USA** 188-189 K 2
Ṭāleš, Kūhhā-ye ⛰ **IR** 64-65 N 4
Taley ○ **RCA** 142-143 C 5
Talgar ○ **KA** 82-83 C 4
Talgar, pik ▲ **KA** 82-83 C 4
Talguharai ○ **SUD** 136-137 G 3
Talḫāb, Kōtal-e ▲ **AFG** 70-71 L 1
Talhār ○ **PK** 74-75 B 7
Taliabu, Pulau ⌒ **RI** 100-101 J 4
Talibon ○ **RP** 96-97 F 7
Talibura ○ **RI** 102-103 B 6
Talica ☆ **RUS** 50-51 G 6
Talicherla ○ **IND** 76-77 H 3
Talihina ○ **USA** 188-189 K 2
Tālikota ○ **IND** 76-77 G 2
Talimã ○ **BR** 206-207 G 5
Talimardžan ○ **US** 72-73 J 5
Talina, Río ~ **BOL** 220-221 E 1
Taling Chan ○ **THA** 94-95 F 4
Taliouine ○ **MA** 124-125 H 5
Taliparamba ○ **IND** 76-77 F 4
Talipaw ○ **RP** 96-97 D 10
Talipolo, Tanjung ▲ **RI** 100-101 F 5
Tali Post ○ **SUD** 142-143 K 6
Talisay ○ **RP** 96-97 D 6
Talisayan ○ **RP** 96-97 F 8
Talisei, Pulau ⌒ **RI** 100-101 J 3
Taliwang ○ **RI** 104 C 7
Talizat ○ **F** (15) 236-237 M 5
Taljain ~ **RUS** 48-49 S 4
Taľjany ○ **RUS** 52-53 L 9
Talkeetna ○ **USA** 164-165 P 5
Talkeetna Mountains ⛰ **USA** 164-165 Q 6
Talkeetna River ~ **USA** 164-165 Q 5
Tall, at- ○ **SYR** 64-65 G 6
Talladega ○ **USA** 192-193 E 3
Tall 'Afar ○ **IRQ** 64-65 K 4
Tallahassee ☆ **USA** 192-193 F 4
Tall al-Abyaḍ ☆ **SYR** 64-65 H 4
Tallangatta ○ **AUS** 116-117 J 4
Tallapoosa ○ **USA** 192-193 F 3
Tallard ○ **F** (05) 242-243 J 3
Tallaringa Conservation Park ⊥ **AUS** 112-113 M 4
Tall Birāk ○ **SYR** 64-65 J 4
Taller ○ **F** (40) 240-241 B 3
Tallering Peak ▲ **AUS** 112-113 C 4
Tall Ğudaida ∴• **IRQ** 66-67 K 2
Tall Ḥarīrī • **SYR** 64-65 J 5
Tall Ḥuqna ○ **IRQ** 64-65 K 4
Tallin = Tallinn ★•• **EST** 30-31 J 2
Tallinn ★•• **EST** 30-31 J 2
Tallkalā ○ **AFG** 70-71 K 3
Tall-Kalaḫ ○ **SYR** 64-65 G 5
Tall Kūšik ○ **SYR** 64-65 K 4
Talloires ○ **F** (74) 238-239 J 5
Tallorutit ⌒ **GRØ** 172-173 Q 6
Tall Šāġir Bāzār ○• **SYR** 64-65 J 4
Tall Tamr ○ **SYR** 64-65 J 4
Tallulah ○ **USA** 188-189 M 3
Tallut, Pointe du ▲ **F** (56) 230-231 E 4
Tall 'Uwaināt ○ **IRQ** 64-65 K 4
Taľmenka ☆ **RUS** 60-61 N 2
Talmest ○ **MA** 124-125 G 5
Talmont ○ **F** (17) 236-237 D 4
Talmont-Saint-Hilaire ○ **F** (85) 236-237 B 3
Talnah ○ **RUS** 44-45 X 7
Taloard ○ **IR** 70-71 D 3
Taloda ○ **IND** 74-75 E 9
Talon ○ **RUS** 56-57 N 4
Talotajaha ~ **RUS** 44-45 J 7
Talovaja ○ **RUS** 38-39 M 2
Talovka ○ **RUS** 48-49 O 5
Talovka ~ **RUS** 48-49 N 5
Talovskoe, ozero ⬭ **RUS** 56-57 V 3
Talquin, Lake < **USA** 192-193 F 4
Talras < **RN** 134-135 D 5
Talšand ○ **MAU** 84-85 C 5
Talsen = Talsi ○•• **LV** 30-31 H 3
Talsi ○•• **LV** 30-31 H 3
Talsinnt ○ **MA** 124-125 K 4
Taltal ○ **RCH** 220-221 B 3
Taltal, Quebrada de ~ **RCH** 220-221 B 3
Taltson River ~ **CDN** 174-175 N 5
Talu ○ **RI** 98-99 C 4
Taludaa ○ **RI** 100-101 H 3
Taluk ○ **RI** 98-99 D 5
Talvār, Rūdḫāne-ye ~ **IR** 64-65 N 4
Talwood ○ **AUS** 114-115 K 5
Talyawalka Anabranch ~ **AUS** 116-117 G 2
Tama ○ **RN** 134-135 B 5
Tama ○ **USA** 186-187 L 5
Tama, Parque Nacional el ⊥ **YV** 204-205 E 4
Tama Abu, Banjaran ⛰ **MAL** 100-101 D 2
Tamacuari, Pico ▲ **BR** 210-211 E 2
Ṭamad, aṭ- ○ **KSA** 66-67 F 5
Tamadan ○ **RI** 102-103 G 4
Tamafupa < **RB** 154-155 D 4
Tama-gawa ~ **J** 88-89 J 5
Tamako ○ **RI** 100-101 J 2
Tamala = Yopei ○ **GH** 138-139 K 5
Tamale ☆ **GH** 138-139 K 5
Taman ○ **RI** 104 C 3
Tamaná, Cerro ▲ **CO** 204-205 C 5
Tamanaco, Embalse < **YV** 204-205 J 3
Tamanar ○ **MA** 124-125 G 5
Tamanco ○ **PE** 208-209 E 4
Tamandouririt < **RMM** 132-133 K 5
Tamanduá ○ **BR** (AMA) 210-211 D 5
Tamanduá ○ **BR** (MIN) 216-217 J 4
Tamaneke ○ **SOL** 120 I c 3
Tamango, Parque Nacional ⊥ **RCH** 224 D 3
Tamanhint ○ **LAR** 128-129 F 4
Tamani ○ **RMM** 138-139 G 3
Tamaniquá ○ **BR** 210-211 E 4
Taman Negra National Park ⊥•• **MAL** 98-99 E 2
Tamano ○ **J** 88-89 E 7
Tamanrasset ☆•• **DZ** 126-127 E 9
Tamanrasset, Oued ~ **DZ** 126-127 D 9
Tamanredjo ○ **SME** 206-207 G 3
Tamanskij Zaliv ≈ 38-39 K 5
Tamanskij zaliv ≈ 38-39 K 5
Tamaquillo ○ **PE** 208-209 D 6
Tamar, Alto de ▲ **CO** 204-205 D 4
Tamarack Island ⌒ **CDN** 178-179 H 5
Tamarana ○ **BR** 216-217 E 7
Tamarike ○ **RI** 102-103 L 6
Tamaris, Brisants du ⌒ **F** (984) 246 VI a 2
Ṯamarīt ○ **OM** 68-69 J 5
Tamarou ○ **DY** 140-141 E 4
Tamaruga, Pampa del ∸ **RCH** 214-215 C 6
Tamarugal, Pampa del ∸ **RCH** 220-221 C 1
Tamási ○ **H** 28-29 P 5
Tamaso ○ **SUD** 136-137 F 6
Tamassoumit ○ **RIM** 132-133 D 5
Tamat, Wādī ~ **LAR** 128-129 G 2
Tamatama ○ **YV** 204-205 J 6
Tamatave = Toamasina ☆ **RM** 158-159 F 7
Tamaulipas □ **MEX** 194-195 K 6
Tama Wildlife Reserve ⊥ **ETH** 144-145 C 5
Tamaya, Río ~ **PE** 208-209 F 6
Tamazula de Gordiano ○ **MEX** 196-197 C 2
Tamazulapán ○ **MEX** 196-197 F 3
Tamazunchale ○• **MEX** 194-195 K 7
Tambach ○ **EAK** 148-149 E 3
Tambacounda ☆ **SN** 138-139 D 3
Tambakara ○ **RMM** 138-139 E 2
Tamba Kosi ~ **NEP** 80-81 F 7
Tambalongang, Pulau ⌒ **RI** 104 E 6
Tamban ○ **RP** 96-97 E 6
Tambaqui ○ **BR** 210-211 F 5
Tambaqui, Cachoeira ~ **BOL** 210-211 E 7
Tambara ○ **MOC** 154-155 H 3
Tāmbaram ○ **IND** 76-77 J 4
Tambarga ○ **BF** 138-139 L 4
Tambar Springs ○ **AUS** 114-115 K 6
Tambaur ○ **IND** 78-79 B 2
Tambawel ○ **WAN** 134-135 B 6
Tambe ○ **ANG** 152-153 C 6
També ○ **BR** 212-213 L 5
Tambea ○ **RI** 100-101 G 6
Tambea ○• **SOL** 120 I d 3

Tāmbeibui ○ **IND** 76-77 L 4
Tambej ○ **RUS** 44-45 O 6
Tambelan Besar, Pulau ⌒ **RI** 98-99 G 4
Tambelan Kepulauau ⌒ **RI** 98-99 G 4
Tambellup ○ **AUS** 112-113 D 7
Tamberu ○ **RI** 104 E 3
Tambillo ○ **EC** 208-209 C 2
Tambillo, Quebrada ∼ **RCH** 220-221 C 1
Tambisan, Pulau ⌒ **MAL** 96-97 C 10
Tambo ○ **AUS** 114-115 J 3
Tambo ○ **PE** 208-209 F 8
Tambo, El ○ **CO** 204-205 C 6
Tambo, Río ∼ **PE** 208-209 F 7
Tambo, Río ∼ **PE** 214-215 B 5
Tambobamba ○ **PE** 208-209 F 8
Tambo Colorado • **PE** 208-209 E 8
Tambo Grande ○ **PE** 208-209 B 4
Tambohorano ○ **RM** 158-159 C 6
Tamboli ○ **RI** 100-101 G 5
Tambopata, Río ∼ **PE** 214-215 C 3
Tambo Ponciano ○ **PE** 210-211 B 4
Tambo Pucacuro ○ **PE** 208-209 E 3
Tambor ○ **ANG** 152-153 B 8
Tambor ○ **BR** 210-211 F 4
Tambora, Gunung ▲ **RI** 104 C 7
Tambores ○ **ROU** 220-221 J 6
Tamboril ○ **BR** 212-213 H 4
Tamboritha, Mount ▲ **AUS** 116-117 J 4
Tambo Tambillo ○ **BOL** 214-215 D 6
Tamboura ○ **RCA** 142-143 G 6
Tambov ○ **RUS** 30-31 R 5
Tambovka ○ **RUS** 58-59 B 3
Tambo Yacu, Río ∼ **PE** 208-209 E 2
Tambrey ∴ **AUS** 108-109 C 6
Tambu, Teluk ≈ 100-101 F 3
Tambugo ○ **RP** 96-97 D 4
Tambul ○ **PNG** 119 B 3
Tambunan ○ **MAL** 96-97 B 10
Tambura ○ **SUD** 142-143 H 6
Tambuttegama ○ **CL** 76-77 J 6
Tamc dabaa ▲ **MAU** 82-83 L 3
Tâmchakett ○ **RIM** 132-133 E 6
Tamdibulak ☆ **US** 72-73 J 4
Tam Điệp ☆ **VN** 92-93 D 6
Tamdy ∼ **KA** 60-61 E 4
Tamdytov, toglari ⛰ **US** 72-73 J 4
Tame ○ **CO** 204-205 F 4
Tâmega, Rio ∼ **P** 34-35 C 4
Tamegroute ○ **MA** 124-125 J 5
Tamelelt ○ **MA** 124-125 H 5
Tamelhat ○ **DZ** 126-127 F 4
Tamenglong ○ **IND** 78-79 H 3
Tamesi, Río ∼ **MEX** 194-195 K 6
Tamesna ∸ **RN** 134-135 B 3
Tamewali = Khairpur ○ **PK** 74-75 D 5
Tamezret ○ **TN** 126-127 G 4
Tamghas ○ **NEP** 80-81 D 6
Tamiahua ○ **MEX** 194-195 L 7
Tamiahua, Laguna de ⬭ **MEX** 194-195 L 7
Tamiang ∼ **RI** 98-99 B 2
Tamiang, Ujung ▲ **RI** 98-99 C 2
Tamica ○ **RUS** 24-25 P 4
Tami Islands ⌒ **PNG** 119 D 4
Tamil Nādu □ **IND** 76-77 G 5
Ta'min, at- □ **IRQ** 64-65 L 5
Tamir gol ∼ **MAU** 84-85 F 4
Tamitatoala, Rio ∼ **BR** 216-217 D 2
Tāmiya ○ **ET** 130-131 E 3
Tam Ky ○ **VN** 94-95 K 3
Tamlelt, Plaine de ∸ **MA** 124-125 K 4
Tamluk ○ **IND** 78-79 E 4
Tamma ∼ **RUS** 54-55 O 5
Tammisaari = Ekenäs ○• **FIN** 24-25 G 7
Tammū, Jabal ⛰ **LAR** 128-129 F 6
Tamnay-en-Bazois ○ **F** (58) 232-233 K 5
Tamniès ○ **F** (24) 236-237 H 6
Tamnūn ○ **Y** 68-69 G 6
Tamou ○ **RN** 140-141 E 2
Tampa ○ **ANG** (NAM) 152-153 B 7
Tampa ∼ **ANG** 152-153 B 7
Tampa ○ **USA** 192-193 G 6
Tampaang, Pulau ⌒ **RI** 104 C 6
Tampa Bay ≈ 192-193 G 6
Tampak ○ **F** (973) 245 I c 3
Tampan, Etang du ⬭ **F** 242-243 F 5
Tampang ○ **RI** 98-99 E 6
Tampasis ○ **MAL** 96-97 B 10
Tampéna ○ **RN** 138-139 L 3
Tampere ○• **FIN** 24-25 G 6
Tampia Hill ▲ **AUS** 112-113 E 6
Tampico ○• **MEX** 194-195 L 6
Tampin ○ **MAL** 98-99 E 3
Tamp Kōh ○ **PK** 70-71 J 6
Tampo ○ **RI** 100-101 H 6
Tampoaga ▲ **BF** 138-139 L 4
Tampoc ∼ **F** (973) 245 I b 4
Tampoc ∼ **F** (973) 245 I b 3
Tampon, Le ○ **F** (974) 246 II b 2
Tamqué, Massif du ⛰ **RG** 138-139 D 3
Tamr, Tall ○ **SYR** 64-65 J 4
Tamrau, Pegunungan ⛰ **RI** 102-103 G 2
Tamri ○ **MA** 124-125 G 5
Tamshiyacu ○ **PE** 208-209 F 3
Tamu ○ **MYA** 78-79 J 3
Ṯamūd ○ **Y** 68-69 F 5
Tamuin ○• **MEX** 194-195 K 6
Tamur ∼ **NEP** 80-81 F 7
Tamvatvaam ∼ **RUS** 48-49 S 5
Tamworth ○ **AUS** 114-115 L 6
Tamyš ∼ **RUS** 52-53 H 6
Tana ∼ **EAK** 148-149 G 4
Tana ∼ **N** 22-23 O 1
Tana = Île Tanna ⌒ **VAN** 120 II b 4
Tanabe ○ **J** 88-89 F 8
Tanaberu ○• **RI** 100-101 G 6
Tanabi ○ **BR** 216-217 F 6
Tanabru ○ **N** 22-23 O 1
Tanaf ○ **SN** 138-139 C 3
Tanafjorden ≈ 22-23 O 1
Tanaga Island ⌒ **USA** 166-167 H 7
Tanaga Pass ≈ 166-167 G 7
T'ana Hayk' ⬭ **ETH** 136-137 H 6
Tanahbala, Pulau ⌒ **RI** 98-99 C 5
Tanahgoyang ○ **RI** 102-103 E 3
Tanahgrogot ○ **RI** 100-101 E 4
Tanahjampea, Pulau ⌒ **RI** 104 E 6
Tanahmasa, Pulau ⌒ **RI** 98-99 C 5
Tanahmerah ○ **RI** (IRJ) 102-103 G 3
Tanahmerah ○ **RI** (IRJ) 102-103 L 5
Tanahmerah ○ **RI** (KTI) 100-101 E 2
Tanahmolala, Pulau ⌒ **RI** 104 E 6
Tanah Rata ○ **MAL** 98-99 D 2
Tanahwangko ○ **RI** 100-101 J 3
Tānai ○ **PK** 74-75 B 3
Tanakeke ○ **RI** 100-101 F 6
Tanakeke, Pulau ⌒ **RI** 100-101 F 6
Tanakpur ○ **IND** 80-81 C 6
Tanal ○ **RMM** 138-139 J 2
Tanama ○ **BF** 138-139 K 3
Tanama ∼ **RUS** 44-45 S 7
Tanamalwila ○ **CL** 76-77 J 7
Tanami, Désert de = Tanami Desert ∸ **AUS** 108-109 K 5
Tanami, Mount ▲ **AUS** 108-109 J 5
Tanami Desert ∸ **AUS** 108-109 K 5
Tanami Desert Wildlife Sanctuary ⊥ **AUS** 108-109 K 6
Tanami Mine ∴ **AUS** 108-109 J 6
Tanami Road II **AUS** 108-109 J 6
Tân An ☆ **VN** 94-95 J 5
Tanana ○ **USA** 164-165 O 4
Tanana River ∼ **USA** 164-165 S 4
Tanandava ○ **RM** 158-159 C 8
Tanani ○ **USA** 164-165 X 7
Tanantou ○ **RG** 138-139 F 5
Tana ó Camiña, Quebrada de ∼ **RCH** 214-215 B 6
Tana River Primate National Reserve ⊥ **EAK** 148-149 H 4
Tanārut, Wādī ∼ **LAR** 126-127 H 6
Tanatar, ozera ⬭ **RUS** 60-61 L 3
Tanba-kochi ⛰ **J** 88-89 F 7
Tanbaoura, Falaise de ⛰ **RMM** 138-139 E 3
Tancarville ○ **F** (76) 228-229 E 5
Tancheng ○ **VRC** 90-91 L 4
Tanchon ○ **DVR** 86-87 G 7
Tanchon Karang ○ **MAL** 98-99 D 3
Tancitaro, Cerro ▲ **MEX** 196-197 C 2
Tancitaro, Parque Nacional ⊥ **MEX** 196-197 C 2
Tancuime ○ **MEX** 194-195 K 7
Tanda ○ **CI** 138-139 J 6
Tanda ○• **RUS** 54-55 P 4
Tanda ∼ **RUS** 56-57 E 2
Tanda, Lac ⬭ **RMM** 138-139 H 2
Tandako ○ **RG** 138-139 C 4
Tandalti ○ **SUD** 136-137 E 6
Ţăndărei ○ **RO** 38-39 E 5
Tanderiouel ∼ **RMM** 138-139 K 2
Tandi ○ **IND** 74-75 F 3
Tandil ○ **RA** 222-223 K 4
Tandil, Sierra del ⛰ **RA** 222-223 K 4
Tandin ○ **MYA** 78-79 H 6
Tandjilé □ **TCH** 142-143 C 4
Tandjilé ∼ **TCH** 142-143 B 4
Tandjouaré ○ **RT** 138-139 L 4
Tāndliānwāla ○ **PK** 74-75 D 4
Tando Ādam ○ **PK** 74-75 B 7
Tando Allāhyār ○ **PK** 74-75 B 7
Tando Bāgo ○ **PK** 74-75 B 7
Tando Ikram ○ **PK** 74-75 B 7
Tando Jam ○ **PK** 74-75 B 7
Tando Muhammad Khān ○ **PK** 74-75 B 7
Tandou Lake ⬭ **AUS** 116-117 G 2
Tandovo, ozero ⬭ **RUS** 50-51 O 7
Tando Zinze ○ **ANG** 146-147 D 6
Tandubatu Island ⌒ **RP** 96-97 D 10
Tandung ○ **RI** 100-101 F 5
Tāndūr ○ **IND** 76-77 G 2
Tanega-shima ⌒ **J** 88-89 D 9
Taneichi ○ **J** 88-89 J 4
Tan Emellel ○ **DZ** 126-127 G 7
Tanemot, Danau ⬭ **RI** 102-103 G 2
Tanete ○ **RI** 100-101 G 6
Taneti, Pulau ⌒ **RI** 100-101 K 4
Tanezrouft ∸ **DZ** 132-133 K 3
Tanezrouft-Tan-Ahenet ∸ **DZ** 126-127 C 9
Tanezzruft, Wādī ∼ **LAR** 126-127 H 8
Ţanf, aṭ- ○ **SYR** 64-65 H 6
Tanga □ **EAT** 148-149 G 6
Tanga ☆ **EAT** (TAN) 148-149 G 6
Tanga ○ **RUS** 54-55 E 10
Tanga < **TCH** 134-135 J 4
Tangadee ○ **AUS** 112-113 E 2
Tangail ○ **BD** 78-79 F 3
Tanga Islands ⌒ **PNG** 119 G 2
Tangale Peak ▲ **WAN** 140-141 J 4
Tangalle ○ **CL** 76-77 J 7
Tanganyika, Lac = Lake Tanganyika ⬭ **ZRE** 150-151 E 3
Tanganyika, Lake = Lac Tanganyika ⬭ **BU** 150-151 E 3
Tangara ○ **BR** 212-213 L 5
Tangará da Serra ○ **BR** 214-215 J 4
Tangarana, Río ∼ **PE** 208-209 E 3
Tangarare ○ **SOL** 120 I d 3
Tangaye ○ **BF** 138-139 J 3
Tangent Point ▲ **USA** 164-165 N 1
Tanger = Tanjah ☆• **MA** 124-125 J 3
Tangerang ○ **RI** 104 B 3
Tangermünde ○• **D** 28-29 L 2
Tanggu ○ **VRC** 90-91 K 2
Tangguantun ○ **VRC** 90-91 K 2
Tanggula (Dangla) Shan ⛰ **VRC** 80-81 G 4
Tanggulangin ○ **RI** 104 E 3
Tanggula Shankou ▲ **VRC** 80-81 H 4
Tangha ∼ **RUS** 56-57 D 3
Tanghe ○ **VRC** 90-91 H 5
Tangi ○ **PK** 74-75 C 2
Tangjiahe Z.B. ⊥• **VRC** 90-91 D 5
Tangkak ○ **MAL** 98-99 E 3
Tangkoto-Batuangus-Dua Saudara Reserves ⊥• **RI** 100-101 J 3
Tang La ▲ **VRC** 80-81 G 7
Tangmai ○ **VRC** 80-81 K 5
Tangnary ∼ **RUS** 54-55 L 4
Tangorin ○ **AUS** 114-115 H 1
Tangoutranat = Ti-n-Aguelhaj ○ **RMM** 132-133 J 6
Tangra Yumco ⬭ **VRC** 80-81 F 5
Tangse ○ **RI** 98-99 A 2
Tangshan ○ **VRC** 90-91 L 2
Tangu ○ **PNG** 119 C 3
Tangua ○ **CO** 208-209 D 1
Tangue River Reservoir < **USA** 186-187 D 3
Tanguieta ○ **DY** 138-139 L 4
Tanguin-Dassouri ○ **BF** 138-139 K 3
Tangulbei ○ **EAK** 148-149 F 3
Tangyuan ○ **VRC** 86-87 G 4
Tân Hiệp ○ **VN** 94-95 H 5
Tánh Linh ○ **VN** 94-95 J 5
Tanhoj ○ **RUS** 52-53 M 10
Tanhuijo, Arrecife ⌒ **MEX** 194-195 L 7
Tani ○ **AFG** 74-75 B 3
Taniantaweng Shan ⛰ **VRC** 80-81 M 5
Tanichuchí ○ **EC** 208-209 C 2
Tanimbar, Kepulauan ⌒ **RI** 102-103 F 6
Taninga ○ **MOC** 156-157 L 2
Taninges ○ **F** (74) 238-239 K 4
Taninthari ○ **MYA** 94-95 E 4
Taninthari ∼ **MYA** 94-95 E 4
Tanipaddi ○ **IND** 76-77 H 4
Tanis ∴• **ET** 130-131 E 2
Tanisapata ○ **RI** 102-103 G 3
Ṯāniya, Ğabal aṯ- ▲ **Y** 68-69 E 6
Tanjah ☆• **MA** 124-125 J 3
Tanjay ○ **RP** 96-97 E 8
Tan'ju ∼ **RUS** 44-45 L 8
Tanjung ○ **RI** (JTE) 104 C 3
Tanjung ○ **RI** (KSE) 100-101 D 5
Tanjung ○ **RI** (NBA) 104 C 7
Tanjung Api Reserve ⊥• **RI** 100-101 G 4
Tanjungbalai ○ **RI** 98-99 C 3
Tanjungbatu ○ **RI** 100-101 F 2
Tanjungbuaya, Pulau ⌒ **RI** 100-101 F 3
Tanjungenim ○ **RI** 98-99 E 6
Tanjungkarang = Bandar Lampung ○ **RI** 98-99 F 7
Tanjunglolo ○ **RI** 98-99 D 5
Tanjung Malim ○ **MAL** 98-99 D 3
Tanjungmangil ○ **RI** 98-99 F 6
Tanjungmarcang ○ **RI** 98-99 C 2
Tanjungniur ○ **RI** 98-99 F 6
Tanjungpandan ○ **RI** 98-99 G 6
Tanjung Panjang Reserve ⊥• **RI** 100-101 G 3
Tanjung Piandang ○ **MAL** 98-99 D 2
Tanjungpinang ○ **RI** 98-99 F 4
Tanjungpura ○ **RI** 98-99 C 3
Tanjungraja ○ **RI** 98-99 F 6
Tanjungraya ○ **RI** 98-99 E 7
Tanjungredeb ○ **RI** 100-101 E 2
Tanjungsaleh, Pulau ⌒ **RI** 98-99 H 5
Tanjungseloka ○ **RI** 100-101 E 5
Tanjungselor ○ **RI** 100-101 E 2
Tanjung Sepat ○ **MAL** 98-99 D 3
Tanjunguban ○ **RI** 98-99 F 4
Tanjungwaringin ○ **RI** 98-99 J 5
Tanjurer ∼ **RUS** 48-49 S 4
Tānk ○ **PK** 74-75 C 3
Tank ○ **USA** 188-189 F 4
Tankse ○ **IND** 74-75 G 2
Tankses ∼ **RUS** 50-51 T 4
Tankwa ∼ **ZA** 156-157 D 6
Tankwa-Karoo National Park ⊥ **ZA** 156-157 D 6
Tân Ky ☆ **VN** 92-93 D 7
Tanlay ○ **F** (89) 234-235 E 6
Tanlova ∼ **RUS** 50-51 N 2
Tanlovajaha ∼ **RUS** 44-45 N 8
Tân Minh ○ **VN** 94-95 J 5
Tanna, Île = Tana ⌒ **VAN** 120 II b 4
Tannakallu ○ **IND** 76-77 H 4
Tannay ○ **F** (08) 234-235 F 2
Tannay ○ **F** (58) 232-233 K 5
Tannerre-en-Puisaye ○ **F** (89) 232-233 J 4
Tannière, la ○ **F** (53) 230-231 K 3
Tannin ○ **CDN** 178-179 L 6
Tannou Occidentaux, Monts = Zapadnyj Tannu-Ola, hrebet ⛰ **RUS** 52-53 E 10
Tannou Orientaux, Monts = Vostočnyj Tannu-Ola, hrebet ⛰ **RUS** 52-53 F 10
Tannum Sands ○ **AUS** 114-115 L 2
Tannūra, Ra's ○ **KSA** 70-71 D 5
Tano ∼ **GH** 138-139 J 6
Tano, Tanjung ▲ **RI** 104 C 7
Tanon Strait ≈ 96-97 E 8
Tanot ○ **IND** 74-75 C 6
Tanougou ○ **DY** 138-139 L 4
Tanougou, Cascades de ∼·· **DY** 138-139 L 4
Tanout ○ **RN** 134-135 D 5
Tanouzkka, Sebkhet ⬭ **MA** 132-133 C 3
Tân Phú ○ **VN** 94-95 J 5
Tanquary Fiord ≈ 170-171 L 3
Tanque Novo ○ **BR** 216-217 J 2
Tanque Nuevo ○ **MEX** 194-195 H 4
Tanquinho ○ **BR** 212-213 J 7
Tansarga ○ **BF** 138-139 L 4
Tansen ○ **NEP** 80-81 D 7
Tanshui • **RC** 92-93 M 4
Tansilla ○ **BF** 138-139 H 3
Tanşulūkh ○ **LAR** 128-129 J 1
Tanṭā ☆ **ET** 130-131 E 2
Tantamayo ○ **PE** 208-209 D 6
Tan-Tan ☆ **MA** 124-125 F 6
Tan-Tan-Plage ○ **MA** 124-125 F 6
Tân Thu'ọ'ng ○ **VN** 94-95 J 5
Tan Ti-m-Missaou, Tassili ⛰ **DZ** 132-133 M 4
Tantonville ○ **F** (54) 234-235 J 5
Tantoyuca ○ **MEX** 194-195 K 7
Tanūma ○ **KSA** 68-69 C 4
Tanumbirini ○ **AUS** 110-111 C 5
Tanumshede ☆ **S** 22-23 E 7
Tanus ○ **F** (81) 240-241 J 2
Tanxi ○ **VRC** 92-93 F 3
Tanyan ○ **MYA** 78-79 L 4
Tanzania = Tanzanie ■ **EAT** 150-151 F 3
Tanzanie = Tanzania ■ **EAT** 150-151 F 3
Tanzilla Plateau ⛰ **CDN** 176-177 E 2
Tanzilla River ∼ **CDN** 176-177 E 2
Taoa ○ **F** (986) 247 II
Taocun ○ **VRC** 90-91 M 3
Tao He ∼ **VRC** 90-91 C 4
Taohua Dao ⌒ **VRC** 92-93 N 2
Taohuayuan • **VRC** 92-93 G 2
Taojiang ○ **VRC** 92-93 H 2
Taonan ○ **VRC** 86-87 D 5
Taopa ○ **RI** 100-101 G 3
Taora ○ **SOL** 120 I c 2
Taormina ○ **I** 36-37 E 6
Taos ○··· **USA** 188-189 E 1
Taoshan Shouliechang • **VRC** 86-87 G 4
Taos Indian Reservation ✕ **USA** 188-189 E 1
Taouârdeï < **RMM** 132-133 L 6
Taoudenni ○ **RMM** 132-133 J 3
Taounate ☆ **MA** 124-125 J 3
Taourirt ○ **MA** (Ojd) 124-125 K 3
Taourirt ○ **MA** (Orz) 124-125 H 5
Taouz ○ **MA** 124-125 J 5
Taoyuan ○ **RC** 92-93 M 4
Taoyuan ○ **VRC** 92-93 G 2
Taoyuan D. • **VRC** 92-93 K 4
Tapachula ○ **MEX** 196-197 H 4
Tapah ○ **MAL** 98-99 D 2
Tapah, Tanjung ▲ **RI** 98-99 F 6
Tapaiuna, Cachoeira ∼ **BR** 210-211 K 6
Tapaiuna, Ribeiro ∼ **BR** 214-215 J 2
Tapajos, Rio ∼ **BR** 210-211 K 5
Tapajós, Rio ∼ **BR** 210-211 K 4
Tapaktuan ○ **RI** 98-99 B 3
Tapalpa ○• **MEX** 196-197 C 2
Tapalqué ○ **RA** 222-223 J 4
Tapalqué, Arroyo ∼ **RA** 222-223 J 4
Tapan ○ **RI** 98-99 D 6
Tapanahonirivier ∼ **SME** 206-207 G 4
Tapandulu ○ **RI** 100-101 F 5
Tapanuli, Teluk ≈ 98-99 C 4
Tapat, Pulau ⌒ **RI** 100-101 K 4
Tapauá ○ **BR** 210-211 F 5
Tapauá, Rio ∼ **BR** 210-211 E 5
Tapauá, Rio ∼ **BR** 210-211 D 5
Tapaulama, Tanjung ▲ **RI** 100-101 H 5
Tapawera ○ **NZ** 118 D 4
Tapebicuá ○ **RA** 220-221 J 5
Tapejara ○ **BR** 218-219 E 7
Tapena ○ **BOL** 214-215 C 5
Tapenaga, Río ∼ **RA** 220-221 H 4
Tapera ○ **BR** 210-211 F 3
Tapera, La ○ **RCH** 224 E 2
Tapera, Rio ∼ **BR** 206-207 D 5
Taperaba ○ **BR** 206-207 J 5
Taperoá ○ **BR** 212-213 K 5
Tapes ○ **BR** 218-219 E 8
Tapes, Ponta de ▲ **BR** 218-219 E 8
Tapeta ○ **LB** 138-139 F 6
Taphan Hin ○ **THA** 94-95 F 2
Tapi ∼ **IND** 74-75 F 9
Tāpi ∼ **IND** 74-75 E 9
Tapian ○ **RI** 100-101 E 4
Tapiantana Channel ≈ 96-97 D 9
Tapiantana Group ⌒ **RP** 96-97 D 9
Tapiche, Río ∼ **PE** 208-209 E 5
Tapini ○ **PNG** 119 D 5
Tapiocanga, Chapada do ⛰ **BR** 216-217 G 4
Tapira ○ **BR** 216-217 G 5
Tapiraípe ○ **BR** 216-217 K 2
Tapirapecó, Sierra ⛰ **YV** 210-211 E 2
Tapirapé Karajá, Área Indígena ✕ **BR** 212-213 C 7
Tapiratiba ○ **BR** 216-217 G 6
Tapiruçu, Cachoeira ∼ **BR** 212-213 E 3
Tapis, Gunung ▲ **MAL** 98-99 E 2
Tapiú, Cachoeira do ∼ **BR** 206-207 F 6
Tapkaluk Islands ⌒ **USA** 164-165 M 1
Taplejung ○ **NEP** 80-81 F 7
Tapoa, La ○ **BF** (DOS) 140-141 E 2
Tapoa, La ∼ **BF** 138-139 L 3
Tapol ○ **TCH** 142-143 B 4
Taponnat-Fleurignac ○ **F** (16) 236-237 F 4
Tappahannock ○ **USA** 190-191 K 7
Tappalang ○ **RI** 100-101 F 5
Tapsuj ∼ **RUS** 50-51 F 3
Taptugary ○ **RUS** 54-55 K 9
Tapuamu ○ **F** (987) 247 IV a 2
Tapul ○ **RP** 96-97 D 10
Tapul Group ⌒ **RP** 96-97 D 10
Tapul Island ⌒ **RP** 96-97 D 10
Ţāqa ○ **OM** 68-69 J 5
Taq-e Bostān ○• **IR** 64-65 M 4
Ţaqṭaq ○ **IRQ** 64-65 L 5
Ţaqṭaqāna, aṭ- ○ **IRQ** 64-65 K 6
Taquara ○ **BR** 218-219 E 7
Taquari ○ **BR** 218-219 E 7
Taquari, Pantanal do ⬭ **BR** 214-215 J 6
Taquari, Rio ∼ **BR** 214-215 J 6
Taquari, Rio ∼ **BR** 216-217 F 7
Taquaritinga ○ **BR** 216-217 F 6
Taquarituba ○ **BR** 216-217 F 7
Taques, Los ○ **YV** 204-205 F 2
Taquili, Isla ⌒ **PE** 214-215 C 4
Tara ○ **AUS** 114-115 L 4
Tará ○ **BR** 212-213 K 6
Tara ☆ **RUS** (OMS) 50-51 N 6
Tara ∼ **RUS** 50-51 P 6
Tara ∼ **RUS** 50-51 N 6
Tara ∼ **YU** 36-37 G 3
Tara ○ **Z** 154-155 D 3
Ţarā, Ğazirat ⌒ **KSA** 68-69 B 4
Taraba, River ∼ **WAN** 140-141 J 4
Tarabillas, Laguna ⬭ **USA** 188-189 E 4
Tarabuco ○ **BOL** 214-215 E 6
Tarābulus □ **LAR** 128-129 E 1
Tarābulus ★ **LAR** 128-129 E 1
Tarābulus ○• **RL** 64-65 F 5
Ţarābulus ☆• **RL** 64-65 F 5
Tarābulus = Tripolitaine ∸ **LAR** 128-129 D 2
Taraca, Golfo de ⬭ **BOL** 214-215 C 5
Taraco ○ **PE** 214-215 C 4
Tarād al-Kahf ○ **IRQ** 64-65 L 7
Taradeau ○ **F** (83) 242-243 J 5
Taraf, at- ○ **KSA** 66-67 L 5
Ţarafiya, aṭ- ○ **KSA** 66-67 J 4
Tarafo, Ponta ▲ **CV** 138-139 C 6
Tarag ○ **IND** 76-77 F 2
Tarāghin ○ **LAR** 128-129 F 5
Tarahumara, Sierra ⛰ **MEX** 194-195 E 3
Taraira, Río ∼ **CO** 210-211 C 3
Taraire ○ **BOL** 220-221 F 1
Tarajim ○ **WAN** 140-141 J 3
Taraka, Mount ▲ **PNG** 120 I b 2
Tarakan ○ **RI** 100-101 E 2
Tarakan, Pulau ⌒ **RI** 100-101 E 2
Tarakbits ○ **PNG** 119 A 3
Taralga ○ **AUS** 116-117 K 3
Taramana ○ **RI** 102-103 C 6
Taranaki Bight, North ≈ 118 E 3
Taranaki Bight, South ≈ 118 E 4
Tarancón ○ **E** 34-35 F 4
Tarangara ○ **TCH** 142-143 D 4
Tarangire ∼ **EAT** 148-149 F 6
Tarangire National Park ⊥ **EAT** 148-149 F 5
Tarangire Safari Camp ○ **EAT** 148-149 F 5
Tarankōl, kōli ⬭ **KA** 60-61 F 1
Taranovskij ☆ **KA** 60-61 C 2
Tarante, Golfe de = Táranto, Golfo di ≈ 36-37 F 4
Tarante = Táranto ☆• **I** 36-37 F 4
Táranto ☆• **I** 36-37 F 4
Táranto, Golfo di ≈ 36-37 F 4
Tarapacá ○ **CO** 210-211 C 4
Tarapacá ○ **RCH** 214-215 C 6
Tarapoa ○ **EC** 208-209 D 2
Tarapoto ○ **PE** 208-209 D 5
Tārāpur ○ **IND** 74-75 D 10
Taraquá ○ **BR** 210-211 E 3
Tarara ○ **C** 198-199 D 3
Tarara ○ **PNG** 120 I b 2
Tarare ○ **F** (69) 238-239 E 5
Taras ○ **BD** 78-79 F 3
Tarasa Dwip Island ⌒ **IND** 76-77 L 5
Tarascon ○·· **F** (13) 242-243 F 4
Tarascon-sur-Ariège ○ **F** (09) 240-241 H 5
Tarasovo ○ **RUS** 52-53 N 8
Tarasovo ○ **RUS** (NAO) 24-25 T 3
Tarasovsk ○ **RUS** 52-53 L 8
Tarat ○ **DZ** 126-127 G 7
Tarata ○ **PE** 214-215 B 5
Tarauacá ○ **BR** 210-211 B 7
Tarauacá, Rio ∼ **BR** 210-211 B 6
Taravao ○ **F** (987) 247 V b 2
Taravao, Baie de ≈ 247 V b 2
Taravao, Isthme de ∸ **F** (987) 247 V b 2
Taravo ∼ **F** (2A) 244 C 5
Tarawai Island ⌒ **PNG** 119 B 2
Tarazona ○ **E** 34-35 G 4
Tarbagataï = Tarbağataj žotasy ⛰ **KA** 60-61 M 5
Tarbagataj ○ **KA** 60-61 M 5
Tarbagataj ☆ **RUS** 52-53 N 10
Tarbaj ○ **EAK** 148-149 H 2
Tarbela Reservoir < **PK** 74-75 D 2
Tarbes ☆ **F** (65) 240-241 E 4
Tarboro ○ **USA** 192-193 K 2
Tarcenay ○ **F** (25) 238-239 J 2
Tarcoola ○ **AUS** 114-115 C 6
Tardes ∼ **F** (23) 236-237 K 4
Tardets-Sorholus ○ **F** (64) 240-241 C 4
Tardie ○ **AUS** 112-113 D 3
Tardoire ∼ **F** (16) 236-237 G 4
Tardoki-Jani, gora ▲ **RUS** 58-59 H 4
Tardun ○ **AUS** 112-113 C 4
Taree ○ **AUS** 114-115 M 6
Tareja ∼ **RUS** 44-45 Z 4
Taremert-n-Alki, Oued ∼ **DZ** 126-127 E 8
Tarempa, Pulau ⌒ **RI** 98-99 G 3
Tärendö ○ **S** 22-23 L 3
Tarentaise ∸ **F** (73) 238-239 K 5
Ţarfa, Ra's aṭ- ▲ **KSA** 68-69 C 5
Ţarfāwī, Bi'r < **IRQ** 64-65 K 6
Tarfaya ○ **MA** 124-125 E 7
Targa < **RN** 134-135 B 4
Targap ○ **KA** 82-83 B 4
Targhalāt, Wādī ∼ **LAR** 128-129 F 1
Targhee Pass ▲ **USA** 184-185 J 3
Targon ○ **F** (33) 236-237 E 6
Tărgovište ○ **BG** 38-39 E 6
Targuist ○ **MA** 124-125 J 3
Tarhaouhaout ∴ **DZ** 126-127 E 9
Tarhatine, Tizi-n ▲ **MA** 124-125 H 5
Tarhovo ○ **RUS** 52-53 E 7
Tarhūnah □ **LAR** 128-129 E 1
Tarhūnah ☆• **LAR** 128-129 E 1
Tari ○ **PNG** 119 B 3
Tari, Mutungu- ○ **ZRE** 152-153 D 3
Tariat = Horgo ○ **MAU** 84-85 D 3
Tarib ○ **KSA** 68-69 C 4
Táriba ○ **YV** 204-205 E 4
Tarica ○ **PE** 208-209 D 6
Ţarīf ○ **UAE** 70-71 E 6
Tarifa ○ **E** 34-35 E 6
Tarija ○ **BOL** 220-221 E 1
Tarija, Río ∼ **BOL** 220-221 E 1
Tarikere ○ **IND** 76-77 F 4
Tariku ∼ **RI** 102-103 J 3
Tariku (Rouffaer) ∼ **RI** 102-103 J 3
Tarim ○• **Y** 68-69 F 5
Tarim, Bassin du = Tarim Pendi ∸ **VRC** 82-83 E 6
Tarime ○ **EAT** 148-149 E 4
Tarim He ∼ **VRC** 82-83 E 5
Tarımı Milli Parkı ⊥ **TR** 64-65 F 3
Tarimoro ○ **MEX** 196-197 D 1
Tarim Pendi ∸ **VRC** 82-83 E 6
Taring ○ **RI** 98-99 B 3
Taripa ○ **RI** 100-101 G 4
Tarira ○ **BR** 210-211 C 2
Tarit, Oued ∼ **DZ** 126-127 D 8
Taritatu ∼ **RI** 102-103 L 3
Taritatu (Idenburg) ∼ **RI** 102-103 K 3
Tarka ∼ **ZA** 156-157 G 6
Tarkastad ○ **ZA** 156-157 H 6
Tarkio ○ **USA** (MO) 186-187 K 5
Tarkio ○ **USA** (MT) 184-185 G 2
Tarkio River ∼ **USA** 186-187 K 5
Tarko-Sale ☆ **RUS** 50-51 O 2
Tarkwa ○ **GH** 138-139 K 7
Tarlac ☆ **RP** 96-97 D 5
Tarlton Downs ○ **AUS** 114-115 D 2
Tarma ○ **PE** 208-209 E 7
Tarmaber Pass ▲ **ETH** 144-145 D 4
Ţarmidā ○ **KSA** 66-67 J 5
Tarn □ **F** (81) 240-241 H 3
Tarn ∼ **F** (81) 240-241 H 3
Tarn, Gorges du ⌣·· **F** 242-243 C 3
Tärnaby ○ **S** 22-23 G 4
Tarnac ○ **F** (19) 236-237 J 4
Tarnak Rūd ∼ **AFG** 70-71 M 2
Tarn-et-Garonne □ **F** (82) 240-241 F 2
Tarnogskij Gorodok ○ **RUS** 30-31 S 1
Tarnów ☆• **PL** 28-29 Q 3
Taroa ○ **CO** 204-205 F 1
Tarobi ○ **PNG** 119 F 3
Taro Co ⬭ **VRC** 80-81 E 5
Taroko ○ **RC** 92-93 M 4
Taroko National Park ⊥• **RC** 92-93 M 4
Taron ○ **PNG** 119 G 3
Taronggo ○ **RI** 100-101 G 4
Taroom ○ **AUS** 114-115 K 3
Taroudannt ☆• **MA** 124-125 G 5
Taroum ○ **RN** 140-141 E 1
Tarpon Springs ○ **USA** 192-193 G 5
Tarquínia ○ **I** 36-37 C 3
Tarrafal ○ **CV** 138-139 B 5
Tarrafal ○ **CV** 138-139 C 6
Tarrafol ○ **CV** 138-139 B 5
Tarragona ○ **AUS** 114-115 H 2
Tarragona ○·· **E** 34-35 H 4
Tarrajåkkå ∼ **S** 22-23 H 3
Tarraleah ○ **AUS** 116-117 J 7
Tarras ○ **NZ** 118 B 6
Tàrrega ○ **E** 34-35 H 4
Tar River ∼ **USA** 192-193 J 1
Tarso Emissi ⛰ **TCH** 134-135 J 2
Tarsu Musa ▲ **TCH** 134-135 J 2
Tarsus ☆• **TR** 64-65 F 4
Tartagal ○ **RA** 220-221 F 2
Tartagal, Río ∼ **RA** 220-221 F 2
Tartagine ∼ **F** (2B) 244 C 4
Ţarṭār, Buḥairat aṭ- < **IRQ** 64-65 K 5
Ţarṭār, Nahr aṭ- < **IRQ** 64-65 K 6
Tartarie, Manche de = Tatarskij proliv ≈ 58-59 J 3
Tartaruga ○ **BR** 216-217 L 2
Tartarugalzinho ○ **BR** 206-207 J 5
Tartarugas, Cachoeira das ∼ **BR** 212-213 D 4
Tartas ○ **F** (40) 240-241 C 3
Tartas ∼ **RUS** 50-51 O 7
Tartigny ○ **F** (60) 228-229 J 4
Tartonne ○ **F** (04) 242-243 J 3
Tartrat, Hassi < **DZ** 124-125 H 7
Tartu ☆·· **EST** 30-31 K 2
Ţarṭūs ☆·· **SYR** 64-65 F 5
Taruca ○ **PE** 214-215 C 5
Tarucani ○ **PE** 214-215 B 5
Tarum ∼ **RI** 104 B 3
Taruma ○ **BR** 214-215 J 6
Tarusa ☆• **RUS** 30-31 P 4
Tarusan ○ **RI** 98-99 D 5
Tārūt, Wādī ∼ **LAR** 128-129 E 4
Tarutung ○ **RI** 98-99 C 3
Tarutyne ☆ **UA** 38-39 F 4
Tarvagatajn Nuruu ⛰ **MAU** 84-85 D 3
Tarves ○ **AUS** 114-115 H 3
Tarvo, Río ∼ **BOL** 214-215 G 4
Ţarwāniya ○ **UAE** 68-69 J 2
Taryng-Ěl'ge ∼ **RUS** 56-57 E 4
Tasabo < **WAN** 140-141 G 6
Tašāk, Kūh-e ▲ **IR** 70-71 D 4
Tašanta ○ **RUS** 60-61 Q 4
Tašauz = Dažhovuz ☆ **TM** 72-73 F 4
Tašauzskaja oblast' □ **TM** 72-73 E 4
Tasbōget ☆ **KA** 60-61 D 6
Taschereau ○ **CDN** 182-183 E 4
Tase ○ **VRC** 80-81 F 6
Tas-Ěekit ∼ **RUS** 46-47 P 4
Taseeva ∼ **RUS** 52-53 G 7
Taseko River ∼ **CDN** 176-177 J 6
Tasermiut ≈ 172-173 S 6
Tasersiaq ≈ 172-173 P 3
Taserssuaq ≈ 172-173 P 3
Taserssuaq ⬭ **GRØ** (VGR) 172-173 Q 5
Taserssuaq ⬭ **GRØ** (VGR) 172-173 P 4
Taserssuatsiaq ⬭ **GRØ** 172-173 P 4
Tāsgaon ○ **IND** 76-77 F 2
Taš Guzar ○ **AFG** 72-73 K 6
Tashiding ○• **IND** 78-79 F 2
Tashigang ○ **BHT** 78-79 G 2
Tashota ○ **CDN** 178-179 N 5
Tasiaalujjuaq, Lac ⬭ **CDN** 180-181 O 5
Tasiat, Lac ⬭ **CDN** 180-181 M 5
Tasik Bera ⬭ **MAL** 98-99 E 3
Tasik Chini ○ **MAL** 98-99 E 3
Tasik Kenyir ⬭ **MAL** 98-99 E 2
Tasikmalaya ○ **RI** 104 C 3
Tasik Temengur ⬭ **MAL** 98-99 D 2
Tašina ∼ **RUS** 58-59 D 3
Tašir ○ **AR** 64-65 L 2
Tasiussaq ⌒ **GRØ** 170-171 X 7
Tasiussarssuaq ≈ 172-173 P 4
Tas-Jurjah ○ **RUS** 54-55 F 5
Taskan ○ **RUS** 56-57 O 2
Taskan ∼ **RUS** 56-57 O 2
Taškent = Toškent ★·· **US** 72-73 L 4
Taškentskaja oblast' □ **US** 72-73 L 4
Taškepri ○ **TM** 72-73 H 6
Taškeprinskoe vodohranilišče < **TM** 72-73 H 6
Tasker ○ **RN** 134-135 E 5
Taskesken ○ **KA** 60-61 M 5
Taşköprü ☆ **TR** 64-65 F 2
Taskul ○ **PNG** 119 F 2
Taš-Kumyr ○ **KS** 72-73 N 4
Tas-Kystabyt, hrebet ⛰ **RUS** 46-47 Y 7
Tašla ☆ **RUS** 32-33 H 8
Tasman, Bassin de = Tasman Basin ≃ 9 G 7
Tasman, Mer de = Tasman Sea ≈ 9 G 6
Tasman Basin = Tasman, Bassin de ≃ 9 G 7
Tasman Bay ≈ 118 D 4
Tasman Head ▲ **AUS** 116-117 J 7
Tasman Highway II **AUS** 116-117 K 6
Tasmania = Tasmanie □ **AUS** (TAS) 116-117 G 6
Tasmania = Tasmanie ⌒ **AUS** (TAS) 9 F 7
Tasmanie, Crête de = South Tasman Rise ≃ 9 F 7
Tasmanie = Tasmania □ **AUS** (TAS) 116-117 G 6
Tasmanie = Tasmania ⌒ **AUS** (TAS) 9 F 7
Tasman Mountains ⛰ **NZ** 118 D 4
Tasman Peninsula ⌣·· **AUS** 116-117 J 7
Tasman Point ▲ **AUS** 110-111 D 4
Tasman Sea ≈ 9 G 6
Tasman Sea = Tasman, Mer de ≈ 9 G 6
Tasmate ○ **VAN** 120 II a 2
Tăşnad ○ **RO** 38-39 C 4
Taşova ☆ **TR** 64-65 G 2
Tāšqorġān = Hūlm ○• **AFG** 72-73 K 6
Tassara ○ **RN** 134-135 B 4
Tassa-Takorat < **RN** 134-135 B 4
Tassedjefit, Erg ∸ **DZ** 126-127 D 8
Tasselot, Mont ▲ **F** (21) 238-239 F 2
Tasserest < **RMM** 132-133 M 7
Tassialouc, Lac ⬭ **CDN** 180-181 N 5
Tassiné ∼ **DY** 140-141 E 3
Tasso Fragoso ○ **BR** 212-213 F 6
Taštagol ☆ **RUS** 60-61 P 2
Tastau, gora ▲ **KA** 60-61 N 5
Tastop ○ **KA** 72-73 K 3
Tastöp ○ **KA** 72-73 K 3
Tastuba ○ **RUS** 32-33 K 6
Taštyp ☆ **RUS** 60-61 Q 2
Tasty-Taldy ☆ **KA** 60-61 E 3
Ţasūğ ○ **IR** 64-65 L 3
Tāsūki ○• **IR** 70-71 J 3
Tata ○ **H** 28-29 P 5
Tata ☆ **MA** 124-125 H 6
Tatabánya ○ **H** 28-29 P 5
Ta Ta Creek ○ **CDN** 176-177 N 7
Tata d'Albouri Ndiaye ∴• **SN** 132-133 C 7
Tataguine ○ **SN** 138-139 B 2
Tatajachura, Cerro ▲ **RCH** 214-215 C 6
Tatajuba ○ **BR** 208-209 F 5
Tatali ○ **GH** 138-139 L 5
Tatam ○ **RI** 100-101 L 3
Tatamagouche ○ **CDN** 182-183 N 6
Tata Mailau, Gunung ▲ **RI** 102-103 C 6
Tatamba ○ **SOL** 120 I d 3
Tatan ○ **KA** 60-61 K 4
Tataouine ☆• **TN** 126-127 H 4
Tatarbunary ☆ **UA** 38-39 F 5
Tatarsk ☆ **RUS** 50-51 N 7
Tatarskij proliv ≈ 58-59 J 3
Tatarstan = Respublika Tatarstan □ **RUS** 32-33 F 6
Tatau ○ **MAL** 98-99 K 3
Tatau Island ⌒ **PNG** 119 F 2
Tatawa ○ **RI** 102-103 H 3
Tatéma ○ **RG** 138-139 D 5
Tate River ∼ **AUS** 110-111 G 5
Tateyama ○ **J** 88-89 H 7
Tate-yama ▲ **J** 88-89 G 6
Tathlina Lake ⬭ **CDN** 174-175 L 5
Tathra ○ **AUS** 116-117 K 4
Tathra National Park ⊥ **AUS** 112-113 C 4
Tati ∼ **RB** 154-155 D 5
Tâtîlt < **RIM** 132-133 C 5
Tatinnai Lake ⬭ **CDN** 174-175 V 5
Tatiščevo ○ **RUS** 32-33 D 8
Tatitlek ○ **USA** 164-165 R 6
Tat Kha ○ **THA** 94-95 F 2
Tatkon ○ **MYA** 78-79 K 5
Tatla Lake ○ **CDN** 176-177 H 6
Tatlanika Creek ∼ **USA** 164-165 Q 4
Tatlatui Provincial Park ⊥ **CDN** 176-177 G 3
Tatlayoko Lake ⬭ **CDN** 176-177 H 6
Tatlīt □ **KSA** 68-69 C 4
Tatlīt, Wādī ∼ **KSA** 68-69 C 3
Tatlmain Lake ⬭ **CDN** 164-165 X 5
Tatnam, Cape ▲ **CDN** 178-179 L 2
Tatokou ○ **RN** 134-135 D 5
Tatra = Tatry ⛰ **SK** 28-29 P 4
Tatry ⛰ **SK** 28-29 P 4
Tatshenshini-Alsek Kluane National Park ⊥··· **CDN** 164-165 U 6
Tatshenshini River ∼ **CDN** 164-165 W 7
Tatta ∼ **RUS** 56-57 E 2
Tattakarai ○ **IND** 76-77 G 5
Tattannagaripalli ○ **IND** 76-77 G 4
Tatu, Cachoeira do ∼ **BR** 206-207 H 5
Tatuí ○ **BR** 216-217 G 7
Tatul, Sierra de ⛰ **RCH** 220-221 B 5
Tatum ○ **USA** 188-189 F 3
Taturgou ○ **VRC** 74-75 F 1
Tatvan ☆• **TR** 64-65 K 3
Tau ○ **N** 22-23 B 7
Ta'u ○ **USA** 120 V c 2
Tauá ○ **BR** 212-213 H 4
Tauari ○ **BR** 212-213 E 2
Taubaté ○ **BR** 216-217 H 7
Tauberbischofsheim ○• **D** 28-29 K 4
Tauca ○ **PE** 208-209 C 6
Taufikia ○ **SUD** 142-143 K 4
Ta'u Island ⌒ **USA** 120 V c 2
Tauj ∼ **RUS** 56-57 N 4
Taujskaja guba ≈ 56-57 N 4
Taukum ⌣ **KA** 60-61 J 6
Taulane • **F** (83) 242-243 K 4
Taulé ○ **F** (29) 230-231 D 2
Taulignan ○ **F** (26) 242-243 F 3
Taulihawa ○ **NEP** 80-81 D 7
Tauliya ○ **IRQ** 64-65 J 6
Taumarunui ○ **NZ** 118 E 3
Taumaturgo ○ **BR** 208-209 F 6
Taum Sauk Mountain ▲ **USA** 190-191 C 7
Taunay, Cachoeira ∼ **BR** 214-215 G 2
Taung ○ **ZA** 156-157 G 3
Taungbon ○ **MYA** 78-79 J 4
Taungdwingyi ○ **MYA** 78-79 J 6
Taunggyí ☆ **MYA** 78-79 K 5
Taungtha ○ **MYA** 78-79 J 5
Taungthônlôn ▲ **MYA** 78-79 J 3
Taungup ○ **MYA** 78-79 J 6
Taunsa ○ **PK** 74-75 C 4
Taunton ☆ **GB** 26-27 F 6
Taunton ○ **USA** 190-191 N 5
Taupo ○ **NZ** 118 F 3
Taupo, Lake ⬭ **NZ** 118 E 3
Taupont ○ **F** (56) 230-231 G 4
Tauragė ☆·· **LT** 30-31 H 4
Tauranga ○ **NZ** 118 F 2
Taureau, Réservoir < **CDN** 182-183 H 5
Tauria ○ **USA** 188-189 L 1
Taurion ∼ **F** (23) 236-237 J 4
Tauri River ∼ **PNG** 119 C 4
Tauroa Point ▲ **NZ** 118 D 1
Taurova ○ **RUS** 50-51 M 5
Taurus, Chaîne du = Toros Dağları ⛰ **TR** 64-65 D 4
Taus = Domažlice ○ **CZ** 28-29 M 4
Tau Šalķarnūr ⛰ **KA** 62-63 P 3

Taussat o F (33) 236-237 C 6
Tauste o E 34-35 G 4
Taušyk o KA 62-63 P 2
Taušyk o KA 62-63 J 5
Tauta o PNG 119 C 3
Tautau, Motu ⌒ F (987) 247 IV a 2
Tautavel o F (66) 240-241 K 5
Taute ~ F (50) 228-229 B 5
Tautira o F (987) 247 V b 2
Tauves o F (63) 236-237 L 4
Tavai o PY 220-221 K 4
Tavajvaam ~ RUS 48-49 T 4
Tavan Bogd ▲ MAU 82-83 H 1
Tavanei River ~ PNG 119 E 6
Tavani, Mount ▲ VAN 120 II b 3
Tavara o SOL 120 I c 3
Tavas ☆ TR 64-65 C 4
Tavaux o F (39) 238-239 G 2
Tavaux-et-Pontséricourt o F (02) 228-229 M 4
Tavda ☆ RUS (SVR) 50-51 H 5
Tavda ~ RUS 50-51 G 5
Tavda ~ RUS 50-51 J 6
Tavel o F (30) 242-243 F 3
Taverner Bay ≈ 172-173 D 3
Tavernes o F (83) 242-243 J 4
Taverny o F (95) 228-229 J 5
Taveta o EAK 148-149 F 5
Taveta o EAT 150-151 H 5
Taveuni ⌒ FJI 120 III c 2
Tavignano ~ F (2B) 244 D 4
Tavignano, Gorges du ~ • F (2B) 244 D 4
Tavira o • P 34-35 D 6
Tavoliere ~ I 36-37 E 4
Távora, Rio ~ P 34-35 D 4
Tavoy o MYA 94-95 E 3
Tavričeskoe ☆ RUS 60-61 H 1
Tavşanlı ☆ TR 64-65 C 3
Tavua o FJI 120 III a 2
Tavuki o FJI 120 III b 3
Tavul Point ▲ PNG 119 G 3
Tavu Na Sici ⌒ FJI 120 III c 3
Tawaeli o RI 100-101 F 4
Tawakoni, Lake o USA 188-189 J 3
Tawali o RI 104 D 7
Tawallah o AUS 110-111 C 5
Tawallah Range ▲ AUS 110-111 C 5
Tawang o • IND 78-79 G 2
Tawa Reservoir < IND 74-75 F 8
Tawargeri o IND 76-77 G 3
Tawas City o USA 190-191 G 3
Tawau o MAL 96-97 B 10
Tawau Hills Park ⊥ MAL 96-97 B 10
Tawil, at- ⊥ KSA 66-67 F 3
Tawila, at- o Y 68-69 C 6
Tawila, Ğazirat ⌒ ET 130-131 F 4
Tawilah o SUD 136-137 B 6
Tawitawi Island ⌒ RP 96-97 C 10
Tawlokehn o LB 138-139 F 7
Tawma o MYA 78-79 K 4
Tawu o RC 92-93 M 5
Ṭāwūq ☆ IRQ 64-65 L 5
Ṭāwūq Čāy ~ IRQ 64-65 L 5
Tāwurghā' o LAR 128-129 F 1
Tāwurghā, Sabkhat ⊥ LAR 128-129 F 1
Taxco o • MEX 196-197 E 2
Taxco de Alarcon = Taxco o • MEX 196-197 E 2
Taxi o VRC 86-87 F 3
Taxila o ••• PK 74-75 D 3
Taxkorgan o VRC 82-83 B 7
Tay ~ GB 26-27 F 3
Tay, Lake o AUS 112-113 F 6
Tayabamba o PE 208-209 D 6
Tayabas Bay ≈ 96-97 D 6
Tayac o F (12) 240-241 J 2
Tayahua o MEX 194-195 H 6
Tayan o RI 98-99 J 5
Tayandu, Kepulauan ⌒ RI 102-103 F 4
Tayandu, Pulau ⌒ RI 102-103 G 4
Tāyebād o • IR 70-71 J 1
Tayeeglow o SP 144-145 G 6
Tāyin, Wādī ~ OM 68-69 L 2
Taykah o LAR 128-129 J 2
Taylor o CDN 176-177 K 3
Taylor o USA (AK) 164-165 H 4
Taylor o USA (NE) 186-187 H 5
Taylor o USA (TX) 188-189 J 4
Taylor, Mount ▲ USA 188-189 D 2
Taylor Highway II USA 164-165 T 5
Taylor Lake o CDN 174-175 P 4
Taylor Mountains ▲ USA 164-165 M 6
Taylor Park o USA 186-187 D 6
Taylor River ~ USA 186-187 D 6
Taylorville o USA 190-191 D 6
Tây Ninh ☆ • VN 94-95 J 5
Tayoltita o MEX 194-195 G 5
Tayota, Rio ~ BOL 214-215 E 4
Tay River ~ CDN 164-165 Y 5
Tây So'n o VN 94-95 K 4
Tay Sound ≈ 168-169 g 4
Taytay o RP 96-97 C 7
Taytay Bay ≈ 96-97 C 7
Ta Yü ⌒ RC 92-93 L 5
Tayu o RI 104 D 3
Tayuling o RC 92-93 M 4
Tayyāl, Wādī ~ KSA 66-67 F 3
Tayyāna o SYR 64-65 J 5
Tayyibah o SUD 136-137 F 5
Taz ~ RUS 44-45 S 8
Taz ~ RUS 50-51 R 2
Taza ☆ MA 124-125 J 3
Tāzah = Taza ☆ MA 124-125 J 3
Tazawa-ko o J 88-89 J 5
Tazenakht o MA 124-125 H 5
Tazerzaït ⊥ RN 134-135 B 3
Tazewell o USA (TN) 192-193 G 1
Tazewell o USA (VA) 190-191 H 7
Tazgun o VRC 82-83 C 6
Taziet, Bi'r < LAR 128-129 E 5
Tazin Lake o CDN 174-175 P 6
Tazin River ~ CDN 174-175 O 5
Tāzirbū o LAR 128-129 J 5
Tazlina Lake o USA 164-165 R 6
Tazna, Cerro ▲ BOL 214-215 D 7
Tazôlé < RN 134-135 D 4
Tazovskaja guba ≈ 44-45 Q 7
Tazovskij ☆ RUS 44-45 S 8
Tazovskij poluostrov ~ RUS 44-45 Q 7
Tazrouk o DZ 126-127 F 9
Tazzarine o MA 124-125 J 5
Tazzeka, Ibel ▲ MA 124-125 J 3
Tbilisi ★ • GE 62-63 F 7
Tbilisi = Tbilisi ★ • GE 62-63 F 7
Tchabal Gangdaba ▲ CAM 140-141 K 5
Tchabal Mbabo ▲ CAM 140-141 K 5
Tchad, Lac o 134-135 F 6
Tchad, Plaine du ⊥ CAM 142-143 B 3
Tchad = Tchad ■ TCH 134-135 G 5
Tchadaoua o RN 134-135 C 6
Tchamba o CAM 140-141 K 4
Tchamba o RT 138-139 L 5
Tchangsou o TCH 142-143 B 4
Tchany, Lac = Čany, ozero o RUS 60-61 K 1
Tchaoun, Baie de la = Čaunskaja guba ≈ 48-49 P 2
Tchaourou o DY 140-141 E 4
Tchardjou = Čardžev ☆ TM 72-73 H 5
Tchatchou o DY 140-141 E 4
Tcheboksary, Réservoir de = Čeboksarskoe vodohranilišče < RUS 32-33 E 5
Tchechskaïa, Baie = Češskaja guba ≈ 24-25 S 3
Tchéliabinsk = Čeljabinsk ☆ RUS 32-33 M 6
Tchentlo Lake o CDN 176-177 H 4
Tchèque, République = Česká Republika ■ CZ 28-29 M 4
Tchériba o BF 138-139 J 3
Tchernobyl = Čornobyl' o UA 38-39 G 2
Tcherski, Monts = Čerskogo, hrebet ▲ RUS 46-47 W 5
Tchétchénie = Nohčijčo' Respublika ■ RUS 62-63 F 6
Tchetti o DY 138-139 L 6
Tchibanga ☆ G 146-147 C 5
Tchibemba o ANG 152-153 C 7
Tchié < TCH 134-135 J 4
Tchigai, Plateau du ▲ RN 134-135 G 2
Tchilounga o RCB 146-147 C 6
Tchimkent = Šymkent ☆ • KA 72-73 L 3
Tchingou, Massif de ▲ F (988) 247 I b 2
Tchin-Tabaradene o RN 134-135 B 5
Tchissakata o RCB 146-147 D 6
Tchita = Čita ☆ • RUS 54-55 F 9
Tchizalamou o RCB 146-147 C 6
Tcholliré o CAM 142-143 B 4
Tchoudes, Lac des = Čudskoe ozero o RUS 30-31 K 2
Tchouktches, Mer des = Chukchi Sea ≈ 48-49 X 1
Tchouktches. Presqu'île des = Čukotskij poluostrov ~ RUS 48-49 W 3
Tchouktches, République des = Čukotskij avtonomnyj okrug ■ RUS 48-49 N 3
Tchouktches, Seuil des = Chukchi Plateau ≃ 16 B 35
Tchouvachie, République de = Čavaš respubliki ■ RUS 32-33 E 6
Tchula o USA 188-189 M 3
Tczew o • PL 28-29 P 1
Teá, Rio ~ BR 210-211 E 3
Teacapan o MEX 194-195 G 6
Teague, Lake o AUS 112-113 F 2
Teahupoo o F (987) 247 V b 2
Te Anau o NZ 118 A 6
Te Anau, Lake o NZ 118 A 6
Teano Range ▲ AUS 112-113 D 2
Teapa o MEX 196-197 H 3
Te Araroa o NZ 118 G 2
Te Aroha o NZ 118 E 2
Teavaro o F (987) 247 V a 2
Te Awamutu o NZ 118 E 3
Teba o RI 102-103 J 2
Tebaga, Jebel ▲ TN 126-127 G 4
Tebaram o RN 134-135 B 5
Tébe o G 146-147 D 4
Tebedu o MAL 98-99 J 4
Tebenkopf Bay ≈ 176-177 C 3
Tebenkopf Bay Wilderness ⊥ USA 176-177 C 3
Teben'kova, vulkan ▲ RUS 58-59 M 6
Tebensaj ~ KA 62-63 N 3
Teberda o RUS 62-63 D 6
Teberdinskij zapovednik ⊥ RUS 62-63 D 6
Tebesjuak Lake o CDN 174-175 U 4
Tebessa ☆ • DZ 126-127 G 3
Tebez, köl o KA 62-63 N 3
Tebicuary, Rio ~ PY 220-221 J 4
Tebingtinggi o RI 98-99 G 2
Tebingtinggi o RI 98-99 E 6
Tebingtinggi o RI (SUU) 98-99 C 3
Tebo ~ RI 98-99 D 5
Tébourba o TN 126-127 G 2
Téboursouk o TN 126-127 G 2
Tecalitlán o MEX 196-197 C 2
Tecamachalco o MEX 196-197 F 2
Tecámbaro de Collados o MEX 196-197 D 2
Tecate o • MEX 194-195 A 1
Tecer Dağları ▲ TR 64-65 G 3
Tech, Le o F (66) 240-241 K 6
Techerène, I-n- < RMM 132-133 K 4
Techia o MA 132-133 C 4
Techiman o GH 138-139 K 6
Techimpolo ~ ANG 152-153 D 8
Techirimba o ANG 152-153 C 6
Techissanha o ANG 152-153 D 7
Techongolola o ANG 152-153 D 4
Tecka o RA 222-223 D 7
Tecka, Rio ~ RA 222-223 D 7
Tecoh o MEX 196-197 K 1
Tecojate o GCA 196-197 J 5
Tecolote, El o MEX 194-195 J 5
Tecoman o MEX 196-197 C 2
Tecozautla o MEX 196-197 E 1
Tecpan de Galeana o MEX 196-197 D 3
Tecpatán o MEX 196-197 H 3
Tecuala o MEX 194-195 G 6
Tecuan, El o MEX 196-197 B 1
Tecuci o RO 38-39 E 5
Tecumseh o USA 186-187 J 5
Ted o SP 144-145 F 6
Tedecha Melka o ETH 144-145 D 4
Tédéini, I-n- < RN 134-135 D 4
Tedi River ~ PNG 119 A 3
Tedjorar, Adrar ▲ DZ 126-127 E 9
Tedžen o TM 72-73 G 6
Tedžen ~ TM 72-73 G 7
Tedžen ~ TM 72-73 H 7
Tedženstroj o TM 72-73 G 6
Teebinga Conservation Park ⊥ AUS 116-117 F 3
Tèèli ☆ RUS 52-53 E 10
Teepee o CDN 164-165 X 7
Tees o CDN 176-177 O 5
Tees ~ GB 26-27 F 4
Tefarerii o F (987) 247 IV c 2
Tefatua, Mont ▲ F (987) 247 IV b 2
Tefé o BR 210-211 E 4
Tefé, Lago o BR 210-211 E 4
Tefé, Rio ~ BR 210-211 D 5
Tefedest ▲ DZ 126-127 E 8
Tefenni ☆ TR 64-65 C 4
Tegaham, Enneri ~ TCH 134-135 H 3
Tegal o RI 104 C 3
Tegalombo o RI 104 D 4
Tegernsee o D 28-29 L 5
Tegguidda-n-Tessoum o RN 134-135 C 4
Tegheri, Bi'r < LAR 126-127 H 7
Teghime, Col de ▲ F (2B) 244 D 3
Teghra o IND 78-79 D 3
Tegina o WAN 140-141 G 3
Tegineneng o RI 98-99 F 7
Tegissor, köl o KA 62-63 P 3
Tégoura ~ RN 134-135 E 5
Tegua, Arroyo de ~ RA 222-223 G 2
Tegua = Île Teguan ⌒ VAN 120 II a 1
Teguan, Île = Tegua ⌒ VAN 120 II a 1
Tegucigalpa ★ •• HN 196-197 L 4
Tegul'det o 50-51 U 6
Teg Wani ~ ZW 154-155 D 4
Tehachapi o USA 184-185 E 8
Tehachapi Pass ▲ USA 184-185 E 8
Te Hapua o NZ 118 D 1
Te Haroto o NZ 118 F 3
Tehek Lake o CDN 174-175 W 3
Tehema-Colusa-Canal < USA 184-185 C 6
Téhéran = Tehrān ★ •• IR 72-73 B 7
Tehery Lake o CDN 174-175 X 3
Téhini o CI 138-139 J 5
Tehotu, Motu ⌒ F (987) 247 IV a 2
Tehrān ▫ IR 72-73 C 7
Tehrān ★ •• IR 72-73 B 7
Tehri o IND 74-75 G 4
Tehuacan o • MEX 196-197 F 2
Tehuantepec, Dorsale de = Tehuantepec Ridge ≃ 12 E 7
Tehuantepec, Golfo de ≈ 196-197 G 4
Tehuantepec, Istmo de ⊥ MEX 196-197 G 3
Tehuantepec, Rio ~ MEX 196-197 G 3
Tehuantepec Ridge = Tehuantepec, Dorsale de ≃ 12 E 7
Tehumardi o EST 30-31 H 2
Teiarui o F (987) 247 IV b 2
Teide, Parque Nacional del ⊥ E 124-125 C 6
Teide, Pico de ▲ E 124-125 C 6
Teil, Le o F (07) 242-243 F 2
Teilhet o F (09) 240-241 H 4
Teillay o F (35) 230-231 H 4
Teillé o F (44) 230-231 J 5
Teilleul, le o F (50) 230-231 K 2
Teïma, Oulad- o MA 124-125 G 5
Teiskot < RMM 132-133 L 6
Teiti o SUD 136-137 E 3
Teixeira o BR 212-213 K 5
Teixeira de Freitas o BR 216-217 L 4
Teixeira Soares o BR 218-219 E 5
Teja ~ RUS 52-53 F 6
Tejakula o RI 104 B 7
Tejar, El o RA 222-223 J 3
Tejira o RN 134-135 D 5
Tejkovo ☆ RUS 30-31 R 3
Tejo, Rio ~ BR 208-209 F 6
Tejo, Rio ~ P 34-35 C 5
Tejon Pass ▲ USA 184-185 E 8
Tejupilco de Hidalgo o MEX 196-197 D 2
Tekadu o PNG 119 D 4
Te Kaha o NZ 118 F 2
Tékane o RIM 132-133 C 6
Tekapo, Lake o NZ 118 C 5
Tekax de Álvaro Obregón o MEX 196-197 K 1
Teke, köli o KA 60-61 H 2
Tekeim o SUD 142-143 K 3
Tekek, Kampung o • MAL 98-99 F 3
Tekeli o KA 60-61 L 6
Tékélit, I-n- < BF 138-139 L 2
Tekes o VRC 82-83 E 4
Tekes He ~ VRC 82-83 E 4
Teketau ▲ KA 62-63 P 2
Tekezē Wenz ~ ETH 136-137 J 6
Tekhammalt, Oued ~ DZ 126-127 D 9
Tekhammat, Oued ~ DZ 126-127 G 7
Tekirdağ ☆ TR 64-65 B 2
Tekit o MEX 196-197 K 1
Tekkali o IND 78-79 D 6
Teklatnika River ~ USA 164-165 Q 4
Tekman ☆ TR 64-65 J 3
Teknaf o BD 78-79 H 5
Tekoa o USA 184-185 F 2
Tèkodel'ka ~ RUS 50-51 Q 2
Tekom o MEX 196-197 K 1
Tekouiat, Oued ~ DZ 126-127 D 9
Tékro o TCH 134-135 K 3
Teku o RI 100-101 H 4
Te Kuiti o NZ 118 E 3
Tela o HN 196-197 L 4
Tela o ZRE 150-151 E 7
Telaga o RI 104 C 3
Telagapulang o RI 98-99 K 6
Telan, ostrov ⌒ RUS 56-57 S 3
Telanskij, mys ▲ RUS 56-57 S 3
Telaqua Lake o USA 164-165 N 6
Telarah o AUS 114-115 J 2
Telares o RA 220-221 F 5
Tel Ashqelon ∴• IL 66-67 D 2
Télatai o RMM 132-133 L 6
Telavi o GE 62-63 F 7
Tel Aviv-Yafo ☆ IL 66-67 D 1
Telč o ••• CZ 28-29 N 4
Telchac o MEX 196-197 K 1
Telde o E 124-125 D 7
Tele ~ ZRE 146-147 K 2
Télé, Lac o RMM 132-133 J 6
Teleckoe, ozero o •• RUS 60-61 P 3
Telefomin o PNG 119 A 3
Telegootherra, Mount ▲ AUS 112-113 D 3
Telegraph Creek o CDN 176-177 E 3
Télégraphe, le ▲ F (58) 238-239 E 2
Telegraph Range ▲ CDN 176-177 J 5
Telekitonga ⌒ TON 120 IV a 2
Teleköl o KA 60-61 E 6
Teleköl kanal < KA 60-61 E 6
Telêmaco Borba o BR 218-219 E 5
Telemsès o RN 134-135 B 5
Telemzane < DZ 126-127 E 4
Telen ~ RI 100-101 E 3
Teleneşt' = Teleneşti ☆ MD 38-39 F 4
Teleneşti ☆ MD 38-39 F 4
Telenešty = Teleneşti ☆ MD 38-39 F 4
Teleorman ~ RO 38-39 D 5
Telerghma o DZ 126-127 F 2
Telerhteba, Djebel ▲ DZ 126-127 F 8
Telescope Peak ▲ USA 184-185 F 7
Teles Pires ou São Manuel, Rio ~ BR 214-215 K 4
Telfer o • AUS 108-109 F 6
Telgruc-sur-Mer o F (29) 230-231 C 3
Telhāra o IND 74-75 F 9
Télimélé o RG 138-139 D 4
Teljo, Ğabal ▲ SUD 136-137 B 5
Tellancourt o F (54) 234-235 H 2
Teller o USA 164-165 G 4
Telli, I-n- < RMM 132-133 M 6
Tellico Lake < USA 192-193 F 2
Tellis < TCH 134-135 H 5
Tello, Chute du ~ • CAM 140-141 K 5
Telloh ∴• IRQ 64-65 M 7
Telluride o USA 186-187 D 7
Telmen = Övögdij o MAU 84-85 C 3
Tèlmèn nuur o MAU 84-85 C 3
Telmet, Col de ▲ DZ 126-127 F 3
Teloloapan o MEX 196-197 E 2
Telouèt o • MA 124-125 H 5
Telpani o NEP 80-81 C 6
Telpoziz, gora ▲ RUS 50-51 E 3
Telsang o IND 76-77 F 2
Telsen o RA 222-223 F 7
Telšiai ☆ •• LT 30-31 H 4
Telteleē o ETH 144-145 C 4
Teltsch = Telč o CZ 28-29 N 4
Telukan o RI 104 C 7
Telukbatang o RI 98-99 H 5
Telukbayur o RI (KTI) 100-101 E 2
Telukbayur o RI (SUB) 98-99 D 5
Telukbetung = Bandar Lampung ☆ RI 98-99 F 7
Telukdalam o RI 98-99 B 4
Teluk Intan o • MAL 98-99 D 2
Teluk Kumbar o MAL 98-99 D 2
Teluklembu, Ujung ▲ RI 98-99 D 5
Teluknibung o RI 98-99 C 3
Telukpulaidalem o RI 98-99 C 3
Teluk Sinabang ≈ 98-99 B 3
Teluk Penarik ≈ 98-99 G 3
Teluku o RI 100-101 H 5
Tely ~ ZRE 148-149 A 2
Tem o RN 138-139 L 2
Téma o BF 138-139 K 3
Téma o • GH 138-139 K 7
Temacine o DZ 126-127 F 4
Temagami o CDN 182-183 E 5
Temagami, Lake o CDN 182-183 D 5
Témala o F (988) 247 I b 2
Temanggung o RI 104 D 3
Temascal, El o MEX 194-195 K 5
Temascaltepec o MEX 196-197 D 2
Temax o MEX 196-197 K 1
Temazcal o MEX 196-197 F 2
Temazcaltepec o MEX 196-197 F 3
Temba o ZA 156-157 J 2
Tembagapura o RI 102-103 J 4
Tembe Elefant Reserve ⊥ ZA 156-157 L 3
Tembeling o • MAL 98-99 E 2
Tembenči ~ RUS 52-53 J 3
Tembenči, ozero o RUS 52-53 G 2
Tembesi ~ RI 98-99 E 6
Tembilahan o RI 98-99 E 5
Tembito o RI 100-101 E 3
Temblador o PE 208-209 C 5
Temblador o YV 204-205 K 3
Temblado ras, Laguna ≈ 196-197 H 4
Tembo o ZRE 152-153 D 3
Tembo, Chutes ~ ZRE 152-153 D 3
Tembo Aluma o ANG 152-153 D 3
Tembwe o Z 150-151 G 6
Temcha ~ ETH 144-145 C 3
Témegui, I-n- < RMM 132-133 M 6
Temelon o GQ 146-147 C 3
Téméra o RMM 132-133 K 6
Temerloh o • MAL 98-99 E 3
Teminabuan o RI 102-103 F 2
Temir ~ KA 62-63 M 3
Temirlan ☆ KA 72-73 L 3
Temirovka o KS 82-83 C 4
Temirtau o KA 60-61 H 3
Témiscamie, Rivière ~ CDN 182-183 H 3
Témiscaming o CDN 182-183 E 5
Témiscamingue, Lac o CDN 182-183 E 5
Témiscouata, Lac o CDN 182-183 K 5
Temki o TCH 142-143 D 3
Temnikov o RUS 30-31 S 4
Temnyj, mys ▲ RUS 48-49 Q 6
Temo o MEX 196-197 H 3
Temon o RI 104 D 3
Temora o AUS 116-117 J 3
Témoris o MEX 194-195 E 4
Tempe o USA 184-185 J 9
Tempe, Danau o RI 100-101 F 6
Tempeh o RI 104 E 4
Tempestad o PE 208-209 E 2
Tempêtes, Col des ▲ F (84) 242-243 G 3
Témpio Pausània o I 36-37 B 4
Templadera del Derrumbe, La o MEX 194-195 F 5
Temple o USA 188-189 J 4
Temple, Le o F (33) 236-237 D 6
Temple Bay ≈ 110-111 G 3
Temple-de-Bretagne, Le o F (44) 230-231 H 5
Templer Bank ≃ 96-97 B 7
Templeuve o F (59) 228-229 L 2
Templo de Viracocha • PE 214-215 B 4
Tempoal de Sánchez o MEX 194-195 K 7
Tempué o ANG 152-153 E 6
Temrjuk o RUS 38-39 K 5
Temrjukskij zaliv ≈ 38-39 K 5
Temuco ☆ RCH 222-223 C 5
Temuka o NZ 118 C 6
Ten o CO 204-205 E 5
Tena ☆ EC 208-209 D 2
Tenabó o MEX 196-197 J 1
Ténado o BF 138-139 J 3
Tenaghau = Aola o SOL 120 I e 3
Tenakee Springs o USA 176-177 C 3
Tenaker Inlet ≈ 176-177 C 3
Tenāli o IND 76-77 J 2
Tenamatua, Gunung ▲ RI 100-101 G 4
Tenancingo o MEX 196-197 E 2
Tenasserim Island ⌒ MYA 94-95 D 4
Tenassorim = Tanintharí ~ MYA 94-95 E 4
Tenau o RI 102-103 B 7
Tenaún o RCH 222-223 C 7
Tenay o F (01) 238-239 H 4
Tenby o • GB 26-27 E 6
Tence o F (43) 242-243 E 1
Tencin o F (38) 242-243 H 1
Tendaba o WAG 138-139 C 3
Tendaho o ETH 144-145 E 3
Tende o F (06) 242-243 M 3
Tende, Col de ▲ F (06) 242-243 M 3
Ten Degree Channel ≈ 76-77 L 4
Tendik o KA 60-61 J 3
Tendjedj ▲ DZ 126-127 F 9
Tendō o J 88-89 J 5
Tendouk o SN 138-139 B 3
Tendrara o MA 124-125 L 4
Tendrivs'ka Kosa ⊥ UA 38-39 G 4
Tendūkheda o IND 74-75 G 8
Téné o RMM 138-139 H 3
Tenemejai, Tanjung ▲ RI 100-101 G 5
Ténenkou o RMM 138-139 H 2
Tenente Marques, Rio ~ BR 214-215 G 2
Ténentou o RMM 138-139 G 4
Ténéré ⊥ RN 134-135 E 4
Ténéré, Erg du ⊥ RN 134-135 E 4
Ténéré du Tafassasset ⊥ RN 134-135 E 2
Tenerife ⌒ E 124-125 C 6
Ténès o DZ 126-127 C 2
Tengah, Kampung o MAL 98-99 F 4
Tengah, Kepulauan ⌒ RI 104 C 6
Tengahdai o RI 102-103 B 6
Tengchong o VRC 78-79 L 3
Tenggara, Kepulauan ⌒ RI 102-103 F 5
Tenggarong o RI 100-101 E 4
Tengger Shamo ⊥ VRC 90-91 D 2
Tenggol, Pulau ⌒ MAL 98-99 E 2
Tengiz, köli o KA 60-61 F 3
Tengiz-Kùrgalža ojpaty ⊥ KA 60-61 F 3
Teng Kangpoche ▲ NEP 80-81 F 7
Tengréla ☆ CI 138-139 G 4
Tenguiz, Lac de = Teņiz köli o KA 60-61 F 3
Teng Xian o VRC 92-93 G 5
Tengzhou o VRC 90-91 K 4
Tenharim/ Igarapé Prêto, Área Indígena X BR 210-211 G 7
Tenharim/ Transamazônica, Área Indígena X BR 210-211 F 7
Teniente 1° Alfredo Stroessner o PY 220-221 G 2
Teniente Enciso, Parque Nacional ⊥ PY 220-221 G 2
Teniente General J.C. Sánchez o RA 220-221 H 3
Teniente Matienzo o ARK 16 G 31
Tenika • RM 158-159 D 9
Tenindewa o AUS 112-113 C 4
Tenis, ozero o RUS 50-51 M 6
Teniz, köli o KA 60-61 D 1
Tenja Seda, gora ▲ RUS 24-25 V 2
Tenkanyj, hrebet ▲ RUS 48-49 Y 3
Tenkási o IND 76-77 G 6
Tenke o ZRE 150-151 D 6
Tenkeli o RUS 46-47 X 4
Tènkèrgynpil'gyn, laguna ≈ 48-49 V 2
Tènki ~ RUS 46-47 T 5
Tenkiller Lake o USA 188-189 K 2
Tenkodogo ☆ • BF 138-139 K 4
Tenlāu o IND 76-77 L 6
Ten Mile Lake o CDN 182-183 Q 3
Ten Mile Pond o CDN 182-183 S 4
Tennant Creek o • AUS 110-111 C 6
Tennent Islands ⌒ CDN 168-169 Y 6
Tennessee ■ USA 192-193 D 2
Tennessee River ~ USA 192-193 D 2
Teno ~ FIN 24-25 J 2
Teno, Río ~ RCH 222-223 D 3
Tenochtitlán o MEX 196-197 G 3
Tenom o MAL 96-97 A 10
Tenosique de Pino Suárez o MEX 196-197 J 3
Tenouchfi, Djebel ▲ DZ 124-125 L 3
Tenoûmer ▲ RIM 132-133 E 3
Tenryu-gawa ~ J 88-89 G 7
Tensift, Oued ~ MA 124-125 G 5
T'enta o ETH 144-145 D 3
Tente o RI 104 D 7
Tentek ~ KA 60-61 M 6
Tenteksor ⊥ KA 32-33 H 10
Tenteksor köl o KA 60-61 C 2
Tentena o RI 100-101 G 4
Tenterfield o AUS 114-115 M 5
Ten Thousand Islands ⌒ USA 192-193 H 7
Tentolotianan, Gunung ▲ RI 100-101 G 3
Tentugal o BR 212-213 E 2
Tenuchchad, Oued ~ MA 124-125 G 7
Teo-Ašuu, pereval ▲ KS 72-73 N 3
Teocaltiche o MEX 194-195 H 7
Teocuitatlán de Corona o MEX 196-197 C 1
Teodoro Sampaio o BR (BAH) 216-217 L 2
Teodoro Sampaio o BR (PAU) 216-217 D 7
Teodoro Schmidt o RCH 222-223 C 5
Teófilo Otoni o BR 216-217 K 4
Teofipol' ☆ UA 38-39 E 3
Teohatu o F (987) 247 V b 2
Teos • TR 64-65 B 3
Teotepec, Cerro ▲ MEX 196-197 D 3
Teotihuacán ∴••• MEX 196-197 E 2
Teotitlán del Camino o MEX 196-197 F 2
Tepa o GH 138-139 J 6
Tepalcatepec o MEX 196-197 C 2
Tepatitlán o MEX 196-197 C 1
Tepeaca o MEX 196-197 F 2
Tepechitlán o MEX 194-195 H 7
Tepecoacuilco o MEX 196-197 E 2
Tepehuanes o MEX 194-195 G 5
Tepehuanes, Río los ~ MEX 194-195 F 5
Tepeji del Rio o MEX 196-197 E 2
Tepelenë ☆ •• AL 36-37 H 4
Tepere o MOC 154-155 K 1
Tepetzintla o MEX 194-195 L 7
Tēpī o ETH 144-145 B 5
Tepic ☆ MEX 194-195 G 7
Tepich o MEX 196-197 K 1
Teplice o CZ 28-29 M 3
Teplitz = Teplice o CZ 28-29 M 3
Tepioe ☆ RUS 30-31 P 5
Teploključenka o KS 82-83 D 4
Tëplyj Ključ o RUS 56-57 G 2
Tepoca, Bahía de ≈ 194-195 C 2
Tepoca, Cabo ▲ MEX 194-195 C 3
Teptep o PNG 119 D 3
Tepuxtla o MEX 194-195 D 3
Tequeje, Río ~ BOL 214-215 D 3
Tequendama, Salto ~ CO 210-211 B 3
Teques, Los ☆ YV 204-205 H 2
Tequila o • MEX 196-197 C 1
Tequisquiapan o MEX 196-197 E 1
Téra o RN 138-139 L 2
Tera, Rio ~ E 34-35 E 4
Teradomari o J 88-89 H 6
Terakeka o SUD 142-143 K 6
Téramo ☆ I 36-37 D 3
Terán o CO 208-209 C 1
Terang o AUS 116-117 G 5
Terapo o PNG 119 D 5
Teratani ~ PK 74-75 B 5
Terbanggibesar o RI 98-99 F 7
Terbang Selatan, Pulau ⌒ RI 102-103 E 5
Terbjas o RUS 54-55 K 3
Tercan ☆ TR 64-65 J 3
Terceira ⌒ P 14-15 E 6
Terceiro Acampamento o BR 206-207 H 5
Tercero, Río ~ RA 222-223 H 2
Terchicherin, Erg in ⊥ RMM 132-133 K 4
Tercis-les-Bain o F (40) 240-241 B 3
Tere ~ RUS 52-53 G 4
Tereblja ~ UA 38-39 C 3
Terebo o PNG 119 B 4
Terebovlja ☆ UA 38-39 D 3
Terek o RUS 62-63 F 6
Terek ~ RUS 62-63 F 6
Terekhol o IND 76-77 E 3
Terekli-Mekteb o RUS 62-63 F 5
Terékolé ~ RMM 138-139 F 2
Terekti o KA 60-61 F 4
Terëlž o MAU 84-85 H 4
Teremba, Baie de ≈ 247 I c 3
Terénez o F (29) 230-231 D 2
Teren'ga ☆ RUS 32-33 F 7
Terengganu ■ MAL 98-99 E 2
Terengganu, Kuala ☆ • MAL 98-99 E 2
Terenni ∴• RIM 132-133 F 6
Terenos o BR 214-215 K 7
Terepaima, Parque Nacional ⊥ YV 204-205 G 3
Teresén o YV 204-205 K 2
Teresina ☆ BR 212-213 G 4
Tereška ~ RUS 32-33 E 7
Teresópolis o BR 216-217 J 7
Terezinha de Goiás o BR 216-217 G 2
Terezy Klavenes, zaliv ≈ 44-45 f 3
Tergnier o F (02) 228-229 L 4
Teriberka o RUS 24-25 N 2
Teriberka ~ RUS 24-25 N 2
Teridgerie Creek ~ AUS 114-115 K 6
Terina ~ RUS 52-53 J 6
Terin Köt ☆ AFG 70-71 L 2
Terisakkan ~ KA 60-61 E 3
Terma, Ra's ▲ ER 136-137 L 6
Terma do Quilombo • BR 216-217 F 7
Termas de Chillán o RCH 222-223 D 4
Termas del Flaco o RCH 222-223 D 3
Termas de Pemehue o RCH 222-223 D 5
Termas Talacasto • RA 220-221 C 6
Terme ☆ TR 64-65 G 2
Termes-d'Armagnac o F (32) 240-241 D 3
Termessé o RG 138-139 D 3
Termez ☆ • US 72-73 K 6
Termiang, Pulau ⌒ RI 98-99 F 4
Termignon o F (73) 242-243 K 1
Términi Imerese o I 36-37 D 6
Términi Imerese, Golfo di ≈ 36-37 D 5
Terminillo, Monte ▲ •• I 36-37 D 3
Términos, Laguna de ≈ 196-197 J 2
Termit < RN 134-135 E 4
Termit, Massif de ▲ RN 134-135 E 4
Termit-Kaoboul o RN 134-135 E 5
Térmoli o I 36-37 E 3
Tern Point ▲ CDN 174-175 X 4
Ternant o F (58) 238-239 D 3
Ternate o • RI 100-101 K 3
Ternay, Îles ⌒ F (984) 246 III a 2
Ternay, Lac o CDN 182-183 K 2
Ternes, Les o F (15) 236-237 M 6
Terni ☆ I 36-37 D 3
Ternin ~ F (71) 238-239 F 2
Ternoise ~ F (62) 228-229 J 3
Ternopil' ☆ UA 38-39 D 3
Ternopol' = Ternopil' ☆ UA 38-39 D 3
Terolak, Kampung o MAL 98-99 D 2
Terou ~ DY 138-139 L 5
Terowie o AUS 116-117 E 2
Terpenia, Baie = Terpenija, zaliv ≈ 58-59 K 4
Terpenija, mys ▲ RUS 58-59 L 4
Terpenija, poluostrov ~ RUS 58-59 L 4
Terpenija, zaliv ≈ 58-59 K 4
Terpjaj-Tumsa, poluostrov ~ RUS 46-47 M 3
Terra Alta o BR 212-213 E 2
Terra Boa o BR 216-217 D 7
Terra Branca o BR 216-217 J 4
Terrace o CDN 176-177 F 4
Terracebaai o NAM 152-153 B 9
Terraces, The ▲ AUS 112-113 F 4
Terracina o I 36-37 D 4
Terra de Areia o BR 218-219 E 7
Terra Firma o ZA 156-157 F 2
Terråk o N 22-23 F 4
Terralba o I 36-37 B 5
Terra Nivea ▲ CDN 180-181 Q 3
Terra Nova o BR (ACR) 210-211 C 7
Terra Nova o BR (PER) 212-213 J 6
Terra Nova do Norte o BR 214-215 K 2
Terra Nova National Park ⊥ CDN 182-183 R 4
Terra Preta o BR 210-211 H 6
Terra Preta, Igarapé ~ BR 210-211 H 5
Terrasse, La o F (38) 242-243 H 1
Terrasson-la-Villedieu o F (24) 236-237 H 5
Terraube o F (32) 240-241 F 3
Terra Vermelha o BR 220-221 J 1
Terrebonne o CDN 182-183 H 6
Terre de Bas ⌒ F (971) 245 IV b 2
Terre-de-Bas ⌒ F (971) 245 IV a 3
Terre-de-Haut ⌒ F (971) 245 IV a 3
Terre-de-Haut o F (971) 245 IV a 3
Terre de Haut ⌒ F (971) 245 IV b 2
Terre du Nord = Severnaja Zemlja ⌒ RUS 44-45 c 1
Terre Haute o USA 190-191 E 6
Terrell o USA 188-189 J 3
Terrenate o MEX 196-197 F 2
Terrenceville o CDN 182-183 R 5
Terre Neuve • F (85) 236-237 D 3
Terre-Neuve, Grands Bancs de = Newfoundland, Grand Banks of ≃ 14-15 D 4
Terre-Neuve = Newfoundland, Island of ⌒ CDN 182-183 Q 4
Terreton o USA 184-185 H 4
Terrette ~ F (50) 228-229 B 5
Terrier Rouge o RH 198-199 K 5
Territoire de la capitale d'Australie = A. C. T. ■ AUS 116-117 K 3
Territoire-du-Nord = Northern Territory ■ AUS 110-111 B 6
Territoire du Yukon = Yukon Territory ■ CDN 164-165 W 4
Territoires du Nord-Ouest = Northwest Territories ■ CDN 174-175 D 2
Terror, Roches du ⌒ F (984) 246 III c 2
Terry o USA 186-187 E 2
Terry Hie Hie o AUS 114-115 L 5
Tersakan Gölü o TR 64-65 E 3
Tersakkan ~ KA 60-61 E 4
Terschelling ⌒ NL 28-29 H 2
Tersef o TCH 134-135 H 6
Terskej Ala-Too', hrebet ▲ KS 82-83 C 4
Terskenespe ~ KA 60-61 E 5
Terskij bereg ~ RUS 24-25 O 3
Tersko-Kumskij kanal < RUS 62-63 F 5
Terter ~ AZ 64-65 M 2
Terter = Tartar o AZ 64-65 M 2
Tertež o RUS 52-53 F 8
Teruel o CO 204-205 D 6
Teruel o ••• E 34-35 G 4
Terujak o RI 98-99 B 2
Tervel o BG 38-39 E 6
Tervo o FIN 24-25 J 5
Tervola o FIN 24-25 H 3
Tes' o RUS 52-53 E 8
Tes, Lake = Letas, Lac o VAN 120 II a 2
Tes = Zur o MAU 52-53 G 11
Tesalia o CO 204-205 D 6
Teschen = Český Těšín o CZ 28-29 P 4
Tescou ~ F (82) 240-241 G 3
Tésécau, Lac o CDN 182-183 G 3
Teselima o GH 138-139 J 5
Teseny o ER 136-137 H 5
Tes gol ~ MAU 52-53 F 10
Tes gol ~ MAU 84-85 D 3
Teshekpuk Lake o USA 164-165 O 1
Tes-Hem ~ RUS 52-53 G 10
Teshikaga o J 88-89 L 3
Teshio-santi ▲ J 88-89 J 3
Teslin o CDN 164-165 Y 6
Teslin Lake o CDN 164-165 Y 7
Teslin River ~ CDN 164-165 X 6
Tesouras, Rio ~ BR 216-217 E 3
Tessalit o RMM 132-133 L 4
Tessaoua o RN 134-135 D 6
Tessaout, Oued ~ MA 124-125 H 5
Tesselamane < RMM 132-133 M 6
Tessema ~ RUS 44-45 e 3
Tesseralik o CDN 180-181 R 2
Tesséroukane < RN 134-135 C 3
Tessik Lake o CDN 180-181 M 2
Tessiner Alpen = Alpi Ticinese ▲ CH 28-29 K 5
Tessit o RMM 138-139 L 2
Tesson o F (17) 236-237 D 4
Tessouale, La o F (49) 230-231 K 5
Tessounfat < RMM 132-133 L 4
Tessy-sur-Vire o F (50) 230-231 J 2
Test, Tizi-n ▲ MA 124-125 G 5
Teste, La o F (33) 240-241 B 1
Testerazo, El o MEX 194-195 A 1
Testigos, Islas Los ⌒ YV 204-205 K 2
Testour o TN 126-127 G 2
Têt ~ F (66) 240-241 K 6
Tetachuk Lake o CDN 176-177 H 5
Tetanto, ozero o RUS 44-45 O 7
Tetas, Punta ▲ RCH 220-221 B 2
Tetcela River ~ CDN 174-175 H 5
Tete ■ MOC 154-155 F 2
Tete ☆ MOC (Tet) 154-155 G 3

Tété ~ RCA 142-143 E 4
Tetebatu o•• RI 104 C 7
Tête d'Ours, Lac ⊂ CDN 174-175 O 4
Tetehui o PNG 119 C 4
Teteja ~ RUS 52-53 M 5
Tête Jaune Cache o CDN 176-177 L 5
Têtembia, Récif ≃ 247 I c 4
Tetepare ⌒ SOL 120 I c 3
Téterchen o F (57) 234-235 K 3
Tëtërè ~ RUS 52-53 L 5
Te Te Re o SOL 120 I e 4
Teteriv ~ UA 38-39 G 2
Teterow o• D 28-29 M 2
Teteven o BG 38-39 D 6
Tethul River ~ CDN 174-175 O 5
Tetijiv ☆ UA 38-39 F 3
Tétini ▲▲ RG 138-139 F 5
Tetjuši ☆ RUS 32-33 F 6
Tetlin Junction o USA 164-165 T 5
Tetlin Lake ⊂ USA 164-165 T 5
Tetlin River ~ USA 164-165 T 5
Teton River ~ USA 184-185 J 2
Tétouan = Titwān ☆• MA 124-125 J 3
Tetovo o• MK 36-37 H 3
Tetris, Monte ▲ RA 224 D 4
Tetufera, Mont ▲ F (987) 247 V b 2
Tetulia ~ BD 78-79 G 4
Teturi o ZRE 148-149 B 3
Teuco, Río ~ RA 220-221 F 2
Teulada o I 36-37 B 5
Teulada, Capo ▲ I 36-37 B 5
Teulon o CDN 178-179 H 5
Teun, Pulau ⌒ RI 102-103 E 5
Teuquito, Arroyo ~ RA 220-221 G 3
Teuri-tō ⌒ J 88-89 J 2
Teutoburger Wald ▲▲ D 28-29 J 2
Teutônia o BR 218-219 E 7
Teutonic Mining Centre o AUS 112-113 F 4
Tevairoa, Île ⌒ F (987) 247 IV a 1
Tevaitoa o F (987) 247 IV b 2
Tévelave, le o F (974) 246 II a 2
Tévere ~ I 36-37 D 3
Teverya ☆ IL 66-67 D 1
Tevi, mys ▲ RUS 56-57 T 4
Tevriz ☆ RUS 50-51 M 6
Te Waewae Bay ≈ 118 A 7
Tewah o RI 98-99 K 5
Tewantin o AUS 114-115 M 4
Tēwo o VRC 90-91 C 4
Tewure o WAN 140-141 F 4
Texada Island ⌒ CDN 176-177 H 7
Texana, Lake ⊂ USA 188-189 J 5
Texarkana o USA 188-189 L 3
Texas o AUS 114-115 L 5
Texas ▫ USA 188-189 G 4
Texas City o USA 188-189 K 5
Texas Downs o AUS 108-109 J 4
Texcoco o MEX 196-197 E 2
Texel ⌒ NL 28-29 H 2
Texhoma o USA 188-189 G 1
Texiguat o HN 196-197 L 5
Texoma, Lake ⊂ USA 188-189 J 3
Teyateyaneng o LS 156-157 H 4
Teymurlu o IR 64-65 L 4
Tezejol o TM 72-73 G 6
Teziutlán o MEX 196-197 F 2
Tezpur o• IND 78-79 H 2
Tezzeron Lake ⊂ CDN 176-177 H 4
Tfaritiy o MA 124-125 F 7
TGV II F (01) 238-239 F 4
Tha-Anne River ~ CDN 174-175 V 5
Thaba Nchu o ZA 156-157 H 4
Thaba Putsoa ▲▲ LS 156-157 H 5
Thaba Tseka o LS 156-157 J 4
Thabazimbi o ZA 156-157 H 2
Thabeikkyin o MYA 78-79 J 4
Tha Bo o THA 94-95 G 2
Tha Champa o THA 94-95 H 2
Thach An o VN 92-93 E 5
Tha Chana o THA 94-95 E 6
Thạch Bi o VN 94-95 K 3
Thạch Tru o VN 94-95 K 3
Thackaringa ∴ AUS 116-117 F 2
Thādiq o KSA 66-67 J 5
Thafmakó o GR 36-37 J 5
Thagaya o MYA 78-79 K 6
Thái Bình ☆ VN 92-93 E 6
Thái Hòa ☆ VN 92-93 D 7
Thailand, Gulf of = Thaïlande, Golfe de ≈ 94-95 F 5
Thaïlande, Golfe de = Thailand, Gulf of ≈ 94-95 F 5
Thaïlande = Muang Thai ▪ THA 94-95 E 2
Thái Nguyên ☆ VN 92-93 D 6
Thairé o F (17) 236-237 C 3
Thakadu o RB 154-155 D 5
Thakaundrove Peninsula ⌣ FJI 120 III b 2
Thakurgaon o BD 78-79 F 2
Thal o PK 74-75 C 3
Thala o TN 126-127 G 3
Thalang o THA 94-95 E 6
Thalbitzer, Cape ▲ CDN 168-169 h 6
Thal Canal < PK 74-75 C 4
Thale Luang ≈ 94-95 F 7
Thalie, Lac ⊂ F (984) 246 III b 3
Thallon o AUS 114-115 K 5
Thalpar o IND 74-75 E 2
Thamad al Qaṭṭār < LAR 128-129 F 3
Thamad Bū Hashishah < LAR 128-129 H 4
Thamad Qabr Ṣāliḥ < LAR 128-129 D 2
Thamaga o RB 156-157 G 2
Tha Mai o THA 94-95 G 4
Thames ~ GB 26-27 G 6
Thames River ~ CDN 182-183 D 7
Thamesville o CDN 182-183 D 7
Tham Than National Park ⊥ THA 94-95 E 3
Thana o IND 74-75 D 10
Thanatpin o MYA 94-95 D 2
Thanbyuzayat o MYA 94-95 D 3
Thăng Bình o VN 94-95 K 3
Thangoo o AUS 108-109 F 5
Thạnh Hóa o VN 94-95 J 5
Thanh Hóa ☆ VN 92-93 D 7
Thành Phố Hồ Chí Minh ☆• VN 94-95 J 5
Thanh Sơn ☆ VN 92-93 D 6
Thanjavur o•• IND 76-77 H 5
Thankot o NEP 80-81 E 7
Than Kyun ⌒ MYA 94-95 E 6
Thanlwin Myit ~ MYA 78-79 K 6
Thann o F (68) 238-239 L 1
Thannenkirch o F (68) 234-235 L 5
Tháno Būla Khān o PK 70-71 M 6
Than Uyên ☆ VN 92-93 C 6
Thanvillé o F (67) 234-235 L 5
Thanyit o MYA 78-79 J 3
Thanze o MYA 94-95 C 2
Thaoge ~ RB 154-155 B 4
Thaolintoa Lake ⊂ CDN 174-175 V 5
Thaon-les-Vosges o F (88) 234-235 J 5
Thào Phi Tung o VN 92-93 D 5
Tha Pla o THA 94-95 F 2
Thap Put o THA 94-95 E 6
Thap Sakae o THA 94-95 E 5
Thap Than o THA 94-95 E 3
Thar ⊥ IND 74-75 C 6
Thar, Désert de = Thār Desert ⊥ PK 74-75 B 6
Thārād o IND 74-75 C 7
Tharaka o EAK 148-149 G 4
Tharb o KSA 66-67 G 5
Thār Desert ⊥ PK 74-75 B 6
Thargomindah o AUS 114-115 G 5
Tharp, Zone de Fracture de = Tharp Fracture Zone ≃ 10-11 O 13
Tharp Fracture Zone = Tharp, Zone de Fracture de ≃ 10-11 O 13
Thárros • I 36-37 B 5
Tharsis o E 34-35 D 6
Tha Sae o THA 94-95 E 5
Tha Sala o THA 94-95 E 6
Tha Song Yang o THA 94-95 E 2
Thássos o GR 36-37 K 4
Thássos ⌒ GR 36-37 K 4
Thatcher o USA 188-189 E 1
Thất Khê ☆ VN 92-93 E 5
Thaton o MYA 94-95 D 2
That Phanom o THA 94-95 H 2
Thatta o•• PK 70-71 M 6
Tha Tum o THA 94-95 G 3
Thau, Bassin de ⊂ F (34) 242-243 D 5
Thaumiers o F (18) 236-237 L 2
Thaungdut o MYA 78-79 J 3
Tha Uthen o THA 94-95 H 2
Tha Wang Pha o THA 78-79 M 6
Thayawthadangyi Kyun ⌒ MYA 94-95 D 4
Thayer o USA (KS) 188-189 K 1
Thayer o USA (MO) 188-189 M 1
Thayetmyo o MYA 78-79 J 6
Thayne o USA 184-185 J 4
Théâtre gallo-romain • F (16) 236-237 E 4
Thebes ∴•• ET 130-131 F 5
The Brothers = Lloyd Rock ⌒ BS 198-199 H 3
The Current o BS 198-199 G 2
Thedford o USA 186-187 G 5
Theewaterskloof Dam < ZA 156-157 D 7
The Grenadines ⌒ WV 200 E 5
Theillay o F (41) 232-233 G 5
Theil-sur-Vanne o F (89) 232-233 J 3
Theinkun o MYA 94-95 E 5
Theix o F (56) 230-231 F 4
Thekkadi o IND 76-77 G 6
Thekulthili Lake ⊂ CDN 174-175 P 5
Thelle ⊥ F (60) 228-229 H 5
Thelon River ~ CDN 174-175 R 4
Thénezay o F (79) 236-237 E 2
Thenia o DZ 126-127 D 2
Theniet El Had o DZ 126-127 D 3
Thenon o F (24) 236-237 H 5
Thenzawl o IND 78-79 H 4
Theo, Mount ▲ AUS 108-109 K 6
Theodore o AUS 114-115 L 3
Theodore o CDN 178-179 E 5
Theodore o USA 192-193 D 4
Theodor Roosevelt Lake < USA 184-185 J 9
Theodor Roosevelt National Park North Unit ⊥ USA 186-187 F 2
Theodor Roosevelt National Park South Unit ⊥ USA 186-187 F 2
Théols ~ F (36) 236-237 J 2
Théoule-sur-Mer o F (06) 242-243 K 4
Thep Sa Thit o THA 94-95 F 3
Thérain ~ F (60) 228-229 H 4
Thérain ~ F (60) 228-229 J 5
Therhi o PK 74-75 B 6
Thermaïkós Kólpos ≈ 36-37 J 4
Thermopolis o USA 186-187 C 4
Thérondels o F (12) 236-237 L 6
Theron Range ▲▲ ARK 16 E 0
Thérouanne o F (62) 228-229 J 2
Thesiger Bay ≈ 168-169 K 5
The Slot = New Georgia Sound ≈ 120 I c 2
Thessadia ⌣ GR 36-37 H 5
Thessalía ▫ GR 36-37 H 5
Thessalon o CDN 182-183 C 5
Thessaloniki ☆•• GR 36-37 J 4
Thessalonique, Golfe de = Thermaïkós Kólpos ≈ 36-37 J 4
Thessalonique = Thessaloniki ☆•• GR 36-37 J 4
Thetford o GB 26-27 H 5
Thetford Mines o CDN 182-183 J 5
Theunissen o ZA 156-157 H 4
Thevenard Island ⌒ AUS 108-109 B 6
Thevet-Saint-Julien o F (36) 236-237 K 2
The Village of Soya Atas (Victoria Fort) ∴• RI 102-103 E 3
The Wash ≈ 26-27 H 5
Thézan-des-Corbières o F (11) 240-241 K 4
Thiamis ~ GR 36-37 H 5
Thiaucourt-Regniéville o F (54) 234-235 H 4
Thiberville o F (27) 228-229 E 5
Thibie o F (51) 234-235 E 4
Thibodaux o USA 188-189 M 5
Thicket Portage o CDN 178-179 H 3
Thiéblemont-Farémont o F (51) 234-235 F 4
Thieffrain o F (10) 234-235 E 5
Thief River Falls o USA 186-187 J 1
Thiel Mountains ▲▲ ARK 16 E 0
Thielsen, Mount ▲ USA 184-185 D 4
Thiérache ⊥ F (02) 228-229 M 4
Thiès ☆• SN 138-139 B 2
Thika o EAK 148-149 F 4
Thillé Boubakar o SN 132-133 C 6
Thilliers-en-Vexin, les o F (27) 228-229 H 5
Thillot, le o F (88) 234-235 K 6
Thilogne o SN 132-133 D 7
Thilouze o F (37) 232-233 D 5
Thimphu ☆• BHT 78-79 F 2
Thingsat o IND 78-79 H 3
Thio o F (988) 247 I d 3
Thio ~ F (988) 247 I d 3
Thionville o F (57) 234-235 J 3
Thíra o GR 36-37 K 6
Thíra ⌒•• GR 36-37 K 6
Thiron o F (28) 232-233 D 3
Thirsk o GB 26-27 G 4
Thirsty, Mount ▲ AUS 112-113 F 6
Thirty Mile Lake ⊂ CDN 174-175 V 4
Thirunallar Temple • IND 76-77 H 5
Thiruvarur o IND 76-77 H 5
Thisbi o GR 36-37 J 5
Thisted o DK 22-23 D 8
Thistle Island ⌒ AUS 116-117 D 3
Thitani o EAK 148-149 F 4
Thíva o GR 36-37 J 5
Thiviers o F (24) 236-237 G 5
Thị Xã Sơn Tây ☆ VN 92-93 D 6
Thizay o F (37) 230-231 M 5
Thizy o F (69) 238-239 E 4
Thizy o F (89) 238-239 E 1
Thlewiaza River ~ CDN 174-175 V 5
Thoard o F (04) 242-243 J 3
Thoa River ~ CDN 174-175 Q 5
Thổ Chu, Hòn ⌒ VN 94-95 G 6
Thoen o THA 94-95 E 2
Thoeng o THA 78-79 M 6
Thogoon o F (988) 247 I e 3
Thohoyandou ☆ ZA 154-155 F 6
Thoirette o F (39) 238-239 H 4
Thoiry o F (78) 232-233 F 2
Thoissey o F (01) 238-239 F 4
Thoisy-la-Berchère o F (21) 238-239 E 2
Thollet o F (86) 236-237 H 3
Tholy, le o F (88) 234-235 K 5
Thomas o USA 190-191 J 6
Thomas, Fort o USA 188-189 C 3
Thomas Hubbard, Cape ▲ CDN 170-171 C 3
Thomas-Müntzer-Stadt Mühlhausen = Mühlhausen o• D 28-29 L 3
Thomas River ~ AUS 112-113 D 2
Thomassique o RH 198-199 K 5
Thomaston o USA (CT) 190-191 M 5
Thomaston o USA (GA) 192-193 F 3
Thomaston Corner o CDN 182-183 L 6
Thomasville o USA (AL) 192-193 E 4
Thomasville o USA (GA) 192-193 G 4
Thomasville o USA (NC) 192-193 H 2
Thom Bay ⊂ CDN 168-169 a 5
Thomonde o RH 198-199 K 5
Thompson o CDN 178-179 H 3
Thompson Falls o USA 184-185 G 2
Thompson Pass ▲ USA 164-165 S 6
Thompson Peak ▲ USA 184-185 C 5
Thompson River ~ CDN 176-177 K 6
Thompson River ~ USA 186-187 L 5
Thomsen River ~ CDN 168-169 M 4
Thomson o USA 192-193 G 3
Thomson Dam < AUS 116-117 J 4
Thomson River ~ AUS 114-115 G 3
Thon ~ F (02) 234-235 E 2
Thonac o F (24) 236-237 H 5
Thônes o F (74) 238-239 J 5
Thong Pha Phum o THA 94-95 E 3
Thongwa o MYA 94-95 D 2
Thôn Hai o VN 94-95 J 5
Thonnelle o F (55) 234-235 G 2
Thonon-les-Bains o• F (74) 238-239 J 4
Thor, Le o F (84) 242-243 F 4
Thorame-Basse o F (04) 242-243 J 3
Thorame-Haute o F (04) 242-243 K 3
Thorée-les-Pins o F (72) 230-231 M 4
Thorenc o F (06) 242-243 K 4
Thorens-Glières o F (74) 238-239 J 5
Thorigné-en-Charnie o F (53) 230-231 L 4
Thorigné-sur-Dué o F (72) 232-233 D 3
Thorigny o F (85) 236-237 C 2
Thorigny-sur-Oreuse o F (89) 232-233 J 3
Thorndale o ZA 154-155 E 6
Thorne o CDN 182-183 E 5
Thorne River ~ CDN 178-179 L 3
Thornton o USA 186-187 L 4
Thorntonia o AUS 110-111 E 6
Thoronet, Abbaye du • F (83) 242-243 J 5
Thoronet, Le o F (83) 242-243 J 5
Thorsby o CDN 176-177 O 5
Thorshavn = Tórshavn ☆ FR 26-27 D 1
Thors Land ⊥ GRØ 172-173 U 5
Thốt Nốt o VN 94-95 H 5
Thou o BF 138-139 J 3
Thou o F (45) 232-233 H 4
Thouarcé o F (49) 230-231 K 5
Thouaré-sur-Loire o F (44) 230-231 J 5
Thouaret ~ F (79) 236-237 E 2
Thouars o F (79) 236-237 E 2
Thouet ~ F (49) 230-231 L 5
Thouin, Cape ▲ AUS 108-109 D 6
Thoult-Trosnay, Le o F (51) 232-233 K 2
Thourie o F (35) 230-231 J 4
Thourotte o F (60) 228-229 K 5
Thourout = Torhout o B 28-29 G 3
Thousand Islands ⌒ CDN 182-183 F 6
Thrace, Mer de = Thrakiko Pelagos ≈ 36-37 K 4
Thrakiko Pelagos ≈ 36-37 K 4
Three Forks o USA 184-185 J 3
Three Graces • AUS 110-111 C 4
Three Hills o CDN 176-177 O 6
Three Hummock Island ⌒ AUS 116-117 H 6
Three Mile Beach ⊥ AUS 112-113 C 4
Three Rivers o AUS 112-113 E 2
Three Rivers o USA (MI) 190-191 F 5
Three Rivers o USA (TX) 188-189 H 5
Three Sisters ▲ AUS 114-115 F 3
Three Sisters ▲ USA 184-185 D 3
Three Sisters o ZA 156-157 F 5
Three Sisters, The ⌒ AUS 110-111 G 2
Three Sisters Islands = Olu Malua ⌒ SOL 120 I f 4
Three Springs o AUS 112-113 C 4
Three Valley o CDN 176-177 L 6
Three Ways Roadhouse o AUS 110-111 C 6
Throat River ~ CDN 178-179 K 5
Throckmorton o USA 188-189 H 3
Throssel, Lake ⊂ AUS 112-113 G 3
Throssell Range ▲▲ AUS 108-109 E 6
Thua ~ EAK 148-149 G 4
Thuận Châu ☆ VN 92-93 C 6
Thubun Lake ⊂ CDN 174-175 O 5
Thubun River ~ CDN 174-175 O 5
Thuburbo Majus ∴• TN 126-127 G 2
Thuchonilini Lake ⊂ CDN 174-175 V 5
Thu Cúc o VN 92-93 D 6
Thucúc o VN 92-93 C 6
Thủ Dầu Một ☆ VN 94-95 J 5
Thud Point ▲ AUS 110-111 F 3
Thủ Đức o VN 94-95 J 5
Thuès-entre-Valls o F (66) 240-241 J 5
Thueyts o F (07) 242-243 E 2
Thuillier, Mount ▲ IND 76-77 L 6
Thuir o F (66) 240-241 K 5
Thul o PK 74-75 B 5
Thule = Qaanaaq ☆ GRØ 170-171 Q 5
Thuli o ZW (Mas) 154-155 E 5
Thuli ~ ZW 154-155 E 5
Thuli Safari Area ⊥ ZW 154-155 E 5
Thumeries o F (59) 228-229 L 3
Thundelarra o AUS 112-113 D 4
Thunder Bay o CDN (ONT) 178-179 M 6
Thunder Bay ⊥ CDN 178-179 N 6
Thunder Bay ⊂ CDN (ONT) 178-179 M 6
Thunder Bay ⊂ USA 190-191 G 3
Thunder Bay River ~ USA 190-191 G 3
Thunder Mount ▲ USA 164-165 K 2
Thung Muang o THA 78-79 M 6
Thung Salaeng Luang National Park ⊥ THA 94-95 F 2
Thung Song o THA 94-95 E 6
Thung Wa o THA 94-95 E 7
Thung Yai o THA 94-95 E 6
Thung Yai Naresuan Wildlife Reserve ⊥•• THA 94-95 E 3
Thunkar o BHT 78-79 G 2
Thuraiyur o IND 76-77 H 5
Thuret o F (63) 238-239 C 5
Thurey o F (71) 238-239 G 3
Thuringe, Forêt de = Thüringer Wald ▲▲ D 28-29 L 3
Thüringen ▫ D 28-29 L 3
Thüringer Wald = Forêt de Thuringe ▲▲ D 28-29 L 3
Thurles = Durlas o IRL 26-27 D 5
Thurnwald, Pegunungan ▲▲ RI 102-103 L 4
Thursday Island o•• AUS 110-111 G 2
Thurso o GB 26-27 F 2
Thurston Island ⌒ ARK 16 F 27
Thury o F (21) 238-239 F 2
Thury, Rivière de ~ CDN 180-181 O 5
Thury-Harcourt o F (14) 230-231 L 2
Thutade Lake ⊂ CDN 176-177 G 3
Thuy o F (74) 238-239 J 5
Thyāvanagi o IND 76-77 F 3
Thyborøn o DK 22-23 D 8
Thylungra o AUS 114-115 G 4
Thymania o AUS 114-115 G 2
Thyolo o MW 154-155 H 3
Thyou o BF 138-139 J 4
Thysville = Mbanza-Ngungu o ZRE 146-147 E 6
Tiabaya o PE 214-215 B 5
Tiabet o F (988) 247 I a 2
Tiabiga, Mare ⊂• DY 138-139 L 4
Tiago o BR 206-207 F 6
Tiahualilo de Zaragoza o MEX 194-195 H 4
Tiahuanaco • BOL 214-215 C 5
Tiahuanacu o BOL 214-215 C 5
Tianamé o RMM 132-133 L 6
Tianbanjie o VRC 92-93 K 2
Tianchang o VRC 90-91 L 5
Tianchi • VRC 82-83 J 4
Tiandong o VRC 92-93 E 5
Tian'e o VRC 92-93 E 4
Tiangol Latiéouol ~ SN 138-139 C 2
Tiangol Louggueré ~ SN 138-139 C 2
Tianguel-Bory o RG 138-139 D 4
Tianjin ☆ VRC 90-91 K 2
Tianjin Shi ▫ VRC 90-91 K 2
Tianjun o VRC 80-81 M 2
Tiankoura o BF 138-139 J 4
Tianlin o VRC 92-93 E 4
Tianmen o VRC 90-91 H 6
Tianmu Shan ▲▲ VRC 90-91 L 6
Tianmushan • VRC 90-91 L 6
Tianmushan Z.B. ⊥• VRC 90-91 L 6
Tian Shan = Tian Shan ▲▲ VRC 6-7 H 4
Tiansheng o VRC 90-91 F 6
Tianshui o VRC 90-91 D 4
Tianshuihai o VRC 80-81 B 3
Tiantai o VRC 92-93 M 2
Tiantaishan • VRC 92-93 M 2
Tiantangzhai ▲ VRC 90-91 J 6
Tianyahaijao • VRC 92-93 F 7
Tianyang o VRC 92-93 E 5
Tianzhu o VRC (GAN) 90-91 C 3
Tianzhu o VRC (GZH) 92-93 F 3
Tianzhushan • VRC 90-91 K 6
Tiaraçu o BR 220-221 K 6
Tiarei o F (987) 247 V b 2
Tiaret ☆• DZ 126-127 C 3
Tías o E 124-125 E 6
Tiaski o SN 138-139 C 2
Tiassale o CI 138-139 H 7
Tibaji o BR 218-219 E 5
Tibaji, Rio ~ BR 216-217 E 7
Tibana o CO 204-205 E 5
Tibati o CAM 140-141 K 5
Tibaú o BR 212-213 K 4
Tibau, Gunung ▲ RI 100-101 D 3
Tibaú do Sul o BR 212-213 L 5
Tibba o PK 74-75 C 5
Tibbooburra o AUS 114-115 F 5
Tiberghamine o DZ 126-127 C 6
Tibesti ▲▲ TCH 134-135 H 2
Tibesti, Sarir ⊥ LAR 128-129 G 5
Tibet = Tibet ▫ VRC 6-7 H 5
Tibi, Pulau ⌒ RI 100-101 E 2
Tibiri o RN (DOS) 134-135 B 6
Tibiri o RN (MAR) 134-135 C 6
Tibirica, Rio ~ BR 216-217 E 6
Tibles, Muntii ▲▲ RO 38-39 C 4
Tibni o SYR 64-65 H 5
Tibo o BF 138-139 J 2
Tibo o RI 100-101 F 5
Tibo o ZRE 148-149 A 2
Tibung o RI 100-101 F 3
Tiburon o RH 198-199 H 5
Tiburón, Isla ⌒ MEX 194-195 C 3
Tica o MOC 154-155 H 4
Ticao Island ⌒ RP 96-97 E 6
Ticao Pass ≈ 96-97 E 6
Ticatica o BOL 214-215 D 7
Tichet < RMM 132-133 L 5
Tichît o RIM 132-133 F 5
Tichît, Dahr ⊥ RIM 132-133 F 5
Tichka, Tizi-n- ▲ MA 124-125 H 5
Tichkatine, Oued ~ DZ 134-135 B 2
T'icho o ETH 144-145 D 5
Ticho Brahe, Kap ▲ GRØ 172-173 V 4
Tickera o AUS 116-117 D 2
Ticonderoga o USA 190-191 M 4
Ticonderoga, Fort ∴ USA 190-191 M 4
Ticsani, Volcán ▲ PE 214-215 B 5
Ticul o MEX 196-197 K 1
Tidal River o AUS 116-117 J 5
Tidangpala o RI 100-101 E 2
Tiddim o MYA 78-79 H 4
Tiddis ∴• DZ 126-127 F 2
Tideridjaouine, Adrar ▲▲ DZ 126-127 C 9
Tidermène o RMM 132-133 M 6
Tidi Dunes ⊥ RN 134-135 G 2
Tidikelt, Plaine du ⊥ DZ 126-127 C 7
Tidirhine, Ibel ▲ MA 124-125 J 3
Tidjidit, Erg ⊥ DZ 126-127 C 9
Tidjikja ☆ RIM 132-133 E 5
Tidore, Pulau ⌒• RI 100-101 K 3
Tidore = Soa-Siu o RI 100-101 K 3
Tidra, Île ⌒ RIM 132-133 B 5
Tidsit, Sebkhet ⊂ MA 132-133 C 3
Tiébissou o CI 138-139 H 6
Tiéblé o• BF 138-139 K 4
Tiéboro o TCH 134-135 H 2
Tiefa o VRC 86-87 D 6
Tiéfora o BF 138-139 H 4
Tiegba o CI 138-139 H 7
Tiel o SN 138-139 C 2
Tiel, Mayo ~ CAM 140-141 K 4
Tieli o VRC 86-87 G 4
Tieling o VRC 86-87 D 6
Tielong o VRC 80-81 B 3
Tielongtan o VRC 80-81 B 3
Tielt o B 28-29 G 3
Tiéma o CI 138-139 G 5
Tiemba ~ CI 138-139 G 5
Tiémé o CI 138-139 G 5
Tiémélékro o CI 138-139 H 6
Tiene o LB 138-139 E 6
Tiéningboué o CI 138-139 H 5
Tienko o CI 138-139 G 4
Tiên Yên ☆ VN 92-93 E 6
Tiercé o F (49) 230-231 L 4
Tiéré o RMM 138-139 H 4
Tierfontein o ZA 156-157 H 3
Tieri o AUS 114-115 K 2
Tierra Amarilla o USA 188-189 D 1
Tierra Blanca o MEX 196-197 F 2
Tierra Colorada o MEX 196-197 E 3
Tierra Colorada, Bajo de la ⊥ RA 222-223 F 7
Tierra del Fuego ▫ RA 224 F 6
Tierra del Fuego = Feu, Terre de ⌒ 224 G 6
Tierra del Fuego, Parque Nacional ⊥ RA 224 F 7
Tierradentro, Parque Archipiélago • CO 204-205 C 6
Tierralta o CO 204-205 C 3
Tiétar, Río ~ E 34-35 E 5
Tietê o BR 216-217 G 7
Tietê, Rio ~ BR 216-217 G 7
Tie-Tree Roadhouse o AUS 114-115 B 2
Tiev, Shangev- o WAN 140-141 H 5
Tieyon o AUS 112-113 M 3
Tifernine, Erg ⊥ DZ 126-127 F 7
Tiffauges o F (49) 236-237 C 1
Tiffin o USA 190-191 G 5
Tiflét o MA 124-125 H 4
Tifore, Pulau ⌒ RI 100-101 K 3
Tifrirt < RIM 132-133 D 4
Tifton o USA 192-193 G 4
Tifu o RI 102-103 D 3
Tiga, Île ⌒ F (988) 247 I e 3
Tiga, Pulau ⌒ MAL 96-97 A 10
Tigalda Island ⌒ USA 166-167 O 5
Tigapulan, Pegunungan ▲▲ RI 98-99 E 5
Tiga Reservoir < WAN 140-141 H 3
Tiga Tarok o MAL 96-97 B 9
Tiger o USA 184-185 F 1
Tiger Island ⌒ GUY 206-207 E 2
Tighanimines, Gorges de • DZ 126-127 F 3
Tighenif o DZ 126-127 C 3
Tigi, Danau ⊂ RI 102-103 J 4
Tigil' ☆ RUS 56-57 S 5
Tigil' ~ RUS 56-57 S 5
Tignère o CAM 140-141 K 5
Tignes o F (73) 242-243 K 1
Tigniré < RIM 132-133 C 5
Tignish o CDN 182-183 M 5
Tignuan o RP 96-97 D 5
Tigray ▫ ETH 136-137 J 6
Tigre o RA 222-223 K 3
Tigre, Arroyo el ~ RA 220-221 H 6
Tigre, Cordillera del ▲▲ RA 222-223 E 2
Tigre = Diğla ~ IRQ 64-65 M 6
Tigre, El o CO 204-205 D 4
Tigre, El ∴• MEX 196-197 J 2
Tigre, El o YV 204-205 J 3
Tigre, Isla ⌒ PE 210-211 B 4
Tigre, Lago del ⊂ GCA 196-197 J 3
Tigre, Río ~ PE 208-209 E 3
Tigre, Río ~ YV 204-205 K 3
Tigre, Sierra del ▲▲ RA 220-221 C 6
Tigre de San Lorenzo, El o PA 196-197 D 8
Tigres, Peninsula dos ⌣ ANG 152-153 A 8
Tigris ~ 70-71 B 2
Tigrito, El = San José de Guanipa o YV 204-205 J 3
Tiguent o RIM 132-133 C 6
Tiguézéfene o RN 132-133 M 7
Tiguili o TCH 142-143 D 3
Tigy o F (45) 232-233 G 4
Tigzerte, Oued ~ MA 124-125 G 6
Tigzirt o DZ 126-127 E 2
Tihaja ~ RUS 56-57 R 3
Tihāma ⊥ Y 68-69 C 6
Tihāmat aš-Šām ⊥ KSA 68-69 B 4
Tihodaïne, Erg ⊥ DZ 126-127 F 8
Tihoreck o RUS 38-39 M 5
Tihosuco o MEX 196-197 K 1
Tihuatlán o• MEX 196-197 F 1
Tihvin ☆ RUS 30-31 N 2
Tihvinskaja grjada ▲ RUS 30-31 N 2
Tijamuchi, Río ~ BOL 214-215 E 4
Tijāra o IND 74-75 F 6
Tijeras o USA 188-189 D 2
Tijī o LAR 128-129 D 2
Tijo, Tanjung ▲ RI 98-99 F 5
Tijoca, Ilha ⌒ BR 212-213 E 2
Tijuana o• MEX 194-195 A 1
Tijucas o BR 218-219 F 6
Tijucas, Ensenada de ≈ 218-219 F 6
Tijucu, Rio ~ BR 216-217 F 5
Tika o CDN 182-183 M 3
Tikal o GCA (ELP) 196-197 K 3
Tikal ∴• GCA (ELP) 196-197 K 3
Tikal, Parque Nacional ⊥•• GCA 196-197 K 3
Tikamgarh o IND 74-75 G 7
Tikanlik o VRC 82-83 H 5
Tikaré o BF 138-139 K 3
Tikem o TCH 142-143 B 4
Tiki Basin = Tiki, Bassin ≃ 9 O 4
Tiki, Bassin = Tiki Basin ≃ 9 O 4
Tikiklut o USA 164-165 M 1
Tikkerutuk, Lac ⊂ CDN 180-181 L 6
Tiko o CAM 140-141 H 6
Tikota o IND 76-77 F 2
Tikša o RUS 24-25 M 4
Tikšeozero ⊂ RUS 24-25 L 3
Tiksi ☆ RUS 46-47 R 4
Tiksi, buhta ≈ RUS 46-47 R 4
Tiku o RI 98-99 C 5
Tikuna de Feijoal, Área Indígena ✗ BR 210-211 C 5
Tikuna São Leopoldo, Área Indígena ✗ BR 210-211 C 5
Tiladummati Atoll ⌒ MV 76-77 B 4
Tilaiya o IND 78-79 D 3
Tilakvāda o IND 74-75 D 9
Tilāl an-Nūba ▲▲ SUD 136-137 E 6
Tilama o RCH 222-223 D 2
Tilamuta o RI 100-101 H 3
Tilantongo o MEX (OAX) 196-197 F 3
Tilantongo ∴• MEX (OAX) 196-197 F 3
Tilarán o CR 196-197 B 6
Tilburg o NL 28-29 H 3
Tilbury o CDN 182-183 C 7
Til-Châtel o F (21) 238-239 G 1
Tilchuse River ~ CDN 174-175 L 2
Tilden o USA (NE) 186-187 J 4
Tilden o USA (TX) 188-189 H 5
Tilemsen o MA 124-125 F 6
Tilemsi, Vallée du ⊥ RMM 132-133 L 5
Tilh o F (40) 240-241 C 3
Tilia, Oued ~ DZ 126-127 C 7
Tiličiki ☆ RUS 48-49 O 6
Tiljuga ~ IND 78-79 E 2
Tillabéri ☆ RN 138-139 L 2
Tillac o F (32) 240-241 E 4
Tillamook o USA 184-185 C 3
Tillamook Bay ≈ 184-185 C 3
Tillanchang Dwip ⌒ IND 76-77 L 5
Tille ~ F (21) 238-239 G 2
Tiller o USA 184-185 C 4
Tillières-sur-Avre o F (27) 232-233 E 2
Tilloy-et-Bellay o F (51) 234-235 F 3
Tillsonburg o CDN 182-183 D 7
Tilly o F (36) 236-237 H 3
Tilly, Lac ⊂ CDN 182-183 G 2
Tilly-sur-Seulles o F (14) 228-229 C 5
Tiloa o RN 140-141 E 1
Tilopozo o RCH 220-221 C 2
Tilos ⌒ GR 36-37 L 6
Tilpa o AUS 114-115 H 6
Tilrempt o DZ 126-127 D 4
Tiltil o RCH 222-223 D 2
Tīmā o ET 130-131 E 4
Timahdite o MA 124-125 J 4
Timalchara o RCH 214-215 C 6
Timampuu o RI 100-101 G 3
Timan, Monts = Timanskij krjaž ▲▲ RUS 24-25 U 3
Timane, Río ~ PY 214-215 G 7
Timanfaya, Parque Nacional de ⊥ E 124-125 E 6
Timanskij bereg ⌣ RUS 24-25 U 3
Timanskij krjaž ▲▲ RUS 24-25 U 3
Timare o RI 102-103 J 4
Timargarha o• PK 74-75 C 2
Timaru o NZ 118 C 6
Timaševsk o RUS 38-39 L 5
Timau o EAK 148-149 F 3
Timba o CO 204-205 C 6
Timbalier Bay ≈ 188-189 M 5
Timbang, Pulau ⌒ MAL 96-97 C 10
Timbaúba o BR 212-213 L 5
Timbavati Game Reserve ⊥ ZA 156-157 K 2
Timbedgha o RIM 132-133 F 6
Timber o USA 184-185 C 3
Timber Creek o AUS 108-109 K 3
Timber Mill o AUS 108-109 K 2
Timber Mountain ▲ USA 184-185 G 6
Timbiras o BR 212-213 G 4
Timbó o BR 218-219 F 6
Timbo o RG 138-139 E 4
Timboon o AUS 116-117 G 5
Timboroa o EAK 148-149 E 3
Timbotuba, Ilha do ⌒ BR 210-211 D 4
Timboy o BOL 220-221 E 1
Timbuktu = Tombouctou o•• RMM 132-133 J 6
Timbulun o RI 98-99 D 5
Timbuni ~ RI 102-103 G 2
Timbunke o PNG 119 B 3
Timbun Mata, Pulau ⌒ MAL 96-97 C 10
Timeldjame, Oued ~ DZ 126-127 D 6
Timellouline o DZ 126-127 G 6
Timétrine, Djebel ▲▲ RMM 132-133 K 5
Timgad o•• DZ 126-127 F 3
Timia o RN 134-135 D 3
Timiaouine o RMM 132-133 L 4
Timika o RI 102-103 J 4
Timimoun o• DZ 126-127 C 6
Timimoun, Sebkha de ⊂ DZ 124-125 L 6
Timirist, Râs ▲ RIM 132-133 B 5
Timiş ~ RO 38-39 C 5
Timiskaming, Lake= Témiscamingue, Lac ⊂ CDN 182-183 E 5
Timişoara ☆• RO 38-39 B 5
Timissit, Oued ~ DZ 126-127 G 6
Timkinskaja ~ RUS 48-49 K 2
Timmerpuk Mountain ▲ USA 164-165 J 2
Timmiarmiut o GRØ 172-173 U 5
Timmins o CDN 178-179 Q 6
Timms Hill ▲ USA 190-191 C 3
Timna' ∴• IL 66-67 D 3
Timoforo ~ RI 102-103 G 2
Timok ~ YU 36-37 J 2
Timon o BR 212-213 G 4
Timonha, Rio ~ BR 212-213 H 3
Timor ⌒ RI 102-103 C 6
Timor, Fosse de = Timor Trough ≃ 102-103 C 7
Timor, Laut ≈ 102-103 D 7
Timor, Mer de = Timor Sea ≈ 9 D 4
Timor Oriental ▪ TLS 102-103 C6
Timor Trough = Timor, Fosse de ≃ 102-103 C 7
Timote o RA 222-223 H 3
Timóteo o BR 216-217 J 5
Timpanogos Cave National Monument ∴ USA 184-185 J 5
Timpas o USA 186-187 F 7
Timpaus, Pulau ⌒ RI 100-101 H 4
Timpson o USA 188-189 K 4
Timpton ~ RUS 54-55 N 6
Timra o S 22-23 H 5
Tim Raré o RMM 132-133 J 6
Tims Ford Lake ⊂ USA 192-193 E 2
Timun o RI 98-99 E 4
Timur, Banjaran ▲▲ MAL 98-99 E 2
Timur Digul ~ RI 102-103 L 4
Timurni o IND 74-75 F 8
Timur Timor ▫ RI 102-103 C 6
Tina ~ ZA 156-157 J 5
Tin Abunda, Bi'r < LAR 128-129 E 4
Tinaca Point ▲ RP 96-97 F 10
Tinaco o YV 204-205 G 3
Ti-n-Aguelhaj o RMM 132-133 J 6
Tinaja, La o MEX 196-197 F 2
Tinaja, Punta ▲ PE 214-215 A 5
Ti-n-Akof o BF 138-139 K 2
Tin Alkoum < DZ 126-127 H 8
Tinambung o RI 100-101 F 5
Ti-n-Amzag < RMM 132-133 H 6
Tin Amzi, Oued ~ DZ 134-135 B 2
Tinangkong o RI 100-101 H 4
Tinaroo Falls Reservoir < AUS 110-111 H 5
Ti-n-Azabo o RMM 132-133 L 6
Ti-n-Bessais < RIM 132-133 F 3
Ti-n-Brahim < RIM 132-133 C 5
Tinchebray o F (61) 230-231 K 2
Tincques o F (62) 228-229 J 3
Tindangou o BF 138-139 L 4
Tinderry Range ▲▲ AUS 116-117 K 3
Tindila o RG 138-139 F 4
Tindivanam o IND 76-77 H 4
Tindjassé o RT 138-139 L 5
Tindouf ☆• DZ 124-125 G 7
Tindouf, Hamada de ⊥ DZ 124-125 G 7
Tindouf, Sebkha de ⊂ DZ 124-125 H 7
Tineba, Pegunungan ▲▲ RI 100-101 G 4
Ti-n-Eguelai o RMM 132-133 J 6
Tineo = Tinéu o E 34-35 D 3
Ti-n-Essako o RMM 132-133 M 5
Tinfouchy o DZ 124-125 J 6
Tin Fouye o DZ 126-127 F 6
Tingal ▲ SUD 136-137 E 6
Tingambato o MEX 196-197 D 2
Tinggi, Pulau ⌒ MAL 98-99 F 3
Tinghert, Hamâdat ⊥ LAR 126-127 F 6
Tinglayan o RP 96-97 D 4
Tingmiarmiut ⌒ GRØ 172-173 U 5
Tingmiarmiut Fjord ≈ 172-173 T 5
Tingo María, Parque Nacional ⊥ PE 208-209 D 6
Tingong o VRC 92-93 F 4
Tingri o VRC 80-81 F 6
Tingsryd ☆ S 22-23 G 8
Tingstäde o S 22-23 J 8
Tinguá, Parque Nacional de ⊥ BR 216-217 J 7
Tingvoll ☆ N 22-23 D 5
Tingwon Group ⌒ PNG 119 E 2
Tingya o SUD 142-143 L 3
Tin Hadjène, Oued ~ DZ 126-127 F 8
Tinharé, Ilha de ⌒ BR 216-217 L 2
Tinherir o MA 124-125 J 5
Tinh Gia ☆ VN 92-93 D 7
Tini o SUD 134-135 L 5
Ti-n-Idnâne < RMM 132-133 J 6
Tinigart < RIM 132-133 F 5
Tiniroto o NZ 118 F 3
Tinis, Wādī ~ LAR 128-129 D 5
Tinitan o RP 96-97 C 7
Tiniteqilaaq o GRØ 172-173 W 4

Tormes, Río ∼ E 34-35 E 4
Tormosin ○ RUS 38-39 N 3
Tornac ○ F (30) 242-243 D 3
Tornado Mountain ▲ CDN 176-177 N 7
Torneälven ∼ S 22-23 L 3
Torneträsk ○• S 22-23 J 2
Torngat Mountains ▲▲ CDN 180-181 R 5
Tornik ▲ YU 36-37 G 3
Tornio ○ FIN 24-25 H 4
Tornionjoki ∼ FIN 24-25 G 3
Tornquist ○ RA 222-223 H 5
Toro ○ E 34-35 E 4
Toro ○ EAU 148-149 C 3
Toro, Cerro del ▲ RA 220-221 C 5
Toro, Isla del ⌒ MEX 194-195 L 7
Toro, Lago del ○ RCH 224 D 5
Toro, Punta ▲ RCH 222-223 D 2
Torobuku ○ RI 100-101 H 6
Torodi ○ RN 138-139 L 3
Toro Doum < TCH 134-135 H 4
Toro Game Reservat ⊥ EAU 148-149 C 3
Torokina ○ PNG 120 I b 2
Toro Kinkéné ○ CI 138-139 H 5
Torokoroba ○ RMM 138-139 G 3
Törökszentmiklós ○ H 28-29 Q 5
Torola, Río ∼ ES 196-197 K 5
Torom ○ RUS 56-57 F 6
Torom ∼ RUS 56-57 F 6
Toro Negro, Sierra del ▲▲ RA 220-221 C 5
Toronto ☆• CDN 182-183 E 7
Toronto ○ USA 188-189 K 1
Toropec ☆ RUS 30-31 M 3
Toroq ○ IR 72-73 F 6
Tororo ○ EAU 148-149 E 3
Toros Dağları = Taurus, Chaîne du ▲▲ TR 64-65 D 4
Torqabe ○ IR 72-73 F 6
Torquato Severo ○ BR 220-221 K 6
Torquay ○ CDN 178-179 E 6
Torquinie, Lake ○ AUS 114-115 E 3
Torrabaai ○ NAM 152-153 B 10
Torrance ○ USA 184-185 E 9
Torrão ○ P 34-35 C 5
Torrealba ○ YV 204-205 J 3
Torre del Greco ○ I 36-37 E 4
Torre de Moncorvo ○ P 34-35 D 4
Torrelaguna ○ E 34-35 F 4
Torrelavega ○ E 34-35 E 3
Torremolinos ○ E 34-35 E 6
Torrens, Cape ▲ CDN 168-169 a 2
Torrens, Lake ○ AUS 114-115 D 6
Torrens Creek ○ AUS 110-111 H 7
Torrens Creek ∼ AUS 114-115 H 2
Torreón ○ MEX 194-195 H 5
Torreon ○ USA 188-189 D 2
Torre-Pacheco ○ E 34-35 G 6
Torres ○• BR 218-219 F 7
Torrès, Détroit de = Torres Strait ≈ 110-111 F 1
Torres, Îles = Torres Islands ⌒ VAN 120 II a 1
Torres del Paine ○ RCH 224 D 5
Torres del Paine, Parque Nacional ⊥•• RCH 224 D 5
Torres Islands = Îles Torres ⌒ VAN 120 II a 1
Torres Novas ○ P 34-35 C 5
Torres Selat ≈ 119 A 5
Torres Strait ≈ 110-111 F 1
Torres Vedras ○ P 34-35 C 5
Torrevieja ○ E 34-35 G 6
Torrey ○ USA 184-185 J 6
Torricelli Mountains ▲▲ PNG 119 B 2
Torrijos ○ E 34-35 E 5
Torrington ○ USA (CT) 190-191 M 5
Torrington ○ USA (WY) 186-187 E 4
Torrock ○ TCH 142-143 B 4
Torrön ○ S 22-23 F 5
Torsac ○ F (16) 236-237 F 4
Torsås ☆ S 22-23 H 8
Torsby ☆• S 22-23 F 6
Torset, Oued ∼ DZ 126-127 G 8
Tórshavn ☆ FR 26-27 D 1
Torsö ⌒ S 22-23 F 7
Torssuqatak ≈ 172-173 P 2
Tortas, Cachoeira das ∼ BR 214-215 J 4
Tortel ○ RCH 224 D 3
Tortiya ○• CI 138-139 H 5
Törtköl ○ KA 72-73 L 3
Tortola ⌒ GB 200 C 2
Tórtoles de Esgueva ○ E 34-35 E 4
Tortona ○ I 36-37 B 2
Tortosa ○ E 34-35 H 4
Tortosa, Cabo de ▲ E 34-35 H 4
Tortue ○ F (973) 245 I c 2
Tortue, Ile de la ⌒ RH 198-199 J 4
Tortuga, Isla ⌒ MEX 194-195 D 4
Tortuga, Isla La ⌒ YV 204-205 J 2
Tortuguero, Parque Nacional ⊥ CR 196-197 C 6
Tortuguilla ○ C 198-199 H 5
Tortum ☆ TR 64-65 J 2
Torue ○ RI 100-101 G 4
Torul ☆ TR 64-65 H 2
Toruń ☆•• PL 28-29 P 2
Torup ○ S 22-23 F 8
Tõrva ○•• EST 30-31 J 2
Torwood ○ AUS 110-111 G 5
Tory ○ RUS 52-53 L 10
Tory Hill ○ CDN 182-183 E 6
Toržkovskaja grjada ▲▲ RUS 30-31 O 3
Toržok ☆ RUS 30-31 O 3
Torzym ○ PL 28-29 N 2
Tosagua ○ EC 208-209 B 2
Tosari ○ RI 104 E 3
Tosa-shimizu ○ J 88-89 E 8
Tosa-wan ≈ 88-89 E 8
Tosca ○ ZA 156-157 F 2
Toscana ▫ I 36-37 C 3
Toscas, Las ○ RA (BUA) 222-223 J 3
Toscas, Las ○ RA (SAF) 220-221 H 5
Toscas, Las ○ ROU 222-223 M 2
Toshām ○ IND 74-75 E 5
Toshima ⌒ J 88-89 H 7
Toshino-Kumano National Park ⊥ J 88-89 G 7
Tosi ○ SUD 142-143 K 3
Toškent ★•• US 72-73 L 4
Toškuduk, kumlik ∴ US 72-73 G 3
Toškŭrgon ○ US 72-73 K 5
Tosno ☆ RUS 30-31 M 2
Tosoncengel ○ MAU 84-85 D 3
Toson Hu ○ VRC 80-81 L 2
Tosse ○ F (40) 240-241 B 3
Tostado ○ RA 220-221 G 5
Tõstamaa ○ EST 30-31 H 2
Toston ○ USA 184-185 J 2
Tošviska ○ RUS 24-25 W 3
Tosya ☆ TR 64-65 F 2
Tot ○ EAK 148-149 E 3
Totaranui ○ NZ 118 D 4
Toteng ○ RB 154-155 B 5
Tôtes ○ F (76) 228-229 G 4
Totias ○ SP 148-149 J 2
Tot'ma ○ RUS 30-31 S 2
Totnes Fiord ≈ 172-173 J 3
Totness ☆ SME 206-207 F 3
Toto ○ ANG 152-153 C 3
Toto ○ WAN 140-141 G 4
Totoglag ○ VAN 120 II a 1
Totok ○ RI 100-101 J 3
Totolán ○ MEX 196-197 C 1
Totolapan ○ MEX 196-197 F 3
Totomaí, Montes ▲▲ RN 134-135 G 2
Totonicapán ☆• GCA 196-197 J 4
Totora ○ BOL (COC) 214-215 E 5
Totora ○ BOL (ORU) 214-215 C 5
Totoral ○ RCH 220-221 B 4
Totoral, Quebrada del ∼ RCH 220-221 B 5
Totoralejos ○ RA 220-221 E 5
Totoras ○ RA 222-223 J 2
Totota ○ LB 138-139 F 6
Totoya ⌒ FJI 120 III c 3
Totta ∼ RUS 56-57 G 5
Tottan Range ▲▲ ARK 16 F 35
Totten Glacier ⊂ ARK 16 G 12
Tottenham ○ AUS 116-117 J 2
Tottori ☆ J 88-89 F 7
Totumito ○ YV 204-205 F 4
Totydèottajaha, Bol'šaja ∼ RUS 44-45 T 8
Touâjil ○ RIM 132-133 D 3
Touak Fiord ≈ 180-181 S 2
Touapse = Tuapse ○ RUS 38-39 L 5
Touâret < RN 134-135 C 2
Touaris, Djebel ▲ DZ 124-125 K 6
Touat ∴ DZ 124-125 L 7
Touba ○ CI 138-139 G 5
Touba ○• SN 138-139 C 2
Toubacouta ○ SN 138-139 B 3
Toubéré Bafal ○ SN 138-139 D 2
Toubkal, Ibel ▲ MA 124-125 H 5
Touboro ○ CAM 142-143 B 5
Touboutou, Chutes de ∼• RCA 142-143 B 6
Toucha, Djebel ▲ DZ 124-125 L 5
Touches-de-Périgny, Les ○ F (17) 236-237 E 4
Toucy ○ F (89) 232-233 J 4
Touët-sur-Var ○ F (06) 242-243 L 4
Toueyyirât < RMM 132-133 J 5
Touffailles ○ F (82) 240-241 G 2
Touffou • F (86) 236-237 G 2
Tougan ○ BF 138-139 J 3
Tougé ○ RG 138-139 E 4
Touggourt ○• DZ 126-127 F 4
Tougnifili ○ RG 138-139 C 4
Tougouri ○ BF 138-139 K 3
Tougoutaou < RN 134-135 C 5
Touho ○ F (988) 247 I c 2
Touijinet < RIM 132-133 F 5
Touil, Hâssi < RIM 132-133 H 6
Touila, Bir < TN 126-127 G 4
Toujl ○ RIM 132-133 E 7
Toukoto ○ RMM 138-139 F 3
Toukountouna ○ DY 138-139 L 4
Toul ○ F (54) 234-235 H 4
Toulépleu ○ CI 138-139 F 6
Toul Goulic, Gorges de • F (22) 230-231 E 3
Touliu ○ RC 92-93 M 5
Toulnustouc, Rivière ∼ CDN 182-183 K 4
Toulon ☆ F (83) 242-243 H 5
Toulon-sur-Arroux ○ F (71) 238-239 E 3
Toulou, Abri des • RCA 142-143 E 4
Toulouges ○ F (66) 240-241 K 5
Toulounga ○ TCH 142-143 D 3
Toulouse ☆•• F (31) 240-241 G 3
Toulx-Sainte-Croix ○ F (23) 236-237 K 3
Toumbélaga < RN 134-135 C 5
Toumodi ○ CI 138-139 H 6
Toumoundjila ○ RN 138-139 F 4
Tounassine, Hamada ∴ DZ 124-125 H 6
Tounfafi ○ RN 134-135 B 5
Toungo ○ WAN 140-141 K 4
Toungoo ○ MYA 78-79 K 6
Toungour < TCH 134-135 J 4
Toungouska Inférieure = Nižnjaja Tunguska ∼ RUS 52-53 D 3
Toungouska Pierreuse = Podkamennaja Tunguska ∼ RUS 52-53 E 5
Toupéti, Île ⌒ F (988) 247 I d 3
Touques ○ F (14) 228-229 E 5
Touques ∼ F (14) 228-229 D 5
Touques ∼ F (61) 230-231 M 2
Touquet-Paris-Plage, le ○• F (62) 228-229 H 2
Toura ∼ BF 138-139 K 3
Toura ○ DY 140-141 E 3
Touragondi ○ AFG 72-73 H 7
Touraine ∴ F (37) 230-231 M 5
Touran, Dépr. de = Turanskaja nizmennost' ⊍ 72-73 F 5
Tourassinne < RIM 132-133 E 2
Tourba ○ TCH 134-135 G 6
Tour-Blanche, La ○ F (24) 236-237 F 5
Tour Carbonnière • F (30) 242-243 E 4
Tourcelles-Chaumont ○ F (08) 234-235 F 3
Tourcoing ○ F (59) 228-229 L 2
Tour-d'Aigues, La ○ F (84) 242-243 H 4
Tour-d'Auvergne, La ○ F (63) 236-237 L 4
Tour-de-Faure ○ F (46) 240-241 H 2
Tour-de-Sçay, la ○ F (25) 238-239 J 2
Tour-du-Parc, le ○ F (56) 230-231 F 4
Tour-du-Pin, La ○ F (38) 238-239 G 5
Touré Kounda ○ SN 138-139 D 3
Tour-Fondue, la ○ F (83) 242-243 J 5
Tour Ham ○ AFG 74-75 C 2
Touriñán, Cabo ▲ E 34-35 C 3
Tourine ○ RIM 132-133 E 3
Tourlaville ○ F (50) 228-229 A 4
Tournai ○• B 28-29 G 3
Tournan-en-Brie ○ F (77) 232-233 H 2
Tournavista ○ PE 208-209 E 6
Tournay ○ F (65) 240-241 E 4
Tournde, Oued ∼ DZ 126-127 H 9
Tourne, la • F (26) 242-243 G 1
Tourne, Le ○ F (33) 236-237 E 6
Tournecoupe ○ F (32) 240-241 F 3
Tournehem-sur-la-Hem ○ F (62) 228-229 J 2
Tournemire ○ F (12) 240-241 L 3
Tournette, la ▲ F (74) 238-239 J 5
Tourni ○ BF 138-139 H 4
Tournoël • F (63) 236-237 M 4
Tournoisis ○ F (45) 232-233 F 3
Tournon-d'Agenais ○ F (47) 240-241 F 2
Tournon-Saint-Martin ○ F (36) 236-237 G 2
Tournon-sur-Rhône ○ F (07) 242-243 F 1
Tournus ○ F (71) 238-239 F 3
Tourny ○ F (27) 228-229 H 5
Touros ○ BR 212-213 L 4
Tourou ▲ CAM 140-141 K 3
Touroua ○ CAM 140-141 K 4
Touroug ○ MA 124-125 J 5
Tourougoumbé ○ RMM 138-139 F 2
Touroukoro ○ BF 138-139 H 4
Tourouvre ○ F (61) 232-233 D 2
Tourrette-Levens ○ F (06) 242-243 L 4
Tourriers ○ F (16) 236-237 F 4
Tours ○ F (37) 232-233 D 5
Tours-en-Savoie ○ F (73) 238-239 J 5
Tours-en-Vimeu ○ F (80) 228-229 H 3
Tour-sur-Orb, La ○ F (34) 240-241 L 3
Tourteron ○ F (08) 234-235 F 2
Tourtoirac ○ F (24) 236-237 H 5
Tourves ○ F (83) 242-243 H 5
Tour Village, De ○ USA 190-191 G 3
Tourville-sur-Sienne ○ F (50) 228-229 A 5
Toury ○ F (28) 232-233 F 3
Touside, Pic ▲ TCH 134-135 H 2
Tous les Saints, Baie de = Todos os Santos, Baía de ≈ 216-217 L 2
Toussoro, Mont ▲ RCA 142-143 F 4
Toutainville ○ F (27) 228-229 E 5
Toutencourt ○ F (80) 228-229 J 3
Toutes Aides ○ CDN 178-179 G 5
Toutoukro ○ CI 138-139 H 5
Touva, République de = Tuva, Respublika ▫ RUS 52-53 F 10
Touvet, Le ○ F (38) 242-243 H 1
Touvois ○ F (44) 236-237 B 2
Touwsrivier ○ ZA 156-157 E 6
Touwsrivier ∼ ZA 156-157 E 6
Touzac ○ F (46) 240-241 G 2
Töv ▫ MAU 84-85 G 4
Tovar ○ YV 204-205 F 3
Tovar Donoso ○ EC 208-209 C 1
Tovarkovskij ○ RUS 30-31 Q 5
Tovdalselva ∼ N 22-23 D 7
Tovuz ○ AZ 64-65 L 2
Towada ○ J 88-89 J 4
Towada-Hachimantai National Park ⊥ J 88-89 J 4
Towada Hachimantai National Park ⊥ J 88-89 J 5
Towada-ko • J 88-89 J 4
Towakaima ○ GUY 206-207 D 2
Towanda ○ USA 190-191 K 5
Towari ○ RI 100-101 G 6
Towe ○ LB 138-139 F 6
Tower ○ USA 186-187 L 2
Towera ○ AUS 112-113 C 1
Towerhill Creek ∼ AUS 114-115 H 1
Tower Peak ▲ AUS 112-113 G 6
Towla ○ ZW 154-155 E 5
Towner ○ USA 186-187 G 1
Townsend ○ USA 184-185 J 2
Townsend Lake ○ CDN 174-175 W 4
Townsend Ridges ▲▲ AUS 112-113 J 3
Townshend Island ⌒ AUS 114-115 L 2
Towns River ∼ AUS 110-111 C 4
Townsville ○•• AUS 110-111 J 6
Towson ○ USA 190-191 K 6
Towuti, Danau ○ RI 100-101 G 5
Toxkan He ∼ VRC 82-83 D 5
Toyah ○ USA 188-189 F 4
Tōya-ko ○ J 88-89 J 3
Toyama ☆ J 88-89 G 6
Toyama-wan ≈ 88-89 G 6
Toyo ○ J 88-89 F 8
Toyohashi ○ J 88-89 G 7
Toyokawa ○ J 88-89 G 7
Toyooka ○ J 88-89 F 7
Toyota ○ J 88-89 G 7
Toyotomi ○ J 88-89 J 2
Tozer, Mount ▲ AUS 110-111 G 3
Tozeur ☆• TN 126-127 G 4
Tozitna River ∼ USA 164-165 O 4
Trabária, Bocca ▲ I 36-37 D 3
Trà Bồng ○ VN 94-95 K 3
Trabuc, Grotte de • F (30) 242-243 D 3
Trabzon ☆•• TR 64-65 H 2
Tracadie ○ CDN 182-183 M 5
Trácino ○ I 36-37 D 6
Tracy ○ USA (CA) 184-185 D 7
Tracy ○ USA (MN) 186-187 K 3
Tracy Arm Fords Terror Wilderness ⊥• USA 176-177 D 3
Tracy-le-Mont ○ F (60) 228-229 L 5
Traditional Villages • RI 104 D 7
Tradit. Villages ○• RI 104 D 7
Traela, Punta de ▲ RCH 222-223 D 2
Trænstaven ⌒ N 22-23 E 3
Traer ○ USA 186-187 L 4
Tragacete ○ E 34-35 G 4
Traiguén ○ RCH 222-223 C 5
Traiguen, Isla ⌒ RCH 224 D 2
Trail ○ CDN 176-177 M 7
Trail Ø ⌒ GRØ 170-171 o 7
Traînel ○ F (10) 232-233 J 3
Traine River ∼ AUS 108-109 H 4
Traipu ○ BR 212-213 K 6
Traíra, Serra do ▲▲ BR 210-211 C 3
Trairão, Rio ∼ BR 212-213 C 5
Trairi ○ BR 212-213 J 3
Trait, Le ○ F (76) 228-229 F 5
Trajgorodskaja ∼ RUS 50-51 P 4
Trakai ☆ LT 30-31 J 4
Trakan Phut Phon ○ THA 94-95 H 3
Trakošćan • HR 36-37 E 1
Trakt ○ RUS 24-25 V 5
Tralee = Trá Lí ☆ IRL 26-27 C 5
Trá Lí = Tralee ☆ IRL 26-27 C 5
Trallwng = Welshpool ○• GB 26-27 F 5
Tramandaí ○ BR 218-219 E 7
Tramanu ∼ RI 102-103 B 6
Tramayes ○ F (71) 238-239 F 4
Trambly ○ F (71) 238-239 F 4
Trampa, La ○ PE 208-209 B 5
Tramping Lake ○ CDN 176-177 Q 5
Trampot ○ F (55) 234-235 G 5
Trà My ○ VN 94-95 K 3
Trăn ○ BG 38-39 C 6
Tranås ☆ S 22-23 G 7
Tranche-sur-Mer, La ○ F (85) 236-237 C 3
Trang ○ THA 94-95 E 7
Trangan, Pulau ⌒ RI 102-103 H 5
Trăng Bàng ○ VN 94-95 J 5
Trangie ○ AUS 116-117 J 2
Trannes ○ F (10) 234-235 F 5
Tranomaro ○ RM 158-159 E 10
Tranoroa ○ RM 158-159 D 10
Tranqui, Isla ⌒ RCH 222-223 C 7
Trans ○ F (35) 230-231 H 3
Trans Africa Route = Route transafricaine II WAN 140-141 G 5
Trānsāh ○ IR 64-65 M 4
Transamazônica II BR 210-211 H 6
Trans-Australian-Railway II AUS 112-113 K 5
Trans-Himalaya = Gangdisê Shan ▲▲ 80-81 C 5
Transilvani, Podişul = Transylvanie ⊍ RO 38-39 C 4
Transkei (ancien Homeland, maintenant part du East-Cape) ▫ ZA 156-157 H 5
Transports, Musée des • F (45) 232-233 G 3
Transsib II• RUS 54-55 E 10
Transsua ○ CI 138-139 J 6
Transylvanie, Alpes de = Carpaţii Meridionali ▲▲ RO 38-39 C 5
Transylvanie = Transilvani, Podişul ⊍ RO 38-39 C 4
Tranum ○ MAL 98-99 D 3
Tranzault ○ F (36) 236-237 J 2
Tranzitnyj ○ RUS 48-49 V 3
Trà Ôn ○ VN 94-95 H 6
Trapalco, Cerro ▲ RA 222-223 E 6
Trapalcó, Salinas ○ RA 222-223 F 5
Trápani ○ I 36-37 D 5
Trappe, Abbaye de la • F (61) 232-233 D 2
Trappes ○ F (78) 232-233 F 2
Traralgon ○ AUS 116-117 J 5
Traras, Monts des ▲▲ DZ 124-125 L 3
Trarza ▫ RIM 132-133 C 5
Trârza ∴ RIM 132-133 C 6
Trasimeno, Lago ○ I 36-37 D 3
Trás os Montes e Alto Douro ∴ P 34-35 D 4
Trat ○ THA 94-95 G 4
Traubach-le-Haut ○ F (68) 238-239 L 1
Trautenau = Trutnov ○ CZ 28-29 N 3
Trautfetter ∼ RUS 44-45 d 4
Travaillant Lake ○ CDN 164-165 Z 3
Travellers Lake ○ AUS 116-117 F 2
Travellers Rest ∴ USA 184-185 G 2
Travemünde ○ D 28-29 L 2
Travers, Val ∼ F (984) 246 III b 3
Traverse, Lake ○ USA 186-187 J 3
Traverse City ○ USA 190-191 F 3
Traverse Peak ▲ USA 164-165 L 4
Traverses ○ F (40) 240-241 D 2
Travesía del Tunuyán ∴ RA 222-223 F 2
Travesía Puntana ∴ RA 222-223 F 3
Travessia de Caju ∼ BR 212-213 D 5
Travessia do Jacuzao ∼ BR 212-213 D 5
Travet, Le ○ F (81) 240-241 J 3
Trà Vinh ○ VN 94-95 J 6
Travis, Lake ○ USA 188-189 J 4
Travka ∼ RUS 48-49 P 4
Travo ○ F (2B) 244 D 5
Travo ∼ F (2B) 244 D 5
Trawas ○ RI 98-99 E 6
Trayning ○ AUS 112-113 D 5
Trbovlje ○ SLO 36-37 E 1
Tre ⌒ VN 94-95 K 4
Treasure Beach ○ JA 198-199 G 6
Treasury Islands ⌒ SOL 120 I b 2
Treban ○ F (03) 238-239 C 4
Trébas ○ F (81) 240-241 J 3
Trèbes ○ F (11) 240-241 J 4
Trébeurden ○ F (22) 230-231 D 2
Třebíč ○ CZ 28-29 N 4
Trebinje ○ BIH 36-37 G 3
Trebisacce ○ I 36-37 F 5
Trebitsch = Třebíč ○ CZ 28-29 N 4
Trécesson • F (56) 230-231 G 4
Trédion ○ F (56) 230-231 F 4
Tree River ∼ CDN 164-165 Y 3
Tree River ∼ CDN 174-175 O 2
Treesbank ○ CDN 178-179 G 6
Trees Point ▲ CDN 170-171 J 3
Treffieux ○ F (44) 230-231 H 4
Treffort-Cuisiat ○ F (01) 238-239 G 4
Trèfle ∼ F (17) 236-237 E 5
Tréflez ○ F (29) 230-231 C 2
Tréfumel ○ F (22) 230-231 G 3
Trégastel-Plage ○• F (22) 230-231 E 2
Trego ○ USA 190-191 C 3
Trégon ○ F (22) 230-231 G 2
Trégorrois ∴ F (22) 230-231 E 2
Trégourez ○ F (29) 230-231 D 3
Tréguennec ○ F (29) 230-231 C 4
Tréguier ○•• F (22) 230-231 E 2
Trégunc ○ F (29) 230-231 D 4
Trehbugornyj, mys ▲ RUS 44-45 P 7
Treherne ○ CDN 178-179 G 6
Treignac ○ F (19) 236-237 J 5
Treignat ○ F (03) 236-237 K 3
Treinta y Tres ☆ ROU 222-223 M 2
Trélans ○ F (48) 240-241 L 2
Trélazé ○ F (49) 230-231 L 5
Trelew ○ RA 222-223 G 7
Trelleborg ○ S 22-23 F 9
Trélon ○ F (59) 234-235 E 1
Trémazan, Château de • F (29) 230-231 B 2
Tremblade, La ○ F (17) 236-237 C 4
Tremblant, Mont ▲ CDN 182-183 G 5
Tremblay ○ F (35) 230-231 J 3
Tremblay-les-Villages ○ F (28) 232-233 E 2
Tremblet, le ○ F (974) 246 II b 2
Tremblet, Pointe du ▲ F (974) 246 II b 2
Trembleur Lake ○ CDN 176-177 H 4
Tremblois-lès-Rocroi ○ F (08) 234-235 E 2
Tremen, Volcán ▲ RA 222-223 D 4
Trémentines ○ F (49) 230-231 K 5
Trémiti, Ísole ⌒ I 36-37 E 3
Trémolat ○ F (24) 236-237 G 6
Tremonton ○ USA 184-185 H 5
Tremp ○ E 34-35 H 3
Trena ○ ETH 144-145 E 3
Trenary ○ USA 190-191 E 2
Trenche, Rivière ∼ CDN 182-183 H 4
Trenčín ○ SK 28-29 P 4
Trenčín = Trentschin ○ SK 28-29 P 4
Trenggalek ○ RI 104 D 4
Trenque Lauquen ○ RA 222-223 H 3
Trensacq ○ F (40) 240-241 C 2
Trent ∼ GB 26-27 F 5
Trent ○ USA 188-189 G 3
Trente = Trento ☆• I 36-37 C 1
Trentino -Alto Adige ▫ I 36-37 C 1
Trento ☆• I 36-37 C 1
Trenton ○ CDN 182-183 F 6
Trenton ○ USA (MI) 190-191 G 4
Trenton ○ USA (MO) 186-187 L 5
Trenton ○ USA (NE) 186-187 G 5
Trenton ☆ USA (NJ) 190-191 L 5
Tréogan ○ F (29) 230-231 D 3
Tréouergat ○ F (29) 230-231 B 2
Trepassey ○ CDN 182-183 S 5
Trepassey Bay ≈ 182-183 S 5
Trephina Gorge ⊥ AUS 114-115 C 2
Trépied, le ▲ F (975) 245 II b 2
Tréport, Le ○ F (76) 228-229 G 3
Tres Altilos, Cerro ▲ RA 222-223 E 2
Tres Arboles ○• ROU 222-223 L 2
Tres Arroyos ○ RA 222-223 J 5
Três Barracas, Cachoeira ∼ BR 210-211 G 7
Três Bicos ○ BR 218-219 E 5
Tres Bocas ○ RA 222-223 K 2
Três Casas ○ BR 210-211 F 6
Três Cerros ▲ RA 222-223 D 7
Três Corações ○ BR 216-217 H 6
Tres Cruces ○ BOL 214-215 F 5
Tres Cruces, Arroyo ∼ ROU 220-221 J 6
Tres Cruces, Cerro ▲ MEX 196-197 H 4
Tres Cruces, Cerro ▲ RCH 220-221 C 4
Três de Maio ○ BR 220-221 K 4
Tres Esquinas ○ CO 208-209 E 1
Três Ilhas, Cachoeira das ∼ BR 210-211 J 7
Trésilley ○ F (70) 238-239 J 2
Três Irmãos, Cachoeira dos ∼ BR 214-215 H 2
Três Irmãos, Serra dos ▲▲ BR 210-211 E 7
Tres Isletas ○ RA 220-221 G 4
Treska ∼ MK 36-37 H 4
Três Lagoas ○ BR 216-217 E 6
Tres Lagos ○ RA 224 E 4
Tres Mapejos ○ BOL 214-215 E 2
Três Marias ○ BR 216-217 H 5
Três Marias, Represa < BR 216-217 H 5
Tres Matas, Las ○ YV 204-205 J 3
Tres Mojones ○ RA 220-221 G 4
Tres Montes, Cabo ▲ RCH 224 C 3
Tres Montes, Península ⊍ RCH 224 C 3
Tres Morros ○ RA 220-221 E 2
Trésor, Grotte du • F 238-239 J 2
Tres Palmas ○ CO 204-205 D 3
Três Palmeiras ○ BR 218-219 D 6
Tres Palos, Laguna ○ MEX 196-197 E 3
Tres Pasos ○ BR 218-219 D 6
Tres Picos, Cerro ▲ RA 222-223 J 5
Tres Piedras ○ USA 188-189 E 1
Três Praias ○ BR 210-211 D 7
Tres Puntas ▲ GCA 196-197 K 4
Tres Puntas, Cabo ▲ RA 224 H 3
Três Ranchos ○ BR 216-217 G 5
Três Rios ○ BR 216-217 J 7
Tresson ○ F (72) 232-233 D 4
Trestel ○ F (22) 230-231 E 2
Tres Unidos ○ PE 208-209 E 4
Tres Valles ○ MEX 196-197 F 2
Três Vendas ○ BR 220-221 K 6
Tres Vírgenes, Volcán de las ▲ MEX 194-195 C 4
Tres Zapotes ∴• MEX 196-197 G 2
Tretes ○• RI 104 E 3
Tretij, ostrov ⌒ RUS 56-57 U 3
Tret'jakovo ○ RUS 60-61 M 3
Trets ○ F (13) 242-243 H 5
Treuburg = Olecko ○ PL 28-29 R 1
Treuenbrietzen ○ D 28-29 M 2
Treuer Range ▲▲ AUS 108-109 K 7
Treuzy-Levelay ○ F (77) 232-233 H 3
Trevelín ○ RA 222-223 D 7
Tréveray ○ F (55) 234-235 G 4
Trêves = Trier ○•• D 28-29 J 4
Trèvezel ∼ F (30) 242-243 C 3
Treviglio ○ I 36-37 B 2
Trévignon ○ F (29) 230-231 D 4
Trévignon, Pointe de ▲ F (29) 230-231 D 4
Trévillach ○ F (66) 240-241 K 5
Trévillers ○ F (25) 238-239 K 2
Treviso ○ BR 218-219 F 7
Treviso ☆ I 36-37 D 2
Trévoux ○ F (01) 238-239 F 5
Trewdate ○ CDN 178-179 C 5
Trez-Hir, le ○ F (29) 230-231 B 3
Triabunna ○ AUS 116-117 J 7
Triaize ○ F (85) 236-237 C 3
Triang ○ MAL 98-99 E 3
Triangle ○ CDN 176-177 M 4
Triangle ○ ZW 154-155 F 5
Triángulos, Arrecifes ⌒ MEX 196-197 H 1
Trianon ○ RH 198-199 J 5
Triaucourt-en-Argonne ○ F (55) 234-235 G 4
Tribugá ○ CO 204-205 C 5
Tribugá, Golfo de ≈ 204-205 C 5
Tribune ○ USA 186-187 G 6
Tricase ○ I 36-37 G 5
Trichur ○• IND 76-77 G 5
Trici ○ BR 212-213 H 4
Tricot ○ F (60) 228-229 K 4
Trida ○ AUS 116-117 H 2
Trident Peak ▲ USA 184-185 E 5
Trie-Château ○ F (60) 228-229 H 5
Trier ○•• D 28-29 J 4
Trieste ☆• I 36-37 D 2
Trieste, Golfe de = Trieste, Golfo di ≈ 36-37 D 2
Trieste, Golfo di ≈ 36-37 D 2
Trie-sur-Baïse ○ F (65) 240-241 E 4
Trieux ∼ F (22) 230-231 E 2
Trigance ○ F (83) 242-243 J 4
Triglav ▲ SLO 36-37 D 1
Triglavski Narodni Park ⊥ SLO 36-37 D 1
Trignac ○ F (44) 230-231 G 5
Trigny ○ F (51) 228-229 M 5
Trigo, El ○ RA 222-223 K 3
Trigonon ○ GR 36-37 H 4
Trikala ○• GR 36-37 H 5
Trikkandiyur ○ IND 76-77 F 5
Trikonamadu ○ CL 76-77 J 6
Trillbar ○ AUS 112-113 D 2
Trilsbeck Lake ○ CDN 178-179 O 5
Trim = Baile Átha Troim ☆• IRL 26-27 D 5
Trimouille, la ○ F (86) 236-237 H 3
Trincheras, Las ○ YV 204-205 J 4
Trincomalee ○• CL 76-77 J 6
Trindade ○ BR (GOI) 216-217 F 4
Trindade ○ BR (PER) 212-213 H 5
Trindade ○ BR (ROR) 206-207 D 5
Tring ○ PNG 119 B 3
Trinidad ☆ BOL 214-215 E 4
Trinidad ○•• C 198-199 F 4
Trinidad ○ CO 204-205 F 5
Trinidad ○•• PY 220-221 K 4
Trinidad ☆ ROU 222-223 L 2
Trinidad ⌒ TT 204-205 L 2
Trinidad ○ USA 188-189 E 1
Trinidad, Golfo ≈ 224 C 4
Trinidad, Isla ⌒ RA 222-223 J 5
Trinidad, Laguna ○ PY 214-215 G 7
Trinidad and Tobago = Trinidad-et-Tobago ■ TT 204-205 L 2
Trinidad de Arauca, La ○ YV 204-205 G 4
Trinidade ○ BR 212-213 D 3
Trinidade, Ilha da ⌒ BR 210-211 H 4
Trinidad-et-Tobago = Trinidad and Tobago ■ TT 204-205 L 2
Trinitaria, La ○ MEX 196-197 H 3
Trinité, Abbaye de la • F (41) 232-233 E 4
Trinité, la ○ F (29) 230-231 B 3
Trinité, La ○ F (972) 245 V b 2
Trinité-Porhoët, La ○ F (56) 230-231 F 3
Trinity ○ CDN 182-183 S 4
Trinity ○ USA 188-189 K 4
Trinity Bay ≈ 182-183 S 5
Trinity Islands ⌒ USA 166-167 T 4
Trinity Range ▲▲ USA 184-185 E 6
Trinity River ∼ USA 184-185 C 5
Trinity River ∼ USA 188-189 J 3
Trinkat Island ⌒ IND 76-77 L 5
Triolet ○ MS 160 C 7
Trios ○ BR 206-207 G 4
Triouzoune ∼ F (19) 236-237 K 5
Tripoli ○ GR 36-37 J 6
Tripoli = Tarābulus ★ LAR 128-129 E 1
Tripoli = Tarābulus ○• RL 64-65 F 5
Tripolitaine = Tarābulus ∴ LAR 128-129 D 2
Tripoteau ○ F (33) 236-237 E 6
Tripp ○ USA 186-187 J 4
Tripura ▫ IND 78-79 G 4
Tristan da Cunha,Zone de Fracture de=Tristan da C. Fract. Z. ≃ 14-15 G 12
Tristan da Cunha Fract. Zone=Tristan da C., Zone de Frac. de ≃ 14-15 G 12
Tristao, Iles ⌒ RG 138-139 C 4
Triste, Golfo ≈ 204-205 H 2
Triste, Monte ▲ RA 222-223 G 7
Tristeza, Cuchilla de la ▲▲ RA 222-223 E 3
Trisul ▲ IND 74-75 G 4
Trisuli ∼ NEP 80-81 E 7
Trisuli Bazar ○ NEP 80-81 E 7
Triton, Teluk ≈ 102-103 H 3
Triton Island = Zhongjian Dao ⌒ VRC 94-95 L 3
Triunfo ○ BR 218-219 E 7
Triunfo, El ○ MEX 196-197 J 3
Triunfo, Igarapé ∼ BR 212-213 B 5
Triunvirato ○ RA 222-223 J 3
Trivalea-Moşteni ○ RO 38-39 D 5
Trivandrum ☆• IND 76-77 G 6
Trizac ○ F (15) 236-237 K 5
Trnava ○ SK 28-29 O 4
Troam ○ F (14) 228-229 D 5
Trobriand Islands ⌒ PNG 119 F 5
Trocana, Ilha ⌒ BR 210-211 F 4
Trocatá, Área Indígena ⊼ BR 212-213 D 3
Trochu ○ CDN 176-177 O 6
Trocoman, Río ∼ RA 222-223 D 4
Troebratskij ○ KA 60-61 E 1
Troesne ∼ F (27) 228-229 H 5
Trofors ○ N 22-23 F 4
Trogir ○•• HR 36-37 F 3
Troick ○ RUS 52-53 G 7
Troick ☆ RUS (CEL) 32-33 M 6
Troickij ○ RUS 50-51 G 6
Troicko-Pečorsk ☆ RUS 50-51 D 3
Trois-Bassins ○ F (974) 246 II a 2
Trois Bassins, Ravine des ∼ F (974) 246 II a 2
Trois Cantons, Lac des ○ F (984) 246 III b 2
Trois-Fontaines ○ F (51) 234-235 F 4
Trois Fourches, Cap des ▲ MA 124-125 K 3
Trois-Îlets, Les ○ F (972) 245 V a 2
Trois-Moutiers, Les ○ F (86) 230-231 M 5
Trois-Pistoles ○ CDN 182-183 K 4
Trois-Rivières ○ CDN 182-183 H 5
Trois-Rivières ○ F (971) 245 IV a 3
Trois Rivières, des ○ RCA 142-143 G 5
Trois Rivières, Les ∼ RH 198-199 J 5
Trois Sauts ○ F (973) 245 I c 4
Troissereux ○ F (60) 228-229 J 5
Trojan ○ BG 38-39 D 6
Trojes, Las ○ HN 196-197 B 4
Trojnoj, ostrov ⌒ RUS 44-45 U 4
Trolla < TCH 134-135 G 5
Trollhättan ☆ S 22-23 F 7
Trolltindane ▲▲• N 22-23 C 5
Tromai, Baía do ≈ 212-213 F 2
Tromai, Rio ∼ BR 212-213 F 2
Trombetas, Rio ∼ BR 206-207 F 5
Trom"egan ∼ RUS 50-51 M 3
Trompsburg ○ ZA 156-157 G 5
Tromsø ☆• N 22-23 J 2
Trona ○ USA 184-185 F 8
Tronador, Cerro ▲ RCH 222-223 C 6
Troncal, La ○ EC 208-209 C 3
Troncos, Los ○ BOL 214-215 F 5
Troncoso ○ MEX 194-195 H 6
Trondheim ☆•• N 22-23 E 5
Trondheimsfjorden ≈ 22-23 D 5
Tronget ○ F (03) 236-237 M 3
Tronville-en-Barrois ○ F (55) 234-235 G 4
Troo ○ F (41) 232-233 D 4
Troodos ▲▲ CY 64-65 E 5
Troodos, Kirchen von = Ekklisia ••• CY 64-65 E 5
Tropas, Rio das ∼ BR 210-211 J 6
Tropea ○ I 36-37 E 5
Tropêco Grande, Cachoeira do ∼ BR 216-217 F 2
Tropia, Ponta ▲ BR 212-213 H 3
Tropico, El ○ C 198-199 E 3
Tropic of Cancer Monument • MEX 194-195 E 6
Tropojë ○ AL 36-37 H 3
Troppau = Opava ○ CZ 28-29 O 4
Trosna ○ RUS 30-31 O 5
Trostjanec' ○ UA 38-39 J 2
Trotters ○ USA 186-187 F 2
Trou à Diable, Le ○ F (971) 245 IV b 3
Troubador Shoal ≃ 102-103 E 6
Trou de Bozouls • F (12) 240-241 K 2
Trou de Sainte Reine • F 234-235 H 4
Troughton Island ⌒ AUS 108-109 H 2
Trouin ○ RH 198-199 J 5
Trou Madam Coco • F (971) 245 IV b 2
Troutbeck ○ ZW 154-155 G 4
Trout Creek ○ CDN 182-183 E 6
Trout Creek ○ USA 184-185 G 2
Trout Lake ○ CDN (NWT) 174-175 J 5
Trout Lake ○ CDN (NWT) 174-175 J 5
Trout Lake ○ CDN (ONT) 178-179 K 5
Trout Lake ○ USA (MI) 190-191 F 2
Trout Lake ○ USA (WA) 184-185 D 3
Trout Peak ▲ USA 186-187 C 3
Trout River ○ CDN (NFL) 182-183 P 4
Trout River ∼ CDN 174-175 G 6
Trout River ∼ CDN 174-175 J 5
Trout River ∼ CDN 176-177 N 3
Trouville ○ F (76) 228-229 F 4
Trouville-sur-Mer ○ F (14) 228-229 E 5
Troux aux Cerfs • MS 160 C 7
Trouy ○ F (18) 236-237 K 1
Trovoada, Cachoeira da ∼ BR 210-211 K 5
Trowulan ○ RI 104 E 3
Troy ○ USA (AL) 192-193 F 4
Troy ○ USA (KS) 186-187 K 6
Troy ○ USA (MO) 190-191 C 6
Troy ○ USA (MT) 184-185 G 1
Troy ○ USA (NY) 190-191 M 4
Troy ○ USA (OH) 190-191 F 5
Troya, Rio de la ∼ RA 220-221 C 5
Troya, Rio la ∼ RA 220-221 C 4
Troyes ○ F (10) 234-235 E 5
Troyon ○ F (55) 234-235 G 3
Trpanj ○ HR 36-37 F 3
Trstenik ○ YU 36-37 H 3
Truandó, Río ∼ CO 204-205 C 4
Truant Island ⌒ AUS 110-111 D 2
Trubčevsk ○ RUS 30-31 N 5
Truchtersheim ○ F (67) 234-235 M 4
Truckee ○ USA 184-185 D 6
Truckee River ∼ USA 184-185 E 6
Truck Island ⌒ FSM 9 G 2
Trucu ○ BR 212-213 J 5
True, Cape ▲ CDN 180-181 R 3
Trufanova ○ RUS 24-25 S 4
Trujillo ○ E 34-35 E 5
Trujillo ☆ HN 198-199 C 7
Trujillo ☆• PE 208-209 C 6
Trujillo ☆ YV 204-205 F 3
Trumann ○ USA 188-189 M 2
Trumon ○ RI 98-99 B 3
Trun ○ F (61) 230-231 M 2
Trung Khánh ☆ VN 92-93 E 5
Trung Liên ○ VN 92-93 C 5
Trư'ng Lơ'n, Hòn ⌒ VN 94-95 J 6
Trunkey Creek ○ AUS 116-117 K 2
Truro ○ CDN 182-183 N 6
Trusan ○ MAL 100-101 D 1
Trus Madi, Gunung ▲ MAL 96-97 B 10
Trutch ○ CDN 176-177 J 3
Truth or Consequences ○ USA 188-189 D 3
Trutnov ○ CZ 28-29 N 3
Truva (Troja) ∴• TR 64-65 B 3
Truyère ∼ F (48) 236-237 L 6
Truyère, Gorges de la ∼••• F (12) 236-237 L 6
Tryon ○ USA 186-187 G 5

Tryon Island ⌒ AUS 114-115 L 2
Tryphena o NZ 118 E 2
Trzebnica o• PL 28-29 O 3
Trzemeszno o PL 28-29 O 2
Tsadumu o IND 76-77 H 4
Tsagaan ▲ MAU 84-85 E 2
Tsala Apopka Lake ⊖ USA 192-193 G 5
Tsalwor Lake ⊖ CDN 174-175 P 6
Tsama I o RCB 146-147 E 4
Tsamai o WAN 134-135 B 6
Tsandi o NAM 152-153 C 8
Tsangano o MOC 154-155 H 2
Tsanyawa o WAN 134-135 C 6
Tsaramandroso o RM 158-159 E 6
Tsaranonenana o RM 158-159 F 5
Tsaratanana o RM (MJG) 158-159 E 6
Tsaratanana ▲ RM 158-159 F 4
Tsarisberge ▲ NAM 156-157 C 2
Tsarishoogte Pass ▲ NAM 156-157 C 2
Tsau o RB 154-155 B 5
Tsauchab ~ NAM 156-157 B 2
Tsavo o EAK 148-149 G 5
Tsavo ~ EAK 148-149 G 5
Tsavo East National Park ⊥ EAK 148-149 G 5
Tsavo Safari Camp o EAK 148-149 G 5
Tsavo West National Park ⊥ EAK 148-149 F 5
Tsawah o LAR 128-129 E 4
Tsawwassen o CDN 176-177 J 7
Tsazar o IND 74-75 F 3
Tschida, Lake ⊖ USA 186-187 G 2
Tseikuru o EAK 148-149 G 4
Tsembo o RCB 146-147 D 5
Tseminyu o IND 78-79 J 3
Tses o NAM 156-157 D 2
Tsévié o RT 138-139 L 6
Tshabong ☆ RB 156-157 F 3
Tshako o ZRE 150-151 B 5
Tshala o ZRE 150-151 B 5
Tshane o RB 156-157 E 2
Tshela o ZRE 146-147 D 6
Tshenga-Oshwe o ZRE 146-147 J 5
Tshesebe o RB 154-155 D 5
Tshibala o ZRE 152-153 F 3
Tshibamba o ZRE 150-151 B 5
Tshibambula o ZRE 146-147 J 6
Tshibeke o ZRE 148-149 B 5
Tshibuka o ZRE 152-153 F 3
Tshibwika o ZRE 152-153 F 4
Tshidilamolomo o ZA 156-157 G 2
Tshie o ZRE 150-151 B 5
Tshikapa o ZRE 152-153 F 3
Tshikapa ~ ZRE 152-153 F 3
Tshikula o ZRE 150-151 B 4
Tshilenge o ZRE 150-151 B 4
Tshimbalanga o ZRE 150-151 B 5
Tshimboko o ZRE 150-151 C 4
Tshimbulu o ZRE 150-151 B 4
Tshimbungu o ZRE 150-151 B 5
Tshintshanku o ZRE 150-151 B 4
Tshipise o ZA 154-155 F 6
Tshisenda o ZRE 150-151 D 7
Tshisenge o ZRE 152-153 F 3
Tshisonge o ZRE 150-151 B 5
Tshitadi o ZRE 152-153 F 3
Tshitanzu o ZRE 150-151 B 5
Tshofa o ZRE 146-147 K 6
Tshokwane o ZA 156-157 K 2
Tsholotsho o ZW 154-155 D 4
Tshongwe o ZRE 150-151 C 4
Tshootsha = Kalkfontein o RB 152-153 F 11
Tshopo ~ ZRE 146-147 L 3
Tshuapa ~ ZRE 146-147 H 4
Tshunga, Chutes ~ ZRE 146-147 K 3
Tsiafajavona ▲ RM 158-159 E 7
Tsiaki o RCB 146-147 D 5
Tsianaloka o RM 158-159 D 8
Tsiazompaniry ⊖ RM 158-159 E 7
Tsimafana o RM 158-159 D 7
Tsimanampetsotsa, Farihy ⊖ RM 158-159 C 10
Tsimazava o RM 158-159 D 8
Tsimliansk, Réservoir de = Cimljanskoe vodohranilišče < RUS 38-39 N 4
Tsimpsean Indian Reserve ✕ CDN 176-177 E 4
Tsineng o ZA 156-157 F 3
Tsingy de Bamaraha Strict Nature Reserve ⊥•• RM 158-159 D 7
Tsiningia o RM 158-159 E 5
Tsinjoarivo o RM 158-159 E 7
Tsinjomitondraka o RM 158-159 E 5
Tsinjomorona ~ RM 158-159 F 5
Tsintsabis o NAM 152-153 D 9
Tsiombe o RM 158-159 D 10
Tsiribihina ~ RM 158-159 D 7
Tsiroanomandidy o RM 158-159 E 7
Tsitondroina o RM 158-159 E 8
Tsitsikamma National Park ⊥ ZA 156-157 G 7
Tsivory o RM 158-159 E 10
Tsoe o RB 154-155 C 5
Tsogstsalu o IND 74-75 G 2
Tsolo o ZA 156-157 J 5
Tsomo o ZA (CAP) 156-157 H 6
Tsomo ~ ZA 156-157 H 5
Tso Morari ⊖ IND 74-75 G 3
Tsu ☆ J 88-89 G 7
Tsubata o J 88-89 G 6
Tsuchiura o J 88-89 J 6
Tsugaru, Détroit de = Tsugaru-kaikyō ≈ 88-89 H 4
Tsugaru-kaikyō = Tsugaru, Détroit de ≈ 88-89 H 4
Tsugaru Quasi National Park ⊥ J 88-89 J 4
Tsu Lake ⊖ CDN 174-175 N 5
Tsuli o RB 154-155 D 4
Tsumbiri o ZRE 146-147 F 5
Tsumeb ☆ NAM 152-153 D 9
Tsumkwe ☆ NAM 152-153 F 9
Tsuruga o J 88-89 G 7
Tsurugi-san ▲ J 88-89 F 8
Tsurui o J 88-89 L 3
Tsuruoka o J 88-89 H 5
Tsushima ⌒ J 88-89 C 7
Tsuyama o J 88-89 E 7
Tswaane o RB (GHA) 152-153 F 11
Tswaane o RB (KWE) 154-155 B 6
ṭ-Ṭarfa, Wādī ~ ET 130-131 E 3
ṭ-Ṭartar, Wādī ~ IRQ 64-65 K 5
ṭ-Ṭarṭār, Wādī ~ IRQ 64-65 K 5
Ttati, Laguna o RA 220-221 H 5
ṭ-Ṭawīl, Wādī ~ IRQ 64-65 J 5
ṭ-Ṭūbal, Wādī ~ IRQ 64-65 K 6
Tu ~ RUS 54-55 N 9
Tua, Tanjung ▲ RI 98-99 F 7
Tuaim = Tuam o IRL 26-27 C 5
Tual o RI 102-103 G 4
Tuam = Tuaim o IRL 26-27 C 5
Tuambli o CI 138-139 F 6
Tuameseh, Tanjung ▲ RI 102-103 C 6
Tuam Island ⌒ PNG 119 E 3
Tuần Giáo ☆ VN 92-93 C 6
Tuangku, Pulau ⌒ RI 98-99 B 3
Tuanxi o VRC 92-93 E 3
Tuapse o RUS 62-63 C 5
Tuaran o MAL 96-97 B 9
Tuare o RI 100-101 G 4
Tua River ~ PNG 119 C 4
Tuauru Rivière ~ F (987) 247 V b 2
Tuba ~ RUS 52-53 F 9
Tūbā, Qaṣr at- ∴• JOR 66-67 E 2
Tubac o USA 184-185 J 10
Tuba City o USA 184-185 J 7
Tubaiq, Ǧabal aṭ- ▲ KSA 66-67 E 3
Tuban o RI 104 E 3
Tubarão o BR 218-219 F 7
Tubarão Latunde, Área Indígena ✕ BR 214-215 G 3
Tūbās o WB 66-67 D 1
Tubau o MAL 98-99 K 3
Tubbataha Reefs ⌒•• RP 96-97 C 8
Tubek Būzačy ᴗ KA 32-33 G 10
Tubek Būzačy ᴗ KA 62-63 J 5
Tubek Tub-Karagan ᴗ KA 62-63 J 5
Tubeya o ZRE 150-151 B 4
Tubǧa, Wādī ~ KSA 66-67 F 5
Tubili Point ▲ RP 96-97 D 6
Tübingen o•• D 28-29 K 4
Tubisyimita o RI 102-103 G 2
Tubkaragan, mujisi ▲ KA 62-63 J 5
Tubmanburg o LB 138-139 E 6
Tubo, River ~ WAN 140-141 G 3
Tuborg Fondets Land ∸ GRØ 170-171 o 4
Tubruq ◘ LAR 128-129 K 2
Tubruq ☆ LAR 128-129 K 1
Tuburan o RP 96-97 E 7
Tucacas o YV 204-205 G 2
Tucano o BR 212-213 J 7
Tucapel, Punta ▲ RCH 222-223 C 4
Tucavaca, Río ~ BOL 214-215 H 6
Tucha River ~ CDN 174-175 E 6
Tucheng o VRC 92-93 G 3
Tuchitua o CDN 174-175 E 5
Tuchola o PL 28-29 O 2
Tuchol'ka o UA 38-39 C 3
Tuckanarra o AUS 112-113 E 3
Tucker Bay ≈ 16 F 18
Tuckerton o USA 190-191 L 6
Tuckfield, Mount ▲ AUS 108-109 G 5
Tucquegnieux o F (54) 234-235 H 3
Tucson o USA 188-189 B 3
Tucuco, Río ~ YV 204-205 E 3
Tucum, Corredeira do ~ BR 214-215 J 4
Tucumã o BR 210-211 H 6
Tucumán ◘ RA 220-221 E 4
Tucumcari o USA 188-189 F 2
Tucuña o CO 210-211 B 2
Tucunare, Raudal ~ CO 210-211 B 2
Tucupido o YV 204-205 J 3
Tucupita ☆ YV 204-205 L 3
Tucuriba o BR 210-211 H 5
Tucuriba, Corredeira ~ BR 210-211 H 5
Tucuruí o BR 212-213 D 3
Tucuruí, Represa de < BR 212-213 D 4
Tucutibapo o CO 210-211 D 2
Tucu-Tucu o RA 224 E 4
Tūdakul, kŭli ⊖ US 72-73 J 5
Tudeils o F (19) 236-237 J 5
Tudela o• E 34-35 G 3
Tudela o RP 96-97 E 8
Tudu o EST 30-31 K 2
Tudun Wada o WAN 140-141 H 3
Tuekta o RUS 60-61 O 3
Tuena o AUS 116-117 K 3
Tueré, Rio ~ BR 212-213 C 4
Tuetue o RI 100-101 H 6
Tufanbeyli ☆ TR 64-65 G 3
Tuffé o F (72) 232-233 D 3
Tufi o PNG 119 E 5
Tug o VRC 90-91 F 2
Tugela ~ ZA 156-157 K 4
Tugela Ferry o ZA 156-157 K 4
Tugidak Island ⌒ USA 166-167 T 4
Tugtorqurtôq ⌒ GRØ 170-171 W 7
Tugtulik ⌒ GRØ 172-173 O 2
Tugu o GH 138-139 K 5
Tuguegarao ☆ RP 96-97 D 4
Tugulym ☆ RUS 50-51 H 6
Tugur o RUS 58-59 G 2
Tugur ~ RUS 58-59 G 2
Tugurskij poluostrov ᴗ RUS 58-59 G 2
Tugurskij zaliv ≈ 58-59 G 2
Tuguttur ~ RUS 46-47 F 4
Tugyi o MYA 94-95 C 2
Tuhan, Wādī ~ Y 68-69 D 7
Tuhsigat ~ RUS 50-51 O 5
Tui o•• E 34-35 C 3
Tuichi, Río ~ BOL 214-215 C 4
Tuina o RCH 220-221 C 2
Tuineje o E 124-125 D 6
Tuisen o IND 78-79 H 4
Tuitán o MEX 194-195 G 5
Tuiué o BR 210-211 F 5
Tuj ~ RUS 50-51 M 6
Tujiau, Tanjung ▲ RI 102-103 D 5
Tujmazy ☆ RUS 32-33 H 6
Tujn gol ~ MAU 84-85 E 5
Tujun ~ RUS 58-59 E 3
Tukalan ~ RUS 44-45 e 7
Tukan ~ RUS 50-51 M 5
Tukangbesi, Kepulauan ⌒ RI 100-101 H 6
Tukarak Island ⌒ CDN 180-181 K 6
Tukayel o ETH 144-145 G 4
Tuki o SOL 120 I c 3
Tukola Tolha o VRC 80-81 K 3
Tukosmera ▲ VAN 120 II b 4
Tūkrah o• LAR 128-129 J 1
Tuktoyaktuk o CDN 164-165 Y 2
Tukulan ~ RUS 56-57 E 2
Tukums ☆•• LV 30-31 H 3
Tukuringra, hrebet ▲ RUS 54-55 M 8
Tukuyu o EAT 150-151 G 5
Tula o EAK (COA) 148-149 G 4
Tula ~ EAK 148-149 G 4
Tula o MEX 194-195 K 6
Tula ☆•• RUS 30-31 P 4
Tulā o Y 68-69 C 6
Tulach Mhór = Tullamore o IRL 26-27 D 5
Tula de Allende o• MEX 196-197 E 1
Tuladenggi o RI 100-101 G 3
Tula Hill ▲• WAN 140-141 J 4
Tūlak o• AFG 70-71 K 2
Tulalip Indian Reservation ✕ USA 184-185 C 1
Tulameen o CDN 176-177 K 7
Tulancingo o MEX 196-197 E 1
Tulare o USA 184-185 E 7
Tulare Lake ⊖ USA 184-185 E 8
Tularosa o USA 188-189 D 3
Tulate o GCA 196-197 J 4
Tula Yiri o WAN 140-141 J 4
Tulbagh o• ZA 156-157 D 6
Tulcan ☆ EC 208-209 D 1
Tulcea ☆• RO 38-39 F 5
Tul'čyn ☆ UA 38-39 F 3
Tule, El o MEX 194-195 J 3
Tule, Estero del ~ MEX 194-195 F 5
Tuléar = Toliara ☆• RM 158-159 C 9
Tulebaevo o KA 60-61 L 5
Tulehu o RI 102-103 E 3
Tulema Lake ⊖ CDN 174-175 U 4
Tulen' o RUS 52-53 H 7
Tule River Indian Reservation ✕ USA 184-185 E 7
Tulette o F (26) 242-243 F 3
Tulia o USA 188-189 G 2
Tuli Block Farms ∸ RB 154-155 D 6
Tulik Volcano ▲ USA 166-167 M 6
Tulipan o MEX 196-197 J 3
Tuljapur o IND 76-77 G 2
Tullahoma o USA 192-193 E 2
Tullamore o AUS 116-117 J 2
Tullamore = Tulach Mhór o IRL 26-27 D 5
Tulle ☆• F (19) 236-237 J 5
Tullibigeal o AUS 116-117 J 2
Tullins o F (38) 242-243 G 1
Tullos o USA 188-189 L 4
Tullus o SUD 142-143 G 3
Tully o AUS 110-111 H 5
Tully Range ▲ AUS 114-115 G 2
Tuloma ~ RUS 24-25 M 2
Tulppio o FIN 24-25 K 3
Tulsa o• USA 188-189 K 1
Tulsequah o CDN 176-177 D 2
Tulsipur o IND 78-79 C 2
Tulu o PNG 119 D 1
Tulua o CO 204-205 C 5
Tulu Āmara Terara ▲ ETH 144-145 C 4
Tulu Bolo o ETH 144-145 D 4
Tuluca o BR 210-211 C 2
Tuluksak o USA 164-165 K 6
Tulūl al-Ašaqif ▲ JOR 66-67 E 1
Tulúm o MEX (QR) 196-197 L 1
Tulúm ∴•• MEX (QR) 196-197 L 1
Tulumayo, Río ~ PE 208-209 E 7
Tulume o ZRE 150-151 B 4
Tulun ☆ RUS 52-53 K 8
Tulungagung o RI 104 D 4
Tulungselapan o RI 98-99 F 6
Tulu Welel ▲ ETH 144-145 B 4
Tulvinskaja vozvyšennost' ▲ RUS 32-33 K 5
Tuma o RUS 30-31 R 4
Tuma, Río ~ NIC 196-197 B 5
Tūma, Wādī ~ IRQ 64-65 K 6
Tumacacori National Monument ∴ USA 184-185 J 10
Tumaco o CO 204-205 B 7
Tumaco, Ensenada de ≈ 204-205 B 7
Tumagabok o RP 96-97 D 6
Tumair o KSA 66-67 J 5
Tuma Island ⌒ PNG 119 F 5
Tumalin o RP 96-97 D 5
Tuman Gang ~ DVR 86-87 G 6
Tumannyj o RUS 24-25 N 2
Tumanšet ~ RUS 52-53 H 8
Tumanskij hrebet ▲ RUS 56-57 Q 3
Tumara ~ RUS 54-55 P 3
Tumat o RUS 46-47 W 4
Tumat, Khor ~ SUD 144-145 B 3
Tumatskaja, protoka Boľšaja ~ RUS 46-47 Q 3
Tumba ☆ S 22-23 H 7
Tumba o ZRE 146-147 J 5
Tumbanglahung o RI 100-101 D 4
Tumbarumba o AUS 116-117 J 3
Tumbengu ~ ZRE 146-147 J 4
Tumbes ☆ PE 208-209 B 3
Tumbes, Bahía de ≈ 208-209 B 3
Tumbes, Península de ᴗ RCH 222-223 C 4
Tumbes, Punta ▲ RCH 222-223 C 4
Tumbler Ridge o CDN 176-177 K 4
Tumbu o RI 100-101 F 5
Tumbwe o ZRE 150-151 D 6
Tumby Bay o AUS 116-117 D 3
Tumd Youqi o VRC 90-91 G 1
Tumd Zuoqi o VRC 90-91 G 1
Tumen o VRC 86-87 G 6
Tumèncogt = Hanhöhij o MAU 84-85 L 4
Tumen Jiang ~ VRC 86-87 G 6
Tumeremo o YV 206-207 D 2
Tumgaon o IND 78-79 C 5
Tumindao Island ⌒ RP 96-97 C 10
Tumkūr o IND 76-77 G 4
Tumlingtar o NEP 80-81 F 7
Tumnin ~ RUS 58-59 H 4
Tumoiscatio del Ruiz o MEX 196-197 C 2
Tumpang o• RI 104 E 4
Tumpu, Gunung ▲ RI 100-101 H 4
Tumputiga, Gunung ▲ RI 100-101 H 4
Tumrok, hrebet ▲ RUS 56-57 S 6
Tumsar o IND 74-75 G 9
Tumu o GH 138-139 K 4
Tumucumaque, Parque Indígena do ✕ BR 206-207 G 4
Tumucumaque, Serra do ▲ BR 206-207 G 4
Tumul o RUS 54-55 P 4
Tumupasa o BOL 214-215 D 4
Tumureng o GUY 206-207 D 2
Tumut o AUS 116-117 K 3
Tuna o GH 138-139 J 5
Tu Na, Đèo ▲ VN 94-95 K 4
Tuna Gain o RI 102-103 G 3
Tunago Lake ⊖ CDN 174-175 G 2
Tunaida o ET 130-131 D 5
Tunajča, ozero ⊖ RUS 58-59 K 5
Tūnali Sālang • AFG 72-73 L 7
Tunapa, Cerro ▲ BOL 214-215 D 6
Tunapuna o TT 204-205 L 2
Tunas, Las ☆ C 198-199 G 4
Tunas, Sierra de las ▲ RA 222-223 J 4
Tunas de Zaza o C 198-199 F 4
Tunas Grandes, Lagunas las ⊖ RA 222-223 H 3
Tunaydibah o SUD 136-137 G 6
Tunceli ☆ TR 64-65 H 3
Tunchang o VRC 92-93 G 7
Tuncurry o AUS 116-117 M 2
Tunda, Pulau ⌒ RI 104 B 2
Tundak ~ RUS 54-55 H 8
Tund las Raices • RCH 222-223 D 5
Tundulu o Z 150-151 E 5
Tunduma o EAT 150-151 G 5
Tunduru o EAT 150-151 J 6
Tundyk ~ KA 60-61 K 4
Tundža ~ BG 38-39 E 6
Tunertooq ⌒ GRØ 172-173 P 2
Tunga o WAN 140-141 H 4
Tungabhadra ~ IND 76-77 G 3
Tungabhadra Reservoir ⊖ IND 76-77 G 3
Tungaru o SUD 142-143 K 3
Tungawan o RP 96-97 E 9
Tungaztarim o VRC 80-81 D 2
Tungho o RC 92-93 M 5
Tungi o BD 78-79 G 4
Tungir ~ RUS 54-55 K 8
Tungirskij, hrebet ▲ RUS 54-55 J 8
Tungkaranasam o RI 100-101 E 5
Tungku o MAL (SAB) 96-97 C 10
Tungku o MAL (SAR) 98-99 K 3
Tungokočen o RUS 54-55 G 9
Tungor o RUS 58-59 K 2
Tungshih o RC 92-93 M 4
Tungsten o CDN 174-175 E 5
Tungurahua, Volcán ▲ EC 208-209 C 2
Tungurča ~ RUS 54-55 K 7
Tunguru o EAT 148-149 D 5
Tunguskaja vozvyšennosť ▲ RUS 24-25 M 4
Tungusskoe-Centraľno, plato ∸ RUS 52-53 K 5
Tunguwatu o RI 102-103 H 4
Tunhèl o MAU 84-85 H 3
Tuni o IND 78-79 C 7
Tunia, La o CO 208-209 F 1
Tunis ★••• TN 126-127 H 2
Tunis, Golfe de ≈ 126-127 H 2
Tunisie = Tunisiyah ■ TN 126-127 G 4
Tunisiyah = Tunisie ■ TN 126-127 G 4
Tunja ☆ CO 204-205 E 5
Tunkal ~ RI 98-99 E 5
Tunkhannock o USA 190-191 L 5
Tunku Abdul Rahman National Park ⊥ MAL 96-97 A 9
Tunnel Creek National Park ⊥ AUS 108-109 G 4
Tunnel de l'Escalette • F (34) 240-241 L 3
Tunnsjøen ⊖ N 22-23 F 4
Tunqiu o VRC 92-93 F 4
Tuntum o BR 212-213 F 4
Tuntutuliak o USA 164-165 J 6
Tunu = Østgrønland ◘ GRØ 170-171 d 8
Tunuí, Cachoeira ~ BR 210-211 C 2
Tunulic, Rivière ~ CDN 180-181 Q 5
Tunulliarfik ≈ 172-173 R 6
Tununak o USA 164-165 H 6
Tunungayualok Island ⌒ CDN 180-181 T 6
Tununuk o CDN 164-165 Y 2
Tunuyan o RA 222-223 E 2
Tunuyán, Río ~ RA 222-223 F 2
Tunuyánviejo, Río ~ RA 222-223 F 2
Tuoa Creek ~ PNG 119 C 4
Tuobuja o RUS 54-55 L 4
Tuo Jiang ~ VRC 92-93 D 2
Tuokechikemili o VRC 80-81 E 4
Tuolba ~ RUS 54-55 L 5
Tuolbačan ~ RUS 54-55 L 5
Tuŏl Kruŏs o K 94-95 G 4
Tuolumne River ~ USA 184-185 D 7
Tu'o'ng Du'o'ng ☆ VN 92-93 D 7
Tuora ~ RUS 54-55 M 6
Tuora-Sis, hrebet ▲ RUS 46-47 Q 4
Tuostah ~ RUS 46-47 V 6
Tuotuo He ~ VRC 80-81 J 3
Tuotuo Heyan o VRC 80-81 J 3
Tupã o BR 216-217 E 6
Tupaciguara o BR 216-217 F 5
Tupambaé o ROU 222-223 M 2
Tupana, Rio ~ BR 210-211 G 5
Tupanaci o BR 212-213 J 6
Tupanatinga o BR 212-213 K 6
Tupanciretã o BR 218-219 D 7
Tuparrilo, Caño ~ CO 204-205 G 5
Tuparrito, Caño ~ CO 204-205 G 5
Tuparro, Río ~ CO 204-205 G 5
Tupé II o BR 210-211 D 2
Tupelo o USA (MS) 192-193 D 2
Tupelo o USA (OK) 188-189 J 2
Tupelo National Battlefield ∴ USA 192-193 D 2
Tupik ☆ RUS 54-55 J 8
Tupilco o MEX 196-197 H 2
Tupim, Rio ~ BR 216-217 K 2
Tupinambarana, Ilha ⌒ BR 210-211 J 4
Tupinier, Kap ▲ GRØ 172-173 b 2
Tupiratins o BR 212-213 D 6
Tupitina o MEX 196-197 C 2
Tupiza o BOL 220-221 E 1
Tupiza, Río ~ BOL 220-221 E 1
Tupper o CDN 176-177 K 4
Tupper Lake o USA 190-191 L 3
Tupran o IND 76-77 H 2
Tupungato o RA 222-223 E 2
Tupungato, Cerro ▲ RA 222-223 E 2
Tupure o YV 204-205 F 2
Tuquan o VRC 86-87 C 5
Tuque, La o CDN 182-183 H 5
Tuquerres o CO 208-209 D 1
Tuqu Gang ≈ 92-93 F 7
Tūr, aṭ- o Y 68-69 C 6
Tura o IND 78-79 G 3
Tura ~ PA 196-197 F 8
Tura ☆ RUS (EVN) 52-53 K 3
Tura ~ RUS 32-33 L 4
Tura ~ RUS 50-51 J 6
Tura ~ RUS 50-51 H 6
Tura ~ RUS 54-55 F 10
Tura o VRC 80-81 F 2
Turaba o KSA (HAI) 66-67 H 3
Turaba o KSA (MAK) 68-69 B 3
Turagua, Serranía ▲ YV 204-205 J 4
Turaif o KSA 66-67 F 2
Turaif o SYR 64-65 H 5
Turakurgan o US 72-73 M 4
Turama ~ RUS 52-53 H 5
Turama River ~ PNG 119 B 4
Turan ☆ RUS 52-53 F 9
Turangi o NZ 118 E 3
Tūran ojlety = Turan persligi = Turon Pasttekisligi ᴗ KA 72-73 F 5
Turan persligi = Turon Pasttekisligi = Tūran ojlety ᴗ TM 72-73 F 5
Turanskaja nizmennosť = Touran, Dépression de ᴗ 72-73 F 5
Turāq al-'Ilab ▲ SYR 64-65 H 6
Turba o EST 30-31 J 2
Turba, at- o Y 68-69 D 7
Turba, at- o Y 68-69 C 7
Turbaco o CO 204-205 D 2
Turballe, La o F (44) 230-231 F 5
Turbat o PK 70-71 K 6
Turbihal o IND 76-77 G 3
Turbio, El o RA 224 D 5
Turbio, Río ~ RA 224 E 5
Turbio, Río ~ RCH 220-221 C 4
Turbio, Río ~ RCH 220-221 B 5
Turbo o CO 204-205 C 3
Turbón, Raudal el ~ CO 210-211 B 2
Turckheim o F (68) 234-235 L 5
Turco o BOL 214-215 C 6
Turco, Río ~ BOL 214-215 C 6
Turda o RO 38-39 C 4
Turda < SUD 142-143 J 3
Turee Creek o AUS (WA) 112-113 E 1
Turee Creek ~ AUS 112-113 D 1
Turek o PL 28-29 P 2
Turen o RI 104 E 4
Turenne o F (19) 236-237 J 5
Turgen ~ KA 82-83 C 4
Türgen ▲ MAU 52-53 E 11
Turgeon, Rivière ~ CDN 182-183 E 4
Turgut o TR 64-65 D 3
Turgutlu ☆ TR 64-65 B 3
Turhal ☆• TR 64-65 G 2
Türi o EST 30-31 J 2
Turi ▲ F (987) 247 IV b 2
Turi, Igarapé ~ BR 210-211 D 3
Turia, Río ~ E 34-35 G 4
Turiaçu o BR 212-213 F 2
Turiaçu, Baía de ≈ 212-213 F 2
Turiaçu, Rio ~ BR 212-213 F 3
Turiamo o YV 204-205 H 2
Turiančaj ~ AZ 64-65 M 2
Turiani o EAT 150-151 J 4
Túriba o YV 204-205 H 4
Turin ☆ CDN 176-177 O 7
Turin = Torino ☆• I 36-37 A 2
Turinsk ☆ RUS 50-51 G 5
Turinskaja ravnina ᴗ RUS 50-51 G 6
Turinskaja Sloboda ☆ RUS 50-51 H 6
Tur'ja o RUS 24-25 V 5
Turka o RUS 52-53 O 9
Turka ~ RUS 54-55 E 9
Turka ☆ UA 38-39 C 3
Turkana ∸ EAK 148-149 E 2
Turkana, Lac = Turkana, Lake ⊖ EAK 148-149 F 2
Turkana, Lake ⊖ EAK 148-149 F 2
Turkestan o KA 72-73 L 3
Turkestanskij hrebet ▲ US 72-73 K 5
Turkestanskij kanal < KA 72-73 L 3
Turkey Creek o AUS 108-109 J 4
Turkey Mountain ▲ AUS 114-115 L 4
Turkey River ~ USA 190-191 C 4
Turkistan ☆ KA 72-73 L 3
Türkiye = Turquie ■ TR 64-65 C 3
Türkmen Dağı ▲ TR 64-65 D 3
Türkmenistan = Turkménistan ■ TM 72-73 D 5
Turkménistan = Türkmenistan ■ TM 72-73 D 5
Turkmen-Kala o TM 72-73 H 6
Turkmenskij zaliv ≈ 72-73 C 5
Türkoğlu ☆ TR 64-65 G 4
Turks et Caicos, Îles = Turks and Caicos Islands ⌒ GB 198-199 K 3
Turks Islands ⌒ GB 198-199 K 4
Turku = Åbo ☆• FIN 24-25 G 6
Turkwel ~ EAK 148-149 E 2
Turkwel Gorge Reservoir < EAK 148-149 E 3
Turlock o USA 184-185 D 7
Turmalina o BR 216-217 J 4
Turmantas o LT 30-31 K 4
Turnagain, Cape ▲ NZ 118 F 4
Turnagain Arm ≈ 164-165 P 6
Turnagain Island ⌒ AUS 110-111 G 1
Turnagain Point ▲ CDN 168-169 R 6
Turnagain River ~ CDN 174-175 E 6
Turneffe Islands ⌒ BH 196-197 L 3
Turner o USA 186-187 C 1
Turner Lake ⊖ CDN 176-177 Q 3
Turner Ø ⌒ GRØ 172-173 d 2
Turner River ~ AUS 108-109 D 6
Turners Peninsula ᴗ WAL 138-139 D 6
Turnhout o B 28-29 H 3
Turnu Măgurele o RO 38-39 D 6
Turočak ☆ RUS 60-61 P 2
Turon Pasttekisligi = Turan persligi = Tūran ojlety ᴗ US 72-73 F 5
Turpan o VRC 82-83 J 4
Turpan Pendi ∸ VRC 82-83 J 4
Türpsal = Järve o EST 30-31 K 2
Turquie = Türkiye ■ TR 64-65 C 3
Turra • SUD 136-137 B 6
Turrialba o CR 196-197 C 7
Turriers o F (04) 242-243 J 3
Tursāq o IRQ 64-65 L 6
Tursuntskij Tuman, ozero ⊖ RUS 50-51 G 4
Tursunzade o TJ 72-73 L 5
Turt o MAU 84-85 E 2
Turt (Hanh) o MAU 84-85 E 2
Turtas ~ RUS 50-51 K 5
Türtkŭl ☆ US 72-73 G 4
Turtle Farm • GB 198-199 E 5
Turtleford o CDN 176-177 Q 5
Turtle Head Island ⌒ AUS 119 B 6
Turtle Islands ⌒ RP 96-97 C 9
Turtle Islands Marine Park ⊥ MAL 96-97 C 9
Turtle Lake o CDN 176-177 Q 5
Turtle Lake o USA 186-187 L 3
Turtle Mountain ▲ CDN 178-179 F 6
Turtle Mountain Indian Reservation ✕ USA 186-187 H 1
Turton Lake ⊖ CDN 174-175 G 3
Turu ~ RUS 52-53 M 3
Turu, Wangasi- o GH 138-139 K 5
Turu Cay Island ⌒ AUS 119 A 6
Turuchipa, Río ~ BOL 214-215 E 6
Turugart Shankou ▲ VRC 82-83 B 5
Turuhan ~ RUS 44-45 V 8
Turuhan ~ RUS 50-51 T 2
Turuhansk o RUS 50-51 T 2
Turuhanskaja nizmennosť ᴗ RUS 50-51 T 2
Turuktah, mys ▲ RUS 46-47 W 4
Turuna, Rio ~ BR 206-207 F 5
Turuntaevo o RUS (TOM) 50-51 T 6
Turuntaevo ☆ RUS (BUR) 52-53 N 9
Turvânia o BR 216-217 E 4
Turvo, Rio ~ BR 216-217 E 4
Turvo, Rio ~ BR 216-217 F 6
Turvolândia o BR 216-217 H 6
Turwi ~ ZW 154-155 F 5
Tūs o IR 72-73 F 6
Tušama ~ RUS 52-53 K 7
Tuscaloosa o USA 192-193 E 3
Tuscaloosa, Lake ⊖ USA 192-193 E 3
Tuscánia o• I 36-37 C 3
Tuscola o USA (IL) 190-191 D 6
Tuscola o USA (TX) 188-189 H 3
Tusenøyane ⌒ N 20-21 M 4
Tušig=Zėltėr o MAU 84-85 G 2
Tuskegee o• USA 192-193 F 3
Tuskegee Institute National Historic Site ∴• USA 192-193 F 3
Tusson o F (16) 236-237 F 4
Tustumena Lake ⊖ USA 164-165 P 6
Tutaev ☆•• RUS 30-31 Q 3
Tutak ☆ TR 64-65 K 3
Tuticorin o IND 76-77 H 6
Tutóia o BR 212-213 G 3
Tutoko, Mount ▲ NZ 118 B 6
Tutončana ~ RUS 52-53 F 2
Tutong o BRU 100-101 D 1
Tutrakan o BG 38-39 E 5
Tuttle o USA 186-187 H 2
Tuttle Creek Lake ⊖ USA 186-187 J 6
Tuttosoni, Nuraghe • I 36-37 B 4
Tutuaca o MEX 194-195 F 3
Tutuala o RI 102-103 D 6
Tutuba ⌒ VAN 120 II a 2
Tutuila Island ⌒ USA 120 V b 2
Tutukpene o GH 138-139 L 5
Tutume o RB 154-155 D 5
Tutup, Tanjung ▲ MAL 96-97 C 10
Tutupa o RI 100-101 K 4
Tutura o RUS 52-53 M 8
Tutura ~ RUS 52-53 M 8
Tutwiler o USA 188-189 M 2
Tuul gol ~ MAU 84-85 G 4
Tuuré, Pointe de ∸ F (988) 247 I e 4
Tuusniemi o FIN 24-25 K 5
Tuva, Respublika = Touva, République de ◘ RUS 52-53 F 10
Tuvšinšírèè = S ërgèlèn o MAU 84-85 K 4
Ṭuwaiq, Ǧabal ▲ KSA 66-67 J 5
Ṭuwaiq, Ǧabal ▲ KSA 68-69 D 3
Ṭūwal o KSA 66-67 F 6
Tuxcueca o MEX 196-197 C 1
Tuxedni Bay ≈ 164-165 O 6
Tuxford o CDN 178-179 D 5
Tuxpan o MEX (NAY) 194-195 G 7
Tuxpan o• MEX (JAL) 196-197 C 2
Tuxpan, Río ~ MEX 196-197 F 1
Tuxpan de Rodríguez Cano o MEX 196-197 F 1
Tuxtla, Sierra de los ▲ MEX 196-197 G 2
Tuxtla Gutierrez ☆• MEX 196-197 H 3
Tuy, Río ~ YV 204-205 H 2
Tuya River ~ CDN 176-177 E 2
Tuyên Quang ☆ VN 92-93 D 6
Tuy Hòa o VN 94-95 K 4
Tuy Phong o VN 94-95 K 5
Tūyserkān o• IR 70-71 C 1
Tuzan, Le o F (33) 240-241 C 2
Tüzdyköl ⊖ KA 72-73 M 3
Tuz Gölü ⊖ TR 64-65 E 3
Tūz Hurmātū ☆ IRQ 64-65 L 5
Tuzigoot National Monument ∴ USA 184-185 J 8
Tuzla o• BIH 36-37 G 2
Tuzla Çayı ~ TR 64-65 J 3
Tuzlov ~ RUS 38-39 L 4
Tuzluca ☆ TR 64-65 K 2
Tuzule o ZRE 150-151 B 4
Tværå o FR 26-27 D 1
Tveitsund o N 22-23 D 7
Tver' ☆•• RUS 30-31 P 3
Tverrfjelli ᴗ N 22-23 D 5
Tweed ~ GB 26-27 F 4
Tweed Heads o AUS 114-115 M 5
Tweedsmuir Provincial Park ⊥ CDN 176-177 G 5
Tweefontein o ZA 156-157 D 6
Tweeling o ZA 156-157 J 3
Twee Rivier o NAM 156-157 D 2
Twee Rivieren o ZA 156-157 E 3
Tweespruit o ZA 156-157 H 4
Twelve Apostles, The •• AUS 116-117 G 5
Twénke o F (973) 245 I a 3
Twentynine Palms o USA 184-185 F 8
Twentynine Palms Marine Corps Base xx USA 184-185 F 8
Twilight Cove ≈ 112-113 H 6
Twillingate o CDN 182-183 R 4
Twin Bridges o USA 184-185 H 3
Twin Buttes Reservoir < USA 188-189 G 4
Twin Falls o USA 184-185 G 4
Twingge o MYA 78-79 K 4
Twingi o Z 150-151 E 6
Twin Mount ▲ USA 164-165 T 4
Twin Peak ▲ USA 184-185 G 3
Twin Peaks o AUS 112-113 C 3
Twin Peaks ▲ USA 184-185 G 3
Twitya River ~ CDN 174-175 E 4
Twizel o NZ 118 C 6
Two Brothers ⌒ CDN 180-181 J 5
Twofold Bay ≈ 116-117 K 4
Two Harbors o USA 190-191 C 2
Two Headed Island ⌒ USA 166-167 U 4
Two Hills o CDN 176-177 P 5
Twopete Mountain ▲ CDN 164-165 Y 5
Two Rivers o USA 190-191 E 3
Two Rocks o AUS 112-113 C 5
Twyfelfontein • NAM 152-153 C 10
Tyara, Cayo ⌒ NIC 196-197 C 5
Tyčany ~ RUS 52-53 H 5
Tychy o PL 28-29 P 3
Tydyotta ~ RUS 50-51 O 2
Tyelé o RMM 138-139 G 3
Tygda o RUS 54-55 N 9
Tygda ~ RUS 54-55 N 9
Tygh Valley o USA 184-185 D 3
Tyiebas, cyganak ≈ 62-63 N 4
Tyl' ~ RUS 56-57 F 6
Tylawa o PL 28-29 Q 4
Tyler o USA 188-189 K 3
Tylertown o USA 188-189 M 4
Tylgovajam ~ RUS 48-49 O 6
Tylihul ~ UA 38-39 F 4
Tylihul's'kyj lyman ≈ 38-39 G 4
Tylnoj ~ RUS 48-49 M 5
Tym ~ RUS 50-51 Q 5
Tym ~ RUS 50-51 T 4
Tym' ~ RUS 58-59 K 3
Tym, Ust'- o RUS 50-51 Q 5
Tymerokan ~ RUS 52-53 F 2
Tymlat ☆ RUS 56-57 U 4
Tymna ~ RUS 54-55 O 8
Tymna, laguna ≈ 48-49 U 4
Tymovskoe ☆ RUS 58-59 K 3
Tympyčan, Uël' ~ RUS 54-55 E 5
Tympylykan ~ RUS 54-55 L 3
Tymtej ~ RUS 56-57 L 2
Tynda ☆ RUS 54-55 M 8
Tynda ~ RUS 54-55 N 9
Tyndall o CDN 178-179 H 5
Tyndall o USA 186-187 J 4
Tyndik ~ KA 60-61 K 3
Tyndrum o GB 26-27 E 3
Tyne ~ GB 26-27 G 4
Tynep ~ RUS 50-51 U 3
Tyner o USA 190-191 G 7
Tynset ☆ N 22-23 E 5
Typical Torajan Villages ☆•• RI 100-101 F 5
Typtygir, kōli ⊖ KA 60-61 D 2
Tyr ∴••• RL 64-65 F 6
Tyrifjorden ⊖ N 22-23 E 6
Tyrkan ~ RUS 56-57 E 5
Tyrma o RUS (HBR) 58-59 E 3
Tyrma ~ RUS 58-59 E 4
Tyrma ~ RUS 58-59 D 3
Tyrnyauz o RUS 62-63 E 6
Tyrone o USA 190-191 J 5
Tyrrell, Lake ⊖ AUS 116-117 G 3
Tyrrell Lake ⊖ CDN 174-175 R 4
Tyrrhenian Basin = Tyrrhénien, Bassin ≃ 36-37 C 5
Tyrrhenian Sea = Tyrrhénienne, Mer ≈ 36-37 C 5
Tyrrhénien, Bassin = Tyrrhenian Basin ≃ 36-37 C 5
Tyrrhénienne, Mer = Tyrrhenian Sea ≈ 36-37 C 5
Tyrs Bjerge ▲ GRØ 172-173 U 5
Tyrtova, ostrov ⌒ RUS 44-45 b 3
Tyry ~ RUS 56-57 H 2
Tyškanbaj o KA 62-63 P 2
Tysnesøy ⌒ N 22-23 B 6
Tytyl', ozero ⊖ RUS 48-49 P 3
Tzaneen o ZA 154-155 F 6
Tzinteel o MEX 196-197 H 3
Tziscao o MEX 196-197 J 3
Tzonconejo, Río ~ MEX 196-197 J 3
Tzucacab o MEX 196-197 K 1

U

Uaçá, Área Indígena ✕ BR 206-207 J 4
Uacaca, Cachoeira ~ CO 210-211 C 2
Uachtar Ard = Oughterard o IRL 26-27 C 5
Uaco Cungo o ANG 152-153 C 5
Uacuru, Cachoeira ~ BR 214-215 G 2
Ua'ili, Wādī al- ~ KSA 66-67 F 2
Uala, zaliv ⊖ RUS 56-57 V 3
Uamba o ANG 152-153 C 5
Uanda o AUS 114-115 H 1
Uanga ~ RUS 58-59 K 2

Uangando ~ ANG 152-153 D 8
Uape ○ MOC 154-155 K 3
Uapuí, Cachoeira ~ BR 210-211 C 2
Uarges ▲ EAK 148-149 F 3
Uar Igarore < SP 148-149 J 3
Uarini ○ BR 210-211 E 4
Uarini, Rio ~ BR 210-211 D 5
Uaroo ○ AUS 108-109 B 7
Uati-Paraná, Área Indígena ⅄ BR 210-211 D 4
Uatuma, Rio ~ BR 210-211 H 4
Uauá ○ BR 212-213 J 6
Uauaretê ○ BR 210-211 C 2
Uaupés, Rio ~ BR 210-211 D 2
Uaus, Ra's ▲ OM 68-69 J 5
Uavala ~ ANG 152-153 D 8
Uaxactún ∴ GCA 196-197 K 3
Uaza ▲ ETH 136-137 J 6
Ub ○ YU 36-37 H 2
Ubá ○ BR 216-217 J 6
Uba ~ KA 60-61 N 3
Uba ○ WAN 140-141 K 3
Ubagan ~ KA 60-61 D 2
Ubaí ○ BR 216-217 H 4
Ubai ○ PNG 119 F 3
'Ubaid < SUD 136-137 B 6
Ubaila ○ IRQ 64-65 J 6
'Ubaila, al- ○ KSA 68-69 G 2
Ubaitaba ○ BR 216-217 L 3
Ubajay ○ RA 220-221 H 6
Ubaldino Taques ○ BR 218-219 E 6
Ubangi ~ ZRE 146-147 F 3
Ubangui ~ ZRE 142-143 D 6
Ubaporanga ○ BR 216-217 J 5
Ubar ∴ OM 68-69 H 4
Ubarc' ~ BY 30-31 K 6
Ubatã ○ BR 216-217 L 3
Ubate ○ CO 204-205 E 5
Ubatuba ○ BR 216-217 H 7
Ubauro ○ PK 74-75 B 5
Ubaye ~ F (04) 242-243 K 2
'Ubayyiḍ, Wādī l- ~ IRQ 64-65 J 7
Ube ○ J 88-89 D 8
Úbeda ○ E 34-35 F 5
Ubekendt Ejland ⌒ GRØ 170-171 Y 8
Uberaba ○ BR 216-217 G 5
Uberaba, Lago ○ BR 214-215 J 5
Uberaba, Rio ~ BR 216-217 F 5
Uberlândia ○ BR (MIN) 216-217 F 5
Uberlândia ○ BR (ROR) 206-207 E 5
Ubia, Gunung (Gunung Leonard Darwin) ▲ RI 102-103 J 4
Ubiaja ○ WAN 140-141 G 5
Ubina ○ BOL 214-215 D 7
Ubinskoe ○ RUS 50-51 P 7
Ubinskoe, ozero ○ RUS 50-51 P 7
Ubirajara ○ BR 216-217 F 7
Ubirr ○ AUS 108-109 L 2
Ubit < WAN 140-141 H 6
Ubojnaja ~ RUS 44-45 U 5
Ubol Rat Reservoir ○ THA 94-95 G 2
Ubombo ▲ ZA 156-157 L 3
Ubon Ratchathani ○ THA 94-95 H 3
Ubovka ○ RUS 58-59 F 6
Ubundu ○ ZRE 146-147 K 4
Uč-Adži ○ TM 72-73 H 5
Učaly ☆ RUS 32-33 L 6
Učami ~ RUS 52-53 F 4
Ucapinima ○ CO 210-211 C 2
Ucaral ○ KA 60-61 M 5
Ucayali, Río ~ PE 208-209 F 4
Učdepe ○ TM 72-73 H 6
Uch ○ PK 74-75 C 5
Uchacq-et-Parentis ○ F (40) 240-241 C 3
Ucharonidge ○ AUS 110-111 C 5
Uchaud ○ F (30) 242-243 E 4
Uchiura-wan ≈ 88-89 J 3
Uchiza ○ PE 208-209 D 6
Uchon, Signal d' ▲ F (71) 238-239 E 3
Učkeken ○ RUS 62-63 E 6
Učkuduk ☆ US 72-73 H 3
Učkurgan ○ US 72-73 N 4
Ucluelet ○ CDN 176-177 H 7
Učničhilja ~ RUS 48-49 P 5
Ucross ○ USA 186-187 D 3
Účsaj ○ US 72-73 F 3
Učtagankum ⩦ TM 72-73 E 4
Úcua ○ ANG 152-153 C 4
Učur ~ RUS 56-57 F 6
Uda ~ RUS 52-53 O 10
Uda ~ RUS 52-53 J 8
Uda ~ RUS 54-55 E 9
Uda ~ RUS 56-57 D 6
Udačnyj ○ RUS 46-47 J 6
Udagamandalam ○ IND 76-77 G 5
Udaia ○ IND 78-79 E 5
'Udaib, al- ○ KSA 66-67 E 4
'Udaiba, 'Uqlat al- ○ IRQ 66-67 K 3
'Udaid, al- ○ UAE 70-71 D 6
Udaipur ○ IND (RAJ) 74-75 D 7
Udaipur ○ IND (TRI) 78-79 G 4
Udaiyarpalaiyam ○ IND 76-77 H 5
Udaquiola ○ RA 222-223 K 4
Udayagiri ○ IND 76-77 H 3
Udbina ○ HR 36-37 E 2
Uddeholm ○• S 22-23 F 6
Uddevalla ☆ S 22-23 E 7
Uddjaure ○ S 22-23 H 4
Udè, Ulan ☆• RUS 52-53 N 10
Udegi ○ WAN 140-141 G 4
Udgir ○ IND 74-75 F 10
Udhampur ○ IND 74-75 E 3
Udi ○ WAN 140-141 G 5
Udine ☆• I 36-37 D 1
Udinsk ○ RUS 58-59 H 2
Udintsev, Zone de Fracture d' = Udintsev Fracture Zone ≃ 10-11 N 13
Udintsev Fracture Zone = Udintsev, Zone de Fracture d' ≃ 10-11 N 13
Udispattu ○ CL 76-77 J 7
Udja ~ RUS 46-47 L 4
Udmurtskaja Respublika = Oudmourtes, République des ◘ RUS 32-33 H 5
Udobnaja ○ RUS 62-63 D 5
Udobnaja, buhta ○ RUS 44-45 b 2
Udokan, hrebet ▲ RUS 54-55 J 7
Udon Thani ○ THA 94-95 G 2
Udova ~ RUS 56-57 R 6
Udpūdi ○ IND 76-77 F 2
Udskaja guba ○ RUS 56-57 F 6
Udskoe ○ RUS 56-57 F 6
Udubaddawa ○ CL 76-77 H 7
Udumalaippettai ○ IND 76-77 G 5
Udupi ○ IND 76-77 F 4
Udu Point ▲ FJI 120 III c 2
Udy ~ RUS 38-39 K 2
Udyhyn ~ RUS 56-57 D 6
Udyl', ozero ○ RUS 58-59 H 2
Udzhar = Ucar ○ AZ 64-65 M 2
Uebonti ○ RI 100-101 G 4
Ueca ▲ ETH 144-145 C 4
Ueda ○ J 88-89 H 6
Uedinenija, ostrov ⌒ RUS 44-45 U 3
Uekuli ○ RI 100-101 G 4
Uèle ~ RUS 46-47 K 3
Uele ~ ZRE 146-147 J 2
Uèlen ○• RUS 48-49 a 3
Uelgi, ozero ○ RUS 32-33 M 6
Uèf-Siktjah ~ RUS 46-47 P 5
Uèf-Tympyčan ~ RUS 54-55 E 5
Uelzen ○ D 28-29 L 2
Uembje, Lagoa ○ MOC 156-157 L 2
Ueno ○ J 88-89 G 7
Uere ~ ZRE 142-143 H 6
Ueré, Rio ~ BR 210-211 D 5
Ufa ☆ RUS (BAS) 32-33 J 6
Ufa ~ RUS 32-33 K 5
Ufeyn ○ SP 144-145 J 3
Ufimskoe plato ▲ RUS 32-33 K 6
Uftjuga ~ RUS 24-25 T 6
Ugab ~ NAM 152-153 D 9
Ugahan ○ RUS 54-55 G 6
Ugak Island ⌒ USA 166-167 U 4
Ugāle ○ LV 30-31 H 3
Ugalla ○ EAT 148-149 C 6
Ugalla ~ EAT 148-149 C 6
Ugalla River Game Reserve ⊥ EAT 148-149 C 6
Ugamak Island ⌒ USA 166-167 O 5
Uganda = Ouganda ■ EAU 148-149 C 2
Uganik Island ⌒ USA 166-167 U 4
Ugarit ∴• SYR 64-65 F 5
Ugashik Bay ≈ 166-167 R 4
Ugashik Lake ○ USA 166-167 S 4
Ugatkyn ~ RUS 48-49 Q 3
Ugba ○ WAN 140-141 H 5
Ugbala ○ WAN 140-141 H 5
Ugbenu ○ WAN 140-141 F 5
Ugep ○ WAN 140-141 H 6
Ughelli ○ WAN 140-141 F 6
Ugie ○ ZA 156-157 J 5
Ugine ○ F (73) 238-239 J 5
Ugjokfok Bay ≈ 180-181 T 7
Ugjut ○ KS 82-83 B 5
Uglegorsk ○ RUS 58-59 K 4
Ugleural'skij ○ RUS 32-33 K 4
Uglič ☆• RUS 30-31 Q 3
Uglovoe ○ RUS 58-59 C 3
Uglovoe, ozero ○ RUS 44-45 Z 1
Ugo ○ WAN 140-141 G 5
Ugojan ○ RUS 54-55 M 6
Ugol'naja ~ RUS 44-45 c 4
Ugol'naja, buhta ○ RUS 48-49 U 5
Ugol'noe ○ RUS 46-47 b 7
Ugol'nye Kopi ○ RUS 48-49 T 4
Ugol'nyj ○ RUS 54-55 M 7
Ugol'nyj, mys ▲ RUS 56-57 U 3
Ugra ○ RUS 30-31 O 4
Ugssugtussoq ≈ 172-173 V 4
Uḥaidir ∴• IRQ 64-65 K 6
Uhart-Mixe ○ F (64) 240-241 B 4
Uhen ○ WAN 140-141 F 5
Uherské Hradiště ○ CZ 28-29 O 4
Uhi ○ WAN 140-141 G 5
Uhiere ○ WAN 140-141 F 5
Uhlava ~ CZ 28-29 M 4
Uhlenhorst ○ NAM 156-157 C 1
Uhma ~ RUS 24-25 W 4
Uholovo ☆ RUS 30-31 R 5
Uhrichsville ○ USA 190-191 H 5
Uhta ○ RUS (KOM) 24-25 W 5
Uhta ~ RUS 24-25 W 5
Uhuru Peak ▲ EAT 148-149 F 5
Uib ○ NAM 152-153 D 9
Uige ◘ ANG 152-153 C 3
Uige ☆ ANG (UIG) 152-153 C 3
Uiha ⌒ TON 120 IV a 1
Uijŏngbu ○ ROK 86-87 F 9
Uiju ○ DVR 86-87 E 7
Uinskoe ☆ RUS 32-33 K 5
Uintah & Ouray Indian Reservation ⅄ USA 184-185 J 5
Uinta Mountains ▲ USA 184-185 J 5
Uinta River ~ USA 186-187 C 5
Uiraponi ○ BR 214-215 H 4
Uiraúna ○ BR 212-213 J 5
Uis Myn ○ NAM 152-153 C 10
Ŭisŏng ○ ROK 86-87 G 9
Uitenhage ○ ZA 156-157 G 6
Uivak, Cape ▲ CDN 180-181 S 5
Uivaq ⌒ GRØ 172-173 U 5
Uizên ○ MAU 84-85 H 5
Uj ~ RUS 32-33 L 6
Uj ~ RUS 50-51 N 6
Uj ~ RUS 50-51 G 7
Ujali ○ WAN 140-141 G 5
Ujaly ○ KA (KZL) 62-63 O 5
Ujaly ○ KA (MNG) 62-63 L 5
Ujaly ○ TJ 72-73 L 5
Ujan ~ RUS 56-57 E 5
Ujana ~ RUS 56-57 F 2
Ujandina ~ RUS 46-47 Z 5
Ujar ☆ RUS 52-53 G 8
Ujdah ☆ MA 124-125 L 3
Ujelang ⌒ MAI 9 H 2
Uji ○ J 88-89 F 7
Uji-guntō ⌒ J 88-89 C 9
Ujiji ○• EAT 148-149 B 6
Ujil ~ KA 32-33 H 9
Ujil ~ KA 62-63 L 3
Ujir, Pulau ⌒ RI 102-103 H 4
Ujjain ○ IND 74-75 E 8
Ujmen' ~ RUS 60-61 P 3
Ujohbilang ○ RI 100-101 D 3
Ujskoe ○ RUS 32-33 M 6
Ujuk ○ KA 72-73 M 3
Ujuk ~ RUS 52-53 F 10
Ujukskij, hrebet ▲ RUS 52-53 F 10
Ujungbatu ○ RI 98-99 D 4
Ujungberung ○ RI 104 B 3
Ujung Kulon Game Park ⊥ RI 104 A 3
Ujung Kulon National Park ⊥••• RI 104 A 3
Ujunglamuru ○ RI 100-101 F 6
Ujung Pandang ☆ RI 100-101 F 6
Ujvinvyvajam ~ RUS 56-57 V 3
Ujyk ○ KA 72-73 M 3
Uka ~ RUS 56-57 T 5
Ukara Island ⌒ EAT 148-149 D 4
'Ukāš, Tulūl al- ▲ IRQ 64-65 K 7
Ukata ○ WAN 140-141 F 3
Ukatnyj, ostrov ⌒ RUS 62-63 H 5
Ukdungle ○ IND 74-75 G 3
Ukehe ○ WAN 140-141 G 5
Ukèlajat ~ RUS 48-49 R 6
Ukèlajat, hrebet ▲ RUS 48-49 Q 6
Ukerewe Island ⌒ EAT 148-149 D 5
Ukhrul ○ IND 78-79 J 3
Ukiah ○ USA (CA) 184-185 C 6
Ukiah ○ USA (OR) 184-185 E 3
Uki Ni Masi Island ⌒ SOL 120 I e 4
Ukinskaja guba ○ RUS 56-57 U 5
Ukkusissat ○ GRØ 170-171 Z 8
Uklāna ○ IND 74-75 E 5
Ukmergė ☆•• LT 30-31 J 4
Ukolnoi Island ⌒ USA 166-167 Q 5
Ukraine = Ukrajina ■ UA 38-39 E 3
Ukrajina = Ukraine ■ UA 38-39 E 3
Ukšum ~ RUS 54-55 G 8
Uktym ~ RUS 24-25 U 5
Ukukit ~ RUS 46-47 L 5
Uku-shima ⌒ J 88-89 C 8
Ukwatutu ○ ZRE 142-143 H 6
Ul ~ RUS 58-59 H 2
Ula ☆ TR 64-65 C 4
'Ulā, al- ○• KSA 66-67 E 4
Ulaanbaatar ★ MAU 84-85 H 4
Ulaan-Èrèg ○ MAU 84-85 J 4
Ulaangom ☆ MAU 52-53 F 11
Ulaanhudag ○ MAU 84-85 G 4
Ulaan nuur ○ MAU 84-85 F 5
Ulaanšivèèt ○ MAU 84-85 F 4
Ulaan Tajga ⩦ MAU 84-85 D 2
Ulagan, Ust'- ☆ RUS 60-61 Q 3
Ulah-An ○ RUS 54-55 O 5
Ulahan-Bom, hrebet ▲ RUS 56-57 G 2
Ulahan-Botuobuja ~ RUS 54-55 E 5
Ulahan-Jurjah ~ RUS 46-47 O 3
Ulahan-Kjuëgjuljur ~ RUS 46-47 V 4
Ulahan-Kjuël' ○ RUS (SAH) 46-47 V 6
Ulahan-Kjuël' • RUS (SAH) 46-47 a 7
Ulahan-Murbajy ~ RUS 54-55 F 5
Ulahan-Siligile ~ RUS 56-57 D 4
Ulahan-Sis, hrebet ▲ RUS 46-47 b 5
Ulahan Taryn • RUS 46-47 Z 7
Ulahan-Taryn-Jurjah ~ RUS 46-47 Y 7
Ulahan-Tirentjah ~ RUS 46-47 P 5
Ulahan-Vava ~ RUS 52-53 N 3
Ulah-Tas, gora ▲ RUS 46-47 d 4
'Ulaim az-Zama ▲ KSA 66-67 G 3
Ulak Island ⌒ USA 166-167 G 7
Ulamona ○ PNG 119 F 3
Ulan ○ VRC 80-81 M 2
Ulanbel ○ KA 60-61 G 6
Ulan-Burgasy, hrebet ▲ RUS 52-53 O 9
Ulang, Daryā-ye ~ AFG 70-71 K 2
Ulanhot ○ VRC 86-87 D 4
Ulanlinggi ○ VRC 82-83 H 4
Ulansuhai Nur ○ VRC 90-91 F 1
Ulan Tohoi ○ VRC 84-85 E 7
Ulan-Udè ☆• RUS 52-53 N 10
Ulan Ul Hu ○ VRC 80-81 H 3
Ulapara ○ BD 78-79 F 3
Ulapes, Sierra de ▲ RA 220-221 D 6
Ularbemban ○ RI 98-99 E 4
Ulaş ☆ TR 64-65 G 3
Ulawa Island ⌒ SOL 120 I e 3
Ulawun, Mount ▲ PNG 119 F 3
Ulaya ○ EAT 150-151 J 4
Ulbanep, Mount ▲ PNG 119 B 2
Ul'banskij zaliv ≈ 58-59 G 2
Ulbeja ~ RUS 56-57 L 4
Ul'beja ~ RUS 56-57 K 3
Ulcinj ○ YU 36-37 G 4
Ulco ○ ZA 156-157 G 4
Ul'durga ~ RUS 54-55 G 9
Uleåborg ☆ FIN 24-25 H 4
Ulefoss ☆ N 22-23 D 7
Ulemarivier ~ SME 206-207 G 4
Ulete ○ EAT 150-151 H 5
Uliaga Island ⌒ USA 166-167 M 6
Uliastaj ☆ MAU 84-85 C 4
Uliga ★ MAI 9 J 2
Ulindi ~ ZRE 146-147 L 4
Ulindi ~ ZRE 148-149 B 5
Ul'inskij, hrebet ▲ RUS 56-57 H 5
Ulis, Les ○ F (91) 232-233 G 2
Ul'ja ○ RUS 56-57 J 4
Ul'ja ~ RUS 56-57 H 4
Uljagan ~ RUS 48-49 L 4
Uljanivka ☆ UA 38-39 G 3
Ul'janovka ○ RUS 30-31 M 2
Ul'janovo ○ RUS 30-31 H 4
Ul'janovo ○ US 72-73 L 4
Ul'janovsk = Simbirsk ☆ RUS 32-33 F 6
Ul'janovskij ○ KA 60-61 H 3
Uljatuj ○ RUS 54-55 H 10
Uljin ○ ROK 86-87 G 9
Uljuveem ~ RUS 48-49 X 3
Uljuveemskaja vpadina ⩦ RUS 48-49 X 3
Ulkajyk ~ KA 62-63 P 2
Ulkajyk ~ KA 62-63 P 3
Ul'kan ~ RUS 52-53 N 8
Ulkan ~ RUS 56-57 H 5
Ülken Acbolat, köli ○ KA 60-61 K 2
Ülken-Aktau, tau ▲ KA 72-73 L 3
Ülken Borsyk, kúm ⩦ KA 62-63 N 4
Ülken Cobda ~ KA 62-63 L 2
Ülken-Karoj, köli ○ KA 60-61 G 2
Ülken Özen ~ KA 32-33 F 9
Ülken Šagan ○ KA 32-33 G 8
Ülken sor ⩦ KA 62-63 L 5
Ulla, Río ~ E 34-35 C 3
Ulladulla ○ AUS 116-117 L 3
Ullahan-Kjuel', ozero ○ RUS 46-47 P 6
Ullāl ○ IND 76-77 F 4
Ullånger ○ S 22-23 J 5
Ullapool ○• GB 26-27 E 3
Ulla Ulla ○ BOL 214-215 C 4
Ulla Ulla, Reserva Faunistica ⊥ BOL 214-215 C 4
Ullawarra ○ AUS 112-113 D 1
Ulloma ○ BOL 214-215 C 5
Ullsfjorden ≈ 22-23 J 2
Ullŭng ○ ROK 86-87 H 9
Ullŭng Do ⌒ ROK 86-87 H 9
Ully-Saint-Georges ○ F (60) 228-229 J 5
Ulm ○• D 28-29 K 4
Ulm ○ USA (AR) 188-189 M 2
Ulm ○ USA (MT) 184-185 J 2
Ulm ○ USA (WY) 186-187 D 3
Ulma ~ RUS 58-59 D 3
Ul'ma ~ RUS 58-59 D 3
Ulongwé ○ MOC 154-155 H 2
Uloowaranie, Lake ○ AUS 114-115 E 4
Ulricehamn ☆ S 22-23 F 8
Ulsan ○ ROK 86-87 G 10
Ultima ○ AUS 116-117 G 3
Ulu ○ MYA 94-95 E 5
Ulu ○ RI 100-101 J 2
Ulu ○ RUS (SAH) 54-55 N 5
Ulu ~ RUS 54-55 N 5
Ulu ○ SUD 144-145 A 3
Ulúa, Río ~ HN 196-197 K 4
Uluaa ○ GRØ (VGR) 170-171 X 7
Uluaa ⌒ GRØ (VGR) 170-171 X 7
Ulubat Gölü ○ TR 64-65 C 2
Uluçınar ○ TR 64-65 F 4
Uludağ ▲ TR 64-65 C 2
Uludere ☆ TR 64-65 K 4
Uludoruk Tepe ▲ TR 64-65 K 4
Uluqqat ○ VRC 82-83 B 6
Uluguru Mountains ▲ EAT 150-151 J 4
Ului Island ⌒ AUS 119 B 6
Uluinggalau ▲ FJI 120 III b 2
Ulujami ○ RI 104 C 3
Ulujul ~ RUS 50-51 T 6
Uluksan Peninsula ⌣ CDN 168-169 d 4
Ulungur He ~ VRC 82-83 H 2
Ulungur Hu ○ VRC (XUZ) 82-83 H 2
Ulungur Hu • VRC (XUZ) 82-83 H 2
Ulupalakua ○ USA 192-193 D 7
Uluputur ○ PNG 119 G 2
Uluru National Park ⊥••• AUS 112-113 L 2
Ulut ▶ RP 96-97 F 7
Ulu Tiram ○ MAL 98-99 E 4
Ulva ○ AUS 114-115 H 1
Ulveah = Lopevi ⌒ VAN 120 II b 3
Ulverstone ○ AUS 116-117 H 6
'Ulyā, Wādī l- ○ OM 68-69 K 2
Ulysses ○ USA 188-189 G 1
Ūly-Taldyk ~ KA 62-63 N 3
Ūlytau, tau ▲ KA 60-61 E 5
Ūly-Žylančak ~ KA 60-61 D 4
Ulz gol ~ MAU 84-85 L 3
Uma ~ ZRE 146-147 L 3
Umadam ○ SUD 136-137 H 4
Umair ○ KSA 68-69 C 5
Umaish ○ WAN 140-141 G 4
Umaki ○ CO 204-205 F 2
Umak Island ⌒ USA 166-167 J 7
Umala ○ BOL 214-215 C 5
Umal'ta, Ust'- ○ RUS 58-59 E 3
Umán ○ MEX 196-197 K 1
Uman' ☆ UA 38-39 G 3
Umanak = Uummannaq ○ GRØ 172-173 O 1
Umanak Fjord ≈ 170-171 Y 8
Umanaq ○ GRØ 172-173 P 4
Umangcinang, Tanjung ▲ RI 100-101 E 5
Umarga ○ IND 76-77 G 2
Umari, Rio ~ BR 210-211 E 7
Umaria ○ IND 78-79 B 4
Umarkhed ○ IND 74-75 F 10
Umarkot ○ PK 74-75 B 7
Umaroona Lake ○ AUS 114-115 D 4
Umatilla Indian Reservation ⅄ USA 184-185 E 3
Umatilla River ~ USA 184-185 E 3
Umba ~ EAT 148-149 G 6
Umba ○ RUS 24-25 N 3
Umbakumba ⅄ AUS 110-111 D 3
Umbarger ○ USA 188-189 F 2
Umbe ○ PE 208-209 D 6
Umbeb Bay ≈ 120 II a 3
Umbelasha ~ SUD 142-143 F 4
Umboi Island ⌒ PNG 119 D 3
Umbozero ○ RUS 24-25 N 3
Umbraj ○ IND 76-77 F 2
Umbria ◘ I 36-37 C 3
Umbukul ○ PNG 119 E 2
Umbulan Gayohpecoh ○ RI 98-99 F 6
Umbuluzi ~ MOC 156-157 L 3
Umbumbulu ○ ZA 156-157 K 5
Umburanas ○ BR 212-213 H 7
Umbuzeiro ○ BR 212-213 L 5
Ume ~ ZW 154-155 E 3
Umeå ☆• S 22-23 K 5
Umeälven ~ S 22-23 J 4
Umfolozi Game Reserve ⊥ ZA 156-157 K 4
Umiat ○ USA 164-165 O 2
Umiivik Bugt ≈ 172-173 U 4
Umirim ○ BR 212-213 J 3
Umitker ○ KA 60-61 J 3
Umkomaas ○ ZA (NTL) 156-157 K 5
Umkomaas ~ ZA 156-157 K 5
Umlekan ○ RUS 54-55 N 9
Umm al 'Abīd ○ LAR 128-129 F 4
Umm al Aranib ○ LAR 128-129 F 4
Umm al-Ğimāl ∴• JOR 66-67 E 1
Umm al-Ḥait, Wādī = Ibn Ḥautar, Wādī ~ OM 68-69 J 4
Umm al 'Izām, Sabkhat ○ LAR 128-129 F 2
Ummannarsuaq = Kap Farvel ▲ GRØ 172-173 T 7
Umm ar Rizam ○ LAR 128-129 K 1
Umm Ašar Aš-Šarqīyā ○ KSA 66-67 J 4
Umm Ba'ānib, Ğabal ▲ ET 130-131 F 4
Umm Badr ○ SUD 136-137 C 5
Umm Barbit ○ SUD 142-143 L 3
Umm Bel ○ SUD 136-137 D 6
Umm Buru ○ SUD 134-135 L 5
Umm Būshah ○ SUD 136-137 E 6
Umm Dafag ○ SUD 142-143 F 3
Umm Dam ○ SUD 136-137 E 6
Umm Defeis ○ SUD 136-137 D 6
Umm Digulgulaya ○ SUD 142-143 G 3
Umm Dubban ○ SUD 136-137 D 5
Umm Durmān ○• SUD 136-137 F 5
Umm Durmān = Omdurman ○• SUD 136-137 F 5
Umm Gamāla ○ SUD 142-143 J 3
Umm Gederri ○ SUD 142-143 F 3
Umm Harāz ○ SUD 142-143 F 3
Umm Hawsh ○ SUD 136-137 C 6
Umm Hibāl, Bi'r < ET 130-131 F 6
Umm Hitan ○ SUD 142-143 K 3
Ummi, Godār-e ▲ IR 70-71 H 1
Umm 'Illah, Sarir ⩦ LAR 128-129 F 4
Umm Inderaba ○ SUD 136-137 E 5
Umm Kaddādah ○ SUD 136-137 C 6
Umm Marahik ○ SUD 136-137 B 6
Umm Mirdi ○ SUD 136-137 F 3
Umm Naqqāt, Ğabal ▲ ET 130-131 G 5
Umm Qaṣr ○ IRQ 66-67 K 2
Umm Qozein ○ SUD 136-137 C 5
Umm Qurein < SUD 136-137 D 4
Umm Rumetla < SUD 136-137 E 4
Umm Ruwābah ○ SUD 136-137 E 6
Umm Sa'ad ○ LAR 128-129 L 2
Umm Sagura ○ SUD 142-143 J 4
Umm Sa'īd = Musai'īd ○ Q 70-71 D 6
Umm Sayyālah ○ SUD 136-137 E 5
Umm Segelti ○ SUD 136-137 E 6
Umnak ○ USA 166-167 M 6
Umnak Island ⌒ USA 166-167 M 6
Umnak Pass ≈ 166-167 N 6
Umniati ○ ZW 154-155 E 4
Umpqua River ~ USA 184-185 C 4
Um Phang ○ THA 94-95 E 3
Umpuhua ○ MOC 154-155 K 2
Umran ○ KSA 66-67 L 5
Umrer ○ IND 74-75 G 9
Umsini, Gunung ▲ RI 102-103 G 2
Umtata ☆ ZA 156-157 J 5
Umtentu ○ ZA 156-157 K 5
Umuahia ○ WAN 140-141 G 6
Umuarama ○ BR 216-217 D 7
Umuda Island ⌒ PNG 119 B 5
Umu-Duru ○ WAN 140-141 G 6
Umunede ○ WAN 140-141 G 5
Umutina, Área Indígena ⅄ BR 214-215 J 4
Umutu ○ WAN 140-141 G 6
Umvukwe Range ▲ ZW 154-155 F 3
Umvuradzi Safari Area ⊥ ZW 154-155 F 3
Umzimkulu ○ ZA 156-157 J 5
Umzimkulu ~ ZA 156-157 K 5
Umzimvubu ~ ZA 156-157 J 5
Umzingwani ~ ZW 154-155 E 5
Umzinto ○ ZA 156-157 K 5
Una ○ BR 216-217 L 3
Una ○ IND 74-75 F 4
Una ○ RUS 24-25 P 4
Una, Reserva Biológica de ⊥ BR 216-217 L 3
Una, Rio ~ BR 212-213 K 6
Unadilla ○ USA 192-193 G 3
Unaha ~ RUS 54-55 N 8
Unaí ○ BR 216-217 G 4
Unaiza ○ JOR 66-67 D 2
'Unaiza ○ KSA 66-67 J 4
Unalakleet ○ USA 164-165 K 5
Unalakleet River ~ USA 164-165 K 5
Unalaska ○ USA 166-167 N 6
Unalaska Bay ≈ 166-167 N 6
Unalaska Island ⌒ USA 166-167 N 6
Unalga Island ⌒ USA 166-167 N 6
Unango ○ MOC 150-151 H 7
Unare, Río ~ YV 204-205 J 3
Unari, Corredeira ~ BR 210-211 C 2
Unauna ○ RI 100-101 G 4
Unauna, Pulau ⌒ RI 100-101 G 4
Unawari ○ RI 102-103 H 3
Unbunmaroo, Mount ▲ AUS 114-115 F 2
Unčen' = Ungheni ☆ MD 38-39 E 4
Unčeny = Ungheni ☆ MD 38-39 E 4
Uncompahgre Peak ▲ USA 186-187 D 6
Uncompahgre Plateau ▲ USA 186-187 C 6
Unda ~ RUS 54-55 H 10
Undandita ⅄ AUS 112-113 M 1
Underberg ○ ZA 156-157 J 4
Underbool ○ AUS 116-117 F 3
Underground River • RP 96-97 C 7
Underwood ○ USA 186-187 G 2
Undjuljung ~ RUS 46-47 P 6
Undozero, ozero ○ RUS 24-25 P 5
Undu, Tanjung ▲ RI 104 E 8
Unduma, Rio ~ BOL 214-215 D 3
Undur ○ RI 102-103 F 3
Undurein ○ F (64) 240-241 C 4
Unea Island ⌒ PNG 119 E 3
Uneča ○ RUS 30-31 N 5
Uneí, Igarapé ~ BR 210-211 D 3
Uneiuxi, Área Indígena ⅄ BR 210-211 D 3
Uneiuxi, Rio ~ BR 210-211 D 3
Uneiuxi, Serra de ▲ BR 210-211 D 3
Unga Island ⌒ USA 166-167 Q 5
Ungalik ○ USA 164-165 K 4
Ungalik River ~ USA 164-165 K 4
Ungarie ○ AUS 116-117 J 2
Ungarra ○ AUS 116-117 D 3
Unga Strait ≈ 166-167 Q 5
Ungava, Péninsule d' ⌣ CDN 180-181 L 4
Ungava Bay ≈ 180-181 P 5
Ungerem ○ PNG 119 A 4
Ungheni ☆ MD 38-39 E 4
Ungjuèle ~ RUS 54-55 O 6
Ungo ~ RUS 54-55 D 10
Ungra ~ RUS 54-55 L 7
Unguz ⩦ TM 72-73 F 5
Ungwana Bay ≈ 148-149 H 5
Unhe ○ ANG 152-153 F 8
Uni ☆ RUS 32-33 G 5
Unia, Lac ○ ZRE 146-147 K 5
Uniab ~ NAM 152-153 B 9
União ○ BR (AMA) 210-211 B 6
União ○ BR (AMA) 210-211 C 4
União ○ BR (GSU) 214-215 K 5
União ○ BR (MAR) 212-213 F 2
União ○ BR (PIA) 212-213 G 4
União da Vitória ○ BR 218-219 E 6
União dos Palmares ○ BR 212-213 K 6
Uniāra ○ IND 74-75 F 7
Unieux ○ F (42) 242-243 E 1
Unimak ○ USA 166-167 O 5
Unimak Bigh ≈ 166-167 O 5
Unimak Island ⌒ USA 166-167 O 5
Unimak Pass ≈ 166-167 O 5
Unini, Rio ~ BR 210-211 F 3
Unión ○ RA 222-223 G 3
Union ○ USA (MS) 192-193 D 3
Union ○ USA (NE) 186-187 K 5
Union ○ USA (SC) 192-193 H 2
Union ○ USA (WV) 190-191 H 7
Unión, Bahía ≈ 222-223 H 5
Union, La ○ CO (NAR) 208-209 D 1
Union, La ○ CO (VCA) 204-205 C 5
Unión, La ○ E 34-35 G 6
Unión, La ○ EC 208-209 B 2
Unión, La ☆ ES 196-197 L 5
Unión, La ○ HN 196-197 L 4
Unión, La ○ MEX 196-197 D 3
Unión, La ○ MEX 196-197 K 3
Unión, La ○ PE 208-209 D 6
Unión, La ○ RCH 222-223 C 6
Union, Mount ○ USA (PA) 190-191 K 5
Union, Mount ▲ USA (AZ) 184-185 H 8
Unión, Rio La ~ MEX 196-197 D 2
Union Center ○ USA 186-187 F 3
Union City ○ USA (PA) 190-191 J 5
Union City ○ USA (TN) 192-193 D 1
Union Creek ○ USA 184-185 C 4
Uniondale ○ ZA 156-157 F 6
Unión de Tula ○ MEX 196-197 B 2
Unión Hidalgo ○ MEX 196-197 G 3
Union Island ⌒ WV 200 E 5
Unión Juárez ○ MEX 196-197 H 4
Union National Monument, Fort ∴ USA 188-189 E 2
Union Point ○ USA 192-193 G 3
Union Springs ○ USA 192-193 F 3
Uniontown ○ USA 190-191 J 6
Unionville ○ USA 186-187 L 5
Unipouheos Indian Reserve ⅄ CDN 176-177 P 5
Unita ○ PE 208-209 D 3
United Kingdom = Royaume-Uni ■ GB 26-27 H 4
United States Air Force Academy xx USA 186-187 E 6
United States Atomic Energy Reserve xx USA 186-187 C 6
United States Military Academy xx USA 190-191 L 5
United States Naval Weapons Center xx USA 184-185 F 7
United States of America = États-Unis ■ USA 190-191 K 6
United States Range ▲ CDN 170-171 J 3
Unity ○ CDN 176-177 Q 5
Universal City ○ USA 188-189 H 5
Universitetskij, lednik ⊂ RUS 44-45 c 2
University Park ○ USA 188-189 D 3
Unmet ○ VAN 120 II a 3
Unnāo ○ IND 78-79 B 2
Unnejvajam ~ RUS 48-49 O 6
Uno ○ GNB 138-139 B 4
Uno, Ilha de ⌒ GNB 138-139 B 4
Unpongkor ○ VAN 120 II b 4
Unsan ○ DVR 86-87 E 7
Unskaja guba ≈ 24-25 P 4
Untor, ozero ○ RUS 50-51 H 3
Unturán, Sierra de ▲ YV 210-211 E 2
Unuk River ~ CDN 176-177 E 3
Unverre ○ F (28) 232-233 E 3
Ünye ☆ TR 64-65 G 2
Unyee, Île ⌒ F (988) 247 I d 2
Unža ~ RUS 30-31 S 3
Unža ~ RUS 32-33 D 4
Unzen Amakusa National Park ⊥ J 88-89 D 8
Uojan, Novyj ○ RUS 54-55 E 7
Uol'can ~ RUS 46-47 Y 7
Uông Bí ☆ VN 92-93 E 6
Uoro ○ Mbini, Rio ~ GQ 146-147 C 3
Uozo ○ J 88-89 G 6
Upala ○ CR 196-197 B 6
Upata ○ YV 204-205 K 3
Upemba, Lac ○ ZRE 150-151 D 5
Upemba, Parc National de l' ⊥ ZRE 150-151 D 5
Upernagssivik ⌒ GRØ 172-173 U 4
Upernavik ○ GRØ (VGR) 170-171 W 7
Upernavik ⌒ GRØ (VGR) 170-171 Y 8
Upernavik Kujalleq = Søndre Upernavik ○ GRØ 170-171 X 7
Uphan ○ USA 186-187 G 1
Upi ○ RP 96-97 F 9
Upington ○ ZA 156-157 E 4
Upolokša ○ RUS 24-25 L 3
'Upolu Island ⌒ WS 120 V b 1
Upolu Point ▲ USA 192-193 E 7
Uporovo ☆ RUS 50-51 J 6
Upper Arrow Lake ○ CDN 176-177 M 6
Upper Canada Village ∴• CDN 182-183 G 6
Upper East Region ◘ GH 138-139 K 4
Upper Forster Lake ○ CDN 178-179 D 2
Upper Guinea = Haute Guinea ⩦ 5 B 5
Upper Humber River ~ CDN 182-183 Q 4
Upper Indian Pond ○ CDN 182-183 Q 4
Upper Karoo = Hoë Karoo ⩦ ZA 156-157 D 5
Upper Klamath Lake ○ USA 184-185 D 4
Upper Lake ○ USA (CA) 184-185 C 6
Upper Lake ○ USA (CA) 184-185 D 5
Upper May ~ PNG 119 A 3
Upper Musquodoboit ○ CDN 182-183 N 6
Upper Peninsula ⌣ USA 190-191 E 2
Upper Red Lake ○ USA 186-187 K 1
Upper Sandusky ○ USA 190-191 G 5
Upper Sioux Indian Reservation ⅄ USA 186-187 K 3
Upper Twin Lake ○ CDN 178-179 N 5
Upper West Region ◘ GH 138-139 J 4
Uppland ⩦ S 22-23 H 7
Uppsala ○• S 22-23 H 7
Upright, Cape ▲ USA 48-49 Y 6
Upsala ○ CDN 178-179 L 6
Upshi ○ IND 74-75 F 3
Upstart, Cape ▲ AUS 110-111 J 6
Upstart Bay ≈ 110-111 J 6
Upton ○ USA 186-187 E 3
Upuí, Corredeira ~ BR 210-211 H 6
'Uqair, al- ○ KSA 70-71 D 6
'Uqlat aṣ-Ṣuqūr ○ KSA 66-67 H 5
'Uqlat Ibn Ğabrain ○ KSA 66-67 G 4
Ur ∴• IRQ 66-67 K 2
Ura ~ RUS 54-55 H 5
Urabá, Golfo de ≈ 204-205 C 3
Uracoa ○ YV 204-205 K 3
Urad Houqi ○ VRC 84-85 H 7
Urad Qianqi ○ VRC 90-91 F 1
Urad Zhongqi ○ VRC 84-85 J 7
Uraguba ○ RUS 24-25 M 2
Urahoro ○ J 88-89 K 3
Uraim, Rio ~ BR 212-213 E 3
Uraj ○ RUS 50-51 H 4
Urak ~ RUS 56-57 J 4
Urakawa ○ J 88-89 K 3
Urakskoe plato ▲ RUS 56-57 J 4
Ural ~ RUS 32-33 L 7
Uralla ○ AUS 114-115 L 6
Ural'skij, Kamensk- ☆ RUS 32-33 M 5
Ural'skij hrebet = Oural ▲ RUS 6-7 E 3
Ural-Tau hrebet ▲ RUS 32-33 K 7
Ural üstirti ▲ KA 60-61 B 2
Urama ○ YV 204-205 G 2
Uran ○ IND 74-75 D 10
Urana ○ AUS 116-117 J 3
Urana, Lake ○ AUS 116-117 J 3
Urandangi ○ AUS 114-115 E 1
Urandi ○ BR 216-217 J 3
Uranie, Pulau ⌒ RI 102-103 F 1
Uranium City ○ CDN 174-175 P 6
'Uraq ○ SUD 136-137 F 5
Urariá, Paraná ~ BR 210-211 H 4
Urariquera, Rio ~ BR 206-207 D 4
Ura-Tjube ○• TJ 72-73 L 5
Uravakonda ○ IND 76-77 G 3
Urawa ☆ J 88-89 H 7
'Urayyiḍa, Bi'r < ET 130-131 E 3
Urbana ○ USA (IL) 190-191 D 5
Urbana ○ USA (OH) 190-191 G 5
Urbana, La ○ YV 204-205 H 4
Urbandale ○ USA 186-187 L 5
Urbano Noris ○ C 198-199 G 4
Urbano Santos ○ BR 212-213 G 3
Urbi ○ SUD 136-137 E 3
Urbinasopon ○ RI 102-103 F 2
Urbino ○ I 36-37 D 3
Urbino, Etang d' ○ F (2B) 244 D 4
Urbise ○ F (42) 238-239 D 4
Urçay ○ F (03) 236-237 L 2
Urcel ○ F (02) 228-229 M 5
Urcos ○ PE 214-215 B 3
Urcubamba, Río ~ PE 208-209 C 4
Urdaneta ○ RP 96-97 D 5
Urd gol ○ MAU 82-83 L 2
Urdinarrain ○ RA 222-223 K 2
Urdjužskoe, ozero ○ RUS 24-25 V 3
Urdos ○ F (64) 240-241 C 5
Urd Tamir gol ~ MAU 84-85 E 4
Urdunn = Jordanie ■ JOR 66-67 D 2
Ure ○ WAN 140-141 G 4
Ureca ○ GQ 146-147 B 2
Ureliki ○ RUS 48-49 Y 4
Urema ~ RI 102-103 H 3
Uren' ○ RUS 32-33 D 5
Urenga hrebet ▲ RUS 32-33 L 6
Urengoj ○ RUS 50-51 P 2
Ureparapara ⌒ VAN 120 II a 1
Urepel ○ F (64) 240-241 B 4
Urer'jaha ~ RUS 24-25 Y 3
Ures ○ MEX 194-195 D 3
Urewera National Park ⊥ NZ 118 F 3
Urfa = Şanlı Urfa ☆• TR 64-65 H 4
Urfa Yaylâsı ▲ TR 64-65 H 4
Urgal ○ RUS 58-59 E 3
Urgal ~ RUS 58-59 E 3
Urgamal = Hungij ○ MAU 82-83 M 1
Urganč ☆ US 72-73 G 4
Urgenč = Urganč ☆ US 72-73 G 4
Ürgüp ☆•• TR 64-65 F 3
Urgut ☆ US 72-73 K 5
Urho ○ VRC 82-83 G 2
Urho Kekkosen kansallispuisto ⊥ FIN 24-25 J 2
Uri ○ IND 74-75 E 2
Uri ○ TCH 134-135 J 2
Uriage-les-Bains ○ F (38) 242-243 H 1
Uriangato ○ MEX 196-197 D 1
Uribante, Río ~ YV 204-205 F 4
Uribe ○ CO 204-205 C 6
Uribe, La ○ CO (MET) 204-205 D 6
Uribe, La ○ CO (VCA) 204-205 C 5
Uribia ○ CO 204-205 E 2
Uribicha ○ BOL 214-215 F 4
Uribici ○ BR 218-219 F 7
Urica ○ YV 204-205 J 3
Urich ○ USA 186-187 K 6
Uričkij ☆ KA 60-61 D 2
Urickoe ○ RUS 54-55 L 5
Uriči ○ RUS 56-57 K 9
Uril ~ RUS 58-59 D 4
Uriman ○ YV 204-205 K 5
Urimará ○ BR 212-213 J 6
Uriménil ○ F (88) 234-235 J 5
Urin ○ PNG 119 E 3
Urique, Rio ~ MEX 194-195 F 4
Urjah, Kurun- ○ RUS 56-57 G 4
Urjum, ozero ○ RUS 60-61 L 1
Urjumkan ~ RUS 54-55 J 10
Urjumkanskij, hrebet ▲ RUS 54-55 J 10
Urjup ~ RUS 50-51 U 7
Urjupino ○ RUS 54-55 J 9
Urjupinsk ○ RUS 38-39 N 2
Urka ~ RUS 54-55 L 9
Urkan ~ RUS 54-55 M 9
Urkan ~ RUS 54-55 O 8

Urla ☆ TR 64-65 B 3
Urla-Burtja ~ RUS 32-33 K 8
Urluk ○ RUS 52-53 N 10
Urmatau hrebet ▲ RUS 32-33 K 7
Urmetan ○ TJ 72-73 L 5
Urmi ~ RUS 58-59 E 4
Urna ~ RUS 50-51 M 5
Urnes ○ N 22-23 C 6
Urnes, Stavkirke ••• N 22-23 C 6
Uročišče "Kontugaj" • RUS 32-33 K 8
Uroh ~ RI 100-101 F 5
Uromi ○ WAN 140-141 G 5
Uroševac ○• YU 36-37 H 3
Urov ~ RUS 54-55 J 10
Urquhart Lake ○ CDN 164-165 Z 2
'Urr, al- ○ Y 68-69 C 6
Urre Lauquén, Laguna ○ RA 222-223 G 5
Urru Co ○ VRC 80-81 F 5
Urrugne ○ F (64) 240-241 A 4
Ursano ○ RI 102-103 E 3
Ursulo Galván ○ MEX 196-197 K 2
Urt ○ F (64) 240-241 B 4
Urt ○ MAU 84-85 E 6
Urtaovul ○ US 72-73 L 4
Urtayyān ○ KSA 66-67 G 3
Uru ~ ZRE 146-147 L 4
Uru, Rio ~ BR 212-213 F 3
Uru, Rio ~ BR 216-217 F 3
Uruachic ○ MEX 194-195 E 4
Uruaçu ○ BR 216-217 F 3
Uruanã ○ BR 216-217 F 3
Uruapan del Progreso ○• MEX 196-197 C 2
Uruara, Rio ~ BR 212-213 B 3
Uruaru, Cachoeira ~ BR 212-213 C 3
Urubamba ○ PE 208-209 F 8
Urubamba, Río ~ PE 208-209 F 8
Urubaxi, Rio ~ BR 210-211 E 3
Urubu, Cachoeira do ~ BR 216-217 F 2
Urubu, Ilha ⌒ BR 210-211 J 4
Urubu Grande, Rio ~ BR 212-213 D 7
Uruburetama ○ BR 212-213 J 3
Urucará ○ BR 210-211 J 4
Uruçu, Cachoeira do ~ BR 210-211 F 2
Urucu, Rio ~ BR 210-211 E 5
Urucu, Rio ~ BR 210-211 H 6
Uruçuca ○ BR 216-217 L 3
Uruçuí ○ BR 212-213 F 5
Uruçuí, Serra do ▲ BR 212-213 F 6
Urucuia ○ BR 216-217 H 4
Urucuia, Rio ~ BR 216-217 H 4
Uruçuí Preto, Rio ~ BR 212-213 F 6
Uruçuí Prêto, Rio ~ BR 212-213 F 5
Uruçuí Vermelho, Rio ~ BR 212-213 F 6
Urucum, Monte do ▲ BR 214-215 J 6
Urucuri, Ilha ⌒ BR 206-207 H 6
Urucuriana, Igarapé ~ BR 206-207 G 5
Uruena, Río ~ RA 220-221 E 4
Uru-Eu-Wau-Wau, Área Indígena ⊻ BR 214-215 F 2
Uruguai, Rio ~ BR 218-219 D 6
Uruguaiana ○ BR 220-221 J 5
Uruguay, Río ~ RA 222-223 K 2
Uruguay = Uruguay ■ ROU 222-223 L 2
Uruguinha ○ BR 206-207 J 5
Uruk = Erech ∴• IRQ 64-65 L 7
Urulʹjungui ~ RUS 54-55 J 10
Uruma ○ RI 102-103 H 4
Uruma (Omba) ~ RI 102-103 H 4
Urumaco ○ YV 204-205 F 2
Urum aṣ-Ṣuġrā ○ SYR 64-65 G 4
Ürümqi ☆ VRC 82-83 H 4
Urungwe Safari Area ⊥ ZW 154-155 E 3
Urup ~ RUS 62-63 D 5
Urup, ostrov ⌒ RUS 58-59 O 6
Urup, proliv ○ RUS 58-59 O 5
Urupá, Rio ~ BR 214-215 F 2
Urupadi, Rio ~ BR 210-211 J 4
Urupês ○ BR 216-217 F 6
Urupuca, Rio ~ BR 216-217 J 5
'Urūq al-Awāriḳ ⊥ KSA 68-69 E 4
'Urūq ar-Rumaila ⊥ KSA 68-69 E 3
'Urūq Ḥibāka ⊥ KSA 68-69 F 3
'Urūq Subai' ⊥ KSA 66-67 H 6
Ürür gol ~ MAU 84-85 E 2
Uruša ○ RUS 54-55 L 8
Uruša ~ RUS 54-55 L 9
Urus-Martan ○ RUS 62-63 F 6
Urussu ○ RUS 32-33 H 6
Urusta, Moj- ○ RUS 56-57 N 3
Urutaí, Ilha ⌒ BR 206-207 J 6
Uru Uru, Lago ○ BOL 214-215 D 6
Uruwira ○ EAT 150-151 F 4
Urville, Île d' ⌒ ARK 16 G 31
Urville, Mer d' ≈ 16 G 15
Uryū-gawa ~ J 88-89 K 2
Urziceni ○ RO 38-39 E 5
Uržum ☆ RUS 32-33 G 5
Us ~ RUS 52-53 F 9
Usa ○ J 88-89 D 8
Usa ~ RUS 24-25 Y 4
Usa ~ RUS 44-45 J 8
Usa ~ RUS 50-51 U 7
Usa, Bolʹšaja ~ RUS 44-45 L 8
Ušače ○ BY 30-31 L 4
Usagara ○ EAT 148-149 D 5
'Usaila ○ KSA 66-67 J 5
'Ušaira ○ KSA 66-67 J 5
Uşak ☆ TR 64-65 C 3
Usakos ○ NAM 152-153 C 11
Ušakova, ostrov ⌒ RUS 20-21 q 2
Ušakovskoe ○ RUS 48-49 V 1
Usalgin ~ RUS 58-59 G 2
Usalin ○ RI 102-103 H 3
Usambara Mountains ▲ EAT 148-149 G 6
Usa River ○ EAT 148-149 F 5
Usauer ○ RI 102-103 H 2
Usbekiston = Ouzbékistan ■ US 72-73 E 3
Uš-Belʹdir ○ RUS 52-53 J 10
Usborne, Mount ▲ GB 222-223 L 6
Uščal ○ US 72-73 F 3
Ušće ○ YU 36-37 H 3
Usedom ⌒ D 28-29 M 1
Useless Loop ○ AUS 112-113 B 3
Usemuare ○ RI 102-103 H 3
U.S. Energy Research and Development Administration ×× USA 184-185 E 2
Usengi ○ EAK 148-149 E 4
'Usfān ○ KSA 68-69 A 3
Ušh ~ RUS 56-57 R 5
Ushaa ○ Z 154-155 B 2
Ushagat Island ⌒ USA 166-167 U 3
Ushibuka ○ J 88-89 D 8
Ushuaia ☆ RA 224 F 7
Usilampatti ○ IND 76-77 G 6
Usim ○ RI 102-103 G 2
Usina Apiacás ○ BR 214-215 J 2
Usina São Francisco ○ BR 210-211 H 5
Usine ○ RN 134-135 C 3
Usine atomique ○ F (26) 242-243 F 3
Usino ○ PNG 119 C 3
Usinsk ☆ RUS 24-25 Y 4
Ušišir, ostrova ⌒ RUS 58-59 P 5
Usk ○ CDN 176-177 F 4
Uškanij krjaž ▲ RUS 48-49 U 4
Uški, zaliv ○ RUS 56-57 M 4
Us-Kjuëlʹ ○ RUS 54-55 P 4
Üsküdar ○ TR 64-65 C 2
Usmat ○ US 72-73 K 5
Üsmat ☆ US 72-73 K 5
U.S.Navy's Srategic Radio and Communications Base • AUS 108-109 B 6
Usoke ○ EAT 148-149 D 6
Usolʹe-Sibirskoe ☆ RUS 52-53 L 9
Usolka ~ RUS 52-53 H 7
Usolʹe ☆ RUS 50-51 D 5
Uson ○ RP 96-97 E 6
Uspallata ○ RA 222-223 E 2
Uspallata, Sierra de ▲ RA 222-223 E 2
Uspanapa, Río ~ MEX 196-197 G 3
Uspero ○ MEX 196-197 C 2
Usquil ○ PE 208-209 C 5
Usseau ○ F (79) 236-237 D 3
Ussel ○ F (15) 236-237 L 5
Ussel ○• F (19) 236-237 K 4
Usson • F (17) 236-237 D 4
Usson-du-Poitou ○ F (86) 236-237 G 3
Usson-en-Forez ○ F (42) 242-243 D 1
Ussuri ~ RUS 58-59 F 7
Ussurijsk ○ RUS 58-59 E 7
Ussy ○ F (14) 230-231 L 2
Usta Muhammad ○ PK 74-75 B 5
Ustamurot ○ US 72-73 J 3
Ust'-Barguzin ○ RUS 52-53 O 9
Ust'-Belaja ○ RUS 48-49 R 4
Ust'-Belʹskie gory ▲ RUS 48-49 R 4
Ust'-Bolʹšereck ☆ RUS 58-59 R 2
Ust'-Cilʹma ○ RUS 24-25 W 4
Ust'-Džeguta ○ RUS 62-63 D 5
Ust'-Džilinda ○ RUS 54-55 E 9
Ust'e ○ RUS 30-31 Q 2
Ust'e ○ RUS 52-53 G 7
Ust'-Ėlegest ○ RUS 52-53 G 10
Ust'-Hajrjuzovo ○ RUS 56-57 R 5
Ust'-Hakčan ○ RUS 56-57 M 2
Ustica, Ísola di ⌒ I 36-37 D 5
Ust'-Ilga ○ RUS 52-53 M 8
Ust'-Ilimsk ☆ RUS 52-53 L 7
Ústí nad Labem ○ CZ 28-29 N 3
Ustinov = Iževsk ☆ RUS 32-33 H 5
Üstirt Šakyraj ▲ KA 62-63 M 4
Ust'-Išim ○ RUS 50-51 L 5
Ust'-Jansk ○ RUS 46-47 W 4
Ustjurtdagi Komsomolʹsk ○ US 72-73 F 2
Ustjužna ○ RUS 30-31 P 2
Ustka ○• PL 28-29 O 1
Ust'-Kada ○ RUS 52-53 K 8
Ust'-Kalmanka ○ RUS 60-61 N 2
Ust'-Kamčatsk ☆ RUS 56-57 U 5
Ust'-Kamenogorsk = Öskemen ○ KA 60-61 N 4
Ust'-Kan ○ RUS 52-53 F 7
Ust'-Kan ○ RUS 60-61 O 3
Ust'-Kara ○ RUS 44-45 L 7
Ust'-Karenga ○ RUS 54-55 H 8
Ust'-Karsk ○ RUS 54-55 J 9
Ust'-Koksa ○ RUS 60-61 O 3
Ust'-Kujga ○ RUS 46-47 U 4
Ust'-Kulom ○ RUS 32-33 H 3
Ust'-Kut ☆ RUS 52-53 M 7
Ust'-Labinsk ○ RUS 38-39 L 5
Ust'-Lenskij zapovednik (učastok Delʹtevyj) ⊥ RUS 46-47 P 3
Ust'-Lenskij zapovednik (učastok Sokol) ⊥ RUS 46-47 Q 3
Ust'-Luga ○ RUS 30-31 L 2
Ust'-Lyža ○ RUS 24-25 Y 4
Ust'-Maja ○• RUS 56-57 F 3
Ust'-Milʹ ○ RUS 56-57 E 4
Ust'-Nem ○ RUS 32-33 J 3
Ust'-Nera ☆• RUS 46-47 Y 7
Ust'-Njukža ○ RUS 54-55 K 7
Üstöbe ○ KA 60-61 K 6
Ust'-Olenëk ○ RUS 46-47 M 3
Ust'-Omčug ☆ RUS 56-57 N 3
Ust'-Ordynskij ☆ RUS 52-53 M 9
Ust'-Ordynskij Burj. avt. okrug=Bouriates d'Oust-Ordyn, Arr. ■ RUS 52-53 L 9
Ust'-Pinega ○ RUS 24-25 Q 4
Ust'-Pit ○ RUS 52-53 E 6
Ust'-Reka ○ RUS 24-25 O 6
Ustrzyki Dolne ○• PL 28-29 R 4
Ust'-Sobolevka ○ RUS 58-59 H 5
Ust'-Srednekan ○ RUS 56-57 P 2
Ust'-Tym ○ RUS 50-51 Q 5
Ust'-Uda ☆ RUS 52-53 L 8
Ust'-Ulagan ☆ RUS 60-61 Q 3
Ust'-Umalʹta ○ RUS 58-59 E 3
Ust'-Vaenʹga ○ RUS 24-25 R 5
Ust'-Vaga ○ RUS 24-25 R 5
Ust'-Voja ○ RUS 50-51 D 2
Ust'-Voja ○ RUS (KOM) 24-25 Y 4
Ust'-Vyjskaja ○ RUS 24-25 T 5
Ust'-Vymʹ ○ RUS 24-25 V 5
Ust'-Zolotaja ○ RUS 52-53 F 9
Usu ○ RI 100-101 G 5
Usu ○ VRC 82-83 G 3
Usu, Chutes ~ ZRE 146-147 K 2
Usualuk ○ CDN 172-173 G 3
Usugli, Verhnie ☆ RUS 54-55 G 9
Usui-tōge ⊥ J 88-89 H 6
Usuki ○ J 88-89 D 8
Usuktuk River ~ USA 164-165 M 1
Usulután ☆ ES 196-197 K 5
Usumacinta, Río ~ MEX 196-197 J 3
Usumun ~ RUS 46-47 K 5
Usun-Kjuëlʹ ○ RUS 54-55 H 4
Uš-Urëkčën, hrebet ▲ RUS 48-49 K 3
Usu-san ▲ J 88-89 J 3
Usutu ○ ZA 154-155 E 6
Us'va ○ RUS 32-33 K 4
U.S. Virgin Islands ■ USA 200 C 2
Usvjaty ☆ RUS 30-31 M 4
Ušycja ~ UA 38-39 E 3
Uta ○ RI 102-103 J 4
Uta ~ RI 102-103 J 4
Uta, Pulau ⌒ RI 102-103 E 1
Utaatap ~ RUS 48-49 Y 4
Utačan ~ RUS 46-47 W 7
Utah ■ USA 184-185 H 6
Utah Beach ⊥ F (50) 228-229 B 5
Utah Lake ○ USA 114-115 H 6
Utah Lake ○ USA 184-185 J 5
Utajtiya ○ KSA 66-67 J 5
Utan ○ RI 104 C 7
Utara Baliem ~ RI 102-103 K 4
Utarupa, Canal ≈ 224 C 2
Utatlán ∴• GCA 196-197 J 4
'Utayyiq ○ KSA 66-67 L 4
Ute Creek ~ USA 188-189 F 1
Utegi ○ EAT 148-149 E 5
Utelle ○ F (06) 242-243 L 4
Utembo ~ ANG 152-153 F 8
Ute Mountain Indian Reservation ⊻ USA 188-189 C 1
Utena ☆•• LT 30-31 J 4
Utengule ○ EAT 150-151 H 5
Uteni ○ RUS 54-55 K 8
Ute Peak ▲ USA 188-189 C 1
Utera ○ E 34-35 E 6
Utete ○ EAT 150-151 K 4
Uthal ○ PK 70-71 M 6
Utholok ~ RUS 56-57 R 5
Utholokskij, mys ▲ RUS 56-57 R 5
U Thong ○ THA 94-95 E 3
U Thumphon ○ LAO 94-95 H 2
Utiariti ○ BR 214-215 H 3
Utiariti, Área Indígena ⊻ BR 214-215 H 3
Utica ○ CO 204-205 D 5
Utica ∴• TN 126-127 H 2
Utica ○ USA (NY) 190-191 L 4
Utica ○ USA (OH) 190-191 G 5
Utiel ○ E 34-35 G 5
Utik Lake ○ CDN 178-179 H 3
Utikuma Lake ○ CDN 176-177 N 4
Utikuma River ~ CDN 176-177 N 3
Utila ○ HN 196-197 L 3
Utila, Isla de ⌒ HN 196-197 L 3
Utinga ○ BR 216-217 K 2
Utinga, Rio ~ BR 216-217 K 2
Utiquinia, Rio ~ PE 208-209 E 4
Utʹtuksʹkyj lyman ≈ 38-39 J 4
Utnür ○ IND 74-75 G 10
Utopia ○ AUS 114-115 C 2
Utopia Aboriginal Land ⊻ AUS 114-115 C 2
Utorgoš ○ RUS 30-31 M 2
Utracán, Valle de ~ RA 222-223 G 4
Utraula ○ IND 78-79 C 2
Utrecht ☆• NL 28-29 H 2
Utrecht ○ ZA 156-157 K 3
Utsjoki ○ FIN 24-25 J 2
Utsunomiya ☆ J 88-89 H 6
Uttangarai ○ IND 76-77 H 4
Uttaradit ○ THA 94-95 F 2
Uttaramerür ○ IND 76-77 H 4
Uttarkashi ○ IND 74-75 G 4
Uttar Pradesh ■ IND 74-75 G 5
Uttu ○ PNG 119 C 3
Utuado ○ USA 200 B 2
Utuana ○ EC 208-209 C 4
Utubulak ○ VRC 82-83 H 2
Utue < WAN 140-141 H 6
Utukok River ~ USA 164-165 K 2
Utulik ~ RUS 52-53 L 10
Utumbuwe ~ RI 102-103 K 4
Utwa ○ EAT 148-149 D 5
Utwa ○ EAT 150-151 J 4
Utva ~ KA 32-33 H 8
Uukusigssat Fjord ≈ 170-171 Y 7
Uummannaq = Griffenfelds Ø ⌒ GRØ 172-173 U 5
Uummannaq = Griffenfelds Ø ⌒ GRØ 172-173 U 5
Uummannaq ○ GRØ 170-171 Q 5
Uummannaq = Umanak ○ GRØ 172-173 O 1
Uunarteq = Kap Tobin ○ GRØ 170-171 p 8
Uurainen ○ FIN 24-25 H 5
Uurèg ○ MAU 52-53 E 10
Uurèg nuur ○ MAU 52-53 E 10
Uusikaarlepyy = Nykarleby ○ FIN 24-25 G 5
Uusikaupunki ○• FIN 24-25 F 6
Uusimaa ⊥ FIN 24-25 H 6
Uvá ☆ RUS 32-33 H 5
Uvá, Río ~ CO 204-205 F 6
Uvalde ○ USA 188-189 H 5
Uvareja, hrebet ▲ KA 32-33 L 6
Uvarovka ○ RUS 30-31 O 4
Uvarovo ○ RUS 38-39 N 2
Uvat ○ RUS 50-51 K 5
Uvdlorsivtit ⌒ GRØ 172-173 T 5
Uvelʹskij ☆ RUS 32-33 M 6
Uveral ○ YV 204-205 J 3
Uverito ○ YV 204-205 J 3
Uviéu = Oviedo ☆• E 34-35 E 3
Uvilʹdy, ozero ○ RUS 32-33 M 6
Uvinza ○ EAT 148-149 C 6
Uvira ○ ZRE 148-149 B 5
Uvita, La ○ CO 204-205 E 4
Uvol ○ PNG (ENB) 119 F 3
Uvol ○ PNG (WNB) 119 F 4
Uvs ■ MAU 52-53 E 11
Uvs nuur ○ MAU 52-53 F 10
Uvungu ○ ZRE 146-147 K 5
'Uwainât, Tall ○ IRQ 64-65 K 4
'Uwaiqila, al- ○ KSA 66-67 H 2
Uwajima ○ J 88-89 E 8
Uwa-kai ≈ 88-89 E 8
Uwakeka ○ RI 102-103 D 5
Uwapa ○ RI 102-103 H 3
Uwimmerah ~ RI 102-103 L 5
Uxin Ju ○ VRC 90-91 F 2
Uxin Qi ○ VRC 90-91 F 2
Uxmal ∴•• MEX 196-197 K 1
'Uyaina, al- ○ KSA 66-67 K 5
Uyak Bay ≈ 166-167 T 4
Uyilankulam ○ CL 76-77 H 6
Uyo ☆ WAN 140-141 G 6
'Uyūn ○ KSA 66-67 L 5
'Uyun al-Ġiwā' ○ KSA 66-67 H 4
Uyuni ○ BOL 214-215 D 7
Uyuni, Salar de ○ BOL 214-215 D 7
Už ~ UA 38-39 C 3
Už ~ UA 38-39 F 2
Uza ○ F (40) 240-241 B 2
Uza ~ RUS 32-33 D 7
'Uzaim, al- ○ KSA 66-67 H 4
'Uzair, al- ○ IRQ 64-65 M 7
Uzbekistan ■ US 72-73 E 3
Uzbel Shankou ▲ KA 72-73 N 5
Uzboj ~ TM 72-73 E 4
Uzcátegui ○ YV 204-205 F 4
Uzebba ○ WAN 140-141 F 5
Uzel ○ F (22) 230-231 F 3
Uzerche ○• F (19) 236-237 J 5
Uzès ○ F (30) 242-243 E 3
Uzgen ○ KS 72-73 N 4
Uzhcurrumi ○ EC 208-209 C 3
Užhorod ☆ UA 38-39 C 3
Užice ○ YU 36-37 G 3
Uzjan ○ RUS 32-33 K 7
Uzkij, proliv ○ RUS 44-45 d 2
Uzlovaja ☆• RUS 30-31 Q 5
Uzon, vulkan ▲ RUS 56-57 S 6
Üzümlü ☆ TR 64-65 H 3
Uzuncaburç ○ TR 64-65 E 4
Uzunköprü ○ TR 64-65 B 2
Užur ☆ RUS 50-51 U 7

V

Vaala ○ FIN 24-25 J 4
Vaalajärvi ○ FIN 24-25 J 3
Vaalbos National Park ⊥ ZA 156-157 G 4
Vaaldam < ZA 156-157 J 3
Vaal Dam Nature Reserve ⊥ ZA 156-157 J 3
Vaalplaas ○ ZA 156-157 J 2
Vaalrivier ~ ZA 156-157 H 3
Vaalwater ○ ZA 156-157 J 2
Vaam"ëčgyn, ozero ○ RUS 48-49 T 5
Vaas ○ F (72) 230-231 M 4
Vaasa ☆ FIN 24-25 F 5
Vabalninkas ○ LT 30-31 J 4
Vabre ○ F (81) 240-241 J 3
Vabres-l'Abbaye ○ F (12) 240-241 K 3
Vača ~ RUS 54-55 G 6
Vaca Guzman ○ BOL 214-215 F 6
Vacaria ○ BR 218-219 E 7
Vacaria, Rio ~ BR 216-217 J 4
Vacaria, Rio ~ BR 220-221 K 1
Vacas Helados, Paso de ▲ RA 220-221 C 5
Vacaville ○ USA 184-185 C 6
Vaccarès, Étang de ○ F (30) 242-243 F 4
Vaccia, Col de la ▲ F (2A) 244 D 5
Vacha ○ MOC 154-155 J 2
Vache, Ile-à- ⌒ RH 198-199 J 5
Vacherauville ○ F (55) 234-235 G 3
Vacheresse ○ F (74) 238-239 K 4
Vaches Noires, Falaise de •• F (14) 228-229 D 5
Vachette, la ○ F (05) 242-243 K 2
Vachon, Rivière ~ CDN 180-181 N 4
Vači ○ RUS 62-63 G 6
Vacquerie-et-Saint-Martin-de-Castries, La ○ F (34) 242-243 C 4
Vāda ○ IND 74-75 D 10
Vādāsinor ○ IND 74-75 D 8
Vader ○ USA 184-185 C 2
Vadodara ○ IND 74-75 D 8
Vado del Yeso ○ C 198-199 G 4
Vadsø ○ N 22-23 O 1
Vadstena ☆• S 22-23 G 7
Vadul lui Voda ○ MD 38-39 F 4
Vaduz ★• FL 28-29 K 5
Vadvetjåkka nationalpark ⊥ S 22-23 J 2
Vaegi ~ RUS 48-49 Q 5
Vaenʹga ~ RUS 24-25 R 5
Værøy ⌒ N 22-23 F 3
Vaga ○ RCB 146-147 E 4
Vaga ~ RUS 24-25 R 6
Vaga ~ RUS 30-31 R 1
Vågaholmen ○ N 22-23 F 3
Vagaj ☆ RUS (TMN) 50-51 K 6
Vagaj ~ RUS 50-51 K 6
Vågåmo ☆ N 22-23 D 6
Vaghena Island ⌒ SOL 120 I c 2
Vagis, gora ▲ RUS 58-59 K 2
Vagney ○ F (88) 234-235 K 5
Vagø = Vagár ⌒ FR 26-27 D 1
Vågsfjorden ≈ 22-23 H 2
Vah ~ RUS 50-51 Q 4
Vah ~ RUS 50-51 O 4
Vah ~ RUS 50-51 S 4
Vaha ○ SOL 120 I d 2
Vāhān ○ AFG 72-73 N 6
Vāhān, Daryā-ye ~ AFG 72-73 N 6
Vahanskij hrebet ▲ AFG 72-73 N 6
Vahruši ○ RUS 32-33 G 4
Vahš ○• TJ 72-73 L 6
Vahš ~ TJ 72-73 L 5
Vai ○ GR 36-37 L 7
Vaiaau ○ F (987) 247 IV b 2
Vaiaku ★ TUV 9 J 3
Vaiatiu Rivière ~ F (987) 247 V a 2
Vaigatch, Île = Vajgač, ostrov ⌒ RUS 44-45 H 6
Vaiges ○ F (53) 230-231 L 3
Vaihiria Rivière ~ F (987) 247 V b 2
Vaikam ○• IND 76-77 G 6
Vail ○ USA 186-187 D 6
Vailala River ~ PNG 119 C 4
Vaillant ○ F (52) 238-239 G 1
Vailly ○ F (74) 238-239 K 4
Vailly-sur-Aisne ○ F (02) 228-229 M 5
Vailly-sur-Sauldre ○ F (18) 232-233 H 5
Vainqueurs, Île aux ⌒ F (975) 245 II b 2
Vaipoiri • F (987) 247 V b 2
Vairaharana Rivière ~ F (987) 247 V b 2
Vairao ○ F (987) 247 V b 2
Vairé ○ F (85) 236-237 B 2
Vaišāli ○• IND 78-79 D 2
Vaison-la-Romaine ○• F (84) 242-243 G 3
Vaitaara Rivière ~ F (987) 247 V b 2
Vaitape ○ F (987) 247 IV a 2
Vaitarna ~ IND 74-75 D 10
Vaite ○ F (70) 238-239 H 1
Vaitupu ○ F (986) 247 III
Vajegskij hrebet ▲ RUS 48-49 Q 5
Vajgac, mys ▲ RUS 44-45 f 2
Vajgač, ostrov ⌒ RUS 44-45 G 6
Vajmuga ~ RUS 24-25 Q 5
Vajvida ~ RUS 52-53 G 6
Vakaga ■ RCA 142-143 F 4
Vakaga ~ RCA 142-143 F 4
Vakarel ○ BG 38-39 C 6
Vaku ○ ZRE 146-147 D 6
Vakunajka ~ RUS 54-55 D 5
Vakuta ○ PNG 119 F 5
Vakuta Island ⌒ PNG 119 F 5
Val ○ RUS 58-59 K 2
Val, Le ○ F (83) 242-243 J 5
Vala ~ RUS 32-33 H 5
Valaam, ostrov ⌒•• RUS 24-25 L 6
Valachchenai ○ CL 76-77 J 7
Valachie = Walachia ⊥ RO 38-39 D 6
Valadeces ○ MEX 194-195 K 4
Valady ○ F (12) 240-241 J 2
Valaginskij hrebet ▲ RUS 56-57 S 7
Val-André, le ○ F (22) 230-231 F 2
Valanjou ○ F (49) 230-231 K 5
Valašské Meziříčí ○ CZ 28-29 O 4
Valaurie ○ F (26) 242-243 F 3
Valavanur ○ IND 76-77 H 5
Valberg ○ F (06) 242-243 K 3
Valbonnais ○ F (38) 242-243 H 2
Vălčedrăm ○ BG 38-39 C 6
Valcheta ○ RA 222-223 F 6
Valcheta, Arroyo ~ RA 222-223 F 6
Vălčidol ○ BG 38-39 E 6
Valdahon ○ F (25) 238-239 J 2
Valdai, Hauteurs du = Valdajskaja vozvyšennost' ▲ RUS 30-31 N 3
Valdaj ○ RUS (KAR) 24-25 N 5
Valdaj ☆• RUS (TVR) 30-31 N 3
Val-d'Ajol, Le ○ F (88) 234-235 J 6
Valdajskaja vozvyšennost' ▲ RUS 30-31 N 3
Valdemarsvik ☆ S 22-23 H 7
Val-de-Meuse ○ F (52) 234-235 H 5
Valdepeñas ○• E 34-35 F 5
Val-de-Près ○ F (05) 242-243 K 2
Valderaduey, Río ~ E 34-35 E 4
Val-de-Reuil ○ F (27) 228-229 G 5
Valderiès ○ F (81) 240-241 J 2
Valderoue ○ F (06) 242-243 K 4
Valdés, Península ∪•• RA 222-223 H 7
Valdez ○ USA 164-165 R 6
Valdieri, Parco Nazionale di ⊥ I 36-37 A 2
Val-d'Isère ○• F (73) 242-243 K 1
Valdivia ○ CO 204-205 D 4
Valdivia ○ RCH 222-223 C 5
Valdivia, Zone de Fracture de = Valdivia Fracture Zone ≃ 13 B 9
Valdivia Fracture Zone = Valdivia, Zone de Fracture de ≃ 13 B 9
Valdivienne ○ F (86) 236-237 G 2
Val-d'Izé ○ F (35) 230-231 J 3
Valdoie ○ F (90) 238-239 K 1
Val-d'Oise ■ F (95) 228-229 H 5
Val-d'Or ○ CDN 182-183 F 4
Val-d'Orvin ○ F (10) 232-233 K 3
Valdosta ○ USA 192-193 G 4
Valdres ∪ N 22-23 D 6
Vale ○ USA 184-185 F 4
Vale de Guaporé, Área Indígena ⊻ BR 214-215 G 3
Vale do Javari, Áreas Indígenas do ⊻ BR 210-211 B 5
Valemount ○ CDN 176-177 L 5
Valença ○ BR 216-217 L 2
Valença do Piauí ○ BR 212-213 H 5
Valençay ○ F (36) 232-233 F 5
Valence ○ F (16) 236-237 F 4
Valence ☆• F (26) 242-243 F 2
Valence, Golfe de = València, Golf de ≈ 34-35 H 5
Valence = València ○ E 34-35 G 5
Valence-d'Agen ○ F (82) 240-241 F 2
Valence-d'Albigeois ○ F (81) 240-241 J 2
Valence-sur-Baïse ○ F (32) 240-241 E 3
València ○ E 34-35 G 5
Valencia ○ RP 96-97 F 9
Valencia ☆ YV 204-205 G 2
Valencia, Golf de ≈ 34-35 H 5
Valencia, Lago de ○ YV 204-205 H 2
Valencia de Alcántara ○ E 34-35 D 5
Valencia de Don Juan ○ E 34-35 E 3
Valenciana ■ E 34-35 G 5
Valenciennes ○ F (59) 228-229 M 3
Valensole ○ F (04) 242-243 H 4
Valentigney ○ F (25) 238-239 K 2
Valentim, Serra do ▲ BR 212-213 G 4
Valentim Gentil ○ BR 216-217 E 6
Valentine ○ USA (NE) 186-187 G 4
Valentine ○ USA (TX) 188-189 E 4
Valentois ⊥ F (26) 242-243 F 2
Valera ○ PE 208-209 D 5
Valera ○ YV 204-205 F 3
Valerio ○ MEX 194-195 F 4
Valesdir ○ VAN 120 II b 3
Valette-du-Var, La ○ F (83) 242-243 H 5
Valeuse ~ F (39) 238-239 H 4
Valeyrac ○ F (33) 236-237 D 5
Valferrière, Col de ▲ F (06) 242-243 K 4
Valfin-lès-Saint-Claude ○ F (39) 238-239 H 4
Valflaunès ○ F (34) 242-243 D 4
Valga ☆•• EST 30-31 K 3
Valgaudemar ⊥ F (05) 242-243 J 2
Valgorge ○ F (07) 242-243 E 2
Valhalla Provincial Park ⊥ CDN 176-177 M 7
Valhuon ○ F (62) 228-229 J 3
Valigny ○ F (03) 236-237 L 2
Valin ○ F (17) 236-237 E 5
Valinco, Golfe de ≈ F (2A) 244 C 5
Valiyannur ○ IND 76-77 F 5
Valʹja ~ RUS 50-51 F 3
Valjala ○ EST 30-31 H 2
Valʹ-Jalbert ∴ CDN 182-183 H 4
Valjevo ○ YU 36-37 G 2
Valka ☆•• LV 30-31 K 3
Valʹkakynmangkak, laguna ≈ 48-49 T 2
Valʹkarkaj ○ RUS 48-49 Q 1
Valkeakoski ○ FIN 24-25 H 6
Valʹkumej ○ RUS 48-49 Q 2
Vallabhiipur ○ IND 74-75 C 9
Valladolid ○•• E 34-35 E 4
Valladolid ○ EC 208-209 C 4
Valladolid ○• MEX 196-197 K 1
Vallage ⊥ F (10) 234-235 E 4
Vallam ○ IND 76-77 H 5
Vallangoujard ○ F (95) 228-229 J 5
Vallard, Lac ○ CDN 182-183 K 2
Vall d'Uixó, la ○ E 34-35 G 5
Valle ○ LV 30-31 J 3
Valle ○ USA 184-185 H 8
Valle, El ○ PA 196-197 D 7
Valle, El ○ PE 208-209 D 5
Valle, Río del ~ RA 220-221 F 3
Vallecillos ○ MEX 194-195 K 4
Valle-d'Alesani ○ F (2B) 244 D 4
Valle d'Aosta = Vallé d'Aoste ∪ I 36-37 A 2
Valle de Allende ○ MEX 194-195 G 4
Valle de Bravo ○• MEX 196-197 D 2
Valle de Guadalupe ○ MEX 196-197 C 1
Valle de Guanape ○ YV 204-205 J 3
Valle de la Luna, Reserva Nacional ⊥•• RA 220-221 C 6
Valle de la Meuse ∪•• F 234-235 F 1
Valle de La Pascua ○ YV 204-205 J 3
Valle del Encanto, Parque Nacional ⊥ RCH 220-221 B 6
Valle del Rosario ○ MEX 194-195 F 4
Valle de Santiago ○ MEX 196-197 D 1
Valle de Zaragoza ○ MEX 194-195 G 4
Valledupar ☆ CO 204-205 E 2
Vallée, Étang de la ○ F (45) 232-233 G 4
Vallée d'Aoste = Valle d'Aosta ∪ I 36-37 A 2
Vallée de la Semoy ∪•• F 234-235 F 2
Vallée de Mai National Park ⊥••• SY 160 D 2
Vallée du Serpent ~ RMM 138-139 F 2
Vallée-Jonction ○ CDN 182-183 J 5
Valle Fertil, Sierra de ▲ RA 220-221 C 6
Vallegrande ○ BOL 214-215 E 6
Valle Grande ○ RA 220-221 E 2
Vallehermoso ○ E 124-125 C 6
Valle Hermoso ○ MEX (QR) 196-197 K 2
Valle Hermoso ○ MEX (TAM) 194-195 L 5
Valleiry ○ F (74) 238-239 H 4
Vallejo ○ USA 184-185 C 6
Valle Nacional ○• MEX 196-197 F 3
Vallenar ○ RCH 220-221 B 5
Valleraugue ○ F (30) 242-243 D 3
Valles Calchaquies ∴•• RA 220-221 D 3
Vallet ○ F (44) 230-231 J 5
Valletta ★ M 36-37 E 7
Valley ○ USA (NE) 186-187 J 5
Valley ○ USA (WY) 186-187 C 3
Valley, The ☆ GB 200 D 2
Valley City ○ USA 186-187 J 2
Valley East ○ CDN 182-183 D 5
Valley Falls ○ USA (KS) 186-187 K 6
Valley Falls ○ USA (OR) 184-185 D 4
Valley of 1000 Hills • ZA 156-157 K 4
Valley of the Kings ∴•• ET 130-131 F 5
Valley of Willow ○ USA 164-165 N 2
Valley River ~ CDN 178-179 F 5
Valley River Indian Reserve ⊻ CDN 178-179 F 5
Valleyview ○ CDN 176-177 M 4
Valley Wells ○ USA 184-185 G 8
Vallgrund ⌒ FIN 24-25 F 5
Vallières ○ F (23) 236-237 K 4
Vallières ○ F (74) 238-239 H 5
Vallières ○ RH 198-199 K 5
Vallières-les-Grandes ○ F (41) 232-233 E 5
Valliguières ○ F (30) 242-243 F 3
Vallimanca, Arroyo ~ RA 222-223 J 4
Vallita, La ○ C 198-199 F 4
Vallo della Lucània ○ I 36-37 E 4
Valloire ○ F (73) 242-243 J 1
Valloires, Abbaye de • F (80) 228-229 H 3
Vallon-en-Sully ○ F (03) 236-237 L 2
Vallon-Pont-d'Arc ○• F (07) 242-243 E 3
Vallon-sur-Gée ○ F (72) 230-231 L 4
Vallorcine ○ F (74) 238-239 K 4
Vallouise ○ F (05) 242-243 J 2
Valls ○ E 34-35 H 4
Valmanya ○ F (66) 240-241 K 5
Val Marie ○ CDN 178-179 C 6
Valmeinier ○ F (73) 242-243 J 1
Valmiera ☆• LV 30-31 J 3
Valmont ○ F (76) 228-229 F 4
Val Mort, Lac du ○ F (984) 246 III a 3
Valmy, Moulin de • F (51) 234-235 F 3
Valod ○ IND 74-75 D 9
Valognes ○ F (50) 228-229 B 4
Valois ⊥ F (60) 228-229 K 5
Valonne ○ F (25) 238-239 K 2
Valožyn ☆ BY 30-31 K 4
Val-Paradis ○ CDN 182-183 E 4
Valparai ○ IND 76-77 G 5
Valparaíso ○ BR 208-209 F 5
Valparaíso ○ BR 216-217 E 6
Valparaíso ○ CO 208-209 E 1
Valparaíso ○ MEX 194-195 H 6
Valparaíso ☆• RCH 222-223 D 2
Valparaiso ○ USA (FL) 192-193 E 4
Valparaiso ○ USA (IN) 190-191 E 5
Valparaíso, Río ~ MEX 194-195 H 6
Valpoy ○ IND 76-77 F 3
Valras-Plage ○ F (34) 242-243 C 5
Valréas ○ F (84) 242-243 F 3
Vals, Tanjung ▲ RI 102-103 J 6
Valsād ○ IND 74-75 D 9
Valsemé ○ F (14) 228-229 E 5
Valse Pisang, Kepulauan ⌒ RI 102-103 F 3
Valserine, la ~ F 238-239 H 4
Valset ○ N 22-23 D 5
Valsjöbyn ○ S 22-23 G 4
Vals-les-Bains ○ F (07) 242-243 E 2
Valsrivier ~ ZA 156-157 H 3
Valterlândia ○ BR 210-211 D 7
Val-Thorens ○ F (73) 242-243 K 1
Valtimo ○ FIN 24-25 K 5
Valtin, le ○ F (88) 234-235 L 5
Valujki ○ RUS 38-39 L 2
Valunnaja, gora ▲ RUS 48-49 N 4
Valverde ○ E 124-125 C 7
Valverde de Júcar ○ E 34-35 F 5
Valverde del Camino ○ E 34-35 D 6
Valverde del Fresno ○ E 34-35 D 4
Valvignères ○ F (07) 242-243 F 3
Vàm Cỏ Đông, Sông ~ VN 94-95 J 5
Vammala ○ FIN 24-25 G 6
Van ☆ TR 64-65 K 3
Van, Pointe de ▲ F (29) 230-231 B 3
Vanalphensvlei ○ ZA 156-157 J 2
Van Alstyne ○ USA 188-189 J 3
Vananda ○ USA 186-187 D 2
Vanapa River ~ PNG 119 D 5
Vanasse, Lac ○ CDN 180-181 M 4
Vanault-le-Châtel ○ F (51) 234-235 F 4
Vanault-les-Dames ○ F (51) 234-235 F 4
Vanavara ☆ RUS 52-53 L 5
Van Buren ○ USA 188-189 K 2
Văn Canh ○ VN 94-95 K 4
Vancé ○ F (72) 232-233 D 4
Vanceboro ○ USA 190-191 P 3
Vanceburg ○ USA 190-191 G 6
Van Cloon Shoal ⌒ AUS 108-109 H 2
Vancouver, Mount ▲ CDN 164-165 V 6
Vancouver ○ CDN 176-177 J 7
Vancouver ○ USA 184-185 C 3
Vancouver, Cape ▲ USA 164-165 H 6
Vancouver Island ⌒•• CDN 176-177 G 7
Vancouver Island Ranges ▲ CDN 176-177 G 6
Van Daalen ~ RI 102-103 J 3
Vandalia ○ USA 190-191 D 6
Vandavāsi ○ IND 76-77 H 4
Vandekerckhove Lake ○ CDN 178-179 F 2
Vandenberg Air Force Base ×× USA 184-185 D 8
Vandenesse ○ F (58) 238-239 D 3
Vandenesse-en-Auxois ○ F (21) 238-239 F 2
Vanderbijlpark ○ ZA 156-157 H 3
Vanderhoof ○ CDN 176-177 H 4
Vanderlei ○ BR 216-217 J 2
Van-der-Linda, mys ▲ RUS 58-59 N 6
Vanderlin Island ⌒ AUS 110-111 E 5
Van der Meulen, Isla ⌒ RCH 224 C 4
Van de Wal ~ RI 102-103 K 3
Van Diemen, Cape ▲ AUS (NT) 108-109 K 1
Van Diemen, Cape ▲ AUS (QLD) 110-111 E 5
Van Diemen Gulf ≈ 108-109 K 1
Vandmtor, ozero ○ RUS 50-51 H 3
Vandúzi, Rio ~ MOC 154-155 G 4
Vandyke Creek ~ AUS 114-115 J 3
Vandyksdrif ○ ZA 156-157 J 3
Van"egan ~ RUS 50-51 O 4
Vänern ○ S 22-23 F 7
Vänersborg ☆• S 22-23 F 7
Vaneteze, Rio ~ MOC 156-157 L 2
Vangaindrano ○ RM 158-159 E 9
Vangaš ~ RUS 52-53 F 6
Vangaži ○ LV 30-31 J 3
Van Gölü ○ TR 64-65 K 3
Vanguard Bank ≃ 94-95 K 7
Van-Gun"egan ~ RUS 50-51 O 4
Vangunu ⌒ SOL 120 I d 3
Vanier Island ⌒ CDN 168-169 U 2
Vanimo ☆ PNG 119 A 2
Vanivilasa Sāgara ○ IND 76-77 G 4
Vāniyambādi ○ IND 76-77 H 4
Vankarem ○ RUS 48-49 X 3
Vankarem ~ RUS 48-49 W 3
Vankaremskaja nizmennost' ⊥ RUS 48-49 V 2
Van Keulenfjorden ≈ 20-21 J 4
Van'kina guba ≈ 46-47 W 3
Van Koenig Point ▲ CDN 168-169 S 2
Vân Lăn ○ VN 94-95 K 5
Vanlay ○ F (10) 234-235 E 5
Van Mijenfjorden ≈ 20-21 J 4
Vanna ⌒ N 22-23 J 1
Vännäs ○ S 22-23 J 5
Vanne ~ F (10) 232-233 J 3
Vannes ○• F (56) 230-231 F 4
Vannes-sur-Cosson ○ F (45) 232-233 G 4
Van Ninh ○ VN 94-95 K 4
Vanoise, Massif de la ▲ F 242-243 J 1
Vanoise, Parc National de la ⊥• F (73) 242-243 K 1
Van Reenen ○ ZA 156-157 J 4
Van Rees, Pegunungan ▲ RI 102-103 J 3
Vanrhynsdorp ○ ZA 156-157 D 5
Vanrook ○ AUS 110-111 F 5
Vans, les ○ F (07) 242-243 E 3
Vānsada ○ IND 74-75 D 9
Vansbro ○ S 22-23 G 6
Vansittart Bay ≈ 108-109 H 3
Vansittart Island ⌒ CDN 180-181 G 2
Vanstadensrus ○ ZA 156-157 H 4
Vantaa ○ FIN 24-25 H 6
Vant's Drift ○ ZA 156-157 K 4
Vanttauskoski ○ FIN 24-25 J 3
Vanua Balavu ⌒ FJI 120 III c 2
Vanua Lava ⌒ VAN 120 II a 1
Vanua Levu ⌒ FJI 120 III b 2
Vanua Vatu ⌒ FJI 120 III c 3
Van Vert ○ USA 190-191 F 5
Van Wyksdorp ○ ZA 156-157 E 6
Van Wyksvlei ○ ZA 156-157 E 5

Victoria ★ • SY 160 D 2
Victoria o USA 188-189 J 5
Victoria ☆ •• VRC 92-93 J 5
Victoria, Isla ⌒ RCH 224 C 2
Victoria, La o YV (APU) 204-205 F 4
Victoria, La o YV (ARA) 204-205 H 2
Victoria, Lac = Victoria, Lake ⊖ EAT 148-149 D 4
Victoria, Lake ⊖ AUS 116-117 F 3
Victoria, Lake ⊖ EAT 148-149 D 4
Victoria, Monte ▲ RCH 224 E 6
Victoria, Mount ▲ MYA 78-79 H 5
Victoria, Mount ▲ PNG 119 D 5
Victoria, Sierra de la ▲ RA 220-221 K 3
Victoria and Albert Mountains ▲ CDN 170-171 L 4
Victoria Beach o CDN 178-179 H 5
Victoria de Durango = Durango ☆ • MEX 194-195 G 5
Victoria Falls ~ ••• Z 154-155 C 3
Victoria Falls National Park ⊥ ZW 154-155 C 3
Victoria Fjord ≈ 170-171 a 2
Victoria Head ▲ CDN 170-171 N 4
Victoria Highway II AUS 108-109 J 3
Victoria Hill o BS 198-199 H 2
Victoria Island ⌒ CDN 168-169 O 5
Victoria Lake ⊖ CDN 182-183 Q 4
Victoria Land ⊥ ARK 16 F 16
Victoria Nile ~ EAU 148-149 C 2
Victoria Peak ▲ BH 196-197 K 3
Victoria Peak ▲ USA 188-189 E 4
Victoria River o AUS (NT) 108-109 K 3
Victoria River ~ AUS 108-109 J 3
Victoria River ~ CDN 182-183 Q 4
Victoria River Downs o AUS 108-109 K 4
Victorias o RP 96-97 E 7
Victoria Strait ≈ 168-169 V 6
Victoria Vale o AUS 110-111 G 6
Victoriaville o CDN 182-183 J 5
Victoria West o ZA 156-157 F 5
Victorica o RA 222-223 G 4
Victorino o C 198-199 G 4
Victor Rosales o MEX 194-195 H 6
Victorville o USA 184-185 F 8
Victory, Mount ▲ PNG 119 E 5
Vičuga ☆ RUS 30-31 R 3
Vicuña o RCH (COQ) 220-221 B 6
Vicuña o RCH (MAC) 224 F 7
Vicuña Mackenna o RA 222-223 G 2
Vicus • PE 208-209 B 4
Vida o USA 186-187 E 2
Vidal o PE 208-209 F 3
Vidal o USA 184-185 G 8
Vidalia o USA 192-193 G 3
Vidamlja o BY 30-31 H 5
Vidapanakallu o IND 76-77 G 3
Vidauban o F (83) 242-243 J 5
Videira o BR 218-219 E 6
Vidhareidhi = Viðareiði o FR 26-27 D 1
Vidim o RUS 52-53 L 7
Vidin o BG 38-39 C 6
Vidisha o IND 74-75 F 8
Vidor o USA 188-189 L 4
Vidou o F (65) 240-241 E 4
Vidourle ~ F (30) 242-243 D 4
Vidourle ~ F (34) 242-243 E 4
Vidzy o BY 30-31 K 4
Vie ~ F (61) 230-231 M 2
Viedgesville o ZA 156-157 J 5
Viedma ☆ RA 222-223 H 6
Viedma, Lago ⊖ RA 224 D 4
Vieille-Brioude o F (43) 242-243 C 1
Vieille Église • F (45) 232-233 G 4
Vieillevigne o F (44) 236-237 C 2
Vieils-Maisons o F (02) 232-233 J 2
Vieira Grande, Canal do ~ BR 206-207 J 6
Vieja, Punta la ▲ RCH 222-223 C 3
Viejitas, Caño las ~ CO 204-205 F 6
Viejo, El o NIC 196-197 L 5
Viejo, Río ~ RA 220-221 F 5
Vielha e Mijaran o E 34-35 H 3
Viella-Mitg Arán = Vielha e Mijaran o E 34-35 H 3
Vielle-Aure o F (65) 240-241 E 5
Vielle-Soubiran o F (40) 240-241 D 2
Vielmur-sur-Agout o F (81) 240-241 J 3
Vienna o USA (IL) 190-191 D 7
Vienna o USA (MO) 190-191 C 6
Vienna o USA (WV) 190-191 H 6
Vienne o F (38) 238-239 F 5
Vienne ◘ F (86) 236-237 F 3
Vienne ~ F (37) 230-231 M 5
Vienne ~ F (86) 236-237 G 3
Vienne ~ F (87) 236-237 H 4
Vienne = Wien ★ •• A 28-29 O 4
Vientiane = Viangchan ★ LAO 94-95 G 2
Viento, Cordillera del ▲ RA 222-223 D 4
Viento, Puerto del ▲ E 34-35 E 6
Vientos, Los o RCH 220-221 C 3
Vientos, Paso de los ≈ 198-199 H 5
Vieques, Isla de ⌒ USA 200 C 2
Vieremä o FIN 24-25 J 5
Vierges, Îles = Virgin Islands ◘ GB 200 C 2
Vierges, Îles = Virgin Islands ◘ USA 200 C 2
Vierville-sur-Mer o F (14) 228-229 C 5
Vierwaldstätter See ⊖ CH 28-29 K 5
Vierzon o F (18) 232-233 G 5
Viesca o MEX 194-195 H 5
Viesīte o LV 30-31 J 3
Viessoix o F (14) 230-231 K 2
Vieste o I 36-37 F 4
Vietas o S 22-23 J 3
Việt Nam = Việt Nam ■ VN 94-95 K 2
Việt Nam = Viêtnam ■ VN 94-95 K 2
Việt Trì ☆ VN 92-93 D 6
Việt Vinh ☆ VN 92-93 D 5
Vieux-Boucau-les-Bains o F (40) 240-241 B 3
Vieux-Bourg o F (971) 245 IV a 2
Vieux-Comptoir, Lac du ⊖ CDN 182-183 F 2
Vieux-Comptoir, Rivière du ~ CDN 182-183 E 2
Vieux-Fort o F (971) 245 IV a 3
Vieux-Fort o F (971) 245 IV b 3
Vieux Fort o WL 200 E 5
Vieux Fort, Pointe du ▲ F (971) 245 IV a 3
Vieux-Habitants o F (971) 245 IV a 2
View o USA 188-189 H 3
Vieytes o RA 222-223 L 3
Vif o F (38) 242-243 H 1
Viffort o F (02) 232-233 J 2
Vigan ☆ RP 96-97 D 4
Vigan, Le o F (30) 242-243 D 4
Vigeois o F (19) 236-237 J 5
Vigia o BR 206-207 K 6
Vigía, El o YV 204-205 F 3
Vigia Chico o MEX 196-197 L 2
Vigía de Curvaradó o CO 204-205 C 4
Vigía del Fuerte o CO 204-205 C 4
Vignac ~ F (40) 240-241 B 3
Vignacourt o F (80) 228-229 J 3
Vignats o F (14) 230-231 L 2
Vigne, la • F 234-235 K 4
Vignes, Les o F (48) 242-243 C 3
Vignettes, les • F 234-235 F 3
Vigneulles-lès-Hattonchâtel o F (55) 234-235 H 4
Vigneux-de-Bretagne o F (44) 230-231 H 5
Vigneux-Hocquet o F (02) 228-229 M 4
Vignolles o F (16) 236-237 E 4
Vignory o F (52) 234-235 G 5
Vignoux-sous-les-Aix o F (18) 232-233 G 5
Vignoux-sur-Barangeon o F (18) 232-233 G 5
Vigny o F (95) 228-229 H 5
Vigo o E 34-35 C 3
Vigy o F (57) 234-235 J 3
Vihanti o FIN 24-25 H 4
Vihāri o PK 74-75 D 4
Vihiers o F (49) 230-231 K 5
Vihorevka o RUS 52-53 K 7
Vihren ▲ BG 38-39 C 7
Vihti o FIN 24-25 H 6
Viisanmäki o FIN 24-25 J 5
Viitasaari o FIN 24-25 H 5
Viitna o •• EST 30-31 K 2
Vijayadurg o IND 76-77 E 2
Vijayanagar o IND 74-75 D 8
Vijayāpati o IND 76-77 G 6
Vijayapura o IND 76-77 G 4
Vijayapuri o IND 76-77 H 2
Vijayawada o • IND 76-77 J 2
Vik ☆ IS 22-23 d 3
Vik o N 22-23 C 6
Vikajärvi o FIN 24-25 J 3
Vikārābād o IND 76-77 G 2
Vikeke o RI 102-103 D 6
Vikenara Point ▲ SOL 120 I d 3
Vikersund ☆ N 22-23 D 7
Viking o CDN 176-177 P 5
Vikna ⌒ N 22-23 E 4
Viksøyri ☆ N 22-23 C 6
Viktoria = Labuan o MAL 96-97 A 10
Viktorija, ostrov ⌒ RUS 20-21 U 2
Vikulova, mys ▲ RUS 44-45 H 4
Vila Aurora o BR 212-213 E 3
Vila Bela da Santíssima Trindade o BR 214-215 H 4
Vila Coutinho o MOC 154-155 H 2
Vila de Ribeira Brava o CV 138-139 B 5
Vila de Sal-Rei o CV 138-139 C 5
Vila de Sena o MOC 154-155 H 3
Vila do Maio o CV 138-139 C 6
Vila dos Remédios o BR 212-213 L 1
Vila Flor o ANG 152-153 C 6
Vilafranca del Penedès o E 34-35 H 4
Vila Franca de Xira o P 34-35 C 5
Vilagarcía de Arousa o • E 34-35 C 3
Vila Gomes da Costa o MOC 156-157 L 2
Vilaine ~ F (35) 230-231 H 4
Vilaine ~ F (56) 230-231 G 4
Vila Ipixuna o BR 212-213 E 3
Vilakalaka o VAN 120 II a 2
Vila Maria Pia o CV 138-139 B 5
Vila Martins o BR 210-211 C 6
Vila Meriti o BR 210-211 H 5
Vilanandro, Tanjona ▲ RM 158-159 D 6
Vila Nazaré o BR 210-211 E 4
Vilanculos o MOC 154-155 H 5
Viļāni o •• LV 30-31 K 3
Vila Nova o ANG 152-153 D 6
Vila Nova o BR (PAR) 218-219 D 5
Vila Nova o BR (RSU) 218-219 D 8
Vila Nova da Fronteira o MOC 154-155 H 3
Vila Nova de Foz Côa o P 34-35 D 4
Vila Nova do Seles o ANG 152-153 C 5
Vilanova i la Geltrú o E 34-35 H 4
Vila Nova Laranjeiras o BR 218-219 D 5
Vila Nova Sintra o CV 138-139 B 6
Vila Porto Franco o BR 210-211 H 6
Vila-real o E 34-35 G 5
Vila Real o P 34-35 D 4
Vila Real de Santo António o P 34-35 D 6
Vilar Formoso o P 34-35 D 4
Vila Rica o BR 212-213 C 6
Vilarinho do Monte o BR 206-207 H 6
Vilas, Los o RCH 220-221 B 6
Vila Sagrado Coração de Jesus o BR 210-211 H 5
Vila Tambaquí o BR 210-211 E 4
Vila Tepequem o BR 206-207 D 4
Vila Velha o BR 206-207 J 4
Vila Velha o BR 216-217 K 6
Vila Velha de Ródão o P 34-35 D 5
Vilavila o PE 214-215 B 4
Vilca o PE 208-209 E 8
Vilcabamba o EC 208-209 C 4
Vilcabamba • PE 208-209 F 8
Vilcabamba, Cordillera ▲ PE 208-209 F 8
Vilcanota, Cordillera de ▲ PE 214-215 B 3
Vilcas Huaman o PE 208-209 F 8
Vilčeka, Zemlja ⌒ RUS 20-21 f 2
Vilches o E 34-35 F 5
Vilcún o RCH 222-223 C 5
Vilcún, Río ~ RCH 222-223 C 5
Vilejka ☆ BY 30-31 K 4
Vilelas o RA 220-221 F 4
Vilhelmina o • S 22-23 H 4
Vilhena o BR 214-215 G 3
Viliga ~ RUS 56-57 R 3
Viliginskij, mys ▲ RUS 56-57 R 3
Viliouï, Réservoir de la = Viljujskoe vodohranilišče < RUS 54-55 E 4
Viljandi ☆ •• EST 30-31 J 2
Viljoenskroen o ZA 156-157 H 3
Viljučinskaja buhta ⊖ RUS 56-57 S 7
Viljuj ~ RUS 52-53 M 3
Viljuj ~ RUS 54-55 G 4
Viljuj ~ RUS 54-55 D 3
Viljučan ~ RUS 54-55 G 4
Viljujsk ☆ • RUS 54-55 K 4
Viljujskoe vodohranilišče ⊖ RUS 54-55 E 4
Vil'kickogo, ostrov ⌒ RUS 44-45 Q 5
Vil'kickogo, proliv ≈ 44-45 d 3
Vilkija o LT 30-31 H 4
Vilkitski, Détroit de = Vil'kickogo, proliv ≈ 44-45 d 3
Villa Abecia o BOL 214-215 E 7
Villa Ahumada o MEX 194-195 F 2
Villa Alcaraz o RA 220-221 H 6
Villa Alemana o RCH 222-223 D 2
Villa Ana o RA 220-221 H 5
Villa Angela o RA 220-221 G 4
Villa Atuel o RA 222-223 F 3
Villa Azueta o MEX 196-197 G 2
Villaba o RP 96-97 F 7
Villa Berthet o RA 220-221 G 4
Villablino o E 34-35 D 3
Villa Brana o RA 220-221 F 4
Villa Bruzual o YV 204-205 G 3
Villacañas o E 34-35 F 5
Villa Cañas o RA 222-223 J 3
Villa Candelaria o RA 220-221 F 5
Villa Carlos Paz o RA 220-221 E 6
Villacarrillo o E 34-35 F 5
Villach o A 28-29 M 5
Villa Constitución o RA 222-223 J 2
Villa Corona o MEX 196-197 C 1
Villa Coronado o MEX 194-195 G 4
Villa de Cazones o MEX 196-197 F 1
Villa de Cos o MEX 194-195 H 6
Villa de Cura o YV 204-205 H 2
Villa de García o MEX 194-195 J 5
Villa de Leiva o •• CO 204-205 E 5
Villa del Rosario o RA 220-221 F 6
Villa del Rosario o YV 204-205 E 2
Villa de Orestes o MEX 194-195 G 4
Villa de Reyes o MEX 194-195 J 7
Villa de Sari o MEX 194-195 D 3
Villadiego o E 34-35 E 3
Villa Dolores o RA 220-221 E 6
Villa Figueroa o RA 220-221 F 4
Villa Flores o MEX 196-197 H 3
Villafranca del Bierzo o E 34-35 D 3
Village Cove o CDN 182-183 R 4
Villa General Belgrano o RA 220-221 E 6
Villa General Güemes o RA 220-221 H 3
Villa General Roca o RA 222-223 F 2
Villa General San Martin o RA 220-221 C 6
Village of Yesteryear ∴ USA 186-187 L 4
Villa Gesell o RA 222-223 L 4
Villa Gobernador Gálvez o RA 222-223 J 2
Villagrains o F (33) 240-241 C 1
Villagran o MEX 196-197 D 1
Villaguay o RA 220-221 H 6
Villaguay Grande, Arroyo ~ RA 220-221 H 6
Villa Hermosa o MEX 196-197 C 1
Villahermosa o MEX (CAM) 196-197 K 3
Villahermosa ☆ • MEX (TAB) 196-197 H 3
Villa Hidalgo o MEX (DGO) 194-195 G 4
Villa Hidalgo o MEX (JAL) 194-195 H 7
Villa Hidalgo o MEX (SON) 194-195 E 2
Villa Huidobra o RA 222-223 G 3
Villaines-en-Duesmois o F (21) 238-239 F 1
Villaines-la-Juhel o F (53) 230-231 L 3
Villa Insurgentes o MEX 194-195 D 5
Villa Joyosa o E 34-35 G 5
Villa Juárez o MEX 194-195 J 6
Villa Larca o RA 222-223 G 2
Villalba o E 34-35 D 3
Villalbín o PY 220-221 H 4
Villaldama o MEX 194-195 J 4
Villa Lola o YV 204-205 K 4
Villalonga o RA 222-223 H 5
Villalpando o E 34-35 E 4
Villa Mainero o MEX 194-195 K 5
Villa María o RA 222-223 H 2
Villa Martín o BOL 214-215 D 7
Villamartín o E 34-35 E 6
Villa Mascardi o RA 222-223 D 6
Villa Mazán o RA 220-221 D 5
Villamblard o F (24) 236-237 G 6
Villa Media Agua o RA 220-221 C 6
Villa Mercedes o RA 220-221 E 4
Villa Mills o CR 196-197 C 7
Villamontes o BOL 220-221 F 1
Villandraut o F (33) 240-241 D 2
Villandry o F (37) 232-233 D 5
Villanueva o CO 204-205 E 2
Villanueva o MEX 194-195 H 6
Villa Nueva o RA 220-221 C 6
Villanueva de Córdoba o E 34-35 E 5
Villanueva de los Castillejos o E 34-35 D 6
Villanueva de los Infantes o E 34-35 F 5
Villanueva y Geltrú = Vilanova i la Geltrú o E 34-35 H 4
Villa Ocampo o MEX 194-195 G 4
Villa Ocampo o RA 220-221 H 5
Villa O'Higgins o RCH 224 D 4
Villa Ojo de Agua o RA 220-221 F 5
Villa Oliva o PY (CEN) 220-221 J 3
Villa Oliva o PY (NEE) 220-221 J 4
Villa Ortega o RCH 224 E 2
Villapinzón o CO 204-205 E 5
Villapourçon o F (58) 238-239 D 3
Villarcayo o E 34-35 F 3
Villarceaux, Château de • F (95) 228-229 H 5
Villard o RH 198-199 J 5
Villar-d'Arêne o F (05) 242-243 J 1
Villard-Bonnet o F (38) 242-243 H 1
Villard-de-Abas, le o F (04) 242-243 K 3
Villard-de-Lans o F (38) 242-243 H 1
Villardeciervos o E 34-35 D 4
Villard-sur-Doron o F (73) 238-239 K 5
Villa Reducción o RA 222-223 H 2
Villa Regina o RA 222-223 F 5
Villarpando o DOM 198-199 K 5
Villarreal de los Infantes = Vila-real o E 34-35 G 5
Villarrica ☆ PY 220-221 J 3
Villarrica o RCH 222-223 C 5
Villarrica, Lago ⊖ RCH 222-223 C 5
Villarrica, Parque Nacional ⊥ RCH 222-223 C 5
Villarrica, Volcán ▲ RCH 222-223 D 5
Villarrobledo o E 34-35 F 5
Villars o F (16) 236-237 G 4
Villars o F (24) 236-237 G 5
Villars o F (28) 232-233 F 3
Villars-les-Dombes o F (01) 238-239 G 5
Villa Salvadorita o NIC 196-197 L 5
Villa San Martín o RA 220-221 E 5
Villa Santa Rita de Catuna o RA 220-221 D 6
Villasavary o F (11) 240-241 J 4
Villasimius o I 36-37 B 5
Villa Talavera o BOL 214-215 E 6
Villa Toquepala o PE 214-215 B 5
Villatoya o E 34-35 G 5
Villatte • F (23) 236-237 K 4
Villa Tunari o BOL 214-215 E 5
Villa Unión o MEX 194-195 J 3
Villa Unión o MEX (DGO) 194-195 G 6
Villa Unión o MEX (SIN) 194-195 F 6
Villa Unión o RA 220-221 C 5
Villa Valeria o RA 222-223 G 3
Villa Vásquez o DOM 198-199 K 5
Villavicencio ☆ CO 204-205 E 5
Villaviciosa o • E 34-35 E 3
Villazon o RA 220-221 E 2
Villé o F (67) 234-235 L 5
Ville-aux-Clercs, La o F (41) 232-233 E 4
Villebaudon o F (50) 230-231 J 2
Villebois-Lavalette o F (16) 236-237 F 5
Villebon o F (28) 232-233 E 3
Villebrumier o F (82) 240-241 G 3
Villecerf o F (77) 232-233 H 3
Villecomtal o F (12) 240-241 K 1
Villecomtal-sur-Arros o F (32) 240-241 E 4
Villecroze o F (83) 242-243 J 4
Villedaigne o F (11) 240-241 K 4
Villedieu o F (21) 234-235 E 6
Villedieu, La o F (48) 242-243 D 2
Villedieu-du-Clain, La o F (86) 236-237 F 3
Ville-Dieu-du-Temple, La o F (82) 240-241 G 2
Villedieu-en-Fontenette, la o F (70) 238-239 J 1
Villedieu-les-Poêles o F (50) 230-231 J 2
Villedieu-sur-Indre o F (36) 236-237 J 2
Villefagnan o F (16) 236-237 F 3
Villefort o F (48) 242-243 D 3
Villefranche-d'Albigeois o F (81) 240-241 J 3
Villefranche-d'Allier o F (03) 236-237 L 3
Villefranche-de-Conflent o F (66) 240-241 J 5
Villefranche-de-Lauragais o F (31) 240-241 H 4
Villefranche-de-Lonchat o F (24) 236-237 F 6
Villefranche-de-Panat o F (12) 240-241 K 2
Villefranche-de-Rouergue o F (12) 240-241 J 2
Villefranche-du-Périgord o F (24) 240-241 G 1
Villefranche-sur-Cher o F (41) 232-233 F 5
Villefranche-sur-Mer o • F (06) 242-243 L 4
Villefranche-sur-Saône o F (69) 238-239 F 5
Villegenon o F (18) 232-233 H 5
Villegongis o F (36) 236-237 J 2
Villeguera, La o YV 204-205 H 4
Villejuif o F (94) 232-233 G 2
Villelaure o F (84) 242-243 G 4
Villemade o F (82) 240-241 G 2
Ville-Marie o CDN 182-183 E 5
Villemaur-sur-Vanne o F (10) 232-233 K 3
Villemeux-sur-Eure o F (28) 232-233 E 2
Villemontais o F (42) 238-239 D 5
Villemorien o F (10) 234-235 E 5
Villemur-sur-Tarn o F (31) 240-241 H 3
Villena o E 34-35 G 5
Villenauxe-la-Grande o F (10) 232-233 K 2
Villenave o F (40) 240-241 C 3
Villenave-d'Ornon o F (33) 236-237 D 6
Villeneuve o F (09) 240-241 F 5
Villeneuve o F (33) 236-237 D 5
Villeneuve o F (85) 236-237 B 2
Villeneuve o • F (12) 240-241 J 2
Villeneuve-d'Allier o F (43) 242-243 C 1
Villeneuve-de-Berg o F (07) 242-243 F 2
Villeneuve-de-Marsan o • F (40) 240-241 D 3
Villeneuve-d'Olmes o F (09) 240-241 H 5
Villeneuve-la-Comtesse o F (17) 236-237 D 3
Villeneuve-la-Guyard o F (89) 232-233 J 3
Villeneuve-l'Archevêque o F (89) 232-233 K 3
Villeneuve-le-Comte o F (77) 232-233 H 2
Villeneuve-Lembron • F (63) 242-243 C 1
Villeneuve-lès-Avignon o F (30) 242-243 F 4
Villeneuve-lès-Charnod o F (39) 238-239 G 4
Villeneuve-lès-Maguelonne o F (34) 242-243 D 4
Villeneuve-sur-Allier o F (03) 238-239 C 3
Villeneuve-sur-Cher o F (18) 232-233 G 5
Villeneuve-sur-Lot o F (47) 240-241 F 2
Villeneuve-sur-Vère o F (81) 240-241 J 2
Villeneuve-sur-Yonne o F (89) 232-233 J 3
Villentrois o F (36) 232-233 E 5
Villepinte o F (11) 240-241 J 4
Villeprévost, Château de • F (28) 232-233 F 3
Villequier o F (76) 228-229 F 4
Villeréal o F (47) 240-241 F 1
Villerest o F (42) 238-239 E 5
Villerouge-Termenès o F (11) 240-241 K 5
Villeroy o CDN 182-183 J 5
Villers-aux-Bois o F (51) 232-233 K 2
Villers-Bocage o F (14) 228-229 C 5
Villers-Bocage o F (80) 228-229 J 3
Villers-Bretonneux o F (80) 228-229 K 4
Villers-Carbonnel o F (80) 228-229 K 4
Villers-Cotterêts o F (02) 228-229 L 5
Villersexel o F (70) 238-239 J 1
Villers-Farlay o F (39) 238-239 H 2
Villers-le-Lac o F (25) 238-239 K 2
Villers-lès-Nancy o F (54) 234-235 J 4
Villers-les-Pots o F (21) 238-239 G 2
Villers-sur-Mer o F (14) 228-229 D 5
Villers-sur-Meuse o F (55) 234-235 G 3
Villerupt o F (54) 234-235 H 3
Villerville o F (14) 228-229 E 5
Villeseneux o F (51) 234-235 E 4
Villesèque o F (46) 240-241 G 2
Ville-sur-Illon o F (88) 234-235 J 5
Ville-sur-Terre o F (10) 234-235 F 5
Ville-sur-Tourbe o F (51) 234-235 F 3
Villetelle, La o F (23) 236-237 K 4
Villeurbanne o F (69) 238-239 F 5
Villeveyrac o F (34) 242-243 D 5
Villevocance o F (07) 242-243 F 1
Villicún, Sierra de ▲ RA 220-221 C 6
Villiers o F (36) 236-237 H 2
Villiers o F (36) 236-237 K 2
Villiers o ZA 156-157 J 3
Villiers-Charlemagne o F (53) 230-231 K 4
Villiers-en-Bois o F (79) 236-237 E 3
Villiers-en-Lieu o F (52) 234-235 F 4
Villiers-en-Plaine o F (79) 236-237 D 3
Villiers-Saint-Benoît o F (89) 232-233 J 4
Villiers-Saint-Georges o F (77) 232-233 J 2
Villiers-sur-Loir o F (41) 232-233 E 4
Villisca o USA 186-187 K 5
Vilnes o N 22-23 B 6
Vilnius ★ •• LT 30-31 J 4
Vil'njans'k o UA 38-39 J 4
Vil'nohirs'k o UA 38-39 J 3
Vils ~ D 28-29 L 4
Vil'šany o UA 38-39 J 2
Vimieiro o P 34-35 D 5
Vimioso o P 34-35 D 4
Vimmerby ☆ • S 22-23 G 8
Vimoutiers o F (61) 230-231 M 2
Vina ~ CAM 140-141 K 5
Vina, Chute de la ~ • CAM 140-141 K 5
Viña, La o RA (CAT) 220-221 E 5
Viña, La o RA (SAL) 220-221 E 3
Viña del Mar o RCH 222-223 D 2
Vinalhaven o USA 190-191 O 3
Vinalhaven Island ⌒ USA 190-191 O 3
Vinanivao o RM 158-159 G 5
Vinaròs o E 34-35 H 4
Vinători o RO 38-39 C 5
Vinay o F (38) 242-243 G 1
Vinça o F (66) 240-241 K 5
Vincelles o F (89) 238-239 D 1
Vincelotte, Lac ⊖ CDN 180-181 N 7
Vincendo o F (974) 246 II b 2
Vincennes o USA 190-191 E 6
Vincennes Bay ≈ 16 G 11
Vinces o EC 208-209 C 2
Vinchina o RA 220-221 C 5
Vinchina, Río ~ RA 220-221 C 5
Vindelälven ~ S 22-23 J 4
Vindeln o S 22-23 J 4
Vindhya Range ▲ IND 74-75 E 8
Vineland o USA 190-191 L 6
Viner Nejstadt, ostrov ⌒ RUS 20-21 f 2
Vines o F (12) 236-237 L 6
Vinets o F (10) 234-235 E 4
Vingåker ☆ S 22-23 G 7
Vingeanne ~ F 238-239 G 1
Vingerklip • NAM 152-153 C 10
Vingrau o F (66) 240-241 K 5
Vinh ☆ VN 92-93 D 7
Vinhais o P 34-35 D 4
Vịnh Bắc Bộ ≈ 92-93 E 6
Vịnh Cam Ranh ≈ 94-95 K 5
Vịnh Cây Dư'ơng ≈ 94-95 H 5
Vịnh Diễn Châu ≈ 92-93 D 7
Vinhedo o BR 216-217 G 7
Vĩnh Hy o VN 94-95 K 5
Vĩnh Kim o VN 94-95 K 3
Vĩnh Lộc ☆ VN 92-93 D 6
Vĩnh Long o VN 94-95 H 5
Vĩnh Pham Thiêy ≈ 94-95 K 5
Vĩnh Yên ☆ VN 92-93 D 6
Vinita o USA 188-189 K 1
Vinju Mare o RO 38-39 C 5
Vinkovci o HR 36-37 G 2
Vinnica = Vinnycja ☆ UA 38-39 F 3
Vinnycja ☆ UA 38-39 F 3
Vinon-sur-Verdon o F (83) 242-243 H 4
Vinson, Mount ▲ ARK 16 F 28
Vinstra ☆ N 22-23 D 6
Vinter Øer ⌒ GRØ 170-171 W 6
Vinton o USA 186-187 L 4
Vinukonda o IND 76-77 H 2
Vinza o RCB 146-147 E 5
Vinzili o RUS 50-51 H 6
Viola o USA (IL) 190-191 C 5
Viola o USA (KS) 188-189 J 1
Violaineville o G 146-147 C 3
Violay o F (42) 238-239 E 5
Violeta, La o RA 222-223 J 2
Violette, Île ⌒ F (984) 246 III c 3
Viols-le-Fort o F (34) 242-243 D 4
Vion o F (07) 242-243 F 1
Vioolsdrif o ZA 156-157 C 4
Viosne ~ F (95) 228-229 H 5
Viphya Mountains ▲ MW 150-151 G 7
Viplaix o F (03) 236-237 K 3
Vipos, Río ~ RA 220-221 E 4
Vir o TJ 72-73 M 6
Virac ☆ RP 96-97 F 6
Viração, Cachoeira da ~ BR 206-207 G 6
Virac Point ▲ RP 96-97 F 6
Viradouro o BR 216-217 F 6
Vira-e-Volta, Cachoeira ~ BR 212-213 C 3
Viraganur o IND 76-77 H 5
Viramgām o IND 74-75 D 8
Virangehir ☆ TR 64-65 H 4
Virapalle o IND 76-77 H 3
Virār o IND 74-75 D 10
Virarājendrapet o IND 76-77 F 4
Virāwah o PK 74-75 C 7
Virden o CDN 178-179 F 6
Virden o USA 190-191 D 6
Vire o F (14) 230-231 K 2
Vire ~ F (14) 230-231 K 2
Virei o ANG 152-153 B 7
Virelade o F (33) 240-241 D 1
Vireux-Wallerand o F (08) 234-235 F 1
Virgem da Lapa o BR 216-217 J 4
Virgen, La o NIC 196-197 B 6
Virgen de las Lajas, Santuario • CO 208-209 D 1
Virgen del Carmen, Canal < RA 220-221 F 3
Virgin Gorda ⌒ GB 200 C 2
Virginia o AUS 116-117 E 3
Virginia o USA 186-187 L 2
Virginia ◘ USA 190-191 J 7
Virginia o ZA 156-157 H 4
Virginia Beach o USA 190-191 K 7
Virginia Dale o USA 186-187 E 5
Virginia Falls ~ CDN 174-175 F 5
Virgin Islands = Vierges, Îles ◘ GB 200 C 2
Virgin Islands = Vierges, Îles ◘ USA 200 C 2
Virgin Passage ≈ 200 C 2
Virgin River ~ USA 184-185 G 7
Virgolândia o BR 216-217 J 5
Virieu-le-Grand o F (01) 238-239 H 5
Virieu-sur-Bourbre o F (38) 242-243 G 1
Virignin o F (01) 238-239 H 5
Virihaure ⊖ S 22-23 H 3
Virine, Croix de ▲ F 234-235 J 5
Virojoki = Virolahti o FIN 24-25 J 6
Virolahti o FIN 24-25 J 6
Vironchaux o F (80) 228-229 H 3
Virovitica o HR 36-37 F 2
Virrat o FIN 24-25 G 5
Virts, Lac = Võrtsjärv ⊖ EST 30-31 K 2
Virtsu o EST 30-31 H 2
Viru o PE 208-209 C 6
Virudó o CO 204-205 C 5
Virudunagar o IND 76-77 G 6
Virunga, Parc National des ⊥ ••• ZRE 148-149 B 4
Virville o F (76) 228-229 E 4
Viry o F (74) 238-239 J 4
Vis ~ F (30) 240-241 L 3
Vis o HR 36-37 F 3
Vis ⌒ HR 36-37 F 3
Vis ~ NAM 156-157 C 2
Visaginas ☆ LT 30-31 K 4
Visalia o USA 184-185 E 7
Visan o F (84) 242-243 F 3
Visayan Sea ≈ 96-97 E 7
Visayas ⌒ RP 96-97 E 7
Visby ☆ •• S 22-23 J 8
Viscount Melville Sound ≈ 168-169 P 3
Višegrad o • BIH 36-37 G 3
Višera ~ RUS 24-25 V 5
Višera ~ RUS 50-51 D 4
Viseu ☆ • P 34-35 D 4
Vishākhapatnam o •• IND 78-79 C 7
Visicsa, Río ~ BOL 214-215 D 6
Visim ~ RUS 50-51 F 3
Visimskij zapovednik ⊥ RUS 32-33 L 5
Visita o BR 210-211 H 6
Visite, La o RH 198-199 J 5
Višneva o BY 30-31 K 4
Višnevka ☆ KA 60-61 H 3
Visočica ▲ HR 36-37 E 2
Visoko o BIH 36-37 G 3
Visrivier o ZA (CAP) 156-157 G 5
Visrivier ~ ZA 156-157 E 5
Visrivierafgronde Park ⊥ NAM 156-157 D 3
Visriviercanyon •• NAM 156-157 C 3
Visrivier Canyon Park, Ai-Ais and ⊥ NAM 156-157 C 3
Vista Alegre o ANG 152-153 C 4
Vista Alegre o BR (AMA) 210-211 C 6
Vista Alegre o BR (AMA) 210-211 E 3
Vista River ~ CDN 168-169 c 4
Vistule = Wisła ~ PL 28-29 P 1
Visuvisu Point ▲ SOL 120 I c 2
Visviri o RCH 214-215 C 5
Vit ~ BG 38-39 D 6
Vita o IND 76-77 F 2
Vitberget ▲ S 22-23 L 3
Vitebsk = Vicebck o BY 30-31 M 4
Viterbo ☆ • I 36-37 D 3
Vitgenštejna, mys ▲ RUS 48-49 R 6
Vithalapur o IND 74-75 D 8
Vi Thanh o VN 94-95 H 6
Vitiaz Strait ≈ 119 D 3
Vitigudino o E 34-35 D 4
Viti Levu ⌒ FJI 120 III a 2
Vitim o RUS (SAH) 54-55 F 6
Vitim ~ RUS 54-55 F 6
Vitim, Plateau du = Vitimskoe ploskogor'e ⊥ RUS 54-55 F 9
Vitimkan ~ RUS 54-55 E 8
Vitimskij o RUS 54-55 F 6
Vitimskij zapovednik ⊥ RUS 54-55 H 7
Vitimskoe ploskogor'e ⊥ RUS 54-55 F 9
Vitiones, Lago de los ⊖ BOL 214-215 H 6
Vitolište o MK 36-37 H 4
Vitória o BR 220-221 K 5
Vitor o PE 214-215 B 5
Vitoria o BR 212-213 B 3
Vitória ☆ BR 216-217 K 6
Vitória da Conquista o BR 216-217 K 3
Vitória de Santo Antão o BR 212-213 L 6
Vitória do Mearim o BR 212-213 F 3
Vitoria-Gasteiz o • E 34-35 F 3
Vitória Seamount ≃ 216-217 M 6
Vitorino o BR 218-219 D 6
Vitorino Freire o BR 212-213 F 4
Vitoša, Naroden Park ⊥ BG 38-39 C 6
Vitrac o F (24) 236-237 H 6
Vitrac-Saint-Vincent o F (16) 236-237 F 4
Vitré o F (35) 230-231 J 3
Vitrey-sur-Mance o F (70) 238-239 H 1
Vitrolles o F (13) 242-243 G 5
Vitrolles o F (84) 242-243 H 4
Vitry-aux-Loges o F (45) 232-233 G 4
Vitry-en-Artois o F (62) 228-229 K 3
Vitry-le-Croisé o F (10) 234-235 F 5
Vitry-le-François o F (51) 234-235 F 4
Vitry-sur-Seine o F (94) 232-233 G 2
Vitshumbi o • ZRE 148-149 B 4
Vittangi o S 22-23 K 3
Vitteaux o F (21) 238-239 F 2
Vittel o • F (88) 234-235 H 5
Vittichi, Río ~ BOL 214-215 E 7
Vittória o I 36-37 E 6
Vittorio Vèneto o I 36-37 D 1
Vityaz, Fosse de = Vityaz Depth ≃ 58-59 O 6
Vityaz Depth ≃ 58-59 O 6
Viuda, Isla La ⌒ PE 208-209 C 6
Viuda, La o YV 204-205 K 3
Viudas de Oriente o MEX 194-195 H 6
Vivarais, Monts du ▲ F (07) 242-243 E 1
Vivario o F (2B) 244 D 4
Viveiro o E 34-35 D 3
Vivero, El o YV 204-205 H 4
Viverols o F (63) 242-243 D 1
Vivi ~ RUS 52-53 H 4
Vivi ~ RUS 52-53 G 2
Vivi, ozero ⊖ RUS 52-53 G 2
Vivian o CDN 178-179 H 6
Vivian o USA (LA) 188-189 L 3
Vivian o USA (SD) 186-187 G 4
Viviers o F (07) 242-243 F 3
Vivier-sur-Mer, Le o F (35) 230-231 H 2
Viviez o F (12) 240-241 J 1
Vivo o ZA 154-155 E 6
Vivonne o F (86) 236-237 F 3
Vivonne Bay ≈ 116-117 D 4
Vivorată, Arroyo ~ RA 222-223 L 4
Vivorillo, Cayos ⌒ HN 198-199 D 7
Vivy o F (49) 230-231 L 5
Viwa ⌒ FJI 120 III a 2
Vix o F (85) 236-237 D 3
Vižas ~ RUS 24-25 S 3
Vizcachas, Meseta de las ⊥ RCH 224 D 5
Vizcachillas, Cerro ▲ BOL 220-221 D 2
Vizcaíno, Desierto de ⊥ MEX 194-195 C 4
Vizcaíno, Península de ⌒ MEX 194-195 B 4
Vizcaíno, Reserva de la Biósfera El ⊥ ••• MEX 194-195 B 4
Vizcaya, Golfo de ≈ 26-27 G 10
Vizcaya, Golfo de ≈ 34-35 G 3
Vize, ostrov ⌒ RUS 20-21 p 3
Vizeu o BR 212-213 E 2
Vizezy ~ F (42) 238-239 C 6
Vizianagaram o IND 78-79 C 6
Vizien, Rivière ~ CDN 180-181 N 5
Vizille o F (38) 242-243 H 1
Vizinga o RUS 32-33 G 3
Vizzavona o F (2B) 244 D 4
Vizzavona, Col de ▲ F 244 D 4
Vizzavona, Forêt de ⊥ F (2B) 244 D 4
Vizzini o I 36-37 E 6
Vjalozero ⊖ RUS 24-25 N 3
Vjartsilja o RUS 24-25 L 5
Vjatka ~ RUS 32-33 H 4
Vjatskie Poljany ☆ RUS 32-33 G 5
Vjazemskij o RUS 58-59 F 5
Vjaz'ma ☆ RUS 30-31 O 4
Vjazniki o RUS 30-31 S 3
Vjosës, Lumi i ~ AL 36-37 G 4
Vlaanderen ◘ B 28-29 H 3
Vladičin Han o YU 36-37 J 3
Vladikavkaz ☆ RUS 62-63 F 6
Vladimir ☆ ••• RUS 30-31 R 3
Vladimirovka o KA 60-61 F 3
Vladimirovka o RUS 58-59 K 3
Vladimirovo o RUS 58-59 K 4
Vladivostok o RUS 58-59 D 7
Vlaming, Pointe ▲ F (984) 246 VII
Vlașca, Drăgănești- o RO 38-39 D 5
Vlasenica o BIH 36-37 G 2
Vlas'evo o RUS 58-59 J 2
Vlasovo o RUS 46-47 U 4
V. Lelija ▲ BIH 36-37 G 3
Vlieland ⌒ NL 28-29 H 2
Vlissingen o NL 28-29 G 3
Vlkolinec o ••• SK 28-29 P 4
Vlorë ☆ •• AL 36-37 G 4
Vltava ~ CZ 28-29 N 4
Vnutrennjaja guba ≈ RUS 56-57 T 3
Vobkent o US 72-73 J 4
Voč' ~ RUS 32-33 J 3
Vodla ~ RUS 24-25 O 6
Vodlozero, ozero ⊖ RUS 24-25 O 5
Vodnyj o RUS 24-25 W 5
Vodopadnyj, mys ▲ RUS 56-57 U 3
Vœuil-et-Giget o F (16) 236-237 F 4
Vogan o RT 138-139 L 6
Vogelkop = Doberai Peninsula ⌒ RI 102-103 F 2
Vogüé o F (07) 242-243 E 2
Vogulka ~ RUS 50-51 G 3
Vogul'skij Kamen', gora ▲ RUS 50-51 E 4
Vogvazdino o RUS 24-25 V 5
Voh o F (988) 247 I b 2
Vohémar = Iharana o RM 158-159 G 4

Ward Hunt Island ⌒ CDN 170-171 N 2
Ward Hunt Strait ≈ 119 F 5
Ward Inlet ≈ 180-181 Q 3
Wardlaw, Kap ◢ GRØ 170-171 p 8
Wardo o RI 102-103 H 2
Ware o CDN 176-177 H 3
Ware o USA 190-191 M 4
Waren o RI 102-103 J 3
Waren ~ RI 102-103 J 3
Waren (Müritz) o· D 28-29 M 2
Warenda o AUS 114-115 F 2
Warfallah, Ra's ⛰ LAR 128-129 F 3
War Galoh o SP 144-145 H 5
Wariai, Tanjung ▲ RI 102-103 F 2
Warialda o AUS 114-115 L 5
Waria River ~ PNG 119 D 4
Wāri Godri o IND 74-75 E 10
Wari Island ⌒ PNG 119 F 6
Warilau o RI 102-103 H 4
Warilau, Pulau ⌒ RI 102-103 H 4
Warin Chamrap o THA 94-95 H 3
Waring Mountains ⛰ USA 164-165 K 3
Wario River ~ PNG 119 B 3
Wāris Aliganj o IND 78-79 D 3
Warkopi o RI 102-103 H 2
Warkworth o NZ 118 E 2
Warman o CDN 178-179 C 4
Warmandi o RI 102-103 G 2
Warmbad o NAM 156-157 D 4
Warmbad o ZA 156-157 J 2
Warm Baths = Warmbad o ZA 156-157 J 2
Warming Land ⊥ GRØ 170-171 Y 3
Warm Springs o USA (NV) 184-185 F 6
Warm Springs o USA (OR) 184-185 D 3
Warm Springs Indian Reservation ✗ USA 184-185 D 3
Warm Springs Reservoir < USA 184-185 E 4
Warnemünde o D 28-29 M 1
Warner o CDN 176-177 O 7
Warner Mountains ⛰ USA 184-185 D 4
Warner Range ⛰ USA 184-185 D 5
Warner Robins o USA 192-193 G 3
Warnes o RA 222-223 J 3
Warning, Mount ▲ AUS 114-115 M 5
Warnow ~ D 28-29 L 2
Waromge, Teluk ≈ 102-103 F 2
Warooka o AUS 116-117 D 3
Waroona o AUS 112-113 C 6
Waropen, Teluk ≈ 102-103 J 2
Waropko o RI 102-103 L 4
Warora o IND 74-75 G 9
Warra o AUS 114-115 L 4
Warrabri ✗ AUS 114-115 C 1
Warracknabeal o AUS 116-117 G 4
Warragul o AUS 116-117 H 5
Warrakalanna, Lake ⬭ AUS 114-115 E 5
Warrakunta Point ◢ AUS 110-111 C 4
Warralakin o AUS 112-113 E 5
Warral Island ⌒ AUS 119 B 6
Warrandirinna, Lake ⬭ AUS 114-115 D 4
Warrawagine o AUS 108-109 E 6
Warrego Highway II AUS 114-115 J 4
Warrego Mine • AUS 110-111 B 6
Warrego Range ⛰ AUS 114-115 H 3
Warrego River ~ AUS 114-115 H 4
Warren o AUS 114-115 J 6
Warren o CDN 178-179 H 5
Warren o USA (AR) 188-189 L 3
Warren o USA (MI) 190-191 G 4
Warren o USA (MN) 186-187 J 1
Warren o USA (MT) 186-187 C 3
Warren o USA (NH) 190-191 N 4
Warren o USA (OH) 190-191 H 5
Warren o USA (PA) 190-191 J 5
Warrendale o USA 190-191 H 5
Warrender, Port o AUS 108-109 G 3
Warren Point ◢ CDN 164-165 Y 2
Warrensburg o USA 186-187 L 6
Warrens Landing o CDN 178-179 H 4
Warrenton o USA (GA) 192-193 G 3
Warrenton o USA (VA) 190-191 K 6
Warrenton o ZA 156-157 G 4
Warren Vale o AUS 110-111 F 6
Warri o WAN 140-141 F 6
Warriedar o AUS 112-113 D 4
Warriedar Hill ▲ AUS 112-113 D 4
Warriner Creek ~ AUS 114-115 D 5
Warrington o USA 192-193 E 4
Warrington Bay ≈ 168-169 N 3
Warrior o USA 192-193 E 3
Warrior Reefs ⌒ AUS 110-111 G 2
Warri River ~ WAN 140-141 F 6
Warri Warri Creek ~ AUS 114-115 F 5
Warrnambool o AUS 116-117 G 5
Warroad o USA 186-187 K 1
Warrumbungle National Park ⊥ AUS 114-115 K 6
Warrumbungle Range ⛰ AUS 114-115 K 6
Warruwi ✗ AUS 110-111 B 2
Warsa o RI 102-103 H 2
Warsaw o USA (IN) 190-191 F 5
Warsaw o USA (MO) 186-187 L 6
Warsaw o USA (NC) 192-193 J 2
Warshi o IND 74-75 F 10
Warshiikh o SP 148-149 K 2
Warszawa ★··· PL 28-29 Q 2
Warta ~ PL 28-29 O 2
Warton, Monte ▲ RCH 224 D 6
Waru o RI (JTI) 104 E 3
Waru o RI (KTI) 100-101 E 4
Waru o RI (MAL) 102-103 F 3
Warud o IND 74-75 G 9
Waruta ~ RI 102-103 L 3
Warwick o AUS 114-115 L 5
Warwick ✫· GB 26-27 G 5
Warwick o USA 192-193 G 4
Warwick Channel ≈ 110-111 D 4
Warwick Downs O.S. o AUS 114-115 E 1
Waryori ~ RI 102-103 G 2
Warzazāt = Ouarzazate ✫ MA 124-125 H 5
Wasagaming o CDN 178-179 G 5
Wasagu o WAN 140-141 F 3
Wasai o RI 102-103 F 2
Wasalangka o RI 100-101 H 6
Wasatch Plateau ⛰ USA 184-185 J 6
Wasatch Range ⛰ USA 184-185 J 4
Wasco o USA 184-185 E 8
Wase o WAN 140-141 H 4
Wase, River ~ WAN 140-141 H 4
Waseca o USA 186-187 L 3
Washackie Wilderness Area ⊥ USA 186-187 C 4
Washago o CDN 182-183 E 6
Washāp o PK 70-71 K 5
Washburn o USA 186-187 G 2
Washburne Lake ⬭ CDN 168-169 S 5
Washi Lake ⬭ CDN 178-179 N 5
Wāshim o IND 74-75 F 9
Washington o USA (GA) 192-193 G 3
Washington o USA (IA) 190-191 C 5
Washington o USA (IN) 190-191 E 6
Washington o USA (KS) 186-187 J 6
Washington o USA (MI) 190-191 E 3
Washington o USA (MO) 190-191 C 6
Washington o USA (NC) 192-193 K 2
Washington o USA (OH) 190-191 G 6
Washington o USA (PA) 190-191 H 5
Washington □ USA 184-185 C 2
Washington, Mount ▲ USA 190-191 N 3
Washington, Port o USA 190-191 E 4
Washington, Slagbaai, National Reservaat ⊥ NL 204-205 G 1
Washington Birthplace National Monument, George ∴ USA 190-191 K 6
Washington D.C. ★ USA 190-191 K 6
Washington Islands ⌒ USA 190-191 E 3
Washington Land ⊥ GRØ 170-171 R 3
Washington National Monument, Booker T. ∴ USA 190-191 J 7
Washita, Fort ∴ USA 188-189 J 2
Washita River ~ USA 188-189 J 2
Washow Bay ⬭ CDN 178-179 H 5
Washwng ✫ MYA 78-79 K 3
Washpool National Park ⊥ AUS 114-115 M 5
Washtucna o USA 184-185 E 2
Wāshūk o PK 70-71 L 5
Wasian o RI 102-103 G 2
Wasigny o F (08) 234-235 E 2
Wasile o RI 100-101 K 3
Wasilla o USA 164-165 Q 6
Wasimi o WAN 140-141 E 4
Wasini Island ⌒ EAK 148-149 G 6
Wasini Marine National Park ⊥ EAK 148-149 G 6
Wāsiq, al- o KSA 68-69 B 4
Wasir, Pulau ⌒ RI 102-103 H 4
Wāsiṭ □ IRQ 64-65 L 6
Wāsiṭ ∴· IRQ 64-65 M 6
Wāsiṭa, al- o KSA 66-67 F 6
Waskaganish = Fort Rupert o CDN 182-183 E 3
Waskahigan River ~ CDN 176-177 M 4
Waskaiowaka Lake ⬭ CDN 178-179 H 2
Waskesiu Lake o CDN 178-179 C 4
Waskom o USA 188-189 K 3
Wasletan o RI 102-103 F 5
Waspam o NIC 196-197 B 4
Waspuk, Río ~ NIC 196-197 B 4
Wassadou o SN 138-139 C 3
Wassamu o J 88-89 K 2
Wasselonne o F (67) 234-235 L 4
Wasserbourg o F (68) 234-235 L 5
Wasserburg am Inn o D 28-29 M 4
Wassigny o F (02) 228-229 M 3
Wassou o RG 138-139 D 4
Wassy o F (52) 234-235 F 4
Wast, le o F (62) 228-229 H 2
Wasta o USA 186-187 F 3
Wasu o PNG 119 D 3
Wasua o PNG 119 B 5
Wasum o PNG 119 E 4
Waswanipi, Lac ⬭ CDN 182-183 F 4
Waswanipi, Rivière ~ CDN 182-183 F 4
Waswanipi Indian Réserve ✗ CDN 182-183 F 4
Wata o RI 100-101 G 5
Waṭā, al- ⊥ OM 68-69 K 3
Watalgan o AUS 114-115 M 3
Watam o PNG 119 C 2
Watam o RI 100-101 L 3
Watambayoli o RI 100-101 G 4
Watampone o RI 100-101 G 6
Watamu Marine National Park ⊥ EAK 148-149 G 5
Watansoppeng o RI 100-101 F 6
Watar o IND 76-77 F 2
Watarais o PNG 119 D 4
Watarrka National Park ⊥·· AUS 112-113 L 2
Watawa o RI 102-103 D 3
Watee o SOL 120 I f 4
Waterberge ⛰ ZA 156-157 H 2
Waterberg Plateau Park ⊥ NAM 152-153 D 10
Waterbury o USA 190-191 M 5
Waterbury Lake ⬭ CDN 174-175 R 6
Water Cay ⌒ BS 198-199 H 3
Water Cay ⌒ GB 198-199 J 4
Wateree River ~ USA 192-193 H 3
Waterford o AUS 114-115 E 2
Waterford o ZA 156-157 G 6
Waterford = Port Láirge ✫· IRL 26-27 D 5
Waterfound River ~ CDN 174-175 R 6
Waterhen o CDN 178-179 G 5
Waterhen Indian Reserve ✗ CDN 178-179 G 5
Waterhen Lake ⬭ CDN (MAN) 178-179 G 4
Waterhen Lake ⬭ CDN (SAS) 176-177 Q 4
Waterhen River ~ CDN 176-177 Q 4
Waterhouse River ~ AUS 110-111 B 4
Waterloo o AUS 108-109 J 4
Waterloo o B 28-29 H 3
Waterloo o CDN 182-183 D 7
Waterloo o USA 186-187 L 4
Waterloo o WAL 138-139 D 5
Waterport o ZA 154-155 E 6
Watersmeet o USA 190-191 D 2
Waterton Glacier International Peace Park ⊥ USA 184-185 G 1
Waterton Lakes National Park ⊥ CDN 176-177 N 7
Waterton Park o CDN 176-177 O 7
Watertown o USA (NY) 190-191 L 4
Watertown o USA (SD) 186-187 J 3
Watertown o USA (WI) 190-191 D 4
Waterval-Boven o· ZA 156-157 K 2
Water Valley o USA 192-193 D 2
Waterville o USA (KS) 186-187 J 6
Waterville o USA (ME) 190-191 O 3
Waterville = An Coireán o IRL 26-27 B 6
Watford o GB 26-27 G 6
Watford City o USA 186-187 F 2
Wathaman Lake ⬭ CDN 178-179 D 2
Watheroo o AUS 112-113 D 5
Watheroo National Park ⊥ AUS 112-113 C 5
Watino o CDN 176-177 M 4
Watkin Bjerge ⛰ GRØ 172-173 a 2
Watkins Woolen Mill State Historic Site ∴ USA 186-187 K 6
Watmuri o RI 102-103 F 5
Watnil o RI 102-103 G 4
Watoa Island ⌒ PNG 119 F 5
Watom Island ⌒ PNG 119 G 3
Watonga o USA 188-189 H 2
Watpi o PNG 119 G 3
Watri o RMM 138-139 F 2
Watrous o CDN 178-179 D 5
Watrous o USA 188-189 E 2
Watrupun o RI 102-103 E 5
Watsa o ZRE 148-149 B 2
Watseka o USA 190-191 E 5
Watsi o ZRE 146-147 H 4
Watsikengo o ZRE 146-147 H 4
Watson o AUS 112-113 L 5
Watson o CDN 178-179 D 4
Watson Lake o CDN 174-175 E 5
Watson River ~ AUS 110-111 F 3
Watsonville o USA 184-185 D 7
Watta, Hiré- o CI 138-139 H 6
Wattegama o CL 76-77 J 7
Watten o F (59) 228-229 J 2
Watterson Lake ⬭ CDN 174-175 U 5
Watt Hills ⛰ AUS 112-113 F 5
Wattignies o F (59) 228-229 L 2
Wattiwarriganna Creek ~ AUS 114-115 C 5
Watts Bar Lake ⬭ USA 192-193 F 2
Watubela, Kepulauan ⌒ RI 102-103 F 4
Watukebo, Tanjung ▲ RI 102-103 G 4
Watumanuk, Tanjung ▲ RI 104 E 7
Watumohai, Gunung ▲ RI 100-101 H 6
Watunea o RI 100-101 H 6
Watupati, Tanjung ▲ RI 102-103 E 6
Watutau o RI 100-101 G 4
Wau o PNG 119 D 4
Wau o RI 102-103 G 2
Wāu o SUD 142-143 H 5
Wāu ~ SUD 142-143 H 5
Waubaushene o CDN 182-183 E 6
Waubra o AUS 116-117 G 4
Wauchope o AUS (NSW) 114-115 M 6
Wauchope o AUS (NT) 110-111 C 7
Wauchula o USA 192-193 H 6
Waukaringa o AUS 116-117 E 2
Waukarlycarly, Lake ⬭ AUS 108-109 E 6
Waukegan o USA 190-191 E 4
Waukesha o USA 190-191 D 4
Waupaca o USA 190-191 D 3
Waupun o USA 190-191 D 4
Waurika o USA 188-189 J 2
Waurika Lake ⬭ USA 188-189 H 2
Wausau o USA 190-191 D 3
Wausaukee o USA 190-191 E 3
Wauwatosa o USA 190-191 D 4
Wave Hill o AUS 108-109 K 4
Waverly o USA (IA) 186-187 L 4
Waverly o USA (MO) 186-187 L 6
Waverly o USA (NY) 190-191 K 4
Waverly o USA (TN) 192-193 E 1
Waverly o USA (VA) 190-191 K 7
Waverly Hall o USA 192-193 F 3
Wave Rock ·· AUS 112-113 E 6
Wawa o CDN 178-179 O 7
Wawa o WAN 140-141 E 4
Wawa, Río = Río Huahua ~ NIC 196-197 B 4
Wawagosic, Rivière ~ CDN 182-183 E 4
Wawalalindu o RI 100-101 H 5
Wāw al Kabīr o LAR 128-129 G 5
Wawan o RP 96-97 D 6
Wawanesa o CDN 178-179 G 6
Wawa Soula ~ F (973) 245 I b 3
Wawiwa Island ⌒ PNG 119 F 5
Wawo o RI 100-101 G 5
Wawoi River ~ PNG 119 B 4
Wawolandawe o RI 100-101 H 5
Waworada o RI 104 D 7
Wawarada, Teluk ≈ 104 D 7
Wawotobi o RI 100-101 H 5
Wawousu o RI 100-101 H 6
Waxahachie o USA 188-189 J 3
Waxxari o VRC 82-83 H 6
Way, Lake ⬭ AUS 112-113 F 3
Waya ⌒ FJI 120 III a 2
Wayabula o RI 100-101 L 2
Wayag, Pulau ⌒ RI 102-103 F 1
Wayamli o RI 100-101 L 3
Wayamli, Tanjung ▲ RI 100-101 L 3
Wayaua o RI 100-101 K 4
Waycross o USA 192-193 G 4
Wayerton o CDN 182-183 M 5
Waygay o RI (MAL) 100-101 J 4
Waygay o RI (MAL) 100-101 J 5
Wayhaya o RI 100-101 J 4
Waykadai o RI 100-101 J 4
Waykilo o RI 100-101 J 4
Wayne o USA 186-187 J 4
Waynesboro o USA (GA) 192-193 G 3
Waynesboro o USA (MS) 192-193 D 4
Waynesboro o USA (PA) 190-191 K 6
Waynesboro o USA (TN) 192-193 E 2
Waynesboro o USA (VA) 190-191 J 6
Waynesburg o USA 190-191 H 6
Waynesville o USA 192-193 G 2
Waynoka o USA 188-189 H 1
Wayongon o MYA 78-79 J 3
Waza o CAM 142-143 B 3
Waza, Parc National de ⊥ CAM 142-143 B 3
Wāzahwa = Wāzahā o AFG 74-75 B 3
Wazan = Ouezzane o MA 124-125 J 3
Wāzin o LAR 126-127 H 5
Wazirābād o PK 74-75 E 3
W du Niger, Parc National du ⊥ BF 140-141 E 2
We o CAM 140-141 J 5
Wé ✫ F (988) 247 I e 2
Weagamow Lake o CDN 178-179 L 4
Weagamow Lake ⬭ CDN 178-179 L 4
Weam o PNG 119 A 5
Weasua o LB 138-139 E 6
Weatherall Bay ≈ 168-169 S 2
Weatherford o USA (OK) 188-189 H 2
Weatherford o USA (TX) 188-189 J 3
Weaverville o USA 184-185 C 5
Webb, Mount ▲ AUS 108-109 J 7
Webb Gemstone Deposit • AUS 112-113 E 3
Webequie o CDN 178-179 N 4
Weber o NZ 118 F 4
Webster o USA 186-187 J 3
Webster City o USA 186-187 L 4
Webster Springs o USA 190-191 H 6
Webuye o EAK 148-149 E 3
Wech'echa ▲ ETH 144-145 D 4
Wecho Lake ⬭ CDN 174-175 N 4
Wecho River ~ CDN 174-175 M 4
Weda o RI 100-101 K 3
Weda, Teluk ≈ 100-101 L 3
Wedangkau o RI 102-103 F 5
Weddell, Mer de = Weddell Sea ≈ 16 G 32
Weddell Island ⌒ GB 222-223 K 6
Weddell Sea = Weddell, Mer de ≈ 16 G 32
Wedderburn o AUS 116-117 G 4
Weddin Mountain National Park ⊥ AUS 116-117 K 2
Wedel Jarlsberg Land ⊥ N 20-21 J 4
Wedge Island ⌒ AUS 112-113 C 5
Wednesday Island ⌒ AUS 119 B 6
Wedowee o USA 192-193 F 3
Weduar o RI 102-103 G 4
Weduar, Tanjung ▲ RI 102-103 G 4
Wedweil o SUD 142-143 H 4
Weebubbie Caves ⊥ AUS 112-113 K 5
Weed o USA 184-185 C 5
Weeim, Pulau ⌒ RI 102-103 F 2
Weeki Wachee Spring • USA 192-193 G 5
Weelarrana o AUS 112-113 F 1
Weelhamby Lake ⬭ AUS 112-113 D 4
Weemarie, Lake ⬭ AUS 114-115 E 3
Weenen o ZA 156-157 K 4
Weethalle o AUS 116-117 J 2
Wee Waa o AUS 114-115 K 6
Wegdraai o ZA 156-157 E 4
Wegener, Inlandsis de = Wegener-Inlandeis C ARK 16 F 3
Wegener-Inlandeis = Wegener, Inlandsis de C ARK 16 F 3
Węgorzewo o· PL 28-29 Q 1
Weh, Pulau ⌒ RI 98-99 A 2
Wehni o ETH 136-137 H 6
Weichang o VRC 84-85 N 7
Weiden in der Oberpfalz o D 28-29 M 4
Weifang o VRC 90-91 L 3
Weihai o VRC 90-91 N 3
Wei He ~ VRC 90-91 J 4
Wei He ~ VRC 90-91 E 4
Weihui o VRC 90-91 J 4
Weila o GH 138-139 K 5
Weilmoringle o AUS 114-115 J 5
Weimar o·· D 28-29 L 3
Wein, Bur ◢ EAK 148-149 H 2
Weinan o VRC 90-91 F 4
Weining o VRC 92-93 D 3
Weipa o AUS 110-111 F 3
Weipa South ✗ AUS 110-111 F 3
Weir River ~ AUS 114-115 K 5
Weir River o CDN (MAN) 178-179 J 2
Weir River ~ CDN 178-179 K 2
Weirton o USA 190-191 H 5
Weiser o USA 184-185 F 3
Weiser River ~ USA 184-185 F 3
Weishan o VRC 90-91 K 4
Weishan Hu ~ VRC 90-91 K 4
Weishi o VRC 90-91 J 4
Weiss Lake < USA 192-193 F 2
Weitchpec o USA 184-185 C 5
Weitou o VRC 92-93 L 4
Weixi o VRC 78-79 L 2
Wei Xian o VRC 90-91 J 3
Weixin o VRC 92-93 D 3
Weiya o VRC 82-83 M 5
Weiyuan o VRC (GAN) 90-91 D 4
Weiyuan o VRC (SIC) 92-93 D 2
Weizhou Dao ⌒ VRC 92-93 F 6
Wekakura Point ◢ NZ 118 D 4
Weko o ZRE 146-147 K 3
Wekusko o CDN 178-179 G 3
Wekusko Lake ⬭ CDN 178-179 G 3
Welab o RI 102-103 K 6
Welanpela o CL 76-77 J 7
Welatam o MYA 78-79 L 2
Welbedacht Dam < ZA 156-157 H 4
Welch o USA 190-191 H 7
Welchman Hall Gully • BDS 200 F 5
Weldiya o ETH 144-145 D 3
Weldon o USA 192-193 K 1
Weld Range ⛰ AUS 112-113 D 3
Welega □ ETH 144-145 B 4
Welench'iti o ETH 144-145 D 4
Weligama o· CL 76-77 J 8
Welisara o CL 76-77 H 7
Wel Jara < EAK 148-149 H 4
Welk'īte o ETH 144-145 C 4
Welkom o ZA 156-157 H 3
Welland o CDN 182-183 E 7
Wella-Sofon-Gari o RN 140-141 E 1
Wellawaya o CL 76-77 J 7
Wellesley Basin ⊂ CDN 164-165 U 5
Wellesley Islands ⌒ AUS 110-111 E 5
Wellesley Lake ⬭ CDN 164-165 V 5
Wellington o AUS 116-117 K 2
Wellington o CDN 182-183 F 7
Wellington ★ NZ 118 E 4
Wellington o USA (CO) 186-187 E 5
Wellington o USA (KS) 188-189 J 1
Wellington o USA (UT) 184-185 J 6
Wellington o ZA 156-157 D 6
Wellington, Isla ⌒ RCH 224 C 4
Wellington, Lake ⬭ AUS 116-117 J 5
Wellington Bay ≈ 168-169 S 6
Wellington Caves • AUS 116-117 K 2
Wellington Channel ≈ 168-169 Z 3
Wellington Range ⛰ AUS 112-113 F 3
Wellman o USA 188-189 F 3
Wells o USA (NV) 184-185 G 5
Wells o USA (TX) 188-189 K 4
Wells, Lake ⬭ AUS 112-113 G 3
Wellsford o NZ 118 E 2
Wells Gray Provincial Park ⊥ CDN 176-177 K 5
Wells Lake ⬭ CDN 178-179 F 2
Wellstead o AUS 112-113 E 7
Wellston o USA 190-191 G 6
Wellsville o USA (MO) 190-191 C 6
Wellsville o USA (NY) 190-191 K 4
Wellton o USA 184-185 G 9
Welmel Shet' ~ ETH 144-145 E 6
Wel Meret < EAK 148-149 H 2
Wels o A 28-29 N 4
Welsford o CDN 182-183 L 6
Welsford, Cape ◢ CDN 180-181 G 2
Welshpool o· GB 26-27 F 5
Welshpool, Port o AUS 116-117 J 5
Welutu o RI 102-103 F 5
Welwel o ETH 144-145 G 5
Wema o ZRE 146-147 H 4
Wembere ~ EAT 148-149 E 6
Wembi o RI 102-103 L 3
Wembley o CDN 176-177 L 4
Wemindji o CDN 182-183 E 2
Wen o SUD 142-143 H 4
Wenago o ETH 144-145 D 5
Wenasaga River ~ CDN 178-179 K 5
Wenatchee o USA 184-185 D 2
Wenatchee Mountains ⛰ USA 184-185 D 2
Wenceslao Escalante o RA 222-223 H 2
Wenchang o VRC (HAI) 92-93 G 7
Wenchang o VRC (SIC) 90-91 E 6
Wenchi o GH 138-139 J 6
Wenchiki o GH 138-139 L 4
Wench'it Shet' ~ ETH 144-145 D 3
Wenchuan o VRC 90-91 C 6
Wenden o USA 184-185 H 9
Wendeng o VRC 90-91 N 3
Wendesi o RI 102-103 H 3
Wendi o RI 100-101 J 4
Wendi o VRC 92-93 G 6
Wendo o ETH 144-145 D 5
Wendou Borou o RG 138-139 D 4
Wendover o USA 184-185 H 5
Wendover Range ×× USA 184-185 H 5
Wenga o ZRE 146-147 G 3
Weng'an o VRC 92-93 E 3
Wenge o ZRE 146-147 K 3
Weni o NEP 80-81 D 6
Wenlock ∴ AUS 110-111 G 3
Wenlock River ~ AUS 110-111 F 3
Wenona o USA 190-191 D 5
Wenquan o VRC 80-81 H 4
Wenshan o VRC 92-93 D 5
Wen Shang o VRC 90-91 K 4
Wenshui o VRC (GZH) 92-93 E 2
Wenshui o VRC (SHA) 90-91 G 3
Wentworth o AUS 116-117 F 3
Wentworth Centre o CDN 182-183 N 6
Wentzel Lake ⬭ CDN (ALB) 174-175 M 6
Wentzel Lake ⬭ CDN (NWT) 174-175 M 2
Wentzel River ~ CDN 174-175 M 6
Wentzville o USA 190-191 C 6
Wenxi o VRC 90-91 G 4
Wen Xian o VRC 90-91 D 5
Wenzhen o VRC 92-93 K 2
Wenzhou o VRC 92-93 M 2
Wenzhou Wan ≈ 92-93 M 3
Wepener o ZA 156-157 H 4
Wer o IND 74-75 F 6
Werda o RB 156-157 F 2
Werdēr o ETH 144-145 G 5
Were Ilu o ETH 144-145 D 3
Werentzhouse o F (68) 238-239 L 1
Wernadinga o AUS 110-111 E 6
Werner Lake o CDN 178-179 J 5
Werota o ETH 144-145 C 3
Wer Ping o SUD 142-143 J 4
Werra ~ D 28-29 L 3
Werribee o AUS 116-117 H 4
Werrikimbie National Park ⊥ AUS 114-115 M 6
Werris Creek o AUS 114-115 L 6
Wertach ~ D 28-29 L 4
Wesel o D 28-29 J 3
Weser ~ D 28-29 K 2
Weslaco o USA 188-189 J 6
Wesley o USA 190-191 P 3
Wesleyville o CDN 182-183 S 4
Wessel, Cape ◢ AUS 110-111 D 2
Wessel Islands ⌒ AUS 110-111 D 2
Wesselsbron o ZA 156-157 H 3
Wessington Springs o USA 186-187 H 3
West o USA 188-189 J 4
West = Ouest □ CAM 140-141 J 6
West Amatuli Island ⌒ USA 166-167 V 3
West Baines River ~ AUS 108-109 J 4
West Bay ≈ 192-193 D 5
West Bay o· GB 198-199 E 5
West Bend o CDN 178-179 E 5
West Bend o USA 190-191 D 4
West Bengal □ IND 78-79 E 4
West Blocton o USA 192-193 E 3
Westbourne o CDN 178-179 G 5
Westbrook o USA 190-191 N 4
West Branch o USA 190-191 F 3
Westbury o AUS 116-117 J 6
Westby o USA (MT) 186-187 E 1
Westby o USA (WI) 190-191 C 4
West Caicos ⌒ GB 198-199 J 4
West Cape Howe ◢ AUS 112-113 D 7
West-Cape Province □ ZA 156-157 D 6
West Channel ~ CDN 164-165 X 2
West Chichagof Yakobi Wilderness ⊥ · USA 176-177 B 3
Westcliffe o USA 186-187 E 6
West Coast National Park ⊥ ZA 156-157 D 6
West End o BS 198-199 F 1
West End o GB 198-199 F 5
Westerberg o ZA 156-157 F 4
Westerland o D 28-29 K 1
Westerly o USA 190-191 N 5
Western □ EAK 148-149 E 3
Western □ EAU 148-149 C 3
Western □ PNG 119 A 4
Western o USA 186-187 J 5
Western □ Z 154-155 B 2
Western Australia □ AUS 112-113 F 1
Western Creek ~ AUS 114-115 L 4
Western Entrance ≈ 120 I b 2
Western Ghāts ⊥ IND 6-7 G 7
Western Island ⌒ PNG 119 C 2
Western Kentucky Parkway II USA 190-191 D 7
Western Plains Zoo • AUS 116-117 K 2
Westernport o USA 190-191 J 6
Western Region □ GH 138-139 J 6
Western River ~ CDN 174-175 Q 2
Western Sahara = Sahara Occidental ■ WSA 132-133 C 2
Western Samoa ⌒ WS 120 V a 1
Western Sāmoa = Samoa ■ WS 120 V a 1
Western Tasmania National Parks ⊥··· AUS 116-117 H 7
Western Thebes ∴·· ET 130-131 F 5
Western Waigeo Pulau Reserve ⊥· RI 102-103 F 2
Western Yamuna Canal < IND 74-75 F 5
Westerschelde ≈ 28-29 G 3
Westerville o USA 190-191 G 5
Westerwald ⛰ D 28-29 J 3
West Falkland ⌒ GB 222-223 L 6
Westfield o USA (MA) 190-191 M 4
Westfield o USA (NY) 190-191 J 4
West Fork ~ USA 186-187 D 1
West Fork des Moines ~ USA 186-187 K 4
West Frankfort o USA 190-191 D 7
Westgate o AUS 114-115 J 4
West Glacier o USA 184-185 H 1
West Gletscher ⊂ GRØ 170-171 i 8
West Group ⌒ AUS 112-113 F 6
Westhamlin o USA 190-191 G 6
Westhoffen o F (67) 234-235 L 4
West Holothuria Reef ⌒ AUS 108-109 G 2
Westhope o USA 186-187 G 1
West Ice Shelf ⊂ ARK 16 G 9
West Indies = Antilles ⊥ 198-199 F 2
West Island ⌒ AUS (NT) 110-111 D 4
West Island ⌒ AUS (WA) 112-113 F 7
West Kettle River ~ CDN 176-177 L 7
Westland National Park ⊥··· NZ 118 C 5
West Liberty o USA 190-191 G 7
Westlock o CDN 176-177 O 4
West Lunga ~ Z 150-151 C 7
West Lunga National Park ⊥ Z 150-151 C 7
Westmar o AUS 114-115 K 4
West Memphis o USA 188-189 M 2
Westminster o USA 190-191 K 6
Westminster o ZA 156-157 H 4
Westmoreland o AUS 110-111 E 5
Westmorland o USA 184-185 G 9
West Mount Barren ▲ AUS 112-113 E 7
West Nicholson o ZW 154-155 E 5
Weston o USA (ID) 184-185 J 4
Weston o USA (WV) 190-191 H 6
Weston-Super-Mare o GB 26-27 F 6
West Ossipee o USA 190-191 N 4
West Palm Beach o USA 192-193 H 6
West Plains o USA 188-189 M 1
West Point ▲ AUS (SA) 116-117 C 3
West Point ▲ AUS (TAS) 116-117 H 6
West Point o CDN 182-183 M 5
Westpoint o GB 222-223 K 6
West Point o USA (NE) 186-187 J 5
West Point o USA (VA) 190-191 K 7
West Point ▲ USA (AK) 164-165 S 4
West Point ▲ WAN 140-141 H 6
West Point Lake < USA 192-193 F 3
West Poplar o CDN 178-179 C 6
Westport o CDN 182-183 Q 4
Westport o NZ 118 C 4
Westport o USA (OR) 184-185 C 2
Westport o USA (WA) 184-185 B 2
Westport = Cathair na Mart o· IRL 26-27 C 5
West Prairie River ~ CDN 176-177 M 4
Westpunt o NL 204-205 G 1
Westray o CDN 178-179 F 4
Westray ⌒ GB 26-27 F 2
West River ~ CDN 168-169 H 6
West Road River ~ CDN 176-177 H 5
West Sepik □ PNG 119 A 2
West Springfield o USA 190-191 H 5
West Thumb o USA 184-185 J 3
West Travaputs Plateau ⛰ USA 184-185 J 6
West Union o USA 190-191 C 4
West Virginia □ USA 190-191 H 6
Westwood o AUS 114-115 L 2
Westwood o USA 184-185 D 5
West Wyalong o AUS 116-117 J 2
West Yellowstone o USA 184-185 J 3
West York Island ⌒ 96-97 A 7
Wetaltok Bay ≈ 180-181 K 7
Wetan, Pulau ⌒ RI 102-103 E 5
Wetar, Pulau ⌒ RI 102-103 D 5
Wetar, Selat ≈ 102-103 C 6
Wetaskiwin o CDN 176-177 O 5
Wete o EAT 148-149 G 6
Wete o ZRE 146-147 K 6
Wetherell, Lake ⬭ AUS 116-117 G 2
Weti Wata = Wanapi, Crique ~ F (973) 245 I b 4
Wet Mountains ⛰ USA 186-187 E 7
Weto o WAN 140-141 G 5
Wettlet o MYA 78-79 J 4
Wet Tropics of Queensland ⊥··· AUS 110-111 H 5
Wetzlar o· D 28-29 K 3
Wevok o USA 164-165 G 2
Wewak ✫ PNG 119 B 2
Wexford = Loch Garman ✫ IRL 26-27 D 5
Weyakwin o CDN 178-179 D 3
Weyburn o CDN 178-179 E 6
Weygand, Presqu'île ∪ F (984) 246 III b 2
Weyland, Point ◢ AUS 116-117 C 2
Weymouth o CDN 182-183 M 6
Weymouth o· GB 26-27 F 6
Weymouth, Cape ◢ AUS 110-111 G 3
Weymouth Bay ≈ 110-111 G 3
Whakatane o NZ 118 F 2
Whalan Creek ~ AUS 114-115 K 5
Whaleback Mining Area, Mount • AUS 112-113 E 1
Whale Bay ≈ 94-95 E 5
Whale Bay ≈ 176-177 C 3
Whale Cay ⌒ BS 198-199 G 2
Whale Cove o CDN 174-175 X 4
Whale Island ⌒ USA 166-167 U 4
Whale Point ◢ CDN 180-181 F 2
Whangamata o NZ 118 E 2
Whanganui National Park • NZ 118 E 3
Whangarei o NZ 118 E 1
Wharfe ~ GB 26-27 F 4
Wharton o USA 188-189 J 5
Wharton, Península ∪ RCH 224 C 4
Wharton Lake ⬭ CDN 174-175 T 3
Wheatland o CDN 178-179 F 5
Wheatland o USA (CA) 184-185 D 6
Wheatland o USA (WY) 186-187 E 4
Wheatland Reservoir No.2 < USA 186-187 E 5
Wheaton o USA 186-187 J 3
Wheeler o USA 188-189 G 2
Wheeler Lake < USA 192-193 E 2
Wheeler Peak ▲ USA (NM) 188-189 E 1
Wheeler Peak ▲ USA (NV) 184-185 G 6
Wheeler River ~ CDN 178-179 D 2
Wheelers Point o USA 186-187 K 1
Wheeling o USA 190-191 H 5
Whela Creek ~ AUS 112-113 D 3
Whelan, Mount ▲ AUS 114-115 E 2
Whewell, Mount ▲ ARK 16 F 17
Whidbey Island ⌒ USA 184-185 C 1
Whidbey Isles ⌒ AUS 116-117 C 3
Whim Creek o AUS 108-109 C 6
Whirlwind Lake ⬭ CDN 174-175 P 5
Whiskey Jack Lake ⬭ CDN 174-175 T 6
Whitbourne o CDN 182-183 S 5
Whitby o CDN 182-183 E 7
Whitby o· GB 26-27 G 4
Whitchurch o GB 26-27 F 5
White, Lake ⬭ AUS 108-109 J 6
White, Mount ▲ AUS 112-113 F 3
White Bay ≈ 182-183 Q 3
Whitebear Point ◢ CDN 168-169 U 6
White Bear River ~ CDN 182-183 Q 4
White Butte ▲ USA 186-187 F 2
White Cape Mount ▲ USA 190-191 O 3
White Cay ⌒ BS 198-199 H 2
White City o CDN 178-179 D 5
Whiteclay o USA 186-187 F 4
Whiteclay Lake ⬭ CDN 178-179 M 5
White Cliff ▲ BS 198-199 J 3
White Cliffs o· AUS 114-115 G 6
Whitecourt o CDN 176-177 N 4
White crowned pigeons • BS 198-199 G 2
Whitedog o CDN 178-179 J 5
White Earth o USA (MN) 186-187 K 2
White Earth o USA (ND) 186-187 F 1
White Earth Indian Reservation ✗ USA 186-187 K 2
Whitefish o CDN 182-183 D 5
Whitefish o USA 184-185 G 1
Whitefish Bay o USA 190-191 F 2
Whitefish Lake ⬭ CDN 174-175 Q 4
Whitefish Lake ⬭ USA (AK) 164-165 L 6
Whitefish Lake ⬭ USA (MN) 186-187 K 2
Whitefish Lake Indian Reserve ✗ CDN 182-183 D 5
Whitefish Point o USA 190-191 F 2
Whitefish River ~ CDN 174-175 H 3
Whitegull, Lac ⬭ CDN 180-181 R 7
Whitehall o USA (MT) 184-185 H 3
Whitehall o USA (NY) 190-191 M 4
Whitehall o USA (WI) 190-191 C 3
White Hall State Historic Site • USA 190-191 F 7
White Handkerchief, Cape ◢ CDN 180-181 S 5
White Hills ▲ USA 164-165 Q 2
Whitehills Lake ⬭ CDN 174-175 W 3
Whitehorse ✫· CDN 164-165 X 6
Whitehorse o USA 186-187 G 3
White Horse Pass ▲ USA 184-185 G 5
White Island ⌒ CDN 180-181 G 2
White Island ⌒ NZ 118 F 2
White Lady • NAM 152-153 C 10
White Lake ⬭ AUS 112-113 F 2
White Lake ⬭ CDN 178-179 O 6
White Lake o USA (SD) 186-187 H 4
White Lake o USA (WI) 190-191 D 3
White Lake ⬭ USA (LA) 188-189 L 5
Whitelaw o CDN 176-177 L 3
Whiteman Range ⛰ PNG 119 E 3
Whitemark o AUS 116-117 K 6
White Mountain o USA 164-165 J 4
White Mountains ⛰ USA 164-165 R 4
White Mountains ⛰ USA 184-185 E 7
White Mountains ⛰ USA 190-191 N 3
Whitemouth o CDN 178-179 J 6
Whitemud River ~ CDN 176-177 L 3
White Nile = al-Baḥr al-Abyaḍ ~ SUD 142-143 K 4
White Otter Lake ⬭ CDN 178-179 L 6
White Pass ▲ CDN 164-165 X 7
White Pass ▲ USA 184-185 D 2
White Pine o USA 190-191 D 2
White Plains o LB 138-139 E 6
White River o CDN (ONT) 178-179 O 6

White River ~ CDN 164-165 U 5
White River ~ CDN 176-177 N 6
White River ~ CDN 178-179 N 6
White River ○ USA (SD) 186-187 G 4
White River ~ USA 184-185 D 2
White River ~ USA 184-185 G 6
White River ~ USA 186-187 C 5
White River ~ USA 186-187 H 4
White River ~ USA 188-189 M 2
White River ~ USA 188-189 G 3
White River ~ USA 190-191 E 6
White River Junction ○ USA 190-191 M 4
Whitesail Lake ⬬ CDN 176-177 G 5
White Salmon ○ USA 184-185 D 3
Whitesand River ~ CDN 178-179 E 5
White Sands Missile Range xx USA 188-189 D 3
White Sands National Monument ∴ USA 188-189 D 3
White Sands Space Harbor xx USA 188-189 D 3
Whitesburg ○ USA 190-191 G 7
White Settlement ○ USA 188-189 J 3
Whiteshell Provincial Park ⊥ •• CDN 178-179 J 5
Whiteside, Canal ≈ 224 E 6
Whitespruce Rapids ~ CDN 174-175 T 6
White Star ○ USA 190-191 F 4
Whitestone River ~ CDN 164-165 V 4
White Strait ≈ 180-181 O 3
White Sulphur Springs ○ USA (MT) 184-185 J 2
White Sulphur Springs ○ USA (WV) 190-191 H 7
White Umfolozi ~ ZA 156-157 K 4
Whiteville ○ CDN 192-193 J 2
White Volta ~ GH 138-139 K 5
Whitewater ○ USA (CO) 186-187 C 6
Whitewater ○ USA (WI) 190-191 D 4
Whitewater Baldy ▲ USA 188-189 C 3
Whitewater Bay ≈ 192-193 H 7
Whitewater Lake ⬬ CDN 178-179 M 5
Whitewood ○ AUS 114-115 G 1
Whitewood ○ CDN 178-179 E 5
Whitfield ○ AUS 116-117 J 4
Whitianga ○ NZ 118 E 2
Whiting River ~ USA 176-177 D 2
Whitlash ○ USA 184-185 J 1
Whitley City ○ USA 190-191 F 7
Whitman ○ USA 186-187 G 4
Whitmann Mission National Historic Site ∴ USA 184-185 E 2
Whitmore Mountains ▲▲ ARK 16 E 0
Whitney ○ CDN 182-183 E 6
Whitney, Lake ⬬ USA 188-189 J 4
Whitney, Mount ▲ USA 184-185 E 7
Whitney Point ○ USA 190-191 L 4
Whitney Turn ○ JA 198-199 G 5
Whitsett ○ USA 188-189 H 5
Whitsunday Island ⌒ AUS 110-111 K 7
Whitsunday Island National Park ⊥ AUS 110-111 K 7
Whitsunday Passage ≈ 110-111 K 7
Whittier ○ USA 164-165 Q 6
Whittle, Cap ▲ CDN 182-183 O 3
Whittlesea ○ AUS 116-117 H 4
Whittlesea ○ ZA 156-157 H 6
Whitula Creek ~ AUS 114-115 G 3
Whitworth ○ CDN 182-183 K 5
Wholdaia Lake ⬬ CDN 174-175 R 5
Whyalla ○ AUS 116-117 D 2
Whycocomagh ○ CDN 182-183 O 6
Whycocomagh Indian Reserve ⚔ CDN 182-183 O 6
Whycocomagh Provincial Park ⊥ CDN 182-183 O 5
Wiang Chai ○ THA 78-79 L 6
Wiang Sa ○ THA 78-79 M 6
Wiang Sa ○ THA 94-95 E 6
Wiarton ○ CDN 182-183 D 6
Wiawer ○ EAU 148-149 D 2
Wia-Wia, National Reservaat ⊥ SME 206-207 G 2
Wiawso ○ GH 138-139 J 6
Wichaway Nunataks ▲▲ ARK 16 E 0
Wichita ○ USA 188-189 J 1
Wichita Falls ○ USA 188-189 H 3
Wichita Mountains ▲▲ USA 188-189 H 2
Wichita Mountains National Wildlife Refuge • USA 188-189 H 2
Wick ○ GB 26-27 F 2
Wickenburg ○• USA 184-185 H 9
Wickepin ○ AUS 112-113 D 6
Wickersham Dome ▲ USA 164-165 Q 4
Wickes ○ USA 188-189 K 2
Wickham ○ AUS 108-109 C 6
Wickham, Cape ▲ AUS 116-117 G 5
Wickham River ~ AUS 108-109 K 4
Wickliffe ○ USA 190-191 D 7
Wicklow = Cill Mhantáin ☆ IRL 26-27 D 5
Wicklow Mountains ▲▲ IRL 26-27 D 5
Wide Bay ≈ 119 G 3
Wide Bay ≈ 166-167 S 4
Wide Opening ≈ 198-199 F 2
Widgeegoara Creek ~ AUS 114-115 J 5
Widgee Mountain ▲ AUS 114-115 M 4
Widi, Kepulauan ⌒ RI 100-101 L 4
Widjefjorden ≈ 20-21 J 3
Wi Do ⌒ ROK 86-87 F 10
Widyān, al- ∸ IRQ 64-65 J 6
Widyān, al- ∸ IRQ 64-65 K 6
Widyan, al- ∸ KSA 66-67 G 2
Wielbark ○ PL 28-29 Q 2
Wieliczka ○•• PL 28-29 Q 4
Wieluń ○• PL 28-29 P 3
Wien ★•• A 28-29 O 4
Wiener Neustadt ○ A 28-29 O 5
Wieprz ~ PL 28-29 R 3
Wierden ○ NL 28-29 J 2
Wiesbaden ☆• D 28-29 K 3
Wiesembach ○ F (88) 234-235 L 5
Wieskirche •• D 28-29 L 5
Wiga Hill ▲ WAN 140-141 K 3
Wiggins ○ USA (CO) 186-187 E 5
Wiggins ○ USA (MS) 192-193 D 4
Wignehies ○ F (59) 234-235 E 1
Wignes Lake ⬬ CDN 174-175 R 5
Wigwascence Lake ⬬ CDN 178-179 M 4
Wikki warm Spring ~• WAN 140-141 J 4
Wik'ro ○ ETH 136-137 J 6
Wikwemikong Indian Reserve ⚔ CDN 182-183 D 6
Wilber ○ USA 186-187 J 5
Wilberforce, Cape ▲ AUS 110-111 D 2
Wilbert ○ CDN 176-177 Q 5
Wilbrunga Range ▲▲ AUS 108-109 J 6
Wilbur ○ USA 184-185 E 2
Wilburton ○ USA 188-189 K 2
Wilcannia ○ AUS 114-115 G 6
Wilcock, Península ⌣ RCH 224 C 5
Wildcat Hill ▲ CDN 178-179 E 4
Wildcat Hill Wilderness Area ⊥• CDN 178-179 E 4
Wilde ○ CDN 178-179 H 3
Wildenstein ○ F (68) 234-235 K 6
Wilderness National Park ⊥ ZA 156-157 F 6
Wildhay River ~ CDN 176-177 L 5
Wild Horse ○ CDN 176-177 P 7
Wild Lake ⬬ USA 164-165 P 3
Wildman Lagoon ○ AUS 108-109 K 2
Wild Rice River ~ USA 186-187 J 2
Wildwood ○ USA 190-191 L 6
Wilge ~ ZA 156-157 J 3
Wilhelm, Mount ▲ PNG 119 C 3
Wilhelmina Gebergte ▲▲ SME 206-207 F 4
Wilhelmøya ⌒ N 20-21 M 3
Wilhelm-Pieck-Stadt Guben = Guben ○ D 28-29 N 3
Wilhelmshaven ○ D 28-29 K 2
Wilhelmstal ○ NAM 152-153 D 10
Wilkes ○ ARK 16 G 12
Wilkes, Zone de Fracture de = Wilkes Fracture Zone ≃ 10-11 R 8
Wilkes-Barre ○ USA 190-191 L 5
Wilkesboro ○ USA 192-193 H 1
Wilkes Fracture Zone = Wilkes, Zone de Fracture de ≃ 10-11 R 8
Wilkes Land ∸ ARK 16 F 12
Wilkes Rise ≃ 158-159 E 2
Wilkie ○ CDN 176-177 Q 5
Wilkinson Lakes ⬬ AUS 112-113 M 4
Wilkins Strait ≈ 168-169 P 1
Will, Mount ▲ CDN 176-177 F 3
Willamette River ~ USA 184-185 C 4
Willandra Creek ~ AUS 116-117 H 2
Willandra Lakes Region ⊥ ••• AUS 116-117 H 2
Willandra National Park ⊥ AUS 116-117 H 2
Willapa Bay ≈ 184-185 B 2
Willapa Hills ▲▲ USA 184-185 C 2
Willard ○ USA 188-189 D 2
Willare Bridge Roadhouse ○ AUS 108-109 F 4
Willcox ○ USA 188-189 C 3
Willem Pretorius Wildtuin ⊥ ZA 156-157 H 4
Willemstad ☆ NL 204-205 G 1
Willen ○ CDN 178-179 F 5
Willenberg ○ PL 28-29 Q 2
Willeroo ○ AUS 108-109 K 3
Willgottheim ○ F (67) 234-235 M 4
William, Mount ▲ AUS 116-117 G 4
William "Bill" Dannelly Reservoir < USA 192-193 E 3
Williambury ○ AUS 112-113 C 1
William Creek ○ AUS 114-115 D 5
Williamez Peninsula ⌣ PNG 119 F 3
William Lake ⬬ CDN 178-179 G 3
William Lambert, Mount ▲ AUS 112-113 H 2
William Point ▲ CDN 174-175 P 6
William River ~ CDN 174-175 P 6
Williams ○ AUS 112-113 D 6
Williams ○ USA (AZ) 184-185 H 8
Williams ○ USA (CA) 184-185 C 6
Williamsburg ○ USA (IA) 190-191 C 5
Williamsburg ○ USA (VA) 190-191 K 7
Williams Island ⌒ BS 198-199 F 2
Williams Junction ○ USA 188-189 L 2
Williams Lake ○ CDN 176-177 J 5
Williamson ○ USA 190-191 G 7
Williams Peninsula ⌣ CDN 180-181 R 3
Williamsport ○ USA (AK) 166-167 U 3
Williamsport ○ USA (PA) 190-191 K 5
Williams River ~ AUS 110-111 F 7
Williamston ○ USA 192-193 K 2
William's Town ○ BS 198-199 H 3
Williamstown ○ USA 190-191 F 6
Williamsville ○ USA 188-189 M 1
Willibert, Mount ▲ CDN 176-177 E 3
Willimantic ○ USA 190-191 M 5
Willis ○ USA 188-189 K 4
Willis Group ⌒ AUS 110-111 L 5
Williston ○ USA (FL) 192-193 G 5
Williston ○ USA (ND) 186-187 F 1
Williston ○ USA (SC) 192-193 H 3
Williston ○ ZA 156-157 E 5
Williston Lake ⬬ CDN 176-177 J 4
Willmar ○ CDN 178-179 E 6
Willmar ○ USA 186-187 K 3
Willmore Wilderness Provincial Park ⊥ CDN 176-177 L 5
Willochra ∸ AUS 116-117 E 2
Willochra Creek ~ AUS 114-115 D 6
Willow ○ USA 164-165 Q 6
Willowbrook ○ CDN 178-179 E 5
Willow Bunch ○ CDN 178-179 D 6
Willow Creek ○ CDN (SAS) 176-177 Q 7
Willow Creek ~ CDN 176-177 O 6
Willow Creek ~ USA 184-185 E 3
Willowdale ○ CDN 182-183 D 7
Willow Lake ⬬ CDN 174-175 K 4
Willowlake River ~ CDN 174-175 H 4
Willowmore ○ ZA 156-157 F 6
Willowra ○ AUS 108-109 L 6
Willowra Aboriginal Land Trust ⚔ AUS 108-109 L 6
Willow Ranch ○ USA 184-185 D 5
Willow River ~ CDN 176-177 J 5
Willow River ~ CDN 176-177 K 5
Willow River ○ USA 186-187 L 2
Willows ○ USA 184-185 C 6
Willow Springs ○ USA 188-189 M 1
Willowvale ○ ZA 156-157 J 6
Wills, Lake ⬬ AUS 108-109 J 6
Willsboro ○ USA 190-191 M 3
Wills Creek ~ AUS 114-115 E 2
Wilmer ○ USA 192-193 D 4
Wilmington ○ AUS 116-117 E 2
Wilmington ○ USA (DE) 190-191 L 6
Wilmington ○ USA (NC) 192-193 K 2
Wilmington ○ USA (OH) 190-191 G 6
Wilmot ○ USA 190-191 H 5
Wilpattu National Park ⊥ CL 76-77 H 6
Wilpena Creek ~ AUS 114-115 E 6
Wilpena Pound • AUS 114-115 E 6
Wilshaw Ridge ≃ 160 B 7
Wilson ∴ AUS 114-115 E 6
Wilson ○ USA 192-193 K 2
Wilson, Monte ▲ PE 208-209 D 9
Wilson, Mount ▲ CDN 174-175 E 4
Wilson Bay ≈ 174-175 X 4
Wilson Buff Old Telegraph Station • AUS 112-113 K 5
Wilson Creek ~ USA 184-185 E 2
Wilson Island ⌒ IND 76-77 L 3
Wilson Lake ⬬ USA (KS) 186-187 H 6
Wilson Lake < USA (AL) 192-193 E 2
Wilson River ~ AUS 108-109 H 4
Wilson River ~ AUS 114-115 G 4
Wilson River ~ CDN 174-175 X 4
Wilson's Creek National Battlefield Park ∴• USA 188-189 L 1
Wilsons Promontory National Park ⊥ AUS 116-117 J 5
Wilton ○ USA 186-187 G 2
Wilton River ~ AUS 110-111 C 4
Wiluna ○ AUS 112-113 F 3
Wimborne ○ CDN 176-177 O 6
Wimereux ○ F (62) 228-229 H 2
Wimmera ⌣ AUS 116-117 G 4
Wimmera River ~ AUS 116-117 F 4
Winamac ○ USA 190-191 E 5
Winam Bay ≈ 148-149 E 4
Winburg ○ ZA 156-157 H 4
Winchelsea ○• AUS 116-117 G 5
Winchester ○ CDN 182-183 G 6
Winchester ○• GB 26-27 G 6
Winchester ○ USA (ID) 184-185 F 2
Winchester ○ USA (KY) 190-191 F 6
Winchester ○ USA (TN) 192-193 E 2
Winchester ○ USA (VA) 190-191 J 6
Winchester ○ USA (WY) 186-187 C 4
Winchester Inlet ≈ 174-175 Z 4
Windabout Lake ⬬ AUS 114-115 D 6
Windamere, Lake < AUS 116-117 K 2
Windarra Mine, Mount • AUS 112-113 G 4
Wind Cave National Park ⊥ USA 186-187 F 4
Winder ○ USA 192-193 G 3
Winderie ○ AUS 112-113 C 2
Windermere Lake ⬬ CDN 182-183 C 5
Windham ○ USA 176-177 D 3
Windhoek ★ NAM 152-153 D 11
Windidda ○ AUS 112-113 G 3
Windigo Lake ⬬ CDN 178-179 L 4
Windigo River ~ CDN 178-179 L 4
Windjana Gorge National Park ⊥ AUS 108-109 G 4
Windom ○ USA 186-187 K 4
Windorah ○ AUS 114-115 G 3
Window on China • RC 92-93 M 4
Wind River ~ CDN 164-165 X 4
Wind River ○ USA (WY) 186-187 C 4
Wind River ~ USA 186-187 C 4
Wind River Indian Reservation ⚔ USA 186-187 C 4
Wind River Range ▲▲ USA 186-187 C 4
Windsor ○ AUS 112-113 E 4
Windsor ○ CDN (NFL) 182-183 R 4
Windsor ○ CDN (NS) 182-183 M 6
Windsor ○ CDN (ONT) 182-183 C 7
Windsor ○ GB 26-27 G 6
Windsor ○ USA 192-193 K 1
Windsor, Mount ○ AUS 114-115 F 2
Windsorton ○ ZA 156-157 G 4
Windsorton Road ○ ZA 156-157 G 4
Windward Islands ⌒ 200 E 4
Windy Bay ⬬ CDN 174-175 M 5
Windy Corner ▲ AUS 112-113 H 1
Windygates ○ CDN 178-179 G 6
Windy Harbour ○ AUS 112-113 D 7
Windy Lake ⬬ CDN 174-175 T 5
Windy River ~ CDN 174-175 T 5
Winefred Lake ⬬ CDN 176-177 P 4
Winefred River ~ CDN 176-177 P 3
Winejok ○ SUD 142-143 H 4
Winfield ○ CDN 176-177 N 5
Winfield ○ USA (AL) 192-193 E 3
Winfield ○ USA (KS) 188-189 J 1
Wing ○ USA 186-187 G 2
Wing, Port ○ USA 190-191 C 2
Wingate Mountains ▲▲ AUS 108-109 K 3
Wingen-sur-Moder ○ F (67) 234-235 L 4
Wingfield Petroglyhps ∸ KAN 200 D 3
Wingham ○ AUS 114-115 M 6
Wingham ○ CDN 182-183 D 7
Wingham Island ⌒ USA 164-165 S 6
Wingon ○ MYA 78-79 J 4
Winifred ○ USA 186-187 C 2
Winifred, Lake ⬬ AUS 108-109 F 7
Winiperu ○ GUY 206-207 E 2
Winisk ○ CDN 178-179 O 3
Winisk River ~ CDN 178-179 O 3
Winisk River Provincial Park ⊥ CDN 178-179 N 4
Winkelmann ○ USA 188-189 B 3
Winkler ○ CDN 178-179 H 6
Winneba ○ GH 138-139 K 7
Winnebago ○ USA 186-187 K 4
Winnebago, Lake ⬬ USA 190-191 D 3
Winnebago Indian Reservation ⚔ USA 186-187 J 4
Winnecke Creek ~ AUS 108-109 K 5
Winnemucca ○ USA 184-185 F 5
Winnemucca Lake ⬬ USA 184-185 E 5
Winnepegosis ○ CDN 178-179 G 5
Winner ○ USA 186-187 H 4
Winnfield ○ USA 188-189 L 4
Winnibigoshish Lake ⬬ USA 186-187 K 2
Winning ○ AUS 112-113 C 1
Winnipeg ☆ CDN 178-179 H 6
Winnipeg, Lake ⬬ CDN 178-179 G 4
Winnipeg Beach ○ CDN 178-179 H 5
Winnipegosis, Lake ⬬ CDN 178-179 F 4
Winnipeg River ~ CDN 178-179 H 5
Winnipesaukee, Lake ⬬ USA 190-191 N 4
Winnsboro ○ USA 188-189 M 3
Winona ○ USA (AZ) 184-185 J 8
Winona ○ USA (MI) 190-191 D 2
Winona ○ USA (MN) 190-191 C 3
Winona ○ USA (MO) 190-191 C 7
Winona ○ USA (MS) 192-193 D 3
Winschoten ○ NL 28-29 J 2
Winslow ○ USA (AR) 188-189 K 2
Winslow ○ USA (AZ) 188-189 B 2
Winston ○ USA 184-185 C 4
Winston-Salem ○ USA 192-193 H 1
Winterberg ○ D 28-29 K 3
Winterberge ▲▲ ZA 156-157 G 6
Winter Harbour ≈ 168-169 R 3
Winter Harbour ○ CDN 176-177 F 6
Winter Haven ○ USA 192-193 H 5
Wintering Lake ⬬ CDN 178-179 H 3
Winter Island ⌒ CDN 168-169 e 7
Winter Lake ⬬ CDN 174-175 N 3
Winter Park ○ USA 192-193 H 5
Winters ○ USA 188-189 H 4
Winterset ○ USA 186-187 K 5
Winterthur ○ CH 28-29 K 5
Winterton ○ ZA 156-157 J 4
Winterveld ∸ ZA 156-157 F 5
Winterville State Historic Site ∴ USA 188-189 M 3
Winthrop ○ USA (MN) 186-187 K 3
Winthrop ○ USA (WA) 184-185 D 1
Winton ○ AUS 114-115 G 2
Winton ○ NZ 118 B 7
Wintua ○ VAN 120 II a 3
Wintzenheim ○ F (68) 234-235 L 5
Winyaw ○ MYA 94-95 E 3
Wipim ○ PNG 119 B 5
Wiradesa ○ RI 104 C 3
Wirawila ○ CL 76-77 J 7
Wiriagar ~ RI 102-103 G 2
Wirliyajarrayi Aboriginal Land ⚔ AUS 108-109 L 6
Wirmaf ○ RI 102-103 F 4
Wirrabara ○ AUS 116-117 E 2
Wirrulla ○ AUS 116-117 C 2
Wiscasset ○ USA 190-191 O 3
Wisconsin □ USA 186-187 L 3
Wisconsin Dells ○ USA 190-191 D 4
Wisconsin Rapids ○ USA 190-191 D 3
Wisconsin River ~ USA 190-191 C 4
Wisdom ○ USA 184-185 H 3
Wisdom, Lake ⬬ PNG 119 D 3
Wisemans Ferry ○ AUS 116-117 L 2
Wisemen ○ USA 164-165 P 3
Wishart ○ CDN 178-179 E 5
Wishaw ○ GB 26-27 F 4
Wishek ○ USA 186-187 H 2
Wisil ○ SP 144-145 J 6
Wisła ○ PL (BIE) 28-29 P 4
Wisła ~ PL 28-29 P 1
Wiślany, Lagune de = Wiślany, Zalew ≈ 28-29 P 1
Wiślany, Zalew ≈ 28-29 P 1
Wisłoka ~ PL 28-29 Q 3
Wismar ○• D 28-29 L 2
Wismar ○ GUY 206-207 E 2
Wisner ○ USA 186-187 J 5
Wissant ○ F (62) 228-229 H 2
Wissembourg ○• F (67) 234-235 M 3
Witagron ○ SME 206-207 F 3
Witbank ○ ZA 156-157 J 2
Witbooisvlei ○ NAM 156-157 D 2
Witchecan Lake ⬬ CDN 178-179 C 4
Witfonteinrand ▲▲ ZA 156-157 H 2
Witjira National Park ⊥ AUS 114-115 C 4
Wit Kei ~ ZA 156-157 H 5
Witkoppies ▲ ZA 156-157 J 3
Witkransnek ▲ ZA 156-157 G 5
Witney ○ GB 26-27 G 6
Witputz < NAM 156-157 C 3
Witrivier ○ ZA 156-157 K 2
Witsand ○ ZA 156-157 E 7
Witt, De ○ USA (AR) 188-189 M 2
Witt, De ○ USA (IA) 190-191 C 5
Wittabrenna Creek ~ AUS 114-115 F 5
Witteberge ▲▲ ZA 156-157 H 4
Witteberge ▲▲ ZA 156-157 F 6
Witteberge ▲▲ ZA 156-157 E 6
Witteklip ○ ZA 156-157 G 6
Wittelsheim ○ F (68) 238-239 L 1
Wittenberg ○ USA 190-191 D 3
Wittenberge ○ D 28-29 L 2
Wittenheim ○ F (68) 238-239 L 1
Wittenoom ○ AUS 108-109 D 7
Wittenoom Gorge • AUS 108-109 D 7
Witternheim ○ F (67) 234-235 M 5
Wittingen ○ D 28-29 L 2
Wittisheim ○ F (67) 234-235 M 5
Wittlich ○ D 28-29 J 4
Wittman ○ USA 184-185 H 9
Wittstock ○• D 28-29 M 2
Witu ○ EAK 148-149 H 5
Witu ○ PNG 119 E 3
Witu Islands ⌒ PNG 119 E 3
Witvlei ○ NAM 152-153 E 11
Witwater ○ NAM 156-157 B 2
Witwater ○ ZA 156-157 D 5
Witwatersberge ▲ NAM 152-153 C 11
Witwatersrand ▲▲ ZA 156-157 H 2
Wivenhoe, Lake < AUS 114-115 M 4
Wizernes ○ F (62) 228-229 J 2
Wizzard Breakers ⌒ SY 160 B 4
Wladiwostok = Vladivostok ○ RUS 58-59 J 2
Władysławowo ○• PL 28-29 P 1
Wlingi ○ RI 104 E 4
Włocławek ☆• PL 28-29 P 2
Włodawa ○ PL 28-29 R 3
Włoszczowa ○ PL 28-29 P 3
Woburn ○ CDN 182-183 J 6
Woe ○ GH 138-139 L 7
Wœrth ○ F (67) 234-235 M 4
Woëvre, Plaine de la ∸ F 234-235 H 3
Wofikehn ○ LB 138-139 G 7
Wogadjina Hill ▲ AUS 112-113 F 1
Wogerlin Hill ▲ AUS 112-113 D 6
Woganakai ○ PNG 119 F 3
Woinui, Selat ≈ 102-103 H 2
Woippy ○ F (57) 234-235 J 3
Woitape ○ PNG 119 D 5
Wokam, Pulau ⌒ RI 102-103 H 4
Woko National Park ⊥ AUS 114-115 L 6
Wolcott ○ USA (CO) 186-187 D 6
Wolcott ○ USA (NY) 190-191 K 4
Woleai ⌒ FSM 9 F 2
Woleu ~ G 146-147 C 3
Wolf, Isla ⌒ EC 208-209 B 9
Wolf, Volcán ▲ EC 208-209 B 9
Wolf Creek ~ AUS 108-109 H 5
Wolf Creek ○ USA (MT) 184-185 H 2
Wolf Creek ○ USA (OR) 184-185 C 4
Wolf Creek Meteorite Crater National Park ⊥ AUS 108-109 H 5
Wolf Creek Pass ▲ USA 188-189 D 1
Wolfe City ○ USA 188-189 J 3
Wolfe Island ⌒ CDN 182-183 F 6
Wolfenbüttel ○•• D 28-29 L 2
Wolf Lake ⬬ CDN 164-165 Z 6
Wolf Point ○ USA 186-187 E 1
Wolf Rapids ~ CDN 174-175 V 2
Wolf River ~ CDN 164-165 Y 6
Wolf River ~ CDN 176-177 P 4
Wolf River ~ USA 190-191 D 3
Wolf Rock, Pulau ⌒ RI 100-101 K 3
Wolfsburg ○ D 28-29 L 2
Wolgast ○ D 28-29 M 1
Wolgograd = Zarizyn ☆• RUS 32-33 D 9
Wolin ⌒ PL 28-29 N 2
Wolkefit Pass ▲ ETH 136-137 H 6
Wollaston, Islas ⌒ RCH 224 G 7
Wollaston Forland ∸ GRØ 170-171 p 6
Wollaston Lake ○ CDN (SAS) 174-175 S 6
Wollaston Lake ⬬ CDN (SAS) 178-179 E 2
Wollaston Peninsula ⌣ CDN 168-169 O 6
Wollemi National Park ⊥ AUS 116-117 L 2
Wollogorang ○ AUS 110-111 D 5
Wollomombi ○ AUS 114-115 M 6
Wollondilly River ~ AUS 116-117 L 3
Wollongong ○ AUS 116-117 L 3
Wolmaransstad ○ ZA 156-157 G 3
Wolo ○• RI 102-103 K 3
Wologizi Range ∸ LB 138-139 F 5
Wolong Daxiongmao Reserves ⊥ VRC 90-91 C 6
Wolong Xiongmao Baohuqu ⊥• VRC 90-91 C 6
Wołów ○ PL 28-29 O 3
Wolowaru ○ RI 104 E 7
Wolseley ○ CDN 178-179 E 5
Wolseley ○ ZA 156-157 D 6
Wolsey ○ USA 186-187 H 3
Wolstenholme, Cap ▲ CDN 180-181 L 3
Wolstenholme Fjord ≈ 170-171 Q 5
Wolstenholme Ø ⌒ GRØ 170-171 P 5
Wolsztyn ○• PL 28-29 O 2
Wolverhampton ○ GB 26-27 F 5
Wolverine River ~ CDN 164-165 a 2
Wolverine River ~ CDN 174-175 V 6
Wolwefontein ○ ZA 156-157 G 6
Woman River ○ CDN 182-183 C 5
Wombil Downs ○ AUS 114-115 J 5
Wonderfontein ○ ZA 156-157 J 2
Wonder Gorge ⌣• Z 154-155 E 2
Wondinong ○ AUS 112-113 E 3
Wondiwoi, Pegunungan ▲▲ RI 102-103 H 3
Wonegizi Mountain ▲▲ LB 138-139 F 6
Wonenara ○ PNG 119 C 4
Wongalarroo Lake ⬬ AUS 114-115 H 6
Wongan Hills ○ AUS 112-113 D 5
Wonganoo ○ AUS 112-113 F 3
Wonga Wongué ○ G 146-147 B 4
Wonga-Wongué, Parc National du ⊥ G 146-147 B 4
Wonga Wongué, Réserve de ⊥ G 146-147 B 4
Wongoondy Wheat Bin ○ AUS 112-113 C 4
Wŏnju ○ ROK 86-87 F 9
Wonnangatta River ~ AUS 116-117 J 4
Wono ○ RI 100-101 F 5
Wonogiri ○ RI 104 D 3
Wonoka ○ AUS 114-115 E 6
Wonosari ○ RI 104 D 3
Wonosobo ○ RI 104 C 3
Wonreli ○ RI 102-103 D 6
Wonsan ○ DVR 86-87 F 8
Wonthaggi ○ AUS 116-117 H 5
Wonyulgunna Hill ▲ AUS 112-113 E 2
Wood, Isla ⌒ RA 222-223 H 5
Wood, Islas ⌒ RCH 224 F 7
Wood, Mount ▲ USA 186-187 C 3
Woodanilling ○ AUS 112-113 E 6
Wood Bay ≈ 16 F 17
Wood Bay ≈ 168-169 G 6
Woodbine ○ USA 192-193 H 4
Woodbridge ○ AUS 116-117 J 7
Woodbridge ○• GB 26-27 H 5
Wood Buffalo National Park ⊥ ••• CDN 174-175 N 6
Wood Buffalo River ~ CDN 176-177 O 3
Woodburn ○ AUS 114-115 M 5
Woodburn ○ USA 184-185 C 3
Woodburry ○ USA 192-193 F 3
Woodbury ○ USA 192-193 F 3
Wood Creek ~ CDN 178-179 N 3
Woodenbong ○ AUS 114-115 M 5
Woodfjorden ≈ 20-21 H 3
Woodford ○ AUS 114-115 M 4
Woodgate ○ AUS 114-115 M 3
Woodgreen ○ AUS 114-115 C 2
Wood Islands ⌒ AUS 108-109 G 4
Wood Islands ○ CDN 182-183 N 6
Woodi Woodi Mining Centre • AUS 108-109 E 6
Wood Lake ○ USA 186-187 G 4
Woodland ○ USA (CA) 184-185 D 6
Woodland ○ USA (WA) 184-185 C 3
Woodland Caribou Provincial Park ⊥ CDN 178-179 J 5
Woodland Park ○ USA 186-187 E 6
Woodlands ○ AUS 112-113 E 2
Woodlark Island = Murua Island ⌒ PNG 119 G 5
Woodleigh (Old Homestead) ○ AUS 112-113 C 3
Wood Mountain ○ CDN 178-179 C 6
Woodridge ○ CDN 178-179 H 6
Wood River ~ CDN 176-177 L 5
Wood River ~ CDN 178-179 C 5
Wood River ○ USA (NE) 186-187 H 5
Wood River ~ USA 164-165 Q 4
Woodroffe, Mount ▲ AUS 112-113 L 3
Woodrow ○ USA 164-165 Q 6
Woodruff ○ USA 190-191 D 3
Woodruff Lake ⬬ CDN 174-175 R 5
Woods, Cape ▲ CDN 170-171 G 2
Woods, Lake ⬬ AUS 110-111 B 5
Woods, Lake of the ⬬ CDN 178-179 J 6
Woodsboro ○ USA 188-189 J 5
Woodsfield ○ USA 190-191 H 6
Woods Lake ⬬ CDN 180-181 R 7
Woods Landing ○ USA 186-187 D 5
Woods Peak ○ AUS 110-111 H 5
Woodstock ○ AUS (QLD) 110-111 J 6
Woodstock ○ AUS (QLD) 114-115 F 2
Woodstock ○ CDN (NB) 182-183 L 5
Woodstock ○ CDN (ONT) 182-183 D 7
Woodstock ○ USA (IL) 190-191 D 4
Woodstock ○ USA (NY) 190-191 L 4
Woodstock ○ USA (VA) 190-191 J 6
Woodstock 23 Indian Reserve ⚔ CDN 182-183 L 5
Woodstock Dam < ZA 156-157 J 4
Woodsville ○ USA 190-191 M 3
Woodville ○ NZ 118 E 4
Woodville ○ USA (MS) 188-189 M 4
Woodville ○ USA (TX) 188-189 K 4
Woodward ○ USA 188-189 H 1
Woody Island ⌒ USA 166-167 U 4
Woody Point ○• CDN 182-183 Q 4
Woogi ○ RI 102-103 K 3
Wooi ○ RI 102-103 H 2
Woolfield ○ AUS 114-115 G 1
Woolgoolga ○ AUS 114-115 M 6
Wooli ○ AUS 114-115 M 5
Woollett, Lac ⬬ CDN 182-183 H 3
Woolner ○ AUS 108-109 K 2
Woolnorth Point ▲ AUS 116-117 H 6
Wooloculty ○ AUS 112-113 E 6
Woolyeenyer Hill ▲ AUS 112-113 F 6
Woomelang ○ AUS 116-117 G 3
Woomera ○ AUS 114-115 D 6
Woomerangee Hill ▲ AUS 112-113 B 3
Woomera Prohibited Area ⚔ AUS 114-115 B 6
Woonsucket ○ USA 190-191 N 5
Woorabinda ⚔ AUS 114-115 K 3
Wooramel Raodhouse ○ AUS 112-113 C 2
Wooramel River ~ AUS 112-113 C 2
Woorkabing Hill ▲ AUS 112-113 D 6
Woorndoo ○ AUS 116-117 G 4
Wooster ○ USA 190-191 H 5
Wopasali ○ PNG 119 C 4
Wopmay Lake ⬬ CDN 174-175 L 3
Wopmay River ~ CDN 174-175 L 3
Woqooyi Galbeed □ SP 144-145 F 3
Woraksan National Park ⊥• ROK 86-87 G 9
Worcester ☆• GB 26-27 F 5
Worcester ○ USA 190-191 N 4
Worcester ○ ZA 156-157 D 6
Worcester Range ▲▲ ARK 16 F 17
Worden ○ USA 184-185 D 4
Wordie Bay ≈ 172-173 D 2
Wordie Gletscher ⊂ GRØ 170-171 o 6
Wori ○ RI 100-101 J 3
Worin ○ PNG 119 D 4
Workai, Pulau ⌒ RI 102-103 H 5
Workington ○ GB 26-27 F 4
Worland ○ USA 186-187 D 3
World's Largest Mineral Hot Springs ∴ USA 186-187 C 4
Wormhout ○ F (59) 228-229 J 2
Worms ○• D 28-29 K 4
Worthington ○ USA 186-187 K 4
Wosi ○ RI 100-101 K 4
Wosimi ○ RI 102-103 H 3
Wosnesenski Island ⌒ USA 166-167 Q 5
Wosu ○ RI 100-101 G 5
Wotap, Pulau ⌒ RI 102-103 F 5
Wotu ○ RI 100-101 G 5
Woumbou ○ CAM 142-143 B 6
Wounded Knee Battlefield • USA 186-187 F 4
Wounded Knee Massacre ∴ USA 186-187 F 4
Wour ○ TCH 134-135 G 2
Wouri ~ CAM 140-141 H 6
Wouri, Wādi ~ TCH 134-135 G 2
Wowoni, Pulau ⌒ RI 100-101 H 6
Woyamdero Plain ∸ EAK 148-149 G 3
Wozhang Shan ▲ VRC 92-93 C 4
Wrangel, Île = Vrangelja, ostrov ⌒ RUS 48-49 U 1
Wrangell ○ USA 176-177 D 3
Wrangell, Cape ▲ USA 166-167 C 6
Wrangell Island ⌒ USA 176-177 D 3
Wrangell Mountains ▲▲ USA 164-165 T 6
Wrangell-St. Elias N.P. & Preserve & Glacier Bay N.P. ⊥ ••• USA 164-165 T 6
Wray ○ USA 186-187 F 5
Wrens ○ USA 192-193 G 3
Wrentham ○ CDN 176-177 O 7
Wrexham ○ GB 26-27 F 5
Wriedijk ○ SME 206-207 G 3
Wright ○ RP 96-97 F 7
Wright ○ USA 186-187 E 4
Wright Brothers National Memorial ∴ USA 192-193 L 2
Wrightsville ○ USA 192-193 G 3
Wrigley ○ CDN 174-175 H 4
Wrigley Gulf ≈ 16 F 24
Writing Rock ∴ USA 186-187 F 1
Wrocław = Wroclaw ☆•• PL (WRO) 28-29 O 3
Wrotham Park ○ AUS 110-111 G 5
Wrottesley, Cape ▲ CDN 168-169 L 3
Wrottesley Inlet ≈ 168-169 Y 5
Wroxton ○ CDN 178-179 F 5
Września ○• PL 28-29 O 2
Wschowa ○• PL 28-29 O 3
Wu'an ○ VRC 90-91 J 3
Wuasa ○ RI 100-101 G 4
Wubin ○ AUS 112-113 D 5
Wubu ○ VRC 90-91 G 3
Wuchang ○ VRC (HEI) 86-87 F 5
Wuchang ○ VRC (HUB) 90-91 J 6
Wuchiu Yü ⌒ RC 92-93 L 4
Wuchuan ○ VRC (GDG) 92-93 G 6
Wuchuan ○ VRC (GZH) 92-93 E 2
Wuchuan ○ VRC (NMZ) 84-85 K 7
Wuda ○ VRC 90-91 E 2
Wudalianchi ○ VRC (HEI) 86-87 F 3
Wudalianchi • VRC (HEI) 86-87 F 3
Wudang Shan ▲ VRC 90-91 G 5
Wudangshan • VRC 90-91 G 5
Wudang Zhao • VRC 90-91 G 1
Wudan Shan ▲ VRC 90-91 G 5
Wudaogou ○ VRC 86-87 F 2
Wuday'ah ○ KSA 68-69 E 5
Wudil ○ WAN 140-141 H 3
Wuding ○ VRC 92-93 C 4
Wuding He ~ VRC 90-91 F 2
Wudu ○ VRC 90-91 D 5
Wufeng ○ VRC 90-91 G 6
Wugang ○ VRC 92-93 G 3
Wugong ○ VRC 90-91 F 4
Wugong Ci • VRC 92-93 G 7
Wugong Shan ▲ VRC 92-93 J 3
Wuhai ○ VRC 90-91 E 2
Wuhan ☆• VRC 90-91 J 6
Wuhe ○ VRC 90-91 K 5
Wuhu ○ VRC 90-91 L 6
Wuhua ○ VRC 92-93 J 5
Wūjang ○ VRC 80-81 B 4
Wuji ○ VRC 90-91 J 2
Wu Jiang ~ VRC 92-93 F 2
Wukari ○ WAN 140-141 H 5
Wulai • RC 92-93 M 4
Wulff Land ∸ GRØ 170-171 a 2
Wulgo ○ WAN 134-135 G 6
Wuli ○ VRC 80-81 J 3
Wulian ○ VRC 90-91 L 4
Wulian Feng ▲ VRC 92-93 C 3
Wuliaru, Pulau ⌒ RI 102-103 F 5
Wulichuan ○ VRC 90-91 G 5
Wulik River ~ USA 164-165 J 3
Wuling Shan ▲ VRC 92-93 F 3
Wulingshan Z.B. ⊥• VRC 90-91 K 1
Wulingyuan ••• VRC 92-93 G 2
Wulo Kode ○ ETH 144-145 C 5
Wulong ○ VRC 92-93 E 2
Wuluhan ○ RI 104 E 4
Wulur ○ RI 102-103 E 5
Wum ○ CAM 140-141 J 5
Wumeng Shan ▲ VRC 92-93 C 4
Wuming ○ VRC 92-93 F 5
Wundanyi ○ EAK 148-149 G 5
Wundowie ○ AUS 112-113 D 5
Wunen ○ RI 102-103 K 3
Wuning ○ VRC 92-93 J 2
Wunna ~ IND 74-75 G 9
Wunnummin Lake ○ CDN 178-179 M 4
Wun Rog ○ SUD 142-143 J 4
Wun Shwai ○ SUD 142-143 J 4
Wuntau ○ SUD 142-143 L 3
Wuntho ○ MYA 78-79 J 4
Wupatki National Monument ∴ USA 184-185 J 8
Wuping ○ VRC 92-93 K 4
Wuppertal ○ D 28-29 J 3
Wuppertal ○ ZA 156-157 D 6
Wuqi ○ VRC 90-91 F 3
Wuqia ○ VRC 82-83 B 6
Wurarga ○ AUS 112-113 D 4
Wurno ○ WAN 134-135 B 6
Wuruma Reservation < AUS 114-115 L 3
Wurzbourg = Würzburg ○••• D 28-29 K 4
Würzburg ○••• D 28-29 K 4
Wuse ○ WAN 140-141 H 4
Wushan ○ VRC (ANH) 90-91 K 5
Wushan ○ VRC (GAN) 90-91 D 4
Wushan ○ VRC (SIC) 90-91 F 6
Wushao Ling ▲ VRC 90-91 C 3
Wusheng Guan ▲ VRC 90-91 J 6
Wushi ○ VRC (GDG) 92-93 F 6
Wushi ○ VRC (XUZ) 82-83 D 5
Wushishi ○ WAN 140-141 G 4
Wushizen ○ VRC 92-93 F 6
Wuskwatim Lake ⬬ CDN 178-179 G 3
Wusuli Jiang ~ VRC 86-87 K 4
Wutai ○ VRC 90-91 H 2
Wutaishan ▲ VRC 90-91 H 2
Wutan ○ VRC 92-93 G 2
Wutongqiao ○ VRC 92-93 C 2
Wutung ○ PNG 119 A 2
Wuwei ○ VRC (ANH) 90-91 K 6
Wuwei ○ VRC (GAN) 90-91 C 3
Wuwu ○ PNG 119 D 4
Wuxi ○ VRC (JIA) 90-91 M 6
Wuxi ○• VRC (SIC) 90-91 F 6
Wuxu ○ VRC 92-93 F 5
Wuxuan ○ VRC 92-93 F 5
Wuxue ○ VRC 92-93 J 2
Wuyang ○ VRC 90-91 H 5
Wuyi ○ VRC 92-93 C 3
Wuyiling ○ VRC 86-87 G 3
Wuyishan ○ VRC (FUJ) 92-93 L 3
Wuyi Shan ▲ VRC 92-93 K 3
Wuyishan • VRC (FUJ) 92-93 K 3
Wuyishan Z.B. ⊥• VRC 92-93 K 3
Wuyunan ○ VRC 84-85 J 7
Wuzhai ○ VRC 90-91 G 2
Wuzhi ○ VRC 90-91 H 4
Wuzhi Shan ▲ VRC 92-93 F 7
Wuzhi Shan ▲ VRC 92-93 F 7
Wuzhong ○ VRC 90-91 E 2
Wuzhou ○ VRC 92-93 G 5
Wyaaba Creek ~ AUS 110-111 G 5
Wyabing ○ AUS 112-113 E 6
Wyalkatchem ○ AUS 112-113 D 5
Wyandotte Caves ∴• USA 190-191 E 6

Yenişehir ☆ **TR** 64-65 C 2
Yenkis ○ **PNG** 119 B 3
Yên Ly ○ **VN** 92-93 D 7
Yenne ○ **F** (73) 238-239 H 5
Yéno ○ **G** 146-147 C 4
Yên So'n ○ **VN** 92-93 D 6
Yentna River ~ **USA** 164-165 P 5
Yeola ○ **IND** 74-75 E 9
Yeo Lake ⊖ **AUS** 112-113 H 4
Yeoval ○ **AUS** 116-117 K 2
Yeovil ○ **GB** 26-27 F 6
Yeppoon ○ **AUS** 114-115 L 2
Yerba Buena ○ **PE** 214-215 B 5
Yercaud ○ **IND** 76-77 H 5
Yères ~ **F** (76) 228-229 G 4
Yergara ○ **IND** 76-77 G 2
Yeriho = Arīḥāl ☆·· **AUT** 66-67 D 2
Yerington ○ **USA** 184-185 E 6
Yerköy ○ **TR** 64-65 F 3
Yermala ○ **IND** 74-75 E 10
Yerre ~ **F** (28) 232-233 E 3
Yerres ~ **F** (77) 232-233 H 2
Yerupaja, Cerro ▲ **PE** 208-209 D 7
Yerville ○ **F** (76) 228-229 F 4
Yesan ○ **ROK** 86-87 F 9
Yesanpo • **VRC** 90-91 J 2
Yeshin ○ **MYA** 78-79 J 4
Yesildağ ○ **TR** 64-65 D 4
Yeşildağ ○ **TR** 64-65 D 4
Yeşilhisar ☆ **TR** 64-65 F 3
Yesilırmak ~ **TR** 64-65 G 2
Yeşilırmak ~ **TR** 64-65 G 2
Yeşilova ☆ **TR** 64-65 C 4
Yesterday River ~ **CDN** 178-179 Q 5
Yet ○ **ETH** 144-145 F 6
Yetman ○ **AUS** 114-115 L 5
Yetti ∸ **RIM** 132-133 G 2
Ye-u ○ **MYA** 78-79 J 4
Yeu, Île d' ⌒ **F** (85) 236-237 A 2
Yèvre ~ **F** (18) 232-233 G 5
Yèvre ~ **F** (18) 232-233 H 5
Yewa, River ~ **WAN** 140-141 E 5
Ye Xian ○ **VRC** 90-91 H 5
Yeyik ○ **VRC** 80-81 D 2
Yffiniac ○ **F** (22) 230-231 F 3
Ygannja ~ **RUS** 46-47 W 4
Ygos-Saint-Saturnin ○ **F** (40) 240-241 C 3
Ygrande ○ **F** (03) 236-237 L 2
Yguazú, Río ~ **PY** 218-219 L 3
Ygyatta ~ **RUS** 54-55 H 4
Yhú ○ **PY** 220-221 K 3
Yi'an ○ **VRC** 86-87 E 4
Yibin ○ **VRC** 92-93 D 2
Yichang ○ **VRC** 90-91 G 6
Yicheng ○ **VRC** (HUB) 90-91 H 6
Yicheng ○ **VRC** (SHA) 90-91 G 4
Yichuan ○ **VRC** (HEN) 90-91 H 4
Yichuan ○ **VRC** (SXI) 90-91 G 4
Yichun ○ **VRC** (HEI) 86-87 G 4
Yichun ○ **VRC** (JXI) 92-93 J 3
Yığılca ☆ **TR** 64-65 D 2
Yihuang ○ **VRC** 92-93 K 3
Yijun ○ **VRC** 90-91 F 4
Yilan ○ **VRC** 86-87 G 4
Yıldız Dağları ⛰ **TR** 64-65 B 2
Yıldızeli ☆ **TR** 64-65 G 3
Yilehuli Shan ⛰ **VRC** 86-87 D 2
Yiliang ○ **VRC** (YUN) 92-93 C 4
Yiliang ○ **VRC** (YUN) 92-93 D 3
Yilingyan • **VRC** 92-93 F 5
Yilong ○ **VRC** 90-91 E 6
Yilou ○ **BF** 138-139 K 3
Yima ○ **VRC** 90-91 G 4
Yimen ○ **VRC** 92-93 C 4
Yimni River ~ **PNG** 119 B 2
Yimuhe ○ **VRC** 86-87 C 1
Yinan ○ **VRC** 90-91 L 4
Yinchuan ☆• **VRC** 90-91 E 2
Yindarlgooda, Lake ⊖ **AUS** 112-113 G 5
Yindi ○ **AUS** 112-113 G 5
Yingawunarri Aboriginal Land ✕ **AUS** 108-109 K 4
Yingcheng ○ **VRC** 90-91 H 6
Yingde ○ **VRC** 92-93 H 4
Yinggehai ○ **VRC** 92-93 F 7
Ying He ~ **VRC** 90-91 J 5
Yingjing ○ **VRC** 92-93 C 2
Yingkou ○ **VRC** 86-87 D 7
Yingkou (Dashiqiao) ○ **VRC** 86-87 D 7
Yingshan ○ **VRC** (HUB) 90-91 H 6
Yingshan ○ **VRC** (SIC) 90-91 E 6
Yingshang ○ **VRC** 90-91 K 5
Yingtan ○ **VRC** 92-93 K 2
Yingui ○ **CAM** 140-141 J 6
Ying Xian ○ **VRC** 90-91 H 2
Yingxian Muta • **VRC** 90-91 H 2
Yining ○ **VRC** 82-83 E 4
Yinjiang ○ **VRC** 92-93 F 2
Yinnietharra ○ **AUS** 112-113 D 2
Yin Shan ⛰ **VRC** 84-85 J 7
Yinxu ∴• **VRC** 90-91 J 3
Yi'ong Co • **VRC** 80-81 K 5
Yi'ong Zangbo ~ **VRC** 80-81 K 5
Yipinglang ○ **VRC** 92-93 B 4
Yiqikai ○ **VRC** 80-81 M 3
Yirga Alem ○ **ETH** 144-145 D 5
Yirga Ch'efē ○ **ETH** 144-145 D 5
Yirol ○ **SUD** 142-143 K 5
Yirrkala ✕ **AUS** 110-111 D 3
Yirshi ○ **VRC** 86-87 B 4
Yirūb = Ğarūb ○ **Y** 68-69 H 5
Yishan ○ **VRC** 92-93 F 4
Yishui ○ **VRC** 90-91 L 4
Yismala Giyorgis ○ **ETH** 144-145 C 3
Yisra'el ■ **IL** 66-67 D 2
Yiśrā'el = Israël ■ **IL** 66-67 D 2
Yitong ○ **VRC** 86-87 E 6
Yitulihe ○ **VRC** 86-87 C 2
Yity ○ **OM** 68-69 L 2
Yiwu ○ **VRC** (XUZ) 82-83 M 4
Yiwu ○ **VRC** (ZHE) 92-93 M 2
Yiwulüshan • **VRC** 86-87 C 7
Yiwulüshan Z.B. ⊥• **VRC** 86-87 C 7
Yi Xian ○ **VRC** (HEB) 90-91 J 2
Yi Xian ○ **VRC** (LIA) 86-87 C 7
Yixing ○ **VRC** 90-91 L 6
Yiyang ○ **VRC** (HUN) 92-93 H 2
Yiyang ○ **VRC** (JXI) 92-93 K 2
Yiyuan ○ **VRC** 90-91 L 3
Yizhang ○ **VRC** 92-93 H 4
Yizheng ○ **VRC** 90-91 L 5
Ylämaa ○ **FIN** 24-25 J 6
Ylikiiminki ○ **FIN** 24-25 J 4
Yli-Kitka ⊖ **FIN** 24-25 K 3
Ylitornio ○ **FIN** 24-25 G 3
Ylivieska ○ **FIN** 24-25 H 4
Yllymah ○ **RUS** 54-55 N 6
Ylöjärvi ○ **FIN** 24-25 G 6
Ymer Nunatakker ▲ **GRØ** 170-171 n 5
Ymer Ø ⌒ **GRØ** 170-171 n 7
Ymonville ○ **F** (28) 232-233 F 3
Ynahsyt ○ **RUS** 54-55 J 4
Yoa, Lac ⊖ **TCH** 134-135 K 3
Yobe, Komadougou ~ 134-135 F 6
Yoboki ○ **DJI** 144-145 F 3
Yoco ○ **YV** 204-205 K 2
Yoder ○ **USA** 186-187 E 6
Yof ○• **SN** 138-139 B 2
Yofor ○ **RI** 102-103 J 4
Yogan, Cerro ▲ **RCH** 224 F 7
Yogoum < **TCH** 134-135 J 4
Yog Point ▲ **RP** 96-97 F 5
Yogyakarta ☆ **RI** 104 D 3
Yohnnybli ○ **LB** 138-139 F 7
Yoho National Park ⊥··· **CDN** 176-177 M 6
Yoichi ○ **J** 88-89 J 3
Yoiti-dake ▲ **J** 88-89 J 3
Yokadouma ○ **CAM** 146-147 E 2
Yokkaichi ○ **J** 88-89 G 7
Yoko ○ **CAM** 140-141 K 6
Yokoate-shima ⌒ **J** 88-89 C 10
Yokoboué ○ **CI** 138-139 H 7
Yokohama ○ **J** (AOM) 88-89 J 4
Yokohama ☆• **J** (KAN) 88-89 H 7
Yokosuka ○ **J** 88-89 H 7
Yokote ○ **J** 88-89 J 5
Yola ○ **CAM** 142-143 B 6
Yola ☆ **WAN** 140-141 K 4
Yolla ○ **AUS** 116-117 H 6
Yolombo ○ **ZRE** 146-147 J 4
Yombi ○ **G** 146-147 C 4
Yomblon ○ **PE** 208-209 C 5
Yomou ○ **RG** 138-139 F 6
Yomuka ○ **RI** 102-103 K 5
Yonago ○ **J** 88-89 E 7
Yoncalla ○ **USA** 184-185 C 4
Yoneshiro-gawa ~ **J** 88-89 J 4
Yonezawa ○ **J** 88-89 J 6
Yong'an ○ **VRC** 92-93 K 4
Yongchang ○ **VRC** 90-91 B 2
Yongcheng ○ **VRC** 90-91 K 5
Yongchuan ○ **VRC** 92-93 D 2
Yongdeng ○ **VRC** 90-91 C 3
Yongding ○ **VRC** 92-93 K 4
Yŏngdŏk ○ **ROK** 86-87 G 9
Yongfeng ○ **VRC** 92-93 J 3
Yongfu ○ **VRC** 92-93 F 4
Yongjing ○ **VRC** 90-91 C 4
Yongji Qiao • **VRC** 92-93 F 4
Yŏngju ○ **ROK** 86-87 G 9
Yongkang ○ **VRC** 92-93 L 2
Yongle Gong • **VRC** 90-91 G 4
Yongle Qundao ⌒ **VRC** 94-95 L 2
Yongling ○ **VRC** 86-87 E 7
Yongning ○ **VRC** (GXI) 92-93 F 5
Yongning ○ **VRC** (NIN) 90-91 E 2
Yongofondo ○ **RCA** 142-143 F 6
Yong Peng ○ **MAL** 98-99 E 3
Yongping ○ **VRC** 90-91 F 3
Yongren ○ **VRC** 92-93 B 3
Yongshun ○ **VRC** 92-93 F 2
Yongtai ○ **VRC** 92-93 L 4
Yongxin ○ **VRC** 92-93 J 3
Yongxing ○ **VRC** 92-93 H 3
Yongxiu ○ **VRC** 92-93 J 2
Yong Yap, Gunung ▲ **MAL** 98-99 D 2
Yonibana ○ **WAL** 138-139 D 5
Yonkers ○ **USA** 190-191 M 5
Yonne □ **F** (89) 232-233 J 4
Yonne ~ **F** (58) 232-233 K 5
Yonoféré ○ **SN** 138-139 C 2
Yop, Pulau ⌒ **RI** 102-103 H 3
Yopal ○ **CO** 204-205 E 5
Yopales ○ **YV** 204-205 K 3
Yopei = Tamala ○ **GH** 138-139 K 5
Yopie ○ **LB** 138-139 F 6
Yopurga ○ **VRC** 82-83 C 6
Yorito ○ **HN** 196-197 L 4
York ○ **AUS** 112-113 D 5
York ○ **GB** 26-27 G 5
York ○ **USA** (AL) 192-193 D 3
York ○ **USA** (NE) 186-187 J 5
York ○ **USA** (PA) 190-191 K 6
York ○ **USA** (SC) 192-193 H 2
York ○ **WAL** 138-139 D 5
York, Cape ▲ **AUS** 110-111 G 2
York, Kap ▲ **GRØ** 170-171 R 6
Yorke Peninsula ⌣ **AUS** 116-117 D 3
Yorketown ○ **AUS** 116-117 D 3
Yorkeys Knob ○ **AUS** 110-111 H 5
York Factory (abandoned) ○ **CDN** 178-179 K 2
Yorkrakine ○ **AUS** 112-113 D 5
York River ~ **USA** 190-191 K 7
Yorkshire Dales National Park ⊥ **GB** 26-27 F 4
Yorkshire Downs ○ **AUS** 110-111 F 7
York Sound ≈ 108-109 G 3
Yorkton ○ **CDN** 178-179 E 5
Yoro ☆ **HN** 196-197 L 4
Yoro, Montaña de ⛰ **HN** 196-197 L 4
Yorobougoula ○ **RMM** 138-139 G 4
Yoron ○ **J** 88-89 C 11
Yoron-shima ⌒ **J** 88-89 C 11
Yorosso ○ **RMM** 138-139 H 3
Yorubaland, Plateau of ⛰ **WAN** 140-141 E 4
Yosemite National Park ⊥··· **USA** 184-185 E 7
Yoseravi ○ **BOL** 214-215 F 6
Yoshii-gawa ~ **J** 88-89 F 7
Yoshino-gawa ~ **J** 88-89 F 7
Yos Sudarso, Teluk ≈ 102-103 L 3
Yŏsu ○ **ROK** 86-87 F 10
Yosua ○ **PNG** 119 B 3
Yotefa Nature Reserve ⊥·· **RI** 102-103 L 3
Yōtei-san ▲ **J** 88-89 J 3
Youangarra ○ **AUS** 112-113 E 4
Youdunzi ○ **VRC** 82-83 K 6
Youghal = Eochaill ○ **IRL** 26-27 D 6
Yougoslavie = Serbie et Monténégro ■ **YU** 36-37 G3
Yougzhou ○ **VRC** 92-93 G 3
You Jiang ~ **VRC** 92-93 E 5
Youkounkoun ○ **RG** 138-139 D 3
Young ○ **AUS** 116-117 K 3
Young ○ **CDN** 178-179 D 5
Young ○ **ROU** 222-223 L 2
Younghusband, Lake ⊖ **AUS** 114-115 D 6
Younghusband Peninsula ⌣ **AUS** 116-117 E 4
Youngou ~ **RCA** 142-143 E 5
Youngs Cove ○ **CDN** 182-183 M 6
Youngstown ○ **CDN** 176-177 P 6
Youngstown ○ **USA** (FL) 192-193 F 4
Youngstown ○ **USA** (OH) 190-191 H 5
Young Sund ≈ 170-171 p 6
Youssef Ben Tachfine, Barrage < **MA** 124-125 G 6
Youssoufia ○ **MA** 124-125 G 4
Youvarou ○ **RMM** 138-139 H 2
You Xian ○ **VRC** 92-93 H 3
Youyang ○ **VRC** 92-93 F 2
Youyi Feng = Tavan Bogd ▲ **VRC** 82-83 H 1
Youyiguan ○ **VRC** 92-93 E 5
Yowa ~ **ZRE** 146-147 H 2
Yowah Creek ~ **AUS** 114-115 H 4
Yoya, Pampa de la ∸ **PE** 214-215 B 5
Yoyo National Park ⊥ **GH** 138-139 J 7
Yozgat ☆ **TR** 64-65 F 3
Yport ○ **F** (76) 228-229 E 4
Ypreville-Biville ○ **F** (76) 228-229 F 4
Ypsilanti ○ **USA** 190-191 G 4
Yreka ○ **USA** 184-185 C 5
Yrgyz ☆ **KA** (AKT) 62-63 O 3
Yrgyz ~ **KA** 62-63 O 3
Yrgyz ~ **KA** 62-63 O 2
Yrouerre ○ **F** (89) 232-233 K 4
Yr Wyddfa = Snowdon ▲ **GB** 26-27 E 5
Ysabel Channel ≈ 119 E 1
Yser ~ **F** (59) 228-229 J 2
Yssingeaux ○ **F** (43) 242-243 E 1
Ysson, Puy d' ▲ **F** (63) 236-237 L 4
Ystad ○• **S** 22-23 F 9
Ystannah-Hočo ○ **RUS** 46-47 N 3
Yštyk ○ **KS** 82-83 D 5
Ysyk-Köl ○ **KS** 82-83 C 4
Ysyk-Köl, ozero ⊖ **KS** 82-83 C 4
Ytar, Sylgy- ○ **RUS** 48-49 H 3
Ytterhogdal ○ **S** 22-23 G 5
Yttygran, ostrov ⌒ **RUS** 48-49 Y 4
Ytyk-Kjuël' ☆• **RUS** 56-57 E 2
Ytymdža ~ **RUS** 54-55 N 7
Yu, Pulau ⌒ **RI** 102-103 E 2
Yu'alliq, Ğabal ▲ **ET** 130-131 F 2
Yuanbao Shan ▲ **VRC** 92-93 F 4
Yuango ○ **VRC** 90-91 G 4
Yuanjiang ○ **VRC** (HUN) 92-93 H 2
Yuanjiang ○ **VRC** (YUN) 92-93 B 5
Yuan Jiang ~ **VRC** 92-93 C 5
Yuan Jiang ~ **VRC** 92-93 G 2
Yuanling ○ **VRC** 92-93 G 2
Yuanmou ○ **VRC** 92-93 B 4
Yuanping ○ **VRC** 90-91 H 2
Yuanshangdu Yizhi ∴• **VRC** 84-85 N 6
Yuantan ○ **VRC** 90-91 K 6
Yuanyang ○ **VRC** 92-93 C 5
Yuat River ~ **PNG** 119 B 3
Yuba City ○ **USA** 184-185 D 6
Yūbari ○ **J** 88-89 J 3
Yūbari-gawa ~ **J** 88-89 K 3
Yūbari-santi ⛰ **J** 88-89 K 3
Yuba River ~ **USA** 184-185 D 6
Yubdo ○ **ETH** 144-145 B 4
Yūbetsu ○ **J** 88-89 K 2
Yubetu-dake ▲ **J** 88-89 J 3
Yucatán ○ **MEX** 196-197 L 1
Yucatán □ **MEX** 196-197 K 1
Yucatán, Bassin du = Yucatán Basin ≃ 198-199 C 4
Yucatán, Détroit du = Yucatán Channel ≈ 198-199 B 3
Yucatán, Península de = Yucatán, Péninsule du ⌣ **MEX** 196-197 L 2
Yucatán, Péninsule du = Yucatán, Península de ⌣ **MEX** 196-197 L 2
Yucatán Basin = Yucatán, Bassin du ≃ 198-199 C 4
Yucatán Channel = Yucatán, Détroit du ≈ 198-199 B 3
Yucca ○ **USA** 184-185 G 8
Yucca House National Monument ∴·· **USA** 186-187 C 7
Yuci ○ **VRC** 90-91 H 3
Yucomo ○ **BOL** 214-215 D 4
Yudu ○ **VRC** 92-93 J 4
Yuechi ○ **VRC** 90-91 E 6
Yuelai ○ **VRC** 90-91 F 6
Yuelong ○ **VRC** 92-93 H 2
Yuelushan • **VRC** 92-93 H 2
Yuendumu ✕ **AUS** 108-109 K 7
Yuendumu Aboriginal Land ✕ **AUS** 108-109 K 7
Yuenkotang ○ **VRC** 80-81 C 4
Yueqing ○ **VRC** 92-93 M 2
Yuexi ○ **VRC** 90-91 K 6
Yueyang ○ **VRC** 92-93 H 2
Yueyaqan Mingshashan • **VRC** 82-83 M 5
Yueyoquan • **VRC** 82-83 M 5
Yufengshan • **VRC** 92-93 F 4
Yüğlük Dağı ▲ **TR** 64-65 E 4
Yuhe ○ **VRC** (SXI) 90-91 F 3
Yuhe ○ **VRC** (YUN) 92-93 D 3
Yuhua D. • **VRC** 92-93 K 3
Yuin ○ **AUS** 112-113 D 3
Yuinmery ○ **AUS** 112-113 E 4
Yu Jiang ~ **VRC** 92-93 F 5
Yuki ○ **ZRE** 146-147 G 5
Yuki River ~ **USA** 164-165 M 4
Yukon-Charley-Rivers National Preserve ⊥ **USA** 164-165 T 4
Yukon Delta ≈ 164-165 H 5
Yukon Delta National Wildlife Refuge ⊥ **USA** 164-165 H 5
Yukon Flats ⊥ **USA** 164-165 S 3
Yukon Plateau ⛰ **CDN** 164-165 V 5
Yukon River ~ **USA** 164-165 P 4
Yukon Territory □ **CDN** 174-175 E 4
Yüksekova ☆ **TR** 64-65 L 4
Yukuhashi ○ **J** 88-89 D 8
Yulara ○ **AUS** 112-113 L 2
Yule, Mount ▲ **PNG** 119 D 5
Yuleba ○ **AUS** 114-115 K 4
Yulee ○ **USA** 192-193 H 4
Yule Island ⌒ **PNG** 119 D 5
Yule River ~ **AUS** 108-109 D 6
Yuli ○ **RC** 92-93 M 5
Yuli ○ **VRC** 82-83 H 5
Yuli ○ **WAN** 140-141 J 4
Yuli, River ~ **WAN** 140-141 J 4
Yulin ○ **VRC** (GXI) 92-93 G 5
Yulin ○ **VRC** (SHA) 90-91 F 2
Yulin Ku • **VRC** 82-83 M 5
Yulong Xue Shan ▲ **VRC** 78-79 M 2
Yulton, Lago ⊖ **RCH** 224 D 2
Yului ○ **PNG** 119 B 2
Yuma ○ **USA** (AZ) 184-185 G 9
Yuma ○ **USA** (CO) 186-187 F 5
Yuma Proving Ground ✕✕ **USA** 184-185 G 9
Yumariba ○ **YV** 204-205 K 5
Yumbarra Conservation Park ⊥ **AUS** 112-113 M 5
Yumbe ○ **EAU** 148-149 C 2
Yumbel ○ **RCH** 222-223 C 4
Yumbi ○ **ZRE** (Ban) 146-147 F 4
Yumbi ○ **ZRE** (KIV) 146-147 L 4
Yumbo ○ **CO** 204-205 C 6
Yumen ○ **VRC** 82-83 N 6
Yumenguan ○ **VRC** (GAN) 82-83 L 5
Yumenguan • **VRC** (GAN) 82-83 L 5
Yumen Zhen ○ **VRC** 84-85 C 7
Yumin ○ **VRC** 82-83 F 2
Yumtang ○ **BHT** 78-79 F 2
Yuna ○ **AUS** 112-113 C 4
Yuna, Río ~ **DOM** 198-199 L 5
Yunak ☆ **TR** 64-65 D 3
Yunan ○ **VRC** 92-93 G 5
Yunaska Island ⌒ **USA** 166-167 L 6
Yuncheng ○ **VRC** (SHA) 90-91 G 4
Yuncheng ○ **VRC** (SHD) 90-91 J 4
Yundamindera ○ **AUS** 112-113 G 4
Yunfu ○ **VRC** 92-93 H 5
Yungang Shiku • **VRC** 90-91 H 1
Yungas ∸ **BOL** 214-215 D 5
Yungay ○ **PE** 208-209 D 6
Yungay ○ **RCH** 222-223 D 4
Yungui Gaoyuan ∸ **VRC** 92-93 C 4
Yunguyo ○ **PE** 214-215 C 5
Yungyang ○ **VRC** 90-91 H 5
Yunhe ○ **VRC** 92-93 L 2
Yunkai Dashan ⛰ **VRC** 92-93 F 5
Yunkanjini Aboriginal Land ✕ **AUS** 108-109 K 7
Yun Ling ⛰ **VRC** 78-79 L 2
Yunlong ○ **VRC** 78-79 L 3
Yunmeng ○ **VRC** 90-91 H 6
Yunnan □ **VRC** 78-79 L 2
Yunomae ○ **J** 88-89 D 8
Yunque, El ▲ **USA** 200 C 2
Yuntaishan • **VRC** 90-91 L 4
Yunwu Shan ⛰ **VRC** 92-93 G 5
Yunwu Shan ▲ **VRC** 84-85 N 7
Yun Xian ○ **VRC** (HUB) 90-91 G 5
Yun Xian ○ **VRC** (YUN) 78-79 M 3
Yunxiao ○ **VRC** 92-93 K 5
Yuping ○ **VRC** 92-93 F 3
Yupurari, Raudal ~ **CO** 210-211 B 2
Yuqian ○ **VRC** 90-91 L 6
Yuqing ○ **VRC** 92-93 E 3
Yuquanshan • **VRC** 90-91 G 6
Yura ○ **PE** 214-215 B 5
Yura, Río ~ **BOL** 214-215 E 7
Yura-gawa ~ **J** 88-89 F 7
Yurayaco ○ **CO** 208-209 D 1
Yuraygir National Park ⊥ **AUS** 114-115 M 5
Yurécuaro ○ **MEX** 196-197 C 1
Yurimaguas ○ **PE** 208-209 D 4
Yuriria ○ **MEX** 196-197 D 1
Yurua, Río ~ **PE** 208-209 F 6
Yuruan, Río ~ **YV** 206-207 D 2
Yurubi, Parque Nacional ⊥ **YV** 204-205 G 2
Yurungkax He ~ **VRC** 80-81 C 2
Yusala, Lago ⊖ **BOL** 214-215 D 4
Yuscarán ☆ **HN** 196-197 L 5
Yu Shan ▲ **RC** 92-93 M 5
Yushan ○ **VRC** 92-93 L 2
Yushan National Park ⊥• **RC** 92-93 M 5
Yushe ○ **VRC** 90-91 H 3
Yushu ○ **VRC** (JIL) 86-87 F 5
Yushu ○ **VRC** (QIN) 80-81 L 4
Yūsuf, Bahr < **ET** 130-131 E 3
Yusufeli ☆ **TR** 64-65 J 2
Yusun Shoal ≃ 94-95 K 5
Yusupalik Tag ⛰ **VRC** 82-83 J 6
Yutian ○ **VRC** 80-81 C 2
Yuto ○ **RA** 220-221 E 2
Yutz ○ **F** (57) 234-235 J 3
Yuwang ○ **VRC** 90-91 E 3
Yuxi ○ **VRC** 92-93 C 4
Yu Xian ○ **VRC** 90-91 H 2
Yuyao ○ **VRC** 90-91 M 6
Yuzawa ○ **J** 88-89 J 5
Yuzhou ○ **VRC** 90-91 H 4
Yvel ~ **F** (22) 230-231 G 3
Yvelines □ **F** (78) 232-233 F 2
Yvetot ○ **F** (76) 228-229 F 4
Yvignac ○ **F** (22) 230-231 G 3
Yville-sur-Seine ○ **F** (76) 228-229 F 5
Yvoire ○ **F** (74) 238-239 J 4
Yvré-Évêque ○ **F** (72) 230-231 M 3
Yvré-le-Pôlin ○ **F** (72) 230-231 M 4
Ywathit ○ **MYA** 78-79 J 6
Ywathit ○ **MYA** 78-79 J 4
Yzeure ○ **F** (03) 238-239 C 3
Yzeures-sur-Creuse ○ **F** (37) 236-237 G 2

Z

Za, Oued ~ **MA** 124-125 K 3
Zaachila ○ **MEX** (OAX) 196-197 F 3
Zaachila ∴• **MEX** (OAX) 196-197 F 3
Zaalajskij hrebet ⛰ **TJ** 72-73 M 5
Zaamar = Bat-Ölzijt ○ **MAU** 84-85 G 3
Zaamin ○ **US** 72-73 L 5
Zaanstad ○ **NL** 28-29 H 2
Zab, Monts du ⛰ **DZ** 126-127 E 3
Zabadāni, az- ○ **SYR** 64-65 G 6
Žabaj ~ **KA** 60-61 F 3
Zabajkal'sk ☆ **RUS** 54-55 H 11
Zabarğad, Ğazīrat ⌒ **ET** 130-131 H 6
Žabasak ○ **KA** 62-63 O 2
Zabīd ○• **Y** 68-69 C 6
Zabīd, Wādī ~ **Y** 68-69 C 6
Žabljano ○ **BG** 38-39 C 6
Zābol □ **AFG** 70-71 M 2
Zābol ○• **IR** 70-71 J 3
Zābolī ○ **IR** 70-71 J 5
Zabré ○ **BF** 138-139 K 4
Zaburun'e ○ **KA** 32-33 G 10
Zaburunje cyganaky ≈ 32-33 G 10
Zabūt ○ **Y** 68-69 H 6
Žabysaj ~ **KA** 62-63 O 3
Zabzugu ○ **GH** 138-139 L 5
Zacapa ☆ **GCA** 196-197 K 4
Zacapa ○ **HN** 196-197 K 4
Zacapu ○ **MEX** 196-197 D 2
Zacatal ○ **MEX** 196-197 J 2
Zacatecas □ **MEX** 194-195 H 6
Zacatecas ☆• **MEX** (ZAC) 194-195 H 6
Zacatecoluca ☆ **ES** 196-197 K 5
Zacatepec ○ **MEX** 196-197 E 2
Zacatlán ○ **MEX** 196-197 F 2
Zachariaes Bræ ⊂ **GRØ** 170-171 p 4
Zachidnyj Buh ~ **UA** 38-39 D 3
Zachidnyj Buh ~ **UA** 38-39 C 2
Zacoalco de Torres ○ **MEX** 196-197 C 1
Zacualpan ○ **MEX** 196-197 E 2
Zacualtipán ○ **MEX** 196-197 E 1
Zaculeu ∴• **GCA** 196-197 J 4
Zad, Col du ▲ **MA** 124-125 J 4
Zadar ○• **HR** 36-37 E 2
Zadetkale Kyun ⌒ **MYA** 94-95 E 5
Zadetkyi Kyun ⌒ **MYA** 94-95 E 6
Zadgaj ○ **MAU** 84-85 D 4
Zadié ~ **G** 146-147 D 3
Zadoi ○ **VRC** 80-81 K 4
Zadonsk ○ **RUS** 30-31 Q 5
Zadonsk, Severo- ○ **RUS** 30-31 Q 4
Zaër-Zaïa ∸ **MA** 124-125 H 4
Za'farāna ○ **ET** 130-131 F 3
Za'farāna, Ra's ▲ **ET** 130-131 F 3
Ẓafarqand ○ **IR** 70-71 E 2
Zafarwāl ○ **PK** 74-75 E 3
Zafra ○·· **E** 34-35 D 5
Ẓafra, aẓ- ∸ **UAE** 68-69 J 2
Zagai Island ⌒ **AUS** 110-111 G 1
Żagań ○• **PL** 28-29 N 3
Zagaoua ∸ **TCH** 134-135 K 5
Žagarė ○·· **LT** 30-31 H 3
Zagastajn davaa ▲ **MAU** 84-85 C 3
Zagatala = Zaqatala ○• **AZ** 64-65 M 2
Zāġe ○ **IR** 70-71 C 2
Zaghouan ☆ **TN** 126-127 H 2
Zaghouan, Jebel ▲ **TN** 126-127 H 2
Zagné ○• **CI** 138-139 G 6
Zagora ○ **MA** 124-125 J 5
Zagorsk = Sergiev Posad ☆··· **RUS** 30-31 Q 3
Zagreb ★ **HR** 36-37 E 2
Zāgros, Kūhhā-ye = Zagros, Monts du ⛰ **IR** 70-71 C 2
Zagros, Monts du = Zāgros, Kūhhā-ye ⛰ **IR** 70-71 C 2
Zagustaj ○ **RUS** 54-55 E 10
Zaharenko ○ **RUS** 46-47 Y 7
Zaharodze ∸ **BY** 30-31 J 5
Zaharovka ○ **KA** 60-61 G 4
Zaharovo ○ **RUS** 54-55 D 10
Zāhedān ○ **IR** (FAR) 70-71 E 4
Zāhedān ☆ **IR** (SIS) 70-71 J 4
Ẓāhira, aẓ- ∸ **OM** 68-69 K 4
Zahirābād ○ **IND** 76-77 G 2
Zahir Pir ○ **PK** 74-75 C 5
Zahl ○ **USA** 186-187 F 1
Zaḥla ☆ **RL** 64-65 F 6
Zahmet ○ **TM** 72-73 H 6
Ẓahrān al-Ğanūb ○ **KSA** 68-69 C 5
Zāḫū ☆ **IRQ** 64-65 K 4
Zaidīya, az- ○ **Y** 68-69 C 6
Zaigraevo ☆ **RUS** 52-53 O 10
Zaila ○ **ZRE** 150-151 C 5
Zainsk ☆ **RUS** 32-33 H 6
Zaïo ○ **MA** 124-125 K 3
Zaire □ **ANG** 152-153 B 3
Zaïre ~ **ZRE** 146-147 F 4
Zaïre ~ **ZRE** 146-147 G 3
Zaïre, Cône du = Congo Fan ≃ 14-15 K 9
Zaïre = Congo, République démocratique du ■ **ZRE** 146-147 G 5
Zaječar ○ **YU** 36-37 J 3
Zajsan ○ **KA** 60-61 O 5
Zajsan, köli ⊖ **KA** 60-61 N 4
Žajyndy ~ **KA** 62-63 M 4
Zaka ○ **ZW** 154-155 F 5
Zakamensk ☆ **RUS** 52-53 L 10
Zakèt, In- < **RMM** 132-133 K 6
Zaki Biam ○ **WAN** 140-141 H 5
Zákinthos ○ **GR** 36-37 H 6
Zákinthos ⌒ **GR** 36-37 H 6
Zakobjakino ○ **RUS** 30-31 R 2
Zakopane ○·· **PL** 28-29 P 4
Zakouma ○ **TCH** 142-143 D 3
Zakouma, Parc National de ⊥ **TCH** 142-143 D 3
Zakou Shankou ▲ **VRC** 80-81 M 2
Žaksybaj ~ **KA** 32-33 J 9
Žaksybaj, köli ⊖ **KA** 60-61 C 3
Žaksybutaly, tau ▲ **KA** 62-63 N 4
Žaksy-Kargaly ~ **KA** 62-63 M 2
Žaksy-kön ~ **KA** 60-61 F 4
Žaksy-Kylyc kölder ⊖ **KA** 62-63 P 4
Zala ○ **ANG** 152-153 C 3
Zala ○ **ETH** 144-145 C 5
Zalaa ○ **MAU** 84-85 D 5
Zalābiya ∴• **SYR** 64-65 H 5
Zalaegerszeg ○ **H** 28-29 O 5
Zalaf, az ○ **SYR** 64-65 G 6
Zalamea de la Serena ○• **E** 34-35 E 5
Zalanga ○ **WAN** 140-141 J 3
Zalari ☆ **RUS** 52-53 L 9
Zalău ☆ **RO** 38-39 C 4
Žalauly, köli ⊖ **KA** 60-61 J 2
Žaldama ~ **KA** 60-61 D 3
Zalegošč' ○ **RUS** 30-31 P 5
Zaleščyky ☆ **UA** 38-39 D 3
Zalesovo ☆ **RUS** 50-51 S 7
Zalesskij, Pereslavl'- ○• **RUS** 30-31 Q 3
Ẓalim ○ **KSA** 66-67 H 6
Zalingei ○ **SUD** 134-135 L 6
Zaliouan ○ **CI** 138-139 G 6
Zaliv ○ **RUS** 52-53 F 7
Zalki ○ **IND** 76-77 F 2
Zallūm, az- ○ **KSA** 66-67 G 2
Ẓalmā', Ğabal aẓ- ▲ **KSA** 66-67 F 4
Zalṭan ○ **LAR** 128-129 H 3
Zalṭan, Bi'r < **LAR** 128-129 H 3
Žaltyr ○ **KA** 60-61 F 3
Žaltyr, köl ⊖ **KA** 32-33 G 10
Žaltyrköl ⊖ **KA** 32-33 G 9
Zaluč'e ○ **RUS** 30-31 M 3
Zalut ○ **MYA** 94-95 E 4
Zal'vjanka ~ **BY** 30-31 J 5
Zama ○ **RN** 140-141 E 1
Zamak ○ **Y** 68-69 E 5
Zama Lake ⊖ **CDN** 174-175 K 6
Žamanajrykty, tau ▲ **KA** 62-63 L 5
Žaman-Kön ~ **KA** 60-61 F 4
Zamantı Irmagı ~ **TR** 64-65 F 4
Zamantı Irmağı ~ **TR** 64-65 G 3
Zamay ○ **CAM** 140-141 K 3
Žambaj aral ⌒ **KA** 32-33 F 10
Zambales Mountains ⛰ **RP** 96-97 D 5
Žambejiti ☆ **KA** 32-33 H 8
Zambéndé ○ **BF** 138-139 L 4
Zambeze ~ **ANG** 150-151 B 6
Zambeze, Rio ~ **MOC** 154-155 H 3
Zambezi ○ **Z** 154-155 B 1
Zambezi ~ **Z** 154-155 E 2
Zambézia □ **MOC** 154-155 H 3
Zambezi Deka < **ZW** 154-155 D 4
Zambezi Escarpment ∸ **ZW** 154-155 E 3
Zambezi National Park ⊥ **ZW** 154-155 C 3
Zambi, Rapids de ~• **ZRE** 146-147 D 6
Zambia = Zambie ■ **Z** 154-155 C 2
Zambie = Zambia ■ **Z** 154-155 C 2
Zamboanga City ○• **RP** 96-97 E 9
Zamboanga Peninsula ⌣ **RP** 96-97 E 9
Zamboanguita ○ **RP** 96-97 E 8
Zambrano ○ **HN** 196-197 L 4
Zambrów ○ **PL** 28-29 R 2
Zambué ○ **MOC** 154-155 F 2
Žambyl ○ **KA** 60-61 G 5
Zamfara ~ **WAN** 134-135 B 6
Zaminān ○ **IR** 70-71 K 5
Zamlat Amagraj ∸ **MA** 132-133 D 2
Zamora ○·· **E** 34-35 E 4
Zamora ☆ **EC** 208-209 C 4
Zamora ○ **MEX** 196-197 C 1
Zamora, Punta ▲ **PE** 208-209 C 6
Zamora, Río ~ **EC** 208-209 C 3
Zamość ☆··· **PL** 28-29 R 3
Zāmurān Pass ▲ **PK** 70-71 K 5
Zamuro, Punta ▲ **YV** 204-205 G 2
Zamuro, Sierra del ⛰ **YV** 204-205 K 5
Zamyn-Uud = Borhojn Tal ○ **MAU** 84-85 K 6
Zamza ~ **RCA** 142-143 E 5
Zamzam, Wādī ~ **LAR** 128-129 F 2
Zan ○ **TCH** 142-143 D 3
Zanaaul ○ **KA** 60-61 O 4
Žanadar'ja ~ **KA** 72-73 H 3
Zanaga ○ **RCB** 146-147 D 5
Žanakala ☆ **KA** 32-33 G 9
Žana Kazan ○ **KA** 32-33 F 9
Žanakorgan ☆ **KA** 72-73 K 3
Žanaortalyk ○ **KA** 60-61 J 5
Žanatas ○ **KA** 72-73 L 3
Žanatas ○ **KA** 72-73 L 3
Zanda ○ **VRC** 80-81 B 5
Zandamela ○ **MOC** 156-157 M 2
Zanderij ○ **SME** 206-207 G 3
Zandvoort ○ **NL** 28-29 H 2
Zane Hills ⛰ **USA** 164-165 M 3
Zanelli, Cerro ▲ **RCH** 224 D 6
Zanesville ○ **USA** 190-191 G 6
Zanfla ○ **CI** 138-139 H 6
Zanğān □ **IR** 64-65 M 4
Zanğān ☆• **IR** (ZAN) 64-65 N 4
Zangāreddigūdem ○ **IND** 78-79 B 7
Zangasso ○ **RMM** 138-139 H 3
Zangdo ○ **VRC** 80-81 F 5
Zanğğān Rūd ~ **IR** 64-65 N 4
Zangguy ○ **VRC** 80-81 B 2
Zangitas ○ **RA** 222-223 F 2
Zango ○ **WAN** 134-135 D 6
Ẓanna, Ğabal aẓ- ○ **UAE** 70-71 E 6
Zanpiéla ○ **RMM** 138-139 G 4
Zanré ○ **BF** 138-139 K 3
Zanskar ~ **IND** 74-75 F 3
Zanskar Mountains ⛰ **IND** 74-75 F 2
Zanthus ○ **AUS** 112-113 G 5
Zantiebougou ○ **RMM** 138-139 G 4
Zanul'e ○ **RUS** 32-33 F 3
Zanvar Čāy ~ **IR** 64-65 L 3
Žanybek ☆ **KA** 32-33 E 9
Zanzibar ☆·· **EAT** 150-151 K 4
Zanzibar ○ **RB** 154-155 E 6
Zanzibar and Pemba □ **EAT** 150-151 K 3
Zanzibar Channel ≈ 150-151 K 3
Zanzibar Island ⌒ **EAT** 150-151 K 4
Zanzra ○ **CI** 138-139 G 6
Zaokskij ☆ **RUS** 30-31 P 4
Zaonežskij zaliv ⊖ **RUS** 24-25 N 5
Zao Quasi National Park ⊥ **J** 88-89 J 5
Zaoro-Songou ○ **RCA** 142-143 C 6
Zao-san ▲ **J** 88-89 J 5
Zaouatanlaz ○ **DZ** 126-127 G 8
Zaouia Sidi Moussa ○ **DZ** 126-127 F 6
Zaoyang ○ **VRC** 90-91 H 5
Zaozërnyj ☆ **RUS** 52-53 G 8
Zaozhuang ○ **VRC** 90-91 K 4
Zapadna Morava ~ **YU** 36-37 H 3
Zapadnoe ○ **KA** 60-61 E 2
Zapadno-Karel'skaja vozvyšennost' ⛰ **RUS** 24-25 L 5
Zapadno-Sahalinskie gory ⛰ **RUS** 58-59 K 3
Zapadno-Sibirskaja ravnina=Sibérie Occidentale, Plaine de ⌣ **RUS** 50-51 J 4
Zapadnye Saledy, hrebet ⛰ **RUS** 44-45 H 9
Zapadnyj, mys ▲ **RUS** 48-49 U 1
Zapadnyj Kamennyj, ostrov ⌒ **RUS** 44-45 U 4
Zapadnyj Sajan = Saïan Occidental ⛰ **RUS** 52-53 D 9
Zapadnyj Tannu-Ola, hrebet ⛰ **RUS** 52-53 E 10
Zapai ○ **ZRE** 142-143 G 6
Zapala ○ **RA** 222-223 D 5
Zapaleri, Cerro ▲ **BOL** 220-221 D 2
Zapallar ○ **RCH** (COQ) 220-221 B 6
Zapallar ○ **RCH** (VAL) 222-223 D 2
Zapata ○ **USA** 188-189 H 6
Zapata, Península de ⌣·· **C** 198-199 E 3
Zapatosa, Ciénaga ⊖ **CO** 204-205 E 3
Zape ○ **MEX** 194-195 G 5
Zape, Río ~ **MEX** 194-195 G 4
Zapiga ○ **RCH** 214-215 C 6
Zapol'e ○ **RUS** 30-31 L 2
Zapoljarnyj ○ **RUS** 24-25 L 2
Zapopan ○• **MEX** 196-197 C 1
Zaporižžja ☆• **UA** 38-39 J 4
Zaporož'e = Zaporižžja ☆• **UA** 38-39 J 4
Zapotillo ○ **EC** 208-209 B 4
Zapotlanejo ○ **MEX** 196-197 C 1
Zapovednik Černye zemli ⊥ **RUS** 62-63 G 5
Zapovednik Kodrii ⊥ **MD** 38-39 F 4
Zapovednik Magadanskij ⊥ **RUS** 56-57 Q 4
Zapovednik ostrov Vrangelja ⊥ **RUS** 48-49 U 1
Zapovednyj ○ **RUS** 58-59 E 7
Zaqāziq, az- ☆ **ET** 130-131 E 2
Za Qu ~ **VRC** 80-81 K 4
Zar ○ **IR** 70-71 G 5
Zar < **RIM** 132-133 C 6
Zara ☆ **TR** 64-65 G 3
Zarabag ○ **US** 72-73 K 6
Zarafšon ○ **US** 72-73 J 4
Zarafšon ~ **US** 72-73 H 5
Zaragoza ○• **E** 34-35 G 4
Zaragoza ○ **MEX** (CHA) 194-195 F 3
Zaragoza ○ **MEX** (CHA) 194-195 F 2
Zaragoza ○ **MEX** (COA) 194-195 J 3
Zaragoza ○ **MEX** (PUE) 196-197 F 2
Zaragoza ○ **MEX** (SLP) 194-195 J 6
Zarajsk ☆·· **RUS** 30-31 Q 4
Zarand ○ **IR** 70-71 G 3
Zarandului, Munții ⛰ **RO** 38-39 C 4
Zaranğ ☆ **AFG** 70-71 J 3
Zaranou ○• **CI** 138-139 J 6
Zarasai ○·· **LT** 30-31 K 4
Zárate ○ **RA** 222-223 K 3
Zarautz ○ **E** 34-35 F 3
Zaraza ○ **YV** 204-205 J 3
Zarbulak ○ **KA** 60-61 N 5
Zarcero ○ **CR** 196-197 B 6
Zard ○ **PK** 70-71 L 4
Zar Dašt, Rūdḫāne-ye ~ **IR** 70-71 G 4
Zarde, Kūh-e ▲ **IR** 70-71 D 2
Zareč'e ○ **RUS** 52-53 N 9
Zarembo Island ⌒ **USA** 176-177 D 3
Zare Šaran ☆ **AFG** 74-75 B 3
Žargalant ○ **MAU** 84-85 G 3
Žargalthaan ○ **MAU** 84-85 J 4
Zarghūn ▲ **PK** 70-71 M 3
Zarġūnšahr ○ **AFG** 74-75 B 3
Zari ○ **WAN** 134-135 F 6
Zaria ○• **WAN** 140-141 G 3
Zarične ○ **UA** 38-39 E 2
Zarinsk ☆ **RUS** 60-61 O 2
Zarizyn ☆• **RUS** 32-33 D 9
Zarja, poluostrov ⌣ **RUS** 44-45 Y 4
Zarja, proliv ≈ 46-47 V 2
Žarkamys ○ **KA** 62-63 M 4
Žarly ~ **RUS** 32-33 L 8
Zarma ○ **KA** 60-61 M 4
Zarmal ○ **AFG** 74-75 B 3
Zarqa ~ **JOR** 66-67 D 1
Zarqā ○ **SUD** 136-137 D 6
Zarqā', az ☆ **JOR** 66-67 E 1
Zarqā' Ḥadida ○ **SUD** 142-143 H 3
Zarqān ○ **IR** 70-71 E 4
Zarrin ○ **IR** 70-71 F 2
Zarrīnābād ○ **IR** 64-65 N 4
Zarrīnābād ○ **IR** 64-65 N 5
Zarrine Rūd ~ **IR** 64-65 M 4
Zarrīnšahr ○ **IR** 70-71 D 2
Zaruma ○ **EC** 208-209 C 3
Zarumilla ○ **PE** 208-209 B 3
Zarza de Granadilla ○ **E** 34-35 D 4
Zarzaïtine ○ **DZ** 126-127 G 6
Zarzal ○ **CO** 204-205 C 5
Zarzis ○ **TN** 126-127 H 4
Zašeek ○ **RUS** 24-25 M 3
Zaskar ⌒ **IND** 74-75 F 3
Žaškiv ☆ **UA** 38-39 G 3
Zastron ○ **ZA** 156-157 H 5
Zasul'e ○ **RUS** 24-25 T 4
Žatec ○ **CZ** 28-29 M 3
Zatobol'sk ☆ **KA** 60-61 C 2
Zatoka ○ **UA** 38-39 G 4
Zatoka Syvaš ≈ 38-39 H 4
Zaube ○ **LV** 30-31 J 3
Zauliče ○ **BY** 30-31 K 4
Zaunguzskie Karakumy ∸ **TM** 72-73 E 4
Zaur, Ra's az- ▲ **KSA** 66-67 L 4
Zaur, Ra's az- ▲ **KWT** 66-67 L 3
Zaural'skoe plato ⛰ **RUS** 60-61 B 2
Zavāre ○ **IR** 70-71 E 2
Žavarthošuu ○ **MAU** 84-85 L 3
Zave ○ **ZW** 154-155 F 3
Zavety Il'iča ○ **RUS** 58-59 J 4
Zavhan □ **MAU** 82-83 M 1
Zavhan gol ~ **MAU** 82-83 L 1
Zavhan gol ~ **MAU** 84-85 C 4
Žavhlant ○ **MAU** 84-85 L 4
Zavitaja ~ **RUS** 58-59 C 4
Zavitinsk ○ **RUS** 58-59 C 3

Zav'jalova, ostrov ⌒ **RUS** 56-57 O 4
Zavlaka ○ **YU** 36-37 G 2
Zavod, Gazimurskij ☆ **RUS** 54-55 J 10
Zavodoukovsk ○ **RUS** 50-51 J 6
Zavodskoj ○ **RUS** 62-63 F 6
Zavolž'e ○ **RUS** 30-31 S 3
Zavolžsk ○ **RUS** 30-31 S 3
Zāwiğa Katrina = Monastère de Sainte-Catherine •• **ET** 130-131 F 3
Zawilah ○• **LAR** 128-129 F 4
Zāwiyat al Amwāt ○ **ET** 130-131 E 3
Zāwiyat al Izzīyāt ○ **LAR** 128-129 K 1
Zāwiyat al Mukhayla ○ **LAR** 128-129 K 1
Zayande Rūd ~ **IR** 70-71 E 2
Zayat ○ **MYA** 78-79 J 4
Zayatki ○ **MYA** 78-79 K 6
Zayetkon ○ **MYA** 78-79 J 5
Zayü ○ **VRC** 80-81 L 6
Zayü Qu ~ **IND** 78-79 K 2
Zaza ~ **C** 198-199 F 3
Zaza ~ **RUS** 54-55 E 9
Zaza, Presa < **C** 198-199 F 4
Zazafotsy ○ **RM** 158-159 E 9
Zazamt, Wādī ~ **LAR** 128-129 F 2
Zaziatou ○ **RN** 140-141 E 2
Zažimčar ~ **RUS** 50-51 J 2
Zazir, Oued ~ **DZ** 134-135 B 2
Zāzir, Oued ~ **DZ** 134-135 B 2
Zban ○ **KA** 62-63 P 3
Zbayra, Oued ~ **MA** 132-133 D 2
Zblewo ○ **PL** 28-29 P 2
Zbruč ~ **UA** 38-39 E 3
Ždaniha ○ **RUS** 44-45 e 5
Ždanov = Maryupol' ○ **UA** 38-39 K 4
Ždanova ~ **RUS** 44-45 f 3
Ždanovka ○ **RUS** 32-33 E 8
Ždanovo ○ **KA** 72-73 M 3
Ždanovsk = Bejlagan ○ **AZ** 64-65 M 3
Zdvinsk ☆ **RUS** 60-61 L 1
Zè ○ **DY** 140-141 E 5
Zēbāk ○ **AFG** 72-73 M 6
Zeballos ○ **CDN** 176-177 G 7
Zebediela ○ **ZA** 156-157 J 2
Zebulon ○ **USA** 192-193 J 2
Zednes ▲ **RIM** 132-133 E 3
Zeebrugge ○ **B** 28-29 G 3
Zeehan ○ **AUS** 116-117 H 6
Zeekoegat ○ **ZA** 156-157 J 2
Zeerust ○ **ZA** 156-157 H 2
Ẓefat ☆ **IL** 66-67 D 1
Zefre ○ **IR** 70-71 E 2
Zegbeli ○ **GH** 138-139 L 5
Zegerscappel ○ **F** (59) 228-229 J 2
Zegueghene, Ânou < **RMM** 132-133 M 7
Zegher, Hamādat ⊥ **LAR** 128-129 D 4
Zégoua ○ **RMM** 138-139 H 4
Zegrir, Oued ~ **DZ** 126-127 D 4
Zéguédéguin ○ **BF** 138-139 K 3
Zeidābād ○ **IR** 70-71 F 4
Zeil, Mount ▲ **AUS** 112-113 M 1
Zeitz ○ **D** 28-29 M 3
Zeja ☆ **RUS** (AMR) 54-55 N 9
Zeja ~ **RUS** 54-55 O 8
Zeja ~ **RUS** 54-55 N 9
Zeja ~ **RUS** 56-57 D 6
Zeja ~ **RUS** 58-59 B 3
Zeja ~ **RUS** 58-59 C 2
Zejskij zapovednik ⊥ **RUS** 54-55 N 8
Zejsko-Bureinskaja ravnina ⌣ **RUS** 58-59 C 3
Zejskoe vodohranilišče ⊂ **RUS** 54-55 O 8
Zěkog ○ **VRC** 90-91 B 4
Želanija, mys ▲ **RUS** 44-45 N 3
Želannoe ○ **RUS** 60-61 H 1
Zelenoborskij ○ **RUS** 24-25 M 3
Zelenodol'sk ☆ **RUS** 32-33 F 6
Zelenodol's'k ○ **UA** 38-39 H 4
Zelenoe ○ **KA** 32-33 G 9
Zelenogorsk ○ **RUS** 30-31 L 1
Zelenograd ○ **RUS** 30-31 P 4
Zelenogradsk ☆• **RUS** 30-31 G 4
Zelenokumsk ○ **RUS** 62-63 E 5
Zelenyj, ostrov ⌒ **RUS** 58-59 M 7
Zelenzukskaja ○ **RUS** 62-63 D 6
Železinka ☆ **KA** 60-61 J 2
Železnodorožnyj ○ **RUS** 52-53 L 7
Železnodorožnyj ○ **RUS** (RF) 30-31 G 4
Železnogorsk ○ **RUS** 30-31 O 5
Železnogorsk-Ilimskij ☆ **RUS** 52-53 L 7
Železnovodsk ○ **RUS** 62-63 E 5
Zelfana ○ **DZ** 126-127 E 4
Zelina ○ **HR** 36-37 F 2
Želkuar su kojmasy < **KA** 60-61 B 2
Zel'tau ▲ **KA** 60-61 H 6
Želtau ▲ **KA** 62-63 L 4
Zèltèr (Tušig) ○ **MAU** 84-85 G 2
Želtye Vody = Žovti Vody ○ **UA** 38-39 H 3
Zelzate ○ **B** 28-29 G 3
Žemaičiu Naumiestis ○• **LT** 30-31 G 4
Zembin ○ **BY** 30-31 L 4
Zembra ⌒ **TN** 126-127 H 2
Zemio ○• **RCA** 142-143 G 6
Zemite ○ **LV** 30-31 H 3
Zemlja Bunge, ostrov ⌒ **RUS** 46-47 X 2
Zemmora ○ **DZ** 126-127 C 3
Zemmour ⊥ **MA** 132-133 D 2
Zémongo, Réserve de faune de ⊥ **RCA** 142-143 G 5
Zempoala ∴• **MEX** 196-197 F 2
Zendeğān ○ **AFG** 70-71 J 1
Zengcheng ○ **VRC** 92-93 H 5
Zengö ▲ **H** 28-29 P 5
Zenguele ○ **ANG** 152-153 C 3
Zenica ○ **BIH** 36-37 F 2
Zenkōji • **J** 88-89 H 6
Zenkovo ○ **RUS** 50-51 K 4
Ženterek ○ **KA** 32-33 J 10
Zentsūji ○ **J** 88-89 E 7
Zenye ○ **AFG** 72-73 L 7
Zenza do Itombe ○ **ANG** 152-153 C 4
Žepče ○ **BIH** 36-37 G 2
Zephyrhills ○ **USA** 192-193 G 5
Zepita ○ **PE** 214-215 C 5
Zepu ○ **VRC** 82-83 C 6
Zeralda ○ **DZ** 126-127 D 2
Zērauk ○ **AFG** 74-75 B 3
Zeravšan ~ **US** 72-73 H 5
Zeravšanskij hrebet ▲ **US** 72-73 K 5
Zerbst ○ **D** 28-29 M 3
Žerd' ○ **RUS** 24-25 S 4
Žerdevka ○ **RUS** 38-39 M 2
Zere, Göd-e ⊂ **AFG** 70-71 J 4
Zerendi ☆ **KA** 60-61 F 2
Zeribet el Oued ○ **DZ** 126-127 F 3
Zerkal'noe, ozero ⊂ **RUS** 60-61 M 2
Zernograd ○ **RUS** 38-39 M 4
Zeroud, Oued ~ **TN** 126-127 G 3
Žešart ○ **RUS** 24-25 U 5
Zestafoni ○ **GE** 62-63 E 6
Zêtang ○ **VRC** 80-81 H 6
Žetikara ☆ **KA** 60-61 B 2
Žetikonyr kūm ⊥ **KA** 60-61 F 5
Žetimtov toglari ▲ **US** 72-73 J 3
Žetisaj ☆ **KA** 72-73 L 4
Žetybaj ○ **KA** 62-63 K 6
Žetykol', ozero ⊂ **RUS** 62-63 O 2
Žetysaj ○ **KA** 72-73 L 4
Žezdi ☆ **KA** 60-61 E 4
Žezdili sukojmasy < **KA** 60-61 E 5
Žezdy ~ **KA** 60-61 E 5
Zêzere, Rio ~ **P** 34-35 D 5
Zezget, Gorges du • **MA** 124-125 K 3
Žezkazgan ☆ **KA** 60-61 E 5
Zgierz ○ **PL** 28-29 P 3
Zgorzelec ○• **PL** 28-29 N 3
Zhabdün = Zhongba ○ **VRC** 80-81 E 6
Zhag'yab ○ **VRC** 80-81 L 5
Zhalantun ○ **VRC** 86-87 D 4
Zhalan Tun • **VRC** 86-87 D 3
Zhanang ○ **VRC** 80-81 H 6
Zhangbei ○ **VRC** 84-85 M 7
Zhangcun ○ **VRC** 90-91 J 5
Zhangguangcai Ling ▲ **VRC** 86-87 G 5
Zhanghe SK ~ **VRC** 90-91 G 6
Zhanghuang ○ **VRC** 92-93 F 5
Zhanghuang ○ **VRC** 92-93 F 6
Zhangjiachuan ○ **VRC** 90-91 E 4
Zhangjiagang ○ **VRC** 90-91 M 6
Zhangjiakou ○ **VRC** 90-91 J 1
Zhangping ○ **VRC** 92-93 K 4
Zhangpu ○ **VRC** 92-93 K 4
Zhangqiu ○ **VRC** 90-91 K 3
Zhangshu ○ **VRC** 92-93 J 2
Zhangwu ○ **VRC** 86-87 D 6
Zhangye ○ **VRC** 90-91 B 2
Zhangzhou ○ **VRC** 92-93 K 4
Zhanjiang ○ **VRC** 92-93 G 6
Zhaodong ○ **VRC** 86-87 E 4
Zhaojue ○ **VRC** 92-93 C 2
Zhao Ling ∴• **VRC** 90-91 F 4
Zhaoping ○ **VRC** 92-93 G 4
Zhaoqing ○• **VRC** 92-93 H 5
Zhaosu ○ **VRC** 82-83 E 4
Zhaotong ○ **VRC** 92-93 C 3
Zhao Xian ○ **VRC** 90-91 J 3
Zhaoyuan ○ **VRC** 86-87 E 5
Zhaozhou Qiao • **VRC** 90-91 J 3
Zha po Gang ~ **VRC** 92-93 G 6
Zhargun Khel ○ **PK** 74-75 C 3
Zhari Namco ⊂ **VRC** 80-81 E 5
Zharkent ○ **KA** 60-61 M 6
Zhaxigang ○ **VRC** 80-81 B 4
Zhaxilhünbo Si • **VRC** 80-81 G 6
Zhecheng ○ **VRC** 90-91 J 4
Zheduo Shankou ▲ **VRC** 90-91 B 6
Zhehai ○ **VRC** 92-93 C 3
Zhejiang □ **VRC** 92-93 L 2
Zhejue ○ **VRC** 92-93 C 3
Zhelang ○ **VRC** 92-93 J 5
Zhen'an ○ **VRC** 90-91 F 5
Zhenba ○ **VRC** 90-91 E 5
Zhenbao Ding ▲ **VRC** 92-93 G 3
Zheng'an ○ **VRC** 92-93 E 2
Zhengfeng ○ **VRC** 92-93 D 4
Zhenghe ○ **VRC** 92-93 L 3
Zhengxiangbai Qi ○ **VRC** 84-85 M 6
Zhengxiong ○ **VRC** 92-93 D 3
Zhengyang ○ **VRC** 90-91 J 5
Zhengzhou ☆• **VRC** 90-91 H 4
Zhenhai ○ **VRC** 92-93 L 4
Zhenjiang ○• **VRC** 90-91 L 5
Zhenkang ○ **VRC** 78-79 L 4
Zhenlai ○ **VRC** 86-87 D 5
Zhenping ○ **VRC** (HEN) 90-91 H 5
Zhenping ○ **VRC** (SXI) 90-91 F 6
Zhenyuan ○ **VRC** (GAN) 90-91 E 4
Zhenyuan ○ **VRC** (GZH) 92-93 F 3
Zhenyuan ○ **VRC** (YUN) 78-79 M 4
Zhexi SK ~ **VRC** 92-93 G 2
Zhicheng ○ **VRC** 90-91 G 6
Zhidan ○ **VRC** 90-91 F 3
Zhigon ○ **VRC** 80-81 D 5
Zhijiang ○ **VRC** 92-93 F 3
Zhijin ○ **VRC** 92-93 D 3
Zhijin D. • **VRC** 92-93 D 3
Zhimenda ○ **VRC** 80-81 L 4
Zhiqu = Tongtian He ~ **VRC** 80-81 K 3
Zhob ○ **PK** 74-75 B 4
Zhob ~ **PK** 74-75 B 4
Zhombe ○ **ZW** 154-155 E 4
Zhongba ○ **VRC** (GDG) 92-93 J 5
Zhongba ○ **VRC** (XIZ) 80-81 E 6
Zhongdian ○ **VRC** 78-79 L 2
Zhongguo = Chine ■ **VRC** 80-81 E 6
Zhongjian Dao ⌒ **VRC** 94-95 L 3
Zhongjiang ○ **VRC** 90-91 D 6
Zhongning ○ **VRC** 90-91 D 3
Zhongshan ○ **VRC** (GDG) 92-93 H 5
Zhongshan ○ **VRC** (GXI) 92-93 G 4
Zhongwei ○ **VRC** 90-91 D 3
Zhong Xian ○ **VRC** 90-91 F 6
Zhongxiang ○ **VRC** 90-91 H 6
Zhongxin Gang ○ **VRC** 90-91 M 5
Zhongxingqiao ○ **VRC** 90-91 M 5
Zhorgbu ○ **VRC** 92-93 K 2
Zhoudang ○ **VRC** 90-91 J 6
Zhoukou ○ **VRC** 90-91 J 5
Zhoukoudian ∴••• **VRC** 90-91 J 2
Zhouning ○ **VRC** 92-93 L 3
Zhoushan ○ **VRC** 90-91 N 6
Zhoushan Dao ⌒ **VRC** 90-91 M 6
Zhoushan Qundao ⌒ **VRC** 90-91 N 6
Zhouzhi ○ **VRC** 90-91 F 4
Zhouzhi Z.B. ⊥• **VRC** 90-91 E 4
Zhowagoin ○ **VRC** 80-81 L 6
Zhuanghe ○ **VRC** 86-87 D 8
Zhucheng ○ **VRC** 90-91 L 4
Zhud ○ **EC** 208-209 C 3
Zhugqu ○ **VRC** 90-91 D 5
Zhuhai ○ **VRC** 92-93 H 5
Zhuji ○ **VRC** 92-93 M 2
Zhumadian ○ **VRC** 90-91 J 5
Zhuozhou ○ **VRC** 90-91 J 2
Zhuozi ○ **VRC** 90-91 H 1
Zhuozi Shan ▲ **VRC** 90-91 E 2
Zhushan ○ **VRC** 90-91 G 5
Zhuxi ○ **VRC** 90-91 F 5
Zhuzhou ○ **VRC** 92-93 H 3
Zia Indian Reservation ⚔ **USA** 188-189 D 2
Ziama ▲ **RG** 138-139 F 5
Ziama Mansouria ○ **DZ** 126-127 E 2
Ziārat ○ **PK** 70-71 M 3
Žiar nad Hronom ☆ **SK** 28-29 P 4
Zia Town ○ **LB** 138-139 G 7
Ziba ○ **EAT** 148-149 D 6
Ziban ⊥ **DZ** 126-127 E 3
Zibār, Az- ○ **IRQ** 64-65 L 4
Zibo ○ **VRC** 90-91 L 3
Zicavo ○ **F** (2A) 244 D 5
Zichang ○ **VRC** 90-91 F 3
Zielona Góra ☆• **PL** 28-29 N 3
Zierikzee ○ **NL** 28-29 G 3
Ziftā ○ **ET** 130-131 E 2
Zigaľga hrebet ▲ **RUS** 32-33 L 6
Žigalova ~ **RUS** 50-51 S 5
Žigalovo ☆ **RUS** 52-53 M 8
Žigansk ○ **RUS** 46-47 O 6
Žigerbent ○ **TM** 72-73 H 4
Zighan ○ **LAR** 128-129 K 5
Zighout Youcef ○ **DZ** 126-127 F 2
Zigon ○ **MYA** 78-79 J 6
Zigon ○ **MYA** 78-79 J 4
Zigong ○ **VRC** 92-93 D 2
Ziguéy ○ **TCH** 134-135 G 5
Zigui ○ **VRC** 90-91 G 6
Ziguinchor ☆ **SN** 138-139 B 3
Žigulëvskij zapovednik ⊥ **RUS** 32-33 F 7
Zihuatanejo ○• **MEX** 196-197 D 3
Zijin ○ **VRC** 92-93 J 5
Zik'wala • **ETH** 144-145 D 4
Zilair ☆ **RUS** 32-33 K 7
Zilairskoe plato ▲ **RUS** 32-33 K 7
Zile ☆• **TR** 64-65 F 2
Zilfi, az- ○ **KSA** 66-67 J 4
Žilina ○ **SK** 28-29 P 4
Žilinda ○ **RUS** 46-47 J 4
Žilinda ~ **RUS** 46-47 K 4
Zilkale ○ **TR** 64-65 J 2
Zillah ○ **LAR** 128-129 G 3
Zilmerdak hrebet ▲ **RUS** 32-33 K 7
Žiloj, ostrov ⌒ **AZ** 64-65 O 2
Zilupe ○• **LV** 30-31 L 3
Zima ☆ **RUS** 52-53 L 9
Zima ~ **RUS** 52-53 K 9
Zimapán ○ **MEX** 196-197 E 1
Zimatlán ○ **MEX** 196-197 F 3
Zimba ○ **Z** 154-155 D 3
Zimbabwe = Zimbabwe ■ **ZW** 154-155 D 4
Zimijiv ○ **UA** 38-39 K 3
Zimmi ○ **WAL** 138-139 E 6
Zimnicea ○ **RO** 38-39 D 6
Zimnij bereg ⌣ **RUS** 24-25 Q 4
Zimovniki ○ **RUS** 38-39 N 4
Zina ○ **CAM** 142-143 B 3
Zinacatepec ○ **MEX** 196-197 F 2
Zinapécuaro ○ **MEX** 196-197 D 2
Zinave, Parque Nacional de ⊥ **MOC** 154-155 G 5
Zinder □ **RN** 134-135 D 5
Zinder ☆• **RN** (ZIN) 134-135 D 6
Zinga Mulike ○ **EAT** 150-151 K 5
Zinğibār ○ **Y** 68-69 D 7
Ziniaré ○ **BF** 138-139 K 3
Zin'kiv ○ **UA** 38-39 J 2
Zinna ○ **WAN** 140-141 J 4
Zinswiller, Oberbronn- ○ **F** (67) 234-235 M 4
Zinzana ○ **RMM** 138-139 H 3
Zio ~ **RT** 138-139 L 6
Zion ○ **USA** 190-191 E 4
Zion National Park ⊥ **USA** 184-185 H 7
Ziope ○ **GH** 138-139 L 6
Zipaquirá ○ **CO** 204-205 D 5
Zira ~ **EAT** 150-151 G 5
Ziraándaro ○ **MEX** 196-197 D 2
Ziracuaretiro ○ **MEX** 196-197 D 2
Zirapup ○ **IND** 74-75 F 7
Žirenkopa ○ **KA** 62-63 L 2
Žirkovskij, Holm- ○ **RUS** 30-31 N 4
Žirnov ○ **RUS** 38-39 M 3
Žirnovsk ○ **RUS** 32-33 D 8
Ziro ○ **IND** 78-79 H 2
Žirokaja ~ **RUS** 48-49 J 5
Zitenga ○ **BF** 138-139 K 3
Žitomir = Žytomyr ○ **UA** 38-39 F 2
Zitong ○ **VRC** 90-91 D 6
Zitouna ○ **DZ** 126-127 F 2
Zittau ○• **D** 28-29 N 3
Zitundo ○ **MOC** 156-157 L 3
Zitziana River ~ **USA** 164-165 P 4
Zivia, Capu di ▲ **F** (2A) 244 C 5
Živinice ○ **BIH** 36-37 G 2
Ziway ○ **ETH** 144-145 D 5
Ziway Hāyk' ⊂ **ETH** 144-145 D 4
Ziwu L ▲ **VRC** 90-91 F 4
Zixi ○ **VRC** 92-93 K 3
Zixing ○ **VRC** 92-93 H 4
Ziyā Ābād ○ **IR** 64-65 N 4
Ziya He ~ **VRC** 90-91 K 2
Ziyang ○ **VRC** (SIC) 90-91 D 6
Ziyang ○ **VRC** (SXI) 90-91 F 5
Ziyuan ○ **VRC** 92-93 G 3
Ziz, Gorges du • **MA** 124-125 J 4
Ziz, Oued ~ **MA** 124-125 J 5
Žizah ☆• **US** 72-73 K 4
Zizhong ○ **VRC** 92-93 D 2
Zizhou ○ **VRC** 90-91 G 3
Zjudev, ostrov ⌒ **RUS** 62-63 G 5
Zlabings = Slavonice ○ **CZ** 28-29 N 4
Zlatica ○ **BG** 38-39 D 6
Zlatograd ○ **BG** 38-39 D 7
Zlatoust ☆ **RUS** 32-33 L 6
Zlatoustovsk ○ **RUS** 58-59 E 2
Zli < **RIM** 132-133 D 5
Zlín ○ **CZ** 28-29 O 4
Zlițan □ **LAR** 128-129 F 1
Zlițan ☆ **LAR** 128-129 F 1
Złobin ○ **BY** 30-31 M 5
Złoczew ○ **PL** 28-29 P 3
Złotów ○• **PL** 28-29 O 2
Z'Malet el Emir ○ **DZ** 126-127 D 3
Zmeinogorsk ○ **RUS** 60-61 N 3
Zmertène, Oued ~ **TN** 126-127 G 4
Zmiev = Zmijiv ○ **UA** 38-39 K 3
Zmievka ○ **RUS** 30-31 P 5
Znaim = Znojmo ○ **CZ** 28-29 O 4
Znamenka ○ **KA** 60-61 L 3
Znamenka ○ **RUS** 30-31 R 5
Znamenka ○ **RUS** 52-53 E 8
Znamenka ○ **RUS** (SML) 30-31 O 4
Znamenskoe ☆ **RUS** 50-51 M 6
Znamjanka ○ **UA** 38-39 H 3
Žnin ○• **PL** 28-29 O 2
Znisne = Žnin ○• **PL** 28-29 O 2
Znojmo ○ **CZ** 28-29 O 4
Zoa ○ **CAM** 140-141 K 6
Zoar ○ **ZA** 156-157 E 6
Zoar Village State Memorial ∴ **USA** 190-191 H 5
Zobia ○ **ZRE** 146-147 K 2
Zóbuè ○ **MOC** 154-155 H 2
Žodino = Žodzina ○ **BY** 30-31 L 4
Žodzina ○ **BY** 30-31 L 4
Zoébefang ○ **CAM** 146-147 C 2
Zoétélé ○ **CAM** 146-147 C 2
Zogang ○ **VRC** 80-81 L 6
Žogary Tobol su kojmasy < **KA** 60-61 C 2
Zogbodomè ○ **DY** 140-141 E 5
Zogoré ○ **BF** 138-139 J 3
Zögstëj ○ **MAU** 84-85 F 4
Zohlaguna, Meseta de ▲ **MEX** 196-197 K 2
Žohova, ostrov ⌒ **RUS** 46-47 d 1
Zohre, Rūdhāne-ye ~ **IR** 70-71 D 3
Zoigê ○ **VRC** 90-91 C 5
Zolfo Springs ○ **USA** 192-193 H 6
Zolotaja, Ust'- ○ **RUS** 52-53 F 9
Zolotaja Gora ○ **RUS** 54-55 N 8
Zolote ○ **UA** 38-39 L 3
Zolotica ~ **RUS** 24-25 Q 4
Zolotinka ○ **RUS** 54-55 M 7
Zolotoj hrebet ▲ **RUS** 48-49 U 4
Zolotonoša ○ **UA** 38-39 H 3
Zolotuha ○ **RUS** 32-33 E 10
Zomandao ~ **RM** 158-159 D 8
Zomba ○• **MW** 154-155 H 2
Žomboj ☆ **US** 72-73 K 5
Zondor ○ **US** 72-73 J 5
Zongga ○ **VRC** 80-81 E 6
Zonghua Renmin Gongheguo □ **VRC** 78-79 L 4
Zongia ○ **ZRE** 146-147 K 2
Zongo ○ **ZRE** 142-143 D 6
Zonguldak ☆ **TR** 64-65 D 2
Zongwe ○ **ZRE** (SHA) 148-149 A 6
Zongwe ○ **ZRE** (SHA) 150-151 F 4
Zongyang ○ **VRC** 90-91 K 6
Žonkeldi ○ **US** 72-73 H 4
Zonkwa ○ **WAN** 140-141 H 4
Zonokoi ○ **CI** 138-139 J 6
Zonūz ○ **IR** 64-65 L 3
Zonza ○ **F** (2A) 244 D 5
Zoo Baba < **RN** 134-135 F 3
Zöölön ○ **MAU** 84-85 D 2
Zoppo, Portella dello ▲ **I** 36-37 E 6
Zorgo ○ **BF** 138-139 K 3
Zorita ○ **E** 34-35 E 5
Zorkul', ozero ⊂ **TJ** 72-73 N 6
Zoro ○ **WAN** 140-141 J 3
Zoró, Área Indígena ⚔ **BR** 214-215 G 2
Zorritos ○ **PE** 208-209 B 3
Zorzor ○ **LB** 138-139 F 6
Žota Qaratau ▲ **KA** 60-61 E 6
Zou ~ **DY** 138-139 L 6
Zouan-Hounien ○ **CI** 138-139 F 6
Zouar ○• **TCH** 134-135 H 2
Zouarké • **TCH** 134-135 H 2
Zouérat ○ **RIM** 132-133 D 3
Zoûgh < **RIM** 132-133 G 6
Zouireg ○ **DZ** 126-127 C 4
Zoukouboué ○ **CI** 138-139 G 6
Zoukouzou ○ **RCA** 142-143 F 5
Zoulabot ○ **CAM** 146-147 E 2
Zoulouma ○ **RCA** 142-143 E 6
Zoumri, Pic ▲ **RN** 134-135 F 2
Zouping ○ **VRC** 90-91 K 3
Zoupleu ○ **CI** 138-139 F 6
Zousfana, Oued ~ **DZ** 124-125 K 5
Zoushi ○ **VRC** 92-93 G 2
Zouzoudinga < **RN** 128-129 E 6
Žovkva ☆ **UA** 38-39 C 2
Žovti Vody ○ **UA** 38-39 H 3
Zrenjanin ○• **YU** 36-37 H 2
Žū ○ **AFG** 72-73 M 6
Žuantōbe ○ **KA** 60-61 F 6
Zuata ○ **YV** 204-205 J 3
Zuata, Río ~ **YV** 204-205 J 3
Zubair, Ğabal ⌒ **Y** 68-69 C 6
Zubaybān ○ **Y** 68-69 D 6
Zubcov ○ **RUS** 30-31 O 3
Zubova Poljana ○ **RUS** 30-31 S 4
Zubovo ○ **RUS** 30-31 P 1
Zubrat Rašid ○ **KSA** 68-69 C 5
Zuca ○ **MOC** 156-157 L 2
Zudáñez, Río ~ **BOL** 214-215 E 6
Zuénoula ☆ **CI** 138-139 G 6
Zuera ○ **E** 34-35 G 4
Zuevka ☆ **RUS** 32-33 G 4
Žufār ⊥ **Y** 68-69 H 5
Zug ☆• **CH** 28-29 K 5
Zugdidi ○ **GE** 62-63 D 6
Zugspitze ▲ **D** 28-29 L 5
Zugurma Game Reserve ⊥ **WAN** 140-141 F 4
Zuhra, az- ○ **Y** 68-69 C 6
Zuhūr, Wādī az- ~ **OM** 68-69 J 4
Žuja ~ **RUS** 54-55 H 6
Zújar, Río ~ **E** 34-35 E 5
Zujl ○ **MAU** 82-83 L 2
Zujl = Mönhbulag ○ **MAU** 84-85 F 4
Zukovka ○ **RUS** 30-31 N 5
Zula ○ **ER** 136-137 J 5
Zula Bahir Selat'ē ≈ 136-137 J 5
Zulia, El ○ **CO** 204-205 E 4
Zulia, Río ~ **CO** 204-205 E 3
Zulūma ○ **Y** 68-69 F 6
Zulumaj ○ **RUS** 52-53 K 9
Žuma ☆ **US** 72-73 K 4
Zumba ○ **EC** 208-209 C 4
Zumbagua ○ **EC** 208-209 C 2
Zumbo ○ **MOC** 154-155 F 2
Zumpango ○ **MEX** 196-197 E 2
Zumpango del Río ○ **MEX** 196-197 E 3
Zungeru ○ **WAN** 140-141 G 4
Zunhua ○ **VRC** 90-91 K 1
Zuni ○ **USA** 188-189 C 2
Zuni Indian Reservation ⚔ **USA** 188-189 C 2
Zun-Murèn ~ **RUS** 52-53 L 10
Zun-Torej, ozero ⊂ **RUS** 54-55 H 10
Zunyi ○ **VRC** 92-93 E 3
Zuo Jiang ~ **VRC** 92-93 E 5
Zuoquan ○ **VRC** 90-91 H 3
Zuoyun ○ **VRC** 90-91 H 1
Županova ~ **RUS** 56-57 S 7
Zuqur, az- ⌒ **Y** 68-69 C 6
Zur ○ **MAU** 52-53 G 11
Zurak ○ **WAN** 140-141 J 4
Žuravlëva, zaliv ≈ 44-45 Z 1
Žuravlëvo ○ **RUS** 50-51 S 7
Zuri, Río ~ **BOL** 214-215 D 5
Zuriara, Serranía de ▲ **RA** 220-221 D 4
Zürich ☆• **CH** 28-29 K 5
Zürichsee ⊂ **CH** 28-29 K 5
Zurmi ○ **WAN** 134-135 C 6
Zuru ○ **WAN** 140-141 F 3
Zuruahã, Área Indígena ⚔ **BR** 210-211 D 6
Žūryn ○ **KA** 62-63 M 3
Zuša ~ **RUS** 30-31 P 5
Žusaly ☆ **KA** 60-61 D 6
Zutiua, Rio ~ **BR** 212-213 E 4
Zutphen ○• **NL** 28-29 J 2
Zuunbulag ○ **MAU** 84-85 M 4
Zuunharaa ○ **MAU** 84-85 H 3
Zuunmod ☆ **MAU** 84-85 H 4
Zuurberg National Park ⊥ **ZA** 156-157 G 6
Zuwa, River ~ **WAN** 140-141 K 3
Zuwārah ☆ **LAR** 128-129 E 1
Zuytdorp Cliffs ⊥ **AUS** 112-113 B 3
Zuytdorp National Park ⊥ **AUS** 112-113 B 3
Zvenigovo ○ **RUS** 32-33 F 5
Zvenyhorodka ☆ **UA** 38-39 G 3
Zveroboj, ostrov ⌒ **RUS** 44-45 V 4
Zvishavane ○ **ZW** 154-155 F 5
Zvolen ○ **SK** 28-29 P 4
Zvornik ○• **BIH** 36-37 G 2
Zwartkop ○ **ZA** 156-157 E 5
Zwedru ☆ **LB** 138-139 F 6
Zwelitsha ☆ **ZA** 156-157 H 6
Zwettl ○ **A** 28-29 N 4
Zwickau ○ **D** 28-29 M 3
Zwingli ○ **ZA** 156-157 H 2
Zwoleń ○ **PL** 28-29 Q 3
Zwolle ☆• **NL** 28-29 J 2
Zwolle ○ **USA** 188-189 L 4
Žylan ○ **KA** 62-63 O 4
Žylancyktyrme Üstirti ▲ **KA** 60-61 D 3
Žylandytau ▲ **KA** 62-63 P 2
Zymoetz River ~ **CDN** 176-177 F 4
Zyrjanka ☆• **RUS** 46-47 c 7
Zyrjanka ~ **RUS** 46-47 b 7
Zyrjanovsk ○ **KA** 60-61 O 4
Zyrjanskoe ○ **RUS** 50-51 T 6
Žytomyr ○ **UA** 38-39 F 2
z-Zaidūn, Wādī ~ **ET** 130-131 F 5

© Falk Verlag, D-73751 Ostfildern
Postfach 3151
© Éditions Solar, 1999 pour la première édition.
© Éditions Solar, 2002 pour la présente édition.

ISBN: 2-263-03065-4
Code éditeur: S03065

Illustrations

Photographies par satellite

GEOSPACE-Beckel Satellitenbilddaten, Bad Ischl, Salzbourg
© Clichés par satellite: GEOSPACE/EURIMAGE/EOSAT
© Original data: EOSAT 1994

Photographies

Abréviations: AKG – Archiv für Kunst und Geschichte; B&U – B&U International Picture Service; IFA – IFA-Bilderteam; TG – Transglobe Agency; TIB – The Image Bank; TSW – Tony Stone Worldwide;

I NASA; 1 (au m.á g.) AKG; 1 (de h. en b.) Hans Wolf/TIB, David W. Hamilton/TIB, Ben Simmons/TG, TIB, Albrecht G. Schaefer, Luis Castaneda/TIB, Rauh/PhotoPress, B&U, Magnus Reitz/TIB, Eric Meola/TIB; 17 (au m.á g.) AKG, 17 (de h. en b.) Damm/Zefa, Magnus Rietz/TIB, Jürgens Ost+Europa Photo, UPA/IFA, Jeff Hunter/TIB, Wolfgang Korall/Silvestris, Konrad Wothe/Silvestris Everts/IFA, A. Gallant/TIB, Backhaus/Zefa, Jürgens Ost+Europa Photo; 41 (au m.á g.) AKG, 41 (col. de g. de h. en b.) Jürgens Ost+Europa Photo, Jürgens Ost+Europa Photo, Hubert Manfred/Bavaria, Aberham/IFA, Ben Simmons/TG, Jürgens Ost+Europa Photo, A. Filatow/APN/Nowosti, Hubert Manfred/Bavaria, Gerd Ludwig/Visum, 41 (vol. du m. de h. en b.) Jürgens Ost+Europa Photo, M. Theis/TG, Richard Elliot/TSW, Ben Edwards/TSW, Rolf Richardson/TG, Everts/IFA, David Sutherland/TSW, Hoa-Qui/Silvestris, Roland Birke/Agentur Hilleke, Alex Stewart/TIB, Andreas Gruschke/Agentur Hilleke, 41 (col. de dr. de h. en b.) B&U, Terry Madison/TIB, K. Stration/TG, Romilly Lockyer/TIB, IFA, Glen Hillson/TSW, Paul Chesley/TSW, Chris Haigh/TSW, Nigel Dickinson/TSW, Bail/IFA, Paul Chesley/TSW; 105 (au m.á g.) Interfoto, 105 (de h. en b.) Clemens Emmler, Gottschalk/IFA, Vollmer/IFA, Albrecht G. Schaefer, Albrecht G. Schaefer, Siebig/IFA, P. Arnold/IFA, BCI/IFA; 121 (au m.á g.) AKG, 121 (col. de g. de h. en b.) Kiepke/PhotoPress, Werner Gartung, Diaf/IFA, Erika Graddock/Silvestris, Hoa-Qui/Silvestris, Werner Gartung, Werner Gartung, Obremski/TIB, 121 (col. de dr. de h. en b.) Diaf/IFA, Aberham/IFA, Fiedler/IFA, Sally Mayman/TSW, Herbert Schaible/TIB, Nicholas Parfitt/TSW, Stefan Meyer/Silvestris, Chris Harvey/TSW, Aberham/IFA, Konrad Wothe/Silvestris, Hoa-Qui/Silvestris; 161 (au m.à g.) AKG, 161 (col. de g. de h. en b.) Zefa, J. Gnass/Zefa, Norbert Rosing/Silvestris, Hansgeorg Arndt/Silvestris, W. Allgöwer/TG, Norbert Rosing/Silvestris, TSW, Derek Trask/TG, 161 (col. de dr. de h. en b.) Scholz/Bavaria, Hunter/IFA, Kokta/IFA, Fuhrmann/PhotoPress, Donovan Reese/TSW, Glen Allison/TSW, A. Schein/Zefa, John J. Wood/PhotoPress, Cosmo Condina/TSW, Chris Haigh/TSW, Rob Boudreau/TSW; 201 (au m.á g.) AKG, 201 (de h. en b.) Koene/TG, Diaf/IFA, Michael Scott/TSW, Martin Wendler/Silvestris, R. McLeod/TG, TIB, L. Veiga/TIB, Giuliano Colliva/TIB, A.N.T./Silvestris, R. McLeod/TG, A.N.T./Silvestris; 225 (au m.á g.) AKG, 225 (col. de g. de h. en b.) Manfred Braunger, Diaf/IFA, (col. de dr. de h. en b.) Fritz Lang/Bavaria, Kanzler/IFA, Spitzkatz/Bavaria, Diaf/IFA, Rainer Binder/IFA, TPC/IFA, Morgan/Bavaria, Diaf/IFA, Diaf/IFA, Diaf/IFA, Manfred Ramstetter/Silvestris.

Imprimé en République tchèque

Dépôt légal: octobre 2002